Die Bonus-Seite

Ihr Vorteil als Käufer dieses Buches

Auf der Bonus-Webseite zu diesem Buch finden Sie zusätzliche Informationen und Services. Dazu gehört auch ein kostenloser **Testzugang** zur Online-Fassung Ihres Buches. Und der besondere Vorteil: Wenn Sie Ihr **Online-Buch** auch weiterhin nutzen wollen, erhalten Sie den vollen Zugang zum **Vorzugspreis**.

So nutzen Sie Ihren Vorteil

Halten Sie den unten abgedruckten Zugangscode bereit und gehen Sie auf www.sap-press.de. Dort finden Sie den Kasten **Die Bonus-Seite für Buchkäufer**. Klicken Sie auf **Zur Bonus-Seite/ Buch registrieren**, und geben Sie Ihren **Zugangscode** ein. Schon stehen Ihnen die Bonus-Angebote zur Verfügung.

Ihr persönlicher Zugangscode kuyi-e7dv-8hmc-39wr

Horst Keller

ABAP™-Referenz

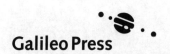
Galileo Press

Liebe Leserin, lieber Leser,

vielen Dank, dass Sie sich für ein Buch von SAP PRESS entschieden haben.

Mit Horst Keller Bücher zu machen, ist ein Erlebnis der besonderen Art. Das liegt zum einen am Inhalt: Wie in diesem Fall 1300 Seiten ABAP-Referenz am Stück zu lesen, ist ein Akt der Meditation, einer von vielen möglichen Wegen zur Selbsterkenntnis. Ich bin diesen Weg nun bereits zum dritten Mal gegangen, und wieder habe ich den Frieden genossen, der sich beim Durchforsten der zahllosen Syntaxdiagramme, Programmbeispiele und Hinweise wie von selbst einstellt. Nun geht das Buch in den Druck, und ich bin fast traurig, mich wieder dem hektischen Projektalltag widmen zu müssen.

Zum anderen ist die Besonderheit dieses Erlebnisses aber auch Horst Keller selbst geschuldet. In meinen vielen Jahren als Lektor bei SAP PRESS ist mir kaum ein anderer Autor begegnet, der mit vergleichbarer Präzision sein Thema bearbeitet wie er, oder der mit ähnlicher Hingabe an Text und Konzept arbeitet, feilt und – ja – auch leidet. Das Ergebnis ist auch diesmal wieder ein einzigartiges Buch, das niemand sonst auf der Welt hätte schreiben können.

Ich möchte daher das übliche Schema einmal umkehren und auf diesem Weg meinem Autor für die langjährige spannende und erfolgreiche Zusammenarbeit danken.

Jedes unserer Bücher will Sie überzeugen. Wir freuen uns stets über Lob, aber auch über kritische Anmerkungen, die uns helfen, unsere Produkte zu verbessern. Bitte teilen Sie mir daher Ihre Meinung zu diesem Buch mit. Ich freue mich auf den Dialog mit Ihnen!

Ihr Florian Zimniak
Lektorat SAP PRESS

florian.zimniak@galileo-press.de
www.sap-press.de
Galileo Press · Rheinwerkallee 4 · 53227 Bonn

Auf einen Blick

TEIL 1	ABAP-Übersicht	37
TEIL 2	ABAP-Syntax	43
TEIL 3	Programmaufbau	73
TEIL 4	Deklarative Anweisungen	131
TEIL 5	Objekterzeugung	239
TEIL 6	Programmeinheiten ausführen	257
TEIL 7	Programmablaufsteuerung	321
TEIL 8	Zuweisungen	375
TEIL 9	Interne Daten verarbeiten	439
TEIL 10	Benutzerdialoge	671
TEIL 11	Externe Daten verarbeiten	851
TEIL 12	Programmparameter	1023
TEIL 13	Programmbearbeitung	1053
TEIL 14	Daten- und Kommunikationsschnittstellen	1083
TEIL 15	Erweiterungstechniken	1143
TEIL 16	Obsolete Anweisungen	1159

Der Name Galileo Press geht auf den italienischen Mathematiker und Philosophen Galileo Galilei (1564–1642) zurück. Er gilt als Gründungsfigur der neuzeitlichen Wissenschaft und wurde berühmt als Verfechter des modernen, heliozentrischen Weltbilds. Legendär ist sein Ausspruch *Eppur se muove* (Und sie bewegt sich doch). Das Emblem von Galileo Press ist der Jupiter, umkreist von den vier Galileischen Monden. Galilei entdeckte die nach ihm benannten Monde 1610.

Gerne stehen wir Ihnen mit Rat und Tat zur Seite:
florian.zimniak@galileo-press.de bei Fragen und Anmerkungen zum Inhalt des Buches
service@galileo-press.de für versandkostenfreie Bestellungen und Reklamationen
thomas.losch@galileo-press.de für Rezensions- und Schulungsexemplare

Lektorat Florian Zimniak
Korrektorat Alexandra Müller, Olfen
Cover Daniel Kratzke
Titelbild zefa visual media
Typografie und Layout Vera Brauner
Herstellung Iris Warkus
Satz SatzPro, Krefeld
Druck und Bindung Bercker Graphischer Betrieb, Kevelaer

Dieses Buch wurde gedruckt auf chlorfrei gebleichtem Offsetpapier.

Bibliografische Information der Deutschen Nationalbibliothek
Die Deutsche Nationalbibliothek verzeichnet diese Publikation in der Deutschen National-bibliografie; detaillierte bibliografische Daten sind im Internet über *http://dnb.d-nb.de* abrufbar.

ISBN 978-3-8362-1524-4

© Galileo Press, Bonn 2010
3., aktualisierte und erweiterte Auflage 2010

Das vorliegende Werk ist in all seinen Teilen urheberrechtlich geschützt. Alle Rechte vorbehalten, insbesondere das Recht der Übersetzung, des Vortrags, der Reproduktion, der Vervielfältigung auf fotomechanischem oder anderen Wegen und der Speicherung in elektronischen Medien. Ungeachtet der Sorgfalt, die auf die Erstellung von Text, Abbildungen und Programmen verwendet wurde, können weder Verlag noch Autor, Herausgeber oder Übersetzer für mögliche Fehler und deren Folgen eine juristische Verantwortung oder irgendeine Haftung übernehmen. Die in diesem Werk wiedergegebenen Gebrauchsnamen, Handelsnamen, Warenbezeichnungen usw. können auch ohne besondere Kennzeichnung Marken sein und als solche den gesetzlichen Bestimmungen unterliegen.

Inhalt

Vorwort 27

1 Einleitung 29

1.1 Behandelte Releases 29
1.2 Neuerungen in den Releases 7.02 und 7.2 31
    1.2.1 Neuerungen in der Sprache ABAP 31
    1.2.2 Neuerungen bei den Werkzeugen 33
1.3 Syntaxkonventionen in der ABAP-Referenz 35

TEIL 1: ABAP-Übersicht

2 ABAP-Programmiersprache 39

2.1 SAP NetWeaver 39
2.2 Umfang und Einsatzgebiete 40
2.3 Programmiermodelle 40
2.4 Unicode 41

TEIL 2: ABAP-Syntax

3 Anweisungen 45

3.1 ABAP-Wörter 46
3.2 Operanden 46
    3.2.1 Bezeichner für einzelne Operanden 46
    3.2.2 Angabe einzelner Operanden 52
    3.2.3 Operandenposition und -typ 53
    3.2.4 Datenobjekte an Operandenpositionen 54
    3.2.5 Funktionen und Ausdrücke an Operandenpositionen 57
3.3 Operatoren und Ausdrücke 60
    3.3.1 Operatoren 60
    3.3.2 Ausdrücke 61

4 Bezeichner 63

4.1 Namenskonventionen 63
4.2 Namensräume 63

5 Kettensätze 65

6 Kommentare 67

7	Programmdirektiven	69
7.1	Pragmas	69
	7.1.1 Pragmaparameter	70
	7.1.2 Pragmas positionieren	70
7.2	Pseudokommentare	71

TEIL 3: Programmaufbau

8	Programmaufbau	75

9	Programme	77
9.1	Eigenständige Programme	77
	9.1.1 Programmtypen	77
	9.1.2 Programmeinleitung	78
9.2	Ausführbare Programme	79
	9.2.1 Zusätze für die Grundliste des Programms	79
	9.2.2 Zusatz für die Nachrichtenklasse	81
	9.2.3 Zusatz für Subroutinen-Pools	81
9.3	Modul-Pools und Subroutinen-Pools	81
9.4	Funktionsgruppen	83
9.5	Class-Pools	84
9.6	Interface-Pools	85
9.7	Typgruppen	86

10	Modularisierung	87
10.1	Prozeduren	87
	10.1.1 Parameterschnittstelle von Prozeduren	88
	10.1.2 Methodenimplementierung	89
	10.1.3 Funktionsbausteine	90
10.2	Dialogmodule	95
10.3	Ereignisblöcke	96
	10.3.1 Programmkonstruktor	96
	10.3.2 Reporting-Ereignisse	97
	10.3.3 Selektionsbild- und Listenereignisse	101
10.4	Quelltextmodule	102
	10.4.1 Include-Programme	102
	10.4.2 Makros	103

11	Eingebaute Elemente	107
11.1	Eingebaute Datentypen	107
	11.1.1 Eingebaute ABAP-Typen	107

		11.1.2	Generische ABAP-Typen	111
		11.1.3	Eingebaute Typen im ABAP Dictionary	112
	11.2	Eingebaute Datenobjekte		121
		11.2.1	ABAP-Systemfelder	121
		11.2.2	space, me und screen	126
	11.3	Eingebaute Funktionen		127
		11.3.1	Syntax eingebauter Funktionen	127
		11.3.2	Übersicht eingebauter Funktionen	128

TEIL 4: Deklarative Anweisungen

12 Typen und Objekte 133

	12.1	Gültigkeit und Sichtbarkeit	134
	12.2	Absolute Typnamen	135
	12.3	Shared Objects	137

13 Datentypen und Datenobjekte 139

	13.1	Datentypen deklarieren		139
		13.1.1	Typen mit eingebauten ABAP-Typen definieren	139
		13.1.2	Typen durch Bezug auf vorhandene Typen definieren	140
		13.1.3	Referenztypen definieren	141
		13.1.4	Strukturierte Typen definieren	143
		13.1.5	Tabellentypen definieren	148
		13.1.6	Ranges-Tabellentypen definieren	156
		13.1.7	LOB-Handle-Strukturen definieren	157
	13.2	Datenobjekte deklarieren		159
		13.2.1	Literale	160
		13.2.2	Variablen deklarieren	162
		13.2.3	Konstanten deklarieren	172
		13.2.4	Statische Datenobjekte in Prozeduren deklarieren	173
		13.2.5	Tabellenarbeitsbereiche deklarieren	174
		13.2.6	Datenobjekte für HR-Infotypen deklarieren	177

14 Klassen und Interfaces 181

	14.1	Klassen definieren		181
		14.1.1	Deklarationsteil	182
		14.1.2	Klasseneigenschaften festlegen	182
		14.1.3	Sichtbarkeitsbereiche von Klassen	189
		14.1.4	Klassenkomponenten	192
		14.1.5	Implementierungsteil	193
		14.1.6	Klasse bekannt machen	194
		14.1.7	Lokale Freunde globaler Klassen	195

14.2		Interfaces definieren	196
	14.2.1	Deklarationsteil	196
	14.2.2	Interfacekomponenten	197
	14.2.3	Interfaces bekannt machen	198
14.3		Komponenten deklarieren	198
	14.3.1	Attribute und Datentypen	198
	14.3.2	Methoden	199
	14.3.3	Ereignisse	218
	14.3.4	Interfacekomponenten	221

15 Feldsymbole — 227

16 Typisierung — 229

16.1		Syntax der Typisierung	229
	16.1.1	Generische Typisierung	230
	16.1.2	Vollständige Typisierung	231
16.2		Typisierung überprüfen	232
	16.2.1	Allgemeine Regeln	232
	16.2.2	Rückgabewerte funktionaler Methoden	234
	16.2.3	Literale als Aktualparameter	234
	16.2.4	Funktionen und Ausdrücke als Aktualparameter	236

TEIL 5: Objekterzeugung

17 Objekte erzeugen — 241

17.1		Datenobjekte erzeugen	241
	17.1.1	Datentyp implizit festlegen	242
	17.1.2	Datentyp über eingebaute ABAP-Typen festlegen	242
	17.1.3	Daten über vorhandenen Typ festlegen	244
	17.1.4	Daten mit Bezug auf ein Typobjekt erzeugen	245
	17.1.5	Referenzvariablen erzeugen	246
	17.1.6	Interne Tabellen erzeugen	247
	17.1.7	Shared Object erzeugen	248
	17.1.8	Behandelbare Ausnahmen	251
17.2		Instanzen von Klassen erzeugen	251
	17.2.1	Klasse implizit festlegen	252
	17.2.2	Klasse explizit festlegen	252
	17.2.3	Shared Object erzeugen	253
	17.2.4	Statische Parameterübergabe	255
	17.2.5	Dynamische Parameterübergabe	255
	17.2.6	Behandelbare Ausnahmen	256

TEIL 6: Programmeinheiten ausführen

18 Programme aufrufen ... 259

- 18.1 Ausführbare Programme aufrufen ... 259
  - 18.1.1 Ablauf eines ausführbaren Programms ... 259
  - 18.1.2 Aufruf eines ausführbaren Programms ... 261
- 18.2 Transaktionen aufrufen ... 274
  - 18.2.1 Aufruf einer Transaktion mit Rückkehr zum Aufrufer ... 274
  - 18.2.2 Aufruf einer Transaktion ohne Rückkehr zum Aufrufer ... 278

19 Verarbeitungsblöcke aufrufen ... 281

- 19.1 Prozeduren aufrufen ... 281
  - 19.1.1 Interner und externer Prozeduraufruf ... 281
  - 19.1.2 Methoden aufrufen ... 284
  - 19.1.3 Funktionsbausteine aufrufen ... 296
  - 19.1.4 Unterprogramme aufrufen ... 302
- 19.2 Ereignisbehandler aufrufen ... 306
  - 19.2.1 Ereignisse auslösen ... 306
  - 19.2.2 Ereignisbehandler registrieren ... 308
- 19.3 Ereignisblöcke aufrufen ... 311

20 Programmeinheiten verlassen ... 313

- 20.1 Programme verlassen ... 313
- 20.2 Verarbeitungsblöcke verlassen ... 314
  - 20.2.1 Verarbeitungsblock regulär beenden ... 314
  - 20.2.2 Verarbeitungsblöcke unbedingt verlassen ... 314
  - 20.2.3 Verarbeitungsblöcke bedingt verlassen ... 317
- 20.3 Schleifen verlassen ... 319
  - 20.3.1 Schleifen unbedingt verlassen ... 319
  - 20.3.2 Schleifendurchlauf unbedingt verlassen ... 319
  - 20.3.3 Schleifendurchlauf bedingt verlassen ... 320

TEIL 7: Programmablaufsteuerung

21 Logische Bedingungen ... 323

- 21.1 Logische Ausdrücke ... 323
  - 21.1.1 Vergleiche ... 324
  - 21.1.2 Prädikate ... 335
  - 21.1.3 Selektionstabelle auswerten ... 339
  - 21.1.4 Boolesche Operatoren und Klammerung ... 341

21.2 Logische Funktionen 344
    21.2.1 Boolsche Funktionen 344
    21.2.2 Prädikatfunktionen 345

22 Kontrollstrukturen 349

22.1 Verzweigungen 349
    22.1.1 Bedingte Verzweigung 349
    22.1.2 Fallunterscheidung 350
22.2 Schleifen 351
    22.2.1 Unbedingte Schleifen 352
    22.2.2 Bedingte Schleifen 352
    22.2.3 Programmunterbrechung 353
22.3 Ausnahmebehandlung 354
    22.3.1 Klassenbasierte Ausnahmen 354
    22.3.2 Ausnahmen vor Einführung der klassenbasierten Ausnahmen 368
    22.3.3 Ausnahmen in ABAP-Anweisungen 371
    22.3.4 Laufzeitfehler 372

TEIL 8: Zuweisungen

23 Zuweisungsregeln 377

23.1 Kompatibilität von Datentypen 377
    23.1.1 Kompatibilität nicht-generischer Datentypen 378
    23.1.2 Kompatibilität generischer Datentypen 378
    23.1.3 Referenztypen 379
23.2 Konvertierungsregeln für elementare Datenobjekte 379
    23.2.1 Quellfeld vom Typ c 380
    23.2.2 Quellfeld vom Typ d 382
    23.2.3 Quellfeld vom Typ decfloat16 oder decfloat34 383
    23.2.4 Quellfeld vom Typ f 385
    23.2.5 Quellfeld vom Typ i, b oder s 386
    23.2.6 Quellfeld vom Typ n 388
    23.2.7 Quellfeld vom Typ p 388
    23.2.8 Quellfeld vom Typ string 390
    23.2.9 Quellfeld vom Typ t 390
    23.2.10 Quellfeld vom Typ x 392
    23.2.11 Quellfeld vom Typ xstring 392
    23.2.12 Numerische Werte in zeichenartigen Feldern 393
23.3 Konvertierungsregeln für Strukturen 394
    23.3.1 Unicode-Fragmentsicht 395
    23.3.2 Konvertierung zwischen flachen Strukturen 396
    23.3.3 Konvertierung zwischen flachen Strukturen und Einzelfeldern 398

	23.4	Konvertierungsregeln für interne Tabellen	399
	23.5	Zuweisungsregeln für Referenzvariablen	399
		23.5.1 Statischer und dynamischer Typ	400
		23.5.2 Zuweisungen zwischen Datenreferenzvariablen	401
		23.5.3 Zuweisungen zwischen Objektreferenzvariablen	402
	23.6	Systemklassen für Zeichensatz- und Zahlenformatkonvertierung	403

24 Werte zuweisen ... 405

	24.1	Allgemeine Zuweisung	405
	24.2	Verlustfreie Zuweisung	407
		24.2.1 Elementare Datenobjekte verlustfrei zuweisen	408
		24.2.2 Strukturen verlustfrei zuweisen	413
		24.2.3 Interne Tabellen verlustfrei zuweisen	414
		24.2.4 Referenzvariablen verlustfrei zuweisen	414
		24.2.5 Behandelbare Ausnahmen	414
	24.3	Mehrfachzuweisungen	415
	24.4	Strukturkomponenten zuweisen	415
	24.5	Spezielle Zuweisung einer gepackten Zahl	417

25 Referenzen setzen ... 419

	25.1	Datenobjekte Feldsymbolen zuweisen	419
		25.1.1 Speicherbereich angeben	420
		25.1.2 Datentyp angeben	428
		25.1.3 Bereichsgrenzen angeben	431
		25.1.4 Behandelbare Ausnahmen	434
	25.2	Datenreferenzen besorgen	434

26 Initialisierungen ... 437

	26.1	Datenobjekte initialisieren	437
	26.2	Speicher freigeben	438
	26.3	Feldsymbole initialisieren	438

TEIL 9: Interne Daten verarbeiten

27 Numerische Berechnungen ... 441

	27.1	Anweisungen für numerische Berechnungen	441
		27.1.1 Anweisung für Rechenausdrücke	441
		27.1.2 Addition	444
		27.1.3 Subtraktion	444
		27.1.4 Multiplikation	445
		27.1.5 Division	445

27.2	Arithmethische Ausdrücke		446
	27.2.1	Arithmetische Operatoren	447
	27.2.2	Klammerung	448
	27.2.3	Rechentyp	449
	27.2.4	Behandelbare Ausnahmen	452
27.3	Numerische Funktionen		452
	27.3.1	Allgemeine numerische Funktionen	452
	27.3.2	Numerische Extremwertfunktionen	453
	27.3.3	Gleitpunktfunktionen	455
	27.3.4	Rundungsfunktionen	456
	27.3.5	Behandelbare Ausnahmen	460
27.4	Systemklassen für mathematische Operationen		461
	27.4.1	Operationen mit Gleitpunktzahlen	461
	27.4.2	Zufallszahlen	461

28 Zeichen- und Bytekettenverarbeitung 463

28.1	Eigenschaften der Zeichen- und Bytekettenverarbeitung		463
	28.1.1	Zeichen- und Byteketten	463
	28.1.2	Operanden in der Zeichen- und Bytekettenverarbeitung	463
	28.1.3	Schließende Leerzeichen in der Zeichenkettenverarbeitung	464
28.2	Anweisungen für die Zeichen- und Bytekettenverarbeitung		465
	28.2.1	Verketten	466
	28.2.2	Durchsuchen	467
	28.2.3	Ersetzen	474
	28.2.4	Verschieben	479
	28.2.5	Zerlegen	482
	28.2.6	Verdichten	484
	28.2.7	In sortierbares Format konvertieren	485
	28.2.8	Überlagern	486
	28.2.9	Umwandeln	487
	28.2.10	Aufbereiten	488
	28.2.11	Einzel-Bits setzen	505
	28.2.12	Einzel-Bits lesen	506
28.3	Zeichenkettenausdrücke		507
	28.3.1	Zeichenketten-Templates	508
	28.3.2	Verkettungsoperator	524
	28.3.3	Behandelbare Ausnahmen	524
28.4	Zeichenkettenfunktionen		524
	28.4.1	Beschreibungsfunktionen	525
	28.4.2	Verarbeitungsfunktionen	528
	28.4.3	Gemeinsame Parameter	540
	28.4.4	Behandelbare Ausnahmen	542

	28.5	Reguläre Ausdrücke	543
		28.5.1 Syntax regulärer Ausdrücke	543
		28.5.2 Einzelzeichenmuster	546
		28.5.3 Zeichenfolgenmuster	551
		28.5.4 Suchmuster	554
		28.5.5 Ersetzungsmuster	558
		28.5.6 Vereinfachte reguläre Ausdrücke	560
		28.5.7 Reguläre Ausdrücke überprüfen	561
		28.5.8 Ausnahmen in regulären Ausdrücken	562
	28.6	Ausdrücke und Funktionen für die Bytekettenverarbeitung	563
		28.6.1 Bit-Ausdrücke	563
		28.6.2 Bytekettenfunktionen	565
	28.7	Systemklassen für die Zeichen- und Bytekettenverarbeitung	566
		28.7.1 Stringverarbeitung	566
		28.7.2 Komprimierung	566

29 Interne Tabellen ... 567

	29.1	Eigenschaften interner Tabellen	567
		29.1.1 Tabellentyp	567
		29.1.2 Tabellenart	568
		29.1.3 Tabellenschlüssel	569
		29.1.4 Zugriff auf interne Tabellen	577
		29.1.5 Verwaltungskosten interner Tabellen	578
	29.2	Anweisungen für interne Tabellen	579
		29.2.1 Einzelne Zeilen lesen	580
		29.2.2 Schleifenverarbeitung	592
		29.2.3 Gruppenstufenverarbeitung	600
		29.2.4 Zeilen einfügen	604
		29.2.5 Zeilen verdichtet einfügen	610
		29.2.6 Zeilen anhängen	612
		29.2.7 Zeilen ändern	616
		29.2.8 Zeilen löschen	622
		29.2.9 Sortieren	629
		29.2.10 Syntax für Komponentenangaben	635
		29.2.11 Syntax für Schlüsselangaben	636
		29.2.12 Zeichen- und Bytekettenverarbeitung in internen Tabellen	636
	29.3	Tabellenfunktion	641
	29.4	Spezialanweisung für interne Tabellen	641

30 Extrakte ... 647

	30.1	Feldgruppen deklarieren	647
	30.2	Zeilenstruktur festlegen	648

30.3	Extraktdatenbestand füllen	649
30.4	Extraktdatenbestand sortieren	650
30.5	Extraktdatenbestand auslesen	651
30.6	Gruppenstufenverarbeitung	652
	30.6.1 Zähler	654
	30.6.2 Summen	655

31 Eigenschaften von Daten ... 657

31.1	Elementare Eigenschaften bestimmen	657
	31.1.1 Elementare Eigenschaften beliebiger Datenobjekte	657
	31.1.2 Elementare Eigenschaften interner Tabellen	662
	31.1.3 Abstände von Datenobjekten	663
31.2	Run Time Type Services	665

32 Streaming ... 667

32.1	Klassen und Interfaces für Ströme	667
	32.1.1 Klassen für Datenströme und Filterströme	667
	32.1.2 Interfaces und Oberklassen	668
	32.1.3 Wichtige Methoden	668
32.2	Streaming für Datenobjekte	669
	32.2.1 Streaming für Strings	669
	32.2.2 Streaming für interne Tabellen	670

TEIL 10: Benutzerdialoge

33 Klassische Dynpros ... 673

33.1	SAP GUI	673
33.2	Dynpro-Felder	674
33.3	Dynpro-Ablauf und Dynpro-Folgen	676
33.4	Anweisungen der Dynpro-Ablauflogik	676
	33.4.1 Ereignisblöcke der Dynpro-Ablauflogik	677
	33.4.2 Aufruf von Dialogmodulen	678
	33.4.3 Steuerung von Datentransport und Ablauflogik	681
	33.4.4 Verarbeitungsketten	687
	33.4.5 Table Controls	688
	33.4.6 Subscreens, Tabstrip und Splitter Controls	690
33.5	ABAP-Anweisungen für Dynpros	695
	33.5.1 Dynpro-Folge aufrufen	695
	33.5.2 GUI-Status setzen	697
	33.5.3 GUI-Status feststellen	698
	33.5.4 GUI-Titel setzen	699

33.5.5	Anzeige unterdrücken	700
33.5.6	Eigenschaften von Bildschirmelementen auslesen	701
33.5.7	Eigenschaften von Bildschirmelementen modifizieren	703
33.5.8	Cursor setzen	704
33.5.9	Cursor-Position auswerten	706
33.5.10	Controls deklarieren	707
33.5.11	Table Control initialisieren	711
33.5.12	Steploop-Verarbeitung verlassen	712
33.5.13	Eingabedaten bewahren	712
33.5.14	Folge-Dynpro setzen	713
33.5.15	Dynpro verlassen	713

34 Selektionsbilder ... 715

34.1	Selektionsbilder erstellen	716
34.1.1	Selektionsbilder anlegen	716
34.1.2	Selektionsbilder gestalten	719
34.1.3	Elemente anderer Selektionsbilder übernehmen	732
34.2	Parameter definieren	736
34.2.1	Datentyp des Parameters	738
34.2.2	Eigenschaften der Bildschirmelemente	740
34.2.3	Eigenschaften des Wertes und der Wertübergabe	743
34.3	Selektionskriterien definieren	746
34.3.1	Datentyp der Spalten low und high	749
34.3.2	Eigenschaften der Bildschirmelemente	751
34.3.3	Eigenschaften des Wertes und der Wertübergabe	753
34.3.4	Zusatz für Selektionsbilder logischer Datenbanken	754
34.4	Selektionsbilder aufrufen	755
34.4.1	Aufruf über SUBMIT	755
34.4.2	Aufruf über Reporttransaktion	755
34.4.3	Aufruf über Dialogtransaktion	755
34.4.4	Aufruf im Programm	755
34.5	Selektionsbildverarbeitung	757
34.6	Selektionsbildereignisse	757
34.6.1	PBO	758
34.6.2	Übergabe von Einzeldaten	758
34.6.3	Übergabe einer Mehrfachselektion	759
34.6.4	Blockübergabe	759
34.6.5	Übergabe einer Auswahlknopfgruppe	759
34.6.6	Gesamtübergabe	759
34.6.7	POH und POV	760
34.6.8	Exit-Kommando	760

34.7		Freie Abgrenzungen	761
	34.7.1	Freie Abgrenzungen in logischen Datenbanken	762
	34.7.2	Freie Abgrenzungen in beliebigen Programmen	762

35 Klassische Listen 765

35.1		Eigenschaften klassischer Listen	765
	35.1.1	Listen im ABAP-Programm	765
	35.1.2	Grundliste	765
	35.1.3	Verzweigungslisten	765
	35.1.4	Aufbau einer Liste	766
	35.1.5	Drucklisten	767
	35.1.6	Listen und ABAP Objects	767
35.2		Listen erstellen	767
	35.2.1	Listen schreiben	767
	35.2.2	Ausgabelänge auf Listen	772
	35.2.3	Ausgabe aufbereiten	775
	35.2.4	Ausgabe formatieren	776
	35.2.5	Automatische Linienelemente	777
	35.2.6	Listenelemente	777
	35.2.7	Leerzeile erzeugen	781
	35.2.8	Horizontale Linien erzeugen	781
	35.2.9	Listenabschnitte formatieren	782
	35.2.10	Leerzeilen steuern	787
	35.2.11	Listen-Cursor vertikal positionieren	788
	35.2.12	Listen-Cursor horizontal positionieren	791
	35.2.13	Fixbereich beim horizontalen Blättern	792
	35.2.14	Seitenumbruch und Drucklistenerstellung	793
	35.2.15	Bedingter Seitenumbruch	800
	35.2.16	Variable in Listenstufe speichern	800
35.3		Listen im Listenpuffer bearbeiten	801
	35.3.1	Listenzeilen lesen	801
	35.3.2	Listenzeilen modifizieren	803
	35.3.3	Listen blättern	805
	35.3.4	Listeneigenschaften auslesen	808
35.4		Listen anzeigen	810
	35.4.1	Grundliste aufrufen	810
	35.4.2	Listenanzeige verlassen	812
	35.4.3	Liste in Dialogfenster anzeigen	812
	35.4.4	GUI-Status einer Bildschirmliste	813
	35.4.5	Titel einer Bildschirmliste	815
	35.4.6	Cursor auf Liste setzen	815
	35.4.7	Liste an Cursor-Position auswerten	817

35.5	Listen drucken		818
	35.5.1	Drucken ein- und ausschalten	819
	35.5.2	Drucklistenstufen und Spool-Aufträge	819
	35.5.3	Druckparameter	821
	35.5.4	Drucksteuerung	825
	35.5.5	Drucken von Bildschirmlisten	829
35.6	Ereignisblöcke für Listenereignisse		829
	35.6.1	Ereignisse während der Listenerstellung	830
	35.6.2	Ereignisse nach Benutzeraktionen auf angezeigten Listen	831
	35.6.3	Listenereignis programmgesteuert auslösen	833

36 Nachrichten ... 835

36.1	Ablage von Nachrichten		835
36.2	Verhalten von Nachrichten		835
	36.2.1	Nachrichten in der Listenverarbeitung	836
	36.2.2	Nachrichten in der Dialogverarbeitung	836
	36.2.3	Nachrichten in der Control-Verarbeitung	840
	36.2.4	Nachrichten im Batch-Input	840
	36.2.5	Nachrichten in der Hintergrundverarbeitung	840
	36.2.6	Nachrichten in der Verbuchung	841
	36.2.7	Nachrichten in Konvertierungsroutinen	841
	36.2.8	Nachrichten in Prozeduren	842
	36.2.9	Nachrichten in der RFC-Verarbeitung	842
	36.2.10	Nachrichten in HTTP-Servern	842
36.3	Nachrichten senden		843
	36.3.1	Nachricht angeben	843
	36.3.2	Zeichenkette angeben	846
	36.3.3	Nachrichtenoptionen	847

TEIL 11: Externe Daten verarbeiten

37 Datenbankzugriffe ... 853

37.1	Datenbanktabellen		853
	37.1.1	Relationale Datenbanken	853
	37.1.2	Indizes von Datenbanktabellen	853
37.2	Open SQL		854
	37.2.1	Umfeld von Open SQL	854
	37.2.2	Lesende Zugriffe	860
	37.2.3	Ändernde Zugriffe	905
	37.2.4	Arbeitsbereiche für Open SQL	922
	37.2.5	Streaming und Lokatoren für Open SQL	923
	37.2.6	Behandelbare Ausnahmen	926

37.3		Object Services	927
	37.3.1	Persistenzdienst	927
	37.3.2	Transaktionsdienst	929
	37.3.3	Query-Dienst	930
37.4		Native SQL	932
	37.4.1	Native SQL einbinden	932
	37.4.2	Hostvariablen	933
	37.4.3	Cursor-Verarbeitung	934
	37.4.4	Stored Procedures aufrufen	936
	37.4.5	Datenbankverbindung festlegen	938
	37.4.6	Behandelbare Ausnahmen	940
37.5		ADBC	941
	37.5.1	SQL-Anweisungen ausführen	941
	37.5.2	SQL-Anweisungen vorbereiten	945
	37.5.3	Datenbankverbindungen	946
	37.5.4	Ausnahmeklasse für ADBC	947

38 Daten-Cluster — 949

38.1		Daten-Cluster erstellen	949
	38.1.1	Daten-Cluster definieren	949
	38.1.2	Speichermedium angeben	950
	38.1.3	Behandelbare Ausnahmen	955
	38.1.4	INDX-artige Datenbanktabellen	955
	38.1.5	SQL-Zugriff auf Daten-Cluster	956
38.2		Daten-Cluster lesen	957
	38.2.1	Quelle angeben	958
	38.2.2	Speichermedium angeben	959
	38.2.3	Konvertierungszusätze	961
	38.2.4	Textsprachenregel	967
	38.2.5	Behandelbare Ausnahmen	968
38.3		Inhaltsverzeichnis lesen	968
38.4		Daten-Cluster löschen	969
38.5		Daten-Cluster im ABAP Memory löschen	970
38.6		Systemklassen für Daten-Cluster	971

39 Dateischnittstelle — 973

39.1		Eigenschaften der Dateischnittstelle	973
	39.1.1	Dateien adressieren	973
	39.1.2	Berechtigungen für Dateizugriffe	973
	39.1.3	Sperren	975
	39.1.4	Dateischnittstelle und Unicode	975

	39.2	Datei öffnen	976
		39.2.1 Zugriffsart festlegen	977
		39.2.2 Ablageart festlegen	978
		39.2.3 Positionsangabe	984
		39.2.4 Betriebssystemabhängige Zusätze	985
		39.2.5 Fehlerbehandlung	987
		39.2.6 Behandelbare Ausnahmen	989
	39.3	Datei schreiben	989
		39.3.1 Länge angeben	990
		39.3.2 Zeilenende-Markierung definieren	991
		39.3.3 Behandelbare Ausnahmen	991
	39.4	Datei lesen	992
		39.4.1 Maximale Länge angeben	994
		39.4.2 Gelesene Länge feststellen	995
		39.4.3 Behandelbare Ausnahmen	995
	39.5	Dateieigenschaften bestimmen	995
		39.5.1 Position bestimmen	996
		39.5.2 Eigenschaften auslesen	997
		39.5.3 Behandelbare Ausnahmen	998
	39.6	Dateieigenschaften ändern	999
		39.6.1 Position festlegen	999
		39.6.2 Eigenschaften ändern	1000
		39.6.3 Behandelbare Ausnahmen	1002
	39.7	Dateigröße ändern	1002
	39.8	Datei schließen	1003
	39.9	Datei löschen	1004

40 Datenkonsistenz 1005

	40.1	Datenbank-LUW	1005
		40.1.1 Datenbank-Commit	1006
		40.1.2 Datenbank-Rollback	1007
		40.1.3 Datenbank-Commits/Rollbacks auf Datenbankverbindung	1008
	40.2	SAP-LUW	1008
		40.2.1 Verbuchungsfunktionsbaustein registrieren	1009
		40.2.2 Unterprogramme registrieren	1011
		40.2.3 SAP-Commit durchführen	1012
		40.2.4 SAP-Rollback duchführen	1014
		40.2.5 Lokale Verbuchung einschalten	1015
	40.3	Datenbanksperren	1015
		40.3.1 Datenbanksperren setzen	1016
		40.3.2 Arten von Datenbanksperren	1016
		40.3.3 Isolation Level	1016

		40.3.4	Deadlock	1017
		40.3.5	Datenbanksperren freigeben	1017
	40.4	SAP-Sperren		1017
		40.4.1	SAP-Sperren setzen und überprüfen	1017
		40.4.2	SAP-Sperren freigeben	1018
	40.5	Berechtigungen		1019

TEIL 12: Programmparameter

41 Parameter im SAP Memory ... 1025

	41.1	SPA/GPA-Parameter		1025
		41.1.1	SPA/GPA-Parameter und ABAP-Programme	1025
		41.1.2	SPA/GPA-Parameter verwalten	1026
		41.1.3	SPA/GPA-Parameter und Dynpro-Felder	1026
	41.2	SPA/GPA-Parameter setzen		1027
	41.3	SPA/GPA-Parameter lesen		1028

42 Sprachumgebung ... 1031

	42.1	Text-Pools		1031
	42.2	Textumgebung		1033
		42.2.1	Textumgebung in Unicode-Systemen	1033
		42.2.2	Textumgebung in Nicht-Unicode-Systemen	1034
		42.2.3	Textumgebung setzen	1034
		42.2.4	Textumgebung feststellen	1037
	42.3	Formatierungseinstellungen		1038
		42.3.1	Länderspezifische Formate	1038
		42.3.2	Formatierungseinstellungen setzen	1040

43 Datums- und Zeitinformationen ... 1043

	43.1	Systemfelder für Datum und Zeit		1043
	43.2	Zeitstempel		1044
		43.2.1	Eigenschaften von Zeitstempeln	1044
		43.2.2	Aktuellen Zeitstempel erstellen	1047
		43.2.3	Zeitstempel in lokale Zeit konvertieren	1048
		43.2.4	Lokale Zeit in Zeitstempel konvertieren	1049

TEIL 13: Programmbearbeitung

44 Programme testen und prüfen ... 1055

	44.1	Checkpoints		1055
		44.1.1	Assertions	1055
		44.1.2	Breakpoints	1058

		44.1.3	Logpoints	1060
	44.2	Laufzeitmessung		1061
		44.2.1	Relative Programmlaufzeit	1061
		44.2.2	Zeitauflösung festlegen	1062
		44.2.3	Klasse für Laufzeitmessungen	1062
	44.3	Laufzeitanalyse		1063

45 Programme bearbeiten ... 1065

	45.1	Quelltext		1065
		45.1.1	Dynamischer Subroutinen-Pool	1065
		45.1.2	Programm einlesen	1070
		45.1.3	Syntaxprüfung	1071
		45.1.4	Programm anlegen oder überschreiben	1075
		45.1.5	ABAP Editor aufrufen	1078
	45.2	Textelemente		1079
		45.2.1	Text-Pool einlesen	1079
		45.2.2	Text-Pool anlegen oder überschreiben	1080

TEIL 14: Daten- und Kommunikationsschnittstellen

46 Remote Function Call ... 1085

	46.1	Eigenschaften des RFC		1085
		46.1.1	RFC-Schnittstelle	1085
		46.1.2	RFC-Sprachelemente	1086
		46.1.3	RFC-Destination	1087
		46.1.4	RFC-Kontext	1087
		46.1.5	RFC-Protokoll	1087
		46.1.6	RFC-Ausnahmen	1088
		46.1.7	RFC-Systemfelder	1090
		46.1.8	RFC–Berechtigungen	1090
		46.1.9	RFC-Vertrauensbeziehungen	1090
		46.1.10	RFC-Dialoginteraktionen	1091
		46.1.11	RFC-Einschränkungen	1091
	46.2	Remote-Funktionsaufruf		1092
		46.2.1	Synchroner Remote Function Call	1092
		46.2.2	Asynchroner Remote Function Call	1097
		46.2.3	Background RFC	1103
		46.2.4	Transaktionaler Remote Function Call	1104

47 XML-Schnittstelle ... 1107

	47.1	XSL-Transformationen	1107
	47.2	Simple Transformations	1108

47.3	Kanonische XML-Repräsentation		1108
	47.3.1	Generelles Format	1109
	47.3.2	Mapping von ABAP-Datentypen	1110
47.4	Transformation aufrufen		1125
	47.4.1	Transformationsquelle	1126
	47.4.2	Transformationsziel	1127
	47.4.3	Transformationsparameter	1128
	47.4.4	Transformationsoptionen	1130
	47.4.5	Behandelbare Ausnahmen	1133

48 OLE-Schnittstelle ... 1135

48.1	Automation-Objekt erzeugen	1135
48.2	Automation-Methode aufrufen	1137
48.3	Automation-Objekteigenschaften feststellen	1139
48.4	Automation-Objekteigenschaften ändern	1140
48.5	Automation-Objekt freigeben	1141

TEIL 15: Erweiterungstechniken

49 Quelltext erweitern ... 1145

49.1	Implizite Erweiterungsoptionen		1145
49.2	Explizite Erweiterungsoptionen		1146
	49.2.1	Erweiterungsoption für Stelle	1146
	49.2.2	Erweiterungsoption für Abschnitt	1147
	49.2.3	Erweiterungsimplementierung	1149

50 BAdIs ... 1151

50.1	BAdI-Objekt erzeugen		1152
	50.1.1	Filterwerte angeben	1154
	50.1.2	Kontext angeben	1154
	50.1.3	Behandelbare Ausnahmen	1155
50.2	BAdI-Methode aufrufen		1155

TEIL 16: Obsolete Anweisungen

51 Obsolete Syntax ... 1161

51.1	Obsoleter Anweisungsaufbau		1161
51.2	Obsolete Pseudokommentare		1161
	51.2.1	Pseudokommentare für die erweiterte Programmprüfung	1161
	51.2.2	Pseudokommentare für Testklassen	1162
51.3	Obsoletes Ausschalten der Programmprüfung		1162

52 Obsolete Modularisierung ... 1165

- 52.1 Obsolete Unterprogramme ... 1165
  - 52.1.1 Unterprogramm anlegen ... 1165
  - 52.1.2 Unterprogramm in Teilen anlegen ... 1170
- 52.2 Obsolete Funktionsbausteinparameter ... 1170
  - 52.2.1 Tabellenparameter deklarieren ... 1171
  - 52.2.2 Obsolete Typisierung ... 1171
  - 52.2.3 Globale Parameter ... 1172
- 52.3 Obsoletes Zwischenspeichern ... 1173

53 Obsolete Deklarationen ... 1175

- 53.1 Obsolete Typdefinitionen ... 1175
  - 53.1.1 Implizite Typangaben ... 1175
  - 53.1.2 Unnötige Längenangaben ... 1175
  - 53.1.3 Anonyme Komponenten ... 1175
- 53.2 Obsoletes Bekanntmachen und Laden ... 1176
  - 53.2.1 Typgruppe laden ... 1176
  - 53.2.2 Klasse oder Interface laden ... 1177
  - 53.2.3 Datenobjekt bekannt machen ... 1177
- 53.3 Obsolete Schnittstellen-Arbeitsbereiche ... 1178
  - 53.3.1 Gemeinsamer Datenbereich ... 1178
  - 53.3.2 Zusätzlicher Tabellenarbeitsbereich ... 1179
- 53.4 Obsolete interne Tabellen ... 1180
  - 53.4.1 Interne Tabellen mit Kopfzeile ... 1180
  - 53.4.2 Obsolete Deklaration beliebiger Zeilentypen ... 1182
  - 53.4.3 Explizite Deklaration einer Kopfzeile ... 1183
  - 53.4.4 Obsolete Deklaration strukturierter Zeilentypen ... 1183
  - 53.4.5 Obsolete Deklaration von Ranges-Tabellen ... 1184
- 53.5 Obsolete Feldsymbole ... 1185
  - 53.5.1 Obsolete Typisierung ... 1185
  - 53.5.2 Obsoletes Casting ... 1185
- 53.6 Obsoleter Typbezug ... 1186

54 Obsolete Objekterzeugung ... 1187

55 Obsolete Aufrufe ... 1189

- 55.1 Obsolete Dialogbausteine ... 1189
  - 55.1.1 Einstiegsbild unterdrücken ... 1190
  - 55.1.2 Batch-Input-Mappe ... 1190
  - 55.1.3 Parameterübergabe ... 1190
- 55.2 Obsoleter Funktionsbaustein-Exit ... 1191

55.3	Obsolete Funktionsbausteinausnahme	1192
55.4	Obsoleter externer Unterprogrammaufruf	1192
55.5	Obsoletes Verlassen	1193
55.5.1	Obsoletes Verlassen aufgerufener Programme	1193
55.5.2	Obsoletes Verlassen beliebiger Verarbeitungsblöcke	1193

56 Obsolete Programmablaufsteuerung — 1195

56.1	Obsolete logische Ausdrücke	1195
56.1.1	Obsolete Vergleichsoperatoren	1195
56.1.2	Obsolete Kurzform für Selektionstabelle	1195
56.1.3	Obsoletes Überprüfen von Ausgabeparametern	1196
56.2	Obsolete Kontrollstrukturen	1197
56.2.1	Obsolete Anweisungen in der Fallunterscheidung	1197
56.2.2	Obsolete Verzweigung	1197
56.2.3	Obsolete unbedingte Schleifenverarbeitung	1198
56.2.4	Obsolete bedingte Schleifenverarbeitung	1200
56.3	Obsolete Ausnahmebehandlung	1201

57 Obsolete Zuweisungen — 1203

57.1	Obsoletes prozentuales Teilfeld	1203
57.2	Obsolete Konvertierung	1203
57.3	Obsoletes Casting	1204
57.4	Obsoleter dynamischer Speicherbereich	1205
57.5	Obsolete Initialisierung	1205

58 Obsolete Rechenanweisungen — 1207

58.1	Obsoletes Addieren von Feldfolgen	1207
58.2	Obsoletes komponentenweises Rechnen	1208

59 Obsolete Zeichen- und Bytekettenverarbeitung — 1211

59.1	Obsoletes Suchen	1211
59.2	Obsoletes Ersetzen	1213
59.3	Obsoletes Umsetzen	1215
59.3.1	Codepage und Zahlenformat	1215
59.3.2	Neunerkomplement eines Datums bilden	1216

60 Obsolete Verarbeitung interner Tabellen — 1219

60.1	Obsolete Kurzformen	1219
60.2	Obsolete Schlüsselangaben	1219
60.2.1	Keine Angabe machen	1219

		60.2.2	Teilfeld einer Zeile angeben	1220

- 60.2.2 Teilfeld einer Zeile angeben 1220
- 60.2.3 Gesamte Zeile angeben 1221
- 60.3 Obsoletes Suchen 1222
- 60.4 Obsolete Zuweisung aufbereiteter Zeichenketten 1223
- 60.5 Obsolete Kurzform einer Spezialanweisung 1224
- 60.6 Obsoletes Löschen 1226

61 Obsolete Benutzerdialoge 1227

- 61.1 Obsolete Dynpro-Ablauflogik 1227
  - 61.1.1 Datenbankzugriff 1227
  - 61.1.2 Werteüberprüfung in der Ablauflogik 1227
  - 61.1.3 Obsolete Subscreen-Erweiterung 1229
  - 61.1.4 Obsolete Steploop-Verarbeitung 1229
- 61.2 Obsolete Listenverarbeitung 1234
  - 61.2.1 Obsolete Formatierungen 1234
  - 61.2.2 Obsolete Berechnungen 1235
  - 61.2.3 Obsoletes Listenereignis 1237
  - 61.2.4 Obsoletes Drucken 1237
- 61.3 Obsoleter Texteditor 1238

62 Obsolete Verarbeitung externer Daten 1241

- 62.1 Obsolete Datenbankzugriffe 1241
  - 62.1.1 Obsolete Kurzformen in Open SQL 1241
  - 62.1.2 Obsolete Cursor-Verarbeitung in Native SQL 1241
  - 62.1.3 Obsolete Zugriffsanweisungen 1242
- 62.2 Obsolete Daten-Cluster-Zugriffe 1247
  - 62.2.1 Obsolete Kurzformen 1247
  - 62.2.2 Obsolete implizite Kennung 1247
  - 62.2.3 Obsoleter impliziter Arbeitsbereich 1248
  - 62.2.4 Obsolete Kennung 1249
- 62.3 Obsolete Contexte 1249
  - 62.3.1 Pufferung von Contexten 1250
  - 62.3.2 Instanzen von Contexten erzeugen 1251
  - 62.3.3 Contexte mit Schlüsselwerten versorgen 1251
  - 62.3.4 Contexte abfragen 1252
- 62.4 Obsolete logische Datenbanken 1253
  - 62.4.1 Schnittstellen-Arbeitsbereiche für logische Datenbanken 1254
  - 62.4.2 Anweisungen in logischen Datenbanken 1254
  - 62.4.3 Anweisungen für logische Datenbanken 1262
  - 62.4.4 Funktionsbaustein für logische Datenbanken 1262

63 Obsolete Daten- und Kommunikationsschnittstellen ... 1265

63.1 Obsolete XML-Anbindung ... 1265
63.2 Obsolete CPI-C-Schnittstelle ... 1265
63.3 Obsolete JavaScript-Anbindung ... 1266

Anhang

A   ABAP-Speicherorganisation ... 1269
    A.1   Allgemeine Speicherorganisation ... 1269
        A.1.1   Applikationsserver ... 1269
        A.1.2   Benutzersitzung ... 1269
        A.1.3   Hauptmodus ... 1269
        A.1.4   Interner Modus ... 1270
    A.2   Programme im internen Modus ... 1270
        A.2.1   Programmgruppen ... 1270
        A.2.2   Datenobjekte ... 1272
        A.2.3   Instanzen von Klassen ... 1272
        A.2.4   Schnittstellen-Arbeitsbereiche ... 1272
        A.2.5   Dynpros, Listen und GUI-Status ... 1272

B   Speicherverwaltung tiefer Datenobjekte ... 1273
    B.1   Speicherbedarf tiefer Datenobjekte ... 1273
    B.2   Maximale Größe dynamischer Datenobjekte ... 1275
    B.3   Sharing zwischen dynamischen Datenobjekten ... 1275

C   ABAP-Glossar ... 1277

Index ... 1345

Vorwort

Dies ist die neueste Ausgabe der ABAP-Referenz und damit eine vollständige Beschreibung der Programmiersprache ABAP. Gegenüber der letzten Auflage, die die Sprache ABAP zu Release 6.40 beschrieb, behandelt diese Version ABAP bis einschließlich Release 7.2 und enthält zusätzlich viele Überarbeitungen und Erweiterungen.

Warum aber überhaupt eine neue ABAP-Referenz? Den Inhalt gibt es doch auch als Onlinehilfe im System, und er ist auch im Internet zu finden. Hier zeigt sich der oft bemühte Goethe wieder einmal als recht hilfreich, »*Denn was man schwarz auf weiß besitzt, kann man getrost nach Hause tragen.*« Und auch Leserstimmen zu den früheren Auflagen, wie »*Man kann markieren*«, »*Man hat alles auf einen Blick*« oder »*Ich finde alles*« tragen zur Motivation für das Buchformat bei. Gerade bei einer extrem umfangreichen Sprache wie ABAP hat ein Referenzbuch eine große Daseinsberechtigung.

Es gibt zwar alle Inhalte online, werden sie aber auch gefunden? In der ABAP-Hotline häufen sich Anfragen und Fehlermeldungen, die durch einen einfachen Verweis auf die Dokumentation erledigt werden können. Woran liegt es aber, dass Entwickler die Stelle nicht selbst finden? Meines Erachtens liegt dies daran, dass Onlineinhalte nur punktuell gelesen werden und auch nur in größter Not und dass sie vor allem nicht durchgeblättert werden können wie ein Buch. Zwar ist der gesuchte Inhalt in der Onlinehilfe in der Regel nur einen Mausklick weit entfernt, bei einem schön gemachten Buch ist die Wahrscheinlichkeit aber einfach größer, dass der Leser beim Blättern an Stellen hängen bleibt, die für ihn interessant sind, und dass sich durch die Kompaktheit des Formats wichtige Zusammenhänge einfach besser erschließen lassen.

Als Beispiel aus der Praxis sei die beliebte Hotline-Meldung »Die Anweisung SORT itab funktioniert nicht« angeführt. Natürlich funktioniert die Anweisung SORT genau wie dokumentiert. Meistens wissen die Entwickler auch noch, dass SORT ohne explizite Angabe des Sortierschlüssels nach dem primären Tabellenschlüssel sortiert. Aber die Kenntnis, dass der primäre Tabellenschlüssel der Standardschlüssel sein kann und dass dieser bei Standardtabellen unter Umständen keine Schlüsselfelder enthält, ist offensichtlich schon weit weniger verbreitet. Wie gesagt, steht das alles in der Dokumentation, es scheint aber Hemmnisse zu geben, in der Dokumentation zu SORT den Verweisen zur Beschreibung der Schlüssel zu folgen. Auch die Tatsache, dass die Onlinedokumentation in einer Baumstruktur organisiert ist, in der es sich lohnen kann, auch einmal benachbarte Knoten auszuwählen, scheint wenig Beachtung zu finden.

Das vorliegende Buch will dazu beitragen, solche Überraschungen zu vermeiden, da sich die gedruckte Information in der Regel besser erfassen lässt als die flüchtige Onlineinformation. Stöbern Sie also in diesem Buch, lesen Sie alles zu einer Anweisung und nicht nur den gerade gebrauchten Zusatz, und schmökern Sie einfach auch einmal im ABAP-Glossar – alles Dinge, die Sie online wahrscheinlich nie machen werden. Nutzen Sie also die Gelegenheit, sich der Sprache ABAP in ihrer Gesamtheit und nicht nur punktuell über F1 zu nähern.

Als verantwortlicher Autor der ABAP-Schlüsselwortdokumentation freue ich mich deshalb, Ihnen gemeinsam mit dem Verlag Galileo Press meine Inhalte in aufbereiteter und qualitativ hochwertiger Form als Buch anbieten zu können. Herrn Florian Zimniak, meinem Lektor bei Galileo Press, danke ich für die wie immer gute Betreuung des Projekts und das sachkundige Lektorat. Dirk Hemke von SatzPro hat aus fast 2000 Seiten HTML-Text eine erste Word-Fassung des Manuskripts erstellt, die Kai Ortmann dann durchgesehen und geglättet hat; beide haben mir damit sehr viel Arbeit erspart. Meine studentische Hilfskraft, Frau Lisa Monshausen, war mir eine große Hilfe bei weiteren Formatierungsarbeiten, und ihr erstes Korrekturlesen hat manchen Genitiv vor dem frühzeitigen Tod durch den Dativ bewahrt. Für das exzellente Verlagskorrektorat danke ich Frau Alexandra Müller. Frau Iris Warkus danke ich für die wie immer kompetente Herstellung. Gerade die letzten beiden Punkte sind wichtige Zutaten, die dazu beitragen, die Buchversion von der Onlineversion abzuheben. Ganz besonders danke ich allen Mitarbeitern des Bereichs TD Core AS&VM der SAP sowie allen weiteren ABAP-Entwicklern, die mich auf Fehler, Lücken und Verständnisschwierigkeiten in der ABAP-Dokumentation hingewiesen und dadurch letztlich auch zur Qualität dieses Buches beigetragen haben.

Schließlich und endlich danke ich wieder meiner Frau Ute für ihre Unterstützung während der zurückliegenden Monate. Zwar hat es nicht so lange gedauert das Manuskript zu erstellen wie bei den Vorauflagen, dafür war die Arbeit aber umso intensiver. Ohne das Verständnis der Ehepartnerin wäre eine solche Tour de Force kaum möglich.

Horst Keller
Knowledge Architect, SAP AG, TD Core AS&VM

1   Einleitung

Dieses Buch enthält eine vollständige Beschreibung der zur Verwendung freigegebenen Sprachelemente der Programmiersprache ABAP, organisiert nach ihrem thematischen Zusammenhang. Diese Beschreibung umfasst auch die obsoleten Sprachelemente, deren Verwendung in neuen Programmen zwar nicht mehr empfohlen wird, die aber noch in vorhandenen Programmen vorkommen. Nicht dargestellt sind dagegen die Sprachelemente, die nur zur internen Verwendung in Systemprogrammen vorgesehen sind.

Die ABAP-Referenz dient somit als Nachschlagewerk für den täglichen Gebrauch beim Umgang mit der Sprache ABAP. Für eine umfassende Einführung in die ABAP-Programmierung und das Umfeld der Sprache ABAP sei auf das Handbuch *ABAP Objects* (SAP PRESS 2006) verwiesen. In der ABAP-Referenz finden sich zwar viele Hinweise zur Verwendung von ABAP, für eine kompakte Darstellung, wie ABAP heutzutage verwendet werden soll, sei aber auf das Buch *ABAP-Programmierrichtlinien* (SAP PRESS 2009) verwiesen.

Zur Verdeutlichung von Syntax und Semantik von ABAP-Anweisungen sind in der ABAP-Referenz auch Programme und Programmausschnitte dargestellt. Diese Syntaxbeispiele sind nicht zur direkten Verwendung in einer produktiven Systemumgebung vorgesehen. Die Quelltexte der Beispiele dienen primär der besseren Erklärung und Visualisierung von Syntax und Semantik von ABAP-Anweisungen und nicht der Lösung konkreter Programmieraufgaben. Für produktive Anwendungsprogramme sollte daher immer eine einzelfallgerechte Lösung erarbeitet werden.

1.1   Behandelte Releases

Die Basis der vorliegenden ABAP-Referenz ist der SAP NetWeaver Application Server, Release 7.0. Dies ist das derzeit am weitesten verbreitete Release. Änderungen zwischen Release 6.40, d. h. dem Release, das in der letzten Auflage der ABAP-Referenz beschrieben wurde, und Release 7.0 werden in der vorliegenden Auflage nicht hervorgehoben. Dies betrifft beispielsweise die Beschreibung regulärer Ausdrücke in der Zeichenkettenverarbeitung, die erst seit Release 7.0 von ABAP unterstützt werden.

Bis einschließlich AS ABAP, Release 7.0, verfolgte SAP eine strikt lineare Releasepolitik: Ein Release des AS ABAP bzw. des früheren Web Application Servers bzw. der früheren SAP-Basis folgte auf das andere, d. h., Release 7.0 folgte auf 6.40, 6.20, 4.6 usw., wobei ein höheres Release immer alle früheren Releases umfasste.

Diese Politik hat sich inzwischen geändert. Da ein Upgrade von einem Basisrelease auf das nächsthöhere für Kunden immer mit einem hohen Zeit- und Kostenaufwand verbunden ist, hat SAP den Bestandskunden, die Release 7.0 im Einsatz haben, versprochen, dieses Release über längere Zeit stabil zu halten. Die Übernahme von durch SAP ausgelieferten funktionalen Neuerungen erfordert kein Upgrade auf ein höheres Release mehr, sondern wird in Form sogenannter Enhancement Packages (EhPs) zur Verfügung gestellt. Ein EhP zu einem Release soll mit geringstmöglichem Aufwand in ein bestehendes Release einspielbar sein und dieses funktional erweitern, ohne dass Änderungsaufwand an bestehendem Code erforderlich ist. Zu Release 7.0 gibt es derzeit die Enhancement Packages 1 und 2 (EhP1 und EhP2 mit den Releasekennungen 7.01 und 7.02).

Parallel zu den EhPs, in denen normalerweise keine nennenswerten Weiterentwicklungen am Application Server selbst vorgenommen werden, werden die Programmiersprache ABAP und ihr Umfeld für echte neue Releases natürlich wie gehabt weiterentwickelt. Das heißt, auf Release 7.0 folgten die Releases 7.1, 7.2 usw. Die Neuerungen dieser SAP NetWeaver-Releases kamen bisher aber nur sehr wenigen Nutzern zugute. Da es sich bei vielen Weiterentwicklungen aber um sehr wichtige und lang erwartete Neuerungen handelt, wie z. B. eine fundamental verbesserte Behandlung von Ausdrücken, sekundäre Schlüssel interner Tabellen, neue Wege in der Zeichenkettenverarbeitung und – nicht zu vergessen – erhebliche Verbesserungen an Werkzeugen wie dem Class Builder und dem ABAP Debugger, kam es natürlich auch bei allen Anwendern, die auf Release 7.0 verblieben sind, zu einer verstärkten Nachfrage nach diesen Neuerungen.

Die gute Nachricht ist: Aufgrund dieser Nachfrage wurden fast alle in der fortlaufenden Releaseschiene (Releases 7.1, 7.2) entwickelten Neuerungen an der Sprache ABAP und der zugehörigen Werkzeuge nach Release 7.02 bzw. EhP 2 für Release 7.0 zurückportiert. Bis auf das operationale Paketkonzept und klassenbasierte Ausnahmen beim RFC, die es nur in Release 7.2 gibt, sind Release 7.0, EhP2, und Release 7.2, was die Sprache ABAP und ihre Werkzeuge angeht, weitestgehend gleich und können aus diesem Grund in der vorliegenden Referenz gemeinsam präsentiert werden.[1]

Die ABAP-Referenz beschreibt somit Release 7.0, einschließlich aller Neuerungen zu den Releases 7.0, EhP2, und 7.2:

- Neuerungen, die es zu Release 7.0, EhP2, und Release 7.2 gemeinsam gibt, sind am Seitenrand mit einem entsprechenden Icon und auch im Text durch »Release 7.02/7.2« gekennzeichnet.

- Die wenigen Neuerungen, die es nur zu Release 7.2 gibt, sind entsprechend auch nur mit »Release 7.2« gekennzeichnet.

Dazwischenliegende Releases wie 7.1 und 7.11, d. h. 7.1, EhP1, werden hier nicht gesondert aufgeführt, sondern unter Release 7.2 zusammengefasst. Für eine genaue Historie der releaseabhängigen Änderungen zwischen Release 7.0 und Release 7.2 sei auf den gleichnamigen Abschnitt der ABAP-Schlüsselwortdokumentation verwiesen (Suche nach Begriff »News«).

---

[1] Zu einem weiteren Release 7.3, für das es einige wenige Nutzer gibt, wurden im Hinblick auf ABAP keine Weiterentwicklungen durchgeführt, und es gilt die Beschreibung von Release 7.2. Die Weiterentwicklung von ABAP seit Release 7.2 erfolgt auf einer weiteren Releaseschiene, die derzeit aber nur für interne Entwicklungen der SAP zur Verfügung steht.

1.2 Neuerungen in den Releases 7.02 und 7.2

Dieser Abschnitt fasst die wichtigsten Neuerungen in den Releases 7.02 und 7.2 gegenüber Release 7.0 zusammen. Wenn nicht anders angegeben, gelten die Neuerungen in beiden Releases. Die Neuerungen, die es nur in Release 7.2 gibt, sind entsprechend gekennzeichnet. Für eine vollständige Liste sei wieder auf den Abschnitt »Releaseabhängige Änderungen« der ABAP-Schlüsselwortdokumentation verwiesen.

1.2.1 Neuerungen in der Sprache ABAP

Folgende Neuerungen stehen zur Verfügung und werden in der vorliegenden Referenz beschrieben:

- **Bedarfsgetriebenes Laden**
  Als interne Optimierung werden Programme erst in dem Moment geladen, in dem ein darin deklariertes Element tatsächlich benötigt wird. Beispielsweise wird eine Klasse class nicht mehr bei bei einem Typbezug `TYPE REF TO class`, sondern erst bei einem Zugriff auf eine Komponente der Klasse oder auf die Klasse selbst geladen. Als Konsequenz daraus sind die Anweisung `TYPE-POOLS` und der Zusatz `LOAD` zu `CLASS` und `INTERFACE` nicht mehr nötig.

- **Pragmas**
  Um Warnungen der Syntaxprüfung des ABAP Compilers und anderer Prüfwerkzeuge auszublenden, können Pragmas verwendet werden (siehe Abschnitt 7.1). Diese lösen die bisher üblichen Pseudokommentare ab.

- **Erweiterte Ausdrücke**
  Die Verwendbarkeit von Funktionen und Ausdrücken an Operandenpositionen wurde stark erweitert (siehe Abschnitt 3.2.5). Beispielsweise ist jetzt endlich eine Verwendung arithmetischer Ausdrücke in logischen Ausdrücken wie `a + b > c - d` möglich. Weiterhin können Ausdrücke und Funktionen als Aktualparameter angegeben werden, oder es sind verkettete Methodenaufrufe möglich. Schließlich wurden viele neue eingebaute Funktionen mit mehreren benannten Parametern eingeführt.

- **Logische Ausdrücke**
  Für logische Audrücke gibt es neue eingebaute Funktionen, die zum einen als Boolesche Funktionen logische Ausdrücke auswerten und zum anderen als Prädikatfunktionen Wahrheitswerte als Rückgabewert haben (siehe Abschnitt 21.2). Darüber hinaus gibt es einen neuen Operator `EQUIV` für Äquivalenzverknüpfungen (siehe 21.1.4).

- **Klassenbasierte Ausnahmen**
  Die klassenbasierten Ausnahmen wurden um die Möglichkeit des Wiederaufsetzens während der Ausnahmebehandlung mit der Anweisung `RESUME` erweitert (siehe 22.3.1). Weiterhin ermöglicht eine neue Anweisung `RETRY` die Wiederholung eines `TRY`-Blocks.

- **Unterstützung dezimaler Gleitpunktzahlen**
  Die neuen eingebauten Datentypen `decfloat16` und `decfloat34` für dezimale Gleitpunktzahlen sollen längerfristig den Typ `f` für binäre Gleitpunktzahlen ablösen. Sie lösen das Problem binärer Gleitpunktzahlen, nicht jede dezimale Zahl exakt darstellen zu können,

und haben im Vergleich zu gepackten Zahlen vom Tpy `p` einen viel gößeren Wertebereich (siehe Abschnitt 11.1.1). Die dezimalen Gleitpunktzahlen werden wie jeder eingebaute Datentyp in allen Belangen unterstützt, haben entsprechende eingebaute Datentypen im ABAP Dictionary und ermöglichen exakte Berechnungen (siehe Abschnitt 27.1.1).

- **Paketsichtbarkeit**
  Ab Release 7.2 können die geschützten Komponenten einer Klasse über den Zusatz `OPEN FOR PACKAGE` innerhalb des Pakets der Klasse sichtbar gemacht werden. Ein neuer Sichtbarkeitsbereich `PACKAGE SECTION` enthält Komponenten, die nur im Paket der Klasse sichtbar sind (siehe Abschnitt 14.1.3).

- **Exakte Zuweisungen**
  Der neue Zusatz `EXACT` zu den Anweisungen `MOVE` und `MOVE-CORRESPONDING` ermöglicht verlustfreie Zuweisungen, die bei einem Datenverlust und bei ungültigen Werten zu einer Ausnahme führen.

- **Zeichen- und Bytekettenverarbeitung**
  In diesem Bereich gab es einen echten Quantensprung. Neuartige Zeichenkettenausdrücke, die einen Verkettungsoperator und Zeichenketten-Templates enthalten können, können direkt an Operandenpositionen verwendet werden (siehe Abschnitt 28.3). Ein umfangreicher Satz neuer Zeichenkettenfunktionen, die ebenfalls an Operandenpositionen einsetzbar sind, ergänzt und erweitert die vorhandenen Zeichenkettenanweisungen (siehe Abschnitt 28.4).

- **Boxed Components**
  Boxed Components sind eine neuartige, mit dem Zusatz `BOXED` deklarierte Art strukturierter Komponenten von Strukturen und Klassen. Sie basieren wie Strings und interne Tabellen auf einer impliziten Referenzierung und unterstützen ein Initialwert-Sharing, wodurch unnötiger Speicherverbrauch initialer Komponenten vermieden werden kann (siehe Abschnitt 13.1.4).

- **Interne Tabellen**
  Interne Tabellen wurden um die Möglichkeit sekundärer Tabellenschlüssel erweitert, die erheblich performantere Schlüsselzugriffe auf beliebige interne Tabellen erlauben (siehe Abschnitt 29.1.3). Weiterhin wurde die Möglichkeit einer dynamischen `WHERE`-Bedingung bei den Anweisungen `LOOP AT itab`, `MODIFY itab` und `DELETE itab` eingeführt.

- **Shared Objects**
  Speicherengpässe im Shared Objects Memory lösen jetzt behandelbare Ausnahmen der Klasse CX_SHM_OUT_OF_MEMORY aus. Vorher kam es zu nicht-behandelbaren Laufzeitfehlern.

- **Splitter Controls auf Dynpros**
  Ein Splitter Control erlaubt es, zwei Subscreens übereinander oder nebeneinander anzuordnen, wobei die Grenze zwischen den Subscreen-Bereichen verschiebbar ist.

- **Datenbankzugriffe**
  Streaming und Lokatoren erlauben einen neuartigen sequenziellen oder abschnittsweisen Zugriff auf Strings in Datenbanktabellen, wodurch vermieden werden kann, zu viele Daten auf den Applikationsserver laden zu müssen (siehe Abschnitt 37.2.5).

- **Remote Function Call**
  Das Format basXML wird als neues einheitliches RFC-Protokoll unterstützt und soll die älteren Formate ablösen. Ab Release 7.2 können in den Schnittstellen remotefähiger Funktionsbausteine Ausnahmeklassen angegeben und klassenbasierte Ausnahmen, die beim RFC auftreten, in TRY-Kontrollstrukturen behandelt werden. Welche Ausnahmebehandlung stattfindet, wird durch die Angabe des Zusatzes EXCEPTIONS in der Parameterliste der Anweisung CALL FUNCTION DESTINATION gesteuert (siehe Abschnitt 46.2.1).

- **Erweiterungen**
  In den Anweisungen GET BADI und CALL BADI können das BAdI bzw. die BAdI-Methode jetzt auch dynamisch angegeben werden (siehe Abschnitt 50).

1.2.2 Neuerungen bei den Werkzeugen

Folgende Neuerungen stehen zur Verfügung, werden aber nicht in der vorliegenden Referenz beschrieben, da sie nicht zum unmittelbaren ABAP-Sprachumfang gehören:

- **ABAP Editor**
  Der neue ABAP Frontend Editor wurde um eine Code Completion erweitert, die passende ABAP-Wörter und Operanden für die aktuelle Stelle des Codings vorschlägt (Aufruf über ⌈Strg⌉+Leertaste).

- **Class Builder**
  Im neuen quelltextbasierten Editor werden die internen Include-Programme eines Class-Pools aufgelöst, und der gesamte Quelltext einer globalen Klasse wird wie ein einziges Programm im ABAP Editor angezeigt und kann dort bearbeitet werden. Beim Speichern wird der geänderte Quelltext wieder auf die zugehörigen Include-Programme aufgeteilt.

- **Package Builder**
  Ab Release 7.2 unterstützt der Package Builder das neue operationale Paketkonzept. Im neuen operationalen Paketkonzept muss jede Verwendung eines Repository-Objekts außerhalb seines Pakets explizit erlaubt sein. Dies wird von der Syntaxprüfung überprüft. Verletzungen der Paketschnittstelle führen zu Syntaxfehlern. Im Einzelnen muss:
  - ein Paket, das Repository-Objekte oder Teile von Repository-Objekten zur Verwendung anbietet, diese in einer Schnittstelle deklarieren
  - ein Paket, das auf Repository-Objekte eines anderen Pakets zugreift, von diesem hierzu die Erlaubnis haben
  - ein Paket, das auf Repository-Objekte eines anderen Pakets zugreift, diese Verwendung deklarieren

  Pakete können geschachtelt sein. Das heißt, ein Paket kann nochmals in weitere voneinander unabhängige Pakete unterteilt sein und kapselt deren Verwendung.

- **ABAP Debugger**
  Neben der Einführung vieler nützlicher neuer Werkzeuge trumpft der ABAP Debugger mit dem neuen Debugger-Scripting und einem Schichten-Debugging auf. Ein integriertes Skript-Werkzeug erlaubt es, Debugger-Skripte zu schreiben, zu speichern, zu laden und auszuführen. Die Skripte greifen direkt auf die Debugger-API des Zweiprozess-Debuggers

zu, und dadurch kann mit ihnen all das programmgesteuert ausgeführt werden, was auch über die Oberfläche möglich ist. Beim Schichten-Debugging kann der Nutzer genau die Softwareschicht – Paket, Programm, Prozedur, Interface – definieren, die er debuggen will. Eine Schicht kann beim Debuggen auch als einziger Schritt ausgeführt werden. Weiterhin erlaubt es eine neue Art request-basierter Breakpoints, externe Service-Anwendungen unabhängig vom Namen des Benutzers zu debuggen.

- **Coverage Analyzer**
  Der Coverage Analyzer wurde dahingehend erweitert, dass die Code-Abdeckung jetzt auf Anweisungsebene (Anweisungsabdeckung), die Abdeckung einzelner Bedingungen logischer Ausdrücke (Bedingungsabdeckung) und die Abdeckung der ausgeführten und nicht ausgeführten Anweisungsblöcke in Kontrollstrukturen (Zweigabdeckung) gemessen wird. Die Visualisierung der Code-Abdeckung erfolgt durch unterschiedliche Farben im neuen ABAP Frontend Editor. Zur Vermessung der Abdeckung von Testläufen wurde der Coverage Analyzer in den ebenfalls neuen ABAP Unit Browser integriert.

- **ABAP Unit**
  Der neue in den Object Navigator der ABAP Workbench integrierte ABAP Unit Browser erlaubt es, eine strukturierte Übersicht über vorhandene Unit-Tests anzuzeigen, mehrere Testläufe auf einmal zu starten und Modultests in Favoriten zu organisieren. Für Letztere kann die Test-Coverage mit dem Coverage Analyzer gemessen und angezeigt werden. Die Klasse CL_AUNIT_ASSERT wird durch die neue Klasse CL_ABAP_UNIT_ASSERT ersetzt. Neue Methoden werden nur noch der neuen Klasse hinzugefügt. Vorhandene Modultests müssen nicht auf die neue Klasse umgestellt werden. Es wird aber empfohlen, in neuen Tests nur noch die neue Klasse zu verwenden.

- **Laufzeitanalyse**
  Das Werkzeug Laufzeitanalyse wurde von den früheren Transaktionen SE30 bzw. ATRA auf die neue Transaktion SAT umgestellt. Die neue Laufzeitanalyse hat eine neue Benutzeroberfläche zur Auswertung von Messungen, die wie der ABAP Debugger aus anpassbaren Desktops besteht, auf denen verschiedene Werkzeuge angeordnet werden können. Sie enthält mehr und flexiblere Analysewerkzeuge als die frühere Version und speichert die Messdaten auf der Datenbank, was diese unabhängig vom Betriebssystem des Applikationsservers macht und den systemübergreifenden Vergleich von Messdaten erlaubt.

- **ABAP-Schlüsselwortdokumentation**
  Die ABAP-Beispielbibliothek, die vorher über die Transaktion ABAPDOCU aufrufbar war, wurde vollständig in die Anzeige der ABAP-Schlüsselwortdokumentation integriert, sodass jetzt dort direkt ausführbare Beispielprogramme zur Verfügung stehen. Die Suche in der Dokumentation wird durch ein ständig sichtbares Eingabefenster erleichtert. Neben der bisherigen Index- und Volltextsuche in den Texten der Dokumentation kann jetzt auch in den Quelltexten der ausführbaren ABAP-Beispiele gesucht werden. Die Trefferliste der Suche nach einem Aufruf über F1 aus dem ABAP Editor ist selektiver als zuvor. Die Anzeige der Syntaxdiagramme zu den ABAP-Schüsselwörtern wurde rundum erneuert. Die Anzeigesprache der Dokumentation kann unabhängig von der Anmeldesprache benutzerspezifisch eingestellt werden.

1.3 Syntaxkonventionen in der ABAP-Referenz

Der ABAP-Refernz liegen die folgenden Syntaxkonventionen zugrunde:

- ABAP-Wörter werden in Großbuchstaben dargestellt.

  Beispiel:
  `APPEND`, `NON-UNIQUE`, `INTO`

- Operanden werden in Kleinbuchstaben dargestellt.

  Beispiel:
  `dobj`, `dbtab`

- Teile von Anweisungen, deren Syntaxdiagramme an anderer Stelle gezeigt werden, sind als Pseudosyntax dargestellt. Dies erlaubt es, komplexe Anweisungen schrittweise und gemäß ihrer Semantik zu beschreiben. Für vollständige Syntaxdiagramme sei auf die ABAP-Kurzreferenz, die es sowohl als Teil der ABAP-Schlüsselwortdokumentation als auch als das Büchlein *ABAP-Schnellreferenz* (SAP PRESS 2005) gibt, verwiesen.

  Beispiel:
  `class_options`, `selscreen_options`

- Punkte, Kommata, Doppelpunkte und runde Klammern werden normal dargestellt. Sie sind Teil der ABAP-Syntax.

  Beispiel:
  `.`, `:`, `,`, `( )`

- Operatoren werden normal dargestellt. Sie sind Teil der ABAP-Syntax.

  Beispiel:
  `+`, `-`, `*`, `/`

- Teile von Anweisungen, die verwendet werden können, aber nicht müssen, sind in eckige Klammern [ ] gesetzt. Eine Aufzählung von Anweisungsteilen in eckigen Klammern bedeutet, dass alle oder einzelne Teile verwendet werden dürfen. Wenn mindestens ein Teil verwendet werden muss, ist dies im Text vermerkt. Eckige Klammern sind nicht Teil der ABAP-Syntax.

  Beispiel:
  `[NO-GROUPING] [NO-SIGN] [NO-ZERO]`

- Vertikale Striche | zwischen Anweisungsteilen bedeuten, dass nur einer der aufgeführten Teile innerhalb einer Anweisung verwendet werden darf. Ein vertikaler Strich bindet immer die unmittelbaren Nachbarn. Striche sind nicht Teil der ABAP-Syntax. (Ausnahme: Begrenzer von Zeichenketten-Templates).

  Beispiel:
  `DDMMYY | MMDDYY | YYMMDD`

- Geschweifte Klammern { } fassen zusammengehörige Teile von Anweisungen zusammen, beispielsweise rechts oder links von vertikalen Strichen. Geschweifte Klammern sind nicht Teil der ABAP-Syntax (Ausnahme: eingebettete Ausdrücke in Zeichenketten-Templates).

  Beispiel:
  `{NO EDIT MASK}|{EDIT MASK mask}`

- Punkte bedeuten, dass an dieser Stelle andere Teile der Anweisung stehen können.

    Beispiel:
    ```
    ... AS CHECKBOX
    ```

Die Syntaxdiagramme der ABAP-Referenz zeigen die Sprachelemente in einer syntaktisch korrekten Reihenfolge. In vielen Anweisungen sind auch andere Reihenfolgen möglich, werden aber nicht erwähnt. Für die Dokumentation wurde die Reihenfolge gewählt, die am besten zur Semantik einer Anweisung passt und mit der sich die verschiedenen Varianten einer Anweisung am besten einheitlich beschreiben lassen.

TEIL 1
ABAP-Übersicht

2   ABAP-Programmiersprache

ABAP ist eine von SAP entwickelte Programmiersprache, die für die Programmierung kommerzieller Anwendungen im SAP-Umfeld entwickelt wurde. Dieser einführende Abschnitt stellt wichtige Eigenschaften zusammen.

2.1   SAP NetWeaver

In SAP NetWeaver ist ABAP die Programmierschnittstelle des Application Server ABAP (AS ABAP). Voraussetzung für die Verwendung der Programmiersprache ABAP ist die Installation eines Application Server ABAP. Die meisten Komponenten eines AS ABAP lassen sich gemäß ihren Aufgaben in die Schichten einer dreistufigen Client-Server-Architektur mit einer Präsentations-, einer Applikations- und einer Datenbankschicht einordnen:

- Die Präsentationsschicht ist auf die Einzelplatzrechner der einzelnen Anwender verteilt und stellt die Benutzeroberfläche eines AS ABAP dar (SAP GUI oder Webbrowser).
- Die Applikationsschicht wird durch einen oder mehrere Applikationsserver realisiert. Die Applikationsschicht enthält die ABAP-Laufzeitumgebung, in der ABAP-Programme ausgeführt werden.
- Die Datenbankschicht besteht aus einem Datenbanksystem, in dem der zentrale Datenbestand eines AS ABAP gespeichert ist.

Neben den drei Schichten stehen folgende Kommunikationskomponenten:

- **Internet Communication Manager (ICM)**
  Der Internet Communication Manager ist ein Prozess des AS ABAP, der diesem die direkte Kommunikation mit dem Internet über HTTP/HTTPS/SMTP erlaubt. Zum einen dient der ICM zum Anschluss webbasierter Präsentationskomponenten wie Web Dynpro ABAP und BSP, zum anderen erlaubt es der ICM, einem AS ABAP sowohl als Client als auch als Server für Webservices zu dienen. Der Zugriff auf den ICM aus ABAP-Programmen erfolgt über die Klassen und Interfaces des Internet Communication Frameworks (ICF).

- **RFC-Schnittstelle**
  Dies ist die klassische funktionale Schnittstelle des AS ABAP. Ein Remote Function Call ist ein Aufruf einer Funktion in einem anderen System als dem, in dem das aufrufende Programm läuft. Aufrufe sind möglich zwischen verschiedenen AS ABAP oder zwischen einem AS ABAP und einem Fremdsystem. Auf einem AS ABAP sind die Funktionen durch Funktionsbausteine realisiert. In Fremdsystemen werden speziell programmierte Funktionen aufgerufen, deren Schnittstelle einen Funktionsbaustein simuliert.

Die wesentliche Rolle von ABAP-Programmen in der Applikationsschicht ist die Verarbeitung und Aufbereitung von Daten aus der Datenbankschicht und ihre Übergabe an die bzw. die Entgegennahme von Eingaben der Präsentationsschicht oder der Kommunikationskomponenten.

2.2 Umfang und Einsatzgebiete

ABAP ist eine 4GL-Sprache, die speziell für die Massendatenverarbeitung in kommerziellen Anwendungen entwickelt wurde. Sie bietet u. a. folgende Vorteile gegenüber elementareren Sprachen, in denen solche Funktionen in Bibliotheken liegen:

- als Open SQL in die Sprache integrierter Datenbankzugriff
- in die ABAP-Laufzeitumgebung integrierte Performanceoptimierung von Datenbankzugriffen über die SAP-Pufferung
- interne Tabellen für die dynamische Speicherung und Bearbeitung tabellarischer Massendaten im Arbeitsspeicher
- in die ABAP-Laufzeitumgebung integriertes Konzept des Online Transaction Processing (OLTP), bei dem viele Benutzer gleichzeitig auf die zentrale Datenbank zugreifen, realisiert durch die sogenannte SAP-LUW
- in die Sprache integrierte Schnittstelle zu anderen Programmierumgebungen über Remote Function Call (RFC)
- in die Sprache integrierte Schnittstelle zu XML

ABAP-Programme können völlig sprachunabhängig programmiert werden, indem sprachenspezifische Programmteile aus dem Quelltext ausgelagert und bei der Programmausführung umgebungsabhängig geladen werden. Eine Textumgebung bestimmt das genaue Programmverhalten, wie z. B. die Reihenfolge bei Textsortierungen, zur Laufzeit.

Die Integration solcher Funktionen in die Sprache ist vor allem vorteilhaft für die statische Überprüfbarkeit und die Performance von Programmen. Im Gegenzug enthält ABAP dadurch auch wesentlich mehr Sprachelemente als eine elementare Programmiersprache.

2.3 Programmiermodelle

ABAP unterstützt ein auf Klassen und Interfaces basierendes objektorientiertes und auch noch ein auf Unterprogrammen und Funktionsbausteinen basierendes prozedurales Programmiermodell. Beide Modelle sind interoperabel.

ABAP Objects ist heutzutage das empfohlene Programmiermodell für ABAP, siehe hierzu auch das Buch *ABAP-Programmierrichtlinien* (SAP PRESS 2009). Die prozedurale Programmierung mit Funktionsbausteinen und Unterprogrammen wird zwar weiterhin unterstützt, sollte in neuen Programmen oder bei einem Redesign aber weitestgehend vermieden werden. Alle zugehörigen Sprachelemente sind in der vorliegenden ABAP-Referenz aufgeführt, für eine zusammenfassende Beschreibung sei aber auf das Buch *ABAP Objects* (SAP PRESS, 2. Auflage 2006) verwiesen.

2.4 Unicode

Der AS ABAP unterstützt sowohl Unicode- als auch Nicht-Unicode-Systeme. Nicht-Unicode-Systeme sind ABAP-Systeme, bei denen in der Regel ein Zeichen durch ein Byte repräsentiert wird. Unicode-Systeme sind ABAP-Systeme, die auf einer Unicode-Zeichendarstellung (UTF-8) basieren und denen ein entsprechendes Betriebssystem samt Datenbank zugrunde liegt. Heutzutage wird die ausschließliche Verwendung des Unicode-Zeichensatzes auf Unicode-Systemen empfohlen.

In einem Unicode-System können nur Unicode-Programme ausgeführt werden, in denen die Programmeigenschaft UNICODEPRÜFUNGEN AKTIV markiert ist. Im Vergleich zu Nicht-Unicode-Programmen gelten in Unicode-Programmen teilweise strengere Syntaxregeln. Nicht-Unicode-Programme können nur in Nicht-Unicode-Systemen ausgeführt werden. Alle Sprachkonstrukte, die für Unicode-Programme eingeführt wurden, können aber auch in Nicht-Unicode-Programmen verwendet werden. Ein syntaktisch korrektes Unicode-Programm läuft in der Regel mit gleicher Semantik und gleichen Ergebnissen in Unicode- und Nicht-Unicode-Systemen.

Hinweis
Neue Programme sollten nur noch als Unicode-Programme angelegt werden. Vorhandene Nicht-Unicode-Programme können durch Einschalten dieser Eigenschaft zu Unicode-Programmen gemacht werden, wobei gegebenenfalls die entsprechenden Anpassungen durchgeführt werden müssen.

TEIL 2
ABAP-Syntax

3 Anweisungen

ABAP-Anweisungen setzen sich aus folgenden Token zusammen und werden durch einen Punkt (.) abgeschlossen:

- ABAP-Wörter
- Operanden
- Operatoren

Bestimmte ABAP-Wörter, Operanden und Operatoren bilden Ausdrücke (siehe Abschnitt 3.3.2), die an bestimmten Operandenpositionen angegeben werden können.

Die Token einer Anweisung müssen durch mindestens ein Leerzeichen oder einen Zeilenumbruch getrennt werden. Ansonsten sind Leerzeichen und Zeilenumbrüche zwischen Token nicht signifikant. Eine ABAP-Anweisung ist also nicht auf eine Zeile des Quelltextes beschränkt. Es wird nicht nach Groß- und Kleinschreibung unterschieden.

Neben ABAP-Wörtern, Operanden und Operatoren können folgende Sonderzeichen verwendet werden:

- Wenn mehrere gleichartige Ausdrücke mit Operatoren zu einem Ausdruck verknüpft werden, kann die Priorität der einzelnen Operationen mit runden Klammern (()) festgelegt werden.
- Beim Aufruf von Funktionen und Methoden werden teilweise runde Klammern (()) verwendet.
- Aufzählungen von Operanden werden an bestimmten Positionen durch runde Klammern (()) und Kommata (,) ausgedrückt.
- Bei der Bildung eines Kettensatzes können ein Doppelpunkt (:) und Kommata (,) verwendet werden.

Es gibt alleinstehende Sonderzeichen wie z. B. runde Klammern beim Festlegen der Priorität in Ausdrücken, die durch ein Leerzeichen von anderen Token abgetrennt sein müssen. Andere Sonderzeichen müssen – wie auch der abschließende Punkt – nicht durch Leerzeichen abgetrennt sein.

Beispiel
ABAP-Anweisung mit dem Schlüsselwort DELETE, dem Zusatz WHERE, den Operatoren =, <, >, AND, OR, den Operanden itab, col1, op1, col2, op2, col3, op3 und runden Klammern.

```
DELETE itab
  WHERE ( col1 = op1 AND ( col2 > op2 OR col3 < op3 ) ).
```

3.1 ABAP-Wörter

ABAP-Wörter sind das Vokabular der Sprache ABAP. ABAP-Anweisungen werden nach festgelegten Syntaxregeln aus ABAP-Wörtern, Operanden und Operatoren zusammengesetzt. ABAP-Wörter sind der englischen Sprache entnommen und werden zu ABAP-Sprachelementen und ABAP-Sprachelementzusätzen zusammengefasst, die die Semantik einer Anweisung ausdrücken. ABAP-Wörter können neben Buchstaben auch Bindestriche (-) und in wenigen Fällen auch Unterstriche (_) zur Bildung von Mehrwortbegriffen enthalten. Neben den ABAP-Wörtern sind auch einige Operatoren aus Buchstaben zusammengesetzt.

Das erste ABAP-Wort einer Anweisung ist das ABAP-Schlüsselwort. Die übrigen ABAP-Wörter sind Zusätze zu einem Schlüsselwort. Ein einzelnes ABAP-Wort kann sowohl als Schlüsselwort als auch als Nicht-Schlüsselwort vorkommen. Beispielsweise kommt DATA sowohl als Schlüsselwort als auch als Zusatz zu anderen Schlüsselwörtern vor.

ABAP-Wörter stellen keine reservierten Bezeichner dar, wie sie aus anderen Programmiersprachen bekannt sind.

Hinweis
Die Verwendung eines ABAP-Wortes für eigene Bezeichner ist zwar nicht verboten, sollte aber nach Möglichkeit vermieden werden. Da es selbst bei Beachtung dieser Regel durch die Einführung neuer Sprachelemente zu solch einer Situation kommen kann, sollten für eigene Bezeichner geeignete Namenskonventionen eingehalten werden, die eine Kollision mit Sprachelementen ausschließen.

3.2 Operanden

Typische Operanden sind:

- **Datenobjekte des gleichen ABAP-Programms**
  Datenobjekte in Operandenpositionen werden verändert (Schreibpositionen) oder ausgewertet (Lesepositionen). An bestimmten Lesepositionen können anstelle von Datenobjekten auch Funktionen und Ausdrücke angegeben werden (siehe Abschnitt 3.2.5).

- **Typen des gleichen Programms oder des Repositorys**
  Typen wie Datentypen, Klassen oder Interfaces werden bei Deklarationen, Typisierungen oder zur Adressierung von Komponenten angegeben.

- **Aufrufbare Einheiten des gleichen Programms oder des Repositorys**
  Aufrufbare Einheiten wie ABAP-Programme, Prozeduren oder Dynpros werden bei Ausführung der Anweisung ausgeführt.

3.2.1 Bezeichner für einzelne Operanden

Ein einzelner Operand, d. h. ein Operand, der kein Ausdruck ist, kann elementar oder aus Komponenten zusammengesetzt sein. Zusammengesetzte Operanden sind:

- strukturierte Datentypen oder Datenobjekte (Struktur)
- Instanzen von Klassen (Objekte)
- Klassen
- Interfaces

Dementsprechend sind Bezeichner für Operanden entweder elementare Namen oder aus mehreren durch Komponentenselektoren getrennten Namen zusammengesetzt. Ein elementarer Name wird verwendet für die Adressierung von:

- elementaren Operanden
- Komponenten, die im aktuellen Kontext eindeutig sind
- aus Komponenten zusammengesetzten Obereinheiten

Für die elementaren Namen gelten Namenskonventionen (siehe Abschnitt 4.1). Zusammengesetzte Bezeichner mit Komponentenselektoren werden für die Adressierung einzelner Komponenten verwendet. Eine Komponente kann selbst Obereinheit weiterer Komponenten sein. Über Verkettungen mehrerer Namen können Unterkomponenten adressiert werden.

3.2.1.1 Strukturkomponenten-Selektor

Auf eine Komponente comp eines strukturierten Datentyps bzw. einer Struktur struct wird mit dem Bezeichner

```
struct-comp
```

zugegriffen, wobei das Zeichen - der Strukturkomponenten-Selektor ist. Links vom Strukturkomponenten-Selektor muss der Bezeichner struct eines strukturierten Datentyps bzw. einer Struktur stehen. Der Bezeichner struct kann selbst zusammengesetzt sein. Rechts vom Strukturkomponenten-Selektor muss der Name comp der Komponente stehen.

Beispiel
Deklaration einer Struktur struc mit dem strukturierten Datentyp spfli aus dem ABAP Dictionary und Zugriff auf ihre Komponente carrid.

```
DATA struc TYPE spfli.
...
... struc-carrid ...
```

3.2.1.2 Objektkomponenten-Selektor

Auf eine Komponente comp eines Objekts wird mit dem Bezeichner

```
ref->comp
```

zugegriffen, wobei das Zeichen -> der Objektkomponenten-Selektor ist. Links vom Objektkomponenten-Selektor muss der Bezeichner ref einer Referenzvariablen stehen. Der Bezeichner ref kann selbst zusammengesetzt sein. Rechts vom Objektkomponenten-Selektor muss der Name comp der Komponente stehen. Wird versucht, mit einer Referenzvariablen, die die Null-Referenz enthält, auf eine Objektkomponente zuzugreifen, kommt es zu einer unbehandelbaren Ausnahme. Ausgenommen davon ist die Dereferenzierung einer Datenreferenz in der Anweisung `ASSIGN`.

Der Objektkomponenten-Selektor dereferenziert die Referenzvariable `ref` und macht die Komponenten des referenzierten Objekts zugänglich:

- Falls `ref` eine Objektreferenzvariable ist, werden mit dem Objektkomponenten-Selektor die Komponenten `comp` des Objekts – Attribute und Methoden – adressiert, auf das die Objektreferenzvariable zeigt.
- Falls `ref` eine Datenreferenzvariable ist, die als Struktur typisiert ist, werden mit dem Objektkomponenten-Selektor die Komponenten `comp` der Struktur adressiert, auf die die Datenreferenzvariable zeigt.

Hinweis

Falls `ref` eine Datenreferenzvariable ist, kann hinter dem Objektkomponenten-Selektor `->` das Zeichen `*` angegeben werden, wodurch der allgemeine Dereferenzierungsoperator `->*` gebildet wird. Der Ausdruck `ref->*` bezeichnet das gesamte Datenobjekt, auf das die Datenreferenzvariable zeigt. Der Dereferenzierungsoperator ist die einzige Möglichkeit, Datenreferenzen zu dereferenzieren. Bei untypisierten Datenreferenzvariablen ist dies nur in der Anweisung `ASSIGN` möglich. Hinter Objektreferenzvariablen kann der Dereferenzierungsoperator nicht angegeben werden. Auf die Instanzkomponenten von Klassen kann nur mit dem Ausdruck `ref->comp` zugegriffen werden.

Beispiel

Zugriff auf das öffentliche Attribut `a1` einer Klasse `c1` über eine Objektreferenzvariable `oref`.

```
CLASS c1 DEFINITION.
  PUBLIC SECTION.
    DATA a1 TYPE string READ-ONLY.
ENDCLASS.
...
DATA oref TYPE REF TO c1.
... oref->a1 ...
```

Beispiel

Die Datenreferenzvariable `dref` ist als Struktur typisiert, und es wird mit dem Objektkomponenten-Selektor auf die Komponente `carrid` der referenzierten Struktur zugegriffen. Der Ausdruck `dref->carrid` ist gleichbedeutend mit der Verkettung `dref->*-carrid`.

```
DATA dref TYPE REF TO sflight.
...
... dref->carrid ...
```

3.2.1.3 Klassenkomponenten-Selektor

Auf eine statische Komponente `comp` einer Klasse kann mit dem Bezeichner

`class=>comp`

zugegriffen werden, ohne dass eine Instanz der Klasse erzeugt werden muss. Dabei ist das Zeichen => der Klassenkomponenten-Selektor. Links vom Klassenkomponenten-Selektor muss der Bezeichner `class` einer Klasse stehen. Rechts vom Objektkomponenten-Selektor muss der Name `comp` der Komponente stehen.

Mit dem Klassenkomponenten-Selektor kann auch auf die Datentypen und Konstanten eines Interfaces zugegriffen werden:

```
intf=>type, intf=>const
```

Links vom Klassenkomponenten-Selektor muss dann der Bezeichner `intf` eines Interfaces stehen. Rechts vom Objektkomponenten-Selektor muss der Name `type` eines mit TYPES definierten Datentyps oder `const` einer mit CONSTANTS definierten Konstanten stehen.

Hinweis
Auf die statischen Komponenten einer Klasse kann auch mit dem Objektkomponenten-Selektor zugegriffen werden, wenn eine Instanz der Klasse erzeugt wurde.

Beispiel
Deklaration einer Klasse `factory` und Zugriff auf ihr statisches Attribut `oref`.

```
CLASS factory DEFINITION CREATE PRIVATE.
  PUBLIC SECTION.
    CLASS-DATA oref TYPE REF TO factory.
    CLASS-METHODS class_constructor.
    METHODS do_something.
ENDCLASS.
CLASS factory IMPLEMENTATION.
  METHOD class_constructor.
    CREATE OBJECT oref.
  ENDMETHOD.
  METHOD do_something.
    ...
  ENDMETHOD.
ENDCLASS.
...
factory=>oref->do_something( ).
```

3.2.1.4 Interfacekomponenten-Selektor

Auf eine Komponente `comp` eines Interfaces wird mit dem Bezeichner

```
intf~comp
```

zugegriffen, wobei das Zeichen ~ der Interfacekomponenten-Selektor ist. Links vom Interfacekomponenten-Selektor muss der Bezeichner `intf` eines Interfaces stehen. Rechts vom Objektkomponenten-Selektor muss der Name `comp` der Komponente stehen.

Der Bezeichner `intf~comp` identifiziert die Komponenten von Interfaces in Klassen oder von Komponenteninterfaces in zusammengesetzten Interfaces.

Hinweis

Ein Interface enthält unabhängig von seiner Zusammensetzung aus Komponenteninterfaces jede Komponente genau einmal. Alle Interfacekomponenten liegen auf der gleichen hierarchischen Ebene. Der Name einer Interfacekomponente ist durch intf~comp eindeutig festgelegt, wobei intf immer das Interface ist, in dem die Komponente deklariert ist. Eine direkte Verkettung von Interfacenamen intf1~...~intfn~comp ist nicht möglich.

Beispiel

Deklaration von Interfaces und Zugriff auf ihre Komponenten.

```
INTERFACE i1.
  TYPES t1 TYPE ...
ENDINTERFACE.
INTERFACE i2.
  INTERFACES i1.
  METHODS m2 IMPORTING p1 TYPE i1~t1.
ENDINTERFACE.
CLASS c1 DEFINITION.
  PUBLIC SECTION.
    INTERFACES i2.
ENDCLASS.
CLASS c1 IMPLEMENTATION.
  METHOD i2~m2.
    ...
  ENDMETHOD.
ENDCLASS.
...
DATA oref TYPE REF TO c1.
...
oref->i2~m2( ... ).
```

3.2.1.5 Verkettungen

Wenn Operanden aus Komponenten zusammengesetzt sind, die wiederum Komponenten enthalten, sind die Bezeichner dieser Komponenten aus Verkettungen mit mehreren Komponentenselektoren aufgebaut. Für solche verketteten Bezeichner gelten folgende Regeln:

- Die Bezeichner links von jedem Strukturkomponenten-Selektor müssen zusammengefasst einen strukturierten Datentyp oder eine Struktur adressieren.
- Die Bezeichner links von jedem Objektkomponenten-Selektor müssen zusammengefasst eine Referenzvariable adressieren.
- Der Klassenkomponenten-Selektor kann in einem Bezeichner genau einmal als erster Selektor vorkommen.
- Der Interfacekomponenten-Selektor kann nur dann mehrfach in einem Bezeichner vorkommen, wenn zwischen den einzelnen Interfacekomponenten-Selektoren andere Komponentenselektoren aufgeführt sind.

Beispiel
Deklaration eines geschachtelten strukturierten Datentyps `struc2` in `struc1` und einer Struktur `struc3` in einem Interface `i1`.

Die Komponente `comp` von `struc3` ist eine Datenreferenzvariable vom statischen Typ `struc1`. Das Interface `i1` ist Komponenteninterface von `i2` und Letzteres in `c1` implementiert. In `c2` ist ein statisches Attribut als Objektreferenz des statischen Typs `c1` deklariert. Der Ausdruck in der letzten Zeile kann an einer Operandenposition stehen, die ein Datenobjekt erwartet, und bezeichnet die Komponente `comp` der Struktur `struc2` in einer Verkettung, die von der Klasse `c2` ausgeht. Voraussetzung zur Verwendung des Ausdrucks ist, dass beide Referenzvariablen, `oref` und `dref`, auf entsprechende Instanzen zeigen.

```
INTERFACE i1.
  TYPES: BEGIN OF struc1,
           ...
           BEGIN OF struc2,
             ...,
             comp TYPE ...,
             ...,
           END OF struc2,
           ...
         END OF struc1.
  DATA: BEGIN OF struc3,
          ...
          dref TYPE REF TO struc1,
          ...
        END OF struc3.
ENDINTERFACE.
INTERFACE i2.
  INTERFACES i1.
ENDINTERFACE.
CLASS c1 DEFINITION.
  PUBLIC SECTION.
    INTERFACES i2.
ENDCLASS.
CLASS c2 DEFINITION.
  PUBLIC SECTION.
    CLASS-DATA oref TYPE REF TO c1.
ENDCLASS.
...
... c2=>oref->i1~struc3-dref->struc2-comp ...
```

3.2.1.6 Fluchtsymbol für Bezeichner

Das Zeichen ! kann direkt vor einen Bezeichner geschrieben werden, um diesen in einer Anweisung von einem gleichnamigen ABAP-Wort in der Anweisung zu unterscheiden. Bei der Programmgenerierung wird mit Ausnahme des ersten Wortes jedes Wort einer Anweisung, vor dem das Fluchtsymbol steht, als Operand und nicht als ABAP-Wort interpretiert.

Das Fluchtsymbol ist selbst kein Teil eines Bezeichners und wird bei Ausführung der Anweisung ignoriert.

Hinweis

Das Fluchtsymbol kann in den äußerst seltenen Fällen notwendig sein, in denen der Compiler einen Operanden nicht von einem gleichnamigen reservierten Bezeichner unterscheiden kann. Ansonsten kann es zur Dokumentation von Operanden im Quelltext verwendet werden.

Beispiel

Ohne das Fluchtsymbol ! vor `CHANGING` hinter `USING` wäre der folgende Programmabschnitt syntaktisch inkorrekt, da hinter `USING` ein Formalparameter angegeben werden muss. Das zweite Fluchtsymbol ist zwar nicht notwendig, dokumentiert `USING` hinter `CHANGING` aber als Formalparameter.

```
FORM test USING !CHANGING
          CHANGING !USING.
  using = changing.
ENDFORM.
```

3.2.2 Angabe einzelner Operanden

Es gibt drei Möglichkeiten, wie die Bezeichner von Operanden angegeben werden können.

3.2.2.1 Statische Angabe

Der Bezeichner des Operanden muss direkt angegeben werden. Falls der Name eines Datenobjekts angegeben wird, wird nicht sein Inhalt verwendet, sondern der angegebene Name.

Beispiel

```
SUBMIT report.
```

3.2.2.2 Dynamische Angabe in Klammern

Für manche Anweisungen, die eine statische Angabe vorsehen, gibt es eine syntaktische Form, die es erlaubt, an der Operandenposition den Bezeichner eines zeichenartigen Datenobjekts in Klammern anzugeben. Das Datenobjekt muss zum Zeitpunkt der Ausführung den eigentlichen Bezeichner des Operanden enthalten.

Beispiel

```
SUBMIT (dobj).
```

Für Anweisungen, die Aufzählungen von Operanden oder ganze Teile von Anweisungen enthalten, kann häufig eine interne Tabelle mit zeichenartigem Zeilentyp in Klammern angegeben werden. Die Tabellenzeilen müssen dann die Bezeichner der einzelnen Operanden enthalten.

Beispiel

```
SELECT ... WHERE (where_tab).
```

3.2.2.3 Dynamische Angabe

An vielen Operandenpositionen werden zeichenartige Datenobjekte erwartet, die zum Zeitpunkt der Ausführung den eigentlichen Bezeichner des Operanden enthalten. Um solche Operanden statisch angeben zu können, müssen Literale verwendet werden.

Beispiel
```
CALL FUNCTION dobj.
```

Hinweis
In einigen wenigen Fällen kann es Ausnahmen von diesen Regeln geben, bei denen Operanden direkt in Klammern oder wie Literale in Hochkommata gesetzt werden müssen, aber keine Datenobjekte angegeben werden können. Dies ist bei den entsprechenden Syntaxbeschreibungen vermerkt.

3.2.3 Operandenposition und -typ

Eine Operandenposition ist mit einem Operandentyp typisiert, der vollständig oder generisch sein und, wie z. B. bei Zuweisungen, auch von anderen Operandenpositionen abhängen kann. Bei Ausführung einer Anweisung wird ein Operand mit passendem Datentyp erwartet. Wenn ein an einer Operandenposition angegebenes Datenobjekt einen anderen Datentyp als den Operandentyp hat, wird an Schreibpositionen in der Regel versucht, den Inhalt des Datenobjekts gemäß den Konvertierungsregeln (siehe Kapitel 23) in den Operandentyp zu konvertieren, und an Lesepositionen umgekehrt. Dabei ist zu beachten, dass jede Konvertierung mit erhöhten Laufzeitkosten verbunden ist. Falls keine entsprechende Konvertierungsregel definiert oder der Inhalt nicht konvertierbar ist, gibt es einen Syntaxfehler, oder es kommt zu einer Ausnahme. Abweichungen von dieser Regel, beispielsweise dass das Datenobjekt genau zum Operandentyp passen muss oder dass das Datenobjekt unabhängig von seinem tatsächlichen Typ als Operandentyp interpretiert wird (Casting), sind bei den einzelnen Anweisungen beschrieben.

3.2.3.1 Operandenpositionen für elementare Datenobjekte

An Operandenpositionen für elementare Datenobjekte müssen bei Ausführung der Anweisung je nach Operandentyp folgende Datenobjekte angegeben sein:

- zeichenartige Datenobjekte
- numerische Datenobjekte
- byteartige Datenobjekte

Statisch können auch generisch typisierte Formalparameter oder Feldsymbole angegeben werden, die allgemeiner typisiert sind als der erwartete Typ.

Hinweis
In Nicht-Unicode-Programmen können an allen Operandenpositionen, wo elementare Felder erwartet werden, auch flache Strukturen verwendet werden. In Unicode-Programmen ist dies nur möglich, wenn die Komponenten der Struktur flach und zeichenartig sind. Die Struktur wird in beiden Fällen wie ein einziges Datenobjekt vom Typ c behandelt (implizites Casting).

3.2.3.2 Operandenpositionen für Strukturen

An Operandenpositionen für Strukturen müssen bei Ausführung der Anweisung Strukturen angegeben sein. Statisch können auch Formalparameter oder Feldsymbole vom generischen Typ `data` bzw. `any` angegeben werden.

3.2.3.3 Operandenpositionen für interne Tabellen

An Operandenpositionen für interne Tabellen müssen sowohl bei Ausführung der Anweisung als auch beim Kompilieren Tabellen angegeben sein. Generische Formalparameter und Feldsymbole können nur angegeben werden, wenn sie mindestens mit dem generischen Typ `any table` typisiert sind. An Operandenpositionen, an denen Indexzugriffe erfolgen, können nur Indextabellen angegeben werden, und generische Formalparameter und Feldsymbole müssen mindestens mit dem generischen Typ `index table` typisiert sein.

3.2.3.4 Operandenpositionen für Referenzvariablen

An Operandenpositionen für Referenzvariablen müssen bei Ausführung der Anweisung je nach Operandentyp Daten- oder Objektreferenzvariablen angegeben sein. Statisch können auch Formalparameter oder Feldsymbole vom generischen Typ `data` bzw. `any` angegeben werden.

3.2.4 Datenobjekte an Operandenpositionen

Bei Datenobjekten an Operandenpositionen sind Lese- und Schreibpositionen zu unterscheiden. Datentyp und Inhalt der angegebenen Datenobjekte müssen zur Operandenposition passen. Unter bestimmten Umständen sind Teilfeldzugriffe möglich.

3.2.4.1 Lesepositionen

An einer Leseposition wird der Inhalt eines Operanden bei der Ausführung der Anweisung nur gelesen, aber nicht geändert. An Lesepositionen können Datenobjekte wie folgt angegeben werden:

- Angabe eines Literals (Textfeldliteral, String-Literal, Zahlenliteral, siehe Abschnitt 13.2.1)
- Angabe eines an dieser Stelle sichtbaren Datenobjekts über einen Bezeichner `dobj`, ein Feldsymbol `<fs>` oder eine mit dem Dereferenzierungsoperator `->*` dereferenzierte Datenreferenz `dref->*` – falls `dref` vollständig typisiert ist. Zu den Bezeichnern von Datenobjekten zählen hierbei auch die Angabe eines Textsymbols (siehe Abschnitt 42.1) über `text-idf`, wobei `idf` die dreistellige Kennung des Textsymbols ist, oder Verkettungen von Referenzvariablen. Bei Verwendung eines Feldsymbols oder einer Datenreferenz dürfen diese nicht initial sein.

  Alternativ zur Angabe eines Textsymbols über `text-idf` kann die dreistellige Kennung eines Textsymbols in runden Klammern an ein Literal angehängt werden:

  ```
  ... 'Literal'(idf) ...
  ```

Wenn das Textsymbol im aktuell geladenen Text-Pool vorhanden ist, wird anstelle des Literals der entsprechende Inhalt des Textsymbols verwendet, ansonsten das Literal.

- Falls das Datenobjekt eine interne Tabelle ist, können auch die Ausdrücke `dobj[]`, `<fs>[]` oder `dref->*[]` verwendet werden. Bei der Angabe von `dobj[]` wird dadurch garantiert der Tabellenkörper und keine eventuelle Kopfzeile angesprochen. Falls eine interne Tabelle keine Kopfzeile hat, wird auch ihr bloßer Name `dobj` (ohne `[]`) an allen Operandenpositionen als Tabellenkörper interpretiert. Falls eine interne Tabelle jedoch eine Kopfzeile hat, wird ihr bloßer Name `dobj` (ohne `[]`) an fast allen Operandenpositionen als Kopfzeile und nicht als Tabellenkörper interpretiert. Nur an Operandenpositionen, an denen eine interne Tabelle erwartet wird – insbesondere in den Anweisungen zur Bearbeitung interner Tabellen –, beim Speichern und Lesen von Daten-Clustern mit EXPORT und IMPORT, bei den Anweisungen FREE und SEARCH und allen dynamischen Angaben von Anweisungsteilen in Open SQL – außer bei der Angabe von Datenbanktabellen – wird der Name `dobj` einer internen Tabelle als Tabellenkörper interpretiert. Feldsymbole `<fs>` und Datenreferenzen `dref->*` können dagegen immer nur auf den Tabellenkörper oder eine eventuelle Kopfzeile verweisen.

- Angabe eines Teilbereichs (siehe Abschnitt 3.2.4) eines zeichen- oder byteartigen Datenobjekts – oder eines zeichenartigen Anfangsstücks einer Struktur – über eine Offset-/Längenangabe.

Hinweise

- Textsymbole dürfen nicht an allen Lesepositionen aufgeführt werden. Sie sind beispielsweise unzulässig als Angabe des Ziels von dynamischen Aufrufen.

- Ein Systemfeld sollte nur dann als Operand an einer Leseposition angegeben werden, wenn sein Inhalt nicht von der gleichen Anweisung gesetzt wird, ansonsten kann es zu undefiniertem Verhalten kommen.

- An vielen Operandenpositionen können anstelle von Datenobjekten auch Funktionen oder Ausdrücke (siehe Abschnitt 3.2.5) angegeben werden.

3.2.4.2 Schreibpositionen

An einer Schreibposition wird der Inhalt eines Operanden bei der Ausführung der Anweisung geändert. An Schreibpositionen können nur änderbare Datenobjekte – also keine Literale, Textsymbole, Konstanten oder nicht änderbare Formalparameter – wie folgt angegeben werden:

- Angabe eines an dieser Stelle sichtbaren Datenobjekts über einen Bezeichner `dobj`, ein Feldsymbol `<fs>` oder eine dereferenzierte Datenreferenz `dref->*`, falls `dref` vollständig typisiert ist. Bei internen Tabellen kann wie bei Lesepositionen `[]` angehängt werden, um den Tabellenkörper zu adressieren.

- Angabe eines Teilbereichs eines flachen zeichen- oder byteartigen Datenobjekts über eine Offset-/Längenangabe. Bei Datenobjekten der tiefen Datentypen `string` und `xstring` kann an Schreibpositionen keine Offset- oder Längenangabe gemacht werden.

3.2.4.3 Teilfeldzugriff

An Operandenpositionen kann über eine Offset-/Längenangabe auf einen Teilbereich folgender Datenobjekte zugegriffen werden:

- elementare byteartige Datenobjekte
- elementare zeichenartige Datenobjekte
- flache Strukturen, wobei in Unicode-Programmen eine der folgenden Voraussetzungen erfüllt sein muss:
  - Die Struktur enthält nur flache zeichenartige Komponenten.
  - Das erste Unicode-Fragment der Struktur ist flach zeichenartig, und das von der Offset- und Längenangabe adressierte Teilfeld liegt innerhalb dieses Fragments.

An Schreibpositionen sind prinzipiell nur flache Datenobjekte erlaubt, d. h., es ist kein Schreibzugriff auf Teilfelder von Strings möglich.

Eine Offset-/Längenangabe wird wie folgt direkt an den Bezeichner dobj des Datenobjekts, ein Feldsymbol <fs> oder eine dereferenzierte Datenreferenzvariable dref->*, nur falls die Datenreferenzvariable vollständig typisiert ist, angehängt:

```
dobj[+off][(len)]
<fs>[+off][(len)]
dref->*[+off][(len)]
```

Es wird das Teilstück des Datenobjekts verwendet, das den in off angegebenen Offset und die in len angegebene Länge in Zeichen bzw. Bytes hat. Bei einer Offsetangabe ohne Länge wird das gesamte Teilfeld ab off Zeichen adressiert, bei einer Längenangabe ohne Offset die ersten len Zeichen. Bei der Anweisung ASSIGN gelten andere Regeln.

Für die Operanden off und len werden Datenobjekte vom Typ i erwartet, die mit folgenden Ausnahmen positive ganze Zahlen enthalten müssen.

- Beim Zugriff auf Strings kann die Länge 0 angegeben werden.
- Wenn in der Anweisung ASSIGN für dobj ein Feldsymbol fs angegeben ist, kann ein negativer Offset angegeben werden.
- Ist off kleiner als die Länge von dobj, kann für len ein Stern (*) angegeben werden. Die obere Grenze des Speicherbereichs wird dann durch die obere Grenze von dobj bestimmt.

Wenn die Voraussetzungen nicht erfüllt sind oder der durch off und len definierte Teilbereich nicht vollständig im Datenobjekt enthalten ist, kommt es zu einer Ausnahme der Klasse CX_SY_RANGE_OUT_OF_BOUNDS.

Die Offset- und Längenangaben werden bei zeichenartigen Datenobjekten in Zeichen und andernfalls in Bytes gezählt. In Nicht-Unicode-Systemen entspricht ein Zeichen einem Byte.

Ein durch eine Offset-/Längenangabe spezifiziertes Teilfeld wird wie ein Datenobjekt der angegebenen Länge behandelt. Der Datentyp des Teilfeldes richtet sich, wie folgt gezeigt, nach dem Datentyp des ursprünglichen Datenobjekts, des Feldsymbols oder der Datenreferenzvariablen:

- c, n, string, x und xstring erhalten ihren Typ.
- d und t ergeben n.
- Wenn die Länge des Teilfeldes einer Struktur kleiner als die Länge der Struktur ist, ist der Typ c. Wenn die Länge des Teilfeldes genau der Länge der Struktur entspricht, wird das Teilfeld wie die Struktur selbst behandelt.

Es gelten folgende Einschränkungen:

- Außer bei der Anweisung ASSIGN darf kein Speicherbereich außerhalb der Feldgrenzen adressiert werden.
- Bei der Angabe eines Literals oder eines Textsymbols können keine Offset- und Längenangaben gemacht werden.
- Bei der dynamischen Angabe von Operanden in Klammern können keine Längenangaben gemacht werden.
- Wenn bei einem Teilfeldzugriff auf eine Struktur die Länge des Teilfeldes genau der Länge der Struktur entspricht, hat das Teilfeld nicht den Datentyp c, sondern wird wie die Struktur selbst behandelt.

Hinweis
Für Lesezugriffe auf Teilfelder zeichenartiger Datenobjekte stehen auch eingebaute Teilfeldfunktionen zur Verfügung, die neben Offset-/Längenangaben auch eine Suche nach Teilfeldern erlauben (siehe Abschnitt 28.4.2).

3.2.5 Funktionen und Ausdrücke an Operandenpositionen

An bestimmten Lesepositionen können Funktionen und Ausdrücke aufgeführt werden.

Hinweis
Das ab Release 7.02/7.2 vorhandene Programm DEMO_EXPRESSIONS zeigt Beispiele zur Verwendung von Funktionen und Ausdrücken.

3.2.5.1 Funktionen und Ausdrücke für Operandenpositionen

Funktionen, die an Lesepositionen aufgeführt werden können, sind:

- **Eingebaute Funktionen**
  ... func(arg) ...
- **Funktionale Methoden**
  ... meth( ) ...
  ... meth(a) ...
  ... meth(p1 = a1 p2 = a2 ...) ...
- **Methodenverkettungen**
  Ab Release 7.02/7.2. Verketteter Aufruf funktionaler Methoden:
  ... {oref->}|{class=>}meth1(...)->meth2(...)->...->meth(...) ...
  Als Operand wird der Rückgabewert der letzten funktionalen Methode meth verwendet. Die Rückgabewerte der vorangegangenen funktionalen Methoden müssen Referenzvariab-

len sein, die auf Objekte mit der jeweils nächsten Methode zeigen. Alle Methoden müssen über den Objektkomponenten-Selektor aufgerufen werden – außer der ersten Methode `meth1`, die über den Klassenkomponenten-Selektor aufgerufen werden kann, wenn sie eine statische Methode ist.

▸ **Verketteter Attributzugriff**

`... {oref->}|{class=>}meth1(...)->meth2(...)->...->attr ...`

Ab Release 7.02/7.2. Als Operand wird das Instanzattribut `attr` verwendet. Für die Methoden gilt das Gleiche wie für den verketteten Methodenaufruf. Der Rückgabewert der letzten Methode muss auf ein Objekt zeigen, das das angegebene Attribut enthält.

Ausdrücke, die an Lesepositionen aufgeführt werden können, sind Rechenausdrücke, d. h.:

▸ Arithmetische Ausdrücke ... `arith_exp` ...

▸ Bit-Ausdrücke ... `bit_exp` ...

▸ Zeichenkettenausdrücke ... `string_exp` ... (ab Release 7.02/7.2)

Hinweise

▸ Wir fassen Funktionen mit numerischem Rückgabewert und arithmetische Ausdrücke als numerische Ausdrücke zusammen.

▸ Wir fassen Funktionen mit zeichenartigem Rückgabewert und Zeichenketten-Ausdrücke als zeichenartige Ausdrücke zusammen (ab Release 7.02/7.2).

Beispiel

Verketteter Methodenaufruf.

```
CLASS c1 DEFINITION.
  PUBLIC SECTION.
    METHODS m1.
ENDCLASS.
CLASS c1 IMPLEMENTATION.
  METHOD m1.
    ...
  ENDMETHOD.
ENDCLASS.
CLASS c2 DEFINITION.
  PUBLIC SECTION.
    CLASS-METHODS m2 RETURNING value(p) TYPE REF TO c1.
ENDCLASS.
CLASS c2 IMPLEMENTATION.
  METHOD m2.
    CREATE OBJECT p.
  ENDMETHOD.
ENDCLASS.
START-OF-SELECTION.
  c2=>m2( )->m1( ).
```

3.2.5.2 Operandenpositionen für Funktionen und Ausdrücke

Allgemeine Ausdruckspositionen

Allgemeine Ausdruckspositionen sind Lesepositionen, an denen passende Datenobjekte, Rechenausdrücke, eingebaute Funktionen oder funktionale Methoden und Methodenverkettungen angegeben werden können. Es gibt folgende allgemeine Ausdruckspositionen:

- rechte Seite der Anweisung COMPUTE ohne den Zusatz EXACT
- Operanden arithmetischer Ausdrücke und von Bit-Ausdrücken
- eingebettete Ausdrücke in Zeichenketten-Templates (ab Release 7.02/7.2)
- Operanden logischer Ausdrücke (ab Release 7.02/7.2)
- Aktualparameter für Eingabeparameter von Methoden bei CALL METHOD, CREATE OBJECT und RAISE EXCEPTION (ab Release 7.02/7.2)
- Argumente eingebauter numerischer Funktionen, wenn diese selbst in einem arithmetischen Ausdruck aufgeführt sind (ab Release 7.02/7.2)

An den Operandenpositionen gelten die durch den Operandentyp festgelegten Typrestriktionen. Beispielsweise können in einem Bit-Ausdruck keine numerischen Funktionen angegeben werden.

Hinweise

- Durch die Angabe funktionaler Methoden als Aktualparameter von Methoden ist eine Schachtelung von Methodenaufrufen an einer Operandenposition möglich.
- Die drei Arten von Rechenausdrücken können als Operanden logischer Ausdrücke aufgeführt, aber nicht in einem Rechenausdruck vermischt werden.
- Vor Release 7.02/7.2 waren Operandenpositionen auf der rechten Seite der Anweisung COMPUTE die einzigen allgemeinen Ausdruckspositionen.

Numerische Ausdruckspositionen

Numerische Ausdruckspositionen sind Lesepositionen, an denen numerische Datenobjekte, arithmetische Ausdrücke und eingebaute Funktionen oder funktionale Methoden und Methodenverkettungen, deren Rückgabewert einen numerischen Datentyp hat, angegeben werden können. Es gibt folgende numerische Ausdruckspositionen (ab Release 7.02/7.2):

- Argumente von Funktionen
- numerische Argumente von Zeichenkettenfunktionen
- numerische Argumente von Extremwertfunktionen

Auf weitere numerische Ausdruckspositionen wie Operanden für Zähler und Positionsangaben wird bei den entsprechenden Anweisungen hingewiesen.

Zeichenartige Ausdruckspositionen

Zeichenartige Ausdruckspositionen sind Lesepositionen, an denen zeichenartige Datenobjekte, Zeichenkettenausdrücke und eingebaute Funktionen oder funktionale Methoden und Methodenverkettungen, deren Rückgabewert einen zeichenartigen Datentyp hat, angegeben werden können. Es gibt folgende zeichenartige Ausdruckspositionen (ab Release 7.02/7.2):

- Operandenpositionen in Zeichenkettenausdrücken
- zeichenartige Argumente in Verarbeitungsfunktionen
- zeichenartige Argumente in Beschreibungsfunktionen

Auf weitere zeichenartige Ausdruckspositionen wie Operanden für reguläre Audrücke oder sonstige Texte wird bei den entsprechenden Anweisungen hingewiesen.

Funktionale Operandenpositionen

Funktionale Operandenpositionen sind Lesepositionen, an denen passende Datenobjekte und funktionale Methoden oder Methodenverkettungen, deren Rückgabewert einen passenden Datentyp hat, angegeben werden können. Es gibt folgende funktionale Operandenpositionen, von denen es vor Release 7.02/7.2 nur die erweiterten funktionalen Operandenpositionen gab:

Vor Release 7.02/7.2 gab es nur die folgenden erweiterten funktionalen Operandenpositionen, an denen neben funktionalen Methoden auch alle eingebauten Funktionen angegeben werden können, die genau ein unbenanntes Argument haben und bei denen es nicht anders dokumentiert ist:

- Quellfeld source der Anweisungen
  MOVE source TO ...
  ... = source
- Operand operand der Anweisung
  CASE operand
- Operand operand der Anweisung
  WHEN operand ...

Seit Release 7.02/7.2 gibt es zahlreiche neue funktionale Operandenpositionen wie Argumente von Funktionen oder Arbeitsbereiche für interne Tabellen, auf die bei den entsprechenden Anweisungen hingewiesen wird.

3.3 Operatoren und Ausdrücke

Ein Operator verknüpft in der Regel zwei Operanden zu einem Ausdruck oder bildet zusammen mit einem Operanden einen Ausdruck. Bei der Ausführung einer Anweisung, die solche Ausdrücke enthält, wird das Ergebnis des Ausdrucks bestimmt (Operation) und in der Anweisung verwendet. Operatoren werden entweder durch Sonderzeichen oder reservierte Bezeichner dargestellt.

3.3.1 Operatoren

ABAP enthält folgende Operatoren:

- **Zuweisungsoperatoren**
  Die Zuweisungsoperatoren = und ?= verknüpfen Quell- und Zielfeld einer Zuweisung. Dar-

über hinaus verknüpft der Operator = Aktualparameter mit Formalparametern, beispielsweise in Prozeduraufrufen oder beim Arbeiten mit Daten-Clustern.

- **Arithmetische Operatoren**
  Die arithmetischen Operatoren +, -, *, /, DIV, MOD, ** verknüpfen zwei oder mehr numerische Operanden zu einem arithmetischen Ausdruck. Außerdem dienen die Zeichen + und – in arithmetischen Ausdrücken als Vorzeichen.

- **Bit-Operatoren**
  Die Bit-Operatoren BIT-AND, BIT-OR, BIT-XOR verknüpfen zwei oder mehr byteartige Operanden zu einem Bit-Ausdruck. Der Bit-Operator BIT-NOT negiert einen byteartigen Operanden.

- **Zeichenkettenoperatoren**
  Der Zeichenkettenoperator && verkettet zwei zeichenartige Operanden in einem Zeichenkettenausdruck (ab Release 7.02/7.2).

- **Vergleichsoperatoren**
  Die Vergleichsoperatoren =, <>, <, >, <=,>= usw. verknüpfen zwei Operanden eines beliebigen Datentyps zu einem logischen Ausdruck. Zusätzlich gibt es weitere Vergleichsoperatoren für spezielle Datentypen.

- **Boolesche Operatoren**
  Die Booleschen Operatoren AND, OR und EQUIV (ab Release 7.02/7.2) verknüpfen die Ergebnisse einzelner logischer Ausdrücke zu einem logischen Ausdruck. Das Ergebnis eines logischen Ausdrucks ist entweder wahr oder falsch. Der Boolesche Operator NOT invertiert das Ergebnis eines logischen Ausdrucks.

- **Literaloperator**
  Der Literaloperator & verknüpft zwei Literale zu einem Literal.

3.3.2 Ausdrücke

An bestimmten Operandenpositionen können die folgenden Ausdrücke gebildet werden:

- logische Ausdrücke
- arithmetische Ausdrücke
- Zeichenkettenausdrücke (ab Release 7.02/7.2)
- Bit-Ausdrücke

Ein Ausdruck hat ein Ergebnis, das in der Anweisung als Operand verwendet wird. Arithmetische Ausdrücke, Zeichenkettenausdrücke und Bit-Ausdrücke bezeichnen wir als Rechenausdrücke. Diese können ab Release 7.02/7.2 in logischen Ausdrücken enthalten sein. Die drei Rechenausdrucksarten können derzeit aber nicht innerhalb eines Rechenausdrucks gemischt werden.

Hinweis
Obwohl die Rechenausdrucksarten nicht direkt gemischt werden können, kann ein andersartiger Ausdruck durchaus als Argument einer erlaubten Funktion in einem Ausdruck auftreten (ab Release 7.02/7.2). Genauso können logische Ausdrücke als Argument Boolescher Funktionen in Rechenausdrücken auftreten (ab Release 7.02/7.2).

4 Bezeichner

Die Namen programminterner Objekte unterliegen technischen Namenskonventionen und spannen verschiedene Namensräume auf. Für Informationen zu semantischen Namenskonventionen möchte ich Ihnen das Buch *ABAP-Programmierrichtlinien* (SAP PRESS 2009) empfehlen.

4.1 Namenskonventionen

Für die Namen aller innerhalb von ABAP-Programmen definierbaren Objekte wie Datentypen, Datenobjekten, Klassen, Makros oder Prozeduren gelten folgende Konventionen:

- Ein Name darf bis zu 30 Zeichen lang sein.
- Erlaubt sind die Buchstaben "A" bis "Z", die Ziffern "0" bis "9" und der Unterstrich (_). Außerhalb von ABAP Objects und in Nicht-Unicode-Programmen können auch noch andere Zeichen verwendet werden. Wenn aber Zeichen verwendet werden, die nicht in allen von SAP unterstützten Codepages zur Verfügung stehen, kann ein Programm bei Verwendung einer anderen Codepage als derjenigen, in der es erstellt wurde, im ungünstigsten Fall nicht mehr ausführbar sein.
- Der Name muss mit einem Buchstaben oder einem Unterstrich (_) beginnen. Nur außerhalb von ABAP Objects kann der Name auch mit einem anderen Zeichen beginnen.
- Dem Namen kann ein Namensraumpräfix vorangestellt werden. Ein Namensraumpräfix besteht aus mindestens drei Zeichen, die von zwei Schrägstrichen eingeschlossen sind (/.../). Die Gesamtlänge von Präfix und Namen darf 30 Zeichen nicht überschreiten.
- Für Datentypen und Datenobjekte dürfen nicht die Namen vordefinierter ABAP-Typen bzw. vordefinierter Datenobjekte verwendet werden.
- Die Verwendung von Bezeichnern, die für ABAP-Wörter etc. reserviert sind, für eigene Definitionen ist zwar nicht verboten, es wird aber dringend davon abgeraten.
- Bei Feldsymbolen gilt die Besonderheit, dass ihre Namen in spitzen Klammern (<>) eingeschlossen werden müssen.

4.2 Namensräume

Außerhalb von Klassendeklarationen haben unterschiedliche Objekte getrennte Namensräume, sodass es Datentypen, Datenobjekte oder Prozeduren mit dem gleichen Namen geben kann. Klassen und Interfaces liegen dabei im gleichen Namensraum wie Datentypen. Der Namensraum gilt für den jeweiligen Kontext. Innerhalb eines Kontextes müssen die Namen gleicher Objekte eindeutig sein. Beispielsweise kann es in einem ABAP-Programm nur ein Unterprogramm und auf dem gesamten AS ABAP nur einen Funktionsbaustein eines Namens geben.

Innerhalb einer Klassendeklaration muss der Name jeder Klassenkomponente – Datentyp, Attribut, Methode, Ereignis oder Aliasname – eindeutig sein.

Hinweis

Alle in ABAP möglichen Typen liegen in einem Namensraum. Insbesondere Datentypen und Objekttypen haben keine getrennten Namensräume. Eine globale Klasse beispielsweise kann nicht mit einem Namen angelegt werden, der schon für einen Datentyp im ABAP Dictionary vergeben ist.

5 Kettensätze

Aufeinanderfolgende Anweisungen, die den gleichen Anfangsteil haben, können zu einem einzigen Kettensatz zusammengefasst werden. Hierfür wird der gleichlautende Anfangsteil einmal angegeben und durch einen Doppelpunkt (:) abgeschlossen. Die restlichen Teile werden dahinter durch Kommata (,) getrennt aufgeführt und mit einem Punkt (.) abgeschlossen. Bei der Syntaxprüfung und der Programmausführung wird ein Kettensatz wie die entsprechende Folge einzelner ABAP-Anweisungen behandelt. Die gleichen Anfangsteile sind nicht auf das Schlüsselwort beschränkt.

Beispiele
Typische Verwendung eines Kettensatzes:

```
DATA: BEGIN OF struc,
        col1 TYPE c LENGTH 4,
        col2 TYPE c LENGTH 4,
      END OF struc.
```

Die vollständige Schreibweise der vier Anweisungen ist:

```
DATA BEGIN OF struc.
DATA   col1 TYPE c LENGTH 4.
DATA   col2 TYPE c LENGTH 4.
DATA END OF struc.
```

Kettensatz, in dem mehr als nur das Schlüsselwort abgetrennt ist:

```
CALL METHOD oref->m1 EXPORTING para = : '1', '2', '3'.
```

Die vollständige Schreibweise der drei Anweisungen ist:

```
CALL METHOD oref->m1 EXPORTING para = '1'.
CALL METHOD oref->m1 EXPORTING para = '2'.
CALL METHOD oref->m1 EXPORTING para = '3'.
```

Falsche Verwendung eines Kettensatzes in Open SQL:

```
UPDATE scustom SET: discount  = '003',
                    telephone = '0621/444444'
                    WHERE id  = '00017777'.
```

Das Code-Fragment stellt nicht eine einzelne Anweisung dar, die den Rabatt und die Telefonnummer des Kunden mit der Kundennummer '00017777' aktualisiert. Stattdessen handelt es sich um zwei Anweisungen, wobei die erste den Rabatt für alle Kunden und die zweite die Telefonnummer des Kunden mit der Kundennummer '00017777' ändert.

6   Kommentare

Ein Kommentar ist eine in den Quelltext eines Programms eingefügte Erläuterung, die dem besseren Verständnis des Programms für einen menschlichen Leser dient und beim Generieren des Programms durch den ABAP Compiler ignoriert wird. Der Inhalt eines Kommentars ist technisch gesehen beliebig. Zum Anlegen von Kommentaren gibt es zwei Sprachelemente:

- Das Zeichen * an der ersten Stelle einer Programmzeile definiert die gesamte Zeile als Kommentar.

- Das Zeichen " an einer beliebigen Stelle einer Programmzeile definiert den dahinter folgenden Inhalt der Zeile bis zum Zeilenende als Kommentar. Ausnahmen von dieser Regel sind Zeichen " in Zeichenliteralen und Pseudokommentare (siehe Abschnitt 7.2).

Mit diesen Sprachelementen lassen sich zwei Arten von Kommentaren anlegen:

- **Kommentarzeilen**
  Eine Kommentarzeile enthält nichts als Kommentar. Eine Kommentarzeile kann entweder durch das Zeichen * an der ersten Stelle einer Programmzeile oder das Zeichen " an einer beliebigen Stelle einer ansonsten leeren Programmzeile definiert werden.

- **Zeilenendekommentare**
  Ein Zeilenendekommentar ist ein durch das Zeichen " eingeleiteter Kommentar, der hinter einer ABAP-Anweisung oder einem Teil einer ABAP-Anweisung steht.

Hinweis

In Nicht-Unicode-Systemen sollten in Kommentaren keine Zeichen verwendet werden, die nicht in allen von SAP unterstützten Codepages zur Verfügung stehen. Im ungünstigsten Fall kann ein Programm bei Verwendung einer anderen Codepage als derjenigen, in der es erstellt wurde, nicht mehr ausgeführt werden. Empfohlen wird die ausschließliche Verwendung von 7-Bit-ASCII-Zeichen.

Beispiel

Das folgende Beispiel demonstriert den empfohlenen Einsatz von Kommentaren. Mit * eingeleitete Kommentarzeilen dienen der Programmstrukturierung. Zeilenendekommentare kommen hinter Deklarationen und Anweisungen am Ende von Blöcken vor. Alle sonstigen Kommentare stehen vor den beschriebenen Anweisungen und sind entsprechend eingerückt.

```
*----------------------------------------------------------*
* Class implementations                                    *
*----------------------------------------------------------*
CLASS application IMPLEMENTATION.
  METHOD main.
    DATA: items       TYPE STANDARD TABLE
                      OF REF TO item,    "Item table
          item_ref    LIKE LINE OF items. "Item reference
    DATA: amount      TYPE i, "Amount per item
          total_amount TYPE i. "Total amount of items
    ...
```

```abap
      "Loop over all items to compute total amount
      LOOP AT items INTO item_ref.
        IF item_ref IS BOUND AND
           item_ref->is_valid( ) = abap_true.
          "Compute total amount for valid items
          amount = item_ref->get_amount( ).
          ADD amount TO total_amount.
          ...
        ELSE.
          ...
        ENDIF. "item_ref IS BOUND AND...
      ENDLOOP.
      ...
  ENDMETHOD. "main
ENDCLASS. "application
```

7 Programmdirektiven

Die Programmdirektiven von ABAP beeinflussen die Prüfergebnisse verschiedener Prüfwerkzeuge.

7.1 Pragmas

Ab Release 7.02/7.2. Pragmas sind Programmdirektiven, die verwendet werden können, um Warnungen verschiedener Prüfwerkzeuge auszublenden. Unterstützt werden:

- Warnungen der Syntaxprüfung des ABAP Compilers
- Warnungen der erweiterten Programmprüfung

Syntax
Ein Pragma hat den Aufbau:

`##code[par][par]...`

Es ist unempfindlich gegenüber Groß-/Kleinschreibung und enthält keine Leerzeichen. Der Pragma-Code (`code`) legt die Wirkung fest; Parameter (`par`) grenzen die Wirkung gegebenenfalls weiter ein.

Hinweise
- Ob zu einer Warnung der Syntaxprüfung ein Pragma existiert, kann man dem – in diesem Fall immer existierenden – LANGTEXT DER MELDUNG entnehmen. Die Beschreibung einer Meldung der erweiterten Programmprüfung führt ebenfalls das Pragma auf, das zum Ausblenden verwendet werden kann.
- In einem Programm, das Pragmas zum Ausschalten von Warnungen verwendet, dürfen die Anweisung SET EXTENDED CHECK und der Pseudokommentar #EC * nicht mehr verwendet werden und führen zu einer nicht ausschaltbaren Warnung der erweiterten Programmprüfung.
- Pragmas lösen ab Release 7.02/7.2 die bis dahin gebräuchlichen Pseudokommentare ab, um Warnungen der erweiterten Programmprüfung auszublenden. Diese Pseudokommentare werden dadurch obsolet und sollten nicht mehr verwendet werden (siehe Abschnitt 51.2.1). Das Programm ABAP_SLIN_PRAGMAS zeigt, welche Pragmas anstelle der obsoleten Pseudokommentare verwendet werden sollten.

Beispiele
Ein Beispiel für ein Pragma für Warnungen der Syntaxprüfung ist:

`##SHADOW`

Dieses Pragma kann genutzt werden, um bei einer Methodendefinition eine Syntaxwarnung auszublenden, die die Verschattung einer eingebauten Funktion meldet. Das Pragma hat einen optionalen Parameter, in dem zusätzlich der Name der Funktion angegeben werden kann:

```
##SHADOW[SUBSTRING]
```

Das folgende Beispiel zeigt Pragmas zum Ausblenden von Warnungen der erweiterten Programmprüfung.

```
DATA text TYPE string   ##needed.
text = 'Hello Pragmas'  ##no_text.
```

7.1.1 Pragmaparameter

Eine Meldung wird durch ein Pragma beeinflusst, wenn alle angegebenen Parameter mit den konkreten Parametern übereinstimmen. Die konkreten Parameter können ebenfalls dem Langtext zur Meldung entnommen werden. Vorgeschriebene Parameter sind im Langtext unterstrichen und dürfen nicht weggelassen werden. Nicht vorgeschriebene Parameter sind optional. Das Weglassen optionaler Parameter ist möglich durch ein leeres Klammerpaar [] an der entsprechenden Position oder durch komplettes Weglassen eines Endstücks.

Beispiel
In obigem Beispiel wird eine Warnung zu "SUBSTRING" unterdrückt durch:

- ##SHADOW
- ##SHADOW[SUBSTRING]
- ##SHADOW[]

Durch SHADOW[FIND] wird keine Warnung unterdrückt.

7.1.2 Pragmas positionieren

Ein Pragma gilt für die aktuelle Anweisung, d. h. für die Anweisung, die am nächsten "." oder "," endet. Pragmas, die vor dem ":" eines Kettensatzes stehen, gelten für den gesamten Kettensatz. Pragmas, die bei Aufruf eines Makros stehen, gelten für alle Anweisungen des Makros.

Aus Gründen der Lesbarkeit dürfen Pragmas nur an bestimmten Positionen im Programmtext stehen:

- am Beginn einer Zeile, nach beliebig vielen Leerzeichen
- am Ende einer Zeile, höchstens gefolgt von ".", "," oder ":"
- nicht jedoch nach ".", "," oder ":"
  An zulässigen Positionen dürfen auch mehrere Pragmas – getrennt durch Leerzeichen – hintereinanderstehen.

Unbekannte, formal fehlerhafte oder falsch parametrisierte Pragmas führen selbst zu einer Syntaxwarnung.

7.2 Pseudokommentare

Pseudokommentare sind Programmdirektiven zur Beeinflussung von Prüfungen und Testabläufen. Ab Release 7.02/7.2 werden Pseudokommentare weitestgehend durch Pragmas oder echte Zusätze abgelöst. Ab Release 7.02/7.2 sind Pseudokommentare nur noch für den Code Inspector notwendig. Die Pseudokommentare für die erweiterte Programmprüfung und für Testklassen sind obsolet (siehe Abschnitt 51.2).

Hinweis
Es kann nur ein Pseudokommentar pro Programmzeile angegeben werden. Um mehrere Pseudokommentare für eine Anweisung anzugeben, muss diese also auf mehrere Zeilen aufgeteilt werden.

Pseudokommentare für den Code Inspector
Eine Zeichenfolge "#EC hinter einer Anweisung oder einem Teil einer Anweisung, der ein Kürzel mit dem Präfix "CI_" folgt, definiert einen Pseudokommentar für den Code Inspector.

Mit diesen Pseudokommentaren können bestimmte Warnungen des Code Inspectors für die betreffende Anweisung ausgeblendet werden. Die möglichen Kürzel sind beim Code Inspector bzw. bei der Ausgabe von dessen Meldungen dokumentiert.

Beispiel
Der folgende Join-Ausdruck umgeht die SAP-Pufferung und führt deshalb zu einer Warnung des Code Inspectors. Wenn die SELECT-Anweisung aber Teil einer Anwendung ist, die selbst für eine Pufferung ausgewählter Daten sorgt, kann die Warnung wie gezeigt ausgeblendet werden. Ein zusätzlicher normaler Kommentar verdeutlicht einem Leser des Quelltextes den Grund für die Verwendung des Pseudokommentars.

```
SELECT d~object h~dokldate h~dokltime      "#EC CI_BUFFJOIN
  FROM dokil AS d                          "Buffering is done
       INNER JOIN dokhl AS h               "by application
         ON h~id         = d~id      AND   "with Shared Objects
            h~object     = d~object  AND
            h~typ        = d~typ     AND
            h~langu      = d~langu   AND
            h~dokversion = d~version
  INTO CORRESPONDING FIELDS OF TABLE docu_tab
  WHERE d~id     ='SD'    AND
        d~typ    = 'E'    AND
        d~langu  = langu  AND
        d~object LIKE 'AB%'.
```

TEIL 3
Programmaufbau

8 Programmaufbau

Jedes ABAP-Programm beginnt mit einer programmeinleitenden Anweisung, die vom Programmtyp abhängt. Nach der programmeinleitenden Anweisung enthält jedes Programm einen globalen Deklarationsteil, in dem Definitionen und Deklarationen vorgenommen werden, die im gesamten Programm gültig und sichtbar sind. Dies sind zum einen die Deklaration von Datentypen und Datenobjekten und zum anderen die Definition von Interfaces oder der Deklarationsteil von Klassen in ABAP Objects. Die Definitionen von Interfaces und Klassen enthalten die Deklarationen ihrer Komponenten. Die Reihenfolge der einzelnen Definitionen und Deklarationen ist zwar nicht prinzipiell festgelegt, muss sich aber nach der Tatsache richten, dass man sich in einer ABAP-Anweisung immer nur auf vorangegangene Definitionen und Deklarationen beziehen kann. Beispielsweise kann sich eine Referenzvariable nur auf eine zuvor definierte Klasse beziehen, und diese kann wiederum nur ein zuvor definiertes Interface implementieren. Nach der Einleitung einer Prozedur können Datentypen und Datenobjekte deklariert werden, die innerhalb der Prozedur sichtbar sind. Zur Deklaration von Datentypen gehören im weiteren Sinn auch Typisierungen von Objekten, deren Datentyp bei der Programmerstellung noch nicht feststeht.

Die Funktionalität eines ABAP-Programms ist in Verarbeitungsblöcken implementiert, die unterhalb des globalen Deklarationsteils aufgeführt werden. Verarbeitungsblöcke werden mit Modularisierungsanweisungen definiert. In Verarbeitungsblöcken vom Typ Prozedur können mit deklarativen Anweisungen lokale Datentypen und Datenobjekte angelegt werden. Alle anderen Verarbeitungsblöcke haben keinen lokalen Datenbereich, und deklarative Anweisungen wirken programmglobal. Die wichtigsten Verarbeitungsblöcke in ABAP Objects sind Methoden. Sie können nur im Implementierungsteil ihrer Klasse implementiert werden. Die Reihenfolge von Verarbeitungsblöcken bzw. Implementierungsteilen spielt keinerlei Rolle für die Programmausführung, sollte aber die Lesbarkeit eines Programms unterstützen.

Alle übrigen Anweisungen eines ABAP-Programms sind Implementierungsanweisungen, die immer einem Verarbeitungsblock zugeordnet werden können. Mit den Implementierungsanweisungen wird die Funktionalität eines Verarbeitungsblocks implementiert. Die Funktionalität aller Verarbeitungsblöcke wird im Wesentlichen mit den gleichen Anweisungen implementiert.

9 Programme

Jedes ABAP-Programm hat einen Programmtyp und wird durch eine dem Typ zugeordnete Anweisung eingeleitet. In diesem Abschnitt betrachten wir nur eigenständige Programme (Kompilationseinheiten). Neben den hier aufgeführten Kompilationseinheiten, d. h. Programmen, die eigenständig kompilierbar sind, gibt es auch noch Include-Programme, die nicht eigenständig kompiliert, sondern in Kompilationseinheiten eingebunden werden (siehe Abschnitt 10.4.1).

9.1 Eigenständige Programme

Der Typ eines eigenständigen ABAP-Programms bestimmt unter anderem, welche Deklarationen und Verarbeitungsblöcke ein Programm enthalten kann und wie es in der ABAP-Laufzeitumgebung ausführbar ist.

9.1.1 Programmtypen

Tabelle 9.1 zeigt alle Programmtypen für eigenständige Programme.

Programmtyp	Ausführung	Globale Deklarationen	Verarbeitungs-blöcke	Dynpros	Text-Pools
ausführbares Programm	Anweisung SUBMIT oder Aufruf eines Dynpros oder Selektionsbildes über einen Transaktionscode	lokale Interfaces und Klassen, alle sonstigen deklarativen Anweisungen	alle außer Funktionsbausteinen	ja	ja
Class-Pool	Aufruf einer sichtbaren Methode über CALL METHOD oder über einen Transaktionscode	eine globale Klasse der Klassenbibliothek, lokale Interfaces und Klassen, Anweisungen TYPES und CONSTANTS (ab Release 7.02/7.2)	nur Methoden	nein	ja
Funktionsgruppe bzw. Function-Pool	Aufruf eines Funktionsbausteins über CALL FUNCTION oder eines Dynpros über einen Transaktionscode	lokale Interfaces und Klassen, alle sonstigen deklarativen Anweisungen	alle außer Ereignisblöcken für Reporting-Ereignisse	ja	ja
Interface-Pool	keine	ein globales Interface der Klassenbibliothek	keine	nein	nein

Tabelle 9.1 ABAP-Programmtypen

Programmtyp	Ausführung	Globale Deklarationen	Verarbeitungs-blöcke	Dynpros	Text-Pools
Modul-Pool	Aufruf eines Dynpros über einen Transaktionscode	lokale Interfaces und Klassen, alle deklarativen Anweisungen	alle außer Funktionsbausteinen und Ereignisblöcken für Reporting-Ereignisse	ja	ja
Subroutinen-Pool	externer Aufruf lokaler Prozeduren (Unterprogramme oder Methoden)	lokale Interfaces und Klassen, alle sonstigen deklarativen Anweisungen	Ereignisblock LOAD-OF-PROGRAM, Unterprogramme, Methoden	nein	ja
Typgruppe bzw. Type-Pool	keine	Anweisungen TYPES und CONSTANTS	keine	nein	nein

Tabelle 9.1 ABAP-Programmtypen (Forts.)

Die zweite Spalte von Tabelle 9.1 zeigt, für welche Art der Ausführung der Programmtyp hauptsächlich vorgesehen ist, die dritte Spalte zeigt, welche Deklarationen im globalen Deklarationsteil eines Programms des angegebenen Typs vorgenommen werden können, die vierte Spalte gibt an, welche Verarbeitungsblöcke es enthalten kann, die fünfte Spalte zeigt an, ob eigene Dynpros unterstützt werden oder nicht, die letzte Spalte zeigt, ob eigene Text-Pools angelegt werden können oder nicht.

9.1.2 Programmeinleitung

Die erste Anweisung jedes eigenständigen ABAP-Programms muss eine programmeinleitende Anweisung sein, und jedes Programm darf nur eine solche Anweisung enthalten. Die programmeinleitenden Anweisungen sind: REPORT, PROGRAM, FUNCTION-POOL, CLASS-POOL, INTERFACE-POOL und TYPE-POOL. Die programmeinleitende Anweisung eines jeden Programms richtet sich nach dem in den Programmeigenschaften festgelegten Programmtyp. Die einzige andere Anweisung an erster Position anstelle einer programmeinleitenden Anweisung kann die Anweisung INCLUDE sein. In diesem Fall muss nach der Auflösung des Include-Programms bei der Generierung des Programms eine programmeinleitende Anweisung an erster Stelle stehen.

Sämtliche Anweisungen, die im Quelltext den programmeinleitenden Anweisungen folgen bzw. als Include-Programme eingebunden werden, werden vom ABAP Compiler als eine Einheit behandelt. Ausführbare Programme, Modul-Pools, Funktionsgruppen, Class-Pools, Interface-Pools, Subroutinen-Pools und Typgruppen sind solche eigenständigen Kompilationseinheiten. Include-Programme werden dagegen nur im Kontext von Kompilationseinheiten verwendet.

Typgruppen, auch Type-Pools genannt, sind logisch gesehen eigenständige Programme, in denen allerdings kein ausführbarer Code, sondern ausschließlich Typ- und Konstantendefinitionen abgelegt werden können. Insofern gehört zu einer Typgruppe eine besondere programmeinleitende Anweisung, nämlich TYPE-POOL.

Hinweis

Die Zuordnung programmeinleitender Anweisungen zu den in den Programmeigenschaften festgelegten Programmtypen ist nicht syntaktisch vorgeschrieben. Es sollte aber immer die in den folgenden Abschnitten beschriebene Zuordnung verwendet werden. Beim Anlegen eines Programms wird die passende Anweisung von der ABAP Workbench automatisch erzeugt und sollte beim Editieren nur in den Zusätzen verändert werden. Insbesondere sollten die Schlüsselwörter FUNCTION-POOL, CLASS-POOL, INTERFACE-POOL und TYPE-POOL ausschließlich von den entsprechenden Werkzeugen der ABAP Workbench erzeugt und niemals selbst in den Quelltext eingetragen werden, um unerwartetes Systemverhalten zu vermeiden.

9.2 Ausführbare Programme

REPORT

Syntax
```
REPORT rep [list_options]
       [MESSAGE-ID mid]
       [DEFINING DATABASE ldb]
       [REDUCED FUNCTIONALITY].
```

Die Anweisung REPORT leitet ein ausführbares Programm ein. Sie muss nach der Auflösung eventueller Include-Programme die erste Anweisung eines eigenständigen Programms sein. Der Name rep muss direkt angegeben werden. Mit den optionalen Zusätzen list_options kann die Grundliste des Programms beeinflusst werden. Mit MESSAGE-ID kann eine Nachrichtenklasse festgelegt werden.

Der Zusatz DEFINING DATABASE dient der Definition einer logischen Datenbank (siehe Abschnitt 65.4.2), während REDUCED FUNCTIONALITY nur bei PROGRAM verwendet werden sollte.

Hinweise

- Das Schlüsselwort REPORT kann in obiger Anweisung durch das Schlüsselwort PROGRAM ersetzt werden. In ausführbaren Programmen ist PROGRAM gleichbedeutend mit REPORT und kann mit dessen Zusätzen verwendet werden. Als Konvention sollten ausführbare Programme aber nur durch REPORT eingeleitet werden.

- Die Angabe des Namens rep ist zwar nicht unbedingt notwendig, es sollte aber immer der Name des ABAP-Programms aus dem Repository verwendet werden.

9.2.1 Zusätze für die Grundliste des Programms

Syntax von list_options
```
... [NO STANDARD PAGE HEADING]
    [LINE-SIZE width]
    [LINE-COUNT page_lines[(footer_lines)]]
```

Diese Zusätze beeinflussen die Grundliste des Programms.

9.2.1.1 Seitenkopf
Syntax
```
... NO STANDARD PAGE HEADING
```

Dieser Zusatz unterdrückt die Ausgabe des Standardseitenkopfes (Standardüberschrift und Spaltenüberschriften) auf der Grundliste des Programms und setzt das Systemfeld `sy-wtitl` auf den Wert "N". Diese Einstellung kann während der Listenerstellung mit den Zusätzen `NO-TITLE|WITH-TITLE` und `NO-HEADING|WITH-HEADING` der Anweisung `NEW-PAGE` überschrieben werden.

9.2.1.2 Zeilenbreite
Syntax
```
... LINE-SIZE width
```

Dieser Zusatz legt die Zeilenbreite der Grundliste und der Verzweigungslisten des Programms auf `width` Zeichen fest und setzt das Systemfeld `sy-linsz` auf diesen Wert. Die Zeilenbreite bestimmt sowohl die Anzahl der Zeichen im Listenpuffer als auch die Anzahl der Spalten in der dargestellten Liste. Der Wert `width` muss als positives Zahlenliteral angegeben werden. Die maximale Zeilenbreite ist 1.023.

Ohne die Angabe von `LINE-SIZE` wird die Zeilenbreite der Grundliste auf eine Standardbreite gesetzt, die sich nach der Fensterbreite des aktuellen Dynpros richtet, aber mindestens so breit wie die Breite eines SAP-Fensters in Standardgröße ist. Für die Standardbreite ist der Inhalt von `sy-linsz` gleich 0. Die Angabe von `LINE-SIZE` überschreibt den mit dem gleichnamigen Zusatz `LINE-SIZE` der Anweisung `SUBMIT` übergebenen Wert und kann während der Listenerstellung mit dem gleichnamigen Zusatz `LINE-SIZE` der Anweisung `NEW-PAGE` überschrieben werden.

Hinweis
Der aktuell gültige Maximalwert für die Zeilenbreite ist in der Konstanten SLIST_MAX_LINESIZE der Typgruppe SLIST abgelegt. Dort ist auch ein Typ SLIST_MAX_LISTLINE vom Typ `c` der Länge SLIST_MAX_LINESIZE definiert.

9.2.1.3 Seitenlänge
Syntax
```
... LINE-COUNT page_lines[(footer_lines)]
```

Dieser Zusatz legt die Seitenlänge für die Grundliste des Programms auf `page_lines` Zeilen fest und füllt das Systemfeld `sy-linct` mit diesem Wert. Ohne die Angabe von `LINE-COUNT` und für `page_lines` kleiner gleich 0 oder größer 60.000 wird die Seitenlänge intern auf 60.000 gesetzt. Diese Einstellung überschreibt den mit dem gleichnamigen Zusatz `LINE-SIZE` der Anweisung `SUBMIT` übergebenen Wert und kann während der Listenerstellung mit dem gleichnamigen Zusatz `LINE-COUNT` der Anweisung `NEW-PAGE` überschrieben werden.

Durch die optionale Angabe einer Zahl für `footer_lines` werden entsprechend viele Zeilen für den Seitenfuß reserviert, der im Ereignisblock `END-OF-PAGE` beschrieben werden kann.

`page_lines` und `footer_lines` müssen als Zahlenliterale angegeben werden.

Hinweis

Die Vorgabe einer festen Zeilenzahl ist nur für formularartige Listen mit festem Seitenlayout sinnvoll. Hier sollte jedoch stets geprüft werden, ob solche Formulare nicht durch andere Mittel erstellt werden können.

9.2.2 Zusatz für die Nachrichtenklasse

Syntax
```
... MESSAGE-ID mid
```

Dieser Zusatz legt eine Nachrichtenklasse mid fest, die es erlaubt, im Programm Kurzformen der Anweisung MESSAGE zu verwenden, in der nur Nachrichtentyp und Nachrichtennummer angegeben werden. Die Nachrichtenklasse muss direkt angegeben werden und in der Spalte ARBGB der Datenbanktabelle T100 vorkommen. Die Varianten der Anweisung MESSAGE, in denen die Nachrichtenklasse angegeben wird, übersteuern den Zusatz MESSAGE-ID.

9.2.3 Zusatz für Subroutinen-Pools

Syntax
```
... REDUCED FUNCTIONALITY
```

Dieser Zusatz ist nur für die Anweisung PROGRAM in Subroutinen-Pools vorgesehen (siehe Abschnitt 45.1.1).

9.3 Modul-Pools und Subroutinen-Pools

PROGRAM

Syntax
```
PROGRAM prog [list_options]
            [MESSAGE-ID mid]
            [REDUCED FUNCTIONALITY].
```

Die Anweisung PROGRAM leitet einen Modul-Pool oder einen Subroutinen-Pool ein. Sie muss nach der Auflösung eventueller Include-Programme die erste Anweisung eines eigenständigen Programms sein. Der Name prog muss direkt angegeben werden. Für die Zusätze gilt:

▶ In Modul-Pools haben die Zusätze list_options und MESSAGE-ID der Anweisung PROGRAM die gleiche Bedeutung wie die gleichnamigen Zusätze der Anweisung REPORT (siehe Abschnitt 9.2.1). Der Zusatz REDUCED FUNCTIONALITY hat nur in Subroutinen-Pools eine Wirkung und wird ansonsten ignoriert.

▶ In Subroutinen-Pools hat die Angabe von MESSAGE-ID die gleiche Bedeutung wie bei der Anweisung REPORT. Eventuelle Zusätze list_options für die Grundliste werden ignoriert, da Subroutinen-Pools keinen eigenen Listenpuffer haben. Ausgabeanweisungen in Subroutinen-Pools schreiben in die aktuelle Liste des aufrufenden Hauptprogramms. Der Zusatz REDUCED FUNCTIONALITY wirkt dagegen nur in Subroutinen-Pools.

Hinweise

- Das Schlüsselwort PROGRAM kann in obiger Anweisung durch das Schlüsselwort REPORT ersetzt werden. In Modul-Pools bzw. Subroutinen-Pools ist REPORT gleichbedeutend mit PROGRAM und kann mit dessen Zusätzen verwendet werden. Als Konvention sollten ausführbare Modul-Pools und Subroutinen-Pools aber nur durch PROGRAM eingeleitet werden.
- Die Angabe des Namens prog ist zwar nicht unbedingt notwendig, es sollte aber immer der Name des ABAP-Programms aus dem Repository verwendet werden.
- Der Name eines Modul-Pools ist zwar nicht festgelegt, sollte aber der Namenskonvention der ABAP Workbench folgen, nach der der Name eines Modul-Pools mit "SAPM" beginnt.

Zusatz für Subroutinen-Pools
Syntax
```
... REDUCED FUNCTIONALITY
```

Dieser Zusatz hat nur in Programmen vom Programmtyp Subroutinen-Pool eine Wirkung. In einem Subroutinen-Pool, der mit dem Zusatz REDUCED FUNCTIONALITY eingeleitet wird, werden beim Laden des Programms nicht alle Komponenten geladen, die bei einem normalen ABAP-Programm geladen werden. Dies führt zu einer Reduktion der Programm-Load und zu geringerem Speicherverbrauch im Rollbereich. Dafür steht aber auch nicht der volle Sprachumfang von ABAP zur Verfügung:

- Die eingebaute Struktur syst wird nicht geladen. Anstelle von syst kann die gleichbedeutende Struktur sy verwendet werden.
- Die eingebaute Struktur screen wird nicht geladen. Damit sind die Anweisungen LOOP AT SCREEN und MODIFY SCREEN nicht möglich.
- Es kann nicht mit den Dynpros des Hauptprogramms der aktuellen Programmgruppe gearbeitet werden.
- Es steht keine Unterstützung für das Drucken von Listen zur Verfügung. Die entsprechenden Zusätze der Anweisungen NEW-PAGE und SUBMIT können nicht verwendet werden.

Wenn nichts von der fehlenden Funktionalität benötigt wird, kann der Zusatz REDUCED FUNCTIONALITY verwendet werden, um einen unnötigen Ressourcenverbrauch von Subroutinen-Pools zu vermeiden.

Hinweise

- Der Zusatz REDUCED FUNCTIONALITY wirkt auch in Subroutinen-Pools, die mit GENERATE SUBROUTINE POOL erzeugt wurden. Er ist insbesondere für kleine Subroutinen-Pools geeignet, die nur einfache Hilfsprozeduren enthalten.
- Der Einsatz von REDUCED FUNCTIONALITY in einem Subroutinen-Pool führt zu einer Warnung der Syntaxprüfung, die darauf hinweist, dass dort nicht der gesamte Umfang von ABAP zur Verfügung steht. Bei der Verwendung nicht vorhandener Funktionalität gibt es entsprechende Syntaxfehler.

9.4 Funktionsgruppen

FUNCTION-POOL

Syntax
```
FUNCTION-POOL fpool [list_options]
               [MESSAGE-ID mid].
```

Die Anweisung FUNCTION-POOL leitet eine Funktionsgruppe ein. Sie muss nach der Auflösung eventueller Include-Programme die erste Anweisung eines eigenständigen Programms sein. Die Zusätze der Anweisung FUNCTION-POOL haben die gleiche Bedeutung wie die Zusätze der Anweisung REPORT (siehe Abschnitt 9.2).

Funktionsgruppen werden mit dem Werkzeug Function Builder der ABAP Workbench gepflegt, wobei automatisch ein Rahmenprogramm und unten stehende Include-Programme generiert werden. Die Anweisung FUNCTION-POOL wird im Top-Include angelegt.

Der vollständige Name einer Funktionsgruppe im Repository setzt sich aus dem Präfix SAPL und dem Namen fpool der Anweisung FUNCTION-POOL zusammen.

Eine Funktionsgruppe dient als Rahmen für Funktionsbausteine und ist wie folgt in Include-Programmen organisiert:

- ein Top-Include mit dem Präfix "L" und der Endung "TOP" im Deklarationsteil der Funktionsgruppe
- optionale Include-Programme mit dem Präfix "L" und der Endung "D.." für die Deklaration lokaler Klassen innerhalb des Top-Includes
- Ein Include-Programm mit dem Präfix "L" und der Endung "UXX" im Implementierungsteil der Funktionsgruppe. Dieses Include-Programm bindet Include-Programme mit der Endung "U.." für die Implementierung jedes Funktionsbausteins der Funktionsgruppe ein. Dieser Aufbau darf nicht geändert werden.
- optionale Include-Programme mit dem Präfix "L" und der Endung "P.." für die Implementierung der Methoden lokaler Klassen im Implementierungsteil der Funktionsgruppe
- optionale Include-Programme mit dem Präfix "L" und der Endung "O.." für die Implementierung von PBO-Modulen im Implementierungsteil der Funktionsgruppe
- optionale Include-Programme mit dem Präfix "L" und der Endung "I.." für die Implementierung von PAI-Modulen im Implementierungsteil der Funktionsgruppe
- optionale Include-Programme mit dem Präfix "L" und der Endung "E.." für die Implementierung von Ereignisblöcken im Implementierungsteil der Funktionsgruppe
- optionale Include-Programme mit dem Präfix "L" und der Endung "F.." für die Implementierung von Unterprogrammen im Implementierungsteil der Funktionsgruppe

Die Punkte ".." stehen für eine zweistellige Zahl. Die Funktionalität des Function Builders beruht auf der Einhaltung der Namenskonvention.

Beispiel
Den Aufbau der Funktionsgruppe aus Include-Programmen erläutert das Beispiel unter INCLUDE (siehe Abschnitt 10.4.1).

9.5 Class-Pools

`CLASS-POOL`

Syntax
`CLASS-POOL [MESSAGE-ID id].`

Die Anweisung `CLASS-POOL` leitet einen Class-Pool ein. Sie muss nach der Auflösung eventueller Include-Programme die erste Anweisung eines Class-Pools sein. Der Zusatz `MESSAGE-ID` der Anweisung `CLASS-POOL` hat die gleiche Bedeutung wie bei der Anweisung `REPORT`.

Class-Pools werden mit dem Werkzeug Class Builder der ABAP Workbench gepflegt, wobei automatisch ein Rahmenprogramm für eine globale Klasse und zugehörige Include-Programme generiert werden. Die Anweisung `CLASS-POOL` wird im Rahmenprogramm angelegt.

Der vollständige Name des Rahmenprogramms eines Class-Pools im Repository beginnt mit dem Namen der globalen Klasse, ist bis einschließlich Position 30 mit dem Zeichen "=" aufgefüllt und endet mit "CP".

Die Namen der vom Rahmenprogramm eingebundenen Include-Programme eines Class-Pools sind genauso aufgebaut wie der Name des Class-Pools, haben aber andere Endungen. Der tatsächliche Aufbau eines Class-Pools aus Include-Programmen ist anders als bei Funktionsgruppen eine interne Angelegenheit von ABAP Workbench und ABAP-Laufzeitumgebung und wird im Class Builder nicht angezeigt.

Folgende Anweisungen sind einem Class-Pool erlaubt:

- Deklaration und Implementierung genau einer globalen Klasse mit `CLASS ... ENDCLASS`.
- Deklaration programmlokaler Datentypen mit der Anweisung `TYPES`. Diese können von der globalen Klasse im privaten Sichtbarkeitsbereich sowie im Implementierungsteil verwendet werden.
- Deklaration programmlokaler Konstanten mit der Anweisung `CONSTANTS` (ab Release 7.02/7.2). Diese können von der globalen Klasse im privaten Sichtbarkeitsbereich sowie im Implementierungsteil verwendet werden.
- Deklaration programmlokaler Interfaces mit den Anweisungen `INTERFACE ... ENDINTERFACE`. Diese können von der globalen Klasse im privaten Sichtbarkeitsbereich sowie im Implementierungsteil verwendet werden.
- Deklaration und Implementierung programmlokaler Klassen mit den Anweisungen `CLASS ... ENDCLASS`. Diese können von der globalen Klasse im privaten Sichtbarkeitsbereich sowie im Implementierungsteil verwendet werden.
- Definition von Makros mit `DEFINE ... END-OF-DEFINITION`. Diese können von der globalen Klasse im Implementierungsteil verwendet werden.

Hinzu kommt noch die Anweisung `TYPE-POOLS`, die vor Release 7.02/7.2 zum Laden einer Typgruppe notwendig ist. Innerhalb von `CLASS ... ENDCLASS` bzw. `INTERFACE ... ENDINTERFACE` sind die dort erlaubten Anweisungen möglich. Die Anweisungen eines Class-Pools werden alle in Include-Programmen angelegt, die vom Class Builder vorgegeben werden. Die programmlokalen Deklarationen und Implementierungen können von der globalen Klasse verwendet werden. Insbesondere können sich Deklarationen im privaten Sichtbarkeitsbereich der globalen Klasse auf programmlokale Deklarationen beziehen.

Hinweis

Da Änderungen an programmlokalen Deklarationen, die im privaten Sichtbarkeitsbereich der globalen Klasse verwendet werden, zur erneuten Kompilation von Unterklassen und Freunden der globalen Klasse führen, sollten die sonstigen programmlokalen Deklarationen, die keinen Einfluss auf andere Programme haben, nicht im gleichen Include-Programm wie diejenigen, die im privaten Sichtbarkeitsbereich der globalen Klasse verwendet werden, vorgenommen werden. Dies kann im Class Builder ausgewählt werden.

Beispiel

Der Name des Rahmenprogramms des Class-Pools der globalen Klasse CL_ABAP_BROWSER ist `CL_ABAP_BROWSER===============CP`.

9.6 Interface-Pools

`INTERFACE-POOL`

Syntax

`INTERFACE-POOL.`

Die Anweisung `INTERFACE-POOL` leitet einen Interface-Pool ein. Sie muss nach der Auflösung eventueller Include-Programme die erste Anweisung eines Interface-Pools sein.

Interface-Pools werden ausschließlich mit dem Werkzeug Class Builder der ABAP Workbench gepflegt, wobei automatisch ein Rahmenprogramm für ein globales Interface inklusive der Anweisung `INTERFACE-POOL` generiert wird.

Der vollständige Name des Rahmenprogramms eines Interface-Pools im Repository beginnt mit dem Namen des globalen Interfaces, ist bis einschließlich Position 30 mit dem Zeichen "=" aufgefüllt und endet mit "IP".

Die Namen der vom Rahmenprogramm eingebundenen Include-Programme eines Interface-Pools sind genauso aufgebaut wie der Name des Interface-Pools, haben aber andere Endungen. Der tatsächliche Aufbau eines Interface-Pools aus Include-Programmen ist anders als bei Funktionsgruppen eine interne Angelegenheit von ABAP Workbench und ABAP-Laufzeitumgebung und wird im Class Builder nicht angezeigt.

In einem Interface-Pool ist nur die Deklaration genau eines globalen Interfaces mit `INTERFACE ... ENDINTERFACE` erlaubt. Neben der Deklaration des globalen Interfaces kann ein Interface-Pool keine eigenen lokalen Deklarationen und Implementierungen enthalten. Ausgenommen ist nur die Anweisung `TYPE-POOLS`, die vor Release 7.02/7.2 zum Laden einer Typgruppe notwendig ist.

Beispiel

Der Name des Rahmenprogramms des Interface-Pools des globalen Interfaces IF_DEMO_CR_CAR_RENTL_SERVICE ist IF_DEMO_CR_CAR_RENTL_SERVICE==IP.

9.7 Typgruppen

TYPE-POOL

Syntax
TYPE-POOL tpool.

Die Anweisung `TYPE-POOL` leitet eine Typgruppe ein. Sie muss nach der Auflösung eventueller Include-Programme die erste Anweisung einer Typgruppe sein. Typgruppen werden ausschließlich mit dem Werkzeug Dictionary der ABAP Workbench gepflegt, wobei automatisch ein ABAP-Programm inklusive der Anweisung `TYPE-POOL` generiert wird. Der Name einer Typgruppe darf maximal fünf Zeichen lang sein.

Typgruppen dürfen nur die folgenden Anweisungen enthalten:

- INCLUDE
- TYPES
- CONSTANTS
- DEFINE und END-OF-DEFINITION
- CLASS DEFINITION ... DEFERRED PUBLIC

Die deklarierten Datentypen, Konstanten und Makros müssen mit dem Namen `tpool` der Typgruppe als Präfix beginnen. Die in einer Typgruppe deklarierten Elemente können in jedem ABAP-Programm, in dem die Typgruppe verwendbar ist, statisch oder dynamisch über ihren Namen angesprochen werden.

 Ab Release 7.02/7.2 wird die Typgruppe beim ersten Zugriff auf eines ihrer Elemente geladen. Vorher ist dafür die Anweisung `TYPE-POOLS` notwendig (siehe Abschnitt 53.2.1).

Hinweise

- Typen in Typgruppen sind die Vorgänger für allgemeine Typdefinitionen im ABAP Dictionary.
- Da Datentypen und Konstanten auch im öffentlichen Sichtbarkeitsbereich globaler Klassen definiert werden können, sollten keine neuen Typgruppen mehr angelegt werden. Vorhandene Typgruppen können noch verwendet werden.
- Um Konflikten beim Typbezug mit dem Zusatz `LIKE` vorzubeugen, dürfen Konstanten in Typgruppen nicht den gleichen Namen wie bereits bestehende flache Strukturen oder Datenbanktabellen des ABAP Dictionarys haben.

Beispiel
Typgruppe mit der Definition eines Tabellentyps.

```
TYPE-POOL mytgr.
TYPES mytgr_spfli_tab TYPE HASHED TABLE
                     OF spfli
                     WITH UNIQUE KEY carrid connid.
```

10 Modularisierung

Jedes ABAP-Programm ist durch Verarbeitungsblöcke modularisiert. Jede erreichbare Anweisung eines ABAP-Programms, die nicht dem globalen Deklarationsteil des Programms angehört, gehört zu einem Verarbeitungsblock.

Die möglichen Verarbeitungsblöcke sind:

- **Prozeduren**
  Ihre Verarbeitung wird durch ABAP-Anweisungen aufgerufen. Mögliche Prozeduren sind: Methoden, Funktionsbausteine und Unterprogramme.

- **Dialogmodule**
  Ihre Verarbeitung wird aus der Dynpro-Ablauflogik aufgerufen.

- **Ereignisblöcke**
  Ihre Verarbeitung wird durch Ereignisse der ABAP-Laufzeitumgebung ausgelöst.

Die Anordnung der Verarbeitungsblöcke im Quelltext des ABAP-Programms ist beliebig. Nicht-deklarative Anweisungen, die zwischen oder nach abgeschlossenen Verarbeitungsblöcken aufgeführt sind, sind nicht erreichbar und können nie ausgeführt werden. Ein solches totes Coding wird von der Syntaxprüfung als Fehler gemeldet. Deklarative Anweisungen, die zwischen oder nach abgeschlossenen Verarbeitungsblöcken aufgeführt sind, gehören zu den globalen Datendeklarationen des ABAP-Programms und sind in allen nachfolgenden Verarbeitungsblöcken sichtbar.

Eine Quelltextmodularisierung, die nicht an Verarbeitungsblöcke gebunden ist, ist durch Makros und Include-Programme möglich.

10.1 Prozeduren

Prozeduren sind aus einem ABAP-Programm heraus aufrufbare Verarbeitungsblöcke mit einer Schnittstelle und einem lokalem Datenbereich. Man unterscheidet dabei:

- **Methoden**
  Methoden sind die Prozeduren einer Klasse, deren Funktionalität zwischen den Anweisungen METHOD und ENDMETHOD implementiert wird.

- **Funktionsbausteine**
  Funktionsbausteine sind programmübergreifend wiederverwendbare Prozeduren, die in Funktionsgruppen organisiert sind und deren Funktionalität zwischen den Anweisungen FUNCTION und ENDFUNCTION implementiert wird. Funktionsbausteine und ihre Schnittstellen werden im Function Builder angelegt.

- **Unterprogramme**
  Unterprogramme sind eine obsolete Form der Modularisierung, deren Funktionalität zwischen den Anweisungen FORM und ENDFORM implementiert wird. Sie werden unter den obsoleten Sprachelementen behandelt (siehe Abschnitt 52.1).

10.1.1 Parameterschnittstelle von Prozeduren

Die Parameterschnittstelle einer Prozedur besteht aus Formalparametern und gibt die möglichen Ausnahmen der Prozedur an.

- **Formalparameter**
  Formalparameter sind Eingabeparameter, Ausgabeparameter, Ein-/Ausgabeparameter oder Rückgabewerte. Daneben gibt es noch die obsoleten Tabellenparameter. Formalparameter sind entweder generisch oder vollständig typisiert. Für die meisten Formalparameter kann Referenzübergabe oder Wertübergabe festgelegt werden. Für einige Formalparameter ist die Wertübergabe vorgeschrieben.

- **Ausnahmen**
  Bei allen Prozeduren – Methoden, Funktionsbausteine, Unterprogramme – können mit `RAISING` klassenbasierte Ausnahmen deklariert werden, die dadurch aus der Prozedur propagiert werden können. In Methoden und Funktionsbausteinen können mit `EXCEPTIONS` auch noch nicht-klassenbasierte Ausnahmen definiert werden, die dadurch mit `RAISE` oder `MESSAGE ... RAISING` in der Prozedur ausgelöst werden können.

Die Referenzübergabe ist in ABAP immer performanter als die Wertübergabe, da beim Prozeduraufruf kein lokales Datenobjekt angelegt werden muss und kein Datentransport stattfindet. Aus Performancegründen ist die Referenzübergabe der Wertübergabe in der Regel meistens vorzuziehen, es sei denn, es findet in der Prozedur ein expliziter oder impliziter Schreibzugriff auf einen Eingabeparameter statt, oder man will sicherstellen, dass ein Ein-/Ausgabeparameter oder ein Ausgabeparameter nur bei fehlerfreier Beendigung der Prozedur zurückgegeben wird. In einem solchen Fall ist die Wertübergabe erforderlich, damit bei einem Schreibzugriff auf einen Formalparameter nicht gleichzeitig der zugeordnete Aktualparameter im Aufrufer verändert wird. Aus Gründen der Performance sollten solche Fälle, wenn möglich, auf die Übergabe von Parametern mit einer Größe von kleiner als etwa 100 Byte beschränkt werden.

Bei Verwendung der Referenzübergabe ist außerdem Folgendes zu beachten:

- In Unterprogrammen kann schreibend auf einen mit `USING` definierten Eingabeparameter zugegriffen werden, ohne dass es wie bei den mit `IMPORTING` definierten Eingabeparametern von Methoden oder Funktionsbausteinen zu einem Syntaxfehler kommt.

- Ein per Referenz übergebener Ausgabeparameter verhält sich wie ein Ein-/Ausgabeparameter, d. h., wenn in der Prozedur lesend auf einen Ausgabeparameter zugegriffen wird, bevor dessen Wert geändert wurde, ist dieser Wert im Gegensatz zur Wertübergabe nicht initial, sondern entspricht dem aktuellen Wert des Aktualparameters im Aufrufer.

- Wenn eine Prozedur durch einen Fehler abgebrochen, d. h. nicht durch Erreichen ihrer letzten Anweisung oder `RETURN` (bzw. `EXIT` oder `CHECK`) beendet wird, stehen alle per Referenz übergebenen Aktualparameter auf dem beim Abbruch aktuellen Wert der zugeordneten Formalparameter. Bei der Wertübergabe werden bei Abbruch einer Prozedur keine Werte an Aktualparameter übergeben.

Prozeduren und ihre Aufrufe müssen so programmiert werden, dass es dadurch nicht zu einem Fehlverhalten kommt.

Hinweise

- Wenn Strings oder gleichartige interne Tabellen per Wertübergabe übergeben werden, tritt zwischen dem lokal erzeugten Datenobjekt und dem übergebenen Datenobjekt wie bei einer Zuweisung ein Sharing in Kraft. Das Tabellen-Sharing tritt aber nur ein, wenn es der Zeilentyp der internen Tabelle zulässt. Bei der Übergabe von Strings und internen Tabellen kann der Performancenachteil der Wertübergabe gegenüber der Referenzübergabe also unter Umständen durch das Sharing aufgehoben werden.
- Bei einem per Referenz übergebenen Formalparameter, dem beim Aufruf kein Aktualparameter angebunden ist, wird wie bei der Wertübergabe ein lokales Datenobjekt erzeugt.
- Bei der Angabe von Literalen oder Funktionen und Ausdrücken als Aktualparameter gelten spezielle Regeln (siehe Abschnitte 16.2.3 und 16.2.4).
- Das Ergebnis der Überprüfung der Typisierung bei der Übergabe von Aktualparametern an Formalparameter ist unabhängig von der Übergabeart. Bei einer Wertübergabe wird immer die Überprüfung für Referenzübergabe durchgeführt, auch wenn diese in Einzelfällen strenger als nötig sein kann. Beispielsweise kann eine spezielle Referenzvariable nicht an einen allgemeiner typisierten CHANGING-Parameter übergeben werden, selbst wenn für diesen die Wertübergabe definiert ist.

10.1.2 Methodenimplementierung

METHOD

Syntax
```
METHOD meth.
  ...
ENDMETHOD.
```

Zwischen den Anweisungen METHOD und ENDMETHOD wird die Funktionalität einer mit [CLASS-]METHODS deklarierten Methode meth in einer Klasse implementiert. Die Implementierung einer Methode ist nur in einem mit CLASS class IMPLEMENTATION eingeleiteten Implementierungsteil einer Klasse möglich.

Innerhalb der Methode können lokale Datentypen und Datenobjekte deklariert werden. Außerdem besteht Zugriff auf die Formalparameter der Methode sowie auf sämtliche Komponenten aller Instanzen der eigenen Klasse und auch auf die programmglobalen Deklarationen des Rahmenprogramms. Die Definition der Methode und ihrer Schnittstelle erfolgt entweder mit der Anweisung [CLASS-]METHODS für eine lokale Klasse oder im Werkzeug Class Builder für eine globale Klasse.

In Instanzmethoden können sämtliche Komponenten der eigenen Klasse und der eigenen Instanz außer über ihren Namen auch explizit mit der Selbstreferenz me-> adressiert werden. Daneben können sämtliche Komponenten anderer Instanzen der eigenen Klasse über Referenzvariablen angesprochen werden.

Eine Methode wird mit der Anweisung CALL METHOD oder mit einer ihrer Kurzformen aufgerufen.

Hinweis

Bei der Implementierung einer Methode eines Interfaces `intf` kann für `meth` entweder der im Interface deklarierte Name mit vorangestelltem `intf~` oder ein mit `ALIASES` definierter Aliasname der Klasse angegeben werden. Die Methode muss im Interface vorhanden sein, sonst kommt es zu einem Syntaxfehler. Bei der Verwendung von `intf~` kommt es für globale Interfaces nur zu einer Syntaxwarnung, um Klassen nicht gleich dadurch ungültig zu machen, das aus einem globalen Interface eine nicht verwendete Methode gelöscht wird.

Beispiel

In diesem Beispiel werden die zwei Methoden `m1` und `m2` der Klasse `c1` zwischen `METHOD` und `ENDMETHOD` implementiert. Obwohl das lokale Datenobjekt `a1` das gleichnamige Attribut verdeckt, kann das Attribut `a1` mit `me->a1` adressiert werden.

```
CLASS c1 DEFINITION.
  PUBLIC SECTION.
    METHODS m1 IMPORTING p1 TYPE string.
  PRIVATE SECTION.
    DATA a1 TYPE string.
    METHODS m2.
ENDCLASS.
CLASS c1 IMPLEMENTATION.
  METHOD m1.
    a1 = p1.
    m2( ).
  ENDMETHOD.
  METHOD m2.
    DATA a1 TYPE string.
    a1 = me->a1.
  ENDMETHOD.
ENDCLASS.
```

10.1.3 Funktionsbausteine

FUNCTION

Syntax

```
FUNCTION func.
*"------------------------------------------------------------
*" Local Interface:
*"  parameter_interface
*"------------------------------------------------------------
  ...
ENDFUNCTION.
```

Zwischen den Anweisungen `FUNCTION` und `ENDFUNCTION` wird die Funktionalität eines Funktionsbausteins `func` in einer Funktionsgruppe implementiert. Die Definition des Funktionsbausteins und seiner Schnittstelle erfolgt im Werkzeug Function Builder. Die im Function Builder definierte Schnittstelle des Funktionsbausteins wird im Quelltext des Funktionsbausteins automatisch in Kommentarzeilen unterhalb der Anweisung FUNCTION als *parameter_interface* dargestellt.

Innerhalb des Funktionsbausteins können lokale Datentypen und Datenobjekte deklariert werden. Außerdem besteht Zugriff auf die Formalparameter des Funktionsbausteins sowie auf die globalen Datentypen und Datenobjekte der Funktionsgruppe. Ein Funktionsbaustein wird mit der Anweisung CALL FUNCTION aufgerufen.

Beispiel
Implementierung eines Funktionsbausteins, der Daten in einen tabellenartigen Formalparameter flight_tab unter der Bedingung eines elementaren Formalparameters id liest. Die im Function Builder definierte Parameterschnittstelle ist als Kommentar sichtbar.

```
FUNCTION read_spfli_into_table.
*"----------------------------------------------------------
*" Local Interface:
*"     IMPORTING
*"          VALUE(id) LIKE spfli-carrid DEFAULT 'LH '
*"     EXPORTING
*"          flight_tab TYPE spfli_tab
*"----------------------------------------------------------
  SELECT *
        FROM spfli
        INTO TABLE flight_tab
        WHERE carrid = id.
ENDFUNCTION.
```

10.1.3.1 Funktionsbausteinschnittstelle

Syntax von parameter_interface

```
... [IMPORTING parameters]
    [EXPORTING parameters]
    [CHANGING parameters]
    [TABLES table_parameters]
    [{RAISING exc1|RESUMABLE(exc1) exc2|RESUMABLE(exc2) ...}
    |{EXCEPTIONS exc1 exc2 ...}]
```

Die Parameterschnittstelle eines Funktionsbausteins wird im Function Builder definiert. Sie umfasst die Definition der Schnittstellenparameter und die Angabe der Ausnahmen, die von einem Funktionsbaustein ausgelöst werden können. Der Function Builder erzeugt im Quelltext eines Funktionsbausteins unterhalb der Anweisung FUNCTION automatisch Kommentarzeilen, die die Schnittstelle des Funktionsbausteins mit obiger Syntax darstellen.

Syntax und Semantik von IMPORTING, EXPORTING, CHANGING, RAISING und EXCEPTIONS entsprechen im Wesentlichen der Definition von Methodenschnittstellen mit [CLASS-]METHODS (siehe Abschnitt 14.1.4). Die zusätzliche Möglichkeit, Tabellenparameter mit TABLES zu definieren, ist obsolet.

Schnittstellenparameter

Die Schnittstellenparameter werden im Function Builder auf den entsprechenden Tabstrip-Seiten definiert:

- IMPORTING-Parameter sind Eingabeparameter. Beim Aufruf des Funktionsbausteins muss für jeden nicht-optionalen Eingabeparameter ein passender Aktualparameter angegeben werden. Der Inhalt des Aktualparameters wird beim Aufruf an den Eingabeparameter übergeben. Der Inhalt eines Eingabeparameters, für den Referenzübergabe definiert ist, kann im Funktionsbaustein nicht geändert werden.

- EXPORTING-Parameter sind Ausgabeparameter. Beim Aufruf des Funktionsbausteins kann für jeden Ausgabeparameter ein passender Aktualparameter angegeben werden. Der Inhalt eines Ausgabeparameters, der für Wertübergabe definiert ist, wird bei fehlerfreier Beendigung des Funktionsbausteins an den Aktualparameter übergeben. Ein Ausgabeparameter, der für Referenzübergabe definiert ist, wird bei Aufruf des Funktionsbausteins nicht initialisiert.

- CHANGING-Parameter sind Ein-/Ausgabeparameter. Beim Aufruf des Funktionsbausteins muss für jeden nicht-optionalen Ein-/Ausgabeparameter ein passender Aktualparameter angegeben werden. Der Inhalt des Aktualparameters wird beim Aufruf an den Ein-/Ausgabeparameter übergeben, und bei Beendigung des Funktionsbausteins wird der Inhalt des Ein-/Ausgabeparameters an den Aktualparameter übergeben.

- TABLES-Parameter sind obsolete Tabellenparameter (siehe Abschnitt 52.2.1).

Ausnahmen

Die Ausnahmen eines Funktionsbausteins werden auf der Tabstrip-Seite AUSNAHMEN im Function Builder definiert. Dabei wird bei Auswahl von AUSNAHMEKLASSEN festgelegt, ob es sich um die Deklaration klassenbasierter Ausnahmen oder die Definition einer nicht-klassenbasierten Ausnahme handelt. Klassenbasierte Ausnahmen werden in obiger Syntax durch RAISING, nicht-klassenbasierte Ausnahmen durch EXCEPTIONS wiedergegeben:

- Mit dem Zusatz RAISING werden die klassenbasierten Ausnahmen deklariert, die aus dem Funktionsbaustein an den Aufrufer propagiert werden können. Ausnahmen der Kategorien CX_STATIC_CHECK und CX_DYNAMIC_CHECK müssen explizit deklariert werden, ansonsten kommt es bei einer Propagierung zu einer Verletzung der Schnittstelle. Eine Verletzung der Schnittstelle führt zur behandelbaren Ausnahme CX_SY_NO_HANDLER. Die Deklaration von Ausnahmen der Kategorie CX_STATIC_CHECK wird statisch beim Syntaxcheck überprüft. Für Ausnahmen der Kategorie CX_DYNAMIC_CHECK erfolgt die Prüfung erst zur Laufzeit. In einem Funktionsbaustein, in dem mit dem Zusatz RAISING klassenbasierte Ausnahmen deklariert sind, kann die Anweisung CATCH SYSTEM-EXCEPTIONS nicht verwendet werden. Stattdessen müssen die entsprechenden behandelbaren Ausnahmen in einer TRY-Kontrollstruktur behandelt werden.

Mit dem Zusatz RESUMABLE (ab Release 7.02/7.2) wird eine Ausnahme so deklariert, dass sie als wiederaufsetzbare Ausnahme propagiert werden kann. Eine wiederaufsetzbare Ausnahme wird dann als solche propagiert. Auf eine nicht-wiederaufsetzbare Ausnahme hat der Zusatz keine Wirkung. Wenn eine wiederaufsetzbare Ausnahme ohne den Zusatz RESUMABLE bei RAISING propagiert wird, verliert sie die Eigenschaft der Wiederaufsetzbarkeit. Wenn eine Oberklasse als wiederaufsetzbar deklariert ist, müssen gleichzeitig aufgeführte Unterklassen ebenfalls als wiederaufsetzbar deklariert sein.

- Bei klassenbasierten Ausnahmen kann im Function Builder die Spalte RESUMABLE (ab Release 7.02/7.2) markiert werden, um eine Ausnahme als wiederaufsetzbare Ausnahme zu kennzeichnen (siehe Abschnitt 22.3.1). Dann wird in obiger Syntax der Zusatz RESUMABLE hinter RAISING eingesetzt. Mit dem Zusatz EXCEPTIONS wird eine Liste nicht-klassenbasierter Ausnahmen definiert, die mit den Anweisungen RAISE oder MESSAGE RAISING im Funktionsbaustein ausgelöst werden können. Solcherart definierte Ausnahmen sind – ähnlich wie Formalparameter – an den Funktionsbaustein gebunden und können nicht propagiert werden. Wird eine solche Ausnahme in einem Funktionsbaustein ausgelöst und ihr wurde mit dem gleichnamigen Zusatz EXCEPTIONS der Anweisung CALL FUNCTION beim Aufruf kein Rückgabewert zugeordnet, kommt es zu einem Laufzeitfehler. In einem Funktionsbaustein, in dessen Schnittstelle nicht-klassenbasierte Ausnahmen definiert sind, darf nicht die Anweisung RAISE EXCEPTION zum Auslösen klassenbasierter Ausnahmen verwendet werden. Ausnahmen der Kategorie CX_NO_CHECK sind implizit immer und mit dem Zusatz RESUMABLE deklariert.

Hinweis
Für Neuentwicklungen wird empfohlen, mit klassenbasierten Ausnahmen zu arbeiten, die unabhängig vom konkreten Funktionsbaustein sind.

10.1.3.2 Eigenschaften der Schnittstellenparameter
Syntax von parameters und table_parameters
```
... { VALUE(p1) | p1 }
      [ {TYPE [REF TO] type} | like_structure
        [OPTIONAL|{DEFAULT def1}] ]
    { VALUE(p2) | p2 }
      [ {TYPE [REF TO] type} | like_structure
        [OPTIONAL|{DEFAULT def2}] ]
```

Bei der Definition eines Schnittstellenparameters p1, p2, ... im Function Builder werden dessen Eigenschaften festgelegt, die sich in der Syntax von parameters und table_parameters widerspiegeln.

Syntax und Semantik von VALUE, TYPE, OPTIONAL und DEFAULT entsprechen im Wesentlichen der Definition von Methodenschnittstellen mit [CLASS-]METHODS (siehe Abschnitt 14.1.4). Weiterhin gibt es noch eine obsolete Möglichkeit like_structure, um Schnittstellenparameter mit LIKE oder STRUCTURE zu typisieren (siehe Abschnitt 52.2.2).

Art der Parameterübergabe
Es gibt zwei Arten der Parameterübergabe: Referenzübergabe und Wertübergabe. Die Wertübergabe wird im Function Builder über die Auswahl von WERTÜBERGABE ausgewählt und unterscheidet sich in obiger Syntax durch die Angabe von VALUE( ) von der Referenzübergabe:

- Bei der Referenzübergabe zeigt der Formalparameter direkt auf den Aktualparameter, sodass sich Änderungen des Formalparameters unmittelbar auf den Aktualparameter auswirken.

- Bei der Wertübergabe wird der Formalparameter beim Aufruf des Funktionsbausteins als Kopie des Aktualparameters (bei IMPORTING- und CHANGING-Parametern) bzw. initial (bei EXPORTING-Parametern) auf dem Stack angelegt, und bei CHANGING- und EXPORTING-Parametern wird der Formalparameter bei Rückkehr aus dem Funktionsbaustein auf den Aktualparameter kopiert.

Für die verschiedenen Parameterarten ist Folgendes zu beachten:

- Bei IMPORTING-, EXPORTING- und CHANGING-Parametern sind Referenz- und Wertübergabe möglich, bei TABLES-Parametern nur Referenzübergabe.
- Per Referenz übergebene IMPORTING-Parameter dürfen im Funktionsbaustein nicht überschrieben werden.
- Ein per Referenz übergebener EXPORTING-Parameter verhält sich wie ein CHANGING-Parameter, d. h., per Referenz übergebene EXPORTING-Parameter werden bei Aufruf des Funktionsbausteins nicht initialisiert. Deshalb sollte vor dem ersten Schreibzugriff kein Lesezugriff auf sie erfolgen. Darüber hinaus ist Vorsicht geboten, wenn bestehender Inhalt solcher Parameter erweitert wird, wie z. B. beim Einfügen von Zeilen in interne Tabellen.

Schnittstellenparameter typisieren

Die Parameterschnittstelle eines Funktionsbausteins ist systemweit öffentlich. Die Typisierung der Schnittstellenparameter kann deshalb nur mit Bezug auf Datentypen aus dem ABAP Dictionary oder aus dem öffentlichen Sichtbarkeitsbereich globaler Klassen erfolgen. Schnittstellenparameter können im Function Builder entweder über die Auswahl von TYPE, TYPE REF TO oder über die obsolete Eingabe von LIKE typisiert werden. Ohne explizite Typisierung wird ein Formalparameter implizit mit dem vollständig generischen Typ any typisiert.

Die Typisierung mit TYPE [REF TO] ist die einzige empfohlene Typisierung für Schnittstellenparameter von Funktionsbausteinen. Sie findet statt, wenn im Function Builder TYPE bzw. TYPE REF TO ausgewählt wird. Hinter TYPE kann bei IMPORTING-, EXPORTING- und CHANGING-Parametern ein beliebiger eingebauter ABAP-Typ – vollständig oder generisch – oder ein beliebiger Datentyp aus dem ABAP Dictionary oder aus dem öffentlichen Sichtbarkeitsbereich einer globalen Klasse angegeben werden. Hinter TYPE REF TO kann der generische Datentyp data, ein nicht-generischer Datentyp oder ein Objekttyp angegeben werden, und der Schnittstellenparameter wird als Referenzvariable typisiert. Die Überprüfung der Typisierung erfolgt wie bei Methoden.

Optionale Parameter

IMPORTING-, CHANGING- und TABLES-Parameter können über die Auswahl von OPTIONAL im Function Builder optional gemacht werden. EXPORTING-Parameter sind immer optional. IMPORTING- und CHANGING-Parametern kann ein Ersatzparameter (VORSCHLAGSWERT im Function Builder) zugeordnet werden. In obiger Syntax drückt sich dies durch die Zusätze OPTIONAL oder DEFAULT aus. Für einen optionalen Parameter muss beim Aufruf des Funktionsbausteins kein Aktualparameter angegeben werden. Während ein Formalparameter mit dem Zusatz OPTIONAL dann typgerecht initialisiert wird, übernimmt ein Formalparameter mit dem Zusatz DEFAULT Wert und Typ des Ersatzparameters def1 def2 ...

Wenn für einen generisch typisierten Formalparameter mit dem Zusatz OPTIONAL beim Aufruf kein Aktualparameter angegeben ist, wird der Typ des Formalparameters nach festen Regeln vervollständigt.

Hinweis

Innerhalb eines Funktionsbausteins kann mit dem logischen Ausdruck IS SUPPLIED überprüft werden, ob einem optionalen Formalparameter beim Aufruf ein Aktualparameter zugeordnet wurde.

10.2 Dialogmodule

Dialogmodule dienen der Vorbereitung und Verarbeitung der Bildschirmbilder von Dynpros. Innerhalb eines Dialogmoduls, dessen Funktionalität zwischen den Anweisungen MODULE und ENDMODULE implementiert wird, können keine lokalen Datentypen und Datenobjekte deklariert werden. Alle deklarativen Anweisungen in Dialogmodulen gehören zu den globalen Datendeklarationen des ABAP-Programms und sind in allen nachfolgenden Verarbeitungsblöcken sichtbar. Ein Dialogmodul arbeitet mit den globalen Datentypen und Datenobjekten des Rahmenprogramms und sollte deshalb keine eigenen Deklarationen enthalten.

Dialogmodul definieren

MODULE

Syntax

```
MODULE mod {OUTPUT|[INPUT]}.
  ...
ENDMODULE.
```

Die Anweisung MODULE definiert ein Dialogmodul mod. Für den Namen mod gelten die Namenskonventionen für programminterne Objekte. Zwischen den Anweisungen MODULE und ENDMODULE wird die Funktionalität eines Dialogmoduls mod implementiert.

Ein Dialogmodul wird mit der gleichnamigen Anweisung MODULE der Dynpro-Ablauflogik eines beliebigen Dynpros des ABAP-Programms aufgerufen.

Mit den Zusätzen OUTPUT und INPUT wird festgelegt, ob das Dialogmodul beim Ereignis PBO oder beim Ereignis PAI aufrufbar ist. Der Zusatz INPUT ist der Standard und könnte deshalb auch weggelassen werden, was aber aus Gründen der Lesbarkeit des Programms nicht empfohlen wird. Es können zwei gleichnamige Dialogmodule in einem Programm definiert sein, falls eines den Zusatz OUTPUT und das andere den Zusatz INPUT hat, was aus Gründen der Lesbarkeit des Programms ebenfalls nicht empfohlen wird.

Hinweis

Aus Gründen der Datenkapselung empfiehlt es sich, in Dialogmodulen keine oder nur wenig Funktionalität zu implementieren und stattdessen Methoden aufzurufen.

10.3 Ereignisblöcke

Ereignisblöcke dienen der Behandlung von Ereignissen der ABAP-Laufzeitumgebung. Sie werden durch ein Ereignisschlüsselwort eingeleitet und durch den nächsten Verarbeitungsblock beendet. Da es keine abschließende Anweisung gibt, empfiehlt es sich, das Ende eines Ereignisblocks mit einer Kommentarzeile zu kennzeichnen.

Innerhalb eines Ereignisblocks können keine lokalen Datentypen und Datenobjekte deklariert werden. Alle deklarativen Anweisungen in Ereignisblöcken gehören zu den globalen Datendeklarationen des ABAP-Programms und sind in allen nachfolgenden Verarbeitungsblöcken sichtbar. Ein Ereignisblock arbeitet mit den globalen Datentypen und Datenobjekten des Rahmenprogramms und sollte deshalb keine eigenen Deklarationen enthalten. (Ausnahme: Die Ereignisblöcke AT SELECTION-SCREEN ... und GET ... sind intern als Prozeduren implementiert und können lokale Daten halten).

Es gibt folgende Ereignisse:

- **Programmkonstruktorereignis**
  Dieses Ereignis tritt in allen Programmtypen auf.

- **Reporting-Ereignisse**
  Diese Ereignisse treten ausschließlich in ausführbaren Programmen auf.

- **Selektionsbild- und Listenereignisse**
  Diese treten während der Selektionsbildverarbeitung (siehe Abschnitt 34.6) bzw. der Listenverarbeitung (siehe Abschnitt 35.6) auf und werden dort erklärt.

Hinweise

- Am Ende der Ausführung jedes Ereignisblocks wird implizit die Anweisung NEW-LINE ausgeführt.

- Mit Ausnahme von AT SELECTION-SCREEN ... und GET ... können Ereignisblöcke mehrfach in einem Programm aufgeführt werden. Der Ereignisblock START-OF-SELECTION kann auch implizit mehrfach vorhanden sein. Beim Auftreten eines Ereignisses werden alle zugehörigen Ereignisblöcke in der Reihenfolge ihres Auftretens nacheinander ausgeführt. Ereignisblöcke, die explizit mehrfach aufgeführt sind, führen zu einer Warnung der erweiterten Programmprüfung.

- Aus Gründen der Datenkapselung empfiehlt es sich, in Ereignisblöcken keine oder nur wenig Funktionalität zu implementieren und stattdessen Methoden aufzurufen.

10.3.1 Programmkonstruktor

```
LOAD-OF-PROGRAM
```

Syntax
```
LOAD-OF-PROGRAM.
```

Dieses Ereignisschlüsselwort definiert den Programmkonstruktor eines ausführbaren Programms, eines Modul-Pools, einer Funktionsgruppe oder eines Subroutinen-Pools. Der Programmkonstruktor ist ein Ereignisblock, dessen Ereignis von der ABAP-Laufzeitumgebung ausgelöst wird, wenn eines der oben aufgeführten Programme in den internen Modus geladen wird.

Beim Aufruf eines Programms über SUBMIT oder über einen Transaktionscode wird bei jedem Aufruf ein neuer interner Modus geöffnet und der Ereignisblock einmal bei jedem Aufruf ausgeführt. Hier können globale Datenobjekte des Programms initialisiert werden. Der Ereignisblock muss vollständig ausgeführt werden, sonst kommt es zu einem Laufzeitfehler. Es dürfen also keine Anweisungen aufgeführt werden, die den Ereignisblock verlassen, ohne in ihn zurückzukehren.

Beim ersten Aufruf einer externen Prozedur – Unterprogramm oder Funktionsbaustein – oder eines Subscreens wird das Rahmenprogramm der aufgerufenen Prozedur in den internen Modus des Aufrufers geladen und dabei das Ereignis LOAD-OF-PROGRAM ausgelöst. Der Ereignisblock wird vor der aufgerufenen Prozedur ausgeführt. Bei jedem weiteren Aufruf einer Prozedur des gleichen Rahmenprogramms durch einen Aufrufer des gleichen internen Modus wird das Ereignis LOAD-OF-PROGRAM nicht mehr ausgelöst.

Hinweise

- Der Programmkonstruktor kann zur Initialisierung der globalen Daten eines Programms verwendet werden. Das Ereignis LOAD-OF-PROGRAM sollte dabei hauptsächlich zur Initialisierung globaler Daten beim Aufruf externer Prozeduren oder Transaktionen verwendet werden. Bei ausführbaren Programmen, die mit SUBMIT aufgerufen werden, ist das Ereignis INITIALIZATION vorzuziehen, da die Startwerte für Parameter und Selektionskriterien erst nach LOAD-OF-PROGRAM gesetzt werden (siehe Abschnitt 18.1.1).

- Wenn ein Programm nur geladen wird, da Deklarationen von ihm benötigt werden, z. B. bei der Verwendung absoluter Typnamen, wird das Ereignis LOAD-OF-PROGRAM nicht ausgelöst. Der Programmkonstruktor wird erst bei einem eventuellen späteren Aufruf einer ausführbaren Einheit des Programms ausgeführt.

- Class-Pools haben keinen Programmkonstruktor, da stattdessen der statische Konstruktor der im Class-Pool definierten globalen Klasse verwendet werden kann.

10.3.2 Reporting-Ereignisse

Reporting-Ereignisse treten in vordefinierter Reihenfolge und ausschließlich in mit SUBMIT gestarteten ausführbaren Programmen auf. In der Regel läuft jeder Start eines ausführbaren Programms implizit über SUBMIT. Nur der Start über normale Transaktionscodes (keine Reporting-Transaktion) oder externe Aufrufe ihrer Prozeduren lösen kein SUBMIT aus.

Wenn ein ausführbares Programm mit einer logischen Datenbank verknüpft ist, wird in der Regel vor dem Auslösen eines Reporting-Ereignisses das zugeordnete Unterprogramm im Datenbankprogramm ausgeführt.

10.3.2.1 Initialisierung

```
INITIALIZATION
```

Syntax
```
INITIALIZATION.
```

Dieses Ereignisschlüsselwort definiert einen Ereignisblock zur Initialisierung eines ausführbaren Programms. Das zugehörige Ereignis wird von der ABAP-Laufzeitumgebung während dem Ablauf des Programms direkt nach `LOAD-OF-PROGRAM` und vor der Selektionsbildverarbeitung eines eventuellen Standardselektionsbildes ausgelöst. Hier können die Eingabefelder des Selektionsbildes einmalig initialisiert werden, wozu auch diejenigen gehören, die in der mit dem Programm verknüpften logischen Datenbank definiert sind.

Hinweis
Wenn ein ausführbares Programm ein Standardselektionsbild definiert, wird es nach seiner Ausführung von der ABAP-Laufzeitumgebung erneut aufgerufen, wobei wieder das Ereignis `INITIALIZATION` ausgelöst wird. Die Initialisierung von Parametern oder Selektionskriterien des Selektionsbildes hat dann keine Wirkung mehr, da diese beim Selektionsbildereignis `AT SELECTION-SCREEN OUTPUT` automatisch mit den vorangegangenen Benutzereingaben auf dem Selektionsbild versorgt werden. Um das Selektionsbild explizit bei jedem Aufruf zu initialisieren, muss das Ereignis `AT SELECTION-SCREEN OUTPUT` verwendet werden.

10.3.2.2 Standardereignis

```
START-OF-SELECTION
```

Syntax
```
START-OF-SELECTION.
```

Dieses Ereignisschlüsselwort definiert den Standardverarbeitungsblock eines ausführbaren Programms. Das zugehörige Ereignis wird von der ABAP-Laufzeitumgebung während des Programmablaufs nach der Selektionsbildverarbeitung eines eventuellen Standardselektionsbildes ausgelöst.

In einem ausführbaren Programm werden alle Anweisungen, die keine Deklarationen sind und vor dem ersten expliziten Verarbeitungsblock aufgeführt werden, bzw. alle funktionalen Anweisungen des Programms, wenn es keine expliziten Verarbeitungsblöcke enthält, einem impliziten Ereignisblock `START-OF-SELECTION` zugeordnet, der vor einem eventuell vorhandenen expliziten Ereignisblock `START-OF-SELECTION` eingefügt wird.

Hinweis
Ist das Programm mit einer logischen Datenbank verknüpft, können zu `START-OF-SELECTION` vorbereitende Arbeiten durchgeführt werden, bevor die logische Datenbank Daten einliest. Ist das Programm nicht mit einer logischen Datenbank verknüpft, stellt dieser Ereignisblock sozusagen ein "Hauptprogramm" dar, aus dem Prozeduren oder Bildschirmbilder aufgerufen werden.

Beispiel
Es folgen drei ausführbare Programme, die genau die gleiche Funktionalität haben.

Das erste Programm enthält einen expliziten Ereignisblock START-OF-SELECTION und zeigt die empfohlene Schreibweise.

```
REPORT test_start_of_selection.
DATA text TYPE string.
START-OF-SELECTION.
  text = `Hello World!`.
  WRITE text.
```

Im zweiten Programm steht eine Zuweisung vor dem ersten Verarbeitungsblock und bildet einen zweiten impliziten Ereignisblock START-OF-SELECTION vor dem expliziten Ereignisblock.

```
REPORT test_start_of_selection.
DATA text TYPE string.
text = `Hello World!`.
START-OF-SELECTION.
  WRITE text.
```

Im dritten Programm gibt es keinen expliziten Verarbeitungsblock. Alle Anweisungen bilden implizit den Ereignisblock START-OF-SELECTION.

```
REPORT test_start_of_selection.
DATA text TYPE string.
text = `Hello World!`.
WRITE text.
```

Das dritte Programm ist völlig gleichbedeutend mit dem ersten Programm. Das zweite Programm hätte explizit ausgedrückt dagegen folgende Form:

```
REPORT test_start_of_selection.
DATA text TYPE string.
START-OF-SELECTION.
  text = `Hello World!`.
START-OF-SELECTION.
  WRITE text.
```

Wenn im zweiten Programm also eine WRITE-Anweisung vor dem expliziten Ereignisblock stehen würde, wäre dessen Verhalten verschieden von dem des ersten bzw. dritten Programms, mit entsprechend eingefügter WRITE-Anweisung, da am Ende des impliziten Ereignisblocks die Anweisung NEW-LINE ausgeführt wird.

10.3.2.3 Ereignisse der logischen Datenbank

```
GET node
```

Syntax
```
GET node [LATE] [FIELDS f1 f2 ...].
```

Die Anweisung GET ist nur zur Verwendung in ausführbaren Programmen vorgesehen, die noch mit einer logischen Datenbank verknüpft sind, und definiert dort Verarbeitungsblöcke zur Verarbeitung von Daten der logischen Datenbank. Mit `GET` können zwei Arten von Ereignissen während des Ablaufs solcher ausführbaren Programme behandelt werden:

- Ausleseereignisse der logischen Datenbank
- Abschluss einer Hierarchiestufe der logischen Datenbank

Wenn während eines `GET`-Ereignisses in eine Liste geschrieben wird, wird vorher ein automatischer Zeilenvorschub erzeugt.

Hinweis
Die Ereignisblöcke hinter `GET` sind intern als Prozeduren implementiert. Deklarative Anweisungen in `GET`-Ereignisblöcken erzeugen lokale Daten.

Ausleseereignis
Syntax
```
GET node [FIELDS f1 f2 ...].
```

Diese Anweisung definiert einen Ereignisblock, dessen Ereignis von der ABAP-Laufzeitumgebung während des Ablaufs eines ausführbaren Programms ausgelöst wird, wenn die logische Datenbank, mit der das Programm verknüpft ist, Daten im Arbeitsbereich `node` zur Verfügung gestellt hat. Der Arbeitsbereich `node` muss mit der Anweisung `NODES` (oder auch `TABLES`) deklariert werden. Die Daten können in dem Ereignisblock verarbeitet werden.

Die Angabe `GET node` steuert gleichzeitig das Verhalten der logischen Datenbank:

- Die logische Datenbank liest alle Daten aus allen Knoten, die in der logischen Datenbank nicht mit `SELECTION-SCREEN FIELD SELECTION` für die Feldselektion vorgesehen sind und auf dem Zugriffspfad der logischen Datenbank übergeordnet zu `node` liegen. Dies geschieht unabhängig davon, ob `GET`-Ereignisblöcke für diese Knoten definiert wurden oder nicht. Es kann aber nur auf die Daten der Knoten zugegriffen werden, für die mit der Anweisung `NODES` (oder `TABLES`) ein Arbeitsbereich deklariert wurde.

- Falls für Knoten, die auf dem Zugriffspfad der logischen Datenbank übergeordnet zu `node` liegen und zu denen keine `GET`-Ereignisblöcke definiert sind, in der logischen Datenbank eine Feldselektion vorgesehen ist, werden sämtliche Daten nur für solche Knoten gelesen, für die es eine Anweisung `NODES` (oder `TABLES`) gibt. Für Knoten, für die es keine Anweisung `NODES` (oder `TABLES`) gibt, werden nur die Schlüsselfelder gelesen, da die logische Datenbank die Schlüsselfelder benötigt, um den Zugriffspfad aufzubauen.

Nach dem regulären Beenden des Ereignisblocks `GET` werden die Knoten, die in der hierarchischen Struktur der logischen Datenbank untergeordnet sind, verarbeitet (siehe Anweisung `PUT`, Abschnitt 62.4.2).

Am Ende einer Hierarchiestufe der logischen Datenbank werden alle Felder des Arbeitsbereichs `node` auf hexadezimal null gesetzt.

Der Zusatz `FIELDS` bewirkt, dass die logische Datenbank für den Knoten `node` nur die aufgeführten Felder f1 f2 ... sowie die Schlüsselfelder ausliest. Voraussetzung ist, dass der Knoten mit `SELECTION-SCREEN FIELD SELECTION` in der logischen Datenbank für die Feldselektion vorgesehen ist. Der Inhalt der übrigen Felder des Arbeitsbereichs wird auf hexadezimal null gesetzt.

Abschluss einer Hierarchiestufe
Syntax
```
GET node LATE [FIELDS f1 f2 ...].
```

Diese Anweisung definiert einen Ereignisblock, dessen Ereignis von der ABAP-Laufzeitumgebung während des Ablaufs eines ausführbaren Programms ausgelöst wird, wenn die logische Datenbank sämtliche Datensätze des Knotens node eingelesen hat. Für node und FIELDS gilt das Gleiche wie in der Variante Ausleseereignis. In diesem Ereignisblock können abschließende Verarbeitungen für die Hierarchiestufe des Knotens vorgenommen werden.

10.3.2.4 Abschlussereignis
```
END-OF-SELECTION
```

Syntax
```
END-OF-SELECTION.
```

Die Anweisung END-OF-SELECTION ist nur zur Verwendung in ausführbaren Programmen vorgesehen, die mit einer logischen Datenbank verknüpft sind, und leitet einen Verarbeitungsblock für die Arbeiten nach der Benutzung der logischen Datenbank ein. Sie definiert einen Ereignisblock, dessen Ereignis von der ABAP-Laufzeitumgebung während des Ablaufs des ausführbaren Programms wie folgt ausgelöst wird:

- Wenn das ausführbare Programm mit einer logischen Datenbank verknüpft ist, wird END-OF-SELECTION ausgelöst, wenn die logische Datenbank ihre Arbeit vollständig beendet hat.
- In einem ausführbaren Programm ohne logische Datenbank wird END-OF-SELECTION direkt nach START-OF-SELECTION ausgelöst.

Hinweis
In diesem Ereignisblock können die von der logischen Datenbank eingelesenen Daten summarisch verarbeitet werden. In einem ausführbaren Programm ohne logische Datenbank ist die Implementierung des Ereignisblocks END-OF-SELECTION überflüssig.

10.3.3 Selektionsbild- und Listenereignisse

Selektionsbild- und Listenereignisse sind Ereignisse der klassischen Dynpro-Verarbeitung, die von der ABAP-Laufzeitumgebung in ABAP-Ereignisse verwandelt werden und anstelle der Dynpro-Ablauflogik direkt im ABAP-Programm behandelt werden.

Selektionsbildereignisse treten während der Selektionsbildverarbeitung (siehe Abschnitt 34.6), Listenereignisse während der klassischen Listenverarbeitung auf (siehe Abschnitt 35.6). Sie sind in ihrem jeweiligen Umfeld beschrieben.

10.4 Quelltextmodule

Eine Quelltextmodularisierung ist die Zerlegung des Quelltextes eines Programms in einzelne Einheiten. Sie ist unabhängig von der Zerlegung eines ABAP-Programms in Verarbeitungsblöcke.

Quelltextmodule werden entweder als Include-Programme oder als Makros realisiert. Include-Programme dienen der Strukturierung großer Programme, während Makros zur Wiederverwendung einzelner Programmteile eingesetzt werden können.

10.4.1 Include-Programme

Include-Programme dienen der Zerlegung eines ABAP-Quelltextes in einzelne Repository-Objekte. Ein ABAP-Programm kann in den Programmeigenschaften mit dem Programmtyp Include-Programm angelegt werden. Include-Programme müssen keine programmeinleitende Anweisung enthalten und können nicht eigenständig vom ABAP Compiler generiert werden. Stattdessen können Include-Programme mit der Anweisung INCLUDE in generierbare Programme (Kompilationseinheiten) eingebunden werden.

Ein Include-Programm muss vollständige Anweisungen enthalten. Es kann andere Include-Programme, aber nicht sich selbst einbinden. Ein Include-Programm muss nicht notwendigerweise vollständige Verarbeitungsblöcke enthalten.

Hinweise
- Include-Programme sollten zur Quelltext-Modularisierung eines einzigen ABAP-Programms verwendet werden. Von der Wiederverwendung eines Include-Programms in mehreren ABAP-Programmen wird dringend abgeraten.
- Für den globalen Deklarationsteil eines ABAP-Programms steht das spezielle Top-Include zur Verfügung, das in die Kompilation einzelner Include-Programme eines Programms einbezogen wird und nur deklarative Anweisungen enthalten darf.
- Rahmenprogramme wie Class-Pools oder Funktionsgruppen werden von der ABAP Workbench automatisch in Include-Programmen organisiert.

10.4.1.1 Include-Programm einbinden

```
INCLUDE
```

Syntax
```
INCLUDE incl [IF FOUND].
```

Die Anweisung INCLUDE bindet das Include-Programm incl an dieser Stelle des Quelltextes ein. Bei der Syntaxprüfung und der Generierung des Programms durch den ABAP Compiler wird die Anweisung durch den Quelltext des Include-Programms ersetzt. Das eingebundene INCLUDE-Programm muss aus vollständigen Anweisungen bestehen.

Wenn das angegebene Include-Programm nicht existiert, wird ein Syntaxfehler ausgelöst. Diese Fehlermeldung kann durch Angabe des Zusatzes IF FOUND unterdrückt werden.

Hinweis

Die Anweisung INCLUDE ist die einzige Anweisung, die anstelle einer programmeinleitenden Anweisung an der ersten Position eines Programms stehen kann. Voraussetzung ist, dass nach der Auflösung des Include-Programms eine programmeinleitende Anweisung am Anfang des einbindenden Programms steht.

Beispiel

Die folgenden Zeilen zeigen das Rahmenprogramm der Funktionsgruppe ABAP_DOCU, die auf dem Application Server ABAP die ABAP-Schlüsselwortdokumentation darstellt. Es enthält ausschließlich INCLUDE-Anweisungen, die den eigentlichen Quelltext einbinden, wobei labap_docutop selbst wieder aus Include-Programmen für die einzelnen Deklarationen (globale Daten und programmlokale Klassendeklarationen) aufgebaut ist.

```
*&---------------------------------------------------------------------*
*&  Function Group SAPLABAP_DOCU
*&---------------------------------------------------------------------*
  INCLUDE labap_docutop.              " Global Declarations
  INCLUDE labap_docue00.              " Load of Program
  INCLUDE labap_docuuxx.              " Function Modules
  INCLUDE labap_docuo01.              " PBO Modules
  INCLUDE labap_docui01.              " PAI Modules
  INCLUDE labap_docue01.              " Handling of Runtime-Events
  INCLUDE labap_docup01.              " Class implementations
  INCLUDE labap_docup02.
  INCLUDE labap_docup03.
  INCLUDE labap_docup04.
  INCLUDE labap_docut99.              " Unit tests
```

Die Funktionsgruppe bindet das Top-Include an erster Stelle ein, das die Anweisung FUNCTION-POOL und weitere Include-Programme für Daten- und Klassendeklarationen enthält:

```
*&---------------------------------------------------------------------*
*&  Include           LABAP_DOCUTOP
*&---------------------------------------------------------------------*
FUNCTION-POOL abap_docu.
INCLUDE labap_docud00.              "Global Data for Screens
INCLUDE labap_docud01.              "Classes for Docu Display
```

10.4.2 Makros

Makros ermöglichen eine Quelltextmodularisierung innerhalb eines ABAP-Programms. Sie werden zwischen den Anweisungen DEFINE und END-OF-DEFINITION definiert und durch Angabe ihres Namens eingebunden.

10.4.2.1 Makros definieren

```
DEFINE
```

Syntax
```
DEFINE macro.
  ... &1 ... &9
END-OF-DEFINITION.
```

Die Anweisung `DEFINE` definiert ein Makro `macro`. Für den Namen `macro` gelten die Namenskonventionen für programminterne Objekte, und es dürfen keine ABAP-Wörter verwendet werden. Makros können in allen Programmtypen definiert werden, insbesondere auch in Typgruppen.

Zwischen den Anweisungen `DEFINE` und `END-OF-DEFINITION` können beliebig viele vollständige ABAP-Anweisungen außer `DEFINE`, `END-OF-DEFINITION` und programmeinleitenden Anweisungen stehen. Diese Anweisungen bilden einen Quelltextabschnitt, der unter dem Namen `macro` eingebunden werden kann. Die Definition eines Makros ist nicht an die Grenzen von Verarbeitungsblöcken gebunden.

Die Gültigkeit eines Makros wird durch seine Position in der Kompilationseinheit bestimmt. Es kann an allen Stellen hinter `END-OF-DEFINITION` in der gleichen Kompilationseinheit eingebunden werden. Wenn in einem Programm ein weiteres Makro unter dem gleichen Namen definiert wird, überschreibt es ab seiner Position das vorangegangene Makro.

Innerhalb eines Makros können bis zu neun Platzhalter &1 ... &9 anstelle von ABAP-Wörtern und Operanden verwendet werden. Diese müssen beim Einbinden des Makros durch konkrete Wörter ersetzt werden.

Hinweise

- In Makros können keine Breakpoints gesetzt werden, und im ABAP Debugger können die Anweisungen eines Makros nicht in Einzelschritten ausgeführt werden.
- Makros sollten nur wenige Zeilen umfassen und äußerst sparsam verwendet werden, da Fehler in Makros kaum zu analysieren sind. Anstelle von Makros sollten in der Regel interne Prozeduren aufgerufen werden.
- Außer im Quelltext eines Programms und in Typgruppen können Makros auch noch programmübergreifend in der Datenbanktabelle TRMAC abgelegt sein. Es sollten aber keine neuen Makros mehr in der Tabelle TRMAC definiert werden. Ein Beispiel für ein in der Tabelle TRMAC abgelegtes Makro ist `break`, das einen Breakpoint in Abhängigkeit vom aktuellen Benutzernamen im Systemfeld `sy-uname` setzt.

10.4.2.2 Makros einbinden

Syntax
```
macro [p1 p2 ... ].
```

Wenn als erstes Wort in einer ABAP-Anweisung anstelle eines gültigen ABAP-Schlüsselwortes ein Makro aufgeführt wird, werden dessen Anweisungen an dieser Stelle in den Quelltext eingebunden. Dabei müssen an sämtliche Platzhalter des Makros passende ABAP-Wörter oder

Operanden p1 p2 ... übergeben werden. Die angegebenen Operanden p1 p2 ... ersetzen die Platzhalter wörtlich und der Reihe nach. Ein Makro kann andere Makros einbinden, aber nicht sich selbst.

Der ABAP Compiler sucht ein in einem Programm angegebenes Makro erst im vorangegangenen Quelltext der gleichen Kompilationseinheit, dann in den für das Programm verwendbaren Typgruppen und dann in der Tabelle TRMAC. Lokale Makros des Programms verdecken dabei gleichnamige Makros in Typgruppen und diese stehen in der Tabelle TRMAC.

Hinweis
Vor Release 7.02/7.2 wurde ein angegebenes Makro, das nicht im aktuellen Programm definiert ist, nur in den zuvor durch die Anweisung TYPE-POOLS explizit geladenen Typgruppen gesucht. Seit Release 7.02/7.2 wird in allen verwendbaren Typgruppen gesucht.

Beispiel
In diesem Beispiel werden die beiden Makros operation und output definiert. output ist in operation geschachtelt. operation wird dreimal mit verschiedenen Parametern aufgerufen. Beachten Sie, wie die Platzhalter &1, &2, ... wörtlich in den Makros ersetzt werden.

```abap
DATA: result TYPE i,
      n1     TYPE i VALUE 5,
      n2     TYPE i VALUE 6.
DEFINE operation.
  result = &1 &2 &3.
  output   &1 &2 &3 result.
END-OF-DEFINITION.
DEFINE output.
  write: / 'The result of &1 &2 &3 is', &4.
END-OF-DEFINITION.
operation 4 + 3.
operation 2 ** 7.
operation n2 - n1.
```

11   Eingebaute Elemente

In jedem ABAP-Programm steht eine Reihe eingebauter Typen, Datenobjekte und Funktionen zur Verfügung, auf die direkt zugegriffen werden kann.

11.1   Eingebaute Datentypen

Eingebaute Datentypen gibt es in ABAP-Programmen und im ABAP Dictionary. Wir unterscheiden folgende Kategorien:

- eingebaute ABAP-Typen
- generische ABAP-Typen
- eingebaute Typen im ABAP Dictionary

11.1.1   Eingebaute ABAP-Typen

Tabelle 11.1 zeigt die eingebauten elementaren ABAP-Typen, die in jedem ABAP-Programm vordefiniert sind. Weitere Eigenschaften finden Sie in Tabelle 11.2.

Typ	Länge	Standardlänge	Beschreibung
b	1 Byte		1-Byte-Integer (intern)
c	1 bis 262.143 Zeichen (65.535 vor Release 7.02/7.2)	1 Zeichen	Textfeld
cursor	wie i	wie i	Datenbank-Cursor
d	8 Zeichen		Datumsfeld
decfloat16	8 Byte		dezimale Gleitpunktzahl mit 16 Dezimalstellen (ab Release 7.02/7.2)
decfloat34	16 Byte		dezimale Gleitpunktzahl mit 34 Dezimalstellen (ab Release 7.02/7.2)
f	8 Byte		binäre Gleitpunktzahl mit 16 Dezimalstellen
i	4 Byte		4-Byte-Integer
n	1 bis 262.143 Zeichen (65.535 vor Release 7.02/7.2)	1 Zeichen	numerischer Text
p	1 bis 16 Byte	8 Byte	gepackte Zahl
string	variabel		Textstring
s	2 Byte		2-Byte-Integer (intern)
t	6 Zeichen		Zeitfeld

Tabelle 11.1   Eingebaute ABAP-Typen

11 | Eingebaute Elemente

Typ	Länge	Standardlänge	Beschreibung
x	1 bis 524.287 Byte (65.535 vor Release 7.02/7.2)	1 Byte	Bytefeld
xstring	variabel		Bytestring

Tabelle 11.1 Eingebaute ABAP-Typen (Forts.)

Hinweise

- Bis auf die Typen b und s können die eingebauten ABAP-Typen zur Definition eigener Datentypen und Datenobjekte und für Typisierungen verwendet werden. Die Typen b und s sind intern und können weder statisch noch dynamisch in ABAP-Anweisungen angegeben werden. Selbst definierte Datentypen und Datenobjekte in ABAP-Programmen haben den Datentyp b oder s, wenn sie mit Bezug auf Datenelemente des ABAP Dictionarys, die die externen Datentypen INT1 bzw. INT2 haben, definiert sind.

- Die Verwendung des numerischen Datentyps f ist weitestgehend obsolet. Binäre Gleitpunktzahlen werden ab Release 7.02/7.2 durch dezimale Gleitpunktzahlen der Typen decfloat16 und decfloat34 abgelöst.

- Die eingebauten Datentypen string und xstring beschreiben Datenobjekte variabler Länge (dynamische Datenobjekte). Während die Länge von Datenobjekten aller übrigen elementaren Datentypen während ihrer gesamten Lebensdauer festgelegt ist, richtet sich die Länge von Text- und Bytestrings nach ihrem Inhalt.

- Der programmglobal vordefinierte Datentyp cursor ist gegenwärtig gleichbedeutend mit dem eingebauten ABAP-Typ i. Er wird für die Deklaration einer Cursor-Variablen bei der Behandlung eines Datenbank-Cursors benötigt.

- Alle eingebauten ABAP-Typen, bei denen in der zweiten Spalte der Tabelle ein Längenintervall angegeben ist, sind generisch, d. h., die Länge ist nicht Teil der Typbeschreibung. Beim Typ p ist neben der Länge auch die Anzahl der Nachkommastellen unbestimmt.

- Die Angaben in der Spalte Standardlänge geben die Länge an, die bei Verwendung der entsprechenden generischen Typen bei der Deklaration von Datenobjekten verwendet wird, wenn in der entsprechenden Anweisung keine explizite Länge angegeben wird.

- In Unicode-Systemen ist bei der Längenangabe zwischen Zeichen und Bytes zu unterscheiden. Während in Nicht-Unicode-Systemen die Länge eines Zeichens ein Byte ist, hängt in Unicode-Systemen die Länge eines Zeichens von der verwendeten Unicode-Zeichendarstellung ab.

Tabelle 11.2 zeigt die Wertebereiche und Initialwerte der eingebauten ABAP-Typen. Bei den Datentypen n, d und t sind die gültigen Werte eine Teilmenge ihres Wertebereichs. Die ordnungsgemäße Funktion von ABAP-Anweisungen, die mit Datenobjekten dieser Typen arbeiten, ist nur für Operanden mit gültigen Werten garantiert.

Beim Anlegen eines Datenobjekts wird der Startwert auf den Initialwert gesetzt, wenn kein anderer Wert angegeben ist. In der Tabelle ist zu sehen, dass der Initialwert des eingebauten ABAP-Typs d kein gültiges Datum ist. In den Ein- und Ausgabefeldern von Dynpros wird ein initiales Datumsfeld leer dargestellt.

Typ	Wertebereich	Initialwert
b	0 bis 255	0
c	beliebige alphanumerische Zeichen	" " für jede Stelle
d	8 beliebige alphanumerische Zeichen; gültige Werte sind aber nur Werte, die nach den Kalenderregeln im Format "yyyymmdd" als Datumsangaben zulässig sind: "yyyy" (Jahr): 0001 bis 9999, "mm" (Monat): 01 bis 12, "dd" (Tag): 01 bis 31	"00000000"
decfloat16	Ab Release 7.02/7.2, dezimale Gleitpunktzahlen dieses Typs werden intern nach der Norm IEEE-754-2008 mit 16 Dezimalstellen dargestellt; gültige Werte sind Zahlen zwischen 1E385(1E–16–1) bis –1E–383 für den negativen Bereich, 0 und +1E–383 bis 1E385(1–1E–16) für den positiven Bereich; Werte, die zwischen den Bereichen liegen, bilden den subnormalen Bereich und werden gerundet; außerhalb des subnormalen Bereichs kann jede 16-stellige Dezimalzahl durch eine solche dezimale Gleitpunktzahl exakt dargestellt werden.	0
decfloat34	Ab Release 7.02/7.2, dezimale Gleitpunktzahlen dieses Typs werden intern nach der Norm IEEE-754-2008 mit 34 Dezimalstellen dargestellt; gültige Werte sind Zahlen zwischen 1E6145(1E–34–1) bis –1E–6143 für den negativen Bereich, 0 und +1E–6143 bis 1E6145(1–1E–34) für den positiven Bereich; Werte, die zwischen den Bereichen liegen, bilden den subnormalen Bereich und werden gerundet; außerhalb des subnormalen Bereichs kann jede 34-stellige Dezimalzahl durch eine solche dezimale Gleitpunktzahl exakt dargestellt werden.	0
f	Binäre Gleitpunktzahlen werden intern nach der Norm IEEE-754 (Double Precision) mit 16 Dezimalstellen dargestellt; gültige Werte sind Zahlen zwischen –1,7976931348623157E+308 bis –2,2250738585072014E–308 für den negativen Bereich und +2,2250738585072014E–308 bis +1,7976931348623157E+308 für den positiven Bereich sowie 0; beide Gültigkeitsintervalle werden durch denormalisierte Zahlen nach IEEE-754 in Richtung des Nullwertes erweitert; es kann nicht jede sechzehnstellige Dezimalzahl durch eine binäre Gleitpunktzahl exakt dargestellt werden.	0
i	–2.147.483.648 bis +2.147.483.647	0
n	Beliebige alphanumerische Zeichen; gültige Werte sind aber nur die Ziffern 0 bis 9.	"0" für jede Stelle
p	Die gültige Länge für gepackte Zahlen liegt zwischen 1 und 16 Byte; zwei Dezimalstellen werden in ein Byte gepackt, wobei das letzte Byte nur eine Stelle und das Vorzeichen enthält; nach dem Dezimaltrennzeichen sind bis zu 14 Nachkommastellen erlaubt; in Abhängigkeit von der Feldlänge len und der Anzahl der Nachkommastellen dec gilt für den Wertebereich: $(-10^{(2len-1)}+1)/(10^{(+dec)})$ bis $(+10^{(2len-1)}-1)/(10^{(+dec)})$ in Schritten von $10^{(-dec)}$; dazwischenliegende Werte werden dezimal gerundet; ungültige Inhalte führen zu undefiniertem Verhalten.	0
string	wie bei Typ c	leerer String der Länge 0
s	–32.768 bis +32.767	0

Tabelle 11.2 Wertebereiche und Initialwerte

Typ	Wertebereich	Initialwert
t	Sechs beliebige alphanumerische Zeichen; gültige Werte sind aber nur Ziffern, die als Zeitangabe im 24-Stunden-Bereich im Format "hhmmss" interpretiert werden. Es wird die ausschließliche Verwendung von 00 bis 23 für "hh" (Stunden), 00 bis 59 für "mm" (Minuten) und 00 bis 59 für "ss" (Sekunden) empfohlen.	"000000"
x	beliebige Bytewerte, hexadezimal 00 bis FF	hexadezimal 0
xstring	wie bei Typ x	leerer String der Länge 0

Tabelle 11.2 Wertebereiche und Initialwerte (Forts.)

Hinweise

- Die Systemklasse CL_ABAP_EXCEPTIONAL_VALUES enthält Methoden, die für ein Datenobjekt den Minimal- und den Maximalwert zurückliefern.
- Durch die interne Darstellung der Nachkommastellen einer Gleitpunktzahl vom Typ f durch Dualbrüche gibt es nicht zu jeder im Dezimalsystem darstellbaren Zahl eine exakte Entsprechung, wodurch es bei Zuweisungen und in Zwischenergebnissen von Berechnungen zu Rundungsfehlern kommen kann. Diese können nur durch eine zweistufige Rundung umgangen werden.
- Bei Datenobjekten vom Datentyp p muss die Programmeigenschaft FESTPUNKTARITHMETIK gesetzt sein, damit das Dezimaltrennzeichen berücksichtigt wird. Ansonsten wird der Inhalt in allen Operationen so behandelt, als ob es kein Dezimaltrennzeichen gäbe. Die Ziffernfolge, die sich in der Variablen vom Typ p befindet, wird als ganzzahliger Wert interpretiert. Ausnahmen hiervon sind:
    - die Darstellung auf Dynpros
    - die Aufbereitung mit WRITE [TO]
    - die Zuweisung an zeichenartige Datenobjekte der Typen c und string
- Der Initialwert "00000000" des Datentyps d ist kein gültiges Datum. Der Nullpunkt von Datumsberechnungen in ABAP ist das gültige Datum 01.01.0001. Dabei ist zu beachten, dass eine Zuweisung dieses Datums an numerische Felder den Wert 0 ergibt. Umgekehrt ergibt eine Zuweisung der Zahl 0 an ein Datumsfeld aber nicht den Wert "01010001", sondern das ungültige Datum "00000000". Die kleinste Zahl, die bei der Zuweisung an ein Datumsfeld ein gültiges Datum ergibt, ist die 1, die zum Datum 02.01.0001 führt.
- Datenobjekte vom Datentyp t, die Ziffern außerhalb des Wertebereichs 00 bis 23 für die Stunden und 00 bis 59 für die Minuten und Sekunden enthalten, können zwar in numerische Werte konvertiert werden, sind aber beim Arbeiten mit Zeitstempeln ungültig.
- Die ABAP-Laufzeitumgebung verwendet für dezimale Gleitpunktzahlen Laufzeitmodule von decNumber[1].

---

1 © Copyright IBM Corporation 2001, 2004. Alle Rechte vorbehalten.

Beispiel

Der Wertebereich einer gepackten Zahl mit der Länge 2 und zwei Nachkommastellen ist nach der Formel in der Tabelle $(-10^{(2 \times 2-1)}+1)/(10^2)$ bis $(+10^{(2 \times 2-1)}-1)/(10^2)$, also =–9,99 bis +9,99 in Schritten von 0,01. Ein dazwischenliegender Wert von z. B. 1,428 wird dezimal auf 1,43 gerundet.

11.1.2 Generische ABAP-Typen

Tabelle 11.3 zeigt die vordefinierten generischen ABAP-Typen. Ein generischer Datentyp ist eine unvollständige Typangabe, die mehrere vollständige Typangaben umfasst. Die generischen Typen können mit der Ausnahme von object alle hinter TYPE zur Typisierung von Feldsymbolen und Formalparametern verwendet werden. Bei der Zuweisung eines Datenobjekts an generisch typisierte Feldsymbole mit der Anweisung ASSIGN oder an ebensolche Formalparameter bei Prozeduraufrufen wird überprüft, ob dessen konkreter Datentyp zu diesem kompatibel, d. h. Untermenge des generischen Typs, ist.

Die einzigen generischen Typen, die hinter TYPE REF TO verwendet werden können, sind data zur generischen Typisierung von Datenreferenzen und object zur generischen Typisierung von Objektreferenzen.

Typ	Beschreibung
any	beliebiger Datentyp
any table	interne Tabelle beliebiger Tabellenart
c	Textfeld generischer Länge
clike	zeichenartig (c, d, n, t, string und zeichenartige flache Strukturen); in Nicht-Unicode-Programmen auch x, xstring und beliebige flache Strukturen
csequence	textartig (c, string)
data	beliebiger Datentyp
decfloat	dezimale Gleitpunktzahl (decfloat16, decfloat34), ab Release 7.02/7.2
hashed table	Hash-Tabelle
index table	Indextabelle
n	numerischer Text generischer Länge
numeric	numerisch (i (b, s), p, decfloat16, decfloat34, f)
object	beliebiger Objekttyp (Wurzelklasse der Vererbungshierarchie)
p	gepackte Zahl generischer Länge und generischer Anzahl von Dezimalstellen
simple	elementarer Datentyp inklusive strukturierter Typen mit ausschließlich zeichenartigen flachen Komponenten
sorted table	sortierte Tabelle
standard table	Standardtabelle
table	Standardtabelle
x	Bytefeld generischer Länge
xsequence	byteartig (x, xstring)

Tabelle 11.3 Generische ABAP-Typen

Neben den in obiger Tabelle gezeigten eingebauten generischen Typen gibt es in ABAP zurzeit genau eine Art von selbst definierten generischen Typen: Ein mit TYPES - TABLE OF oder im ABAP Dictionary definierter Tabellentyp ist generisch, wenn der primäre Tabellenschlüssel nicht oder unvollständig angegeben ist und wenn der Tabellentyp generisch bezüglich sekundärer Tabellenschlüssel (ab Release 7.02/7.2) ist.

Hinweise

- Der generische Typ any kann wie alle hier aufgeführten generischen Typen außer data und object nur direkt hinter TYPE angegeben werden und wirkt dort genau wie der generische Typ data. Hinter TYPE REF TO sind nur data für vollständig generische Datenreferenzvariablen und object für vollständig generische Objektreferenzvariablen möglich. Eine Angabe REF TO any würde eine vollständig generische Referenzvariable definieren, die Datenreferenzen und Objektreferenzen umfasst, was derzeit aber nicht möglich ist.

- Der generische Typ object kann nur hinter REF TO und nicht direkt hinter TYPE angegeben werden. Er spielt eine Sonderrolle, da er eigentlich kein echter generischer Typ, sondern die leere abstrakte Wurzelklasse aller Klassen von ABAP Objects ist. Auf der einen Seite verhält sich eine mit REF TO object typisierte Objektreferenzvariable zwar wie eine mit REF TO data typisierte Datenreferenzvariable, indem sie auf beliebige Objekte zeigen kann. Auf der anderen Seite beruht dies natürlich auf der allgemeinen Eigenschaft von Referenzvariablen, dass solche vom statischen Typ einer Oberklasse auf Objekte der entsprechenden Unterklassen zeigen können.

11.1.3 Eingebaute Typen im ABAP Dictionary

Tabelle 11.4 zeigt die eingebauten Typen des ABAP Dictionarys. Diese Typen können in ABAP-Programmen nicht direkt verwendet werden und werden deshalb auch als externe Datentypen bezeichnet. Stattdessen werden sie im ABAP Dictionary zur Definition von Datentypen und Datenbankfeldern verwendet, auf die man sich im ABAP-Programm beziehen kann. Dabei ist jedem eingebauten Datentyp des ABAP Dictionarys der eingebaute ABAP-Typ zugeordnet, der in der letzten Spalte der Tabelle aufgeführt ist.

Typ	Zulässige Stellen m	Bedeutung	ABAP-Typ
ACCP	6	Buchungsperiode	n, Länge 6
CHAR	1–30000	Zeichenfolge	c, Länge m
CLNT	3	Mandant	c, Länge 3
CUKY	5	Währungsschlüssel für Währungsfelder	c, Länge 5
CURR	1–31	Währungsfeld im BCD-Format	p, Länge (m+1)/2
DATS	8	Datum	d
DEC	1–31	gepackte Zahl im BCD-Format	p, Länge (m+1)/2
DF16_DEC	1–15	im BCD-Format abgelegte dezimale Gleitpunktzahl (ab Release 7.02/7.2)	decfloat16

Tabelle 11.4 Eingebaute Typen im ABAP Dictionary

Typ	Zulässige Stellen m	Bedeutung	ABAP-Typ
DF16_RAW	16	binär abgelegte dezimale Gleitpunktzahl (ab Release 7.02/7.2)	decfloat16
DF16_SCL	16	binär abgelegte dezimale Gleitpunktzahl mit nachfolgender Skalierungsangabe (ab Release 7.02/7.2)	decfloat16
DF34_DEC	1–31	im BCD-Format abgelegte dezimale Gleitpunktzahl (ab Release 7.02/7.2)	decfloat34
DF34_RAW	34	binär abgelegte dezimale Gleitpunktzahl (ab Release 7.02/7.2)	decfloat34
DF34_SCL	34	binär abgelegte dezimale Gleitpunktzahl mit nachfolgender Skalierungsangabe (ab Release 7.02/7.2)	decfloat34
FLTP	16	binäre Gleitpunktzahl	f
INT1	3	1-Byte-Integer	b
INT2	5	2-Byte-Integer	s
INT4	10	4-Byte-Integer	i
LANG	1	Sprache	c, Länge 1
LCHR	256–...	lange Zeichenfolge	c, Länge m
LRAW	256–...	lange Bytefolge	x, Länge m
NUMC	1–255	numerischer Text	n(m)
PREC	2	obsoleter Datentyp	s, Länge m
QUAN	1–31	Mengenfeld im BCD-Format	p, Länge (m+1)/2
RAW	1–255	Bytefolge	x, Länge m
RAWSTRING	256–...	Bytefolge (BLOB)	xstring
SSTRING	1–1333 (255 vor Release 7.02/7.2)	Zeichenfolge	string
STRING	256–...	Zeichenfolge (CLOB)	string
TIMS	6	Zeit	t
UNIT	2–3	Einheitenschlüssel eines Mengenfelds	c, Länge m

Tabelle 11.4 Eingebaute Typen im ABAP Dictionary (Forts.)

Hinweise

- Die den Typen INT1 und INT2 zugeordneten ABAP-Typen b und s können weder statisch noch dynamisch in ABAP-Anweisungen angegeben werden. Sie kommen in ABAP-Programmen ausschließlich durch Bezug auf die Typen INT1 und INT2 des ABAP Dictionarys vor.
- Die Typen RAWSTRING und STRING für LOBs haben eine variable Länge. Ihre maximale Länge kann angegeben werden, ist aber nach oben unbeschränkt.
- Der Typ SSTRING hat ebenfalls eine variable Länge, die aber durch die anzugebende maximale Länge nach oben beschränkt ist. Die größte maximale Länge ist 1.333 (255 vor

Release 7.02/7.2). Sein Vorteil gegenüber CHAR ist, dass er dem ABAP-Typ `string` zugeordnet ist. Sein Vorteil gegenüber STRING ist, dass er auch für Schlüsselfelder von Datenbanktabellen verwendet werden kann.

- Die maximale Länge von Datentypen, die auf RAWSTRING, STRING und SSTRING beruhen, kann mit der eingebauten Funktion `dbmaxlen` festgestellt werden.
- Die maximale Stellenzahl der Typen LCHR und LRAW ist in einer transparenten Datenbanktabelle der Wert eines vorangehenden INT2-Feldes.
- Wenn ein Datentyp CURR, DEC, DF34_DEC, DF16_DEC oder QUAN eine gerade Anzahl von Stellen hat (nicht empfohlen) wird die Länge des zugehörigen ABAP-Typs `p` aufgerundet und enthält damit die nächstgrößere ungerade Anzahl von Stellen.
- Der Datentyp PREC ist obsolet und sollte nicht verwendet werden. Im ABAP Dictionary und in ABAP-Programmen wird er trotz der vorgegebenen Länge von 2 wie der Datentyp INT2 behandelt. Die Länge 2 spielt nur bei Dynpro-Feldern vom Typ PREC eine Rolle, die maximal zweistellige positive Werte enthalten dürfen. Die Eigenschaft VORZEICHEN kann für eine Domäne vom Typ PREC nicht gesetzt werden.

11.1.3.1 Eingebaute Datentypen des ABAP Dictionarys verwenden

Die Datentypen des ABAP Dictionarys, die aus dessen eingebauten Typen aufgebaut werden und in einem ABAP-Programm verwendet werden können, sind Datenelemente, Strukturen (inklusive Datenbanktabellen und Views) und Tabellentypen. Dabei werden die elementaren Komponenten dieser Datentypen gemäß der letzten Spalte von Tabelle 11.4 in eingebaute ABAP-Datentypen konvertiert, wobei die Anzahl ihrer Stellen m in Längen umgerechnet wird.

Neben ihrer Funktion zur Definition von Datentypen müssen die eingebauten Typen des ABAP Dictionarys in Open SQL-Anweisungen und beim Arbeiten mit Dynpros beachtet werden:

- Open SQL-Anweisungen arbeiten mit im ABAP Dictionary definierten Datenbanktabellen, deren Spalten externe Datentypen haben.
- Dynpro-Felder werden im Screen Painter ebenfalls mit Bezug auf externe Datentypen deklariert.

Hinweise

- Bei der Verwendung eines Datentyps des ABAP Dictionarys, der auf den eingebauten Typen RAWSTRING, STRING oder SSTRING beruht, ist in ABAP-Programmen zu beachten, dass dessen im ABAP Dictionary definierte maximale Länge keine Auswirkung auf die zugeordneten ABAP-Typen `string` bzw. `xstring` hat. Dadurch kann es beim Schreiben eines zu langen Strings in eine Datenbanktabelle zu einer Ausnahme kommen. Falls erforderlich, muss im ABAP-Programm deshalb selbst für eine Längenbeschränkung der Strings gesorgt werden, wofür die eingebaute Funktion `dbmaxlen` verwendet werden kann.
- Bei Verwendung des eingebauten Typs CHAR für Datenbankfelder ist zu beachten, dass deren maximale Länge auf 1.333 begrenzt ist. Datenelemente vom Typ CHAR, die länger als 1.333 sind, können nicht als Typen von Datenbankfeldern verwendet werden.
- Bei Verwendung der eingebauten Typen RAWSTRING, STRING und SSTRING für Datenbankfelder können die maximalen Längen als Hinweise an das Datenbanksystem verstan-

den werden. Während LOBs der Typen RAWSTRING und STRING in der Regel auch auf der Datenbank als tiefe Datenobjekte behandelt werden, werden Datenbankfelder des Typs SSTRING in der Regel flach abgelegt. Die tatsächliche Behandlung hängt aber vom jeweiligen Datenbanksystem ab und ist für ABAP-Programme nicht von Belang.

- Bei der Definition eines Datentyps, der auf den eingebauten Typen CURR, DEC, DF34_DEC, DF16_DEC oder QUAN beruht, sollte eine ungerade Anzahl von Stellen verwendet werden. Diese Werte sind im BCD-Format abgelegt, für das in ABAP (Datentyp p) nur eine ungerade Anzahl von Stellen möglich ist, da ein Halbbyte für das Vorzeichen verwendet wird. Bei der Angabe einer geraden Anzahl von Stellen hat der zugeordnete ABAP-Typ die nächstgrößere ungerade Anzahl von Stellen, wodurch es beispielsweise beim Schreiben in eine Datenbanktabelle zu einem Überlauf und dadurch zu einer Ausnahme kommen kann.

- Eine Komponente von Strukturen oder Datenbanktabellen, die den Datentyp LANG hat, kann als Textsprache gekennzeichnet werden. Die Textsprache wird beim Import von Daten aus Daten-Clustern und beim binären RFC-Protokoll für die Übergabe von TABLES-Parametern zwischen MDMP-Systemen und Unicode-Systemen für die Konvertierung der zeichenartigen Komponenten der Struktur verwendet.

11.1.3.2 Dezimale Gleitpunktzahlen im ABAP Dictionary

In dezimalen Gleitpunktzahlen werden je nach Datentyp maximal 16 oder 34 Dezimalstellen in der Mantisse exakt wiedergegeben.

Behandlung im ABAP Dictionary

Im ABAP Dictionary stehen folgende Datentypen für dezimale Gleitpunktzahlen zur Verfügung:

- DF16_DEC, DF16_RAW und DF16_SCL für 16-stellige Zahlen
- DF34_DEC, DF34_RAW und DF34_SCL für 34-stellige Zahlen

Für diese Datentypen gilt:

- **DF16_DEC und DF34_DEC**
  In Datenbankfeldern dieses Typs werden dezimale Gleitpunktzahlen wie eine gepackte Zahl (Format DEC) abgelegt. Die Länge und die Anzahl der Dezimalstellen müssen bei der Definition eines Datentyps im ABAP Dictionary angegeben werden. Für diesen Typ können auf der Datenbank Berechnungen (SELECT mit den Aggregatfunktionen SUM und AVG, UPDATE mit SET + und −) ausgeführt werden. Beim Schreiben in die Datenbank wird implizit auf die Anzahl der Dezimalstellen gerundet, und es kann zu Überläufen kommen.

- **DF16_RAW und DF34_RAW**
  In Datenbankfeldern dieses Typs werden dezimale Gleitpunktzahlen binär (im Format RAW) abgelegt. Die Länge ist auf 16 bzw. 34 Stellen festgelegt. Werte können sortiert, verglichen und in Indizes verwendet werden. Für diesen Typ können auf der Datenbank keine Berechnungen ausgeführt werden. Da es sich um ein SAP-spezifisches Format handelt, können entsprechende Felder auch nicht in Native SQL-Anweisungen oder über ADBC bearbeitet werden. Beim Schreiben in die Datenbank geht die Skalierung verloren.

- **DF16_SCL und DF34_SCL**
  Datentyp für dezimale Gleitpunktzahlen mit Skalierung. In Datenbankfeldern dieses Typs werden dezimale Gleitpunktzahlen wie bei DF16_RAW bzw. DF34_RAW abgelegt – Länge 16 bzw. 34 Stellen, und es gelten die gleichen Einschränkungen. Für die Skalierung muss ein direkt folgendes Datenbankfeld vom Typ INT2 vorhanden sein. Beim Schreiben einer dezimalen Gleitpunktzahl wird dieses Feld automatisch mit der Skalierung gefüllt, bzw. beim Lesen wird die Skalierung aus diesem Feld entnommen.

Behandlung in Dynpros

In einer Domäne oder direkt bei einer Strukturkomponente, die mit einem der Typen für dezimale Gleitpunktzahlen angelegt wird, kann einer der folgenden Ausgabestile angegeben werden. Der Ausgabestil legt fest, wie eine dezimale Gleitpunktzahl auf dem Bildschirmbild von Dynpros dargestellt wird:

- EINFACH – mathematische oder wissenschaftliche Notation (je nach Platz)
- VORZEICHEN RECHTS – kaufmännische Notation
- SKALIERUNGSERHALTEND – Format mit Erhaltung der Skalierung inklusive schließender Nullen in den Nachkommastellen
- WISSENSCHAFTLICH – wissenschaftliche Notation
- WISSENSCHAFTLICH MIT FÜHRENDER NULL – wissenschaftliche Notation mit einer 0 als Vorkommastelle
- SKALIERUNGSERHALTEND WISSENSCHAFTLICH – wissenschaftliche Notation inklusive schließender Nullen in der Mantisse
- TECHNISCH – wissenschaftliche Notation, wobei der Exponent immer ein ganzzahliges Vielfaches von 3 ist
- WÄHRUNGSBETRAG – kaufmännische Notation, wobei die Nachkommastellen durch eine Währung festgelegt werden
- ERWEITERTER WÄHRUNGSBETRAG – Währungsbetrag, wobei die Währung die minimale Anzahl von Nachkommastellen festlegt

Für Dynpro-Felder, deren Datentyp nicht im ABAP Dictionary definiert ist, kann der AUSGABESTIL auch im Screen Painter festgelegt werden.

Die Währung für Währungsbeträge wird durch ein Referenzfeld vom Typ /ISCER/CURRENCY festgelegt, das die Bezeichnung einer Währung aus der Tabelle /ISCER/C_CUR enthalten muss. Das Referenzfeld zu einem Feld mit einem Ausgabestil für Währungsbeträge kann entweder für Komponenten von Strukturen des ABAP Dictionarys in deren Einzelpflege oder für beliebige Felder im Screen Painter definiert werden.

Für Felder mit dem Ausgabegabestil WÄHRUNGSBETRAG können auf dem Dynpro nur Zahlen mit der entsprechenden Anzahl von Nachkommastellen eingegeben werden. Wenn das zugehörige ABAP-Datenobjekt beim Aufruf des Dynpros eine Zahl mit mehr Nachkomastellen enthält, kommt es zu einer unbehandelbaren Ausnahme. Bei dem Ausgabestil ERWEITERTER WÄHRUNGSBETRAG können auch mehr Nachkommastellen angezeigt werden.

Behandlung in ABAP-Programmen

Die zu den 16- bzw. 34-stelligen dezimalen Gleitpunktzahlen des ABAP Dictionarys korrespondierenden ABAP-Typen sind `decfloat16` und `decfloat34`, die intern nach der Norm IEEE-754-2008 behandelt und von allen Operationen unterstützt werden (ab Release 7.02/7.2). Für die Formatierung dezimaler Gleitpunktzahlen in Programmen stehen ab Release 7.02/7.2 der Zusatz `STYLE` hinter `WRITE [TO]` und die Formatierungsoption `STYLE` in eingebetteten Ausdrücken zur Verfügung.

11.1.3.3 Währungsfelder im ABAP Dictionary

Ein Währungsfeld ist eine Komponente einer im ABAP Dictionary definierten Struktur oder Datenbanktabelle vom Typ CURR zur Aufnahme eines Betrags in einer bestimmten Währung. Der Betrag wird als ganze Zahl in den kleinsten Einheiten der Währung angegeben. Ein Währungsfeld muss mit einem Währungsschlüssel einer Struktur bzw. Datenbanktabelle verknüpft sein, der die Währung und die Anzahl der Nachkommastellen festlegt. Ein Währungsschlüssel ist eine Komponente einer im ABAP Dictionary definierten Struktur oder Datenbanktabelle vom Typ CUKY und kann ein Währungskürzel aus der Datenbanktabelle TCURC enthalten.

Die Anzahl der Nachkommastellen einer Währung ist standardmäßig immer zwei. Währungen mit einer anderen Anzahl von Nachkommastellen müssen zusätzlich in der Tabelle TCURX eingetragen werden, wo die Anzahl der Nachkommastellen explizit definiert werden kann.

Behandlung im ABAP Dictionary

Ein Datenelement vom Datentyp CURR wird wie ein Feld des Datentyps DEC behandelt und in Datenbanktabellen im BCD-Format abgelegt. Beim Anlegen eines Datenelements oder einer Strukturkomponente vom Datentyp CURR im Werkzeug ABAP Dictionary muss eine von Null verschiedene Anzahl von Nachkommastellen definiert werden. Der Standardwert ist zwei Nachkommastellen.

Zu jeder Strukturkomponente vom Datentyp CURR muss in der Einzelpflege der Komponente eine Komponente der gleichen oder einer anderen Struktur bzw. Datenbanktabelle als Referenzfeld angegeben werden, das den Datentyp CUKY hat. Dieses Feld ist der Währungsschlüssel, der die tatsächliche Währung festlegt.

Hinweis

Die Anzahl der Nachkommastellen der durch den Währungsschlüssel vom Typ CUKY definierten Währung bestimmt ausschließlich die Aufbereitung und Überprüfung eines Währungsfeldes auf einem Dynpro. Sie ist im Prinzip unabhängig von der für das Währungsfeld vom Typ CURR angegebenen Anzahl. Der Standardwert von zwei Nachkommastellen für Währungsfelder im ABAP Dictionary ergibt sich daraus, dass die meisten Währungen aus der Datenbanktabelle TCURC zwei Nachkommastellen haben und nicht in der Datenbanktabelle TCURX aufgeführt sind. Es wird empfohlen, keinen anderen Wert zu verwenden, da dann unvorhergesehene Operationen mit Währungsfeldern in ABAP-Programmen die geringsten Auswirkungen haben.

Behandlung in Dynpros

Bei der Darstellung eines Ein-/Ausgabefeldes vom Typ CURR auf einem Dynpro wird der Inhalt wie bei allen Dynpro-Feldern zeichenartig und gemäß einer typabhängigen Maske dargestellt. Die Stellung des Dezimalpunkts eines Währungsfeldes vom Typ CURR auf einem Dynpro ist dabei völlig unabhängig von der beim Datenelement im ABAP Dictionary angegebenen Anzahl von Nachkommastellen – größer gleich eins, der Standardwert ist zwei. Die Anzahl der Nachkommastellen auf einem Dynpro wird wie folgt festgelegt:

- Bei der Darstellung eines Dynpro-Feldes vom Typ CURR wird in den globalen Daten des aktuellen ABAP-Programms nach dem zu dem Feld gehörigen Referenzfeld für den Währungsschlüssel gesucht. Der Inhalt dieses Feldes sollte ein gültiges Währungskürzel aus der Datenbanktabelle TCURC sein. Wird das Referenzfeld nicht gefunden oder gibt es in der Datenbanktabelle TCURX keinen Eintrag mit dem Inhalt des Feldes, wird das Währungsfeld standardmäßig mit zwei Nachkommastellen dargestellt.

  Das Referenzfeld ist entweder bei der zugehörigen Struktur im ABAP Dictionary definiert oder wurde mit dem Screen Painter bei den Attributen des Dynpro-Feldes festgelegt. Es muss selbst nicht auf dem Dynpro vorhanden sein.

- Wenn das Währungskürzel des Referenzfeldes in der Datenbanktabelle TCURX gefunden wird, wird das Währungsfeld mit den dort angegebenen Nachkommastellen dargestellt. Dies gilt auch für initiale Referenzfelder.

Hinweis

Ein Dynpro übernimmt vom ABAP-Programm – oder einer dazwischengeschalteten Konvertierungsroutine – also nur die Ziffernfolge eines Währungsfeldes bzw. sendet nur diese. Informationen zum Währungsschlüssel und zu Nachkommastellen werden nicht automatisch übergeben. Es muss dafür gesorgt werden, dass das Referenzfeld zu PBO mit dem gewünschten Wert gefüllt ist. Bei PAI spielt der korrekte Währungsschlüssel für die automatische Überprüfung des Formats eine Rolle. Insbesondere auf Dynpros, auf denen Währungsfelder in wechselnden Währungen dargestellt werden, muss durch CHAIN- und FIELD-Anweisungen dafür gesorgt werden, dass das Referenzfeld vor der Währung transportiert wird.

Behandlung in ABAP-Programmen

Der zum Datentyp CURR korrespondierende ABAP-Typ ist p. Ein ABAP-Datenobjekt, das mit Bezug auf einen Dictionary-Typ vom Typ CURR deklariert wird, hat die dort definierte Anzahl von Nachkommastellen (größer gleich eins, der Standardwert ist zwei). Diese Nachkommastellen werden bei allen Operationen und Berechnungen wie bei jeder gepackten Zahl berücksichtigt. Ausgenommen sind nur solche Programme, bei denen die Programmeigenschaft FESTPUNKTARITHMETIK nicht gesetzt ist.

Um korrekt mit einem Währungsfeld umzugehen, müssen jedoch alle Ziffern der Zahl unabhängig von der Anzahl der Nachkommastellen als Währungsbetrag in der kleinsten Währungseinheit aufgefasst werden. Dies geschieht teilweise automatisch, wie z. B. bei Verwendung von CURRENCY hinter WRITE [TO] oder der Formatierungsoption CURRENCY in einem eingebetteten Ausdruck eines Zeichenketten-Templates. Für andere Operationen gelten aber folgende Einschränkungen:

- Unkritisch sind Vergleich, Addition, Subtraktion und Division zweier Währungsfelder mit der gleichen Anzahl von Nachkommastellen.
- Unkritisch sind Multiplikation mit einer und Division durch eine währungsunabhängige Zahl.
- Alle anderen Operationen sind kritisch, wie z. B.:
  - Multiplikation zweier Währungsfelder
  - Operationen zwischen zwei Feldern verschiedener Währung inklusive Zuweisungen
  - Zuweisungen währungsunabhängiger Zahlen an Währungsfelder

Bei der Durchführung kritischer Operationen sind in der Regel keine sinnvollen Ergebnisse zu erwarten, wenn die Anzahl der Nachkommastellen im Programm nicht zu den Nachkommastellen der Währung passt.

Hinweis
Seit Release 7.02/7.20 empfiehlt es sich, für Währungen anstelle des Datentyps CURR einen der Datentypen für dezimale Gleitpunktzahlen zu verwenden. Die währungsgerechte Formatierung wird auf Dynpros durch AUSGABESTILE und in ABAP-Programmen durch die stilgerechte Aufbereitung für die Optionen MONETARY und EXTENDED_MONETARY unterstützt. Dabei werden Beträge anders als beim Datentyp CURR – bzw. DEC bzw. ABAP-Typ p – immer in der Haupteinheit der Währung aufgefasst.

11.1.3.4 Mengenfelder im ABAP Dictionary

Ein Mengenfeld ist eine Komponente einer im ABAP Dictionary definierten Struktur oder Datenbanktabelle vom Typ QUAN zur Aufnahme einer Menge in einer bestimmten Einheit. Ein Mengenfeld muss mit einem Einheitenschlüssel einer Struktur bzw. Datenbanktabelle verknüpft sein, der die Einheit und die Anzahl der Nachkommastellen festlegt. Ein Einheitenschlüssel ist eine Komponente einer im ABAP Dictionary definierten Struktur oder Datenbanktabelle vom Typ UNIT und kann ein Einheitenkürzel aus der Datenbanktabelle T006 enthalten.

Behandlung im ABAP Dictionary
Ein Datenelement vom Datentyp QUAN wird wie ein Feld des Datentyps DEC behandelt und in Datenbanktabellen im BCD-Format abgelegt. Beim Anlegen eines Datenelements oder einer Strukturkomponente vom Datentyp QUAN im Werkzeug ABAP Dictionary kann eine beliebige Anzahl von Nachkommastellen definiert werden. Im Standard werden keine Nachkommastellen definiert.

Zu jeder Strukturkomponente vom Datentyp QUAN muss in der Einzelpflege der Komponente eine Komponente der gleichen oder einer anderen Struktur bzw. Datenbanktabelle als Referenzfeld angegeben werden, das den Datentyp UNIT hat. Dieses Feld ist der Einheitenschlüssel, der die Einheit der Menge festlegt.

Hinweis
Die Anzahl der Nachkommastellen der durch Einheitenschlüssel vom Typ UNIT definierten Einheit beeinflusst ausschließlich die Aufbereitung eines Mengenfeldes auf einem Dynpro. Sie ist im Prinzip unabhängig von der für das Mengenfeld vom Typ QUAN angegebenen Anzahl.

Behandlung in Dynpros
Bei der Darstellung eines Ein-/Ausgabefeldes vom Typ QUAN auf einem Dynpro wird der Inhalt wie bei allen Dynpro-Feldern zeichenartig und gemäß einer typabhängigen Maske dargestellt. Dabei wird versucht, eine Darstellung zu erreichen, die zur Einheit des Mengenfeldes passt.

Zur Bestimmung der Einheit wird in den globalen Daten des aktuellen ABAP-Programms nach dem zum Feld gehörigen Referenzfeld für den Einheitenschlüssel gesucht. Der Inhalt dieses Feldes sollte ein gültiges Einheitenkürzel aus der Datenbanktabelle T006 sein. Wird das Referenzfeld nicht gefunden oder gibt es in der Datenbanktabelle T006 keinen Eintrag mit dem Inhalt des Feldes, wird das Mengenfeld wie ein normales Feld vom Typ DEC dargestellt.

Das Referenzfeld ist entweder bei der zugehörigen Struktur im ABAP Dictionary definiert oder wurde mit dem Screen Painter bei den Attributen des Dynpro-Feldes festgelegt. Es muss selbst nicht auf dem Dynpro vorhanden sein.

Wenn das Einheitenkürzel des Referenzfeldes in der Spalte MSEHI der Datenbanktabelle T006 gefunden wird und das Mengenfeld keine Nachkommastellen mit einem Wert ungleich 0 außerhalb der in der Spalte DECAN definierten Genauigkeit hat, wird das Mengenfeld in dieser Genauigkeit dargestellt. Bei einer Einheit ohne Nachkommastellen wird dabei das Dezimaltrennzeichen unterdrückt. Falls das Mengenfeld aber Nachkommastellen mit einem Wert ungleich 0 außerhalb seiner Genauigkeit hat, wird es wie ein normales Feld vom Typ DEC dargestellt.

Hinweis
Eine zur Genauigkeit eines Mengenfeldes passende Darstellung wird also nur dann erreicht, wenn dadurch keine Informationen verloren gehen. Dies erlaubt es beispielsweise auch, Durchschnittswerte ansonsten ganzzahliger Einheiten in einem entsprechenden Mengenfeld darzustellen.

Behandlung in ABAP-Programmen
Der zum Datentyp QUAN korrespondierende ABAP-Typ ist p. Ein ABAP-Datenobjekt, das mit Bezug auf einen Dictionary-Typ vom Typ QUAN deklariert wird, hat die dort definierte Anzahl von Nachkommastellen. Diese Nachkommastellen werden bei allen Operationen und Berechnungen wie bei jeder gepackten Zahl berücksichtigt.

Die zu einem Mengenfeld definierte Einheit spielt in ABAP-Programmen nur dann eine Rolle, wenn sie hinter dem Zusatz UNIT der Anweisung WRITE [TO] angegeben wird.

11.2 Eingebaute Datenobjekte

ABAP-Programme haben Zugriff auf eine Reihe vordefinierter Datenobjekte:

- ABAP-Systemfelder
- die vordefinierten Datenobjekte space, me und screen

11.2.1 ABAP-Systemfelder

Systemfelder werden von der ABAP-Laufzeitumgebung gefüllt und können in einem ABAP-Programm verwendet werden, um Systemzustände abzufragen. Bis auf eine Ausnahme (sy-repid) sind Systemfelder zwar Variablen, aber es sollte nur lesend auf sie zugegriffen werden, da sonst in der Regel wichtige Informationen für die weitere Programmausführung verloren gehen. Nur in wenigen Fällen dürfen Systemfelder in ABAP-Programmen überschrieben werden, um das Systemverhalten zu steuern.

Die Datentypen der Systemfelder sind mit Ausnahme von sy-repid im ABAP Dictionary in der Struktur SYST definiert und in ABAP-Programmen als Komponenten der vordefinierten Struktur sy instanziert. Die Struktur sy ist ein einziges Mal in einem internen Modus vorhanden und wird von allen Programmen eines internen Modus gemeinsam verwendet.

Die Struktur sy ist auch über syst ansprechbar. Umgekehrt gibt es auch einen eingebauten Datentyp sy, der anstelle des Datentyps SYST des ABAP Dictionarys verwendet werden kann.

Tabelle 11.5 zeigt die Systemfelder, die in ABAP-Programmen verwendbar sind. Alle anderen Komponenten der Struktur sy sind entweder nur für den internen Gebrauch der ABAP-Laufzeitumgebung vorgesehen oder obsolet.

Name	Typ	Länge	Inhalt
sy-abcde	c	26	Enthält das lateinische Alphabet. Kann verwendet werden, um unabhängig von der Codepage über Offset-/Längenangabe gezielt auf einzelne Buchstaben zuzugreifen.
sy-batch	c	1	in einem im Hintergrund ablaufenden ABAP-Programm auf "X" gesetzt, ansonsten initial
sy-binpt	c	1	während der Verarbeitung von Batch-Input-Mappen und in mit CALL TRANSACTION USING aufgerufenen ABAP-Programmen auf "X" gesetzt, ansonsten initial
sy-calld	c	1	Enthält im ersten Programm einer Aufrufkette ein Leerzeichen, ansonsten den Wert "X". Nach Aufruf über CALL TRANSACTION, CALL DIALOG oder SUBMIT ... AND RETURN auf "X" gesetzt. Leer, falls das Programm über LEAVE TO TRANSACTION oder über einen Transaktionscode vom Bildschirmbild aus gestartet wurde. Ein Aufruf über SUBMIT (ohne AND RETURN) übernimmt den Wert des aufrufenden Programms.
sy-callr	c	8	Enthält beim Drucken von Listen einen Wert, der anzeigt, wo der Druck gestartet wurde, z. B. NEW-PAGE für programmgesteuertes Drucken oder RSDBRUNT für das Drucken vom Selektionsbild aus.

Tabelle 11.5 ABAP-Systemfelder

Name	Typ	Länge	Inhalt
sy-colno	i		Aktuelle Position während der Erstellung einer Liste im Listenpuffer. Die Zählung beginnt bei 1. In Nicht-Unicode-Systemen entspricht diese Position auch der Spalte in der dargestellten Liste. In Unicode-Systemen ist dies nur für die jeweils unteren und oberen Ausgabegrenzen der einzelnen Ausgaben garantiert, da ein Zeichen mehr Spalten auf der Liste als Stellen im Listenpuffer beanspruchen kann.
sy-cpage	i		Seitennummer der obersten angezeigten Seite der Liste, auf der ein Listenereignis ausgelöst wurde. Die Zählung beginnt bei 1.
sy-cprog	c	40	In extern aufgerufenen Prozeduren der Name des aufrufenden Programms, ansonsten der Name des aktuellen Programms. Wenn eine extern aufgerufene Prozedur eine weitere externe Prozedur aufruft, behält sy-cprog den Namen des ersten Rahmenprogramms und wird nicht auf den Namen des Rahmenprogramms des weiteren Aufrufers gesetzt.
sy-cucol	i		Horizontale Cursor-Position auf dem Bildschirmbild eines Dynpros. Zählung beginnt bei Spalte 2.
sy-curow	i		Vertikale Cursor-Position auf dem Bildschirmbild eines Dynpros. Zählung beginnt bei Zeile 1.
sy-datar	c	1	Enthält zu PAI "X", wenn mindestens ein Eingabefeld eines Bildschirmbildes durch Benutzer oder andere Datenübergabe geändert wurde, ansonsten initial.
sy-datlo	d		Lokales Datum des Benutzers, z. B. "19990723". Kann durch GET TIME gesetzt werden.
sy-datum	d		Systemdatum (lokales Datum des AS ABAP). Kann durch GET TIME gesetzt werden.
sy-dayst	c	1	während der Sommerzeit "X", ansonsten initial
sy-dbcnt	i		SQL-Anweisungen setzen den Inhalt von sy-dbcnt auf die Anzahl der bearbeiteten Tabellenzeilen.
sy-dbnam	c	20	bei ausführbaren Programmen die verknüpfte logische Datenbank
sy-dbsys	c	10	zentrales Datenbanksystem, z. B. "ORACLE", "INFORMIX"
sy-dyngr	c	4	Bildgruppe des aktuellen Dynpros. Mehrere Dynpros können im Screen Painter einer gemeinsamen Bildgruppe zugeordnet werden, die z. B. für eine einheitliche Modifikation aller Bildschirmbilder dieser Gruppe verwendet werden kann.
sy-dynnr	c	4	Nummer des aktuellen Dynpros. Während der Selektionsbildverarbeitung das aktuelle Selektionsbild. Während der Listenverarbeitung die Nummer des Träger-Dynpros. Während der Verarbeitung eines Subscreen-Dynpros (auch bei Tabstrips) dessen Nummer.
sy-fdayw	b		Fabrikkalender-Wochentag, montags = 1, ..., freitags = 5
sy-fdpos	i		Fundstelle bei bestimmten Suchen in zeichen- und byteartigen Datenobjekten
sy-host	c	32	Netzwerkname des Rechners, auf dem der aktuelle Applikationsserver instanziert ist, z. B. "KSAP0001", "HS01234"

Tabelle 11.5 ABAP-Systemfelder (Forts.)

Name	Typ	Länge	Inhalt
sy-index	i		Schleifenindex. Enthält in DO- und WHILE-Schleifen die Anzahl der bisherigen Schleifendurchläufe inklusive des aktuellen Durchlaufs.
sy-langu	c	1	Einstelliger Sprachenschlüssel – z. B. "D", "E", "F" – für die aktuelle Textumgebung. Durch die Anmeldesprache des Benutzers oder durch die Anweisung SET LOCALE gesetzt.
sy-ldbpg	c	40	bei ausführbaren Programmen das Datenbankprogramm der verknüpften logischen Datenbank
sy-lilli	i		Listenzeile, auf der ein Listenereignis ausgelöst wurde. Die Zählung beginnt bei 1 und beinhaltet den Seitenkopf.
sy-linct	i		Seitenlänge der aktuellen Liste während der Listenerstellung. sy-linct ist 0 für eine beliebig lange Standardliste und hat einen Wert ungleich 0 für Listen mit festgelegter Seitenlänge.
sy-linno	i		Aktuelle Listenzeile während der Listenerstellung. Die Zählung beginnt bei 1 und beinhaltet den Seitenkopf.
sy-linsz	i		Zeilenbreite der aktuellen Liste im Listenpuffer während der Listenerstellung
sy-lisel	c	255	Inhalt der Listenzeile im Listenpuffer, auf der in der dargestellten Liste der Cursor stand, während ein Listenereignis ausgelöst wurde (beschränkt auf die ersten 255 Zeichen)
sy-listi	i		Listenstufe der Liste, auf der ein Listenereignis ausgelöst wurde
sy-loopc	i		Anzahl der aktuell in einem Table Control angezeigten Zeilen
sy-lsind	i		Listenstufe der Liste, die gerade erstellt wird (Grundliste: 0, Verzweigungslisten: größer 0). Bei jedem interaktiven Listenereignis wird sy-lsind automatisch um 1 erhöht. sy-lsind darf im ABAP-Programm geändert werden, um zwischen Verzweigungslisten zu navigieren.
sy-macol	i		Enthält beim Drucken von Listen die Anzahl der Spalten am linken Rand.
sy-mandt	c	3	Mandantenkennung, mit der sich der aktuelle Benutzer angemeldet hat, z. B. "401", "800"
sy-marow	i		Enthält beim Drucken von Listen die Anzahl der Zeilen am oberen Rand.
sy-modno	i		Indizierung der externen Modi. Enthält im ersten Modus den Wert 0. Wird in neuen Modi, die mit der Funktion ERZEUGEN MODUS oder durch Aufruf einer Transaktion mit /o im Befehlsfeld der Systemfunktionsleiste geöffnet werden, um 1 erhöht.
sy-msgid	c	20	Enthält nach der Anweisung MESSAGE die Nachrichtenklasse.
sy-msgno	n	3	Enthält nach der Anweisung MESSAGE die Nachrichtennummer.
sy-msgty	c	1	Enthält nach der Anweisung MESSAGE den Nachrichtentyp.
sy-msgv1 ... sy-msgv4	c	50	Enthalten nach der Anweisung MESSAGE die Feldinhalte, die für die Platzhalter der Nachricht verwendet wurden.
sy-opsys	c	10	Betriebssystem des aktuellen Applikationsservers, z. B. "SOLARIS", "HP-UX"
sy-pagno	i		aktuelle Seite bei der Listenerstellung
sy-pfkey	c	20	GUI-Status des aktuellen Dynpros

Tabelle 11.5 ABAP-Systemfelder (Forts.)

Name	Typ	Länge	Inhalt
sy-prdsn	c	6	Enthält beim Drucken von Listen den Namen der Spool-Datei.
sy-repid	c	40	Name des aktuellen ABAP-Programms. Bei extern aufgerufenen Prozeduren Name des Rahmenprogramms der Prozedur. Falls sy-repid als Aktualparameter an eine externe Prozedur übergeben wird, wird der Formalparameter auf den Namen des Aufrufers gesetzt.
sy-saprl	c	4	Releasestand des AS ABAP, z. B. "46D", "610"
sy-scols	i		Anzahl der Spalten des aktuellen Bildschirmbildes
sy-slset	c	14	Variante, die zum Füllen eines Selektionsbildes verwendet wurde. Der zugehörige Programmname ist sy-cprog zu entnehmen.
sy-spono	n	10	Enthält beim Drucken von Listen den Namen der Spool-Nummer.
sy-srows	i		Anzahl der Zeilen des aktuellen Bildschirmbildes
sy-staco	i		Nummer der ersten angezeigten Spalte der Liste, auf der ein Listenereignis ausgelöst wurde. Zählung beginnt bei 1.
sy-staro	i		Nummer der obersten angezeigten Listenzeile der obersten angezeigten Seite der Liste, auf der ein Listenereignis ausgelöst wurde. Zählung beginnt bei 1. Hierbei wird der Seitenkopf nicht mitgezählt.
sy-stepl	i		Index der aktuellen Zeile in einem Table Control. Wird bei jedem Schleifendurchlauf gesetzt.
sy-subrc	i		Rückgabewert, der von vielen ABAP-Anweisungen gesetzt wird. Im Allgemeinen bedeutet der Inhalt 0, dass die Anweisung problemlos ausgeführt wurde. Je nachdem, durch welche Anweisung sy-subrc gesetzt wurde, kann im Fehlerfall aus dem entsprechenden Wert die Fehlerursache abgeleitet werden. Nach Anweisungen, für die das Setzen von sy-subrc nicht explizit dokumentiert ist, ist der Inhalt von sy-subrc undefiniert.
sy-sysid	c	8	Name des AS ABAP, z. B. "S01", "K99"
sy-tabix	i		Zeilennummer im Tabellenindex einer internen Tabelle. Enthält die zuletzt über einen primären oder sekundären Tabellenindex (ab Release 7.02/7.2) angesprochene Zeile. Wird beim Zugriff über einen Hash-Algorithmus auf 0 gesetzt.
sy-tcode	c	20	Name des aktuellen Transaktionscodes. In der Hintergrundverarbeitung initial, es sei denn, es wurde während der Hintergrundverarbeitung eine Transaktion aufgerufen.
sy-tfill	i		Bei den Anweisungen DESCRIBE TABLE, LOOP AT und READ TABLE wird sy-tfill mit der Zeilenanzahl der angesprochenen internen Tabelle versorgt.
sy-timlo	t		Lokale Uhrzeit des Benutzers, z. B. "152557". Kann durch GET TIME gesetzt werden.
sy-title	c	70	Text, der im Titelbalken des Dynpros erscheint
sy-tleng	i		Bei den Anweisungen DESCRIBE TABLE, LOOP AT und READ TABLE wird sy-tleng mit der Zeilengröße der angesprochenen internen Tabelle versorgt.

Tabelle 11.5 ABAP-Systemfelder (Forts.)

Name	Typ	Länge	Inhalt
sy-tvar0 ... sy-tvar9	c	20	Diesen Systemfeldern dürfen im Programm Werte zugewiesen werden. Der Inhalt von sy-tvar0 bis sy-tvar9 ersetzt beim Ereignis TOP-OF-PAGE die Platzhalter "&0" bis "&9" in den Listen- und Spaltenüberschriften der Textelemente des Programms.
sy-tzone	i		Zeitdifferenz zur UTC-Referenzzeit in Sekunden, z. B. "3600", "10800"
sy-ucomm	c	70	Funktionscode, der das Ereignis PAI ausgelöst hat.
sy-uline	c	255	Enthält einen horizontalen Strich der Länge 255 zur Darstellung auf Listen.
sy-uname	c	12	Anmeldename des Benutzers, z. B. "KELLERH"
sy-uzeit	t		Systemzeit (lokale Zeit des AS ABAP). Kann durch GET TIME gesetzt werden.
sy-vline	c	1	Enthält einen vertikalen Strich (|) zur Darstellung auf Listen.
sy-wtitl	c	1	Wird in den Anweisungen REPORT, PROGRAM und FUNCTION-POOL auf "N" gesetzt, wenn der Zusatz NO STANDARD PAGE HEADING verwendet wird, ansonsten initial.
sy-zonlo	c	6	Zeitzone des Benutzers, z. B. "CET", "PST"

Tabelle 11.5 ABAP-Systemfelder (Forts.)

Das Systemfeld sy-repid ist keine Komponente der Strukturen syst bzw. sy. Stattdessen enthält jedes Programm die vordefinierten Konstanten sy-repid und syst-repid, die beide den Namen des jeweiligen Programms enthalten. Weiterhin gibt es zwei gleichnamige vordefinierte Typen sy-repid und syst-repid vom Typ c der Länge 40.

Hinweise

- Der Inhalt von Systemfeldern ist nur definiert, wie in obiger Tabelle oder bei einzelnen ABAP-Anweisungen beschrieben. In anderen als den beschriebenen Kontexten darf man sich nicht auf den Inhalt von Systemfeldern verlassen. Insbesondere können Anweisungen, bei denen keine Wirkung auf Systemfelder dokumentiert ist, den Inhalt bestimmter Systemfelder, wie beispielsweise sy-subrc, in undefinierter Weise beeinflussen. Dies gilt vor allem für Anweisungen, bei deren Ausführung explizit oder implizit ABAP-Coding aufgerufen wird.

- Ein Systemfeld sollte möglichst direkt hinter der Anweisung ausgewertet werden, die es gesetzt hat, damit es nicht von anderen Anweisungen überschrieben wird. Bei Bedarf sollten die Werte von Systemfeldern in Hilfsvariablen gesichert werden.

- Auch die statischen Methoden der Systemklasse CL_ABAP_SYST geben wichtige Systemzustände zurück. Dabei ist die Gefahr einer vorherigen Überschreibung im Programm ausgeschlossen. Die Verwendung dieser Methoden kann die Auswertung der entsprechenden Systemfelder in allen Fällen ersetzen, in denen sichergestellt sein muss, dass ein Systemfeld nicht fälschlicherweise im Programm überschrieben wurde.

- Ein Systemfeld sollte nur dann als Operand an einer Leseposition angegeben werden, wenn sein Inhalt nicht von der gleichen Anweisung gesetzt wird, ansonsten kann es zu undefiniertem Verhalten kommen.

- Systemfelder und die zugehörige Struktur SYST haben eine rein programminterne Bedeutung. Es sollten keine Dynpro-Felder mit Bezug auf Systemfelder angelegt werden, da die zugehörige Feldhilfe nicht für Endbenutzer vorgesehen ist.
- Interne und obsolete Systemfelder, die nicht in Tabelle 11.5 aufgeführt sind, sollen nicht verwendet werden.

11.2.2 space, me und screen

Neben den ABAP-Systemfeldern gibt es drei weitere vordefinierte Datenobjekte, space, me und screen.

11.2.2.1 Konstante space

Die programmglobale Konstante space hat den Datentyp c der Länge 1 und enthält ein Leerzeichen.

Hinweis

Für die Konstante space gilt wie für alle zeichenartigen Felder fester Länge, dass schließende Leerzeichen an den meisten Operandenpositionen nicht berücksichtigt werden. Die Konstante space sollte deshalb nicht an solchen Stellen verwendet werden.

Beispiel

Das Ergebnis der folgenden Verkettung ist ein String mit genau einem Leerzeichen. Die Leerzeichen in den ersten beiden Angaben von space werden ignoriert. Nur an der Operandenposition hinter SEPARATED BY wird das Leerzeichen berücksichtigt. Das Beispiel gilt außer für space mit gleichem Ergebnis auch für ein Textfeldliteral ' ' mit genau einem Leerzeichen.

```
DATA text TYPE string.
CONCATENATE space space INTO text SEPARATED BY space.
```

11.2.2.2 Selbstreferenz me

Innerhalb der Implementierung jeder Instanzmethode steht zur Laufzeit eine implizit erzeugte lokale Referenzvariable namens me zur Verfügung, die auf die aktuelle Instanz zeigt, in der die Methode gerade ausgeführt wird. me wird wie eine lokale Konstante behandelt, d. h., der Wert von me kann in einer Instanzmethode nicht geändert werden. Der statische Typ von me ist die Klasse, in der die Instanzmethode implementiert ist.

Hinweis

Während der Objekterzeugung zeigt me auch während der Ausführung eines mit super->constructor aufgerufenen Instanzkonstruktors einer Oberklasse auf die Instanz der erzeugten Unterklasse. Im Instanzkonstruktor der Oberklasse oder in von diesem aufgerufenen Methoden hat die Angabe von me-> beim Methodenaufruf jedoch keine Wirkung, sondern es werden immer die Methodenimplementierungen der Oberklasse aufgerufen.

11.2.2.3 Struktur screen

Auf das Datenobjekt screen kann während der Dynpro-Verarbeitung in Dialogmodulen zugegriffen werden. screen ist eine Struktur, bei der die Komponenten den Attributen eines Bildschirmelements entsprechen. Über die Struktur screen können die Attribute von Bildschirmelementen zum Zeitpunkt PBO im ABAP-Programm gesetzt werden. Die Struktur screen wird vom gleichnamigen Datentyp SCREEN im ABAP Dictionary beschrieben. Die Komponenten der Struktur screen und ihre Verwendung sind unter LOOP AT SCREEN (siehe Abschnitt 33.6.6) aufgeführt.

11.3 Eingebaute Funktionen

ABAP stellt einen Satz eingebauter Funktionen zur Verfügung. Eine eingebaute Funktion gibt für ein Argument oder mehrere Argumente einen Rückgabewert zurück.

Eingebaute Funktionen können an bestimmten Operandenpositionen funktional aufgerufen werden. Wenn eine eingebaute Funktion an einer Operandenposition aufgerufen wird, wird die Funktion vor der Verwendung des Operanden ausgeführt, und der Rückgabewert der eingebauten Funktion wird gemäß seinem Datentyp als Operand verwendet.

Eine eingebaute Funktion wird unabhängig von der Anzahl ihrer Argumente von einer funktionalen Methode gleichen Namens verdeckt.

11.3.1 Syntax eingebauter Funktionen

Es gibt eingebaute Funktionen mit entweder einem unbenannten Argument oder einem oder mehreren benannten Argumenten.

Bei Letzteren gibt es in der Regel ein Hauptargument val mit der Möglichkeit weiterer, teilweise auch optionaler Argumente. Die folgenden Abschnitte zeigen die allgemeine Syntax für den Aufruf eingebauter Funktionen.

11.3.1.1 Funktionen mit einem unbenannten Argument

Syntax
```
... func( arg )
```

Bei Funktionen mit einem unbenannten Argument ist die Syntax wie beim Aufruf funktionaler Methoden mit einem Eingabeparameter. Dabei ist func die eingebaute Funktion und das Argument arg ein Datenobjekt, dessen Datentyp zur Funktion passt. Die Leerzeichen nach der öffnenden und vor der schließenden Klammer sind relevant.

11.3.1.2 Funktionen mit benannten Argumenten

Syntax
```
... func( val = arg p1 = arg1 p2 = arg2 ... )
```

Ab Release 7.02/7.2. Bei Funktionen mit einem oder mehreren benannten Argumenten werden diese ähnlich wie beim Aufruf funktionaler Methoden mit mehreren Eingabeparametern an Schlüsselwortparameter angebunden. Für die Argumente können Datenobjekte angegeben werden, deren Datentyp zum entsprechenden Parameter passt. Die Leerzeichen nach der öffnenden und vor der schließenden Klammer sind relevant. Wenn eine solche Funktion nur ein Argument hat oder nur das Hauptargument versorgt werden soll, kann die Syntax auch wie folgt vereinfacht werden:

```
... func( arg ) ...
```

11.3.2 Übersicht eingebauter Funktionen

Die folgenden Tabellen fassen die eingebauten Funktionen nach Verwendungszweck zusammen. In der Regel sind eingebaute Funktionen Verarbeitungsfunktionen oder Beschreibungsfunktionen:

- Eine Verarbeitungsfunktion führt eine allgemeine Verarbeitung durch und gibt einen Rückgabewert gemäß dem Verwendungszweck zurück (ab Release 7.02/7.2).

- Eine Beschreibungsfunktion bestimmt eine Eigenschaft eines Arguments und gibt diese in der Regel als numerischen Wert zurück.

Mehr zu den einzelnen Funktionen findet sich bei den zugehörigen Themengebieten:

Funktion	Bedeutung
`boolc`, `boolx`	Boolesche Funktionen
`contains`, `contains_any_of`, `contains_any_not_of`	Prädikatfunktionen für Zeichenketten
`matches`	Prädikatfunktion für Zeichenketten

Tabelle 11.6 Logische Funktionen (ab Release 7.02/7.2), mehr dazu in Abschnitt 21.2

Funktion	Bedeutung
`abs`, `ceil`, `floor`, `frac`, `sign`, `trunc`	allgemeine numerische Funktionen
`nmax`, `nmin`	numerische Extremwertfunktionen (ab Release 7.02/7.2)
`acos`, `asin`, `atan`, `cos`, `sin`, `tan`, `cosh`, `sinh`, `tanh`, `exp`, `log`, `log10`, `sqrt`	Gleitpunktfunktionen
`round`, `rescale`	Rundungsfunktionen (ab Release 7.02/7.2)

Tabelle 11.7 Numerische Funktionen, mehr dazu in Abschnitt 27.3

Funktion	Bedeutung
`char_off`, `charlen`, `dbmaxlen`, `numofchar`, `strlen`	Längenfunktionen
`cmax`, `cmin`	zeichenartige Extremwertfunktionen
`count`, `count_any_of`, `count_any_not_of`	Suchfunktionen
`distance`	Ähnlichkeitsfunktion

Tabelle 11.8 Zeichenkettenfunktionen, meistens ab Release 7.02/7.2, mehr dazu in Abschnitt 28.4

Funktion	Bedeutung
condense	Verdichtungsfunktion
concat_lines_of	Verkettungsfunktion
escape	Fluchtsymbolfunktion
find, find_end, find_any_of, find_any_not_of	Suchfunktionen
insert	Einfügefunktion
match	Teilfeldfunktion
repeat	Wiederholfunktion
replace	Ersetzungsfunktion
reverse	Umdrehfunktion
segment	Segmentfunktion
shift_left, shift_right	Verschiebefunktionen
substring, substring_after, substring_from, substring_before, substring_to	Teilfeldfunktionen
to_upper, to_lower, to_mixed, from_mixed	Groß-/Kleinschreibungsfunktionen
translate	Umsetzfunktion

Tabelle 11.8 Zeichenkettenfunktionen, meistens ab Release 7.02/7.2, mehr dazu in Abschnitt 28.4 (Forts.)

Funktion	Bedeutung
xstrlen	Längenfunktion
bit_set	Bit-Funktion (ab Release 7.02/7.2)

Tabelle 11.9 Bytekettenfunktionen, mehr dazu in Abschnitt 28.6.2

Funktion	Bedeutung
lines	Zeilenfunktion

Tabelle 11.10 Tabellenfunktionen, mehr dazu in Abschnitt 29.3

TEIL 4
Deklarative Anweisungen

12   Typen und Objekte

Bei den deklarativen Anweisungen dreht sich in der Regel alles um Typen und Objekte. Typen sind reine Beschreibungen, an denen außer für Verwaltungsinformationen kein Datenspeicher hängt. Objekte sind Instanzen von Typen und belegen Datenspeicher. Ein Typ charakterisiert die technischen Eigenschaften seiner Objekte.

Bei den Typen unterscheiden wir zwischen Daten- und Objekttypen:

- Datentypen dienen der Beschreibung von Datenobjekten. Sie unterteilen sich weiter in elementare, Referenz- und komplexe Typen. Es gibt eingebaute (vordefinierte) Datentypen (siehe Abschnitt 11.1), mit deren Hilfe lokal im Programm oder systemweit im ABAP Dictionary weitere sebstständige Datentypen definiert werden können. Daneben treten Datentypen in ABAP auch als so genannte gebundene Typen von Datenobjekten auf.
- Objekttypen dienen der Beschreibung von Objekten in ABAP Objects. Sie unterteilen sich in Klassen und Interfaces. Objekttypen enthalten zum einen die oben beschriebenen Datentypen, zum anderen aber auch Funktionalität. Objekttypen sind nicht eingebaut, sondern müssen im Programm oder in der Klassenbibliothek definiert werden. Klassen beschreiben ein Objekt vollständig. Sie definieren, welche Datentypen und welche Funktionalität ein Objekt enthält. Interfaces beschreiben einen Teilaspekt eines Objekts. Die Datentypen und Funktionen eines Interfaces können von mehreren Klassen implementiert werden.

Datenobjekte als Instanzen von Datentypen sind Felder im eigentlichen Sinn. Sie sind entweder Attribute einer Klasse oder programmlokale Datenobjekte und enthalten die Daten, mit denen ein Programm zur Laufzeit arbeitet. Der Datentyp eines Datenobjekts ist zur Laufzeit eines Programms immer eindeutig festgelegt und nicht änderbar. Bei den Datenobjekten unterscheiden wir zwischen benannten Datenobjekten, anonymen Datenobjekten und Literalen:

- Benannte Datenobjekte werden mit einer datendefinierenden Anweisung statisch vereinbart und können über einen Namen angesprochen werden. Die typische datendefinierende Anweisung ist DATA. Benannte Datenobjekte werden zu Beginn der Lebenszeit eines Kontextes (Programm, Klasse, Objekt, Prozedur) von der ABAP-Laufzeitumgebung erzeugt und leben so lange wie ihr Kontext.
- Anonyme Datenobjekte werden mit der Anweisung CREATE DATA erzeugt und können nur über Datenreferenzvariablen angesprochen werden. Anonyme Datenobjekte leben im internen Modus des Programms, in dem sie erzeugt wurden, oder im Shared Objects Memory (siehe Abschnitt 12.3) und unterliegen der Garbage Collection.
- Literale werden im Quelltext eines Programms definiert und durch ihren Wert vollständig bestimmt.

Neben in Programmen deklarierten Datenobjekten gibt es einen Satz eingebauter Datenobjekte, auf die in ABAP-Programmen immer zugegriffen werden kann (siehe Abschnitt 11.2). Zusätzlich werden von einigen Anweisungen implizit Datenobjekte erzeugt, die für spezielle

Zwecke zur Verfügung stehen. Beispiele sind `sum( )`, `cnt( )` im Rahmen der Gruppenstufenverarbeitung für Extrakte und `title` beim Anlegen von Selektionsbildern.

Objekte als Instanzen von Klassen sind echte Softwareobjekte in ABAP Objects und unterstützen die objektorientierte Programmierung, indem sie außer Daten auch Methoden und Ereignisse enthalten. Solche Objekte werden ausschließlich mit der Anweisung `CREATE OBJECT` erzeugt und leben wie anonyme Datenobjekte im internen Modus eines Programms oder im Shared Objects Memory.

12.1 Gültigkeit und Sichtbarkeit

Der Kontext einer deklarativen Anweisung im Quelltext eines Programms bestimmt die Gültigkeit und Sichtbarkeit der deklarierten Komponente. In ABAP-Programmen gibt es drei Kontexte, in denen Datentypen und Datenobjekte deklariert werden können:

- **lokal in Prozeduren**
  Lokale Daten in Prozeduren sind während der Ausführung einer Prozedur gültig. Sie werden beim Aufruf der Prozedur erzeugt und beim Verlassen der Prozedur gelöscht. Prozeduren sehen außer ihren lokalen Daten die globalen Daten des Rahmenprogramms. Methoden sehen außerdem die Komponenten ihrer Klasse.

- **als Komponenten von Klassen**
  Statische Attribute von Klassen leben so lange wie der interne Modus des ABAP-Programms. Instanzattribute von Klassen sind an die Lebensdauer von Objekten gebunden. Sie werden bei der Instanzierung eines Objekts erzeugt und mit dem Objekt vom Garbage Collector gelöscht. Klassen sehen außerdem die globalen Daten des Rahmenprogramms.

- **programmglobal im Rahmenprogramm**
  Programmglobale Daten leben so lange wie der interne Modus des ABAP-Programms. Sie werden beim Laden des Programms in den internen Modus erzeugt und beim Entfernen des Programms aus dem internen Modus gelöscht. Ein ABAP-Programm sieht in der Regel nur die eigenen globalen Daten – mit Ausnahme von Schnittstellen-Arbeitsbereichen.

Alle Kontexte sehen die programmübergreifenden Typdefinitionen des ABAP Dictionarys und die Typdefinitionen und Datendeklarationen in den öffentlichen Sichtbarkeitsbereichen globaler Klassen. Lokale Deklarationen verdecken in ihrem Kontext gleichnamige globale Deklarationen. In Anweisungen, in denen eine dynamische Angabe eines Datentyps, einer Klasse oder eines Interfaces möglich ist, kann die Verdeckung eines globalen Typs durch einen lokalen Typ über die Angabe eines absoluten Typnamens (siehe Abschnitt 12.2) aufgehoben werden.

Neben der kontextabhängigen Sichtbarkeit spielt auch die Stellung der Deklarationen im Quelltext eine Rolle. In einer Anweisung eines ABAP-Programms sind unabhängig vom Kontext nur vorangegangene Deklarationen sichtbar. Damit sich die Reihenfolge im Programm mit der kontextabhängigen Sichtbarkeit deckt, sollten alle globalen Deklarationen eines Programms zu Beginn des Quelltextes vor dem ersten Verarbeitungsblock und alle lokalen Deklarationen direkt nach der Einleitung einer Prozedur aufgeführt werden. Die Definition eines

Interfaces und der Deklarationsteil einer Klasse gehören in dieser Sichtweise zu den globalen Deklarationen. Dabei ist zu beachten, dass Referenzvariablen, die sich auf eine Klasse beziehen, erst nach der Deklaration der Klasse deklariert werden können. Der Implementierungsteil gehört dagegen zu den Verarbeitungsblöcken.

Hinweis

Alle im globalen Deklarationsteil eines ABAP-Programms deklarierten Daten sind programmglobal. Mit Ausnahme der Ereignisblöcke zu GET [LATE] und AT SELECTION-SCREEN sind auch alle innerhalb von Ereignisblöcken und Dialogmodulen deklarierten Daten programmglobal. Weiterhin sind auch Daten, deren Deklarationen zwischen abgeschlossenen Verarbeitungsblöcken deklariert werden, programmglobal.

12.2 Absolute Typnamen

Der statisch in ABAP-Anweisungen verwendbare Name eines Typs ist nur relativ zu seinem Kontext gültig und wird deshalb auch relativer Typname genannt. Wie im vorhergehenden Abschnitt beschrieben, verdecken dabei lokale Datentypen gleichnamige globale Datentypen. Das Gleiche gilt für Klassen und Interfaces, die in diesem Zusammenhang ebenfalls als Typdefinitionen aufzufassen sind. Absolute Typnamen bezeichnen einen Typ dagegen eindeutig. Ein absoluter Typname ist als Pfadangabe aus folgenden Komponenten zusammengesetzt:

- \TYPE=name
- \CLASS=name
- \INTERFACE=name
- \PROGRAM=name
- \CLASS-POOL=name
- \FUNCTION-POOL=name
- \TYPE-POOL=name
- \METHOD=name
- \FORM=name
- \FUNCTION=name

Die letzte Komponente eines Pfads muss immer »\TYPE=name«, »\CLASS=name« oder »\INTERFACE=name« sein und bezeichnet entsprechend einen Datentyp, eine Klasse oder ein Interface. Absolute Typnamen, die nur aus »\TYPE=name«, »\CLASS=name« oder »\INTERFACE=name« bestehen, bezeichnen einen Datentyp aus dem ABAP Dictionary oder eine globale Klasse bzw. ein globales Interface der Klassenbibliothek. Absolute Typnamen für lokale Datentypen, Klassen und Interfaces werden durch das sequenzielle Voranstellen von Komponenten gebildet, die ihren Kontext angeben.

Absolute Typnamen können in allen Anweisungen, in denen eine dynamische Angabe eines Datentyps, einer Klasse oder eines Interfaces möglich ist, verwendet werden. Dadurch kann zum einen die Verdeckung eines globalen Typs durch einen lokalen Typ über die Angabe eines absoluten Typnamens aufgehoben werden, und zum anderen kann über absolute Typnamen dynamisch auf die Typen, Klassen und Interfaces anderer Programme zugegriffen werden. Beim Zugriff auf ein anderes Programm wird dieses bei Bedarf in den aktuellen internen Modus geladen.

Ein Datentyp wird durch seinen absoluten Typnamen eindeutig identifiziert. Es gibt aber verschiedene Möglichkeiten, einen für einen Typ eindeutigen Pfad zusammenzustellen. Beispielsweise kann für einen Typ in einem Funktionsbaustein die Angabe der Funktionsgruppe weggelassen werden, da jeder Funktionsbaustein eindeutig ist. Für einen Typ in einem Class-Pool oder einer Funktionsgruppe könnte auch der technische Name »name« des ABAP-Programms angegeben werden. Da Letzterer im Allgemeinen aber nicht bekannt ist, empfiehlt sich die Angabe von »\CLASS-POOL« bzw. »\FUNCTION-POOL«.

Selbst ein Datentyp, der nur als Eigenschaft eines Datenobjekts existiert, hat zwar keinen relativen Typnamen, aber intern einen absoluten Typnamen (technischer Typname), der den Datentyp eindeutig bestimmt.

Hinweise

- Die Typklassen der Run Time Type Services (RTTS, siehe Abschnitt 31.2), wie z.B. CL_ABAP_TYPEDESCR, enthalten Methoden, die den absoluten Typnamen von Datentypen oder Datenobjekten zurückliefern.

- Wenn in einem Programm über einen absoluten Typnamen ein Typ eines anderen Programms angegeben wird, wird dieses je nach Programmtyp in eine neue Zusatzprogrammgruppe oder in die aktuelle Programmgruppe hinzugeladen, falls es noch nicht geladen war. Dabei wird der Programmkonstruktor LOAD-OF-PROGRAM noch nicht ausgeführt.

Beispiel

Wenn in folgendem Beispiel die Methoden m1 und m2 der Klasse c1 aufgerufen werden, geben die RTTS die absoluten Typnamen »\TYPE=SPFLI« bzw. »\PROGRAM=RTTI_TEST\CLASS=C1\METHOD=M2\TYPE=SPFLI« für den generisch typisierten Parameter p zurück. Die Verwendung des Namens spfli hat in den Methoden m1 und m2 eine unterschiedliche Bedeutung. Dies wird auch durch eine Warnung der Syntaxprüfung angezeigt.

```
CLASS c1 DEFINITION.
  PUBLIC SECTION.
    METHODS: m1,
             m2,
             m3 IMPORTING p TYPE any.
ENDCLASS.
CLASS c1 IMPLEMENTATION.
  METHOD m1.
    DATA struc TYPE spfli.
    m3( struc ).
  ENDMETHOD.
  METHOD m2.
    TYPES spfli TYPE spfli.
    DATA  struc TYPE spfli.
    m3( struc ).
  ENDMETHOD.
```

```
METHOD m3.
  DATA type_descr TYPE REF TO cl_abap_typedescr.
  type_descr = cl_abap_typedescr=>describe_by_data( p ).
  WRITE / type_descr->absolute_name.
ENDMETHOD.
ENDCLASS.
```

12.3 Shared Objects

Shared Objects sind Datenobjekte und Instanzen von Klassen, die nicht im internen Modus eines Programms, sondern programmübergreifend im Shared Memory des Applikationsservers abgelegt werden. Für ihre Verwendung stehen folgende Klassen und Interfaces zur Verfügung:

- **CL_ABAP_MEMORY_AREA**
  gemeinsame Oberklasse aller Gebietsklassen
- **CL_SHM_AREA**
  gemeinsame Oberklasse aller Gebietsklassen für Gebietshandles von Gebietsinstanzversionen im Shared Objects Memory
- **CL_IMODE_AREA**
  vordefinierte Gebietsklasse, mit der der aktuelle interne Modus wie eine Gebietsinstanz behandelt werden kann
- **IF_SHM_BUILD_INSTANCE**
  Dieses Interface muss von der Klasse implementiert werden, die den optionalen Gebietskonstruktor eines Gebiets implementieren soll.

Referenzvariablen können auf Objekte im internen Modus oder im Shared Objects Memory zeigen. Während eine Gebietsinstanzversion über ein Gebietshandle an ein Programm angebunden ist, können Referenzen aus dem Programm auf Shared Objects bestehen und umgekehrt (falls es sich um einen Schreib- oder Änderungszugriff handelt). Ansonsten ist eine Gebietsinstanzversion abgeschlossen, d. h., es dürfen aus einer Gebietsinstanzversion keine Referenzen in den internen Modus zeigen. Referenzen, die aus dem internen Modus auf Shared Objects zeigen, können gespeichert, aber nicht dereferenziert werden. Innerhalb einer abgeschlossenen Gebietsinstanzversion sind Objektreferenzen und Datenreferenzen möglich, wobei bei Letzteren Einschränkungen bezüglich des dynamischen Typs bestehen (siehe Abschnitt 17.1.7).

Eine ausführliche Dokumentation finden Sie im entsprechenden Abschnitt der SAP Library.

13   Datentypen und Datenobjekte

In ABAP-Programmen können programmlokale Datentypen definiert werden, die je nach Gültigkeit und Sichtbarkeit zur Deklaration weiterer Datentypen bzw. Datenobjekte oder für Typisierungen verwendet werden können.

Ein Datenobjekt ist eine Instanz eines Datentyps und belegt so viel Speicherplatz, wie durch seinen Typ vorgegeben ist. Ein ABAP-Programm arbeitet ausschließlich mit solchen Daten, die als Inhalt von Datenobjekten vorliegen. Datenobjekte werden entweder als benannte Datenobjekte implizit bei ihrer Deklaration oder als anonyme Datenobjekte explizit mit CREATE DATA (siehe Abschnitt 17.1) erzeugt. Daneben gibt es noch im Quelltext definierte Literale und außerhalb des Programms angelegte Textsymbole.

13.1   Datentypen deklarieren

TYPES

Die Anweisung TYPES definiert einen eigenständigen Datentyp. Für den Namen des Datentyps gelten die Namenskonventionen für programminterne Objekte. Der definierte Datentyp ist innerhalb des aktuellen Kontextes ab dieser Stelle sichtbar.

Die Anweisung hat verschiedene Syntaxformen, die die Definition von elementaren Datentypen, Referenztypen, strukturierten Typen und Tabellentypen ermöglichen.

Für die Konstruktion eines neuen strukturierten Typs können beliebige Typdefinitionen von zwei TYPES-Anweisungen mit den Zusätzen BEGIN OF und END OF eingeschlossen werden, wodurch ein strukturierter Datentyp struc_type definiert wird, der die eingeschlossenen Datentypen als Komponenten struc_type-dtype enthält. Solche Strukturdefinitionen sind schachtelbar.

Neben den vollständig selbst konstruierten Typen können spezielle Typen wie Ranges-Tabellentypen oder LOB-Handle-Strukturen (ab Release 7.02/7.2) aus vorhandenen Typen abgeleitet werden.

13.1.1   Typen mit eingebauten ABAP-Typen definieren

TYPES – TYPE abap_type

Syntax
```
TYPES { {dtype[(len)] TYPE abap_type [DECIMALS dec]}
      | {dtype TYPE abap_type [LENGTH len] [DECIMALS dec]} }.
```

Durch die Angabe eines eingebauten Datentyps abap_type wird ein nicht-generischer elementarer Datentyp dtype definiert. Für abap_type können alle eingebauten Datentypen aus Tabelle verwendet werden – außer den internen Typen b und s.

Bei den ABAP-Typen c, n, p und x muss die Länge des Datentyps dtype durch die Angabe eines Zahlenliterals oder einer numerischen Konstanten len innerhalb der zugehörigen Intervallgrenzen spezifiziert werden. Bei allen anderen ABAP-Typen ist die Länge durch den Wert in Tabelle bestimmt, und es darf keine Länge len angegeben werden.

Die Angabe der Länge len erfolgt entweder in runden Klammern direkt hinter dem Typnamen dtype oder hinter dem Zusatz LENGTH. Die angegebene Länge muss positiv sein.

Mit dem Zusatz DECIMALS muss beim ABAP-Typ p die Anzahl der Nachkommastellen durch die Angabe eines Zahlenliterals oder einer numerischen Konstanten dec innerhalb der Intervallgrenzen aus der Tabelle der Wertebereiche der eingebauten ABAP-Typen festgelegt werden. Damit das Dezimaltrennzeichen bei Operationen mit gepackten Zahlen berücksichtigt wird, muss die Programmeigenschaft FESTPUNKTARITHMETIK gesetzt sein, ansonsten wirkt der Zusatz DECIMALS nur auf die Ausgabe auf Dynpros und die Aufbereitung bei der Anweisung WRITE [TO].

Hinweis
Aus Gründen der Lesbarkeit wird empfohlen, für die Längenangabe len immer den Zusatz LENGTH anstelle von Klammern zu verwenden.

Beispiel
Diese Anweisungen legen drei programmlokale elementare Datentypen an. Dabei werden Werte für die unbestimmten technischen Eigenschaften der eingebauten Typen c und p angegeben.

```
TYPES: text10 TYPE c LENGTH 10,
       text20 TYPE c LENGTH 20,
       result TYPE p LENGTH 8 DECIMALS 2.
```

13.1.2 Typen durch Bezug auf vorhandene Typen definieren

TYPES – TYPE, LIKE

Syntax
```
TYPES dtype { {TYPE [LINE OF] type}
            | {LIKE [LINE OF] dobj} }.
```

Durch die Angabe eines Datentyps type oder eines Datenobjekts dobj übernimmt dtype sämtliche Eigenschaften des angegebenen Datentyps bzw. Datenobjekts. type kann ein von der Paketprüfung erlaubter nicht-generischer Datentyp aus dem ABAP Dictionary sein, wozu insbesondere auch die Struktur einer Datenbanktabelle gehört, ein öffentlicher Typ einer von der Paketprüfung erlaubten globalen Klasse oder ein bereits mit TYPES definierter nicht-generischer Datentyp des gleichen Programms. dobj kann ein bereits deklariertes an dieser Stelle sichtbares Datenobjekt sein.[1] Innerhalb einer Prozedur kann für dobj kein generisch typisierter Formalparameter angegeben werden.

---

[1] Außerhalb von Klassen ist mit LIKE auch noch ein obsoleter Typbezug möglich (siehe Abschnitt 53.6).

Bei Bezug auf einen Datentyp im ABAP Dictionary werden dessen elementare Anteile entsprechend der Tabelle der eingebauten Typen im ABAP Dictionary in eingebaute ABAP-Typen verwandelt.

Der optionale Zusatz LINE OF kann verwendet werden, wenn type ein Tabellentyp bzw. dobj eine interne Tabelle ist. Dadurch übernimmt dtype die Eigenschaften des Zeilentyps der internen Tabelle.

Hinweise
- Zu den Datenobjekten, auf die man sich mit LIKE beziehen kann, gehören außer solchen des eigenen Programms auch die öffentlichen Attribute globaler Klassen.
- Ein Datentyp, der ab Release 7.02/7.2 durch einen direkten TYPE- oder LIKE-Bezug auf eine Boxed Component deklariert wird, übernimmt deren Datentyp, ist aber keine Boxed Component.

Beispiel
Diese TYPES-Anweisungen definieren zwei programmlokale Datentypen. Der erste übernimmt einen Tabellentyp aus einer Typgruppe des ABAP Dictionarys, der zweite entspricht dem Zeilentyp dieses Tabellentyps.

```
DATA: event_table TYPE cntl_simple_events,
      event       LIKE LINE OF event_table.
```

13.1.3 Referenztypen definieren

TYPES – REF TO

Syntax
```
TYPES dtype { {TYPE REF TO type}
            | {LIKE REF TO dobj} }.
```

Durch den Zusatz REF TO wird ein Datentyp für eine Referenzvariable definiert. Die Angabe hinter REF TO spezifiziert den statischen Typ der Referenzvariablen. Der statische Typ schränkt die Objektmenge ein, auf die eine Referenzvariable zeigen kann. Der dynamische Typ einer Referenzvariablen ist der Datentyp bzw. die Klasse des Objekts, auf die sie momentan zeigt. Der statische Typ ist immer allgemeiner oder gleich dem dynamischen Typ (siehe auch Abschnitt 23.5).

Abgesehen von data und object können keine generischen Datentypen hinter TYPE REF TO angegeben werden.

13.1.3.1 Typen für Datenreferenzvariablen
Falls für type der vordefinierte generische Datentyp data angegeben ist, wird ein Datentyp für eine Datenreferenzvariable vom generischen statischen Typ data angelegt. Solche Referenzvariablen können auf beliebige Datenobjekte zeigen.

Falls für type ein beliebiger nicht-generischer Datentyp angegeben ist – also ein nicht-generischer Datentyp aus dem ABAP Dictionary oder aus dem öffentlichen Sichtbarkeitsbereich einer globalen Klasse –, ein bereits mit TYPES definierter nicht-generischer programmlokaler

Typ oder ein nicht-generischer eingebauter Typ (d, f, i, string, t, xstring), wird ein Datentyp für eine Datenreferenzvariable mit entsprechendem statischen Typ angelegt. Solche Referenzvariablen können auf alle Datenobjekte des gleichen Typs zeigen.

Falls für dobj ein an dieser Stelle sichtbares Datenobjekt angegeben ist, wird ein Datentyp für eine Datenreferenzvariable angelegt, deren statischer Typ vom Datentyp des Datenobjekts übernommen wird. Solche Referenzvariablen können auf alle Datenobjekte des gleichen Typs zeigen. Innerhalb einer Prozedur kann für dobj kein generisch typisierter Formalparameter angegeben werden.

Je nach statischem Typ einer Datenreferenzvariablen kann diese unterschiedlich dereferenziert werden:

- Eine generisch mit TYPE REF TO data typisierte Datenreferenzvariable kann nur in der Anweisung ASSIGN mit dem Dereferenzierungsoperator ->* dereferenziert werden.
- Eine vollständig mit TYPE REF TO complete_type oder LIKE REF TO dobj typisierte Datenreferenzvariable kann mit dem Dereferenzierungsoperator ->* an allen passenden Operandenpositionen dereferenziert werden. Wenn der statische Datentyp strukturiert ist, erlaubt der Objektkomponenten-Selektor über dref->comp einen Zugriff auf die Komponenten der Struktur.

13.1.3.2 Typen für Objektreferenzvariablen

Falls für type der vordefinierte generische Datentyp object angegeben ist, wird ein Datentyp für eine Klassenreferenzvariable vom generischen statischen Typ object angelegt. Solche Referenzvariablen können auf die Instanzen beliebiger Klassen zeigen.

Falls für type eine globale oder lokale Klasse angegeben ist, wird ein Datentyp für eine Klassenreferenzvariable angelegt, deren statischer Typ die angegebene Klasse ist. Solche Referenzvariablen können auf alle Instanzen der Klasse und deren Unterklassen zeigen. Mit einer Klassenreferenzvariablen kann prinzipiell auf alle Komponenten eines Objekts zugegriffen werden. Wenn der statische Typ Oberklasse des dynamischen Typs ist, sind die Komponenten, auf die statisch zugegriffen werden kann, eine Untermenge der Komponenten des dynamischen Typs. Mithilfe des dynamischen Zugriffs auf Objektattribute (siehe Abschnitt 25.1.1) und des dynamischen Methodenaufrufs (siehe Abschnitt 19.1.2) kann mit Klassenreferenzvariablen auf alle Attribute und Methoden des dynamischen Typs zugegriffen werden.

Falls für type ein globales oder lokales Interface angegeben ist, wird ein Datentyp für eine Interface-Referenzvariable angelegt, deren statischer Typ die angegebene Klasse ist. Solche Referenzvariablen können auf Objekte aller Klassen zeigen, die das Interface implementieren. Beim Zugriff mit Interface-Referenzvariablen auf Komponenten von Objekten wird implizit immer der Name des statischen Typs vor die Komponente gestellt. Mit einer Interface-Referenzvariablen kann prinzipiell nur auf die Interfacekomponenten eines Objekts zugegriffen werden, die im statischen Typ bekannt sind. Dies gilt sowohl für den dynamischen wie auch den statischen Zugriff.

Hinweis

Mit dem `TYPE`-Zusatz können Datentypen für Daten- und Objektreferenzvariablen definiert werden. Mit dem `LIKE`-Zusatz können nur Datentypen für Datenreferenzvariablen definiert werden.

Beispiel

In diesem Beispiel werden Datentypen für eine Interface-Referenzvariable und für eine Klassenreferenzvariable sowie eine Datenreferenzvariable auf die Interface-Referenzvariable definiert.

```
INTERFACE i1.
...
ENDINTERFACE.
CLASS c1 DEFINITION.
  PUBLIC SECTION.
    INTERFACES i1.
ENDCLASS.
TYPES: iref TYPE REF TO i1,
       cref TYPE REF TO c1,
       dref TYPE REF TO iref.
```

13.1.4 Strukturierte Typen definieren

TYPES – BEGIN OF

Syntax
```
TYPES BEGIN OF struc_type.
  ...
  TYPES comp ...
  TYPES comp TYPE struc_type BOXED.
  INCLUDE TYPE|STRUCTURE ...
  ...
TYPES END OF struc_type.
```

Definition eines strukturierten Typs `struc_type`. Diese wird durch eine `TYPES`-Anweisung mit dem Zusatz `BEGIN OF` eingeleitet und muss mit einer `TYPES`-Anweisung mit dem Zusatz `END OF` beendet werden.

Innerhalb dieser beiden `TYPES`-Anweisungen können folgende Elemente stehen:

- beliebige `TYPES`-Anweisungen, insbesondere auch weitere abgeschlossene Strukturdefinitionen
- die Definition statischer Boxen mit `BOXED` (ab Release 7.02/7.2)
- die Anweisungen `INCLUDE TYPE` und `INCLUDE STRUCTURE` zum Einbinden von Komponenten anderer Strukturen

Es darf kein strukturierter Typ ohne mindestens eine Komponente angelegt werden.

13 | Datentypen und Datenobjekte

Die TYPES-Anweisungen innerhalb der Anweisungen mit BEGIN OF und END OF definieren die Komponenten des strukturierten Typs struc_type. Wenn eine Komponente ein strukturierter Typ ist oder innerhalb einer Struktur ein neuer strukturierter Typ mit BEGIN OF und END OF definiert wird, entstehen Unterstrukturen. Eine Struktur mit Unterstrukturen ist eine geschachtelte Struktur.

Eine Komponente von struc_type kann nicht durch Bezug auf struc_type selbst deklariert werden. Wenn der Name struc_type bei der Deklaration einer Komponente hinter TYPE angegeben wird, wird der nächste Typ dieses Namens in einem höheren Sichtbarkeitsbereich gesucht, und falls er gefunden wird, verwendet. Wenn es keinen globaleren Typ dieses Namens gibt, kommt es zu einem Syntaxfehler.

Wenn eine Komponente als Tabellentyp angelegt wird, darf dieser nicht generisch sein.

Die Anweisung INCLUDE definiert Komponenten des strukturierten Typs struc_type durch die Übernahme der Komponenten eines anderen strukturierten Typs bzw. einer bereits vorhandenen Struktur auf der gleichen Ebene.

Die Komponenten eines strukturierten Typs werden über den Namen struc_type und den Namen der Komponente getrennt durch den Strukturkomponenten-Selektor (-) angesprochen.

Beispiel
In diesem Beispiel werden zwei strukturierte Typen street_type und address_type definiert. address_type enthält strukturierte Typen als Komponenten. Die Definition von zipcode_type zeigt den Zugriff auf Unterstrukturen.

```
TYPES: BEGIN OF street_type,
         name TYPE c LENGTH 40,
         no   TYPE c LENGTH 4,
       END OF street_type.
TYPES: BEGIN OF address_type,
         name    TYPE c LENGTH 30,
         street  TYPE street_type,
         BEGIN OF city,
           zipcode TYPE n LENGTH 5,
           name    TYPE c LENGTH 40,
         END OF city,
       END OF address_type.
TYPES zipcode_type TYPE address_type-city-zipcode.
```

13.1.4.1 Statische Boxen

TYPES – BOXED

Syntax von BOXED
TYPES comp TYPE struc_type BOXED.

 Ab Release 7.02/7.2. Diese Anweisung definiert eine Unterstruktur comp einer Struktur als statische Box. Sie darf nur innerhalb der zugehörigen Strukturdefinition mit den Zusätzen BEGIN

OF und END OF der Anweisung TYPES und dort nur auf der höchsten Komponentenebene und nicht innerhalb von geschachtelten BEGIN OF ... END OF-Blöcken stehen.

Für struc_type muss ein strukturierter Datentyp angegeben werden. Dies kann ein programmlokaler strukturierter Typ, ein sichtbarer strukturierter Typ einer globalen Klasse oder eines globalen Interfaces oder eine Struktur aus dem ABAP Dictionary sein und darf selbst statische Boxen enthalten.

Eine statische Box ist eine so genannte Boxed Component. Dies sind Strukturen, die nicht in ihrem übergeordneten Kontext selbst gespeichert werden. Stattdessen ist an Stelle der Struktur eine interne Referenz abgelegt, die auf die tatsächliche Struktur verweist. Eine Boxed Component ist also immer eine tiefe Komponente ihres Kontexts. Derzeit können neben Unterstrukturen von strukturierten Datentypen auch strukturierte Attribute von Klassen als statische Boxen deklariert werden. Statische Boxen sind Boxed Components, deren Komponenten statisch bekannt sind und bei denen ein Initialwert-Sharing wirkt. Die Deklaration statischer Boxen führt für Strukturen, die zwar mehrfach vorkommen aber wenig verwendet werden, in der Regel zu geringeren Speicheranforderungen. Eine statische Box kann in zwei Zuständen vorliegen:

- **Initialwert-Sharing**
  Solange keine der im folgenden Punkt genannten Aktionen durchgeführt wurde, gilt für eine statische Box das Initialwert-Sharing. Die interne Referenz verweist auf einen typgerechten Initialwert der Struktur, der genau einmal pro Applikationsserver in dessen PXA abgelegt ist. Der Speicherbedarf im internen Modus wird nur durch die interne Referenz und deren Verwaltung bestimmt.

- **Aufgehobenes Initialwert-Sharing**
  Folgende Aktionen heben das Initialwert-Sharing einer statischen Box auf:
  - Schreibzugriff auf die statische Box oder eine ihrer Komponenten
  - Zuweisung der statischen Box oder einer ihrer Komponenten an ein Feldsymbol mit ASSIGN
  - Adressierung der statischen Box oder einer ihrer Komponenten über eine Datenreferenz
  - Verwendung einer statischen Box oder einer ihrer Komponenten als Aktualparameter bei Prozeduraufrufen

  Danach verweist die interne Referenz auf eine Instanz der Struktur im aktuellen internen Modus. Der Speicherbedarf ist wie bei einer normalen Struktur zuzüglich der Verwaltungskosten für die interne Referenz.

Durch das Initialwert-Sharing liegt der im internen Modus benötigte Speicher einer statischen Box zu Beginn der Programmausführung nicht fest. Anders als bei den echten dynamischen Datenobjekten ist die Länge einer statischen Box aber immer statisch bekannt. Mit einer statischen Box kann wie mit einer normalen Komponente des gleichen Typs gearbeitet werden. Nur beim Zugriff auf eine Struktur, die eine statische Box enthält, ist darauf zu achten, dass es sich um eine tiefe Komponente handelt.

Hinweise

- Boxed Components stellen ein Mittelding zwischen statischen und dynamischen Datenobjekten dar. Ihr Speicherverbrauch im internen Modus liegt beim Programmstart zwar nicht fest, sie können aber wie statische Datenobjekte fester Länge behandelt werden.

- Strukturen des ABAP Dictionary können ebenfalls Boxed Components enthalten. Datenbanktabellen des ABAP Dictionary können aber keine Boxed Components enthalten, da ihre Strukturen flach sein müssen.

- Statische Boxen können verwendet werden, um den Speicherbedarf mehrfach verwendeter Strukturen zu optimieren. Wenn beispielsweise die Zeilenstruktur einer internen Tabelle Unterstrukturen enthält, fällt der Speicherbedarf der Unterstruktur ohne die Verwendung von statischen Boxen für jede Tabellenzeile an, selbst wenn die Unterstruktur initial ist. Bei der Verwendung von statischen Boxen benötigen initiale Unterstrukturen keinen mehrfachen Speicher, so lange nur lesend auf sie zugegriffen wird.

- Neben der Optimierung des Speicherbedarfs haben statische Boxen in der Regel auch einen positiven Einfluss auf die Laufzeit-Performance, da bei Zuweisungen zwischen Komponenten, bei denen das Initialwert-Sharing aktiv ist, keine Daten außer der internen Referenz kopiert werden müssen.

- Die Anweisungen CLEAR und FREE wirken auf eine statische Box, die sich im Zustand des Initialwert-Sharings befindet, nicht als schreibende Anweisung und der Zustand bleibt erhalten. Auf der anderen Seite geben diese Anweisungen nach der Aufhebung des Initialwert-Sharings derzeit auch keinen Speicher frei, sondern versorgen die lokale Instanz der statischen Box mit typgerechten Initialwerten.

- Wenn der Zeilentyp einer internen Tabelle eine statische Box enthält, findet kein Tabellen-Sharing statt.

- Der Zusatz BOXED definiert die statische Box in Bezug auf ihren Kontext (Struktur oder Klasse). Ein Datentyp, der durch einen direkten TYPE- oder LIKE-Bezug auf eine statische Box deklariert wird, übernimmt deren Datentyp, ist aber keine statische Box.

- Wenn eine geschachtelte Struktur aufgebaut werden soll, deren statische Boxen selbst schon statische Boxen enthalten, ist dies nur möglich, wenn jede betroffene Unterstruktur als eigenständiger Typ vorhanden ist. Die Angabe von BOXED für Unterstrukturen, die durch Schachtelung von TYPES BEGIN OF ... TYPES END OF entstehen, ist nicht möglich.

Beispiel

Der folgende Abschnitt zeigt die erlaubte Verwendung des Zusatzes BOXED mit der Anweisung TYPES. In einem strukturiertem Typ t_struc2 wird eine Unterstruktur t_struc2-comp2 vom Typ t_struc1 als statische Box deklariert.

```
TYPES: BEGIN OF t_struc1,
       comp1 TYPE c LENGTH 100,
       comp2 TYPE n LENGTH 100,
     END OF t_struc1.
TYPES: BEGIN OF t_struc2,
       comp1 TYPE string,
       comp2 TYPE t_struc1 BOXED,
     END OF t_struc2.
```

13.1.4.2 Strukturkomponenten einbinden

INCLUDE – TYPE, STRUCTURE

Syntax von INCLUDE TYPE|STRUCTURE
```
INCLUDE { {TYPE struc_type} | {STRUCTURE struc} }
    [AS name [RENAMING WITH SUFFIX suffix]].
```

Diese Anweisung darf nur innerhalb einer Strukturdefinition mit den Zusätzen BEGIN OF und END OF der Anweisungen TYPES, DATA, CLASS-DATA und STATICS aufgeführt werden. Sie übernimmt sämtliche Komponenten des strukturierten Typs struc_type bzw. der Struktur struc an der gegebenen Stelle in die aktuelle Strukturdefinition. Die INCLUDE-Anweisung erzeugt keine Unterstruktur, d. h., die Komponenten werden so eingefügt, als würden sie anstelle der Anweisung INCLUDE einzeln aufgeführt.

struc_type kann ein programmlokaler strukturierter Typ, ein sichtbarer strukturierter Typ einer globalen Klasse oder eines globalen Interfaces oder eine Struktur aus dem ABAP Dictionary sein. struc muss eine Struktur des gleichen Programms oder ein sichtbares Attribut einer globalen Klasse oder eines globalen Interfaces sein.

Durch die Angabe eines Namens name hinter dem Zusatz AS können entweder alle Komponenten der eingebundenen Struktur struc_type bzw. struc gemeinsam über den Namen name adressiert werden oder einzelne Komponenten mithilfe des Strukturkomponenten-Selektors (-). Ein mit AS name angegebener Name name dient nur einer zusätzlichen Adressierungsmöglichkeit und wird in Anweisungen wie MOVE-CORRESPONDING oder SELECT INTO CORRESPONDING nicht berücksichtigt. Eine mit RENAMING WITH SUFFIX umbenannte Komponente hat dagegen wirklich diesen Namen und wird entsprechend berücksichtigt.

Mit dem Zusatz RENAMING WITH SUFFIX wird jede einzelne Komponente durch das Anhängen der Endung suffix umbenannt, wodurch Namenskonflikte zwischen gleichnamigen Komponenten verhindert werden können. suffix muss direkt angegeben werden. Die Verwendung des Zusatzes RENAMING WITH SUFFIX erlaubt es insbesondere, eine einzige Struktur mehrmals einzubinden.

Hinweise
- Anstelle der Anweisung INCLUDE sollten in der Regel echte Unterstrukturen gebildet werden. Zumindest sollte aber der Zusatz RENAMING WITH SUFFIX zur Vermeidung von Namenskonflikten verwendet werden. Diese Empfehlung gilt analog auch für das Einbinden von Strukturen im ABAP Dictionary, wo insbesondere die Strukturen von Datenbanktabellen keine echten Unterstrukturen enthalten können.
- Außerhalb von ABAP Objects können für struc beim Zusatz STRUCTURE auch noch flache Strukturen, Datenbanktabellen oder Views des ABAP Dictionarys angegeben werden.
- In mit CONSTANTS deklarierten konstanten Strukturen können mit INCLUDE keine Komponenten eingebunden werden, da diesen keine Startwerte zugewiesen werden könnten.
- Bezüglich ihrer Ausrichtung verhalten sich mit INCLUDE eingebundene Strukturen wie Unterstrukturen, d. h., es können Ausrichtungslücken vor der ersten bzw. hinter der letzten Komponente auftreten, die nicht auftreten, wenn die Komponenten direkt deklariert werden.

- Bei Übernahme einer statischen Box aus einer Struktur in eine andere Struktur wird sie in ihrer Eigenschaft als Boxed Component übernommen (ab Release 7.02/7.2).

Beispiel

In diesem Beispiel wird die Struktur `week` durch wiederholte Übernahme der Komponenten des strukturierten Typs `t_day` definiert. Die Komponenten von `week` liegen alle auf einer Ebene und lassen sich wie folgt ansprechen: `week-work_mon`, `week-free_mon`, `week-work_tue` usw. Alternativ ist aber auch folgende Adressierung möglich: `week-monday-work`, `week-monday-free`, `week-tuesday-work` usw.

```
TYPES: BEGIN OF t_day,
         work TYPE c LENGTH 8,
         free TYPE c LENGTH 16,
       END OF t_day.
DATA BEGIN OF week.
  INCLUDE TYPE t_day AS monday    RENAMING WITH SUFFIX _mon.
  INCLUDE TYPE t_day AS tuesday   RENAMING WITH SUFFIX _tue.
  INCLUDE TYPE t_day AS wednesday RENAMING WITH SUFFIX _wed.
  ...
DATA END OF week.
```

13.1.5 Tabellentypen definieren

TYPES – TABLE OF

Syntax

```
TYPES dtype { {TYPE tabkind OF [REF TO] type}
            | {LIKE tabkind OF dobj} }
            [tabkeys]
            [INITIAL SIZE n].
```

Diese Anweisung definiert einen Tabellentyp `dtype` mit einem bestimmten Zeilentyp, einer Tabellenart `tabkind` und mit den Tabellenschlüsseln `tabkeys`.

Die Angabe eines Datentyps `type` hinter `TYPE` bzw. eines Datenobjekts `dobj` hinter `LIKE` bestimmt den Zeilentyp:

- `type` kann ein nicht-generischer Datentyp aus dem ABAP Dictionary, ein nicht-generischer öffentlicher Datentyp einer globalen Klasse, ein nicht-generischer programmlokaler Datentyp oder ein beliebiger ABAP-Typ aus Tabelle 11.1 sein. Die generischen ABAP-Typen `c`, `n`, `p` und `x` werden implizit auf die Standardlänge ohne Nachkommastellen aus Tabelle 11.1 ergänzt.

  Wenn vor `type` oder `dobj` der Zusatz `REF TO` angegeben ist, ist der Zeilentyp ein Referenztyp. Für `type` und `dobj` können dann die in Abschnitt 13.1.3 angegebenen Angaben gemacht werden.

- `dobj` kann ein an dieser Stelle sichtbares Datenobjekt sein, dessen Typ für den Zeilentyp übernommen wird. Innerhalb einer Prozedur kann für `dobj` kein generisch typisierter Formalparameter angegeben werden.

Der optionale Zusatz `INITIAL SIZE` hat zwei Bedeutungen:

- **Hinweis für die interne Speicherverwaltung interner Tabellen**
  Interne Tabellen sind blockweise im Speicher abgelegt. Hinter dem Zusatz `INITIAL SIZE` kann eine Anzahl von Zeilen n als Zahlenliteral oder numerische Konstante angegeben werden, um dem System einen Hinweis auf die Größe des ersten Blocks im Speicher zu geben, den das System für eine interne Tabelle des Tabellentyps reserviert. Standardmäßig und wenn für n der Wert 0 angegeben ist, allokiert das System automatisch einen geeigneten initialen Speicherbereich.

  Wenn der initiale Speicherbereich nicht mehr ausreicht, werden weitere Blöcke nach einer internen Verdoppelungsstrategie angelegt, bis eine maximale Größe erreicht wird. Danach werden alle Blöcke mit einer konstanten Größe zwischen 8 und 16 KB angelegt.

  Wenn der Wert von n zu großen initialen Blockgrößen führen würde, wird die Größe des initialen Speicherbereichs ebenfalls vom System festgelegt.

- **Größe von Ranglisten**
  Wenn mit dem Zusatz `SORTED BY` der Anweisung `APPEND` eine Rangliste in der internen Tabelle erstellt werden soll, muss hinter `INITIAL SIZE` ein Wert größer 0 angegeben werden, der die Größe der Rangliste festlegt.

Hinweise

- Die Angabe des initialen Speicherbedarfs ist nur dann empfehlenswert, wenn die Anzahl der Einträge in der Tabelle von vornherein feststeht und der initiale Hauptspeicherbedarf möglichst passend dimensioniert werden soll. Dies kann insbesondere für interne Tabellen wichtig sein, die selbst Komponenten von Tabellentypen sind und nur wenige Zeilen enthalten.

- Anstelle von `APPEND SORTED BY` sollte die Anweisung `SORT` verwendet werden, sodass der Zusatz `INITIAL SIZE` hierfür in der Regel auch nicht mehr notwendig ist.

Beispiel
Definition eines nicht-generischen sortierten Tabellentyps. Der Zeilentyp entspricht der Struktur der Datenbanktabelle SPFLI. Für den primären Tabellenschlüssel werden zwei Schlüsselfelder definiert.

```
TYPES spfli_sort TYPE SORTED TABLE OF spfli
    WITH UNIQUE KEY carrid connid.
```

13.1.5.1 Tabellenart

`TYPES – tabkind`

Syntax von tabkind

```
... { {[STANDARD] TABLE}
    | {SORTED TABLE}
    | {HASHED TABLE}
    | {ANY TABLE}
    | {INDEX TABLE} }
```

Definition der Tabellenart einer internen Tabelle.

Es können die nicht-generischen Tabellenarten Standardtabellen (STANDARD TABLE), sortierte Tabellen (SORTED TABLE) und Hash-Tabellen (HASHED TABLE) sowie die generischen Tabellenarten ANY TABLE oder INDEX TABLE angegeben werden. Der Zusatz STANDARD für Standardtabellen ist optional.

Die nicht-generischen Tabellenarten legen für eine interne Tabelle die interne Verwaltung und die primäre Zugriffsart im ABAP-Programm fest:

- Standardtabellen werden systemintern über einen primären Tabellenindex verwaltet. Neue Zeilen werden entweder an die Tabelle angehängt oder an bestimmten Positionen eingefügt.
- Sortierte Tabellen werden wie Standardtabellen über einen primären Tabellenindex verwaltet. Ihre Einträge liegen in diesem Index immer nach dem primären Tabellenschlüssel sortiert vor. Die Sortierreihenfolge ist aufsteigend und entspricht dem Ergebnis der Anweisung SORT ohne Angabe von Zusätzen.
- Hash-Tabellen werden durch einen Hash-Algorithmus verwaltet. Es gibt keinen primären Tabellenindex. Ihre Einträge liegen ungeordnet im Speicher. Die Position einer Zeile wird aus einer Schlüsselangabe über eine Hash-Funktion berechnet.

Die generischen Tabellenarten definieren einen generischen Tabellentyp, der nur für Typisierungen von Formalparametern oder Feldsymbolen verwendet werden kann:

- ANY TABLE umfasst alle Tabellenarten.
- INDEX TABLE umfasst Standardtabellen und sortierte Tabellen.

Hinweise

- Bei den nicht-generischen Tabellenarten hängt es von der Definition des Tabellenschlüssels key ab, ob der definierte Tabellentyp generisch ist oder nicht.
- Die oben aufgeführten Zusätze der Anweisung TYPES sind Sprachelementzusätze zur Definition von Tabellenarten. Sie dürfen nicht mit den gleichlautenden generischen ABAP-Typen verwechselt werden.

13.1.5.2 Tabellenschlüssel

```
TYPES - tabkeys
```

Syntax von tabkeys
```
... [ WITH key ]
    [ WITH secondary_key1 ] [ WITH secondary_key2 ] ...
      [ {WITH|WITHOUT} FURTHER SECONDARY KEYS ]
```

Definition der Tabellenschlüssel eines Tabellentyps. Es können definiert werden:

- ein primärer Tabellenschlüssel mit key
- bis zu 15 sekundäre Tabellenschlüssel mit secondary_key1, secondary_key2, ... (ab Release 7.02/7.2)

Die Reihenfolge, in der die Komponenten eines Tabellenschlüssels definiert werden, ist für den Tabellentyp signifikant. Die Zusätze WITH|WITHOUT FURTHER SECONDARY KEYS steuern die Generizität bezüglich des sekundären Tabellenschlüssels (ab Release 7.02/7.2).

Ein interner Tabellentyp mit keiner oder unvollständiger Angabe der Tabellenschlüssel ist generisch bezüglich der Tabellenschlüssel. Ein solcher Tabellentyp kann nur für Typisierungen von Formalparametern oder Feldsymbolen verwendet werden. Nur bei DATA kann hinter TYPE ein Standardtabellentyp mit generischem primären Tabellenschlüssel angegeben werden, wodurch dann ein gebundener Tabellentyp mit Standardschlüssel erzeugt wird.

Primärschlüssel

Die Generizität eines Tabellentyps bezüglich des Primärschlüssels bestimmt sich wie folgt:

- Ein Tabellentyp ist vollständig generisch bezüglich des Primärschlüssels, wenn keine Angabe WITH *key* gemacht wird.
- Ein Tabellentyp ist teilweise generisch bezüglich des Primärschlüssels, wenn in *key* die Angabe zur Eindeutigkeit des Schlüssels fehlt.
- Ein Tabellentyp ist nicht generisch bezüglich des Primärschlüssels, wenn in *key* eine Schlüsselangabe mit Angabe der Eindeutigkeit gemacht wird.

Die nicht-generischen Tabellenarten unterscheiden sich dabei wie folgt:

- Wenn bei Standardtabellen kein Primärschlüssel angegeben ist, ist dieser in Bezug auf die Schlüsselfelder generisch und die Eindeutigkeit implizit auf nicht-eindeutig festgelegt.
- Wenn bei sortierten Tabellen kein Primärschlüssel angegeben ist, ist dieser in Bezug auf die Schlüsselfelder und die Eindeutigkeit generisch.
- Wenn bei Hash-Tabellen kein Primärschlüssel angegeben ist, ist dieser in Bezug auf die Schlüsselfelder und die Eindeutigkeit generisch, wobei zu beachten ist, dass konkrete Hash-Tabellen aber nur einen eindeutigen Schlüssel haben können.

Sekundärschlüssel

Die Generizität eines Tabellentyps bezüglich der Sekundärschlüssel (ab Release 7.02/7.2) hängt standardmäßig von der des Primärschlüssels ab und kann mit den Zusätzen WITH|WITHOUT FURTHER SECONDARY KEYS übersteuert werden.

Wenn der Primärschlüssel vollständig oder teilweise generisch ist, ist der Tabellentyp standardmäßig generisch bezüglich der Sekundärschlüssel. Das Standardverhalten kann mit dem Zusatz WITH FURTHER SECONDARY KEYS ausgedrückt werden. Wenn dagegen der Zusatz WITHOUT FURTHER SECONDARY KEYS angegeben ist, ist der Tabellentyp zwar generisch bezüglich des Primärschlüssels, aber nicht generisch gegenüber den Sekundärschlüsseln.

Wenn der Primärschlüssel nicht generisch ist, ist der Tabellentyp standardmäßig auch nicht generisch bezüglich der Sekundärschlüssel. Das Standardverhalten kann mit dem Zusatz WITHOUT FURTHER SECONDARY KEYS ausgedrückt werden. Wenn dagegen der Zusatz WITH FURTHER SECONDARY KEYS angegeben ist, ist der Tabellentyp zwar nicht generisch bezüglich des Primärschlüssels, aber generisch gegenüber den Sekundärschlüsseln.

7.2 Der Zusatz `WITH FURTHER SECONDARY KEYS` legt explizit fest, dass der Tabellentyp generisch bezüglich der Sekundärschlüssel ist (ab Release 7.02/7.2). Das heißt, er umfasst Tabellentypen, die zusätzlich zu den optional mit `WITH secondary_key` ... angegebenen Sekundärschlüsseln weitere Sekundärschlüssel haben können. Der Zusatz `WITH FURTHER SECONDARY KEYS` kann nicht angegeben werden, wenn bereits 15 Sekundärschlüssel definiert sind.

7.2 Der Zusatz `WITHOUT FURTHER SECONDARY KEYS` legt explizit fest, dass der Tabellentyp nicht generisch bezüglich des Sekundärschlüssels ist (ab Release 7.02/7.2). Das heißt, er umfasst nur Tabellentypen, die genau die mit `WITH secondary_key` ... angegebenen Sekundärschlüssel haben.

Primärer Tabellenschlüssel

```
TYPES – key
```

Syntax von key
```
... [UNIQUE | NON-UNIQUE]
    { {KEY [primary_key [ALIAS key_name] COMPONENTS] comp1 comp2 ...}
    | {DEFAULT KEY} }
```

Definition des primären Tabellenschlüssels eines Tabellentyps.

7.2 Der Primärschlüssel hat analog zu Sekundärschlüsseln einen Namen, über den er angesprochen werden kann (ab Release 7.02/7.2). Dieser Name ist nicht frei wählbar, sondern als "primary_key" vorgegeben. Er muss bei der Definition der Tabelle nicht explizit angegeben werden, sondern wird implizit immer gesetzt.

Wenn die Schlüsselfelder über die Angabe von Komponenten definiert werden, kann ab Release 7.02/7.2 der Name des Primärschlüssels optional explizit in der Anweisung `TYPES` angegeben werden, wobei für `primary_key` der vorgegebene Name "primary_key" angegeben werden muss. Darüber hinaus muss dann der Zusatz `COMPONENTS` vor der Komponentenangabe angegeben werden.

7.2 Bei sortierten Tabellen und bei Hash-Tabellen kann ab Release 7.02/7.2 hinter `ALIAS` ein Aliasname `key_name` für den Primärschlüssel definiert werden, wenn dieser nicht generisch ist. Der Aliasname liegt im Namensraum der Sekundärschlüssel, muss den Namenskonventionen folgen und eindeutig sein. Er erlaubt es, den Primärschlüssel wie einen Sekundärschlüssel über einen selbst definierten Namen anzusprechen. Für die Definition des Aliasnamens ist es syntaktisch notwendig, auch den Namen `primary_key` explizit anzugeben.

Die Schlüsselfelder des Primärschlüssels können auf folgende Arten definiert werden, wobei die Reihenfolge signifikant ist:

- Aufzählung einzelner Komponenten `comp1 comp2` ... des Zeilentyps hinter `KEY`. Voraussetzung ist, dass der Zeilentyp strukturiert ist und dass die Komponenten weder Tabellentypen sind noch Tabellentypen als Komponenten enthalten.

- Falls die gesamte Tabellenzeile als Schlüssel definiert werden soll, kann als einzige Komponente `comp` die Pseudokomponente `table_line` hinter `KEY` angegeben werden. Dies ist für alle Zeilentypen möglich, die keine Tabellentypen sind oder als Komponenten enthalten.

Bei strukturierten Zeilentypen wirkt `table_line` wie die Aufzählung jeder einzelnen Komponente. Bei elementaren Zeilentypen ist `table_line` die einzige angebbare Komponente.

- Angabe des Standardschlüssels `DEFAULT KEY`. Die Standardschlüsselfelder eines strukturierten Zeilentyps sind alle Felder mit zeichenartigem oder byteartigem Datentyp. Der Standardschlüssel bei nicht-strukturiertem Zeilentyp ist die gesamte Tabellenzeile, falls der Zeilentyp selbst kein Tabellentyp ist. Falls es keine entsprechende Komponente gibt bzw. der Zeilentyp selbst ein Tabellentyp ist, bleibt der Standardschlüssel leer, was aber nur bei Standardtabellen möglich ist.

Die Schlüsselfelder des primären Tabellenschlüssels sind in allen Operationen, die den Inhalt einzelner Zeilen einer sortierten Tabelle oder einer Hash-Tabelle ändern, prinzipiell schreibgeschützt.

Die Angaben `UNIQUE` bzw. `NON-UNIQUE` legen die Eindeutigkeit des primären Tabellenschlüssels fest. Bei einem mit `UNIQUE` spezifizierten primären Tabellenschlüssel kann eine Zeile mit einem bestimmten Inhalt der Schlüsselfelder nur einmal in einer internen Tabelle dieses Typs vorkommen. Bei Standardtabellen kann nur `NON-UNIQUE`, bei Hash-Tabellen muss `UNIQUE`, bei sortierten Tabellen kann beides angegeben werden.

Die Angabe der Eindeutigkeit kann weggelassen werden, wodurch der Tabellentyp bezüglich der Angabe des Primärschlüssels teilweise generisch wird und nur für Typisierungen von Formalparametern oder Feldsymbolen verwendet werden kann. Die einzelnen Tabellenarten unterscheiden sich dabei wie folgt:

- Bei Typen für Standardtabellen wird implizit der Zusatz `NON-UNIQUE` ergänzt. Eine Standardtabelle ist bezüglich der Eindeutigkeit nie generisch.
- Typen für sortierte Tabellen können in Bezug auf die Eindeutigkeit vollständig generisch sein.
- Typen für Hash-Tabellen können in Bezug auf die Eindeutigkeit zwar vollständig generisch sein, eine konkrete Hash-Tabelle hat aber immer einen eindeutigen Primärschlüssel.
- Bei den generischen Tabellenarten `ANY TABLE` oder `INDEX TABLE` kann keine Angabe für die Eindeutigkeit gemacht werden.

Hinweise

- Die Deklaration des primären Tabellenschlüssels als Standardschlüssel kann aus verschiedenen Gründen kritisch sein. Stattdessen sollten die Schlüsselfelder explizit angegeben werden.
- Bei der expliziten Angabe von Schlüsselfeldern können insbesondere auch strukturierte Komponenten angegeben werden, solange sie den sonstigen Voraussetzungen genügen. Bei der Auswertung eines strukturierten Schlüsselfeldes gelten die Regeln für Strukturvergleiche.
- Die explizite Angabe des Namens `primary_key` ermöglicht es zwar nicht, den vorgegebenen Namen "primary_key" zu ändern, ermöglicht aber die zusätzliche Angabe eines Aliasnamens über den Zusatz `ALIAS` (ab Release 7.02/7.2).

Beispiele

Definition eines Primärschlüssels ohne explizite Namensangabe. Die Anweisung hat die gleiche Bedeutung wie im folgenden Beispiel.

```
TYPES sbook_tab
    TYPE SORTED TABLE
    OF sbook
    WITH UNIQUE KEY carrid connid fldate bookid.
```

Definition eines Primärschlüssels mit expliziter Namensangabe. Die Anweisung hat die gleiche Bedeutung wie im vorangegangenen Beispiel.

```
TYPES sbook_tab
    TYPE SORTED TABLE
    OF sbook
    WITH UNIQUE KEY primary_key
        COMPONENTS carrid connid fldate bookid.
```

Sekundärer Tabellenschlüssel

`TYPES – secondary_key`

Syntax von secondary_key

```
... {UNIQUE HASHED}|{UNIQUE SORTED}|{NON-UNIQUE SORTED}
    KEY key_name COMPONENTS comp1 comp2
```

Ab Release 7.02/7.2. Definition eines sekundären Tabellenschlüssels eines internen Tabellentyps. Eine interne Tabelle kann bis zu 15 Sekundärschlüssel haben.[2]

Es gibt drei Arten von Sekundärschlüsseln, die durch die Art des Zugriffs und ihre Eindeutigkeit unterschieden werden:

- Über `UNIQUE HASHED` definierte eindeutige sekundäre Hash-Schlüssel, bei denen die Verknüpfung mit Tabellenzeilen über einen Hash-Algorithmus erfolgt.
- Über `UNIQUE SORTED` definierte eindeutige sekundäre sortierte Schlüssel, bei denen die Verknüpfung mit Tabellenzeilen über einen sekundären Tabellenindex erfolgt, in dem die Schlüsselfelder aufsteigend sortiert sind.
- Über `NON-UNIQUE SORTED` definierte nicht-eindeutige sekundäre sortierte Schlüssel, bei denen die Verknüpfung mit Tabellenzeilen über einen sekundären Tabellenindex erfolgt, in dem die Schlüsselfelder aufsteigend sortiert sind.

Jeder Sekundärschlüssel hat einen eindeutigen Namen, über den er angesprochen werden kann. Der Name muss als `key_name` direkt angegeben werden und den Namenskonventionen folgen. Der angegebene Name darf nicht einer der vordefinierten Namen `primary_key` oder `loop_key` sein. Darüber hinaus müssen die Namen von Sekundärschlüsseln und ein eventueller Aliasname des Primärschlüssels eindeutig sein.

---

[2] Sekundärschlüssel können mit gleicher Bedeutung auch bei internen Tabellentypen im ABAP Dictionary angelegt werden.

Die Schlüsselfelder des Sekundärschlüssels können auf folgende Arten definiert werden, wobei die Reihenfolge signifikant ist:

- Aufzählung einzelner Komponenten `comp1 comp2 ...` des Zeilentyps hinter `KEY`. Voraussetzung ist, dass der Zeilentyp strukturiert ist und dass die Komponenten weder Tabellentypen sind noch Tabellentypen als Komponenten enthalten.
- Falls die gesamte Tabellenzeile als Schlüssel definiert werden soll, kann als einzige Komponente `comp` die Pseudokomponente `table_line` hinter `KEY` angegeben werden. Dies ist für beliebige Zeilentypen möglich, die keine Tabellentypen sind oder als Komponenten enthalten.

Die Schlüsselfelder eines sekundären Tabellenschlüssels sind in einer Operation, die den Inhalt einzelner Zeilen einer internen Tabelle ändert, nur dann schreibgeschützt, wenn der Sekundärschlüssel während der Operation verwendet wird.

Hinweise

- Ein Sekundärschlüssel kann ab Release 7.02/7.2 beim Zugriff auf interne Tabellen mit den Anweisungen `READ TABLE itab`, `LOOP AT itab`, `MODIFY itab` und `DELETE itab` verwendet werden, um die zu verarbeitenden Zeilen oder die Verarbeitungsreihenfolge zu bestimmen. Hierzu müssen die Zusätze `WITH [TABLE] KEY ... COMPONENTS` oder `USING KEY` angegeben werden. Ein Sekundärschlüssel wird nie implizit verwendet.
- Ein Sekundärschlüssel ist nie generisch. Bei der Definition müssen alle Schlüsselfelder und die Eindeutigkeit vollständig spezifiziert werden. Ein interner Tabellentyp kann aber bezüglich der Anzahl seiner Sekundärschlüssel generisch sein.
- Wenn verschiedene Tabellenschlüssel einer internen Tabelle die gleichen Komponenten enthalten, kommt es zu einer Warnung der Syntaxprüfung.
- Als Schlüsselfelder können insbesondere auch strukturierte Komponenten angegeben werden, solange sie den sonstigen Voraussetzungen genügen. Bei der Auswertung eines strukturierten Schlüsselfeldes gelten die Regeln für Strukturvergleiche.
- Die Namen von Sekundärschlüsseln sind, abgesehen von obigen Einschränkungen, zwar frei wählbar, es sollte aber darauf geachtet werden, keine Komponentennamen der internen Tabelle zu verwenden. Der Name `loop_key` ist für die explizite Angabe des verwendeten Schlüssels bei der Schleifenverarbeitung mit `LOOP` vorgesehen.

Beispiel

Definition eines Tabellentyps mit einem Primärschlüssel und zwei Sekundärschlüsseln `hash_key` und `sort_key`. Bei einer Standardtabelle muss der Primärschlüssel nicht-eindeutig sein. Der Sekundärschlüssel `hash_key` hat die gleichen Komponenten wie der Primärschlüssel und muss als Hash-Schlüssel eindeutig sein. Der sortierte Schlüssel `sort_key` könnte auch eindeutig definiert werden, was im gezeigten Beispiel aber nicht sinnvoll ist, da eine Kundenkennung mehrfach in der Buchungstabelle enthalten sein kann.

```
TYPES sbook_tab
    TYPE STANDARD TABLE
    OF sbook
    WITH NON-UNIQUE KEY primary_key
        COMPONENTS carrid connid fldate bookid
```

```
            WITH UNIQUE HASHED KEY hash_key
                COMPONENTS carrid connid fldate bookid
            WITH NON-UNIQUE SORTED KEY sort_key
                COMPONENTS customid.
```

Beispiel

Das ab Release 7.02/7.2 vorhandene Programm DEMO_SECONDARY_KEYS demonstriert die Deklaration und Verwendung eines sekundären Tabellenschlüssels und den daraus resultierenden Performancegewinn.

13.1.6 Ranges-Tabellentypen definieren

`TYPES - RANGE OF`

Syntax
```
TYPES dtype {TYPE RANGE OF type}|{LIKE RANGE OF dobj}
       [INITIAL SIZE n].
```

Ableitung eines Tabellentyps für eine Ranges-Tabelle. Eine Ranges-Tabelle ist eine Standardtabelle mit einem Standardschlüssel und einem speziell strukturierten Zeilentyp, dessen interne Definition wie folgt in ABAP-Syntax darstellbar ist:

```
TYPES: BEGIN OF linetype,
         sign   TYPE c LENGTH 1,
         option TYPE c LENGTH 2,
         low    {TYPE type}|{LIKE dobj},
         high   {TYPE type}|{LIKE dobj},
       END OF linetype.
```

Die Zusätze `TYPE` bzw. `LIKE` bestimmen den Datentyp der Komponenten `low` und `high`:

- `type` kann ein nicht-generischer Datentyp aus dem ABAP Dictionary, ein nicht-generischer öffentlicher Datentyp einer globalen Klasse, ein nicht-generischer programmlokaler Datentyp oder ein beliebiger ABAP-Typ aus Tabelle 11.1 sein. Die generischen ABAP-Typen c, n, p, und x werden implizit auf die Standardlänge ohne Nachkommastellen aus Tabelle 11.1 ergänzt.

- `dobj` kann ein an dieser Stelle sichtbares Datenobjekt sein, dessen Typ für die beiden Komponenten übernommen wird. Innerhalb einer Prozedur kann für `dobj` kein generisch typisierter Formalparameter angegeben werden.

Der Zusatz `INITIAL SIZE` ist gleichbedeutend mit der Definition normaler interner Tabellentypen.

Hinweise

- Eine Ranges-Tabelle hat den gleichen Aufbau wie eine Selektionstabelle und kann für Wertübergaben an die Selektionsbilder eines über `SUBMIT` aufgerufenen ausführbaren Programms, in einem logischen Ausdruck mit dem Prädikat `IN` oder in einem ebensolchen Ausdruck in einer `WHERE`-Bedingung in Open SQL verwendet werden.

- Die Spalten `sign` und `option` einer mit `RANGE OF` deklarierten Ranges-Tabelle haben keinen Bezug auf Datentypen im ABAP Dictionary. Bei einer im ABAP Dictionary definierten Ranges-Tabelle beziehen sich diese Spalten auf die Datenelemente DDSIGN und DDOPTION.

13.1.7 LOB-Handle-Strukturen definieren

```
TYPES – LOB HANDLE
```

Syntax
```
TYPES dtype TYPE dbtab lob_handle_type FOR lob_handle_columns
                     [lob_handle_type FOR lob_handle_columns
                      ...                                      ].
```

Ab Release 7.02/7.2. Ableitung einer LOB-Handle-Struktur als Arbeitsbereich für den Umgang mit Streaming und Lokatoren in Open SQL. Für `dbtab` muss eine im ABAP Dictionary definierte Datenbanktabelle oder ein im ABAP Dictionary definierter View angegeben werden.

Mit Spaltenangaben `lob_handle_columns` werden LOBs aus `dbtab` bestimmt. Die Anweisung erzeugt eine tiefe Struktur, die für alle nicht durch die Spaltenangaben erfassten Spalten genauso wie bei einem normalen TYPE-Bezug auf `dbtab` aufgebaut ist. Für die durch die Spaltenangaben erfassten LOBs wird eine namensgleiche Komponente als LOB-Handle-Komponente angelegt. Der statische Typ der LOB-Handle-Komponenten ist eine Klasse oder ein Interface, das durch die Typangabe `lob_handle_type` bestimmt wird, der die jeweilige Spaltenangabe zugeordnet ist.

Die Kombinationsmöglichkeiten der unter `lob_handle_columns` und `lob_handle_type` angegebenen Zusätze werden durch folgende Regeln bestimmt:

- Eine LOB-Handle-Struktur darf entweder nur für lesende oder nur für schreibende Open SQL-Anweisungen abgeleitet werden.
- Eine Struktur für lesende Zugriffe kann nur die Typangaben READER, LOCATOR und LOB HANDLE enthalten.
- Eine Struktur für schreibende Zugriffe kann nur die Typangaben WRITER und LOCATOR enthalten.
- Die Definition der LOB-Handle-Komponenten muss widerspruchsfrei sein, d. h., Spalten dürfen bespielsweise nicht unpassenden Typen zugeordnet werden, oder eine Spalte darf nicht mehreren Typen zugeordnet werden.
- Die Definition der LOB-Handle-Komponenten muss redundanzfrei sein. Jede Angabe von
  ```
  ... lob_handle_type FOR lob_handle_columns ...
  ```
  muss eine Menge von LOB-Handle-Komponenten erzeugen, die sich nicht mit der Menge von LOB-Handle-Komponenten einer anderen Angabe überschneidet.
- Die Definition der LOB-Handle-Komponenten muss mit einer minimalen Anzahl von Angaben erfolgen. Wenn eine Angabe die gleiche Menge von LOB-Handle-Komponenten erzeugen kann wie mehrere Angaben, muss die umfassendere Angabe verwendet werden.

Neben den unter `lob_handle_columns` und `lob_handle_type` aufgeführten Regeln ergeben sich daraus noch folgende allgemeine Einschränkungen:

- Es muss mindestens eine Spaltenangabe gemacht werden.
- Die Typangaben für die ersten drei Spaltenangaben bei LOB-Handle-Komponenten für Lesezugriffe bzw. für die ersten zwei Spalten bei LOB-Handle-Komponenten für Schreibzugriffe müssen unterschiedlich sein.

- Es kann jeweils nur eine einzige Spaltenangabe ALL ... COLUMNS geben, in der BLOB bzw. CLOB angegeben sind.
- Die Spaltenangaben ALL BLOB|CLOB COLUMNS umfassen alle BLOBs bzw. CLOBs. Bei ihrer Angabe darf nicht gleichzeitig ein einzelner BLOB bzw. CLOB in einer Spaltenangabe COLUMNS ... für den gleichen statischen Typ angegeben sein.
- Die Spaltenangabe ALL OTHER COLUMNS umfasst alle nicht einzeln angegebenen Spalten. Bei ihrer Angabe dürfen nicht gleichzeitig ALL OTHER BLOB COLUMNS oder ALL OTHER CLOB COLUMNS angegeben werden.
- Die Spaltenangabe ALL COLUMNS umfasst alle LOBs und kann deshalb nur allein angegeben werden.

Hinweise
- LOB-Handle-Strukturen können auch durch entsprechende Typisierung von Komponenten zwischen BEGIN OF und END OF definiert werden.
- LOB-Handle-Strukturen können auch im ABAP Dictionary abgeleitet werden. Hierfür steht in der Anzeige von Datenbanktabellen oder Views, die LOBs enthalten, eine entsprechende Funktion zur Verfügung.
- Wenn dbtab keine LOBs enthält, die zu den Spaltenangaben passen, werden keine LOB-Handle-Komponenten erzeugt, und die Anweisung erzeugt einen normalen Arbeitsbereich.
- Wenn dbtab später um LOBs erweitert wird, die zu Spaltenangaben ALL [OTHER] ... passen, werden für diese dann auch LOB-Handle-Komponenten erzeugt.

13.1.7.1 Typ der LOB-Handle-Komponenten

TYPES – lob_handle_type

Syntax von lob_handle_type

```
... { READER|LOCATOR|{LOB HANDLE} }
  | { WRITER|LOCATOR }
```

Ab Release 7.02/7.2. Diese Zusätze legen den statischen Typ der LOB-Handle-Komponenten beim Ableiten einer LOB-Handle-Struktur mit der Anweisung TYPES fest.

- Der Zusatz READER legt für BLOBs den statischen Typ CL_ABAP_DB_X_READER und für CLOBs den statischen Typ CL_ABAP_DB_C_READER fest.
- Der Zusatz WRITER legt für BLOBs den statischen Typ CL_ABAP_DB_X_WRITER und für CLOBs den statischen Typ CL_ABAP_DB_C_WRITER fest.
- Der Zusatz LOCATOR legt für BLOBs den statischen Typ CL_ABAP_DB_X_LOCATOR und für CLOBs den statischen Typ CL_ABAP_DB_C_LOCATOR fest.
- Der Zusatz LOB HANDLE legt für BLOBs den statischen Typ IF_ABAP_DB_BLOB_HANDLE und für CLOBs den statischen Typ IF_ABAP_DB_CLOB_HANDLE fest.

Die Zusätze READER und WRITER können nicht gemeinsam in einer Anweisung TYPES verwendet werden. Außerdem kann WRITER nicht gemeinsam mit LOB HANDLE verwendet werden.

13.1.7.2 Spalten für LOB-Handle-Komponenten auswählen

`TYPES – lob_handle_columns`

Syntax von lob_handle_columns

```
... { COLUMNS blob1 blob2 ... clob1 clob2 ... }
  | { ALL [OTHER] [BLOB|CLOB] COLUMNS }
```

Ab Release 7.02/7.2. Diese Zusätze legen fest, welche Spalten der Datenbanktabelle bzw. des Views `dbtab` beim Ableiten einer LOB-Handle-Struktur mit der Anweisung `TYPES` als LOB-Handle-Komponenten deklariert werden:

- `COLUMNS blob1 blob2 ... clob1 clob2 ...` gibt einzelne BLOBs `blob1`, `blob2`, ... oder CLOBs `clob1`, `clob2`, ... an. Diese müssen in `dbtab` als solche vorhanden sein.

- `ALL OTHER BLOB|CLOB COLUMNS` gibt alle BLOBs bzw. CLOBs von `dbtab` an, die nicht durch die Angabe einzelner Spalten erfasst werden. In der Anweisung `TYPES` muss mindestens eine einzelne Spalte `blob` bzw. `clob` mit `COLUMNS ...` angegeben sein.

- `ALL BLOB|CLOB COLUMNS` gibt alle BLOBs bzw. CLOBs von `dbtab` an.

- `ALL OTHER COLUMNS` gibt alle LOBs von `dbtab` an, die nicht durch die Angabe einzelner Spalten erfasst werden. In der Anweisung `TYPES` muss mindestens eine einzelne Spalte mit `COLUMNS ...` angegeben sein.

- `ALL COLUMNS` gibt alle LOBs von `dbtab` an.

Hinter einer Spaltenangabe `ALL OTHER ...` darf in der Anweisung `TYPES` keine andersartige Spaltenangabe folgen.

Beispiel

Die Datenbanktabelle DEMO_LOB_TABLE enthält neben einem Schlüsselfeld vom Typ INT4 drei Spalten CLOB1, CLOB2, CLOB3 vom Typ STRING und drei Spalten BLOB1, BLOB2, BLOB3 vom Typ RAWSTRING. Im strukturierten Typ `lob_handle_structure` werden alle LOB-Komponenten zu LOB-Handle-Komponenten. Der statische Typ der Komponenten vom Typ STRING wird durch die Angabe von WRITER FOR ALL CLOB COLUMNS zu CL_ABAP_DB_C_WRITER, und der für die Komponenten vom Typ RAWSTRING wird über die Angabe von LOCATOR FOR ALL BLOB COLUMNS zu CL_ABAP_DB_X_LOCATOR.

```
TYPES lob_handle_structure TYPE demo_lob_table
                LOCATOR FOR ALL BLOB COLUMNS
                WRITER  FOR ALL CLOB COLUMNS.
```

13.2 Datenobjekte deklarieren

Dieser Abschnitt behandelt die Deklarationsanweisungen `DATA`, `CONSTANTS`, `STATICS`, `NODES`, `TABLES` und die Spezialanweisung `INFOTYPES`. Diese Anweisungen deklarieren benannte Datenobjekte, die beim Laden des Programms implizit erzeugt werden. Die Anweisungen `PARAMETERS` und `SELECT-OPTIONS` zur Deklaration von Eingabefeldern auf Selektionsbildern gehören zwar auch zu diesen deklarativen Anweisungen, werden aber in den entsprechenden Abschnitten gesondert aufgeführt.

Neben den über die hier aufgeführten Deklarationsanweisungen deklarierten benannten und den mit `CREATE DATA` erzeugten unbenannten Datenobjekten können Datenobjekte als Literale im Quelltext eines Programms definiert werden. Darüber hinaus können in einem Programm die außerhalb des Programms definierten Textsymbole wie konstante Datenobjekte verwendet werden.

13.2.1 Literale

Neben den benannten Datenobjekten, die im ABAP-Programm unter ihrem Namen ansprechbar sind – dazu gehören auch die Textsymbole –, und den anonymen Datenobjekten, die mit der Anweisung `CREATE DATA` erzeugt werden, gibt es Literale, die im Quelltext eines Programms definiert und durch ihren Wert vollständig bestimmt sind. Mögliche Literale sind Zahlenliterale und Zeichenliterale. Bei den Zeichenliteralen sind Textfeldliterale und String-Literale zu unterscheiden.

13.2.1.1 Zahlenliterale

Zahlenliterale bestehen aus ununterbrochenen Folgen von Ziffern (0 bis 9), wobei diesen das Plus- (+) oder Minuszeichen (–) direkt vorangestellt werden kann. Zahlenliterale zwischen –2.147.483.648 und 2.147.483.647 haben den eingebauten ABAP-Typ `i`. Zahlenliterale außerhalb dieses Intervalls haben den eingebauten ABAP-Typ `p` mit einer Länge von 8 Byte, wenn sie nicht mehr als 15 Ziffern, und mit einer Länge von 16 Byte, wenn sie nicht mehr als 31 Ziffern haben. Zahlenliterale mit mehr als 31 Ziffern sind nicht möglich.

In Zahlenliteralen sind keine Dezimaltrennzeichen und keine wissenschaftliche Notation mit Mantisse und Exponent möglich. Um Zahlen mit Nachkommastellen oder in der wissenschaftlichen Notation als Literal darstellen zu können, müssen Zeichenliterale verwendet werden. Bei der Verwendung in Operandenpositionen, an denen ein numerischer Wert erwartet wird, werden sie in diesen konvertiert. Das Gleiche gilt für Zahlen mit mehr als 31 Ziffern.

13.2.1.2 Textfeldliterale

Textfeldliterale sind in einfache Hochkommata (') eingeschlossene Zeichenketten und haben den Datentyp `c` in der Länge der eingeschlossenen Zeichen, inklusive schließender Leerzeichen. Es gibt kein leeres Textfeldliteral: Das Textfeldliteral `''` ist gleichbedeutend mit dem Textfeldliteral `' '` der Länge 1.

Um ein Hochkomma in einem Textfeldliteral darzustellen, müssen zwei Hochkommata in Folge angegeben werden. Ein Textfeldliteral ist mindestens ein und maximal 255 Zeichen lang.

Mehrere Textfeldliterale können mit dem Zeichen & (Literaloperator) zu einem Textfeldliteral verknüpft werden, auch über mehrere Programmzeilen hinweg. Dabei werden schließende Leerzeichen berücksichtigt.

Wenn ein Textfeldliteral in einer Operandenposition angegeben ist, an der ein Textsymbol möglich ist, kann in runden Klammern die dreistellige Kennung `idf` eines Textsymbols angehängt werden:

```
... 'Literal'(idf) ...
```

Wenn das Textsymbol im aktuell geladenen Text-Pool vorhanden ist, wird anstelle des Literals der entsprechende Inhalt des Textsymbols verwendet, ansonsten das Literal.

13.2.1.3 String-Literale

String-Literale sind in einfache Backquotes (`` ` ``) eingeschlossene Zeichenketten und haben den Datentyp `string`. Das leere String-Literal `` `` `` repräsentiert einen String der Länge 0.

Um einen Backquote innerhalb eines String-Literals darzustellen, müssen zwei Backquotes in Folge angegeben werden. Ein String-Literal ist maximal 255 Zeichen lang. Ein leeres String-Literal ist gleichbedeutend mit einem leeren String der Länge 0.

Mehrere String-Literale können mit dem Zeichen & (Literaloperator) zu einem String-Literal verknüpft werden, auch über mehrere Programmzeilen hinweg. Dabei werden schließende Leerzeichen berücksichtigt.

Hinweise

- Ein einzelnes Literal darf nicht über mehrere Zeilen geschrieben werden, mehrere Zeichenliterale verschiedener Zeilen können aber über den Literaloperator & zu einem Literal zusammengefasst werden.
- Auch für Zeichenliterale, die mit dem Literaloperator & zusammengesetzt werden, gilt die Obergrenze von 255 Zeichen. Längere Zeichenketten können erst zur Laufzeit verkettet werden, beispielsweise mit dem Verkettungsoperator && (ab Release 7.02/7.2).
- Der Literaloperator & darf bei seiner Verwendung für Literale nicht mit dem Verkettungsoperator && verwechselt werden, der ab Release 7.02/7.2 in Zeichenkettenausdrücken zur Verkettung zeichenartiger Operatoren verwendet werden kann. Während eine Verknüpfung von Literalen mit dem Literaloperator einmalig beim Kompilieren eines Programms stattfindet, führt der Verkettungsoperator eine echte Operation zur Laufzeit durch und verkettet beliebige zeichenartige Operanden. Dabei werden die schließenden Leerzeichen von Operanden fester Länge, also insbesondere von Textfeldliteralen, nicht berücksichtigt.
- In Zeichenliteralen sollten keine Zeichen verwendet werden, die nicht in allen von SAP unterstützten Codepages zur Verfügung stehen. Im schlimmsten Fall kann ein Programm bei Verwendung einer anderen Codepage als derjenigen, in der es erstellt wurde, nicht mehr ausgeführt werden. Empfohlen wird die ausschließliche Verwendung von 7-Bit-ASCII-Zeichen.
- Bei der Verwendung von Literalen als Aktualparameter für typisierte Formalparameter gelten spezielle Regeln (siehe Abschnitt 16.2.3).

- Hochkommata können in String-Literalen und Backquotes in Textfeldliteralen direkt dargestellt werden.
- Am Ende von Textfeldliteralen sollten Leerzeichen vermieden werden, falls sie an der entsprechenden Operandenposition ignoriert werden. Dies gilt insbesondere auch für das Textfeldliteral ' '. Umgekehrt kann auch die Angabe des vermeintlich leeren Textfeldliterals ' ' an Stellen, an denen schließende Leerzeichen berücksichtigt werden, eine Falle sein.

Beispiel
Darstellung von Hochkommata und Backquotes in Literalen. Die ersten beiden und die letzten beiden Literale sind jeweils gleichbedeutend.

```
WRITE: / 'This is John''s bike',
       / `This is John's bike`,
       / 'This is a backquote: `',
       / `This is a backquote: ```.
```

13.2.2 Variablen deklarieren

`DATA`

Die Anweisung DATA deklariert eine Variable mit beliebigem Datentyp. Das deklarierte Datenobjekt ist innerhalb des aktuellen Kontextes ab dieser Stelle sichtbar. Innerhalb des Deklarationsteils einer Klasse oder eines Interfaces deklariert DATA ein Instanzattribut, dessen Gültigkeit an eine Instanz einer Klasse gebunden ist. Für den Namen des Datenobjekts gelten die Namenskonventionen für programminterne Objekte.

Die Anweisung hat verschiedene Syntaxformen, die die Definition elementarer Datentypen, Referenztypen, strukturierter Typen und Tabellentypen ermöglichen. Diese entsprechen mit Ausnahme zweier Zusätze (VALUE und READ-ONLY) den Syntaxformen der Anweisung TYPES. Dadurch kann bei der Deklaration eines Datenobjekts ein neuer Datentyp definiert werden. Der wesentliche Unterschied zur Anweisung TYPES ist, dass ein mit DATA definierter Datentyp, der nicht von einem vorhandenen Typ abgeleitet wird, nur als Eigenschaft des deklarierten Datenobjekts und nicht eigenständig vorhanden ist. Ein solcher Datentyp ist an sein Datenobjekt gebunden.

Für die Definition einer Struktur struc werden beliebige Datendeklarationen von zwei DATA-Anweisungen mit den Zusätzen BEGIN OF und END OF eingeschlossen, wodurch eine Struktur struc deklariert wird, die die eingeschlossenen Datenobjekte comp als Komponenten struc-comp enthält. Strukturdefinitionen sind schachtelbar.

Hinweis
Datenobjekte, die in einem Programm deklariert sind, auf die dort aber nicht statisch zugegriffen wird, führen zu einer Warnung der erweiterten Programmprüfung.

13.2.2.1 Datenobjekte eingebauter ABAP-Typen deklarieren

`DATA – TYPE abap_type`

Syntax
```
DATA { {var[(len)] TYPE abap_type [DECIMALS dec]}
     | {var [TYPE abap_type [LENGTH len] [DECIMALS dec]]} }
     [VALUE val|{IS INITIAL}]
     [READ-ONLY].
```

Durch die Angabe eines eingebauten Datentyps `abap_type` wird eine elementare Variable `var` definiert. Für `abap_type` können alle eingebauten Datentypen aus Tabelle 11.1 verwendet werden, außer den internen Typen `b` und `s`.

Syntax und Bedeutung von `LENGTH`, `len`, `DECIMALS` und `dec` sind vollständig gleichbedeutend mit der Definition elementarer Datentypen mit `TYPES` und müssen innerhalb der zugehörigen Intervallgrenzen angegeben werden. Sie dienen hier aber zur Erzeugung eines gebundenen Datentyps. Wenn bei den ABAP-Typen `c`, `n`, `p` und `x` die Angabe von `len` bzw. `dec` weggelassen wird, wird der gebundene Typ mit der Standardlänge aus der Tabelle der eingebauten ABAP-Typen und bei `p` ohne Nachkommastellen erzeugt.

Hinweis
Aus Gründen der Lesbarkeit wird empfohlen, keine Angaben wegzulassen und für die Längenangabe `len` immer den Zusatz `LENGTH` anstelle von Klammern zu verwenden.

Beispiel
Diese Anweisungen deklarieren drei Variablen und legen ihren Startwert fest.

```
DATA: text_buffer TYPE string VALUE `Text`,
      count TYPE i VALUE 1,
      price TYPE p LENGTH 8 DECIMALS 2 VALUE '1.99'.
```

13.2.2.2 Datenobjekte bereits vorhandener Typen deklarieren

`DATA – TYPE, LIKE`

Syntax
```
DATA var { {TYPE [LINE OF] type}
         | {LIKE [LINE OF] dobj} }
         [VALUE val|{IS INITIAL}]
         [READ-ONLY].
```

Bei der Angabe eines Datentyps `type` oder eines Datenobjekts `dobj` liegt der Datentyp der Variablen `var` bereits vor der Deklaration vollständig fest. Syntax und Bedeutung der Zusätze `TYPE` und `LIKE` sind vollständig gleichbedeutend mit der Definition von Datentypen mit `TYPES` – mit folgenden Ausnahmen:

▶ Bei `DATA` kann hinter `TYPE` ein Standardtabellentyp mit generischem primären Tabellenschlüssel angegeben werden. In diesem Fall wird ein gebundener Tabellentyp mit Standardschlüssel erzeugt.

- Bei `DATA` kann hinter `TYPE` ein Tabellentyp angegeben werden, der explizit durch den Zusatz `WITH FURTHER SECONDARY KEYS` generisch bezüglich seiner sekundären Tabellenschlüssel ist (ab Release 7.02/7.2). Diese Typeigenschaft ist für das deklarierte Datenobjekt nicht relevant.

- Wenn weder `TYPE` noch `LIKE` angegeben ist, wird ein Datenobjekt mit dem gebundenen Datentyp c der Länge 1 erzeugt.

Hinweis

Bei internen Tabellen kann die Deklaration des primären Tabellenschlüssels als Standardschlüssel aus verschiedenen Gründen kritisch sein. Stattdessen sollten die Schlüsselfelder explizit definiert werden. Deshalb sollten Sie bei obiger Anweisung darauf achten, dass Sie nicht aus Versehen eine Tabelle mit Standardschlüssel erzeugen, wenn ein generischer Standardtabellentyp verwendet wird.

Beispiel

Diese Anweisungen definieren zwei Datenobjekte, die beide den gleichen Datentyp wie die Datenbanktabelle spfli haben.

```
DATA: spfli_wa1 TYPE spfli,
      spfli_wa2 LIKE spfli_wa1.
```

13.2.2.3 Referenzvariablen deklarieren

```
DATA - REF TO
```

Syntax

```
DATA ref { {TYPE REF TO type}
        | {LIKE REF TO dobj} }
        [VALUE IS INITIAL]
        [READ-ONLY].
```

Durch den Zusatz `REF TO` wird eine Referenzvariable ref deklariert. Die Angabe hinter `REF TO` spezifiziert den statischen Typ der Referenzvariablen. Der statische Typ schränkt die Objektmenge ein, auf die ref zeigen kann. Der dynamische Typ einer Referenzvariablen ist der Datentyp bzw. die Klasse, auf die sie momentan zeigt. Der statische Typ ist immer allgemeiner oder gleich dem dynamischen Typ (siehe auch Konvertierungsregel für Referenzvariablen).

Syntax und Bedeutung der Zusätze `TYPE` und `LIKE` sind vollständig gleichbedeutend mit der Definition von Referenztypen in Abschnitt 13.1.3, dienen hier aber zur Erzeugung eines gebundenen Referenztyps.

Als Startwert kann hinter dem Zusatz `VALUE` nur `IS INITIAL` angegeben werden.

Beispiel

In diesem Beispiel werden eine Objektreferenzvariable oref und zwei Datenreferenzvariablen dref1 und dref2 deklariert. Beide Datenreferenzvariablen sind vollständig typisiert und können mit dem Dereferenzierungsoperator ->* an Operandenpositionen dereferenziert werden.

```
CLASS c1 DEFINITION.
  PUBLIC SECTION.
    DATA a1 TYPE i VALUE 1.
ENDCLASS.
DATA: oref  TYPE REF TO c1,
      dref1 LIKE REF TO oref,
      dref2 TYPE REF TO i.
CREATE OBJECT oref.
GET REFERENCE OF oref INTO dref1.
CREATE DATA dref2.
dref2->* = dref1->*->a1.
```

13.2.2.4 Strukturen deklarieren

DATA - BEGIN OF

Syntax
```
DATA BEGIN OF struc [READ-ONLY].
  ...
    INCLUDE TYPE|STRUCTURE ...
  ...
DATA END OF struc.
```

Deklaration einer neuen Struktur struc. Diese wird durch eine DATA-Anweisung mit dem Zusatz BEGIN OF eingeleitet und muss mit einer DATA-Anweisung mit dem Zusatz END OF beendet werden.

Innerhalb dieser beiden DATA-Anweisungen können folgende Anweisungen stehen:

- beliebige DATA-Anweisungen, insbesondere auch weitere abgeschlossene Strukturen
- die Anweisungen INCLUDE TYPE und INCLUDE STRUCTURE

Die Bedeutung dieser Anweisungen ist dieselbe wie bei der Definition strukturierter Datentypen mit TYPES - BEGIN OF, dient hier aber zur Erzeugung eines gebundenen strukturierten Datentyps. Es darf keine Struktur ohne mindestens eine Komponente angelegt werden. Die Zusätze VALUE und READ-ONLY sind nur bei der Deklaration von Datenobjekten möglich.

Eine Komponente von struc kann nicht durch Bezug auf struc selbst deklariert werden. Wenn der Name struc bei der Deklaration einer Komponente hinter LIKE angegeben wird, wird das nächste Objekt dieses Namens in einem höheren Sichtbarkeitsbereich gesucht und, falls es gefunden wird, verwendet. Wenn es kein globaleres Objekt dieses Namens gibt, kommt es zu einem Syntaxfehler.

Hinweise
- Der Zusatz READ-ONLY ist nur für die gesamte Struktur, nicht für einzelne Strukturkomponenten comp möglich.
- Eine Struktur kann nicht den Namen text haben, da dieser für die Adressierung von Textsymbolen reserviert ist.

▶ Der Zusatz BOXED kann nicht bei der Deklaration von Komponenten zwischen DATA BEGIN OF und DATA END OF angegeben werden. Statische Boxen in Strukturen können nur mit TYPES definiert werden (ab Release 7.02/7.2).

Beispiel

In diesem Beispiel wird eine Struktur `spfli_struc` mit einer elementaren Komponente `index` und einer Unterstruktur `spfli_wa` deklariert. Die SELECT-Schleife zeigt eine mögliche Verwendung der geschachtelten Struktur.

```
DATA: BEGIN OF spfli_struc,
        index    TYPE i,
        spfli_wa TYPE spfli,
      END OF spfli_struc.
SELECT *
       FROM spfli
       INTO spfli_struc-spfli_wa.
  spfli_struc-index = spfli_struc-index + 1.
  WRITE: / spfli_struc-index,
           spfli_struc-spfli_wa-carrid,
           spfli_struc-spfli_wa-carrid.
ENDSELECT.
```

13.2.2.5 Interne Tabellen deklarieren

DATA – TABLE OF

Syntax
```
DATA itab { {TYPE [STANDARD]|SORTED|HASHED TABLE OF [REF TO] type}
          | {LIKE [STANDARD]|SORTED|HASHED TABLE OF dobj} }
          [tabkeys]
          [INITIAL SIZE n]
          [VALUE IS INITIAL]
          [READ-ONLY].
```

Diese Anweisung definiert eine interne Tabelle. Die Definition des Zeilentyps, der Tabellenart STANDARD TABLE, SORTED TABLE oder HASHED TABLE und des initialen Speicherbedarfs INITIAL SIZE entspricht genau der Definition von Tabellentypen mit TYPES – TABLE OF (siehe Abschnitt 13.1.5). Mit DATA wird mit diesen Zusätzen ein gebundener Tabellentyp erzeugt. Die generischen Typen ANY TABLE und INDEX TABLE können mit DATA nicht verwendet werden.

Mit *tabkeys* werden die Tabellenschlüssel der internen Tabelle definiert, die anders als bei Datentypen nicht generisch sein können.

Hinweis

Bei der Definition einer internen Tabelle kann als Startwert hinter dem Zusatz VALUE ausschließlich IS INITIAL angegeben werden.

Beispiel

Deklaration einer internen Hash-Tabelle. Der Zeilentyp entspricht der Struktur der Datenbanktabelle SPFLI. Für den primären Tabellenschlüssel werden zwei Schlüsselfelder definiert. Die anderen Anweisungen zeigen das Füllen der Tabelle mit Zeilen aus der Datenbanktabelle SPFLI und den lesenden Zugriff auf eine Zeile.

```
DATA: spfli_tab TYPE HASHED TABLE OF spfli
                WITH UNIQUE KEY carrid connid,
      spfli_wa  LIKE LINE OF spfli_tab.
SELECT *
    FROM spfli
    INTO TABLE spfli_tab
    WHERE carrid = 'LH'.
READ TABLE spfli_tab
    WITH TABLE KEY carrid = 'LH' connid = '0400'
    INTO spfli_wa.
```

Tabellenschlüssel

DATA – tabkeys

Syntax von tabkeys

```
... [ WITH key ]
    [ WITH secondary_key1 ] [ WITH secondary_key2 ]
```

Definition der Tabellenschlüssel einer internen Tabelle. Es können definiert werden:

- Ein primärer Tabellenschlüssel mit `key`. Jede interne Tabelle hat einen Primärschlüssel. Bei sortierten Tabellen und Hash-Tabellen muss der Primärschlüssel explizit definiert werden. Die Angabe für den Primärschlüssel kann nur bei Standardtabellen weggelassen werden. Dann wird der primäre Tabellenschlüssel automatisch als nicht-eindeutiger Standardschlüssel festgelegt.

- Mehrere sekundäre Tabellenschlüssel mit `secondary_key1`, `secondary_key2`, ... (ab Release 7.02/7.2). Die Angabe von Sekundärschlüsseln ist für alle Tabellenarten optional. Wenn keine Sekundärschlüssel angegeben sind, hat die interne Tabelle nur einen Primärschlüssel.

DATA – key

Syntax von key

```
... [UNIQUE | NON-UNIQUE]
    { {KEY [primary_key [ALIAS key_name] COMPONENTS] comp1 comp2 ...}
    | {DEFAULT KEY} }
```

Definition des primären Tabellenschlüssels einer internen Tabelle. Syntax und Semantik der Zusätze sind wie bei der Anweisung TYPES für eigenständige Tabellentypen mit dem Unterschied, dass der Primärschlüssel eines gebundenen Tabellentyps immer vollständig spezifiziert sein muss:

- Bei Standardtabellen kann nur der Zusatz NON-UNIQUE KEY angegeben werden. Bei fehlender Angabe der Eindeutigkeit wird dieser Zusatz implizit ergänzt. Die Angabe des Zusatzes UNIQUE KEY ist nicht möglich.
- Bei sortierten Tabellen muss einer der beiden Zusätze UNIQUE KEY oder NON-UNIQUE KEY angegeben werden.
- Bei Hash-Tabellen muss der Zusatz UNIQUE KEY angegeben werden.

Wenn bei DATA keine Angabe eines Primärschlüssels mit WITH gemacht wird, werden bei Standardtabellen implizit die Zusätze WITH NON-UNIQUE DEFAULT KEY ergänzt, wodurch die Tabelle einen Standardschlüssel hat, der auch leer sein kann. Bei sortierten Tabellen und Hash-Tabellen muss der Primärschlüssel explizit angegeben werden und kann nicht leer sein.

 Wenn der Name des Primärschlüssels primary_key explizit angegeben wird (ab Release 7.02/7.2), darf der obsolete Zusatz WITH HEADER LINE (siehe Abschnitt 53.4.3) auch außerhalb von Klassen nicht mehr angegeben werden.

Hinweis
Die Deklaration des primären Tabellenschlüssels als Standardschlüssel kann aus verschiedenen Gründen kritisch sein. Stattdessen sollten die Schlüsselfelder explizit angegeben werden. Insbesondere ist darauf zu achten, dass die Deklaration des Standardschlüssels nicht aus Versehen ergänzt wird, weil die explizite Schlüsselangabe vergessen wurde.

```
DATA - secondary_key
```

Syntax von secondary_key

```
... {UNIQUE HASHED}|{UNIQUE SORTED}|{NON-UNIQUE SORTED}
    KEY key_name COMPONENTS comp1 comp2
```

Ab Release 7.02/7.2. Definition eines sekundären Tabellenschlüssels einer internen Tabelle. Syntax und Semantik der Zusätze sind wie bei der Anweisung TYPES für eigenständige Tabellentypen.

Hinweis
Wenn ein Sekundärschlüssel definiert wird, darf der obsolete Zusatz WITH HEADER LINE (siehe Abschnitt 53.4.3) auch außerhalb von Klassen nicht mehr angegeben werden.

Beispiel
Das ab Release 7.02/7.2 vorhandene Programm DEMO_SECONDARY_KEYS demonstriert die Deklaration und Verwendung eines sekundären Tabellenschlüssels und den daraus resultierenden Performancegewinn.

13.2.2.6 Ranges-Tabellen deklarieren

```
DATA - RANGE OF
```

Syntax
```
DATA rtab {TYPE RANGE OF type}|{LIKE RANGE OF dobj}
          [INITIAL SIZE n]
          [VALUE IS INITIAL]
          [READ-ONLY].
```

Diese Anweisung definiert eine Ranges-Tabelle `rtab` mit dem in Abschnitt TYPES – RANGE OF (siehe Abschnitt 13.1.6) beschriebenen Tabellentyp. Der hierbei definierte Tabellentyp ist aber nicht eigenständig, sondern als Eigenschaft des Datenobjekts `rtab` vorhanden. Mit dem Zusatz VALUE IS INITIAL kann ein initialer Startwert angegeben werden.

Beispiel
In diesem Beispiel wird eine Ranges-Tabelle deklariert, gefüllt und in der WHERE-Bedingung einer SELECT-Anweisung ausgewertet.

```
DATA: spfli_wa TYPE spfli,
      r_carrid TYPE RANGE OF spfli-carrid,
      r_carrid_line LIKE LINE OF r_carrid.
r_carrid_line-sign   = 'I'.
r_carrid_line-option = 'BT'.
r_carrid_line-low    = 'AA'.
r_carrid_line-high   = 'LH'.
APPEND r_carrid_line TO r_carrid.
SELECT *
    FROM spfli
    INTO spfli_wa
    WHERE carrid IN r_carrid.
  ...
ENDSELECT.
```

13.2.2.7 LOB-Handle-Strukturen deklarieren

DATA – LOB HANDLE

Syntax
```
DATA dtype TYPE dbtab [READ-ONLY]
                    lob_handle_type FOR lob_handle_columns
                    [lob_handle_type FOR lob_handle_columns
                    ...                                          ].
```

Ab Release 7.02/7.2. Ableitung einer LOB-Handle-Struktur als Arbeitsbereich für den Umgang mit Streaming und Lokatoren in Open SQL. Für `dbtab` muss eine im ABAP Dictionary definierte Datenbanktabelle oder ein im ABAP Dictionary definierter View angegeben werden.

Mit Spaltenangaben `lob_handle_columns` werden LOBs aus `dbtab` bestimmt, für die in der Struktur LOB-Handle-Komponenten angelegt werden, deren statischer Typ durch die Typangabe `lob_handle_type` bestimmt wird.

Syntax und Bedeutung der Zusätze sind vollständig gleichbedeutend mit der Definition von LOB-Handle-Strukturen mit der entsprechenden Variante der Anweisung TYPES.

13.2.2.8 Statische Boxen deklarieren

DATA - BOXED

Syntax

```
DATA struc TYPE struc_type BOXED.
```

Ab Release 7.02/7.2. Diese Anweisung definiert ein strukturiertes Attribut einer Klasse als statische Box. Sie darf nur im Deklarationsteil einer Klasse oder eines Interfaces stehen und dort nur auf höchster Ebene.

Für `struc_type` muss ein strukturierter Datentyp angegeben werden. Dies kann ein programmlokaler strukturierter Typ, ein sichtbarer strukturierter Typ einer globalen Klasse oder eines globalen Interfaces oder eine Struktur aus dem ABAP Dictionary sein und darf selbst statische Boxen enthalten. Die Eigenschaften statischer Boxen sind in Abschnitt 13.1.4 beim Zusatz BOXED der Anweisung TYPES beschrieben.

Beispiel

Der folgende Abschnitt zeigt die erlaubte Verwendung des Zusatzes BOXED mit der Anweisung [CLASS-]DATA. In einer Klasse werden eine statische Struktur struc1 und ein strukturiertes Instanzattribut struc2 als statische Box deklariert.

```
CLASS c1 DEFINITION.
  PUBLIC SECTION.
    TYPES: BEGIN OF t_struc,
             comp1 TYPE c LENGTH 100,
             comp2 TYPE n LENGTH 100,
           END OF t_struc.
  PRIVATE SECTION.
    CLASS-DATA struc1 TYPE t_struc BOXED.
    DATA       struc2 TYPE t100    BOXED.
ENDCLASS.
```

13.2.2.9 Spezifische Zusätze für Datenobjekte

DATA - VALUE, READ-ONLY

Syntax

```
... [ VALUE val|{IS INITIAL} ]
    [ READ-ONLY ].
```

Die beiden Zusätze VALUE und READ-ONLY sind spezifisch für Datenobjekte und unterscheiden die DATA- von der TYPES-Syntax.

Startwert

Mit dem Zusatz VALUE kann bei allen Formen der Variablendeklaration ein Startwert val für den Inhalt der Variablen festgelegt werden, mit dem die Variable zum Zeitpunkt ihrer Erzeugung vor dem Zeitpunkt LOAD-OF-PROGRAM initialisiert wird. Im Deklarationsteil eines Interfaces ist der Zusatz VALUE bei der Anweisung DATA nicht erlaubt.

Der Startwert `val` kann entweder als Literal oder als bereits definierte Konstante angegeben werden. Falls der Datentyp des angegebenen Startwertes nicht zum Datentyp der Deklaration passt, wird er nach den Konvertierungsregeln für elementare Datentypen konvertiert.

Ohne den Zusatz VALUE oder bei der Angabe von IS INITIAL ist der Inhalt initial. Die Initialwerte sind abhängig vom Datentyp.

Bei initialen Strukturen sind die Komponenten initial, initiale Referenzvariablen enthalten die Null-Referenz, die auf kein Objekt zeigt, und initiale interne Tabellen enthalten keine Zeilen.

Der VALUE-Zusatz ist bei beliebigen Datentypen möglich, insbesondere auch bei den tiefen Typen – Strings, Referenztypen, Tabellentypen oder strukturierte Typen mit tiefen Komponenten inklusive der ab Release 7.02/7.2 möglichen Boxed Components. Dabei gilt aber die Einschränkung, dass nur bei den ABAP-Typen string und xstring ein Startwert val angegeben werden kann (bei xstring ab Release 7.02/7.2). Ansonsten ist nur IS INITIAL möglich. Auch für Strukturen mit nicht rein zeichenartigen flachen Komponenten darf kein Startwert außer IS INITIAL angegeben werden.

Hinweise

- Ein Startwert sollte möglichst typgerecht angegeben werden. Insbesondere dürfen keine längeren Werte angegeben werden, und bei bestimmten Datentypen wie d und t muss die Länge genau stimmen.
- Bei der Angabe von Zahlen mit Nachkommastellen oder in der wissenschaftlichen Notation mit Mantisse und Exponent als Startwert für Datenobjekte der Datentypen p oder f ist zu beachten, dass es für solche Zahlen keine Literale gibt. Stattdessen müssen Zeichenliterale mit entsprechendem Inhalt angegeben werden. Diese werden nach den Konvertierungsregeln für elementare Datentypen in den numerischen Datentyp konvertiert. Das Gleiche gilt für byteartige Datenobjekte.

Lesezugriff

Der Zusatz READ-ONLY ist immer im öffentlichen Sichtbarkeitsbereich Klasse bzw. in einem Interface möglich.

Er ist ab Release 7.2 außerdem im geschützten und paket-sichtbaren Sichtbarkeitsbereich einer Klasse möglich, wenn diese mit dem Zusatz OPEN FOR PACKAGE deklariert ist. Der Zusatz bewirkt, dass ein durch DATA deklariertes Attribut zwar von außerhalb der Klasse lesbar, aber nur durch Methoden der Klasse oder ihrer Unterklassen änderbar ist.

Ein mit READ-ONLY definiertes Attribut einer Klasse kann außerhalb der Klasse nur an Lesepositionen von ABAP-Anweisungen verwendet werden.

Hinweise

- Die Deklaration von Attributen mit dem Zusatz READ-ONLY verhindert nicht, dass Methoden der Klasse Referenzen auf diese Attribute in Form von Referenzvariablen oder Feldsymbolen nach außen geben können und die Attribute dadurch außerhalb der Klasse änderbar werden.

▶ Der Zusatz READ-ONLY ist immer dann empfohlen, wenn Attribute eigentlich privat sein sollen, aus Performancegründen aber nicht für jeden Lesezugriff eine GET-Methode ausgeführt werden soll.

13.2.3 Konstanten deklarieren

`CONSTANTS`

Syntax
`CONSTANTS const [options].`

Diese Anweisung deklariert ein konstantes Datenobjekt oder kurz eine Konstante `const`, deren Inhalt zur Laufzeit eines ABAP-Programms nicht geändert werden kann. Sie kann nur an Lesepositionen von ABAP-Anweisungen als Operand verwendet werden. Konstanten, die im Deklarationsteil einer Klasse bzw. eines Interfaces deklariert werden, gehören zu deren statischen Attributen.

Für den Namen `const` gelten die Namenskonventionen für programminterne Objekte. Die Syntax der Zusätze `options` der Anweisung CONSTANTS zur Deklaration von Konstanten entspricht der Anweisung DATA zur Deklaration von Variablen (siehe Abschnitt 13.2.2). Lediglich die Zusätze READ-ONLY, BOXED (ab Release 7.02/7.2) und die Deklaration von LOB-Handle-Strukturen (ab Release 7.02/7.2) sind nicht möglich. Weiterhin darf innerhalb der Deklaration einer Struktur die Anweisung INCLUDE nicht verwendet werden.

Im Unterschied zur Anweisung DATA muss bei der Anweisung CONSTANTS ein Startwert mit dem Zusatz VALUE angegeben werden, wobei die gleichen Einschränkungen wie bei DATA gelten. Dies hat folgende Auswirkungen auf die Deklaration von Konstanten mit tiefem Datentyp:

▶ Es kann nur bei den ABAP-Typen `string` und `xstring` (ab Release 7.02/7.2) ein Startwert `val` angegeben werden.

▶ Konstante interne Tabellen, Referenzvariablen und Strukturen mit nicht rein zeichenartigen flachen Komponenten können ihren Initialwert nur über IS INITIAL zugewiesen bekommen, sind also immer initial.

Hinweise

▶ Auf mit CONSTANTS deklarierte statische Attribute von Interfaces kann bei Verwendung des Klassenkomponenten-Selektors auch über den Interfacenamen zugegriffen werden.

▶ Vor Release 7.02/7.2 konnten in Class-Pools keine Konstanten außerhalb von Klassen deklariert werden. Ab Release 7.02/7.2 können in Class-Pools programmglobale Konstanten zur Verwendung in den Klassen angelegt werden.

Beispiel
Diese Anweisungen deklarieren eine numerische Konstante, eine konstante Struktur und eine konstante Referenz. Letztere kann beispielsweise in Vergleichen oder zur Übergabe an Prozeduren verwendet werden.

```
CONSTANTS pi TYPE p LENGTH 8 DECIMALS 14
         VALUE '3.14159265358979'.
CONSTANTS: BEGIN OF sap_ag,
             zip_code TYPE n LENGTH 5 VALUE '69189',
             city     TYPE string VALUE `Walldorf`,
             country  TYPE string VALUE `Germany`,
           END OF sap_ag.
CONSTANTS null_pointer TYPE REF TO object VALUE IS INITIAL.
```

13.2.4 Statische Datenobjekte in Prozeduren deklarieren

STATICS

Syntax
`STATICS stat [options].`

Deklaration statischer Variablen `stat`. Die Anweisung STATICS zur Deklaration statischer Variablen darf nur in statischen Methoden, Funktionsbausteinen und Unterprogrammen verwendet werden.

Für den Namen `stat` gelten die Namenskonventionen für programminterne Objekte. Die Syntax der Zusätze *options* ist wie bei der Anweisung DATA zur Deklaration normaler Variablen (siehe Abschnitt 13.2.2). Lediglich die Zusätze READ-ONLY, BOXED (ab Release 7.02/7.2) und die Deklaration von LOB-Handle-Strukturen (ab Release 7.02/7.2) sind nicht möglich.

Wie eine normale lokale Variable ist auch eine mit STATICS deklarierte Variable nur innerhalb ihrer Prozedur sichtbar. Die Lebensdauer einer mit STATICS deklarierten Variablen entspricht jedoch der eines globalen Datenobjekts. Die Variable wird einmalig beim Laden des Rahmenprogramms in den internen Modus erzeugt und ihr Inhalt dabei auf den Startwert des VALUE-Zusatzes gesetzt. Aufruf und Beendigung der Prozedur haben keinen Einfluss auf die Lebensdauer und den Inhalt.

Hinweis
In Instanzmethoden ist die Anweisung STATICS nicht erlaubt. Stattdessen können mit CLASS-DATA deklarierte statische Attribute der Klasse verwendet werden.

Beispiel
Das Unterprogramm `add_one` liefert bei jedem Aufruf für die Variable `local` das gleiche Ergebnis, da diese jedes Mal neu instanziert wird. Die statische Variable `static` ist dagegen schon vorhanden, und ihr Wert wird bei jedem Aufruf um 1 erhöht.

```
CLASS-METHODS add_one.
...
DO 10 TIMES.
  add_one( ).
ENDDO.
...
METHOD add_one.
  DATA    local TYPE i VALUE 10.
```

```
STATICS static TYPE i VALUE 10.
local  = local  + 1.
static = static + 1.
...
ENDMETHOD.
```

13.2.5 Tabellenarbeitsbereiche deklarieren

13.2.5.1 Tabellenarbeitsbereich für Dynpros

TABLES

Syntax
`TABLES table_wa.`

Diese in Klassen verbotene Anweisung deklariert ein Datenobjekt `table_wa` als Tabellenarbeitsbereich, dessen Datentyp vom gleichnamigen strukturierten Datentyp `table_wa` aus dem ABAP Dictionary übernommen wird. `table_wa` muss als flache Struktur im ABAP Dictionary definiert sein. Insbesondere können für `table_wa` also auch Datenbanktabellen oder Views angegeben werden.

Mit TABLES deklarierte Tabellenarbeitsbereiche sind Schnittstellen-Arbeitsbereiche und sollten ausschließlich im globalen Deklarationsteil eines Programms und nur zu den folgenden beiden Zwecken deklariert werden:

- Die Anweisung TABLES ist erforderlich, um Daten zwischen Dynpro-Feldern, die in einem Dynpro des Programms durch Übernahme aus dem ABAP Dictionary definiert wurden, und dem ABAP-Programm auszutauschen. Beim Dynpro-Ereignis PBO wird der Inhalt des Tabellenarbeitsbereichs an gleichnamige Dynpro-Felder übergeben, bei PAI werden die Daten von den gleichnamigen Dynpro-Feldern übernommen.

- In ausführbaren Programmen können flache Tabellenarbeitsbereiche zur Übernahme der Daten, die beim Ereignis `GET table_wa` von einer verknüpften logischen Datenbank zur Verfügung gestellt werden, verwendet werden. Für diesen Zweck ist TABLES gleichbedeutend mit der Anweisung NODES.

Hinweise

- Mit TABLES deklarierte Tabellenarbeitsbereiche verhalten sich wie mit dem Zusatz COMMON PART deklarierte gemeinsame Daten, d. h., sie werden von den Programmen einer Programmgruppe gemeinsam verwendet. Diese Eigenschaft sollte aus den in Abschnitt 19.1.1 geschilderten Gründen nicht ausgenutzt werden.

- Mit TABLES deklarierte Tabellenarbeitsbereiche können zwar in Unterprogrammen oder Funktionsbausteinen deklariert werden, dies wird aber nicht empfohlen. Ein in einer Prozedur deklarierter Tabellenarbeitsbereich ist nicht lokal, sondern gehört zum Kontext des Rahmenprogramms. Er ist ab der Deklaration im Rahmenprogramm sichtbar und lebt so lange wie das Rahmenprogramm. Im Unterschied zu normalen programmglobalen Daten wird beim Aufruf eines Unterprogramms oder Funktionsbausteins der Inhalt der dort deklarierten Tabellenarbeitsbereiche zwischengespeichert. Wertzuweisungen, die während der Laufzeit der Prozedur vorgenommen werden, bleiben nur bis zur Beendigung der

Prozedur erhalten. Beim Verlassen der Prozedur werden die Tabellenarbeitsbereiche wieder mit den Inhalten gefüllt, die sie beim Aufruf der Prozedur hatten. In Prozeduren deklarierte Tabellenarbeitsbereiche verhalten sich somit wie globale Daten, auf die in der Prozedur die Anweisung LOCAL angewandt wird.

13.2.5.2 Tabellenarbeitsbereich für logische Datenbanken

`NODES`

Syntax
`NODES node [TYPE type].`

Die Anweisung NODES dient einzig der Übergabe von Daten aus logischen Datenbanken in ausführbare Programme. Sie definiert einen Schnittstellen-Arbeitsbereich und ist nur im globalen Deklarationsteil ausführbarer Programme, die mit einer logischen Datenbank verknüpft sind, und im Datenbankprogramm logischer Datenbanken erlaubt. node muss der Name eines Knotens der logischen Datenbank sein. NODES deklariert einen Tabellenarbeitsbereich node für den entsprechenden Knoten. Der Datentyp des Tabellenarbeitsbereichs ist im Knoten der logischen Datenbank entweder fest vorgegeben oder kann mit dem Zusatz TYPE aus einer Liste ausgesucht werden.

Die Knoten der Struktur einer logischen Datenbank werden mit der Transaktion SE36 gepflegt und können folgende Knotentypen haben:

- **Knotentyp T**
  Der Datentyp des Tabellenarbeitsbereichs kann eine flache Struktur des ABAP Dictionarys, insbesondere eine Datenbanktabelle oder ein View, sein. Der Name des Knotens muss identisch mit dem Namen der Struktur sein.

  In diesem Fall sind die Anweisungen NODES und TABLES gleichbedeutend. Im ausführbaren Programm kann für jeden Knoten vom Typ T entweder die Anweisung NODES oder TABLES verwendet werden, wobei node der Name des Knotens bzw. der Struktur ist. Der Zusatz TYPE ist nicht erlaubt. Das Datenbankprogramm enthält eine TABLES-Anweisung für jeden Knoten vom Typ T.

- **Knotentyp S**
  Der Datentyp des Tabellenarbeitsbereichs ist ein beliebiger Datentyp des ABAP Dictionarys. Der Name des Knotens kann sich vom Namen des Typs unterscheiden.

  Im ausführbaren Programm kann für jeden Knoten vom Typ S eine NODES-Anweisung angegeben werden. Der Zusatz TYPE ist nicht erlaubt. Das Datenbankprogramm enthält eine NODES-Anweisung für jeden Knoten vom Typ S.

- **Knotentyp C**
  Der Datentyp des Tabellenarbeitsbereichs ist ein beliebiger Datentyp aus einer Typgruppe. Der Name des Knotens kann sich vom Namen des Typs unterscheiden.

  Im ausführbaren Programm kann für jeden Knoten vom Typ C eine NODES-Anweisung angegeben werden. Der Zusatz TYPE ist nicht erlaubt. Das Datenbankprogramm enthält eine NODES-Anweisung für jeden Knoten vom Typ C.

▶ **Knotentyp A**
Dem Knoten ist eine Liste beliebiger Datentypen aus dem ABAP Dictionary zugeordnet. Der tatsächliche Typ wird durch den Zusatz TYPE der Anweisung NODES im ausführbaren Programm bestimmt.

Im ausführbaren Programm kann für jeden Knoten vom Typ A eine NODES-Anweisung angegeben werden, wobei mit dem Zusatz TYPE einer der zugeordneten Datentypen aus der Liste angegeben werden muss. Der Zusatz TYPE legt den Datentyp des Tabellenarbeitsbereichs im ausführbaren Programm und im Datenbankprogramm fest. Das Datenbankprogramm enthält eine NODES-Anweisung ohne den Zusatz TYPE für jeden Knoten vom Typ A.

Die Anweisung NODES (bzw. TABLES) des ausführbaren Programms steuert den Aufbau des Standardselektionsbildes der logischen Datenbank. Es werden nur die Eingabefelder dargestellt, für deren Knoten oder einen hierarchisch darunterliegenden Knoten eine entsprechende Anweisung NODES (bzw. TABLES) im ausführbaren Programm aufgeführt ist.

Das Datenbankprogramm muss dafür sorgen, dass dem Tabellenarbeitsbereich Daten zugewiesen werden. Für jeden Knoten der logischen Datenbank gibt es im Datenbankprogramm ein Unterprogramm put_node, das mit der Anweisung PUT dem ausführbaren Programm signalisiert, dass im Tabellenarbeitsbereich node Daten zur Verfügung stehen.

Für alle im ausführbaren Programm hinter NODES (bzw. TABLES) aufgeführten Tabellenarbeitsbereiche node können Ereignisblöcke für die Reporting-Ereignisse GET node [LATE] angelegt werden. Die Ereignisse werden durch die Anweisung PUT node bzw. PUT <node> im Datenbankprogramm ausgelöst. Nach einem solchen Ereignis kann der im Datenbankprogramm gefüllte Tabellenarbeitsbereich im ausführbaren Programm ausgewertet werden. Bei Knoten vom Typ A stehen die Daten nur innerhalb der Ereignisblöcke zur Verfügung, ansonsten im gesamten ausführbaren Programm.

Hinweise
▶ Mit NODES deklarierte Tabellenarbeitsbereiche verhalten sich wie mit dem Zusatz COMMON PART deklarierte gemeinsame Daten, d. h., sie werden von den Programmen einer Programmgruppe gemeinsam verwendet.
▶ Für Schnittstellen-Arbeitsbereiche für logische Datenbanken sollte immer NODES und nicht TABLES verwendet werden, um klar auszudrücken, dass es sich um Knoten logischer Datenbanken handelt.

Beispiel
Eine logische Datenbank enthält einen Wurzelknoten root_node vom Knotentyp S, dem der Datentyp INT4 zugeordnet ist. Im Top-Include des Datenbankprogramms steht dann die Anweisung:

```
NODES root_node.
```

Darüber hinaus enthält das Datenbankprogramm folgendes Unterprogramm:

```
FORM put_root_node.
  DO 10 TIMES.
    root_node = sy-index.
    PUT root_node.
```

```
    ENDDO.
    ENDFORM.
```

Wenn das folgende ausführbare Programm mit der logischen Datenbank verknüpft ist, erhält es bei der Programmausführung die Zahlen von eins bis zehn im Tabellenarbeitsbereich root_node und schreibt diese beim Ereignis GET in eine Liste:

```
REPORT demo_nodes.
NODES root_node.
GET root_node.
  WRITE root_node.
```

13.2.6 Datenobjekte für HR-Infotypen deklarieren

INFOTYPES

Syntax
```
INFOTYPES nnnn [NAME name]
              [OCCURS n]
              [MODE N|P]
              [AS PERSON TABLE]
              [VALID FROM intlim1 TO intlim2].
```

In Klassen verbotene Deklaration einer internen Tabelle für HR-Infotypen. Diese Anweisung sollte nur von Spezialisten verwendet werden. Eine profunde Kenntnis des zugehörigen Umfelds ist unerlässlich. Dieses Umfeld ist nicht Teil von ABAP und wird hier nicht dokumentiert.

Ohne den Zusatz NAME wird eine interne Tabelle pnnnn oder ppnnnn mit der Struktur des Infotyps Pnnnn und einer Kopfzeile angelegt. Der Name ppnnnn wird verwendet, wenn der Zusatz AS PERSON TABLE angegeben ist, ansonsten pnnnn. Mit dem Zusatz NAME kann ein bis zu 20-stelliger Name name angegeben werden, der dann anstelle von pnnnn bzw. ppnnnn für die interne Tabelle verwendet wird.

Für nnnn muss der vierstellige numerische Schlüssel eines Infotyps der SAP ERP-Komponente Personalwirtschaft (HR) angegeben werden. Jeder Infotyp wird in der Komponente HR durch eine spezielle Struktur namens Pnnnn im ABAP Dictionary repräsentiert. Jeder Infotyp enthält die zeichenartigen Komponenten BEGDA und ENDDA.

Ohne den Zusatz OCCURS wird der initiale Speicherbedarf (siehe Zusatz INITIAL SIZE der Anweisung TYPES – TABLE OF, Abschnitt 13.1.5) der internen Tabelle auf zehn Zeilen festgelegt. Mit dem Zusatz OCCURS kann ein Zahlenliteral oder eine numerische Konstante n angegeben werden, um einen anderen initialen Speicherbedarf zu bestimmen.

Ohne den Zusatz VALID FROM werden implizit die Komponenten BEGDA und ENDDA des Infotyps Pnnnn als Intervallgrenzen für die obsolete Form der Anweisung PROVIDE festgelegt. Mit dem Zusatz VALID FROM können andere flache zeichenartige Komponenten intlim1 und intlim2 des Infotyps als implizite Intervallgrenzen bestimmt werden.

Ohne den Zusatz `MODE N` beeinflusst die Anweisung `INFOTYPES` standardmäßig das Verhalten der speziellen logischen Datenbanken PAP, PCH, PNP und PNPCE der Komponente Personalwirtschaft (HR) und ist die Voraussetzung für deren korrekte Funktion. Auch die Zusätze `AS PERSON TABLE` und `MODE` beeinflussen das Verhalten dieser logischen Datenbanken, wobei `AS PERSON TABLE` und `MODE P` nur bei der logischen Datenbank PNPCE eine Wirkung haben.

Wenn der Zusatz `MODE N` nicht angegeben ist, werden die Eigenschaften der internen Tabelle in einer internen Systemtabelle abgespeichert, auf die in diesen logischen Datenbanken zugegriffen wird. Wenn in einem ausführbaren Programm, das mit einer dieser logischen Datenbanken verknüpft ist, die Anweisung `INFOTYPES` ohne den Zusatz `MODE N` aufgeführt ist, ist das Verhalten wie folgt:

- Die logische Datenbank PAP füllt die interne Tabelle beim Ereignis `GET applicant`.
- Die logische Datenbank PCH füllt die interne Tabelle beim Ereignis `GET object`.
- Die logische Datenbank PNP füllt die interne Tabelle beim Ereignis `GET pernr`.

Das Verhalten der logischen Datenbank PNPCE kann zusätzlich über die Zusätze `AS PERSON TABLE` und `MODE P` gesteuert werden:

- Ohne einen dieser Zusätze wird die interne Tabelle beim Ereignis `GET pernr` gefüllt. Es werden nur die Datensätze bereitgestellt, die in den auf dem Selektionsbild angegebenen Auswertungszeitraum fallen (dies ist ein Unterschied zur logischen Datenbank PNP, die standardmäßig alle Datensätze bereitstellt). Alternativ können im Programm die in der logischen Datenbank definierten Makros RP_SET_DATA_INTERVAL, RP_SET_DATA_INTERVAL_INFTY und RP_SET_DATA_INTERVAL_ALL verwendet werden, um die Datensätze anzugeben, die bereitgestellt werden sollen.

- Wenn nur der Zusatz `AS PERSON TABLE` angegeben ist, wird die interne Tabelle beim Ereignis `GET group` gefüllt. Es werden die Datensätze aller Personalnummern bereitgestellt, die in der inkludierten Struktur ALL_PERNRS der Struktur `group` stehen und für die eine Berechtigung vorliegt. Es werden nur die Datensätze bereitgestellt, die in den auf dem Selektionsbild angegebenen Auswertungszeitraum fallen. Alternativ können im Programm die in der logischen Datenbank definierten Makros RP_SET_DATA_INTERVAL, RP_SET_DATA_INTERVAL_INFTY und RP_SET_DATA_INTERVAL_ALL verwendet werden, um die Datensätze anzugeben, die bereitgestellt werden sollen.

- Wenn nur der Zusatz `AS PERSON TABLE` zusammen mit `MODE P` angegeben ist, wird die interne Tabelle beim Ereignis `GET person` gefüllt. Es werden die Datensätze aller Personalnummern bereitgestellt, die in der inkludierten Struktur ALL_PERNRS der Struktur `person` stehen. Es wird keine Berechtigungsprüfung durchgeführt, und es werden in jedem Fall alle existierenden Datensätze bereitgestellt, unabhängig davon, wie der Auswertungszeitraum auf dem Selektionsbild eingestellt wurde. Auch die Verwendung der Makros RP_SET_DATA_INTERVAL, RP_SET_DATA_INTERVAL_INFTY und RP_SET_DATA_INTERVAL_ALL hat darauf keinen Einfluss.

Ist der Zusatz `MODE N` angegeben, ist die Tabelle nicht mit den logischen Datenbanken verknüpft und wird bei den `GET`-Ereignissen nicht gefüllt.

Hinweise

- In ausführbaren Programmen, die mit den speziellen logischen Datenbanken PAP, PCH, PNP und PNPCE der Komponente Personalwirtschaft verknüpft sind, ist die Anweisung INFOTYPES notwendig und sollte aber auch nur dort verwendet werden.
- Von den logischen Datenbanken PAP, PCH, PNP und PNPCE ist PNPCE die weitaus wichtigste. Die logische Datenbank PAP wird dagegen kaum noch verwendet.
- Infotypen ermöglichen es einer HR-Anwendung, mitarbeiterbezogene Daten effektiv zu bearbeiten. Hierfür dient insbesondere die spezielle Anweisung PROVIDE.
- Damit die Anweisung richtig auf die logischen Datenbanken wirkt, muss sie unbedingt im globalen Deklarationsteil und vor der ersten operationalen Anweisung eines ausführbaren Programms aufgeführt werden.

Für mehr Informationen beachten Sie die Dokumentation der logischen Datenbanken und dabei insbesondere die der PNPCE.

14 Klassen und Interfaces

Dieses Kapitel beschreibt die Definition von Klassen und Interfaces wie ihrer Komponenten. Klassen und Interfaces sind die Grundlage von ABAP Objects, dem objektorientierten Bestandteil der Sprache ABAP. Klassen und Interfaces können in ABAP-Programmen folgender Programmtypen definiert werden:

- In einem Class-Pool kann mit dem Werkzeug Class Builder der ABAP Workbench genau eine globale Klasse der Klassenbibliothek definiert werden, die in allen übrigen ABAP-Programmen verwendet werden kann, falls dies von der Paketprüfung erlaubt ist. Weiterhin können in einem Class-Pool lokale Klassen und Interfaces zur Verwendung im Class-Pool selbst definiert werden.
- In einem Interface-Pool kann mit dem Werkzeug Class Builder der ABAP Workbench genau ein globales Interface der Klassenbibliothek definiert werden, das in allen übrigen ABAP-Programmen verwendet werden kann, falls dies von der Paketprüfung erlaubt ist.

In allen übrigen ABAP-Programmen außer Typgruppen können lokale Klassen und Interfaces zur Verwendung im Programm selbst definiert werden. Die Syntax zur Definition von Klassen und Interfaces ist für lokale und globale Klassen bzw. Interfaces im Wesentlichen gleich. Der Unterschied besteht in einem Zusatz PUBLIC, der globale Klassen bzw. Interfaces gegenüber lokalen Deklarationen auszeichnet. Globale Klassen und Interfaces können im Class Builder entweder in einem formularbasierten oder einem quelltextbasierten Modus bearbeitet werden. Im formularbasierten Modus generiert der Class Builder den entsprechenden Code, auf den im quelltextbasierten Modus direkt zugegriffen werden kann.

14.1 Klassen definieren

CLASS

Die Anweisung CLASS definiert eine Klasse class, macht diese bekannt oder legt Eigenschaften fest.

Die vollständige Definition einer Klasse besteht aus einem Deklarationsteil und einem Implementierungsteil, die beide mit CLASS eingeleitet und mit ENDCLASS abgeschlossen werden. Im Deklarationsteil werden die Eigenschaften der Klasse festgelegt und ihre Komponenten deklariert. Im Implementierungsteil werden die Methoden der Klasse implementiert.

Varianten von CLASS ohne ENDCLASS dienen dem Bekanntmachen von Klassen in einem Programm und der Deklaration lokaler Freunde einer globalen Klasse.

Der Deklarationsteil einer Klasse sowie die Varianten von CLASS, die nicht durch ENDCLASS abgeschlossen werden, spielen im Kontext eines Programms die Rolle von globalen Deklarationen.

Die Anweisungen CLASS und zugehörige Anweisungen ENDCLASS können nur im globalen Kontext eines Programms aufgeführt werden. Innerhalb von Klassen, von Prozeduren und von

Verarbeitungsblöcken, die intern als Prozedur implementiert sind (Ereignisblöcke für GET und AT SELECTION-SCREEN) können CLASS und ENDCLASS nicht aufgeführt werden. Dies gilt insbesondere auch für die Varianten von CLASS, die nicht durch ENDCLASS abgeschlossen werden. Der Implementierungsteil einer Klasse wirkt insgesamt wie ein eigener Verarbeitungsblock und schließt andere Verarbeitungsblöcke ab.

14.1.1 Deklarationsteil

```
CLASS - DEFINITION
```

Syntax
```
CLASS class DEFINITION [class_options].
  [PUBLIC SECTION.
    [components]]
  [PROTECTED SECTION.
    [components]]
  [PACKAGE SECTION.
    [components]]
  [PRIVATE SECTION.
    [components]]
ENDCLASS.
```

Der Anweisungsblock CLASS class DEFINITION - ENDCLASS deklariert eine Klasse class. Für den Namen class gelten die Namenskonventionen für programminterne Objekte. Zwischen CLASS und ENDCLASS werden die Komponenten components der Klasse deklariert. Jede Komponente muss in einem Sichtbarkeitsbereich hinter einer der Anweisungen PUBLIC SECTION, PROTECTED SECTION, PACKAGE SECTION (ab Release 7.2) oder PRIVATE SECTION, und diese müssen in der angegebenen Reihenfolge aufgeführt werden. Eine Klasse muss nicht alle SECTION-Anweisungen enthalten.

Mit den Zusätzen *class_options* der Anweisung CLASS kann eine Klasse global in der Klassenbibliothek veröffentlicht, eine Vererbungsbeziehung definiert, die Klasse abstrakt oder final gemacht, die Instanzierbarkeit gesteuert und anderen Klassen oder Interfaces die Freundschaft angeboten werden.

14.1.2 Klasseneigenschaften festlegen

```
CLASS - class_options
```

Syntax von class_options
```
... [PUBLIC]
    [INHERITING FROM superclass]
    [ABSTRACT]
    [FINAL]
    [CREATE {PUBLIC|PROTECTED|PACKAGE|PRIVATE}]
    [SHARED MEMORY ENABLED]
    [OPEN FOR PACKAGE]
    [FOR TESTING]
```

```
    [[GLOBAL] FRIENDS class1 class2 ...
                      intf1 intf2 ...].
```

Definition der Eigenschaften einer Klasse.

14.1.2.1 Globale Klassen
Syntax
```
... PUBLIC
```

Durch den Zusatz `PUBLIC` wird die Klasse `class` zu einer globalen Klasse der Klassenbibliothek. Der Zusatz `PUBLIC` ist nur bei genau einer Klasse eines Class-Pools möglich und wird beim Anlegen einer globalen Klasse vom Class Builder erzeugt. Alle Klassen ohne den Zusatz `PUBLIC` sind lokale Klassen ihres Programms.

Hinweis
Im öffentlichen Sichtbarkeitsbereich globaler Klassen kann man sich nur auf öffentlich bekannte Datentypen beziehen.

14.1.2.2 Vererbung
Syntax
```
... INHERITING FROM superclass
```

Durch den Zusatz `INHERITING FROM` wird die Klasse `class` durch Vererbung von der Oberklasse `superclass` abgeleitet und dadurch zu ihrer direkten Unterklasse. Die Oberklasse `superclass` kann eine beliebige nicht-finale, an dieser Stelle sichtbare Klasse sein.

Jede Klasse kann nur eine direkte Oberklasse, aber mehrere direkte Unterklassen haben (Einfachvererbung). Jede Klasse ohne den Zusatz `INHERITING FROM` erbt implizit von der vordefinierten leeren und abstrakten Klasse `object`. Alle Klassen in ABAP Objects bilden einen Vererbungsbaum, in dem es von jeder Klasse einen eindeutigen Pfad zum Wurzelknoten `object` gibt.

Die Klasse `class` übernimmt alle Komponenten von `superclass`, ohne deren Sichtbarkeitsbereich zu ändern. In der Unterklasse sind nur die Komponenten des öffentlichen und geschützten Sichtbarkeitsbereichs der Oberklasse sichtbar. Die Eigenschaften der übernommenen Komponenten können nicht verändert werden. In einer Unterklasse können zusätzliche Komponenten deklariert und geerbte Methoden redefiniert, d. h. ohne Änderung der Schnittstelle neu implementiert werden.

Hinweise
- Jede Klasse kann mehrere direkte Unterklassen, aber nur eine direkte Oberklasse haben. ABAP Objects verwirklicht somit die so genannte Einfachvererbung. Wenn Unterklassen von Oberklassen erben, die selbst Unterklassen sind, bilden die beteiligten Klassen einen Vererbungsbaum, dessen Spezialisierung bei jeder hinzukommenden Hierarchiestufe zunimmt. Umgekehrt nimmt die Spezialisierung zum Wurzelknoten des Vererbungsbaums hin ab. Der Wurzelknoten aller Vererbungsbäume in ABAP Objects ist die vordefinierte leere Klasse `object`. Diese Klasse ist die allgemeinste mögliche Klasse, denn sie enthält

weder Attribute noch Methoden. Sie muss bei der Definition einer neuen Klasse nicht explizit als Oberklasse angegeben werden, sondern ist implizit immer vorhanden.

- Die öffentlichen und geschützten Komponenten aller Klassen innerhalb eines Pfads des Vererbungsbaums liegen im gleichen Namensraum. In einer Unterklasse dürfen neue Komponenten nicht genauso heißen wie öffentliche oder geschützte Komponenten, die von den Oberklassen geerbt sind.

14.1.2.3 Abstrakte Klassen

Syntax

```
... ABSTRACT
```

Durch den Zusatz ABSTRACT wird eine abstrakte Klasse class definiert. Von einer abstrakten Klasse können keine Instanzen erzeugt werden. Um die Instanzkomponenten einer abstrakten Klasse zu verwenden, muss eine konkrete Unterklasse der Klasse instanziert werden.

14.1.2.4 Finale Klassen

Syntax

```
... FINAL
```

Durch den Zusatz FINAL wird eine finale Klasse class definiert. Von einer finalen Klasse können keine Unterklassen abgeleitet werden. Alle Methoden einer finalen Klasse sind implizit final und dürfen nicht explizit als final deklariert werden.

Hinweis

In Klassen, die gleichzeitig abstrakt und final sind, sind nur die statischen Komponenten verwendbar. Es können zwar Instanzkomponenten deklariert werden, diese sind aber nicht verwendbar.

Beispiel

In diesem Beispiel werden eine abstrakte Klasse c1 und eine finale Klasse c2 definiert, wobei c2 von c1 erbt. c1 ist implizit Unterklasse der leeren Klasse object. In c2 kann auf m1, aber nicht auf a1 zugegriffen werden.

```
CLASS c1 DEFINITION ABSTRACT.
  PROTECTED SECTION.
    METHODS m1.
  PRIVATE SECTION.
    DATA a1 TYPE string VALUE `Attribute A1 of class C1`.
ENDCLASS.
CLASS c2 DEFINITION INHERITING FROM c1 FINAL.
  PUBLIC SECTION.
    METHODS m2.
ENDCLASS.
CLASS c1 IMPLEMENTATION.
  METHOD m1.
    WRITE / a1.
```

```
    ENDMETHOD.
  ENDCLASS.
  CLASS c2 IMPLEMENTATION.
    METHOD m2.
      m1( ).
    ENDMETHOD.
  ENDCLASS.
  DATA oref TYPE REF TO c2.
  START-OF-SELECTION.
    CREATE OBJECT oref.
    oref->m2( ).
```

14.1.2.5 Instanzierbarkeit

Syntax

```
... CREATE {PUBLIC|PROTECTED|PACKAGE|PRIVATE}
```

Der Zusatz CREATE legt fest, in welchem Kontext die Klasse class instanziert, d. h., wo die Anweisung CREATE OBJECT für diese Klasse ausgeführt und in welchem Sichtbarkeitsbereich der Instanzkonstruktor der Klasse deklariert werden kann:

- Eine Klasse mit dem Zusatz CREATE PUBLIC kann überall dort instanziert werden, wo die Klasse im Rahmen des Paketkonzepts sichtbar ist.

- Eine Klasse mit dem Zusatz CREATE PROTECTED kann nur in Methoden ihrer von der Paketprüfung erlaubten Unterklassen und der Klasse selbst instanziert werden. Wenn eine Klasse mit dem Zusatz OPEN FOR PACKAGE (ab Release 7.2) definiert ist, kann sie zusätzlich von allen Repository-Objekten des Pakets der Klasse instanziert werden.

- Eine Klasse mit dem Zusatz CREATE PACKAGE (ab Release 7.2) kann nur innerhalb des Pakets der Klasse instanziert werden. Voraussetzung für die Angabe von CREATE PACKAGE ist die gleichzeitige Verwendung des Zusatzes OPEN FOR PACKAGE.

- Eine Klasse mit dem Zusatz CREATE PRIVATE kann nur in Methoden der Klasse selbst instanziert werden. Das bedeutet insbesondere, dass sie auch nicht als vererbter Bestandteil von Unterklassen instanziert werden kann.

Die Instanzierbarkeit einer Unterklasse hängt wie folgt von der direkten Oberklasse ab:

- Direkte Unterklassen von object oder einer Klasse mit dem Zusatz CREATE PUBLIC erben implizit den Zusatz CREATE PUBLIC. Explizit können alle CREATE-Zusätze angegeben werden, die dann den geerbten Zusatz überschreiben.

- Direkte Unterklassen einer Klasse mit dem Zusatz CREATE PROTECTED erben implizit den Zusatz CREATE PROTECTED. Explizit können alle CREATE-Zusätze angegeben werden, die dann den geerbten Zusatz überschreiben.

- Direkte Unterklassen einer Klasse mit dem Zusatz CREATE PACKAGE (ab Release 7.2) erben implizit den Zusatz CREATE PACKAGE. Explizit können alle CREATE-Zusätze angegeben werden, die dann den geerbten Zusatz überschreiben.

- Direkte Unterklassen einer Klasse mit dem Zusatz CREATE PRIVATE, die keine Freunde der Klasse sind, erhalten implizit einen Zusatz CREATE NONE. Sie sind nicht instanzierbar, und es dürfen keine expliziten CREATE-Zusätze angegeben werden. Direkte Unterklassen, die Freunde der Klasse sind, erben implizit den Zusatz CREATE PRIVATE. Explizit können bei Freunden privat instanzierbarer Oberklassen alle CREATE-Zusätze angegeben werden.

Die Anweisung METHODS constructor zur Deklaration des Instanzkonstruktors einer lokalen Klasse kann in allen Sichtbarkeitsbereichen aufgeführt werden, die allgemeiner oder gleich der im CREATE-Zusatz verwendeten Instanzierbarkeit sind. Bei globalen Klassen kommt aus technischen Gründen nur eine Deklaration im öffentlichen Sichtbarkeitsbereich infrage.

Hinweis
Es empfiehlt sich, eine privat instanzierbare Klasse gleichzeitig final zu machen, da ihre Unterklassen nicht instanziert werden können, wenn sie keine Freunde der Klasse sind.

14.1.2.6 Shared-Memory-fähige Klassen
Syntax
```
... SHARED MEMORY ENABLED
```

Mit dem Zusatz SHARED MEMORY ENABLED wird eine Shared-Memory-fähige Klasse definiert, deren Instanzen als Shared Objects im Shared Memory abgelegt werden können (siehe Abschnitt 12.3).

Bei Unterklassen kann der Zusatz SHARED MEMORY ENABLED nur angegeben werden, wenn auch alle expliziten Oberklassen mit diesem Zusatz definiert sind. Eine Unterklasse erbt den Zusatz nicht automatisch von ihrer Oberklasse.

Hinweise
- Die statischen Attribute einer Shared-Memory-fähigen Klasse werden nicht anders behandelt als die einer normalen Klasse, d. h., sie werden beim Laden der Klasse in den internen Modus eines Programms dort angelegt. Wenn verschiedene Programme auf die gleichen Shared Objects zugreifen, sind die statischen Attribute der zugehörigen Klassen mehrfach und unabhängig voneinander in den Programmen vorhanden.
- In einer Shared-Memory-fähigen Klasse können keine Ereignisse deklariert oder behandelt werden.

14.1.2.7 Paketsichtbarkeit
Syntax
```
... OPEN FOR PACKAGE
```

7.2 Ab Release 7.2. Dieser Zusatz ist Voraussetzung für die Verwendung der Anweisung PACKAGE SECTION im Deklarationsteil der Klasse, um einen Paket-Sichtbarkeitsbereich anzulegen, und für die Verwendung des Zusatzes CREATE PACKAGE. Er bewirkt, dass die Komponenten des geschützten Sichtbarkeitsbereichs für Repository-Objekte des gleichen Pakets sichtbar werden.

Der Zusatz OPEN FOR PACKAGE wird nicht von Oberklassen an Unterklassen vererbt.

14.1.2.8 Testklassen

```
CLASS - FOR TESTING
```

Syntax von FOR TESTING
```
... FOR TESTING [RISK LEVEL {CRITICAL|DANGEROUS|HARMLESS}]
                [DURATION    {SHORT|MEDIUM|LONG}].
```

Mit dem Zusatz FOR TESTING wird eine Klasse als Testklasse für das Werkzeug ABAP Unit definiert. Testklassen können Testmethoden enthalten, die während eines Testlaufs aufgerufen werden.

Eine Testklasse ist in der Regel eine lokale Klasse. Der Quelltext innerhalb einer Testklasse gehört nicht zum produktiven Coding des Programms und wird in Produktivsystemen nicht generiert (Steuerung über Profilparameter abap/test_generation). Eine Testklasse und ihre Komponenten können deshalb nicht im produktiven Coding des Programms, sondern nur in anderen Testklassen angesprochen werden. Insbesondere muss eine Unterklasse einer Testklasse selbst eine Testklasse sein und mit dem Zusatz FOR TESTING deklariert werden. Als einzige Ausnahme von dieser Regel können Testklassen bei der Definition produktiver Klassen als Freunde angegeben werden, um das Testen privater Komponenten zu ermöglichen.

Eine lokale Testklasse kann spezielle private Methoden enthalten, die das Fixture für die Tests der Klasse implementieren. Diese Methoden haben folgende vordefinierte Namen:

- Eine Instanzmethode setup, die vor jedem einzelnen Test der Klasse ausgeführt wird.
- Eine Instanzmethode teardown, die nach jedem einzelnen Test der Klasse ausgeführt wird.
- Eine statische Methode class_setup, die einmal vor allen Tests der Klasse ausgeführt wird.
- Eine statische Methode class_teardown, die einmal nach allen Tests der Klasse ausgeführt wird.

Die Zusätze RISK LEVEL und DURATION ordnen einer Testklasse ab Release 7.02/7.2 Testeigenschaften zu. RISK LEVEL legt die Risikostufe, DURATION die erwartete Ausführungsdauer eines Tests fest. Die Testeigenschaften werden bei der Testausführung überprüft. Tests, deren Risikostufe höher als die in einem System erlaubte ist, werden nicht ausgeführt. Tests, die länger als die erwartete Ausführungsdauer laufen, werden abgebrochen. Vor Release 7.02/7.2 mussten hierfür Pseudokommentare verwendet werden (siehe Abschnitt 51.2.2).

Hinweise

- Neben den Testmethoden und den speziellen Methoden für das Fixture kann eine Testklasse auch beliebige andere Komponenten enthalten. Diese Komponenten können je nach Sichtbarkeit nur in der eigenen Testklasse oder anderen Testklassen verwendet werden. Somit können beispielsweise Hilfsmethoden für Tests definiert werden.
- Testklassen können von beliebigen anderen, insbesondere globalen, Klassen erben. Dies erlaubt die Implementierung allgemeiner globaler Tests, die in lokalen Testklassen verwendet werden können.
- Für die Wiederverwendung aufwendiger Testvorbereitungen können globale Testklassen angelegt werden. Globale Testklassen sollten immer abstrakt sein und können nur in loka-

len Testklassen verwendet werden. Alle Instanzmethoden einer globalen Testklasse sind zurzeit automatisch Testmethoden.

- Bei einer lokalen Klasse, die im Bereich für LOKALE TYPEN des Class-Pools einer globalen Testklasse angelegt wird, darf der Zusatz FOR TESTING nicht verwendet werden. Bei Hilfsklassen für die globale Testklasse ist der Zusatz nicht notwendig, da deren Eigenschaft TESTKLASSE bezüglich der Generierung auf den gesamten Class-Pool wirkt. Für den seltenen Fall, dass eine globale Testklasse selbst getestet werden soll, können lokale Testklassen, wie auch bei anderen globalen Klassen empfohlen, im Bereich LOKALE TESTKLASSEN angelegt werden.
- Bei SAP-eigenen Testklassen muss eine Risikostufe angegeben werden.
- Die Zusätze RISK LEVEL und DURATION lösen die Pseudokommentare für Testklassen ab (siehe Abschnitt 51.2.2). Vorhandene Pseudokommentare werden weiterhin berücksichtigt, sollten aber nicht mehr verwendet werden.

14.1.2.9 Freunde

Syntax
```
... [GLOBAL] FRIENDS class1 class2 ... intf1 intf2
```

Mit dem Zusatz FRIENDS macht die Klasse class die Klassen class1, class2, ... bzw. die Interfaces intf1, intf2, ... zu ihren Freunden. Gleichzeitig werden sämtliche Unterklassen der Klassen class1, class2, ..., sämtliche Klassen, die eines der Interfaces intf1, intf2, ... implementieren, und sämtliche Interfaces, die eines der Interfaces intf1, intf2, ... als Komponenteninterface enthalten, zu Freunden der Klasse class. Es muss mindestens eine Klasse oder ein Interface angegeben werden und der Zusatz FRIENDS muss immer als letzter hinter den übrigen Zusätzen angegeben werden.

Die Freunde einer Klasse haben unbeschränkten Zugriff auf die geschützten und privaten Komponenten der Klasse und können uneingeschränkt Instanzen der Klasse erzeugen.

Die Freunde von class sind nicht automatisch auch Freunde der Unterklassen von class. Die Klasse class wird durch den Zusatz FRIENDS nicht zum Freund ihrer Freunde.

Ohne den Zusatz GLOBAL können für class1, class2, ... und intf1, intf2, ... alle an dieser Stelle sichtbaren Klassen und Interfaces angegeben werden. Falls globale Klassen und Interfaces der Klassenbibliothek zu Freunden gemacht werden, ist zu beachten, dass in diesen die lokalen Klassen anderer ABAP-Programme nicht sichtbar sind. Ein statischer Zugriff auf die Komponenten einer lokalen Klasse class ist in solchen Freunden nicht möglich.

Der Zusatz GLOBAL ist nur bei gleichzeitiger Verwendung des Zusatzes PUBLIC, also für die globale Klasse eines Class-Pools, erlaubt. Hinter GLOBAL FRIENDS können andere globale Klassen und Interfaces der Klassenbibliothek aufgeführt werden. Dieser Zusatz wird beim Anlegen einer globalen Klasse vom Class Builder erzeugt, wenn auf der entsprechenden Registerkarte Freunde eingetragen wurden.

Beispiel

In diesem Beispiel ist das Interface i1 und damit auch die implementierende Klasse c2 Freund der Klasse c1. Die Klasse c2 kann c1 instanzieren und auf ihre private Komponente a1 zugreifen.

```
INTERFACE i1.
  ...
ENDINTERFACE.
CLASS c1 DEFINITION CREATE PRIVATE FRIENDS i1.
  PRIVATE SECTION.
    DATA a1 TYPE c LENGTH 10 VALUE 'Class 1'.
ENDCLASS.
CLASS c2 DEFINITION.
  PUBLIC SECTION.
    INTERFACES i1.
    METHODS m2.
ENDCLASS.
CLASS c2 IMPLEMENTATION.
  METHOD m2.
    DATA oref TYPE REF TO c1.
    CREATE OBJECT oref.
    WRITE    oref->a1.
  ENDMETHOD.
ENDCLASS.
```

14.1.3 Sichtbarkeitsbereiche von Klassen

Der Deklarationsteil einer Klasse kann in verschiedene Sichtbarkeitsbereiche unterteilt werden. Diese Bereiche definieren die Sichtbarkeit der Klassenkomponenten von außen und somit die Schnittstellen der Klasse für alle von der Paketprüfung erlaubten Verwender. Jede Komponente einer Klasse muss explizit einem der Sichtbarkeitsbereiche zugeordnet werden.

Tabelle 14.1 fasst die Sichtbarkeiten für eine Klasse zusammen, die ohne den Zusatz OPEN FOR PACKAGE definiert ist:

Sichtbar für	PUBLIC SECTIONs	PROTECTED SECTION	PRIVATE SECTION
gleiche Klasse und deren Freunde	X	X	X
beliebige Unterklassen	X	X	
beliebige Repository-Objekte	X		

Tabelle 14.1 Sichtbarkeiten einer Klasse ohne Paket-Sichtbarkeitsbereich

Tabelle 14.2 fasst die Sichtbarkeiten für eine Klasse zusammen, die mit dem Zusatz OPEN FOR PACKAGE definiert ist (ab Release 7.2):

Sichtbar für	PUBLIC SECTIONs	PROTECTED SECTION	PACKAGE SECTION	PRIVATE SECTION
gleiche Klasse und deren Freunde	X	X	X	X
Repository-Objekte des gleichen Pakets	X	X	X	
beliebige Unterklassen	X	X		
beliebige Repository-Objekte	X			

Tabelle 14.2 Sichtbarkeiten einer Klasse mit Paket-Sichtbarkeitsbereich

Mit der Einführung des operationalen Paketkonzepts zu Release 7.2 sollten nur noch solche Komponenten im öffentlichen Sichtbarkeitsbereich deklariert werden, auf die von außerhalb des Pakets zugegriffen werden darf und die entsprechend in der Paketschnittstelle veröffentlicht sind. Für Komponenten, die nur innerhalb ihres Pakets öffentlich sind, kann ab Release 7.2 der Paket-Sichtbarkeitsbereich verwendet werden. Der geschützte Bereich ist nur für solche Komponenten notwendig, auf die aus Unterklassen eines anderen Pakets zugegriffen werden darf.

14.1.3.1 Öffentlicher Sichtbarkeitsbereich

PUBLIC SECTION

Syntax
PUBLIC SECTION.

Diese Anweisung ist nur im Deklarationsteil einer Klasse möglich und definiert den öffentlichen Sichtbarkeitsbereich der Klasse class. Alle Komponenten der Klasse, die im Bereich hinter der Anweisung PUBLIC SECTION deklariert werden, sind von außerhalb der Klasse, in ihren Unterklassen und in der Klasse selbst ansprechbar, sofern es die Paketprüfung erlaubt. Insbesondere können öffentliche Methoden in Unterklassen redefiniert werden.

Hinweis
Im öffentlichen Sichtbarkeitsbereich sollten seit Einführung des operationalen Paketkonzepts zu Release 7.2 nur noch Komponenten deklariert werden, die außerhalb des Pakets der Klasse verwendbar sein sollen und entsprechend in der Paketschnittstelle veröffentlicht werden. Für Komponenten, auf die nur innerhalb eines Pakets zugegriffen werden muss, bietet sich ab Release 7.2 der über PACKAGE SECTION definierte Paket-Sichtbarkeitsbereich an.

14.1.3.2 Geschützter Sichtbarkeitsbereich

PROTECTED SECTION

Syntax
PROTECTED SECTION.

Diese Anweisung ist nur im Deklarationsteil einer Klasse möglich und definiert den geschützten Sichtbarkeitsbereich der Klasse class. Die Bedeutung des geschützten Sichtbarkeitsbereichs richtet sich nach der Verwendung des Zusatzes OPEN FOR PACKAGE:

- Vor Release 7.2 und wenn ab Release 7.2 der Zusatz nicht angegeben ist, sind alle Komponenten der Klasse, die im Bereich hinter der Anweisung PROTECTED SECTION deklariert werden, in den Unterklassen der Klasse und in der Klasse selbst direkt ansprechbar, falls es die Paketprüfung erlaubt. Insbesondere können geschützte Methoden in Unterklassen redefiniert werden.
- Wenn der Zusatz angegeben ist (ab Release 7.2), sind die Komponenten des geschützten Sichtbarkeitsbereichs zusätzlich für alle Repository-Objekte des gleichen Pakets sichtbar und können dort wie öffentliche Komponenten adressiert werden.

Hinweise
- Eine Methode einer Klasse kann außer den geschützten Komponenten der eigenen Klasse alle geschützten Komponenten aller Instanzen der gleichen Klasse verwenden.
- In Unterklassen ist der Zugriff auf die geschützten Komponenten von Oberklassen über Referenzvariablen vom Typ der Oberklasse nicht möglich, da ansonsten ein Attribut eines Objekts vom dynamischen Typ der Oberklasse oder einer anderen Unterklasse änderbar wäre.
- Eine Unterklasse kann nicht auf die von einer gemeinsamen Oberklasse geerbten geschützten Komponenten einer Unterklasse eines anderen Astes der Vererbungshierarchie zugreifen.
- Die Deklaration von Attributen im geschützten Bereich verhindert nicht, dass Methoden in Unterklassen der Klasse oder in der Klasse selbst Referenzen auf diese Attribute in Form von Referenzvariablen oder Feldsymbolen nach außen geben können und die Attribute dadurch außerhalb des geschützten Bereichs sicht- und änderbar werden.

14.1.3.3 Paket-Sictbarkeitsbereich

PACKAGE SECTION

Syntax
PACKAGE SECTION.

Ab Release 7.2. Diese Anweisung ist nur im Deklarationsteil einer Klasse möglich und definiert den Paket-Sichtbarkeitsbereich der Klasse class.

Bezüglich des Zugriffs von außerhalb der Klasse wirkt der Paket-Sichtbarkeitsbereich für Repository-Objekte des Pakets der Klasse wie PUBLIC SECTION und für Repository-Objekte außerhalb des Pakets der Klasse wie PRIVATE SECTION.

Bezüglich der Vererbung an Unterklassen wirkt der Paket-Sichtbarkeitsbereich wie PRIVATE SECTION. Paket-sichtbare Komponenten werden nicht vererbt und können nicht direkt angesprochen werden. Insbesondere sind paket-sichtbare Komponenten in Unterklassen nicht redefinierbar. Unterklassen können die paket-sichtbaren Komponenten der Oberklassen des gleichen Pakets nur wie andere Repository-Objekte ansprechen, d. h. über einen geeigneten Komponentenselektor.

Voraussetzung für die Deklaration der PACKAGE SECTION ist die Verwendung des ab Release 7.2 möglichen Zusatzes OPEN FOR PACKAGE der Anweisung CLASS DEFINITION.

Hinweis

Der Paket-Sichtbarkeitsbereich ist der empfohlene Sichtbarkeitsbereich für alle Komponenten, die nur innerhalb eines Pakets sichtbar sein müssen. Er löst seit Einführung des operationalen Paketkonzepts zu Release 7.2 die allgemeine Verwendung des mit PUBLIC SECTION definierten öffentlichen Sichtbarkeitsbereichs ab. Dieser ist nur noch für Paket-übergreifende Zugriffe notwendig oder wenn die Klasse ein Interface implementieren soll. Interfaces können weiterhin nur in der PUBLIC SECTION implementiert werden.

14.1.3.4 Privater Sichtbarkeitsbereich

PRIVATE SECTION

Syntax
PRIVATE SECTION.

Diese Anweisung ist nur im Deklarationsteil einer Klasse möglich und definiert den privaten Sichtbarkeitsbereich der Klasse class. Alle Komponenten der Klasse, die im Bereich hinter der Anweisung PRIVATE SECTION deklariert werden, sind nur in der Klasse selbst ansprechbar.

Hinweise

- Eine Methode einer Klasse kann außer den privaten Komponenten der eigenen Klasse alle privaten Komponenten aller Instanzen der gleichen Klasse verwenden. Die Ausnahme zu dieser Regel sind Unterklassen, die keinen Zugriff auf die privaten Komponenten von Oberklassen haben, wenn sie nicht deren Freunde sind.

- Die Deklaration von Attributen im privaten Bereich verhindert nicht, dass Methoden der Klasse Referenzen auf diese Attribute in Form von Referenzvariablen oder Feldsymbolen nach außen geben können und die Attribute dadurch außerhalb des geschützten Bereichs sicht- und änderbar werden.

- Private Komponenten, die in einer Klasse deklariert sind, dort aber nicht statisch verwendet werden, führen zu einer Warnung der erweiterten Programmprüfung.

14.1.4 Klassenkomponenten

CLASS – *components*

In den Sichtbarkeitsbereichen werden die Komponenten der Klassen definiert. Folgende Deklarationsanweisungen sind für *components* möglich:

- TYPES, DATA, CLASS-DATA, CONSTANTS für Datentypen und Datenobjekte (siehe Abschnitt 14.3.1)
- METHODS, CLASS-METHODS, EVENTS, CLASS-EVENTS für Methoden und Ereignisse (siehe Abschnitte 14.3.2 und 14.3.3)
- INTERFACES zur Implementierung von Interfaces und ALIASES für Aliasnamen von Interfacekomponenten (siehe Abschnitt 14.3.4)

Wir unterscheiden zwischen solchen Komponenten, die instanzabhängig für jedes Objekt vorhanden sind, und solchen, die instanzunabhängig pro Klasse nur einmal vorhanden sind. Die instanzabhängigen Komponenten sind Instanzkomponenten, die instanzunabhängigen Komponenten sind statische Komponenten. Alle in Klassen deklarierbaren Komponenten können auch in Interfaces deklariert werden.

Hinweis
Alle Komponenten einer Klasse liegen in einem Namensraum. Innerhalb einer Klasse muss der Name einer Komponente unabhängig von seiner Art (Datentyp, Attribut, Methode, Ereignis oder Aliasname) eindeutig sein. Die Komponenten eines implementierten Interfaces sind durch das Präfix `intf~` – Name des Interfaces mit Interfacekomponenten-Selektor – gekennzeichnet.

14.1.5 Implementierungsteil
Implementierung der Methoden einer Klasse.

```
CLASS - IMPLEMENTATION
```

Syntax
```
CLASS class IMPLEMENTATION.
  ...
  METHOD ...
    ...
  ENDMETHOD.
  ...
ENDCLASS.
```

Im Anweisungsblock `CLASS class IMPLEMENTATION - ENDCLASS` müssen folgende Methoden einer Klasse `class` in beliebiger Reihenfolge implementiert werden:

- alle konkreten Methoden, die mit `METHODS` oder `CLASS-METHODS` im Deklarationsteil der Klasse deklariert sind
- alle konkreten Methoden von Interfaces, die mit der Anweisung `INTERFACES` im Deklarationsteil der Klasse aufgeführt sind
- alle von Oberklassen geerbten Methoden, die im Deklarationsteil der Klasse mit der Anweisung `METHODS ... REDEFINITION` aufgeführt sind

Die Implementierung jeder Methode entspricht einem Verarbeitungsblock `METHOD - ENDMETHOD`. Außerhalb von Methodenimplementierungen sind im Implementierungsteil keine Anweisungen erlaubt. In einer Methodenimplementierung kann in Instanzmethoden auf alle Komponenten und in statischen Methoden auf alle statischen Komponenten der eigenen Klasse zugegriffen werden. Für die Adressierung von Komponenten der eigenen Klasse ist kein Komponentenselektor notwendig. Innerhalb der Implementierung jeder Instanzmethode steht zur Laufzeit eine implizit erzeugte lokale Referenzvariable namens `me` zur Verfügung, die auf die aktuelle Instanz der Methode zeigt.

Beim Implementieren von Methoden, die in einem von der Klasse über `INTERFACES` eingebundenen Interface `intf` deklariert sind, muss dem Bezeichner der Methode in `METHOD` entweder `intf~` vorangestellt oder ein in der Klasse mit `ALIASES` deklarierter Aliasname verwendet werden. Die Interfacemethode muss im Interface deklariert sein. Ansonsten kommt es bei der

Verwendung lokaler Interfaces zu einem Syntaxfehler. Bei der Angabe eines globalen Interfaces über `intf~` kommt es nur zu einer Syntaxwarnung. Dadurch bleiben Klassen auch nach einem nachträglichen Entfernen der Methoden aus dem globalen Interface verwendbar, sofern sie nicht selbst die Methoden verwendet haben.

Hinweis

Eine Klasse, die aufgrund ihres Deklarationsteils keine Methoden implementieren muss, hat entweder einen leeren oder gar keinen Implementierungsteil.

Beispiel

In diesem Beispiel müssen drei Methoden der Klasse c2 implementiert werden. Die Methode m1 in c1 ist abstrakt und darf dort nicht implementiert werden.

```
INTERFACE i1.
  METHODS m1.
ENDINTERFACE.
CLASS c1 DEFINITION ABSTRACT.
  PROTECTED SECTION.
    METHODS m1 ABSTRACT.
ENDCLASS.
CLASS c2 DEFINITION INHERITING FROM c1.
  PUBLIC SECTION.
    INTERFACES i1.
    METHODS m2.
  PROTECTED SECTION.
    METHODS m1 REDEFINITION.
ENDCLASS.
CLASS c2 IMPLEMENTATION.
  METHOD m1.
    ...
  ENDMETHOD.
  METHOD m2.
    ...
  ENDMETHOD.
  METHOD i1~m1.
    ...
  ENDMETHOD.
ENDCLASS.
```

14.1.6 Klasse bekannt machen

`CLASS - DEFERRED`

Syntax
`CLASS class DEFINITION DEFERRED [PUBLIC].`

Diese Variante der Anweisung CLASS dient dazu, die Klasse class unabhängig vom Ort der eigentlichen Definition vorläufig im Programm bekannt zu machen. Sie leitet keinen Deklarationsteil ein und darf nicht mit ENDCLASS abgeschlossen werden.

Ohne den Zusatz PUBLIC macht die Anweisung eine lokale Klasse vor ihrer eigentlichen Definition bekannt. Das Programm muss an späterer Stelle einen Deklarationsteil für class enthalten. Ein Zugriff auf einzelne Komponenten ist nicht vor der eigentlichen Definition möglich. Die Anweisung ist notwendig, wenn man sich auf eine lokale Klasse beziehen will, bevor sie definiert wird.

Mit dem Zusatz PUBLIC macht sie eine globale Klasse bekannt und verzögert das Laden der Klasse bis zum Ende der aktuellen Programmeinheit. Der Zugriff auf einzelne Komponenten ist erst nach dem Laden der Klasse möglich. Die Anweisung kann verwendet werden, um ungewollte Rekursionen beim Bezug auf globale Klassen zu verhindern.

Beispiel
In diesem Beispiel verwendet die Klasse c1 die Klasse c2 und umgekehrt. Deshalb muss eine der Klassen vor ihrer eigentlichen Definition bekannt gemacht werden.

```
CLASS c1 DEFINITION DEFERRED.
CLASS c2 DEFINITION.
  PUBLIC SECTION.
    DATA c1ref TYPE REF TO c1.
ENDCLASS.
CLASS c1 DEFINITION.
  PUBLIC SECTION.
    DATA c2ref TYPE REF TO c2.
ENDCLASS.
```

Ein Beispiel für die Verwendung des Zusatzes DEFERRED PUBLIC wäre eine Typgruppe, in der ein Referenztyp mit Bezug auf eine globale Klasse deklariert wird, die selbst Komponenten mit Bezug auf diesen Referenztyp enthält. In diesem Fall kann nicht die gesamte Klasse vor der Typgruppe geladen werden, da die Typen dann noch nicht bekannt sind. Nach der Anweisung CLASS DEFINITION ... DEFERRED PUBLIC kann der Klassenname aber hinter REF TO angegeben werden, ohne dass die Klasse vorher schon geladen wird.

14.1.7 Lokale Freunde globaler Klassen

```
CLASS - LOCAL FRIENDS
```

Syntax
```
CLASS class DEFINITION
        LOCAL FRIENDS class1 class2 ...
                      intf1 intf2
```

Diese Anweisung macht die lokalen Klassen und Interfaces class1 class2 ... und intf1 intf2 ... eines Class-Pools zu Freunden seiner globalen Klasse class. Es muss mindestens eine Klasse oder ein Interface angegeben werden.

Diese Anweisung leitet keinen Deklarationsteil ein und darf nicht mit ENDCLASS abgeschlossen werden.

Hinweise

- Die Deklaration lokaler Klassen eines Class-Pools als Freunde der globalen Klasse ist insbesondere für lokale Testklassen notwendig, die die privaten Komponenten der globalen Klasse testen sollen.
- Wenn die lokalen Klassen und Interfaces `class1 class2` ... und `intf1 intf2` ... bereits in ihrem Deklarationsteil Zugriff auf die privaten und geschützten Komponenten der globalen Klasse `class` haben sollen, muss die Anweisung im Class-Pool vorher aufgeführt werden, wofür die lokalen Klassen und Interfaces zuvor mit `CLASS` - bzw. `INTERFACE` - `DEFERRED` bekannt gemacht werden müssen.

14.2 Interfaces definieren

Interfaces ermöglichen es, unterschiedliche Klassen über identische Schnittstellen anzusprechen. Interfaces sind neben der Vererbung eine der Grundlagen für die Polymorphie von Klassen, da eine Methode eines Interfaces sich in unterschiedlichen Klassen unterschiedlich verhalten kann. Interfacereferenzvariablen ermöglichen es einem Verwender, verschiedene Klassen gleichartig anzusprechen.

`INTERFACE`

Die Anweisung `INTERFACE` definiert Interfaces oder macht diese bekannt.

Die Definition eines Interfaces besteht aus einem Deklarationsteil, der mit `INTERFACE` eingeleitet und mit `ENDINTERFACE` abgeschlossen wird. Ein Interface hat im Gegensatz zu Klassen keinen Implementierungsteil.

Eine Variante von `INTERFACE` ohne `ENDINTERFACE` dient dem Bekanntmachen von Interfaces in einem Programm.

Die Definition oder das Bekanntmachen eines Interfaces spielen im Kontext eines Programms die Rolle globaler Deklarationen. Die Anweisungen `INTERFACE` und zugehörige Anweisungen `ENDINTERFACE` können nur im globalen Kontext eines Programms aufgeführt werden. Innerhalb von Klassen, von Prozeduren und von Verarbeitungsblöcken, die intern als Prozedur implementiert sind – Ereignisblöcke für `GET` und `AT SELECTION-SCREEN` –, sowie innerhalb von `COMMON PART`-Anweisungen können `INTERFACE` und `ENDINTERFACE` nicht aufgeführt werden. Dies gilt insbesondere auch für die Variante von `INTERFACE`, die nicht durch `ENDINTERFACE` abgeschlossen wird.

14.2.1 Deklarationsteil

`INTERFACE intf`

Syntax
```
INTERFACE intf [PUBLIC].
  [components]
ENDINTERFACE.
```

Der Anweisungsblock INTERFACE - ENDINTERFACE definiert ein Interface intf. Für den Namen intf gelten die Namenskonventionen für programminterne Objekte. Zwischen INTERFACE und ENDINTERFACE werden die Komponenten *components* des Interfaces deklariert.

Durch den Zusatz PUBLIC wird das Interface intf zu einem globalen Interface der Klassenbibliothek. Der Zusatz PUBLIC ist nur beim globalen Interface eines Interface-Pools möglich und wird beim Anlegen eines globalen Interfaces vom Class Builder erzeugt.

Beispiel
In diesem Beispiel wird ein Interface i1 mit drei Interfacekomponenten a1, m1 und e1 deklariert. Die Klasse c1 implementiert das Interface, wodurch die Interfacekomponenten zu öffentlichen Komponenten der Klasse werden, die über den Interfacekomponenten-Selektor (~) ansprechbar sind.

```
INTERFACE i1.
  DATA     a1 TYPE string.
  METHODS m1.
  EVENTS   e1 EXPORTING value(p1) TYPE string.
ENDINTERFACE.
CLASS c1 DEFINITION.
  PUBLIC SECTION.
    INTERFACES i1.
ENDCLASS.
CLASS c1 IMPLEMENTATION.
  METHOD i1~m1.
    RAISE EVENT i1~e1 EXPORTING p1 = i1~a1.
  ENDMETHOD.
ENDCLASS.
```

14.2.2 Interfacekomponenten

INTERFACE - *components*

Folgende Deklarationsanweisungen sind für *components* möglich:

- TYPES, DATA, CLASS-DATA, CONSTANTS für Datentypen und Datenobjekte
- METHODS, CLASS-METHODS, EVENTS, CLASS-EVENTS für Methoden und Ereignisse
- INTERFACES zur Einbindung von Komponenteninterfaces und ALIASES für Aliasnamen für deren Komponenten

Die einzigen Interfacekomponenten, die ohne Implementierung des Interfaces in Klassen angesprochen werden können, sind Datentypen und Konstanten. Diese können über den Namen des Interfaces und den Klassenkomponenten-Selektor (=>) adressiert werden.

Hinweis
Alle Komponenten eines Interfaces liegen in einem Namensraum. Innerhalb eines Interfaces muss der Name einer Komponente unabhängig von seiner Art – Datentyp, Attribut, Methode, Ereignis oder Aliasname – eindeutig sein. Die Komponenten eines eingebundenen Interfaces

sind durch das Präfix `intf~` (Name des Interfaces mit Interfacekomponenten-Selektor) gekennzeichnet.

14.2.3 Interfaces bekannt machen

INTERFACE – DEFERRED

Syntax
`INTERFACE intf DEFERRED [PUBLIC].`

Diese Variante der Anweisung `INTERFACE` dient dazu, das Interface `intf` unabhängig vom Ort der eigentlichen Definition im Programm bekannt zu machen. Sie leitet keinen Deklarationsteil ein und darf nicht mit `ENDINTERFACE` abgeschlossen werden. Die Bedeutung ist wie bei der entsprechenden Variante der Anweisung `CLASS`.

14.3 Komponenten deklarieren

Im Deklarationsteil von Klassen und Interfaces werden die Komponenten von Klassen und Interfaces deklariert. Die Komponenten einer Klasse sind:

- Datentypen und Attribute
- Methoden
- Ereignisse

14.3.1 Attribute und Datentypen

Attribute sind die Datenobjekte einer Klasse. Daneben ist auch die Deklaration klasseneigener Datentypen möglich.

14.3.1.1 Datentypen, Instanzattribute und Konstanten

Die Deklaration von Instanzattributen, Konstanten und Datentypen erfolgt mit allgemeinen Anweisungen, die auch in anderen Kontexten möglich sind:

- DATA
  Im Deklarationsteil einer Klasse deklariert die Anweisung `DATA` ein Instanzattribut.
- CONSTANTS
  Im Deklarationsteil einer Klasse deklariert die Anweisung `CONSTANTS` eine Konstante der Klasse. Konstanten in Klassen verhalten sich abgesehen von ihrer Änderbarkeit wie statische Attribute, d. h., sie sind einmal pro Klasse vorhanden und über den Namen der Klasse und den Klassen-Komponentenselektor ansprechbar.
- TYPES
  Im Deklarationsteil einer Klasse deklariert die Anweisung `TYPES` einen Datentyp der Klasse. Datentypen einer Klasse sind instanzunabhängig und ein einziges Mal für alle Objekte einer Klasse vorhanden.

14.3.1.2 Statische Attribute

```
CLASS-DATA
```

Syntax
```
CLASS-DATA attr [options].
```

Die Anweisung `CLASS-DATA` kann nur im Deklarationsteil einer Klasse oder eines Interfaces verwendet werden. Sie deklariert ein statisches Attribut `attr`, dessen Gültigkeit nicht an Instanzen einer Klasse, sondern an die Klasse selbst gebunden ist. Alle Instanzen der Klasse und ihrer Unterklassen greifen gemeinsam auf ein statisches Attribut zu.

Für den Namen `attr` gelten die Namenskonventionen für programminterne Objekte. Die Syntax der Zusätze *options* ist vollständig identisch mit der Anweisung `DATA` für Instanzattribute (nur der Zusatz `WITH HEADER LINE` kann nicht verwendet werden).

Hinweis
Wie alle statischen Komponenten in der Vererbung sind die statischen Attribute einer Oberklasse in allen Unterklassen vorhanden. Ein nach außen sichtbares statisches Attribut kann über den Klassenkomponenten-Selektor und alle Namen von Klassen, in denen es vorhanden ist, adressiert werden. Dabei wird aber immer die Klasse angesprochen, in der es deklariert ist, was z. B. Einfluss auf die Ausführung des statischen Konstruktors hat. Eine Änderung eines statischen Attributs ist unabhängig von der Adressierung für alle Klassen gültig, in denen es vorhanden ist.

Beispiel
In diesem Beispiel wird über den Klassenkomponenten-Selektor auf das statische Attribut `text` der Klasse `c1` zugegriffen, ohne dass eine Instanz der Klasse erzeugt wurde.

```
CLASS c1 DEFINITION.
  PUBLIC SECTION.
    CLASS-DATA text TYPE string VALUE `Static data`.
ENDCLASS.
START-OF-SELECTION.
  WRITE c1=>text.
```

14.3.2 Methoden

Die Deklaration von Methoden erfolgt mit folgenden Anweisungen:

- `METHODS` für Instanzmethoden
- `CLASS-METHODS` für statische Methoden

Diese Anweisungen sind nur im Deklarationsteil von Klassen und Interfaces möglich.

Methoden bestimmen das Verhalten einer Klasse. Bei der Deklaration wird die Schnittstelle einer Methode definiert. Für spezielle Aufgaben gibt es unterschiedliche Arten von Methoden. Jede Art von Methode kann als Instanzmethode oder als statische Methode deklariert werden.

14.3.2.1 Instanzmethoden

```
METHODS
```

Die Anweisung `METHODS` deklariert oder redefiniert eine Instanzmethode `meth`. Für den Namen `meth` gelten die Namenskonventionen für programminterne Objekte.

Instanzmethoden sind an Objekte gebunden. Um Instanzmethoden zu verwenden, muss zunächst ein Objekt der Klasse erzeugt werden. In Instanzmethoden kann ohne Komponentenselektor auf alle Komponenten der eigenen Klasse zugegriffen werden.

Durch die Varianten der Anweisung `METHODS` werden folgende Arten der Methodendeklaration unterschieden:

- **Allgemeine Instanzmethoden**
  Die allgemeinste Form der `METHODS`-Anweisung erlaubt die Definition von Instanzmethoden mit beliebigen Ein- und Ausgabeparametern.

- **Funktionale Instanzmethoden**
  Funktionale Methoden haben beliebig viele Eingabeparameter und genau einen Rückgabewert als Ausgabeparameter.

- **Instanzkonstruktoren**
  Instanzkonstruktoren sind Methoden mit dem vorgegebenen Namen `constructor`, die bei der Instanzierung ihrer Klasse automatisch aufgerufen werden. Konstruktoren haben beliebig viele Eingabeparameter und keine Ausgabeparameter.

- **Ereignisbehandler**
  Ereignisbehandler sind Methoden, die zwar auch mit `CALL METHOD`, hauptsächlich aber durch das Auslösen eines Ereignisses einer Klasse oder eines Interfaces aufgerufen werden können. Die einzig möglichen Formalparameter eines Ereignisbehandlers sind Eingabeparameter, die als Ausgabeparameter des Ereignisses definiert wurden.

- **Redefinition von Instanzmethoden**
  Eine in einer Oberklasse deklarierte Methode kann in einer Unterklasse redefiniert werden, solange sie in der Oberklasse nicht als final gekennzeichnet ist. Bei einer Redefinition wird die Schnittstelle der Methode nicht geändert.

- **Testmethoden**
  Testmethoden können in Testklassen deklariert werden. Sie haben keine Schnittstellenparameter und werden während ABAP-Unit-Tests von der ABAP-Laufzeitumgebung aufgerufen.

Allgemeine Instanzmethoden

```
METHODS - IMPORTING, EXPORTING, CHANGING, RAISING
```

Syntax

```
METHODS meth [ABSTRACT|FINAL]
  [IMPORTING parameters [PREFERRED PARAMETER p]]
  [EXPORTING parameters]
  [CHANGING  parameters]
```

```
[{RAISING exc1|RESUMABLE(exc1) exc2|RESUMABLE(exc2) ...}
|{EXCEPTIONS exc1 exc2 ...}].
```

Diese Anweisung deklariert eine allgemeine Instanzmethode meth. Mit den Zusätzen ABSTRACT und FINAL wird die Methode abstrakt bzw. final gemacht.

Die Zusätze IMPORTING, EXPORTING und CHANGING definieren die Parameterschnittstelle der Methode. Hinter jedem Zusatz werden die entsprechenden Formalparameter durch die Angabe einer Liste *parameters* definiert. Die Reihenfolge der Zusätze ist vorgeschrieben.

Die übrigen Zusätze legen fest, welche Ausnahmen die Methode propagieren bzw. auslösen.

Importing-Parameter
IMPORTING definiert Eingabeparameter *parameters*. Beim Aufruf der Methode muss für jeden nicht-optionalen Eingabeparameter ein passender Aktualparameter angegeben werden. Der Inhalt des Aktualparameters wird beim Aufruf an den Eingabeparameter übergeben. Der Inhalt eines Eingabeparameters, für den Referenzübergabe definiert ist, kann in der Methode nicht geändert werden.

Mit PREFERRED PARAMETER kann ein Eingabeparameter p1 p2 ... der Liste *parameters* hinter IMPORTING als bevorzugter Parameter gekennzeichnet werden. Diese Angabe ist nur dann sinnvoll, wenn alle Eingabeparameter optional sind. Bei einem Aufruf der Methode mit der Syntax

```
[CALL METHOD] meth( a ).
```

oder bei entsprechender Verwendung einer funktionalen Methode an einer Operandenposition wird dann der Aktualparameter a dem bevorzugten Parameter p zugeordnet.

Exporting-Parameter
Beim Aufruf der Methode kann für jeden Ausgabeparameter ein passender Aktualparameter angegeben werden. Der Inhalt eines Ausgabeparameters, der für Wertübergabe definiert ist, wird bei fehlerfreier Beendigung der Methode an den Aktualparameter übergeben.

Changing-Parameter
CHANGING definiert Ein-/Ausgabeparameter *parameters*. Beim Aufruf der Methode muss für jeden nicht-optionalen Ein-/Ausgabeparameter ein passender Aktualparameter angegeben werden. Der Inhalt des Aktualparameters wird beim Aufruf an den Ein-/Ausgabeparameter übergeben, und bei Beendigung der Methode wird der Inhalt des Ein-/Ausgabeparameters an den Aktualparameter übergeben.

Hinweis
Ein Ausgabeparameter, der für Referenzübergabe definiert ist, verhält sich wie ein Ein-/Ausgabeparameter, d. h., er wird bei Aufruf der Methode nicht initialisiert. Deshalb sollte vor dem ersten Schreibzugriff kein Lesezugriff auf ihn erfolgen. Weiterhin ist Vorsicht geboten, wenn der Inhalt solcher Parameter erweitert und nicht ersetzt wird, wie z. B. beim Einfügen von Zeilen in interne Tabellen.

Syntax von parameters

```
... { VALUE(p1) | REFERENCE(p1) | p1 }
      typing [OPTIONAL|{DEFAULT def1}]
    { VALUE(p2) | REFERENCE(p2) | p2 }
      typing [OPTIONAL|{DEFAULT def2}]
```

Mit VALUE oder REFERENCE wird festgelegt, ob ein Parameter p1 p2 ... per Wert oder per Referenz übergeben wird. Wenn nur ein Name p1 p2 ... angegeben wird, wird der Parameter standardmäßig per Referenz übergeben. Ein per Referenz übergebener Eingabeparameter darf in der Methode nicht verändert werden.

Mit dem Zusatz typing muss jeder Formalparameter typisiert werden. Die Syntax von typing ist in Abschnitt 16.1 beschrieben. Die Typisierung eines Formalparameters bewirkt, dass bei der Übergabe eines Aktualparameters dessen Datentyp gegen die Typisierung geprüft wird. Weiterhin legt die Typisierung fest, an welchen Operandenpositionen der Formalparameter in der Methode verwendet werden kann.

Mit OPTIONAL oder DEFAULT können Eingabeparameter und Ein-/Ausgabeparameter als optionale Parameter definiert werden, wobei mit DEFAULT ein Ersatzparameter def1 def2 ... angegeben werden kann. Für einen optionalen Parameter muss beim Aufruf der Methode kein Aktualparameter angegeben werden. Während ein Formalparameter mit dem Zusatz OPTIONAL dann typgerecht initialisiert wird, übernimmt ein Formalparameter mit dem Zusatz DEFAULT den Wert und Typ des Ersatzparameters def1 def2 .... Als Ersatzparameter def1 def2 ... kann mit Ausnahme der Komponenten von Boxed Components (ab Release 7.02/7.2) jedes vom Typ passende Datenobjekt angegeben werden, das an dieser Stelle sichtbar ist.

Wenn für einen generisch typisierten Formalparameter mit dem Zusatz OPTIONAL beim Aufruf kein Aktualparameter angegeben ist, wird der Typ des Formalparameters nach festen Regeln vervollständigt.

Hinweise

- Falls ein Formalparameter als Referenzvariable typisiert ist und nicht in der Prozedur verändert werden kann, wird die Typprüfung wie für einen Up Cast ausgeführt. Wenn er in der Prozedur verändert werden kann, muss der Aktualparameter kompatibel zum Formalparameter sein.
- Innerhalb einer Methode kann mit dem logischen Ausdruck IS SUPPLIED überprüft werden, ob einem optionalen Formalparameter beim Aufruf ein Aktualparameter zugeordnet wurde.

Beispiel

Die Methode read_spfli_into_table dieses Beispiels hat einen Eingabe- und einen Ausgabeparameter, die durch Bezug auf das ABAP Dictionary vollständig typisiert sind.

```
CLASS flights DEFINITION.
  PUBLIC SECTION.
    METHODS read_spfli_into_table
      IMPORTING VALUE(id) TYPE spfli-carrid
      EXPORTING flight_tab TYPE spfli_tab.
    ...
ENDCLASS.
```

Klassenbasierte Ausnahmen

Mit dem Zusatz RAISING werden die klassenbasierten Ausnahmen exc1 exc2 ... deklariert, die aus der Methode an den Aufrufer propagiert werden können (siehe Abschnitt 22.3.1).

Für exc1 exc2 ... können alle an dieser Stelle sichtbaren Ausnahmeklassen, die Unterklassen von CX_STATIC_CHECK oder CX_DYNAMIC_CHECK sind, angegeben werden. Die Ausnahmeklassen müssen in aufsteigender Reihenfolge bezüglich ihrer Vererbungshierarchie angegeben werden. Jede Ausnahmeklasse darf nur ein einziges Mal angegeben werden.

Mit dem Zusatz RESUMABLE wird ab Release 7.02/7.2 eine Ausnahme so deklariert, dass sie als wiederaufsetzbare Ausnahme propagiert werden kann. Das heißt:

- Eine wiederaufsetzbare Ausnahme wird als solche propagiert.
- Auf eine nicht-wiederaufsetzbare Ausnahme hat der Zusatz keine Wirkung.
- Wenn eine wiederaufsetzbare Ausnahme ohne den Zusatz RESUMABLE bei RAISING propagiert wird, verliert sie die Eigenschaft der Wiederaufsetzbarkeit.

Wenn eine Oberklasse als wiederaufsetzbar deklariert ist, müssen gleichzeitig aufgeführte Unterklassen ebenfalls als wiederaufsetzbar deklariert sein.

Ausnahmen der Kategorien CX_STATIC_CHECK und CX_DYNAMIC_CHECK müssen explizit deklariert werden, ansonsten kommt es bei einer Propagierung zu einer Verletzung der Schnittstelle. Eine Verletzung der Schnittstelle führt zur behandelbaren Ausnahme CX_SY_NO_HANDLER. Ausnahmen der Kategorie CX_NO_CHECK sind implizit immer deklariert und ab Release 7.02/7.2 mit dem Zusatz RESUMABLE versehen.

Hinweise

- Die Deklaration von Ausnahmen der Kategorie CX_STATIC_CHECK wird statisch beim Syntaxcheck überprüft. Für Ausnahmen der Kategorie CX_DYNAMIC_CHECK erfolgt die Prüfung erst zur Laufzeit.
- In einer Methode, in der mit dem Zusatz RAISING klassenbasierte Ausnahmen deklariert sind, kann die Anweisung CATCH SYSTEM-EXCEPTIONS nicht verwendet werden. Stattdessen müssen die entsprechenden behandelbaren Ausnahmen in einer TRY-Kontrollstruktur behandelt werden.
- Eine Ausnahme, die ab Release 7.02/7.2 in der Methode mit RAISE RESUMABLE EXCEPTION als wiederaufsetzbare Ausnahme ausgelöst wird, sollte auch in der Schnittstelle als wiederaufsetzbar deklariert sein, da die Ausnahme ansonsten beim Verlassen der Methode diese Eigenschaft verliert.

Beispiel

In der Klasse math können alle Ausnahmen, die durch die Klasse CX_SY_ARITHMETIC_ERROR und deren Unterklassen repräsentiert werden, aus der Methode divide_1_by propagiert werden. Falls beispielsweise dem Eingabeparameter operand beim Aufruf der Wert 0 übergeben wird, wird die Ausnahme CX_SY_ZERODIVIDE ausgelöst, propagiert und kann – wie im Beispiel gezeigt – vom Aufrufer in einer TRY-Kontrollstruktur behandelt werden.

```
CLASS math DEFINITION.
  PUBLIC SECTION.
```

```
      METHODS divide_1_by
        IMPORTING operand TYPE i
        RETURNING VALUE(result) TYPE decfloat34
        RAISING   cx_sy_arithmetic_error.
ENDCLASS.
CLASS math IMPLEMENTATION.
  METHOD divide_1_by.
    result = 1 / operand.
  ENDMETHOD.
ENDCLASS.
DATA: oref TYPE REF TO math,
      exc  TYPE REF TO cx_sy_arithmetic_error,
      res  TYPE decfloat34.
START-OF-SELECTION.
  CREATE OBJECT oref.
  TRY.
      res = oref->divide_1_by( 4 ).
      ...
    CATCH cx_sy_arithmetic_error INTO exc.
      ...
  ENDTRY.
```

Klassische Ausnahmen

Mit dem Zusatz EXCEPTIONS wird eine Liste nicht-klassenbasierter Ausnahmen exc1 exc2 ... definiert, die mit den Anweisungen RAISE oder MESSAGE RAISING in der Methode ausgelöst werden können. Die Bezeichner exc1 exc2 ... für die zu definierenden Ausnahmen sind beliebig und müssen direkt angegeben werden. Solcherart definierte Ausnahmen sind – ähnlich wie Formalparameter – an die Methode gebunden und können nicht propagiert werden.

Wird eine solche Ausnahme in einer Methode ausgelöst und ihr wurde mit dem gleichnamigen Zusatz EXCEPTIONS der Anweisung CALL METHOD beim Methodenaufruf kein Rückgabewert zugeordnet, kommt es zu einem Laufzeitfehler.

Die beiden Zusätze RAISING und EXCEPTIONS können nicht gleichzeitig verwendet werden. Darüber hinaus darf in einer Methode, in deren Schnittstelle nicht-klassenbasierte Ausnahmen definiert sind, nicht die Anweisung RAISE EXCEPTION zum Auslösen klassenbasierter Ausnahmen verwendet werden.

Hinweis
Für Neuentwicklungen wird empfohlen, mit klassenbasierten Ausnahmen zu arbeiten, die unabhängig von der konkreten Methode sind.

Beispiel
In der Klasse math ist für die Methode divide_1_by eine eigene Ausnahme arith_error definiert, die in der Methode mit der Anweisung RAISE ausgelöst wird, wenn ein arithmetischer Fehler auftritt. Falls beispielsweise dem Eingabeparameter operand beim Aufruf der Wert 0 übergeben wird, wird die Ausnahme arith_error bei der methodeninternen Behandlung der Ausnahme CX_SY_ZERODIVIDE ausgelöst und nach dem Aufruf der Methode durch die Aus-

wertung von sy-subrc behandelt. Wegen der Behandlung der klassischen Ausnahmen kann die Methode nicht funktional aufgerufen werden.

```abap
CLASS math DEFINITION.
  PUBLIC SECTION.
    METHODS divide_1_by
      IMPORTING operand TYPE i
      RETURNING VALUE(result) TYPE decfloat34
      EXCEPTIONS arith_error.
ENDCLASS.
CLASS math IMPLEMENTATION.
  METHOD divide_1_by.
    TRY.
        result = 1 / operand.
      CATCH cx_sy_arithmetic_error.
        RAISE arith_error.
    ENDTRY.
  ENDMETHOD.
ENDCLASS.
DATA: res  TYPE decfloat34,
      oref TYPE REF TO math.
START-OF-SELECTION.
  CREATE OBJECT oref.
  oref->divide_1_by( EXPORTING  operand = 4
                     RECEIVING  result  = res
                     EXCEPTIONS arith_error = 4 ).
  IF sy-subrc = 0.
    ...
  ELSE.
    ...
  ENDIF.
```

Abstrakte Ausnahmen
Durch den Zusatz ABSTRACT wird eine abstrakte Methode meth definiert. Der Zusatz ABSTRACT ist nur in abstrakten Klassen möglich, nicht in Interfaces. Eine abstrakte Methode wird nicht im Implementierungsteil ihrer Klasse implementiert. Um eine abstrakte Methode zu implementieren, muss sie in einer konkreten Unterklasse mit dem Zusatz REDEFINITION redefiniert werden.

Hinweise
- Abstrakte Methoden sind zwar auch in Klassen definierbar, die sowohl abstrakt als auch final sind, können aber nie implementiert werden und sind daher nicht verwendbar.
- Mit Ausnahme des Instanzkonstruktors können die konkreten Instanzmethoden einer Klasse auch deren abstrakte Methoden aufrufen.

Finale Methoden

Der Zusatz FINAL ist nur in Klassen möglich, nicht in Interfaces. Durch den Zusatz FINAL wird eine finale Methode meth definiert. Eine finale Methode kann in einer Unterklasse nicht redefiniert werden. In finalen Klassen sind alle Methoden automatisch final, und der Zusatz FINAL ist nicht erlaubt.

Funktionale Instanzmethoden
METHODS – RETURNING

Syntax
```
METHODS meth [ABSTRACT|FINAL]
  [IMPORTING parameters [PREFERRED PARAMETER p]]
  RETURNING VALUE(r) typing
  [{RAISING exc1|RESUMABLE(exc1) exc2|RESUMABLE(exc2) ...}
  |{EXCEPTIONS exc1 exc2 ...}].
```

Diese Anweisung deklariert eine funktionale Instanzmethode meth. Für die Zusätze ABSTRACT, FINAL, IMPORTING, RAISING und EXCEPTIONS gilt das Gleiche wie für allgemeine Instanzmethoden.

Anstelle der Zusätze EXPORTING und CHANGING hat eine funktionale Methode aber einen Zusatz RETURNING, der genau einen Formalparameter r als Rückgabewert definiert. Der Rückgabewert muss mit VALUE per Wert übergeben werden und mit *typing* vollständig typisiert sein. Bei der Überprüfung der Typisierung gelten spezielle Regeln (siehe Abschnitt 16.2.2), die davon abhängen, ob mit RECEIVING ein expliziter Aktualparameter angebunden ist oder ob die funktionale Methode an einer Operandenposition verwendet wird.

Funktionale Methoden können an den Operandenpositionen für Funktionen und Ausdrücke mit folgender Syntax eingesetzt werden:

```
meth( )
meth( a )
meth( p1 = a1 p2 = a2 ... )
```

Die vollständige Typisierung des Rückgabewertes bestimmt den Datentyp des Operanden. Die Bedeutung der Syntax ist wie bei der Kurzform von CALL METHOD. Bei der Ausführung einer solchen Anweisung wird die funktionale Methode aufgerufen, und der Inhalt des Rückgabewertes ersetzt den Inhalt des Operanden. Wenn eine funktionale Methode den gleichen Namen wie eine eingebaute Funktion hat, wird mit dem Ausdruck meth(a) immer die funktionale Methode aufgerufen.

 An den Operandenpositionen, an denen funktionale Methoden angegeben werden können, sind ab Release 7.02/7.2 auch Methodenverkettungen möglich.

Hinweise
▶ Wenn eine funktionale Methode in einer Operandenposition verwendet wird, können klassenbasierte Ausnahmen, die aus der Methode propagiert werden, wie üblich in einer TRY-Kontrollstruktur behandelt bzw. weiterhin propagiert werden. Die nicht-klassenbasierten Ausnahmen einer funktionalen Methode können dagegen an Operandenpositionen nicht behandelt werden und führen immer zu einem Laufzeitfehler.

- Für wiederaufsetzbare Ausnahmen (ab Release 7.02/7.2) gilt beim Aufruf funktionaler Methoden an Operandenpositionen das Gleiche wie bei allen Methoden. Wenn die Verarbeitung erfolgreich wiederaufgesetzt werden kann, wird die Anweisung, in der die Methode aufgerufen wurde, fertig ausgeführt.

- Wenn eine funktionale Methode den gleichen Namen wie eine eingebaute Funktion hat, wird mit dem Ausdruck meth(a) an einer Operandenposition immer die funktionale Methode aufgerufen.

- Funktionale Methoden sind ab Release 7.02/7.2 als Aktualparameter von Methoden erlaubt, was die Schachtelung von Methodenaufrufen an einer Operandenposition ermöglicht.

Beispiel

Die funktionale Methode factorial dieses Beispiels hat einen Rückgabewert fact vom Typ i. Die COMPUTE-Anweisung zeigt den Aufruf der Methode an einer Operandenposition.

```
CLASS math DEFINITION.
  PUBLIC SECTION.
    METHODS factorial
      IMPORTING n TYPE i
      RETURNING value(fact) TYPE i.
ENDCLASS.
CLASS math IMPLEMENTATION.
  METHOD factorial.
    fact = 1.
    IF n = 0.
      RETURN.
    ELSE.
      DO n TIMES.
        fact = fact * sy-index.
      ENDDO.
    ENDIF.
  ENDMETHOD.
ENDCLASS.
DATA: oref TYPE REF TO math,
      result TYPE i.
START-OF-SELECTION.
  CREATE OBJECT oref.
  COMPUTE result = oref->factorial( 4 ).
```

Instanzkonstruktoren

METHODS – constructor

Syntax

METHODS constructor [FINAL]
  [IMPORTING parameters [PREFERRED PARAMETER p]]
  [{RAISING exc1|RESUMABLE(exc1) exc2|RESUMABLE(exc2) ...}
  |{EXCEPTIONS exc1 exc2 ...}].

Diese Anweisung deklariert den Instanzkonstruktor `constructor` einer Klasse. In einer lokalen Klasse kann sie in allen Sichtbarkeitsbereichen aufgeführt werden, die allgemeiner oder gleich der im CREATE-Zusatz der Anweisung CLASS DEFINITION angegebenen Instanzierbarkeit sind – in der Reihenfolge PUBLIC, PROTECTED, PACKAGE (ab Release 7.2), PRIVATE. In einer globalen Klasse sollte die Deklaration des Instanzkonstruktors aus technischen Gründen stets im öffentlichen Sichtbarkeitsbereich erfolgen. Prinzipiell kann die Deklaration zwar in den gleichen Sichtbarkeitsbereichen wie in lokalen Klassen erfolgen, aufgrund der internen Organisation einer globalen Klasse kann es dann aber zu unberechtigten Syntaxfehlern bei Verwendung der Klasse kommen.

Jede Klasse hat eine vordefinierte Methode namens `constructor`. Durch die explizite Deklaration kann die Schnittstelle der Methode `constructor` klassenspezifisch definiert und ihre Funktionalität implementiert werden. Ohne explizite Deklaration übernimmt der Instanzkonstruktor die Parameterschnittstelle des Instanzkonstruktors der direkten Oberklasse und ruft diesen implizit auf.

Mit dem Zusatz IMPORTING können Eingabeparameter nach den gleichen Regeln wie für allgemeine Methoden definiert werden. Die Zusätze RAISING und EXCEPTIONS zur Deklaration klassenbasierter bzw. zur Definition nicht-klassenbasierter Ausnahmen haben ebenfalls die gleiche Bedeutung wie bei allgemeinen Methoden. Auch für wiederaufsetzbare Ausnahmen (ab Release 7.02/7.2) gilt bei der Ausführung des Instanzkonstruktors das Gleiche wie bei allen Methoden. Wenn die Verarbeitung erfolgreich wiederaufgesetzt werden kann, wird die unterbrochene Objekterzeugung fortgesetzt.

Instanzkonstruktoren sind implizit final. Der Zusatz FINAL kann zwar angegeben werden, ist aber nicht notwendig.

Falls der Instanzkonstruktor in einer Unterklasse implementiert wird, muss der Instanzkonstruktor der Oberklasse explizit über die Pseudoreferenz `super->constructor` aufgerufen werden, selbst wenn dieser nicht explizit deklariert ist. Ausgenommen hiervon sind nur die direkten Unterklassen des Wurzelknotens `object`. Vor dem Aufruf des Oberklassenkonstruktors gelten folgende Einschränkungen:

- Der Instanzkonstruktor hat keinen Zugriff auf die Instanzkomponenten seiner Klasse. Die Selbstreferenz `me->` darf nicht verwendet werden. Es besteht nur direkter Zugriff auf die statischen Komponenten seiner Klasse.
- Vor dem Aufruf des Oberklassenkonstruktors darf ein Instanzkonstruktor nicht über Anweisungen wie RETURN oder CHECK verlassen werden.

Nach dem Aufruf des Oberklassenkonstruktors kann die Selbstreferenz `me->` verwendet und es kann auf Instanzkomponenten zugegriffen werden.

Der Instanzkonstruktor wird für jede Instanz einer Klasse genau einmal durch die Anweisung CREATE OBJECT direkt nach ihrer Erzeugung aufgerufen. Dabei müssen allen nicht-optionalen Eingabeparametern passende Aktualparameter zugeordnet werden, nicht-klassenbasierten Ausnahmen können Rückgabewerte zugeordnet und klassenbasierte Ausnahmen können deklariert werden. Ein Aufruf über CALL METHOD ist außer beim Aufruf des Oberklassenkonstruktors über `super->constructor` im redefinierten Konstruktor einer Unterklasse nicht möglich.

Während der Ausführung eines Instanzkonstruktors ist die aktuelle Instanz vorübergehend vom Typ der Klasse, in der der Konstruktor definiert ist. Dies hat folgende Konsequenzen:

- Wenn während der Ausführung eines Oberklassenkonstruktors Methoden aufgerufen werden, werden die Implementierungen der Oberklasse und nicht die Redefinitionen von Unterklassen ausgeführt. Die Angabe von me-> zur Adressierung einer in der gerade erzeugten Unterklasse redefinierten Methode hat keine Wirkung.
- In einem Instanzkonstruktor können keine abstrakten Methoden der gleichen Klasse aufgerufen werden.
- Während der Ausführung eines Oberklassenkonstruktors führt der Versuch, über einen Down Cast auf Komponenten der Unterklassen zuzugreifen, zu einem Laufzeitfehler.

Hinweise

- Instanzkonstruktoren sind eine Ausnahme von der Regel, dass alle nicht-privaten Komponenten entlang einem Pfad im Vererbungsbaum in einem Namensraum liegen. Der Instanzkonstruktor jeder Klasse hat eine eigene Schnittstelle und eine eigene Implementierung. Ein Instanzkonstruktor kann nicht redefiniert werden.
- Instanzkonstruktoren werden nur aus technischen Gründen in einem Sichtbarkeitsbereich einer Klasse deklariert. Die tatsächliche Sichtbarkeit wird durch den Zusatz CREATE {PUBLIC|PROTECTED|PACKAGE|PRIVATE} der Anweisung CLASS DEFINITION gesteuert. Es empfiehlt sich, den Instanzkonstruktor einer lokalen Klasse in dem Sichtbarkeitsbereich zu deklarieren, der der Instanzierbarkeit entspricht, da dies die Verwendung von dort deklarierten Komponenten in der Schnittstelle des Konstruktors erlaubt. Bei globalen Klassen kommt aber nur der öffentliche Sichtbarkeitsbereich infrage.
- Vor dem Aufruf des Oberklassenkonstruktors kann im Instanzkonstruktor einer Unterklasse nicht über me-> auf statische Komponenten der eigenen Klasse zugegriffen werden. Ein Zugriff ohne das Voranstellen von me-> oder über den Klassennamen und den Klassenkomponenten-Selektor => ist aber immer möglich.

Beispiel

In diesem Beispiel erbt die Klasse c2 von der Klasse c1. In beiden Klassen ist der Instanzkonstruktor constructor explizit deklariert. Deshalb muss er in beiden Klassen implementiert werden, wobei die Implementierung in c2 den Aufruf des Oberklassenkonstruktors enthalten muss.

```
CLASS c1 DEFINITION.
  PUBLIC SECTION.
    METHODS constructor IMPORTING p1 TYPE any.
    ...
ENDCLASS.
CLASS c2 DEFINITION INHERITING FROM c1.
  PUBLIC SECTION.
    METHODS constructor IMPORTING p2 TYPE any.
    ...
ENDCLASS.
CLASS c1 IMPLEMENTATION.
  METHOD constructor.
```

```
      ...
    ENDMETHOD.
ENDCLASS.
CLASS c2 IMPLEMENTATION.
  METHOD constructor.
    ...
    super->constructor( p2 ).
    ...
  ENDMETHOD.
ENDCLASS.
```

Ereignisbehandler
METHODS - FOR EVENT

Syntax
METHODS meth [ABSTRACT|FINAL]
  FOR EVENT evt OF {class|intf}
  [IMPORTING p1 p2 ... [sender]].

Diese Anweisung deklariert die Instanzmethode meth als Ereignisbehandler für das Ereignis evt der Klasse class bzw. des Interfaces intf. Für class und intf können alle an dieser Stelle sichtbaren Klassen und Interfaces angegeben werden, die ein an dieser Stelle sichtbares Ereignis evt als Komponente enthalten.

Der Sichtbarkeitsbereich des Ereignisbehandlers darf nicht allgemeiner als der Sichtbarkeitsbereich des Ereignisses sein, da ansonsten Eigenschaften der Methode in einem eingeschränkteren Sichtbarkeitsbereich definiert wären als die Methode selbst.

Wenn das Ereignis evt ein Instanzereignis ist, kann der Ereignisbehandler meth es für alle Objekte behandeln, deren Klassen gleich class oder Unterklasse von class sind bzw. das Interface intf direkt oder über eine Oberklasse implementieren. Wenn das Ereignis ein statisches Ereignis ist, kann es der Ereignisbehandler meth für die Klasse class und deren Unterklassen bzw. für alle Klassen, die das Interface intf implementieren, behandeln.

Der Zusatz IMPORTING definiert die Eingabeparameter des Ereignisbehandlers. Für p können nur diejenigen Namen von Formalparametern angegeben werden, die mit dem Zusatz EXPORTING der Anweisung EVENTS bzw. CLASS-EVENTS bei der Deklaration des Ereignisses evt in der Klasse class bzw. dem Interface intf als Ausgabeparameter des Ereignisses definiert wurden. Die Zusätze TYPE bzw. LIKE und OPTIONAL bzw. DEFAULT sind nicht möglich. Die Typisierung der Eingabeparameter, die Eigenschaft, ob sie optional sind, und eventuelle Ersatzparameter werden von der Deklaration des Ereignisses übernommen. Es müssen nicht alle Ausgabeparameter des Ereignisses angegeben werden.

Falls evt ein Instanzereignis ist, kann zusätzlich zu seinen explizit definierten Ausgabeparametern ein Formalparameter namens sender als Eingabeparameter eines Ereignisbehandlers definiert werden. Der Formalparameter sender ist ein impliziter Ausgabeparameter jedes Instanzereignisses. Er ist vollständig als Referenzvariable typisiert, die als statischen Typ die Klasse class bzw. das Interface intf hat, wie es in der Deklaration des Ereignisbehandlers hinter `EVENT evt OF` angegeben ist. Wenn der Ereignisbehandler durch ein Instanzereignis aufgerufen wird, bekommt er in `sender` eine Referenz auf das auslösende Objekt übergeben.

Mit den Zusätzen `ABSTRACT` und `FINAL` können Ereignisbehandler genau wie allgemeine Methoden entweder abstrakt oder final gemacht werden.

Hinweise

- Damit ein Ereignisbehandler ein ausgelöstes Ereignis behandelt, muss er mit der Anweisung `SET HANDLER` registriert werden.
- Bei der Deklaration von Ereignisbehandlern für statische Ereignisse ist zu beachten, dass diese in der Regel auch in statischen Methoden ausgelöst werden. Bei einer solchen Methode zählt immer die Klasse als Auslöser, in der die Methode deklariert ist, und nicht die Unterklasse, in der oder über deren Namen die Methode eventuell aufgerufen wurde.
- Jeder Ereignisbehandler bestimmt selbst den Typ seines Formalparameters `sender`.

Beispiel

Die Klasse `picture` enthält einen Ereignisbehandler `handle_double_click` für das Instanzereignis `picture_dblclick` der globalen Klasse `cl_gui_picture`. Der Ereignisbehandler übernimmt als Eingabeparameter zwei explizite Ausgabeparameter des Ereignisses sowie den impliziten Parameter `sender`.

```
CLASS picture DEFINITION.
  PUBLIC SECTION.
    METHODS handle_double_click
            FOR EVENT picture_dblclick OF cl_gui_picture
            IMPORTING mouse_pos_x mouse_pos_y sender.
ENDCLASS.
CLASS picture IMPLEMENTATION.
  METHOD handle_double_click.
    ...
  ENDMETHOD.
ENDCLASS.
```

Redefinition von Instanzmethoden

`METHODS - REDEFINITION`

Syntax

`METHODS meth [FINAL] REDEFINITION.`

Diese Anweisung ist nur in Unterklassen möglich und redefiniert eine geerbte Instanzmethode `meth`. Sie bewirkt, dass die Methode `meth` im Implementierungsteil der Unterklasse neu implementiert werden muss. Die neue Implementierung verschattet in der aktuellen Klasse die Implementierung der Oberklasse. Die redefinierte Methode greift auf die privaten Komponenten der redefinierenden Klasse zu und nicht auf eventuelle gleichnamige private Komponenten der Oberklasse. In der redefinierten Methode kann die Implementierung der direkten Oberklasse über die Pseudoreferenz `super->meth` aufgerufen werden.

Für `meth` kann mit Ausnahme des Instanzkonstruktors jede nicht-finale Instanzmethode angegeben werden, die im öffentlichen oder geschützten Sichtbarkeitsbereich einer Oberklasse der

14 | Klassen und Interfaces

aktuellen Klasse deklariert ist. Insbesondere kann meth eine abstrakte Methode einer abstrakten Oberklasse sein. Die Redefinition muss im gleichen Sichtbarkeitsbereich wie die Deklaration der Methode erfolgen. Die Schnittstelle und Art der Methode – allgemeine oder funktionale Instanzmethode, Ereignisbehandler – werden bei einer Redefinition nicht verändert.

Die Redefinition ist für die Unterklassen der redefinierenden Klasse gültig, bis sie erneut redefiniert wird. Eine Methode ist entlang einem Pfad im Vererbungsbaum so lange redefinierbar, bis der Zusatz FINAL bei der Redefinition verwendet wird. Dann ist die Methode ab der aktuellen Klasse final und in ihren Unterklassen nicht mehr redefinierbar.

Hinweise
- Jede Objektreferenz, die auf ein Objekt einer Unterklasse zeigt, adressiert unabhängig von ihrem statischen Typ die redefinierten Methoden. Dies gilt insbesondere auch für die Selbstreferenz me->.
- Während der Ausführung eines Instanzkonstruktors einer Oberklasse im Zuge einer Objekterzeugung werden immer die Methodenimplementierungen der Oberklasse aufgerufen und nicht die redefinierten Methoden der Unterklasse. Die Angabe der Selbstreferenz me-> hat in dieser Zeit keine Wirkung.

Beispiel
In diesem Beispiel wird die Methode m1 der Oberklasse c1 in der Unterklasse c2 redefiniert, wobei die ursprüngliche Implementierung mit super->m1 aufgerufen wird. Beide Methoden arbeiten mit dem privaten Attribut a1 der jeweiligen Klasse. Beim Aufruf über die Referenzvariable oref, die den statischen Typ c1 und den dynamischen Typ c2 hat, wird die redefinierte Methode ausgeführt.

```
CLASS c1 DEFINITION.
  PUBLIC SECTION.
    METHODS m1 IMPORTING p1 TYPE string.
  PRIVATE SECTION.
    DATA a1 TYPE string VALUE `c1: `.
ENDCLASS.
CLASS c2 DEFINITION INHERITING FROM c1.
  PUBLIC SECTION.
    METHODS m1 REDEFINITION.
  PRIVATE SECTION.
    DATA a1 TYPE string VALUE `c2: `.
ENDCLASS.
CLASS c1 IMPLEMENTATION.
  METHOD m1.
    a1 = a1 && p1.
    WRITE / a1.
  ENDMETHOD.
ENDCLASS.
CLASS c2 IMPLEMENTATION.
  METHOD m1.
    super->m1( p1 ).
    a1 = a1 && p1.
```

```
      WRITE / a1.
    ENDMETHOD.
ENDCLASS.
DATA oref TYPE REF TO c1.
START-OF-SELECTION.
  CREATE OBJECT oref TYPE c2.
  oref->m1( `...` ).
```

Definition einer Testmethode

METHODS – FOR TESTING

Syntax

```
METHODS meth [ABSTRACT|FINAL]
  FOR TESTING
  [RAISING exc1|RESUMABLE(exc1) exc2|RESUMABLE(exc2) ...].
```

Diese Anweisung ist nur in einer Testklasse möglich. Sie deklariert eine Testmethode, die während eines ABAP-Unit-Tests aufgerufen wird. In der Implementierung der Methode kann ein Test programmiert werden. Zur Auswertung der Testergebnisse dienen die statischen Methoden der Klasse CL_ABAP_UNIT_ASSERT.

Für die Zusätze ABSTRACT, FINAL und RAISING gilt das Gleiche wie für allgemeine Instanzmethoden.

Hinweise

- Testmethoden sollten privat bzw. bei Vererbung der Methoden geschützt sein. Da Testklassen dem Testtreiber der Laufzeitumgebung implizit Freundschaft anbieten, kann dieser sie aufrufen. Nur in den seltenen Fällen, in denen ein Test die Tests anderer Testklassen ausführen soll, müssen Testmethoden öffentlich sein.

- In globalen Testklassen sind zurzeit alle Instanzmethoden automatisch Testmethoden, d. h., es wird implizit der Zusatz FOR TESTING ergänzt.

- Für wiederaufsetzbare Ausnahmen (ab Release 7.02/7.2) gilt bei der Ausführung einer Testmethode das Gleiche wie bei allen Methoden. Wenn die Verarbeitung erfolgreich wiederaufgesetzt werden kann, wird der unterbrochene Test fortgesetzt.

Beispiel

Definition einer Testklasse mytest mit einer Testmethode mytest, die nach Aufruf der Methode set_text_to_x der Klasse myclass den Wert des Attributs text überprüft. In diesem Beispiel meldet ein ABAP-Unit-Test einen Fehler, da der Wert "X" anstelle von "U" erwartet wird.

```
* Productive classes
CLASS myclass DEFINITION.
  PUBLIC SECTION.
    CLASS-DATA text TYPE string.
    CLASS-METHODS set_text_to_x.
ENDCLASS.
```

```abap
CLASS myclass IMPLEMENTATION.
  METHOD set_text_to_x.
    text = 'U'.
  ENDMETHOD.
ENDCLASS.
* Test classes
CLASS mytest DEFINITION FOR TESTING RISK LEVEL HARMLESS.
  PRIVATE SECTION.
    METHODS mytest FOR TESTING.
ENDCLASS.
CLASS mytest IMPLEMENTATION.
  METHOD mytest.
    myclass=>set_text_to_x( ).
    cl_abap_unit_assert=>assert_equals( act = myclass=>text
                                        exp = 'X' ).
  ENDMETHOD.
ENDCLASS.
```

14.3.2.2 Statische Methoden

`CLASS-METHODS`

Die Anweisung `CLASS-METHODS` deklariert eine statische Methode `meth`. Für den Namen `meth` gelten die Namenskonventionen für programminterne Objekte.

Statische Methoden können über den Klassenkomponenten-Selektor (=>) unabhängig von Objekten verwendet werden. In statischen Methoden kann ohne Komponentenselektor nur auf die statischen Komponenten der eigenen Klasse oder ihrer Oberklassen zugegriffen werden.

Durch die Varianten der Anweisung `CLASS-METHODS` werden folgende Arten der Methodendeklaration unterschieden:

- **Allgemeine statische Methoden**
  Die allgemeinste Form der `CLASS-METHODS`-Anweisung erlaubt die Definition statischer Methoden mit beliebig vielen Ein- und Ausgabeparametern.

- **Funktionale statische Methoden**
  Funktionale Methoden haben beliebig viele Eingabeparameter und genau einen Rückgabewert als Ausgabeparameter.

- **Statische Konstruktoren**
  Statische Konstruktoren sind Methoden mit dem vorgegebenen Namen `class_constructor`, die vor der ersten Verwendung ihrer Klasse automatisch aufgerufen werden. Statische Konstruktoren haben keine Parameterschnittstelle.

- **Statische Ereignisbehandler**
  Statische Ereignisbehandler sind statische Methoden, die durch ein Ereignis einer Klasse oder eines Interfaces aufgerufen werden. Die einzig möglichen Formalparameter eines

Ereignisbehandlers sind Eingabeparameter, die als Ausgabeparameter des Ereignisses definiert wurden.

Hinweis

Wie alle statischen Komponenten in der Vererbung sind die statischen Methoden einer Oberklasse in allen Unterklassen vorhanden. Eine statische Methode wird aber bei internem wie externem Aufruf immer in der Klasse ausgeführt, in der sie deklariert wurde. Eine nach außen sichtbare statische Methode kann zwar über den Klassenkomponenten-Selektor und alle Namen von Klassen, in denen sie vorhanden ist, aufgerufen werden. Dabei wird aber immer die Klasse angesprochen, in der sie deklariert ist, was z. B. Einfluss auf die Ausführung des statischen Konstruktors oder von Ereignisbehandlern hat.

Allgemeine statische Methoden

`CLASS-METHODS - IMPORTING, EXPORTING, CHANGING, RAISING`

Syntax

```
CLASS-METHODS meth
  [IMPORTING parameters [PREFERRED PARAMETER p]]
  [EXPORTING parameters]
  [CHANGING  parameters]
  [{RAISING exc1|RESUMABLE(exc1) exc2|RESUMABLE(exc2) ...}
  |{EXCEPTIONS exc1 exc2 ...}].
```

Diese Anweisung deklariert eine allgemeine statische Methode `meth`. Mit den Zusätzen wird die Parameterschnittstelle der Methode definiert, und es wird festgelegt, welche Ausnahmen die Methode propagieren bzw. auslösen kann. Syntax und Bedeutung der Zusätze sind dieselben wie bei allgemeinen Instanzmethoden.

Hinweise

- Statische Methoden sind nicht redefinierbar und können deshalb auch nicht als abstrakt oder final gekennzeichnet werden.
- Statische Methoden werden immer in der Klasse ausgeführt, in der sie deklariert sind, auch wenn sie in Unterklassen oder über den Namen von Unterklassen aufgerufen werden.

Funktionale statische Methoden

`CLASS-METHODS - RETURNING`

Syntax

```
CLASS-METHODS meth
  [IMPORTING parameters [PREFERRED PARAMETER p]]
  RETURNING VALUE(r) typing
  [{RAISING exc1|RESUMABLE(exc1) exc2|RESUMABLE(exc2) ...}
  |{EXCEPTIONS exc1 exc2 ...}].
```

Diese Anweisung deklariert eine funktionale statische Methode `meth`. Die Zusätze haben genau dieselbe Syntax und Bedeutung wie bei funktionalen Instanzmethoden.

Beispiel
Die Klasse circle enthält zwei funktionale statische Methoden circumference und area, die mit der Konstanten pi arbeiten.

```
CLASS circle DEFINITION.
  PUBLIC SECTION.
    CONSTANTS pi TYPE decfloat34
                 VALUE '3.141592653589793238462643383279503'.
    CLASS-METHODS: circumference IMPORTING r TYPE decfloat34
                                 RETURNING value(c) TYPE decfloat34,
                   area          IMPORTING r TYPE decfloat34
                                 RETURNING value(a) TYPE decfloat34.
ENDCLASS.
CLASS circle IMPLEMENTATION.
  METHOD circumference.
    c = 2 * pi * r.
  ENDMETHOD.
  METHOD area.
    a = pi * r ** 2.
  ENDMETHOD.
ENDCLASS.
DATA: circ   TYPE decfloat34,
      area   TYPE decfloat34,
      radius TYPE decfloat34.
START-OF-SELECTION.
  radius = '1.00'.
  circ = circle=>circumference( radius ).
  area = circle=>area( radius ).
```

Statische Konstruktoren

CLASS-METHODS – class_constructor

Syntax

CLASS-METHODS class_constructor.

Diese Anweisung deklariert den statischen Konstruktor class_constructor der Klasse. Sie ist nur im öffentlichen Sichtbarkeitsbereich des Deklarationsteils einer Klasse möglich.

Jede Klasse hat in ihrem öffentlichen Sichtbarkeitsbereich eine vordefinierte Methode namens class_constructor. Durch die explizite Deklaration kann ihre Funktionalität klassenspezifisch implementiert werden. Ohne explizite Deklaration ist der statische Konstruktor leer.

Der statische Konstruktor wird genau einmal pro Klasse und internem Modus vor dem ersten Zugriff auf die Klasse automatisch aufgerufen. Ein Zugriff auf die Klasse ist die Erzeugung einer Instanz der Klasse oder die Adressierung einer statischen Komponente über den Klassenkomponenten-Selektor.

Beim ersten Zugriff auf eine Unterklasse wird im Vererbungsbaum nach der nächsthöheren Oberklasse gesucht, deren statischer Konstruktor noch nicht aufgerufen wurde. Im Anschluss daran wird der statische Konstruktor dieser Oberklasse aufgerufen und danach sukzessive der aller folgenden Unterklassen bis zur angesprochenen Unterklasse. Der statische Konstruktor muss vollständig ausgeführt werden, sonst kommt es zu einem Laufzeitfehler.

Wie alle statischen Methoden kann auch der statische Konstruktor nur auf die statischen Komponenten seiner Klasse zugreifen. Weiterhin darf der statische Konstruktor seine eigene Klasse nicht explizit ansprechen.

Hinweise
- Wie Instanzkonstruktoren sind auch statische Konstruktoren eine Ausnahme von der Regel, dass alle öffentlichen Komponenten entlang einem Pfad im Vererbungsbaum in einem Namensraum liegen.
- Der Zeitpunkt der Ausführung des statischen Konstruktors liegt nicht definitiv fest. Es wird allein sein Aufruf vor dem ersten Zugriff auf die Klasse garantiert. Dabei kann es vorkommen, dass statische Methoden ausgeführt werden, bevor der statische Konstruktor beendet wurde.
- Die Ausführungsreihenfolge statischer Konstruktoren ist abhängig vom Programmablauf. Statische Konstruktoren müssen so implementiert werden, dass sie in jeder beliebigen Reihenfolge ausgeführt werden können.
- In statischen Konstruktoren können keine klassenbasierten Ausnahmen mit RAISING deklariert werden, da für einen Verwender einer Klasse in der Regel nicht feststeht, ob er der erste Verwender ist und ob er vom statischen Konstruktor propagierte Ausnahmen behandeln muss oder nicht.
- Wenn eine statische Komponente einer Oberklasse über den Namen einer Unterklasse angesprochen wird, wird die Oberklasse adressiert und deren statischer Konstruktor ausgeführt, aber nicht der statische Konstruktor der Unterklasse.

Beispiel
Der statische Konstruktor dieser Klasse setzt beim ersten Zugriff auf die Klasse das statische Attribut access_program mithilfe des Systemfeldes sy-repid auf den Namen des Programms eines internen Modus, das die Klasse als Erstes verwendet.

```
CLASS some_class DEFINITION.
  PUBLIC SECTION.
    CLASS-METHODS class_constructor.
  PRIVATE SECTION.
    CLASS-DATA access_program TYPE sy-repid.
ENDCLASS.
CLASS some_class IMPLEMENTATION.
  METHOD class_constructor.
    access_program = sy-repid.
  ENDMETHOD.
ENDCLASS.
```

Statische Ereignisbehandler
```
CLASS-METHODS - FOR EVENT
```

Syntax
```
CLASS-METHODS meth
  FOR EVENT evt OF {class|intf}
  [IMPORTING p1 p2 ...[sender]].
```

Diese Anweisung deklariert die statische Methode `meth` als Ereignisbehandler für das Ereignis `evt` der Klasse `class` bzw. des Interfaces `intf`. Syntax und Bedeutung der Zusätze sind identisch mit der Deklaration von Instanzmethoden als Ereignisbehandler.

Statische Ereignisbehandler können unabhängig von einer Instanz der Klasse vom Ereignis `evt` aufgerufen werden.

Beispiel

In der Klasse `dialog_box` wird ein statischer Ereignisbehandler `close_box` für das Ereignis definiert, das ausgelöst wird, wenn ein Benutzer eine Dialogbox des Control Frameworks (CFW) schließen will.

```
CLASS dialog_box DEFINITION.
  PUBLIC SECTION.
    METHODS constructor.
    ...
  PRIVATE SECTION.
    CLASS-DATA open_boxes TYPE i.
    CLASS-METHODS close_box
      FOR EVENT close OF cl_gui_dialogbox_container
      IMPORTING sender.
    ...
ENDCLASS.
CLASS dialog_box IMPLEMENTATION.
  METHOD constructor.
    ... " create a dialogbox
    open_boxes = open_boxes + 1.
  ENDMETHOD.
  METHOD close_box.
    ... " close the dialogbox referred by sender
    open_boxes = open_boxes - 1.
  ENDMETHOD.
ENDCLASS.
```

14.3.3 Ereignisse

Ereignisse werden mit folgenden Anweisungen deklariert:

- EVENTS
- CLASS-EVENTS

Sie sind nur im Deklarationsteil von Klassen und Interfaces möglich.

Die Deklaration eines Ereignisses in einer Klasse bewirkt, dass die Methoden der Klasse das Ereignis auslösen und dadurch die Ausführung von Ereignisbehandlern bewirken können. Bei der Deklaration können für ein Ereignis Ausgabeparameter definiert werden, für die beim Auslösen Aktualparameter an die Ereignisbehandler übergeben werden.

Die Anweisung EVENTS deklariert Instanzereignisse. Instanzereignisse sind an Objekte gebunden. Sie können nur in Instanzmethoden der gleichen Klasse ausgelöst werden.

Die Anweisung CLASS-EVENTS deklariert statische Ereignisse. Statische Ereignisse sind nicht an Objekte gebunden. Sie können in allen Methoden der gleichen Klasse ausgelöst werden.

14.3.3.1 Instanzereignisse

EVENTS

Syntax
`EVENTS evt [EXPORTING parameters].`

Diese Anweisung deklariert ein Instanzereignis evt in einer Klasse oder einem Interface. Für den Namen evt gelten die Namenskonventionen für programminterne Objekte. Das Instanzereignis evt kann in allen Instanzmethoden der gleichen Klasse bzw. einer Klasse, die das Interface implementiert, und – falls dort sichtbar – in den Instanzmethoden von Unterklassen mit der Anweisung RAISE EVENT ausgelöst werden.

Der Zusatz EXPORTING definiert die Parameterschnittstelle des Ereignisses evt. Ein Ereignis hat ausschließlich Ausgabeparameter *parameters*, die per Wert übergeben werden.

Syntax von parameters
```
... VALUE(p1) typing [OPTIONAL|{DEFAULT def1}]
    VALUE(p2) typing [OPTIONAL|{DEFAULT def2}]
```

Die Syntax der Zusätze VALUE, OPTIONAL, DEFAULT und die Typisierung mit *typing* entsprechen der Definition der Formalparameter in der Schnittstelle von Methoden.

Für alle nicht-optionalen Ausgabeparameter müssen, für alle optionalen Ausgabeparameter können beim Auslösen des Ereignisses mit der Anweisung RAISE EVENT passende Aktualparameter angegeben werden. Optionale Parameter, für die kein Aktualparameter angegeben wird, werden auf ihren typgerechten Initialwert bzw. auf den Ersatzparameter def1 def2 ... gesetzt.

Bei der Deklaration eines Ereignisbehandlers mit dem Zusatz FOR EVENT OF der Anweisung METHODS bzw. CLASS-METHODS können die Ausgabeparameter des Ereignisses als Eingabeparameter des Ereignisbehandlers definiert werden, wobei die Eigenschaften der Eingabeparameter von den in EVENTS definierten Ausgabeparametern übernommen werden.

Neben den explizit mit EXPORTING definierten Ausgabeparametern hat jedes Instanzereignis implizit einen Ausgabeparameter sender. Dieser Ausgabeparameter ist vom Typ einer Referenzvariablen. Beim Auslösen des Ereignisses mit der Anweisung RAISE EVENT bekommt sender implizit die Referenz auf das auslösende Objekt zugewiesen. Der statische Typ des Eingabeparameters sender wird für jeden Ereignisbehandler durch den Objekttyp (Klasse bzw.

Interface) definiert, der hinter dem Zusatz FOR EVENT OF der Anweisung METHODS bzw. CLASS-METHODS angegeben ist.

Hinweis
Der dynamische Typ des impliziten Formalparameters sender ist immer die Klasse des Objekts, in dem das Ereignis ausgelöst wird.

Beispiel
Im Interface window werden drei Ereignisse mit jeweils einem expliziten nicht-optionalen Ausgabeparameter status deklariert. Die Klasse dialog_window implementiert das Interface window. Das Interface window_handler enthält Ereignisbehandler, die sowohl den expliziten als auch den impliziten Parameter sender importieren. Der statische Typ des Eingabeparameters sender ist die Klasse dialog_window.

```
INTERFACE window.
  EVENTS: minimize EXPORTING VALUE(status) TYPE i,
          maximize EXPORTING VALUE(status) TYPE i,
          restore  EXPORTING VALUE(status) TYPE i.
ENDINTERFACE.
CLASS dialog_window DEFINITION.
  PUBLIC SECTION.
    INTERFACES window.
ENDCLASS.
INTERFACE window_handler.
  METHODS: minimize_window
              FOR EVENT window~minimize OF dialog_window
              IMPORTING status sender,
           maximize_window
              FOR EVENT window~maximize OF dialog_window
              IMPORTING status sender,
           restore
              FOR EVENT window~restore OF dialog_window
              IMPORTING status sender.
ENDINTERFACE.
```

14.3.3.2 Statische Ereignisse

CLASS-EVENTS

Syntax
CLASS-EVENTS evt [**EXPORTING** parameters].

Diese Anweisung deklariert ein statisches Ereignis evt in einer Klasse oder einem Interface. Für den Namen evt gelten die Namenskonventionen für programminterne Objekte. Das statische Ereignis evt kann in allen Methoden der gleichen Klasse bzw. einer Klasse, die das Interface implementiert, und – falls dort sichtbar – in den Methoden von Unterklassen mit der Anweisung RAISE EVENT ausgelöst werden.

Der Zusatz `EXPORTING` definiert die Parameterschnittstelle des Ereignisses evt. Syntax und Bedeutung der Zusätze *parameters* entsprechen der Definition von Instanzereignissen mit der Anweisung `EVENTS`.

Hinweise

- Ein Ereignisbehandler, der für ein von einer Oberklasse geerbtes statisches Ereignis einer Unterklasse deklariert wird, kann nur auf dieses reagieren, wenn das Ereignis von einer Methode der Unterklasse oder einer ihrer Unterklassen ausgelöst wird. Wenn das Ereignis in einer statischen Methode einer Oberklasse ausgelöst wird, wird es nicht behandelt, auch wenn der Aufruf der Methode in einer Unterklasse erfolgt oder dabei der Name der Unterklasse angegeben wird.
- Statische Ereignisse haben keinen impliziten Formalparameter sender.

14.3.4 Interfacekomponenten

Interfaces können mit der Anweisung `INTERFACES` von Klassen implementiert oder von anderen Interfaces eingebunden werden. Für Interfacekomponenten können mit der Anweisung `ALIASES` Aliasnamen definiert werden.

14.3.4.1 Interfaces implementieren oder einbinden

```
INTERFACES
```

Diese Anweisung implementiert Interfaces in Klassen oder bindet Interfaces in anderen Interfaces ein. Sie ist im öffentlichen Sichtbarkeitsbereich des Deklarationsteils von Klassen und in Interfacedeklarationen möglich.

Interfaces in Klassen implementieren

```
INTERFACES - ABSTRACT, FINAL, DATA VALUES
```

Syntax
```
INTERFACES intf
  { {[ABSTRACT METHODS meth1 meth2 ... ]
    [FINAL METHODS meth1 meth2 ... ]}
  | [ALL METHODS {ABSTRACT|FINAL}] }
  [DATA VALUES attr1 = val1 attr2 = val2 ...].
```

Im öffentlichen Sichtbarkeitsbereich einer Klasse implementiert die Anweisung `INTERFACES` das Interface intf in der Klasse. Zudem ist die Angabe von Zusätzen möglich, die die Eigenschaften von Interfacekomponenten in der Klasse bestimmen.

Für intf können alle an dieser Stelle sichtbaren lokalen oder globalen Interfaces angegeben werden. Durch die Implementierung werden die Komponenten des Interfaces zu öffentlichen Komponenten der Klasse. Eine Interfacekomponente namens comp hat in der Klasse den Namen intf~comp, wobei intf der Name des Interfaces und das Zeichen ~ der Interfacekomponenten-Selektor ist. Eine Klasse muss alle Methoden des Interfaces in ihrem Implementierungsteil implementieren, solange sie diese nicht für abstrakt erklärt.

Mit den Zusätzen `ABSTRACT METHODS` und `FINAL METHODS` können einzelne Instanzmethoden `meth` des Interfaces in der implementierenden Klasse abstrakt oder final gemacht werden. Dabei gelten die gleichen Regeln wie für die Zusätze `ABSTRACT` und `FINAL` der Anweisung `METHODS`. Insbesondere muss die gesamte Klasse abstrakt sein, wenn eine Interfacemethode abstrakt gemacht wird, und es darf keine Interfacemethode gleichzeitig hinter `ABSTRACT METHODS` und `FINAL METHODS` aufgeführt werden.

Anstatt in der Klasse einzelne Interfacemethoden abstrakt oder final zu machen, können mit dem Zusatz `ALL METHODS {ABSTRACT|FINAL}` alle Interfacemethoden entweder abstrakt oder final gemacht werden.

Mit dem Zusatz `DATA VALUES` können einzelnen Attributen `attr` Anfangswerte zugeordnet werden. Der Zusatz erfüllt für Instanzattribute die gleiche Funktion wie der Zusatz `VALUE` der Anweisung `DATA` für klasseneigene Attribute. Konstanten, die im Interface mit der Anweisung `CONSTANTS` deklariert sind, können nicht hinter dem Zusatz `DATA VALUES` aufgeführt werden. Darüber hinaus können derzeit keine Aliasnamen angegeben werden.

Hinweise

▶ Eine Klasse kann beliebig viele verschiedene Interfaces implementieren. Alle von einer Klasse implementierten Interfaces liegen gleichberechtigt auf einer Ebene. Wenn ein in einer Klasse implementiertes Interface `intf` zusammengesetzt ist, d. h. Komponenteninterfaces enthält, werden diese unabhängig von ihrer Schachtelungshierarchie wie einzelne Interfaces in der Klasse implementiert, und ihre Komponenten werden nicht über den Namen `intf`, sondern den ihres Komponenteninterfaces angesprochen. Die Mehrfachverwendung des Interfacekomponenten-Selektors in einem Bezeichner (`intf1~intf2~comp`) ist prinzipiell nicht möglich.

▶ Jedes Interface kommt in einer Klasse genau einmal vor, und jede Interfacekomponente `comp` ist immer eindeutig über `intf~comp` ansprechbar. Auch die Komponenten eines Interfaces, das dadurch, dass es Interfacekomponente eines oder mehrerer anderer Interfaces ist, scheinbar mehrmals in einer Klasse implementiert werden kann, gibt es nur ein einziges Mal.

▶ Wenn eine Klasse in ihrem Implementierungsteil eine Methode `intf~...` eines mit `INTERFACES` implementierten globalen Interfaces `intf` implementiert, die im Interface nicht deklariert ist, kommt es zu einer Warnung durch die Syntaxprüfung. Eine solche Methodenimplementierung ist totes Coding, das nicht ausgeführt werden kann und entfernt werden sollte. Bei einem Syntaxfehler würden Klassen unverwendbar, wenn aus einem implementierten globalen Interface Methoden nachträglich gelöscht werden, die in der Klasse ohnehin keine Rolle spielten und beispielsweise nur leer implementiert waren. Bei der Verwendung lokaler Interfaces kommt es zu einem echten Syntaxfehler.

▶ Um für Interfaceattribute von Komponenteninterfaces eines zusammengesetzten Interfaces Werte mit `DATA VALUES` anzugeben, muss das Komponenteninterface derzeit nochmals direkt mit der Anweisung `INTERFACES` eingebunden werden.

Interfaces in Interfaces einbinden
`INTERFACES intf`

Syntax
`INTERFACES intf.`

In der Deklaration eines Interfaces bindet die Anweisung INTERFACES das Interface intf in dem deklarierten Interface ein. Die Angabe von Zusätzen ist nicht möglich. Das Interface intf wird dadurch zum Komponenteninterface eines zusammengesetzten Interfaces.

Ein Interface kann aus beliebig vielen verschiedenen Interfaces zusammengesetzt werden. Alle Komponenteninterfaces liegen gleichberechtigt auf einer Ebene. Wenn ein Komponenteninterface selbst zusammengesetzt ist, d. h. Komponenteninterfaces enthält, spielt die Schachtelungshierarchie keine Rolle für die Zusammensetzung des Interfaces, aber für die Zugriffsmöglichkeiten auf Interfacekomponenten.

Um innerhalb eines zusammengesetzten Interfaces auf die Komponente comp eines Komponenteninterfaces intf zuzugreifen, kann der Ausdruck intf~comp mit dem Interfacekomponenten-Selektor (~) verwendet werden. Die mehrfache Verwendung des Interfacekomponenten-Selektors in einem Bezeichner (intf1~intf2~comp) ist prinzipiell nicht möglich. Da aber alle geschachtelten Interfaces auf einer Ebene liegen, genügt dies, um auf die Interfacekomponenten aller Komponenten-Interfaces über den Namen ihres Interfaces zuzugreifen.

Hinweise
- Jedes Interface kommt mit seinen Komponenten in einem zusammengesetzten Interface genau einmal vor. Auch ein Interface, das dadurch, dass es Interfacekomponente eines oder mehrerer anderer Interfaces ist, scheinbar mehrmals in ein Interface eingebunden werden kann, gibt es nur einmal.
- Da es keine getrennten Namensräume für globale und lokale Interfaces gibt, muss bei der Zusammensetzung lokaler Interfaces darauf geachtet werden, dass es nicht zu Kombinationen gleichnamiger globaler und lokaler Interfaces kommt, da diese bei ihrer Implementierung nicht auf einer Ebene liegen könnten.

Beispiel
Dieses Beispiel zeigt, wie mit der Anweisung INTERFACES Interfaces zusammengesetzt und implementiert werden. Die Klasse c1 implementiert die zusammengesetzten Interfaces i2 und i3. Obwohl i1 Komponenteninterface von i2 und i3 ist, ist es in der Klasse c1 nur einmal vorhanden. Mit einer Referenzvariablen iref1 vom statischen Typ i1 wird ein Objekt der Klasse c1 erzeugt und die dort implementierte Methode i1~m1 aufgerufen.

```
INTERFACE i1.
  METHODS m1.
ENDINTERFACE.
INTERFACE i2.
  INTERFACES i1.
  METHODS m2.
ENDINTERFACE.
INTERFACE i3.
  INTERFACES i1.
```

```abap
    METHODS m3.
ENDINTERFACE.
CLASS c1 DEFINITION.
  PUBLIC SECTION.
    INTERFACES: i2, i3.
ENDCLASS.
CLASS c1 IMPLEMENTATION.
  METHOD i1~m1.
    ...
  ENDMETHOD.
  METHOD i2~m2.
    ...
  ENDMETHOD.
  METHOD i3~m3.
    ...
  ENDMETHOD.
ENDCLASS.
DATA iref1 TYPE REF TO i1.
START-OF-SELECTION.
  CREATE OBJECT iref1 TYPE c1.
  iref1->m1( ).
```

14.3.4.2 Aliasnamen

ALIASES

Syntax
ALIASES alias FOR intf~comp.

Diese Anweisung deklariert im Deklarationsteil einer Klasse oder eines Interfaces einen Aliasnamen alias für eine Komponente comp des Interfaces intf. Für den Namen alias gelten die Namenskonventionen für programminterne Objekte. Das Interface intf muss in der gleichen Klasse implementiert bzw. im gleichen Interface eingebunden sein. Der Aliasname kann überall, wo er sichtbar ist, anstelle von intf~comp verwendet werden, um auf die Interfacekomponente comp zuzugreifen.

Ein Aliasname gehört zu den Komponenten der Klasse und des Interfaces. Er liegt im gleichen Namensraum wie die übrigen Komponenten und wird an Unterklassen vererbt. In Klassen kann ein Aliasname in jedem Sichtbarkeitsbereich deklariert werden.

Hinweis
Innerhalb eines Kontextes, wie z. B. einer Klassendeklaration oder eine Methode, sollte nur mit einem einzigen Bezeichner auf Komponenten zugegriffen werden. Es kommt zu einer Warnung der Syntaxprüfung, wenn Aliasnamen und vollständige Bezeichner intf~meth gemeinsam verwendet werden.

Beispiel

In den Interfaces i2, i3 und der Klasse c1 werden Aliasnamen für die Methoden der eingebundenen bzw. implementierten Interfaces deklariert. Im Implementierungsteil der Klasse werden die Interfacemethoden in den METHODS-Anweisungen über den Interfacekomponenten-Selektor implementiert. Hier könnten aber auch die Aliasnamen der Klasse verwendet werden.

```
INTERFACE i1.
  METHODS meth.
ENDINTERFACE.
INTERFACE i2.
  INTERFACES i1.
  ALIASES m1 FOR i1~meth.
  METHODS meth.
ENDINTERFACE.
INTERFACE i3.
  INTERFACES i2.
  ALIASES: m1 FOR i2~m1,
           m2 FOR i2~meth.
  METHODS meth.
ENDINTERFACE.
CLASS c1 DEFINITION.
  PUBLIC SECTION.
    INTERFACES i3.
    ALIASES: m1 FOR i3~m1,
             m2 FOR i3~m2,
             m3 FOR i3~meth.
ENDCLASS.
CLASS c1 IMPLEMENTATION.
  METHOD i1~meth.
    ... m2( ) ...
  ENDMETHOD.
  METHOD i2~meth.
    ... m3( ) ...
  ENDMETHOD.
  METHOD i3~meth.
    ... m1( ) ....
  ENDMETHOD.
ENDCLASS.
```

15　Feldsymbole

Feldsymbole sind mit der Anweisung FIELD-SYMBOLS deklarierte Platzhalter bzw. symbolische Namen für bestehende Datenobjekte bzw. Teile bestehender Datenobjekte, denen zur Programmlaufzeit ein Speicherbereich zugewiesen werden kann. Ein Feldsymbol reserviert keinen physischen Platz für ein Feld, sondern es ist sozusagen ein dynamischer Bezeichner eines Speicherbereichs, an dem sich ein bestimmtes Datenobjekt oder ein Teil davon befindet. Ein Feldsymbol kann anstelle von Datenobjekten an Operandenpositionen von Anweisungen verwendet werden. Bei Ausführung einer solchen Anweisung muss dem Feldsymbol dann ein Speicherbereich über die Anweisung ASSIGN oder den Zusatz ASSIGNING bei der Verarbeitung interner Tabellen zugewiesen sein.

Feldsymbole können auf fast beliebige Datenobjekte zeigen. Ein Feldsymbol ist vergleichbar mit einer mit ->* dereferenzierten Datenreferenzvariablen. Im Gegensatz zu Datenreferenzvariablen wird ein Zugriff auf ein Feldsymbol mit Wertesemantik ausgeführt. Ein Zugriff auf ein Feldsymbol ist wie ein Zugriff auf das bezeichnete Datenobjekt oder dessen Teil selbst. Bei Datenreferenzvariablen gilt dagegen die Referenzsemantik.

Feldsymbole dienen zum einen dem generischen Arbeiten mit Datenobjekten und zum anderen für das explizite Casting von Datenobjekten, was nur über Feldsymbole möglich ist.

Feldsymbole deklarieren

```
FIELD-SYMBOLS
```

Syntax
```
FIELD-SYMBOLS <fs> typing.
```

Die Anweisung FIELD-SYMBOLS deklariert ein Feldsymbol <fs>. Für den Namen fs gelten die Namenskonventionen für programminterne Objekte. Die spitzen Klammern unterscheiden Feldsymbole von Datenobjekten und müssen angegeben werden. Mit dem Zusatz typing wird das Feldsymbol typisiert. Die Syntax von typing ist in Abschnitt 16.1 beschrieben. Die Typisierung legt fest, welche Speicherbereiche dem Feldsymbol zugewiesen werden können und an welchen Operandenpositionen es verwendet werden kann.

Feldsymbole können in sämtlichen Prozeduren und im globalen Deklarationsteil eines ABAP-Programms deklariert werden, jedoch nicht im Deklarationsteil einer Klasse oder eines Interfaces. Ein Feldsymbol kann an allen Operandenpositionen verwendet werden, an denen es sichtbar ist und die zu seiner mit typing definierten Typisierung passen.

Direkt nach seiner Deklaration ist ein Feldsymbol initial – Ausnahme: obsolete Typisierung ohne explizite Typangabe, siehe Abschnitt 53.5.1 –, d.h., es referenziert keinen Speicherbereich. Vor einer Verwendung als Operand muss ihm, typischerweise mit der Anweisung ASSIGN, ein Speicherbereich zugewiesen werden. Andernfalls kommt es zu einer Ausnahme.

Beispiel

Typisierung eines Feldsymbols `<itab>` als interne Tabelle und eines Feldsymbols `<wa>` mit einem vollständig generischen Typ.

```
FIELD-SYMBOLS: <itab> TYPE ANY TABLE,
               <wa>   TYPE any.
...
READ TABLE <itab>
           WITH TABLE KEY ('...') = '...'
           ASSIGNING <wa>.
```

16 Typisierung

Typisierung bedeutet die Festlegung eines generischen oder vollständigen Datentyps für einen Formalparameter einer Prozedur oder ein Feldsymbol. Bei der Zuweisung eines Aktualparameters an einen Formalparameter bzw. eines Datenobjekts an ein Feldsymbol wird überprüft, ob dessen Datentyp zur Typisierung passt. Wir unterscheiden die generische und die vollständige Typisierung.

Durch die Typisierung von Formalparametern oder Feldsymbolen werden schon vor der tatsächlichen Festlegung des Typs einige oder alle Typeigenschaften definiert. Dies erlaubt es, Formalparameter und Feldsymbole in Operandenpositionen einzusetzen, die bestimmte Typeigenschaften voraussetzen.

16.1 Syntax der Typisierung

Syntax von typing
```
... generic_type | complete_type
```

Der Zusatz `typing` ist Teil der Definition von Formalparametern und Feldsymbolen in den Anweisungen:

- [CLASS-]METHODS
- [CLASS-]EVENTS
- FORM
- FIELD-SYMBOLS

Der Zusatz erlaubt eine generische Typisierung mit `generic_type` und eine vollständige Typisierung mit `complete_type`:

- **Generische Typisierung**
  Im Gegensatz zu Datenobjekten, bei denen der Datentyp eine spezifische Eigenschaft und immer vollständig bekannt ist, erhalten Formalparameter und Feldsymbole, die generisch typisiert sind, erst bei der Übergabe eines Aktualparameters beim Aufruf einer Prozedur bzw. bei der Zuweisung eines Speicherbereichs mit ASSIGN ihren vollständigen Datentyp.

  Bei der Verwendung generisch typisierter Formalparameter oder Feldsymbole muss zwischen statischem und dynamischem Zugriff unterschieden werden:

  - Beim statischen Zugriff auf einen generisch typisierten Formalparameter oder ein Feldsymbol oder deren Komponenten werden die durch die Typisierung festgelegten Typeigenschaften des Formalparameters verwendet.
  - Beim dynamischen Zugriff auf einen generisch typisierten Formalparameter oder ein Feldsymbol oder deren Komponenten werden die Typeigenschaften des Aktualparameters verwendet.

  Die Eigenschaften des Aktualparameters, die bei Aufruf bzw. Zuweisung nicht überprüft werden, können sich von denen des Formalparameters unterscheiden, sodass es zu unterschiedlichem Verhalten zwischen statischem und dynamischem Zugriff kommen kann.

Beim dynamischen Zugriff auf Komponenten generisch typisierter Formalparameter kommt es zu einem Laufzeitfehler, wenn die Komponenten im Aktualparameter nicht vorhanden sind.

▶ **Vollständige Typisierung**
Formalparameter und Feldsymbole, die vollständig typisiert sind, werden bei der Kompilation und zur Laufzeit wie Datenobjekte, bei denen der Datentyp vollständig bekannt ist, behandelt.

Bei der Verwendung vollständig typisierter Formalparameter oder Feldsymbole werden unabhängig davon, ob statisch oder dynamisch auf sie zugegriffen wird, die durch die Typisierung festgelegten Eigenschaften verwendet.

An Stellen, an denen der Zusatz `typing` nicht explizit angegeben werden muss, wird implizit mit dem generischen Typ `any` typisiert, falls keine explizite Angabe erfolgt.

16.1.1 Generische Typisierung

```
typing - generic_type
```

Syntax von generic_type
```
... TYPE generic_type
```

Um einen Formalparameter oder ein Feldsymbol generisch zu typisieren, kann hinter TYPE ein beliebiger generischer ABAP-Typ `generic_type` außer `object` angegeben werden (siehe Abschnitt 11.1.2). Bei der Zuweisung eines Aktualparameters oder eines Speicherbereichs an generisch typisierte Formalparameter bzw. Feldsymbole wird überprüft, ob der angegebene Datentyp Untermenge des generischen Typs ist.

Der Formalparameter bzw. das Feldsymbol können prinzipiell an solchen Operandenpositionen verwendet werden, die nicht durch die Typisierung ausgeschlossen sind. Eine Ausnahme von dieser Regel sind Operandenpositionen, die bestimmte interne Tabellen erwarten. Dort sind nur Formalparameter oder Feldsymbole erlaubt, die als interne Tabellen der entsprechenden Tabellenart typisiert sind.

Bei einem statischen Zugriff auf einen generisch typisierten Formalparameter bzw. ein Feldsymbol werden die durch die Typisierung festgelegten Typeigenschaften verwendet. Bei einem dynamischen Zugriff gelten dagegen die Eigenschaften des zugewiesenen Aktualparameters bzw. Speicherbereichs.

Wenn für einen generisch typisierten optionalen Formalparameter einer Methode oder eines Funktionsbausteins beim Aufruf der Prozedur kein Aktualparameter angegeben und in der Prozedur kein Ersatzparameter definiert ist, wird der Typ des Formalparameters nach folgenden Regeln vervollständigt:

▶ `any`, `c`, `clike`, `csequence`, `data` und `simple` werden zum Typ `c` der Länge 1.
▶ `n` wird zum Typ `n` der Länge 1.
▶ `numeric` und `p` werden zum Typ `p` der Länge 8 ohne Nachkommastellen.
▶ `x` und `xsequence` werden zum Typ `x` der Länge 1.

- `ANY TABLE` und `INDEX TABLE` werden zu `STANDARD TABLE`.
- Bei `ANY TABLE`, `INDEX TABLE`, `[STANDARD] TABLE`, `SORTED TABLE` und `HASHED TABLE` wird der Zeilentyp auf `c` der Länge 1 gesetzt.
- Bei generischen Tabellentypen ohne Angabe eines primären Tabellenschlüssels wird für Standardtabellen der Standardschlüssel und für sortierte und Hash-Tabellen die gesamte Tabellenzeile außer eventuellen tabellenartigen Anteilen als Schlüsselangabe ergänzt.
- Bei generischen Tabellentypen, bei denen der primäre Tabellenschlüssel ohne Angabe der Eindeutigkeit angegeben ist, wird er für Standard- und sortierte Tabellen auf nicht-eindeutig und bei Hash-Tabellen auf eindeutig gesetzt.
- Bei Tabellentypen, die generisch bezüglich der sekundären Tabellenschlüssel sind (ab Release 7.02/7.2), wird diese Generizität einfach ignoriert. Dies gilt auch dann, wenn die Generizität explizit mit dem Zusatz `WITH FURTHER SECONDARY KEYS` definiert wurde.
- Bei der Angabe eines Ersatzparameters werden dessen Typeigenschaften übernommen.

Beispiel
Im folgenden Beispiel werden zwei generisch typisierte Feldsymbole in einer `LOOP`-Anweisung verwendet. Damit es keinen Syntaxfehler gibt, muss `<any_table>` als interne Tabelle typisiert sein. Für `<any_object>` wird dagegen erst zur Laufzeit überprüft, ob der Typ des zugewiesenen Datenobjekts zum Zeilentyp der Tabelle passt.

```
FIELD-SYMBOLS: <any_object> TYPE ANY,
               <any_table>  TYPE ANY TABLE.
...
LOOP AT <any_table> INTO <any_object>.
  ...
ENDLOOP.
```

16.1.2 Vollständige Typisierung

`typing - complete_type`

Syntax von complete_type
```
... { TYPE {[LINE OF] complete_type}
         | {REF TO type} }
  | { LIKE {[LINE OF] dobj}
         | {REF TO dobj} }
```

Um einen Formalparameter oder ein Feldsymbol vollständig zu typisieren, kann hinter `TYPE` ein beliebiger nicht-generischer Typ `complete_type` bzw. hinter `LIKE` ein an dieser Stelle sichtbares Datenobjekt `dobj` inklusive öffentlicher Attribute globaler Klassen angegeben werden. `complete_type` kann ein nicht-generischer Datentyp aus dem ABAP Dictionary, ein nicht-generischer öffentlicher Datentyp einer globalen Klasse, ein bereits mit `TYPES` definierter nicht-generischer programmlokaler Typ oder ein nicht-generischer eingebauter ABAP-Typ (`d`, `decfloat16`, `decfloat34` (ab Release 7.02/7.2), `f`, `i`, `string`, `t`, `xstring`) sein. `dobj` ist ein bereits deklariertes Datenobjekt inklusive öffentlicher Attribute globaler Klassen, dessen gebundener Datentyp übernommen wird. Falls `complete_type` bzw. der Datentyp von `dobj` tabellenartig ist, kann man sich mit `LINE OF` auf den entsprechenden Zeilentyp beziehen.

Durch REF TO wird der Formalparameter bzw. das Feldsymbol als Referenzvariable typisiert, wobei die gleichen Regeln wie bei der Definition von Referenztypen in TYPES gelten. Auch Typisierungen mit TYPE REF TO data oder TYPE REF TO object gelten dabei als vollständige Typisierungen.

Bei der Zuweisung eines Aktualparameters oder eines Speicherbereichs an vollständig typisierte Formalparameter bzw. Feldsymbole müssen die technischen Eigenschaften des angegebenen Datentyps außer bei der Übergabe von Literalen genau der Typisierung entsprechen (siehe Abschnitt 16.2). Vollständig typisierte Formalparameter bzw. Feldsymbole können an den gleichen Operandenpositionen verwendet werden wie Datenobjekte des entsprechenden Datentyps.

Sowohl bei einem statischen als auch bei einem dynamischen Zugriff auf einen vollständig typisierten Formalparameter bzw. ein Feldsymbol werden die durch die Typisierung festgelegten Typeigenschaften verwendet.

Hinweise
- Innerhalb einer Prozedur kann bei der Typisierung eines Feldsymbols für dobj kein vollständig generisch typisierter Formalparameter angegeben werden.
- Der vordefinierte generische Datentyp any kann nicht hinter REF TO angegeben werden.

Beispiel
Im Folgenden wird das Feldsymbol <spfli> vollständig mit dem strukturierten Datentyp spfli aus dem ABAP Dictionary typisiert und kann deshalb wie eine Struktur dieses Datentyps verwendet werden.

```
FIELD-SYMBOLS <spfli> TYPE spfli.
...
<spfli>-carrid = ...
```

16.2 Typisierung überprüfen

Bei der Zuweisung von Datenobjekten an typisierte Feldsymbole und von Aktualparametern an typisierte Formalparameter von Prozeduren wird überprüft, ob der Datentyp des zugewiesenen Datenobjekts zur Typisierung des Feldsymbols bzw. des Formalparameters passt.

16.2.1 Allgemeine Regeln

Die allgemeinen Regeln für die Überprüfung gelten in strenger Form für:

- die Zuweisung aller Datenobjekte an Feldsymbole
- die Anbindung benannter Datenobjekte an Eingabe-, Ein-/Ausgabe- und Ausgabeparameter von Prozeduren

Die allgemeinen Regeln der Überprüfung der Typisierung sind:

- Bei der Zuweisung an generisch typisierte Feldsymbole oder Formalparameter wird überprüft, ob die technischen Typeigenschaften des zugewiesenen Datenobjekts Untermenge des generischen Typs sind. Die durch die Typisierung nicht festgeschriebenen technischen Typeigenschaften werden vom Aktualparameter übernommen.
- Bei der Zuweisung an vollständig typisierte Feldsymbole oder Formalparameter müssen die technischen Eigenschaften des Datentyps des zugewiesenen Datenobjekts genau der Typisierung entsprechen.
- Das Ergebnis der Überprüfung der Typisierung bei der Übergabe von Aktualparametern an Formalparameter ist unabhängig von der Übergabeart. Bei einer Wertübergabe wird immer die Überprüfung für Referenzübergabe durchgeführt, auch wenn diese in Einzelfällen strenger als nötig sein kann.
- Bei der Übergabe von Aktualparametern an als Referenzvariable typisierte Eingabeparameter darf die Typisierung des Formalparameters nach den Regeln des Up Casts allgemeiner als der Typ des Aktualparameters sein, wenn die Änderung des Inhalts innerhalb der Prozedur ausgeschlossen ist.
- Bei der Zuweisung von Speicherbereichen an als Referenzvariable typisierte Feldsymbole müssen die Typisierung des Feldsymbols und der statische Typ des Speicherbereichs gleich sein.
- Bei der Zuweisung an generisch und vollständig typisierte Feldsymbole oder Formalparameter werden nur die technischen Typeigenschaften überprüft. Nicht überprüft werden beispielsweise:
  - Namen von Strukturkomponenten
  - semantische Eigenschaften im ABAP Dictionary definierter Datentypen (Konvertierungsroutinen, Dokumentation etc.)
  - initialer Speicherbedarf interner Tabellen

  Beim dynamischen Zugriff auf generisch typisierte Formalparameter oder Feldsymbole werden diese Eigenschaften vom Typ des Aktualparameters übernommen. Beim statischen Zugriff auf generisch typisierte Formalparameter oder Feldsymbole und bei jedem Zugriff auf vollständig typisierte Formalparameter oder Feldsymbole werden diese Eigenschaften von der Typisierung des Formalparameters übernommen.
- Bei der Zuweisung an Feldsymbole oder Formalparameter, denen mit dem obsoleten Zusatz STRUCTURE eine Struktur aufgeprägt ist, wird in Nicht-Unicode-Programmen überprüft, ob das zugewiesene Datenobjekt richtig ausgerichtet ist – bei Referenzübergabe – und die gleiche Länge hat, und bei Funktionsbausteinen, ob es auch eine flache Struktur ist. Bei Formalparametern von Unterprogrammen und Tabellenparametern von Funktionsbausteinen reicht es, wenn die Länge des Aktualparameters mindestens der Länge der aufgeprägten Struktur entspricht. In Unicode-Programmen müssen elementare Datenobjekte zeichenartig und flach sein, und bei Strukturen müssen die Unicode-Fragmentsichten übereinstimmen.

Hinweise
- Bei externen Prozeduraufrufen zwischen Unicode- und Nicht-Unicode-Programmen und umgekehrt erfolgt die Überprüfung der Typisierung immer aus Sicht des Aufrufers.

- Bei generisch typisierten Feldsymbolen oder Formalparametern und bei Formalparametern von Funktionsbausteinen und extern aufgerufenen Unterprogrammen erfolgt die Überprüfung der Typisierung erst zum Zeitpunkt der Zuweisung, d. h. zur Laufzeit. Bei vollständig typisierten Feldsymbolen und Formalparametern von Methoden und intern aufgerufenen Unterprogrammen erfolgt die Überprüfung bereits durch die Syntaxprüfung.

16.2.2 Rückgabewerte funktionaler Methoden

Der Rückgabewert einer funktionalen Methode ist immer vollständig typisiert und wird immer als Wert übergeben. An den Rückgabewert kann wie folgt ein Aktualparameter angebunden werden:

- **Methodenaufruf mit dem Zusatz RECEIVING**
  Bei der expliziten Angabe eines Aktualparameters hinter RECEIVING muss dieser nicht nach den allgemeinen Regeln zur Typisierung des Formalparameters passen, sondern es genügt, wenn der Formalparameter nach den Konvertierungsregeln in den Aktualparameter konvertierbar ist.
- **Angabe der Methode an einer Operandenposition**
  Wenn eine funktionale Methode an einer Operandenposition eingesetzt wird, wird der Rückgabewert wie ein Datenobjekt verwendet, dessen Datentyp durch die vollständige Typisierung des Rückgabewertes bestimmt wird – es wird sozusagen implizit ein typgerechter Aktualparameter angebunden. Eine Überprüfung der Typisierung ist nicht notwendig – bzw. immer erfolgreich. Es kommt aber immer dann zu einem Fehler, wenn die Typisierung des Rückgabewertes nicht mit dem Operandentyp verträglich ist.

16.2.3 Literale als Aktualparameter

Bei der Zuordnung von Literalen an Formalparameter gelten spezielle Regeln. Diese Regeln erlauben es, Zeichenliterale der Datentypen c und string und numerische Literale der Datentypen i und p auch solchen Formalparametern zuzuweisen, deren Typisierung diese Typen eigentlich nicht zulassen würde.

Falls der Formalparameter generisch typisiert ist, werden die restlichen Typeigenschaften gemäß dem Inhalt des angegebenen Literals festgelegt (siehe Tabelle 16.1). Bei der Anbindung eines Literals wird die Übergabe immer wie eine Wertübergabe durchgeführt – auch wenn für den Formalparameter die Referenzübergabe definiert ist.

Wenn ein Literal die Anforderung der Typisierung erfüllt, wird sein Inhalt gemäß der entsprechenden Konvertierungsregel für elementare Datentypen dem Formalparameter zugewiesen, wobei es abweichend von den dortigen Regeln zu einer unbehandelbaren Ausnahme kommt, falls der Wertebereich überschritten wird.

16.2.3.1 Zeichenliterale

Tabelle 16.1 zeigt die Anforderungen an Zeichenliterale, die an typisierte Formalparameter übergeben werden sollen. Die Regeln gelten sowohl für Textfeldliterale als auch für String-Literale.

Typisierung	Anforderung
c	Bei fester Länge des Formalparameters muss die Länge des Literals kleiner oder gleich der Länge des Formalparameters sein. Bei generischer Länge übernimmt der Formalparameter die Länge des Literals.
d	Das Literal muss acht Zeichen lang sein.
decfloat, decfloat16, decfloat34	Ab Release 7.02/7.2. Das Literal muss eine Zahl in mathematischer, kaufmännischer oder wissenschaftlicher Notation enthalten. Bei generischer Typisierung mit decfloat erhält der Formalparameter den Datentyp decfloat34.
f	Das Literal muss eine Zahl in wissenschaftlicher Notation enthalten.
i (b, s)	Das Literal muss eine Zahl in mathematischer oder kaufmännischer Notation enthalten. Das Literal darf keine Nachkommastellen enthalten.
n	Das Literal darf nur Ziffern enthalten. Bei fester Länge des Formalparameters muss die Länge des Literals kleiner oder gleich der Länge des Formalparameters sein. Bei generischer Länge übernimmt der Formalparameter die Länge des Literals.
numeric	Das Literal muss eine Zahl in mathematischer oder kaufmännischer Notation enthalten. Der Formalparameter erhält den Datentyp p der Länge 16 und der im Literal angegebenen Nachkommastellen.
p	Das Literal muss eine Zahl in mathematischer oder kaufmännischer Notation enthalten. Bei einem generischen Formalparameter wird die Länge auf 16 gesetzt. Die Anzahl der Nachkommastellen wird auf die im Literal angegebenen Nachkommastellen gesetzt. Wenn die Programmeigenschaft FESTPUNKTARITHMETIK in der aufgerufenen Prozedur eingeschaltet ist, muss bei einem vollständig typisierten Formalparameter die Anzahl der Nachkommastellen des Literals kleiner oder gleich den Nachkommastellen des Formalparameters sein. Wenn die Eigenschaft FESTPUNKTARITHMETIK in der aufgerufenen Prozedur ausgeschaltet ist, muss die Zahl im Literal genauso viele Nachkommastellen wie der Formalparameter haben.
string	Das Literal darf beliebig lang sein.
t	Das Literal muss sechs Zeichen lang sein.
x	Das Literal darf nur die erlaubten Zeichen der Hexadezimaldarstellung "0" bis "9" und "A" bis "F" enthalten. Bei fester Länge des Formalparameters muss die Länge des Literals kleiner oder gleich der doppelten Länge des Formalparameters sein. Bei generischer Länge bestimmt die Anzahl der im Literal angegebenen Bytes die Länge des Formalparameters.
xstring	Das Literal darf nur die erlaubten Zeichen der Hexadezimaldarstellung "0" bis "9" und "A" bis "F" enthalten.
xsequence	Das Literal darf nur die erlaubten Zeichen der Hexadezimaldarstellung "0" bis "9" und "A" bis "F" enthalten. Der Formalparameter erhält den Datentyp x in der Länge der im Literal angegebenen Bytes.

Tabelle 16.1 Zeichenliterale als Aktualparameter

Alle anderen Typisierungen stellen an Zeichenliterale die gleichen Anforderungen wie an andere Aktualparameter, und generische Formalparameter übernehmen den Typ des Aktualparameters. Außer an Formalparameter mit den Typisierungen aus Tabelle 1 können Zeichenliterale nur an Formalparameter übergeben werden, deren Typisierungen die Datentypen c bzw. string umfassen.

16.2.3.2 Numerische Literale

Tabelle 16.2 zeigt die Anforderungen an numerische Literale, die an typisierte Formalparameter übergeben werden sollen.

Typisierung	Anforderung
f	Alle numerischen Literale sind erlaubt.
decfloat, decfloat16, decfloat34	Ab Release 7.02/7.2. Alle numerischen Literale sind erlaubt. Bei generischer Typisierung mit decfloat erhält der Formalparameter den Datentyp decfloat34.
i, b, s	Alle numerischen Literale sind erlaubt.
n	Der Wert des Literals darf nicht negativ sein. Bei fester Länge des Formalparameters muss die Anzahl der Ziffern kleiner oder gleich der Länge des Formalparameters sein. Bei generischer Länge wird die Länge des Formalparameters auf 10 gesetzt, wenn das Literal vom Datentyp i ist, und auf 31, wenn es vom Datentyp p ist.
p	Bei einem generischen Formalparameter wird die Länge auf 16 und die Anzahl der Nachkommastellen auf 0 gesetzt. Wenn die Programmeigenschaft FESTPUNKTARITHMETIK ausgeschaltet ist, darf der Formalparameter keine Nachkommastellen haben, oder das Literal muss den Wert 0 haben.

Tabelle 16.2 Numerische Literale als Aktualparameter

Alle anderen Typisierungen stellen an numerische Literale die gleichen Anforderungen wie an andere Aktualparameter, und generische Formalparameter übernehmen den Typ des Aktualparameters. Außer an Formalparameter mit den Typisierungen aus Tabelle 16.2 können numerische Literale nur an Formalparameter übergeben werden, deren Typisierungen die Datentypen i bzw. p umfassen.

16.2.4 Funktionen und Ausdrücke als Aktualparameter

Ab Release 7.02/7.2. An Eingabeparameter von Methoden können beim Methodenaufruf, bei der Objekterzeugung oder beim Auslösen von Ausnahmen Funktionen und Ausdrücke als Aktualparameter angegeben werden. Dabei gelten sowohl für die Überprüfung der Typisierung als auch für die Übergabe spezielle Regeln.

16.2.4.1 Einfluss der Typisierung

Eine numerische Funktion, eine Beschreibungsfunktion oder ein arithmetischer Ausdruck kann an jeden numerisch typisierten Eingabeparameter angebunden werden.

Eine Bit-Funktion oder ein Bit-Ausdruck kann an jeden byteartig typisierten Formalparameter angebunden werden.

Eine Zeichenkettenfunktion oder ein Zeichenkettenausdruck kann an jeden zeichenartig typisierten Formalparameter angebunden werden.

16.2.4.2 Rechentyp und Rechenlänge

Der Rechentyp eines arithmetischen Ausdrucks bestimmt sich aus den beteiligten Operanden des Ausdrucks und der Typisierung des Formalparameters, wenn dieser vollständig typisiert ist. Wenn der Formalparameter generisch typisiert ist, werden nur die Operanden des Ausdrucks ausgewertet.

Die Rechenlänge eines Bit-Ausdrucks ist die Länge des größten Operanden.

16.2.4.3 Übergabeart

Bei der Anbindung einer Funktion oder eines Rechenausdrucks wird die Übergabe immer wie eine Wertübergabe durchgeführt – auch wenn für den Formalparameter die Referenzübergabe definiert ist.

Vollständige Typisierung

Beim statischen Methodenaufruf wird der Rückgabewert der Funktion bzw. das Ergebnis des Rechenausdrucks bei Bedarf in den Typ des Formalparameters konvertiert und übergeben.

Hinweis

Beim dynamischen Methodenaufruf gelten die gleichen Regeln wie beim statischen Aufruf. Die Behandlung zur Laufzeit ist aber zeitaufwendig. Deshalb sollten beim dynamischen Aufruf, wenn möglich, Hilfsvariablen anstelle von Funktionen oder Rechenausdrücken verwendet werden.

Generische Typisierung

Bei einer Funktion übernimmt der Formalparameter den Typ des Rückgabewerts.

Bei einem arithmetischen Ausdruck übernimmt der Formalparameter den durch die Operanden bestimmten Rechentyp. Falls der Rechentyp p ist, wird die Anzahl der Nachkommastellen aus der bei der Berechnung benötigten Genauigkeit bestimmt und hängt damit von den Werten der Operanden ab.

Bei einem Bit-Ausdruck wird der Formalparameter auf den Typ x in der durch die Operanden bestimmten Rechenlänge gesetzt.

Bei einem Zeichenkettenausdruck wird der Formalparameter bei vollständig generischer Typisierung auf den Typ string gesetzt. Bei teilweise generischer Typisierung wird die Länge auf die Länge des Ergebnisses des Zeichenkettenausdrucks gesetzt.

Beispiel

Die funktionale Methode m1 wird pro Zuweisung an result zweimal aufgerufen. Der erste Aufruf findet in einem arithmetischen Ausdruck statt, der beim zweiten Aufruf als Aktualparameter übergeben wird. Beim ersten Aufruf jeder Zuweisung hat der Formalparameter p1 den Typ p der Länge 16. Die Anzahl der Nachkommastellen ist 0 bei der ersten Zuweisung, 14 bei der zweiten und 1 bei der dritten Zuweisung. Beim zweiten Aufruf hat der Formalparameter p1 in jeder Zuweisung den Typ decfloat34, da der Rechentyp des arithmetischen Ausdrucks durch den Rückgabewert von m1 bestimmt wird.

```abap
CLASS c1 DEFINITION.
  PUBLIC SECTION.
    CLASS-METHODS m1 IMPORTING p1 TYPE numeric
                     RETURNING value(ret) TYPE decfloat34.
ENDCLASS.
CLASS c1 IMPLEMENTATION.
  METHOD m1.
    ret = p1.
  ENDMETHOD.
ENDCLASS.
DATA num1   TYPE p DECIMALS 2 VALUE '2.00'.
DATA num2   TYPE p DECIMALS 2 VALUE '1.00'.
DATA result TYPE decfloat34.
START-OF-SELECTION.
  result = c1=>m1( sqrt( 4 ) + c1=>m1( num1 / 2 ) ).
  result = c1=>m1( sqrt( 4 ) + c1=>m1( num1 / 3 ) ).
  result = c1=>m1( sqrt( 4 ) + c1=>m1( num2 / 2 ) ).
```

TEIL 5
Objekterzeugung

17 Objekte erzeugen

Dieses Kapitel beschreibt die Erzeugung von Datenobjekten und Objekten in ABAP Objects. Die Erzeugung eines Datenobjekts oder Objekts ist gleichbedeutend mit der dynamischen Erzeugung einer Instanz eines Datentyps oder einer Klasse. Während Instanzen von Klassen nur erzeugt werden können, wie in diesem Abschnitt beschrieben, werden Instanzen von Datentypen, d. h. Datenobjekte, die mit der Anweisung DATA oder verwandten Anweisungen wie zum Beispiel CONSTANTS deklariert sind (siehe Abschnitt 13.2), automatisch beim Laden ihres Kontextes in den internen Modus als benannte Datenobjekte erzeugt. Die dynamische Erzeugung von Datenobjekten ist nur dann notwendig, wenn der Datentyp erst während der Programmausführung bekannt ist oder wenn große Mengen an Speicher nur kurzzeitig belegt werden sollen.

Datenobjekte und Objekte werden standardmäßig im internen Modus des aktuellen Programms erzeugt, und nur Programme des gleichen internen Modus können auf sie zugreifen. Daneben können aber auch Shared Objects im Shared Memory erzeugt werden.

Dynamisch erzeugte Objekte sind nur über Referenzvariablen adressierbar und werden durch den Garbage Collector aus dem internen Modus gelöscht, wenn sie nicht mehr referenziert werden.

17.1 Datenobjekte erzeugen

CREATE DATA

Die Anweisung CREATE DATA erzeugt ein anonymes Datenobjekt und weist die Referenz auf das Datenobjekt einer Referenzvariablen dref zu. Das Datenobjekt wird entweder im internen Modus des aktuellen Programms oder im Shared Memory angelegt.

Die Referenzvariable dref muss als Datenreferenzvariable deklariert sein. Auf den Inhalt eines mit CREATE DATA erzeugten Datenobjekts kann nur über dereferenzierte Datenreferenzvariablen oder Feldsymbole zugegriffen werden.

Der Datentyp des erzeugten Datenobjekts kann mit dem Zusatz TYPE und einer Typangabe oder mit dem Zusatz LIKE und der Angabe eines Datenobjekts definiert werden. Die Syntax erlaubt die dynamische Definition elementarer Datentypen, Referenztypen und Tabellentypen. Mit dem Zusatz HANDLE kann Bezug auf beliebige Typobjekte der RTTS genommen werden. Der statische Typ der Datenreferenzvariablen muss nach den Regeln in Abschnitt 23.5.2 allgemeiner als der Datentyp des erzeugten Datenobjekts oder mit diesem identisch sein.

Wenn bei der Erzeugung des Datenobjekts eine behandelbare Ausnahme auftritt, wird das Objekt nicht erzeugt, und die Datenreferenzvariable dref behält ihren vorherigen Zustand.

17.1.1 Datentyp implizit festlegen

`CREATE DATA dref`

Syntax
`CREATE DATA dref [area_handle].`

Falls keiner der Zusätze TYPE oder LIKE angegeben ist, muss die Datenreferenzvariable dref vollständig typisiert sein, und das Datenobjekt wird mit dem statischen Datentyp der Datenreferenzvariablen erzeugt.

Standardmäßig wird das Datenobjekt im internen Modus des aktuellen Programms angelegt und lebt dort so lange, wie es benötigt wird. Wenn es von keiner Referenzvariablen mehr referenziert wird, wird es vom Garbage Collector gelöscht. Mit dem Zusatz area_handle kann das Datenobjekt als Shared Object angelegt werden.

Beispiel
Erzeugung einer internen Tabelle und eines Datenobjekts vom Datentyp i. Die Datenobjekte werden direkt vor ihrer Verwendung erzeugt und danach durch Initialisierung der Referenzvariablen dem Garbage Collector übergeben. Auf die Datenobjekte wird durch Dereferenzierung der Datenreferenzen zugegriffen.

```
TYPES t_itab TYPE TABLE OF i WITH NON-UNIQUE KEY table_line.
DATA: tab_ref TYPE REF TO t_itab,
      i_ref   TYPE REF TO i.
DO 10 TIMES.
  IF tab_ref IS INITIAL.
    CREATE DATA tab_ref.
  ENDIF.
  APPEND sy-index TO tab_ref->*.
ENDDO.
IF tab_ref IS NOT INITIAL.
  IF i_ref IS INITIAL.
    CREATE DATA i_ref.
  ENDIF.
  LOOP AT tab_ref->* INTO i_ref->*.
    WRITE / i_ref->*.
  ENDLOOP.
ENDIF.
CLEAR: tab_ref, i_ref.
```

17.1.2 Datentyp über eingebaute ABAP-Typen festlegen

`CREATE DATA - TYPE abap_type`

Syntax
```
CREATE DATA dref [area_handle]
              TYPE {abap_type|(name)}
                   [LENGTH len] [DECIMALS dec].
```

Für `abap_type` können außer b und s alle eingebauten Datentypen verwendet werden, die spezieller als der statische Typ von `dref` oder identisch mit ihm sind. Alternativ dazu kann ein zeichenartiges Datenobjekt `name` in Klammern angegeben werden, das bei Ausführung der Anweisung die Bezeichnung eines eingebauten Datentyps enthält, wobei die Groß-/Kleinschreibung nicht berücksichtigt wird.

Bei den ABAP-Typen c, n, p und x kann die Länge des Datentyps `dtype` durch die Angabe eines numerischen Datenobjekts `len` hinter dem Zusatz LENGTH bestimmt werden, das bei Ausführung der Anweisung einen Wert innerhalb der Intervallgrenzen aus Tabelle 11.1 für die Länge enthält. Wenn der Zusatz LENGTH nicht angegeben ist, wird die Standardlänge aus der Tabelle verwendet. Bei allen anderen ABAP-Typen ist die Länge durch den Wert in der Tabelle bestimmt, und der Zusatz LENGTH darf nicht angegeben werden.

Beim ABAP-Typ p kann die Anzahl der Nachkommastellen durch die Angabe eines numerischen Datenobjekts `dec` hinter dem Zusatz DECIMALS bestimmt werden, das bei Ausführung der Anweisung einen Wert innerhalb der Intervallgrenzen aus Tabelle 11.1 für die Nachkommastellen enthält. Wenn der Zusatz DECIMALS nicht angegeben ist, werden keine Nachkommastellen angelegt. Damit das Dezimaltrennzeichen bei Operationen mit gepackten Zahlen berücksichtigt wird, muss die Programmeigenschaft FESTPUNKTARITHMETIK gesetzt sein, ansonsten wirkt der Zusatz DECIMALS nur auf die Aufbereitung auf Dynpros und in der Anweisung WRITE [TO]. Bei allen anderen ABAP-Typen und bei der dynamischen Angabe `name` ist der Zusatz DECIMALS nicht erlaubt.

Mit dem Zusatz `area_handle` kann das Datenobjekt als Shared Object angelegt werden.

Beispiel
Dynamische Erzeugung elementarer Datenobjekte, wobei die Typeigenschaften in Variablen `typ`, `len` und `dec` angegeben sind.

```abap
...
TRANSLATE typ TO LOWER CASE.
CASE typ.
  WHEN 'd' OR 'decfloat16' OR 'decfloat34' OR 'f' OR 'i'
       OR 'string' OR 't' OR 'xstring'.
    CREATE DATA dref TYPE (typ).
  WHEN 'c' OR 'n' OR 'x'.
    CREATE DATA dref TYPE (typ) LENGTH len.
  WHEN 'p'.
    CREATE DATA dref TYPE p LENGTH len DECIMALS dec.
  WHEN OTHERS.
    RAISE EXCEPTION TYPE cx_sy_create_data_error.
ENDCASE.
```

17.1.3 Daten über vorhandenen Typ festlegen

CREATE DATA – TYPE, LIKE

Syntax
```
CREATE DATA dref [area_handle]
              { {TYPE [LINE OF] {type|(name)}}
              | {LIKE [LINE OF] dobj} }.
```

Für `type` können ein Datentyp aus dem ABAP Dictionary, wozu insbesondere auch die Struktur einer Datenbanktabelle gehört, ein öffentlicher Datentyp einer globalen Klasse oder ein bereits mit `TYPES` definierter Datentyp des gleichen Programms angegeben werden, der spezieller als der statische Typ von `dref` oder identisch mit ihm ist. Alternativ dazu kann ein zeichenartiges Datenobjekt `name` in Klammern angegeben werden, das bei Ausführung der Anweisung die Bezeichnung des vorhandenen Datentyps enthält, wobei die Groß-/Kleinschreibung keine Rolle spielt. Die Bezeichnung in `name` kann auch ein absoluter Typname sein. Wenn hinter `TYPE` ein Standardtabellentyp mit generischem primären Tabellenschlüssel angegeben ist, wird ein neuer gebundener Tabellentyp mit Standardschlüssel erzeugt und verwendet.

Für `dobj` kann ein an dieser Stelle sichtbares Datenobjekt inklusive öffentlicher Attribute globaler Klassen angegeben werden. Das erzeugte Datenobjekt übernimmt dessen Datentyp. Innerhalb einer Prozedur kann für `dobj` auch ein generisch typisierter Formalparameter angegeben werden. Bei Ausführung der Prozedur übernimmt das erzeugte Datenobjekt den aktuellen Datentyp des Formalparameters.

Der optionale Zusatz `LINE OF` kann verwendet werden, wenn `type` bzw. die Bezeichnung in `name` ein Tabellentyp oder `dobj` eine interne Tabelle ist. Dadurch übernimmt das erzeugte Datenobjekt die Eigenschaften des Zeilentyps der internen Tabelle.

Mit dem Zusatz `area_handle` kann das Datenobjekt als Shared Object angelegt werden.

Hinweis
Wenn in `name` über einen absoluten Typnamen ein Typ eines anderen Programms angegeben wird, wird dieses je nach Programmtyp in eine neue Zusatzprogrammgruppe oder in die aktuelle Programmgruppe hinzugeladen, falls es noch nicht geladen war.

Beispiel
Dynamische Erzeugung einer Struktur vom Typ einer beliebigen Datenbanktabelle, deren Name im Feld `dbtab` enthalten ist, und deren Verwendung als Arbeitsbereich in einer `SELECT`-Anweisung.

```
...
TRY.
    CREATE DATA dref TYPE (dbtab).
    ASSIGN dref->* TO <wa>.
    SELECT *
           FROM (dbtab) UP TO rows ROWS
           INTO <wa>.
      DO.
        ASSIGN COMPONENT sy-index
```

```
                  OF STRUCTURE <wa> TO <comp>.
          IF sy-subrc = 0.
              ...
          ELSE.
              EXIT.
          ENDIF.
        ENDDO.
        ULINE.
      ENDSELECT.
    CATCH cx_sy_create_data_error.
    ...
ENDTRY.
```

17.1.4 Daten mit Bezug auf ein Typobjekt erzeugen

CREATE DATA – HANDLE

Syntax
```
CREATE DATA dref [area_handle]
            TYPE HANDLE handle.
```

Mit dem Zusatz HANDLE erzeugt die Anweisung CREATE DATA ein Datenobjekt, dessen Datentyp durch ein Typobjekt der RTTS beschrieben wird. Für handle muss eine Referenzvariable vom statischen Typ der Klasse CL_ABAP_DATADESCR oder deren Unterklassen angegeben werden, die auf ein Typobjekt zeigt. Das Typobjekt kann durch Anwendung der Methoden der RTTS auf vorhandene Datenobjekte oder durch die dynamische Definition eines neuen Datentyps erzeugt worden sein.

Das Typobjekt muss einen nicht-generischen Typ beschreiben. Nur bei Typobjekten für die generischen ABAP-Typen c, n, p und x wird bei der Erzeugung des Datenobjekts ein neuer gebundener Datentyp mit den Standardwerten erzeugt und verwendet. Ebenso wird bei einem Typobjekt für eine Standardtabelle mit generischem Tabellentyp ein neuer gebundener Tabellentyp mit Standardschlüssel erzeugt und verwendet.

Mit dem Zusatz *area_handle* kann das Datenobjekt als Shared Object angelegt werden.

Hinweis
Wichtige Methoden zur dynamischen Definition von Datentypen sind:

- GET_C, GET_D, GET_F … der Klasse CL_ABAP_ELEMDESCR für Typobjekte elementarer Datentypen. Es wird entweder ein neues Typobjekt gemäß den Eingabeparametern erzeugt oder ein vorhandenes wiederverwendet.

- GET der Klassen CL_ABAP_STRUCTDESCR, CL_ABAP_TABLEDESCR und CL_ABAP_REFDESCR sowie GET_BY_NAME der Klasse CL_ABAP_REFDESCR für Typobjekte von Strukturen, internen Tabellen und Referenzvariablen. Diese Methoden geben das Typobjekt zurück, das über die Eingabeparameter spezifiziert wird. Es wird entweder ein neues Typobjekt erzeugt oder ein vorhandenes wiederverwendet.

- CREATE der Klassen CL_ABAP_STRUCTDESCR, CL_ABAP_TABLEDESCR und CL_ABAP_REFDESCR für die Erzeugung von Typobjekten für Strukturen, interne Tabellen und Referenzvariablen. Diese Methoden geben das Typobjekt zurück, das über die Eingabeparameter spezifiziert wird. Es wird immer ein neues Typobjekt erzeugt.

Beispiel
Dynamische Definition einer zweikomponentigen Struktur über die Methode GET der Klasse CL_ABAP_STRUCTDESCR. Die Beschreibung der Komponenten der Struktur wird in der internen Tabelle comp_tab bereitgestellt. Wenn noch kein Typobjekt für diese Struktur existiert, wird es von der Methode GET erzeugt.

```
...
comp-name = column1.
comp-type = cl_abap_elemdescr=>get_c( 40 ).
APPEND comp TO comp_tab.
comp-name = column2.
comp-type = cl_abap_elemdescr=>get_i( ).
APPEND comp TO comp_tab.
TRY.
    struct_type = cl_abap_structdescr=>get( comp_tab ).
    CREATE DATA dref TYPE HANDLE struct_type.
  CATCH cx_sy_struct_creation INTO oref.
    ...
ENDTRY.
```

17.1.5 Referenzvariablen erzeugen

CREATE DATA – REF TO

Syntax
```
CREATE DATA dref [area_handle]
              TYPE REF TO {type|(name)}.
```

Mit dem Zusatz TYPE REF TO erzeugt die Anweisung CREATE DATA eine Referenzvariable. Der statische Typ der Referenzvariablen kann entweder direkt als type oder dynamisch in name angegeben werden.

Für die Angabe type gelten die gleichen Regeln wie bei der Definition von Referenztypen mit der Anweisung TYPES. Für Datenreferenzvariablen kann entweder der generische Typ data oder ein vollständig spezifizierter Datentyp angegeben werden. Für Objektreferenzvariablen kann entweder eine Klasse oder ein Interface angegeben werden.

Für name kann ein zeichenartiges Feld angegeben werden, das bei Ausführung der Anweisung die Bezeichnung einer Klasse, eines Interfaces oder eines Datentyps enthalten muss, wobei die Groß-/Kleinschreibung keine Rolle spielt. Die Bezeichnung des Referenztyps in name kann auch in Form eines absoluten Typnamens erfolgen.

Mit dem Zusatz area_handle kann das Datenobjekt als Shared Object angelegt werden.

Beispiel
Dynamische Erzeugung einer Interface-Referenzvariablen. Für die Bezeichnung des programmlokalen Interfaces wird der absolute Typname (siehe Abschnitt 12.2) verwendet. Die

Referenzvariable wird über Dereferenzierung einem Feldsymbol <ref> zugewiesen und darüber ein Objekt einer programmlokalen Klasse erzeugt und angesprochen.

```
...
intf_name = '\PROGRAM=DEMO_CREATE_REFERENCE\INTERFACE=INTF'.
CREATE DATA dref TYPE REF TO (intf_name).
ASSIGN dref->* TO <ref>.
cls_name = '\PROGRAM=DEMO_CREATE_REFERENCE\CLASS=CLS'.
CREATE OBJECT <ref> TYPE (cls_name).
```

17.1.6 Interne Tabellen erzeugen

CREATE DATA – TABLE OF

Syntax
```
CREATE DATA dref [area_handle]
            { {TYPE [STANDARD]|SORTED|HASHED TABLE OF
                                         [REF TO] {type|(name)}}
            | {LIKE [STANDARD]|SORTED|HASHED TABLE OF dobj} }
            [WITH [UNIQUE|NON-UNIQUE]
                   {KEY {comp1 comp2 ...}|(keytab)}|{DEFAULT KEY}]
            [INITIAL SIZE n].
```

Mit dem Zusatz `tabkind OF` erzeugt die Anweisung CREATE DATA eine interne Tabelle. Die Bedeutung der Zusätze ist wie bei der Deklaration interner Tabellen mit der Anweisung DATA. Insbesondere ist die explizite Definition des primären Tabellenschlüssels nur bei der Erzeugung einer Standardtabelle optional.

Während bei DATA alle Angaben statisch vorzunehmen sind, sind bei CREATE DATA folgende dynamische Angaben möglich:

▶ Der Zeilentyp hinter TYPE bzw. der statische Typ einer als Referenzvariablen gekennzeichneten Zeile hinter TYPE REF TO kann als Inhalt eines zeichenartigen Datenobjekts name angegeben werden, wobei die gleichen Regeln wie bei den anderen Varianten von CREATE DATA gelten.

▶ Bei der Definition des primären Tabellenschlüssels kann anstelle einer statischen Komponentenliste `comp1 comp2 ...` auch eine eingeklammerte interne Tabelle keytab angegeben werden:

... WITH [UNIQUE|NON-UNIQUE] KEY (keytab) ...

Die Tabelle keytab muss einen zeichenartigen Datentyp haben und bei Ausführung der Anweisung in jeder Zeile die Bezeichnung einer gültigen Komponente bzw. in einer einzigen Zeile die Bezeichnung `table_line` für den primären Tabellenschlüssel enthalten.

▶ Für n hinter INITIAL SIZE kann ein numerisches Datenobjekt angegeben werden.

Mit dem Zusatz *area_handle* kann das Datenobjekt als Shared Object angelegt werden.

Hinweis
Bei der Definition des Tabellenschlüssels gelten im Vergleich zu DATA ab Release 7.02/7.2 die Einschränkungen, dass keine sekundären Tabellenschlüssel definiert und dass der Name

primary_key und der Zusatz COMPONENTS bei der Definition des Primärschlüssels nicht angegeben werden können. Für die Erzeugung dynamischer Tabellentypen mit Sekundärschlüsseln (ab Release 7.02/7.2) muss stattdessen die Run Time Type Creation (RTTC) verwendet werden.

Beispiel
Dynamische Erzeugung einer internen Tabelle vom Zeilentyp einer beliebigen Datenbanktabelle, deren Name im Feld dbtab enthalten ist, und deren Verwendung als Zielbereich in einer SELECT-Anweisung.

```
...
TRY.
    CREATE DATA dref TYPE STANDARD TABLE OF (dbtab)
                    WITH NON-UNIQUE DEFAULT KEY.
    ASSIGN dref->* TO <table>.
    SELECT *
           FROM (dbtab) UP TO rows ROWS
           INTO TABLE <table>.
    LOOP AT <table> ASSIGNING <wa>.
      DO.
        ASSIGN COMPONENT sy-index
               OF STRUCTURE <wa> TO <comp>.
        IF sy-subrc = 0.
          ...
        ELSE.
          EXIT.
        ENDIF.
      ENDDO.
      ULINE.
    ENDLOOP.
  CATCH cx_sy_create_data_error.
    ...
ENDTRY.
```

17.1.7 Shared Object erzeugen

CREATE DATA – AREA HANDLE

Syntax von area_handle
CREATE DATA dref AREA HANDLE handle ... .

Diese Anweisung legt ein anonymes Datenobjekt als Shared Object in der Gebietsinstanzversion des Shared Memorys an, an die das von handle referenzierte Gebietshandle angebunden ist.

Für handle muss eine Objektreferenzvariable angegeben werden, deren statischer Typ CL_ABAP_MEMORY_AREA oder eine ihrer Unterklassen (Gebietsklasse) ist. Bei Ausführung der Anweisung muss handle auf ein Gebietshandle zeigen, und das Gebietshandle muss mit einer Änderungssperre an eine Gebietsinstanzversion angebunden sein. Zur Erstellung einer solchen Referenz gibt es folgende Möglichkeiten:

- Übernahme des Rückgabewertes der Methoden ATTACH_FOR_WRITE oder ATTACH_FOR_UPDATE einer mit der Transaktion SHMA erzeugten Gebietsklasse
- Übernahme des Rückgabewertes der Methode GET_HANDLE_BY_OREF einer beliebigen Gebietsklasse
- Übernahme des Rückgabewertes der Methode GET_IMODE_HANDLE der vordefinierten Klasse CL_IMODE_AREA

Letzteres ist eine Referenz auf ein Gebietshandle für den aktuellen internen Modus, und die Anweisung CREATE DATA wirkt wie ohne den Zusatz AREA HANDLE.

Vor Release 7.02/7.2 war kein direkter Bezug auf Datenelemente und Tabellentypen des ABAP Dictionarys möglich. Ab Release 7.02/7.2 gilt nur noch die Einschränkung, dass die Ablage von Datenreferenzen in abgeschlossenen Gebietsinstanzversionen des Shared Objects Memorys auf solche dynamischen Typen beschränkt ist, die beim Laden eines Programms in einen internen Modus bekannt sind. Deshalb können folgende Datentypen nicht zur Erzeugung anonymer Datenobjekte im Shared Object Memory verwendet werden, wenn diese in einer abgeschlossenen Gebietsinstanzversion erhalten bleiben sollen:

1. alle Datentypen, die in einem mit GENERATE SUBROUTINE POOL erzeugten temporären Subroutinen-Pool erzeugt werden
2. zur Programmlaufzeit mit Methoden der RTTC dynamisch erzeugte Datentypen
3. zur Programmlaufzeit erzeugte gebundene Datentypen anonymer Datenobjekte, denen während ihrer Erzeugung mit CREATE DATA eine dynamische Länge zugewiesen wurde
4. zur Programmlaufzeit erzeugte gebundene Datentypen anonymer Datenobjekte, denen während ihrer Erzeugung mit CREATE DATA ein dynamischer Typ zugewiesen wurde, der eine Längenangabe benötigt

Zu den Punkten 3 und 4 zählt insbesondere auch die Anweisung CREATE DATA mit dem Zusatz AREA HANDLE selbst. Ausnahmen für die unter den Punkten 2 bis 4 aufgeführten Einschränkungen sind:

- Die Einschränkungen gelten nicht für den Datentyp p.
- Die Einschränkungen gelten nicht für die Datentypen c, n und x, solange der Speicherbedarf maximal 100 Byte beträgt.

Wenn eine im Shared Objects Memory abgelegte Datenreferenzvariable auf ein anonymes Datenobjekt eines dynamischen Typs verweist, der den Einschränkungen unterliegt, kommt es bei Ausführung der DETACH_COMMIT-Methode zur Ausnahme der Klasse CX_SHM_EXTERNAL_TYPE.

Uneingeschränkt verwendet werden können dagegen:

- alle sichtbaren Datentypen globaler Interfaces und Klassen
- Datenelemente, Strukturen, Datenbanktabellen und Tabellentypen des ABAP Dictionarys
- Datentypen aus Typgruppen

- zur Programmlaufzeit erzeugte gebundene Datentypen anonymer Datenobjekte, denen während ihrer Erzeugung mit CREATE DATA ein statischer Typ mit einer statischen Länge zugewiesen wurde
- zur Programmlaufzeit erzeugte gebundene Datentypen anonymer Datenobjekte, denen während ihrer Erzeugung mit CREATE DATA ein voll spezifizierter dynamischer Typ zugewiesen wurde
- alle statisch im gleichen Programm mit deklarativen Anweisungen erzeugten Datentypen, wobei aber zu beachten ist, dass nach jeder Änderung des erzeugenden Programms nicht mehr auf bestehende Gebietsinstanzen zugegriffen werden kann

Die Zusätze REF TO und TABLE OF können verwendet werden, solange die angegebenen Typen obigen Anforderungen genügen. Dies gilt auch für den Zusatz HANDLE, d. h., das Typobjekt muss mit Methoden der RTTI aus erlaubten Typen erzeugt worden sein.

Hinweis
Das einzige Shared Object, das direkt nach einer Anbindung einer Gebietsinstanzversion aus einem ABAP-Programm adressiert werden kann, ist die Instanz der Gebietswurzelklasse. Alle anderen Objekte müssen in dieser Instanz referenziert werden. Insbesondere ist also kein direkter Zugriff auf anonyme Datenobjekte möglich. Stattdessen muss die Instanz der Gebietswurzelklasse Referenzen auf diese enthalten, die auch indirekt sein können.

Beispiel
Durch Verwendung des Zusatzes AREA HANDLE wird ein anonymes Datenobjekt vom Typ string in einer Gebietsinstanzversion des Gebiets CL_DEMO_AREA als Shared Object erzeugt. Als Referenzvariable wird das generisch typisierte Attribut dref der Gebietswurzelklasse CL_DEMO_ROOT verwendet. Mithilfe eines Feldsymbols wird die Datenreferenz dereferenziert und dem anonymen Datenobjekt ein Wert zugewiesen. Nach dem Abschluss des Schreibzugriffs über die Methode DETACH_COMMIT erfolgt ein Lesezugriff, der den Zugriff auf das Objekt im Shared Memory demonstriert. Ein solcher Zugriff kann auch in einem anderen Programm erfolgen, solange die Gebietsinstanzversion im Shared Memory vorhanden ist.

```
DATA: handle TYPE REF TO cl_demo_area,
      root   TYPE REF TO cl_demo_root,
      exc    TYPE REF TO cx_shm_attach_error.
FIELD-SYMBOLS <fs> TYPE any.
TRY.
    handle = cl_demo_area=>attach_for_write( ).
    CREATE OBJECT root AREA HANDLE handle.
    handle->set_root( root ).
    CREATE DATA root->dref AREA HANDLE handle TYPE string.
    ASSIGN root->dref->* TO <fs>.
    <fs> = `...
    handle->detach_commit( ).
  CATCH cx_shm_attach_error INTO exc.
    ...
  CATCH cx_shm_external_type.
    ...
ENDTRY.
```

```
...
TRY.
    handle = cl_demo_area=>attach_for_read( ).
    ASSIGN handle->root->dref->* TO <fs>.
    ...
    handle->detach( ).
  CATCH cx_shm_attach_error INTO exc.
    ...
ENDTRY.
```

17.1.8 Behandelbare Ausnahmen

Die behandelbaren Ausnahmen beim Erzeugen von Datenobjekten sind durch die Ausnahmeklasse CX_SY_CREATE_DATA_ERROR (unzulässige Angabe für Datentyp, Länge, Anzahl der Dezimalstellen oder Startwert) definiert.

17.2 Instanzen von Klassen erzeugen

`CREATE OBJECT`

Die Anweisung CREATE OBJECT erzeugt eine Instanz einer Klasse bzw. ein Objekt und weist die Referenz auf das Objekt einer Referenzvariablen oref zu. Direkt nach der Erzeugung des Objekts wird der Instanzkonstruktor der Klasse aufgerufen. Die Erzeugung einer Instanz einer Klasse ist nur dort erlaubt, wo dies der Zusatz CREATE der Anweisung CLASS DEFINITION zulässt.

Standardmäßig wird das Objekt im internen Modus des aktuellen Programms angelegt und lebt dort so lange, wie es benötigt wird. Wenn es von keiner Referenzvariablen mehr referenziert wird, wird es vom Garbage Collector gelöscht. Mit dem Zusatz area_handle kann das Objekt als Shared Object angelegt werden.

Die Referenzvariable oref muss als Objektreferenzvariable deklariert sein. Auf die Instanzkomponenten eines mit CREATE OBJECT erzeugten Objekts kann nur über Objektreferenzvariablen zugegriffen werden.

Die Klasse des erzeugten Objekts kann mit dem Zusatz TYPE festgelegt werden. Der statische Typ der Objektreferenzvariablen muss nach den Regeln für Zuweisungen zwischen Objektreferenzvariablen allgemeiner als die Klasse des erzeugten Objekts oder identisch mit dieser sein. Die nicht-optionalen Eingabeparameter des ersten explizit implementierten Instanzkonstruktors, der auf dem Pfad des Vererbungsbaums von der instanzierten Klasse zur Wurzelklasse object liegt, müssen versorgt werden. Weiterhin können den nicht-klassenbasierten Ausnahmen des Instanzkonstruktors über diese Zusätze Rückgabewerte zugeordnet werden.

Wenn bei der Erzeugung des Objekts eine behandelbare Ausnahme in der Laufzeitumgebung auftritt, wird das Objekt nicht erzeugt, und die Objektreferenzvariable oref wird initialisiert. Wird nach der Erzeugung des Objekts im Instanzkonstruktor der Klasse eine behandelbare

Ausnahme ausgelöst oder eine Nachricht mit MESSAGE RAISING gesendet, wird das erzeugte Objekt wieder gelöscht und die Objektreferenzvariable oref initialisiert.

Die Anweisung CREATE OBJECT setzt bei erfolgreicher Ausführung sy-subrc auf 0. Werte ungleich 0 können bei der Behandlung nicht-klassenbasierter Ausnahmen des Instanzkonstruktors auftreten.

17.2.1 Klasse implizit festlegen

`CREATE OBJECT oref`

Syntax
`CREATE OBJECT oref [area_handle] [parameter_list].`

Falls der Zusatz TYPE nicht angegeben ist, muss die Objektreferenzvariable oref eine Klassenreferenzvariable sein. Es wird eine Instanz der Klasse erzeugt, die der statische Typ der Objektreferenzvariablen ist. Der statische Typ der Klassenreferenzvariablen darf keine abstrakte Klasse und insbesondere nicht die Wurzelklasse object sein.

Mit dem Zusatz parameter_list wird die Parameterschnittstelle des Instanzkonstruktors versorgt. Mit dem Zusatz area_handle kann das Objekt als Shared Object angelegt werden.

Beispiel
Erzeugung einer Instanz einer Klasse c1 durch impliziten Bezug auf den statischen Typ der Referenzvariablen.

```
CLASS c1 DEFINITION.
  ...
ENDCLASS.
...
DATA oref TYPE REF TO c1.
...
CREATE OBJECT oref.
```

17.2.2 Klasse explizit festlegen

`CREATE OBJECT - TYPE`

Syntax
```
CREATE OBJECT oref [area_handle]
                TYPE { class [parameter_list] }
                   | { (name) [parameter_list|parameter_tables] }.
```

Für class kann eine beliebige konkrete Klasse angegeben werden, die spezieller als der statische Typ der Objektreferenzvariablen oref oder identisch mit ihm ist. oref kann eine Klassenreferenzvariable oder eine Interface-Referenzvariable sein. Es wird eine Instanz der angegebenen Klasse class erzeugt.

Alternativ zur direkten Angabe kann mit name ein zeichenartiges Datenobjekt angegeben werden, das bei Ausführung der Anweisung die Bezeichnung der Klasse in Großbuchstaben enthält. Die Bezeichnung der Klasse in name kann auch als absoluter Typname erfolgen.

Mit den Zusätzen parameter_list bzw. parameter_tables wird die Parameterschnittstelle des Instanzkonstruktors versorgt.

Mit dem Zusatz area_handle kann das Objekt als Shared Object angelegt werden.

Beispiel
Erzeugung einer Instanz einer Klasse c1 durch expliziten Bezug auf die Klasse. Der statische Typ der Referenzvariablen ist die Wurzelklasse object und damit allgemeiner als jede andere Klasse.

```
CLASS c1 DEFINITION.
...
ENDCLASS.
...
DATA oref TYPE REF TO object.
...
CREATE OBJECT oref TYPE c1.
```

17.2.3 Shared Object erzeugen

CREATE OBJECT – AREA HANDLE

Syntax von area_handle
CREATE OBJECT oref AREA HANDLE handle ... .

Diese Anweisung legt ein Objekt als Shared Object in der Gebietsinstanzversion des Shared Memorys an, an die das von handle referenzierte Gebietshandle angebunden ist. Die implizit oder explizit angegebene Klasse muss mit dem Zusatz SHARED MEMORY ENABLED der Anweisung CLASS als Shared-Memory-fähige Klasse definiert sein.

Für handle muss eine Objektreferenzvariable angegeben werden, deren statischer Typ CL_ABAP_MEMORY_AREA oder eine ihrer Unterklassen (Gebietsklasse) ist. Bei Ausführung der Anweisung muss handle auf ein Gebietshandle zeigen, und das Gebietshandle muss mit einer Änderungssperre an eine Gebietsinstanzversion angebunden sein. Zur Erstellung einer solchen Referenz gibt es folgende Möglichkeiten:

- Übernahme des Rückgabewertes der Methoden ATTACH_FOR_WRITE oder ATTACH_FOR_UPDATE einer mit der Transaktion SHMA erzeugten Gebietsklasse
- Übernahme des Rückgabewertes der Methode GET_HANDLE_BY_OREF einer beliebigen Gebietsklasse
- Übernahme des Rückgabewertes der Methode GET_IMODE_HANDLE der vordefinierten Klasse CL_IMODE_AREA

Letzteres ist eine Referenz auf ein Gebietshandle für den aktuellen internen Modus, und die Anweisung CREATE OBJECT wirkt wie ohne den Zusatz AREA HANDLE.

Hinweis

Das einzige Shared Object, das direkt nach einer Anbindung einer Gebietsinstanzversion aus einem ABAP-Programm adressiert werden kann, ist die Instanz der Gebietswurzelklasse. Alle anderen Objekte müssen in dieser Instanz referenziert werden.

Beispiel

Durch Verwendung des Zusatzes AREA HANDLE wird eine Instanz einer lokalen Klasse class in einer Gebietsinstanzversion des Gebiets CL_DEMO_AREA als Shared Object erzeugt. Als Referenzvariable wird das generisch typisierte Attribut oref der Gebietswurzelklasse CL_DEMO_ROOT verwendet. Das Attribut attr des Objekts wird durch Aufruf seiner Methode set_attr mit einem Wert versehen.

Nach dem Abschluss des Schreibzugriffs über die Methode DETACH_COMMIT erfolgt ein Lesezugriff, der den Zugriff auf das Objekt im Shared Memory demonstriert. Ein solcher Zugriff kann auch in einem anderen Programm erfolgen, solange die Gebietsinstanzversion im Shared Memory vorhanden ist.

```
DATA: handle TYPE REF TO cl_demo_area,
      root   TYPE REF TO cl_demo_root,
      exc    TYPE REF TO cx_shm_attach_error,
      oref   TYPE REF TO class.
TRY.
    handle = cl_demo_area=>attach_for_write( ).
    CREATE OBJECT root AREA HANDLE handle.
    handle->set_root( root ).
    CREATE OBJECT root->oref AREA HANDLE handle TYPE class.
    oref ?= root->oref.
    oref->set_attr( ... ).
    CLEAR oref.
    handle->detach_commit( ).
  CATCH cx_shm_attach_error INTO exc.
    ...
ENDTRY.
TRY.
    handle = cl_demo_area=>attach_for_read( ).
    oref ?= handle->root->oref.
    ... oref->attr ....
    CLEAR oref.
    handle->detach( ).
  CATCH cx_shm_attach_error INTO exc.
    ...
ENDTRY.
```

17.2.4 Statische Parameterübergabe

`CREATE OBJECT - parameter_list`

Syntax von parameter_list
```
... [EXPORTING  p1 = a1 p2 = a2 ...]
    [EXCEPTIONS exc1 = n1 exc2 = n2 ... [OTHERS = n_others]].
```

Mit den Zusätzen `EXPORTING` und `EXCEPTIONS` werden statisch Aktualparameter an den Instanzkonstruktor übergeben bzw. Rückgabewerte den nicht-klassenbasierten Ausnahmen zugeordnet.

- Mit dem Zusatz `EXPORTING` müssen die nicht-optionalen und können die optionalen Eingabeparameter p1 p2 ... des Instanzkonstruktors der instanzierten Klasse mit typgerechten Aktualparametern a1 a2 ... versorgt werden. Wie bei normalen Methodenaufrufen können entweder Datenobjekte oder Funktionen und Ausdrücke als Aktualparameter (ab Release 7.02/7.2) angegeben werden. Bei Unterklassen, die keinen explizit implementierten Instanzkonstruktor haben, wird die Schnittstelle des Instanzkonstruktors der nächsthöheren Oberklasse versorgt, die den Instanzkonstruktor explizit implementiert.

- Mit dem Zusatz `EXCEPTIONS` können nicht-klassenbasierten Ausnahmen exc1 exc2... Rückgabewerte zugeordnet werden.

Syntax und Bedeutung sind dieselben wie in der Parameterliste der Anweisung `CALL METHOD` (siehe Abschnitt 19.1.2).

Beispiel
Erzeugung einer Dialogbox des Control Frameworks (CFW) und Übergabe von Eingabeparametern an den Instanzkonstruktor der globalen Klasse CL_GUI_DIALOGBOX_CONTAINER. Die Klasse wird implizit durch den statischen Typ der Referenzvariablen dialog_box festgelegt.

```
DATA dialog_box TYPE REF TO cl_gui_dialogbox_container.
CREATE OBJECT dialog_box
      EXPORTING parent = cl_gui_container=>desktop
                width  = 1000
                height = 350.
```

17.2.5 Dynamische Parameterübergabe

`CREATE OBJECT - parameter_tables`

Syntax von parameter_tables
```
... [PARAMETER-TABLE ptab]
    [EXCEPTION-TABLE etab].
```

Mit den Zusätzen `PARAMETER-TABLE` und `EXCEPTION-TABLE` werden dynamisch Aktualparameter an den Instanzkonstruktor übergeben bzw. Rückgabewerte den nicht-klassenbasierten Ausnahmen zugeordnet.

Die Zusätze können nur verwendet werden, wenn die instanzierte Klasse dynamisch in name angegeben wird. Sie ordnen mithilfe spezieller interner Tabellen ptab und etab den Eingabeparametern des Instanzkonstruktors Aktualparameter bzw. nicht-klassenbasierten Ausnahmen Rückgabewerte zu.

Syntax und Bedeutung sind dieselben wie bei der dynamischen Form der Anweisung CALL METHOD (siehe Abschnitt 19.1.2). Insbesondere müssen die internen Tabellen ptab und etab mit Bezug auf die Tabellen ABAP_PARMBIND_TAB und ABAP_EXCPBIND_TAB aus der Typgruppe ABAP definiert sein.

Beispiel

Dynamische Erzeugung einer Dialogbox des Control Frameworks (CFW) und dynamische Übergabe von Eingabeparametern an den Instanzkonstruktor der globalen Klasse CL_GUI_DIALOGBOX_CONTAINER. Die Klasse wird explizit durch den Zusatz TYPE festgelegt.

```abap
DATA: container TYPE REF TO cl_gui_container,
      exc_ref TYPE REF TO cx_root,
      exc_text TYPE string.
DATA: class TYPE string VALUE `CL_GUI_DIALOGBOX_CONTAINER`,
      ptab TYPE abap_parmbind_tab,
      ptab_line TYPE abap_parmbind.
ptab_line-name = 'PARENT'.
ptab_line-kind = cl_abap_objectdescr=>exporting.
GET REFERENCE OF CL_GUI_CONTAINER=>DESKTOP
            INTO ptab_line-value.
INSERT ptab_line INTO TABLE ptab.
ptab_line-name = 'WIDTH'.
ptab_line-kind = cl_abap_objectdescr=>exporting.
GET REFERENCE OF 1000 INTO ptab_line-value.
INSERT ptab_line INTO TABLE ptab.
ptab_line-name = 'HEIGHT'.
ptab_line-kind = cl_abap_objectdescr=>exporting.
GET REFERENCE OF 300 INTO ptab_line-value.
INSERT ptab_line INTO TABLE ptab.
TRY.
    CREATE OBJECT container TYPE (class)
                PARAMETER-TABLE ptab.
  CATCH cx_sy_create_object_error INTO exc_ref.
    ...
ENDTRY.
```

17.2.6 Behandelbare Ausnahmen

Die behandelbaren Ausnahmen beim Erzeugen von Instanzen von Klassen sind durch die Ausnahmeklasse CX_SY_CREATE_OBJECT_ERROR (unzulässige Angabe einer Klasse) definiert,

TEIL 6
Programmeinheiten ausführen

18 Programme aufrufen

In jedem Verarbeitungsblock eines ABAP-Programms können, sofern vom Paketkonzept erlaubt, folgende Programme aufgerufen werden:

- ausführbare Programme
- Transaktionen, d. h. Programme, die mit einem Transaktionscode verknüpft sind

Beim Aufruf von Programmen kann das aufrufende Programm entweder temporär oder vollständig verlassen werden.

Beim temporären Verlassen des aufrufenden Programms wird das aufgerufene Programm in einem neuen internen Modus gestartet. Der interne Modus des aufrufenden Programms bleibt erhalten. Aufrufendes und aufgerufenes Programm bilden eine Aufrufkette. Innerhalb einer Aufrufkette besteht gemeinsamer Zugriff auf das ABAP Memory (Anweisungen IMPORT FROM MEMORY und EXPORT TO MEMORY). Eine Aufrufkette kann aus maximal neun internen Modi bestehen. Bei Überschreitung kommt es zum Programmabbruch, und die gesamte Aufrufkette wird gelöscht.

Beim vollständigen Verlassen des aufrufenden Programms wird das aufgerufene Programm in einem neuen internen Modus gestartet, der den internen Modus des aufrufenden Programms ersetzt.

Ein Programm, bei dessen Aufruf ein interner Modus erzeugt wird, bildet das Hauptprogramm der Hauptprogrammgruppe des internen Modus.

Hinweis
Beim Laden eines aufgerufenen Programms wird in diesem das Ereignis LOAD-OF-PROGRAM ausgelöst.

18.1 Ausführbare Programme aufrufen

Ausführbare Programme sind nur aus Benutzersicht direkt ausführbar. Beim Starten eines ausführbaren Programms über SYSTEM • DIENSTE • REPORTING oder über eine Reporttransaktion wird intern immer die Anweisung SUBMIT ausgeführt. Ausführbare Programme sind die einzigen Programme, die über SUBMIT aufrufbar sind.

18.1.1 Ablauf eines ausführbaren Programms

Die Anweisung SUBMIT lädt das aufgerufene Programm in einen eigenen internen Modus und startet in der ABAP-Laufzeitumgebung eine Folge von Prozessen, die im aufgerufenen Programm Ereignisse und Aktionen in folgender Reihenfolge auslösen:

1. Programmkonstruktor-Ereignis LOAD-OF-PROGRAM
2. Übergabe der mit dem Zusatz DEFAULT in den Anweisungen PARAMETERS und SELECT-OPTIONS definierten Startwerte an die entsprechenden Datenobjekte. Die Startwerte aller übrigen Datenobjekte werden vor LOAD-OF-PROGRAM gesetzt.
3. Reporting-Ereignis INITIALIZATION
4. Aufruf des in *selscreen_options* festgelegten Selektionsbildes, falls dieses mindestens ein Eingabefeld oder eine Drucktaste enthält. Falls kein explizites Selektionsbild angegeben ist, wird das Standardselektionsbild aufgerufen. Dabei findet eine vollständige Selektionsbildverarbeitung statt. Nach der Selektionsbildverarbeitung wird der Programmablauf in Abhängigkeit von der letzten Benutzeraktion auf dem Selektionsbild entweder fortgesetzt oder beendet. Vor dem ersten Ereignis der Selektionsbildverarbeitung, AT SELECTION-SCREEN OUTPUT, werden die in *selscreen_options* angegebenen Werte übergeben.
5. Reporting-Ereignis START-OF-SELECTION
6. verschiedene GET-Ereignisse, falls das aufgerufene Programm mit einer logischen Datenbank verknüpft ist
7. Reporting-Ereignis END-OF-SELECTION
8. Aufruf der Grundliste. Falls die Grundliste leer ist, wird das Programm beendet.

    Ist die Grundliste eine Druckliste, wird sie an das SAP-Spool-System gesendet und das Programm beendet. Falls EXPORTING LIST TO MEMORY in *list_options* angegeben ist, wird die Grundliste im ABAP Memory gespeichert und das Programm beendet. Ansonsten ist die Grundliste eine Bildschirmliste und wird am Bildschirm dargestellt. Benutzeraktionen auf einer dargestellten Bildschirmliste lösen Listenereignisse aus. Das Programm wird beendet, wenn der Benutzer die Listdarstellung verlässt.
9. Falls in Schritt 4 kein Selektionsbild dargestellt wird, da entweder keine oder eine dunkle Selektionsbildverarbeitung stattfindet, ist der Programmaufruf beendet. Falls in Schritt 4 ein Selektionsbild dargestellt wird, ruft die Laufzeitumgebung nach dem Verlassen der Grundliste das aufgerufene Programm erneut auf. Beim erneuten Aufruf werden die Parameter, die Selektionskriterien und freien Abgrenzungen des Selektionsbildes zwischen den Ereignissen INITIALIZATION und AT SELECTION-SCREEN OUTPUT von der Laufzeitumgebung mit den vorangegangenen Eingabewerten versorgt (andere Einstellungen, etwa welche Tabstrip-Seite aktiv war, werden nicht übergeben). Der Programmaufruf wird erst beendet, wenn der Benutzer die Selektionsbildverarbeitung durch die Auswahl von Zurück, Beenden oder Abbrechen verlässt.

Das aufgerufene Programm kann in jedem der aufgeführten Schritte mit der Anweisung LEAVE PROGRAM und während der Listenverarbeitung mit LEAVE LIST-PROCESSING verlassen werden.

Falls das aufgerufene Programm mit einer logischen Datenbank verknüpft ist, werden die den oben aufgeführten Schritten zugeordneten Unterprogramme des Datenbankprogramms aufgerufen.

18.1.2 Aufruf eines ausführbaren Programms

SUBMIT

Syntax
```
SUBMIT {rep|(name)} [selscreen_options]
                    [list_options]
                    [job_options]
                    [AND RETURN].
```

Die Anweisung SUBMIT ruft ein ausführbares Programm rep auf. Das ausführbare Programm wird ausgeführt, wie in Abschnitt 18.1.1 beschrieben. Falls das aufgerufene Programm einen Syntaxfehler enthält, kommt es zu einer unbehandelbaren Ausnahme.

Der Programmname rep kann entweder direkt oder als Inhalt eines flachen zeichenartigen Datenobjekts name angegeben werden. Das Datenobjekt name muss den Namen des aufzurufenden Programms in Großbuchstaben enthalten. Falls das in name angegebene Programm nicht gefunden wird, kommt es zu einer unbehandelbaren Ausnahme.

Mit den Zusätzen selscreen_options kann das Selektionsbild des aufgerufenen Programms bestimmt und mit Werten versorgt werden. Mit den Zusätzen list_options können das Ausgabemedium und die Seitengröße der Grundliste des aufgerufenen Programms beeinflusst werden. Durch die Angabe von job_options kann das Programm für die Hintergrundverarbeitung eingeplant werden. Der Zusatz AND RETURN bestimmt, wohin die Laufzeitumgebung nach Beendigung des Programmaufrufs verzweigt:

- Ohne den Zusatz AND RETURN ersetzt der interne Modus des aufgerufenen Programms den internen Modus des aufrufenden Programms an der gleichen Position der Aufrufkette, wobei die aktuelle SAP-LUW beendet wird. Nach Beendigung des Programmaufrufs wird hinter die Stelle zurückgekehrt, von der das aufrufende Programm gestartet wurde. Der Inhalt des Systemfeldes sy-calld wird bei SUBMIT ohne AND RETURN vom aufrufenden Programm übernommen.

- Mit dem Zusatz AND RETURN wird das ausführbare Programm in einem neuen internen Modus gestartet. Der Modus des aufrufenden Programms und die aktuelle SAP-LUW bleiben erhalten. Das aufgerufene Programm läuft in einer eigenen SAP-LUW. Nach Beendigung des Programmaufrufs wird die Programmausführung des aufrufenden Programms hinter der Anweisung SUBMIT fortgesetzt.

Hinweise

- Bei Ausführung der Anweisung SUBMIT erfolgt keine Berechtigungsprüfung für die in den Programmeigenschaften angegebene Berechtigungsgruppe. Eine solche Berechtigungsprüfung erfolgt nur, wenn das Programm im Dialog, wie z. B. aus der Entwicklungsumgebung oder über SYSTEM • DIENSTE • REPORTING ausgeführt wird.

- Wenn bei SUBMIT ohne den Zusatz AND RETURN in der aktuellen SAP-LUW noch Prozeduren registriert sind, wird die SAP-LUW beendet, ohne dass die Prozeduren aufgerufen oder zurückgerollt werden. Registrierte Verbuchungsfunktionsbausteine bleiben auf der Datenbank vorhanden, können aber nicht mehr ausgeführt werden. In einem solchen Fall sollte vor dem Programmaufruf deshalb explizit die Anweisung COMMIT WORK oder ROLLBACK WORK ausgeführt werden.

- Die Anweisung SUBMIT mit dem Zusatz AND RETURN öffnet zwar eine neue SAP-LUW, dabei ist aber zu beachten, dass dadurch nicht automatisch eine neue Datenbank-LUW geöffnet wird. Dies bedeutet, dass ein Datenbank-Rollback in dieser SAP-LUW insbesondere auch alle Registrierungseinträge, die von den Anweisungen CALL FUNCTION IN UPDATE TASK oder CALL FUNCTION IN BACKGROUND TASK vorgenommen wurden, zurückrollen kann. Eine Anweisung ROLLBACK WORK im aufgerufenen Programm wirkt damit unter Umständen auch auf die unterbrochene SAP-LUW. Um dies zu verhindern, muss vor dem Programmaufruf ein expliziter Datenbank-Commit ausgeführt werden. Bei der lokalen Verbuchung tritt das Problem nicht auf.

18.1.2.1 Zusätze für das Selektionsbild

```
SUBMIT - selscreen_options
```

Syntax von selscreen_options
```
... [USING SELECTION-SCREEN dynnr]
    [VIA SELECTION-SCREEN]
    [selscreen_parameters]
```

Der Zusatz USING SELECTION-SCREEN legt das Selektionsbild fest. Dabei ist dynnr ein Datenobjekt, das bei Ausführung der Anweisung SUBMIT die Dynpro-Nummer eines im aufgerufenen Programm definierten Selektionsbildes enthalten muss.

Falls der Zusatz USING SELECTION-SCREEN weggelassen wird oder die Dynpro-Nummer 1000 angegeben ist, wird das Standardselektionsbild aufgerufen. Falls im aufgerufenen Programm kein Standardselektionsbild definiert ist, wird kein Selektionsbild aufgerufen.

Falls im Zusatz USING SELECTION-SCREEN eine Dynpro-Nummer ungleich 1000 angegeben wird, wird das entsprechende eigenständige Selektionsbild aufgerufen. Falls im aufgerufenen Programm kein Selektionsbild mit dieser Dynpro-Nummer definiert ist, kommt es zu einer unbehandelbaren Ausnahme.

Der Zusatz VIA SELECTION-SCREEN bestimmt, ob das Selektionsbild dargestellt wird. Wenn dieser Zusatz angegeben ist, wird das Selektionsbild am Bildschirm dargestellt, ansonsten findet eine dunkle Selektionsbildverarbeitung statt. Bei der dunklen Selektionsbildverarbeitung werden die Selektionsbildereignisse ausgelöst, ohne dass das Selektionsbild am Bildschirm dargestellt wird.

Die Zusätze selscreen_parameters versorgen die Parameter und Selektionskriterien sowie die freien Abgrenzungen des aufgerufenen Selektionsbildes mit Werten. Die Werte werden zwischen den Ereignissen INITIALIZATION und AT SELECTION-SCREEN OUTPUT an das Selektionsbild übergeben. Für die Übergabe der Werte gilt folgende Hierarchie:

1. Zuerst wird die Variante des Zusatzes USING SELECTION-SET übergeben, wodurch alle Parameter und Selektionskriterien auf die Werte der Variante gesetzt werden. Die zuvor im aufgerufenen Programm gesetzten Werte werden überschrieben.

2. Danach werden die Werte der Tabelle des Zusatzes `WITH SELECTION-TABLE` übergeben. Alle dort angegebenen Parameter und Selektionskriterien werden entsprechend überschrieben.
3. Schließlich werden die Werte der Zusätze `WITH sel value` übergeben. Alle dort angegebenen Parameter und Selektionskriterien werden entsprechend überschrieben. Wenn der Zusatz `WITH sel value` mehrfach für den gleichen Parameter verwendet wird, wird dieser mit dem zuletzt angegebenen Wert überschrieben. Wird der Zusatz `WITH sel value` mehrfach für das gleiche Selektionskriterium verwendet, wird eine Selektionstabelle mit entsprechend vielen Zeilen übergeben.

Die Versorgung der freien Abgrenzungen erfolgt unabhängig von dieser Hierarchie.

Hinweise

- Durch die Möglichkeiten der Parameterübergabe kann ein Selektionsbild als Parameterschnittstelle eines ausführbaren Programms angesehen werden. Dies gilt insbesondere für die dunkle Selektionsbildverarbeitung und für Parameter und Selektionskriterien, die mit dem Zusatz `NO-DISPLAY` ohne Bildschirmelemente definiert werden.
- Bei der Datenübergabe ist zu beachten, dass eventuelle Anpassungen an das Bildschirmformat wie Kürzungen und die Ausführung von Konvertierungsroutinen nicht für Felder ausgeführt werden, für die es auf dem Selektionsbild keine Bildschirmelemente gibt. Dies gilt zum einen für alle mit `NO DISPLAY` definierten Parameter und Selektionskriterien. Zum anderen gilt dies auch für alle Zeilen einer Selektionstabelle mit Ausnahme der ersten Zeile.
- Die Zusätze `selscreen_parameters` wirken nur bei der ersten Ausführung des aufgerufenen Programms. Wenn im aufgerufenen Programm ein Selektionsbild dargestellt wird, ruft die Laufzeitumgebung das Programm nach seiner Beendigung erneut auf und ersetzt dabei die in `selscreen_parameters` angegebenen Werte durch die letzten Eingabewerte.

Syntax von selscreen_parameters

```
... [USING SELECTION-SET variant]
    [USING SELECTION-SETS OF PROGRAM prog]
    [WITH SELECTION-TABLE rspar]
    [WITH expr_syntax1 WITH expr_syntax2 ...]
    [WITH FREE SELECTIONS texpr]
```

Mit `USING SELECTION-SET` werden alle Selektionsbildkomponenten über eine Variante `variant` versorgt, wobei über die Angabe von `USING SELECTION-SETS OF PROGRAM` eine Variante eines anderen Programms verwendet werden kann, mit `WITH SELECTION-TABLE` werden Werte für mehrere Selektionsbildkomponenten als Inhalt einer internen Tabelle `rspar` übergeben, mit `WITH expr_syntax` werden einzelne Selektionsbildkomponenten mit Werten versorgt. Der Zusatz `WITH FREE SELECTIONS` erlaubt die Übergabe freier Abgrenzungen an das Selektionsbild einer logischen Datenbank.

Variante des aufgerufenen Programms angeben

```
... USING SELECTION-SET variant
```

Dieser Zusatz bewirkt, dass die Parameter und Selektionskriterien des Selektionsbildes mit den Werten einer Variante versorgt werden. Für `variant` muss ein zeichenartiges Datenobjekt angegeben werden, das bei der Ausführung der Anweisung den Namen einer Variante des aufgerufenen Programms enthält. Wenn die Variante nicht existiert, wird eine Fehlermeldung gesendet. Gehört die Variante zu einem anderen Selektionsbild, wird sie ignoriert.

Hinweis
Varianten können zu jedem Programm, in dem Selektionsbilder definiert sind, entweder in der ABAP Workbench oder während der Programmausführung über die Auswahl von SPRINGEN • VARIANTEN auf einem Selektionsbild angelegt und verwaltet werden.

Variante eines beliebigen Programms angeben
```
... USING SELECTION-SETS OF PROGRAM prog
```
Dieser Zusatz bewirkt, dass im aufgerufenen Programm die Varianten des Programms prog verwendet werden. Für prog muss ein zeichenartiges Datenobjekt angegeben werden, das bei der Ausführung der Anweisung den Namen eines Programms enthält. Im Einzelnen bewirkt der Zusatz Folgendes:

- Wenn mit USING SELECTION-SET eine Variante variant angegeben ist, wird diese im Programm prog gesucht.
- Wenn das Selektionsbild mit VIA SELECTION-SCREEN dargestellt wird, wirken alle über SPRINGEN • VARIANTEN erreichbaren Funktionen auf die Varianten des Programms prog. Diese Funktionen sind aber nur aktiv, wenn prog ein ausführbares Programm ist.

Hinweis
Das Programm prog sollte ein Selektionsbild mit den gleichen Parametern und Selektionskriterien enthalten wie das verwendete Selektionsbild des aufgerufenen Programms.

Interne Tabelle angeben
```
... WITH SELECTION-TABLE rspar
```
Dieser Zusatz bewirkt die Versorgung von Parametern und Selektionskriterien des Selektionsbildes aus einer internen Tabelle rspar. Für rspar muss eine Standardtabelle mit dem Zeilentyp RSPARAMS oder RSPARAMSL_255 (ab Release 7.2) und ohne sekundäre Tabellenschlüssel angegeben werden. Die strukturierten Datentypen RSPARAMS und RSPARAMSL_255 sind im ABAP Dictionary definiert und haben folgende Komponenten, die alle vom Datentyp CHAR sind:

- SELNAME (Länge 8)
- KIND (Länge 1)
- SIGN (Länge 1)
- OPTION (Länge 2)
- LOW (Länge 45 bei RSPARAMS und 255 bei RSPARAMSL_255)
- HIGH (Länge 45 bei RSPARAMS und 255 bei RSPARAMSL_255)

Um Parameter und Selektionskriterien des Selektionsbildes mit spezifischen Werten zu versorgen, müssen die Zeilen der internen Tabelle rspar folgende Werte enthalten:

- in SELNAME den Namen eines Parameters oder eines Selektionskriteriums des Selektionsbildes in Großbuchstaben
- in KIND die Art der Selektionsbildkomponente ("P" für Parameter, "S" für Selektionskriterien)
- In SIGN, OPTION, LOW und HIGH müssen für Selektionskriterien die für die gleichnamigen Spalten von Selektionstabellen vorgesehenen Werte übergeben werden; für Parameter muss der Wert in LOW übergeben werden, alle anderen Komponenten werden ignoriert.

Wenn der Name eines Selektionskriteriums mehrfach in `rspar` vorkommt, wird dadurch eine mehrzeilige Selektionstabelle definiert und an das Selektionskriterium übergeben. Bei mehrfach vorkommenden Parameternamen wird der letzte Wert an den Parameter übergeben. Die Tabelle kann durch den Funktionsbaustein RS_REFRESH_FROM_SELECTOPTIONS mit den Inhalten der Parameter bzw. Selektionstabellen des aktuellen Programms gefüllt werden.

Hinweise
- Abweichend von Selektionstabellen sind die Datentypen der Komponenten LOW und HIGH in der Tabelle `rspar` immer vom Typ CHAR und werden – falls notwendig – bei der Übergabe in den Typ des Parameters bzw. des Selektionskriteriums konvertiert.
- Bei der Angabe von Werten ist darauf zu achten, dass diese nicht im Ausgabeformat der Bildschirmanzeige, sondern im internen Format für ABAP-Werte angegeben werden müssen.
- Der Datentyp RSPARAMSL_255 kann ab Release 7.2 anstelle von RSPARAMS verwendet werden, wenn die Länge von 45 Zeichen der Komponenten LOW und HIGH nicht mehr ausreicht.

Einzelwerte angeben
```
... WITH expr_syntax1 WITH expr_syntax2
```
Mit diesem Zusatz werden einzelne Parameter oder Selektionskriterien des Selektionsbildes mit Werten versorgt. Parameter werden mit Einzelwerten, Selektionskriterien mit Selektionstabellen versorgt, die bereits gesetzte Werte im aufgerufenen Programm überschreiben. Die zu übergebende Selektionstabelle wird aus allen Zusätzen *expr_syntax*, die das gleiche Selektionskriterium `sel` ansprechen, zusammengesetzt. Für *expr_syntax* können folgende Ausdrücke angegeben werden, wobei für `sel` direkt der Name eines Parameters oder eines Selektionskriteriums angegeben werden muss:

- **sel {EQ|NE|CP|NP|GT|GE|LT|LE} dobj [SIGN sign]**
  Übergabe eines Einzelwertes. Die Operatoren vor `dobj` entsprechen den für die Spalte OPTION von Selektionstabellen vorgesehenen Werten. Für `dobj` muss ein Datenobjekt angegeben werden, dessen Datentyp in den Datentyp der Selektionsbildkomponente `sel` konvertierbar ist. Für `sign` kann ein zeichenartiges Feld angegeben werden, das den Inhalt »I« oder »E« haben muss. Der Standardwert ist »I«. Anstelle des Operators EQ kann auch = oder INCL verwendet werden.

  Wenn `sel` ein Selektionskriterium ist, wird an die zu übergebende Selektionstabelle eine Zeile angehängt, wobei der angegebene Operator in die Spalte OPTION, der Inhalt von `dobj` in die Spalte LOW und der Inhalt von `sign` in die Spalte SIGN gestellt wird.

Wenn `sel` ein Parameter ist, wird dieser im aufgerufenen Programm auf den Wert von `dobj` gesetzt. Der Operator und der Wert von `sign` werden nicht berücksichtigt.

▶ **sel [NOT] BETWEEN dobj1 AND dobj2 [SIGN sign]**
Übergabe eines Intervalls. In diesem Fall muss `sel` ein Selektionskriterium sein. Für `dobj` müssen Datenobjekte angegeben werden, deren Datentyp in diejenigen der Spalten LOW und HIGH des Selektionskriteriums `sel` konvertierbar ist. Für `sign` kann ein zeichenartiges Feld angegeben werden, das den Inhalt »I« oder »E« haben muss. Der Standardwert ist »I«.

An die zu übergebende Selektionstabelle wird eine Zeile angehängt. Falls NOT angegeben ist, wird in die Spalte OPTION der Wert »NB«, ansonsten »BT« gestellt. Der Inhalt der Datenobjekte `dobj` und `sign` wird in die Spalten LOW, HIGH und SIGN gestellt.

▶ **sel IN rtab**
Übergabe einer Ranges-Tabelle. In diesem Fall muss `sel` ein Selektionskriterium sein. Für `rtab` muss eine Standardtabelle ohne sekundäre Tabellenschlüssel angegeben werden, die die Struktur der Selektionstabelle des Selektionskriteriums `sel` hat. Eine solche Tabelle kann mit dem Zusatz RANGE OF der Anweisungen TYPES und DATA angelegt werden.

Die Zeilen der Tabelle `rtab` werden an die zu übergebende Selektionstabelle angehängt.

Der Zusatz *expr_syntax* kann mehrfach angegeben werden, wobei auch die Mehrfachnennung der gleichen Selektionsbildkomponente möglich ist.

Hinweis
Bei der Angabe von Werten ist darauf zu achten, dass diese nicht im Ausgabeformat der Bildschirmanzeige, sondern im internen Format für ABAP-Werte angegeben werden.

Beispiel
Das Programm `report1` hat ein eigenständiges Selektionsbild mit der Dynpro-Nummer 1100. Im Programm `report2` werden eine interne Tabelle vom Zeilentyp RSPARAMS und eine Ranges-Tabelle für dieses Selektionsbild gefüllt. Bei SUBMIT werden diese zuzüglich einer einzelnen Bedingung übergeben.

```
REPORT report1.
DATA text TYPE c LENGTH 10.
SELECTION-SCREEN BEGIN OF SCREEN 1100.
  SELECT-OPTIONS: selcrit1 FOR text,
                  selcrit2 FOR text.
SELECTION-SCREEN END OF SCREEN 1100.
REPORT report2.
DATA: text        TYPE c LENGTH 10,
      rspar_tab   TYPE TABLE OF rsparams,
      rspar_line  LIKE LINE OF rspar_tab,
      range_tab   LIKE RANGE OF text,
      range_line  LIKE LINE OF range_tab.
rspar_line-selname = 'SELCRIT1'.
rspar_line-kind    = 'S'.
rspar_line-sign    = 'I'.
rspar_line-option  = 'EQ'.
rspar_line-low     = 'ABAP'.
```

```
APPEND rspar_line TO rspar_tab.
range_line-sign   = 'E'.
range_line-option = 'EQ'.
range_line-low    = 'H'.
APPEND range_line TO range_tab.
range_line-sign   = 'E'.
range_line-option = 'EQ'.
range_line-low    = 'K'.
APPEND range_line TO range_tab.
SUBMIT report1 USING SELECTION-SCREEN '1100'
               WITH SELECTION-TABLE rspar_tab
               WITH selcrit2 BETWEEN 'H' AND 'K'
               WITH selcrit2 IN range_tab
               AND RETURN.
```

Nach dem Aufruf von `report1` durch `report2` sind die Selektionstabellen der Selektionskriterien `selcrit1` und `selcrit2` des aufgerufenen Programms wie folgt gefüllt:

	SIGN	OPTION	LOW	HIGH
selcrit1	I	EQ	ABAP	
selcrit2	I	BT	H	K
selcrit2	E	EQ	H	
selcrit2	E	EQ	K	

Freie Abgrenzungen versorgen

`... WITH FREE SELECTIONS texpr`

Mit diesem Zusatz werden die freien Abgrenzungen des Selektionsbildes einer logischen Datenbank versorgt. Das aufgerufene Programm muss mit einer logischen Datenbank verknüpft sein, die freie Abgrenzungen unterstützt. `texpr` muss eine interne Tabelle vom Typ RSDS_TEXPR aus der Typgruppe RSDS sein.

In `texpr` werden die Selektionen der freien Abgrenzungen (siehe Abschnitt 34.7) in einem internen Format – umgekehrte polnische Notation – übergeben. Um `texpr` im aufrufenden Programm zu füllen, können die Funktionsbausteine FREE_SELECTIONS_INIT, FREE_SELECTIONS_DIALOG und FREE_SELECTIONS_RANGE_2_EX aus der Funktionsgruppe SSEL verwendet werden. Während die ersten beiden Funktionsbausteine einen Benutzerdialog führen, können in einer internen Tabelle vom Typ RSDS_TRANGE für jeden Knoten der freien Abgrenzung Ranges-Tabellen an FREE_SELECTIONS_RANGE_2_EX übergeben werden, die dort in eine Tabelle vom Zeilentyp RSDS_TEXPR konvertiert werden. Wenn das aufrufende Programm ein Selektionsbild mit den gleichen freien Abgrenzungen enthält, kann deren Inhalt mit dem Funktionsbaustein RS_REFRESH_FROM_DYNAMICAL_SEL zuvor in eine Tabelle vom Typ RSDS_TRANGE übernommen werden.

Die Zeilen des internen Tabellentyps RSDS_TRANGE enthalten eine flache Komponente TABLE-NAME für jeden Knoten und eine tabellenartige Komponente FRANGE_T vom Typ RSDS_FRANGE_T für die Felder des Knotens. Die Zeilen von RSDS_FRANGE_T enthalten eine flache Komponente FIELDNAME für jedes Feld und eine tabellenartige Komponente SELOPT_T vom Zeilentyp RSDSSELOPT aus dem ABAP Dictionary. RSDSSELOPT hat die vier Komponenten SIGN, OPTION, LOW und HIGH und kann die Ranges-Tabelle aufnehmen.

Beispiel

Das Programm report1 ist mit der logischen Datenbank F1S verknüpft, die freie Abgrenzungen für den Knoten SPFLI unterstützt. Im Programm report2 wird eine geschachtelte interne Tabelle vom Typ rsds_trange mit Selektionsbedingungen für das Feld CONNID des Knotens SPFLI mit Bedingungen gefüllt, in eine Tabelle vom Typ rsds_texpr konvertiert und diese bei SUBMIT übergeben.

```abap
REPORT report1.
NODES: spfli, sflight, sbook.
REPORT report2.
DATA: trange TYPE rsds_trange,
      trange_line
         LIKE LINE OF trange,
      trange_frange_t_line LIKE LINE OF trange_line-frange_t,
      trange_frange_t_selopt_t_line LIKE LINE OF trange_frange_t_line-selopt_t,
      texpr TYPE rsds_texpr.
trange_line-tablename = 'SPFLI'.
trange_frange_t_line-fieldname = 'CONNID'.
trange_frange_t_selopt_t_line-sign   = 'I'.
trange_frange_t_selopt_t_line-option = 'BT'.
trange_frange_t_selopt_t_line-low    = '0200'.
trange_frange_t_selopt_t_line-high   = '0800'.
APPEND trange_frange_t_selopt_t_line TO trange_frange_t_line-selopt_t.
trange_frange_t_selopt_t_line-sign   = 'I'.
trange_frange_t_selopt_t_line-option = 'NE'.
trange_frange_t_selopt_t_line-low    = '0400'.
APPEND trange_frange_t_selopt_t_line TO trange_frange_t_line-selopt_t.
APPEND trange_frange_t_line TO trange_line-frange_t.
APPEND trange_line TO trange.
CALL FUNCTION 'FREE_SELECTIONS_RANGE_2_EX'
  EXPORTING
    field_ranges = trange
  IMPORTING
    expressions  = texpr.
SUBMIT report1 VIA SELECTION-SCREEN WITH FREE SELECTIONS texpr.
```

18.1.2.2 Zusätze für die Grundliste

SUBMIT – list_options

Syntax

```
... [LINE-SIZE width]
    [LINE-COUNT page_lines]
    { [EXPORTING LIST TO MEMORY]
    | [TO SAP-SPOOL spool_options] }
```

Diese Zusätze beeinflussen die Grundliste des aufgerufenen Programms. Während `LINE-SIZE` und `LINE-COUNT` die Formatierung beeinflussen, bestimmen die anderen beiden Zusätze die Ausgabeart der Liste.

Mit `EXPORTING LIST TO MEMORY` wird die Liste im ABAP Memory gespeichert, mit `TO SAP-SPOOL` wird sie als Druckliste an das SAP-Spool-System gesendet. Ohne die Angabe dieser Zusätze ist die Grundliste als Bildschirmliste voreingestellt.

Hinweis

Die Zusätze wirken nur bei der ersten Ausführung des aufgerufenen Programms. Wenn im aufgerufenen Programm ein Selektionsbild dargestellt wird, ruft die Laufzeitumgebung das Programm nach seiner Beendigung erneut auf, ohne die Zusätze `list_options` zu berücksichtigen. Dies betrifft insbesondere auch den Zusatz `TO SAP-SPOOL`, sodass nach erneutem Aufruf die Grundliste als Bildschirmliste und nicht als Druckliste ausgegeben wird. Es empfiehlt sich deshalb, bei der Verwendung von `list_options` den Zusatz `VIA SELECTION-SCREEN` nicht zu verwenden.

Zeilenbreite und Seitenlänge

```
... LINE-SIZE width
... LINE-COUNT page_lines
```

Diese Zusätze legen die Zeilenbreite und Seitenlänge der Grundliste fest. Sie wirken wie die gleichlautenden Zusätze in der programmeinleitenden Anweisung des aufgerufenen Programms. Falls das aufgerufene Programm gleichlautende Zusätze in der programmeinleitenden Anweisung hat, überschreiben diese die bei `SUBMIT` angegebenen Werte.

Liste im ABAP Memory

```
... EXPORTING LIST TO MEMORY
```

Mit diesem Zusatz wird die Grundliste des aufgerufenen Programms im ABAP Memory abgelegt. Der Zusatz kann nur zusammen mit dem Zusatz `AND RETURN` verwendet werden.

Im ABAP Memory liegt die Liste in Form einer internen Tabelle vom Zeilentyp ABAPLIST vor, wobei ABAPLIST ein strukturierter Datentyp im ABAP Dictionary ist.

Das aufrufende Programm kann nach der Beendigung des Programmaufrufs mit Funktionsbausteinen der Funktionsgruppe SLST auf die abgelegte Liste zugreifen.

- Der Funktionsbaustein LIST_FROM_MEMORY lädt die Liste aus dem ABAP Memory in eine interne Tabelle vom Zeilentyp ABAPLIST.
- Der Funktionsbaustein WRITE_LIST fügt den Inhalt einer internen Tabelle vom Zeilentyp ABAPLIST in die aktuelle Liste ein.
- Der Funktionsbaustein DISPLAY_LIST stellt den Inhalt einer internen Tabelle vom Zeilentyp ABAPLIST in einem eigenen Listen-Dynpro dar.
- Der Funktionsbaustein LIST_TO_ASCI konvertiert den Inhalt einer internen Tabelle vom Zeilentyp ABAPLIST in eine ASCII-Darstellung.

Hinweis
Damit der Zusatz funktioniert, darf die Funktionstaste ⏎ im zuletzt gesetzten GUI-Status des aufgerufenen Programms nicht mit einem Funktionscode verknüpft sein.

Beispiel
Nach Aufruf des Programms `report` wird die dort im ABAP Memory gespeicherte Liste mit Funktionsbausteinen ausgelesen und in die aktuelle Liste eingefügt.

```
DATA list_tab TYPE TABLE OF abaplist.
SUBMIT report EXPORTING LIST TO MEMORY AND RETURN.
CALL FUNCTION 'LIST_FROM_MEMORY'
  TABLES
    listobject = list_tab
  EXCEPTIONS
    not_found  = 1
    OTHERS     = 2.
IF sy-subrc = 0.
  CALL FUNCTION 'WRITE_LIST'
    TABLES
      listobject = list_tab.
ENDIF.
```

Druckliste

```
... TO SAP-SPOOL spool_options
```

Dieser Zusatz bewirkt, dass im internen Modus des aufgerufenen Programms eine neue Drucklistenstufe geöffnet wird und dass die erste Ausgabeanweisung für die Grundliste des Programms einen neuen Spool-Auftrag erzeugt. Alle Listenausgaben des aufgerufenen Programms werden als Druckliste seitenweise an das SAP-Spool-System übergeben. Mit den Zusätzen `spool_options` werden die Druckparameter und Archivierungsparameter des Spool-Auftrags festgelegt.

Hinweis
Im aufgerufenen Programm kann nicht von der Druckliste auf eine Bildschirmliste umgeschaltet werden. Die Anweisung `NEW-PAGE PRINT OFF` wirkt nicht auf eine mit `SUBMIT TO SAP-SPOOL` erzeugte Drucklistenstufe.

Syntax von spool_options

```
... SPOOL PARAMETERS pri_params
    [ARCHIVE PARAMETERS arc_params]
    WITHOUT SPOOL DYNPRO
```

Mit diesen Zusätzen wird der Spool-Auftrag mit Druckparametern und Archivierungsparametern versorgt. Letztere sind notwendig, wenn die Druckliste mit ArchiveLink archiviert werden soll.

Mit dem Zusatz `SPOOL PARAMETERS` werden die Druckparameter in einer Struktur `pri_params` vom Datentyp PRI_PARAMS aus dem ABAP Dictionary übergeben. Wenn in `pri_params` angegeben ist, dass archiviert werden soll, müssen Archivierungsparameter mit dem Zusatz

ARCHIVE PARAMETERS in einer Struktur `arc_params` vom Datentyp ARC_PARAMS aus dem ABAP Dictionary übergeben werden.

Strukturen der Datentypen PRI_PARAMS und ARC_PARAMS können ausschließlich mit dem Funktionsbaustein GET_PRINT_PARAMETERS gefüllt werden (siehe Abschnitt 35.5.3). Beim Aufruf des Funktionsbausteins können einzelne oder alle Druckparameter im Programm gesetzt und/oder ein Druckdialogfenster angezeigt werden. Der Funktionsbaustein erzeugt in seinen Ausgabeparametern einen Satz gültiger Druck- und Archivierungsparameter zur Verwendung als `pri_params` und `arc_params`.

Der Zusatz WITHOUT SPOOL DYNPRO unterdrückt das Druckdialogfenster, das standardmäßig bei Verwendung des Zusatzes TO SAP-SPOOL erscheint.

Hinweise

- Diese Zusätze sollen immer und wie hier gezeigt verwendet werden. Insbesondere soll das standardmäßig erscheinende Druckdialogfenster unterdrückt werden. Bei Verwendung des standardmäßigen Druckdialogfensters können dem aufgerufenen Programm inkonsistente Druckparameter übergeben werden, wenn der Benutzer das Fenster durch ABBRECHEN verlässt. Stattdessen kann das Druckdialogfenster bei Ausführung des Funktionsbausteins GET_PRINT_PARAMETERS angezeigt werden. Dieser Funktionsbaustein hat einen Ausgabeparameter VALID, der die Konsistenz der erzeugten Druckparameter signalisiert.

- Eine Verwendung des Zusatzes WITHOUT SPOOL DYNPRO ohne gleichzeitige Übergabe von Druckparametern ist nur noch außerhalb von ABAP Objects erlaubt. Die Druckparameter werden dann so weit wie möglich dem Benutzerstammsatz entnommen.

Beispiel

Aufruf eines ausführbaren Programms mit Erstellung eines Spool-Auftrags.

```abap
DATA: print_parameters TYPE pri_params,
      archi_parameters TYPE arc_params,
      valid_flag       TYPE c LENGTH 1.
CALL FUNCTION 'GET_PRINT_PARAMETERS'
  EXPORTING
    archive_mode         = '3'
  IMPORTING
    out_parameters       = print_parameters
    out_archive_parameters = archi_parameters
    valid                = valid_flag
  EXCEPTIONS
    invalid_print_params = 2
    OTHERS               = 4.
IF valid_flag = 'X' AND sy-subrc = 0.
  SUBMIT submitable TO SAP-SPOOL
                    SPOOL PARAMETERS print_parameters
                    ARCHIVE PARAMETERS archi_parameters
                    WITHOUT SPOOL DYNPRO.
ENDIF.
```

18.1.2.3 Zusätze für die Hintergrundverarbeitung

```
SUBMIT - job_options
```

Syntax

```
... [USER user] VIA JOB job NUMBER n ...
```

Dieser Zusatz plant die Ausführung des aufgerufenen Programms als Hintergrundaufgabe der Nummer n in den Hintergrundauftrag job ein. Die Nummer n für einen Hintergrundauftrag job muss man sich mit dem Funktionsbaustein JOB_OPEN der Funktionsgruppe BTCH besorgen. Das vollständige Programm wird nicht direkt, sondern entsprechend den Parametern des Hintergrundauftrags im Hintergrund verarbeitet. Mit dem optionalen Zusatz USER kann eine Benutzerkennung user vom Typ sy-uname angegeben werden, unter der die Hintergrundaufgabe ausgeführt wird. Der Zusatz VIA JOB kann nur zusammen mit dem Zusatz AND RETURN verwendet werden.

Auch bei Verwendung des Zusatzes VIA JOB wird das aufgerufene Programm bei der Ausführung der Anweisung SUBMIT in einen eigenen internen Modus geladen, und es werden sämtliche Schritte ausgeführt, die vor START-OF-SELECTION liegen. Es werden also die Ereignisse LOAD-OF-PROGRAM und INITIALIZATION ausgelöst und die Selektionsbildverarbeitung durchgeführt. Wenn das Selektionsbild über die Angabe von VIA SELECTION-SCREEN nicht dunkel verarbeitet wird, kann der Benutzer des aufrufenden Programms dieses bearbeiten und durch Auswahl der Funktion IN JOB EINSTELLEN das aufgerufene Programm in den Hintergrundauftrag einplanen. Bricht er die Selektionsbildverarbeitung ab, wird das Programm nicht in den Hintergrundjob eingeplant. In beiden Fällen wird die Programmausführung des aufgerufenen Programms nach der Selektionsbildverarbeitung beendet und wegen AND RETURN in das aufrufende Programm zurückgekehrt.

Bei der Einplanung in die Hintergrundaufgabe werden die durch die Zusätze zum Füllen des Selektionsbildes bzw. durch den Benutzer angegebenen Selektionen in einer internen Variante abgespeichert. Bei der Ausführung des Programms im Rahmen des Hintergrundauftrags wird es komplett durchlaufen, wobei das Selektionsbild dunkel verarbeitet wird. Es werden alle Ereignisse inklusive die der Selektionsbildverarbeitung ausgelöst. Die intern gespeicherte Variante wird zwischen den Ereignissen INITIALIZATION und AT SELECTION SCREEN OUTPUT an das Selektionsbild übergeben.

Wenn im aufgerufenen Programm eine Grundliste erstellt wird, sollte durch die gleichzeitige Angabe von TO SAP-SPOOL ein Spool-Auftrag mit explizit übergebenen Druckparametern angelegt werden. Ansonsten erzeugt der Zusatz VIA JOB implizit einen Spool-Auftrag, der seine Druckparameter aus Standardwerten bezieht, die teilweise den Benutzerfestwerten entnommen werden und nicht unbedingt konsistent sind.

Systemfelder

sy-subrc	Bedeutung
0	Hintergrundaufgabe wurde erfolgreich eingeplant.
4	Einplanung wurde durch Benutzer auf dem Selektionsbild abgebrochen.
8	Fehler bei der Einplanung, d. h. beim internen Aufruf von JOB_SUBMIT
12	Fehler bei der internen Nummernvergabe

Hinweis

Hintergrundjobs werden in der Regel über SYSTEM • DIENSTE • JOBS angelegt und überwacht. Intern werden dabei die hier gezeigten Sprachelemente verwendet. In einem ABAP-Programm können neben JOB_OPEN dabei auch die Funktionsbausteine JOB_CLOSE und JOB_SUBMIT verwendet werden. JOB_CLOSE schließt die Erstellung eines Hintergrundauftrags ab. JOB_SUBMIT plant wie die Anweisung SUBMIT ein ABAP-Programm als Hintergrundaufgabe in einen Hintergrundauftrag ein. JOB_SUBMIT bietet mehr Steuerungsmöglichkeiten für die Hintergrundverarbeitung, muss aber die Eingabewerte für das Selektionsbild in einer bereits vorhandenen Variante übergeben bekommen. Die Anweisung SUBMIT erstellt diese Variante und ruft intern JOB_SUBMIT auf.

Beispiel

Einplanung eines Programms submitable als Hintergrundaufgabe der Nummer number in einen Hintergrundauftrag name. Nach der Einplanung wird die Hintergrundaufgabe mit dem Funktionsbaustein JOB_CLOSE abgeschlossen und bei entsprechender Berechtigung sofort freigegeben.

```
DATA: number            TYPE tbtcjob-jobcount,
      name              TYPE tbtcjob-jobname VALUE 'JOB_TEST',
      print_parameters  TYPE pri_params.
CALL FUNCTION 'JOB_OPEN'
  EXPORTING
    jobname           = name
  IMPORTING
    jobcount          = number
  EXCEPTIONS
    OTHERS            = 4.
IF sy-subrc = 0.
  SUBMIT submitable TO SAP-SPOOL
                    SPOOL PARAMETERS print_parameters
                    WITHOUT SPOOL DYNPRO
                    VIA JOB name NUMBER number
                    AND RETURN.
  IF sy-subrc = 0.
    CALL FUNCTION 'JOB_CLOSE'
      EXPORTING
        jobcount          = number
        jobname           = name
        strtimmed         = 'X'
      EXCEPTIONS
        OTHERS            = 4.
    IF sy-subrc <> 0.
      ...
    ENDIF.
  ENDIF.
ENDIF.
```

18.2 Transaktionen aufrufen

Eine Transaktion ist die Ausführung eines Programms über einen Transaktionscode. Der Programmablauf richtet sich danach, mit welchem Einstiegs-Dynpro bzw. Selektionsbild oder mit welcher Methode der Transaktionscode verknüpft ist. Für den Aufruf von Transaktionen gibt es die Anweisungen CALL TRANSACTION und LEAVE TO TRANSACTION.

18.2.1 Aufruf einer Transaktion mit Rückkehr zum Aufrufer

CALL TRANSACTION

Syntax
```
CALL TRANSACTION ta { [AND SKIP FIRST SCREEN]
                   | [USING bdc_tab [bdc_options]] }.
```

Die Anweisung CALL TRANSACTION ruft die Transaktion auf, deren Transaktionscode in dem Datenobjekt ta enthalten ist. Das Datenobjekt ta muss zeichenartig sein und den Transaktionscode in Großbuchstaben enthalten. Falls die in ta angegebene Transaktion nicht gefunden wird, kommt es zu einer unbehandelbaren Ausnahme. Die Zusätze unterdrücken die Anzeige des Einstiegsbildes und erlauben die Ausführung der Transaktion über eine Batch-Input-Mappe.

Bei CALL TRANSACTION bleibt das aufrufende Programm mit seinen Daten erhalten, und es wird nach Beendigung der aufgerufenen Transaktion hinter die Aufrufstelle im aufrufenden Programm zurückgekehrt.

Beim Aufruf der Transaktion wird das ABAP-Programm, mit dem der Transaktionscode verknüpft ist, in einen neuen internen Modus geladen. Der Modus des aufrufenden Programms und die aktuelle SAP-LUW bleiben erhalten. Das aufgerufene Programm läuft in einer eigenen SAP-LUW.

Falls die aufgerufene Transaktion eine Dialogtransaktion ist, wird nach dem Laden des ABAP-Programms das Ereignis LOAD-OF-PROGRAM ausgelöst und dann das Dynpro aufgerufen, das als Einstiegs-Dynpro der Transaktion definiert ist. Das Einstiegs-Dynpro ist das erste Dynpro einer Dynpro-Folge. Die Transaktion ist beendet, wenn die Dynpro-Folge durch Erreichen des Folge-Dynpros mit der Dynpro-Nummer 0 beendet oder das Programm mit der Anweisung LEAVE PROGRAM verlassen wird.

Falls die aufgerufene Transaktion eine OO-Transaktion ist, wird beim Laden aller Programme außer Class-Pools das Ereignis LOAD-OF-PROGRAM ausgelöst und dann die Methode aufgerufen, die mit dem Transaktionscode verknüpft ist. Falls die Methode eine Instanzmethode ist, wird implizit ein Objekt der zugehörigen Klasse erzeugt und von der Laufzeitumgebung referenziert. Die Transaktion ist beendet, wenn die Methode beendet oder das Programm mit der Anweisung LEAVE PROGRAM verlassen wird.

Nach Beendigung des Transaktionsaufrufs wird die Programmausführung des aufrufenden Programms hinter der Anweisung CALL TRANSACTION fortgesetzt.

Mit dem Zusatz AND SKIP FIRST SCREEN kann die Anzeige des Bildschirmbildes des Einstiegs-Dynpros einer aufgerufenen Dialogtransaktion unterdrückt werden. Der Zusatz unterdrückt das erste Bildschirmbild nur unter folgenden Voraussetzungen:

- Beim Einstiegs-Dynpro darf im Screen Painter nicht die eigene Dynpro-Nummer als statisches Folge-Dynpro eingetragen sein.
- Sämtliche obligatorischen Eingabefelder des Einstiegs-Dynpros müssen über SPA/GPA-Parameter vollständig und mit korrekten Werten versorgt werden.

Falls die Voraussetzungen erfüllt sind, wird das Bildschirmbild des Dynpros angezeigt, das im Screen Painter als Folge-Dynpro des Einstiegs-Dynpros angegeben ist.

Hinweise

- Bei der Anweisung CALL TRANSACTION wird die Berechtigung des aktuellen Benutzers zur Ausführung der aufgerufenen Transaktion nicht automatisch überprüft. Falls keine Überprüfung im aufgerufenen Programm stattfindet, muss diese im aufrufenden Programm durch Aufruf des Funktionsbausteins AUTHORITY_CHECK_TCODE vorgenommen werden.
- Die Anweisung CALL TRANSACTION öffnet zwar eine neue SAP-LUW, dabei ist aber zu beachten, dass dadurch nicht automatisch eine neue Datenbank-LUW geöffnet wird. Dies bedeutet, dass ein Datenbank-Rollback in dieser SAP-LUW insbesondere auch alle Registrierungseinträge, die von den Anweisungen CALL FUNCTION IN UPDATE TASK oder CALL FUNCTION IN BACKGROUND TASK vorgenommen wurden, zurückrollen kann. Eine Anweisung ROLLBACK WORK im aufgerufenen Programm wirkt damit unter Umständen auch auf die unterbrochene SAP-LUW. Um dies zu verhindern, muss vor dem Programmaufruf ein expliziter Datenbank-Commit ausgeführt werden. Bei der lokalen Verbuchung tritt das Problem nicht auf.

Beispiel
Falls das statische Folge-Dynpro des Einstiegs-Dynpros der aufgerufenen Dialogtransaktion FLIGHT_TA nicht das Einstiegs-Dynpro selbst ist, wird sein Bildschirmbild nicht angezeigt, da seine Eingabefelder über die SPA/GPA-Parameter CAR und CON versorgt werden.

```
DATA: carrid TYPE spfli-carrid,
      connid TYPE spfli-connid.
...
SET PARAMETER ID: 'CAR' FIELD carrid,
                  'CON' FIELD connid.
CALL TRANSACTION 'FLIGHT_TA' AND SKIP FIRST SCREEN.
```

18.2.1.1 Batch-Input-Verarbeitung

... USING bdc_tab [bdc_options]

Mit diesem Zusatz kann die Transaktion über eine Batch-Input-Mappe ausgeführt werden. Hierfür muss eine interne Tabelle bdc_tab des Zeilentyps BDCDATA aus dem ABAP Dictionary an eine Dialogtransaktion übergeben werden. Die Zusätze bdc_options steuern die Batch-Input-Verarbeitung. Wenn eine Transaktion mit dem Zusatz USING aufgerufen wird,

wird das Systemfeld `sy-binpt` im aufgerufenen Programm auf den Wert "X" gesetzt, und es darf während ihrer Verarbeitung keine weitere Transaktion mit diesem Zusatz aufgerufen werden.

Die interne Tabelle `bdc_tab` ist die programminterne Repräsentation einer Batch-Input-Mappe und muss entsprechend gefüllt sein. Die Struktur BDCDATA hat die in Tabelle 18.1 gezeigten Komponenten.

Komponente	Bedeutung
PROGRAM	Name des Programms der aufgerufenen Transaktion
DYNPRO	Nummer des zu bearbeitenden Dynpros
DYNBEGIN	Markierung für den Beginn eines neuen Dynpros (mögliche Werte sind "X" und " ")
FNAM	Name eines zu füllenden Dynpro-Feldes oder Batch-Input-Steuerungsanweisungen, z. B. zur Cursor-Positionierung
FVAL	Wert, der dem Dynpro-Feld oder der Steuerungsanweisung übergeben wird

Tabelle 18.1 Komponenten einer programminternen Batch-Input-Mappe

Mit dem Inhalt der internen Tabelle `bdc_tab` können beliebig viele Bildschirmbilder der aufgerufenen Transaktion mit Eingaben und Benutzeraktionen versorgt werden.

Systemfelder

sy-subrc	Bedeutung
0	Die Batch-Input-Verarbeitung der aufgerufenen Transaktion war erfolgreich.
< 1000	Fehler in der aufgerufenen Transaktion. Falls in der Transaktion eine Nachricht gesendet wurde, kann diese mit dem Zusatz MESSAGES empfangen werden.
1001	Fehler in der Batch-Input-Verarbeitung

Hinweis
Außerhalb von ABAP Objects können die Zusätze AND SKIP FIRST SCREEN und USING gemeinsam angegeben werden. Dies ist aber nicht sinnvoll, da der Zusatz AND SKIP FIRST SCREEN nur zum Füllen der obligatorischen Eingabefelder über SPA/GPA-Parameter vorgesehen ist, während die mit USING angegebene Batch-Input-Tabelle den gesamten Transaktionsablauf inklusive der Anzeige der Bildschirmbilder steuert.

Batch-Input-Verarbeitung steuern
```
CALL TRANSACTION - bdc_options
```

Syntax von bdc_options
```
... { {[MODE mode] [UPDATE upd]}
    | [OPTIONS FROM opt] }
    [MESSAGES INTO itab]
```

Diese Zusätze steuern die Batch-Input-Verarbeitung beim Zusatz USING.

Der Zusatz MODE bestimmt den Abspielmodus der Batch-Input-Verarbeitung. Als mode kann ein zeichenartiges Datenobjekt angegeben werden, dessen möglicher Inhalt und dessen Wirkung in Tabelle 18.2 gezeigt werden. Ohne Verwendung einer der Zusätze `MODE` oder `OPTIONS FROM` ist die Wirkung dieselbe, als hätte mode den Inhalt "A".

mode	Wirkung
"A"	Verarbeitung mit Anzeige der Bildschirmbilder
"E"	Anzeige der Bildschirmbilder nur dann, wenn ein Fehler auftritt
"N"	Verarbeitung ohne Anzeige der Bildschirmbilder. Wenn in der aufgerufenen Transaktion ein Breakpoint erreicht wird, wird die Verarbeitung mit `sy-subrc` gleich 1001 abgebrochen, und das Feld `sy-msgty` enthält "S", `sy-msgid` enthält "00", `sy-msgno` enthält "344", `sy-msgv1` enthält "SAPMSSY3", und `sy-msgv2` enthält "0131".
"P"	Verarbeitung ohne Anzeige der Bildschirmbilder. Wenn in der aufgerufenen Transaktion ein Breakpoint erreicht wird, wird in den ABAP Debugger verzweigt.
sonstige	wie "A"

Tabelle 18.2 Modus einer Batch-Input-Verarbeitung

Der Zusatz `UPDATE` bestimmt den Verbuchungsmodus der Batch-Input-Verarbeitung. Für upd kann ein zeichenartiges Datenobjekt angegeben werden, dessen möglicher Inhalt und dessen Wirkung in Tabelle 18.3 gezeigt werden. Ohne Verwendung einer der Zusätze `UPDATE` oder `OPTIONS FROM` ist die Wirkung dieselbe, als hätte upd den Inhalt "A".

upd	Wirkung
"A"	Asynchrone Verbuchung. Verbuchungen des aufgerufenen Programms werden so durchgeführt, als sei bei der Anweisung `COMMIT WORK` der Zusatz `AND WAIT` nicht angegeben.
"S"	Synchrone Verbuchung. Verbuchungen des aufgerufenen Programms werden so durchgeführt, als sei bei der Anweisung `COMMIT WORK` der Zusatz `AND WAIT` angegeben.
"L"	Lokale Verbuchung. Verbuchungen des aufgerufenen Programms werden durchgeführt, als sei in ihm die Anweisung `SET UPDATE TASK LOCAL` ausgeführt worden.
sonstige	wie "A"

Tabelle 18.3 Verbuchungsmodus einer Batch-Input-Verarbeitung

Der Zusatz `OPTIONS FROM` umfasst die Funktionalität der Zusätze `MODE` und `UPDATE` und bietet weitere Möglichkeiten zur Steuerung der Batch-Input-Verarbeitung. Die Steuerungsparameter werden in einer Struktur opt vom Typ CTU_PARAMS aus dem ABAP Dictionary angegeben. Die Struktur CTU_PARAMS hat die in Tabelle 18.4 gezeigten Komponenten.

Komponente	Bedeutung
DISMODE	Abspielmodus der Batch-Input-Verarbeitung. Werte wie beim Zusatz `MODE`.
UPMODE	Verbuchungsmodus der Batch-Input-Verarbeitung. Werte wie beim Zusatz `UPDATE`.
CATTMODE	CATT-Modus der Batch-Input-Verarbeitung. Der Ausdruck "CATT" bedeutet Computer Aided Testtool. Während Batch-Input im Wesentlichen der Datenübernahme dient, sind CATT-Abläufe als wiederverwendbare Tests komplexer Transaktionen vorgesehen. Werte: " " (kein CATT-Modus), "N" (CATT ohne Einzelbildsteuerung), "A" (CATT mit Einzelbildsteuerung).

Tabelle 18.4 Erweiterte Steuerung der Batch-Input-Verarbeitung

Komponente	Bedeutung
DEFSIZE	Markierung, ob die Bildschirmbilder der aufgerufenen Transaktion in der Standardfenstergröße angezeigt werden. Werte: "X" (Standardgröße), " " (aktuelle Größe).
RACOMMIT	Markierung, ob die Anweisung COMMIT WORK die Batch-Input-Verarbeitung beendet oder nicht. Werte: " " (COMMIT WORK beendet die Verarbeitung), "X" (COMMIT WORK beendet die Verarbeitung nicht).
NOBINPT	Markierung für das Systemfeld sy-binpt. Werte: " " (sy-binpt enthält in der aufgerufenen Transaktion "X"), "X" (sy-binpt enthält in der aufgerufenen Transaktion " ").
NOBIEND	Markierung für das Systemfeld sy-binpt. Werte: " " (sy-binpt enthält nach Ende der Batch-Input-Daten in der aufgerufenen Transaktion "X"), "X" (sy-binpt enthält nach Ende der Batch-Input-Daten in der aufgerufenen Transaktion " ").

Tabelle 18.4 Erweiterte Steuerung der Batch-Input-Verarbeitung (Forts.)

Ohne Verwendung des Zusatzes OPTIONS FROM gelten für DISMODE und UPMODE die durch die Zusätze MODE oder UPDATE gesetzten Werte bzw. die dort angegebenen Standardwerte "A". Die übrigen Komponenten werden auf den Wert " " gesetzt.

Mit dem Zusatz MESSAGES INTO werden alle während der Batch-Input-Verarbeitung gesendeten Nachrichten in einer internen Tabelle itab vom Typ BDCMSGCOLL aus dem ABAP Dictionary gespeichert.

Hinweis
Die Wahlmöglichkeit für den Verbuchungsmodus gibt es nicht bei der Ausführung tatsächlicher Batch-Input-Mappen. Dort ist die Verbuchung immer synchron.

18.2.2 Aufruf einer Transaktion ohne Rückkehr zum Aufrufer

LEAVE TO TRANSACTION

Syntax
```
LEAVE TO { {TRANSACTION ta} | {CURRENT TRANSACTION} }
     [AND SKIP FIRST SCREEN].
```

Die Anweisung LEAVE TO TRANSACTION ruft entweder die Transaktion, deren Transaktionscode in dem zeichenartigen Datenobjekt ta enthalten ist, oder die aktuelle Transaktion auf. Das Datenobjekt ta muss den Transaktionscode in Großbuchstaben enthalten.

Bei der Angabe von CURRENT TRANSACTION wird die aktuelle Transaktion mit dem Transaktionscode aufgerufen, mit dem sie über CALL TRANSACTION oder LEAVE TO TRANSACTION aufgerufen wurde. Dies ist außer bei einer Parameter- oder Variantentransaktion der Transaktionscode, der sich auch im Systemfeld sy-tcode befindet. Bei Parameter- oder Variantentransaktionen ist es deren Transaktionscode, während sy-tcode den Namen der implizit gerufenen Dialogtransaktion enthält.

Bei LEAVE TO TRANSACTION wird die aktuelle Aufrufkette vollständig verlassen und nach Beendigung der aufgerufenen Transaktion hinter die Stelle zurückgekehrt, an der das erste Programm der Aufrufkette aufgerufen wurde. Dabei wird die aktuelle SAP-LUW beendet.

Bei Aufruf der Transaktion wird das ABAP-Programm, mit dem der Transaktionscode verknüpft ist, in einen neuen internen Modus geladen. Alle vorangegangenen internen Modi werden vom Stack gelöscht. Gleichzeitig wird das ABAP Memory gelöscht, sodass bei LEAVE TO TRANSACTION keine Datenübergabe mit EXPORT FROM MEMORY bzw. IMPORT TO MEMORY möglich ist.

Der Ablauf einer aufgerufenen Dialogtransaktion bzw. OO-Transaktion ist derselbe wie bei CALL TRANSACTION. Nach Beendigung der aufgerufenen Transaktion wird an die Stelle zurückgekehrt, an der das erste Programm der aktuellen Aufrufkette aufgerufen wurde.

Falls die in ta angegebene Transaktion nicht gefunden wird oder ta initial ist bzw. ein Leerzeichen enthält, wird der Stack der aktuellen Aufrufkette abgebaut und direkt an die Stelle zurückgekehrt, an der das erste Programm der aktuellen Aufrufkette aufgerufen wurde. Falls ta nicht initial ist, wird dabei eine entsprechende Meldung in der Statusleiste angezeigt.

Die Anweisung LEAVE TO TRANSACTION beendet immer die aktuelle Aufrufkette, unabhängig davon, ob eine neue Transaktion aufgerufen werden kann oder nicht.

Der Zusatz AND SKIP FIRST SCREEN hat die gleiche Bedeutung wie bei CALL TRANSACTION.

Hinweise

- Im Gegensatz zur Anweisung CALL TRANSACTION wird bei der Anweisung LEAVE TO TRANSACTION die Berechtigung des aktuellen Benutzers zur Ausführung der aufgerufenen Transaktion automatisch überprüft.

- Der Aufruf mit CURRENT TRANSACTION kann verwendet werden, um eine aktuelle Parameter- oder Variantentransaktion erneut mit den zugehörigen Parametern bzw. der Transaktionsvariante auszuführen. Alternativ dazu kann man sich den Transaktionscode der aktuellen Transaktion mit der statischen Methode GET_CURRENT_TRANSACTION der Klasse CL_DYNPRO besorgen, die während einer Parameter- oder Variantentransaktion deren Transaktionscode und nicht den der implizit gerufenen Dialogtransaktion zurückgibt.

- Wenn bei LEAVE TO TRANSACTION in der aktuellen SAP-LUW noch Prozeduren registriert sind, wird die SAP-LUW beendet, ohne dass die Prozeduren aufgerufen oder zurückgerollt werden. Registrierte Verbuchungsfunktionsbausteine bleiben auf der Datenbank vorhanden, können aber nicht mehr ausgeführt werden. In einem solchen Fall sollte vor dem Programmaufruf deshalb explizit die Anweisung COMMIT WORK oder ROLLBACK WORK ausgeführt werden.

19 Verarbeitungsblöcke aufrufen

In jedem Verarbeitungsblock eines ABAP-Programms können Verarbeitungsblöcke desselben Programms (interner Aufruf) oder Verarbeitungsblöcke anderer ABAP-Programme aufgerufen werden (externer Aufruf). Dabei handelt es sich um folgende Arten von Aufrufen:

- direkter Aufruf von Prozeduren
- indirekter Aufruf von Ereignisbehandlern durch das Auslösen von Ereignissen der eigenen Klasse in Methoden. Dabei wird die Schnittstelle des Ereignisbehandlers versorgt. Voraussetzung für die Ausführung eines Ereignisbehandlers ist seine Registrierung.
- indirekter Aufruf von Ereignisblöcken durch das explizite Auslösen von Ereignissen der Laufzeitumgebung

Der Aufruf von Dialogmodulen mit der Anweisung MODULE erfolgt dagegen nicht in Verarbeitungsblöcken eines ABAP-Programms, sondern in den Verarbeitungsblöcken der Dynpro-Ablauflogik (siehe Abschnitt 33.4.2).

19.1 Prozeduren aufrufen

Dieser Abschnitt behandelt den Aufruf von Prozeduren, das heißt von Methoden, Funktionsbausteinen und Unterprogrammen.

19.1.1 Interner und externer Prozeduraufruf

Prozeduren können intern und extern aufgerufen werden.

Die Anweisungen zum Aufruf von Prozeduren versorgen deren Parameterschnittstellen. Nach ordnungsgemäßer Beendigung des Aufrufs wird hinter die Aufrufstelle zurückgekehrt.

19.1.1.1 Interner Prozeduraufruf

Intern können alle im gleichen ABAP-Programm definierten Prozeduren aufgerufen werden, die am Aufrufort sichtbar sind:

- In jedem ABAP-Programm können innerhalb einer Klasse die sichtbaren Methoden der eigenen Klasse oder sichtbare Methoden anderer lokaler Klassen des gleichen Programms aufgerufen werden. Der Aufruf von Methoden ist der einzige für die programminterne Modularisierung empfohlene Prozeduraufruf.
- In einer Funktionsgruppe kann ein für externe Verwender angebotener Funktionsbaustein auch intern aufgerufen werden.
- In jedem ABAP-Programm, das noch Unterprogramme enthält, können diese intern aufgerufen werden. Unterprogramme stellen eine obsolete Form der internen Modularisierung dar und sollten, wenn möglich, durch Methoden ersetzt werden.

Beim internen Aufruf ist das benötigte Programm immer schon geladen.

19.1.1.2 Externer Prozeduraufruf

Extern können folgende Prozeduren des gleichen AS ABAP aufgerufen werden:

- Prozeduren, die für den externen Aufruf vorgesehen sind:
  - an der Aufrufstelle sichtbare Methoden globaler Klassen in Class-Pools, d. h. öffentliche Methoden in allen Programmen, geschützte Methoden in Unterklassen, paket-sichtbare Methoden (ab Release 7.2) in allen Programmen des gleichen Pakets und private Methoden in Freunden der Klassen
  - Funktionsbausteine in Funktionsgruppen
  - an der Aufrufstelle sichtbare Methoden lokaler Klassen anderer Programme, wenn dem aufrufenden Programm eine Referenzvariable mit einer Referenz auf ein Objekt der Klasse übergeben wurde
- Prozeduren, die zwar nicht für den externen Aufruf vorgesehen sind, aber dennoch extern aufgerufen werden können (aber nicht sollten):
  - Unterprogramme in ausführbaren Programmen, Modul-Pools, Funktionsgruppen und Subroutinen-Pools
  - an der Aufrufstelle sichtbare statische Methoden lokaler Klassen, wenn der Name der Klasse dynamisch über einen absoluten Typnamen angegeben wird

Beim ersten externen Aufruf einer Prozedur des gleichen AS ABAP wird deren Rahmenprogramm in den internen Modus des aufrufenden Programms geladen, falls es noch nicht geladen ist. Außer beim Laden von Class-Pools wird dabei das Ereignis LOAD-OF-PROGRAM ausgelöst, das den Programmkonstruktor des Programms aufruft. Die Textelemente eines hinzugeladenen Programms werden immer aus dem eigenen Text-Pool des Programms entnommen.

Programmgruppen beim externen Prozeduraufruf

Die Programme innerhalb eines internen Modus bilden dort Programmgruppen. Es gibt immer eine Hauptprogrammgruppe und die Möglichkeit mehrerer Zusatzprogrammgruppen. Jede Programmgruppe enthält ein Hauptprogramm und eventuelle hinzugeladene Programme. Beim externen Prozeduraufruf ist es wichtig, zu welcher Programmgruppe das Rahmenprogramm der Prozedur gehört, wenn in der Prozedur auf gemeinsame Ressourcen der Programmgruppe zugegriffen wird. Dies führt zu unkritischen und kritischen externen Prozeduraufrufen.

Die einzigen Prozeduren, die für den externen Aufruf vorgesehen sind, sind die sichtbaren Methoden globaler Klassen und Funktionsbausteine. Die Rahmenprogramme dieser Prozeduren sind immer Hauptprogramme ihrer Programmgruppen, und es ist immer festgelegt, dass die Prozedur mit den Ressourcen dieser Programmgruppe arbeitet. Es sollten also ausschließlich Methoden globaler Klassen und Funktionsbausteine extern aufgerufen werden.

Unterprogramme und die Methoden lokaler Klassen sind nicht für den externen Aufruf vorgesehen. Bei einem externen Unterprogrammaufruf wie auch bei einem dynamischen Aufruf einer lokalen Klasse eines Programms, das keine eigene Programmgruppe bildet, liegt die Zuordnung zu einer Programmgruppe nicht statisch fest. Das Programm, in dem ein noch nicht geladenes Programm zum ersten Mal verwendet wird, bestimmt die Programmgruppe. Da die Verwendungsreihenfolge von Benutzeraktionen, Feldinhalten oder Schaltern abhängen kann, kann das Rahmenprogramm der Prozedur einmal zur Hauptprogrammgruppe und ein anderes Mal zu einer Zusatzprogrammgruppe gehören. Die Verwendung externer Prozeduren von hinzugeladenen Programmen ist aus folgenden Gründen kritisch:

- Innerhalb einer Programmgruppe wird ausschließlich mit den Dynpros, Selektionsbildern, Listen und GUI-Status des Hauptprogramms gearbeitet. Beispielsweise ruft die Anweisung CALL SCREEN in einem extern aufgerufenen Unterprogramm eines hinzugeladenen Programms kein Dynpro des eigenen Rahmenprogramms, sondern ein Dynpro des Hauptprogramms seiner Programmgruppe auf. Die Reaktion auf Benutzeraktionen findet ebenfalls im Hauptprogramm statt.

- Schnittstellen-Arbeitsbereiche, die mit TABLES, NODES oder DATA BEGIN OF COMMON PART deklariert werden, werden pro Programmgruppe nur einmal angelegt und gemeinsam genutzt. Jedes Hauptprogramm teilt sich mit den hinzugeladenen Programmen die Schnittstellen-Arbeitsbereiche.

Es kann demnach statisch nicht festgelegt werden, mit welchen Schnittstellen-Arbeitsbereichen und welchen Bildschirmbildern ein extern aufgerufenes Unterprogramm oder eine extern aufgerufene lokale Klasse arbeitet. Unterprogramme und Methoden lokaler Klassen sollten also niemals extern, sondern ausschließlich intern aufgerufen werden.

Beispiel

Der im Programm sapssubr deklarierte Tabellenarbeitsbereich dbtab wird entweder mit sapmprog oder saplfugr geteilt. Wenn share den Wert 'FUGR' hat, nutzen saplfugr und sapssubr den Tabellenarbeitsbereich gemeinsam. Andernfalls teilen ihn sich sapmprog und sapssubr.

```
PROGRAM sapmprog.
TABLES dbtab.
...
IF share = 'FUGR'.
  CALL FUNCTION 'FUNC'.
ENDIF.
...
PERFORM sub IN PROGRAM sapssubr.
FUNCTION-POOL saplfugr.
TABLES dbtab.
...
FUNCTION func.
  PERFORM sub IN PROGRAM sapssubr.
ENDFUNCTION.
PROGRAM sapssubr.
TABLES dbtab.
...
FORM sub.
  ...
ENDFORM.
```

Programmeigenschaften beim externen Proceduraufruf

Die Programmeigenschaften FESTPUNKTARITHMETIK und UNICODEPRÜFUNGEN AKTIV beeinflussen die Eigenschaften von ABAP-Anweisungen. Beim externen Proceduraufruf muss darauf geachtet werden, ob diese Programmeigenschaften im aufrufenden und aufgerufenen Programm unterschiedlich sind.

Eine extern aufgerufene Prozedur wird gemäß der Eigenschaft FESTPUNKTARITHMETIK ihres Rahmenprogramms ausgeführt. Dabei wird jeder an einen Formalparameter der Prozedur angebundene Aktualparameter unabhängig von der entsprechenden Eigenschaft des aufrufenden Programms und unabhängig von Parameterart und Übergabeart ebenfalls gemäß der Eigenschaft des aufgerufenen Programms behandelt.

Eine extern aufgerufene Prozedur wird gemäß der Eigenschaft UNICODEPRÜFUNG ihres Rahmenprogramms ausgeführt. Dabei wird jeder an einen Formalparameter der Prozedur angebundene Aktualparameter unabhängig von der entsprechenden Eigenschaft des aufrufenden Programms und unabhängig von Parameterart und Übergabeart ebenfalls gemäß der Eigenschaft des aufgerufenen Programms behandelt. Die Überprüfung der Typisierung erfolgt aber immer gemäß der Einstellung des aufrufenden Programms. Dies bedeutet:

▶ Bei der Übernahme eines RETURNING-Parameters in einem Unicode-Programm aus einem Nicht-Unicode-Programm müssen Aktual- und Formalparameter gemäß den Regeln in Unicode-Programmen konvertibel sein.

▶ Beim Aufruf von Unicode-Programmen aus Nicht-Unicode-Programmen kann es zu Laufzeitfehlern kommen, wenn Aktual- und Formalparameter nicht gemäß den Regeln in Unicode-Programmen konvertibel sind.

▶ Wenn in Unicode-Programmen Prozeduren mit Formalparametern aufgerufen werden, denen mit dem obsoleten Zusatz STRUCTURE eine Struktur aufgeprägt ist, müssen elementare Datenobjekte zeichenartig und flach sein, und bei Strukturen müssen die Unicode-Fragmentsichten übereinstimmen.

Hinweis

Es wird dringend empfohlen, die FESTPUNKTARITHMETIK in keinem Programm aus- und die UNICODEPRÜFUNG in jedem Programm einzuschalten, um alle Schwierigkeiten, die sich aus den Kombinationen von Programmen mit unterschiedlichen Eigenschaften ergeben können, zu umgehen. Dies gilt in diesem Zusammenhang insbesondere auch für Class-Pools und Funktionsgruppen.

19.1.2 Methoden aufrufen

```
CALL METHOD
```

Aufruf einer Methode in ABAP Objects. Wir unterscheiden einen statischen Methodenaufruf, bei dem der Bezeichner der Methode vollständig im Programm bekannt sein muss, und einen dynamischen Methodenaufruf, bei dem der Bezeichner der Methode teilweise oder ganz zur Laufzeit bestimmt wird. Der statische Methodenaufruf kann in verschiedenen Schreibweisen durchgeführt werden. Bei der einen Schreibweise werden die Parameter in einem Klammerausdruck übergeben, bei der anderen ohne Klammerausdruck. Für den Klammerausdruck sind Kurzschreibweisen möglich. Darüber hinaus besteht die Möglichkeit einer Methodenverkettung. Beim dynamischen Methodenaufruf können die Parameter nicht in Klammern angegeben werden und die Anweisung `CALL METHOD` darf nicht weggelassen werden.

Wenn beim Aufruf einer Instanzmethode über eine Referenzvariable der statische Typ der Referenzvariablen eine Oberklasse des dynamischen Typs ist, können über den dynamischen Methodenaufruf alle sichtbaren Methoden des dynamischen Typs aufgerufen werden, während beim statischen Methodenaufruf nur die sichtbaren Methoden des statischen Typs aufgerufen werden können.

Das Systemfeld `sy-subrc` wird beim Aufruf einer Methode auf 0 gesetzt. Falls eine nicht-klassenbasierte Ausnahme auftritt und durch Zuweisung eines Wertes behandelt wird, wird `sy-subrc` auf diesen Wert gesetzt.

Funktionale Methoden können statt mit `CALL METHOD` auch an Operandenpositionen für Funktionen und Ausdrücke (siehe Abschnitt 3.2.5) aufgerufen werden.

19.1.2.1 Statischer Methodenaufruf

```
CALL METHOD - static
```

Syntax
```
[CALL METHOD] static_meth( parameter_list ).
 CALL METHOD  static_meth  parameter_list.
```

Beide Anweisungen rufen die Methode auf, die statisch mit dem Bezeichner *static_meth* angegeben ist. Mit *parameter_list* werden den Formalparametern der Methode Aktualparameter und den nicht-klassenbasierten Ausnahmen Rückgabewerte zugeordnet.

parameter_list kann mit oder ohne Klammern angegeben werden. Bei der Schreibweise mit Klammern sind Kurzschreibweisen möglich, bei der Schreibweise ohne Klammern nicht. Bei der Schreibweise mit Klammern kann und sollte der Ausdruck `CALL METHOD` weggelassen werden.

Statische Methodenangabe
```
CALL METHOD - static_meth
```

Syntax von static_meth
```
... meth
  | oref->meth
  | super->meth
  | class=>meth
```

Mit diesen Bezeichnern werden Methoden statisch angegeben, wobei `meth` ein im aktuellen Kontext gültiger Bezeichner der Methode ist. Dieser Bezeichner kann der in `METHODS` deklarierte Name der Methode, ein über den Interfacekomponenten-Selektor zusammengesetzter Name oder ein Aliasname sein.

meth kann in Methodenimplementierungen für eine beliebige Methode der eigenen Klasse angegeben werden. In Instanzmethoden ist meth eine Kurzform von me->meth, wobei me die Selbstreferenz ist.

oref->meth kann in Verarbeitungsblöcken, in denen eine beliebige Methode meth sichtbar ist, angegeben werden, wobei oref eine Objektreferenz auf ein Objekt ist, das die Methode als Komponente enthält.

super->meth kann bei der Redefinition der Methode meth angegeben werden und ruft die Implementierung der Methode meth in der direkten Oberklasse auf. Während der Ausführung eines mit super->constructor aufgerufenen Oberklassenkonstruktors adressieren meth und me->meth ausnahmsweise nicht die Methodenimplementierungen der Unterklasse, sondern die der Oberklasse.

class=>meth kann in Verarbeitungsblöcken, in denen eine statische Methode meth sichtbar ist, angegeben werden, wobei class eine von der Paketprüfung erlaubte Klasse ist, die die Methode als statische Komponente enthält.

Beispiel
In der Methode m2 wird die Methode m1 der eigenen Klasse aufgerufen. Die Schnittstellenparameter werden versorgt und die möglichen klassischen Ausnahmen in einer CASE-Struktur behandelt.

```
CLASS c1 DEFINITION.
  PUBLIC SECTION.
    METHODS: m1 IMPORTING   p1 TYPE string
                            p2 TYPE i
                EXPORTING   p3 TYPE d
                            p4 TYPE decfloat16
                EXCEPTIONS  ex1
                            ex2,
             m2.
ENDCLASS.
CLASS c1 IMPLEMENTATION.
  METHOD m1.
    ...
  ENDMETHOD.
  METHOD m2.
    DATA: text    TYPE string,
          number  TYPE i,
          date    TYPE d,
          amount  TYPE decfloat16.
    ...
    m1( EXPORTING p1 = text
                  p2 = number
        IMPORTING p3 = date
                  p4 = amount
        EXCEPTIONS ex1 = 10
                   ex2 = 20
                   OTHERS = 30 ).
```

```
      CASE sy-subrc.
        WHEN 10.
          ...
        WHEN 20.
          ...
        WHEN 30.
          ...
      ENDCASE.
    ENDMETHOD.
ENDCLASS.
```

Kurzschreibweisen

`CALL METHOD meth( ... )`

Syntax
```
[CALL METHOD] { static_meth( )
              | static_meth( a )
              | static_meth( p1 = a1 p2 = a2 ... ) }.
```

Diese drei Varianten sind Kurzschreibweisen für in Klammern angegebene Parameterlisten beim statischen Methodenaufruf:

- [CALL METHOD] static_meth(a).

  ist die Kurzform von

  CALL METHOD static_meth.

  Die mit static_meth bezeichnete Methode darf keine oder nur optionale Eingabeparameter bzw. Ein-/Ausgabeparameter haben. Es werden keine Werte übergeben. Eventuellen Ausgabeparametern oder einem Rückgabewert werden keine Aktualparameter zugeordnet.

- [CALL METHOD] static_meth( ).

  ist die Kurzform von

  CALL METHOD static_meth EXPORTING p = a.

  Die mit static_meth bezeichnete Methode darf entweder nur einen nicht-optionalen Eingabeparameter p oder ausschließlich optionale Eingabeparameter haben, von denen p mit PREFERRED PARAMETER als Vorzugsparameter definiert ist. An diesen Eingabeparameter wird der Wert in a übergeben. Die Methode darf optionale Ein-/Ausgabeparameter, Ausgabeparameter oder einen Rückgabewert haben, und diesen werden keine Aktualparameter zugeordnet. Ab Release 7.02/7.2 kann für a ein Rechenausdruck angegeben werden.

- [CALL METHOD] static_meth(p1 = a1 p2 = a2 ...).

  ist die Kurzform von

  CALL METHOD static_meth EXPORTING p1 = a1 p2 = a2 ...

  Die mit static_meth bezeichnete Methode kann beliebige Eingabeparameter p haben, die mit den Aktualparametern a versorgt werden. Sie darf aber nur optionale Ein-/Ausgabeparameter haben. Solchen Ein-/Ausgabeparametern, eventuellen Ausgabeparametern oder einem Rückgabewert werden keine Aktualparameter zugeordnet. Ab Release 7.02/7.2 können für a1, a2, ... Rechenausdrücke angegeben werden.

Hinweise
- Es wird empfohlen, die optionale Angabe von CALL METHOD bei der Verwendung der Kurzschreibweisen immer wegzulassen.
- Beim Aufruf von funktionalen Methoden an Operandenpositionen für Funktionen und Ausdrücke erfolgt die Parameterübergabe mit der gleichen Syntax wie bei diesen Kurzformen für CALL METHOD.
- Eine Methodenverkettung, wie sie ab Release 7.02/7.2 an Operandenpositionen für funktionale Methoden möglich ist, kann derzeit noch nicht als einzelne Anweisung angegeben werden.

Beispiel
Aufruf von drei Methoden eines Objekts der Klasse c1 in Kurzschreibweise.

```
CLASS c1 DEFINITION.
  PUBLIC SECTION.
    METHODS: m0 IMPORTING p1 TYPE i OPTIONAL
                EXPORTING p2 TYPE i
                CHANGING  p3 TYPE i OPTIONAL,
             m1 IMPORTING p1 TYPE i,
             m2 IMPORTING p1 TYPE i
                          p2 TYPE i
                RETURNING value(p3) TYPE i.
ENDCLASS.
CLASS c1 IMPLEMENTATION.
  METHOD m0.
    ...
  ENDMETHOD.
  METHOD m1.
    ...
  ENDMETHOD.
  METHOD m2.
    ...
  ENDMETHOD.
ENDCLASS.
START-OF-SELECTION.
  DATA: o1   TYPE REF TO c1,
        num1 TYPE i,
        num2 TYPE i.
  CREATE OBJECT o1.
  o1->m0( ).
  o1->m1( num1 ).
  o1->m2( p1 = num1 p2 = num2 ).
```

Verketteter Methodenaufruf
Syntax
{oref->}|{class=>}meth1(...)->meth2(...)->...->meth(*parameter_list*).

Diese Spezialform des statischen Methodenaufrufs ruft die Instanzmethode meth in einem Objekt auf. Mit meth1, meth2, ... müssen funktionale Methoden angegeben werden, deren Rückgabewerte Referenzvariablen sind, die auf Objekte mit der jeweils nächsten Methode zeigen. Alle Methoden müssen über den Objektkomponenten-Selektor aufgerufen werden – außer der ersten Methode meth1, die über den Klassenkomponenten-Selektor aufgerufen werden kann, wenn sie eine statische Methode ist.

Die Parameterübergabe an die funktionalen Methoden meth1, meth2, ... erfolgt mit der für Operandenpositionen gültigen Syntax:

```
meth( )
meth( a )
meth( p1 = a1 p2 = a2 ... )
```

Die Anweisung CALL METHOD darf bei dieser Form des Methodenaufrufs nicht vorangestellt werden.

Beispiel
Aufruf der Methode m3 in einem Objekt der Klasse c3, das über eine Methodenverkettung angesprochen wird.

```abap
CLASS c3 DEFINITION.
  PUBLIC SECTION.
    METHODS m3 CHANGING c3 TYPE string.
ENDCLASS.
CLASS c2 DEFINITION.
  PUBLIC SECTION.
    METHODS m2  IMPORTING i2 TYPE string
                RETURNING value(r2) TYPE REF TO c3.
ENDCLASS.
CLASS c1 DEFINITION.
  PUBLIC SECTION.
    CLASS-METHODS m1 IMPORTING i1 TYPE string
                RETURNING value(r1) TYPE REF TO c2.
ENDCLASS.
CLASS c1 IMPLEMENTATION.
  METHOD m1.
    CREATE OBJECT r1.
  ENDMETHOD.
ENDCLASS.
CLASS c2 IMPLEMENTATION.
  METHOD m2.
    CREATE OBJECT r2.
  ENDMETHOD.
ENDCLASS.
```

```abap
CLASS c3 IMPLEMENTATION.
  METHOD m3.
    c3 = 'New text'.
    MESSAGE c3 TYPE 'I'.
  ENDMETHOD.
ENDCLASS.
START-OF-SELECTION.
  DATA txt TYPE string VALUE `test`.
  c1=>m1(
    i1 = `p1` )->m2(
    i2 = `p2` )->m3(
    CHANGING c3 = txt ).
```

19.1.2.2 Dynamischer Methodenaufruf

```
CALL METHOD (meth_name)
```

Syntax
```
CALL METHOD dynamic_meth { parameter_list
                        | parameter_tables }.
```

Diese Anweisung ruft die in `dynamic_meth` dynamisch angegebene Methode auf (Dynamic Invoke). Die Zuordnung von Aktualparametern zu Formalparametern der Methode erfolgt ohne Klammern entweder statisch über `parameter_list` oder dynamisch über `parameter_tables`. Die Syntax von `parameter_list` ist dieselbe wie beim statischen Methodenaufruf.

Dynamische Methodenangabe
```
CALL METHOD - dynamic_meth
```

Syntax von dynamic_meth
```
... (meth_name)
  | cref->(meth_name)
  | iref->(meth_name)
  | (class_name)=>(meth_name)
  | (class_name)=>meth
  | class=>(meth_name)
```

Mit diesen Bezeichnern werden Methoden dynamisch angegeben, wobei für `meth_name` und `class_name` zeichenartige Felder anzugeben sind, die während der Ausführung der Anweisung die Namen einer Methode bzw. einer Klasse in Großbuchstaben enthalten müssen. Für `class_name` kann insbesondere auch ein absoluter Typname angegeben werden.

`(meth_name)` ist nur für Methoden der eigenen Klasse möglich. Sie wirkt wie `me->(meth_name)`.

`cref->(meth_name)` ist für alle sichtbaren Methoden von Objekten möglich. `cref` kann eine beliebige Klassenreferenzvariable sein, die auf ein Objekt zeigt, das die in `meth_name` angegebene Methode enthält. Die Methode wird erst im statischen Typ, dann im dynamischen Typ von `cref` gesucht.

iref->(meth_name) ist für alle sichtbaren Interfacemethoden von Objekten möglich. iref kann eine beliebige Interface-Referenzvariable sein, die auf ein Objekt zeigt, das die in meth_name angegebene Interfacemethode enthält. Die Methode wird nur im statischen Typ von iref gesucht. Anders als beim Zugriff über Klassenreferenzvariablen kann mit Interface-Referenzvariablen auch beim dynamischen Zugriff nicht auf beliebige Komponenten, sondern nur auf Interfacekomponenten zugegriffen werden.

(class_name)=>(meth_name), (class_name)=>meth und class=>(meth_name) sind für alle sichtbaren statischen Methoden möglich. Es können sowohl Klasse als auch Methode dynamisch angegeben werden. Die Methode meth und die Klasse class können aber auch jeweils direkt angegeben werden. Bei den Alternativen mit dynamischer Klassenangabe (class_name) wird erst die Klasse gesucht, dann die Methode. Bei der statischen Angabe class wird die Methode in der vorhandenen Klasse gesucht. Wenn in class_name über einen absoluten Typnamen eine Klasse eines anderen Programms angegeben wird, wird dieses je nach Programmtyp in eine neue Zusatzprogrammgruppe oder in die aktuelle Programmgruppe hinzugeladen, falls es noch nicht geladen war. Dabei wird gegebenenfalls der Programmkonstruktor ausgeführt. Der externe Aufruf von Methoden lokaler Klassen – insbesondere von ausführbaren Programmen, Modul-Pools und Subroutinen-Pools – ist aber kritisch, da in der Regel nicht statisch festgelegt werden kann, welcher Programmgruppe das Rahmenprogramm zugeordnet ist.

19.1.2.3 Statische Parameterübergabe

```
CALL METHOD - parameter_list
```

Syntax von parameter_list
```
...     [EXPORTING   p1 = a1  p2 = a2 ...]
   { {[IMPORTING    p1 = a1  p2 = a2 ...]
       [CHANGING    p1 = a1  p2 = a2 ...]}
   | [RECEIVING    r  = a   ] }
     [EXCEPTIONS  [exc1 = n1  exc2 = n2 ...]
                  [OTHERS = n_others] ].
```

Bis auf den Zusatz EXCEPTIONS ordnen diese Zusätze den Formalparametern p1 p2 ... bzw. r der Parameterschnittstelle der Methode meth Aktualparameter a1 a2 ... zu. Der Zusatz EXCEPTIONS ermöglicht die Behandlung nicht-klassenbasierter Ausnahmen. Die Reihenfolge der Zusätze ist vorgeschrieben.

Aktualparameter angeben

Als Aktualparameter können alle Datenobjekte angegeben werden, deren Datentyp zur Typisierung des entsprechenden Formalparameters passt (siehe Abschnitt 16.2). An Eingabeparameter können auch Funktionen und Ausdrücke als Aktualparameter übergeben werden (ab Release 7.02/7.2).

Mit dem Zusatz EXPORTING müssen den nicht-optionalen und können den optionalen Eingabeparametern p1 p2 ... der aufgerufenen Methode, die in der Anweisung METHODS bzw. CLASS-METHODS hinter IMPORTING definiert sind, Aktualparameter a1 a2 ... zugeordnet werden. Zum Zeitpunkt des Aufrufs wird je nach Übergabeart entweder eine Referenz auf einen Aktualparameter übergeben oder der Inhalt eines Aktualparameters dem jeweiligen Formalparameter zugewiesen.

 Seit Release 7.02/7.2 können für Eingabeparameter Funktionen, funktionale Methoden und Ausdrücke als Aktualparameter angegeben werden. Dabei gelten spezielle Regeln (siehe Abschnitt 16.2.4).

Mit dem Zusatz IMPORTING können den Ausgabeparametern p1 p2 ... der aufgerufenen Methode, die in der Anweisung METHODS bzw. CLASS-METHODS hinter EXPORTING definiert sind, Aktualparameter a1 a2 ... zugeordnet werden. Bei Referenzübergabe wird zum Zeitpunkt des Aufrufs eine Referenz auf einen Aktualparameter übergeben. Bei Wertübergabe wird der Inhalt eines Ausgabeparameters nur bei fehlerfreier Beendigung der Methode dem jeweiligen Aktualparameter zugewiesen.

Mit dem Zusatz CHANGING müssen den nicht-optionalen und können den optionalen Ein-/Ausgabeparametern p1 p2 ... der aufgerufenen Methode, die in der Anweisung METHODS bzw. CLASS-METHODS hinter CHANGING definiert sind, Aktualparameter a1 a2 ... zugeordnet werden. Zum Zeitpunkt des Aufrufs wird je nach Übergabeart entweder eine Referenz auf einen Aktualparameter übergeben oder der Inhalt eines Aktualparameters dem jeweiligen Formalparameter zugewiesen. Bei Wertübergabe wird der Inhalt eines Ein-/Ausgabeparameter nur bei fehlerfreier Beendigung der Methode dem jeweiligen Aktualparameter zugewiesen.

Mit dem Zusatz RECEIVING kann dem Rückgabewert r der aufgerufenen Methode, der in der Anweisung METHODS bzw. CLASS-METHODS hinter RETURNING definiert ist, ein Aktualparameter a zugeordnet werden. Der Datentyp des Aktualparameters muss nicht den allgemeinen Regeln der Überprüfung der Typisierung folgen, sondern es genügt, wenn der Rückgabewert nach den Konvertierungsregeln in den Aktualparameter konvertierbar ist. Bei fehlerfreier Beendigung der Methode wird der Inhalt des Formalparameters dem Aktualparameter zugewiesen, wobei der Inhalt bei Bedarf konvertiert wird.

Mit Ausnahme des Rückgabewertes r bei funktionalen Methoden und der Angabe von Rechenausdrücken bei Eingabeparametern übernimmt jeder Formalparameter zum Zeitpunkt des Aufrufs sämtliche Eigenschaften des zugeordneten Aktualparameters.

Hinweis
Eine funktionale Methode mit einem Rückgabewert wird üblicherweise nicht mit CALL METHOD, sondern an Operandenpositionen aufgerufen.

Klassische Ausnahmen behandeln
Mit EXCEPTIONS können nicht-klassenbasierten Ausnahmen exc1 exc2 ... Rückgabewerte zugeordnet werden. Jeder Ausnahme exc1 exc2 ..., an der der Aufrufer interessiert ist, muss ein Zahlenliteral n1 n2 ... zugeordnet werden. Es können alle Zahlen zwischen 0 und 65.535 angegeben werden. Außerhalb dieses Bereichs ist das Verhalten undefiniert.

Durch die Angabe von OTHERS als letztem Eintrag hinter EXCEPTIONS kann allen Ausnahmen, die nicht explizit in der Liste exc1 exc2 ... aufgeführt sind, ein gemeinsamer Rückgabewert durch die Zuordnung eines Zahlenliterals n_others zugeordnet werden. Verschiedenen Ausnahmen – inklusive OTHERS – kann der gleiche Rückgabewert zugeordnet werden.

Wird eine Ausnahme `exc1 exc2 ...`, der ein Rückgabewert zugeordnet ist, mit der Anweisung `RAISE` oder `MESSAGE RAISING` in der Methode ausgelöst, wird die Methode sofort beendet, per Wert übergebene Ausgabeparameter bzw. der Rückgabewert werden nicht versorgt, und die der Ausnahme zugeordnete Zahl `n1 n2 ...` steht in `sy-subrc` zur Auswertung zur Verfügung. Wenn keine Ausnahme auftritt, setzt ein Methodenaufruf `sy-subrc` auf 0.

Falls der Aufrufer einer durch `RAISE` ausgelösten Ausnahme keinen Rückgabewert zugewiesen hat, wird das Programm mit einem Laufzeitfehler abgebrochen. Falls der Aufrufer einer durch `MESSAGE RAISING` ausgelösten Ausnahme keinen Rückgabewert zugewiesen hat, wird die Nachricht gesendet, und das System fährt entsprechend dem Nachrichtentyp fort.

Bei Methoden, bei denen mit `RAISING` klassenbasierte Ausnahmen in der Schnittstelle deklariert sind, darf der Zusatz `EXCEPTIONS` beim Aufruf nicht angegeben werden.

Hinweis
Die Zuordnung des Wertes 0 zu einer Ausnahme bedeutet, dass der Aufrufer diese Ausnahme ignorieren will. Wenn die Ausnahme in der Methode auftritt, kommt es zwar nicht zu einem Laufzeitfehler, die Ausnahme kann aber auch nicht behandelt werden.

19.1.2.4 Dynamische Parameterübergabe

`CALL METHOD – parameter_tables`

Syntax von parameter_tables
```
... [PARAMETER-TABLE ptab]
    [EXCEPTION-TABLE etab].
```

Diese Zusätze ordnen mithilfe spezieller interner Tabellen `ptab` und `etab` den Formalparametern der Methode `meth` Aktualparameter bzw. den nicht-klassenbasierten Ausnahmen Rückgabewerte zu.

Aktualparameter angeben
Mit `PARAMETER-TABLE` können allen Formalparametern einer dynamisch aufgerufenen Methode Aktualparameter zugeordnet werden. Für `ptab` muss eine Hash-Tabelle vom Tabellentyp ABAP_PARMBIND_TAB bzw. vom Zeilentyp ABAP_PARMBIND aus der Typgruppe ABAP angegeben werden. Die Tabelle muss bei Ausführung der Anweisung `CALL METHOD` für jeden nicht-optionalen Formalparameter und kann für jeden optionalen Formalparameter genau eine Zeile enthalten. Die Spalten der Tabelle sind:

- **NAME vom Typ c der Länge 30**
  für den Namen des jeweiligen Formalparameters in Großbuchstaben. Die Angabe eines nicht vorhandenen Formalparameters führt zu einer behandelbaren Ausnahme.

- **KIND vom Typ c der Länge 1**
  für die Art des Formalparameters. Diese Spalte dient der Überprüfung der Schnittstelle. Die Art des Formalparameters ist in der Deklaration der aufgerufenen Methode festgelegt. Falls KIND initial ist, wird keine Überprüfung durchgeführt. Falls KIND den Wert einer der Konstanten EXPORTING, IMPORTING, CHANGING oder RECEIVING der Klasse CL_ABAP_OBJECTDESCR enthält, wird – aus Sicht des Aufrufers – überprüft, ob der in

NAME angegebene Formalparameter ein Eingabe-, Ausgabe-, Ein-/Ausgabeparameter oder Rückgabewert ist, und im Fehlerfall wird die behandelbare Ausnahme CX_SY_DYN_CALL_ILLEGAL_TYPE ausgelöst.

- **VALUE vom Typ REF TO data**
  als Zeiger auf einen passenden Aktualparameter. Das Datenobjekt, auf das die Referenzvariable in VALUE zeigt, wird dem in NAME angegebenen Formalparameter zugewiesen.

Die Spalte NAME ist der eindeutige Schlüssel der Tabelle ptab.

Klassische Ausnahmen behandeln

Mit EXCEPTION-TABLE können allen nicht-klassenbasierten Ausnahmen einer dynamisch aufgerufenen Methode Rückgabewerte zugeordnet werden. Für etab muss eine Hash-Tabelle vom Tabellentyp ABAP_EXCPBIND_TAB bzw. vom Zeilentyp ABAP_EXCPBIND aus der Typgruppe ABAP angegeben werden. Die Tabelle kann bei Ausführung der Anweisung CALL METHOD für jede nicht-klassenbasierte Ausnahme der Methode genau eine Zeile enthalten. Die Spalten der Tabelle sind:

- **NAME vom Typ c der Länge 30**
  für den Namen der jeweiligen Ausnahme oder OTHERS in Großbuchstaben

- **VALUE vom Typ i**
  für den Zahlenwert, der nach dem Auftreten der in NAME angegebenen Ausnahme in sy-subrc zur Verfügung stehen soll

Die Spalte NAME ist der eindeutige Schlüssel der Tabelle etab.

Beispiel

Dynamischer Aufruf der statischen Methode gui_download der globalen Klasse cl_gui_frontend_services zum Speichern des Inhalts einer internen Tabelle in einer Datei auf dem aktuellen Präsentationsserver. Die Namen von Klasse und Methode sind in den Strings class und meth angegeben. Die Schnittstellenparameter werden über die interne Tabelle ptab übergeben, und den Ausnahmen der Methode werden über die Tabelle etab Rückgabewerte zugeordnet. Ausnahmen, die beim Methodenaufruf selbst auftreten können, werden in einer TRY-Kontrollstruktur mit der Anweisung CATCH behandelt.

```
DATA: line     TYPE c LENGTH 80,
      text_tab LIKE STANDARD TABLE OF line,
      filename TYPE string,
      filetype TYPE c LENGTH 10,
      fleng    TYPE i.
DATA: meth  TYPE string,
      class TYPE string,
      ptab  TYPE abap_parmbind_tab,
      ptab_line TYPE abap_parmbind,
      etab  TYPE abap_excpbind_tab,
      etab_line TYPE abap_excpbind.
DATA: exc_ref TYPE REF TO cx_sy_dyn_call_error.
class    = 'CL_GUI_FRONTEND_SERVICES'.
```

```abap
meth     = 'GUI_DOWNLOAD'.
filename = 'c:\temp\text.txt'.
filetype = 'ASC'.
ptab_line-name = 'FILENAME'.
ptab_line-kind = cl_abap_objectdescr=>exporting.
GET REFERENCE OF filename INTO ptab_line-value.
INSERT ptab_line INTO TABLE ptab.
ptab_line-name = 'FILETYPE'.
ptab_line-kind = cl_abap_objectdescr=>exporting.
GET REFERENCE OF filetype INTO ptab_line-value.
INSERT ptab_line INTO TABLE ptab.
ptab_line-name = 'DATA_TAB'.
ptab_line-kind = cl_abap_objectdescr=>changing.
GET REFERENCE OF text_tab INTO ptab_line-value.
INSERT ptab_line INTO TABLE ptab.
ptab_line-name = 'FILELENGTH'.
ptab_line-kind = cl_abap_objectdescr=>importing.
GET REFERENCE OF fleng INTO ptab_line-value.
INSERT ptab_line INTO TABLE ptab.
etab_line-name = 'OTHERS'.
etab_line-value = 4.
INSERT etab_line INTO TABLE etab.
TRY.
    CALL METHOD (class)=>(meth)
      PARAMETER-TABLE
        ptab
      EXCEPTION-TABLE
        etab.
    CASE sy-subrc.
      WHEN 1.
        ...
        ...
    ENDCASE.
  CATCH cx_sy_dyn_call_error INTO exc_ref.
    ...
ENDTRY.
```

19.1.2.5 Behandelbare Ausnahmen

Die behandelbaren Ausnahmen beim Methodenaufruf sind Unterklassen der Ausnahmeklasse CX_SY_DYN_CALL_ERROR und können beim dynamischen Methodenaufruf auftreten:

- CX_SY_DYN_CALL_ILLEGAL_CLASS: angegebene Klasse nicht vorhanden
- CX_SY_DYN_CALL_ILLEGAL_METHOD: Aufruf einer nicht vorhandenen oder unerlaubten Methode
- CX_SY_DYN_CALL_PARAMETER_ERROR: unzulässige Versorgung der Parameterschnittstelle; Unterklassen sind:

- CX_SY_DYN_CALL_ILLEGAL_TYPE
- CX_SY_DYN_CALL_PARAM_MISSING
- CX_SY_DYN_CALL_PARAM_NOT_FOUND

Darüber hinaus kann es zur Ausnahme der Klasse CX_SY_REF_IS_INITIAL kommen, wenn beim dynamischen Methodenaufruf die angegebene Referenzvariable leer ist.

19.1.3 Funktionsbausteine aufrufen

```
CALL FUNCTION
```

Aufruf eines Funktionsbausteins oder Registrierung eines Verbuchungsbausteins. Statischer und dynamischer Funktionsbausteinaufruf werden syntaktisch nicht unterschieden. Die Angabe des Funktionsbausteins erfolgt immer über ein Datenobjekt, und der Bezeichner des aufgerufenen Funktionsbausteins wird immer erst zur Laufzeit bestimmt.

Das Systemfeld sy-subrc wird beim Aufruf eines Funktionsbausteins auf 0 gesetzt. Falls eine nicht-klassenbasierte Ausnahme auftritt und durch Zuweisung eines Wertes behandelt wird, wird sy-subrc auf diesen Wert gesetzt. Nach der Registrierung eines Verbuchungsfunktionsbausteins mit CALL FUNCTION ... IN UPDATE TASK ist sy-subrc aber undefiniert.

Die Registrierung eines Verbuchungsbausteins wird in Abschnitt 40.2.1 behandelt. Die Varianten der Anweisung CALL FUNCTION, die beim RFC zum Einsatz kommen, werden in Abschnitt 46.2 behandelt.

19.1.3.1 Genereller Funktionsbausteinaufruf

```
CALL FUNCTION func
```

Syntax
```
CALL FUNCTION func { parameter_list
                   | parameter_tables }.
```

Diese Anweisung ruft den in func angegebenen Funktionsbaustein auf. Der Bezeichner func muss ein zeichenartiges Datenobjekt sein, das während der Ausführung der Anweisung den Namen eines von der Paketprüfung erlaubten Funktionsbausteins in Großbuchstaben enthält. Jeder Funktionsbaustein eines AS ABAP hat einen eindeutigen Namen, weshalb keine Angabe der Funktionsgruppe notwendig ist.

Mit den Zusätzen parameter_list oder parameter_tables werden den Formalparametern des Funktionsbausteins entweder statisch oder dynamisch Aktualparameter und nicht-klassenbasierten Ausnahmen Rückgabewerte zugeordnet.

Hinweis
Anders als beim Methodenaufruf gibt es keine unterschiedlichen syntaktischen Varianten für statische und dynamische Funktionsbausteinaufrufe. Dennoch kann man sie in etwa wie folgt unterscheiden:

- Bei einem statischen Funktionsbausteinaufruf wird ein statisch bekannter Funktionsbaustein als Literal angegeben, und die Parameterübergabe erfolgt statisch.
- Bei einem dynamischen Funktionsbausteinaufruf wird der Name des Funktionsbausteins in einer Variablen angegeben, und die Parameterübergabe erfolgt dynamisch. Dies ist beim generellen Funktionsbausteinaufruf möglich.

Wenn der Name des Funktionsbausteins durch eine Konstante oder als Literal angegeben ist, wird der angegebene Funktionsbaustein überprüft. Wenn der Funktionsbaustein nicht vorhanden und die Paketprüfung der ABAP-Laufzeitumgebung über den Profilparameter abap/package_check eingeschaltet ist, kommt es zu einem Syntaxfehler. Ansonsten meldet nur die erweiterte Programmprüfung einen Fehler.

19.1.3.2 Statische Parameterübergabe

```
CALL FUNCTION – parameter_list
```

Syntax von parameter_list

```
... [EXPORTING   p1 = a1 p2 = a2 ...]
    [IMPORTING   p1 = a1 p2 = a2 ...]
    [CHANGING    p1 = a1 p2 = a2 ...]
    [TABLES      t1 = itab1 t2 = itab2 ...]
    [EXCEPTIONS  [exc1 = n1 exc2 = n2 ...]
                 [error_message = n_error]
                 [OTHERS = n_others]].
```

Bis auf den Zusatz EXCEPTIONS ordnen diese Zusätze den Formalparametern p1, p2, ... bzw. t1, t2, ... der Parameterschnittstelle des Funktionsbausteins in func die Aktualparameter a1, a2, ... zu. Der Zusatz EXCEPTIONS ermöglicht die Behandlung nicht-klassenbasierter Ausnahmen. Die Reihenfolge der Zusätze ist vorgeschrieben.

Aktualparameter angeben

Als Aktualparameter können alle Datenobjekte angegeben werden, deren Datentyp zur Typisierung des entsprechenden Formalparameters passt (siehe Abschnitt 16.2). Jeder Formalparameter übernimmt zum Zeitpunkt des Aufrufs sämtliche Eigenschaften des zugeordneten Aktualparameters.

Die Zusätze EXPORTING, IMPORTING und CHANGING ordnen den Eingabe-, Ausgabe- und Ein-/Ausgabeparametern des aufgerufenen Funktionsbausteins Aktualparameter zu. Syntax und Bedeutung dieser Zusätze sind dieselben wie bei CALL METHOD.

Mit dem Zusatz TABLES müssen allen nicht-optionalen Tabellenparametern t1, t2, ... (siehe Abschnitt 52.2.1) des aufgerufenen Funktionsbausteins interne Tabellen itab1, itab2, ... zugeordnet werden. Für itab1, itab2, ... können nur Standardtabellen angegeben werden. Die Übergabe erfolgt per Referenz (ausgenommen RFC, siehe Abschnitt 46.1). Falls eine angegebene Tabelle itab1, itab2, ... eine Kopfzeile hat, wird diese ebenfalls übergeben. Andernfalls ist die Kopfzeile des entsprechenden Tabellenparameters t1, t2, ... nach dem Aufruf initial.

In Unicode-Programmen kommt es bei einem falschen Formalparameter zu einer behandelbaren Ausnahme, wenn der Name des Funktionsbausteins durch eine Konstante oder als Literal angegeben ist. Wenn der Name des Funktionsbausteins durch eine Variable angegeben ist und in Nicht-Unicode-Programmen wird die Angabe eines falschen Formalparameters ignoriert.

Klassische Ausnahmen behandeln

Mit EXCEPTIONS können nicht-klassenbasierten Ausnahmen exc1, exc2, ... Rückgabewerte zugeordnet werden. Syntax und Bedeutung des Zusatzes sind dieselben wie bei CALL METHOD mit der Ausnahme, dass hier eine vordefinierte Ausnahme error_message angegeben werden kann. Wenn keine Ausnahme auftritt, setzt ein Funktionsbausteinaufruf sy-subrc auf 0.

Wenn der Zusatz error_message hinter EXCEPTIONS angegeben ist, werden alle Nachrichten, die während der Verarbeitung des Funktionsbausteins über die Anweisung MESSAGE ohne den Zusatz RAISING oder von der ABAP-Laufzeitumgebung gesendet werden, wie folgt beeinflusst:

▶ Nachrichten vom Typ S, I, oder W werden nicht gesendet, bei der Hintergrundverarbeitung aber im Protokoll vermerkt.

▶ Nachrichten vom Typ E und A lösen die Ausnahme error_message aus und setzen sy-subrc auf n_error. Nachrichtenklasse, Nachrichtentyp, Nachrichtennummer und der Inhalt eventueller Platzhalter der MESSAGE-Anweisung stehen in den Feldern sy-msgid, sy-msgno, sy-msgty und sy-msgv1, ..., sy-msgv4 zur Verfügung. Bei Nachrichten vom Typ A wird außerdem implizit die Anweisung ROLLBACK WORK ausgeführt. Zum Verhalten in der Hintergrundverarbeitung siehe Abschnitt 36.2.5.

▶ Nachrichten vom Typ X werden nicht beeinflusst. Sie führen wie immer zu einem Programmabbruch mit Kurzdump.

Bei der Behandlung von Nachrichten mit der vordefinierten Ausnahme error_message spielt es keine Rolle, ob die Nachricht im aktuell aufgerufenen oder einem von diesem aufgerufenen Funktionsbaustein gesendet wurde. Im Gegensatz zu Ausnahmen, die mit der Anweisung RAISE ausgelöst werden, werden mit der Anweisung MESSAGE gesendete Nachrichten über Aufrufebenen hinweg propagiert.

Wenn bei einer MESSAGE-Anweisung innerhalb des Funktionsbausteins der Zusatz RAISING angegeben ist und der entsprechenden Ausnahme exc1, exc2, ... ein Rückgabewert zugewiesen ist, wird sy-subrc auf diesen Wert gesetzt. Wenn der hinter RAISING angegebenen Ausnahme kein Rückgabewert zugewiesen ist, wird die Nachricht wie oben angegeben vom Zusatz error_message beeinflusst.

Funktionsbausteine können klassenbasierte Ausnahmen weiterreichen, indem im Function Builder Ausnahmeklassen angegeben werden. Bei diesen darf der Zusatz EXCEPTIONS nicht angegeben werden.

Hinweise

▶ Bei der Fortführung eines Programms nach dem Behandeln einer Nachricht vom Typ A ist zu beachten, dass ein vollständiger ROLLBACK WORK und nicht nur ein Datenbank-Rollback durchgeführt wurde.

- Während der Ausführung von Programmen kann auch die ABAP-Laufzeitumgebung Nachrichten senden, z. B. bei der automatischen Eingabeüberprüfung auf Dynpros. Solche Nachrichten werden mit dem Zusatz error_message genauso abgefangen wie Nachrichten, die mit MESSAGE gesendet werden.

Beispiel

Aufruf des Funktionsbausteins GUI_DOWNLOAD zum Speichern des Inhalts einer internen Tabelle in einer Datei auf dem aktuellen Präsentationsserver. Der Name des Funktionsbausteins ist als Literal angegeben, was bei der statischen Parameterzuordnung die am häufigsten anzutreffende Art der Angabe ist.

```abap
DATA: line     TYPE c LENGTH 80,
      text_tab LIKE STANDARD TABLE OF line,
      fleng    TYPE i.
...
CALL FUNCTION 'GUI_DOWNLOAD'
  EXPORTING
    filename         = 'c:\temp\text.txt'
    filetype         = 'ASC'
  IMPORTING
    filelength       = fleng
  TABLES
    data_tab         = text_tab
  EXCEPTIONS
    file_write_error = 1
    invalid_type     = 2
    no_authority     = 3
    unknown_error    = 4
    OTHERS           = 10.
CASE sy-subrc.
  WHEN 1.
    ...
  ...
ENDCASE.
```

19.1.3.3 Dynamische Parameterübergabe

`CALL FUNCTION – parameter_tables`

Syntax von parameter_tables

```
... [PARAMETER-TABLE ptab]
    [EXCEPTION-TABLE etab]...
```

Diese Zusätze ordnen mithilfe spezieller interner Tabellen ptab und etab den Formalparametern des Funktionsbausteins Aktualparameter und den nicht-klassenbasierten Ausnahmen Rückgabewerte zu.

Aktualparameter angeben

Mit `PARAMETER-TABLE` können allen Formalparametern des aufgerufenen Funktionsbausteins Aktualparameter zugeordnet werden. Für `ptab` muss eine sortierte Tabelle vom Tabellentyp `ABAP_FUNC_PARMBIND_TAB` bzw. vom Zeilentyp `ABAP_FUNC_PARMBIND` aus der Typgruppe ABAP angegeben werden. Die Tabelle muss bei Ausführung der Anweisung `CALL FUNCTION` für jeden nicht-optionalen Formalparameter und kann für jeden optionalen Formalparameter genau eine Zeile enthalten. Die Spalten der Tabelle sind:

- **NAME vom Typ c der Länge 30**
  für den Namen des jeweiligen Formalparameters in Großbuchstaben. Die Angabe eines nicht vorhandenen Formalparameters führt zu einer behandelbaren Ausnahme.

- **KIND vom Typ i**
  für die Art des Formalparameters. KIND muss den Wert einer der folgenden Konstanten der Typgruppe ABAP enthalten:
  - ABAP_FUNC_EXPORTING für Eingabeparameter
  - ABAP_FUNC_IMPORTING für Ausgabeparameter
  - ABAP_FUNC_CHANGING für Ein-/Ausgabeparameter
  - ABAP_FUNC_TABLES für Tabellenparameter

  Falls die aus Sicht des Aufrufers angegebene Art nicht zur tatsächlichen Art des Formalparameters passt, kommt es zu einer behandelbaren Ausnahme.

- **VALUE vom Typ REF TO data**
  als Zeiger auf einen passenden Aktualparameter. Das Datenobjekt, auf das die Referenzvariable in VALUE zeigt, wird dem in NAME angegebenen Formalparameter zugewiesen.

- **TABLES_WA vom Typ REF TO data**
  als Zeiger auf einen passenden Arbeitsbereich, wenn die Spalte KIND den Wert ABAP_FUNC_TABLES enthält. Falls TABLES_WA nicht initial ist, wird das Datenobjekt, auf das die Referenzvariable in TABLES_WA zeigt, der Kopfzeile des in NAME angegebenen Tabellenparameters übergeben.

Die Spalten NAME und KIND bilden den eindeutigen Schlüssel der Tabelle `ptab`.

Klassische Ausnahmen behandeln

Mit `EXCEPTION-TABLE` können Ausnahmen des aufgerufenen Funktionsbausteins, die im Function Builder nicht als Ausnahmeklassen gekennzeichnet sind, Rückgabewerte zugewiesen werden. Für `etab` muss eine Hash-Tabelle vom Tabellentyp `ABAP_FUNC_EXCPBIND_TAB` bzw. vom Zeilentyp `ABAP_FUNC_EXCPBIND` aus der Typgruppe ABAP angegeben werden. Die Tabelle kann bei Ausführung der Anweisung `CALL FUNCTION` für jede nicht-klassenbasierte Ausnahme des Funktionsbausteins genau eine Zeile enthalten. Die Spalten der Tabelle sind:

- **NAME vom Typ c der Länge 30**
  für den Namen der jeweiligen Ausnahme bzw. `error_message` oder `OTHERS` in Großbuchstaben

- **VALUE vom Typ i**
  für den Zahlenwert, der nach Behandlung der in NAME angegebenen Ausnahme in `sy-subrc` zur Verfügung stehen soll
- **MESSAGE vom Typ REF TO data**
  (wird zurzeit noch nicht verwendet)

Die Spalte NAME ist der eindeutige Schlüssel der Tabelle `etab`.

Beispiel

Aufruf des Funktionsbausteins GUI_DOWNLOAD mit dynamischer Parameterübergabe. Der Name des Funktionsbausteins ist im String `func` angegeben, und die Schnittstelle wird über die internen Tabellen `ptab` und `etab` versorgt.

```abap
DATA: line       TYPE c LENGTH 80,
      text_tab   LIKE STANDARD TABLE OF line,
      filename   TYPE string,
      filetype   TYPE c LENGTH 10,
      fleng      TYPE i.
DATA: func TYPE string,
      ptab       TYPE abap_func_parmbind_tab,
      ptab_line  TYPE abap_func_parmbind,
      etab       TYPE abap_func_excpbind_tab,
      etab_line  TYPE abap_func_excpbind.
func = 'GUI_DOWNLOAD'.
filename = 'c:\temp\text.txt'.
filetype = 'ASC'.
ptab_line-name = 'FILENAME'.
ptab_line-kind = abap_func_exporting.
GET REFERENCE OF filename INTO ptab_line-value.
INSERT ptab_line INTO TABLE ptab.
ptab_line-name = 'FILETYPE'.
ptab_line-kind = abap_func_exporting.
GET REFERENCE OF filetype INTO ptab_line-value.
INSERT ptab_line INTO TABLE ptab.
ptab_line-name = 'DATA_TAB'.
ptab_line-kind = abap_func_tables.
GET REFERENCE OF text_tab INTO ptab_line-value.
INSERT ptab_line INTO TABLE ptab.
ptab_line-name = 'FILELENGTH'.
ptab_line-kind = abap_func_importing.
GET REFERENCE OF fleng INTO ptab_line-value.
INSERT ptab_line INTO TABLE ptab.
...
etab_line-name = 'OTHERS'.
etab_line-value = 10.
INSERT etab_line INTO TABLE etab.
CALL FUNCTION func
  PARAMETER-TABLE
```

```
    ptab
EXCEPTION-TABLE
    etab.
CASE sy-subrc.
  WHEN 1.
    ...
    ...
ENDCASE.
```

19.1.3.4 Behandelbare Ausnahmen

Die behandelbaren Ausnahmen beim Funktionsbausteinaufruf sind Unterklassen der Ausnahmeklasse CX_SY_DYN_CALL_ERROR und können in Unicode-Programmen auftreten, wenn der Name des Funktionsbausteins durch eine Konstante oder als Literal angegeben ist.

- CX_SY_DYN_CALL_ILLEGAL_FUNC: angegebener Funktionsbaustein nicht vorhanden oder nicht aktiv
- CX_SY_DYN_CALL_PARAMETER_ERROR: unzulässige Versorgung der Parameterschnittstelle; Unterklassen sind:
  - CX_SY_DYN_CALL_ILLEGAL_TYPE
  - CX_SY_DYN_CALL_PARAM_MISSING
  - CX_SY_DYN_CALL_PARAM_NOT_FOUND

19.1.4 Unterprogramme aufrufen

PERFORM

Syntax
`PERFORM subr_identifier [parameter_list].`

Diese Anweisung ruft das Unterprogramm auf, das mit dem Bezeichner `subr_identifier` angegeben ist, und ordnet den Formalparametern des Unterprogramms die in `parameter_list` angegebenen Aktualparameter zu. Unterprogramme können statisch und dynamisch, intern und extern aufgerufen werden. Die Parameterübergabe ist nur statisch möglich.

Die Registrierung eines Unterprogramms für die Ausführung am Ende einer SAP-LUW wird in Abschnitt 40.2.2 behandelt.

Hinweis
Unterprogramme sind obsolet. In neuen Programmen sollten keine neuen Unterprogramme mehr angelegt werden. Die in vorhandenen Programmen zur internen Modularisierung angelegten Unterprogramme können weiterhin aufgerufen werden. Auf den externen Aufruf von Unterprogrammen anderer Programme sollte aber weitestgehend verzichtet werden.

19.1.4.1 Angabe des Unterprogramms

```
PERFORM - subr_identifier
```

Syntax von subr_identifier
```
... subr
  | {subr|(sname) IN PROGRAM [prog|(pname)] [IF FOUND]}
  | {n OF subr1 subr2 ...}
```

Mit diesen Bezeichnern werden Unterprogramme angegeben, wobei `subr` der in der Anweisung `FORM` deklarierte Name des Unterprogramms und `prog` der Name eines ABAP-Programms sind. `sname` und `pname` sind zeichenartige Felder, die während der Ausführung der Anweisung die Namen eines Unterprogramms bzw. eines Programms enthalten.

`subr` kann ein beliebiges vorhandenes Unterprogramm des gleichen Programms sein.

`subr|(sname) IN PROGRAM [prog|(pname)] [IF FOUND]` bezeichnet ein beliebiges Unterprogramm eines anderen oder des aktuellen Programms. Das Unterprogramm und das Programm können entweder statisch als `subr` und `prog` angegeben werden – statischer externer Unterprogrammaufruf – oder dynamisch in den eingeklammerten zeichenartigen Feldern `sname` und `pname`. `sname` und `pname` müssen bei Ausführung der Anweisung die Namen eines Unterprogramms bzw. Programms in Großbuchstaben enthalten – dynamischer externer Unterprogrammaufruf.

Falls der Zusatz `IF FOUND` nicht angegeben ist und das angegebene Unterprogramm oder Programm nicht gefunden werden kann, kommt es bei statischer Angabe zu einem Syntaxfehler und bei dynamischer Angabe zu einer unbehandelbaren Ausnahme.

Falls der Zusatz `IF FOUND` angegeben ist und das angegebene Programm zur Laufzeit nicht vorhanden ist, wird die Anweisung `PERFORM` ignoriert. Bei der Angabe von `IF FOUND` muss auch ein statisch angegebenes Unterprogramm zum Zeitpunkt der Kompilation noch nicht vorhanden sein, sondern wird erst zur Laufzeit gesucht.

Falls das angegebene Programm vorhanden ist, wird es, falls notwendig, in den internen Modus geladen und nach dem angegebenen Unterprogramm gesucht, ohne dass das Ereignis `LOAD-OF-PROGRAM` ausgelöst wird. Falls das Unterprogramm vorhanden ist, wird, falls noch nicht geschehen, das Ereignis `LOAD-OF-PROGRAM` ausgelöst und dann das Unterprogramm ausgeführt.

`n OF subr1 subr2 ...` wählt ein Unterprogramm `subr` des gleichen Programms aus einer Liste aus. Die Liste `subr1 subr2 ...` kann bis zu 256 direkt anzugebende Unterprogramme enthalten. Für `n` muss ein numerisches Datenobjekt angegeben werden, das bei Ausführung der Anweisung eine Zahl zwischen 1 und der Anzahl der angegebenen Unterprogramme enthält. Es wird das Unterprogramm `subr` aufgerufen, dessen Listenposition in `n` enthalten ist. Bei dieser Variante ist die Angabe von `parameter_list` nicht möglich, und es können nur Unterprogramme ohne Parameterschnittstelle aufgerufen werden.

19 | Verarbeitungsblöcke aufrufen

Hinweise

- Der externe Aufruf von Unterprogrammen ist kritisch, da in der Regel nicht statisch festgelegt werden kann, welcher Programmgruppe das Rahmenprogramm zugeordnet ist (siehe Abschnitt 19.1.1).

- Um ein Unterprogramm in einem Programm eines anderen Pakets aufzurufen, muss ab Release 7.2 die Definition des Unterprogramms mit den Zusätzen DEFINITION und IMPLEMENTATION auf einen Deklarations- und einen Implementierungsteil verteilt sein, und der Deklarationsteil muss in der Paketschnittstelle veröffentlicht sein.

- Wenn außer IN PROGRAM kein weiterer Zusatz angegeben ist – kein IF FOUND, keine Parameterliste –, kann der Programmname weggelassen werden und wird implizit durch den Namen des aktuellen Programms ergänzt.

19.1.4.2 Parameterübergabe

```
PERFORM - parameter_list
```

Syntax von parameter_list
```
... [TABLES    itab1 itab2 ...]
    [USING     a1 a2 ...]
    [CHANGING  a1 a2 ...].
```

Diese Zusätze ordnen den Formalparametern der Parameterschnittstelle des Unterprogramms subr Aktualparameter zu. Als Aktualparameter können alle Datenobjekte angegeben werden, deren Datentyp zur Typisierung des entsprechenden Formalparameters passt (siehe Abschnitt 16.2). Jeder Formalparameter übernimmt zum Zeitpunkt des Aufrufs sämtliche Eigenschaften des zugeordneten Aktualparameters. Die Reihenfolge der Zusätze ist vorgeschrieben.

Mit dem Zusatz TABLES muss jedem der mit dem Zusatz TABLES der Anweisung FORM definierten Tabellenparameter t1, t2, ... des aufgerufenen Unterprogramms eine interne Tabelle itab als Aktualparameter zugeordnet werden. Die Zuordnung der Aktualparameter zu den Formalparametern erfolgt über ihre Positionen in den Listen t1, t2, ... und itab1, itab2, ... Für itab können nur Standardtabellen angegeben werden. Die Übergabe erfolgt per Referenz. Falls eine angegebene Tabelle itab eine Kopfzeile hat, wird diese ebenfalls übergeben, andernfalls ist die Kopfzeile des entsprechenden Tabellenparameters t nach dem Aufruf initial.

Mit den Zusätzen USING und CHANGING muss jedem der mit den gleichnamigen Zusätzen der Anweisung FORM definierten Formalparameter u1, u2, ... und c1, c2, ... des aufgerufenen Unterprogramms ein typgerechter Aktualparameter a1, a2, ... zugeordnet werden. Die hinter USING und CHANGING angegebenen Aktualparameter bilden eine einzige gemeinsame Liste. Sie werden nach der Position in der gemeinsamen Liste den Formalparametern zugeordnet. Die Art der Parameterübergabe ist mit den Zusätzen USING und CHANGING der Anweisung FORM definiert. Der Zusatz USING muss vor CHANGING stehen. Ansonsten spielt die Zuordnung der Aktualparameter zu den Zusätzen USING und CHANGING in der Anweisung PERFORM keine Rolle. Es hat auch keine Auswirkung, ob nur einer der Zusätze aufgeführt ist oder beide.

Hinweise
- Die Verwendung von Tabellenparametern in der Schnittstelle von Unterprogrammen ist zwar obsolet, aber viele Unterprogramme sind nach wie vor nicht auf entsprechend typisierte USING- oder CHANGING-Parameter umgestellt worden und müssen weiterhin mit dem Zusatz TABLES der Anweisung PERFORM versorgt werden.
- Aus Gründen der Programmdokumentation wird dringend empfohlen, die Zusätze USING und CHANGING entsprechend der Definition der Parameterschnittstelle in der Anweisung FORM anzuordnen.
- In Nicht-Unicode-Programmen kann Speicherbereich außerhalb eines Aktualparameters adressiert werden, wenn ein Aktualparameter a1, a2, ... mit Offset-/Längenangaben versehen ist. Weiterhin wird die Länge in Nicht-Unicode-Programmen auf die Länge des Aktualparameters gesetzt, wenn ein Offset ohne Länge angegeben wird. Beides führt zu Warnungen bei der Syntaxprüfung und in Unicode-Programmen zu Syntaxfehlern. Für den adressierbaren Speicherbereich in Nicht-Unicode-Programmen gilt das Gleiche wie bei der Anweisung ASSIGN.

Beispiel
Die folgenden fünf PERFORM-Anweisungen sind äquivalent, aber nur die vierte ist empfohlen, da nur sie die Schnittstelle des aufgerufenen Unterprogramms dokumentiert.

```
DATA: a1 TYPE string,
      a2 TYPE string,
      a3 TYPE string,
      a4 TYPE string.
PERFORM test USING a1 a2 a3 a4.
PERFORM test CHANGING a1 a2 a3 a4.
PERFORM test USING a1 CHANGING a2 a3 a4.
PERFORM test USING a1 a2 CHANGING a3 a4.
PERFORM test USING a1 a2 a3 CHANGING a4.
...
FORM test USING p1 TYPE string
                p2 TYPE string
          CHANGING value(p3) TYPE string
                   value(p4) TYPE string.
  ...
ENDFORM.
```

Beispiel
Statischer Aufruf des internen Unterprogramms select_sflight mit Übergabe eines Tabellenparameters.

```
PARAMETERS: p_carr TYPE sflight-carrid,
            p_conn TYPE sflight-connid.
DATA sflight_tab TYPE STANDARD TABLE OF sflight.
...
PERFORM select_sflight TABLES sflight_tab
                       USING p_carr p_conn.
```

```
...
FORM select_sflight TABLES flight_tab LIKE sflight_tab
                    USING  f_carr TYPE sflight-carrid
                           f_conn TYPE sflight-connid.
   SELECT *
       FROM sflight
       INTO TABLE flight_tab
       WHERE carrid = f_carr AND
             connid = f_conn.
ENDFORM.
```

19.1.4.3 Behandelbare Ausnahmen

Die behandelbaren Ausnahmen beim Methodenaufruf sind Unterklassen der Ausnahmeklasse CX_SY_DYN_CALL_ERROR und können beim dynamischen Unterprogrammaufruf auftreten.

- CX_SY_DYN_CALL_ILLEGAL_FORM: Aufruf eines nicht vorhandenen oder unerlaubten Unterprogramms
- CX_SY_DYN_CALL_PARAMETER_ERROR: unzulässige Versorgung der Parameterschnittstelle; Unterklassen sind:
  - CX_SY_DYN_CALL_EXCP_NOT_FOUND
  - CX_SY_DYN_CALL_ILLEGAL_TYPE
  - CX_SY_DYN_CALL_PARAM_MISSING
  - CX_SY_DYN_CALL_PARAM_NOT_FOUND

Weiterhin kann es zur Ausnahme der Klasse CX_SY_PROGRAM_NOT_FOUND kommen, wenn beim externen dynamischen Unterprogrammaufruf das angegebene Programm nicht gefunden wird.

19.2 Ereignisbehandler aufrufen

Ereignisbehandler sind spezielle Methoden, die mit dem Zusatz FOR EVENT ... OF der Anweisungen METHODS und CLASS-METHODS deklariert werden. Sie werden in der Regel nicht direkt über CALL METHOD, sondern indirekt über RAISE EVENT aufgerufen. Voraussetzung für die Ausführung über RAISE EVENT ist, dass ein Ereignisbehandler mit SET HANDLER registriert ist.

19.2.1 Ereignisse auslösen

RAISE EVENT

Syntax
RAISE EVENT evt [EXPORTING p1 = a1 p2 = a2 ...].

Diese Anweisung kann ausschließlich in Methoden verwendet werden und löst das Ereignis evt aus. evt ist der direkt anzugebende Name eines Ereignisses, das mit der Anweisung

EVENTS bzw. CLASS-EVENTS in der gleichen Klasse, einer Oberklasse oder einem implementierten Interface deklariert sein muss.

Nach dem Auslösen des Ereignisses werden alle Ereignisbehandler ausgeführt, die mit der Anweisung SET HANDLER für das Ereignis registriert sind. Die Reihenfolge der Ausführung ist undefiniert und kann sich während der Programmausführung ändern. Nach Ausführung der Ereignisbehandler wird die Methode hinter RAISE EVENT fortgesetzt.

Mit dem Zusatz EXPORTING müssen allen nicht-optionalen und können allen optionalen Formalparametern p1 p2 ... des Ereignisses evt Aktualparameter a1 a2 ... zugewiesen werden. Die Werte der Aktualparameter werden den Ereignisbehandlern übergeben, bei deren Definition die Formalparameter hinter dem Zusatz IMPORTING der Anweisungen [CLASS-]EVENTS aufgeführt sind. Als Aktualparameter können Datenobjekte, zurzeit aber noch keine Rechenausdrücke angegeben werden.

Hinweise

- Zur Vermeidung endloser Rekursionen können während der Ereignisbehandlung maximal 63 weitere Ereignisse mit RAISE EVENT ausgelöst werden.
- Falls für einen Ereignisbehandler der Formalparameter sender definiert ist, wird dieser beim Auslösen von Instanzereignissen automatisch mit der Referenz auf das auslösende Objekt versorgt. Er darf nicht explizit hinter EXPORTING angegeben werden.
- Wenn es in einem Ereignisbehandler zu einer Ausnahme kommt, wird die Ereignisbehandlung abgebrochen. Bei einer klassenbasierten Ausnahme wird dabei die Kontrolle an den Auslöser zurückgegeben. Siehe Abschnitt 22.3.1.

Beispiel

Auslösen des Instanzereignisses e1. Dem nicht-optionalen Formalparameter p1 muss ein Aktualparameter zugeordnet werden.

```
CLASS c1 DEFINITION.
  PUBLIC SECTION.
    EVENTS e1 EXPORTING value(p1) TYPE string
                        value(p2) TYPE i OPTIONAL.
    METHODS m1.
ENDCLASS.
CLASS c1 IMPLEMENTATION.
  METHOD m1.
    ...
    RAISE EVENT e1 EXPORTING p1 = '...'.
    ...
  ENDMETHOD.
ENDCLASS.
```

19.2.2 Ereignisbehandler registrieren

`SET HANDLER`

Diese Anweisung registriert oder deregistriert die Ereignisbehandler `handler` für die zugehörigen Instanzereignisse bzw. statischen Ereignisse.

Systemfelder

sy-subrc	Bedeutung
0	Alle angegebenen Behandler konnten registriert bzw. deregistriert werden.
4	Mindestens einer der angegebenen Behandler konnte nicht registriert werden, da er bereits für das gleiche Ereignis registriert ist.
8	Mindestens einer der angegebenen Behandler konnte nicht deregistriert werden, da er nicht für das betreffende Ereignis registriert wurde.

Hinweise

- Die Anweisung `SET HANDLER` verwaltet für Einzelregistrierung, Massenregistrierung und Registrierung für statische Ereignisse intern verschiedene Systemtabellen, die Auslöser und Behandler von Ereignissen zueinander in Beziehung setzen. Jede Registrierung bedeutet eine Zeile in einer dem Auslöser zugeordneten Systemtabelle. Ein Behandler kann in einer Systemtabelle nur einmal, aber durchaus in mehreren Systemtabellen vorkommen, d. h. für verschiedene Ereignisse registriert sein. Das System wertet beim Auslösen eines Ereignisses mit `RAISE EVENT` die zugehörigen Systemtabellen aus und ruft die dort registrierten Ereignisbehandler auf.

- Die Reihenfolge der Aufrufe registrierter Ereignisbehandler ist nicht definiert und kann sich während der Programmlaufzeit ändern. Um eine feste Reihenfolge verschiedener Methodenaufrufe zu erreichen, können diese in einem Ereignisbehandler aufgerufen werden.

- Bei der Registrierung einer Instanzmethode wird eine Referenz auf das zugehörige Objekt in die jeweilige Tabelle aufgenommen und bei der Deregistrierung wieder gelöscht. Bezüglich des Garbage Collectors wirkt eine solche Referenz wie eine Referenz in einer Referenzvariablen, d. h., als Behandler registrierte Objekte werden nicht gelöscht, solange sie registriert, also nicht mithilfe des Zusatzes `ACTIVATION` deregistriert sind. Wenn eine auslösende Instanz durch den Garbage Collector gelöscht wird, wird auch die zugehörige Systemtabelle gelöscht, und dadurch werden deren Registrierungen aufgehoben.

- Wenn die Anweisung `SET HANDLER` während einer Ereignisbehandlung den aktuellen Behandler nochmals für das gerade behandelte Ereignis registriert, ist nicht definiert, ob diese Registrierung noch in der aktuellen Ereignisbehandlung berücksichtigt wird. Dieser Fall kann somit zu einer endlosen Rekursion führen und sollte vermieden werden.

- Solange die Registrierung einer Instanzmethode als Ereignisbehandler nicht mit `ACTIVATION ' '` zurückgenommen wird, kann das zugehörige Objekt nicht vom Garbage Collector gelöscht werden, da es noch von der Laufzeitumgebung verwendet wird.

19.2.2.1 Behandler für Instanzereignisse registrieren

```
SET HANDLER - FOR
```

Syntax
```
SET HANDLER handler1 handler2 ... FOR { oref |{ALL INSTANCES} }
                                  [ACTIVATION act].
```

Diese Anweisung registriert die Ereignisbehandler `handler1 handler2 ...` für die zugehörigen Instanzereignisse der hinter `FOR` angegebenen Objekte. Ein Ereignisbehandler wird ausgeführt, wenn das zugehörige Instanzereignis in einem Objekt, für das er registriert ist, mit `RAISE EVENT` ausgelöst wird. Mit dem Zusatz `ACTIVATION` können Ereignisbehandler deregistriert oder eine dynamische Registrierung durchgeführt werden.

Ein Ereignisbehandler `handler` kann wie folgt angegeben werden, wobei die Bezeichner die gleiche Bedeutung wie bei `CALL METHOD` haben:

- `meth`
- `oref->meth`
- `class=>meth`

Es können Methoden `meth` der eigenen oder anderer Klassen angegeben werden, die mit dem Zusatz `FOR EVENT evt OF {class|intf}` der Anweisungen `[CLASS-]METHODS` als Ereignisbehandler für Instanzereignisse definiert sind. Es können keine Ereignisbehandler für statische Ereignisse angegeben werden. Es muss mindestens ein Bezeichner angegeben werden.

Der in der Definition eines Ereignisbehandlers für Instanzereignisse hinter `FOR EVENT OF` angegebene Typ `class` bzw. `intf` legt die Objekte fest, deren Ereignisse er behandeln kann. Hinter dem Zusatz `FOR` können einzelne Objekte oder alle behandelbaren Objekte angegeben werden.

Mit dem Zusatz `FOR oref` werden die Ereignisbehandler der Liste `handler1 handler2 ...` für genau ein Objekt registriert. Dabei ist `oref` eine Objektreferenz, die auf ein Objekt zeigen muss, dessen Ereignisse von den angegebenen Ereignisbehandlern behandelt werden können. Die Klasse des Objekts muss gleich `class` oder Unterklasse von `class` sein bzw. das Interface `intf` direkt oder über eine Oberklasse implementieren.

Mit dem Zusatz `FOR ALL INSTANCES` werden die Ereignisbehandler der Liste `handler1 handler2 ...` für alle Objekte registriert, deren Ereignisse sie behandeln können. Das sind alle Objekte, deren Klassen gleich `class` oder Unterklasse von `class` sind bzw. das Interface `intf` direkt oder über eine Oberklasse implementieren. Diese Registrierung gilt auch für alle auslösenden Instanzen, die erst nach der Anweisung `SET HANDLER` erzeugt werden.

Hinter dem Zusatz `ACTIVATION` kann ein einstelliges textartiges Feld `act` angegeben werden. Hat `act` den Wert "X" (Standardwert), werden die Ereignisbehandler `handler` registriert, hat `act` hingegen den Wert " ", wird die Registrierung der Ereignisbehandler `handler` zurückgenommen. Eine Einzelregistrierung kann aber nicht durch eine Massenderegistrierung deregistriert werden. Umgekehrt können nach einer Massenregistrierung einzelne auslösende Objekte nicht von der Registrierung ausgenommen werden.

19.2.2.2 Behandler für statische Ereignisse registrieren

```
SET HANDLER - static_event
```

Syntax
```
SET HANDLER handler1 handler2 ... [ACTIVATION act].
```

Diese Anweisung registriert die Ereignisbehandler `handler1 handler2 ...` für die zugehörigen statischen Ereignisse. Ein Ereignisbehandler wird ausgeführt, wenn das zugehörige statische Ereignis mit `RAISE EVENT` ausgelöst wird. Mit dem Zusatz `ACTIVATION` können Ereignisbehandler deregistriert oder eine dynamische Registrierung durchgeführt werden.

Die Liste `handler1 handler2 ...` hat die gleiche Form wie für Instanzereignisse, darf aber nur Ereignisbehandler für mit `CLASS-EVENTS` deklarierte statische Ereignisse enthalten.

Das Ereignis, das ein Ereignisbehandler für statische Ereignisse behandeln kann, ist durch seine Definition mit der Anweisung `[CLASS-]METHODS` bereits eindeutig festgelegt. Bei der Registrierung darf der Zusatz `FOR`, der bei der Registrierung von Behandlern für Instanzereignisse zur Bestimmung der auslösenden Instanzen notwendig ist, nicht angegeben werden. Die Registrierung eines Behandlers für statische Ereignisse ist instanzunabhängig und gilt global für den aktuellen internen Modus.

Für Syntax und Semantik des Zusatzes `ACTIVATION` gilt das Gleiche wie bei der Anweisung `SET HANDLER` für Instanzereignisse.

Beispiel
Registrierung von Ereignisbehandlern für zwei Instanzereignisse und ein statisches Ereignis. In der ersten Anweisung `SET HANDLER` werden ein statischer Ereignisbehandler `h1` und eine Instanzmethode `h2` für die Instanzereignisse `e1` und `e2` des Objekts, auf das die Referenzvariable `trigger` zeigt, registriert. In der zweiten Anweisung `SET HANDLER` wird eine Instanzmethode `h3` für das statische Ereignis `ce1` der Klasse `c1` registriert.

```
CLASS c1 DEFINITION.
  PUBLIC SECTION.
    EVENTS e1.
    CLASS-EVENTS ce1.
ENDCLASS.
CLASS c2 DEFINITION INHERITING FROM c1.
  PUBLIC SECTION.
    EVENTS e2.
ENDCLASS.
CLASS c3 DEFINITION.
  PUBLIC SECTION.
    CLASS-METHODS  h1 FOR EVENT e1 OF c1.
            METHODS: h2 FOR EVENT e2 OF c2,
                    h3 FOR EVENT ce1 OF c1.
ENDCLASS.
...
```

```
DATA: trigger TYPE REF TO c2,
      handler TYPE REF TO c3.
SET HANDLER: c3=>h1 handler->h2 FOR trigger,
             handler->h3.
```

19.3 Ereignisblöcke aufrufen

Ereignisblöcke sind Verarbeitungsblöcke eines ABAP-Programms, die dann ausgeführt werden, wenn in der ABAP-Laufzeitumgebung das zugehörige Ereignis auftritt. In zwei Fällen können solche Ereignisse programmgesteuert ausgelöst und die Ereignisblöcke, sofern sie implementiert sind, aufgerufen werden:

- SET USER-COMMAND in der klassischen Listenverarbeitung (siehe Abschnitt 35.6.3)
- PUT in logischen Datenbanken (siehe Abschnitt 62.4.2)

Beide Anweisungen sind im Wesentlichen obsolet. Mehr dazu erfahren Sie in den entsprechenden Abschnitten.

20 Programmeinheiten verlassen

Programmeinheiten, die über ABAP-Anweisungen verlassen werden können, sind komplette ABAP-Programme, Verarbeitungsblöcke und Schleifen.

20.1 Programme verlassen

```
LEAVE PROGRAM
```

Syntax
```
LEAVE PROGRAM.
```

Diese Anweisung beendet umgehend das aktuelle Hauptprogramm und löscht seinen internen Modus inklusive aller geladenen Programme, Instanzen und deren Daten.

Die Anweisung LEAVE PROGRAM kann an beliebigen Stellen in beliebigen Verarbeitungsblöcken stehen. Sie beendet das Programm unabhängig davon, in welchem Programm bzw. Objekt und in welcher Programmgruppe eines internen Modus sie ausgeführt wird.

Je nachdem, wie das Hauptprogramm des internen Modus aufgerufen wurde, verhält sich die Laufzeitumgebung bei LEAVE PROGRAM wie folgt:

- Wenn das Hauptprogramm mit CALL TRANSACTION, SUBMIT AND RETURN oder CALL DIALOG aufgerufen wurde, wird in das aufrufende Programm hinter die Aufrufstelle zurückgekehrt. Bei mit CALL DIALOG aufgerufenen Hauptprogrammen werden dem Aufrufer die Ausgabeparameter des Dialogbausteins übergeben.

- Wenn das Hauptprogramm mit LEAVE TO TRANSACTION oder über einen Transaktionscode aus einem Dynpro aufgerufen wurde, wird hinter die Stelle zurückgekehrt, von der aus das erste Programm der aktuellen Aufrufkette aufgerufen wurde.

- Wenn das Hauptprogramm mit SUBMIT ohne den Zusatz AND RETURN aufgerufen wurde, wird hinter die Stelle zurückgekehrt, von der das aufrufende Programm gestartet wurde.

Hinweise

- Wenn beim Verlassen eines Programms in der aktuellen SAP-LUW (siehe Abschnitt 40.2) noch Prozeduren registriert sind, wird die SAP-LUW beendet, ohne dass die Prozeduren aufgerufen oder zurückgerollt werden. Registrierte Verbuchungsfunktionsbausteine bleiben auf der Datenbank vorhanden, können aber nicht mehr ausgeführt werden. In einem solchen Fall sollte vor dem Verlassen des Programms deshalb explizit die Anweisung COMMIT WORK oder ROLLBACK WORK ausgeführt werden.

- Außer LEAVE PROGRAM verlassen auch LEAVE TO TRANSACTION und SUBMIT ohne AND RETURN ein Programm, da sie andere Programme aufrufen, ohne nach dem Aufruf zum Aufrufer zurückzukehren. Auch das Verlassen bestimmter Verarbeitungsblöcke kann implizit zum Verlassen des gesamten Programms führen (siehe Abschnitt 20.2).

20.2 Verarbeitungsblöcke verlassen

Verarbeitungsblöcke können implizit durch reguläres Beenden oder programmgesteuert durch die Anweisungen RETURN, EXIT, CHECK, CHECK SELECT-OPTIONS, REJECT und STOP verlassen werden. Der weitere Programmablauf hängt von der Art des Verarbeitungsblocks ab.

Außer den hier beschriebenen Anweisungen beenden auch solche Anweisungen ihren Verarbeitungsblock, die andere Einheiten aufrufen, ohne nach dem Aufruf zum Aufrufer zurückzukehren. Dies sind LEAVE [TO] SCREEN, LEAVE LIST-PROCESSING, LEAVE TO TRANSACTION und SUBMIT ohne AND RETURN. Darüber hinaus können Nachrichten und das Auslösen von Ausnahmen Verarbeitungsblöcke verlassen.

Hinweis
Das Verlassen einer Prozedur über RETURN, EXIT oder CHECK gilt als fehlerfreie Beendigung der Prozedur. Nur bei einem Abbruch einer Prozedur nach einem Fehler (Auslösen einer Ausnahme, Senden einer Nachricht) werden Formalparameter, für die die Wertübergabe definiert ist, nicht an die zugeordneten Aktualparameter übergeben.

20.2.1 Verarbeitungsblock regulär beenden

Ein Verarbeitungsblock wird beim Erreichen seines Abschlusses regulär beendet. Bei Verarbeitungsblöcken, die mit einer END-Anweisung abgeschlossen werden, ist diese der Abschluss. Ereignisblöcke, die nicht explizit mit einer Anweisung abgeschlossen werden, haben einen impliziten Abschluss hinter ihrer letzten Anweisung.

Je nachdem, welcher Verarbeitungsblock beendet wird, verhält sich die Laufzeitumgebung wie folgt:

- Bei Prozeduren wird hinter ihre Aufrufstelle zurückgekehrt. Die Ausgabeparameter, für die Wertübergabe definiert ist, werden an die angebundenen Aktualparameter übergeben.
- Bei Dialogmodulen wird hinter ihre Aufrufstelle in der Dynpro-Ablauflogik zurückgekehrt.
- Bei Ereignisblöcken wird die Kontrolle zurück an die Laufzeitumgebung gegeben, und der aktuelle Prozess der Laufzeitumgebung fährt mit der Programmausführung fort.

20.2.2 Verarbeitungsblöcke unbedingt verlassen

20.2.2.1 Beliebige Verarbeitungsblöcke

RETURN

Syntax
RETURN.

Diese Anweisung beendet umgehend den aktuellen Verarbeitungsblock. Sie kann an jeder Stelle eines Verarbeitungsblocks stehen und beendet ihn unabhängig davon, in welchem Anweisungsblock bzw. welcher Kontrollstruktur sie steht.

Die Laufzeitumgebung verhält sich nach dem Verlassen des Verarbeitungsblocks mit Ausnahme von LOAD-OF-PROGRAM und der Reporting-Ereignisblöcke START-OF-SELECTION und GET wie beim regulären Beenden des Verarbeitungsblocks (siehe Abschnitt 20.2.1). Insbesondere werden die Ausgabeparameter von Prozeduren an die angebundenen Aktualparameter übergeben.

- Der Ereignisblock LOAD-OF-PROGRAM kann nicht über RETURN verlassen werden.
- Nach dem Beenden des Reporting-Ereignisblocks START-OF-SELECTION mit RETURN löst die Laufzeitumgebung keine weiteren Reporting-Ereignisse mehr aus, sondern ruft direkt den Listenprozessor für die Anzeige der Grundliste auf.
- Nach dem Beenden des Reporting-Ereignisblocks GET mit RETURN werden Knoten, die in der hierarchischen Struktur der verknüpften logischen Datenbank untergeordnet sind, nicht mehr verarbeitet. Die logische Datenbank liest die nächste Zeile des aktuellen Knotens oder des nächsthöheren Knotens, falls das Ende der Hierarchiestufe erreicht ist.

Beispiel
Verlassen der Methode prepare_index_in_shm mit RETURN, wenn ein zu erstellender Index bereits im Shared Memory vorliegt.

```
METHOD prepare_index_in_shm.
  "Check if index is already available in shared memory
  IF cl_index_broker=>root->index_tab IS NOT INITIAL.
    RETURN.
  ENDIF.
  "Create index in shared memory
  ...
ENDMETHOD.
```

20.2.2.2 Reporting-Ereignisse

STOP

Syntax
STOP.

Die Anweisung STOP ist nur zur Verwendung in ausführbaren Programmen und in folgenden Ereignisblöcken vorgesehen:

- AT SELECTION-SCREEN (ohne Zusätze)
- START-OF-SELECTION
- GET

Diese Ereignisblöcke werden durch STOP umgehend verlassen, und die Laufzeitumgebung löst das Ereignis END-OF-SELECTION aus.

Hinweis
Die Anweisung STOP ist während der Verarbeitung von mit CALL SCREEN aufgerufenen Dynpros, während eines Ereignisses LOAD-OF-PROGRAM und in nicht mit SUBMIT aufgerufenen Programmen zu einer unbehandelbaren Ausnahme.

Beispiel

Beenden des Ereignisblocks `GET sbook`, nachdem `max` Buchungen ausgegeben wurden, und Verzweigung zu `END-OF-SELECTION`.

```
NODES: sflight, sbook.
DATA: bookings TYPE i,
      max      TYPE i VALUE 100.
GET sflight.
  WRITE: / sflight-carrid, sflight-connid, sflight-fldate.
GET sbook.
  bookings = bookings + 1.
  WRITE: / sbook-bookid, sbook-customid.
  IF bookings = max.
    STOP.
  ENDIF.
END-OF-SELECTION.
  ULINE.
  WRITE: / 'First', bookings, 'bookings'.
```

20.2.2.3 GET-Ereignisblöcke

REJECT

Syntax
REJECT [node].

Die Anweisung REJECT ist nur zur Verwendung in ausführbaren Programmen vorgesehen, die mit einer logischen Datenbank verknüpft sind. Sie verlässt den aktuellen GET-Ereignisblock eines ausführbaren Programms. Ohne die Angabe node werden Knoten, die in der hierarchischen Struktur der verknüpften logischen Datenbank untergeordnet sind, nicht mehr verarbeitet. Die logische Datenbank liest die nächste Zeile des aktuellen Knotens oder des nächsthöheren Knotens, falls das Ende der Hierarchiestufe erreicht ist.

Die Anweisung REJECT bezieht sich immer auf das aktuelle GET-Ereignis, nicht auf die Stelle, wo sie aufgeführt ist. Wenn in einem GET-Ereignisblock eine Prozedur aufgerufen und dort die Anweisung REJECT ausgeführt wird, wirkt diese auf den aufrufenden Ereignisblock.

Für node kann ein flaches zeichenartiges Datenobjekt angegeben werden, das bei Ausführung der Anweisung den Namen eines Knotens enthalten muss, der in der Hierarchie der logischen Datenbank oberhalb des aktuellen Knotens liegt. Falls node angegeben ist, liest die logische Datenbank den nächsten Datensatz des entsprechenden Knotens.

Hinweis
In Methoden ist REJECT verboten. Es wird auch nicht empfohlen, REJECT in anderen Verarbeitungsblöcken als in GET-Ereignisblöcken zu verwenden. Es kann zu Laufzeitfehlern kommen, wenn die Verarbeitungsblöcke nicht im passenden Kontext ausgeführt werden.

Beispiel

Verlassen des Ereignisblocks `GET sbook` und Verzweigung zum Ereignis `GET sflight`, nachdem der Schnittstellen-Arbeitsbereich `sbook` zum ersten Mal ausgegeben wurde.

```
NODES: sflight, sbook.
GET sflight.
  SKIP.
  WRITE: / 'Carrid:', sflight-carrid,
           'Connid:', sflight-connid,
           'Fldate:', sflight-fldate.
  ULINE.
GET sbook.
  WRITE: / 'Bookid:', sbook-bookid.
  REJECT 'SFLIGHT'.
```

20.2.3 Verarbeitungsblöcke bedingt verlassen

20.2.3.1 Beliebige Verarbeitungsblöcke

`CHECK – processing_block`

Syntax

`CHECK log_exp.`

Wenn die Anweisung `CHECK` außerhalb einer Schleife aufgeführt und `log_exp` falsch ist, beendet sie den aktuellen Verarbeitungsblock. Für `log_exp` kann ein beliebiger logischer Ausdruck angegeben werden.

Die Laufzeitumgebung verhält sich nach dem Verlassen des Verarbeitungsblocks mit Ausnahme des Ereignisblocks `LOAD-OF-PROGRAM` und des Reporting-Ereignisblocks `GET` wie beim regulären Beenden des Verarbeitungsblocks (siehe Abschnitt 20.2.1). Insbesondere werden die Ausgabeparameter von Prozeduren an die angebundenen Aktualparameter übergeben.

Der Ereignisblock `LOAD-OF-PROGRAM` kann nicht über `CHECK` verlassen werden.

Nach dem Beenden des Reporting-Ereignisblocks `GET` mit `CHECK` werden Knoten, die in der hierarchischen Struktur der verknüpften logischen Datenbank untergeordnet sind, nicht mehr verarbeitet. Die logische Datenbank liest die nächste Zeile des aktuellen Knotens oder des nächsthöheren Knotens, falls das Ende der Hierarchiestufe erreicht ist.

Hinweise

- Innerhalb einer Prozedur (Methode, Funktionsbaustein Unterprogramm) wirkt `CHECK log_exp` außerhalb einer Schleife genau wie:

    ```
    IF NOT log_exp.
      RETURN.
    ENDIF.
    ```

- Es wird empfohlen, `CHECK log_exp` nur innerhalb von Schleifen zu verwenden (siehe Abschnitt 20.3.2) und sie außerhalb von Schleifen durch obige Kontrollstruktur zu ersetzen. Eine Ausnahme von dieser Regel ist eine `CHECK`-Anweisung direkt am Anfang einer Prozedur. Dort kann `CHECK` als Kurzschreibweise für obige Kontrollstruktur dienen.

20.2.3.2 GET-Ereignisblöcke

`CHECK SELECT-OPTIONS`

Syntax
```
CHECK SELECT-OPTIONS.
```

Diese Form der Anweisung CHECK zum Verlassen von Verarbeitungsblöcken ist nur zur Verwendung in ausführbaren Programmen vorgesehen, die mit einer logischen Datenbank verknüpft sind, und dort nur in den Ereignisblöcken zu den Reporting-Ereignissen GET. Sie darf nicht in Methoden verwendet werden.

Die Anweisung prüft, ob der Inhalt des Schnittstellen-Arbeitsbereichs, der von der logischen Datenbank für das aktuelle GET-Ereignis gefüllt wurde, den Bedingungen in allen Selektionstabellen entspricht, die mit dem aktuellen Knoten der logischen Datenbank verbunden sind. Dabei wird der Name des Knotens statisch der nächsthöheren GET-Anweisung im Programm entnommen. Es gelten folgende Einschränkungen:

- Die Anweisung CHECK SELECT-OPTIONS wirkt nur, wenn der Typ des aktuellen Knotens der logischen Datenbank eine Datenbanktabelle ist.
- Wenn der Knoten für freie Abgrenzungen (siehe Abschnitt 62.4.2) vorgesehen ist, wertet die Anweisung nur Selektionskriterien aus, die mit dem Zusatz NO DATABASE SELECTION der Anweisung SELECT-OPTIONS deklariert wurden.

Wenn die Bedingungen in einer der Selektionstabellen nicht erfüllt sind, wird der GET-Ereignisblock verlassen, und das Verhalten der Laufzeitumgebung ist wie bei CHECK log_exp.

Hinweise
- Aus Gründen der Performance sollte die Anweisung CHECK zur Überprüfung von Datenselektionen während GET-Ereignissen nur dann eingesetzt werden, wenn die von der logischen Datenbank angebotenen Selektionen nicht ausreichen.
- Die Anweisung CHECK SELECT-OPTIONS sollte nicht innerhalb einer Schleife verwendet werden, da sie ansonsten nur den aktuellen Schleifendurchgang verlässt.

Beispiel
Verlassen eines GET-Ereignisblocks, wenn der Inhalt der Komponenten seatsmax und seatsocc des Schnittstellen-Arbeitsbereichs sflight nicht den Bedingungen in den Selektionstabellen s_max bzw. s_occ entspricht.

```
NODES sflight.
SELECT-OPTIONS: s_max FOR sflight-seatsmax,
                s_occ FOR sflight-seatsocc.
GET sflight.
  WRITE: / sflight-carrid, sflight-connid.
  CHECK SELECT-OPTIONS.
  WRITE: sflight-seatsmax, sflight-seatsocc.
```

20.3 Schleifen verlassen

Die Anweisungen EXIT, CONTINUE und CHECK verlassen Schleifen.

20.3.1 Schleifen unbedingt verlassen

```
EXIT - loop
```

Syntax
```
EXIT.
```

Wenn die Anweisung EXIT innerhalb einer Schleife aufgeführt ist, verlässt sie die Schleife, indem der aktuelle Schleifendurchgang umgehend beendet und der Programmablauf nach der schließenden Anweisung der Schleife fortgesetzt wird.

Hinweis
Außerhalb einer Schleife verlässt die Anweisung EXIT den aktuellen Verarbeitungsblock (siehe Abschnitt 55.5.2). Es wird aber empfohlen, EXIT nur innerhalb von Schleifen zu verwenden.

Beispiel
Verlassen einer Schleife mit EXIT, wenn der Schleifenindex sy-index größer als eine Zahl limit ist.

```abap
DATA limit TYPE i VALUE 10.
DO.
  IF sy-index > limit.
    EXIT.
  ENDIF.
  WRITE / sy-index.
ENDDO.
```

20.3.2 Schleifendurchlauf unbedingt verlassen

```
CONTINUE
```

Syntax
```
CONTINUE.
```

Die Anweisung CONTINUE darf nur innerhalb einer Schleife aufgeführt werden. Sie bewirkt, dass der aktuelle Schleifendurchgang umgehend beendet und der Programmablauf mit dem nächsten Schleifendurchgang fortgesetzt wird.

Beispiel
Abbruch eines Schleifendurchgangs mit CONTINUE, wenn der Schleifenindex sy-index ungerade ist.

```abap
DATA remainder TYPE i.
DO 20 TIMES.
  remainder = sy-index MOD 2.
  IF remainder <> 0.
```

```
        CONTINUE.
    ENDIF.
    WRITE / sy-index.
ENDDO.
```

20.3.3 Schleifendurchlauf bedingt verlassen

CHECK – loop

Syntax

CHECK log_exp.

Wenn die Anweisung CHECK innerhalb einer Schleife aufgeführt und log_exp falsch ist, bewirkt CHECK, dass der aktuelle Schleifendurchgang umgehend beendet und der Programmablauf mit dem nächsten Schleifendurchgang fortgesetzt wird. Für log_exp kann ein beliebiger logischer Ausdruck (siehe Abschnitt 21.1) angegeben werden.

Hinweise

- Innerhalb einer Schleife wirkt CHECK log_exp genau wie:

```
IF NOT log_exp.
    CONTINUE.
ENDIF.
```

- Außerhalb einer Schleife verlässt die Anweisung CHECK den aktuellen Verarbeitungsblock (siehe Abschnitt 20.2.2.3). Es wird aber empfohlen, CHECK nur innerhalb von Schleifen zu verwenden.

Beispiel

Abbruch eines Schleifendurchgangs mit CHECK, wenn der Schleifenindex sy-index ungerade ist.

```
DATA remainder TYPE i.
DO 20 TIMES.
   remainder = sy-index MOD 2.
   CHECK remainder = 0.
   WRITE / sy-index.
ENDDO.
```

TEIL 7
Programmablaufsteuerung

21 Logische Bedingungen

Die Ablaufsteuerung eines Programms erfolgt über Kontrollstrukturen, die in der Regel über logische Bedingungen gesteuert werden. Zur Formulierung und auch zur Auswertung logischer Bedingungen gibt es logische Ausdrücke und logische Funktionen.

Außer Kontrollstrukturen gibt es weitere Anweisungen, in denen logische Ausdrücke und Funktionen aufgeführt werden können.

21.1 Logische Ausdrücke

```
log_exp
```

Syntax
```
... { {operand1 {=|EQ|<>|NE|>|GT|<|LT|>=|GE|<=|LE
              |CO|CN|CA|NA|CS|NS|CP|NP
              |BYTE-CO|BYTE-CN|BYTE-CA|BYTE-NA|BYTE-CS|BYTE-NS
              |O|Z|M} operand2 }
    | {operand  [NOT] BETWEEN operand1 AND operand2}
    | {<fs>     IS [NOT] ASSIGNED}
    | {ref      IS [NOT] BOUND}
    | {operand  IS [NOT] INITIAL}
    | {para     IS [NOT] SUPPLIED}
    | {[operand [NOT] IN] seltab} }
```

Ein logischer Ausdruck formuliert eine Bedingung für Operanden. Die Operandenpositionen operand der meisten logischen Ausdrücke können allgemeine Ausdruckspositionen sein, d. h., je nach Ausdruck können Datenobjekte, eingebaute Funktionen, funktionale Methoden und Rechenausdrücke angegeben werden (ab Release 7.02/7.2).

Das Ergebnis eines logischen Ausdrucks log_exp ist ein Wahrheitswert, d. h., er ist entweder wahr oder falsch. Logische Ausdrücke können wie folgt eingesetzt werden:

▶ Ein Wahrheitswert kann über eine Boolesche Funktion in einem zeichen- oder byteartigen Datenobjekt dargestellt werden (ab Release 7.02/7.2).

▶ Logische Ausdrücke dienen der Formulierung von Bedingungen in Kontrollanweisungen.

Zum Erstellen logischer Ausdrücke gibt es Vergleiche, d. h. Verknüpfungen zweier Operanden über einen Vergleichsoperator, sowie Prädikate und Prädikatfunktionen (ab Release 7.02/7.2). Logische Ausdrücke können über Boolesche Operatoren negiert und verknüpft werden.

Wenn in einem logischen Ausdruck funktionale Methoden als Operanden aufgeführt sind, werden diese vor Auswertung des Ausdrucks von links nach rechts ausgeführt. Bei einer Verknüpfung von logischen Ausdrücken gilt dies für jeden einzelnen Teilausdruck, nicht für den gesamten Ausdruck.

Hinweise

- Da ABAP keine Booleschen Datenobjekte für die Wahrheitswerte wahr bzw. falsch kennt, kann das Resultat eines logischen Ausdrucks zurzeit nicht direkt einem Datenobjekt zugewiesen werden, wie dies bei Rechenausdrucks möglich ist. Logische Ausdrücke können auch nicht mit Rechenausdrücken gemischt werden. Ein logischer Ausdruck kann aber als Argument einer Booleschen Funktion als Quellfeld einer Zuweisung oder als Operand in einem Rechenausdruck aufgeführt sein.

- Das ab Release 7.02/7.2 auf dem AS ABAP vorhandene Programm DEMO_EXPRESSIONS zeigt unter anderem auch Beispiele zur Verwendung logischer Ausdrücke.

21.1.1 Vergleiche

`log_exp` – Vergleiche

Syntax

```
... operand1 operator operand2
```

In logischen Ausdrücken mit Vergleichsoperatoren werden zwei Operanden mit einem Vergleichsoperator `operator` zu einem Vergleichsausdruck verknüpft. Der logische Ausdruck vergleicht den Wert eines Operanden `operand1` entsprechend dem Operator `operator` mit dem Wert eines Operanden `operand2`. Innerhalb einer Klammerungsebene können immer nur zwei Operanden miteinander verglichen werden.

Für `operand1` und `operand2` können angegeben werden:

- Datenobjekte
- eingebaute Funktionen
- funktionale Methoden
- arithmetische Ausdrücke (ab Release 7.02/7.2)
- Zeichenkettenausdrücke (ab Release 7.02/7.2)
- Bit-Ausdrücke (ab Release 7.02/7.2)

Bei der Angabe einer eingebauten Funktion oder einer funktionalen Methode wird deren Rückgabewert als Operand verwendet, bei der Angabe eines Ausdrucks dessen Resultat. Ein einzelner Operand kann mit allen einzelnen Operanden verglichen werden, die in den Vergleichsregeln für einzelne Operanden aufgeführt sind. Ein Ausdruck kann mit allen einzelnen Operanden oder Ausdrücken verglichen werden, die in den zugehörigen Vergleichsregeln aufgeführt sind.

In Abhängigkeit von den Operanden, die miteinander verglichen werden können, unterscheiden wir für `operator` die in den folgenden Abschnitten aufgeführten Gruppen.

21.1.1.1 Vergleichsoperatoren für alle Datentypen

log_exp - Vergleichsoperatoren für alle Datentypen

Tabelle 21.1 zeigt die Vergleichsoperatoren für Vergleiche zwischen Operanden – einzelne Operanden oder Rechenausdrücke – beliebiger Datentypen.

operator	Bedeutung
=, EQ	Equal: Wahr, wenn der Wert von operand1 gleich dem Wert von operand2 ist.
<>, NE	Not Equal: Wahr, wenn der Wert von operand1 ungleich dem Wert von operand2 ist.
<, LT	Less Than: Wahr, wenn der Wert von operand1 kleiner als der Wert von operand2 ist.
>, GT	Greater Than: Wahr, wenn der Wert von operand1 größer als der Wert von operand2 ist.
<=, LE	Less Equal: Wahr, wenn der Wert von operand1 kleiner oder gleich dem Wert von operand2 ist.
>=, GE	Greater Equal: Wahr, wenn der Wert von operand1 größer oder gleich dem Wert von operand2 ist.

Tabelle 21.1 Vergleichsoperatoren für alle Datentypen

Die Vergleiche der Werte erfolgen nach den unten aufgeführten Vergleichsregeln.

Hinweise

- Die Operatoren =, <>, <, >, <= und >= sind jeweils völlig gleichwertig zu EQ, NE, LT, GT, LE und GE. Es wird empfohlen, entweder nur die eine oder die andere Sorte von Operatoren im Kontext eines Programms zu verwenden.
- Die hier gezeigten Größenvergleiche sind aufgrund der Vergleichsregeln nicht zur Feststellung einer textuellen Reihenfolge zeichenartiger Datenobjekte geeignet.

21.1.1.2 Vergleichsoperatoren für zeichenartige Datentypen

log_exp - Vergleichsoperatoren für zeichenartige Datentypen

Tabelle 21.2 zeigt die Vergleichsoperatoren für Vergleiche zwischen zeichenartigen Operanden. Bei Operanden vom Typ string werden die schließenden Leerzeichen berücksichtigt. Wenn in der folgenden Tabelle nicht anders dokumentiert, werden bei Operanden vom Typ c, d, n und t die schließenden Leerzeichen nicht berücksichtigt.

operator	Bedeutung
CO	Contains Only: Wahr, wenn operand1 nur Zeichen aus operand2 enthält. Groß-/Kleinschreibung und schließende Leerzeichen beider Operanden werden berücksichtigt. Ist operand2 vom Typ string und initial, ist der logische Ausdruck falsch, es sei denn, operand1 ist auch vom Typ string und initial. Dann ist der logische Ausdruck immer wahr. Ist der Vergleich falsch, enthält sy-fdpos den Offset des ersten Zeichens in operand1, das nicht in operand2 enthalten ist. Ist der Vergleich wahr, enthält sy-fdpos die Länge von operand1.

Tabelle 21.2 Vergleichsoperatoren für zeichenartige Datentypen

operator	Bedeutung
CN	Contains Not Only: Wahr, wenn ein logischer Ausdruck mit CO falsch ist, wenn operand1 also nicht nur Zeichen aus operand2 enthält. sy-fdpos wird wie bei CO gesetzt. Ist der Vergleich wahr, enthält sy-fdpos den Offset des ersten Zeichens in operand1, das nicht in operand2 enthalten ist. Ist der Vergleich falsch, enthält sy-fdpos die Länge von operand1.
CA	Contains Any: Wahr, wenn operand1 mindestens ein Zeichen aus operand2 enthält. Groß-/Kleinschreibung und schließende Leerzeichen beider Operanden werden berücksichtigt. Ist operand1 oder operand2 vom Typ string und initial, ist der logische Ausdruck immer falsch. Ist der Vergleich wahr, enthält sy-fdpos den Offset des ersten Zeichens in operand1, das auch in operand2 enthalten ist. Ist der Vergleich falsch, enthält sy-fdpos die Länge von operand1.
NA	Contains Not Any: Wahr, wenn ein logischer Ausdruck mit CA falsch ist, wenn operand1 also kein Zeichen aus operand2 enthält. Ist der Vergleich falsch, enthält sy-fdpos den Offset des ersten Zeichens in operand1, das auch in operand2 enthalten ist. Ist der Vergleich wahr, enthält sy-fdpos die Länge von operand1.
CS	Contains String: Wahr, wenn der Inhalt von operand2 in operand1 enthalten ist. Groß-/Kleinschreibung wird nicht, schließende Leerzeichen des linken Operanden werden berücksichtigt. Ist operand1 vom Typ string und initial oder vom Typ c und enthält nur Leerzeichen, ist der logische Ausdruck falsch, es sei denn, operand2 ist auch vom Typ string und initial oder vom Typ c und enthält nur Leerzeichen. Dann ist der logische Ausdruck immer wahr. Ist der Vergleich wahr, enthält sy-fdpos den Offset von operand2 in operand1. Ist der Vergleich falsch, enthält sy-fdpos die Länge von operand1.
NS	Contains No String: Wahr, wenn ein logischer Ausdruck mit CS falsch ist, wenn operand1 also den Inhalt operand2 nicht enthält. Ist der Vergleich falsch, enthält sy-fdpos den Offset von operand2 in operand1. Ist der Vergleich wahr, enthält sy-fdpos Länge von operand1.
CP	Covers Pattern: Wahr, wenn der Inhalt von operand1 zu dem Muster in operand2 passt. Für die Bildung des Musters operand2 können Maskenzeichen verwendet werden, wobei "*" eine beliebige Zeichenkette und "+" ein beliebiges Zeichen darstellt. Groß-/Kleinschreibung wird nicht berücksichtigt. Schließende Leerzeichen des linken Operanden werden berücksichtigt. Ist der Vergleich wahr, enthält sy-fdpos den Offset von operand2 in operand1, wobei führende Maskenzeichen "*" in operand2 ignoriert werden, falls operand2 auch noch andere Zeichen enthält. Ist der Vergleich falsch, enthält sy-fdpos die Länge von operand1. Durch Voranstellen des Fluchtsymbols "#" können in operand2 Zeichen für den genauen Vergleich markiert werden. Bei solcherart im Muster von operand2 markierten Zeichen wird die Groß-/Kleinschreibung berücksichtigt, werden Maskenzeichen und das Fluchtsymbol selbst nicht gesondert behandelt, und schließende Leerzeichen werden relevant.
NP	No Pattern: Wahr, wenn ein logischer Ausdruck mit CP falsch ist, wenn operand1 also nicht zum Muster in operand2 passt. Ist der Vergleich falsch, enthält sy-fdpos den Offset von operand2 in operand1, wobei führende Maskenzeichen "*" in operand2 ignoriert werden, falls operand2 auch noch andere Zeichen enthält. Ist der Vergleich wahr, enthält sy-fdpos die Länge von operand1.

Tabelle 21.2 Vergleichsoperatoren für zeichenartige Datentypen (Forts.)

Hinweise

- Mit den Vergleichsoperatoren aus dieser Tabelle können nur in Nicht-Unicode-Programmen auch Operanden byteartiger Datentypen verglichen werden. Um in Unicode-Programmen entsprechende Vergleiche für byteartige Operanden durchzuführen, können die Vergleichsoperatoren für byteartige Datentypen verwendet werden (siehe nächsten Abschnitt).
- Die Vergleichsoperatoren dieser Tabelle können ab Release 7.02/7.2 durch Prädikatfunktionen (siehe Abschnitt 21.2.2) ersetzt werden.

Beispiel

Suche nach HTML-Tags in einem Text mithilfe des Operators CP. Es wird das erste HTML-Tag »<i>« bei Offset 8 gefunden. Beachten Sie, dass die Angabe eines Suchmusters "<*>" nicht ausreichend wäre, da CP für Covers Pattern, nicht für Contains Pattern steht. Das Beispiel zeigt auch, dass die führenden Maskenzeichen "*" des Musters deshalb nicht in sy-fdpos berücksichtigt werden, damit die Fundstelle einer solchen Suche festgestellt werden kann.

```
DATA html TYPE string.
html = `This is <i>italic</i>!`.
IF html CP '*<*>*'.
  WRITE: / 'Found HTML tag at', sy-fdpos.
ENDIF.
```

21.1.1.3 Vergleichsoperatoren für byteartige Datentypen

log_exp – Vergleichsoperatoren für byteartige Datentypen

Tabelle 21.3 zeigt die Vergleichsoperatoren für Vergleiche zwischen byteartigen Operanden (einzelne Operanden oder Bit-Ausdrücke).

operator	Bedeutung
BYTE-CO	Contains Only: Wahr, wenn operand1 nur Bytes aus operand2 enthält. Ist operand2 vom Typ xstring und initial, ist der logische Ausdruck falsch, außer wenn operand1 auch vom Typ xstring und initial ist. Dann ist der logische Ausdruck immer wahr. Ist der Vergleich falsch, enthält sy-fdpos den Offset des ersten Bytes in operand1, das nicht in operand2 enthalten ist. Ist der Vergleich wahr, enthält sy-fdpos die Länge von operand1.
BYTE-CN	Contains Not Only: Wahr, wenn ein logischer Ausdruck mit BYTE-CO falsch ist, wenn operand1 also nicht nur Bytes aus operand2 enthält. Ist der Vergleich wahr, enthält sy-fdpos den Offset des ersten Bytes in operand1, das nicht in operand2 enthalten ist. Ist der Vergleich falsch, enthält sy-fdpos die Länge von operand1.
BYTE-CA	Contains Any: Wahr, wenn operand1 mindestens ein Byte aus operand2 enthält. Ist operand1 oder operand2 vom Typ xstring und initial, ist der logische Ausdruck immer falsch. Ist der Vergleich wahr, enthält sy-fdpos den Offset des ersten Bytes in operand1, das auch in operand2 enthalten ist. Ist der Vergleich falsch, enthält sy-fdpos die Länge von operand1.

Tabelle 21.3 Vergleichsoperatoren für byteartige Datentypen

operator	Bedeutung
BYTE-NA	Contains Not Any: Wahr, wenn ein logischer Ausdruck mit BYTE-CA falsch ist, wenn operand1 also kein Byte aus operand2 enthält. Ist der Vergleich falsch, enthält sy-fdpos den Offset des ersten Bytes in operand1, das auch in operand2 enthalten ist. Ist der Vergleich wahr, enthält sy-fdpos die Länge von operand1.
BYTE-CS	Contains String: Wahr, wenn der Inhalt von operand2 in operand1 enthalten ist. Ist operand1 vom Typ xs und initial, ist der logische Ausdruck falsch, außer wenn operand auch vom Typ xstring und initial ist. Dann ist der logische Ausdruck immer wahr. Ist der Vergleich wahr, enthält sy-fdpos den Offset von operand2 in operand1. Ist der Vergleich falsch, enthält sy-fdpos die Länge von operand1.
BYTE-NS	Contains No String: Wahr, wenn ein logischer Ausdruck mit BYTE-CS falsch ist, wenn operand1 also den Inhalt von operand2 nicht enthält. Ist der Vergleich falsch, enthält sy-fdpos den Offset von operand2 in operand1. Ist der Vergleich wahr, enthält sy-fdpos die Länge von operand1.

Tabelle 21.3 Vergleichsoperatoren für byteartige Datentypen (Forts.)

Beispiel
Der logische Ausdruck in der IF-Anweisung ist wahr, wenn bei keinem der Bytes in hex1 das zweite Halbbyte gefüllt ist.

```
DATA: hex1 TYPE xstring,
      hex2 TYPE xstring.
hex1 = ...
hex2 = '000102030405060708090A0B0C0D0E0F'.
IF hex1 BYTE-CO hex2.
  ...
ENDIF.
```

21.1.1.4 Vergleichsoperatoren für Bit-Muster

log_exp – Vergleichsoperatoren für Bit-Muster

Tabelle 21.4 zeigt die Vergleichsoperatoren für Vergleiche von Operanden – einzelne Operanden oder Bit-Ausdrücke – mit Bit-Mustern in byteartigen Operanden. Der Datentyp des rechten Operanden operand2 muss byteartig (x oder xstring) sein. Er enthält das Bit-Muster, mit dem der linke Operand operand1 verglichen wird. Falls operand1 kürzer als operand2 ist, wird operand1 gemäß den Vergleichsregeln (siehe nächster Abschnitt) durch das Anhängen von hexadezimalen Nullen auf der rechten Seite entsprechend verlängert. Darüber hinaus findet keine Konvertierung statt.

Innerhalb von Unicode-Programmen muss der Datentyp von operand1 ebenfalls byteartig (x oder xstring) sein. Außerhalb von Unicode-Programmen kann operand1 einen beliebigen elementaren Datentyp haben oder eine flache Struktur sein.

operator	Bedeutung
O	Ones: Wahr, wenn die Bits, die in operand2 1 sind, auch in operand1 1 sind. Wenn operand2 nur Nullen enthält, ist der logische Ausdruck immer wahr.
Z	Zeros: Wahr, wenn die Bits, die in operand2 1 sind, in operand1 0 sind. Wenn operand2 nur Nullen enthält, ist der logische Ausdruck immer wahr.
M	Mixed: Wahr, wenn von den Bits, die in operand2 1 sind, in operand1 mindestens eines 1 und eines 0 ist. Wenn operand2 nur Nullen enthält, ist der logische Ausdruck immer falsch.

Tabelle 21.4 Vergleichsoperatoren für Bit-Muster

Beispiel
Der logische Ausdruck in der `IF`-Anweisung ist falsch, da `hex1` vor dem Vergleich rechts mit 00 verlängert wird. Wäre der Inhalt von `hex2` "111100", wäre der Vergleich wahr.

```
DATA: hex1 TYPE xstring,
      hex2 TYPE xstring.
hex1 = 'FFFF'.
hex2 = '111111'.
IF hex1 O hex2.
  ...
ENDIF.
```

21.1.1.5 Vergleichsregeln für einzelne Operanden

Vergleich kompatibler elementarer Operanden

Wenn `operand1` und `operand2` elementare Datentypen haben und kompatibel sind, wird ihr Inhalt ohne vorherige Konvertierung nach folgenden Regeln verglichen:

- Bei Operanden mit numerischem Datentyp (`i`, `decfloat16`, `decfloat34` [ab Release 7.02/7.2], `f`, `p`) werden die Zahlenwerte verglichen. Da beim Datentyp `f` plattformabhängige Rundungsfehler auftreten können, ist bei binären Gleitpunktzahlen ein Vergleich auf Gleichheit oft nicht sinnvoll. Bei Vergleichen zwischen dezimalen Gleitpunktzahlen spielen die jeweilige Skalierung und Präzision keine Rolle.

- Bei Operanden mit zeichenartigem Datentyp (`c`, `d`, `n`, `t`, `string`) wird der Inhalt von links nach rechts verglichen. Das erste unterschiedliche Zeichen von links entscheidet auf der Grundlage der internen binären Darstellung in der verwendeten Codepage, welcher Operand größer ist.

- Bei Operanden mit byteartigem Datentyp (`x`, `xstring`) wird der Inhalt von links nach rechts verglichen. Das erste unterschiedliche Byte von links entscheidet auf der Grundlage der Bytewerte, welcher Operand größer ist.

Aus der Regel für zeichenartige Typen resultiert im Einzelnen folgendes Verhalten:

- Bei Operanden vom Typ `c` und `string` wird der Inhalt nicht nach dem Locale der aktuellen Textumgebung verglichen. Um die Reihenfolge bezüglich des Locales zu bestimmen, kann die Anweisung `CONVERT TEXT` verwendet werden.

- Bei Operanden vom Typ n wird der Inhalt nach dem dargestellten Zahlenwert verglichen.
- Bei Operanden vom Typ d und t, die ein gültiges Datum bzw. eine gültige Zeitangabe enthalten, ist der spätere Zeitpunkt größer als der frühere.

Beispiel
Im folgenden Vergleich ist "a" für die meisten Codepages größer als "Z". Siehe auch das Beispiel zu CONVERT TEXT.

```
IF 'a' > 'Z'.
  WRITE / `'a' > 'Z'`.
ELSE.
  WRITE / `'a' < 'Z'`.
ENDIF.
```

Vergleich inkompatibler elementarer Operanden
Wenn operand1 und operand2 elementare Datentypen haben und nicht kompatibel sind, wird ihr Inhalt nach folgenden Regeln konvertiert und dann verglichen:

Operanden gleicher Typen unterschiedlicher Länge
- Bei Operanden vom Datentyp p unterschiedlicher Länge oder Nachkommastellen werden die Zahlenwerte verglichen. Bei unterschiedlichen Nachkommastellen wird der Operand mit weniger Nachkommastellen in ein internes Feld mit 31 Dezimalstellen und der gleichen Anzahl an Nachkommastellen wie der andere Operand konvertiert. Wenn die Summe aus vorhandenen Vorkommastellen und benötigten Nachkommastellen dabei größer als 31 ist, kommt es zu einem Überlauf mit entsprechendem Laufzeitfehler.
- Bei Operanden vom Datentyp c wird das kürzere Feld durch das Auffüllen mit Leerzeichen von rechts auf die Länge des längeren Feldes gebracht und der Vergleich durchgeführt.
- Unterschiedlich lange Operanden vom Datentyp string sind immer ungleich. Falls der Inhalt der Operanden über die Länge des kürzeren Operanden übereinstimmt, ist der kürzere Operand kleiner als der längere. Ansonsten werden die überzähligen Stellen des längeren Feldes rechts abgeschnitten, bevor der Größenvergleich zeichenweise von links nach rechts durchgeführt wird.
- Bei Operanden vom Datentyp n wird das kürzere Feld links mit Nullen aufgefüllt und so auf die Länge des längeren Feldes gebracht.
- Bei Operanden vom Datentyp x wird das kürzere Feld rechts mit hexadezimalen Nullen aufgefüllt und so auf die Länge des längeren Feldes gebracht.
- Unterschiedlich lange Operanden vom Datentyp xstring sind immer ungleich. Falls der Inhalt der Operanden über die Länge des kürzeren Operanden übereinstimmt, ist der kürzere Operand kleiner als der längere. Ansonsten werden die überzähligen Stellen des längeren Feldes rechts abgeschnitten, bevor der Größenvergleich byteweise von links nach rechts durchgeführt wird.

Operanden unterschiedlicher elementarer Typen
Haben die Operanden unterschiedliche Datentypen, finden Konvertierungen gemäß den Konvertierungstabellen nach folgender Hierarchie statt, wobei die Priorität von oben nach unten abnimmt:

1. Hat einer der Operanden den numerischen Datentyp `decfloat34`, wird der andere Operand ebenfalls nach `decfloat34` konvertiert (ab Release 7.02/7.2).
2. Hat einer der Operanden den numerischen Datentyp `decfloat16`, werden beide Operanden nach `decfloat34` konvertiert (ab Release 7.02/7.2).
3. Hat einer der Operanden einen der numerischen Datentypen `i` (`b`, `s`), `f` oder `p`, wird der andere Operand in den beteiligten numerischen Datentyp mit dem größten Wertebereich konvertiert, wobei der Wertebereich von Datentyp `f` größer als der von `p` und dieser größer als der von `i` ist (der Wertebereich von Datentyp `i` ist größer als der von `s` und dieser größer als der von `b`).
4. Hat einer der Operanden den Datentyp `d` oder `t` und der andere Operand einen numerischen Datentyp (`i`, `f`, `p`), wird der Inhalt des Datums- bzw. Zeitfeldes in den numerischen Datentyp konvertiert. (Numerische Datentypen `b` und `s` werden vorher nach `i` konvertiert.)
5. Hat einer der Operanden den Datentyp `d` oder `t` und der andere Operand einen zeichenartigen Datentyp außer `d` oder `t` (`c`, `n`, `string`), wird der Inhalt des Datums- bzw. Zeitfeldes ebenfalls zeichenartig behandelt. Hat einer der Operanden den Datentyp `d` und der andere den Datentyp `t`, kommt es zu einer unbehandelbaren Ausnahme.
6. Hat einer der Operanden den Datentyp `n` und der andere den Datentyp `c`, `string`, `x` oder `xstring`, wird der Inhalt beider Operanden in den Datentyp `p` konvertiert.
7. Hat einer der Operanden einen der Datentypen fixer Länge `c` oder `x` und der andere Operand einen der Datentypen variabler Länge `string` oder `xstring`, wird der Operand fixer Länge in den zugehörigen Datentyp variabler Länge konvertiert (`c` nach `string`, `x` nach `xstring`).
8. Hat einer der Operanden einen byteartigen Typ (`x`, `xstring`) und der andere Operand einen zeichenartigen Typ (`c`, `string`), wird der Inhalt des Operanden mit byteartigem Typ in den entsprechenden zeichenartigen Datentyp konvertiert (`x` nach `c`, `xstring` nach `string`).

Hinweise
- Wenn es bei einer Konvertierung zwischen verschiedenen Datentypen zu einer Ausnahme kommt, ist diese in Vergleichen nie abfangbar, sondern führt immer zu einem Laufzeitfehler.
- Durch vorherige Zuweisungen an typgerechte Hilfsvariablen können andere Konvertierungen vorgenommen werden, als durch obige Hierarchie vorgesehen sind.

Beispiel
Im ersten Vergleich wird der hexadezimale Inhalt "FF00" von `hex` nach der zugehörigen Konvertierungsregel in die Zeichenkette "FF00" konvertiert, die dann mit "FFxx" verglichen wird. Vor dem zweiten Vergleich wird der Inhalt von `text` nach der zugehörigen Konvertierungsregel in den hexadezimalen Wert "FF00" in der Hilfsvariablen `hex_helper` konvertiert, und dieser Wert wird mit dem Inhalt von `hex` verglichen.

21 | Logische Bedingungen

```abap
DATA hex        TYPE x LENGTH 2.
DATA text       TYPE c LENGTH 4.
DATA hex_helper TYPE x LENGTH 2.
hex  = 'FF00'.
text = 'FFxx'.
IF hex <> text.
   WRITE: / hex, '<>', text.
ENDIF.
hex_helper = text.
IF hex = hex_helper.
   WRITE: / hex, '=', hex_helper.
ENDIF.
```

Beispiel
Der folgende Vergleich ist falsch, was vermutlich etwas unerwartet ist. Der Rückgabewert von `boolc` ist vom Typ `string`, während die Konstante `abap_false` vom Typ `c` ist. Für den Vergleich wird der Wert von `abap_false` in einen leeren String konvertiert, da das enthaltene Leerzeichen nicht berücksichtigt wird.

```abap
IF boolc( 1 = 2 ) = abap_false.
   ...
ELSE.
   ...
ENDIF.
```

Vergleich von Referenzvariablen
Datenreferenzen können mit Datenreferenzen und Objektreferenzen können mit Objektreferenzen verglichen werden, aber nicht Datenreferenzen mit Objektreferenzen. Zwei Referenzvariablen sind genau dann gleich, wenn sie auf das gleiche Objekt zeigen. Ein Größenvergleich ist intern definiert und liefert in gleichartigen Situationen immer gleiche Ergebnisse.

Bei Datenreferenzen reicht es für die Gleichheit nicht aus, dass die Operanden die gleiche Referenz enthalten, sondern der Datentyp der referenzierten Objekte muss kompatibel sein. Enthalten beispielsweise zwei Referenzvariablen, von denen eine auf eine Struktur und die andere auf die erste Komponente der Struktur zeigt, die gleiche Speicheradresse, sind sie dennoch nicht gleich, da der Datentyp der Operanden inkompatibel ist. Mit GET REFERENCE gefüllte Referenzvariablen können ungleich sein, obwohl sie auf das gleiche Datenobjekt zeigen, wenn GET REFERENCE für ein Feldsymbol ausgeführt wird, dem das Datenobjekt mit Casting zugewiesen wurde.

Vergleich von Strukturen
Strukturen können mit Strukturen und mit elementaren Feldern verglichen werden:

► Kompatible Strukturen werden komponentenweise verglichen, wobei geschachtelte Strukturen rekursiv aufgelöst werden. Zwei Strukturen sind gleich, wenn der Inhalt ihrer Komponenten gleich ist. Bei ungleichen Strukturen entscheidet das erste ungleiche Komponentenpaar über das Ergebnis des Vergleichs.

- Der Vergleich inkompatibler Strukturen und von Strukturen mit elementaren Feldern ist möglich, wenn die beteiligten Strukturen flach sind.

  In Nicht-Unicode-Programmen werden die beteiligten Strukturen vor dem Vergleich in elementare Felder vom Typ c konvertiert, und der Vergleich wird dann wie bei elementaren Feldern durchgeführt. In Unicode-Programmen müssen beim Vergleich zweier flacher inkompatibler Strukturen die Unicode-Fragmentsichten über die Länge der kürzeren Struktur übereinstimmen. Vor dem Vergleich wird die kürzere Struktur bis zur Länge der längeren Struktur aufgefüllt. Beim Auffüllen werden alle zeichenartigen Komponenten mit Leerzeichen und alle anderen Komponenten mit typgerechtem Initialwert gefüllt. Der Vergleich erfolgt abschnittsweise entsprechend der Unicode-Fragmentsicht. Für den Vergleich zwischen einer flachen Struktur und einem elementaren Feld gelten in einem Unicode-Programm folgende Regeln:

  - Wenn eine flache Struktur zeichenartig ist, wird sie beim Vergleich wie ein elementares Feld vom Typ c behandelt.
  - Wenn eine flache Struktur nicht rein zeichenartig ist, muss das elementare Feld vom Typ c und das erste Unicode-Fragment der Struktur zeichenartig und mindestens so lang wie das elementare Feld sein. Ist das elementare Feld kürzer als die Struktur, wird es vor dem Vergleich auf die Länge der Struktur erweitert und implizit wie eine Struktur behandelt. Die zeichenartigen Anteile der Verlängerung werden mit Leerzeichen, alle anderen Komponenten mit dem typgerechten Initialwert aufgefüllt.

Vergleich interner Tabellen

Interne Tabellen können mit anderen internen Tabellen verglichen werden, wenn ihre Zeilentypen vergleichbar sind. Interne Tabellen werden nach folgender Hierarchie verglichen:

1. Die interne Tabelle, die mehr Zeilen hat als die andere interne Tabelle, ist größer.
2. Interne Tabellen mit gleicher Anzahl an Zeilen werden Zeile für Zeile verglichen. Enthält eine interne Tabelle geschachtelte interne Tabellen, werden diese rekursiv verglichen. Bei gleichen internen Tabellen stimmt der Inhalt Zeile für Zeile überein. Bei ungleichen internen Tabellen bestimmt das erste ungleiche Zeilenpaar das Ergebnis des Vergleichs.

Bei Angabe einer internen Tabelle mit Kopfzeile als Operand eines logischen Ausdrucks wird wie in fast allen Operandenpositionen die Kopfzeile und nicht der Tabellenkörper adressiert. Um den Tabellenkörper bei einer Tabelle mit Kopfzeile anzusprechen, muss [] an den Bezeichner angehängt werden.

21.1.1.6 Vergleichsregeln für Ausdrücke

Seit Release 7.02/7.2 ist die Angabe von Rechenausdrücken als Operanden logischer Ausdrücke möglich. Tabelle 21.5 fasst die Kombinationen, in denen Rechenausdrücke in logischen Ausdrücken aufgeführt werden können, zusammen.

eine Seite	Vergleichsoperator	andere Seite
einzelner Operand mit numerischem Datentyp oder arithmetischer Ausdruck	=, EQ, <>, NE, <, LT, >, GT, <=, LE, >=, GE	arithmetischer Ausdruck
Einzelner Operand mit beliebigem elementarem Datentyp oder Zeichenkettenausdruck	=, EQ, <>, NE, <, LT, >, GT, <=, LE, >=, GE, CO, CN, CA, NA, CS, NS, CP, NP	Zeichenkettenausdruck
einzelner Operand mit byteartigem Datentyp oder Bit-Ausdruck	=, EQ, <>, NE, <, LT, >, GT, <=, LE, >=, GE, BYTE-CO, BYTE-CN, BYTE-CA, BYTE-NA, BYTE-CS, BYTE-NS, O, Z, M	Bit-Ausdruck

Tabelle 21.5 Rechenausdrücke in logischen Ausdrücken

Hinweis
Logische Ausdrücke können nicht verglichen werden. Stattdessen können sie über Boolesche Operatoren verknüpft werden, wobei die Verknüpfung mit dem Operator EQUIV (ab Release 7.02/7.2) dem Vergleich der resultierenden Wahrheitswerte auf Gleichheit entspricht.

Vergleich von arithmetischen Ausdrücken
Ein arithmetischer Ausdruck kann mit einem einzelnen Operanden von numerischem Datentyp oder mit einem anderen arithmetischen Ausdruck verglichen werden.

Arithmetische Ausdrücke sind möglich bei Vergleichsoperatoren für alle Datentypen und Bedingungen, die auf diese abgebildet werden, d. h. BETWEEN und IN seltab.

Der Rechentyp aller arithmetischen Ausdrücke eines logischen Ausdrucks wird aus allen einzelnen Operanden des gesamten logischen Ausdrucks sowie eventuell vorkommenden Operatoren ** nach der in Abschnitt 27.2.3 beschriebenen Hierarchie bestimmt. Der Rechentyp ist gleichzeitig der Vergleichstyp, mit dem der Vergleich durchgeführt wird. Das Ergebnis der beteiligten arithmetischen Ausdrücke liegt im Rechentyp vor. Ein einzelner Operand wird, falls notwendig, vor dem Vergleich in den Rechentyp konvertiert.

Wenn mehrere logische Ausdrücke über Boolesche Operatoren verknüpft sind, werden Rechen- bzw. Vergleichstyp einzeln für jeden logischen Ausdruck bestimmt.

Hinweise
- Wenn es in einem arithmetischen Ausdruck innerhalb eines logischen Ausdrucks zu einem Konvertierungsfehler kommt, kann die zugehörige Ausnahme anders als beim direkten Vergleich inkompatibler Operanden behandelt werden.
- Um einen arithmetischen Ausdruck mit einem einzelnen nicht-numerischen Operanden vergleichen zu können, kann diesem ein Vorzeichen "+" vorangestellt werden, was ihn zu einem arithmetischen Ausdruck macht.

Vergleich von Zeichenkettenausdrücken
Ein Zeichenkettenausdruck kann mit einem einzelnen Operanden mit beliebigem elementarem Datentyp oder mit einem anderen Zeichenkettenausdruck verglichen werden.

Zeichenkettenausdrücke sind möglich bei Vergleichsoperatoren für alle Datentypen und Bedingungen, die auf diese abgebildet werden, d. h. BETWEEN und IN seltab.

Wenn einer der Operanden eines Vergleichs ein Zeichenkettenausdruck ist, ist der Vergleichstyp immer `string`. Ein einzelner Operand wird vor dem Vergleich, falls notwendig, in den Typ `string` konvertiert.

Beispiel

Das Beispiel demonstriert den Effekt unterschiedlicher Vergleichstypen. Der erste Vergleich ist wahr, da der zeichenartige Operand nach der Regel für den Vergleich zeichenartiger Datentypen in den Typ des numerischen Operanden konvertiert und der Zahlenwert verglichen wird. Der zweite Vergleich ist falsch, da der numerische Operand in den Typ `string` des Zeichenkettenausdrucks konvertiert und die interne Darstellung der verwendeten Codepage verglichen wird.

```
IF `02` > 1.
  WRITE / 'yes'.
ELSE.
  WRITE / 'no'.
ENDIF.
IF |02| > 1.
  WRITE / 'yes'.
ELSE.
  WRITE / 'no'.
ENDIF.
```

Vergleich von Bit-Ausdrücken

Ein Bit-Ausdruck kann mit einem einzelnen Operanden von byteartigem Datentyp oder mit einem anderen Bit-Ausdruck verglichen werden. Bit-Ausdrücke sind möglich bei Vergleichsoperatoren für alle Datentypen, Vergleichsoperatoren für byteartige Datentypen, Vergleichsoperatoren für Bit-Muster und Bedingungen, die auf Vergleiche für alle Datentypen abgebildet werden, d. h. `BETWEEN` und `IN seltab`.

Jeder Bit-Ausdruck eines logischen Ausdrucks wird in der Länge seines jeweils längsten einzelnen Operanden berechnet, wofür kürzere Operanden rechts mit hexadezimal 0 aufgefüllt werden. Das in dieser Länge vorliegende Ergebnis wird dann gemäß den Vergleichsregeln für einzelne Operanden verglichen.

21.1.2 Prädikate

Prädikate machen eine Aussage über einen Operanden.

21.1.2.1 Intervallzugehörigkeit feststellen

`log_exp – BETWEEN`

Syntax

`... operand [NOT] BETWEEN operand1 AND operand2`

In einem logischen Ausdruck mit dem Sprachelement `BETWEEN` wird eine Intervallzugehörigkeit überprüft.

Der logische Ausdruck prüft, ob der Inhalt eines Operanden operand in einem geschlossenen Intervall liegt, das durch die Operanden operand1 und operand2 begrenzt wird. Der logische Ausdruck ist äquivalent zu folgender Verknüpfung logischer Ausdrücke mit Booleschen Operatoren:

... [NOT] (operand >= operand1 AND operand <= operand2) ...

Die Regeln für die beiden Vergleiche sind bei den Vergleichsregeln beschrieben.

Für operand, operand1 und operand2 können angegeben werden:

- Datenobjekte, eingebaute Funktionen und funktionale Methoden. Bei Letzteren wird der Rückgabewert als Operand verwendet.
- Arithmetische, Zeichenketten- oder Bit-Ausdrücke (ab Release 7.02/7.2). Einzelne Operanden müssen dann entweder von numerischem, zeichenartigem bzw. byteartigem Datentyp sein.

21.1.2.2 Zustände überprüfen

`log_exp - IS`

In logischen Ausdrücken mit dem Sprachelement IS wird eine Aussage über den Zustand eines Operanden gemacht.

Feldsymbol überprüfen

`log_exp - IS ASSIGNED`

Syntax

`... <fs> IS [NOT] ASSIGNED`

Der logische Ausdruck überprüft, ob einem Feldsymbol <fs> ein Speicherbereich zugewiesen ist. Der Ausdruck ist wahr, wenn das Feldsymbol auf einen Speicherbereich zeigt. Für <fs> muss ein mit FIELD-SYMBOLS deklariertes Feldsymbol angegeben werden.

Mit dem Zusatz NOT ist der Ausdruck wahr, wenn dem Feldsymbol kein Speicherbereich zugewiesen ist.

Beispiel

Zuweisung eines Datenobjekts an ein Feldsymbol, falls ihm noch kein Speicherbereich zugewiesen ist.

```
FIELD-SYMBOLS <fs> TYPE c.
...
IF <fs> IS NOT ASSIGNED.
  ASSIGN 'Standard Text' TO <fs>.
ENDIF.
```

Referenz überprüfen

`log_exp - IS BOUND`

Syntax

`... ref IS [NOT] BOUND`

Der logische Ausdruck überprüft, ob eine Referenzvariable eine gültige Referenz enthält. Für `ref` muss ein mit dem Zusatz `REF TO` definiertes Datenobjekt oder eine funktionale Methode, deren Rückgabewert mit `REF TO` typisiert ist, angegeben werden.

Eine Datenreferenz ist gültig, wenn sie dereferenziert werden kann. Eine Objektreferenz ist gültig, wenn sie auf ein Objekt zeigt.

Mit dem Zusatz `NOT` ist der Ausdruck wahr, wenn die Referenzvariable keine gültige Referenz enthält.

Hinweis

Eine Objektreferenzvariable, die eine andere Referenz als die Null-Referenz enthält, ist immer gültig, da sie das Objekt am Leben erhält. Das Gleiche gilt für eine selbstständige Datenreferenz in einer Datenreferenzvariablen. Eine Datenreferenzvariable, die eine unselbstständige Datenreferenz enthält, kann dagegen ungültig werden, wenn das referenzierte Datenobjekt aus dem Speicher entfernt wird, beispielsweise weil sein Kontext (Prozedur, Objekt, interne Tabelle) gelöscht wird.

Beispiel

Der logische Ausdruck in der `IF`-Anweisung ist falsch. Die Datenreferenz `dref` enthält eine Referenz auf eine bereits gelöschte Tabellenzeile.

```
DATA: dref TYPE REF TO data,
      itab TYPE TABLE OF ...
FIELD-SYMBOLS <fs> TYPE ANY.
READ TABLE itab REFERENCE INTO dref
          WITH ...
...
CLEAR itab.
...
IF dref IS BOUND.
  ASSIGN dref->* TO <fs>.
ENDIF.
```

21.1.2.3 Initialwert überprüfen

`log_exp - IS INITIAL`

Syntax

`... operand IS [NOT] INITIAL`

Der logische Ausdruck überprüft, ob ein Operand `operand` initial ist. Der Ausdruck ist wahr, wenn der Operand seinen typgerechten Initialwert enthält. Für `operand` können Datenobjekte, eingebaute Funktionen mit genau einem unbenannten Argument, an das ein einzelnes Datenobjekt übergeben wird, und funktionale Methoden angegeben werden. Bei Letzteren wird der Rückgabewert als Operand verwendet.

Mit dem Zusatz NOT ist der Ausdruck wahr, wenn der Operand einen anderen Wert als seinen typgerechten Initialwert enthält.

Beispiel
Der logische Ausdruck in der IF-Anweisung ist wahr, wenn die interne Tabelle in der SELECT-Anweisung mit Zeilen gefüllt wurde.

```
DATA spfli_tab TYPE TABLE OF spfli.
...
CLEAR spfli_tab.
SELECT *
       FROM spfli
       INTO TABLE spfli_tab
       WHERE ...
IF spfli_tab IS NOT INITIAL.
  ...
ENDIF.
```

21.1.2.4 Formalparameter überprüfen

```
log_exp - IS SUPPLIED
```

Syntax
```
... para IS [NOT] SUPPLIED
```

Der logische Ausdruck überprüft, ob ein Formalparameter para einer Prozedur versorgt bzw. angefordert wird. Der Ausdruck ist wahr, wenn dem Formalparameter beim Aufruf ein Aktualparameter zugeordnet wurde. Mit dem Zusatz NOT ist der Ausdruck wahr, wenn dem Formalparameter beim Aufruf kein Aktualparameter zugeordnet wurde.

Dieser logische Ausdruck ist nur in Funktionsbausteinen und Methoden möglich. Für para können alle optionalen Formalparameter angegeben werden. Bei einem über Remote Function Call gerufenen Funktionsbaustein müssen die Applikationsserver von aufrufendem und aufgerufenem Programm mindestens den Releasestand 4.6 haben.

Der logische Ausdruck IS SUPPLIED wird nicht in Funktionsbausteinen ausgewertet, die mit CALL FUNCTION IN UPDATE TASK oder mit CALL FUNCTION STARTING NEW TASK registriert oder die aus einer externen RFC-Schnittstelle aufgerufen wurden. In diesen Fällen gibt IS SUPPLIED immer den Wert wahr zurück.

Beispiel
Der logische Ausdruck der ersten IF-Anweisung in der Methode m1 ist wahr, wenn dem Formalparameter p1 beim Aufruf ein Aktualparameter zugeordnet wird. Die Überprüfung auf Initialwert wäre hier nicht ausreichend, da dies der Wert des mit DEFAULT angegebenen Ersatzparameters ist. Der logische Ausdruck der zweiten IF-Anweisung ist wahr, wenn dem Formalparameter p2 beim Aufruf kein Aktualparameter zugeordnet wird.

```
CLASS c1 DEFINITION.
  PUBLIC SECTION.
    CLASS-METHODS m1 IMPORTING p1 TYPE i DEFAULT 0
                     EXPORTING p2 TYPE i.
ENDCLASS.
CLASS c1 IMPLEMENTATION.
  METHOD m1.
    IF p1 IS SUPPLIED.
      ...
    ELSE.
      ...
    ENDIF.
    IF p2 IS NOT SUPPLIED.
      RETURN.
    ELSE.
      ...
    ENDIF.
  ENDMETHOD.
ENDCLASS.
```

21.1.3 Selektionstabelle auswerten

`log_exp - IN`

Syntax

`... operand [NOT] IN seltab`

In einem logischen Ausdruck mit dem Sprachelement IN werden die Bedingungen einer Selektionstabelle überprüft, d. h., ob ein Operand operand die Bedingungen der Selektionstabelle erfüllt oder mit dem Zusatz NOT nicht erfüllt. Für operand können angegeben werden:

- Datenobjekte, eingebaute Funktionen und funktionale Methoden
- arithmetische, Zeichenketten- oder Bit-Ausdrücke (ab Release 7.02/7.2). Die Spalten low und high der Selektionstabelle müssen dann von numerischem, zeichenartigem bzw. byteartigem Datentyp sein.

Als Selektionstabelle seltab kann jede interne Tabelle, deren Zeilentyp dem einer Selektionstabelle entspricht, oder eine funktionale Methode mit dem entsprechenden Typ des Rückgabewertes angegeben werden. Dazu gehören insbesondere auch Ranges-Tabellen. Die Tabellenart der Selektionstabelle ist beliebig.

Zum Aufbau einer Selektionstabelle siehe Abschnitt 34.3. Die Auswertung einer Selektionstabelle setzt voraus, dass diese die dort aufgeführten gültigen Werte in den Spalten sign und option enthält. Wenn die Selektionstabelle ungültige Werte enthält, kommt es zu einer unbehandelbaren Ausnahme. Wenn die Selektionstabelle initial ist, ist der logische Ausdruck immer wahr.

Jede Zeile der Selektionstabelle stellt einen logischen Ausdruck dar. Je nach Operator in der Spalte `option` handelt es sich um einen Vergleich oder um eine Intervallabgrenzung, für die die allgemeinen Vergleichsregeln gelten.

Ein Größenvergleich ist wie folgt aufgebaut:

... operand {**EQ**|**NE**|**GE**|**GT**|**LE**|**LT**} seltab-low ...

Der Vergleichsoperator entspricht dem Inhalt der Spalte `seltab-option`, und als rechter Operand wird der Inhalt der Spalte `seltab-low` verwendet.

Ein Zeichenkettenvergleich ist wie folgt aufgebaut:

... operand {**CP**|**NP**} operand

Der Vergleichsoperator entspricht dem Inhalt der Spalte `seltab-option`, und als rechter Operand werden die Inhalte der Spalten `seltab-low` und `seltab-high` verkettet.

Die Intervallabgrenzung ist wie folgt aufgebaut:

... operand [**NOT**] **BETWEEN** seltab-low **AND** seltab-high ...

Der Vergleich wird ohne den Zusatz NOT ausgeführt, wenn der Inhalt der Spalte `seltab-option` "BT" ist, und mit NOT, wenn er "NB" ist. Für die Intervallgrenzen wird der Inhalt der Spalten `seltab-low` und `seltab-high` verwendet.

Das Ergebnis des gesamten logischen Ausdrucks wird durch die folgende Verknüpfung der Ergebnisse der einzelnen Zeilen bestimmt:

1. Die Ergebnisse aller Zeilen, die in der Spalte `sign` den Inhalt "I" haben, werden mit OR verknüpft. Falls es keine Zeilen gibt, die in der Spalte `sign` den Inhalt "E" haben, stellt dies das Ergebnis des logischen Ausdrucks dar.

2. Die Ergebnisse aller Zeilen, die in der Spalte `sign` den Inhalt "E" haben, werden mit OR verknüpft und dann mit NOT negiert. Falls es keine Zeilen gibt, die in der Spalte `sign` den Inhalt "I" haben, stellt dies das Ergebnis des logischen Ausdrucks dar.

3. Falls in der Spalte `sign` sowohl der Inhalt "I" als auch der Inhalt "E" vorkommt, wird das Ergebnis von Schritt 1 über AND mit dem Ergebnis von Schritt 2 verknüpft.

Hinweise

▶ Obige Regeln können so interpretiert werden, dass die Zeilen, die in der Spalte `sign` den Inhalt "I" bzw. "E" haben, zwei Wertemengen beschreiben. Die Menge für "I" ist die Inklusiv-, die Menge für "E" ist die Exklusiv-Menge. Durch Abzug der Exklusiv- von der Inklusiv-Menge wird eine Ergebnismenge gebildet, die alle Werte enthält, für die der logische Ausdruck wahr ist.

▶ Der Operator IN ist wegen seiner Rückführung auf Vergleichsoperatoren für alle Datentypen nicht zur Selektion von natürlichsprachlichen textuellen Inhalten geeignet.

Beispiel
In der SELECT-Schleife werden alle Zeilen aus der Datenbanktabelle SPFLI gelesen und je nach Zugehörigkeit zu der über das Selektionsbild angegebenen Bedingung auf einer Liste angeordnet.

```
DATA wa_carrid TYPE spfli-carrid.
SELECT-OPTIONS airline FOR wa_carrid.
WRITE: 'Inside', 'Outside'.
SELECT carrid FROM spfli INTO wa_carrid.
  IF wa_carrid IN airline.
    WRITE: / wa_carrid UNDER 'Inside'.
  ELSE.
    WRITE: / wa_carrid UNDER 'Outside'.
  ENDIF.
ENDSELECT.
```

21.1.4 Boolesche Operatoren und Klammerung

Die Booleschen Operatoren AND, OR und EQUIV (ab Release 7.02/7.2) verknüpfen logische Ausdrücke, während der Operator NOT einen logischen Ausdruck negiert.

Logische Ausdrücke können mit ( ) explizit geklammert werden. Bei der Kombination mehrerer Boolescher Operatoren nimmt das System für alle logischen Ausdrücke, die nicht durch explizite Klammern abgeschlossen sind, implizite Klammerungen nach folgender Hierarchie vor, die die Stärke der Bindung der Booleschen Operatoren ausdrückt:

1. Alle Booleschen Operatoren NOT werden mit dem rechts daneben stehenden logischen Ausdruck zu einem logischen Ausdruck zusammengefasst.
2. Alle mit AND verknüpften logischen Ausdrücke werden zu einem logischen Ausdruck zusammengefasst.
3. Alle mit OR verknüpften logischen Ausdrücke werden zu einem logischen Ausdruck zusammengefasst.
4. Alle mit EQUIV (ab Release 7.02/7.2) verknüpften logischen Ausdrücke werden zu einem logischen Ausdruck zusammengefasst.

Der Operator NOT bindet also stärker als AND, dieser stärker als OR und dieser stärker als EQUIV. Die logischen Ausdrücke einer Klammerungsebene werden von links nach rechts verarbeitet. Wenn der Wert eines logischen Ausdrucks den Gesamtwert der Klammerungsebene bestimmt, werden die restlichen logischen Ausdrücke nicht mehr ausgewertet. Insbesondere werden dann die dynamischen Anteile nicht ausgewerteter Ausdrücke wie Feldsymbole oder Referenzvariablen auch nicht auf ihre Gültigkeit überprüft.

Hinweise
- Bei der Verknüpfung mehrerer logischer Ausdrücke ergibt sich durch explizite und implizite Klammerung immer genau ein logischer Ausdruck, der entweder wahr oder falsch ist.
- Werden in beteiligten logischen Ausdrücken funktionale Methoden als Operanden verwendet, werden diese direkt vor der Auswertung des entsprechenden Teilausdrucks ausgeführt. Funktionale Methoden in einem Teilausdruck, der zur Bestimmung des Ergebnisses nicht mehr ausgewertet werden muss, werden nicht ausgeführt.

21.1.4.1 Negation

```
log_exp - NOT
```

Syntax

```
... NOT log_exp
```

Die Negation eines logischen Ausdrucks `log_exp` mit `NOT` bildet einen neuen logischen Ausdruck, der falsch ist, wenn der logische Ausdruck `log_exp` wahr ist, und umgekehrt.

Hinweis
Der Boolesche Operator `NOT` ist nicht mit dem Zusatz `NOT` zu `BETWEEN`, `IS` und `IN` zu verwechseln. Folgende Syntax ist beispielsweise möglich:

```
... NOT operand NOT IN seltab ...
```

Das erste `NOT` ist ein Boolescher Operator, der einen logischen Ausdruck mit dem Zusatz `NOT` negiert. Das zweite `NOT` ist ein Zusatz in einem logischen Ausdruck. Dies wird durch eine Klammer um den logischen Ausdruck verdeutlicht:

```
... NOT ( operand NOT IN seltab ) ...
```

21.1.4.2 Und-Verknüpfung

```
log_exp - AND
```

Syntax

```
... log_exp1 AND log_exp2 AND log_exp3
```

Die Verknüpfung mehrerer logischer Ausdrücke `log_exp` mit `AND` bildet einen neuen logischen Ausdruck, der wahr ist, wenn alle logischen Ausdrücke `log_exp` wahr sind. Wenn einer der logischen Ausdrücke falsch ist, ist auch die Verknüpfung falsch.

Hinweis
Der Operator `AND` verwirklicht eine Und-Verknüpfung. Die Negation einer solchen Verknüpfung mit `NOT` entspricht einer NAND-Verknüpfung (Not AND). Sie ist wahr, wenn mindestens ein Ausdruck falsch ist.

21.1.4.3 Oder-Verknüpfung

```
log_exp - OR
```

Syntax

```
... log_exp1 OR log_exp2 OR log_exp3
```

Die Verknüpfung mehrerer logischer Ausdrücke `log_exp` mit `OR` bildet einen neuen logischen Ausdruck, der wahr ist, wenn mindestens einer der logischen Ausdrücke `log_exp` wahr ist. Nur wenn alle logischen Ausdrücke falsch sind, ist auch die Verknüpfung falsch.

Hinweis

Der Operator OR verwirklicht eine Oder-Verknüpfung. Die Negation einer solchen Verknüpfung mit NOT entspricht einer NOR-Verknüpfung (Not OR). Sie ist wahr, wenn alle Ausdrücke falsch sind.

21.1.4.4 Äquivalenz-Verknüpfung

`log_exp – EQUIV`

Syntax

`... log_exp1 EQUIV log_exp2`

Ab Release 7.02/7.2. Die Verknüpfung von zwei logischen Ausdrücken log_exp mit EQUIV bildet einen neuen logischen Ausdruck, der wahr ist, wenn beide Ausdrücke wahr oder beide Ausdrücke falsch sind. Wenn einer der Ausdrücke wahr und der andere falsch ist, ist die Verknüpfung falsch.

Innerhalb einer Klammerungsebene können nur zwei logische Ausdrücke über EQUIV miteinander verknüpft werden.

Hinweis

Der Operator EQUIV verwirklicht eine Äquivalenz-Verknüpfung. Die Negation einer solchen Verknüpfung mit NOT entspricht einer XOR-Verknüpfung (eXclusive OR). Sie ist wahr, wenn einer der Ausdrücke wahr und der andere falsch ist.

Beispiel

Die Bedingung in der IF-Anweisung ist wahr, wenn o1, o2, und o3, o4 paarweise entweder beide gleich oder beide ungleich sind.

```
DATA: o1 TYPE i,
      o2 TYPE i,
      o3 TYPE i,
      o4 TYPE i.
...
IF o1 = o2 EQUIV o3 = o4.
  ...
ENDIF.
```

21.1.4.5 Klammerung

`log_exp – ( )`

Syntax

`... ( log_exp )`

Ein vollständiger logischer Ausdruck log_exp kann in runde Klammern gesetzt werden. Bei log_exp kann es sich auch um eine Verknüpfung mehrerer Ausdrücke mit AND, OR oder EQUIV (ab Release 7.02/7.2) oder um einen mit NOT negierten logischen Ausdruck handeln. Ein geklammerter logischer Ausdruck stellt wieder einen logischen Ausdruck dar.

21 | Logische Bedingungen

Beispiel
Die Verknüpfung der logischen Ausdrücke

`NOT log_exp1 OR log_exp2 AND NOT log_exp3 AND log_exp4 EQUIV log_exp5`

kann wie folgt explizit geklammert werden, um die implizite Klammerung zu verdeutlichen:

- **Klammerung der Ausdrücke mit NOT**
  `( NOT log_exp1 ) OR`
  `log_exp2 AND ( NOT log_exp3 ) AND log_exp4 EQUIV log_exp5`
- **Klammerung der Ausdrücke mit AND**
  `( NOT log_exp1 ) OR`
  `( log_exp2 AND ( NOT log_exp3 ) AND log_exp4 ) EQUIV log_exp5`
- **Klammerung der Ausdrücke mit OR**
  `( ( NOT log_exp1 ) OR`
  `( log_exp2 AND ( NOT log_exp3 ) AND log_exp4 ) ) EQUIV log_exp5`
- **Klammerung der Ausdrücke mit EQUIV**
  `( ( ( NOT log_exp1 ) OR`
  `( log_exp2 AND ( NOT log_exp3 ) AND log_exp4 ) ) EQUIV log_exp5 )`

Durch eine andere explizite Klammerung ändert sich die Bedeutung des Ausdrucks. Werden beispielsweise in obigem Ausdruck explizite Klammern wie folgt gesetzt:

`( NOT log_exp1 OR log_exp2 ) AND`
`NOT ( log_exp3 AND log_exp4 EQUIV log_exp5 )`

ergibt sich nach der impliziten Klammerung:

`( ( ( NOT log_exp1 ) OR log_exp2 ) AND`
`( NOT ( ( log_exp3 AND log_exp4 ) EQUIV log_exp5 ) ) )`

21.2 Logische Funktionen

Logische Funktionen sind ab Release 7.02/7.2 ein Teil der eingebauten Funktionen (siehe Abschnitt 11.3.2). Sie sind unterteilt in Boolesche Funktionen und Prädikatfunktionen.

21.2.1 Boolsche Funktionen

`boolc( ), boolx( )`

Syntax
```
... boolc( log_exp )
... boolx( bool = log_exp bit = bit )
```

Ab Release 7.02/7.2. Die Funktionen bestimmen den Wahrheitswert des logischen Ausdrucks `log_exp`. Für `log_exp` kann ein beliebiger logischer Ausdruck (siehe Abschnitt 21.1) nach den dort gültigen Regeln angegeben werden.

Der Rückgabewert ist wie folgt:

- Die Funktion `boolc` gibt eine einstellige Zeichenkette vom Typ `string` zurück. Wenn der logische Ausdruck wahr ist, wird "X" zurückgegeben. Wenn der logische Ausdruck falsch ist, wird ein Leerzeichen zurückgegeben. `boolc` gehört prinzipiell zu den Verarbeitungsfunktionen mit zeichenartigem Ergebnis und kann an allgemeinen und zeichenartigen Ausdruckspositionen angegeben werden.

- Die Funktion `boolx` gibt eine Bytekette vom Typ `xstring` zurück. Wenn der logische Ausdruck wahr ist, wird die Bytekette so versorgt, als würde die Funktion `bit_set( bit )` (siehe Abschnitt 28.6.2) ausgeführt. Wenn der logische Ausdruck falsch ist, wird die Bytekette so versorgt, als würde die Funktion `bit_set( 0 )` ausgeführt. Für `bit` muss ein Datenobjekt vom Typ `i` angegeben werden. `boolx` gehört prinzipiell zu den Bit-Funktionen und kann an allen Stellen verwendet werden, an denen auch ein Bit-Ausdruck möglich ist.

Hinweise

- Die Funktionen können teilweise als Ersatz für den in ABAP nicht vorhandenen Booleschen Datentyp für Wahrheitswerte angesehen werden. Insbesondere kann `boolc` an vielen Operandenpositionen verwendet werden, an denen Eingabeparameter vom Typ `abap_bool` der Typgruppe ABAP erwartet werden.

- Das Ergebnis von `boolc` sollte aber nicht in logischen Ausdrücken mit den Konstanten `abap_true` und `abap_false` verglichen werden, da Letztere dabei von `c` nach `string` konvertiert und Leerzeichen dabei nicht berücksichtigt werden. Ein solcher Vergleich ist in der Regel aber auch nicht notwendig.

- Wenn für `boolc` andere Rückgabewerte als "X" oder " " gewünscht sind (z. B. "Y" und "N" oder "1" und "0"), kann das Ergebnis von `boolc` mit der Funktion `translate` oder einer anderen geeigneten Verarbeitungsfunktion bearbeitet werden.

- Die Funktion `boolx` kann für die effiziente Speicherung von Sequenzen von Wahrheitswerten verwendet werden.

Beispiel
Aufruf einer Methode, wobei der Eingabeparameter `no_dialog` mit der zeichenartigen Darstellung des Ergebnisses eines logischen Ausdrucks versorgt wird.

```
PARAMETERS word TYPE c LENGTH 30.
DATA result_tab TYPE abdoc_search_results.
cl_abap_docu=>start(
  EXPORTING word            = word
            no_dialog       = boolc( sy-batch IS NOT INITIAL )
  IMPORTING search_results  = result_tab ).
```

21.2.2 Prädikatfunktionen

Prädikatfunktionen gibt es ab Release 7.02/7.2. Der Rückgabewert einer Prädikatfunktion ist ein Wahrheitswert. Eine Prädikatfunktion ist somit eine spezielle Formulierung eines logischen Ausdrucks. Prädikatfunktionen können wie jeder logische Ausdruck als Bedingungen in

Kontrollanweisungen, als Argumente Boolescher Funktionen oder in Verknüpfungen mit Booleschen Operatoren aufgeführt werden.

Derzeit gibt es nur Prädikatfunktionen für zeichenartige Argumente. Die meisten Parameter dieser Funktionen kommen mit gleicher Wirkung auch bei Zeichenkettenfunktionen vor und sind dort beschrieben (siehe Abschnitt 28.4.3).

 7.2 Durchsuchungsfunktionen
```
contains( ), contains_...( )
```

Syntax
```
... contains( val = text sub|start|end = substring [case = case]
              [off = off] [len = len] [occ = occ] )
... contains( val = text regex = regex [case = case]
              [off = off] [len = len] [occ = occ] )
... contains_any_of( val = text sub|start|end = substring
                     [off = off] [len = len] [occ = occ] )
... contains_any_not_of( val = text sub|start|end = substring
                         [off = off] [len = len] [occ = occ] )
```

Ab Release 7.02/7.2. Diese Prädikatfunktionen geben einen Wahrheitswert für eine Bedingung auf das Argument text zurück.

Die Varianten der Funktion contains mit den Parametern sub, start oder end durchsuchen einen durch off und len definierten Suchbereich in text nach Übereinstimmungen mit der in substring angegebenen Unterfolge. Der Rückgabewert ist wahr, wenn mindestens die in occ angegebene Anzahl von Übereinstimmungen gefunden wurde. Die Groß- und Kleinschreibung wird bei der Suche standardmäßig beachtet, was aber mit dem Parameter case übersteuert werden kann. Eine Übergabe von substring an start oder end bedeutet, dass die Übereinstimmungen direkt hintereinander am Anfang bzw. am Ende des Suchbereichs vorkommen müssen, während sie bei sub irgendwo im Suchbereich vorkommen können. Wenn substring leer ist, kommt es zu einer Ausnahme der Klasse CX_SY_STRG_PAR_VAL.

Die Variante der Funktion contains mit dem Parameter regex durchsucht einen durch off und len definierten Suchbereich in text nach Übereinstimmungen mit dem in regex angegebenen regulären Ausdruck. Der Rückgabewert ist wahr, wenn mindestens die in occ angegebene Anzahl von Übereinstimmungen gefunden wurde. Die Groß- und Kleinschreibung wird bei der Suche standardmäßig beachtet, was aber mit dem Parameter case übersteuert werden kann.

Die Funktion contains_any_of wirkt wie contains, es werden aber nicht die Vorkommen der gesamten Zeichenfolge in substring überprüft, sondern der einzelnen Zeichen von substring, wobei die Groß- und Kleinschreibung immer berücksichtigt wird. Der Rückgabewert ist wahr, wenn text mindestens die in occ angegebene Menge von Einzelzeichen enthält. Wenn start oder end angegeben ist, müssen die Zeichen in beliebiger Folge am Anfang oder Ende des Suchbereichs stehen, während sie bei sub beliebig über diesen verteilt sein können.

Die Funktion `contains_any_not_of` wirkt wie `contains_any_of`, es sind aber nicht die Zeichen aus *substring* erforderlich, sondern beliebige Zeichen, die nicht in *substring* vorhanden sind.

`occ` ist eine numerische Ausdrucksposition, und der Standardwert ist 1. Die Angabe eines Wertes kleiner oder gleich 0 führt zu einer Ausnahme der Klasse CX_SY_STRG_PAR_VAL.

Hinweise
- Der Parameter `occ` hat hier eine etwas andere Bedeutung als bei anderen Funktionen, bei denen eine Suche stattfindet.
- Die hier gezeigten Funktionen können die Vergleichsoperatoren für zeichenartige Datentypen ersetzen.

Beispiel
Im folgenden Coding-Abschnitt wird der IF-Block erreicht, da sowohl das erste als auch das letzte Zeichen in `html` nicht im Systemfeld `sy-abcde` vorkommen.

```
DATA html TYPE string.
html = '<body>Text</body>'.
IF contains_any_not_of( val = to_upper( html ) start = sy-abcde ) AND
   contains_any_not_of( val = to_upper( html ) end   = sy-abcde ).
  ...
ENDIF.
```

Abgleichfunktion

`matches( )`

Syntax
```
... matches( val = text regex = regex [case = case]
        [off = off] [len = len] )
```

Ab Release 7.02/7.2. Die Prädikatfunktion `matches` vergleicht einen durch *off* und *len* definierten Suchbereich des Arguments *text* mit dem in *regex* angegebenen regulären Ausdruck und gibt einen entsprechenden Wahrheitswert zurück. Der Rückgabewert ist wahr, wenn der gesamte Suchbereich zu dem regulären Ausdruck passt. Die Groß- und Kleinschreibung wird bei dem Vergleich standardmäßig beachtet, was aber mit dem Parameter *case* übersteuert werden kann.

Hinweis
Um ein Teilfeld zurückzugeben, das zu einem regulären Ausdruck passt, kann die Abgleichfunktion `match` verwendet werden.

Beispiel
Überprüfung einer E-Mail-Adresse durch Vergleich mit regulären Ausdrücken auf formale Korrektheit. Während der erste reguläre Ausdruck auf übliche E-Mail-Adressen ohne Sonderzeichen überprüft, führt der zweite reguläre Ausdruck eine laxere Überprüfung der Syntax durch.

```
email = ...
```

```abap
IF matches( val   = email
            regex = `\w+(\.\w+)*@(\w+\.)+((\l|\u){2,4})` ).
  MESSAGE 'Format OK' TYPE 'S'.
ELSEIF matches(
         val   = email
         regex = `[[:alnum:],!#\$%&'\*\+/=\?\^_``\{\|}~-]+`        &
                 `(\.[[:alnum:],!#\$%&'\*\+/=\?\^_``\{\|}~-]+)*`   &
                 `@[[:alnum:]-]+(\.[[:alnum:]-]+)*`                &
                 `\.([[:alpha:]]{2,})` ).
  MESSAGE 'Syntax OK but unusual' TYPE 'S' DISPLAY LIKE 'W'.
ELSE.
  MESSAGE 'Wrong Format' TYPE 'S' DISPLAY LIKE 'E'.
ENDIF.
```

22 Kontrollstrukturen

Die Anweisungen eines Verarbeitungsblocks sind in Kontrollstrukturen organisiert. Kontrollstrukturen definieren Anweisungsblöcke und steuern den Programmablauf innerhalb eines Verarbeitungsblocks. Sie bestimmen, unter welchen Bedingungen und wie oft die Anweisungsblöcke durchlaufen werden. Kontrollstrukturen sind schachtelbar. Anweisungsblöcke in Kontrollstrukturen können selbst wieder Kontrollstrukturen enthalten.

Es gibt folgende Kontrollstrukturen:

- **Folge (Sequenz)**
  Eine Folge besteht aus einem Anweisungsblock, der nicht explizit durch Kontrollanweisungen definiert wird. Seine Anweisungen werden ohne Bedingung genau einmal durchlaufen. Die Programmausführung einer Folge kann mit der Anweisung WAIT für eine bestimmte Zeit unterbrochen werden.
- **Verzweigung (Selektion)**
  Eine Verzweigung besteht aus einem oder mehreren Anweisungsblöcken, die durch Kontrollanweisungen wie IF oder CASE definiert sind und in Abhängigkeit von Bedingungen ausgeführt werden.
- **Schleife (Iteration)**
  Eine Schleife besteht aus einem Anweisungsblock, der durch Kontrollanweisungen wie DO oder WHILE definiert ist und mehrfach ausgeführt werden kann.

Daneben gibt es spezielle Kontrollstrukturen für die Ausnahmebehandlung.

22.1 Verzweigungen

Dieser Abschnitt beschreibt die mit IF – ENDIF und CASE – ENDCASE definierten bedingten Verzweigungen. Spezielle Arten der Verzweigung stellen Ausnahmebehandlung (siehe Abschnitt 22.3) und die Gruppenstufenverarbeitung für interne Tabellen (siehe Abschnitt 29.2.3) sowie für Extrakte (siehe Abschnitt 30.6) dar.

22.1.1 Bedingte Verzweigung

IF

Syntax
```
IF log_expl.
  [statement_block1]
[ELSEIF log_exp2.
  [statement_block2]]
...
[ELSE.
  [statement_blockn]]
ENDIF.
```

Diese Anweisungen definieren eine Kontrollstruktur, die mehrere Anweisungsblöcke `statement_block` enthalten kann, von denen in Abhängigkeit von logischen Ausdrücken `log_exp` maximal einer ausgeführt wird.

Hinter `IF` und `ELSEIF` können beliebige logische Ausdrücke `log_exp` (siehe Abschnitt 21.1) aufgeführt werden, während die Ausdrücke `statement_block` für beliebige Anweisungsblöcke stehen.

Die logischen Ausdrücke werden, beginnend mit der `IF`-Anweisung, von oben nach unten überprüft, und der Anweisungsblock hinter dem ersten wahren logischen Ausdruck wird ausgeführt. Falls keiner der logischen Ausdrücke wahr ist, wird der Anweisungsblock hinter der Anweisung `ELSE` ausgeführt.

Wenn das Ende des ausgeführten Anweisungsblocks erreicht wird oder kein Anweisungsblock ausgeführt wird, wird die Verarbeitung hinter `ENDIF` fortgesetzt.

Beispiel
Verwandlung einer Uhrzeitangabe in das 12-Stunden-Format. Seit Release 7.02/7.2 ist dies aber auch über länderspezifische Formate möglich (siehe Abschnitt 42.3.1).

```
DATA time TYPE t.
time = sy-uzeit.
IF time < '120000'.
  WRITE: / time, 'AM' .
ELSEIF time > '120000' AND
       time < '240000'.
  time = time - 12 * 3600.
  WRITE: / time, 'PM' .
ELSE.
  WRITE / 'High Noon'.
ENDIF.
```

22.1.2 Fallunterscheidung

CASE

Syntax
```
CASE operand.
  [WHEN operand1 [OR operand2 [OR operand3 [...]]].
    [statement_block1]]
  ...
  [WHEN OTHERS.
    [statement_blockn]]
ENDCASE.
```

Diese Anweisungen definieren eine Kontrollstruktur, die mehrere Anweisungsblöcke `statement_block1`, ..., `statement_blockn` enthalten kann, von denen in Abhängigkeit von dem Wert in einem Operanden `operand` maximal einer ausgeführt wird. Zwischen der Anweisung `CASE` und der Anweisung `WHEN` darf keine Anweisung stehen.

Beginnend mit der ersten WHEN-Anweisung, wird von oben nach unten überprüft, ob der Inhalt des Operanden operand mit dem Inhalt eines der Operanden operand1, operand2, ... übereinstimmt, und der Anweisungsblock hinter der ersten Übereinstimmung wird ausgeführt. Falls keine Übereinstimmung gefunden wird, wird der Anweisungsblock hinter der Anweisung WHEN OTHERS ausgeführt.

operand, operand1, operand2, ... sind erweiterte funktionale Operandenpositionen, bei denen neben funktionalen Methoden auch alle eingebauten Funktionen angegeben werden können, die genau ein unbenanntes Argument haben.

Wird das Ende des ausgeführten Anweisungsblocks erreicht oder kein Anweisungsblock ausgeführt, wird die Verarbeitung hinter ENDCASE fortgesetzt.

Der Vergleich der Inhalte findet wie im folgenden logischen Ausdruck statt:

```
operand = operand1 [OR operand = operand2
              [OR operand = operand3 [...]]]
```

Für die Ausführung des Vergleichs in Abhängigkeit von den Datentypen der beteiligten Operanden gelten daher die Vergleichsregeln für Vergleiche zwischen beliebigen Operanden (siehe Abschnitt 21.1.1).

Hinweis
Für operand wird in jedem Vergleich der aktuelle Wert verwendet. Dieser kann sich vom Eingangswert unterscheiden, wenn operand eine Variable ist, die in einer hinter einer WHEN-Anweisung angegebenen funktionalen Methode geändert wird.

Beispiel
Verzweigung des Programmablaufs in Abhängigkeit vom Funktionscode im Systemfeld sy-ucomm.

```
CASE sy-ucomm.
  WHEN 'BACK'.
    LEAVE TO SCREEN 100.
  WHEN 'CANCEL'.
    LEAVE SCREEN.
  WHEN 'EXIT'.
    LEAVE PROGRAM.
  WHEN OTHERS.
    MESSAGE '...' TYPE 'E'.
ENDCASE.
```

22.2 Schleifen

Dieser Abschnitt beschreibt die mit DO – ENDDO und WHILE – ENDWHILE definierten Schleifen. Weitere Schlüsselwörter zur Definition von Schleifen sind LOOP – ENDLOOP sowie PROVIDE – ENDPROVIDE für Schleifen über interne Tabellen und SELECT – ENDSELECT für Schleifen über die Ergebnismenge eines Datenbankzugriffs.

22.2.1 Unbedingte Schleifen

```
DO
```

Syntax
```
DO [n TIMES].
  [statement_block]
ENDDO.
```

Unbedingte Schleife. Die Anweisungen DO und ENDDO definieren eine Kontrollstruktur, die einen abgeschlossenen Anweisungsblock statement_block enthalten kann.

Ohne den Zusatz n TIMES wird der Anweisungsblock so lange wiederholt, bis er mit einer der Anweisungen zum Verlassen von Schleifen verlassen wird. Insbesondere ist die Anweisung EXIT zum vollständigen Verlassen von Schleifen vorgesehen. Innerhalb des Anweisungsblocks enthält das Systemfeld sy-index die Anzahl der bisherigen Schleifendurchläufe inklusive des aktuellen Durchlaufs. In geschachtelten Schleifen bezieht sich sy-index immer auf die aktuelle Schleife.

Mit dem Zusatz n TIMES wird die Anzahl der Schleifendurchläufe eingeschränkt. n ist eine numerische Ausdrucksposition (ab Release 7.02/7.2) des Operandentyps i.

Der Zahlenwert, den n beim Eintritt in die Schleife hat, bestimmt, wie oft der Anweisungsblock maximal ausgeführt wird. Eine Änderung des Wertes von n innerhalb der Schleife wird von der Kontrollstruktur nicht berücksichtigt. Falls n einen Wert kleiner oder gleich 0 enthält, wird der Anweisungsblock nicht ausgeführt.

Hinweis

Falls der Zusatz n TIMES nicht angegeben ist, muss die Schleife unbedingt mit einer Anweisung verlassen werden, da sie sonst endlos ausgeführt wird. Der Profilparameter rdisp/max_wprun_time begrenzt die maximale Ausführungsdauer eines ABAP-Programms.

Beispiel

Berechnung und Ausgabe der ersten zehn Quadratzahlen in einer DO-Schleife.

```
DATA square TYPE i.
DO 10 TIMES.
  square = sy-index ** 2.
  WRITE: / sy-index, square.
ENDDO.
```

22.2.2 Bedingte Schleifen

```
WHILE
```

Syntax
```
WHILE log_exp.
  [statement_block]
ENDWHILE.
```

Bedingte Schleife. Die Anweisungen WHILE und ENDWHILE definieren eine Kontrollstruktur, die einen abgeschlossenen Anweisungsblock statement_block enthalten kann. Hinter WHILE kann ein beliebiger logischer Ausdruck log_exp stehen.

Der Anweisungsblock wird so lange wiederholt ausgeführt, wie der logische Ausdruck wahr ist oder bis er mit einer der Anweisungen zum Verlassen von Schleifen verlassen wird. Insbesondere ist die Anweisung EXIT zum vollständigen Verlassen von Schleifen vorgesehen. Innerhalb des Anweisungsblocks enthält das Systemfeld sy-index die Anzahl der bisherigen Schleifendurchläufe inklusive des aktuellen Durchlaufs. In geschachtelten Schleifen bezieht sich sy-index immer auf die aktuelle Schleife.

Beispiel
Ersetzen aller Leerzeichen in einem zeichenartigen Datenobjekt text durch Bindestriche. Anstelle der hier zu Demonstrationszwecken gezeigten Schleife soll für diese Aufgabe in einem produktiven Programm natürlich der Zusatz ALL OCCURRENCES der Anweisung REPLACE oder die eingebaute Funktion replace mit dem Wert 0 für das Argument occ verwendet werden.

```
DATA text TYPE string VALUE `One Two Three`.
WHILE sy-subrc = 0.
  REPLACE ` ` IN text WITH `-`.
ENDWHILE.
```

22.2.3 Programmunterbrechung

WAIT UP TO

Syntax
WAIT UP TO sec SECONDS.

Diese Anweisung unterbricht die Programmausführung um so viele Sekunden, wie in sec angegeben sind. sec ist eine numerische Ausdrucksposition (ab Release 7.02/7.2) vom Operandentyp i, an die positive Zahlen einschließlich 0 übergeben werden können. Die Einheit der in sec angegebenen Zahl ist Sekunde, und die Zeitauflösung ist eine Sekunde. Nach Ablauf der angegebenen Zeit wird die Programmausführung mit der auf WAIT folgenden Anweisung fortgesetzt.

Diese Anweisung setzt sy-subrc immer auf 0.

Hinweise
- Bei jeder Verwendung der Anweisung WAIT wird ein Datenbank-Commit abgesetzt. Aus diesem Grund darf WAIT nicht zwischen Open SQL-Anweisungen verwendet werden, die einen Datenbank-Cursor öffnen oder schließen.
- Eine spezielle Variante WAIT UNTIL dieser Anweisung wird im Zusammenhang mit dem asynchronen RFC erklärt (siehe Abschnitt 46.2.2). Der Zusatz UP TO sec SECONDS dieser Variante arbeitet mit einer höheren Zeitauflösung.

22.3 Ausnahmebehandlung

Ausnahmen sind Ereignisse während der Ausführung eines ABAP-Programms, bei denen der Programmablauf unterbrochen wird, da eine sinnvolle Fortführung des Programms nicht möglich ist. Die Ausnahmebehandlung ermöglicht eine Reaktion auf solche Ereignisse.

Ausnahmesituationen können entweder vom Programm oder von der Laufzeitumgebung erkannt werden. Bei Erkennen einer Ausnahmesituation wird vom ABAP-Programm oder von der ABAP-Laufzeitumgebung eine Ausnahme ausgelöst. Zu Ausnahmen der ABAP-Laufzeitumgebung kommt es in der Regel aufgrund von Fehlersituationen, die nicht durch die statische Programmprüfung vorhersehbar sind.

Ausnahmen sind entweder behandelbar oder unbehandelbar:

- Behandelbare Ausnahmen sind klassenbasiert. Sie sind im System vordefiniert oder können selbst definiert werden. Sie werden entweder von der ABAP-Laufzeitumgebung oder durch die Anweisung RAISE EXCEPTION in einem Programm ausgelöst und sind über TRY - CATCH - ENDTRY behandelbar. Daneben gibt es auch noch nicht-klassenbasierte Ausnahmen und abfangbare Laufzeitfehler (siehe Abschnitt 22.3.2).

- Unbehandelbare Ausnahmen werden nur von der ABAP-Laufzeitumgebung ausgelöst. Es handelt sich um eine Reaktion auf Fehlersituationen, die in der Regel nicht sinnvoll in einem Programm behandelt werden können.

Unbehandelte Ausnahmen – d. h. alle unbehandelbaren und alle nicht im Programm abgefangenen behandelbaren Ausnahmen – führen zu einem Laufzeitfehler, also zu einem Programmabbruch mit einem Kurzdump.

22.3.1 Klassenbasierte Ausnahmen

Klassenbasierte Ausnahmen werden als Instanzen von Ausnahmeklassen realisiert. Ausnahmeklassen sind entweder global im System vordefiniert oder können sowohl global als auch lokal selbst definiert werden. Klassenbasierte Ausnahmen werden entweder von der ABAP-Laufzeitumgebung oder programmgesteuert ausgelöst:

- Vom System erkannte Ausnahmesituationen, deren Ursachen sinnvoll im Programm behandelbar sind, lösen vordefinierte klassenbasierte Ausnahmen aus. Dies geschieht insbesondere in allen Situationen, in denen vor Einführung der klassenbasierten Ausnahmen abfangbare Laufzeitfehler (siehe Abschnitt 22.3.2) ausgelöst wurden.

- Die Ausnahmen aller in einem Programm sichtbaren Ausnahmeklassen können mit der Anweisung RAISE EXCEPTION ausgelöst werden.

- Klassenbasierte Ausnahmen können in der Schnittstelle von Prozeduren deklariert sein. Bei lokalen Prozeduren geschieht dies mit dem Zusatz RAISING der Anweisungen METHODS und FORM. Im Class und im Function Builder geschieht dies durch die Auswahl von Ausnahmeklassen bei der Definition von Ausnahmen in der Schnittstelle. Die deklarierten Ausnahmen können an der Aufrufstelle einer Prozedur auftreten, wenn die Ausnahme nicht in der Prozedur behandelt wird.

Beim Auslösen einer Ausnahme kann ein Ausnahmeobjekt erzeugt werden, dessen Attribute Informationen zur Fehlersituation enthalten. Eine klassenbasierte Ausnahme ist in einer TRY-Kontrollstruktur behandelbar. Dabei wird durch einen TRY-Block ein geschützter Bereich definiert, dessen Ausnahmen von nachfolgenden CATCH-Blöcken behandelt werden können. Die Anweisung RETRY erlaubt es, einen TRY-Block nach einer Ausnahme vollständig zu wiederholen (ab Release 7.02/7.2). Da alle Ausnahmeklassen Unterklassen gemeinsamer Oberklassen sind, können durch die Behandlung von Oberklassen thematisch zusammengehörige Ausnahmen gemeinsam behandelt werden. Das Ausnahmeobjekt bzw. die klassenbasierte Ausnahme wird vom System so lange propagiert, bis die Ausnahme behandelt oder eine Schnittstelle verletzt wird.

Bei der Ausnahmebehandlung können zwei Fälle unterschieden werden:

- Der Kontext, in dem die Ausnahme ausgelöst wird, wird vor oder nach der Behandlung vollständig abgebaut. Das heißt, alle Prozeduren und ihre lokalen Daten, die aus dem Kontext des Behandlers aufgerufen wurden und zur Ausnahme führten, werden aus dem Speicher entfernt, und die Programmausführung wird, je nachdem, wie der Behandler verlassen wird, fortgesetzt.

- Der Kontext, in dem die Ausnahme ausgelöst wird, bleibt nach der Behandlung erhalten, und die Programmausführung wird hinter der Anweisung, die die Ausnahme ausgelöst hat, fortgesetzt (ab Release 7.02/7.2).

    Voraussetzung für diesen Fall sind wiederaufsetzbare Ausnahmen (ab Release 7.02/7.2). Diese müssen mit dem Zusatz RESUMABLE der Anweisung RAISE EXCEPTION ausgelöst und mit dem Zusatz RESUMABLE in der Schnittstelle der Prozeduren, aus denen sie propagiert wurden, deklariert werden. Zum Wiederaufsetzen dient ab Release 7.02/7.2 die Anweisung RESUME.

22.3.1.1 Ausnahmeklassen

Ausnahmeklassen sind Unterklassen der globalen Klassen CX_STATIC_CHECK, CX_DYNAMIC_CHECK und CX_NO_CHECK. Die gemeinsame Oberklasse dieser Klassen ist CX_ROOT. Die Zuordnung zu einer dieser drei Oberklassen bestimmt die Ausnahmekategorie, d. h., ob eine Ausnahme beim Propagieren aus einer Prozedur explizit in deren Schnittstelle deklariert sein muss und wie die Deklaration überprüft wird:

- Wenn Ausnahmen, die über Unterklassen von CX_STATIC_CHECK definiert sind, aus einer Prozedur propagiert werden, müssen sie explizit in der Schnittstelle der Prozedur deklariert sein. Die Syntaxprüfung überprüft statisch, ob alle in der Prozedur mit RAISE EXCEPTION ausgelösten oder in den Schnittstellen von aufgerufenen Prozeduren deklarierten Ausnahmen entweder mit CATCH behandelt oder explizit in der Schnittstelle deklariert sind, und gibt andernfalls eine Warnung aus.

- Wenn Ausnahmen, die über Unterklassen von CX_DYNAMIC_CHECK definiert sind, aus einer Prozedur propagiert werden, müssen sie explizit in der Schnittstelle der Prozedur deklariert sein. Dies wird aber nicht statisch von der Syntaxprüfung, sondern dynamisch in dem Moment überprüft, wenn eine solche Ausnahme aus einer Prozedur propagiert wird.

- Ausnahmen, die über Unterklassen von CX_NO_CHECK definiert sind, dürfen nicht explizit in der Schnittstelle der Prozedur deklariert werden. Die Klasse CX_NO_CHECK und damit ihre Unterklassen sind implizit immer deklariert und werden immer propagiert, wobei eine eventuelle Wiederaufsetzbarkeit (ab Release 7.02/7.2) erhalten bleibt.

Ausnahmeklassen anlegen

Ausnahmeklassen können global im Class Builder oder lokal in einem Programm definiert werden. Die Namen globaler Ausnahmeklassen haben das Präfix CX_ bzw. YCX_, ZCX_ etc. bei Ausnahmeklassen, die in Kundensystemen angelegt werden. Es gibt einen Satz vordefinierter globaler Ausnahmeklassen, wie z. B. die mit dem Präfix CX_SY_, deren Ausnahmen bei Ausnahmesituationen in der Laufzeitumgebung ausgelöst werden.

Alle Ausnahmeklassen erben von CX_ROOT folgende Instanzmethoden:

- GET_TEXT und GET_LONGTEXT geben den Ausnahmetext (Kurztext und Langtext) als Rückgabewerte vom Typ string zurück. Diese Methoden sind im in CX_ROOT implementierten Interface IF_MESSAGE definiert und über gleichnamige Aliasnamen der Klasse ansprechbar.
- GET_SOURCE_POSITION gibt den Programmnamen, den Namen eines eventuellen Include-Programms und die Zeilennummer der Auslösestelle zurück.

Alle Ausnahmeklassen erben von CX_ROOT folgende Instanzattribute:

- TEXTID vom Typ SOTR_CONC für einen Schlüssel für das OTR (Online Text Repository) oder vom Typ SCX_T100KEY für einen Schlüssel für die Datenbanktabelle T100, das den Ausnahmetext festlegt. Wird in der Regel vom Konstruktor gesetzt und mit GET_TEXT ausgewertet.
- PREVIOUS vom Referenztyp CX_ROOT, das eine Referenz auf eine vorangegangene Ausnahme enthalten kann. Wird in der Regel vom Konstruktor gesetzt.
- IS_RESUMABLE vom Typ ABAP_BOOL, das in einem CATCH- oder CLEANUP-Block anzeigt, ob die Ausnahme wiederaufsetzbar ist, d. h., ob ein CATCH-Block mit RESUME verlassen werden kann (ab Release 7.02/7.2).

Der Class Builder generiert für globale Ausnahmeklassen einen nicht veränderbaren Instanzkonstruktor, der optionale Eingabeparameter für alle nicht-privaten Attribute hat und diese auf den Wert dieser Eingabeparameter setzt. Insbesondere kann an TEXTID die Kennung des gewünschten Ausnahmetextes übergeben werden. Bei lokalen Ausnahmeklassen gibt es für den Instanzkonstruktor keine speziellen Regeln.

Hinweise

- Der Instanzkonstruktor einer Ausnahmeklasse sollte keine Ausnahme auslösen. Tritt nach dem Auslösen einer Ausnahme während der Instanzierung der Ausnahmeklasse dennoch eine Ausnahme im Instanzkonstruktor auf, die nicht dort behandelt wird, ersetzt diese, bzw. bei nicht erfolgreicher Propagierung die Ausnahme CX_SY_NO_HANDLER, die ursprünglich ausgelöste Ausnahme.

▶ In Ausnahmeklassen können weitere Methoden und Attribute definiert werden, um z. B. Zusatzinformationen über eine Fehlersituation zum Behandler zu transportieren. Die selbst definierten Attribute sollten schreibgeschützt (READ-ONLY) sein.

Ausnahmetexte

Jeder Ausnahme ist ein durch Attribute parametrisierbarer Text zugeordnet, der die Ausnahmesituation beschreibt. Dieser Text wird im Kurzdump des Laufzeitfehlers ausgegeben, wenn die Ausnahme nicht behandelt wird. Bei Behandlung der Ausnahme im Programm kann der Text über die Methode GET_TEXT ausgelesen werden. Ein eventueller Langtext kann über die Methode GET_LONG_TEXT ausgelesen werden.

Eine globale Ausnahmeklasse hat einen vorgegebenen Ausnahmetext mit dem gleichen Namen wie die Ausnahmeklasse. Im Class Builder kann auf der Registerkarte TEXTE der vorgegebene Text editiert und es können weitere Ausnahmetexte definiert werden. Die Ausnahmetexte einer Ausnahmeklasse können entweder durch Bezug auf Nachrichten der Tabelle T100 oder als Texte im OTR (Online Text Repository) angelegt werden (siehe unten).

Für jeden Ausnahmetext legt der Class Builder eine statische Konstante in der Ausnahmeklasse an, die den gleichen Namen wie der Ausnahmetext hat. Diese kann beim Auslösen der Ausnahme an den Parameter TEXTID des Instanzkonstruktors übergeben werden, um den Ausnahmetext zu bestimmen. Falls der Parameter nicht übergeben wird, wird der vorgegebene Ausnahmetext mit dem gleichen Namen wie die Ausnahmeklasse verwendet.

Hinweis

Die Namen der auf der Registerkarte TEXTE des Class Builders definierten Ausnahmetexte sollen als Schlüssel der für eine Ausnahmeklasse vorhandenen Texte verstanden werden. Das heißt, beim Auslösen einer Ausnahme sollen an den Parameter TEXTID ausschließlich die gleichnamigen Konstanten der Ausnahmeklasse übergeben werden, um den Ausnahmetext zu bestimmen:

Nachrichten als Ausnahmetexte

Wenn die Ausnahmeklasse das IInterface IF_T100_MESSAGE implementiert, können die Kurztexte von Nachrichten der Datenbanktabelle T100 als Ausnahmetexte verwendet werden. Auf der Registerkarte TEXTE des Class Builders können jedem dort angegebenen Ausnahmetext nach Auswahl von NACHRICHTENTEXT eine Nachrichtenklasse und eine Nachrichtennummer zugeordnet werden, die den Ausnahmetext definieren. Weiterhin können den eventuellen Platzhaltern "&1" bis "&4" bzw. "&" der Nachricht Attribute der Ausnahmeklasse zugeordnet werden. Beim Auftreten der Ausnahme werden die Platzhalter durch den Inhalt der Attribute ersetzt. Solche Texte können während der Behandlung der Ausnahme mit der Anweisung MESSAGE oref an den Programmbenutzer gesendet werden.

Die Konstanten, die für jeden Ausnahmetext angelegt werden, haben den strukturierten Datentyp SCX_T100KEY aus dem ABAP Dictionary. Die einzelnen Komponenten enthalten die auf der Registerkarte TEXTE festgelegte Nachrichtenklasse, Nachrichtennummer und die den Platzhaltern zugeordneten Attribute.

Der Eingabeparameter TEXTID des Instanzkonstruktors ist vom Datentyp T100KEY des Interfaces IF_T100_MESSAGE, der sich auch auf SCX_T100KEY bezieht. Beim Auslösen einer Ausnahme mit solchen Ausnahmetexten kann dem Konstruktor eine Struktur mit Informationen zur Nachricht übergeben werden, die als Ausnahmetext verwendet werden soll. Es wird dringend empfohlen, nur die in der Klasse vorhandenen Konstanten für die vordefinierten Ausnahmetexte zu übergeben, wodurch ein für die Ausnahme vorgesehener Text ausgewählt wird. Die Attribute, die den Platzhaltern einer Nachricht zugeordnet sind, können über die gleichnamigen Eingabeparameter des Instanzkonstruktors mit Werten versorgt werden.

Ausnahmetexte aus dem OTR
Wenn die Ausnahmeklasse nicht das Interface IF_T100_MESSAGE implementiert, können im OTR (Online Text Repository) abgelegte Texte verwendet werden. Ein solcher Text kann mit beliebig vielen Platzhaltern definiert werden. Jeder Platzhalter wird durch den Namen eines Attributs der Ausnahmeklasse dargestellt, der durch die Zeichen "&" eingeschlossen ist. Beim Auftreten der Ausnahme werden die Platzhalter durch den Inhalt der Attribute ersetzt.

Auf der Registerkarte TEXTE des Class Builders können die Ausnahmetexte frei definiert werden und werden beim Speichern unter einer UUID im OTR abgelegt. Die Konstanten, die für jeden Ausnahmetext angelegt werden, haben den Datentyp SOTR_CONC aus dem ABAP Dictionary und enthalten diese UUID.

Der Eingabeparameter TEXTID des Instanzkonstruktors ist ebenfalls vom Datentyp SOTR_CONC. Beim Auslösen einer Ausnahme mit solchen Ausnahmetexten kann dem Konstruktor eine UUID übergeben werden, die einen Text aus dem OTR identifiziert. Es wird dringend empfohlen, nur die in der Klasse vorhandenen Konstanten für die vordefinierten Ausnahmetexte zu übergeben, wodurch ein für die Ausnahme vorgesehener Text ausgewählt wird. Die Attribute, die den Platzhaltern des Textes zugeordnet sind, können über die gleichnamigen Eingabeparameter des Instanzkonstruktors mit Werten versorgt werden.

Hinweise
- Nachrichtentexte aus der Datenbanktabelle T100 sollten nur verwendet werden, wenn der Text an den Programmbenutzer gesendet werden soll. Dies kann in Anwendungsprogrammen der Fall sein, sollte aber nicht in Systemprogrammen vorkommen. Ein Nachteil der Kurztexte von Nachrichten ist ihre Beschränkung auf 73 Zeichen. Texte aus dem OTR sollten hauptsächlich in Systemprogrammen verwendet werden, in denen der Text nicht an den Programmbenutzer gesendet werden soll.

- Technisch gesehen, kann dem Eingabeparameter TEXTID des Instanzkonstruktors auch eine beliebige Struktur des Typs SCX_T100KEY übergeben werden, deren Komponenten eine beliebige Nachricht der Tabelle T100 spezifizieren. Genauso kann dem Eingabeparameter TEXTID des Instanzkonstruktors auch eine beliebige UUID übergeben werden, die einen beliebigen Text aus dem OTR spezifiziert. Von einer solchen Vorgehensweise wird aber dringend abgeraten, da eine Ausnahme nur mit spezifischen Texten ausgelöst werden sollte.

Beispiel

Die Ausnahmeklassen des Pakets SABAP_DEMOS_CAR_RENTAL_EXCPTNS, das ab Release 7.02/7.2 Teil einer im Oberpaket SABAP_DEMOS_CAR_RENTAL angelegten Beispielanwendung ist, verwenden Nachrichten als Ausnahmetexte. Siehe z. B. die ab Release 7.02/7.2 im System vorhandene Beispielausnahmeklasse CX_DEMO_CR_CAR_MODIFY.

22.3.1.2 Systemverhalten nach einer klassenbasierten Ausnahme

Eine klassenbasierte Ausnahme tritt aus einem der folgenden Gründe in einem Anweisungsblock auf:

- Die Ausnahme wird explizit mit der Anweisung RAISE EXCEPTION ausgelöst.
- Die Ausnahme wird implizit von der ABAP-Laufzeitumgebung ausgelöst.

In beiden Fällen unterbricht das Auftreten einer klassenbasierten Ausnahme die sequenzielle Verarbeitung des aktuellen Anweisungsblocks, und das System verhält sich wie folgt:

- Wenn die Ausnahme während der Ausführung eines TRY-Blocks einer TRY-Kontrollstruktur auftritt, wird nach einem passenden CATCH-Block als Behandler gesucht. Die Ausführung jedes TRY-Blocks öffnet einen Kontext, der auch als geschützter Bereich bezeichnet wird, in den die Ausführung weiterer TRY-Blöcke eingebettet sein kann. Die Einbettung erfolgt im Regelfall durch den Aufruf von Prozeduren und seltener durch die Schachtelung von TRY-Blöcken im Quelltext. Das System durchsucht ab der Auftrittstelle der Ausnahme die TRY-Kontrollstrukturen der beteiligten TRY-Blöcke von innen nach außen nach dem ersten CATCH-Block, bei dem die Ausnahmeklasse oder eine ihrer Oberklassen aufgeführt ist. Falls ein solcher CATCH-Block gefunden wird, sind zwei Fälle möglich:
  - Wenn bei der CATCH-Anweisung der Zusatz BEFORE UNWIND nicht angegeben ist, wird erst der Kontext, in dem die Ausnahme ausgelöst wurde, inklusive aller darin aufgerufenen Prozeduren und ihrer lokalen Daten gelöscht. Danach wird der CATCH-Block ausgeführt.
  - Wenn bei der CATCH-Anweisung der Zusatz BEFORE UNWIND angegeben ist (ab Release 7.02/7.2), wird der CATCH-Block sofort ausgeführt. Wenn der CATCH-Block bei einer wiederaufsetzbaren Ausnahme mit der Anweisung RESUME verlassen wird (ab Release 7.02/7.2), wird die Verarbeitung hinter der auslösenden Stelle wiederaufgesetzt. In allen anderen Fällen wird der Kontext, in dem die Ausnahme ausgelöst wurde, beim Verlassen des CATCH-Blocks gelöscht.

  Wenn der CATCH-Block nicht mit einer Anweisung wie RESUME, RETRY (ab Release 7.02/7.2) oder einer sonstigen Anweisung zum Verlassen eines Verarbeitungsblocks verlassen wird, wird die Verarbeitung standardmäßig hinter dessen TRY-Kontrollstruktur fortgesetzt.

- Falls in keiner der beteiligten TRY-Kontrollstrukturen eines geschützten Bereichs ein Behandler gefunden wird oder wenn die Ausnahme nicht während der Verarbeitung eines TRY-Blocks einer TRY-Kontrollstruktur auftritt, kommt es an der Auftrittstelle der Ausnahme zu einem Laufzeitfehler. Der Kurzdump des Laufzeitfehlers enthält den Namen der Ausnahmeklasse und den Ausnahmetext.

Dabei sind folgende Besonderheiten zu beachten:

- Wenn bei der Suche nach einem Behandler der Kontext einer Prozedur verlassen wird, wird deren Schnittstelle überprüft. Nur dort deklarierte Ausnahmen können aus der Prozedur propagiert werden. Ausnahmen der Kategorien CX_STATIC_CHECK und CX_DYNAMIC_CHECK müssen explizit deklariert sein, Ausnahmen der Kategorie CX_NO_CHECK sind implizit immer deklariert. Wenn die Ausnahme nicht in der Schnittstelle deklariert ist, wird an der Aufrufstelle der Prozedur die Ausnahme der vordefinierten Klasse CX_SY_NO_HANDLER ausgelöst, wobei in deren Attribut PREVIOUS eine Referenz auf die ursprüngliche Ausnahme hinterlegt wird.
- Wenn ein Behandler gefunden wird, werden die CLEANUP-Blöcke aller bis dahin erfolglos durchsuchten TRY-Kontrollstrukturen von innen nach außen direkt vor dem Löschen ihres Kontextes ausgeführt. Das heißt, wenn beim CATCH-Block BEFORE UNWIND angegeben ist (ab Release 7.02/7.2), werden die CLEANUP-Blöcke nach Verlassen des Behandlers, ansonsten vor der Behandlung ausgeführt. Ausnahmen, die innerhalb eines CLEANUP-Blocks auftreten, können diesen nicht verlassen, sondern müssen dort behandelt werden. In folgenden Fällen werden keine CLEANUP-Blöcke ausgeführt:
  - Wenn die Behandlung einer wiederaufsetzbaren Ausnahme mit RESUME verlassen wird (ab Release 7.02/7.2).
  - Bei TRY-Kontrollstrukturen, bei denen die Ausnahme in einem CATCH-Block auftritt (ein CATCH-Block gehört nicht zum geschützten Bereich).

Klassenbasierte Ausnahmen in Prozeduren

Wenn eine klassenbasierte Ausnahme in einer Prozedur nicht behandelt wird, versucht das System, sie an den Aufrufer der Prozedur zu propagieren. In der Schnittstelle einer Prozedur müssen die Ausnahmen deklariert werden, die aus der Prozedur propagiert werden können. Dadurch weiß der Aufrufer, welche Ausnahmen er von der Prozedur erwarten kann. Klassenbasierte Ausnahmen sind in drei Kategorien unterteilt, die festlegen, ob eine explizite Deklaration erfolgen muss und wie diese überprüft wird.

Bei Methoden lokaler Klassen und Unterprogrammen erfolgt die Deklaration mit dem Zusatz RAISING der Anweisungen METHODS und FORM. Bei Funktionsbausteinen und Methoden globaler Klassen werden klassenbasierte Ausnahmen dadurch in der Schnittstelle deklariert, dass auf der entsprechenden Registerkarte des Class bzw. Function Builders das Ankreuzfeld AUSNAHMEKLASSEN markiert wird. Die Deklaration einer Ausnahmeklasse in einer Schnittstelle ist polymorph. Sie deklariert gleichzeitig sämtliche Unterklassen.

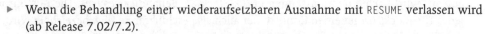

Bei der Deklaration mit RAISING kann ab Release 7.02/7.2 festgelegt werden, ob eine wiederaufsetzbare Ausnahme, die aus einer Prozedur propagiert wird, die Eigenschaft der Wiederaufsetzbarkeit behält oder nicht. Nur wenn für eine wiederaufsetzbare Ausnahme bei jeder Parameterschnittstelle, die sie während der Propagierung passiert, der Zusatz RESUMABLE angegeben ist, bleibt sie wiederaufsetzbar. Eine nicht-wiederaufsetzbare Ausnahme wird beim Propagieren durch eine Schnittstelle durch den Zusatz RESUMABLE bei RAISING nicht wiederaufsetzbar gemacht.

Nicht-deklarierte Ausnahmen können eine Prozedur nicht verlassen, sondern führen zur Verletzung der Schnittstelle, wenn sie nicht innerhalb der Prozedur behandelt werden. Eine Verletzung der Schnittstelle löst eine Ausnahme der vordefinierten Klasse CX_SY_NO_HANDLER aus, wobei in deren Attribut PREVIOUS eine Referenz auf die ursprüngliche Ausnahme hinterlegt ist.

Die höchste Ebene eines Programms, in die Ausnahmen propagiert werden können, sind Verarbeitungsblöcke ohne lokalen Datenbereich, also Ereignisblöcke oder Dialogmodule. Hier müssen alle dort auftretenden Ausnahmen behandelt werden, andernfalls kommt es zu einem Laufzeitfehler.

Beim Propagieren von Ausnahmen aus Prozeduren gelten folgende Einschränkungen:

- Bei der Definition eines statischen Konstruktors können keine Ausnahmen deklariert werden, d. h., Ausnahmen können einen statischen Konstruktor nicht verlassen. Für einen Verwender einer Klasse steht in der Regel nämlich nicht fest, ob er der erste Verwender ist und ob er vom statischen Konstruktor propagierte Ausnahmen behandeln muss oder nicht.
- Bei der Definition eines Ereignisbehandlers (siehe unten) können keine Ausnahmen deklariert werden, d. h., aus einem Ereignisbehandler können keine Ausnahmen propagiert werden (außer solche der Kategorie CX_NO_CHECK).

Mit SUBMIT ... AND RETURN oder CALL TRANSACTION aufgerufene Programme können keine Ausnahmen an den Aufrufer propagieren, da Ausnahmeobjekte an den internen Modus eines Programms gebunden sind.

Hinweis
Das Auftreten einer Ausnahme vom Typ CX_SY_NO_HANDLER weist immer auf einen Programmierfehler innerhalb einer Prozedur hin, in der vergessen wurde, eine Ausnahme der Kategorie CX_DYNAMIC_CHECK oder CX_STATIC_CHECK zu verhindern, lokal zu behandeln oder zu deklarieren.

Klassenbasierte Ausnahmen in Ereignisbehandlern
Klassenbasierte Ausnahmen in Ereignisbehandlern sind ein Spezialfall klassenbasierter Ausnahmen in Prozeduren. Da Ereignisbehandler und Auslöser vollständig entkoppelt sind, kennt ein Auslöser eines Ereignisses die Behandler nicht und kann deshalb nicht deren Ausnahmen behandeln. Aus diesem Grund dürfen bei der Deklaration von Ereignisbehandlern keine klassenbasierten Ausnahmen mit RAISING deklariert werden. Dies hat folgende Konsequenzen:

- Wenn Ausnahmen der Klassen CX_STATIC_CHECK oder CX_DYNAMIC_CHECK während der Ereignisbehandlung auftreten, müssen sie im Ereignisbehandler behandelt werden, oder sie führen zu einer Verletzung der Schnittstelle, wobei wie bei normalen Prozeduren die Ausnahme CX_SY_NO_HANDLER ausgelöst wird.
- Tritt während der Ereignisbehandlung eine Verletzung der Schnittstelle auf, wird die Ereignisbehandlung abgebrochen, und die Kontrolle wird an den Auslöser des Ereignisses zurückgegeben. Weitere Ereignisbehandler, die noch für das Ereignis registriert sind, werden nicht ausgeführt.
- Der Auslöser des Ereignisses kann die Ausnahme CX_SY_NO_HANDLER behandeln.

Hinweise

- Ein Ereignisbehandler sollte während seiner Verarbeitung auftretende Ausnahmen der Klassen CX_STATIC_CHECK und CX_DYNAMIC_CHECK behandeln. Eine Nicht-Behandlung mit daraus folgender Verletzung der Schnittstelle ist als Programmierfehler in der Ereignisbehandlung zu sehen.

- Der Auslöser eines Ereignisses muss in der Regel keine Ausnahmen behandeln, es sei denn, es ist mit Ausnahmen der Klasse CX_NO_CHECK zu rechnen. Eine Behandlung von CX_SY_NO_HANDLER kommt nur dann infrage, wenn verhindert werden soll, dass ein eventueller Programmierfehler in einem Ereignisbehandler zu einem Laufzeitfehler führt.

22.3.1.3 Klassenbasierte Ausnahmen auslösen

RAISE EXCEPTION

Syntax
```
RAISE [RESUMABLE] EXCEPTION
  { {TYPE cx_class [EXPORTING p1 = a1 p2 = a2 ...]}
  | oref }.
```

Diese Anweisung unterbricht die Ausführung des aktuellen Anweisungsblocks und löst eine klassenbasierte Ausnahme aus. Sie kann an jeder Stelle eines Verarbeitungsblocks stehen. Die Anweisung unterbricht den Programmablauf und sucht wie oben beschrieben nach einem Behandler. Je nach Definition des Behandlers (siehe Abschnitt 14.1.4) wird der Kontext der Ausnahme vor oder nach dem Ausführen des Behandlers abgebaut, wobei Aufräumarbeiten ausgeführt werden können. Nur wenn der Zusatz RESUMABLE angegeben ist (ab Release 7.02/7.2), kann die Verarbeitung während der Behandlung auch wieder hinter der Anweisung RAISE EXCEPTION aufgesetzt werden, ohne dass der Kontext abgebaut wird.

Wenn der Zusatz TYPE angegeben ist, wird eine Ausnahme der Ausnahmeklasse cx_class ausgelöst und, falls benötigt, ein Ausnahmeobjekt erzeugt. Hinter TYPE kann jede an dieser Stelle sichtbare Ausnahmeklasse cx_class angegeben werden. Mit dem Zusatz EXPORTING können den Eingabeparametern des Instanzkonstruktors der Ausnahmeklasse mit der gleichen Syntax wie bei CREATE OBJECT passende Aktualparameter zugeordnet werden. Wie bei normalen Methodenaufrufen können entweder Datenobjekte oder Funktionen und Ausdrücke als Aktualparameter (ab Release 7.02/7.2) angegeben werden.

Wenn oref angegeben ist, wird beim Auslösen der Ausnahme kein neues Ausnahmeobjekt erzeugt. Für oref muss eine Objektreferenzvariable angegeben werden, die auf ein bereits vorhandenes Ausnahmeobjekt zeigt. Dies kann entweder ein über CREATE OBJECT instanziiertes Ausnahmeobjekt oder eine bereits abgefangene Ausnahme sein.

Die Anweisung RAISE EXCEPTION darf nicht in einer Methode oder einem Funktionsbaustein verwendet werden, in deren Schnittstelle nicht-klassenbasierte Ausnahmen deklariert sind (siehe Abschnitt 22.3.2). Weiterhin schließt sie die gleichzeitige Verwendung der Anweisungen CATCH SYSTEM-EXCEPTIONS zur Behandlung abfangbarer Laufzeitfehler oder RAISE bzw. MESSAGE RAISING zum Auslösen nicht-klassenbasierter Ausnahmen in Funktionsbausteinen und Methoden im aktuellen Verarbeitungsblock aus.

Mit dem Zusatz RESUMABLE wird eine Ausnahme als wiederaufsetzbare Ausnahme ausgelöst (ab Release 7.02/7.2). Bei der Behandlung einer solchen Ausnahme in einem CATCH-Block kann mit der Anweisung RESUME direkt hinter die auslösende Anweisung zurückgesprungen werden, wenn der Kontext der Ausnahme nicht vor der Behandlung gelöscht wurde.

Hinweise
- Bei Verwendung des Zusatzes TYPE wird aus Performancegründen ein Ausnahmeobjekt nur dann erzeugt, wenn es auch benötigt wird, d. h., wenn in einer umgebenden TRY-Kontrollstruktur ein passender CATCH- oder CLEANUP-Block mit dem Zusatz INTO aufgeführt ist. Prinzipiell können Ausnahmen aber immer so betrachtet werden, als wenn ein Ausnahmeobjekt erzeugt wird. Einen Unterschied in der Verhaltensweise kann es nur dann geben, wenn bei der Objekterzeugung eine unbehandelte Ausnahme des Instanzkonstruktors die ursprüngliche Ausnahme ersetzt. Dieser Fall dürfte aber nie auftreten.
- Wenn eine Ausnahme mit RESUMABLE als wiederaufsetzbare Ausnahme ausgelöst wird (ab Release 7.02/7.2), liegt es am Behandler, ob die Verarbeitung wieder hinter RAISE EXCEPTION aufgesetzt oder die Verarbeitung des aktuellen Kontextes vollständig abgebrochen wird. Beim Auslösen der Ausnahme muss mit beidem gerechnet werden. Insbesondere ist darauf zu achten, dass eventuelle CLEANUP-Blöcke nur beim Löschen des Kontextes ausgeführt werden.
- Beim Propagieren von Ausnahmen der Arten CX_STATIC_CHECK und CX_DYNAMIC_CHECK, die wiederaufsetzbar ausgelöst wurden (ab Release 7.02/7.2), kann die Eigenschaft der Wiederaufsetzbarkeit verloren gehen, wenn nicht in jeder beteiligten Schnittstelle beim Zusatz RAISING zur Deklaration der Ausnahme auch der Zusatz RESUMABLE angegeben ist. Beim Propagieren von Ausnahmen der Arten CX_NO_CHECK geht die Eigenschaft der Wiederaufsetzbarkeit (ab Release 7.02/7.2) nie verloren. Ausnahmen der Art CX_NO_CHECK sollten aber nur mit Vorsicht wiederaufsetzbar ausgelöst werden, und es muss sichergestellt sein, dass eine Prozedur dann immer auch das gewünschte Verhalten zeigt.

Beispiel
Dieses Beispiel zeigt die zwei Varianten der Anweisung RAISE EXCEPTION. Die erste Anweisung löst im inneren TRY-Block die selbst definierte Ausnahme der Klasse CX_DEMO_CONSTRUCTOR aus, erzeugt das betreffende Objekt und übergibt den Programmnamen an den Instanzkonstruktor. Im inneren CATCH-Block wird die Ausnahme behandelt, der Ausnahmetext ausgegeben und die Ausnahme ohne Erzeugung eines neuen Objekts nochmals ausgelöst. Der äußere CATCH-Block behandelt die Ausnahme nochmals. Die Klasse CX_DEMO_CONSTRUCTOR ist so definiert, dass der übergebene Programmname im Ausnahmetext auftaucht. Dafür sorgt der generierte Instanzkonstruktor.

```abap
DATA oref TYPE REF TO cx_root.
DATA text TYPE string.
TRY.
    TRY.
        RAISE EXCEPTION TYPE cx_demo_constructor
              EXPORTING my_text = sy-repid.
      CATCH cx_demo_constructor INTO oref.
```

```
                text = oref->get_text( ).
              RAISE EXCEPTION oref.
        ENDTRY.
      CATCH cx_demo_constructor INTO oref.
        text = oref->get_text( ).
        ...
ENDTRY.
```

22.3.1.4 Klassenbasierte Ausnahmen behandeln

TRY

Syntax
```
TRY.
    [try_block]
  [CATCH [BEFORE UNWIND] cx_class1 cx_class2 ... [INTO oref].
    [catch_block]]
  ...
  [CLEANUP [INTO oref].
    [cleanup_block]]
ENDTRY.
```

Die Anweisung TRY leitet eine Kontrollstruktur mit mehreren Anweisungsblöcken ein. Der erste Anweisungsblock try_block wird immer durchlaufen, während zu genau einem der übrigen Anweisungsblöcke nur dann verzweigt wird, wenn eine klassenbasierte Ausnahme im try_block auftritt. Eine TRY-Kontrollstruktur definiert folgende Anweisungsblöcke, die beliebige weitere Kontrollstrukturen, insbesondere weitere TRY-Kontrollstrukturen, enthalten können:

- einen TRY-Block try_block direkt hinter der Anweisung TRY. Der TRY-Block definiert einen geschützten Bereich, dessen klassenbasierte Ausnahmen in den nachfolgenden CATCH-Blöcken behandelt werden können. Wenn im TRY-Block keine Ausnahme auftritt und sein Ende erreicht wird, wird die Verarbeitung hinter ENDTRY fortgesetzt. Tritt im TRY-Block eine klassenbasierte Ausnahme auf, sucht das System nach einem Ausnahmebehandler in der gleichen oder einer äußeren TRY-Kontrollstruktur.

- einen oder mehrere optionale CATCH-Blöcke catch_block für die Ausnahmebehandlung jeweils direkt hinter einer CATCH-Anweisung. Wird das Ende eines CATCH-Blocks erreicht, ohne dass er vorzeitig verlassen wird, wird die Verarbeitung hinter ENDTRY fortgesetzt.

- einen optionalen CLEANUP-Block cleanup_block für Aufräumarbeiten direkt hinter der Anweisung CLEANUP.

Eine TRY-Kontrollstruktur schließt die gleichzeitige Verwendung der Anweisung CATCH SYSTEM-EXCEPTIONS zur Behandlung abfangbarer Laufzeitfehler im aktuellen Verarbeitungsblock aus.

Abfangen
CATCH

Syntax
`CATCH [BEFORE UNWIND] cx_class1 cx_class2 ... [INTO oref].`

Einleitung eines CATCH-Blocks einer TRY-Kontrollstruktur, in dem Ausnahmen behandelt werden können. Ein CATCH-Block ist ein Ausnahmebehandler, also die Programmlogik, die ausgeführt wird, wenn die zugehörige Ausnahme im TRY-Block der gleichen TRY-Kontrollstruktur auftritt.

Ein CATCH-Block behandelt die Ausnahmen der Ausnahmeklassen `cx_class1 cx_class2 ...`, die hinter der Anweisung CATCH angegeben sind, sowie die Ausnahmen der Unterklassen dieser Ausnahmeklassen. In jeder Anweisung CATCH einer TRY-Kontrollstruktur kann eine Liste beliebig vieler Ausnahmeklassen `cx_class1 cx_class2 ...` aufgeführt werden, wobei speziellere Ausnahmeklassen (Unterklassen) vor allgemeineren Ausnahmeklassen (Oberklassen) aufgeführt werden müssen. Diese Reihenfolge muss sowohl innerhalb einer CATCH-Anweisung als auch über mehrere CATCH-Anweisungen einer TRY-Kontrollstruktur hinweg eingehalten werden.

Wenn der Zusatz BEFORE UNWIND angegeben ist (ab Release 7.02/7.2), wird der Kontext, in dem die Ausnahme ausgelöst wurde, inklusive aller aufgerufenen Prozeduren und deren lokaler Daten erst nach dem Verlassen des CATCH-Blocks gelöscht. Wenn der Zusatz nicht angegeben ist, wird der Kontext vor der Ausführung des CATCH-Blocks gelöscht.

Wenn der Zusatz INTO angegeben ist, wird eine Referenz auf das Ausnahmeobjekt in `oref` abgelegt, wobei `oref` eine Objektreferenzvariable sein muss, deren statischer Typ allgemeiner oder gleich der allgemeinsten der angegebenen Ausnahmeklassen sein muss. Über `oref` kann auf die Attribute und Methoden des Ausnahmeobjekts zugegriffen werden.

Hinweise

▶ Die Vorschrift, dass bei CATCH spezielle vor allgemeinen Ausnahmeklassen aufgeführt werden müssen, stellt sicher, dass eine Ausnahme nicht von einem allgemeinen Ausnahmebehandler (Oberklasse) behandelt wird, wenn ein spezieller Behandler (Unterklasse) vorgesehen ist.

▶ Wenn der Zusatz BEFORE UNWIND angegeben ist (ab Release 7.02/7.2), kann bei Behandlung einer wiederaufsetzbaren Ausnahme die Anweisung RESUME im CATCH-Block verwendet werden, um die Verarbeitung hinter der Anweisung, die die Ausnahme ausgelöst hat, wiederaufzusetzen. Dies ist der einzige Fall, in dem der Kontext der Ausnahme beim Verlassen des CATCH-Blocks nicht gelöscht wird.

▶ Wiederaufsetzbare Ausnahmen (ab Release 7.02/7.2) können auch in CATCH-Blöcken ohne den Zusatz BEFORE UNWIND behandelt werden. In diesem Fall wird der Kontext der Ausnahme vor der Behandlung gelöscht, und die Anweisung RESUME kann nicht angegeben werden.

▶ Eventuelle CLEANUP-Blöcke werden immer direkt vor dem Abbau ihres Kontextes ausgeführt, d.h., bei Verwendung von BEFORE UNWIND nach der Ausnahmebehandlung (ab Release 7.02/7.2) und ansonsten davor.

- Die Verwendung des Zusatzes BEFORE UNWIND zu CATCH ist zwar nur bei Verwendung der Anweisung RESUME vorgeschrieben, sie ist aber prinzipiell möglich (ab Release 7.02/7.2), wenn während der Ausnahmebehandlung der Kontext der Ausnahme ausgewertet werden soll, bevor eventuelle Aufräumarbeiten in CLEANUP-Blöcken ausgeführt werden. Dies ist z. B. bei der Behandlung von Ressourcenengpässen sinnvoll, wenn die Freigabe von Ressourcen in CLEANUP-Blöcken den Kontext verändert und damit z. B. die Berechnung der noch freien Ressourcen im Ausnahmebehandler sinnlos macht. Außer für Protokollzwecke ist es prinzipiell aber nicht empfohlen, den Teil des Kontextes auszuwerten, der nur lokal für die Implementierung der fehlerhaften Prozedur interessant ist.

Wiederaufsetzen

RESUME

Syntax

RESUME.

Ab Release 7.02/7.2. Diese Anweisung verlässt eine mit CATCH eingeleitete Behandlung einer wiederaufsetzbaren Ausnahme und setzt die Verarbeitung hinter der Anweisung fort, die die Ausnahme ausgelöst hat. Diese Anweisung darf nur in einem CATCH-Block einer TRY-Kontrollstruktur aufgeführt werden, bei dem der Zusatz BEFORE UNWIND angegeben ist. Beim Verlassen der Ausnahmebehandlung mit RESUME wir der Kontext der Ausnahme nicht gelöscht, und eventuelle CLEANUP-Blöcke werden nicht ausgeführt. Voraussetzung für das Wiederaufsetzen ist:

- dass die Ausnahme mit dem Zusatz RESUMABLE der Anweisung RAISE EXCEPTION als wiederaufsetzbare Ausnahme ausgelöst wurde
- dass die Ausnahme in der Schnittstelle aller Prozeduren, aus denen sie propagiert wurde, mit dem Zusatz RESUMABLE zu RAISING deklariert wurde, falls es sich nicht um eine von CX_NO_CHECK abgeleitete Ausnahme handelt.

Andernfalls kommt es zu einer Ausnahme der Klasse CX_SY_ILLEGAL_HANDLER. Um zu überprüfen, ob die Voraussetzung erfüllt ist, kann das Instanzattribut IS_RESUMABLE vom Typ abap_bool des aktuellen Ausnahmeobjekts überprüft werden. Der Wert des Attributs wird bei Ausführung der Anweisungen CATCH oder auch CLEANUP mit dem Zusatz INTO gesetzt.

Hinweise
- Das Wiederaufsetzen nach einer Ausnahme funktioniert insbesondere auch, wenn die Ausnahme während des Aufrufs einer speziellen Methode wie einem Konstruktor oder einer funktionalen Methode an einer Operandenposition auftritt.
- Wenn ein CATCH-Block bei der Behandlung einer wiederaufsetzbaren Ausnahme nicht über RESUME verlassen wird, setzt der weitere Programmverlauf nicht wieder im Kontext der auslösenden Anweisung auf, und dieser wird spätestens beim Verlassen des CATCH-Blocks gelöscht.

Erneuter Versuch
`RETRY`

Syntax
`RETRY.`

Ab Release 7.02/7.2. Diese Anweisung verlässt eine mit `CATCH` eingeleitete Behandlung einer klassenbasierten Ausnahme und setzt die Verarbeitung mit der `TRY`-Anweisung der aktuellen `TRY`-Kontrollstruktur fort. Die Anweisung `RETRY` darf nur innerhalb eines `CATCH`-Blocks einer `TRY`-Kontrollstruktur aufgeführt werden.

Hinweise

- Wenn bei einem `CATCH`-Block der Zusatz `BEFORE UNWIND` angegeben ist (ab Release 7.02/7.2), wird beim Verlassen über `RETRY` der Kontext der Ausnahme gelöscht und im `TRY`-Block neu aufgebaut. Bezüglich des Kontextes verhält sich `RETRY` also wie jedes Verlassen eines `CATCH`-Blocks – außer dem Verlassen über `RESUME`.
- Die Ursache der Ausnahme muss entweder vor `RETRY` im `CATCH`-Block oder nach `RETRY` im `TRY`-Block beseitigt werden. Wenn ein `TRY`-Block wiederholt wird und die Ursache der Ausnahme nicht beseitigt wird, kommt es zu einer Endlosschleife.

Beispiel
Die folgende Ausnahmebehandlung dehnt die ABAP-spezifische Behandlung einer Division durch null auf Dividenden ungleich null aus.

```
PARAMETERS: number1 TYPE i,
            number2 TYPE i.
DATA: result TYPE p DECIMALS 2,
      msg    TYPE c LENGTH 50.
TRY.
    result = number1 / number2.
    WRITE result TO msg LEFT-JUSTIFIED.
    msg = `Result: ` && msg.
    MESSAGE msg TYPE 'I'.
  CATCH cx_sy_zerodivide.
    number1 = 0.
    RETRY.
ENDTRY.
```

Aufräumen
`CLEANUP`

Syntax
`CLEANUP [INTO oref].`

Einleitung eines Anweisungsblocks einer `TRY`-Kontrollstruktur, in dem Aufräumarbeiten durchgeführt werden können. Ein `CLEANUP`-Block wird genau dann ausgeführt, wenn eine klassenbasierte Ausnahme im `TRY`-Block der gleichen `TRY`-Kontrollstruktur auftritt, aber in einem `CATCH`-Block einer äußeren `TRY`-Kontrollstruktur behandelt wird. Ein `CLEANUP`-Block wird direkt vor dem Löschen des Kontextes der Ausnahme ausgeführt:

- Wenn beim behandelnden CATCH-Block der Zusatz BEFORE UNWIND angegeben ist (ab Release 7.02/7.2), wird der Kontext beim Verlassen des CATCH-Blocks gelöscht und der CLEANUP-Block entsprechend nach der Behandlung ausgeführt.

- Wenn der Zusatz BEFORE UNWIND nicht angegeben ist, wird der Kontext vor der Ausführung des CATCH-Blocks gelöscht und der CLEANUP-Block entsprechend vor der Behandlung ausgeführt.

- Wenn bei einer wiederaufsetzbaren Ausnahme die Verarbeitung mit RESUME wiederaufgesetzt wird (ab Release 7.02/7.2), wird der Kontext nicht gelöscht und entsprechend kein CLEANUP-Block ausgeführt.

Der CLEANUP-Block muss vollständig ausgeführt und über ENDTRY verlassen werden, damit die Ausnahme zu ihrem Behandler propagiert werden kann. Beim Versuch, den Kontext eines CLEANUP-Blocks vorzeitig zu verlassen, kommt es zu einem Laufzeitfehler. In einem CLEANUP-Block können keine Anweisungen aufgeführt werden, bei denen schon statisch erkennbar ist, dass nicht in den CLEANUP-Block zurückgekehrt werden kann.

Wenn der Zusatz INTO angegeben ist, wird eine Referenz auf das Ausnahmeobjekt in oref abgelegt, wobei oref eine Objektreferenzvariable vom Typ CX_ROOT sein muss. Über oref kann auf das Ausnahmeobjekt zugegriffen werden.

Hinweise
- In einem CLEANUP-Block können Aufräumarbeiten für den Kontext des TRY-Blocks ausgeführt werden. Beispielsweise können Objekte in einen konsistenten Zustand gebracht oder externe Ressourcen freigegeben werden, auf die ein äußerer Behandler keinen Zugriff mehr hätte.

- Da ein CLEANUP-Block immer vollständig ausgeführt werden muss, müssen alle dort ausgelösten Ausnahmen auch dort behandelt werden.

- Innerhalb des CLEANUP-Blocks sollte die aktuelle Ausnahme nicht erneut mit RAISE EXCEPTION oref ausgelöst werden, da dies die Attribute des Ausnahmeobjekts verändern würde.

22.3.2 Ausnahmen vor Einführung der klassenbasierten Ausnahmen

Seit Release 6.20 sind Ausnahmen klassenbasiert. Vor Release 6.20 gab es nur abfangbare Laufzeitfehler und nicht-klassenbasierte Ausnahmen.

22.3.2.1 Abfangbare Laufzeitfehler

Vor Einführung der klassenbasierten Ausnahmen waren Ausnahmen für Ausnahmesituationen der Laufzeitumgebung, die sinnvoll im Programm behandelbar waren, ausschließlich als abfangbare Laufzeitfehler definiert, die mit der Anweisung CATCH SYSTEM-EXCEPTIONS behandelt werden konnten. Alle Ausnahmesituationen, deren Ursachen nicht im Programm behandelbar sind, lösten nicht-abfangbare Laufzeitfehler aus.

Alle abfangbaren Laufzeitfehler sind im System vordefiniert und den ABAP-Anweisungen zugeordnet, bei deren Ausführung sie auftreten können. Mehrere abfangbare Laufzeitfehler können in einer Ausnahmegruppe zusammengefasst sein, unter deren Namen sie gemeinsam behandelbar sind.

Seit Einführung der klassenbasierten Ausnahmen ist jedem abfangbaren Laufzeitfehler eine Ausnahmeklasse zugeordnet. Er kann alternativ als abfangbarer Laufzeitfehler oder als klassenbasierte Ausnahme behandelt werden, wobei Letzteres empfohlen wird. Umgekehrt sind aber nicht alle vordefinierten klassenbasierten Ausnahmen einem abfangbaren Laufzeitfehler zugeordnet. Es werden keine neuen abfangbaren Laufzeitfehler mehr angelegt, und bestehende Laufzeitfehler, die behandelbar gemacht werden sollen, werden nicht mehr in abfangbare Laufzeitfehler verwandelt, sondern sie bekommen Ausnahmeklassen zugeordnet.

Abfangbare Laufzeitfehler können nicht explizit ausgelöst werden, sondern werden nur implizit durch die Laufzeitumgebung ausgelöst. In der ABAP-Schlüsselwortdokumentation sind hinter jedem Schlüsselwort die möglichen klassenbasierten Ausnahmen sowie die zugeordneten abfangbaren Laufzeitfehler aufgeführt. Darüber hinaus finden sich dort Zusammenstellungen aller abfangbaren Laufzeitfehler, ihre Zuordnung zu Ausnahmegruppen und die zugeordneten Ausnahmeklassen.

Die Behandlung abfangbarer Laufzeitfehler mit der Anweisung CATCH SYSTEM-EXCEPTIONS ist seit Einführung der Ausnahmeklassen aber obsolet (siehe Abschnitt 56.3.1). Stattdessen sollen die zugeordneten Ausnahmeklassen in einem TRY-Block behandelt werden.

Selbst definierte behandelbare Ausnahmen waren vor Release 6.20 nur in den Schnittstellen von Funktionsbausteinen und Methoden möglich. Solche Ausnahmen können innerhalb der Prozedur bei Erkennen einer Ausnahmesituation mit den Anweisungen RAISE oder MESSAGE RAISING ausgelöst werden. Der Aufrufer der Prozedur kann mit dem Zusatz EXCEPTIONS der Anweisungen CALL FUNCTION bzw. CALL METHOD den Ausnahmen, die er behandeln möchte, Rückgabewerte für das Systemfeld sy-subrc zuordnen und dieses nach dem Aufruf auswerten. Dies stellt aber keine echte Ausnahmebehandlung im Sinn der Reaktion auf ein Ereignis dar.

22.3.2.2 Nicht-klassenbasierte Ausnahmen

Nicht-klassenbasierte Ausnahmen können in den Schnittstellen von Funktionsbausteinen und Methoden definiert werden. Die Definition erfolgt:

- bei Methoden lokaler Klassen durch die Vergabe eines Namens für die Ausnahme hinter dem Zusatz EXCEPTIONS der Anweisung [CLASS-]METHODS
- bei Methoden globaler Klassen oder Funktionsbausteinen durch die Vergabe eines Namens für die Ausnahme im Class bzw. Function Builder, wobei das Ankreuzfeld AUSNAHMEKLASSEN nicht markiert ist

In einer Methode oder einem Funktionsbaustein, in deren Schnittstelle nicht-klassenbasierte Ausnahmen definiert sind, darf die Anweisung RAISE EXCEPTION zum Auslösen klassenbasierter Ausnahmen nicht verwendet werden.

Nicht-klassenbasierte Ausnahmen behandeln

Nicht-klassenbasierte Ausnahmen werden durch den Zusatz EXCEPTIONS der Anweisungen CALL METHOD und CALL FUNCTION behandelbar gemacht, indem den Ausnahmen Zahlenwerte zugeordnet werden, mit denen das Systemfeld sy-subrc beim Auftreten der Ausnahme gefüllt wird. Die eigentliche Behandlung erfolgt nach dem Aufruf durch die Auswertung von sy-subrc.

Hinweis

Die in der Schnittstelle von Methoden und Funktionsbausteinen definierbaren Ausnahmen stellen keine echten Ausnahmen dar, weil es zu keiner Änderung des Kontrollflusses kommt, sondern lediglich die Verarbeitung der Prozedur vorzeitig beendet und der Rückgabewert sy-subrc gesetzt wird.

Nicht-klassenbasierte Ausnahmen auslösen
`RAISE`

Syntax
`RAISE exception.`

Die Anweisung löst die nicht-klassenbasierte Ausnahme exception aus. Sie ist nur während der Verarbeitung von Methoden und Funktionsbausteinen sinnvoll, in denen die Ausnahme exception definiert ist. Nach dem Auslösen der Ausnahme exception verhält sich das System wie folgt:

- Falls die Ausnahme in einer Methode oder einem Funktionsbaustein ausgelöst wird, deren Aufrufer der Ausnahme einen Rückgabewert zuordnet, wird die Prozedur umgehend beendet, zur Aufrufstelle zurückgekehrt und das Systemfeld sy-subrc entsprechend der Zuordnung gesetzt.

- Wird die Ausnahme in einer Methode oder einem Funktionsbaustein ausgelöst, deren Aufrufer der Ausnahme keinen Rückgabewert zuordnet, wird ein Laufzeitfehler ausgelöst, dessen Kurzdump den Namen der Ausnahme enthält.

- Falls die Ausnahme in einem Unterprogramm ausgelöst wird, sucht das System in den Prozeduren der vorangegangenen Aufrufhierarchie nach dem ersten Funktionsbaustein. Falls ein solcher gefunden wird und die Ausnahme in diesem definiert ist, verhält sich das System so, als sei die Ausnahme in diesem Funktionsbaustein ausgelöst worden. Andernfalls kommt es zu einem Laufzeitfehler.

- In allen anderen Verarbeitungsblöcken führt das Auslösen einer nicht-klassenbasierten Ausnahme zu einem Laufzeitfehler, der die weitere Programmausführung sofort beendet.

Diese Form der Anweisung RAISE darf nicht im gleichen Verarbeitungsblock wie die Anweisung RAISE EXCEPTION zum Auslösen klassenbasierter Ausnahmen verwendet werden.

Hinweis

Die Anweisung MESSAGE mit dem Zusatz RAISING löst ebenfalls eine nicht-klassenbasierte Ausnahme aus und ist in Fällen, in denen noch mit nicht-klassenbasierten Ausnahmen gearbeitet werden muss, der Verwendung der Anweisung RAISE vorzuziehen, da dies die Möglichkeit eröffnet, eine Ausnahme mit zusätzlichen Textinformationen zu versehen.

22.3.2.3 Zusammenspiel der Ausnahmekonzepte

Die klassenbasierten Ausnahmen ersetzen und erweitern ab Release 6.20 die früheren Konzepte vollständig und sollen diese ablösen. Klassenbasierte Ausnahmen können in allen ABAP-Kontexten (Programme, Verarbeitungsblöcke) ausgelöst und behandelt werden. Insbesondere sind alle bisherigen abfangbaren Laufzeitfehler als klassenbasierte Ausnahmen behandelbar, wobei die bisherigen Ausnahmegruppen durch gemeinsame Oberklassen abgebildet werden. Aus Gründen der Abwärtskompatibilität wurden die abfangbaren Laufzeitfehler und die in der Schnittstelle von Methoden und Funktionsbausteinen definierten nicht-klassenbasierten Ausnahmen nicht abgeschafft, ihre Verwendung wurde aber wie folgt eingeschränkt:

- Innerhalb eines Verarbeitungsblocks kann nur eine Art von Ausnahmen ausgelöst werden.
- In einer Prozedurschnittstelle schließen sich die Deklaration klassenbasierter Ausnahmen und die Definition nicht-klassenbasierter Ausnahmen aus.
- Innerhalb eines Verarbeitungsblocks dürfen abfangbare Laufzeitfehler nicht mit CATCH SYSTEM-EXCEPTIONS abgefangen werden, wenn dort klassenbasierte Ausnahmen in TRY-Blöcken behandelt oder mit RAISE EXCEPTION ausgelöst werden. Stattdessen müssen abfangbare Laufzeitfehler über die Behandlung der zugehörigen klassenbasierten Ausnahme abgefangen werden.

Aus Gründen der Interoperabilität dürfen innerhalb eines Verarbeitungsblocks sowohl klassenbasierte Ausnahmen behandelt als auch Rückgabewerte von Funktionsbausteinen und Methoden mit nicht-klassenbasierten Ausnahmen ausgewertet werden.

22.3.3 Ausnahmen in ABAP-Anweisungen

Fehlersituationen während der Ausführung einer ABAP-Anweisung führen zu Ausnahmen. Diese Ausnahmen sind vollständig in das Ausnahmekonzept integriert und werden von der Laufzeitumgebung ausgelöst. Es gibt:

- behandelbare Ausnahmen, die auf vordefinierten Ausnahmeklassen beruhen
- unbehandelbare Ausnahmen, die direkt zu Laufzeitfehlern führen

Die vordefinierten Ausnahmeklassen sind Unterklassen der Klassen CX_DYNAMIC_CHECK und CX_NO_CHECK und lösen die vorangegangenen abfangbaren Laufzeitfehler ab. In der vorliegenden Referenz ist bei jeder Anweisung aufgeführt, welche behandelbaren Ausnahmen auftreten können. Zusammengehörige Ausnahmen, die gemeinsam abfangbar sein sollen, sind Unterklassen gemeinsamer abstrakter Zwischenklassen.

Zu jeder vordefinierten Ausnahmeklasse gehören Meldungstexte, die auf der Registerkarte TEXTE im Class Builder zu finden sind. Jeder behandelbaren Ausnahme ist ein Laufzeitfehler zugeordnet, mit dem das Programm abbricht, wenn die Ausnahme weder behandelt noch an einen Aufrufer propagiert wird.

Aus Gründen der Rückwärtskompatibilität können bei vielen ABAP-Anweisungen die behandelbaren Ausnahmen außer mit TRY ... ENDTRY auch noch mit CATCH SYSTEM-EXCEPTIONS ... ENDCATCH abgefangen werden. Hierfür muss der Laufzeitfehler, der der Ausnahmeklasse zugeordnet ist, abfangbar sein. Innerhalb eines Verarbeitungsblocks schließen sich die beiden

Mechanismen zum Behandeln von Ausnahmen aus. Es wird empfohlen, eine Ausnahme entweder zwischen TRY ... ENDTRY mit CATCH abzufangen oder sie mithilfe des RAISING-Zusatzes in der Definition der Schnittstelle an den Aufrufer zu propagieren. Das Abfangen mit CATCH SYSTEM-EXCEPTIONS sollte nicht mehr verwendet werden.

Beispiel

Folgende Programmzeilen führen zum Laufzeitfehler COMPUTE_INT_ZERODIVIDE, da durch null geteilt und diese Ausnahmesituation nicht behandelt wird:

```
DATA result TYPE i.
result = 1 / 0.
```

Obige Ausnahme wird durch die Ausnahmeklasse CX_SY_ZERODIVIDE repräsentiert, die Unterklasse der Ausnahmeklasse CX_SY_ARITHMETIC_ERROR ist. Deshalb kann die Ausnahme wie folgt behandelt werden (Die Variable ERR_TEXT erhält den Text 'Division durch Null.'):

```
DATA myref TYPE REF TO cx_sy_arithmetic_error.
DATA err_text TYPE string.
DATA result TYPE i.
TRY.
    result = 1 / 0.
  CATCH cx_sy_arithmetic_error into myref.
    err_text = myref->get_text( ).
ENDTRY.
```

Da der Laufzeitfehler COMPUTE_INT_ZERODIVIDE abfangbar und der Ausnahmegruppe ARITHMETIC_ERRORS zugeordnet ist, kann er auch noch wie folgt behandelt werden, was aber nicht mehr empfohlen wird.

```
DATA result TYPE i.
CATCH SYSTEM-EXCEPTIONS arithmetic_errors = 4.
  result = 1 / 0.
ENDCATCH.
IF sy-subrc = 4.
  ...
ENDIF.
```

22.3.4 Laufzeitfehler

Laufzeitfehler kennzeichnen Situationen, in denen die Ausführung eines ABAP-Programms nicht fortgesetzt werden kann, sondern abgebrochen werden muss. Bei der Ausführung von ABAP-Programmen gibt es folgende Situationen, in denen es zu Laufzeitfehlern kommt:

- unbehandelte Ausnahmen
    - Eine behandelbare Ausnahme wird nicht behandelt.
    - Es tritt eine unbehandelbare Ausnahme auf.
- Es wird eine Exit-Meldung gesendet (siehe Abschnitt 36.2).
- Eine Assertion schlägt fehl (siehe Abschitt 44.1.1).

Jeder Laufzeitfehler ist durch einen Namen gekennzeichnet und einer bestimmten Fehlersituation zugeordnet. Jeder Laufzeitfehler führt zu einem Datenbank-Rollback. Nach einem Programmabbruch durch einen Laufzeitfehler gibt das System einen Kurzdump aus, der den Namen des Laufzeitfehlers, die zugehörige Ausnahmeklasse, Inhalte von Datenobjekten, aktive Aufrufe, Kontrollstrukturen etc. enthält und die Möglichkeit bietet, in den ABAP Debugger zu verzweigen. Kurzdumps werden standardmäßig 14 Tage im System gespeichert und mit der ABAP-Dumpanalyse (Transaktion ST22) verwaltet. Für spezielle Anforderungen kann die Ausgabe des Kurzdumps mit dem Profilparameter rdisp/verbose_level gesteuert werden.

TEIL 8
Zuweisungen

23   Zuweisungsregeln

Die folgenden Abschnitte beschreiben die Regeln für Zuweisungen. In der Regel werden kompatible Datenobjekte unkonvertiert zugewiesen, während bei inkompatiblen Datenobjekten eine Typkonvertierung stattfindet. Bei jeder Zuweisung zwischen inkompatiblen Datenobjekten wird eine passende Konvertierungsregel gesucht, um die Zuweisung auszuführen.

Zwei Datentypen, für die eine Konvertierungsregel besteht, werden als konvertibel bezeichnet. Bei allen Konvertierungen gilt die Grundregel, dass der Inhalt des Quellfeldes einen sinnvollen Wert für den Datentyp des Zielfeldes darstellen muss.

Falls keine passende Konvertierungsregel gefunden wird oder der Inhalt des Quellfeldes nicht geeignet ist, kommt es zu einem Syntaxfehler oder zu einer Ausnahme. Es gibt Konvertierungsregeln für elementare Datenobjekte, Strukturen, interne Tabellen. Etwas andere Regeln gelten für die Zuweisungen zwischen Referenzvariablen.

Die hier gezeigten Konvertierungsregeln gelten in der Regel bei allen Anweisungen, bei denen die Inhalte von Datenobjekten geändert werden. Ausnahmen von der Regel sind bei den einzelnen Anweisungen beschrieben. Unterschiede zwischen Unicode- und Nicht-Unicode-Programmen werden jeweils getrennt erläutert.

Hinweise

- Bei Vergleichen gelten teilweise andere Regeln als bei Zuweisungen. Insbesondere sind Ausnahmen, die bei Zuweisungen behandelt werden können, bei Vergleichen nicht immer behandelbar.
- Mit dem Zusatz EXACT zur Anweisung MOVE kann ab Release 7.02/7.2 bewirkt werden, dass vor der Ausführung einer Konvertierung Überprüfungen durchgeführt werden, die dafür sorgen, dass nur gültige Werte zugewiesen werden und dass es bei der Zuweisung zu keinem Werteverlust kommt.
- Konvertierungen bei Zuweisungen zwischen Datenobjekten unterschiedlicher Datentypen oder bei der Angabe eines Datenobjekts an einer Operandenposition, an der ein anderer Datentyp erwartet wird, verursachen Laufzeitkosten. Um diese Kosten zu vermeiden, sollten Konvertierungen, wann immer möglich, vermieden und nur Datenobjekte vom gleichen Typ einander zugewiesen werden.

23.1   Kompatibilität von Datentypen

Die Kompatibilität zweier Datentypen außer Referenztypen beruht auf deren technischen Typeigenschaften. Sie ist die Grundlage für die Überprüfung der Typisierung bei Zuweisungen an Feldsymbole oder der Zuordnung von Aktual- an Formalparameter. Zusätzlich entscheidet die Kompatibilität bei Zuweisungen und Vergleichen zwischen Datenobjekten außer Referenzvariablen in der Regel darüber, ob eine Konvertierung durchgeführt werden muss oder nicht.

Bei Referenztypen, deren Datenobjekte (Referenzvariablen) außer dem statischen Typ auch einen dynamischen Typ haben, ist der Begriff der Kompatibilität, die ausschließlich auf technischen Typeigenschaften beruht, nicht ausreichend.

23.1.1 Kompatibilität nicht-generischer Datentypen

Zwei nicht-generische Datentypen außer Referenztypen und solchen, die Referenztypen als Komponenten enthalten, sind kompatibel, wenn sie in allen technischen Typeigenschaften übereinstimmen.

Bei elementaren Datentypen sind die technischen Typeigenschaften:

- der eingebaute ABAP-Typ
- die Länge (bei den Typen c, n, p, x)
- die Anzahl der Nachkommastellen (beim Typ p)

Bei kompatiblen elementaren Datentypen stimmen alle diese Eigenschaften überein.

Bei strukturierten Typen ist die technische Typeigenschaft der Aufbau aus Komponenten. Der Aufbau strukturierter Typen bezieht sich nicht nur auf die Sequenz der elementaren Komponenten im Speicher, sondern auch auf die Kombination von Komponenten zu Unterstrukturen und ob eine Unterstruktur eine Boxed Component (ab Release 7.02/7.2) ist. Die Namen der Komponenten und im ABAP Dictionary definierte semantische Eigenschaften, wie z. B. Konvertierungs-Exits oder Dokumentation, spielen dagegen keine Rolle. Bei kompatiblen Strukturen sind alle Komponenten paarweise kompatibel. Dies gilt rekursiv bis zur Ebene der elementaren Datentypen. Wenn zwei Strukturen zwar identisch aufgebaut sind, aber unterschiedliche Unterstrukturen ab Release 7.02/7.2 als Boxed Components deklariert sind, sind die Strukturen nicht kompatibel.

Bei Tabellentypen sind die technischen Typeigenschaften:

- der Zeilentyp
- die Tabellenart
- die Tabellenschlüssel

Bei kompatiblen internen Tabellen sind die Zeilentypen kompatibel, und die Tabellenart sowie die Tabellenschlüssel stimmen überein. Andere Eigenschaften, wie z. B. der initiale Speicherbedarf, spielen keine Rolle.

23.1.2 Kompatibilität generischer Datentypen

Ein nicht-generischer Datentyp außer einem Referenztyp ist kompatibel zu einem generischen Datentyp, wenn seine technischen Eigenschaften vom generischen Datentyp umfasst werden (siehe Abschnitt 16.2).

23.1.3 Referenztypen

Ein Referenztyp ist der statische Typ von Referenzvariablen, der festlegt, auf welche Objekte diese zeigen können. Zur Laufzeit haben Referenzvariablen zusätzlich einen dynamischen Typ, der durch den Typ des Objekts bestimmt wird, auf das eine Referenzvariable zeigt. Der dynamische Typ kann spezieller als der statische Typ sein. Die Regeln für Überprüfung der Typisierung, Zuweisungen und Vergleiche können deshalb nicht durch den Begriff einer Kompatibilität abgedeckt werden, die nur auf den technischen Eigenschaften des statischen Typs beruht. Stattdessen zeigen die folgenden drei Punkte, wie Referenztypen miteinander verwendbar sind:

- Bei der Überprüfung von Typisierungen kann:
  - eine Referenzvariable an einen als Referenzvariable typisierten Formalparameter übergeben werden, wenn der Typ des Formalparameters allgemeiner oder gleich dem Typ des Formalparameters ist (Up Cast) und der Formalparameter innerhalb der Prozedur nicht geändert werden kann.
  - eine Referenzvariable an ein als Referenzvariable typisiertes Feldsymbol zugewiesen werden, wenn die Referenztypen gleich sind.
- Zuweisungen zwischen Referenzvariablen sind über einen Up Cast oder einen Down Cast möglich.
- Datenreferenzvariablen können mit allen Datenreferenzvariablen und Objektreferenzvariablen können mit allen Objektreferenzvariablen verglichen werden.

Prinzipiell gilt, dass Datenreferenzvariablen nur mit Datenreferenzvariablen und Objektreferenzvariablen nur mit Objektreferenzvariablen verwendbar sind. Zwischen Referenzvariablen findet prinzipiell keine Konvertierung statt. Referenzvariablen werden nur unkonvertiert übergeben, einander zugewiesen bzw. miteinander verglichen.

Hinweise

- Die hier eingeführten Regeln für die Verwendbarkeit von Referenzvariablen bei Zuweisungen sind nicht umkehrbar. Der Typ einer Ziel-Referenzvariablen, der eine Quell-Referenzvariable zugewiesen werden kann, muss selbst nicht zur Quell-Referenzvariablen zuweisbar sein. Die Verwendbarkeit von Referenzvariablen bei Vergleichen ist dagegen umkehrbar.
- Wenn eine Referenzvariable Komponente einer Struktur ist, wird die Verwendbarkeit der Struktur entsprechend bestimmt. Insbesondere ist die Verwendbarkeit einer solchen Struktur bezüglich Zuweisungen ebenfalls gerichtet.

23.2 Konvertierungsregeln für elementare Datenobjekte

Die Programmiersprache ABAP enthält zwölf eingebaute elementare Datentypen. Sie unterstützt die automatische Typkonvertierung und Längenanpassung für alle diese Datentypen mit Ausnahme von Zuweisungen zwischen den Typen d (Datum) und t (Zeit), deren Konvertierung keinen Sinn hat. Die folgenden Konvertierungstabellen definieren die Regeln für die Konvertierung für alle möglichen elementaren Zielfelder in Abhängigkeit vom Typ des Quellfelds.

Bei allen Konvertierungen muss aus dem Inhalt des Quellfeldes ein gültiger Wert für den Datentyp des Zielfeldes erzeugbar sein, sonst wird eine Ausnahme ausgelöst, die in einer der Unterklassen der Klasse CX_SY_CONVERSION_ERROR definiert ist.

Nach einer Ausnahme ist der Inhalt des Zielfeldes undefiniert und sollte nicht verwendet werden. Das Zielfeld kann nach einer Ausnahme sowohl den vorangegangenen als auch einen ungültigen Wert enthalten (Letzteres ist z. B. nach einem Überlauf bei Gleitpunktzahlen der Fall).

Hinweise

- Bei der Konvertierung zeichenartiger Datenobjekte in numerische Datenobjekte muss die Darstellung numerischer Werte in zeichenartigen Feldern beachtet werden (siehe Abschnitt 23.2.12).

- Für die Zuweisung numerischer Werte an Textfelder und Textstrings bieten sich anstelle einer Konvertierung oft auch Zeichenketten-Templates (siehe Abschnitt 28.3.1) oder auch noch die Anweisung WRITE ... TO (siehe Abschnitt 28.2.10) mit ihren Formatierungsoptionen an.

23.2.1 Quellfeld vom Typ c

Ziel	Konvertierung
c	Die Zeichen des Quellfeldes werden linksbündig in das Zielfeld gestellt. Schließende Leerzeichen des Quellfeldes werden nicht übertragen. Ist das Zielfeld länger als die Anzahl der übertragenen Zeichen, wird rechts mit Leerzeichen aufgefüllt. Ist das Zielfeld kürzer, wird rechts abgeschnitten.
d	Wie bei der Konvertierung in ein Feld vom Typ c der Länge 8. Falls das Quellfeld in den ersten acht Stellen kein gültiges Datum im Format "yyyymmdd" enthält, wird im Zielfeld ein ungültiges Datum erzeugt.
decfloat16, decfloat34	Ab Release 7.02/7.2. Das Quellfeld muss eine Zahl in mathematischer, wissenschaftlicher oder kaufmännischer Notation enthalten. Ausnahme: Ein Quellfeld, das nur Leerzeichen enthält, wird als die Zahl Null interpretiert. Falls die Anzahl der Ziffern größer als 16 bzw. 34 ist, wird kaufmännisch auf 16 bzw. 34 Stellen gerundet. Wenn der Absolutwert der Zahl kleiner als 1E–398 bzw. 1E–6176 ist, wird auf 0 gerundet. Wenn die Zahl im Wertebereich der Datentypen decfloat16 bzw. decfloat34 liegt, wird sie in die interne Darstellung einer dezimalen Gleitpunktzahl konvertiert, ansonsten kommt es zur behandelbaren Ausnahme CX_SY_CONVERSION_OVERFLOW. Falls die Mantisse des Zielfeldes lang genug ist, wird die Skalierung des Quellfeldes erhalten. Das Vorzeichen wird immer erhalten, auch wenn die Zahl den Wert 0 hat.
f	Das Quellfeld muss eine Zahl in wissenschaftlicher Notation enthalten, wobei das erste Leerzeichen hinter einer Zahlenangabe diese abschließt. Ausnahme: Ein Quellfeld, das nur Leerzeichen enthält oder mit Leerzeichen beginnt, auf die keine gültige Zahl folgt, wird als die Zahl Null interpretiert. Die mathematische oder kaufmännische Notation ist nicht zulässig, es sei denn, sie ist als wissenschaftliche Notation interpretierbar.

Tabelle 23.1 Konvertierungstabelle für Quellfeld vom Typ c

Ziel	Konvertierung
f (Forts.)	Ausnahme: Eine kaufmännische Notation mit einem nicht durch Leerzeichen abgetrennten Vorzeichen auf der rechten Seite ist zulässig, wenn die Zeichenkette direkt mit der Ziffernfolge beginnt. Wenn die Mantisse mehr als 17 Ziffern enthält, werden überzählige Ziffern gerundet. Wenn die Zahl im Wertebereich des Datentyps f liegt, wird sie in die interne Darstellung einer binären Gleitpunktzahl konvertiert, ansonsten kommt es zur behandelbaren Ausnahme CX_SY_CONVERSION_OVERFLOW. Wenn die Dezimalzahl nicht als binäre Gleitpunktzahl darstellbar ist, wird der nächstliegende Wert verwendet.
i (b, s)	Das Quellfeld muss eine Zahl in mathematischer oder kaufmännischer Notation enthalten. Ausnahme: Ein Quellfeld, das nur Leerzeichen enthält, wird als die Zahl Null interpretiert. Die wissenschaftliche Notation ist nicht zulässig, es sei denn, sie ist als mathematische Notation interpretierbar. Nachkommastellen werden kaufmännisch auf ganzzahlige Werte gerundet. Wenn die Zahl im Wertebereich des Datentyps i, b oder s liegt, wird sie in die interne Darstellung der entsprechenden Integerzahl konvertiert, ansonsten kommt es zur behandelbaren Ausnahme CX_SY_CONVERSION_OVERFLOW.
n	Die Zeichen des Quellfeldes, die Ziffern darstellen, werden rechtsbündig in das Zielfeld gestellt. Andere Zeichen werden nicht berücksichtigt. Wenn das Zielfeld länger als die Anzahl der Ziffern im Quellfeld ist, wird links mit den Zeichen "0" aufgefüllt. Ist das Zielfeld kürzer, wird links abgeschnitten.
p	Das Quellfeld muss eine Zahl in mathematischer oder kaufmännischer Notation enthalten. Ausnahme: Ein Quellfeld, das nur Leerzeichen enthält, wird als die Zahl Null interpretiert. Die wissenschaftliche Notation ist nicht zulässig, es sei denn, sie ist als mathematische Notation interpretierbar. Nachkommastellen werden kaufmännisch auf die Anzahl der Nachkommastellen des Zielfeldes gerundet. Wenn die Zahl im Wertebereich des Datentyps des Zielfeldes liegt, wird sie in die interne Darstellung einer gepackten Zahl konvertiert, ansonsten kommt es zur behandelbaren Ausnahme CX_SY_CONVERSION_OVERFLOW.
string	Die Zeichen des Quellfeldes werden linksbündig in das Zielfeld gestellt. Schließende Leerzeichen des Quellfeldes werden nicht übertragen. Die Länge des Zielfeldes wird durch die Anzahl der übertragenen Zeichen bestimmt.
t	Wie bei der Konvertierung in ein Feld vom Typ c der Länge 6, mit dem Unterschied, dass schließende Leerzeichen übertragen werden und rechts mit dem Zeichen "0" aufgefüllt wird, wenn das Zielfeld länger als die Anzahl der übertragenen Zeichen ist.
x	Die Zeichen des Quellfeldes werden als die Darstellung des Wertes eines Halbbytes in hexadezimaler Darstellung interpretiert. Solange die gültigen Zeichen "0" bis "9" und "A" bis "F" vorkommen, werden die entsprechenden Halbbyte-Werte linksbündig in den Speicher des Zielfeldes übertragen. Wenn das Zielfeld länger ist als die Anzahl der übertragenen Halbbytes, wird es rechts mit hexadezimal 0 aufgefüllt. Wenn es zu kurz ist, wird rechts abgeschnitten. Das erste ungültige Zeichen beendet die Konvertierung ab der Position dieses Zeichens, und die bis dahin nicht versorgten Halbbytes des Zielfeldes werden mit hexadezimal 0 aufgefüllt.
xstring	Wie bei der Konvertierung in ein Feld vom Typ x werden Halbbytes in das Zielfeld übertragen, wobei sich die Länge des Zielfeldes aus der Anzahl der gültigen Zeichen im Quellfeld ergibt. Bei einer ungeraden Anzahl gültiger Zeichen im Quellfeld wird das überbleibende letzte Halbbyte des Zielfeldes mit hexadezimal 0 gefüllt.

Tabelle 23.1 Konvertierungstabelle für Quellfeld vom Typ c (Forts.)

23 | Zuweisungsregeln

Hinweise

- Standardmäßig werden in ABAP die schließenden Leerzeichen bei Quellfeldern vom Typ c nicht berücksichtigt. Die Zuweisung vom Quelltyp c zum Zieltyp t stellt eine Ausnahme von dieser Regel dar. Um Quellfelder vom Typ c unter Berücksichtigung der schließenden Leerzeichen an Zielfelder, insbesondere solche vom Typ string, zuzuweisen, kann der Zusatz RESPECTING BLANKS der Anweisung CONCATENATE verwendet werden.

- Wenn bei der Zuweisung von Zeichenketten, die Nicht-Unicode-Double-Byte-Zeichen enthalten, auf der rechten Seite abgeschnitten wird, kann ein solches Zeichen in der Mitte geteilt werden, was in der Regel zu einem ungültigen Zeichen am rechten Rand führt. Um dies zu verhindern, kann die Methode CL_SCP_LINEBREAK_UTIL=>STRING_SPLIT_AT_POSITION verwendet werden.

- Die Klasse CL_ABAP_DECFLOAT enthält Methoden READ_DECFLOAT34 und READ_DECFLOAT16, um Zeichenketten in dezimale Gleitpunktzahlen zu konvertieren (ab Release 7.02/7.2). Die Ausnahmen dieser Methoden sind aussagekräftiger als die einer normalen Zuweisung. Darüber hinaus geben die Methoden einen Rückgabewert zurück, der Aussagen über die durchgeführten Rundungen macht.

23.2.2 Quellfeld vom Typ d

Ziel	Konvertierung
c	Der Inhalt wird wie bei einem Quellfeld vom Typ c behandelt.
d	Der Inhalt des Quellfeldes wird unkonvertiert übertragen.
decfloat16, decfloat34	Ab Release 7.02/7.2. Wenn das Quellfeld ein gültiges Datum im Format "yyyymmdd" enthält, wird daraus die Anzahl der Tage seit 01.01.0001 berechnet und dieser Wert in die interne Darstellung einer dezimalen Gleitpunktzahl mit der Skalierung 0 konvertiert. Wenn das Quellfeld ein ungültiges Datum enthält, erhält das Zielfeld den Wert 0.
f	Wenn das Quellfeld ein gültiges Datum im Format "yyyymmdd" enthält, wird daraus die Anzahl der Tage seit 01.01.0001 berechnet und dieser Wert in die interne Darstellung einer binären Gleitpunktzahl konvertiert. Wenn das Quellfeld ein ungültiges Datum enthält, erhält das Zielfeld den Wert 0.
i (b, s)	Wenn das Quellfeld ein gültiges Datum im Format "yyyymmdd" enthält, wird daraus die Anzahl der Tage seit 01.01.0001 berechnet und dieser Wert in die interne Darstellung der entsprechenden Integerzahl konvertiert. Wenn das Quellfeld ein ungültiges Datum enthält, erhält das Zielfeld den Wert 0. Wenn der Wertebereich bei den internen Datentypen b und s nicht ausreicht, kommt es zur behandelbaren Ausnahme CX_SY_CONVERSION_OVERFLOW.
n	Die Zeichen des Quellfeldes werden linksbündig in das Zielfeld gestellt. Schließende Leerzeichen des Quellfeldes werden übertragen. Wenn das Zielfeld länger als das Quellfeld ist, wird rechts mit den Zeichen "0" aufgefüllt. Ist das Zielfeld kürzer, wird rechts abgeschnitten.
p	Wenn das Quellfeld ein gültiges Datum im Format "yyyymmdd" enthält, wird daraus die Anzahl der Tage seit 01.01.0001 berechnet und dieser Wert in die interne Darstellung einer gepackten Zahl konvertiert. Wenn der Wertebereich des Zielfeldes zu klein ist, kommt es zur behandelbaren Ausnahme CX_SY_CONVERSION_OVERFLOW. Wenn das Quellfeld ein ungültiges Datum enthält, erhält das Zielfeld den Wert 0.

Tabelle 23.2 Konvertierungstabelle für Quellfeld vom Typ d

Ziel	Konvertierung
string	Der Inhalt wird wie bei einem Quellfeld vom Typ c behandelt.
t	Nicht unterstützt. Führt zu einem Syntaxfehler oder zu einer unbehandelbaren Ausnahme.
x	Der Inhalt des Quellfeldes wird erst in den Datentyp i (siehe oben) und dann in den Typ x konvertiert (siehe Tabelle 23.5).
xstring	Der Inhalt des Quellfeldes wird erst in den Datentyp i (siehe oben) und dann in den Typ xstring konvertiert (siehe Tabelle 23.5).

Tabelle 23.2 Konvertierungstabelle für Quellfeld vom Typ d (Forts.)

Hinweise

- Die Konvertierungsregeln sind so gestaltet, dass sich Datenobjekte vom Typ d bei der Zuweisung an zeichenartige Datenobjekte zeichenartig und bei der Zuweisung an numerische Datenobjekte numerisch verhalten. Letzteres ist die Grundlage für Datumsberechnungen in arithmetischen Ausdrücken.

- Die Konvertierung eines Datums in die Anzahl der Tage seit dem 01.01.001 ist so gestaltet, dass die Umstellung vom Julianischen zum Gregorianischen Kalender wie folgt berücksichtigt wird: Der 4.10.1582 ergibt die Zahl 577.736, der 15.10.1582 ergibt die Zahl 577.737. Eine Konvertierung von Datumsangaben für die eigentlich nicht vorhandenen Tage vom 5.10.1582 bis zum 14.10.1582 ergibt die gleichen Ergebnisse wie die Konvertierung der vorhandenen Tage vom 15.10.1582 bis zum 24.10.1582.

- Gültige Daten für Datenobjekte vom Typ d sind nur Datumsangaben im Format "yyyymmdd", wobei der "00010101" der erste gültige Wert ist. Die Konvertierungsregeln erlauben aber auch Zuweisungen von Datumsfeldern, die ungültige Daten enthalten. Letzteres wird nicht empfohlen.

- Die Zuweisung der Werte "00000000" und "00010101" an einen numerischen Typ ergeben beide den Wert 0. Die Zuweisung des Wertes 0 an ein Datumsfeld ergibt "00000000". Die Zuweisung des Wertes "00010101" an einen numerischen Typ ist also nicht umkehrbar.

23.2.3 Quellfeld vom Typ decfloat16 oder decfloat34

Ziel	Konvertierung
c	Der Inhalt des Quellfeldes wird erst, wie beim Datentyp string beschrieben (siehe Tabelle 23.8), in eine mathematische oder wissenschaftliche Notation konvertiert und das Ergebnis dieser Konvertierung rechtsbündig in das Zielfeld übertragen. Ist das Zielfeld länger als der Textstring, wird links mit Leerzeichen aufgefüllt. Ist das Zielfeld kürzer als der Textstring, wird eine mathematische in die wissenschaftliche Notation umgewandelt und deren Mantisse bei Bedarf kaufmännisch gerundet. Falls die Länge nicht für mindestens eine Stelle der Mantisse ausreicht, kommt es zur behandelbaren Ausnahme CX_SY_CONVERSION_OVERFLOW.
d	Der Inhalt des Quellfeldes wird erst in den Datentyp i (siehe unten) und dann in den Typ d konvertiert (siehe Tabelle 23.5).

Tabelle 23.3 Konvertierungstabelle für Quellfeld vom Typ decfloat16 oder decfloat34 (ab Release 7.02/7.2)

Ziel	Konvertierung
decfloat16, decfloat34	Bei der Zuweisung zum gleichen Datentyp wird der Inhalt unkonvertiert übertragen. Bei einer Zuweisung von decfloat34 nach decfloat16 wird die Mantisse von 34 auf 16 Stellen gekürzt und, falls notwendig, kaufmännisch gerundet. Falls die Mantisse des Zielfeldes lang genug ist, bleibt die Skalierung erhalten. Wenn der Wertebereich von decfloat16 überschritten wird, kommt es zur behandelbaren Ausnahme CX_SY_CONVERSION_OVERFLOW.
f	Der Wert der dezimalen Gleitpunktzahl wird in den einer binären Gleitpunktzahl übertragen. Wenn die Dezimalzahl nicht als binäre Gleitpunktzahl darstellbar ist, wird der nächstliegende Wert verwendet. Wenn der Wert außerhalb des Wertebereichs für binäre Gleitpunktzahlen liegt, kommt es zur behandelbaren Ausnahme CX_SY_CONVERSION_OVERFLOW.
i (b, s)	Der Wert der dezimalen Gleitpunktzahl wird auf eine ganze Zahl gerundet. Wenn diese Zahl innerhalb des Wertebereichs für den Datentyp i, b oder s liegt, wird sie in die interne Darstellung der entsprechenden Integerzahl konvertiert. Ansonsten kommt es zur behandelbaren Ausnahme CX_SY_CONVERSION_OVERFLOW.
n	Der Wert der dezimalen Gleitpunktzahl wird auf eine ganze Zahl gerundet. Der Absolutwert dieser Zahl wird als Ziffernfolge rechtsbündig in das Zielfeld übertragen. Wenn das Zielfeld länger als die Ziffernfolge ist, wird links mit Nullen aufgefüllt. Wenn es zu kurz ist, kommt es zur behandelbaren Ausnahme CX_SY_CONVERSION_OVERFLOW.
p	Der Wert der dezimalen Gleitpunktzahl wird auf die Anzahl der Nachkommastellen des Zielfeldes gerundet. Wenn diese Zahl innerhalb des Wertebereichs für den Datentyp des Zielfeldes liegt, wird sie in die interne Darstellung einer gepackten Zahl konvertiert. Ansonsten kommt es zur behandelbaren Ausnahme CX_SY_CONVERSION_OVERFLOW.
string	Falls der Exponent der dezimalen Gleitpunktzahl kleiner gleich 0 und der Absolutwert der Zahl größer gleich 1E–6 ist, wird die Gleitpunktzahl wie folgt in lückenloser mathematischer Notation aufbereitet: Die Ziffernfolge besteht aus der Mantisse der dezimalen Gleitpunktzahl ohne führende Nullen. Falls der Exponent der dezimalen Gleitpunktzahl kleiner 0 ist, wird ein Dezimalpunkt an der entsprechenden Stelle gesetzt. Falls der Exponent der dezimalen Gleitpunktzahl größer 0 oder der Absolutwert der Zahl kleiner 1E–6 ist, wird die Gleitpunktzahl wie folgt in lückenloser wissenschaftlicher Notation aufbereitet: Die Mantisse besteht aus der Mantisse der dezimalen Gleitpunktzahl ohne führende Nullen. Falls die Mantisse mehr als eine Dezimalstelle enthält, wird ein Dezimalpunkt nach der ersten Stelle gesetzt. Der Exponent wird immer mit Vorzeichen ohne führende Nullen dargestellt. In beiden Darstellungen wird bei negativen Werten das Vorzeichen dargestellt, bei positiven Werten nicht. Die beiden Darstellungen werden auch dann verwendet, wenn der Wert der dezimalen Gleitpunktzahl 0 ist. Die maximale Länge des Zielfeldes ist 24 für decfloat16 und 42 für decfloat34.
t	Der Inhalt des Quellfeldes wird erst in den Datentyp i (siehe oben) und dann in den Typ t konvertiert (siehe Tabelle 23.5).
x	Der Inhalt des Quellfeldes wird erst in den Datentyp i (siehe oben) und dann in den Typ x konvertiert (siehe Tabelle 23.5).
xstring	Der Inhalt des Quellfeldes wird erst in den Datentyp i (siehe oben) und dann in den Typ xstring konvertiert (siehe Tabelle 23.5).

Tabelle 23.3 Konvertierungstabelle für Quellfeld vom Typ decfloat16 oder decfloat34 (ab Release 7.02/7.2)

Hinweise

- Die Konvertierungsregel dezimaler Gleitpunktzahlen in Textstrings ist so, dass ein Textstring, der durch Zuweisung einer dezimalen Gleitpunktzahl gefüllt wurde, bei einer Zuweisung an eine dezimale Gleitpunktzahl die gleiche interne Darstellung ergibt wie in der ursprünglichen dezimalen Gleitpunktzahl (Erhaltung der Skalierung).

- Die Formatierungsoptionen STYLE für die Anweisung WRITE ... TO und STYLE für eingebettete Ausdrücke in Zeichenketten-Templates von Zeichenkettenausdrücken bieten weitere Formate für die Zuweisung dezimaler Gleitpunktzahlen an Textstrings (ab Release 7.02/7.2).

- Wenn das Quellfeld keine gültige dezimale Gleitpunktzahl enthält, kommt es außer bei der Zuweisung an eine andere dezimale Gleitpunktzahl zur behandelbaren Ausnahme CX_SY_CONVERSION_NO_NUMBER. Ungültige Gleitpunktzahlen sind in ABAP auch die im Standard IEEE-754-2008 vorgesehenen speziellen Werte "+Infinity", "-Infinity", "NaN" und "sNaN", die Unendlichkeit oder ungültige Zahlen bezeichnen.

23.2.4 Quellfeld vom Typ f

Ziel	Konvertierung
c	Der Wert der binären Gleitpunktzahl wird in der wissenschaftlichen Notation aufbereitet und rechtsbündig in das Zielfeld übertragen. Der Exponent wird immer mit einem Vorzeichen und mindestens zwei Stellen dargestellt. Ist das Zielfeld kürzer als die vollständige Notation, wird die Mantisse gerundet. Ist das Zielfeld nicht lang genug, um außer dem Exponenten und dem Vorzeichen der Mantisse (bei einem negativen Wert) mindestens eine Ziffer der Mantisse aufzunehmen, wird das Zielfeld mit dem Zeichen "*" aufgefüllt. Ist das Zielfeld länger als die vollständige Notation, wird links mit Leerzeichen aufgefüllt.
d	Der Inhalt des Quellfeldes wird erst in den Datentyp i (siehe unten) und dann in den Typ d konvertiert (siehe Tabelle 23.5).
decfloat16, decfloat34	Ab Release 7.02/7.2. Der Wert der binären Gleitpunktzahl wird in den Wert einer dezimalen Gleitpunktzahl konvertiert, wobei, falls notwendig, kaufmännisch gerundet wird. Die Darstellung in der dezimalen Gleitpunktzahl ist so, dass die Mantisse keine schließenden Nullen hat.
f	Der Inhalt des Quellfeldes wird unkonvertiert übertragen.
i (b, s)	Der Wert der binären Gleitpunktzahl wird auf eine ganze Zahl gerundet. Wenn diese Zahl innerhalb des Wertebereichs für den Datentyp i, b oder s liegt, wird sie in die interne Darstellung der entsprechenden Integerzahl konvertiert. Ansonsten kommt es zur behandelbaren Ausnahme CX_SY_CONVERSION_OVERFLOW.
n	Der Wert der binären Gleitpunktzahl wird auf eine ganze Zahl gerundet. Der Absolutwert dieser Zahl wird als Ziffernfolge rechtsbündig in das Zielfeld übertragen. Wenn das Zielfeld länger als die Ziffernfolge ist, wird links mit Nullen aufgefüllt. Wenn es zu kurz ist, wird links abgeschnitten.

Tabelle 23.4 Konvertierungstabelle für Quellfeld vom Typ f

Ziel	Konvertierung
p	Der Wert der binären Gleitpunktzahl wird auf die Anzahl der Nachkommastellen des Zielfeldes gerundet. Wenn diese Zahl innerhalb des Wertebereichs für den Datentyp des Zielfeldes liegt, wird sie in die interne Darstellung einer gepackten Zahl konvertiert. Ansonsten kommt es zur behandelbaren Ausnahme CX_SY_CONVERSION_OVERFLOW.
string	Der Wert der binären Gleitpunktzahl wird in der wissenschaftlichen Notation aufbereitet und lückenlos in das Zielfeld übertragen. Der Exponent wird immer mit einem Vorzeichen und mindestens zwei Stellen und die Mantisse mit 16 Nachkommastellen dargestellt. Die resultierende Länge des Zielfeldes liegt, abhängig vom Vorzeichen und der Länge des Exponenten, zwischen 22 und 24.
t	Der Inhalt des Quellfeldes wird erst in den Datentyp i (siehe oben) und dann in den Typ t konvertiert (siehe Tabelle 23.5).
x	Der Inhalt des Quellfeldes wird erst in den Datentyp i (siehe oben) und dann in den Typ x konvertiert (siehe Tabelle 23.5).
xstring	Der Inhalt des Quellfeldes wird erst in den Datentyp i (siehe oben) und dann in den Typ xstring konvertiert (siehe Tabelle 23.5).

Tabelle 23.4 Konvertierungstabelle für Quellfeld vom Typ f (Forts.)

23.2.5 Quellfeld vom Typ i, b oder s

Ziel	Konvertierung
c	Der Wert der Integerzahl wird in der kaufmännischen Notation aufbereitet und rechtsbündig ohne Dezimaltrennzeichen in das Zielfeld übertragen. Für einen negativen Wert wird an der letzten Stelle das Zeichen "–", für einen positiven Wert wird ein Leerzeichen gesetzt. Wenn das Zielfeld länger als die Ziffernfolge inklusive Vorzeichen ist, wird links mit Leerzeichen aufgefüllt. Wenn es zu kurz ist, wird die Zahlendarstellung bei positiven Werten um eine Stelle nach rechts geschoben. Wenn das Zielfeld dann immer noch zu kurz ist (und bei negativen Werten), wird links abgeschnitten und das Zeichen "*" an die erste Stelle des Zielfeldes gesetzt.
d	Wenn der Wert der Integerzahl zwischen 1 und 3.652.060 liegt, wird sie als Anzahl der Tage seit dem 01.01.0001 interpretiert und das daraus resultierende Datum im Format "yyyymmdd" in das Zielfeld gestellt. Wenn der Wert außerhalb dieses Intervalls liegt, wird das Zielfeld mit dem Zeichen "0" aufgefüllt.
decfloat16, decfloat34	Ab Release 7.02/7.2. Der Wert der Integerzahl wird in die interne Darstellung einer dezimalen Gleitpunktzahl der Skalierung 0 konvertiert.
f	Der Wert der Integerzahl wird in die interne Darstellung einer binären Gleitpunktzahl konvertiert.
i (b, s)	Bei der Zuweisung zum gleichen Datentyp wird der Inhalt unkonvertiert übertragen. Ansonsten wird der Wert der Integerzahl in die interne Darstellung von i, b, s konvertiert. Wenn der Wertebereich der internen Datentypen b oder s überschritten wird, kommt es zur behandelbaren Ausnahme CX_SY_CONVERSION_OVERFLOW.
n	Der Absolutwert der Integerzahl wird als Ziffernfolge rechtsbündig in das Zielfeld übertragen. Wenn das Zielfeld länger als die Ziffernfolge ist, wird links mit Nullen aufgefüllt. Wenn es zu kurz ist, wird links abgeschnitten.

Tabelle 23.5 Konvertierungstabelle für Quellfeld vom Typ i, (b,s)

Ziel	Konvertierung
p	Der Wert der Integerzahl wird in die interne Darstellung einer gepackten Zahl konvertiert. Wenn der Wertebereich des Zielfeldes zu klein ist, kommt es zur behandelbaren Ausnahme CX_SY_CONVERSION_OVERFLOW.
string	Der Wert der Integerzahl wird in der kaufmännischen Notation aufbereitet und lückenlos ohne Dezimaltrennzeichen in das Zielfeld übertragen. Für einen negativen Wert wird an der letzten Stelle das Zeichen "–", für einen positiven Wert wird ein Leerzeichen gesetzt. Die resultierende Länge des Zielfeldes wird durch die Anzahl der Ziffern zuzüglich der Stelle für das Vorzeichen bestimmt.
t	Der Wert der Integerzahl wird durch die Anzahl der Sekunden eines Tages (86.400) dividiert und der ganzzahlige Rest der Division als Anzahl der Sekunden seit Mitternacht interpretiert. Die daraus resultierende Zeit wird im Format "hhmmss" in das Zielfeld gestellt.
x	Datenobjekte der Typen b oder s werden in die interne Darstellung von Datentyp i konvertiert. Die 4 Byte des Datentyps i werden in Big-Endian-Reihenfolge rechtsbündig in das Zielfeld gestellt. Ist das Zielfeld zu lang, wird links mit hexadezimal 0 aufgefüllt. Ist es zu kurz, wird links abgeschnitten.
xstring	Datenobjekte der Typen b oder s werden in die interne Darstellung von Datentyp i konvertiert. Die 4 Byte des Datentyps i werden in Big-Endian-Reihenfolge in das Zielfeld gestellt. Positive Werte belegen in dieser Darstellung 1, 2, 3 oder 4 Byte. Negative Werte benötigen immer 4 Byte. Für positive Werte werden die führenden Nullen vor dem vierten Byte nicht transportiert. Daher ist die resultierende Länge des Zielfeldes ein Byte für Datentyp b, 1, 2 oder 4 Byte für Datentyp s und 1, 2, 3 oder 4 Byte für Datentyp i.

Tabelle 23.5 Konvertierungstabelle für Quellfeld vom Typ i, (b,s) (Forts.)

Hinweise

▶ Die Zuweisung des Wertes 0 an ein Zielfeld vom Typ d ergibt nicht den Wert "00010101" für den 01.01.0001, sondern "0000000" für ein ungültiges Datum. Das kleinste gültige Datum, das durch die Zuweisung einer Zahl erzeugt werden kann, ist der 02.01.0001 durch die Zuweisung der Zahl 1.

▶ Die Konvertierung der Zahl 577.736 in ein Zielfeld vom Typ d ergibt den 4.10.1582, die Konvertierung der Zahl 577.737 ergibt den 15.10.1582. Datumsangaben für die dazwischenliegenden Tage, die durch die Umstellung vom Julianischen auf den Gregorianischen Kalender gestrichen wurden, sind durch eine Zuweisung eines numerischen Wertes an ein Zielfeld vom Typ d nicht erreichbar.

▶ Bei der Konvertierung der Datentypen b und s nach x und xstring ist die vorherige Konvertierung nach i und bei der Konvertierung des Datentyps i nach xstring das Abschneiden der führenden Nullen zu beachten. Um sicherzugehen, immer das gewünschte Ergebnis zu erhalten, wird empfohlen, die Datentypen i, b und s ausschließlich in Felder des Typs x der Länge 4 zu konvertieren und mit diesen weiterzuarbeiten. Beispielsweise benötigen negative Werte in einem Feld des Datentyps s bei der Konvertierung nach x oder xstring immer 4 Byte anstelle der eventuell erwarteten 2 Byte, sodass es bei einem Zielfeld der Länge 2 zu unerwarteten Ergebnissen kommt.

23.2.6 Quellfeld vom Typ n

Ziel	Konvertierung
c	Der Inhalt wird wie bei einem Quellfeld vom Typ c behandelt.
d	Der Inhalt wird wie bei einem Quellfeld vom Typ c behandelt.
f	Der Inhalt wird wie bei einem Quellfeld vom Typ c behandelt.
decfloat16, decfloat34	Ab Release 7.02/7.2. Der Inhalt wird wie bei einem Quellfeld vom Typ c behandelt.
i (b, s)	Der Inhalt wird wie bei einem Quellfeld vom Typ c behandelt.
n	Die Zeichen des Quellfeldes werden rechtsbündig in das Zielfeld gestellt. Schließende Leerzeichen werden übertragen. Wenn das Zielfeld länger als die übertragenen Zeichen ist, wird links mit den Zeichen "0" aufgefüllt. Ist das Zielfeld kürzer, wird links abgeschnitten.
p	Der Inhalt wird wie bei einem Quellfeld vom Typ c behandelt.
string	Der Inhalt wird wie bei einem Quellfeld vom Typ c behandelt.
t	Der Inhalt wird wie bei einem Quellfeld vom Typ c behandelt.
x	Der Inhalt des Quellfeldes wird erst in den Datentyp i (siehe oben) und dann in den Typ x konvertiert (siehe Tabelle 23.5).
xstring	Der Inhalt des Quellfeldes wird erst in den Datentyp i (siehe oben) und dann in den Typ xstring konvertiert (siehe Tabelle 23.5).

Tabelle 23.6 Konvertierungstabelle für Quellfeld vom Typ n

Hinweis

Die Konvertierungsregeln sind so gestaltet, dass sich Datenobjekte vom Typ n bei der Zuweisung an zeichenartige Datenobjekte zeichenartig und bei der Zuweisung an numerische Datenobjekte numerisch verhalten. Gültige Daten für Datenobjekte vom Typ n sind reine Ziffernfolgen. Bei der Zuweisung gültiger Daten an numerische Datenobjekte wird der Zahlenwert der Ziffernfolge dem Zielobjekt zugewiesen. Die Konvertierungsregeln erlauben aber auch Zuweisungen von numerischen Textfeldern, die ungültige Daten enthalten. Letzteres wird allerdings nicht empfohlen.

23.2.7 Quellfeld vom Typ p

Ziel	Konvertierung
c	Der Wert der gepackten Zahl wird in der kaufmännischen Notation aufbereitet und rechtsbündig in das Zielfeld übertragen. Für einen negativen Wert wird an der letzten Stelle das Zeichen "–", für einen positiven Wert wird ein Leerzeichen gesetzt. Wenn das Zielfeld länger als die Ziffernfolge inklusive Vorzeichen ist, wird links mit Leerzeichen aufgefüllt. Wenn es zu kurz ist, wird die Zahlendarstellung bei positiven Werten um eine Stelle nach rechts geschoben. Wenn das Zielfeld dann immer noch zu kurz ist (und bei negativen Werten), wird links abgeschnitten und das Zeichen "*" an die erste Stelle des Zielfeldes gesetzt.
d	Der Inhalt des Quellfeldes wird erst in den Datentyp i (siehe unten) und dann in den Typ d konvertiert (siehe Tabelle 23.5).

Tabelle 23.7 Konvertierungstabelle für Quellfeld vom Typ p

Ziel	Konvertierung
decfloat16, decfloat34	Ab Release 7.02/7.2. Der Wert der gepackten Zahl wird in die interne Darstellung einer dezimalen Gleitpunktzahl konvertiert. Wenn bei der Zuweisung an ein Zielfeld vom Typ decfloat16 die Anzahl der Dezimalstellen größer als 16 ist, wird kaufmännisch auf 16 Stellen gerundet. Wenn die Mantisse des Zielfeldes lang genug ist, wird die Skalierung auf die Anzahl der Nachkommastellen des Quellfeldes gesetzt. Ein ungültiger Wert im Quellfeld führt zur behandelbaren Ausnahme CX_SY_CONVERSION_NO_NUMBER.
f	Der Wert der gepackten Zahl wird in die interne Darstellung einer binären Gleitpunktzahl konvertiert. Wenn die Dezimalzahl nicht als binäre Gleitpunktzahl darstellbar ist, wird der nächstliegende Wert verwendet. Ein ungültiger Wert im Quellfeld führt zu undefiniertem Verhalten.
i (b, s)	Der Wert der gepackten Zahl wird kaufmännisch auf eine ganze Zahl gerundet. Wenn diese Zahl innerhalb des Wertebereichs für den Datentyp i, b oder s liegt, wird sie in die interne Darstellung der entsprechenden Integerzahl konvertiert. Ansonsten kommt es zur behandelbaren Ausnahme CX_SY_CONVERSION_OVERFLOW.
n	Der Wert der gepackten Zahl wird kaufmännisch auf eine ganze Zahl gerundet. Der Absolutwert dieser Zahl wird als Ziffernfolge rechtsbündig in das Zielfeld übertragen. Wenn das Zielfeld länger als die Ziffernfolge ist, wird links mit Nullen aufgefüllt. Wenn es zu kurz ist, wird links abgeschnitten.
p	Der Wert der gepackten Zahl wird kaufmännisch auf die Anzahl der Nachkommastellen des Zielfeldes gerundet. Wenn diese Zahl innerhalb des Wertebereichs für den Datentyp des Zielfeldes liegt, wird sie in die interne Darstellung dieser gepackten Zahl konvertiert. Ansonsten kommt es zur behandelbaren Ausnahme CX_SY_CONVERSION_OVERFLOW.
string	Der Wert der gepackten Zahl wird in der kaufmännischen Notation aufbereitet und lückenlos in das Zielfeld übertragen. Für einen negativen Wert wird an der letzten Stelle das Zeichen "–", für einen positiven Wert wird ein Leerzeichen gesetzt. Die resultierende Länge des Zielfeldes wird durch die Anzahl der Ziffern zuzüglich der Stellen für das Vorzeichen und das Dezimaltrennzeichen bestimmt.
t	Der Inhalt des Quellfeldes wird erst in den Datentyp i (siehe oben) und dann in den Typ t konvertiert (siehe Tabelle 23.5).
x	Der Inhalt des Quellfeldes wird erst in den Datentyp i (siehe oben) und dann in den Typ x konvertiert (siehe Tabelle 23.5).
xstring	Der Inhalt des Quellfeldes wird erst in den Datentyp i (siehe oben) und dann in den Typ xstring konvertiert (siehe Tabelle 23.5).

Tabelle 23.7 Konvertierungstabelle für Quellfeld vom Typ p (Forts.)

Hinweis

Wenn die Programmeigenschaft FESTPUNKTARITHMETIK nicht gesetzt ist, wird das Dezimaltrennzeichen in Quellfeldern vom Typ p nicht berücksichtigt, außer bei Zuweisungen an zeichenartige Zielfelder der Typen c und string.

23.2.8 Quellfeld vom Typ string

Ziel	Konvertierung
c	Der Inhalt wird wie bei einem Quellfeld vom Typ c behandelt, mit dem Unterschied, dass schließende Leerzeichen übertragen werden. Falls das Quellfeld die Länge 0 hat, wird das Zielfeld mit Leerzeichen aufgefüllt.
d	Der Inhalt wird wie bei einem Quellfeld vom Typ c behandelt, mit dem Unterschied, dass schließende Leerzeichen übertragen werden. Falls das Quellfeld die Länge 0 hat, wird das Zielfeld mit dem Zeichen "0" aufgefüllt.
decfloat16, decfloat34	Ab Release 7.02/7.2. Der Inhalt wird wie bei einem Quellfeld vom Typ c behandelt. Falls das Quellfeld die Länge 0 hat, wird dem Zielfeld der Wert 0 zugewiesen.
f	Der Inhalt wird wie bei einem Quellfeld vom Typ c behandelt. Falls das Quellfeld die Länge 0 hat, wird dem Zielfeld der Wert 0 zugewiesen.
i (b, s)	Der Inhalt wird wie bei einem Quellfeld vom Typ c behandelt. Falls das Quellfeld die Länge 0 hat, wird dem Zielfeld der Wert 0 zugewiesen.
n	Der Inhalt wird wie bei einem Quellfeld vom Typ c behandelt. Falls das Quellfeld die Länge 0 hat, wird das Zielfeld mit dem Zeichen "0" aufgefüllt.
p	Der Inhalt wird wie bei einem Quellfeld vom Typ c behandelt. Falls das Quellfeld die Länge 0 hat, wird dem Zielfeld der Wert 0 zugewiesen.
string	Keine Konvertierung. Nach der Zuweisung zeigt die interne Referenz des Zielfeldes auf den gleichen String wie das Quellfeld. Erst bei einer Änderungsanforderung an den Inhalt des Quell- oder Zielfeldes wird ein neuer String im Speicher erzeugt.
t	Der Inhalt wird wie bei einem Quellfeld vom Typ c behandelt. Falls das Quellfeld die Länge 0 hat, wird das Zielfeld mit dem Zeichen "0" aufgefüllt, wobei insbesondere die schließenden Leerzeichen übertragen werden.
x	Der Inhalt wird wie bei einem Quellfeld vom Typ c behandelt. Falls das Quellfeld die Länge 0 hat, wird das Zielfeld mit hexadezimal 0 aufgefüllt.
xstring	Der Inhalt wird wie bei einem Quellfeld vom Typ c behandelt. Falls das Quellfeld die Länge 0 hat, hat das Zielfeld nach der Zuweisung ebenfalls die Länge 0.

Tabelle 23.8 Konvertierungstabelle für Quellfeld vom Typ string

23.2.9 Quellfeld vom Typ t

Ziel	Konvertierung
c	Der Inhalt wird wie bei einem Quellfeld vom Typ c behandelt.
d	Nicht unterstützt. Führt zu einem Syntaxfehler oder zu einer unbehandelbaren Ausnahme.
decfloat16, decfloat34	Ab Release 7.02/7.2. Wenn das Quellfeld nur Ziffern enthält, wird der Inhalt als Zeitangabe im Format "hhmmss" aufgefasst, daraus der Wert hh*3600+mm*60+ss berechnet und dieser Wert in die interne Darstellung einer dezimalen Gleitpunktzahl mit der Skalierung 0 konvertiert. Wenn das Quellfeld nicht nur Ziffern enthält, erhält das Zielfeld den Wert 0.

Tabelle 23.9 Konvertierungstabelle für Quellfeld vom Typ t

Ziel	Konvertierung
f	Wenn das Quellfeld nur Ziffern enthält, wird der Inhalt als Zeitangabe im Format "hhmmss" aufgefasst, daraus der Wert hh*3600+mm*60+ss berechnet und dieser Wert in die interne Darstellung einer binären Gleitpunktzahl konvertiert. Wenn das Quellfeld nicht nur Ziffern enthält, erhält das Zielfeld den Wert 0.
i (b, s)	Wenn das Quellfeld nur Ziffern enthält, wird der Inhalt als Zeitangabe im Format "hhmmss" aufgefasst, daraus der Wert hh*3600+mm*60+ss berechnet und dieser Wert in die interne Darstellung der entsprechenden Integerzahl konvertiert. Wenn das Quellfeld nicht nur Ziffern enthält, erhält das Zielfeld den Wert 0. Wenn der Wertebereich bei den internen Datentypen b und s nicht ausreicht, kommt es zur behandelbaren Ausnahme CX_SY_CONVERSION_OVERFLOW.
n	Die Zeichen des Quellfeldes werden linksbündig in das Zielfeld gestellt. Schließende Leerzeichen des Quellfeldes werden übertragen. Wenn das Zielfeld länger als das Quellfeld ist, wird rechts mit den Zeichen "0" aufgefüllt. Ist das Zielfeld kürzer, wird rechts abgeschnitten.
p	Wenn das Quellfeld nur Ziffern enthält, wird der Inhalt als Zeitangabe im Format "hhmmss" aufgefasst, daraus der Wert hh*3600+mm*60+ss berechnet und dieser Wert in die interne Darstellung einer gepackten Zahl konvertiert. Wenn der Wertebereich des Zielfeldes zu klein ist, kommt es zur behandelbaren Ausnahme CX_SY_CONVERSION_OVERFLOW. Wenn das Quellfeld nicht nur Ziffern enthält, erhält das Zielfeld den Wert 0.
string	Der Inhalt wird wie bei einem Quellfeld vom Typ c behandelt.
t	Der Inhalt des Quellfeldes wird unkonvertiert übertragen.
x	Der Inhalt des Quellfeldes wird erst in den Datentyp i (siehe oben) und dann in den Typ x konvertiert (siehe Tabelle 23.5).
xstring	Der Inhalt des Quellfeldes wird erst in den Datentyp i (siehe oben) und dann in den Typ xstring konvertiert (siehe Tabelle 23.5).

Tabelle 23.9 Konvertierungstabelle für Quellfeld vom Typ t (Forts.)

Hinweis

Die Konvertierungsregeln sind so gestaltet, dass sich Datenobjekte vom Typ t bei der Zuweisung an zeichenartige Datenobjekte zeichenartig und bei der Zuweisung an numerische Datenobjekte numerisch verhalten. Letzteres ist die Grundlage für Zeitberechnungen in arithmetischen Ausdrücken. Wenn der Inhalt von Datenobjekten vom Typ t Zeitangaben im Format "hhmmss" sind, wobei die Werte nur gültigen Uhrzeiten entsprechen – d. h., "hh" ist 00 bis 23, "mm" und "ss" sind 00 bis 59 –, entspricht der einem numerischen Datenobjekt zugewiesene Wert der Anzahl der Sekunden seit Mitternacht. Die Konvertierungsregeln erlauben zwar auch Zuweisungen von Zeitfeldern, die ungültige Daten enthalten, dies ist aber nicht empfohlen.

23.2.10 Quellfeld vom Typ x

Ziel	Konvertierung
c	Die Werte jedes Halbbytes des Quellfeldes werden in die hexadezimalen Zeichen "0" bis "9" und "A" bis "F" konvertiert und linksbündig in das Zielfeld übertragen. Wenn das Zielfeld länger als die Anzahl der übertragenen Zeichen ist, wird rechts mit Leerzeichen aufgefüllt. Wenn es zu kurz ist, wird rechts abgeschnitten.
d	Der Inhalt des Quellfeldes wird erst in den Datentyp i (siehe unten) und dann in den Typ d konvertiert (siehe Tabelle 23.5).
decfloat16, decfloat34	Ab Release 7.02/7.2. Der Inhalt des Quellfeldes wird erst in den Datentyp i (siehe unten) und dann in den Typ decfloat16 bzw. decfloat34 konvertiert (siehe Tabelle 23.5).
f	Der Inhalt des Quellfeldes wird erst in den Datentyp i (siehe unten) und dann in den Typ f konvertiert (siehe Tabelle 23.5).
i (b, s)	Es werden ausschließlich die letzten 4 Byte des Quellfeldes konvertiert. Wenn das Quellfeld kürzer als 4 Byte ist, wird links mit hexadezimal 0 auf 4 Byte verlängert. Der Inhalt dieser Bytes wird als in Big Endian abgelegte Zahl vom Typ i aufgefasst. Die hexadezimalen Werte von "00000000" bis "7FFFFFFF" sind den Zahlen von +0 bis +2.147.483.647, und die hexadezimalen Werte von "80000000" bis "FFFFFFFF" sind den Zahlen von −2.147.483.648 bis −1 zugeordnet. Die so erhaltene Zahl wird in die interne Darstellung der entsprechenden Integerzahl konvertiert. Wenn der Wertebereich bei den Datentypen b und s nicht ausreicht, kommt es zur behandelbaren Ausnahme CX_SY_CONVERSION_OVERFLOW.
n	Der Inhalt des Quellfeldes wird erst in den Datentyp i (siehe oben) und dann in den Typ n konvertiert (siehe Tabelle 23.5).
p	Der Inhalt des Quellfeldes wird erst in den Datentyp i (siehe oben) und dann in den Typ p konvertiert (siehe Tabelle 23.5).
string	Die Werte jedes Halbbytes des Quellfeldes werden in die hexadezimalen Zeichen "0" bis "9" und "A" bis "F" konvertiert und linksbündig in das Zielfeld übertragen. Die resultierende Länge des Zielfeldes wird durch die Anzahl der übertragenen Zeichen bestimmt.
t	Der Inhalt des Quellfeldes wird erst in den Datentyp i (siehe oben) und dann in den Typ t konvertiert (siehe Tabelle 23.5).
x	Die Bytes des Quellfeldes werden linksbündig in das Zielfeld gestellt. Ist das Zielfeld länger als die Anzahl der übertragenen Bytes, wird rechts mit hexadezimal 0 aufgefüllt. Ist das Zielfeld kürzer, wird rechts abgeschnitten.
xstring	Die Bytes des Quellfeldes werden linksbündig in das Zielfeld gestellt. Die resultierende Länge des Zielfeldes wird durch die Anzahl der übertragenen Bytes bestimmt.

Tabelle 23.10 Konvertierungstabelle für Quellfeld vom Typ x

23.2.11 Quellfeld vom Typ xstring

Ziel	Konvertierung
c	Der Inhalt wird wie bei einem Quellfeld vom Typ x behandelt. Falls das Quellfeld die Länge 0 hat, wird das Zielfeld mit Leerzeichen aufgefüllt.

Tabelle 23.11 Konvertierungstabelle für Quellfeld vom Typ xstring

Ziel	Konvertierung
d	Der Inhalt wird wie bei einem Quellfeld vom Typ x behandelt. Falls das Quellfeld die Länge 0 hat, wird das Zielfeld mit dem Zeichen "0" aufgefüllt.
decfloat16, decfloat34	Ab Release 7.02/7.2. Der Inhalt wird wie bei einem Quellfeld vom Typ x behandelt. Falls das Quellfeld die Länge 0 hat, wird dem Zielfeld der Wert 0 zugewiesen.
f	Der Inhalt wird wie bei einem Quellfeld vom Typ x behandelt. Falls das Quellfeld die Länge 0 hat, wird dem Zielfeld der Wert 0 zugewiesen.
i (b, s)	Der Inhalt wird wie bei einem Quellfeld vom Typ x behandelt. Falls das Quellfeld die Länge 0 hat, wird dem Zielfeld der Wert 0 zugewiesen.
n	Der Inhalt wird wie bei einem Quellfeld vom Typ x behandelt. Falls das Quellfeld die Länge 0 hat, wird das Zielfeld mit dem Zeichen "0" aufgefüllt.
p	Der Inhalt wird wie bei einem Quellfeld vom Typ x behandelt. Falls das Quellfeld die Länge 0 hat, wird dem Zielfeld der Wert 0 zugewiesen.
string	Der Inhalt wird wie bei einem Quellfeld vom Typ x behandelt. Falls das Quellfeld die Länge 0 hat, hat das Zielfeld nach der Zuweisung ebenfalls die Länge 0.
t	Der Inhalt wird wie bei einem Quellfeld vom Typ x behandelt. Falls das Quellfeld die Länge 0 hat, wird das Zielfeld mit dem Zeichen "0" aufgefüllt.
x	Der Inhalt wird wie bei einem Quellfeld vom Typ x behandelt. Falls das Quellfeld die Länge 0 hat, wird das Zielfeld mit hexadezimal 0 aufgefüllt.
xstring	Der Inhalt wird wie bei einem Quellfeld vom Typ x behandelt. Falls das Quellfeld die Länge 0 hat, hat das Zielfeld nach der Zuweisung ebenfalls die Länge 0.

Tabelle 23.11 Konvertierungstabelle für Quellfeld vom Typ xstring (Forts.)

23.2.12 Numerische Werte in zeichenartigen Feldern

Die Werte von Datenobjekten zeichenartiger Datentypen können Datenobjekten der numerischen Typen i (b, s), p, decfloat16, decfloat34 (ab Release 7.02/7.2) und f zugewiesen werden, wenn sie die gültige Darstellung einer Zahl enthalten. Folgende Zeichenketten stellen gültige Zahlen dar:

▶ **Mathematische Notation**
Eine ununterbrochene Folge von Ziffern mit maximal einem Punkt (.) als Dezimaltrennzeichen und optional einem Vorzeichen "+" oder "–" links davon, das durch Leerzeichen von der Ziffernfolge getrennt sein darf. Es dürfen beliebig viele Leerzeichen vor und hinter der Zahlenangabe stehen.

▶ **Kaufmännische Notation**
Eine ununterbrochene Folge von Ziffern mit maximal einem Punkt (.) als Dezimaltrennzeichen und optional einem Vorzeichen "+" oder "–" rechts davon, das durch Leerzeichen von der Ziffernfolge getrennt sein darf. Es dürfen beliebig viele Leerzeichen vor und hinter der Zahlenangabe stehen.

▶ **Wissenschaftliche Notation**
Eine ununterbrochene Folge aus einer Mantisse und einem Exponenten. Die Mantisse ist eine ununterbrochene Folge aus einem Vorzeichen "+" oder "–" und einer Ziffernfolge, die maximal einen Punkt (.) als Dezimaltrennzeichen enthalten darf. Der Exponent ist eine ununterbrochene Folge aus dem Zeichen "E" oder "e", einem Vorzeichen "+" oder "-" und

einer Ziffernfolge. Der Zahlenwert ist der Wert der Mantisse multipliziert mit 10 hoch demjenigen Wert, der hinter dem Zeichen "E" oder "e" steht. Es dürfen beliebig viele Leerzeichen vor der Zahlenangabe stehen. Nicht benötigte Teile der Notation wie Vorzeichen oder die Angabe des Exponenten können weggelassen werden.

Zusammengefasst können diese Notationen wie folgt an Variablen mit numerischen Datentypen zugewiesen werden:

- Alle drei Notationen können ab Release 7.02/7.2 in dezimale Gleitpunktzahlen der Typen `decfloat16` und `decfloat34` konvertiert werden.
- Nur die wissenschaftliche Notation kann in binäre Gleitpunktzahlen des Typs `f` konvertiert werden. Dabei schließt das erste Leerzeichen hinter der Zahlenangabe diese ab, und darauffolgende weitere Zeichen werden ignoriert. Die mathematische und kaufmännische Notation sind nur dann zulässig, wenn sie als wissenschaftliche Notation interpretiert werden können. Zusätzlich ist die kaufmännische Notation mit einem nicht durch Leerzeichen abgetrennten Vorzeichen auf der rechten Seite zulässig, wenn die Zeichenkette direkt mit der Ziffernfolge beginnt.
- Nur die mathematische und kaufmännische Notation können in ganze und gepackte Zahlen der Typen `i` (`b`, `s`) und `p` konvertiert werden.

Zusätzlich werden Zeichenketten, die keine Zeichen oder nur Leerzeichen enthalten, bei einer Zuweisung an Variablen mit numerischem Datentyp immer in den Wert 0 konvertiert. Bei der Zuweisung an den Typ `f` wird auch eine Zeichenkette, die keine der obigen Notationen enthält, als Zahl mit dem Wert 0 interpretiert, wenn sie mit Leerzeichen beginnt.

Hinweis
In den verschiedenen Notationen ist die unterschiedliche Behandlung von Leerzeichen zu beachten. Während beispielsweise die Zeichenfolge " – 123.456" in der mathematischen Notation den Wert –123,456 hat, stellt sie nach obiger Regel in der wissenschaftlichen Notation den Wert 0 dar. Das von einem Leerzeichen gefolgte Zeichen "–" wird dort als die Zahl interpretiert, und die folgenden Zeichen "123.456" werden ignoriert.

23.3 Konvertierungsregeln für Strukturen

Bei Zuweisungen zwischen Strukturen ist prinzipiell zwischen flachen und tiefen Strukturen zu unterscheiden:

- Tiefe Strukturen können nur einander zugewiesen werden, wenn sie kompatibel sind. Für folgende tiefe Komponenten wird aber keine vollständige Kompatibilität gefordert, sondern:
  - für Komponenten, die einen Referenztyp haben, sind Up-, aber keine Down Casts erlaubt
  - für tabellenartige Komponenten genügt es, dass der Zeilentyp kompatibel ist. Das heißt, es wird nicht die vollständige Kompatibilität gefordert, die auch Tabellenart und Tabellenschlüssel umfasst.

- Für flache Strukturen gibt es Konvertierungsregeln für folgende Zuweisungen zwischen inkompatiblen Datenobjekten:
  - Konvertierung zwischen flachen Strukturen
  - Konvertierung zwischen flachen Strukturen und Einzelfeldern

In Unicode-Systemen ist dabei die Unicode-Fragmentsicht zu beachten.

Hinweis
Mit dem Zusatz `EXACT` zur Anweisung `MOVE` kann ab Release 7.02/7.2 bewirkt werden, dass für flache Strukturen die gleiche Zuweisungsregel gilt wie für tiefe Strukturen.

23.3.1 Unicode-Fragmentsicht

Die Unicode-Fragmentsicht zerlegt eine Struktur in Fragmente. Ein Fragment ist eine Zusammenfassung von Strukturkomponenten gleicher oder ähnlicher Datentypen. In geschachtelten Strukturen werden bei der Bildung der Fragmente die elementaren Komponenten der untersten Schachtelungsebene betrachtet. Folgende Teile einer Struktur werden jeweils zu einem Fragment zusammengefasst:

- Aufeinanderfolgende flache zeichenartige Komponenten vom Typ `c`, `n`, `d`, `t`, zwischen denen keine Ausrichtungslücken liegen, bilden zeichenartige Fragmente.
- Aufeinanderfolgende flache byteartige Komponenten vom Typ `x`, zwischen denen keine Ausrichtungslücken liegen, bilden byteartige Fragmente.
- Aufeinanderfolgende numerische Komponenten vom Typ `i` (`b`, `s`), `decfloat16`, `decfloat34` (ab Release 7.02/7.2) oder `f`, zwischen denen keine Ausrichtungslücken liegen, bilden jeweils ein eigenes Fragment.
- Jede einzelne numerische Komponente vom Typ `p` bildet ein eigenes Fragment. Für ein solches Fragment ist die Länge, aber nicht die Anzahl der Nachkommastellen signifikant.
- In tiefen Strukturen bildet jede tiefe Komponente (Referenz) ein eigenes Fragment.
- Jede Ausrichtungslücke wird als Fragment betrachtet.

Hinweis
In geschachtelten Strukturen ist zu beachten, dass bei ausgerichteten Unterstrukturen vor und nach den Unterstrukturen Ausrichtungslücken auftreten können. Bei der Übernahme von Strukturkomponenten mit `INCLUDE` (siehe Abschnitt 13.1.4) kann vor den übernommenen Komponenten eine zusätzliche Ausrichtungslücke entstehen.

Beispiel
```
BEGIN OF struc,
  a TYPE c LENGTH 3,
  b TYPE n LENGTH 4,
  c TYPE d,
  d TYPE t,
  e TYPE decfloat16,
  f TYPE x LENGTH 2,
  g TYPE x LENGTH 4,
  h TYPE i,
```

```
    i TYPE i,
    j TYPE i,
    k TYPE i,
END OF struc.
```

Die Struktur `struc` enthält in einem Unicode-System, in dem zeichenartige Felder durch 2 Byte je Zeichen repräsentiert werden, folgende Unicode-Fragmente. Ausrichtungslücken sind mit A bezeichnet.

Fragment	Komponenten	Bytes
1	a, b, c, d	6+8+16+12
2	A	6
3	e	8
4	f, g	2+4
5	A	2
6	h, i, j, k	4+4+4+4

Tabelle 23.12 Unicode-Fragmente der Beispielstruktur

23.3.2 Konvertierung zwischen flachen Strukturen

23.3.2.1 In Nicht-Unicode-Programmen

Außerhalb von Unicode-Programmen werden die beteiligten flachen Strukturen als Einzelfelder vom Typ c betrachtet (Casting), deren Länge durch die Länge ihrer Komponenten und mögliche Ausrichtungslücken bestimmt wird. Die Zuweisung zwischen den Strukturen erfolgt dann nach den Konvertierungsregeln für den Datentyp c. Insbesondere werden bei der Zuweisung einer kürzeren Struktur in eine längere die Komponenten am Ende der Zielstruktur nicht typspezifisch initialisiert, sondern mit Leerzeichen aufgefüllt.

Hinweis
Zuweisungen dieser Art sind nur dann sinnvoll, wenn die beteiligten Strukturen ausschließlich zeichenartige Komponenten besitzen.

23.3.2.2 In Unicode-Programmen

Für die Konvertierung flacher Strukturen in Unicode-Programmen muss die Unicode-Fragmentsicht (siehe Abschnitt 23.3.1) der beteiligten Strukturen beachtet werden. Dort gelten folgende Regeln für die Konvertierung einer flachen Struktur in eine andere flache Struktur:

1. Bei Zuweisungen von Strukturen mit gleicher Fragmentsicht wird die Struktur unkonvertiert zugewiesen.

2. Bei Zuweisungen von Strukturen unterschiedlicher Länge, deren Fragmentsicht über die Länge der kürzeren Struktur exakt übereinstimmt, erfolgt eine unkonvertierte Zuweisung in der Länge der kürzeren Struktur. Wenn die Zielstruktur länger als die Quellstruktur ist, werden die Komponenten der Zielstruktur, die hinter den gemeinsamen Fragmenten liegen, mit typgerechten Initialwerten gefüllt und Ausrichtungslücken auf hexadezimal 0

gesetzt. Wenn die Zielstruktur kürzer als die Quellstruktur ist, werden die Komponenten der Quellstruktur, die hinter den gemeinsamen Fragmenten liegen, abgeschnitten.

3. Bei Zuweisungen von Strukturen unterschiedlicher Länge, deren Fragmentsicht bis zum vorletzten Fragment der kürzeren Struktur übereinstimmt und bei denen das nächste Fragment jeweils zeichen- oder byteartig ist, erfolgt eine unkonvertierte Zuweisung des fragmentgleichen Anfangsstücks. Die Zeichen des nächsten Fragments der Quellstruktur werden linksbündig und unkonvertiert dem entsprechenden Fragment der Zielstruktur zugewiesen. Falls dieses Fragment in der Zielstruktur größer als in der Quellstruktur ist, wird je nach Datentyp rechts mit Leerzeichen oder mit hexadezimal 0 aufgefüllt. Falls es kürzer ist, wird rechts abgeschnitten. Die restlichen Komponenten hinter diesem Fragment werden entweder abgeschnitten oder mit typgerechten Initialwerten gefüllt.

Für alle anderen Fälle ist keine Konvertierungsregel definiert und daher keine Zuweisung möglich.

Hinweis

Wenn in den beteiligten Strukturen Komponenten vom Datentyp p vorkommen, bilden diese einzelne Fragmente, bei denen nur die Längen, aber nicht die Anzahl der Nachkommastellen signifikant sind. Bei der Zuweisung solcher Strukturen wird der Wert der Quellkomponenten vom Typ p auf die Anzahl der Nachkommastellen der Zielkomponenten gecastet, und es kann zu einer Verschiebung des Dezimalpunkts kommen.

Beispiele

Eine Zuweisung von struc1 an struc2 und umgekehrt ist in Unicode-Programmen nicht erlaubt, weil die Fragmentsicht nicht übereinstimmt (struc1-x belegt im Gegensatz zu struc2-b immer nur ein Byte).

```
DATA:                           DATA:
  BEGIN OF struc1,                BEGIN OF struc2,
    a TYPE c LENGTH 1,              a TYPE c LENGTH 1,
    x TYPE x LENGTH 1,              b TYPE c LENGTH 1,
  END OF struc1.                  END OF struc2.
```

Eine Zuweisung von struc3 an struc4 und umgekehrt ist zulässig, weil die Fragmentsicht der kürzeren Struktur struc3 mit der Fragmentsicht des Anfangsstücks der längeren Struktur struc4 übereinstimmt.

```
DATA:                           DATA:
  BEGIN OF struc3,                BEGIN OF struc4,
    a TYPE c LENGTH 2,              a TYPE c LENGTH 8,
    n TYPE n LENGTH 6,              i TYPE i,
    i TYPE i,                       d TYPE decfloat16,
  END OF struc3.                  END OF struc4.
```

Eine Zuweisung von struc5 an struc6 und umgekehrt ist wiederum verboten, weil die Fragmentsichten der beiden Strukturen durch die Ausrichtungslücken vor struc5-b und vor struc6-struc0-b nicht übereinstimmen.

```
DATA:                           DATA:
  BEGIN OF struc5,                BEGIN OF struc6,
```

```
    a TYPE x LENGTH 1,           a TYPE x LENGTH 1,
    b TYPE x LENGTH 1,           BEGIN OF struc0,
    c TYPE c LENGTH 1,             b TYPE x LENGTH 1,
  END OF struc5.                   c TYPE c LENGTH 1,
                                 END OF struc0,
                               END OF struc6.
```

Eine Zuweisung von `struc7` an `struc8` und umgekehrt ist möglich, weil die Fragmentsicht bis zum vorletzten Fragment p der kürzeren Struktur `struc7` übereinstimmt.

```
DATA:                          DATA:
  BEGIN OF struc7,               BEGIN OF struc8,
    a TYPE i,                      a     TYPE i,
    p TYPE p LENGTH 8,             p TYPE p LENGTH 8,
    c TYPE c LENGTH 1,             c TYPE c LENGTH 5,
  END OF struc7.                   o TYPE p LENGTH 8,
                                 END OF struc8.
```

23.3.3 Konvertierung zwischen flachen Strukturen und Einzelfeldern

23.3.3.1 In Nicht-Unicode-Programmen

Außerhalb von Unicode-Programmen wird die beteiligte Struktur als Einzelfeld vom Typ c betrachtet (Casting), deren Länge durch die Länge ihrer Komponenten und mögliche Ausrichtungslücken bestimmt wird. Die Zuweisung zwischen Struktur und Einzelfeld erfolgt dann nach den Konvertierungsregeln zwischen Datentyp c und dem Datentyp des Einzelfeldes (siehe Abschnitt 23.2.1).

Hinweis

Zuweisungen dieser Art sind nur dann sinnvoll, wenn die beteiligte Struktur ausschließlich zeichenartige Komponenten besitzt. Wird einer Struktur, die nicht nur zeichenartige Komponenten enthält, ein Einzelfeld zugewiesen, passt der Inhalt dieser Komponenten danach in der Regel nicht mehr zum Datentyp, und die Komponenten können nicht mehr einzeln ausgewertet werden.

23.3.3.2 In Unicode-Programmen

In Unicode-Programmen gelten folgende Regeln für die Konvertierung einer flachen Struktur in ein Einzelfeld und umgekehrt:

▶ Ist eine Struktur rein zeichenartig, wird sie bei der Konvertierung wie ein Datenobjekt vom Typ c (Casting) behandelt. Das Einzelfeld kann einen beliebigen elementaren Datentyp haben.

▶ Ist die Struktur nicht vollständig zeichenartig, muss das Einzelfeld vom Typ c sein und die Struktur mit einem zeichenartigen Fragment beginnen, das mindestens so lang wie das Einzelfeld ist. Die Zuweisung erfolgt ausschließlich zwischen diesem Fragment und dem Einzelfeld. Bei der Zuweisung wird das zeichenartige Fragment der Struktur wie ein Datenobjekt vom Typ c (Casting) behandelt. Wenn die Struktur das Zielfeld ist, werden die übrigen zeichenartigen Fragmente mit Leerzeichen und alle anderen Komponenten mit dem typgerechten Initialwert gefüllt.

Für alle anderen Fälle ist keine Konvertierungsregel definiert und daher keine Zuweisung möglich.

23.4 Konvertierungsregeln für interne Tabellen

Interne Tabellen können nur internen Tabellen zugewiesen werden. Unabhängig von Tabellentyp, Tabellenschlüssel und Zeilenanzahl hängt die Zuweisbarkeit ausschließlich vom Zeilentyp ab. Interne Tabellen können einander genau dann zugewiesen werden, wenn ihre Zeilentypen kompatibel oder konvertibel sind. Dies gilt gleichermaßen in Unicode- und Nicht-Unicode-Programmen.

Bei der Zuweisung einer internen Tabelle an eine andere werden die Zeilen der Zieltabelle gelöscht. Für jede Zeile der Quelltabelle wird eine neue Zeile in der Zieltabelle erzeugt, die mit Zeileninhalt der Quelltabelle versorgt wird. Die Ablage der Zeilen erfolgt gemäß der Tabellenart. Bei Zuweisung an eine sortierte Tabelle wird der Inhalt automatisch sortiert, und Hash-Tabellen werden nach dem Hash-Algorithmus abgelegt.

Die Zuweisung des Inhalts der einzelnen Zeilen der Quelltabelle an die Zeilen der Zieltabelle erfolgt nach den gleichen Regeln wie zwischen einzelnen Datenobjekten der jeweiligen Zeilentypen. Wie bei allen Konvertierungen gilt auch hier die Grundregel, dass der konvertierte Inhalt der einzelnen Zeilen der Quelltabelle im Wertebereich des Zeilentyps der Zieltabelle liegen muss.

Hinweis
Bei internen Tabellen mit kompatiblen oder konvertiblen Zeilentypen kommt es bei der Zuweisung zu einer unbehandelbaren Ausnahme, wenn in der Zieltabelle Duplikate bezüglich eines eindeutigen primären oder sekundären Tabellenschlüssels (ab Release 7.02/7.2) erzeugt würden.

23.5 Zuweisungsregeln für Referenzvariablen

Der Inhalt einer Referenzvariablen kann nur einer anderen Referenzvariablen zugewiesen werden, wobei Datenreferenzen nur Datenreferenzvariablen und Objektreferenzen nur Objektreferenzvariablen zugewiesen werden können. Bei der Zuweisung findet keine Konvertierung statt. Damit eine Zuweisung stattfinden kann, muss der statische Typ der Zielreferenzvariablen allgemeiner oder gleich zum dynamischen Typ der Quellreferenzvariablen sein. Nach erfolgreicher Zuweisung zeigt die Zielreferenzvariable auf das gleiche Objekt wie die Quellreferenzvariable, d.h., die Zielreferenzvariable übernimmt den dynamischen Typ der Quellreferenzvariablen.

23.5.1 Statischer und dynamischer Typ

Jede Referenzvariable hat einen dynamischen und einen statischen Typ:

- Der dynamische Typ wird zur Laufzeit eines Programms festgelegt und ist der Datentyp des Datenobjekts bzw. die Klasse des Objekts, auf das die Referenzvariable zeigt. Er bestimmt die Komponenten, die das Objekt enthält. Der dynamische Typ einer initialen Datenreferenzvariablen ist der vordefinierte generische Typ `data`. Der dynamische Typ einer initialen Objektreferenzvariablen ist der vordefinierte generische Typ `object`.

- Der statische Typ wird bei der Deklaration der Referenzvariablen festgelegt. Bei Datenreferenzen ist der statische Typ entweder ein nicht-generischer Datentyp oder der vordefinierte generische Typ `data`. Bei Objektreferenzen ist der statische Typ entweder eine Klasse oder ein Interface, sodass eine Objektreferenz auch als Klassenreferenz oder Interfacereferenz bezeichnet wird.

Der statische Typ einer Referenzvariablen ist immer allgemeiner oder gleich dem dynamischen Typ. Diese Grundregel bestimmt alle Zuweisungen zwischen Referenzvariablen. Bei einer Zuweisung zwischen Referenzvariablen übernimmt die Zielvariable den dynamischen Typ der Quellvariablen. Eine Zuweisung ist genau dann möglich, wenn der statische Typ der Zielvariablen allgemeiner oder gleich dem dynamischen Typ der Quellvariablen ist.

23.5.1.1 Up Cast

Wenn der statische Typ der Zielvariablen allgemeiner oder gleich dem statischen Typ der Quellvariablen ist, ist eine Zuweisung immer möglich. Der Name Up Cast ergibt sich daraus, dass man sich im Vererbungsbaum nach oben bewegt. Da die Zielvariable im Vergleich zur Quellvariablen mehr dynamische Typen annehmen kann, heißt diese Zuweisung auch Widening Cast. Ein Up Cast kann in allen ABAP-Anweisungen erfolgen, bei denen der Inhalt eines Datenobjekts einem anderen Datenobjekt zugewiesen wird. Dies sind beispielsweise Zuweisungen mit dem normalen Zuweisungsoperator (=), Einfügungen von Zeilen in internen Tabellen oder Übergabe von Aktual- an Formalparameter.

23.5.1.2 Down Cast

Wenn der statische Typ der Zielvariablen spezieller als der statische Typ der Quellvariablen ist, muss zur Laufzeit vor Ausführung der Zuweisung geprüft werden, ob er allgemeiner oder gleich dem dynamischen Typ der Quellvariablen ist. Der Name Down Cast resultiert daraus, dass man sich im Vererbungsbaum nach unten bewegt. Da die Zielvariable im Vergleich zur Quellvariablen weniger dynamische Typen annehmen kann, heißt diese Zuweisung auch Narrowing Cast. Ein Down Cast kann nur mit dem speziellen Zuweisungsoperator ?= (Casting-Operator) oder der Anweisung `MOVE ... ?TO ...` erfolgen. Falls die Voraussetzung nicht erfüllt ist, kommt es zu einer behandelbaren Ausnahme.

23.5.2 Zuweisungen zwischen Datenreferenzvariablen

Datenreferenzvariablen sind entweder vollständig oder mit dem generischen Typ `data` typisiert.

23.5.2.1 Up Cast bei Datenreferenzen

Ein Up Cast bei Datenreferenzen ist in folgenden Fällen möglich:

- Die statischen Typen von Quell- und Zielvariablen stimmen nach folgenden Regeln überein:
  - Beide sind elementare Datentypen mit identischen technischen Typeigenschaften, also eingebauter ABAP-Typ, Länge und Anzahl der Nachkommastellen. Dabei spielt es keine Rolle, wie die statischen Typen definiert wurden.
  - Beide haben den identischen strukturierten Typ. Bei strukturierten Typen sind identische technische Typeigenschaften nicht ausreichend, sondern zur Definition der statischen Typen muss der gleiche strukturierte Typ verwendet worden sein.
  - Beide sind Tabellentypen mit übereinstimmenden technischen Typeigenschaften, d. h. Zeilentypen, Tabellenart und Tabellenschlüssel. Bei nicht-strukturierten Zeilentypen genügen identische technische Typeigenschaften des Zeilentyps. Bei strukturierten Zeilentypen muss die Definition mit Bezug auf den gleichen strukturierten Typ erfolgt sein.
- Der statische Typ der Quellvariablen ist vollständig typisiert, und derjenige der Zielvariablen ist generisch.

23.5.2.2 Down Cast bei Datenreferenzen

Ein Down Cast bei Datenreferenzen ist nur möglich, wenn der statische Typ der Quellvariablen generisch und derjenige der Zielvariablen vollständig typisiert ist. Die Syntaxprüfung schließt aus, dass die statischen Typen von Quell- und Zielvariablen beide vollständig typisiert, aber nicht identisch sind.

Beispiel

Die Zuweisung von `dref1` an `dref2` ist ein Up Cast. Die Zuweisung von `dref2` an `dref1` ist ein Down Cast, der im gezeigten Fall zu einer Ausnahme führt. Hätte die Anweisung CREATE DATA den Zusatz TYPE i, wäre auch der Down Cast erfolgreich.

```
DATA: dref1 TYPE REF TO i,
      dref2 TYPE REF TO data.
CREATE DATA dref1.
dref2 = dref1.
CREATE DATA dref2 TYPE string.
TRY.
  dref1 ?= dref2.
  CATCH cx_sy_move_cast_error.
  ...
ENDTRY.
```

23 | Zuweisungsregeln

23.5.3 Zuweisungen zwischen Objektreferenzvariablen

Objektreferenzvariablen sind entweder Klassen- oder Interface-Referenzvariablen.

23.5.3.1 Up Cast bei Objektreferenzen

Ein Up Cast bei Objektreferenzen ist in folgenden Fällen möglich:

- Wenn beide statischen Typen Klassen sind, muss die Klasse der Zielvariablen die gleiche Klasse oder Oberklasse der Quellvariablen sein.
- Wenn beide statischen Typen Interfaces sind, muss das Interface der Zielvariablen das gleiche Interface oder Komponenteninterface der Quellvariablen sein.
- Wenn der statische Typ der Zielvariablen ein Interface und derjenige der Quellvariablen eine Klasse ist, muss die Klasse der Quellvariablen das Interface der Zielvariablen implementieren.
- Wenn der statische Typ der Zielvariablen eine Klasse und der statische Typ der Quellvariablen ein Interface ist, muss die Klasse der Zielvariablen der generische Typ oder die Wurzelklasse `object` sein.

23.5.3.2 Down Cast bei Objektreferenzen

Für alle Fälle, die nicht unter dem Up Cast aufgeführt sind, kann eine Zuweisung nur über einen Down Cast programmiert werden.

Beispiel
Deklaration von Interfaces und Klassen, Erzeugung eines Objekts der Unterklasse und Zugriff auf die Komponenten des Objekts. In der Anweisung `CREATE OBJECT` findet implizit ein Up Cast von `c2` nach `iref` statt. Über die Interface-Referenzvariable `iref` kann nur auf die im Interface `i2` deklarierten Komponenten zugegriffen werden. Die Methode `m1` des Objekts kann über `iref` nicht aufgerufen werden. Nach der Zuweisung der Objektreferenz an die Klassenreferenzvariable `cref` über einen Down Cast kann dynamisch, aber nicht statisch auf `m1` zugegriffen werden.

```
INTERFACE i1.
  DATA a1 TYPE ...
ENDINTERFACE.
INTERFACE i2.
  INTERFACES i1.
  ALIASES a1 FOR i1~a1.
  DATA a2 TYPE ...
ENDINTERFACE.
CLASS c1 DEFINITION.
  PUBLIC SECTION.
    INTERFACES i2.
ENDCLASS.
CLASS c2 DEFINITION INHERITING FROM c1.
  PUBLIC SECTION.
```

```
      METHODS m1.
ENDCLASS.
DATA: iref TYPE REF TO i2,
      cref TYPE REF TO c1.
CREATE OBJECT iref TYPE c2.
... iref->a1 ...
... iref->a2 ...
TRY.
  cref ?= iref.
  CALL METHOD cref->('M1').
  CATCH cx_sy_move_cast_error
        cx_sy_dyn_call_illegal_method.
  ...
ENDTRY.
```

23.6 Systemklassen für Zeichensatz- und Zahlenformatkonvertierung

Die im Folgenden aufgeführten Systemklassen ermöglichen die Konvertierung von Textdaten zwischen verschiedenen Codepages und von numerischen Daten zwischen verschiedenen Zahlenrepräsentationen. Diese Klassen dienen u. a. auch als Ersatz für die Sprachelemente TRANSLATE ... CODE PAGE ... und TRANSLATE ... NUMBER FORMAT ..., deren Verwendung in Unicode-Programmen verboten ist.

Daten, die nicht in einem ABAP-Format vorliegen – also Textdaten, die nicht in der Systemcodepage, bzw. numerische Daten, die nicht in der auf dem aktuellen Applikationsserver verwendeten Byte-Reihenfolge vorliegen –, werden binär in einem x-Feld oder einem xstring abgelegt.

Bei der Konvertierung aus einem Fremdformat in das ABAP-Format werden Daten aus einer Bytefolge gelesen und in ein ABAP-Datenobjekt geschrieben. Bei der Konvertierung aus dem ABAP-Format in ein Fremdformat werden Daten aus einem ABAP-Datenobjekt gelesen und als Bytefolge geschrieben.

Dies geschieht mit folgenden Klassen:

- CL_ABAP_CONV_IN_CE: Einlesen von Fremdformaten in ABAP-Datenobjekte (Lesen von einem Binäreingabestrom)
- CL_ABAP_CONV_OUT_CE: Ausgabe von ABAP-Datenobjekten in ein Fremdformat (Schreiben in einen Binärausgabestrom)
- CL_ABAP_CONV_X2X_CE: Einlesen von Daten in beliebigen Formaten und Ausgabe von Daten in beliebigen anderen Formaten (Lesen von einem Binäreingabestrom und Schreiben in einen Binärausgabestrom)

24 Werte zuweisen

Eine Wertzuweisung dient dazu, den Inhalt einer Variablen zu ändern, indem dieser der Inhalt eines anderen Datenobjekts zugewiesen wird. Dieses Kapitel behandelt die Anweisungen, die ausschließlich für Wertzuweisungen an Variablen vorgesehen sind. Wertzuweisungen kommen aber auch in allen anderen Anweisungen vor, bei denen der Inhalt einer Variablen geändert wird.

Für das Zuweisen des Wertes aus einem Quellobjekt (source) zu einem Zielobjekt (destination) sind hinsichtlich des Datentyps drei Fälle zu unterscheiden:

- source und destination sind kompatibel, d.h., alle technischen Typeigenschaften stimmen überein. Der Inhalt wird ohne Konvertierung von source nach destination übertragen. Für flache Datenobjekte und zusammenhängende zeichen- oder byteartige Bereiche von Strukturen wird eine auf das Byte genaue Kopie des Quellobjekts angelegt. Bei tiefen Datenobjekten wird im Zielobjekt eine Referenz erzeugt, deren tatsächlicher byteartiger Inhalt nach außen unsichtbar ist. Bei der Zuweisung kompletter Strukturen ist das Verhalten bezüglich der Ausrichtungslücken undefiniert: Der binäre Inhalt einer Ausrichtungslücke der Zielstruktur kann entweder aus der Quellstruktur kopiert werden oder den ursprünglichen Wert behalten.

- source und destination sind nicht kompatibel, jedoch konvertibel. Der Inhalt von source wird nach den Konvertierungsregeln konvertiert und dann nach destination übertragen. Zwei Datentypen sind konvertibel, wenn eine Konvertierungsregel für sie existiert. Es kommt zu einer Ausnahme, wenn der Inhalt von source nicht gemäß der Konvertierungsregel behandelt werden kann. Eine Zuweisung, bei der eine Konvertierung erfolgt, ist immer langsamer als eine Zuweisung ohne Konvertierung.

- Sind die Datenobjekte weder kompatibel noch konvertibel, kann keine Zuweisung erfolgen. Wird dieser Zustand bereits bei der Syntaxprüfung erkannt, wird ein Syntaxfehler angezeigt, ansonsten kommt es bei der Ausführung des Programms zu einer Ausnahme.

Die folgenden Abschnitte behandeln die Anweisungen, die für Wertzuweisungen vorgesehen sind.

24.1 Allgemeine Zuweisung

```
MOVE
```

Syntax
```
MOVE {source {TO|?TO} destination}
   | {EXACT source TO destination}.
destination {=|?=} source.
```

Beide Anweisungen weisen dem Datenobjekt destination den Inhalt des Operanden source zu, wobei, falls notwendig, Konvertierungen gemäß den Konvertierungsregeln stattfinden.

Die Varianten mit dem Zusatz `TO` bzw. dem Zuweisungsoperator `=` gelten für alle Zuweisungen zwischen Operanden, die keine Referenzvariablen sind, und für Zuweisungen zwischen Referenzvariablen, bei denen der statische Typ von `source` spezieller oder gleich dem statischen Typ von `destination` ist (Up Cast).

Die Varianten mit dem Zusatz `?TO` bzw. dem Zuweisungsoperator `?=` (Casting-Operator) müssen verwendet werden, wenn `source` und `destination` Referenzvariablen sind und der statische Typ von `source` allgemeiner als der statische Typ von `destination` ist (Down Cast). Für Zuweisungen zwischen Operanden, die keine Referenzvariablen sind, ist die Verwendung des Fragezeichens `?` nicht erlaubt.

[7.02 7.2] Der Zusatz `EXACT`, der nicht zusammen mit dem Zusatz `?TO` und derzeit nur hinter der Anweisung `MOVE` möglich ist, realisiert ab Release 7.02/7.2 eine verlustfreie Zuweisung, bei der es beim Verlust von Inhalten oder bei ungültigen Werten zu einer Ausnahme kommt (siehe Abschnitt 24.2).

`destination` kann ein beliebiges Datenobjekt sein, das an einer Schreibposition aufgeführt werden kann. `source` ist eine erweiterte funktionale Operandenposition, bei der neben funktionalen Methoden auch alle eingebauten Funktionen angegeben werden können, die genau ein unbenanntes Argument haben.

Der Datentyp des Datenobjekts `destination` muss entweder kompatibel zum Datentyp von `source` sein, oder der Inhalt von `source` muss gemäß einer der Konvertierungsregeln in den Datentyp von `destination` konvertierbar sein. Bei Angabe des Zusatzes `EXACT` ab Release 7.02/7.2 wird der zugewiesene Inhalt überprüft, und es kommt zu Ausnahmen, falls die Zuweisung zu Werteverlusten führt oder mit ungültigen Werten erfolgt (siehe Abschnitt 24.2).

Hinweise
- Für das Quellfeld der Anweisung `MOVE` kann kein Rechenausdruck `expr` angegeben werden. Es gibt also keine Anweisung `MOVE expr TO result`. Umgekehrt entspricht die Anweisung `result = expr` keiner `MOVE`-, sondern einer `COMPUTE`-Anweisung, und es gelten die dort beschriebenen Regeln.
- Wenn `source` und/oder `destination` Feldsymbole sind, wird wie in allen ABAP-Anweisungen mit dem Inhalt der Datenobjekte gearbeitet, auf den die Feldsymbole zeigen. Der tatsächliche Zeigerinhalt eines Feldsymbols kann nur mit der Anweisung `ASSIGN` oder dem Zusatz `ASSIGNING` bei der Verarbeitung interner Tabellen verändert werden (Wertesemantik). Wenn `source` und `destination` Referenzvariablen sind, wird `destination` die in `source` enthaltene Referenz zugewiesen (Referenzsemantik).
- Strings und interne Tabellen werden intern über Referenzen adressiert. Bei Zuweisungen zwischen Strings und zwischen gleichartigen internen Tabellen – wenn die Zeilentypen selbst keine Tabellentypen enthalten – werden aus Performancegründen nur die internen Verwaltungsinformationen übergeben. Nach der Zuweisung wird der eigentliche String bzw. der eigentliche Tabellenkörper sowohl vom Quell- als auch vom Zielobjekt adressiert (Sharing). Erst wenn ändernd auf das Quell- oder Zielobjekt zugegriffen wird, wird das Sharing aufgehoben und eine Kopie des Inhalts angelegt. In der Speicherverbrauchsanzeige des ABAP Debuggers und im Werkzeug Memory Inspector wird das Sharing angezeigt. Für interne Tabellen, deren Zeilentyp selbst interne Tabellentypen oder Boxed Components

(ab Release 7.02/7.2) enthält, findet kein Sharing statt. Für die Untertabellen eines Zeilentyps kann aber ein Sharing stattfinden (siehe auch Abschnitt 65.3).

- Bei Angabe einer internen Tabelle mit Kopfzeile als Operand einer Zuweisung wird wie in fast allen Operandenpositionen die Kopfzeile und nicht der Tabellenkörper adressiert. Um den Tabellenkörper bei einer Tabelle mit Kopfzeile anzusprechen, muss [] an den Tabellennamen angehängt werden.

Behandelbare Ausnahmen

Die behandelbaren Ausnahmen bei Zuweisungen sind durch folgende Ausnahmeklassen definiert, die Unterklassen von CX_SY_CONVERSION_ERROR sind:

- CX_SY_CONVERSION_NO_NUMBER: Operand bei Zuweisung an numerischen Datentyp nicht als Zahl interpretierbar
- CX_SY_CONVERSION_OVERFLOW: Überschreitung des Wertebereichs
- CX_SY_MOVE_CAST_ERROR: Typkonflikt beim Down Cast

24.2 Verlustfreie Zuweisung

MOVE EXACT

Syntax
MOVE EXACT source **TO** destination.

Ab Release 7.02/7.2. Der Zusatz EXACT zur Anweisung MOVE bewirkt bei einer Zuweisung zwischen inkompatiblen Datenobjekten, dass der zugewiesene Inhalt vor der Zuweisung dahingehend überprüft wird:

- ob es sich um einen gültigen Wert für den Datentyp des Quellfeldes handelt
- ob es bei der Zuweisung an das Zielfeld zu einem Werteverlust kommen würde
- ob es sich nach der Konvertierung um einen gültigen Wert für das Zielfeld handelt

Enthält das Quellfeld einen gültigen Wert und es kommt zu keinen Werteverlusten, findet die Zuweisung genauso wie ohne den Zusatz EXACT statt. Andernfalls findet keine Zuweisung statt. Wenn bereits statisch erkennbar ist, dass gegen eine der durch EXACT geforderten Voraussetzungen verstoßen wird, kommt es zu einem Syntaxfehler. Wenn der Verstoß erst bei der Programmausführung festgestellt wird, kommt es zu einer behandelbaren Ausnahme, deren Ausnahmeklasse in der Regel eine Unterklasse von CX_SY_CONVERSION_ERROR ist.

Die folgenden Abschnitte beschreiben, nach welchen Regeln der Zusatz EXACT den zugewiesenen Inhalt in Abhängigkeit von den beteiligten Datentypen überprüft. Wenn es zu einer Ausnahme wegen eines ungültigen oder unpassenden Wertes kommt, enthält das Attribut VALUE des Ausnahmeobjekts eine zeichenartige Aufbereitung dieses Wertes, der in der Regel auch im Ausnahmetext ausgegeben wird.

Hinweise

- Wenn es bei Verwendung des Zusatzes EXACT zu einer Ausnahme kommt, wird die Zuweisung nicht ausgeführt, und der Wert des Zielfeldes bleibt unverändert. Bei Zuweisungen ohne den Zusatz EXACT hat das Zielfeld bei Behandlung einer Ausnahme dagegen einen undefinierten Wert.

- Da die Überprüfungen des Zusatzes EXACT nur bei Zuweisungen zwischen inkompatiblen Datenobjekten durchgeführt werden, empfiehlt es sich, Datenobjekte, die nur gültige Werte enthalten sollen, ausschließlich mit MOVE EXACT mit Werten zu versorgen. Andere Arten von Zuweisungen, wozu insbesondere auch die Angabe eines Startwertes bei der Deklaration mit VALUE gehört, können ungültige Werte erzeugen, die dann bei einer exakten Zuweisung an ein kompatibles Zielfeld nicht erkannt werden.

Beispiel

Ohne den Zusatz EXACT erfolgt die Zuweisung von string nach n ohne Überprüfung der Gültigkeit des zugewiesenen Wertes nach der zugehörigen Konvertierungsregel, wobei der nicht sehr intuitive Wert "00000043" entsteht. Mit dem Zusatz EXACT wird der übergebene Wert überprüft und führt im vorliegenden Fall zu einer Ausnahme.

```
DATA: text     TYPE string VALUE `4 Apples + 3 Oranges`,
      num_text TYPE n LENGTH 8,
      exc      TYPE REF TO cx_sy_conversion_error.
MOVE text TO num_text.
MESSAGE num_text TYPE 'I'.
TRY.
    MOVE EXACT text TO num_text.
  CATCH cx_sy_conversion_error INTO exc.
    MESSAGE exc TYPE 'I' DISPLAY LIKE 'E'.
ENDTRY.
```

24.2.1 Elementare Datenobjekte verlustfrei zuweisen

Der Zusatz EXACT sorgt ab Release 7.02/7.2 bei Zuweisungen zwischen inkompatiblen elementaren Datenobjekten dafür, dass es zu keinen Werteverlusten kommt. Unabhängig vom Wert des Quellfeldes verbietet der Zusatz EXACT deshalb prinzipiell Zuweisungen zwischen Datenobjekten folgender Datentypen, bei denen es nach den zugehörigen Konvertierungsregeln in der Regel immer zu einem Werteverlust kommt:

- von x, xstring nach d, n, t und umgekehrt
- von x, xstring in alle numerischen Datentypen und umgekehrt
- von d, t nach b, s

Konvertierungen von d nach t und umgekehrt sind unabhängig vom Zusatz EXACT ohnehin verboten. Die zusätzlichen Verbote betreffen alle Konvertierungen, bei denen byteartige Felder direkt oder als Zwischenergebnis in den Datentyp i konvertiert werden und umgekehrt.

Bei verbotenen Zuweisungen kommt es zu einem Syntaxfehler bzw., wenn statisch nicht erkennbar, zu einer Ausnahme der Klasse CX_SY_CONVERSION_EXACT_NOT_SUP. Das Gleiche geschieht bei vom Typ her erlaubten Zuweisungen, bei denen ein Werteverlust bereits unabhängig vom Inhalt erkannt werden kann, wie z. B. bei der Zuweisung an zu kurze Felder.

Bei nicht verbotenen Zuweisungen zwischen inkompatiblen elementaren Datenobjekten überprüft der Zusatz EXACT den Inhalt des Quellfeldes zur Laufzeit wie folgt:

- Überprüfung auf gültige Werte des Quellfelds
- Überprüfung auf passende Werte für das Zielfeld

Bei Zuweisungen zwischen kompatiblen elementaren Datenobjekten, bei denen keine Konvertierung notwendig ist, findet keine Überprüfung statt, und es kommt zu keinen Ausnahmen.

Hinweise

- Bei Verwendung des Zusatzes EXACT tritt bei einer verbotenen Zuweisung zur Laufzeit immer eine behandelbare Ausnahme auf, insbesondere auch bei Zuweisungen von d nach t und umgekehrt. Ohne den Zusatz EXACT führen diese zu einer unbehandelbaren Ausnahme.
- Wenn ein Quellfeld bereits einen ungültigen oder unpassenden Wert enthält, wird dieser trotz des Zusatzes EXACT an ein kompatibles Zielfeld zugewiesen.

24.2.1.1 Gültige Werte

Bei der Zuweisung eines elementaren Quellfeldes an ein inkompatibles elementares Zielfeld muss das Quellfeld in Abhängigkeit von seinem Datentyp einen nach Tabelle 24.1 gültigen Wert enthalten.

Quellfeld	Gültige Werte
c, string	Jeder Inhalt ist gültig. Es wird nicht überprüft, ob ein Byte oder Folgen von Bytes gültigen Zeichen der aktuellen Codepage entsprechen.
d	Das Quellfeld muss ein gültiges Datum im Format "yyyymmdd" enthalten, wobei folgende Werte möglich sind: "yyyy" (Jahr): 0001 bis 9999, "mm" (Monat): 01 bis 12, "dd" (Tag): 01 bis 31. Zusätzlich gilt der Initialwert "00000000" als gültiges Datum, während der Wert "00010101" nicht als gültiges Datum gilt. Der kleinste gültige Wert, der einem Tag entspricht, ist "00010102". Die Werte "15821005" bis "15821014" sind wegen der Umstellung des Julianischen auf den Gregorianischen Kalender, nach dem der 15.10.1582 direkt auf den 04.10.1582 folgt, ebenfalls nicht gültig. Ein ungültiger Wert führt zu einer Ausnahme der Klasse CX_SY_CONVERSION_NO_DATE.
decfloat16, decfloat34	Ab Release 7.02/7.2. Alle Werte, die durch Zuweisungen und Berechnungen in ABAP entstehen können, sind gültig. Die speziellen Werte, die Unendlichkeit oder ungültige Zahlen bezeichnen, sind ungültig. Ein ungültiger Wert führt zu einer Ausnahme der Klasse CX_SY_CONVERSION_NO_NUMBER.
i, b, s	Jeder Inhalt ist gültig.
f	ganze Zahlen mit maximal 15 Stellen
n	Das Quellfeld darf nur die Ziffern "0" bis "9" enthalten. Ein ungültiger Wert führt zu einer Ausnahme der Klasse CX_SY_CONVERSION_NO_NUMBER.

Tabelle 24.1 Gültige Werte für verlustfreie Zuweisungen

Quellfeld	Gültige Werte
p	Alle Werte, die durch Zuweisungen und Berechnungen in ABAP entstehen können, sind gültig. (Dies bedeutet, dass das letzte Halbbyte nur hexadezimal "A", "C", "E", "F" für ein positives Vorzeichen oder "B", "D" für ein negatives Vorzeichen enthalten darf. Die übrigen Halbbytes dürfen nur hexadezimal "0" bis "9" enthalten.) Ein ungültiger Wert führt zu einer Ausnahme der Klasse CX_SY_CONVERSION_NO_NUMBER.
t	Das Quellfeld muss eine gültige Zeit im Format "hhmmss" enthalten, wobei folgende Werte möglich sind: "hh" (Stunde): 00 bis 23, "mm" (Minuten): 01 bis 59, "ss" (Sekunden): 01 bis 59. Ein ungültiger Wert führt zu einer Ausnahme der Klasse CX_SY_CONVERSION_NO_TIME.
x, xstring	Jeder Inhalt ist gültig.

Tabelle 24.1 Gültige Werte für verlustfreie Zuweisungen (Forts.)

Hinweise

- Die vom Zusatz EXACT erlaubten gültigen Werte für Datumsfelder vom Typ d unterscheiden sich dahingehend von dessen Wertebereich, dass der Initialwert "00000000", der nicht zum Wertebereich gehört und normalerweise als ungültiges Datum interpretiert wird, hier als gültig betrachtet wird, während der Wert "00010101", der zum Wertbereich gehört, als ungültig betrachtet wird.
- Dezimalzahlen mit Nachkommastellen können im Allgemeinen nicht exakt durch binäre Gleitpunktzahlen vom Typ f dargestellt werden. Deshalb schränkt der Zusatz EXACT den erlaubten gültigen Wertebereich auf ganze Zahlen mit maximal 15 Stellen ein.

24.2.1.1 Passende Werte

Bei der Zuweisung eines elementaren Quellfeldes an ein inkompatibles elementares Zielfeld muss das Quellfeld in Abhängigkeit vom Datentyp des Zielfeldes einen nach folgenden Tabellen passenden Wert enthalten, um Werteverluste zu vermeiden und um einen gültigen Wert für das Zielfeld darzustellen.

Quellfeld	Passende Werte
zeichenartiger Datentyp	Zeichenketten, die nicht länger als das Zielfeld sind. Bei Quellfeldern vom Typ c werden schließende Leerzeichen nicht berücksichtigt. Bei Quellfeldern vom Typ string werden alle Zeichen inklusive schließender Leerzeichen berücksichtigt. Ein unpassender Wert führt zu einer Ausnahme der Klasse CX_SY_CONVERSION_DATA_LOSS.
numerischer Datentyp	Zahlen, bei denen das Ergebnis der Konvertierung nach Typ c nicht länger als das Zielfeld ist, wobei nicht gerundet werden darf. Durch Leerzeichen ausgedrückte positive Vorzeichen werden nicht berücksichtigt. Ein unpassender Wert führt zu Ausnahmen der Klassen CX_SY_CONVERSION_OVERFLOW oder CX_SY_CONVERSION_ROUNDING.
byteartiger Datentyp	Byteketten, bei denen das Ergebnis der Konvertierung nach Typ c nicht länger als das Zielfeld ist. Ein unpassender Wert führt zu einer Ausnahme der Klasse CX_SY_CONVERSION_DATA_LOSS.

Tabelle 24.2 Passende Werte für Zielfelder vom Typ c

Quellfeld	Passende Werte
zeichenartiger Datentyp	Eine linksbündige gültige Datumsangabe im Format "yyyymmdd". Quellfelder vom Typ n und string dürfen nur diese acht Ziffern enthalten. Quellfelder vom Typ c können zusätzliche schließende Leerzeichen enthalten. Ein unpassender Wert führt zu einer Ausnahme der Klasse CX_SY_CONVERSION_NO_DATE.
numerischer Datentyp	Ganze positive Zahlen zwischen 0 und 3.652.060 (was dem Datum 31.12.9999 entspricht). Ein unpassender Wert führt zu Ausnahmen der Klassen CX_SY_CONVERSION_OVERFLOW oder CX_SY_CONVERSION_ROUNDING.
byteartiger Datentyp	nicht erlaubt

Tabelle 24.3 Passende Werte für Zielfelder vom Typ d

Quellfeld	Passende Werte
zeichenartiger Datentyp	Ganze Zahlen mit maximal 15 Stellen. Bei Quellfeldern vom Typ c oder string sind Zahlendarstellungen in wissenschaftlicher Notation erlaubt, deren Wert einer ganzen Zahl mit maximal 15 Stellen entspricht. Darüber hinaus werden auch Quellfelder vom Typ c oder string akzeptiert, die nur Leerzeichen enthalten, sowie leere Strings. Quellfelder vom Typ n dürfen hinter führenden Nullen maximal 15 weitere Ziffern enthalten. In Quellfeldern der Typen d und t sind alle gültigen Datums- und Zeitangaben erlaubt. Ein unpassender Wert führt zu einer Ausnahme der Klasse CX_SY_CONVERSION_INEXACT_FLTP.
numerischer Datentyp	Ganze Zahlen mit maximal 15 Stellen. In Quellfeldern vom Typ i (b, s) sind alle Werte erlaubt. In Quellfeldern der Typen p, decfloat16 und decfloat34 sind maximal 15 Dezimalstellen und keine Nachkommastellen erlaubt (ab Release 7.02/7.2). Ein unpassender Wert führt zu einer Ausnahme der Klasse CX_SY_CONVERSION_INEXACT_FLTP.
byteartiger Datentyp	nicht erlaubt

Tabelle 24.4 Passende Werte für Zielfelder vom Typ f

Quellfeld	Passende Werte
zeichenartiger Datentyp	Zahlen aus dem Wertebereich des Zielfelds, die nicht gerundet werden müssen. Bei Quellfeldern vom Typ c oder string sind Zahlendarstellungen in nach den Konvertierungsregeln passenden Darstellungen erlaubt, deren Wert in den Wertebereich passt und nicht gerundet werden muss. Darüber hinaus werden auch Quellfelder vom Typ c oder string akzeptiert, die nur Leerzeichen enthalten, sowie leere Strings. Quellfelder vom Typ n dürfen hinter führenden Nullen maximal so viele Ziffern enthalten, wie in den Wertebereich passen. In Quellfeldern der Typen d und t sind alle gültigen Datums- und Zeitangaben erlaubt, sie können aber nicht Zielfeldern der Typen b und s zugewiesen werden. Ein unpassender Wert führt zu Ausnahmen der Klassen CX_SY_CONVERSION_ROUNDING oder CX_SY_CONVERSION_OVERFLOW.

Tabelle 24.5 Passende Werte für numerische Zielfelder außer vom Typ f

Quellfeld	Passende Werte
numerischer Datentyp	Zahlen aus dem Wertebereich des Zielfelds, die nicht gerundet werden müssen. Ein unpassender Wert führt zu Ausnahmen der Klassen CX_SY_CONVERSION_ROUNDING oder CX_SY_CONVERSION_OVERFLOW.
byteartiger Datentyp	nicht erlaubt

Tabelle 24.5 Passende Werte für numerische Zielfelder außer vom Typ f (Forts.)

Quellfeld	Passende Werte
zeichenartiger Datentyp	Eine geschlossene Folge von Ziffern, die abgesehen von führenden Nullen nicht länger sein darf als das Zielfeld. Quellfelder vom Typ c und string dürfen zusätzliche führende und schließende Leerzeichen enthalten. Quellfelder vom Typ d und t dürfen keine Leerzeichen enthalten, und das Zielfeld muss deren Länge haben. Ein unpassender Wert führt zu Ausnahmen der Klassen CX_SY_CONVERSION_NO_NUMBER oder CX_SY_CONVERSION_OVERFLOW.
numerischer Datentyp	Ganze positive Zahlen inklusive 0, deren Anzahl von Ziffern nicht größer ist als die Länge des Zielfelds. Ein unpassender Wert führt zu Ausnahmen der Klassen CX_SY_CONVERSION_OVERFLOW oder CX_SY_CONVERSION_ROUNDING.
byteartiger Datentyp	nicht erlaubt

Tabelle 24.6 Passende Werte für Zielfelder vom Typ n

Quellfeld	Passende Werte
zeichenartiger Datentyp	beliebige Zeichenketten
numerischer Datentyp	beliebige gültige Zahlen
byteartiger Datentyp	beliebige Byteketten

Tabelle 24.7 Passende Werte für Zielfelder vom Typ string

Quellfeld	Passende Werte
zeichenartiger Datentyp	Eine linksbündige gültige Zeitangabe im Format "hhmmss". Quellfelder vom Typ n und string dürfen nur diese sechs Ziffern enthalten. Quellfelder vom Typ c können zusätzliche schließende Leerzeichen enthalten. Ein unpassender Wert führt zu einer Ausnahme der Klasse CX_SY_CONVERSION_NO_TIME.
numerischer Datentyp	Ganze positive Zahlen zwischen 0 und 86.399 (was der Zeit 23:59:59 entspricht). Ein unpassender Wert führt zu Ausnahmen der Klassen CX_SY_CONVERSION_OVERFLOW oder CX_SY_CONVERSION_ROUNDING.
byteartiger Datentyp	nicht erlaubt

Tabelle 24.8 Passende Werte für Zielfelder vom Typ t

Quellfeld	Passende Werte
zeichenartiger Datentyp	Eine gerade Anzahl von Zeichen "0" bis "9" und "A" bis "F" in geschlossener Folge. Die Anzahl der dargestellten Bytes muss genau der Länge des Zielfeldes entsprechen. Andere Zeichen sind nicht erlaubt, mit der Ausnahme, dass bei Quellfeldern vom Typ c schließende Leerzeichen ignoriert werden. Quellfelder der Typen n, d und t sind nicht erlaubt. Ein unpassender Wert führt zu Ausnahmen der Klassen CX_SY_CONVERSION_SRC_TOO_SHORT, CX_SY_CONVERSION_DATA_LOSS oder CX_SY_CONVERSION_NO_RAW.
numerischer Datentyp	nicht erlaubt
byteartiger Datentyp	Eine Bytekette, deren Länge genau der Länge des Zielfeldes entspricht. Ein unpassender Wert führt zu Ausnahmen der Klassen CX_SY_CONVERSION_SRC_TOO_SHORT oder CX_SY_CONVERSION_DATA_LOSS.

Tabelle 24.9 Passende Werte für Zielfelder vom Typ x

Quellfeld	Passende Werte
zeichenartiger Datentyp	Eine gerade Anzahl von Zeichen "0" bis "9" und "A" bis "F" in geschlossener Folge. Andere Zeichen sind nicht erlaubt, mit der Ausnahme, dass bei Quellfeldern vom Typ c schließende Leerzeichen ignoriert werden. Quellfelder der Typen n, d und t sind nicht erlaubt. Ein unpassender Wert führt zu einer Ausnahme der Klasse CX_SY_CONVERSION_NO_RAW.
numerischer Datentyp	nicht erlaubt
byteartiger Datentyp	eine Bytekette beliebiger Länge

Tabelle 24.10 Passende Werte für Zielfelder vom Typ xstring

24.2.2 Strukturen verlustfrei zuweisen

Bei Verwendung des Zusatzes EXACT ab Release 7.02/7.2 dürfen nur Strukturen einander zugewiesen werden, die kompatibel sind. Für folgende tiefe Komponenten wird aber keine vollständige Kompatibilität gefordert, sondern:

- für Komponenten, die einen Referenztyp haben, sind Up-, aber keine Down Casts erlaubt
- für tabellenartige Komponenten genügt es, dass der Zeilentyp kompatibel ist. Das heißt, es wird nicht die vollständige Kompatibilität gefordert, die auch Tabellenart und Tabellenschlüssel umfasst.

Hinweise
- Der Zusatz EXACT bewirkt, dass für flache Strukturen die gleichen Zuweisungsregeln gelten wie für tiefe Strukturen. Insbesondere sind keine Zuweisungen zwischen Strukturen und elementaren Datenobjekten und umgekehrt möglich.
- Vor der Zuweisung kompatibler Strukturen findet keine weitere Überprüfung des Inhalts statt. Wenn die Quellstruktur bereits ungültige Daten enthält, werden diese trotz des Zusatzes EXACT an eine kompatible Zielstruktur zugewiesen.

24.2.3 Interne Tabellen verlustfrei zuweisen

MOVE EXACT – interne Tabellen

Bei Verwendung des Zusatzes EXACT ab Release 7.02/7.2 werden die Überprüfungen zeilenweise durchgeführt:

- Bei elementaren Zeilentypen wird für jede Zeile die Überprüfung für elementare Datenobjekte bzw. Referenzvariablen durchgeführt.
- Bei strukturierten Zeilentypen wird für jede Zeile die Überprüfung für Strukturen durchgeführt.
- Bei tabellarischen Zeilentypen wird die hier beschriebene Überprüfung durchgeführt. Handelt es sich bei der inneren Tabelle um eine Tabelle mit elementarem Zeilentyp, wird für diesen zusätzlich die Kompatibilität gefordert.

Die Tabellenart und der Tabellenschlüssel spielen für die Überprüfung keine Rolle. Wenn es bei einer Zuweisung zu einer Ausnahme wegen eines ungültigen Wertes oder eines Werteverlusts kommt, enthält die Zieltabelle alle bis dahin zugewiesenen Zeilen.

Hinweise
- Bei der direkten Zuweisung zweier interner Tabellen mit elementarem Zeilentyp müssen diese Typen nicht kompatibel, sondern nur unter den Bedingungen von EXACT zuweisbar sein. Bei der Zuweisung zweier interner Tabellen mit elementarem Zeilentyp, die als innere Tabellen einer anderen Tabelle auftreten, werden diese wie Strukturkomponenten behandelt, und es wird die Kompatibilität der Zeilentypen gefordert.
- Bei der Zuweisung interner Tabellen mit dem Zusatz EXACT kann es nur bei der direkten Zuweisung zweier interner Tabellen mit elementarem Zeilentyp zu einer Ausnahme kommen.

24.2.4 Referenzvariablen verlustfrei zuweisen

MOVE EXACT – Referenzvariablen

Bei Verwendung des Zusatzes EXACT ab Release 7.02/7.2 dürfen nur Up Casts durchgeführt werden. Die Verwendung von ?TO für Down Casts ist syntaktisch nicht möglich. Es findet keine weitere Überprüfung des Inhalts der Referenzvariablen statt.

24.2.5 Behandelbare Ausnahmen

Neben den im Text erwähnten Unterklassen von CX_SY_CONVERSION_ERROR kann die Ausnahme CX_SY_CONVERSION_EXACT_NOT_SUP (unerlaubte Typ- oder Längenkombination) speziell bei MOVE EXACT auftreten.

24.3 Mehrfachzuweisungen

```
destination1 = destination2 = ...
```

Syntax
```
destination1 = destination2 = ... = destination = source.
```

Durch Verwendung des Gleichheitszeichens können innerhalb einer Anweisung mehrere Zuweisungen auf einmal durchgeführt werden. Die Anweisung ist gleichbedeutend mit:

```
destination  = source
         ... = destination
destination2 = ...
destination1 = destination2.
```

Hinweis
Eventuelle Konvertierungen werden bei jeder einzelnen Zuweisung ausgeführt, sodass ein einem links stehenden Datenobjekt zugewiesener Wert bei unterschiedlichen Datentypen der Operanden eventuell mehrmals konvertiert wird. Um den Wert von `source` verschiedenen Datenobjekten mit jeweils einer Konvertierung zuzuweisen, sind mehrere Anweisungen nötig.

Beispiel
Nach den Zuweisungen enthalten alle beteiligten Datenobjekte den Namen "Hugo".

```
DATA: name  TYPE string,
      name1 TYPE string,
      name2 TYPE string,
      name3 TYPE string.
MOVE `Hugo` TO name.
name3 = name2 = name1 = name.
```

24.4 Strukturkomponenten zuweisen

```
MOVE-CORRESPONDING
```

Syntax
```
MOVE-CORRESPONDING [EXACT] struc1 TO struc2.
```

Für `struc1` und `struc2` müssen Strukturen angegeben werden. Bei `struc1` handelt es sich um eine funktionale Operandenposition (ab Release 7.02/7.2). Es werden alle gleichnamigen Komponenten in `struc1` und `struc2` gesucht, und der Inhalt der Komponenten in `struc1` wird den gleichnamigen Komponenten in `struc2` zugewiesen. Andere Komponenten werden nicht beeinflusst.

Geschachtelte Strukturen werden vollständig aufgelöst. Die Namen der Komponenten werden jeweils bis zur tiefsten gemeinsamen Ebene verglichen. Für jedes namensgleiche Komponentenpaar `comp` wird intern die Anweisung

```
MOVE [EXACT] struc1-comp TO struc2-comp.
```

ausgeführt, wobei – falls notwendig – die zugehörigen Konvertierungen durchgeführt werden und die entsprechenden Ausnahmen auftreten können. Wenn der Zusatz EXACT bei MOVE-CORRESPONDING angegeben ist, wird er auf jede einzelne Zuweisung übertragen. Wenn eine Ausnahme auftritt, werden alle Komponenten bis zu derjenigen zugewiesen, die die Ausnahme bewirkt hat. Diese und alle noch folgenden werden nicht zugewiesen.

Für struc1 und struc2 können auch mit dem generischen Typ ANY bzw. untypisierte Feldsymbole oder Formalparameter verwendet werden. Diese müssen bei Ausführung der Anweisung Strukturen sein, ansonsten wird eine unbehandelbare Ausnahme ausgelöst.

Wenn struc1 oder struc2 bei Ausführung der Anweisung leere Customizing-Includes sind, d. h. keine Komponenten enthalten, wird die Anweisung ignoriert. Wenn struc1 eine Struktur ist, die leere Customizing-Includes als Komponenten enthält, werden diese bei der Auswertung der Struktur ebenfalls ignoriert.

Hinweise

- Wenn für struc1 und struc2 Strukturen angegeben werden, erfolgt der Namensvergleich einmalig bei der Programmgenerierung durch den ABAP Compiler. Wenn untypisierte Feldsymbole oder Formalparameter verwendet werden, muss der Namensvergleich bei jeder Ausführung der Anweisung vorgenommen werden.

- Der Compiler optimiert die Anweisung MOVE-CORRESPONDING dahingehend, dass Sequenzen von Komponenten, die in beiden Strukturen namensgleich vorhanden sind, zu Gruppen zusammengefasst und gemeinsam kopiert werden. Wenn möglich, empfiehlt es sich also, die beteiligten Strukturen weitestgehend gleichartig aufzubauen.

- Bei MOVE-CORRESPONDING werden Namen, die nur mit dem Zusatz AS name der Anweisung INCLUDE oder beim Einbinden von Strukturen im ABAP Dictionary definiert wurden, nicht berücksichtigt. Eine mit dem Zusatz RENAMING WITH SUFFIX der Anweisung INCLUDE oder analog im ABAP Dictionary umbenannte Komponente wird dagegen berücksichtigt.

Beispiel

Die Struktur struc1 des folgenden Codes enthält die Komponenten:

- struc1-comp1
- struc1-struci-comp1
- struc1-struci-comp2-col1
- struc1-struci-comp2-col2

Die Struktur struc2 des folgenden Codes enthält die Komponenten:

- struc2-struci-comp1
- struc2-struci-comp2
- struc2-struci-comp3

Namensgleich über die Länge des kürzeren Pfads sind die Komponenten struci-comp1 und struci-comp2. Diese werden von struc1 nach struc2 zugewiesen. In struc1 ist struci-comp2 selbst strukturiert, in struc2 ist struci-comp2 elementar. Bei der Zuweisung von struc1-struci-comp2 nach struc2-struci-comp2 wird das Quellfeld gemäß den Konvertierungsregeln für Strukturen als elementares Feld vom Typ c aufgefasst. Die Komponenten `struc1-comp1` und `struc2-struci-comp3` haben keine gleichnamigen Entsprechungen und werden bei der Zuweisung nicht berücksichtigt.

```
DATA: BEGIN OF struc1,
        comp1 TYPE c LENGTH 1 VALUE 'U',
        BEGIN OF struci,
          comp1 TYPE c LENGTH 1 VALUE 'V',
          BEGIN OF comp2,
            col1 TYPE c LENGTH 1 VALUE 'X',
            col2 TYPE c LENGTH 1 VALUE 'Y',
          END OF comp2,
        END OF struci,
      END OF struc1.
DATA: BEGIN OF struc2,
        BEGIN OF struci,
          comp1 TYPE string,
          comp2 TYPE string,
          comp3 TYPE string,
        END OF struci,
      END OF struc2.
MOVE-CORRESPONDING struc1 TO struc2.
```

24.5 Spezielle Zuweisung einer gepackten Zahl

UNPACK

Syntax

`UNPACK source TO destination.`

Diese Anweisung konvertiert den Inhalt des Datenobjekts source nach einer speziellen Regel und weist den konvertierten Inhalt dem Datenobjekt destination zu. Für source wird der Datentyp p der Länge 16 ohne Nachkommastellen erwartet, und es darf kein Operand vom Datentyp decfloat16 oder decfloat34 angegeben werden (ab Release 7.02/7.2). Der Datentyp von destination muss zeichenartig und flach sein.

Die Konvertierung erfolgt nach folgender Regel:

▸ Falls der Datentyp von source nicht vom Typ p der Länge 16 ohne Nachkommastellen ist, wird der Inhalt von source in diesen Datentyp konvertiert, wobei abweichend von der Regel in den Konvertierungsregeln für elementare Datentypen ein Dezimaltrennzeichen in source vollständig ignoriert wird.

▸ Die Ziffern des Zwischenergebnisses werden dem Datenobjekt destination rechtsbündig und ohne Vorzeichen zugewiesen. Überzählige Stellen in destination werden links mit Nullen aufgefüllt. Falls die Länge von destination nicht ausreicht, wird links abgeschnitten.

Hinweis

Wenn `destination` als untypisiertes Feldsymbol oder als untypisierter Formalparameter angegeben ist und bei Ausführung der Anweisung nicht flach und zeichenartig ist, kommt es in einem Unicode-Programm zu einer unbehandelbaren Ausnahme. In Nicht-Unicode-Programmen kommt es nur bei tiefen Typen zur Ausnahme, während flache Typen wie zeichenartige Typen behandelt werden.

Beispiel

Nach den Zuweisungen enthalten `char1` und `char2` die Werte "123.456" und "0000123456".

```
DATA: pack  TYPE p LENGTH 8 DECIMALS 3 VALUE '123.456',
      char1 TYPE c LENGTH 10,
      char2 TYPE c LENGTH 10.
MOVE    pack TO char1.
UNPACK  pack TO char2.
```

Behandelbare Ausnahmen

Die behandelbaren Ausnahmen bei `UNPACK` sind durch die Ausnahmeklassen CX_SY_CONVERSION_NO_NUMBER (Operand bei Zuweisung an numerischen Datentyp nicht als Zahl interpretierbar) und CX_SY_CONVERSION_OVERFLOW (Überschreitung des Wertebereichs) definiert, die Unterklassen von CX_SY_CONVERSION_ERROR sind.

25 Referenzen setzen

Dieses Kapitel behandelt die speziellen Anweisungen ASSIGN und GET REFERENCE, die Feldsymbolen und Datenreferenzen Referenzen (Zeiger) auf bestehende Datenobjekte zuweisen. Beim Arbeiten mit Feldsymbolen und Datenreferenzen, die Referenzen auf Datenobjekte enthalten, ist Folgendes zu beachten:

- Bei einer normalen Zuweisung zwischen Feldsymbolen, wie sie mit der Anweisung MOVE stattfindet, wird jedes Feldsymbol wie ein dereferenzierter Zeiger behandelt (Wertesemantik).
- Bei einer normalen Zuweisung zwischen Datenreferenzen, wie sie mit der Anweisung MOVE stattfindet, werden die Referenzen kopiert (Referenzsemantik). Die entsprechenden Regeln finden sich bei den Konvertierungsregeln für Referenzvariablen (siehe Abschnitt 23.5).

Hinweis
Beim Setzen von Referenzen mit ASSIGN und GET REFERENCE wird nur am Ort der Anweisung selbst überprüft, ob auf das entsprechende Datenobjekt zugegriffen werden darf. Danach können die Referenzen beliebig weitergegeben und über sie kann an beliebigen Stellen auf die zugeordneten Datenobjekte zugegriffen werden. Um zu verhindern, dass außerhalb von Klassen über Referenzen auf (schreib-)geschützte und private Attribute zugegriffen wird, sollten keine Referenzen auf solche Attribute nach außen gegeben werden.

25.1 Datenobjekte Feldsymbolen zuweisen

ASSIGN

Syntax
`ASSIGN mem_area TO <fs> casting_spec range_spec.`

Diese Anweisung weist den mit `mem_area` spezifizierten Speicherbereich dem Feldsymbol `<fs>` zu. Es kann ein Datenobjekt oder ein aus der Adresse eines Datenobjekts berechneter Speicherbereich zugewiesen werden. Nach erfolgreicher Zuweisung referenziert das Feldsymbol den zugewiesenen Speicherbereich und kann in Operandenpositionen verwendet werden. Bei der Verwendung in einer Anweisung wirkt es wie eine dereferenzierte Datenreferenz, d. h., die Anweisung arbeitet mit dem Inhalt des Speicherbereichs.

Der Datentyp, mit dem der zugewiesene Speicherbereich behandelt wird, richtet sich nach den Angaben in `casting_spec`. Es kann entweder ein explizites Casting durchgeführt werden, oder das Feldsymbol übernimmt den Datentyp des bei der Zuweisung angegebenen Datenobjekts. In beiden Fällen muss der verwendete Datentyp zur Typisierung des Feldsymbols passen. Ein Feldsymbol, dem ein Speicherbereich zugewiesen ist, hat nach der Zuweisung diesen Datentyp und verhält sich wie ein Datenobjekt dieses Datentyps.

Der zugewiesene Speicherbereich `mem_area` muss mindestens so lang wie der in `casting_spec` festgelegte Datentyp sein und mindestens die gleiche Ausrichtung haben. Falls der in `casting_spec` festgelegte Datentyp tief ist oder im zugewiesenen Speicherbereich tiefe Datenobjekte abgelegt sind, müssen sich die tiefen Komponenten bezüglich Typ und Position genau entsprechen.

Mit den Angaben in `range_spec` wird der dem Feldsymbol zuweisbare Speicherbereich eingeschränkt.

Systemfelder
Der Rückgabewert wird nur bei den dynamischen Varianten von `mem_area` gesetzt.

sy-subrc	Bedeutung
0	Die Zuweisung war erfolgreich.
4	Die Zuweisung war nicht erfolgreich.

Bei nicht erfolgreicher dynamischer Zuweisung behält das Feldsymbol den früheren Zustand. Bei nicht erfolgreicher statischer Zuweisung ist dem Feldsymbol nach der Anweisung ASSIGN dagegen kein Speicherbereich zugewiesen, und die Zuweisung kann mit dem logischen Ausdruck <fs> IS ASSIGNED überprüft werden. Wenn eine Zuweisung zu unerlaubten Speicherzugriffen führen würde, wird dagegen sowohl beim statischen als auch beim dynamischen ASSIGN eine Ausnahme ausgelöst.

25.1.1 Speicherbereich angeben

```
ASSIGN - mem_area
```

Syntax von mem_area
```
... { dobj[+off][(len)] }
  | { dynamic_dobj }
  | { dynamic_access }
```

Mit `mem_area` wird der Speicherbereich spezifiziert, der dem Feldsymbol zugewiesen wird. Die erste Variante ist eine statische Variante, während die übrigen Varianten dynamische Varianten darstellen. Die Varianten `dynamic_dobj` dienen dem allgemeinen dynamischen Zugriff auf Datenobjekte, die Varianten `dynamic_access` dienen dem dynamischen Zugriff auf die Attribute von Klassen.

Statische und dynamische Varianten unterscheiden sich auch dadurch, wie sich das System nach nicht erfolgreicher Zuweisung verhält: Bei den dynamischen Varianten setzt die Anweisung ASSIGN den Rückgabewert `sy-subrc`, nicht aber bei der statischen Variante.

Hinweis
Von einer internen Tabelle mit Kopfzeile kann entweder nur diese oder nur der Tabellenkörper einem Feldsymbol zugewiesen werden. In der Anweisung ASSIGN adressiert der Name einer internen Tabelle mit Kopfzeile die Kopfzeile. Um den Tabellenkörper anzusprechen, muss wie üblich [] an den Namen angehängt werden. Ein Feldsymbol, dem ein Tabellenkörper zugewiesen ist, verhält sich an Operandenpositionen wie eine Tabelle ohne Kopfzeile.

25.1.1.1 Statische Angabe eines Datenobjekts
Syntax
```
... dobj[+off][(len)]
```

Der Speicherbereich wird durch ein nach den im Abschnitt 3.2.4 beschriebenen Regeln angegebenes Datenobjekt `dobj` spezifiziert. Insbesondere kann `dobj` selbst durch ein Feldsymbol angegeben werden. Bei einer Offset-/Längenangabe darf der Datentyp von `dobj` hier aber weder `string` noch `xstring` sein.

Wenn keine Offset-/Längenangabe gemacht wird, entspricht der zugewiesene Speicherbereich genau dem Speicherbereich des Datenobjekts. Dem Feldsymbol wird das gesamte Datenobjekt `dobj` zugewiesen, und Anweisungen, die das Feldsymbol an Operandenpositionen enthalten, arbeiten mit dem Datenobjekt.

Wenn eine Offset-/Längenangabe gemacht wird, wird der Speicherbereich aus der Speicheradresse des Datenobjekts und den Offset-/Längenangaben bestimmt. Es kann Speicher außerhalb der Feldgrenzen von `dobj` adressiert werden. Der adressierbare Speicher richtet sich nach der Angabe *range_spec*. Falls ein Offset `off` ohne Länge `len` angegeben ist, wird für `len` implizit die Länge des Datenobjekts `dobj` verwendet. Falls für `dobj` der Name eines Datenobjekts angegeben ist und kein expliziter `RANGE`-Zusatz verwendet wird, kann in Unicode-Programmen kein Offset `off` ohne Länge `len` angegeben werden. Falls für `dobj` der Name eines Feldsymbols angegeben ist, muss dessen Datentyp in Unicode-Programmen flach und elementar sein, wenn ein Offset `off` ohne Länge `len` angegeben wird.

Wenn für `dobj` ein Feldsymbol angegeben ist, dem bereits ein Speicherbereich zugewiesen ist, kann der Inhalt der Offsetangabe negativ sein, solange der in *range_spec* angegebene Bereich nicht verlassen wird.

Wenn die Zuweisung nicht erfolgreich ist, ist dem Feldsymbol nach der `ASSIGN`-Anweisung kein Speicherbereich zugewiesen. Der Rückgabewert `sy-subrc` wird bei der statischen Variante nicht gesetzt. Stattdessen kann der logische Ausdruck `<fs> IS ASSIGNED` ausgewertet werden.

Hinweise
- Achten Sie darauf, nach der statischen Variante nicht aus Versehen das Systemfeld `sy-subrc` auszuwerten. Der Wert des Systemfeldes ist in diesem Fall immer der, den es vor Ausführung der Anweisung `ASSIGN` hatte, und sagt nichts über den Erfolg dieser Anweisung aus.
- Auch die statische Variante ist dahingehend dynamisch, dass die Offset-/Längenangaben dynamisch sein können.

Beispiel
Zuweisung des Speicherbereichs der einzelnen Zeichen eines Datenobjekts `text` an ein Feldsymbol `<char>`.

```
DATA text TYPE c LENGTH 10 VALUE '0123456789'.
DATA off TYPE i.
FIELD-SYMBOLS <char> TYPE c.
```

```
DO 10 TIMES.
  off = sy-index - 1.
  ASSIGN text+off(1) TO <char>.
  WRITE / <char>.
ENDDO.
```

25.1.1.2 Dynamische Angabe eines Datenobjekts

```
ASSIGN - dynamic_dobj
```

Syntax von dynamic_dobj

```
... { (name) }
  | { dref->* }
  | { dobj INCREMENT inc }
  | { COMPONENT comp OF STRUCTURE struc } ...
```

Diese Alternativen der dynamischen Angabe des Speicherbereichs `mem_area` der Anweisung ASSIGN dienen dem dynamischen Zugriff auf Datenobjekte.

Bei diesen Varianten setzt die Anweisung ASSIGN den Rückgabewert sy-subrc. Wenn die Zuweisung erfolgreich ist, wird sy-subrc auf 0, ansonsten auf 4 gesetzt. Bei nicht erfolgreicher Zuweisung behält das Feldsymbol den vorangegangenen Zustand. Die Auswertung des logischen Ausdrucks <fs> IS ASSIGNED ist beim dynamischen ASSIGN also nicht ausreichend, sondern es muss sy-subrc überprüft werden.

Dynamische Namensangabe

```
... (name)
```

Bei dieser dynamischen Variante von `mem_area` wird der Speicherbereich nicht direkt, sondern als Inhalt eines eingeklammerten zeichenartigen Datenobjekts (name) angegeben.

Der Bezeichner in name wird genauso wie die direkte Angabe aufgebaut: Bei Ausführung der Anweisung muss der Inhalt von name der Bezeichner eines Datenobjekts sein, der Offset-/Längenangaben, Strukturkomponenten-Selektoren und Komponentenselektoren für die Zuweisung von Attributen in Klassen bzw. Objekten enthalten kann. Der Inhalt von name muss in Großbuchstaben angegeben werden.

Wenn der Bezeichner in name ein Feldsymbol oder ein Formalparameter mit unstrukturierter Typisierung ist, können Komponenten über Strukturkomponenten-Selektoren adressiert werden. Die Komponenten müssen bei der Ausführung der Anweisung vorhanden sein.

In name kann eine aus Komponentenselektoren zusammengesetzte Verkettung aus Bezeichnern angegeben sein. Bei einem einzelnen Bezeichner oder wenn auf den ersten Bezeichner ein Objektkomponenten-Selektor (->) folgt, wird das angegebene Datenobjekt nach folgender Hierarchie gesucht:

1. Falls die Anweisung in einer Prozedur steht, wird in den lokalen Datenobjekten der Prozedur gesucht.
2. Falls die Anweisung in einer Methode steht, wird in den in der Methode sichtbaren Attributen der eigenen Klasse gesucht. In Instanzmethoden bedeutet das eine Suche im statischen Typ von me (Spezialfall von cref->(attr_name) in *dynamic_access*).

3. Es wird in den globalen Daten des aktuellen Programms gesucht.
4. Es wird in den mit `TABLES` deklarierten Schnittstellen-Arbeitsbereichen des Hauptprogramms der aktuellen Programmgruppe gesucht.
5. Falls die Anweisung in einer Instanzmethode steht, wird im dynamischen Typ von `me` gesucht (Spezialfall von `cref->(attr_name)` in `dynamic_access`).

Falls das Datenobjekt gefunden wird und auf den Bezeichner ein Objektkomponenten-Selektor (`->`) folgt, wird die Suche nach den folgenden Bezeichnern von links nach rechts fortgesetzt, wie unter `dynamic_access` beschrieben.

Wenn auf den ersten Bezeichner ein Klassenkomponenten-Selektor (`=>`) folgt, wird die angegebene Klasse – ebenfalls wie unter `dynamic_access` beschrieben – gesucht und die Suche dann entsprechend von links nach rechts fortgesetzt.

Hinweis

Wenn in `name` über einen absoluten Typnamen ein Attribut einer Klasse eines anderen Programms angegeben wird, wird dieses je nach Programmtyp in eine neue Zusatzprogrammgruppe oder in die aktuelle Programmgruppe hinzugeladen, falls es noch nicht geladen war. Ein eventuell vorhandener Programmkonstruktor wird anders als beim echten `dynamic_access` aber nicht ausgeführt.

Dereferenzierung einer Datenreferenz

```
... dref->*
```

Bei der Angabe einer mit dem Dereferenzierungsoperator `->*` dereferenzierten Datenreferenz `dref` für `mem_area` wird dem Feldsymbol der Speicherbereich des Datenobjekts zugewiesen, auf das `dref` zeigt. Falls die Referenzvariable `dref` kein Datenobjekt referenziert, wird die Zuweisung nicht durchgeführt und `sy-subrc` auf 4 gesetzt.

Im Gegensatz zu allen übrigen Operandenpositionen, bei denen die Datenreferenz `dref` für eine Dereferenzierung vollständig typisiert sein muss, kann `dref` in der Anweisung `ASSIGN` generisch mit `TYPE REF TO data` typisiert sein. Weiterhin führt die Dereferenzierung einer Datenreferenz, die auf kein Datenobjekt zeigt, nur in der Anweisung `ASSIGN` nicht zu einer unbehandelbaren Ausnahme.

Beispiel

Erzeugung einer lokalen Kopie eines globaleren Datenobjekts `dat` in einer Prozedur mithilfe einer Datenreferenz `dref` und Zugriff über ein lokales Feldsymbol `<dat>` nach Dereferenzierung.

```
CLASS-DATA dat TYPE string.
...
METHOD meth.
  DATA dref TYPE REF TO data.
  FIELD-SYMBOLS <dat> TYPE ANY.
  CREATE DATA dref LIKE dat.
  ASSIGN dref->* TO <dat>.
  ...
ENDMETHOD.
```

Dynamischer Zugriff auf Teilbereiche
```
... dobj INCREMENT inc
```
Mit diesem Ausdruck für *mem_area* wird dem Feldsymbol ein Speicherbereich zugewiesen, der genauso lang wie der Speicherbereich von `dobj` ist und um `inc`-Mal diese Länge vom Speicherbereich von `dobj` versetzt ist. Für `inc` wird ein numerisches Datenobjekt erwartet. Für `dobj` muss direkt ein Datenobjekt oder ein Feldsymbol angegeben werden. Offset-/Längenangaben oder die Dereferenzierung einer Datenreferenz sind nicht möglich.

Hinweis
Die dynamische `ASSIGN`-Variante mit `INCREMENT` ist für den sequenziellen Zugriff auf gleichartige Speicherbereiche vorgesehen, die in gleichen Abständen hintereinanderliegen, wie beispielsweise aufeinanderfolgende Strukturkomponenten vom gleichen Datentyp. In allen anderen Fällen sollte `ASSIGN ... INCREMENT` nur mit Vorsicht verwendet werden. Insbesondere ist zu beachten:

- Der zugewiesene Speicherbereich wird mit dem Datentyp von `dobj` behandelt, wenn in *casting_spec* der Zusatz `CASTING` nicht angegeben ist. Es findet also ein implizites Casting der zugewiesenen Speicherbereiche auf den Datentyp von `dobj` statt.
- Die Überprüfung der Typisierung bezieht sich ebenfalls auf `dobj`, findet aber erst bei Ausführung der Anweisung statt.
- Das Verhalten der Anweisung kann in Unicode-Systemen und Nicht-Unicode-Systemen unterschiedlich sein, wenn `dobj` unterschiedlich viele Bytes belegt.
- Es kommt immer zu einem Laufzeitfehler, wenn die allgemeine Regel verletzt ist, dass im zugewiesenen Speicherbereich enthaltene tiefe Datenobjekte bezüglich Typ und Position nicht genau zur Typisierung passen.

Beispiel
Das folgende Testprogramm zeigt, warum der Zusatz `INCREMENT` in der Anweisung `ASSIGN` nur für den Zugriff auf Sequenzen gleichartiger Speicherbereiche verwendet werden sollte und dass die Typisierung des Feldsymbols zur Angabe in *casting_spec* passen muss. Bei ungeeigneten Zugriffen, wie sie im Beispiel gezeigt werden, kann folgendes Verhalten auftreten:

- Die erste `ASSIGN`-Anweisung gibt in Unicode- und Nicht-Unicode-Systemen in `sy-subrc` den Wert 0 zurück. In Unicode-Systemen bekommt `<word>` den zusammenhängenden Speicherbereich von `struc-int1` und `struc-int2` zugewiesen, und dieser wird auf den Typ `c` gecastet. In Nicht-Unicode-Systemen bekommt `<word>` nur den Speicherbereich von `struc-int1` zugewiesen, und dieser wird auf den Typ `c` gecastet.
- Die zweite `ASSIGN`-Anweisung bricht in Unicode- und Nicht-Unicode-Systemen mit einem Laufzeitfehler ab, da der Datentyp von `struc-word` nicht zur Typisierung von `<int>` passt.
- Die dritte `ASSIGN`-Anweisung bricht in Unicode-Systemen mit einem Laufzeitfehler ab, da versucht wird, die Komponente `struc-stri` an `<word>` zuzuweisen, diese aber tief und die Typisierung von `<word>` flach ist, wodurch kein Casting möglich ist. In Nicht-Unicode-Systemen bekommt `<word>` den Speicherbereich von `struc-int2` zugewiesen, und dieser wird auf den Typ `c` gecastet.

▶ Die vierte ASSIGN-Anweisung bricht in Unicode-Systemen mit einem Laufzeitfehler ab, da versucht wird, die Komponente struc-stri an <int> zuzuweisen, diese aber tief und die Typisierung von <int> flach ist, wodurch kein Casting möglich ist. In Nicht-Unicode-Systemen kommt es zu einem Laufzeitfehler, weil der Datentyp von struc-word nicht zur Typisierung von <int> passt.

▶ Die fünfte und sechste ASSIGN-Anweisung geben in Unicode-Systemen in sy-subrc beide den Wert 4 zurück, da versucht wird, Speicherbereich außerhalb der hinter RANGE angegebenen Struktur struc zuzuweisen. In Nicht-Unicode-Systemen kommt es zu einem Laufzeitfehler, da versucht wird, die Komponente struc-stri an <word> bzw. <int> zuzuweisen, diese aber tief und die Typisierungen von <word> bzw. <int> flach sind, wodurch kein Casting möglich ist.

```
PARAMETERS assign TYPE c LENGTH 1 DEFAULT '1'.
DATA: BEGIN OF struc,
        word TYPE c LENGTH 4 VALUE 'abcd',
        int1 TYPE i           VALUE 111,
        int2 TYPE i           VALUE 222,
        stri TYPE string      VALUE `efgh`,
      END OF struc.
FIELD-SYMBOLS: <word> LIKE struc-word,
               <int>  TYPE i.
CASE assign.
  WHEN '1'.
    ASSIGN struc-word INCREMENT 1 TO <word> RANGE struc.
  WHEN '2'.
    ASSIGN struc-word INCREMENT 1 TO <int>  RANGE struc.
  WHEN '3'.
    ASSIGN struc-word INCREMENT 2 TO <word> RANGE struc.
  WHEN '4'.
    ASSIGN struc-word INCREMENT 2 TO <int>  RANGE struc.
  WHEN '5'.
    ASSIGN struc-word INCREMENT 3 TO <word> RANGE struc.
  WHEN '6'.
    ASSIGN struc-word INCREMENT 3 TO <int>  RANGE struc.
ENDCASE.
WRITE: / 'sy-subrc:', sy-subrc.
IF <word> IS ASSIGNED OR <int> IS ASSIGNED.
  WRITE / 'Field symbol is assigned'.
ENDIF.
```

Dynamischer Zugriff auf Strukturkomponenten

... COMPONENT comp OF STRUCTURE struc

Mit diesem Ausdruck für *mem_area* wird dem Feldsymbol der Speicherbereich einer Komponente comp einer Struktur struc zugewiesen. Während die Struktur struc direkt angegeben wird, muss für comp ein Datenobjekt angegeben werden. Die Auswertung richtet sich nach dem Datentyp von comp:

- Hat das Feld comp einen textartigen Typ (c oder string) oder den einer flachen Struktur, wird sein Inhalt als Name der Komponente interpretiert. Der Name muss in Großbuchstaben angegeben sein.
- Hat das Feld comp einen nicht textartigen elementaren Typ, wird der Inhalt in den Typ i konvertiert und als Position der Komponente in der Struktur interpretiert. Falls der Wert von comp 0 ist, wird dem Feldsymbol der Speicherbereich der gesamten Struktur zugewiesen.

Falls struc keine Struktur ist, wird die Zuweisung nicht durchgeführt und sy-subrc auf 4 gesetzt.

Hinweise

- Die Identifikation einer Komponente über ihren Namen ist deutlich weniger performant als über ihre Position, da damit ein höherer interner Aufwand verbunden ist.
- Um auf statisch bekannte Komponenten unstrukturiert typisierter Formalparameter oder Feldsymbole zuzugreifen, kann anstelle der hier gezeigten Zuweisung dynamischer Strukturkomponenten auch direkt der Strukturkomponenten-Selektor hinter der eingeklammerten dynamischen Angabe des Formalparameters bzw. des Feldsymbols verwendet werden.

Beispiel

Die folgenden beiden Quelltextabschnitte zeigen die dynamische Zuweisung der Komponenten einer Struktur, die an den Parameter para einer Methode meth übergeben wird, an ein Feldsymbol <comp>.

In der ersten Implementierung wird kein Gebrauch von RTTI gemacht. Über die Anweisung DESCRIBE FIELD wird kontrolliert, ob das übergebene Datenobjekt eine Struktur ist. In einer DO-Schleife werden dann die Komponenten dem Feldsymbol zugewiesen.

```
METHOD meth.
  "IMPORTING para TYPE data.
  DATA dtype TYPE c LENGTH 1.
  FIELD-SYMBOLS <comp> TYPE any.
  DESCRIBE FIELD para TYPE dtype.
  IF dtype <> 'u' AND dtype <> 'v'.
    RETURN.
  ENDIF.
  DO.
    ASSIGN COMPONENT sy-index OF STRUCTURE para TO <comp>.
    IF sy-subrc <> 0.
      EXIT.
    ENDIF.
    ...
  ENDDO.
ENDMETHOD.
```

In der zweiten Implementierung wird Gebrauch von RTTI gemacht. Durch den Down Cast des Typbeschreibungsobjekts für das übergebene Datenobjekt auf die Klasse CL_ABAP_STRUCTDESCR wird sichergestellt, dass es sich um eine Struktur handelt. In einer Schleife über die Komponententabelle COMPONENTS werden die Komponenten dem Feldsymbol zugewiesen.

```abap
METHOD meth.
  "IMPORTING para TYPE data.
  DATA struct_descr TYPE REF TO cl_abap_structdescr.
  FIELD-SYMBOLS:
    <comp_descr> LIKE LINE OF cl_abap_structdescr=>components,
    <comp> TYPE any.
  TRY.
      struct_descr ?= cl_abap_typedescr=>describe_by_data( para ).
    CATCH cx_sy_move_cast_error.
      RETURN.
  ENDTRY.
  LOOP AT struct_descr->components ASSIGNING <comp_descr>.
    ASSIGN COMPONENT <comp_descr>-name
           OF STRUCTURE para TO <comp>.
  ENDLOOP.
ENDMETHOD.
```

25.1.1.3 Dynamischer Zugriff auf Attribute von Klassen

```
ASSIGN - dynamic_access
```

Syntax von dynamic_access
```
... { cref->(attr_name) }
  | { iref->(attr_name) }
  | { (class_name)=>(attr_name) }
  | { (class_name)=>attr }
  | { class=>(attr_name) }
```

Diese Alternativen der dynamischen Angabe des Speicherbereichs `mem_area` der Anweisung ASSIGN sind speziell für den dynamischen Zugriff auf Attribute von Klassen (Dynamic Access) vorgesehen.

Bei diesen Varianten setzt die Anweisung ASSIGN den Rückgabewert `sy-subrc`. Wenn die Zuweisung erfolgreich ist, wird `sy-subrc` auf 0, ansonsten auf 4 gesetzt. Bei nicht erfolgreicher Zuweisung behält das Feldsymbol den früheren Zustand. Die Auswertung des logischen Ausdrucks `<fs> IS ASSIGNED` ist also nicht ausreichend, sondern es muss `sy-subrc` überprüft werden.

Die Form `cref->(attr_name)` ist für alle sichtbaren Attribute von Objekten möglich. `cref` kann eine beliebige Klassenreferenzvariable sein, die auf ein Objekt zeigt, das das in einem zeichenartigen Feld `attr_name` angegebene Attribut enthält. Das Attribut wird erst im statischen Typ, dann im dynamischen Typ von `cref` gesucht. Der Bezeichner des Attributs muss nicht in Großbuchstaben angegeben sein. Er kann Offset-/Längenangaben, Strukturkomponenten-, Objektkomponenten- und Klassenkomponenten-Selektoren enthalten, um Teile oder referenzierte Objekte des Attributs zuzuweisen.

Die Form `iref->(attr_name)` ist für alle sichtbaren Interfaceattribute von Objekten möglich. `iref` kann eine beliebige Interface-Referenzvariable sein, die auf ein Objekt zeigt, das das in einem zeichenartigen Feld `attr_name` angegebene Interfaceattribut enthält. Die Methode wird nur im statischen Typ von `iref` gesucht. Der Bezeichner des Attributs muss nicht in Großbuchstaben angegeben sein. Er kann Offset-/Längenangaben, Strukturkomponenten-, Objektkomponenten- und Klassenkomponenten-Selektoren enthalten, um Teile oder referenzierte Objekte des Attributs zuzuweisen.

Die Formen `(class_name)=>(attr_name)`, `(class_name)=>attr` und `class=>(attr_name)` sind für alle sichtbaren statischen Attribute möglich. Es können sowohl Klasse als auch Attribut dynamisch angegeben werden. Das Attribut `attr` und die Klasse `class` können aber auch jeweils direkt angegeben werden. Bei den Alternativen mit dynamischer Klassenangabe (`class_name`) wird erst die Klasse gesucht, dann das Attribut. Bei der statischen Angabe `class` wird das Attribut in der vorhandenen Klasse gesucht. Der Inhalt von `attr_name` und `class_name` muss nicht in Großbuchstaben vorliegen. `attr_name` kann Offset-/Längenangaben, Strukturkomponenten-, Objektkomponenten- und Klassenkomponenten-Selektoren enthalten, um Teile oder referenzierte Objekte des Attributs zuzuweisen. Wenn der Klassenname dynamisch und das Attribut direkt angegeben wird, können hinter dem Attribut keine Offset-/Längenangaben und kein Objektkomponenten-Selektor angegeben werden. Wenn in `class_name` über einen absoluten Typnamen eine Klasse eines anderen Programms angegeben wird, wird dieses je nach Programmtyp in eine neue Zusatzprogrammgruppe oder in die aktuelle Programmgruppe hinzugeladen, falls es noch nicht geladen war. Dabei wird gegebenenfalls der Programmkonstruktor ausgeführt.

Beispiel
Dynamischer Zugriff auf ein Attribut eines Objekts (Dynamic Access) über ein Feldsymbol.

```
CLASS c1 DEFINITION.
  PUBLIC SECTION.
    METHODS m1 IMPORTING oref TYPE REF TO object
                         attr TYPE string.
ENDCLASS.
CLASS c1 IMPLEMENTATION.
  METHOD m1.
    FIELD-SYMBOLS <attr> TYPE ANY.
    ASSIGN oref->(attr) TO <attr>.
    WRITE <attr> ...
  ENDMETHOD.
ENDCLASS.
```

25.1.2 Datentyp angeben

`ASSIGN - casting_spec`

Syntax von casting_spec

```
... { }
  | { CASTING { { }
              | {TYPE type|(name)}}
```

```
          | {LIKE dobj}
          | {[TYPE p] DECIMALS dec}
          | {TYPE HANDLE handle} } }
```

Die Angabe `casting_spec` legt fest, mit welchem Datentyp der dem Feldsymbol zugewiesene Speicherbereich `mem_area` behandelt wird, wenn eine Anweisung das Feldsymbol an einer Operandenposition enthält. Es kann entweder keine Angabe gemacht oder der Zusatz `CASTING` angegeben werden.

25.1.2.1 Datentyp implizit übernehmen

```
... { }
```

Falls für `casting_spec` keine Angabe gemacht wird, übernimmt das Feldsymbol den Datentyp des in `mem_area` verwendeten Datenobjekts, und der zugewiesene Speicherbereich wird entsprechend behandelt. Dieser Datentyp muss zur Typisierung des Feldsymbols passen.

25.1.2.2 Explizites Casting

```
... CASTING
```

Falls in `casting_spec` der Zusatz `CASTING` verwendet wird, wird der Speicherbereich so behandelt, als hätte er den durch `CASTING` angegebenen Typ. Bei der Angabe von `CASTING` darf das Feldsymbol nicht mit dem obsoleten Zusatz `STRUCTURE` (siehe Abschnitt 53.5.2) der Anweisung `FIELD-SYMBOLS` typisiert sein.

Das Casting kann entweder implizit über die Typisierung des Feldsymbols oder explizit über einen der Zusätze `TYPE`, `LIKE` der `DECIMALS` erfolgen. Beim expliziten Casting darf das Feldsymbol nicht vollständig, sondern nur generisch typisiert sein.

Folgende Zusätze sind möglich:

- **{ }**
  Falls der Zusatz `CASTING` ohne weiteren Zusatz angegeben ist, wird der zugewiesene Speicherbereich auf den Typ des Feldsymbols gecastet. Das Feldsymbol muss entweder vollständig oder mit einem der generischen eingebauten ABAP-Typen `c`, `n`, `p` oder `x` typisiert sein.

- **TYPE type|(name)**
  Hinter `TYPE` kann entweder direkt ein Datentyp `type` oder ein eingeklammertes zeichenartiges Datenobjekt `name` angegeben werden, das bei Ausführung der Anweisung die Bezeichnung eines Datentyps in Großbuchstaben enthalten muss. Der zugewiesene Speicherbereich wird auf den angegebenen Typ gecastet. Der hinter `TYPE` angegebene Datentyp kann generisch sein. Es dürfen aber keine Tabellenarten und kein `REF TO` angegeben werden. Das Feldsymbol darf nicht vollständig, sondern nur generisch typisiert sein. Der angegebene Datentyp muss zur generischen Typisierung des Feldsymbols passen, d. h., das Casting darf die generische Typisierung spezialisieren, aber nicht verallgemeinern. Wenn hinter `TYPE` ein generischer zeichenartiger Typ `c` oder `n` angegeben ist, muss in Unicode-Programmen bei Ausführung der Anweisung die Länge des zugewiesenen Speicherbereichs ein Vielfaches der Länge eines Zeichens im Speicher sein.

- **LIKE dobj**
  Hinter LIKE muss direkt ein Datenobjekt angegeben werden. Der zugewiesene Speicherbereich wird auf den Datentyp des Datenobjekts gecastet. Innerhalb einer Prozedur kann für dobj kein vollständig generisch typisierter Formalparameter angegeben werden. Das Feldsymbol darf nicht vollständig, sondern nur generisch typisiert sein. Der angegebene Datentyp muss zur generischen Typisierung des Feldsymbols passen, d. h., das Casting darf die generische Typisierung spezialisieren, aber nicht verallgemeinern. Zu den Datenobjekten, auf die man sich mit LIKE beziehen kann, gehören außer solchen des eigenen Programms auch die öffentlichen Attribute globaler Klassen.

- **[TYPE p] DECIMALS dec**
  Hinter DECIMALS muss ein numerisches Datenobjekt dec angegeben werden. Der zugewiesene Speicherbereich wird auf den Datentyp p gecastet, wobei die Anzahl der Nachkommastellen durch den Inhalt von dec festgelegt wird. Die Anzahl der Nachkommastellen darf nicht größer als die Anzahl der Dezimalstellen sein. TYPE muss bei DECIMALS nicht angegeben werden. Falls TYPE verwendet wird, kann nur der ohnehin verwendete Datentyp p angegeben werden. Das Feldsymbol darf nicht vollständig, sondern nur generisch typisiert sein. Der angegebene Datentyp muss zur generischen Typisierung des Feldsymbols passen, d. h., das Casting darf die generische Typisierung spezialisieren, aber nicht verallgemeinern.

- **TYPE HANDLE handle**
  Hinter TYPE HANDLE muss eine Referenzvariable handle vom statischen Typ der Klasse CL_ABAP_DATADESCR oder deren Unterklassen angegeben werden, die auf ein Typobjekt der RTTS zeigt. Der zugewiesene Speicherbereich wird auf den durch das Typobjekt beschriebenen Typ gecastet. Das Feldsymbol darf nicht vollständig, sondern nur generisch typisiert sein. Der angegebene Datentyp muss zur generischen Typisierung des Feldsymbols passen, d. h., das Casting darf die generische Typisierung spezialisieren, aber nicht verallgemeinern. Das Typobjekt kann durch Anwendung der Methoden der RTTS auf vorhandene Datenobjekte oder durch die Definition eines neuen Datentyps erzeugt worden sein.

Hinweise

- Falls der durch CASTING festgelegte Datentyp tief ist, müssen die tiefen Komponenten bezüglich Typ und Position genauso im zugewiesenen Speicherbereich auftreten. Dies bedeutet insbesondere, dass eine einzelne Referenzvariable nur einem Feldsymbol zugewiesen werden kann, das als Referenzvariable vom gleichen statischen Typ typisiert ist.

- Bei Verwendung des Zusatzes CASTING kann das Ergebnis der Anweisung ASSIGN plattformabhängig sein. Beispielsweise kann die interne Byte-Reihenfolge von Zeichen in Unicode-Systemen plattformabhängig sein, was sich bei einem Cast auf einen byteartigen Datentyp bemerkbar macht.

Beispiel

Die Berechnung des Quotienten aus der gepackten Zahl pack und dem Feldsymbol <pack> demonstriert die Wirkung des Castings mit dem Zusatz DECIMALS. Es werden Faktoren zwischen 10 und 100.000.000 ermittelt. Bei der Verwendung von <pack> in Operandenpositionen wird also ein anderer Wert verwendet als bei der Verwendung von pack.

```
DATA factor TYPE p LENGTH 8 DECIMALS 0.
DATA pack   TYPE p LENGTH 8 DECIMALS 0 VALUE '12345678'.
```

```
FIELD-SYMBOLS <pack> TYPE p.
DO 8 TIMES.
  ASSIGN pack TO <pack> CASTING DECIMALS sy-index.
  factor = pack / <pack>.
  WRITE / factor.
ENDDO.
```

25.1.3 Bereichsgrenzen angeben

`ASSIGN – range_spec`

Syntax von range_spec

```
... { }
  | {RANGE range}.
```

Die Angabe `range_spec` legt die Bereichsgrenzen fest, innerhalb derer dem Feldsymbol ein Speicherbereich zugewiesen werden kann. Es kann entweder keine Angabe gemacht oder der Zusatz `RANGE` angegeben werden.

Gleichzeitig ordnet die Anweisung `ASSIGN` dem Feldsymbol `<fs>` diese Bereichsgrenzen zu. Wenn das Feldsymbol `<fs>` in einer folgenden `ASSIGN`-Anweisung selbst zur Spezifizierung eines Speicherbereichs `mem_area` verwendet wird, werden in Unicode-Programmen die zugeordneten Bereichsgrenzen zur Bestimmung der Bereichsgrenzen des Feldsymbols verwendet, an das die Zuweisung erfolgt (siehe unten).

Hinweis

Die einem Feldsymbol durch `range_spec` zugewiesenen Bereichsgrenzen gelten nur für nachfolgende `ASSIGN`-Anweisungen. In anderen Anweisungen gelten mit Ausnahme von `ADD UNTIL` (siehe Abschnitt 58.1) die allgemeinen Regeln.

25.1.3.1 Implizite Angabe

```
... { }
```

Wirkung in Unicode-Programmen

Falls für `range_spec` keine Angabe gemacht wird, werden die Bereichsgrenzen in Unicode-Programmen wie folgt festgelegt:

- Falls für `dobj` in `mem_area` ein elementares Datenobjekt angegeben ist, bestimmt der Speicherbereich dieses Datenobjekts die Bereichsgrenzen.
- Falls für `dobj` in `mem_area` ein Feldsymbol angegeben ist, dem ein elementares Datenobjekt zugewiesen ist, übernimmt das Feldsymbol `<fs>` der aktuellen Anweisung die diesem Feldsymbol zugeordneten Bereichsgrenzen.
- Falls für `dobj` in `mem_area` eine Struktur oder ein Feldsymbol angegeben ist, das auf eine Struktur zeigt, wird überprüft, ob die Struktur ein zeichenartiges Anfangsstück – bis zur ersten Ausrichtungslücke – hat, und dieses bestimmt die Bereichsgrenzen.

Falls diese Bereichsgrenzen überschritten werden, ist bei der statischen Variante von `mem_area` nach der `ASSIGN`-Anweisung kein Speicherbereich zugewiesen, und der logische Ausdruck `<fs> IS ASSIGNED` ist falsch, während bei den dynamischen Varianten `sy-subrc` auf 4 gesetzt ist.

Wirkung in Nicht-Unicode-Programmen

Falls für `range_spec` keine Angabe gemacht wird, werden die Bereichsgrenzen in Nicht-Unicode-Programmen wie folgt festgelegt:

- Falls bei der Angabe des Speicherbereichs `mem_area` der Name eines Datenobjekts direkt angegeben wird, werden die Bereichsgrenzen durch den Datenbereich des ABAP-Programms bestimmt.
- Falls bei der Angabe des Speicherbereichs `mem_area` der Name eines Datenobjekts dynamisch angegeben wird, werden die Bereichsgrenzen durch das dynamisch angegebene Datenobjekt bestimmt.

Falls diese Bereichsgrenzen überschritten werden, kommt es zu einer unbehandelbaren Ausnahme.

Hinweis

Wenn die Bereichsgrenzen gleichbedeutend mit dem Datenbereich des ABAP-Programms sind, ist zu beachten, dass dieser Datenbereich auch die Verwaltungsinformationen für tiefe Datenobjekte enthält, sodass es zu Fehlern durch deren unbeabsichtigtes Überschreiben kommen kann.

Beispiel

In der ersten `ASSIGN`-Anweisung werden `<fs1>` die Bereichsgrenzen des Datenobjekts `text` zugeordnet. In der zweiten `ASSIGN`-Anweisung übernimmt `<fs2>` diese Grenzen. Ab dem sechsten Schleifendurchlauf wird versucht, `<fs2>` einen größeren Speicherbereich zuzuordnen, wodurch in Unicode-Programmen der logische Ausdruck hinter `IF` nicht mehr wahr ist, während in Nicht-Unicode-Programmen der größere Speicherbereich zugeordnet wird.

```
DATA text TYPE c LENGTH 8 VALUE '12345678'.
FIELD-SYMBOLS: <fs1> TYPE ANY,
               <fs2> TYPE ANY.
ASSIGN text+3(3) TO <fs1>.
DO 8 TIMES.
  ASSIGN <fs1>(sy-index) TO <fs2>.
  IF <fs2> IS ASSIGNED.
    WRITE / <fs2>.
  ENDIF.
ENDDO.
```

25.1.3.2 Explizite Angabe

```
... RANGE range
```

Falls in `range_spec` der Zusatz `RANGE` angegeben ist, werden die Bereichsgrenzen durch den Datenbereich eines Datenobjekts `range` eingeschränkt. Für `range` muss ein Datenobjekt beliebigen Datentyps angegeben werden, das die Bereichsgrenzen umfasst, die sich in Unicode-

Programmen ergeben, wenn der Zusatz RANGE nicht angegeben ist (siehe oben). Falls zur Laufzeit festgestellt wird, dass range diese Bereichsgrenzen nicht umfasst, kommt es zu einer behandelbaren Ausnahme.

Bei Verwendung des RANGE-Zusatzes können dem Feldsymbol nur Teilbereiche des Datenobjekts range zugewiesen werden. Falls diese Bereichsgrenzen überschritten werden, ist bei der statischen Variante von mem_area nach der ASSIGN-Anweisung kein Speicherbereich zugewiesen – der logische Ausdruck <fs> IS ASSIGNED ist falsch –, während bei den dynamischen Varianten sy-subrc auf 4 gesetzt ist.

Hinweis

Wenn für range eine Struktur angegeben ist, die dynamische Datenobjekte enthält, tragen diese immer nur mit der internen Referenz zum Datenbereich der Struktur bei. Der eigentliche Datenbereich der dynamischen Datenobjekte ist ausgelagert und spielt für RANGE keine Rolle. Dies gilt auch für Unterstrukturen, die als Boxed Components deklariert sind (ab Release 7.02/7.2).

Beispiel

Die Struktur struc ist aus zehn Komponenten col1_1, col2_1, ..., col1_5, col2_5 aufgebaut. Die ASSIGN-Anweisung weist dem strukturiert typisierten Feldsymbol <sub> nacheinander jeweils den Speicherbereich zweier benachbarter Komponenten zu, wobei der Speicherbereich durch den gemeinsamen Namen der ersten beiden Komponenten comp1 in der Struktur struc und die Angabe von INCREMENT bestimmt wird. Ohne den RANGE-Zusatz würde die WHILE-Schleife in Unicode-Programmen nur ein einziges Mal durchlaufen, da nur auf den Speicherbereich von struc-comp1 zugegriffen werden kann. Mit dem RANGE-Zusatz wird die Schleife fünfmal durchlaufen. Nach der Zuweisung kann auf die Komponenten des Feldsymbols zugegriffen werden.

```
TYPES: BEGIN OF sub_struc,
         col1 TYPE c LENGTH 10,
         col2 TYPE c LENGTH 10,
       END OF sub_struc.
DATA BEGIN OF struc.
INCLUDE TYPE: sub_struc AS comp1 RENAMING WITH SUFFIX _1,
              sub_struc AS comp2 RENAMING WITH SUFFIX _2,
              sub_struc AS comp3 RENAMING WITH SUFFIX _3,
              sub_struc AS comp4 RENAMING WITH SUFFIX _4,
              sub_struc AS comp5 RENAMING WITH SUFFIX _5.
DATA END OF struc.
FIELD-SYMBOLS <sub> TYPE sub_struc.
DATA inc TYPE i.
WHILE sy-subrc = 0.
  inc = sy-index - 1.
  ASSIGN struc-comp1 INCREMENT inc TO <sub> CASTING
                                          RANGE struc.
  IF sy-subrc = 0.
    WRITE: <sub>-col1, <sub>-col2 ...
  ENDIF.
ENDWHILE.
```

25.1.4 Behandelbare Ausnahmen

Die behandelbaren Ausnahmen bei ASSIGN sind durch folgende Ausnahmeklassen definiert, die Unterklassen von CX_SY_ASSIGN sind:

- CX_SY_ASSIGN_CAST: Fehler beim Casting; spezialisierte Unterklassen sind:
  - CX_SY_ASSIGN_CAST_ILLEGAL_CAST
  - CX_SY_ASSIGN_CAST_UNKNOWN_TYPE
- CX_SY_ASSIGN_OUT_OF_RANGE: Datenobjekt im Zusatz RANGE umfasst nicht das zugewiesene Datenobjekt.

25.2 Datenreferenzen besorgen

GET REFERENCE

Syntax
GET REFERENCE OF dobj **INTO** dref.

Diese Anweisung besorgt sich eine Referenz auf ein Datenobjekt dobj und stellt diese in die Referenzvariable dref. Die Referenzvariable dref muss als Datenreferenzvariable deklariert sein. Der statische Typ der Datenreferenzvariablen muss nach den Konvertierungsregeln für Referenzvariablen allgemeiner oder gleich zum Datentyp von dobj sein.

Die Angabe des Datenobjekts erfolgt direkt und nach den in Abschnitt 3.2.4 beschriebenen Regeln. Bei einer Offset-/Längenangabe darf der Datentyp von dobj hier aber weder string noch xstring sein.

Hinweise

- Die Anweisung GET REFERENCE ist neben dem Zusatz REFERENCE INTO bei Anweisungen für interne Tabellen die einzige Möglichkeit, unselbstständige Datenreferenzen zu erzeugen. Unselbstständige Datenreferenzen können ungültig werden, wenn das referenzierte Datenobjekt gelöscht wird.
- Der Inhalt zweier mit GET REFERENCE gefüllter Referenzvariablen ist nur dann gleich, wenn außer den referenzierten Datenobjekten auch die übrigen Verwaltungsinformationen gleich sind. Beispielsweise ist eine Referenz, die direkt über die Angabe des Datenobjekts besorgt wird, ungleich einer Referenz, die über die Angabe eines Feldsymbols besorgt wird, wenn dieses wegen eines Castings einen anderen Datentyp hat.
- Bei einer internen Tabelle mit Kopfzeile kann eine Datenreferenzvariable nur auf diese oder nur auf den Tabellenkörper zeigen. In der Anweisung GET REFERENCE adressiert der Name einer internen Tabelle mit Kopfzeile die Kopfzeile. Um den Tabellenkörper anzusprechen, muss wie üblich [] an den Namen angehängt werden. Eine dereferenzierte Datenreferenz, der ein Tabellenkörper zugewiesen ist, verhält sich an Operandenpositionen wie eine Tabelle ohne Kopfzeile.
- Der Kontext, in dem eine Datenreferenz mit GET REFERENCE abgezogen wird, bestimmt, ob das referenzierte Datenobjekt über die Referenz geändert werden kann oder nicht. Wenn

das Datenobjekt im Kontext von GET REFERENCE änderbar ist, kann es an beliebigen Stellen auch über die Referenz geändert werden. Beispielsweise kann in einer Methode eine Referenz auf ein privates Attribut einer Klasse abgezogen und nach außen gegeben werden. Da das Attribut in der Klasse änderbar ist, kann es dann auch außerhalb der Klasse über die Referenz geändert werden. Umgekehrt kann beispielsweise eine Konstante oder ein nichtänderbarer Eingabeparameter durch Weitergabe seiner Referenz nicht änderbar gemacht werden.

- Eine mit GET REFERENCE besorgte Datenreferenz auf ein Datenobjekt im Shared Objects Memory kann auch in einer abgeschlossenen Gebietsinstanzversion abgelegt werden. Dabei sind die in Abschnitt 17.1.7 beschriebenen Einschränkungen zu beachten.

Beispiel
Erzeugung von Datenreferenzen auf die einzelnen Zeichen eines Datenobjekts text und deren Speicherung in einer internen Tabelle. Die direkte Dereferenzierung an einer Operandenposition ist möglich, da die Datenreferenz vollständig typisiert ist.

```
TYPES c1 TYPE c LENGTH 1.
DATA: dref     TYPE REF TO c1,
      dref_tab LIKE TABLE OF dref.
DATA: text TYPE c LENGTH 10 VALUE '0123456789',
      off  TYPE i.
DO 10 TIMES.
  off = sy-index - 1.
  GET REFERENCE OF text+off(1) INTO dref.
  APPEND dref TO dref_tab.
ENDDO.
LOOP AT dref_tab INTO dref.
  WRITE / dref->*.
ENDLOOP.
```

26 Initialisierungen

Die Anweisungen CLEAR und FREE initialisieren Datenobjekte, d. h., sie setzen den Inhalt eines Datenobjekts auf einen initialen Wert. Beim Initialisieren werden die entsprechenden Datenobjekte nicht gelöscht. Mit deklarativen Anweisungen erzeugte Datenobjekte werden zusammen mit dem internen Modus erst beim Verlassen eines Programms aus dem Speicher gelöscht. Dynamisch mit der Anweisung CREATE erzeugte Objekte werden durch den Garbage Collector gelöscht. Das Initialisieren von Referenzvariablen kann aber das Löschen der referenzierten Objekte durch den Garbage Collector zur Folge haben.

Feldsymbole werden mit der Anweisung UNASSIGN initialisiert, was aber keinerlei Einfluss auf eine Garabage Collection hat.

26.1 Datenobjekte initialisieren

CLEAR

Syntax
`CLEAR dobj [WITH val [IN {CHARACTER|BYTE} MODE]]`

Ohne die optionalen Zusätze wird dem Datenobjekt dobj der typgerechte Initialwert zugewiesen. Dabei gilt:

- Elementaren Datenobjekten werden die Initialwerte gemäß Tabelle 11.1 zugewiesen.
- Referenzvariablen wird die Null-Referenz zugewiesen.
- Strukturen werden komponentenweise auf ihren Initialwert gesetzt.
- Sämtliche Zeilen einer internen Tabelle werden gelöscht. Dabei wird der für die Tabelle benötigte Speicherplatz bis auf die initiale Speicheranforderung (INITIAL SIZE) freigegeben. Für das Freigeben des gesamten durch Zeilen belegten Speicherplatzes einer internen Tabelle gibt es die Anweisung FREE.

Die optionalen Zusätze erlauben es, die Stellen eines Datenobjekts anstelle des Initialwertes mit anderen Werten zu füllen.

Mit dem Zusatz WITH val werden sämtliche Stellen in dobj je nach Angabe von CHARACTER oder BYTE MODE entweder durch das erste Zeichen oder das erste Byte in val ersetzt. Bei val handelt es sich um eine funktionale Operandenposition (ab Release 7.02/7.2). Falls dobj vom Typ string oder xstring ist, wird der String in seiner aktuellen Länge bearbeitet.

Ohne die Angabe des MODE-Zusatzes gilt der Zusatz IN CHARACTER MODE. Je nach Zusatz muss das Datenobjekt dobj entweder zeichen- oder byteartig sein. Der Operand val muss je nach Zusatz zeichen- oder byteartig sein und die Länge 1 haben. Falls dobj und val in einem Nicht-Unicode-Programm nicht den richtigen Typ und die richtige Länge haben, werden sie unabhängig vom tatsächlichen Typ dennoch so behandelt. In Unicode-Programmen kommt es in diesem Fall zu einem Syntaxfehler oder einer unbehandelbaren Ausnahme.

Hinweis
Ist `dobj` eine interne Tabelle mit Kopfzeile, muss zum Löschen der Zeilen `dobj[]` angegeben werden, andernfalls wird nur die Kopfzeile gelöscht.

Beispiel
Dem Bytestring `hexstring` wird über die gesamte aktuelle Länge ein bestimmter Bytewert zugewiesen.

```
DATA: hexstring TYPE xstring,
      hex       TYPE x LENGTH 1 VALUE 'FF'.
hexstring = '00000000'.
CLEAR hexstring WITH hex IN BYTE MODE.
```

26.2 Speicher freigeben

FREE

Syntax
`FREE dobj.`

Die Anweisung `FREE` löscht sämtliche Zeilen einer internen Tabelle und gibt den gesamten durch Zeilen belegten Speicherbereich frei (siehe Abschnitt 65.1). Auf andere Datenobjekte wirkt `FREE` wie die Anweisung `CLEAR`. Wenn `dobj` eine Struktur mit tabellenartigen Komponenten ist, wird der Speicher jeder tabellenartigen Komponente freigegeben.

Hinweise
- Falls `dobj` eine interne Tabelle mit Kopfzeile ist, wirkt `FREE` auf den Tabellenkörper und nicht auf die Kopfzeile.
- Im Vergleich zu `CLEAR` bleibt bei der Verwendung von `FREE` der initiale Speicherbereich nicht belegt.

26.3 Feldsymbole initialisieren

UNASSIGN

Syntax
`UNASSIGN <fs>.`

Diese Anweisung initialisiert das Feldsymbol `<fs>`. Nach der Anweisung referenziert das Feldsymbol keinen Speicherbereich, und der logische Ausdruck `<fs> IS ASSIGNED` ist falsch.

Hinweis
Eine Anweisung `CLEAR <fs>` initialisiert nicht das Feldsymbol, sondern den Speicherbereich, der dem Feldsymbol zugewiesen ist.

TEIL 9
Interne Daten verarbeiten

27 Numerische Berechnungen

Numerische Berechnungen können mit speziellen Anweisungen, über arithmetische Ausdrücke und durch numerische Funktionen ausgeführt werden.

27.1 Anweisungen für numerische Berechnungen

Die allgemeinste Anweisung für Berechnungen ist COMPUTE. Diese Anweisung erlaubt es, das Ergebnis eines beliebigen Rechenausdrucks einem Zielfeld zuzuweisen. Für numerische Berechnungen dienen dabei insbesondere die arithmetischen Ausdrücke.

Neben der Verwendung arithmetischer Ausdrücke in COMPUTE gibt es für die Grundrechenarten noch vier spezielle Anweisungen ADD, SUBTRACT, DIVIDE und MULTIPLY für die arithmetischen Operationen Addition, Subtraktion, Multiplikation und Division.

27.1.1 Anweisung für Rechenausdrücke

COMPUTE

Syntax
[COMPUTE] [EXACT] result = arith_exp | string_exp | bit_exp.

Diese Anweisung weist der Variablen result das Ergebnis eines Rechenausdrucks zu. Das Schlüsselwort COMPUTE kann weggelassen werden. Ein Rechenausdruck ist:

- ein arithmetischer Ausdruck arith_exp
- ein Zeichenkettenausdruck string_exp (ab Release 7.02/7.2)
- ein Bit-Ausdruck bit_exp

Der Datentyp von result muss je nach Ausdruck entweder ein numerisches, ein zeichenartiges oder ein byteartiges Datenobjekt sein. Bei Bedarf wird das Ergebnis des Ausdrucks in den Datentyp von result konvertiert.

Neben obiger Hauptvariante gibt es noch folgende Varianten:

- **[COMPUTE] result = dobj.**
  [COMPUTE] result ?= dobj.
  Wenn auf der rechten Seite kein Rechenausdruck, sondern ein einzelnes Datenobjekt ohne vorangehendes Vorzeichen oder ohne vorangehenden Bit-Operator BIT-NOT angegeben ist, stellt dies keinen vollständigen arithmetischen Ausdruck bzw. Bit-Ausdruck dar. Aus der Berechnung mit anschließender Zuweisung wird eine einfache Zuweisung. Diese beiden Varianten wirken dann genau wie MOVE dobj {TO|?TO} result. Es gibt dann keinen gemeinsamen Rechentyp (siehe Abschnitt 27.2.3), in den die Operanden vor der Zuweisung konvertiert werden, sondern das Quellfeld wird, falls notwendig, in den Datentyp des Zielfeldes konvertiert. Die Angabe von EXACT (ab Release 7.02/7.2) bewirkt dagegen immer eine Berechnung.

▶ [COMPUTE] destination1 = destination2 = ... =
result = arith_exp|string_exp|bit_exp|dobj.

In dieser Variante wird der Variablen result ein Wert nach den Regeln der COMPUTE-Anweisung zugewiesen, während destination1, destination2, ... nach den Regeln einer Mehrfachzuweisung versorgt werden.

Hinweise

▶ Vor Release 7.02/7.2 und ohne den Zusatz EXACT ab Release 7.02/7.2 ist die rechte Seite der Anweisung COMPUTE eine allgemeine Ausdrucksposition.

▶ Neben numerischen Berechnungen mit einem arithmetischen Ausdruck erlaubt die Anweisung COMPUTE also auch Zeichenketten- und Bit-Operationen mit einem Zeichenkettenausdruck (ab Release 7.02/7.2) oder einem Bit-Ausdruck, weshalb diese unter dem Begriff Rechenausdruck zusammengefasst sind.

▶ Wenn auf der rechten Seite nichts als eine eingebaute Funktion mit einem einzelnen Datenobjekt angegeben ist, wirkt die Anweisung COMPUTE ohne den Zusatz EXACT wie die Anweisung MOVE. Wenn das Argument der Funktion ein Rechenausdruck ist, ist die gesamte rechte Seite ein Rechenausdruck.

Beispiel

Die erste Zuweisung ist gleichbedeutend mit einer COMPUTE-Anweisung und ergibt in result den Wert "731036", d. h. die Anzahl der Tage seit 01.01.0001. Die zweite Zuweisung ist dagegen gleichbedeutend mit einer MOVE-Anweisung und ergibt in result den Wert "20020704".

```
DATA: result TYPE string,
      date   TYPE d VALUE '20020704'.
result = + date.
result =   date.
```

27.1.1.1 Exakte Berechnungen

COMPUTE - EXACT

Syntax

`COMPUTE EXACT result = arith_exp.`

Ab Release 7.02/7.2. Der Zusatz EXACT, der zurzeit nicht ohne COMPUTE angegeben werden kann, erzwingt eine exakte Berechnung, in der keine Rundungen erlaubt sind. Auf der rechten Seite kann ein vereinfachter arithmetischer Ausdruck angegeben werden. Die Zielvariable result kann von jedem elementaren Datentyp außer f sein. Der Rechentyp ist immer decfloat34. Es kommt zur Ausnahme CX_SY_CONVERSION_ROUNDING, wenn während der Ausführung der Anweisung eine Rundung notwendig ist. Rundungen können bei einer Konvertierung von Operanden in den Rechentyp, während der Berechnung oder bei einer Konvertierung des Ergebnisses in das Zielfeld auftreten.

Die Ausnahme tritt bei der Berechnung des ersten Teilausdrucks auf, bei dem eine Rundung notwendig ist. Wenn die Ausnahme auftritt, bleibt die Zielvariable result unverändert. Bei Behandlung der Ausnahme enthält das Ausnahmeobjekt im Attribut VALUE das Ergebnis, das eine Berechnung ohne den Zusatz EXACT liefert. Im Attribut OPERATION findet sich die erste Operation, bei der gerundet werden musste, wobei eine Konvertierung durch ":=" dargestellt wird.

Für den vereinfachten arithmetischen Ausdruck auf der rechten Seite gelten folgende Einschränkungen gegenüber allgemeinen arithmetischen Ausdrücken:

- Die erlaubten arithmetischen Operatoren sind +, -, * und /. Die Operatoren DIV, MOD und ** dürfen nicht verwendet werden.
- Die erlaubten eingebauten Funktionen sind abs, sign, ceil, floor, trunc, frac, round und rescale (Letztere ab Release 7.02/7.2). Diese Funktionen lösen die Ausnahme CX_SY_CONVERSION_ROUNDING nicht aus. Andere eingebaute Funktionen dürfen nicht angegeben werden, da ihre Ergebnisse prinzipiell nicht exakt sind.
- Es dürfen keine Operanden der Datentypen x und xstring angegeben werden.
- Es dürfen keine funktionalen Methoden angegeben werden, da die Anforderung der Exaktheit nicht auf die Methodenausführung ausgedehnt werden kann.
- Es sind keine Operanden vom Typ f (binäre Gleitpunktzahlen) erlaubt, da diese wegen ihrer internen Darstellung nicht jede Dezimalzahl exakt darstellen können.

Hinweis
Da bei exakten Berechnungen die erste Berechnung, bei der eine Rundung notwendig ist, eine Ausnahme auslöst, kann das Verhalten bei arithmetischen Ausdrücken, die zwar mathematisch identisch, aber unterschiedlich aufgebaut sind, unterschiedlich sein.

Beispiel
Das Beispiel zeigt, wie der Aufbau eines arithmetischen Ausdrucks das Ergebnis einer exakten Berechnung beeinflussen kann. Während beispielsweise eine Division einer Zahl durch sich selbst immer eine exakte Berechnung ist, kommt es bei der Multiplikation von 3 mit 1 / 3 zur Ausnahme, da eine Rundung in der Division auftritt.

```
DATA: result TYPE decfloat34,
      exc    TYPE REF TO cx_sy_conversion_rounding.
TRY.
    COMPUTE EXACT result = 3 / 3 .
    WRITE /(40) result COLOR COL_POSITIVE.
  CATCH cx_sy_conversion_rounding INTO exc.
    WRITE /(40) exc->value COLOR COL_NEGATIVE.
ENDTRY.
TRY.
    COMPUTE EXACT result = 3 * ( 1 / 3 ).
    WRITE /(40) result COLOR COL_POSITIVE.
  CATCH cx_sy_conversion_rounding INTO exc.
    WRITE /(40) exc->value COLOR COL_NEGATIVE.
ENDTRY.
```

27.1.1.2 Behandelbare Ausnahmen

Die Unterklasse CX_SY_CONVERSION_ROUNDING: Rundung bei exakter Berechnung von CX_SY_CONVERSION_ERROR gilt speziell für COMPUTE EXACT. Daneben können alle Ausnahmen der verwendeten Ausdrücke auftreten.

27.1.2 Addition

ADD

Syntax
`ADD dobj1 TO dobj2.`

Diese Anweisung hat die gleiche Wirkung wie die Anweisung

`COMPUTE dobj2 = dobj2 + dobj1.`

Der Inhalt von dobj1 wird zum Inhalt von dobj2 addiert, und das Ergebnis wird dobj2 zugewiesen. Die Datenobjekte dobj1 und dobj2 müssen numerisch sein. Es können keine eingebauten Funktionen oder funktionalen Methoden angegeben werden. Der Rechentyp wird wie bei einem arithmetischen Ausdruck bestimmt.

Beispiel
Nach der Addition enthält result die Zeichenfolge "_____1". Der Rechentyp ist decfloat34 (ab Release 7.02/7.2). Der Inhalt des zeichenartigen Feldes result wird vor der Operation nach decfloat34 und nach der Operation wieder nach c konvertiert.

```
DATA: operand TYPE decfloat16 VALUE 1,
      result  TYPE c LENGTH 10.
ADD operand TO result.
```

27.1.2.1 Behandelbare Ausnahmen

Die folgenden behandelbaren Ausnahmen können bei ADD auftreten:

- CX_SY_ARITHMETIC_OVERFLOW: Überlauf bei arithmetischer Operation
- CX_SY_CONVERSION_OVERFLOW: Überlauf bei Konvertierung

27.1.3 Subtraktion

SUBTRACT

Syntax
`SUBTRACT dobj1 FROM dobj2.`

Diese Anweisung hat die gleiche Wirkung wie die Anweisung

`COMPUTE dobj2 = dobj2 - dobj1.`

Der Inhalt von dobj1 wird vom Inhalt von dobj2 subtrahiert, und das Ergebnis wird dobj2 zugewiesen. Die Datenobjekte dobj1 und dobj2 müssen numerisch sein. Es können keine eingebauten Funktionen oder funktionalen Methoden angegeben werden. Der Rechentyp wird wie bei einem arithmetischen Ausdruck bestimmt.

27.1.3.1 Behandelbare Ausnahmen

Die folgenden behandelbaren Ausnahmen können bei SUBTRACT auftreten:

- CX_SY_ARITHMETIC_OVERFLOW: Überlauf bei arithmetischer Operation
- CX_SY_CONVERSION_OVERFLOW: Überlauf bei Konvertierung

27.1.4 Multiplikation

```
MULTIPLY
```

Syntax
```
MULTIPLY dobj1 BY dobj2.
```

Diese Anweisung hat die gleiche Wirkung wie die Anweisung

```
COMPUTE dobj1 = dobj1 * dobj2.
```

Der Inhalt von dobj1 wird mit dem Inhalt von dobj2 multipliziert, und das Ergebnis wird dobj1 zugewiesen. Die Datenobjekte dobj1 und dobj2 müssen numerisch sein. Es können keine eingebauten Funktionen oder funktionalen Methoden angegeben werden. Der Rechentyp wird wie bei einem arithmetischen Ausdruck bestimmt.

27.1.4.1 Behandelbare Ausnahmen

Die folgenden behandelbaren Ausnahmen können bei MULTIPLY auftreten:

- CX_SY_ARITHMETIC_OVERFLOW: Überlauf bei arithmetischer Operation
- CX_SY_CONVERSION_OVERFLOW: Überlauf bei Konvertierung

27.1.5 Division

```
DIVIDE
```

Syntax
```
DIVIDE dobj1 BY dobj2.
```

Diese Anweisung hat die gleiche Wirkung wie die Anweisung

```
COMPUTE dobj1 = dobj1 / dobj2.
```

Der Inhalt von dobj1 wird durch den Inhalt von dobj2 dividiert, und das Ergebnis wird dobj1 zugewiesen. Die Datenobjekte dobj1 und dobj2 müssen numerisch sein. Es können keine eingebauten Funktionen oder funktionalen Methoden angegeben werden. Der Rechentyp wird wie bei einem arithmetischen Ausdruck bestimmt.

27.1.5.1 Behandelbare Ausnahmen

Die folgenden behandelbaren Ausnahmen können bei `DIVIDE` auftreten:

- CX_SY_ARITHMETIC_OVERFLOW: Überlauf bei arithmetischer Operation
- CX_SY_CONVERSION_OVERFLOW: Überlauf bei Konvertierung
- CX_SY_ZERO_DIVIDE: Division durch 0

27.2 Arithmethische Ausdrücke

```
arith_exp
```

Syntax von arith_exp
```
... [+|-] operand1
    [{+|-|*|/|DIV|MOD|**} [+|-] operand2
    [{+|-|*|/|DIV|MOD|**} [+|-] operand3
    ... ]]
```

Ein arithmetischer Ausdruck formuliert eine Berechnung. Das Ergebnis eines arithmetischen Ausdrucks ist ein numerischer Wert, der in dem Rechentyp vorliegt, der dem arithmetischen Ausdruck zugeordnet ist. In einem arithmetischen Ausdruck `arith_exp` kann ein Operand `operand1` über die arithmetischen Operatoren +, -, *, /, `DIV`, `MOD` oder ** mit einem oder mehreren Operanden `operand2`, `operand3` ... verknüpft werden, wobei Klammerungen möglich sind. Arithmetische Ausdrücke kommen in der Anweisung `COMPUTE` oder an Lesepositionen bestimmter Anweisungen (ab Release 7.02/7.2) vor.

Die Operandenpositionen `operand` sind allgemeine Ausdruckspositionen, d. h., es können numerische Datenobjekte, eingebaute Funktionen, funktionale Methoden oder geklammerte arithmetische Ausdrücke angegeben werden. Die arithmetischen Operatoren +, -, *, /, `DIV`, `MOD` und ** verknüpfen zwei benachbarte Operanden. Bei der Auswertung des Ausdrucks wird daraus ein numerischer Wert berechnet, der mit dem nächsten benachbarten Operanden verknüpft wird. Die Priorität der Verknüpfung richtet sich nach den verwendeten Operatoren.

Vor jedem Operanden können ein oder mehrere durch Leerzeichen getrennte Vorzeichen + oder – in beliebiger Reihenfolge stehen. Jedes Vorzeichen wirkt so, als sei an seiner Stelle der Ausdruck +1 * bzw. -1 * angegeben, wodurch ein Vorzeichen die gleiche Priorität wie eine Multiplikation hat.

Wenn funktionale Methoden oder zeichenartige Ausdrücke als Operanden angegeben sind, werden diese vor der Auswertung des gesamten übrigen Ausdrucks von links nach rechts ausgeführt und die Rückgabewerte für die Verwendung an den entsprechenden Operandenpositionen zwischengespeichert. Zeichenartige Verarbeitungsfunktionen und Zeichenkettenausdrücke (ab Release 7.02/7.2) sind dabei nur als Argumente von Beschreibungsfunktionen möglich.

Hinweise

▶ Es ist darauf zu achten, ob in einer angegebenen funktionalen Methode der Wert eines Datenobjekts geändert wird, das ebenfalls als Operand verwendet wird. Selbst wenn ein solcher Operand links von der funktionalen Methode steht, wird sein Wert immer vor seiner Auswertung von der Methode geändert.

▶ Arithmetische Ausdrücke und Zeichenkettenausdrücke sind nicht mischbar. Beschreibungsfunktionen, die als Operanden arithmetischer Ausdrücke verwendet werden, können aber Zeichenkettenausdrücke als Argumente enthalten (ab Release 7.02/7.2).

Beispiel
Dieser Programmabschnitt berechnet den Hyperbelsinus mit der eulerschen Formel im Rechentyp decfloat34 (ab Release 7.02/7.2) und mit der eingebauten Funktion sinh im Rechentyp f und gibt den Unterschied aus.

```
DATA: x       TYPE i,
      result1 TYPE decfloat16,
      result2 TYPE f,
      diff    TYPE decfloat16.
DO 2001 TIMES.
  TRY.
      x = sy-index - 1001.
      result1 = ( ( exp( x ) - exp( -1 * x ) ) / 2 ).
      result2 = sinh( x ).
      diff    = abs( result1 - result2 ).
      IF diff <> 0.
        WRITE: / x, diff STYLE cl_abap_math=>scientific.
      ENDIF.
    CATCH cx_sy_conversion_overflow cx_sy_arithmetic_overflow.
  ENDTRY.
ENDDO.
```

27.2.1 Arithmetische Operatoren

Tabelle 28.1 zeigt die möglichen arithmetischen Operatoren arithmetischer Ausdrücke, ihre Priorität und die Reihenfolge der Berechnung. Innerhalb einer Klammerebene (siehe Abschnitt 27.2.2) werden Berechnungen mit Operatoren höherer Priorität vor Berechnungen mit Operatoren niedrigerer Priorität durchgeführt. Bei benachbarten Operatoren gleicher Priorität wird die Berechnung in der angegebenen Reihenfolge durchgeführt. In der dritten Spalte der folgenden Tabelle bedeutet 3 die höchste und 1 die niedrigste Priorität.

Abgesehen von **, haben die Operatoren keinen Einfluss auf den Rechentyp (siehe Abschnitt 27.2.3). Wenn der Operator ** in einem arithmetischen Ausdruck nicht vorkommt, wird der Rechentyp nur durch die beteiligten Datentypen bestimmt. Bei Verwendung von ** ist der Rechentyp entweder decfloat34 oder f. Er ist decfloat34, wenn einer der beteiligten Datentypen eine dezimale Gleitpunktzahl ist (ab Release 7.02/7.2), und ansonsten f.

Operator	Berechnung	Priorität	Reihenfolge
+	Addition der Operanden	1	von links nach rechts
-	Subtraktion des rechten vom linken Operanden	1	von links nach rechts
*	Multiplikation der Operanden	2	von links nach rechts
/	Division des linken durch den rechten Operanden	2	von links nach rechts
DIV	ganzzahliger Anteil der Division des linken durch den rechten Operanden mit positivem Rest	2	von links nach rechts
MOD	positiver Rest der Division des linken durch den rechten Operanden; ein Rest ungleich null liegt immer zwischen Null und dem Betrag des rechten Operanden	2	von links nach rechts
**	Potenzieren des linken mit dem rechten Operanden	3	von rechts nach links

Tabelle 27.1 Arithmetische Operatoren

Hinweise

- Eine Division durch den Wert 0 ist undefiniert und führt zu einer behandelbaren Ausnahme. Nur wenn der Dividend selbst 0 ist, wird bei einer Division durch 0 keine Ausnahme ausgelöst, sondern das Ergebnis auf 0 gesetzt.
- Falls beim Potenzieren der linke Operand 0 ist, muss der rechte Operand größer gleich 0 sein. Falls der linke Operand negativ ist, muss der rechte Operand eine ganze Zahl sein. Ansonsten kommt es in beiden Fällen zu einer behandelbaren Ausnahme.
- Das Ergebnis von div multipliziert mit operand2 plus das Ergebnis von mod ergibt immer operand1. Deshalb beeinflusst die Regel, dass das Ergebnis von mod immer positiv ist, auch das Ergebnis von div. Das Ergebnis einer ganzzahligen Division zweier positiver Zahlen ist bei einem Rest ungleich 0 unterschiedlich vom Ergebnis einer ganzzahligen Division zweier negativer Zahlen mit gleichen Beträgen. Genauso ist es bei Operanden mit unterschiedlichen Vorzeichen von Bedeutung, welcher positiv und welcher negativ ist.

Beispiel
Eine Berechnung date MOD 7 liefert für ein Datumsfeld date, das ein beliebiges gültiges Datum enthält, folgende Zuordnung von Zahlen zum Wochentag: 0 für Samstag, 1 für Sonntag bis 6 für Freitag. Durch die Formel (5 + date MOD 7) MOD 7 + 1 erhält man daraus die übliche Zuordnung 1 für Montag, 2 für Dienstag bis 6 für Sonntag.

27.2.2 Klammerung

```
arith_exp - ( )
```

Syntax
```
... ( arith_exp )
```

Ein vollständiger arithmetischer Ausdruck `arith_exp` kann in runde Klammern gesetzt werden. Ein geklammerter arithmetischer Ausdruck kann als Operand eines anderen arithmetischen Ausdrucks verwendet werden und wird dann zuerst berechnet.

27.2.3 Rechentyp

Einem arithmetischen Ausdruck ist ein Rechentyp zugeordnet, der die Behandlung des arithmetischen Ausdrucks festlegt.

27.2.3.1 Bestimmung des Rechentyps

Der Rechentyp entspricht einem der numerischen Datentypen `i`, `p`, `f` oder `decfloat34` (ab Release 7.02/7.2). Er wird nach folgender Hierarchie bestimmt, wobei die Priorität von oben nach unten abnimmt:

1. Ist einer der beteiligten Datentypen `decfloat16` oder `decfloat34`, ist der Rechentyp `decfloat34` (ab Release 7.02/7.2).
2. Ist einer der beteiligten Datentypen `f` oder wird der Operator `**` verwendet, ist der Rechentyp `f`.
3. Ist einer der beteiligten Datentypen `p`, ist der Rechentyp `p`.
4. Ist einer der beteiligten Datentypen `i`, (`b` oder `s`), ist der Rechentyp `i`.

Der Rechentyp wird also durch den beteiligten Datentyp mit dem größten Wertebereich bestimmt – mit den Ausnahmen, dass jede dezimale Gleitpunktzahl zum Rechentyp `decfloat34` führt (ab Release 7.02/7.2) und dass die Verwendung des Operators `**` wie ein beteiligter Datentyp des Typs `f` betrachtet wird.

Als beteiligte Datentypen zählen:

▶ bei Verwendung in der Anweisung COMPUTE die Datentypen aller Operanden des gesamten arithmetischen Ausdrucks und der Datentyp des Ergebnisfeldes `result`

▶ bei Verwendung in logischen Ausdrücken die Datentypen aller Operanden des gesamten logischen Ausdrucks. Es wird nicht erst der Rechentyp jedes beteiligten arithmetischen Ausdrucks und daraus der Vergleichstyp gebildet. Alle Operanden des logischen Ausdrucks tragen unabhängig von ihrer Zugehörigkeit zu arithmetischen Ausdrücken zum Rechentyp bei, der gleichzeitig der Vergleichstyp ist.

▶ bei Verwendung als Aktualparameter für Eingabeparameter von Methoden die Datentypen aller Operanden des gesamten arithmetischen Ausdrucks und die Typisierung des Formalparameters, falls dieser vollständig typisiert ist. Wenn der Formalparameter generisch typisiert ist, werden nur die Operanden des Ausdrucks ausgewertet.

Bei Operanden mit numerischem Datentyp wird dieser verwendet. Operanden anderer Datentypen werden wie folgt betrachtet:

▶ `d` und `t` wie `i`
▶ `c`, `n` und `string` wie `p`
▶ `x` und `xstring` wie `i`

- Bei Operanden, die als nicht-überladene eingebaute Funktionen angegeben sind, gilt der Datentyp des Rückgabewerts.

- Bei den überladenen allgemeinen numerischen Funktionen (siehe Abschnitt 27.3.1) gehen deren Operanden in die Bestimmung des Rechentyps ein.

- Bei Verwendung einer Gleitpunktfunktion (siehe Abschnitt 27.3.3) ist der Rechentyp wie dort beschrieben entweder `decfloat34` (ab Release 7.02/7.2) oder `f`.

- Bei Operanden, die als funktionale Methoden angegeben sind, gilt der Datentyp des Rückgabewerts.

Hinweis
Die Bestimmung eines Rechentyps vor der Ausführung der Berechnung und unter Berücksichtigung aller Operanden inklusive des Ergebnisfeldes – bei Verwendung in COMPUTE oder als Aktualparameter – ist eine Eigenschaft von ABAP, die sich von der Art, wie andere Programmiersprachen Berechnungen ausführen, stark unterscheidet. Ein weiterer Unterschied ist die kaufmännische Rundung von Zwischenergebnissen beim Rechentyp `i`, während die Nachkommastellen bei anderen Programmiersprachen einfach abgeschnitten werden.

27.2.3.2 Bedeutung des Rechentyps

Vor Ausführung der Berechnung werden alle Operanden, für die dies notwendig ist, gemäß den Konvertierungsregeln für elementare Datentypen in den Rechentyp konvertiert. Der Rechentyp bestimmt die Rechenmethode und die Rechengenauigkeit:

- **Rechentyp i**
  Der arithmetische Ausdruck wird mit einer Ganzzahlarithmetik berechnet, bei der jedes nicht-ganzzahlige Zwischenergebnis (nach einer Division) kaufmännisch auf eine ganze Zahl gerundet wird. Jedes Zwischenergebnis muss im Wertebereich des Datentyps `i` (siehe Tabelle 11.2) liegen, ansonsten kommt es zur behandelbaren Ausnahme CX_SY_ARITHMETIC_OVERFLOW.

- **Rechentyp p**
  Der arithmetische Ausdruck wird mit einer internen Genauigkeit von 31 Dezimalstellen und einer speziellen dezimalen Gleitpunktarithmetik für Zwischenergebnisse berechnet. Während der Berechnung ist der Dezimalpunkt von Zahlen vom Typ `p` nicht fixiert. Falls ein Überlauf auftritt, weil ein Zwischenergebnis größer als 10^{31-1} ist, wird der ganze Ausdruck nochmals mit einer internen Genauigkeit von 63 Dezimalstellen bzw. einem maximalen Wert von 10^{63-1} für Zwischenergebnisse berechnet. Falls erneut ein Überlauf auftritt, kommt es zur behandelbaren Ausnahme CX_SY_ARITHMETIC_OVERFLOW. Ein Überlauf tritt immer dann auf, wenn die Genauigkeit nicht für alle Dezimalstellen vor dem Dezimaltrennzeichen ausreicht. Überzählige Nachkommastellen erzeugen keine Ausnahme, sondern werden für jedes Zwischenergebnis kaufmännisch gerundet. Wenn die Programmeigenschaft FESTPUNKTARITHMETIK nicht gesetzt ist, wird das Dezimaltrennzeichen bei der Berechnung nicht berücksichtigt. Alle Dezimalstellen werden als die Stellen einer ganzen Zahl behandelt, und jedes Zwischenergebnis wird kaufmännisch auf eine ganze Zahl gerundet.

▶ **Rechentyp f**
Der arithmetische Ausdruck wird mit der binären Gleitpunktarithmetik der aktuellen Plattform berechnet. Jedes Zwischenergebnis muss im Wertebereich des Datentyps f liegen, ansonsten kommt es zur behandelbaren Ausnahme CX_SY_ARITHMETIC_OVERFLOW. Da die Nachkommastellen einer Gleitpunktzahl intern durch Dualbrüche dargestellt werden, gibt es nicht zu jeder im Dezimalsystem darstellbaren Zahl eine exakte Entsprechung, wodurch es in den Zwischenergebnissen zu Rundungsfehlern kommen kann.

▶ **Rechentyp decfloat34**
Ab Release 7.02/7.2. Der arithmetische Ausdruck wird mit dezimaler Gleitpunktarithmetik nach der Norm IEEE-754-2008 berechnet – mit der Abweichung, dass eine Division durch 0 wie bei allen Rechentypen nicht zu einer Ausnahme führt, wenn der Dividend 0 ist. Jedes Zwischenergebnis muss im Wertebereich des Datentyps `decfloat34` liegen, ansonsten kommt es zur behandelbaren Ausnahme CX_SY_ARITHMETIC_OVERFLOW. Zwischenergebnisse werden bei Bedarf kaufmännisch gerundet. Die Skalierung jedes Zwischenergebnisses wird so bestimmt, dass bei einem ungenauen Ergebnis der kleinstmögliche Exponent gewählt wird und dass er bei einem genauen Ergebnis wie folgt bestimmt wird:

- ▶ Bei der Addition und der Subtraktion ist der Exponent des Ergebnisses der kleinere der Exponenten der beiden Operanden.
- ▶ Bei der Multiplikation ist der Exponent des Ergebnisses die Summe der Exponenten der beiden Operanden.
- ▶ Bei der Division ist der Exponent des Ergebnisses die Differenz zwischen den Exponenten von Dividend und Divisor.
- ▶ Bei Anwendung der Funktion `sqrt` ist der Exponent der ganzzahlige Anteil der Hälfte des Exponenten des Operanden.

Hinweis
Die Konvertierung nicht-numerischer Datentypen in einen numerischen Rechentyp erlaubt insbesondere auch Berechnungen mit Datums- und Zeitfeldern, da deren Inhalt gemäß den Konvertierungsregeln in Tages- bzw. Sekundenangaben konvertiert wird. Dabei spielt natürlich insbesondere die Bildung von Summen und Differenzen eine Rolle. Um unerwartete Ergebnisse bei solchen Berechnungen zu vermeiden, muss besonders darauf geachtet werden, dass der Inhalt der verwendeten Datums- bzw. Zeitfelder auch gültig ist. In diesem Zusammenhang ist auch zu beachten, dass die Zahl 0 bei einer Konvertierung in ein Datumsfeld nicht den Nullpunkt der Datumsberechnungen, den 01.01.0001, ergibt, sondern das ungültige Datum "00000000". Wenn bei einer Datumsberechnung das Ergebnis 0 ist, sollte es vor einer Zuweisung an ein Datumsfeld besonders behandelt werden.

27.2.3.3 Behandlung des Ergebnisses

Nach Ausführung der Berechnung wird das Ergebnis des arithmetischen Ausdrucks wie folgt behandelt:

- ▶ Bei Verwendung in der Anweisung COMPUTE wird das Ergebnis in den Datentyp des Ergebnisfeldes konvertiert, falls der Rechentyp von diesem abweicht.

- Bei Verwendung in logischen Ausdrücken findet keine Konvertierung statt, da Rechen- und Vergleichstyp identisch sind.
- Bei Verwendung als Aktualparameter für Eingabewerte von Methoden wird das Ergebnis bei vollständiger Typisierung des Formalparameters beim statischen Methodenaufruf bei Bedarf in dessen Typ konvertiert und übergeben. Bei generischer Typisierung des Formalparameters übernimmt dieser den Rechentyp, wobei beim Rechentyp p die Anzahl der Nachkommastellen aus der bei der Berechnung benötigten Genauigkeit bestimmt wird.

27.2.4 Behandelbare Ausnahmen

In arithmetischen Ausdrücken können im Wesentlichen Ausnahmen auftreten, die durch folgende Oberklassen zusammengefasst sind:

- CX_SY_ARITHMETIC_ERROR: Fehler bei einer Berechnung; mögliche Unterklassen sind:
  - CX_SY_ARG_OUT_OF_DOMAIN
  - CX_SY_ARITHMETIC_OVERFLOW
  - CX_SY_PRECISION_LOSS
  - CX_SY_UNSUPPORTED_FUNCTION
  - CX_SY_ZERODIVIDE
- CX_SY_CONVERSION_ERROR: Fehler bei einer Konvertierung; mögliche Unterklassen sind:
  - CX_SY_CONVERSION_NO_NUMBER
  - CX_SY_CONVERSION_OVERFLOW

27.3 Numerische Funktionen

Numerische Funktionen sind ein Teil der eingebauten Funktionen. Das Hauptargument einer numerischen Funktion muss einen numerischen Wert darstellen. Der Datentyp des Rückgabewertes wird entweder durch das Argument der Funktion (überladene Funktionen) oder durch die Funktion bestimmt.

Außerhalb eines arithmetischen Ausdrucks muss das Hauptargument einer numerischen Funktion ein einzelnes numerisches Datenobjekt sein. Innerhalb eines arithmetischen Ausdrucks sind als Hauptargument einer numerischen Funktion numerische Datenobjekte, arithmetische Ausdrücke, eingebaute Funktionen und funktionale Methoden möglich.

27.3.1 Allgemeine numerische Funktionen

```
abs( ), sign( ), ceil( ), floor( ), trunc( ), frac( )
```

Syntax
```
... func( arg )
```

Tabelle 27.2 zeigt die allgemeinen numerischen Funktionen für genau ein unbenanntes Argument mit beliebigem numerischen Datentyp. Diese Funktionen sind dahingehend überladen, dass der Rückgabewert verschiedene numerische Typen haben kann.

Das Argument einer allgemeinen numerischen Funktion muss außerhalb eines arithmetischen Ausdrucks ein einzelnes Datenobjekt und kann innerhalb eines arithmetischen Ausdrucks selbst ein arithmetischer Ausdruck sein.

Funktion func	Rückgabewert
abs	Absolutwert des Arguments arg
sign	Vorzeichen des Arguments arg: –1, falls der Wert von arg negativ ist; 0, falls der Wert von arg 0 ist; 1, falls der Wert von arg positiv ist
ceil	kleinste ganzzahlige Zahl, die nicht kleiner als der Wert des Arguments arg ist
floor	größte ganzzahlige Zahl, die nicht größer als der Wert des Arguments arg ist
trunc	Wert des ganzzahligen Teils des Arguments arg
frac	Wert der Nachkommastellen des Arguments arg

Tabelle 27.2 Allgemeine numerische Funktionen

Für den Datentyp des Rückgabewertes gilt:

▸ Außerhalb eines arithmetischen Ausdrucks bestimmt der Datentyp des Arguments den Datentyp des Rückgabewerts.

▸ Innerhalb eines arithmetischen Ausdrucks trägt das Argument der Funktion zum Rechentyp des gesamten Ausdrucks bei, und die Funktion wird mit dem Rechentyp berechnet. Wenn das Argument selbst ein arithmetischer Ausdruck ist, tragen dessen Operanden zum gesamten Rechentyp bei, und das Argument wird ebenfalls mit diesem Typ berechnet.

Falls das Argument einer numerischen Funktion außerhalb eines arithmetischen Ausdrucks keinen numerischen Datentyp i, p, decfloat16, decfloat34 (ab Release 7.02/7.2) oder f hat, bestimmt sein Datentyp wie folgt den Typ des Rückgabewerts:

▸ d und t ergibt i

▸ c, n und string ergeben p

▸ x und xstring ergeben i

Vor der Berechnung der Funktion wird das Argument in den entsprechenden Typ konvertiert.

27.3.2 Numerische Extremwertfunktionen

nmax( ), nmin( )

Syntax

... nmax|nmin(val1 = arg1 val2 = arg2 [val3 = arg3] ... [val9 = arg9])

Ab Release 7.02/7.2. Diese Funktionen geben den Wert des größten bzw. des kleinsten der übergebenen Argumente zurück. Es müssen mindestens zwei Argumente arg1 und arg2 und es können maximal neun Argumente übergeben werden, wobei die optionalen Eingabeparameter val3 bis val9 lückenlos und in aufsteigender Reihenfolge versorgt werden müssen. Die Argumente arg1 bis arg9 sind numerische Ausdruckspositionen.

Für den Datentyp des Rückgabewertes gilt:

▶ Außerhalb eines arithmetischen Ausdrucks wird aus allen Argumenten ein Rechentyp bestimmt und mit diesem der Vergleich durchgeführt. Der Rechentyp wird genauso wie bei einem arithmetischen Ausdruck bestimmt und legt auch den Datentyp des Rückgabewertes fest.

▶ Innerhalb eines arithmetischen Ausdrucks tragen die Argumente der Funktion zum Rechentyp des gesamten Ausdrucks bei, und die Funktion wird mit dem Rechentyp berechnet. Wenn ein Argument selbst ein arithmetischer Ausdruck ist, tragen dessen Operanden zum gesamten Rechentyp bei, und das Argument wird ebenfalls mit diesem Typ berechnet.

Hinweis
Zur Bestimmung zeichenartiger Extremwerte können die Extremwertfunktionen cmax und cmin verwendet werden.

Beispiel
Das Beispiel berechnet den minimalen bzw. maximalen Wert einer nach oben oder nach unten geöffneten Parabel, deren Parameter auf einem Selektionsbild eingegeben werden können.

```
PARAMETERS: a TYPE i DEFAULT 1,
            b TYPE i DEFAULT 0,
            c TYPE i DEFAULT 0.
CONSTANTS: xmin TYPE i VALUE -100,
           xmax TYPE i VALUE 100,
           n    TYPE i VALUE 20000.
DATA:    x    TYPE decfloat34,
         y    TYPE decfloat34,
         y0   TYPE decfloat34.
DATA     txt  TYPE string.
DO n + 1 TIMES.
  x = ( xmax - xmin ) / n * ( sy-index - 1 ) + xmin.
  y = a * x ** 2 + b * x + c.
  IF sy-index = 1.
    y0 = y.
  ELSE.
    IF a > 0.
      txt = 'Minimum'.
      y0 = nmin( val1 = y0 val2 = y ).
    ELSE.
      txt = 'Maximum'.
      y0 = nmax( val1 = y0 val2 = y ).
    ENDIF.
  ENDIF.
ENDDO.
txt = |{ txt } value of parabola is: { y0 }|.
```

27.3.3 Gleitpunktfunktionen

`acos( ), sin( ), tanh( ), exp( ), log( ), sqrt( )`

Syntax

`... func( arg )`

Folgende Tabelle zeigt die Gleitpunktfunktionen mit genau einem unbenannten Argument, für das eine Gleitpunktzahl erwartet wird. Gleitpunktfunktionen sind dahingehend überladen, dass der Rückgabewert vom Typ `decfloat34` (ab Release 7.02/7.2) oder `f` sein kann. Derzeit gilt noch die Einschränkung, dass dezimale Gleitpunktzahlen (ab Release 7.02/7.2) nur als Argumente von `exp`, `log`, `log10` und `sqrt` möglich sind.

Das Argument einer Gleitpunktfunktion muss außerhalb eines arithmetischen Ausdrucks ein einzelnes Datenobjekt und kann innerhalb eines arithmetischen Ausdrucks selbst ein arithmetischer Ausdruck sein.

Funktion »func«	Bedeutung	Definitionsbereich
acos	Arcuscosinus	[–1,1], kein decfloat34
asin	Arcussinus	[–1,1], kein decfloat34
atan	Arcustangens	–, kein decfloat34
cos	Cosinus	–, kein decfloat34
sin	Sinus	–, kein decfloat34
tan	Tangens	–, kein decfloat34
cosh	Hyperbelcosinus	–, kein decfloat34
sinh	Hyperbelsinus	–, kein decfloat34
tanh	Hyperbeltangens	–, kein decfloat34
exp	Exponentialfunktion zur Basis e	[–709, 709] für Typ f und [–14.144, 14.149] für Typ decfloat34
log	natürlicher Logarithmus	> 0
log10	Logarithmus zur Basis 10	> 0
sqrt	Quadratwurzel	>= 0

Tabelle 27.3 Gleitpunktfunktionen

Bei den Funktionen, bei denen in der Spalte Definitionsbereich "kein `decfloat34`" angegeben ist, darf der Rechentyp derzeit nicht `decfloat34` sein. Wenn eine dieser Funktionen in einem Ausdruck dieses Rechentyps angegeben ist, kommt es zu einem Syntaxfehler oder zur Ausnahme CX_SY_UNSUPPORTED_FUNCTION.

Für die Gleitpunktarithmetik, in der eine Gleitpunktfunktion berechnet wird, und den Datentyp des Rückgabewertes gilt Folgendes:

▶ Wenn das Argument vom Typ `decfloat16` oder `decfloat34` ist (ab Release 7.02/7.2), wird eine Gleitpunktfunktion in dezimaler Gleitpunktarithmetik berechnet, und der Rückgabewert ist vom Typ `decfloat34`.

- Wenn eine Gleitpunktfunktion in einem arithmetischen Ausdruck verwendet wird, dessen Rechentyp decfloat34 ist (ab Release 7.02/7.2), berechnet sie ebenfalls einen Rückgabewert vom Typ decfloat34, und das Argument wird, falls notwendig, vorher in den Datentyp decfloat34 konvertiert.

- In allen anderen Fällen berechnen Gleitpunktfunktionen mit binärer Gleitpunktarithmetik einen Rückgabewert vom Typ f, und das Argument wird, falls notwendig, vorher in den Datentyp f konvertiert.

Für die Funktionen, für die ein Definitionsbereich angegeben ist, muss der Wert von arg in den angegebenen Grenzen liegen. Für die Exponentialfunktion exp ist die fehlerfreie Ausführung für Argumente innerhalb der Definitionsbereiche garantiert, da die Ergebnisse dann innerhalb der Wertebereiche für binäre bzw. dezimale Gleitpunktzahlen nach IEEE-754 liegen. Für Argumente kleiner –709 ist das Ergebnis bei binären Gleitpunktzahlen plattformabhängig entweder immer 0, oder es kommt ab einem bestimmten Wert zu einer behandelbaren Ausnahme der Klasse CX_SY_ARITHMETIC_OVERFLOW.

Die trigonometrischen Funktionen sin, cos und tan sind zwar für beliebige Argumente definiert, die Ergebnisse werden aber ungenau, wenn der Betrag des Arguments größer als etwa 100.000.000 ist.

Hinweis
Die Funktion atan ist bei ungeradzahligen Vielfachen von pi/2 zwar undefiniert, der Definitionsbereich für atan ist aber nicht eingeschränkt, da ein Argument der Funktion nie genau den Wert von π/2 enthalten kann.

27.3.4 Rundungsfunktionen

round( ), rescale( )

Syntax

`... round|rescale( val = arg ... )`

Ab Release 7.02/7.2. Die Rundungsfunktionen erwarten als Hauptargument val eine dezimale Gleitpunktzahl und zusätzliche Argumente, die beschreiben, wie die dezimale Gleitpunktzahl behandelt wird. Der Typ des Rückgabewertes einer Rundungsfunktion ist immer decfloat34. Innerhalb eines arithmetischen Ausdrucks kann das Argument für die dezimale Gleitpunktzahl auch ein arithmetischer Ausdruck oder eine Funktion sein. Die anderen Argumente müssen immer als numerisches Datenobjekt angegeben werden.

Hinweis
Für die Normalisierung einer dezimalen Gleitpunktzahl enthält die Klasse CL_ABAP_MATH eine Methode NORMALIZE (ab Release 7.02/7.2). In einer normalisierten Gleitpunktzahl hat die Mantisse keine schließenden Nullen.

27.3.4.1 Rundungsfunktion

Syntax

```
... round( val = arg {dec = n}|{prec = n}|{currency = cur} [mode = m] )
```

Ab Release 7.02/7.2. Die Funktion `round` rundet eine dezimale Gleitpunktzahl, die als Argument für den Parameter `val` angegeben wird. Ein für `arg` angegebenes Datenobjekt wird, falls notwendig, vor Ausführung der Funktion in den Datentyp `decfloat34` konvertiert. Die Funktion `round` kann nicht hinter `MOVE`, `CASE` oder `WHEN` verwendet werden.

Wenn der Parameter `dec` mit einem Wert versorgt wird, wird der Eingabewert auf die in `n` angegebene Anzahl von Nachkommastellen gerundet und zurückgegeben. Für `n` werden Datenobjekte vom Typ `i` erwartet, deren Wert nicht kleiner als –6.144 sein darf. Bei der Angabe eines negativen Wertes wird die entsprechende Vorkommastelle gerundet.

Wenn der Parameter `prec` mit einem Wert versorgt wird, wird der Eingabewert auf die in `n` angegebene Präzision gerundet und zurückgegeben. Für `n` werden Datenobjekte vom Typ `i` erwartet, deren Wert größer 0 sein muss.

Wenn der Parameter `currency` mit einem Wert versorgt wird, wirkt die Funktion so, als würde `dec` versorgt, wobei die Anzahl der Nachkommastellen durch eine in `cur` angegebene Währung bestimmt wird. Für `cur` wird ein dreistelliges zeichenartiges Feld erwartet, das einen ISO-Währungsschlüssel aus der Spalte CURRENCYCODE der Datenbanktabelle /ISCER/ C_CUR enthält. Die Anzahl der Nachkommastellen ist in der Spalte DISPLAYDECIMAL dieser Tabelle festgelegt. Falls der Inhalt von `cur` nicht in /ISCER/C_CUR gefunden wird, wird die Ausnahme CX_SY_UNKNOWN_CURRENCY ausgelöst.

Sowohl Skalierung als auch Präzision können bei einer Rundung verkleinert, aber nicht vergrößert werden. Bei der Angabe von `dec` enthält die Mantisse des Rückgabewertes keine Nullen hinter der Stelle, auf die gerundet wurde. Bei der Angabe von `prec` wird der Eingabewert unverändert zurückgegeben, wenn die angegebene Präzision größer oder gleich der des Eingabewertes ist.

Über den optionalen Parameter `mode` wird die Rundungsart bestimmt. Für `m` können nur Werte angegeben werden, die ab Release 7.02/7.2 als Konstante ROUND_... in der Klasse CL_ABAP_MATH vorhanden sind. Tabelle 27.4 enthält die möglichen Rundungsarten. Wenn `mode` nicht versorgt wird, wird kaufmännisch gerundet.

Konstante	Rundungsart
ROUND_HALF_UP	Es wird zum nächstliegenden gerundeten Wert gerundet. Falls der Wert genau in der Mitte zwischen zwei gerundeten Werten liegt, wird von der Null weg gerundet (kaufmännisches Runden).
ROUND_HALF_DOWN	Es wird zum nächstliegenden gerundeten Wert gerundet. Falls der Wert genau in der Mitte zwischen zwei gerundeten Werten liegt, wird zur Null hin gerundet.
ROUND_HALF_EVEN	Es wird zum nächstliegenden gerundeten Wert gerundet. Falls der Wert genau in der Mitte zwischen zwei gerundeten Werten liegt, wird zu dem Wert gerundet, dessen hinterste Dezimalstelle eine gerade Zahl ist.

Tabelle 27.4 Rundungsarten für Rundungsfunktion round

Konstante	Rundungsart
ROUND_UP	Es wird immer von der Null weg bzw. zum größeren Absolutwert hin gerundet.
ROUND_DOWN	Es wird immer zur Null bzw. zum kleineren Absolutwert hin gerundet.
ROUND_CEILING	Es wird immer in positive Richtung bzw. zum größeren Wert hin gerundet.
ROUND_FLOOR	Es wird immer in negative Richtung bzw. zum kleineren Wert hin gerundet.

Tabelle 27.4 Rundungsarten für Rundungsfunktion round (Forts.)

Beispiele

Die folgende Tabelle zeigt die Ergebnisse für das kaufmännische Runden der dezimalen Gleitpunktzahl 1234,56789 (Skalierung 5, Präzision 9) mit verschiedenen Werten für dec.

dec	String-Repräsentation	Interne Darstellung	Skalierung	Präzision
–5	0E+5	0...0000000000E+5	–5	1
–4	0E+4	0...0000000000E+4	–4	1
–3	1E+3	0...0000000001E+3	–3	1
–2	1.2E+3	0...0000000012E+2	–2	2
–1	1.23E+3	0...0000000123E+1	–1	3
0	1235	0...0000001235E+0	0	4
1	1234.6	0...0000012346E–1	1	5
2	1234.57	0...0000123457E–2	2	6
3	1234.568	0...0001234568E–3	3	7
4	1234.5679	0...0012345679E–4	4	8
5	1234.56789	0...0123456789E–5	5	9
6	1234.56789	0...0123456789E–5	5	9

Tabelle 27.5 Beispiel für das kaufmännische Runden der dezimalen Gleitpunktzahl mit verschiedenen Werten für dec

Die folgende Tabelle zeigt die Ergebnisse für das kaufmännische Runden der dezimalen Gleitpunktzahl 1234,56789 (Skalierung 5, Präzision 9) mit verschiedenen Werten für prec.

prec	String-Repräsentation	Interne Darstellung	Skalierung	Präzision
1	1E+3	0...0000000001E+3	–3	1
2	1.2E+3	0...0000000012E+2	–2	2
3	1.23E+3	0...0000000123E+1	–1	3
4	1235	0...0000001235E+0	0	4
5	1234.6	0...0000012346E–1	1	5
6	1234.57	0...0000123457E–2	2	6
7	1234.568	0...0001234568E–3	3	7
8	1234.5679	0...0012345679E–4	4	8

Tabelle 27.6 Beispiel für das kaufmännische Runden der dezimalen Gleitpunktzahl mit verschiedenen Werten für prec

prec	String-Repräsentation	Interne Darstellung	Skalierung	Präzision
9	1234.56789	0...0123456789E–5	5	9
10	1234.56789	0...0123456789E–5	5	9

Tabelle 27.6 Beispiel für das kaufmännische Runden der dezimalen Gleitpunktzahl mit verschiedenen Werten für prec (Forts.)

27.3.4.1 Reskalierungsfunktion

Syntax

```
... rescale( val = arg {dec = n}|{prec = n}|{currency = cur} [mode = m] )
```

Ab Release 7.02/7.2. Die Funktion rescale ändert die Skalierung einer dezimalen Gleitpunktzahl, die als Argument für den Parameter val angegeben wird. Ein für arg angegebenes Datenobjekt wird, falls notwendig, vor Ausführung der Funktion in den Datentyp decfloat34 konvertiert. Die Funktion rescale kann nicht hinter MOVE, CASE oder WHEN verwendet werden.

Wenn der Parameter dec mit einem Wert versorgt wird, wird der Eingabewert mit der in n angegebenen Skalierung zurückgegeben. Für n werden Datenobjekte vom Typ i erwartet, deren Wert nicht kleiner als –6.144 sein darf. Wenn die Skalierung zu mehr als 34 Dezimalstellen in der Mantisse des Rückgabewertes führen würde, kommt es zu einer behandelbaren Ausnahme.

Wenn der Parameter prec mit einem Wert versorgt wird, wird der Eingabewert mit der in n angegebenen Präzision und entsprechend gesetzter Skalierung zurückgegeben. Für n werden Datenobjekte vom Typ i erwartet, deren Wert größer 0 und kleiner gleich 34 sein muss.

Der Parameter currency wirkt wie der Parameter dec und legt, wie bei der Funktion round beschrieben, die Skalierung durch die in cur angegebene Währung fest.

Sowohl Skalierung als auch Präzision können bei einer Reskalierung verkleinert und vergrößert werden. Bei einer Vergrößerung werden rechts Nullen eingefügt. Der Eingabewert wird bei Bedarf gerundet. Mit dem optionalen Parameter mod kann wie bei der Funktion round die Rundungsart angegeben werden (siehe Tabelle 27.4), wobei standardmäßig kaufmännisch gerundet wird.

Beispiele

Die folgende Tabelle zeigt die Ergebnisse für die Reskalierung der dezimalen Gleitpunktzahl 1234,56789 (Skalierung 5, Präzision 9) mit verschiedenen Werten für dec, wenn kaufmännisches Runden angegeben ist.

dec	String-Repräsentation	Interne Darstellung	Skalierung	Präzision
–5	0E+5	0...0000000000000E+5	–5	1
–4	0E+4	0...0000000000000E+4	–4	1
–3	1E+3	0...0000000000001E+3	–3	1
–2	1.2E+3	0...0000000000012E+2	–2	2
–1	1.23E+3	0...0000000000123E+1	–1	3

Tabelle 27.7 Reskalierung einer dezimalen Gleitpunktzahl mit verschiedenen Werten für dec

dec	String-Repräsentation	Interne Darstellung	Skalierung	Präzision
0	1235	0...0000000001235E+0	0	4
1	1234.6	0...0000000012346E–1	1	5
2	1234.57	0...0000000123457E–2	2	6
3	1234.568	0...0000001234568E–3	3	7
4	1234.5679	0...0000012345679E–4	4	8
5	1234.56789	0...0000123456789E–5	5	9
6	1234.567890	0...0001234567890E–6	6	10
7	1234.5678900	0...0012345678900E–7	7	11
8	1234.56789000	0...0123456789000E–8	8	12

Tabelle 27.7 Reskalierung einer dezimalen Gleitpunktzahl mit verschiedenen Werten für dec (Forts.)

Die folgende Tabelle zeigt die Ergebnisse für die Reskalierung der dezimalen Gleitpunktzahl 1234,56789 (Skalierung 5, Präzision 9) mit verschiedenen Werten für prec, wenn kaufmännisches Runden angegeben ist.

prec	String-Repräsentation	Interne Darstellung	Skalierung	Präzision
1	1E+3	0...0000000000001E+3	–3	1
2	1.2E+3	0...0000000000012E+2	–2	2
3	1.23E+3	0...0000000000123E+1	–1	3
4	1235	0...00000000001235+0	0	4
5	1234.6	0...0000000012346E–1	1	5
6	1234.57	0...0000000123457E–2	2	5
7	1234.568	0...0000001234568E–3	3	7
8	1234.5679	0...0000012345679E–4	4	8
9	1234.56789	0...0000123456789E–5	5	9
10	1234.567890	0...0001234567890E–6	6	10
11	1234.5678900	0...0012345678900E–7	7	11
12	1234.56789000	0...0123456789000E–8	8	12

Tabelle 27.8 Reskalierung einer dezimalen Gleitpunktzahl mit verschiedenen Werten für prec

27.3.5 Behandelbare Ausnahmen

Die behandelbaren Ausnahmen, die während der Berechnung einer numerischen Funktion auftreten können, sind Unterklassen der folgenden Klassen:

- CX_SY_ARITHMETIC_ERROR: arithmetischer Fehler
- CX_SY_CONVERSION_ERROR: Fehler bei einer Konvertierung

27.4 Systemklassen für mathematische Operationen

27.4.1 Operationen mit Gleitpunktzahlen

Die Klasse CL_ABAP_MATH enthält Methoden und Konstanten für Operationen mit Gleitpunktzahlen.

27.4.1.1 Rundung binärer Gleitpunktzahlen

Die Methode ROUND_F_TO_15_DECS rundet eine binäre Gleitpunktzahl kaufmännisch auf 15 Dezimalstellen.

27.4.1.2 Operationen mit dezimalen Gleitpunktzahlen

Die folgenden Methoden sind spezielle für dezimale Gleitpunktzahlen vorhanden (ab Release 7.02/7.2):

- Die Methode GET_SCALE gibt die Skalierung einer dezimalen Gleitpunktzahl zurück.
- Die Methode GET_NUMBER_OF_DIGITS gibt die Präzision einer dezimalen Gleitpunktzahl zurück.
- Die Methode NORMALIZE gibt eine normalisierte Gleitpunktzahl zurück. Das heißt, Skalierung und Präzision eines Eingabewertes werden so geändert, dass die Mantisse keine schließenden Nullen hat.
- Die Methode GET_SCALE_NORMALIZED gibt die Skalierung einer normalisierten dezimalen Gleitpunktzahl zurück. Falls der Eingabewert Nachkommastellen hat, ist der Rückgabewert die Anzahl der Nachkommastellen ohne schließende Nullen.
- Die Methode GET_MAX_DB_VALUE gibt den maximalen Wert einer Zahl vom Typ DF16_DEC oder DF34_DEC auf der Datenbank zurück.
- Die Methode GET_DB_LENGTH_DECS gibt Länge und Anzahl der Nachkommastellen einer Zahl vom Typ DF16_DEC oder DF34_DEC auf der Datenbank zurück.

27.4.2 Zufallszahlen

Die Klasse CL_ABAP_RANDOM ruft den Pseudozufallszahlengenerator "Mersenne Twister" für verschiedene numerische Typen auf.

Für den eindimensionalen Fall erzeugen folgende spezielle Klassen Zufallszahlen für die verschiedenen numerischen Typen:

- CL_ABAP_RANDOM_INT für Typ i
- CL_ABAP_RANDOM_FLOAT für Typ f
- CL_ABAP_RANDOM_PACKED für Typ p
- CL_ABAP_RANDOM_PACKED_DEC1 bis CL_ABAP_RANDOM_PACKED_DEC14 für Typ p mit 1 bis 14 Dezimalstellen
- CL_ABAP_RANDOM_DECFLOAT16 und CL_ABAP_RANDOM_DECFLOAT34 für die Typen decfloat16 und decfloat34

28 Zeichen- und Bytekettenverarbeitung

Dieses Kapitel beschreibt die Sprachelemente, die speziell zur Bearbeitung von Zeichenketten und Byteketten in zeichenartigen und byteartigen Datenobjekten vorgesehen sind.

Die speziellen Vergleichsoperatoren und Prädikatfunktionen (ab Release 7.02/7.2) für Zeichen- und Byteketten werden im Abschnitt über logische Ausdrücke behandelt (siehe Abschnitt 21.1).

28.1 Eigenschaften der Zeichen- und Bytekettenverarbeitung

Dieser Abschnitt führt in die Begrifflichkeiten von Zeichen- und Byteketten, Operanden in der Zeichen- und Bytekettenverarbeitung sowie in schließende Leerzeichen in der Zeichenkettenverarbeitung ein.

28.1.1 Zeichen- und Byteketten

Zeichenartige Datenobjekte enthalten Zeichenketten (oder Zeichenfolgen). Ein zeichenartiges Datenobjekt hat entweder einen zeichenartigen Datentyp c, d, n, t, string oder ist eine flache Struktur mit rein zeichenartigen Komponenten.

Byteartige Datenobjekte enthalten Byteketten (oder Bytefolgen). Ein byteartiges Datenobjekt hat immer den byteartigen Datentyp x oder xstring.

Außerhalb von Unicode-Programmen können auch noch beliebige flache Strukturen und byteartige Datenobjekte als Zeichenketten behandelt werden.

28.1.2 Operanden in der Zeichen- und Bytekettenverarbeitung

28.1.2.1 Operanden in der Zeichenkettenverarbeitung

Bei der Zeichenkettenverarbeitung, die in überladenen Anweisungen durch den Zusatz IN CHARACTER MODE festgelegt wird, und in den Anweisungen, die ausschließlich Zeichenkettenverarbeitung unterstützen, müssen die betreffenden Operanden zeichenartig sein, weil die Verarbeitung der Operanden zeichenweise erfolgt und die Ablage der Zeichen im Speicher von der verwendeten Codepage abhängt. Diese Bedingung ist für das ordnungsgemäße Funktionieren der Zeichenkettenverarbeitung unerlässlich, wird aber unterschiedlich überprüft:

- In Nicht-Unicode-Programmen führt die Nichtbeachtung dieser Regel nur innerhalb von Klassen zu einem Syntaxfehler oder einer Ausnahme. Außerhalb von Klassen führt die Nichtbeachtung in Nicht-Unicode-Programmen lediglich zu einer Warnung bei der Syntaxprüfung, aber zu keiner Ausnahme.
- In Unicode-Programmen wird die Bedingung sowohl innerhalb als auch außerhalb von Klassen bei der Syntaxprüfung und zur Laufzeit überprüft.

Dabei ist zusätzlich zu beachten, dass der Begriff "zeichenartig" in Unicode-Programmen eine enger gefasste Definition hat als in Nicht-Unicode-Programmen:

- In Unicode-Programmen sind nur Datenobjekte der zeichenartigen Datentypen c, d, n, t, string oder Strukturen mit rein zeichenartigen Komponenten zeichenartig. Datenobjekte vom Typ d, n, t und Strukturen mit rein zeichenartigen Komponenten werden wie Datenobjekte vom Typ c behandelt (implizites Casting).

- In Nicht-Unicode-Programmen können zusätzlich beliebige flache Strukturen und byteartige Datenobjekte zeichenartig sein. Solche Operanden nicht-zeichenartiger Datentypen werden unabhängig von ihrem Typ ebenfalls wie zeichenartige Datenobjekte vom Typ c behandelt (implizites Casting).

Der letzte Punkt ermöglicht in Nicht-Unicode-Programmen die Zeichenkettenverarbeitung von Byteketten mit den gleichen Ergebnissen wie die explizite Bytekettenverarbeitung in Unicode-Programmen, falls die Anweisung nach Tabelle 28.1 dafür geeignet ist.

Hinweis
Bei der Verwendung der zeichenartigen Datenobjekte d, n, t in der Zeichenkettenverarbeitung ist zu beachten, dass bei der Zuweisung von Zwischenergebnissen an Zielfelder nicht die typgerechten Konvertierungsregeln, sondern die Regeln für den Datentyp c gelten.

28.1.2.2 Operanden in der Bytekettenverarbeitung

Bei der Bytekettenverarbeitung, die in überladenen Anweisungen durch den Zusatz IN BYTE MODE angestoßen wird, und in den Anweisungen GET BIT bzw. SET BIT müssen die betreffenden Operanden byteartig sein, weil die Verarbeitung der Operanden byteweise erfolgt. Diese Bedingung gilt innerhalb und außerhalb von Klassen und sowohl in Unicode- als auch in Nicht-Unicode-Programmen.

28.1.3 Schließende Leerzeichen in der Zeichenkettenverarbeitung

Bei Operanden der Datentypen fester Länge (c, d, n und t oder zeichenartig aufgefassten Strukturen) werden in den Anweisungen zur Zeichenkettenverarbeitung führende Leerzeichen in der Regel berücksichtigt und schließende abgeschnitten. Ausnahmen von dieser Regel sind bei den betroffenen Anweisungen erwähnt. Bei Operanden des Datentyps string werden in der Regel alle Leerzeichen berücksichtigt.

Falls das Ergebnis einer Anweisung zur Zeichenkettenverarbeitung einem Operanden zugewiesen wird, wird dieser in der Regel rechts mit Leerzeichen aufgefüllt, falls das Ergebnis kürzer als die Länge des Operanden ist. Bei der Zuweisung an einen String passt dessen Länge sich in der Regel an die Länge des Ergebnisses an. Ausnahmen von der Regel sind bei den betroffenen Anweisungen aufgeführt.

Hinweise

- Diese Regeln gelten insbesondere auch für die Verarbeitung von Byteketten in Nicht-Unicode-Programmen. Falls eine Bytekette in ihren schließenden Bytes Werte enthält, die in der aktuellen Codepage das Leerzeichen repräsentieren, werden diese Bytes bei zu kurzen

Ergebnisfeldern fester Länge abgeschnitten, und zu lange Ergebnisfelder werden mit diesen Bytewerten aufgefüllt.

- Das Abschneiden schließender Leerzeichen betrifft insbesondere auch das Textfeldliteral `' '` und die Konstante `space`. Diese sollten deshalb nie an Operandenpositionen aufgeführt werden, an denen schließende Leerzeichen abgeschnitten werden.

Beispiel
Das Ergebnis der folgenden Verkettung ist ein String mit genau einem Leerzeichen. Die Leerzeichen in `space` und `' '` werden ignoriert. An der Operandenposition hinter `SEPARATED BY` wird dagegen das Leerzeichen, das implizit in `' '` enthalten ist, berücksichtigt! Bei Verwendung des Zusatzes `RESPECTING BLANKS` wäre das Ergebnis ein String mit drei Leerzeichen.

```
DATA text TYPE string.
CONCATENATE space ' ' INTO text SEPARATED BY ''.
```

28.2 Anweisungen für die Zeichen- und Bytekettenverarbeitung

Tabelle 28.1 fasst die Schlüsselwörter zur Zeichen- und Bytekettenverarbeitung und die von diesen Anweisungen unterstützte Verarbeitung zusammen.

Schlüsselwort	Zeichenkettenverarbeitung	Bytekettenverarbeitung
CONCATENATE	X	X
FIND	X	X
REPLACE	X	X
SHIFT	X	X
SPLIT	X	X
CONDENSE	X	–
CONVERT TEXT	X	–
OVERLAY	X	–
TRANSLATE	X	–
WRITE TO	X	–
SET BIT	–	X
GET BIT	–	X

Tabelle 28.1 Anweisungen für die Zeichen- und Bytekettenverarbeitung

Es wird strikt zwischen der Verarbeitung von Zeichen- und Byteketten unterschieden. Jedes der Schlüsselwörter aus der Tabelle, das sowohl Zeichen- als auch Bytekettenverarbeitung unterstützt, hat den optionalen Zusatz

```
... IN {CHARACTER|BYTE} MODE ...
```

Dieser Zusatz legt fest, welche Verarbeitung durchgeführt wird. Falls dieser Zusatz nicht angegeben ist, wird in diesen Anweisungen eine Zeichenkettenverarbeitung durchgeführt. Außerhalb von Unicode-Programmen können dabei auch noch flache Strukturen und Byteketten wie Zeichenketten behandelt werden (implizites Casting). Alle Anweisungen, bei denen laut obiger Tabelle eine explizite Bytekettenverarbeitung möglich ist, führen in einem Nicht-Unicode-System beim Zugriff auf Byteketten auch ohne die Angabe IN BYTE MODE zum richtigen Ergebnis, solange die zeichenartige Interpretation des binären Inhalts keine Rolle spielt. In Unicode-Programmen sind die Zeichenkettenverarbeitung von Byteketten und die Anweisungen GET BIT bzw. SET BIT für Zeichenketten nicht möglich.

28.2.1 Verketten

CONCATENATE

Syntax
```
CONCATENATE {dobj1 dobj2 ...}|{LINES OF itab}
            INTO result
            [IN {CHARACTER|BYTE} MODE]
            [SEPARATED BY sep]
            [RESPECTING BLANKS].
```

Es werden entweder die Inhalte der Datenobjekte dobj1, dobj2, ... oder der Zeilen der internen Tabelle itab gemäß ihrer Reihenfolge verkettet und dem Zielfeld result zugewiesen. Bei itab handelt es sich um eine funktionale Operandenposition (ab Release 7.02/7.2).

Falls das Zielfeld result eine feste Länge hat und diese größer als die benötigte Länge ist, wird es rechts mit Leerzeichen bzw. hexadezimal 0 aufgefüllt. Falls die Länge des Zielfeldes kürzer ist, wird die Verkettung rechts abgeschnitten. Falls das Zielfeld ein String ist, wird seine Länge entsprechend angepasst.

Der optionale Zusatz IN {CHARACTER|BYTE} MODE bestimmt, ob eine Zeichen- oder Bytekettenverarbeitung durchgeführt wird. Falls der Zusatz nicht angegeben ist, wird eine Zeichenkettenverarbeitung durchgeführt. Je nach Verarbeitungsart müssen die Datenobjekte dobj1, dobj2, ..., die Zeilen der internen Tabelle itab und der Separator sep zeichen- oder byteartig sein. Bei der Zeichenkettenverarbeitung werden bei Datenobjekten dobj1, dobj2, ... bzw. Zeilen der internen Tabelle itab fester Länge die schließenden Leerzeichen standardmäßig nicht berücksichtigt.

Mit dem Zusatz SEPARATED BY wird der Inhalt des Datenobjekts sep zwischen den Inhalten der aufeinanderfolgenden Datenobjekte dobj1, dobj2, ... eingefügt. Bei der Zeichenkettenverarbeitung werden bei Separatoren sep fester Länge die schließenden Leerzeichen berücksichtigt.

Der Zusatz RESPECTING BLANKS ist nur bei der Zeichenkettenverarbeitung erlaubt und bewirkt, dass die schließenden Leerzeichen bei den Datenobjekten dobj1, dobj2, ... bzw. den Zeilen der internen Tabelle itab berücksichtigt werden. Ohne den Zusatz ist dies nur beim Datentyp string der Fall.

Systemfelder

sy-subrc	Bedeutung
0	Der Inhalt sämtlicher Datenobjekte `dobj1 dobj2` ... bzw. Zeilen von `itab` wurde in das Zielfeld `result` übertragen.
4	Der Inhalt der Datenobjekte `dobj1 dobj2` ... bzw. Zeilen von `itab` konnte nicht vollständig übertragen werden, da die Länge von `result` nicht ausreicht.

Hinweise

- Anstelle von `CONCATENATE` können für elementare Felder in den meisten Fällen auch Zeichenkettenausdrücke (ab Release 7.02/7.2) verwendet werden, in denen Verkettungen entweder über den Verkettungsoperator `&&` oder über eingebettete Ausdrücke in Zeichenketten-Templates möglich sind. Für das Verketten der Zeilen einer internen Tabelle steht ab Release 7.02/7.2 die eingebaute Funktion `concat_lines_of` zur Verfügung.
- Mit dem Zusatz `RESPECTING BLANKS` kann die Anweisung `CONCATENATE` wie folgt verwendet werden, um beliebige Zeichenketten `text` unter Berücksichtigung der schließenden Leerzeichen an Zielfelder `str` vom Typ `string` zuzuweisen:

```
CLEAR str.
CONCATENATE str text INTO str RESPECTING BLANKS.
```

Beispiel

Nach der ersten `CONCATENATE`-Anweisung hat `result` den Inhalt "When_the_music_is_over", nach der zweiten "When⎵⎵⎵⎵the⎵⎵⎵⎵⎵music⎵⎵⎵⎵is⎵⎵⎵⎵⎵⎵over⎵⎵⎵⎵⎵", wobei ein Unterstrich hier für ein Leerzeichen steht.

```
TYPES text    TYPE c LENGTH 10.
DATA  itab    TYPE TABLE OF text.
DATA  result  TYPE string.
APPEND 'When'  TO itab.
APPEND 'the'   TO itab.
APPEND 'music' TO itab.
APPEND 'is'    TO itab.
APPEND 'over'  TO itab.
CONCATENATE LINES OF itab INTO result SEPARATED BY space.
...
CONCATENATE LINES OF itab INTO result RESPECTING BLANKS.
```

28.2.2 Durchsuchen

```
FIND
```

Syntax

```
FIND [{FIRST OCCURRENCE}|{ALL OCCURRENCES} OF] pattern
  IN [section_of] dobj
  [IN {CHARACTER|BYTE} MODE]
  [find_options].
```

Der Operand `dobj` wird nach den durch ein Suchmuster `pattern` bestimmten Zeichen- oder Bytefolgen durchsucht. Mit dem Zusatz `section_of` kann der Suchbereich eingegrenzt werden. Die Suche wird beendet, wenn das Suchmuster zum ersten Mal bzw. wenn alle Suchmuster im Suchbereich gefunden wurden oder das Ende des Suchbereichs erreicht wird. Das Suchergebnis wird durch das Setzen von sy-subrc mitgeteilt. Die Zusätze find_options bieten weitere Möglichkeiten zur Steuerung und Auswertung der Anweisung.

Der optionale Zusatz IN {CHARACTER|BYTE} MODE bestimmt, ob eine Zeichen- oder Bytekettenverarbeitung durchgeführt wird. Falls der Zusatz nicht angegeben ist, wird eine Zeichenkettenverarbeitung durchgeführt. Je nach Verarbeitungsart müssen dobj und substring in pattern zeichen- oder byteartig sein. Wenn in pattern reguläre Ausdrücke verwendet werden, ist nur Zeichenkettenverarbeitung erlaubt. Bei der Zeichenkettenverarbeitung handelt es sich bei dobj um eine zeichenartige Ausdrucksposition (ab Release 7.02/7.2), und bei Operanden dobj fester Länge werden die schließenden Leerzeichen berücksichtigt.

Der optionale Zusatz {FIRST OCCURRENCE}|{ALL OCCURRENCES} OF legt fest, ob nur das erste oder alle Vorkommen des Suchmusters gesucht werden. Falls der Zusatz FIRST OCCURRENCE oder keiner der Zusätze angegeben ist, wird das erste Vorkommen, ansonsten werden alle Vorkommen gesucht.

Wenn substring in pattern ein leerer String oder vom Typ c, d, n oder t ist und nur Leerzeichen enthält, wird bei der Suche nach dem ersten Vorkommen die Stelle vor dem ersten Zeichen bzw. Byte des Suchbereichs gefunden. Bei der Suche nach allen Vorkommen wird in diesem Fall die Ausnahme CX_SY_FIND_INFINITE_LOOP ausgelöst.

Wenn regex in pattern einen regulären Ausdruck enthält, der mit der leeren Zeichenfolge übereinstimmt, wird bei der Suche nach dem ersten Vorkommen ebenfalls die Stelle vor dem ersten Zeichen gefunden. Bei der Suche nach allen Vorkommen werden in diesem Fall die Stelle vor dem ersten Zeichen, alle Zwischenräume, die nicht innerhalb einer Übereinstimmung liegen, und die Stelle hinter dem letzten Zeichen gefunden.

Systemfelder

sy-subrc	Bedeutung
0	Das Suchmuster wurde mindestens einmal im Suchbereich gefunden.
4	Das Suchmuster wurde nicht im Suchbereich gefunden.
8	Das Suchmuster enthält bei der Zeichenkettenverarbeitung ein ungültiges Double-Byte-Zeichen.

Hinweise
- Zum Durchsuchen interner Tabellen steht die Anweisung FIND IN TABLE zur Verfügung.
- Um eine Zeichenkette an einer Operandenposition zu durchsuchen, können Suchfunktionen verwendet werden, die einen Teil der Funktionalität der Anweisung FIND abdecken (siehe Abschnitt 28.4).

28.2.2.1 Suchmuster

```
FIND - pattern
```

Syntax von pattern
```
... {[SUBSTRING] substring} | {REGEX regex}
```

Definition eines Suchmusters für die Anweisungen FIND und FIND IN TABLE. Es kann entweder nach einer Unterfolge `substring` oder nach einem regulären Ausdruck `regex` gesucht werden.

Suche nach Unterfolge

In der Variante SUBSTRING wird nach dem exakten Vorkommen einer in einem zeichen- bzw. byteartigen Operanden `substring` angegebenen Unterfolge gesucht. Bei `substring` handelt es sich um eine zeichenartige Ausdrucksposition (ab Release 7.02/7.2). Die Angabe des Wortes SUBSTRING ist optional.

Wenn `substring` entweder ein leerer String ist oder vom Typ c, d, n oder t und nur Leerzeichen enthält, wird eine leere Unterfolge gesucht. Dies ist nur beim Suchen nach dem ersten Vorkommen möglich, und die leere Unterfolge wird immer vor dem ersten Zeichen bzw. Byte gefunden. Bei der Zeichenkettenverarbeitung werden bei Datenobjekten `substring` fester Länge die schließenden Leerzeichen nicht berücksichtigt.

Hinweis
Sollen schließende Leerzeichen in der Unterfolge berücksichtigt werden, muss `substring` vom Datentyp string sein.

Beispiel
Suche sämtlicher Vorkommen der Folge "now" in einem String-Literal. Die Offsets 11 und 24 der beiden Fundstellen werden ausgegeben.

```
DATA: patt       TYPE string VALUE `now`,
      text       TYPE string,
      result_tab TYPE match_result_tab.
FIELD-SYMBOLS <match> LIKE LINE OF result_tab.
FIND ALL OCCURRENCES OF patt IN
    `Everybody knows this is nowhere`
    RESULTS result_tab.
LOOP AT result_tab ASSIGNING <match>.
  WRITE: / <match>-offset, <match>-length.
ENDLOOP.
```

Suche nach regulärem Ausdruck

In dieser Variante wird nach einer Übereinstimmung mit einem in `regex` angegebenen regulären Ausdruck gesucht. Für `regex` kann entweder ein zeichenartiger Operand, der bei Ausführung der Anweisung einen gültigen regulären Ausdruck (siehe Abschnitt 28.5) enthält, oder eine Objektreferenzvariable, die auf eine Instanz der Klasse CL_ABAP_REGEX zeigt, angegeben werden. Bei direkter Angabe handelt es sich bei `regex` um eine zeichenartige Ausdrucksposition (ab Release 7.02/7.2).

Bei der Suche nach einem regulären Ausdruck können spezielle Suchmuster angegeben werden, die u. a. Vorausschau-Bedingungen erlauben (siehe Abschnitt 28.5.4). Die Fundstellen werden nach der "Leftmost-longest"-Regel ermittelt. Unter allen möglichen Übereinstimmungen zwischen regulärem Ausdruck und zu durchsuchender Zeichenfolge wird die am weitesten links beginnende Unterfolge gewählt. Gibt es mehrere Übereinstimmungen an dieser Position, wird die längste dieser Unterfolgen gewählt.

Eine leere Zeichenfolge in regex ist kein gültiger regulärer Ausdruck und führt zu einer Ausnahme. Eine leere Zeichenfolge liegt vor, wenn regex entweder ein leerer String ist oder vom Typ c, d, n oder t und nur Leerzeichen enthält.

Hinweise
- Es gibt nicht-leere reguläre Ausdrücke wie a*, mit denen nach leeren Zeichenfolgen gesucht wird. Dies ist bei der Suche nach dem ersten und nach allen Vorkommen möglich. Die entsprechenden leeren Unterfolgen werden vor dem ersten Zeichen, zwischen allen Zeichen und hinter dem letzten Zeichen des Suchbereichs gefunden. Eine solche Suche ist immer erfolgreich.
- Ein regulärer Ausdruck kann zwar syntaktisch korrekt, aber zu komplex für die Ausführung der Anweisung FIND sein, was zu einer behandelbaren Ausnahme der Klasse CX_SY_REGEX_TOO_COMPLEX führt. Siehe Abschnitt 28.5.8.

Beispiel
Die folgende Suche findet die Unterfolge "ababb" ab Offset 3. Die ebenfalls übereinstimmende Unterfolge "babboo" ab Offset 4 wird nach der "Leftmost-longest"-Regel nicht gefunden.

```
DATA: moff TYPE i,
      mlen TYPE i.
FIND REGEX 'a.|[ab]+|b.*' IN 'oooababboo'
     MATCH OFFSET moff
     MATCH LENGTH mlen.
```

28.2.2.2 Suchbereich

FIND – section_of

Syntax von section_of
... SECTION [OFFSET off] [LENGTH len] OF

Dieser Zusatz begrenzt die Suche der Anweisungen FIND und REPLACE in dobj auf den Abschnitt ab dem in off angegebenen Offset mit der in len angegebenen Länge. Ohne den Zusatz wird das gesamte Datenobjekt durchsucht. off und len sind numerische Ausdruckspositionen (ab Release 7.02/7.2) vom Operandentyp i. Es muss mindestens einer der Zusätze OFFSET oder LENGTH angegeben werden.

Wird ein Offset ohne Angabe der Länge angegeben, wird das Datenobjekt dobj ab dem Offset off bis zu seinem Ende durchsucht. Wird eine Länge ohne Angabe eines Offsets angegeben, wird implizit der Offset 0 verwendet. Die Werte von off und len müssen größer oder gleich 0 sein, und der durch off und len angegebene Abschnitt muss innerhalb der Länge von dobj liegen.

28.2.2.3 Suchoptionen

```
FIND - options
```

Syntax von find_options
```
... [{RESPECTING|IGNORING} CASE]
    [MATCH COUNT  mcnt]
    { {[MATCH OFFSET moff]
       [MATCH LENGTH mlen]}
    | [RESULTS result_tab|result_wa] }
    [SUBMATCHES s1 s2 ...]
```

Diese Zusätze steuern die Anweisung FIND und bieten erweiterte Möglichkeiten zur Auswertung. Mit dem Zusatz CASE wird festgelegt, ob die Groß-/Kleinschreibung bei der Suche berücksichtigt wird. Mit den Zusätzen MATCH, SUBMATCHES und RESULTS können Anzahl, Position und Länge der gefundenen Folge(n) festgestellt werden.

Groß-/Kleinschreibung
```
... {RESPECTING|IGNORING} CASE
```

Dieser Zusatz ist nur für die Zeichenkettenverarbeitung erlaubt. Er legt fest, ob die Groß-/Kleinschreibung in *pattern* und *dobj* bei der Suche berücksichtigt wird. Bei der Angabe von RESPECTING CASE wird die Schreibweise beachtet, bei der Angabe von IGNORING CASE nicht. Wenn keiner der Zusätze angegeben ist, wird implizit RESPECTING CASE verwendet. Wird für *pattern* ein regulärer Ausdruck als ein Objekt der Klasse CL_ABAP_REGEX übergeben, ist dieser Zusatz nicht erlaubt. Stattdessen werden die Eigenschaften des Objekts bei der Suche berücksichtigt.

Anzahl der Fundstellen
```
... MATCH COUNT mcnt
```

Wird das Suchmuster *pattern* im Suchbereich gefunden, speichert der Zusatz MATCH COUNT die Anzahl der Fundstellen im Datenobjekt *mcnt*. Bei Verwendung von FIRST OCCURRENCE ist dieser Wert bei erfolgreicher Suche immer 1. Für *mcnt* wird eine Variable vom Datentyp i erwartet. Ist die Suche nicht erfolgreich, wird *mcnt* auf 0 gesetzt.

Offset der Fundstelle
```
... MATCH OFFSET moff
```

Wird das Suchmuster *pattern* im Suchbereich gefunden, speichert der Zusatz MATCH OFFSET den Offset der letzten Fundstelle bezogen auf den Operanden *dobj* im Datenobjekt *moff*. Bei Verwendung von FIRST OCCURRENCE ist das der Offset der ersten Fundstelle. Für *moff* wird eine Variable vom Datentyp i erwartet. Ist die Suche nicht erfolgreich, behält *moff* seinen früheren Wert.

Länge der Fundstelle
```
... MATCH LENGTH mlen
```

Wird das Suchmuster *pattern* im Suchbereich gefunden, speichert der Zusatz MATCH LENGTH die Länge der letzten gefundenen Unterfolge im Datenobjekt *mlen*. Bei Verwendung von

FIRST OCCURRENCE ist dies die Länge der ersten Fundstelle. Für mlen wird eine Variable vom Datentyp i erwartet. Ist die Suche nicht erfolgreich, behält mlen seinen früheren Wert.

Informationen zu den Fundstellen
... RESULTS result_tab|result_wa

Wird das Suchmuster pattern im Suchbereich gefunden, speichert der Zusatz RESULTS die Offsets der Fundstellen, die Längen der gefundenen Unterfolgen und Informationen zu den Registern der Untergruppen von regulären Ausdrücken entweder in einer internen Tabelle result_tab oder in einer Struktur result_wa.

Die interne Tabelle result_tab muss den Tabellentyp MATCH_RESULT_TAB, die Struktur result_wa muss den Typ MATCH_RESULT aus dem ABAP Dictionary haben. Der Zeilentyp der internen Tabelle ist ebenfalls MATCH_RESULT. Bei Angabe einer internen Tabelle wird diese vor der Suche initialisiert und für jede gefundene Übereinstimmung eine Zeile in die interne Tabelle eingefügt. Bei Angabe einer Struktur bekommt diese die Werte der letzten Fundstelle zugewiesen. Bei der Verwendung von FIRST OCCURRENCE wird bei erfolgreicher Suche genau eine Zeile in die interne Tabelle eingefügt.

Der Zeilen- bzw. Strukturtyp MATCH_RESULT hat folgende Komponenten:

- OFFSET vom Typ INT4 für die Aufnahme des Offsets der Unterfolge
- LENGTH vom Typ INT4 für die Aufnahme der Länge der Unterfolge
- SUBMATCHES vom Tabellentyp SUBMATCH_RESULT_TAB mit dem Zeilentyp SUBMATCH_RESULT für die Aufnahme von Offset und Länge der Teilfolgen der aktuellen Fundstelle, die in den Registern der Untergruppen eines regulären Ausdrucks abgespeichert sind.

Die Zeilen von result_tab werden nach den Spalten OFFSET und LENGTH sortiert. Eine weitere Komponente LINE spielt nur bei der Variante FIND IN TABLE eine Rolle (siehe Abschnitt 29.2.12). Nach einer nicht erfolgreichen Suche ist der Inhalt einer internen Tabelle result_tab initial, während eine Struktur result_wa ihren früheren Inhalt behält.

Hinweis
Der Zusatz RESULTS ist bei Angabe einer internen Tabelle besonders für die Verwendung mit dem Zusatz ALL OCCURRENCES und bei Angabe einer Struktur für die Verwendung mit FIRST OCCURRENCE geeignet.

Beispiel
Die folgende Suche nach einem regulären Ausdruck findet die zwei Teilfolgen "ab" bei Offset 0 und "ba" bei Offset 2 und füllt die interne Tabelle result_tab entsprechend mit zwei Zeilen. Da der reguläre Ausdruck drei Untergruppen enthält, enthält die Komponente submatches jeweils drei Zeilen. Die erste Zeile von submatches bezieht sich auf die äußere Klammer, die zweite Zeile bezieht sich auf die erste innere Klammer, und die dritte Zeile bezieht sich auf die zweite innere Klammer. Für die erste Fundstelle enthalten die erste und zweite Zeile deren Offset und Länge, während die dritte Zeile undefiniert ist. Für die zweite Fundstelle enthalten die erste und dritte Zeile deren Offset und Länge, während die zweite Zeile undefiniert ist.

```
DATA: result_tab TYPE match_result_tab.
FIND ALL OCCURRENCES OF REGEX `((ab)|(ba))`
    IN 'abba'
    RESULTS result_tab.
```

Untergruppen regulärer Ausdrücke

... SUBMATCHES s1 s2

Dieser Zusatz ist nur bei der Verwendung eines regulären Ausdrucks in *pattern* erlaubt. Die aktuellen Inhalte der Register der Untergruppen des regulären Ausdrucks werden für die aktuelle Fundstelle in die Variablen s1, s2, ... geschrieben, für die ein zeichenartiger Typ erwartet wird. Bei Verwendung von ALL OCCURRENCES wird die letzte Fundstelle ausgewertet. Werden mehr Variablen s1, s2, ... aufgeführt, als Untergruppen vorhanden sind, werden die überzähligen Variablen fester Länge mit Leerzeichen aufgefüllt und Strings initialisiert. Werden weniger Variablen s1, s2, ... aufgeführt, als Untergruppen vorhanden sind, werden die überzähligen Untergruppen ignoriert.

Beispiel

Der reguläre Ausdruck hinter REGEX hat zwei Untergruppen. Die Suche findet die Unterfolge ab Offset 0 der Länge 14. Der Inhalt der Register der Untergruppen ist "Hey" und "my".

```
DATA: text TYPE string,
      moff TYPE i,
      mlen TYPE i,
      s1   TYPE string,
      s2   TYPE string.
text = `Hey hey, my my, Rock and roll can never die`.
FIND REGEX `(\w+)\W+\1\W+(\w+)\W+\2`
    IN text
    IGNORING CASE
    MATCH OFFSET moff
    MATCH LENGTH mlen
    SUBMATCHES s1 s2.
```

28.2.2.4 Behandelbare Ausnahmen

Die folgenden Ausnahmeklassen definieren die behandelbaren Ausnahmen, die bei FIND auftreten können:

- CX_SY_FIND_INFINITE_LOOP: Unterfolge der Länge 0 erzeugt Endlosschleife bei Suche nach allen Vorkommen
- CX_SY_RANGE_OUT_OF_BOUNDS: unzulässige Offset- oder Längenangabe im Zusatz SECTION OF
- CX_SY_MATCHER: Fehler in regulärem Ausdruck; Unterklassen sind:
    - CX_SY_INVALID_REGEX
    - CX_SY_REGEX_TOO_COMPLEX

28.2.3 Ersetzen

REPLACE

Syntax für musterbasiertes Ersetzen
```
REPLACE [{FIRST OCCURRENCE}|{ALL OCCURRENCES} OF] pattern
        IN [section_of] dobj WITH new
        [IN {CHARACTER|BYTE} MODE]
        [replace_options].
```

Syntax für positionsbasiertes Ersetzen
```
REPLACE SECTION [OFFSET off] [LENGTH len] OF dobj WITH new
               [IN {CHARACTER|BYTE} MODE].
```

Diese Anweisung ersetzt Zeichen bzw. Bytes der Variablen dobj durch Zeichen bzw. Bytes des Operanden new, bei dem es sich um eine zeichenartige Ausdrucksposition handelt (ab Release 7.02/7.2). Dabei sind ein muster- und ein positionsbasiertes Ersetzen zu unterscheiden.

Bei der Durchführung der Ersetzung wird implizit ein Zwischenergebnis ohne Längenbegrenzung gebildet und das Zwischenergebnis in das Datenobjekt dobj übertragen. Falls die Länge des Zwischenergebnisses länger als die Länge von dobj ist, wird bei Datenobjekten fester Länge rechts abgeschnitten. Falls die Länge des Zwischenergebnisses kürzer als die Länge von dobj ist, wird bei Datenobjekten fester Länge rechts mit Leerzeichen bzw. hexadezimal 0 aufgefüllt. Datenobjekte variabler Länge werden angepasst. Falls bei der Zuweisung das Zwischenergebnis rechts abgeschnitten wird, wird sy-subrc auf 2 gesetzt.

Bei der Zeichenkettenverarbeitung werden bei Datenobjekten dobj fester Länge die schließenden Leerzeichen berücksichtigt, bei new nicht.

Systemfelder

sy-subrc	Bedeutung
0	Das Suchmuster bzw. der angegebene Abschnitt wurde durch den Inhalt von new ersetzt, und das Ergebnis steht vollständig in dobj zur Verfügung.
2	Das Suchmuster bzw. der angegebene Abschnitt wurde in dobj durch den Inhalt von new ersetzt, und das Ergebnis der Ersetzung wurde rechts abgeschnitten.
4	Das Suchmuster in pattern wurde bei der musterbasierten Suche nicht in dobj gefunden.
8	Die Operanden pattern oder new enthalten nicht interpretierbare Double-Byte-Zeichen.

Hinweise

- Zum Ersetzen in internen Tabellen steht die Anweisung REPLACE IN TABLE zur Verfügung.
- Um Teile einer Zeichenkette an einer Operandenposition zu ersetzen, kann eine Ersetzungsfunktion verwendet werden, die einen Teil der Funktionalität der Anweisung REPLACE abdeckt.

28.2.3.1 Musterbasiertes Ersetzen

```
REPLACE pattern IN
```

Syntax
```
REPLACE [{FIRST OCCURRENCE}|{ALL OCCURRENCES} OF] pattern
    IN [section_of] dobj WITH new
    [IN {CHARACTER|BYTE} MODE]
    [replace_options].
```

Beim musterbasierten Ersetzen wird das Datenobjekt `dobj` nach den durch `pattern` angegebenen Zeichen- oder Bytefolgen durchsucht, und die Fundstelle(n) werden durch den Inhalt des Operanden `new` ersetzt. Bei `new` handelt es sich um eine funktionale Operandenposition (ab Release 7.02/7.2). Wenn in `pattern` ein regulärer Ausdruck verwendet wird, können in `new` spezielle Ersetzungsmuster angegeben werden, die einen Bezug auf die jeweilige Fundstelle erlauben.

Syntax und Wirkung des Zusatzes `section_of` sind dieselben wie beim Durchsuchen eines Datenobjekts nach einer Unterfolge mit der Anweisung `FIND` (siehe Abschnitt 28.2.2), und es kann die gleiche behandelbare Ausnahme auftreten. Die Zusätze `replace_options` bieten weitere Möglichkeiten zur Steuerung und Auswertung der Anweisung.

Der optionale Zusatz `IN {CHARACTER|BYTE} MODE` bestimmt, ob eine Zeichen- oder Bytekettenverarbeitung durchgeführt wird. Falls der Zusatz nicht angegeben ist, wird eine Zeichenkettenverarbeitung durchgeführt. Je nach Verarbeitungsart müssen `dobj`, `new` und `substring` in `pattern` zeichen- oder byteartig sein. Wenn in `pattern` reguläre Ausdrücke verwendet werden, ist nur Zeichenkettenverarbeitung erlaubt.

Der optionale Zusatz `{FIRST OCCURRENCE}|{ALL OCCURRENCES} OF` legt fest, ob nur das erste oder alle Vorkommen des Suchmusters durch den Inhalt von `new` ersetzt werden. Falls der Zusatz `FIRST OCCURRENCE` oder keiner der Zusätze angegeben ist, wird das erste Vorkommen ersetzt. Bei `ALL OCCURRENCES` werden alle überschneidungsfreien Vorkommen ersetzt.

Wenn `substring` in `pattern` ein leerer String oder vom Typ c, d, n oder t ist und nur Leerzeichen enthält, wird bei der Suche nach dem ersten Vorkommen die Stelle vor dem ersten Zeichen bzw. Byte des Suchbereichs gefunden, und der Inhalt von `new` wird vor dem ersten Zeichen bzw. Byte eingefügt. Bei der Suche nach allen Vorkommen wird in diesem Fall die Ausnahme CX_SY_REPLACE_INFINITE_LOOP ausgelöst.

Wenn `regex` in `pattern` einen regulären Ausdruck enthält, der mit der leeren Zeichenfolge übereinstimmt, wird bei der Suche nach dem ersten Vorkommen der Inhalt von `new` ebenfalls vor dem ersten Zeichen eingefügt. Bei der Suche nach allen Vorkommen wird in diesem Fall der Inhalt von `new` vor dem ersten Zeichen, an allen Zwischenräumen, die nicht vor oder innerhalb einer Übereinstimmung liegen, und hinter dem letzten Zeichen eingefügt.

Hinweise

▶ Bei Verwendung des Zusatzes `ALL OCCURRENCES` wird keine rekursive Verarbeitung vorgenommen. Das heißt, wenn sich durch die Durchführung der Anweisung weitere Vorkommen des Suchmusters ergeben, werden diese nicht automatisch ersetzt, da es ansonsten zu Endlosschleifen kommen kann.

- Für das Ersetzen durch zeichenartige Inhalte, die schließende Leerzeichen enthalten, muss `new` den Datentyp `string` haben.

Beispiel
Nach der Ersetzung enthält text den Wert "x-xx-x".

```
DATA text TYPE string VALUE '-uu-'.
REPLACE ALL OCCURRENCES OF REGEX 'u*' IN text WITH 'x'.
```

Beispiel
Nach der Ersetzung enthält `text` weiterhin einmal die Unterfolge "abcde".

```
DATA text TYPE string VALUE 'xxababcdcdxx'.
REPLACE ALL OCCURRENCES OF 'abcd' IN text WITH ``.
```

Suchmuster

REPLACE – pattern

Syntax von pattern

```
... {[SUBSTRING] substring} | {REGEX regex}
```

Definition eines Suchmusters für die Anweisungen REPLACE und REPLACE IN TABLE. Es kann entweder nach einer Unterfolge `substring` oder nach einem regulären Ausdruck `regex` gesucht werden. Bei `substring` und bei direkter Angabe von `regex` handelt es sich um zeichenartige Ausdruckspositionen (ab Release 7.02/7.2). Syntax und Semantik entsprechen der Definition eines Suchmusters für die Anweisung FIND (siehe Abschnitt 28.2.2).

Ersetzungsoptionen

REPLACE – options

Syntax von replace_options

```
... [{RESPECTING|IGNORING} CASE]
    [REPLACEMENT COUNT rcnt]
    { {[REPLACEMENT OFFSET roff]
       [REPLACEMENT LENGTH rlen]}
    | [RESULTS result_tab|result_wa] }
```

Diese Zusätze steuern die Anweisung REPLACE `pattern` IN und bieten erweiterte Möglichkeiten zur Auswertung. Mit dem Zusatz CASE wird festgelegt, ob die Groß-/Kleinschreibung bei der Suche berücksichtigt wird. Mit den Zusätzen REPLACEMENT und RESULTS können Anzahl, Position und Länge der ersetzten Folge(n) festgestellt werden.

Der Zusatz {RESPECTING|IGNORING} CASE ist nur für die Zeichenkettenverarbeitung erlaubt. Er hat die gleiche Syntax und Wirkung wie der entsprechende Zusatz beim Durchsuchen eines Datenobjekts nach einer Unterfolge mit der Anweisung FIND. Bei Verwendung einer Instanz der Klasse CL_ABAP_REGEX ist dieser Zusatz nicht erlaubt.

Der Zusatz REPLACEMENT COUNT `rcnt` speichert die Anzahl der innerhalb des Datenobjekts `dobj` vorgenommen Ersetzungen im Datenobjekt `rcnt`. Für `rcnt` wird eine Variable vom Datentyp `i` erwartet. Wird keine Ersetzung vorgenommen, wird `rcnt` auf 0 gesetzt. Bei Datenobjekten mit fester Länge kann die Anzahl der innerhalb des Datenobjekts `dobj` vorgenommen Ersetzungen kleiner als die Anzahl der Fundstellen sein.

Der Zusatz `REPLACEMENT OFFSET roff` speichert den auf das Datenobjekt `dobj` bezogenen Offset im Datenobjekt `roff`, an dem die letzte Ersetzung eingefügt wurde. Für `roff` wird eine Variable vom Datentyp `i` erwartet. Wird keine Ersetzung vorgenommen, behält `roff` seinen früheren Wert. Bei der Verwendung von `ALL OCCURRENCES` liefert `REPLACEMENT OFFSET` in der Regel einen anderen Wert als `MATCH OFFSET` bei der Anweisung `FIND`, da vorhergehende Ersetzungen die Position der letzten Fundstelle verschieben können. Bei Datenobjekten mit fester Länge bezieht sich `roff` auf die letzte Ersetzung innerhalb des Datenobjekts. Fundstellen, die durch vorhergehende Ersetzungen aus dem Datenobjekt herausgeschoben werden, spielen keine Rolle mehr.

Der Zusatz `REPLACEMENT LENGTH rlen` speichert die Länge der letzten in `dobj` eingefügten Unterfolge im Datenobjekt `rlen`. Für `rlen` wird eine Variable vom Datentyp `i` erwartet. Wird keine Ersetzung vorgenommen, behält `rlen` seinen vorhergehenden Wert. Bei Datenobjekten mit fester Länge kann die Länge des letzten eingefügten Abschnitts kleiner als die Länge von `new` sein, wenn das Zwischenergebnis abgeschnitten wird.

Wird mindestens eine Ersetzung vorgenommen, speichert der Zusatz `RESULTS` die Offsets der Stellen, an denen Ersetzungen vorgenommen wurden, und die Längen der eingefügten Unterfolgen entweder in einer internen Tabelle `result_tab` oder in einer Struktur `result_wa`. Syntax und Bedeutung des Zusatzes sind ansonsten wie beim gleichnamigen Zusatz der Anweisung `FIND` mit dem Unterschied, dass die Datentypen für `result_tab` und `result_wa` hier `REPL_RESULT_TAB` bzw. `REPL_RESULT` sein müssen, bei denen es keine Komponente SUBMATCHES gibt.

Beispiel

Musterbasiertes Ersetzen aller Fundstellen des Wortes "know" in den Datenobjekten `text1` und `text2` durch "should know that". Nach der ersten REPLACE-Anweisung enthält `text1` den vollständigen Inhalt "I should know that you should know that" und `sy-subrc` den Wert 0. Die Datenobjekte `cnt`, `off` und `len` enthalten die Werte 2, 23 und 16. Nach der zweiten REPLACE-Anweisung enthält `text2` den abgeschnittenen Inhalt "I should know that" und `sy-subrc` den Wert 2. Die Datenobjekte `cnt`, `off` und `len` enthalten die Werte 1, 2 und 16.

```
DATA: text1 TYPE string,
      text2 TYPE c LENGTH 18,
      cnt   TYPE i,
      off   TYPE i,
      len   TYPE i.
text1 = text2 = 'I know you know'.
REPLACE ALL OCCURRENCES OF 'know' IN:
        text1 WITH 'should know that'
              REPLACEMENT COUNT  cnt
              REPLACEMENT OFFSET off
              REPLACEMENT LENGTH len,
```

```
                    text2 WITH 'should know that'
                        REPLACEMENT COUNT  cnt
                        REPLACEMENT OFFSET off
                        REPLACEMENT LENGTH len.
```

28.2.3.2 Positionsbasiertes Ersetzen

```
REPLACE SECTION OF
```

Syntax
```
REPLACE SECTION [OFFSET off] [LENGTH len] OF dobj WITH new
              [IN {CHARACTER|BYTE} MODE].
```

Beim positionsbasierten Ersetzen wird der Abschnitt in `dobj` ab dem in `off` angegebenen Offset mit der in `len` angegebenen Länge durch den Inhalt des Operanden `new` ersetzt. `off` und `len` sind numerische Ausdruckspositionen (ab Release 7.02/7.2) vom Operandentyp `i`. Bei `new` handelt es sich um eine funktionale Operandenposition (ab Release 7.02/7.2).

Der optionale Zusatz `IN {CHARACTER|BYTE} MODE` bestimmt, ob eine Zeichen- oder Bytekettenverarbeitung durchgeführt wird. Falls der Zusatz nicht angegeben ist, wird eine Zeichenkettenverarbeitung durchgeführt. Je nach Verarbeitungsart müssen `dobj` und `new` zeichen- oder byteartig sein.

Es muss mindestens einer der Zusätze `OFFSET` oder `LENGTH` angegeben werden. Wird ein Offset ohne Angabe der Länge angegeben, wird der Inhalt des Datenobjekts `dobj` ab dem Offset `off` bis zu seinem Ende ersetzt. Wird eine Länge ohne Angabe eines Offsets angegeben, wird implizit der Offset 0 verwendet. Die Werte von `off` und `len` müssen größer oder gleich 0 sein, und der durch `off` und `len` angegebene Abschnitt muss innerhalb der Länge von `dobj` liegen.

Beispiel
Mit der `FIND`-Anweisung werden Offset und Länge des ersten Wortes "know" in den Datenobjekten `text1` und `text2` festgestellt, und dieser Abschnitt wird positionsbasiert in `text1` und `text2` durch "should know that" ersetzt. Nach der ersten `REPLACE`-Anweisung enthält `text1` den vollständigen Inhalt "I should know that you know" und `sy-subrc` den Wert 0. Nach der zweiten `REPLACE`-Anweisung enthält `text2` den abgeschnittenen Inhalt "I should know that" und `sy-subrc` den Wert 2.

```
DATA: text1 TYPE string,
      text2 TYPE c LENGTH 18,
      off   TYPE i,
      len   TYPE i.
text1 = text2 = 'I know you know'.
FIND 'know' IN text1 MATCH OFFSET off
                     MATCH LENGTH len.
REPLACE SECTION OFFSET off LENGTH len OF:
              text1 WITH 'should know that',
              text2 WITH 'should know that'.
```

Behandelbare Ausnahmen bei REPLACE

Die folgenden Ausnahmeklassen definieren die behandelbaren Ausnahmen, die bei REPLACE auftreten können:

- CX_SY_REPLACE_INFINITE_LOOP: Unterfolge der Länge 0 erzeugt Endlosschleife bei Suche nach allen Vorkommen
- CX_SY_RANGE_OUT_OF_BOUNDS: unzulässige Offset- oder Längenangabe im Zusatz SECTION OF beim musterbasierten Ersetzen oder beim positionsbasierten Ersetzen
- CX_SY_MATCHER: Fehler in regulärem Ausdruck; Unterklassen sind:
  - CX_SY_INVALID_REGEX
  - CX_SY_REGEX_TOO_COMPLEX
  - CX_SY_INVALID_REGEX_FORMAT

28.2.4 Verschieben

SHIFT

Syntax
```
SHIFT dobj [ {[places] [direction]} | deleting ]
        [IN {CHARACTER|BYTE} MODE].
```

Diese Anweisung verschiebt den Inhalt einer Variablen dobj. In places kann die Anzahl der zu verschiebenden Stellen angegeben werden und in direction die Richtung der Verschiebung. In deleting kann angegeben werden, welche Zeichen durch die Verschiebung aus dem Datenobjekt entfernt werden sollen. Falls keiner dieser Zusätze angegeben ist, wird der Inhalt um eine Stelle nach links verschoben.

Der optionale Zusatz IN {CHARACTER|BYTE} MODE bestimmt, ob eine Zeichen- oder Bytekettenverarbeitung durchgeführt wird. Falls der Zusatz nicht angegeben ist, wird eine Zeichenkettenverarbeitung durchgeführt. Je nach Verarbeitungsart müssen dobj, substring und mask zeichen- oder byteartig sein. Bei der Zeichenkettenverarbeitung werden bei Datenobjekten dobj fester Länge die schließenden Leerzeichen berücksichtigt.

Standardmäßig werden bei der Verschiebung entstehende freie Stellen bei Datenobjekten fester Länge je nach Verarbeitungsart mit Leerzeichen oder hexadezimal 0 aufgefüllt. Datenobjekte vom Typ string oder xstring werden standardmäßig bei Verschiebungen nach links um die verschobenen Stellen verkürzt und bei Verschiebungen nach rechts um die verschobenen Stellen verlängert.

Hinweis
Um eine Zeichenkette an einer Operandenposition zu verschieben, können Verschiebefunktionen verwendet werden, die einen Teil der Funktionalität der Anweisung SHIFT abdecken (siehe Abschnitt 28.4.2).

28.2.4.1 Anzahl der Stellen

```
SHIFT - places
```

Syntax von places
```
... {BY num PLACES} | {UP TO substring}
```

Direkte Angabe
```
... BY num PLACES
```

Der Inhalt von `dobj` wird je nach Angabe in `direction` um die in `num` angegebenen Stellen nach links oder rechts verschoben. `num` ist eine numerische Ausdrucksposition vom Operandentyp `i` (ab Release 7.02/7.2). Falls der Inhalt von `num` kleiner oder gleich 0 ist, bleibt der Inhalt des Datenobjekts `dobj` unverändert.

Beispiel
Mit der Anweisung `FIND` wird der Offset des Wortes "you" in `text` festgestellt und dessen Inhalt um diese Länge nach links verschoben. Nach der Verschiebung enthält `text` "you know" und ist acht Zeichen lang.

```
DATA: text TYPE string VALUE `I know you know`,
      off  TYPE i.
FIND 'you' IN text MATCH OFFSET off.
SHIFT text BY off PLACES.
```

Angabe über Unterfolge
```
... UP TO substring
```

Im Datenobjekt `dobj` wird die erste Unterfolge gesucht, deren Inhalt dem von `substring` entspricht, wobei die Groß-/Kleinschreibung berücksichtigt wird. Der Inhalt des Datenobjekts `dobj` wird je nach Angabe in `direction` so weit nach links oder rechts verschoben, bis die in `substring` enthaltene Zeichen- oder Bytefolge linksbündig bzw. rechtsbündig an der Position steht, die vor der Verschiebung Anfang bzw. Ende des Datenobjekts `dobj` ist.

Für `substring` wird ein zeichen- bzw. byteartiges Datenobjekt erwartet. Wenn `substring` ein leerer String ist, wird die Stelle vor dem ersten Zeichen bzw. Byte gefunden. Nach links findet dann keine Verschiebung und nach rechts eine Verschiebung um die gesamte Länge von `dobj` statt.

Bei der Zeichenkettenverarbeitung handelt es sich bei `substring` um eine zeichenartige Ausdrucksposition (ab Release 7.02/7.2), und bei Datenobjekten `substring` fester Länge werden die schließenden Leerzeichen berücksichtigt.

Systemfelder

sy-subrc	Bedeutung
0	Die Unterfolge in `substring` wurde im Datenobjekt `dobj` gefunden und dessen Inhalt entsprechend verschoben.
4	Die Unterfolge in `substring` wurde nicht im Datenobjekt `dobj` gefunden, und dessen Inhalt bleibt unverändert

Hinweis

Bei Datenobjekten fester Länge steht die gesuchte Unterfolge nach der Verschiebung je nach Richtung entweder linksbündig am Anfang oder rechtsbündig am Ende des Datenobjekts. Da bei Strings das Datenobjekt durch die Verschiebung nach rechts verlängert wird, steht die Unterfolge nach der Verschiebung nicht am rechten Rand.

Beispiel

Dieses Beispiel hat das gleiche Ergebnis wie das vorangegangene Beispiel, wobei hier die Suche nach "you" in der Anweisung SHIFT selbst vorgenommen wird.

```
DATA text TYPE string VALUE `I know you know `.
SHIFT text UP TO 'you'.
```

28.2.4.2 Verschiebungsrichtung

```
SHIFT - direction
```

Syntax von direction

```
... [LEFT|RIGHT] [CIRCULAR]
```

Die Verschiebungsrichtung wird durch LEFT oder RIGHT entweder auf links bzw. auf rechts festgelegt. Wenn keiner der Zusätze angegeben ist, wird implizit LEFT verwendet. Wenn das Datenobjekt dobj ein String und der Zusatz CIRCULAR nicht angegeben ist, wird es beim Verschieben nach links um die verschobenen Stellen gekürzt und beim Verschieben nach rechts entsprechend verlängert.

Mit dem Zusatz CIRCULAR werden die auf der linken bzw. rechten Seite aus dem Datenobjekt hinausgeschobenen Inhalte auf den frei werdenden Stellen der gegenüberliegenden Seite wieder eingefügt. Wenn der Zusatz CIRCULAR angegeben ist, werden Datenobjekte vom Typ string oder xstring nicht verkürzt bzw. verlängert, sondern wie Datenobjekte fester Länge behandelt.

Beispiel

Dieses Beispiel variiert das zweite Beispiel unter *places*. Durch den Zusatz CIRCULAR wird das Ergebnis zu "you know I know".

```
DATA text TYPE string VALUE `I know you know `.
SHIFT text UP TO 'you' LEFT CIRCULAR.
```

28.2.4.3 Bestimmte Zeichen verschieben

```
SHIFT - deleting
```

Syntax von deleting

```
... { {LEFT DELETING LEADING}
    | {RIGHT DELETING TRAILING} } mask
```

Bei Verwendung dieser Zusätze verschiebt die Anweisung SHIFT den Inhalt von dobj so lange um eine Stelle nach links bzw. rechts, wie der Inhalt der ersten bzw. letzten Stelle von dobj in mask enthalten ist.

Wenn das Datenobjekt `dobj` ein String ist, wird seine Länge bei einer Verschiebung nach links wie üblich verkürzt, bei einer Verschiebung nach rechts aber nicht verlängert, sodass der Inhalt von `mask` auch aus einem String nach rechts hinausgeschoben werden kann.

Bei der Zeichenkettenverarbeitung handelt es sich bei `mask` um eine zeichenartige Ausdrucksposition (ab Release 7.02/7.2). Die Groß-/Kleinschreibung und schließende Leerzeichen von `mask` werden berücksichtigt. Ist der Inhalt der ersten bzw. letzten Stelle von `dobj` nicht in `mask` enthalten, bleibt der Inhalt von `dobj` unverändert. Insbesondere findet keine Verschiebung statt, wenn `mask` ein leerer String ist.

Beispiel
Nach der Verschiebung nach rechts enthält `text` den Wert "_____I know you" und behält seine Länge von 15 Zeichen.

```
DATA text TYPE string VALUE `I know you know`.
SHIFT text RIGHT DELETING TRAILING 'no kw'.
```

Beispiel
Das folgende Beispiel entfernt erst die schließenden und dann die führenden Leerzeichen aus einem String. Für Strings ohne führende Leerzeichen kann diese Anweisungsfolge zum Entfernen schließender Leerzeichen verwendet werden.

```
DATA txt TYPE string VALUE ` XXXXX    `.
SHIFT txt RIGHT DELETING TRAILING ` `.
SHIFT txt LEFT  DELETING LEADING  ` `.
```

28.2.5 Zerlegen

SPLIT

Syntax
```
SPLIT dobj AT sep INTO
      { {result1 result2 ...} | {TABLE result_tab} }
      [IN {CHARACTER|BYTE} MODE].
```

Der Inhalt des Operanden `dobj` wird gemäß der in `sep` enthaltenen Trennzeichenfolge in Segmente zerlegt, und die Ergebnisse werden entweder in einzelnen Variablen `result1 result2` ... oder in den Zeilen einer internen Tabelle `result_tab` abgelegt. Es müssen mindestens zwei Variablen `result1 result2` ... angegeben werden. Bei `dobj` und `sep` handelt es sich um zeichenartige Ausdruckspositionen (ab Release 7.02/7.2). Die interne Tabelle `result_tab` muss eine Standardtabelle ohne sekundäre Tabellenschlüssel sein und wird vor der Zerlegung initialisiert.

Der optionale Zusatz `IN {CHARACTER|BYTE} MODE` bestimmt, ob eine Zeichen- oder Bytekettenverarbeitung durchgeführt wird. Falls der Zusatz nicht angegeben ist, wird eine Zeichenkettenverarbeitung durchgeführt. Je nach Verarbeitungsart müssen die Operanden `dobj`, `sep` und die Zielfelder `result1 result2` ... bzw. die Zeilen der internen Tabelle `result_tab` zeichen- oder byteartig sein. Bei der Zeichenkettenverarbeitung werden bei Separatoren `sep` fester Länge die schließenden Leerzeichen berücksichtigt, im Operanden `dobj` und in den durch die Zerlegung entstandenen Segmenten nicht.

Der Operand `dobj` wird von links nach rechts nach allen Vorkommen des Inhalts des Operanden `sep` durchsucht, wobei die Groß-/Kleinschreibung berücksichtigt wird. Alle Segmente, die zwischen dem Anfang des Operanden und der ersten Fundstelle, zwischen den Fundstellen und zwischen der letzten Fundstelle und dem Ende des Operanden liegen, werden nacheinander wie folgt den einzelnen Datenobjekten `result1 result2 ...` zugewiesen oder an die interne Tabelle `result_tab` angehängt:

- Falls Datenobjekte `result1 result2 ...` oder die Zeilen der internen Tabelle `result_tab` eine feste Länge haben und diese für ein Segment nicht ausreichen, wird dieses rechts abgeschnitten und `sy-subrc` auf 4 gesetzt. Falls die Länge größer als die Länge des Segments ist, wird rechts mit Leerzeichen bzw. hexadezimal 0 aufgefüllt. Falls Datenobjekte `result1 result2 ...` oder die Zeilen der internen Tabelle `result_tab` Strings sind, wird deren Länge an die des zugehörigen Segments angepasst.

- Falls nicht genügend Datenobjekte `result1 result2 ...` angegeben sind, um alle Segmente aufzunehmen, wird `dobj` nur so lange zerlegt, bis alle Datenobjekte `result1 result2 ...` bis auf das letzte versorgt wurden. Danach wird der restliche Inhalt von `dobj` unzerlegt dem letzten einzelnen Datenobjekt zugewiesen.

- Falls mehr Datenobjekte `result1 result2 ...` als nötig angegeben sind, enthalten die nicht benötigten Zielfelder fester Länge nach der Anweisung Leerzeichen bzw. hexadezimal 0, und Strings sind initial.

Falls der Inhalt des Operanden `sep` direkt am Anfang von `dobj` gefunden wird oder direkt aufeinanderfolgend in `dobj` vorkommt, ist das Ergebnis der jeweiligen Zerlegung ein leerer String. Falls der Inhalt von `sep` am Ende von `dobj` steht, wird die Suche dort abgeschlossen und nach rechts keine Zerlegung mehr durchgeführt.

Falls der Inhalt des Operanden `sep` nicht gefunden wird oder ein leerer String ist, ist das Ergebnis der Zerlegung ein einziges Segment, das den gesamten Inhalt von `dobj` enthält und dem ersten einzelnen Datenobjekt bzw. der ersten Zeile der internen Tabelle zugewiesen wird.

Systemfelder

sy-subrc	Bedeutung
0	Die Segmente wurden ohne Abschneiden in die Zielfelder bzw. die interne Tabelle übertragen.
4	Beim Übertragen mindestens eines Segments in die Zielfelder bzw. die interne Tabelle wurde rechts abgeschnitten.

Hinweise

- Vorausgesetzt, dass genügend Zielfelder angegeben sind oder dass die Segmente in eine interne Tabelle abgelegt werden, wird die Anzahl der erzeugten Segmente wie folgt durch die Anzahl der gefundenen Separatoren festgelegt:
  - Falls die letzte Fundstelle nicht am Ende des Operanden liegt, entspricht die Anzahl der Segmente der Anzahl an Fundstellen plus 1.
  - Falls die letzte Fundstelle am Ende des Operanden liegt, entspricht die Anzahl der Segmente der Anzahl an Fundstellen.

▶ Um an einer Operandenposition direkt auf die Segmente einer Zeichenkette zuzugreifen, kann eine Segmentierfunktion verwendet werden, die einen Teil der Funktionalität der Anweisung SPLIT abdeckt (siehe Abschnitt 28.4.2).

Beispiel
Das Textfeld text wird an seinen Leerzeichen zum einen in die drei Strings str1, str2 und str3 und zum anderen in eine interne Tabelle vom Zeilentyp string zerlegt. Da die drei Strings nicht für alle sieben Teile ausreichen, enthält str3 nach der Zerlegung "drag it is getting old", während die interne Tabelle sieben Zeilen enthält, für jedes Wort in text eine.

```
DATA: str1 TYPE string,
      str2 TYPE string,
      str3 TYPE string,
      itab TYPE TABLE OF string,
      text TYPE string.
text = `What a drag it is getting old`.
SPLIT text AT space INTO: str1 str2 str3,
                          TABLE itab.
```

28.2.6 Verdichten

`CONDENSE`

Syntax
`CONDENSE text [NO-GAPS].`

In der Variablen text werden führende und schließende Leerzeichen vollständig entfernt und sonstige direkt aufeinanderfolgende Leerzeichen entweder durch genau ein Leerzeichen ersetzt oder bei der Angabe von NO-GAPS ebenfalls vollständig entfernt.

Das Datenobjekt text muss zeichenartig sein. Wenn das Datenobjekt eine feste Länge hat, wird der durch die Verdichtung entstehende Platz rechts mit Leerzeichen aufgefüllt. Wenn das Datenobjekt vom Typ string ist, wird seine Länge an das Ergebnis der Verdichtung angepasst.

Hinweis
Um eine Zeichenkette an einer Operandenposition zu verdichten, kann auch eine Verdichtungsfunktion verwendet werden, die die Funktionalität der Anweisung CONDENSE umfasst (siehe Abschnitt 28.4.2).

Beispiel
Die flache Struktur sentence enthält nur zeichenartige Komponenten und kann somit dem String text zugewiesen werden. Nach dessen Verdichtung mit der Anweisung CONDENSE enthält text den Inhalt "She feeds you tea and oranges". Vor der Verdichtung beginnen die Wörter in text jeweils 30 Stellen voneinander entfernt.

```
DATA: BEGIN OF sentence,
        word1 TYPE c LENGTH 30 VALUE 'She',
        word2 TYPE c LENGTH 30 VALUE 'feeds',
        word3 TYPE c LENGTH 30 VALUE 'you',
```

```
            word4 TYPE c LENGTH 30 VALUE 'tea',
            word5 TYPE c LENGTH 30 VALUE 'and',
            word6 TYPE c LENGTH 30 VALUE 'oranges',
         END OF sentence,
         text TYPE string.
text = sentence.
CONDENSE text.
```

28.2.7 In sortierbares Format konvertieren

`CONVERT TEXT`

Syntax
`CONVERT TEXT text INTO SORTABLE CODE hex.`

Der Inhalt des Operanden text wird in eine sortierbare Bytefolge konvertiert und das Ergebnis der Variablen hex zugewiesen, wobei das Datenobjekt text selbst unverändert bleibt. Bei text handelt es sich um eine zeichenartige Ausdrucksposition (ab Release 7.02/7.2).

Der Operand text muss vom Typ c oder string und das Datenobjekt hex muss byteartig sein. Der Inhalt von text muss gültige Zeichen enthalten. Die sortierbare Bytefolge ist plattformabhängig so definiert, dass ein Größenvergleich oder eine Standardsortierung mehrerer solcher Felder zu einer Reihenfolge führt, in der die Ausgangsfelder text nach dem in der aktuellen Textumgebung definierten Locale sortiert sind. Die Textumgebung wird beim Öffnen eines internen Modus oder über die Anweisung SET LOCALE gesetzt.

Wenn das Datenobjekt hex vom Typ x ist und seine Länge nicht für die Bytefolge ausreicht, kommt es zu einer unbehandelbaren Ausnahme. Wenn die Länge größer als die der Bytefolge ist, wird rechts mit hexadezimal 0 aufgefüllt. Die für alle Plattformen ausreichende Länge berechnet sich aus 24-mal der Länge von text plus 24, kann aber für einzelne Plattformen deutlich geringer sein. Wenn hex vom Typ xstring ist, passt sich seine Länge automatisch an.

Hinweise
- Damit die Anweisung CONVERT TEXT funktioniert, darf der Profilparameter install/collate/active nicht den Wert 0 haben.
- Die Anweisung CONVERT TEXT ist im Wesentlichen dazu vorgesehen, in internen Tabellen oder Extrakten eine Indexspalte zu füllen, nach der die Zeilen der Tabelle bzw. die Extrakte gemäß einem Locale sortiert werden können. Da interne Tabellen und Extrakte durch den Zusatz AS TEXT der Anweisung SORT auch direkt gemäß einem Locale sortiert werden können, ist CONVERT TEXT besonders für die folgenden Anforderungen geeignet:
    - Eine interne Tabelle soll gemäß einem Locale sortiert und dann in der Anweisung READ TABLE binär durchsucht werden.
    - Eine interne Tabelle oder ein Extrakt sollen mehrfach nach einem Locale sortiert werden. Die Verwendung einer sortierbaren Bytefolge ist dann performanter als der Zusatz AS TEXT.
    - Indizes für Datenbanktabellen sollen gemäß einem Locale aufgebaut werden.
    - Es sollen textuelle Vergleiche zwischen zeichenartigen Datenobjekten vorgenommen werden.

Beispiel

Die Zeichen "a" und "Z" werden direkt und nach der Konvertierung mit CONVERT TEXT verglichen. Während "Z" beim direkten Vergleich für die meisten Codepages vor "a" liegt, liefert der Vergleich der konvertierten Werte die erwartete textuelle Reihenfolge. Siehe auch das Beispiel in Abschnitt 29.2.9.

```
DATA: ax TYPE xstring,
      zx TYPE xstring.
IF 'a' > 'Z'.
  WRITE / `'a' > 'Z'`.
ELSE.
  WRITE / `'a' < 'Z'`.
ENDIF.
CONVERT TEXT: 'a' INTO SORTABLE CODE ax,
              'Z' INTO SORTABLE CODE zx.
IF ax > zx.
  WRITE / `'a' > 'Z'`.
ELSE.
  WRITE / `'a' < 'Z'`.
ENDIF.
```

28.2.8 Überlagern

OVERLAY

Syntax

OVERLAY text1 **WITH** text2 [**ONLY** mask].

Es werden Zeichen in der Variablen text1 durch die Zeichen im Operanden text2 ersetzt, die dort an der gleichen Stelle stehen. Bei text2 handelt es sich um eine zeichenartige Ausdrucksposition (ab Release 7.02/7.2).

Falls der Zusatz ONLY nicht angegeben ist, werden in text1 alle Leerzeichen ersetzt. Falls der Zusatz ONLY angegeben ist, werden alle Zeichen ersetzt, die im Operanden mask vorkommen, wobei die Groß-/Kleinschreibung beachtet wird. Bei mask handelt es sich ebenfalls um eine zeichenartige Ausdrucksposition (ab Release 7.02/7.2).

Falls die Längen von text1 und text2 unterschiedlich sind, wird text1 nur über die kleinere Länge bearbeitet.

Die Operanden text1, text2 und mask müssen zeichenartig sein. In Operanden fester Länge werden schließende Leerzeichen berücksichtigt. Falls mask ein leerer String ist, werden keine Ersetzungen durchgeführt.

Systemfelder

sy-subrc	Bedeutung
0	Es wurde mindestens ein Zeichen in text1 ersetzt.
4	Es wurde kein Zeichen in text1 ersetzt.

Beispiel
Nach der Zuweisung des Feldes text an das Feld time enthält dieses aufgrund der Konvertierungsregel die ungültige Zeit "12__00". Durch die Überlagerung mit der Konstanten initial_time werden die beiden Leerzeichen durch "00" ersetzt, und das Ergebnis ist die gültige Zeit "120000".

```
CONSTANTS initial_time TYPE t VALUE IS INITIAL.
DATA: time TYPE t,
      text TYPE c LENGTH 4.
text = '12'.
time = text.
OVERLAY time WITH initial_time.
```

28.2.9 Umwandeln

TRANSLATE

Syntax
```
TRANSLATE text {TO {UPPER|LOWER} CASE}
        | {USING mask}.
```

Diese Anweisung bewirkt, dass einzelne Zeichen der zeichenartigen Variablen text umgewandelt werden. Entweder kann mit der Angabe CASE die Groß-/Kleinschreibung umgewandelt werden oder mit USING eine Umwandlung gemäß einem Muster erfolgen. Die Variable text muss zeichenartig sein.

Schreibweise ändern
... TO {UPPER|LOWER} CASE

Wenn UPPER angegeben ist, werden alle Kleinbuchstaben des Datenobjekts text in Großbuchstaben umgewandelt, wenn LOWER angegeben ist, werden alle Groß- in Kleinbuchstaben umgewandelt.

Hinweise
- Die Umwandlung der Schreibweise hängt in Nicht-Unicode-Systemen von der Textumgebung ab. Dort können Probleme auftreten, wenn die Sprache der Textumgebung von der Sprache abweicht, in der die zu verarbeitenden Daten erfasst wurden. Um Probleme dieser Art zu vermeiden, muss die Textumgebung vor der Umsetzung mit der Anweisung SET LOCALE passend eingestellt werden.
- Um die Schreibweise einer Zeichenkette an einer Operandenposition zu verändern, kann auch eine Groß-/Kleinschreibungsfunktion verwendet werden, die die Funktionalität der Anweisung TRANSLATE umfasst (siehe Abschnitt 28.4.2).

Beispiel
Nach der Umwandlung enthält die Variable text den Inhalt "CAREFUL WITH THAT AXE, EUGENE".

```
DATA text TYPE string.
```

```
text = `Careful with that Axe, Eugene`.
TRANSLATE text TO UPPER CASE.
```

Zeichen austauschen

```
... USING mask
```

Wenn `USING` angegeben ist, werden die Zeichen in `text` gemäß einer im Datenobjekt `mask` angegebenen Regel umgewandelt. Bei `mask` handelt es sich um eine zeichenartige Ausdrucksposition (ab Release 7.02/7.2), deren Wert als Folge von Zeichenpaaren aufgefasst wird. Beginnend mit dem ersten Paar, wird `text` nach dem ersten Zeichen jedes Paars durchsucht und jede Fundstelle durch das zweite Zeichen des Paars ersetzt, wobei die Groß-/Kleinschreibung beachtet wird. Enthält `mask` ein Zeichen mehrmals als erstes Zeichen eines Paares, wird nur das erste Paar berücksichtigt. Ein in `text` ersetztes Zeichen kann in der gleichen TRANSLATE-Anweisung nicht nochmals ersetzt werden, d. h., wenn das zweite Zeichen eines Paares in `mask` in einem folgenden Paar als erstes Zeichen aufgeführt ist, wirkt das zweite Paar nur auf die Zeichen in `text`, die ursprünglich schon vorhanden waren.

In Datenobjekten `text` und `mask` fester Länge werden schließende Leerzeichen berücksichtigt. Falls `mask` eine ungerade Anzahl von Zeichen enthält, wird das letzte nicht berücksichtigt. Falls `mask` ein leerer String ist, werden keine Ersetzungen durchgeführt.

Hinweis
Um eine Zeichenkette an einer Operandenposition umzusetzen, kann auch eine Umsetzfunktion verwendet werden, die die Funktionalität der Anweisung TRANSLATE umfasst.

Beispiel
Umwandlung der Zeichen "A" nach "B", "a" nach "b" und umgekehrt. Nach der Umsetzung enthält `text` "Abracadabra".

```
DATA text TYPE string.
text = `Barbcbdbarb`.
TRANSLATE text USING 'ABBAabba'.
```

28.2.10 Aufbereiten

```
WRITE - TO
```

Syntax
```
WRITE {source|(source_name)} TO destination
                            [format_options].
```

Die Anweisung `WRITE TO` bereitet den Inhalt von `source` bzw. des in `source_name` angegebenen Quellfeldes entweder mit vordefinierten Formaten oder mit expliziten Formatierungsoptionen `format_options` als Zeichenkette auf und weist den aufbereiteten Inhalt dem zeichenartigen Datenobjekt `destination` zu.

Für `source` sind alle flachen Datentypen sowie die Datentypen `string` und `xstring` zulässig, wobei Strukturen wie ein Datenobjekt vom Typ `c` behandelt werden und in Unicode-Systemen zeichenartig sein müssen. In einem Unicode-System können somit genau die Datentypen verwendet werden, die unter dem generischen Typ `simple` zusammengefasst sind. Das Datenobjekt `source` kann über ein Feldsymbol oder eine dereferenzierte Datenreferenz angegeben werden.

Die Datenobjekte `source_name` und `destination` müssen zeichenartig sein und eine feste Länge haben (flacher Datentyp). Wenn die Länge des Zielfeldes `destination` kleiner als die Länge des für das Datenobjekt vorgegebenen oder mit `format_options` definierten Formats ist, wird die Ausgabe bei Aufbereitung und nachfolgender Zuweisung wie folgt gekürzt:

- Bei Datenobjekten der numerischen Datentypen `i` (`s`, `b`) und `p` werden erst von links nach rechts die Tausendertrennzeichen weggelassen und dann links abgeschnitten. Zur Kennzeichnung wird an erster Stelle ein Stern ("*") eingefügt.

- Bei Datenobjekten vom Typ `decfloat16` und `decfloat34` (ab Release 7.02/7.2) werden bei der Darstellung in mathematischer Notation erst die Tausendertrennzeichen weggelassen und dann die Nachkommastellen kaufmännisch gerundet. Bei der Darstellung in wissenschaftlicher Notation wird die Mantisse kaufmännisch gerundet. Wenn die Länge nicht für die Darstellung mindestens einer Vorkommastelle bei mathematischer Notation bzw. einer Stelle der Mantisse bei wissenschaftlicher Notation ausreicht, kommt es zur behandelbaren Ausnahme CX_SY_CONVERSION_OVERFLOW. Darüber hinaus kommt es zu dieser Ausnahme, wenn in den `format_options` hinter STYLE eines der Ausgabeformate SIGN_AS_POSTFIX, SCALE_PRESERVING oder SCALE_PRESERVING_SCIENTIFIC angegeben wurde und die Länge nicht für diese Formate ausreicht.

- Bei Datenobjekten vom Typ `f` wird die Anzahl der Dezimalstellen verkleinert und die Zahl entsprechend gerundet. Wenn die Ausgabelänge zu klein für die wissenschaftliche Notation ist, werden anstelle der Zahlen Sterne ("*") eingefügt.

- Bei allen anderen Datentypen wird ohne Kennzeichnung rechts abgeschnitten, wobei bei den Datentypen `d` und `t` erst die Trennzeichen entfernt werden. Ein eventuelles 12-Stunden-Format wird vorher, wie beim Zusatz ENVIRONMENT TIME FORMAT beschrieben, gekürzt und in ein 24-Stunden-Format verwandelt.

Wenn die verfügbare Länge größer als die für die Aufbereitung benötigte Länge ist, wird das Ergebnis gemäß der vorgegebenen oder selbst definierten Ausrichtung in das Zielfeld gestellt und der nicht benötigte Platz mit Leerzeichen aufgefüllt.

`source_name` kann den Namen des zuzuweisenden Datenobjekts in Groß- oder Kleinschreibung enthalten. Falls das in `source_name` angegebene Datenobjekt nicht vorhanden ist, wird die Zuweisung nicht ausgeführt und `sy-subrc` auf 4 gesetzt.

Systemfelder

sy-subrc	Bedeutung
0	Das in `source_name` angegebene Datenobjekt wurde gefunden und die Zuweisung ausgeführt.
4	Das in `source_name` angegebene Datenobjekt wurde nicht gefunden und die Zuweisung nicht ausgeführt.

Bei der statischen Angabe `source` wird `sy-subrc` nicht gesetzt.

28 | Zeichen- und Bytekettenverarbeitung

Hinweise

- Die Anweisung WRITE der klassischen Listenverarbeitung verhält sich weitestgehend wie die Anweisung WRITE TO, wobei das formatierte Ergebnis aber nicht an ein Zielfeld, sondern an den Ausgabebereich einer Liste zugewiesen wird. Die gleichwertigen Eigenschaften werden nur einmal im vorliegenden Abschnitt behandelt.

- Wenn destination als untypisiertes Feldsymbol oder als untypisierter Formalparameter angegeben ist und bei Ausführung der Anweisung nicht flach und zeichenartig ist, kommt es in einem Unicode-Programm zu einer unbehandelbaren Ausnahme. In Nicht-Unicode-Programmen kommt es nur bei tiefen Typen zur Ausnahme, während flache Typen wie zeichenartige Typen behandelt werden.

- Obwohl bei der Anweisung WRITE TO keine Daten an ein Ausgabemedium gesendet werden, wird gegebenenfalls eine Konvertierungsroutine ausgeführt.

- Die Anweisung WRITE TO ist hauptsächlich für die Aufbereitung von Daten für deren Ausgabe, aber nicht für deren weitere interne Verarbeitung geeignet. Beispielsweise kann ein Feld, in dem das Dezimaltrennzeichen als Komma dargestellt wird, nicht mehr als numerisches Datenobjekt behandelt werden.

- Ab Release 7.02/7.2 kann die Verwendung der Anweisung WRITE TO weitestgehend durch eingebettete Ausdrücke in Zeichenketten-Templates von Zeichenkettenausdrücken abgelöst werden.

Beispiel

Nach der Zuweisung enthalten die Variablen date_short und date_long das aktuelle Datum in der im Benutzerstammsatz festgelegten Reihenfolge. Die Variable date_long enthält die dort festgelegten Trennzeichen. Die Variable date_short enthält keine Trennzeichen, da ihre Länge nicht groß genug ist. Der Inhalt der Variablen date_mask ist entsprechend dem Formatierungszusatz DD/MM/YY aufbereitet, wofür ihre Länge ausreicht.

```
DATA: date_long  TYPE c LENGTH 10,
      date_short TYPE c LENGTH 8,
      date_mask  TYPE c LENGTH 8.
WRITE sy-datum TO: date_short,
                   date_long,
                   date_mask DD/MM/YY.
```

28.2.10.1 Vordefinierte Formate

Das vordefinierte Ausgabeformat der Anweisungen WRITE ... TO und WRITE ist abhängig von Datentyp und benutzerabhängigen Voreinstellungen. Es richtet sich teilweise nach der zur Verfügung stehenden Länge. Bei WRITE ... TO ist dies die Länge der Zielvariablen, bei WRITE ist es die Ausgabelänge.

Ausrichtung

Die vordefinierte Ausrichtung für die eingebauten ABAP-Typen ist wie folgt:

- rechtsbündig für die numerischen Typen b, decfloat16, decfloat34, f, i, p, s
- linksbündig für die zeichen- und bytartigen Typen c, d, n, string, t, x, xstring

Formate aus dem ABAP Dictionary

Für Datenobjekte, deren Datentypen mit Bezug auf das ABAP Dictionary definiert sind, kann bei der entsprechenden Domäne eine Konvertierungsroutine festgelegt sein, die bei Ausführung der Anweisungen WRITE ... TO und WRITE ausgeführt wird.

Zahlen, Datums- und Zeitformate

Das vordefinierte Format für Zahlenausgaben – Auswahl von Dezimaltrennzeichen und Tausendertrennzeichen – und das Datumsformat richten sich immer nach der aktuellen Formatierungseinstellung der Sprachumgebung (siehe Abschnitt 42.3), die durch SET COUNTRY gesetzt werden kann. In beiden Fällen werden die jeweiligen Trennzeichen nur dann eingefügt, wenn die zur Verfügung stehende Länge ausreicht.

Datenobjekte vom Typ t werden standardmäßig immer im 24-Stunden-Format ausgegeben. Falls die zur Verfügung stehende Länge ausreicht, werden Doppelpunkte als Trennzeichen zwischen Stunden, Minuten und Sekunden eingefügt. Um ein in der aktuellen Formatierungseinstellung festgelegtes 12-Stunden-Format zu nutzen, muss der Zusatz ENVIRONMENT TIME FORMAT verwendet werden.

Sonstige Formate

- Zeichenartige Datenobjekte werden gemäß der Codepage aufbereitet.
- Byteartige Datenobjekte werden in der Hexadezimalform aufbereitet, wobei ein Byte durch zwei Zeichen dargestellt wird.
- Numerische Datenobjekte
  - Bei den numerischen Datentypen i, (b, s) und p ist die äußerste rechte Stelle für das Vorzeichen reserviert. Dort wird bei negativen Werten ein Minus "–" und bei positiven Werten ein Leerzeichen in das Ergebnis eingefügt. Die im Benutzerstammsatz festgelegten Tausendertrennzeichen werden eingefügt, falls die zur Verfügung stehende Länge ausreicht.
  - Dezimale Gleitpunktzahlen der Datentypen decfloat16 und decfloat34 werden bei ausreichender Länge in mathematischer Notation mit den im Benutzerstammsatz festgelegten Tausendertrennzeichen dargestellt (ab Release 7.02/7.2). Wenn die zur Verfügung stehende Länge nicht für die Nachkommastellen der Zahl ausreicht, wird sie kaufmännisch auf die zur Verfügung stehenden Stellen gerundet. Wenn die zur Verfügung stehende Länge nicht für die Vorkommastellen der Zahl ausreicht, wird der Wert in wissenschaftlicher Notation ohne Tausendertrennzeichen aufbereitet. In beiden Fällen wird bei negativen Zahlen das Vorzeichen vorangestellt. Ein Exponent wird immer mit Vorzeichen, aber ohne führende Nullen dargestellt. Schließende Nullen in den Nachkommastellen werden nicht dargestellt.
  - Eine binäre Gleitpunktzahl vom Typ f wird in der wissenschaftlichen Notation mit vorangehendem Vorzeichen (leer bei positiven Zahlen), einer Stelle vor dem Dezimaltrennzeichen, maximal 16 Nachkommastellen, dem Zeichen "E" und einem dreistelligen Exponenten inklusive Vorzeichen aufbereitet.

Hinweis
Wenn nicht genügend Platz zur Darstellung einer Zahl nach diesen Regeln zur Verfügung steht, kommt es nur bei den dezimalen Gleitpunktzahlen zu einer Ausnahme. Bei den anderen numerischen Typen wird abgeschnitten und zur Kennzeichnung das Zeichen "*" eingefügt.

28.2.10.2 Formatierungsoptionen

```
WRITE - format_options
```

Syntax von format_options
```
... [LEFT-JUSTIFIED|CENTERED|RIGHT-JUSTIFIED]
    { { [EXPONENT exp]
        [NO-GROUPING]
        [NO-SIGN]
        [NO-ZERO]
        [CURRENCY cur]
        { { [DECIMALS dec]
            [ROUND scale] }
          | [UNIT unit] } }
      | { [ENVIRONMENT TIME FORMAT]
          [TIME ZONE tz] }
      [STYLE stl] }
    [USING { {NO EDIT MASK}|{EDIT MASK mask} }]
    [ DD/MM/YY    | MM/DD/YY
    | DD/MM/YYYY  | MM/DD/YYYY
    | DDMMYY      | MMDDYY
    | YYMMDD ]
```

Diese Formatierungsoptionen übersteuern die vordefinierten Formate der Anweisungen `WRITE ... TO` und `WRITE`. Ohne Angabe dieser Zusätze hängt die Formatierung des Inhalts des Quellfeldes nur von dessen Datentyp ab (siehe oben).

Das Ergebnis der Formatierung wird der zur Verfügung stehenden Länge angepasst. Bei `WRITE ... TO` ist dies die Länge der Zielvariablen, bei `WRITE` ist es die Ausgabelänge. In einigen Fällen kann das Verhalten der Zusätze bei der Verwendung mit `WRITE` vom allgemeinen Verhalten bei `WRITE ... TO` abweichen.

Wenn bei der Aufbereitung eine Konvertierungsroutine ausgeführt wird, werden die übrigen Formatierungsoptionen ignoriert. Es können nicht alle Zusätze gemeinsam verwendet werden. Die Einschränkungen sind bei den einzelnen Zusätzen aufgeführt.

Ausrichtung
```
... LEFT-JUSTIFIED|CENTERED|RIGHT-JUSTIFIED
```

Dieser Zusatz legt fest, ob der gemäß den übrigen Optionen formatierte Inhalt des Quellfeldes innerhalb der zur Verfügung stehenden Länge linksbündig, zentriert oder rechtsbündig angeordnet wird. Schließende Leerzeichen werden bei Feldern vom Typ `c` ignoriert und bei Feldern vom Typ `string` wie die übrigen Zeichen behandelt.

Die Anordnung erfolgt dadurch, dass überzählige Stellen im Ergebnis entweder rechts, links oder abwechselnd rechts und links mit Leerzeichen aufgefüllt werden. Falls die zur Verfügung stehende Länge nicht ausreicht, wird bei der linksbündigen und zentrierten Anordnung rechts, bei der rechtsbündigen Anordnung links abgeschnitten.

Beispiel
Linksbündige, mittige und rechtsbündige Zuweisung von drei Literalen an ein 50 Zeichen langes Textfeld.

```
DATA formatted_text TYPE c LENGTH 50.
WRITE 'Left'   TO formatted_text LEFT-JUSTIFIED.
...
WRITE 'Center' TO formatted_text CENTERED.
...
WRITE 'Right'  TO formatted_text RIGHT-JUSTIFIED.
```

Exponent

```
... EXPONENT exp
```

Dieser Zusatz legt den Exponenten bei der Aufbereitung von Gleitpunktzahlen fest. Der Zusatz EXPONENT wirkt auf Quellfelder vom Typ f und wenn der Zusatz STYLE (ab Release 7.02/7.2) angegeben ist. Ansonsten wird er ignoriert. Der Zusatz kann nicht zusammen mit den Zusätzen ENVIRONMENT TIME FORMAT und TIME ZONE verwendet werden.

Für exp wird ein Datenobjekt vom Typ i erwartet, das den gewünschten Exponenten enthält.

Beim Datentyp f wird die Mantisse durch Verschieben des Dezimalzeichens und Auffüllen mit Nullen an diesen Exponenten angepasst. Wenn exp den Wert 0 enthält, wird kein Exponent erzeugt. Ist der Wert von exp größer als der Exponent des Quellfeldes zuzüglich 16, werden der Mantisse nur Nullen zugewiesen. Wenn der Wert von exp kleiner als der Exponent des Quellfeldes ist und die Ausgabelänge nicht für die erforderlichen Stellen vor dem Dezimaltrennzeichen ausreicht, wird der Zusatz ignoriert. Ist der Wert in exp positiv und mehr als dreistellig, werden nur die ersten drei Stellen des Exponenten berücksichtigt.

Mit dem Zusatz STYLE (ab Release 7.02/7.2) werden Quellfelder aller numerischen Typen (b, s) i, p, f, decfloat16 und decfloat34 vor der Formatierung nach decfloat34 konvertiert. Hinter STYLE darf nur die wissenschaftliche Notation O_SCIENTIFIC angegeben sein. Der Zusatz EXPONENT legt für diese den Exponenten fest.

Beispiel
Die Aufbereitung des Ergebnisses der WRITE TO-Anweisung ist "1,414". Die Standardaufbereitung bei der Länge von 6 wäre "1E+00".

```
DATA: float           TYPE f,
      formatted_text TYPE c LENGTH 6.
float = SQRT( 2 ).
WRITE  float TO formatted_text EXPONENT 0.
```

Tausendertrennzeichen
```
... NO-GROUPING
```

Dieser Zusatz unterdrückt bei der Aufbereitung von Datenobjekten der Datentypen i, p, decfloat16 oder decfloat34 (ab Release 7.02/7.2) die Tausendertrennzeichen. Bei allen anderen Datentypen wird der Zusatz ignoriert. Der Zusatz kann nicht zusammen mit den Zusätzen ENVIRONMENT TIME FORMAT und TIME ZONE verwendet werden.

Vorzeichen
```
... NO-SIGN
```

Dieser Zusatz unterdrückt bei der Aufbereitung von Datenobjekten der Datentypen (s), i, p, decfloat16, decfloat34 (ab Release 7.02/7.2) oder f das Vorzeichen. Bei allen anderen Datentypen wird der Zusatz ignoriert. Der Zusatz kann nicht zusammen mit den Zusätzen ENVIRONMENT TIME FORMAT und TIME ZONE verwendet werden.

Beispiel
Ausgabe von Zahlen wie Fehlermeldung statt mit Vorzeichen.

```abap
DATA: number         TYPE i,
      formatted_text TYPE c LENGTH 10.
DO 10 TIMES.
  number = sy-index - 5.
  IF number >= 0.
    WRITE number TO formatted_text.
    MESSAGE formatted_text TYPE 'I'.
  ELSE.
    WRITE number TO formatted_text NO-SIGN.
    MESSAGE formatted_text TYPE 'I' DISPLAY LIKE 'E'.
  ENDIF.
ENDDO.
```

Unterdrückung von Nullen
```
... NO-ZERO
```

Hat das Quellfeld einen numerischen Datentyp und enthält den Wert 0, wird die zur Verfügung stehende Länge mit Leerzeichen aufgefüllt. Hat das Quellfeld den Datentyp c, n oder string, werden führende Nullen durch Leerzeichen aufbereitet. Der Zusatz kann nicht zusammen mit den Zusätzen ENVIRONMENT TIME FORMAT und TIME ZONE verwendet werden.

Beispiel
Aufbereitung des Inhalts eines numerischen Textfeldes in "123" statt "0000000123".

```abap
DATA: num            TYPE n LENGTH 10 VALUE '123',
      formatted_text TYPE c LENGTH 10.
WRITE num TO formatted_text NO-ZERO.
```

Währungsabhängige Nachkommastellen
```
... CURRENCY cur
```

Dieser Zusatz legt währungsabhängige Nachkommastellen bei der Aufbereitung von Datenobjekten der numerischen Datentypen (b, s), i, p, decfloat16, decfloat34 (ab Release 7.02/7.2) und f fest. Bei allen anderen Datentypen wird der Zusatz ignoriert. Der Zusatz kann nicht zusammen mit den Zusätzen ENVIRONMENT TIME FORMAT und TIME ZONE verwendet werden.

Bei allen numerischen Datentypen außer decfloat16 und decfloat34 wird für cur ein zeichenartiges Feld erwartet, das ein Währungskürzel aus der Spalte WAERS der Datenbanktabelle TCURC in Großbuchstaben enthält. Standardmäßig werden für jeden in cur angegebenen Wert zwei Nachkommastellen verwendet, es sei denn, das angegebene Währungskürzel ist in der Spalte CURRKEY der Datenbanktabelle TCURX enthalten. Dann wird die Anzahl der Nachkommastellen aus der Spalte CURRDEC dieser Tabelle ermittelt.

Bei den Datentypen decfloat16 und decfloat34 (ab Release 7.02/7.2) wird ein dreistelliges zeichenartiges Feld erwartet, das einen ISO-Währungsschlüssel aus der Spalte CURRENCYCODE der Datenbanktabelle /ISCER/C_CUR enthält. Die Anzahl der Nachkommastellen ist in der Spalte DISPLAYDECIMAL dieser Tabelle festgelegt. Falls der Inhalt von cur nicht in /ISCER/C_CUR gefunden wird, wird die Ausnahme CX_SY_UNKNOWN_CURRENCY ausgelöst.

Für die einzelnen numerischen Datentypen gilt:

- Bei Datenobjekten der Typen (b, s) und vom Typ i wird ein Dezimaltrennzeichen an der durch cur bestimmten Stelle in das Ergebnis eingefügt, und die Tausendertrennzeichen werden entsprechend verschoben.

- Bei Datenobjekten vom Typ p werden die in der Definition des Datentyps festgelegten Nachkommastellen vollständig ignoriert. Unabhängig vom tatsächlichen Wert und ohne Rundungen werden Dezimaltrennzeichen und Tausendertrennzeichen an den durch cur bestimmten Stellen zwischen den Ziffern eingefügt.

- Bei Datenobjekten vom Typ decfloat16 oder decfloat34 (ab Release 7.02/7.2) muss CURRENCY angegeben werden, wenn mit dem Zusatz STYLE eines der Ausgabeformate CL_ABAP_FORMAT=>O_MONETARY bzw. CL_ABAP_FORMAT=>O_EXTENDED_MONETARY für Währungsbeträge angegeben ist. Bei anderen Angaben für STYLE darf CURRENCY nicht angegeben werden. Wenn keine Angabe für STYLE gemacht wird, wird implizit der Wert CL_ABAP_FORMAT=>O_MONETARY verwendet. Die aus der Datenbanktabelle /ISCER/C_CUR ermittelte Anzahl der Nachkommastellen wird, wie beim Zusatz STYLE beschrieben, für die Formatierung der Währungsbeträge verwendet.

- Bei Datenobjekten vom Typ f wirkt der Zusatz CURRENCY wie der Zusatz DECIMALS (siehe unten), wobei die Anzahl der Nachkommastellen durch cur bestimmt wird.

Hinweise

- Der Zusatz CURRENCY mit Währungen aus den Datenbanktabellen TCURC oder TCURX ist sinnvoll für die Anzeige von Datenobjekten vom Typ i oder p ohne Nachkommastellen, deren Inhalte Währungsbeträge in der kleinsten Einheit der Währung sind.

- Bei Datenobjekten vom Typ `decfloat16` oder `decfloat34` (ab Release 7.02/7.2) wird davon ausgegangen, dass diese Währungsbeträge in der Haupteinheit der Währung enthalten (also z. B. Euro oder Dollar statt Cent). Dies ist anders als bei den Datentypen (`b`, `s`), `i` und `p`, bei denen alle Ziffern der Zahl als Währungsbetrag in der kleinsten Währungseinheit aufgefasst werden.

Beispiel

Die Aufbereitung von "12345678" ist "123456,78". Das Währungskürzel "EUR" ist in der Datenbanktabelle TCURC, aber nicht in TCURX enthalten, weshalb standardmäßig zwei Nachkommastellen verwendet werden.

```
DATA: int             TYPE i VALUE 12345678,
      formatted_text TYPE c LENGTH 10.
WRITE int TO formatted_text NO-GROUPING CURRENCY 'EUR'.
```

Nachkommastellen

```
... DECIMALS dec
```

Dieser Zusatz legt die Anzahl der Nachkommastellen bei der Aufbereitung von Datenobjekten der Datentypen (`b`, `s`), `i`, `p`, `decfloat16`, `decfloat34` (ab Release 7.02/7.2) oder `f` fest. Bei allen anderen Datentypen wird der Zusatz ignoriert. Der Zusatz kann nicht zusammen mit den Zusätzen ENVIRONMENT TIME FORMAT, TIME ZONE und UNIT verwendet werden.

Für `dec` wird ein Datenobjekt vom Typ `i` erwartet, das die Anzahl der gewünschten Nachkommastellen enthält. Wenn der Inhalt von `dec` kleiner als 0 ist, wird er wie 0 behandelt, wobei der Inhalt von Datenobjekten der Datentypen (`b`, `s`), `i` oder `p` zuvor mit 10 hoch `dec` multipliziert wird. Für die einzelnen numerischen Datentypen gilt:

- Bei Datenobjekten der Typen (`b`, `s`) und vom Typ `i` werden ein Dezimaltrennzeichen und so viele Nullen angehängt, wie in `dec` angegeben sind. Der Inhalt von `dec` kann maximal 14 sein, ansonsten kommt es zu einer unbehandelbaren Ausnahme. Wenn der Inhalt von `dec` 0 ist, bleibt die Ausgabe unverändert.
- Bei Datenobjekten vom Typ `p` werden unabhängig von der im Datentyp festgelegten Anzahl an Nachkommastellen so viele Nachkommastellen verwendet, wie in `dec` angegeben sind. Der Inhalt von `dec` kann maximal 14 sein, ansonsten kommt es zu einer unbehandelbaren Ausnahme. Falls das Quellfeld mehr Nachkommastellen hat, wird auf die Nachkommastellen in `dec` gerundet. Falls das Quellfeld weniger Nachkommastellen hat, werden entsprechend viele Nullen angehängt.

- Bei Datenobjekten vom Typ `decfloat16` und `decfloat34` (ab Release 7.02/7.2) bestimmt der Inhalt von `dec` die Anzahl der Nachkommastellen bei einer Darstellung in der mathematischen Notation und die Anzahl der Dezimalstellen in der Mantisse in der wissenschaftlichen Notation.
- Bei Datenobjekten vom Typ `f` bestimmt der Inhalt von `dec` die Anzahl der Nachkommastellen in der wissenschaftlichen Notation. Wenn der Inhalt von `dec` größer als 16 ist, wird er wie 16 behandelt. Ist der Inhalt von `dec` größer als die Anzahl der Nachkommastellen des Quellfelds, werden entsprechend viele Nullen angehängt. Wenn der Inhalt von `dec`

kleiner als die Anzahl der Nachkommastellen des Quellfeldes ist, wird auf die Nachkommastellen in `dec` gerundet.

Wenn zusätzlich der Zusatz `CURRENCY` angegeben ist, wird dieser bei den Datentypen (`b`, `s`), `i`, `decfloat16`, `decfloat34` (ab Release 7.02/7.2) und `p` zuerst ausgeführt und dann der Zusatz `DECIMALS` angewandt. Beim Datentyp `f` wird der Zusatz `CURRENCY` ignoriert, wenn er gemeinsam mit `DECIMALS` angegeben ist.

Beispiel
Die Aufbereitung von "1234.5678" ist "1234,57".

```
DATA: pack            TYPE p LENGTH 8 DECIMALS 4 VALUE '1234.5678',
      formatted_text TYPE c LENGTH 10.
WRITE pack TO formatted_text NO-GROUPING DECIMALS 2.
```

Skalierung
`... ROUND scale`

Dieser Zusatz multipliziert bei Quellfeldern des Datentyps `p` den Wert des Datenobjekts vor der Aufbereitung mit 10 hoch `-scale`. Bei allen anderen Datentypen wird der Zusatz ignoriert. Der Zusatz kann nicht zusammen mit dem Zusätzen `STYLE` (ab Release 7.02/7.2), `ENVIRONMENT TIME FORMAT`, `TIME ZONE` und `UNIT` verwendet werden.

Für `scale` wird ein Datenobjekt vom Typ `i` erwartet, das den Wert der gewünschten Skalierung enthält. Falls der Wert von `scale` größer 0 und der Zusatz `DECIMALS` nicht angegeben ist, wird das Zwischenergebnis auf die im Datentyp definierte Anzahl von Nachkommastellen gerundet. Falls der Zusatz `DECIMALS` angegeben ist, wird auf die in `dec` angegebene Anzahl von Nachkommastellen gerundet, und diese werden ausgegeben.

Ist der Zusatz `CURRENCY` angegeben, wird dieser vor der Multiplikation auf den Inhalt des Quellfeldes angewandt. Falls der Zusatz `DECIMALS` nicht angegeben ist, wird für Rundung und Aufbereitung die durch `cur` bestimmte Anzahl an Nachkommastellen verwendet. Falls der Zusatz `DECIMALS` angegeben ist, wird der Wert in `dec` verwendet.

Beispiel
Die Aufbereitung von "12345678" ist "123456,7800".

```
DATA: pack            TYPE p LENGTH 8 DECIMALS 0 VALUE '12345678',
      formatted_text TYPE c LENGTH 12.
WRITE pack TO formatted_text NO-GROUPING ROUND 2 DECIMALS 4.
```

Maßeinheitsabhängige Nachkommastellen
`... UNIT unit`

Dieser Zusatz schneidet Nachkommastellen, die den Wert 0 haben und außerhalb der Genauigkeit einer Maßeinheit liegen, bei der Aufbereitung von Datenobjekten der Datentypen `p` ab. Bei allen anderen Datentypen außer `decfloat16`, `decfloat34` (ab Release 7.02/7.2) oder `f` wird der Zusatz ignoriert. Der Zusatz kann nicht zusammen mit den Zusätzen `DECIMALS`, `ROUND`, `STYLE` (ab Release 7.02/7.2), `ENVIRONMENT TIME FORMAT` und `TIME ZONE` verwendet werden.

Für `unit` wird ein zeichenartiges Feld erwartet, das ein Einheitenkürzel aus der Spalte MSEHI der Datenbanktabelle T006 in Großbuchstaben enthält. Das System ermittelt aus der Spalte DECAN der zugehörigen Zeile in der Datenbanktabelle T006 die Anzahl an Nachkommastellen. Falls der Inhalt von `unit` nicht in T006 gefunden wird, wird der Zusatz ignoriert.

- Wenn der Datentyp des Quellfeldes p ist und mindestens so viele Nachkommastellen hat, wie durch `unit` angegeben sind, und falls dadurch keine Stellen abgeschnitten werden, die ungleich 0 sind, wird der Inhalt des Quellfeldes mit dieser Anzahl an Nachkommastellen aufbereitet.

- Bei Datenobjekten vom Typ `decfloat16` oder `decfloat34` (ab Release 7.02/7.2) wird der Zusatz UNIT ignoriert. Stattdessen kann der Zusatz STYLE verwendet werden.

- Bei Datenobjekten vom Typ f wirkt der Zusatz UNIT wie der Zusatz DECIMALS (siehe oben), wobei die Anzahl der Nachkommastellen durch `unit` bestimmt wird.

Wenn gleichzeitig der Zusatz CURRENCY verwendet wird, wird beim Datentyp p erst dieser angewandt und dann der Zusatz UNIT. Beim Datentyp f wird der Zusatz UNIT ignoriert.

Beispiel
Wenn für die Stückzahl "PC" in T006 keine Nachkommastellen angegeben sind, wird "1234.0000" als "1234" aufbereitet.

```
DATA: pack            TYPE p LENGTH 8 DECIMALS 4 VALUE '1234.0000',
      formatted_text  TYPE c LENGTH 12.
WRITE pack TO formatted_text NO-GROUPING UNIT 'PC'.
```

Zeitformat

`... ENVIRONMENT TIME FORMAT`

Bei Verwendung dieses Zusatzes richtet sich die Formatierung einer Zeitangabe nach der aktuellen Formatierungseinstellung der Sprachumgebung (siehe Abschnitt 42.3), die durch SET COUNTRY gesetzt werden kann. Dadurch können ein 24-Stunden-Format (Standardeinstellung) und vier 12-Stunden-Formate eingestellt werden. Das Quellfeld muss vom Typ t sein. Der Zusatz kann nicht zusammen mit den Zusätzen CURRENCY, DECIMALS, EXPONENT, NO-GROUPING, NO-SIGN, NO-ZERO, ROUND, STYLE (ab Release 7.02/7.2), TIME ZONE oder UNIT verwendet werden.

Die benötigte Ausgabelänge für die 12-Stunden-Formate ist 11. Bei expliziter statischer Angabe in der Anweisung WRITE für ein Quellfeld vom Typ t muss mindestens eine Ausgabelänge von 11 angegeben sein. Falls eine dynamisch angegebene Ausgabelänge oder das Zielfeld bei WRITE TO kürzer als 11 ist, wird wie folgt verkürzt:

- Bei einer Länge von 10 wird bei einem 12-Stunden-Format das Leerzeichen zwischen "hh:mm:ss" und "AM/PM/am/pm" weggelassen.
- Ab einer Länge kleiner 10 wird das 24-Stunden-Format verwendet.
- Ab einer Länge kleiner 8 werden die Trennzeichen ":" weggelassen.
- Ab einer Länge kleiner 6 wird rechts abgeschnitten.

Hinweis

Im Gegensatz zu Zeitangaben ist das Format von Zahlen oder Datumsangaben in der Anweisung WRITE immer variabel. Bei Zeitangaben ist das Format nur dann variabel, wenn der Zusatz ENVIRONMENT TIME FORMAT angegeben ist.

Zeitzone

... TIME ZONE tz

Dieser Zusatz bereitet einen Zeitstempel in Bezug auf eine Zeitzone auf. Der Inhalt des Quellfeldes wird als Kurz- oder Langform eines Zeitstempels in UTC-Referenzzeit interpretiert. Das Quellfeld muss vom Typ p der Länge 8 ohne Nachkommastellen (Kurzform) bzw. vom Typ p der Länge 11 mit sieben Nachkommastellen (Langform) sein. Der Zusatz kann nicht zusammen mit den Zusätzen CURRENCY, DECIMALS, ENVIRONMENT TIME FORMAT, EXPONENT, NO-GROUPING, NO-SIGN, NO-ZERO, ROUND, STYLE (ab Release 7.02/7.2) oder UNIT verwendet werden.

Für tz muss ein Datenobjekt vom Typ TIMEZONE aus dem ABAP Dictionary angegeben werden, das eine Zeitzone aus der Spalte TZONE der Datenbanktabelle TTZZ in Großbuchstaben enthält. Ist tz initial, wird die UTC-Referenzzeit verwendet.

Der Zeitstempel im Quellfeld wird in die in tz angegebene Zeitzone umgerechnet und wie folgt von links her aufbereitet:

- Als Erstes wird das Datum in das Ergebnis eingefügt. Die Formatierung richtet sich nach der Formatierungseinstellung der Sprachumgebung (siehe Abschnitt 42.3) oder nach einer gleichzeitig angegebenen Datumsaufbereitung DD/MM/YY etc. Hinter dem Datum wird ein Leerzeichen eingefügt.
- Als Zweites wird die Zeit angehängt, wobei zwischen Stunden, Minuten und Sekunden Doppelpunkte ":" als Trennzeichen eingefügt werden. Die Formatierung ist immer das für den Typ t vordefinierte 24-Stunden-Format, da der Zusatz ENVIRONMENT TIME FORMAT nicht gleichzeitig angegeben werden kann.
- Falls der Zeitstempel in der Langform vorliegt, wird direkt hinter der Sekundenangabe ein Komma "," gefolgt von den Sekundenbruchteilen, eingefügt.
- Falls der Wert von tz nicht in der Datenbanktabelle TTZZ enthalten ist oder das Quellfeld keinen gültigen Zeitstempel enthält, wird der Inhalt des Quellfeldes ohne Umrechnung übergeben, wobei vor dem Datum ein Stern "*" eingefügt und die letzte Stelle der Zeit abgeschnitten wird.

Die Aufbereitung erfolgt standardmäßig in ein Zwischenergebnis der Länge 19, wenn der Zeitstempel in der Kurzform, oder der Länge 27, wenn der Zeitstempel in der Langform vorliegt. Diese Länge kann sich durch gleichzeitige Verwendung der Zusätze DD/MM/YY etc. vergrößern oder verkleinern. Wenn die zur Verfügung stehende Länge kürzer als die benötigte ist, werden alle Trennzeichen in Datum und Zeit, dann das Leerzeichen zwischen Datum und Zeit entfernt, und danach wird rechts abgeschnitten. Falls gleichzeitig eine Datumsaufbereitung DD/MM/YY etc. angegeben ist, werden die Trennzeichen im Datum nicht entfernt.

Hinweis

Das Quellfeld kann durch Bezug auf die Datentypen TIMESTAMP bzw. TIMESTAMPL im ABAP Dictionary deklariert werden.

Beispiel

Aufbereitung eines UTC-Zeitstempels in tasmanischer Zeit. In der Sommerzeit ist das Ergebnis "28.06.2002 04:00:00".

```
DATA: time_stamp     TYPE timestamp,
      tzone          TYPE timezone,
      formatted_text TYPE c LENGTH 50.
time_stamp = 20020627180000.
tzone      = 'AUSTAS'.
WRITE time_stamp TO formatted_text TIME ZONE tzone.
```

Aufbereitung dezimaler Gleitpunktzahlen

`... STYLE stl`

Ab Release 7.02/7.2. Dieser Zusatz legt das Ausgabeformat für dezimale Gleitpunktzahlen fest. Es sind nur Quellfelder mit numerischem Datentyp erlaubt. Quellfelder, die nicht vom Typ `decfloat34` sind, werden vor der Formatierung in diesen Typ konvertiert. Der Zusatz kann nicht zusammen mit den Zusätzen DD/MM/YY, ..., YYMMDD, ROUND, ENVIRONMENT TIME FORMAT, TIME ZONE und UNIT verwendet werden

Für das Ausgabeformat `stl` können nur Werte angegeben werden, die als Konstanten vom Typ OUTPUTSTYLE in der Klasse CL_ABAP_FORMAT vorhanden sind, ansonsten kommt es zur Ausnahme CX_SY_WRITE_INVALID_STYLE. Tabelle 28.2 enthält die möglichen Ausgabeformate.

Konstante CL_ABAP_FORMAT=>...	Ausgabeformat
O_SIMPLE	vordefiniertes Ausgabeformat
O_SIGN_AS_POSTFIX	Kaufmännische Notation. Das Vorzeichen wird rechts angefügt (Minuszeichen bei negativen Werten, Leerzeichen bei positiven Werten). Schließende Nullen in den Nachkommastellen werden abgeschnitten. Falls nicht genügend Platz zur Verfügung steht, wird nicht wie beim Format O_SIMPLE in die wissenschaftliche Notation umgeschaltet, sondern es kommt zu einer Ausnahme.
O_SCALE_PRESERVING	Format mit Erhaltung der Skalierung, bei dem schließende Nullen in den Nachkommastellen nicht abgeschnitten werden. Es wird das gleiche Format wie bei der Konvertierung eines Quellfeldes vom Typ `decfloat34` in den Typ `string` erzeugt, wobei aber das vordefinierte Dezimaltrennzeichen der WRITE-Anweisung verwendet wird. Falls genügend Platz zur Verfügung steht, werden in der mathematischen Notation auch die Tausendertrennzeichen eingefügt.

Tabelle 28.2 Ausgabeformate für dezimale Gleitpunktzahlen

Konstante CL_ABAP_FORMAT=>...	Ausgabeformat
O_SCALE_PRESERVING (Forts.)	Falls nicht genügend Platz zur Verfügung steht, kommt es zu einer Ausnahme. Die maximal benötigte Länge ist 24 für decfloat16 und 46 für decfloat34.
O_SCIENTIFIC	Wissenschaftliche Notation. Bei einer positiven Zahl wird kein Vorzeichen ausgegeben. Die Ausgabe hat immer einen mindestens zweistelligen Exponenten mit Vorzeichen. Wenn der Zusatz EXPONENT nicht angegeben ist, wird in der Mantisse genau eine Vorkommastelle ausgegeben, deren Wert ungleich 0 ist, außer das Quellfeld hat den Wert 0. Schließende Nullen in den Nachkommastellen der Mantisse werden abgeschnitten. Mit dem Zusatz DECIMALS kann die Anzahl der Nachkommastellen, mit EXPONENT der Exponent vorgegeben werden. Wenn keiner der Zusätze DECIMALS und EXPONENT verwendet wird, ist die maximal benötigte Länge 23 für decfloat16 und 42 für decfloat34. Falls nicht genügend Platz zur Verfügung steht, wird kaufmännisch gerundet. Falls der Platz nicht für Vorzeichen, die mindestens benötigten Vorkommastellen der Mantisse und den erforderlichen Exponenten ausreicht, kommt es zu einer Ausnahme der Klasse CX_SY_CONVERSION_OVERFLOW.
O_SCIENTIFIC_WITH_LEADING_ZERO	Wissenschaftliche Notation mit führender Null. Wie O_SCIENTIFIC mit folgenden Unterschieden: Es wird genau eine Vorkommastelle mit dem Wert 0 ausgegeben. Der Zusatz EXPONENT kann nicht angegeben werden. Wenn der Zusatz DECIMALS nicht verwendet wird, ist die maximal benötigte Länge 24 für decfloat16 und 43 für decfloat34.
O_SCALE_PRESERVING_SCIENTIFIC	Wissenschaftliche Notation mit Erhaltung der Skalierung. Wie O_SCIENTIFIC mit folgenden Unterschieden: Der Exponent ist immer dreistellig für decfloat16 und vierstellig für decfloat34. Schließende Nullen in den Nachkommastellen der Mantisse werden nicht abgeschnitten. Der Zusatz EXPONENT kann nicht angegeben werden. Falls nicht genügend Platz zur Verfügung steht, wird nicht gerundet, sondern es kommt zu einer Ausnahme der Klasse CX_SY_CONVERSION_OVERFLOW.
O_ENGINEERING	Technisches Format – wie O_SCIENTIFIC mit folgenden Unterschieden: Der Wert des Exponenten ist immer ein ganzzahliges Vielfaches von 3. Der Wertebereich der Vorkommastellen liegt zwischen 1 und 999, außer das Quellfeld hat den Wert 0. Der Zusatz EXPONENT kann nicht angegeben werden.
O_MONETARY	Währungsbetrag. Die Formatierung ist wie beim Format O_SIGN_AS_POSTFIX, wobei die Anzahl der Nachkommastellen durch den Zusatz CURRENCY bestimmt werden muss. Dieser wirkt hier wie der Zusatz DECIMALS.

Tabelle 28.2 Ausgabeformate für dezimale Gleitpunktzahlen (Forts.)

Konstante CL_ABAP_FORMAT=>...	Ausgabeformat
O_EXTENDED_MONETARY	Erweiterter Währungsbetrag. Die Formatierung ist wie beim Format O_MONETARY, wobei der Zusatz CURRENCY hier aber nicht die genaue, sondern die minimale Anzahl von Nachkommastellen bestimmt. Das heißt, falls genügend Platz vorhanden ist, wird mindestens diese Anzahl von Nachkommastellen dargestellt. Überzählige Nachkommastellen werden nicht gerundet, sondern je nach Platz ebenfalls dargestellt.

Tabelle 28.2 Ausgabeformate für dezimale Gleitpunktzahlen (Forts.)

Wenn der Zusatz STYLE zusammen mit anderen bei ihm erlaubten Zusätzen verwendet wird, die ebenfalls Einfluss auf das Zahlenformat haben, gelten folgende Regeln:

- Der Zusatz EXPONENT darf nur beim Ausgabeformat O_SCIENTIFIC für wissenschaftliche Notation angegeben werden.

- Der Zusatz CURRENCY muss bei den Ausgabeformaten für Währungsbeträge und darf bei keinen anderen angegeben werden. Er legt bei O_MONETARY die Anzahl der Nachkommastellen und bei O_EXTENDED_MONETARY die minimale Anzahl von Nachkommastellen anhand von Einträgen in der Datenbanktabelle /ISCER/C_CUR fest. Er darf bei der Verwendung mit STYLE nicht mit dem Zusatz DECIMALS kombiniert werden.

- Der Zusatz DECIMALS darf nicht bei Ausgabeformaten angegeben werden, die die Skalierung erhalten. Er darf bei der Verwendung mit STYLE nicht mit dem Zusatz CURRENCY kombiniert werden. Für die Ausgabeformate O_SIMPLE und O_SIGN_AS_POSTFIX legt DECIMALS die Anzahl der Nachkommastellen fest, wobei gegebenenfalls eine kaufmännische Rundung stattfindet oder schließende Nullen angehängt werden. Für die wissenschaftlichen Ausgabeformate legt DECIMALS die Anzahl der Nachkommastellen der Mantisse fest, wobei gegebenenfalls kaufmännisch gerundet wird.

- Der Zusatz USING EDIT MASK kann nur angegeben werden, wenn er eine Konvertierungsroutine aufruft. Der Zusatz USING NO EDIT MASK kann wie üblich angegeben werden.

Hinweise
- Die Ausgabeformate entsprechen im Wesentlichen den Ausgabestilen, die beim Anlegen einer Domäne mit einem der Typen DF16_DEC, DF16_RAW, DF16_SCL, DF34_DEC, DF34_RAW oder DF34_SCL im ABAP Dictionary angegeben werden können.

- Die Verwendung des Zusatzes STYLE wird für die Formatierung aller numerischen Ausgaben empfohlen. Die Verwendung des Zusatzes löst damit andere Zusätze, die das gleiche bewirken, ab.

- Um vor der Verwendung des Ausgabeformats O_SCALE_PRESERVING_SCIENTIFIC die Skalierung einer dezimalen Gleitpunktzahl festzulegen, kann die eingebaute Funktion rescale unter Angabe des Parameters dec aufgerufen werden.

- Dieses Ausgabeformat soll dabei helfen, Ausgaben zu erzeugen, die in Bezug auf Dezimalpunkt und Exponent vertikal ausgerichtet sind, ohne dass der Zusatz DECIMALS verwendet werden muss. Um dies zu erreichen, kann vor der Ausgabe die eingebaute Funktion rescale unter Angabe des Parameters prec aufgerufen werden.

Konvertierungsroutinen und Aufbereitungsschablonen
```
... USING { {NO EDIT MASK}|{EDIT MASK mask} }
```

Dieser Zusatz übersteuert eine durch Bezug auf das ABAP Dictionary definierte Konvertierungsroutine. Der Zusatz `NO EDIT MASK` schaltet lediglich die Ausführung einer zugeordneten Konvertierungsroutine ab. Der Zusatz `EDIT MASK` ruft entweder eine andere Konvertierungsroutine auf oder definiert eine Aufbereitungsschablone. Für `mask` wird ein zeichenartiges Datenobjekt erwartet.

Um eine beliebige Konvertierungsroutine CONV aufzurufen, muss `mask` zwei Gleichheitszeichen, direkt gefolgt vom Namen der Konvertierungsroutine, enthalten: "==CONV". Bei der Aufbereitung wird der Inhalt des Quellfeldes an den Funktionsbaustein CONVERSION_EXIT_CONV_OUTPUT übergeben, dort konvertiert und das Ergebnis verwendet. Wenn der Funktionsbaustein nicht gefunden wird, kommt es zu einer behandelbaren Ausnahme. Die Anweisung `DESCRIBE FIELD` enthält einen Zusatz, um `mask` entsprechend zu füllen.

Wenn die ersten beiden Zeichen in `mask` keine Gleichheitszeichen sind, wird der Inhalt als Aufbereitungsschablone interpretiert, in der einige Zeichen eine bestimmte Bedeutung haben. Die `WRITE`-Anweisung bereitet dann nicht direkt den Inhalt des Quellfelds, sondern die Zeichenkette in `mask` wie folgt auf:

- Wenn die ersten beiden Zeichen in `mask` "LL" oder "RR " sind, werden diese nicht in das Ergebnis eingefügt. Sie steuern, ob die Aufbereitung links- oder rechtsbündig ist. Falls die ersten beiden Zeichen andere Zeichen sind, ist die Aufbereitung linksbündig.

- Alle Zeichen "_" werden von links (bei "LL") bzw. von rechts (bei "RR") durch die Zeichen bei zeichenartigen Typen bzw. Ziffern bei den Typen (b, s), i oder p aus dem Quellfeld ersetzt. Bei Feldern vom Typ c werden dabei schließende Leerzeichen ignoriert. Datenobjekte vom Typ f oder x werden vor der Aufbereitung in den Typ c konvertiert. Überzählige Zeichen "_" in `mask` werden durch Leerzeichen ersetzt. Zeichen aus dem Quellfeld, für die es keine Zeichen "_" in `mask` gibt, werden nicht in das Ergebnis eingefügt.

- Wenn das Quellfeld vom Typ (b, s), i oder p ist, wird das erste Zeichen "V" von links in `mask` bei einer negativen Zahl als "–" und bei einer positiven Zahl als ein Leerzeichen in das Ergebnis eingefügt.

- Alle übrigen Zeichen der Aufbereitungsschablone werden unverändert übernommen.

Die Aufbereitung findet in der zur Verfügung stehenden Länge statt. Wenn gleichzeitig zu einer Aufbereitungsschablone andere Formatierungsoptionen angegeben sind, werden erst diese angewandt und dann die speziellen Zeichen in der Aufbereitungsschablone durch das Zwischenergebnis ersetzt. Ausgenommen davon ist die Datumsaufbereitung `DD/MM/YY` etc. Wenn diese angegeben ist, wird die Aufbereitungsschablone ignoriert.

Hinweise
- Das Vorzeichen einer negativen Zahl wird nicht in das Ergebnis eingefügt, wenn kein Aufbereitungszeichen "V" angegeben ist. Das Dezimaltrennzeichen einer gepackten Zahl mit Nachkommastellen muss an der gewünschten Stelle in der Aufbereitungsmaske angegeben werden.

Zeichen- und Bytekettenverarbeitung

- Beim Typ p ist zu beachten, dass nur die Ziffern ausgewertet werden und die Stelle des Dezimalpunkts keine Rolle spielt.

- Bei den Typen `decfloat16` und `decfloat34` (ab Release 7.02/7.2) muss eine Konvertierungsroutine aufgerufen werden. Die Angabe einer Aufbereitungsschablone ist nicht erlaubt.

- Bei Verwendung von EDIT MASK in der Anweisung WRITE für Listen gelten einige Besonderheiten (siehe Abschnitt 35.2.3).

Beispiel
Aufbereitung einer Zeitdauer. In der Zuweisung wird der Funktionsbaustein CONVERSION_EXIT_SDURA_OUTPUT ausgeführt, der die in Sekunden angegebene Dauer in Minuten umrechnet. In der zweiten Zuweisung wird die Aufbereitungsmaske nach obigen Regeln verwendet, wobei die Unterstriche "_" durch die Zeichen aus time ersetzt werden.

```
DATA: dura            TYPE i,
      time            TYPE t VALUE '080000',
      formatted_text TYPE c LENGTH 30.
dura = sy-uzeit - time.
time = dura.
WRITE dura TO formatted_text USING EDIT MASK '==SDURA'.
...
WRITE time TO formatted_text USING EDIT MASK
                  'RRThe duration is __:__:__'..
```

Datumsformat

```
... DD/MM/YY      | MM/DD/YY
  | DD/MM/YYYY    | MM/DD/YYYY
  | DDMMYY        | MMDDYY
  | YYMMDD
```

Diese Zusätze beeinflussen die Aufbereitung von Datenobjekten des Datentyps d. Bei allen anderen Datentypen wird der Zusatz ignoriert. Die Zusätze können nicht zusammen mit dem Zusatz STYLE (ab Release 7.02/7.2) verwendet werden.

Der Inhalt eines Datenobjekts vom Typ d wird als gültiges Datum in der Form "yyyymmdd" interpretiert und für die einzelnen Zusätze wie folgt aufbereitet:

- **DD/MM/YY und MM/DD/YY**
  Beide Zusätze haben die gleiche Wirkung. Das Datum wird mit zweistelliger Jahreszahl und Trennzeichen aufbereitet. Trennzeichen und Reihenfolge richten sich nach der aktuellen Formatierungseinstellung der Sprachumgebung, die durch SET COUNTRY gesetzt werden kann.

- **DD/MM/YYYY und MM/DD/YYYY**
  Beide Zusätze haben die gleiche Wirkung. Das Datum wird mit vierstelliger Jahreszahl und Trennzeichen aufbereitet. Trennzeichen und Reihenfolge richten sich nach der aktuellen Formatierungseinstellung der Sprachumgebung, die durch SET COUNTRY gesetzt werden kann.

- **DDMMYY und MMDDYY**
  Beide Zusätze haben die gleiche Wirkung. Das Datum wird mit zweistelliger Jahreszahl ohne Trennzeichen aufbereitet. Die Reihenfolge richtet sich nach der aktuellen Formatierungseinstellung der Sprachumgebung, die durch SET COUNTRY gesetzt werden kann.

- **YYMMDD**
  Dieser Zusatz bereitet das Datum mit zweistelliger Jahreszahl ohne Trennzeichen im Format "yymmdd" auf.

Falls die zur Verfügung stehende Länge zu kurz ist, wird die aufbereitete Ausgabe rechts abgeschnitten.

Hinweise

- Das Kürzungsverhalten unterscheidet sich von der Ausgabe eines Datums gemäß Formatierungseinstellung der Sprachumgebung, wo zunächst die Trennzeichen entfernt werden und dann abgeschnitten wird.
- Bei Verwendung der Datumsmasken in der Anweisung WRITE für Listen gelten einige Besonderheiten (siehe Abschnitt 35.2.3).

Beispiel
Die Aufbereitung ist z. B. "060131".

```
DATA formatted_text TYPE c LENGTH 50.
WRITE sy-datum TO formatted_text YYMMDD.
```

28.2.10.1 Behandelbare Ausnahmen

Die behandelbaren Ausnahmen der Anweisungen WRITE TO und WRITE werden durch folgende Ausnahmeklassen definiert:

- CX_SY_WRITE_INVALID_STYLE: falsches Ausgabeformat für dezimale Gleitpunktzahlen beim Zusatz STYLE (ab Release 7.02/7.2)
- CX_SY_UNKNOWN_CURRENCY: Zu einer mit CURRENCY für dezimale Gleitpunktzahlen angegebenen Währung existiert kein Eintrag in der Tabelle /ISCER/C_CUR.
- CX_SY_CONVERSION_NO_NUMBER: ungültiges Format des Quellfeldes bei der Ausgabe einer dezimalen Gleitpunktzahl
- CX_SY_CONVERSION_OVERFLOW: Zielfeld ist bei der Darstellung einer dezimalen Gleitpunktzahl zu kurz.

28.2.11 Einzel-Bits setzen

SET BIT

Syntax
SET BIT bitpos OF byte_string [TO val].

Diese Anweisung setzt das Bit an der Bit-Position bitpos der Variablen byte_string auf den Wert 1 oder, falls angegeben, auf den Wert des Datenobjekts val. Die anderen Bits in byte_string bleiben unverändert.

Das Datenobjekt `byte_string` muss byteartig sein, während `bitpos` und `val` numerische Ausdruckspositionen des Operandentyps i sind (ab Release 7.02/7.2). Der Wert von `bitpos` muss größer als 0 und der Wert von `val` entweder 0 oder 1 sein, ansonsten kommt es zu unbehandelbaren Ausnahmen. Die Bit-Positionen in `byte_string` werden vom Anfang des Datenobjekts aus durchgezählt. Wenn der Wert von `bitpos` größer als die Anzahl von Bits in `byte_string` ist, wird keine Ersetzung durchgeführt und `sy-subrc` auf 4 gesetzt.

Systemfelder

sy-subrc	Bedeutung
0	Ein Bit des Datenobjekts `byte_string` wurde an der Position `bitpos` gesetzt.
4	Der Wert von `bitpos` ist größer als die Anzahl der Bits in `byte_string`, und es wurde kein Bit gesetzt.

Hinweise

- In Nicht-Unicode-Programmen sind für `byte_string` auch zeichenartige Datenobjekte zugelassen.
- Das Setzen einzelner Bits ist insbesondere für die Vorbereitung von Operatoren in Bit-Ausdrücken vorgesehen (siehe Abschnitt 28.6.1).
- Für das Setzen eines einzelnen Bits kann auch die eingebaute Funktion `bit_set` verwendet werden.

Beispiel

Im 8 Bit langen Datenobjekt hex wird das Bit an den durch den Schleifenzähler `sy-index` bestimmten Bit-Positionen auf den Wert 1 gesetzt, während alle anderen Bits 0 sind. Die Ausgabe ist "80 40 20 10 08 04 02 01".

```
DATA hex TYPE x LENGTH 1.
DO 8 TIMES.
  CLEAR hex.
  SET BIT sy-index OF hex.
  WRITE  hex.
ENDDO.
```

28.2.12 Einzel-Bits lesen

GET BIT

Syntax

`GET BIT bitpos OF byte_string INTO val.`

Diese Anweisung liest das Bit an der Bit-Position `bitpos` des Datenobjekts `byte_string` und weist seinen Wert der Variablen `val` zu.

Das Datenobjekt `byte_string` muss byteartig sein. `bitpos` ist eine numerische Ausdrucksposition (ab Release 7.02/7.2) des Operandentyps i. Der Wert von `bitpos` muss größer als 0 sein, ansonsten kommt es zu unbehandelbaren Ausnahmen. Die Bit-Positionen in `byte_string` werden vom Anfang des Datenobjekts durchgezählt. Wenn der Wert von `bitpos` größer als die Anzahl von Bits in `byte_string` ist, wird kein Bit ausgelesen und `sy-subrc` auf 4 gesetzt.

Systemfelder

sy-subrc	Bedeutung
0	Der Wert des Bits an der Position `bitpos` von `byte_string` wurde in das Ergebnisfeld `val` gestellt.
4	Der Wert von `bitpos` ist größer als die Anzahl der Bits in `byte_string`, und es wurde kein Bit gelesen.

Hinweise

- In Nicht-Unicode-Programmen sind für `byte_string` auch zeichenartige Datenobjekte zugelassen.
- Das Lesen einzelner Bits ist insbesondere für die Auswertung der Ergebnisse von Bit-Ausdrücken vorgesehen (siehe Abschnitt 28.6.1).

Beispiel

Dem Datenobjekt hex wird der hexadezimale Wert"1B" zugewiesen, und dessen Bits werden von vorn nach hinten ausgelesen. Die Ausgabe ist "00011011", was der Binärdarstellung von dezimal 27 bzw. hexadezimal "1B" entspricht.

```
DATA: len TYPE i,
      res TYPE i,
      hex TYPE xstring.
hex = '1B'.
len =  XSTRLEN( hex ) * 8.
WHILE sy-index <= len.
  GET BIT sy-index OF hex INTO res.
  WRITE (1) res NO-GAP.
ENDWHILE.
```

28.3 Zeichenkettenausdrücke

`string_exp`

Syntax

```
... { |string_template| }
  | { operand1 && operand2 [&&  operand3 ... ] }
```

Ab Release 7.02/7.2. Ein Zeichenkettenausdruck formuliert eine Operation (Berechnung) mit zeichenartigen Operanden. Das Ergebnis eines Zeichenkettenausdrucks ist eine Zeichenkette. Ein Zeichenkettenausdruck besteht aus genau einem Zeichenketten-Template `|string_template|` oder zwei oder mehreren Operanden `operand1`, `operand2` ..., die über den Zeichenkettenoperator `&&` zu einer Zeichenkette verkettet sind, wobei ein Operand auch wieder ein Zeichenketten-Template sein kann.

Zeichenkettenausdrücke können in der Anweisung COMPUTE oder an Lesepositionen bestimmter Anweisungen vorkommen.

Hinweise

- Das ab Release 7.02/7.2 auf dem AS ABAP vorhandene Programm DEMO_EXPRESSIONS zeigt unter anderem auch Beispiele zur Verwendung von Zeichenkettenausdrücken.
- Zeichenkettenausdrücke und arithmetische Ausdrücke sind nicht mischbar. Die Formatierungsoptionen eingebetteter Ausdrücke von Zeichenketten-Templates oder Zeichenkettenfunktionen an Operandenpositionen können aber arithmetische Ausdrücke als Argumente enthalten.
- In Nicht-Unicode-Programmen sind keine Zeichenketten-Templates möglich, da sie dort nicht von eventuellen Bezeichnern zu unterscheiden sind, die mit den Begrenzungszeichen "|" beginnen und enden. Dort sind Zeichenkettenausdrücke auf Verknüpfungen mit && beschränkt.

28.3.1 Zeichenketten-Templates

```
string_exp - |string_template|
```

Syntax von string_template

```
|[literal_text] [embedded_expressions] [control_characters]|
```

Ab Release 7.02/7.2. Ein Zeichenketten-Template ist zwischen zwei Zeichen "|" eingeschlossen und kann ausschließlich in einem Zeichenkettenausdruck eines Unicode-Programms angegeben werden. Ein Zeichenketten-Template erzeugt eine Zeichenkette, die vom Zeichenkettenausdruck anstelle des Zeichenketten-Templates verwendet wird. Die Zeichen dieser Zeichenkette werden durch eine beliebige Folge folgender syntaktischer Elemente des Zeichenketten-Templates bestimmt:

- literaler Text `literal_text`
- eingebettete Ausdrücke `embedded_expressions`
- Steuerzeichen `control_characters`

Ein durch "|" begonnenes Zeichenketten-Template muss innerhalb der gleichen Quelltextzeile mit "|" abgeschlossen werden. Ausgenommen von dieser Regel sind nur Zeilenumbrüche in eingebetteten Ausdrücken. Ein Zeichenketten-Template unterliegt aber dennoch keiner Längenbeschränkung. Mit dem Literaloperator & oder dem Verkettungsoperator && können mehrere Zeichenketten-Templates zu einem einzigen Zeichenketten-Template verknüpft werden, wodurch ein Zeichenketten-Template über mehrere Quelltextzeilen hinweg definiert und auch mit Kommentaren versehen werden kann.

Hinweise

- Die Zeichen "|" sind hier im Gegensatz zu den übrigen Syntaxdarstellungen der ABAP-Schlüsselwortdokumentation Teil der Syntax.
- Um das Begrenzungszeichen "|" innerhalb von literalem Text eines Zeichenketten-Templates darzustellen, muss ihm das Fluchtsymbol \ vorangestellt werden.
- Bei der Verknüpfung von Zeichenketten-Templates verhält sich der Literaloperator & anders als bei Literalen. Er wird ähnlich wie der Verkettungsoperator && zur Laufzeit und nicht einmalig beim Kompilieren ausgeführt. Dafür entfällt aber auch die für Literale geltende Beschränkung auf 255 Zeichen.

Beispiel

Der folgende Quelltextabschnitt zeigt drei gleichbedeutende Zeichenketten-Templates, die alle die Zeichenkette "Hello World!" darstellen. Das erste Zeichenketten-Template enthält die gesamte Zeichenkette als literalen Text. In den folgenden beiden Zeichenkettenausdrücken ist der literale Text auf mehrere Teile des Zeichenketten-Templates verteilt, und diese werden mithilfe des Literaloperators & zur gleichen Zeichenkette wie beim ersten Zeichenketten-Template zusammengefasst.

```
DATA result TYPE string.
result = |Hello World!|.
result = |Hello| & | | & |World| & |!|.
result = |Hello| & "sub template 1
         | |    &
         |World| & "sub template 3
* sub template 4:
         |!|.
```

28.3.1.1 Literaler Text

literal_text

Syntax von literal_text

c...c

Ab Release 7.02/7.2. Innerhalb eines Zeichenketten-Templates |...| repräsentiert ein literaler Text c...c genau die von ihm dargestellte Zeichenkette. Literaler Text wird aus allen Zeichen c gebildet, die:

- nicht innerhalb von geschweiften Klammern { } stehen
- keine Steuerzeichen sind
- keine Sonderzeichen |, {, } oder \ sind

Insbesondere sind Leerzeichen in Zeichenketten-Templates immer signifikant. Um ein Sonderzeichen |, {, } oder \ als Literalzeichen darzustellen, kann ihm ein Rückstrich \ als Fluchtsymbol vorangestellt werden.

Beispiel

Das folgende Zeichenketten-Template stellt den Text "Characters |, {, and } have to be escaped by \ in literal text." dar.

```
DATA txt TYPE string.
txt = |Characters \|, \{, and \} have to be escaped by \\ in literal text.|.
```

28.3.1.2 Eingebettete Ausdrücke

Zeichenketten-Templates – embedded_expressions

Syntax von embedded_expressions

{ expr [format_options] }

Ab Release 7.02/7.2. Innerhalb eines Zeichenketten-Templates definieren eine öffnende und eine schließende geschweifte Klammer { ... } eine allgemeine Ausdrucksposition `expr`, an der Datenobjekte, Rechenausdrücke, eingebaute Funktionen oder funktionale Methoden und Methodenverkettungen in ABAP-Syntax angegeben werden können. Rechts von der öffnenden und links von der schließenden geschweiften Klammer muss mindestens ein Leerzeichen aufgeführt sein. Ein eingebetteter Ausdruck muss innerhalb des aktuellen Zeichenketten-Templates abgeschlossen werden. Ein eingebetteter Ausdruck innerhalb der geschweiften Klammern wird nach normaler ABAP-Syntax behandelt:

- Token müssen durch mindestens ein Leerzeichen oder einen Zeilenumbruch getrennt sein.
- Ansonsten sind Leerzeichen und Zeilenumbrüche zwischen Token nicht signifikant.
- Es wird nicht nach Groß- und Kleinschreibung unterschieden.
- Es können Kommentare angegeben werden.

Der Datentyp des Ausdrucks muss ein elementarer Datentyp sein, und der Wert des Ausdrucks muss zeichenartig oder in eine Zeichenkette konvertierbar sein. Bei der Auswertung eines Zeichenketten-Templates wird der Wert jedes eingebetteten Ausdrucks in eine Zeichenkette konvertiert und diese an der entsprechenden Stelle eingefügt. Die Formatierung der Zeichenkette erfolgt entweder nach vordefinierten Formaten oder Formatierungsoptionen `format_options`.

Die eingebetteten Ausdrücke eines Zeichenketten-Templates werden von links nach rechts ausgewertet. Wenn funktionale Methoden angegeben sind, werden diese während der Auswertung ausgeführt.

Hinweise

- Die geschweiften Klammern sind hier im Gegensatz zu den übrigen Syntaxdarstellungen der ABAP-Schlüsselwortdokumentation Teil der Syntax.
- Um die geschweiften Klammern { und } innerhalb von literalem Text eines Zeichenketten-Templates darzustellen, muss ihnen das Fluchtsymbol \ vorangestellt werden.
- Geschweifte Klammern sind nicht direkt schachtelbar. Wenn `expr` aber selbst ein Zeichenkettenausdruck ist oder einen solchen enthält, kann dieser auch wieder eingebettete Ausdrücke enthalten.
- Anders als bei arithmetischen Ausdrücken und Bit-Ausdrücken werden eingebettete funktionale Methoden nicht vor der Auswertung des gesamten Ausdrucks ausgeführt. Wenn in einer eingebetteten funktionalen Methode der Wert von Datenobjekten geändert wird, die ebenfalls als eingebettete Operanden verwendet werden, wirkt die Änderung nur auf Datenobjekte, die rechts von der Methode aufgeführt sind.

Beispiel

Das Zeichenketten-Template in der Methode `main` stellt den Text "Hello world!" über eingebettete Ausdrücke dar. Der erste eingebettete Ausdruck ist das Attribut `attr` der Klasse. Im zweiten eingebetteten Ausdruck wird der Rückgabewert der Methode `func` verwendet. Der dritte eingebettete Ausdruck ist wieder das Attribut `attr`, dessen Wert zwischenzeitlich in der

Methode func verändert wurde. Innerhalb des zweiten eingebetteten Ausdrucks gibt es einen Zeilenumbruch, und es ist ein Kommentar vorhanden.

```abap
CLASS demo DEFINITION.
  PUBLIC SECTION.
    CLASS-METHODS: main,
                   func RETURNING value(p) TYPE string.
  PRIVATE SECTION.
    CLASS-DATA attr TYPE string VALUE `Hello`.
ENDCLASS.
CLASS demo IMPLEMENTATION.
  METHOD main.
    DATA txt TYPE string.
    txt = |{ attr }{ func( ) "a function
                    WIDTH = 6 ALIGN = RIGHT }{ attr }|.
    MESSAGE txt TYPE 'I'.
  ENDMETHOD.
  METHOD func.
    p = `world`.
    attr = '!'.
  ENDMETHOD.
ENDCLASS.
```

28.3.1.3 Vordefinierte Formate

Für eingebettete Ausdrücke von Zeichenketten-Templates gelten folgende vordefinierte Formatierungsregeln, die durch explizite Formatierungsoptionen *format_options* übersteuert werden können.

Textlänge

Die vordefinierte Textlänge ist die minimale Länge, die benötigt wird, um das gesamte Ergebnis des eingebetteten Ausdrucks darzustellen.

Ausrichtung

Die vordefinierte Ausrichtung ist für alle Datentypen linksbündig.

Zeichenartige Datentypen

Bei allen zeichenartigen Datentypen fester Länge (c, d, n und t) wird der Inhalt ohne Berücksichtigung schließender Leerzeichen übernommen. Der Inhalt von Textstrings vom Typ string wird vollständig übernommen. Anders als bei WRITE TO werden bei den Datentypen d und t keine Formatierungen vorgenommen und keine Trennzeichen eingefügt.

Byteartige Datentypen

Werte der byteartigen Datentypen x und xstring werden in der Hexadezimalform aufbereitet, wobei ein Byte durch zwei Zeichen dargestellt wird.

28 | Zeichen- und Bytekettenverarbeitung

Numerische Datentypen

Für die Darstellung numerischer Werte gelten folgende generelle Regeln:

- Bei negativen Werten wird das Vorzeichen Minus "-" links und ohne Zwischenraum vor die Zahl gestellt. Bei positiven Werten wird standardmäßig kein Vorzeichen eingefügt.
- Als Dezimaltrennzeichen wird immer der Punkt (.) verwendet.
- Es werden keine Tausendertrennzeichen eingefügt.

Bezüglich der einzelnen numerischen Datentypen gilt:

- Werte der Datentypen i und p werden unter Berücksichtigung aller Stellen in mathematischer Notation aufbereitet.

- Werte der Datentypen decfloat16 und decfloat34 (ab Release 7.02/7.2) werden standardmäßig in mathematischer Notation, also ohne Exponent, aufbereitet. Um den Exponenten darzustellen, kann die Formatierungsoption EXPONENT verwendet werden. Schließende Nullen in den Nachkommastellen werden standardmäßig nicht dargestellt. Um eine gewünschte Anzahl von Nachkommastellen darzustellen, kann die Formatierungsoption DECIMALS verwendet werden.
- Werte des Datentyps f werden standardmäßig in mathematischer Notation, also ohne Exponent, aufbereitet. Um den Exponenten darzustellen, kann die Formatierungsoption EXPONENT verwendet werden. Schließende Nullen in den Nachkommastellen werden standardmäßig nicht dargestellt. Um eine gewünschte Anzahl von Nachkommastellen darzustellen, kann die Formatierungsoption DECIMALS verwendet werden.

28.3.1.4 Formatierungsoptionen

Eingebettete Ausdrücke – format_options

Syntax von format_options

```
... [WIDTH     = len]
    [ALIGN     = LEFT|RIGHT|CENTER|(val)]
    [PAD       = c]
    [CASE      = RAW|UPPER|LOWER|(val)]
    [SIGN      = LEFT|LEFTPLUS|LEFTSPACE|RIGHT|RIGHTPLUS|RIGHTSPACE|(val)]
    [EXPONENT  = exp]
    [DECIMALS  = dec]
    [ZERO      = YES|NO|(val)]
    [STYLE     =  SIMPLE|SIGN_AS_POSTFIX|SCALE_PRESERVING
                 |SCIENTIFIC|SCIENTIFIC_WITH_LEADING_ZERO
                 |SCALE_PRESERVING_SCIENTIFIC|ENGINEERING
                 |MONETARY|EXTENDED_MONETARY
                 |(val)]
    [CURRENCY  = cur]
    [NUMBER    = RAW|USER|ENVIRONMENT|(val)]
    [DATE      = RAW|ISO|USER|ENVIRONMENT|(val)]
    [TIME      = RAW|ISO|USER|ENVIRONMENT|(val)]
    [TIMESTAMP = SPACE|ISO|USER|ENVIRONMENT|(val)]
    [TIMEZONE  = tz]
    [COUNTRY   = cty]
```

Ab Release 7.02/7.2. Diese Formatierungsoptionen übersteuern die vordefinierten Formate eingebetteter Ausdrücke in Zeichenketten-Templates. Die Formatierungsoptionen werden in der Form optionaler Schlüsselwortparameter angegeben, denen ein Aktualparameter zugewiesen wird.

Welche Formatierungsoptionen angegeben werden können, hängt vom Datentyp des eingebetteten Ausdrucks ab. Die Formatierungsoptionen NUMBER, DATE, TIME, TIMESTAMP und COUNTRY schließen sich gegenseitig aus.

Länge

```
... WIDTH = len
```

Diese Formatierungsoption legt die Länge der vom eingebetteten Ausdruck dargestellten Zeichenkette auf den Wert von len fest, wobei len eine numerische Ausdrucksposition ist.

Die Option WIDTH kann für alle Datentypen des eingebetteten Ausdrucks angegeben werden. Wenn der Wert von len kleiner als die minimal benötigte Länge ist, wird die Angabe ignoriert. Die vordefinierte Länge kann also nur vergrößert, aber nicht verkleinert werden. Standardmäßig wird die Zeichenkette bei einer Vergrößerung nach rechts verlängert und dort mit Leerzeichen aufgefüllt. Diese Standardeinstellung kann mit den Formatierungsoptionen ALIGN und PAD übersteuert werden.

Ausrichtung

```
... ALIGN = LEFT|RIGHT|CENTER|(val)
```

Diese Formatierungsoption legt die Ausrichtung der vom eingebetteten Ausdruck dargestellten Zeichenkette fest. Sie hat nur eine Wirkung, wenn gleichzeitig mit WIDTH eine Länge festgelegt wird, die größer als die minimal benötigte Länge ist.

Die Ausrichtung kann entweder statisch mit einem der vorgegebenen Parameter oder dynamisch als Inhalt eines in Klammern angegebenen Datenobjekts val angegeben werden. Die möglichen Werte von val sind, wie in Tabelle 28.3 gezeigt, in der Klasse CL_ABAP_FORMAT als Konstanten definiert.

Parameter	Wert von val	Wirkung
LEFT	CL_ABAP_FORMAT=>A_LEFT	linksbündig
RIGHT	CL_ABAP_FORMAT=>A_RIGHT	rechtsbündig
CENTER	CL_ABAP_FORMAT=>A_CENTER	mittig

Tabelle 28.3 Angaben für die Ausrichtung

Die Standardeinstellung ist LEFT. Je nach Ausrichtung werden überzählige Stellen im Ergebnis rechts, links oder abwechselnd rechts und links standardmäßig mit Leerzeichen aufgefüllt. Diese Standardeinstellung kann mit der Formatierungsoption PAD übersteuert werden.

Auffüllzeichen

```
... PAD = c
```

Diese Formatierungsoption legt das Zeichen fest, mit dem überzählige Stellen im Ergebnis aufgefüllt werden. Sie hat nur eine Wirkung, wenn gleichzeitig mit `WIDTH` eine Länge festgelegt wird, die größer als die minimal benötigte Länge ist.

Für c kann ein Datenobjekt vom Datentyp c oder string angegeben werden, dessen erstes Zeichen zum Auffüllen verwendet wird. Wenn die Option `PAD` nicht angegeben ist oder für c ein leerer String angegeben wird, wird mit Leerzeichen aufgefüllt.

Beispiel
Statische Angabe der Ausrichtung dreier Zeichenketten-Templates. Das Zeichen, mit dem die überflüssigen Stellen aufgefüllt werden, ist »X«.

```
DATA result TYPE string.
result = |{ 'Left'   WIDTH = 20 ALIGN = LEFT   PAD = 'X' }<---|.
WRITE / result.
result = |{ 'Center' WIDTH = 20 ALIGN = CENTER PAD = 'X' }<---|.
WRITE / result.
result = |{ 'Right'  WIDTH = 20 ALIGN = RIGHT  PAD = 'X' }<---|.
WRITE / result.
```

Schreibweise
```
... CASE = RAW|UPPER|LOWER|(val)
```

Diese Formatierungsoption legt die Groß-/Kleinschreibung der vom eingebetteten Ausdruck dargestellten Zeichenkette fest. Sie kann für alle Datentypen des eingebetteten Ausdrucks angegeben werden.

Die Groß-/Kleinschreibung kann entweder statisch mit einem der vorgegebenen Parameter oder dynamisch als Inhalt eines in Klammern angegebenen Datenobjekts val angegeben werden. Die möglichen Werte von val sind, wie in Tabelle 28.4 gezeigt, in der Klasse CL_ABAP_FORMAT als Konstanten definiert. Die Standardeinstellung ist RAW.

Parameter	Wert von val	Wirkung
RAW	CL_ABAP_FORMAT=>C_RAW	unverändert
UPPER	CL_ABAP_FORMAT=>C_UPPER	Großschreibung
LOWER	CL_ABAP_FORMAT=>C_LOWER	Kleinschreibung

Tabelle 28.4 Angaben für die Schreibweise

Hinweis
Die Formatierungsoption CASE wirkt auf die Buchstaben der Zeichenkette. Sie wirkt nicht auf ein mit PAD angegebenes Auffüllungszeichen. Bei numerischen Datentypen wird das "e" bzw. "E" eines Exponenten beeinflusst, bei byteartigen Datentypen sind es die Buchstaben der Hexadezimaldarstellung.

Beispiel
Die drei möglichen Einstellungen für die Groß-/Kleinschreibung werden mithilfe der RTTI aus der Klasse CL_ABAP_FORMAT ausgelesen und dynamisch in einem Zeichenketten-Template angegeben.

```abap
DATA: result  TYPE string,
      cldescr TYPE REF TO cl_abap_classdescr,
      formats TYPE abap_attrdescr_tab,
      format  LIKE LINE OF formats.
FIELD-SYMBOLS <case> LIKE cl_abap_format=>c_raw.
cldescr ?= cl_abap_classdescr=>describe_by_name( 'CL_ABAP_FORMAT' ).
formats = cldescr->attributes.
DELETE formats WHERE name NP 'C_*' OR is_constant <> 'X'.
LOOP AT formats INTO format.
  ASSIGN cl_abap_format=>(format-name) TO <case>.
  result = |{ format-name WIDTH = 20 }| &
           |{ `UPPER CASE, lower case ` CASE = (<case>) }|.
  WRITE / result.
ENDLOOP.
```

Vorzeichen

`... SIGN = LEFT|LEFTPLUS|LEFTSPACE|RIGHT|RIGHTPLUS|RIGHTSPACE|(val)`

Diese Formatierungsoption legt das Format des Vorzeichens fest, wenn die vom eingebetteten Ausdruck dargestellte Zeichenkette einen numerischen Wert darstellt. Sie kann nur angegeben werden, wenn der eingebettete Ausdruck einen numerischen Datentyp hat.

Das Format des Vorzeichens kann entweder statisch mit einem der vorgegebenen Parameter oder dynamisch als Inhalt eines in Klammern angegebenen Datenobjekts val angegeben werden. Die möglichen Werte von val sind, wie in Tabelle 28.5 gezeigt, in der Klasse CL_ABAP_FORMAT als Konstanten definiert. Die Standardeinstellung ist LEFT.

Parameter	Wert von val	Wirkung
LEFT	CL_ABAP_FORMAT=>S_LEFT	"-" links ohne Zwischenraum, kein "+"
LEFTPLUS	CL_ABAP_FORMAT=>S_LEFTPLUS	"-" und "+" links ohne Zwischenraum
LEFTSPACE	CL_ABAP_FORMAT=>S_LEFTSPACE	"-" links ohne Zwischenraum, Leerzeichen links für "+"
RIGHT	CL_ABAP_FORMAT=>S_RIGHT	"-" rechts ohne Zwischenraum, kein "+"
RIGHTPLUS	CL_ABAP_FORMAT=>S_RIGHTPLUS	"-" und "+" rechts ohne Zwischenraum
RIGHTSPACE	CL_ABAP_FORMAT=>S_RIGHTSPACE	"-" links ohne Zwischenraum, Leerzeichen rechts für "+"

Tabelle 28.5 Angaben für das Vorzeichen

Exponent

`... EXPONENT = exp`

Diese Formatierungsoption legt den Exponenten bei der Aufbereitung von Gleitpunktzahlen auf den Wert von exp fest, wobei exp eine numerische Ausdrucksposition ist. Die Option EXPONENT kann nur angegeben werden, wenn der eingebettete Ausdruck einen numerischen Datentyp hat. Sie darf nicht zusammen mit der Option TIMEZONE angegeben werden.

Die Option `EXPONENT` wirkt nur auf den Datentyp f oder wenn die Option `STYLE` mit dem Wert `scientific` angegeben ist. Die Aufbereitung der Zeichenkette erfolgt dann genau wie bei der Formatierungsoption `EXPONENT` der Anweisung `WRITE TO` mit folgender Ausnahme: Wenn für `exp` der Wert der Konstanten CL_ABAP_FORMAT=>EXP_PRESERVE angegeben wird, wird der Exponent verwendet, der der internen Darstellung der Gleitpunktzahl entspricht.

Nachkommastellen
```
... DECIMALS = dec
```

Diese Formatierungsoption legt die Anzahl der Nachkommastellen bei der Aufbereitung numerischer Werte auf den Wert von dec fest, wobei dec eine numerische Ausdrucksposition ist. Die Option `DECIMALS` kann nur angegeben werden, wenn der eingebettete Ausdruck einen numerischen Datentyp hat. Sie darf nicht zusammen mit der Option `TIMEZONE` angegeben werden.

Die Aufbereitung der Zeichenkette erfolgt bezüglich der Nachkommastellen dann genau wie bei der Formatierungsoption `DECIMALS` der Anweisung `WRITE TO`.

Hinweis
Die Formatierungsoption `DECIMALS` übersteuert nicht die vordefinierte Einstellung, dass keine Tausendertrennzeichen eingefügt werden.

Darstellung von Null
```
... ZERO = YES|NO|(val)
```

Diese Formatierungsoption legt das Format des numerischen Wertes 0 fest. Die Option `ZERO` kann nur angegeben werden, wenn der eingebettete Ausdruck einen numerischen Datentyp hat. Sie darf nicht zusammen mit der Option `TIMEZONE` angegeben werden.

Das Format des Wertes 0 kann entweder statisch mit einem der vorgegebenen Parameter oder dynamisch als Inhalt eines in Klammern angegebenen Datenobjekts val angegeben werden. Die möglichen Werte von val sind, wie in Tabelle 28.6 gezeigt, in der Klasse CL_ABAP_FORMAT als Konstanten definiert. Die Standardeinstellung ist YES.

Parameter	Wert von val	Wirkung
YES	CL_ABAP_FORMAT=>Z_YES	Der Wert 0 wird gemäß der aktuellen Formatierung als Zahlenwert dargestellt.
NO	CL_ABAP_FORMAT=>Z_NO	Der Wert 0 wird als leere Zeichenkette dargestellt.

Tabelle 28.6 Angaben für den Wert 0

Aufbereitung dezimaler Gleitpunktzahlen
```
... STYLE = SIMPLE|SIGN_AS_POSTFIX|SCALE_PRESERVING
            |SCIENTIFIC|SCIENTIFIC_WITH_LEADING_ZERO
            |SCALE_PRESERVING_SCIENTIFIC|ENGINEERING
            |MONETARY|EXTENDED_MONETARY
            |(val)
```

Diese Formatierungsoption legt das Format dezimaler Gleitpunktzahlen fest. Die Option STYLE kann nur angegeben werden, wenn der eingebettete Ausdruck einen numerischen Datentyp hat. Sie darf nicht zusammen mit den Optionen SIGN und TIMEZONE angegeben werden.

Das Format einer dezimalen Gleitpunktzahl kann entweder statisch mit einem vorgegebenen Parameter oder dynamisch als Inhalt eines in Klammern angegebenen Datenobjekts val angegeben werden. Die möglichen Werte von val sind, wie in Tabelle 28.7 gezeigt, in der Klasse CL_ABAP_FORMAT als Konstanten definiert. Die Standardeinstellung ist SIMPLE.

Parameter	Wert von val
SIMPLE	CL_ABAP_FORMAT=>O_SIMPLE
SIGN_AS_POSTFIX	CL_ABAP_FORMAT=>O_SIGN_AS_POSTFIX
SCALE_PRESERVING	CL_ABAP_FORMAT=>O_SCALE_PRESERVING
SCIENTIFIC	CL_ABAP_FORMAT=>O_SCIENTIFIC
SCIENTIFIC_WITH_LEADING_ZERO	CL_ABAP_FORMAT=>O_SCIENTIFIC_WITH_LEADING_ZERO
SCALE_PRESERVING_SCIENTIFIC	CL_ABAP_FORMAT=>O_SCALE_PRESERVING_SCIENTIFIC
ENGINEERING	CL_ABAP_FORMAT=>O_ENGINEERING
MONETARY	CL_ABAP_FORMAT=>O_MONETARY
EXTENDED_MONETARY	CL_ABAP_FORMAT=>O_EXTENDED_MONETARY

Tabelle 28.7 Angaben für dezimale Gleitpunktzahlen

Die Aufbereitung der Zeichenkette erfolgt mit folgenden Ausnahmen wie bei der Formatierungsoption STYLE der Anweisung WRITE TO. Das heißt, der numerische Wert wird in den Datentyp decfloat34 konvertiert und wie dort beschrieben behandelt. Anders als bei WRITE TO gilt:

- Bei der Angabe von SIMPLE wird das vordefinierte Format eingebetteter Ausdrücke verwendet.
- Im Hinblick auf Tausender- und Dezimaltrennzeichen gelten ebenfalls die allgemeinen Regeln für eingebettete Ausdrücke.

Wie bei WRITE TO gelten folgende Regeln für das Zusammenspiel mit anderen Formatierungsoptionen:

- Die Option EXPONENT darf nur beim Ausgabeformat SCIENTIFIC angegeben werden.
- Die Option CURRENCY muss bei den Ausgabeformaten MONETARY und EXTENDED_MONETARY angegeben werden.
- Die Option DECIMALS darf nicht bei Ausgabeformaten angegeben werden, die die Skalierung erhalten.

Währungsabhängige Nachkommastellen

```
... CURRENCY = cur
```

Diese Formatierungsoption legt die Anzahl der Nachkommastellen bei der Aufbereitung numerischer Werte in Abhängigkeit von einer in cur über ein Währungskürzel angegebenen Währung fest. Die Option CURRENCY kann nur angegeben werden, wenn der eingebettete Ausdruck einen numerischen Datentyp hat. Sie darf nicht zusammen mit der Option TIMEZONE angegeben werden. Wenn die Option STYLE verwendet wird, dürfen dort nur die Parameter MONETARY und EXTENDED_MONETARY angegeben werden. Wenn die Option STYLE nicht angegeben ist, wird bei dezimalen Gleitpunktzahlen implizit der Wert MONETARY verwendet. Mit der Option SIGN kann dann zusätzlich die Formatierung des Vorzeichens gesteuert werden.

Die Aufbereitung der Zeichenkette bezüglich ihrer Nachkommastellen erfolgt mit Ausnahme des Datentyps p genau wie bei der Formatierungsoption CURRENCY der Anweisung WRITE TO. Beim Datentyp p kommt es darauf an, wie der Wert angegeben ist:

- Bei der Angabe als Datenobjekt oder als funktionale Methode wirkt CURRENCY wie bei WRITE TO, d. h., die tatsächlichen Nachkommastellen werden ignoriert, und das Dezimaltrennzeichen wird gemäß der Währung des angegebenen Währungskürzels eingefügt.
- Bei der Angabe eines arithmetischen Ausdrucks oder einer allgemeinen numerischen Funktion wirkt CURRENCY wie DECIMALS.

Bei allen numerischen Datentypen außer dezimalen Gleitpunktzahlen wird in cur ein Währungskürzel aus der Spalte WAERS der Datenbanktabelle TCURC erwartet, während für dezimale Gleitpunktzahlen ein Wert aus der Spalte CURRENCYCODE der Datenbanktabelle /ISCER/C_CUR angegeben werden muss. Bei dezimalen Gleitpunktzahlen führt eine ungültige Währung zur Ausnahme CX_SY_UNKNOWN_CURRENCY. Bei den anderen numerischen Typen werden für jedes angegebene Währungskürzel zwei Nachkommastellen verwendet, es sei denn, es ist in der Spalte CURRKEY der Datenbanktabelle TCURX enthalten. Dann wird die Anzahl der Nachkommastellen aus der Spalte CURRDEC der entsprechenden Zeile in Tabelle TCURX ermittelt.

Hinweis
Die Formatierungsoption CURRENCY übersteuert nicht die vordefinierte Einstellung, dass keine Tausendertrennzeichen eingefügt werden.

Dezimaldarstellung
```
... NUMBER = RAW|USER|ENVIRONMENT|(val)
```

Diese Formatierungsoption legt das Format der Dezimaldarstellung – Dezimaltrennzeichen und Tausendertrennzeichen – fest. Die Option NUMBER kann nur angegeben werden, wenn der eingebettete Ausdruck einen numerischen Datentyp hat. Sie darf neben oben aufgeführten Ausschlüssen auch nicht mit der Option TIMEZONE zusammen angegeben werden.

Das Format der Dezimaldarstellung kann entweder statisch mit einem der vorgegebenen Parameter oder dynamisch als Inhalt eines in Klammern angegebenen Datenobjekts val angegeben werden. Die möglichen Werte von val sind, wie in Tabelle 28.8 gezeigt, in der Klasse CL_ABAP_FORMAT als Konstanten definiert. Die Standardeinstellung ist RAW.

Parameter	Wert von val	Wirkung
RAW	CL_ABAP_FORMAT=>N_RAW	Das Dezimaltrennzeichen ist der Punkt (.), und es werden keine Tausendertrennzeichen eingefügt.
USER	CL_ABAP_FORMAT=>N_USER	Dezimaltrennzeichen und Tausendertrennzeichen werden dem Benutzerstammsatz entnommen.
ENVIRONMENT	CL_ABAP_FORMAT=>N_ENVIRONMENT	Dezimaltrennzeichen und Tausendertrennzeichen richten sich nach der aktuellen Formatierungseinstellung der Sprachumgebung, die durch SET COUNTRY gesetzt werden kann.

Tabelle 28.8 Angaben für die Dezimaldarstellung

Datumsformat

`... DATE = RAW|ISO|USER|ENVIRONMENT|(val)`

Diese Formatierungsoption legt das Format eines Datums fest. Die Option DATE kann nur angegeben werden, wenn der eingebettete Ausdruck den Datentyp d hat.

Das Format des Datums kann entweder statisch mit einem der vorgegebenen Parameter oder dynamisch als Inhalt eines in Klammern angegebenen Datenobjekts val angegeben werden. Die möglichen Werte von val sind, wie in Tabelle 28.9 gezeigt, in der Klasse CL_ABAP_FORMAT als Konstanten definiert. Die Standardeinstellung ist RAW.

Parameter	Wert von val	Wirkung
RAW	CL_ABAP_FORMAT=>D_RAW	Der Inhalt des Datumsfeldes wird unformatiert übernommen.
ISO	CL_ABAP_FORMAT=>D_ISO	Die Aufbereitung des Datums erfolgt gemäß ISO 8601 mit Strichen (-) als Trennzeichen: "yyyy-mm-dd".
USER	CL_ABAP_FORMAT=>D_USER	Die Aufbereitung des Datums erfolgt entsprechend der im Benutzerstammsatz definierten Maske.
ENVIRONMENT	CL_ABAP_FORMAT=>D_ENVIRONMENT	Die Aufbereitung des Datums richtet sich nach der aktuellen Formatierungseinstellung der Sprachumgebung, die durch SET COUNTRY gesetzt werden kann.

Tabelle 28.9 Angaben für das Datumsformat

Zeitformat

`... TIME = RAW|ISO|USER|ENVIRONMENT|(val)`

Diese Formatierungsoption legt das Format einer Zeitangabe fest. Die Option TIME kann nur angegeben werden, wenn der eingebettete Ausdruck den Datentyp t hat.

Das Format der Zeitangabe kann entweder statisch mit einem der vorgegebenen Parameter oder dynamisch als Inhalt eines in Klammern angegebenen Datenobjekts `val` angegeben werden. Die möglichen Werte von `val` sind, wie in Tabelle 28.10 gezeigt, in der Klasse CL_ABAP_FORMAT als Konstanten definiert. Die Standardeinstellung ist RAW.

Parameter	Wert von val	Wirkung
RAW	CL_ABAP_FORMAT=>T_RAW	Der Inhalt des Zeitfeldes wird unformatiert übernommen.
ISO	CL_ABAP_FORMAT=>T_ISO	Die Aufbereitung der Zeitangabe erfolgt gemäß ISO 8601 im 24-Stunden-Format mit Doppelpunkten (:) als Trennzeichen: "hh:mm:ss".
USER	CL_ABAP_FORMAT=>T_USER	Die Aufbereitung der Zeit erfolgt entsprechend dem im Benutzerstammsatz definierten Format.
ENVIRONMENT	CL_ABAP_FORMAT=>T_ENVIRONMENT	Die Aufbereitung der Zeit richtet sich nach der aktuellen Formatierungseinstellung der Sprachumgebung, die durch SET COUNTRY gesetzt werden kann.

Tabelle 28.10 Angaben für das Zeitformat

Hinweis
Im Benutzerstammsatz oder über die Anweisung SET COUNTRY können ein 24-Stunden-Format und vier 12-Stunden-Formate eingestellt werden. Um eine Formatierung im 12-Stunden-Format zu erwirken, muss USER oder ENVIRONMENT angegeben oder alternativ mit der Formatierungsoption COUNTRY gearbeitet werden.

Zeitstempelformat
```
... TIMESTAMP = SPACE|ISO|USER|ENVIRONMENT|(val)
```

Diese Formatierungsoption legt das Format eines Zeitstempels fest. Die Option TIMESTAMP kann nur angegeben werden, wenn der eingebettete Ausdruck den Datentyp p der Länge 8 ohne Nachkommastellen (TIMESTAMP aus dem ABAP Dictionary) oder den Datentyp p der Länge 11 mit sieben Nachkommastellen (TIMESTAMPL aus dem ABAP Dictionary) hat. Der Wert des eingebetteten Ausdrucks wird als Zeitstempel aufgefasst.

Das Format des Zeitstempels kann entweder statisch mit einem der vorgegebenen Parameter oder dynamisch als Inhalt eines in Klammern angegebenen Datenobjekts `val` angegeben werden. Die möglichen Werte von `val` sind, wie in Tabelle 28.11 gezeigt, in der Klasse CL_ABAP_FORMAT als Konstanten definiert. Die Standardeinstellung ist SPACE.

Parameter	Wert von val	Wirkung
SPACE	CL_ABAP_FORMAT=>TS_SPACE	Der Inhalt des Zeitstempels wird standardmäßig in ein Datum und eine Zeitangabe in UTC-Referenzzeit konvertiert, und diese werden getrennt durch ein Leerzeichen jeweils nach ISO 8601 dargestellt: "yyyy-mm-dd hh:mm:ss.zzzzzzz". Mit der Option TIMEZONE kann eine andere Zeitzone angegeben werden.
ISO	CL_ABAP_FORMAT=>TS_ISO	Wie SPACE, wobei aber gemäß ISO 8601 das Zeichen "T" zwischen Datum und Zeit steht und als Dezimaltrennzeichen immer das Komma (,) verwendet wird: "yyyy-mm-ddThh:mm:ss,zzzzzzz".
USER	CL_ABAP_FORMAT=>TS_USER	Wie SPACE, wobei aber das Datums- und das Zeitformat dem Benutzerstammsatz entnommen werden.
ENVIRONMENT	CL_ABAP_FORMAT=>TS_ENVIRONMENT	Wie SPACE. Datums- und Zeitformat richten sich hier aber nach der aktuellen Formatierungseinstellung der Sprachumgebung, die durch SET COUNTRY gesetzt werden kann.
–	CL_ABAP_FORMAT=>TS_RAW	Der Inhalt des Zeitstempels wird unkonvertiert als gepackte Zahl ausgegeben.

Tabelle 28.11 Angaben für Zeitstempel

Zeitzone

``` 
... TIMEZONE = tz ...
```

Diese Formatierungsoption legt die Zeitzone fest, in die ein Zeitstempel konvertiert wird. Die Option TIMEZONE kann nur angegeben werden, wenn der eingebettete Ausdruck den Datentyp p der Länge 8 ohne Nachkommastellen (TIMESTAMP aus dem ABAP Dictionary) oder den Datentyp p der Länge 11 mit sieben Nachkommastellen (TIMESTAMPL aus dem ABAP Dictionary) hat. Der Wert des eingebetteten Ausdrucks wird als Zeitstempel aufgefasst. Wenn die Option TIMEZONE ohne die Option TIMESTAMP angegeben wird, wird der Zeitstempel implizit so aufbereitet, als wenn die Option TIMESTAMP mit dem Parameter SPACE angegeben wäre. Wenn für TIMESTAMP in val der Wert von CL_ABAP_FORMAT=>TS_RAW angegeben wird, darf TIMEZONE nicht angegeben werden.

Für tz muss ein Datenobjekt vom Typ TIMEZONE aus dem ABAP Dictionary angegeben werden, das eine Zeitzone aus der Spalte TZONE der Datenbanktabelle TTZZ in Großbuchstaben enthält. Ist tz initial, wird die UTC-Referenzzeit verwendet.

Beispiel
Aus der Datenbanktabelle TTZZ werden alle Zeitzonen mit geographischem Bezug in eine interne Tabelle ausgelesen. Der aktuelle Zeitstempel wird mit jeder dieser Zeitzonen formatiert in die interne Tabelle geschrieben. Die interne Tabelle wird nach dem aufbereiteten Zeitstempel sortiert und dargestellt.

```abap
TYPES: BEGIN OF timezone,
         tzone    TYPE ttzz-tzone,
         descript TYPE ttzzt-descript,
         datetime TYPE string,
       END OF timezone.
DATA: timezones TYPE TABLE OF timezone,
      tstamp    TYPE timestamp,
      result    TYPE string.
FIELD-SYMBOLS <timezone> TYPE timezone.
SELECT ttzz~tzone ttzzt~descript
       FROM ttzz INNER JOIN ttzzt
       ON ttzz~tzone = ttzzt~tzone
       INTO CORRESPONDING FIELDS OF TABLE timezones
       WHERE ttzz~tzone  NOT LIKE '%UTC%' AND
             ttzzt~langu = 'E'.
GET TIME STAMP FIELD tstamp.
LOOP AT timezones ASSIGNING <timezone>.
  <timezone>-datetime = |{ tstamp TIMEZONE  = <timezone>-tzone
                                  TIMESTAMP = USER }|.
ENDLOOP.
SORT timezones BY datetime.
WRITE / 'Timezones Around the World' COLOR COL_HEADING.
ULINE.
LOOP AT timezones ASSIGNING <timezone>.
  result = |{ <timezone>-descript WIDTH = 32 }| &&
            <timezone>-datetime.
  WRITE / result.
ENDLOOP.
```

Länderabhängige Formatierung

`... COUNTRY = cty ...`

Die Formatierungsoption COUNTRY legt eine temporäre Formatierungseinstellung für Zahlen, Datums- und Zeitausgaben für den aktuellen eingebetteten Ausdruck fest. Sie kann alternativ zu allen Formatierungsoptionen angegeben werden, für die der Parameter ENVIRONMENT angegeben werden kann, also anstelle von NUMBER, DATE, TIME und TIMESTAMP. Der eingebettete Ausdruck wird je nach Datentyp als Zahl, Datum, Zeit oder Zeitstempel formatiert.

Für cty muss ein Datenobjekt vom Typ LAND1 aus dem ABAP Dictionary angegeben werden, das entweder einen Wert aus der Spalte LAND der Datenbanktabelle T005X enthält oder initial ist, ansonsten kommt es zu einer Ausnahme der Klasse CX_SY_STRG_FORMAT.

Wenn `cty` einen Wert aus der Tabelle T005X enthält, wird das dort festgelegte länderspezifische Format verwendet. Wenn `cty` initial ist, wird die im Benutzerstammsatz angegebene Formatierung verwendet.

Hinweise

- Im Gegensatz zur Verwendung der Anweisung SET COUNTRY und des Parameters ENVIRONMENT ist die Verwendung der Formatierungsoption COUNTRY nebenwirkungsfrei. Die Länderangabe wirkt nur auf den aktuellen eingebetteten Ausdruck und nicht auf alle nachfolgenden Anweisungen des aktuellen internen Modus.
- Die Formatierungsoption COUNTRY übersteuert in Zahlen die vordefinierte Einstellung bezüglich Tausendertrennzeichen.

28.3.1.1 Steuerzeichen

Zeichenketten-Templates – `control_characters`

Syntax
```
... \n ... \r ... \t
```

In Zeichenketten-Templates werden die Zeichenkombinationen \n, \r und \t als die in Tabelle 28.12 gezeigten Steuerzeichen aufgefasst. An der Stelle eines Steuerzeichens wird dessen hexadezimaler Wert passend zur aktuellen Codepage in den Speicherinhalt der vom Zeichenketten-Template erzeugten Zeichenkette eingefügt.

Steuerzeichen	Bedeutung	hexadezimaler Wert
\n	Zeilenumbruch	0A
\r	Return	0D
\t	Tabulator	09

Tabelle 28.12 Steuerzeichen in Zeichenketten-Templates

Hinweis
Falls ein Steuerzeichen als literaler Text dargestellt werden soll, kann seine spezielle Bedeutung durch Voranstellen des Fluchtsymbols \ aufgehoben werden.

Beispiel
Ein Zeichenketten-Template mit literalem Text und Steuerzeichen wird an ein Objekt der Klasse CL_DEMO_TEXT übergeben und dargestellt. Der ausgegebene Text ist mit Zeilenumbrüchen und Tabulatoren aufbereitet.

```
DATA: text       TYPE REF TO cl_demo_text,
      text_table TYPE cl_demo_text=>t_text,
      text_line  TYPE cl_demo_text=>t_line.
text = cl_demo_text=>get_handle( ).
text_line = |First line.\r\ttab\ttab\ttab\n\ttab\ttab\ttab\rLast line.|.
text->add_line( text_line ).
text->display( ).
```

28.3.2 Verkettungsoperator

`string_exp - &&`

Syntax

`... operand1 && operand2`

Ab Release 7.02/7.2. Der Verkettungsoperator `&&` verkettet zwei Operanden eines Zeichenkettenausdrucks zu einer Zeichenkette. Die Operandenpositionen `operand` sind zeichenartige Ausdruckspositionen, d. h., es können zeichenartige Datenobjekte, Zeichenkettenausdrücke und eingebaute Funktionen oder funktionale Methoden und Methodenverkettungen, deren Rückgabewert einen zeichenartigen Datentyp hat, angegeben werden. Insbesondere können also auch Zeichenketten-Templates angegeben werden. Bei Operanden fester Länge werden schließende Leerzeichen nicht berücksichtigt.

Hinweis

Der Verkettungsoperator `&&` darf nicht mit dem Literaloperator `&` verwechselt werden, der zwei Zeichenliterale zu einem Literal verknüpft. Der Literaloperator wird in der Regel eingesetzt, wenn die Definition eines Literals über mehrere Programmzeilen hinweg erfolgen soll. Er wird dann einmalig beim Kompilieren eines Programms ausgeführt, und schließende Leerzeichen werden immer berücksichtigt. Ein Zeichenkettenausdruck mit einem Verkettungsoperator wird dagegen wie alle Ausdrücke bei jeder Auswertung neu berechnet und kann zur Verkettung beliebiger zeichenartiger Operanden eingesetzt werden.

Beispiel

Verkettung von vier Operanden zur Zeichenkette "Hello world!". Der letzte Operand ist ein Zeichenketten-Template, das nur literalen Inhalt enthält.

```
DATA text TYPE string VALUE `Hello`.
text = text && ` ` && 'world' && |!|.
```

28.3.3 Behandelbare Ausnahmen

In Zeichenkettenausdrücken können behandelbare Ausnahmen folgender Ausnahmeklassen auftreten:

- CX_SY_STRG_FORMAT: ungültige Angabe für Formatierungsoption COUNTRY in Zeichenketten-Template
- CX_SY_UNKNOWN_CURRENCY: ungültige Angabe für Formatierungsoption CURRENCY in Zeichenketten-Template

28.4 Zeichenkettenfunktionen

Zeichenkettenfunktionen sind ein Teil der eingebauten Funktionen. Sie sind unterteilt in Beschreibungsfunktionen und Verarbeitungsfunktionen (ab Release 7.02/7.2). Die Beschreibungsfunktionen haben ein numerisches und die Verarbeitungsfunktionen haben ein zeichenartiges Ergebnis.

Parameter, die von mehreren Funktionen gleichartig verwendet werden, werden in Abschnitt 28.4.3 beschrieben.

Hinweis

Das seit Release 7.02/7.2 auf dem AS ABAP vorhandene Programm DEMO_EXPRESSIONS zeigt unter anderem auch Beispiele zur Verwendung von Zeichenkettenfunktionen.

28.4.1 Beschreibungsfunktionen

Diese Funktionen liefern ein numerisches Ergebnis. Sie können an passenden Operandenpositionen, wie z. B. direkt als Operanden arithmetischer oder logischer Ausdrücke, verwendet werden.

28.4.1.1 Längenfunktionen

```
charlen( ), dbmaxlen( ), numofchar( ), strlen( ), char_off( )
```

Es gibt Längenfunktionen für zeichenartige Argumente mit einem unbenannten Argument und eine Funktion mit mehreren benannten Argumenten (ab Release 7.02/7.2).

Längenfunktionen mit einem Argument
Syntax

```
... func( arg )
```

Tabelle 28.13 zeigt die Längenfunktionen mit einem unbenannten Argument. Die Argumente arg aller Längenfunktionen außer dbmaxlen sind zeichenartige Ausdruckspositionen (ab Release 7.02/7.2). Das Argument von dbmaxlen ist eine zeichenartige funktionale Operandenposition (ab Release 7.02/7.2). Der Rückgabewert aller Längenfunktionen ist vom Typ i.

Funktion func	Rückgabewert
charlen	Länge des ersten Zeichens von arg in der verwendeten Codepage: 1 für Nicht-Unicode-Single-Byte-Code; 1 oder 2 für Nicht-Unicode-Double-Byte-Code; 1 für Unicode mit einfachem Unicode-Zeichen; 2 für Unicode mit Surrogaten
dbmaxlen	Maximallänge eines im ABAP Dictionary definierten Strings (RAWSTRING, SSTRING, STRING). Ist der String unbeschränkt, wird die Konstante abap_max_db_string_ln bzw. abap_max_db_rawstring_ln aus der Typgruppe ABAP zurückgeliefert. Letzteres wird auch für die eingebauten ABAP-Typen string und xstring zurückgegeben.
numofchar	Anzahl der Zeichen in arg, wobei schließende Leerzeichen sowohl in Datenobjekten fester Länge als auch in Datenobjekten vom Typ string nicht mitgezählt werden. Bei Verwendung eines Nicht-Unicode-Double-Byte-Codes wird ein Zeichen, das 2 Byte belegt, einfach gezählt.
strlen	Anzahl der Zeichen in arg, wobei schließende Leerzeichen in Datenobjekten fester Länge nicht mitgezählt werden, während sie in Datenobjekten vom Typ string gezählt werden. Bei Verwendung eines Nicht-Unicode-Double-Byte-Codes wird ein Zeichen, das 2 Byte belegt, doppelt gezählt. Außerhalb von Unicode-Programmen kann das Argument auch noch byteartig sein.

Tabelle 28.13 Längenfunktionen mit unbenanntem Argument

Hinweis
Die Systemklasse CL_ABAP_CHAR_UTILITIES bietet weitere Attribute und Methoden an, die Eigenschaften einzelner Zeichen betreffen. Die Komponenten dieser Klasse sind alle statisch und öffentlich, die Attribute sind schreibgeschützt und werden im Klassenkonstruktor initialisiert.

Längenfunktion mit mehreren Argumenten
Syntax

```
... char_off( val = text  add = pos [off = off] )
```

Ab Release 7.02/7.2. Diese Funktion gibt den Offset des Zeichens in text zurück, das pos Stellen von dem Zeichen entfernt ist, das an dem in off angegebenen Offset steht, wobei der Standardwert für off 0 ist. text ist eine zeichenartige Ausdrucksposition. pos und off sind numerische Ausdruckspositionen. Der Rückgabewert ist vom Typ i.

Der Wert von pos kann positiv und negativ sein und bezeichnet entsprechend Stellen nach rechts oder links. Wenn pos eine Stelle außerhalb von text bezeichnet, gibt die Funktion den Wert –1 zurück. Wenn off größer als die Länge von text ist, kommt es zu einer Ausnahme der Klasse CX_SY_RANGE_OUT_OF_BOUNDS.

Hinweis
Die Funktion char_off ist geeignet, um in einem Nicht-Unicode-Double-Byte-System die korrekten Offsets von Zeichen zu finden.

Beispiel
Folgender Aufruf gibt in einem Nicht-Unicode-Double-Byte-System den Offset off zuzüglich der Anzahl der Bytes des Zeichens zurück, das sich an der Stelle off befindet.

```
... char_off( val =  text add = 1 off = off ) ...
```

28.4.1.1 Suchfunktionen für Offset

```
find( ), find_...( )
```

Syntax

```
... find( val = text {sub = substring}|{regex = regex} [case = case]
         [off = off] [len = len] [occ = occ] )
... find_end( val = text regex = regex [case = case]
         [off = off] [len = len] [occ = occ] )
... find_any_of( val = text  sub = substring
              [off = off] [len = len] [occ = occ] )
... find_any_not_of( val = text  sub = substring
              [off = off] [len = len] [occ = occ] )
```

Ab Release 7.02/7.2. Die Suchfunktionen find und find_... durchsuchen text nach in substring angegebenen Zeichen oder nach einer Übereinstimmung mit einem in regex angegebenen regulären Ausdruck, wobei mit den optionalen Parametern off und len der zu durchsuchende Teilbereich bestimmt und über den optionalen Parameter occ das Vorkommen der Übereinstimmung angegeben werden kann.

Der Rückgabewert ist vom Typ i und wird wie folgt versorgt:

- Die Funktion find sucht genau die in substring angegebene Unterfolge bzw. eine Übereinstimmung mit dem regulären Ausdruck regex und gibt den Offset der Fundstelle bezüglich der gesamten Länge von text zurück. Die Groß- und Kleinschreibung wird bei der Suche standardmäßig beachtet, was aber mit dem Parameter case übersteuert werden kann. Wenn substring leer ist, kommt es zu einer Ausnahme der Klasse CX_SY_STRG_PAR_VAL.

- Die Funktion find_end sucht wie find, gibt aber die Summe aus dem Offset der Fundstelle und der Länge der gefundenen Übereinstimmung mit dem regulären Ausdruck zurück.

- Die Funktion find_any_of gibt den Offset der Fundstelle eines beliebigen Zeichens zurück, das in substring enthalten ist, wobei die Groß- und Kleinschreibung immer beachtet wird. Wenn substring leer ist, wird der Wert –1 zurückgegeben.

- Die Funktion find_any_not_of gibt den Offset der Fundstelle eines beliebigen Zeichens zurück, das nicht in substring enthalten ist, wobei die Groß- und Kleinschreibung immer beachtet wird. Wenn substring leer ist, wird der Wert –1 zurückgegeben.

Bei nicht erfolgreicher Suche geben alle Funktionen den Wert –1 zurück.

Die optionalen Parameter off, len und occ haben in ihrer Kombination folgende Bedeutung:

- Bei positivem occ wird im durch off und len definierten Teilbereich nach rechts gesucht.
- Bei negativem occ wird im durch off und len definierten Teilbereich nach links gesucht.

Das durch occ angegebene Vorkommen der Übereinstimmung bezieht sich auf den durch off und len definierten Suchbereich.

Hinweis

Mit den verwandten Suchfunktionen count und count_... kann anstelle eines Offsets die Anzahl aller Fundstellen ermittelt werden.

28.4.1.2 Suchfunktionen für Anzahl

```
count( ), count_...( )
```

Syntax
```
... count( val = text {sub = substring}|{regex = regex} [case = case]
          [off = off] [len = len] )
... count_any_of( val = text  sub = substring
                  [off = off] [len = len] )
... count_any_not_of( val = text  sub = substring
                      [off = off] [len = len] )
```

Ab Release 7.02/7.2. Die Suchfunktionen count und count_... durchsuchen text genau wie die entsprechenden Suchfunktionen find und find_... nach in substring angegebenen Zeichen oder nach einer Übereinstimmung mit einem in regex angegebenen regulären Ausdruck. Sie geben anstelle eines Offsets die Anzahl aller Fundstellen zurück.

Der Rückgabewert ist vom Typ i.

Beispiel

In einem Textfeld `text` werden mit `count` und `find` alle Vorkommen gesucht, die einem regulären Ausdruck entsprechen. Bei erfolgreicher Suche wird die gefundene Teilfolge mithilfe der Funktion `match` ausgelesen und dargestellt. Alternativ zur Verwendung der Funktion `count` könnte man auch eine unbegrenzte `DO`-Schleife verwenden, die über `EXIT` verlassen wird, wenn das Ergebnis von `find` den Wert –1 hat.

```
result = count( val   = text
                regex = regx ).
DO result TIMES.
  result = find( val   = text
                 regex = regx
                 occ   = sy-index ).
  substr = match( val   = text
                  regex = regx
                  occ   = sy-index ).
ENDDO.
```

28.4.1.3 Ähnlichkeitsfunktion

`distance( )`

Syntax

`... distance( val1 = text1 val2 = text2 [max = max] )`

Ab Release 7.02/7.2. Diese Funktion gibt den Editierabstand (Levenshtein-Distanz) zweier Zeichenketten `text1` und `text2` zurück. Dieser Abstand ist die minimale Anzahl von Einfüge-, Lösch- und Ersetzungsoperationen, die nötig sind, um die eine Zeichenkette in die andere zu überführen, und ist damit ein Maß für die Ähnlichkeit der beiden Zeichenketten. Der Rückgabewert ist vom Typ `i`.

Mit `max` kann ein positiver Wert ungleich 0 angegeben werden, der die Berechnung des Editierabstands abbricht, wenn dieser größer als `max` wird. Stattdessen wird dann der Wert von `max` zurückgegeben. `max` ist eine numerische Ausdrucksposition vom Typ `i`. Wenn der Wert von `max` kleiner gleich 0 ist, kommt es zu einer Ausnahme der Klasse CX_SY_STRG_PAR_VAL. Wenn `max` nicht angegeben ist, wird die Berechnung nicht abgebrochen.

Hinweise
- Die Komplexität der Funktion wächst mit dem Produkt der Längen der beiden Zeichenketten. Die Rechenzeit kann über die Angabe von `max` begrenzt werden.
- Die Funktion kann typischerweise dazu verwendet werden, um über den minimalen Editierabstand die Worte einer Wortmenge zu finden, die einem gesuchten Wort am nächsten kommen.

28.4.2 Verarbeitungsfunktionen

Ab Release 7.02/7.2. Die Verarbeitungsfunktionen für zeichenartige Argumente haben ein zeichenartiges Ergebnis. Sie können an allgemeinen und zeichenartigen Ausdruckspositionen angegeben werden. Die Rückgabewerte sind vom Typ `string`.

Die Funktion `boolc` gehört im Prinzip auch zu diesen Funktionen, wird aber in ihrer Eigenschaft als logische Funktion behandelt.

Hinweise

▸ In den Verarbeitungsfunktionen für zeichenartige Argumente werden bei Eingabeparametern fester Länge die schließenden Leerzeichen prinzipiell nicht berücksichtigt.

▸ Die Verarbeitungsfunktionen für zeichenartige Argumente können nicht direkt als Operanden arithmetischer Ausdrücke verwendet werden, aber als Argumente von Beschreibungsfunktionen.

28.4.2.1 Zeichenartige Extremwertfunktionen

`cmax( ), cmin( )`

Syntax
```
... cmax|cmin( val1 = text1 val2 = text2
               [val3 = text3] ... [val9 = text9] )
```

Ab Release 7.02/7.2. Diese Funktionen geben den Wert des größten bzw. des kleinsten der übergebenen zeichenartigen Argumente `text1`, `text2`, ... zurück. Bei der Auswertung wird der Inhalt der Argumente von links nach rechts verglichen. Das erste unterschiedliche Zeichen von links entscheidet auf der Grundlage der Reihenfolge in der verwendeten Codepage, welcher Operand größer bzw. kleiner ist.

Es müssen mindestens zwei Argumente `text1` und `text2` und es können maximal neun Argumente übergeben werden, wobei die optionalen Eingabeparameter `val3` bis `val9` lückenlos und in aufsteigender Reihenfolge versorgt werden müssen.

Hinweise

▸ Zur Bestimmung numerischer Extremwerte können die Extremwertfunktionen `nmax` und `nmin` verwendet werden.

▸ Wie beim Vergleich mit Vergleichsoperatoren spielt bei der Bestimmung der Extremwerte das aktuelle Locale keine Rolle.

Beispiel
Das Programm stellt das minimale und das maximale Segment einer Zeichenkette fest.

```
DATA: txt TYPE string,
      max TYPE string,
      min TYPE string.
txt = `one two three four five six seven eight nine ten`.
max = | |.
min = |§|.
DO.
  TRY.
      max = cmax( val1 = max
                  val2 = segment( val   = txt
                                  index = sy-index sep = ` ` ) ).
      min = cmin( val1 = min
```

```
                    val2 = segment( val   = txt
                                    index = sy-index sep = ` ` ) ).
    CATCH cx_sy_strg_par_val.
      EXIT.
  ENDTRY.
ENDDO.
```

28.4.2.2 Verdichtungsfunktion

condense( )

Syntax

`... condense( [val =] text [del = del] [from = from] [to = to] )`

Ab Release 7.02/7.2. Diese Funktion gibt den wie folgt verdichteten Inhalt von *text* zurück:

- Aus der Zeichenkette aus text werden alle führenden und schließenden Zeichen entfernt, die in del enthalten sind. Wenn del ein leerer String ist, werden keine Zeichen entfernt.
- In der Zeichenkette aus text werden alle Unterfolgen, die aus in from angegebenen Zeichen zusammengesetzt sind, durch das erste Zeichen der in to angegebenen Zeichenfolge ersetzt. Wenn from ein leerer String ist, werden keine Zeichen ersetzt. Wenn to ein leerer String ist, werden die in from angegebenen Zeichen aus der Zeichenkette entfernt.

Die Standardwerte für del, from und to sind jeweils ein Leerzeichen. Wenn weder del noch from noch to angegeben sind, kann auch val = weggelassen werden. del, from und to sind zeichenartige Ausdruckspositionen. Wenn diese eine feste Länge haben, werden schließende Leerzeichen nicht berücksichtigt.

Hinweise

- Mit den Standardwerten für del, from und to wirkt die Funktion condense wie die Anweisung CONDENSE ohne den Zusatz NO-GAPS.
- Durch die Angabe eines leeren Strings für from lassen sich die führenden und schließenden Leerzeichen entfernen, ohne die sonstige Zeichenkette zu beeinflussen.

Beispiel
Die Rückgabewerte der folgenden Funktionsaufrufe sind "abc def"; "abc   def" und "abcXdef".

```
result = condense( val = `   abc   def   ` ).
result = condense( val = `   abc   def   ` from = `` ).
result = condense( val = `XXabcXXXdefXX`
             del = 'X' from = 'X' to = 'X' ).
```

Der Rückgabewert des folgenden Funktionsaufrufs ist "Rock'n'Roll".

```
result = condense( val = `   Rock'xxx'Roller`
                   del = `re `
                   from = `x` to = `n` ).
```

28.4.2.3 Verkettungsfunktion

```
concat_lines_of( )
```

Syntax

```
... concat_lines_of( [table =] itab [sep = sep] )
```

Ab Release 7.02/7.2. Diese Funktion verkettet alle Zeileninhalte einer internen Tabelle `itab` und gibt das Ergebnis als Zeichenkette zurück. Für `itab` muss eine Indextabelle mit zeichenartigem Zeilentyp angegeben werden. Bei `itab` handelt es sich um eine funktionale Operandenposition (ab Release 7.02/7.2).

Mit `sep` kann eine Zeichenkette als Separator angegeben werden, die zwischen den Zeilen eingefügt wird. `sep` ist eine zeichenartige Ausdrucksposition. Wenn `sep` nicht angegeben ist, werden die Zeileninhalte der internen Tabelle direkt aneinandergehängt. Bei Zeilentypen oder einem Argument `sep` fester Länge werden schließende Leerzeichen nicht berücksichtigt. Der Formalparameter `table` muss nur dann explizit angegeben werden, wenn auch `sep` angegeben ist.

Hinweis
Zur Verkettung elementarer Zeichenketten kann der Verkettungsoperator `&&` verwendet werden.

Beispiel
Die Funktion gibt "ABAP Objects" zurück.

```abap
TYPES c80 TYPE c LENGTH 80.
DATA: itab  TYPE TABLE OF c80,
      result TYPE string.
APPEND 'ABAP'    TO itab.
APPEND 'Objects' TO itab.
result = concat_lines_of( table = itab sep = ` ` ).
```

28.4.2.4 Fluchtsymbolfunktion

```
escape( )
```

Syntax

```
... escape( val = text format = format )
```

Ab Release 7.02/7.2. Diese Funktion gibt den Inhalt der Zeichenkette in `text` zurück, wobei bestimmte Sonderzeichen nach einer in `format` angegebenen Regel durch Fluchtsymbole ersetzt werden.

Die möglichen Werte von `format` sind in der Klasse CL_ABAP_FORMAT als Konstanten definiert. Jeder Wert definiert, welche Sonderzeichen wie ersetzt werden. Es gibt Regeln für Sonderzeichen in Markup-Sprachen (XML und HTML), in URIs und URLs sowie in regulären Ausdrücken und Zeichenketten-Templates. Für `format` werden Datenobjekte vom Typ `i` erwartet. Ein ungültiger Wert für `format` führt zu einer Ausnahme der Klasse CX_SY_STRG_PAR_VAL.

Regeln für Markup-Sprachen

Tabelle 28.14 zeigt die Ersetzungsregeln für Markup-Sprachen. Die erste Spalte enthält die Namen der Konstanten aus der Klasse CL_ABAP_FORMAT. Die übrigen Spalten zeigen, durch welche Fluchtsymbole die in der ersten Zeile aufgeführten Sonderzeichen ersetzt werden. Alle anderen Zeichen bleiben unverändert. TAB, LF, CR, BS, und FF bezeichnen die Steuerzeichen für Tabulator, Line Feed, Carriage Return, Backspace und Form Feed, denen in 7-Bit-ASCII die Codes x09, x0A, x0D, x08 und x0C zugeordnet sind. ctrl-char steht für alle Steuerzeichen mit Codes kleiner x20, die nicht durch die explizit aufgeführten abgedeckt sind. Bei diesen kann eine Umsetzung nach \xhh erfolgen, wobei "hh" der Hexadezimalwert des Codes ist. Wenn in einem Feld kein Wert (-) aufgeführt ist, bleibt das betreffende Sonderzeichen unverändert.

format	&	<	>	"	'	TAB	LF	CR	BS	FF	\	ctrl-char
E_XML_TEXT	&amp;	&lt;	-	-	-	-	-	-	-	-	-	-
E_XML_ATTR	&amp;	&lt;	-	&quot;	&apos;	&#9;	&#xA;	&#xD;	-	-	-	-
E_XML_ATTR_DQ	&amp;	&lt;	-	&quot;	-	&#9;	&#xA;	&#xD;	-	-	-	-
E_XML_ATTR_SQ	&amp;	&lt;	-	-	&apos;	&#9;	&#xA;	&#xD;	-	-	-	-
E_HTML_TEXT	&amp;	&lt;	&gt;	-	-	-	-	-	-	-	-	-
E_HTML_ATTR	&amp;	&lt;	&gt;	&quot;	&#39;	-	-	-	-	-	-	-
E_HTML_ATTR_DQ	&amp;	&lt;	&gt;	&quot;	-	-	-	-	-	-	-	-
E_HTML_ATTR_SQ	&amp;	&lt;	&gt;	-	&#39;	-	-	-	-	-	-	-
E_HTML_JS	-	-	-	\"	\'	\t	\n	\r	\b	\f	\\	\xhh
E_HTML_JS_HTML	&amp;	&lt;	&gt;	&quot;	&#39;	\t	\n	\r	\b	\f	\\	\xhh

Tabelle 28.14 Fluchtsymbole für Markup-Sprachen

Regeln für URLs und URIs

Tabelle 28.15 zeigt die Formate für URLs und URIs.

- Alle Zeichen mit Codes zwischen x00 und 7F werden mit Ausnahme der in der Tabelle aufgeführten Zeichen nach %hh umgesetzt, wobei "hh" der Hexadezimalwert des Codes ist.
- Alle Zeichen mit Codes ab x80 werden in ihre UTF-8-Darstellung konvertiert. Je nach Zeichen werden 1 bis 4 Byte in der Form %hh dargestellt, wobei "hh" der Hexadezimalwert eines Bytes ist. Wenn ein Zeichen des Surrogat-Bereichs nicht konvertiert werden kann, kommt es zur behandelbaren Ausnahme CX_SY_CONVERSION_CODEPAGE_EX.

format	unkonvertierte Zeichen
E_URL	[0–9] [a–z] [A–Z] ! $ ' ( ) * + , - . _ & / : ; = ? @
E_URL_FULL	[0–9] [a–z] [A–Z] ! $ ' ( ) * + , - . _
E_URI	[0–9] [a–z] [A–Z] ! $ ' ( ) * + , - . _ & / : ; = ? @ ~ # [ ]
E_URI_FULL	[0–9] [a–z] [A–Z] - . _ ~

Tabelle 28.15 Fluchtsymbole für URLs und URIs

Regel für reguläre Ausdrücke

Bei Angabe der Konstanten E_REGEX aus der Klasse CL_ABAP_FORMAT für `format` wird den Sonderzeichen von regulären Ausdrücken das zugehörige Fluchtsymbol "\" vorangestellt. Steuerzeichen mit den Codes x08, x09, x0A, x0B, x0C und x0D werden jeweils durch "\b", "\t", "\n", "\v", "\f" und "\r" ersetzt.

Regel für Zeichenketten-Templates

Bei Angabe der Konstanten E_STRING_TPL aus der Klasse CL_ABAP_FORMAT für `format` wird den Sonderzeichen von Zeichenketten-Templates ("|", "\", "{", "}") das zugehörige Fluchtsymbol "\" vorangestellt. Steuerzeichen mit den Codes x09, x0A und x0D werden jeweils durch "\t", "\n" und "\r" ersetzt.

Beispiel

Das Ergebnis des folgenden Funktionsaufrufs ist »Ampersand: &«.

```
DATA result TYPE string.
result = escape( val = `Ampersand: &` format = cl_abap_format=>e_html_text ).
```

28.4.2.1 Einfügefunktion

`insert( )`

Syntax

```
... insert( val = text sub = substring [off = off] )
```

Ab Release 7.02/7.2. Diese Funktion fügt die in `substring` angegebene Zeichenkette vor dem ersten Zeichen bzw. an dem optional in `off` angegebenen Offset in die in `text` angegebene Zeichenkette ein und gibt das entsprechend verlängerte Ergebnis zurück. Wenn `substring` leer ist, wird der unveränderte Inhalt von `text` zurückgegeben.

Beispiel

Nach Ausführung der folgenden Schleife ist das Ergebnis in `result` "X X X X X".

```
DATA result TYPE string VALUE `XXXXX`.
DO strlen( result ) - 1 TIMES.
   result = insert( val = result sub = ` ` off = sy-index * 2 - 1 ).
ENDDO.
```

28.4.2.2 Abgleichfunktion

`match( )`

Syntax

```
... match( val = text regex = regex [case = case] [occ = occ] )
```

Ab Release 7.02/7.2. Die Funktion `match` durchsucht `text` nach dem in `occ` angegebenen Vorkommen der Übereinstimmung mit dem in `regex` angegebenen regulären Ausdruck und gibt die gefundene Teilfolge zurück. Die Groß- und Kleinschreibung wird bei der Suche standardmäßig beachtet, was aber mit dem Parameter `case` übersteuert werden kann.

28.4.2.3 Wiederholfunktion

`repeat( )`

Syntax

`... repeat( val = text  occ = occ )`

Ab Release 7.02/7.2. Diese Funktion gibt eine Zeichenkette zurück, die den Inhalt von `text` so oft hintereinander enthält, wie es in `occ` angegeben ist. Wenn `text` ein leerer String ist oder `occ` den Wert 0 enthält, wird ein leerer String zurückgegeben.

`occ` ist eine numerische Ausdrucksposition. Wenn der Wert von `occ` negativ ist, kommt es zu einer Ausnahme der Klasse CX_SY_STRG_PAR_VAL.

Hinweis

Der Parameter `occ` hat hier eine andere Bedeutung als bei Funktionen, bei denen gesucht wird.

Beispiel

Mithilfe der Funktion `repeat` wird ein String mit zehn Leerzeichen erzeugt.

`result = repeat( val = ` ` occ = 10 ).`

28.4.2.4 Ersetzungsfunktion

`replace( )`

Syntax

```
... replace( val = text [off = off] [len = len]
             with = new )
... replace( val = text {sub = substring}|{regex = regex}
             with = new [case = case] [occ = occ] )
```

Ab Release 7.02/7.2. Diese Funktion ersetzt ein Teilfeld von `text` mit der in `new` angegebenen Zeichenkette und gibt den geänderten Text zurück. Das Teilfeld wird wie folgt bestimmt:

- Die Variante mit den Argumenten `off` und `len` ersetzt den durch den Offset `off` und die Länge `len` bestimmten Teilbereich. Es muss mindestens einer dieser Zusätze angegeben werden.

- Die Variante mit den Argumenten `sub` bzw. `regex` durchsucht `text` nach dem in `occ` angegebenen Vorkommen der Übereinstimmung mit der in `substring` angegebenen Unterfolge bzw. mit einem in `regex` angegebenen regulären Ausdruck und ersetzt die Fundstelle. Wenn `occ` den Wert 0 enthält, werden alle Fundstellen ersetzt. Wenn `substring` leer ist, kommt es zu einer Ausnahme der Klasse CX_SY_STRG_PAR_VAL. Die Groß- und Kleinschreibung wird bei der Suche standardmäßig beachtet, was aber mit dem Parameter `case` übersteuert werden kann. Wenn keine Teilfolge gefunden wird, wird der unveränderte Inhalt von `text` zurückgegeben.

`new` ist eine zeichenartige Ausdrucksposition. Wenn diese eine feste Länge hat, werden schließende Leerzeichen nicht berücksichtigt.

Hinweise

- Grenzfälle für die Variante mit den Argumenten `off` und `len`:
  - Wenn nur `off` angegeben ist bzw. für `len` der Wert 0 angegeben ist, wirkt `replace` wie die Funktion `insert`.
  - Wenn nur `len` angegeben ist bzw. für `off` der Wert 0 angegeben ist, wird das erste Teilstück der Länge `len` ersetzt.
  - Wenn der Wert von `off` gleich der Länge von `text` ist, muss der Wert von `len` gleich 0 sein, bzw. `len` ist nicht angegeben. Die Zeichenkette `new` wird dann am Ende von `text` angehängt.
- Wenn mit `regex` ein regulärer Ausdruck verwendet wird, können in `new` spezielle Ersetzungsmuster angegeben werden, die einen Bezug auf die jeweilige Fundstelle erlauben (siehe Abschnitt 28.5.5).

Beispiel

Das Ergebnis der folgenden Ersetzung ist "<title>Th<b>i</b>s <b>i</b>s the <i>T<b>i</b>tle</i> </title>". In einer HTML-Zeile wird ein bestimmter Buchstabe mit Format-Tags umgeben, wenn er nicht selbst innerhalb eines Tags steht.

```
DATA: html    TYPE string,
      repl    TYPE string.
html = `<title>This is the <i>Title</i></title>`.
repl = `i`.
html = replace( val   = html
                regex = repl && `(?![^<>]*>)`
                with  = `<b>$0</b>`
                occ   = 0 ).
```

28.4.2.5 Umdrehfunktion

`reverse( )`

Syntax

`... reverse( [val =] text )`

Ab Release 7.02/7.2. Diese Funktion gibt eine Zeichenkette zurück, die den Inhalt von `text` in umgekehrter Reihenfolge darstellt.

Beispiel

Rückgabe des lateinischen Alphabets in umgekehrter Reihenfolge.

```
result = reverse( sy-abcde ).
```

28.4.2.6 Segmentfunktion

`segment( )`

Syntax

`... segment( val = text index = idx [sep|space = sep] )`

Ab Release 7.02/7.2. Diese Funktion gibt das durch `index` angegebene Vorkommen eines Segments des zeichenartigen Arguments `text` zurück. Ein Segment wird durch Begrenzungen definiert. Als äußere Begrenzungen zählen der Beginn und das Ende der Zeichenkette in `text`. Innere Begrenzungen können wie folgt an die Argumente `sep` oder `space` übergeben werden:

- Wenn das Argument `sep` versorgt wird, wird die in `sep` angegebene Unterfolge unter Beachtung der Groß-/Kleinschreibung in `text` gesucht und als Begrenzung verwendet. Wenn eine in `sep` angegebene Unterfolge direkt hintereinander in `text` vorkommt, wird dadurch ein leeres Segment begrenzt und für dieses ein leerer String zurückgegeben.

- Wenn das Argument `space` versorgt wird, wird unter Beachtung der Groß-/Kleinschreibung nach jedem in `sep` vorkommenden Einzelzeichen gesucht und dieses als Begrenzung verwendet. Wenn in `sep` angegebene Einzelzeichen direkt hintereinander in `text` vorkommen, werden dadurch keine leeren Segmente begrenzt und keine Ergebnisse zurückgegeben.

Die Begrenzungen sind nicht Teil der Segmente. Wenn `sep` oder `space` nicht angegeben sind, wird implizit das Argument `sep` mit einem einzelnen Leerzeichen versorgt. Die Angabe eines leeren Strings führt in beiden Fällen zu einer Ausnahme der Klasse CX_SY_STRG_PAR_VAL.

Wenn `index` positiv ist, werden die Vorkommen von links gezählt, wenn `index` negativ ist, von rechts. Die Werte 1, 2, ... bedeuten also das erste, zweite, ... Vorkommen. Die Wert –1, –2, ... bedeuten entsprechend das letzte, vorletzte, ... Vorkommen. Wenn für `index` der Wert 0 angegeben wird oder das angegebene Segment nicht existiert, kommt es zu einer Ausnahme der Klasse CX_SY_STRG_PAR_VAL. `sep` ist eine zeichenartige Ausdrucksposition, und `index` ist eine numerische Ausdrucksposition. Wenn `sep` eine feste Länge hat, werden schließende Leerzeichen nicht berücksichtigt.

Hinweis
Wenn die in `sep` angegebene Unterfolge nicht gefunden wird, ergibt sich nur ein einziges Segment, das durch die gesamte Zeichenkette gebildet wird. Dieses kann nur über die Werte 1 oder –1 für `index` angesprochen werden.

Beispiel
Die folgenden Funktionsaufrufe geben jeweils "AB", "CD", "EF", "GH" zurück und führen am Ende zu einer Ausnahme.

```
DATA result TYPE string.
DO.
  TRY.
      result = segment( val   = 'AB\brCD\brEF\brGH'
                        index = sy-index
                        sep   = `\br` ).
    ...
    CATCH cx_sy_strg_par_val.
      EXIT.
  ENDTRY.
ENDDO.
DO.
  TRY.
```

```
            result = segment( val   = 'AB  CD - EF_GH'
                              index = sy-index
                              space = ` -_` ).
      ...
      CATCH cx_sy_strg_par_val.
        EXIT.
    ENDTRY.
ENDDO.
```

28.4.2.7 Verschiebefunktionen

`shift_left( ), shift_right( )`

Syntax

```
... shift_left( [val =] text
                [places = places]|[circular = places]|[sub = substring] )
... shift_right( [val =] text
                 [places = places]|[circular = places]|[sub = substring] )
```

Ab Release 7.02/7.2. Die Funktionen `shift_left` und `shift_right` verschieben die Zeichenkette aus `text` nach links bzw. rechts und geben das Ergebnis zurück. Die Verschiebung hängt wie folgt von der Parameterübergabe ab:

- Wenn das Argument `places` mit einem Zahlenwert versorgt wird, werden links bzw. rechts entsprechend viele Zeichen aus der Zeichenkette entfernt, und die Länge der Zeichenkette wird entsprechend verringert. Wenn der Wert von `places` negativ oder länger als die Zeichenkette ist, wird eine Ausnahme der Klasse CX_SY_RANGE_OUT_OF_BOUNDS ausgelöst.

- Wenn das Argument `circular` mit einem Zahlenwert versorgt wird, verhalten sich die Funktionen wie bei der Angabe von `places`, fügen die entfernte Unterfolge aber am Ende bzw. am Anfang der Zeichenkette wieder ein.

- Wenn das Argument `sub` mit einer Zeichenkette in `substring` versorgt wird, werden links bzw. rechts alle Unterfolgen in der Zeichenkette aus `text` entfernt, die dem Inhalt von `substring` entsprechen. Wenn keine solche Unterfolge gefunden wird oder für `substring` ein leerer String angegeben wird, bleibt die Zeichenkette unverändert.

- Wenn keines der Argumente `places`, `circular` oder `sub` angegeben wird, verhalten sich die Funktionen so, als würde dem Argument `sub` ein Leerzeichen übergeben. Links bzw. rechts werden alle Leerzeichen entfernt. In diesem Fall kann auch die explizite Angabe von `val` weggelassen werden.

`places` und `circular` sind numerische Ausdruckspositionen.

28.4.2.8 Teilfeldfunktionen

`substring( ), substring_...( )`

Syntax

```
... substring( val = text [off = off] [len = len] )
```

```
... substring_from( val = text {sub = substring}|{regex = regex}
                    [case = case] [occ = occ] [len = len]  )
... substring_after( val = text {sub = substring}|{regex = regex}
                    [case = case] [occ = occ] [len = len]  )
... substring_before( val = text {sub = substring}|{regex = regex}
                    [case = case] [occ = occ] [len = len]  )
... substring_to( val = text {sub = substring}|{regex = regex}
                    [case = case] [occ = occ] [len = len]  )
```

Ab Release 7.02/7.2. Die Teilfeldfunktionen bestimmen im Argument `text` ein Teilfeld und geben dieses zurück. Das Teilfeld wird wie folgt bestimmt:

- Die Funktion `substring` gibt den durch den Offset `off` und die Länge `len` bestimmten Teilbereich zurück. Es muss mindestens eines der Argumente `off` oder `len` angegeben werden.

- Die Funktion `substring_from` durchsucht `text` nach dem in `occ` angegebenen Vorkommen der Übereinstimmung mit der in `substring` angegebenen Zeichenfolge bzw. mit einem in `regex` angegebenen regulären Ausdruck und gibt den Teilbereich der Länge `len` ab dem Offset der Fundstelle zurück. Wenn `len` nicht angegeben ist, wird die Teilfolge bis zum Ende der Zeichenkette zurückgegeben. Wenn `substring` leer ist, kommt es zur Ausnahme der Klasse CX_SY_STRG_PAR_VAL. Die Groß- und Kleinschreibung wird bei der Suche standardmäßig beachtet, was aber mit dem Parameter `case` übersteuert werden kann. Wenn keine Teilfolge gefunden wird, ist der Rückgabewert leer.

- Die Funktion `substring_after` funktioniert wie `substring_from`, der Teilbereich wird aber ab dem Offset der Fundstelle zuzüglich der Länge der gefundenen Teilfolge zurückgegeben.

- Die Funktion `substring_before` funktioniert wie `substring_from`, es wird aber der Teilbereich der Länge `len` vor dem Offset der Fundstelle zurückgegeben. Wenn `len` nicht angegeben ist, wird der Teilbereich ab dem Anfang der Zeichenkette gebildet.

- Die Funktion `substring_to` funktioniert wie `substring_before`, es wird aber der Teilbereich vor dem Offset der Fundstelle zuzüglich der Länge der gefundenen Teilfolge zurückgegeben.

Hinweis
Die Teilfeldfunktionen sind nicht so performant wie ein direkter Teilfeldzugriff (siehe Abschnitt 3.2.4). Dafür erlauben sie aber die Verwendung von Ausdrücken an allen Operandenpositionen.

Beispiel
Die Rückgabewerte folgender Funktionsaufrufe sind: "CD", "CDEFGH"., "EFGH"., "AB". und "ABCD".

```
DATA result TYPE string.
result = substring( val = 'ABCDEFGH' off = 2 len = 2 ).
result = substring_from( val = 'ABCDEFGH' sub = 'CD' ).
result = substring_after( val = 'ABCDEFGH' sub = 'CD' ).
result = substring_before( val = 'ABCDEFGH' sub = 'CD' ).
result = substring_to( val = 'ABCDEFGH' sub = 'CD' ).
```

28.4.2.9 Groß-/Kleinschreibungsfunktionen

`to_upper( ), to_lower( ), to_mixed( ), from_mixed( )`

Syntax

```
... to_upper( [val =] text )
... to_lower( [val =] text )
... to_mixed( [val =] text [sep = sep] [case = case] [min = min] )
... from_mixed( [val =] text [sep = sep] [case = case] [min = min] )
```

Ab Release 7.02/7.2. Diese Funktionen geben die Zeichenkette aus `text` zurück, nachdem sie nach folgenden Regeln zur Groß-/Kleinschreibung konvertiert wurde:

- Die Funktion `to_upper` setzt alle Buchstaben der Zeichenkette in Großbuchstaben um.

- Die Funktion `to_lower` setzt alle Buchstaben der Zeichenkette in Kleinbuchstaben um.

- Die Funktion `to_mixed` setzt alle Buchstaben der Zeichenkette ab der zweiten Position in Kleinbuchstaben um. Danach werden von links nach rechts ab der zweiten Position die Vorkommen des ersten in `sep` angegebenen Zeichens aus der Zeichenkette entfernt und der direkt darauffolgende Buchstabe in einen Großbuchstaben umgesetzt. Der Standardwert für den Separator `sep` ist der Unterstrich (_). Wenn `case` nicht angegeben ist, bleibt das erste Zeichen der Zeichenkette unverändert. Wenn `case` angegeben ist und das erste Zeichen von `case` großgeschrieben ist, wird auch das erste Zeichen der Zeichenkette groß- und ansonsten kleingeschrieben. Mit der Übergabe einer positiven Zahl an `min` kann eine minimale Anzahl von Zeichen angegeben werden, die ab Beginn der Zeichenkette bzw. seit der letzten Ersetzung vor einem Separator stehen müssen, damit er wie beschrieben wirkt. Der Standardwert für `min` ist 1.

- Die Funktion `from_mixed` fügt von links nach rechts ab der zweiten Position vor jedem Großbuchstaben das erste in `sep` angegebene Zeichen ein. Der Standardwert für den Separator `sep` ist der Unterstrich (_). Wenn `case` nicht angegeben ist oder wenn das erste Zeichen von `case` ein Großbuchstabe ist, wird die gesamte Zeichenkette in Großschreibung angezeigt, ansonsten in Kleinschreibung. Mit der Übergabe einer positiven Zahl an `min` kann eine minimale Anzahl von Zeichen angegeben werden, die ab Beginn der Zeichenkette bzw. seit dem letzten Einfügen vor einem Großbuchstaben stehen müssen, damit ein Separator eingefügt wird. Der Standardwert für `min` ist 1.

`sep` ist eine zeichenartige Ausdrucksposition. Wenn diese eine feste Länge hat, werden schließende Leerzeichen nicht berücksichtigt. `min` ist eine numerische Ausdrucksposition. Für `case` muss ein zeichenartiges Datenobjekt fester Länge angegeben werden. Die Angabe `val =` kann nur weggelassen werden, wenn keines der optionalen Argumente angegeben ist. Wenn `sep` ein leerer String oder `min` negativ ist, kommt es zu einer Ausnahme der Klasse CX_SY_STRG_PAR_VAL.

Hinweis

Die Umwandlung der Schreibweise hängt in Nicht-Unicode-Systemen von der Textumgebung ab. Dort können Probleme auftreten, wenn die Sprache der Textumgebung von der Sprache abweicht, in der die zu verarbeitenden Daten erfasst wurden. Um Probleme dieser Art zu vermeiden, muss die Textumgebung vor der Umsetzung mit der Anweisung SET LOCALE passend eingestellt werden.

Beispiel

Das Ergebnis des Aufrufs von `to_mixed` ist »abapDocuStart« und das des Aufrufs von `from_mixed` ist »ABAPDOCU.START«.

```
DATA: text  TYPE string VALUE `ABAP_DOCU_START`,
      mixed TYPE string.
mixed = to_mixed(   val  = text  sep = '_'  case = 'a'  min = 1 ).
mixed = from_mixed( val  = mixed sep = '.'  case = 'A'  min = 5 ).
```

28.4.2.10 Umsetzfunktion

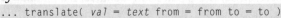

Syntax

... translate(val = text from = from to = to)

Ab Release 7.02/7.2. Diese Funktion gibt die Zeichenkette aus `text` zurück, bei der jedes Zeichen, das auch in `from` vorkommt, durch das Zeichen ersetzt ist, das in `to` an der gleichen Stelle wie in `from` vorkommt. Wenn `to` kürzer als `from` ist, werden die überzähligen Zeichen aus `from` aus der Zeichenkette entfernt. Wenn `from` ein leerer String ist, wird der Inhalt von `text` unverändert zurückgegeben.

`from` und `to` sind zeichenartige Ausdruckspositionen. Wenn diese eine feste Länge haben, werden schließende Leerzeichen nicht berücksichtigt.

Beispiel

Der Rückgabewert des folgenden Funktionsaufrufs ist "Horray!".

```
result = translate( val = `---Hur-rah!---` from = `uh-` to = `oy` ).
```

28.4.3 Gemeinsame Parameter

Die folgenden Parameter kommen mit gleicher Wirkung bei mehreren Zeichenkettenfunktionen und auch bei Prädikatfunktionen für zeichenartige Argumente (siehe Abschnitt 21.2.2) vor (ab Release 7.02/7.2).

28.4.3.1 Groß- und Kleinschreibung

case

Syntax

... (... case = case ...) ...

Die Groß- und Kleinschreibung wird bei Suchen und Abgleichen in Zeichenkettenfunktionen standardmäßig beachtet, was aber gegebenenfalls mit dem Parameter `case` übersteuert werden kann. Für das Argument `case` muss ein Datenobjekt vom Typ ABAP_BOOL aus der Typgruppe ABAP angegeben werden. Wenn `case` den Wert "X" enthält, wird die Groß- und Kleinschreibung beachtet, beim Wert " " nicht.

28.4.3.2 Offset und Länge

```
off, len
```

Syntax
```
... ( ... off = off len = len ... )
```

Mit `off` wird ein Offset und mit `len` eine Länge übergeben. Bei Funktionen, bei denen `off` und `len` gemeinsam übergeben werden können, bestimmen sie den Teilbereich, in dem eine Zeichenfolge bearbeitet werden soll. Bei `off` und `len` handelt es sich um numerische Ausdruckspositionen.

Der Standardwert von `off` ist in der Regel 0, und der Standardwert von `len` ist in der Regel die Länge der Zeichenfolge abzüglich eines vorgegebenen oder über `off` übergebenen Offsets. Nur wenn gleichzeitig bei Funktionen, bei denen dies möglich ist, ein negatives Argument für das Vorkommen `occ` übergeben wird, ist der Standardwert von `off` die Länge der Zeichenfolge, und der Standardwert von `len` ist der Wert des zugehörigen Offsets.

Wenn der Wert von `off` oder `len` negativ ist, ein durch `off` definierter Offset außerhalb der Zeichenfolge liegt oder ein durch `off` und `len` definierter Teilbereich nicht vollständig in der Zeichenfolge enthalten ist, kommt es zu einer Ausnahme der Klasse CX_SY_RANGE_OUT_OF_BOUNDS.

28.4.3.3 Vorkommen

```
occ
```

Syntax
```
... ( ... occ = occ ... )
```

Der Parameter `occ` gibt in Zeichenkettenfunktionen, in denen eine Suche durchgeführt wird, das Vorkommen der Übereinstimmung an, nach dem im vorgegebenen Suchbereich gesucht werden soll. `occ` ist eine numerische Ausdrucksposition.

Wenn `occ` positiv ist, werden die Vorkommen von links gezählt, wenn `occ` negativ ist, von rechts. Die Werte 1, 2, ... bedeuten also das erste, zweite, ... Vorkommen. Die Werte –1, –2, ... bedeuten entsprechend das letzte, vorletzte, ... Vorkommen.

Der Standardwert von `occ` ist 1. Die Angabe des Wertes 0 führt außer bei der Ersetzungsfunktion `replace` zu einer Ausnahme der Klasse CX_SY_STRG_PAR_VAL.

Hinweis
Das Vorzeichen von `occ` beeinflusst auch die Standardwerte von `off` und `len`.

28.4.3.4 Regulärer Ausdruck

```
regex
```

Syntax
```
... ( ... regex = regex ... )
```

Mit `regex` wird ein regulärer Ausdruck übergeben, nach dem gesucht oder mit dem abgeglichen werden soll. `regex` ist eine zeichenartige Ausdrucksposition, die einen syntaktisch korrekten regulären Ausdruck enthalten muss (siehe Abschnitt 28.5). Wenn ein zeichenartiges Datenobjekt fester Länge angegeben ist, werden schließende Leerzeichen nicht berücksichtigt. Wenn `regex` leer ist, kommt es zur Ausnahme der Klasse CX_SY_STRG_PAR_VAL.

Hinweis
Der reguläre Ausdruck in `regex` kann zwar syntaktisch korrekt, aber zu komplex für die Ausführung einer Funktion sein, was zu einer behandelbaren Ausnahme der Klasse CX_SY_REGEX_TOO_COMPLEX führt. Siehe Abschnitt 28.5.8.

28.4.3.5 Unterfolge

`sub`

Syntax

```
... ( ... sub = substring ... )
```

Mit `substring` wird eine Zeichenfolge übergeben, nach deren Zeichen gesucht oder die eingefügt werden soll. `substring` ist eine zeichenartige Ausdrucksposition. Wenn ein zeichenartiges Datenobjekt fester Länge angegeben ist, werden schließende Leerzeichen nicht berücksichtigt.

28.4.3.6 Eingabewert

`val`

Syntax

```
... ( ... val = text ... )
```

Mit `text` wird ein Argument übergeben, das von der Funktion bearbeitet werden soll. `text` ist eine zeichenartige Ausdrucksposition. Wenn ein zeichenartiges Datenobjekt fester Länge angegeben ist, werden schließende Leerzeichen nicht berücksichtigt.

28.4.4 Behandelbare Ausnahmen

In Zeichenkettenfunktionen können behandelbare Ausnhamen folgender Ausnahmeklassen auftreten:

- CX_SY_CONVERSION_CODEPAGE_EX: Fehler bei Konvertierung in Funktion `escape`
- CX_SY_MATCHER: Fehler in regulärem Ausdruck; Unterklassen sind:
  - CX_SY_INVALID_REGEX
  - CX_SY_REGEX_TOO_COMPLEX
- CX_SY_RANGE_OUT_OF_BOUNDS: ungültige Angabe für Offset oder Länge
- CX_SY_STRG_PAR_VAL: ungültige Angabe für einen Funktionsparameter

28.5 Reguläre Ausdrücke

ABAP unterstützt erweiterte reguläre Ausdrücke gemäß POSIX-Standard 1003.2. Reguläre Ausdrücke können hinter dem Zusatz REGEX der Anweisungen FIND und REPLACE sowie als Argument der Funktionen count, count_..., contains_..., find, find_..., match, matches, replace und substring, substring_... (ab Release 7.02/7.2) zum Suchen in und zur Überprüfung von Zeichenketten verwendet werden. Die Klassen CL_ABAP_REGEX und CL_ABAP_MATCHER erlauben den objektorientierten Umgang mit regulären Ausdrücken.

Ein regulärer Ausdruck r setzt sich nach der Syntax regulärer Ausdrücke aus Literalen und Sonderzeichen zusammen und repräsentiert eine Menge von Zeichenfolgen. Ist text eine der von r repräsentierten Zeichenfolgen, sagt man, dass r mit text übereinstimmt oder dass r auf text passt. Zwei (unterschiedliche) reguläre Ausdrücke stimmen überein, falls sie auf die gleiche Menge von Zeichenfolgen passen.

Wendet man einen regulären Ausdruck als Suchmuster auf eine Zeichenfolge text an, ist man an den Übereinstimmungen des regulären Ausdrucks mit Teilfolgen von text interessiert. Spezielle Sonderzeichen des regulären Ausdrucks passen dabei nicht auf Zeichen, sondern auf Positionen und beeinflussen damit Art und Anzahl der Fundstellen. Beim Überprüfen von Zeichenketten ist man daran interessiert, ob der gesamte Inhalt zu einem Muster passt.

Hinweis
Das Beispielprogramm DEMO_REGEX und seine Erweiterung DEMO_REGEX_TOY erlauben es, reguläre Ausdrücke auf Texte anzuwenden, um Suchen und Ersetzungen zu testen.

Copyright-Hinweis
Diese Software verwendet die Boost.Regex Library[1].

28.5.1 Syntax regulärer Ausdrücke

Die Syntax regulärer Ausdrücke verwendet literale Zeichen und Sonderzeichen und lässt sich in Einzelzeichenmuster, Zeichenfolgenmuster, Suchmuster, Ersetzungsmuster und vereinfachte reguläre Ausdrücke unterteilen.

Mit der Syntax für Einzelzeichen und Zeichenfolgen können reguläre Ausdrücke erstellt werden, die auf komplette Zeichenfolgen oder Teilfolgen von Zeichenfolgen passen. Die Syntax für das Suchen und Ersetzen bietet einige zusätzliche Elemente, die das Suchen und Ersetzen von Teilfolgen in Zeichenfolgen unterstützt.

Die folgenden Tabellen fassen die Sonderzeichen regulärer Ausdrücke zusammen. Die folgenden Abschnitte erläutern ihre Bedeutung näher.

Sonderzeichen	Bedeutung
\	Fluchtsymbol für Sonderzeichen

Tabelle 28.16 Fluchtsymbol

---

[1] Copyright © 1998-2004 – Dr. John Maddock.

Sonderzeichen	Bedeutung
.	Platzhalter für ein beliebiges Einzelzeichen
\C	Platzhalter für ein beliebiges Einzelzeichen
\d	Platzhalter für eine beliebige Ziffer
\D	Platzhalter für eine beliebige Nicht-Ziffer
\l	Platzhalter für einen beliebigen Kleinbuchstaben
\L	Platzhalter für einen beliebigen Nicht-Kleinbuchstaben
\s	Platzhalter für ein Leerzeichen
\S	Platzhalter für ein Nicht-Leerzeichen
\u	Platzhalter für einen beliebigen Großbuchstaben
\U	Platzhalter für einen beliebigen Nicht-Großbuchstaben
\w	Platzhalter für ein beliebiges alphanumerisches Zeichen inklusive _
\W	Platzhalter für ein beliebiges nicht-alphanumerisches Zeichen außer _
[ ]	Definition einer Wertemenge für Einzelzeichen
[^]	Negierung einer Wertemenge für Einzelzeichen
[-]	Definition eines Bereichs in einer Wertemenge für Einzelzeichen
[[:alnum:]]	Bezeichnung aller alphanumerischen Zeichen in einer Wertemenge
[[:alpha:]]	Bezeichnung aller Buchstaben in einer Wertemenge
[[:blank:]]	Bezeichnung für Leerzeichen und horizontalen Tabulator in einer Wertemenge
[[:cntrl:]]	Bezeichnung aller Steuerzeichen in einer Wertemenge
[[:digit:]]	Bezeichnung aller Ziffern in einer Wertemenge
[[:graph:]]	Bezeichnung aller anzeigbaren Zeichen außer Leerzeichen und horizontalem Tabulator in einer Wertemenge
[[:lower:]]	Bezeichnung aller Kleinbuchstaben in einer Wertemenge
[[:print:]]	Bezeichnung aller anzeigbaren Zeichen in einer Wertemenge
[[:punct:]]	Bezeichnung aller Interpunktionszeichen in einer Wertemenge
[[:space:]]	Bezeichnung aller Leerzeichen, Tabulatoren und Vorschübe in einer Wertemenge
[[:unicode:]]	Bezeichnung aller Unicode-Zeichen, deren Code größer als 255 ist, in einer Wertemenge
[[:upper:]]	Bezeichnung aller Großbuchstaben in einer Wertemenge
[[:word:]]	Bezeichnung aller alphanumerischen Zeichen zuzüglich _ in einer Wertemenge
[[:xdigit:]]	Bezeichnung aller hexadezimalen Ziffern in einer Wertemenge
\a \f \n \r \t \v	diverse plattformspezifische Steuerzeichen
[..]	reserviert für spätere Erweiterungen
[==]	reserviert für spätere Erweiterungen

Tabelle 28.17 Sonderzeichen für Einzelzeichenmuster

Sonderzeichen	Bedeutung
{n}	Verkettung von n Einzelzeichen
{n,m}	Verkettung von mindestens n und höchstens m Einzelzeichen

Tabelle 28.18 Sonderzeichen für Zeichenfolgenmuster

Sonderzeichen	Bedeutung
{n,m}?	reserviert für spätere Erweiterungen
?	ein oder kein Einzelzeichen
*	Verkettung beliebig vieler Einzelzeichen inklusive keines Zeichens
*?	reserviert für spätere Erweiterungen
+	Verkettung beliebig vieler Einzelzeichen exklusive keines Zeichens
+?	reserviert für spätere Erweiterungen
|	Verknüpfung von zwei alternativen Ausdrücken
( )	Definition von Untergruppen mit Registrierung
(?:)	Definition von Untergruppen ohne Registrierung
\1, \2, \3 ...	Platzhalter für die Register von Untergruppen
\Q ... \E	Definition einer Folge von Literalzeichen
(? ...)	reserviert für spätere Erweiterungen

Tabelle 28.18 Sonderzeichen für Zeichenfolgenmuster (Forts.)

Sonderzeichen	Bedeutung
^	Ankerzeichen für den Anfang einer Zeile
\A	Ankerzeichen für den Anfang der Zeichenfolge
$	Ankerzeichen für das Ende einer Zeile
\z	Ankerzeichen für das Ende der Zeichenfolge
\Z	wie \z, wobei Zeilenumbrüche am Ende der Zeichenfolge ignoriert werden
\<	Wortanfang
\>	Wortende
\b	Wortanfang oder Wortende
\B	Zeichenzwischenraum innerhalb eines Wortes
(?=)	Vorausschau-Bedingung
(?!)	negierte Vorausschau-Bedingung
(?>)	Schnittoperator

Tabelle 28.19 Sonderzeichen für Suchmuster

Sonderzeichen	Bedeutung
$0, $&	Platzhalter für die gesamte Fundstelle
$1, $2, $3...	Platzhalter für die Register von Untergruppen
$`	Platzhalter für den Text vor der Fundstelle
$'	Platzhalter für den Text hinter der Fundstelle

Tabelle 28.20 Sonderzeichen für Ersetzungstexte

Hinweis
Mit der Zeichenkettenfunktion escape kann allen Sonderzeichen für reguläre Ausdrücke ihr Fluchtsymbol / vorangestellt werden.

28.5.2 Einzelzeichenmuster

Einzelzeichen werden durch Literalzeichen oder Operatoren repräsentiert. Durch Voranstellen eines Rückstrichs \ wird ein Sonderzeichen eines Operators als Literalzeichen interpretiert. Dies gilt insbesondere auch für den Rückstrich \ selbst, sodass der reguläre Ausdruck \\ auf das Einzelzeichen \ passt. Folgt dem Rückstrich ein Literalzeichen, wird der Rückstrich ignoriert und gilt als nicht vorhanden.

28.5.2.1 Literalzeichen

Ein Literalzeichen ist ein Zeichen, das kein Sonderzeichen ist, oder ein Sonderzeichen, dem ein Rückstrich \ vorangestellt oder das in \Q ... \E eingeschlossen ist. Als Suchmuster stimmt ein Literalzeichen genau mit dem gleichen Einzelzeichen überein.

Die Berücksichtigung der Groß-/Kleinschreibung kann bei den zugehörigen Befehlen bzw. Methoden gesteuert werden.

Beispiele
Die folgende Tabelle zeigt einige Ergebnisse einer Überprüfung mit Berücksichtigung der Groß-/Kleinschreibung. Dabei ist der reguläre Ausdruck AB eine Verkettung von zwei Ausdrücken für Einzelzeichen.

Pattern	text	match
A	A	X
A	a	-
\.	.	X
A	AB	-
AB	AB	X

28.5.2.2 Einzelzeichenoperatoren

Die Operatoren für Einzelzeichen werden aus den Sonderzeichen ., [,], ^ und – aufgebaut, wobei die letzten beiden nur an besonderen Positionen innerhalb von [ ] als Sonderzeichen wirken. Die Sonderzeichen können durch das Voranstellen von \ zu Literalzeichen gemacht werden.

Platzhalter
Das Sonderzeichen . ist ein Platzhalter für ein beliebiges Einzelzeichen. Der Operator \C hat die gleiche Bedeutung wie das Sonderzeichen .. Ein regulärer Ausdruck . oder \C stimmt mit genau einem beliebigen Einzelzeichen überein.

Beispiele
Die folgende Tabelle zeigt einige Ergebnisse einer Überprüfung, wobei die Berücksichtigung der Groß-/Kleinschreibung keine Rolle spielt. Dabei ist der reguläre Ausdruck .. eine Verkettung von zwei Ausdrücken für Einzelzeichen.

Pattern	Text	match
.	A	X
\c	a	X
.	AB	-
..	AB	X

Selbst definierte Mengen

Die Sonderzeichen [ ] können um beliebig viele Literalzeichen oder Bezeichner für Zeichenklassen (siehe unten) gesetzt werden und definieren dadurch eine Menge von Literalzeichen. Ein regulärer Ausdruck [...] stimmt mit genau einem Einzelzeichen überein, das innerhalb der Klammern als Literalzeichen aufgeführt ist bzw. das in einer angegebenen Zeichenklasse enthalten ist. In den Klammern muss mindestens ein Literalzeichen oder ein Bezeichner für eine Zeichenklasse (siehe unten) stehen. Eines der Zeichen [oder], das direkt hinter der öffnenden Klammer steht, wird als Literalzeichen interpretiert. Manche der mit einem Rückstrich eingeleiteten Sonderzeichen wie \A oder \Q verlieren innerhalb von Mengen ihre Sonderfunktion und werden als einfaches Literalzeichen A bzw. Q interpretiert.

Beispiele

Die folgende Tabelle zeigt einige Ergebnisse einer Überprüfung. Dabei ist der reguläre Ausdruck [AB][CD] eine Verkettung zweier Ausdrücke für Einzelzeichen.

Pattern	Text	match
[ABC]	B	X
[ABC]	ABC	-
[AB][CD]	AD	X
[\d]	9	X

Negation einer selbst definierten Menge

Wenn das Zeichen ^ als erstes Zeichen einer selbst definierten Menge für Einzelzeichen direkt hinter [aufgeführt wird, wirkt es als Sonderzeichen und negiert die restliche Menge von Literalzeichen bzw. Zeichenklassen. Ein regulärer Ausdruck [^...] stimmt mit genau einem Einzelzeichen überein, das nicht innerhalb der Klammern als Literalzeichen aufgeführt ist bzw. das nicht in einer angegebenen Zeichenklasse enthalten ist. Ein Zeichen ^, das nicht direkt hinter [aufgeführt ist, wirkt als Literalzeichen.

Beispiele

Die folgende Tabelle zeigt einige Ergebnisse einer Überprüfung. Dabei ist der reguläre Ausdruck [^A][^B] eine Verkettung von zwei Ausdrücken für Einzelzeichen.

Pattern	Text	match
[^ABC]	B	-
[^ABC]	Y	X
[^A][^B]	BA	X
[A^B]	^	X

Bereiche in einer selbst definierten Menge

Wenn das Zeichen – zwischen zwei Literalzeichen steht, wirkt es als Sonderzeichen und definiert einen Bereich zwischen den Literalzeichen. Der Bereich ist die Menge von Zeichen, die in der Codepage des aktuellen Betriebssystems von den Literalzeichen eingeschlossen wird. Ein regulärer Ausdruck [...-...] stimmt mit genau einem Einzelzeichen überein, das innerhalb des definierten Bereichs liegt. Ein Zeichen -, das nicht zwischen zwei Literalzeichen steht, wirkt als Literalzeichen. Ein Literalzeichen darf nicht Teil von zwei Bereichen sein, d. h., 'a-z-Z' ist kein gültiger regulärer Ausdruck.

Beispiele

Die folgende Tabelle zeigt einige Ergebnisse einer Überprüfung. Dabei wirkt das abschließende – im letzten Ausdruck nicht als Sonderzeichen.

Pattern	Text	match
[A-Za-z0-9]	B	X
[A-Za-z0-9]	5	X
[A-Za-z0-9]	#	-
[A-Za-z0-9]	-	-
[A-Za-z0-9-]	-	X

Zeichenklassen

Innerhalb von mit [ ] definierten Mengen für Einzelzeichen können für bestimmte Zeichenmengen vordefinierte, plattform- und sprachunabhängige Zeichenklassen angegeben werden:

- **[:alnum:]**
  Menge aller alphanumerischen Zeichen (Vereinigung von [:alpha:] und [:digit:])
- **[:alpha:]**
  Menge aller Groß- und Kleinbuchstaben einschließlich der sprachabhängigen Spezialzeichen (Umlaute, Akzente, Diphtonge), jedoch ohne Ziffern
- **[:blank:]**
  Leerzeichen und horizontaler Tabulator
- **[:cntrl:]**
  Menge aller Steuerzeichen
- **[:digit:]**
  Menge aller Ziffern 0 bis 9
- **[:graph:]**
  Menge aller anzeigbaren Zeichen außer Leerzeichen und horizontalem Tabulator
- **[:lower:]**
  Menge aller Kleinbuchstaben einschließlich der sprachabhängigen Spezialzeichen (Umlaute, Akzente, Diphtonge)
- **[:print:]**
  Menge aller anzeigbaren Zeichen (Vereinigung von [:graph:] und [:blank:])

- **[:punct:]**
  Menge aller Interpunktionszeichen
- **[:space:]**
  Menge aller Leerzeichen, Tabulatoren und Vorschübe
- **[:unicode:]**
  Menge aller Zeichen, deren Zeichendarstellung größer als 255 ist (nur in Unicode-Systemen)
- **[:upper:]**
  Menge aller Großbuchstaben einschließlich der sprachabhängigen Spezialzeichen (Umlaute, Akzente, Diphtonge)
- **[:word:]**
  Menge aller alphanumerischen Zeichen zuzüglich Unterstrich _
- **[:xdigit:]**
  Menge aller hexadezimalen Ziffern ("0"–"9", "A"–"F" und "a"–"f")

Hinweis

Die Zeichenklassen wirken nur innerhalb von [ ] wie angegeben. Ein regulärer Ausdruck [:digit:] definiert nicht die Menge aller Ziffern, sondern eine Zeichenmenge bestehend aus ":", "d","g", "i" und "t". Um die Menge aller Ziffern anzugeben, muss der reguläre Ausdruck [[:digit:]] verwendet werden.

Beispiele

Die folgende Tabelle zeigt einige Ergebnisse einer Überprüfung mit Berücksichtigung der Groß-/Kleinschreibung.

Pattern	Text	match
[[:alnum:]]	a	X
[[:alnum:]]	;	-
[[:alpha:]]	1	-
[[:digit:][:punct:]]	X4	X
[[:digit:][:punct:]]	.	X
[[:lower:]]	â	X
[[:upper:]]	Ä	X

Abkürzungen für Zeichenmengen

Für häufig benötigte Zeichenmengen stehen die in Tabelle 28.21 gezeigten spezielle Operatoren als Abkürzungen zur Verfügung:

Zeichenmenge	Abk.	Bedeutung
[[:digit:]]	\d	Platzhalter für eine Ziffer
[^[:digit:]]	\D	Platzhalter für eine Nicht-Ziffer
[[:lower:]]	\l	Platzhalter für einen Kleinbuchstaben

Tabelle 28.21 Abkürzungen für Zeichenmengen

Zeichenmenge	Abk.	Bedeutung
[^[:lower:]]	\L	Platzhalter für ein Zeichen, das kein Kleinbuchstabe ist
[[:space:]]	\s	Platzhalter für ein Leerzeichen
[^[:space:]]	\S	Platzhalter für ein Nicht-Leerzeichen
[[:upper:]]	\u	Platzhalter für einen Großbuchstaben
[^[:upper:]]	\U	Platzhalter für ein Zeichen, das kein Großbuchstabe ist
[[:word:]]	\w	Platzhalter für ein alphanumerisches Zeichen zuzüglich Unterstrich _
[^[:word:]]	\W	Platzhalter für ein nicht-alphanumerisches Zeichen außer dem Unterstrich _

Tabelle 28.21 Abkürzungen für Zeichenmengen (Forts.)

Hinweis

Wenn in den ABAP-Anweisungen FIND und REPLACE oder beim Erzeugen eines Objekts der Klasse CL_ABAP_REGEX die Groß-/Kleinschreibung nicht berücksichtigt wird, sind \l und \u gleichbedeutend mit [[:alpha:]] bzw. \L und \U gleichbedeutend mit [^[:alpha:]]. Die Sonderzeichen \w, \u, \l, \d, \s können auch innerhalb von Mengen [...] aufgeführt werden. Die Verwendung der Sonderzeichen \W, \U, \L, \D, \S innerhalb von Mengen ist nicht erlaubt und löst eine Ausnahme CX_SY_INVALID_REGEX aus.

Beispiele

Die folgende Tabelle zeigt einige Ergebnisse einer Überprüfung mit Berücksichtigung der Groß-/Kleinschreibung.

Pattern	Text	match
\d	4	X
\D	;	X
\l	u	X
\l	U	-
\L	S	X
\s		X
\S	#	X
\u	U	X
\U	.	X
\w	A	X
\w	8	X
\W	:	X
\W	_	-

Äquivalenzklassen

Die Operatoren [..] und [==] sind für spätere Spracherweiterungen reserviert und lösen bei Verwendung innerhalb von Mengen derzeit die Ausnahme CX_SY_INVALID_REGEX aus.

28.5.3 Zeichenfolgenmuster
Zeichenfolgen werden durch Verkettungen oder Operatoren repräsentiert.

28.5.3.1 Verkettungen
Verkettungen sind gültige reguläre Ausdrücke, die hintereinandergeschrieben werden. Sind r und s reguläre Ausdrücke, stimmt die Verkettung rs mit allen Zeichenfolgen überein, die aus der Verkettung der mit r und s übereinstimmenden Zeichenfolgen gebildet werden können.

Beispiele
Die folgende Tabelle zeigt einige Ergebnisse einer Überprüfung. Dabei handelt es sich bei H[aeu]llo um die Verkettung fünf regulärer Ausdrücke für Einzelzeichen.

Pattern	Text	match
H[aeu]llo	Hallo	X
H[aeu]llo	Hello	X
H[aeu]llo	Hullo	X
H[aeu]llo	Hollo	-

28.5.3.2 Zeichenfolgenoperatoren
Die Operatoren für Zeichenfolgen werden aus den Sonderzeichen {, }, *, +, ?, |, (,) und \ aufgebaut. Die Sonderzeichen können durch das Voranstellen von \ oder das Einschließen in \Q ... \E zu Literalzeichen gemacht werden.

Verkettungen
Die Operatoren {n}, {n,m}, *, + und ? – wobei n und m natürliche Zahlen inklusive Null sind – können direkt hinter einen regulären Ausdruck r geschrieben werden und erzeugen dadurch Verkettungen rrr... des regulären Ausdrucks:

- Der reguläre Ausdruck r{n} ist gleichbedeutend mit einer n-fachen Verkettung von r. Der reguläre Ausdruck r{0} passt auf eine leere Zeichenfolge und damit auch auf den Offset vor dem ersten Zeichen einer Zeichenfolge, die Zwischenräume zwischen den Zeichen von Zeichenfolgen und den Offset hinter dem letzten Zeichen einer Zeichenfolge.
- Der reguläre Ausdruck r{n,m} ist gleichbedeutend mit mindestens n und höchstens m Verkettungen von r. Der Wert von n muss kleiner oder gleich dem Wert von m sein. Der Ausdruck r{n,} ist gleichbedeutend mit mindestens n Verkettungen von r.
- Der reguläre Ausdruck r? ist gleichbedeutend mit r{0,1}, d. h. dem Ausdruck r oder der leeren Zeichenfolge.
- Der reguläre Ausdruck r* ist gleichbedeutend mit r{0,}, d. h. einer beliebig langen Verkettung von r inklusive der leeren Zeichenfolge. Bei der Verwendung von Untergruppen (siehe unten) und bei einer Textsuche passt r* auf die größtmögliche Unterfolge (gieriges Verhalten).

- Der reguläre Ausdruck r+ ist gleichbedeutend mit r{1,}, d. h. einer beliebig langen Verkettung von r exklusive der leeren Zeichenfolge. Bei der Verwendung von Untergruppen und bei einer Textsuche passt r+ auf die größtmögliche Unterfolge (gieriges Verhalten).
- Die regulären Ausdrücke r{n,m}?, r*? und r+? sind für spätere Spracherweiterungen (genügsames Verhalten) reserviert und lösen derzeit die Ausnahme CX_SY_INVALID_REGEX aus.

Für einen regulären Ausdruck mit Verkettungsoperatoren gilt als primäre Regel, dass möglichst der gesamte Ausdruck passen muss. Diese Regel beschränkt die Länge von Zeichenfolgen, die zu Verkettungen mit den Operatoren * und + passen, und damit deren gieriges Verhalten.

Beispiele

Die folgende Tabelle zeigt einige Ergebnisse einer Überprüfung.

Pattern	Text	match
Hel{2}o	Hello	X
H.{4}	Hello	X
.{0,4}	Hello	-
.{4,}	Hello	X
.+H.+e.+l.+l.+o.+	Hello	-
x*Hx*ex*lx*lx*ox*	Hello	X
l+	ll	X

Im folgenden Beispiel wird der erste Teilausdruck a+ mit den ersten fünf Zeichen "aaaaa" aus text abgeglichen, während das letzte Zeichen "a" aus text für den zweiten Teilausdruck a vorbehalten bleibt.

```
DATA TEXT type STRING.
DATA result_tab TYPE match_result_tab.
text = 'aaaaaa'.
FIND ALL OCCURRENCES OF REGEX '(a+)(a)'
     IN text RESULTS result_tab.
```

Alternativen

Der Operator | kann zwischen zwei reguläre Ausdrücke r und s geschrieben werden und erzeugt dadurch einen einzigen regulären Ausdruck r|s, der sowohl mit r als auch mit s übereinstimmt.

Verkettungen und andere Operatoren binden stärker als |, d. h., r|st und r|s+ sind gleichbedeutend mit r|(?:st) bzw. r|(?:s+) und nicht mit (?:r|s)t bzw. (?:r|s)+.

Beispiele

Die folgende Tabelle zeigt einige Ergebnisse einer Überprüfung.

Pattern	Text	match
H(e|a|u)llo	Hello	X
H(e|a|u)llo	Hollo	-
He|a|ullo	Hallo	-
He|a|ullo	ullo	X

Untergruppen

Die Operatoren (...) und (?: ...) gruppieren Verkettungen von regulären Ausdrücken zu einer Einheit und beeinflussen dadurch den Wirkungsbereich anderer Operatoren wie * oder |, die darauf wirken. Die regulären Ausdrücke (r) und (?:r) stimmen dabei mit dem regulären Ausdruck r überein.

Das gierige Verhalten von Verkettungsoperatoren gilt auch für Untergruppen, und zwar von links nach rechts. Dabei wird aber nicht die Regel verletzt, dass primär der gesamte reguläre Ausdruck passen muss.

Beispiele

Die folgende Tabelle zeigt einige Ergebnisse einer Überprüfung. Dabei wirkt im ersten Ausdruck die Verkettung mit dem Operator + auf das Literalzeichen l, im zweiten und dritten Ausdruck auf die Untergruppe al.

Pattern	Text	match
Tral+a	Tralala	-
Tr(al)+a	Tralala	X
Tr(?:al)+a	Tralala	X

Untergruppen mit Registrierung

Der Operator (...) wirkt wie (?: ...) zur Bildung von Untergruppen. Zusätzlich werden beim Abgleich des regulären Ausdrucks mit einer Zeichenfolge die Teilfolgen, auf die die Untergruppen (...) des Ausdrucks passen, der Reihe nach in Registern abgespeichert. Jeder Untergruppe ist dabei ein Operator \1, \2, \3, ... zugeordnet, der innerhalb des Ausdrucks hinter seiner Untergruppe aufgeführt werden kann und dabei als Platzhalter für die im zugehörigen Register abgelegte Zeichenfolge wirkt. Bei Textersetzungen kann mit den Sonderzeichen $1, $2, $3, ... auf die letzte Belegung der Register zugegriffen werden. Die Anzahl der Untergruppen und Register ist nur durch die Kapazität der Plattform begrenzt.

Über den Zusatz SUBMATCHES der Anweisungen FIND und REPLACE bzw. die gleichnamige Spalte der mit dem Zusatz RESULTS gefüllten Ergebnistabelle kann auf den Inhalt aller Register einer Fundstelle zugegriffen werden. Die Klasse CL_ABAP_MATCHER enthält hierfür die Methode GET_SUBMATCH.

Beispiele

Die folgende Tabelle zeigt einige Ergebnisse einer Überprüfung. Die Verkettung (["']).+\1 stimmt dabei mit allen Textfolgen überein, bei denen das erste Zeichen " oder ' ist und das letzte Zeichen gleich dem ersten Zeichen ist. Für die beiden erfolgreichen Überprüfungen enthält das Register die Werte " bzw. '.

Pattern	Text	match
(["']).+\1	"Hello"	X
(["']).+\1	"Hello'	-
(["']).+\1	'Hello'	X

Das folgende Beispiel demonstriert das gierige Verhalten des Operators + in Untergruppen und das Zusammenspiel mit der primären Regel, dass möglichst der gesamte reguläre Ausdruck passen muss. Die erste Untergruppe beansprucht möglichst viele Zeichen "a". Ihr werden die ersten vier Zeichen "aaaa" zugeteilt. Für die beiden anderen Untergruppen verbleibt jeweils noch ein Zeichen "a".

```
DATA text TYPE string.
DATA result_tab TYPE match_result_tab.
text = 'aaaaaa'.
FIND ALL OCCURRENCES OF REGEX '(a+)(a+)(a+)'
     IN text RESULTS result_tab.
```

Literalzeichen

Die Operatoren \Q ... \E machen aus allen eingeschlossenen Zeichen eine Zeichenfolge von Literalzeichen, in denen Sonderzeichen keine Wirkung haben.

Die folgende Tabelle zeigt einige Ergebnisse einer Überprüfung.

pattern	Text	match
.+\w\d	Special: \w\d	-
.+\\w\\d	Special: \w\d	X
.+\Q\w\d\E	Special: \w\d	X

Reservierte Erweiterungen

Die Zeichenfolge (?...) ist generell für spätere Spracherweiterungen reserviert und löst mit Ausnahme der derzeit schon unterstützten Operatoren (?:...), (?=...), (?!...) und (?>...) die Ausnahme CX_SY_INVALID_REGEX aus.

28.5.4 Suchmuster

Eine Hauptanwendung regulärer Ausdrücke ist das Suchen (und nachfolgende Ersetzen) von Teilfolgen in Zeichenfolgen. In der Regel ist man an einer bestimmten Auswahl aller Teilfolgen interessiert, auf die ein regulärer Ausdruck passt. In ABAP wird das Suchen über reguläre Ausdrücke mit dem Zusatz REGEX der Anweisung FIND sowie durch eingebaute Zeichenkettenfunktionen realisiert, wobei die gefundenen Teilfolgen überschneidungsfrei nach der leftmost-longest-Regel ermittelt werden.

28.5.4.1 Leftmost-longest-Regel

Zuerst wird die am weitesten links stehende Teilfolge der Zeichenfolge ermittelt, auf die der reguläre Ausdruck passt ("leftmost"). Gibt es mehrere Teilfolgen, wird die längste Folge gewählt ("longest"). Anschließend wird dieser Vorgang für die hinter der Fundstelle beginnende Restfolge wiederholt.

Beispiel

Für den regulären Ausdruck `d*od*` werden fünf Teilfolgen in "doobedoddoo" gefunden: "do" an Offset 0, "o" an Offset 2, "dodd" an Offset 5, "o" an Offset 9 und "o" an Offset 10.

```
DATA result_tab TYPE match_result_tab.
FIND ALL OCCURRENCES OF regex 'd*od*' IN 'doobedoddoo'
                                RESULTS result_tab.
```

28.5.4.2 Suchmusteroperatoren

Die folgenden Operatoren unterstützen das Suchen in Zeichenfolgen. Diese Operatoren werden aus den Sonderzeichen ^, $, \, <, >, (,), = und ! aufgebaut. Die Sonderzeichen können durch das Voranstellen von \ zu Literalzeichen gemacht werden.

Anfang und Ende einer Zeile

Der Operator ^ wirkt als Ankerzeichen für den Offset vor dem ersten Zeichen einer Zeile. Der Operator $ wirkt als Ankerzeichen für den Offset hinter dem letzten Zeichen einer Zeile.

Zeichenartige Datenobjekte enthalten mindestens einen Zeilenanfang und ein Zeilenende, die wie folgt definiert sind:

- Bei einem Textfeld vom Typ c und den anderen zeichenartigen Datenobjekten fester Länge liegt ein Zeilenanfang vor dem ersten Zeichen und ein Zeilenende hinter der definierten Länge.
- Bei einem String vom Typ string liegt ein Zeilenanfang vor dem ersten Zeichen und ein Zeilenende hinter seiner aktuellen Länge.

Wenn ein zeichenartiges Datenobjekt Steuerzeichen für Zeilenumbruch oder Return enthält, kommen weitere Zeilenanfänge und Zeilenenden hinzu:

- Vor jedem Steuerzeichen für Zeilenumbruch oder Return liegt ein Zeilende.
- Hinter jedem Steuerzeichen für Zeilenumbruch oder Return liegt ein Zeilenanfang.

Hinweis

Innerhalb von ABAP-Programmen treten Steuerzeichen in der Regel nur beim Import extern generierter Datensätze oder bei der expliziten Angabe von Steuerzeichen in Zeichenketten-Templates auf.

Beispiel

Die Zeichenfolge in text enthält zwei über ein Zeichenketten-Template eingefügte Steuerzeichen für Zeilenumbrüche. Die erste Suche findet drei Zeilenanfänge mit den Offsets 0, 6 und 12. Die zweite Suche findet drei Zeilenenden mit den Offsets 5, 11 und 17.

```abap
DATA TEXT type STRING.
DATA result_tab TYPE match_result_tab.
text = |Line1\nLine2\nLine3|.
FIND ALL OCCURRENCES OF REGEX '^'
    IN text RESULTS result_tab.
FIND ALL OCCURRENCES OF REGEX '$'
    IN text RESULTS result_tab.
```

Anfang und Ende einer Zeichenfolge

Die Operatoren \A und \z wirken als Ankerzeichen für den Offset vor dem ersten Zeichen einer Zeichenfolge und dem Offset hinter dem letzten Zeichen einer Zeichenfolge. Mit dem Operator \A wird also immer der Offset 0 gefunden. Bei einem String vom Typ string wird mit \z der Offset hinter dem letzten Zeichen gefunden. Bei Textfeldern vom Typ c werden die schließenden Leerzeichen berücksichtigt, sodass mit \z immer der Offset hinter der definierten Länge gefunden wird.

Neben \z gibt es einen weiteren Operator \Z für das Ende einer Zeichenfolge. Der Operator \Z wirkt wie \z, wobei aber alle Zeilenumbrüche am Ende der Zeichenfolge ignoriert werden.

Solange eine Zeichenfolge keine Steuerzeichen enthält, verhalten sich die Operatoren ^, $ und \A, \z, \Z gleich.

Beispiele

Die folgende Suche findet "Smile" am Zeilenbeginn der ersten Zeile und am Zeilenende der letzten Zeile der internen Tabelle text_tab. Wäre der Zeilentyp string anstelle von c, würde "Smile" am Zeilenende jeder Zeile gefunden.

```abap
DATA text(10) TYPE c.
DATA text_tab LIKE TABLE OF text.
DATA result_tab TYPE match_result_tab.
APPEND 'Smile' TO text_tab.
APPEND ' Smile' TO text_tab.
APPEND '  Smile' TO text_tab.
APPEND '   Smile' TO text_tab.
APPEND '    Smile' TO text_tab.
APPEND '     Smile' TO text_tab.
FIND ALL OCCURRENCES OF regex '\A(?:Smile)|(?:Smile)\z'
    IN TABLE text_tab RESULTS result_tab.
```

Die folgenden Suchen zeigen den Unterschied zwischen \z und \Z. Die erste Suche ist nicht erfolgreich, da Zeilenumbrüche zwischen dem gesuchten Text und dem Ende der Zeichenfolge stehen. Diese werden bei der zweiten Suche ignoriert.

```abap
DATA text TYPE string.
text = |... this is the end\n\n\n|.
FIND REGEX 'end\z' IN text.
IF sy-subrc <> 0.
  WRITE / `There's no end.`.
ENDIF.
```

```
FIND REGEX 'end\Z' IN text.
IF sy-subrc = 0.
  WRITE / `The end is near the end.`.
ENDIF.
```

Anfang und Ende eines Wortes

Der Operator \< passt auf den Anfang, der Operator \> passt auf das Ende eines Wortes. Der Operator \b passt sowohl auf den Anfang als auch auf das Ende eines Wortes. Als Wörter gelten ununterbrochene Folgen alphanumerischer Zeichen.

Beispiel

Die folgende Suche findet die drei Wörter "One", "two" und "3". Anstelle des Ausdrucks \<[[:alnum:]]+\> kann auch \b[[:alnum:]]+\b verwendet werden.

```
DATA text TYPE string.
DATA result_tab TYPE match_result_tab.
text = `One, two, 3!`.
FIND ALL OCCURRENCES OF regex '\<[[:alnum:]]+\>'
    IN text RESULTS result_tab.
```

Vorausschau-Bedingungen

Der Operator (?=...) definiert einen regulären Ausdruck s als Folgebedingung für einen vorangegangenen regulären Ausdruck r. Der reguläre Ausdruck r(?=s) wirkt bei einer Suche wie der reguläre Ausdruck r, sofern der reguläre Ausdruck s auf die Teilfolge passt, die direkt auf die durch r gefundene Teilfolge folgt.

Der Operator (?!...) wirkt wie (?=...), mit dem Unterschied, dass r(?!s) auf die Teilfolge für r passt, wenn s nicht auf die folgende Teilfolge passt.

Die von der Vorausschau s gefundene Teilfolge ist nicht Teil der Übereinstimmung, die von r(?=s) gefunden wird.

Beispiel

Die folgende Suche findet die Teilfolge "la" an Offset 7.

```
DATA text TYPE string.
DATA result_tab TYPE match_result_tab.
text = `Shalalala!`.
FIND ALL OCCURRENCES OF REGEX '(?:la)(?=!)'
    IN text RESULTS result_tab.
```

Schnittoperator

Der Operator (?>...) greift in die Prozessierung der Suche nach Zeichenfolgenmuster ein. Die Suche erfolgt normalerweise nach der Leftmost-longest-Regel des POSIX-Standards. Erst werden alle möglichen ersten Übereinstimmungen festgestellt, und daraus wird dann die längste Übereinstimmung ausgewählt. Hierfür wird beim Abgleich von Verkettungen und Alternativen ein sogenanntes Backtracking durchgeführt. Dabei kehrt die Suche zu Verzweigungspunkten zurück, um festzustellen, ob eine andere Alternative oder eine weitere Iteration einer Verkettung zu einer längeren Übereinstimmung führt.

Der Schnittoperator schaltet dieses Backtracking für den enthaltenen Unterausdruck aus. Die gesamte Suche wird nach dem ersten erfolgreichen Abgleich des Unterausdrucks abgebrochen und das Ergebnis zurückgeliefert, wodurch die Leftmost-longest-Regel und auch die Regel, dass möglichst der gesamte Ausdruck passen muss, außer Kraft gesetzt werden.

Hinweise
- Bei Verwendung des Schnittoperators wird im Prinzip das Suchverhalten regulärer Ausdrücke in Perl simuliert, die nicht dem POSIX-Standard folgen.
- Der Schnittoperator sollte nur von sehr erfahrenen Entwicklern für Aufgaben verwendet werden, die anders absolut nicht lösbar sind.

Beispiel
Die erste Suche ohne Schnittoperator findet "aabbaaaa" an Offset 2. Die zweite Suche mit Schnittoperator findet davon nur "aabb". Dies entspricht der ersten Alternative. Die Suche nach der zweiten Alternative, die in diesem Fall länger wäre, wird nicht ausgeführt. Die dritte Suche ist nicht erfolgreich. Der Teilausdruck a+ erfasst alle auf Offset 2 folgenden Zeichen des Textes (gieriges Verhalten), sodass für das einzelne Muster a außerhalb des Schnittoperators kein Zeichen mehr übrig bleibt. Letzteres verletzt die sonst gültige allgemeine Regel, dass primär der gesamte reguläre Ausdruck passen muss.

```
DATA text TYPE string.
DATA moff TYPE i.
DATA mlen TYPE i.
text = `xxaabbaaaaxx`.
FIND REGEX 'a+b+|[ab]+' IN text MATCH OFFSET moff
                                MATCH LENGTH mlen.
IF sy-subrc = 0.
  WRITE / text+moff(mlen).
ENDIF.
FIND REGEX '(?>a+b+|[ab]+)' IN text MATCH OFFSET moff
                                    MATCH LENGTH mlen.
IF sy-subrc = 0.
  WRITE / text+moff(mlen).
ENDIF.
FIND REGEX '(?>a+|a)a' IN text MATCH OFFSET moff
                               MATCH LENGTH mlen.
IF sy-subrc <> 0.
  WRITE / 'Nothing found'.
ENDIF.
```

28.5.5 Ersetzungsmuster

Neben dem Suchen ist das Ersetzen von Teilfolgen in Zeichenfolgen die wichtigste Anwendung regulärer Ausdrücke. Beim Ersetzen werden die Fundstellen einer Suche, d. h. die Teilfolgen, auf die ein regulärer Ausdruck passt, durch eine oder mehrere verschiedene Zeichenfolgen ersetzt. In ABAP wird das Ersetzen über reguläre Ausdrücke mit dem Zusatz REGEX der Anweisung REPLACE sowie durch eingebaute Zeichenkettenfunktionen realisiert.

Im Gegensatz zu normalen Textersetzungen können bei der Verwendung regulärer Ausdrücke Operatoren im Ersetzungstext verwendet werden, die Bezug auf die jeweilige Fundstelle nehmen.

28.5.5.1 Ersetzungstexte

Die folgenden Operatoren können im Ersetzungstext angegeben werden. Diese Operatoren werden aus den Sonderzeichen $, &, ` und ´ aufgebaut. Die Sonderzeichen können durch das Voranstellen von \ zu Literalzeichen gemacht werden.

Gesamte Fundstelle

Die Operatoren $0 und $& können im Ersetzungstext als Platzhalter für die gesamte aktuelle Fundstelle angegeben werden.

Beispiel
Nach der Ersetzung enthält text den Inhalt "Yeah Yeah Yeah!".

```
DATA: text TYPE string.
text = `Yeah!`.
REPLACE REGEX `\w+` IN text WITH `$0 $0 $&`.
```

Register von Untergruppen

Die Operatoren $1, $2, $3, ... können im Ersetzungstext als Platzhalter für die in den Registern der Untergruppen zur aktuellen Fundstelle abgelegten Zeichenfolgen verwendet werden. Ist die n-te Untergruppe nicht vorhanden oder wurde sie bei der Übereinstimmung nicht versorgt, wird der entsprechende Operator $n durch die leere Zeichenfolge ersetzt.

Beispiel
Nach der Ersetzung enthält text den Inhalt "Roll'n'Rock".

```
DATA: text TYPE string.
text = `Rock'n'Roll`.
REPLACE REGEX `(\w+)(\W\w\W)(\w+)` IN text WITH `$3$2$1`.
```

Text vor der Fundstelle

Der Operator $` kann im Ersetzungstext als Platzhalter für den gesamten Text vor der aktuellen Fundstelle verwendet werden. Werden mehrere Fundstellen mittels REPLACE ALL OCCURRENCES ersetzt, enthält $` bei jeder Fundstelle den unveränderten Text vom Textanfang bis zum Beginn der Fundstelle.

Beispiel
Nach der Ersetzung enthält text den Inhalt »again and again«.

```
DATA: text TYPE string.
text = `again and`.
REPLACE REGEX 'and' IN text WITH '$0 $`'.
```

Text hinter der Fundstelle
Der Operator $' kann im Ersetzungstext als Platzhalter für den gesamten Text hinter der aktuellen Fundstelle verwendet werden.

Beispiel
Nach der Ersetzung enthält text den Inhalt »and again and«.

```
DATA: text TYPE string.
text = `again and`.
REPLACE REGEX `again ` IN text WITH `$' $0`.
```

28.5.6 Vereinfachte reguläre Ausdrücke

Neben den regulären Ausdrücken nach erweitertem POSIX-Standard IEEE 1003.1 bietet die Klasse CL_ABAP_REGEX zusätzlich einen Alternativtyp vereinfachter regulärer Ausdrücke mit eingeschränkter Funktionalität an. Wenn an den Eingabeparameter simple_regex der Wert "X" übergeben wird, wird der reguläre Ausdruck gemäß der vereinfachten Syntax betrachtet. Diese vereinfachten regulären Ausdrücke (kurz: vereinfachte Ausdrücke) unterstützten nicht alle POSIX-Operatoren und verwenden eine teilweise abweichende Syntax. Die Semantik der regulären Ausdrücke und der vereinfachten Ausdrücke ist jedoch gleich.

Tabelle 28.22 gibt einen Überblick über die Syntaxunterschiede zwischen regulären Ausdrücken und vereinfachten regulären Ausdrücken.

Reguläre Syntax	Vereinfachte Syntax
*	*
+	nicht unterstützt
{ }	\{ \}
( )	\(\)
[ ]	[ ]
|	nicht unterstützt
(?=) (?!)	nicht unterstützt
(?:)	nicht unterstützt

Tabelle 28.22 Vereinfachte reguläre Ausdrücke

Die Tabelle zeigt, dass viele Sonderzeichen der regulären Syntax in der vereinfachten Syntax ihre Wirkung verlieren. Runden und geschweiften Klammern muss das Zeichen \ vorangestellt werden, wenn sie wie in der regulären Syntax wirken sollen.

Hinweis
Die vereinfachte Syntax entspricht der Syntax regulärer Ausdrücke im Befehl grep von Unix.

Beispiel
Die Tabelle zeigt den Unterschied in der Klammerung zwischen regulärer und vereinfachter Syntax. Die beiden letzten Spalten zeigen Beispiele, auf die die Ausdrücke der ersten Spalte je nach verwendeter Syntax passen.

Pattern	Reguläre Syntax	Vereinfachte Syntax
(.)	a	(a)
\(.\)	(a)	a

Beispiel

Die erste Suche erfolgt mit regulärer Syntax, und es werden die ersten drei Buchstaben "aaa" gefunden. In der zweiten Suche mit vereinfachter Syntax hat "+" keine Bedeutung als Sonderzeichen, und es wird die Unterfolge "a+" ab Offset 2 gefunden.

```
DATA: regex TYPE REF TO cl_abap_regex,
      res   TYPE          match_result_tab.
CREATE OBJECT regex
  EXPORTING
    pattern      = 'a+'
    simple_regex = abap_false.
FIND ALL OCCURRENCES OF REGEX regex IN 'aaa+bbb' RESULTS res.
CREATE OBJECT regex
  EXPORTING
    pattern      = 'a+'
    simple_regex = abap_true.
FIND ALL OCCURRENCES OF REGEX regex IN 'aaa+bbb' RESULTS res.
```

28.5.7 Reguläre Ausdrücke überprüfen

Zum Überprüfen regulärer Ausdrücke können eingebaute Funktionen oder Systemklassen verwendet werden.

28.5.7.1 Eingebaute Funktionen verwenden

Mit der Prädikatfunktion `matches` (ab Release 7.02/7.2) kann wie folgt überprüft werden, ob ein an regex übergebener regulärer Ausdruck auf die an val übergebene Zeichenfolge passt:

```
... matches( val = ... regex = ... ) ...
```

Die Funktion `matches` kann wie ein logischer Ausdruck z. B. hinter IF verwendet werden. Es ist dabei zu beachten, dass die Groß-/Kleinschreibung immer berücksichtigt wird. Wenn ohne Beachtung der Groß-/Kleinschreibung überprüft werden soll, müssen die Inhalte vor oder während des Funktionsaufrufs entsprechend umgesetzt werden, oder es können Systemklassen verwendet werden.

28.5.7.2 Systemklassen verwenden

Die Systemklassen für reguläre Ausdrücke sind CL_ABAP_REGEX und CL_ABAP_MATCHER. Zum einfachen Überprüfen regulärer Ausdrücke genügt CL_ABAP_MATCHER:

```
DATA: matcher TYPE REF TO cl_abap_matcher,
      match   TYPE c LENGTH 1.
```

```
matcher = cl_abap_matcher=>create( pattern     = ...
                                   ignore_case = ...
                                   text        = ... ).
match = matcher->match( ).
```

Das Datenobjekt match enthält den Wert "X", wenn der an pattern übergebene reguläre Ausdruck auf die an text übergebene Zeichenfolge passt.

Das folgende Programm hat die gleiche Funktionalität, arbeitet aber mit expliziter Erzeugung eines Objekts der Klasse CL_ABAP_REGEX. Diese Form ist bei mehrfacher Verwendung des gleichen regulären Ausdrucks für verschiedene Texte performanter als obige Kurzform.

```
DATA: regex   TYPE REF TO cl_abap_regex,
      matcher TYPE REF TO cl_abap_matcher,
      match   TYPE c LENGTH 1.
CREATE OBJECT regex EXPORTING pattern     = ...
                              ignore_case = ...
matcher = regex->create_matcher( text = ... ).
match = matcher->match( ).
```

28.5.8 Ausnahmen in regulären Ausdrücken

Wenn ein regulärer Ausdruck zwar syntaktisch korrekt, aber zu komplex ist, kann er von der im ABAP-Kernel integrierten Boost.Regex Library nicht ausgeführt werden. In einem solchen Fall kommt es zu einer Ausnahme der Klasse CX_SY_REGEX_TOO_COMPLEX.

Ein regulärer Ausdruck ist zu komplex, falls die Anzahl von Zustandsübergängen eine gewisse Grenze überschreitet. Dies ist in der Regel der Fall, wenn es sich um ungünstig programmierte oder inadäquate reguläre Ausdrücke handelt, die für bestimmte Texte zu extensiven Rückverfolgungen führen würden.

Das Auftreten der Ausnahme CX_SY_REGEX_TOO_COMPLEX hängt sowohl vom regulären Ausdruck als auch vom zu überprüfenden Text ab. Ein regulärer Ausdruck, der bei einem Text funktioniert, kann bei einem anderen Text zur Ausnahme führen.

Beispiel
Betrachten wir folgende vermeintlich einfache Suche mit einem syntaktisch korrekten regulären Ausdruck:

```
FIND REGEX '.*X.*' IN text.
IF sy-subrc = 0.
  ...
ENDIF.
```

Diese Anweisung führt ab einer Textlänge von mehreren hundert Zeichen immer zur oben genannten Ausnahme. Wegen der Leftmost-longest-Regel und des gierigen Verhaltens des Verkettungsoperators * müssen alle Fundstellen von Unterfolgen, die zum ersten Teil des regulären Ausdrucks (.*) passen, intern gespeichert werden, bis das letzte X gefunden wurde. Eine Verkettung wie .*, die zu beliebigen Unterfolgen passt, sollte am Anfang eines regulären Ausdrucks in der Regel also vermieden werden.

Die obige Suche ist für jede Zeichenkette erfolgreich, die mindestens ein X und sonst beliebige Zeichen enthält. Anstelle eines regulären Ausdrucks kann in diesem Fall also einfach eine Suche nach einer Unterfolge oder der Vergleichsoperator CS verwendet werden:

```
FIND SUBSTRING 'X' IN text.
IF sy-subrc = 0.
  ...
ENDIF.
```

oder

```
IF text CS 'X'.
  ...
ENDIF.
```

28.6 Ausdrücke und Funktionen für die Bytekettenverarbeitung

An vielen Operandenpositionen können Bit-Ausdrücke und binäre Funktionen für die Bytekettenverarbeitung aufgeführt werden.

28.6.1 Bit-Ausdrücke

bit_exp – Bit-Ausdrücke

Syntax

```
... [BIT-NOT] operand1
    [{BIT-AND|BIT-OR|BIT-XOR} [BIT-NOT] operand2
    [{BIT-AND|BIT-OR|BIT-XOR} [BIT-NOT] operand3
    ... ]]
```

Ein Bit-Ausdruck formuliert eine binäre Berechnung. Das Ergebnis eines Bit-Ausdrucks ist eine Bytekette, die in der Rechenlänge vorliegt, die dem Bit-Ausdruck zugeordnet ist. In einem Bit-Ausdruck bit_exp kann ein Operand operand1 über Bit-Operatoren BIT-AND, BIT-OR oder BIT-XOR mit einem oder mehreren Operanden operand2, operand3, ... verknüpft werden, wobei Klammerungen möglich sind. Bit-Ausdrücke kommen in der Anweisung COMPUTE oder an Lesepositionen bestimmter Anweisungen (ab Release 7.02/7.2) vor.

Die Operandenpositionen operand sind allgemeine Ausdruckspositionen, d.h., es können byteartige Datenobjekte, funktionale Methoden mit byteartigem Rückgabewert oder geklammerte Bit-Ausdrücke angegeben werden (ab Release 7.02/7.2). Die Bit-Operatoren BIT-AND, BIT-OR und BIT-XOR verknüpfen zwei benachbarte Operanden. Bei der Auswertung des Ausdrucks wird daraus ein byteartiger Wert berechnet, der mit dem nächsten benachbarten Operanden verknüpft wird. Die Priorität der Verknüpfung richtet sich nach den verwendeten Operatoren, wobei bei der Verwendung funktionaler Methoden das Gleiche wie in arithmetischen Ausdrücken gilt.

Vor jedem Operanden kann einmal oder mehrmals der Bit-Operator BIT-NOT angegeben werden, um den Wert des Operanden zu negieren. Bei gerader Anzahl von BIT-NOT bleibt der Operand unverändert. Bei ungerader Anzahl wird er negiert.

Beispiel
Mengenoperationen lassen sich effizient durch Bit-Folgen abbilden. Enthält eine Menge n Elemente, kann die Existenz eines Elements i aus n in einem byteartigen Feld durch eine 1 an der Position i dargestellt werden. Die Aufnahme eines Elements in eine Menge kann u. a. mit der Anweisung SET BIT vorgenommen werden. Mit den Operatoren BIT-AND, BIT-OR und BIT-XOR lassen sich dann die Durchschnittsmenge, die Vereinigungsmenge und die symmetrische Differenz unterschiedlicher Mengen bilden.

In diesem Beispiel werden die Merkmale von beispielsweise Personengruppen durch Bit-Folgen in den Feldern p1, p2, p3 vom Typ x abgebildet. Durch den Bit-Operator BIT-AND wird anschließend ermittelt, welche Merkmale bei allen Personen gemeinsam auftreten. Das Ergebnis zeigt, dass nur das achte Merkmal bei allen Personen übereinstimmt.

```
DATA:
  res TYPE x LENGTH 1,
  p1  TYPE x LENGTH 1 VALUE '5B',     "01011011
  p2  TYPE x LENGTH 1 VALUE '13',     "00010011
  p3  TYPE x LENGTH 1 VALUE 'A5'.     "10100101
res = p1 BIT-AND p2 BIT-AND p3.       "00000001
```

28.6.1.1 Bit-Operatoren

Tabelle 28.23 zeigt die möglichen Bit-Operatoren. Diese arbeiten mit den einzelnen Bits der Operanden. Die Rechenlänge wird durch die beteiligten Operanden bestimmt. Die Verknüpfung zweier Operanden mit BIT-AND, BIT-OR, BIT-XOR hat ein Ergebnis dieser Länge, in dem jedes Bit aus den Bits der entsprechenden Positionen in den Operanden gemäß der Tabelle gesetzt wird. Der Operator BIT-NOT ändert die Bits des rechts von ihm stehenden Operanden, wie in der Tabelle gezeigt.

x	y	BIT-NOT x	x BIT-AND y	x BIT-XOR y	x BIT-OR y
0	0	1	0	0	0
0	1	1	0	1	1
1	0	0	0	1	1
1	1	0	1	0	1

Tabelle 28.23 Bit-Operatoren

Die Anordnung der Spalten in der Tabelle gibt die Priorität der Bit-Operatoren wieder. Der Operator BIT-NOT hat die höchste, BIT-OR die niedrigste Priorität. Innerhalb einer Klammerebene (siehe unten) werden die Ergebnisse von Operatoren höherer Priorität vor den Ergebnissen mit Operatoren niedrigerer Priorität gebildet. Bei benachbarten Operatoren gleicher Priorität wird die Auswertung von links nach rechts durchgeführt, außer beim Operator BIT-NOT, der von rechts nach links ausgeführt wird.

28.6.1.1 Klammerung

```
bit_exp - ( )
```

Syntax
```
... ( bit_exp )
```

Ein vollständiger Bit-Ausdruck `bit_exp` kann in runde Klammern gesetzt werden. Ein geklammerter Bit-Ausdruck kann als Operand eines anderen Bit-Ausdrucks verwendet werden und wird dann zuerst berechnet.

28.6.1.2 Rechenlänge

Einem Bit-Ausdruck ist eine Rechenlänge zugeordnet, in der die Operation ausgeführt wird. Die Rechenlänge ist die Länge des größten beteiligten Operanden des Bit-Ausdrucks. Anders als beim Rechentyp eines arithmetischen Ausdrucks geht der Typ des Resultats nicht mit ein.

Vor der Auswertung des gesamten Ausdrucks werden alle beteiligten Operanden nach den Regeln für Quellfeld Typ `x` bzw. `xstring` in die Länge des größten beteiligten Operanden konvertiert, d. h., kürzere Operanden werden rechts mit hexadezimal 0 aufgefüllt.

Das in der Rechenlänge vorliegende Ergebnis wird wie folgt behandelt:

- Bei Verwendung in der Anweisung `COMPUTE` wird das Endergebnis des gesamten Ausdrucks nach den Regeln für Quellfeld Typ `x` bzw. `xstring` in die Länge des Datenobjekts `result` konvertiert.

- Bei Verwendung in logischen Ausdrücken wird das Ergebnis in der Länge, die bei der Berechnung entstanden ist, als Operand verwendet.

- Bei Verwendung als Aktualparameter für Eingabeparameter von Methoden wird das Endergebnis des gesamten Ausdrucks nach den Regeln für Quellfeld Typ `x` bzw. `xstring` in die Länge des Formalparameters konvertiert. Wenn der Formalparameter generisch typisiert ist, wird er auf den Typ `x` in der durch die Operanden bestimmten Länge gesetzt.

28.6.2 Bytekettenfunktionen

Bytekettenfunktionen sind ein Teil der eingebauten Funktionen. Sie sind unterteilt in eine Beschreibungsfunktion für byteartige Datentypen und eine Bit-Funktion (ab Release 7.02/7.2). Die Funktion `boolx` gehört im Prinzip auch zu den Bit-Funktionen, wird aber in ihrer Eigenschaft als logische Funktion behandelt.

28.6.2.1 Längenfunktion

```
xstrlen( )
```

Syntax
```
... xstrlen( arg )
```

Die Funktion `xstrlen` gibt die Anzahl der Bytes in `arg` zurück. Das Argument `arg` ist eine byteartige funktionale Operandenposition (ab Release 7.02/7.2). Der Rückgabewert ist vom Typ `i`. Zurzeit ist die Längenfunktion die einzige Beschreibungsfunktion für byteartige Argumente.

28.6.2.2 Bit-Funktion

`bit_set( )`

Syntax

`... bit-set( arg )`

[7.02 7.2]

Ab Release 7.02/7.2. Diese Funktion erwartet als Argument einen ganzzahligen numerischen Wert. Das Argument ist eine numerische Ausdrucksposition.

Wenn das Argument positiv ist, erzeugt die Funktion ein Ergebnis vom Typ xstring, in dem das Bit an der durch das Argument angegebenen Stelle den Wert 1 hat. Alle anderen Bits haben den Wert 0.

Wenn das Argument den Wert 0 hat, ist das Ergebnis ein leerer Bytestring. Im Unterschied zur Anweisung SET BIT muss das Ergebnisfeld nicht bereits vorher gefüllt sein.

Wenn das Argument negativ ist, erzeugt die Funktion ein Ergebnis vom Typ xstring, in dem alle Bits bis einschließlich der durch das Argument angegebenen Stelle den Wert 1 und alle Bits hinter dieser Stelle den Wert 0 haben.

Die Länge des Ergebnisses entspricht der minimalen Anzahl von Bytes, die zur Aufnahme der gesetzten Bits benötigt werden.

Die Funktion kann an allen Stellen verwendet werden, an denen auch ein Bit-Ausdruck verwendet werden kann, insbesondere also auch in Bit-Ausdrücken selbst. Sie kann nicht an erweiterten funktionalen Operandenpositionen angegeben werden.

28.7 Systemklassen für die Zeichen- und Bytekettenverarbeitung

28.7.1 Stringverarbeitung

Die Klasse CL_ABAP_STRING_UTILITIES enthält Methoden zur Bearbeitung von Textstrings.

28.7.2 Komprimierung

Mit den folgenden Systemklassen wird eine Reihe von Methoden angeboten, die es ermöglichen, Texte in Textfeldern bzw. Textstrings oder Binärdaten in Bytefeldern bzw. Bytestrings mit GZIP zu komprimieren bzw. zu dekomprimieren:

- CL_ABAP_GZIP
- CL_ABAP_GZIP_BINARY_STREAM
- CL_ABAP_GZIP_TEXT_STREAM
- CL_ABAP_UNGZIP_BINARY_STREAM
- CL_ABAP_UNGZIP_TEXT_STREAM

29 Interne Tabellen

Dieses Kapitel beschreibt die Sprachelemente, die speziell zur Bearbeitung von Daten in internen Tabellen vorgesehen sind.

29.1 Eigenschaften interner Tabellen

Interne Tabellen sind ein Mittel, um variable Datenmengen einer festen Struktur im Arbeitsspeicher von ABAP abzuspeichern. Eine interne Tabelle ist ein Datenobjekt, das beliebig viele Zeilen eines beliebigen Datentyps enthalten kann, deren Anzahl nicht statisch festgelegt ist. Der Datentyp einer internen Tabelle ist ein Tabellentyp. Der Tabellentyp legt neben dem Zeilentyp die Tabellenart und die Tabellenschlüssel fest.

Interne Tabellen bieten die Funktionalität dynamischer Arrays und entlasten den Programmierer vom Aufwand der programmgesteuerten dynamischen Speicherverwaltung. Ein wichtiges Einsatzgebiet interner Tabellen ist die programminterne Speicherung und Aufbereitung von Inhalten aus Datenbanktabellen. Darüber hinaus sind interne Tabellen im Verbund mit Strukturen das wichtigste Mittel, um sehr komplexe Datenstrukturen in einem ABAP-Programm zu definieren.

29.1.1 Tabellentyp

Ein im ABAP Dictionary oder mit TYPES bzw. DATA definierter Tabellentyp ist vollständig spezifiziert durch:

- **Zeilentyp**
  Der Zeilentyp einer internen Tabelle kann ein beliebiger Datentyp sein. Wenn der Zeilentyp strukturiert ist, bezeichnet man die einzelnen Komponenten einer Zeile auch als Spalten der internen Tabelle.

- **Tabellenart**
  Die Tabellenart definiert, wie eine interne Tabelle verwaltet wird und wie auf einzelne Zeilen zugegriffen werden kann. Es gibt drei Tabellenarten:
  - Standardtabellen werden intern durch einen primären Tabellenindex verwaltet, der bei Bedarf durch einen logischen Index verwirklicht wird. Der Zugriff kann über einen Tabellenindex oder einen Tabellenschlüssel erfolgen. Der Primärschlüssel einer Standardtabelle ist immer nicht-eindeutig. Beim Zugriff über den Primärschlüssel hängt die Antwortzeit linear von der Anzahl der Tabelleneinträge ab. Für effiziente Schlüsselzugriffe auf Standardtabellen können ab Release 7.02/7.2 sekundäre Tabellenschlüssel definiert werden.
  - Sortierte Tabellen werden intern ebenfalls durch einen primären Tabellenindex verwaltet. Sie liegen immer sortiert nach dem primären Tabellenschlüssel vor. Die Sortierreihenfolge ist der Größe nach aufsteigend und entspricht dem Ergebnis der Anweisung SORT ohne Angabe von Zusätzen. Der Zugriff kann über einen Tabellenindex oder einen

29 | Interne Tabellen

Tabellenschlüssel erfolgen. Der Primärschlüssel sortierter Tabellen kann eindeutig oder nicht-eindeutig sein. Beim Zugriff über den Primärschlüssel hängt die Antwortzeit logarithmisch von der Anzahl der Tabelleneinträge ab, da der Zugriff über eine binäre Suche erfolgt.

▶ Hash-Tabellen werden intern durch einen Hash-Algorithmus verwaltet. Der Zugriff auf Hash-Tabellen ist über einen Tabellenschlüssel oder einen sekundären Tabellenindex (ab Release 7.02/7.2) möglich. Der Primärschlüssel von Hash-Tabellen ist immer eindeutig. Beim Zugriff über den Primärschlüssel ist die Antwortzeit unabhängig von der Anzahl der Tabelleneinträge konstant.

▶ **Tabellenschlüssel**
Ein Tabellenschlüssel dient der Identifikation von Tabellenzeilen. Es gibt zwei mögliche Schlüsselarten für interne Tabellen, nämlich einen primären Tabellenschlüssel und optionale sekundäre Tabellenschlüssel (ab Release 7.02/7.2). Jede interne Tabelle hat einen Primärschlüssel, der entweder ein selbst definierter Schlüssel oder der Standardschlüssel ist. Der Primärschlüssel kann je nach Tabellenart als eindeutig oder nicht-eindeutig festgelegt werden. Ein Sekundärschlüssel ist entweder ein sortierter Schlüssel, der eindeutig oder nicht-eindeutig sein kann, oder ein eindeutiger Hash-Schlüssel. Bei eindeutigen Schlüsseln kann eine Zeile mit einem bestimmten Inhalt der Schlüsselfelder nur einmal in der internen Tabelle vorkommen. Ein Tabellenschlüssel kann aus Komponenten des Zeilentyps oder der gesamten Zeile (Pseudokomponente `table_line`) bestehen, wenn diese keine internen Tabellen sind oder enthalten. Bei der Definition eines Tabellenschlüssels ist die Reihenfolge der Schlüsselfelder signifikant.

Ein im ABAP Dictionary oder mit TYPES definierter Tabellentyp muss im Gegensatz zu allen anderen Datentypen nicht vollständig spezifiziert sein. Bei der Definition können entweder nur die Schlüssel oder der Zeilentyp und die Schlüssel unspezifiziert bleiben. Ein solcher Typ ist generisch und kann ausschließlich für Typisierungen von Feldsymbolen und Formalparametern verwendet werden. Hierfür stehen auch die vordefinierten generischen ABAP-Typen ANY TABLE und INDEX TABLE zur Verfügung. Der erste umfasst alle Tabellenarten, der zweite Standard- und sortierte Tabellen, die sogenannten Indextabellen.

Interne Tabellen gehören wie Strings zu den dynamischen Datenobjekten. Sie sind im Hinblick auf Zeilentyp, Tabellenart und Tabellenschlüssel immer vollständig spezifiziert, die Anzahl der Zeilen ist jedoch beliebig und nur durch die Kapazitätsschranken konkreter Systeminstallationen beschränkt (siehe Abschnitt 65.1).

29.1.2 Tabellenart

Welche Tabellenart im Einzelfall einzusetzen ist, richtet sich danach, welche Einzelzeilenzugriffe am häufigsten für die Tabelle angewandt werden. Für Tabellen mit Sekundärschlüsseln werden diese Regeln ab Release 7.02/7.2 entsprechend relativiert. Es gibt folgende Tabellenarten:

▶ **Standardtabellen**
Diese Tabellenart eignet sich immer dann, wenn die einzelnen Einträge über den Index angesprochen werden können. Der Indexzugriff ist der schnellstmögliche Zugriff auf

Tabelleneinträge. Das Füllen einer Standardtabelle sollte über das Anhängen von Zeilen mit APPEND und die übrigen Zugriffe mit einer Indexangabe (Zusatz INDEX der entsprechenden Anweisungen) erfolgen. Da der Aufwand für Zugriffe über den Primärschlüssel auf Standardtabellen linear mit der Anzahl der Tabelleneinträge steigt, sollten solche Zugriffe auf Standardtabellen möglichst nur dann verwendet werden, wenn das Füllen der Tabelle von der übrigen Verarbeitung entkoppelt werden kann. Wenn eine Standardtabelle nach dem Füllen sortiert wird, hängt ein Schlüsselzugriff mit binärer Suche (BINARY SEARCH) nur noch logarithmisch von der Anzahl der Tabelleneinträge ab.

- **Sortierte Tabellen**
Diese Tabellenart eignet sich immer dann, wenn die Tabelle schon beim Aufbau sortiert vorliegen muss. Das Füllen der Tabelle erfolgt dann durch Einfügen mit INSERT gemäß der durch den primären Tabellenschlüssel definierten Sortierreihenfolge. Bei Schlüsselzugriffen hängt der Aufwand logarithmisch von der Anzahl der Tabelleneinträge ab, da automatisch eine binäre Suche durchgeführt wird. Sortierte Tabellen eignen sich insbesondere auch für teilsequenzielle Verarbeitungen in einer LOOP-Schleife, wenn Anfangsstücke des Tabellenschlüssels in der WHERE-Bedingung angegeben werden.

- **Hash-Tabellen**
Diese Tabellenart eignet sich immer dann, wenn Schlüsselzugriffe die zentrale Operation auf Tabelleneinträge darstellen. Bei Hash-Tabellen sind keine Indexzugriffe möglich. Dafür ist bei Schlüsselzugriffen der Aufwand pro Zugriff immer konstant und unabhängig von der Anzahl der Tabelleneinträge. Wie bei Datenbanktabellen ist der Schlüssel von Hash-Tabellen immer eindeutig. Hash-Tabellen eignen sich also auch, um datenbankähnliche interne Tabellen aufzubauen und entsprechend zu verwenden.

29.1.3 Tabellenschlüssel

Interne Tabellen haben immer einen primären Tabellenschlüssel und können ab Release 7.02/7.2 bis zu 15 optionale sekundäre Tabellenschlüssel haben. Wenn bei einer Standardtabelle kein expliziter primärer Schlüssel definiert wird, hat sie automatisch einen Standardschlüssel.

29.1.3.1 Primärer Tabellenschlüssel

Jede interne Tabelle hat einen primären Tabellenschlüssel, der einen Zugriff auf einzelne Zeilen der Tabelle über eine Schlüsselangabe erlaubt. Der primäre Tabellenschlüssel hat folgende Eigenschaften:

- Die Komponenten des primären Tabellenschlüssels werden über die Zusätze UNIQUE|NON-UNIQUE KEY der Anweisungen TYPES, DATA usw. deklariert.
- Eine besondere Rolle spielt der Standardschlüssel, der sowohl explizit als auch implizit deklariert werden kann.
- Der primäre Tabellenschlüssel einer Standardtabelle kann auch leer sein, d. h., es sind keine Schlüsselfelder enthalten.
- Bei Schlüsselzugriffen auf interne Tabellen wird implizit immer der Primärschlüssel verwendet, solange kein Sekundärschlüssel angegeben ist.

- Der Primärschlüssel hat ab Release 7.02/7.2 den vorgegebenen Namen "primary_key", über den er in Anweisungen auch explizit angesprochen werden kann.
- Der Zugriff auf eine interne Tabelle über den primären Tabellenschlüssel wird über die Tabellenart und nicht über den Tabellenschlüssel bestimmt. Bei sortierten Tabellen und Hash-Tabellen ist ein Schlüsselzugriff über den primären Tabellenschlüssel immer optimiert. Bei einem Primärschlüsselzugriff auf Standardtabellen wird dagegen eine lineare Suche durchgeführt.
- Die Schlüsselfelder des primären Tabellenschlüssels von sortierten Tabellen und Hash-Tabellen sind immer schreibgeschützt.
- Bei sortierten Tabellen und Hash-Tabellen gibt es für den primären Tabellenschlüssel eine eigene Schlüsselverwaltung, die den optimierten Zugriff ermöglicht, aber auch in den Speicherbedarf der internen Tabelle eingeht. Bei Standardtabellen gibt es keine eigene Verwaltung des primären Tabellenschlüssels.

Hinweise
- Da es bei sortierten Tabellen und Hash-Tabellen im Gegensatz zu Standardtabellen eine echte Schlüsselverwaltung für den Primärschlüssel gibt, werden diese auch unter dem Begriff Schlüsseltabellen zusammengefasst.

- Um einen optimierten Schlüsselzugriff auf Standardtabellen zu erreichen, können Sekundärschlüssel verwendet werden (ab Release 7.02/7.2).

29.1.3.2 Standardschlüssel

Der Standardschlüssel ist ein spezieller primärer Tabellenschlüssel einer internen Tabelle. Die Schlüsselfelder des Standardschlüssels sind wie folgt definiert:

- Bei Tabellen mit strukturiertem Zeilentyp wird der Standardschlüssel aus allen Komponenten mit zeichenartigem und byteartigem Datentyp gebildet, wobei Unterstrukturen nach elementaren Komponenten aufgelöst werden. Wenn der Zeilentyp keine solchen Komponenten enthält, ist der Standardschlüssel bei Standardtabellen leer, d. h., er enthält keine Schlüsselfelder.
- Bei Tabellen mit nicht-strukturiertem Zeilentyp ist der Standardschlüssel die gesamte Tabellenzeile, falls der Zeilentyp nicht selbst tabellenartig ist. Wenn der Zeilentyp tabellenartig ist, ist der Standardschlüssel bei Standardtabellen leer.

Bei sortierten Tabellen und Hash-Tabellen sind keine leeren Standardschlüssel möglich, und es kommt zu einem Fehler, wenn versucht wird, einen solchen Schlüssel anzulegen.

Der Standardschlüssel kann wie folgt deklariert werden:

- Explizit über die Zusätze UNIQUE|NON-UNIQUE KEY der Anweisungen TYPES, DATA usw., wobei anstelle der Aufzählung von Komponenten der Zusatz DEFAULT KEY angegeben wird.
- Implizit, wenn bei der Deklaration einer Standardtabelle mit der Anweisung DATA keine explizite Angabe zum Primärschlüssel gemacht wird.
- Implizit, wenn bei der Anweisung DATA hinter TYPE ein Standardtabellentyp mit generischem primären Tabellenschlüssel angegeben wird.

Die Verwendung des Standardschlüssels ist aus folgenden Gründen kritisch:

- Eine Bestimmung der Schlüsselfelder über ihren Datentyp und nicht über ihre semantischen Eigenschaften ist in aller Regel keine adäquate Vorgehensweise. Die Folge ist oft ein überraschendes Verhalten bei Sortierungen und sonstigen Zugriffen.
- Dass ein Standardschlüssel bei einer Standardtabelle leer sein kann, sorgt ebenfalls häufig für unerwartetes Verhalten. Beispielsweise hat eine Sortierung über einen solchen Schlüssel keinen Effekt, während ein entsprechender Lesezugriff die erste Zeile findet.
- Der Standardschlüssel enthält oft zu viele Schlüsselfelder, was zu Performanceproblemen bei Schlüsselzugriffen führen kann.
- Bei Verwendung des Standardschlüssels sind bei strukturiertem Zeilentyp alle zeichen- und byteartigen Felder von sortierten Tabellen und Hash-Tabellen schreibgeschützt, was zu unerwarteten Laufzeitfehlern führen kann.

Deshalb sollte der Primärschlüssel, wenn möglich, über explizite Aufzählung der Komponenten deklariert werden. Insbesondere muss darauf geachtet werden, dass der Primärschlüssel nicht dadurch aus Versehen auf den Standardschlüssel gesetzt wird, dass bei Deklarationen von Standardtabellen mit DATA die Schlüsselangabe vergessen oder unbewusst ein generischer Tabellentyp verwendet wird.

Hinweise

- Bei Tabellen mit nicht-strukturiertem Zeilentyp kann der Standardschlüssel auch einen numerischen Typ oder einen Referenztyp haben, was für die Schlüsselfelder bei strukturierten Zeilentypen nicht gilt.
- Die statischen Boxen eines strukturierten Zeilentyps werden bezüglich des Standardschlüssels wie normale Komponenten behandelt (ab Release 7.02/7.2).

29.1.3.3 Leerer Tabellenschlüssel

Der primäre Tabellenschlüssel einer Standardtabelle kann leer sein. Ein leerer Tabellenschlüssel enthält keine Schlüsselfelder.

Ein leerer primärer Tabellenschlüssel kann implizit bei Verwendung des Standardschlüssels erzeugt werden, wenn ein strukturierter Zeilentyp keine zeichen- oder byteartigen Komponenten enthält bzw. wenn ein unstrukturierter Zeilentyp tabellenartig ist.[1] Auch bei einem leeren primären Schlüssel gibt es in einer Standardtabelle immer die durch den Primärindex vorgegebene Ordnung, die in diesbezüglichen Indexzugriffen oder einer Schleifenverarbeitung ausgenutzt werden kann.

Es sollte einem Entwickler immer bewusst sein, wann er mit einem leeren primären Tabellenschlüssel umgeht. Dies wird eigentlich erst durch eine explizite Deklaration des leeren Schlüssels erreicht. Die implizite Deklaration über den Standardschlüssel, bei der es vom Zeilentyp abhängt, ob der primäre Tabellenschlüssel leer ist oder nicht, ist in der Regel nicht geeignet. Sortierte Schlüssel und Hash-Schlüssel – egal, ob primär oder sekundär (ab Release 7.02/7.2) – sind nie leer.

---

[1] In einem kommenden Release wird auch die explizite Erzeugung mit dem Zusatz EMPTY KEY der Anweisungen TYPES, DATA usw. möglich sein.

Unkritische Verwendung

Ein leerer primärer Tabellenschlüssel kann dazu verwendet werden, eine Tabelle wie einen Array zu behandeln. Das heißt, das Befüllen und sonstige Zugriffe erfolgen so, dass dafür keine durch Schlüsselwerte bedingte Ordnung zugrunde gelegt wird. Ein leerer interner Tabellenschlüssel kann dazu in allen Anweisungen verwendet werden, in denen seine implizite oder explizite Angabe die Reihenfolge bestimmt, in der auf die interne Tabelle zugegriffen wird.

Beispiel

Ein prominentes Beispiel ist die Anweisung LOOP AT itab, bei der die implizite oder explizite Verwendung (über USING primary_key, ab Release 7.02/7.2) die Verarbeitungsreihenfolge bezüglich des primären Tabellenindex festlegt, ansonsten aber keinen Einfluss hat.

Kritische Verwendung

Wenn der primäre Tabellenschlüssel zur Spezifikation der Zeilen verwendet wird, die bearbeitet werden sollen, kommt es in der Regel zu unerwartetem Verhalten, falls dieser leer ist. Dies gilt für die folgenden Fälle, bei denen die Schlüsselfelder nicht explizit angegeben werden:

- Angabe des primären Tabellenschlüssels über einen Arbeitsbereich:
  - Wenn ein leerer Tabellenschlüssel über FROM wa der Anweisung READ TABLE angegeben ist, wird die erste Zeile der internen Tabelle gelesen.
  - Wenn ein leerer Tabellenschlüssel über FROM wa der Anweisung MODIFY angegeben ist, wird die erste Zeile der internen Tabelle modifiziert.
  - Wenn ein leerer Tabellenschlüssel über FROM wa der Anweisung DELETE angegeben ist, wird die erste Zeile der internen Tabelle gelöscht.
- Wenn bei Ausführung der Anweisung SORT itab ohne Angabe des Zusatzes BY ein leerer primärer Tabellenschlüssel vorliegt, hat die Anweisung keine Wirkung, d. h., es findet keine Sortierung statt.
- Wenn bei der Anweisung DELETE ADJACENT DUPLICATES ein leerer primärer Tabellenschlüssel vorliegt, werden keine Zeilen gelöscht.
- Bei der Anweisung COLLECT wird bei einem leeren primären Tabellenschlüssel immer die erste Zeile der internen Tabelle verdichtet. In diesem Fall müssen alle Komponenten des Zeilentyps numerisch sein.

Diese Verwendungen des leeren primären Tabellenschlüssels führen in einem zukünftigen Release zu einer Warnung der Syntaxprüfung.

Insbesondere bei der impliziten Deklaration eines leeren internen Tabellenschlüssels über den Standardschlüssel, der selbst wieder implizit deklariert sein kann, kann das Verhalten obiger Anweisungen für Überraschungen sorgen.

29.1.3.4 Sekundärer Tabellenschlüssel

Ab Release 7.02/7.2 können zu jeder internen Tabelle Hash-Schlüssel und sortierte Schlüssel als sekundäre Tabellenschlüssel deklariert werden.[2] Für jeden sortierten Schlüssel wird ein zusätzlicher sekundärer Tabellenindex angelegt.

Der Zugriff auf eine interne Tabelle über einen sekundären Tabellenschlüssel ist immer optimiert. Dies erlaubt es zum einen, zusätzliche optimierte Schlüssel für sortierte Tabellen und Hash-Tabellen einzuführen und zum anderen, optimierte Schlüsselzugriffe auch für Standardtabellen zu erreichen.

Für Datentypen, die in ABAP-Programmen deklariert werden, wird ein sekundärer Tabellenschlüssel über die Zusätze UNIQUE|NON-UNIQUE KEY key_name COMPONENTS der Anweisungen TYPES, DATA usw. deklariert. Für Tabellentypen, die im ABAP Dictionary angelegt werden, bietet das Werkzeug die entsprechenden Funktionen an.

Bei Schlüsselzugriffen auf interne Tabellen kann ab Release 7.02/7.2 mit dem Zusatz WITH [TABLE] KEY key_name der zu verwendende Sekundärschlüssel angegeben werden. Bei Indexzugriffen ist eine Angabe von USING KEY keyname möglich, um den Sekundärschlüssel anzugeben, dessen Tabellenindex verwendet werden soll. Es findet keine automatische Auswahl eines Sekundärschlüssels statt. Falls bei einer Verarbeitungsanweisung kein sekundärer Tabellenschlüssel angegeben ist, wird immer der Primärschlüssel bzw. der primäre Tabellenindex verwendet. Anweisungen, bei denen Sekundärschlüssel angegeben werden können, sind:

- **READ TABLE itab**
  Die zu lesenden Zeilen können über einen Sekundärschlüssel bestimmt werden.

- **LOOP AT itab**
  Die Verarbeitungsreihenfolge und die Bedingungen können über einen Sekundärschlüssel gesteuert werden.

- **INSERT itab**
  Hier kann nur ein Sekundärschlüssel für die Quelltabelle angegeben werden, aus der mehrere Zeilen übernommen werden. Die Einfügeposition wird ausschließlich über Primärschlüssel und Primärindex bestimmt.

- **APPEND**
  Hier kann nur ein Sekundärschlüssel für die Quelltabelle angegeben werden, aus der mehrere Zeilen angehängt werden.

- **MODIFY itab**
  Die zu ändernden Zeilen können über einen Sekundärschlüssel bestimmt werden.

- **DELETE itab**
  Die zu löschenden Zeilen können über einen Sekundärschlüssel bestimmt werden.

Bei Anweisungen, die nicht um diese Zusätze erweitert wurden, wie SORT, COLLECT oder PROVIDE, werden Sekundärschlüssel nicht explizit unterstützt.

Die Schlüsselfelder eines sekundären Tabellenschlüssels sind nur in dem Moment schreibgeschützt, wenn der sekundäre Tabellenschlüssel innerhalb einer LOOP-Schleife oder bei einer

---

2 Dies gilt auch für die Definition interner Tabellentypen im ABAP Dictionary.

Anweisung `MODIFY` in Verwendung ist. Ansonsten sind die sekundären Schlüsselfelder nicht schreibgeschützt.

Hinweise
- Die optimierten Zugriffszeiten auf Einzelzeilen über Sekundärschlüssel werden dadurch erkauft, dass die ABAP-Laufzeitumgebung die zusätzlichen Schlüssel verwalten muss. Für Hash-Schlüssel bedeutet dies eine zusätzliche Hash-Verwaltung und für jeden sortierten Schlüssel einen zusätzlichen sekundären Tabellenindex.
- Beim Arbeiten mit internen Tabellen, für die ein Sekundärschlüssel deklariert ist, muss immer darauf geachtet werden, dass in den Verarbeitungsanweisungen der gewünschte Schlüssel bzw. Tabellenindex verwendet wird.

Beispiel
Das ab Release 7.02/7.2 vorhandene Programm DEMO_SECONDARY_KEYS demonstriert die Angabe eines sekundären Tabellenschlüssels und den daraus resultierenden Performancegewinn.

29.1.3.5 Aktualisierung von Sekundärschlüsseln

Bei allen Anweisungen, die den Inhalt und Aufbau einer internen Tabelle ändern, wird die interne Verwaltung der Sekundärschlüssel automatisch wie folgt aktualisiert:

- Bei allen Operationen, die Zeilen in Tabellen einfügen oder Zeilen aus Tabellen löschen, wird die Sekundärschlüsselverwaltung von eindeutigen Schlüsseln sofort aktualisiert, d. h., ein eindeutiger Sekundärschlüssel ist direkt nach der Operation aktuell (Direct Update). Nicht-eindeutige sekundäre Tabellenschlüssel werden dagegen nicht sofort, sondern erst bei der nächsten expliziten Verwendung des Sekundärschlüssels über `USING KEY` bzw. `WITH KEY ... COMPONENTS` aktualisiert (Lazy Update). Falls eine Aktualisierung zur Verletzung der Eindeutigkeit eines Sekundärschlüssels führt, kommt es zu einer behandelbaren Ausnahme oder einem Laufzeitfehler.

  Zu den einfügenden Operationen gehören Tabellenanweisungen wie `INSERT` oder `APPEND` sowie Blockoperationen, bei denen der gesamte Tabellenkörper auf einmal gefüllt wird, wie z. B. bei Zuweisungen zwischen internen Tabellen, bei der Parameterübergabe an Prozeduren, beim Füllen interner Tabellen mit `SELECT`, beim Importieren mit `IMPORT` usw. Die Operation zum Löschen von Tabellenzeilen ist die Tabellenanweisung `DELETE`.

- Bei Operationen, die die Komponenten sekundärer Tabellenschlüssel in vorhandenen Zeilen ändern, wird die Sekundärschlüsselverwaltung nie direkt, sondern erst zu einem bestimmten Synchronisationszeitpunkt aktualisiert. Bei eindeutigen Schlüsseln ist der Synchronisationszeitpunkt der nächste Zugriff auf die interne Tabelle (Delayed Update), und bei nicht-eindeutigen Schlüsseln ist es die nächste explizite Verwendung des sekundären Tabellenschlüssels (Lazy Update). Bei eindeutigen Sekundärschlüsseln findet die Überprüfung der Eindeutigkeit ebenfalls erst zum Synchronisationszeitpunkt statt. Eine interne Tabelle kann sich nach einer Modifikation vorhandener Zeilen also in einem inkonsistenten Zustand bezüglich der eindeutigen Sekundärschlüssel befinden, der erst bei der nächsten Verwendung der Tabelle zur zugehörigen Ausnahme führt.

Operationen, die den Tabellenschlüssel vorhandener Zeilen ändern können, sind das Modifizieren einzelner Zeilen über `MODIFY` oder das Modifizieren über Feldsymbole oder Datenreferenzen, die auf Tabellenzeilen zeigen.

Die Systemklasse CL_ABAP_ITAB_UTILITIES enthält ab Release 7.02/7.2 Methoden, mit denen einzelne oder alle Sekundärschlüssel einer internen Tabelle ausnahmsweise auch explizit aktualisiert werden können. Diese Methoden können zu Analyse- und Testzwecken eingesetzt werden. Darüber hinaus kann ihr Einsatz nach ändernden Zugriffen sinnvoll sein, wenn der nächste Zugriff nicht unmittelbar danach stattfindet, um eventuelle Ausnahmen an Ort und Stelle zu behandeln.

Hinweise zur Verwendung sekundärer Tabellenschlüssel

- Das Standardszenario für die gewinnbringende Verwendung sekundärer Tabellenschlüssel ist eine sehr große interne Tabelle, die einmal im Speicher aufgebaut und deren Inhalt dann nur noch sehr selten geändert wird. Dann fallen die Kosten für die Administration der sekundären Schlüssel nur während des Aufbaus der internen Tabelle an.
- Sekundäre Hash-Schlüssel sollten prinzipiell nicht zu viele Komponenten haben, um das System nicht zu sehr durch die zusätzliche Hash-Verwaltung zu belasten. Für Sekundärschlüssel mit vielen Komponenten sind sortierte Schlüssel vorzuziehen.
- Bei einer Indextabelle mit Sekundärschlüsseln wird der Primärindex der Tabelle auch beim Einfügen und Löschen von Zeilen über einen Sekundärschlüssel sofort aktualisiert. Dabei ist zu beachten, dass das Löschen einer Zeile aus einer Standardtabelle über einen Sekundärschlüssel nicht optimiert werden kann, da der zu löschende Indexeintrag linear gesucht werden muss.
- Ein Grund, warum ein Sekundärschlüssel auch für kleine interne Tabellen sinnvoll sein kann, ist die Sicherstellung eindeutiger Tabelleneinträge in Bezug auf bestimmte Komponenten. Insbesondere für Standardtabellen ist dies nicht über den Primärschlüssel möglich.
- Für den reinen Lesezugriff, bei dem es nicht auf die Sicherstellung eindeutiger Tabelleneinträge ankommt, genügen in der Regel nicht-eindeutige Sekundärschlüssel. Der Lesezugriff ist fast genauso schnell wie bei eindeutigen Schlüsseln, während die Aktualisierung nach einer Tabellenmodifikation schneller geht und über ein Lazy Update erfolgt.
- In folgenden Situationen sollten sekundäre Tabellenschlüssel nicht verwendet werden:
  - Bei kleinen internen Tabellen (Anzahl der Zeilen kleiner als 50 Zeilen) wird der Performancegewinn bei Lesezugriffen durch die Speicher- und Verwaltungskosten bei Weitem wieder aufgehoben.
  - Bei Tabellen, auf die viele ändernde Zugriffe vorgenommen werden, können die Kosten für die Aktualisierung der Sekundärschlüssel den Performancegewinn bei einem Lesezugriff wieder aufheben. Insbesondere beim Delayed Update und beim Lazy Update können die Aktualisierungskosten sogar erst bei einem Lesezugriff auftreten, für den die Optimierung eigentlich gedacht war.
  - Solange es nicht auf die Sicherstellung eindeutiger Tabelleneinträge ankommt, sollten sekundäre Hash-Schlüssel eher vermieden werden.

Interne Tabellen mit Sekundärschlüsseln können in allen Verarbeitungsanweisungen für interne Tabellen und weiteren Anweisungen, die mit internen Tabellen arbeiten, verwendet werden. Es gibt aber auch Operandenpositionen für interne Tabellen, bei denen die Verwendung von Sekundärschlüsseln nicht sinnvoll ist und die deshalb dort nicht unterstützt werden. An folgenden Operandenpositionen führt die Verwendung von Tabellen mit Sekundärschlüsseln zu Syntax- bzw. Laufzeitfehlern:

- Eine interne Tabelle als Aktualparameter für einen TABLES-Parameter beim RFC darf eine beliebige Tabellenart, aber keine Sekundärschlüssel haben.
- An einigen Operandenpositionen sind ausschließlich Standardtabellen ohne Sekundärschlüssel möglich. Dies ist in den entsprechenden Beschreibungen aufgeführt.

29.1.3.6 Duplikate bei eindeutigen Schlüsseln

Beim Einfügen von Zeilen in interne Tabellen mit eindeutigem Primär- oder eindeutigen Sekundärschlüsseln (ab Release 7.02/7.2) kann es zu Duplikaten bezüglich eines oder mehrerer dieser Schlüssel kommen. Abhängig davon, ob das Einfügen als Einzelsatz- oder Mengenoperation erfolgt, reagiert die ABAP-Laufzeitumgebung wie folgt auf einen Versuch, einen Eintrag mit duplikativen Schlüsselwerten einzufügen:

- Zuerst wird überprüft, ob es bezüglich des Primärschlüssels zu duplikativen Schlüsselwerten kommen würde. Das Systemverhalten ist je nach Operation wie folgt:
  - Beim Einfügen einzelner Zeilen über die Variante INSERT wa INTO TABLE itab werden duplikative Einträge bezüglich des Primärschlüssels ignoriert, und sy-subrc wird auf 4 gesetzt. Dies wird häufig dazu benutzt, um beim Aufbau der Tabelle Duplikate herauszufiltern.
  - In allen anderen Fällen wie INSERT ... INTO itab INDEX idx, INSERT LINES OF (Mengenoperation), APPEND, COLLECT oder MOVE, IMPORT usw. (Mengenoperationen) kommt es zum Laufzeitfehler ITAB_DUPLICATE_KEY.
- Danach wird überprüft, ob es bezüglich eventuell vorhandener eindeutiger Sekundärschlüssel zu duplikativen Schlüsselwerten kommen würde (ab Release 7.02/7.2). Ist dies der Fall, wird bei den Anweisungen INSERT und APPEND eine Ausnahme der Klasse CX_SY_ITAB_DUPLICATE_KEY ausgelöst, wenn es sich um eine Einzelsatzoperation handelt. Bei allen anderen Einfüge- und Zuweisungsoperationen, insbesondere bei allen Mengenoperationen, wird der Laufzeitfehler ITAB_DUPLICATE_KEY ausgelöst.

29.1.3.7 Duplikate bei nicht-eindeutigen Schlüsseln

Bei nicht-eindeutigen Tabellenschlüsseln kann es duplikative Zeilen bezüglich dieser Schlüssel geben. Dieser Abschnitt beschreibt die Reihenfolge dieser Duplikate beim Einfügen in Tabellen mit nicht-eindeutigen sortierten Tabellenschlüsseln. Bezüglich des nicht-eindeutigen Primärschlüssels von Standardtabellen spielt diese Reihenfolge keine Rolle.

Beim *Einfügen einzelner Zeilen*, für die die Einfügeposition über einen Tabellenschlüssel bestimmt wird, also bei den Operationen INSERT ... INTO TABLE ... und beim Lazy Update sortierter Sekundärschlüssel, wird die Reihenfolge der Duplikate bezüglich des Tabellenschlüssels der Zieltabelle nach der Einfügereihenfolge der einzelnen Zeilen bestimmt.

Die duplikative Zeile, die zuletzt in die Tabelle eingefügt wurde, wird vor allen anderen Duplikaten einsortiert.

Bei *Blockeinfügeoperationen*, wie bei einer Zuweisung zweier interner Tabellen mit MOVE oder beim Einfügen mehrerer Zeilen mit INSERT LINES OF, wird die Reihenfolge von Duplikaten bezüglich eines sortierten Schlüssels der Zieltabelle innerhalb des Blocks von der Quelltabelle übernommen. Wenn in der Zieltabelle bereits eines oder mehrere Duplikate vorhanden waren, werden die Duplikate des Quellblocks in ihrer ursprünglichen Reihenfolge vor dem ersten Duplikat der Zieltabelle eingefügt.

Es gibt einige Operationen, die zwar den Charakter von Blockoperationen haben, intern aber als Folge von Einzelsatzoperationen ausgeführt werden. Deshalb bleibt bei diesen Operationen die ursprüngliche Reihenfolge von Duplikaten bezüglich eines sortierten Schlüssels der Zieltabelle nicht erhalten. Dies ist bei folgenden Operationen der Fall:

- beim Füllen einer internen Tabelle über die Anweisung IMPORT aus einer zuvor mit EXPORT abgelegten Tabelle und alle Operationen, die intern auf einem solchen Import beruhen, wie z. B. bei der Verbuchung
- bei der Übergabe und Übernahme interner Tabellen beim Remote Function Call
- bei der Deserialisierung einer internen Tabelle aus einer zuvor nach XML serialisierten Tabelle mit CALL TRANSFORMATION

29.1.4 Zugriff auf interne Tabellen

Beim Zugriff auf interne Tabellen können entweder die gesamte Tabelle bzw. der Tabellenkörper oder einzelne Zeilen adressiert werden.

Der Zugriff auf den Tabellenkörper erfolgt mit speziellen Anweisungen wie SORT, aber auch mit allgemeinen Anweisungen wie MOVE.

Der Zugriff auf einzelne Zeilen erfolgt mit speziellen Anweisungen wie READ TABLE, LOOP AT oder MODIFY. Beim Zugriff auf einzelne Zeilen verwendet man entweder einen Arbeitsbereich, in den der Zeileninhalt gelesen bzw. aus dem er modifiziert werden kann, oder man verknüpft eine Zeile mit einem Feldsymbol oder einer Datenreferenzvariablen und greift über diese direkt auf die Zeile zu.

Für das Bearbeiten interner Tabellen sind die Tabellenart und die Tabellenschlüssel wesentlich:

- Auf Indextabellen, d. h. Standardtabellen und sortierte Tabellen, sind Zugriffe über deren immer vorhandenen primären Tabellenindex möglich.
- Auf sortierte Tabellen und Hash-Tabellen sind optimierte Zugriffe über deren primären Tabellenschlüssel möglich.
- Auf alle Tabellen, die einen sortierten sekundären Tabellenschlüssel haben, sind Zugriffe über deren sekundären Tabellenindex möglich (ab Release 7.02/7.2).

- Auf alle Tabellen, die einen sekundären sortierten Schlüssel oder Hash-Schlüssel haben, sind entsprechend optimierte Zugriffe über den sekundären Tabellenschlüssel möglich (ab Release 7.02/7.2).

Wenn der Zeilentyp interner Tabellen Objektreferenzvariablen als Komponenten `comp` enthält, können die Attribute `attr` des Objekts, auf das die jeweilige Referenz einer Zeile zeigt, als Schlüsselwerte beim Lesen, Sortieren und Ändern von Tabellenzeilen verwendet werden. Dies ist grundsätzlich bei Anweisungen möglich, bei denen einzelne Komponenten der Tabelle angesprochen werden.

Bei allen ändernden Zugriffen auf einzelne Zeilen von sortierten Tabellen und Hash-Tabellen darf der Inhalt des primären Tabellenschlüssels nicht verändert werden.

29.1.5 Verwaltungskosten interner Tabellen

Neben dem in Abschnitt 65.1 aufgeführten grundsätzlichen Speicherbedarf, der für die Verwaltung interner Tabellen in Tabellenheadern entsteht, wird zusätzlicher Speicher für die Verwaltung jeder einzelnen Zeile benötigt, die einen optimierten Zugriff auf einzelne Zeilen erlaubt. Diese interne Verwaltung einzelner Zeilen hat zwei Ausprägungen:

- Ein Tabellenindex verwaltet die logische Reihenfolge von Tabellenzeilen. Der zusätzliche Speicherbedarf liegt im Mittel bei 6 Byte pro Tabellenzeile. Ausnahme: wenn die logische Reihenfolge mit der physischen Reihenfolge im Tabellenkörper übereinstimmt, wird kein zusätzlicher Speicher für den Index benötigt.
- Eine Hash-Verwaltung dient dem Zugriff auf Tabellenzeilen durch das Verhashen der zugehörigen Schlüsselkomponenten. Der zusätzliche Speicherbedarf liegt im Mittel bei 18 Byte pro Tabellenzeile, solange nicht mit einer der Anweisungen `DELETE` oder `SORT` auf die Tabelle zugegriffen wird. Nach einem solchen Zugriff werden im Mittel 30 Byte pro Tabellenzeile benötigt.

Welche Verwaltung für eine Tabellenzeile ausgeführt wird, hängt von der Tabellenart und den eventuellen sekundären Tabellenschlüsseln (ab Release 7.02/7.2) ab. Die Tabellenart bestimmt die grundlegende Verwaltung der Zeilen einer internen Tabelle (Tabellenindex bei Indextabellen, Hash-Verwaltung bei Hash-Tabellen). Jeder zusätzliche sekundäre Tabellenschlüssel führt eine zusätzliche Zeilenverwaltung ein (Tabellenindex bei sortierten Schlüsseln, Hash-Verwaltung bei Hash-Schlüsseln).

Indizes werden also in folgenden Fällen angelegt:

- Als primärer Tabellenindex einer Standardtabelle, um die durch Indexoperationen entstandene Reihenfolge zu verwalten. Die im Index vorliegende Ordnung hat aber keinerlei Bezug zum Inhalt der Tabellenzeilen. Der Index dient ausschließlich zur Optimierung von Indexzugriffen. Inhaltliche Suchen können nicht optimiert werden und führen immer zu einer linearen Suche über alle Tabellenzeilen.
- Als primärer Tabellenindex einer sortierten Tabelle oder als sekundärer Tabellenindex eines sortierten sekundären Tabellenschlüssels einer beliebigen Tabelle (ab Release 7.02/7.2), um die Reihenfolge der Tabellenzeilen gemäß dem sortierten primären oder sekundären Tabellenschlüssel zu verwalten. Dabei wird die Reihenfolge der Tabellenzeilen

durch die durch den sortierten Tabellenschlüssel definierte Sicht auf die Tabellenzeilen bestimmt. Dadurch ist auf den Zeilen der Tabelle eine Ordnung definiert, die zum optimierten Zugriff durch binäre Suche genutzt werden kann.

Hash-Verwaltungen werden für den primären Tabellenschlüssel einer Hash-Tabelle oder für einen sekundären Hash-Schlüssel einer beliebigen Tabelle (ab Release 7.02/7.2) angelegt. Sie erlauben keinen Indexzugriff. Sie können einzig zum optimierten Zugriff mit vollständig spezifiziertem Tabellenschlüssel verwendet werden.

Daneben kann die Verwendung sekundärer Tabellenschlüssel weitere Speicherkosten verursachen:

- Eine interne Tabelle, die mindestens einen mehrdeutigen sortierten Sekundärschlüssel hat (ab Release 7.02/7.2), benötigt zusätzlich 8 Byte pro Tabellenzeile an Grundkosten zur Verwaltung eventueller Duplikate. Diese zusätzlichen Grundkosten fallen nicht pro Tabellenschlüssel, sondern nur einmalig an.
- Weitere Speicherkosten entstehen, wenn ein Sekundärschlüssel nach einer Änderung des Inhalts der internen Tabelle aktualisiert werden muss (ab Release 7.02/7.2). Diese bewegen sich ebenfalls in Größenordnungen von einigen Bytes pro Zeile und hängen auch stark von der Anzahl der Änderungen ab.

Beispiele

- Eine Standardtabelle mit einem sekundären Hash-Schlüssel (ab Release 7.02/7.2), die ausschließlich mit APPEND gefüllt wurde, benötigt:
  - keinen zusätzlichen Speicherbedarf für den Primärindex, da logische und physische Reihenfolge übereinstimmen
  - 18 Byte pro Zeile für die Hash-Verwaltung des Sekundärschlüssels

  Nach einem Zugriff über DELETE oder SORT steigt der Speicherbedarf pro Zeile auf 6 Byte für den Primärindex und 30 Byte für die Hash-Verwaltung.

- Eine sortierte Tabelle mit einem sekundären Hash-Schlüssel und zwei nicht-eindeutigen sortierten Sekundärschlüsseln (ab Release 7.02/7.2) benötigt:
  - 6 Byte pro Zeile für den Primärindex
  - 18 bzw. 30 Byte pro Zeile für die Hash-Verwaltung des sekundären Hash-Schlüssels
  - 6 Byte pro Zeile und Schlüssel für die sortierten Sekundärschlüssel, ab dem Moment, ab dem sie benutzt werden
  - 8 Byte pro Zeile, weil es mindestens einen nicht-eindeutigen sortierten Sekundärschlüssel gibt

29.2 Anweisungen für interne Tabellen

Dieser Abschnitt beschreibt die Anweisungen, die speziell für die Verarbeitung interner Tabellen vorgesehen sind. Der Zugriff auf einzelne Komponenten interner Tabellen ist in vielen Anweisungen gleichartig und wird einmal in Abschnitt 29.2.10 beschrieben. Das Gleiche gilt für die Angabe eines Tabellenschlüssels (siehe Abschnitt 29.2.11).

29.2.1 Einzelne Zeilen lesen

```
READ TABLE itab
```

Syntax
```
READ TABLE itab { table_key
               | free_key
               | index } result.
```

Diese Anweisung liest eine Zeile aus der internen Tabelle `itab`. Die Zeile muss entweder über die Angabe von Werten `table_key` für einen Tabellenschlüssel, über eine freie Bedingung `free_key` oder über eine Indexangabe `index` spezifiziert werden. Letzteres ist nur für Indextabellen sowie bei Verwendung eines sortierten Sekundärschlüssels (ab Release 7.02/7.2) möglich. Das Ausgabeverhalten `result` bestimmt, wie und wohin der Zeileninhalt gelesen wird.

Bei nicht-eindeutiger Spezifikation der zu lesenden Zeile wird die erste passende Zeile gelesen. Bei Indextabellen hat diese Zeile die niedrigste Zeilennummer aller passenden Zeilen bezüglich des verwendeten Tabellenindex.

Die Anweisung `READ TABLE` setzt die Werte der Systemfelder `sy-subrc` und `sy-tabix`.

sy-subrc	Bedeutung
0	Zeile wurde gefunden. `sy-tabix` wird bei Vorhandensein eines Tabellenindex auf die Zeilennummer des Eintrags im verwendeten Index gesetzt, bei Verwendung eines Hash-Schlüssels auf den Wert 0.
2	Wie `sy-subrc` gleich 0. Unterscheidet Fälle beim Zusatz `COMPARING` in `result`.
4	Zeile wurde nicht gefunden. Falls der Eintrag per Binärsuche ermittelt wurde, wird `sy-tabix` auf den Tabellenindex des Eintrags gesetzt, vor dem sie mit `INSERT ... INDEX ...` einzufügen wäre, um die Sortierordnung zu erhalten. Dies ist der Fall, wenn bei sortierten Schlüsseln der Zusatz `table_key` oder `free_key` für ein Anfangsstück eines Tabellenschlüssels angegeben wurde oder wenn der Zusatz `BINARY SEARCH` explizit angegeben wurde. Ansonsten ist `sy-tabix` undefiniert.
8	Wie `sy-subrc` gleich 4. Falls der Eintrag per Binärsuche ermittelt und dabei das Tabellenende erreicht wurde, wird `sy-tabix` auf die Anzahl der Zeilen + 1 gesetzt.

Zusätzlich werden die Systemfelder `sy-tfill` und `sy-tleng` versorgt.

Hinweis
Es findet keine implizite Auswahl eines passenden Schlüssels oder Index statt. Der verwendete Tabellenschlüssel oder Tabellenindex ist immer eindeutig spezifiziert. Es kommt ab Release 7.02/7.2 zu einer Warnung der Syntaxprüfung, wenn es einen passenden sekundären Tabellenschlüssel gibt, dieser aber nicht verwendet wird. Diese Warnung sollte durch Verwendung des Schlüssels behoben werden. Sie kann in Ausnahmefällen aber auch durch ein Pragma umgangen werden.

29.2.1.1 Tabellenschlüssel angeben

```
READ TABLE - table_key
```

Syntax von table_key
```
... { FROM wa [USING KEY keyname] }
  | { WITH TABLE KEY [keyname COMPONENTS]
                    {comp_name1|(name1)} = dobj1
                    {comp_name2|(name2)} = dobj2
                    ...                             }
```

Angabe eines Tabellenschlüssels als Suchschlüssel. Es kann der primäre oder ein sekundärer Tabellenschlüssel (ab Release 7.02/7.2) angegeben werden. Die Werte können entweder implizit in einem Arbeitsbereich `wa` hinter `FROM` oder durch das explizite Aufführen der Komponenten des verwendeten Tabellenschlüssels hinter `TABLE KEY` angegeben werden.

Der Zugriff findet bei Verwendung des primären Tabellenschlüssels für die einzelnen Tabellenarten wie folgt statt:

- Standardtabellen werden linear durchsucht.
- Sortierte Tabellen werden binär durchsucht.
- Bei Hash-Tabellen wird der Hash-Algorithmus verwendet.

Bei Verwendung eines sekundären Tabellenschlüssels (ab Release 7.02/7.2) erfolgt der Zugriff bei einem sortierten Schlüssel über eine binäre Suche und bei einem Hash-Schlüssel über einen Hash-Algorithmus.

Hinweis
Das Systemfeld `sy-tabix` wird immer in Bezug auf den verwendeten Tabellenschlüssel gesetzt. Wenn der Wert von `sy-tabix` nach Ausführung der `READ`-Anweisung als Indexangabe in einer anderen Verarbeitungsanweisung für die interne Tabelle verwendet wird, sollte dort mit dem gleichen Tabellenschlüssel gearbeitet werden, wobei zu beachten ist, dass ohne explizite Schlüsselangabe immer der Primärindex angesprochen wird.

Angabe über Arbeitsbereich
```
... FROM wa [USING KEY keyname]
```

Für `wa` muss ein zum Zeilentyp der internen Tabelle kompatibler Arbeitsbereich angegeben werden. Es handelt sich um eine funktionale Operandenposition (ab Release 7.02/7.2). Es wird die erste gefundene Zeile der internen Tabelle verarbeitet, deren Werte in den Spalten des verwendeten Tabellenschlüssels mit denen der entsprechenden Komponenten von `wa` übereinstimmen. Sind die Schlüsselfelder in `wa` leer, wird kein Eintrag verarbeitet.

Vor Release 7.02/7.2 und wenn ab Release 7.02/7.2 der Zusatz `USING KEY` nicht angegeben ist, wird der primäre Tabellenschlüssel verwendet. Wenn ab Release 7.02/7.2 der Zusatz `USING KEY` angegeben ist, wird der in `keyname` angegebene Tabellenschlüssel verwendet.

Wenn auf eine Standardtabelle über den primären Tabellenschlüssel zugegriffen wird und dieser leer ist, wird die erste Zeile der internen Tabelle gelesen.

Hinweis

Bei Verwendung des primären Tabellenschlüssels ist zu beachten, dass dies auch der Standardschlüssel sein kann, wodurch unerwartete Effekte auftreten können:

- Bei strukturiertem Zeilentyp umfasst der Standardschlüssel alle zeichen- und byteartigen Komponenten.
- Der Standardschlüssel einer Standardtabelle kann leer sein.

Angabe von Komponenten

```
... WITH TABLE KEY [keyname COMPONENTS]
                  {comp_name1|(name1)} = dobj1
                  {comp_name2|(name2)} = dobj2
```

Jede Komponente des verwendeten Tabellenschlüssels muss entweder direkt als comp_name1 comp_name2 ... oder als eingeklammertes zeichenartiges Datenobjekt name1 name2 ..., das bei Ausführung der Anweisung den Namen der Komponente enthält, aufgeführt werden. Bei comp_name1 comp_name2 ... handelt es sich um funktionale Operandenpositionen (ab Release 7.02/7.2). Die Groß-/Kleinschreibung wird in name nicht berücksichtigt. Falls name nur Leerzeichen enthält, wird diese Komponentenangabe bei Ausführung der Anweisung ignoriert. Jeder Komponente muss ein Datenobjekt dobj1 dobj2 ... zugeordnet werden, das kompatibel zum Datentyp der Komponente oder in diesen konvertierbar ist. Es wird die erste gefundene Zeile der internen Tabelle verarbeitet, deren Werte in den Spalten des verwendeten Tabellenschlüssels mit den Werten in den zugeordneten Datenobjekten dobj1 dobj2 ... übereinstimmen. Falls notwendig, wird der Inhalt von dobj1 dobj2 ... vor dem Vergleich in den Datentyp der Komponente konvertiert. Es darf kein Customizing-Include als Komponente angegeben werden, solange es leer ist.

Vor Release 7.02/7.2 und wenn ab Release 7.02/7.2 der Zusatz COMPONENTS nicht angegeben ist, wird der primäre Tabellenschlüssel verwendet. Wenn ab Release 7.02/7.2 der Zusatz COMPONENTS angegeben ist, wird der in keyname angegebene Tabellenschlüssel verwendet.

Hinweise

- Bei Tabellen mit nicht-strukturiertem Zeilentyp, bei denen die gesamte Tabellenzeile als Tabellenschlüssel definiert ist, kann die Pseudokomponente table_line als Komponente angegeben werden.
- Bei der Verwendung von WITH TABLE KEY ist zu beachten, dass die Werte inkompatibler Datenobjekte dobj1 dobj2 ... bereits vor dem Vergleich in den Datentyp der Spalten konvertiert werden und dass deshalb nicht die Vergleichsregeln für inkompatible Datentypen gelten. Bei Verwendung einer WHERE-Bedingung in den Anweisungen LOOP, MODIFY und DELETE gelten dagegen die Vergleichsregeln, wodurch es zu unterschiedlichen Ergebnissen kommen kann.
- Um überraschende Ergebnisse nach einer Konvertierung zu vermeiden, sollten dobj1 dobj2 ... kompatibel zum Datentyp der Komponente sein.

Beispiel

Lesen von Zeilen der internen Tabelle spfli_tab über den primären und einen sekundären Tabellenschlüssel. Die erste READ-Anweisung wertet den Arbeitsbereich spfli_key für den primären Tabellenschlüssel aus, in der zweiten READ-Anweisung müssen die Komponenten des sekundären Tabellenschlüssels city_key explizit angegeben werden.

```abap
DATA: spfli_tab TYPE SORTED TABLE OF spfli
              WITH UNIQUE KEY carrid connid
              WITH NON-UNIQUE SORTED KEY city_key COMPONENTS cityfrom cityto,
      spfli_key LIKE LINE OF spfli_tab.
FIELD-SYMBOLS <spfli> TYPE spfli.
...
spfli_key-carrid = 'LH'.
spfli_key-connid = '0400'.
READ TABLE spfli_tab FROM spfli_key ASSIGNING <spfli>.
IF sy-subrc = 0.
  ...
ENDIF.
...
READ TABLE spfli_tab
           WITH TABLE KEY city_key COMPONENTS cityfrom = 'LH' cityto = '2402'
           ASSIGNING <spfli>.
IF sy-subrc = 0.
  ...
ENDIF.
```

29.2.1.2 Freien Schlüssel angeben

READ TABLE – free_key

Syntax von free_key
```
... WITH KEY { comp1 = dobj1 comp2 = dobj2 ... [BINARY SEARCH] }
            | { keyname COMPONENTS comp1 = dobj1 comp2 = dobj2 ... }
```

Angabe eines freien Suchschlüssels. Der freie Suchschlüssel kann entweder völlig frei angegeben werden, oder er wird mit der Angabe eines sekundären Tabellenschlüssels in *keyname* verknüpft (ab Release 7.02/7.2).

Freier Schlüssel ohne Bezug zu Tabellenschlüssel
```
... WITH KEY comp1 = dobj1 comp2 = dobj2 ... [BINARY SEARCH]
```

Hinter dem Zusatz WITH KEY können Komponenten comp1, comp2, ... nach den Regeln aus Abschnitt 29.2.10 als Suchschlüssel angegeben werden, denen jeweils ein Datenobjekt dobj1, dobj2, ... zugeordnet ist, das kompatibel zum Datentyp der Komponente oder in diesen konvertierbar sein muss. Falls notwendig, wird der Inhalt von dobj1, dobj2, ... vor dem Vergleich in den Datentyp der Komponente konvertiert. Es dürfen keine duplikativen oder überlappenden Schlüsselangaben gemacht werden.

Es wird die erste Zeile der internen Tabelle gesucht, deren Werte in den angegebenen Komponenten (bzw. deren Teilbereichen oder Attributen) mit den Werten in den zugeordneten Datenobjekten dobj1 dobj2 ... übereinstimmen.

Die Suche findet ohne die Angabe von `BINARY SEARCH` für die einzelnen Tabellenarten wie folgt statt:

- Standardtabellen werden linear durchsucht.
- Sortierte Tabellen werden binär durchsucht, falls der angegebene Suchschlüssel ein Anfangsstück des primären Tabellenschlüssels ist oder diesen abdeckt, ansonsten linear.
- Bei Hash-Tabellen wird der Hash-Algorithmus verwendet, falls der angegebene Suchschlüssel den primären Tabellenschlüssel abdeckt, ansonsten wird linear gesucht.

Der Zusatz `BINARY SEARCH` erlaubt es, Standardtabellen, für die kein sortierter sekundärer Tabellenschlüssel definiert ist, binär statt linear zu durchsuchen, was bei größeren Tabellen (ab etwa 100 Einträgen) zu einer erheblichen Verringerung der Laufzeit führt. Voraussetzung ist, dass die Tabelle aufsteigend nach dem angegebenen Suchschlüssel sortiert vorliegt, ansonsten wird nicht die richtige Zeile gefunden. Bei sortierten Tabellen kann der Zusatz `BINARY SEARCH` nur angegeben werden, falls der angegebene Suchschlüssel ein Anfangsstück des Tabellenschlüssels ist oder diesen abdeckt, und hat dann keine besondere Wirkung. Mit dem Zusatz `BINARY SEARCH` führt die Anweisung `READ` immer einen Indexzugriff durch, und dieser kann deshalb nur für entsprechend typisierte Tabellen verwendet werden. Ein Formalparameter oder ein Feldsymbol muss mindestens mit dem generischen Typ `INDEX TABLE` typisiert sein. Bei Hash-Tabellen darf der Zusatz `BINARY SEARCH` nicht angegeben werden.

Wenn ein Feld `name` zur Bezeichnung einer Komponente `comp` initial ist, wird die erste Zeile gelesen, die zum übrigen Suchschlüssel passt. Wenn alle Felder `name` initial sind, wird die erste Zeile der internen Tabelle gelesen.

Das Systemfeld `sy-tabix` wird gemäß der Tabellenart gesetzt:

- bei Indextabellen auf die Nummer der gefundenen Zeile im primären Tabellenindex
- bei Hash-Tabellen auf den Wert 0

Hinweise

- Wenn im Suchschlüssel Komponenten angegeben sind, die einen sekundären Tabellenschlüssel der internen Tabelle versorgen, ohne dass dieser in `keyname` angegeben ist, kommt es zu einer Warnung der Syntaxprüfung (ab Release 7.02/7.2).
- Bei der Verwendung von `WITH KEY` ist zu beachten, dass die Werte inkompatibler Datenobjekte `dobj1 dobj2` ... bereits vor dem Vergleich in den Datentyp der Spalten konvertiert werden und dass deshalb nicht die Vergleichsregeln für inkompatible Datentypen gelten. Bei Verwendung einer `WHERE`-Bedingung in den Anweisungen `LOOP`, `MODIFY` und `DELETE` gelten dagegen die Vergleichsregeln, wodurch es zu unterschiedlichen Ergebnissen kommen kann.
- Der Zusatz `BINARY SEARCH` beruht auf einer standardmäßigen Sortierung nach der Größe der Komponenten. Eine textuelle Sortierung mit dem Zusatz `AS TEXT` der Anweisung `SORT` kann zu unerwarteten Ergebnissen führen, da das Ergebnis für textartige Komponenten nicht mehr von der binären Darstellung, sondern vom Locale der aktuellen Textumgebung abhängt.

- Auch bei Verwendung des Zusatzes BINARY SEARCH wird bei mehreren Treffern – aufgrund eines unvollständig angegebenen Suchschlüssels oder aufgrund duplikativer Einträge in der Tabelle – immer der erste Treffer bezüglich der Reihenfolge der Zeilen im Primärindex, d. h. die Zeile mit der kleinsten Zeilennummer, zurückgegeben.

Beispiel

Die interne Tabelle html_viewer_tab enthält Referenzen auf HTML Controls. In der READ-Anweisung wird die Referenz ausgelesen, die auf ein HTML Control in einem bestimmten Container Control zeigt.

```
DATA: container   TYPE REF TO cl_gui_container,
      html_viewer TYPE REF TO cl_gui_html_viewer.
DATA html_viewer_tab LIKE TABLE OF html_viewer.
...
CREATE OBJECT html_viewer EXPORTING parent = container.
APPEND html_viewer TO html_viewer_tab.
...
READ TABLE html_viewer_tab
        WITH KEY table_line->parent = container
        INTO html_viewer.
```

Freier Schlüssel mit Bezug zu Tabellenschlüssel

... WITH KEY keyname COMPONENTS comp1 = dobj1 comp2 = dobj2

Ab Release 7.02/7.2. Mit keyname kann ein Tabellenschlüssel angegeben werden. Für die Angabe der Komponenten gilt das Gleiche wie in der Variante ohne Schlüsselangabe. Falls in keyname ein sekundärer Tabellenschlüssel angegeben ist, ist das Verhalten wie folgt:

- Falls ein sortierter Schlüssel angegeben ist, muss der angegebene Suchschlüssel ein Anfangsstück des sekundären Tabellenschlüssels sein oder diesen überdecken. Dann wird der zugehörige sekundäre Tabellenindex binär durchsucht. Wenn bei Verwendung eines nicht-eindeutigen Suchschlüssels mehrere Einträge gefunden werden, wird der erste Treffer, d. h. die Zeile mit der kleinsten Zeilennummer in diesem Sekundärindex, gelesen. Es können zusätzliche Suchkriterien angegeben sein, die ebenfalls ausgewertet werden.

- Falls ein Hash-Schlüssel angegeben ist, muss der angegebene Suchschlüssel den sekundären Tabellenschlüssel abdecken, und es wird der Hash-Algorithmus verwendet. Es können zusätzliche Suchkriterien angegeben sein, die ebenfalls ausgewertet werden.

Das Systemfeld sy-tabix wird bezüglich des angegebenen sekundären Tabellenschlüssels gesetzt:

- bei sortierten Sekundärschlüsseln auf die Nummer der gefundenen Zeile im zugehörigen sekundären Tabellenindex
- bei Hash-Schlüsseln auf den Wert 0

Falls in keyname der primäre Tabellenschlüssel angegeben ist, ist das Verhalten wie in der Variante ohne Schlüsselangabe.

Interne Tabellen

Hinweise

- Die Angabe freier Schlüssel unterscheidet sich bei Verwendung eines sekundären Tabellenschlüssels dadurch von der Variante `table_key` zur Angabe des Tabellenschlüssels, dass im Suchschlüssel zusätzliche Bedingungen angegeben werden können, die ebenfalls ausgewertet werden und dadurch die Treffermenge reduzieren können. Für sekundäre sortierte Schlüssel ermöglicht der freie Suchschlüssel umgekehrt auch die Angabe eines unvollständigen Suchschlüssels, was zu einer größeren Treffermenge führen kann.

- Bei Verwendung eines sekundären Tabellenschlüssels muss bei nachfolgenden Verwendungen des Wertes von `sy-tabix` als Indexangabe in anderen Verarbeitungsanweisungen für die interne Tabelle der gleiche Tabellenschlüssel angegeben werden.

Beispiel

Das ab Release 7.02/7.2 auf dem AS ABAP vorhandene Programm DEMO_SECONDARY_KEYS demonstriert die Angabe eines sekundären Tabellenschlüssels im Vergleich zur vollständig freien Angabe eines Schlüssels und den daraus resultierenden Performancegewinn.

29.2.1.3 Index angeben

```
READ TABLE - index
```

Syntax von index

```
... INDEX idx [USING KEY keyname]
```

Mit dem Zusatz INDEX liest die Anweisung READ die Zeile der in `idx` angegebenen Zeilennummer bezüglich eines Tabellenindex. `idx` ist eine numerische Ausdrucksposition (ab Release 7.02/7.2) vom Operandentyp i. Falls der Wert von `idx` kleiner oder gleich 0 oder größer als die Anzahl der Tabellenzeilen ist, wird keine Zeile gelesen und `sy-subrc` auf 4 gesetzt.

Wenn der Zusatz USING KEY nicht verwendet wird, kann der Zusatz INDEX nur bei Indextabellen angegeben werden und bestimmt die zu lesende Zeile aus deren primärem Tabellenindex.

Beispiel

Lesen der ersten zehn Zeilen der internen Tabelle `sflight_tab` über den primären Tabellenindex. Anstelle der DO-Schleife steht für solche Zwecke aber normalerweise die LOOP-Schleife zur Verfügung.

```
DATA: sflight_tab TYPE SORTED TABLE OF sflight
                  WITH NON-UNIQUE KEY seatsocc,
      sflight_wa  LIKE LINE OF sflight_tab.
...
DO 10 TIMES.
  READ TABLE sflight_tab INDEX sy-index INTO sflight_wa.
  IF sy-subrc <> 0.
    EXIT.
  ENDIF.
  ...
ENDDO.
```

Tabellenschlüssel für Index

```
... USING KEY keyname
```

Ab Release 7.02/7.2. Mit dem Zusatz `USING KEY` kann in `keyname` ein Tabellenschlüssel angegeben werden, um explizit den zu verwendenden Tabellenindex festzulegen.

Wenn die Tabelle einen sortierten Sekundärschlüssel hat, kann dieser in `keyname` angegeben werden, und die zu lesende Zeile wird aus dessen sekundärem Tabellenindex bestimmt. Ein sekundärer Hash-Schlüssel darf nicht angegeben werden. Falls der primäre Tabellenschlüssel angegeben wird, muss es sich um eine Indextabelle handeln, und das Verhalten ist dasselbe wie ohne die Angabe von `USING KEY`.

Beispiel

Lesen der ersten zehn Zeilen der internen Tabelle `sflight_tab` über einen sekundären Tabellenindex. Anstelle der `DO`-Schleife steht für solche Zwecke aber normalerweise die `LOOP`-Schleife zur Verfügung.

```
DATA: sflight_tab TYPE HASHED TABLE OF sflight
                  WITH UNIQUE KEY primary_key
                       COMPONENTS carrid connid fldate
                  WITH NON-UNIQUE SORTED KEY occupied_seats
                       COMPONENTS seatsocc,
      sflight_wa  LIKE LINE OF sflight_tab.
...
DO 10 TIMES.
  READ TABLE sflight_tab
       INDEX sy-index USING KEY occupied_seats
       INTO sflight_wa.
  IF sy-subrc <> 0.
    EXIT.
  ENDIF.
  ...
ENDDO.
```

29.2.1.4 Ausgabeverhalten

```
READ TABLE – result
```

Syntax von result

```
... { INTO wa [transport_options] }
  | { ASSIGNING <fs> [CASTING] }
  | { REFERENCE INTO dref }
  | { TRANSPORTING NO FIELDS }.
```

Für das Ausgabeverhalten gibt es vier Alternativen:

▶ Mit dem Zusatz `INTO` wird der Inhalt der gefundenen Zeile einem Arbeitsbereich zugewiesen.

▶ Mit dem Zusatz `ASSIGNING` wird die gefundene Zeile einem Feldsymbol `<fs>` zugewiesen.

- Mit dem Zusatz `REFERENCE INTO` wird eine Referenz auf die gefundene Zeile in eine Referenzvariable gestellt.
- Mit dem Zusatz `TRANSPORTING NO FIELDS` werden nur die zugehörigen Systemfelder gefüllt.

Arbeitsbereich angeben
```
... INTO wa [transport_options]
```

Der Inhalt der gefundenen Zeile wird dem Arbeitsbereich `wa` zugewiesen. Wenn der Arbeitsbereich `wa` mit dem Zeilentyp der internen Tabelle inkompatibel ist, wird der Inhalt der Tabellenzeile nach den Konvertierungsregeln in den Datentyp des Arbeitsbereichs konvertiert. Wird keine Zeile gefunden, bleibt `wa` unverändert.

Bei Verwendung der Zusätze *transport_options* muss der Arbeitsbereich `wa` kompatibel zum Zeilentyp der internen Tabelle sein.

Syntax von transport_options
```
... [COMPARING { {comp1 comp2 ...}|{ALL FIELDS}|{NO FIELDS} }]
    [TRANSPORTING { {comp1 comp2 ...}|{ALL FIELDS} }]
```

Der Zusatz `COMPARING` vergleicht die angegebenen Komponenten *comp1 comp2 ...* – bzw. deren Teilbereiche oder Attribute – einer gefundenen Zeile vor dem Transport mit den entsprechenden Komponenten des Arbeitsbereichs. Bei der Angabe von `ALL FIELDS` werden alle, bei der Angabe von `NO FIELDS` werden keine Komponenten verglichen. Wenn der Inhalt der verglichenen Komponenten gleich ist, wird `sy-subrc` auf 0 und ansonsten auf 2 gesetzt. Die gefundene Zeile wird unabhängig vom Ergebnis des Vergleichs dem Arbeitsbereich zugewiesen.

Der Zusatz `TRANSPORTING` bewirkt, dass nur die angegebenen Komponenten *comp1 comp2 ...* (bzw. deren Teilbereiche) der gefundenen Zeile den entsprechenden Komponenten (bzw. deren Teilbereichen) des Arbeitsbereichs zugewiesen werden. Bei der Angabe von `ALL FIELDS` werden alle Komponenten zugewiesen.

`COMPARING` muss vor `TRANSPORTING` angegeben werden. Die Komponentenangaben *comp1 comp2 ...* erfolgen nach den in Abschnitt 29.2.10 aufgeführten Regeln, mit der Einschränkung, dass hinter `TRANSPORTING` keine Attribute von Klassen über den Objektkomponenten-Selektor angesprochen werden können.

Beispiel
Die `READ`-Anweisung liest in einer `WHILE`-Schleife nacheinander alle Zeilen der Tabelle `sflight_tab` über den primären Tabellenindex in den Arbeitsbereich `sflight_wa`, wobei nur Felder transportiert werden, die auch ausgegeben werden. Mithilfe des `COMPARING`-Zusatzes werden alle Flüge markiert, in denen noch keine Plätze belegt sind.

```
DATA: sflight_tab TYPE SORTED TABLE OF sflight
                  WITH UNIQUE KEY carrid connid fldate,
      sflight_wa  LIKE LINE OF sflight_tab.
DATA subrc TYPE sy-subrc.
...
WHILE subrc = 0.
  sflight_wa-seatsocc = 0.
```

```
    READ TABLE sflight_tab
        INDEX sy-index
        INTO sflight_wa COMPARING seatsocc
                    TRANSPORTING carrid connid fldate seatsocc.
    CASE sy-subrc.
      WHEN 0.
        WRITE: / sflight_wa-carrid, sflight_wa-connid,
          sflight_wa-fldate, sflight_wa-seatsocc COLOR = 6.
        subrc = sy-subrc.
      WHEN 2.
        WRITE: / sflight_wa-carrid, sflight_wa-connid,
          sflight_wa-fldate, sflight_wa-seatsocc COLOR = 5.
        subrc = 0.
      WHEN 4 OR 8.
        EXIT.
    ENDCASE.
ENDWHILE.
```

Feldsymbol angeben
```
... ASSIGNING <fs> [CASTING]
```

Die gefundene Tabellenzeile wird dem Feldsymbol `<fs>` zugewiesen. Das Feldsymbol zeigt nach der Anweisung READ TABLE auf die Tabellenzeile im Speicher. Wenn keine Zeile gefunden wird, bleibt `<fs>` unverändert.

Solange das Feldsymbol auf die Zeile zeigt, ändern Wertzuweisungen an das Feldsymbol die Zeile der internen Tabelle. Dabei gelten bezüglich der Modifikation von Schlüsselfeldern der primären und sekundären Tabellenschlüssel folgende Einschränkungen:

- Die Schlüsselfelder des primären Tabellenschlüssels von sortierten Tabellen und Hash-Tabellen sind schreibgeschützt und dürfen nicht manipuliert werden, da ansonsten die interne Tabellenverwaltung invalidiert wird. Entsprechende Versuche führen in der Regel zu einer unbehandelbaren Ausnahme.

- Die Schlüsselfelder eines sekundären Tabellenschlüssels (ab Release 7.02/7.2) sind dagegen nur dann schreibgeschützt, wenn der sekundäre Tabellenschlüssel verwendet wird. Dies ist innerhalb von LOOP-Schleifen und bei Verwendung der Anweisung MODIFY der Fall, bei denen der sekundäre Tabellenschlüssel hinter USING KEY angegeben ist. Ansonsten sind die Schlüsselfelder nicht schreibgeschützt.

Die Verwaltung eindeutiger Sekundärschlüssel wird nach einer Modifikation von Einzelzeilen beim nächsten Zugriff auf die interne Tabelle (Delayed Update) und von nicht-eindeutigen Sekundärschlüsseln bei der nächsten expliziten Verwendung des sekundären Tabellenschlüssels (Lazy Update) aktualisiert (ab Release 7.02/7.2). Die Überprüfung der Eindeutigkeit eines Sekundärschlüssels findet erst zum Zeitpunkt der Aktualisierung statt. Eine interne Tabelle kann sich nach einer Modifikation einzelner Zeilen also in einem inkonsistenten Zustand bezüglich der Sekundärschlüssel befinden, der erst bei der nächsten Verwendung der Tabelle zu einer Ausnahme führt. Wenn die nächste Verwendung nicht unmittelbar nach der Modifikation erfolgt, können Sekundärschlüssel mit Methoden der Systemklasse CL_ABAP_

ITAB_UTILITIES explizit aktualisiert werden, um eventuelle Ausnahmen an Ort und Stelle zu behandeln.

Der optionale Zusatz CASTING hat die gleiche Bedeutung, als wäre er ohne weitere Zusätze bei der Anweisung ASSIGN angegeben: Das Feldsymbol muss entweder vollständig oder mit einem der generischen eingebauten ABAP-Typen c, n, p oder x typisiert sein. Die zugewiesene Tabellenzeile wird auf den Typ des Feldsymbols gecastet. Dabei können die gleichen Ausnahmen wie bei ASSIGN auftreten.

Hinweise

- Die Typisierung des Feldsymbols muss zum Zeilentyp der internen Tabelle passen.
- Wenn die READ-Anweisung erfolgreich ist (sy-subrc hat den Wert 0), ist garantiert, dass das Feldsymbol direkt nach Ausführung der Anweisung auf einen Speicherbereich zeigt. Eine Abfrage mit IS ASSIGNED ist dort nicht notwendig.
- Wenn die Zeile, auf die das Feldsymbol zeigt, gelöscht wird, ist dem Feldsymbol kein Speicherbereich mehr zugewiesen, und es kann nicht mehr anstelle eines Datenobjekts verwendet werden. Wenn das Feldsymbol nicht direkt hinter der READ-Anweisung verwendet wird, kann also eine Überprüfung mit IS ASSIGNED sinnvoll sein.

Beispiel

Auslesen einer bestimmten Zeile der internen Tabelle sflight_tab und Zuweisung an ein Feldsymbol <sflight>. Nach erfolgreicher Zuweisung wird der Inhalt einer Komponente der Zeile in der internen Tabelle geändert.

```
PARAMETERS: p_carrid TYPE sflight-carrid,
            p_connid TYPE sflight-connid,
            p_fldate TYPE sflight-fldate.
DATA sflight_tab TYPE SORTED TABLE OF sflight
            WITH UNIQUE KEY carrid connid fldate.
FIELD-SYMBOLS <sflight> TYPE sflight.
...
READ TABLE sflight_tab
    WITH TABLE KEY carrid = p_carrid
                   connid = p_connid
                   fldate = p_fldate
    ASSIGNING <sflight>.
IF sy-subrc = 0.
  <sflight>-price = <sflight>-price * '0.9'.
ENDIF.
```

Datenreferenzvariable angeben

... REFERENCE INTO dref

Es wird eine Referenz auf die gefundene Tabellenzeile in die Datenreferenzvariable dref gestellt. Wenn keine Zeile gefunden wird, bleibt dref unverändert. Durch Dereferenzierung der Datenreferenz kann der Inhalt der gefundenen Tabellenzeile ausgewertet und verändert werden. Es gelten die gleichen Einschränkungen bezüglich der Modifikation von Schlüsselfeldern der primären und sekundären Tabellenschlüssel (ab Release 7.02/7.2) wie beim Zugriff über Feldsymbole (siehe Zusatz ASSIGNING).

Hinweise

- Falls der statische Typ der Datenreferenzvariablen nicht der generische Typ DATA ist, muss er kompatibel zum Zeilentyp der internen Tabelle sein.
- Wenn die READ-Anweisung erfolgreich ist (sy-subrc hat den Wert 0), ist garantiert, dass die Datenreferenzvariable direkt nach Ausführung der Anweisung auf eine Zeile zeigt. Eine Abfrage mit IS BOUND ist dort nicht notwendig.
- Mit REFERENCE INTO kann eine unselbstständige Datenreferenz erzeugt werden. Wenn die Zeile, auf die die Referenzvariable zeigt, gelöscht wird, ist die Referenzvariable nicht mehr gebunden und kann nicht mehr dereferenziert werden. Wenn die Datenreferenzvariable nicht direkt hinter der READ-Anweisung verwendet wird, kann also eine Überprüfung mit IS BOUND sinnvoll sein.

Beispiel

Auslesen einer bestimmten Zeile der internen Tabelle sflight_tab und Zuweisung einer Referenz auf die gefundene Zeile an die Datenreferenzvariable sflight_ref. Nach erfolgreicher Zuweisung wird der Inhalt einer Komponente der Zeile in der internen Tabelle geändert.

```
PARAMETERS: p_carrid TYPE sflight-carrid,
            p_connid TYPE sflight-connid,
            p_fldate TYPE sflight-fldate.
DATA sflight_tab TYPE SORTED TABLE OF sflight
                WITH UNIQUE KEY carrid connid fldate.
DATA sflight_ref TYPE REF TO sflight.
...
READ TABLE sflight_tab
     WITH TABLE KEY carrid = p_carrid
                    connid = p_connid
                    fldate = p_fldate
          REFERENCE INTO sflight_ref.
IF sy-subrc = 0.
   sflight_ref->price = sflight_ref->price * '0.9'.
ENDIF.
```

Datentransport unterbinden

```
... TRANSPORTING NO FIELDS
```

Mit dem Zusatz TRANSPORTING NO FIELDS überprüft die Anweisung READ TABLE lediglich, ob die gesuchte Zeile vorhanden ist, und füllt die Systemfelder sy-subrc sowie sy-tabix. Auf den Inhalt einer gefundenen Zeile kann dadurch nicht zugegriffen werden.

Beispiel

Überprüfung, ob eine bestimmte Zeile der internen Tabelle sflight_carr vorhanden ist, und Zuweisung der Zeilennummer im primären Tabellenindex der gefundenen Zeile in sy-tabix an idx.

```abap
PARAMETERS p_carrid TYPE scarr-carrid.
DATA: scarr_tab TYPE SORTED TABLE OF scarr
                WITH UNIQUE KEY carrid,
      idx TYPE i.
...
READ TABLE scarr_tab
    WITH TABLE KEY carrid = p_carrid
    TRANSPORTING NO FIELDS.
IF sy-subrc = 0.
  idx = sy-tabix.
ENDIF.
```

29.2.2 Schleifenverarbeitung

LOOP AT itab

Syntax
```
LOOP AT itab result [cond].
  ...
ENDLOOP.
```

Die Anweisungen LOOP und ENDLOOP definieren eine Schleife um einen Anweisungsblock. Die Anweisung LOOP liest sequenziell Zeilen aus der internen Tabelle itab. Das Ausgabeverhalten *result* bestimmt, wie und wohin der Zeileninhalt gelesen wird. In cond kann der Tabellenschlüssel bestimmt werden, mit dem die Schleife ausgeführt wird. Es werden entweder alle Zeilen gelesen, oder die auszulesenden Zeilen können über Bedingungen cond eingeschränkt werden.

Für jede ausgelesene Zeile wird der Anweisungsblock zwischen LOOP und ENDLOOP einmal ausgeführt. Die Ausführung des Anweisungsblocks kann mit den Anweisungen aus Abschnitt 20.3 beendet werden.

Vor Release 7.02/7.2 und wenn ab Release 7.02/7.2 kein expliziter Tabellenschlüssel *keyname* hinter USING KEY in cond angegeben ist, hängt die Reihenfolge, in der die Zeilen gelesen werden, wie folgt von der Tabellenart ab:

- Bei Standardtabellen und sortierten Tabellen werden die Zeilen nach aufsteigenden Zeilennummern im primären Tabellenindex gelesen.
- Bei Hash-Tabellen werden die Zeilen in der Reihenfolge bearbeitet, in der sie in die Tabelle eingefügt wurden, und nach einer Sortierung mit der Anweisung SORT in der Sortierreihenfolge.

Die Schleife wird so lange durchlaufen, bis alle Tabellenzeilen, die die Bedingung cond erfüllen, gelesen wurden oder bis sie durch eine Anweisung verlassen wird. Falls keine entsprechenden Zeilen gefunden werden oder die interne Tabelle leer ist, wird die Schleife nicht durchlaufen.

29.2.2.1 Zugriff während der Schleifenverarbeitung

Im Anweisungsblock einer LOOP-Schleife kann der Aufbau der aktuellen internen Tabelle über das Einfügen oder Löschen von Zeilen geändert werden. Dabei wird die Lage der eingefügten bzw. gelöschten Zeile bezüglich der aktuellen Zeile bei Schleifen über Indextabellen oder bei Verwendung eines sortierten Schlüssels durch die Zeilennummern im zugehörigen Tabellenindex bestimmt. Bei Schleifen über Hash-Tabellen und bei Verwendung eines Hash-Schlüssels hängt die Lage von der Einfügereihenfolge ab:

- Das Einfügen von Zeilen hinter der aktuellen Zeile bewirkt, dass die neuen Zeilen in den nachfolgenden Schleifendurchgängen durchlaufen werden. Dies kann zu einer Endlosschleife führen.

- Das Löschen von Zeilen hinter der aktuellen Zeile bewirkt, dass die gelöschten Zeilen in den nachfolgenden Schleifendurchgängen nicht mehr durchlaufen werden.

- Das Einfügen von Zeilen vor der aktuellen Zeile bewirkt, dass der interne Schleifenzähler für jede eingefügte Zeile um 1 erhöht wird. Dies wirkt sich bei Schleifen über Indextabellen oder bei Verwendung eines sortierten Schlüssels im folgenden Schleifendurchgang auf sy-tabix aus, der ebenfalls entsprechend erhöht wird.

- Das Löschen der aktuellen Zeile oder von Zeilen vor der aktuellen Zeile bewirkt, dass der interne Schleifenzähler für jede gelöschte Zeile um 1 verringert wird. Dies wirkt sich bei Schleifen über Indextabellen oder bei Verwendung eines sortierten Schlüssels im folgenden Schleifendurchgang auf sy-tabix aus, der ebenfalls entsprechend verringert wird.

Der Austausch des kompletten Tabellenkörpers innerhalb einer LOOP-Schleife über dieselbe Tabelle führt gemäß den oben beschriebenen Regeln zum Verlassen der Schleife beim nächsten Schleifendurchgang. Dies gilt insbesondere auch dann, wenn danach neue Zeilen in die Tabelle eingefügt wurden. Weil dies in der Regel zu überraschendem Programmverhalten führt, darf innerhalb einer Schleife nicht ändernd auf den gesamten Tabellenkörper zugegriffen werden. Falls dies statisch erkennbar ist, kommt es innerhalb von Klassen und bei LOOP-Schleifen mit statisch erkennbarem Sekundärschlüssel (ab Release 7.02/7.2) zu einem Syntaxfehler. Ansonsten wird bei der Syntaxprüfung aus Kompatibilitätsgründen lediglich mit einer Warnung darauf hingewiesen. Zur Laufzeit kommt es bei einem Austausch des kompletten Tabellenkörpers durch Anweisungen wie CLEAR, FREE, LOCAL, REFRESH, SORT, DELETE ... WHERE und bei allen Arten von Zuweisungen an itab aber immer zu einem Laufzeitfehler.

Die Anweisung LOOP AT setzt den Wert des Systemfeldes sy-tabix bei jedem Schleifendurchlauf für Indextabellen und bei Verwendung eines sortierten Schlüssels auf die Zeilennummer der aktuellen Tabellenzeile im zugehörigen Tabellenindex. Bei Hash-Tabellen und bei Verwendung eines Hash-Schlüssels wird sy-tabix auf den Wert 0 gesetzt. LOOP AT lässt sy-subrc unverändert. Nach dem Verlassen der Schleife über ENDLOOP wird sy-tabix auf den Wert gesetzt, den es vor dem Eintritt in die Schleife hatte, und für sy-subrc gilt:

sy-subrc	Bedeutung
0	Die Schleife wurde mindestens einmal durchlaufen.
4	Die Schleife wurde nicht durchlaufen.

Zusätzlich werden die Systemfelder `sy-tfill` und `sy-tleng` versorgt.

Hinweise

- Falls die Angabe der internen Tabelle `itab` über eine Referenzvariable erfolgt, wird die Schleife vollständig über die beim Eintritt referenzierte Tabelle ausgeführt. Eventuelle Änderungen der Referenzvariablen wirken sich nicht auf die Schleife aus. Das zugehörige Objekt kann so lange nicht vom Garbage Collector gelöscht werden, bis die Schleife beendet wurde. Das Gleiche gilt, wenn die Tabelle durch ein Feldsymbol repräsentiert wird. Auch nach einem Umsetzen des Feldsymbols innerhalb der Schleife wird weiterhin über die beim `LOOP`-Eintritt an das Feldsymbol gebundene Tabelle iteriert.
- Es findet keine implizite Auswahl eines passenden Schlüssels oder Index statt. Der verwendete Tabellenschlüssel oder Tabellenindex ist immer eindeutig spezifiziert. Es kommt zu einer Warnung der Syntaxprüfung, wenn es einen passenden sekundären Tabellenschlüssel gibt, dieser aber nicht verwendet wird (ab Release 7.02/7.2). Diese Warnung sollte durch Verwendung des Schlüssels behoben werden. Sie kann in Ausnahmefällen aber auch durch ein Pragma umgangen werden.

Beispiel

Geschachtelte `LOOP`-Schleifen ohne explizite Schlüsselangabe. In der `WHERE`-Bedingung für die innere Schleife wird der Inhalt der aktuellen Zeile der äußeren Schleife ausgewertet.

```
PARAMETERS p_name TYPE scarr-carrname DEFAULT '*'.
DATA: scarr_tab TYPE SORTED TABLE OF scarr
              WITH UNIQUE KEY carrname,
      spfli_tab TYPE SORTED TABLE OF spfli
              WITH NON-UNIQUE KEY carrid.
FIELD-SYMBOLS <scarr_line> LIKE LINE OF scarr_tab.
DATA spfli_line LIKE LINE OF spfli_tab.
...
LOOP AT scarr_tab ASSIGNING <scarr_line>
              WHERE carrname CP p_name.
  LOOP AT spfli_tab INTO spfli_line
              WHERE carrid = <scarr_line>-carrid.
    WRITE: / spfli_line-carrid,
             spfli_line-connid.
  ENDLOOP.
ENDLOOP.
```

29.2.2.2 Ausgabeverhalten

```
LOOP AT itab - result
```

Syntax von result

```
... { INTO wa }
  | { ASSIGNING <fs> [CASTING] }
  | { REFERENCE INTO dref }
  | { TRANSPORTING NO FIELDS }
```

Für das Ausgabeverhalten gibt es vier Alternativen:

- Mit dem Zusatz INTO wird der Inhalt der aktuellen Zeile einem Arbeitsbereich wa zugewiesen.
- Mit dem Zusatz ASSIGNING wird die aktuelle Zeile einem Feldsymbol <fs> zugewiesen. Innerhalb der Schleife darf dem Feldsymbol kein anderer Speicherbereich zugewiesen und die Zuweisung darf nicht mit UNASSIGN rückgängig gemacht werden.
- Mit dem Zusatz REFERENCE INTO wird eine Referenz auf die aktuelle Zeile in eine Referenzvariable gestellt. Innerhalb der Schleife darf der Referenzvariablen keine andere Referenz zugewiesen und die Referenzvariable darf nicht mit CLEAR initialisiert werden.
- Mit dem Zusatz TRANSPORTING NO FIELDS werden nur die zugehörigen Systemfelder gefüllt. Dieser Zusatz ist nur möglich, wenn gleichzeitig der Zusatz WHERE in den Bedingungen cond verwendet wird.

Mit der Ausnahme, dass hinter INTO wa keine weiteren *transport_options* angegeben werden können, sind Syntax und Bedeutung der Angabe des Ausgabeverhaltens dieselben wie bei der Anweisung READ TABLE, und es gelten die gleichen Einschränkungen bezüglich der Modifikation von Schlüsselfeldern der primären und sekundären Tabellenschlüssel (ab Release 7.02/7.2).

Hinweis
Wenn bei Verwendung der Zusätze ASSIGNING oder REFERENCE INTO die aktuelle Zeile innerhalb der Schleife gelöscht wird, sind das Feldsymbol bzw. die Referenzvariable danach im aktuellen Schleifendurchgang nicht zugewiesen bzw. ungebunden.

29.2.2.3 Schleifenbedingungen

```
LOOP AT itab - cond
```

Syntax von cond
```
... [USING KEY keyname] [FROM idx1] [TO idx2] [WHERE log_exp|(cond_syntax)]
```

Mit USING KEY *keyname* wird der Tabellenschlüssel bestimmt (ab Release 7.02/7.2), mit dem die Schleife ausgeführt wird. Darüber hinaus können die in einer LOOP-Schleife auszulesenden Tabellenzeilen durch optionale Bedingungen eingeschränkt werden; wenn keine Bedingungen angegeben sind, werden alle Zeilen der Tabelle gelesen.

Innerhalb der Schleife kann der verwendete Schlüssel über den vordefinierten Namen loop_key angesprochen werden (ab Release 7.02/7.2). Dies ist in allen Anweisungen möglich, in denen explizit der zu verwendende Tabellenschlüssel *keyname* angegeben werden kann. Eine solche Anweisung muss dann in der Schleife selbst aufgeführt sein. Es genügt nicht, dass sie in einer Prozedur steht, die in der Schleife aufgerufen wird.

Schlüsselangabe
```
... USING KEY keyname
```

Ab Release 7.02/7.2. Mit dem Zusatz USING KEY kann in *keyname* ein Tabellenschlüssel angegeben werden, mit dem die Verarbeitung ausgeführt wird. Der angegebene Tabellenschlüssel beeinflusst die Reihenfolge, in der auf die Tabellenzeilen zugegriffen wird, und die Auswertung der übrigen Bedingungen.

Falls der primäre Tabellenschlüssel angegeben ist, verhält sich die Verarbeitung wie ohne explizite Schlüsselangabe. Falls ein sekundärer Tabellenschlüssel angegeben ist (ab Release 7.02/7.2), ist die Reihenfolge, in der auf die Zeilen zugegriffen wird, wie folgt:

- Bei Angabe eines sortierten Schlüssels werden die Zeilen nach aufsteigenden Zeilennummern im sekundären Tabellenindex verarbeitet.
- Bei Angabe eines Hash-Schlüssels werden die Zeilen in der Reihenfolge verarbeitet, in der sie in die Tabelle eingefügt wurden.

Hinweis
Im Unterschied zur Verarbeitung einer Hash-Tabelle unter Verwendung des Primärschlüssels hat eine vorhergehende Sortierung mit der Anweisung SORT keinen Einfluss auf die Verarbeitungsreihenfolge, wenn ein sekundärer Hash-Schlüssel angegeben ist.

Beispiel
Die Tabelle spfli_tab ist eine Hash-Tabelle mit einem eindeutigen Primärschlüssel und zwei nicht-eindeutigen sortierten Sekundärschlüsseln. Die erste LOOP-Schleife erfolgt ohne Schlüsselangabe. Die Tabelle wird in der Reihenfolge ausgegeben, in der sie gefüllt wurde. Die anderen beiden LOOP-Schleifen erfolgen jeweils unter Angabe eines der beiden sekundären Tabellenschlüssel city_from_to bzw. city_to_from.

```
DATA spfli_tab TYPE HASHED TABLE OF spfli
           WITH UNIQUE KEY primary_key
               COMPONENTS carrid connid
           WITH NON-UNIQUE SORTED KEY city_from_to
               COMPONENTS cityfrom cityto
           WITH NON-UNIQUE SORTED KEY city_to_from
               COMPONENTS cityto cityfrom.
FIELD-SYMBOLS <spfli> LIKE LINE OF spfli_tab.
...
LOOP AT spfli_tab ASSIGNING <spfli>.
  ...
ENDLOOP.
LOOP AT spfli_tab ASSIGNING <spfli> USING KEY city_from_to.
  ...
ENDLOOP.
LOOP AT spfli_tab ASSIGNING <spfli> USING KEY city_to_from.
  ...
ENDLOOP.
```

Zeilen eingrenzen

```
... [FROM idx1] [TO idx2]
```

Diese Zusätze bewirken, dass nur Tabellenzeilen ab der Zeilennummer idx1 bzw. bis einschließlich zur Zeilennummer idx2 im verwendeten Tabellenindex berücksichtigt werden. Wenn nur FROM angegeben ist, werden alle Zeilen der Tabelle ab Zeilennummer idx1 bis einschließlich der letzten Zeile berücksichtigt. Wenn nur TO angegeben ist, werden alle Zeilen der Tabelle ab der ersten Zeile bis zur Zeilennummer idx2 berücksichtigt.

Vor Release 7.02/7.2 und wenn ab Release 7.02/7.2 der Zusatz USING KEY nicht verwendet wird oder in `keyname` der primäre Tabellenschlüssel angegeben ist, sind die Zusätze FROM und TO nur bei Indextabellen möglich und beziehen sich auf die Zeilennummern des primären Tabellenindex. Wenn in `keyname` hinter USING KEY ein sortierter Sekundärschlüssel angegeben ist (ab Release 7.02/7.2), sind die Zusätze FROM und TO bei allen Tabellenarten möglich und beziehen sich auf die Zeilennummern des zugehörigen sekundären Tabellenindex.

idx1 und idx2 sind numerische Ausdruckspositionen (ab Release 7.02/7.2) vom Operandentyp i. Dabei gelten folgende Einschränkungen:

- Falls der Wert von idx1 kleiner gleich 0 ist, wird er in der Anweisung LOOP auf 1 gesetzt und führt in jeder anderen Anweisung zu einem Laufzeitfehler. Falls der Wert von idx1 größer als die Anzahl der Tabellenzeilen ist, wird keine Verarbeitung ausgeführt.

- Falls der Wert von idx2 kleiner gleich 0 ist, wird die Anweisung LOOP nicht ausgeführt, und es kommt in jeder anderen Anweisung zu einem Laufzeitfehler. Falls der Wert von idx2 größer als die Anzahl der Tabellenzeilen ist, wird er auf die Anzahl der Tabellenzeilen gesetzt.

- Falls der Wert von idx2 kleiner als der Wert von idx1 ist, wird keine Verarbeitung ausgeführt.

Der Wert von idx1 wird einmalig beim Eintritt in die Schleife ausgewertet. Eventuelle Änderungen von idx1 während der Schleifenverarbeitung werden nicht berücksichtigt. Der Wert von idx2 wird dagegen bei jedem Schleifendurchgang ausgewertet, und eventuelle Änderungen von idx2 während der Schleifenverarbeitung werden berücksichtigt.

Hinweis

Zur Bestimmung, wann die Schleifenverarbeitung verlassen wird bzw. ob der in idx2 angegebene Wert erreicht wurde, wird die aktuelle Zeilennummer ausgewertet. Dabei ist zu beachten, dass diese Zahl, wie unter LOOP beschrieben, durch das Einfügen oder Löschen von Zeilen während eines Schleifendurchgangs umgesetzt werden kann. Dadurch kann es vorkommen, dass die Schleife beim Einfügen von Zeilen weniger oft und beim Löschen von Zeilen öfter durchlaufen wird, als es durch die Differenz aus idx2 und idx1 vorgegeben ist.

Statische Bedingung

```
... WHERE log_exp
```

Es werden alle Zeilen verarbeitet, für die die Bedingung hinter WHERE erfüllt ist. Die Angabe WHERE ist bei allen Tabellenarten möglich. Hinter WHERE kann ein logischer Ausdruck `log_exp` (siehe Abschnitt 21.1) angegeben werden, in dem als erster Operand jedes einzelnen Vergleichs eine Komponente der internen Tabelle angegeben ist. Eine Prädikatfunktion (ab Release 7.02/7.2) kann nicht angegeben werden. Die Komponenten der internen Tabelle müssen als einzelner Operand, d. h. nicht als Teil eines Ausdrucks, angegeben werden. Die dynamische Angabe einer Komponente über eingeklammerte zeichenartige Datenobjekte ist hier nicht möglich. Die übrigen Operanden eines Vergleichs können beliebige passende einzelne Operanden oder Rechenausdrücke, aber keine Komponenten der internen Tabelle sein. Es sind alle logischen Ausdrücke bis auf IS ASSIGNED, IS SUPPLIED und das obsolete IS REQUESTED möglich. Die angegebenen Komponenten können einen beliebigen Datentyp haben. Für die Auswertung gelten die entsprechenden Vergleichsregeln.

Beim Zugriff auf Standardtabellen ohne Angabe eines Sekundärschlüssels ist der Zugriff nicht optimiert, d. h., es werden alle Zeilen der internen Tabelle auf den logischen Ausdruck des WHERE-Zusatzes überprüft. Bei der Verwendung eines sortierten Schlüssels oder eines Hash-Schlüssels, also beim Zugriff auf eine sortierte Tabelle, eine Hash-Tabelle oder über einen sekundären Tabellenschlüssel (ab Release 7.02/7.2), findet unter folgenden Umständen ein optimierter Zugriff statt:

- Bei einem sortierten Schlüssel deckt der logische Ausdruck ein aus mindestens einer Komponente bestehendes Anfangsstück des Schlüssels über mit AND verknüpfte Vergleiche mit dem Vergleichsoperator = (oder EQ) ab. Eine AND-Verknüpfung mit weiteren Vergleichen ist möglich.
- Bei einem Hash-Schlüssel deckt der logische Ausdruck alle Komponenten des Schlüssels über mit AND verknüpfte Vergleiche mit dem Vergleichsoperator = (oder EQ) ab. Eine AND-Verknüpfung mit weiteren Vergleichen ist möglich.
- Der logische Ausdruck selektiert die gleichen Zeilen wie eine Anweisung READ TABLE, in der die entsprechenden Komponenten als Schlüssel angegeben werden.

Wenn diese Voraussetzungen bei einem Zugriff auf eine sortierte Tabelle oder eine Hash-Tabelle über den Primärschlüssel nicht gegeben sind, findet keine Optimierung statt, und es werden wie bei einer Standardtabelle alle Zeilen der internen Tabelle überprüft. Beim Zugriff über einen sekundären Tabellenschlüssel, d. h., wenn in *keyname* hinter USING KEY ein solcher angegeben ist (ab Release 7.02/7.2), wird eine optimierte Ausführung garantiert, d. h., obige Voraussetzungen müssen erfüllt sein. Andernfalls kommt es zu einem Syntaxfehler bzw. einer Ausnahme.

Hinweise
- Bei der Verwendung einer WHERE-Bedingung ist zu beachten, dass beim Vergleich inkompatibler Datenobjekte die Vergleichsregeln für inkompatible Datentypen gelten, bei denen es von den beteiligten Datentypen abhängt, welcher Operand konvertiert wird. Bei Verwendung der Zusätze WITH TABLE KEY und WITH KEY der Anweisung READ wird dagegen immer der Inhalt der angegebenen Datenobjekte vor dem Vergleich in den Datentyp der Spalten konvertiert, wodurch es zu unterschiedlichen Ergebnissen kommen kann.
- Beim optimierten Zugriff wird die WHERE-Bedingung intern auf eine READ-Anweisung mit entsprechender Schlüsselangabe abgebildet.
- Da eine Optimierung der WHERE-Bedingung nur stattfinden kann, wenn diese die gleichen Ergebnisse hat wie eine READ-Anweisung mit entsprechender Schlüsselangabe, sollten alle Operanden des logischen Ausdrucks möglichst paarweise kompatibel sein. Damit ist sichergestellt, dass das unterschiedliche Verhalten der WHERE-Bedingung und einer Schlüsselangabe bei der Anweisung READ keinen Einfluss auf das Ergebnis hat.
- Wenn als logischer Ausdruck eine Selektionstabelle hinter IN angegeben ist, ist zu beachten, dass der Ausdruck bei einer initialen Selektionstabelle immer wahr ist und dass dann alle Tabellenzeilen verarbeitet werden.

- Der hinter WHERE angegebene logische Ausdruck wird einmalig beim Eintritt in die Schleife ausgewertet. Eventuelle Änderungen des zweiten Operanden während der Schleifenverarbeitung werden nicht berücksichtigt.

Dynamische Bedingung
```
... WHERE (cond_syntax)
```

Ab Release 7.02/7.2. Für `cond_syntax` kann ein zeichenartiges Datenobjekt oder eine Standardtabelle mit zeichenartigem Datentyp angegeben werden, das bei Ausführung der Anweisung die Syntax eines logischen Ausdrucks nach den Regeln der statischen WHERE-Bedingung enthält oder initial ist.

Die Syntax in `cond_syntax` ist wie im ABAP Editor unabhängig von Groß- und Kleinschreibung. Bei der Angabe einer internen Tabelle kann die Syntax auf mehrere Zeilen verteilt sein. Wenn `cond_syntax` bei Ausführung der Anweisung initial ist, ist der logische Ausdruck wahr. Ein ungültiger logischer Ausdruck führt zu einer Ausnahme der Klasse CX_SY_ITAB_DYN_LOOP.

Die obsoleten Vergleichsoperatoren aus Abschnitt 56.1.1 werden in `cond_syntax` nicht unterstützt.

Hinweise
- Von den Rechenausdrücken werden derzeit nur arithmetische Ausdrücke, aber keine Zeichenkettenausdrücke (ab Release 7.02/7.2) und keine Bit-Ausdrücke unterstützt. Ebenso können noch keine Zeichenkettenfunktionen oder Bit-Funktionen (beide ab Release 7.02/7.2) angegeben werden.
- Die dynamische WHERE-Bedingung wird für eine leere Tabelle nicht ausgewertet. Bei einer leeren internen Tabelle kommt es bei einem fehlerhaften logischen Ausdruck damit nicht zu einer Ausnahme.

Beispiel
Auslesen von Zeilen mit bestimmten Zeilennummern im primären Tabellenindex, die eine Bedingung erfüllen. Es werden die statische und die dynamische Angabe einer WHERE-Bedingung gezeigt.

```abap
DATA: BEGIN OF line,
        col1 TYPE i,
        col2 TYPE i,
      END OF line.
DATA itab LIKE SORTED TABLE OF line WITH UNIQUE KEY table_line.
DATA num TYPE i VALUE 400.
DATA dref TYPE REF TO i.
DATA cond TYPE string.
DO 30 TIMES.
  line-col1 = sy-index.
  line-col2 = sy-index ** 2.
  APPEND line TO itab.
ENDDO.
```

```
GET REFERENCE OF num INTO dref.
LOOP AT itab INTO line FROM 10 TO 25 WHERE col2 > dref->*.
  ...
ENDLOOP.
cond = 'col2 > dref->*'.
LOOP AT itab INTO line FROM 10 TO 25 WHERE (cond).
  ...
ENDLOOP.
```

29.2.2.4 Behandelbare Ausnahmen

Bei Ausführung der Anweisung LOOP kann speziell die behandelbare Ausnahme CX_SY_ITAB_DYN_LOOP (Fehler in der dynamischen WHERE-Bedingung) auftreten.

29.2.3 Gruppenstufenverarbeitung

AT – itab

Syntax
```
LOOP AT itab result ...
  [AT FIRST.
    ...
  ENDAT.]
  [AT NEW comp1.
    ...
  ENDAT.
    [AT NEW comp2.
      ...
    ENDAT.
      [...]]]
        [ ... ]
    [[[...]
    AT END OF comp2.
      ...
    ENDAT.]
  AT END OF comp1.
    ...
  ENDAT.]
  [AT LAST.
    ...
  ENDAT.]
ENDLOOP.
```

Der Anweisungsblock einer LOOP-Schleife über interne Tabellen kann Kontrollstrukturen für eine Gruppenstufenverarbeitung enthalten. Die entsprechende Kontrollanweisung ist AT. Die Anweisungen AT und ENDAT definieren Anweisungsblöcke, die bei Gruppenwechseln, d. h. bei Änderungen der Gruppenstruktur, ausgeführt werden. Die Zusätze der Anweisungen AT legen fest, bei welchem Gruppenwechsel ihre Anweisungsblöcke ausgeführt werden. Innerhalb dieser Anweisungsblöcke kann die Anweisung SUM angegeben werden, um numerische Komponenten einer Gruppenstufe zu summieren. Für das Ausgabeverhalten result gilt das Gleiche wie bei LOOP AT.

Voraussetzung für die Gruppenstufenverarbeitung ist, dass die Verarbeitungsreihenfolge, in der die LOOP-Schleife die Zeilen der internen Tabelle einliest, genau nach der Reihenfolge der Komponenten ihres Zeilentyps sortiert ist, d. h. zuerst nach der ersten Komponente, dann nach der zweiten Komponente etc. Aus der Zeilenstruktur und der entsprechenden Sortierung ergibt sich eine Gruppenstruktur des Inhalts der internen Tabelle, deren Stufen mit AT-Anweisungen ausgewertet werden können. Die AT-ENDAT-Kontrollstrukturen müssen entsprechend der Gruppenstruktur hintereinander angeordnet sein.

Die Anweisungsblöcke innerhalb der AT-ENDAT-Kontrollstrukturen werden ausgeführt, wenn bei der aktuellen Tabellenzeile ein entsprechender Gruppenwechsel stattfindet. Anweisungen der LOOP-ENDLOOP-Kontrollstruktur, die nicht innerhalb einer AT-ENDAT-Kontrollstruktur aufgeführt sind, werden bei jedem Schleifendurchgang ausgeführt.

Damit die Gruppenstufenverarbeitung ordnungsgemäß durchgeführt wird, sind folgende Regeln zu beachten:

- Ein bei LOOP in *cond* angegebener Tabellenschlüssel muss so gewählt werden, dass er die notwendige Sortierreihenfolge der eingelesenen Zeilen ergibt.
- Eine bei LOOP in *cond* angegebene einschränkende Bedingung muss einen zusammenhängenden Zeilenblock der internen Tabelle selektieren, ansonsten ist das Verhalten der Gruppenstufenverarbeitung undefiniert.
- Die interne Tabelle darf innerhalb der LOOP-Schleife nicht modifiziert werden.
- Ein in der Anweisung LOOP hinter dem Zusatz INTO angegebener Arbeitsbereich wa muss kompatibel mit dem Zeilentyp der Tabelle sein.
- Ein in der Anweisung LOOP hinter dem Zusatz ASSIGNING angegebenes Feldsymbol <fs> muss mit dem Zeilentyp der Tabelle typisiert sein.
- Der Inhalt eines in der Anweisung LOOP hinter dem Zusatz INTO angegebenen Arbeitsbereichs wa darf nicht modifiziert werden.

Wenn in der Anweisung LOOP der Zusatz INTO verwendet wird, um den Inhalt der aktuellen Zeile einem Arbeitsbereich wa zuzuweisen, wird dessen Inhalt bei Eintritt in die AT-ENDAT-Kontrollstruktur wie folgt geändert:

- Die Komponenten des aktuellen Gruppenschlüssels bleiben unverändert.
- Alle Komponenten mit zeichenartigem flachen Datentyp rechts vom aktuellen Gruppenschlüssel werden an jeder Stelle auf das Zeichen "*" gesetzt.
- Alle anderen Komponenten rechts vom aktuellen Gruppenschlüssel werden auf ihren Initialwert gesetzt.

Bei Verlassen der AT-ENDAT-Kontrollstruktur wird dem gesamten Arbeitsbereich wa der Inhalt der aktuellen Tabellenzeile zugewiesen.

Die Zusätze zu AT beziehen sich auf folgende Gruppenstufen:

- Die Gruppenstufe AT FIRST wird durch die erste Zeile der internen Tabelle definiert. Der Gruppenwechsel findet beim Auslesen dieser Zeile statt.
- Die Gruppenstufen {NEW}|{END OF} compi werden durch Anfang bzw. Ende einer Gruppe von Zeilen mit dem gleichen Inhalt in der Komponente compi (mit i = 1, 2, ...) und in den Komponenten links von compi definiert. Die Gruppenwechsel finden statt, wenn sich der Inhalt der Komponente compi oder einer Komponente links von compi ändert. Die Komponenten compi können, wie in Abschnitt 29.2.10 beschrieben, angegeben werden, mit der Einschränkung, dass ein Zugriff auf Datenobjekte über Referenzen hier nicht möglich ist. Nicht möglich sind also:
  - die Angabe von Datenobjekte über Datenreferenzen
  - die Angabe von Attributen von Objekten über Objektreferenzen

  Ansonsten können die angegebenen Komponenten einen beliebigen Datentyp haben. Für die Auswertung gelten die entsprechenden Vergleichsregeln.
- Die Gruppenstufe LAST wird durch die letzte Zeile der internen Tabelle definiert. Der Gruppenwechsel findet beim Auslesen dieser Zeile statt.

Hinweise

- Wenn in der Anweisung LOOP der Zusatz INTO oder ASSIGNING verwendet wird, kann außerhalb von Klassen hinter AT {NEW}|{END OF} ein Feldsymbol angegeben werden, dem die entsprechende Komponente des Arbeitsbereichs wa bzw. des Feldsymbols <fs> zugewiesen ist. Diese Form der dynamischen Komponentenangabe ist obsolet und wurde durch die Angabe in der Form (name) ersetzt.
- In den Gruppenstufen AT FIRST und AT LAST enthält der aktuelle Gruppenschlüssel keine Komponenten, und es werden alle zeichenartigen Komponenten des Arbeitsbereichs wa mit "*" gefüllt und alle übrigen Komponenten auf ihren Initialwert gesetzt.

29.2.3.1 Summierung

SUM

Syntax
SUM.

Die Anweisung SUM kann nur innerhalb einer LOOP-Schleife angegeben werden und ist dort nur innerhalb einer AT-ENDAT-Kontrollstruktur sinnvoll. Voraussetzung für die Verwendung der Anweisung SUM ist, dass in der Anweisung LOOP der Zusatz INTO verwendet wird und dass der dabei angegebene Arbeitsbereich wa kompatibel zum Zeilentyp der internen Tabelle ist. Darüber hinaus kann SUM nicht verwendet werden, wenn der Zeilentyp der internen Tabelle itab Komponenten enthält, die selbst Tabellen sind.

Die Anweisung SUM berechnet die Summen der Komponenten mit numerischem Datentyp (i, p, decfloat16, decfloat34 [ab Release 7.02/7.2], f) aller Zeilen der aktuellen Gruppenstufe und weist diese den Komponenten des Arbeitsbereichs wa zu. In den Gruppenstufen FIRST,

LAST und außerhalb einer AT-ENDAT-Kontrollstruktur wird die Summe der numerischen Komponenten aller Zeilen der internen Tabelle berechnet.

Beispiel

Gruppenstufenverarbeitung zur Erstellung einer Liste. Am Ende von Zeilengruppen wird die Summe belegter Plätze berechnet und ausgegeben.

```
DATA: sflight_tab TYPE SORTED TABLE OF sflight
                  WITH UNIQUE KEY carrid connid fldate,
      sflight_wa  LIKE LINE OF sflight_tab.
SELECT *
       FROM sflight
       INTO TABLE sflight_tab.
LOOP AT sflight_tab INTO sflight_wa.
  AT NEW connid.
    WRITE: / sflight_wa-carrid,
             sflight_wa-connid.
    ULINE.
  ENDAT.
  WRITE: / sflight_wa-fldate,
           sflight_wa-seatsocc.
  AT END OF connid.
    SUM.
    ULINE.
    WRITE: / 'Sum',
             sflight_wa-seatsocc UNDER sflight_wa-seatsocc.
    SKIP.
  ENDAT.
  AT END OF carrid.
    SUM.
    ULINE.
    WRITE: / 'Carrier Sum',
             sflight_wa-seatsocc UNDER sflight_wa-seatsocc.
    NEW-PAGE.
  ENDAT.
  AT LAST.
    SUM.
    WRITE: / 'Overall Sum',
             sflight_wa-seatsocc UNDER sflight_wa-seatsocc.
  ENDAT.
ENDLOOP.
```

29.2.3.2 Behandelbare Ausnahmen

Bei der Summierung kann es zur Ausnahme der Ausnahmeklasse CX_SY_ARITHMETIC_OVERFLOW (Überlauf bei Summenbildung) kommen.

29.2.4 Zeilen einfügen

```
INSERT itab
```

Syntax
```
INSERT line_spec INTO itab_position [result].
```

Diese Anweisung fügt eine oder mehrere Zeilen `line_spec` an einer Stelle `itab_position` einer internen Tabelle ein. Die Stelle kann über den primären Tabellenschlüssel oder einen Tabellenindex spezifiziert werden. Mit `result` kann beim Einfügen einer einzelnen Zeile eine Referenz in Form eines Feldsymbols oder einer Datenreferenz auf die eingefügte Zeile gesetzt werden.

Beim Einfügen einer Zeile werden alle vorhandenen eindeutigen Tabellenschlüssel überprüft. Dies können ein eindeutiger primärer Tabellenschlüssel und mehrere eindeutige sekundäre Tabellenschlüssel (ab Release 7.02/7.2) sein. Das System behandelt eventuelle Duplikate der verschiedenen Schlüssel nach folgender Hierarchie:

1. Wenn beim Versuch, eine Einzelzeile über den Primärschlüssel einzufügen, Duplikate hinsichtlich des eindeutigen Primärschlüssels entstehen würden, wird keine Zeile eingefügt und `sy-subrc` auf den Wert 4 gesetzt.

2. Wenn bei einem Versuch, eine Einzelzeile über den Schlüssel oder den Index einzufügen, Duplikate hinsichtlich eines eindeutigen Sekundärschlüssels entstehen würden, wird eine behandelbare Ausnahme der Klasse CX_SY_ITAB_DUPLICATE_KEY ausgelöst.

3. Wenn beim Versuch, mehrere Zeilen als Block einzufügen, Duplikate im Hinblick auf einen eindeutigen Primär- oder Sekundärschlüssel entstehen würden, kommt es zu einem Laufzeitfehler.

Systemfelder

sy-subrc	Bedeutung
0	Eine oder mehrere Zeilen wurden eingefügt.
4	Es wurde keine Zeile eingefügt, da entweder beim Einfügen einer einzelnen Zeile über den Primärschlüssel schon eine Zeile mit einem gleichen eindeutigen Primärschlüssel existierte oder beim Einfügen über einen Tabellenindex der angegebene Index größer als die aktuelle Anzahl von Zeilen zuzüglich 1 war.

Hinweis

Die Verwaltung eines eindeutigen sekundären Tabellenschlüssels wird sofort (Direct Update) und eines nicht-eindeutigen sekundären Schlüssels erst bei der nächsten expliziten Verwendung des sekundären Tabellenschlüssels aktualisiert (Lazy Update). Die Laufzeitkosten für die Erzeugung oder Aktualisierung eines nicht-eindeutigen sekundären Tabellenschlüssels fallen also erst bei dessen erster Verwendung an.

29.2.4.1 Zeilenangabe

```
INSERT - line_spec
```

Syntax von line_spec
```
... wa
  | {INITIAL LINE}
  | {LINES OF jtab [FROM idx1] [TO idx2] [USING KEY keyname]}
```

Es können entweder ein Arbeitsbereich wa, eine initiale Zeile INITIAL LINE oder mehrere Zeilen einer internen Tabelle jtab eingefügt werden.

Arbeitsbereich einfügen
```
... wa
```

Es wird eine neue Zeile erzeugt und dieser der Inhalt des Arbeitsbereichs wa zugewiesen. Bei wa handelt es sich um eine funktionale Operandenposition (ab Release 7.02/7.2). Beim Einfügen über den Tabellenschlüssel muss wa kompatibel zum Zeilentyp der internen Tabelle sein. Beim Einfügen über den Tabellenindex kann wa inkompatibel zum Zeilentyp der internen Tabelle sein und wird gegebenenfalls nach den Konvertierungsregeln in den Zeilentyp konvertiert.

Beim Einfügen einzelner Zeilen in interne Tabellen mit nicht-eindeutigen Tabellenschlüsseln wird die Reihenfolge der duplikativen Zeilen bezüglich dieser Schlüssel nach der Einfügereihenfolge der einzelnen Zeilen bestimmt. Bei sekundären Tabellenschlüsseln geschieht dies während des Lazy Updates (ab Release 7.02/7.2).

Hinweis
Falls es zu einem Konflikt mit einem bereits vorhandenen eindeutigen primären Tabellenschlüssel kommt, wird keine Zeile eingefügt und bei einem Schlüsselzugriff sy-subrc auf 4 gesetzt, während es bei einem Indexzugriff zu einer unbehandelbaren Ausnahme kommt. Bei einem Konflikt mit einem eindeutigen sekundären Tabellenschlüssel (ab Release 7.02/7.2) kommt es zur behandelbaren Ausnahme der Klasse CX_SY_ITAB_DUPLICATE_KEY.

Initiale Zeile einfügen
```
... INITIAL LINE
```

Es wird eine neue Zeile erzeugt, bei der jede Komponente den typgerechten Initialwert aus der Tabelle der Wertebereiche eingebauter ABAP-Typen enthält.

Beispiel
Einfügen einer initialen Zeile, die gleichzeitig über den Zusatz ASSIGNING mit einem Feldsymbol verknüpft wird. Dadurch kann die initiale Zeile direkt bearbeitet werden.

```
DATA itab TYPE TABLE OF spfli.
FIELD-SYMBOLS <line> LIKE LINE OF itab.
INSERT INITIAL LINE INTO itab INDEX 1 ASSIGNING <line>.
<line>-carrid = ...
```

Tabellenzeilen einfügen

```
... LINES OF jtab [FROM idx1] [TO idx2] [USING KEY keyname]
```

Die Zeilen einer internen Tabelle `jtab` werden als Block eingefügt. Bei `jtab` handelt es sich um eine funktionale Operandenposition (ab Release 7.02/7.2). Die Zeilentypen von `itab` und `jtab` müssen beim Einfügen über den Tabellenschlüssel kompatibel und beim Einfügen über den Index konvertibel sein.

Die einzufügenden Zeilen werden der Tabelle `jtab` sequenziell entnommen. Die Reihenfolge, in der die Zeilen entnommen werden, ist wie bei der Anweisung LOOP und kann ab Release 7.02/7.2 wie dort über die Angabe eines Tabellenschlüssels `keyname` hinter USING KEY beeinflusst werden. Die Zusätze FROM `idx1` und TO `idx2` haben bezüglich `jtab` ebenfalls die gleiche Syntax und Wirkung wie bei LOOP.

Beim blockweisen Einfügen von Zeilen in interne Tabellen mit nicht-eindeutigen Tabellenschlüsseln bleibt die Reihenfolge der duplikativen Zeilen bezüglich dieser Schlüssel erhalten. Wenn bereits ein duplikativer Eintrag in der Zieltabelle vorhanden ist, werden die Duplikate des Quellblocks in ihrer ursprünglichen Reihenfolge vor dem ersten Duplikat der Zieltabelle eingefügt.

Hinweis
Falls es zu einem Konflikt mit einem bereits vorhandenen eindeutigen Tabellenschlüssel kommt, führt dies beim Einfügen mehrerer Zeilen aus einer internen Tabelle immer zu einer unbehandelbaren Ausnahme.

29.2.4.2 Einfügestelle

```
INSERT - itab_position
```

Syntax von itab_position

```
... {TABLE itab}
  | {itab INDEX idx}
  | {itab}
```

Diese Alternativen spezifizieren, an welcher Stelle der internen Tabelle `itab` Zeilen eingefügt werden sollen. Bei der Variante mit dem Zusatz TABLE wird die Stelle, an der eine Zeile eingefügt wird, über den primären Tabellenschlüssel spezifiziert, bei den anderen Varianten über eine Zeilennummer des primären Tabellenindex. Letztere sind nur für Indextabellen möglich.

Hinweis
Die Einfügeposition wird ausschließlich über den primären Tabellenschlüssel bzw. primären Tabellenindex bestimmt. Für die sekundären Tabellenschlüssel (ab Release 7.02/7.2) der internen Tabelle wird dabei die Aufrechterhaltung der Eindeutigkeit überprüft und die neue Tabellenzeile in die entsprechende Verwaltung (Hash-Verwaltung, sekundärer Tabellenindex) aufgenommen. Die Aktualisierung der Verwaltung des Sekundärschlüssels erfolgt bei eindeutigen Sekundärschlüsseln vor dem nächsten Zugriff auf die Tabelle und bei nicht-eindeutigen Sekundärschlüsseln vor der nächsten Verwendung des Sekundärschlüssels.

Schlüsselangabe

```
... TABLE itab
```

Die einzufügenden Zeilen `line_spec` müssen kompatibel zum Zeilentyp der internen Tabelle sein. Jede einzelne der einzufügenden Zeilen wird je nach Tabellenart wie folgt eingefügt:

- Bei Standardtabellen wird jede neue Zeile unabhängig vom primären Tabellenschlüssel als letzte Zeile an die interne Tabelle angehängt.
- Bei sortierten Tabellen wird jede neue Zeile gemäß ihren Schlüsselwerten bezüglich des Primärschlüssels in die Sortierreihenfolge der internen Tabelle eingefügt, und die Zeilennummern im primären Tabellenindex der folgenden Zeilen werden um 1 erhöht. Falls die interne Tabelle einen nicht-eindeutigen Schlüssel hat, werden doppelte Einträge vor der vorhandenen Zeile eingefügt.
- Bei Hash-Tabellen wird jede neue Zeile gemäß ihren Schlüsselwerten bezüglich des Primärschlüssels von der Hash-Verwaltung in die interne Tabelle eingefügt.

Falls die interne Tabelle einen oder mehrere eindeutige Tabellenschlüssel hat, werden keine Einträge eingefügt, die in einem der eindeutigen Tabellenschlüssel zu doppelten Einträgen führen würden. Beim Einfügen einzelner Zeilen wird sy-subrc auf 4 gesetzt, wenn es zu einem doppelten Eintrag bezüglich des Primärschlüssels käme, und es wird eine behandelbare Ausnahme der Klasse CX_SY_ITAB_DUPLICATE_KEY ausgelöst, wenn es zu einem doppelten Eintrag bezüglich eines Sekundärschlüssels käme (ab Release 7.02/7.2). Beim Einfügen mehrerer Zeilen kommt es zu einer unbehandelbaren Ausnahme.

Hinweis

Bei Verwendung des primären Tabellenschlüssels ist zu beachten, dass dies auch der Standardschlüssel sein kann, der bei strukturiertem Zeilentyp alle zeichen- und byteartigen Komponenten umfasst. Einen leeren Standardschlüssel kann es nur bei Standardtabellen geben, für die INSERT in dieser Variante ohnehin immer wie APPEND wirkt.

Beispiel

Füllen einer internen Tabelle `connection_tab` mit den Daten aus der Datenbanktabelle `spfli`. Es werden einzelne Zeilen über den primären Tabellenschlüssel eingefügt und mit dem Inhalt des Arbeitsbereichs `connection` gefüllt. Da die interne Tabelle einen eindeutigen Primärschlüssel hat, werden doppelte Einträge verworfen. Die performantere SELECT-Anweisung, bei der die interne Tabelle direkt hinter INTO TABLE angegeben ist, könnte wegen der Eindeutigkeit des primären Tabellenschlüssels zu einer Ausnahme führen.

```
DATA: BEGIN OF connection,
        cityfrom TYPE spfli-cityfrom,
        cityto   TYPE spfli-cityto,
        distid   TYPE spfli-distid,
        distance TYPE spfli-distance,
      END OF connection.
DATA connection_tab LIKE SORTED TABLE OF connection
                    WITH UNIQUE KEY cityfrom cityto
                                    distid distance.
```

```
SELECT cityfrom cityto distid distance
       FROM spfli
       INTO connection.
  INSERT connection INTO TABLE connection_tab.
ENDSELECT.
```

Indexangabe

... itab **INDEX** idx

Diese Variante ist nur für Standardtabellen und sortierte Tabellen möglich. Jede einzelne der einzufügenden Zeilen `line_spec` wird vor der Zeile mit der Zeilennummer idx im primären Tabellenindex eingefügt, und die Zeilennummern im primären Tabellenindex der folgenden Zeilen werden um 1 erhöht. idx ist eine numerische Ausdrucksposition (ab Release 7.02/7.2) des Operandentyps i.

Falls idx einen Wert enthält, der der Anzahl der vorhandenen Tabellenzeilen zuzüglich 1 entspricht, wird die neue Zeile als letzte Zeile an die interne Tabelle angehängt. Falls idx einen größeren Wert enthält, wird keine Zeile eingefügt und sy-subrc auf 4 gesetzt.

In folgenden Fällen kommt es zu einer unbehandelbaren Ausnahme:

- wenn idx einen Wert kleiner gleich 0 enthält
- wenn eine einzufügende Einzelzeile zu einem doppelten Eintrag in einem eindeutigen primären oder sekundären Tabellenschlüssel (ab Release 7.02/7.2) führen würde
- wenn ein Block einzufügender Zeilen zu einem doppelten Eintrag in einem eindeutigen primären Tabellenschlüssel führen würde
- wenn eine einzufügende Zeile die Sortierreihenfolge bei sortierten Tabellen zerstören würde. Die Änderung der Sortierreihenfolge bezüglich eines sortierten Sekundärschlüssels führt dagegen nie zu einer Ausnahme, sondern der zugehörige Sekundärindex wird entweder direkt (Direct Update) oder verzögert (Lazy Update) aktualisiert (ab Release 7.02/7.2).

Wenn eine einzufügende Einzelzeile zu einem doppelten Eintrag in einem eindeutigen sekundären Tabellenschlüssel führt, kommt es zu einer behandelbaren Ausnahme der Klasse CX_SY_ITAB_DUPLICATE_KEY (ab Release 7.02/7.2).

Beispiel

Einfügen einzelner Zeilen über den primären Tabellenindex in eine Standardtabelle int_tab und Einfügen von Referenzen auf diese Zeilen über den primären Tabellenschlüssel in eine Hash-Tabelle ref_tab. Die Ausgaben in den LOOP-Schleifen ergeben die Zahlen von 10 bis 1 für int_tab und die Zahlen von 1 bis 10 für ref_tab.

```
DATA: int  TYPE i,
      dref TYPE REF TO i.
DATA: int_tab LIKE STANDARD TABLE OF int,
      ref_tab LIKE HASHED TABLE OF dref
              WITH UNIQUE KEY table_line.
DO 10 TIMES.
  INSERT sy-index
         INTO int_tab INDEX 1
```

```
            REFERENCE INTO dref.
    INSERT dref
           INTO TABLE ref_tab.
ENDDO.
LOOP AT int_tab INTO int.
    WRITE / int.
ENDLOOP.
SKIP.
LOOP AT ref_tab INTO dref.
    WRITE / dref->*.
ENDLOOP.
```

Schleifenverarbeitung

```
... itab
```

Diese Variante ist nur innerhalb einer LOOP-Schleife über die gleiche interne Tabelle möglich und wenn bei LOOP der Zusatz USING KEY nicht angegeben ist. Jede einzufügende Zeile wird vor der aktuellen Tabellenzeile der LOOP-Schleife eingefügt. Wenn die aktuelle Zeile im gleichen Schleifendurchgang gelöscht wurde, ist das Verhalten undefiniert.

Hinweis
Die Verwendung dieser Alternative wird nicht empfohlen. Stattdessen sollte die Zeilennummer explizit mit dem Zusatz INDEX angegeben werden.

29.2.4.3 Ausgabeverhalten

```
INSERT – result
```

Syntax von result

```
... { ASSIGNING <fs> [CASTING] }
  | { REFERENCE INTO dref }.
```

Diese Zusätze sind nur beim Einfügen einzelner Zeilen möglich. Falls das Einfügen erfolgreich ist, wird mit dem Zusatz ASSIGNING die eingefügte Zeile einem Feldsymbol <fs> zugewiesen und mit dem Zusatz REFERENCE INTO eine Referenz auf die eingefügte Zeile in eine Referenzvariable gestellt.

Syntax und Bedeutung sind dieselben wie bei der Angabe des Ausgabeverhaltens in der Anweisung READ TABLE, und es gelten die gleichen Einschränkungen bezüglich der Modifikation von Schlüsselfeldern der primären und sekundären Tabellenschlüssel (ab Release 7.02/7.2).

29.2.4.4 Behandelbare Ausnahmen

Die Ausnahme der Ausnahmeklasse CX_SY_ITAB_DUPLICATE_KEY (duplikativer Schüsselwert bei eindeutigem Sekundärschlüssel) kann beim Einfügen einzelner Zeilen in interne Tabellen auftreten (ab Release 7.02/7.2).

29.2.5 Zeilen verdichtet einfügen

`COLLECT`

Syntax
```
COLLECT wa INTO itab [result].
```

Diese Anweisung fügt den Inhalt eines Arbeitsbereichs `wa` entweder als einzelne Zeile in eine interne Tabelle `itab` ein oder addiert die Werte seiner numerischen Komponenten zu den entsprechenden Werten bereits vorhandener Zeilen mit dem gleichen primären Tabellenschlüssel. Bei `wa` handelt es sich um eine funktionale Operandenposition (ab Release 7.02/7.2). Mit `result` kann eine Referenz in Form eines Feldsymbols oder einer Datenreferenz auf die eingefügte bzw. geänderte Zeile gesetzt werden.

Voraussetzung für die Ausführung dieser Anweisung ist, dass `wa` kompatibel zum Zeilentyp von `itab` ist. Alle Komponenten, die nicht Teil des primären Tabellenschlüssels sind, müssen einen numerischen Datentyp (`i`, `p`, `decfloat16`, `decfloat34` [ab Release 7.02/7.2] f) haben. Die Tabelle wird wie folgt nach einer Zeile mit dem gleichen Primärschlüssel durchsucht:

- In Standardtabellen, die ausschließlich über `COLLECT` gefüllt werden, wird der Eintrag über eine temporär angelegte Hash-Verwaltung bestimmt. Der Aufwand dafür ist unabhängig von der Anzahl der Einträge in der Tabelle. Die Hash-Verwaltung ist temporär und wird von ändernden Zugriffen auf die Tabellen in der Regel invalidiert. Bei einer COLLECT-Anweisung nach einer Invalidierung wird eine lineare Suche über alle Tabellenzeilen durchgeführt, deren Aufwand linear mit der Anzahl der Einträge steigt.
- In sortierten Tabellen wird der Eintrag mit einer binären Suche bestimmt, wobei der Aufwand logarithmisch von der Anzahl der Einträge in der Tabelle abhängt.
- In Hash-Tabellen wird der Eintrag über die Hash-Verwaltung der Tabelle bestimmt und ist immer unabhängig von der Anzahl der Tabelleneinträge.

Falls keine Zeile mit einem identischen Primärschlüssel gefunden wird, wird wie folgt eine Zeile eingefügt und mit dem Inhalt von `wa` gefüllt:

- Bei Standardtabellen wird die Zeile als letzte Zeile des primären Tabellenindex angehängt.
- Bei sortierten Tabellen wird die neue Zeile gemäß ihren Schlüsselwerten in die Sortierreihenfolge der internen Tabelle eingefügt und der primäre Tabellenindex der folgenden Zeilen um 1 erhöht.
- Bei Hash-Tabellen wird die neue Zeile gemäß ihren Schlüsselwerten von der Hash-Verwaltung in die interne Tabelle eingefügt.

Falls die interne Tabelle bereits eine Zeile oder mehrere Zeilen mit einem identischen Primärschlüssel enthält, werden die Werte der Komponenten des Arbeitsbereichs `wa`, die nicht Teil des Schlüssels sind, zu den entsprechenden Komponenten der obersten vorhandenen Zeile – bei Indextabellen die Zeile mit dem niedrigsten primären Tabellenindex – hinzuaddiert.

Die Anweisung `COLLECT` setzt `sy-tabix` bei Standardtabellen und sortierten Tabellen auf die Zeilennummer der eingefügten bzw. bereits vorhandenen Zeile im primären Tabellenindex und bei Hash-Tabellen auf den Wert 0. Wenn es bei Ausführung der Anweisung `COLLECT` zu einem doppelten Eintrag in einem eindeutigen sekundären Tabellenschlüssel käme (ab Release 7.02/7.2), käme es zu einer unbehandelbaren Ausnahme.

Wenn der primäre Tabellenschlüssel einer Standardtabelle leer ist, müssen alle Komponenten des Zeilentyps numerisch sein, und es wird immer die erste Zeile der internen Tabelle verdichtet.

Hinweise

- COLLECT sollte nur verwendet werden, wenn tatsächlich eindeutige bzw. verdichtete interne Tabellen erstellt werden sollen. In diesem Fall kann COLLECT eine sehr performante Lösung sein. Wenn Eindeutigkeit bzw. Verdichtung nicht benötigt werden oder Eindeutigkeit aus anderen Gründen gewährleistet ist, sollte stattdessen die Anweisung INSERT verwendet werden.

- Die Anweisung COLLECT ist für Standardtabellen nicht geeignet und sollte für diese nicht mehr genutzt werden. COLLECT kann problemlos für sortierte Tabellen und Hash-Tabellen verwendet werden, da diese im Gegensatz zu Standardtabellen immer eine eigene stabile Schlüsselverwaltung haben, die von COLLECT ausgenutzt werden kann. Bei der Verwendung für sortierte Tabellen sollten diese einen eindeutigen primären Tabellenschlüssel haben, oder die Tabelle sollte ausschließlich mit COLLECT gefüllt werden. Bei Hash-Tabellen sind alle Voraussetzungen automatisch erfüllt.

- Wird dennoch eine Standardtabelle mit COLLECT gefüllt, sollte diese mit keiner anderen Anweisung außer MODIFY bearbeitet werden, wobei bei Letzterer über den Zusatz TRANSPORTING darauf zu achten ist, dass keine Primärschlüsselfelder geändert werden. Nur dann ist gewährleistet, dass die Tabelleneinträge immer eindeutig und verdichtet sind und dass die Anweisung COLLECT performant abläuft. Mit dem Funktionsbaustein ABL_TABLE_HASH_STATE kann überprüft werden, ob eine Standardtabelle für eine Bearbeitung mit COLLECT geeignet ist.

Beispiel

Verdichtetes Einfügen von Daten der Datenbanktabelle sflight in die interne Tabelle seats_tab. Die Zeilen, bei denen die Primärschlüsselkomponenten carrid und connid gleich sind, werden verdichtet, indem die Anzahl der belegten Plätze in der numerischen Komponente seatsocc hinzuaddiert wird.

```
DATA: BEGIN OF seats,
        carrid    TYPE sflight-carrid,
        connid    TYPE sflight-connid,
        seatsocc  TYPE sflight-seatsocc,
      END OF seats.
DATA seats_tab LIKE HASHED TABLE OF seats
               WITH UNIQUE KEY carrid connid.
SELECT carrid connid seatsocc
       FROM sflight
       INTO seats.
  COLLECT seats INTO seats_tab.
ENDSELECT.
```

29.2.5.1 Ausgabeverhalten

```
COLLECT - result
```

Syntax von result
```
... { ASSIGNING <fs> [CASTING] }
  | { REFERENCE INTO dref }.
```

Mit dem Zusatz ASSIGNING wird die eingefügte bzw. bereits vorhandene Zeile einem Feldsymbol <fs> zugewiesen und mit dem Zusatz REFERENCE INTO eine Referenz auf die eingefügte bzw. bereits vorhandene Zeile in eine Referenzvariable gestellt.

Syntax und Bedeutung sind dieselben wie bei der Angabe des Ausgabeverhaltens in der Anweisung READ TABLE, und es gelten die gleichen Einschränkungen bezüglich der Modifikation von Schlüsselfeldern der primären und sekundären Tabellenschlüssel (ab Release 7.02/7.2).

29.2.5.2 Behandelbare Ausnahmen

Bei der Summierung kann es zur Ausnahme der Ausnahmeklasse CX_SY_ARITHMETIC_OVERFLOW (Überlauf bei Summenbildung) kommen.

29.2.6 Zeilen anhängen

```
APPEND
```

Syntax
```
APPEND line_spec TO itab [SORTED BY comp] [result].
```

Diese Anweisung hängt eine oder mehrere Zeilen `line_spec` an eine interne Indextabelle `itab` an. Das Anhängen erfolgt so, dass eine neue letzte Zeile bezüglich des primären Tabellenindex erzeugt wird.

Falls `itab` eine Standardtabelle ist, kann mit SORTED BY eine spezielle Sortierung der Tabelle erreicht werden. Mit `result` kann beim Einfügen einer einzelnen Zeile eine Referenz in Form eines Feldsymbols oder einer Datenreferenz auf die eingefügte Zeile gesetzt werden.

Für das Anhängen einzelnen Tabellenarten gilt:

- An Standardtabellen werden Zeilen direkt und ohne Prüfung des Inhalts der internen Tabelle angehängt.
- An sortierte Tabellen werden Zeilen nur dann angehängt, wenn sie zur Sortierreihenfolge passen und bei eindeutigem primären Tabellenschlüssel nicht zu doppelten Einträgen führen.
- An Hash-Tabellen können keine Zeilen angehängt werden.

Die Anweisung APPEND setzt `sy-tabix` auf die Zeilennummer der letzten angehängten Zeile im primären Tabellenindex.

In folgenden Fällen kommt es zu Ausnahmen:

- Wenn eine anzuhängende Zeile zu einem doppelten Eintrag in einem eindeutigen primären Tabellenschlüssel führen würde, kommt es zu einer unbehandelbaren Ausnahme.
- Wenn eine anzuhängende Einzelzeile zu einem doppelten Eintrag in einem eindeutigen sekundären Tabellenschlüssel führen würde, kommt es zu einer behandelbaren Ausnahme der Klasse CX_SY_ITAB_DUPLICATE_KEY (ab Release 7.02/7.2).
- Wenn ein anzuhängender Block von Zeilen zu einem doppelten Eintrag in einem eindeutigen sekundären Tabellenschlüssel führen würde, kommt es zu einer unbehandelbaren Ausnahme (ab Release 7.02/7.2).
- Wenn eine anzufügende Zeile die Sortierreihenfolge bei sortierten Tabellen zerstören würde, kommt es zu einer unbehandelbaren Ausnahme (der Sekundärindex eines sortierten Sekundärschlüssels wird dagegen vor seiner nächsten Verwendung aktualisiert).

Hinweis

Die Verwaltung eines eindeutigen sekundären Tabellenschlüssels (ab Release 7.02/7.2) wird sofort und die eines nicht-eindeutigen Schlüssels erst bei der nächsten expliziten Verwendung des sekundären Tabellenschlüssels aktualisiert (Lazy Update). Die Laufzeitkosten für die Erzeugung oder Aktualisierung eines nicht-eindeutigen sekundären Tabellenschlüssels fallen also erst bei dessen erster Verwendung an.

29.2.6.1 Zeilenangabe

```
APPEND - line_spec
```

Syntax von line_spec

```
... wa
  | {INITIAL LINE}
  | {LINES OF jtab [FROM idx1] [TO idx2] [USING KEY keyname]}
```

Es können entweder ein Arbeitsbereich wa, eine initiale Zeile INITIAL LINE oder mehrere Zeilen einer internen Tabelle jtab angehängt werden.

Arbeitsbereich anhängen

```
... wa
```

Es wird eine neue Zeile angehängt und dieser der Inhalt des Arbeitsbereichs wa zugewiesen. Bei wa handelt es sich um eine funktionale Operandenposition (ab Release 7.02/7.2). wa kann inkompatibel zum Zeilentyp der internen Tabelle sein und wird gegebenenfalls nach den Konvertierungsregeln in den Zeilentyp konvertiert.

Hinweis

Falls es zu einem Konflikt mit einem bereits vorhandenen eindeutigen primären Tabellenschlüssel kommt, führt dies beim Anhängen einer Einzelzeile zu einer unbehandelbaren Ausnahme. Bei einem Konflikt mit einem eindeutigen sekundären Tabellenschlüssel kommt es zur behandelbaren Ausnahme der Klasse CX_SY_ITAB_DUPLICATE_KEY (ab Release 7.02/7.2).

Beispiel

Anhängen von Quadratzahlen an eine sortierte Tabelle mit elementarem Zeilentyp.

```
DATA: int TYPE i,
      itab LIKE SORTED TABLE OF int
           WITH UNIQUE KEY table_line.
DO 10 TIMES.
  int = sy-index ** 2.
  APPEND int TO itab.
ENDDO.
```

Initiale Zeile anhängen

`... INITIAL LINE`

Es wird eine neue Zeile angehängt, bei der jede Komponente den typgerechten Initialwert aus der Tabelle der Wertebereiche eingebauter ABAP-Typen enthält.

Beispiel

Anhängen einer initialen Zeile, die gleichzeitig über den Zusatz `ASSIGNING` mit einem Feldsymbol verknüpft wird. Dadurch kann die initiale Zeile direkt bearbeitet werden.

```
DATA itab TYPE TABLE OF spfli.
FIELD-SYMBOLS <line> LIKE LINE OF itab.
APPEND INITIAL LINE TO itab ASSIGNING <line>.
<line>-carrid = ...
```

Tabellenzeilen anhängen

`... LINES OF jtab [FROM idx1] [TO idx2] [USING KEY keyname]`

Die Zeilen einer internen Tabelle `jtab` werden als Block angehängt. Bei `jtab` handelt es sich um eine funktionale Operandenposition (ab Release 7.02/7.2). Die einzufügenden Zeilen werden der Tabelle `jtab` sequenziell entnommen. Der Zeilentyp von `jtab` kann inkompatibel zum Zeilentyp der internen Tabelle `itab` sein und wird gegebenenfalls nach den Konvertierungsregeln in den Zeilentyp der Zieltabelle konvertiert.

Die Reihenfolge, in der die Zeilen entnommen werden, ist wie bei der Anweisung `LOOP` und kann ab Release 7.02/7.2 wie dort über die Angabe eines Tabellenschlüssels `keyname` hinter `USING KEY` beeinflusst werden. Die Zusätze `FROM idx1` und `TO idx2` haben bezüglich `jtab` ebenfalls die gleiche Syntax und Wirkung wie bei `LOOP`.

Hinweis

Falls es zu einem Konflikt mit einem bereits vorhandenen eindeutigen primären oder sekundären Tabellenschlüssel (ab Release 7.02/7.2) kommt, führt dies beim Anhängen mehrerer Zeilen aus einer internen Tabelle immer zu einer unbehandelbaren Ausnahme.

29.2.6.2 Ranglisten erzeugen

Syntax

`... SORTED BY comp`

Mit diesem Zusatz können bei richtiger Verwendung Ranglisten in absteigender Sortierung erstellt werden. Voraussetzung ist, dass bei der Deklaration der internen Tabelle im Zusatz INITIAL SIZE ein Wert größer 0 angegeben ist. Falls für INITIAL SIZE der Wert 0 angegeben ist, hat die Anweisung APPEND bei Verwendung des Zusatzes SORTED BY keine Wirkung.

Der Zusatz SORTED BY ist nur bei der Angabe eines Arbeitsbereichs wa und für eine Standardtabelle möglich, wobei wa kompatibel zum Zeilentyp der Tabelle sein muss. Die Komponente comp kann angegeben werden, wie in Abschnitt 29.2.10 gezeigt, mit der Einschränkung, dass nur eine einzige Komponente und keine Attribute von Klassen über den Objektkomponenten-Selektor angesprochen werden können.

Vorausgesetzt, dass bei der Deklaration der internen Tabelle für INITIAL SIZE ein Wert größer 0 angegeben ist, wird die Anweisung in zwei Schritten ausgeführt:

- Die Tabelle wird ausgehend von der letzten Zeile nach einer Zeile durchsucht, in der der Wert der Komponente comp größer oder gleich dem Wert der Komponente comp von wa ist. Falls eine solche Zeile gefunden wird, wird der Arbeitsbereich wa hinter dieser Zeile bezüglich des Primärindex eingefügt. Wird keine solche Zeile gefunden, wird der Arbeitsbereich wa vor der ersten Zeile bezüglich des Primärindex eingefügt. Die Zeilennummern aller Zeilen hinter der eingefügten Zeile erhöhen sich im primären Tabellenindex um 1.

- Falls die Anzahl der Zeilen vor Ausführung der Anweisung größer oder gleich der bei der Deklaration der internen Tabelle im Zusatz INITIAL SIZE angegebenen Anzahl ist, wird die neu entstandene letzte Zeile bezüglich des primären Tabellenindex gelöscht.

Bei alleiniger Verwendung der Anweisung APPEND mit dem Zusatz SORTED BY zum Füllen einer internen Tabelle, bei der für INITIAL SIZE ein Wert größer 0 angegeben ist, ergibt sich aus dieser Regel eine interne Tabelle, die maximal so viele Zeilen enthält, wie bei ihrer Definition hinter INITIAL SIZE angegeben sind, und die bezüglich des primären Tabellenindex absteigend nach der Komponente comp sortiert ist (Rangliste).

Hinweis
Anstelle von APPEND SORTED BY sollte in der Regel die Anweisung SORT verwendet werden.

Beispiel
Erstellen einer Rangliste der drei Flüge einer Flugverbindung mit den meisten freien Plätzen.

```
PARAMETERS: p_carrid TYPE sflight-carrid,
            p_connid TYPE sflight-connid.
DATA: BEGIN OF seats,
        fldate    TYPE sflight-fldate,
        seatsocc  TYPE sflight-seatsocc,
        seatsmax  TYPE sflight-seatsmax,
        seatsfree TYPE sflight-seatsocc,
      END OF seats.
DATA seats_tab LIKE STANDARD TABLE OF seats
               INITIAL SIZE 3.
SELECT fldate seatsocc seatsmax
       FROM sflight
       INTO seats
```

```
          WHERE carrid = p_carrid AND
                connid = p_connid.
   seats-seatsfree = seats-seatsmax - seats-seatsocc.
   APPEND seats TO seats_tab SORTED BY seatsfree.
ENDSELECT.
```

29.2.6.3 Ausgabebereich

`APPEND – result`

Syntax von result
```
... { ASSIGNING <fs> [CASTING] }
  | { REFERENCE INTO dref }.
```

Diese Zusätze sind nur beim Anhängen einzelner Zeilen möglich. Wenn das Anhängen erfolgreich ist, wird mit dem Zusatz ASSIGNING die angehängte Zeile einem Feldsymbol <fs> zugewiesen und mit dem Zusatz REFERENCE INTO eine Referenz auf die angehängte Zeile in eine Referenzvariable gestellt.

Syntax und Bedeutung sind dieselben wie bei der Angabe des Ausgabeverhaltens in der Anweisung READ TABLE, und es gelten die gleichen Einschränkungen bezüglich der Modifikation von Schlüsselfeldern der primären und sekundären Tabellenschlüssel (ab Release 7.02/7.2).

29.2.6.4 Behandelbare Ausnahmen

Die Ausnahme der Ausnahmeklasse CX_SY_ITAB_DUPLICATE_KEY (duplikativer Schüsselwert bei eindeutigem Sekundärschlüssel) kann beim Anhängen einzelner Zeilen in interne Tabellen auftreten (ab Release 7.02/7.2).

29.2.7 Zeilen ändern

`MODIFY itab`

Syntax
```
MODIFY { itab_line | itab_lines }.
```

Diese Anweisung ändert den Inhalt entweder einer oder mehrerer Zeilen `itab_line` bzw. `itab_lines`, die über einen Tabellenschlüssel oder einen Tabellenindex spezifiziert werden können. Bezüglich der Modifikation von Schlüsselfeldern der primären und sekundären Tabellenschlüssel gelten folgende Einschränkungen:

- Die Schlüsselfelder des primären Tabellenschlüssels von sortierten Tabellen und Hash-Tabellen sind schreibgeschützt und dürfen nicht manipuliert werden, da ansonsten die interne Tabellenverwaltung invalidiert wird. Entsprechende Versuche führen in der Regel zu einer unbehandelbaren Ausnahme.

- Die Schlüsselfelder eines sekundären Tabellenschlüssels (ab Release 7.02/7.2) sind dagegen nur dann schreibgeschützt, wenn der sekundäre Tabellenschlüssel verwendet wird. Dies ist innerhalb von LOOP-Schleifen und bei Verwendung der Anweisung MODIFY der Fall, bei denen der sekundäre Tabellenschlüssel hinter USING KEY angegeben ist. Ansonsten sind die Schlüsselfelder nicht schreibgeschützt.

Die Verwaltung eindeutiger Sekundärschlüssel wird nach einer Modifikation von Einzelzeilen beim nächsten Zugriff auf die interne Tabelle (Delayed Update) und von nicht-eindeutigen Sekundärschlüsseln bei der nächsten expliziten Verwendung des sekundären Tabellenschlüssels (Lazy Update) aktualisiert (ab Release 7.02/7.2). Die Überprüfung der Eindeutigkeit eines Sekundärschlüssels findet erst zum Zeitpunkt der Aktualisierung statt. Eine interne Tabelle kann sich nach einer Modifikation einzelner Zeilen also in einem inkonsistenten Zustand bezüglich der Sekundärschlüssel befinden, der erst bei der nächsten Verwendung der Tabelle zu einer Ausnahme führt. Wenn die nächste Verwendung nicht unmittelbar nach der Modifikation erfolgt, können Sekundärschlüssel mit Methoden der Systemklasse CL_ABAP_ITAB_UTILITIES explizit aktualisiert werden, um eventuelle Ausnahmen an Ort und Stelle zu behandeln.

Systemfelder

sy-subrc	Bedeutung
0	Es wurde mindestens eine Zeile geändert.
4	Es wurde keine Zeile geändert, da beim Suchen über Tabellenschlüssel bzw. bei logischer Bedingung keine passende Zeile gefunden wurde oder beim Suchen über einen Tabellenindex der angegebene Index größer als die aktuelle Anzahl von Zeilen war.

Hinweise

- Außer über die Anweisung MODIFY kann der Inhalt einer einzelnen Tabellenzeile durch Zuweisungen an Feldsymbole und dereferenzierte Datenreferenzen, die auf die Tabellenzeile zeigen, geändert werden.
- Es findet keine implizite Auswahl eines passenden Schlüssels oder Index statt. Der verwendete Tabellenschlüssel oder Tabellenindex ist immer eindeutig spezifiziert. Es kommt zu einer Warnung der Syntaxprüfung, wenn es einen passenden sekundären Tabellenschlüssel gibt, dieser aber nicht verwendet wird (ab Release 7.02/7.2). Diese Warnung sollte durch Verwendung des Schlüssels behoben werden. Sie kann in Ausnahmefällen aber auch durch ein Pragma umgangen werden.

29.2.7.1 Einzelzeilen ändern

```
MODIFY itab - itab_line
```

Syntax von itab_line

```
... {table_key|index} FROM wa
                     [TRANSPORTING comp1 comp2 ...]
                     [result].
```

In dieser Variante weist die Anweisung MODIFY einer durch einen Tabellenschlüssel in *table_key* oder die Angabe einer Zeilennummer in *index* spezifizierten Zeile den Inhalt des Arbeitsbereichs *wa* zu. Bei *wa* handelt es sich um eine funktionale Operandenposition (ab Release 7.02/7.2). Mit *result* kann beim Ändern einer einzelnen Zeile eine Referenz in Form eines Feldsymbols oder einer Datenreferenz auf die geänderte Zeile gesetzt werden.

Der Arbeitsbereich wa muss beim Zugriff über Tabellenschlüssel, beim Indexzugriff auf sortierte Tabellen und bei Verwendung des Zusatzes TRANSPORTING kompatibel zum Zeilentyp der internen Tabelle sein. Nur beim Einfügen über den primären Tabellenindex in Standardtabellen ohne den Zusatz TRANSPORTING kann wa inkompatibel zum Zeilentyp der internen Tabelle sein und wird gegebenenfalls nach den Konvertierungsregeln in den Zeilentyp konvertiert.

Der Zusatz TRANSPORTING bewirkt, dass nur die angegebenen Komponenten comp1 comp2 ... des Arbeitsbereichs den entsprechenden Komponenten der zu ändernden Zeile(n) zugewiesen werden. Bei sortierten Tabellen und Hash-Tabellen dürfen hinter TRANSPORTING keine Komponenten des primären Tabellenschlüssels angegeben werden. Die Komponentenangaben comp1 comp2 ... erfolgen nach den Regeln in Abschnitt 29.2.10, mit der Einschränkung, dass hinter TRANSPORTING keine Attribute von Klassen über den Objektkomponenten-Selektor angesprochen werden können.

Schlüsselangabe
```
MODIFY itab - table_key
```

Syntax von table_key
```
... TABLE itab [USING KEY keyname]
```

Für wa muss ein zum Zeilentyp der internen Tabelle kompatibler Arbeitsbereich angegeben werden. Es handelt sich um eine funktionale Operandenposition (ab Release 7.02/7.2). Es wird die erste gefundene Zeile der internen Tabelle verarbeitet, deren Werte in den Spalten des verwendeten Tabellenschlüssels mit denen der entsprechenden Komponenten von wa übereinstimmen. Sind die Schlüsselfelder in wa leer, wird kein Eintrag verarbeitet.

Vor Release 7.02/7.2 und wenn ab Release 7.02/7.2 der Zusatz USING KEY nicht angegeben ist, wird der primäre Tabellenschlüssel verwendet. Wenn ab Release 7.02/7.2 der Zusatz USING KEY angegeben ist, wird der in keyname angegebene Tabellenschlüssel verwendet. Für die Suche nach der zu modifizierenden Zeile gilt das Gleiche wie beim Schlüsselzugriff mit der Anweisung READ.

Wenn auf eine Standardtabelle über den primären Tabellenschlüssel zugegriffen wird und dieser leer ist, wird die erste Zeile der internen Tabelle modifiziert.

Hinweis
Bei Verwendung des primären Tabellenschlüssels ist zu beachten, dass dies auch der Standardschlüssel sein kann, wodurch unerwartete Effekte auftreten können:

- Bei strukturiertem Zeilentyp umfasst der Standardschlüssel alle zeichen- und byteartigen Komponenten.
- Der Standardschlüssel einer Standardtabelle kann leer sein.

Beispiel
Umstellung der Hauswährung einer Fluggesellschaft über Primärschlüsselzugriff auf die interne Tabelle scarr_tab.

```
PARAMETERS p_carrid TYPE scarr-carrid.
```

```abap
DATA scarr_tab TYPE SORTED TABLE OF scarr
              WITH UNIQUE KEY carrid.
DATA scarr_wa TYPE scarr.
...
READ TABLE scarr_tab INTO scarr_wa
    WITH TABLE KEY carrid = p_carrid.
scarr_wa-currcode = 'EUR'.
MODIFY TABLE scarr_tab FROM scarr_wa
       TRANSPORTING currcode.
```

Indexangabe
```
MODIFY itab - index
```

Syntax von index
```
... { itab INDEX idx [USING KEY keyname] }
  | { itab [USING KEY loop_key]} ...
```

Diese Alternativen spezifizieren die zu ändernde Zeile über die Angabe einer Zeilennummer bezüglich eines Tabellenindex. Wir unterscheiden eine explizite und eine implizite Indexangabe.

Explizite Indexangabe
```
... { itab INDEX idx [USING KEY keyname] }
```

Mit dem Zusatz INDEX modifiziert die Anweisung MODIFY die Zeile der in idx angegebenen Zeilennummer bezüglich eines Tabellenindex. idx ist eine numerische Ausdrucksposition (ab Release 7.02/7.2) des Operandentyps i. Es kommt zu einer unbehandelbaren Ausnahme, falls idx einen Wert kleiner gleich 0 enthält. Vor Release 7.02/7.2 und wenn ab Release 7.02/7.2 der Zusatz USING KEY nicht verwendet wird, kann der Zusatz INDEX nur bei Indextabellen verwendet werden und bestimmt die zu ändernde Zeile aus deren primärem Tabellenindex.

Mit dem Zusatz USING KEY kann ab Release 7.02/7.2 in keyname ein Tabellenschlüssel angegeben werden, um explizit den zu verwendenden Tabellenindex anzugeben.

Wenn die Tabelle einen sortierten Sekundärschlüssel hat, kann dieser in keyname angegeben werden, und die zu ändernde Zeile wird aus dessen sekundärem Tabellenindex bestimmt. Ein sekundärer Hash-Schlüssel darf nicht angegeben werden.

Falls der primäre Tabellenschlüssel angegeben wird, muss es sich um eine Indextabelle handeln, und das Verhalten ist dasselbe wie ohne die Angabe von USING KEY.

Innerhalb einer LOOP-Schleife über die gleiche interne Tabelle kann bei Angabe des Zusatzes USING keyname der Zusatz INDEX genau dann weggelassen werden, wenn in keyname der ab Release 7.02/7.2 vordefinierte Name loop_key angegeben ist, und es wird implizit die aktuelle Tabellenzeile der LOOP-Schleife modifiziert. Der verwendete Tabellenschlüssel der Schleife kann dort implizit und explizit angegeben sein.

Wird eine über INDEX spezifizierte Zeile ohne den Zusatz TRANSPORTING modifiziert, werden alle Komponenten der Zeile transportiert. Wenn dabei statisch erkennbar ist, dass ein zu diesem Zeitpunkt schreibgeschützter sekundärer Tabellenschlüssel überschrieben würde (ab Release 7.02/7.2), führt dies zu einem Syntaxfehler. Ist dies erst zur Laufzeit erkennbar, kommt es zum entsprechenden Laufzeitfehler.

Werden in einer über INDEX spezifizierten Zeile die Komponenten eines primären sortierten Tabellenschlüssels modifiziert, kommt es ausnahmsweise nur dann zu einem Laufzeitfehler, wenn dadurch auch der Wert der Komponenten geändert wird.

Beispiel
Umstellung der Hauswährung einer Fluggesellschaft in der internen Tabelle scarr_tab über Indexzugriff auf Euro.

```
PARAMETERS p_carrid TYPE scarr-carrid.
DATA scarr_tab TYPE SORTED TABLE OF scarr
               WITH UNIQUE KEY carrid.
DATA: idx      TYPE sy-tabix,
      scarr_wa TYPE scarr.
...
READ TABLE scarr_tab
    WITH TABLE KEY carrid   = p_carrid
    TRANSPORTING NO FIELDS.
idx = sy-tabix.
scarr_wa-currcode = 'EUR'.
MODIFY scarr_tab INDEX idx FROM scarr_wa
    TRANSPORTING currcode.
```

Implizite Indexangabe
```
... { itab [USING KEY loop_key]} ...
```

Diese Variante ist nur innerhalb einer LOOP-Schleife über die gleiche interne Tabelle möglich und wenn bei LOOP der Zusatz USING KEY nicht angegeben ist. Es wird implizit die aktuelle Tabellenzeile der LOOP-Schleife modifiziert. Wenn die aktuelle Zeile im gleichen Schleifendurchgang bereits gelöscht wurde, ist das Verhalten undefiniert.

Außerhalb einer LOOP-Schleife ist diese Variante verboten und führt zu einer Warnung bei der Syntaxprüfung, wenn statisch nicht erkennbar ist, dass sie in einer Schleife aufgeführt ist.

Der Zusatz USING KEY loop_key ist notwendig, wenn der für die LOOP-Schleife verwendete Tabellenschlüssel bei der Anweisung LOOP explizit angegeben ist (ab Release 7.02/7.2). Er drückt explizit aus, dass die aktuelle Tabellenzeile der LOOP-Schleife modifiziert wird. Außer dem ab Release 7.02/7.2 vordefinierten Namen loop_key darf kein anderer Schlüssel angegeben werden. Wenn bei LOOP kein expliziter Tabellenschlüssel angegeben ist, kann ab Release 7.02/7.2 der Zusatz USING KEY loop_key verwendet werden, muss aber nicht.

Hinweis
Die Verwendung dieser Alternative wird nicht empfohlen. Stattdessen sollte die Zeilennummer explizit mit dem Zusatz INDEX angegeben werden.

29.2.7.2 Mehrere Zeilen ändern

```
MODIFY itab - itab_lines
```

Syntax von itab_lines
```
... itab FROM wa [USING KEY keyname]
        TRANSPORTING comp1 comp2 ... WHERE log_exp|(cond_syntax).
```

In dieser Variante weist die Anweisung MODIFY allen Zeilen der Tabelle itab, die die Bedingung hinter WHERE erfüllen, den Inhalt der hinter TRANSPORTING angegebenen Komponenten comp1 comp2 ... des Arbeitsbereichs wa zu. Bei wa handelt es sich um eine funktionale Operandenposition (ab Release 7.02/7.2). Der Arbeitsbereich wa muss kompatibel mit dem Zeilentyp der internen Tabelle sein.

Der Zusatz TRANSPORTING wirkt wie beim Ändern einzelner Zeilen. Der Zusatz WHERE kann nur gemeinsam mit dem TRANSPORTING-Zusatz angegeben werden. Hinter WHERE kann ein logischer Ausdruck log_exp als statische Bedingung oder ab Release 7.02/7.2 ein eingeklammertes Datenobjekt cond_syntax als dynamische Bedingung angegeben werden. Dabei gelten die gleichen Regeln wie für die WHERE-Bedingung der Anweisung LOOP AT itab.

Der Zusatz USING KEY erlaubt ab Release 7.02/7.2 die Angabe des Namens eines Tabellenschlüssels in keyname. Bei Angabe eines sekundären Tabellenschlüssels gelten für den Zusatz WHERE folgende Voraussetzungen:

- Bei einem sortierten Schlüssel deckt der logische Ausdruck ein aus mindestens einer Komponente bestehendes Anfangsstück des Schlüssels über mit AND verknüpfte Vergleiche mit dem Vergleichsoperator = (oder EQ) ab. Eine AND-Verknüpfung mit weiteren Vergleichen ist möglich.
- Bei einem Hash-Schlüssel deckt der logische Ausdruck alle Komponenten des Schlüssels über mit AND verknüpfte Vergleiche mit dem Vergleichsoperator = (oder EQ) ab. Eine AND-Verknüpfung mit weiteren Vergleichen ist möglich.
- Der logische Ausdruck selektiert die gleichen Zeilen wie eine Anweisung READ TABLE, in der die entsprechenden Komponenten als Schlüssel angegeben werden.
- Diese Voraussetzungen garantieren den optimierten Zugriff über sekundäre Tabellenschlüssel.

Hinweis

Vor Release 7.02/7.2 und wenn ab Release 7.02/7.2 kein Sekundärschlüssel keyname hinter USING KEY angegeben ist, werden bei Standardtabellen alle Zeilen der internen Tabelle auf den logischen Ausdruck des WHERE-Zusatzes überprüft. Bei sortierten Tabellen und Hash-Tabellen wird ein optimierter Zugriff dadurch erreicht, dass die oben aufgeführten Voraussetzungen bezüglich des Primärschlüssels eingehalten werden.

Beispiel

Änderung des Inhalts der Komponente planetype aller Zeilen der internen Tabelle sflight_tab, in denen diese Komponente den Wert von p_plane1 enthält, in den Wert von p_plane2.

```
PARAMETERS: p_plane1 TYPE sflight-planetype,
            p_plane2 TYPE sflight-planetype.
DATA sflight_tab TYPE SORTED TABLE OF sflight
                 WITH UNIQUE KEY carrid connid fldate.
DATA sflight_wa TYPE sflight.
...
sflight_wa-planetype = p_plane2.
MODIFY sflight_tab FROM sflight_wa
       TRANSPORTING planetype WHERE planetype = p_plane1.
```

29.2.7.3 Ausgabeverhalten

`MODIFY itab - result`

Syntax von result

```
... { ASSIGNING <fs> [CASTING] }
  | { REFERENCE INTO dref }.
```

Diese Zusätze sind nur beim Ändern einzelner Zeilen möglich. Falls das Ändern erfolgreich ist, wird mit dem Zusatz ASSIGNING die geänderte Zeile einem Feldsymbol zugewiesen und mit dem Zusatz REFERENCE INTO eine Referenz auf die geänderte Zeile in eine Referenzvariable gestellt.

Syntax und Bedeutung sind dieselben wie bei der Angabe des Ausgabeverhaltens in der Anweisung READ TABLE, und es gelten die gleichen Einschränkungen bezüglich der Modifikation von Schlüsselfeldern der primären und sekundären Tabellenschlüssel.

29.2.7.4 Behandelbare Ausnahmen

Bei Ausführung der Anweisung MODIFY kann speziell die behandelbare Ausnahme CX_SY_ITAB_DYN_LOOP (Fehler in der dynamischen WHERE-Bedingung) auftreten.

29.2.8 Zeilen löschen

`DELETE itab`

Syntax

`DELETE { itab_line | itab_lines | duplicates }.`

Diese Anweisung löscht entweder eine oder mehrere Zeilen *itab_line* bzw. *itab_lines*, die über einen Tabellenschlüssel oder einen Tabellenindex spezifiziert werden können, oder benachbarte doppelte Zeilen *duplicates*.

Systemfelder

sy-subrc	Bedeutung
0	Es wurde mindestens eine Zeile gelöscht.
4	Es wurde keine Zeile gelöscht, da beim Löschen über einen Tabellenschlüssel bzw. bei logischer Bedingung keine passende Zeile gefunden wurde, beim Löschen über einen Tabellenindex der angegebene Index größer als die aktuelle Anzahl von Zeilen war oder keine doppelten benachbarten Zeilen gefunden wurden.

Hinweise

- Beim Löschen von Zeilen einer internen Tabelle fallen grundsätzlich Kosten für die Aktualisierung aller vorhandenen Tabellenschlüssel und Tabellenindizes an. Der Primärschlüssel und alle eindeutigen Sekundärschlüssel (ab Release 7.02/7.2) werden direkt aktualisiert, während nicht-eindeutige Sekundärschlüssel nur aktualisiert werden, wenn die zu löschende Zeile im bereits aktualisierten Teil eines zugehörigen Index enthalten ist (Lazy Update). Insbesondere muss auch beim Löschen einer Zeile aus einer Standardtabelle über einen Sekundärschlüssel der primäre Tabellenindex aktualisiert werden, was eine lineare Suche erfordert.

- Es findet keine implizite Auswahl eines passenden Schlüssels oder Index statt. Der verwendete Tabellenschlüssel oder Tabellenindex ist immer eindeutig spezifiziert. Es kommt zu einer Warnung der Syntaxprüfung, wenn es einen passenden sekundären Tabellenschlüssel gibt, dieser aber nicht verwendet wird (ab Release 7.02/7.2). Diese Warnung sollte durch Verwendung des Schlüssels behoben werden. Sie kann in Ausnahmefällen aber auch durch ein Pragma umgangen werden.

29.2.8.1 Einzelzeilen löschen

```
DELETE itab - itab_line
```

Syntax von itab_line

```
... {TABLE itab table_key}
  | {itab INDEX idx [USING KEY keyname]}
  | {itab [USING KEY loop_key]}.
```

Diese Alternativen spezifizieren, welche einzelne Zeile der internen Tabelle itab gelöscht werden soll.

Schlüsselangabe

```
... TABLE itab { FROM wa [USING KEY keyname] }
             | { WITH TABLE KEY [keyname COMPONENTS]
                                {comp_name1|(name1)} = dobj1
                                {comp_name2|(name2)} = dobj2
                                ...                           }
```

Bei der Variante mit dem Zusatz TABLE wird die Zeile über den primären Tabellenschlüssel spezifiziert. Die Werte des Suchschlüssels können entweder implizit in einem Arbeitsbereich wa hinter FROM oder durch das explizite Aufführen der Komponenten des verwendeten Tabellenschlüssels hinter TABLE KEY angegeben werden. Der Zugriff findet bei Verwendung des primären Tabellenschlüssels für die einzelnen Tabellenarten wie folgt statt:

- Standardtabellen werden linear durchsucht.
- Sortierte Tabellen werden binär durchsucht.
- Bei Hash-Tabellen wird der Hash-Algorithmus verwendet.

Bei Verwendung eines sekundären Tabellenschlüssels (ab Release 7.02/7.2) erfolgt der Zugriff bei einem sortierten Schlüssel über eine binäre Suche und bei einem Hash-Schlüssel über einen Hash-Algorithmus.

Hinweis

Beim Löschen einer Zeile aus einer Standardtabelle über einen Sekundärschlüssel (ab Release 7.02/7.2) hängt die gesamte Laufzeit im Mittel linear von der Anzahl der Tabellenzeilen ab. Während die zu löschende Zeile zwar schnell gefunden wird, muss beim Aktualisieren des Primärindex der zu löschende Eintrag linear gesucht werden.

Implizite Schlüsselangabe

```
... FROM wa [USING KEY keyname]
```

Für `wa` muss ein zum Zeilentyp der internen Tabelle kompatibler Arbeitsbereich angegeben werden. Es handelt sich um eine funktionale Operandenposition (ab Release 7.02/7.2). Es wird die erste gefundene Zeile der internen Tabelle verarbeitet, deren Werte in den Spalten des verwendeten Tabellenschlüssels mit denen der entsprechenden Komponenten von `wa` übereinstimmen. Sind die Schlüsselfelder in `wa` leer, wird kein Eintrag verarbeitet. Vor Release 7.02/7.2 und wenn ab Release 7.02/7.2 der Zusatz USING KEY nicht angegeben ist, wird der primäre Tabellenschlüssel verwendet. Wenn ab Release 7.02/7.2 der Zusatz USING KEY angegeben ist, wird der in `keyname` angegebene Tabellenschlüssel verwendet.

Wenn auf eine Standardtabelle über den primären Tabellenschlüssel zugegriffen wird und dieser leer ist, wird die erste Zeile der internen Tabelle gelöscht.

Hinweis

Bei Verwendung des primären Tabellenschlüssels ist zu beachten, dass dies auch der Standardschlüssel sein kann, wodurch unerwartete Effekte auftreten können:

- Bei strukturiertem Zeilentyp umfasst der Standardschlüssel alle zeichen- und byteartigen Komponenten.
- Der Standardschlüssel einer Standardtabelle kann leer sein.

Beispiel

Löschen der Tabellenzeile, die im Schlüsselfeld `carrid` des Primärschlüssels den gleichen Wert wie `p_carrid` hat, über einen Arbeitsbereich `scarr_wa`.

```
PARAMETERS p_carrid TYPE scarr-carrid.
DATA: scarr_tab TYPE SORTED TABLE OF scarr
                WITH UNIQUE KEY carrid,
      scarr_wa  LIKE LINE OF scarr_tab.
...
scarr_wa-carrid = p_carrid.
DELETE TABLE scarr_tab FROM scarr_wa.
```

Explizite Schlüsselangabe

```
... WITH TABLE KEY [keyname COMPONENTS]
```

Jede Komponente des verwendeten Tabellenschlüssels muss entweder direkt als `comp_name1 comp_name2 ...` oder als eingeklammertes zeichenartiges Datenobjekt `name1 name2 ...`, das bei Ausführung der Anweisung den Namen der Komponente enthält, aufgeführt werden. Bei `comp_name1 comp_name2 ...` handelt es sich um funktionale Operandenpositionen (ab Release 7.02/7.2). Die Groß-/Kleinschreibung wird in `name` nicht berücksichtigt. Falls `name` nur Leerzeichen enthält, wird diese Komponentenangabe bei Ausführung der Anweisung ignoriert. Jeder Komponente muss ein Datenobjekt `dobj1 dobj2 ...` zugeordnet werden, das kompatibel mit dem Datentyp der Komponente oder in diesen konvertierbar ist. Es wird die erste gefundene Zeile der internen Tabelle verarbeitet, deren Werte in den Spalten des verwendeten Tabellenschlüssels mit den Werten in den zugeordneten Datenobjekten `dobj1 dobj2 ...` übereinstimmen. Falls notwendig, wird der Inhalt von `dobj1 dobj2 ...` vor dem Vergleich in den Datentyp der Komponente konvertiert. Es darf kein Customizing-Include als Komponente angegeben werden, solange es leer ist.

Vor Release 7.02/7.2 und wenn ab Release 7.02/7.2 der Zusatz COMPONENTS nicht angegeben ist, wird der primäre Tabellenschlüssel verwendet. Wenn ab Release 7.02/7.2 der Zusatz COMPONENTS angegeben ist, wird der in `keyname` angegebene Tabellenschlüssel verwendet.

Hinweise

- Bei Tabellen mit nicht-strukturiertem Zeilentyp, bei denen die gesamte Tabellenzeile als Tabellenschlüssel definiert ist, kann die Pseudokomponente `table_line` als Komponente angegeben werden.

- Um überraschende Ergebnisse nach einer Konvertierung zu vermeiden, sollten `dobj1 dobj2 ...` kompatibel zum Datentyp der Komponente sein.

Beispiel

Löschen der Tabellenzeile, die im Schlüsselfeld `carrid` den gleichen Wert wie `p_carrid` hat, über die explizite Angabe des primären Tabellenschlüssels.

```
PARAMETERS p_carrid TYPE scarr-carrid.
DATA scarr_tab TYPE SORTED TABLE OF scarr
               WITH UNIQUE KEY carrid.
DELETE TABLE scarr_tab WITH TABLE KEY carrid = p_carrid.
```

Explizite Indexangabe

```
... itab INDEX idx [USING KEY keyname]
```

Mit dem Zusatz INDEX löscht die Anweisung DELETE die Zeile der in `idx` angegebenen Zeilennummer bezüglich eines Tabellenindex. `idx` ist eine numerische Ausdrucksposition (ab Release 7.02/7.2) des Operandentyps `i`. Es kommt zu einer unbehandelbaren Ausnahme, falls `idx` einen Wert kleiner gleich 0 enthält.

Vor Release 7.02/7.2 und wenn ab Release 7.02/7.2 der Zusatz USING KEY nicht verwendet wird, kann der Zusatz INDEX nur bei Indextabellen verwendet werden und bestimmt die zu löschende Zeile aus deren primärem Tabellenindex. Mit dem Zusatz USING KEY kann in `keyname` ab Release 7.02/7.2 ein Tabellenschlüssel angegeben werden, um explizit den zu verwendenden Tabellenindex anzugeben.

Interne Tabellen

Wenn die Tabelle einen sortierten Sekundärschlüssel hat, kann dieser ab Release 7.02/7.2 in *keyname* angegeben werden, und die zu löschende Zeile wird aus dessen sekundärem Tabellenindex bestimmt. Ein sekundärer Hash-Schlüssel darf nicht angegeben werden. Falls der primäre Tabellenschlüssel angegeben wird, muss es sich um eine Indextabelle handeln, und das Verhalten ist dasselbe wie ohne die Angabe von USING KEY.

Beispiel
Löschen der Tabellenzeile, die im Schlüsselfeld carrid den gleichen Wert wie p_carrid hat, über den primären Tabellenindex.

```
PARAMETERS p_carrid TYPE scarr-carrid.
DATA scarr_tab TYPE SORTED TABLE OF scarr
               WITH UNIQUE KEY carrid.
READ TABLE scarr_tab WITH TABLE KEY carrid = p_carrid
               TRANSPORTING NO FIELDS.
IF sy-subrc = 0.
  DELETE scarr_tab INDEX sy-tabix.
ENDIF.
```

Implizite Indexangabe

```
... itab [USING KEY loop_key]
```

Diese Variante ist nur innerhalb einer LOOP-Schleife über die gleiche interne Tabelle möglich. Es wird implizit die aktuelle Tabellenzeile der LOOP-Schleife gelöscht.

Wenn bei LOOP der Zusatz USING KEY angegeben ist (ab Release 7.02/7.2), muss bei dieser Variante der Zusatz USING KEY loop_key angegeben sein. Er drückt explizit aus, dass die aktuelle Tabellenzeile der LOOP-Schleife gelöscht wird. Außer dem ab Release 7.02/7.2 vordefinierten Namen loop_key darf kein anderer Schlüssel angegeben werden. Wenn bei LOOP kein expliziter Tabellenschlüssel angegeben ist, kann ab Release 7.02/7.2 der Zusatz USING KEY loop_key verwendet werden, muss aber nicht.

Wenn die aktuelle Zeile im gleichen Schleifendurchgang schon einmal gelöscht wurde, ist das Verhalten undefiniert.

Außerhalb einer LOOP-Schleife ist diese Variante verboten und führt zu einer Warnung bei der Syntaxprüfung, wenn statisch nicht erkennbar ist, dass sie in einer Schleife aufgeführt wird.

Hinweis
Die Verwendung dieser Alternative wird nicht empfohlen. Stattdessen sollte die Zeilennummer explizit mit dem Zusatz INDEX angegeben werden.

Beispiel
Folgende Schleife löscht alle Zeilen einer internen Tabelle, da durch die Kurzform der DELETE-Anweisung immer die aktuelle erste Zeile gelöscht wird.

```
DATA itab TYPE TABLE OF i.
DATA wa LIKE LINE OF itab.
```

```
LOOP AT itab INTO wa TO 6.
  DELETE itab.
ENDLOOP.
```

29.2.8.2 Mehrere Zeilen löschen

```
DELETE itab - itab_lines
```

Syntax von itab_lines
```
... itab [USING KEY keyname] [FROM idx1] [TO idx2]
                   [WHERE log_exp|(cond_syntax)]
```

Für das Löschen mehrerer Zeilen muss mindestens einer der Zusätze FROM, TO oder WHERE angegeben werden. Mit USING KEY keyname wird ab Release 7.02/7.2 der Tabellenschlüssel bestimmt, auf den sich die Zusätze beziehen. Wenn mehrere der Zusätze angegeben sind, werden die Zeilen gelöscht, die sich aus der Schnittmenge der einzelnen Zusätze ergeben.

Mit dem Zusatz USING KEY kann ab Release 7.02/7.2 in keyname ein Tabellenschlüssel angegeben werden, mit dem die Verarbeitung ausgeführt wird. Dabei gelten die gleichen Regeln wie bei der Anweisung LOOP AT itab.

Die Zusätze FROM idx1 und TO idx2 bewirken, dass nur Tabellenzeilen ab der Zeilennummer idx1 bzw. bis einschließlich zur Zeilennummer idx2 im verwendeten Tabellenindex berücksichtigt werden. Dabei gelten die gleichen Regeln wie für die WHERE-Bedingung der Anweisung LOOP AT itab.

Hinter WHERE kann ein logischer Ausdruck log_exp als statische Bedingung oder ab Release 7.02/7.2 ein eingeklammertes Datenobjekt cond_syntax als dynamische Bedingung angegeben werden. Dabei gelten ebenfalls die gleichen Regeln wie für die WHERE-Bedingung der Anweisung LOOP AT itab.

Beispiel
Löschen aller Zeilen einer internen Tabelle ab Zeile 4. Das Ergebnis ist dieselbe Rangliste wie im Beispiel zu APPEND ... SORTED BY.

```
PARAMETERS: p_carrid TYPE sflight-carrid,
            p_connid TYPE sflight-connid.
DATA: BEGIN OF seats,
        fldate    TYPE sflight-fldate,
        seatsocc  TYPE sflight-seatsocc,
        seatsmax  TYPE sflight-seatsmax,
        seatsfree TYPE sflight-seatsocc,
      END OF seats.
DATA seats_tab LIKE STANDARD TABLE OF seats.
SELECT fldate seatsocc seatsmax
       FROM sflight
       INTO TABLE seats_tab
       WHERE carrid = p_carrid AND
             connid = p_connid.
```

```abap
LOOP AT seats_tab INTO seats.
  seats-seatsfree = seats-seatsmax - seats-seatsocc.
  MODIFY seats_tab INDEX sy-tabix FROM seats.
ENDLOOP.
SORT seats_tab BY seatsfree DESCENDING.
DELETE seats_tab FROM 4.
```

Doppelte Zeilen löschen

```
DELETE itab - duplicates
```

Syntax von duplicates

```
... ADJACENT DUPLICATES FROM itab [USING KEY keyname]
        [COMPARING { comp1 comp2 ...}|{ALL FIELDS}]...
```

Mit diesen Zusätzen löscht die Anweisung DELETE in Gruppen aufeinanderfolgender Zeilen, die in bestimmten Komponenten den gleichen Inhalt haben, alle Zeilen bis auf die erste Zeile der Gruppe.

Falls der Zusatz COMPARING angegeben ist, werden die Gruppen entweder durch den Inhalt der angegebenen Komponenten comp1 comp2 ... oder den Inhalt aller Komponenten ALL FIELDS bestimmt. Die Angabe einzelner Komponenten comp erfolgt, wie in Abschnitt 29.2.10 beschrieben, wobei insbesondere ein Zugriff auf Attribute von Klassen über den Objektkomponenten-Selektor möglich ist.

Wenn der Zusatz COMPARING nicht angegeben ist, werden die Gruppen durch den Inhalt der Schlüsselfelder des verwendeten Tabellenschlüssels bestimmt. Wenn kein expliziter Tabellenschlüssel angegeben ist, wird implizit der primäre Tabellenschlüssel verwendet. Mit dem Zusatz USING KEY kann ab Release 7.02/7.2 in keyname ein Tabellenschlüssel angegeben werden, mit dem die Verarbeitung ausgeführt wird. Es gelten die gleichen Angaben wie bei der Anweisung LOOP AT itab.

Die Reihenfolge der Tabellenzeilen, über denen die Gruppen gebildet werden, wird durch den verwendeten Tabellenschlüssel bestimmt. Vor Release 7.02/7.2 und wenn ab Release 7.02/7.2 hinter USING KEY kein Schlüssel keyname angegeben ist, ist die Reihenfolge wie bei der Verarbeitung einer LOOP-Anweisung ohne explizite Schlüsselangabe.

Zeilen werden als doppelt vorhanden betrachtet, wenn der Inhalt benachbarter Zeilen in den untersuchten Komponenten übereinstimmt. Von mehreren aufeinanderfolgenden doppelten Zeilen werden alle bis auf die erste Zeile gelöscht.

Wenn auf eine Standardtabelle über den primären Tabellenschlüssel zugegriffen wird und dieser leer ist, werden keine Zeilen gelöscht.

Hinweis
Bei Verwendung des primären Tabellenschlüssels ist zu beachten, dass dies auch der Standardschlüssel sein kann, wodurch unerwartete Effekte auftreten können:

- Bei strukturiertem Zeilentyp umfasst der Standardschlüssel alle zeichen- und byteartigen Komponenten.

- Der Standardschlüssel einer Standardtabelle kann leer sein.

Beispiel
Löschen aller bezüglich des Primärschlüssels mehrfach auftretenden Zeilen in der internen Tabelle connection_tab.

```
DATA: BEGIN OF connection,
        cityfrom TYPE spfli-cityfrom,
        cityto   TYPE spfli-cityto,
        distid   TYPE spfli-distid,
        distance TYPE spfli-distance,
      END OF connection.
DATA connection_tab LIKE SORTED TABLE OF connection
                    WITH NON-UNIQUE KEY cityfrom cityto
                                        distid distance.
...
DELETE ADJACENT DUPLICATES FROM connection_tab.
```

29.2.8.3 Behandelbare Ausnahmen

Bei Ausführung der Anweisung DELETE kann speziell die behandelbare Ausnahme CX_SY_ITAB_DYN_LOOP (Fehler in der dynamischen WHERE-Bedingung) auftreten.

29.2.9 Sortieren

```
SORT itab
```

Syntax
```
SORT itab [STABLE]
        { { [ASCENDING|DESCENDING]
            [AS TEXT]
            [BY {comp1 [ASCENDING|DESCENDING] [AS TEXT]}
                {comp2 [ASCENDING|DESCENDING] [AS TEXT]}
                ... ] }
        | { [BY (otab)] } }.
```

Diese Anweisung sortiert eine interne Tabelle itab nach der Größe ihrer Komponenten, wobei die Größenvergleiche standardmäßig nach den allgemeinen Vergleichsregeln für einzelne Operanden (siehe Abschnitt 21.1.1) durchgeführt werden, d. h.:

- Numerische und byteartige Komponenten werden nach ihrem Wert sortiert.
- Zeichenartige Komponenten werden standardmäßig nach ihrer binären Darstellung (Codepage) sortiert. Eine textuelle Sortierung zeichenartiger Komponenten kann mit dem Zusatz AS TEXT erreicht werden.
- Der Größenvergleich anderer Komponententypen richtet sich nach den zugehörigen Regeln für Referenzvariablen, Strukturen und interne Tabellen.

Falls kein expliziter Sortierschlüssel mit dem Zusatz BY angegeben ist, wird die interne Tabelle itab nach dem primären Tabellenschlüssel sortiert. Die Priorität der Sortierung richtet sich dabei nach der Reihenfolge, in der die Schlüsselfelder bei der Tabellendefinition angegeben sind. Beim Standardschlüssel richtet sich die Priorität der Sortierung nach der Reihenfolge der

Schlüsselfelder im Zeilentyp der Tabelle. Wenn der primäre Tabellenschlüssel einer Standardtabelle leer ist, findet keine Sortierung statt.

Die Sortierung ist standardmäßig instabil, d. h., die relative Reihenfolge von Zeilen, die sich im Sortierschlüssel nicht unterscheidet, bleibt beim Sortieren nicht erhalten und kann bei mehrmaligem Sortieren unterschiedlich sein. Eine stabile Sortierung wird mit dem Zusatz STABLE erreicht.

Für itab wird eine Standardtabelle oder Hash-Tabelle erwartet:

- Bei Standardtabellen wird der primäre Tabellenindex entsprechend der Sortierung umgesetzt.
- Bei Hash-Tabellen wird die interne Reihenfolge geändert. Diese interne Reihenfolge wurde entweder beim Einfügen von Zeilen in die interne Tabelle oder durch eine vorhergehende Sortierung mit der Anweisung SORT festgelegt.

Bei beiden Tabellenarten bedingt die Sortierung mit SORT die Reihenfolge, in der eine nachfolgende LOOP-Schleife ohne den Zusatz USING KEY durchlaufen wird.

Sortierte Tabellen können nicht mit SORT sortiert werden, und die Anwendung der Anweisung SORT auf sortierte Tabellen ist syntaktisch verboten. Wenn erst zur Laufzeit festgestellt wird, dass eine sortierte Tabelle sortiert werden soll, kommt es zu einer unbehandelbaren Ausnahme, falls sich dadurch die vorliegende Sortierung ändern kann. Letzteres geschieht in folgenden Fällen:

- wenn mit dem Zusatz BY ein anderer Sortierschlüssel als ein Anfangsstück des Tabellenschlüssels angegeben ist
- wenn der Zusatz DESCENDING verwendet wird
- wenn der Zusatz AS TEXT verwendet wird
- wenn mit dem Zusatz BY ein Attribut eines Objekts als Komponente angegeben ist

Andernfalls wird die Anweisung SORT für sortierte Tabellen ignoriert.

Hinweise

- Es wird empfohlen, wenn möglich, einen expliziten Sortierschlüssel hinter BY anzugeben. Die implizite Sortierung nach dem primären Tabellenschlüssel, der bei Standardtabellen selbst wieder implizit als Standardschlüssel definiert sein kann, macht ein Programm schwerer verständlich und sorgt unter Umständen für überraschendes Verhalten:
  - Bei strukturiertem Zeilentyp wird nach allen zeichen- und byteartigen Komponenten sortiert.
  - Der Standardschlüssel einer Standardtabelle kann leer sein.
- Die Angabe sekundärer Tabellenschlüssel als Sortierschlüssel wird nicht unterstützt.

29.2.9.1 Stabile Sortierung

```
... STABLE
```

Mit `STABLE` wird eine stabile Sortierung erreicht, d. h., die relative Reihenfolge von Zeilen, die sich im Sortierschlüssel nicht unterscheidet, bleibt beim Sortieren unverändert. Ohne den Zusatz `STABLE` ist die Reihenfolge nicht stabil, und mehrmaliges Sortieren einer Tabelle nach dem gleichen Sortierschlüssel kann bei jedem erneuten Sortieren die Reihenfolge ändern.

29.2.9.2 Richtung der Sortierung

```
... ASCENDING|DESCENDING
```

Mit dem Zusatz `ASCENDING` bzw. `DESCENDING` kann die Sortierrichtung explizit als aufsteigend oder absteigend vorgegeben werden. Falls keiner der Zusätze angegeben ist, ist die aufsteigende Sortierung vorgegeben. Diese Sortierrichtung kann hinter dem Zusatz `BY` für dort einzeln aufgeführte Komponenten überschrieben werden.

29.2.9.3 Textuelle Sortierung

```
... AS TEXT
```

Der Zusatz `AS TEXT` gibt vor, dass textartige Komponenten gemäß dem Locale (siehe Abschnitt 42.2) der aktuellen Textumgebung sortiert werden. Falls `AS TEXT` nicht angegeben ist, werden textartige Komponenten nach der Codierung in der Codepage der aktuellen Textumgebung sortiert. Diese Vorgabe kann hinter dem Zusatz `BY` für dort einzeln aufgeführte Komponenten überschrieben werden. Die Textumgebung wird beim Öffnen eines internen Modus oder über die Anweisung `SET LOCALE` gesetzt.

Hinweise

- Das Ergebnis einer Sortierung ohne den Zusatz `AS TEXT` ist abhängig vom Betriebssystem des Applikationsservers. Während die Abfolge der einzelnen Buchstaben, die der aktivierten Sprache zugehören, betriebssystemübergreifend gleich ist, gibt es Unterschiede bezüglich der Zeichen, die nicht zum Alphabet der aktivierten Sprache gehören. Bei der Sortierung ganzer Wörter treten auch bei der ausschließlichen Verwendung von Buchstaben aus dem Alphabet der aktivierten Sprache leichte Differenzen auf. Darüber hinaus ist die Reihenfolge von Groß- und Kleinbuchstaben betriebssystemabhängig.
- Damit der Zusatz `AS TEXT` funktioniert, darf der Profilparameter install/collate/active nicht den Wert 0 haben.
- Eine Sortierung ohne den Zusatz `AS TEXT` ist erheblich schneller als eine Sortierung mit dem Zusatz. Wenn sichergestellt werden kann, dass beide Sortierungen die gleiche Reihenfolge ergeben, ist der Zusatz `AS TEXT` nicht notwendig. Letzteres ist beispielsweise der Fall, wenn textartige Komponenten nur Zeichen des ASCII-Zeichensatzes und dabei ausschließlich Klein- bzw. Großbuchstaben enthalten.

Beispiel

Sortieren einer Hash-Tabelle `text_tab` nach Anordnung in der Codepage und gemäß dem Locale der aktuellen Textumgebung. Wenn eine westeuropäische Textumgebung eingestellt ist, ergeben die Sortierungen die Reihenfolgen Miller, Moller, Muller, Möller bzw. Miller, Moller, Möller.

```abap
CLASS demo DEFINITION.
  PUBLIC SECTION.
    CLASS-METHODS main.
  PRIVATE SECTION.
    CLASS-DATA text_tab TYPE HASHED TABLE OF string
               WITH UNIQUE KEY table_line.
    CLASS-METHODS write_text_tab.
ENDCLASS.
CLASS demo IMPLEMENTATION.
  METHOD main.
    INSERT: `Muller` INTO TABLE text_tab,
            `Möller` INTO TABLE text_tab,
            `Moller` INTO TABLE text_tab,
            `Miller` INTO TABLE text_tab.
    SORT text_tab.
    write_text_tab( ).
    SORT text_tab AS TEXT.
    write_text_tab( ).
  ENDMETHOD.
  METHOD write_text_tab.
    FIELD-SYMBOLS <line> TYPE string.
    LOOP AT text_tab ASSIGNING <line>.
      WRITE / <line>.
    ENDLOOP.
    SKIP.
  ENDMETHOD.
ENDCLASS.
```

29.2.9.4 Statische Komponentenangabe

`... BY compi [ASCENDING|DESCENDING] [AS TEXT]`

Mit dem Zusatz BY compi wird nicht nach dem primären Tabellenschlüssel, sondern nach den dahinter angegebenen Komponenten comp1 comp2 ... sortiert. Die Komponenten werden angegeben, wie in Abschnitt 29.2.10 beschrieben. Falls dabei alle Komponenten über Variablen name angegeben werden und diese nur Leerzeichen enthalten, wird nicht sortiert. Die Priorität der Sortierung richtet sich nach der Reihenfolge, in der die Komponenten comp1 comp2 ... von links nach rechts angegeben sind. Die angegebenen Komponenten können auch duplikativ oder überlappend sein.

Wenn hinter einer Komponente compi keiner der Zusätze ASCENDING oder DESCENDING angegeben ist, wird die allgemein definierte Sortierrichtung übernommen. Ist einer der Zusätze ASCENDING oder DESCENDING angegeben, überschreibt er die Vorgabe für diese Komponente.

Wenn hinter einer textartigen Komponente compi der Zusatz AS TEXT nicht angegeben ist, wird die durch den allgemeinen Zusatz AS TEXT festgelegte Vorgabe übernommen. Wenn hinter einer textartigen Komponente der Zusatz AS TEXT angegeben ist, überschreibt er die Vorgabe für diese Komponente. Bei nicht-textartigen Komponenten kann AS TEXT nicht angegeben werden, außer es wird eine strukturierte Komponente angegeben. In strukturierten Komponenten wirkt AS TEXT nur auf die textartigen Komponenten.

Bei internen Tabellen mit Kopfzeile können außerhalb von Klassen für `comp1 comp2 ...` auch Feldsymbole angegeben werden. Falls einem Feldsymbol bei Ausführung der Anweisung eine Komponente der Kopfzeile oder die gesamte Kopfzeile zugewiesen ist, wird nach der entsprechenden Komponente bzw. der gesamten Zeile sortiert. Ist einem Feldsymbol kein Datenobjekt zugewiesen, wird die Angabe ignoriert. Falls einem Feldsymbol ein anderes Datenobjekt zugewiesen ist, kommt es zu einer unbehandelbaren Ausnahme.

Hinweise
- Anstelle einzelner dynamischer Komponenten kann auch eine interne Tabelle `otab` als dynamischer Sortierschlüssel angegeben werden.
- Anstatt Feldsymbole für dynamische Komponentenangaben zu verwenden, sollte prinzipiell von der Möglichkeit Gebrauch gemacht werden, eingeklammerte zeichenartige Datenobjekte oder die interne Tabelle `otab` anzugeben, die den Namen der Komponenten enthalten.

29.2.9.5 Dynamische Komponentenangabe

```
... BY (otab)
```

Mit dem Zusatz `BY (otab)` wird nicht nach dem primären Tabellenschlüssel, sondern nach den in der internen Tabelle `otab` dynamisch angegebenen Komponenten sortiert. Jede Zeile der Tabelle `otab` definiert eine Komponente des Sortierschlüssels. Die Priorität der Sortierung richtet sich nach der Reihenfolge der Zeilen in `otab`. Wenn die Tabelle `otab` initial ist, wird nicht sortiert.

Für `otab` muss eine Standardtabelle vom Tabellentyp ABAP_SORTORDER_TAB aus dem ABAP Dictionary angegeben werden. Der Zeilentyp dieser Tabelle ist die Dictionary-Struktur ABAP_SORTORDER mit folgenden Komponenten:

- **NAME vom Typ SSTRING**
  für die Angabe einer Komponente des Sortierschlüssels. Die Komponentenangabe wird in der Form "comp_name[+off(len)]" gemacht, wobei "comp_name" die Bezeichnung einer in `itab` vorhandenen Komponente in Großbuchstaben sein muss, an die eine Offset-/Längenangabe "+off(len)" angehängt werden kann, wobei "off" und "len" passende Zahlenwerte sein müssen.
- **DESCENDING vom Typ CHAR der Länge 1**
  für die Angabe der Sortierrichtung für die aktuelle Komponente. Wenn DESCENDING initial ist, wird aufsteigend, wenn DESCENDING den Wert "X" hat, wird absteigend sortiert.
- **ASTEXT vom Typ CHAR der Länge 1**
  für die textuelle Sortierung der aktuellen Komponente. Wenn ASTEXT den Wert "X" hat, wird wie mit dem Zusatz `AS TEXT` sortiert. Dies ist nur für zeichenartige Komponenten möglich. Wenn ASTEXT initial ist, werden zeichenartige Komponenten nach ihrer binären Darstellung sortiert.

Bei ungültigem Inhalt in einer Spalte von `otab`, d. h. NAME enthält den Namen einer nicht vorhandenen Komponente oder eine falsche Offset-/Längenangabe, DESCENDING oder ASTEXT enthalten nicht "X" oder den Initialwert, kommt es zu einer behandelbaren Ausnahme der Klasse CX_SY_DYN_TABLE_ILL_COMP_VAL.

Hinweise

- Der Zusatz BY (otab) kann nicht mit BY compi kombiniert werden.
- Die Verwendung einer Tabelle otab hat den Vorteil, dass eventuelle Ausnahmen behandelbar sind. Darüber hinaus ist bei Angabe der Tabelle auch die Anzahl der Komponenten des Sortierschlüssels dynamisch. Bei Verwendung einzelner dynamischer Komponenten muss dagegen für jede eventuell benötigte Komponente ein zeichenartiges Datenobjekt angegeben werden, das nicht berücksichtigt wird, wenn es nur Leerzeichen enthält.
- Beim Zusatz BY (otab) kann nicht explizit mit den Zusätzen DESCENDING oder AS TEXT eine absteigende Sortierrichtung bzw. eine textuelle Sortierung für alle Komponenten vorgegeben werden.

Beispiel

Dynamisches Einlesen einer Datenbanktabelle in eine dynamische interne Tabelle und dynamisches Sortieren ihres Inhalts. Der Name der Datenbanktabelle und die Namen der Spalten, nach denen sortiert werden soll, können auf einem Selektionsbild eingegeben werden.

```abap
PARAMETERS dbtab TYPE c LENGTH 30.
SELECT-OPTIONS columns FOR dbtab NO INTERVALS.
DATA: otab   TYPE abap_sortorder_tab,
      oline  TYPE abap_sortorder,
      dref   TYPE REF TO data.
FIELD-SYMBOLS: <column> LIKE LINE OF columns,
               <itab>   TYPE STANDARD TABLE.
TRY.
    CREATE DATA dref TYPE STANDARD TABLE OF (dbtab).
    ASSIGN dref->* TO <itab>.
  CATCH cx_sy_create_data_error.
    MESSAGE 'Wrong data type!' TYPE 'I' DISPLAY LIKE 'E'.
    LEAVE PROGRAM.
ENDTRY.
TRY.
    SELECT *
           FROM (dbtab)
           INTO TABLE <itab>.
  CATCH cx_sy_dynamic_osql_semantics.
    MESSAGE 'Wrong database table!' TYPE 'I' DISPLAY LIKE 'E'.
    LEAVE PROGRAM.
ENDTRY.
LOOP AT columns ASSIGNING <column>.
  oline-name = <column>-low.
  APPEND oline TO otab.
ENDLOOP.
TRY.
    SORT <itab> BY (otab).
  CATCH cx_sy_dyn_table_ill_comp_val.
    MESSAGE 'Wrong column name!' TYPE 'I' DISPLAY LIKE 'E'.
    LEAVE PROGRAM.
ENDTRY.
```

29.2.9.6 Behandelbare Ausnahmen

Die Ausnahmen der Unterklassen CX_SY_DYN_TABLE_ILL_LINE_TYPE (Tabelle otab hat einen unzulässigen Zeilentyp) und CX_SY_DYN_TABLE_ILL_COMP_VAL (Tabelle otab hat in einer Spalte einen unzulässigen Wert) von CX_SY_DYN_TABLE_ERROR können beim dynamischen Sortieren auftreten.

29.2.10 Syntax für Komponentenangaben

```
Interne Tabellen - comp1 comp2 ...
```

Syntax von comp1 comp2 ...

```
... { comp_name[-sub_comp][{+off(len)}|{->attr}] } | { (name) }
```

In einer Reihe von Anweisungen zur Bearbeitung interner Tabellen werden einzelne Komponenten der Zeilen interner Tabellen angesprochen. Falls nicht anders vermerkt, gilt für die Bezeichner comp1 comp2... obige Syntax. Dabei gibt es für Komponentenangaben folgende Alternativen:

- direkte Angabe des Namens comp_name einer Komponente
  - Falls der Datentyp der Komponente zeichenartig und flach ist, kann wie bei einem Teilfeldzugriff eine Offset-/Längenangabe +off(len) an den Namen der Komponente angefügt werden, um auf Teilbereiche der Komponente zuzugreifen. Für off und len können nur numerische Literale oder Konstanten angegeben werden.
  - Falls die Komponente strukturiert ist, kann mit dem Strukturkomponenten-Selektor - auf die Komponenten sub_comp der Unterstruktur zugegriffen werden.
  - Falls die Komponente einen Referenztyp hat, kann mit dem Objektkomponenten-Selektor -> auf alle sichtbaren Attribute attr des referenzierten Objekts zugegriffen werden. In diesem Fall kann eine Komponente der Tabelle mehrmals aufgeführt werden.
- Angabe eines eingeklammerten zeichenartigen Datenobjekts name, das bei Ausführung der Anweisung die Bezeichnung der Komponente in Großbuchstaben enthält. Die Bezeichnung der Komponente in name kann eine Offset-/Längenangabe enthalten. Die Angabe des Objektkomponenten-Selektors für den Zugriff auf Attribute ist nicht möglich. Die Groß-/Kleinschreibung spielt in name keine Rolle. Falls name nur Leerzeichen enthält, wird diese Komponentenangabe bei Ausführung der Anweisung ignoriert. Falls name eine nicht vorhandene Komponente enthält, kommt es zu einer unbehandelbaren Ausnahme.
- Angabe der Pseudokomponente table_line, um die gesamte Tabellenzeile als Komponente anzusprechen.

Die angegebenen Komponenten müssen nicht elementar sein. Es darf kein Customizing-Include als Komponente angegeben werden, so lange es leer ist.

Hinweis

- Bei Tabellen mit nicht-strukturiertem Zeilentyp kann die Pseudokomponente table_line als einzige Komponente angesprochen werden.

- Gleichzeitig zu `table_line` können auch weitere Komponenten angegeben werden. Dies ist beispielsweise nötig, wenn der Zeilentyp der internen Tabelle eine Objektreferenz ist und gleichzeitig der Wert der Referenz und der eines Attributs des Objekts angegeben werden soll.
- Wenn vom Datentyp her möglich (zeichenartig und flach), kann eine Offset-/Längenangabe auch benachbarte Komponenten mit einbeziehen.

29.2.11 Syntax für Schlüsselangaben

`Interne Tabellen - keyname`

Syntax von keyname

`... key_name | (name)`

Ab Release 7.02/7.2. In einer Reihe von Anweisungen zur Bearbeitung interner Tabellen kann der Name des Tabellenschlüssels angegeben werden, über den auf eine Tabellenzeile zugegriffen oder die Verarbeitung gesteuert werden soll. Für den Bezeichner *keyname* gilt dabei obige Syntax. Der Name eines Tabellenschlüssels kann entweder direkt als `key_name` oder dynamisch als Inhalt eines eingeklammerten zeichenartigen Datenobjekts `name` angegeben werden, wobei die Groß-/Kleinschreibung keine Rolle spielt.

Angegeben werden kann:

- ein sekundärer Tabellenschlüssel über seinen Namen
- der primäre Tabellenschlüssel über seinen vordefinierten Namen `primary_key`
- der primäre Tabellenschlüssel über einen eventuellen Aliasnamen
- der in einer `LOOP`-Schleife verwendete Tabellenschlüssel über seinen vordefinierten Namen `loop_key`. In diesem Fall muss die Anweisung innerhalb der Schleife aufgeführt sein.

Hinweis
Bei der Angabe des primären Tabellenschlüssels über `primary_key` ist zu beachten, dass dieser bei Standardtabellen auch leer sein kann. Dieses kann in Anweisungen, bei denen der Schlüssel zur Angabe der zu verarbeitenden Zeilen verwendet wird, zu unerwartetem Verhalten führen.

29.2.12 Zeichen- und Bytekettenverarbeitung in internen Tabellen

29.2.12.1 Interne Tabellen durchsuchen

`FIND IN TABLE itab`

Syntax
```
FIND [{FIRST OCCURRENCE}|{ALL OCCURRENCES} OF] pattern
  IN TABLE itab [table_range]
  [IN {CHARACTER|BYTE} MODE]
  [find_options].
```

Die interne Tabelle itab wird zeilenweise nach den durch *pattern* bestimmten Zeichen- bzw. Bytefolgen durchsucht. Für *pattern* gilt das Gleiche wie bei der Suche in Zeichen- oder Byteketten (siehe Abschnitt 28.2.2). Bei itab handelt es sich um eine funktionale Operandenposition (ab Release 7.02/7.2).

itab muss eine Standardtabelle ohne sekundäre Tabellenschlüssel sein. Die Zeilen der Tabelle müssen je nach Zusatz CHARACTER bzw. BYTE MODE entweder zeichen- oder byteartig sein. Zeichen- oder Bytefolgen, die mehrere Tabellenzeilen überspannen, werden nicht gefunden. Mit dem Zusatz *table_range* kann der Suchbereich auf der Tabelle eingeschränkt werden.

Die Suche wird beendet, wenn das Suchmuster zum ersten Mal bzw. wenn alle Suchmuster im Suchbereich gefunden wurden oder das Ende des Suchbereichs erreicht wird. Das Suchergebnis wird durch das Setzen von sy-subrc mitgeteilt. Bei der Zeichenkettenverarbeitung werden bei Zeilentypen fester Länge die schließenden Leerzeichen berücksichtigt.

Systemfelder

sy-subrc	Bedeutung
0	Das Suchmuster wurde mindestens einmal im Suchbereich gefunden.
4	Das Suchmuster wurde nicht im Suchbereich gefunden.

Die Werte von sy-tabix und sy-fdpos werden nicht verändert.

Hinweis
Eine Suche mit FIND IN TABLE ist performanter, als mit LOOP eine Schleife auszuführen und mit FIND in den einzelnen Zeilen zu suchen.

Beispiel
Suchen aller Vorkommen von Donalds Neffen in einer internen Tabelle und Speichern der Ergebnisse in der Tabelle results.

```
DATA: itab    TYPE TABLE OF string,
      results TYPE match_result_tab.
...
FIND ALL OCCURRENCES OF REGEX '\b(Huey|Dewey|Louie)\b'
  IN TABLE itab
  RESPECTING CASE
  RESULTS results.
```

Suchbereich einschränken
FIND IN TABLE – table_range

Syntax von table_range
```
... [FROM lin1 [OFFSET off1]]
    [TO   lin2 [OFFSET off2]]
```

Dieser Zusatz begrenzt die Suche der Anweisung FIND IN TABLE auf den in lin1, off1, lin2 und off2 angegebenen Tabellenausschnitt. Ohne den Zusatz wird die gesamte Tabelle zeilenweise durchsucht. lin1, off1, lin2 und off2 sind numerische Ausdruckspositionen (ab Release 7.02/7.2) des Operandentyps i. Der Tabellenbereich beginnt in Zeile lin1 hinter dem

Offset `off1` und endet in Zeile `lin2` vor dem Offset `off2`. Wird FROM ohne OFFSET angegeben, beginnt der Bereich implizit am Zeilenanfang von `lin1`. Wird TO ohne OFFSET angegeben, endet der Bereich implizit am Zeilenende der Zeile `lin2`.

Der Wert von `lin1` muss größer oder gleich 1 und der Wert von `lin2` muss größer oder gleich dem Wert von `lin1` sein, und beide müssen gültige Tabellenzeilen bezeichnen. Die Werte von `off1` und `off2` müssen größer oder gleich 0 sein und innerhalb der jeweiligen Zeilenlänge liegen. Wenn `lin1` und `lin2` die gleiche Zeile bezeichnen, muss der Wert von `off2` größer oder gleich dem Wert von `off1` sein. Beide Offsets dürfen auf das Zeilenende verweisen.

Beispiel
Abzählen, wie oft ein Neffe von Donald in einer internen Tabelle vorkommt. Im vorangegangenen Beispiel erhält man das gleiche Ergebnis einfacher über die Anzahl der Zeilen in results.

```abap
DATA: itab TYPE TABLE OF string,
      cnt  TYPE i,
      mlin TYPE i,
      moff TYPE i,
      mlen TYPE i.
FIELD-SYMBOLS <line> TYPE string.
...
cnt = -1.
mlin = 1.
moff = 0.
WHILE sy-subrc = 0.
  cnt = cnt + 1.
  READ TABLE itab INDEX mlin ASSIGNING <line>.
  IF moff >= STRLEN( <line> ).
    mlin = mlin + 1.
    IF mlin > LINES( itab ).
      EXIT.
    ENDIF.
    moff = 0.
  ENDIF.
  FIND REGEX '\b(Huey|Dewey|Louie)\b'
       IN TABLE itab FROM mlin OFFSET moff
       RESPECTING CASE
       MATCH LINE mlin
       MATCH OFFSET moff
       MATCH LENGTH mlen.
  moff = moff + mlen.
ENDWHILE.
```

Suchoptionen

FIND IN TABLE - find_options

Syntax von find_options

```
... [{RESPECTING|IGNORING} CASE]
    [MATCH COUNT mcnt]
    { {[MATCH LINE   mlin]
       [MATCH OFFSET moff]
       [MATCH LENGTH mlen]}
    | [RESULTS result_tab|result_wa] }
    [SUBMATCHES s1 s2 ...]
```

Diese Zusätze haben für die Suche in den einzelnen Tabellenzeilen die gleiche Bedeutung wie bei der Anweisung FIND für elementare Zeichen- bzw. Byteketten, wobei für die Suche in Tabellen ein weiterer Zusatz MATCH LINE zur Verfügung steht. Dieser Zusatz gibt die Nummer der Zeile, in der die letzte Unterfolge über FIND IN TABLE gefunden wurde, im Datenobjekt mlin zurück. Für mlin wird eine Variable vom Datentyp i erwartet. Wird die Unterfolge nicht gefunden, behält mlin seinen früheren Wert.

Darüber hinaus werden bei Verwendung des Zusatzes RESULTS zusätzlich die Zeilennummern jeder Fundstelle in der Komponente LINE der entsprechenden Tabellenzeile von result_tab bzw. die Zeilennummer der letzten Fundstelle in result_wa abgelegt, und die Zeilen von result_tab werden nach den Spalten LINE, OFFSET und LENGTH sortiert.

Behandelbare Ausnahmen

Es können die gleichen Ausnahmen wie bei der Suche in Zeichen- oder Byteketten auftreten. Zusätzlich kann es zur Ausnahmeder Ausnahmeklasse CX_SY_TAB_RANGE_OUT_OF_BOUNDS (unzulässige Zeilen- oder Offsetangabe im Zusatz *table_range*) kommen.

29.2.12.2 In internen Tabellen ersetzen

REPLACE IN TABLE itab

Syntax

```
REPLACE [{FIRST OCCURRENCE}|{ALL OCCURRENCES} OF] pattern
    IN TABLE itab [table_range] WITH new
    [IN {CHARACTER|BYTE} MODE]
    [replace_options].
```

Die interne Tabelle itab wird zeilenweise nach den durch *pattern* bestimmten Zeichen- bzw. Bytefolgen durchsucht, und die Fundstelle(n) werden durch den Inhalt des Operanden new ersetzt. Für *pattern* gilt das Gleiche wie beim Ersetzen in Zeichen- oder Byteketten (siehe Abschnitt 28.2.3). Bei new handelt es sich um eine zeichenartige Ausdrucksposition (ab Release 7.02/7.2).

Für itab muss eine Standardtabelle ohne sekundäre Tabellenschlüssel angegeben werden. Die Zeilen der Tabelle müssen je nach Zusatz CHARACTER bzw. BYTE MODE entweder zeichen- oder byteartig sein. Zeichen- oder Bytefolgen, die mehrere Tabellenzeilen überspannen, werden nicht ersetzt. Mit dem Zusatz *table_range* kann der Suchbereich auf der Tabelle einge-

schränkt werden. Bei der Zeichenkettenverarbeitung werden bei Zeilentypen fester Länge die
schließenden Leerzeichen berücksichtigt, bei new nicht.

Systemfelder

sy-subrc	Bedeutung
0	Das Suchmuster wurde durch den Inhalt von new ersetzt, und das Ergebnis steht vollständig in der bzw. den Tabellenzeilen zur Verfügung.
2	Das Suchmuster wurde durch den Inhalt von new ersetzt, und das Ergebnis der Ersetzung wurde in mindestens einer Tabellenzeile rechts abgeschnitten.
4	Das Suchmuster in pattern wurde nicht in der internen Tabelle gefunden.
8	Die Operanden pattern oder new enthalten nicht interpretierbare Double-Byte-Zeichen.

Die Werte von sy-tabix und sy-fdpos werden nicht verändert.

Hinweis
Ein Ersetzen mit REPLACE IN TABLE ist performanter, als mit LOOP eine Schleife auszuführen und mit REPLACE in den einzelnen Zeilen zu ersetzen.

Beispiel
Eine einfache "DM-Euro-Umstellung".

```
DATA itab TYPE TABLE OF string.
APPEND 'Beer  - 3 DM' TO itab.
APPEND 'Pizza - 8 DM' TO itab.
REPLACE ALL OCCURRENCES OF REGEX '\b(DM)\b'
  IN TABLE itab WITH 'EUR'
  RESPECTING CASE.
```

Suchbereich einschränken
```
REPLACE IN TABLE - table_range
```

Syntax
```
... [FROM lin1 [OFFSET off1]]
    [TO   lin2 [OFFSET off2]]
```

Dieser Zusatz begrenzt die Suche der Anweisung REPLACE IN TABLE auf den an den numerischen Ausdruckspositionen (ab Release 7.02/7.2) lin1, off1, lin2 und off2 angegebenen Tabellenausschnitt. Syntax und Semantik sind wie bei der Anweisung FIND IN TABLE.

Ersetzungsoptionen
```
REPLACE IN TABLE - replace_options
```

Syntax von replace_options
```
... [{RESPECTING|IGNORING} CASE]
    [REPLACEMENT COUNT rcnt]
    { {[REPLACEMENT LINE rlin]
```

```
    [REPLACEMENT OFFSET roff]
    [REPLACEMENT LENGTH rlen]}
  | [RESULTS result_tab|result_wa] }
```

Diese Zusätze haben für das Ersetzen in den einzelnen Tabellenzeilen die gleiche Bedeutung wie bei der Anweisung REPLACE für elementare Zeichen- bzw. Byteketten, wobei für das Ersetzen in Tabellen ein weiterer Zusatz REPLACEMENT LINE zur Verfügung steht. Dieser Zusatz gibt die letzte Zeilennummer, in der das Suchmuster über die Anweisung REPLACE IN TABLE gefunden wurde, im Datenobjekt `rlin` zurück. Für `rlin` wird eine Variable vom Datentyp i erwartet. Wird keine Ersetzung vorgenommen, behält `rlin` seinen früheren Wert.

Weiterhin werden bei Verwendung des Zusatzes RESULTS zusätzlich die Zeilennummern jeder Fundstelle in der Komponente LINE der entsprechenden Tabellenzeile von `result_tab` bzw. die Zeilennummer der letzten Fundstelle in `result_wa` abgelegt.

Behandelbare Ausnahmen

Es können die gleichen Ausnahmen wie beim Ersetzen in Zeichen- oder Byteketten auftreten. Zusätzlich kann es zur Ausnahme der Ausnahmeklasse CX_SY_TAB_RANGE_OUT_OF_BOUNDS (unzulässige Zeilen- oder Offsetangabe im Zusatz `table_range`) kommen.

29.3 Tabellenfunktion

Zurzeit gibt es als Tabellenfunktion genau eine eingebaute Beschreibungsfunktion für interne Tabellen. Diese Funktion kann an passenden Operandenpositionen wie z. B. direkt als Operand arithmetischer oder logischer Ausdrücke verwendet werden.

Daneben erwartet auch noch die Zeichenkettenfunktion `concat_lines_of` eine interne Tabelle als Argument.

Zeilenfunktion

```
lines - Zeilenfunktion
```

Syntax

```
... lines( arg )
```

Die Funktion `lines` gibt die Anzahl der Zeilen einer internen Tabelle zurück. Das Argument `arg` muss eine interne Tabelle sein. Der Rückgabewert ist vom Typ i.

29.4 Spezialanweisung für interne Tabellen

Die folgende Anweisung sollte nur von Spezialisten verwendet werden, die sich im zugehörigen Umfeld gut auskennen.

29 | Interne Tabellen

Schleifenverarbeitung von Infotypen
PROVIDE

Syntax
```
PROVIDE FIELDS {*|{comp1 comp2 ...}}
        FROM itab1 INTO wa1 VALID flag1
        BOUNDS intliml1 AND intlimu1
        [WHERE log_exp1]
     FIELDS {*|{comp1 comp2 ...}}
        FROM itab2 INTO wa2 VALID flag2
        BOUNDS intliml2 AND intlimu2
        [WHERE log_exp2]
        ...
     BETWEEN extliml AND extlimu
     [INCLUDING GAPS].
     ...
ENDPROVIDE.
```

Die Anweisung PROVIDE ist im Wesentlichen für die Bearbeitung interner Tabellen für HR-Infotypen vorgesehen, die mit der speziellen Anweisung INFOTYPES deklariert wurden. Diese Anweisung sollte nur von Spezialisten verwendet werden. Eine profunde Kenntnis des zugehörigen Umfelds ist unerlässlich. Dieses Umfeld ist nicht Teil von ABAP und wird hier nicht dokumentiert.

Die Anweisungen PROVIDE und ENDPROVIDE definieren eine Schleife um einen Anweisungsblock. In dieser Schleife werden beliebig viele interne Tabellen itab1 itab2 ... gemeinsam bearbeitet. Eine Tabelle kann dabei mehrfach aufgeführt werden. Für jede Tabelle itab muss ein FIELDS-Zusatz angegeben werden. Hinter FIELDS ist entweder das Zeichen * für alle Komponenten oder eine Liste comp1 comp2 ... für bestimmte Komponenten der betreffenden Tabelle anzugeben. Die Namen der Komponenten comp1 comp2 ... können nur direkt angegeben werden.

Voraussetzung für die Bearbeitung interner Tabellen mit PROVIDE ist, dass alle Tabellen itab1 itab2 ... vollständig typisierte Indextabellen sind und zwei spezielle Spalten enthalten, die über alle beteiligten Tabellen den gleichen Datentyp haben, der entweder d, i, n oder t sein darf. Für jede Tabelle müssen die Namen intliml1 intliml2 ... und intlimu1 intlimu2 ... dieser Spalten mit dem Zusatz BOUNDS angegeben werden.

Die Spalten intliml1 intliml2 ... und intlimu1 intlimu2 ... in jeder Zeile der beteiligten internen Tabellen müssen Werte enthalten, die als Grenzen geschlossener Intervalle interpretierbar sind. Innerhalb einer Tabelle dürfen sich die in diesen Spalten spezifizierten Intervalle nicht überschneiden und müssen aufsteigend bezüglich des primären Tabellenindex sortiert sein. Die Intervalle stellen somit einen eindeutigen Schlüssel für jede Zeile dar.

Für jede Tabelle müssen ein zum Zeilentyp kompatibler Arbeitsbereich wa1 wa2 ... und eine Variable flag1 flag2 ..., für die ein zeichenartiger Datentyp der Länge 1 erwartet wird, angegeben werden. In der PROVIDE-Schleife werden die Inhalte der hinter FIELDS angegebenen Komponenten für jede angegebene interne Tabelle in den entsprechenden Arbeitsbereichen wa1 wa2 ... sowie die Variablen flag1 flag2 ... mit Werten versorgt. Ein Arbeitsbereich wa1 wa2 ... bzw. eine Variable flag1 flag2 ... können nicht mehrfach angegeben werden.

Mit dem Zusatz BETWEEN muss ein Intervall extliml, extlimu angegeben werden. Die Datenobjekte extliml und extlimu müssen jeweils in den Datentyp der Spalten intliml1 intliml2 ... und intlimu1 intlimu2 ... der einzelnen Tabellen konvertierbar sein.

Die Intervallgrenzen intliml1 intliml2 ... und intlimu1 intlimu2 ... jeder Zeile aller beteiligten Tabellen itab1 itab2 ..., die innerhalb des aus extliml und extlimu gebildeten geschlossenen Intervalls liegen, unterteilen Letzteres in neue Intervalle, wobei jede Intervallgrenze ein Intervall in der ursprünglichen Richtung abschließt. Wenn innerhalb einer beteiligten Tabelle eine untere Intervallgrenze ohne Zwischenraum auf eine obere folgt und die hinter FIELDS angegebenen Komponenten der entsprechenden Zeilen den gleichen Inhalt haben, werden diese beiden Intervalle zusammengefasst und die entsprechenden Intervallgrenzen intliml1 intliml2 ... und intlimu1 intlimu2 ... nicht für die neuen Intervalle berücksichtigt.

Die PROVIDE-Schleife wird für jedes der auf diese Weise gebildeten Intervalle, das sich mit mindestens einem der Intervalle einer beteiligten Tabelle überlappt, genau einmal durchlaufen, wobei die hinter FIELDS angegebenen Komponenten jedes Arbeitsbereichs wa1 wa2 ... sowie die Variablen flag1 flag2 ... wie folgt mit Werten versorgt werden:

- Die Komponenten intliml1 intliml2 ... und intlimu1 intlimu2 ... jedes Arbeitsbereichs wa1 wa2 ... werden mit den Intervallgrenzen des aktuellen Intervalls versorgt.
- Falls sich das aktuelle Intervall mit einem der Intervalle einer beteiligten Tabelle überlappt, wird den übrigen Komponenten des zugehörigen Arbeitsbereichs der Inhalt der entsprechenden Komponenten dieser Tabellenzeile zugewiesen, und die Variablen flag1 flag2 ... werden auf den Wert "X" gesetzt. Ansonsten werden die Komponenten des Arbeitsbereichs und die Variablen flag1 flag2 ... auf ihren Initialwert gesetzt.

Außer intliml1 intliml2 ... und intlimu1 intlimu2 ... werden die nicht hinter FIELDS angegebenen Komponenten immer auf ihren Initialwert gesetzt. Die Komponenten intliml1 intliml2 ... und intlimu1 intlimu2 ... werden immer zugewiesen.

Die ABAP-Laufzeitumgebung überprüft für jede der beteiligten Tabellen, ob innerhalb des durch extliml und extlimu gebildeten Intervalls die Voraussetzung sortierter und nicht überlappender Intervalle gegeben ist, und löst gegebenenfalls eine behandelbare Ausnahme aus.

Mit dem Zusatz WHERE kann für jede beteiligte Tabelle itab1 itab2 ... eine Bedingung angegeben werden. Hinter WHERE kann ein beliebiger logischer Ausdruck log_exp1, log_exp2 ... angegeben werden, wobei als erster Operand jedes einzelnen Vergleichs eine Komponente der internen Tabelle als einzelner Operand, d. h. nicht als Teil eines Ausdrucks, angegeben werden muss. Es können nur Komponenten angegeben werden, die auch hinter FIELDS aufgeführt sind. Es sind alle logischen Ausdrücke bis auf IS ASSIGNED, IS REQUESTED und IS SUPPLIED möglich. Die dynamische Angabe einer Komponente über eingeklammerte zeichenartige Datenobjekte ist hier nicht möglich. Die übrigen Operanden eines Vergleichs können beliebige passende einzelne Operanden oder Rechenausdrücke, aber keine Komponenten der internen Tabelle sein. Die Tabelleneinträge, für die die Bedingung nicht erfüllt ist, werden bei der PROVIDE-Schleife nicht berücksichtigt. Die PROVIDE-Schleife kann mit den Anweisungen aus Abschnitt 20.3 beendet werden.

Falls der Zusatz INCLUDING GAPS angegeben ist, wird die PROVIDE-Schleife für jedes Intervall durchlaufen, also auch dann, wenn das aktuelle Intervall sich nicht mit mindestens einem der Intervalle einer beteiligten Tabelle überlappt. In letzterem Fall ist die Variable flag für jede beteiligte Tabelle initial.

Systemfelder

sy-subrc und sy-tabix werden vor jedem Schleifendurchlauf und bei ENDPROVIDE auf den Wert 0 gesetzt. Nur wenn die Schleife nie durchlaufen wird, wird sy-subrc bei ENDPROVIDE auf 4 gesetzt.

Hinweise

- Die beteiligten internen Tabellen sollten in der PROVIDE-Schleife nicht modifiziert werden.
- Eventuelle sekundäre Tabellenschlüssel (ab Release 7.02/7.2) der beteiligten internen Tabellen werden in der Anweisung PROVIDE nicht unterstützt. Die Verarbeitung erfolgt implizit immer bezüglich des primären Tabellenindex.

Beispiel

In zwei Tabellen itab1 und itab2 werden jeweils die Spalten col1 und col2 als Intervallgrenzen vom Typ i für Intervalle ganzer Zahlen zwischen 1 und 14 vorgesehen. Die internen Tabellen werden so gefüllt, dass sich die in der zweiten und dritten Zeile der folgenden Aufstellung gezeigten Intervalle ergeben.

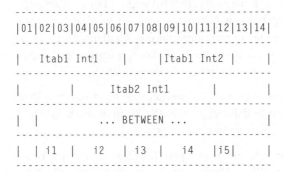

Das im Zusatz BETWEEN der PROVIDE-Anweisung angegebene Intervall ist in der vierten Zeile der Aufstellung dargestellt. Daraus ergeben sich die in der fünften Zeile durch i1 bis i5 angedeuteten fünf Intervalle, die in der PROVIDE-Schleife bearbeitet werden können. Da sich jedes der fünf Intervalle mit einem der Intervalle aus den Zeilen zwei und drei überlappt, wird die PROVIDE-Schleife fünfmal durchlaufen.

Im ersten und fünften Durchlauf werden nur die Komponente col3 von wa1, im dritten Durchlauf nur die Komponente col3 von wa2 und im zweiten und vierten Durchlauf die Komponenten col3 beider Arbeitsbereiche versorgt. Die Felder valid1 und valid2 werden entsprechend gesetzt.

```
DATA: BEGIN OF wa1,
        col1 TYPE i,
        col2 TYPE i,
        col3 TYPE string,
      END OF wa1.
```

```
DATA: BEGIN OF wa2,
        col1 TYPE i,
        col2 TYPE i,
        col3 TYPE string,
      END OF wa2.
DATA: itab1 LIKE STANDARD TABLE OF wa1,
      itab2 LIKE STANDARD TABLE OF wa2.
DATA: flag1(1) TYPE c,
      flag2(1) TYPE c.
wa1-col1 = 1.
wa1-col2 = 6.
wa1-col3 = 'Itab1 Int1'.
APPEND wa1 TO itab1.
wa1-col1 = 9.
wa1-col2 = 12.
wa1-col3 = 'Itab1 Int2'.
APPEND wa1 TO itab1.
wa2-col1 = 4.
wa2-col2 = 11.
wa2-col3 = 'Itab2 Int1'.
APPEND wa2 TO itab2.
PROVIDE FIELDS col3 FROM itab1 INTO wa1
                               VALID flag1
                               BOUNDS col1 AND col2
        FIELDS col3 FROM itab2 INTO wa2
                               VALID flag2
                               BOUNDS col1 AND col2
        BETWEEN 2 AND 14.
  WRITE: / wa1-col1, wa1-col2, wa1-col3, flag1.
  WRITE: / wa2-col1, wa2-col2, wa2-col3, flag2.
  SKIP.
ENDPROVIDE.
```

Die Listenausgabe ist wie folgt:

```
         2           3    Itab1 Int1 X
         2           3
         4           6    Itab1 Int1 X
         4           6    Itab2 Int1 X
         7           8
         7           8    Itab2 Int1 X
         9          11    Itab1 Int2 X
         9          11    Itab2 Int1 X
        12          12    Itab1 Int2 X
        12          12
```

Behandelbare Ausnahmen

Bei PROVIDE können Ausnahmen der Unterklassen CX_SY_PROVIDE_INTERVAL_OVERLAP (In einer der beteiligten Tabellen gibt es überlappende Intervalle innerhalb von extlim1 und extlim2.) und CX_SY_PROVIDE_TABLE_NOT_SORTED (Eine der beteiligten Tabellen ist innerhalb von extlim1 und extlim2 nicht aufsteigend nach den Intervallen sortiert.) der Ausnahmeklasse CX_SY_PROVIDE_EXCEPTION auftreten.

30 Extrakte

Ein Extraktdatenbestand – oder kurz Extrakt – ist ein Datenbestand im internen Modus eines ABAP-Programms, der nicht als Datenobjekt behandelt wird und deshalb auch keinen Datentyp hat. Zu jedem ABAP-Programm gibt es genau einen Extraktdatenbestand, der mit ABAP-Anweisungen gefüllt und ausgelesen werden kann. Der Inhalt des Extraktdatenbestands kann nicht explizit gelöscht werden.

Wie eine interne Tabelle ist ein Extraktdatenbestand aus einer dynamischen Anzahl von Zeilen aufgebaut, und die Größe des Extraktdatenbestands ist im Prinzip unbegrenzt, da ab einer Größe von 500 KB eine Auslagerung in eine Datei des Betriebssystems stattfindet. Praktikabel sind Größen von bis zu 2 GB (bei 64-Bit-Prozessoren auch größer). Anders als bei internen Tabellen können die einzelnen Zeilen unterschiedlich strukturiert sein. Die Zeilenstrukturen werden als sogenannte Feldgruppen mit der Anweisung FIELD-GROUPS deklariert. Der genaue Aufbau jeder Zeilenstruktur wird erst während der Programmausführung mit der Anweisung INSERT festgelegt.

Hinweise
- In Class- oder Interface-Pools und in allen Methoden können keine Feldgruppen definiert werden. In den Methoden lokaler Klassen anderer Programme kann aber deren Extraktdatenbestand bearbeitet werden.
- In der Regel sollte mit internen Tabellen anstelle von Extrakten gearbeitet werden.

30.1 Feldgruppen deklarieren

```
FIELD-GROUPS
```

Syntax
```
FIELD-GROUPS { header | field_group }.
```

Deklaration einer Feldgruppe für den Extraktdatenbestand des Programms. Jede Feldgruppe ist der Name einer Zeilenstruktur des Extraktdatenbestands. In einem Programm können beliebig viele Feldgruppen angelegt werden. Die eigentlichen Komponenten einer Feldgruppe werden mit der Anweisung INSERT definiert.

Die Bezeichnung einer Feldgruppe ist entweder der vordefinierte Name header oder ein beliebiger Name field_group. Wenn eine Feldgruppe header deklariert wird, wird sie automatisch zum Anfangsteil aller übrigen Feldgruppen des Programms, und ihre Komponenten bilden den Standardsortierschlüssel des Extraktdatenbestands für die Anweisung SORT.

Die Anweisung FIELD-GROUPS ist im globalen Deklarationsteil eines ausführbaren Programms, einer Funktionsgruppe, eines Modul-Pools oder eines Subroutinen-Pools sowie in Unterprogrammen und Funktionsbausteinen möglich. In Prozeduren deklarierte Feldgruppen sind nur dort sichtbar.

Hinweis
Da mit der Anweisung INSERT nur globale Datenobjekte als Komponenten von Feldgruppen definiert werden können, empfiehlt es sich, Feldgruppen ebenfalls nur im globalen Deklarationsteil eines Programms zu deklarieren.

30.2 Zeilenstruktur festlegen

INSERT - field_group

Syntax
`INSERT dobj1 dobj2 ... INTO { header | field_group }.`

Diese Anweisung dient zum Aufbau der Struktur einer mit FIELD-GROUPS definierten Feldgruppe des Extraktdatenbestands des Programms. Hinter INSERT kann eine Liste globaler flacher Datenobjekte dobj aufgeführt werden. Die Angabe lokaler Datenobjekte führt zu einer Ausnahme. Diese Liste definiert die Komponenten der Feldgruppe header bzw. field_group. Für field_group kann ein frei wählbarer Name direkt angegeben werden, während header ein vordefinierter Name einer speziellen Feldgruppe ist, deren Komponenten automatisch Teil und Schlüssel aller anderen Feldgruppen sind. Die Komponenten einer Feldgruppe sind als Zeiger auf Datenobjekte zu verstehen, deren Inhalte bei Ausführung der Anweisung EXTRACT als Zeile an den Extraktdatenbestand angehängt werden.

Die Anweisung INSERT kann in jedem Verarbeitungsblock eines Programms stehen und wird bei der Programmausführung zum entsprechenden Zeitpunkt ausgeführt. Es kann verschiedene INSERT-Anweisungen für eine Feldgruppe geben. Eine Feldgruppe kann so lange um weitere Komponenten erweitert werden, bis die erste entsprechende Zeile mit EXTRACT an den Extraktdatenbestand angehängt wird. Insbesondere kann die Feldgruppe header nur so lange erweitert werden, bis eine beliebige Feldgruppe des Programms extrahiert wurde, da sie Teil aller Feldgruppen ist. Eine INSERT-Anweisung für eine Feldgruppe, die bereits extrahiert wurde, führt zu einer unbehandelbaren Ausnahme.

Für dobj können Feldsymbole, aber keine dereferenzierten Datenreferenzen angegeben werden. Ein Feldsymbol, dem kein Datenobjekt zugewiesen ist, wird ignoriert. Die Angabe einer Datenreferenz führt zu einer unbehandelbaren Ausnahme.

Hinweis
Eine Feldgruppe field_group, in die explizit keine Felder aufgenommen werden, enthält dennoch die Felder der speziellen Feldgruppe header.

Beispiel
In diesem Beispiel werden drei Feldgruppen im globalen Deklarationsteil eines ausführbaren Programms deklariert und ihre Komponenten im Ereignisblock START-OF-SELECTION festgelegt. Die Feldgruppe flight_info hat fünf Komponenten: die der Feldgruppe header und ihre eigenen. Die Feldgruppe flight_date enthält nur die Komponenten der Feldgruppe header.

```
REPORT demo_extract.
NODES: spfli, sflight.
```

```
FIELD-GROUPS: header, flight_info, flight_date.
START-OF-SELECTION.
  INSERT: spfli-carrid spfli-connid sflight-fldate INTO header,
          spfli-cityfrom spfli-cityto INTO flight_info.
```

30.3 Extraktdatenbestand füllen

EXTRACT

Syntax
`EXTRACT [ header | field_group ].`

Diese Anweisung hängt den aktuellen Inhalt der Felder, die bis dahin mit der Anweisung INSERT in die Feldgruppe header bzw. field_group aufgenommen wurden, an den Extraktdatenbestand des Programms an. Falls hinter EXTRACT keine Feldgruppe angegeben ist, wird implizit die Feldgruppe header ergänzt.

Bei der ersten Ausführung einer EXTRACT-Anweisung eines Programms wird der Extraktdatenbestand angelegt und die erste Zeile hinzugefügt. Nach der Ausführung einer EXTRACT-Anweisung dürfen in die angegebene Feldgruppe field_group keine Felder mehr mit INSERT aufgenommen werden. Anderenfalls kommt es bei der nächsten EXTRACT-Anweisung für die gleiche Feldgruppe zu einer unbehandelbaren Ausnahme.

Hinweise

▶ Da die Feldgruppe header der Anfangsteil und Sortierschlüssel jeder Feldgruppe ist, dürfen bereits nach Ausführung der ersten EXTRACT-Anweisung eines Programms keine Felder mehr in header aufgenommen werden.

▶ Die Zeilen eines Extraktdatenbestands können nicht explizit gelöscht werden und bleiben so lange wie der interne Modus des Programms erhalten.

Beispiel
Dieses Beispiel führt das Beispiel in Abschnitt 30.2 fort. Wenn das ausführbare Programm mit einer passenden logischen Datenbank verknüpft ist, werden während der GET-Ereignisse die Felder der Feldgruppen flight_info und flight_date an den Extraktdatenbestand angehängt.

```
REPORT demo_extract.
NODES: spfli, sflight.
FIELD-GROUPS: header, flight_info, flight_date.
START-OF-SELECTION.
INSERT: spfli-carrid spfli-connid sflight-fldate INTO header,
        spfli-cityfrom spfli-cityto INTO flight_info.
GET spfli.
  EXTRACT flight_info.
GET sflight.
  EXTRACT flight_date.
```

30.4 Extraktdatenbestand sortieren

SORT – Extrakt

Syntax
```
SORT [ASCENDING|DESCENDING]
     [AS TEXT]
     [STABLE]
     [sort_key].
```

Diese Anweisung sortiert den Extraktdatenbestand des Programms. Voraussetzung für die Ausführung der Anweisung ist, dass die Feldgruppe header mit der Anweisung FIELD-GROUPS definiert und damit Bestandteil aller Feldgruppen ist. Falls kein expliziter Sortierschlüssel sort_key angegeben ist, wird der Extraktdatenbestand nach den Komponenten der Feldgruppe header sortiert. Numerische und byteartige Komponenten werden nach ihrem Wert und zeichenartige Komponenten standardmäßig nach ihrer binären Darstellung (Codepage) sortiert. Dabei werden aber Komponenten mit dem Inhalt hexadezimal 0 immer vor andere Einträge einsortiert. Eine textuelle Sortierung zeichenartiger Komponenten wird mit dem Zusatz AS TEXT erreicht.

Die Priorität der Sortierung richtet sich nach der Reihenfolge, in der die Komponenten mit INSERT in die Feldgruppe header eingefügt wurden.

Mit dem Zusatz ASCENDING bzw. DESCENDING kann die Sortierrichtung explizit als aufsteigend oder absteigend vorgegeben werden. Falls keiner der Zusätze angegeben ist, wird die aufsteigende Sortierung vorgegeben. Die Sortierrichtung kann im expliziten Sortierschlüssel sort_key für einzelne Komponenten überschrieben werden.

Die Sortierung ist standardmäßig instabil, d. h., die relative Reihenfolge von Zeilen, die sich im Sortierschlüssel nicht unterscheidet, bleibt beim Sortieren nicht erhalten und kann bei mehrmaligem Sortieren unterschiedlich sein. Mit STABLE wird eine stabile Sortierung erreicht. Die relative Reihenfolge von Zeilen, die sich im Sortierschlüssel nicht unterscheidet, bleibt beim Sortieren unverändert. Ohne den Zusatz STABLE ist die Reihenfolge nicht stabil, und mehrmaliges Sortieren des Extraktdatenbestands nach dem gleichen Sortierschlüssel kann bei jedem erneuten Sortieren die Reihenfolge ändern.

Der Zusatz AS TEXT gibt vor, dass textartige Komponenten gemäß dem Locale der aktuellen Textumgebung sortiert werden. Falls AS TEXT nicht angegeben ist, werden textartige Komponenten nach der Codierung in der Codepage der aktuellen Textumgebung sortiert. Mehr dazu finden Sie in Abschnitt 29.2.9. Damit der Zusatz AS TEXT funktioniert, darf der Profilparameter install/collate/active nicht den Wert 0 haben.

Die Anweisung SORT schließt gleichzeitig den Aufbau des Extraktdatenbestands ab. Die Ausführung der Anweisung EXTRACT nach Ausführung der Anweisung SORT führt zu einer unbehandelbaren Ausnahme.

Hinweis
Dass Komponenten mit dem Inhalt hexadezimal 0 immer vor andere Einträge einsortiert werden, kann beim Sortieren numerischer Datentypen zu überraschendem Verhalten führen.

Sortierschlüssel angeben
```
SORT - sort_key
```

Syntax von sort_key
```
... BY field1 [ASCENDING|DESCENDING] [AS TEXT]
    field2 [ASCENDING|DESCENDING] [AS TEXT]
```

Bei Angabe eines Sortierschlüssels mit dem Zusatz BY wird nicht nach der Feldgruppe header, sondern nach den dahinter angegebenen Feldern field1 field2 ... sortiert. Für field1 field2 ... können Komponenten der Feldgruppe header oder Feldgruppen, die ausschließlich Felder der Feldgruppe header enthalten, angegeben werden. Die Priorität der Sortierung richtet sich nach der Reihenfolge, in der die Komponenten field1 field2 ... angegeben sind. Die Zahl der Felder, nach denen sortiert werden kann, ist auf 50 begrenzt.

Für field1 field2 ... können auch Feldsymbole angegeben werden. Falls einem Feldsymbol bei Ausführung der Anweisung eine Komponente der Feldgruppe header zugewiesen ist, wird nach der entsprechenden Komponente sortiert. Ist einem Feldsymbol kein Datenobjekt zugewiesen, wird die Angabe ignoriert. Falls einem Feldsymbol ein anderes Datenobjekt zugewiesen ist, kommt es zu einer unbehandelbaren Ausnahme.

Wenn hinter einer Komponente field1 field2 ... keiner der Zusätze ASCENDING oder DESCENDING angegeben ist, wird die vorgegebene Sortierrichtung übernommen. Ist einer der Zusätze ASCENDING oder DESCENDING angegeben, überschreibt er die Vorgabe für diese Komponente.

Ohne den Zusatz AS TEXT hinter einer textartigen Komponente field1 field2 ... wird die Vorgabe übernommen. Wenn hinter einer textartigen Komponente der Zusatz AS TEXT angegeben ist, überschreibt er die Vorgabe für diese Komponente. Bei nicht-textartigen Komponenten kann AS TEXT nicht angegeben werden. Steht AS TEXT hinter einer Feldgruppe, wirkt der Zusatz nur auf die textartigen Komponenten dieser Gruppe.

Hinweis
Für field1 field2 ... dürfen keine Customizing-Includes angegeben werden, solange sie leer sind.

30.5 Extraktdatenbestand auslesen

```
LOOP - Extrakt
```

Syntax
```
LOOP.
  ...
ENDLOOP.
```

Die Anweisungen LOOP und ENDLOOP definieren eine Schleife um einen Anweisungsblock. Die Schleife wird für jede Zeile des Extraktdatenbestands durchlaufen, falls sie nicht durch eine der Anweisungen aus Abschnitt 20.3 beendet wird. Die Anweisung LOOP weist bei jedem Schleifendurchlauf die Inhalte der Komponenten der aktuellen Zeile des Extraktdatenbestands den Datenobjekten zu, aus denen die Feldgruppe der Zeile aufgebaut ist. Die Reihenfolge, in der die Zeilen gelesen werden, richtet sich bei einem unsortierten Extraktdatenbestand nach der Reihenfolge, in der sie mit EXTRACT angehängt wurden, und bei einem mit SORT sortierten Extraktdatenbestand nach der Sortierung.

Eine LOOP-Schleife schließt gleichzeitig den Aufbau des Extraktdatenbestands ab. Die Ausführung der Anweisung EXTRACT nach Ausführung der Anweisung LOOP führt zu einer unbehandelbaren Ausnahme. Darüber hinaus darf der Extraktdatenbestand innerhalb einer LOOP-Schleife weder mit LOOP noch mit SORT bearbeitet werden. LOOP-Schleifen über den Extraktdatenbestand dürfen nicht geschachtelt werden.

Systemfelder

sy-subrc	Bedeutung
0	Die Schleife wurde mindestens einmal durchlaufen.
4	Die Schleife wurde nicht durchlaufen.

30.6 Gruppenstufenverarbeitung

AT – Extrakt

Syntax
```
LOOP.
  [AT FIRST.
    ...
  ENDAT.]
  [AT field_groupi [WITH field_groupj]
    ...
  ENDAT.]
   [AT NEW field1.
     ...
   ENDAT.
    [AT NEW field2.
      ...
    ENDAT.
      [...]]]
      [ ... ]
    [[[...]
      AT END OF field2.
       ...
      ENDAT.]
    AT END OF field1.
     ...
   ENDAT.]
  [AT LAST.
    ...
  ENDAT.]
ENDLOOP.
```

Der Anweisungsblock einer LOOP-Schleife für Extrakte kann Kontrollstrukturen für eine Gruppenstufenverarbeitung enthalten. Die entsprechende Kontrollanweisung lautet AT. Die Anweisungen AT und ENDAT definieren Anweisungsblöcke, die bei Gruppenwechseln ausgeführt werden. Innerhalb einiger dieser Anweisungsblöcke kann auf automatisch erzeugte Datenobjekte sum(field) und cnt(field) zugegriffen werden.

Voraussetzung für die Gruppenstufenverarbeitung ist, dass der Extraktdatenbestand sortiert ist. Aus der Zeilenstruktur und der entsprechenden Sortierung ergibt sich eine Gruppenstruktur des Inhalts des Extraktdatenbestands, deren Stufen mit AT-Anweisungen ausgewertet werden können. Die AT-ENDAT-Kontrollstrukturen müssen entsprechend der Gruppenstruktur hintereinander angeordnet sein. Dies ist nicht unbedingt die Reihenfolge der Felder in der Feldgruppe header, sondern kann auch durch den Zusatz BY der Anweisung SORT bestimmt werden.

Die Anweisungsblöcke innerhalb der AT-ENDAT-Kontrollstrukturen werden ausgeführt, wenn bei der aktuellen Zeile ein entsprechender Gruppenwechsel stattfindet. Anweisungen der LOOP-ENDLOOP-Kontrollstruktur, die nicht innerhalb einer AT-ENDAT-Kontrollstruktur aufgeführt sind, werden bei jedem Schleifendurchgang ausgeführt.

Die Zusätze zu AT beziehen sich auf folgende Gruppenstufen:

- Die Gruppenstufe AT FIRST wird durch die erste Zeile des Extraktdatenbestands definiert.
- Die Gruppenstufe AT field_groupi [WITH field_groupj] wird durch eine Zeile definiert, die mit der Anweisung EXTRACT field_groupi an den Extraktdatenbestand angehängt wurde. Wenn der Zusatz WITH angegeben ist, muss die nächste Zeile durch die Feldgruppe field_groupj definiert sein.
- Die Gruppenstufe AT {NEW}|{END OF} fieldi wird durch Anfang bzw. Ende einer Gruppe von Zeilen mit dem gleichen Inhalt in der Komponente fieldi und in den Komponenten links von fieldi definiert. Die Komponente field muss Teil der Feldgruppe header sein. Komponenten, deren Inhalt hexadezimal 0 ist, werden nicht als Gruppenwechselkriterium berücksichtigt. Für fieldi kann auch ein Feldsymbol angegeben werden. Falls dem Feldsymbol bei Ausführung der Anweisung eine Komponente der Feldgruppe header zugewiesen ist, wirkt es wie die Angabe der entsprechenden Komponente. Falls dem Feldsymbol kein Datenobjekt zugewiesen ist, wird die Angabe ignoriert. Ist dem Feldsymbol ein anderes Datenobjekt zugewiesen, kommt es zu einer unbehandelbaren Ausnahme.
- Die Gruppenstufe AT LAST wird durch die letzte Zeile des Extraktdatenbestands definiert.

Beispiel
Dieses Beispiel führt das Beispiel in Abschnitt 30.3 fort. Beim Ereignis END-OF-SELECTION wird der Extraktdatenbestand nach der Feldgruppe header sortiert und anschließend eine Gruppenstufenverarbeitung in einer LOOP-Schleife durchgeführt, in der eine strukturierte Liste erstellt wird.

```
NODES: spfli, sflight.
FIELD-GROUPS: header, flight_info, flight_date.
```

```
START-OF-SELECTION.
  INSERT: spfli-carrid spfli-connid sflight-fldate INTO header,
          spfli-cityfrom spfli-cityto INTO flight_info.
GET spfli.
  EXTRACT flight_info.
GET sflight.
  EXTRACT flight_date.
END-OF-SELECTION.
  SORT STABLE.
  LOOP.
    AT FIRST.
      WRITE / 'Flight list'.
      ULINE.
    ENDAT.
    AT flight_info WITH flight_date.
      WRITE: / spfli-carrid, spfli-connid, sflight-fldate,
               spfli-cityfrom, spfli-cityto.
    ENDAT.
    AT flight_date.
      WRITE: / spfli-carrid, spfli-connid, sflight-fldate.
    ENDAT.
    AT LAST.
      ULINE.
      WRITE: cnt(spfli-carrid), 'Airlines'.
      ULINE.
    ENDAT.
  ENDLOOP.
```

30.6.1 Zähler

`cnt( )`

Syntax

`... cnt(field) ....`

Für die Felder `field1` `field2` ... der Feldgruppen eines Extraktdatenbestands werden automatisch Datenobjekte namens `cnt(field1)` `cnt(field2)` ... vom Datentyp i erzeugt. Diese Felder sind nur innerhalb einer LOOP-Schleife ansprechbar und werden für sortierte Extraktdatenbestände durch die Anweisungen AT END OF und AT LAST mit Werten versorgt.

Falls `field1` `field2` ... Felder mit nicht-numerischem Datentyp der Feldgruppe `header` sind und der Extraktdatenbestand nach `field1` `field2` ... sortiert wurde, enthalten `cnt(field1)` `cnt(field2)` ... die Anzahl der unterschiedlichen Werte, die `field1` `field2` ... innerhalb der Gruppenstufe bzw. des gesamten Datenbestands haben.

Wird auf die Felder `cnt(field1)` `cnt(field2)` ... ohne vorherige Sortierung des Extraktdatenbestands zugegriffen, kann es zu einer unbehandelbaren Ausnahme kommen. Für `field` darf kein Customizing-Include angegeben werden, solange es leer ist.

30.6.2 Summen

```
sum( )
```

Syntax
```
... sum(field) ....
```

Für die Felder `field1 field2` ... der Feldgruppen eines Extraktdatenbestands werden automatisch Datenobjekte namens `sum(field1) sum(field1)` ... vom gleichen Datentyp wie `field1 field2` ... erzeugt. Diese Felder sind nur innerhalb einer `LOOP`-Schleife ansprechbar und werden für sortierte Extraktdatenbestände durch die Anweisungen `AT END OF` und `AT LAST` mit Werten versorgt.

Falls `field1 field2` ... Felder mit numerischem Datentyp sind, enthalten `sum(field1) sum(field1)` ... die Summe der Werte von `field1 field2` ... innerhalb der Gruppenstufe bzw. des gesamten Datenbestands.

Wird auf die Felder `sum(field1) sum(field1)` ... ohne vorherige Sortierung des Extraktdatenbestands zugegriffen, kann es zu einer unbehandelbaren Ausnahme kommen. Für `field` darf kein Customizing-Include angegeben werden, solange es leer ist.

31 Eigenschaften von Daten

Dieses Kapitel beschreibt die Bestimmung der Eigenschaften von Datentypen und Datenobjekten mithilfe der Anweisung DESCRIBE und führt die Klassen der Run Type Type Services (RTTS) ein. Letztere erlauben auch die Erzeugung neuer Datentypen während der Programmlaufzeit.

31.1 Elementare Eigenschaften bestimmen

DESCRIBE

Für die Bestimmung einiger der Eigenschaften, die Datenobjekte zur Laufzeit aufweisen, gibt es die in diesem Abschnitt aufgeführten Varianten der Anweisung DESCRIBE.

31.1.1 Elementare Eigenschaften beliebiger Datenobjekte

DESCRIBE FIELD

Syntax
```
DESCRIBE FIELD dobj
  [TYPE typ [COMPONENTS com]]
  [LENGTH ilen IN {BYTE|CHARACTER} MODE]
  [DECIMALS dec]
  [OUTPUT-LENGTH olen]
  [HELP-ID hlp]
  [EDIT MASK mask].
```

Diese Anweisung ermittelt einige Eigenschaften des Datenobjekts dobj und weist sie den angegebenen Variablen zu. Die verschiedenen Zusätze erlauben es, den Datentyp und die Anzahl der Komponenten bei Strukturen, die im Speicher belegte Länge, die Anzahl der Nachkommastellen, die Ausgabelänge, die Bezeichnung des Datentyps bei einem Bezug auf ein Datenelement des ABAP Dictionarys und eine eventuelle Konvertierungsroutine zu bestimmen.

Hinweise
- Für dobj können insbesondere auch Feldsymbole oder Formalparameter in Prozeduren angegeben werden, wodurch die Eigenschaften des Datenobjekts festgestellt werden, die diese zum Zeitpunkt der Ausführung der Anweisung repräsentieren.
- Die Anweisung DESCRIBE ist im Wesentlichen für die Bestimmung der Eigenschaften von Datenobjekten elementarer Datentypen geeignet. Wenn DESCRIBE auf Strukturen oder Datenobjekte tiefer Datentypen wie Strings, interne Tabellen oder Referenzvariablen angewandt wird, können nur elementare Eigenschaften festgestellt werden. Weiter gehende Informationen, wie z. B. der statische oder dynamische Typ einer Referenzvariablen, sind mit DESCRIBE nicht feststellbar. Für solche Informationen müssen die Typklassen der Run Time Type Services (RTTS, siehe Abschnitt 31.2) verwendet werden, mit denen alle Eigen-

schaften von Datenobjekten aller Datentypen bestimmt werden können. Da die Funktionalität der RTTS-Typklassen die gesamte Funktionalität der `DESCRIBE`-Anweisung umfasst, können die Systemklassen auch anstelle der Anweisung verwendet werden.

31.1.1.1 Datentyp

```
... TYPE typ [COMPONENTS com]
```

Der Datentyp des Datenobjekts `dobj` wird bestimmt und eine entsprechende einstellige Kennung dem Datenobjekt `typ` zugewiesen, für das ein zeichenartiger Datentyp erwartet wird. Tabelle 31.1 zeigt die Zuordnung der Rückgabewerte zu allen möglichen Datentypen, wobei die Groß-/Kleinschreibung der Kennung relevant ist.

Kennung	Datentyp
a	Elementartyp `decfloat16` (ab Release 7.02/7.2)
b	interner Elementartyp b
C	Elementartyp c (Ausnahme, siehe Hinweis unten)
D	Elementartyp d
e	Elementartyp `decfloat34` (ab Release 7.02/7.2)
F	Elementartyp f
g	Elementartyp `string`
h	interne Tabelle
I	Elementartyp i
l	Datenreferenz
N	Elementartyp n
P	Elementartyp p
r	Objektreferenz
s	interner Elementartyp s
T	Elementartyp t
u	flache Struktur (Ausnahme, siehe Hinweis unten)
v	tiefe Struktur (Ausnahme, siehe Hinweis unten)
X	Elementartyp x
y	Elementartyp `xstring`

Tabelle 31.1 Kennungen für Datentypen

Der Zusatz `COMPONENTS` weist dem Datenobjekt `com` die Anzahl der direkten Komponenten des Datenobjekts `dobj` zu. Für `com` wird der Datentyp `i` erwartet. Wenn das Datenobjekt `dobj` keine Struktur ist, wird der Wert 0 zurückgegeben. Wenn `dobj` eine geschachtelte Struktur ist, werden nur die Komponenten der höchsten Hierarchiestufe gezählt.

Hinweise

▶ Wenn der Zusatz COMPONENTS nicht verwendet wird, liefert der Zusatz TYPE in Nicht-Unicode-Programmen für beliebige Strukturen den Wert "C" anstelle von "u" oder "v".

▶ Wenn DESCRIBE FIELD direkt auf eine statische Box angewandt wird, wird ihr Datentyp gemäß obiger Tabelle und nicht die interne Kennung j für die Boxed Component zurückgegeben (ab Release 7.02/7.2).

Beispiel

Für die tiefe geschachtelte Struktur struc1 werden die Typkennung "v" und drei Komponenten, für die flache Struktur struc2 werden die Typkennung "u" und zwei Komponenten festgestellt.

```
DATA: BEGIN OF struc1,
        comp1 TYPE c LENGTH 1,
        comp2 TYPE string,
        BEGIN OF struc2,
          comp1 TYPE c LENGTH 1,
          comp2 TYPE i,
        END OF struc2,
      END OF struc1.
DATA: typ1  TYPE c LENGTH 1,
      comp1 TYPE i,
      typ2  TYPE c LENGTH 1,
      comp2 TYPE i.
DESCRIBE FIELD: struc1          TYPE typ1 COMPONENTS comp1,
                struc1-struc2 TYPE typ2 COMPONENTS comp2.
```

31.1.1.2 Länge

```
... LENGTH ilen IN {BYTE|CHARACTER} MODE
```

Die vom Datenobjekt dobj im Speicher direkt belegte Länge wird je nach MODE-Zusatz in Bytes oder in Zeichen bestimmt und dem Datenobjekt ilen zugewiesen. Für ilen wird der Datentyp i erwartet.

In Unicode-Programmen muss der MODE-Zusatz angegeben werden. Die Variante mit dem Zusatz IN BYTE MODE stellt die Länge des Datenobjekts dobj in Bytes fest. Die Variante mit dem Zusatz IN CHARACTER MODE stellt die Länge des Datenobjekts dobj in Zeichen fest. Bei Verwendung von IN CHARACTER MODE muss der Datentyp von dobj flach und zeichenartig sein. Bei tiefen Datentypen kann nur IN BYTE MODE angegeben werden, und es wird immer die Länge der beteiligten Referenzen – pro Referenz 8 Byte – festgestellt.

In Nicht-Unicode-Programmen kann LENGTH ohne den MODE-Zusatz verwendet werden. In diesem Fall wird implizit der Zusatz IN BYTE MODE verwendet.

Beispiel

Berechnung, wie viele Bytes zur Darstellung eines Zeichens benötigt werden. In Multi-Byte-Systemen ist das Ergebnis größer als 1.

```
DATA: text  TYPE c LENGTH 1,
      blen  TYPE i,
      clen  TYPE i,
      bytes TYPE i.
DESCRIBE FIELD text LENGTH blen IN BYTE MODE.
DESCRIBE FIELD text LENGTH clen IN CHARACTER MODE.
bytes = blen / clen.
```

31.1.1.3 Nachkommastellen

```
... DECIMALS dec
```

Die Anzahl der Nachkommastellen des Datenobjekts `dobj` wird bestimmt und dem Datenobjekt `dec` zugewiesen. Für `dec` wird der Datentyp `i` erwartet.

Da nur Datenobjekte vom Datentyp `p` deklarierte Nachkommastellen haben können, kann nur bei diesen ein von 0 verschiedenes Ergebnis in `dec` auftreten.

31.1.1.4 Ausgabelänge

```
... OUTPUT-LENGTH olen
```

Bei Datenobjekten fester Länge wird die auf Bildschirmbildern benötigte Ausgabelänge des Datenobjekts `dobj` bestimmt und dem Datenobjekt `olen` zugewiesen. Das Ergebnis entspricht in der Regel der vordefinierten Ausgabelänge, die das Datenobjekt gemäß seinem Datentyp bei einer Ausgabe in den Listenpuffer hat (siehe Abschnitt 35.2.2). Bei Strings wird `olen` immer auf den Wert 0 gesetzt. Für `olen` wird der Datentyp `i` erwartet.

Hinweise

- In der Regel ist die benötigte Ausgabelänge durch die Werte in Tabelle 36.2 ausreichend bestimmt, außer wenn der Datentyp des Datenobjekts mit Bezug auf das ABAP Dictionary definiert ist und bei der entsprechenden Domäne eine Ausgabelänge oder eine Konvertierungsroutine festgelegt ist.

- Wenn die in einem Dynpro definierte Ausgabelänge eines zu `dobj` gleichnamigen Dynpro-Feldes kleiner als die benötigte Ausgabelänge ist, kommt es bei einem Überlauf zu einer unbehandelbaren Ausnahme. Bei der Übergabe an den Listenpuffer werden Ausgaben dagegen gekürzt, wenn die Ausgabelänge kürzer als die benötigte Ausgabelänge ist.

- Wenn für die Ausgabe eines Datentyps Trennzeichen oder Masken im Benutzerstammsatz vorgesehen sind, werden diese nur angezeigt, falls die vorgesehene Ausgabelänge ausreichend ist. Die benötigte Länge kann größer als die mit OUTPUT-LENGTH festgestellte Ausgabelänge sein.

Beispiel

Für `date1` wird die zum Typ `d` gehörige Ausgabelänge 8, für `date2` die in der Domäne SYDATS definierte Ausgabelänge 10 festgestellt.

```
DATA: date1 TYPE d,
      date2 TYPE sy-datum,
      olen1 TYPE i,
      olen2 TYPE i.
```

```
DESCRIBE FIELD date1 OUTPUT-LENGTH olen1.
DESCRIBE FIELD date2 OUTPUT-LENGTH olen2.
```

31.1.1.5 Datenelement

``` 
... HELP-ID hlp
```

Wenn der Datentyp des Datenobjekts `dobj` durch ein Datenelement des ABAP Dictionarys bestimmt wird, wird dem Feld `hlp` die Bezeichnung des Datentyps zugewiesen, die bei der Definition des Datenobjekts `dobj` hinter dem Zusatz `TYPE` verwendet wurde. Wenn sich das Datenobjekt nicht auf ein Datenelement des ABAP Dictionarys bezieht, wird `hlp` initialisiert. Für `hlp` wird ein zeichenartiges Datenobjekt erwartet.

Wenn für `dobj` ein Feldsymbol angegeben ist, dem mit der Anweisung `ASSIGN COMPONENT` ein Datenobjekt zugewiesen wurde, das sich auf eine Komponente einer Struktur im ABAP Dictionary bezieht, wird die vollständige Bezeichnung der Strukturkomponente zurückgegeben.

Hinweis
Der Zusatz heißt `HELP-ID`, da der Name des Datentyps in `hlp` für die Anzeige der im ABAP Dictionary zugeordneten Feld- oder Eingabehilfe verwendet werden kann.

Beispiel
Nach `DESCRIBE FIELD` enthält `hlp` den Wert "SPFLI-CARRID". Da dieser Komponente im ABAP Dictionary eine Eingabehilfe zugeordnet ist, kann diese über den Funktionsbaustein F4IF_FIELD_VALUE_REQUEST angezeigt werden. Wenn bei der Definition von `carrid` hinter `TYPE` die Bezeichnung `s_carr_id` angegeben wird, würde `hlp` den Wert "S_CARR_ID" enthalten und könnte beispielsweise verwendet werden, um mit dem Funktionsbaustein HELP_OBJECT_SHOW die Feldhilfe anzuzeigen.

```
DATA: carrid TYPE spfli-carrid,
      hlp    TYPE string,
      struc  TYPE dfies-tabname,
      comp   TYPE dfies-fieldname.
DESCRIBE FIELD carrid HELP-ID hlp.
SPLIT hlp AT '-' INTO struc comp.
CALL FUNCTION 'F4IF_FIELD_VALUE_REQUEST'
  EXPORTING
    tabname      = struc
    fieldname    = comp
  EXCEPTIONS
    OTHERS       = 4.
```

31.1.1.6 Konvertierungsroutine

```
... EDIT MASK mask
```

Wenn dem Datenobjekt `dobj` durch Bezug auf eine Domäne im ABAP Dictionary eine Konvertierungsroutine zugeordnet ist, werden dem Namen der Konvertierungsroutine zwei Gleichheitszeichen "==" vorangestellt, und das Ergebnis wird dem Datenobjekt `mask` zugewiesen. Wenn dem Datenobjekt keine Konvertierungsroutine zugeordnet ist, wird `mask` initialisiert. Für `mask` wird ein zeichenartiges Datenobjekt erwartet.

Hinweis

Ein solcherart versorgtes Datenobjekt msk kann direkt im Zusatz USING EDIT MASK der Anweisung WRITE zum Aufruf der Konvertierungsroutine verwendet werden.

Beispiel

Da das Datenelement S_FLTIME im ABAP Dictionary über die Domäne S_DURA mit der Konvertierungsroutine SDURA verknüpft ist, enthält msk nach DESCRIBE FIELD den Wert "==SDURA", und die WRITE-Anweisung gibt den von Sekunden in Minuten umgerechneten Wert "5:33" aus.

```
DATA: time     TYPE s_fltime,
      seconds  TYPE i,
      msk      TYPE string.
DESCRIBE FIELD time EDIT MASK msk.
seconds = 333.
WRITE seconds USING EDIT MASK msk.
```

31.1.2 Elementare Eigenschaften interner Tabellen

DESCRIBE TABLE

Syntax

DESCRIBE TABLE itab [KIND knd] [LINES lin] [OCCURS n].

Diese Anweisung bestimmt einige Eigenschaften der internen Tabelle itab und weist sie den angegebenen Variablen zu. Die verschiedenen Zusätze erlauben es, die Tabellenart, die Anzahl der aktuell gefüllten Zeilen und den initialen Speicherbedarf zu bestimmen.

Zusätzlich werden auch die Systemfelder sy-tfill und sy-tleng mit der aktuellen Anzahl von Tabellenzeilen und der Länge einer Tabellenzeile in Bytes versorgt.

Hinweise

- Um ausführlichere Informationen über eine interne Tabelle zu erhalten, sind die Methoden der RTTS (siehe Abschnitt 31.2) zu verwenden.
- Ohne Angabe eines Zusatzes setzt die Anweisung DESCRIBE TABLE lediglich die Systemfelder sy-tfill und sy-tleng.

31.1.2.1 Tabellenart

... KIND knd

Die Tabellenart der internen Tabelle itab wird bestimmt und eine entsprechende einstellige Kennung dem Datenobjekt knd zugewiesen, für das ein zeichenartiger Datentyp erwartet wird. Die Kennungen sind "T" für Standardtabellen, "S" für sortierte Tabellen und "H" für Hash-Tabellen. Diese Werte sind auch als Konstanten sydes_kind-standard, sydes_kind-sorted und sydes_kind-hashed in der Typgruppe SYDES definiert.

31.1.2.2 Anzahl der Zeilen

```
... LINES lin
```

Die aktuelle Anzahl von Tabellenzeilen der internen Tabelle itab wird bestimmt und dem Datenobjekt lin zugewiesen, für das der Datentyp i erwartet wird.

Hinweis
Die aktuelle Anzahl der Zeilen einer internen Tabelle lässt sich auch mit der eingebauten Funktion lines bestimmen, die an Operandenpositionen verwendet werden kann.

31.1.2.3 Initialer Speicherbedarf

```
... OCCURS n
```

Der mit dem Zusatz INITIAL SIZE beim Anlegen der internen Tabelle definierte initiale Speicherbedarf wird bestimmt und dem Datenobjekt n zugewiesen, für das der Datentyp i erwartet wird.

Beispiel
Absteigendes Sortieren einer generisch typisierten internen Tabelle in einer Methode. Da sortierte Tabellen nicht absteigend sortiert werden dürfen, wird die Tabellenart überprüft, um eine unbehandelbare Ausnahme zu verhindern.

```
METHOD sort_descending.
  "CHANGING itab TYPE ANY TABLE
  DATA tabkind TYPE c LENGTH 1.
  DESCRIBE TABLE itab KIND tabkind.
  IF tabkind = sydes_kind-standard OR
     tabkind = sydes_kind-hashed.
    SORT itab DESCENDING.
  ELSEIF tabkind = sydes_kind-sorted.
    MESSAGE '...' TYPE 'E'.
  ELSE.
    MESSAGE '...' TYPE 'E'.
  ENDIF.
ENDMETHOD.
```

31.1.3 Abstände von Datenobjekten

```
DESCRIBE DISTANCE
```

Syntax
```
DESCRIBE DISTANCE BETWEEN dobj1 AND dobj2 INTO dst
                  IN {BYTE|CHARACTER} MODE.
```

Diese Anweisung weist den Abstand zwischen den Anfangspositionen der Datenobjekte dobj1 und dobj2 dem Datenobjekt dst zu, für das der Datentyp i erwartet wird. Bei tiefen Datentypen wird dabei nicht das referenzierte Datenobjekt, sondern die Position der internen Referenz (bei Strings und internen Tabellen) bzw. der Referenzvariablen betrachtet. Die Reihenfolge, in der dobj1 und dobj2 angegeben sind, spielt keine Rolle.

In Unicode-Programmen muss der MODE-Zusatz angegeben werden. Die Variante mit dem Zusatz IN BYTE MODE stellt den Abstand in Bytes fest. Die Variante mit dem Zusatz IN CHARACTER MODE rechnet den Abstand in die Anzahl von Zeichen um, die gemäß der aktuellen Zeichendarstellung in dieser Länge abgespeichert sein können. In Nicht-Unicode-Programmen kann der MODE-Zusatz weggelassen werden. In diesem Fall wird implizit der Zusatz IN BYTE MODE verwendet. Falls bei Verwendung des Zusatzes in IN CHARACTER MODE der festgestellte Abstand nicht in eine Anzahl von Zeichen umgerechnet werden kann, kommt es zu einer unbehandelbaren Ausnahme.

Hinweise

▶ Die Ermittlung des Abstands zwischen Datenobjekten sollte nur innerhalb einer Struktur auf deren Komponenten angewandt werden, da nur bei diesen garantiert ist, dass sie im Speicher immer direkt aufeinanderfolgen. Dabei ist zu beachten, dass Ausrichtungslücken mitgezählt werden, weshalb zur Vermeidung einer unbehandelbaren Ausnahme der Zusatz in IN BYTE MODE verwendet werden sollte.

▶ Bezüglich DESCRIBE DISTANCE ist jede als Boxed Component deklarierte Unterstruktur eine unabhängige Struktur (ab Release 7.02/7.2). Der Abstand zwischen Komponenten, die nicht in der gleichen Boxed Component liegen, ist undefiniert.

Beispiel

Feststellen von Offset und Länge eines zeichenartigen Fragments innerhalb der Struktur struc in Bytes, Zugriff auf das Fragment über einen Offset-/Längenzugriff und Zuweisung an ein Feldsymbol vom Typ c. Da die Struktur nicht rein zeichenartig ist, erfolgt der Offset-/Längenzugriff über ein Feldsymbol, ansonsten kommt es in einem Unicode-Programm zu einem Syntaxfehler. Das Feldsymbol ist vom Typ x, da Offset und Länge in Bytes festgestellt werden. In Unicode-Systemen wird wegen der Ausrichtungslücke vor comp3 ein anderer Wert für off ermittelt als in Nicht-Unicode-Systemen. Das Feldsymbol <result> weist in beiden Fällen auf den gleichen Inhalt "Hey you!".

```
DATA: BEGIN OF struc,
        comp1 TYPE i,
        comp2 TYPE x LENGTH 1,
        comp3 TYPE c LENGTH 4 VALUE 'Hey',
        comp4 TYPE c LENGTH 4 VALUE 'you!',
        comp5 TYPE x,
      END OF struc.
DATA: off TYPE i,
      len TYPE i.
FIELD-SYMBOLS: <hex>    TYPE x,
               <result> TYPE c.
DESCRIBE DISTANCE BETWEEN:
        struc       AND struc-comp3 INTO off IN BYTE MODE,
        struc-comp3 AND struc-comp5 INTO len IN BYTE MODE.
ASSIGN: struc TO <hex> CASTING,
        <hex>+off(len) TO <result> CASTING.
```

31.2 Run Time Type Services

Die Run Time Type Services (RTTS) werden durch eine Hierarchie von Typklassen realisiert, die Methoden für Run Time Type Creation (RTTC) und Run Time Type Identification (RTTI) enthalten. Mithilfe dieser Systemklassen ist es möglich, Typinformationen vorhandener Instanzen und Typnamen des ABAP-Typsystems zur Laufzeit zu bestimmen und neue Datentypen zur Laufzeit zu definieren.

Die Eigenschaften der Typen werden durch die Attribute von Typobjekten repräsentiert. Für jeden Typ existiert genau ein Typobjekt. Die Attribute des Typobjekts enthalten Informationen über die Eigenschaften des Typs. Für jede Typart (z. B. elementarer Typ, Tabelle, Klasse, ...) gibt es eine Typklasse mit speziellen Attributen für die speziellen Typeigenschaften. Die Klassenhierarchie der Typklassen entspricht der Hierarchie der Typarten des ABAP-Typsystems. Die gemeinsame Oberklasse ist CL_ABAP_TYPEDESCR. Deren Unterklassen sind CL_ABAP_DATADESCR und CL_ABAP_OBJECTDESCR. Die Unterklassen von CL_ABAP_DATADESCR sind CL_ABAP_ELEMDESCR, CL_ABAP_REFDESCR und CL_ABAP_COMPLEXDESCR, wobei letztere noch die Unterklassen CL_ABAP_STRUCTDESCR und CL_ABAP_TABLEDESCR hat. Die Unterklassen von CL_ABAP_OBJECTDESCR sind CL_ABAP_CLASSDESCR und CL_ABAP_INTFDESCR. Die Klassen sind im System dokumentiert.

Weiterhin haben die Typklassen für komplexe Typen, Referenzen, Klassen und Interfaces spezielle Methoden, um Referenzen auf Teiltypen zu bestimmen. Mit diesen Methoden kann man durch einen zusammengesetzten Typ zu allen Teiltypen navigieren.

Typobjekte können nur durch die Methoden von Typklassen erzeugt werden. Um eine Referenz auf ein Typobjekt eines Typs zu erhalten, kann man die statischen Methoden der Klasse CL_ABAP_TYPEDESCR nutzen oder Methoden der speziellen Typklassen aufrufen.

Hinweis
In der Anweisung CREATE DATA können Typobjekte hinter dem Zusatz HANDLE angegeben werden, um Datenobjekte mit dynamisch erzeugten Datentypen zu erzeugen.

Beispiel
Feststellen der elementaren Typeigenschaften eines Datenobjekts über RTTI.

```
TYPES my_type TYPE i.
DATA: my_data    TYPE my_type,
      descr_ref TYPE ref to cl_abap_typedescr.
START-OF-SELECTION.
  descr_ref = cl_abap_typedescr=>describe_by_data( my_data ).
  WRITE: / 'Typename:', descr_ref->absolute_name.
  WRITE: / 'Kind    :', descr_ref->type_kind.
  WRITE: / 'Length  :', descr_ref->length.
  WRITE: / 'Decimals:', descr_ref->decimals.
```

32 Streaming

Streaming bezeichnet die Übertragung von Strömen. Ströme werden ab Release 7.02/7.2 durch Instanzen spezieller Systemklassen repräsentiert. Das Übertragen von Strömen erfolgt durch Aufruf der betreffenden Methoden dieser Objekte. Ströme werden durch folgende Eigenschaften klassifiziert:

- Stromart, es gibt Datenströme und Filterströme.
- Stromrichtung, es gibt Leseströme und Schreibströme.
- Stromtyp, es gibt Binärströme und Zeichenströme.

32.1 Klassen und Interfaces für Ströme

Die Klassen und Interfaces von Strömen liegen ab Release 7.02/7.2 im Paket SABP_STREAMS_AND_LOCATORS. Die zur Verwendung freigegebenen Interfaces und Klassen sind in dessen Paketschnittstelle SABP_STREAMS_AND_LOCATORS exponiert. Abbildung 32.1 stellt die Hierarchie der wichtigsten Interfaces und Klassen für Ströme dar.

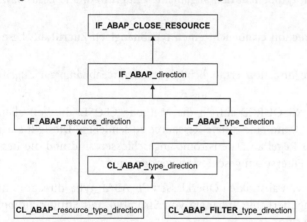

- direction = **READER, WRITER**
- resource = **BACKEND, DB , FILE, FRONTEND, HTTP, ITAB, MEMORY, STRING,** ...
- type = **C, X**

Abbildung 32.1 Klassen und Interfaces für Ströme

32.1.1 Klassen für Datenströme und Filterströme

Die Klassen für Datenströme und Filterströme sind die Vorlagen für Datenstromobjekte und Filterstromobjekte.

Die Klassen für die Stromart Datenstrom beginnen mit "CL_ABAP_", gefolgt von:

- einer Kennung »resource« für die Ressource, die als Datenquelle bzw. Datensenke verwendet wird. Derzeit werden Datenströme für folgende Ressourcen unterstützt:

- Strings, die zugehörige Ressourcenkennung ist "STRING" (siehe Abschnitt 32.2.1)
- interne Tabellen, die zugehörige Ressourcenkennung ist "ITAB" (siehe Abschnitt 32.2.2).
- LOBs in Datenbanktabellen, die zugehörige Ressourcenkennung ist "DB" (siehe Abschnitt 37.2.2).

- einer Kennung »type« für den Stromtyp. Hier sind die Kennungen "C" und "X" für Binärströme bzw. Zeichenströme möglich.
- einer Kennung »direction« für die Stromrichtung. Hier sind die Kennungen "READER" und "WRITER" für Leseströme bzw. Schreibströme möglich.

Die Klassen für die Stromart Filterstrom beginnen mit "CL_ABAP_FILTER_", gefolgt von den Kennungen »type« und »direction« mit den gleichen Bedeutungen wie bei den Klassen für Datenströme. Derzeit sind noch keine Filterströme implementiert.

32.1.2 Interfaces und Oberklassen

Alle öffentlichen Methoden der Klassen für Datenströme und Filterströme sind in Interfaces deklariert, die einen allgemeinen Zugang zu den Klassen erlauben:

- Das Interface IF_ABAP_direction ermöglicht den allgemeinen Zugriff auf alle Lese- bzw. Schreibströme.
- Das Interface IF_ABAP_type_direction ermöglicht einen typabhängigen Zugriff auf Lese- bzw. Schreibströme.
- Das Interface IF_ABAP_resource_direction ermöglicht den ressourceabhängigen Zugriff auf Lese- bzw. Schreibströme.
- Das Interface IF_ABAP_CLOSE_RESOURCE enthält die Methode CLOSE, die von allen Arten von Strömen benötigt wird, um eine offene Ressource zu schließen. Dies gilt auch für Filterströme, da diese in der Regel an Datenströme angeschlossen sind und die Ressource dann nur noch über den Filterstrom geschlossen werden kann.

Die Klassen für Datenströme erben von abstrakten Oberklassen CL_ABAP_type_direction. In diesen sind die Methoden implementiert, die abhängig von Stromtyp und Stromrichtung, aber unabhängig von der Ressource sind.

32.1.3 Wichtige Methoden

Die folgenden Methoden sind für Datenströme als Kernel-Methoden implementiert. Das heißt, der eigentliche Zugriff auf die Datenquelle bzw. Datensenke wird von der ABAP-Laufzeitumgebung erledigt.

32.1.3.1 Methoden für Leseströme

Methoden aus dem Interface IF_ABAP_READER:

- DATA_AVAILABLE gibt "X" zurück, falls sich noch Daten im Lesestrom befinden.
- IS_X_READER gibt "X" zurück, falls es sich um einen Binärstrom handelt.

- READ gibt einen String mit einer vorgegebenen Anzahl von Bytes bzw. Zeichen aus dem Lesestrom zurück.
- SKIP übergeht eine vorgegebene Anzahl von Bytes bzw. Zeichen des Lesestroms.

32.1.3.2 Methoden für Schreibströme

Methoden aus dem Interface IF_ABAP_WRITER: WRITE schreibt den Inhalt eines übergebenen Strings in einen Schreibstrom.

32.1.3.3 Methoden für beide Stromarten

Methoden aus dem Interface IF_ABAP_CLOSE_RESOURCE:

- CLOSE schließt den Strom.
- IS_CLOSED gibt "X" zurück, falls der Strom geschlossen ist.

32.2 Streaming für Datenobjekte

Die abstrakten Oberklassen für das Streaming für Datenobjekte sind:

- CL_ABAP_MEMORY_C_READER
- CL_ABAP_MEMORY_C_WRITER
- CL_ABAP_MEMORY_X_READER
- CL_ABAP_MEMORY_X_WRITER

Streaming ist ab Release 7.02/7.2 für Strings und interne Tabellen möglich.

32.2.1 Streaming für Strings

Die konkreten Klassen für das Streaming für Strings sind:

- CL_ABAP_STRING_C_READER
- CL_ABAP_STRING_C_WRITER
- CL_ABAP_STRING_X_READER
- CL_ABAP_STRING_X_WRITER

Diese Klassen sind Unterklassen der abstrakten Oberklassen CL_ABAP_MEMORY_...

Beispiel

Mithilfe eines Schreibstroms wird ein String gefüllt und dann an einen Lesestrom übergeben. Im Lesestrom werden drei Zeichen übersprungen und dann die restlichen Zeichen ausgelesen.

```
DATA: string_writer TYPE REF TO cl_abap_string_c_writer,
      string_reader TYPE REF TO if_abap_c_reader.
DATA snippet TYPE c LENGTH 1.
CREATE OBJECT string_writer TYPE cl_abap_string_c_writer.
```

```abap
DO 10 TIMES.
  string_writer->write( |{ sy-index - 1 }| ).
ENDDO.
string_writer->close( ).
CREATE OBJECT string_reader TYPE cl_abap_string_c_reader
  EXPORTING
    str = string_writer->get_result_string( ).
string_reader->skip( 3 ).
WHILE string_reader->data_available( ) = 'X'.
  snippet = string_reader->read( 1 ).
  WRITE / snippet.
ENDWHILE.
string_reader->close( ).
```

32.2.2 Streaming für interne Tabellen

Die konkreten Klassen für das Streaming für interne Tabellen sind:

- CL_ABAP_ITAB_C_READER
- CL_ABAP_ITAB_C_WRITER
- CL_ABAP_ITAB_X_READER
- CL_ABAP_ITAB_X_WRITER

Diese Klassen sind Unterklassen der abstrakten Oberklassen CL_ABAP_MEMORY_...

Beispiel
Auslesen einer internen Tabelle über einen Lesestrom.

```abap
DATA: itab TYPE TABLE OF string,
      text TYPE string.
DATA itab_reader TYPE REF TO if_abap_c_reader.
APPEND `abc` TO itab.
APPEND `def` TO itab.
APPEND `ghi` TO itab.
CREATE OBJECT itab_reader TYPE cl_abap_itab_c_reader
  EXPORTING
    itab = itab.
WHILE itab_reader->data_available( ) = 'X'.
  text = itab_reader->read( 3 ).
  WRITE / text.
ENDWHILE.
itab_reader->close( ).
```

TEIL 10
Benutzerdialoge

33 Klassische Dynpros

Dieses und die folgenden Kapitel behandeln die auf dem SAP GUI basierenden Benutzerdialoge. Diese Benutzerdialoge basieren alle auf klassischen Dynpros, kurz Dynpros. Es sind entweder generelle oder spezielle Dynpros (Selektionsbilder, Listen) möglich. Generelle Dynpros können mit GUI Controls verknüpft werden.

Dynpro ist die Abkürzung für "Dynamisches Programm". Ein Dynpro ist ein Objekt des Repositorys und liegt immer als Komponente eines ABAP-Programms vor. Es besteht aus einem Bildschirmbild mit seinen Bildschirmelementen und der Dynpro-Ablauflogik und wird mit dem Werkzeug Screen Painter bearbeitet. Den Bildschirmelementen sind Dynpro-Felder zugeordnet. Die Ablauflogik enthält Verarbeitungsblöcke für Ereignisse, die vor dem Senden eines Bildschirmbildes und nach Benutzeraktionen auf dem angezeigten Bildschirmbild ausgelöst werden.

Weiter gehende Informationen, die über die reine Beschreibung der zugehörigen Sprachelemente hinausgehen, finden Sie in der erweiterten Hilfe zu Dynpros in der SAP-Bibliothek und auch im Buch *ABAP Objects. ABAP-Programmierung mit SAP NetWeaver* (SAP PRESS, 3. Auflage 2006).

Hinweise
- Die hier behandelten Benutzerdialoge sind eng mit der Programmiersprache ABAP verknüpft, d.h., die Behandlung von Benutzerdialogen wird weitgehend über ABAP-Sprachelemente ausgeführt.
- Für webbasierte Oberflächen stehen hauptsächlich Web Dynpros zur Verfügung, die unabhängig von klassischen Dynpros sind und über objektorientierte Frameworks angesprochen werden.
- Die hier beschriebenen klassischen Dynpros werden bei SAP für Anwendungsprogramme als obsolete Technologie betrachtet. Für Neuentwicklungen sollte nur noch mit Web Dynpro gearbeitet werden.
- Bei der Programmierung von Benutzerdialogen sollte prinzipiell auf eine Entkopplung von Präsentations- und Anwendungslogik geachtet werden. Dies ist bei Web Dynpros automatisch der Fall. Bei den hier behandelten SAP-GUI-basierten Benutzerdialogen muss der Entwickler selbst für die Trennung der Belange sorgen. Eine ab Release 7.02/7.2 im Oberpaket SABAP_DEMOS_CAR_RENTAL vorhandene Beispielanwendung zeigt eine solche Trennung der Belange exemplarisch auf. Aufgrund dieser Trennung kann dort ein und dieselbe Anwendung sowohl mit klassischem Dynpro als auch mit Web Dynpro betrieben werden.

33.1 SAP GUI

Für die Durchführung von Benutzerdialogen sind Eingabe- und Ausgabegeräte notwendig, die über eine Benutzeroberfläche (User Interface, UI) ansprechbar sind. Eine Benutzeroberfläche dient der Interaktion zwischen einem Benutzer und einem Programm. Falls Teile der Benutzeroberfläche in Fenstern am Bildschirm dargestellt werden, handelt es sich um eine grafische

Benutzeroberfläche (Graphical User Interface, GUI). Die SAP-spezifische Implementierung zur Ausführung dialogbasierter Anwendungen mit Dynpros ist das SAP GUI, das als Softwarekomponente eines AS ABAP auf den Präsentationsservern der Präsentationsschicht installiert wird. Es enthält alle Bedienelemente, die für die Ausführung von Dialogen zwischen Benutzer und Programm erforderlich sind.

Das SAP GUI präsentiert auf dem Bildschirm das Bildschirmbild eines Dynpros in einem Fenster. Das Bildschirmbild kann Bildschirmelemente zum Anzeigen von Inhalten oder zur Entgegennahme von Benutzeraktionen enthalten. Das Bildschirmbild und seine Bildschirmelemente werden mit dem Layout Editor des Werkzeugs Screen Painter bearbeitet. Jedes Bildschirmelement hat Eigenschaften, die im Screen Painter statisch vordefiniert und teilweise dynamisch im ABAP-Programm modifiziert werden können.

Als weiterer Teil der grafischen Benutzeroberfläche enthält jedes Standardfenster eine Menüleiste, eine Systemfunktionsleiste und eine Anwendungsfunktionsleiste. Fenster, die als modales Dialogfenster angezeigt werden, enthalten nur eine Anwendungsfunktionsleiste. Die Leisten sind eigenständige Komponenten des ABAP-Programms und werden in einem GUI-Status zusammengefasst und über Setzen des GUI-Status einem Dynpro zugeordnet. Neben den grafischen Elementen ist die Funktionstastenbelegung Teil der Benutzeroberfläche, die ebenfalls als eigenständige Komponente des ABAP-Programms definiert und ebenfalls Teil eines GUI-Status ist. Die Komponenten des GUI-Status und der GUI-Status selbst werden mit dem Werkzeug Menu Painter bearbeitet, wobei im Wesentlichen die von der Benutzeroberfläche präsentierten Bedienelemente mit Funktionscodes verknüpft werden, die im ABAP-Programm auswertbar sind. Die Bezeichnung des aktuellen GUI-Status kann dem Systemfeld `sy-pfkey` entnommen werden.

Vervollständigt wird ein Fenster des SAP GUIs durch die Titel- und Statusleiste. Die Titelleiste, die ebenfalls mit dem Menu Painter bearbeitet wird, enthält die Überschrift des Fensters. Die Statusleiste zeigt Informationen an, die unter anderem während der Ausführung eines ABAP-Programms durch die `MESSAGE`-Anweisung gesendet werden können. Außerdem enthält sie Systeminformationen, die über eine Ikone auf der rechten Seite der Leiste ein- und ausgeblendet werden können.

33.2 Dynpro-Felder

Die Dynpro-Ablauflogik enthält keine Datendeklarationen. Mit Ausnahme des OK-Felds, das bereits beim Anlegen des Dynpros erzeugt wird, werden alle anderen Datenobjekte eines Dynpros (Dynpro-Felder) bei der Definition von Bildschirmelementen im Layout Editor angelegt und sind diesen zugeordnet. Die technischen Eigenschaften Länge und Datentyp eines Dynpro-Feldes werden durch die Element-Attribute DEFLG und FORMAT festgelegt. Die Datentypen von Dynpro-Feldern werden entweder durch Bezug auf eingebaute Datentypen des ABAP Dictionarys (außer CLNT und FLTP) oder durch Bezug auf globale Felder des ABAP-Programms festgelegt. Im Layout Editor können Felder aus dem ABAP Dictionary oder dem ABAP-Programm übernommen werden, wobei Name, Länge und Datentyp der Dynpro-Felder automatisch passend definiert werden.

Nach der PBO-Verarbeitung und vor dem Senden des Bildschirmbildes erfolgt ein Datentransport globaler Datenobjekte des zugehörigen ABAP-Programms zu gleichnamigen Dynpro-Feldern. Nach einer Benutzeraktion auf dem Bildschirmbild und vor oder während der PAI-Verarbeitung erfolgt der Datentransport in umgekehrter Reihenfolge. Wenn Dynpro-Felder mit Bezug auf flache Strukturen im ABAP Dictionary definiert sind, müssen die gleichnamigen globalen Datenobjekte des ABAP-Programms mit der Anweisung TABLES als Schnittstellen-Arbeitsbereich deklariert worden sein. Ansonsten findet kein Datentransport statt.

Zum Zeitpunkt PBO erfolgt der Transport aller Dynpro-Felder am Ende der PBO-Verarbeitung, mit Ausnahme solcher Felder, die in Table Controls oder Steploops definiert sind. Letztere werden in Schleifen der Ablauflogik bearbeitet und nach jedem Schleifendurchlauf vom ABAP-Programm zum Dynpro transportiert. Zum Zeitpunkt PAI werden zunächst die Inhalte aller Dynpro-Felder, die keinem Table Control oder Steploop angehören und in keiner FIELD-Anweisung aufgeführt werden, in die gleichnamigen Felder des ABAP-Programms transportiert. Die Inhalte der Felder eines Table Controls oder Steploops werden zeilenweise bzw. gruppenweise jeweils zu Beginn des zugehörigen Schleifendurchlaufs an das ABAP-Programm transportiert. Die Felder, die in FIELD-Anweisungen der Dynpro-Ablauflogik aufgeführt sind, werden bei Ausführung der betreffenden FIELD-Anweisung transportiert.

Ein- und Ausgabefelder müssen einen eindeutigen Namen (Element-Attribut NAME) haben. Reine Anzeige-Elemente wie Textfelder oder Rahmen sind nicht mit Dynpro-Feldern verknüpft und benötigen nicht unbedingt einen eindeutigen Namen. Beim Anlegen von Ein- und Ausgabefeldern über das Übernehmen von Feldern aus dem ABAP Dictionary werden in der Regel gleichzeitig beschreibende Textfelder mit Texten aus dem Dictionary angelegt. Diese Textfelder haben standardmäßig den gleichen Namen wie die Dynpro-Felder der Ein- und Ausgabefelder.

Außer den im Screen Painter definierten Dynpro-Feldern kennt ein Dynpro auch die Systemfelder des ABAP-Programms. Im Unterschied zum ABAP-Programm werden die Systemfelder aber ausschließlich mit syst-name angesprochen.

Hinweise

▸ Bei der Entgegennahme von Dynpro-Feldern aus Eingabefeldern auf dem Bildschirm ist zu beachten, dass Eingabefelder Schablonen sind, die je nach Datentyp des Dynpro-Feldes ein bestimmtes Format erwarten. Die Eingabe wird bei Übergabe an das Dynpro-Feld in den typgerechten Wert konvertiert. Dazu gehört auch, dass einige Zeichen an der ersten Position eines Eingabefeldes auf dem Bildschirm standardmäßig als Sonderzeichen wirken. Das Zeichen "!" löscht vor dem Datentransport alle Zeichen des Felds. Das Zeichen "=" bewirkt eine Suche über Matchcode-Objekte. Um die Schablone und damit auch die Wirkung von Sonderzeichen abzuschalten, kann im Screen Painter das Attribut OHNE SCHABLONE aktiviert werden.

▸ Wenn der Typ des Dynpro-Feldes eine im ABAP Dictionary definierte gepackte Zahl oder dezimale Gleitpunktzahl ist, muss bei den Typeigenschaften die Eigenschaft VORZEICHEN gesetzt sein, damit negative Zahlen auf dem Bildschirmbild dargestellt werden können. Diese Einstellung ist nur bei Domänen, aber nicht bei der direkten Angabe eines eingebauten Typs bei Datenelementen oder Strukturkomponenten möglich. Wenn eine negative Zahl in einem Eingabefeld eingegeben wird, obwohl die Eigenschaft nicht gesetzt ist, wird diese mit einer Fehlermeldung zurückgewiesen. Wenn das zugehörige ABAP-Datenobjekt beim Aufruf des Dynpros eine negative Zahl enthält, kommt es zu einer unbehandelbaren Ausnahme.

33.3 Dynpro-Ablauf und Dynpro-Folgen

Dynpros werden entweder durch Transaktionscodes oder mit der Anweisung CALL SCREEN aufgerufen. Beim Aufruf wird das Ereignis PBO ausgelöst und dessen Ereignisblock in der Dynpro-Ablauflogik prozessiert. Danach wird das Bildschirmbild des Dynpros im aktuellen oder einem neuen Pop-up-Level (bei modalen Dialogfenstern) dargestellt. Nach einer Benutzeraktion in der Benutzeroberfläche dieses Fensters wird das Ereignis PAI (oder POH oder POV) ausgelöst und dessen Ereignisblock in der Dynpro-Ablauflogik prozessiert. In den Ereignisblöcken der Dynpro-Ablauflogik werden Dialogmodule des zugehörigen ABAP-Programms aufgerufen. Nach Abschluss der PAI-Verarbeitung wird automatisch das Folge-Dynpro des aktuellen Dynpros aufgerufen.

Jedes Dynpro hat ein Folge-Dynpro. Insbesondere kann ein Dynpro auch sein eigenes Folge-Dynpro sein. Das Folge-Dynpro ist entweder statisch vordefiniert oder wird mit den Anweisungen SET SCREEN oder LEAVE TO SCREEN im ABAP-Programm gesetzt. Dadurch ist ein Dynpro automatisch Teil einer Dynpro-Folge. Eine Dynpro-Folge gehört immer zu einem einzigen Pop-up-Level und wird in einem einzigen Fenster ausgeführt. Die Nummer des aktuellen Dynpros kann dem Systemfeld sy-dynnr entnommen werden.

Der Ablauf einer Dynpro-Folge wird durch das jeweilige Folge-Dynpro der beteiligten Dynpros bestimmt. Ein Dynpro hat während seiner Verarbeitung immer ein Folge-Dynpro. Zu Beginn der Verarbeitung ist diese statisch vordefiniert, kann aber im Programm überschrieben werden. Das erste Dynpro einer Dynpro-Folge ist das Einstiegs-Dynpro. Eine Dynpro-Folge wird durch Aufruf des Folge-Dynpros mit der Dynpro-Nummer 0 beendet.

Falls die Dynpro-Folge in eine andere eingebettet ist, wird nach Beendigung einer Dynpro-Folge die aufrufende Dynpro-Folge fortgesetzt. Wenn die Dynpro-Folge nicht eingebettet ist, wird das aktuelle Programm beendet.

33.4 Anweisungen der Dynpro-Ablauflogik

Die Dynpro-Ablauflogik stellt den prozeduralen Teil eines Dynpros dar. Sie wird in einer ABAP-ähnlichen Programmiersprache im Screen Painter auf der Registerkarte ABLAUFLOGIK erstellt. Die Syntaxregeln der Dynpro-Ablauflogik entsprechen im Wesentlichen den Regeln für ABAP. Insbesondere werden Anweisungen durch einen Punkt abgeschlossen, es können Kettensätze gebildet werden, und es gelten die gleichen Regeln für Kommentare.

Die Dynpro-Ablauflogik ist wie ein ABAP-Programm aus Verarbeitungsblöcken aufgebaut. Mögliche Verarbeitungsblöcke sind die vier Ereignisblöcke für die Dynpro-Ereignisse PBO, PAI, POH und POV, die alle mit dem Schlüsselwort PROCESS eingeleitet werden. Innerhalb dieser Ereignisblöcke steht ein kleiner Satz Anweisungen zur Verfügung, die in den folgenden Abschnitten beschrieben werden und folgende Funktionalität erfüllen:

- Aufruf von Dialogmodulen des ABAP-Programms mit `MODULE`
- Steuerung des Datentransports an das ABAP-Programm und Behandlung von Fehlermeldungen mit `FIELD` und `CHAIN`
- Ausführung von Schleifen über Table Controls mit `LOOP`
- Aufruf von Subscreens mit `CALL SUBSCREEN`

Die Anweisungen in den Ereignisblöcken der Dynpro-Ablauflogik werden in der Regel sequenziell verarbeitet. Verzweigungen ergeben sich durch Fehlerbehandlungen nach Eingabeüberprüfungen in Dialogmodulen. Tabellarische Bildschirmelemente werden in Schleifen bearbeitet.

33.4.1 Ereignisblöcke der Dynpro-Ablauflogik

```
PROCESS
```

Syntax
```
PROCESS { {BEFORE OUTPUT}
        | {AFTER INPUT}
        | {ON HELP-REQUEST}
        | {ON VALUE-REQUEST} }.
```

Das Schlüsselwort `PROCESS` definiert die Verarbeitungsblöcke der Dynpro-Ablauflogik. Die zugehörigen Ereignisse werden von der ABAP-Laufzeitumgebung während der Verarbeitung eines Dynpros ausgelöst.

Es muss mindestens die Anweisung `PROCESS BEFORE OUTPUT` in der Dynpro-Ablauflogik vorhanden sein. Außerdem darf `PROCESS BEFORE OUTPUT` nicht hinter der Anweisung `PROCESS AFTER INPUT` stehen. Wenn `PROCESS ON HELP-REQUEST` oder `PROCESS ON VALUE-REQUEST` angegeben sind, muss zuvor auch `PROCESS AFTER INPUT` angegeben sein. Andere Verarbeitungsblöcke außer den vier von `PROCESS` eingeleiteten sind in der Dynpro-Ablauflogik nicht möglich. Die Verarbeitung der Ereignisblöcke zu PAI des aktuellen und PBO des nachfolgenden Dynpros bildet einen Dialogschritt.

33.4.1.1 PBO

```
... BEFORE OUTPUT.
```

Das Ereignis `PROCESS BEFORE OUTPUT` (PBO) wird von der Laufzeitumgebung vor dem Senden des Bildschirmbildes eines Dynpros an die Präsentationsschicht ausgelöst. Nach der Verarbeitung des zugehörigen Ereignisblocks werden die Inhalte globaler Felder des ABAP-Programms an gleichnamige Dynpro-Felder transportiert, und dann wird das Bildschirmbild im Fenster dargestellt.

33.4.1.2 PAI

```
... AFTER INPUT.
```

Das Ereignis PROCESS AFTER INPUT (PAI) wird durch eine Benutzeraktion auf der Benutzeroberfläche ausgelöst, die mit einem Funktionscode verknüpft ist. Beim Ereignis PAI oder während der Verarbeitung des zugehörigen Ereignisblocks werden die Inhalte der Dynpro-Felder in die gleichnamigen Datenobjekte im dazugehörigen ABAP-Programm transportiert. Vor der Ausführung des zugehörigen Ereignisblocks werden systemseitig oder im ABAP Dictionary definierte automatische Eingabeüberprüfungen durchgeführt. Während der Verarbeitung des Ereignisblocks und des PBO-Ereignisblocks des folgenden Dynpros bleibt das Bildschirmbild des aktuellen Dynpros angezeigt, die Benutzeroberfläche ist aber inaktiv. Nach Beendigung der PAI-Verarbeitung wird das Ereignis PBO des Folge-Dynpros ausgelöst oder an die Aufrufstelle der Dynpro-Folge zurückgekehrt, falls das aktuelle Dynpro das letzte seiner Dynpro-Folge ist.

33.4.1.3 POH und POV

```
... ON HELP-REQUEST.
... ON VALUE-REQUEST.
```

Die Ereignisse PROCESS ON HELP-REQUEST (POH) und PROCESS ON VALUE-REQUEST (POV) werden durch die Anforderung der Feldhilfe (F1) bzw. der Eingabehilfe (F4) für ein Bildschirmelement des Bildschirmbildes ausgelöst. Im zugehörigen Ereignisblock wird die Anweisung MODULE ausgeführt, die mit der FIELD-Anweisung für das Dynpro-Feld des ausgewählten Bildschirmelements verknüpft ist. Falls zum gleichen Dynpro-Feld mehrere FIELD-Anweisungen vorhanden sind, wird jeweils nur die erste ausgeführt. Der Inhalt des unter FIELD aufgeführten Feldes wird im Ereignisblock zu POH bzw. POV nicht automatisch an das aufgerufene Modul übergeben. Nach Beendigung der POH- bzw. POV-Verarbeitung wird zur Verarbeitung des angezeigten Bildschirmbildes in der Präsentationsschicht zurückgekehrt, ohne dass das Ereignis PBO ausgelöst wird.

Die Angabe der Ereignisblöcke zu POH und POV übersteuert systemseitig oder im ABAP Dictionary definierte Feld- und Eingabehilfen.

33.4.2 Aufruf von Dialogmodulen

```
MODULE
```

Syntax
```
MODULE mod [ AT {EXIT-COMMAND|CURSOR-SELECTION} ]
           [ ON {CHAIN-INPUT|CHAIN-REQUEST} ]
           [ SWITCH switch ].
```

Die Anweisung MODULE der Dynpro-Ablauflogik ruft das Dialogmodul mod des ABAP-Programms auf. MODULE kann entweder als Schlüsselwort oder als Zusatz der Anweisung FIELD verwendet werden. Bei der Verwendung als Zusatz ist der Aufruf des Dialogmoduls von Bedingungen an Dynpro-Felder abhängig.

Als Schlüsselwort ruft die Anweisung das Dialogmodul mod des zugehörigen ABAP-Programms auf. Zum Zeitpunkt PAI können mit den Zusätzen AT und ON Bedingungen für den Aufruf des Dialogmoduls angegeben werden.

Zum Ereignis PBO können alle Dialogmodule aufgerufen werden, die im ABAP-Programm mit dem Zusatz OUTPUT definiert sind. Zu den Ereignissen PAI, POH und POV können die Dialogmodule aufgerufen werden, die mit dem Zusatz INPUT oder ohne Zusatz definiert sind. Falls das Dialogmodul mod nicht im ABAP-Programm vorhanden ist, wird eine unbehandelbare Ausnahme ausgelöst. Nach der Verarbeitung eines Dialogmoduls im ABAP-Programm wird die Verarbeitung der Dynpro-Ablauflogik hinter der Aufrufstelle fortgesetzt, solange die Dynpro-Verarbeitung nicht im Dialogmodul beendet wird.

Die Verwendung der Anweisung MODULE als Schlüsselwort ist nur zu den Zeitpunkten PBO und PAI möglich. Zu den Zeitpunkten POH und POV kann MODULE nur als Zusatz der Anweisung FIELD verwendet werden.

Hinweis
Die Anweisung MODULE der Dynpro-Ablauflogik darf nicht mit der gleichnamigen Anweisung MODULE zur Definition von Dialogmodulen im ABAP-Programm verwechselt werden.

33.4.2.1 Modulaufruf bei Exitkommando

```
... AT EXIT-COMMAND
```

Der Zusatz AT EXIT-COMMAND bewirkt zum Zeitpunkt PAI, dass das Modul mod genau dann aufgerufen wird, wenn:

- die Funktion, mit der das Ereignis PAI ausgelöst wurde, den Funktionstyp "E" (EXITKOMMANDO) hat
- in das Befehlsfeld der Systemfunktionsleiste eine mit "/E" beginnende Zeichenfolge eingegeben und mit ⏎ bestätigt wurde

Das Dialogmodul wird vor den systemseitig oder im ABAP Dictionary definierten automatischen Eingabeüberprüfungen und unabhängig von seiner Position im Ereignisblock aufgerufen. Als einziges Dynpro-Feld wird das OK-Feld an das ABAP-Programm transportiert. Wenn die Funktion, mit der das Ereignis PAI ausgelöst wurde, keine der oben genannten Voraussetzungen erfüllt, wird die MODULE-Anweisung nicht ausgeführt.

Haben mehrere MODULE-Anweisungen den Zusatz AT EXIT-COMMAND, wird nur die erste Anweisung ausgeführt. Falls keine MODULE-Anweisung den Zusatz AT EXIT-COMMAND hat, wird eine normale PAI-Verarbeitung durchgeführt, d. h., die vordefinierten Eingabeüberprüfungen finden statt, und der PAI-Ereignisblock wird danach sequenziell verarbeitet. Falls die Dynpro-Verarbeitung nicht im Dialogmodul mod abgebrochen wird, wird nach Beendigung des Dialogmoduls ebenfalls die vollständige PAI-Verarbeitung durchgeführt. Der Zusatz AT EXIT-COMMAND darf nicht in Verbindung mit der Anweisung FIELD angegeben werden.

Hinweis
Der Funktionstyp einer Funktion wird im Screen Painter oder Menu Painter festgelegt. In der Regel werden diejenigen Funktionen der Benutzeroberfläche mit dem Funktionstyp "E" definiert, die in der Systemfunktionsleiste des GUI-Status den Ikonen ZURÜCK, BEENDEN und ABBRECHEN zugeordnet sind. Das aufgerufene Dialogmodul sollte deshalb die Dynpro-Verarbeitung abbrechen, wobei eventuell Sicherheitsabfragen gemacht werden können.

33.4.2.2 Modulaufruf bei Feldauswahl

`... AT CURSOR-SELECTION`

Der Zusatz `AT CURSOR-SELECTION` bewirkt zum Zeitpunkt PAI, dass das Modul `mod` nur dann aufgerufen wird, wenn:

- die Funktion, mit der das Ereignis PAI ausgelöst wurde, den Funktionscode "CS" und den Funktionstyp "S" hat
- der Cursor zum Zeitpunkt der Benutzeraktion auf einem einzelnen Ein- oder Ausgabefeld des Bildschirmbildes steht

Der Aufruf erfolgt im Rahmen der normalen PAI-Verarbeitung, d. h., die systemseitig oder im ABAP Dictionary definierten automatischen Eingabeüberprüfungen werden durchgeführt, und die Anweisung `MODULE` wird gemäß ihrer Position im Ereignisblock aufgerufen. Der Zusatz kann insbesondere auch in Verbindung mit der Anweisung `FIELD` angegeben werden.

Wird das Ereignis PAI unter oben genannten Umständen ausgelöst, wird der Funktionscode nicht an `sy-ucomm` und das OK-Feld übertragen. Diese behalten ihren früheren Wert.

Hinweis
Der Funktionstyp und der Funktionscode einer Funktion werden im Screen Painter oder Menu Painter festgelegt. Es empfiehlt sich, den Funktionscode "CS" im Menu Painter der Funktionstaste [F2] und dadurch gleichzeitig der Doppelklick-Funktionalität der Maus zuzuordnen. Dadurch lassen sich Dialogmodule der Auswahl von Ein- oder Ausgabefeldern zuordnen.

33.4.2.3 Modulaufruf in Verarbeitungskette

`... ON {CHAIN-INPUT|CHAIN-REQUEST}`

Diese Bedingungen sind nur innerhalb von Verkettungen mit den Anweisungen `CHAIN` und `ENDCHAIN` sinnvoll. Sie überprüfen die einzelnen Bedingungen `ON INPUT` bzw. `ON REQUEST` für alle Dynpro-Felder, die innerhalb der aktuellen Verkettung bis dahin hinter `FIELD` aufgeführt sind. Das Dialogmodul wird dann aufgerufen, wenn mindestens eines der Dynpro-Felder die entsprechende Bedingung erfüllt.

33.4.2.4 Modulaufruf gemäß Schalterstellung

`... SWITCH switch`

Wenn der Zusatz `SWITCH` angegeben ist, wird das Dialogmodul `mod` nur dann aufgerufen, wenn der durch `switch` angegebene Schalter den Zustand AN hat. Mit `switch` muss ein im Repository definierter Schalter direkt angegeben werden. Falls der angegebene Schalter nicht vorhanden ist, wird das Dialogmodul nicht aufgerufen. Der Zusatz kann nicht in Verbindung mit der Anweisung `FIELD` angegeben werden. Dort wirkt der im Screen Painter dem Dynpro-Feld zugeordnete Schalter.

Beispiel
Typischer Aufbau einer einfachen Dynpro-Ablauflogik. Zu PBO wird ein Dialogmodul `status_0100` zum Setzen des GUI-Status, zu PAI werden ein Dialogmodul `leave_100` zur

Behandlung von Funktionen mit Funktionstyp "E" und ein Dialogmodul user_command_0100 zur Behandlung der übrigen Benutzeraktionen aufgerufen.

```
PROCESS BEFORE OUTPUT.
  MODULE status_0100.
PROCESS AFTER INPUT.
  MODULE leave_100 AT EXIT-COMMAND.
  MODULE user_command_0100.
```

Das zugehörige ABAP-Programm muss die Dialogmodule implementieren und kann in etwa den folgenden Aufbau haben. Da Dialogmodule keine lokalen Daten haben, wird empfohlen, die eigentliche Bearbeitung in Prozeduren vorzunehmen, die abhängig vom Funktionscode aufgerufen werden.

```
DATA: ok_code TYPE sy-ucomm,
  ...
MODULE status_0100 OUTPUT.
  SET PF-STATUS 'STATUS_0100'.
ENDMODULE.
MODULE leave_100 INPUT.
  CASE ok_code.
    WHEN 'BACK'.
      ...
    WHEN 'CANCEL'.
      ...
    WHEN 'EXIT'.
      LEAVE PROGRAM.
    ...
  ENDCASE.
ENDMODULE.
MODULE user_command_0100 INPUT.
  CASE ok_code.
    WHEN ...
      CALL ...
    ...
  ENDCASE.
ENDMODULE.
```

33.4.3 Steuerung von Datentransport und Ablauflogik

FIELD

Syntax
```
FIELD dynp_field { [ MODULE mod [cond] ]
                | [ [MODULE mod] WITH hlp ] }.
```

Die Anweisung FIELD der Dynpro-Ablauflogik steuert während des Ereignisses PAI den Datentransport vom Dynpro an das ABAP-Programm. Darüber hinaus kann sie mit der Anweisung MODULE verknüpft werden, um Dialogmodule bedingt aufzurufen, um eine Überprüfung der Eingabe zu ermöglichen und um zu POH und POV selbst programmierte Feld- und Eingabehilfen zu ermöglichen.

FIELD kann in den Ereignisblöcken zu PBO, PAI, POH und POV angegeben werden, hat im Ereignisblock zu PBO aber keine Wirkung. Für dynp_field muss ein Dynpro-Feld des aktuellen Dynpros angegeben werden. Die Anweisung hat folgende Wirkung:

- Im Ereignisblock zu PAI steuert FIELD den Zeitpunkt des Datentransports vom Dynpro-Feld dynp_field an das gleichnamige globale Datenobjekt des ABAP-Programms.
- Im Ereignisblock zu PAI kann FIELD mit einer MODULE-Anweisung verknüpft werden, um ein Modul mod in Abhängigkeit von Bedingungen cond für das Dynpro-Feld dynp_field aufzurufen und um eine Eingabeüberprüfung mit Fehlerbehandlung zu ermöglichen.
- In den Ereignisblöcken zu POH und POV kann FIELD entweder mit einer MODULE-Anweisung (ohne Bedingung cond) verknüpft werden, um ein Modul mod mit selbst programmierter Feld- oder Eingabehilfe aufzurufen, oder es kann mit dem Zusatz WITH zu POH eine Datenelement-Zusatzdokumentation aufgerufen werden.

Wenn dem Dynpro-Feld dynp_field im Screen Painter ein Schalter zugeordnet ist, wird die Anweisung FIELD nur dann berücksichtigt, wenn das Dynpro-Feld durch den Schalter eingeschaltet ist.

33.4.3.1 Datentransport zum Zeitpunkt PAI

Wenn die Anweisung FIELD im Ereignisblock zu PAI verwendet wird, steuert sie den Datentransport für das angegebene Dynpro-Feld. Standardmäßig werden alle Dynpro-Felder direkt beim Ereignis PAI und vor der Verarbeitung des zugehörigen Ereignisblocks an das ABAP-Programm transportiert. Bei Verwendung einer oder mehrerer FIELD-Anweisungen werden nur solche Dynpro-Felder, die nicht hinter einer FIELD-Anweisung aufgeführt sind, direkt beim Ereignis PAI transportiert.

Der Transport des Inhalts eines hinter FIELD angegebenen Dynpro-Feldes dynp_field in das gleichnamige globale ABAP-Datenobjekt findet bei Ausführung der entsprechenden FIELD-Anweisung statt. Wenn ein Dynpro-Feld in mehr als einer FIELD-Anweisung aufgeführt wird, wird sein Wert bei Ausführung der ersten entsprechenden FIELD-Anweisung übergeben. Es gelten folgende Ausnahmen:

- Die Anweisung FIELD hat für das OK-Feld keine Wirkung. Das OK-Feld wird immer direkt beim Ereignis PAI transportiert.
- Ein Feld, dessen Inhalt zu PBO initial ist und vom Benutzer nicht geändert wird, wird von der FIELD-Anweisung nicht transportiert. Wenn dieses Feld in einem PAI-Modul vor Ausführung der FIELD-Anweisung mit einem Wert gefüllt wird, wird dieser von der FIELD-Anweisung also nicht mit dem Initialwert überschrieben.

Hinweise
- Die Wirkung der Anweisung FIELD auf den Datentransport zum Ereignis PAI ist unabhängig von der Verknüpfung mit einer MODULE-Anweisung.

- Ein Dynpro-Feld sollte in einem PAI-Modul nicht benutzt werden, bevor es vom Dynpro übergeben wurde. Ansonsten enthält das ABAP-Feld den gleichen Wert wie am Ende des vorangegangenen Dialogschritts.
- Wenn Dynpro-Felder mit Bezug auf flache Strukturen im ABAP Dictionary definiert sind, müssen die gleichnamigen globalen Datenobjekte des ABAP-Programms mit der Anweisung TABLES als Schnittstellen-Arbeitsbereich deklariert worden sein. Ansonsten findet kein Datentransport statt – weder mit noch ohne FIELD.

33.4.3.2 Verknüpfung mit Modulaufruf beim Ereignis PAI

```
FIELD - MODULE
```

Syntax von MODULE mod [cond]
```
FIELD dynp_field MODULE mod [ {ON INPUT}
                            | {ON REQUEST}
                            | {ON *-INPUT}
                            | {ON {CHAIN-INPUT|CHAIN-REQUEST}}
                            | {AT CURSOR-SELECTION} ].
```

Hinter der Anweisung FIELD der Dynpro-Ablauflogik kann zum Zeitpunkt PAI der Aufruf eines Dialogmoduls mod mit der Anweisung MODULE angegeben werden. Wenn keine Bedingung ON bzw. AT angegeben ist, wird das Modul unmittelbar nach dem in FIELD spezifizierten Datentransport aufgerufen.

Neben den Bedingungen ON CHAIN-INPUT, ON CHAIN-REQUEST und AT CURSOR-SELECTION, die die gleiche Bedeutung haben, als würden sie hinter einer alleinstehenden Anweisung MODULE verwendet (siehe Abschnitt 33.4.2), können hinter FIELD spezielle, auf das Dynpro-Feld dynp_field bezogene Bedingungen für den Aufruf des Dialogmoduls angegeben werden.

Hinweis
Der Zusatz SWITCH der alleinstehenden Anweisung MODULE ist in Verbindung mit der Anweisung FIELD nicht möglich. Stattdessen wirkt der im Screen Painter dem Dynpro-Feld zugeordnete Schalter.

Modulaufruf bei Eingabe
```
... ON INPUT
```

Diese Bedingung bewirkt, dass das Modul mod nur dann aufgerufen wird, wenn dynp_field bei einem eingabebereiten Dynpro-Feld nicht leer ist. Alle Dynpro-Felder mit Ausnahme solcher vom Typ STRING oder SSTRING gelten als leer, wenn sie in der Bildschirmdarstellung ausschließlich Leerzeichen enthalten. Dynpro-Felder vom Typ STRING und SSTRING gelten als leer, wenn sie keine Zeichen enthalten.

Falls das Eingabefeld das spezielle Attribut *-EINGABE besitzt und der Benutzer einen Stern als erstes Zeichen in das Eingabefeld des Dynpro-Feldes dynp_field eingegeben hat, ist die Bedingung ON INPUT jedoch nicht erfüllt. Stattdessen ist die Bedingung ON *-INPUT (siehe unten) erfüllt.

Modulaufruf bei Änderung
```
... ON REQUEST
```
Diese Bedingung bewirkt, dass das Modul mod nur dann aufgerufen wird, wenn der Wert des Dynpro-Feldes dynp_field seit dem Ereignis PBO durch eine Eingabe verändert wurde. Als Eingabe gilt auch, wenn eine bereits vorhandene Eingabe mit dem gleichen Wert überschrieben oder explizit der Initialwert des Feldes eingegeben wird. Neben Benutzereingaben führen folgende Werteingaben zu einem Aufruf von mod:

- Übernahme eines Vorschlagswerts, der über SYSTEM • BENUTZERVORGABEN • HALTEN DATEN gesetzt wurde. Voraussetzung ist, dass die Dynpro-Eigenschaft HALTEN DATEN aktiv ist.
- Übernahme eines Vorschlagswertes aus dem SAP Memory. Voraussetzung ist, dass in der Eigenschaft PARAMETER-ID eines Bildschirmelements ein SPA/GPA-Parameter angegeben ist.
- Übernahme von Daten, die beim Aufruf einer Dialogtransaktion mit dem Zusatz USING der Anweisung CALL TRANSACTION übergeben werden.
- Übernahme eines systemseitig oder im ABAP Dictionary vordefinierten Vorschlagswertes bei Ein-/Ausgabefeldern bestimmter Typen.

Modulaufruf bei *-Eingabe
```
... ON *-INPUT
```
Diese Bedingung bewirkt, dass das Modul mod nur dann aufgerufen wird, wenn der Benutzer einen Stern ("*") als erstes Zeichen in das Eingabefeld des Dynpro-Feldes dynp_field eingegeben hat und das Eingabefeld das spezielle Attribut *-EINGABE besitzt. Der Inhalt von dynp_field wird ohne den führenden Stern an das ABAP-Programm übergeben.

33.4.3.3 Nachrichtenbehandlung beim Ereignis PAI
Wenn die Anweisung FIELD im Ereignisblock zu PAI mit einer MODULE-Anweisung verknüpft ist, steuert sie die Behandlung von Warnungen und Fehlermeldungen, die im aufgerufenen Modul mit der Anweisung MESSAGE gesendet werden.

Behandlung außerhalb einer Verarbeitungskette
Wenn FIELD außerhalb einer durch CHAIN eingeleiteten Verarbeitungskette aufgeführt ist und wenn eine Warnung oder eine Fehlermeldung in dem hinter MODULE angegebenen Dialogmodul gesendet wird, wird die PAI-Verarbeitung unterbrochen und das Bildschirmbild wieder angezeigt, ohne dass das Ereignis PBO ausgelöst wird. Das zu dynp_field gehörige Eingabefeld ist auf dem aktuellen Bildschirmbild als einziges Feld eingabebereit und kann vom Benutzer überschrieben werden. Falls der Wert im Eingabefeld vom Benutzer geändert wird, setzt die PAI-Verarbeitung nach einer Benutzeraktion bei der ersten FIELD- oder CHAIN-Anweisung wieder ein, die mit dem Dynpro-Feld dynp_field verknüpft ist. Falls der Wert im Eingabefeld nicht vom Benutzer geändert wird, setzt die PAI-Verarbeitung wieder bei der aktuellen FIELD-Anweisung ein. Vorangegangene Anweisungen des PAI-Ereignisblocks werden nicht nochmals ausgeführt.

Behandlung innerhalb einer Verarbeitungskette

Wenn FIELD innerhalb einer durch CHAIN eingeleiteten Verarbeitungskette aufgeführt ist und wenn eine Warnung oder eine Fehlermeldung in einem innerhalb der Verarbeitungskette aufgerufenen Modul gesendet wird, wird die PAI-Verarbeitung unterbrochen und das Bildschirmbild wieder angezeigt, ohne dass das Ereignis PBO ausgelöst wird. Es sind die Eingabefelder aller Dynpro-Felder eingabebereit, die innerhalb der Verarbeitungskette hinter FIELD-Anweisungen aufgeführt sind. Falls der Wert mindestens eines dieser Eingabefelder vom Benutzer geändert wird, setzt die PAI-Verarbeitung nach einer Benutzeraktion bei der ersten FIELD- oder CHAIN-Anweisung wieder ein, die mit einem der geänderten Dynpro-Felder verknüpft ist. Falls keines der Eingabefelder vom Benutzer geändert wird, setzt die PAI-Verarbeitung wieder direkt bei der CHAIN-Anweisung der aktuellen Verarbeitungskette ein. Vorhergehende Anweisungen des PAI-Ereignisblocks werden nicht nochmals ausgeführt.

Hinweise

- Der Benutzer muss bei einer Fehlermeldung seine Eingabewerte so lange berichtigen, bis keine Fehlermeldung mehr gesendet wird, während nach einer Warnung die Eingabewerte unverändert bestätigt werden können. Die Warnung wird beim zweiten Ausführen der MESSAGE-Anweisung nicht nochmals gesendet.

- Wenn Warnungen oder Fehlermeldungen in Modulen ohne FIELD- oder CHAIN-Bezug gesendet werden, wird die PAI-Verarbeitung unterbrochen und das Bildschirmbild wieder angezeigt, ohne dass das Ereignis PBO ausgelöst wird und ohne dass ein Feld auf dem Bildschirmbild eingabebereit ist. Im Fall einer Fehlermeldung muss der Benutzer die Verarbeitung abbrechen. Hierfür muss dann in der Benutzeroberfläche eine entsprechende Möglichkeit vorgesehen sein, ansonsten kann das Programm nur noch von außen abgebrochen werden.

- Zum Ändern von Eingabefeldern zählt auch das Setzen des OK-Feldes durch Ausführen einer Benutzeraktion, die mit einem Funktionscode verknüpft ist. Dies setzt voraus, dass das OK-Feld im Dynpro definiert ist und Funktionscodes nicht ausschließlich über das Systemfeld sy-ucomm ausgewertet werden.

33.4.3.4 Feld- und Eingabehilfe

In den Ereignisblöcken zu POH und POV sind nur FIELD-Anweisungen möglich. Die Anweisung MODULE kann nur als Zusatz der Anweisung FIELD verwendet werden. Bei diesen Ereignissen findet kein automatischer Datentransport vom Dynpro an das ABAP-Programm statt, und die Anweisung FIELD hat keine dementsprechende Wirkung. Die Anweisung FIELD kann entweder mit der Anweisung MODULE verknüpft oder zu POH mit dem Zusatz WITH angegeben werden.

Wenn die Anweisung FIELD mehrmals für das gleiche Dynpro-Feld aufgeführt wird, wird nur die erste Anweisung ausgeführt. Wenn die Ereignisblöcke zu POH und POV nicht implementiert sind, werden systemseitig oder im ABAP Dictionary definierte Feld- und Eingabehilfen angezeigt. Falls keine Hilfe definiert ist, wird dies durch eine Meldung in der Statusleiste angezeigt.

Dialogmodul aufrufen
Syntax
```
FIELD dynp_field MODULE mod.
```

Wenn die Anweisung `FIELD` im Ereignisblock zu POH oder POV mit einer `MODULE`-Anweisung verknüpft ist, wird bei Auswahl der Funktionstasten (F1) bzw. (F4) auf dem zugeordneten Bildschirmelement das angegebene Dialogmodul mod aufgerufen. Nach Verarbeitung des Dialogmoduls wird zur Anzeige des aktuellen Bildschirmbildes zurückgekehrt, ohne dass das Ereignis PBO ausgelöst wird und ohne dass automatisch Daten vom ABAP-Programm an das Dynpro transportiert werden. Hinter dem Aufruf des Dialogmoduls darf keine Bedingung `AT` bzw. `ON` angegeben werden.

Hinweis
Im aufgerufenen Dialogmodul sollte eine Feld- oder Eingabehilfe programmiert sein. Falls Daten zwischen Dynpro und ABAP-Programm transportiert werden sollen, muss dies ebenfalls dort programmiert sein. Für beides stehen Funktionsbausteine wie z. B. DYNP_VALUES_READ oder DYNP_VALUES_UPDATE zur Verfügung. Der Funktionsbaustein DYNP_VALUES_UPDATE ist für das Ereignis POV vorgesehen und funktioniert nur dort und nur für das aktuelle Dynpro. Wenn außerhalb von POV Daten vom ABAP-Programm an das Dynpro übergeben werden sollen, kann auch der Funktionsbaustein DYNP_UPDATE_FIELDS verwendet werden.

Datenelement-Zusatzdokumentation aufrufen
Syntax
```
FIELD dynp_field [MODULE mod] WITH hlp.
```

Wenn im Ereignisblock zu POH der Zusatz `WITH` verwendet wird, wird bei Auswahl der Funktionstaste (F1) auf dem zugehörigen Bildschirmelement die in hlp angegebene Datenelement-Zusatzdokumentation angezeigt. Voraussetzung ist, dass das Dynpro-Feld dynp_field mit Bezug auf ein Datenelement des ABAP Dictionarys definiert wurde und dort eine Datenelement-Zusatzdokumentation für das aktuelle Dynpro und das aktuelle Programm angelegt ist.

Für hlp muss ein globales numerisches Datenobjekt des ABAP-Programms angegeben werden, das die Nummer der Datenelement-Zusatzdokumentation enthält. Der Bezeichner von hlp darf nicht gleichzeitig als Name eines Datenelements im ABAP Dictionary vorkommen, sonst kommt es bei Verwendung des Dynpros bei Programmausführung zu einem Programmabbruch. Mit `MODULE` kann ein Dialogmodul mod aufgerufen werden, um das Datenobjekt hlp zu füllen.

Hinweis
Die Datenelement-Zusatzdokumentation ersetzt die Datenelement-Dokumentation, die standardmäßig für Dynpro-Felder angezeigt wird, die mit Bezug auf ein Datenelement definiert sind. Die Datenelement-Zusatzdokumentation muss spezifisch für das aktuelle Dynpro und das aktuelle Programm definiert sein. Verknüpfungen zwischen Datenelement-Zusatzdokumentationen und Dynpros von Programmen sind in der Datenbanktabelle THLPF abgelegt. Diese Verknüpfung wird dann angelegt, wenn die Datenelement-Zusatzdokumentation zu einem Dynpro-Feld durch Vorwärtsnavigation im Screen Painter erzeugt wird. Die Verknüp-

fung wird aber nicht angelegt, wenn die Datenelement-Zusatzdokumentation direkt im ABAP Dictionary erzeugt wird.

33.4.4 Verarbeitungsketten

```
CHAIN
```

Syntax
```
CHAIN.
  ...
ENDCHAIN.
```

Die Anweisungen CHAIN und ENDCHAIN der Dynpro-Ablauflogik definieren Verarbeitungsketten. Zwischen CHAIN und ENDCHAIN können die Anweisungen FIELD und MODULE aufgeführt werden. Alle Anweisungen zwischen CHAIN und ENDCHAIN bilden eine Verarbeitungskette. Verarbeitungsketten sind nicht schachtelbar. Die Anweisung CHAIN kann in den Ereignisblöcken zu PAI und PBO angegeben werden, hat im Ereignisblock zu PBO aber keine Wirkung.

Eine Verarbeitungskette ermöglicht eine gemeinsame Verarbeitung aller Dynpro-Felder, die zwischen CHAIN und ENDCHAIN hinter FIELD-Anweisungen aufgeführt sind:

- Die Inhalte aller Dynpro-Felder, die mit FIELD-Anweisungen in einer Verarbeitungskette zusammengefasst sind, können in den gemeinsamen Bedingungen ON CHAIN-INPUT und ON CHAIN-REQUEST der Anweisung MODULE überprüft werden.
- Eine Warnung oder Fehlermeldung in einem innerhalb einer Verarbeitungskette aufgerufenen Modul macht alle Eingabefelder, deren Dynpro-Felder mit FIELD-Anweisungen in dieser Verarbeitungskette zusammengefasst sind, erneut eingabebereit. Nach einer Benutzereingabe setzt die PAI-Verarbeitung spätestens bei der CHAIN-Anweisung wieder auf.

Beispiel
Aufruf von Dialogmodulen zur Überprüfung von Eingabewerten. Die Dynpro-Felder input1 und input2 werden in eigenen Dialogmodulen check_1 und check_2 überprüft. Die Dynpro-Felder input3 bis input5 werden in einer Verarbeitungskette in einem gemeinsamen Dialogmodul check_chain überprüft. Warnungen oder Fehlermeldungen in den Dialogmodulen machen entweder nur ein Eingabefeld input1 bzw. input2 oder drei Eingabefelder input3 bis input5 wieder eingabebereit.

```
PROCESS AFTER INPUT.
  MODULE leave_dynpro AT EXIT-COMMAND.
  FIELD input1 MODULE check_1 ON REQUEST.
  FIELD input2 MODULE check_2 ON REQUEST.
  CHAIN.
    FIELD input3.
    FIELD input4.
    FIELD input5.
    MODULE check_chain ON CHAIN-REQUEST.
  ENDCHAIN.
  MODULE handle_user_command.
```

33.4.5 Table Controls

Table Controls sind benannte Bildschirmelemente zur Darstellung und Verarbeitung tabellenartiger Daten auf Dynpros. In einem Table Control werden maximal 255 Bildschirmelemente zu einer Table-Control-Zeile zusammengefasst, die innerhalb des Table Controls mehrmals auf dem Bildschirmbild wiederholt werden kann. Die Felder einer Zeile müssen als Dynpro-Felder im Dynpro und als globale Datenobjekte im ABAP-Programm jeweils nur ein einziges Mal angelegt werden.

Auf dem Bildschirmbild bieten Table Controls einen Bereich zur Bearbeitung der dargestellten Table-Control-Zeilen, der unter anderem Spaltenüberschriften, Markierung von Zeilen und Spalten, horizontales und vertikales Blättern über Blätterleisten, die Definition von Führungsspalten und das Abspeichern der aktuellen Einstellungen ermöglicht. Ein Teil der Benutzeraktionen in Table Controls wird auf den Präsentationsservern verarbeitet. Vertikales Blättern, Abspeichern von Einstellungen und Größenänderungen des Bildschirms – falls die RESIZING-Eigenschaften bei der Definition des Table Controls entsprechend gesetzt sind – lösen das Ereignis PAI aus.

Eine Spalte des Table Controls kann als Markierspalte definiert werden, wobei das Bildschirmelement wie eine Drucktaste angezeigt und wie ein Ankreuzfeld behandelt wird. Eine gedrückte Markiertaste setzt den Inhalt des zugeordneten Dynpro-Feldes auf "X", eine nicht gedrückte auf " ". Der Zustand der Markiertaste wird beim Ereignis PAI an ein gleichnamiges Datenobjekt im ABAP-Programm transportiert, und zu PBO kann die Markierung durch den Inhalt des Datenobjekts gesetzt werden.

Table Controls kapseln Steploops und machen deren eigenständige Verwendung obsolet. Die Verarbeitung von Table Controls in der Dynpro-Ablauflogik beruht dementsprechend auf der Steploop-Technik mit der Anweisung LOOP. Im Gegensatz zur Verarbeitung eigenständiger Steploops werden bei der Verarbeitung von Table Controls die Schleifen der Dynpro-Ablauflogik über den Zusatz WITH CONTROL mit den Table Controls des Dynpros verknüpft.

Im ABAP-Programm müssen Table Controls mit der Anweisung CONTROLS deklariert werden, wobei eine spezielle Struktur zur Behandlung des Table Controls angelegt wird. Für Dynpro-Felder eines Table Controls, die mit Bezug auf flache Strukturen im ABAP Dictionary definiert sind, müssen die gleichnamigen Datenobjekte des ABAP-Programms genau wie bei normalen Dynpro-Feldern mit TABLES deklariert sein, sonst findet kein Datentransport statt.

33.4.5.1 Schleifenverarbeitung von Table Controls

```
LOOP - WITH CONTROL
```

Syntax

```
LOOP [AT itab [INTO wa] [CURSOR top_line] [FROM n1] [TO n2]]
     WITH CONTROL contrl.
  ...
ENDLOOP.
```

Definition einer Schleife in der Dynpro-Ablauflogik, die mit einem Table Control contrl verknüpft ist. Die Schleife bearbeitet sequenziell die dargestellten Zeilen des Table Controls contrl, indem für jede Table-Control-Zeile ein Schleifendurchgang ausgeführt wird. Für contrl muss direkt der Name eines Table Controls des Dynpros angegeben werden. Wenn das Table Control nicht vorhanden ist, wird die Schleife ignoriert. Der Anweisungsblock zwischen LOOP und ENDLOOP kann die Schlüsselwörter FIELD, MODULE, CHAIN und ENDCHAIN der Ablauflogik enthalten. Eine Schachtelung von Schleifen ist nicht möglich. Schleifen können entweder mit oder ohne Bezug zu einer internen Tabelle ausgeführt werden.

Wenn Table Controls in einem Dynpro definiert sind, muss für jedes Table Control sowohl im PBO-Verarbeitungsblock als auch im PAI-Verarbeitungsblock eine Schleife definiert werden.

Innerhalb eines Schleifendurchgangs enthält das Systemfeld sy-stepl die Nummer der aktuellen Table-Control-Zeile, gezählt ab der obersten sichtbaren Zeile. Das Systemfeld sy-loopc enthält die Anzahl der auf dem Bildschirmbild dargestellten Table-Control-Zeilen.

Schleife ohne Tabellenbezug
```
LOOP WITH CONTROL contrl.
    ...
ENDLOOP.
```

Wenn der Zusatz AT itab nicht angegeben ist, werden während eines Schleifendurchgangs die Inhalte der Dynpro-Felder der aktuellen Zeile des Table Controls contrl von (beim Ereignis PBO) bzw. an (beim Ereignis PAI) gleichnamige Datenobjekte des ABAP-Programms transportiert. Während der PBO-Verarbeitung findet der Transport am Ende, während der PAI-Verarbeitung zu Beginn des Schleifendurchgangs statt. Der Zusatz WITH CONTROL muss zu PBO und PAI angegeben werden.

Hinweis
In der Schleife können Dialogmodule aufgerufen werden, um die betreffenden Datenobjekte des ABAP-Programms zu bearbeiten. Beispielsweise können zu PBO Daten aus einer internen Tabelle ausgelesen und nach der Bearbeitung auf dem Bildschirmbild zu PAI wieder in diese interne Tabelle zurückgeschrieben werden.

Schleife mit Tabellenbezug
```
LOOP AT itab CURSOR cur [INTO wa]
    [CURSOR top_line] [FROM n1] [TO n2]
    WITH CONTROL contrl.
    ...
ENDLOOP.
```

Wenn der Zusatz AT itab angegeben ist, wird während der Schleifenverarbeitung des Table Controls parallel eine sequenzielle Verarbeitung der internen Tabelle itab des zugehörigen ABAP-Programms durchgeführt. Dabei wird für jede Zeile des Table Controls eine Zeile der internen Tabelle bearbeitet. Die interne Tabelle itab muss eine Indextabelle sein. Die Zusätze INTO, CURSOR, FROM, TO und WITH CONTROL dürfen nur zu PBO, nicht zu PAI angegeben werden. Zu PAI wird der Bezug zum Table Control über die interne Tabelle hergestellt.

Mit dem Zusatz INTO wird ein Arbeitsbereich wa angegeben, dem zum Zeitpunkt PBO am Ende jedes Schleifendurchgangs die aktuelle Zeile der internen Tabelle zugewiesen wird. Ist der Zusatz wa nicht angegeben, muss eine interne Tabelle mit Kopfzeile verwendet werden, die dann implizit anstelle von `wa` verwendet wird. Der Inhalt von `wa` bzw. der Kopfzeile wird nach der Zuweisung an die gleichnamigen Felder in der aktuellen Zeile des Table Controls transportiert. Der Arbeitsbereich `wa` muss ein zum Zeilentyp der internen Tabelle passendes globales Datenobjekt des ABAP-Programms sein. Zum Zeitpunkt PAI wird dagegen nur der Arbeitsbereich `wa` bzw. die Kopfzeile der internen Tabelle zu Beginn jedes Schleifendurchgangs durch den Inhalt der Table-Control-Zeilen versorgt. Der Inhalt der internen Tabelle wird nicht automatisch modifiziert.

Die Syntax der Zusätze `CURSOR`, `FROM` und `TO` ist wie bei der Verarbeitung von Steploops. Diese Zusätze sind bei Schleifen über Table Controls zwar möglich, jedoch nicht notwendig, weil die Steuerung von Table Controls mit der über `CONTROLS` angelegten Struktur vom Typ `CXTAB_CONTROL` im ABAP-Programm erfolgen soll. Dabei entspricht `top_line` der Komponente TOP_LINE dieser Struktur, während die Anzahl der darzustellenden Zeilen statt über `n1` und `n2` über die Komponente LINES gesteuert werden kann. Falls `n1` dennoch für Table Controls angegeben wird, wird der Inhalt der Komponente CURRENT_LINE abweichend von der bei `CONTROLS` gezeigten wie folgt berechnet: `sy-stepl`+ (TOP_LINE − 1) + (n1 − 1).

Hinweis
Zwischen `LOOP` und `ENDLOOP` muss zu PBO kein Dialogmodul aufgerufen werden, um die Daten aus der internen Tabelle auszulesen. Zu PAI ist dies notwendig, falls die transportierten Daten ausgewertet werden sollen. Beispielsweise kann die interne Tabelle gemäß den Benutzereingaben modifiziert werden.

Beispiel
Wenn auf dem Bildschirmbild eines Dynpros ein Table Control FLIGHT_TAB definiert ist, kann die zugehörige Dynpro-Ablauflogik wie im folgenden Beispiel aussehen. Die Schleife wird mit Bezug zur internen Tabelle `spfli_tab` ausgeführt. Zu PBO wird vor der Schleife ein Dialogmodul `prepare_tab` aufgerufen, um die Tabelle zu füllen. In der Schleife wird zu PBO kein Dialogmodul aufgerufen, da das Table Control in diesem Fall automatisch versorgt wird. Zu PAI wird in der Schleife ein Dialogmodul `modify_tab` aufgerufen, um Änderungen, die der Benutzer im Table Control eingetragen hat, in der internen Tabelle zu speichern. Die zugehörige Programmierung des ABAP-Programms findet sich im Beispiel zu `CONTROLS`.

```
PROCESS BEFORE OUTPUT.
  MODULE prepare_tab.
  LOOP AT spfli_tab INTO spfli WITH CONTROL flight_tab.
  ENDLOOP.
PROCESS AFTER INPUT.
  LOOP AT spfli_tab.
    MODULE modify_tab.
  ENDLOOP.
```

33.4.6 Subscreens, Tabstrip und Splitter Controls

Subscreens sind Bildschirmbilder spezieller Subscreen-Dynpros, die in andere Dynpros eingebunden werden können. Subscreens werden entweder direkt oder über spezielle Controls eingebunden.

33.4.6.1 Subscreens einbinden

`CALL SUBSCREEN`

Syntax
`CALL SUBSCREEN sub_area [INCLUDING prog dynnr].`

Einbinden eines Subscreens in die Dynpro-Ablauflogik. Es gibt eine Variante für das Ereignis PBO und eine Variante für das Ereignis PAI. Die Anweisung `CALL SUBSCREEN` kann nicht zwischen den Anweisungen `LOOP` und `ENDLOOP` oder `CHAIN` und `ENDCHAIN` verwendet werden.

Die Anweisung `CALL SUBSCREEN` kann sowohl für das direkte Einbinden von Subscreens als auch für das Einbinden über Tabstrip oder Splitter Controls (ab Release 7.02/7.2) verwendet werden. Diese Möglichkeiten werden im Anschluss erläutert.

PBO-Variante
`CALL SUBSCREEN sub_area INCLUDING prog dynnr.`

Mit dieser Anweisung wird das Subscreen-Dynpro des in `prog` angegebenen Programms und der in `dynnr` angegebenen Dynpro-Nummer in den Subscreen-Bereich `sub_area` des aktuellen Dynpros eingebunden und seine PBO-Ablauflogik an dieser Stelle verarbeitet. Nach der PBO-Verarbeitung des Subscreen-Dynpros wird die Ablauflogik des aktuellen Dynpros hinter der `CALL`-Anweisung fortgesetzt.

Der Bereich `sub_area` muss direkt angegeben werden. Für `prog` wird entweder ein zeichenartiges Datenobjekt des aktuellen ABAP-Programms oder ein Textfeldliteral erwartet. Für `dynnr` wird ein Datenobjekt vom Typ `n` der Länge 4 des aktuellen ABAP-Programms oder ein Textfeldliteral erwartet. Wird das angegebene Subscreen-Dynpro nicht gefunden, kommt es zu einer unbehandelbaren Ausnahme. Wird in einen Subscreen-Bereich zu PBO kein Subscreen-Dynpro eingebunden, bleibt der Bereich leer.

Wenn das angegebene Subscreen-Dynpro nicht im aktuellen ABAP-Programm definiert ist, wird das angegebene Programm in den internen Modus geladen, wobei `LOAD-OF-PROGRAM` ausgelöst wird. Wenn es sich um eine Funktionsgruppe handelt, wird eine neue Zusatzprogrammgruppe gebildet. Bei ausführbaren Programmen und Modul-Pools wird das Programm in die Programmgruppe des aktuellen Programms hinzugeladen.

Die Ablauflogik des Subscreen-Dynpros ruft die Dialogmodule seines eigenen ABAP-Programms auf, und es werden die globalen Felder des eigenen Programms an das Subscreen-Dynpro transportiert. Das Systemfeld `sy-dynnr` enthält während der Verarbeitung eines Subscreens dessen Dynpro-Nummer.

In den Dialogmodulen des Subscreens dürfen der GUI-Status und das aktuelle Folge-Dynpro nicht verändert werden, und die Anweisungen `SET {TITLEBAR|PF-STATUS}` und `{LEAVE|SET} SCREEN` führen dort zu einer unbehandelbaren Ausnahme.

PAI-Variante
`CALL SUBSCREEN sub_area.`

Mit dieser Anweisung wird die PAI-Ablauflogik des im Subscreen-Bereich `sub_area` eingebundenen Subscreen-Dynpros aufgerufen. Das Subscreen-Dynpro muss zu PBO in den Subscreen-Bereich eingebunden worden sein (siehe PBO-Variante). Für die von der PAI-Ablauflogik aufgerufenen Dialogmodule gilt das Gleiche wie für die zu PBO aufgerufenen. Der Datentransport zwischen dem Subscreen-Dynpro und seinem ABAP-Programm erfolgt im Moment des Aufrufs bzw. verzögert bei der Ausführung von `FIELD`-Anweisungen in der PAI-Ablauflogik des Subscreen-Dynpros.

Hinweise

- Wenn durch die Verwendung von Subscreens die Namen der Bildschirmelemente, die auf einem Bildschirmbild angezeigt werden, nicht eindeutig sind, können mehrere Dynpro-Felder einem globalen Datenobjekt des ABAP-Programms zugeordnet sein, und für dieses können entsprechend mehrere Datentransporte zu PBO und PAI stattfinden.
- Da die Funktionscodes von Subscreen-Dynpros in das OK-Feld des einbindenden Dynpros gestellt werden, empfiehlt es sich, diese Funktionscodes eindeutig zu bezeichnen.
- Da die Dynpro-Felder von Subscreen-Dynpros in die globalen Datenobjekte des Programms transportiert werden, in denen die Subscreen-Dynpros definiert sind, muss bei externen Aufrufen für die Übernahme dieser Daten in das aufrufende Programm gesorgt werden. Falls Subscreen-Dynpros wiederverwendbar definiert werden sollen, empfiehlt es sich, sie in Funktionsgruppen zu kapseln und Funktionsbausteine zum Setzen und Übernehmen der globalen Daten durch den Aufrufer zu verwenden.

33.4.6.2 Subscreens direkt einbinden

Mit der Anweisung `CALL SUBSCREEN` können andere Bildschirmbilder in Form von Subscreens direkt in das Bildschirmbild eines Dynpros eingebunden werden. Hierfür müssen im Bildschirmbild des aktuellen Dynpros Subscreen-Bereiche definiert sein. Jeder Subscreen-Bereich hat einen eindeutigen Namen und kann so eingestellt sein, dass Größenänderungen des Bildschirmbildes unterstützt werden. Falls Letzteres definiert ist, löst jede Größenänderung des aktuellen Fensters das Ereignis PAI aus.

Subscreens sind die Bildschirmbilder spezieller Subscreen-Dynpros. Sie werden wie normale Dynpros im Screen Painter definiert und dort als solche gekennzeichnet. Selektionsbilder können ebenfalls als Subscreen-Dynpros definiert werden. Beim Einbinden von Subscreens wird auch die Ablauflogik der Subscreen-Dynpros eingebunden. Subscreens können selbst andere Subscreens einbinden. Ein Subscreen hat kein eigenes OK-Feld. Stattdessen werden bei Benutzeraktionen auf Subscreens die Funktionscodes in das OK-Feld des einbindenden Dynpros gestellt. Im PAI-Ereignisblock eines Subscreen-Dynpros wird eine Anweisung `MODULE` mit dem Zusatz `AT EXIT-COMMAND` nie ausgeführt.

33.4.6.3 Subscreens über Tabstrip Controls einbinden

Ein Tabstrip Control ist ein Bildschirmelement, das aus mehreren Tabstrip-Seiten (Registerkarten) besteht. Jede Tabstrip-Seite enthält einen einzeiligen Tab-Reiter, der mit einem Funktionscode verknüpft ist und über den die Tabstrip-Seite durch einfaches Anklicken ausgewählt werden kann. Unterhalb des Tab-Reiters besteht eine Tabstrip-Seite aus einem Subscreen-

Bereich. Jedem Tab-Reiter muss ein Subscreen-Bereich zugewiesen werden, in dem beliebige Subscreens dargestellt werden können. Hierfür gibt es zwei Möglichkeiten:

- **Blättern im SAP GUI**
  Jedem Tab-Reiter wird ein eigener Subscreen-Bereich zugewiesen, und die Funktionscodes der einzelnen Reiter werden mit dem Funktionstyp "P" definiert. Wählt der Benutzer einen Tab-Reiter, wird das Ereignis PAI nicht ausgelöst. Die zugehörigen Subscreens werden mit der Anweisung CALL SUBSCREEN der Ablauflogik einmal in jeden einzelnen Subscreen-Bereich eingebunden. Wählt der Benutzer einen Tab-Reiter, blättert das SAP GUI zur zugehörigen Tabstrip-Seite und zeigt deren Subscreen an.

- **Blättern im ABAP-Programm**
  Jedem Tab-Reiter wird der gleiche Subscreen-Bereich zugewiesen, und die Funktionscodes der einzelnen Reiter werden ohne Typisierung definiert. Wählt der Benutzer einen Tab-Reiter, wird das Ereignis PAI ausgelöst. Der zugehörige Subscreen wird bei jedem Blättern dynamisch mit der Anweisung CALL SUBSCREEN der Ablauflogik in den Subscreen-Bereich eingebunden. Im ABAP-Programm muss die zugehörige Tabstrip-Seite mit CONTROLS aktiviert und das richtige Subscreen-Dynpro für den Subscreen-Bereich vorgesehen werden.

Beim Blättern im SAP GUI werden bei der Auswahl eines Tab-Reiters keine Eingabeüberprüfungen ausgeführt und keine Daten an das ABAP-Programm transportiert. Erst bei einer Benutzeraktion, die das Ereignis PAI auslöst, werden sämtliche Eingaben überprüft und die Daten sämtlicher Subscreens transportiert. Beim Blättern im ABAP-Programm werden die Eingaben bei jeder Auswahl eines Tab-Reiters überprüft und die Daten der aktuellen Tabstrip-Seite an das ABAP-Programm des Subscreen-Dynpros transportiert.

Beispiel
Wenn auf einem Dynpro ein Tabstrip Control mit untypisierten Tab-Reitern und einem Subscreen-Bereich namens SUB definiert ist, kann die zugehörige Dynpro-Ablauflogik wie im folgenden Beispiel aussehen. Mit der Anweisung CALL SUBSCREEN wird das Subscreen-Dynpro des gleichen ABAP-Programms, dessen Nummer im ABAP-Datenobjekt dynnr enthalten ist, in den Subscreen-Bereich SUB eingebunden. Die zugehörige Programmierung des ABAP-Programms findet sich im Beispiel zur ABAP-Anweisung CONTROLS.

```
PROCESS BEFORE OUTPUT.
  MODULE prepare_tabstrip.
  CALL SUBSCREEN sub INCLUDING sy-repid dynnr.
PROCESS AFTER INPUT.
  CALL SUBSCREEN sub.
  MODULE handle_user_command.
```

33.4.6.4 Subscreens über Splitter Controls einbinden

Ab Release 7.02/7.2. Ein Splitter Control ist ein Bildschirmelement, das den von ihm überdeckten Bereich entweder horizontal in zwei nebeneinanderliegende oder vertikal in zwei übereinanderliegende Subscreen-Bereiche unterteilt. Die Unterteilung erfolgt durch einen Schieberahmen (Sash). Die horizontale bzw. vertikale Position des Schieberahmens wird bei der Definition des Splitter Controls statisch vorgegeben, kann im ABAP Programm zu PBO gesetzt und während der Anzeige des Bildschirmbildes interaktiv vom Benutzer geändert werden.

Das Einbinden von Subscreen-Dynpros in die beiden Subscreen-Bereiche erfolgt genau wie beim direkten Einbinden über die Anweisung CALL SUBSCREEN in der Dynpro-Ablauflogik. Es können beliebige Subscreens eingebunden werden, insbesondere also auch solche, die wieder Splitter Controls enthalten.

Im ABAP-Programm wird die Position des Schieberahmens (Sash) eines Splitter Controls über eine Instanz der Klasse CL_DYNPRO_SPLITTER gesteuert. Wenn vor dem Senden des Bildschirmbildes ein Objekt dieser Klasse erzeugt wird, dessen Konstruktor der Name eines Splitter Controls übergeben wird, wird dieses an das Splitter Control angebunden, und mit seinen Methoden kann die Position des Schieberahmens gesetzt und ausgelesen werden. Die Sash-Position wird dabei prozentual angegeben und bezieht sich auf die Breite bzw. Höhe des Splitter Controls. Im Objekt wird die Position durch ein privates Attribut repräsentiert. Wichtige Methoden der Klasse sind:

- **GET_GUISASH**
  Setzt zu PAI die Sash-Position des Objekts auf den aktuellen Wert des angebundenen Splitter Controls.

- **SET_SASH**
  Wenn an den Parameter POSITION kein Wert übergeben wird, setzt die Methode zu PBO die Sash-Position des angebundenen Splitter Controls auf den Wert des Objekts. Wenn an den Parameter POSITION ein Wert übergeben wird, setzt die Methode zu PBO das Attribut des Objekts und die Sash-Position des angebundenen Splitter Controls auf diesen Wert. Zu PAI wird nur das Attribut des Objekts gesetzt.

- **GET_SASH**
  Gibt zu PBO und PAI die Sash-Position des angebundenen Splitter Controls zurück.

Einem Splitter Control kann ein Funktionscode zugeordnet werden, mit dem im ABAP-Programm auf eine Änderung der Sash-Position durch den Benutzer reagiert werden kann.

Hinweise
- Ein Splitter Control kann nur im alphanumerischen Screen Painter über BEARBEITEN • ANLEGEN ELEMENT • SPLITTER CONTROL angelegt werden. Aus diesem Grund sollte es nur in solchen Fällen verwendet werden, in denen die angebotene Funktionalität auf klassischen Dynpros notwendig ist. In der Regel sollte für Neuentwicklungen mit Web Dynpro ABAP und nicht mit klassischen Dynpros gearbeitet werden.

- Splitter Controls bieten gewisse Vorteile gegenüber den entsprechenden Containern des CFW. Zum einen erlauben sie es, alle Bildschirmelemente eines klassischen Dynpros direkt in einem flexiblen Rahmen darzustellen, zum anderen sind sie performanter als die Controls des CFW. Ein Beispiel für eine intensive Nutzung von Splitter Controls ist die flexible Oberfläche des ABAP Debuggers.

Beispiel
Dynpro-Ablauflogik zur Behandlung eines Splitter Controls. Den beiden Teilen des Splitter Controls ist jeweils ein Subscreen zugeordnet. Die Subscreens werden in der Dynpro-Ablauflogik aufgerufen.

```abap
PROCESS BEFORE OUTPUT.
  MODULE set_sash.
  CALL SUBSCREEN subscreen1
       INCLUDING 'DEMO_DYNPRO_SPLITTER_CONTROL' '110'.
  CALL SUBSCREEN subscreen2
       INCLUDING 'DEMO_DYNPRO_SPLITTER_CONTROL' '120'.
PROCESS AFTER INPUT.
  MODULE cancel AT EXIT-COMMAND.
  MODULE get_sash.
  CALL SUBSCREEN subscreen1.
  CALL SUBSCREEN subscreen2.
```

Das zugehörige ABAP-Programm kann wie folgt aussehen:

```abap
DATA splitter TYPE REF TO cl_dynpro_splitter.
START-OF-SELECTION.
  CREATE OBJECT splitter
    EXPORTING
      splitter_name = 'SPLITTER'.
  CALL SCREEN 100.
MODULE set_sash OUTPUT.
  splitter->set_sash( ).
ENDMODULE.
MODULE cancel.
  LEAVE PROGRAM.
ENDMODULE.
MODULE get_sash INPUT.
  splitter->get_guisash( ).
ENDMODULE.
```

33.5 ABAP-Anweisungen für Dynpros

Für Aufruf und Verarbeitung von Dynpros stehen in einem ABAP-Programm die im Folgenden behandelten Anweisungen zur Verfügung.

33.5.1 Dynpro-Folge aufrufen

CALL SCREEN

Syntax
```
CALL SCREEN dynnr
        [STARTING AT col1 lin1
         [ENDING   AT col2 lin2]].
```

Diese Anweisung ruft das Dynpro mit der in `dynnr` angegebenen Dynpro-Nummer auf. Für `dynnr` wird ein Datenobjekt vom Typ n der Länge 4 erwartet. Mit dem Aufruf wird eine neue Dynpro-Folge gestartet, die in die aktuelle Dynpro-Folge eingebettet ist. Das Dynpro mit der Dynpro-Nummer `dynnr` ist das Einstiegs-Dynpro der Dynpro-Folge. Es können maximal

50 Dynpro-Folgen in eine durch einen Transaktionscode gestartete Dynpro-Folge geschachtelt werden. Die aufgerufene Dynpro-Folge wird beendet, wenn eines der beteiligten Dynpros zum Folge-Dynpro mit der Nummer 0 verzweigt. Danach wird der Programmablauf hinter CALL SCREEN fortgesetzt.

Die Anweisung CALL SCREEN greift auf die Dynpros des jeweiligen Hauptprogramms der aktuellen Programmgruppe zu, und diese arbeiten mit den globalen Daten und den Dialogmodulen des Hauptprogramms. Außer beim Aufruf eines Dynpros in einem extern aufgerufenen Unterprogramm handelt es sich beim Hauptprogramm in der Regel um das aktuelle Programm. Wenn das angegebene Dynpro nicht im Hauptprogramm der Programmgruppe enthalten ist, kommt es zu einer unbehandelbaren Ausnahme.

Modales Dialogfenster
Standardmäßig werden die Bildschirmbilder aller Dynpros der aufgerufenen Dynpro-Folge im aktuellen Fenster angezeigt. Mit dem Zusatz STARTING AT wird ein neuer Pop-up-Level geöffnet, und alle Bildschirmbilder der aufgerufenen Dynpro-Folge werden in einem modalen Dialogfenster angezeigt. Die linke obere Ecke des Dialogfensters wird durch die Werte in col1 und lin1 für Spalte und Zeile bestimmt. Die Werte beziehen sich auf das Fenster mit dem Pop-up-Level 0. Die rechte untere Ecke wird entweder automatisch gesetzt oder kann in col2 und lin2 hinter ENDING AT angegeben werden. Für col1, lin1, col2 und lin2 werden Datenobjekte vom Typ i erwartet. Die Werte von col1 und lin1 sollten kleiner als die von col2 und lin2 sein, ansonsten ist das Verhalten undefiniert. Der maximale Pop-up-Level ist 9. Wenn während der Verarbeitung eines modalen Dialogfensters eine neue Dynpro-Folge aufgerufen wird, muss diese in einem weiteren Pop-up-Level gestartet werden. Die Anweisung CALL SCREEN ohne den Zusatz STARTING AT ist dort nicht möglich.

Hinweise
- Das aufgerufene Dynpro sollte kein Selektionsbild sein. Für den Aufruf eines Selektionsbildes muss die Anweisung CALL SELECTION-SCREEN verwendet werden.
- Beim Schachteln von Dynpro-Folgen und beim Erzeugen von Pop-up-Levels ist zu beachten, dass man sich während der Programmausführung in der Regel schon innerhalb einer (geschachtelten) Dynpro-Folge befindet und dass auch das System weitere Dynpro-Folgen oder Pop-up-Level erzeugen kann (z. B. Feld- und Eingabehilfen oder Nachrichten in Dialogfenstern). Deshalb sollten die Maximalwerte von 50 Dynpro-Folgen bzw. neun Pop-up-Levels innerhalb eines Programms nicht ausgenutzt werden.
- Beim Aufruf eines Dynpros in einem Dialogfenster sollte dieses in seinen Eigenschaften als modales Dialogfenster spezifiziert sein, und es sollte vorher ein entsprechender GUI-Status gesetzt werden. Es wird empfohlen, dass eine Dynpro-Folge in einem modalen Dialogfenster nur aus einem einzigen Dynpro besteht.
- Wenn es bei Ausführung der Anweisung CALL SCREEN einen geöffneten Spool-Auftrag gibt, wird eine neue Drucklistenstufe erzeugt. Die erste Listenausgabe in der neuen Drucklistenstufe legt einen neuen Spool-Auftrag an.

33.5.2 GUI-Status setzen

`SET PF-STATUS` – Dynpro

Syntax

`SET PF-STATUS status [OF PROGRAM prog] [EXCLUDING fcode].`

Während der Dynpro-Verarbeitung legt diese Anweisung den in `status` angegebenen GUI-Status für die folgenden Bildschirmbilder fest. Die Komponenten des gesetzten Status sind ab dem nächsten Senden eines Bildschirmbildes in der Benutzeroberfläche aktiv und bleiben bis zum Programmende oder bis zur nächsten Anweisung `SET PF-STATUS` erhalten. Der Name des aktuellen GUI-Status kann dem Systemfeld `sy-pfkey` entnommen werden.

Für `status` muss ein zeichenartiges Datenobjekt angegeben werden, das entweder den Namen eines GUI-Status des Hauptprogramms der aktuellen Programmgruppe bzw. des in `prog` angegebenen Programms in Großbuchstaben oder ausschließlich Leerzeichen enthält. Falls der Status nicht vorhanden ist, wird ein leerer Status angezeigt, in dem keine Bedienelemente bis auf die systemseitig vordefinierten Funktionen aktiv sind. Von diesen löst nur die ⏎-Taste, der in diesem Fall ein leerer Funktionscode zugeordnet ist, das Ereignis PAI aus. Falls das Datenobjekt `status` ausschließlich Leerzeichen enthält, wird der Standardlistenstatus gesetzt, und die Zusätze haben keine Wirkung.

Standardmäßig wird ein im aktuellen Hauptprogramm definierter GUI-Status verwendet. Mit dem Zusatz `OF PROGRAM` kann ein GUI-Status des in `prog` angegebenen Programms gesetzt werden, wobei für `prog` ein zeichenartiges Datenobjekt erwartet wird, das den Namen eines ABAP-Programms in Großbuchstaben enthält.

Mit dem Zusatz `EXCLUDING` können Funktionen des gesetzten GUI-Status deaktiviert werden. Eine inaktive Funktion kann in der Benutzeroberfläche nicht ausgewählt werden. Für `fcode` kann entweder ein zeichenartiges Datenobjekt oder eine interne Tabelle mit flachem zeichenartigen Datentyp angegeben werden. Im GUI-Status werden die Funktionen deaktiviert, deren Funktionscodes in dem Feld bzw. in den Zeilen der internen Tabelle enthalten sind, wobei pro Tabellenzeile genau ein Funktionscode angegeben werden kann. Es wird nicht nach Groß-/Kleinschreibung unterschieden. In `fcode` angegebene Funktionscodes, für die es im GUI-Status keine Funktion gibt, werden ignoriert.

Hinweise

- Der GUI-Status eines Dynpros muss spätestens zum Ereignis PBO gesetzt werden. Wenn für ein Dynpro kein GUI-Status gesetzt ist, wird der oben beschriebene leere Status verwendet.
- Wenn der gesetzte GUI-Status dynamische Funktionstexte enthält, werden die Funktionstexte den zugeordneten globalen Datenobjekten des Programms entnommen, in dem der GUI-Status definiert ist. Falls diese nicht vorhanden sind, werden Fragezeichen (?) angezeigt. Im Fall dynamischer Funktionstexte wird ein explizit angegebenes Programm `prog` in die aktuelle Programmgruppe geladen, falls es noch nicht im internen Modus vorhanden ist, damit auf seine globalen Datenobjekte zugegriffen werden kann.
- Wenn einem Element des GUI-Status im Menu Painter ein Schalter des Switch Frameworks zugeordnet ist, steuert dieser die Aktivierung dieses Elements.

Beispiel
Setzen des GUI-Status STATUS_0100 des aktuellen Hauptprogramms in einem PBO-Modul, wobei die Funktionen mit den Funktionscodes "CHANGE" und "SAVE" deaktiviert werden.

```
DATA fcode TYPE TABLE OF sy-ucomm.
...
MODULE status_0100 OUTPUT.
  APPEND 'CHANGE' TO fcode.
  APPEND 'SAVE'   TO fcode.
  SET PF-STATUS 'STATUS_0100' EXCLUDING fcode.
ENDMODULE.
```

33.5.3 GUI-Status feststellen

`GET PF-STATUS`

Syntax
GET PF-STATUS status [**PROGRAM** prog] [**EXCLUDING** fcode].

Diese Anweisung weist dem Datenobjekt status den aktuell gesetzten GUI-Status zu, dessen Wert auch im Systemfeld sy-pfkey zur Verfügung steht. Für status muss eine zeichenartige Variable angegeben werden. Wenn kein Status gesetzt ist (im Fenster wird der leere Status angezeigt), wird status initialisiert. Wenn der Standardlistenstatus gesetzt ist, wird status auf den Wert "STLI" gesetzt.

Mit dem Zusatz PROGRAM wird der Name des Programms, in dem der aktuelle GUI-Status definiert ist, der Variablen prog zugewiesen. Für prog wird ein zeichenartiges Datenobjekt erwartet.

Mit dem Zusatz EXCLUDING werden die Funktionscodes, die im aktuellen GUI-Status inaktiv sind, zeilenweise in die interne Tabelle fcode eingefügt. Für fcode kann eine interne Tabelle mit flachem zeichenartigen Datentyp angegeben werden. Es werden nur Funktionscodes bestimmt, die mit dem gleichnamigen Zusatz der Anweisung SET PF-STATUS deaktiviert wurden, nicht solche, die statisch im GUI-Status deaktiviert sind.

Beispiel
Feststellen des aktuellen Status in einem PAI-Modul.

```
DATA: status TYPE string,
      prog   TYPE string,
      fcode  TYPE SORTED TABLE OF sy-ucomm
             WITH NON-UNIQUE KEY table_line.
...
MODULE user_command_100 INPUT.
  ...
  GET PF-STATUS status PROGRAM prog EXCLUDING fcode.
  ...
ENDMODULE.
```

33.5.4 GUI-Titel setzen

SET TITLEBAR – Dynpro

Syntax
```
SET TITLEBAR title [OF PROGRAM prog]
                  [WITH text1 ... text9].
```

Während der Dynpro-Verarbeitung legt diese Anweisung den in `title` angegebenen GUI-Titel für die folgenden Bildschirmbilder fest. Der Titel wird ab dem nächsten Senden eines Bildschirmbildes bis zum Programmende oder bis zur nächsten Anweisung SET TITLEBAR in der Titelleiste angezeigt. Der Name des aktuellen GUI-Titels kann dem Systemfeld `sy-title` entnommen werden.

Für `title` muss ein zeichenartiges Datenobjekt angegeben werden, das den Namen eines GUI-Titels des Hauptprogramms der aktuellen Programmgruppe oder des in `prog` angegebenen Programms in Großbuchstaben enthält. Falls der Titel nicht vorhanden ist, wird `sy-subrc` auf 4 gesetzt und in der Titelleiste das Wort "SAP" angezeigt.

Standardmäßig wird ein im aktuellen Hauptprogramm definierter GUI-Titel verwendet. Mit dem Zusatz OF PROGRAM kann ein GUI-Titel des in `prog` angegebenen Programms gesetzt werden, wobei für `prog` ein zeichenartiges Datenobjekt erwartet wird, das den Namen eines ABAP-Programms in Großbuchstaben enthält.

Mit dem Zusatz WITH können die Platzhalter des GUI-Titels durch den aufbereiteten Inhalt der Datenobjekte `text1` bis `text9` ersetzt werden. Die Datenobjekte `text1` bis `text9` können den gleichen Datentyp wie ein Quellfeld der Anweisung WRITE TO haben, und sie werden entsprechend den vordefinierten Formaten aufbereitet. Die Platzhalter des GUI-Titels können in der Form "&" oder "&i" definiert sein, wobei i eine Ziffer zwischen 1 und 9 ist. Die Ersetzung erfolgt folgendermaßen:

- Die nummerierten Platzhalter "&i" werden durch die aufbereiteten Inhalte der Datenobjekte `text1` bis `text9` ersetzt, deren Namen an der zweiten Stelle die gleiche Ziffer i enthalten.
- Die nicht-nummerierten Platzhalter "&" werden gemäß ihrer Reihenfolge durch die aufbereiteten Inhalte der übrigen Datenobjekte `text1` bis `text9` ersetzt.

Wird für einen Platzhalter kein Datenobjekt angegeben, wird er durch ein Leerzeichen dargestellt. Zwei direkt aufeinanderfolgende Zeichen "&&" des Titels werden nicht durch Inhalte von `text1` bis `text9`, sondern durch das Zeichen "&" selbst ersetzt.

Systemfelder

sy-subrc	Bedeutung
0	Der GUI-Titel wurde gesetzt.
4	Der GUI-Titel wurde nicht gefunden.

Hinweise

- Der GUI-Titel eines Dynpros muss spätestens zum Ereignis PBO gesetzt werden. Wenn für ein Dynpro kein GUI-Titel gesetzt ist, wird in der Titelleiste das Wort "SAP" angezeigt.
- In der Titelleiste werden maximal 70 Zeichen eines Titels angezeigt. Wenn der Titel nach der Ersetzung von Platzhaltern mehr als 70 Zeichen enthält, wird rechts abgeschnitten.
- Wenn ein GUI-Titel in andere Sprachen übersetzt werden soll, sollten nur nummerierte Platzhalter "&i" verwendet werden, da sich der Satzbau ändern kann.

Beispiel

Setzen des GUI-Titels TITLE_0100 des in `prog` angegebenen Programms in einem PBO-Modul, wobei die Platzhalter "&1" und "&2" des Titels durch die aufbereiteten Inhalte von `p1` und `p2` ersetzt werden.

```
DATA: title TYPE string,
      prog  TYPE string,
      p1    TYPE c LENGTH 10,
      p2    TYPE c LENGTH 10.
...
MODULE status_0100 OUTPUT.
  ...
  title = 'TITLE_0100'.
  prog  = '...'.
  p1    = '...'.
  p2    = '...'.
  SET TITLEBAR title OF PROGRAM prog WITH p1 p2.
  ...
ENDMODULE.
```

33.5.5 Anzeige unterdrücken

`SUPPRESS DIALOG`

Syntax

`SUPPRESS DIALOG.`

Wenn diese Anweisung während der PBO-Verarbeitung angegeben ist, wird das aktuelle Dynpro ohne Darstellung des Bildschirmbildes prozessiert, während das Bildschirmbild des vorangegangenen Dynpros angezeigt bleibt. Nach der PBO-Verarbeitung löst das System das Ereignis PAI so aus, als wenn ein Benutzer die ⏎-Taste gedrückt hätte, und es wird der Funktionscode, der dieser Taste im aktuellen GUI-Status zugeordnet ist, an `sy-ucomm` und das OK-Feld transportiert. Außerhalb der PBO-Verarbeitung hat diese Anweisung keine Wirkung.

Wenn während der PAI-Verarbeitung mit der Anweisung `MESSAGE` jedoch eine Abbruchmeldung, Fehlermeldung, Informationsnachricht oder Warnung gesendet wird, wird das Bildschirmbild des aktuellen Dynpros bei der Anzeige der Nachricht angezeigt.

Beispiel

Die Anweisung SUPPRESS DIALOG kann verwendet werden, um Listen während der Verarbeitung von Dynpros anzuzeigen, ohne dass das Bildschirmbild des Dynpros, während dessen Verarbeitung die Liste erstellt wird, angezeigt wird.

```
MODULE call_list OUTPUT.
  SUPPRESS DIALOG.
  SET PF-STATUS space.
  WRITE 'Basic List'.
  LEAVE TO LIST-PROCESSING AND RETURN TO SCREEN 0.
ENDMODULE.
```

33.5.6 Eigenschaften von Bildschirmelementen auslesen

LOOP AT SCREEN

Syntax
```
LOOP AT SCREEN [INTO wa].
  ...
ENDLOOP.
```

Diese Anweisungen definieren eine Schleife um einen Anweisungsblock. Für jedes Bildschirmelement des aktuellen Dynpros, dem ein Dynpro-Feld zugeordnet ist, wird ein Schleifendurchgang ausgeführt. Nach der Anweisung LOOP enthält entweder der vordefinierte Arbeitsbereich screen oder der Arbeitsbereich wa (bei Verwendung von INTO) die Eigenschaften des betreffenden Bildschirmelements. wa muss den gleichen Datentyp wie screen haben.

Während der Verarbeitung eines Table Controls oder eines Steploops – d. h. innerhalb einer LOOP-Schleife der Dynpro-Ablauflogik – werden für deren Bildschirmelemente die aktuellen Eigenschaften in der aktuellen Zeile bzw. Gruppe festgestellt. Außerhalb der Verarbeitung eines Table Controls oder eines Steploops werden für deren Bildschirmelemente die statisch vordefinierten Eigenschaften aller Zeilen bzw. Gruppen festgestellt.

Tabelle 33.1 zeigt die Komponenten von screen, ihre Zuordnung zu den Feldeigenschaften im Dynpro sowie die möglichen Werte.

Komponente	Länge	Typ	Attribut	Wert	Bedeutung
name	132	c	NAME	Name	Name
group1	3	c	GRUPPE1	id1	Modifikationsgruppe
group2	3	c	GRUPPE2	id2	Modifikationsgruppe
group3	3	c	GRUPPE3	id3	Modifikationsgruppe
group4	3	c	GRUPPE4	id4	Modifikationsgruppe
required	1	c	MUSS-FELD	0, 1, 2	Muss- oder Soll-Feld
input	1	c	EINGABE	0, 1	eingabebereites Feld
output	1	c	AUSGABE	0, 1	Anzeigefeld
intensified	1	c	HELL	0, 1	hervorgehobenes Feld

Tabelle 33.1 Die Struktur screen

Komponente	Länge	Typ	Attribut	Wert	Bedeutung
invisible	1	C	UNSICHTBAR	0, 1	unsichtbares Element
length	1	X	VISLÄNGE	...	Feldlänge
active	1	C	–	0, 1	aktives Feld
display_3d	1	C	ZWEIDIMENSIONAL	0, 1	Rahmen
value_help	1	C	EINGABEHILFE	0, 1, 2	Eingabehilfetaste
request	1	C	–	0, 1	Eingabe vorhanden
values_in_combo	1	C	DROPDOWN-LISTBOX	0, 1	Wertehilfe vorhanden

Tabelle 33.1 Die Struktur screen (Forts.)

Die Komponenten der eingebauten Struktur screen entsprechen den Attributen eines Bildschirmelements auf einem Dynpro. Die Struktur screen wird von einem gleichnamigen Datentyp SCREEN im ABAP Dictionary beschrieben. Sie kann außer in LOOP AT SCREEN noch in MODIFY SCREEN als Arbeitsbereich verwendet werden.

Die Komponente name enthält in der Schleife den Namen des aktuellen Dynpro-Felds. Die Komponenten group1 bis group4 können dreistellige Bezeichner id1 bis id4 enthalten, die dem aktuellen Bildschirmelement bei seiner Definition zugewiesen wurden. Diese Bezeichner erlauben es, die Bildschirmelemente in bis zu vier verschiedenen Modifikationsgruppen zusammenzufassen. Diese können im Anweisungsblock hinter LOOP AT SCREEN in logischen Ausdrücken abgefragt werden, um mehrere Bildschirmelemente auf die gleiche Art zu bearbeiten.

Die übrigen Komponenten der Tabelle screen stellen bis auf request die Anzeigeeigenschaften des aktuellen Bildschirmelements dar. Sie können mit Ausnahme von length den Inhalt 0 oder 1 haben, wobei der Inhalt 1 gleichbedeutend mit "aktiv" und der Inhalt 0 gleichbedeutend mit "inaktiv" ist. Zusätzlich können required und value_help auch noch den Wert 2 haben:

▸ Bei required bedeutet der Wert 2 ein Soll-Feld, bei dem die Darstellung auf dem Bildschirmbild wie bei einem Muss-Feld (Wert 1) ist, aber keine Überprüfung stattfindet.

▸ Bei value_help bedeutet der Wert 2, dass die Eingabehilfetaste immer angezeigt wird, während sie beim Wert 1 nur angezeigt wird, wenn der Cursor auf dem Dynpro-Feld positioniert ist.

Bis auf active und request entsprechen alle Komponenten der Struktur screen direkt einem Attribut des aktuellen Bildschirmelements. Die Komponente active hat keine Entsprechung in den Attributen. Eine Änderung ihres Inhalts mit MODIFY SCREEN beeinflusst die Attribute EINGABE, AUSGABE und UNSICHTBAR und entsprechend die Komponenten input, output und invisible der Struktur screen. Die Komponente request wird von der Laufzeitumgebung beim Ereignis PAI auf den Wert 1 gesetzt, wenn in dem Dynpro-Feld eine Benutzereingabe vorhanden ist.

Hinweis
Die Anweisung `LOOP AT SCREEN` verhält sich ähnlich wie die Anweisung `LOOP` bei einer Schleife über eine interne Tabelle mit Kopfzeile, wobei anstelle einer internen Tabelle eine Systemtabelle verwendet wird.

33.5.7 Eigenschaften von Bildschirmelementen modifizieren
`MODIFY SCREEN`

Syntax
`MODIFY SCREEN [FROM wa].`

Diese Anweisung kann nur im Anweisungsblock hinter `LOOP AT SCREEN` verwendet werden und ist nur während der PBO-Verarbeitung sinnvoll. Falls `FROM` nicht angegeben ist, modifiziert `MODIFY SCREEN` die Eigenschaften des aktuellen Bildschirmelements mit den Werten aus dem vordefinierten Arbeitsbereich `screen`. Wird ein Arbeitsbereich `wa` angegeben, werden dessen Inhalte für die Modifikation verwendet.

Der Arbeitsbereich `wa` muss den gleichen Datentyp wie `screen` haben. Die Komponente `name` muss den Namen des aktuellen Bildschirmelements enthalten, ansonsten wird die Anweisung nicht ausgeführt. Bis auf die Komponenten `group1` bis `group4` und `length` müssen alle übrigen Komponenten von `screen` und `wa` entweder den Wert 0 oder 1 enthalten. Durch den Wert 0 wird die entsprechende Feldeigenschaft deaktiviert, und durch 1 wird sie aktiviert. Zusätzlich können `required` und `value_help` auf den Wert 2 gesetzt werden.

Wenn `MODIFY SCREEN` während der PBO-Verarbeitung ausgeführt wird, wirken sich die modifizierten Eigenschaften bei der Anzeige des Bildschirmbildes des aktuellen Dynpros nach der PBO-Verarbeitung aus. Die Eigenschaften der Bildschirmelemente des Dynpros werden zu Beginn jeder PBO-Verarbeitung wieder auf ihre statischen Attribute zurückgesetzt, sodass sich die Ausführung von `MODIFY SCREEN` während der PAI-Verarbeitung nicht auf die Anzeige des folgenden Bildschirmbildes auswirkt.

33.5.7.1 Komponente active
Die Komponente `active` dient dazu, die Komponenten `input`, `output` und `invisible` auf einmal zu setzen. Zu Beginn der PBO-Verarbeitung hat die Komponente `active` immer den Wert 1. Wenn `active` mit `MODIFY SCREEN` auf 0 gesetzt wird, werden automatisch auch `input` und `output` auf 0 und `invisible` auf 1 gesetzt. Andere Werte in `input`, `output` und `invisible` werden ignoriert. Umgekehrt führt das Setzen von `input` und `output` auf 0 und von `invisible` auf 1 automatisch auch zu `active` 0, und ein anderer Wert in `active` wird ignoriert.

33.5.7.2 Sonderfälle
Folgende Sonderfälle sind zu beachten:

▶ Wenn das aktuelle Dynpro-Feld mit der Eigenschaft NUR AUSGABEFELD im Screen Painter definiert ist, kann es nicht auf eingabebereit gesetzt werden, und die Zuweisung des Wertes 1 an die Komponente `input` hat keine Wirkung.

- Wenn das aktuelle Dynpro-Feld mit der Eigenschaft MUSSEINGABE im Screen Painter definiert ist oder die Komponente `required` auf 1 gesetzt wird, sollte die Komponente `input` auch auf 1 gesetzt bleiben. Das Setzen von `input` auf 0 hebt ansonsten die Eigenschaft MUSSEINGABE auf.

33.5.7.3 Modifikationen in Table Controls und in Steploops

Während der Verarbeitung eines Table Controls oder eines Steploops wirken sich die Änderungen auf die aktuelle Zeile des Table Controls bzw. die aktuelle Gruppe des Steploops aus. Vor der Verarbeitung eines Table Controls wirkt sich die Änderung von Eigenschaften eines Bildschirmelements, das Teil einer Zeile des Table Controls ist, nicht auf das Table Control aus, da die Werte aus der mit CONTROLS angelegten Struktur übernommen werden. Vor der Verarbeitung eines Steploops wirkt sich die Änderung von Eigenschaften eines Bildschirmelements, das Teil einer Gruppe des Steploops ist, auf alle Gruppen des Steploops aus.

33.5.7.4 Modifikationen in Tabstrip Controls

Wenn die Komponente `active` für einen Tab-Reiter eines Tabstrip Controls auf den Wert 0 gesetzt wird, wird die gesamte Tabstrip-Seite ausgeblendet.

Beispiel
In folgendem PBO-Modul wird ein Eingabefeld namens `val` obligatorisch gemacht und auf helle Anzeige umgestellt.

```
MODULE modify_0100 OUTPUT.
  LOOP AT SCREEN.
    IF screen-name = 'VAL'.
      screen-required    = '1'.
      screen-intensified = '1'.
      MODIFY SCREEN.
    ENDIF.
  ENDLOOP.
ENDMODULE.
```

Das auf dem AS ABAP vorhandene Programm DEMO_DYNPRO_MODIFY_SCREEN demonstriert alle möglichen dynamischen Bildschirmmodifikationen.

33.5.8 Cursor setzen

SET CURSOR – Dynpro

Syntax
SET CURSOR { { **FIELD** field [**LINE** line] [[**DISPLAY**] **OFFSET** off] }
              | { col lin } }.

Diese Anweisung setzt während der PBO-Verarbeitung den Cursor im Bildschirmbild des aktuellen Dynpros. Der Cursor kann durch die Angabe eines Bildschirmelements hinter FIELD oder durch absolute Positionsangaben `col` und `lin` gesetzt werden. Außerhalb der PBO-Verarbeitung wird der Cursor in der nächsten am Bildschirm dargestellten Liste gesetzt.

Falls die Anweisung SET CURSOR nicht angegeben ist, wird der Cursor je nach Definition des Dynpros nach folgender Hierarchie gesetzt:

1. auf die in den Dynpro-Eigenschaften statisch festgelegte Cursor-Position
2. auf das erste Eingabefeld des Dynpros
3. auf das erste Bildschirmelement des Dynpros
4. auf das Befehlsfeld der Systemfunktionsleiste

Letzteres gilt auch, wenn das Befehlsfeld der Systemfunktionsleiste nicht angezeigt wird.

33.5.8.1 In Bildschirmelementen positionieren

```
... FIELD field [LINE line] [[DISPLAY] OFFSET off]
```

Der Cursor wird auf das Bildschirmelement gestellt, dessen Name in Großbuchstaben in `field` enthalten ist. Das Datenobjekt `field` muss zeichenartig und flach sein. Das Bildschirmbild oder ein Table Control werden bei der Anzeige automatisch so geblättert, dass das Bildschirmelement, auf das der Cursor gestellt wird, sichtbar ist. Wenn das angegebene Bildschirmelement nicht gefunden wird, wird die Anweisung ignoriert.

Wenn das angegebene Bildschirmelement Teil eines Table Controls oder Steploops ist, muss mit dem Zusatz LINE die Zeile des Table Controls bzw. Gruppe des Steploops angegeben werden, in der der Cursor auf das angegebene Bildschirmelement gesetzt wird. Für das Datenobjekt `line` wird der Typ `i` erwartet. Wenn es keine Zeile oder Gruppe für den Wert von `line` gibt oder der Zusatz LINE nicht angegeben ist, wird die Anweisung ignoriert. Wenn der Zusatz LINE angegeben ist und das Bildschirmelement nicht Teil eines Table Controls oder Steploops ist, wird die Anweisung ebenfalls ignoriert.

Falls der Zusatz OFFSET nicht angegeben ist, wird der Cursor an die erste Stelle des Bildschirmelements gestellt. Mit dem Zusatz OFFSET kann der Cursor in die in `off` angegebene Stelle eines Bildschirmelements gestellt werden, wobei die Zählung bei 0 beginnt. Die Position des Cursors ist nur bei Ein-/Ausgabefeldern sichtbar. Bei anderen Bildschirmelementen wird immer das gesamte Element markiert. Für das Datenobjekt `off` wird der Typ `i` erwartet. Falls der Wert von `off` größer als die Länge des Bildschirmelements ist, wird der Zusatz ignoriert. Falls der Wert von `off` negativ ist, wird der Cursor an das Ende des Bildschirmelements gestellt. Der Zusatz DISPLAY ist Standard und kann weggelassen werden.

33.5.8.2 Absolut positionieren

```
... col lin
```

Der Cursor wird in die in `col` angegebene Spalte und die in `lin` angegebene Zeile des Bildschirmbildes gesetzt, falls an dieser Position ein Bildschirmelement vorhanden ist, das nicht Teil eines Table Controls oder Tabstrip Controls ist. Für `col` und `lin` werden Datenobjekte vom Typ `i` erwartet. Die Zählung der Spalten beginnt bei 2. Falls das Bildschirmelement kein Ein-/Ausgabefeld ist, wird das gesamte Element markiert. Falls an der angegebenen Position kein Bildschirmelement vorhanden ist, in einen Table Control oder Tabstrip Control positioniert wird oder negative Werte in `col` oder `lin` angegeben sind, wird die Anweisung ignoriert.

33.5.9 Cursor-Position auswerten

Syntax
```
GET CURSOR { { FIELD field [field_properties] }
            | { LINE line } }.
```

Wenn diese Anweisung während der PAI-Verarbeitung angegeben ist, überträgt sie je nach Angabe von `FIELD` oder `LINE` den Namen des Bildschirmelements oder die Nummer der Zeile eines Table Controls bzw. der Gruppe eines Steploops, auf der der Bildschirm-Cursor nach einer Benutzeraktion steht, in die Datenobjekte `field` bzw. `line`. Für `field` wird eine zeichenartige Variable, für `line` eine Variable vom Typ `i` erwartet. In `field_properties` können weitere Eigenschaften des Bildschirmelements bestimmt werden.

Wenn sich der Cursor im Befehlsfeld der Systemfunktionsleiste oder auf einer Drucktaste des Bildschirmbildes befindet, wird die Anweisung ignoriert, und die angegebenen Variablen bleiben unverändert. Wenn sich der Cursor bei der ersten Variante nicht auf einem Bildschirmelement des aktuellen Dynpros, sondern auf einer Leiste des GUI-Status befindet, werden der Inhalt von `field` und die in `field_properties` angegebenen Variablen initialisiert. Wenn sich der Cursor bei der zweiten Variante nicht auf einem Bildschirmelement befindet, das Teil eines Table Controls oder eines Steploops ist, wird die Variable `line` initialisiert.

Systemfelder

sy-subrc	Bedeutung
0	Der Cursor steht bei der Angabe von FIELD auf einem Bildschirmelement des aktuellen Dynpros oder dem Befehlsfeld der Systemfunktionsleiste bzw. bei der Angabe von LINE auf einem Bildschirmelement innerhalb eines Table Controls oder eines Steploops.
4	Der Cursor steht bei der Angabe von FIELD auf einer Leiste des GUI-Status bzw. bei der Angabe von LINE außerhalb eines Table Controls oder eines Steploops.

Hinweis
Bei der zweiten Variante können hinter `LINE` zwar die gleichen Zusätze `VALUE`, `LENGTH` und `OFFSET` wie bei der Verwendung der Anweisung für Listen angegeben werden, die dabei angegebenen Variablen werden während der PAI-Verarbeitung aber immer initialisiert.

33.5.9.1 Eigenschaften der Cursor-Position

```
GET CURSOR - field_properties
```

Syntax von field_properties
```
... [VALUE val] [LENGTH len] [OFFSET off] [LINE lin] [AREA area].
```

Mit diesen Zusätzen können beim Zusatz `FIELD` der Anweisung `GET CURSOR` weitere Informationen über die Cursor-Position während der PAI-Verarbeitung ausgelesen werden.

Der Zusatz `VALUE` weist dem Datenobjekt `val` den formatierten Inhalt des Bildschirmelements als Zeichenkette zu, auf dem der Cursor steht. Für `val` wird eine zeichenartige Variable erwartet. Der Zusatz `LENGTH` weist dem Datenobjekt `len` die Länge des Bildschirmelements zu, auf dem der Cursor steht. Für `len` wird eine Variable vom Typ `i` erwartet. Der Zusatz `OFFSET` weist dem Datenobjekt off die Position des Cursors innerhalb des Bildschirmelements zu, auf dem er steht. Für off wird eine Variable vom Typ i erwartet.

Falls sich das Bildschirmelement, auf dem der Cursor steht, innerhalb eines Table Controls oder eines Steploops befindet, weist der Zusatz LINE dem Datenobjekt lin die Nummer der Zeile des Table Controls bzw. der Gruppe des Steploops zu. Ansonsten wird lin auf 0 gesetzt. Für lin wird eine Variable vom Typ i erwartet.

Falls sich das Bildschirmelement, auf dem der Cursor steht, innerhalb eines Table Controls befindet, weist der Zusatz AREA dem Datenobjekt area den Namen des Table Controls zu. Ansonsten wird area initialisiert. Für area wird eine zeichenartige Variable erwartet.

33.5.10 Controls deklarieren

CONTROLS

Syntax
```
CONTROLS contrl TYPE { TABLEVIEW USING SCREEN dynnr }
                    | { TABSTRIP }.
```

Mit der Anweisung CONTROLS müssen für jedes im Programm verwendete Dynpro sämtliche dort definierten Table Controls und Tabstrip Controls im globalen Deklarationsteil deklariert werden, ansonsten kommt es beim Aufruf des entsprechenden Dynpros zu einer unbehandelbaren Ausnahme. Für contrl muss der im Dynpro definierte Name des Controls direkt angegeben werden. Hinter TYPE muss mit TABLEVIEW bzw. TABSTRIP angegeben werden, ob es sich um ein Table Control oder um ein Tabstrip Control handelt.

Die Anweisung CONTROLS legt im ABAP-Programm für jedes Control eine Struktur mit dem Namen des Controls an. Die Komponenten der Struktur ermöglichen die Verarbeitung des jeweiligen Controls im ABAP-Programm.

Hinweise
- Für Table Controls müssen in der Dynpro-Ablauflogik entsprechende Schleifen programmiert sein, für Tabstrip Controls müssen passende Subscreens aufgerufen werden.
- Splitter Controls müssen nicht mit der Anweisung CONTROLS deklariert werden. Stattdessen wird die Klasse CL_DYNPRO_SPLITTER verwendet (ab Release 7.02/7.2).

33.5.10.1 Table Controls deklarieren

CONTROLS – TYPE TABLEVIEW

Syntax
```
CONTROLS contrl TYPE TABLEVIEW USING SCREEN dynnr.
```

Deklaration eines Table Controls. In dynnr muss die Nummer eines Dynpros angegeben werden, auf dem ein Table Control namens contrl definiert ist. Für dynnr kann ein Literal oder eine Konstante vom Typ n der Länge 4 angegeben werden. Beim ersten Aufruf eines Dynpros, in dem ein Table Control namens contrl definiert ist, werden die Startwerte bestimmter Komponenten der Struktur der Definition des Table Controls entnommen, dessen Dynpro hinter dem Zusatz USING angegeben ist.

Bei der Angabe des Typs TABLEVIEW in der Anweisung CONTROLS wird eine tiefe Struktur mit dem Namen des Controls und vom Typ CXTAB_CONTROL aus der Typgruppe CXTAB angelegt (siehe Tabelle 33.2). Die Komponenten der Struktur enthalten während der Dynpro-Verarbeitung die Eigenschaften des Table Controls. Über diese Struktur können die Eigenschaften des zugehörigen Table Controls ausgelesen und verändert werden.

Komponente	Bedeutung
FIXED_COLS	Anzahl der Führungsspalten. Der Startwert wird der Definition des Table Controls im Dynpro dynnr entnommen.
LINES	Steuert die vertikale Blätterleiste des Table Controls. Wenn die LOOP-Schleife in der Dynpro-Ablauflogik ohne Bezug zu einer internen Tabelle durchgeführt wird, ist der Startwert von LINES 0 und muss im Programm gesetzt werden, damit die Blätterleiste verwendbar ist. Bei Bezug zu einer internen Tabelle wird LINES auf die aktuelle Anzahl der Zeilen der internen Tabelle gesetzt, wenn das Table Control zum ersten Mal prozessiert wird. Da dieser Zeitpunkt aber undefiniert ist, sollte der Wert von LINES auch in diesem Fall vor der PBO-Verarbeitung des Table Controls explizit auf die Anzahl der Zeilen der internen Tabelle gesetzt werden.
TOP_LINE	Oberste angezeigte Zeile bei nächstem PBO. Wird zu PAI durch die Position der vertikalen Blättermarke gesetzt.
CURRENT_LINE	Aktuelle Zeile während einer LOOP-Schleife in der Dynpro-Ablauflogik. Wenn der Zusatz FROM der Anweisung LOOP nicht angegeben ist, entspricht der Wert von CURRENT_LINE dem Ergebnis von sy-stepl + (TOP_LINE −1).
LEFT_COL	Nummer der ersten angezeigten horizontal blätterbaren Spalte hinter den Führungsspalten. Wird zu PAI durch Position der horizontalen Blättermarke gesetzt.
LINE_SEL_MODE	Modus der Zeilenmarkierung: "0", falls keine, "1", falls eine, "2", falls mehrere Zeilen markierbar sind. Der Startwert wird der Definition des Table Controls im Dynpro dynnr entnommen.
COL_SEL_MODE	Modus der Spaltenmarkierung: "0", falls keine, "1", falls eine, "2", falls mehrere Spalten markierbar sind. Der Startwert wird der Definition des Table Controls im Dynpro dynnr entnommen.
LINE_SELECTOR	Flag ("X" oder " "), ob es eine Markierspalte gibt. Der Startwert wird der Definition des Table Controls im Dynpro dynnr entnommen.
H_GRID	Flag ("X" oder " "), ob es horizontale Trennlinien gibt. Der Startwert wird der Definition des Table Controls im Dynpro dynnr entnommen.
V_GRID	Flag ("X" oder " "), ob es vertikale Trennlinien gibt. Der Startwert wird der Definition des Table Controls im Dynpro dynnr entnommen.
COLS	Steuertabelle für einzelne Spalten der Struktur CXTAB_COLUMN
INVISIBLE	Flag ("X" oder " "), ob das Table Control im Fenster sichtbar ist oder nicht.

Tabelle 33.2 Die Struktur CXTAB_CONTROL

Die tiefe Struktur CXTAB_CONTROL enthält auf oberster Ebene Komponenten für die generellen Attribute des Table Controls. Die Komponente COLS ist eine interne Tabelle der Struktur CXTAB_COLUMN und enthält die Attribute einzelner Spalten (siehe Tabelle 33.3). Die Struktur CXTAB_COLUMN enthält eine strukturierte Komponente SCREEN, die wie die vordefinierte Struktur screen aufgebaut ist (siehe Tabelle 33.1) und die Attribute des Bildschirmelements jeder Spalte enthält. Bis auf die Komponente CURRENT_LINE können alle Komponenten der Struktur CXTAB_CONTROL im ABAP-Programm gesetzt werden.

Komponente	Bedeutung
SCREEN	Struktur für die Attribute des Bildschirmelements der aktuellen Spalte. Die Komponenten können direkt oder mit MODIFY SCREEN auf die dort beschriebenen Werte gesetzt werden. Letzteres überschreibt eine direkte Wertzuweisung.
INDEX	Aktuelle Position der Spalte im Table Control. Der Startwert wird der Definition des Table Controls im Dynpro dynnr entnommen. Wird zu PAI auf den aktuellen Wert gesetzt.
SELECTED	Flag ("X" oder " "), ob Spalte markiert ist oder nicht. Wird zu PAI auf den aktuellen Wert gesetzt.
VISLENGTH	Sichtbare Länge der Spalte. Der Startwert wird der Definition des Table Controls im Dynpro dynnr entnommen.
INVISIBLE	Flag ("X" oder " "), ob die Spalte im Table Control sichtbar ist oder nicht.

Tabelle 33.3 Die Struktur CXTAB_COLUMN

Hinweise

▶ In einem Table Control kann mit einer Blätterleiste vertikal geblättert werden, wenn die Komponente LINES der Struktur CXTAB_CONTROL vor der PBO-Verarbeitung des Table Controls auf die richtige Zeilenzahl gesetzt wurde. Bei jedem Blättern mit der Blätterleiste wird das Ereignis PAI mit einem leeren Funktionscode ausgelöst und die Komponente TOP_LINE der Struktur CXTAB_CONTROL vor PBO automatisch auf die neue oberste Zeile gesetzt.

▶ Um programmgesteuert zu blättern, genügt es, der Komponente TOP_LINE der Struktur CXTAB_CONTROL während der PBO-Verarbeitung einen Wert zuzuweisen. Für das seitenweise Blättern kann die Anzahl der zu blätternden Zeilen während der Schleifenausführung dem Systemfeld sy-loopc entnommen werden. sy-loopc enthält die Anzahl der aktuell dargestellten Zeilen, während die Komponente LINES der Struktur CXTAB_CONTROL die Anzahl der Zeilen im gesamten Table Control enthält.

Beispiel

Wenn auf dem Dynpro der Nummer 100 ein Table Control definiert ist, dessen Zeilen mit Bezug auf die Datenbanktabelle SPFLI im ABAP Dictionary definiert sind, kann die zugehörige Programmierung des ABAP-Programms wie im folgenden Beispiel aussehen. In einem PBO-Modul prepare_tab wird eine interne Tabelle spfli_tab mit Daten aus der Datenbanktabelle gefüllt. Die Anzahl der Zeilen von spfli_tab wird der Komponente lines der mit CONTROLS angelegten Struktur flight_tab zugewiesen, um die Blätterleiste des Table Controls zu aktivieren. In einem PAI-Modul modify_tab wird die Zeile der internen Tabelle modifiziert, deren primärer Tabellenschlüssel mit dem des mit TABLES definierten Schnittstellen-Arbeitsbereichs spfli übereinstimmt. Das PAI-Modul modify_tab wird für jede dargestellte Zeile des Table Controls aufgerufen. Die zugehörige Dynpro-Ablauflogik findet sich im Beispiel zur Dynpro-Anweisung LOOP (siehe Abschnitt 33.5.5).

```abap
CONTROLS flight_tab TYPE TABLEVIEW USING SCREEN '0100'.
TABLES spfli.
DATA spfli_tab TYPE SORTED TABLE OF spfli
              WITH UNIQUE KEY carrid connid.
...
MODULE prepare_tab OUTPUT.
  IF spfli_tab IS INITIAL.
    SELECT *
           FROM spfli
           INTO TABLE spfli_tab.
    flight_tab-lines = lines( spfli_tab ).
  ENDIF.
ENDMODULE.
MODULE modify_tab INPUT.
  MODIFY TABLE spfli_tab FROM spfli.
ENDMODULE.
```

33.5.10.2 Tabstrip Controls deklarieren

`CONTROLS - TYPE TABSTRIP`

Syntax

`CONTROLS contrl TYPE TABSTRIP.`

Deklaration eines Tabstrip Controls. Durch Angabe des Typs TABSTRIP in der Anweisung CONTROLS wird eine tiefe Struktur mit dem Namen des Controls und vom Typ CXTAB_TABSTRIP aus der Typgruppe CXTAB angelegt. Von dieser Struktur wird im Programm nur die Komponente ACTIVETAB benötigt.

Während der PBO-Verarbeitung wird durch die Zuweisung des Funktionscodes eines Tab-Reiters an die Komponente ACTIVETAB die aktive Tabstrip-Seite festgelegt. Standardmäßig ist die erste Tabstrip-Seite aktiv. Beim Blättern im SAP GUI kann das Tabstrip Control damit initialisiert werden. Beim Blättern im ABAP-Programm muss die vom Benutzer ausgewählte Tabstrip-Seite bei jedem Blättern durch diese Zuweisung aktiviert werden. Gleichzeitig ist dafür zu sorgen, dass in der Dynpro-Ablauflogik der gewünschte Subscreen mit der Anweisung CALL SUBSCREEN eingebunden wird.

Während der PAI-Verarbeitung enthält die Komponente ACTIVETAB den Funktionscode des aktiven Tab-Reiters. Beim Blättern im SAP GUI kann dadurch festgestellt werden, welche Tabstrip-Seite gerade angezeigt wird.

Hinweis

Für das Einbinden der Subscreens von Tabstrips mit der Anweisung CALL SUBSCREEN gilt das Gleiche wie bei normalen Subscreens.

Beispiel

Wenn auf einem Dynpro ein Tabstrip Control mit drei untypisierten Tab-Reitern mit den Funktionscodes "TAB1", "TAB2" und "TAB3" und einem Subscreen-Bereich namens SUB definiert ist, kann das Blättern wie im folgenden Beispiel in ABAP programmiert werden. In einem PBO-Modul `prepare_tabstrip` wird der Komponente `activetab` der mit `CONTROLS` angelegten Struktur `tab_strip` der Funktionscode des ersten Tab-Reiters zugewiesen. Nach der Auswahl eines Tab-Reiters wird diese Komponente im PAI-Modul `handle_user_command` auf den entsprechenden Funktionscode gesetzt. Die Nummer des gewünschten Subscreen-Dynpros wird jeweils dem Datenobjekt `dynnr` zugewiesen, das in der Dynpro-Ablauflogik für das Einbinden des Subscreens verwendet wird. Die zugehörige Programmierung der Dynpro-Ablauflogik findet sich im Beispiel zu `CALL SUBSCREEN` (siehe Abschnitt 33.5.6).

```abap
CONTROLS tab_strip TYPE TABSTRIP.
DATA: ok_code     TYPE sy-ucomm,
      dynnr       TYPE sy-dynnr.
...
MODULE prepare_tabstrip OUTPUT.
  IF tab_strip-activetab IS INITIAL OR
     dynnr IS INITIAL.
    tab_strip-activetab = 'TAB1'.
    dynnr = '0110'.
  ENDIF.
ENDMODULE.
MODULE handle_user_command INPUT.
  CASE ok_code.
    WHEN 'TAB1'.
      dynnr = '0110'.
    WHEN 'TAB2'.
      dynnr = '0120'.
    WHEN 'TAB3'.
      dynnr = '0130'.
    ...
  ENDCASE.
  IF ok_code(3) = 'TAB'.
    tab_strip-activetab = ok_code.
  ENDIF.
ENDMODULE.
```

33.5.11 Table Control initialisieren

REFRESH CONTROL

Syntax
`REFRESH CONTROL contrl FROM SCREEN dynnr.`

Diese Anweisung initialisiert die Attribute eines Table Controls, indem sie bestimmten Komponenten der zugehörigen Struktur `contrl` Werte zuweist. Für `contrl` muss eine Struktur angegeben werden, die mit der Anweisung `CONTROLS` für ein Table Control angelegt wurde. Die Werte werden der Definition des gleichnamigen Table Controls entnommen, dessen Dynpro in `dynnr` angegeben ist. Es werden die Werte der Komponenten gesetzt, für die auch die Startwerte aus der Definition eines Table Controls entnommen werden (siehe Tabelle 33.2). Für `dynnr` wird ein Datenobjekt vom Typ n der Länge 4 erwartet, das die Nummer eines Dynpros enthalten muss, auf dem ein Table Control namens `contrl` definiert ist.

33.5.12 Steploop-Verarbeitung verlassen

`EXIT FROM STEP-LOOP`

Syntax
`EXIT FROM STEP-LOOP.`

Während der Verarbeitung eines Table Controls oder obsoleten Steploops (siehe Abschnitt 61.1.4) mit der Anweisung `LOOP` in der Dynpro-Ablauflogik bewirkt diese Anweisung, dass die Schleife sofort abgebrochen wird. Der aktuelle ABAP-Verarbeitungsblock wird umgehend verlassen, und die Dynpro-Ablauflogik wird hinter der Anweisung `ENDLOOP` fortgesetzt. Während der PBO-Verarbeitung bewirkt die Anweisung, dass die aktuelle und die folgenden Table-Control-Zeilen bzw. Steploop-Gruppen nicht auf dem Bildschirm dargestellt werden. Wenn die Anweisung nicht während der Verarbeitung einer `LOOP`-Schleife in der Dynpro-Ablauflogik ausgeführt wird, wird das Programm mit einer Abbruchmeldung beendet.

33.5.13 Eingabedaten bewahren

`SET HOLD DATA`

Syntax
`SET HOLD DATA {ON|OFF}.`

Während der PBO-Verarbeitung bewirkt diese Anweisung mit dem Zusatz `ON`, dass folgende Standard-Menüeinträge im GUI-Status des Dynpros wirksam, bzw. mit dem Zusatz `OFF`, dass sie unwirksam sind:

▶ SYSTEM • BENUTZERVORGABEN • HALTEN DATEN
Diese Funktion speichert die Eingaben des Benutzers in die Eingabefelder des Dynpros für die Dauer der aktuellen Benutzersitzung. Bei jeder erneuten Darstellung des Bildschirmbildes des Dynpros werden diese Werte dann als Vorschlagswerte in die entsprechenden Eingabefelder gestellt, wobei die aus dem ABAP-Programm transportierten Werte überschrieben werden.

▶ SYSTEM • BENUTZERVORGABEN • SETZEN DATEN
Diese Funktion wirkt wie HALTEN DATEN – mit dem Unterschied, dass die entsprechenden Eingabefelder für alle folgenden Aufrufe des Dynpros nicht mehr eingabebereit sind.

▶ SYSTEM • BENUTZERVORGABEN • LÖSCHEN DATEN
Diese Funktion löscht alle gespeicherten Daten und macht Eingabefelder, die mit SETZEN DATEN gesperrt wurden, für alle folgenden Aufrufe des Dynpros wieder eingabebereit.

Zu Beginn jeder PBO-Verarbeitung wird die in den statischen Eigenschaften des Dynpros unter HALTEN DATEN festgelegte Einstellung gesetzt, sodass sich die Ausführung von `SET HOLD DATA` während der PAI-Verarbeitung nicht auf die Anzeige des folgenden Bildschirmbildes auswirkt.

Die Menüeinträge sind zwar in jedem GUI-Status auswählbar, aber nur wirksam, wenn sie in den statischen Eigenschaften des Dynpros mit HALTEN DATEN bzw. mit der Anweisung `SET HOLD DATA` aktiviert sind.

33.5.14 Folge-Dynpro setzen

```
SET SCREEN
```

Syntax
```
SET SCREEN dynnr.
```

Diese Anweisung legt das Dynpro mit der in `dynnr` angegebenen Dynpro-Nummer als Folge-Dynpro für die Verarbeitung des aktuellen Dynpros fest. Für `dynnr` wird ein Datenobjekt vom Typ n der Länge 4 erwartet. Es muss entweder die Dynpro-Nummer eines Dynpros im Hauptprogramm der aktuellen Programmgruppe oder den Wert 0 enthalten, sonst wird eine nicht behandelbare Ausnahme ausgelöst. Das angegebene Folge-Dynpro überschreibt das bis dahin festgelegte Folge-Dynpro.

Das Folge-Dynpro wird automatisch aufgerufen, wenn das Ende der PAI-Verarbeitung des aktuellen Dynpros erreicht wird. Falls die Dynpro-Nummer des Folge-Dynpros 0 ist, wird die aktuelle Dynpro-Folge beendet.

Hinweis
Während der Verarbeitung eines Dynpros ist immer ein Folge-Dynpro festgelegt. Nach dem Aufruf eines Dynpros gilt das in seinen Eigenschaften statisch definierte Folge-Dynpro, das mit der Anweisung SET SCREEN für die Dauer der aktuellen Dynpro-Verarbeitung überschrieben werden kann.

33.5.15 Dynpro verlassen

```
LEAVE [TO] SCREEN
```

Syntax
```
LEAVE { SCREEN | {TO SCREEN dynnr} }.
```

Die Variante LEAVE SCREEN ruft das aktuelle Folge-Dynpro auf. Dieses ist entweder statisch in den Eigenschaften des aktuellen Dynpros festgelegt oder wurde zuvor durch die Anweisung SET SCREEN gesetzt.

Die Variante LEAVE TO SCREEN ruft das Dynpro mit der Nummer `dynnr` als Folge-Dynpro auf. Für `dynnr` wird ein Datenobjekt vom Typ n der Länge 4 erwartet. Es muss entweder die Dynpro-Nummer eines Dynpros im Hauptprogramm der aktuellen Programmgruppe oder den Wert 0 enthalten, sonst wird eine nicht behandelbare Ausnahme ausgelöst. Diese Anweisung ist eine Kurzform der beiden Anweisungen SET SCREEN dynnr und LEAVE SCREEN.

Hinweise
- Diese Anweisung beendet nicht die gesamte Dynpro-Folge, sondern sie verzweigt zu einem weiteren Dynpro der gleichen Folge. Nur wenn zum Folge-Dynpro mit der Nummer 0 verzweigt wird, wird mit LEAVE SCREEN auch die Dynpro-Folge beendet.
- Diese Anweisung darf nicht während der Behandlung von Ereignissen des Control Frameworks verwendet werden.

34   Selektionsbilder

Selektionsbilder sind spezielle Dynpros, die in ausführbaren Programmen, Funktionsgruppen und Modul-Pools definiert werden können. Selektionsbilder haben im Wesentlichen zwei Aufgaben:

- Sie ermöglichen Benutzern die Eingabe von Parametern (Einzelwerte) und von Selektionskriterien (tabellarische Intervallabgrenzungen).
- Sie stellen die Schnittstelle ausführbarer Programme dar, deren Eingabefelder beim Aufruf mit SUBMIT vom aufrufenden Programm versorgt werden können.

Selektionsbilder werden im globalen Deklarationsteil der genannten ABAP-Programme mit den Anweisungen SELECT-OPTIONS, SELECTION-SCREEN und PARAMETERS ohne Verwendung des Screen Painters definiert. Die Bildschirmbilder von Selektionsbildern können eine Teilmenge der Bildschirmelemente allgemeiner Dynpros enthalten.

Selektionsbilder liegen im gleichen Namensraum wie die Dynpros des Programms. In ausführbaren Programmen ist außerdem die Dynpro-Nummer 1000 für ein Standardselektionsbild reserviert. Neben dem Standardselektionsbild können eigenständige Selektionsbilder definiert werden. In Funktionsgruppen und Modul-Pools können nur eigenständige Selektionsbilder definiert werden.

Bei der Aktivierung eines ABAP-Programms werden die Bestandteile der Selektionsbilder des Programms, d. h. Bildschirmbilder mit Bildschirmelementen und Dynpro-Ablauflogik, automatisch generiert.

Der GUI-Status eines Selektionsbildes wird beim Generieren eines Programms automatisch erzeugt. Eine Anweisung SET PF-STATUS zum Zeitpunkt PBO des Selektionsbildes beeinflusst diesen GUI-Status nicht. Um einen eigenen GUI-Status für ein Selektionsbild zu definieren oder Funktionen des generierten zu deaktivieren, kann in Ausnahmefällen einer der Funktionsbausteine RS_SET_SELSCREEN_STATUS oder RS_EXTERNAL_SELSCREEN_STATUS verwendet werden. Der Titel in der Titelleiste von Standardselektionsbildern kann nicht geändert werden und ist immer der in den Programmeigenschaften definierte Titel des ausführbaren Programms.

Für Selektionsbilder können keine Dialogmodule im ABAP-Programm definiert werden. Stattdessen löst die Laufzeitumgebung während der PBO- und PAI-Verarbeitung des Dynpros spezifische Ereignisse aus, die während der Selektionsbildverarbeitung in entsprechenden Ereignisblöcken behandelt werden können.

In einer logischen Datenbank kann ebenfalls ein Standardselektionsbild definiert sein. Wenn ein ausführbares Programm mit einer logischen Datenbank verknüpft ist, setzt sich sein Standardselektionsbild aus dem der logischen Datenbank und seinem eigenen zusammen.

34.1 Selektionsbilder erstellen

SELECTION-SCREEN

Das Schlüsselwort `SELECTION-SCREEN` leitet Anweisungen zum Anlegen und Gestalten von Selektionsbildern ein. Alle Bildschirmelemente und Eigenschaften von Selektionsbildern, die nicht mit `PARAMETERS` (Einzelfelder) und `SELECT-OPTIONS` (Selektionskriterien) festgelegt werden, werden mit `SELECTION-SCREEN` definiert. Diese Anweisungen lassen sich in obige Bereiche unterteilen und werden in den entsprechenden Abschnitten behandelt.

34.1.1 Selektionsbilder anlegen

SELECTION-SCREEN - BEGIN OF

Die folgenden Varianten der Anweisung `SELECTION-SCREEN` legen Selektionsbilder an. Selektionsbilder können als normale Dynpros oder als Subscreen-Dynpros angelegt werden. Das Standardselektionsbild ausführbarer Programme wird automatisch angelegt.

34.1.1.1 Selektionsbilder als normale Dynpros

SELECTION-SCREEN - SCREEN

Syntax
```
SELECTION-SCREEN BEGIN OF SCREEN dynnr [TITLE title]
                                 [AS WINDOW].
...
SELECTION-SCREEN END OF SCREEN dynnr.
```

Diese Anweisungen können im globalen Deklarationsteil von ausführbaren Programmen, von Funktionsgruppen und von Modul-Pools aufgeführt werden. Sie legen ein eigenständiges Selektionsbild mit der Dynpro-Nummer `dynnr` an. Die Dynpro-Nummer muss direkt angegeben werden und darf maximal vier Ziffern umfassen. Sie darf nicht an bereits vorhandene Dynpros oder Selektionsbilder vergeben sein. Insbesondere kann in einem ausführbaren Programm nicht die Nummer 1000 des Standardselektionsbildes für ein eigenständiges Selektionsbild verwendet werden.

Alle Anweisungen `PARAMETERS`, `SELECT-OPTIONS` und `SELECTION-SCREEN`, die innerhalb dieser Anweisungen aufgeführt werden, definieren die Bildschirmelemente des eigenständigen Selektionsbildes. Innerhalb der Definition eines Selektionsbildes kann kein weiteres Selektionsbild definiert werden.

Mit dem Zusatz `TITLE` kann ein Titel für die Titelleiste eines eigenständigen Selektionsbildes definiert werden. Für den Titel `title` kann entweder der Name eines Textsymbols des Programms in der Form `text-idf`, wobei `idf` die dreistellige Kennung des Textsymbols ist, oder ein frei wählbarer Name von maximal acht Zeichen angegeben werden. Wenn ein frei gewählter Name angegeben wird, generiert die Laufzeitumgebung eine gleichnamige globale Variable vom Typ `c` und der Länge 70. Bei der Darstellung des Selektionsbildes werden die ersten 70 Zeichen des Textsymbols bzw. der globalen Variablen in die Titelleiste gestellt. Wenn das angegebene Textsymbol nicht gefunden wird, wird der Name des Textsymbols in der Form

"TEXT-idf" als Titel ausgegeben. Falls der Zusatz `TITLE` nicht angegeben ist, wird der in den Programmeigenschaften definierte Titel des Programms verwendet.

Mit dem Zusatz `AS WINDOW` kann ein eigenständiges Selektionsbild dafür vorgesehen werden, in einem modalen Dialogfenster dargestellt zu werden. Die tatsächliche Form des Fensters wird erst beim Aufruf mit `CALL SELECTION-SCREEN` festgelegt. Der Zusatz `AS WINDOW` bewirkt, dass Warnungen und Fehlermeldungen, die während der Behandlung eines Selektionsbilderereignisses erfolgen, ebenfalls als modales Dialogfenster gesendet werden.

Beispiel
Definition und Aufruf eines Selektionsbildes als modales Dialogfenster.

```
SELECTION-SCREEN BEGIN OF SCREEN 500 TITLE title
                                   AS WINDOW.
PARAMETERS name TYPE sy-uname.
SELECTION-SCREEN END OF SCREEN 500.
title = 'Input name'.
CALL SELECTION-SCREEN '0500' STARTING AT 10 10.
```

34.1.1.2 Selektionsbilder als Subscreen-Dynpros

`SELECTION-SCREEN - AS SUBSCREEN`

Syntax
```
SELECTION-SCREEN BEGIN OF SCREEN dynnr AS SUBSCREEN
                                 [NO INTERVALS]
                                 [NESTING LEVEL n].
...
SELECTION-SCREEN END OF SCREEN dynnr.
```

Diese Anweisungen haben die gleiche Funktion wie die Anweisungen zum Anlegen von Selektionsbildern als normales Dynpro, definieren das Selektionsbild aber als Subscreen-Dynpro.

Als Subscreen-Dynpros definierte Selektionsbilder können wie alle Subscreen-Dynpros in andere Dynpros bzw. Selektionsbilder oder in Subscreen-Bereiche bzw. Tabstrip-Seiten eingebunden werden. Sie können aber nicht mit `CALL SELECTION-SCREEN` aufgerufen werden. Das Einbinden in Selektionsbilder erfolgt mit dem Zusatz `TABBED BLOCK` der Anweisung `SELECTION-SCREEN`, wobei ein einzelner Subscreen-Bereich als Spezialfall eines Tabstrip-Bereichs ohne Tab-Reiter definiert werden kann.

Bei der Angabe von `NO INTERVALS` wird bei der Definition sämtlicher Selektionskriterien dieses Selektionsbildes in der Anweisung `SELECT-OPTIONS` implizit der gleichnamige Zusatz `NO INTERVALS` angewandt und der Subscreen entsprechend schmaler angelegt.

Mit dem Zusatz `NESTING LEVEL` kann die Breite des Subscreens angepasst werden, falls er innerhalb eines oder mehrerer Rahmen in einem Tabstrip eingebunden werden soll. n muss direkt als Zahl zwischen 0 und 4 angegeben werden. Für eine korrekte Anpassung muss die Zahl n der Zahl der Rahmen entsprechen, die den Tabstrip umschließen. Falls kein Rahmen den Tabstrip umschließt, kann der Zusatz mit der Zahl 0 angegeben bzw. weggelassen werden.

Ein als Subscreen-Dynpro definiertes Selektionsbild darf keine mit TABBED BLOCK definierten Tabstrip-Bereiche enthalten.

Hinweis
Wenn als Subscreen definierte Selektionsbilder in Dynpros eingebunden werden, ist darauf zu achten, dass wie bei normalen Subscreen-Dynpros sowohl zu PBO als auch zu PAI die Anweisung CALL SUBSCREEN der Dynpro-Ablauflogik ausgeführt werden muss, um die Daten zwischen Selektionsbild und ABAP-Programm zu transportieren. Benutzeraktionen auf als Subscreen definierten Selektionsbildern lösen die normale Selektionsbildverarbeitung aus, auch wenn sie in Dynpros eingebunden sind.

Beispiel
Definition der Selektionsbilder 100 und 200 als Subscreen-Dynpros und Einbinden in einen Tabstrip auf dem Standardselektionsbild eines ausführbaren Programms.

```
REPORT ...
SELECTION-SCREEN BEGIN OF SCREEN 100 AS SUBSCREEN.
PARAMETERS: p1 TYPE c LENGTH 10,
            p2 TYPE c LENGTH 10,
            p3 TYPE c LENGTH 10.
SELECTION-SCREEN END OF SCREEN 100.

SELECTION-SCREEN BEGIN OF SCREEN 200 AS SUBSCREEN.
PARAMETERS: q1 TYPE c LENGTH 10,
            q2 TYPE c LENGTH 10,
            q3 TYPE c LENGTH 10.
SELECTION-SCREEN END OF SCREEN 200.

SELECTION-SCREEN: BEGIN OF TABBED BLOCK mytab FOR 10 LINES,
                  TAB (20) button1 USER-COMMAND push1
                                   DEFAULT SCREEN 100,
                  TAB (20) button2 USER-COMMAND push2
                                   DEFAULT SCREEN 200,
                  END OF BLOCK mytab.

INITIALIZATION.
  button1 = 'Selection Screen 1'.
  button2 = 'Selection Screen 2'.
```

34.1.1.3 Standardselektionsbilder

In jedem ausführbaren Programm ist bereits ein Standardselektionsbild mit der Dynpro-Nummer 1000 angelegt. Alle Anweisungen PARAMETERS, SELECT-OPTIONS und SELECTION-SCREEN, die in ausführbaren Programmen nicht innerhalb der Definition eines eigenständigen Selektionsbildes, d. h. außerhalb der Anweisungen SELECTION-SCREEN BEGIN OF SCREEN und SELECTION-SCREEN END OF SCREEN stehen, definieren die Bildschirmelemente des Standardselektionsbildes. Es empfiehlt sich, alle Anweisungen zur Definition des Standardselektionsbildes zusammenzufassen und im globalen Deklarationsteil bei den Definitionen eigenständiger Selektionsbilder anzuordnen.

In Funktionsgruppen und Modul-Pools gibt es kein Standardselektionsbild. Dort müssen die drei Anweisungen PARAMETERS, SELECT-OPTIONS und SELECTION-SCREEN innerhalb der Definition eines eigenständigen Selektionsbildes stehen.

Wenn sich ein Standardselektionsbild aus dem des ausführbaren Programms und dem einer logischen Datenbank zusammensetzt, werden die Bildschirmelemente des ausführbaren Programms unter denen der logischen Datenbank angeordnet.

34.1.2 Selektionsbilder gestalten

```
SELECTION-SCREEN – screen_elements
```

Die Eingabefelder von Selektionsbildern werden mit den Anweisungen PARAMETERS und SELECT-OPTIONS angelegt. Standardmäßig erzeugt jede dieser Anweisungen eine eigene Zeile auf dem Selektionsbild. Die folgenden Varianten der Anweisung SELECTION-SCREEN erlauben es, Selektionsbilder darüber hinaus zu gestalten. Sie können innerhalb der Definition eines Selektionsbildes im globalen Deklarationsteil von ausführbaren Programmen, von Funktionsgruppen und von Modul-Pools aufgeführt werden. Es können weitere Bildschirmelemente definiert und die Anordnung der Elemente auf dem Selektionsbild beeinflusst werden.

Die maximale Breite, in der ein Selektionsbild gestaltet werden kann, ist 83. Überschreitungen dieser Breite führen entweder zu Verkürzungen oder dazu, dass das Selektionsbild nicht generiert werden kann. Innerhalb eines Blocks mit Rahmen ist die maximale Breite um die Rahmen verkleinert. Die Selektionsbildelemente müssen so positioniert werden, dass sie sich nicht überschneiden. Andernfalls kommt es zu einem Fehler während der Generierung des Selektionsbildes.

Alle mit der Anweisung SELECTION-SCREEN anlegbaren Selektionsbildelemente eines Programms liegen in einem Namensraum. Dies gilt auch dann, wenn die Elemente in unterschiedlichen Selektionsbildern angelegt werden. Bei Selektionsbildelementen, für die beim Anlegen ein globales Datenobjekt des Programms generiert wird, muss zusätzlich der Namensraum der Datenobjekte des Programms beachtet werden. Eine gemeinsame Nutzung eines Elements bzw. eines Datenobjekts in mehreren Selektionsbildern ist über den Zusatz INCLUDE der Anweisung SELECTION-SCREEN möglich. Der gemeinsame Namensraum gilt insbesondere auch für ein Standardselektionsbild, das sich aus den Selektionsbildern einer logischen Datenbank und des Programms selbst zusammensetzt. Die im Programm definierten Elemente dürfen keinen Konflikt mit den Elementen der logischen Datenbank auslösen.

34.1.2.1 Leerzeilen

```
SELECTION-SCREEN – SKIP
```

Syntax
```
SELECTION-SCREEN SKIP [n] [ldb_additions].
```

Diese Anweisung erzeugt unter den bisher belegten Zeilen n Leerzeilen auf dem aktuellen Selektionsbild. Der Wert von n muss direkt als einstellige positive Zahl angegeben werden. Ohne die Angabe von n wird eine Leerzeile erzeugt.

Die Zusätze `ldb_additions` können nur im Selektions-Include einer logischen Datenbank verwendet werden.

34.1.2.2 Horizontale Linien

```
SELECTION-SCREEN - ULINE
```

Syntax
```
SELECTION-SCREEN ULINE [[/][pos|POS_LOW|POS_HIGH](len)]
                      [MODIF ID modid]
                      [ldb_additions].
```

Diese Anweisung erzeugt eine horizontale Linie auf dem aktuellen Selektionsbild. Ohne eine Formatierungsangabe `[/][pos|POS_LOW|POS_HIGH](len)` wird eine neue Zeile unter den bisher belegten Zeilen erzeugt, und die Linie ist so lang wie die Breite des Selektionsbilds. Die maximale Länge ist 83.

Mit der Formatierungsangabe `[/][pos|POS_LOW|POS_HIGH](len)` kann die Linie auf dem Selektionsbild positioniert werden. Mit `len` wird die Länge der Linie angegeben. Die andere Angabe bezeichnet die Spalte, ab der die Linie gezeichnet wird. Nur falls mehrere Elemente in einer Zeile aufgeführt werden, kann die Positionsangabe weggelassen werden, und die Linie wird ab der aktuellen Position gezeichnet. Wenn der Schrägstrich (/) angegeben ist, muss eine Länge angegeben werden, und die Linie wird in einer neuen Zeile gezeichnet, ansonsten in der aktuellen Zeile. Falls mehrere Elemente in einer Zeile aufgeführt werden, kann der Schrägstrich (/) nicht angegeben werden. Kommt es zu Konflikten mit bereits vorhandenen Bildschirmelementen, kann das Selektionsbild nicht generiert werden.

Die Länge `len` muss direkt als positive, maximal zweistellige Zahl angegeben werden. Zu große Längen werden außerhalb von Blöcken mit Rahmen bei Position 83 und innerhalb am rechten Blockrand abgeschnitten. Für die Position kann entweder eine Zahl `pos` zwischen 1 und 83, `POS_LOW` oder `POS_HIGH` angegeben werden. `POS_LOW` gibt die Position an, an der das Eingabefeld eines Parameters oder das erste Eingabefeld eines Selektionskriteriums dargestellt wird. `POS_HIGH` gibt die Position an, an der das zweite Eingabefeld eines Selektionskriteriums dargestellt wird. Wenn die Anweisung Teil eines Blocks mit Rahmen ist, wird eine Zahlenangabe in `pos` bezüglich des Rahmens interpretiert.

Der Zusatz `MODIF ID` ordnet die Linie der Modifikationsgruppe `modid` zu. Die Zusätze `ldb_additions` können nur im Selektions-Include einer logischen Datenbank verwendet werden.

34.1.2.3 Ausgabefelder

```
SELECTION-SCREEN - COMMENT
```

Syntax
```
SELECTION-SCREEN COMMENT [/][pos|POS_LOW|POS_HIGH](len)
                        {text|{[text] FOR FIELD sel}}
                        [VISIBLE LENGTH vlen]
```

```
[MODIF ID modid]
[ldb_additions].
```

Diese Anweisung legt ein Ausgabefeld auf dem aktuellen Selektionsbild an und gibt darin den Inhalt von `text` aus. Für `text` kann entweder der Name eines Textsymbols des Programms in der Form `text-idf`, wobei `idf` die dreistellige Kennung des Textsymbols ist, oder ein frei wählbarer Name von maximal acht Zeichen angegeben werden. Wenn ein frei gewählter Name angegeben wird, generiert die Laufzeitumgebung eine gleichnamige globale Variable vom Typ `c` und der Länge 83. Wenn das angegebene Textsymbol nicht gefunden wird, wird kein Text im Ausgabefeld ausgegeben.

Mit dem Zusatz `[/][pos|POS_LOW|POS_HIGH](len)` muss die Position des Ausgabefeldes angegeben werden. Syntax und Bedeutung sind dieselben wie bei der Erzeugung horizontaler Linien, wobei `len` hier die Länge des Ausgabefeldes im Dynpro des Selektionsbildes definiert. Wenn ein Ausgabefeld über die Position 83 oder einen Block mit Rahmen hinausragt, wird die sichtbare Länge entsprechend verkürzt und der Inhalt in der sichtbaren Länge verschiebbar dargestellt.

Mit dem Zusatz `FOR FIELD` wird das Ausgabefeld mit einem durch `PARAMETERS` oder `SELECT-OPTIONS` definierten Parameter bzw. Selektionskriterium `sel` des gleichen Programms verknüpft, wobei dessen Name `sel` direkt angegeben werden muss. Die Verknüpfung bewirkt, dass der Benutzer die Feld- bzw. Eingabehilfe von `sel` angezeigt bekommt, wenn er das Ausgabefeld mit den Funktionstasten (F1) und (F4) auswählt. Sie bewirkt außerdem, dass das Ausgabefeld der gleichen Modifikationsgruppe zugeordnet wird. Darüber hinaus wird das Ausgabefeld ausgeblendet, wenn `sel` durch eine Variante unsichtbar gemacht wird. Wenn `FOR FIELD` angegeben ist, muss `text` nicht angegeben sein. Das Ausgabefeld wird dann entweder mit dem angegebenen Namen `sel` oder, falls im aktuell geladenen Text-Pool vorhanden, mit dem zugehörigen Selektionstext gefüllt.

Der Zusatz `VISIBLE LENGTH` definiert die sichtbare Länge `vlen` des Ausgabefeldes, wobei `vlen` direkt als positive Zahl angegeben werden muss. Wenn `vlen` größer als `len` ist, wird die sichtbare Länge auf `len` gesetzt. Wenn `vlen` kleiner als `len` ist, wird das Ausgabefeld in der Länge `vlen` mit verschiebbarem Inhalt und einer Quick-Info des gesamten Inhalts angezeigt.

Der Zusatz `MODIF ID` ordnet das Ausgabefeld der Modifikationsgruppe `modid` zu. Die Zusätze `ldb_additions` können nur im Selektions-Include einer logischen Datenbank verwendet werden.

Hinweis

Der Zusatz `FOR FIELD` bewirkt, dass sich das Ausgabefeld bezüglich eines Parameters oder Selektionskriteriums genauso verhält wie die automatisch durch `PARAMETERS` bzw. `SELECT-OPTIONS` generierten Ausgabefelder. Letztere werden bei der Ausgabe mehrerer Elemente in einer Zeile nicht angezeigt und können somit durch selbst definierte verknüpfte Ausgabefelder ersetzt werden. Dies ist insbesondere für die Erzeugung barrierefreier Selektionsbilder wichtig, da er einem Eingabefeld einen erreichbaren Bezeichner zuordnet.

Beispiel

Ausgabefelder, horizontale Linien und Leerzeilen auf dem Standardselektionsbild eines ausführbaren Programms. Das erste Ausgabefeld wird hervorgehoben angezeigt.

```
SELECTION-SCREEN COMMENT /1(50) comm1 MODIF ID mg1.
SELECTION-SCREEN ULINE.
SELECTION-SCREEN SKIP.
SELECTION-SCREEN COMMENT /1(30) comm2.
SELECTION-SCREEN ULINE /1(50).
PARAMETERS: r1 RADIOBUTTON GROUP rad1,
            r2 RADIOBUTTON GROUP rad1,
            r3 RADIOBUTTON GROUP rad1.
SELECTION-SCREEN ULINE /1(50).
AT SELECTION-SCREEN OUTPUT.
  comm1 = 'Selection Screen'.
  comm2 = 'Select one'.
  LOOP AT SCREEN.
    IF screen-group1 = 'MG1'.
      screen-intensified = '1'.
    MODIFY SCREEN.
  ENDIF.
ENDLOOP.
```

34.1.2.4 Drucktasten

SELECTION-SCREEN – PUSHBUTTON

Syntax
```
SELECTION-SCREEN PUSHBUTTON [/][pos|POS_LOW|POS_HIGH](len) button_text
                 USER-COMMAND fcode
                 [VISIBLE LENGTH vlen]
                 [MODIF ID modid]
                 [ldb_additions].
```

Diese Anweisung legt eine Drucktaste auf dem aktuellen Selektionsbild an. Der Text auf der Drucktaste wird durch den Inhalt von button_text bestimmt. Für button_text gilt das Gleiche wie für text beim Zusatz COMMENT.

Mit dem Zusatz [/][pos|POS_LOW|POS_HIGH](len) muss die Position der Drucktaste angegeben werden. Syntax und Bedeutung sind dieselben wie bei der Erzeugung horizontaler Linien, wobei len hier die Länge der Drucktaste im Dynpro des Selektionsbildes definiert. Wenn eine Drucktaste über die Position 83 oder einen Block mit Rahmen hinausragt, wird sie auf der rechten Seite abgeschnitten.

Mit dem Zusatz USER-COMMAND muss der Drucktaste ein Funktionscode fcode zugeordnet werden. Der Funktionscode fcode muss direkt angegeben werden und darf maximal 20 Zeichen lang sein. Um mit der Drucktaste arbeiten zu können, muss mit der Anweisung TABLES ein Schnittstellen-Arbeitsbereich der Struktur SSCRFIELDS aus dem ABAP Dictionary deklariert werden. Wenn der Benutzer die Drucktaste auf dem Selektionsbild auswählt, wird von der Laufzeitumgebung das Ereignis AT SELECTION-SCREEN ausgelöst und der Funktionscode fcode in die Komponente ucomm des Schnittstellen-Arbeitsbereichs sscrfields übertragen.

Der Zusatz `VISIBLE LENGTH` definiert die sichtbare Länge `vlen` der Drucktaste und ihres Textes. Syntax und Bedeutung sind dieselben wie bei der Erzeugung von Ausgabefeldern, wobei eine Drucktaste aber nie kürzer als der für sie definierte Text dargestellt wird.

Der Zusatz `MODIF ID` ordnet die Drucktaste der Modifikationsgruppe `modid` zu. Die Zusätze `ldb_additions` können nur im Selektions-Include einer logischen Datenbank verwendet werden.

Hinweise

- Um eine Drucktaste mit Ikone und Quick-Info und zugehörigem Text zu versehen, kann der Funktionsbaustein ICON_CREATE verwendet werden. Dabei muss die Länge `len` der Drucktaste für die interne Darstellung der Ikone genügend groß gewählt und die sichtbare Länge mit `VISIBLE LENGTH` angepasst werden.

- Nach Bearbeitung des Ereignisblocks hinter AT SELECTION-SCREEN kehrt das System in der Regel zur Anzeige des Selektionsbildes zurück. Um die Selektionsbildverarbeitung zu verlassen und mit der Programmausführung fortzufahren, kann nur AUSFÜHREN oder ABBRECHEN gewählt werden. Eine Drucktaste auf einem Selektionsbild kann daher eher für dynamische Modifikationen des Selektionsbildes als zur Programmsteuerung eingesetzt werden, es sei denn, es wird ihr ein geeigneter Funktionscode aus dem GUI-Status des Selektionsbildes zugeordnet.

Beispiel

Definition und Aufruf eines eigenständigen Selektionsbildes 500 mit zwei Drucktasten in einem ausführbaren Programm. Für die zweite Drucktaste werden eine Ikone und eine Quick-Info erzeugt.

```
TABLES sscrfields.
SELECTION-SCREEN:
  BEGIN OF SCREEN 500 AS WINDOW TITLE title,
    PUSHBUTTON 2(10)   but1 USER-COMMAND cli1,
    PUSHBUTTON 12(30)  but2 USER-COMMAND cli2
                       VISIBLE LENGTH 10,
  END OF SCREEN 500.
AT SELECTION-SCREEN.
  CASE sscrfields.
    WHEN 'CLI1'.
      ...
    WHEN 'CLI2'.
      ...
  ENDCASE.
START-OF-SELECTION.
  title = 'Push button'.
  but1 = 'Button 1'.
  CALL FUNCTION 'ICON_CREATE'
    EXPORTING
      name = icon_information
      text = 'Button 2'
      info = 'My quick info'
```

```
        IMPORTING
          RESULT = but2
        EXCEPTIONS
          OTHERS = 0.
     CALL SELECTION-SCREEN '0500' STARTING AT 10 10.
```

34.1.2.5 Zeilen mit mehreren Elementen

SELECTION-SCREEN – LINE

Syntax
```
SELECTION-SCREEN BEGIN OF LINE.
...
[SELECTION-SCREEN POSITION {pos|POS_LOW|POS_HIGH} [ldb_additions]].
...
SELECTION-SCREEN END OF LINE.
```

Die erste und die letzte Anweisung definieren eine neue Zeile unterhalb der bisherigen Elemente auf dem Selektionsbild. Alle mit den Anweisungen PARAMETERS SELECT-OPTIONS und SELECTION-SCREEN innerhalb dieser Anweisungen definierten Bildschirmelemente des Selektionsbildes werden standardmäßig nacheinander ohne Abstand in diese Zeile gestellt.

Innerhalb der Definition einer Zeile können mehrere Anweisungen SELECTION-SCREEN POSITION aufgeführt werden. Mit der Anweisung SELECTION-SCREEN POSITION kann die Ausgabeposition für das folgende Bildschirmelement festgelegt werden. Die Position muss entweder direkt als Zahl pos zwischen 1 und 83 oder durch POS_LOW oder POS_HIGH angegeben werden. POS_LOW gibt die Position an, an der standardmäßig das Eingabefeld eines Parameters oder das erste Eingabefeld eines Selektionskriteriums dargestellt wird. POS_HIGH gibt die Position an, an der standardmäßig das zweite Eingabefeld eines Selektionskriteriums dargestellt wird. Falls in der Anweisung zur Definition des folgenden Elements eine andere Positionsangabe gemacht wird, wird diese berücksichtigt. Die Anweisung SELECTION-SCREEN POSITION ist nur innerhalb der Definition einer Zeile möglich. Falls es zu Konflikten mit bereits vorhandenen Bildschirmelementen kommt, kann das Selektionsbild nicht generiert werden. Die Zusätze ldb_additions können nur im Selektions-Include einer logischen Datenbank verwendet werden.

Innerhalb der Definition einer Zeile gelten folgende Besonderheiten:

- Zu den innerhalb einer solchen Zeile angezeigten Parametern und Selektionskriterien werden keine Ausgabefelder für die Selektionstexte erzeugt. Diese können stattdessen mit SELECTION-SCREEN COMMENT angelegt werden.
- Es können keine weiteren Zeilen mit SELECTION-SCREEN BEGIN OF LINE definiert werden.
- Es können keine Blöcke oder Tabstrips mit SELECTION-SCREEN BEGIN OF [TABBED] BLOCK definiert werden.
- Innerhalb einer Zeile sollte maximal ein Selektionskriterium mit SELECT-OPTIONS definiert werden, dessen Beschreibung mit SELECTION-SCREEN COMMENT davor angegeben werden kann. Andere Kombinationen, insbesondere die Definition von Elementen nach dem Selektionskriterium, können zu undefiniertem Verhalten führen.

- In Formatierungsangaben ist der Schrägstrich (/) verboten.
- In Formatierungsangaben kann die Positionsangabe pos weggelassen werden.

Wenn ein Bildschirmelement auf eine Position größer als 83 oder außerhalb eines Blocks mit Rahmen positioniert wird, wird das Selektionsbild nicht generiert. Für Ein- und Ausgabefelder, die vorher positioniert werden, aber durch ihre Länge über die Zeile hinausragen, wird die sichtbare Länge entsprechend verkürzt und der Inhalt in der sichtbaren Länge verschiebbar dargestellt. Drucktasten und horizontale Linien werden in diesem Fall an der Position 83 bzw. am Rahmen eines Blocks abgeschnitten.

Beispiel
Eine Drucktaste, ein Eingabefeld und ein Ausgabefeld in einer Zeile des Standardselektionsbildes eines ausführbaren Programms.

```
SELECTION-SCREEN: BEGIN OF LINE,
                  PUSHBUTTON 2(10) push USER-COMMAND fcode,
                  POSITION 16.
PARAMETERS para TYPE c LENGTH 20.
SELECTION-SCREEN: COMMENT 40(40) text,
                  END OF LINE.
INITIALIZATION.
  push = 'Push'.
  text = '<--- Fill field, then push button!'.
```

34.1.2.6 Blöcke

`SELECTION-SCREEN – BLOCK`

Syntax
```
SELECTION-SCREEN BEGIN OF BLOCK block
                 [WITH FRAME [TITLE title]]
                 [NO INTERVALS].
...
SELECTION-SCREEN END OF BLOCK block.
```

Diese Anweisungen definieren einen Block mit dem Namen block auf dem aktuellen Selektionsbild. Der Name block muss direkt angegeben werden und darf maximal 20 Zeichen lang sein. Alle mit den Anweisungen PARAMETERS, SELECT-OPTIONS und SELECTION-SCREEN innerhalb dieser Anweisungen definierten Bildschirmelemente des Selektionsbildes sind Teil des Blocks block. Innerhalb der Definition eines Blocks können weitere Blöcke angelegt werden.

Der Zusatz WITH FRAME bewirkt, dass ein Rahmen um einen nicht-leeren Block gezeichnet wird. Es können maximal fünf Blöcke mit Rahmen geschachtelt werden. Der äußerste Rahmen hat standardmäßig eine Breite von 120 Spalten. Der Rahmen jedes geschachtelten Blocks ist jeweils um vier Spalten schmaler.

Mit dem Zusatz TITLE kann ein Titel für einen Block mit Rahmen definiert werden. Für den Titel title kann entweder der Name eines Textsymbols des Programms in der Form text-idf, wobei idf die dreistellige Kennung des Textsymbols ist, oder ein frei wählbarer Name von maximal acht Zeichen angegeben werden. Wenn ein frei gewählter Name angegeben wird, generiert die Laufzeitumgebung eine gleichnamige globale Variable vom Typ c und der Länge 70. Bei der Darstellung des Selektionsbildes wird der Inhalt des Textsymbols bzw. der globalen Variablen in die linke obere Ecke des Rahmens gestellt. Wenn das angegebene Textsymbol nicht gefunden wird, wird kein Titel erzeugt.

Bei der Angabe von NO INTERVALS wird bei der Definition sämtlicher Selektionskriterien dieses Blocks in der Anweisung SELECT-OPTIONS implizit der gleichnamige Zusatz NO INTERVALS angewandt und der Block entsprechend schmaler angelegt. Hat der Block einen Rahmen, übernehmen darin geschachtelte Blöcke auch den Zusatz NO INTERVALS.

Hinweis
Jedem Block ist ein Selektionsbildereignis AT SELECTION-SCREEN ON BLOCK zugeordnet, bei dem die Benutzereingaben innerhalb eines Blocks gemeinsam behandelt werden können.

Beispiel
Zusammenfassen von Auswahlknöpfen zu einem Block mit Rahmen und Titel im Standardselektionsbild eines ausführbaren Programms.

```
SELECTION-SCREEN BEGIN OF BLOCK rad1
                         WITH FRAME TITLE title.
PARAMETERS: r1 RADIOBUTTON GROUP gr1,
            r2 RADIOBUTTON GROUP gr1,
            r3 RADIOBUTTON GROUP gr1.
SELECTION-SCREEN END OF BLOCK rad1.
INITIALIZATION.
  title = 'Selection'.
```

34.1.2.7 Tabstrips

```
SELECTION-SCREEN – TABBED BLOCK
```

Syntax
```
SELECTION-SCREEN BEGIN OF TABBED BLOCK tblock FOR n LINES [NO INTERVALS].
...
[SELECTION-SCREEN TAB (len) tab USER-COMMAND fcode
           [DEFAULT [PROGRAM prog] SCREEN dynnr]
           [MODIF ID modid]
           [ldb_additions].]
...
SELECTION-SCREEN END OF BLOCK tblock.
```

Die erste und die letzte Anweisung definieren einen Tabstrip-Bereich mit dem Namen tblock auf dem aktuellen Selektionsbild. Der Name tblock muss direkt angegeben werden und darf maximal 16 Zeichen lang sein. Die Anzahl der Zeilen des Tabstrip-Bereichs wird durch eine direkt anzugebende maximal dreistellige positive Zahl n bestimmt, deren Wert 197 nicht überschreiten darf. Das aktuelle Selektionsbild darf nicht mit AS SUBSCREEN als Subscreen-Dynpro definiert sein.

Innerhalb der Anweisungen zur Definition eines Tabstrip-Bereichs dürfen ausschließlich Anweisungen SELECTION-SCREEN mit dem Zusatz TAB und diese wiederum nur dort verwendet werden. Diese Anweisungen definieren Tab-Reiter mit den Namen tab und der Länge len. Die Namen tab müssen direkt angegeben werden und dürfen maximal acht Zeichen lang sein. Die Längen len müssen direkt als positive, maximal zweistellige Zahlen angegeben werden, deren Wert 79 nicht überschreiten darf. Wenn die Breite aller Tab-Reiter größer ist als die Breite des Bereichs, wird automatisch eine Blätterleiste zum Erreichen aller Tabstrip-Seiten eingerichtet.

Für jeden Tab-Reiter wird automatisch eine gleichnamige globale Variable vom Typ c der Länge 83 angelegt. Der Inhalt der Variablen erscheint als Beschriftung des Tab-Reiters auf dem Selektionsbild. Der Zusatz MODIF ID ordnet den Tab-Reiter der Modifikationsgruppe modid zu. Die Zusätze ldb_additions können nur im Selektions-Include einer logischen Datenbank verwendet werden.

Wenn innerhalb der Anweisungen zur Definition eines Tabstrip-Bereichs keine Anweisung SELECTION-SCREEN mit dem Zusatz TAB aufgeführt ist, wird ein Tabstrip-Bereich ohne Tab-Reiter definiert. Dieser Spezialfall dient als Definition eines Subscreen-Bereichs zum Einbinden eines einzelnen Subscreen-Dynpros auf dem Selektionsbild. Die Zuordnung eines Subscreen-Dynpros erfolgt dynamisch (siehe unten).

Mit dem Zusatz NO INTERVALS wird der Tabstrip-Bereich so schmal angelegt, dass ein mit dem Zusatz NO INTERVALS zu AS SUBSCREEN definiertes Subscreen-Dynpro hineinpasst. Der Zusatz NO INTERVALS zu TABBED BLOCK hat keinen Einfluss auf die Selektionskriterien von Selektionsbildern, die als Subscreen-Dynpros in den Tabstrip-Bereich eingebunden werden.

Mit dem Zusatz USER-COMMAND muss jedem Tab-Reiter ein Funktionscode fcode zugeordnet werden. Die Funktionscodes fcode müssen direkt angegeben werden und dürfen maximal 20 Zeichen lang sein. Wenn der Benutzer einen Tab-Reiter auswählt, kann der zugehörige Funktionscode nach dem Ereignis AT SELECTION-SCREEN dem Systemfeld sy-ucomm entnommen werden. Wenn für fcode ein im GUI-Status des Selektionsbildes verwendeter Funktionscode angegeben wird, wird die Selektionsbildverarbeitung entsprechend beeinflusst.

Jedem Tab-Reiter muss ein Subscreen-Dynpro zugeordnet werden, dessen Bildschirmbild bei Auswahl des Tab-Reiters als Tabstrip-Seite angezeigt wird. Wenn beim Senden des Selektionsbildes diese Zuordnung fehlt oder fehlerhaft ist, kommt es zu einer unbehandelbaren Ausnahme.

Dynamische Zuordnung

Für jeden Tabstrip-Bereich wird automatisch eine gleichnamige globale Struktur im aktuellen Programm angelegt. Diese Struktur hat die drei Komponenten prog vom Typ c der Länge 40, dynnr vom Typ c der Länge 4 und activetab vom Typ c der Länge 132. Wenn der Zusatz DEFAULT nicht angegeben ist, müssen diesen Komponenten vor dem Senden des Selektionsbildes der Name des ABAP-Programms, in dem das gewünschte Subscreen-Dynpro definiert ist, die Nummer des Subscreen-Dynpros und der Funktionscode des Tab-Reiters zugewiesen werden. Eine Zuweisung an die Komponente activetab zum Zeitpunkt AT SELECTION-SCREEN hat keine Wirkung, sondern wird vor dem Ereignis AT SELECTION-SCREEN OUTPUT des aktuellen

Selektionsbildes automatisch mit dem Funktionscode des ausgewählten Tab-Reiters überschrieben.

Für einen reinen Subscreen-Bereich, also einen Tabstrip-Bereich ohne Tab-Reiter, muss die dynamische Zuordnung verwendet werden. Vor dem Senden des Selektionsbildes muss der Komponente prog der Programmname und der Komponente dynnr die Dynpro-Nummer des Subscreen-Dynpros zugewiesen werden (als Beispiel siehe das auf jedem AS ABAP vorhandene Programm DEMO_SEL_SCREEN_WITH_SUBSCREEN).

Statische Zuordnung
Wenn der Zusatz DEFAULT angegeben ist, wird dem Tab-Reiter das Subscreen-Dynpro der Nummer dynnr des Programms prog zugeordnet. Dynpro-Nummer und Programm müssen direkt angegeben werden. Wenn der Zusatz PROGRAM nicht angegeben ist, wird das Subscreen-Dynpro im aktuellen Programm gesucht. Ein mit DEFAULT statisch zugeordnetes Subscreen-Dynpro kann dynamisch durch Zuweisungen an die Komponenten der Struktur überschrieben werden.

Wenn der DEFAULT-Zusatz angegeben ist, kann durch die Zuweisung des Namens eines Tab-Reiters an die Komponente activetab bestimmt werden, dass die Seite dieses Tab-Reiters beim Senden des Selektionsbildes angezeigt wird. Die übrigen Komponenten werden beim Senden des Selektionsbildes mit den bei DEFAULT angegebenen Werten gefüllt. Standardmäßig wird die erste Seite angezeigt.

Falls ein zugewiesenes Subscreen-Dynpro kein Selektionsbild ist, müssen die Dialogmodule, die in dessen Ablauflogik aufgerufen werden, im aktuellen Programm definiert werden. Falls ein zugewiesenes Subscreen-Dynpro ein Selektionsbild ist, führen Benutzeraktionen auf dem Subscreen zum Ereignis AT SELECTION-SCREEN. Dazu gehört auch die Auswahl eines Tab-Reiters. Das Ereignis AT SELECTION-SCREEN wird erst für den eingebundenen Subscreen und dann für das einbindende Selektionsbild ausgelöst.

Beispiel
Definition eines Tabstrips mytab auf dem Standardselektionsbild und Einbinden der als Subscreen-Dynpros definierten Selektionsbilder 100 und 200 in einem ausführbaren Programm. Die Zuordnung der Subscreen-Dynpros zu den Tab-Reitern erfolgt dynamisch. Ein Beispiel zur statischen Zuordnung mit dem Zusatz DEFAULT findet sich bei SELECTION-SCREEN – AS SUBSCREEN.

```
SELECTION-SCREEN BEGIN OF SCREEN 100 AS SUBSCREEN.
PARAMETERS: p1 TYPE c LENGTH 10,
            p2 TYPE c LENGTH 10,
            p3 TYPE c LENGTH 10.
SELECTION-SCREEN END OF SCREEN 100.
SELECTION-SCREEN BEGIN OF SCREEN 200 AS SUBSCREEN.
PARAMETERS: q1 TYPE c LENGTH 10,
            q2 TYPE c LENGTH 10,
            q3 TYPE c LENGTH 10.
SELECTION-SCREEN END OF SCREEN 200.
```

```
SELECTION-SCREEN: BEGIN OF TABBED BLOCK mytab FOR 10 LINES,
                  TAB (20) button1 USER-COMMAND push1,
                  TAB (20) button2 USER-COMMAND push2,
                  END OF BLOCK mytab.
INITIALIZATION.
  button1 = 'Selection Screen 1'.
  button2 = 'Selection Screen 2'.
  mytab-prog = sy-repid.
  mytab-dynnr = 100.
  mytab-activetab = 'PUSH1'.
AT SELECTION-SCREEN.
  CASE sy-dynnr.
    WHEN 1000.
      CASE sy-ucomm.
        WHEN 'PUSH1'.
          mytab-dynnr = 100.
        WHEN 'PUSH2'.
          mytab-dynnr = 200.
        WHEN OTHERS.
          ...
      ENDCASE.
      ...
  ENDCASE.
```

34.1.2.8 Drucktasten im GUI-Status

SELECTION-SCREEN – FUNCTION KEY

Syntax
SELECTION-SCREEN FUNCTION KEY n [ldb_additions].

Im vom System gesetzten GUI-Status eines Selektionsbildes sind in der Anwendungsfunktionsleiste (Drucktastenleiste) fünf inaktive Drucktasten definiert, denen die Funktionscodes "FC01" bis "FC05" zugeordnet sind. Diese Anweisung aktiviert die Drucktaste des Funktionscodes "FC0n", wobei für n eine Zahl zwischen 1 und 5 angegeben werden muss.

Um mit den Drucktasten arbeiten zu können, muss mit der Anweisung TABLES ein Schnittstellen-Arbeitsbereich der Struktur SSCRFIELDS aus dem ABAP Dictionary deklariert werden. Wenn vor dem Aufruf des Selektionsbildes der Komponente functxt_0n des Schnittstellen-Arbeitsbereichs sscrfields ein Text zugewiesen wird, wird dieser auf der entsprechenden Drucktaste angezeigt. Ansonsten enthält die Drucktaste keinen Text.

Wenn der Benutzer eine Drucktaste in der Anwendungsfunktionsleiste auswählt, wird von der Laufzeitumgebung das Ereignis AT SELECTION-SCREEN ausgelöst und der zugehörige Funktionscode in die Komponente ucomm des Schnittstellen-Arbeitsbereichs sscrfields übertragen.

Die Zusätze ldb_additions können nur im Selektions-Include einer logischen Datenbank verwendet werden.

Hinweise

- Um eine Drucktaste mit Ikone, Quick-Info und zugehörigem Text zu versehen, kann ein Datenobjekt vom strukturierten Typ SMP_DYNTXT aus dem ABAP Dictionary definiert werden. Dessen Komponenten müssen mit der Kennung der Ikone, einer Quick-Info und dem zugehörigen Text versehen werden. Der Inhalt der gesamten Struktur muss danach der Komponente `functxt_0n` des Schnittstellen-Arbeitsbereichs `sscrfields` zugewiesen werden.

- Nach Bearbeitung des Ereignisblocks hinter AT SELECTION-SCREEN kehrt das System in der Regel zur Anzeige des Selektionsbildes zurück. Um die Selektionsbildverarbeitung zu verlassen und mit der Programmausführung fortzufahren, kann nur AUSFÜHREN oder ABBRECHEN gewählt werden. Eine Drucktaste auf einem Selektionsbild kann daher eher für dynamische Modifikationen des Selektionsbildes als zur Programmsteuerung eingesetzt werden, es sei denn, ihr wird ein geeigneter Funktionscode aus dem GUI-Status des Selektionsbildes zugeordnet.

Beispiel

Aktivierung von zwei Drucktasten mit Ikonen und Quick-Info in der Anwendungsfunktionsleiste (Drucktastenleiste) des Standardselektionsbildes eines ausführbaren Programms. Bei Auswahl einer der Tasten werden die Eingabefelder mit unterschiedlichen Werten vorbelegt.

```abap
REPORT ...
TABLES sscrfields.
DATA functxt TYPE smp_dyntxt.
PARAMETERS: p_carrid TYPE s_carr_id,
            p_cityfr TYPE s_from_cit.
SELECTION-SCREEN: FUNCTION KEY 1,
                  FUNCTION KEY 2.
INITIALIZATION.
  functxt-icon_id    = icon_ws_plane.
  functxt-quickinfo  = 'Preselected Carrier'.
  functxt-icon_text  = 'LH'.
  sscrfields-functxt_01 = functxt.
  functxt-icon_text  = 'UA'.
  sscrfields-functxt_02 = functxt.
AT SELECTION-SCREEN.
  CASE sscrfields-ucomm.
    WHEN 'FC01'.
      p_carrid = 'LH'.
      p_cityfr = 'Frankfurt'.
    WHEN 'FC02'.
      p_carrid = 'UA'.
      p_cityfr = 'Chicago'.
    WHEN OTHERS.
      ...
  ENDCASE.
START-OF-SELECTION.
  ...
```

34.1.2.9 Modifikationsgruppe

```
SELECTION-SCREEN - MODIF ID
```

Syntax von modid
```
... MODIF ID modid
```

Hinter dem Zusatz `MODIF ID` kann ein Bezeichner `modid` angegeben werden, um Bildschirmelemente eines Selektionsbildes einer Modifikationsgruppe zuzuordnen. Der Name der Modifikationsgruppe `modid` muss direkt angegeben werden und darf maximal drei Zeichen lang sein.

Beim Generieren des Selektionsbildes wird `modid` bei den Eigenschaften der durch obige Anweisungen erzeugten Bildschirmelemente in die Gruppe eingetragen, die der Komponente `group1` der eingebauten Struktur `screen` zugeordnet ist. Alle Bildschirmelemente einer Gruppe können vor der Darstellung des Selektionsbildes gemeinsam mit der Anweisung `MODIFY SCREEN` modifiziert werden. Die Modifikationsgruppen, die den Spalten `group2` und `group3` der eingebauten Struktur `screen` zugeordnet sind, werden bei der Generierung eines Selektionsbildes vom System gesetzt.

`group2` enthält für Bildschirmelemente, die in einer logischen Datenbank definiert sind, den Wert "DBS". `group3` kann die Kürzel aus Tabelle 34.1 enthalten. `group4` ist nur für die interne Verwendung vorgesehen.

Kürzel	Bedeutung des Bildschirmelements
BLK	Rahmen oder Titel eines Blocks
COF	Ausgabefeld, das mit dem Zusatz `FOR FIELD` mit einem Parameter oder Selektionskriterium verknüpft ist
COM	Ausgabefeld, das nicht mit einem Parameter oder Selektionskriterium verknüpft ist
HGH	Eingabefeld für die obere Intervallgrenze eines Selektionskriteriums
ISX	Eingabefeld eines Parameters, der über den Zusatz `AS SEARCH PATTERN` mit einer Suchhilfe verknüpft ist
LOW	Eingabefeld für die untere Intervallgrenze eines Selektionskriteriums
OPU	Ikone für die Selektionsoption eines Selektionskriteriums
PAR	Eingabefeld eines Parameters
PBU	Drucktaste
TAB	Tab-Reiter
TOT	Ausgabefeld für Text vor dem Eingabefeld der oberen Intervallgrenze eines Selektionskriteriums
TST	Tabstrip
TXT	Ausgabefeld für Text vor dem Eingabefeld eines Parameters bzw. der unteren Intervallgrenze eines Selektionskriteriums
ULI	horizontale Linie
VPU	Drucktaste für Mehrfachselektion eines Selektionskriteriums

Tabelle 34.1 Mögliche Werte in group3

Beispiel

Die Elemente von Block `b2` sind der Modifikationsgruppe `bl2` zugeordnet. Ein Ankreuzfeld `show_all` erlaubt die Auswahl, ob diese Elemente dargestellt werden oder nicht. Der Wechsel der Anzeige erfolgt sofort, da bei Auswahl des Ankreuzfeldes das Ereignis AT SELECTION-SCREEN ausgelöst wird. Der Funktionscode wird nicht benötigt. Stattdessen wird zu PBO der Inhalt von `show_all` ausgewertet.

```abap
PARAMETERS show_all AS CHECKBOX USER-COMMAND flag.
SELECTION-SCREEN BEGIN OF BLOCK b1 WITH FRAME.
PARAMETERS: p1 TYPE c LENGTH 10,
            p2 TYPE c LENGTH 10,
            p3 TYPE c LENGTH 10.
SELECTION-SCREEN END OF BLOCK b1.
SELECTION-SCREEN BEGIN OF BLOCK b2 WITH FRAME.
PARAMETERS: p4 TYPE c LENGTH 10 MODIF ID bl2,
            p5 TYPE c LENGTH 10 MODIF ID bl2,
            p6 TYPE c LENGTH 10 MODIF ID bl2.
SELECTION-SCREEN END OF BLOCK b2.
AT SELECTION-SCREEN OUTPUT.
  LOOP AT SCREEN.
    IF show_all <> 'X' AND
       screen-group1 = 'BL2'.
       screen-active = '0'.
    ENDIF.
    MODIFY SCREEN.
  ENDLOOP.
```

34.1.3 Elemente anderer Selektionsbilder übernehmen

`SELECTION-SCREEN INCLUDE`

Die folgenden Varianten der Anweisung SELECTION-SCREEN ermöglichen es, Elemente, die bereits in anderen Selektionsbildern des gleichen Programms angelegt wurden, in ein Selektionsbild zu übernehmen. Wahlweise können Parameter, Selektionskriterien, Ausgabefelder, Drucktasten oder ganze Blöcke übernommen werden. Es können in alle und von allen Selektionsbildern des Programms Elemente übernommen werden. Es können keine Elemente innerhalb des gleichen Selektionsbildes übernommen werden. Ein Element kann nicht mehrmals in das gleiche Selektionsbild übernommen werden. Die Definition des Selektionsbildes, von dem Elemente übernommen werden, muss vor dem aktuellen Selektionsbild angeordnet sein.

34.1.3.1 Parameter übernehmen

`SELECTION-SCREEN INCLUDE PARAMETERS`

Syntax

`SELECTION-SCREEN INCLUDE PARAMETERS para`
`                    [OBLIGATORY [OFF]]`

```
            [MODIF ID modid]
            [ID id].
```

Mit dem Zusatz PARAMETERS werden die Bildschirmelemente des Parameters para auf dem aktuellen Selektionsbild erzeugt. Für para muss ein Parameter angegeben werden, der bereits in einem vorhergehenden Selektionsbild mit der Anweisung PARAMETERS deklariert wurde. Es werden sämtliche Eigenschaften des Parameters aus dem ursprünglichen Selektionsbild übernommen. Die globale Variable para kann an mehreren Selektionsbildern mit Werten versorgt werden.

Die Zusätze OBLIGATORY und MODIF ID haben die gleiche Bedeutung wie in der Anweisung PARAMETERS und überschreiben die entsprechenden vom ursprünglichen Selektionsbild übernommenen Eigenschaften. Wenn der Parameter auf dem ursprünglichen Selektionsbild mit dem Zusatz OBLIGATORY deklariert ist, kann diese Eigenschaft auf dem aktuellen Selektionsbild mit OFF abgeschaltet werden.

Der Zusatz ID kann nur im Selektions-Include einer logischen Datenbank verwendet werden.

34.1.3.2 Selektionskriterium übernehmen

```
SELECTION-SCREEN INCLUDE SELECT-OPTIONS
```

Syntax
```
SELECTION-SCREEN INCLUDE SELECT-OPTIONS selcrit
                                   [OBLIGATORY [OFF]]
                                   [NO INTERVALS [OFF]]
                                   [NO-EXTENSION [OFF]]
                                   [MODIF ID modid]
                                   [ID id].
```

Mit dem Zusatz SELECT-OPTIONS werden die Bildschirmelemente des Selektionskriteriums selcrit auf dem aktuellen Selektionsbild erzeugt. Für selcrit muss ein Selektionskriterium angegeben werden, das bereits in einem vorhergehenden Selektionsbild mit der Anweisung SELECT-OPTIONS deklariert wurde. Es werden sämtliche Eigenschaften des Selektionskriteriums aus dem ursprünglichen Selektionsbild übernommen. Die Selektionstabelle selcrit kann von mehreren Selektionsbildern mit Werten versorgt werden.

Die Zusätze OBLIGATORY, NO INTERVALS NO-EXTENSION und MODIF ID haben die gleiche Bedeutung wie in der Anweisung SELECT-OPTIONS und überschreiben die entsprechenden, vom ursprünglichen Selektionsbild übernommenen Eigenschaften. Wenn das Selektionskriterium auf dem ursprünglichen Selektionsbild mit den Zusätzen OBLIGATORY oder NO INTERVALS deklariert ist, können diese Eigenschaften auf dem aktuellen Selektionsbild mit OFF abgeschaltet werden.

Der Zusatz ID kann nur im Selektions-Include einer logischen Datenbank verwendet werden.

34.1.3.3 Text für Ausgabefelder übernehmen

```
SELECTION-SCREEN INCLUDE COMMENT
```

Syntax
```
SELECTION-SCREEN INCLUDE COMMENT [/][pos](len) text
                                 [FOR FIELD sel]
                                 [MODIF ID modid]
                                 [ID id].
```

Mit dem Zusatz COMMENT wird ein Ausgabefeld auf dem aktuellen Selektionsbild angelegt. Für text muss ein Name angegeben werden, mit dem bereits in einem vorangegangenen Selektionsbild mit der Anweisung SELECTION-SCREEN COMMENT ein Ausgabefeld angelegt wurde. Der Name eines Textsymbols kann nicht angegeben werden. Das neue Ausgabefeld stellt den Inhalt der bereits für das ursprüngliche Selektionsbild generierten globalen Variablen text dar. Die globale Variable text kann von mehreren Selektionsbildern mit Werten versorgt werden.

Die Zusätze haben die gleiche Bedeutung wie in der Anweisung SELECTION-SCREEN COMMENT. Wenn FOR FIELD nicht angegeben ist, wird die Zuordnung des ursprünglichen Selektionsbildes übernommen.

Der Zusatz ID kann nur im Selektions-Include einer logischen Datenbank verwendet werden.

34.1.3.4 Text für Drucktasten übernehmen

```
SELECTION-SCREEN INCLUDE PUSHBUTTON
```

Syntax
```
SELECTION-SCREEN INCLUDE PUSHBUTTON [/][pos](len) button_text
                                   [USER-COMMAND fcode]
                                   [MODIF ID modid]
                                   [ID id].
```

Mit dem Zusatz PUSHBUTTON wird eine Drucktaste auf dem aktuellen Selektionsbild angelegt. Für button_text muss ein Name angegeben werden, mit dem bereits in einem vorangegangenen Selektionsbild mit der Anweisung SELECTION-SCREEN PUSHBUTTON eine Drucktaste angelegt wurde. Der Name eines Textsymbols kann nicht angegeben werden. Der Inhalt der bereits für das ursprüngliche Selektionsbild generierten globalen Variablen button_text wird als Text der neuen Drucktaste verwendet. Die globale Variable button_text kann von mehreren Selektionsbildern mit Werten versorgt werden.

Die Zusätze haben die gleiche Bedeutung wie in der Anweisung SELECTION-SCREEN PUSHBUTTON. Wenn USER-COMMAND nicht angegeben ist, wird der Funktionscode des ursprünglichen Selektionsbildes übernommen.

Der Zusatz ID kann nur im Selektions-Include einer logischen Datenbank verwendet werden.

34.1.3.5 Definition eines Blocks übernehmen

`SELECTION-SCREEN INCLUDE BLOCKS`

Syntax
`SELECTION-SCREEN INCLUDE BLOCKS block [ID id].`

Mit dem Zusatz `BLOCKS` wird ein Block `block` auf dem aktuellen Selektionsbild angelegt. Für `block` muss ein Block angegeben werden, der bereits auf einem vorangegangenen Selektionsbild mit der Anweisung `SELECTION-SCREEN BEGIN OF BLOCK` bzw. `SELECTION-SCREEN BEGIN OF [TABBED] BLOCK` angelegt wurde. Ein einmal definierter Block-Aufbau als auch die zugehörigen globalen Variablen können von mehreren Selektionsbildern gemeinsam verwendet werden.

Der neue Block hat genau den gleichen Aufbau und enthält die gleichen Bildschirmelemente wie der ursprüngliche Block. Alle Parameter, Selektionskriterien, Ausgabefelder und Drucktasten des neuen Blocks übernehmen die Eigenschaften der entsprechenden Elemente des ursprünglichen Blocks genauso, als wenn sie einzeln mit der Anweisung `SELECTION-SCREEN INCLUDE` übernommen würden.

Wenn ein Block innerhalb eines Blocks mit Rahmen übernommen wird, wird die Breite des ursprünglichen Blocks an den Bereich innerhalb des Rahmens angepasst. Der ursprüngliche Block darf kein Element außerhalb dieses Bereichs enthalten.

Der Zusatz `ID` kann nur im Selektions-Include einer logischen Datenbank verwendet werden.

Beispiel
Wiederverwendung eines Blocks des Standardselektionsbildes eines ausführbaren Programms in einem eigenständigen Selektionsbild der Nummer 500.

```
SELECTION-SCREEN: BEGIN OF BLOCK block,
                  COMMENT /1(40) text,
                  ULINE.
PARAMETERS: p1(10) TYPE c,
            p2(10) TYPE c,
            p3(10) TYPE c.
SELECTION-SCREEN END OF BLOCK block.
SELECTION-SCREEN: BEGIN OF SCREEN 500 AS WINDOW,
                  INCLUDE BLOCKS block,
                  END OF SCREEN 500.
INITIALIZATION.
  text = 'Standard Selection'.
START-OF-SELECTION.
  ...
  CALL SELECTION-SCREEN '0500' STARTING AT 10 10.
```

34.2 Parameter definieren

PARAMETERS

Syntax
```
PARAMETERS {para[(len)]}|{para [LENGTH len]}
          [type_options]
          [screen_options]
          [value_options]
          [ldb_options].
```

Deklaration eines Parameters para der Länge len. Parameter sind Komponenten eines Selektionsbilds, denen im ABAP-Programm ein globales elementares Datenobjekt und auf dem Selektionsbild ein Eingabefeld zugeordnet sind. Der Name des Parameters para darf maximal acht Zeichen enthalten und nicht eines der Schlüsselworte MODULE, SELECT oder VALUES der Dynpro-Ablauflogik sein. Diese Anweisung ist im globalen Deklarationsteil von ausführbaren Programmen, Funktionsgruppen und Modul-Pools erlaubt. In Funktionsgruppen und Modul-Pools ist sie nur innerhalb der Definition eines eigenständigen Selektionsbildes erlaubt. In ausführbaren Programmen wird sie ansonsten automatisch dem Standardselektionsbild zugeordnet.

Die Länge len kann nur angegeben werden, falls der in *type_options* spezifizierte Datentyp bezüglich der Länge generisch ist (c, n, p und x). Die Länge len muss als Zahlenliteral oder als numerische Konstante innerhalb der zugehörigen Intervallgrenzen angegeben werden. Falls len nicht angegeben ist, wird die Länge bei einem generischen Datentyp auf 1, ansonsten auf die Länge des Datentyps gemäß Tabelle 11.1 gesetzt.

Im Detail hat die Anweisung PARAMETERS folgende Wirkung:

- Die Anweisung deklariert im Programm eine globale Variable para der angegebenen Länge. Der Typ des Datenobjekts wird in *type_options* spezifiziert.
- Auf dem aktuellen Selektionsbild wird ein gleichnamiges Eingabefeld mit passendem externen Datentyp in einer neuen Zeile an Position 35 angelegt. Die Länge des Eingabefeldes richtet sich nach der Länge des Parameters. Die maximale Länge des Eingabefeldes ist 255. Die maximale sichtbare Länge des Eingabefeldes liegt je nach der Schachtelungstiefe in Blöcken mit Rahmen zwischen 39 und 45. Wenn die Länge len größer als die maximale sichtbare Länge ist, wird der Inhalt verschiebbar dargestellt. Vor dem Eingabefeld wird in der erstmöglichen Position ein automatisch generiertes Ausgabefeld als Beschreibung dargestellt, dessen Länge je nach der Schachtelungstiefe in Blöcken mit Rahmen zwischen 23 und 30 liegt. Das Ausgabefeld enthält entweder den Namen des Parameters para oder den Selektionstext, der dem Parameter in den Textelementen des Programms zugeordnet ist. Wenn der Benutzer auf dem Ausgabefeld eine Feld- oder Eingabehilfe mit den Funktionstasten F1 bzw. F4 anfordert, erscheint die gleiche Ausgabe wie bei der Auswahl des Eingabefeldes selbst. Die Eigenschaften der Elemente auf dem Selektionsbild können in *screen_options* und mit der Anweisung SELECTION-SCREEN beeinflusst werden.

- Vor jedem Senden des Selektionsbildes wird der Inhalt des Datenobjekts para in das Eingabefeld auf dem Selektionsbild transportiert, wobei eine eventuelle Konvertierungsroutine ausgeführt wird. Wenn die Länge des Parameters größer als 255 ist, wird der Inhalt rechts abgeschnitten. Einstellungen bezüglich des Inhalts des Eingabefeldes können in value_options vorgenommen werden. Nach einer Benutzeraktion auf dem Selektionsbild wird der Inhalt des Eingabefeldes an das Datenobjekt transportiert, wobei der Inhalt zeichenartiger Felder standardmäßig in Großbuchstaben konvertiert wird. Danach wird eine eventuelle Konvertierungsroutine ausgeführt. Nach dem Transport werden verschiedene Selektionsbildereignisse ausgelöst.
- Wenn Parameter im Selektions-Include einer logischen Datenbank definiert werden, sind weitere Zusätze ldb_options nötig bzw. möglich (siehe Abschnitt 62.4.2).

Hinweise

- Wenn ein Parameter beim Aufruf eines ausführbaren Programms mit SUBMIT versorgt wird, wird ebenfalls eine eventuelle Konvertierungsroutine ausgeführt und an Position 255 rechts abgeschnitten. Nur wenn der Parameter mit dem Zusatz NO-DISPLAY deklariert ist, wird keine Konvertierungsroutine ausgeführt, und es wird nicht abgeschnitten.
- Aus Gründen der Lesbarkeit wird empfohlen, die Längenangabe bei generischen Typen nicht wegzulassen und immer den Zusatz LENGTH anstelle von Klammern zu verwenden.
- Wenn der Parameter eine dezimale Gleitpunktzahl ist, die sich nicht auf einen Datentyp im ABAP Dictionary bezieht, ist für das Eingabefeld des Selektionsbildes der Ausgabestil SKALIERUNGSERHALTEND eingestellt, bei dem schließende Nullen in den Nachkommastellen erhalten bleiben. Bei Bezug auf einen Datentyp im ABAP Dictionary gilt der dort definierte Ausgabestil.
- Wenn der Typ des Parameters eine im ABAP Dictionary definierte gepackte Zahl oder dezimale Gleitpunktzahl ist, muss bei den Typeigenschaften die Eigenschaft VORZEICHEN gesetzt sein, damit negative Zahlen auf dem Selektionsbild dargestellt werden können. Diese Einstellung ist nur bei Domänen, aber nicht bei der direkten Angabe eines eingebauten Typs bei Datenelementen oder Strukturkomponenten möglich. Wenn eine negative Zahl auf dem Selektionsbild eingegeben wird, obwohl die Eigenschaft nicht gesetzt ist, wird diese mit einer Fehlermeldung zurückgewiesen. Wenn der Parameter beim Aufruf des Selektionsbildes eine negative Zahl enthält, kommt es zu einer unbehandelbaren Ausnahme.
- Wenn der Typ des Parameters eine im ABAP Dictionary definierte dezimale Gleitpunktzahl ist, bei der der AUSGABEGABESTIL WÄHRUNGSBETRAG angegeben ist, können auf dem Selektionsbild nur Zahlen mit der entsprechenden Anzahl von Nachkommastellen eingegeben werden. Wenn das zugehörige ABAP-Datenobjekt beim Aufruf des Selektionsbildes eine Zahl mit mehr Nachkommastellen enthält, kommt es zu einer unbehandelbaren Ausnahme. Bei dem Ausgabestil ERWEITERTER WÄHRUNGSBETRAG können auch mehr Nachkommastellen angezeigt werden.

34.2.1 Datentyp des Parameters

```
PARAMETERS – type_options
```

Syntax von type_options
```
... { TYPE type [DECIMALS dec] }
  | { LIKE dobj }
  | { LIKE (name) }
```

Diese Zusätze legen den Datentyp des Parameters fest. Falls keiner der Zusätze angegeben ist, hat der Parameter den Typ c. Der Datentyp kann durch statischen Bezug auf einen vorhandenen Datentyp type, durch statischen Bezug auf ein Datenobjekt dobj oder durch dynamischen Bezug auf einen Datentyp aus dem ABAP Dictionary in name festgelegt werden.

Falls der Zusatz NO-DISPLAY nicht angegeben ist, muss der Datentyp eines Parameters elementar und flach sein, und der numerische Typ f ist nicht erlaubt. Falls der Zusatz NO-DISPLAY angegeben ist, sind beliebige Datentypen außer Referenztypen möglich.

Beim Bezug auf Datentypen aus dem ABAP Dictionary übernimmt der Parameter alle dort definierten bildschirmrelevanten Eigenschaften. Beim Datentransport vom und zum Eingabefeld werden eventuell in der Domäne definierte Konvertierungsroutinen ausgeführt. Der im ABAP Dictionary definierte Text kann als Selektionstext übernommen werden. Es ist aber zu beachten, dass das Eingabefeld auf dem Selektionsbild mit einem globalen Datenobjekt des Programms verknüpft ist und keinen echten Bezug zum Dictionary erhält, wie es für Dynpro-Felder der Fall ist, die im Screen Painter mit Bezug auf das Dictionary angelegt werden. Dies wirkt sich insbesondere auf die automatische Unterstützung für die Eingabehilfe ((F4)) und Werteüberprüfung aus. Die Funktionalität der Eingabehilfe ist gegenüber generellen Dynpros dahingehend eingeschränkt, dass Abhängigkeiten zwischen Feldern und von bereits vorgenommenen Eingaben nicht berücksichtigt werden. Eine Werteüberprüfung findet nicht automatisch statt, kann aber über den Zusatz VALUE CHECK eingeschaltet werden.

34.2.1.1 Statischer Bezug auf einen Datentyp

```
... TYPE type [DECIMALS dec]
```

Mit diesem Zusatz erhält der Parameter den Datentyp type. Für type können angegeben werden:

- die eingebauten ABAP-Typen c, d, i, n, p, string, t und x
- ein nicht-generischer Datentyp aus dem ABAP Dictionary, ein nicht-generischer öffentlicher Datentyp einer globalen Klasse oder ein bereits mit TYPES definierter nicht-generischer Datentyp des gleichen Programms, der elementar und nicht vom Typ f oder xstring ist (mit Ausnahme der Verwendung von NO-DISPLAY)

Bei der Angabe des eingebauten ABAP-Typs p kann mit DECIMALS die Anzahl der Nachkommastellen dec festgelegt werden. Ohne die Angabe von DECIMALS ist die Anzahl der Nachkommastellen 0.

Wenn `type` ein Typ aus dem ABAP Dictionary ist, der den Typ CHAR, die Länge 1 und in der Domäne die Festwerte "X" und " " hat, wird das Eingabefeld auf dem Selektionsbild automatisch so dargestellt, als sei der Zusatz `AS CHECKBOX` angegeben.

Beispiel
Deklaration eines Parameters mit Bezug auf die Komponente `carrid` der Datenbanktabelle `spfli`. Auf dem Selektionsbild wird ein dreistelliges Eingabefeld mit aufrufbarer Feld- und Eingabehilfe erzeugt.

`PARAMETERS p_carrid TYPE spfli-carrid.`

34.2.1.2 Statischer Bezug auf ein Datenobjekt

`... LIKE dobj`

Mit diesem Zusatz übernimmt der Parameter sämtliche Eigenschaften eines bereits deklarierten Datenobjekts `dobj`, insbesondere auch einen eventuellen Bezug zum ABAP Dictionary. Für `dobj` muss ein Datenobjekt angegeben werden, das elementar und flach und nicht vom Typ `f` ist (mit Ausnahme der Verwendung von `NO-DISPLAY`).

Hinweis
Zu den Datenobjekten, auf die man sich mit `LIKE` beziehen kann, gehören außer solchen des eigenen Programms auch die öffentlichen Attribute globaler Klassen.

34.2.1.3 Dynamischer Bezug auf einen Datentyp

`... LIKE (name)`

Mit diesem Zusatz wird das Datenobjekt `para` mit dem Datentyp `c` der Länge 132 angelegt. Das Eingabefeld wird auf dem Selektionsbild jedoch in einer Länge und mit einer Feld- und Eingabehilfe angezeigt, die zu dem Datentyp passt, der in `name` angegeben ist.

Für `name` wird ein flaches zeichenartiges Datenobjekt erwartet, das beim Aufruf des Selektionsbildes den Namen einer Komponente einer flachen Struktur bzw. einer Datenbanktabelle des ABAP Dictionarys in Großbuchstaben enthält. Literale werden nicht berücksichtigt. Es wird das Feld `name` des Programms verwendet, in dem das Selektionsbild definiert ist. Wenn das Selektionsbild in einer logischen Datenbank definiert ist, wird das Feld `name` des Datenbankprogramms verwendet. Falls im aktuell geladenen Text-Pool kein Selektionstext zu dem Parameter angelegt ist, erscheint im Ausgabefeld der entsprechende Feldbezeichner aus dem ABAP Dictionary. Beim Transport von Daten vom Eingabefeld an das Datenobjekt `para` wird der Inhalt so konvertiert, als würde er vom entsprechenden ABAP-Datentyp zugewiesen (keine Formatierungszeichen, Dezimaltrennzeichen ist der Punkt, Datumsformat ist "yyyymmdd" etc.).

Falls der Inhalt von `name` keine Strukturkomponente des ABAP Dictionarys ist, wird das Eingabefeld gemäß dem tatsächlichen Typ des Parameters angezeigt. Falls im aktuell geladenen Text-Pool kein Selektionstext zu dem Parameter angelegt ist, enthält das Ausgabefeld dann den Text "Dynamischer Parameter".

Beispiel

Dynamische Formatierung des Eingabefeldes des Parameters `p_dyn`. Auf dem Selektionsbild wird ein dreistelliges Eingabefeld mit der Eingabehilfe für die Spalte `carrid` der Datenbanktabelle `spfli` angezeigt. Falls der Parameter keinen Selektionstext hat, wird im Ausgabefeld der Text "Fluggesellschaft" angezeigt.

```
DATA comp TYPE c LENGTH 60.
PARAMETERS p_dyn LIKE (comp).
INITIALIZATION.
  comp = 'SPFLI-CARRID'.
```

34.2.2 Eigenschaften der Bildschirmelemente

`PARAMETERS - screen_options`

Syntax von screen_options

```
... { {[OBLIGATORY|NO-DISPLAY] [VISIBLE LENGTH vlen]}
    | {AS CHECKBOX [USER-COMMAND fcode]}
    | {RADIOBUTTON GROUP group [USER-COMMAND fcode]}
    | {AS LISTBOX VISIBLE LENGTH vlen [USER-COMMAND fcode]
                                     [OBLIGATORY]} }
    [MODIF ID modid]
```

Mit diesen Zusätzen können das Eingabefeld als Muss-Feld deklariert, die Anzeige auf dem Selektionsbild unterdrückt und die sichtbare Länge festgelegt werden. Das Eingabefeld kann als Ankreuzfeld, Auswahlknopf und mit einer Dropdown-Listbox dargestellt werden. Der Zusatz `MODIF ID` ordnet alle Bildschirmelemente des Parameters der Modifikationsgruppe `modid` zu und hat die gleiche Bedeutung wie bei der Anweisung `SELECTION-SCREEN` (siehe Abschnitt 34.1.2).

34.2.2.1 Muss-Feld

`... OBLIGATORY`

Dieser Zusatz definiert das Eingabefeld des Parameters auf dem Selektionsbild als Muss-Feld. Ohne Eingabe in diesem Feld kann der Benutzer die Anzeige des Selektionsbildes nicht mit der Funktion AUSFÜHREN ((F8)) verlassen, sondern nur über die Funktionen ZURÜCK, BEENDEN oder ABBRECHEN.

34.2.2.2 Anzeige unterdrücken

`... NO-DISPLAY`

Dieser Zusatz bewirkt, dass für den Parameter keine Bildschirmelemente auf dem Selektionsbild erzeugt werden. Bei einem ausführbaren Programm dient ein solcher Parameter ausschließlich als Teil der durch das Selektionsbild definierten Schnittstelle. Er kann beim Aufruf mit `SUBMIT` vom Aufrufer mit einem Wert versorgt werden. Die Länge des Werts, der einem Parameter übergeben wird, für den es kein Eingabefeld gibt, unterliegt nicht der Beschränkung auf 255 Zeichen, die für Parameter mit Eingabefeldern gilt.

Falls der Zusatz NO-DISPLAY angegeben ist, kann ein Parameter beliebige Datentypen außer Referenztypen haben. Solche Parameter können nur mit dem Zusatz WITH der Anweisung SUBMIT versorgt werden, wobei abweichend zur allgemeinen Konvertierungsregel für tiefe Typen die gleichen Regeln wie beim Einlesen von Daten aus einem Daten-Cluster gelten.

34.2.2.3 Sichtbare Länge

```
... VISIBLE LENGTH vlen
```

Dieser Zusatz legt die sichtbare Länge des Eingabefeldes auf vlen fest, wobei vlen direkt als positive Zahl angegeben werden muss. Ist vlen kleiner als die Länge des Parameters und kleiner als die maximale sichtbare Länge, wird das Eingabefeld mit verschiebbarem Inhalt in der Länge vlen angezeigt. Ansonsten wird der Zusatz ignoriert.

34.2.2.4 Ankreuzfeld

```
... AS CHECKBOX [USER-COMMAND fcode]
```

Dieser Zusatz bewirkt, dass das Eingabefeld an der ersten Position des Selektionsbildes als Ankreuzfeld und die zugehörige Beschreibung rechts daneben dargestellt wird. Das Ankreuzfeld ist markiert, wenn der Wert von para "X" oder "x" ist. Ansonsten ist es nicht markiert.

Der Parameter muss mit dem Typ c und der Länge 1 angelegt werden. Eine explizite Längenangabe len ist nicht erlaubt. Falls der Zusatz TYPE verwendet wird, darf dahinter nur der generische Typ c oder ein nicht-generischer Datentyp vom Typ c der Länge 1 angegeben werden.

Mit dem Zusatz USER-COMMAND kann dem Parameter ein Funktionscode fcode zugeordnet werden. Der Funktionscode fcode muss direkt angegeben werden und darf maximal 20 Zeichen lang sein. Um den Funktionscode auszuwerten, muss mit der Anweisung TABLES ein Schnittstellen-Arbeitsbereich der Struktur SSCRFIELDS aus dem ABAP Dictionary deklariert werden. Wenn der Benutzer das Ankreuzfeld auf dem Selektionsbild auswählt, wird von der Laufzeitumgebung das Ereignis AT SELECTION-SCREEN ausgelöst und der Funktionscode fcode in die Komponente ucomm des Schnittstellen-Arbeitsbereichs sscrfields übertragen. Wenn für fcode ein im GUI-Status des Selektionsbildes verwendeter Funktionscode angegeben wird, wird die Selektionsbildverarbeitung entsprechend beeinflusst.

Hinweise

- Falls mit dem TYPE-Zusatz ein Bezug zu einem Datentyp im ABAP Dictionary vom Typ CHAR und der Länge 1 hergestellt wird, dessen gültige Werte in der Domäne als "X" und " " definiert sind, wird der Parameter automatisch als Ankreuzfeld auf dem Selektionsbild dargestellt.

- Falls der Zusatz USER-COMMAND ohne den Zusatz AS CHECKBOX angegeben wird und der Parameter vom Typ c der Länge 1 ist, wird er ebenfalls als Ankreuzfeld dargestellt. Auch in diesem Fall ist keine explizite Längenangabe erlaubt. Der Zusatz OBLIGATORY ist dann syntaktisch zwar ebenfalls möglich, für ein Ankreuzfeld aber nicht sinnvoll.

34.2.2.5 Auswahlknopf

```
... RADIOBUTTON GROUP group [USER-COMMAND fcode]
```

Dieser Zusatz bewirkt, dass das Eingabefeld in der ersten Position des Selektionsbildes als Auswahlknopf und das Ausgabefeld rechts daneben dargestellt wird. Der Auswahlknopf ist markiert, wenn der Wert von `para` "X" oder "x" ist. Ansonsten ist er nicht markiert.

Mit `group` wird die Auswahlknopfgruppe des Parameters definiert. Die Bezeichnung `group` muss direkt als maximal vierstellige Zeichenfolge angegeben werden. Innerhalb eines Selektionsbildes muss es mindestens zwei Parameter in der gleichen Auswahlknopfgruppe geben. Mehrere Auswahlknopfgruppen eines Programms können nicht die gleiche Bezeichnung haben, selbst wenn sie in verschiedenen Selektionsbildern definiert sind.

Der Parameter muss mit dem Typ `c` und der Länge 1 angelegt werden. Eine explizite Längenangabe `len` ist nicht erlaubt. Falls der Zusatz `TYPE` verwendet wird, darf dahinter nur der generische Typ `c` oder ein nicht-generischer Datentyp vom Typ `c` der Länge 1 angegeben werden.

In einer Auswahlknopfgruppe kann nur ein Parameter mit dem Zusatz `DEFAULT` definiert werden, und der angegebene Wert muss "X" sein. Standardmäßig werden der erste Parameter einer Auswahlknopfgruppe auf den Wert "X" und die übrigen auf " " gesetzt.

Mit dem Zusatz `USER-COMMAND` kann dem ersten Parameter einer Auswahlknopfgruppe ein Funktionscode `fcode` zugeordnet werden. Der Funktionscode `fcode` muss direkt angegeben werden und darf maximal 20 Zeichen lang sein. Um den Funktionscode auszuwerten, muss mit der Anweisung `TABLES` ein Schnittstellen-Arbeitsbereich der Struktur SSCRFIELDS aus dem ABAP Dictionary deklariert werden. Wenn der Benutzer einen beliebigen Auswahlknopf der Auswahlknopfgruppe auf dem Selektionsbild auswählt, wird von der Laufzeitumgebung das Ereignis AT SELECTION-SCREEN ausgelöst und der Funktionscode `fcode` in die Komponente `ucomm` des Schnittstellen-Arbeitsbereichs `sscrfields` übertragen. Wenn für `fcode` ein im GUI-Status des Selektionsbildes verwendeter Funktionscode angegeben wird, wird die Selektionsbildverarbeitung entsprechend beeinflusst.

34.2.2.6 Dropdown-Listbox

```
... AS LISTBOX VISIBLE LENGTH vlen [USER-COMMAND fcode]
```

Dieser Zusatz erzeugt zum Eingabefeld auf dem Selektionsbild eine Dropdown-Listbox. Wenn der Parameter mit einem Datentyp aus dem ABAP Dictionary angelegt und der Datentyp mit der Eingabehilfe des Dictionarys verknüpft ist, wird in der Listbox die erste Spalte der Eingabehilfe angezeigt. Ansonsten wird eine einzeilige Listbox angezeigt, die den aktuellen Wert des Parameters enthält.

Mit dem Zusatz `VISIBLE LENGTH` muss die sichtbare Länge des Eingabefeldes angegeben werden. Die explizite Angabe der sichtbaren Länge ist notwendig, da sich die Länge der Einträge in der Listbox in der Regel von der tatsächlichen Länge des Parameters unterscheidet.

Mit dem Zusatz `USER-COMMAND` kann der Dropdown-Listbox ein Funktionscode `fcode` zugeordnet werden. Der Funktionscode `fcode` muss direkt angegeben werden und darf maximal 20 Zeichen lang sein. Um den Funktionscode auszuwerten, muss mit der Anweisung `TABLES` ein

Schnittstellen-Arbeitsbereich der Struktur SSCRFIELDS aus dem ABAP Dictionary deklariert werden. Wenn der Benutzer eine Zeile der Listbox auf dem Selektionsbild auswählt, wird von der Laufzeitumgebung das Ereignis AT SELECTION-SCREEN ausgelöst und der Funktionscode fcode in die Komponente ucomm des Schnittstellen-Arbeitsbereichs sscrfields übertragen. Wenn für fcode ein im GUI-Status des Selektionsbildes verwendeter Funktionscode angegeben wird, wird die Selektionsbildverarbeitung entsprechend beeinflusst.

Ohne den Zusatz USER-COMMAND führt eine Auswahl einer Zeile in der Dropdown-Listbox nicht zum Ereignis AT SELECTION-SCREEN.

Beispiel
Der Parameter p_carrid wird in einer Länge von 20 und gefüllt mit der Bezeichnung "Lufthansa" dargestellt. Der Benutzer kann eine andere Fluggesellschaft auswählen, wodurch dem Parameter deren dreistelliges Kürzel zugewiesen wird. Durch Zuweisung des Funktionscodes onli, der im GUI-Status des Standardselektionsbildes der Funktion AUSFÜHREN zugeordnet ist, wird erst das Ereignis AT SELECTION-SCREEN und danach START-OF-SELECTION ausgelöst.

```
PARAMETERS p_carrid TYPE spfli-carrid
                    AS LISTBOX VISIBLE LENGTH 20
                    USER-COMMAND onli
                    DEFAULT 'LH'.
AT SELECTION-SCREEN.
  ...
START-OF-SELECTION.
  ...
```

34.2.3 Eigenschaften des Wertes und der Wertübergabe

PARAMETERS – value_options

Syntax von value_options
```
... [DEFAULT val]
    [LOWER CASE]
    [MATCHCODE OBJECT search_help]
    [MEMORY ID pid]
    [VALUE CHECK]
```

Mit diesen Zusätzen kann ein Startwert festgelegt, die Kleinschreibung erlaubt, eine Suchhilfe oder ein SPA/GPA-Parameter angebunden oder eine Überprüfung gegen eine Werteliste durchgeführt werden.

34.2.3.1 Startwert
```
... DEFAULT val
```

Dieser Zusatz legt einen Startwert für den Inhalt des Parameters para fest. Der Startwert val kann entweder als Literal oder als bereits definiertes Datenobjekt angegeben werden.

Falls der Datentyp des angegebenen Startwertes nicht zum Datentyp der Deklaration passt, wird er nach den Konvertierungsregeln konvertiert. Ohne den Zusatz DEFAULT wird der zum Datentyp gehörige Initialwert als Startwert verwendet.

Es gibt zwei Zeitpunkte, zu denen der Startwert an den Parameter übergeben werden kann:

- Beim Start eines ausführbaren Programms mit SUBMIT werden alle mit DEFAULT angegebenen Werte val beim Programmstart zwischen den Ereignissen LOAD-OF-PROGRAM und INITIALIZATION an die zugehörigen Parameter para übergeben.

- Wenn ein Programm nicht über den Aufruf mit SUBMIT in den internen Modus geladen wird, sondern über eine Dialog- oder OO-Transaktion oder über einen externen Prozeduraufruf, werden alle mit DEFAULT angegebenen Werte val beim ersten Aufruf eines beliebigen Selektionsbildes mit der Anweisung CALL SELECTION-SCREEN vor dem Ereignis AT SELECTION-SCREEN OUTPUT an die zugehörigen Parameter para übergeben.

In beiden Fällen werden alle Parameter unabhängig vom Selektionsbild, auf dem sie definiert sind, mit ihren Startwerten versorgt. Falls ein Parameter zum Zeitpunkt der Übergabe nicht initial ist, wird der Startwert nicht übergeben.

Hinweis
Das zugehörige Eingabefeld auf dem Selektionsbild ist nur dann mit dem Startwert gefüllt, wenn der Wert von para vor dem Senden des Selektionsbildes nicht mehr geändert wird. Es wird genau der Wert angezeigt, den der Parameter am Ende der Verarbeitung des Ereignisses AT SELECTION-SCREEN OUTPUT hat.

34.2.3.2 Kleinschreibung

```
... LOWER CASE
```

Dieser Zusatz verhindert, dass der Inhalt zeichenartiger Felder beim Transport vom Eingabefeld auf dem Selektionsbild an das Datenobjekt para im Programm und umgekehrt in Großbuchstaben konvertiert wird. Der Zusatz LOWER CASE kann nicht zusammen mit den Zusätzen AS CHECKBOX oder RADIOBUTTON verwendet werden.

34.2.3.3 Suchhilfe

```
... MATCHCODE OBJECT search_help
```

Dieser Zusatz verknüpft das Eingabefeld des Parameters mit einer Suchhilfe search_help aus dem ABAP Dictionary. Der Name der Suchhilfe muss direkt angegeben werden. Für das Eingabefeld des Parameters auf dem Selektionsbild wird die Eingabehilfetaste angezeigt. Bei Anforderung der Eingabehilfe (F4) bekommt der Benutzer die Trefferliste der Suchhilfe angezeigt, und bei Auswahl eines Eintrags wird der entsprechende Wert in das Eingabefeld gestellt. Falls keine Suchhilfe des angegebenen Namens im ABAP Dictionary vorhanden ist, wird bei Anforderung der Eingabehilfe eine Meldung in der Statuszeile angezeigt.

Der Zusatz MATCHCODE OBJECT kann nicht zusammen mit den Zusätzen AS CHECKBOX oder RADIOBUTTON verwendet werden.

Hinweis
Die Vorgänger von Suchhilfen im ABAP Dictionary waren sogenannte Matchcode-Objekte, daher der Name MATCHCODE OBJECT dieses Zusatzes. Matchcode-Objekte, die noch nicht durch Suchhilfen ersetzt wurden, werden weiterhin durch den Zusatz unterstützt.

Beispiel
Verknüpfung des Parameters p_carrid mit einer passenden Suchhilfe. Bei Auswahl der Eingabehilfe auf dem Selektionsbild wird eine Liste mit den Namen von Fluggesellschaften gezeigt, wobei die Auswahl eines Namens das entsprechende Kürzel in das Eingabefeld stellt.

```
PARAMETERS p_carrid TYPE s_carr_id
           MATCHCODE OBJECT demo_f4_de.
```

34.2.3.4 SPA/GPA-Parameter
```
... MEMORY ID pid
```

Dieser Zusatz verknüpft das Eingabefeld des Parameters mit einem SPA/GPA-Parameter im SAP Memory. Die Kennung pid des SPA/GPA-Parameters muss direkt und mit maximal 20 Zeichen angegeben werden. Ein gleichzeitig angegebener Zusatz DEFAULT übersteuert den Zusatz MEMORY ID.

Das Eingabefeld wird bei Aufruf des Selektionsbildes mit dem aktuellen Inhalt des SPA/GPA-Parameters im SAP Memory gefüllt, falls das Datenobjekt para nach der Verarbeitung des Ereignisses AT SELECTION-SCREEN OUTPUT initial ist. Ansonsten wird der Wert von para angezeigt. Bei einer Benutzeraktion auf dem Selektionsbild wird der Inhalt des Eingabefeldes dem SPA/GPA-Parameter im SAP Memory zugewiesen. Falls kein SPA/GPA-Parameter der angegebenen Kennung vorhanden ist, wird er angelegt.

Wenn die angegebene Kennung pid nicht in der Datenbanktabelle TPARA enthalten und die Paketprüfung der ABAP-Laufzeitumgebung über den Profilparameter abap/package_check eingeschaltet ist, kommt es zu einem Syntaxfehler. Ansonsten meldet nur die erweiterte Programmprüfung einen Fehler.

Beispiel
Der Parameter p_prog wird mit dem SPA/GPA-Parameter RID verknüpft, der in den Dynpros der ABAP Workbench mit dem Eingabefeld für Programmnamen verknüpft ist. Dementsprechend ist das Eingabefeld des Parameters mit dem Namen des zuletzt bearbeiteten Programms gefüllt.

```
PARAMETERS p_prog TYPE sy-repid MEMORY ID rid.
```

34.2.3.5 Festwerte
```
... VALUE CHECK
```

Dieser Zusatz kann nur dann angegeben werden, wenn der Typ des Parameters durch einen Bezug auf einen Datentyp aus dem ABAP Dictionary definiert ist. Bei einer Benutzeraktion auf dem Selektionsbild wird der aktuelle Inhalt des Eingabefeldes gegen die eventuell in der Domäne des Datentyps definierten Festwerte überprüft. Wenn der Datentyp Komponente einer Fremdschlüsseltabelle ist, wird eine Prüfung gegen die Prüftabelle durchgeführt. Wenn die Prüfung nicht erfolgreich ist, wird eine Fehlermeldung in der Statuszeile des Selektionsbildes angezeigt. Falls das Programm über SUBMIT ohne Anzeige des Selektionsbildes aufgerufen wurde, wird es im Fehlerfall angezeigt.

Der Zusatz VALUE CHECK kann nicht zusammen mit den Zusätzen AS CHECKBOX, RADIOBUTTON, AS LISTBOX oder NO-DISPLAY verwendet werden.

Hinweis
Die Prüfung gegen eine Prüftabelle wird auch durchgeführt, wenn das Eingabefeld leer ist. Deshalb empfiehlt sich die gleichzeitige Verwendung des Zusatzes OBLIGATORY.

34.3 Selektionskriterien definieren

SELECT-OPTIONS

Syntax
```
SELECT-OPTIONS selcrit FOR {dobj|(name)}
           [screen_options]
           [value_options]
           [NO DATABASE SELECTION]
           [ldb_options].
```

Deklaration eines Selektionskriteriums selcrit für ein Datenobjekt dobj oder einen in name angegebenen Typ. Selektionskriterien sind Komponenten eines Selektionsbildes, denen im ABAP-Programm eine Selektionstabelle sowie auf dem Selektionsbild zwei Eingabefelder und eine Drucktaste für Mehrfachselektion zugeordnet sind.

Der Name des Selektionskriteriums selcrit darf maximal acht Zeichen enthalten. Diese Anweisung ist im globalen Deklarationsteil von ausführbaren Programmen, Funktionsgruppen und Modul-Pools erlaubt. In Funktionsgruppen und Modul-Pools ist sie nur innerhalb der Definition eines eigenständigen Selektionsbildes erlaubt. In ausführbaren Programmen wird sie ansonsten automatisch dem Standardselektionsbild zugeordnet.

Die Anweisung SELECT-OPTIONS hat folgende Wirkung:

Die Anweisung deklariert im Programm eine Selektionstabelle mit dem Namen selcrit. Eine Selektionstabelle ist eine interne Standardtabelle mit Kopfzeile und Standardschlüssel. In Selektionstabellen können mehrere logische Bedingungen abgespeichert werden. Der Inhalt von Selektionstabellen kann in einem logischen Ausdruck mit dem Prädikat IN oder in einem ebensolchen Ausdruck in einer WHERE-Bedingung in Open SQL ausgewertet werden. Selektionstabellen haben die vier folgenden Spalten:

▶ sign vom Typ c der Länge 1. Der Inhalt von sign bestimmt für jede Zeile, ob das Ergebnis der in der Zeile formulierten Bedingung in der Gesamtergebnismenge aller Zeilen ein- oder ob es ausgeschlossen wird. Auswertbare Werte sind "I" für Einschluss und "E" für Ausschluss.

- option vom Typ c der Länge 2. option enthält die Selektionsoption für die Bedingung der Zeile in Form logischer Operatoren. Auswertbare Operatoren sind "EQ", "NE", "GE", "GT", "LE", "LT", "CP" und "NP", falls die Spalte high initial ist, und "BT", "NB", falls die Spalte high nicht initial ist. Bei den Optionen "CP" und "NP" muss der Datentyp der Spalten low und high vom Datentyp c sein, und für die Eingabe auf dem Selektionsbild gelten spezielle Regeln (siehe unten).

- low von dem Datentyp, der hinter FOR definiert ist. Diese Spalte ist für den Vergleichswert in Einzelvergleichen oder die untere Intervallgrenze bei Intervallabgrenzungen vorgesehen.

- high von dem Datentyp, der hinter FOR definiert ist. Diese Spalte ist für die obere Intervallgrenze bei Intervallabgrenzungen vorgesehen.

Auf dem aktuellen Selektionsbild werden zwei Eingabefelder der Namen selcrit-low und selcrit-high mit passendem externen Datentyp in einer neuen Zeile an den Positionen 35 und 60 angelegt. Die Länge der Eingabefelder richtet sich nach der Länge des Datentyps, der hinter FOR definiert ist. Die maximale Länge der Eingabefelder ist 255. Die maximale sichtbare Länge der Eingabefelder liegt je nach der Schachtelungstiefe in Blöcken mit Rahmen zwischen 10 und 18. Wenn die Länge größer als die maximale sichtbare Länge ist, wird der Inhalt verschiebbar dargestellt.

Vor dem ersten Eingabefeld wird an der erstmöglichen Position ein automatisch generiertes Ausgabefeld als Bezeichner dargestellt, dessen Länge je nach der Schachtelungstiefe in Blöcken mit Rahmen zwischen 20 und 30 liegt. Das Ausgabefeld enthält entweder den Namen des Selektionskriteriums selcrit oder den Selektionstext, der dem Selektionskriterium in den Textelementen des Programms zugeordnet ist. Wenn der Benutzer auf dem Ausgabefeld eine Feld- oder Eingabehilfe mit den Funktionstasten [F1] bzw. [F4] anfordert, erscheint die gleiche Ausgabe wie bei der Auswahl eines der Eingabefelder.

Hinter dem zweiten Eingabefeld wird eine Drucktaste MEHRFACHSELEKTION angelegt. Bei Auswahl dieser Drucktaste erscheint ein Dialogfenster mit vier Tabstrip-Seiten, auf denen die Eingabefelder nochmals tabellarisch in Table Controls dargestellt sind. Die Tabstrip-Seiten sind nach Einzelwertvergleichen, Intervallabgrenzungen und Einstellungen für die Spalte sign getrennt.

Durch die Auswahl eines Eingabefeldes mit Doppelklick auf dem Selektionsbild oder im Dialogfenster für Mehrfachselektion kann der Benutzer die Selektionsoption auswählen. Auf dem Selektionsbild kann hierbei auch der Wert der Spalte sign gewählt werden. Im Dialogfenster für Mehrfachselektion geschieht dies durch Auswahl der entsprechenden Tabstrip-Seite. Falls die Selektionsoption ungleich "EQ" oder "BT" ist, wird sie direkt vor dem ersten Eingabefeld als Ikone angezeigt. Die Farbe der Ikone ist Grün, wenn der Inhalt der Spalte sign "I" ist, und Rot für "E".

Die Selektionsoptionen "CP" und "NP" können nur dann ausgewählt werden, wenn das erste Eingabefeld mindestens eines der Maskenzeichen "*" oder "+" enthält. "+" maskiert ein einzelnes Zeichen, "*" maskiert eine beliebige, auch leere, Zeichenkette. Wenn eines dieser Zeichen eingegeben wird, wird die Selektionsoption bei einer Benutzeraktion automatisch auf "CP" gesetzt. Wenn "CP" gesetzt ist und alle Maskenzeichen entfernt werden, wird die Selektionsoption bei einer Benutzeraktion automatisch auf "EQ" gesetzt. Innerhalb des Programms gilt diese Einschränkung nicht. Bei Auswertung der Selektionstabelle kann die Spalte low auch für die Selektionsoptionen "CP" und "NP" eine Zeichenkette ohne Maskenzeichen enthalten.

Die Eigenschaften der Elemente auf dem Selektionsbild können in *screen_options* und mit der Anweisung SELECTION-SCREEN beeinflusst werden.

Die erste Zeile der Selektionstabelle selcrit ist mit den Eingabefeldern auf dem Selektionsbild verknüpft. Alle Zeilen werden im Dialogfenster für Mehrfachselektion dargestellt.

Vor jedem Senden des Selektionsbildes nach dem Selektionsbildereignis AT SELECTION-SCREEN OUTPUT wird der Inhalt der ersten Zeile der Selektionstabelle an das Selektionsbild transportiert, wobei eine eventuelle Konvertierungsroutine ausgeführt wird. Wenn die Länge der Spalten low und high in der ersten Zeile der Selektionstabelle größer als 255 ist, wird der Inhalt rechts abgeschnitten. Nur bei Auswahl der Drucktaste für Mehrfachselektion werden alle Zeilen transportiert, wobei eine eventuelle Konvertierungsroutine ausgeführt und möglicherweise abgeschnitten wird. Einstellungen bezüglich des Inhalts der Eingabefelder können in *value_options* vorgenommen werden.

Nach einer Benutzeraktion auf dem Selektionsbild werden der Inhalt der Eingabefelder und die gewählten Einstellungen an die erste Zeile und die Kopfzeile der Selektionstabelle transportiert.

Nach einer Benutzeraktion auf dem Dialogfenster für Mehrfachselektion werden der Inhalt aller Eingabefelder und die gewählten Einstellungen in die Zeilen der Selektionstabelle transportiert. Bei den Transporten wird der Inhalt zeichenartiger Felder standardmäßig in Großbuchstaben konvertiert, und danach wird eine eventuelle Konvertierungsroutine durchlaufen. Nach den einzelnen Transporten werden verschiedene Selektionsbildereignisse ausgelöst.

Wenn im Eingabefeld für die obere Intervallgrenze high eine Eingabe gemacht wurde, wird nach jedem Transport und nach einer eventuellen Konvertierungsroutine automatisch überprüft, ob der Wert größer als der der unteren Intervallgrenze low ist, und gegebenenfalls eine Fehlermeldung gesendet. Diese Überprüfung kann vor dem Senden des Selektionsbildes mit dem Funktionsbaustein RS_SELOPT_NO_INTERVAL_CHECK ausgeschaltet werden.

Wenn Selektionskriterien im Selektions-Include einer logischen Datenbank definiert werden, sind weitere Zusätze *ldb_options* nötig bzw. möglich (siehe Abschnitt 62.4.2).

Wenn in einem ausführbaren Programm ein Selektionskriterium für eine mit TABLES oder NODES deklarierte Komponente eines Knotens der verknüpften logischen Datenbank definiert wird und der betreffende Knoten in der logischen Datenbank für freie Abgrenzungen (siehe Abschnitt 62.4.2) vorgesehen ist, wird die Selektionstabelle nach der Selektionsbildverarbeitung an die logische Datenbank übertragen und dort wie eine freie Abgrenzung behandelt. Darüber hinaus werden in diesem Fall die Eingabefelder für die entsprechende freie Abgrenzung direkt auf dem Selektionsbild angezeigt, ohne dass der Benutzer sie über die Funktion FREIE ABGRENZUNGEN wählen muss. Diese Übertragung kann mit dem Zusatz NO DATABASE SELECTION unterbunden werden (siehe Abschnitt 34.3.4).

Hinweise

- Die Kopfzeile einer Selektionstabelle sollte keinesfalls im Programm verändert werden, um undefiniertes Systemverhalten zu vermeiden. Auch lesende Zugriffe sind zu vermeiden. Stattdessen soll wie immer bei internen Tabellen mit eigenen Arbeitsbereichen, Feldsymbolen oder Datenreferenzen gearbeitet werden.

- Wenn ein Selektionskriterium beim Aufruf eines ausführbaren Programms mit SUBMIT versorgt wird, wird eine eventuelle Konvertierungsroutine nur für die erste Zeile ausgeführt, und nur für die erste Zeile wird der Wert der Spalten low und high an Position 255 abgeschnitten. Wenn das Selektionskriterium mit dem Zusatz NO-DISPLAY deklariert ist, wird auch für die erste Zeile keine Konvertierungsroutine ausgeführt, und es wird nicht abgeschnitten.

- Die Spalten sign und option einer mit SELECT-OPTIONS deklarierten Selektionstabelle haben keinen Bezug auf Datentypen im ABAP Dictionary. Bei einer im ABAP Dictionary definierten Ranges-Tabelle beziehen sich diese Spalten auf die Datenelemente DDSIGN und DDOPTION.

- Wenn der Typ des Selektionskriteriums eine gepackte Zahl oder eine dezimale Gleitpunktzahl ist, gelten die gleichen Hinweise wie für einen Parameter (siehe Abschnitt 34.2).

34.3.1 Datentyp der Spalten low und high

SELECT-OPTIONS – FOR

Syntax

```
... FOR {dobj|(name)}
```

Dieser Zusatz legt den Datentyp der Spalten low und high der Selektionstabelle fest. Der Datentyp kann durch statischen Bezug auf ein vorhandenes Datenobjekt dobj oder durch den dynamischen Bezug auf einen Datentyp aus dem ABAP Dictionary in name festgelegt werden.

Falls der Zusatz NO-DISPLAY nicht angegeben ist, muss der Datentyp der Spalten low und high der Selektionstabelle elementar und flach sein, und der numerische Typ f ist nicht erlaubt. Falls der Zusatz NO-DISPLAY angegeben ist, sind beliebige flache Datentypen möglich.

Beim Bezug auf Datentypen aus dem ABAP Dictionary übernimmt das Selektionskriterium alle dort definierten bildschirmrelevanten Eigenschaften. Beim Datentransport von und zu den Eingabefeldern werden eventuell in der Domäne definierte Konvertierungsroutinen ausgeführt. Der im ABAP Dictionary definierte Text kann als Selektionstext übernommen werden. Es ist aber zu beachten, dass die Eingabefelder auf dem Selektionsbild mit einem globalen Datenobjekt des Programms verknüpft sind und keinen echten Bezug zum Dictionary erhalten, wie es für Dynpro-Felder der Fall ist, die im Screen Painter mit Bezug auf das Dictionary angelegt werden. Dies wirkt sich insbesondere auf die automatische Unterstützung für die Eingabehilfe (F4) und Werteüberprüfung aus. Die Funktionalität der Eingabehilfe ist gegenüber generellen Dynpros dahingehend eingeschränkt, dass Abhängigkeiten zwischen Feldern und von bereits vorgenommenen Eingaben nicht berücksichtigt werden. Eine automatische Werteüberprüfung findet nicht statt.

34.3.1.1 Statischer Bezug auf Datenobjekt

```
... FOR dobj
```

Mit diesem Zusatz übernehmen die Spalten `low` und `high` der Selektionstabelle sämtliche Eigenschaften eines bereits deklarierten Datenobjekts `dobj`, insbesondere auch einen eventuellen Bezug zum ABAP Dictionary. Für `dobj` muss ein Datenobjekt angegeben werden, das elementar und flach und nicht vom Typ `f` ist (mit Ausnahme der Verwendung von `NO-DISPLAY`).

Hinweis
Zu den Datenobjekten, auf die man sich mit `FOR` beziehen kann, gehören außer solchen des eigenen Programms auch die öffentlichen Attribute globaler Klassen.

Beispiel
Typische Deklaration und Anwendung eines Selektionskriteriums.

```
DATA spfli_wa TYPE spfli.
SELECT-OPTIONS s_carrid FOR spfli_wa-carrid.
SELECT *
       FROM spfli
       INTO spfli_wa
       WHERE carrid IN s_carrid.
  ...
ENDSELECT.
```

34.3.1.2 Dynamischer Bezug auf Datentyp

```
... FOR (name)
```

Mit diesem Zusatz werden die Spalten `low` und `high` der Selektionstabelle mit dem Datentyp `c` der Länge 45 angelegt. Die Eingabefelder werden auf dem Selektionsbild, jedoch in einer Länge und mit einer Feld- und Eingabehilfe angezeigt, die zu dem Datentyp passt, der in `name` angegeben ist.

Für `name` wird ein flaches zeichenartiges Datenobjekt erwartet, das bei Aufruf des Selektionsbildes den Namen einer Komponente einer flachen Struktur des ABAP Dictionarys in Großbuchstaben enthält. Literale werden nicht berücksichtigt. Falls im aktuell geladenen Text-Pool kein Selektionstext zu dem Parameter angelegt ist, erscheint im Ausgabefeld der entsprechende Feldbezeichner aus dem ABAP Dictionary. Beim Transport von Daten vom Eingabefeld an die Selektionstabelle wird der Inhalt so konvertiert, als würde er vom entsprechenden ABAP-Datentyp zugewiesen (keine Formatierungszeichen, Dezimaltrennzeichen ist der Punkt, Datumsformat ist "yyyymmdd" etc.).

Falls der Inhalt von `name` keine Strukturkomponente des ABAP Dictionarys ist, werden die Eingabefelder gemäß dem tatsächlichen Typ der Spalten `low` und `high` angezeigt. Dies gilt auch, wenn für `name` ein Literal angegeben oder kein Datenobjekt dieses Namens vorhanden ist. Falls im aktuell geladenen Text-Pool kein Selektionstext zu dem Parameter angelegt ist, enthält das Ausgabefeld dann den Text "Generische Select-Option".

Der dynamische Bezug auf einen Datentyp ist nicht im Selektions-Include einer logischen Datenbank möglich.

Beispiel
Dynamische Gestaltung des Selektionskriteriums `selcrit` auf dem Selektionsbild 500 auf der Basis der Eingaben in das Standardselektionsbild eines ausführbaren Programms.

```
PARAMETERS: dbtab  TYPE c LENGTH 30,
            column TYPE c LENGTH 30.
DATA name(80) TYPE c.
SELECTION-SCREEN BEGIN OF SCREEN 500 AS WINDOW.
SELECT-OPTIONS selcrit FOR (name).
SELECTION-SCREEN END OF SCREEN 500.
name = dbtab && '-' && column.
CALL SELECTION-SCREEN 500 STARTING AT 10 10.
```

34.3.2 Eigenschaften der Bildschirmelemente

```
SELECT-OPTIONS - screen_options
```

Syntax von screen_options
```
... [OBLIGATORY|NO-DISPLAY]
    [VISIBLE LENGTH vlen]
    [NO-EXTENSION]
    [NO INTERVALS]
    [MODIF ID modid]
```

Mit diesen Zusätzen können das erste Eingabefeld als Muss-Feld deklariert, die Anzeige auf dem Selektionsbild unterdrückt und die sichtbare Länge festgelegt werden. Die Anzeige des zweiten Eingabefeldes und der Drucktaste für Mehrfachselektion kann verhindert werden. Der Zusatz `MODIF ID` ordnet alle Bildschirmelemente des Selektionskriteriums der Modifikationsgruppe `modid` zu und hat die gleiche Bedeutung wie bei der Anweisung `SELECTION-SCREEN` (siehe Abschnitt 34.1.2).

Hinweis
Zusätzlich zu den zur Verfügung stehenden Zusätzen kann vor dem Senden des Selektionsbildes durch Aufruf des Funktionsbausteins SELECT_OPTIONS_RESTRICT die Menge der zur Verfügung stehenden Selektionsoptionen eingeschränkt und der Wert "E" für die Spalte `sign` der Selektionstabelle verboten werden.

34.3.2.1 Muss-Feld

```
... OBLIGATORY
```

Dieser Zusatz definiert das erste Eingabefeld des Selektionskriteriums auf dem Selektionsbild als Muss-Feld. Ohne Eingabe in diesem Feld kann der Benutzer die Anzeige des Selektionsbildes nicht mit der Funktion AUSFÜHREN (F8) verlassen, sondern nur über die Funktionen ZURÜCK, BEENDEN oder ABBRECHEN.

34.3.2.2 Anzeige unterdrücken
```
... NO-DISPLAY
```
Dieser Zusatz bewirkt, dass für das Selektionskriterium keine Bildschirmelemente auf dem Selektionsbild erzeugt werden. Bei einem ausführbaren Programm dient ein solches Selektionskriterium ausschließlich als Teil der durch das Selektionsbild definierten Schnittstelle. Es kann beim Aufruf mit SUBMIT vom Aufrufer mit einem Wert versorgt werden. Die Länge der Werte, die den Spalten low und high der Selektionstabelle übergeben werden, für die es kein Eingabefeld gibt, unterliegt nicht der Beschränkung auf 255 Zeichen, die für Selektionskriterien mit Eingabefeldern gilt.

Falls der Zusatz NO-DISPLAY angegeben ist, können die Spalten low und high der Selektionstabelle beliebige flache Datentypen haben. Solche Selektionstabellen können nur mit dem Zusatz WITH der Anweisung SUBMIT versorgt werden.

34.3.2.3 Sichtbare Länge
```
... VISIBLE LENGTH vlen
```
Dieser Zusatz legt die sichtbare Länge der Eingabefelder auf vlen fest, wobei vlen direkt als positive Zahl angegeben werden muss. Ist vlen kleiner als die Länge der Spalten low und high der Selektionstabelle und kleiner als die maximale sichtbare Länge, wird das Eingabefeld mit verschiebbarem Inhalt in der Länge vlen angezeigt. Ansonsten wird der Zusatz ignoriert.

34.3.2.4 Mehrfachselektion unterdrücken
```
... NO-EXTENSION
```
Dieser Zusatz verhindert, dass die Drucktaste für Mehrfachselektion auf dem Selektionsbild erzeugt wird.

Der Benutzer kann auf dem Selektionsbild nicht entsprechende Dialogfenster aufrufen und somit keine mehrzeiligen Selektionstabellen erzeugen.

34.3.2.5 Zweites Eingabefeld unterdrücken
```
... NO INTERVALS
```
Dieser Zusatz verhindert, dass das zweite Eingabefeld auf dem Selektionsbild erzeugt wird.

Der Benutzer kann auf dem Selektionsbild nur einen Einzelvergleich in die erste Zeile der Selektionstabelle eingeben. Im Dialogfenster für Mehrfachselektion sind weiterhin Intervallselektionen möglich.

Beispiel
Deklaration eines Selektionskriteriums, für das auf dem Selektionsbild nur ein Einzelvergleich und keine Mehrfachselektion möglich ist.

```
DATA spfli_wa TYPE spfli.
SELECT-OPTIONS s_carrid FOR spfli_wa-carrid NO-EXTENSION
                                            NO INTERVALS.
```

34.3.3 Eigenschaften des Wertes und der Wertübergabe

```
SELECT-OPTIONS - value_options
```

Syntax von value_options

```
... [DEFAULT val1 [TO val2] [OPTION opt] [SIGN sgn]]
    [LOWER CASE]
    [MATCHCODE OBJECT search_help]
    [MEMORY ID pid]
```

Mit diesen Zusätzen können ein Startwert festgelegt, die Kleinschreibung erlaubt und eine Suchhilfe oder ein SPA/GPA-Parameter angebunden werden.

34.3.3.1 Startwert

```
... DEFAULT val1 [TO val2] [OPTION opt] [SIGN sgn]
```

Dieser Zusatz legt Startwerte für die Spalten der ersten Zeile der Selektionstabelle fest. Ohne den Zusatz DEFAULT werden typgerechte Initialwerte als Startwerte verwendet.

Mit val1 und val2 werden Startwerte für die Spalten low und high festgelegt. Diese Startwerte können entweder als Literale oder als bereits definierte Datenobjekte angegeben werden. Falls der Datentyp der angegebenen Startwerte nicht zum Datentyp der Spalten passt, werden sie nach den Konvertierungsregeln konvertiert.

Mit dem Zusatz OPTION wird der Startwert für die Spalte option festgelegt. Wenn der Zusatz TO nicht angegeben ist, muss für opt einer der Ausdrücke eq, ne, ge, gt, le, lt, cp oder np direkt angegeben werden. Wenn der Zusatz TO angegeben ist, muss entweder bt oder nb angegeben werden. Falls der Zusatz OPTION nicht verwendet wird, wird der Inhalt der Spalte option auf "EQ" bzw. "BT" gesetzt. Wenn cp oder np angegeben werden, muss der Startwert in val1 zum Zeitpunkt der Übergabe an die Selektionstabelle mindestens ein Maskenzeichen "*" oder "+" enthalten, ansonsten kommt es zu einem Programmabbruch.

Mit dem Zusatz SIGN wird der Startwert für die Spalte sign festgelegt. Für sgn muss entweder i oder e direkt angegeben werden. Falls der Zusatz SIGN nicht verwendet wird, wird der Inhalt der Spalte sign auf "I" gesetzt.

Für die Zeitpunkte, zu denen die Startwerte an die erste Zeile der Selektionstabelle übergeben werden, gilt das Gleiche wie beim Zusatz DEFAULT der Anweisung PARAMETERS. Falls die Selektionstabelle zum Zeitpunkt der Übergabe nicht initial ist, werden die Startwerte nicht an die erste Zeile übergeben. Nur die Kopfzeile der Selektionstabelle wird mit ihnen gefüllt, was keinen Einfluss auf das Selektionskriterium hat.

Hinweis

Die zugehörigen Eingabefelder auf dem Selektionsbild sind nur dann mit den Startwerten gefüllt, wenn die erste Zeile der Selektionstabelle vor dem Senden des Selektionsbildes nicht mehr geändert wird. Es wird genau der Wert angezeigt, den die Selektionstabelle am Ende der Verarbeitung des Ereignisses AT SELECTION-SCREEN OUTPUT hat. Startwerte für die Mehrfachselektion können ausschließlich durch das Einfügen von Zeilen in die Selektionstabelle definiert werden.

34.3.3.2 Kleinschreibung
```
... LOWER CASE
```

Dieser Zusatz verhindert, dass der Inhalt zeichenartiger Felder beim Transport von den Eingabefeldern auf dem Selektionsbild an die Selektionstabelle in Großbuchstaben konvertiert wird.

34.3.3.3 Suchhilfe
```
... MATCHCODE OBJECT search_help
```

Dieser Zusatz verknüpft die Eingabefelder des Selektionskriteriums mit einer Suchhilfe `search_help` aus dem ABAP Dictionary. Der Name der Suchhilfe muss direkt angegeben werden. Der Zusatz hat für die Eingabefelder die gleiche Wirkung wie bei seiner Verwendung bei der Anweisung `PARAMETERS` für das Eingabefeld eines Parameters.

34.3.3.4 SPA/GPA-Parameter
```
... MEMORY ID pid
```

Dieser Zusatz verknüpft das erste Eingabefeld mit einem SPA/GPA-Parameter im SAP Memory. Die Kennung `pid` des SPA/GPA-Parameters muss direkt und mit maximal 20 Zeichen angegeben werden. Der Zusatz hat für das erste Eingabefeld die gleiche Wirkung wie bei seiner Verwendung bei der Anweisung `PARAMETERS` für das Eingabefeld eines Parameters.

Wenn die angegebene Kennung `pid` nicht in der Datenbanktabelle TPARA enthalten und die Paketprüfung der ABAP-Laufzeitumgebung über den Profilparameter abap/package_check eingeschaltet ist, kommt es zu einem Syntaxfehler. Ansonsten meldet nur die erweiterte Programmprüfung einen Fehler.

34.3.4 Zusatz für Selektionsbilder logischer Datenbanken
```
SELECT-OPTIONS – NO DATABASE SELECTION
```

Syntax
```
... [ NO DATABASE SELECTION ]
```

Der Zusatz NO DATABASE SELECTION zur Anweisung SELECT-OPTIONS ist nur in einem ausführbaren Programm möglich, das mit einer logischen Datenbank verknüpft ist, und steuert in folgenden Situationen die Übergabe der Selektionstabelle an die logische Datenbank:

▶ Er wird in einem ausführbaren Programm verwendet, das mit einer logischen Datenbank verknüpft ist.

▶ Für `dobj` ist hinter dem Zusatz FOR eine Komponente eines Knotens der verknüpften logischen Datenbank angegeben, die im Programm mit der Anweisung TABLES oder NODES deklariert wurde.

▶ Der Knoten der logischen Datenbank ist für freie Abgrenzungen (siehe Abschnitt 62.4.2) vorgesehen.

In diesen Fällen bewirkt der Zusatz, dass die Selektionstabelle nach der Selektionsbildverarbeitung nicht als freie Abgrenzung an die logische Datenbank übergeben wird.

34.4 Selektionsbilder aufrufen

Selektionsbilder können durch die Anweisung SUBMIT, als Einstiegs-Dynpro einer Dialogtransaktion, als Selektionsbild einer Reporttransaktion und durch die Anweisung CALL SELECTION-SCREEN aufgerufen werden. Jeder Aufruf startet die Selektionsbildverarbeitung.

34.4.1 Aufruf über SUBMIT

Bei der Ausführung eines ausführbaren Programms über die Anweisung SUBMIT wird das Standardselektionsbild oder das in der Anweisung spezifizierte Selektionsbild zwischen den Ereignissen INITIALIZATION und START-OF-SELECTION aufgerufen, falls es mindestens ein Eingabefeld oder eine Drucktaste enthält.

34.4.2 Aufruf über Reporttransaktion

Bei der Ausführung einer Reporttransaktion wird das zugeordnete ausführbare Programm intern ebenfalls mit SUBMIT gestartet und das für die Transaktion festgelegte Selektionsbild zwischen den Ereignissen INITIALIZATION und START-OF-SELECTION aufgerufen.

34.4.3 Aufruf über Dialogtransaktion

Wenn bei einer Dialogtransaktion ein Selektionsbild des zugehörigen Programms als Einstiegs-Dynpro definiert ist, wird bei Ausführung des Programms über den Transaktionscode als Erstes das Selektionsbild aufgerufen, wobei dieses aber nicht wie das erste Dynpro einer Dynpro-Folge behandelt wird (siehe Abschnitt 34.5).

Ein Selektionsbild sollte daher nicht als Einstiegs-Dynpro einer Dialogtransaktion verwendet werden, da das Programmverhalten in der Regel nicht der Erwartung entspricht.

34.4.4 Aufruf im Programm

CALL SELECTION-SCREEN

Syntax
```
CALL SELECTION-SCREEN dynnr
                [STARTING AT col1 lin1
                [ENDING   AT col2 lin2]]
                [USING SELECTION-SET variant].
```

Diese Anweisung ruft das Selektionsbild mit der in dynnr angegebenen Dynpro-Nummer auf und startet damit dessen Selektionsbildverarbeitung. Für dynnr wird ein Datenobjekt vom Typ n der Länge 4 erwartet.

Die Anweisung CALL SELECTION-SCREEN greift auf die Selektionsbilder des jeweiligen Hauptprogramms der aktuellen Programmgruppe zu, und diese arbeiten mit den Parametern und Selektionsbildern des Hauptprogramms und lösen in diesem die Selektionsbildverarbeitung aus. Außer im Fall des Aufrufs eines Selektionsbildes in einem extern aufgerufenen Unterprogramm handelt es sich beim Hauptprogramm in der Regel um das aktuelle Programm. Wenn das angegebene Selektionsbild nicht im Hauptprogramm der Programmgruppe enthalten ist, kommt es zu einer unbehandelbaren Ausnahme.

Es können beliebige Selektionsbilder des Hauptprogramms aufgerufen werden, insbesondere auch das Standardselektionsbild. Standardmäßig wird das Selektionsbild im Fenster des vorangegangenen Dynpros angezeigt.

Mit dem Zusatz STARTING AT wird ein modales Dialogfenster erzeugt und das Selektionsbild in dem Dialogfenster angezeigt. Die linke obere Ecke des Dialogfensters wird durch die Werte in col1 und lin1 für Spalte und Zeile bestimmt. Die Werte beziehen sich auf das Fenster mit dem Pop-up-Level 0. Die rechte untere Ecke wird entweder automatisch gesetzt oder kann in col2 und lin2 hinter ENDING AT angegeben werden. Für col1, lin1, col2 und lin2 werden Datenobjekte vom Typ i erwartet. Die Werte von col1, lin1 sollten kleiner als die von col2, lin2 sein, ansonsten ist das Verhalten undefiniert.

Mit dem Zusatz USING SELECTION-SET werden die Parameter und Selektionskriterien des Selektionsbildes mit den Werten einer in variant angegebenen Variante versorgt. Die Wertübergabe an die zugehörigen Datenobjekte des Programms findet unmittelbar vor dem Ereignis AT SELECTION-SCREEN OUTPUT statt. Für variant muss ein zeichenartiges Datenobjekt angegeben werden, das bei Ausführung der Anweisung den Namen einer für das Selektionsbild abgespeicherten Variante des Hauptprogramms in Großbuchstaben enthält. Wenn eine nicht vorhandene Variante oder eine Variante eines anderen Selektionsbildes des Hauptprogramms angegeben wird, wird der Zusatz ignoriert.

Systemfelder

sy-subrc	Bedeutung
0	Benutzer hat auf dem Selektionsbild die Funktion Ausführen oder Ausführen + Drucken gewählt.
4	Benutzer hat auf dem Selektionsbild Zurück, Beenden oder Abbrechen gewählt.

Hinweise
- Die Anweisung CALL SCREEN darf nicht für den Aufruf von Selektionsbildern verwendet werden, da ansonsten die ordnungsgemäße Ausführung der Selektionsbildverarbeitung nicht gewährleistet ist.
- Wenn das aufgerufene Selektionsbild in einem Dialogfenster dargestellt wird, empfiehlt es sich, bei der Definition des Selektionsbildes den Zusatz AS WINDOW zu verwenden.

34.5 Selektionsbildverarbeitung

Die Selektionsbildverarbeitung kapselt die Dynpro-Ablauflogik und das Senden des Selektionsbilds. Es werden keine Dialogmodule des Programms aufgerufen. Stattdessen wird eine Reihe von Selektionsbildereignissen ausgelöst, für die Ereignisblöcke programmiert werden können. Bei der PBO-Verarbeitung wird das Ereignis AT SELECTION-SCREEN OUTPUT ausgelöst. Während der PAI-Verarbeitung wird je nach Benutzeraktion eine Reihe verschiedener Ereignisse AT SELECTION-SCREEN ... ausgelöst. Die Selektionsbildverarbeitung eines angezeigten Selektionsbildes wird durch Auswahl folgender Funktionen des GUI-Status des Selektionsbildes beendet:

- **Ausführen oder Ausführen + Drucken**
  Die Selektionsbildereignisse der PAI-Verarbeitung werden ausgelöst. Danach wird bei über SUBMIT aufgerufenen Standardselektionsbildern das Ereignis START-OF-SELECTION ausgelöst. In über Dialogtransaktionen aufgerufenen Selektionsbildern wird das Programm beendet. Bei einem Aufruf im Programm wird das Programm hinter der Anweisung CALL SELECTION-SCREEN fortgesetzt.

- **Zurück, Beenden oder Abbrechen**
  Es wird ausschließlich das Ereignis AT SELECTION-SCREEN ON EXIT-COMMAND ausgelöst. Danach wird bei über SUBMIT und Dialogtransaktionen aufgerufenen Standardselektionsbildern das Programm beendet, andernfalls wird sy-subrc auf 4 gesetzt und das Programm hinter der Anweisung CALL SELECTION-SCREEN fortgesetzt.

Die Fortführung eines Programms richtet sich nach dem Funktionscode, der am Ende der PAI-Verarbeitung in der Komponente UCOMM des Schnittstellen-Arbeitsbereichs SSCRFIELDS enthalten ist. Wird dieser mit TABLES deklariert und diese Komponente beispielsweise während der Verarbeitung des Standardselektionsbildes eines mit SUBMIT aufgerufenen Programms auf den Wert "ONLI" gesetzt, der dort der Funktion AUSFÜHREN zugeordnet ist, wird nach der Selektionsbildverarbeitung das Ereignis START-OF-SELECTION ausgelöst. Bei Funktionscodes, die nicht obigen Funktionen zugeordnet sind, wird das Selektionsbild nach Beendigung der Selektionsbildverarbeitung automatisch erneut aufgerufen.

Hinweis
Um die Beendigung des Programms nach der Verarbeitung eines über eine Dialogtransaktion aufgerufenen Selektionsbildes zu verhindern, muss während der Selektionsbildverarbeitung mit LEAVE TO SCREEN ein Folge-Dynpro oder mit CALL SCREEN eine neue Dynpro-Folge aufgerufen werden. Die Anweisung SET SCREEN ist nicht ausreichend.

34.6 Selektionsbildereignisse

AT SELECTION-SCREEN

Syntax
```
AT SELECTION-SCREEN { OUTPUT }
               | { ON {para|selcrit} }
               | { ON END OF selcrit }
```

```
            | { ON BLOCK block }
            | { ON RADIOBUTTON GROUP group }
            | { }
            | { ON {HELP-REQUEST|VALUE-REQUEST}
                FOR {para|selcrit-low|selcrit-high} }
            | { ON EXIT-COMMAND }.
```

Diese Anweisung definiert Ereignisblöcke für verschiedene Ereignisse, die von der ABAP-Laufzeitumgebung während der Selektionsbildverarbeitung ausgelöst werden.

Selektionsbildereignisse treten unmittelbar vor dem Senden eines Selektionsbildes und nach bestimmten Benutzeraktionen auf einem angezeigten Selektionsbild auf. Sie dienen der Selektionsbildverarbeitung im ABAP-Programm. Die Information, welches Selektionsbild das Ereignis ausgelöst hat, steht im Systemfeld `sy-dynnr` zur Verfügung.

`AT SELECTION-SCREEN` wird bei Aktionen auf Selektionsbildern, die auf einem anderen Selektionsbild als Subscreen eingebunden sind, mindestens zweimal ausgelöst: zuerst für das eingebundene Selektionsbild, danach für das oder die einbindenden Selektionsbilder.

Hinweis

Die Ereignisblöcke hinter `AT SELECTION-SCREEN` sind intern als Prozeduren implementiert. Deklarative Anweisungen in diesen Ereignisblöcken erzeugen lokale Daten.

Beispiel

Das im System vorhandene Programm DEMO_SELECTION_SCREEN_EVENTS demonstriert alle Selektionsbildereignisse.

34.6.1 PBO

```
... OUTPUT
```

Dieses Ereignis wird beim Dynpro-Ereignis PBO eines Selektionsbildes ausgelöst. In dem Ereignisblock kann das Selektionsbild durch Zuweisungen an die Datenobjekte von Parametern und Selektionskriterien und durch dynamische Bildschirmmodifikationen vorbereitet werden.

Die Zuweisungen an Eingabefelder im Ereignisblock `AT SELECTION-SCREEN OUTPUT` wirken sich immer auf das Selektionsbild aus und überschreiben die Benutzereingaben früherer Anzeigen des gleichen Selektionsbildes. Zuweisungen in den Ereignisblöcken `LOAD-OF-PROGRAM` oder `INITIALIZATION` wirken dagegen nur beim ersten Programmstart.

34.6.2 Übergabe von Einzeldaten

```
... ON {para|selcrit}
```

Dieses Ereignis wird beim Dynpro-Ereignis PAI eines Selektionsbildes ausgelöst, wenn der Inhalt des Eingabefeldes eines Parameters `para` oder eine Zeile eines Selektionskriteriums `selcrit` an das ABAP-Programm übergeben wurde. In dem Ereignisblock kann die Benutzereingabe überprüft werden. Das Senden einer Warnung oder Fehlermeldung im Ereignisblock macht die Felder von `para` bzw. `selcrit` wieder eingabebereit.

Es kann kein Parameter angegeben werden, der als Auswahlknopf definiert ist. Für Auswahlknöpfe ist der Zusatz `ON RADIOBUTTON GROUP` vorgesehen.

Hinweise
- Wenn im Dialogfenster für die Mehrfachselektion eines Selektionskriteriums `selcrit` eine Benutzeraktion stattfindet, werden die Einträge der Selektionstabelle Zeile für Zeile an das Programm übergeben, wobei für jede Zeile das Ereignis `AT SELECTION-SCREEN ON selcrit` ausgelöst wird.
- Die einzelnen Felder einer Auswahlknopfgruppe werden nicht einzeln übergeben und lösen nicht das Ereignis `AT SELECTION-SCREEN ON par` aus.

34.6.3 Übergabe einer Mehrfachselektion

`... ON END OF selcrit`

Dieses Ereignis wird ausgelöst, nachdem nach einer Benutzeraktion im Dialogfenster für die Mehrfachselektion die Selektionstabelle `selcrit` vollständig an das Programm übergeben wurde. Im Ereignisblock kann die gesamte Selektionstabelle überprüft werden.

34.6.4 Blockübergabe

`... ON BLOCK block`

Dieses Ereignis wird beim Dynpro-Ereignis PAI eines Selektionsbildes ausgelöst, wenn alle Eingabefelder eines Blocks `block` des Selektionsbildes an das ABAP-Programm übergeben wurden. In dem Ereignisblock können die Benutzereingaben überprüft werden. Das Senden einer Warnung oder Fehlermeldung in dem Ereignisblock macht alle Felder des Blocks `block` wieder eingabebereit.

34.6.5 Übergabe einer Auswahlknopfgruppe

`... ON RADIOBUTTON GROUP group`

Dieses Ereignis wird beim Dynpro-Ereignis PAI eines Selektionsbildes ausgelöst, wenn alle Felder einer Auswahlknopfgruppe `group` des Selektionsbildes an das ABAP-Programm übergeben wurden. Im Ereignisblock kann die Benutzereingabe überprüft werden. Das Senden einer Warnung oder Fehlermeldung im Ereignisblock macht alle Auswahlknöpfe der Gruppe `group` wieder eingabebereit.

34.6.6 Gesamtübergabe

`... { }`

Das Ereignis `AT SELECTION-SCREEN` selbst wird als letztes Ereignis der Selektionsbildverarbeitung ausgelöst, wenn alle Eingabewerte an das Programm übergeben wurden. In diesem Ereignisblock können sämtliche Benutzereingaben überprüft werden. Das Senden einer Warnung oder Fehlermeldung im Ereignisblock macht alle Bildschirmfelder wieder eingabebereit.

34.6.7 POH und POV

```
... ON { HELP-REQUEST | VALUE-REQUEST } FOR {para|selcrit-low|selcrit-high}
```

Die beiden Ereignisse ON HELP-REQUEST und ON VALUE-REQUEST werden bei den Dynpro-Ereignissen POH und POV eines Selektionsbildes ausgelöst, wenn für das Eingabefeld eines Parameters para oder eines der Eingabefelder eines Selektionskriteriums selcrit die Feldhilfe F1 bzw. die Eingabehilfe F4 aufgerufen wurde. Andere Selektionsbildereignisse werden nicht ausgelöst.

In den Ereignisblöcken kann eine selbst definierte Feld- bzw. Eingabehilfe programmiert werden, die die eventuell im ABAP Dictionary definierten Hilfen übersteuert. Bei den Ereignissen für die Feld- und Eingabehilfe werden keine Daten zwischen Selektionsbild und ABAP-Programm transportiert. Wie bei allgemeinen Dynpros müssen hierfür geeignete Funktionsbausteine wie RS_SELECTIONSCREEN_READ und RS_SELECTIONSCREEN_UPDATE verwendet werden. Die im Ereignisblock für die Wertehilfe geänderten Parameter und Selektionskriterien werden an das Selektionsbild transportiert.

Hinweis
Diese Ereignisblöcke können nur für Felder des Selektionsbildes implementiert werden, die im gleichen ABAP-Programm und nicht in einer eventuell verknüpften logischen Datenbank definiert sind.

34.6.8 Exit-Kommando

```
... ON EXIT-COMMAND
```

Dieses Ereignis wird ausgelöst, wenn der Benutzer eine der Funktionen ZURÜCK, BEENDEN oder ABBRECHEN aufgerufen hat. Im Ereignisblock können eventuelle Aufräumarbeiten vorgenommen werden.

Beispiel
In diesen ausführbaren Programmen sind ein Standardselektionsbild und ein weiteres Selektionsbild definiert. In den Ereignisblöcken AT SELECTION-SCREEN werden die Eingaben in die Selektionsbilder über die Auswertung des Namens p_carrid und der Dynpro-Nummer in sy-dynnr gezielt behandelt.

```abap
REPORT demo_at_selection_screen.
* Global data
DATA: spfli_tab TYPE TABLE OF spfli,
      spfli_wa  LIKE LINE OF spfli_tab.
* Selection screens
PARAMETERS p_carrid TYPE spfli-carrid.
SELECTION-SCREEN BEGIN OF SCREEN 500.
  SELECT-OPTIONS s_conn FOR spfli_wa-connid.
SELECTION-SCREEN END OF SCREEN 500.
* Handling selection screen events
```

```abap
  AT SELECTION-SCREEN ON p_carrid.
    IF p_carrid IS INITIAL.
      MESSAGE 'Please enter a value' TYPE 'E'.
    ENDIF.
    AUTHORITY-CHECK OBJECT 'S_CARRID'
                    ID 'CARRID' FIELD p_carrid
                    ID 'ACTVT'  FIELD '03'.
    IF sy-subrc = 4.
      MESSAGE 'No authorization for carrier' TYPE 'E'.
    ELSEIF sy-subrc <> 0.
      MESSAGE 'Error in authority check' TYPE 'A'.
    ELSE.
      IF sy-ucomm = 'ONLI'.
        CALL SELECTION-SCREEN '0500'.
      ENDIF.
    ENDIF.
  AT SELECTION-SCREEN.
    IF sy-dynnr = '0500'.
      IF s_conn IS INITIAL.
        MESSAGE 'Please enter values' TYPE 'W'.
      ELSE.
        SELECT *
               FROM spfli
               INTO TABLE spfli_tab
               WHERE carrid = p_carrid AND
                     connid IN s_conn.
        IF sy-subrc <> 0.
          MESSAGE 'No flights found' TYPE 'E'.
        ENDIF.
      ENDIF.
    ENDIF.
* Main program
START-OF-SELECTION.
  ...
```

34.7 Freie Abgrenzungen

Eine freie Abgrenzung ist eine Selektionsbedingung, die auf einem dynamisch erzeugten Selektionsbild eingegeben werden kann. Erzeugung, Anzeige und Verarbeitung der zugehörigen Selektionsbilder erfolgen über die Systemfunktionsbausteine FREE_SELECTIONS_... der Funktionsgruppe SSEL. Diese Selektionsbilder können eigenständig angezeigt oder als Subscreens in die Bildschirmbilder anderer Dynpros oder Selektionsbilder eingebunden werden. Freie Abgrenzungen können in logischen Datenbanken eingebunden oder in beliebigen Programmen verwendet werden.

34.7.1 Freie Abgrenzungen in logischen Datenbanken

Logische Datenbanken können freie Abgrenzungen auf ihrem Selektionsbild anbieten, um zusätzlich zu den dort statisch vordefinierten Parametern und Selektionskriterien weitere dynamische Selektionsbedingungen für einzelne Knoten der logischen Datenbank anzugeben, die im Datenbankprogramm der logischen Datenbank ausgewertet werden können. Für die freien Abgrenzungen einer logischen Datenbank genügt es, diese mit dem Zusatz DYNAMIC SELECTIONS der Anweisung SELECTION-SCREEN in der logischen Datenbank zu deklarieren (siehe Abschnitt 62.4.2).

Der Aufruf der Funktionsbausteine zur Erzeugung, Anzeige und Verarbeitung der freien Abgrenzung erfolgt durch die ABAP-Laufzeitumgebung. Die vom Benutzer eingegebenen Selektionen werden direkt an Datenobjekte des Datenbankprogramms übergeben und können dort ausgewertet werden.

Für die Parameterübergabe an Selektionsbilder logischer Datenbanken, die freie Abgrenzungen anbieten, gibt es einen speziellen Zusatz WITH FREE SELECTIONS der Anweisung SUBMIT, bei dessen Verwendung die oben genannten Funktionsbausteine in der Regel ebenfalls zum Einsatz kommen.

34.7.2 Freie Abgrenzungen in beliebigen Programmen

In ABAP-Programmen, die mit klassischen Dynpros arbeiten, können freie Abgrenzungen durch die direkte Verwendung der folgenden beiden Funktionsbausteine angeboten werden:

- FREE_SELECTIONS_INIT
- FREE_SELECTIONS_DIALOG

Mit dem Funktionsbaustein FREE_SELECTIONS_INIT werden die Entitäten bestimmt, für die freie Abgrenzungen vorgenommen werden sollen. Dies können beispielsweise Datenbanktabellen des ABAP Dictionarys oder frei angebbare Felder sein. Das Ergebnis dieses Funktionsbausteins ist eine sogenannte Selektions-ID, die dem Funktionsbaustein FREE_SELECTIONS_DIALOG übergeben werden muss.

Der Funktionsbaustein FREE_SELECTIONS_DIALOG kann verschieden konfigurierte Selektionsbilder in unterschiedlichen Formen anzeigen. Der Benutzer kann auf diesen Selektionsbildern freie Abgrenzungen für die dort angebotenen Felder eingeben und gegebenenfalls auch selbst Felder aussuchen, für die er freie Abgrenzungen vornehmen will. Nach der Auswahl von SICHERN liefert der Funktionsbaustein die eingegebenen Abgrenzungen in drei verschiedenen Formaten an den Aufrufer zurück, die dieser von folgenden EXPORTING-Parametern übernehmen kann:

- **WHERE_CLAUSES**
  Dieser Parameter übergibt eine interne Tabelle mit entsprechend den freien Abgrenzungen generierten Bedingungen *sql_cond* zur dynamischen Angabe in der WHERE-Klausel von SELECT-Anweisungen.

- **FIELD_RANGES**
    Dieser Parameter übergibt eine interne Tabelle mit entsprechend den freien Abgrenzungen generierten Ranges-Tabellen, die mit dem Prädikat IN in entsprechenden WHERE-Bedingungen oder logischen Ausdrücken ausgewertet werden können.

- **EXPRESSIONS**
    Dieser Parameter übergibt eine interne Tabelle mit entsprechend den freien Abgrenzungen generierten Bedingungen in einem internen Format (umgekehrte polnische Notation). Dieses Format kann wieder an den Funktionsbaustein FREE_SELECTIONS_INIT übergeben werden, um ein Selektionsbild vorzubereiten, das mit diesen Abgrenzungen vorbelegt ist. Darüber hinaus wird dieses Format bei der Übergabe an aufgerufene Programme mit dem Zusatz WITH FREE SELECTIONS der Anweisung SUBMIT benötigt.

Weitere Informationen finden Sie in der Dokumentation der Funktionsbausteine und ihrer Parameterschnittstelle.

Beispiel
Das seit Release 7.02/7.2 auf dem AS ABAP vorhandene Programm DEMO_FREE_ SELECTIONS demonstriert die einfachste Form der Verwendung einer freien Abgrenzung in einem Programm. Der Funktionsbaustein FREE_SELECTIONS_INIT wird dort durch Übergabe des Wertes "T" an den Parameter KIND so eingestellt, dass er freie Abgrenzungen für Datenbanktabellen des ABAP Dictionarys vorbereitet. Der Name eine frei wählbaren Datenbanktabelle wird an den Tabellenparameter tables_tab übergeben. Das Ergebnis von FREE_SELECTIONS_INIT wird an den Funktionsbaustein FREE_SELECTIONS_DIALOG übergeben, der ein Selektionsbild zur Eingabe freier Abgrenzungen für die Datenbanktabelle anzeigt. Der Benutzer kann auswählen, für welche Datenbankfelder er eine freie Abgrenzung vornehmen will, und diese dann eingeben. Wenn der Benutzer seine freien Abgrenzungen mit Sichern bestätigt, übernimmt das Programm diese in Form einer dynamischen WHERE-Klausel und verwendet sie in einer dynamischen SELECT-Anweisung, um Daten gemäß dieser Abgrenzung auszulesen.

35 Klassische Listen

Klassischen Listen (kurz Listen) sind standardmäßig Bildschirmbilder, die keine Bildschirmelemente, sondern durch ABAP-Anweisungen definierte Textausgaben in ihrem Darstellungsbereich enthalten. Listen werden als Bestandteil eines speziellen Listen-Dynpros angezeigt, das Komponente des Systemprogramms Listenprozessor ist.

In produktiven Programmen ist die direkte Verwendung klassischer Listen nicht mehr vorgesehen. Stattdessen sollten andere geeignete Ausgabemedien verwendet werden. Für tabellarische Listenausgaben dienen die Klassen des SAP List Viewers (ALV), wie z. B. CL_SALV_TABLE. Für einfache Textausgaben bieten sich Verschalungen des Browser Controls wie z. B. über dynamische Dokumente oder Verschalungen des Text Edit Controls an.

Da klassische Listen noch in vielen vorhandenen Programmen vorkommen, werden die zugehörigen Sprachelemente hier nach wie vor noch ausführlich behandelt.

35.1 Eigenschaften klassischer Listen

35.1.1 Listen im ABAP-Programm

Ein ABAP-Programm kann mehrere Listen verarbeiten, die in einem oder mehreren Listenpuffern abgelegt sind. Bei jedem Aufruf einer Dynpro-Folge wird ein neuer Listenpuffer geöffnet und dieser Dynpro-Folge zugeordnet. Ein Listenpuffer kann 21 Listen aufnehmen: eine Grundliste und 20 Verzweigungslisten. Jeder Liste ist ein Listenindex zugeordnet, der die Listen des Listenpuffers in hierarchische Listenstufen unterteilt. Die erste Liste eines Listenpuffers ist die Grundliste mit dem Listenindex 0. Alle weiteren Listen, deren Listenindex in ununterbrochener Folge ab 1 gezählt wird, sind Verzweigungslisten.

Die Ausgabeanweisungen eines ABAP-Programms schreiben in die sogenannte aktuelle Liste, deren Listenindex durch das Systemfeld `sy-lsind` bestimmt wird. Die aktuelle Liste nach dem Aufruf einer Dynpro-Folge ist die Grundliste. Solange die Grundliste nicht zur Anzeige gebracht wird, können keine weiteren Listenstufen erzeugt werden.

35.1.2 Grundliste

Die Grundliste wird entweder implizit während der Verarbeitung eines ausführbaren Programms (siehe Abschnitt 18.1.1) oder explizit über die Anweisung LEAVE TO LIST-PROCESSING zur Anzeige gebracht. Dabei wird der Listenprozessor aufgerufen, und dieser sendet das Listen-Dynpro. Die Anzeige einer Liste schließt diese im Listenpuffer ab. Sie kann nicht mehr beschrieben, aber ausgelesen oder modifiziert werden.

35.1.3 Verzweigungslisten

Jede Benutzeraktion auf einer angezeigten Liste, die ein Listenereignis auslöst, für das ein Ereignisblock im ABAP-Programm definiert ist, erzeugt eine neue Verzweigungsliste. Der Listenindex dieser Verzweigungsliste liegt immer um genau 1 höher als der Listenindex der Liste, auf der das Ereignis ausgelöst wurde. Letzterer ist Inhalt des Systemfeldes `sy-listi`. Die Ausgabeanweisungen des Ereignisblocks schreiben in die aktuelle Verzweigungsliste. Bei ordnungsgemäßem Abschluss des Ereignisblocks wird die Verzweigungsliste automatisch im Listen-Dynpro zur Anzeige gebracht.

Durch Benutzeraktionen auf angezeigten Listen kann im Listenpuffer ein Stapel von bis zu 20 Verzweigungslisten aufgebaut werden. Dabei ist die Liste mit dem höchsten Listenindex (`sy-lsind`) immer die aktuelle Liste des ABAP-Programms, während die Liste mit dem nächstniedrigeren Listenindex (`sy-listi`) auf dem Bildschirm angezeigt wird. Auf sämtliche Listen des Stapels kann mit bestimmten Anweisungen der Listenverarbeitung über die Angabe des Listenindex lesend und modifizierend zugegriffen werden.

Der Stapel von Verzweigungslisten eines Listenpuffers kann auf zwei Arten abgebaut werden:

▶ Eine Benutzeraktion auf einer angezeigten Verzweigungsliste ist mit dem Funktionscode "BACK" verknüpft. Dieser Funktionscode bewirkt, dass zur Anzeige der vorangegangenen Liste zurückgekehrt und der Wert von `sy-lsind` um 1 verringert wird. Auf der Grundliste bewirkt "BACK" das Verlassen der aktuellen Dynpro-Folge.

▶ Dem Systemfeld `sy-lsind` wird innerhalb eines Ereignisblocks zu einem Listenereignis ein Wert zugewiesen. Wenn der Wert von `sy-lsind` bei Beendigung des Ereignisblocks kleiner als der Listenindex der aktuellen Liste und größer gleich 0 ist, ersetzt die aktuelle Liste die Liste dieser Listenstufe, und alle Listen, deren Listenindex größer als der Wert von `sy-lsind` ist, werden aus dem Listenpuffer gelöscht. Andere Werte von `sy-lsind` werden bei Beendigung des Ereignisblocks wieder auf den Index der aktuellen Liste gesetzt.

35.1.4 Aufbau einer Liste

Eine Liste ist aus Listenzeilen fester Breite von maximal 1.023 Zeichen aufgebaut. Die Zeilenbreite der aktuellen Liste ist im Systemfeld `sy-linsz` abgelegt. Die Anzahl der Zeilen einer Liste ist nur durch die Speicherressourcen des Systems beschränkt.

Eine Liste ist in Seiten unterteilt. Jede Liste beginnt auf Seite 1. Die aktuelle Seite der aktuellen Liste ist im Systemfeld `sy-pagno` abgelegt. Die Ausgabeposition auf der aktuellen Seite im Listenpuffer ist durch den Listen-Cursor bestimmt, der in den Systemfeldern `sy-colno` (Stelle) und `sy-linno` (Zeile) zur Verfügung steht. Eine Seite kann maximal 60.000 Zeilen enthalten. Die Anzahl der Zeilen pro Seite ist für die aktuelle Liste im Systemfeld `sy-linct` abgelegt, wobei der Wert 0 gleichbedeutend mit der maximalen Zeilenzahl pro Seite ist.

Auf jeder Seite einer Liste können Zeilen für einen Seitenkopf und einen Seitenfuß verwendet werden. Die Zeilen des Seitenkopfes der Grundliste werden standardmäßig mit einem Standardseitenkopf aus den Textelementen des ABAP-Programms gefüllt. Der Standardseitenkopf besteht aus einer Standardüberschrift und kann Spaltenüberschriften enthalten. Die Standardüberschrift wird beim vertikalen Blättern einer am Bildschirm angezeigten Seite nicht verschoben.

Der Seitenkopf kann beim Listenereignis `TOP-OF-PAGE` mit weiteren Zeilen gefüllt werden. Der Seitenfuß kann nur beim Listenereignis `END-OF-PAGE` gefüllt werden. Der gesamte Seitenkopf der obersten am Bildschirm angezeigten Seite wird beim vertikalen Blättern nicht verschoben. Die Spaltenüberschriften des Standardseitenkopfes und die bei TOP-OF-PAGE gefüllten Zeilen werden beim horizontalen Blättern verschoben.

35.1.5 Drucklisten

Die Listen im Listenpuffer sind Bildschirmlisten. Ihr Inhalt wird nach implizitem Aufruf des Listenprozessors in einem ausführbaren Programm oder einem expliziten Aufruf mit LEAVE TO LIST-PROCESSING im Listen-Dynpro angezeigt.

Bei der Listenerstellung können aber einzelne oder alle Seiten einer Liste oder mehrerer Listen mit dem Zusatz PRINT ON der Anweisung NEW-PAGE von den Bildschirmlisten ausgenommen und stattdessen an das SAP-Spool-System gesendet werden. Die Gesamtheit dieser Seiten bildet eine Druckliste (siehe Abschnitt 35.5).

35.1.6 Listen und ABAP Objects

Die in diesem Abschnitt aufgeführten Anweisungen zur Listenverarbeitung beruhen auf globalen Daten und Ereignissen der Laufzeitumgebung und werden in ABAP Objects und bei der Verwendung von ABAP Objects nicht mehr vollständig unterstützt. Stattdessen sollten andere geeignete Ausgabemedien verwendet werden. Für tabellarische Listenausgaben dienen die Klassen des SAP List Viewers (ALV), wie z. B. CL_SALV_TABLE. Für einfache Textausgaben bieten sich Verschalungen des Browser Controls wie z. B. über dynamische Dokumente oder Verschalungen des Text Edit Controls an.

35.2 Listen erstellen

35.2.1 Listen schreiben

```
WRITE
```

Syntax
```
WRITE {[AT] [/][pos][(len|*|**)]} dobj
      [UNDER other_dobj]
      [NO-GAP]
      [int_format_options]
      [ext_format_options]
      [list_elements]
      [QUICKINFO info].
```

Diese Anweisung bereitet den Inhalt des Datenobjekts dobj auf und schreibt ihn in die aktuelle Seite der aktuellen Liste. Dies ist entweder eine Bildschirmliste im Listenpuffer oder eine Druckliste. Für dobj sind alle flachen Datentypen sowie die Datentypen string und xstring zulässig, wobei Strukturen wie ein Datenobjekt vom Typ c behandelt werden und in Unicode-Systemen zeichenartig sein müssen. In einem Unicode-System können somit genau die Datentypen verwendet werden, die unter dem generischen Typ simple zusammengefasst sind. Das

Datenobjekt `dobj` kann über ein Feldsymbol oder eine dereferenzierte Datenreferenz angegeben werden.

Die Aufbereitung der Ausgabe erfolgt gemäß den gleichen vordefinierten Formaten wie bei der Anweisung `WRITE ... TO` (siehe Abschnitt 28.2.10) oder mit den Zusätzen `int_format_options` (siehe Abschnitt 35.2.3). Mit `ext_format_options` (siehe Abschnitt 35.2.4) kann die aufbereitete Ausgabe formatiert werden, und die Zusätze `list_elements` (siehe Abschnitt 35.2.6) erlauben die Darstellung spezieller Listenelemente. Standardmäßig werden unmittelbar benachbarte Zeichen "-" und "|" auf einer Liste zu durchgehenden Linien verbunden (siehe Abschnitt 35.2.5).

Die Ausgabeposition wird entweder durch den Listen-Cursor bestimmt oder kann mit `pos` hinter `AT` oder über `UNDER` angegeben werden. Der Listen-Cursor selbst kann mit `NO-GAP` beeinflusst werden. Zu Beginn jeder Ausgabe ist die Ausgabeposition im Listenpuffer gleichbedeutend mit der Ausgabeposition in der Darstellung der Liste. In Unicode-Systemen können die Positionen einzelner Zeichen innerhalb eines ausgegebenen Feldes in der Darstellung der Liste und im Listenpuffer unterschiedlich sein. Die Ausgabelänge ist aber in beiden Fällen gleich.

Die Ausgabelänge (siehe Abschnitt 35.2.2) wird entweder durch den Datentyp von `dobj` bestimmt oder kann mit `len|*|**` hinter `AT` angegeben werden. `len` gibt eine absolute Länge an, während `*` oder `**` dafür sorgen, dass es in Unicode-Systemen nicht zu ungewollten Verkürzungen kommt.

Ist die letzte Zeile der aktuellen Seite erreicht und es wird in eine folgende Zeile ausgegeben, wird eine neue Seite erzeugt. Die maximale Zeilenzahl wird durch den Zusatz `LINE-COUNT` der programmeinleitenden Anweisung oder der Anweisung `NEW-PAGE` festgelegt. Auf Grundlisten wird bereits bei Erreichen des für den Seitenfuß reservierten Bereichs das Ereignis `END-OF-PAGE` ausgelöst und dann eine neue Seite erzeugt.

Ist nach der Positionierung des Listen-Cursors durch eine vorangegangene Ausgabeanweisung die Ausgabelänge größer als der noch verfügbare Bereich in der aktuellen Zeile des Listenpuffers, erfolgt die Ausgabe in der nächsten Zeile. Wenn auch diese Zeile für eine vollständige Ausgabe nicht ausreicht, wird die Ausgabelänge entsprechend gekürzt und in dieser Zeile ausgegeben. Nach einer Positionierung des Listen-Cursors, die nicht durch eine vorangegangene Ausgabeanweisung erfolgt, d. h. bei Verwendung der Angabe `pos` oder nach einer Anweisung `BACK`, `NEW-LINE`, `NEW-PAGE`, `POSITION` oder `SKIP`, erfolgt die Ausgabe immer in der aktuellen Zeile, wobei – falls notwendig – die Ausgabelänge gekürzt wird.

Nach der Ausgabe steht der Listen-Cursor standardmäßig an der übernächsten Stelle hinter der Ausgabe, und die Systemfelder `sy-colno` und `sy-linno` werden entsprechend gesetzt. Wenn das Datenobjekt `dobj` mit Bezug auf einen Datentyp aus dem ABAP Dictionary deklariert ist, stehen die dort definierten Feld- und Eingabehilfen auf der am Bildschirm dargestellten Liste zur Verfügung.

In der Standardeinstellung stellt das System keine neue Zeile, die nur Leerzeichen enthält, in eine Liste. Nur falls der Listen-Cursor direkt, d. h. nicht durch einen Zeilenumbruch, in eine bereits vorhandene Zeile positioniert wird, wird eine solche Zeile ausgegeben. Diese Einstellung kann mit der Anweisung `SET BLANK LINES ON` geändert werden.

35.2.1.1 Ausgabeposition und -länge beeinflussen
```
... [AT] [/][pos][(len|*|**)]
```

Hinter AT können Ausgabeposition und -länge für die aktuelle WRITE-Anweisung festgelegt werden. An der Ausgabeposition bereits vorhandene Ausgaben werden dabei im Listenpuffer in der Ausgabelänge der neuen Ausgabe überschrieben. Nach dem Überschreiben einer bereits vorhandenen Ausgabe wird der Listen-Cursor an die nächste und nicht die übernächste Stelle gesetzt.

Die Bestandteile der Positions- und Längenangaben /, pos und len bzw. * bzw. ** müssen ohne Zwischenraum und in der angegebenen Reihenfolge aufgeführt werden. Falls in der Positions- und Längenangabe nur Literale angegeben sind, kann der Zusatz AT weggelassen werden.

Mit / erfolgt die Ausgabe in der nächsten Zeile hinter der aktuellen Zeile. Falls keine Position pos angegeben ist, wird ab der ersten Spalte geschrieben. Direkt nach der Positionierung des Listen-Cursors in eine Listenzeile, die nicht durch eine vorhergehende Ausgabeanweisung erfolgt, hat die Angabe von / keine Wirkung. Dies ist der Fall beim ersten Schreiben in eine Seite einer Liste und nach expliziten Positionierungen mit den Anweisungen SKIP, NEW-LINE, NEW-PAGE und BACK.

Mit der Angabe von pos wird die Ausgabeposition im Listenpuffer bestimmt. Für pos wird ein Datenobjekt vom Typ i erwartet, das einen Wert innerhalb der aktuellen Listenbreite enthält. Falls der Wert in pos kleiner 1 ist, wird er ignoriert. Falls er größer als die aktuelle Listenbreite ist, erfolgt keine Ausgabe.

Mit der eingeklammerten Angabe von len, * oder ** wird die Ausgabelänge bestimmt. Mit len kann ein absoluter Wert angegeben werden. Für len wird ein Datenobjekt vom Typ i erwartet, dessen Wert größer null ist und innerhalb der aktuellen Listenbreite liegt. In Unicode-Systemen kann sich bei der Angabe von len die Anzahl der auf der Liste dargestellten Zeichen von der Anzahl der im Listenpuffer gespeicherten Zeichen unterscheiden. Bei der Angabe von * oder ** hängt die Ausgabelänge, wie in Tabelle 35.1 aufgeführt, vom Datentyp des Datenobjekts dobj ab.

Datentyp	*	**
c	Anzahl der Spalten, die auf der Liste zur Darstellung des gesamten Inhalts benötigt werden, wobei keine schließenden Leerzeichen berücksichtigt werden. Diese Länge kann in Unicode-Systemen größer als die implizite Länge sein.	doppelte Länge des Datenobjekts
string	siehe Tabelle 35.2	doppelte Anzahl enthaltener Zeichen
n, x, xstring	siehe Tabelle 35.2	siehe Tabelle 35.2
d	10	10
t	8 für das 24-Stunden-Format, 11 für ein 12-Stunden-Format	8 ohne Verwendung des Zusatzes ENVIRONMENT TIME FORMAT, 11 bei Verwendung dieses Zusatzes

Tabelle 35.1 Ausgabelänge auf Listen bei Angabe von * oder **

Datentyp	*	**
(b,s), f, i, p	Länge, die nötig ist, um den aktuellen Wert inklusive Tausendertrennzeichen auszugeben, wobei der Wert nach Anwendung der eventuellen Zusätze CURRENCY, DECIMALS, NO-SIGN, ROUND oder UNIT betrachtet wird	Länge, die nötig ist, um die maximal möglichen Werte dieser Typen inklusive Vorzeichen und Tausendertrennzeichen auszugeben, wobei der Wert nach Anwendung der eventuellen Zusätze CURRENCY, DECIMALS, NO-SIGN, ROUND oder UNIT betrachtet wird
decfloat16, decfloat34 (7.02/7.2)	Ab Release 7.02/7.2. Wie bei **, wobei öffnende und schließende Leerzeichen entfernt werden.	24 bzw. 46. Das sind die vordefinierten Ausgabelängen, die eventuelle Tausendertrennzeichen umfassen. Bei zu großen Werten kann es ab Release 7.02/7.2 zu Ausnahmen kommen, wenn hinter STYLE eines der Formate O_SIGN_AS_POSTFIX, O_MONETARY oder O_EXTENDED_MONETARY angegeben ist.

Tabelle 35.1 Ausgabelänge auf Listen bei Angabe von * oder ** (Forts.)

Wenn bei Bezug auf einen Datentyp im ABAP Dictionary eine Konvertierungsroutine ausgeführt wird, wird diese bei der Angabe von len für die damit angegebene Länge und bei der Angabe von * oder ** für die im ABAP Dictionary angegebene Ausgabelänge durchgeführt. Bei der Angabe von * oder ** wird die Ausgabelänge dann nach obigen Regeln aus dem Ergebnis der Konvertierungsroutine bestimmt. Die Angabe von * oder ** bei der Verwendung von Aufbereitungsschablonen (USING EDIT MASK, DD/MM/YYYY ...) folgt besonderen Regeln (siehe Abschnitt 35.2.3).

Hinweise

▶ Zusammengefasst sorgt die Angabe von * oder ** für die Ausgabelänge dafür, dass diese unabhängig vom Datentyp ausreicht, auch in Unicode-Systemen alle Zeichen von dobj darzustellen, selbst wenn auf der Liste mehr Spalten benötigt werden als Stellen im Listenpuffer. Bei * wird die minimal nötige, bei ** die maximal mögliche Länge verwendet.

▶ Bei der Angabe einer Ausgabeposition innerhalb bereits vorhandener Ausgaben ist zu beachten, dass sich die Position immer auf die im Listenpuffer abgelegten Zeichen bezieht. Wenn in einem Unicode-System Zeichen dargestellt werden, die mehr als eine Spalte auf der Liste benötigen, kann sich die dargestellte Ausgabeposition zum einen von der angegebenen Ausgabeposition unterscheiden, und zum anderen kann sich der dargestellte Inhalt einer teilweise überschriebenen Ausgabe abhängig von den Zeichen, mit denen überschrieben wird, verschieben.

Beispiel
Ausgabe eines Textfeldes text an verschiedenen Positionen und mit verschiedenen Ausgabelängen.

```
DATA: text TYPE string VALUE '0123456789ABCDEF',
      col  TYPE i VALUE 25,
      len  TYPE i VALUE 5.
WRITE text.
WRITE /5(10) text.
WRITE AT col(len) text.
```

35.2.1.1 Relative Ausgabeposition angeben

`... UNDER other_dobj`

Die Ausgabe erfolgt in der aktuellen Zeile an der Stelle, an der in einer vorangegangenen `WRITE`-Anweisung das Datenobjekt `other_dobj` ausgegeben wurde. Das Datenobjekt `other_dobj` muss genauso geschrieben werden wie in der entsprechenden `WRITE`-Anweisung, also inklusive eventueller Offset-/Längenangaben usw. Falls das Datenobjekt `other_dobj` vorher nicht ausgegeben wurde, wird der Zusatz ignoriert. Falls es mehrmals ausgegeben wurde, wird die horizontale Ausgabeposition der letzten `WRITE`-Anweisung verwendet.

Der Zusatz `UNDER` kann nicht gemeinsam mit einer Positionsangabe `pos` hinter `AT` verwendet werden. Für `other_dobj` darf ab Release 7.02/7.2 keine Boxed Component oder Komponente einer Boxed Component angegeben werden.

Hinweise
- Für die vertikale Positionierung muss selbst gesorgt werden. Nur wenn der Listen-Cursor unterhalb der Ausgabe von `other_dobj` steht, erfolgt die Ausgabe auch unterhalb.
- Das Datenobjekt `other_dobj` sollte global im aktuellen Programm definiert sein. Die Verwendung lokaler Datenobjekte in Prozeduren kann zu unerwünschten Ergebnissen führen, beispielsweise, wenn die Komponenten gleicher Strukturen in unterschiedlichen Prozeduren verwendet werden.
- Das Datenobjekt `other_dobj` kann auch als Feldsymbol oder als dereferenzierte Datenreferenz angegeben werden. In diesem Fall dürfen Feldsymbol oder Datenreferenz aber nicht auf eine Zeile einer internen Tabelle zeigen.

Beispiel
Tabellenartige Ausgabe von Flugverbindungen.

```
DATA: carrid TYPE spfli-carrid,
      connid TYPE spfli-connid.
WRITE: 10 'Carrier', 40 'Connection'.
ULINE.
SELECT carrid connid
       FROM spfli
       INTO (carrid,connid).
  WRITE: / carrid UNDER 'Carrier',
           connid UNDER 'Connection'.
ENDSELECT.
```

35.2.1.2 Listen-Cursor beeinflussen

`... NO-GAP`

Der Listen-Cursor wird direkt hinter die Ausgabe und nicht an der übernächsten Stelle des Listenpuffers positioniert.

Beispiel
Die Ausgabe der beiden `WRITE`-Anweisungen ist "NoGap".

```
WRITE: 'No' NO-GAP, 'Gap'.
```

35.2.1.3 Quick-Info definieren

```
... QUICKINFO info
```

Der Ausgabe wird eine Quick-Info zugeordnet. Wenn der Mauszeiger auf dem Ausgabebereich von `dobj` platziert wird, erscheint der Inhalt von `info` in einem farbig unterlegten Rechteck. Für `info` wird ein zeichenartiges Datenobjekt der Länge 40 erwartet.

Der Zusatz `QUICKINFO` hat keine Wirkung auf eingabebereite Felder und Linienelemente. Wenn eine Listenausgabe durch eine andere Ausgabe überschrieben wird, erscheint ab der Position, an der die Überschreibung beginnt, keine Quick-Info mehr für das überschriebene Feld.

Beispiel
Zusatzinformationen zu Ausgaben von Datum und Zeit.

```
WRITE: (10) sy-datum QUICKINFO 'Date of list creation',
       (8)  sy-uzeit QUICKINFO 'Time of list creation'.
```

35.2.2 Ausgabelänge auf Listen

Beim Schreiben mit der Anweisung `WRITE` wird die Ausgabe im Listenpuffer gespeichert und von dort beim Aufruf der Liste zur Anzeige gebracht. Bei jeder Ausgabe eines Datenobjekts mit `WRITE` wird implizit (gemäß Tabelle 35.2) oder explizit (Angabe von `len` hinter dem Zusatz `AT`) eine Ausgabelänge festgelegt. Durch die Ausgabelänge werden zwei Dinge definiert:

- die Anzahl der im Listenpuffer für Zeichen zur Verfügung stehenden Stellen (oder Speicherplätze)
- die Anzahl der auf der eigentlichen Liste zur Verfügung stehenden Spalten (oder Zellen)

Vordefinierte Ausgabelänge
Wenn die Ausgabelänge nicht explizit angegeben ist, wird sie für eingebaute ABAP-Typen gesetzt, wie in Tabelle 35.2 gezeigt:

Datentyp	Ausgabelänge
b	3
c	Länge von `dobj`, maximal 255
d	8
decfloat16	24 (ab Release 7.02/7.2)
decfloat34	46 (ab Release 7.02/7.2)
f	24
i	11
n	Länge von `dobj`, maximal 255
p	2 x Länge von `dobj` (+ 1, wenn es ein Dezimaltrennzeichen gibt)
s	5

Tabelle 35.2 Vordefinierte Ausgabelänge auf Listen

Datentyp	Ausgabelänge
string	In Nicht-Unicode-Programmen die Anzahl der in dobj enthaltenen Zeichen. In Unicode-Programmen die Anzahl der auf der Liste benötigten Spalten. Falls diese größer als die Anzahl der Zeichen in dobj ist, werden überzählige Stellen beim Schreiben in den Listenpuffer mit Leerzeichen aufgefüllt. Das Auffüllen erfolgt bei linksbündiger Ausgabe rechts, bei rechtsbündiger Ausgabe links und bei zentrierter Ausgabe abwechselnd rechts und links.
t	6
x	2 x Länge von dobj, maximal 255
xstring	2 x Anzahl der enthaltenen Bytes

Tabelle 35.2 Vordefinierte Ausgabelänge auf Listen (Forts.)

Die Ausgabelänge von Textfeldliteralen wird in Unicode-Programmen wie die von Datenobjekten des Datentyps string gesetzt. Der tatsächliche Datentyp (c) wird nur in Nicht-Unicode-Programmen berücksichtigt.

Hinweise

▶ Bei allen Datenobjekten außer bei solchen vom Typ string und bei Textfeldliteralen kann es bei der Verwendung der vordefinierten Ausgabelänge passieren, dass auf der Liste weniger Zeichen dargestellt werden, als im Listenpuffer abgelegt sind. Bei Datenobjekten vom Datentyp string und bei Textfeldliteralen wird davon ausgegangen, dass alle Zeichen dargestellt werden sollen. Deshalb wird die implizite Ausgabelänge anhand der im Datenobjekt enthaltenen Zeichen so berechnet, dass sie der Anzahl der auf der Liste benötigten Spalten entspricht. Die dabei eventuell im Listenpuffer angehängten Leerzeichen werden beim Schreiben auf die eigentliche Liste wieder abgeschnitten.

▶ Für Datenobjekte, deren Datentypen mit Bezug auf das ABAP Dictionary definiert sind, kann bei der entsprechenden Domäne eine andere Ausgabelänge festgelegt sein. Die dort angegebene Ausgabelänge wird anstelle der impliziten Ausgabelänge aus Tabelle 35.2 verwendet. Bei den Datentypen RAWSTRING, SSTRING und STRING kann im ABAP Dictionary keine Ausgabelänge festgelegt werden, und es gilt immer die in Tabelle 35.2 angegebene Länge.

▶ Die in Tabelle 35.2 gezeigte vordefinierte Ausgabelänge für die Typen d und t reicht nicht aus, um die entsprechenden Trennzeichen auszugeben.

35.2.2.1 Ausgabelänge im Listenpuffer

Wenn die Ausgabelänge kleiner als die Länge des für das Datenobjekt vorgegebenen oder mit int_format_options definierten Formats ist, wird die Ausgabe beim Schreiben in den Listenpuffer analog zu den Regeln bei WRITE ... TO (siehe Abschnitt 28.2.10) wie folgt gekürzt:

▶ Bei Datenobjekten der numerischen Datentypen i (s, b) und p werden erst von links nach rechts die Tausendertrennzeichen weggelassen und dann links abgeschnitten. Zur Kennzeichnung steht dann an erster Stelle ein Stern ("*").

▶ Bei Datenobjekten vom Typ decfloat16 und decfloat34 (ab Release 7.02/7.2) werden bei der Darstellung in mathematischer Notation erst die Tausendertrennzeichen weggelassen und dann die Nachkommastellen kaufmännisch gerundet. Bei der Darstellung in wissenschaftlicher Notation wird die Mantisse kaufmännisch gerundet. Wenn die Länge nicht für die Darstellung mindestens einer Vorkommastelle bei mathematischer Notation bzw. einer Stelle der Mantisse bei wissenschaftlicher Notation ausreicht, kommt es zur behandelbaren Ausnahme CX_SY_CONVERSION_OVERFLOW. In folgenden beiden Fällen kommt es ebenfalls zu dieser Ausnahme: Wenn in den *int_format_options* hinter STYLE die kaufmännische Notation als Ausgabeformat gewählt wurde und die Länge nicht für die mathematische Notation ausreicht und wenn bei einem Ausgabeformat, das die Skalierung erhält, die Länge nicht für diese ausreicht. Die vordefinierten Ausgabelängen von 24 bzw. 46 genügen für die mathematische Notation 16- bzw. 34-stelliger Zahlen mit einem Vorzeichen, einem Dezimalpunkt und entsprechend vielen Tausendertrennzeichen.

▶ Bei Datenobjekten vom Typ f wird die Anzahl der Dezimalstellen verkleinert und die Zahl entsprechend gerundet. Wenn die Ausgabelänge zu klein für die wissenschaftliche Notation ist, werden anstelle der Zahlen Sterne ("*") dargestellt.

▶ Bei allen anderen Datentypen wird ohne Kennzeichnung rechts abgeschnitten, wobei bei den Datentypen d und t erst die Trennzeichen entfernt werden. Ein eventuelles 12-Stunden-Format wird vorher, wie beim Zusatz ENVIRONMENT TIME FORMAT beschrieben, gekürzt und in ein 24-Stunden-Format verwandelt.

Wenn die Ausgabelänge größer als die Länge eines vorgegebenen oder selbst definierten Formats ist, wird diese Ausgabelänge im Listenpuffer belegt und die Ausgabe gemäß der vorgegebenen oder selbst definierten Ausrichtung dort angeordnet. Der nicht benötigte Platz wird mit Leerzeichen aufgefüllt.

35.2.2.2 Ausgabelänge auf der Liste

Bei Anzeige oder Ausdruck einer Liste werden die im Listenpuffer abgelegten Inhalte wie folgt auf die Liste übertragen:

In *Nicht-Unicode-Systemen* benötigt jedes Zeichen genauso viel Platz im Listenpuffer wie Spalten auf der Liste. In Single-Byte-Systemen belegt ein Zeichen ein Byte im Listenpuffer und eine Spalte auf der Liste, während ein Zeichen, das in Multi-Byte-Systemen mehrere Bytes im Listenpuffer belegt, auch die gleiche Anzahl an Spalten auf der Liste belegt. Deshalb werden in Nicht-Unicode-Systemen alle im Listenpuffer abgelegten Zeichen auf der Liste dargestellt.

In *Unicode-Systemen* belegt jedes Zeichen in der Regel eine Stelle im Listenpuffer. Ein Zeichen kann aber auf der Liste mehr als eine Spalte belegen (dies gilt insbesondere für ostasiatische Zeichen). Da auf der Liste aber nur genauso viele Spalten wie Stellen im Listenpuffer zur Verfügung stehen, können in diesem Fall nur weniger Zeichen auf der Liste dargestellt werden, als im Listenpuffer abgelegt sind. Die Listenausgabe wird dann bei der Übertragung vom Listenpuffer in die Liste abgeschnitten, und zwar rechts bei der linksbündigen und links bei der rechtsbündigen Ausgabe. Bei der zentrierten Ausgabe werden abwechselnd auf beiden Seiten erst Leerzeichen entfernt, wobei auf der Seite mit mehr Leerzeichen begonnen wird, und dann andere Zeichen auf der rechten Seite. Wenn bei der Übertragung aus dem Listenpuffer in die Liste Zeichen abgeschnitten werden, wird dies auf der linken Seite mit dem Zeichen < und auf der rechten Seite mit dem Zeichen > kenntlich gemacht. Auf einer angezeigten Liste kann dann über die Auswahl von SYSTEM • LISTE • UNICODE-ANZEIGE der gesamte Inhalt zur Anzeige gebracht werden.

35.2.2.3 Klasse zur Berechnung von Ausgabelängen

Die Methoden der Systemklasse CL_ABAP_LIST_UTILITIES dienen u. a. der Berechnung von Ausgabelängen im Listenpuffer und in der Listendarstellung. Mit den Rückgabewerten ihrer Methoden kann eine korrekte Spaltenausrichtung auf ABAP-Listen programmiert werden, auch wenn Zeichen ausgegeben werden, die mehr als eine Spalte benötigen.

35.2.3 Ausgabe aufbereiten

```
WRITE - int_format_options
```

Syntax von int_format_options
```
... [LEFT-JUSTIFIED|CENTERED|RIGHT-JUSTIFIED]
    { { [EXPONENT exp]
        [NO-GROUPING]
        [NO-SIGN]
        [NO-ZERO]
        [CURRENCY cur]
        { { [DECIMALS dec]
            [ROUND scale] }
        | [UNIT unit] } }
    | { [ENVIRONMENT TIME FORMAT]
        [TIME ZONE tz] }
    [STYLE stl] }
    [USING { {NO EDIT MASK}|{EDIT MASK mask} }]
    [ DD/MM/YY    | MM/DD/YY
    | DD/MM/YYYY  | MM/DD/YYYY
    | DDMMYY      | MMDDYY
    | YYMMDD ]
```

Diese Formatierungsoptionen übersteuern die vordefinierten Formate der Anweisung WRITE zur Ausgabe auf Listen. Das Ergebnis der Formatierung wird der Ausgabelänge angepasst. Wenn bei der Ausgabe eine Konvertierungsroutine ausgeführt wird, werden alle anderen Formatierungsoptionen ignoriert. Die Formatierungsoptionen sind die gleichen wie bei der Anweisung WRITE ... TO (siehe Abschnitt 28.2.10) mit folgenden Besonderheiten:

▶ Wenn die Zusätze NO-SIGN, CURRENCY, DECIMALS, ROUND, UNIT mit der Längenangabe * oder ** hinter AT verwendet werden, werden sie erst angewandt, und aus dem Resultat wird die Ausgabelänge bestimmt.

▶ Wenn bei Verwendung von USING EDIT MASK die Ausgabelänge explizit mit len angegeben ist, wird die Konvertierungsroutine für die angegebene Länge ausgeführt, ansonsten für die implizite Ausgabelänge. Wenn für die Ausgabelänge * oder ** angegeben ist, werden die entsprechenden Regeln auf das konvertierte Ergebnis angewandt.

▶ Wenn bei Verwendung von USING EDIT MASK die Ausgabelänge * angegeben ist, wird genau die Länge gesetzt, die in der Listendarstellung benötigt wird. Wenn in Unicode-Systemen

Zeichen der Aufbereitungsschablone durch Zeichen ersetzt werden, die mehr als eine Spalte auf der Liste belegen, wird die Ausgabelänge entsprechend verlängert und die Ausgabe im Listenpuffer mit Leerzeichen aufgefüllt.

- Wenn bei Verwendung von USING EDIT MASK die Ausgabelänge ** angegeben ist, wird die doppelte Länge der Aufbereitungsschablone mask verwendet.
- Bei Verwendung von USING EDIT MASK ist in Unicode-Systemen zu beachten, dass ein Zeichen "_" in der Aufbereitungsschablone nicht notwendigerweise einer Spalte in der Listendarstellung entspricht, da der in der Darstellung benötigte Platz vom ersetzenden Zeichen abhängt.
- Wenn bei Verwendung von DD/MM/YY ... die Ausgabelänge mit * oder ** angegeben ist, wird sie auf die Länge der angegebenen Aufbereitungsschablone (6, 8 oder 10) gesetzt.

35.2.4 Ausgabe formatieren

```
WRITE - ext_format_options
```

Syntax von ext_format_options

```
... [COLOR       {{{color [ON]}|OFF}|{= col}}]
    [INTENSIFIED [{ON|OFF}|{= flag}]]
    [INVERSE     [{ON|OFF}|{= flag}]]
    [HOTSPOT     [{ON|OFF}|{= flag}]]
    [INPUT       [{ON|OFF}|{= flag}]]
    [FRAMES      [{ON|OFF}|{= flag}]]
    [RESET]
```

Die Bedeutung der Zusätze ist dieselbe wie für die Anweisung FORMAT (siehe Abschnitt 35.2.4), mit dem Unterschied, dass sie sich nur auf die Ausgabe der aktuellen WRITE-Anweisung auswirken. Sie übersteuert die Standardeinstellungen bzw. die durch vorangegangene FORMAT-Anweisungen gesetzten Formate genau für eine Ausgabe und genau für die angesprochene Eigenschaft. Alle anderen Eigenschaften und nachfolgende WRITE-Anweisungen werden nicht beeinflusst. Wenn die Zusätze nicht angegeben sind, werden die bei FORMAT beschriebenen Standardeinstellungen bzw. die Einstellungen verwendet, die durch vorangegangene FORMAT-Anweisungen gesetzt wurden.

Beispiel
Änderung der Hintergrundfarbe bei der Ausgabe des Datenobjekts sum. Alle übrigen Ausgaben und die Zwischenräume zwischen den Ausgaben haben die Hintergrundfarbe, die in der FORMAT-Anweisung gesetzt wird.

```
DATA sum TYPE i.
FORMAT COLOR COL_NORMAL.
DO 10 TIMES.
  WRITE / sy-index.
  sum = sum + sy-index.
  WRITE sum COLOR COL_TOTAL.
ENDDO.
ULINE.
WRITE sum UNDER sum COLOR COL_GROUP.
```

35.2.5 Automatische Linienelemente

WRITE - Linien

Bei der Ausgabe auf einer Liste mit WRITE werden die Zeichen "-" und "|" durch passende Linienelemente ersetzt, wenn sie direkt neben- oder übereinander ausgegeben werden. Linienelemente sind horizontale und vertikale Linien, Ecken, Kreuze und T-Stücke (siehe auch Tabelle 35.3). Die Ersetzung wird so vorgenommen, dass durchgehende Linien entstehen. Ein alleinstehendes Zeichen "|" wird immer durch eine vertikale Linie ersetzt. Die Ersetzung durch Linienelemente erfolgt bezüglich der Darstellung auf der Liste und nicht bezüglich der Definition im Listenpuffer. Deshalb können die Zeichen "-" und "|" in Unicode-Systemen zu Linien verbunden werden, auch wenn sie im Listenpuffer nicht direkt benachbart sind.

Ausgegebene Datenobjekte, deren Zeichen "-" und "|" durch Linienelemente ersetzt werden sollen, dürfen außer diesen Zeichen nur Leerzeichen enthalten. Andernfalls ist die Ersetzung durch Linienelemente nicht garantiert.

35.2.6 Listenelemente

WRITE - list_elements

Syntax

```
... {AS CHECKBOX}
  | {AS ICON}
  | {AS SYMBOL}
  | {AS LINE}
```

Diese Zusätze dienen der Darstellung spezieller Listenelemente. Das ausgegebene Datenobjekt dobj muss bestimmte Eigenschaften haben. Die Zusätze können nicht gemeinsam und nur bedingt mit den Zusätzen für interne Formatierungen und externe Formatierungen verwendet werden.

35.2.6.1 Ankreuzfeld

... AS CHECKBOX

Dieser Zusatz gibt ein eingabebereites einstelliges Ankreuzfeld aus. Für dobj wird ein zeichenartiger Datentyp der Länge 1 erwartet. Wenn das erste Zeichen in dobj "X" oder "x" ist, wird das Ankreuzfeld markiert dargestellt. Wenn das erste Zeichen ungleich "X" oder "x" ist, wird das Ankreuzfeld leer dargestellt. Wenn dobj ein leeres Datenobjekt vom Typ string ist, wird das Ankreuzfeld nicht ausgegeben.

Der Benutzer kann das Ankreuzfeld auf der am Bildschirm dargestellten Liste markieren und entmarkieren. Wenn der Benutzer das Ankreuzfeld markiert, wird das erste Zeichen des zugeordneten Feldes in der Liste auf "X" gesetzt, wenn er es entmarkiert, auf ein Leerzeichen. Die Änderung wird im Listenpuffer gespeichert und kann während eines Listenereignisses ausgewertet werden.

Bei Verwendung des Zusatzes AS CHECKBOX ist keine Längenangabe len hinter AT erlaubt. Außer INPUT, NO-GAP und UNDER haben die gleichzeitig angegebenen anderen Zusätze für interne Formatierungen und externe Formatierungen keine Wirkung. Der Zusatz AS CHECKBOX wirkt so, als sei gleichzeitig der Zusatz INPUT ON angegeben. Die Standardeinstellungen bzw. ein durch eine vorangegangene FORMAT-Anweisung gesetztes Format INPUT OFF wird für die aktuelle WRITE-Anweisung übersteuert. Um die Eingabebereitschaft des Ankreuzfeldes abzuschalten, muss gleichzeitig der Zusatz INPUT OFF verwendet werden.

Hinweis
Enthält eine Listenzeile ausschließlich ein Ankreuzfeld mit einem Leerzeichen, wird sie nicht angezeigt, wenn nicht vorher die Anweisung SET BLANK LINES ON ausgeführt wurde.

Beispiel
Ausgabe von zwei Ankreuzfeldern und Auswertung der Benutzereingaben beim Ereignis AT LINE-SELECTION.

```
REPORT test NO STANDARD PAGE HEADING.
DATA: check1 TYPE c LENGTH 1 VALUE 'X',
      check2 TYPE c LENGTH 1 VALUE ' '.
START-OF-SELECTION.
  WRITE: / check1 AS CHECKBOX, 'Checkbox 1',
         / check2 AS CHECKBOX, 'Checkbox 2'.
AT LINE-SELECTION.
  READ: LINE 1 FIELD VALUE check1,
        LINE 2 FIELD VALUE check2.
```

35.2.6.2 Ikone

`... AS ICON`

Dieser Zusatz gibt Ikonen aus, wobei zu beachten ist, dass nicht alle Ikonen für Drucklisten geeignet sind. Für dobj müssen Datenobjekte vom Typ c angegeben werden, deren Anfangszeichen von der Laufzeitumgebung als die interne Kennung einer Ikone interpretiert werden können. Solche Datenobjekte können durch das Einbinden der Typgruppe ICON oder des übergreifenden Include-Programms <LIST> im globalen Deklarationsteil des Programms deklariert werden.

In der Typgruppe ist für jede darstellbare Ikone eine Konstante deklariert. Die Namen der Konstanten können den Typgruppen oder der Ausgabe des auf dem AS ABAP vorhandenen Programms SHOWICON entnommen werden. Dieses Programm zeigt auch die jeweilige Ausgabelänge an und ob eine Ikone druckbar ist oder nicht.

Die Ausgabelänge wird wie üblich entweder implizit durch den Datentyp von dobj oder durch eine explizite Angabe bestimmt. Nicht durch die Ikone belegte Zeichen des Ausgabebereichs werden mit Leerzeichen belegt. Wenn der Inhalt von dobj nicht als Ikone interpretiert werden kann oder der Inhalt durch die gleichzeitige Verwendung anderer Zusätze für interne Formatierungen oder externe Formatierungen verändert wird, werden anstelle von Ikonen Leerzeichen ausgegeben.

Hinweise
- Es ist keiner der Zusätze aus den Abschnitten 35.2.3 und 35.2.4 verboten. Bei der Verwendung ist darauf zu achten, dass der Inhalt von dobj als Ikone interpretierbar bleibt.
- Die interne Darstellung von Ikonen hat das Format "@xx@", wobei "xx" eine zweistellige Hexadezimalzahl ist. Es kann auch ohne die Angabe von AS ICON zu unbeabsichtigten Listenausgaben kommen, wenn die Zeichenkombination "@xx@" am Anfang einer auszugebenden Zeichenkette enthalten ist.

Beispiel
Anzeige einer Ampel-Ikone.

```
INCLUDE <list>.
WRITE icon_green_light AS ICON.
```

35.2.6.3 Symbol

... AS SYMBOL

Dieser Zusatz gibt alle Zeichen des Datenobjekts dobj als Symbole aus. Durch das Einbinden der Typgruppe SYM oder des übergreifenden Include-Programms <LIST> im globalen Deklarationsteil des Programms werden Konstanten der Länge 1 für jedes sinnvoll als Symbol darstellbare Zeichen deklariert, dessen Name die Bedeutung des jeweiligen Symbols wiedergibt. Die Namen der Konstanten und die Bedeutung und Länge der Symbole können der Typgruppe oder der Ausgabe des auf dem AS ABAP vorhandenen Programms SHOWSYMB entnommen werden.

Die Ausgabelänge wird wie üblich entweder implizit durch den Datentyp von dobj oder durch eine explizite Angabe bestimmt.

Beispiel
Anzeige eines Hand-Symbols.

```
INCLUDE <list>.
WRITE sym_left_hand AS SYMBOL.
```

35.2.6.4 Linienelement

... AS LINE

Dieser Zusatz gibt Linienelemente der Ausgabelänge 1 aus. Linienelemente sind Ecken, Kreuze, Linien und T-Stücke. Für dobj müssen Datenobjekte vom Typ c angegeben werden, deren Inhalt von der Laufzeitumgebung als Linienelemente interpretiert werden kann. Solche Datenobjekte können durch das Einbinden der Typgruppe LINE oder des übergreifenden Include-Programms <LIST> im globalen Deklarationsteil des Programms deklariert werden. Die Typgruppe LINE deklariert die in Tabelle 35.3 gezeigten Konstanten für Linienelemente.

Konstante	Bedeutung
line_space	Leerzeichen
line_top_left_corner	obere linke Ecke

Tabelle 35.3 Linienelemente

Konstante	Bedeutung
line_bottom_left_corner	untere linke Ecke
line_top_right_corner	obere rechte Ecke
line_bottom_right_corner	untere rechte Ecke
line_horizontal_line	horizontale Linie
line_vertical_line	vertikale Linie
line_left_middle_corner	nach links gedrehtes T-Stück
line_right_middle_corner	nach rechts gedrehtes T-Stück
line_bottom_middle_corner	umgedrehtes T-Stück
line_top_middle_corner	T-Stück
line_cross	Kreuz

Tabelle 35.3 Linienelemente (Forts.)

Wenn dobj einen anderen Inhalt hat oder der Inhalt durch die gleichzeitige Verwendung anderer Zusätze für interne Formatierungen verändert wird, wird anstelle eines Linienelements ein Leerzeichen ausgegeben. Der Zusatz FRAMES OFF darf nicht gleichzeitig angegeben werden. Die übrigen Zusätze für externe Formatierungen und QUICKINFO werden bei der Ausgabe von Linienelementen ignoriert.

Hinweis

Die Zeichen "-" und "|" und Ausgaben mit ULINE werden standardmäßig miteinander verbunden, wenn zwischen ihnen keine anderen Zeichen stehen. Dabei ersetzt das System die Zeichen durch die Linienelemente aus Tabelle 35.3. Ein alleinstehendes Zeichen "|" wird immer durch eine vertikale Linie ersetzt. Mit dem Zusatz AS LINE werden Linienelemente exakt so ausgegeben, wie sie definiert sind. Verbindungen entstehen nur dort, wo wirklich Linienelemente aufeinandertreffen. Das System führt aber keine automatischen Verlängerungen zwischen den Zeichen "-" bzw. "|" und mit AS LINE explizit ausgegebenen Linienelementen durch.

Beispiel

Ausgabe vier zusammenhängender Rechtecke.

```
WRITE: /10 line_top_left_corner        AS LINE NO-GAP,
           line_top_middle_corner      AS LINE NO-GAP,
           line_top_right_corner       AS LINE,
       /10 line_left_middle_corner     AS LINE NO-GAP,
           line_cross                  AS LINE NO-GAP,
           line_right_middle_corner    AS LINE,
       /10 line_bottom_left_corner     AS LINE NO-GAP,
           line_bottom_middle_corner   AS LINE NO-GAP,
           line_bottom_right_corner    AS LINE.
```

35.2.7 Leerzeile erzeugen

```
WRITE /.
```

Syntax
```
WRITE /.
```

Diese Sonderform der Anweisung WRITE wirkt wie die Anweisung SKIP.

35.2.8 Horizontale Linien erzeugen

```
ULINE
```

Syntax
```
ULINE {[AT] [/][pos][(len)]} [NO-GAP].
```

Ausgabe horizontaler Linien in Listen. Diese Anweisung wirkt im Wesentlichen wie folgende WRITE-Anweisung: `WRITE line {[AT] [/][pos][(len)]} [NO-GAP]`, wenn line ein Datenobjekt vom Typ c mit einer Länge von 1.023 und vollständig mit den Zeichen "-" gefüllt ist. Nach der vordefinierten Formatierungsvorschrift für die Zeichen "-" werden diese untereinander zu einer durchgehenden Linie verbunden, indem sie durch das passende Linienelement ersetzt werden. Das Gleiche gilt für direkt benachbarte Zeichen "-" und "|". Im Unterschied zur WRITE-Anweisung wird bei ULINE die Ersetzung durch das Linienelement auch bei einer Ausgabelänge von 1 durchgeführt.

Position und Länge der Linie ergeben sich aus den Regeln für die WRITE-Anweisung. Im einfachsten Fall ergibt ULINE folgende Ausgaben:

- Eine durchgehende horizontale Linie über eine ganze Zeile, wenn keine Positions- und Längenangaben hinter AT gemacht werden. Im Unterschied zur WRITE-Anweisung wird der Listen-Cursor dabei an der ersten Stelle der folgenden Zeile positioniert.

- Eine Linie der Länge len an der horizontalen Position pos, wenn Positions- und Längenangaben hinter AT gemacht werden.

Eine vorhergehende Anweisung FORMAT FRAMES OFF bewirkt, dass die Ausgabe von ULINE nicht als durchgehende Linie dargestellt wird, da das Ersetzen der Zeichen "-" durch Linienelemente unterbunden wird.

Beispiel
Ausgabe einer horizontalen Linie über die gesamte Zeile hinter der ersten WRITE-Ausgabe und zweier horizontaler Linien als Teile eines Rahmens.

```
WRITE 'A text in a frame'.
ULINE.
SKIP.
ULINE AT 10(10).
WRITE: /10 '|', 11(8) 'Text' CENTERED, 19 '|'.
ULINE AT /10(10).
```

35.2.9 Listenabschnitte formatieren

FORMAT

Syntax
```
FORMAT [COLOR       {{{color [ON]}|OFF}|{= col}}]
       [INTENSIFIED [{ON|OFF}|{= flag}]]
       [INVERSE     [{ON|OFF}|{= flag}]]
       [HOTSPOT     [{ON|OFF}|{= flag}]]
       [INPUT       [{ON|OFF}|{= flag}]]
       [FRAMES      [{ON|OFF}|{= flag}]]
       [RESET].
```

Die mit FORMAT definierten Einstellungen gelten ab der aktuellen Position des Listen-Cursors für alle folgenden Ausgabeanweisungen (WRITE und mit Einschränkungen ULINE), bis sie durch eine erneute FORMAT-Anweisung neu definiert werden. Innerhalb einer Zeile werden auch die Bereiche zwischen einzelnen Ausgaben sowie zwischen Zeilenanfang und der ersten Ausgabe formatiert. Mit SKIP erzeugte Leerzeilen werden dagegen nicht formatiert. Die einzelnen Zusätze ändern jeweils nur die zugehörige Einstellung und lassen die anderen unverändert, mit Ausnahme des Zusatzes RESET, der alle Einstellungen ändern kann.

Beim Programmstart sind Standardeinstellungen für die mit FORMAT definierbaren Einstellungen definiert. Diese werden automatisch auch bei jedem Reporting- und Listenereignis gesetzt (mit Ausnahme der durch FRAMES gesetzten Eigenschaft). Eine Tabelle der Standardeinstellungen finden Sie bei der Beschreibung des Zusatzes RESET.

Für jede einzelne WRITE-Ausgabe sind die Einstellungen durch die Verwendung der gleichen Zusätze in der Anweisung WRITE übersteuerbar. Anschließend gelten wieder die mit FORMAT definierten Einstellungen bzw. die Standardeinstellungen.

35.2.9.1 Farbe

```
... COLOR {{{color [ON]}|OFF}|{= col}}
```

Dieser Zusatz setzt die Farbe der Ausgabe. Wenn die Eigenschaft INVERSE auf OFF gesetzt ist (Standardeinstellung), wird die Hintergrundfarbe der Ausgabe gesetzt. Ist die Eigenschaft INVERSE auf ON gesetzt, wird die Vordergrundfarbe der Ausgabe gesetzt.

Die Farbe kann entweder statisch mit color oder dynamisch mit col angegeben werden. Für color muss direkt die Syntax aus der folgenden Tabelle verwendet werden. Die Angabe von ON ist nicht notwendig. Für col wird ein Datenobjekt vom Typ i erwartet, das einen der Werte aus Tabelle 35.4 enthält. Wenn col einen anderen Wert enthält, wird dieser wie der Wert 0 behandelt.

Syntax von color	Wert in col	Farbe
{ COL_BACKGROUND }	0	GUI-abhängig
{ 1	COL_HEADING }	1	Graublau
{ 2	COL_NORMAL }	2	Hellgrau

Tabelle 35.4 Listenfarben

Syntax von color	Wert in col	Farbe
{ 3 | COL_TOTAL }	3	Gelb
{ 4 | COL_KEY }	4	Blaugrün
{ 5 | COL_POSITIVE }	5	Grün
{ 6 | COL_NEGATIVE }	6	Rot
{ 7 | COL_GROUP }	7	Violett

Tabelle 35.4 Listenfarben (Forts.)

Der Zusatz OFF wirkt wie die Angabe von COL_BACKGROUND bzw. des Wertes 0 in col und ist die Standardeinstellung. In dieser Einstellung entspricht die Farbe des Hintergrunds einer Listenzeile der Hintergrundfarbe des GUI-Fensters. Der Zusatz COLOR wirkt nicht auf aus Linienelementen aufgebaute Linien und nicht auf eingabebereite Fenster. Letzteres kann durch die weiteren Zusätze übersteuert werden.

35.2.9.1 Intensität
`... INTENSIFIED [{ON|OFF}|{= flag}]`

Dieser Zusatz bestimmt die Intensität der Hintergrundfarbe. Für flag wird ein Datenobjekt vom Typ i erwartet. Ist ON angegeben oder der Inhalt von flag ungleich 0, wird eine intensive Hintergrundfarbe verwendet (Standardeinstellung). Ist OFF angegeben oder der Inhalt von flag gleich 0, wird eine schwache Hintergrundfarbe verwendet. Ausgenommen davon ist die Hintergrundfarbe COL_BACKGROUND, bei der INTENSIFIED OFF die Vordergrundfarbe beeinflusst. Wenn hinter INTENSIFIED weder ON, OFF noch flag angegeben sind, wirkt der Zusatz ON.

Ist gleichzeitig die Eigenschaft INPUT ON gesetzt, ändert der Zusatz INTENSIFIED OFF die Vordergrundfarbe eingabebereiter Felder. Wird gleichzeitig die Einstellung INVERSE ON gesetzt, ist der Zusatz INTENSIFIED OFF wirkungslos (Ausnahme wiederum COL_BACKGROUND).

35.2.9.2 Vorder- oder Hintergrundfarbe
`... INVERSE [{ON|OFF}|{= flag}]`

Dieser Zusatz bestimmt, ob mit dem Zusatz COLOR die Hintergrundfarbe oder die Vordergrundfarbe gesetzt wird. Für flag wird ein Datenobjekt vom Typ i erwartet. Ist ON angegeben oder der Inhalt von flag ungleich 0, wird der Vordergrund, d. h. die Ausgabe, in der gewählten Farbe angezeigt. Ausgenommen davon ist die Farbe COL_BACKGROUND, bei der der Vordergrund weiß dargestellt wird. Ist OFF angegeben oder der Inhalt von flag gleich 0, wird der Hintergrund in der ausgewählten Farbe angezeigt (Standardeinstellung). Wenn hinter INVERSE weder ON, OFF noch flag angegeben sind, wirkt der Zusatz ON.

Ist gleichzeitig die Eigenschaft INPUT ON gesetzt, ändert der Zusatz INVERSE ON die Hintergrund- und Vordergrundfarbe eingabebereiter Felder.

Beispiel

Demonstration verschiedener Kombinationen der Zusätze COLOR, INTENSIFIED und INVERSE. Ein ähnliches Ergebnis liefert auch das auf dem AS ABAP vorhandene Programm SHOW-COLO.

```
DATA col TYPE i VALUE 0.
DO 8 TIMES.
  col = sy-index - 1.
  FORMAT COLOR = col.
  WRITE: / col                COLOR OFF,
           'INTENSIFIED ON'   INTENSIFIED ON,
           'INTENSIFIED OFF'  INTENSIFIED OFF,
           'INVERSE ON'       INVERSE ON.
ENDDO.
```

35.2.9.3 Hotspot

... HOTSPOT [{ON|OFF}|{= flag}]

Dieser Zusatz beeinflusst die Darstellung des Mauszeigers und die Funktion der Maus auf der am Bildschirm angezeigten Liste. Für flag wird ein Datenobjekt vom Typ i erwartet. Ist ON angegeben oder der Inhalt von flag ungleich 0, ändert der Mauszeiger bei der Positionierung auf dem entsprechend formatierten Listenbereich sein Aussehen in eine Hand, und ein Einfachklick wirkt wie ein Doppelklick, also die Auswahl der Funktionstaste F2. Ist OFF angegeben oder der Inhalt von flag gleich 0, wird die Funktion der Maus nicht verändert (Standardeinstellung). Wenn hinter HOTSPOT weder ON, OFF noch flag angegeben sind, wirkt der Zusatz ON.

Auf Linienelementen und wenn gleichzeitig die Eigenschaft INPUT ON gesetzt ist, ist der Zusatz HOTSPOT ON wirkungslos.

Beispiel

Demonstration eines Hotspots. Das einfache Anklicken der Ausgabe erzeugt eine Verzweigungsliste.

```
START-OF-SELECTION.
  FORMAT HOTSPOT.
  WRITE 'Click me!' COLOR 5.
  FORMAT HOTSPOT OFF.
AT LINE-SELECTION.
  WRITE 'Yeah!' COLOR 3.
```

35.2.9.4 Eingabefeld

... INPUT [{ON|OFF}|{= flag}]

Dieser Zusatz macht Listenbereiche eingabebereit. Für flag wird ein Datenobjekt vom Typ i erwartet. Ist ON angegeben oder der Inhalt von flag ungleich 0, wird der betroffene Listenbereich mit anderer Vordergrund- und Hintergrundfarbe als der Rest der Liste dargestellt, und der Benutzer kann die Ausgabe überschreiben. Der Bildschirm-Cursor wird in das erste eingabebereite Feld positioniert. Ist OFF angegeben oder der Inhalt von flag gleich 0, wird die Ausgabe nicht eingabebereit gemacht (Standardeinstellung). Wenn hinter INPUT weder ON, OFF noch flag angegeben sind, wirkt der Zusatz ON.

Innerhalb eines eingabebereiten Bereichs werden Ikonen leer und Symbole als Zeichen gemäß der Codepage dargestellt. Linienelemente werden nicht eingabebereit gemacht. Die Zeichen "-" und "|" werden in einem eingabebereiten Listenbereich jedoch nicht in Linienelemente verwandelt und eingabebereit dargestellt. Letzteres gilt insbesondere auch für die Anweisung ULINE.

Die Breite des eingabebereiten Listenbereichs wird durch die Ausgabelänge festgelegt. Wenn es in Unicode-Systemen bei der Darstellung von Inhalten aus dem Listenpuffer in einem eingabebereiten Listenbereich zu Kürzungen kommt, wird das Kennzeichen außerhalb des Bereichs gesetzt. Die Anzahl eingebbarer Zeichen ist durch die Ausgabelänge begrenzt. Der Inhalt ist nicht verschiebbar. In Unicode-Systemen hängt die Anzahl der eingebbaren Zeichen vom Platz ab, den die einzelnen Zeichen benötigen.

Die vom Benutzer vorgenommenen Eingaben werden im Listenpuffer gespeichert und können während eines Listenereignisses ausgewertet werden. Wenn in Unicode-Systemen Zeichen bei der Darstellung auf der Liste gekürzt wurden, gehen sie danach auch im Listenpuffer verloren.

Hinweis
Wenn eine Listenzeile ausschließlich ein Eingabefeld mit Leerzeichen enthält, wird sie nicht angezeigt, wenn nicht vorher die Anweisung SET BLANK LINES ON ausgeführt wurde.

Beispiel
Ausgabe eines eingabebereiten Feldes und Auswertung beim Ereignis AT LINE-SELECTION. Die Auswertung erfolgt nur, wenn der Benutzer den Hotspot unter der eingabebereiten Zeile anklickt.

```abap
DATA: input_field TYPE c LENGTH 100,
      line_num    TYPE i.
START-OF-SELECTION.
  WRITE 'Input text:'.
  SET BLANK LINES ON.
  FORMAT INPUT.
  WRITE / input_field.
  FORMAT INPUT OFF.
  WRITE / '>>> OK <<<' COLOR 5 HOTSPOT.
AT LINE-SELECTION.
  IF sy-lisel = '>>> OK <<<'.
    line_num = sy-lilli - 1.
    READ LINE line_num FIELD VALUE input_field.
    WRITE:  'The input was:',
          / input_field.
  ENDIF.
```

35.2.9.5 Linienelemente
```
... FRAMES [{ON|OFF}|{= flag}]
```

Dieser Zusatz legt fest, ob die Zeichen "-" und "|" in Linienelemente umgewandelt werden oder nicht. Für `flag` wird ein Datenobjekt vom Typ i erwartet. Ist ON angegeben oder der Inhalt von `flag` ungleich 0, wird im betroffenen Listenbereich die Umwandlung vorgenommen (Standardeinstellung). Ist OFF angegeben oder der Inhalt von `flag` gleich 0, wird die Umwandlung nicht vorgenommen. Wenn hinter FRAMES weder ON, OFF noch `flag` angegeben sind, wirkt der Zusatz ON. In der Einstellung FRAMES ON gilt:

- Wenn die Zeichen "-" und "|" unmittelbar nebeneinander oder übereinander ausgegeben werden, werden sie so durch Linienelemente ersetzt, dass sich durchgehende Linien (Rahmen) ergeben. Dies gilt insbesondere auch für mit ULINE ausgegebene Linien.
- Ein alleinstehendes Zeichen "|" wird immer durch eine vertikale Line ersetzt.
- Linienelemente, die mit dem Zusatz AS LINE explizit ausgegeben werden, werden nicht durch Linienelemente ersetzt und haben keinen Einfluss auf direkt benachbarte Zeichen "-" und "|".

In der Einstellung FRAMES OFF findet keinerlei Verwandlung der Zeichen "-" und "|" in Linienelemente statt. Linienelemente können aber explizit mit dem Zusatz AS LINE ausgegeben werden.

Hinweis
Der Zusatz FRAMES OFF ist dazu geeignet, unerwünschte Ergebnisse in Drucklisten zu verhindern. Dies gilt insbesondere auch für Listen, die für die Archivierung vorgesehen sind.

Beispiel
Ausgabe eines Rahmens mit und ohne Verbindung der Zeichen "-" und "|".

```
CLASS demo DEFINITION.
  PUBLIC SECTION.
    CLASS-METHODS main.
  PRIVATE SECTION.
    CLASS-METHODS frame.
ENDCLASS.
CLASS demo IMPLEMENTATION.
  METHOD main.
    FORMAT FRAMES ON.
    frame( ).
    FORMAT FRAMES OFF.
    frame( ).
  ENDMETHOD.
  METHOD frame.
    SKIP.
    WRITE: / '-----',
           / '|   |',
           / '-----'.
  ENDMETHOD.
ENDCLASS.
```

```
START-OF-SELECTION.
  demo=>main( ).
```

35.2.9.6 Allgemeine Formatierungseinstellung

`... RESET`

Dieser Zusatz setzt alle Formatierungseinstellungen, für die der entsprechende Zusatz nicht in der gleichen FORMAT-Anweisung angegeben ist, auf den Zustand OFF, außer der Einstellung des Zusatzes FRAMES, die auf ON gesetzt wird. Für Einstellungen, deren Zusatz gleichzeitig angegeben ist, hat der Zusatz RESET keine Wirkung.

Tabelle 35.5 zeigt die Wirkung von RESET im Vergleich zur Standardeinstellung, zur Einstellung beim Programmstart und zur Einstellung, die bei Reporting- und Listenereignissen gesetzt wird.

Zusatz	Zustand nach RESET	Zustand nach Programmstart	Zustand nach Reporting- oder Listenereignis
COLOR	OFF	OFF	OFF
INTENSIFIED	OFF	ON	ON
INVERSE	OFF	OFF	OFF
HOTSPOT	OFF	OFF	OFF
INPUT	OFF	OFF	OFF
FRAMES	ON	ON	keine Änderung

Tabelle 35.5 Allgemeine Formatierungseinstellung

Beispiel

Die folgende FORMAT-Anweisung stellt die Standardeinstellung nach Programmstart her.

`FORMAT RESET INTENSIFIED ON.`

35.2.10 Leerzeilen steuern

`SET BLANK LINES`

Syntax

`SET BLANK LINES {ON|OFF}.`

Diese Anweisung legt fest, ob mit WRITE erzeugte Leerzeilen ausgegeben werden oder nicht. Wenn der Zusatz ON angegeben ist, werden alle folgenden mit WRITE-Anweisungen erzeugten Zeilen in die Liste geschrieben. Wenn der Zusatz OFF angegeben ist (Standardeinstellung), werden alle folgenden Zeilen, die nach einem Zeilenumbruch ausschließlich Leerzeichen enthalten, nicht in die Liste geschrieben.

Hinweis

Mit SKIP erzeugte Leerzeilen sind unabhängig von der Anweisung SET BLANK LINES. Sie enthalten überhaupt keine Ausgaben.

Beispiel
Ausgabe einer vom aktuellen Präsentationsserver geladenen Textdatei als Liste, wobei Leerzeilen berücksichtigt werden.

```
DATA: text_line TYPE c LENGTH 80,
      text_tab LIKE TABLE OF text_line.
CALL FUNCTION 'GUI_UPLOAD'
    EXPORTING
        filename    = 'Lord_of_the_Rings.txt'
        filetype    = 'ASC'
    TABLES
        data_tab = text_tab.
SET BLANK LINES ON.
LOOP AT text_tab INTO text_line.
  WRITE / text_line.
ENDLOOP.
```

35.2.11 Listen-Cursor vertikal positionieren

35.2.11.1 In Zeilen positionieren

```
SKIP
```

Syntax
```
SKIP { [n]
     | {TO LINE line} }.
```

Positionierung des Listen-Cursors relativ zur aktuellen Zeile oder in einer beliebigen Zeile.

Relativ positionieren
```
SKIP [n].
```

Diese Anweisung positioniert den Listen-Cursor relativ zur aktuellen Zeile. Die neue Zeile wird durch den Wert von n bestimmt. Für n wird ein Datenobjekt vom Typ i erwartet. Wenn der Wert von n kleiner oder gleich 0 ist, wird die Anweisung ignoriert. Wenn n nicht angegeben ist, wird die Anweisung so ausgeführt, als sei n mit dem Wert 1 gefüllt.

Die Positionierung erfolgt folgendermaßen:

▸ Wenn die Zeile des aktuellen Listen-Cursors durch eine Ausgabeanweisung (WRITE, ULINE) gesetzt wurde, wird der Listen-Cursor an die erste Stelle der Zeile gesetzt, die im Abstand von n Zeilen unter der aktuellen Zeile liegt.

▸ Wenn die Zeile des aktuellen Listen-Cursors durch eine Positionierungsanweisung (BACK, NEW-LINE, NEW-PAGE, SKIP) gesetzt wurde, wird der Listen-Cursor an die aktuelle Stelle der Zeile gesetzt, die im Abstand von n minus 1 Zeilen unter der aktuellen Zeile liegt.

Darüber hinaus gelten folgende Besonderheiten:

▸ Falls der Listen-Cursor nicht auf der aktuellen Seite positioniert werden kann, wird eine neue Seite erzeugt, wobei der eventuelle Seitenfuß der aktuellen Seite ausgegeben wird.

Der Listen-Cursor wird an der ersten Stelle der ersten Zeile unter dem Seitenkopf der neuen Seite positioniert.

- Die Anweisung wird nur dann am Beginn einer Seite durchgeführt, wenn diese Seite die erste einer Listenstufe ist oder sie durch die Anweisung NEW-PAGE erzeugt wurde.

Hinweis

In den meisten Anwendungsfällen wirkt diese Variante der Anweisung SKIP einfach so, als würde sie n Leerzeilen erzeugen. Dabei ist aber zu beachten, dass solche Leerzeilen keinen Inhalt haben, der durch die FORMAT-Anweisung formatiert werden kann. Formatierbare Leerzeilen können nur durch die WRITE-Anweisung in Kombination mit SET BLANK LINES ON erzeugt werden.

Absolut positionieren

```
SKIP TO LINE line.
```

Diese Anweisung positioniert den Listen-Cursor an der ersten Stelle der Zeile der aktuellen Seite, deren Nummer durch den Wert in line bestimmt wird. Für line wird ein Datenobjekt vom Typ i erwartet. Falls der Wert von line kleiner oder gleich 0 oder größer als die mit dem Zusatz LINE-COUNT der programmeinleitenden Anweisung bzw. NEW-PAGE definierten Seitenlänge in sy-linct ist, wird der Zusatz TO LINE ignoriert und stattdessen die Anweisung SKIP ohne Zusatz ausgeführt (siehe oben).

Hinweis

Wenn der Listen-Cursor mit SKIP TO LINE in die erste Listenzeile positioniert wird und die Liste einen Standardseitenkopf hat, werden die Ausgaben in die erste Zeile durch die Standardüberschrift überschrieben. Wenn mit SKIP TO LINE aber in die Zeilen von Seitenköpfen und Seitenfüßen positioniert wird, die zu TOP-OF-PAGE und END-OF-PAGE definiert wurden, werden die Seitenköpfe bzw. -füße überschrieben.

Beispiel

Die erste SKIP-Anweisung erzeugt beim Ereignis TOP-OF-PAGE eine Leerzeile. Die zweite SKIP-Anweisung positioniert den Listen-Cursor in dieser Zeile.

```abap
REPORT demo_skip NO STANDARD PAGE HEADING.
DATA sum TYPE i.
TOP-OF-PAGE.
  SKIP.
  ULINE.
START-OF-SELECTION.
  DO 10 TIMES.
    WRITE / sy-index.
    sum = sum + sy-index.
  ENDDO.
  SKIP TO LINE 1.
  WRITE: 'Numbers with sum' COLOR COL_HEADING,
         sum                COLOR COL_TOTAL.
```

35.2.11.2 Zeilenumbruch

```
NEW-LINE
```

Syntax
```
NEW-LINE [NO-SCROLLING|SCROLLING].
```

Diese Anweisung setzt den Listen-Cursor an die erste Stelle der nächsten Zeile hinter der aktuellen Zeile, falls die aktuelle Position des Listen-Cursors aus einer vorhergehenden Ausgabeanweisung resultiert. In der ersten Zeile einer neuen Seite und wenn der aktuelle Listen-Cursor mit den Anweisungen SKIP, NEW-LINE, NEW-PAGE oder BACK in die Listenzeile gesetzt wurde, beeinflusst NEW-LINE den Listen-Cursor nicht.

Der Zusatz NO-SCROLLING bewirkt, dass die erste nach der Anweisung NEW-LINE mit einer Ausgabeanweisung (WRITE, ULINE) beschriebene Zeile der aktuellen Listenstufe in der Bildschirmanzeige nicht horizontal verschiebbar ist. Dies bezieht sich sowohl auf das Blättern in der am Bildschirm angezeigten Liste durch den Benutzer als auch auf das Blättern mit der Anweisung SCROLL. Die vertikale Verschiebbarkeit wird nicht beeinflusst.

Der Zusatz SCROLLING macht den Zusatz NO-SCROLLING wieder rückgängig (Standardeinstellung). Der Zusatz NO-SCROLLING kann nur rückgängig gemacht werden, bevor eine Ausgabeanweisung erfolgt ist. Nachdem eine Zeile unverschiebbar gemacht wurde, kann dieser Zustand nicht wieder aufgehoben werden.

Hinweise
- Um einen Bereich nicht verschiebbar zu machen, der mehrere Zeilen umfasst, kann die Anweisung SET LEFT SCROLL-BOUNDARY verwendet werden.
- Die Anweisung NEW-LINE wird implizit am Ende der Ausführung eines Ereignisblocks ausgeführt.

Beispiel
Die Zeile mit der Ausgabe "Fixed Line" wird beim horizontalen Blättern nicht verschoben.

```
WRITE  / 'Scrollable Line'.
NEW-LINE NO-SCROLLING.
WRITE: / 'Fixed Line',
       / 'Scrollable Line'.
```

35.2.11.3 In Einheiten positionieren

```
BACK
```

Syntax
```
BACK.
```

Diese Anweisung positioniert den Listen-Cursor an der ersten Stelle der ersten Zeile einer logischen Einheit. Auf einer Liste gibt es folgende logischen Einheiten:

- **einen mit RESERVE definierten Zeilenblock**
  Wenn BACK nach der Anweisung RESERVE ausgeführt wird, wird der Listen-Cursor in die erste Zeile des aktuellen Zeilenblocks gestellt.

- **die Zeilen innerhalb eines selbst definierten Seitenkopfes**
  Wenn BACK innerhalb des Ereignisblocks für TOP-OF-PAGE ausgeführt und nicht hinter RESERVE gesetzt wird, wird der Listen-Cursor in die erste Zeile unter dem Standardseitenkopf positioniert.
- **die Zeilen einer Seite unterhalb des Seitenkopfes**
  Wenn BACK außerhalb des Ereignisblocks für TOP-OF-PAGE und nicht hinter RESERVE ausgeführt wird, wird der Listen-Cursor in die erste Zeile unter dem Seitenkopf positioniert.

Beispiel
Ausgabe einer kleinen Eingabemaske. Die Eingabefelder sind hinter der Beschreibung positioniert.

```
DATA: title TYPE c LENGTH 3,
      sname TYPE c LENGTH 20,
      fname TYPE c LENGTH 20.
SKIP 5.
RESERVE 3 LINES.
WRITE: / 'Title',
       / 'Second name',
       / 'First name'.
BACK.
WRITE: /14 title INPUT,
       /14 sname INPUT,
       /14 fname INPUT.
```

35.2.12 Listen-Cursor horizontal positionieren

POSITION

Syntax
POSITION pos.

Diese Anweisung positioniert den Listen-Cursor an der in pos angegebenen Stelle der aktuellen Zeile im Listenpuffer. Für pos wird ein Datenobjekt vom Typ i erwartet. Wenn der Wert von pos kleiner oder gleich 0 oder größer als die mit dem Zusatz LINE-SIZE der programmeinleitenden Anweisung bzw. NEW-PAGE definierten Seitenlänge in sy-linsz ist, erzeugen alle nachfolgenden Ausgabeanweisungen keine Ausgaben, bis der Listen-Cursor wieder innerhalb einer Zeile positioniert wird.

Hinweise
- Eine auf POSITION folgende Ausgabeanweisung ohne eigene Positionsangabe pos hinter AT schreibt unabhängig davon, ob in der Zeile noch genügend Platz vorhanden ist, an die angegebene Stelle. Die Ausgabelänge wird, falls notwendig, entsprechend gekürzt.
- Bei der Angabe einer Ausgabeposition innerhalb bereits vorhandener Ausgaben ist zu beachten, dass sich die Position immer auf die im Listenpuffer abgelegten Zeichen bezieht. Wenn in einem Unicode-System Zeichen dargestellt werden, die mehr als eine Spalte auf der Liste benötigen, kann sich die dargestellte Ausgabeposition zum einen von der ange-

gebenen Ausgabeposition unterscheiden, und zum anderen kann sich der dargestellte Inhalt einer teilweise überschriebenen Ausgabe abhängig von den Zeichen, mit denen überschrieben wird, verschieben.

Beispiel

Definition und Verwendung eines Makros `write_frame`, das Rahmen um `WRITE`-Ausgaben zeichnet. Die Anweisung `POSITION` setzt den Listen-Cursor für nachfolgende Ausgaben.

```
DATA: x TYPE i,
      y TYPE i,
      l TYPE i.
DEFINE write_frame.
  x = sy-colno. y = sy-linno.
  WRITE: '|' NO-GAP, &1 NO-GAP, '|' NO-GAP.
  l = sy-colno - x.
  y = y - 1. SKIP TO LINE y.
  ULINE AT x(l).
  y = y + 2. SKIP TO LINE y.
  ULINE AT x(l).
  y = y - 1. x = sy-colno. SKIP TO LINE y. POSITION x.
END-OF-DEFINITION.
SKIP.
WRITE        'Demonstrating'.
write_frame 'dynamic frames'.
WRITE        'in'.
write_frame 'ABAP'.
WRITE        'output lists.'.
```

35.2.13 Fixbereich beim horizontalen Blättern

```
SET LEFT SCROLL-BOUNDARY
```

Syntax

```
SET LEFT SCROLL-BOUNDARY [COLUMN col].
```

Diese Anweisung legt den linken Rand des horizontal verschiebbaren Bereichs der aktuellen Seite fest. Dies bezieht sich sowohl auf das Blättern in der am Bildschirm angezeigten Liste durch den Benutzer als auch auf das Blättern mit der Anweisung `SCROLL`. Damit die Anweisung funktioniert, muss der Listen-Cursor mit einer Ausgabeanweisung oder mit `SKIP` auf einer Seite positioniert sein. Die Anweisung wirkt nur auf diese Seite. Wenn die Anweisung mehrmals für eine Seite ausgeführt wird, wirkt die letzte Anweisung.

Ist der Zusatz `COLUMN` nicht angegeben, werden alle Stellen der aktuellen Seite, die links von der aktuellen Position des Listen-Cursors (`sy-colno`) stehen, vom horizontalen Blättern ausgenommen. Wenn der Zusatz `COLUMN` angegeben ist, gilt dies für alle Spalten der aktuellen Seite, die links von der in `col` angegeben Position stehen, wobei `col` sich auf die Spalten der dargestellten Liste bezieht. Für `col` wird ein Datenobjekt vom Typ i erwartet. Wenn der Wert in `col` kleiner oder gleich 0 oder größer als die aktuelle Listenbreite ist, hat die Anweisung keine Wirkung.

Hinweise

- Als Rand eines verschiebbaren Bereichs sollten nur die untere oder obere Grenze ausgegebener Datenobjekte verwendet werden, da in Unicode-Systemen nur für diese die Position im Listenpuffer und auf der dargestellten Liste garantiert übereinstimmt.
- Um eine ganze Zeile horizontal nicht verschiebbar zu machen, kann die Anweisung NEW-LINE NO-SCROLLING verwendet werden.

Beispiel
Ausgabe einer tabellarischen Liste von Fluggesellschaften aus der Datenbanktabelle SCARR, in der der Bereich fixiert ist, in dem das Schlüsselfeld ausgegeben ist.

```
DATA scarr_wa TYPE scarr.
SELECT *
       FROM scarr
       INTO scarr_wa.
  WRITE: / scarr_wa-carrid COLOR COL_KEY.
  SET LEFT SCROLL-BOUNDARY.
  WRITE: scarr_wa-carrname,
         scarr_wa-currcode,
         (40) scarr_wa-url.
ENDSELECT.
```

35.2.14 Seitenumbruch und Drucklistenerstellung

NEW-PAGE

Syntax
NEW-PAGE [page_options] [spool_options].

Diese Anweisung erlaubt es, eine neue Seite in der aktuellen Liste zu erzeugen und die folgenden Listenausgaben in eine Druckliste zu schreiben. Die Zusätze page_options legen allgemeine Eigenschaften der neuen Seite fest. Die Zusätze spool_options steuern die Drucklistenausgabe.

Die Anweisung NEW-PAGE schließt die aktuelle Seite ab. Wenn auf der aktuellen Seite eine Ausgabe mit WRITE oder ULINE erfolgt ist, wird eine neue Seite erzeugt und der Wert in sy-pagno um 1 erhöht. Es können keine leeren Seiten erzeugt werden. Zwischen den einzelnen Seiten wird eine Leerzeile eingefügt.

Die neue Seite wird unabhängig von der aktuellen Listen-Cursor-Position unterhalb der letzten Zeile der aktuellen Seite erzeugt, in der eine Ausgabe erfolgt ist. Der Listen-Cursor wird an die erste Stelle der ersten Zeile unter dem Standardseitenkopf der neuen Seite gesetzt.

Das Listenereignis END-OF-PAGE wird nicht ausgelöst. Das Ereignis TOP-OF-PAGE wird vor der ersten Ausgabe auf der neuen Seite ausgelöst.

35.2.14.1 Seitenbezogene Zusätze

```
NEW-PAGE - page_options
```

Syntax von page_options
```
... [WITH-TITLE|NO-TITLE]
    [WITH-HEADING|NO-HEADING]
    [LINE-COUNT page_lines]
    [LINE-SIZE width]
    [NO-TOPOFPAGE]
```

Diese Zusätze setzen Eigenschaften der Liste für alle folgenden Seiten der aktuellen Listenstufe, bis sie in einer weiteren Anweisung `NEW-PAGE` erneut gesetzt werden. Die Zusätze übersteuern die gleichnamigen Zusätze in der programmeinleitenden Anweisung (siehe Abschnitt 9.2.1).

Standardseitenkopf
```
... WITH-TITLE|NO-TITLE
... WITH-HEADING|NO-HEADING
```

Diese Zusätze legen fest, welche Komponenten des Standardseitenkopfes für die folgenden Seiten der aktuellen Listenstufe ausgegeben werden. Der Standardseitenkopf besteht aus einer Standardüberschrift und aus Spaltenüberschriften.

Die Zusätze `WITH-TITLE` und `NO-TITLE` schalten die Ausgabe der Standardüberschrift für alle folgenden Seiten ein bzw. aus. Die vorgegebene Standardeinstellung für Grundlisten ist `WITH-TITLE` und für Verzweigungslisten `NO-TITLE`.

Die Zusätze `WITH-HEADING` und `NO-HEADING` schalten die Ausgabe der Spaltenüberschriften für alle folgenden Seiten ein bzw. aus. Die vorgegebene Standardeinstellung für Grundlisten ist `WITH-HEADING` und für Verzweigungslisten `NO-HEADING`.

Für die Grundliste übersteuern diese Zusätze die in der programmeinleitenden Anweisung gesetzte Einstellung. Der dort verwendbare Zusatz `NO STANDARD PAGE HEADING` ist gleichbedeutend mit der gleichzeitigen Verwendung von `NO-TITLE` und `NO-HEADING`, mit der Ausnahme, dass Letztere das Systemfeld `sy-wtitl` nicht beeinflussen.

Seitenlänge
```
... LINE-COUNT page_lines
```

Dieser Zusatz legt die Seitenlänge der folgenden Seiten der aktuellen Listenstufe auf den Wert in `page_lines` fest und setzt `sy-linct` auf diesen Wert. Für `page_lines` wird ein Datenobjekt vom Typ i erwartet. Falls der Wert von `page_lines` kleiner oder gleich 0 oder größer als 60.000 ist, wird die Seitenlänge auf 60.000 festgelegt. Für die Grundliste überschreibt der Zusatz die in der programmeinleitenden Anweisung festgelegte Seitenlänge.

Die Seitenlänge bestimmt, wie viele Zeilen inklusive Seitenkopf und Seitenfuß auf eine Listenseite geschrieben werden können. Wenn eine Ausgabe in eine Zeile außerhalb der aktuellen Seitenlänge oder auf Grundlisten in den für den Seitenfuß reservierten Bereich schreibt, wird automatisch eine neue Seite erzeugt.

Hinweise
- Die in der programmeinleitenden Anweisung für den Seitenfuß der Grundliste reservierten Zeilen können mit dem Zusatz `LINE-COUNT` der Anweisung `NEW-PAGE` nicht geändert werden. Für Verzweigungslisten kann kein Seitenfuß angelegt werden.
- Die Vorgabe einer Zeilenzahl mit `LINE-COUNT` ist nur für formularartige Listen mit festem Seitenlayout sinnvoll. Hier sollte jedoch stets geprüft werden, ob solche Formulare nicht durch andere Mittel erstellt werden können.

Beispiel
Demonstration automatischer Seitenumbrüche auf einer Grundliste. Die Seiten haben hinter `TOP-OF-PAGE` und `END-OF-PAGE` definierte zweizeilige Seitenköpfe und Seitenfüße. Die Seitenlänge wird hinter `NEW-PAGE` festgelegt. Das Programm gibt fünf Seiten aus.

```
REPORT NO STANDARD PAGE HEADING LINE-COUNT 0(2).
TOP-OF-PAGE.
  WRITE sy-pagno.
  ULINE.
END-OF-PAGE.
  ULINE.
  WRITE 'Footer'.
START-OF-SELECTION.
  NEW-PAGE LINE-COUNT 6.
  DO 10 TIMES.
    WRITE / sy-index.
  ENDDO.
```

Seitenbreite

> ... `LINE-SIZE` width

Dieser Zusatz legt die Seitenbreite der aktuellen Listenstufe auf den Wert in `width` fest und setzt `sy-linsz` auf diesen Wert. Die Zeilenbreite bestimmt sowohl die Anzahl der Zeichen im Listenpuffer als auch die Anzahl der Spalten in der dargestellten Liste. Für `width` wird ein Datenobjekt vom Typ `i` erwartet. Der Wert von `width` darf nicht negativ sein. Falls der Wert von `width` gleich 0 oder größer als 1.023 ist, wird die Zeilenbreite auf eine Standardbreite gesetzt, die sich nach der Fensterbreite des aktuellen Dynpros (`sy-scols`) richtet, aber mindestens so breit wie die Breite eines SAP-Fensters in Standardgröße ist. Für die Grundliste überschreibt der Zusatz die in der programmeinleitenden Anweisung festgelegte Seitenbreite.

Der Zusatz hat nur dann eine Wirkung, wenn in die aktuelle Listenstufe noch keine Ausgabe erfolgt ist. Die Seitenbreite einer bereits beschriebenen Liste kann nicht geändert werden.

Hinweis
Der aktuell gültige Maximalwert für die Zeilenbreite ist in der Konstanten `slist_max_linesize` der Typgruppe SLIST abgelegt. Dort ist auch ein Typ `slist_max_listline` vom Typ `c` der Länge `slist_max_linesize` definiert.

Beispiel
Erstellung von Grundliste und Verzweigungslisten mit verschiedenen Seitenbreiten. Vom Standardseitenkopf wird nur die Standardüberschrift angezeigt.

```
REPORT demo NO STANDARD PAGE HEADING.
START-OF-SELECTION.
  NEW-PAGE WITH-TITLE LINE-SIZE 40.
  WRITE 'Basic list'.
AT LINE-SELECTION.
  NEW-PAGE WITH-TITLE LINE-SIZE 20.
  WRITE 'Secondary list'.
```

Listenereignis
```
... NO-TOPOFPAGE
```

Dieser Zusatz unterdrückt auf der neuen Seite und allen bis zur nächsten Anweisung NEW-PAGE automatisch erzeugten Seiten der aktuellen Listenstufe das Ereignis TOP-OF-PAGE. Wenn der Zusatz NO-TOPOFPAGE nicht angegeben ist, wird das Ereignis TOP-OF-PAGE vor der ersten Ausgabe in eine neue Seite ausgelöst.

Beispiel
Das folgende Programm erzeugt sechs Seiten. Das Ereignis TOP-OF-PAGE wird aber nur auf der ersten Seite ausgelöst.

```
REPORT demo NO STANDARD PAGE HEADING.
START-OF-SELECTION.
  ULINE.
  NEW-PAGE NO-TOPOFPAGE LINE-COUNT 2.
  DO 10 TIMES.
    WRITE / sy-index.
  ENDDO.
TOP-OF-PAGE.
  WRITE 'Basic list'.
```

35.2.14.2 Drucklistenbezogene Zusätze

```
NEW-PAGE - spool_options
```

Syntax von spool_options

```
... { PRINT ON [NEW-SECTION] PARAMETERS pri_params
                [ARCHIVE PARAMETERS arc_params]
                NO DIALOG }
  | { PRINT OFF }
```

Der Zusatz PRINT ON bewirkt, dass alle folgenden Ausgabeanweisungen in eine Druckliste (siehe Abschnitt 35.5) geschrieben werden. Mit den Zusätzen [ARCHIVE] PARAMETERS werden die Druckparameter und die Archivierungsparameter des Spool-Auftrags festgelegt. Der Zusatz PRINT OFF beendet eine mit dem Zusatz PRINT ON begonnene Druckliste.

Drucklistenstufe erzeugen
```
... PRINT ON [NEW-SECTION]
```

Der Zusatz PRINT ON erzeugt eine neue Drucklistenstufe (siehe Abschnitt 35.5.2). Die erste Ausgabeanweisung nach NEW-PAGE PRINT ON öffnet einen neuen Spool-Auftrag (siehe Abschnitt 35.5.2) und schreibt in eine Druckliste im SAP-Spool-System. Die Nummer des Spool-Auftrags wird durch die erste Ausgabeanweisung nach sy-spono gestellt. Während ihrer Erstellung wird die Druckliste seitenweise an das SAP-Spool-System gesendet.

Falls die aktuelle Liste eine Bildschirmliste ist, wird deren Erstellung unterbrochen und die neue Drucklistenstufe in diese gestapelt. Falls die aktuelle Liste eine nicht mit NEW-PAGE PRINT ON erzeugte Druckliste ist, wird deren Erstellung unterbrochen und die neue Drucklistenstufe in diese gestapelt. Falls die aktuelle Liste eine mit NEW-PAGE PRINT ON erzeugte Druckliste ist und der Zusatz NEW-SECTION nicht verwendet wird, kommt es zu einer behandelbaren Ausnahme der Klasse CX_SY_NESTED_PRINT_ON.

Falls die aktuelle Liste eine mit NEW-PAGE PRINT ON erzeugte Druckliste ist, der Zusatz NEW-SECTION verwendet wird, die angegebenen Druckparameter mit denen der gerade erstellten Liste übereinstimmen und der Druckparameter PRNEW in der Struktur pri_params initial ist, wird kein neuer Spool-Auftrag erzeugt, und die Ausgaben werden in die aktuelle Druckliste ausgegeben. Wenn in den Druckparametern die Ausgabe eines Deckblatts angegeben ist, wird dieses beim Drucken nochmals vor den folgenden Ausgaben als Trennblatt ausgegeben.

Falls die aktuelle Liste eine mit NEW-PAGE PRINT ON erzeugte Druckliste ist, der Zusatz NEW-SECTION verwendet wird und die angegebenen Druckparameter nicht mit denen der gerade erstellten Liste übereinstimmen oder der Druckparameter PRNEW in der Struktur pri_params nicht initial ist, wird der aktuelle Spool-Auftrag implizit mit NEW-PAGE PRINT OFF abgeschlossen und ein neuer Spool-Auftrag erzeugt.

Auf eine mit NEW-PAGE PRINT ON erzeugte Drucklistenstufe kann also nicht direkt eine weitere Drucklistenstufe mit NEW-PAGE PRINT ON gestapelt werden. Eine mit NEW-PAGE PRINT ON erzeugte Drucklistenstufe kann mit NEW-PAGE PRINT OFF, NEW-PAGE PRINT ON NEW-SECTION, durch das Programmende oder das Verlassen einer Dynpro-Folge abgeschlossen werden.

Hinweise
- Jede Anweisung NEW-PAGE PRINT ON sollte vor dem Programmende oder dem Verlassen einer Dynpro-Folge explizit mit NEW-PAGE PRINT OFF abgeschlossen werden.
- Der Zusatz NEW-SECTION kann verwendet werden, um die Ausnahme CX_SY_NESTED_PRINT_ON zu verhindern. Bei der Verwendung von NEW-SECTION kann die Ausgabe auch in die vorangegangene Druckliste fortgesetzt werden, was bei einer Ausnahmebehandlung mit CATCH nicht möglich ist.

Druck- und Archivierungsparameter
```
... PARAMETERS pri_params
... ARCHIVE PARAMETERS arc_params
... NO DIALOG
```

Mit diesen Zusätzen wird der Spool-Auftrag mit Druck- und Archivierungsparametern versorgt. Letztere sind notwendig, wenn die Druckliste mit ArchiveLink archiviert werden soll.

Mit dem Zusatz `PARAMETERS` werden die Druckparameter in einer Struktur `pri_params` vom Datentyp PRI_PARAMS aus dem ABAP Dictionary übergeben. Wenn in `pri_params` angegeben ist, dass archiviert werden soll, müssen Archivierungsparameter mit dem Zusatz `ARCHIVE PARAMETERS` in einer Struktur `arc_params` vom Datentyp ARC_PARAMS aus dem ABAP Dictionary übergeben werden.

Strukturen der Datentypen PRI_PARAMS und ARC_PARAMS können ausschließlich mit dem Funktionsbaustein GET_PRINT_PARAMETERS gefüllt werden. Beim Aufruf des Funktionsbausteins können einzelne oder alle Druckparameter im Programm gesetzt und/oder ein Druckdialogfenster angezeigt werden. Der Funktionsbaustein erzeugt in seinen Ausgabeparametern einen Satz gültiger Druck- und Archivierungsparameter zur Verwendung als `pri_params` und `arc_params`. Mehr zu Druck- und Archivierungsparametern erfahren Sie in Abschnitt 35.5.3.

Der Zusatz `NO DIALOG` unterdrückt das Druckdialogfenster, das standardmäßig bei Verwendung des Zusatzes `PRINT ON` erscheint.

Hinweise

- Diese Zusätze sollen immer und wie hier gezeigt verwendet werden. Insbesondere soll das standardmäßig erscheinende Druckdialogfenster unterdrückt werden. Bei Verwendung des standardmäßigen Druckdialogfensters steht die Funktion ZURÜCK nicht zur Verfügung, da das System nämlich nach dem Einschalten des Druckens durch eine solche Anweisung nicht vor diese Anweisung zurückkehren kann. Eine Beendigung ist nur über BEENDEN möglich, wodurch aber das gesamte Programm abgebrochen wird. Wenn der Benutzer das Fenster durch ABBRECHEN verlässt, können dem aufgerufenen Programm inkonsistente Druckparameter übergeben werden. Stattdessen kann das Druckdialogfenster bei Ausführung des Funktionsbausteins GET_PRINT_PARAMETERS angezeigt werden. Dieser Funktionsbaustein hat einen Ausgabeparameter VALID, der die Konsistenz der erzeugten Druckparameter signalisiert.

- Eine Verwendung des Zusatzes `NO DIALOG` ohne gleichzeitige Übergabe von Druckparametern ist nur noch außerhalb von ABAP Objects erlaubt und führt zu einer Warnung bei der Syntaxprüfung. Die Druckparameter werden dann so weit wie möglich dem Benutzerstammsatz entnommen.

Beispiel

Erstellen von Drucklisten während des Listenereignisses AT LINE-SELECTION. Die Druckparameter werden vor dem Erstellen der Grundliste über den Funktionsbaustein GET_PRINT_PARAMETERS festgelegt.

```abap
REPORT demo NO STANDARD PAGE HEADING.
DATA: spfli_wa   TYPE spfli,
      sflight_wa TYPE sflight.
DATA: print_parameters TYPE pri_params,
      valid_flag       TYPE c LENGTH 1.
START-OF-SELECTION.
  CALL FUNCTION 'GET_PRINT_PARAMETERS'
    IMPORTING
```

```abap
         out_parameters       = print_parameters
         valid                = valid_flag
       EXCEPTIONS
         invalid_print_params = 2
         OTHERS               = 4.
  IF valid_flag = 'X' AND sy-subrc = 0.
    SELECT carrid connid
           FROM spfli
           INTO CORRESPONDING FIELDS OF spfli_wa.
      WRITE: / spfli_wa-carrid, spfli_wa-connid.
      HIDE:    spfli_wa-carrid, spfli_wa-connid.
    ENDSELECT.
  ELSE.
    ...
  ENDIF.
AT LINE-SELECTION.
  NEW-PAGE PRINT ON PARAMETERS print_parameters
                   NO DIALOG.
  SELECT *
         FROM sflight
         INTO sflight_wa
         WHERE carrid = spfli_wa-carrid AND
               connid = spfli_wa-connid.
    WRITE: / sflight_wa-carrid, sflight_wa-connid,
             sflight_wa-fldate ...
  ENDSELECT.
  NEW-PAGE PRINT OFF.
```

Drucklistenstufe schließen

> `... PRINT OFF`

Der Zusatz `PRINT OFF` schließt eine mit `NEW-PAGE PRINT ON` erzeugte Drucklistenstufe ab, wobei die aktuelle Seite an das SAP-Spool-System gesendet und der zugehörige Spool-Auftrag freigegeben wird. Ausgabeanweisungen, die auf `NEW-PAGE PRINT OFF` folgen, schreiben in die Bildschirm- bzw. Druckliste, in deren Erstellung die mit `PRINT OFF` abgeschlossene Drucklistenstufe gestapelt war. Das Systemfeld `sy-spono` wird nicht direkt, sondern erst bei der nächsten Ausgabeanweisung in eine Druckliste umgesetzt.

Auf Drucklistenstufen, die nicht mit `NEW-PAGE PRINT ON` erzeugt wurden, hat `NEW-PAGE PRINT OFF` keine Wirkung.

Hinweis
Bei Programmende und bei jedem Listenereignis `AT LINE-SELECTION`, `AT PFnn` und `AT USER-COMMAND` wird die Anweisung `NEW-PAGE PRINT OFF` implizit ausgeführt.

Behandelbare Ausnahmen
Beim Erzeugen von Drucklisten kann es zur Ausnahme der Ausnahmeklasse CX_SY_NESTED_PRINT_ON (gestapeltes `NEW-PAGE PRINT ON`) kommen.

35.2.15 Bedingter Seitenumbruch

`RESERVE`

Syntax
`RESERVE n LINES.`

Diese Anweisung erzeugt einen Seitenumbruch, wenn auf der aktuellen Seite der Liste nicht mehr so viele freie Zeilen zwischen letzter Ausgabe und dem Seitenende oder dem Seitenfuß zur Verfügung stehen, wie in `n` angegeben. Für `n` wird ein Datenobjekt vom Typ `i` erwartet. Falls der Wert von `n` kleiner oder gleich 0 ist, wird kein Seitenumbruch ausgelöst.

Der Seitenumbruch löst unabhängig davon, ob in der programmeinleitenden Anweisung ein Seitenfuß definiert wurde oder nicht, das Listenereignis `END-OF-PAGE` aus. Die Anweisung `RESERVE` beeinflusst außerdem das Verhalten der Anweisung `BACK`.

Hinweis
Vorausgesetzt, dass die Seitenlänge größer als der Wert von `n` ist, lassen sich mit der Anweisung `RESERVE` Zeilenblöcke definieren, die nur geschlossen auf einer Seite dargestellt werden können.

Beispiel
Die drei in der `DO`-Schleife ausgegebenen Zeilen und die folgende Leerzeile bilden einen Zeilenblock und werden nicht durch Seitenumbrüche getrennt.

```
REPORT NO STANDARD PAGE HEADING LINE-COUNT 10(2).
START-OF-SELECTION.
  DO 5 TIMES.
    RESERVE 4 LINES.
    WRITE: / '1', / '2', / '3'.
    SKIP.
  ENDDO.
END-OF-PAGE.
  ULINE.
  WRITE sy-pagno.
```

35.2.16 Variable in Listenstufe speichern

`HIDE`

Syntax
`HIDE dobj.`

Diese Anweisung speichert den Inhalt einer Variablen `dobj` gemeinsam mit der aktuellen Listenzeile, deren Zeilennummer in `sy-linno` enthalten ist, im Hide-Bereich der aktuellen Listenstufe ab. Der Datentyp der Variablen `dobj` muss flach sein. Nicht angegeben werden können Feldsymbole, die auf Zeilen interner Tabellen zeigen, Komponenten von Boxed Components (ab Release 7.02/7.2) und Attribute von Klassen. Die mit `HIDE` gespeicherten Werte können wie folgt wieder ausgelesen werden:

- Bei jeder Benutzeraktion auf einer angezeigten Bildschirmliste, die zu einem Listenereignis führt, werden alle mit HIDE gespeicherten Werte der Zeile, auf der zum Zeitpunkt des Ereignisses der Bildschirm-Cursor steht, den betreffenden Variablen zugewiesen.
- Wenn mit den Anweisungen READ LINE oder MODIFY LINE eine Listenzeile beliebiger Listenstufe gelesen oder modifiziert wird, werden alle mit HIDE gespeicherten Werte dieser Zeile den betreffenden Variablen zugewiesen.

Hinweise
- Die HIDE-Anweisung arbeitet unabhängig davon, wie der Listen-Cursor gesetzt wurde. Insbesondere können auch Variablen zu leeren Listenzeilen gespeichert werden, in die der Listen-Cursor mit Anweisungen wie SKIP positioniert wurde.
- Die HIDE-Anweisung sollte unmittelbar bei der Anweisung aufgeführt werden, die den Listen-Cursor in die Zeile gesetzt hat.

Beispiel
Speichern von Quadratzahlen und Kubikzahlen zu einer Liste von Zahlen. Das Beispiel zeigt, dass beliebige Variablen unabhängig vom Zeileninhalt abgespeichert werden können. Im Realfall würde man eher nur die Zahl speichern und die Berechnung bei Bedarf im Ereignisblock zu AT LINE-SELECTION durchführen.

```
REPORT ...
DATA: square TYPE i,
      cube   TYPE i.
START-OF-SELECTION.
  FORMAT HOTSPOT.
  DO 10 TIMES.
    square = sy-index ** 2.
    cube   = sy-index ** 3.
    WRITE / sy-index.
    HIDE: square, cube.
  ENDDO.
AT LINE-SELECTION.
  WRITE: square, cube.
```

35.3 Listen im Listenpuffer bearbeiten

35.3.1 Listenzeilen lesen

`READ LINE`

Syntax
```
READ { {LINE line [{OF PAGE page}|{OF CURRENT PAGE}]
              [INDEX idx]}
     | {CURRENT LINE} }
     [result].
```

Diese Anweisung weist den Inhalt einer im Listenpuffer abgespeicherten Zeile dem Systemfeld sy-lisel zu und erlaubt die Angabe weiterer Zielfelder in *result*. Außerdem werden alle mit HIDE zu dieser Zeile gespeicherten Werten den betreffenden Variablen zugewiesen. Die zu lesende Zeile wird mit dem Zusatz LINE oder mit CURRENT LINE angegeben.

Beim Zusatz LINE wird für line ein Datenobjekt vom Typ i erwartet, das die Zeilennummer bezogen auf eine Listenseite einer Listenstufe enthält. Die Listenstufe kann mit dem Zusatz INDEX angegeben werden, wobei für idx ein Datenobjekt vom Typ i erwartet wird, das den Listenindex enthält. Der Wert von idx muss größer oder gleich 0 sein. Wenn der Zusatz INDEX nicht angegeben ist, wird während der Erstellung der Grundliste die Listenstufe 0 – die Grundliste selbst – und während der Verarbeitung eines Listenereignisses die Listenstufe, auf der das Ereignis ausgelöst wurde (sy-listi), ausgewählt. Die Seite der Liste kann entweder mit PAGE page oder CURRENT PAGE angegeben werden. Für page wird ein Datenobjekt vom Datentyp i erwartet, das die Seitenzahl einer vorhandenen Seite der Listenstufe enthält. Falls für die angegebenen Werte in line, idx und page keine Zeile gefunden wird, wird keine Zeile ausgewählt. Mit CURRENT PAGE wird die oberste angezeigte Seite der Liste bezeichnet, auf der das letzte Listenereignis stattgefunden hat. Während der Erstellung der Grundliste wird keine Zeile ausgewählt. Wenn kein Zusatz für die Seite angegeben ist, wird während der Erstellung der Grundliste die aktuelle Seite (sy-pagno) und während der Verarbeitung eines Listenereignisses die Seite, auf der das Ereignis ausgelöst wurde (sy-cpage), ausgewählt.

Beim Zusatz CURRENT LINE wird die Zeile, auf der der Bildschirm-Cursor während eines vorangegangenen Listenereignisses positioniert war (sy-lilli), oder die letzte mit einer vorhergehenden Anweisung READ LINE ausgelesene Zeile ausgewählt. Während der Erstellung der Grundliste wird keine Zeile ausgewählt.

Syntax von result
```
... [LINE VALUE INTO wa]
    [FIELD VALUE dobj1 [INTO wa1] dobj2 [INTO wa2] ...].
```

Der Zusatz LINE VALUE weist den formatierten Inhalt der gesamten Listenzeile im Listenpuffer dem Datenobjekt wa zu.

Der Zusatz FIELD VALUE weist die Ausgabebereiche einzelner in den Listenpuffer ausgegebener Datenobjekte dobj1 dobj2 ... diesen Datenobjekten oder – wenn angegeben – den Datenobjekten wa1 wa2 ... zu. Für wa bzw. wa1 wa2 ... werden Datenobjekte erwartet, deren Datentyp vom generischen Typ simple umfasst wird. Die Listenzeile bzw. Datenobjekte dobj1 dobj2 ... werden so behandelt, als hätten sie den Datentyp c, sodass schließende Leerzeichen nicht berücksichtigt werden. Bei mehrfach in eine Zeile ausgegebenen Datenobjekten dobj1 dobj2 ... mit gleichem Namen wird nur das erste ausgelesen. Kommt ein Datenobjekt dobj1 dobj2 ... überhaupt nicht vor, wird die Angabe ignoriert. Wenn der Ausgabebereich eines Datenobjekts ausgelesen werden soll, das in der WRITE-Anweisung über ein Feldsymbol angesprochen wurde, und dem Feldsymbol nicht mehr das gleiche Datenobjekt zugewiesen ist, muss der Name des Datenobjekts und nicht der Name des Feldsymbols angegeben werden.

Systemfelder

sy-subrc	Bedeutung
0	Die angegebene Zeile ist vorhanden und wurde gelesen.
ungleich 0	Die angegebene Zeile ist nicht vorhanden.

Hinweise
- Beim Einlesen eines Ausgabebereichs wird keine Konvertierungsroutine ausgeführt.
- Der Inhalt der Zeile bzw. einzelner Ausgabebereiche auf der Liste ist zeichenartig und gemäß den Regeln für die WRITE-Anweisung aufbereitet. Bei der Zuweisung der gelesenen Zeile bzw. eines Bereichs an ein Datenobjekt gelten die Konvertierungsregeln wie für ein Quellfeld vom Typ c. Dies kann zu Unverträglichkeiten mit den Zielfeldern dobj1 dobj2 ... bzw. wa1 wa2 ... führen, insbesondere wenn diese numerisch sind und die Ausgabe Trennzeichen enthält. Die Verwendung von READ LINE wird deshalb hauptsächlich für die Auswertung eingabebereiter Felder empfohlen, während für sonstige Auswertungen Werte typgerecht mit HIDE abgespeichert werden können.

Beispiel
Auslesen aller Zeilen der Grundliste nach einer Zeilenauswahl. Der Inhalt des Ankreuzfeldes wird dem ausgegebenen Datenobjekt flag zugewiesen. Für das Datum wird ein Zielfeld wa der Länge 10 verwendet, da der Ausgabebereich diese Länge hat und Trennzeichen enthält. Bei einer Zuweisung zum ausgegebenen Feld date käme es zu einer Kürzung. Die angekreuzten Daten werden auf der Verzweigungsliste ausgegeben.

```abap
DATA: date TYPE d,
      flag TYPE c LENGTH 1,
      wa   TYPE c LENGTH 10.
START-OF-SELECTION.
  date = sy-datum.
  DO 10 TIMES.
    date = date + sy-index.
    WRITE: / flag AS CHECKBOX, (10) date.
  ENDDO.
AT LINE-SELECTION.
  DO.
    READ LINE sy-index FIELD VALUE flag
                             date INTO wa.
    IF sy-subrc <> 0.
      EXIT.
    ELSEIF flag = 'X'.
      WRITE / wa.
    ENDIF.
  ENDDO.
```

35.3.2 Listenzeilen modifizieren

```
MODIFY LINE
```

Syntax
```
MODIFY { {LINE line [OF {PAGE page}|{CURRENT PAGE}]
                [INDEX idx]}
       | {CURRENT LINE} }
       [source].
```

Diese Anweisung überschreibt eine im Listenpuffer abgespeicherte Zeile mit dem Inhalt des Systemfeldes sy-lisel und erlaubt weitere Modifikationen gemäß den Angaben in source. Außerdem werden alle mit HIDE zu dieser Zeile gespeicherten Werte den betreffenden Variablen zugewiesen. Die zu ändernde Zeile wird mit dem Zusatz LINE oder mit CURRENT LINE angegeben. Syntax und Bedeutung der Zusätze sind dieselben wie bei der Anweisung READ LINE.

Die erste Ausgabe eines Datenobjekts in den Listenpuffer mit der Anweisung WRITE legt die Ausgabelänge fest, die nicht durch die Anweisung MODIFY geändert werden kann. Die Anweisung MODIFY ignoriert eventuell bei der Ausgabe mit WRITE und CENTERED, RIGHT-JUSTIFIED angegebene Ausrichtungen.

Syntax von source

```
... [LINE VALUE FROM wa]
    [FIELD VALUE dobj1 [FROM wa1]
                 dobj2 [FROM wa2] ...]
    [LINE FORMAT ext_format_options]
    [FIELD FORMAT dobj1 ext_format_options1
                  dobj2 ext_format_options2 ...].
```

Angabe von Quellfeldern für MODIFY LINE. Die Zusätze modifizieren die Listenzeile, nachdem diese mit dem Inhalt des Systemfeldes sy-lisel überschrieben wurde.

Der Zusatz LINE VALUE überschreibt die gesamte Listenzeile mit dem Inhalt von wa. Der Zusatz FIELD VALUE überschreibt die Ausgabebereiche einzelner in der Listenzeile ausgegebener Datenobjekte dobj1 dobj2 ... mit dem aktuellen Inhalt dieser Objekte oder – wenn angegeben – mit dem Inhalt der Datenobjekte wa1 wa2 .... Für wa bzw. wa1 wa2 ... werden zeichenartige Datenobjekte erwartet, die rechts abgeschnitten werden, wenn sie zu lang sind. Bei zu kurzen Datenobjekten werden die Zeile bzw. die Ausgabebereiche rechts mit Leerzeichen aufgefüllt. Die Angabe FIELD VALUE übersteuert die Angabe LINE VALUE.

Für ext_format_options können ein oder mehrere Zusätze der Anweisung FORMAT angegeben werden. Mit dem Zusatz LINE FORMAT wird die gesamte Listenzeile entsprechend formatiert, mit FIELD FORMAT werden es nur die Ausgabebereiche der in die Listenzeile ausgegebenen Datenobjekte dobj1 dobj2 .... Die Angabe FIELD FORMAT übersteuert die Angabe LINE FORMAT.

Bei mehrfach in eine Zeile ausgegebenen Datenobjekten dobj1 dobj2 ... mit gleichem Namen wird nur das erste bearbeitet. Kommt ein Datenobjekt dobj1 dobj2 ... überhaupt nicht vor, wird die Angabe ignoriert.

Systemfelder

sy-subrc	Bedeutung
0	Die angegebene Zeile ist vorhanden und wurde geändert.
ungleich 0	Die angegebene Zeile ist nicht vorhanden.

Hinweise
- Es wird empfohlen, das Systemfeld sy-lisel vor Ausführung der Anweisung MODIFY LINE mit dem Inhalt der zu ändernden Listenzeile zu füllen und dann die Zeile ausschließlich mit den Angaben in source und nicht durch Modifikation von sy-lisel zu ändern. Das

Systemfeld `sy-lisel` wird entweder bei Listenereignissen oder mit der Anweisung READ LINE gefüllt.
- Für das Modifizieren von Ikonen und Quick-Infos in Listenzeilen stehen die Funktionsbausteine LIST_ICON_PREPARE_FOR_MODIFY und LIST_MODIFY_QUICKINFO zur Verfügung.

Beispiel
Bei Doppelklick auf eine Zeile in der Grundliste wird der Hintergrund der ausgegebenen Zahl gelb und der Hintergrund der restlichen Zeile grün gefärbt.

```
START-OF-SELECTION.
  DO 10 TIMES.
    WRITE / sy-index.
  ENDDO.
AT LINE-SELECTION.
  MODIFY CURRENT LINE FIELD FORMAT sy-index COLOR 3
                     LINE FORMAT COLOR 5.
```

35.3.3 Listen blättern

SCROLL LIST

Syntax
```
SCROLL LIST [horizontal]
            [vertical]
            [INDEX idx].
```

Diese Anweisung verschiebt den Anzeigebereich einer im Listenpuffer abgespeicherten Liste an die in *horizontal* und/oder *vertical* angegebene Position. Es muss mindestens einer dieser Zusätze angegeben werden, wobei sich alle horizontalen Angaben auf die Spalten einer dargestellten Liste beziehen. Bei der nächsten Anzeige der Liste wird der entsprechende Ausschnitt angezeigt.

Die Listenstufe kann mit dem Zusatz INDEX angegeben werden, wobei für *idx* ein Datenobjekt vom Typ i erwartet wird, das den Listenindex enthält. Der Wert von *idx* muss größer oder gleich 0 sein. Wenn der Zusatz INDEX nicht angegeben ist, wird während der Erstellung der Grundliste die Listenstufe 0 – die Grundliste selbst – und während der Verarbeitung eines Listenereignisses die Listenstufe, auf der das Ereignis ausgelöst wurde (`sy-listi`), ausgewählt. Wenn die in *idx* angegebene Listenstufe nicht vorhanden ist, wird `sy-subrc` auf den Wert 8 gesetzt.

Ohne Verwendung der SCROLL-Anweisung wird eine Liste bei ihrer ersten Anzeige ab der ersten Spalte der ersten Zeile angezeigt. Wenn aus einer Verzweigungsliste in eine tiefere Listenstufe zurücknavigiert wird, wird diese mit dem Ausschnitt angezeigt, den sie bei ihrer letzten Anzeige hatte. Die SCROLL-Anweisung setzt entweder eine neue erste Spalte, eine neue erste Zeile oder beides. Jede SCROLL-Anweisung setzt nur die in ihr angegebene Größe, ohne die nicht betroffenen Positionen zu verändern.

Systemfelder

sy-subrc	Bedeutung
0	Bildschirmausschnitt erfolgreich verschoben.
4	Vollständiges Verschieben nicht möglich, da Rand der Liste erreicht wurde.
8	Verschieben nicht möglich, da die angegebene Listenstufe nicht vorhanden ist.

Hinweis

Wenn in der Liste geblättert wird, die gerade erstellt wird (sy-lsind), ist zu beachten, dass eine SCROLL-Anweisung vor der ersten Ausgabeanweisung keine Wirkung hat, da es die Liste dann noch nicht im Listenpuffer gibt.

35.3.3.1 Horizontales Blättern

```
SCROLL LIST - horizontal
```

Syntax von horizontal

```
... {TO COLUMN col}
  | {{LEFT|RIGHT} [BY n PLACES]}
```

Mit diesen Zusätzen wird die Liste horizontal geblättert.

Der Zusatz TO COLUMN legt die erste Spalte des Bildschirmausschnitts auf den Wert von col fest, wobei für col ein Datenobjekt vom Typ i erwartet wird. Wenn der Wert von col kleiner oder gleich 0 ist, wird er wie 1, wenn er größer als die aktuelle Zeilenbreite ist, wird er wie diese behandelt und sy-subrc auf den Wert 4 gesetzt.

Der Zusatz LEFT ohne BY n PLACES legt die erste Spalte des Bildschirmausschnitts auf den Wert 1 fest. Der Zusatz LEFT mit BY n PLACES legt die erste Spalte des Anzeigeausschnitts auf die aktuelle erste Spalte (sy-staco) abzüglich des Wertes von n fest, wobei für n ein Datenobjekt vom Typ i erwartet wird. Wenn das Ergebnis kleiner oder gleich 0 ist, wird es wie 1 behandelt und sy-subrc auf den Wert 4 gesetzt.

Der Zusatz RIGHT ohne BY n PLACES legt die erste Spalte des Bildschirmausschnitts auf die Zeilenlänge (sy-linsz) abzüglich der Fensterbreite (sy-scols minus 2) fest. Wenn das Ergebnis kleiner oder gleich 0 ist, wird es wie 1 behandelt. Der Zusatz RIGHT mit BY n PLACES legt die erste Spalte des Anzeigeausschnitts auf die aktuelle erste Spalte (sy-staco) zuzüglich des Wertes von n fest, wobei für n ein Datenobjekt vom Typ i erwartet wird. Wenn das Ergebnis größer als die aktuelle Zeilenlänge ist, wird es wie die aktuelle Zeilenlänge behandelt und sy-subrc auf den Wert 4 gesetzt.

Hinweis

Beim horizontalen Blättern mit der Anweisung SCROLL sollten nur die untere oder obere Grenze ausgegebener Datenobjekte angegeben werden, da in Unicode-Systemen nur für diese die Positionen im Listenpuffer und auf der dargestellten Liste garantiert übereinstimmen.

35.3.3.2 Vertikales Blättern

```
SCROLL LIST - vertical
```

Syntax von vertical
```
... {TO {{FIRST PAGE}|{LAST PAGE}|{PAGE pag}} [LINE lin]}
  | {{FORWARD|BACKWARD} [n PAGES]}
```

Mit diesen Zusätzen wird die Liste vertikal geblättert.

Der Zusatz TO FIRST PAGE legt die oberste Seite des Bildschirmausschnitts auf die erste Seite der Liste fest. Der Zusatz TO LAST PAGE legt die oberste Seite des Bildschirmausschnitts auf die letzte Seite der Liste fest. Der Zusatz TO PAGE pag legt die oberste Seite des Bildschirmausschnitts auf die Seite fest, die in pag angegeben ist, wobei für pag ein Datenobjekt vom Typ i erwartet wird. Wenn der Wert von pag kleiner oder gleich 0 ist, wird er wie 1, wenn er größer als die Anzahl der Seiten ist, wird er wie diese behandelt und sy-subrc auf den Wert 4 gesetzt.

Der Zusatz LINE steuert, welche Zeile der mit PAGE ausgewählten Seiten als Erstes angezeigt wird. Ohne den Zusatz LINE wird die Liste ab der ersten Zeile der ausgewählten Seite angezeigt. Mit dem Zusatz LINE wird die in lin angegebene Zeile der ausgewählten Seite unter dem Seitenkopf angezeigt, wobei der Seitenkopf bei der Zählung nicht berücksichtigt wird. Für lin wird ein Datenobjekt vom Typ i erwartet. Wenn der Wert von lin kleiner oder gleich 0 ist, wird er wie 1, wenn er größer als die Seitenlänge ist, wird er wie diese behandelt und sy-subrc auf den Wert 4 gesetzt.

Die Zusätze FORWARD und BACKWARD ohne n PAGES verschieben den aktuellen Bildschirmausschnitt um die aktuelle Anzahl von Zeilen im Fenster (sy-srows) nach unten bzw. nach oben. Dabei wird der Seitenkopf der obersten angezeigten Seite immer als Erstes angezeigt.

Die Zusätze FORWARD und BACKWARD mit n PAGES legen die oberste Seite des Bildschirmausschnitts auf die Seite fest, die sich aus der aktuellen obersten Seite zuzüglich bzw. abzüglich des Wertes in n ergibt, wobei für n ein Datenobjekt vom Typ i erwartet wird. Wenn der Wert des Ergebnisses kleiner oder gleich 0 bzw. größer als die Anzahl der Seiten ist, wird er wie 1 bzw. wie die Anzahl der Seiten behandelt und sy-subrc auf den Wert 4 gesetzt. Die resultierende Seite wird ab der ersten Zeile angezeigt.

Beispiel
Durch einen Doppelklick auf die Grundliste wird diese im Ereignisblock AT LINE-SELECTION auf die Seite geblättert, die in einem Selektionsbild eingegeben wird. Die Zeilen der Seite behalten durch die Verwendung von sy-staro ihre ursprüngliche Positionierung bezüglich des Seitenkopfes. Das explizite Setzen der Spalte auf sy-staco wäre hier dagegen nicht notwendig, da diese Position beim vertikalen Blättern erhalten bleibt.

```
REPORT LINE-COUNT 100 LINE-SIZE 100
       NO STANDARD PAGE HEADING.
SELECTION-SCREEN BEGIN OF SCREEN 500 AS WINDOW.
PARAMETERS page TYPE i.
SELECTION-SCREEN END OF SCREEN 500.
START-OF-SELECTION.
  DO 10000 TIMES.
```

```
      WRITE sy-index.
    ENDDO.
TOP-OF-PAGE.
  ULINE.
  WRITE sy-pagno.
  ULINE.
AT LINE-SELECTION.
  CALL SELECTION-SCREEN 500 STARTING AT 10 10.
  SCROLL LIST TO COLUMN sy-staco
              TO PAGE page LINE sy-staro.
```

35.3.4 Listeneigenschaften auslesen

DESCRIBE LIST

Syntax
```
DESCRIBE LIST { {NUMBER OF {LINES|PAGES} n}
              | {LINE linno PAGE page}
              | {PAGE pagno page_properties} }
              [INDEX idx].
```

Diese Anweisung weist den Variablen n, page oder den in page_properties angegebenen Variablen die Eigenschaften einer im Listenpuffer abgespeicherten Liste zu.

Die Listenstufe kann mit dem Zusatz INDEX angegeben werden, wobei für idx ein Datenobjekt vom Typ i erwartet wird, das den Listenindex enthält. Der Wert von idx muss größer oder gleich 0 sein. Wenn der Zusatz INDEX nicht angegeben ist, wird während der Erstellung der Grundliste die Listenstufe 0 – die Grundliste selbst – und während der Verarbeitung eines Listenereignisses die Listenstufe, auf der das Ereignis ausgelöst wurde (sy-listi), ausgewählt. Wenn die in idx angegebene Listenstufe nicht vorhanden ist, werden die Variablen nicht geändert, und sy-subrc wird auf den Wert 8 gesetzt.

Bei der Angabe von LINES wird die Anzahl der Zeilen, bei der Angabe von PAGES die Anzahl der Seiten der Liste in n abgelegt, wobei für n ein Datenobjekt vom Typ i erwartet wird. Die Anzahl der Zeilen wird von der ersten bis zur letzten mit einer Ausgabeanweisung beschriebenen Zeile gezählt und beinhaltet die Seitenköpfe und Seitenfüße. Die automatisch zwischen den Listenseiten eingefügten Leerzeilen werden nicht mitgezählt.

Zu der in linno angegebenen Zeilennummer wird die zugehörige Seite ermittelt und in page abgelegt. Für linno und page werden Datenobjekte vom Typ i erwartet. Wenn es die in linno angegebene Zeile nicht gibt, wird page nicht geändert und sy-subrc auf 4 gesetzt. Bei der Zählung der Zeilen werden Seitenköpfe und -füße berücksichtigt, aber nicht die automatisch zwischen den Listenseiten eingefügten Leerzeilen.

Zu der in pagno angegebenen Seitenzahl werden verschiedene Eigenschaften page_properties ermittelt und in die angegebenen Variablen geschrieben. Hinter pagno muss mindestens ein Zusatz angegeben sein. Für pagno wird der Datentyp i erwartet. Wenn es die in pagno angegebene Seite nicht gibt, werden die Variablen nicht geändert, und sy-subrc wird auf 4 gesetzt.

Systemfelder

sy-subrc	Bedeutung
0	Die Listeneigenschaft wurde erfolgreich bestimmt.
4	Die in linno angegebene Zeile oder die in pagno angegebene Seite ist nicht vorhanden.
8	Die in idx angegebene Listenstufe ist nicht vorhanden.

Hinweise

- Die Anweisung DESCRIBE LIST sollte nur für fertiggestellte Listen verwendet werden, da bei Listen, die gerade erstellt werden, nicht alle Eigenschaften ausgelesen werden können.
- Die Systemklasse CL_ABAP_LIST_UTILITIES enthält Methoden, die u. a. der Berechnung von Ausgabelängen, der Konvertierung von Werten aus dem Listenpuffer und der Berechnung nötiger Ausgabelängen auf Listen dienen. Mit den Rückgabewerten ihrer Methoden kann z. B. eine korrekte Spaltenausrichtung auf ABAP-Listen programmiert werden, auch wenn ostasiatische Schriftzeichen ausgegeben werden.

Syntax von page_properties

```
... [LINE-SIZE width]
    [LINE-COUNT page_lines]
    [LINES lines]
    [FIRST-LINE first_line]
    [TOP-LINES top_lines]
    [TITLE-LINES title_lines]
    [HEAD-LINES header_lines]
    [END-LINES footer_lines]
```

Ermittlung der Eigenschaften von Seiten mit DESCRIBE LIST. Für alle Zielfelder wird der Datentyp i erwartet.

Mit LINE-SIZE wird die mit dem Zusatz LINE-SIZE der programmeinleitenden Anweisung bzw. NEW-PAGE gesetzte Zeilenlänge der Seite nach width gestellt. Mit LINE-COUNT wird die mit dem Zusatz LINE-COUNT der programmeinleitenden Anweisung bzw. NEW-PAGE gesetzte Seitenlänge nach page_lines gestellt.

Mit LINES wird die Anzahl der auf der Seite ausgegebenen Zeilen inklusive Seitenkopf und Seitenfuß nach lines gestellt.

Mit FIRST-LINE wird die Zeilennummer der ersten Zeile der Seite, bezogen auf die gesamte Liste, nach first_line gestellt. Bei der Zählung der Zeilen werden Seitenköpfe und -füße berücksichtigt, aber nicht die automatisch zwischen den Listenseiten eingefügten Leerzeilen.

Mit TOP-LINES wird die Anzahl der Zeilen des Seitenkopfes der Seite nach top_lines gestellt. Bei der Zählung werden der Standardseitenkopf und die beim Ereignis TOP-OF-PAGE ausgegebenen Zeilen berücksichtigt. Mit TITLE-LINES wird die Anzahl der Zeilen der Standardüberschrift des Standardseitenkopfes der Seite nach title_lines gestellt. Mit HEAD-LINES wird die Anzahl der Zeilen der Spaltenüberschriften des Standardseitenkopfes der Seite nach header_lines gestellt. Mit END-LINES wird die mit dem Zusatz LINE-COUNT der programmeinleitenden Anweisung für den Seitenfuß reservierte Anzahl von Zeilen nach footer_lines gestellt.

Beispiel
Bestimmen einiger Eigenschaften der letzten Seite der gerade angezeigten Liste mit zwei `DESCRIBE`-Anweisungen während eines Listenereignisses.

```
DATA: last_page  TYPE i,
      lines      TYPE i,
      first_line TYPE i,
      top_lines  TYPE i.
...
AT LINE-SELECTION.
  DESCRIBE LIST NUMBER OF PAGES last_page.
  DESCRIBE LIST PAGE last_page LINES lines
                               FIRST-LINE first_line
                               TOP-LINES  top_lines.
```

35.4 Listen anzeigen

Die Anzeige einer Grundliste erfolgt entweder automatisch oder programmgesteuert. Die Anzeige einer Verzweigungsliste erfolgt immer automatisch:

- In mit `SUBMIT` aufgerufenen ausführbaren Programmen wird die bis dahin erstellte Grundliste automatisch nach dem Ereignis `END-OF-SELECTION` angezeigt. Bei Programmbeginn wird automatisch der Standardlistenstatus gesetzt, der im Programm über `SET PF-STATUS` durch einen anderen GUI-Status ersetzt werden kann.
- In beliebigen Programmen, die Dynpros als Komponenten enthalten können, kann während der Verarbeitung einer Dynpro-Folge die Anzeige der aktuellen Grundliste programmgesteuert mit der Anweisung `LEAVE TO LIST-PROCESSING` aufgerufen werden.
- In beliebigen Programmen, die Dynpros als Komponenten enthalten können, wird nach Beendigung der Verarbeitung eines Ereignisblocks hinter `AT LINE-SELECTION`, `AT USER-COMMAND` oder `AT PFnn` die in diesem erstellte Verzweigungsliste automatisch angezeigt. Falls keine Verzweigungsliste erstellt wird, bleibt die vorangegangene Listenstufe angezeigt.

Die Eigenschaften einer aufgerufenen Liste können gesteuert, und eine angezeigte Liste kann auch ausgelesen werden.

35.4.1 Grundliste aufrufen

`LEAVE TO LIST-PROCESSING`

Syntax
`LEAVE TO LIST-PROCESSING [AND RETURN TO SCREEN dynnr].`

Diese Anweisung kann sowohl während der PBO- als auch während der PAI-Verarbeitung ausgeführt werden. Sie bewirkt, dass nach Abschluss der Verarbeitung des aktuellen Dynpros die derzeitige Dynpro-Folge unterbrochen, der Listenprozessor gestartet und die Grundliste angezeigt wird. Die Grundliste besteht aus den Listenausgaben aller bis dahin ausgeführten

PBO- und PAI-Module der Dynpro-Folge. In den Ereignisblöcken zu Reporting- und Listenereignissen hat die Anweisung keine Wirkung.

Das Bildschirmbild des Listen-Dynpros des Listenprozessors ersetzt das Bildschirmbild, das im Pop-up-Level 0 dargestellt ist. Eventuell darüber gestapelte modale Dialogfenster werden für die Dauer der Listendarstellung ausgeblendet. Es wird der in der Dynpro-Folge gesetzte GUI-Status verwendet. Durch Benutzeraktionen ausgelöste Listenereignisse auf dem Fenster des Listen-Dynpros rufen die Ereignisblöcke des aktuellen Hauptprogramms auf. Dort erstellte Verzweigungslisten werden vom Listenprozessor im Fenster der Grundliste angezeigt (solange die Anweisung WINDOW nicht verwendet wird).

Der Listenprozessor bzw. die Listenanzeige können durch den Benutzer über die Auswahl der Funktionen ZURÜCK, ENDE oder ABBRECHEN auf der Anzeige der Listenstufe 0 oder programmgesteuert mit der Anweisung LEAVE LIST-PROCESSING verlassen werden. In beiden Fällen wird die unterbrochene Dynpro-Folge standardmäßig mit der PBO-Verarbeitung des Dynpros wieder aufgenommen, indem der Listenprozessor aufgerufen wurde.

Mit dem Zusatz AND RETURN TO SCREEN kann in dynnr ein anderes Dynpro angegeben werden, mit dessen PBO-Verarbeitung fortgefahren werden soll. Für dynnr wird ein zeichenartiges Datenobjekt erwartet, das die Nummer eines Dynpros des aktuellen Hauptprogramms enthält. Falls in dynnr der Wert 0 angegeben ist, wird die aktuelle Dynpro-Folge nach dem Verlassen des Listenprozessors beendet.

Hinweis
Wenn das aktuelle Dynpro in einem Dialogfenster dargestellt ist, stellt der Listenprozessor die Listen ebenfalls in diesem Dialogfenster dar.

Beispiel
Dieses Beispiel zeigt die empfohlene Vorgehensweise, Listen während Dynpro-Folgen anzuzeigen. Es ist ein eigenes Dynpro 500 für den Aufruf des Listenprozessors definiert. Das Bildschirmbild dieses Dynpros enthält keine Bildschirmelemente, und es ruft ein einziges PBO-Modul call_list und keine PAI-Module auf. Die gesamte Grundliste inklusive GUI-Status wird im PBO-Modul definiert. Beim Verlassen des Dynpros über LEAVE SCREEN wird seine Verarbeitung beendet und der Listenprozessor gestartet. Die Listenereignisse werden im gleichen Programm behandelt. Wenn der Listenprozessor verlassen wird, wird die Dynpro-Folge des Dynpros 500 beendet, da beim Aufruf des Listenprozessors das Folge-Dynpro 0 angegeben ist.

```
PROGRAM demo NO STANDARD PAGE HEADING.
...
MODULE call_list OUTPUT.
  SET PF-STATUS space.
  WRITE 'Basic List'.
  LEAVE TO LIST-PROCESSING AND RETURN TO SCREEN 0.
  LEAVE SCREEN.
ENDMODULE.
TOP-OF-PAGE.
  WRITE 'Header' COLOR COL_HEADING.
  ULINE.
```

```
TOP-OF-PAGE DURING LINE-SELECTION.
  WRITE sy-lsind COLOR COL_HEADING.
  ULINE.
AT LINE-SELECTION.
  WRITE 'Secondary List'.
  IF sy-lsind = 20.
    LEAVE LIST-PROCESSING.
  ENDIF.
```

35.4.2 Listenanzeige verlassen

`LEAVE LIST-PROCESSING`

Syntax
`LEAVE LIST-PROCESSING.`

Diese Anweisung verlässt umgehend den Listenprozessor. Die Laufzeitumgebung setzt die Verarbeitung mit dem Ereignis PBO des Dynpros fort, aus dem der Listenprozessor mit LEAVE TO LIST-PROCESSING aufgerufen wurde, bzw. des Dynpros, das mit dem Zusatz AND RETURN TO SCREEN dieser Anweisung gesetzt wurde. Beim Verlassen des Listenprozessors wird der Listenpuffer der Dynpro-Folge initialisiert. Erneute Ausgabeanweisungen beschreiben eine neue Grundliste.

Falls die Anweisung nicht während der Anzeige einer Liste durch den Listenprozessor ausgeführt wird, hat sie keine Wirkung, außer in den Ereignisblöcken für Reporting-Ereignisse. Dort wird zum Programmende verzweigt und die Verarbeitung, wie bei der Anweisung SUBMIT beschrieben, fortgesetzt.

35.4.3 Liste in Dialogfenster anzeigen

`WINDOW`

Syntax
```
WINDOW STARTING AT col1 lin1
       [ENDING AT col2 lin2].
```

Diese Anweisung bewirkt, dass die aktuell erstellte Verzweigungsliste in einem Dialogfenster dargestellt wird. Sie hat nur in den Ereignisblöcken für ein interaktives Listenereignis eine Wirkung. Bei mehreren WINDOW-Anweisungen in einem Ereignisblock wirkt die letzte.

Die linke obere Ecke wird durch die Werte in col1 und lin1 für Spalte und Zeile bestimmt. Die Werte beziehen sich auf das Fenster der Grundliste. Die rechte untere Ecke wird automatisch gesetzt. Die maximale rechte untere Ecke kann entweder in col2 und lin2 angegeben werden oder ist durch die rechte untere Ecke des Fensters, auf dem das Listenereignis stattfand, bestimmt.

Für col1, lin1, col2 und lin2 werden Datenobjekte vom Typ i erwartet. Die Werte aller Datenobjekte sollten innerhalb des Fensters der Grundliste liegen, und die von col1 und lin1 sollten kleiner als die von col2 und lin2 sein, ansonsten ist das Verhalten undefiniert.

Falls kein GUI-Status mit SET PF-STATUS gesetzt wird und ein Ereignisblock mit AT LINE-SELECTION oder AT PFnn definiert ist, verwendet das System automatisch einen für Dialogfenster angepassten Standardlistenstatus ohne Menüleiste und Systemfunktionsleiste, der in der Anwendungsfunktionsleiste Drucktasten für die vordefinierten Funktionscodes "PICK" – nur für AT LINE-SELECTION –, "PRI", "%SC", "%SC+" und "RW" enthält.

Hinweis
Falls ein GUI-Status mit SET PF-STATUS gesetzt wird, sollte dieser im Menu Painter als Status für Dialogfenster und unter Einbinden der Vorlage für Listen angelegt werden.

Beispiel
Anzeige der Details zu einer Fluggesellschaft in einem Dialogfenster nach Zeilenauswahl.

```
DATA: scarr_wa TYPE scarr,
      col      TYPE i,
      lin      TYPE i.
START-OF-SELECTION.
  SELECT carrid
         FROM scarr
         INTO scarr_wa-carrid.
    WRITE / scarr_wa-carrid.
    HIDE  scarr_wa-carrid.
  ENDSELECT.
  CLEAR scarr_wa-carrid.
AT LINE-SELECTION.
  col = sy-cucol + 40.
  lin = sy-curow + 2.
  WINDOW STARTING AT sy-cucol sy-curow
         ENDING   AT col lin.
  IF sy-lsind = 1 AND
     scarr_wa-carrid IS NOT INITIAL.
    SELECT SINGLE carrname url
           FROM scarr
           INTO (scarr_wa-carrname,scarr_wa-url)
           WHERE carrid = scarr_wa-carrid.
    WRITE: scarr_wa-carrname, / scarr_wa-url.
  ENDIF.
```

35.4.4 GUI-Status einer Bildschirmliste

SET PF-STATUS – Liste

Syntax
SET PF-STATUS status [OF PROGRAM prog] [EXCLUDING fcode]
                    [IMMEDIATELY].

Während der Listenverarbeitung setzt diese Anweisung den in status angegebenen GUI-Status für das Anzeigefenster der aktuellen Listenstufe und aller folgenden Listenstufen bis zur nächsten Anweisung SET PF-STATUS. Die Anweisung hat im Wesentlichen die gleiche Funktion wie für Dynpros (siehe Abschnitt 33.6.2).

Im Gegensatz zu den Bildschirmbildern von Dynpros bleibt aber jede Liststufe automatisch mit dem für sie gesetzten GUI-Status verknüpft. Bei der Rückkehr aus der Anzeige einer höheren Listenstufe zur Anzeige einer niedrigeren Listenstufe wird Letztere wieder mit dem GUI-Status angezeigt, der für sie gesetzt wurde.

Wenn das Datenobjekt status initial ist, wird der Standardlistenstatus gesetzt, und die Zusätze OF PROGRAM und EXCLUDING haben keine Wirkung. Der Standardlistenstatus enthält vordefinierte listenspezifische Funktionen, deren Funktionscodes während der Anzeige einer Bildschirmliste von der Laufzeitumgebung behandelt werden und nicht zum Aufruf von Ereignisblöcken im ABAP-Programm führen. Wenn gleichzeitig Ereignisblöcke mit AT LINE-SELECTION oder AT PFnn definiert sind, werden im Standardlistenstatus weitere Funktionstasten automatisch mit Funktionscodes belegt:

- Durch AT LINE-SELECTION wird die Taste [F2] und mit ihr die Doppelklickfunktionalität der Maus mit dem Funktionscode »PICK« und dem Funktionstext AUSWÄHLEN belegt. Außerdem erscheint diese Funktion automatisch in der Anwendungsfunktionsleiste.
- Durch AT PFnn werden sämtliche Funktionstasten der Tastatur Fnn, die nicht von der Laufzeitumgebung behandelt werden, mit den Funktionscodes "PFnn" belegt, wobei "nn" eine Zahl zwischen 01 und 24 ist.

Wenn der Standardlistenstatus gesetzt ist, enthält sy-pfkey den Wert "STLI".

Der Zusatz IMMEDIATELY hat nur dann eine Wirkung, wenn er während der Erstellung einer Verzweigungsliste, also innerhalb eines Ereignisblocks nach einem interaktiven Listenereignis, verwendet wird. Er bewirkt, dass SET PF-STATUS für die gerade angezeigte Liste (sy-listi) und alle folgenden Listenstufen wirkt und nicht erst ab der aktuellen Verzweigungsliste (sy-lsind). Die Zusätze OF PROGRAM und EXCLUDING wirken genau wie bei Dynpros.

Hinweis
Beim Setzen von GUI-Status für das Listen-Dynpro wird empfohlen, einen GUI-Status zu setzen, bei dem im Menu Painter ein LISTSTATUS als VORLAGESTATUS eingebunden wurde. Das Einbinden eines solchen Vorlagestatus übernimmt die listenspezifischen Funktionen des Standardlistenstatus in einen selbst definierten GUI-Status.

Beispiel
In folgendem Programmsegment ist nur eine einzige Zeilenauswahl mit Maus-Doppelklick bzw. der Funktionstaste [F2] auf der Grundliste möglich. Danach wird diese Funktion für die Grundliste und alle folgenden Listenstufen deaktiviert.

```
START-OF-SELECTION.
  SET PF-STATUS 'BASIC'.
  WRITE / `Pick me!`.
AT LINE-SELECTION.
  SET PF-STATUS 'BASIC' EXCLUDING 'PICK' IMMEDIATELY.
  WRITE / `Don't pick me!`.
```

35.4.5 Titel einer Bildschirmliste

SET TITLEBAR – Liste

Syntax
```
SET TITLEBAR title [OF PROGRAM prog]
                   [WITH text1 ... text9].
```

Während der Listenverarbeitung setzt diese Anweisung den in title angegebenen GUI-Titel für das Anzeigefenster der aktuellen Listenstufe und aller folgenden Listenstufen bis zur nächsten Anweisung SET TITLEBAR. Die Anweisung hat im Wesentlichen die gleiche Syntax und Semantik wie für Dynpros (siehe Abschnitt 33.6.4).

Im Gegensatz zu den Bildschirmbildern von Dynpros bleibt aber jede Listenstufe automatisch mit dem für sie gesetzten Titel verknüpft. Bei der Rückkehr aus der Anzeige einer höheren Listenstufe zur Anzeige einer niedrigeren Listenstufe wird Letztere wieder mit dem Titel angezeigt, der für sie gesetzt wurde.

Die Zusätze OF PROGRAM und WITH wirken genau wie bei Dynpros.

35.4.6 Cursor auf Liste setzen

SET CURSOR – Liste

Syntax
```
SET CURSOR { { FIELD field LINE line
                [[DISPLAY|MEMORY] OFFSET off] }
            | { LINE line [[DISPLAY|MEMORY] OFFSET off] }
            | { col lin } }.
```

Diese Anweisung setzt während der Listenverarbeitung den Cursor in der nächsten am Bildschirm dargestellten Liste. Dies ist entweder die aktuelle Liste oder die vorangegangene Liste, wenn in einem Ereignisblock nach einem interaktiven Listenereignis keine Verzweigungsliste erstellt wird. Der Cursor kann durch die Angabe eines Feldes hinter FIELD oder einer Zeile hinter LINE oder durch absolute Positionsangaben col und lin gesetzt werden.

Falls die Anweisung SET CURSOR nicht angegeben ist, wird der Cursor standardmäßig auf das erste eingabebereite Feld auf der Liste oder auf das Befehlsfeld der Systemfunktionsleiste gesetzt. Die Anweisung wird ignoriert, wenn die angegebene Position außerhalb des Anzeigeausschnitts der Liste liegt oder auf Linienelemente zeigt.

Hinweis
Die genaue Position des Cursors ist nur in eingabebereiten Ausgabebereichen sichtbar. Andernfalls wird der gesamte Ausgabebereich, in dem sich der gesetzte Cursor befindet, markiert.

35.4.6.1 Cursor auf Ausgabefeld setzen

```
... FIELD field LINE line [[DISPLAY|MEMORY] OFFSET off]
```

Der Cursor wird in der in `line` angegebenen Listenzeile in den Ausgabebereich des Datenobjekts gestellt, dessen Name in `field` enthalten ist, wobei die Groß-/Kleinschreibung keine Rolle spielt. Das Datenobjekt `field` muss zeichenartig und flach sein. Für `line` und `off` werden Datenobjekte vom Typ i erwartet.

Falls `OFFSET` nicht angegeben ist, wird der Cursor in die erste Spalte des Ausgabebereichs gestellt. Falls `OFFSET` ohne Zusatz oder mit dem Zusatz `DISPLAY` angegeben ist, wird der Cursor in die in `off` angegebene Spalte des Ausgabebereichs gestellt. Falls `OFFSET` mit dem Zusatz `MEMORY` angegeben ist, wird der Cursor auf das Zeichen des Ausgabebereichs gestellt, das im Listenpuffer an der in `off` angegebenen Stelle der Ausgabe des Datenobjekts in `field` steht. Falls dieses Zeichen in einem Unicode-System in der Listendarstellung abgeschnitten ist, wird der Cursor auf das entsprechende Kennzeichen (< oder >) gesetzt.

Falls das in `field` angegebene Datenobjekt mehrfach im sichtbaren Bereich der Zeile ausgegeben wurde, wird der Cursor in den ersten Ausgabebereich gestellt. Kommt das in `field` angegebene Datenobjekt im sichtbaren Bereich der Zeile nicht vor, wird die Angabe ignoriert.

Wenn der Cursor in den Ausgabebereich eines Datenobjekts gestellt werden soll, das in der `WRITE`-Anweisung über ein Feldsymbol angesprochen wurde, und dem Feldsymbol nicht mehr das gleiche Datenobjekt zugewiesen ist, muss der Name des Datenobjekts in `field` enthalten sein und nicht der Name des Feldsymbols.

Beispiel
In der folgenden Ausgabe wird der Cursor in den eingabebereiten Ausgabebereich des Feldes `input` gesetzt. Ohne die Anweisung `SET CURSOR` würde der Cursor auf dem vorhergehenden Ankreuzfeld stehen.

```
DATA: flag TYPE c LENGTH 1,
      inp  TYPE c LENGTH 10.
SET BLANK LINES ON.
WRITE: / flag AS CHECKBOX, inp INPUT.
SET CURSOR FIELD 'inp' LINE sy-linno.
```

35.4.6.2 Cursor auf Zeile setzen

    ... LINE line [[DISPLAY|MEMORY] OFFSET off]

Der Cursor wird in die in `line` angegebene Listenzeile gestellt. Für `line` und `off` werden Datenobjekte vom Typ i erwartet. Diese Variante der Anweisung `SET CURSOR` wirkt nicht auf Bildschirmbilder von Dynpros.

Falls `OFFSET` nicht angegeben ist, wird der Cursor in die erste Spalte der Zeile gestellt. Falls `OFFSET` ohne Zusatz oder mit dem Zusatz `DISPLAY` angegeben ist, wird der Cursor in die in `off` angegebene Spalte gestellt. Falls `OFFSET` mit dem Zusatz `MEMORY` angegeben ist, wird der Cursor auf das Zeichen gesetzt, das im Listenpuffer an der in `off` angegebenen Stelle steht. Falls dieses Zeichen in einem Unicode-System in der Listendarstellung abgeschnitten ist, wird der Cursor auf das entsprechende Kennzeichen (< oder >) gesetzt.

35.4.6.3 Cursor auf Spalte in Zeile setzen

```
... col lin
```

Der Cursor wird in die in `col` angegebene Spalte und die in `lin` angegebene Zeile des Listenfensters gesetzt. Für `col` und `lin` werden Datenobjekte vom Typ `i` erwartet. Die Zählung der Spalten beginnt bei 2.

35.4.7 Liste an Cursor-Position auswerten

GET CURSOR – Liste

Syntax

```
GET CURSOR { {FIELD field [field_properties]}
           | {LINE line [line_properties]} }.
```

Wenn diese Anweisung während der Listenverarbeitung angegeben ist, überträgt sie je nach Angabe von `FIELD` oder `LINE` den Namen des ausgegebenen Feldes oder die Nummer der Listenzeile, auf der der Bildschirm-Cursor in der gerade angezeigten Liste nach einer Benutzeraktion steht, in die Variablen `field` bzw. `line`. Für `field` wird eine zeichenartige Variable, für `line` eine Variable vom Typ `i` erwartet. Mit den Zusätzen `field_properties` und `line_properties` können weitere Informationen über die Cursor-Position ausgelesen werden.

Mit dem Zusatz `FIELD` können nur die Namen globaler Datenobjekte des ABAP-Programms bestimmt werden. Wenn der Cursor auf der Ausgabe eines im aktuellen Kontext nicht sichtbaren Datenobjekts oder eines Literals steht, wird `field` initialisiert. Letzteres hat keinen Einfluss auf die übrigen Zusätze und `sy-subrc`.

Systemfelder

sy-subrc	Bedeutung
0	Der Cursor steht auf einem Feld bzw. einer Listenzeile, und die Anweisung wurde erfolgreich ausgeführt.
4	Der Cursor steht auf keinem Feld bzw. auf keiner Listenzeile.

35.4.7.1 Feldeigenschaften

GET CURSOR – field_properties

Syntax von field_properties

```
... [VALUE val] [LENGTH len]
    [[DISPLAY|MEMORY] OFFSET off] [LINE lin].
```

Mit diesen Zusätzen können beim Zusatz `FIELD` der Anweisung `GET CURSOR` weitere Informationen über die Cursor-Position während der Listenverarbeitung ausgelesen werden.

Der Zusatz `VALUE` weist den formatierten Inhalt des Ausgabebereichs, auf dem der Cursor steht, dem Datenobjekt `val` zu. Für `val` wird eine zeichenartige Variable erwartet. Der Zusatz `LENGTH` weist die Länge des Ausgabebereichs, auf dem der Cursor steht, dem Datenobjekt `len` zu. Für `len` wird eine Variable vom Typ `i` erwartet.

Der Zusatz OFFSET ohne Zusatz oder mit dem Zusatz DISPLAY weist die Position des Cursors im Ausgabebereich, auf dem er steht, dem Datenobjekt off zu. Für off wird eine Variable vom Typ i erwartet. Der Zusatz OFFSET mit dem Zusatz MEMORY weist den Offset des Zeichens im Bereich des Datenobjekts im Listenpuffer, auf dessen Ausgabe der Cursor steht, dem Datenobjekt off zu. Falls der Cursor in einem Unicode-System auf einem der Kennzeichen < oder > für in der Darstellung abgeschnittene Zeichen steht, wird die Stelle des Zeichens im Listenpuffer zugewiesen, das von dem Kennzeichen überschrieben ist. Für off wird eine Variable vom Typ i erwartet.

Der Zusatz LINE weist die Nummer der Listenzeile, auf der der Cursor steht, dem Datenobjekt lin zu. Für lin wird eine Variable vom Typ i erwartet.

35.4.7.2 Zeileneigenschaften

```
GET CURSOR - line_properties
```

Syntax von line_properties
```
... [VALUE val] [LENGTH len] [[DISPLAY|MEMORY] OFFSET off].
```

Mit diesen Zusätzen können beim Zusatz LINE der Anweisung GET CURSOR weitere Informationen über die Cursor-Position ausgelesen werden.

Der Zusatz VALUE weist den formatierten Inhalt der Listenzeile, auf der der Cursor steht, dem Datenobjekt val zu. Für val wird eine zeichenartige Variable erwartet. Der Zusatz LENGTH weist die mit dem Zusatz LINE-SIZE der programmeinleitenden Anweisung bzw. mit NEW-PAGE gesetzte Länge der Zeile, auf der der Cursor steht, dem Datenobjekt len zu. Für len wird eine Variable vom Typ i erwartet.

Der Zusatz OFFSET ohne Zusatz oder mit dem Zusatz DISPLAY weist die Position des Cursors in der dargestellten Zeile, in der er steht, dem Datenobjekt off zu. Für off wird eine Variable vom Typ i erwartet. Der Zusatz OFFSET mit dem Zusatz MEMORY weist die Stelle des Zeichens in der Zeile des Listenpuffers, auf dessen Ausgabe der Cursor steht, dem Datenobjekt off zu. Falls der Cursor in einem Unicode-System auf einem der Kennzeichen < oder > für in der Darstellung abgeschnittene Zeichen steht, wird die Stelle des Zeichens im Listenpuffer zugewiesen, das von dem Kennzeichen überschrieben ist. Für off wird eine Variable vom Typ i erwartet.

35.5 Listen drucken

Das "Drucken" von Listen bedeutet, dass die Listenausgabe nicht in den Listenpuffer für Bildschirmlisten, sondern seitenweise an das SAP-Spool-System übergeben wird. Nach der Übergabe einer Seite wird diese in der ABAP-Laufzeitumgebung gelöscht und besteht nur noch im SAP-Spool-System. Die Größe einer Druckliste ist somit nur durch die Aufnahmekapazität des Spool-Systems beschränkt und kann sehr umfangreich werden. Auf der anderen Seite ist es bei der Erstellung von Drucklisten nicht möglich, sich auf vorhergehende Seiten zu beziehen.

Jedes Drucken von Listenausgaben ist mit einem Spool-Auftrag verknüpft. Die Listenseiten, die zu einem Spool-Auftrag ausgegeben werden, bilden eine Druckliste. Die Druckliste eines Spool-Auftrags kann auf einem Drucker ausgegeben oder mit ArchiveLink archiviert werden.

Für das Drucken von Listen sind also das Ein- und Ausschalten des Listendrucks sowie die Verknüpfung mit Spool-Aufträgen von Bedeutung. Daneben spielen Druckparameter, Drucksteuerung und das Drucken von Bildschirmlisten beim Drucken von Listen eine Rolle.

35.5.1 Drucken ein- und ausschalten

Solange das Drucken ausgeschaltet ist, werden alle Listenausgaben in den Listenpuffer für die aktuelle Bildschirmliste geschrieben. Wenn das Drucken eingeschaltet ist, wird eine Druckliste erstellt. Das Drucken kann wie folgt eingeschaltet werden:

- Verwendung der Anweisung NEW-PAGE PRINT ON (siehe Abschnitt 35.2.14)
- Auswahl der Funktion AUSFÜHREN + DRUCKEN auf dem Standardselektionsbild eines ausführbaren Programms
- Aufruf eines ausführbaren Programms mit dem Zusatz TO SAP-SPOOL der Anweisung SUBMIT (siehe Abschnitt 18.1.2)
- Einplanen eines ausführbaren Programms in einen Hintergrundjob mit den Zusätzen VIA JOB und TO SAP-SPOOL der Anweisung SUBMIT (siehe Abschnitt 18.1.2)

Bei Verwendung von NEW-PAGE PRINT ON wird das Drucken explizit im Programm eingeschaltet. Bei den anderen drei Möglichkeiten ist das Drucken bei der Ausführung eines ausführbaren Programms von Beginn an eingeschaltet. Das Einschalten des Druckens öffnet eine neue Drucklistenstufe.

Nur das mit NEW-PAGE PRINT ON eingeschaltete Drucken kann wieder mit NEW-PAGE PRINT OFF ausgeschaltet werden. Drucken, das beim Programmstart eingeschaltet wird, kann innerhalb des gleichen Programms nicht wieder ausgeschaltet werden. Insbesondere ist das Drucken bei der Ausführung eines Programms in der Hintergrundverarbeitung immer eingeschaltet.

35.5.2 Drucklistenstufen und Spool-Aufträge

Jede Ausgabe in eine Druckliste ist genau einem Spool-Auftrag zugeordnet. Für jeden Spool-Auftrag sind Druckparameter festgelegt, die nicht mehr geändert werden können. Drucklisten können in Drucklistenstufen gestapelt werden. Einer Drucklistenstufe ist immer ein Spool-Auftrag zugeordnet.

35.5.2.1 Drucklistenstufen

Folgende Operationen erzeugen eine neue Drucklistenstufe:

- Auswahl von AUSFÜHREN + DRUCKEN auf dem Selektionsbild
- Programmaufruf mit SUBMIT TO SAP-SPOOL
- Ausführung eines Programms in einem Hintergrundjob

- Aufruf einer Dynpro-Folge mit `CALL SCREEN`, wenn es bereits einen geöffneten Spool-Auftrag gibt
- Ausführung der Anweisung `NEW-PAGE PRINT ON`. Diese Anweisung erzeugt aber keine beliebig stapelbare Drucklistenstufe:
  - In einer Drucklistenstufe, die mit `NEW-PAGE PRINT ON` erzeugt wurde, kann keine weitere Drucklistenstufe mit `NEW-PAGE PRINT ON` erzeugt werden. Die anderen Operationen zum Erzeugen von Drucklistenstufen sind aber möglich. Wenn der Zusatz `NEW SECTION` in `NEW-PAGE PRINT ON` verwendet wird, wird der bestehende Auftrag weiterverwendet oder implizit geschlossen, bevor ein neuer geöffnet wird.
  - In einer Drucklistenstufe, die nicht mit `NEW-PAGE PRINT ON` erzeugt wurde, oder während der Erstellung einer Bildschirmliste kann maximal eine Drucklistenstufe mit `NEW-PAGE PRINT ON` erzeugt werden.

  Eine mit `NEW-PAGE PRINT ON` erzeugte Drucklistenstufe kann somit nur auf eine nicht mit `NEW-PAGE PRINT ON` erzeugte Drucklistenstufe oder in die Erstellung einer Bildschirmliste gestapelt sein.

Es können bis zu 20 Drucklistenstufen gestapelt werden.

35.5.2.2 Spool-Aufträge öffnen

Die erste Ausgabeanweisung innerhalb einer Drucklistenstufe öffnet einen neuen Spool-Auftrag, wobei dessen Nummer in das Systemfeld `sy-spono` gestellt wird. Wenn bereits ein Spool-Auftrag besteht, bleibt dieser geöffnet und wird nach dem Verlassen der Drucklistenstufe weiterverwendet. In einer Drucklistenstufe, die durch den Aufruf einer Dynpro-Folge erzeugt wird, übernimmt der Spool-Auftrag die Druckparameter des vorangegangenen Spool-Auftrags. In den übrigen Fällen gelten die explizit angegebenen Druckparameter.

35.5.2.3 Spool-Aufträge schließen

Beim Verlassen einer nicht mit `NEW-PAGE PRINT ON` geöffneten Drucklistenstufe, d. h. bei Programmende oder beim Verlassen einer Dynpro-Folge, wird der zur Drucklistenstufe gehörige Spool-Auftrag geschlossen. Falls ein eventuell mit `NEW-PAGE PRINT ON` auf die Drucklistenstufe gestapelter Spool-Auftrag noch nicht mit `NEW-PAGE PRINT OFF` geschlossen wurde, wird er ebenfalls geschlossen. Weitere Ausgabeanweisungen schreiben wieder in die Druckliste des vorangegangenen Spool-Auftrags bzw. in die aktuelle Bildschirmliste.

Die Anweisung `NEW-PAGE PRINT OFF` schließt nur Spool-Aufträge, für die das Drucken mit `NEW-PAGE PRINT ON` eingeschaltet wurde. Wenn danach kein vorangegangener Spool-Auftrag geöffnet ist, wird auch das Drucken ausgeschaltet, d. h., weitere Ausgabeanweisungen schreiben wieder in die Bildschirmliste. Wenn ein vorangegangener Spool-Auftrag vorhanden war, bleibt das Drucken eingeschaltet, und es wird wieder in dessen Druckliste geschrieben. Auf einen Spool-Auftrag, der nicht mit `NEW-PAGE PRINT ON` eingeschaltet wurde, hat `NEW-PAGE PRINT OFF` keine Wirkung.

Nach dem Schließen eines Spool-Auftrags bleibt die Nummer des geschlossenen Spool-Auftrags so lange im Systemfeld `sy-spono` erhalten, bis eine Ausgabeanweisung wieder in eine

Druckliste schreibt. Das kann eine neue Druckliste oder die eines vorangegangenen Spool-Auftrags sein. Wenn nach dem Schließen eines Spool-Auftrags schon ein vorangegangener Spool-Auftrag vorhanden ist, weicht also die Nummer in `sy-spono` so lange von dessen Nummer ab, bis wieder eine Ausgabe in seine Druckliste erfolgt.

Es wird empfohlen, einen über `NEW-PAGE PRINT ON` geöffneten Spool-Auftrag immer explizit mit `NEW-PAGE PRINT OFF` zu schließen, bevor er implizit bei Programmende oder beim Verlassen einer Dynpro-Folge geschlossen wird.

35.5.3 Druckparameter

Für jeden Spool-Auftrag müssen Druckparameter festgelegt werden, die zur Formatierung der Druckliste während der Listenerstellung verwendet werden.

In den ABAP-Anweisungen `NEW-PAGE PRINT ON` und `SUBMIT TO SAP-SPOOL` werden die Druckparameter in einer Struktur vom Typ PRI_PARAMS aus dem ABAP Dictionary angegeben. Druckparameter können durch Archivierungsparameter erweitert werden, falls die Daten des Spool-Auftrags über ArchiveLink archiviert werden sollen. Hierzu wird in den Druckparametern die optische Archivierung eingeschaltet (Archivierungsmodus 2 oder 3). Archivierungsparameter werden in einer Struktur vom Typ ARC_PARAMS aus dem ABAP Dictionary angegeben. Eine Archivierung ist nur bei konsistenten und vollständigen Angaben der Parameter möglich. Für die optische Archivierung langer Listen kann es sinnvoll sein, mit `PRINT-CONTROL INDEX-LINE` (siehe Abschnitt 36.5.4) Indexinformationen in die Liste zu schreiben, um die archivierte Liste später besser durchsuchen zu können.

Die Druckparameter werden entweder explizit angegeben oder implizit bestimmt. Es ist eine interaktive Eingabe durch den Anwender im Druckdialogfenster oder das programmgesteuerte Setzen der Druckparameter möglich.

35.5.3.1 Druckdialogfenster

Das Druckdialogfenster ermöglicht die interaktive Festlegung aller Druckparameter und überprüft die Eingabewerte auf ihre Konsistenz und Vollständigkeit. Es wird entweder automatisch oder programmgesteuert aufgerufen:

- Das Druckdialogfenster erscheint automatisch nach der Auswahl von AUSFÜHREN + DRUCKEN auf dem Selektionsbild und auch beim Drucken von Bildschirmlisten. In diesen Fällen kann das Druckdialogfenster nicht unterbunden werden.
- Das Druckdialogfenster kann mit dem Funktionsbaustein GET_PRINT_PARAMETERS programmgesteuert aufgerufen werden.

Beim automatischen Aufruf des Druckdialogfensters können Vorgabewerte mit dem Funktionsbaustein SET_PRINT_PARAMETERS gesetzt werden. Der Funktionsbaustein SET_PRINT_PARAMETERS hat im Wesentlichen die gleichen Eingabeparameter wie der Funktionsbaustein GET_PRINT_PARAMETERS und keine Ausgabeparameter. Zusätzlich gibt es einen weiteren Eingabeparameter namens FOOT_LINE, mit dem beim Drucken einer Bildschirmliste die Ausgabe einer Fußzeile vorgegeben werden kann und der nur dort berücksichtigt wird.

Hinweise

- Die Anzeige des DRUCKDIALOGFENSTERS über GET_PRINT_PARAMETERS ist für das programmgesteuerte Drucken die empfohlene Vorgehensweise und entkoppelt den Dialog dadurch von den Anweisungen NEW-PAGE PRINT ON und SUBMIT TO SAP SPOOL. Mit Letzteren kann das Druckdialogfenster zwar auch noch aufgerufen werden, die Funktionen ZURÜCK oder ABBRECHEN können dann aber nicht ordnungsgemäß verarbeitet werden.
- Die Vorgabewerte für das Druckdialogfenster müssen beim automatischen Aufruf vor dem Senden des Selektionsbildes bzw. der Liste an den Bildschirm gesetzt werden. Es empfiehlt sich, SET_PRINT_PARAMETERS dafür beim Ereignis INITIALIZATION eines ausführbaren Programms zu verwenden.

35.5.3.2 Druckparameter programmgesteuert setzen

Die Druck- und Archivierungsparameter können in einem Programm nur mithilfe des Funktionsbausteins GET_PRINT_PARAMETERS gesetzt werden. Ein direktes Ändern der zugehörigen Strukturen führt bei einer nachfolgenden Verwendung der Parameter in NEW-PAGE PRINT ON oder SUBMIT TO SAP-SPOOL zu einem Laufzeitfehler. Mit dem Funktionsbaustein GET_PRINT_PARAMETERS können folgende Funktionen durchgeführt werden:

- Erzeugung eines vollständigen Satzes von Druck- und Archivierungsparametern
- während des Druckens Feststellen der aktuell gültigen Druckparameter
- Ändern einzelner Druckparameter
- interaktive Abfrage der Druckparameter im Druckdialogfenster

Die Schnittstellenparameter des Funktionsbausteins sind in Tabelle 35.6 aufgeführt. Das Druckdialogfenster wird standardmäßig angezeigt und kann mit dem Parameter NO_DIALOG abgeschaltet werden. Die an den Funktionsbaustein übergebenen Werte dienen im Druckdialogfenster als Vorgabewerte und können dort überschrieben werden.

Alle nicht gesetzten Parameter holt sich der Funktionsbaustein aus dem System, wobei einige Werte dem Benutzerstammsatz entnommen werden. Abhängige Parameter werden automatisch gesetzt. Wenn der Funktionsbaustein keinen Satz gültiger Druck- bzw. Archivierungsparameter erstellen kann, erzeugt er eine Ausnahme. Die erzeugten Sätze sind entweder vollständig oder leer. Der Ausgabeparameter VALID teilt – bei Verwendung des DRUCKDIALOGFENSTERS – mit, ob ein vollständiger Satz erzeugt werden konnte oder nicht.

Hinweis

Bei GET_PRINT_PARAMETERS steht die Vollständigkeit der Parametersätze und damit die Lauffähigkeit des Spool-Auftrags im Vordergrund. Der Funktionsbaustein führt keinen vollständigen Konsistenztest wie das Druckdialogfenster durch. Konsistenzen werden nur dort hergestellt, wo es für die Lauffähigkeit des Spool-Auftrags von Bedeutung ist. Inkonsistente Eingaben werden teilweise ignoriert, teilweise ersetzt.

35.5.3.3 Zusammenstellung aller Druckparameter

Tabelle 35.6 und Tabelle 35.7 listen alle Druck- und Archivierungsparameter geordnet nach den zugehörigen Eingabeparametern in die Funktionsbausteine GET_PRINT_PARAMETERS und SET_PRINT_PARAMETERS auf. Tabelle 35.8 listet Steuerungsparameter für den Funktionsbaustein GET_PRINT_PARAMETERS auf. Tabelle 35.9 zeigt die an MODE übergebbaren Werte. Tabelle 35.10 listet die Ausgabeparameter des Funktionsbausteins GET_PRINT_PARAMETERS auf.

Eingabeparameter	Bedeutung
IN_PARAMETERS	Gesamte Struktur vom Typ PRI_PARAMS, parallel dazu übergebene Einzelwerte überschreiben die zugehörige Komponente.
ARCHIVE_MODE	bei "1" nur Drucken (Vorschlagswert), bei "2" nur Ablegen, bei "3" Drucken und Ablegen
AUTHORITY	Berechtigungswert für das Berechtigungsobjekt S_SPO_ACT, anhand dessen überprüft werden kann, ob ein Benutzer bestimmte Aktionen mit dem Spool-Auftrag ausführen darf
COPIES	Anzahl der Ausdrucke, Vorschlagswert 1
COVER_PAGE	bei "X" Ausgabe eines Deckblatts mit den Eingabewerten des Selektionsbildes, Vorschlagswert " "
DATA_SET	Vorgabe für Namen der Spool-Datei, Vorschlagswert leer
DEFAULT_SPOOL_SIZE	Bei "X" wird ein Zeilenumbruch bei der 255. Spalte erzwungen, Vorschlagswert " ".
DEPARTMENT	Abteilungsname für das SAP-Deckblatt, Vorschlagswert aus Benutzeradresse
DESTINATION	Name eines Druckers oder Telefaxgeräts, Vorschlagswert aus Benutzerfestwerten
DRAFT	Bei "X" wird nur Text ausgegeben, Vorschlagswert " ".
EXPIRATION	Anzahl der Tage, die der Spool-Auftrag im Spool-System aufbewahrt wird, Vorschlagswert 8
FOOT_LINE	bei "X" Ausgabe einer Fußzeile (nur beim Drucken von Bildschirmlisten), deren Inhalt im Druckdialogfenster unter VORGABEN geändert werden kann, Vorschlagswert leer
HOST_COVERPAGE	Bei "X" wird das Betriebssystemdeckblatt ausgegeben, Vorschlagswert " ".
IMMEDIATELY	Bei "X" wird der Spool-Auftrag sofort nach seiner Fertigstellung zum Ausgabegerät gesendet, bei "A" wird der Spool-Auftrag zu einem späteren Zeitpunkt gedruckt (nur bei Nicht-Frontend-Druckern), bei " " muss der Druck des Spool-Auftrags manuell gestartet werden, Vorschlagswert aus Benutzerfestwerten.
LAYOUT	Seitenformat, je nach Ausgabegerät können verschiedene Formate mit unterschiedlichen maximalen Seitenlängen und -breiten angegeben werden, Vorschlagswert intern gesetzt.
LINE_COUNT	Listenzeilen pro Seite, wirkt wie der Zusatz LINE-COUNT einer programmeinleitenden Anweisung, überschreibt diesen aber nicht. Eine Angabe von 0 (unbegrenzte Zeilenanzahl) ist nicht möglich, maximale Zahl hängt von LAYOUT ab, Vorschlagswert intern gesetzt.

Tabelle 35.6 Druckparameter

Eingabeparameter	Bedeutung
LINE_SIZE	Zeichen pro Listenzeile, wirkt wie der Zusatz LINE-SIZE einer programmeinleitenden Anweisung, überschreibt diesen aber nicht. Die maximale Zahl hängt von LAYOUT ab, Vorschlagswert intern gesetzt.
LIST_NAME	Name des Spool-Auftrags, wenn nicht sofort gedruckt wird, Vorschlagswert setzt sich aus Anfangsteilen des Programmnamens und des Benutzernamens zusammen.
LIST_TEXT	Beschreibungstext für den Spool-Auftrag, erscheint auf dem Standarddeckblatt, wird in der Ausgabesteuerung anstelle von LIST_NAME angezeigt, Vorschlagswert leer.
NEW_LIST_ID	Bei "X" (Vorschlagswert) wird ein neuer Spool-Auftrag erzeugt, ansonsten wird versucht, den Spool-Auftrag an einen vorhandenen Auftrag anzuhängen, dazu müssen LIST_NAME, DESTINATION, COPIES und LAYOUT übereinstimmen und PROTECT_LIST leer sein.
NO_FRAMES	Bei "X" werden keine Rahmenzeichen ausgegeben, Vorschlagswert " ".
PRIORITY	von "1" (hoch) bis "9" (niedrig), Vorschlagswert "1"
PROTECT_LIST	Bei "X" kann an den Spool-Auftag kein weiterer angehängt werden, Vorschlagswert " ".
RECEIVER	Empfängername für das SAP-Deckblatt, Vorschlagswert Benutzername
RELEASE	Bei "X" wird Spool-Auftrag sofort nach der Ausgabe gelöscht, ansonsten nach EXPIRATION, Vorschlagswert aus Benutzerfestwerten.
SAP_COVER_PAGE	Bei "X" wird ein Standarddeckblatt mit verschiedenen Angaben erzeugt, bei "D" (Vorschlagswert) hängt die Deckblattausgabe von der Einstellung des Ausgabegeräts ab, bei " " wird kein Deckblatt erstellt.
SUPPRESS_SHADING	Bei "X" werden Farben/Schattierungen beim Ausdruck unterdrückt, Vorschlagswert " ".
TYPE	Typ des Spool-Auftrags
UC_DISPLAY_MODE)	Unicode-Druckausgabe, bei "1" werden Zeichen in der Ausgabelänge eins ausgegeben, bei "2" werden alle Zeichen in ihrer Ausgabelänge ausgegeben, bei "3" werden alle Zeichen in der Länge zwei ausgegeben.
WITH_STRUCTURE)	Bei "X" werden Strukturinformationen mit ausgegeben (für ACC- und RTL-Ausgaben), Vorschlagswert " ".

Tabelle 35.6 Druckparameter (Forts.)

Eingabeparameter	Bedeutung
IN_ARCHIVE_PARAMETERS	Gesamte Struktur vom Typ ARC_PARAMS, parallel dazu übergebene Einzelwerte überschreiben die zugehörige Komponente.
AR_OBJECT	Dokumentart des Archivobjekts
ARCHIVE_ID	Zielarchiv des Archivierungsauftrags
ARCHIVE_INFO	Informationskürzel zum Archivierungsauftrag
ARCHIVE_TEXT	Beschreibungstext zum Archivierungsauftrag
SAP_OBJECT	Objekttyp des SAP-Objekts

Tabelle 35.7 Archivierungsparameter

Eingabeparameter	Bedeutung
MODE	mögliche Werte "BATCH", "CURRENT", "DEFVALS", "DISPLAY", "PARAMS", "PARAMSEL"
NO_DIALOG	Bei "X" wird kein Druckdialogfenster angezeigt.
REPORT	Vorschlagswert für den Namen des Spool-Auftrags. Ohne Angabe wird sy-repid verwendet. Wird selbst von LIST_NAME überschrieben. Falls MODE gleich "BATCH" ist, muss in REPORT der Name des zu startenden Programms angegeben werden.

Tabelle 35.8 Steuerungsparameter

MODE	Wirkung
"BATCH"	Der Funktionsbaustein gibt Druckparameter für einen Hintergrundauftrag zurück. Das zu startende ausführbare Programm muss im Importparameter REPORT angegeben sein. Falls dieses ausführbare Programm die Zusätze LINE-COUNT oder LINE-SIZE in der REPORT-Anweisung enthält, werden diese als Vorschlagswerte in das Druckdialogfenster übernommen. Anstelle der Funktion DRUCKEN wird die Funktion SICHERN auf dem Druckdialogfenster angeboten.
"CURRENT"	Der Funktionsbaustein dient zur Bestimmung der aktuellen Druckparameter nach dem Einschalten des Druckens. Falls gerade nicht gedruckt wird, werden die Vorgabewerte zurückgegeben.
"DEFVALS"	Gibt immer die Vorgabewerte zurück.
"DISPLAY"	Die Druckparameter werden im Druckdialogfenster angezeigt, sind aber nicht änderbar.
"PARAMS"	Standardeinstellung, der Benutzer kann auf dem Druckdialogfenster DRUCKEN oder ABBRECHEN wählen.
"PARAMSEL"	Wie "PARAMS", auf dem Druckdialogfenster erscheint aber das zusätzliche Ankreuzfeld SELEKTIONSDECKBLATT.

Tabelle 35.9 An MODE übergebbare Werte

Ausgabeparameter	Bedeutung
OUT_PARAMETERS	Satz Druckparameter in einer Struktur vom Typ PRI_PARAMS. Entweder vollständig oder leer.
OUT_ARCHIVE_PARAMETERS	Satz Archivierungsparameter in einer Struktur vom Typ ARC_PARAMS. Entweder vollständig oder leer.
VALID	Bei "X" sind Druck- bzw. Archivierungsparameter vollständig vorhanden. Bei " " sind die Strukturen leer. VALID ist genau dann " ", wenn das Druckdialogfenster mit ABBRECHEN beendet wird.

Tabelle 35.10 Ausgabeparameter von GET_PRINT_PARAMETERS

35.5.4 Drucksteuerung

ABAP enthält zwei Anweisungen zur Drucksteuerung. Mithilfe der Anweisung SET MARGIN können der obere und linke Rand auf einer Druckseite bestimmt werden. Während das Drucken aktiv ist, können mithilfe der Anweisung PRINT-CONTROL zusätzliche Format-Informationen für die Druckliste in das Spool-System geschrieben werden. Dabei handelt es sich im Wesentlichen um Steueranweisungen für die Ausgabegeräte (Drucker) oder um Verwaltungsinformationen für die optische Archivierung.

35.5.4.1 Seitenrand von Drucklisten

```
SET MARGIN
```

Syntax
```
SET MARGIN macol [marow].
```

Diese Anweisung legt den linken Rand einer Druckliste auf die in `macol` angegebenen Spalten und den oberen Rand auf die in `marow` angegebenen Zeilen fest und setzt die Systemfelder `sy-macol` und `sy-marow` auf diese Werte. Für `macol` und `marow` werden Datenobjekte vom Typ `i` erwartet, deren Werte innerhalb der aktuellen Seitenbreite bzw. Seitenlänge liegen. Wenn `macol` oder `marow` ungültige Werte enthalten, wird der entsprechende Operand ignoriert. Die gesetzten Werte gelten für die aktuelle Seite und alle folgenden Seiten bis zur nächsten Anweisung `SET MARGIN`. Bei mehreren Anweisungen `SET MARGIN` auf einer Seite wirkt die jeweils letzte.

Für die Darstellung von Bildschirmlisten hat `SET MARGIN` keine Wirkung. Die gesetzten Ränder werden nur beim Senden einer Listenseite an das SAP-Spool-System als Leerzeichen bzw. Leerzeilen in die Liste eingefügt. Dies gilt zum einen für mit `NEW-PAGE PRINT ON`, `SUBMIT TO SAP-SPOOL` und durch die Auswahl von AUSFÜHREN UND DRUCKEN auf dem Selektionsbild erstellte Drucklisten. Zum anderen wirkt `SET MARGIN` aber auch, wenn eine Bildschirmliste während der Anzeige durch die Auswahl von DRUCKEN (Funktionscode "PRI") gedruckt wird.

Hinweis
Für Drucker mit aktivem Listentreiber können im Druckdialogfenster Ränder in Millimetern festgelegt werden. Beim Senden vom Spool-System an den Drucker werden die Seiten inklusive der durch `SET MARGIN` gesetzten Ränder innerhalb dieser Ränder positioniert.

35.5.4.2 Steuerung von Drucklisten

```
PRINT-CONTROL
```

Syntax
```
PRINT-CONTROL { { formats|{FUNCTION code}
              [LINE line] [POSITION col] }
            | { INDEX-LINE index_line } }.
```

Die Anweisung `PRINT-CONTROL` formatiert Bereiche von Drucklisten oder legt in zu archivierenden Drucklisten Indexeinträge an. Diese Anweisung wirkt nur für mit `NEW-PAGE PRINT ON`, `SUBMIT TO SAP-SPOOL` und durch die Auswahl von AUSFÜHREN UND DRUCKEN auf dem Selektionsbild erstellte Drucklisten. Sie wirkt nicht für eine Bildschirmliste, die während der Anzeige durch die Auswahl von DRUCKEN (Funktionscode "PRI") gedruckt wird (siehe Abschnitt 35.5.5).

Druckformat

```
... formats|{FUNCTION code} [LINE line] [POSITION col]
```

Diese Variante setzt ab der in `line` angegebenen Zeile und der in `col` angegebenen Stelle für alle folgenden Ausgabeanweisungen der aktuellen Seite ein Druckformat. Der Wert in `col` bezieht sich auf die Position innerhalb des Listenpuffers. Wenn die Zusätze `LINE` oder `POSITION` nicht angegeben sind, wird die jeweilige Position des Listen-Cursors (`sy-linno`, `sy-colno`) verwendet. Für `line` und `col` werden Datenobjekte vom Typ `i` erwartet, deren Werte innerhalb der aktuellen Seitenbreite bzw. aktuellen Seitenlänge liegen. Wenn `line` oder `col` ungültige Werte enthalten, wird die Anweisung ignoriert.

Die möglichen Druckformate `formats` sind `CPI cpi` (Zeichen pro Zoll), `LPI lpi` (Zeilen pro Zoll), `COLOR BLACK` (Farbe Schwarz), `COLOR RED` (Farbe Rot), `COLOR BLUE` (Farbe Blau), `COLOR GREEN` (Farbe Grün), `COLOR YELLOW` (Farbe Gelb), `FONT font` (Schriftart), `LEFT MARGIN left` (linker Rand) und `SIZE siz` (Schriftgröße). Die Laufzeitumgebung verwandelt diese Angaben in druckerunabhängige Codes. Beim eigentlichen Drucken einer Liste werden diese Print-Control-Codes in druckerspezifische Steuerzeichen übersetzt.

Die Umsetzung in die gerätespezifischen Steuerzeichen erfolgt über die Datenbanktabellen TSP03 und T022D. Ist für einen bestimmten Druckertyp (gemäß Tabelle TSP03) eine bestimmte Option in Tabelle T022D nicht unterstützt (kein Eintrag), dann wird diese Option beim Ausdruck ignoriert. Weitere Erläuterungen entnehmen Sie bitte der Dokumentation der Tabellen TSP03 und T022D.

Es gibt mehr Print-Control-Codes als in der Anweisung `PRINT-CONTROL` angebbare Druckformate `formats`. Alle Print-Control-Codes können über den Zusatz `FUNCTION` auch direkt in `code` angegeben werden. `code` muss ein flaches zeichenartiges Datenobjekt sein, das einen gültigen Print-Control-Code enthält. Ungültige Inhalte werden ignoriert. Eine Liste gültiger Print-Control-Codes und ihre Zuordnung zu Druckern finden Sie in der Spool-Verwaltung (Transaktion SPAD).

Hinweise

▶ Die Anweisung `PRINT-CONTROL` sollte nur für Druckformate verwendet werden, die nicht auch durch die Aufbereitungsoptionen der Anweisungen `WRITE` und `FORMAT` oder im Druckdialog gesetzt werden können.

▶ Die Anweisung `PRINT-CONTROL` muss für jede zu formatierende Seite ausgeführt werden. Bei Verwendung der Zusätze `LINE` und `POSITION` ist die Quelltext-Position der Anweisung `PRINT-CONTROL` bezüglich der Ausgabeanweisungen unerheblich.

▶ Die Print-Control-Codes werden an der angegebenen Position in die Drucklistenzeile geschrieben. Eine solche Zeile ist intern auf 4.092 Zeichen begrenzt. Wenn es durch zu viele Print-Control-Codes zu einem Überlauf kommt, werden sowohl überzählige Zeichen des Ausgabetextes als auch überzählige Print-Control-Codes ohne Warnung abgeschnitten.

Beispiel

Die von folgender Anweisungsfolge erzeugte Spool-Ausgabe in hexadezimaler Form ist "#SBP01123456789 #SBS01". Auf diese Weise können Barcodes ausgedruckt werden.

```
WRITE : /.
PRINT-CONTROL FUNCTION 'SBP01'.
WRITE : '123456789'.
PRINT-CONTROL FUNCTION 'SBS01'.
```

Indexzeile

```
... INDEX-LINE index_line
```

Diese Variante fügt den Inhalt des Datenobjekts `index_line` als Indexzeile in die aktuelle Druckliste ein. `index_line` muss ein flaches zeichenartiges Datenobjekt sein. Falls der Listen-Cursor von einer Ausgabeanweisung in die aktuelle Listenzeile gesetzt wurde, wird die Indexzeile nach Abschluss der Zeile eingefügt.

Eine Indexzeile wird als Teil der Druckliste an das Spool-System gesendet und dort angezeigt, beim Drucken aber nicht ausgegeben. Beim Archivieren der Liste mit ArchiveLink werden die Indexzeilen in einer Beschreibungsdatei abgelegt.

Beim Archivieren trennt das Spool-System eine Liste in eine Datendatei und eine Beschreibungsdatei. Die Datendatei enthält die eigentlichen Drucklisten, die Beschreibungsdatei die Indexzeilen. Wenn der Inhalt der Indexzeilen nach einer in der Dokumentation zu Archive-Link beschriebenen Konvention aufgebaut ist, erlauben Indexzeilen eine performante Suche in archivierten Listen.

Beispiel

Einfügen von Indexzeilen in eine Liste von Quadratzahlen. Nach jeder hundertsten Zeile werden mit der Anweisung PRINT-CONTROL Indexzeilen für das Ablegen erzeugt (DAIN-Zeilen). Der Aufbau der DAIN-Zeilen wird am Anfang der Liste in zwei weiteren Indexzeilen (DKEY-Zeilen) definiert. Wenn der Benutzer auf dem Selektionsbild AUSFÜHREN UND DRUCKEN wählt und die Liste im Druckdialog archiviert, kann die archivierte Liste nach den Indizes durchsucht werden.

```
PARAMETERS number TYPE i.
DATA: index TYPE i,
      square TYPE decfloat16,
      numb TYPE i,
      num TYPE c LENGTH 4,
      dkey TYPE c LENGTH 100,
      dain TYPE c LENGTH 100.
dkey ='DKEYIndex'.
dkey+44 = '0'.
dkey+47 = '3'.
PRINT-CONTROL INDEX-LINE dkey.
CLEAR dkey.
dkey ='DKEYNumber'.
dkey+44 = '3'.
dkey+47 = '4'.
PRINT-CONTROL INDEX-LINE dkey.
```

```
      index = 0.
      DO number TIMES.
        index = index + 1.
        IF index = 100.
          numb = sy-index / 100.
          WRITE numb TO num LEFT-JUSTIFIED.
          dain = 'DAIN' && 'IDX' && num.
          PRINT-CONTROL INDEX-LINE dain.
          index = 0.
        ENDIF.
        square = sy-index ** 2.
        WRITE: / sy-index, square STYLE cl_abap_math=>scientific.
      ENDDO.
```

35.5.5 Drucken von Bildschirmlisten

Neben dem bisher geschilderten Erstellen von Drucklisten können auch Bildschirmlisten nach ihrer Erstellung noch an das SAP-Spool-System gesendet werden. Hierfür kann in der Listenanzeige die Funktion DRUCKEN gewählt werden. Diese Funktion verwandelt die Bildschirmliste in eine Druckliste, wobei das in den Druckparametern angegebene Druckformat verwendet wird, um die Liste auf die Druckseiten aufzuteilen und eventuell zu beschneiden. Dies ist in der Regel aber mit folgenden Problemen behaftet:

► Eine Bildschirmliste besteht üblicherweise nur aus einer logischen Seite. Diese logische Seite muss beim Drucken in mehrere physikalische Druckseiten zerlegt werden. Da die Bildschirmliste nur einen Seitenkopf enthält, wird dieser Seitenkopf bei jeder Druckseite als Seitenkopf verwendet. Wenn dieser Seitenkopf eine Seitennummerierung enthält, dann steht bei jeder Druckseite dieselbe Seitennummer (üblicherweise 1).

► Bildschirmlisten haben häufig eine große Breite (> 130 Spalten). Diese breiten Listen lassen sich nur durch Abschneiden der Zeilen auf üblichen Druckern ausgeben.

► Eine Bildschirmliste unterstützt keine speziellen Drucksteuer-Sequenzen, wie sie durch die Anweisung PRINT-CONTROL angegeben werden.

Diese Art des Druckens einer Liste sollte wegen dieser Probleme nicht für produktive Zwecke eingesetzt werden.

35.6 Ereignisblöcke für Listenereignisse

Listenereignisse treten während der Erstellung einer Liste und nach bestimmten Benutzeraktionen auf einer angezeigten Liste auf. Sie dienen der Listenverarbeitung im ABAP-Programm. Wir unterscheiden Ereignisse während der Listenerstellung und interaktive Listenereignisse zur Verarbeitung von Benutzeraktionen in einer angezeigten Liste. Zusätzlich lassen sich Listenereignisse auch programmgesteuert mit der Anweisung SET USER-COMMAND auslösen.

35.6.1 Ereignisse während der Listenerstellung

Diese Ereignisse erlauben es, Seitenköpfe und Seitenfüße unabhängig von der tatsächlichen Seitenlänge zu definieren, was insbesondere für die Drucklistenausgabe auf verschiedenen Papierformaten hilfreich ist.

35.6.1.1 Seitenkopf

`TOP-OF-PAGE`

Syntax
`TOP-OF-PAGE [DURING LINE-SELECTION].`

Diese Anweisung definiert einen Ereignisblock, dessen Ereignis von der ABAP-Laufzeitumgebung während der Erstellung einer Liste ausgelöst wird, wenn eine neue Seite begonnen wird, d. h., unmittelbar bevor die erste Zeile auf einer neuen Seite ausgegeben werden soll. Sämtliche Listenausgaben, die in dem Ereignisblock vorgenommen werden, werden unterhalb des Standardseitenkopfes der Liste platziert. Innerhalb des Ereignisblocks dürfen nicht mehr Zeilen ausgegeben werden, als auf der Seite zur Verfügung stehen. Die Anweisung `NEW-PAGE` wird innerhalb dieses Ereignisblocks ignoriert.

Alle im Ereignisblock in die Liste geschriebenen Ausgaben gehören zum Seitenkopf der aktuellen Listenseite. Der oberste angezeigte Seitenkopf ist beim vertikalen Blättern einer am Bildschirm angezeigten Liste nicht verschiebbar.

Bei jedem Ereignis `TOP-OF-PAGE` werden während der Erstellung einer Grundliste die Platzhalter "&1" bis "&9" in der Standardüberschrift und den Spaltenüberschriften des Standardseitenkopfes mit den Inhalten der Systemfelder `sy-tvar0` bis `sy-tvar9` ersetzt. Diesen Systemfeldern dürfen im Programm Werte zugewiesen werden.

Ohne den Zusatz `DURING LINE-SELECTION` wird ein Ereignisblock für das Ereignis `TOP-OF-PAGE` während der Erstellung einer Grundliste eingeleitet. Mit dem Zusatz `DURING LINE-SELECTION` wird ein Ereignisblock für die entsprechenden Ereignisse beim Erstellen von Verzweigungslisten eingeleitet. Die einzelnen Verzweigungslisten müssen mithilfe von Systemfeldern wie `sy-lsind` unterschieden werden.

35.6.1.2 Seitenfuß

`END-OF-PAGE`

Syntax
`END-OF-PAGE.`

Diese Anweisung definiert einen Ereignisblock, dessen Ereignis von der ABAP-Laufzeitumgebung während der Erstellung einer Grundliste ausgelöst wird, wenn im Zusatz `LINE-COUNT` der programmeinleitenden Anweisung Zeilen für einen Seitenfuß reserviert wurden und dieser beim Beschreiben der Seite erreicht wurde. Listenausgaben, die in dem Ereignisblock vorgenommen werden, werden in diesem Bereich platziert. Ausgabeanweisungen, die über den reservierten Bereich hinausgehen, werden ignoriert.

Beispiel

In diesem Programm wird eine Liste von Flügen ausgegeben, wobei für jede Verbindung eine eigene Seite mit Kopf- und Fußzeile erstellt wird.

```abap
REPORT demo_page_header_footer NO STANDARD PAGE HEADING
                               LINE-COUNT 0(1).
PARAMETER p_carrid TYPE sflight-carrid.
DATA: sflight_tab TYPE TABLE OF sflight,
      sflight_wa  LIKE LINE  OF sflight_tab.
DATA lines TYPE i.
TOP-OF-PAGE.
  WRITE: / sflight_wa-carrid, sflight_wa-connid.
  ULINE.
END-OF-PAGE.
  ULINE.
START-OF-SELECTION.
  SELECT carrid connid fldate
         FROM sflight
         INTO CORRESPONDING FIELDS OF TABLE sflight_tab
         WHERE carrid = p_carrid
         ORDER BY carrid connid.
  LOOP AT sflight_tab INTO sflight_wa.
    AT NEW connid.
      SELECT COUNT( DISTINCT fldate )
             FROM sflight
             INTO lines
             WHERE carrid = sflight_wa-carrid AND
                   connid = sflight_wa-connid.
      lines = lines + 3.
      NEW-PAGE LINE-COUNT lines.
    ENDAT.
    WRITE / sflight_wa-fldate.
  ENDLOOP.
```

35.6.2 Ereignisse nach Benutzeraktionen auf angezeigten Listen

AT list_event

Syntax

AT   LINE-SELECTION
   | USER-COMMAND

Definition von Ereignisblöcken für die interaktive Listenverarbeitung. Die zugehörigen Ereignisse treten auf, wenn der Bildschirm-Cursor auf einer Zeile einer angezeigten Liste positioniert ist und der Benutzer eine entsprechende Funktion auswählt. Jedes interaktive Listenereignis erhöht das Systemfeld sy-lsind um 1. Die Ereignisse erlauben es damit, Verzweigungslisten zu erstellen.

Wenn bei einem interaktiven Listenereignis der Cursor auf einer Zeile einer am Bildschirm dargestellten Liste positioniert ist, werden alle mit HIDE zur betreffenden Zeile gespeicherten Werte den zugehörigen Variablen zugewiesen und die Systemfelder sy-cpage, sy-cucol, sy-curow, sy-lilli, sy-lisel, sy-listi, sy-lsind, sy-staco, sy-staro, und sy-ucomm versorgt.

Bei jedem Listenereignis AT LINE-SELECTION, AT PFnn und AT USER-COMMAND wird implizit die Anweisung NEW-PAGE PRINT OFF ausgeführt.

35.6.2.1 Zeilenauswahl

AT LINE-SELECTION

Syntax
AT LINE-SELECTION.

Diese Anweisung definiert einen Ereignisblock, dessen Ereignis von der ABAP-Laufzeitumgebung während der Anzeige einer Bildschirmliste ausgelöst wird, wenn der Bildschirm-Cursor auf einer Listenzeile steht und eine Funktion mit dem Funktionscode PICK ausgewählt wird. Durch die Definition dieses Ereignisblocks wird der Standardlistenstatus automatisch dahingehend erweitert, dass die Funktionstaste F2 und mit ihr die Doppelklickfunktionalität der Maus mit dem Funktionscode PICK verknüpft werden.

Hinweis
Wenn die Funktionstaste F2 mit einem anderen Funktionscode als »PICK« verknüpft wird, löst ein Doppelklick dessen Ereignis und nicht AT LINE-SELECTION aus.

Beispiel
Dieses Programm arbeitet mit dem Standardlistenstatus. Eine Zeilenauswahl mit der linken Maustaste führt zum Ereignis AT LINE-SELECTION und zur Erzeugung von Verzweigungslisten.

```
REPORT demo_at_line_selection.
START-OF-SELECTION.
  WRITE 'Click me!' COLOR = 5 HOTSPOT.
AT LINE-SELECTION.
  WRITE: / 'You clicked list', sy-listi,
         / 'You are on list',  sy-lsind.
  IF sy-lsind < 20.
    SKIP.
    WRITE: 'More ...' COLOR = 5 HOTSPOT.
  ENDIF.
```

35.6.2.2 Selbst definierte Funktionscodes

AT USER-COMMAND

Syntax
AT USER-COMMAND.

Diese Anweisung definiert einen Ereignisblock, dessen Ereignis von der ABAP-Laufzeitumgebung ausgelöst wird, wenn während der Anzeige einer Bildschirmliste eine Funktion mit einem selbst definierten Funktionscode ausgewählt wird.

Hinweis

Als selbst definierte Funktionscodes gelten alle Zeichenkombinationen bis auf folgende:

- Die Funktionscodes "PICK" und "PFnn" ("nn" steht für 01 bis 24) führen nicht zum Ereignis AT USER-COMMAND, sondern zu den Ereignissen AT LINE-SELECTION und AT PFnn.
- Alle Funktionscodes, die mit dem Zeichen "%" anfangen, werden als Systemfunktionen interpretiert und führen nicht zum Ereignis AT USER-COMMAND. Die Systemfunktionen für Listen sind "%CTX" (Aufruf eines Kontextmenüs), "%EX" (Beenden), "%PC" (Sichern in Datei), "%PRI" (Drucken), "%SC" (Suchen nach), "%SC+" (Weitersuchen), "%SL" (Sichern in Office) und "%ST" (Sichern in Berichtsbaum).
- Die folgenden Funktionscodes führen ebenfalls nicht zum Ereignis AT USER-COMMAND, sondern werden vom Listenprozessor behandelt: "BACK", "P-", "P--", "P+", "P++", "PFILE", "PL-", "PL+", "PNOP", "PP-", "PP+", "PP", "PRI", "PRINT", "PS-", "PS--", "PS+", "PS++", "PS", "PZ" und "RW". Die zugehörigen Funktionen dienen der Navigation, dem Speichern, dem Drucken und dem Blättern.

Beispiel

Dieses Programm arbeitet mit einem selbst definierten GUI-Status MYLIST. Die Funktion, die dort mit dem Funktionscode MY_SELECTION verknüpft ist, führt während der Listenanzeige zum Ereignis AT USER-COMMAND und zur Erstellung von Verzweigungslisten.

```
REPORT demo_at_user_command.
START-OF-SELECTION.
  SET PF-STATUS 'MYLIST'.
  WRITE 'List line'.
AT USER-COMMAND.
  IF sy-lsind = 20.
    SET PF-STATUS 'MYLIST' EXCLUDING 'MY_SELECTION'.
  ENDIF.
  CASE sy-ucomm.
    WHEN 'MY_SELECTION'.
      WRITE: / 'You worked on list', sy-listi,
             / 'You are on list', sy-lsind.
    ...
  ENDCASE.
```

35.6.3 Listenereignis programmgesteuert auslösen

SET USER-COMMAND

Syntax

SET USER-COMMAND fcode.

Auslösen eines Listenereignisses mit einem in fcode angegebenen Funktionscode. fcode muss ein zeichenartiges Datenobjekt sein. Die Anweisung ist während der Erstellung einer Liste möglich. Sie bewirkt, dass die Laufzeitumgebung sich nach Fertigstellung und vor der Anzeige der aktuellen Liste so verhält, als würde auf der dargestellten Liste eine Benutzeraktion mit dem Funktionscode in `fcode` ausgeführt.

Die Zuordnung von Listenereignissen zu Funktionscodes entspricht der Beschreibung in Abschnitt 35.6.2:

- Die vordefinierten Funktionscodes der in Abschnitt 35.6.2 aufgeführten Tabellen werden von der Laufzeitumgebung abgefangen.
- Bei den Funktionscodes "PICK" und "PFnn" werden die Ereignisse AT LINE-SELECTION bzw. AT PFnn ausgelöst.
- Bei allen übrigen Funktionscodes wird das Ereignis AT USER-COMMAND ausgelöst.

Falls der entsprechende Ereignisblock implementiert ist, wird der Inhalt von `sy-lsind` um eins erhöht und dieser ausgeführt. Falls die Anweisung SET USER-COMMAND während der Erstellung einer Liste mehrmals ausgeführt wird, wirkt nur die letzte Anweisung.

Hinweise

- Der Funktionscode "PICK" löst nur dann ein Ereignis aus, wenn der Cursor auf einer Listenzeile positioniert ist.
- Wenn der Taste ⏎ im aktuellen GUI-Status ein Funktionscode zugeordnet ist, wird dieser anstelle des in `fcode` angegebenen Funktionscodes verwendet.

Beispiel

Programmgesteuerte Erstellung einer Grund- und zweier Verzweigungslisten sowie Anzeige eines Such-Dialogfensters auf der zweiten Verzweigungsliste über den vordefinierten Funktionscode "%SC". Mit der Anweisung SET CURSOR wird der Cursor im Ereignisblock AT LINE-SELECTION auf einer Listenzeile platziert, um den Funktionscode "PICK" wirksam zu machen.

```
START-OF-SELECTION.
  SET USER-COMMAND 'MYCOMM'.
  WRITE 'Basic List'.
AT USER-COMMAND.
  CASE sy-ucomm.
    WHEN 'MYCOMM'.
      WRITE 'Details List from USER-COMMAND,'.
      WRITE: 'SY-LSIND', sy-lsind.
      SET CURSOR LINE 1.
      SET USER-COMMAND 'PICK'.
  ENDCASE.
AT LINE-SELECTION.
  WRITE 'Details List from LINE-SELECTION,'.
  WRITE: 'SY-LSIND', sy-lsind.
  SET USER-COMMAND '%SC'.
```

36 Nachrichten

Nachrichten sind Repository-Objekte, die mit dem Werkzeug Nachrichtenpflege in der ABAP Workbench verwaltet und mit der Anweisung MESSAGE im ABAP-Programm aufgerufen werden. Das Verhalten einer Nachricht ist abhängig vom Kontext, in dem die Nachricht gesendet wurde.

36.1 Ablage von Nachrichten

Nachrichten werden mit der Nachrichtenpflege (Transaktion SE91) angelegt und sind in der Datenbanktabelle T100 gespeichert. Tabelle 36.1 zeigt den Aufbau der Datenbanktabelle T100.

Komponente	Bedeutung
SPRSL	einstelliger Sprachenschlüssel
ARBGB	Maximal zwanzigstellige Nachrichtenklasse. Die Nachrichtenklasse ordnet Nachrichten einem bestimmten Bereich zu, zum Beispiel einem Arbeitsgebiet oder einem Paket.
MSGNR	Maximal dreistellige Nachrichtennummer, wobei der Bereich von 900 bis 999 für Kunden reserviert ist.
TEXT	Maximal 73-stelliger Kurztext. Der Kurztext wird in der Nachrichtenpflege entweder als selbst erklärend gekennzeichnet, oder es kann ein ergänzender Langtext angelegt werden.

Tabelle 36.1 Datenbanktabelle T100

Innerhalb von Kurz- und Langtexten sind Platzhalter möglich, die bei Ausführung der Anweisung MESSAGE durch den Inhalt von Datenobjekten ersetzt werden können. Die Platzhalter eines Kurztextes können entweder in der Form "&i" oder "&" und die Platzhalter eines Langtextes in der Form "&Vi&" definiert sein, wobei i eine Ziffer zwischen 1 und 4 ist. Soll das Zeichen "&" selbst ausgegeben werden, muss im Kurztext an seiner Stelle "&&" und im Langtext "&" angegeben sein.

Hinweis
Aus Gründen der Abwärtskompatibilität wird das Zeichen "$" in Kurztexten genau wie "&" behandelt. Das gilt auch für "$i". "$" soll nicht als Platzhalter verwendet werden. Es muss aber "$$" angegeben werden, falls "$" ausgegeben werden soll.

36.2 Verhalten von Nachrichten

Beim Senden einer Nachricht mit der Anweisung MESSAGE muss diese mit einem einstelligen Nachrichtentyp klassifiziert werden. Der Nachrichtentyp bestimmt, wie die Nachricht angezeigt wird, und den weiteren Programmablauf. Gültige Nachrichtentypen sind "A", "E", "I",

"S", "W" und "X". Die Kürzel stehen für Abbruchmeldung, Fehlermeldung, Informationsnachricht, Statusmeldung, Warnung und Exit-Meldung. Das Systemverhalten nach dem Senden einer Nachricht eines Nachrichtentyps ist kontextabhängig.

Hinweise

- Nachrichten sind hauptsächlich zur Verwendung während der Dialogverarbeitung und dort wiederum für das Ereignis PAI vorgesehen. Dort erlauben Nachrichten vom Nachrichtentyp "E" und "W" in Zusammenhang mit der Anweisung FIELD der Dynpro-Ablauflogik einen Fehlerdialog. Insbesondere Nachrichten vom Typ "E" oder "W" sollten deshalb auch nie in anderen Kontexten verwendet werden.
- Als Alternative zum Erzeugen von Laufzeitfehlern mit Nachrichten vom Typ "X" bieten sich auch Assertions (siehe Abschnitt 44.1.1) an.

36.2.1 Nachrichten in der Listenverarbeitung

Während der Listenverarbeitung wird eine Nachricht vom Typ "W" vor der weiteren kontextabhängigen Behandlung immer in den Typ "E" umgesetzt. Danach wird die Nachricht gemäß dem sonstigen Kontext behandelt.

Bezüglich Nachrichten ist die Listenverarbeitung in folgenden Kontexten aktiv:

- in jedem mit SUBMIT aufgerufenen ausführbaren Programm, solange keine dort mit CALL SCREEN aufgerufene Dynpro-Folge bearbeitet wird
- Nach einem expliziten Aufruf der Listenverarbeitung mit LEAVE TO LIST-PROCESSING in einer Dynpro-Folge. Die Anweisung LEAVE LIST-PROCESSING schaltet die Listenverarbeitung während einer Dynpro-Folge wieder ab.

In mit SUBMIT aufgerufenen Programmen ist die Listenverarbeitung also außer während der Behandlung eigentlicher Listenereignisse auch während der Behandlung der Reporting-Ereignisse aktiv. Letzteres gilt insbesondere auch für das Standardereignis START-OF-SELECTION.

36.2.2 Nachrichten in der Dialogverarbeitung

Für die Programmausführung in der Dialogverarbeitung ist das Verhalten von Nachrichten in Abhängigkeit von den Dialogmodulen oder Ereignisblöcken, in denen sie gesendet werden, in Tabelle 36.2 dargestellt.

Verarbeitungsblock	Nachrichtentyp					
	A	E	I	S	W	X
PAI-Modul	1	2	3	4	5	6
PAI-Modul zu POH	1	7	3	4	7	6
PAI-Modul zu POV	1	7	3	4	7	6
PAI-Modul zu Funktion "E"	1	7	3	4	7	6
AT SELECTION-SCREEN zu PAI	1	8	3	4	9	6

Tabelle 36.2 Nachrichtenbehandlung in der Dialogverarbeitung

Verarbeitungsblock	Nachrichtentyp					
	A	E	I	S	W	X
AT SELECTION-SCREEN zu POH	1	7	3	4	7	6
AT SELECTION-SCREEN zu POV	1	7	3	4	7	6
AT SELECTION-SCREEN ON EXIT-COMMAND	1	7	3	4	7	6
AT LINE-SELECTION	1	10	3	4	E	6
AT PFnn	1	10	3	4	E	6
AT USER-COMMAND	1	10	3	4	E	6
INITIALIZATION	1	11	3	4	E	6
START-OF-SELECTION	1	11	3	4	E	6
GET	1	11	3	4	E	6
END-OF-SELECTION	1	11	3	4	E	6
TOP-OF-PAGE	1	11	3	4	E	6
END-OF-PAGE	1	11	3	4	E	6
TOP-OF-PAGE DURING	1	10	3	4	E	6
LOAD-OF-PROGRAM	1	12	S	4	S	6
PBO-Modul	1	A	S	4	S	6
AT SELECTION-SCREEN OUTPUT	1	A	S	4	S	6

Tabelle 36.2 Nachrichtenbehandlung in der Dialogverarbeitung (Forts.)

Wenn unter einem Nachrichtentyp "A", "E", "I", "S", "W" und "X" ein anderer Nachrichtentyp angegeben ist, wird der ursprüngliche Nachrichtentyp in diesen verwandelt und die Nachricht gemäß diesem Typ ausgegeben. Die Verwandlung des Nachrichtentyps "W" nach "E" während der Behandlung von Reporting- und Listenereignissen geht auf das allgemeine Verhalten von Nachrichten während der Listenverarbeitung zurück. Eine Zahl unter einem Nachrichtentyp bedeutet eine Verarbeitung gemäß folgender Aufzählung:

1. Die Nachricht wird in einem Dialogfenster angezeigt. Nach dem Verlassen des Dialogfensters wird das Programm abgebrochen und hinter die Aufrufstelle des ersten Programms der aktuellen Aufrufkette zurückgekehrt, wobei alle internen Modi der Aufrufkette gelöscht werden und ein Datenbank-Rollback durchgeführt wird.

2. Die PAI-Verarbeitung wird unterbrochen und es wird zum aktuellen Bildschirmbild zurückgekehrt, ohne dass das Ereignis PBO ausgelöst wird. Die Nachricht wird standardmäßig in der Statusleiste des aktuellen Fensters angezeigt. Wenn die Fehlermeldung in einem Dialogmodul gesendet wird, das in der Dynpro-Ablauflogik außerhalb einer mit CHAIN definierten Verarbeitungskette hinter einer FIELD-Anweisung aufgerufen wird, ist das hinter FIELD angegebene Eingabefeld als einziges Feld eingabebereit. Wenn die Fehlermeldung in

einem Dialogmodul gesendet wird, das innerhalb einer mit CHAIN definierten Verarbeitungskette aufgerufen wird, sind alle in der Verarbeitungskette hinter FIELD angegebenen Eingabefelder eingabebereit. Nach einer Benutzeraktion wird die PAI-Verarbeitung an der in Abschnitt 33.5.3 beschriebenen Stelle fortgesetzt.

3. Die Nachricht wird in einem Dialogfenster angezeigt. Nach dem Verlassen des Dialogfensters wird das Programm hinter der Anweisung MESSAGE fortgesetzt.

4. Das Programm wird hinter der Anweisung MESSAGE fortgesetzt. Die Nachricht wird standardmäßig bei der Anzeige des Bildschirmbildes des Folge-Dynpros in der Statusleiste des aktuellen Fensters angezeigt.

5. Die PAI-Verarbeitung wird unterbrochen und es wird zum aktuellen Bildschirmbild zurückgekehrt, ohne dass das Ereignis PBO ausgelöst wird. Die Nachricht wird standardmäßig in der Statusleiste des aktuellen Fensters angezeigt. Es sind die bei Punkt 2 beschriebenen Felder eingabebereit. Wenn der Benutzer die aktuellen Feldinhalte mit der Taste ⏎ bestätigt, ohne einen Wert neu eingegeben zu haben, wird das Programm hinter der Anweisung MESSAGE fortgesetzt. Falls er einen oder mehrere Werte neu eingegeben hat, wird nach einer Benutzeraktion die Verarbeitung fortgesetzt, wie unter Punkt 2 beschrieben. Zur Neueingabe von Werten zählt in diesem Zusammenhang auch das Setzen des OK-Feldes durch Ausführen einer Benutzeraktion, die mit einem Funktionscode verknüpft ist.

6. Das Programm wird abgebrochen, ein Datenbank-Rollback ausgeführt und der Laufzeitfehler MESSAGE_TYPE_X ausgelöst. Der Kurzdump des Laufzeitfehlers, der die Kennung, den Kurz- und den Langtext der Nachricht enthält, wird angezeigt.

7. Während der POH- und POV-Verarbeitung sowie bei der Behandlung eines Funktionscodes vom Typ "E" ist das Senden von Fehlermeldungen bzw. Warnungen nicht erlaubt. Es wird eine unbehandelbare Ausnahme ausgelöst.

8. Die Selektionsbildverarbeitung wird unterbrochen und es wird zum aktuellen Selektionsbild zurückgekehrt, ohne dass das Ereignis AT SELECTION-SCREEN OUTPUT ausgelöst wird. Die Nachricht wird standardmäßig in der Statusleiste des aktuellen Fensters angezeigt. Es sind die Eingabefelder des Selektionsbildes eingabebereit, die durch die Zusätze der Anweisung AT SELECTION-SCREEN des aktuellen Ereignisblocks spezifiziert wurden. Nach einer Benutzeraktion wird die Selektionsbildverarbeitung mit dem aktuellen Selektionsbildereignis fortgesetzt. Vorhergehende Selektionsbildereignisse werden nicht ausgelöst.

9. Die Selektionsbildverarbeitung wird unterbrochen und es wird zum aktuellen Selektionsbild zurückgekehrt, ohne dass das Ereignis AT SELECTION-SCREEN OUTPUT ausgelöst wird. Die Nachricht wird standardmäßig in der Statusleiste des aktuellen Fensters angezeigt. Es sind die bei Punkt 8 beschriebenen Felder eingabebereit. Wenn der Benutzer die aktuellen Feldinhalte mit der Taste ⏎ bestätigt, ohne einen Wert neu eingegeben zu haben, wird das Programm hinter der Anweisung MESSAGE fortgesetzt. Falls er einen oder mehrere Werte neu eingegeben hat, wird nach einer Benutzeraktion die Selektionsbildverarbeitung wie unter Punkt 8 beschrieben fortgesetzt.

10. Der Ereignisblock des aktuellen Listenereignisses wird abgebrochen, und die Anzeige der Listenstufe, auf der das Listenereignis ausgelöst wurde, bleibt bestehen. Die Nachricht wird standardmäßig in der Statusleiste des aktuellen Fensters angezeigt.

11. Das Programm wird abgebrochen und ein leeres Bildschirmbild mit einem leeren GUI-Status angezeigt. Die Nachricht wird standardmäßig in der Statusleiste des aktuellen Fensters angezeigt. Nach einer Benutzeraktion wird zur Aufrufstelle des Programms zurückgekehrt.

12. Das Programm wird mit dem Laufzeitfehler SYSTEM_LOAD_OF_PROGRAM_FAILED abgebrochen.

Während der Anzeige einer Nachricht kann sich der Benutzer den eventuell vorhandenen Langtext anzeigen lassen, wozu bei Anzeige der Nachricht in einem Dialogfenster die Drucktaste HILFE und in der Statusleiste ein Einfachklick mit der Maus dient. Wenn kein Langtext definiert ist, wird er mit dem Inhalt des Kurztextes generiert.

Hinweise

- Über die Funktion ANPASSUNG DES LOKALEN LAYOUTS in der Systemfunktionsleiste des GUI-Status kann für Fehlermeldungen, Warnungen und Statusmeldungen angegeben werden, dass sie in einem Dialogfenster statt in der Statusleiste angezeigt werden. Die oben beschriebene Fortsetzung des Programmablaufs findet dann erst nach dem Verlassen des Dialogfensters statt.

- Bei der Darstellung in einem Dialogfenster stehen in einer Zeile 50 Stellen zur Verfügung. Nachrichten mit mehr als 50 Zeichen werden umbrochen. In einem Dialogfenster können maximal sechs Zeilen, entsprechend 300 Zeichen, dargestellt werden. Dies deckt die maximale Länge einer Kurznachricht von 269 Zeichen ab, wenn diese 73 Zeichen enthält und vier Platzhalter durch jeweils 50 Zeichen ersetzt werden. Bei der Darstellung in der Statusleiste werden so viele Zeichen der Nachricht dargestellt, wie in die aktuelle Breite der Leiste passen. Wenn Zeichen abgeschnitten werden, wird dies durch drei Punkte "..." am Ende angezeigt. Bei Auswahl mit der rechten Maustaste wird die Nachricht in der Statusleiste von rechts nach links gerollt.

- Vor der Nachricht wird eine für den Nachrichtentyp spezifische Ikone angezeigt. Wenn ein Nachrichtentyp vor dem Senden in einen anderen Nachrichtentyp umgesetzt wird, wird auch die Ikone des neuen Typs angezeigt. Die angezeigte Ikone kann mit dem Zusatz DISPLAY LIKE der Anweisung MESSAGE übersteuert werden.

- Wenn bei der Darstellung in einem Dialogfenster am Anfang einer Zeile die interne Kennung für eine Ikone steht, wird die Ikone als solche angezeigt. Eine Kennung für eine Ikone an einer anderen Stelle einer Zeile wird dagegen literal ausgegeben.

- Das Umsetzen der Ausgabe einer Nachricht auf einen anderen Typ beeinflusst nicht das Setzen der Systemfelder in der Anweisung MESSAGE. Das Systemfeld sy-msgty wird immer mit dem in der Anweisung MESSAGE angegebenen Typ gefüllt.

- Das in obigem Punkt 5 beschriebene Verhalten für das OK-Feld setzt voraus, dass das OK-Feld im Dynpro definiert ist. Falls Funktionscodes nur über das Systemfeld sy-ucomm ausgewertet werden, ist das Verhalten wie bei der Auswahl von ⏎.

- Das auf dem AS ABAP vorhandene Programm DEMO_MESSAGES demonstriert die Anzeige verschiedener Nachrichtentypen aus unterschiedlichen Verarbeitungsblöcken in der Dialogverarbeitung.

36.2.3 Nachrichten in der Control-Verarbeitung

Während der Behandlung von Ereignissen des Control Frameworks werden Nachrichten vom Typ "W" und "E" in den Typ "A" umgesetzt. Alle übrigen Nachrichten verhalten sich wie in der Dialogverarbeitung (siehe Tabelle 36.2).

36.2.4 Nachrichten im Batch-Input

Beim Batch-Input werden Nachrichten wie in der Dialogverarbeitung in Abhängigkeit von der Aufrufstelle eventuell auf einen anderen Nachrichtentyp umgesetzt, wie z. B. "I" nach "S" während PBO oder "W" nach "E" während der Listenverarbeitung (siehe Tabelle 36.2).

Eine Nachricht wird nicht angezeigt, sondern wie folgt in Abhängigkeit vom – eventuell umgesetzten – Nachrichtentyp in das Batch-Input-Protokoll geschrieben:

- Nachrichten vom Typ "S" werden in das Protokoll geschrieben, und das Programm wird fortgesetzt.
- Nachrichten vom Typ "I" und "W" werden in das Protokoll geschrieben, und das Programm wird fortgesetzt, wobei die zur Programmfortsetzung notwendige Benutzereingabe ⏎ automatisch erzeugt wird.
- Nachrichten vom Typ "E" und "A" werden in das Protokoll geschrieben. Das laufende Programm wird abgebrochen, wobei bei einer Nachricht vom Typ "A" ein Datenbank-Rollback durchgeführt wird. Der Status der aktuellen Batch-Input-Mappe wird auf "fehlerhaft verarbeitet" gesetzt. Danach wird die Verarbeitung der Mappe mit dem nächsten Programm fortgesetzt.
- Nachrichten vom Typ "X" erzeugen einen Laufzeitfehler mit zugehörigem Datenbank-Rollback. Der Status der aktuellen Batch-Input-Mappe wird auf "fehlerhaft verarbeitet" gesetzt. Danach wird die Verarbeitung der Mappe mit dem nächsten Programm fortgesetzt.

36.2.5 Nachrichten in der Hintergrundverarbeitung

In der Hintergrundverarbeitung werden mit folgender Ausnahme alle Nachrichten nach dem in der MESSAGE-Anweisung angegeben Typ behandelt. Nur während der Listenverarbeitung wird eine Nachricht vom Typ "W" vor der eigentlichen Behandlung in eine Nachricht vom Typ "E" umgesetzt.

Eine Nachricht wird nicht angezeigt, sondern wie folgt in Abhängigkeit vom Nachrichtentyp in das Protokoll der Hintergrundverarbeitung (Joblog) geschrieben:

- Nachrichten vom Typ "S" werden in das Protokoll geschrieben, und das Programm wird fortgesetzt.
- Nachrichten vom Typ "I" und "W" werden in das Protokoll geschrieben, und das Programm wird fortgesetzt, wobei die zur Programmfortsetzung notwendige Benutzereingabe ⏎ automatisch erzeugt wird.
- Nachrichten vom Typ "E" und "A" werden in das Protokoll geschrieben. Dann wird überprüft, ob die Nachricht eventuell mit error_message behandelt wird. Ist dies nicht der Fall,

wird zusätzlich die Nachricht der Nachrichtennummer 564 der Nachrichtenklasse 00 in das Protokoll geschrieben und die laufende Hintergrundverarbeitung abgebrochen, wobei bei einer Nachricht vom Typ "E" kein und bei einer Nachricht vom Typ "A" ein Datenbank-Rollback durchgeführt wird. Bei Behandlung der Nachricht wird die Hintergrundverarbeitung fortgesetzt.

- Nachrichten vom Typ "X" erzeugen einen Laufzeitfehler mit zugehörigem Datenbank-Rollback, und die laufende Hintergrundverarbeitung wird abgebrochen.

Hinweis
Bei einer Nachricht vom Typ "A" ist zu beachten, dass bei einer Behandlung mit `error_message` implizit die Anweisung `ROLLBACK WORK` (siehe Abschnitt 40.2.4) ausgeführt wird, die für einen Datenbank-Rollback sorgt und weitere Auswirkungen hat.

36.2.6 Nachrichten in der Verbuchung

Während der Verbuchung hängt das Verhalten von Nachrichten vom Workprozess ab.

Während der Verbuchung in einem Verbuchungs-Workprozess – synchrone und asynchrone Verbuchung – führen alle Nachrichten außer Typ "S" zum Abbruch der Verbuchung. Der Verbuchungs-Workprozess führt einen Datenbank-Rollback aus, stellt den Protokollsatz mit einem Vermerk in die zugehörigen Datenbanktabellen VB... zurück und unterrichtet den Benutzer, dessen Programm den Protokollsatz erzeugt hat, per SAPMail.

Während der lokalen Verbuchung werden alle Nachrichten außer Typ "S" und "X" in Nachrichten vom Typ "A" umgesetzt, und diese verhalten sich wie in der Dialogverarbeitung (siehe Tabelle 36.2), d. h., sie führen zu einem Abbruch und einem Datenbank-Rollback. Nachrichten vom Typ "S" und "X" werden ebenfalls wie in der Dialogverarbeitung behandelt.

Hinweis
Wenn ein Verbuchungs-Workprozess in Ausnahmefällen an einen Dialog angeschlossen ist – z. B. beim Debugging –, verhalten sich Nachrichten wie in der lokalen Verbuchung.

36.2.7 Nachrichten in Konvertierungsroutinen

In Konvertierungsroutinen sind die Funktionsbausteine ..._INPUT und ..._OUTPUT zu unterscheiden:

- In einem ..._INPUT-Funktionsbaustein führen alle Nachrichten außer solchen vom Typ "E", "A" oder "S" zu einer unbehandelbaren Ausnahme. Nachrichten der Typen "E", "A" und "S" verhalten sich wie in der Dialogverarbeitung (siehe Tabelle 36.2).
- In einem ..._OUTPUT-Funktionsbaustein führen alle Nachrichten außer solchen vom Typ "A" zu einer unbehandelbaren Ausnahme. Nachrichten vom Typ "A" verhalten sich wie in der Dialogverarbeitung.

36.2.8 Nachrichten in Prozeduren

In Prozeduren richtet sich die Nachrichtenbehandlung standardmäßig nach dem Kontext, aus dem die Prozedur aufgerufen wurde. Ausnahmen von dieser Regel ergeben sich durch:

- die Verwendung des Zusatzes RAISING in der MESSAGE-Anweisung
- die Behandlung einer Nachricht beim Aufruf eines Funktionsbausteins über die vordefinierte Ausnahme error_message
- beim Aufruf eines Funktionsbausteins über die RFC-Schnittstelle

Wenn eine Prozedur über das Senden einer Nachricht verlassen wird, wird der Inhalt der Formalparameter, für die die Wertübergabe definiert ist, nicht den jeweiligen Aktualparametern zugewiesen.

36.2.9 Nachrichten in der RFC-Verarbeitung

Solange während der Verarbeitung eines über die RFC-Schnittstelle aufgerufenen Funktionsbausteins keine Listen- oder Dialogverarbeitung stattfindet, verhalten sich Nachrichten wie folgt:

- Nachrichten der Typen "I", "S" und "W" werden ignoriert.
- Nachrichten der Typen "A", "E" und "X" führen zu einem Abbruch der Verarbeitung mit anschließendem Datenbank-Rollback. Im aufrufenden Programm wird die Ausnahme der Klasse CX_REMOTE_APPL_ERROR bzw. die klassische Ausnahme SYSTEM_FAILURE ausgelöst.

Wenn während der RFC-Verarbeitung eine Dialogverarbeitung oder Listenverarbeitung stattfindet, verhalten sich dabei gesendete Nachrichten, wie dort beschrieben.

Hinweis
Wenn in einem remotefähigen Funktionsbaustein eine Nachricht vom Typ "E" gesendet wird, ist zu beachten, dass es von der Art des Aufrufs abhängt, ob es zu einem Datenbank-Rollback kommt oder nicht. Wenn der Aufruf nicht über die RFC-Schnittstelle erfolgt, kommt es in der Regel zu keinem Datenbank-Rollback.

36.2.10 Nachrichten in HTTP-Servern

Nachrichten, die gesendet werden, während ein ABAP-Programm als HTTP-Server des Internet Communication Frameworks (ICF) ausgeführt wird, verhalten sich genau wie in der RFC-Verarbeitung.

Zu einer Dialogverarbeitung oder Listenverarbeitung kann es für einen HTTP-Server nur kommen, wenn in der Transaktion SICF die Einstellung SERVICE-DATEN • GUI-ANBINDUNG für den Service auf JA gesetzt ist. Standardmäßig werden Nachrichten der Typen "I", "S" und "W" also immer ignoriert und führen Nachrichten der Typen "A", "E" und "X" immer zu einem Abbruch der Verarbeitung mit anschließendem Datenbank-Rollback.

36.3 Nachrichten senden

```
MESSAGE
```

Syntax
```
MESSAGE { msg | txt } [message_options].
```

Diese Anweisung unterbricht den Programmablauf und gibt entweder den Kurztext einer in `msg` angegebenen Nachricht in der Anmeldesprache des aktuellen Benutzers oder einen in `txt` angegebenen beliebigen Text als Nachricht aus. Das genaue Verhalten der Anweisung `MESSAGE`, d.h., wie der Text angezeigt und wie der Programmablauf nach der Anweisung `MESSAGE` fortgesetzt wird, ist kontextabhängig und wird durch die Angabe eines Nachrichtentyps in `msg` oder `txt` festgelegt (siehe Abschnitt 36.2). Mit den Zusätzen `message_options` kann dieses Verhalten verändert und können die Platzhalter in Nachrichten ersetzt werden.

Systemfelder

Name	Bedeutung
sy-msgid	Enthält nach dem Senden einer Nachricht die Nachrichtenklasse und nach dem Senden eines beliebigen Textes den Wert "00".
sy-msgno	Enthält nach dem Senden einer Nachricht die Nachrichtennummer und nach dem Senden eines beliebigen Textes den Wert "001".
sy-msgty	Enthält das Kürzel des Nachrichtentyps, mit dem die Nachricht bzw. der Text gesendet wurde.
sy-msgv1 bis sy-msgv4	Enthalten nach dem Senden einer Nachricht der Reihe nach den Inhalt der hinter dem Zusatz `WITH` angegebenen Datenobjekte. Nach dem Senden eines beliebigen Textes enthalten sie die ersten 200 Zeichen des Datenobjekts `text`.

Hinweise

▶ Nachrichten sind ein Mittel zur Interaktion mit einem Benutzer. Bis auf Nachrichten vom Typ "X" sollte die Anweisung `MESSAGE` ausschließlich in der Schicht der Präsentationslogik und nie in der Schicht der eigentlichen Anwendungslogik verwendet werden.

▶ Das Setzen der Textumgebung mit der Anweisung `SET LOCALE` hat keinen Einfluss auf die Sprache, in der die Nachricht angezeigt wird.

36.3.1 Nachricht angeben

```
MESSAGE - msg
```

Syntax
```
... { tn }
  | { tn(id) }
  | { ID mid TYPE mtype NUMBER num }
  | { oref TYPE mtype }
```

In `msg` wird eine Nachricht aus der Datenbanktabelle T100 entweder über die direkten Angaben `id` und `n` bzw. über den Inhalt der Datenobjekte `mid` und `num` für die Nachrichtenklasse und die Nachrichtennummer spezifiziert, oder es wird eine Objektreferenzvariable `oref` angegeben, deren dynamischer Typ das Interface IF_T100_MESSAGE implementiert. Durch direkte Angabe von t oder als Inhalt des Datenobjekts mtype muss einer der möglichen Nachrichtentypen "A", "E", "I", "S", "W" oder "X" angegeben werden, wodurch das Verhalten der Nachricht gesteuert wird.

Wenn die angegebene Nachricht für die Anmeldesprache des aktuellen Benutzers nicht gefunden wird, wird sie als Nächstes in der Sekundärsprache (Profilparameter zcsa/second_language) und danach in der Sprache Englisch gesucht. Wird sie auch dort nicht gefunden, werden der angegebene Nachrichtentyp, die Nachrichtenklasse und die Nachrichtennummer in Großbuchstaben und durch Doppelpunkte ":" getrennt als Kurztext verwendet. Die Systemfelder der Anweisung MESSAGE werden immer mit den angegebenen Werten versorgt.

36.3.1.1 Statische Kurzform

`... tn ...`

Mit t und n werden der einstellige Nachrichtentyp und die dreistellige Nachrichtennummer direkt hintereinander angegeben (statische Kurzform). Die Nachrichtenklasse muss mit dem Zusatz MESSAGE-ID bei der programmeinleitenden Anweisung angegeben sein.

Beispiel
Anzeigen des Kurztextes der Nachricht mit der Nummer 014 aus der Nachrichtenklasse SABAPDEMOS als Informationsnachricht.

```
REPORT rep MESSAGE-ID sabapdocu.
...
MESSAGE i050.
```

36.3.1.2 Statische Langform

`... tn(id) ...`

Für t und n gilt das Gleiche wie bei der statischen Kurzform. In der statischen Langform wird mit id die Nachrichtenklasse direkt in Klammern angegeben.

Hinweis
Die explizite Angabe der Nachrichtenklasse übersteuert den Zusatz MESSAGE-ID der programmeinleitenden Anweisung.

Beispiel
Wie Beispiel zur statischen Kurzform, mit expliziter Angabe der Nachrichtenklasse.

```
REPORT ...
...
MESSAGE i050(sabapdemos).
```

36.3.1.3 Dynamische Form

`... ID mid TYPE mtype NUMBER num ...`

Die Nachrichtenklasse, der Nachrichtentyp und die Nachrichtennummer werden als Inhalte der Datenobjekte mid, mtype und num angegeben (dynamische Form). Für mid und mtype werden zeichenartige Datenobjekte erwartet, die Nachrichtenklasse bzw. Nachrichtentyp in Großbuchstaben enthalten müssen. Ungültige Nachrichtentypen erzeugen eine unbehandelbare Ausnahme. Für num wird ein Datenobjekt vom Typ n der Länge 3 erwartet.

Hinweis

Die explizite Angabe der Nachrichtenklasse übersteuert den Zusatz MESSAGE-ID der programmeinleitenden Anweisung.

Beispiel

Wie Beispiel zur statischen Langform, mit dynamischer Spezifikation der Nachricht und des Nachrichtentyps.

```
DATA:  mid    TYPE sy-msgid VALUE 'SABAPDEMOS',
       mtype  TYPE sy-msgty VALUE 'I',
       num    TYPE sy-msgno VALUE '050'.
MESSAGE ID mid TYPE mtype NUMBER num.
```

36.3.1.4 Nachricht aus Objekt

```
... oref TYPE mtype ...
```

Für oref kann eine Objektreferenzvariable angegeben werden, die bei Ausführung der Anweisung MESSAGE auf ein Objekt zeigt, dessen Klasse das System-Interface IF_T100_MESSAGE implementiert, das wiederum das Komponenteninterface IF_MESSAGE enthält. Das Interface IF_T100_MESSAGE enthält ein strukturiertes Attribut T100KEY, das die Nachricht in der Tabelle T100 spezifiziert. Für mtype wird ein zeichenartiges Datenobjekt erwartet, das den Nachrichtentyp in Großbuchstaben enthalten muss.

Die Anweisung MESSAGE wertet die Komponenten des strukturierten Attributs T100KEY des Interfaces IF_T100_MESSAGE im referenzierten Objekt aus. Die Nachrichtenklasse wird der Komponente MSGID, die Nachrichtennummer der Komponente MSGNO entnommen. Wenn die Komponenten ATTR1 bis ATTR4 den Namen anderer Attribute des Objekts enthalten, werden die Platzhalter "&1" bis "&4" und "&" des Kurztextes bzw. "&V1&" bis "&V4&" des Langtextes der Nachricht nach den Regeln zur Verwendung des Zusatzes WITH in message_options durch den Inhalt dieser Attribute ersetzt. Wenn eine dieser Komponenten keine Attributnamen enthält, wird ihrem Inhalt am Anfang und am Ende das Zeichen "&" hinzugefügt und der Platzhalter dadurch ersetzt.

Hinweise

- Bei dieser Variante sind die Zusätze WITH und INTO in message_options nicht erlaubt.
- Wenn für oref Feldsymbole oder Formalparameter vom generischen Typ any oder data angegeben sind, wird die syntaktisch gleiche Variante MESSAGE text (siehe Abschnitt 36.3.2) verwendet.
- Diese Variante ist hauptsächlich zur Verwendung mit Ausnahmeobjekten vorgesehen. Wenn eine globale Ausnahmeklasse das Interface IF_T100_MESSAGE implementiert, werden die Komponenten der Struktur T100KEY beim Auslösen einer entsprechenden Ausnahme in der Interfacemethode GET_TEXT, die in der Oberklasse CX_ROOT implementiert ist, gemäß der Definition des zugehörigen Ausnahmetextes gefüllt. Bei lokalen Ausnahme-

klassen muss man die Komponenten selbst füllen. Hierfür sollte aber nicht die Interfacemethode GET_TEXT redefiniert, sondern der Instanzkonstruktor verwendet werden.

▶ Aus Kompatibilitätsgründen kann diese Variante auch noch für Klassen verwendet werden, die nur das Interface IF_MESSAGE implementieren. In diesem Fall werden im referenzierten Objekt automatisch die Interfacemethoden GET_TEXT und GET_LONGTEXT aufgerufen, und deren Rückgabewert wird als Kurztext bzw. Langtext der Nachricht verwendet. Die Systemfelder sy-msgid und sy-msgno werden in diesem Fall nicht spezifisch gefüllt. Die Wurzelklasse aller Ausnahmeklassen, CX_ROOT, implementiert das Interface IF_MESSAGE. In Ausnahmeklassen, die nicht das Interface IF_T100_MESSAGE implementieren, besorgen die Interfacemethoden GET_TEXT und GET_LONGTEXT die im OTR (Online Text Repository) abgelegten Ausnahmetexte von Ausnahmeobjekten, die dann mit dieser Variante der MESSAGE-Anweisung als Nachricht ausgegeben werden können.

Beispiel
In einer lokalen Ausnahmeklasse lcx_exception wird das Interface IF_T100_MESSAGE implementiert und dessen Attribut T100KEY mit Werten versorgt. Bei Behandlung der Ausnahme zeigt die Anweisung MESSAGE die entsprechende Nachricht an, wobei ein Platzhalter "&" durch den Inhalt des Attributs text ersetzt wird.

```
CLASS lcx_exception DEFINITION INHERITING FROM cx_dynamic_check.
  PUBLIC SECTION.
    INTERFACES if_t100_message.
    METHODS constructor IMPORTING text TYPE csequence.
    DATA text TYPE c LENGTH 40.
ENDCLASS.
CLASS lcx_exception IMPLEMENTATION.
  METHOD constructor.
    super->constructor( ).
    me->text = text.
    if_t100_message~t100key-msgid = 'SABAPDOCU'.
    if_t100_message~t100key-msgno = '888'.
    if_t100_message~t100key-attr1 = 'TEXT'.
  ENDMETHOD.
ENDCLASS.
DATA exc_ref TYPE REF TO lcx_exception.
START-OF-SELECTION.
  TRY.
      RAISE EXCEPTION TYPE lcx_exception EXPORTING text = 'Error!'.
    CATCH lcx_exception INTO exc_ref.
      MESSAGE exc_ref TYPE 'I' DISPLAY LIKE 'E'.
  ENDTRY.
```

36.3.2 Zeichenkette angeben

```
MESSAGE - txt
```

Syntax
```
... text TYPE mtype
```

Diese Variante sendet eine in `text` enthaltene Zeichenfolge als Nachricht des in `mtype` angegebenen Nachrichtentyps. Es kann ein zeichenartiges Datenobjekt `text` angegeben werden, dessen Inhalt als Kurztext der Nachricht verwendet wird. In `text` werden nur die ersten 300 Zeichen berücksichtigt. Für eine solche Nachricht kann kein Langtext definiert werden.

Für `mtype` wird ein zeichenartiges Datenobjekt erwartet, das den Nachrichtentyp in Großbuchstaben enthalten muss. Ungültige Nachrichtentypen erzeugen eine unbehandelbare Ausnahme.

Hinweise
- Bei dieser Variante sind die Zusätze `WITH` und `INTO` in *message_options* nicht erlaubt.
- Wenn für `text` Feldsymbole oder Formalparameter vom Typ `any` oder `data` angegeben sind, müssen sie bei Ausführung der Anweisung zeichenartig sein.
- Da die Systemfelder `sy-msgid` und `sy-msgno` bei der Angabe einer Zeichenfolge unspezifisch gefüllt werden, sollte diese Variante nur in den Fällen verwendet werden, wenn der Inhalt der Systemfelder nicht zur Identifikation der Nachricht benötigt wird. In allen Fällen, in denen Nachrichten über diese Systemfelder übergeben (z. B. aus Funktionsbausteinen) oder protokolliert (z. B. beim Batch-Input) werden, ginge ansonsten der sprachunabhängige Zugriff auf den Nachrichtentext verloren.

Beispiel
Ausgabe eines Ausnahmetextes als Informationsnachricht.

```
DATA: oref TYPE REF TO cx_sy_arithmetic_error,
      text TYPE string.
TRY.
  ...
  CATCH cx_sy_arithmetic_error INTO oref.
    text = oref->get_text( ).
    MESSAGE text TYPE 'I'.
ENDTRY.
```

36.3.3 Nachrichtenoptionen

MESSAGE – message_options

Syntax von message_options
```
... { [[DISPLAY LIKE dtype] [RAISING exception]]
    | [INTO text] }
    [WITH dobj1 ... dobj4].
```

Diese Zusätze ändern die Art der Anzeige, lösen eine nicht-klassenbasierte Ausnahme in Funktionsbausteinen oder Methoden aus, weisen einem Datenobjekt den Text der Nachricht zu und ersetzen die Platzhalter in den Kurz- und Langtexten von Nachrichten.

36.3.3.1 Anzeigeart
```
... DISPLAY LIKE dtype
```

Bei Verwendung dieses Zusatzes wird anstelle der zugehörigen Ikone die Ikone des in `dtype` angegebenen Nachrichtentyps angezeigt. Für `dtype` wird ein zeichenartiges Datenobjekt erwartet, das einen der Werte "A", "E", "I", "S" oder "W" in Großbuchstaben enthalten muss.

Der Kurztext der Nachrichten wird bei Nachrichten, die standardmäßig als Dialogfenster angezeigt werden, weiterhin als Dialogfenster angezeigt. Nachrichten vom Typ "E" oder "W" werden – außer zu PBO und `LOAD-OF-PROGRAM` – als Dialogfenster angezeigt, wenn `dtype` "A" oder "I" enthält. Nachrichten vom Typ "S" werden unabhängig von `dtype` immer in der Statuszeile angezeigt. Letzteres gilt auch für Nachrichten vom Typ "I" zu PBO und `LOAD-OF-PROGRAM`. Nachrichten vom Typ "X" führen immer zu einem Laufzeitfehler.

Hinweise

- Die Verwendung dieses Zusatzes beeinflusst nicht das durch den Nachrichtentyp festgelegte Verhalten, sondern nur die Art der Darstellung.
- Die Angabe von "X" für `dtype` ist nicht sinnvoll, da diesem Nachrichtentyp keine Ikone zugeordnet ist.

36.3.3.2 Klassische Ausnahme auslösen
```
... RAISING exception
```

Mit diesem Zusatz löst die Anweisung `MESSAGE` entweder eine nicht-klassenbasierte Ausnahme `exception` aus oder sendet eine Nachricht. Der Zusatz ist nur während der Verarbeitung von Methoden und Funktionsbausteinen sinnvoll, in denen die nicht-klassenbasierte Ausnahme `exception` definiert ist (siehe Abschnitt 22.3.2). Darüber hinaus darf er nicht im gleichen Verarbeitungsblock wie die Anweisung `RAISE EXCEPTION` zum Auslösen klassenbasierter Ausnahmen verwendet werden.

Wenn die `MESSAGE`-Anweisung mit dem Zusatz `RAISING` während der Verarbeitung einer Methode oder eines Funktionsbausteins ausgeführt wird, deren Aufrufer der Ausnahme `exception` mit dem Zusatz `EXCEPTIONS` der Anweisung `CALL` einen Rückgabewert zuweist, wirkt sie wie die Anweisung `RAISE`. Wenn der Ausnahme `exception` kein Rückgabewert zugewiesen wird, wird der Zusatz `RAISING` ignoriert und die Nachricht gemäß ihrem Nachrichtentyp verarbeitet.

Die Systemfelder der Anweisung `MESSAGE` werden in beiden Fällen versorgt und stehen nach der Behandlung einer mit `MESSAGE ... RAISING` ausgelösten Ausnahme im aufrufenden Programm zur Verfügung. Dies gilt insbesondere auch dann, wenn ein Funktionsbaustein über Remote Function Call (RFC) aufgerufen wurde.

Hinweise

- Die Verwendung von `MESSAGE ... RAISING` ist in Fällen, in denen noch mit nicht-klassenbasierten Ausnahmen gearbeitet werden muss, der Verwendung der Anweisung `RAISE` vorzuziehen, da dies die Möglichkeit eröffnet, eine Ausnahme mit zusätzlichen Textinformationen zu versehen.

- Nachrichten, die in Funktionsbausteinen ohne den Zusatz RAISING gesendet werden, kann mit der vordefinierten Ausnahme error_message ein Rückgabewert zugewiesen werden.

Beispiel
Beim ersten Aufruf der Methode wird eine Informationsnachricht gesendet, beim zweiten Aufruf wird stattdessen eine Ausnahme ausgelöst und nach dem Aufruf über die Auswertung von sy-subrc behandelt.

```
CLASS c1 DEFINITION.
  PUBLIC SECTION.
    CLASS-METHODS m1 EXCEPTIONS exc1.
ENDCLASS.
CLASS c1 IMPLEMENTATION.
  METHOD m1.
    MESSAGE 'Message in a Method' TYPE 'I' RAISING exc1.
  ENDMETHOD.
ENDCLASS.
...
c1=>m1( ).
c1=>m1( EXCEPTIONS exc1 = 4 ).
IF sy-subrc = 4.
  ...
ENDIF.
```

36.3.3.3 Kurztext zuweisen

`... INTO text`

Mit diesem Zusatz wird der Kurztext der Nachricht der Variablen text zugewiesen. Der Nachrichtentyp spielt keine Rolle. Der Programmablauf wird nicht unterbrochen, und es findet keine Nachrichtenverarbeitung statt. Für text wird ein zeichenartiges Datenobjekt erwartet. Der Zusatz INTO kann nicht bei der Ausgabe eines beliebigen Textes (siehe Abschnitt 36.3.2) angegeben werden.

Beispiel
Der Kurztext einer in einem Funktionsbaustein gesendeten Nachricht wird bei der Behandlung der Ausnahme error_message unter Verwendung der entsprechenden Systemfelder einem Datenobjekt mtext zugewiesen.

```
DATA mtext TYPE string.
CALL FUNCTION ... EXCEPTIONS error_message = 4.
IF sy-subrc = 4.
  MESSAGE ID sy-msgid TYPE sy-msgty NUMBER sy-msgno
          INTO mtext
          WITH sy-msgv1 sy-msgv2 sy-msgv3 sy-msgv4.
ENDIF.
```

36.3.3.4 Platzhalter ersetzen

```
... WITH dobj1 ... dobj4
```

Dieser Zusatz ersetzt die Platzhalter "&1" bis "&4" und "&" des Kurztextes bzw. "&V1&" bis "&V4&" des Langtextes der Nachricht mit den ersten 50 Zeichen des Inhalts der Datenobjekte `dobj1`, ..., `dobj4`. Es können bis zu vier Datenobjekte angegeben werden. Sie können den gleichen Datentyp wie ein Quellfeld der Anweisung `WRITE TO` haben, und sie werden entsprechend den zugehörigen vordefinierten Formaten in einer Ausgabelänge von 50 aufbereitet. Die Position eines Datenobjekts bestimmt, welcher Platzhalter ersetzt wird. Der Inhalt des ersten Datenobjekts ersetzt die Platzhalter "&1", den ersten Platzhalter "&" und "&V1&", der des zweiten ersetzt "&2", das zweite "&" und "&V2&" usw. Darüber hinaus wird der Inhalt der Datenobjekte `dobj1`, ..., `dobj4` der Reihe nach den Systemfeldern `sy-msgv1` bis `sy-msgv4` zugewiesen.

Wenn weniger Datenobjekte angegeben sind, als es Platzhalter gibt, werden überzählige Platzhalter im Kurztext nicht dargestellt und die zugehörigen Systemfelder `sy-msgv1` bis `sy-msgv4` initialisiert. Wenn ein angegebenes Datenobjekt keinem Platzhalter zugeordnet werden kann, wird es ignoriert.

Der Zusatz `WITH` kann nicht bei der Ausgabe eines beliebigen Textes bzw. einer Objektreferenz `oref` angegeben werden.

Hinweise
- Wenn ein Kurztext Platzhalter beider Formen "&i" und "&" enthält, kann der Inhalt eines Datenobjekts zwei Platzhalter ersetzen. Das Datenobjekt an der i-ten Stelle ersetzt sowohl "&i" als auch den i-ten Platzhalter "&". Es wird empfohlen, in einem Kurztext nur eine der beiden Formen für Platzhalter zu verwenden. Wenn ein Kurztext in andere Sprachen übersetzt werden soll, sollten nur nummerierte Platzhalter "&i" verwendet werden, da sich der Satzbau ändern kann.
- In Langtexten müssen die Platzhalter "&V1&" bis "&V4&" als solche in der Datenbank gespeichert sein. Wenn mit dem grafischen PC-Editor gearbeitet wird, können sie nicht direkt eingegeben werden, sondern müssen über EINBINDEN • SYMBOLE • TEXTSYMBOLE übernommen werden.

Beispiel
Wenn der Kurztext der spezifizierten Nachricht in Tabelle T100 den Wert "& & & &" enthält, wird der Text "This is not America" als Informationsnachricht ausgegeben. Ist der Kurztext aber als "&4 &1 &3 &2" definiert, ist die Ausgabe "America This not is".

```
MESSAGE i010 WITH 'This' 'is' 'not' 'America'.
```

TEIL 11
Externe Daten verarbeiten

37 Datenbankzugriffe

Dieses Kapitel beschreibt den Zugriff aus ABAP auf Datenbanken über Open SQL, Object Services, Native SQL und ADBC (ABAP Database Connectivity).

37.1 Datenbanktabellen

37.1.1 Relationale Datenbanken

Eine relationale Datenbanktabelle ist eine zweidimensionale Matrix, die aus Zeilen und Spalten (Feldern) besteht. Ein Feld oder eine Kombination von Feldern, die jede Zeile einer Tabelle eindeutig identifiziert, wird als Schlüssel bezeichnet. Für jede Tabelle muss zumindest ein Tabellenschlüssel als Primärschlüssel existieren. Die Beziehung zwischen Objekten wird im relationalen Modell durch Fremdschlüssel ausgedrückt.

In einem AS ABAP wird das Datenmodell im ABAP Dictionary verwaltet, wodurch ein enger Bezug zum ABAP-Typkonzept gegeben ist. Insbesondere haben die Strukturen von Datenbanktabellen und von Views für ABAP die gleiche Bedeutung wie Datentypen, wodurch geeignete Arbeitsbereiche für Datenbankzugriffe durch einen direkten Typbezug deklariert werden können.

Die Gesamtheit der für alle Anwendungen eines AS ABAP relevanten Daten wird in der Regel in einer zentralen relationalen Datenbank gesammelt und verwaltet. Alle ABAP-Anwendungsprogramme arbeiten mit diesem Datenbestand. Für den Zugriff auf relationale Datenbanken steht die weitgehend standardisierte Sprache SQL zur Verfügung. Die Einbettung von SQL in die Sprache ABAP erfolgt entweder mit standardisiertem Open SQL oder herstellerspezifischem Native SQL bzw. ADBC.

Hinweis
Der primäre Tabellenschlüssel, d. h. die Schlüsselfelder einer Datenbanktabelle des AS ABAP, die den Tabellenschlüssel aufbauen, darf insgesamt 900 Byte umfassen. Wenn ein Schlüssel aber mehr als 120 Byte umfasst, gelten folgende Einschränkungen:

▶ Ein Transport von Tabelleninhalten kann nicht durch die vollständige Angabe von Schlüsselwerten erfolgen, sondern nur durch die Angabe generischer Schlüsselwerte mit einer maximalen Länge von 120 Byte.

▶ Die Tabelle kann nicht als Basistabelle eines Sperrobjekts verwendet werden.

37.1.2 Indizes von Datenbanktabellen

Ein Index einer Datenbanktabelle dient zur Unterstützung der schnelleren Selektion von Datenbanksätzen. Er besteht aus ausgewählten Feldern einer Datenbanktabelle, von denen eine Kopie in sortierter Reihenfolge angelegt wird.

Der Primärindex ist ein eindeutiger Index, der aus den Schlüsselfeldern des Primärschlüssels aufgebaut ist. Er ist in einem AS ABAP immer automatisch angelegt. Zu jeder Kombination der

Felder des Index existiert höchstens ein Satz in der Tabelle. Wenn der Primärindex nicht zur Bestimmung der Ergebnismenge verwendet werden kann, weil z. B. kein Feld des Primärindex selektiert wird, wird die Tabelle vollständig durchsucht.

Um die zur Bestimmung der Ergebnismenge zu durchsuchenden Datensätze einzuschränken, können im Werkzeug ABAP Dictionary eindeutige und nicht-eindeutige Sekundärindizes angelegt werden.

Mithilfe des Werkzeugs SQL-Trace (Transaktion ST05) kann festgestellt werden, welcher Index vom Datenbanksystem für Zugriffe verwendet wird. Dabei spielt die Reihenfolge der im Index angegebenen Felder eine wichtige Rolle. Ein Feld wird im Allgemeinen nur dann verwendet, wenn alle vor ihm in der Indexdefinition liegenden Felder vollständig in der Selektionsbedingung (WHERE-Bedingung) angegeben sind. Darüber hinaus können nur Bedingungen durch einen Index unterstützt werden, die den Suchwert positiv beschreiben, wie z. B. =, LIKE. Bedingungen, die beispielsweise mit <> angegeben sind, können nicht vom Vorhandensein eines Index profitieren.

Weiterhin verwertet der Optimizer der Datenbank bei der Auswahl eines Index in der Regel keine mit OR selektierten Felder. Eine Ausnahme bilden die OR-Verknüpfungen, die ganz außen stehen.

37.2 Open SQL

Open SQL bezeichnet die Teilmenge der ABAP-Anweisungen, die einen direkten Zugriff auf Daten der zentralen Datenbank des aktuellen AS ABAP ermöglicht. Die Open SQL-Anweisungen bilden den DML-Anteil von SQL in ABAP ab, der von allen Datenbanksystemen unterstützt wird. Wir unterscheiden dabei lesende Zugriffe und ändernde Zugriffe.

37.2.1 Umfeld von Open SQL

37.2.1.1 Datenbankschnittstelle

Die Anweisungen von Open SQL werden in der Open SQL-Schnittstelle der Datenbankschnittstelle in datenbankspezifisches SQL verwandelt, an das Datenbanksystem übergeben und dort ausgeführt. Mit Open SQL-Anweisungen kann ausschließlich auf Datenbanktabellen zugegriffen werden, die im ABAP Dictionary deklariert sind, wobei auch ein Zugriff über Views möglich ist.

Standardmäßig wird auf die zentrale Datenbank des AS ABAP zugegriffen. Über sekundäre Datenbankverbindungen sind auch Zugriffe auf andere Datenbanken möglich.

37.2.1.2 Datenbankzugriff

Jede Open SQL-Anweisung ist gleichbedeutend mit einem Zugriff auf die Datenbank. Dies gilt insbesondere für mit ENDSELECT abgeschlossene SELECT-Anweisungen. Zu lesende und zu ändernde Daten werden in Paketen zwischen Datenbankserver und aktuellem Applikationsserver transportiert, deren Größe über Profilparameter konfigurierbar ist (der Standardwert für Oracle ist beispielsweise 65 KB). Die Menge der Zeichen, die in einem Paket transportiert werden kann, hängt davon ab, ob es sich um ein Unicode- oder Nicht-Unicode-System handelt.

Für die Verbesserung der Performance von Datenbankzugriffen kann für einzelne Datenbanktabellen die sogenannte SAP-Pufferung (siehe Abschnitt 37.2.1) eingeschaltet werden, damit nicht bei jedem Zugriff direkt auf die Datenbank zugegriffen wird.

37.2.1.3 Mandantenbehandlung

Open SQL arbeitet mit einer automatischen Mandantenbehandlung, die immer auf den aktuellen Mandanten zugreift. Der aktuelle Mandant ist Inhalt des Systemfeldes sy-mandt.

Beim Zugriff auf mandantenabhängige Datenbanktabellen darf die Mandantenkennung nicht explizit in WHERE-Bedingungen angegeben werden bzw. wird bei Angabe in Arbeitsbereichen von ändernden Anweisungen nicht berücksichtigt. Die automatische Mandantenbehandlung kann mit dem Zusatz CLIENT SPECIFIED abgeschaltet werden.

Die Daten eines Mandanten auf einem AS ABAP stellen in sich geschlossene Einheiten dar. In Anwendungsprogrammen sollten keine mandantenübergreifenden Zugriffe auf Datenbanken erfolgen. Aus diesem Grund sollte dort der Zusatz CLIENT SPECIFIED niemals verwendet werden und auch kein Zugriff auf sy-mandt erfolgen. Eine echte Multitenancy, bei der systemseitig dafür gesorgt wird, dass die Anwendungsdaten verschiedener Mandanten voneinander isoliert sind, wird im aktuellen Release nicht von der ABAP-Laufzeitumgebung unterstützt.

37.2.1.4 LUW

Bei Anwendung der ändernden Anweisungen (INSERT, UPDATE, MODIFY und DELETE) muss auf konsistente Datenhaltung geachtet werden. Dazu dient das LUW-Konzept (Logical Unit of Work). In den Anwendungsprogrammen eines AS ABAP sind die impliziten Datenbank-LUWs in der Regel nicht ausreichend für die konsistente Datenhaltung. Stattdessen müssen explizite SAP-LUWs programmiert werden, die in der Regel mehrere Datenbank-LUWs umfassen (siehe Abschnitt 40.2).

37.2.1.5 Strings auf Datenbanktabellen

Mit Open SQL können Zeichenketten und Binärdaten in Datenbankspalten als Strings abgelegt werden. Es gibt zwei Arten von Strings auf der Datenbank, kurze Strings und lange Strings (LOBs), die sich in der Ablageform der Daten auf der Datenbank unterscheiden. Ob es sich bei einer String-Spalte um einen kurzen oder einen langen String handelt, wird im ABAP Dictionary festgelegt. Datenbanktabellen mit Strings können nicht in Views verwendet werden.

Kurze Strings

Kurze Strings sind nur für Zeichenketten (Dictionary-Typ SSTRING) verfügbar. Sie werden auf der Datenbank in der Regel als VARCHAR-Felder realisiert und innerhalb des Datensatzes abgelegt. Kurze Strings müssen im ABAP Dictionary immer mit einer Längenbeschränkung versehen sein, die höchstens 1.333 (255 vor Release 7.02/7.2) Zeichen betragen darf. Schließende Leerzeichen werden von der Datenbank verworfen. In Open SQL-Statements können kurze Strings überall verwendet werden, wo auch CHAR-Felder verwendet werden.

 Kurze Strings können ab Release 7.02/7.2 als Schlüsselfelder von Datenbanktabellen verwendet werden. Im Vergleich zur Verwendung langer Felder vom Typ CHAR können dadurch erhebliche Speicherplatz- und Performancegewinne erzielt werden.

Lange Strings

Lange Strings (LOBs) sind als CLOBs für Zeichenketten (Dictionary-Typ STRING) oder als BLOBs für Binärdaten (Dictionary-Typ RAWSTRING) verfügbar. Sie werden in der Regel auch so realisiert, dass innerhalb des Datensatzes lediglich ein LOB-Lokator abgelegt wird, während die eigentlichen String-Daten außerhalb des Datensatzes gespeichert werden. Lange Strings können im ABAP Dictionary mit einer Längenbeschränkung versehen werden. Bei Spalten vom Typ STRING bleiben schließende Leerzeichen erhalten. Für lange Strings gelten folgende zusätzliche Einschränkungen:

- Sie dürfen nicht in Schlüsselfeldern verwendet werden.
- Sie dürfen nicht in logischen Bedingungen der WHERE-Klausel und HAVING-Klausel sowie in den ON-Bedingungen der FROM-Klausel verwendet werden.
- Sie dürfen nicht in Aggregat-Funktionen verwendet werden.
- Sie dürfen nicht in Datenbank-Indizes verwendet werden.
- Sie dürfen in der SELECT-Klausel nicht mit dem Zusatz DISTINCT verwendet werden.
- Sie dürfen nicht in einer GROUP BY-Klausel verwendet werden.
- Sie dürfen nicht in einer ORDER BY-Klausel verwendet werden.
- Wird eine String-Spalte mit UPDATE ... SET geändert, muss der Primärschlüssel vollständig spezifiziert sein.
- Weil die Daten langer Strings außerhalb des Datensatzes abgelegt werden, ist der Zugriff auf lange Strings langsamer als der auf andere Datentypen. Dies gilt insbesondere bei Mengenoperationen. Für kurze Strings gilt dieser Hinweis nicht.

Längenbeschränkung

Lange Strings können und kurze Strings müssen im ABAP Dictionary mit einer Längenbeschränkung versehen werden. Wird diese Beschränkung beim Schreiben auf die Datenbank verletzt, wird eine Ausnahme der Klasse CX_SY_OPEN_SQL_DB ausgelöst. Ein Abschneiden eines Strings beim Lesen aus der Datenbank in ein Zielfeld wird ignoriert. Man kann den Wert der Längenbeschränkung mit der Funktion dbmaxlen( ) abfragen.

Hinweise

- Es ist den Datenbanken freigestellt, einen leeren String durch einen NULL-Wert zu repräsentieren.
- Bei der Verwendung kurzer Strings als Schlüsselfelder ist besonders zu beachten, dass deren schließende Leerzeichen von der Datenbank verworfen werden. Es kommt zu einer Ausnahme, wenn versucht wird, eine Zeile einzufügen, die sich in einem Schlüsselfeld vom

Typ SSTRING nur durch schließende Leerzeichen von einer bereits vorhandenen Zeile unterscheidet.

- Auf lange Strings (LOBs) kann ab Release 7.02/7.2 auch über Streaming und Lokatoren zugegriffen werden (siehe Abschnitt 37.2.5).

37.2.1.6 SAP-Pufferung

Beim Zugriff auf Datenbanktabellen über Open SQL ist standardmäßig die SAP-Pufferung wirksam, falls sie für die jeweilige Datenbanktabelle eingeschaltet ist. Bei der SAP-Pufferung werden Datenbankinhalte automatisch im Shared Memory des Appliaktionsservers gespeichert, was in der Regel zu erheblichen Performancegewinnen führt.

Lesende Open SQL-Anweisungen greifen abgesehen von den unten aufgeführten Ausnahmen automatisch auf den Puffer zu. Ändernde Open SQL-Anweisungen, die Einträge über Arbeitsbereiche ändern, greifen direkt auf den Puffer des aktuellen Applikationsservers zu und invalidieren die betreffenden Einträge in den Puffern der anderen Applikationsserver. Änderungen über UPDATE ... SET ... WHERE ... oder DELETE ... WHERE ... invalidieren die betreffenden Einträge in den Puffern aller Applikationsserver. Die Invalidierung der Einträge auf den anderen Applikationsservern erfolgt nicht direkt, sondern durch eine zyklisch aufgerufene Puffersynchronisation, deren Zeitintervall durch den Profilparameter rdisp/bufreftime festgelegt ist und standardmäßig zwei Minuten beträgt. Ein Zugriff auf einen invalidierten Eintrag eines Puffers lädt diesen dann wieder aus der Datenbank.

Mit dem Zusatz BYPASSING BUFFER der Anweisung SELECT kann der Zugriff auf den Puffer explizit abgeschaltet werden. Neben der expliziten Angabe von BYPASSING BUFFER wird die SAP-Pufferung aber auch implizit von folgenden Varianten der Open SQL-Anweisungen umgangen, da die entsprechende Operation nur auf der Datenbank und nicht im SAP-Puffer ausgeführt werden kann:

- SELECT mit dem Zusatz FOR UPDATE
- Zugriff auf eine Tabelle mit Einzelsatzpufferung, ohne dass ein einzelner Satz mit SINGLE bei SELECT oder durch Angabe des Primärschlüssels in der WHERE-Bedingung selektiert wird (nur vor Release 7.02/7.2)
- SELECT mit dem Zusatz DISTINCT
- SELECT mit Aggregatausdrücken
- Open SQL-Anweisung mit dem Zusatz CLIENT SPECIFIED, ohne dass die Mandantenkennung in einer WHERE-Bedingung angegeben ist
- SELECT mit JOIN-Ausdrücken
- Zugriff auf eine Tabelle mit Einzelsatzpufferung, ohne dass in der WHERE-Bedingung mit AND verknüpfte Gleichheitsbedingungen für alle Schlüsselfelder des Primärschlüssels aufgeführt sind
- Zugriff auf einen generisch gepufferten Bereich ohne dessen vollständige Spezifizierung in einer WHERE-Bedingung
- Open SQL-Anweisungen mit IS [NOT] NULL in den Zusätzen WHERE und HAVING

- Verwendung einer Subquery in einer WHERE-Bedingung
- SELECT mit FOR ALL ENTRIES in folgenden Fällen:
  - Zugriff auf eine Tabelle mit Einzelsatzpufferung, wenn die hinter FOR ALL ENTRIES angegebene interne Tabelle mehr als eine Zeile enthält und wenn ein Schlüsselfeld der Datenbanktabelle mit einer Komponente der internen Tabelle verglichen wird. In diesem Fall wird die oben aufgeführte Bedingung für Einzelsatzpufferung verletzt, da die bei FOR ALL ENTRIES angegebene Bedingung nicht als AND- sondern als OR-Bedingung an die Datenbank übergeben wird
  - Zugriff auf eine Tabelle mit generischer Pufferung, wenn die oben aufgeführte Forderung verletzt wird, den generischen Bereich exakt zu spezifizieren. Die Bedingung hinter FOR ALL ENTRIES darf nicht zu einer OR-Verknüpfung mehrerer generischer Bereiche führen
- SELECT mit dem Zusatz GROUP BY
- SELECT mit dem Zusatz ORDER BY, wenn als Sortierschlüssel einzelne Spalten angegeben werden, und diese Spalten keine linksbündige Teilmenge des Primärschlüssels in der richtigen Reihenfolge sind

Nach einer Invalidierung eines Eintrags im Puffer durch eine ändernde Anweisung umgehen standardmäßig die nächsten fünf Lesezugriffe, die auf den geänderten Eintrag zugreifen wollen, den Puffer des aktuellen Applikationsservers. Der nächste lesende Zugriff auf den geänderten Eintrag lädt diesen wieder in den Puffer und hebt damit dessen Invalidierung auf. Die Anzahl der Lesezugriffe, die den Puffer vor einem Nachladen umgehen, ist im Profilparameter zcsa/sync_reload_c festgelegt.

Die implizite Umgehung des SAP-Puffers ist bei Zugriffen auf gepufferte Datenbanktabellen aus Performancegründen zu beachten. Um den SAP-Puffer in der Anweisung SELECT dagegen explizit zu umgehen, sollte immer der Zusatz BYPASSING BUFFER verwendet und nicht das implizite Verhalten obiger Zusätze ausgenutzt werden.

37.2.1.7 Sekundäre Datenbankverbindungen

Mit dem Zusatz CONNECTION ist es möglich, Open SQL-Befehle auch auf anderen Datenbanken als der SAP-Standarddatenbank auszuführen. Das eröffnet eine Reihe von Möglichkeiten wie z. B. die Übernahme und das Fortschreiben von Daten in anderen Datenbanken. Dabei ist es egal, ob die andere Datenbank zu einem AS ABAP gehört oder nicht. Voraussetzung ist jedoch, dass es sich um ein von SAP unterstütztes Datenbanksystem handelt, denn nur dafür ist die Software für den Zugang über Open SQL in Form einer Shared Library verfügbar.

Sekundäre Datenbankverbindung einrichten

Für den Zugang zu einer weiteren Datenbank benötigt man einen Eintrag in der Tabelle DBCON, der die Zugangsdaten der Datenbank beschreibt. Sofern die sekundäre Datenbank von einem anderen Hersteller stammt als die Datenbank des aktuellen AS ABAP, benötigt man auch die von SAP gelieferte Shared Library für diese Datenbank und vom Hersteller gelieferte Client-Software. Die Erstellung des DBCON-Eintrags und die Installation der weiteren Software ist in SAP-Standardhinweisen für jedes unterstützte Datenbanksystem beschrieben.

Auf dem AS ABAP erfolgt das Anlegen und Ändern von Einträgen in der Datenbanktabelle DBCON über das zentrale Werkzeug DBA Cockpit.

Standard-Datenbankverbindung
Jeder Workprozess besitzt eine Standard-Datenbankverbindung zur SAP-Standarddatenbank. Sie wird von allen internen Modi gemeinsam genutzt. Auf diese Datenbankverbindung kann mithilfe des Namens DEFAULT auch explizit zugegriffen werden. Die DEFAULT-Verbindung kann mit CONNECTION (name) auch dynamisch angegeben werden, wobei das Feld name den Wert »DEFAULT« haben muss.

Auf andere Datenbanken zugreifen
Wird über eine Datenbankverbindung auf Datenbanktabellen zugegriffen, die nicht in der SAP-Standarddatenbank liegen, muss eine Datenbanktabelle gleichen Namens mit identischem Typ auch im ABAP Dictionary des lokalen AS ABAP vorhanden sein. Open SQL nimmt für diese "entfernten" Datenbanktabellen an, dass ihre Typinformation vollständig der Typinformation der lokalen Datenbanktabelle entspricht. Von dieser Voraussetzung hängt z. B. die korrekte Interpretation der Datenbankinhalte und gegebenenfalls ihre korrekte Konvertierung bezüglich der ABAP-Typen der Zielfelder ab (siehe INTO-Klausel). Ist diese Voraussetzung nicht erfüllt, kann es je nach Datenbanksystem beim Lesen und Schreiben zu falschen Daten oder zu Laufzeitfehlern kommen. Da die ABAP-Laufzeitumgebung die Konsistenz der Typbeschreibungen in der lokalen und der entfernten Datenbank nicht sicherstellen kann, muss die Konsistenz vom entsprechenden Anwendungsprogramm garantiert werden.

Datenbankverbindungen und Transaktionen
Jede Datenbankverbindung bildet einen eigenen Transaktionskontext. Das heißt, dass Datenbankänderungen auf einer Verbindung unabhängig von den Veränderungen auf anderen Datenbankverbindungen festgeschrieben (mit COMMIT) oder verworfen (mit ROLLBACK) werden können. So könnten beispielsweise auf einer sekundären Datenbankverbindung Protokolldaten gespeichert und festgeschrieben werden, ohne die laufende Transaktion auf der Standard-SAP-Datenbankverbindung zu beeinflussen.

Sekundäre Datenbankverbindungen sind nicht über die Grenzen eines internen Modus hinaus bekannt. Öffnet also ein Programm eine Datenbankverbindung und ruft dann z. B. mit SUBMIT ein weiteres Programm auf, das eine Verbindung zur selben Datenbank öffnet, handelt es sich um zwei verschiedene Verbindungen und damit um zwei verschiedene Datenbanktransaktionen.

Für den ersten Open SQL-Befehl, der eine bestimmte Datenbankverbindung anfordert, wird eine entsprechende Verbindung geöffnet. Alle folgenden Befehle (im selben internen Modus) für dieselbe "entfernte" Datenbank benutzen dieselbe Datenbankverbindung und bilden alle eine Datenbanktransaktion. Die Transaktion ist beendet bei einem Datenbank-Commit auf dieser Verbindung (siehe Abschnitt 40.1.1).

Native SQL-Verbindungen

Zusätzlich zu den über Open SQL geöffneten Verbindungen kann eine Verbindung auch durch ein CONNECT mit Native SQL geöffnet werden (siehe Abschnitt 37.4.5). Native SQL erlaubt auch das explizite Schließen und Trennen einer Datenbankverbindung durch DISCONNECT. In diesem Fall wird die betroffene Datenbanktransaktion abgeschlossen, und alle zugehörigen Datenbankänderungen werden verworfen. Mit dem Native SQL-Befehl GET CONNECTION lässt sich die aktuelle Native SQL-Verbindung bestimmen. Man kann auch mit Native SQL auf eine Verbindung zugreifen, die mit Open SQL geöffnet wurde. In diesem Fall genügt es, die aktive Native SQL-Verbindung mit SET CONNECTION umzusetzen. Es ist nicht nötig, sie mit CONNECT TO zu öffnen.

Datenbankverbindungen verwalten

Die Datenbankverbindungen werden vom Laufzeitsystem automatisch verwaltet. Wird eine Transaktion auf einer Datenbankverbindung festgeschrieben (COMMIT) oder zurückgerollt (ROLLBACK), kann sie vom Laufzeitsystem wiederverwendet werden. Pro Workprozess können maximal zehn Datenbankverbindungen geöffnet werden. Auf bestimmten Datenbanken kann diese Zahl unter Umständen nicht erreicht werden.

37.2.2 Lesende Zugriffe

Die lesenden Zugriffe basieren im Wesentlichen auf der Anweisung SELECT. Dabei ist die direkte Verwendung von SELECT mit impliziter Behandlung des Datenbank-Cursors und direktem Einlesen der Daten in einen Zielbereich von der expliziten Cursor-Verarbeitung zu unterscheiden.

37.2.2.1 Daten direkt in Zielbereiche lesen

SELECT

Syntax
```
SELECT result
    FROM source
    INTO|APPENDING target
    [[FOR ALL ENTRIES IN itab] WHERE sql_cond]
    [GROUP BY group] [HAVING group_cond]
    [ORDER BY sort_key].
    ...
[ENDSELECT].
```

SELECT ist die Open SQL-Anweisung zum direkten Einlesen von Daten aus einer oder mehreren Datenbanktabellen in Datenobjekte. Sie liest eine Ergebnismenge, deren Struktur in *result* bestimmt wird, aus den in *source* angegebenen Datenbanktabellen und weist die Daten der Ergebnismenge den in *target* angegebenen Datenobjekten zu. Mit dem Zusatz WHERE wird die Ergebnismenge eingeschränkt. Der Zusatz GROUP BY verdichtet mehrere Zeilen der Datenbank zu einer Zeile der Ergebnismenge. Der Zusatz HAVING schränkt verdichtete Zeilen ein. Der Zusatz ORDER BY sortiert die Ergebnismenge.

Die in `target` angegebenen Datenobjekte müssen zur Ergebnismenge `result` passen. Mögliche Kombinationen sind, dass die Ergebnismenge den Datenobjekten entweder komplett in einem Schritt oder zeilenweise bzw. in Paketen von Zeilen zugewiesen wird. Letzteres ist in folgenden Szenarien der Fall:

- Bei der Zuweisung an einen nicht-tabellenartigen Zielbereich, d. h., bei einer SELECT-Anweisung ohne den Zusatz INTO|APPENDING ... TABLE tritt eine mit ENDSELECT abzuschließende Schleife immer auf, außer wenn:
  - hinter SELECT der Zusatz SINGLE zum Auslesen genau einer Zeile angegeben ist
  - die Spalten der Ergebnismenge statisch angegeben sind, in ihr ausschließlich Aggregatfunktionen auftreten und der Zusatz GROUP BY nicht angegeben ist
- Bei der Zuweisung an einen tabellenartigen Zielbereich, also bei einer SELECT-Anweisung mit dem Zusatz INTO|APPENDING ... TABLE, tritt eine mit ENDSELECT abzuschließende Schleife genau dann auf, wenn der Zusatz PACKAGE SIZE verwendet wird.

In diesen Fällen öffnet die Anweisung SELECT eine Schleife, die durch ENDSELECT abgeschlossen werden muss. Bei jedem Schleifendurchgang weist die SELECT-Anweisung eine Zeile bzw. ein Paket von Zeilen den in `target` angegebenen Datenobjekten zu. Wenn die letzte Zeile zugewiesen wurde oder die Ergebnismenge leer ist, verzweigt SELECT zu ENDSELECT. Die Anweisung ENDSELECT schließt alle mit ihrer SELECT-Schleife verknüpften Leseströme (siehe Abschnitt 37.2.5). Für die Verarbeitung einer SELECT-Schleife wird implizit ein Datenbank-Cursor geöffnet und bei Beendigung der Schleife wieder geschlossen. Innerhalb einer SELECT-Schleife dürfen keine Anweisungen ausgeführt werden, die zu einem Datenbank-Commit oder Datenbank-Rollback und dadurch zum Schließen des zugehörigen Datenbank-Cursors führen. Die Schleife kann mit den Anweisungen aus Abschnitt 20.3 beendet werden. Wenn die Ergebnismenge den Datenobjekten komplett in einem Schritt übergeben wird, wird keine Schleife geöffnet, und die Anweisung ENDSELECT darf nicht angegeben werden.

Bis auf den Zusatz INTO bzw. APPENDING definieren die Angaben in der Anweisung SELECT, welche Daten in welcher Form von der Datenbank gelesen werden sollen. Diese Anforderung wird in der Datenbankschnittstelle für die Programmierschnittstelle des Datenbanksystems umgesetzt und an dieses übergeben. Die Daten werden paketweise von der Datenbank gelesen und vom Datenbankserver zum aktuellen Applikationsserver transportiert. Auf dem Applikationsserver werden die Daten gemäß den Angaben im Zusatz INTO bzw. APPENDING an die Datenobjekte des ABAP-Programms übergeben.

Die Anweisung SELECT setzt die Werte der Systemfelder `sy-subrc` und `sy-dbcnt`.

sy-subrc	Bedeutung
0	Die Anweisung SELECT setzt sy-subrc bei jeder Wertübergabe an ein ABAP-Datenobjekt auf 0. Außerdem setzt SELECT sy-subrc vor dem Verlassen einer SELECT-Schleife über ENDSELECT auf 0, wenn in der Schleife mindestens eine Zeile übergeben wurde.
4	Die Anweisung SELECT setzt sy-subrc auf 4, wenn die Ergebnismenge leer ist. Das heißt in der Regel, dass keine Daten auf der Datenbank gefunden wurden. Sonderregeln gelten bei der ausschließlichen Verwendung von Aggregatausdrücken in `result`.
8	Die Anweisung SELECT setzt sy-subrc auf 8, wenn der Zusatz FOR UPDATE in `result` verwendet wird, ohne dass der Primärschlüssel vollständig hinter WHERE spezifiziert wird.

Die Anweisung `SELECT` setzt `sy-dbcnt` nach jeder Wertübergabe an ein ABAP-Datenobjekt auf die Anzahl der bis dahin übergebenen Zeilen. Wenn die Ergebnismenge leer ist, wird `sy-dbcnt` auf 0 gesetzt. Wie bei `sy-subrc` gelten Sonderregeln bei der ausschließlichen Verwendung von Aggregatausdrücken in `result`.

Hinweis
`SELECT`-Schleifen sind schachtelbar. Aus Gründen der Performance sollte aber geprüft werden, ob ein Join oder eine Subquery nicht effizienter sind.

Struktur der Ergebnismenge bestimmen
`SELECT - result`

Syntax von result
```
... lines columns
```

Die Angaben legen fest, ob die Ergebnismenge aus mehreren Zeilen (tabellenartige Struktur) oder aus einer einzelnen Zeile (flache Struktur) besteht. Sie bestimmt die zu lesenden Spalten und definiert deren Namen in der Ergebnismenge, wobei die Spaltennamen der Datenbanktabelle durch alternative Spaltennamen ersetzt werden können. Für einzelne Spalten können Aggregate über Aggregatausdrücke bestimmt werden. Identische Zeilen in der Ergebnismenge können ausgeschlossen und einzelne Zeilen können gegen paralleles Ändern durch ein anderes Programm geschützt werden.

Die Angabe `result` lässt sich weiter in Angaben für die Zeilen `lines` und für die Spalten `columns` unterteilen.

`SELECT - lines`

Syntax von lines
```
... { SINGLE [FOR UPDATE] }
  | { [DISTINCT] {   }      }
```

Die Angaben legen fest, dass die Ergebnismenge entweder einzeilig oder mehrzeilig ist. In einer Subquery ist der Zusatz `SINGLE` nicht erlaubt.

Falls `SINGLE` angegeben ist, ist die Ergebnismenge einzeilig. Falls die übrigen Zusätze der Anweisung `SELECT` mehr als eine Zeile auf der Datenbank selektieren, wird die erste gefundene Zeile in die Ergebnismenge gestellt. Die hinter `INTO` angegebenen Datenobjekte dürfen keine internen Tabellen sein, bzw. der Zusatz `APPENDING` kann nicht verwendet werden. Der Zusatz `ORDER BY` kann ebenfalls nicht verwendet werden.

Der Zusatz `FOR UPDATE` setzt beim Lesen einer einzelnen Zeile mit `SINGLE` eine Schreibsperre für diese Zeile auf der Datenbank. Die `SELECT`-Anweisung wird in diesem Fall nur dann ausgeführt, wenn in der `WHERE`-Bedingung alle Primärschlüsselfelder in mit `AND` verknüpften logischen Ausdrücken auf Gleichheit überprüft werden. Andernfalls ist die Ergebnismenge leer, und `sy-subrc` wird auf 8 gesetzt. Falls das Setzen der Sperre zu einem Deadlock führt, kommt es zu einer Ausnahme. Bei Verwendung des Zusatzes `FOR UPDATE` umgeht die `SELECT`-Anweisung die SAP-Pufferung.

Falls SINGLE nicht angegeben ist und in columns nicht ausschließlich Aggregatausdrücke angegeben sind, ist die Ergebnismenge mehrzeilig. Es werden alle Zeilen der Datenbank in die Ergebnismenge gestellt, die von den übrigen Zusätzen der Anweisung SELECT selektiert werden. Ohne Verwendung des Zusatzes ORDER BY ist die Reihenfolge der Zeilen in der Ergebnismenge nicht definiert und kann bei mehrfacher Ausführung der gleichen SELECT-Anweisung verschieden sein. Ein hinter INTO angegebenes Datenobjekt kann eine interne Tabelle sein, und der Zusatz APPENDING kann verwendet werden. Falls hinter INTO bzw. APPENDING keine interne Tabelle angegeben ist, leitet die SELECT-Anweisung eine Schleife ein, die mit ENDSELECT abgeschlossen werden muss.

Beim Lesen mehrerer Zeilen ohne SINGLE können mit dem Zusatz DISTINCT doppelt vorkommende Zeilen aus der Ergebnismenge ausgeschlossen werden. Bei Verwendung des Zusatzes DISTINCT umgeht die SELECT-Anweisung die SAP-Pufferung. Der Zusatz DISTINCT kann in folgenden Fällen nicht angegeben werden:

- wenn eine in columns angegebene Spalte vom Typ STRING, RAWSTRING, LCHAR oder LRAW ist
- wenn auf Pool- oder Cluster-Tabellen zugegriffen wird und in columns einzelne Spalten angegeben sind

Hinweise

- Bei der Angabe von SINGLE sollte die zu lesende Zeile aus Effizienzgründen eindeutig in der WHERE-Bedingung spezifiziert sein. Beim Lesen aus einer Datenbanktabelle geschieht dies durch die Angabe von Vergleichswerten für den Primärschlüssel.
- Wenn vor Release 7.02/7.2 auf Tabellen zugegriffen wird, bei denen eine SAP-Pufferung für Einzelsätze vorgesehen ist, wird der SAP-Puffer umgangen, wenn der Zusatz SINGLE nicht angegeben ist. Ab Release 7.02/7.2 wird der SAP-Puffer in disem Fall nicht mehr umgangen.
- Wenn bei der Angabe von SINGLE in der INTO-Klausel LOB-Handles erzeugt werden (ab Release 7.02/7.2), müssen in der WHERE-Bedingung alle Primärschlüsselfelder in mit AND verknüpften logischen Ausdrücken auf Gleichheit überprüft werden. Falls dies nicht möglich ist, kann anstelle von SINGLE der Zusatz UP TO 1 ROWS verwendet werden.
- Bei Verwendung des Zusatzes SINGLE bleiben nach einer Erzeugung von LOB-Handles (ab Release 7.02/7.2) neben den Lokatoren auch alle Leseströme, die bei Ausführung der SELECT-Anweisung erzeugt werden, so lange bestehen, bis sie explizit mit einer ihrer Methoden oder implizit am Ende der aktuellen Datenbank-LUW geschlossen werden. In dieser Zeit ist die zugehörige Datenbankoperation nicht abgeschlossen. Es wird empfohlen, alle LOB-Handles so früh wie möglich explizit zu schließen.
- Bei der Angabe von DISTINCT ist zu beachten, dass dafür Sortierungen im Datenbanksystem ausgeführt werden müssen und dass die SELECT-Anweisung deshalb die SAP-Pufferung umgeht. DISTINCT sollte deshalb nur angegeben werden, wenn mit Duplikaten gerechnet werden muss.

Beispiele

Auslesen aus der Datenbanktabelle SPFLI der Zeile mit den Angaben zum Lufthansa-Flug 0400.

```
DATA wa TYPE spfli.
SELECT SINGLE *
    FROM spfli
    INTO CORRESPONDING FIELDS OF wa
    WHERE carrid = 'LH' AND
          connid = '0400'.
```

Ausgabe aller Flugziele, die die Lufthansa von Frankfurt aus anfliegt.

```
DATA target TYPE spfli-cityto.
SELECT DISTINCT cityto
    FROM spfli
    INTO target
    WHERE carrid   = 'LH' AND
          cityfrom = 'FRANKFURT'.
  WRITE: / target.
ENDSELECT.
```

SELECT – columns

Syntax von columns

```
... *
  | { {col1|aggregate( [DISTINCT] col1 )} [AS a1]
      {col2|aggregate( [DISTINCT] col2 )} [AS a2] ... }
  | (column_syntax)
```

Die Angaben in columns legen fest, aus welchen Spalten die Ergebnismenge aufgebaut ist.

Falls * angegeben ist, ist die Ergebnismenge aus allen Spalten der hinter FROM angegebenen Datenbanktabellen bzw. Views in der dort vorgegebenen Reihenfolge aufgebaut. Die Spalten der Ergebnismenge übernehmen Namen und Datentypen aus den Datenbanktabellen bzw. Views. Hinter INTO kann nur ein einziges Datenobjekt angegeben werden.

Zum Aufbau der Ergebnismenge aus einzelnen Spalten wird eine Liste von Spaltenbezeichnern col1 col2 ... angegeben. Eine einzelne Spalte kann direkt oder als Argument einer Aggregatfunktion aggregate angegeben werden. Die Reihenfolge, in der die Spaltenbezeichner angegebenen werden, ist beliebig und definiert die Reihenfolge der Spalten in der Ergebnismenge. Nur wenn eine Spalte vom Typ LCHAR oder LRAW aufgeführt wird, muss auch das zugehörige Längenfeld unmittelbar davor aufgeführt werden. Eine einzelne Spalte kann auch mehrmals angegeben werden. Hinter INTO können verschiedene Angaben gemacht werden, deren Zusammenspiel mit der Spaltenangabe dort beschrieben ist.

Durch den Zusatz AS kann für jeden Spaltenbezeichner col1 col2 ... ein maximal dreißigstelliger alternativer Spaltenname a1 a2 ... in der Ergebnismenge definiert werden. Das System verwendet den alternativen Spaltennamen in den Zusätzen INTO|APPENDING CORRESPONDING FIELDS und ORDER BY. Es sind folgende Spaltenbezeichner möglich:

▶ Wenn hinter FROM nur eine einzige Datenbanktabelle bzw. ein einziger View angegeben ist, können für col1 col2 ... direkt die Bezeichnungen der Spalten in der Datenbanktabelle,

d. h. die Namen der Komponenten `comp1 comp2 ...`, in der Struktur des ABAP Dictionarys angegeben werden.

- Wenn die Bezeichnung der Komponente in mehreren Datenbanktabellen des `FROM`-Zusatzes vorkommt und die gewünschte Datenbanktabelle bzw. der View `dbtab` aber nur einmal hinter `FROM` angegeben ist, müssen für `col1 col2 ...` die Bezeichnungen `dbtab~comp1 dbtab~comp2 ...` angegeben werden. Dabei sind `comp1 comp2 ...` die Namen der Komponenten in der Struktur des ABAP Dictionarys, und ~ ist der Spaltenselektor.

- Kommt die gewünschte Datenbanktabelle bzw. der View mehrmals hinter `FROM` vor, müssen für `col1 col2 ...` die Bezeichnungen `tabalias~comp1 tabalias~comp2 ...` angegeben werden. `tabalias` ist dabei der hinter `FROM` definierte alternative Tabellenname der Datenbanktabelle bzw. des Views, `comp1 comp2 ...` sind die Namen der Komponenten in der Struktur des ABAP Dictionarys, und ~ ist der Spaltenselektor.

Der Datentyp einer einzelnen Spalte in der Ergebnismenge ist der Datentyp der entsprechenden Komponente im ABAP Dictionary. Das entsprechende Datenobjekt hinter `INTO` bzw. `APPENDING` muss passend gewählt werden.

Anstelle der statischen Angaben kann ein eingeklammertes Datenobjekt `column_syntax` angegeben werden, das bei Ausführung der Anweisung die bei den statischen Angaben gezeigte Syntax enthält oder initial ist. Das Datenobjekt `column_syntax` kann ein zeichenartiges Datenobjekt oder eine Standardtabelle ohne sekundäre Tabellenschlüssel mit zeichenartigem Datentyp sein. Die Syntax in `column_syntax` ist wie im ABAP Editor unabhängig von Groß- und Kleinschreibung. Bei der Angabe einer internen Tabelle kann die Syntax auf mehrere Zeilen verteilt sein. Falls `column_syntax` eine interne Tabelle mit Kopfzeile ist, wird der Tabellenkörper, nicht die Kopfzeile ausgewertet.

Wenn `column_syntax` bei Ausführung der Anweisung initial ist, wird `columns` implizit auf * gesetzt, und alle Spalten werden gelesen. Bei einer dynamischen Spaltenangabe ohne den Zusatz `SINGLE` wird die Ergebnismenge immer als mehrzeilig betrachtet.

Hinweise
- Aus Performancegründen empfiehlt es sich, immer nur die Spalten anzugeben, die tatsächlich benötigt werden. Die Angabe von * sollte also nur erfolgen, wenn tatsächlich der Inhalt aller Spalten benötigt wird.
- Wenn hinter `FROM` mehrere Datenbanktabellen angegeben sind, kann bei der Angabe von * nicht verhindert werden, dass mehrere Spalten der Ergebnismenge den gleichen Namen haben.
- Bei der Angabe einzelner Spalten kann dies durch die Verwendung von Alternativnamen verhindert werden.
- Beim dynamischen Zugriff auf Pool- oder Cluster-Tabellen führt die Verwendung des Zusatzes `DISTINCT` zu einer behandelbaren Ausnahme.

Beispiele
Lesen aller Spalten mehrerer Zeilen.

```abap
DATA wa TYPE spfli.
SELECT *
       FROM spfli
       INTO CORRESPONDING FIELDS OF wa
       WHERE carrid = 'LH'.
ENDSELECT.
```

Ausgabe des Flugdatums und des durchschnittlichen Buchungspreises aller Kunden der Lufthansa-Flüge mit der Flugnummer 0400. Der Alternativname avg des Aggregatausdrucks wird für das Sortieren der Ergebnismenge gebraucht.

```abap
DATA wa TYPE sbook.
SELECT fldate AVG( loccuram ) AS avg
       INTO (wa-fldate, wa-loccuram)
       FROM sbook
       WHERE sbook~carrid = 'LH' AND
             sbook~connid = '0400'
       GROUP BY fldate
       ORDER BY avg DESCENDING.
  WRITE: / wa-fldate, wa-loccuram.
ENDSELECT.
```

Bei Eingabe von 'CITYFROM' bzw. 'CITYTO' werden alle Abflugorte bzw. Zielorte der Lufthansa-Flüge ausgegeben.

```abap
PARAMETERS comp LENGTH 20.
DATA: dref      TYPE REF TO data,
      long_name TYPE string,
      ftab      TYPE TABLE OF string.
FIELD-SYMBOLS <fs>.
long_name = 'spfli-' && comp.
CREATE DATA dref TYPE (long_name).
ASSIGN dref->* TO <fs>.
APPEND comp TO ftab.
SELECT DISTINCT (ftab)
       INTO <fs>
       FROM spfli
       WHERE carrid = 'LH'.
  WRITE: / <fs>.
ENDSELECT.
```

SELECT – aggregate

Syntax von aggregate

```
... { MAX( [DISTINCT] col )
    | MIN( [DISTINCT] col )
    | AVG( [DISTINCT] col )
    | SUM( [DISTINCT] col )
    | COUNT( DISTINCT col )
    | COUNT( * )
    | COUNT(*) }
```

In der SELECT-Anweisung können beliebig viele der angegebenen Spaltenbezeichner als Argumente obiger Aggregatausdrücke aufgeführt werden. In Aggregatausdrücken wird wie folgt aus den Werten einer Spalte in mehreren Zeilen ein einzelner Wert berechnet, wobei der Zusatz DISTINCT doppelt vorkommende Werte bei der Berechnung ausschließt:

- MAX([DISTINCT] col) bestimmt den Maximalwert der Werte der Spalte col in der Ergebnismenge oder der aktuellen Gruppe.
- MIN([DISTINCT] col) bestimmt den Minimalwert des Inhalts der Spalte col in der Ergebnismenge oder der aktuellen Gruppe.
- AVG([DISTINCT] col) bestimmt den Durchschnittswert des Inhalts der Spalte col in der Ergebnismenge oder der aktuellen Gruppe. Der Datentyp der Spalte muss numerisch sein. Die Datentypen DF16_RAW, DF16_SCL, DF34_RAW und DF34_SCL sind nicht erlaubt.
- SUM([DISTINCT] col) bestimmt die Summe des Inhalts der Spalte col in der Ergebnismenge oder der aktuellen Gruppe. Der Datentyp der Spalte muss numerisch sein. Die Datentypen DF16_RAW, DF16_SCL, DF34_RAW und DF34_SCL sind nicht erlaubt.
- COUNT(DISTINCT col) bestimmt die Anzahl unterschiedlicher Werte in der Spalte col in der Ergebnismenge oder der aktuellen Gruppe.
- COUNT(*) (oder COUNT(*)) bestimmt die Anzahl der Zeilen der Ergebnismenge bzw. der aktuellen Gruppe. In diesem Fall wird kein Spaltenbezeichner angegeben.

Wenn Aggregatausdrücke verwendet werden, müssen alle Spaltenbezeichner, die nicht als Argument einer Aggregatfunktion aufgeführt sind, hinter dem Zusatz GROUP BY aufgeführt werden. Die Aggregatfunktionen werten die Inhalte der durch GROUP BY definierten Gruppen im Datenbanksystem aus und übergeben das Ergebnis in die zusammengefassten Zeilen der Ergebnismenge.

Der Datentyp von Aggregatausdrücken mit den Funktionen MAX, MIN oder SUM ist der Datentyp der entsprechenden Spalte im ABAP Dictionary. Aggregatausdrücke mit der Funktion AVG für dezimale Gleitpunktzahlen haben den entsprechenden Datentyp (DF16_DEC oder DF34_DEC), andernfalls haben sie den Datentyp FLTP. Aggregatausdrücke mit der Funktion COUNT haben den Datentyp INT4. Das entsprechende Datenobjekt hinter INTO bzw. APPENDING muss passend gewählt werden. Wenn der Wert eines Aggregatausdrucks zu groß für den Zielbereich ist, kommt es zu einer Ausnahme. Insbesondere können mit der Funktion COUNT keine Zahlen größer als 2.147.483.647 bestimmt werden.

Folgende Besonderheiten sind bei der Verwendung von Aggregatausdrücken zu beachten:

- Wenn der Zusatz FOR ALL ENTRIES vor WHERE verwendet wird oder falls hinter FROM Cluster- oder Pool-Tabellen aufgeführt sind, können keine Aggregatausdrücke außer COUNT(*) verwendet werden. Die Auswertung des Aggregatausdrucks erfolgt in diesen Fällen aber nicht auf der Datenbank, sondern wird auf dem Applikationsserver emuliert.
- Spalten vom Typ STRING oder RAWSTRING dürfen nicht mit Aggregatfunktionen behandelt werden.
- Bei Verwendung von Aggregatausdrücken umgeht die SELECT-Anweisung die SAP-Pufferung.

- Null-Werte gehen nicht in die Berechnung der Aggregatfunktion ein. Nur wenn alle beteiligten Zeilen in der betreffenden Spalte den Null-Wert enthalten, ist auch das Ergebnis der Null-Wert.

- Wenn hinter SELECT ausschließlich Aggregatausdrücke verwendet werden, ist die Ergebnismenge einzeilig und der Zusatz GROUP BY nicht notwendig. Wenn dann hinter INTO ein nicht-tabellenartiger Zielbereich angegeben ist, kann wie bei Verwendung des Zusatzes SINGLE die Anweisung ENDSELECT nicht angegeben werden. Wenn der Aggregatausdruck COUNT(*) nicht verwendet wird, kann hinter INTO auch eine interne Tabelle angegeben werden, und es wird deren erste Zeile gefüllt.

- Bei der ausschließlichen Verwendung von Aggregatfunktionen ohne gleichzeitige Angabe von GROUP BY enthält die Ergebnismenge auch dann eine Zeile, wenn keine Daten auf der Datenbank gefunden wurden. Bei der Verwendung von COUNT(*) enthält die betreffende Spalte dann den Wert 0. Die Spalten der übrigen Aggregatfunktionen enthalten Initialwerte. Diese Zeile wird dem hinter INTO angegebenen Datenobjekt zugewiesen, und außer bei der ausschließlichen Verwendung von COUNT(*) wird sy-subrc auf 0 und sy-dbcnt auf 1 gesetzt. Bei der ausschließlichen Verwendung von COUNT(*) kann der Zusatz INTO weggelassen werden, und wenn keine Daten auf der Datenbank gefunden wurden, wird sy-subrc auf 4 und sy-dbcnt auf 0 gesetzt.

- Um das Ergebnis von Aggregatfunktionen in INTO|APPENDING CORRESPONDING FIELDS und ORDER BY auswerten zu können, muss mit AS ein alternativer Spaltenname angegeben sein, der dann von diesen Zusätzen verwendet wird.

Hinweise

- Wenn die Aggregatfunktion SUM für Spalten der Typen DF16_DEC verwendet wird (ab Release 7.02/7.2), empfiehlt es sich, ein Zielfeld vom Datentyp `decfloat34` zu verwenden, um Überläufe zu vermeiden.

- Da manche Datenbanksysteme die Anzahl der Zeilen einer Tabelle nicht in ihrem Katalog verwalten und deshalb aufwendig besorgen müssen, ist die Funktion COUNT(*) nicht geeignet, zu überprüfen, ob eine Tabelle überhaupt eine Zeile enthält. Stattdessen kann besser der Zusatz UP TO 1 ROWS verwendet und sy-subrc ausgewertet werden.

Beispiele

Bestimmung der Anzahl der Fluggesellschaften, die New York anfliegen.

```
DATA count TYPE i.
SELECT COUNT( DISTINCT carrid )
       FROM spfli
       INTO count
       WHERE cityto = 'NEW YORK'.
```

Ausgabe des Flugdatums, der Anzahl der Passagiere, des durchschnittlichen und des maximalen Gewichtes des Gepäcks aller Lufthansa-Flüge mit der Flugnummer 0400.

```
DATA: fldate LIKE sbook-fldate,
      count  TYPE i,
      avg    TYPE p DECIMALS 2,
      max    TYPE p DECIMALS 2.
```

```
SELECT fldate COUNT( * ) AVG( luggweight ) MAX( luggweight )
       FROM sbook
       INTO (fldate, count, avg, max)
       WHERE carrid = 'LH' AND
             connid = '0400'
       GROUP BY fldate.
  WRITE: / fldate, count, avg, max.
ENDSELECT.
```

Datenbanktabellen angeben

SELECT - source

Syntax von source

```
... FROM { {dbtab [AS tabalias]}
        | join
        | {(dbtab_syntax) [AS tabalias]} }
        [UP TO n ROWS]
        [CLIENT SPECIFIED]
        [BYPASSING BUFFER]
        [CONNECTION {con|(con_syntax)}]
```

Die Angaben legen fest, ob auf eine Datenbanktabelle oder einen View oder ob auf mehrere Datenbanktabellen bzw. Views in einem Join-Ausdruck zugegriffen wird. Optionale Zusätze regeln die Mandantenbehandlung, ob die SAP-Pufferung umgangen wird, und die maximale Anzahl der zu lesenden Zeilen. Darüber hinaus kann optional eine Datenbankverbindung angegeben werden (siehe unten).

Als erste Alternative kann für dbtab eine im ABAP Dictionary definierte Datenbanktabelle oder ein im ABAP Dictionary definierter View angegeben werden. Mit dem Zusatz AS kann man der Datenbanktabelle bzw. dem View einen alternativen Tabellennamen tabalias zuweisen, der nur während der SELECT-Anweisung gültig ist und dann an allen anderen Stellen anstelle des tatsächlichen Namens verwendet werden muss.

Als zweite Alternative kann ein Join-Ausdruck join angegeben werden (siehe unten), der mehrere Datenbanktabellen bzw. Views miteinander verknüpft.

Als dritte Alternative kann anstelle der statischen Angaben ein eingeklammertes Datenobjekt dbtab_syntax angegeben werden, das bei Ausführung der Anweisung die bei den statischen Angaben gezeigte Syntax enthalten muss. Das Datenobjekt dbtab_syntax kann ein zeichenartiges Datenobjekt oder eine Standardtabelle ohne sekundäre Tabellenschlüssel mit zeichenartigem Zeilentyp sein. Falls dbtab_syntax eine interne Tabelle mit Kopfzeile ist, wird die Kopfzeile, nicht der Tabellenkörper ausgewertet. Die Syntax in dbtab_syntax ist wie im ABAP Editor unabhängig von Groß- und Kleinschreibung. Bei der Angabe einer internen Tabelle kann die Syntax auf mehrere Zeilen verteilt sein. Der Zusatz AS kann nur dann angegeben werden, wenn dbtab_syntax ausschließlich den Namen einer einzelnen Datenbanktabelle bzw. eines Views enthält, und hat für diese Datenbanktabelle bzw. den View die gleiche Bedeutung wie bei der statischen Angabe. Bei der Angabe der Syntax in dbtab_syntax gelten folgende Einschränkungen:

- In einer Join-Bedingung kann hinter dem Zusatz IN nur eine Liste von Feldern, aber keine Selektionstabelle angegeben werden.
- In einem Join-Ausdruck darf keine Datenbanktabelle verwendet werden, die Spalten vom Typ RAWSTRING, SSTRING oder STRING hat.

Der Zusatz UP TO n ROWS begrenzt die Anzahl der Zeilen in der Ergebnismenge. Für n wird ein Datenobjekt vom Typ i erwartet. Enthält n eine positive Zahl, gibt diese die maximale Zeilenzahl in der Ergebnismenge an. Enthält n den Wert 0, werden alle selektierten Zeilen in die Ergebnismenge gestellt. Enthält n eine negative Zahl, kommt es zu einer unbehandelbaren Ausnahme.

Der Zusatz CLIENT SPECIFIED schaltet die automatische Mandantenbehandlung von Open SQL ab. Bei der Angabe einer einzelnen Datenbanktabelle bzw. eines einzelnen Views muss er direkt hinter dbtab, bei Angabe eines Join-Ausdrucks hinter dem letzten Zusatz ON der Join-Bedingung stehen. Bei Verwendung des Zusatzes CLIENT SPECIFIED kann die erste Spalte mandantenabhängiger Datenbanktabellen in der WHERE-Bedingung zur Bestimmung der Mandantenkennung angegeben und im Zusatz ORDER BY kann explizit nach der Mandantenkennung sortiert werden. Die Mandantenspalte wird wie jede andere Spalte der Tabelle behandelt. Wenn die Mandantenkennung nicht in der WHERE-Bedingung angegeben ist, wird über alle Mandanten selektiert.

Der Zusatz BYPASSING BUFFER bewirkt, dass die SELECT-Anweisung die SAP-Pufferung umgeht und direkt aus der Datenbank, nicht aber aus dem Puffer auf dem Applikationsserver liest.

Mit dem Zusatz CONNECTION wird die SELECT-Anweisung nicht auf der Standarddatenbank, sondern auf der angegebenen sekundären Datenbankverbindung ausgeführt. Die Datenbankverbindung kann statisch mit con oder dynamisch als Inhalt von con_syntax angegeben werden, wobei das Feld con_syntax vom Typ c oder string sein muss. Die Datenbankverbindung muss mit einem Namen angegeben werden, der in der Tabelle DBCON in der Spalte CON_NAME enthalten ist. Der Zusatz CONNECTION muss unmittelbar hinter dem Namen der Datenbanktabelle bzw. nach dem Zusatz CLIENT SPECIFIED angegeben werden.

Hinweise
- Wenn eine Datenbanktabelle oder ein View mehrfach hinter FROM in einem Join-Ausdruck aufgeführt wird, ist der alternative Name notwendig, um Doppeldeutigkeiten zu vermeiden.
- Wenn gleichzeitig zu UP TO n ROWS der Zusatz ORDER BY angegeben ist, werden die Zeilen der Treffermenge auf dem Datenbankserver sortiert und nur so viele der sortierten Zeilen in die Ergebnismenge übernommen, wie in n angegeben ist. Wenn der Zusatz ORDER BY nicht angegeben ist, werden n beliebige Zeilen in die Ergebnismenge übernommen, die die WHERE-Bedingung erfüllen.
- Wenn gleichzeitig zu UP TO n ROWS der Zusatz FOR ALL ENTRIES angegeben ist, werden alle selektierten Zeilen zunächst in eine interne Systemtabelle eingelesen, und der Zusatz UP TO n ROWS wirkt erst bei der Übergabe von der Systemtabelle an den eigentlichen Zielbereich. Dadurch kann es zu unerwarteten Speicherengpässen kommen.

- Wird der Zusatz `CLIENT SPECIFIED` angegeben, ohne dass die Mandantenkennung in der WHERE-Bedingung angegeben ist, umgeht die SELECT-Anweisung die SAP-Pufferung.
- Da jeder Mandant eine in sich abgeschlossene Einheit darstellt, sollte die automatische Mandantenbehandlung in Anwendungsprogrammen nie abgeschaltet werden. Auf Systemen mit Multitenancy wird dies von der ABAP-Laufzeitumgebung zugesichert.

Beispiele

Lesen aus der Datenbanktabelle spfli und Vergabe des alternativen Namens s. Im vorliegenden Fall könnte die Angabe des Präfixes s~ hinter ORDER BY auch entfallen, da nur eine Datenbanktabelle ausgelesen wird und die Spalte carrid eindeutig ist. Das Präfix spfli~ kann bei Vergabe des alternativen Namens nicht mehr verwendet werden.

```abap
DATA wa TYPE spfli.
SELECT *
       FROM spfli AS s
       INTO wa
       ORDER BY s~carrid.
  WRITE: / wa-carrid, wa-connid.
ENDSELECT.
```

Ausgabe der Flugverbindungen – Flugdatum, Namen der Fluggesellschaft und Flugnummer – zu der Benutzereingabe von einem Abflugort und einem Zielort. Die inneren Joins werden dynamisch zur Laufzeit aufgebaut. Auch die Spaltenangabe hinter SELECT ist dynamisch.

```abap
PARAMETERS: p_cityfr TYPE spfli-cityfrom,
            p_cityto TYPE spfli-cityto.
DATA: BEGIN OF wa,
        fldate   TYPE sflight-fldate,
        carrname TYPE scarr-carrname,
        connid   TYPE spfli-connid,
      END OF wa.
DATA itab LIKE SORTED TABLE OF wa
            WITH UNIQUE KEY fldate carrname connid.
DATA: column_syntax TYPE string,
      dbtab_syntax TYPE string.
column_syntax = `c~carrname p~connid f~fldate`.
dbtab_syntax = `( ( scarr AS c `
  & ` INNER JOIN spfli AS p ON p~carrid  = c~carrid`
  & ` AND p~cityfrom = p_cityfr`
  & ` AND p~cityto   = p_cityto )`
  & ` INNER JOIN sflight AS f ON f~carrid = p~carrid `
  & ` AND f~connid = p~connid )`.
SELECT (column_syntax)
       FROM (dbtab_syntax)
       INTO CORRESPONDING FIELDS OF TABLE itab.
LOOP AT itab INTO wa.
  WRITE: / wa-fldate, wa-carrname, wa-connid.
ENDLOOP.
```

Auslesen der drei Geschäftskunden mit den höchsten Rabattsätzen:

```abap
DATA: wa_scustom TYPE scustom.
SELECT *
       FROM scustom UP TO 3 ROWS
       INTO wa_scustom
       WHERE custtype = 'B'
       ORDER BY discount DESCENDING.
ENDSELECT.
```

Auslesen aller Kunden im Mandanten 000.

```abap
DATA wa_scustom TYPE scustom.
SELECT *
       FROM scustom CLIENT SPECIFIED
       INTO wa_scustom
       WHERE mandt = '000'.
ENDSELECT.
```

SELECT – join

Syntax von join

```
... [(] {dbtab_left [AS tabalias_left]} | join
        {[INNER] JOIN}|{LEFT [OUTER] JOIN}
            {dbtab_right [AS tabalias_right] ON join_cond} [)] ... .
```

Kombination von Spalten zweier oder mehrerer Datenbanktabellen in einer Ergebnismenge.

Die Syntax von join stellt einen rekursiv schachtelbaren Join-Ausdruck dar. Ein Join-Ausdruck besteht aus einer linken und einer rechten Seite, die entweder über [INNER] JOIN oder über LEFT [OUTER] JOIN verknüpft werden. Je nach Verknüpfung handelt es sich bei dem Join-Ausdruck um einen inneren (INNER) oder einen äußeren (LEFT OUTER) Join. Jeder Join-Ausdruck kann mit runden Klammern eingeklammert werden.

Der innere Join verknüpft die Spalten der in der Ergebnismenge der linken Seite vorhandenen Zeilen mit den Spalten der in der Ergebnismenge der rechten Seite vorhandenen Zeilen zu einer Ergebnismenge, die alle Kombinationen von Zeilen enthält, deren Spalten die Bedingung join_cond gemeinsam erfüllen. Wenn es in den Ergebnismengen der linken und rechten Seite keine Zeilen gibt, die join_cond erfüllen, wird in der resultierenden Ergebnismenge keine Zeile erzeugt.

Der äußere Join erstellt im Prinzip die gleiche Ergebnismenge wie der innere Join – mit dem Unterschied, dass für jede selektierte Zeile der linken Seite mindestens eine Zeile in der Ergebnismenge erzeugt wird, auch wenn keine Zeile der rechten Seite die Bedingung join_cond erfüllt. Die Spalten der rechten Seite, die die Bedingung join_cond nicht erfüllen, werden mit Null-Werten gefüllt.

Auf der linken Seite kann entweder eine einzelne transparente Datenbanktabelle bzw. ein View dbtab_left oder wiederum ein Join-Ausdruck join angegeben werden. Auf der rechten Seite müssen eine einzelne transparente Datenbanktabelle bzw. ein View dbtab_right sowie Join-Bedingungen join_cond hinter ON angegeben werden. Auf diese Art können hinter FROM maximal 24 Join-Ausdrücke angegeben werden, die 25 transparente Datenbanktabellen bzw. Views miteinander verknüpfen. Pool- und Cluster-Tabellen können nicht über Join-Ausdrücke verknüpft werden. Bei Verwendung eines Join-Ausdrucks umgeht die SELECT-Anweisung die SAP-Pufferung.

Für jede der angegebenen Datenbanktabellen bzw. für jeden View kann mit AS ein alternativer Tabellenname tabalias angegeben werden. Eine Datenbanktabelle bzw. ein View kann innerhalb eines Join-Ausdrucks mehrmals vorkommen und dann mit verschiedenen alternativen Namen belegt werden.

Die Syntax der Join-Bedingungen join_cond ist die gleiche wie die der Bedingungen sql_cond hinter dem Zusatz WHERE, jedoch mit folgenden Besonderheiten:

- Hinter ON muss mindestens ein Vergleich angegeben werden.
- Einzelne Vergleiche dürfen nur mit AND verknüpft werden.
- Alle Vergleiche müssen eine Spalte der Datenbanktabelle bzw. des Views dbtab_right der rechten Seite als Operand enthalten.
- Folgende Zusätze können nicht verwendet werden: NOT, LIKE, IN.
- Es können keine Subqueries verwendet werden.
- Beim äußeren Join sind nur Vergleiche auf Gleichheit (=, EQ) möglich.
- Wenn hinter FROM ein äußerer Join auftritt, muss in der Join-Bedingung jedes Join-Ausdrucks mindestens ein Vergleich zwischen Spalten der linken und rechten Seite enthalten sein.
- Beim äußeren Join müssen alle Vergleiche, die Spalten der Datenbanktabelle bzw. des Views dbtab_right auf der rechten Seite als Operand enthalten, in der zugehörigen Join-Bedingung angegeben sein. In der WHERE-Bedingung der gleichen SELECT-Anweisung sind diese Spalten nicht als Operanden erlaubt.
- Ein Vergleich zwischen Tabellenspalten, die auf der Datenbank nicht den gleichen Datentyp und die gleiche Länge haben, kann sich auf verschiedenen Datenbankplattformen unterschiedlich verhalten. Das unterschiedliche Verhalten kann sich in unterschiedlichen Ergebnissen, aber auch in SQL-Fehlern auf einzelnen Plattformen niederschlagen. Dies liegt daran, dass die Auswertung der Join-Bedingung vollständig auf der Datenbank geschieht und vorher keine Typkonvertierungen in ABAP vorgenommen werden. Das Verhalten hängt ausschließlich von den Konvertierungsregeln der Datenbank ab, wobei in der Regel weniger Konvertierungen als in ABAP möglich sind.

Hinweise

- Die Ergebnismengen der linken und der rechten Seite sind unabhängig voneinander und werden wie bei einzelnen SELECT-Anweisungen aufgebaut. Beispielsweise wirkt eine WHERE-Bedingung für eine Spalte einer Datenbanktabelle auf genau die Ergebnismenge dieser Tabelle.
- Ein innerer Join zwischen zwei einzelnen Datenbanktabellen ist kommutativ.

- Wenn in mehreren Datenbanktabellen eines Join-Ausdrucks der gleiche Spaltenname vorkommt, müssen diese in allen übrigen Zusätzen der SELECT-Anweisung durch Verwendung des Spaltenselektors ~ identifiziert werden.
- Da Join-Ausdrücke die SAP-Pufferung umgehen, sollten sie nicht auf gepufferte Tabellen angewandt werden. Stattdessen kann in solchen Fällen immer noch die Verwendung des Zusatzes FOR ALL ENTRIES vorteilhaft sein, der auf den Tabellenpuffer zugreifen kann.
- Es wird dringend empfohlen, Join-Bedingungen nur zwischen Datenbankspalten des gleichen Typs und der gleichen Länge zu formulieren.

Beispiele

Verknüpfung der Spalten carrname, connid, fldate der Datenbanktabellen scarr, spfli und sflight über zwei innere Joins. Es wird eine Liste der Flüge von p_cityfr nach p_cityto erstellt. Für jede Tabelle werden Alternativnamen verwendet.

```
PARAMETERS: p_cityfr TYPE spfli-cityfrom,
            p_cityto TYPE spfli-cityto.
DATA: BEGIN OF wa,
        fldate   TYPE sflight-fldate,
        carrname TYPE scarr-carrname,
        connid   TYPE spfli-connid,
      END OF wa.
DATA itab LIKE SORTED TABLE OF wa
          WITH UNIQUE KEY fldate carrname connid.
SELECT c~carrname p~connid f~fldate
    INTO CORRESPONDING FIELDS OF TABLE itab
    FROM ( ( scarr AS c
      INNER JOIN spfli AS p ON p~carrid   = c~carrid
                           AND p~cityfrom = p_cityfr
                           AND p~cityto   = p_cityto )
      INNER JOIN sflight AS f ON f~carrid = p~carrid
                             AND f~connid = p~connid ).
LOOP AT itab INTO wa.
  WRITE: / wa-fldate, wa-carrname, wa-connid.
ENDLOOP.
```

Verknüpfung der Spalten carrid, carrname und connid der Datenbanktabellen scarr und spfli über einen äußeren Join. Bei allen Flügen, die nicht von p_cityfr ausgehen, wird die Spalte connid auf den Null-Wert gesetzt, der bei der Übergabe an das zugeordnete Datenobjekt in den typgerechten Initialwert verwandelt wird. Die LOOP-Schleife gibt alle Fluggesellschaften aus, die nicht von p_cityfr fliegen.

```
PARAMETERS p_cityfr TYPE spfli-cityfrom.
DATA: BEGIN OF wa,
        carrid   TYPE scarr-carrid,
        carrname TYPE scarr-carrname,
        connid   TYPE spfli-connid,
      END OF wa,
```

```
            itab LIKE SORTED TABLE OF wa
                      WITH NON-UNIQUE KEY carrid.
SELECT s~carrid s~carrname p~connid
       INTO CORRESPONDING FIELDS OF TABLE itab
       FROM scarr AS s
       LEFT OUTER JOIN spfli AS p ON s~carrid   = p~carrid
                                 AND p~cityfrom = p_cityfr.
LOOP AT itab INTO wa.
  IF wa-connid = '0000'.
    WRITE: / wa-carrid, wa-carrname.
  ENDIF.
ENDLOOP.
```

Zielbereich angeben

`SELECT - target`

Syntax von target

```
... { INTO
       { {[CORRESPONDING FIELDS OF] wa}|(dobj1, dobj2, ...)} }
    | { INTO|APPENDING
         [CORRESPONDING FIELDS OF] TABLE itab [PACKAGE SIZE n] }
    [ creating ] ... .
```

Die Angaben legen fest, welchen Datenobjekten die Ergebnismenge einer SELECT- oder FETCH-Anweisung zugewiesen wird. Es können entweder ein einzelner Arbeitsbereich wa oder eine Liste von Datenobjekten dobj1, dobj2 ... hinter INTO oder eine interne Tabelle itab hinter INTO oder APPENDING angegeben werden. Wenn ein LOB der Ergebnismenge mit einem LOB-Handle verknüpft wird (ab Release 7.02/7.2), muss eventuell mit *creating* festgelegt werden, ob es sich um einen Datenstrom oder einen Lokator handelt.

Hinweise

- Für die Angabe der Datenobjekte gibt es keine den anderen Zusätzen entsprechende dynamische Variante. Stattdessen kann mit dynamisch erzeugten Datenobjekten gearbeitet werden (siehe Beispiel zu CREATE DATA in Abschnitt 17.1.6).

- Ob Daten besser in eine interne Tabelle oder in einen Arbeitsbereich eingelesen werden sollen, hängt von der Art der weiteren Verarbeitung ab: Werden Daten in einem Programm nur einmal benötigt, sollten sie in einer SELECT-Schleife zeilenweise in einen Arbeitsbereich eingelesen werden. Das Einlesen in eine interne Tabelle benötigt mehr Speicherplatz, ohne diesen Nachteil durch eine wesentlich höhere Lesegeschwindigkeit auszugleichen. Werden Daten dagegen in einem Programm mehrfach benötigt, sollten sie in eine interne Tabelle eingelesen werden. Der Nachteil des höheren Speicherbedarfs wird hier durch den Vorteil der einmaligen Selektion mehr als kompensiert.

- Sollen Daten in eine interne Tabelle eingelesen werden, ist es günstiger, sie auf einmal in die interne Tabelle einzulesen, als sie Zeile für Zeile in einen Arbeitsbereich und anschließend mit APPEND an die interne Tabelle anzufügen.

- Die Varianten mit dem Zusatz INTO CORRESPONDING FIELDS benötigen im Vergleich zu den entsprechenden Varianten ohne CORRESPONDING FIELDS eine etwas höhere – von der Größe der Lösungsmenge aber unabhängige – Laufzeit.

... INTO [CORRESPONDING FIELDS OF] wa

In der Variante INTO [CORRESPONDING FIELDS OF] wa kann für wa ein Datenobjekt angegeben werden, das ohne die Angabe von CORRESPONDING FIELDS OF bestimmten Voraussetzungen genügen muss. Wenn die Ergebnismenge einzeilig ist, wird diese Zeile wa zugewiesen. Ist die Ergebnismenge mehrzeilig, muss hinter SELECT eine ENDSELECT-Anweisung folgen, und die Ergebnismenge wird zeilenweise an den Arbeitsbereich wa zugewiesen und kann in der Schleife ausgewertet werden. Hinter ENDSELECT enthält der Arbeitsbereich wa die zuletzt zugewiesene Zeile. Bei Verwendung in der Anweisung FETCH wird eine Zeile an der aktuellen Cursor-Position entnommen. Ist die Ergebnismenge leer, bleibt der Arbeitsbereich unverändert.

Die Zuweisung der Zeilen der Ergebnismenge richtet sich wie folgt nach der Angabe der Spalten hinter SELECT:

- **Angabe von * ohne Zusatz CORRESPONDING FIELDS**
  Wenn mit * alle Spalten gelesen werden und CORRESPONDING FIELDS nicht angegeben ist, verhält sich SELECT wie folgt:
  - Bei der Angabe eines Arbeitsbereichs, der keine Referenzvariablen für LOB-Handles (ab Release 7.02/7.2) enthält, wird die Zeile der Ergebnismenge linksbündig und unkonvertiert gemäß der Struktur der Ergebnismenge zugewiesen. Nicht betroffene Teile von wa behalten ihren vorherigen Inhalt. Um nach der Zuweisung typgerecht auf die Komponenten der Ergebnismenge zugreifen zu können, muss der Arbeitsbereich wa wie die Ergebnismenge strukturiert sein.

  - Bei der Angabe einer LOB-Handle-Struktur (ab Release 7.02/7.2) muss diese gemäß den Voraussetzungen genau wie die Struktur der Datenbanktabelle aufgebaut sein. Die Inhalte der Spalten der Ergebnismenge, denen keine LOB-Handle-Komponenten zugeordnet sind, werden direkt den entsprechenden Komponenten des Arbeitsbereichs zugewiesen. Für jede LOB-Handle-Komponente wird ein LOB-Handle erzeugt.

- **Alle übrigen Kombinationen**
  Besteht die Ergebnismenge aus einer einzigen explizit hinter SELECT angegebenen Spalte bzw. einem einzigen Aggregatausdruck, kann wa ein elementares Datenobjekt oder eine Struktur sein. Wenn die Ergebnismenge aus mehreren Spalten besteht, muss sie eine Struktur sein, und es gilt Folgendes:
  - Ist der Zusatz CORRESPONDING FIELDS nicht angegeben, muss wa genügend viele Komponenten enthalten, und die Inhalte der Spalten werden in der hinter SELECT angegebenen Reihenfolge von links nach rechts den Komponenten von wa zugewiesen.
  - Ist der Zusatz CORRESPONDING FIELDS angegeben, werden nur die Inhalte von Spalten, für die es namensgleiche Komponenten in wa gibt, diesen zugewiesen. Dabei werden die alternativen Spaltennamen berücksichtigt. Mehrfach auftretende Spalten und Aggregatausdrücke können bei Angabe von CORRESPONDING FIELDS nur über alternative Spalten-

namen zugewiesen werden. Tritt ein Spaltenname mehrfach auf, ohne dass alternative Spaltennamen vergeben wurden, wird die letzte aufgeführte Spalte zugewiesen.

Für die einzelnen Zuweisungen gelten die Zuweisungsregeln (siehe Kapitel 23). Wenn dabei ein LOB einer Referenzvariablen für LOB-Handles zugewiesen wird (ab Release 7.02/7.2), wird ein LOB-Handle erzeugt.

Hinweis
Beim Zusatz CORRESPONDING FIELDS werden Namen, die nur mit dem Zusatz AS name der Anweisung INCLUDE oder beim Einbinden von Strukturen im ABAP Dictionary definiert wurden, nicht berücksichtigt. Eine mit dem Zusatz RENAMING WITH SUFFIX der Anweisung INCLUDE oder analog im ABAP Dictionary umbenannte Komponente wird dagegen berücksichtigt.

Beispiel
Einlesen von vier Spalten der Ergebnismenge in vier jeweils namensgleiche Komponenten eines Arbeitsbereichs.

```
DATA wa TYPE spfli.
SELECT carrid connid cityfrom cityto
       FROM spfli
       INTO CORRESPONDING FIELDS OF wa.
  WRITE: / wa-carrid, wa-connid, wa-cityfrom, wa-cityto.
ENDSELECT.
```

... INTO (dobj1, dobj2, ...)

Besteht die Ergebnismenge aus mehreren explizit hinter SELECT angegebenen Spalten bzw. Aggregatausdrücken, kann hinter INTO eine eingeklammerte und durch Kommata getrennte Liste elementarer Datenobjekte dobj1, dobj2, ... angegeben werden. Es müssen genauso viele Datenobjekte dobj angegeben werden, wie die Ergebnismenge Spalten enthält. Der Inhalt der Spalten in der Ergebnismenge wird gemäß der hinter SELECT festgelegten Reihenfolge von links nach rechts den Datenobjekten zugewiesen. Die einzelnen Zuweisungen erfolgen nach den Zuweisungsregeln (siehe Kapitel 23). Wenn dabei ein LOB einer Referenzvariablen für LOB-Handles zugewiesen wird (ab Release 7.02/7.2), wird ein LOB-Handle erzeugt. Ist die Ergebnismenge leer, bleiben die Datenobjekte unverändert.

Wenn die Ergebnismenge einzeilig ist, werden die Spalten dieser Zeile zugewiesen. Bei einer mehrzeiligen Ergebnismenge muss hinter SELECT eine ENDSELECT-Anweisung folgen und die Spalten der Ergebnismenge werden zeilenweise den Datenobjekten zugewiesen und können in der Schleife ausgewertet werden. Bei Verwendung in der Anweisung FETCH werden die Spalten der Zeile an der aktuellen Cursor-Position entnommen.

Beispiel
Einlesen von vier Spalten der Ergebnismenge in vier einzeln angegebene Komponenten einer Struktur. Im Vergleich zum vorangegangenen Beispiel entfällt hier der Namensvergleich durch die Laufzeitumgebung.

```
DATA wa TYPE spfli.
SELECT carrid connid cityfrom cityto
       FROM spfli
```

```
        INTO (wa-carrid, wa-connid, wa-cityfrom, wa-cityto).
  WRITE: / wa-carrid, wa-connid, wa-cityfrom, wa-cityto.
ENDSELECT.
```

> ... INTO|APPENDING [CORRESPONDING FIELDS OF] TABLE itab [PACKAGE SIZE n]

Wenn die Ergebnismenge mehrzeilig ist, kann hinter INTO oder hinter APPENDING eine interne Tabelle itab beliebiger Tabellenart angegeben werden, deren Zeilentyp den Voraussetzungen genügt. Die Ergebnismenge wird Zeile für Zeile in die interne Tabelle itab eingefügt, wobei bei einer sortierten Tabelle eine Sortierung vorgenommen wird. Bei Verwendung von INTO wird die interne Tabelle initialisiert. Bei Angabe von APPENDING bleiben die vorhergehenden Zeilen erhalten.

Vor jeder Zuweisung einer Zeile der Ergebnismenge wird eine initiale Zeile der internen Tabelle itab erzeugt, und dieser wird die Zeile der Ergebnismenge zugewiesen. Für die Zuweisung einer Zeile der Ergebnismenge an eine Zeile der internen Tabelle mit und ohne CORRESPONDING FIELDS gelten die gleichen Regeln wie bei der Zuweisung an einen einzelnen Arbeitsbereich wa (siehe oben) mit der Ausnahme, dass beim Einfügen in interne Tabellen LOB-Handles zwar als Lokatoren (ab Release 7.02/7.2), aber nicht als Leseströme erzeugt werden können.

Fehlt der Zusatz PACKAGE SIZE, werden alle Zeilen der Ergebnismenge in die interne Tabelle itab eingefügt, und die Anweisung ENDSELECT darf nicht hinter SELECT angegeben werden. Ist in diesem Fall die Ergebnismenge leer, wird die interne Tabelle bei Verwendung von INTO initialisiert und bleibt bei Verwendung von APPENDING unverändert.

Durch Angabe des Zusatzes PACKAGE SIZE werden die Zeilen der Ergebnismenge bei SELECT in einer Schleife verarbeitet, die mit ENDSELECT abgeschlossen werden muss. Sie werden in Paketen von n Zeilen in die interne Tabelle itab eingefügt. Für n wird ein Datenobjekt vom Typ i erwartet, das die Anzahl der Zeilen enthält. Falls der Inhalt von n kleiner 0 ist, kommt es zu einer unbehandelbaren Ausnahme. Falls der Inhalt von n gleich 0 ist, werden alle Zeilen der Ergebnismenge in die interne Tabelle itab eingefügt. Bei Verwendung in der Anweisung FETCH werden n Zeilen ab der aktuellen Cursor-Position entnommen. Hinter ENDSELECT ist der Inhalt von itab bei der Verwendung von INTO undefiniert, d. h., die Tabelle kann entweder die Zeilen des letzten Pakets enthalten oder initial sein. Bei Verwendung von APPENDING behält der Inhalt von itab den Zustand des letzten Schleifendurchgangs bei.

Bei der Verwendung von INTO mit PACKAGE SIZE wird die interne Tabelle vor jedem Einfügen initialisiert und enthält in einer SELECT-Schleife nur die Zeilen des aktuellen Pakets. Bei Verwendung von APPENDING mit PACKAGE SIZE wird bei jeder SELECT-Schleife bzw. bei jeder Entnahme mit FETCH ein weiteres Paket zu den vorhandenen Zeilen der internen Tabelle hinzugefügt.

Hinweise

- Bei der Angabe einer internen Tabelle mit eindeutigem primären oder sekundären Tabellenschlüssel (ab Release 7.02/7.2) kommt es zu einer unbehandelbaren Ausnahme, wenn versucht wird, einen doppelten Eintrag zu erzeugen.
- Wenn die interne Tabelle bei Verwendung des Zusatzes CORRESPONDING FIELDS mehr Spalten als benötigt enthält, wird in der Regel zu viel Speicher durch initiale Felder belegt, und

es kommt zu einer Warnung der Syntaxprüfung. In Fällen, in denen die Spalten benötigt werden, z. B. um sie im Programm mit abgeleiteten Werten zu befüllen, kann die Warnung mit einem Pragma umgangen werden.

- Der Zusatz PACKAGE SIZE kann hinter INTO verwendet werden, um die Menge der auf einmal eingelesenen Daten zu beschränken. Ansonsten kann es beim Einlesen einer zu großen Datenmenge in eine interne Tabelle zu einem Laufzeitfehler kommen, wenn deren maximale Größe überschritten wird. Hinter APPENDING kann PACKAGE SIZE diesen Laufzeitfehler natürlich nicht verhindern.

- Wenn der Zusatz PACKAGE SIZE mit dem Zusatz FOR ALL ENTRIES angegeben ist, werden alle selektierten Zeilen zunächst in eine interne Systemtabelle eingelesen und die Pakete erst bei der Übergabe von der Systemtabelle an die eigentliche Zieltabelle gebildet. Der Zusatz FOR ALL ENTRIES hebt damit die Wirkung von PACKAGE SIZE zur Verhinderung von Speicherüberläufen auf.

- Der Zusatz PACKAGE SIZE beeinflusst nicht die durch Profilparameter konfigurierbare Größe der Pakete, in denen Daten zwischen Datenbankserver und Applikationsserver transportiert werden.

Beispiel
Einlesen aller Spalten der Ergebnismenge in eine interne Tabelle, deren Zeilentyp eine geschachtelte Struktur mit dem gleichen Aufbau wie die Ergebnismenge darstellt. In der Praxis wäre zu beachten, dass die Spalte carrid zweimal mit gleichem Inhalt in der Ergebnismenge vorhanden ist und dass dieser Inhalt nach der Zuweisung redundant in den Spalten struc1-carrid und struc2-carrid der internen Tabelle abgelegt ist.

```
DATA: BEGIN OF wa,
        struc1 TYPE scarr,
        struc2 TYPE spfli,
      END OF wa.
DATA itab LIKE SORTED TABLE OF wa
        WITH UNIQUE KEY table_line.
SELECT *
    FROM scarr
      INNER JOIN spfli ON scarr~carrid = spfli~carrid
    INTO TABLE itab.
LOOP AT itab INTO wa.
  WRITE: / wa-struc1-carrid,
           wa-struc1-carrname,
           wa-struc2-connid.
ENDLOOP.
```

SELECT – creating

Syntax von creating

```
... CREATING { READER|LOCATOR FOR { COLUMNS blob1 blob2 ... clob1 clob2 ... }
                                  | { ALL [OTHER] [BLOB|CLOB] COLUMNS }
              [READER|LOCATOR FOR ...] }
            | { (crea_syntax) }
```

Ab Release 7.02/7.2. Der Zusatz CREATING muss angegeben werden, wenn einem LOB der Ergebnismenge hinter INTO eine Referenzvariable für ein LOB-Handle zugeordnet ist, deren statischer Typ eines der folgenden drei LOB-Interfaces ist:

- IF_ABAP_DB_LOB_HANDLE
- IF_ABAP_DB_BLOB_HANDLE
- IF_ABAP_DB_CLOB_HANDLE

Die Angaben hinter CREATING bestimmen die Klassen, aus denen die zugehörigen LOB-Handles erzeugt werden. Für jeden anderen möglichen statischen Typ kann die Klasse aus dem statischen Typ und dem Typ des LOBs bestimmt werden, und die Angabe von CREATING ist nicht erlaubt.

Der CREATING-Zusatz kann entweder statisch oder dynamisch angegeben werden. In der statischen Variante werden Klasse und Spalten über Zusätze bestimmt, in der dynamischen Variante wird die Syntax der statischen Variante in crea_syntax angegeben.

Die Syntax und die Regeln für die Zusätze hinter CREATING entsprechen den Typ- und Spaltenangaben für die Ableitung von LOB-Handle-Strukturen mit TYPES (siehe Abschnitt 13.1.7). Im Unterschied zur Anweisung TYPES ist die Typangabe hier auf READER und LOCATOR eingeschränkt, und es werden nur Komponenten berücksichtigt, die mit einem LOB-Interface typisiert sind. Die Typangabe der ersten beiden Angaben hinter CREATING muss unterschiedlich sein.

Die Zusätze READER|LOCATOR legen die jeweilige Klasse des LOB-Handles für die dahinter angegebenen Spalten fest:

- Mit READER werden für jede der dahinter angegebenen Spalten Leseströme erzeugt.
- Mit LOCATOR werden für jede der dahinter angegebenen Spalten Lokatoren erzeugt.

Die Zuordnung zu den Klassen entspricht der Typangabe bei der Ableitung einer LOB-Handle-Struktur, nur dass hier der dynamische Typ anstelle des statischen Typs bestimmt wird.

Die Zusätze [ALL [OTHER] [BLOB|CLOB]] COLUMNS [blob1 blob2 ... clob1 clob2 ...] ordnen die vorangegangenen Typangaben den Spalten der Ergebnismenge zu. Die Bedeutung der Zusätze entspricht der Spaltenangabe bei der Ableitung einer LOB-Handle-Struktur – mit dem Unterschied, dass die Menge der Spalten, auf der operiert wird, aus genau den Spalten der Ergebnismenge besteht, die einer Referenzvariablen zugewiesen werden, deren statischer Typ ein LOB-Interface ist:

- Es dürfen keine einzelnen Spalten angegeben werden, für die dies nicht zutrifft.
- Bei der Angabe von ALL ... COLUMNS werden nur solche Spalten berücksichtigt.

Die Kombinationsmöglichkeiten der Spaltenangaben untereinander und mit den Typangaben sind ebenfalls wie bei TYPES (siehe Abschnitt 13.1.7). Insbesondere muss eine Spaltenangabe ALL OTHER ... die letzte Spaltenangabe sein.

Alternativ zu den statischen Varianten kann ein eingeklammertes Datenobjekt crea_syntax angegeben werden, das bei Ausführung der Anweisung die Syntax der statischen Zusätze enthält oder initial ist. Für crea_syntax gilt das Gleiche wie für column_syntax bei der dynamischen Spaltenangabe hinter SELECT. Wenn der Inhalt von crea_syntax initial ist, wird der Zusatz CREATING ignoriert.

Hinweise

- Mit der Angabe von ALL ... COLUMNS werden auch Spalten berücksichtigt, die durch spätere Erweiterungen der Datenbanktabellen bzw. Views hinzukommen.

- Für die Spaltenangaben blob1, blob2, clob1, clob2, ... müssen die tatsächlichen Namen verwendet werden. Die alternativen Spaltennamen werden nicht berücksichtigt.

Zuweisungsregeln für einzelne Spalten

Tabelle 37.1 zeigt die Voraussetzungen für die Zuweisung einzelner Spalten der Ergebnismenge von SELECT an einzelne Datenobjekte, d. h. für alle Formen der SELECT-Anweisung, außer wenn mit * alle Spalten in einen Arbeitsbereich wa gelesen werden und dabei nicht gleichzeitig CORRESPONDING FIELDS angegeben ist. Die Tabelle zeigt, welche Datentypen der Ergebnismenge welchen ABAP-Datentypen zugewiesen werden können.

Datentyp der Spalte in der Ergebnismenge	ABAP-Datentyp
CHAR, CLNT, CUKY, LANG, SSTRING, STRING, UNIT, VARC	c, string
ACCP, NUMC	c, n
LCHR	c
RAW, RAWSTRING	x, xstring, REF TO class|intf
LRAW	x
DF16_DEC (ab Release 7.02/7.2)	decfloat16, decfloat34
DF16_RAW, DF16_SCL (ab Release 7.02/7.2)	decfloat16
DF34_DEC, DF34_RAW, DF34_SCL (ab Release 7.02/7.2)	decfloat34
CURR, DEC, INT1, INT2, INT4, PREC, QUAN	i, p, f
FLTP	f
DATS	d
TIMS	t

Tabelle 37.1 Mögliche Kombinationen von Datentypen beim SELECT

Felder der Typen RAW und RAWSTRING (LOBs) der Ergebnismenge können außer an Strings auch an Referenzvariablen für LOB-Handles zugewiesen werden (ab Release 7.02/7.2). Der statische Typ dieser Referenzvariablen muss eine der Systemklassen class bzw. eines der System-Interfaces intf sein, die Streaming und Lokatoren für Open SQL unterstützen (ab Release 7.02/7.2).

Die Zuweisungen erfolgen nach folgenden Regeln:

- Hat das Zielfeld den Datentyp c oder x, wird der Inhalt des Ergebnisfeldes linksbündig in das Zielfeld gestellt. Ist das Zielfeld zu kurz, wird das Ergebnis rechts abgeschnitten. Ist das Zielfeld zu lang, wird rechts mit Leerzeichen bzw. hexadezimal 0 aufgefüllt.

- Hat das Zielfeld den Datentyp string oder xstring, wird der Inhalt des Ergebnisfeldes linksbündig in das Zielfeld gestellt, wobei bei Ergebnisfeldern vom Typ STRING die schließenden Leerzeichen übernommen werden. Das Zielfeld übernimmt die Länge des Ergebnisfeldes.

- Hat das Zielfeld den Datentyp n, wird der Inhalt des Ergebnisfeldes rechtsbündig in das Zielfeld gestellt und gegebenenfalls links mit Nullen aufgefüllt. Ist das Zielfeld zu kurz, wird das Ergebnis links abgeschnitten.
- Hat das Zielfeld einen numerischen Datentyp i, p, decfloat16, decfloat34 (ab Release 7.02/7.2) oder f, muss sein Wertebereich groß genug für den Wert des Ergebnisfeldes sein.
- Enthält das Ergebnisfeld den Null-Wert, wird dem Zielfeld sein typgerechter Initialwert zugewiesen.

Mehr über die Zuweisung von LOBs an Referenzvariablen erfahren Sie im folgenden Abschnitt.

Erzeugung von LOB-Handles

Ein LOB der Ergebnismenge der Anweisung SELECT kann ab Release 7.02/7.2 einer LOB-Handle-Komponente eines Arbeitsbereichs oder einer einzelnen Referenzvariablen für ein LOB-Handle zugewiesen werden. Dadurch können LOB-Handles als Leseströme und als Lokatoren erzeugt werden. Dabei muss der statische Typ jeder LOB-Handle-Komponente das Interface IF_ABAP_DB_LOB_HANDLE enthalten und zur entsprechenden Komponente der Datenbanktabelle passen, d.h., allgemeiner oder gleich einer der folgenden Systemklassen für Streaming oder Lokatoren sein:

- CL_ABAP_DB_C_READER oder CL_ABAP_DB_C_LOCATOR im Fall von CLOBs
- CL_ABAP_DB_X_READER oder CL_ABAP_DB_X_LOCATOR im Fall von BLOBs

Der Stromtyp bzw. Lokatortyp muss also zum Datentyp des LOBs passen.

Wenn ein LOB der Ergebnismenge einer Selektion an eine LOB-Handle-Komponente eines Arbeitsbereichs oder an einzelne Referenzvariablen für ein LOB-Handle zugewiesen wird, sind folgende Szenarien denkbar:

- Ein Lesestrom wird als Instanz einer der Klassen CL_ABAP_DB_C_READER, CL_ABAP_DB_X_READER erzeugt.
- Ein Lokator wird als Instanz einer der Klassen CL_ABAP_DB_C_LOCATOR oder CL_ABAP_DB_X_LOCATOR erzeugt.

Die Referenzvariable zeigt nach Ausführung der SELECT-Anweisung auf das Objekt. Die verwendete Klasse wird durch den Datentyp der Spalte der Ergebnismenge und den statischen Typ der Zielvariablen oder bei Bedarf durch den Zusatz CREATING festgelegt. Der zu lesende LOB kann mit den Methoden des LOB-Handles ausgewertet oder über dieses weitergereicht werden.

Ein auf diese Weise erzeugter LOB-Handle, d.h. ein Lesestrom oder ein Lokator, lebt, bis er explizit mit seiner Methode CLOSE aus dem Interface IF_ABAP_CLOSE_RESOURCE oder implizit am Ende der aktuellen Datenbank-LUW geschlossen wird. Leseströme, nicht aber Lokatoren, werden zusätzlich implizit bei der Anweisung ENDSELECT geschlossen. Bei Zugriff auf einen geschlossenen LOB-Handle kommt es zu einem Laufzeitfehler.

Solange es noch einen offenen Lesestrom zu einer Open SQL-Anweisung gibt, ist die zugehörige Datenbankoperation nicht abgeschlossen. Dieser Zustand kann nur bei SELECT SINGLE auftreten, da es kein implizites Schließen der Leseströme durch ENDSELECT gibt. In diesem Fall kann man sich vor dem Schließen des Lesestroms mit dessen Methode GET_STATEMENT_HANDLE aus dem Interface IF_ABAP_DB_READER eine Referenz auf ein Objekt der Klasse CL_ABAP_SQL_SELECT_STATEMENT, einer Unterklasse von CL_ABAP_SQL_STATEMENT_HANDLE, besorgen. Mit den dort implementierten Methoden der abstrakten Oberklasse kann der Zustand der Open SQL-Anweisung abgefragt, und es können alle noch offenen Ströme geschlossen werden. Für einen einmal erzeugten Lokator wird garantiert, dass er immer mit den gleichen LOB-Daten arbeitet. Wenn die zugehörige LOB-Spalte modifiziert wird, während ein Lokator geöffnet ist, wird vorher auf der Datenbank eine interne Kopie der LOB-Daten für den Lokator angelegt.

Es gelten folgende Einschränkungen:

- Zu einer Open SQL-Anweisung können maximal 16 Datenströme geöffnet werden.
- In einer Datenbank-LUW kann es maximal 16 Open SQL-Anweisungen geben, deren Datenströme gleichzeitig geöffnet sind.
- Innerhalb einer Datenbank-LUW können maximal 1.000 LOB-Handles geöffnet sein.
- Wenn die Erzeugung von LOB-Handles zusammen mit dem Zusatz SINGLE stattfindet, müssen in der WHERE-Bedingung alle Primärschlüsselfelder in mit AND verknüpften logischen Ausdrücken auf Gleichheit überprüft werden.

Hinweis
Ein LOB-Handle sollte immer so schnell wie möglich explizit mit seiner Methode CLOSE geschlossen werden. Siehe auch Abschnitt 37.2.5.

Beispiele
Eine Referenzvariable reader wird für einen Lesestrom deklariert und der Lesestrom in einer SELECT-Anweisung erzeugt.

```
DATA reader TYPE REF TO cl_abap_db_x_reader.
SELECT SINGLE picture
       FROM demo_blob_table
       INTO reader
       WHERE name = ....
WHILE reader->data_available( ) = 'X'.
  ... reader->read( ... ) ...
ENDWHILE.
reader->close( ).
```

Eine LOB-Handle-Struktur wa wird aus der Struktur der Datenbanktabelle DEMO_BLOB_TABLE abgeleitet, wobei die Komponente PICTURE als LOB-Handle-Komponente für einen Lokator deklariert wird. Dieser Lokator wird dann in einer SELECT-Anweisung erzeugt. Danach wird dem Schlüsselfeld der LOB-Handle-Struktur ein neuer Wert zugewiesen und die LOB-Handle-Struktur als Arbeitsbereich in einer INSERT-Anweisung verwendet. Dadurch wird der Inhalt der Spalte, mit der der Lokator verknüpft ist, in die entsprechende

Spalte der neuen Zeile kopiert, ohne dass der Inhalt in das ABAP-Programm transportiert werden muss.

```
DATA wa TYPE demo_blob_table LOCATOR FOR ALL COLUMNS.
SELECT SINGLE picture
       FROM demo_blob_table
       INTO wa-picture
       WHERE name = ...
wa-name = ....
INSERT demo_blob_table FROM wa.
```

Selektionsbedingung angeben

SELECT - cond

Syntax

... [FOR ALL ENTRIES IN *itab*] WHERE *sql_cond*

Der Zusatz WHERE schränkt die Anzahl der Zeilen, die durch die Anweisung SELECT in die Ergebnismenge gestellt werden, durch einen logischen Ausdruck *sql_cond* ein. Der logische Ausdruck vergleicht den Inhalt von Spalten in der Datenbank mit dem Inhalt von ABAP-Datenobjekten oder mit dem Inhalt anderer Spalten. Über den optionalen Zusatz FOR ALL ENTRIES kann der Inhalt einer Spalte auf der Datenbank mit einer Komponente sämtlicher Zeilen einer strukturierten internen Tabelle *itab* verglichen werden.

Der logische Ausdruck *sql_cond* ist entweder wahr, falsch oder unbekannt. Der Ausdruck ist unbekannt, wenn eine beteiligte Spalte in der Datenbank den Null-Wert enthält und mit einem anderen Vergleich als IS NULL ausgewertet wird. Eine Zeile wird genau dann in die Ergebnismenge gestellt, wenn der logische Ausdruck wahr ist.

Bis auf Spalten vom Typ STRING oder RAWSTRING können in der WHERE-Bedingung alle Spalten der hinter FROM aufgeführten Datenbanktabellen oder Views ausgewertet werden. Die Spalten müssen nicht notwendigerweise Teil der Ergebnismenge sein.

Hinweise

- Obwohl die WHERE-Bedingung optional ist, sollte sie aus Performancegründen immer angegeben werden und so restriktiv wie möglich sein. Die Ergebnismenge sollte nicht in der Applikationsschicht eingeschränkt werden.
- Die Mandantenkennung darf in der WHERE-Bedingung nicht abgefragt werden, wenn nicht die automatische Mandantenbehandlung mit dem Zusatz CLIENT SPECIFIED hinter FROM abgeschaltet ist.
- Die hier beschriebene WHERE-Bedingung von SELECT umfasst die WHERE-Bedingungen der Open SQL-Anweisungen DELETE, OPEN CURSOR und UPDATE.
- Wenn auf Datenbanktabellen mit generischer SAP-Pufferung zugegriffen wird, muss der gepufferte Bereich vollständig in der WHERE-Bedingung spezifiziert sein, ansonsten wird die Pufferung umgangen.

- Wenn auf Datenbanktabellen mit Einzelsatzpufferung zugegriffen wird, müssen in der WHERE-Bedingung mit AND verknüpfte Gleichheitsbedingungen für alle Schlüsselfelder des Primärschlüssels aufgeführt sein, ansonsten wird die Pufferung umgangen.

WHERE – sql_cond

Syntax von sql_cond

```
... { {col1 {=|EQ|<>|NE|>|GT|<|LT|>=|GE|<=|LE}
            { {dobj}
            | {col2}
            | {[ALL|ANY|SOME] subquery } }}
    | {col [NOT] BETWEEN dobj1 AND dobj2}
    | {col [NOT] LIKE dobj [ESCAPE esc]}
    | {col [NOT] IN (dobj1, dobj2 ...)}
    | {col [NOT] IN seltab}
    | {col IS [NOT] NULL}
    | {(cond_syntax)}
    | {[NOT] EXISTS subquery }
    | {col [NOT] IN subquery } }
```

Die logischen Ausdrücke *sql_cond* in der WHERE-Bedingung sind ähnlich den allgemeinen logischen Ausdrücken für Kontrollanweisungen. Es gibt logische Ausdrücke mit Vergleichsoperatoren und mit Prädikaten. Zusätzlich können die logischen Ausdrücke einer WHERE-Bedingung dynamisch angegeben werden, und es ist die Verwendung von Subqueries möglich. Mehrere logische Ausdrücke einer WHERE-Bedingung können mit AND oder OR zu einem Ausdruck verknüpft werden. Ein einzelner logischer Ausdruck kann mit NOT negiert werden.

Jeder einzelne logische Ausdruck der WHERE-Bedingung muss mindestens eine Spalte col einer der hinter FROM aufgeführten Datenbanktabellen oder Views als Operanden enthalten. Für col können die gleichen Spaltenbezeichner (comp, dbtab~comp, tabalias~comp) angegeben werden wie bei der Angabe einzelner Spalten hinter SELECT. Es können keine Aggregatausdrücke angegeben werden.

Hinweis

Für häufig benutzte SELECT-Anweisungen mit der gleichen WHERE-Bedingung sollte ein Index angelegt werden (siehe Abschnitt 37.1.2). In der WHERE-Bedingung sollten die Felder des Index in Vergleichen auf Gleichheit angegeben und durch das logische AND verknüpft werden. Alle Felder eines Index, die im Index hinter einem Feld stehen, für das in der WHERE-Klausel ein anderer Vergleich als = bzw. EQ angegeben ist, können nicht zur Suche im Index verwendet werden.

Vergleichsoperatoren

```
... col1 operator {dobj}
               | {col2}
               | {[ALL|ANY|SOME] subquery}
```

Der logische Ausdruck vergleicht den Inhalt der Spalte col1 entsprechend dem Vergleichsoperator operator mit dem Inhalt eines der folgenden Operanden:

- ein ABAP-Datenobjekt `dobj` als Hostvariable
- Eine andere Spalte `col2` einer hinter `FROM` angegebenen Datenbanktabelle. Dabei muss `col2` mit dem Spaltenselektor als `dbtab~comp` oder `tabalias~comp` angegeben werden.
- eine skalare Subquery `subquery`

operator	Bedeutung
=, EQ	wahr, wenn der Inhalt von `col1` gleich dem Inhalt des zweiten Operanden ist
<>, NE	wahr, wenn der Inhalt von `col1` ungleich dem Inhalt des zweiten Operanden ist
<, LT	wahr, wenn der Inhalt von `col1` kleiner als der Inhalt des zweiten Operanden ist
>, GT	wahr, wenn der Inhalt von `col1` größer als der Inhalt des zweiten Operanden ist
<=, LE	wahr, wenn der Inhalt von `col1` kleiner oder gleich dem Inhalt des zweiten Operanden ist
>=, GE	wahr, wenn der Inhalt von `col1` größer oder gleich dem Inhalt des zweiten Operanden ist

Tabelle 37.2 Vergleichsoperatoren in der WHERE-Bedingung

Tabelle 37.2 zeigt die möglichen Vergleichsoperatoren. Bei der Verwendung dieser Operatoren ist Folgendes zu beachten:

- Wenn der zweite Operand ein ABAP-Datenobjekt ist, wird es – falls notwendig – vor dem Vergleich nach den Konvertierungsregeln in den Datentyp konvertiert, der gemäß der Tabelle der eingebauten Typen im ABAP Dictionary zum Typ der Spalte `col1` passt.
- Wenn der zweite Operand eine Spalte einer hinter `FROM` angegebenen Datenbanktabelle ist, müssen Typen und Längen der beiden Operatoren gleich sein, andernfalls hängt das Resultat vom Datenbanksystem ab.
- Bei Größer-/Kleiner-Vergleichen mit zeichenartigen Spalten kann das Resultat von der vom Datenbanksystem verwendeten Codepage abhängen.

Beispiel
Auslesen überbuchter Flüge.

```
TYPES: BEGIN OF sflight_tab_type,
         carrid TYPE sflight-carrid,
         connid TYPE sflight-connid,
         fldate TYPE sflight-fldate,
       END OF sflight_tab_type.
DATA sflight_tab TYPE TABLE OF sflight_tab_type.
SELECT carrid connid fldate
    FROM sflight
    INTO CORRESPONDING FIELDS OF TABLE sflight_tab
    WHERE seatsocc > sflight~seatsmax.
```

Intervallzugehörigkeit
```
... col [NOT] BETWEEN dobj1 AND dobj2
```

Dieser Ausdruck ist wahr, wenn der Inhalt der Spalte `col` (nicht) zwischen den Werten der Datenobjekte `dobj1` und `dobj2` liegt, wobei die Intervallgrenzen eingeschlossen werden. Für die Intervallgrenzen können keine Spaltenbezeichner angegeben werden.

Beispiel
Auslesen aller Flüge innerhalb der nächsten 30 Tage.

```abap
TYPES: BEGIN OF sflight_tab_type,
         carrid TYPE sflight-carrid,
         connid TYPE sflight-connid,
         fldate TYPE sflight-fldate,
       END OF sflight_tab_type.
DATA: sflight_tab TYPE TABLE OF sflight_tab_type,
      date        TYPE d.
date = sy-datum + 30.
SELECT carrid connid fldate
    FROM sflight
    INTO CORRESPONDING FIELDS OF TABLE sflight_tab
    WHERE fldate BETWEEN sy-datum AND date.
```

Zeichenkettenmuster
```
... col [NOT] LIKE dobj [ESCAPE esc]
```

Dieser Ausdruck ist wahr, wenn der Wert der Spalte col (nicht) zu dem Muster im Datenobjekt dobj passt. Für dobj kann kein Spaltenbezeichner angegeben werden. Die Datentypen der Spalte col und des Datenobjekts dobj müssen zeichenartig sein.

Für die Bildung des Musters in dobj können Maskenzeichen verwendet werden, wobei "%" eine beliebige, auch leere, Zeichenkette und "_" ein beliebiges Zeichen darstellt. Groß-/Kleinschreibung wird berücksichtigt. Schließende Leerzeichen in dobj werden ignoriert. Dies gilt insbesondere auch für Datenobjekte vom Typ string, deren schließende Leerzeichen in ABAP ansonsten berücksichtigt werden.

Mit dem Zusatz ESCAPE kann ein Fluchtsymbol definiert werden. esc muss ein flaches zeichenartiges Datenobjekt der Länge eins sein, dessen Inhalt als Fluchtsymbol verwendet wird. Auf esc wird immer wie auf ein Datenobjekt vom Datentyp c der Länge 1 zugegriffen. Ein Fluchtsymbol darf nur vor einem Maskenzeichen oder vor dem Fluchtsymbol selbst stehen. In diesem Fall verlieren diese ihre spezielle Bedeutung. Der Zusatz ESCAPE kann nicht beim Zugriff auf Pool-Tabellen verwendet werden.

Hinweise
- Die Verwendung der Maskenzeichen "_" und "%" entspricht dem Standard von SQL. Im übrigen ABAP werden in ähnlichen logischen Ausdrücken, insbesondere bei der Verwendung von Selektionstabellen, die Maskenzeichen "+" und "*" verwendet.
- Es sollte nicht mit Mustern, die durch Maskenzeichen abgeschlossen sind, nach schließenden Leerzeichen gesucht werden. Die Semantik solcher Suchen ist vom verwendeten Datenbanksystem abhängig und führt in der Regel nicht zum gewünschten Ergebnis.

Beispiele
Volltextsuche in einer Texttabelle:

```abap
PARAMETERS srch_str TYPE c LENGTH 20.
DATA text_tab TYPE TABLE OF doktl.
```

```
srch_str = '%' && srch_str && '%'.
SELECT *
       FROM dokt1
       INTO TABLE text_tab
       WHERE doktext LIKE srch_str.
```

Um nach dem Muster »100 %« zu suchen, kann der folgende Ausdruck mit # als Fluchtsymbol verwendet werden.

```
... LIKE '100#%' ESCAPE '#' ...
```

Werteliste
```
... col [NOT] IN (dobj1, dobj2 ... )
```

Dieser Ausdruck ist wahr, wenn der Wert der Spalte col (nicht) mit dem Inhalt eines Datenobjekts in einer Werteliste übereinstimmt. Die Werteliste wird als Liste eingeklammerter und durch Kommata getrennter elementarer Datenobjekte dobj1, dobj2 ... angegeben.

Beispiel
Auslesen der Buchungen, in denen die Klasse nicht im Wertebereich (C – Business, F – First, Y – Economy) der zugehörigen Domäne im ABAP Dictionary liegt.

```
DATA sbook_tab TYPE TABLE OF sbook.
SELECT *
       FROM sbook
       INTO TABLE sbook_tab
       WHERE class NOT IN ('C','F','Y').
IF sy-subrc = 0.
  "Error handling
ENDIF.
```

Selektionstabelle
```
... col [NOT] IN seltab
```

Dieser Ausdruck ist wahr, wenn der Wert der Spalte col (nicht) in der Ergebnismenge liegt, die in den Zeilen der Selektionstabelle seltab beschrieben ist. Als Selektionstabelle seltab kann jede interne Tabelle angegeben werden, deren Zeilentyp dem einer Selektionstabelle entspricht. Dazu gehören insbesondere auch Ranges-Tabellen.

Die Auswertung der Selektionstabelle erfolgt wie in logischen Ausdrücken (siehe Abschnitt 21.1.3), mit dem Unterschied, dass bei Vergleichen mit den Operatoren CP und NP die Groß- und Kleinschreibung in der WHERE-Bedingung berücksichtigt wird und in sonstigen logischen Ausdrücken nicht. Die Maskenzeichen "*" und "+" der Selektionsoptionen "CP" und "NP" werden in die Open SQL-Maskenzeichen "%" und "_" umgesetzt, wobei auch das Fluchtsymbol "#" richtig behandelt wird. Falls "%" und "_" im Muster enthalten sind, wird ein Open SQL-Fluchtsymbol erzeugt.

Hinweise
- Wenn die Selektionstabelle ungültige Werte enthält, kommt es zu einer unbehandelbaren Ausnahme.

- Wenn die Selektionstabelle initial ist, ist der Ausdruck immer wahr. Wenn außer obigem Ausdruck keine anderen Bedingungen angegeben sind, werden bei initialer Selektionstabelle alle Zeilen der Datenbanktabelle selektiert.
- Die in der Selektionstabelle angegebenen Bedingungen werden von der Datenbankschnittstelle als Eingabewerte der SQL-Anweisung an die Datenbank übergeben. Die maximale Anzahl solcher Eingabewerte hängt vom Datenbanksystem ab und liegt größenordnungsmäßig zwischen 2.000 und 10.000. Bei Überschreitung der maximalen Anzahl kommt es zu einer Ausnahme der Klasse CX_SY_OPEN_SQL_DB.

Beispiel
Eine Selektionstabelle sei wie folgt gefüllt, wobei die Reihenfolge der Zeilen keine Rolle spielt:

SIGN	OPTION	LOW	HIGH
I	EQ	01104711	
I	BT	10000000	19999999
I	GE	90000000	
E	EQ	10000914	
E	BT	10000810	10000815
E	CP	1	%2##3#+4++5*

Daraus wird folgende WHERE-Bedingung generiert:

```
... ( ID = '01104711'                              OR
      ID BETWEEN '10000000' AND '19999999'         OR
      ID >= '90000000' )                           AND
    ID <> '10000914'                               AND
    ID NOT BETWEEN '10000810' AND '10000815' AND
    ID NOT LIKE '1#%2##3+4__5 %' ESCAPE '#'   ...
```

Beispiel
Auslesen des Flugs, dessen Primärschlüssel den Benutzereingaben auf dem Selektionsbild entspricht.

```
DATA spfli_wa TYPE spfli.
SELECT-OPTIONS: s_carrid FOR spfli_wa-carrid NO INTERVALS
                                             NO-EXTENSION,
                s_connid FOR spfli_wa-connid NO INTERVALS
                                             NO-EXTENSION.
SELECT SINGLE *
    FROM spfli
    INTO spfli_wa
    WHERE carrid IN s_carrid AND
          connid IN s_connid.
```

Null-Wert
```
... col IS [NOT] NULL
```

Dieser Ausdruck ist wahr, falls der Wert von col (nicht) der Null-Wert ist. Bei Verwendung dieses Ausdrucks umgeht die SELECT-Anweisung die SAP-Pufferung.

Hinweise
- Alle anderen logischen Ausdrücke einer WHERE-Bedingung sind unbekannt, wenn eine der beteiligten Spalten den Null-Wert enthält.
- Der Null-Wert wird bei einigen Datenbanksystemen nicht in den Indizes berücksichtigt, was zur Folge haben kann, dass bei der Selektion nach Null-Werten kein Index verwendet wird.

Dynamischer logischer Ausdruck
```
... (cond_syntax)
```
Ein logischer Ausdruck kann als eingeklammertes Datenobjekt cond_syntax angegeben werden, das bei Ausführung der Anweisung die Syntax eines logischen Ausdrucks enthält oder initial ist. Auf diese Art können alle logischen Ausdrücke mit Ausnahme der Auswertung einer Subquery dynamisch angegeben werden.

Der logische Ausdruck in cond_syntax kann über AND oder OR zusammengesetzt bzw. über NOT negiert sein. Das Datenobjekt cond_syntax kann ein zeichenartiges Datenobjekt oder eine Standardtabelle ohne sekundäre Tabellenschlüssel mit zeichenartigem Datentyp sein. Die Syntax in cond_syntax ist wie im ABAP Editor unabhängig von Groß- und Kleinschreibung. Bei der Angabe einer internen Tabelle kann die Syntax auf mehrere Zeilen verteilt sein. Falls cond_syntax eine interne Tabelle mit Kopfzeile ist, wird der Tabellenkörper, nicht die Kopfzeile ausgewertet.

Das Ergebnis des logischen Ausdrucks (cond_syntax) wird durch das Ergebnis des enthaltenen logischen Ausdrucks bestimmt. Wenn cond_syntax bei Ausführung der Anweisung initial ist, ist der logische Ausdruck wahr.

Hinweise
- Da bei der dynamischen Angabe einer Bedingung u. a. die Syntaxprüfung erst zur Laufzeit erfolgen kann, benötigt die Angabe einer logischen Bedingung zur Laufzeit etwas mehr Ausführungszeit als eine entsprechende Angabe im Programmtext.
- Die Deklaration der in einer dynamischen Bedingung angegebenen Datenobjekte sollte möglichst im gleichen Kontext erfolgen, da die Suche in höher liegenden Kontexten zur Laufzeit aufwendiger ist.
- Dynamische logische Ausdrücke lassen sich auch interaktiv über freie Abgrenzungen erzeugen (siehe Abschnitt 34.7).

Beispiel
Erstellung eines dynamischen Vergleichs aus Benutzereingaben. Bei falscher Syntax oder falscher Semantik werden Ausnahmen ausgelöst, die über die gemeinsame Oberklasse behandelt werden.

```
PARAMETERS: column TYPE c LENGTH 8,
            value  TYPE c LENGTH 30.
DATA: spfli_wa   TYPE spfli,
      cond_syntax TYPE string.
cond_syntax = column && ' = value'.
```

```
TRY.
    SELECT SINGLE *
         FROM spfli
         INTO spfli_wa
         WHERE (cond_syntax).
  CATCH cx_sy_dynamic_osql_error.
    MESSAGE `Wrong WHERE condition!` TYPE 'I'.
ENDTRY.
```

sql_cond – subquery

Syntax von subquery

```
... ( SELECT result
         FROM source
         [WHERE sql_cond]
         [GROUP BY group] [HAVING group_cond] )
```

Eine Subquery ist eine eingeklammerte SELECT-Anweisung, in der alle Zusätze außer SINGLE, INTO und ORDER BY verwendet werden können. Eine Subquery, deren Ergebnismenge einspaltig ist – d. h., die Angabe der Spalten columns im Ausdruck result der Subquery ist auf eine Spalte oder einen Aggregatausdruck beschränkt –, bezeichnet man als skalare Subquery.

Eine Subquery kann innerhalb folgender logischer Ausdrücke sql_cond der WHERE-Bedingung für eine Unterabfrage verwendet werden:

- col operator [ALL|ANY|SOME] subquery
- [NOT] EXISTS subquery
- [NOT] IN subquery

Subqueries sind schachtelbar, indem in der WHERE-Bedingung einer Subquery wiederum Subqueries verwendet werden. In geschachtelten Subqueries werden die in den WHERE-Bedingungen angegebenen Spalten von innen nach außen gesucht, wobei die Spalten innerer Subqueries die gleichnamigen Spalten äußerer Subqueries verdecken.

Eine Subquery, die in ihrer WHERE-Bedingung Spalten der umgebenden SELECT-Anweisung verwendet, bezeichnet man als korrelierte Subquery. Die Spalte muss in der umgebenden SELECT-Anweisung eindeutig einer Datenbanktabelle oder einem View zugeordnet werden können. Eine korrelierte Subquery wird für jede einzelne Zeile der Ergebnismenge der umgebenden SELECT-Anweisung ausgewertet.

Innerhalb einer ABAP-Anweisung sind maximal zehn SELECT-Anweisungen erlaubt, d. h. die SELECT-Anweisung selbst und maximal neun Subqueries. Diese Beschränkung ist unabhängig davon, ob die Subqueries geschachtelt sind oder in verschiedenen logischen Ausdrücken der WHERE-Bedingung vorkommen.

Hinweise

- Subqueries können nicht beim Zugriff auf Pool- oder Cluster-Tabellen verwendet werden.
- Bei einer korrelierten Subquery kann in der umgebenden SELECT-Anweisung nicht auf einen Projektions-View zugegriffen werden.

- Bei Verwendung einer Subquery umgeht die Open SQL-Anweisung die SAP-Pufferung.
- In Subqueries, die in der `WHERE`-Bedingung einer `DELETE`- oder `UPDATE`-Anweisung verwendet werden, darf nicht auf die zu ändernde Datenbanktabelle zugegriffen werden.

Vergleichsoperatoren für skalare Subquery
```
... col operator [ALL|ANY|SOME] subquery
```

Diese Ausdrücke können mit einer skalaren Subquery `subquery` gebildet werden. Dabei steht `operator` für einen Vergleichsoperator. Es müssen einzeilige und mehrzeilige Ergebnismengen unterschieden werden.

Falls die Ergebnismenge der Subquery nur eine Zeile enthält, kann der Vergleich ohne die Angabe von `ALL`, `ANY` oder `SOME` durchgeführt werden. Der Ausdruck ist wahr, wenn der entsprechende Vergleich des Wertes von `col` mit dem Ergebnis der skalaren Subquery `subquery` "wahr" liefert. Wenn die Ergebnismenge der Subquery mehr als eine Zeile enthält, kommt es bei Ausführung der Anweisung zu einer unbehandelbaren Ausnahme.

Falls die Ergebnismenge der Subquery mehr als eine Zeile enthält, muss `ALL`, `ANY` oder `SOME` angegeben werden.

- Bei Verwendung von `ALL` ist der Ausdruck wahr, falls der Vergleich für alle Zeilen in der Ergebnismenge der skalaren Subquery `subquery` wahr ist.
- Mit dem Zusatz `ANY` oder `SOME` ist der Ausdruck wahr, falls er für mindestens eine der Zeilen in der Ergebnismenge der Subquery wahr ist.

Hinweis
Der Gleichheitsoperator (= oder `EQ`) in Verbindung mit `ANY` oder `SOME` wirkt wie die Verwendung von `IN subquery`.

Beispiele
Auslesen des Flugs mit den meisten Passagieren.

```
DATA wa_sflight TYPE sflight.
SELECT *
       FROM sflight
       INTO wa_sflight
       WHERE seatsocc = ( SELECT MAX( seatsocc )
                            FROM sflight ).
ENDSELECT.
```

Auslesen der Kundennummern der Kunden (bzw. des Kunden), die die meisten Buchungen vorgenommen haben.

```
DATA: id  TYPE sbook-customid,
      cnt TYPE i.
SELECT customid COUNT( * )
       FROM sbook
       INTO (id, cnt)
       GROUP BY customid
```

```
              HAVING COUNT( * ) >= ALL ( SELECT COUNT( * )
                                           FROM sbook
                                           GROUP BY customid ).
ENDSELECT.
```

Existenz beliebiger Subquery

... [NOT] EXISTS subquery

Dieser Ausdruck kann mit einer beliebigen Subquery subquery gebildet werden. Er ist wahr, wenn die Ergebnismenge der Subquery (nicht) mindestens eine Zeile enthält.

Beispiel
Auslesen aller freien Flüge, die von New York ausgehen, aus der Datenbanktabelle SFLIGHT in die interne Tabelle free_flights.

```
DATA free_flights TYPE TABLE OF sflight.
SELECT *
       FROM sflight AS s
       INTO TABLE free_flights
       WHERE seatsocc < s~seatsmax AND
             EXISTS ( SELECT *
                             FROM spfli
                             WHERE carrid   = s~carrid AND
                                   connid   = s~connid AND
                                   cityfrom = 'NEW YORK' ).
```

Vorkommen in skalarer Subquery

... col [NOT] IN subquery

Dieser Ausdruck kann mit einer skalaren Subquery subquery gebildet werden. Er ist wahr, wenn der Wert der Spalte col (nicht) in der Ergebnismenge der skalaren Subquery enthalten ist.

Beispiel
Auslesen der geographischen Breite und Länge einer Stadt aus der Datenbanktabelle SGEO-CITY, die als Abflugstadt eines Flugs in der Datenbanktabelle SPFLI vorkommt.

```
PARAMETERS: carr_id TYPE spfli-carrid,
            conn_id TYPE spfli-connid.
DATA: city  TYPE sgeocity-city,
      lati  TYPE p LENGTH 8 DECIMALS 2,
      longi TYPE p LENGTH 8 DECIMALS 2.
SELECT SINGLE city latitude longitude
       INTO (city, lati, longi)
       FROM sgeocity
       WHERE city IN ( SELECT cityfrom
                              FROM spfli
                              WHERE carrid = carr_id AND
                                    connid = conn_id ).
```

sql_cond – AND, OR, NOT

Syntax

```
... sql_cond1 AND sql_cond2 AND sql_cond3 ...
... sql_cond1 OR sql_cond2 OR sql_cond3 ...
... NOT sql_cond
```

Beliebige logische Ausdrücke `sql_cond` können mit AND oder OR zu einem logischen Ausdruck verknüpft werden, und das Ergebnis eines logischen Ausdrucks kann mit NOT negiert werden. Es gelten die gleichen Regeln wie für allgemeine logische Ausdrücke (siehe Abschnitt 21.1). Insbesondere ist eine explizite Klammerung möglich.

Für logische Ausdrücke, deren Ergebnis unbekannt ist, gelten folgende zusätzliche Regeln:

- Die AND-Verknüpfung zweier unbekannter Ausdrücke oder eines wahren mit einem unbekannten Ausdruck ergibt einen unbekannten Ausdruck. Die AND-Verknüpfung eines falschen mit einem unbekannten Ausdruck ergibt einen falschen Ausdruck.

- Die OR-Verknüpfung zweier unbekannter Ausdrücke oder eines falschen mit einem unbekannten Ausdruck ergibt einen unbekannten Ausdruck. Die OR-Verknüpfung eines wahren mit einem unbekannten Ausdruck ergibt einen wahren Ausdruck.

- Die Negation eines unbekannten Ausdrucks mit NOT ergibt einen unbekannten Ausdruck.

Hinweise

- Als logische Ausdrücke innerhalb einer Verknüpfung oder Negation sind insbesondere auch die dynamisch als (cond_syntax) angegebenen Ausdrücke möglich.

- Das logische NOT in einer WHERE-Klausel kann nicht durch einen Index unterstützt werden. Deshalb ist, wenn möglich, die Verwendung des umgekehrten Vergleichsoperators der Verwendung von NOT vorzuziehen, wie z. B. col <= dobj anstelle von NOT col > dobj.

Beispiel

Auslesen der Flüge von Frankfurt nach Los Angeles oder San Francisco.

```
DATA spfli_tab TYPE TABLE OF spfli.
SELECT *
       FROM spfli
       INTO TABLE spfli_tab
       WHERE cityfrom = 'FRANKFURT' AND
           ( cityto = 'LOS ANGELES' OR
             cityto = 'SAN FRANCISCO' ).
```

WHERE – FOR ALL ENTRIES

Syntax

```
... FOR ALL ENTRIES IN itab WHERE ... col operator itab-comp ...
```

Wenn vor dem Sprachelement WHERE der Anweisung SELECT der Zusatz FOR ALL ENTRIES angegeben ist, können die Komponenten comp der dort angegebenen internen Tabelle itab innerhalb von `sql_cond` als Operanden von Vergleichen mit Vergleichsoperatoren operator verwendet werden. Die angegebene Komponente comp muss zur Spalte col kompatibel sein. Die interne Tabelle itab kann einen strukturierten oder einen elementaren Zeilentyp haben. Bei elementarem Zeilentyp muss für comp die Pseudokomponente table_line angegeben werden.

Der gesamte logische Ausdruck `sql_cond` wird für jede einzelne Zeile der internen Tabelle `itab` ausgewertet. Die Ergebnismenge der SELECT-Anweisung ist die Vereinigungsmenge der Ergebnismengen, die sich aus den einzelnen Auswertungen ergeben. Doppelt vorkommende Zeilen werden automatisch aus der Ergebnismenge entfernt. Wenn die interne Tabelle `itab` leer ist, wird die gesamte WHERE-Bedingung ignoriert, und es werden alle Zeilen von der Datenbank in die Ergebnismenge gestellt.

Der logische Ausdruck `sql_cond` der WHERE-Bedingung kann über AND und OR aus verschiedenen logischen Ausdrücken zusammengesetzt sein. Wenn FOR ALL ENTRIES angegeben ist, muss es aber mindestens einen Vergleich mit einer Spalte der internen Tabelle `itab` geben, der statisch oder dynamisch angegeben werden kann. In einer SELECT-Anweisung mit FOR ALL ENTRIES kann der Zusatz ORDER BY nur mit dem Zusatz PRIMARY KEY verwendet werden.

Hinweise

- Der Zusatz FOR ALL ENTRIES ist nur vor WHERE-Bedingungen der Anweisung SELECT möglich.
- Hinter FOR ALL ENTRIES und hinter INTO kann die gleiche interne Tabelle angegeben werden. Der Inhalt der Tabelle wird von FOR ALL ENTRIES ausgewertet und dann von der INTO-Klausel überschrieben.
- Bezüglich doppelt vorkommender Zeilen in der Ergebnismenge wirkt der Zusatz FOR ALL ENTRIES so, als sei der Zusatz DISTINCT in der Definition der Selektionsmenge angegeben. Im Unterschied zu DISTINCT werden die Zeilen aber nicht immer vom Datenbanksystem, sondern unter Umständen erst auf dem Applikationsserver aus der Ergebnismenge entfernt. Die doppelten Zeilen werden dann vom Datenbanksystem entfernt, wenn die SELECT-Anweisung als eine einzige SQL-Anweisung an das Datenbanksystem übergeben werden kann. Falls die SELECT-Anweisung auf mehrere SQL-Anweisungen verteilt übergeben werden muss, findet die Verdichtung auf dem Applikationsserver statt.
- Der Zusatz FOR ALL ENTRIES umgeht die SAP-Pufferung in folgenden Fällen:
  - Tabellen mit Einzelsatzpufferung, wenn die interne Tabelle mehr als eine Zeile enthält und wenn ein Schlüsselfeld der Datenbanktabelle mit einer Komponente der internen Tabelle verglichen wird
  - Tabellen mit generischer Pufferung, wenn die Bedingung hinter FOR ALL ENTRIES verhindert, dass genau ein generischer Bereich exakt spezifiziert wird
- Solange bei Tabellen mit Einzelsatzpufferung oder mit generischer Pufferung keine Schlüsselfelder hinter FOR ALL ENTRIES mit Komponenten der internen Tabelle verglichen werden und bei Tabellen mit generischer Pufferung umgeht der Zusatz FOR ALL ENTRIES nicht die SAP-Pufferung. Er kann in diesen Fällen eine performantere Alternative für Join-Ausdrücke darstellen.
- Weil doppelte Zeilen erst auf dem Applikationsserver entfernt werden, werden in manchen Konstellationen alle durch die WHERE-Bedingung spezifizierten Zeilen an eine interne Systemtabelle übergeben und in dieser verdichtet. Die maximale Größe dieser Systemtabelle ist wie die normaler interner Tabellen beschränkt. Insbesondere wird die Systemtabelle immer benötigt, wenn gleichzeitig einer der Zusätze PACKAGE SIZE oder UP TO n ROWS verwendet wird. Diese wirken dann nicht auf die Menge der vom Datenbankserver an den Applikationsserver übergebenen Zeilen, sondern werden erst für die Übergabe der Zeilen von der Systemtabelle an den eigentlichen Zielbereich verwendet.

Beispiel

Auslesen von Flugdaten für eine vorgegebene Abflugstadt. Die entsprechenden Fluggesellschaften und Flugnummern werden zuerst in eine interne Tabelle entry_tab gestellt, die in der WHERE-Bedingung der folgenden SELECT-Anweisung ausgewertet wird. Diese Selektion könnte mit einem Join in der FROM-Klausel auch in einer einzigen SELECT-Anweisung erfolgen.

```
PARAMETERS p_city TYPE spfli-cityfrom.
TYPES: BEGIN OF entry_tab_type,
         carrid TYPE spfli-carrid,
         connid TYPE spfli-connid,
       END OF entry_tab_type.
TYPES: BEGIN OF result_tab_type,
         carrid TYPE sflight-carrid,
         connid TYPE sflight-connid,
         fldate TYPE sflight-fldate,
       END OF result_tab_type.
DATA: entry_tab  TYPE TABLE OF entry_tab_type,
      result_tab TYPE SORTED TABLE OF result_tab_type
                      WITH UNIQUE KEY carrid connid fldate.
SELECT carrid connid
       FROM spfli
       INTO CORRESPONDING FIELDS OF TABLE entry_tab
       WHERE cityfrom = p_city.
IF entry_tab IS NOT INITIAL.
  SELECT carrid connid fldate
         FROM sflight
         INTO CORRESPONDING FIELDS OF TABLE result_tab
         FOR ALL ENTRIES IN entry_tab
         WHERE carrid = entry_tab-carrid AND
               connid = entry_tab-connid.
ENDIF.
```

Zeilen gruppieren

SELECT – group

Syntax von group

... GROUP BY { {col1 col2 ...} | (column_syntax) }

Der Zusatz GROUP BY fasst Gruppen von Zeilen, die in den angegebenen Spalten col1 col2 ... den gleichen Inhalt haben, in der Ergebnismenge zu einer Zeile zusammen. Die Verwendung von GROUP BY setzt voraus, dass hinter SELECT nur einzelne Spalten, nicht jedoch alle Spalten über * angegeben sind. Wenn GROUP BY verwendet wird, müssen dort alle Spalten aufgeführt werden, die hinter SELECT direkt und nicht als Argument einer Aggregatfunktion angegeben sind. Umgekehrt müssen bei Verwendung von GROUP BY alle hinter SELECT aufgeführten Spalten, die nicht hinter GROUP BY aufgeführt sind, als Argument einer Aggregatfunktion angegeben werden. Die Aggregatfunktionen legen fest, wie der Inhalt dieser Spalten in der zusammengefassten Zeile aus den Inhalten aller Zeilen einer Gruppe bestimmt wird.

Hinter `GROUP BY` müssen die gleichen Spaltenbezeichner wie hinter `SELECT` angegeben werden. Die Angabe kann entweder statisch als Liste `col1 col2` ... oder dynamisch als eingeklammertes Datenobjekt `column_syntax` angegeben werden, das bei Ausführung der Anweisung die Syntax der statischen Angabe enthält oder initial ist. Für `column_syntax` gilt das Gleiche wie bei der dynamischen Spaltenangabe hinter `SELECT`.

Ist der Inhalt von `column_syntax` initial, werden entweder alle oder keine Zeilen zusammengefasst. Die Spalten hinter `SELECT` müssen dann entweder ausschließlich als Argumente von Aggregatfunktionen oder ausschließlich direkt aufgeführt sein, andernfalls kommt es zur behandelbaren Ausnahme CX_SY_OPEN_SQL_DB.

Die hinter `GROUP BY` angegebenen Spalten dürfen nicht vom Typ STRING oder RAWSTRING sein, und bei der Verwendung von `GROUP BY` kann nicht auf Pool- oder Cluster-Tabellen zugegriffen werden.

Hinweise
- Bei der Verwendung von `GROUP BY` umgeht die Anweisung `SELECT` die SAP-Pufferung.
- Die Verwendung von `GROUP BY` und von Aggregatfunktion sorgt dafür, dass Aggregate und Gruppen bereits vom Datenbanksystem und nicht erst vom Applikationsserver gebildet werden. Dies kann erheblich zur Reduzierung der Datenmenge, die vom Datenbank- zum Applikationsserver transportiert werden muss, beitragen.

Beispiele
Die Zeilen der Datenbanktabelle SFLIGHT, die in der Spalte CARRID den gleichen Inhalt haben, werden zusammengefasst. Die kleinsten und größten Werte der Spalte PRICE werden für jede dieser Gruppen bestimmt und in die zusammengefasste Zeile gestellt.

```
DATA: carrid  TYPE sflight-carrid,
      minimum TYPE p DECIMALS 2,
      maximum TYPE p DECIMALS 2.
SELECT carrid MIN( price ) MAX( price )
       FROM sflight
       INTO (carrid, minimum, maximum)
       GROUP BY carrid.
  WRITE: / carrid, minimum, maximum.
ENDSELECT.
```

Nach Eingabe einer beliebigen Spalte der Datenbanktabelle SPFLI werden die selektierten Daten nach dieser Spalte gruppiert, d. h., dass gleiche Einträge zusammengefasst werden. In `count` wird die Anzahl der Flugverbindungen für die unterschiedlichen Werte in der Spalte `spflicol` bestimmt. Gibt man z. B. "cityfrom" als `spflicol` ein, wird in `count` die Anzahl der Ziele für jeden Abflugort bestimmt.

```
PARAMETERS spflicol TYPE c LENGTH 20.
DATA: dref      TYPE REF TO data,
      long_name TYPE string,
      count     TYPE i,
      fieldlist TYPE string.
FIELD-SYMBOLS <fs> TYPE any.
```

```
long_name = 'spfli-' && spflicol.
CREATE DATA dref TYPE (long_name).
ASSIGN dref->* TO <fs>.
fieldlist = spflicol && ' count(*)'.
SELECT DISTINCT (fieldlist)
       INTO (<fs>, count)
       FROM spfli
       GROUP BY (spflicol).
  WRITE: / <fs>, count.
ENDSELECT.
```

Gruppierte Zeilen einschränken

SELECT - group_cond

Syntax von group_cond

... HAVING sql_cond

Der Zusatz HAVING schränkt die Anzahl von zu Gruppen zusammengefassten Zeilen in der Ergebnismenge durch einen logischen Ausdruck sql_cond für diese Zeilen ein. Die Syntax des logischen Ausdrucks sql_cond entspricht der Syntax des logischen Ausdrucks sql_cond der WHERE-Bedingung. Die Vergleiche des logischen Ausdrucks werten die Inhalte von Zeilengruppen aus.

Erfolgt eine Gruppierung über den Zusatz GROUP BY, müssen alle Spalten, die in der Bedingung sql_cond direkt über ihren Namen col angegeben werden, hinter GROUP BY aufgeführt sein. Die direkte Angabe einer anderen Spalte führt zur behandelbaren Ausnahme CX_SY_OPEN_SQL_DB. Für beliebige Spalten der hinter FROM aufgeführten Datenbanktabellen bzw. Views können in den Vergleichen von sql_cond beliebige Aggregatausdrücke angegeben werden. Ein solcher Aggregatausdruck wird für jede in GROUP BY definierte Zeilengruppe ausgewertet und sein Ergebnis als Operand des Vergleichs verwendet. Falls eine solche Spalte gleichzeitig als Argument einer Aggregatfunktion hinter SELECT aufgeführt ist, können die Aggregatausdrücke hinter SELECT und hinter HAVING auch verschieden sein.

Wenn der Zusatz GROUP BY nicht angegeben ist oder das Datenobjekt column_syntax bei der dynamischen Spaltenangabe hinter GROUP BY initial ist, kann der Zusatz HAVING nur dann angegeben werden, wenn die gesamte Ergebnismenge in eine Zeile gruppiert ist, d. h., wenn hinter SELECT ausschließlich Aggregatausdrücke stehen. In diesem Fall können in sql_cond ausschließlich Aggregatausdrücke als Operanden angegeben werden, die für alle Zeilen der Ergebnismenge ausgewertet werden.

Beispiel

Auslesen der Anzahl gebuchter Raucher- bzw. Nichtraucherplätze pro Flugdatum einer Verbindung.

```
PARAMETERS: p_carrid TYPE sbook-carrid,
            p_connid TYPE sbook-connid.
TYPES: BEGIN OF sbook_type,
         fldate TYPE sbook-fldate,
         smoker TYPE sbook-smoker,
```

```
        smk_cnt TYPE i,
      END OF sbook_type.
DATA sbook_tab TYPE TABLE OF sbook_type.
SELECT fldate smoker COUNT( * ) AS smk_cnt
       FROM sbook
       INTO CORRESPONDING FIELDS OF TABLE sbook_tab
       WHERE connid = p_connid
       GROUP BY carrid fldate smoker
       HAVING carrid = p_carrid
       ORDER BY fldate smoker.
```

Ergebnismenge sortieren

```
SELECT - sort_key
```

Syntax von sort_key

```
... ORDER BY { {PRIMARY KEY}
             | { {col1|a1} [ASCENDING|DESCENDING]
                 {col2|a2} [ASCENDING|DESCENDING] ...}
             | (column_syntax) }
```

Der Zusatz ORDER BY sortiert eine mehrzeilige Ergebnismenge nach dem Inhalt der angegebenen Spalten. Die Reihenfolge der Zeilen in der Ergebnismenge ist bezüglich aller Spalten, die nicht hinter ORDER BY aufgeführt sind, undefiniert und kann bei mehrfacher Ausführung der gleichen SELECT-Anweisung verschieden sein.

Wenn hinter SELECT alle Spalten über * angegeben sind und hinter FROM eine einzige Datenbanktabelle – d. h. kein View oder Join-Ausdruck – angegeben ist, kann die Ergebnismenge mit dem Zusatz PRIMARY KEY aufsteigend nach dem Inhalt des Primärschlüssels dieser Datenbanktabelle sortiert werden. Der Zusatz PRIMARY KEY kann nicht angegeben werden, wenn hinter FROM ein View oder ein Join-Ausdruck statisch angegeben ist. Ist in der dynamischen Angabe dbtab_syntax hinter FROM ein View oder ein Join-Ausdruck angegeben, wird nach allen Spalten der Ergebnismenge sortiert.

Für beliebige Spaltenangaben hinter SELECT kann hinter ORDER BY eine Liste von Spalten angegeben werden, nach denen sortiert werden soll. Vor Release 7.02/7.2 können ausschließlich Spalten angegeben werden, die hinter SELECT aufgeführt sind. Die Angabe einer Spalte ist direkt über die Spaltenbezeichner col1 col2 ... oder die alternativen Spaltennamen a1 a2 ... möglich. Letzteres ist notwendig, wenn nach Spalten sortiert werden soll, die als Aggregatausdrücke angegeben sind. Falls beim Zugriff auf mehrere Datenbanktabellen ein Spaltenname nicht-eindeutig ist, muss die Spalte über den Spaltenselektor ~ identifiziert werden. Die Zusätze ASCENDING und DESCENDING legen fest, ob aufsteigend bzw. absteigend sortiert wird. Wenn keiner der Zusätze angegeben ist, wird aufsteigend sortiert. Die Priorität der Sortierung richtet sich nach der Reihenfolge, in der die Komponenten col1 col2 ... bzw. a1 a2 ... angegeben sind. Pool- und Cluster-Tabellen können nicht nach beliebigen Spalten sortiert werden. Die hinter ORDER BY angegebenen Spalten dürfen nicht vom Typ LCHAR, LRAW, STRING oder RAWSTRING sein.

Alternativ zur statischen Spaltenangabe kann ein eingeklammertes Datenobjekt `column_syntax` angegeben werden, das bei Ausführung der Anweisung die Syntax der Liste von Spalten enthält oder initial ist. Der Zusatz `PRIMARY KEY` kann nicht in `column_syntax` angegeben werden. Für `column_syntax` gilt das Gleiche wie bei der dynamischen Spaltenangabe hinter `SELECT`. Wenn der Inhalt von `column_syntax` initial ist, wird der Zusatz `ORDER BY` ignoriert.

Wenn der Zusatz `FOR ALL ENTRIES` in der `WHERE`-Bedingung verwendet wird, kann `ORDER BY` nur mit dem Zusatz `PRIMARY KEY` verwendet werden. Der Zusatz `ORDER BY` kann nicht zusammen mit dem Zusatz `SINGLE` verwendet werden.

Hinweise
- Wird eine sortierte Ergebnismenge einer sortierten internen Tabelle zugewiesen, wird erneut nach der Sortiervorschrift für die interne Tabelle sortiert.
- Aus Performancegründen sollte eine Sortierung nur dann im Datenbanksystem vorgenommen werden, wenn die Sortierung von einem Index unterstützt wird. Dies ist nur bei der Angabe von `ORDER BY PRIMARY KEY` sicher der Fall. Wenn kein passender Index vorliegt, muss die Ergebnismenge zur Laufzeit sortiert werden. Dies sollte mit `SORT` auf dem Applikationsserver und nicht mit `ORDER BY` im Datenbanksystem geschehen. Auch wenn ein passender Index vorliegt, sollte bei größeren Datenmengen die Variante ... `ORDER BY col1 col2` ... nur angewandt werden, wenn die Reihenfolge der Datenbankfelder `col1 col2` ... genau der Reihenfolge des Index entspricht.
- Bei der Angabe einzelner Spalten im Zusatz `ORDER BY` verwendet die Anweisung `SELECT` die SAP-Pufferung nur in folgenden Fällen:
  - Die angegebenen Spalten sind eine linksbündige Teilmenge des Primärschlüssels in der richtigen Reihenfolge, und es sind keine weiteren Spalten angegeben.
  - Die angegebenen Spalten stellen den gesamten Primärschlüssel in der richtigen Reihenfolge dar. Zusätzlich angegebene Spalten haben dann keinen Einfluss auf die Sortierung.

  Ansonsten wird die SAP-Pufferung nicht berücksichtigt.

Beispiele
Auslesen der Daten aus der Datenbanktabelle SFLIGHT zum Lufthansa-Flug 0400, sortiert nach Flugdatum.

```
DATA wa_sflight TYPE sflight.
SELECT * FROM sflight
       INTO wa_sflight
       WHERE carrid = 'LH' AND
             connid = '0400'
       ORDER BY PRIMARY KEY.
ENDSELECT.
```

Die Zeilen der Datenbanktabelle `sflight` werden nach den Spalten `carrid` und `connid` gruppiert, wobei für jede Gruppe das Minimum der Spalte `seatsocc` bestimmt wird. Die Selektion wird aufsteigend nach `carrid` und absteigend nach dem Minimum der belegten Plätze sortiert. Dabei wird der Alternativname `min` für den Aggregatausdruck verwendet.

```abap
DATA: BEGIN OF wa,
        carrid TYPE sflight-carrid,
        connid TYPE sflight-connid,
        min    TYPE i,
      END OF wa.
SELECT carrid connid MIN( seatsocc ) AS min
       FROM sflight
       INTO CORRESPONDING FIELDS OF wa
       GROUP BY carrid connid
       ORDER BY carrid min DESCENDING.
  WRITE: / wa-carrid, wa-connid, wa-min.
ENDSELECT.
```

Auslesen der Datenbanktabelle sflight in einer Methode, wobei das Sortierkriterium als Eingabeparameter übergeben wird. Im vorliegenden Fall muss der Benutzer das Kriterium syntaktisch korrekt auf dem Selektionsbild eingeben. In einer richtigen Anwendung würde man eine Eingabehilfe über eine Auswahlliste vorbereiten.

```abap
TYPES sflight_table_type TYPE TABLE OF sflight.
CLASS handle_sflight DEFINITION.
  PUBLIC SECTION.
    CLASS-METHODS select_sort_sflight
        IMPORTING sort_crit TYPE string
        EXPORTING sflight_tab TYPE sflight_table_type
            RAISING cx_sy_dynamic_osql_error.
ENDCLASS.
PARAMETERS p_sort TYPE c LENGTH 40.
DATA: s_sort TYPE string,
      result_tab TYPE sflight_table_type.
START-OF-SELECTION.
  TRY.
      s_sort = p_sort.
      handle_sflight=>select_sort_sflight(
        EXPORTING sort_crit = s_sort
        IMPORTING sflight_tab = result_tab ).
    CATCH cx_sy_dynamic_osql_error.
      MESSAGE `Wrong sort criterium!` TYPE 'I'.
  ENDTRY.
CLASS handle_sflight IMPLEMENTATION.
  METHOD select_sort_sflight.
    SELECT *
        FROM sflight
        INTO TABLE sflight_tab
        ORDER BY (sort_crit).
  ENDMETHOD.
ENDCLASS.
```

37.2.2.2 Daten über Cursor selektieren

OPEN CURSOR

Syntax
```
OPEN CURSOR [WITH HOLD] dbcur FOR
  SELECT result
         FROM source
         [[FOR ALL ENTRIES IN itab] WHERE sql_cond]
         [GROUP BY group] [HAVING group_cond]
         [ORDER BY sort_key].
```

Diese Anweisung öffnet einen Datenbank-Cursor für die hinter FOR definierte Selektion und verknüpft eine Cursor-Variable dbcur mit diesem Datenbank-Cursor. Die Ergebnismenge der Selektion kann mit der Anweisung FETCH ausgelesen werden.

Für dbcur muss eine mit dem speziellen vordefinierten Datentyp cursor deklarierte Variable angegeben werden. Ein bereits geöffneter Datenbank-Cursor dbcur kann nicht nochmals geöffnet werden. Einem geöffneten Datenbank-Cursor ist immer eine Zeile der Ergebnismenge als Cursor-Position zugeordnet. Nach der Anweisung OPEN CURSOR steht der Datenbank-Cursor vor der ersten Zeile der Ergebnismenge.

Hinter FOR kann die Syntax einer SELECT-Anweisung angegeben werden, die alle Zusätze der normalen SELECT-Anweisung enthält, bis auf INTO bzw. APPENDING. Weiterhin darf im Zusatz result hinter SELECT der Zusatz SINGLE nicht verwendet werden.

Es kann nur eine begrenzte Anzahl Datenbank-Cursor gleichzeitig geöffnet sein. Ein geöffneter Datenbank-Cursor kann mit der Anweisung CLOSE CURSOR geschlossen werden. Daneben wird ein geöffneter Datenbank-Cursor bei einem Datenbank-Commit oder einem Datenbank-Rollback geschlossen.

Wenn eine Cursor-Variable dbcur eines geöffneten Datenbank-Cursors einer anderen Cursor-Variablen zugewiesen oder als Parameter übergeben wird, wird Letztere mit dem gleichen Datenbank-Cursor an gleicher Position verknüpft. Eine Cursor-Variable eines geöffneten Datenbank-Cursors kann auch extern aufgerufenen Prozeduren übergeben werden, um von dort auf den Datenbank-Cursor zuzugreifen.

Wenn der Zusatz WITH HOLD angegeben ist, wird der Datenbank-Cursor bei einem über Native SQL ausgeführten Datenbank-Commit nicht geschlossen. Der Zusatz hat jedoch keinen Einfluss auf implizite Datenbank-Commits oder beliebige Rollbacks, die den Datenbank-Cursor immer schließen. Ein Native SQL-Datenbank-Commit kann beispielsweise mit dem Funktionsbaustein DB_COMMIT (siehe Abschnitt 40.1.1) durchgeführt werden.

Hinweise
Es wird empfohlen, Cursor-Variablen nicht einander zuzuweisen, sondern sie ausschließlich mit den Anweisungen OPEN CURSOR und CLOSE CURSOR zu setzen.

Daten über Cursor lesen
`FETCH`

Syntax
`FETCH NEXT CURSOR` dbcur `{INTO|APPENDING}` target.

Diese Anweisung entnimmt der Ergebnismenge des mit der Cursor-Variablen `dbcur` verknüpften Datenbank-Cursors ab der aktuellen Cursor-Position die über den Zusatz `INTO` bzw. `APPENDING` angeforderten Zeilen und weist sie den dort angegebenen Datenobjekten zu. Die Cursor-Variable `dbcur` muss eine mit dem speziellen vordefinierten Datentyp `cursor` deklarierte Variable sein, die mit der Anweisung `OPEN CURSOR` geöffnet oder der ein geöffneter Cursor zugewiesen wurde, ansonsten kommt es zu einer behandelbaren Ausnahme.

Syntax und Bedeutung des Zusatzes `INTO` bzw. `APPENDING` target sind völlig gleichbedeutend mit den gleichnamigen Zusätzen der `SELECT`-Anweisung, mit der Ausnahme, dass derzeit (Release 7.02/7.2) noch keine LOB-Handles erzeugt werden können.

Werden hinter `INTO` nicht-tabellenartige Datenobjekte angegeben, wird eine Zeile entnommen. Wenn hinter `INTO` bzw. `APPENDING` eine interne Tabelle angegeben ist, werden entweder alle Zeilen entnommen oder so viele, wie im Zusatz `PACKAGE SIZE` angegeben sind. Aufeinanderfolgende `FETCH`-Anweisungen, die auf die gleiche Ergebnismenge zugreifen, können unterschiedliche Zusätze `INTO` bzw. `APPENDING` haben: Die Angabe von Arbeitsbereichen kann mit der Angabe interner Tabellen kombiniert werden. Dabei darf der Zusatz `CORRESPONDING FIELDS` in allen beteiligten `FETCH`-Anweisungen entweder gar nicht oder muss in jeder Anweisung aufgeführt werden, und die Datentypen der beteiligten Arbeitsbereiche `wa` bzw. die Zeilentypen der internen Tabellen `itab` müssen identisch sein. Die Angabe einer eingeklammerten Liste von Datenobjekten hinter `INTO` kann nicht mit der Angabe von Arbeitsbereichen oder internen Tabellen kombiniert werden, sondern jede der beteiligten `FETCH`-Anweisungen muss eine solche Liste enthalten.

Die Anweisung `FETCH` bewegt die Cursor-Position des Datenbank-Cursors, der mit `dbcur` verknüpft ist, um die Anzahl der entnommenen Zeilen auf die nächste zu entnehmende Zeile weiter. Wenn in einer `FETCH`-Anweisung die letzte Zeile der Ergebnismenge entnommen wurde, setzt jede nachfolgende `FETCH`-Anweisung, in der `dbcur` mit dem gleichen Datenbank-Cursor verknüpft ist, `sy-subrc` auf 4, ohne die hinter `INTO` bzw. `APPENDING` angegebenen Datenobjekte zu beeinflussen.

Die Anweisung `FETCH` setzt die Werte der Systemfelder `sy-subrc` und `sy-dbcnt`.

sy-subrc	Bedeutung
0	Der Ergebnismenge wurde mindestens eine Zeile entnommen.
4	Es wurde keine Zeile entnommen.

Die Anweisung `FETCH` setzt `sy-dbcnt` nach jeder Zeilenentnahme auf die Anzahl der bis dahin der betreffenden Ergebnismenge entnommenen Zeilen. Wenn keine Zeile entnommen werden kann, wird `sy-dbcnt` auf 0 gesetzt.

Hinweise

- Es hängt von dem verwendeten Datenbanksystem ab, ob der Datenbank-Cursor auf der Datenbank nach der Entnahme der letzten Zeile der Ergebnismenge implizit geschlossen wird oder nicht. Deshalb empfiehlt sich immer die explizite Verwendung der Anweisung CLOSE CURSOR.
- Hinter der Anweisung FETCH können in *target* zu Release 7.02/7.2 noch keine Referenzvariablen für LOB-Handles bzw. LOB-Handle-Strukturen angegeben werden.

Cursor schließen

`CLOSE CURSOR`

Syntax

`CLOSE CURSOR dbcur.`

Diese Anweisung schließt den Datenbank-Cursor, der mit der Cursor-Variablen dbcur verknüpft ist, und initialisiert diese. Die Cursor-Variable dbcur muss eine mit dem speziellen vordefinierten Datentyp cursor deklarierte Variable sein, die mit der Anweisung OPEN CURSOR geöffnet oder der ein geöffneter Cursor zugewiesen wurde.

Hinweise

- Da nur eine begrenzte Anzahl Datenbank-Cursor gleichzeitig geöffnet sein kann, sollten alle nicht mehr benötigten Datenbank-Cursor geschlossen werden.
- Das Initialisieren einer Cursor-Variablen mit der Anweisung CLEAR genügt nicht, um einen Datenbank-Cursor zu schließen. Wenn der Wert der Cursor-Variablen im Programm bekannt ist, kann der Datenbank-Cursor weiterhin mit FETCH bearbeitet werden.
- Nachdem ein Datenbank-Cursor geschlossen wurde, kann nicht mehr auf ihn zugegriffen werden. Andere Cursor-Variablen, die mit dem Datenbank-Cursor verknüpft waren, werden zwar nicht initialisiert, sind danach aber ungültig, und ein Zugriff führt zu einer behandelbaren Ausnahme.

Beispiel

Einlesen der Daten der Datenbanktabelle SPFLI in Paketen variierender Größe mithilfe zweier paralleler Cursor. Die Paketgrößen werden mit dem ersten Cursor über die Aggregatfunktion count(*) bestimmt und beim Zugriff über den zweiten Cursor verwendet. Diese variable Steuerung des Zusatzes PACKAGE SIZE ist innerhalb einer einzigen SELECT-Anweisung nicht möglich.

```
DATA: BEGIN OF count_line,
        carrid TYPE spfli-carrid,
        count  TYPE i,
      END OF count_line,
      spfli_tab TYPE TABLE OF spfli.
DATA: dbcur1 TYPE cursor,
      dbcur2 TYPE cursor.
OPEN CURSOR dbcur1 FOR
  SELECT carrid count(*) AS count
         FROM spfli
```

```
          GROUP BY carrid
          ORDER BY carrid.
OPEN CURSOR dbcur2 FOR
  SELECT *
         FROM spfli
         ORDER BY carrid.
DO.
  FETCH NEXT CURSOR dbcur1 INTO count_line.
  IF sy-subrc <> 0.
    EXIT.
  ENDIF.
  FETCH NEXT CURSOR dbcur2
    INTO TABLE spfli_tab PACKAGE SIZE count_line-count.
ENDDO.
CLOSE CURSOR: dbcur1,
              dbcur2.
```

37.2.3 Ändernde Zugriffe

Die ändernden Zugriffe umfassen das Einfügen, Ändern und Löschen von Inhalten in Datenbanktabellen. Alle ändernden Zugriffe sind als Einzelzugriffe oder als Mengenzugriffe möglich. Wenn mehrere Zeilen einer Datenbanktabelle geändert werden sollen, sind Mengenzugriffe über interne Tabellen prinzipiell performanter als Einzelzugriffe.

Geänderte Inhalte werden beim nächsten Datenbank-Commit endgültig in die Datenbanktabelle übernommen. Bis dahin können Änderungen durch einen Datenbank-Rollback wieder rückgängig gemacht werden. Die ändernden Anweisungen setzen bis zum nächsten Datenbank-Commit bzw. -Rollback eine Datenbanksperre, wodurch es bei falscher Verwendung zu einem Deadlock kommen kann. Die Anzahl von Zeilen, die innerhalb einer Datenbank-LUW in den Tabellen einer Datenbank geändert werden kann, ist datenbankspezifisch dadurch beschränkt, dass ein Datenbanksystem nur eine begrenzte Menge von Daten im Rollback-Bereich und nur eine begrenzte Anzahl von Sperren verwalten kann.

37.2.3.1 Daten in Datenbanktabellen einfügen

`INSERT dbtab`

Syntax
```
INSERT { {INTO target VALUES wa }
       | {     target FROM    wa|{TABLE itab} } }.
```

Die Anweisung INSERT fügt eine oder mehrere in *source* angegebene Zeilen in die in *target* angegebene Datenbanktabelle ein. Die beiden Varianten mit INTO und VALUES bzw. ohne INTO mit FROM verhalten sich identisch, mit der Ausnahme, dass hinter VALUES keine internen Tabellen in *source* angegeben werden können.

Die Anweisung INSERT setzt die Werte der Systemfelder sy-subrc und sy-dbcnt.

sy-subrc	Bedeutung
0	Bei Angabe eines Arbeitsbereichs in *source* wurde die angegebene Zeile eingefügt. Bei Angabe einer internen Tabelle in *source* wurden alle angegebenen Zeilen eingefügt, oder die interne Tabelle ist leer.
2	Bei Angabe einer LOB-Handle-Struktur mit einer Komponente für Schreibströme (ab Release 7.02/7.2) wurden die Nicht-LOB-Handle-Komponenten noch nicht in die Datenbank geschrieben, sondern werden spätestens beim Schließen des Stroms übermittelt. Das Auftreten dieses Zustands hängt vom Datenbanksystem ab.
4	Bei Angabe eines Arbeitsbereichs in *source* wurde die angegebene Zeile nicht eingefügt, oder bei Angabe einer internen Tabelle in *source* wurden nicht alle angegebenen Zeilen eingefügt, da bereits eine Zeile mit dem gleichen Primärschlüssel bzw. einem eindeutigen Sekundärindex in der Datenbanktabelle vorhanden ist.

Die Anweisung INSERT setzt sy-dbcnt auf die Anzahl der eingefügten Zeilen. Wenn sy-subrc 2 ist, wird sy-dbcnt auf den Wert –1 (für undefiniert) gesetzt.

Zieltabelle angeben

```
INSERT dbtab - target
```

Syntax von target

```
... {dbtab|(dbtab_syntax)} [CLIENT SPECIFIED]
                          [CONNECTION {con|(con_syntax)}]
```

Die Angaben legen statisch oder dynamisch fest, auf welche Datenbanktabelle bzw. welchen View zugegriffen wird, und regeln die Mandantenbehandlung.

Für dbtab kann eine im ABAP Dictionary definierte Datenbanktabelle oder ein im ABAP Dictionary definierter View angegeben werden. Es können nur Views angegeben werden, die sich auf eine einzige Datenbanktabelle beziehen und deren Pflegestatus im ABAP Dictionary ändernde Zugriffe erlaubt.

Anstelle der statischen Angabe kann ein eingeklammertes Datenobjekt dbtab_syntax angegeben werden, das bei Ausführung der Anweisung den Namen der Datenbanktabelle bzw. des Views enthalten muss. Für das Datenobjekt dbtab_syntax kann ein zeichenartiges Datenobjekt oder eine Standardtabelle ohne sekundäre Tabellenschlüssel mit zeichenartigem Zeilentyp angegeben werden. Die Syntax in dbtab_syntax ist wie im ABAP Editor unabhängig von Groß- und Kleinschreibung.

Der Zusatz CLIENT SPECIFIED schaltet die automatische Mandantenbehandlung von Open SQL ab. Bei Verwendung des Zusatzes wird die in *source* angegebene Mandantenkennung berücksichtigt. Ohne den Zusatz CLIENT SPECIFIED übergibt die ABAP-Laufzeitumgebung nicht die in *source* angegebene Mandantenkennung an das Datenbanksystem, sondern die Kennung des aktuellen Mandanten.

Hinweis

Da jeder Mandant eine in sich abgeschlossene Einheit darstellt, sollte die automatische Mandantenbehandlung in Anwendungsprogrammen nie abgeschaltet werden. Auf Systemen mit Multitenancy wird dies von der ABAP-Laufzeitumgebung zugesichert.

Quelle angeben

```
INSERT dbtab - source
```

Syntax von source

```
... wa
  | {TABLE itab [ACCEPTING DUPLICATE KEYS] }.
```

Hinter FROM und VALUES kann ein nicht-tabellenartiges Datenobjekt wa angegeben werden. Hinter FROM kann auch eine interne Tabelle itab angegeben werden. Der Inhalt der einzufügenden Zeile(n) wird diesen Datenobjekten entnommen.

Arbeitsbereich

```
... wa ...
```

Hinter VALUES und FROM kann ein nicht-tabellenartiger Arbeitsbereich wa angegeben werden, aus dessen Inhalt eine Zeile zum Einfügen in die Datenbanktabelle aufgebaut wird. Der Arbeitsbereich muss die Voraussetzungen für die Verwendung in Open SQL-Anweisungen (siehe Abschnitt 37.2.4) erfüllen.

Bei der Angabe eines Arbeitsbereichs, der keine Referenzvariablen für LOB-Handles (ab Release 7.02/7.2) enthält, wird der Inhalt der einzufügenden Zeile dem Arbeitsbereich wa ohne Berücksichtigung seines Datentyps und ohne Konvertierung von links nach rechts gemäß der Struktur der Datenbanktabelle bzw. des Views entnommen.

Bei der Angabe einer LOB-Handle-Struktur (ab Release 7.02/7.2) muss diese gemäß den Voraussetzungen genau wie die Struktur der Datenbanktabelle aufgebaut sein. Die Komponenten des Arbeitsbereichs, die keine LOB-Handle-Komponenten sind, werden direkt den entsprechenden Spalten der neuen Zeile zugewiesen. Wenn es sich um eine LOB-Handle-Komponente vom Typ eines Schreibstroms handelt, wird dieser erzeugt. Wenn es sich um einen Typ für einen Lokator handelt, muss dieser vorhanden sein und wird als Quelle verwendet. Siehe Abschnitt 37.2.5.

Die neue Zeile wird in die Datenbanktabelle eingefügt, wenn es dort noch keine Zeile mit dem gleichen Primärschlüssel bzw. einem gleichen eindeutigen Sekundärindex gibt. Ansonsten wird die Zeile nicht eingefügt und sy-subrc auf 4 gesetzt.

Wenn in target ein View angegeben ist, der nicht alle Spalten der Datenbanktabelle umfasst, werden diese in den eingefügten Zeilen entweder auf den typgerechten Initialwert oder auf den Null-Wert gesetzt. Letzteres ist nur dann der Fall, wenn für die betreffenden Spalten der Datenbanktabelle nicht die Eigenschaft INITIALWERTE im ABAP Dictionary markiert ist.

Standardmäßig wird eine automatische Mandantenbehandlung durchgeführt, d. h., eine in wa angegebene Mandantenkennung wird nicht berücksichtigt, sondern der aktuelle Mandant verwendet. Dabei wird wa nicht beeinflusst. Die automatische Mandantenbehandlung kann mit dem Zusatz CLIENT SPECIFIED abgeschaltet werden.

Beispiel

Einfügen einer neuen Fluggesellschaft in die Datenbanktabelle SCARR.

```
DATA scarr_wa TYPE scarr.
```

```
scarr_wa-carrid   = 'FF'.
scarr_wa-carrname = 'Funny Flyers'.
scarr_wa-currcode = 'EUR'.
scarr_wa-url      = 'http://www.funnyfly.com'.
INSERT INTO scarr VALUES scarr_wa.
```

Interne Tabelle

> ... TABLE itab [ACCEPTING DUPLICATE KEYS] ...

Hinter FROM kann eine interne Tabelle itab angegeben werden, aus deren Inhalt mehrere Zeilen zum Einfügen in die Datenbanktabelle aufgebaut werden. Der Zeilentyp der internen Tabelle muss die Voraussetzungen für die Verwendung in Open SQL-Anweisungen erfüllen.

Der Inhalt jeder Zeile der internen Tabelle wird nach den gleichen Regeln wie bei einem einzelnen Arbeitsbereich wa zu einer einzufügenden Zeile zusammengesetzt, mit der Ausnahme, dass beim Einfügen aus einer internen Tabelle zwar Lokatoren als Quelle dienen (ab Release 7.02/7.2), aber keine Schreibströme erzeugt werden können.

Falls für keine der einzufügenden Zeilen bereits eine Zeile mit gleichem Primärschlüssel oder einem gleichen eindeutigen Sekundärindex in der Datenbanktabelle existiert, werden alle Zeilen eingefügt, und sy-subrc wird auf 0 gesetzt. Ist die interne Tabelle leer, wird sy-subrc ebenfalls auf 0 gesetzt. Das Systemfeld sy-dbcnt wird immer auf die Anzahl der tatsächlich eingefügten Zeilen gesetzt.

Falls für eine oder mehrere der einzufügenden Zeilen bereits eine Zeile mit dem gleichen Primärschlüssel oder einem gleichen eindeutigen Sekundärindex in der Datenbanktabelle vorhanden ist, können diese Zeilen nicht eingefügt werden. In dieser Situation gibt es drei Möglichkeiten:

1. **Verwendung von ACCEPTING DUPLICATE KEYS**
   Wenn der Zusatz ACCEPTING DUPLICATE KEYS angegeben ist, werden alle Zeilen eingefügt, für die dies möglich ist. Die restlichen Zeilen werden verworfen, und sy-subrc wird auf 4 gesetzt. Das Systemfeld sy-dbcnt wird auf die Anzahl der eingefügten Zeilen gesetzt.

2. **Behandlung einer Ausnahme**
   Wenn der Zusatz ACCEPTING DUPLICATE KEYS nicht angegeben ist, kommt es zur behandelbaren Ausnahme CX_SY_OPEN_SQL_DB. Es werden so lange Zeilen eingefügt, bis die Ausnahme auftritt. Die Anzahl der eingefügten Zeilen ist undefiniert. Die Systemfelder sy-subrc und sy-dbcnt behalten ihren früheren Wert.

3. **Laufzeitfehler**
   Wenn der Zusatz ACCEPTING DUPLICATE KEYS nicht angegeben ist und die Ausnahme nicht behandelt wird, kommt es zu einem Laufzeitfehler. Dabei wird ein Datenbank-Rollback ausgeführt, der alle Änderungen der aktuellen Datenbank-LUW rückgängig macht. Dies gilt insbesondere für Zeilen, die vor dem Auftreten eines doppelten Eintrags eingefügt wurden.

Hinweise
- Wenn der Laufzeitfehler beim Einfügen bereits vorhandener Zeilen durch das Behandeln einer Ausnahme und nicht über den Zusatz ACCEPTING DUPLICATE KEYS verhindert wird, muss man, falls gewünscht, einen programmgesteuerten Datenbank-Rollback veranlassen.
- Bei Verwendung einer internen Tabelle führt die paketweise Verarbeitung dazu, dass ein zur INSERT-Verarbeitung paralleler Lesezugriff nur einen Teil der einzufügenden Zeilen sieht.

37.2.3.2 Daten in Datenbanktabellen ändern

UPDATE dbtab

Syntax

UPDATE *target source*.

Die Anweisung UPDATE ändert den Inhalt einer oder mehrerer Zeilen der in *target* angegebenen Datenbanktabelle. Die Angaben in *source* bestimmen, welche Spalten welcher Zeilen wie geändert werden.

Die Anweisung UPDATE setzt die Werte der Systemfelder sy-subrc und sy-dbcnt.

sy-subrc	Bedeutung
0	Bei Angabe von SET in *source* wurde mindestens eine Zeile geändert. Bei Angabe eines Arbeitsbereichs in *source* wurde die angegebene Zeile geändert. Bei Angabe einer internen Tabelle in *source* wurden alle angegebenen Zeilen geändert, oder die interne Tabelle ist leer.
2	Bei Angabe einer LOB-Handle-Struktur (ab Release 7.02/7.2) mit einer Komponente für Schreibströme oder einer Referenzvariablen für Schreibströme hinter SET wurden die nicht mit Schreibströmen verknüpften Komponenten noch nicht in die Datenbank geschrieben, sondern werden spätestens beim Schließen des Stroms übermittelt. Das Auftreten dieses Zustands hängt vom Datenbanksystem ab.
4	Bei Angabe von SET oder eines Arbeitsbereichs in *source* wurde keine Zeile geändert, oder bei Angabe einer internen Tabelle in *source* wurden nicht alle angegebenen Zeilen geändert, da entweder keine passende Zeile gefunden wurde oder die Änderung eine Zeile erzeugen würde, die zu doppelten Einträgen im Primärschlüssel bzw. in einem eindeutigen Sekundärindex der Datenbanktabelle führt.

Die Anweisung UPDATE setzt sy-dbcnt auf die Anzahl der geänderten Zeilen. Wenn sy-subrc 2 ist, wird sy-dbcnt auf den Wert –1 (für undefiniert) gesetzt.

Zieltabelle angeben

UPDATE dbtab – target

Syntax von target

... {dbtab|(dbtab_syntax)} [**CLIENT SPECIFIED**]
                          [**CONNECTION** {con|(con_syntax)}].

Die Angaben legen statisch oder dynamisch fest, auf welche Datenbanktabelle bzw. welchen View zugegriffen wird, und regeln die Mandantenbehandlung. Syntax und Bedeutung sind genau wie bei der Anweisung INSERT.

Quelle angeben
```
UPDATE dbtab - source
```

Syntax von source
```
... { {SET set_expression [WHERE sql_cond]}
    | {FROM wa|{TABLE itab}} }.
```

Die Angaben legen fest, welche Zeilen und Spalten geändert werden. Es können entweder einzelne Spalten mit dem Zusatz SET geändert oder ganze Zeilen mit dem Zusatz FROM überschrieben werden.

Hinter FROM kann entweder ein nicht-tabellenartiges Datenobjekt wa oder eine interne Tabelle itab angegeben werden. Der Inhalt dieser Datenobjekte bestimmt zum einen, welche Zeile(n) geändert werden, und zum anderen, mit welchen Werten die Zeile(n) überschrieben werden.

Änderungsausdrücke
```
... SET set_expression [WHERE sql_cond]
```

Hinter dem Zusatz SET werden die Änderungen in einer Liste von Änderungsausdrücken in set_expression angegeben. Der Zusatz WHERE bestimmt über einen logischen Ausdruck sql_cond, in welchen Zeilen der Datenbanktabelle die Änderungen durchgeführt werden. Für den logischen Ausdruck sql_cond gilt das Gleiche wie für die WHERE-Bedingung der Anweisung SELECT, mit der Ausnahme, dass keine Subqueries auf die zu verändernde Datenbanktabelle ausgewertet werden können. Falls keine WHERE-Bedingung angegeben ist, werden alle Zeilen der Datenbanktabelle geändert. Soll eine Spalte vom Typ STRING oder RAWSTRING geändert werden, muss vor Release 7.02/7.2 der Primärschlüssel in der WHERE-Bedingung vollständig spezifiziert sein.

Der Inhalt von Primärschlüsselfeldern kann nur geändert werden, falls die betroffene Datenbanktabelle nicht mit einer Suchhilfe verknüpft ist und nicht auf Pool- und Cluster-Tabellen zugegriffen wird. Falls durch die Änderungen eine Zeile entstehen würde, die zu doppelten Einträgen im Primärschlüssel oder einem eindeutigen Sekundärindex der Datenbanktabelle führt, wird keine Zeile geändert und sy-subrc auf 4 gesetzt.

Hinweis
Vor Release 7.02/7.2 musste der Primärschlüssel in der WHERE-Bedingung vollständig spezifiziert sein, falls eine Spalte vom Typ STRING oder RAWSTRING geändert werden sollte.

Syntax von set_expression
```
... [col1 = f1 col2 = f2 ... ]
    [col1 = col1 + f1 col2 = col2 + f2 ...]
    [col1 = col1 - f1 col2 = col2 - f2 ...]
    [(expr_syntax1) (expr_syntax2) ...]
```

Änderungsausdrücke für den Zusatz SET der Anweisung UPDATE:

- **col = f, Zuweisung eines Wertes**
  Für col können Spalten der in target angegebenen Datenbanktabelle bzw. des angegebenen Views dbtab über einen Spaltenbezeichner comp oder dbtab~comp angegeben werden. Für f können Datenobjekte des ABAP-Programms oder ein Spaltenbezeichner dbtab~comp einer anderen Spalte der Datenbanktabelle verwendet werden. Die Anweisung UPDATE weist den Spalten col in allen durch die WHERE-Bedingung festgelegten Zeilen den Inhalt von f zu. Wenn die Datentypen nicht kompatibel sind, wird wie folgt konvertiert:
    - Bei der Zuweisung eines Datenobjekts, das keine Referenzvariable für ein LOB-Handle ist, wird der Inhalt – falls notwendig – gemäß den Konvertierungsregeln in den dem Datentyp der Spalte entsprechenden ABAP-Datentyp konvertiert. Ein Fehler bei der Konvertierung führt zur entsprechenden unbehandelbaren Ausnahme.
    - Bei der Zuweisung eines Datenobjekts, das eine Referenzvariable für ein LOB-Handle ist (seit Release 7.02/7.2), muss die Spalte col ein vom Typ her passender LOB sein. Wenn es sich um eine Referenzvariable vom Typ eines Schreibstroms handelt, wird dieser erzeugt. Wenn es sich um einen Typ für einen Lokator handelt, muss dieser vorhanden sein und wird als Quelle verwendet. Siehe Abschnitt 37.2.5.
    - Bei der Zuweisung einer anderen Spalte wird der Inhalt – falls notwendig – im Datenbanksystem konvertiert. Die Möglichkeit einer Konvertierung und die Konvertierungsregeln hängen vom Datenbanksystem ab. Ein Fehler bei der Konvertierung führt zur behandelbaren Ausnahme CX_SY_OPEN_SQL_DB.

  Bei der Zuweisung muss der zugewiesene Wert in den Wertebereich der Spalte passen. Ansonsten kommt es zur behandelbaren Ausnahme CX_SY_OPEN_SQL_DB. Dies gilt insbesondere für:
    - Zuweisungen an numerische Spalten
    - Zuweisungen an Spalten vom Typ SSTRING, STRING oder RAWSTRING. Der zugewiesene Inhalt darf nicht länger als die maximale Länge der Spalten in der Datenbankstruktur sein. Diese Länge kann mit der eingebauten Funktion dbmaxlen festgestellt werden.

  Wenn für f eine Spalte angegeben ist, werden Änderungen an dieser Spalte, die in der gleichen UPDATE-Anweisung vorgenommen werden, bei der Zuweisung noch nicht berücksichtigt. Wenn eine Spalte col in mehreren Änderungsausdrücken vorkommt, wirkt der jeweils letzte Änderungsausdruck.

- **col = col + f, Addition eines Wertes**
  Für col und f gilt das Gleiche wie bei der Zuweisung eines Werts, wobei col einen numerischen Datentyp haben muss. Die Datentypen DF16_RAW, DF16_SCL, DF34_RAW und DF34_SCL sind nicht erlaubt. Die Anweisung UPDATE addiert in allen durch die WHERE-Bedingung festgelegten Zeilen den Wert von f zum Inhalt der Spalte col hinzu. Ansonsten gelten die gleichen Regeln wie bei der Zuweisung eines Werts.

- **col = col – f, Subtraktion eines Wertes**
  Für col und f gilt das Gleiche wie bei der Zuweisung eines Werts, wobei col einen numerischen Datentyp haben muss. Die Datentypen DF16_RAW, DF16_SCL, DF34_RAW und DF34_SCL sind nicht erlaubt. Die Anweisung UPDATE subtrahiert in allen durch die WHERE-

Bedingung festgelegten Zeilen den Wert von f vom Inhalt der Spalte col. Ansonsten gelten die gleichen Regeln wie bei der Zuweisung eines Werts.

▶ **(expr_syntax), dynamische Angabe von Änderungsausdrücken**
Ein Änderungsausdruck kann als eingeklammertes Datenobjekt expr_syntax angegeben werden, das bei Ausführung der Anweisung die Syntax eines oder mehrerer statischer Änderungsausdrücke enthält oder initial ist. Das Datenobjekt expr_syntax kann ein zeichenartiges Datenobjekt oder eine Standardtabelle ohne sekundäre Tabellenschlüssel mit zeichenartigem Datentyp sein. Die Syntax in expr_syntax ist wie im ABAP Editor unabhängig von Groß- und Kleinschreibung. Bei der Angabe einer internen Tabelle kann die Syntax auf mehrere Zeilen verteilt sein. Falls expr_syntax eine interne Tabelle mit Kopfzeile ist, wird nicht die Kopfzeile, sondern der Tabellenkörper ausgewertet. Wenn expr_syntax bei Ausführung der Anweisung initial ist, wird der Änderungsausdruck ignoriert.

Beispiel
Dynamisches Umsetzen des Inhalts einer beliebigen Spalte einer beliebigen Datenbanktabelle von einer vorhergehenden Währung in Euro.

```
PARAMETERS: table    TYPE c LENGTH 30,
            column   TYPE c LENGTH 30,
            old_curr TYPE sycurr.
DATA: set_expr  TYPE string,
      condition TYPE string.
set_expr = column && ` = 'EUR'`.
condition = column && ` = old_curr`.
TRY.
    UPDATE (table)
    SET    (set_expr)
    WHERE  (condition).
  CATCH cx_sy_dynamic_osql_error.
    MESSAGE `Error in update!` TYPE 'I'.
ENDTRY.
```

Arbeitsbereich
```
... FROM wa
```

Bei Angabe eines nicht-tabellenartigen Arbeitsbereichs wa wird in der Datenbanktabelle eine Zeile gesucht, die im Primärschlüssel den gleichen Inhalt wie das entsprechende Anfangsstück des Arbeitsbereichs hat. Der Arbeitsbereich muss die Voraussetzungen für die Verwendung in Open SQL-Anweisungen erfüllen (siehe Abschnitt 37.2.4).

▶ Bei der Angabe eines Arbeitsbereichs, der keine Referenzvariablen für LOB-Handles enthält, wird der Inhalt des Arbeitsbereichs unkonvertiert und gemäß der Struktur der Datenbanktabelle bzw. des Views interpretiert. Der Inhalt des Arbeitsbereichs wird der gefundenen Zeile zugewiesen. Die Zuweisung erfolgt ohne Konvertierung von links nach rechts gemäß der Struktur der Datenbanktabelle bzw. des Views.

▶ Bei der Angabe einer LOB-Handle-Struktur (ab Release 7.02/7.2) muss diese gemäß den Voraussetzungen genau wie die Struktur der Datenbanktabelle aufgebaut sein. Die Komponenten des Arbeitsbereichs, die keine LOB-Handle-Komponenten sind, werden direkt den entsprechenden Spalten der gefundenen Zeile zugewiesen. Wenn es sich um eine LOB-Handle-Komponente vom Typ eines Schreibstroms handelt, wird dieser erzeugt. Wenn es sich um einen Typ für einen Lokator handelt, muss dieser vorhanden sein und wird als Quelle verwendet. Siehe Abschnitt 37.2.5.

Falls es in der Datenbank keine Zeile mit dem gleichen Inhalt des Primärschlüssels gibt oder die Änderung zu einem doppelten Eintrag in einem eindeutigen Sekundärindex führen würde, wird die Zeile nicht geändert und `sy-subrc` auf 4 gesetzt.

Standardmäßig wird eine automatische Mandantenbehandlung durchgeführt, d. h., eine in `wa` angegebene Mandantenkennung wird nicht berücksichtigt, sondern der aktuelle Mandant verwendet. Dabei wird der Inhalt von `wa` nicht beeinflusst. Die automatische Mandantenbehandlung kann mit dem Zusatz `CLIENT SPECIFIED` abgeschaltet werden.

Beispiel
Ändern des Rabatts des Kunden mit der Kundennummer '00017777' – im aktuellen Mandanten – auf 3 Prozent.

```
DATA wa TYPE scustom.
SELECT SINGLE *
       FROM scustom
       INTO wa
       WHERE id = '00017777'.
wa-discount = '003'.
UPDATE scustom FROM wa.
```

Interne Tabelle
```
... FROM TABLE itab
```

Bei der Angabe einer internen Tabelle `itab` bearbeitet das System alle Zeilen der internen Tabelle gemäß den Regeln für den Arbeitsbereich `wa`, mit der Ausnahme, dass bei Angabe einer internen Tabelle zwar Lokatoren als Quelle dienen (ab Release 7.02/7.2), aber keine Schreibströme erzeugt werden können. Der Zeilentyp der internen Tabelle muss die Voraussetzungen für die Verwendung in Open SQL-Anweisungen erfüllen (siehe Abschnitt 37.2.4).

Falls es in der Datenbank zu einer Zeile der internen Tabelle keine Zeile mit dem gleichen Inhalt des Primärschlüssels gibt oder die Änderung zu einem doppelten Eintrag in einem eindeutigen Sekundärindex führen würde, wird die entsprechende Zeile nicht geändert und `sy-subrc` auf 4 gesetzt. Ist die interne Tabelle leer, wird `sy-subrc` auf 0 gesetzt. Das Systemfeld `sy-dbcnt` wird immer auf die Anzahl der tatsächlich eingefügten Zeilen gesetzt.

Hinweis
Bei Verwendung einer internen Tabelle führt die paketweise Verarbeitung dazu, dass ein zur `UPDATE`-Verarbeitung paralleler Lesezugriff auf die gleichen Zeilen teilweise schon den neuen und teilweise noch den alten Zustand sieht.

Beispiel
Verringerung des Flugpreises aller heutigen Flüge einer Fluggesellschaft in der Datenbanktabelle SFLIGHT um den Prozentsatz `percent`. Die Berechnung des neuen Preises wird in einer internen Tabelle `sflight_tab` vorgenommen und mit dieser die Datenbanktabelle geändert.

```abap
PARAMETERS: p_carrid TYPE sflight-carrid,
            percent  TYPE p LENGTH 1 DECIMALS 0.
DATA sflight_tab TYPE TABLE OF sflight.
FIELD-SYMBOLS <sflight> TYPE sflight.
SELECT *
       FROM sflight
       INTO TABLE sflight_tab
       WHERE carrid = p_carrid AND
             fldate = sy-datum.
IF sy-subrc = 0.
  LOOP AT sflight_tab ASSIGNING <sflight>.
    <sflight>-price = <sflight>-price * ( 1 - percent / 100 ).
  ENDLOOP.
ENDIF.
UPDATE sflight FROM TABLE sflight_tab.
```

37.2.3.3 Daten in Datenbanktabellen einfügen oder ändern

`MODIFY dbtab`

Syntax

`MODIFY target FROM source.`

Die Anweisung `MODIFY` fügt entweder eine oder mehrere in *source* angegebene Zeilen in der in *target* angegebenen Datenbanktabelle ein oder überschreibt bereits vorhandene Zeilen.

Die Anweisung `MODIFY` setzt die Werte der Systemfelder `sy-subrc` und `sy-dbcnt`.

sy-subrc	Bedeutung
0	Bei Angabe eines Arbeitsbereichs in *source* wurde die angegebene Zeile eingefügt oder geändert. Bei Angabe einer internen Tabelle in *source* wurden alle angegebenen Zeilen eingefügt oder geändert, oder die interne Tabelle ist leer.
2	Bei Angabe einer LOB-Handle-Struktur mit einer Komponente für Schreibströme (ab Release 7.02/7.2) wurden die Nicht-LOB-Handle-Komponenten noch nicht in die Datenbank geschrieben, sondern werden spätestens beim Schließen des Stroms übermittelt. Das Auftreten dieses Zustands hängt vom Datenbanksystem ab.
4	Bei Angabe eines Arbeitsbereichs in *source* wurde keine Zeile bearbeitet, oder bei Angabe einer internen Tabelle in *source* wurden nicht alle angegebenen Zeilen bearbeitet, da bereits eine Zeile mit einem gleichen eindeutigen Sekundärindex in der Datenbanktabelle vorhanden ist.

Die Anweisung `MODIFY` setzt `sy-dbcnt` auf die Anzahl der bearbeiteten Zeilen. Wenn `sy-subrc` 2 ist, wird `sy-dbcnt` auf den Wert −1 (für undefiniert) gesetzt.

Zieltabelle angeben
```
MODIFY dbtab - target
```

Syntax von target
```
... {dbtab|(dbtab_syntax)} [CLIENT SPECIFIED]
                          [CONNECTION {con|(con_syntax)}]
```

Die Angaben legen statisch oder dynamisch fest, auf welche Datenbanktabelle bzw. welchen View zugegriffen wird, und regeln die Mandantenbehandlung. Syntax und Bedeutung sind genau wie bei der Anweisung INSERT.

Quelle angeben
```
MODIFY dbtab - source
```

Syntax von source
```
... FROM wa|{TABLE itab}.
```

Hinter FROM kann ein nicht-tabellenartiges Datenobjekt wa oder eine interne Tabelle itab angegeben werden. Der Inhalt der Datenobjekte bestimmt zum einen, ob die Zeile(n) eingefügt oder geändert werden, und zum anderen, welche Werte eingefügt bzw. zum Ändern verwendet werden.

Arbeitsbereich
```
... FROM wa
```

Bei Angabe eines nicht-tabellenartigen Arbeitsbereichs wa, der die Voraussetzungen für die Verwendung in Open SQL-Anweisungen erfüllt (siehe Abschnitt 37.2.4), wird in der Datenbanktabelle eine Zeile gesucht, die im Primärschlüssel den gleichen Inhalt wie das entsprechende Anfangsstück des Arbeitsbereichs hat.

Wird keine solche Zeile gefunden, wird eine neue Zeile nach den gleichen Regeln wie bei der Anweisung INSERT eingefügt. Wird eine solche Zeile gefunden, wird diese Zeile nach den gleichen Regeln wie bei der Anweisung UPDATE überschrieben. Wenn die Änderung zu einem doppelten Eintrag in einem eindeutigen Sekundärindex führen würde, wird sie nicht ausgeführt und sy-subrc auf 4 gesetzt.

Standardmäßig wird eine automatische Mandantenbehandlung durchgeführt, d. h., eine in wa angegebene Mandantenkennung wird nicht berücksichtigt, sondern der aktuelle Mandant verwendet. Dabei wird der Inhalt von wa nicht beeinflusst. Die automatische Mandantenbehandlung kann mit dem Zusatz CLIENT SPECIFIED abgeschaltet werden.

Beispiel
Anlegen oder Ändern einer Nachricht in der Datenbanktabelle T100. Falls es die Nachricht der Nummer 100 in der Nachrichtenklasse MYMSGCLASS in der Sprache Englisch noch nicht gibt, wird sie angelegt. Ansonsten wird nur der Text geändert.

```
DATA message_wa TYPE t100.
message_wa-sprsl = 'EN'.
message_wa-arbgb = 'MYMSGCLASS'.
```

```
message_wa-msgnr = '100'.
message_wa-text = 'Some new message ...'.
MODIFY t100 FROM message_wa.
```

Interne Tabelle
```
... FROM TABLE itab
```

Bei Angabe einer internen Tabelle `itab` bearbeitet das System alle Zeilen der internen Tabelle gemäß den Regeln für den Arbeitsbereich `wa`, mit der Ausnahme, dass bei Angabe einer internen Tabelle zwar Lokatoren als Quelle dienen (ab Release 7.02/7.2), aber keine Schreibströme erzeugt werden können. Der Zeilentyp der internen Tabelle muss die Voraussetzungen für die Verwendung in Open SQL-Anweisungen erfüllen (siehe Abschnitt 37.2.4).

Falls die Änderung für eine Zeile der internen Tabelle zu einem doppelten Eintrag in einem eindeutigen Sekundärindex führen würde, wird die entsprechende Zeile nicht eingefügt und `sy-subrc` auf 4 gesetzt. Falls die interne Tabelle leer ist, wird `sy-subrc` auf 0 gesetzt. Das Systemfeld `sy-dbcnt` wird immer auf die Anzahl der tatsächlich bearbeiteten Zeilen gesetzt.

37.2.3.4 Daten in Datenbanktabellen löschen

```
DELETE dbtab
```

Syntax
```
DELETE { {FROM target [WHERE sql_cond]}
       | {target FROM source} }.
```

Die Anweisung `DELETE` löscht eine oder mehrere Zeilen aus der in `target` angegebenen Datenbanktabelle. Die zu löschenden Zeilen werden entweder über eine `WHERE`-Bedingung `sql_cond` oder über Datenobjekte in `source` angegeben.

Die Anweisung `DELETE` setzt die Werte der Systemfelder `sy-subrc` und `sy-dbcnt`.

sy-subrc	Bedeutung
0	Bei Angabe einer WHERE-Bedingung wurde mindestens eine Zeile gelöscht. Bei Angabe eines Arbeitsbereichs in *source* wurde die angegebene Zeile gelöscht. Bei Angabe einer internen Tabelle in *source* wurden alle angegebenen Zeilen gelöscht, oder die interne Tabelle ist leer. Bei Angabe keiner Bedingung wurden alle Zeilen gelöscht.
4	Bei Angabe einer WHERE-Bedingung oder bei Angabe eines Arbeitsbereichs in *source* wurde keine Zeile gelöscht. Bei Angabe einer internen Tabelle in *source* wurden nicht alle angegebenen Zeilen gelöscht. Bei Angabe keiner Bedingung wurde keine Zeile gelöscht, da die Datenbanktabelle schon leer war.

Die Anweisung `DELETE` setzt `sy-dbcnt` auf die Anzahl der gelöschten Zeilen.

Zieltabelle angeben
```
DELETE dbtab - target
```

Syntax von target
```
... {dbtab|(dbtab_syntax)} [CLIENT SPECIFIED]
                          [CONNECTION {con|(con_syntax)}]
```

Die Angaben legen statisch oder dynamisch fest, auf welche Datenbanktabelle bzw. welchen View zugegriffen wird, und regeln die Mandantenbehandlung. Syntax und Bedeutung sind genau wie bei der Anweisung INSERT.

Bedingung angeben
```
DELETE dbtab - cond
```

Syntax
```
... WHERE sql_cond.
```

Der Zusatz WHERE bestimmt über einen logischen Ausdruck sql_cond, welche Zeilen der Datenbanktabelle gelöscht werden. Für den logischen Ausdruck sql_cond gilt das Gleiche wie für die WHERE-Bedingung der Anweisung SELECT mit der Ausnahme, dass keine Subqueries auf die zu verändernde Datenbanktabelle ausgewertet werden können. Falls es in der Datenbank keine Zeile gibt, die der WHERE-Bedingung genügt, wird keine Zeile gelöscht und sy-subrc auf 4 gesetzt. Falls keine WHERE-Bedingung angegeben ist, werden alle Zeilen gelöscht.

Beispiel
Löschen aller heutigen Flüge einer Fluggesellschaft aus der Datenbanktabelle SFLIGHT, in denen keine Plätze belegt sind.

```
PARAMETERS p_carrid TYPE sflight-carrid.
DELETE FROM sflight
       WHERE carrid = p_carrid AND
             fldate = sy-datum AND
             seatsocc = 0.
```

Quelle angeben
```
DELETE dbtab - source
```

Syntax von source
```
... FROM wa|{TABLE itab}.
```

Hinter FROM kann ein nicht-tabellenartiges Datenobjekt wa oder eine interne Tabelle itab angegeben werden. Der Inhalt der Datenobjekte bestimmt, welche Zeile(n) gelöscht werden.

Arbeitsbereich
```
... FROM wa
```

Bei Angabe eines nicht-tabellenartigen Arbeitsbereichs wa wird in der Datenbanktabelle eine Zeile gesucht, die im Primärschlüssel den gleichen Inhalt wie das entsprechende Anfangsstück des Arbeitsbereichs hat. Der Inhalt des Arbeitsbereichs wird unkonvertiert und gemäß der Struktur der Datenbanktabelle bzw. des Views interpretiert. Diese Zeile wird gelöscht. Der Arbeitsbereich muss die Voraussetzungen für die Verwendung in Open SQL-Anweisungen erfüllen. Falls es in der Datenbank keine Zeile mit dem gleichen Inhalt des Primärschlüssels gibt, wird keine Zeile gelöscht und `sy-subrc` auf 4 gesetzt.

Standardmäßig wird eine automatische Mandantenbehandlung durchgeführt, d. h., eine in `wa` angegebene Mandantenkennung wird nicht berücksichtigt, sondern der aktuelle Mandant verwendet. Dabei wird `wa` nicht beeinflusst. Die automatische Mandantenbehandlung kann mit dem Zusatz `CLIENT SPECIFIED` abgeschaltet werden.

Interne Tabelle

```
... FROM TABLE itab
```

Bei Angabe einer internen Tabelle `itab` bearbeitet das System alle Zeilen der internen Tabelle gemäß den Regeln für den Arbeitsbereich `wa`. Der Zeilentyp der internen Tabelle muss die Voraussetzungen für die Verwendung in Open SQL-Anweisungen erfüllen.

Falls es in der Datenbank zu einer Zeile der internen Tabelle keine Zeile mit dem gleichen Inhalt des Primärschlüssels gibt, wird die entsprechende Zeile nicht berücksichtigt und `sy-subrc` auf 4 gesetzt. Falls die interne Tabelle leer ist, wird `sy-subrc` auf 0 gesetzt. Das Systemfeld `sy-dbcnt` wird immer auf die Anzahl der tatsächlich gelöschten Zeilen gesetzt.

Hinweis
Bei Verwendung einer internen Tabelle führt die paketweise Verarbeitung dazu, dass ein zur `DELETE`-Verarbeitung paralleler Lesezugriff noch einen Teil der löschenden Zeilen sieht.

Beispiel
Löschen aller heutigen Flüge einer Fluggesellschaft aus der Datenbanktabelle SFLIGHT, in denen keine Plätze belegt sind. Das Mandantenfeld muss in der Zeilenstruktur der internen Tabelle `sflight_key_tab` vorkommen, da sie ansonsten nicht den Primärschlüssel der Datenbanktabelle überdecken und unkorrekte Schlüsselwerte entnommen würden. Da die Mandantenspalte der internen Tabelle aber nicht versorgt wird, muss die entsprechende Warnung der Syntaxprüfung durch das passende Pragma ausgeblendet werden (ab Release 7.02/7.2). Dieses Beispiel hat die gleiche Funktion wie das zu `dtab-cond`, benötigt aber zwei Datenbankzugriffe. Die gelöschten Zeilen sind in der internen Tabelle protokolliert.

```abap
PARAMETERS p_carrid TYPE sflight-carrid.
TYPES: BEGIN OF sflight_key,
         mandt  TYPE sflight-mandt,
         carrid TYPE sflight-carrid,
         connid TYPE sflight-connid,
         fldate TYPE sflight-fldate,
       END OF sflight_key.
DATA sflight_key_tab TYPE TABLE OF sflight_key.
SELECT carrid connid fldate
    FROM sflight
    INTO CORRESPONDING FIELDS OF TABLE sflight_key_tab
    WHERE carrid = p_carrid AND
          fldate = sy-datum AND
          seatsocc = 0 ##too_many_itab_fields.
DELETE sflight FROM TABLE sflight_key_tab.
```

37.2.3.5 LOB-Handles bei ändernden Zugriffen

In den Anweisungen INSERT, UPDATE oder MODIFY können ab Release 7.02/7.2 LOB-Handles als Schreibströme erzeugt und als Lokatoren angegeben werden. Ein LOB in einer einzufügenden oder zu ändernden Zeile kann aus einer LOB-Handle-Komponente eines Arbeitsbereichs oder einer einzelnen Referenzvariablen für ein LOB-Handle – bei UPDATE mit SET – versorgt werden. Der statische Typ jeder LOB-Handle-Komponente muss eine der folgenden Systemklassen für Streaming oder Lokatoren sein:

- CL_ABAP_DB_C_WRITER oder CL_ABAP_DB_C_LOCATOR im Fall von CLOBs
- CL_ABAP_DB_X_WRITER oder CL_ABAP_DB_X_LOCATOR im Fall von BLOBs

Der Stromtyp bzw. Lokatortyp muss also zum Datentyp des LOBs passen. Anders als bei lesenden Zugriffen ist das Verhalten für Ströme und Lokatoren unterschiedlich.

Über Schreibströme ändern

Wenn bei einem ändernden Zugriff ein LOB mit einer Referenzvariablen vom Typ CL_ABAP_DB_C_WRITER oder CL_ABAP_DB_X_WRITER verknüpft ist (ab Release 7.02/7.2), wird in der Regel ein entsprechender Schreibstrom erzeugt, und die Referenzvariable zeigt nach Ausführung der Anweisung auf das Objekt. Der zu ändernde LOB kann mit den Methoden des Schreibstroms bearbeitet werden. Bei der Verknüpfung eines LOBs mit einem Schreibstrom, der von einer LOB-Handle-Komponente des Quell-Arbeitsbereichs referenziert wird, kann es dabei zu folgendem plattformabhängig unterschiedlichen Verhalten kommen:

- Auf manchen Datenbanksystemen (MaxDB, Oracle) werden die Komponenten des Arbeitsbereichs, die keine LOB-Handle-Komponenten sind, direkt bei Ausführung der Anweisung in die Datenbanktabelle geschrieben. Falls die Zeile nicht eingefügt oder geändert werden kann, werden sy-subrc und sy-dbcnt sofort entsprechend gesetzt und keine Schreibströme für die LOB-Handle-Komponenten erzeugt. Falls die Zeile eingefügt oder geändert werden kann, werden Schreibströme erzeugt. Deren Inhalt wird spätestens beim Schließen des letzten Schreibstroms der Open SQL-Anweisung an die Datenbanktabelle übertragen.

- Auf anderen Datenbanksystemen werden die Komponenten des Arbeitsbereichs, die keine LOB-Handle-Komponenten sind, nicht direkt bei Ausführung der Anweisung in die Datenbanktabelle geschrieben. Stattdessen werden immer Schreibströme für die LOB-Handle-Komponenten erzeugt. Die Inhalte der übrigen Komponenten werden ebenfalls verzögert, also spätestens beim Schließen des letzten Schreibstroms der Open SQL-Anweisung übermittelt. Zwischen der Ausführung der Anweisung und dem tatsächlichen Schreiben der übrigen Komponenten ist der Zustand undefiniert, da noch nicht feststeht, ob die Operation überhaupt ausgeführt werden kann. In diesem Fall ist nach Ausführung der Anweisung sy-subrc auf den Wert 2 und sy-dbcnt auf den Wert –1 gesetzt. Vor dem Schließen eines Schreibstroms kann man sich mit dessen Methode GET_STATEMENT_HANDLE aus dem Interface IF_ABAP_DB_WRITER eine Referenz auf ein Objekt der Klasse CL_ABAP_SQL_CHANGING_STMNT, einer Unterklasse von CL_ABAP_SQL_STATEMENT_HANDLE, besorgen. Die Methode GET_STATE informiert über den Zustand der Open SQL-Anweisung, und die Methode GET_DB_COUNT gibt die Anzahl der eingefügten bzw. geänderten Zeilen zurück, nachdem der letzte Schreibstrom der Open SQL-Anweisung geschlossen wurde. Mit den Methoden der abstrakten Oberklasse kann der Zustand der Open SQL-

Anweisung abgefragt und es können alle noch offenen Ströme geschlossen werden. Solange die Open SQL-Anweisung nicht durch Schließen des letzten Schreibstroms geschlossen wurde, gibt auch GET_DB_COUNT den Wert –1 zurück. Wenn die Operation nicht ausgeführt werden kann, z. B. wegen doppelter Schlüsseleinträge, kommt es bei der Übertragung an die Datenbank zu einer der Ausnahmen CX_STREAM_IO_EXCEPTION oder CX_CLOSE_RESOURCE_ERROR, je nachdem, wann die Datenübertragung stattfindet.

Ein solcherart erzeugter Schreibstrom lebt, bis er explizit mit seiner Methode CLOSE aus dem Interface IF_ABAP_CLOSE_RESOURCE geschlossen wird. Solange es noch einen offenen Schreibstrom zu einer Open SQL-Anweisung gibt, ist die zugehörige Datenbankoperation nicht abgeschlossen. Der Zustand der Open SQL-Anweisung wird durch ein Objekt der Klasse CL_ABAP_SQL_STATEMENT_HANDLE beschrieben, für das die Methode GET_STATEMENT_HANDLE jedes Schreibstroms eine Referenz zurückgibt.

Beim Umgang mit Schreibströmen kommt es in folgenden Fällen zu einem nicht-abfangbaren Laufzeitfehler:

- wenn beim Schließen einer Datenbank-LUW durch einen Datenbank-Commit noch ein Schreibstrom geöffnet ist
- beim Zugriff auf einen bereits geschlossenen Schreibstrom

Hinweise
- Wann genau die Daten eines Schreibstroms an die Datenbank übertragen werden, ist nicht festgelegt. Die Übertragung erfolgt spätestens beim Schließen des letzten Schreibstroms, kann aber auch schon während des Schreibens in den Strom auftreten, z. B. weil ein Puffer nicht mehr ausreicht.
- Ein Schreibstrom sollte immer so schnell wie möglich explizit mit seiner Methode CLOSE geschlossen werden.

Über Lokatoren ändern
Wenn bei einem ändernden Zugriff ein LOB mit einer Referenzvariablen vom Typ CL_ABAP_DB_C_LOCATOR oder CL_ABAP_DB_X_LOCATOR verknüpft ist (ab Release 7.02/7.2), muss diese auf einen entsprechenden Lokator zeigen, der in einer Anweisung SELECT für einen LOB einer anderen oder der gleichen Datenbanktabelle erzeugt wurde (ab Release 7.02/7.2). Wenn die Anweisung ausgeführt werden kann (sy-subrc ist 0), wird der zu ändernde LOB direkt im Datenbanksystem durch den vollständigen LOB des Lokators ersetzt.

Einschränkungen
Es gelten folgende Einschränkungen:

- Zu einer Open SQL-Anweisung können maximal 16 Datenströme geöffnet werden.
- In einer Datenbank-LUW kann es maximal 16 Open SQL-Anweisungen geben, deren Datenströme gleichzeitig geöffnet sind.
- Innerhalb einer Datenbank-LUW können maximal 1.000 LOB-Handles geöffnet sein.

Hinweis

Ein LOB-Handle sollte immer so schnell wie möglich explizit mit seiner Methode CLOSE geschlossen werden.

Beispiele

Eine LOB-Handle-Struktur wird aus der Struktur der Datenbanktabelle DEMO_BLOB_TABLE abgeleitet, wobei die Komponente PICTURE als LOB-Handle-Komponente für einen binären Schreibstrom deklariert wird. Dieser Schreibstrom wird in der Anweisung `INSERT` erzeugt und bekommt danach den Inhalt einer internen Tabelle `pict` sequenziell übergeben. Nach dem Schließen des Schreibstroms ist der Inhalt der internen Tabelle als binärer String in der Datenbanktabelle abgelegt. Die Anzahl der geänderten Zeilen wird von einem Objekt der Klasse CL_ABAP_SQL_CHANGING_STMNT abgefragt.

```
DATA: xline TYPE xstring,
      wa    TYPE demo_blob_table WRITER FOR COLUMNS picture,
      stmnt TYPE REF TO cl_abap_sql_changing_stmnt,
      subrc TYPE sy-subrc.
TRY.
    wa-name = ...
    INSERT demo_blob_table FROM wa.
    IF sy-subrc = 4.
      subrc = 4.
    ELSE.
      stmnt = wa-picture->get_statement_handle( ).
      LOOP AT pict INTO xline.
        wa-picture->write( xline ).
      ENDLOOP.
      wa-picture->close( ).
      IF stmnt->get_db_count( ) <> 1.
        subrc = 4.
      ENDIF.
    ENDIF.
  CATCH cx_stream_io_exception cx_close_resource_error.
    subrc = 4.
ENDTRY.
IF subrc = 0.
  ...
ENDIF.
```

37.2.3.6 Datenbankverbindungen bei ändernden Zugriffen

Syntax

```
... CONNECTION {con|(con_syntax)}
```

Mit diesem Zusatz zu `target` wird der Open SQL-Befehl nicht auf der Standarddatenbank, sondern auf der angegebenen sekundären Datenbankverbindung ausgeführt. Die Datenbankverbindung kann statisch mit `con` oder dynamisch als Inhalt von `con_syntax` angegeben werden, wobei das Feld `con_syntax` vom Typ `c` oder `string` sein muss. Die Datenbankverbindung muss mit einem Namen angegeben werden, der in der Tabelle DBCON in der Spalte CON_NAME enthalten ist.

Der Zusatz CONNECTION muss unmittelbar hinter dem Namen der Datenbanktabelle bzw. nach dem Zusatz CLIENT SPECIFIED angegeben werden. Damit der Open SQL-Befehl auf einer sekundären Datenbankverbindung ausgeführt werden kann, müssen die dortigen Tabellendefinitionen identisch mit den Tabellendefinitionen in der Standarddatenbank sein.

Hinweis
Zum Anlegen und Ändern von Einträgen in der Datenbanktabelle DBCON steht das Werkzeug DBA Cockpit zur Verfügung.

37.2.4 Arbeitsbereiche für Open SQL

Wenn in den Open SQL-Anweisungen SELECT oder FETCH ohne den Zusatz CORRESPONDING FIELDS und INSERT, UPDATE, MODIFY oder DELETE Arbeitsbereiche wa oder interne Tabellen itab als Ziel- bzw. Quellbereiche angegeben werden, gelten für den Arbeitsbereich bzw. den Zeilentyp der internen Tabelle die folgenden Voraussetzungen, deren Nichtbeachtung zu einem Syntaxfehler oder einer Ausnahme führt.

37.2.4.1 Arbeitsbereiche ohne LOB-Handle-Komponenten

Für Arbeitsbereiche, die keine Referenzvariablen für LOB-Handles enthalten, gelten die folgenden Regeln. Die beiden ersten Punkte sind Mindestvoraussetzungen, die in Unicode-Programmen oder bei der Behandlung von Strings in Datenbanktabellen durch striktere Voraussetzungen abgelöst werden:

- Der Datentyp des Arbeitsbereichs bzw. der Zeilentyp der internen Tabelle darf nicht tief sein bzw. keine tiefen Komponenten enthalten. Davon ausgenommen sind Strings sowie die speziellen Arbeitsbereiche für Streaming und Lokatoren (ab Release 7.02/7.2).
- Der Arbeitsbereich bzw. die Zeilen der internen Tabelle müssen mindestens so lang wie die Datenbankstruktur sein, und die Ausrichtung muss übereinstimmen. Bei der Anweisung DELETE muss diese Voraussetzung nur über die Länge des Primärschlüssels erfüllt sein.
- Wenn der Arbeitsbereich bzw. die Zeilen der internen Tabelle strukturiert sind, muss in Unicode-Programmen die Unicode-Fragmentsicht der Datenbankstruktur mit der des Arbeitsbereichs bzw. der internen Tabelle übereinstimmen.
- Falls der Arbeitsbereich bzw. die Zeilen der internen Tabelle elementar sind, müssen sie in Unicode-Programmen zeichenartig und flach sein. Die Spalten der Datenbankstruktur müssen ebenfalls zeichenartig und flach sein.
- Wenn der Arbeitsbereich Strings als Komponenten enthält bzw. selbst ein String ist oder in der Datenbankstruktur Spalten vom Typ SSTRING, STRING oder RAWSTRING vorkommen, muss der Arbeitsbereich kompatibel zur Datenbankstruktur sein.

- Bei den ändernden Operationen INSERT, UPDATE und MODIFY müssen die übergebenen Werte in den Wertebereich der Spalten der Datenbanktabellen passen. Ansonsten kommt es zu Überläufen und entsprechenden Ausnahmen. Dies gilt insbesondere für:
  - Spalten mit numerischen Datentypen
  - Spalten der Typen SSTRING, STRING oder RAWSTRING. Die Strings des Arbeitsbereichs dürfen nicht länger als die maximale Länge der Spalten in der Datenbankstruktur sein. Diese Länge kann mit der eingebauten Funktion dbmaxlen festgestellt werden.

Hinweis

Der Arbeitsbereich bzw. die Zeilenstruktur der internen Tabelle sollten immer wie die Datenbankstruktur aufgebaut sein. Wenn in der Open SQL-Anweisung mit einer einzigen Datenbanktabelle bzw. einem View gearbeitet wird, kann ein gleichartig aufgebautes Datenobjekt durch Bezug auf die entsprechende Struktur im ABAP Dictionary deklariert werden. Wenn mit mehreren Datenbanktabellen gearbeitet wird (in der Anweisung SELECT), kann ein gleichartig aufgebautes Datenobjekt als geschachtelte Struktur aufgebaut werden, die die Strukturen der einzelnen Datenbanktabellen bzw. Views in der Reihenfolge, in der sie in der Anweisung aufgeführt sind, als Unterstrukturen enthält. Es sollte keine Struktur verwendet werden, bei der alle Komponenten auf einer Ebene liegen, da dann eventuelle Ausrichtungslücken zwischen den einzelnen Datenbanktabellen bzw. Views nicht berücksichtigt werden.

37.2.4.2 LOB-Handle-Strukturen

Wenn ein Arbeitsbereich eine LOB-Handle-Struktur ist (ab Release 7.02/7.2), d. h. mindestens eine Referenzvariable für LOB-Handles enthält, muss er genau wie die Struktur der Datenbanktabelle aufgebaut und alle Komponenten bis auf die LOB-Handle-Komponenten müssen kompatibel zu den entsprechenden Komponenten der Datenbanktabelle sein. Der statische Typ jeder LOB-Handle-Komponente muss das Interface IF_ABAP_DB_LOB_HANDLE enthalten und sowohl zur aktuellen Anweisung als auch zum Datentyp des zugeordneten LOBs passen.

37.2.5 Streaming und Lokatoren für Open SQL

In Open SQL kann ab Release 7.02/7.2 über Datenströme und Lokatoren auf LOBs in Datenbanktabellen zugegriffen werden. Die zugehörigen Objekte werden unter dem Begriff LOB-Handles zusammengefasst. Innerhalb einer Datenbank-LUW können bis zu 1.000 LOB-Handles geöffnet sein. Während ein Lokator immer ein LOB-Handle ist, kann es prinzipiell auch Datenströme für andere Ressourcen geben (siehe Kapitel 32).

Beim normalen Zugriff auf LOBs werden ABAP-Datenobjekte der Typen string und xstring verwendet, in die bei lesenden Zugriffen der gesamte LOB übertragen bzw. aus denen bei schreibenden Zugriffen der gesamte LOB entnommen wird. Datenströme und Lokatoren arbeiten dagegen wie folgt:

- Bei Lesezugriffen können Leseströme und bei Schreibzugriffen können Schreibströme über die Zuordnung entsprechender Referenzvariablen mit LOBs verknüpft werden. Über die Methoden der Ströme können die Daten der LOBs portionsweise bearbeitet werden.

Dies hat den Vorteil, dass die LOBs nicht vollständig im ABAP-Programm materialisiert werden müssen.

- Bei Lese- und bei Schreibzugriffen können Lokatoren über die Zuordnung entsprechender Referenzvariablen mit LOBs verknüpft werden. Über die Methoden der Lokatoren kann direkt auf Unterfolgen der LOBs oder auf Eigenschaften der LOBs zugegriffen werden, ohne dass eine vollständige Materialisierung im ABAP-Programm erforderlich ist. Darüber hinaus erlauben es Lokatoren, LOBs innerhalb der Datenbank zu kopieren, ohne dass die Daten zwischen Datenbank und Applikationsserver transportiert werden müssen.

Die Verwendung von Datenströmen und Lokatoren für LOBs in Datenbanktabellen kann durch Wegfall unnötiger Datentransporte zu Performancegewinnen bezüglich der Programmlaufzeit führen. Dem gegenüber stehen aber auch einige Nachteile:

- Die Verwendung von Lokatoren führt zu erhöhtem Ressourcenverbrauch im Datenbanksystem. Darüber hinaus werden Lokatoren noch nicht von allen Datenbanksystemen unterstützt. In einem solchen Fall müssen sie von der Datenbankschnittstelle auf dem Applikationsserver emuliert werden.
- Die Verwendung von Datenströmen führt zwar nicht zu erhöhtem Ressourcenverbrauch im Datenbanksystem, dafür sind sie aber in ihrer Verwendung etwas eingeschränkter. Insbesondere können keine Datenströme verwendet werden, wenn in den Open SQL-Anweisungen mit internen Tabellen gearbeitet wird.

Die folgenden Abschnitte stellen die Klassen für Datenströme und Lokatoren sowie die von ihnen umfassten Interfaces für allgemeine LOB-Handles vor.

37.2.5.1 Streaming in Open SQL

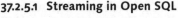

Die Systemklassen für die verschiedenen Arten möglicher Datenströme sind (ab Release 7.02/ 7.2):

- CL_ABAP_DB_C_READER für zeichenartige Leseströme. Die Datenquelle ist ein CLOB.
- CL_ABAP_DB_X_READER für binäre Leseströme. Die Datenquelle ist ein BLOB.
- CL_ABAP_DB_C_WRITER für zeichenartige Schreibströme. Die Datensenke ist ein CLOB.
- CL_ABAP_DB_X_WRITER für binäre Schreibströme. Die Datensenke ist ein BLOB.

Dazu gibt es die speziellen Interfaces IF_ABAP_DB_READER und IF_ABAP_DB_WRITER für den vom Stromtyp unabhängigen Zugriff auf die Lese- und Schreibströme. Für weitere ressoureunabhängige Klassen und Interfaces sowie die Hierarchie der Objekttypen siehe Abbildung 32.1 und die zugehörige Erklärung. Die Methoden für das Streaming in Open SQL sind die gleichen wie beim allgemeinen Streaming.

Als Datenquellen bzw. Datensenken kommen LOBs in Datenbanktabellen infrage, die im ABAP Dictionary deklariert sind. Die Instanzen obiger Klassen sind Datenströme, die an LOBs angebunden sind. Sie gehören zu den LOB-Handles und implementieren die entsprechenden Interfaces. Die Verwendung in Open SQL erfolgt über Referenzvariablen, die auf solche LOB-Handles zeigen.

Ein mit einem LOB verbundener Lesestrom, d. h. eine Instanz der Klasse CL_ABAP_DB_C_READER bzw. CL_ABAP_DB_X_READER, kann nur dadurch erzeugt werden, dass in der INTO-Klausel der Anweisung SELECT ein LOB der Ergebnismenge einer Referenzvariablen für einen Lesestrom zugewiesen wird.

Ein mit einem LOB verbundener Schreibstrom, d. h. eine Instanz der Klasse CL_ABAP_DB_C_WRITER bzw. CL_ABAP_DB_X_WRITER, kann nur dadurch erzeugt werden, dass in den Anweisungen INSERT, UPDATE oder MODIFY eine Referenzvariable für einen Schreibstrom als Quelle angegeben wird.

Da die Anzahl gleichzeitig geöffneter Datenströme auf 16 beschränkt ist, sollten sie so bald wie möglich mit ihrer Methode CLOSE geschlossen werden. Unabhängig davon werden Leseströme implizit am Ende eines Durchgangs einer SELECT-Schleife und am Ende einer Datenbank-LUW geschlossen. Ein offener Schreibstrom wird nur durch einen Datenbank-Rollback implizit geschlossen. Bei einem Datenbank-Commit führt ein offener Schreibstrom dagegen zu dem nicht-abfangbaren Laufzeitfehler COMMIT_STREAM_ERROR.

37.2.5.2 Lokatoren in Open SQL

Die zugehörigen Systemklassen für die beiden Typen von LOBs sind (ab Release 7.02/7.2):

- CL_ABAP_DB_C_LOCATOR für CLOBs
- CL_ABAP_DB_X_LOCATOR für BLOBs

Die Instanzen obiger Klassen gehören zu den LOB-Handles und implementieren die entsprechenden Interfaces. Die Verwendung in Open SQL erfolgt über Referenzvariablen, die auf solche LOB-Handles zeigen. Lokatoren enthalten die im Folgenden aufgeführten Methoden, die als Kernel-Methoden implementiert sind. Das heißt, der eigentliche Zugriff auf die LOBs wird von der ABAP-Laufzeitumgebung erledigt.

Methoden in beiden Lokatortypen sind:

- GET_LENGTH gibt die Länge des an einen Lokator angebundenen LOBs zurück.
- FIND sucht ab einem Offset nach einer Unterfolge des an einen Lokator angebundenen LOBs und gibt deren Position zurück. Die Länge einer zeichenartigen Unterfolge, nach der mit FIND gesucht werden kann, ist in Unicode-Systemen auf 1.333 Zeichen und in Nicht-Unicode-Systemen auf 2.666 Zeichen begrenzt. Die Länge einer binären Unterfolge ist immer auf 2.666 Byte begrenzt.
- Methoden aus dem Interface IF_ABAP_CLOSE_RESOURCE:
  - CLOSE schließt den Lokator.
  - IS_CLOSED gibt "X" zurück, falls der Lokator geschlossen ist.

In zeichenartigen Lokatoren gibt die Methode GET_SUBSTRING die durch Offset und Länge angegebene Unterfolge des an einen Lokator angebundenen CLOBs zurück.

In binären Lokatoren gibt die Methode GET_BYTES die durch Offset und Länge angegebene Unterfolge des an einen Lokator angebundenen BLOBs zurück.

Ein mit einem LOB verbundener Lokator, also eine Instanz der Klasse CL_ABAP_DB_C_LOCATOR bzw. CL_ABAP_DB_X_LOCATOR, kann nur dadurch erzeugt werden, dass in der INTO-Klausel der Anweisung SELECT ein LOB der Ergebnismenge einer Referenzvariablen für einen Lokator zugewiesen wird.

Wegen des hohen Ressourcenverbrauchs sollten Lokatoren immer so früh wie möglich mit ihrer Methode CLOSE geschlossen werden. Insbesondere beim Erzeugen von Lokatoren in SELECT-Schleifen ist darauf zu achten, dass Lokatoren anders als Leseströme nicht implizit bei ENDSELECT geschlossen werden, sondern explizit geschlossen werden müssen. Darüber hinaus werden Lokatoren am Ende einer Datenbank-LUW implizit geschlossen.

Hinweis
Die Erzeugung von Lokatoren in ändernden Open SQL-Anweisungen ist nicht möglich. Es können aber Lokatoren, die in einer lesenden Anweisung erzeugt wurden, zum Ändern verwendet werden.

37.2.5.3 LOB-Interfaces

Für einen gleichartigen Lesezugriff auf Ströme und Lokatoren gibt es ab Release 7.02/7.2 die Interfaces IF_ABAP_DB_BLOB_HANDLE und IF_ABAP_DB_CLOB_HANDLE, die beide das übergeordnete Interface IF_ABAP_DB_LOB_HANDLE umfassen, das wiederum das Interface IF_ABAP_CLOSE_RESOURCE umfasst. Die Verbindung zu Strömen und Lokatoren ist wie folgt:

- Die Systemklassen CL_ABAP_DB_C_READER und CL_ABAP_DB_C_LOCATOR implementieren beide das Interface IF_ABAP_DB_CLOB_HANDLE.
- Die Systemklassen CL_ABAP_DB_X_READER und CL_ABAP_DB_X_LOCATOR implementieren beide das Interface IF_ABAP_DB_BLOB_HANDLE.
- Das Interface IF_ABAP_DB_READER umfasst IF_ABAP_DB_LOB_HANDLE.

Die Instanzen der Systemklassen, die das Interface IF_ABAP_DB_LOB_HANDLE implementieren, werden LOB-Handles genannt.

Hinweis
Die hier gezeigten LOB-Interfaces können nur für Lesezugriffe verwendet werden. Referenzvariablen für LOB-Handles, die als Leseziel der INTO-Klausel der SELECT-Anweisung angegeben sind, dürfen statisch mit diesen Interfaces typisiert sein. Die Klasse, die zur Objekterzeugung verwendet wird, muss dann mit dem speziellen Zusatz CREATING der Anweisung SELECT angegeben werden. Bei Schreibzugriffen mit den Anweisungen INSERT, UPDATE oder MODIFY müssen die Referenzvariablen, die dort als Quelle dienen, mit den Klassen für Schreibströme oder Lokatoren typisiert sein.

37.2.6 Behandelbare Ausnahmen

Die behandelbaren Ausnahmen von Open SQL werden durch die Ausnahmeklassen CX_SY_OPEN_SQL_DB (Fehler in der Datenbank oder der Datenbankschnittstelle), CX_SY_DYNAMIC_OSQL_SEMANTICS (Fehler bei der Bearbeitung einer dynamischen Token-

Angabe) und CX_SY_DYNAMIC_OSQL_SYNTAX (Syntaxfehler in einer dynamischen Token-Angabe) definiert.

37.3 Object Services

Die Object Services sind ein objektorientiertes Framework zum Umgang mit relationalen Datenbanken. Anstatt direkt mit Open SQL-Anweisungen zu arbeiten, wird mit sogenannten persistenten Objekten gearbeitet, deren Attribute auf Datenbankinhalte gemappt sind. Dabei kapseln die Klassen und Interfaces der Object Services die eigentlichen Datenbankzugriffe.

Die Object Services bieten zurzeit folgende Dienste zur Behandlung persistenter Objekte auf der Datenbank:

- Persistenzdienst
- Transaktionsdienst
- Query-Dienst

Ausführliche Informationen finden Sie im Buch *Object Services in ABAP* von Christian Assig, Aldo Hermann Fobbe und Arno Niemietz (SAP PRESS 2010).

37.3.1 Persistenzdienst

Der Persistenzdienst verwaltet die Objekte sogenannter persistenter Klassen. Persistente Klassen werden mit dem Class Builder auf der Grundlage vorhandener Datenbanktabellen des ABAP Dictionarys über ein sogenanntes Mapping angelegt. Die Attribute solcher Objekte können persistent in der zugehörigen Datenbanktabelle abgespeichert werden. Die Verwaltung erfolgt über eine für jede persistente Klasse generierte Klasse (Klassenakteur bzw. Agent) und verschiedene Interfaces, die von der persistenten Klasse und ihrem Klassenakteur implementiert werden. Die persistente Klasse und der Klassenakteur enthalten vorgegebene generierte Komponenten und können beide erweitert werden. Der Klassenakteur ist der klassenspezifische Teil des Persistenzdienstes. Die Interfaces des Persistenzdienstes sind dagegen für alle persistenten Klassen gleich und im Class Builder dokumentiert.

- Die persistente Klasse enthält vorgegebene Methoden GET_... und SET_... zum Lesen und Setzen ihrer persistenten Attribute und implementiert das Interface IF_OS_STATE.
- Der Klassenakteur wird von seinem eigenen statischen Konstruktor instanziert. Er hat ein öffentliches statisches Attribut AGENT, über das er adressiert wird, und folgende vorgegebene Methoden zur Verwaltung persistenter und transienter Objekte der persistenten Klasse:
  - CREATE_PERSISTENT
  - GET_PERSISTENT
  - DELETE_PERSISTENT
  - CREATE_TRANSIENT
  - GET_TRANSIENT

Eine generische Behandlung verwalteter Objekte mehrerer persistenter Klassen ermöglichen folgende im Klassenakteur implementierte Interfaces:

- IF_OS_FACTORY
- IF_OS_CA_PERSISTENCY
- IF_OS_CA_INSTANCE

Beispiel
Der Referenzvariablen agent wird eine Referenz auf den Klassenakteur der persistenten Klasse CL_SPFLI_PERSISTENT zugewiesen. Dieser wird vom statischen Konstruktor der Klasse CA_SPFLI_PERSISTENT einmalig erzeugt. Mit der Methode GET_PERSISTENT wird überprüft, ob es schon ein persistentes Objekt des gewünschten Schlüssels auf der Datenbank gibt. Falls es schon ein Objekt gibt, kann es mit DELETE_PERSISTENT gelöscht werden. Falls es noch kein Objekt gibt, wird die Ausnahme CX_OS_OBJECT_NOT_FOUND ausgelöst und abgefangen. Im entsprechenden CATCH-Block wird dann versucht, mit CREATE_PERSISTENT das Objekt anzulegen. Das Objekt wird erst durch die Anweisung COMMIT WORK auf der Datenbank angelegt. Ohne explizites COMMIT WORK besteht es nur als verwaltetes Objekt im Programm und wird bei Programmende ohne Einfluss auf die Datenbank gelöscht.

```abap
SELECTION-SCREEN BEGIN OF SCREEN 400.
PARAMETERS delete AS CHECKBOX.
SELECTION-SCREEN END OF SCREEN 400.
SELECTION-SCREEN BEGIN OF SCREEN 500.
PARAMETERS commit AS CHECKBOX.
SELECTION-SCREEN END OF SCREEN 500.
DATA wa_spfli TYPE spfli.
DATA: connection TYPE REF TO cl_spfli_persistent,
      agent      TYPE REF TO ca_spfli_persistent.
DATA: exc TYPE REF TO cx_root,
      text TYPE string.
wa_spfli-carrid     = 'LH'.
wa_spfli-connid     = '123'.
wa_spfli-countryfr  = 'DE'.
wa_spfli-cityfrom   = 'FRANKFURT'.
wa_spfli-airpfrom   = 'FRA'.
wa_spfli-countryto  = 'SG'.
wa_spfli-cityto     = 'SINGAPORE'.
wa_spfli-airpto     = 'SIN'.
wa_spfli-fltime     = '740'.
wa_spfli-deptime    = '234500'.
wa_spfli-arrtime    = '180000'.
wa_spfli-distance   = '10000'.
wa_spfli-distid     = 'KM'.
wa_spfli-fltype     = ' '.
wa_spfli-period     = '1'.
agent = ca_spfli_persistent=>agent.
TRY.
```

```abap
        connection = agent->get_persistent( i_carrid = wa_spfli-carrid
                                            i_connid = wa_spfli-connid ).
        MESSAGE 'Connection already exists' TYPE 'I'.
        CALL SELECTION-SCREEN 400 STARTING AT 10 10.
        IF delete = 'X'.
          TRY.
              agent->delete_persistent( i_carrid = wa_spfli-carrid
                                        i_connid = wa_spfli-connid ).
              COMMIT WORK.
            CATCH cx_root INTO exc.
              text = exc->get_text( ).
              MESSAGE text TYPE 'I'.
          ENDTRY.
        ENDIF.
      CATCH cx_root INTO exc.
        text = exc->get_text( ).
        MESSAGE text TYPE 'I'.
        TRY.
            connection = agent->create_persistent(
                          i_carrid    = wa_spfli-carrid
                          i_connid    = wa_spfli-connid
                          i_countryfr = wa_spfli-countryfr
                          i_cityfrom  = wa_spfli-cityfrom
                          i_airpfrom  = wa_spfli-airpfrom
                          i_countryto = wa_spfli-countryto
                          i_cityto    = wa_spfli-cityto
                          i_airpto    = wa_spfli-airpto
                          i_fltime    = wa_spfli-fltime
                          i_deptime   = wa_spfli-deptime
                          i_arrtime   = wa_spfli-arrtime
                          i_distance  = wa_spfli-distance
                          i_distid    = wa_spfli-distid
                          i_fltype    = wa_spfli-fltype
                          i_period    = wa_spfli-period ).
            MESSAGE 'Connection created' TYPE 'I'.
            CALL SELECTION-SCREEN 500 STARTING AT 10 10.
            IF commit = 'X'.
              COMMIT WORK.
            ENDIF.
          CATCH cx_root INTO exc.
            text = exc->get_text( ).
            MESSAGE text TYPE 'I'.
        ENDTRY.
ENDTRY.
```

37.3.2 Transaktionsdienst

Der Transaktionsdienst sorgt implizit oder explizit für die Verbuchung persistenter Objekte, die im Programm angelegt oder deren persistente Attribute geändert wurden.

Um mit dem Transaktionsdienst zu arbeiten, benötigt man Zugriff auf den Transaktionsmanager der Object Services, der als Schnittstelle das Interface IF_OS_TRANSACTION_MANAGER implementiert. Diesen Zugriff ermöglichen die Methoden INIT_AND_SET_MODES und GET_TRANSACTION_MANAGER der Systemdienstklasse CL_OS_SYSTEM.

Mit der Methode CREATE_TRANSACTION des Transaktionsmanagers können Transaktionen erzeugt werden, auf die über das Interface IF_OS_TRANSACTION zugegriffen wird. Die wichtigsten Methoden einer Transaktion sind START, END und UNDO.

Beispiel
Das folgende Beispiel geht davon aus, dass das Programm im objektorientierten Transaktionsmodus läuft. Voraussetzung hierfür ist entweder eine in der Transaktionspflege als OO-Transaktion gekennzeichnete Transaktion, bei der OO-TRANSAKTIONSMODELL markiert ist oder der Aufruf der Methode INIT_AND_SET_MODES vor dem Zugriff auf ein persistentes Objekt erfolgt, wobei der Parameter I_EXTERNAL_COMMIT auf OSCON_FALSE gesetzt wird. Nur dann stößt die Methode END eine Verbuchung an. Ansonsten befindet sich das Programm im sogenannten Kompatibilitätsmodus, in dem die Anweisung COMMIT WORK nach dem Ende einer Transaktion explizit angegeben werden muss.

```
DATA tm TYPE REF TO if_os_transaction_manager.
DATA t  TYPE REF TO if_os_transaction.
...
tm = cl_os_system=>get_transaction_manager( ).
t  = tm->create_transaction( ).
...
TRY.
    t->start( ).
    ... "change persistent objects
    t->end( ).
  CATCH cx_os_error.
    ...
ENDTRY.
```

37.3.3 Query-Dienst

Der Query-Dienst ermöglicht die Suche und das Laden persistenter Objekte über logische Ausdrücke. Um mit dem Query-Dienst zu arbeiten, benötigt man Zugriff auf den Query-Manager der Object Services, der als Schnittstelle das Interface IF_OS_QUERY_MANAGER implementiert. Diesen Zugriff ermöglicht die Methode GET_QUERY_MANAGER der Systemdienstklasse CL_OS_SYSTEM. Mit der Methode CREATE_QUERY des Query-Managers können Queries in Form von Query-Objekten erzeugt werden, auf die über das Interface IF_OS_QUERY zugegriffen wird. Die wichtigsten Methoden einer Query sind SET_FILTER_EXPR und SET_ORDERING_EXPR. Mit diesen Methoden werden eine Filterbedingung für die Suche nach persistenten Objekten und eine Sortierreihenfolge für die Ergebnisliste definiert.

Eine Query wird nicht direkt, sondern über die Methode GET_PERSISTENT_BY_QUERY des Interfaces IF_OS_CA_PERSISTENCY eines Klassenakteurs ausgeführt. Dadurch wird nach den persistenten Objekten der zugehörigen persistenten Klasse gesucht, die der Filterbedingung entsprechen.

Beispiel

Der Referenzvariablen `agent` wird eine Referenz auf den Klassenakteur der persistenten Klasse CL_SPFLI_PERSISTENT zugewiesen. Dieser wird vom statischen Konstruktor der Klasse CA_SPFLI_PERSISTENT einmalig erzeugt. Mit der Methode GET_QUERY_MANAGER der Systemklasse CL_OS_SYSTEM wird ein Query-Manager geholt und mit der Methode CREATE_QUERY unter Angabe des Filters eine Query erzeugt. Mit der Interfacemethode GET_PERSISTENT_BY_QUERY des Interfaces IF_OS_CA_PERSISTENCY wird die Query ausgeführt, und der erste gefundene Flug wird ausgegeben.

```abap
PARAMETERS airpfrom TYPE s_fromairp DEFAULT 'FRA'.
PARAMETERS airpto   TYPE s_toairp   DEFAULT 'SIN'.
DATA: query_manager TYPE REF TO if_os_query_manager,
      query         TYPE REF TO if_os_query.
DATA: connections TYPE osreftab,
      connection  TYPE REF TO cl_spfli_persistent,
      agent       TYPE REF TO ca_spfli_persistent.
DATA: carrid TYPE s_carr_id,
      connid TYPE s_conn_id.
DATA: tmp TYPE REF TO object.
DATA: exc TYPE REF TO cx_root,
      text TYPE string.
agent = ca_spfli_persistent=>agent.
TRY.
    query_manager = cl_os_system=>get_query_manager( ).
    query = query_manager->create_query(
            i_filter = `AIRPFROM = PAR1 AND AIRPTO = PAR2` ).
    connections = agent->if_os_ca_persistency~get_persistent_by_query(
                      i_query = query
                      i_par1  = airpfrom
                      i_par2  = airpto ).
    IF ( lines( connections ) > 0 ).
      READ TABLE connections INTO tmp INDEX 1.
      connection ?= tmp.
      carrid = connection->get_carrid( ).
      connid = connection->get_connid( ).
      text = |Connection found { carrid } { connid }|.
    ELSE.
      text = |No connection found|.
    ENDIF.
    MESSAGE text TYPE 'I'.
  CATCH cx_root INTO exc.
    text = exc->get_text( ).
    MESSAGE text TYPE 'I'.
ENDTRY.
```

37.4 Native SQL

Unter dem Begriff Native SQL werden alle Anweisungen zusammengefasst, die statisch an die Native SQL-Schnittstelle der Datenbankschnittstelle übergeben werden können. Native SQL-Anweisungen sind kein Teil des ABAP-Sprachumfangs und folgen nicht der ABAP-Syntax. ABAP enthält lediglich Anweisungen, um Programmteile einzugrenzen, in denen Native SQL-Anweisungen aufgeführt werden können.

In Native SQL können im Wesentlichen datenbankspezifische SQL-Anweisungen verwendet werden, die von der Native SQL-Schnittstelle unverändert an ein Datenbanksystem weitergegeben und dort ausgeführt werden. Hierfür kann der volle SQL-Sprachumfang der jeweiligen Datenbank verwendet werden, und die angesprochenen Datenbanktabellen müssen nicht im ABAP Dictionary deklariert sein. Zusätzlich gibt es einen kleinen Satz SAP-spezifischer Native SQL-Anweisungen, die von der Native SQL-Schnittstelle besonders behandelt werden.

37.4.1 Native SQL einbinden

```
EXEC SQL
```

Syntax
```
EXEC SQL.
  ...
ENDEXEC.
```

Diese Anweisungen definieren einen Bereich im ABAP-Programm, in dem eine oder mehrere Native SQL-Anweisungen aufgeführt werden können. Der Bereich zwischen EXEC und ENDEXEC wird von der Syntaxprüfung nicht vollständig überprüft. Die dort angegebenen Anweisungen werden an die Native SQL-Schnittstelle übergeben und dort wie folgt bearbeitet:

- Zwischen EXEC und ENDEXEC können fast alle für die Programmierschnittstelle des angesprochenen Datenbanksystems gültigen SQL-Anweisungen aufgeführt sein, wozu insbesondere auch die DDL-Anweisungen gehören. Diese SQL-Anweisungen werden von der Native SQL-Schnittstelle weitgehend unverändert an das Datenbanksystem weitergereicht. Die Syntaxregeln werden durch das Datenbanksystem bestimmt, wozu insbesondere auch die Regeln zur Groß-/Kleinschreibung von Objekten der Datenbank gehören. Wenn die Syntax ein Trennzeichen zwischen einzelnen Anweisungen erlaubt, sind innerhalb von EXEC und ENDEXEC mehrere Native SQL-Anweisungen möglich. Als Trennzeichen wird in der Regel das Semikolon (;) verwendet.

- Zwischen EXEC und ENDEXEC können SAP-spezifische Native SQL-Sprachelemente angegeben werden. Diese werden von der Native SQL-Schnittstelle nicht direkt an das Datenbanksystem weitergegeben, sondern entsprechend umgesetzt. Die SAP-spezifischen Sprachelemente sind:
    - Hostvariablen
    - Anweisungen zur Cursor-Verarbeitung
    - Aufrufe von Datenbankprozeduren
    - Anweisungen zur Festlegung von Datenbankverbindungen

Alle Native SQL-Anweisungen umgehen die SAP-Pufferung, und es wird keine automatische Mandantenbehandlung durchgeführt.

Die Anweisung `ENDEXEC` setzt die Systemfelder `sy-subrc` und `sy-dbcnt`.

sy-subrc	Bedeutung
0	Die Anweisungen zwischen `EXEC` und `ENDEXEC` wurden erfolgreich ausgeführt.
4	Die Anweisungen zwischen `EXEC` und `ENDEXEC` waren nicht erfolgreich.

Die Anweisung `ENDEXEC` setzt `sy-dbcnt` auf die Anzahl der in der letzten Native SQL-Anweisung bearbeiteten Zeilen.

Hinweise

- Programme mit Native SQL-Anweisungen sind in der Regel vom verwendeten Datenbanksystem abhängig und können nicht auf allen AS ABAP ausgeführt werden. Dies gilt insbesondere auch für die Beispiele dieses Abschnitts, die, wenn nicht anders erwähnt, für ein Informix-Datenbanksystem geschrieben wurden.

- Wenn es bei Einfüge- oder Modifikationsoperationen mit den Native SQL-Anweisungen `INSERT` oder `UPDATE` zu doppelten Zeilen bezüglich des primären Tabellenschlüssels kommen würde, kommt es nicht zu einer Ausnahme, sondern `sy-subrc` wird auf 4 gesetzt. Wenn eine andere Operation, wie z. B. das Ausführen einer Stored Procedure, zu einer doppelten Zeile führen würde, kommt es dagegen zu einer Ausnahme.

- Die Mandantenkennung einer Datenbanktabelle muss explizit angegeben werden. Dabei ist zu beachten, dass in Anwendungsprogrammen nur mit den Daten des aktuellen Mandanten gearbeitet werden soll, was in Systemen mit Multitenancy von der ABAP-Laufzeitumgebung überprüft wird.

37.4.2 Hostvariablen

Hostvariablen sind im ABAP-Programm deklarierte globale oder lokale Variablen bzw. Variablen, die an den Operandenpositionen von Native SQL-Anweisungen eingesetzt werden. Zur Kennzeichnung wird dem Variablennamen ein Doppelpunkt (:) direkt vorangestellt. Anstelle einer Variablen selbst kann auch ein Feldsymbol, dem die Variable zugewiesen ist, angegeben werden. Die Angabe einer dereferenzierten Datenreferenzvariablen ist nicht möglich.

Als Hostvariablen können mit einer Ausnahme nur flache elementare Felder und flache Strukturen mit elementaren Komponenten verwendet werden. Wenn eine Struktur in einer Native SQL-Anweisung hinter `INTO` aufgeführt ist, wird sie von der Native SQL-Schnittstelle so umgesetzt, als seien ihre Komponenten als einzelne, durch Kommata getrennte Felder aufgelistet.

In einer `SELECT`-Anweisung kann zwischen `INTO` und einer einzelnen Hostvariablen der SAP-spezifische Zusatz `STRUCTURE` angegeben werden. Dieser Zusatz bewirkt, dass die Hostvariable wie eine Struktur behandelt wird, auch wenn ein untypisierter Formalparameter oder ein untypisiertes Feldsymbol angegeben ist. Ansonsten wird bei der Übergabe mehrerer Werte je nach Plattform entweder nur der erste Wert übergeben, oder es kommt zu einer Ausnahme.

Bei Zuweisungen zwischen Hostvariablen und Feldern in Datenbanktabellen übergibt die Native SQL-Schnittstelle dem Datenbanksystem eine Beschreibung von Typ, Größe und Speicherort der verwendeten ABAP-Felder. Die eigentlichen Datenzugriffe und Konvertierungen werden zumeist direkt durch die entsprechenden Operationen des Datenbanksystems ausgeführt. In einigen Fällen nimmt aber auch die Native SQL-Schnittstelle weitergehende Verträglichkeitsprüfungen vor.

Die Konvertierungsregeln zwischen ABAP-Datentypen und den Typen von Datenbankspalten findet man sowohl für schreibende (INSERT, UPDATE) als auch für lesende (SELECT) Zugriffe in den Handbüchern der Programmierschnittstelle des jeweiligen Datenbanksystems. Diese Konvertierungsregeln gelten auch für die Eingabe- und Ausgabeparameter von Datenbankprozeduren. Alle dort nicht aufgeführten Kombinationen sind undefiniert und sollten nicht verwendet werden.

Beispiel
Auslesen einer Zeile aus der Datenbanktabelle SPFLI über Native SQL und Hostvariablen. Wenn eine Zeile gefunden wurde, wird sy-subrc auf 0, ansonsten auf 4 gesetzt. Hinter INTO könnte der Zusatz STRUCTURE angegeben werden, dies ist aber nicht notwendig, da wa statisch als Struktur erkennbar ist. Als Struktur wird wa in der INTO-Klausel so behandelt, als seien alle Teilfelder einzeln aufgelistet: INTO :wa-cityfrom, :wa-cityto.

```
PARAMETERS: p_carrid TYPE spfli-carrid,
            p_connid TYPE spfli-connid.
DATA: BEGIN OF wa,
        cityfrom TYPE spfli-cityfrom,
        cityto   TYPE spfli-cityto,
      END OF wa.
EXEC SQL.
  SELECT cityfrom, cityto
         INTO :wa
         FROM spfli
         WHERE mandt  = :sy-mandt AND
               carrid = :p_carrid AND connid = :p_connid
ENDEXEC.
```

37.4.3 Cursor-Verarbeitung

`EXEC SQL - OPEN, CLOSE, FETCH`

In Native SQL können ähnliche Anweisungen zum Lesen von Daten über einen Datenbank-Cursor angegeben werden wie in Open SQL.

37.4.3.1 Cursor öffnen

Syntax
```
EXEC SQL.
  OPEN dbcur FOR SELECT ...
ENDEXEC.
```

Öffnet einen Datenbank-Cursor dbcur. Für dbcur kann auch eine flache zeichenartige Hostvariable angegeben werden.

37.4.3.2 Über Cursor lesen
Syntax
```
EXEC SQL.
  FETCH NEXT dbcur INTO ...
ENDEXEC.
```

Liest Daten über einen geöffneten Datenbank-Cursor dbcur. Wenn über FETCH keine Zeile gelesen werden kann, wird sy-subrc von ENDEXEC auf 4 gesetzt. Das Systemfeld sy-dbcnt wird nach einer FETCH-Anweisung auf die Anzahl der bis dahin über den betreffenden Cursor gelesenen Zeilen gesetzt.

37.4.3.3 Cursor schließen
Syntax
```
EXEC SQL.
  CLOSE dbcur
ENDEXEC.
```

Schließt einen geöffneten Datenbank-Cursor dbcur.

Hinweis
Es hängt vom verwendeten Datenbanksystem ab, ob der Datenbank-Cursor auf der Datenbank nach der Entnahme der letzten Zeile der Ergebnismenge implizit geschlossen wird oder nicht. Deshalb empfiehlt sich immer die explizite Verwendung der Anweisung CLOSE dbcur.

Beispiel
Auslesen mehrerer Zeilen aus der Datenbanktabelle SPFLI über Cursor-Verarbeitung und Hostvariablen in Native SQL. Wenn Zeilen gefunden wurden, wird sy-subrc auf 0 gesetzt und sy-dbcnt für jede gelesene Zeile um 1 erhöht.

```
PARAMETERS p_carrid TYPE spfli-carrid.
DATA: connid   TYPE spfli-connid,
      cityfrom TYPE spfli-cityfrom,
      cityto   TYPE spfli-cityto.
EXEC SQL.
  OPEN dbcur FOR
    SELECT connid, cityfrom, cityto
           FROM spfli
           WHERE mandt  = :sy-mandt AND
                 carrid = :p_carrid
ENDEXEC.
DO.
  EXEC SQL.
    FETCH NEXT dbcur INTO :connid, :cityfrom, :cityto
  ENDEXEC.
  IF sy-subrc <> 0.
```

```
      EXIT.
    ELSE.
      ...
    ENDIF.
  ENDDO.
EXEC SQL.
  CLOSE dbcur
ENDEXEC.
```

37.4.4 Stored Procedures aufrufen

EXEC SQL - EXECUTE

Syntax
```
EXEC SQL.
  EXECUTE PROCEDURE proc ( IN      p_in1     IN      p_in2 ....
                           OUT     p_out1    OUT     p_out2 ...,
                           INOUT   p_inout1  INOUT   p_inout2 ... )
ENDEXEC.
```

In Datenbanksystemen können Prozeduren als sogenannte Stored Procedures definiert werden. Da die Syntax für den Aufruf solcher Prozeduren und die zugehörige Parameterübergabe für verschiedene Datenbanksysteme sehr unterschiedlich sein können, gibt es in Native SQL einen vereinheitlichten Befehl.

Die Anweisung EXECUTE PROCEDURE ruft eine im Datenbanksystem gespeicherte Prozedur proc auf. Für sämtliche Formalparameter der Prozedur müssen durch Kommata getrennte Aktualparameter angegeben werden. Vor jedem Aktualparameter muss mit IN, OUT oder INOUT angegeben werden, ob es sich um einen Eingabe-, Ausgabe- oder Ein-/Ausgabeparameter handelt. Für die Aktualparameter können Literale oder durch Doppelpunkt (:) gekennzeichnete Hostvariablen verwendet werden, die in diesem Fall auch interne Tabellen sein können. Wenn es sich um interne Tabellen handelt, müssen es Standardtabellen ohne sekundäre Tabellenschlüssel sein.

Beispiele
Definition einer Prozedur incprice über datenbankspezifische SQL-Anweisungen (Oracle) und Aufruf der Prozedur mit der SAP-spezifischen Native SQL-Anweisung EXECUTE PROCEDURE. Die Ausführung des Programmabschnitts erhöht jeden Flugpreis für den Mandanten "000" in der Tabelle SFLIGHT um einen bestimmten Betrag.

```
PARAMETERS incprice TYPE sflight-price.
EXEC SQL.
  CREATE OR REPLACE PROCEDURE increase_price (x IN NUMBER) IS
  BEGIN
    UPDATE sflight SET price = price + x
           WHERE mandt = '000';
  END;
ENDEXEC.
```

```
EXEC SQL.
  EXECUTE PROCEDURE increase_price ( IN :incprice )
ENDEXEC.
```

Definition einer Prozedur selfunc über datenbankspezifische SQL-Anweisungen (Informix), Aufruf der Prozedur mit der SAP-spezifischen Native SQL-Anweisung EXECUTE PROCEDURE in einer LOOP-Schleife über eine Selektionstabelle und Löschen der Prozedur über eine SQL-Anweisung. Im hier gezeigten Fall ist die Prozedur eine Funktion, deren Rückgabewert output in EXECUTE PROCEDURE in die Hostvariable name übernommen wird.

```
DATA scarr_carrid TYPE scarr-carrid.
SELECT-OPTIONS s_carrid FOR scarr_carrid NO INTERVALS.
DATA s_carrid_wa LIKE LINE OF s_carrid.
DATA name TYPE c LENGTH 20.
TRY.
    EXEC SQL.
      CREATE FUNCTION selfunc( input CHAR(3) )
        RETURNING char(20);
        DEFINE output char(20);
        SELECT carrname
               INTO output
               FROM scarr
               WHERE mandt = '000' AND
                     carrid = input;
        RETURN output;
      END FUNCTION;
    ENDEXEC.
    LOOP AT s_carrid INTO s_carrid_wa
                WHERE sign = 'I' AND option = 'EQ'.
      TRY.
          EXEC SQL.
            EXECUTE PROCEDURE selfunc( IN  :s_carrid_wa-low,
                                       OUT :name )
          ENDEXEC.
          WRITE: / s_carrid_wa-low, name.
        CATCH cx_sy_native_sql_error.
          MESSAGE `Error in procedure execution` TYPE 'I'.
      ENDTRY.
    ENDLOOP.
    EXEC SQL.
      DROP FUNCTION selfunc;
    ENDEXEC.
  CATCH cx_sy_native_sql_error.
    MESSAGE `Error in procedure handling` TYPE 'I'.
ENDTRY.
```

37.4.5 Datenbankverbindung festlegen

```
EXEC SQL - CONNECT
```

Um mit Native SQL-Anweisungen arbeiten zu können, muss eine Verbindung zu einem Datenbanksystem festgelegt sein. Beim Start eines AS ABAP wird eine Standardverbindung von der Datenbankschnittstelle zur zentralen Datenbank des AS ABAP geöffnet und diese Verbindung beim Start eines ABAP-Programms als aktuelle Verbindung für Native SQL-Anweisungen und als Standardverbindung für Open SQL-Anweisungen festgelegt. Mit folgenden SAP-spezifischen Native SQL-Anweisungen können zusätzliche Verbindungen zu anderen Datenbanksystemen geöffnet werden, auf die dann in Native SQL zugegriffen werden kann.

Die möglichen Verbindungen eines AS ABAP zu Datenbanksystemen sind in der Datenbanktabelle DBCON abgelegt. Das Anlegen und Ändern von Einträgen in der Datenbanktabelle DBCON erfolgt über das Werkzeug DBA Cockpit.

Hinweis
Beim Wechsel des Workprozesses mit daraus resultierendem impliziten Datenbank-Commit wird dieser auf allen offenen Verbindungen ausgeführt.

37.4.5.1 Verbindung öffnen

Syntax
```
EXEC SQL.
  CONNECT TO dbs [AS con]
ENDEXEC.
```

Diese Native SQL-Anweisung öffnet eine Verbindung zum Datenbanksystem dbs und macht diese zur aktuellen Verbindung, d. h., alle nachfolgenden Native SQL-Anweisungen arbeiten mit dem in dbs genannten Datenbanksystem. Wenn bereits eine Verbindung zum angegebenen Datenbanksystem existiert, wird diese verwendet, andernfalls wird eine neue Verbindung aufgebaut.

Für dbs kann ein Literal oder eine Hostvariable angegeben werden, die einen Namen aus der Spalte CON_NAME der Datenbanktabelle DBCON enthält. Das dort bezeichnete Datenbanksystem muss von SAP unterstützt werden, und die technischen Daten der Verbindung müssen gepflegt sein. Die Spalte DBMS der Datenbanktabelle DBCON enthält ein Kürzel für den Typ des Datenbanksystems.

Mit dem Zusatz AS kann der Verbindung ein Name con gegeben werden. Für con kann ein Literal oder eine zeichenartige Hostvariable angegeben werden, deren Inhalt als Name verwendet wird. Die Verbindung ist danach über diesen Namen in der Native SQL-Anweisung SET CONNECTION wählbar.

37.4.5.2 Verbindung auswählen

Syntax
```
EXEC SQL.
  SET CONNECTION {con|DEFAULT}
ENDEXEC.
```

Diese Native SQL-Anweisung setzt die aktuelle Verbindung für alle nachfolgenden Native SQL-Anweisungen. Für con kann ein Literal oder eine zeichenartige Hostvariable angegeben werden, die den Namen einer geöffneten Verbindung enthalten muss. Als Name der Verbindung kann entweder das in der Native SQL-Anweisung CONNECT TO angegebene Datenbanksystem aus der Datenbanktabelle DBCON oder der dort mit dem Zusatz AS vergebene Name angegeben werden. Mit DEFAULT wird die Standardverbindung zum zentralen Datenbanksystem des aktuellen AS ABAP gesetzt.

37.4.5.3 Verbindung feststellen
Syntax
```
EXEC SQL.
  GET CONNECTION :con
ENDEXEC.
```

Diese Native SQL-Anweisung weist con den Namen der aktuellen Verbindung zu. Für con muss eine zeichenartige Hostvariable angegeben werden. Wenn die Verbindung mit der Native SQL-Anweisung CONNECT TO aufgebaut und ihr dabei mit AS ein Name gegeben wurde, wird dieser zugewiesen. Wurde die Verbindung ohne Namensvergabe aufgebaut, wird die Bezeichnung des Datenbanksystems aus der Datenbanktabelle DBCON verwendet. Wenn die aktuelle Verbindung die Standardverbindung zur zentralen Datenbank des AS ABAP ist, wird con der Wert "DEFAULT" zugewiesen.

37.4.5.4 Verbindung schließen
Syntax
```
EXEC SQL.
  DISCONNECT con
ENDEXEC.
```

Diese Native SQL-Anweisung schließt die Verbindung con. Wenn con nicht die aktuelle Verbindung ist, wird diese nicht beeinflusst. Ist con die aktuelle Verbindung, wird gleichzeitig die Standardverbindung zur zentralen Datenbank des AS ABAP als aktuelle Verbindung für alle folgenden Native SQL-Anweisungen gesetzt.

Für con kann ein Literal oder eine zeichenartige Hostvariable angegeben werden, die den Namen einer geöffneten Verbindung enthalten muss. Wenn beim Öffnen der Verbindung mit der Native SQL-Anweisung CONNECT TO mit dem Zusatz AS ein Name vergeben wurde, muss dieser verwendet werden, ansonsten muss die Bezeichnung des Datenbanksystems aus der Datenbanktabelle DBCON verwendet werden. Die Standardverbindung "DEFAULT" kann nicht geschlossen werden.

Beispiel
Öffnen einer Verbindung zu einer Oracle-Datenbank und Einlesen aller Einträge einer Spalte der dortigen Datenbanktabelle SCARR.

```abap
PARAMETERS dbs TYPE dbcon-con_name.
DATA carrid_wa TYPE scarr-carrid.
DATA dbtype    TYPE dbcon_dbms.
SELECT SINGLE dbms
       FROM dbcon
       INTO dbtype
       WHERE con_name = dbs.
IF dbtype = 'ORA'.
  TRY.
      EXEC SQL.
        CONNECT TO :dbs
      ENDEXEC.
      IF sy-subrc <> 0.
        RAISE EXCEPTION TYPE cx_sy_native_sql_error.
      ENDIF.
      EXEC SQL.
        OPEN dbcur FOR
          SELECT carrid
                 FROM scarr
                 WHERE mandt = :sy-mandt
      ENDEXEC.
      DO.
        EXEC SQL.
          FETCH NEXT dbcur INTO :carrid_wa
        ENDEXEC.
        IF sy-subrc <> 0.
          EXIT.
        ELSE.
          WRITE / carrid_wa.
        ENDIF.
      ENDDO.
      EXEC SQL.
        CLOSE dbcur
      ENDEXEC.
      EXEC SQL.
        DISCONNECT :dbs
      ENDEXEC.
    CATCH cx_sy_native_sql_error.
      MESSAGE `Error in Native SQL.` TYPE 'I'.
  ENDTRY.
ENDIF.
```

37.4.6 Behandelbare Ausnahmen

Die behandelbaren Ausnahmen, die bei Native SQL auftreten können, sind in der Ausnahmeklasse zusammengefasst CX_SY_NATIVE_SQL_ERROR. Die verschiedenen Ursachen können den Ausnahmetexten der Klasse entnommen werden.

37.5 ADBC

ADBC (ABAP Database Connectivity) ist eine auf Klassen von ABAP Objects basierende API für die Native SQL-Schnittstelle des AS ABAP. Die Methoden von ADBC ermöglichen es, datenbankspezifische SQL-Befehle an ein Datenbanksystem abzusetzen und das Ergebnis zu verarbeiten sowie Datenbankverbindungen aufzubauen und zu verwalten. Während die Anweisungen von Native SQL einen ausschließlich statischen Zugriff auf die Native SQL-Schnittstelle bieten, ermöglicht ADBC einen objektorientierten und dynamischen Zugriff.

Die Klassen von ADBC beginnen alle mit dem Präfix CL_SQL_ bzw. CX_SQL_ und sind dokumentiert. Die folgenden Abschnitte stellen die wichtigsten Klassen kurz vor.

Hinweise
- ADBC kann immer dann verwendet werden, wenn ein Datenbankzugriff über die Native SQL- anstelle der Open SQL-Schnittstelle notwendig und ein statischer Zugriff nicht ausreichend ist.
- ADBC unterstützt keine automatische Mandantenbehandlung. Die Mandantenkennung einer Datenbanktabelle muss explizit angegeben werden. Dabei ist zu beachten, dass in Anwendungsprogrammen nur mit den Daten des aktuellen Mandanten gearbeitet werden soll. In Systemen mit Multitenancy wird dies von der ABAP-Laufzeitumgebung überprüft.

37.5.1 SQL-Anweisungen ausführen

Die Klasse CL_SQL_STATEMENT enthält Instanzmethoden, die dynamisch erzeugte SQL-Anweisungen entgegennehmen und ausführen. Instanzen der Klasse CL_SQL_STATEMENT können mit der Anweisung CREATE OBJECT erzeugt werden, wobei an den Konstruktor eine Referenz auf ein Objekt der Klasse CL_SQL_CONNECTION übergeben werden kann. Wenn keine Datenbankverbindung übergeben wird, wird eine Standardverbindung von der Datenbankschnittstelle zur zentralen Datenbank des AS ABAP benutzt.

Hinweis
Die Klasse CL_SQL_STATEMENT dient der einmaligen Ausführung der übergebenen Anweisung. Um eine Anweisung mehrmals mit unterschiedlichen Parametern auszuführen, kann die Unterklasse CL_SQL_PREPARED_STATEMENT (siehe Abschnitt 37.5.2) verwendet werden.

37.5.1.1 DDL- und DML-Anweisungen

Für das Ausführen von DDL- und DML-Anweisungen bietet die Klasse CL_SQL_STATEMENT die Instanzmethoden EXECUTE_DDL und EXECUTE_UPDATE. Die erste Methode ist für DDL-Anweisungen wie CREATE, DROP oder ALTER vorgesehen, während die zweite Methode für die DML-Anweisungen INSERT, UPDATE und DELETE vorgesehen ist.

Beide Methoden haben einen obligatorischen Eingabeparameter STATEMENT vom Typ string, dem eine syntaktisch korrekte SQL-Anweisung übergeben werden muss. Die Methode EXECUTE_UPDATE hat zusätzlich einen Rückgabewert ROWS_PROCESSED, der die Anzahl der bearbeiteten Tabellenzeilen zurückgibt.

In DML-Anweisungen können Werte, die an das Datenbanksystem übergeben werden, durch Platzhalter ? parametrisiert werden. An solche Parameter müssen bei Ausführung der Anweisung passende ABAP-Datenobjekte angebunden sein. Diese Anbindung erfolgt über die Methode SET_PARAM der Klasse CL_SQL_STATEMENT. Diese Methode erwartet eine Referenz auf ein Datenobjekt und muss vor Ausführung der SQL-Anweisung genau einmal für jeden Parameter ? aufgerufen werden. Die Reihenfolge der Aufrufe bestimmt von links nach rechts die Zuordnung zu den Platzhaltern. Nach Ausführung jeder SQL-Anweisung wird die Bindung wieder aufgehoben.

Hinweise

- Die beiden Methoden EXECUTE_DDL und EXECUTE_UPDATE unterscheiden sich technisch nur dadurch, dass EXECUTE_UPDATE die Anzahl der bearbeiteten Tabellenzeilen zurückgibt. Aus Gründen der Lesbarkeit des Programms empfiehlt es sich aber, die Methoden nur wie vorgesehen zu verwenden.

- Dem optionalen Eingabeparameter IND_REF der Methode SET_PARAM kann eine Datenreferenz auf eine Indikatorvariable vom eingebauten Typ INT2 des ABAP Dictionarys übergeben werden. Wenn der Wert einer solchen Indikatorvariablen −1 ist, wird der Wert 0 eines Parameters auf der Datenbank in einen Null-Wert umgesetzt.

37.5.1.2 Queries

Für das Ausführen von Queries bietet die Klasse CL_SQL_STATEMENT die Instanzmethode EXECUTE_QUERY. Die Methode hat einen obligatorischen Eingabeparameter STATEMENT vom Typ string, dem eine syntaktisch korrekte SELECT-Anweisung übergeben werden muss. Wie bei DML-Anweisungen können mit der Methode SET_PARAM ABAP-Datenobjekte an Platzhalter ? angebunden werden.

Als Ergebnis einer Query wird im Rückgabewert RESULT_SET eine Referenz auf ein Objekt der Klasse CL_SQL_RESULT_SET zurückgegeben. Die Methoden dieses Objekts ermöglichen den Zugriff auf die Ergebnismenge der Query. Um die Ergebnismenge auch über das Ende einer Datenbank-LUW zu erhalten, kann der Eingabeparameter HOLD_CURSOR der Methode EXECUTE_QUERY mit "X" versorgt werden.

Die Klasse CL_SQL_RESULT_SET des Ergebnisobjekts bietet folgende Instanzmethoden zum Einlesen der Ergebnismenge in ABAP-Datenobjekte:

- **SET_PARAM, NEXT und CLOSE**
  Diese Methoden bieten Zugriff auf einzelne Zeilen und Spalten der Ergebnismenge. Mit SET_PARAM müssen den Spalten der Ergebnismenge von links nach rechts passende ABAP-Datenobjekte zugeordnet werden, indem dieser Methode für jede einzelne Spalte entsprechende Datenreferenzen übergeben werden. Mit NEXT werden nacheinander die Zeilen der Ergebnismenge adressiert. Der Rückgabewert ist 1, solange eine Zeile adressiert werden kann, und sonst 0. Mit CLOSE wird das Auslesen abgeschlossen. Wenn die Parameterbindung zwischen zwei Aufrufen von NEXT geändert werden soll, muss zuvor die Methode CLEAR_PARAMETERS aufgerufen werden.

- **SET_PARAM_STRUCT, NEXT und CLOSE**
  Diese Methoden bieten Zugriff auf einzelne Zeilen der Ergebnismenge. Mit SET_PARAM_STRUCT muss den Zeilen der Ergebnismenge eine genau passende ABAP-

Struktur zugeordnet werden, indem dieser Methode eine entsprechende Datenreferenz übergeben wird. Dem Parameter CORRESPONDING_FIELDS kann dabei eine interne Tabelle übergeben werden, die Namen und Reihenfolge der auszulesenden Spalten festlegt. Für die übrigen Methoden gilt das Gleiche wie bei SET_PARAM.

▸ **SET_PARAM_TABLE, NEXT_PACKAGE und CLOSE**
Diese Methoden bieten Zugriff auf mehrere Zeilen der Ergebnismenge. Mit SET_PARAM_TABLE muss den Zeilen der Ergebnismenge eine genau passend strukturierte interne Tabelle zugeordnet werden, indem dieser Methode eine entsprechende Datenreferenz übergeben wird. Wie bei SET_PARAM_STRUCT gibt es einen Parameter CORRESPONDING_FIELDS, um die zu transportierenden Spalten festzulegen. Anstelle von NEXT wird hier NEXT_PACKAGE verwendet, die maximal so viele Zeilen aus der Ergebnismenge ausliest, wie an den Eingabeparameter UPTO übergeben werden. Wenn kein Wert an UPTO übergeben wird, werden alle Zeilen gelesen. Bei jedem Aufruf von NEXT_PACKAGE werden die gelesenen Zeilen an die interne Tabelle angehängt, ohne den früheren Inhalt zu löschen, und es wird die Anzahl der gelesenen Zeilen im Rückgabewert ROWS_RET zurückgegeben. Für das Ändern der Parameterbindung und CLOSE gilt das Gleiche wie bei SET_PARAM.

Hinweis
Dem optionalen Eingabeparameter IND_REF der Methode SET_PARAM kann eine Datenreferenz auf eine Indikatorvariable vom eingebauten Typ INT2 des ABAP Dictionarys übergeben werden, in der gegebenenfalls über den Wert −1 angezeigt wird, ob auf der Datenbank ein Null-Wert vorlag.

Beispiel
An ein Objekt der Klasse CL_SQL_STATEMENT wird eine SELECT-Anweisung übergeben, und die Methode EXECUTE_QUERY wird aufgerufen. Mit der Methode SET_PARAM wird auf die Ergebnismenge zugegriffen, um Datenreferenzen an die einzelnen Ergebnisse anzubinden.

```
PARAMETERS key TYPE scarr-carrid.
DATA: sql      TYPE REF TO cl_sql_statement,
      result   TYPE REF TO cl_sql_result_set,
      exc      TYPE REF TO cx_sql_exception,
      stmnt    TYPE string,
      carrid   TYPE scarr-carrid,
      carrname TYPE scarr-carrname,
      dref     TYPE REF TO data,
      rc       TYPE i.
TRY.
    CREATE OBJECT sql.
    CONCATENATE `SELECT carrid, carrname `
                `FROM scarr `
                `WHERE carrid = '` key `'` INTO stmnt.
    result = sql->execute_query( stmnt ).
    GET REFERENCE OF carrid INTO dref.
    result->set_param( dref ).
    GET REFERENCE OF carrname INTO dref.
    result->set_param( dref ).
```

```abap
            rc = result->next( ).
            IF rc > 0.
              WRITE: / carrid, carrname.
            ELSE.
              WRITE / 'No entry found'.
            ENDIF.
            result->close( ).
        CATCH cx_sql_exception INTO exc.
          MESSAGE exc TYPE 'I' DISPLAY LIKE 'E'.
    ENDTRY.
```

37.5.1.3 Stored Procedures

Für das Ausführen von Stored Procedures bietet die Klasse CL_SQL_STATEMENT die Instanzmethode EXECUTE_PROCEDURE. Die Methode hat einen obligatorischen Eingabeparameter PROC_NAME vom Typ string, dem der Name einer vorhandenen Stored-Procedure-Anweisung übergeben werden muss. Ähnlich wie bei DML-Anweisungen können mit der Methode SET_PARAM ABAP-Datenobjekte als Aktualparameter an die Formalparameter der Stored Procedure angebunden werden. Dabei muss mit dem zusätzlichen Parameter INOUT die Art des Parameters bestimmt werden. Mögliche Werte sind in den Konstanten C_PARAM_IN, C_PARAM_OUT und C_PARAM_INOUT der Klasse CL_SQL_STATEMENT definiert, wobei der Wert C_PARAM_IN der Standardwert ist. Die Reihenfolge der Aufrufe bestimmt von links nach rechts die Zuordnung zu den Formalparametern.

Beispiel

Mit der Methode EXECUTE_PROCEDURE der Klasse CL_SQL_STATEMENT wird die im gleichen Programm mit der Methode EXECUTE_DDL definierte Prozedur increase_price aufgerufen, die alle Flugpreise in der Tabelle SFLIGHT im aktuellen Mandanten um den im Parameter incprice enthaltenen Wert erhöht. Das Beispiel funktioniert nur auf einer Oracle-Datenbank.

```abap
SELECTION-SCREEN BEGIN OF SCREEN 100.
  PARAMETERS incprice TYPE sflight-price.
SELECTION-SCREEN END OF SCREEN 100.
DATA: sql  TYPE REF TO cl_sql_statement,
      err  TYPE REF TO cx_sql_exception,
      dref TYPE REF TO data.
CALL SELECTION-SCREEN 100.
CREATE OBJECT sql.
TRY.
    sql->execute_ddl(
      `CREATE OR REPLACE PROCEDURE increase_price (x IN NUMBER) IS `
      && `BEGIN `
      && `UPDATE sflight SET price = price + x`
      && `              WHERE mandt = '` && sy-mandt && `'; `
      && `END;` ).
    GET REFERENCE OF incprice INTO dref.
    sql->set_param( data_ref = dref
                    inout    = cl_sql_statement=>c_param_in ).
```

```abap
      sql->execute_procedure( proc_name = 'increase_price' ).
  CATCH cx_sql_exception INTO err.
    MESSAGE err TYPE 'I' DISPLAY LIKE 'E'.
ENDTRY.
```

37.5.2 SQL-Anweisungen vorbereiten

Die Klasse CL_SQL_PREPARED_STATEMENT ist eine Unterklasse von CL_SQL_STATEMENT. Sie erlaubt es, eine ihr übergebene SQL-Anweisung mehrmals mit unterschiedlichen Parametern auszuführen.

Hierfür enthält der Instanzkonstruktor einen obligatorischen Eingabeparameter STATEMENT vom Typ `string`, dem eine syntaktisch korrekte SQL-Anweisung übergeben werden muss. Die SQL-Anweisung kann wie bei den Methoden von CL_SQL_STATEMENT Platzhalter ? enthalten. Über die von CL_SQL_STATEMENT geerbten Methoden können die Platzhalter mit Parametern verknüpft und die instanzierte SQL-Anweisung ausgeführt werden. Dabei entfällt die Übergabe der SQL-Anweisung an die entsprechende Methode.

Nach einem Wechsel des Workprozesses (siehe auch Abschnitt 40.1.1) ist eine vorbereitete Anweisung nicht mehr verwendbar. Wenn eine vorbereitete Anweisung nicht mehr benötigt wird, sollte sie mit der Instanzmethode `close` geschlossen werden, um alle auf der Datenbank benötigten Ressourcen wieder freizugeben.

Beispiel

In diesem Beispiel wird eine Query als vorbereitete Anweisung instanziert und mit verschiedenen Parametern ausgeführt. Da es zwischen den Aufrufen der vorbereiteten Anweisung zu keinem Wechsel des Workprozesses kommen darf, ist in der zugehörigen Schleife kein Dialog über Dynpros möglich. Stattdessen werden sowohl die auszuwertenden Parameter als auch die Ergebnislisten in jeweils einer internen Tabelle vorbereitet bzw. aufgesammelt.

```abap
DATA: sql        TYPE REF TO cl_sql_prepared_statement,
      result     TYPE REF TO cl_sql_result_set,
      err        TYPE REF TO cx_sql_exception,
      cols       TYPE adbc_column_tab,
      carrid     TYPE sflight-carrid,
      carrid_tab TYPE TABLE OF sflight-carrid,
      dref1      TYPE REF TO data,
      dref2      TYPE REF TO data.
DATA: BEGIN OF result_line,
        carrid TYPE sflight-carrid,
        connid TYPE sflight-connid,
      END OF result_line,
      result_tab LIKE TABLE OF result_line.
APPEND 'CARRID' TO cols.
APPEND 'CONNID' TO cols.
APPEND 'AA' TO carrid_tab.
APPEND 'LH' TO carrid_tab.
APPEND 'UA' TO carrid_tab.
```

```abap
TRY.
    CREATE OBJECT sql
      EXPORTING
        statement = `SELECT carrid, connid ` && `FROM spfli ` && `WHERE mandt = '` &&
                    sy-mandt && `' AND carrid = ?`.
    GET REFERENCE OF carrid      INTO dref1.
    GET REFERENCE OF result_line INTO dref2.
    sql->set_param( dref1 ).
    LOOP AT carrid_tab INTO carrid.
      result = sql->execute_query( ).
      result->set_param_struct( struct_ref = dref2
                                corresponding_fields = cols ).
      WHILE result->next( ) > 0.
        APPEND result_line TO result_tab.
      ENDWHILE.
    ENDLOOP.
    sql->close( ).
    display ...
  CATCH cx_sql_exception INTO err.
    MESSAGE err TYPE 'I' DISPLAY LIKE 'E'.
ENDTRY.
```

37.5.3 Datenbankverbindungen

Die SQL-Anweisungen, die durch Objekte der Klassen CL_SQL_STATEMENT und CL_SQL_PREPARED_STATEMENT repräsentiert werden, arbeiten standardmäßig mit der zentralen Datenbank des AS ABAP. Mit ADBC können wie beim statischen Native SQL auch zusätzliche Verbindungen zu anderen Datenbanksystemen geöffnet werden. Hierzu dient die Klasse CL_SQL_CONNECTION. Der Methode GET_CONNECTION dieser Klasse kann ein Verbindungsname aus der Spalte DBCON übergeben werden. Die Methode versucht, die entsprechende Verbindung zu öffnen, und erzeugt im Erfolgsfall eine Instanz auf CL_SQL_CONNECTION und gibt die entsprechende Referenz zurück. Instanzen von CL_SQL_CONNECTION, die mit CREATE OBJECT erzeugt wurden, repräsentieren die Standardverbindung zur zentralen Datenbank.

Referenzen auf Instanzen von CL_SQL_CONNECTION können an den Parameter CON_REF des Instanzkonstruktors von CL_SQL_STATEMENT bzw. CL_SQL_PREPARED_STATEMENT übergeben werden. Die dabei erzeugten Instanzen führen ihre SQL-Anweisungen dann auf der Datenbank aus, deren Verbindung durch die Instanz von CL_SQL_CONNECTION repräsentiert wird.

Die Instanzmethode CLOSE von CL_SQL_CONNECTION schließt eine Datenbankverbindung. Danach kann die Instanz nicht mehr verwendet werden, und Anweisungen, die bereits mit der Verbindung verknüpft sind, werden ungültig. In Instanzen, die die Standardverbindung repräsentieren, hat die Methode CLOSE aber keine Wirkung. Die Klasse CL_SQL_CONNECTION hat weitere Methoden zur Behandlung einer Verbindung. Dazu gehören auch das Öffnen und Schließen von Datenbank-LUWs (siehe Abschnitt 40.1).

Hinweis
Die möglichen Verbindungen eines AS ABAP zu Datenbanksystemen sind in der Datenbanktabelle DBCON abgelegt. Das Anlegen und Ändern von Einträgen in der Datenbanktabelle DBCON erfolgt über das Werkzeug DBA Cockpit.

37.5.3.1 Datenbank-LUWs
Auf jeder geöffneten Datenbankverbindung, die durch eine Instanz der Klasse CL_SQL_CONNECTION repräsentiert werden kann, kann zu einem Zeitpunkt nur eine Datenbank-LUW aktiv sein. Beim Öffnen einer Verbindung wird implizit die erste Datenbank-LUW der Verbindung geöffnet. Die Klasse CL_SQL_CONNECTION enthält die Instanzmethoden COMMIT und ROLLBACK, um die aktuelle Datenbank-LUW einer Verbindung über einen Datenbank-Commit bzw. Datenbank-Rollback zu beenden und dabei eine neue Datenbank-LUW zu öffnen.

Die Datenbank-LUWs verschiedener Verbindungen sind unabhängig voneinander und müssen einzeln beendet werden. Beim Wechsel des Workprozesses mit daraus resultierendem impliziten Datenbank-Commit wird dieser auf allen offenen Verbindungen ausgeführt. Der Datenbank-Commit auf der Standardverbindung erfolgt als Letztes.

Hinweis
Um mit ADBC einen Datenbank-Commit oder einen Datenbank-Rollback auf der Standardverbindung durchzuführen, muss mit CREATE OBJECT eine Instanz der Klasse CL_SQL_CONNECTION für diese Verbindung erzeugt werden.

37.5.4 Ausnahmeklasse für ADBC
Mögliche Fehler, die bei der Verwendung dynamischer SQL-Anweisungen mit ADBC auftreten, führen zu Ausnahmen der Klasse CX_SQL_EXCEPTION. Diese Klasse hat neben ihren Ausnahmetexten die in Tabelle 37.3 gezeigten Instanzattribute, deren Inhalt Hinweise auf die Fehlerursache gibt:

Attribut	Bedeutung
DB_ERROR	"X", falls eine SQL-Anweisung nicht vom DBMS ausgeführt wurde. SQL_CODE und SQL_MESSAGE enthalten dann weitere Informationen.
DBOBJECT_EXISTS	"X", falls ein Datenbankobjekt angelegt werden soll, das bereits vorhanden ist. DB_ERROR ist dann ebenfalls "X".
DBOBJECT_NOT_EXISTS	"X", falls auf ein Datenbankobjekt zugegriffen werden soll, das noch nicht vorhanden ist. DB_ERROR ist dann ebenfalls "X".
DUPLICATE_KEY	"X", falls eine DML-Anweisung zur Verletzung eines eindeutigen Tabellenschlüssels führen würde. DB_ERROR ist dann ebenfalls "X".
INTERNAL_ERROR	Interner Fehlercode des DBMS. Die weitere Fehleranalyse kann durch Auswertung von Log- und Trace-Dateien erfolgen.
INVALID_CURSOR	"X", falls ein ungültiger oder bereits geschlossener Datenbank-Cursor verwendet werden soll
SQL_CODE	datenbankspezifischer Fehlercode, falls DB_ERROR "X" ist
SQL_MESSAGE	datenbankspezifische Fehlermeldung, falls DB_ERROR "X" ist

Tabelle 37.3 Instanzattribute der Ausnahmeklasse CX_SQL_EXCEPTION

38 Daten-Cluster

Ein Daten-Cluster ist eine Zusammenfassung von Datenobjekten zum Zweck der Ablage in einem Speichermedium, das nur mit ABAP-Anweisungen bearbeitet werden kann. Die Datenobjekte werden mit der Anweisung EXPORT in das Speichermedium geschrieben und mit der Anweisung IMPORT wieder ausgelesen. Mit der Anweisung DELETE kann ein beliebiges Speichermedium, mit FREE das ABAP Memory gelöscht werden. Die Anweisung IMPORT DIRECTORY erzeugt eine Liste aller Datenobjekte, die zuvor in eine Datenbanktabelle exportiert wurden. Die Anweisungen zu Daten-Clustern werden durch die Unterklassen der abstrakten Systemklasse CL_ABAP_EXPIMP erweitert (siehe Abschnitt 38.6).

38.1 Daten-Cluster erstellen

EXPORT

Syntax
```
EXPORT parameter_list TO medium [COMPRESSION {ON|OFF}].
```

Ablage eines durch *parameter_list* definierten Daten-Clusters in einem Speicherbereich *medium*. Mit dem Zusatz COMPRESSION kann gesteuert werden, ob die Daten im Cluster komprimiert abgelegt werden. Ein Daten-Cluster kann mit der Anweisung IMPORT wieder aus der Ablage ausgelesen und mit DELETE FROM gelöscht werden.

Alle Datenobjekte werden gemäß der aktuellen Byte-Reihenfolge (Endian) und zeichenartige Datenobjekte werden gemäß der Zeichendarstellung der aktuellen Textumgebung abgelegt. Der Daten-Cluster erhält eine Kennung, in welcher Byte-Reihenfolge und in welcher Zeichendarstellung der Export erfolgt ist. Beim Einlesen des Daten-Clusters mit der Anweisung IMPORT wird diese Kennung ausgewertet, und die Daten werden dann in die aktuelle Byte-Reihenfolge und Zeichendarstellung konvertiert.

Der Zusatz COMPRESSION {ON|OFF} bestimmt, ob die Daten im Daten-Cluster komprimiert werden oder nicht. Standardmäßig ist die Komprimierung für alle Speicherbereiche *medium* außer Datenbanktabellen abgeschaltet und muss, falls gewünscht, mit ON eingeschaltet werden. Bei der Ablage in einer Datenbanktabelle ist die Komprimierung standardmäßig ein- und nur bei der Angabe von OFF ausgeschaltet. Beim Importieren eines Daten-Clusters mit IMPORT wird automatisch erkannt, ob die Daten komprimiert vorliegen oder nicht.

38.1.1 Daten-Cluster definieren

EXPORT – parameter_list

Syntax von parameter_list
```
... {p1 = dobj1 p2 = dobj2 ...}
  | {p1 FROM dobj1 p2 FROM dobj2 ...}
  | (ptab)
```

Ein Daten-Cluster kann statisch durch eine Aufzählung der Form `p1 = dobj1 p2 = dobj2 ...` oder `p1 FROM dobj1 p2 FROM dobj2 ...` und dynamisch durch die Angabe einer eingeklammerten internen Tabelle `ptab` definiert werden. Falls der Daten-Cluster für die Ablage zu groß ist, wird eine Ausnahme ausgelöst.

Bei den statischen Angaben `p1 = dobj1 p2 = dobj2` und `p1 FROM dobj1 p2 FROM dobj2` werden die Inhalte der Datenobjekte `dobj` unter den Namen `p` im Cluster abgelegt. Die Bezeichnung eines Parameters `p` darf maximal 255 Zeichen enthalten. Die Schreibweisen `p1 = dobj1 p2 = dobj2 ...` und `p1 FROM dobj1 p2 FROM dobj2 ...` sind gleichbedeutend. Für das Datenobjekt `dobj` sind alle Datentypen außer Referenztypen bzw. solchen, die Referenztypen als Komponenten enthalten, erlaubt. Falls ein Datenobjekt `dobj` eine interne Tabelle mit Kopfzeile ist, wird nicht die Kopfzeile, sondern der Tabellenkörper adressiert.

Bei der dynamischen Angabe `(ptab)` wird die Parameterliste in einer zweispaltigen Indextabelle `ptab` angegeben, deren Spalten beliebige Namen haben können und zeichenartig sein müssen. In der ersten Spalte von `ptab` müssen die Namen der Parameter, in der zweiten die Datenobjekte in Großschreibung aufgezählt werden. Wenn die zweite Spalte initial ist, muss der Name des Parameters in der ersten Spalte dem Namen eines Datenobjekts entsprechen. Dann wird das Datenobjekt unter seinem Namen im Cluster abgelegt. Falls die erste Spalte von `ptab` initial ist, wird eine unbehandelbare Ausnahme ausgelöst.

Hinweise

- Für die statische Variante wird die Schreibweise mit `=` gegenüber der mit `FROM` empfohlen, da `=` auch in anderen ABAP-Anweisungen zur Datenübergabe verwendet wird.
- Um Objekte zu exportieren, die von Referenzvariablen referenziert werden, können diese mit der Anweisung `CALL TRANSFORMATION` serialisiert und danach exportiert werden, falls ihre Klasse das Interface IF_SERIALIZABLE_OBJECT implementiert.

38.1.2 Speichermedium angeben

`EXPORT - medium`

Syntax von medium

```
... { DATA BUFFER xstr }
  | { INTERNAL TABLE itab }
  | { MEMORY ID id }
  | { DATABASE      dbtab(ar) [FROM wa] [CLIENT cl] ID id }
  | { SHARED MEMORY dbtab(ar) [FROM wa] [CLIENT cl] ID id }
  | { SHARED BUFFER dbtab(ar) [FROM wa] [CLIENT cl] ID id }
```

Der exportierte Daten-Cluster kann in einem Bytestring `xstr`, in einer internen Tabelle `itab`, im ABAP Memory, in einer Datenbanktabelle `dbtab` oder in einem programmübergreifenden Speicherbereich (Angabe SHARED MEMORY oder BUFFER) abgelegt werden.

38.1.2.1 Bytestring

```
... DATA BUFFER xstr
```

Bei der Angabe von DATA BUFFER wird der Daten-Cluster in das elementare Datenobjekt xstr geschrieben, das vom Typ xstring sein muss. Der frühere Inhalt von xstr wird dabei vollständig überschrieben.

Hinweise

- Ein mit EXPORT TO DATA BUFFER gefülltes Datenobjekt xstr enthält genau einen Daten-Cluster.

- Eine gängige Anwendung für den Zusatz DATA BUFFER ist es, den erzeugten Daten-Cluster in einem Feld einer Datenbanktabelle mit entsprechendem Datentyp abzulegen. In diesem Fall sollte die Komprimierung des Daten-Clusters mit dem Zusatz COMPRESSION in Erwägung gezogen werden, da die Komprimierung standardmäßig nur bei der direkten Angabe von DATABASE als Medium eingeschaltet ist.

- Der Inhalt eines mit EXPORT TO DATA BUFFER gefüllten Datenobjekts darf nur mit IMPORT FROM DATA BUFFER ausgewertet werden. Bei anderen Auswertungen, etwa bei Vergleichen zwischen Daten-Clustern, ist das Ergebnis undefiniert. Beispielsweise kann der undefinierte Inhalt von Ausrichtungslücken in Strukturen zu unterschiedlichen Daten-Clustern bei ansonsten inhaltsgleichen Strukturen führen.

38.1.2.2 Interne Tabelle

```
... INTERNAL TABLE itab
```

Bei der Angabe von INTERNAL TABLE wird der Daten-Cluster in der internen Tabelle itab abgelegt. Der frühere Inhalt von itab wird dabei vollständig überschrieben. Die erste Spalte von itab muss den Datentyp s oder i haben, die zweite Spalte den Typ x. In Abhängigkeit von der Breite der zweiten Spalte werden die Daten bei Bedarf über mehrere Tabellenzeilen verteilt abgelegt. Die erste Spalte enthält die in der zweiten Spalte belegte Länge. Als Tabellenart sind für itab nur Standardtabellen ohne sekundäre Tabellenschlüssel erlaubt.

Hinweise

- Eine mit EXPORT TO INTERNAL TABLE gefüllte interne Tabelle itab enthält genau einen Daten-Cluster.

- Der Inhalt einer mit EXPORT TO INTERNAL TABLE gefüllten internen Tabelle darf aus den gleichen Gründen wie bei EXPORT TO DATA BUFFER nur mit IMPORT FROM INTERNAL TABLE ausgewertet werden.

- In der Regel ist die Variante EXPORT TO DATA BUFFER der Variante EXPORT TO INTERNAL TABLE vorzuziehen, da sie einfacher zu handhaben ist. Nur bei sehr großen Daten-Clustern und wenn der verfügbare Speicher knapp wird, kann der Export in eine interne Tabelle eventuell günstiger sein, da deren Speicher blockweise angefordert wird, während der Speicher eines Strings immer an einem Stück vorhanden sein muss.

38.1.2.3 ABAP Memory

```
... MEMORY ID id
```

Bei der Angabe von MEMORY wird der Daten-Cluster unter der in id angegebenen Kennung in das ABAP Memory geschrieben. Für id wird ein flaches zeichenartiges Datenobjekt erwartet, das eine Kennung von maximal 60 Zeichen enthält, in der die Groß-/Kleinschreibung berücksichtigt wird. Ein bereits vorhandener Daten-Cluster mit der gleichen Kennung id wird vollständig überschrieben. Durch die Kennung in id wird ein Daten-Cluster in der Ablage identifiziert und kann mit derselben Kennung wieder ausgelesen werden.

Hinweis
Ein Daten-Cluster im ABAP Memory steht allen Programmen innerhalb einer Aufrufkette zur Verfügung, wodurch Daten an aufgerufene Programme übergeben werden können.

Beispiel
Es werden zwei Felder unter zwei unterschiedlichen Kennungen "P1" und "P2" mit der dynamischen Variante der Cluster-Definition in das ABAP Memory geschrieben. Nach der Ausführung der Anweisung IMPORT sind die Inhalte der beiden Felder text1 und text2 vertauscht.

```abap
TYPES:
  BEGIN OF tab_type,
    para TYPE string,
    dobj TYPE string,
  END OF tab_type.
DATA:
  id    TYPE c LENGTH 10 VALUE 'TEXTS',
  text1 TYPE string VALUE `IKE`,
  text2 TYPE string VALUE `TINA`,
  line  TYPE tab_type,
  itab  TYPE STANDARD TABLE OF tab_type.
line-para = 'P1'.
line-dobj = 'TEXT1'.
APPEND line TO itab.
line-para = 'P2'.
line-dobj = 'TEXT2'.
APPEND line TO itab.
EXPORT (itab)    TO MEMORY ID id.
...
IMPORT p1 = text2
       p2 = text1 FROM MEMORY ID id.
```

38.1.2.4 Datenbank

```
... DATABASE dbtab(ar) [FROM wa] [CLIENT cl] ID id
```

Bei der Angabe von DATABASE wird der Daten-Cluster unter der Kennung id in der Datenbanktabelle dbtab abgelegt und beim nächsten Datenbank-Commit festgeschrieben. Die Datenbanktabelle muss im ABAP Dictionary mit einem fest vorgegebenen INDX-artigen Aufbau definiert sein (siehe Abschnitt 38.1.4). Für id wird ein flaches zeichenartiges Datenobjekt erwartet, das eine Kennung enthält, die nicht länger ist als die zwischen den Spalten RELID und SRTF2 definierten Schlüsselfelder der INDX-artigen Tabelle. In der Kennung wird die Groß-/Kleinschreibung berücksichtigt. Mit dem zweistelligen Bereich ar, der direkt angegeben werden muss, werden die Zeilen der Datenbanktabelle in verschiedene Bereiche unterteilt, sodass Daten-Cluster gleicher Kennung id mehrmals in der Datenbanktabelle vorkommen können.

Hinter FROM kann ein Arbeitsbereich wa angegeben werden, der den gleichen Datentyp wie die Datenbanktabelle dbtab haben muss. Beim Export werden die aktuellen Werte der Komponenten von wa, die zwischen den Feldern SRTF2 und CLUSTR liegen, in jede vom Daten-Cluster belegte Zeile der Datenbanktabelle geschrieben. Wenn der Zusatz FROM wa innerhalb von Klassen nicht angegeben ist, findet kein Datentransport in diese Datenbankfelder statt. Wenn der Zusatz FROM wa außerhalb von Klassen nicht angegeben ist, mit der Anweisung TABLES aber ein Tabellenarbeitsbereich für die Datenbanktabelle dbtab deklariert ist, werden beim Export die aktuellen Werte der entsprechenden Komponenten des Tabellenarbeitsbereichs dbtab in die Zeilen der Datenbanktabelle geschrieben.

Falls die Datenbanktabelle dbtab mandantenabhängig ist, kann hinter dem Zusatz CLIENT ein flaches zeichenartiges Feld cl angegeben werden, das eine Mandantenkennung enthält. Falls der Zusatz nicht angegeben ist, wird der aktuelle Mandant verwendet. Die Spalte MANDT jeder vom Daten-Cluster belegten Zeile der Datenbanktabelle wird beim Export mit dieser Mandantenkennung gefüllt.

Hinweise
- Daten-Cluster in Datenbanken werden bei der Migration von einer Nicht-Unicode-Datenbank in ein Unicode-System nicht konvertiert. In einem Unicode-System gibt es deshalb unter Umständen Daten-Cluster, die Nicht-Unicode-Zeichen enthalten. Diese Zeichen werden bei jedem Import automatisch in Unicode-Zeichen konvertiert. Beim Export von Daten werden in Unicode-Systemen die in den abgelegten Datenobjekten eventuell enthaltenen Unicode-Zeichen plattformspezifisch abgelegt.
- Die implizite Verwendung eines Tabellenarbeitsbereichs anstelle der expliziten Angabe von FROM wa ist als obsolete Kurzform zu betrachten (siehe Abschnitt 62.2.3).
- Da jeder Mandant eine in sich abgeschlossene Einheit darstellt, sollte der Zusatz CLIENT in Anwendungsprogrammen nicht verwendet werden. Auf Systemen mit Multitenancy wird dies von der ABAP-Laufzeitumgebung zugesichert.

Beispiel
Es wird eine interne Tabelle itab unter dem Namen tab und der Kennung "TABLE" in den Bereich "XY" der von SAP ausgelieferten Datenbanktabelle INDX exportiert, wobei die frei wählbaren Komponenten aus der Struktur wa_indx versorgt werden.

```
TYPES:
  BEGIN OF tab_type,
    col1 TYPE i,
    col2 TYPE i,
  END OF tab_type.
```

```
DATA:
  wa_indx TYPE indx,
  wa_itab TYPE tab_type,
  cl      TYPE mandt VALUE '100',
  itab    TYPE STANDARD TABLE OF tab_type.
WHILE sy-index < 100.
  wa_itab-col1 = sy-index.
  wa_itab-col2 = sy-index ** 2.
  APPEND wa_itab TO itab.
ENDWHILE.
wa_indx-aedat = sy-datum.
wa_indx-usera = sy-uname.
wa_indx-pgmid = sy-repid.
EXPORT tab = itab
  TO DATABASE indx(XY)
  FROM wa_indx
  CLIENT cl
  ID 'TABLE'.
```

38.1.2.5 Shared Memory

```
... SHARED MEMORY dbtab(ar) [FROM wa] [CLIENT cl] ID id
... SHARED BUFFER dbtab(ar) [FROM wa] [CLIENT cl] ID id
```

Bei der Angabe von SHARED MEMORY oder SHARED BUFFER wird der Daten-Cluster in transaktionsübergreifenden Anwendungspuffern des Shared Memorys auf dem Applikationsserver gespeichert, auf die alle Programme des gleichen Applikationsservers gemeinsam zugreifen. Die beiden Anwendungspuffer unterscheiden sich darin, wie sich das System beim Erreichen der Speichergrenze verhält. Beide Anwendungspuffer können bis zu einer internen Höchstgrenze gefüllt werden, die über die Profilparameter rsdb/esm/buffersize_kb (SHARED MEMORY) und rsdb/obj/buffersize (SHARED BUFFER) einstellbar sind. Bevor die Höchstgrenze des Puffers von SHARED MEMORY erreicht wird, muss vor einem erneuten Export explizit mit der Anweisung DELETE FROM SHARED MEMORY Platz geschaffen werden, ansonsten kommt es zu einer behandelbaren Ausnahme. Der Puffer von SHARED BUFFER wird automatisch bei Erreichen der Höchstgrenze durch ein Verdrängungsverfahren geleert. Dabei werden diejenigen Datenobjekte aus dem Puffer entfernt, die bisher am wenigsten benutzt wurden.

Beim Ablegen der Daten erzeugt das System eine Speichertabelle im Anwendungspuffer, deren Zeilenstruktur durch dbtab definiert wird. Für dbtab muss eine Datenbanktabelle aus dem ABAP Dictionary angegeben werden, die den gleichen Aufbau wie bei einer Ablage in der Datenbanktabelle selbst hat. Der Zeilenbereich ar, der Arbeitsbereich wa, der optionale Mandant cl und die Kennung id haben für die Speichertabelle die gleiche Bedeutung wie beim Speichern in einer Datenbanktabelle, mit der Ausnahme, dass die Länge der Kennung in id zusätzlich auf 59 bzw. 62 Zeichen beschränkt ist, je nachdem, ob der Zusatz CLIENT angegeben ist oder nicht.

Hinweise

- Bei der Ablage im Shared Memory wird Bezug auf eine Datenbanktabelle genommen, obwohl die Daten nicht in der Tabelle selbst, sondern in einer entsprechend aufgebauten Speichertabelle abgelegt werden.
- Beim Export von Daten wird ein eventuell bereits vorhandenes Daten-Cluster mit gleichem Mandanten cl, Zeilenbereich ar und Kennung id überschrieben. Falls bei SHARED MEMORY ein bestehendes Daten-Cluster mit einem größeren überschrieben werden soll, dabei aber die Speichergrenze überschritten werden würde, führt dies nur zur Löschung des bisherigen Daten-Clusters.
- Anstelle der Ablage von Daten-Clustern im Shared Memory wird die Verwendung von Shared Objects empfohlen. Shared Objects erlauben das Ablegen von Objekten mit komplexen Abhängigkeiten, können wie normale Objekte bearbeitet werden und erlauben den kopierfreien Zugriff auf das Shared Memory durch mehrere Verwender.

38.1.3 Behandelbare Ausnahmen

Die behandelbaren Ausnahmen bei EXPORT werden durch die Ausnahmeklassen CX_SY_EXPORT_BUFFER_NO_MEMORY (Daten-Cluster ist beim Export in den Anwendungspuffer größer als der gesamte Puffer) und CX_SY_EXPORT_NO_SHARED_MEMORY (Daten-Cluster ist beim Export in den Anwendungspuffer größer als die interne Pufferhöchstgrenze) definiert.

38.1.4 INDX-artige Datenbanktabellen

Bei der Ablage von Daten-Clustern in Datenbanktabellen und Anwendungspuffern des Shared Memorys müssen Datenbanktabellen folgender Struktur angegeben werden:

- Das erste Feld muss ein Schlüsselfeld namens MANDT vom Typ CLNT für den Mandanten sein, falls die Datenobjekte mandantenabhängig abgelegt werden sollen. Für eine mandantenunabhängige Ablage entfällt diese Komponente.
- Das zweite Feld muss ein Schlüsselfeld namens RELID vom Typ CHAR der Länge 2 sein. Hier wird die Angabe des Bereichs ar gespeichert.
- Danach muss mindestens ein Schlüsselfeld vom Typ CHAR mit beliebigem Namen folgen. Hier wird die in id angegebene Kennung in der Länge des Schlüsselfeldes gespeichert. Wenn mehrere Schlüsselfelder definiert sind, wird die Kennung entsprechend der jeweiligen Länge der Schlüsselfelder auf diese aufgeteilt. Wenn die Gesamtlänge der Schlüsselfelder nicht für die Kennung ausreicht, wird diese rechts abgeschnitten.
- Das nächste Feld muss ein Schlüsselfeld namens SRTF2 vom Typ INT4 sein. Es enthält die Zeilennummern eines gespeicherten Daten-Clusters, der sich über mehrere Zeilen erstrecken kann, und wird vom System automatisch versorgt.

- Danach können beliebig viele Komponenten mit frei wählbaren Namen und Typen folgen, die durch die Angabe FROM wa mit Werten versorgt werden. Der Zusatz TO wa der Anweisung IMPORT liest diese Felder wieder aus.
- Die letzten beiden Komponenten müssen CLUSTR und CLUSTD heißen und die Typen INT2 und LRAW beliebiger Länge haben. In CLUSTR wird die aktuelle Länge des Feldes CLUSTD jeder Zeile gespeichert, während CLUSTD den eigentlichen Daten-Cluster aufnimmt.

Hinweise
- Die frei definierbaren Felder zwischen SRTF2 und CLUSTR können verwendet werden, um Statusinformationen zu einem abgespeicherten Daten-Cluster abzulegen, wie z. B. Datum, Benutzer, Sprache usw.
- Die Gesamtlänge aller Schlüsselfelder, also von MANDT, RELID, den Schlüsselfeldern für die Kennung und SRTF2, ist wie bei jeder relationalen Datenbank des AS ABAP auf 900 Byte beschränkt. Wenn der Tabelleninhalt unter Angabe eines Schlüssels transportiert werden soll, ist auch hier eine Beschränkung auf 120 Byte nötig, wobei das Schlüsselfeld SRTF2 in der Regel nicht angegeben werden muss, da nur der Transport aller Zeilen eines Daten-Clusters sinnvoll ist.
- Die von SAP ausgelieferte Datenbanktabelle INDX hat den geforderten Aufbau und kann als Vorlage zur Erstellung eigener Datenbanktabellen und zu Testzwecken verwendet werden. Es wird aber ausdrücklich empfohlen, in produktiven Programmen mit eigenen INDX-artigen Datenbanktabellen zu arbeiten. Zum einen besteht beim Ablegen von Daten in der INDX die Gefahr des ungewollten Überschreibens oder Löschens durch andere Programme, zum anderen passen die frei definierbaren Felder zwischen SRTF2 und CLUSTR in der Regel nicht zur eigenen Anwendung.

38.1.5 SQL-Zugriff auf Daten-Cluster

INDX-artige Datenbanktabellen sind im ABAP Dictionary definierte relationale Datenbanken. Deshalb kann prinzipiell auch mit (Open) SQL-Anweisungen auf INDX-artige Datenbanktabellen zugegriffen werden. Um sinnvoll mit SQL-Anweisungen auf INDX-artigen Datenbanktabellen zu arbeiten, muss die spezielle Struktur dieser Datenbanktabellen beachtet werden. Es ist beispielsweise nicht sinnvoll, lesend oder schreibend auf die Felder CLUSTR und CLUSTID zuzugreifen. Diese Felder enthalten das Daten-Cluster in einem internen Format und können nur durch die Anweisungen EXPORT TO DATABASE und IMPORT FROM DATABASE richtig behandelt werden.

SQL-Anweisungen sollten nur dann verwendet werden, wenn entsprechende Kombinationen der speziellen Anweisungen für Daten-Cluster zu ineffizient wären. Die SQL-Anweisung INSERT sollte nie für INDX-artige Datenbanktabellen verwendet werden. Open SQL-Anweisungen können unter Umständen für Verwaltungsaufgaben an INDX-artigen Datenbanktabellen eingesetzt werden, für die die speziellen Anweisungen für Daten-Cluster nicht geeignet sind.

Beispiele

Eine INDX-artige Datenbanktabelle kann gezielt mit SELECT nach bestimmten Daten-Clustern durchsucht werden, wobei auch Informationen der frei definierbaren Spalten ausgewertet werden können. Das folgende Beispiel löscht alle Daten-Cluster eines Bereichs aus der Datenbanktabelle INDX, die von einem bestimmten Benutzer angelegt wurden. Es sollten immer alle Zeilen eines Daten-Clusters gelöscht werden.

```
DATA indx_wa TYPE indx.
SELECT *
    FROM   indx
    INTO   indx_wa
    WHERE  relid = ... AND
           srtf2 = 0 AND
           usera = sy-uname.
DELETE FROM DATABASE indx(...) ID indx_wa-srtfd.
```

Das folgende Beispiel zeigt, wie Bezeichnung und Bereich eines Daten-Clusters in der Datenbanktabelle INDX mit UPDATE geändert werden können. Die Lösung dieser Aufgabe wäre mit den speziellen Cluster-Anweisungen erheblich aufwendiger.

```
UPDATE indx
    SET    relid = new_relid
           srtfd = new_srtfd
    WHERE  relid = old_relid AND
           srtfd = old_srtfd.
```

38.2 Daten-Cluster lesen

IMPORT

Syntax

IMPORT *parameter_list* FROM *medium* [*conversion_options*].

Einlesen von in *parameter_list* angegebenen Datenobjekten aus einem mit der Anweisung EXPORT im Speicherbereich *medium* abgelegten Daten-Cluster. Falls notwendig, werden die Daten automatisch in die aktuelle Byte-Reihenfolge (Endian) und Zeichendarstellung konvertiert. Mit den Zusätzen *conversion_options* können Anpassungen an die aktuelle Plattform vorgenommen werden.

Systemfelder

sy-subrc	Bedeutung
0	Der angegebene Daten-Cluster wurde gefunden, und die Inhalte der im Daten-Cluster vorhandenen Parameter wurden in die zugehörigen Datenobjekte übertragen. Nicht vorhandene Parameter wurden ignoriert.
4	Der angegebene Daten-Cluster wurde nicht gefunden.

38.2.1 Quelle angeben

```
IMPORT - parameter_list
```

Syntax von parameter_list
```
... {p1 = dobj1 p2 = dobj2 ...}
  | {p1 TO dobj1  p2 TO dobj2 ...}
  | (ptab)
```

Ein Daten-Cluster kann statisch durch eine Aufzählung der Form p1 = dobj1 p2 = dobj2 ... oder p1 TO dobj1 p2 TO dobj2 ... und dynamisch durch die Angabe einer eingeklammerten internen Tabelle ptab eingelesen werden.

Bei den statischen Angaben p1 = dobj1 p2 = dobj2 und p1 TO dobj1 p2 TO dobj2 werden die Inhalte der Cluster-Parameter p ausgelesen und an die Datenobjekte dobj übergeben. Die Schreibweisen p1 = dobj1 p2 = dobj2 ... und p1 TO dobj1 p2 TO dobj2 ... sind gleichbedeutend. Falls ein Datenobjekt dobj eine interne Tabelle mit Kopfzeile ist, wird nicht die Kopfzeile, sondern der Tabellenkörper adressiert.

Bei der dynamischen Angabe (ptab) wird die Parameterliste aus der zweispaltigen internen Tabelle ptab übernommen, deren Spalten zeichenartig sein müssen. In der ersten Spalte von ptab müssen die Namen der Parameter, in der zweiten die Datenobjekte in Großschreibung aufgezählt werden. Falls die erste Spalte von ptab initial ist oder ein Objektname doppelt vorkommt, wird eine unbehandelbare Ausnahme ausgelöst.

Falls ein Parameter p angegeben ist, der nicht im Daten-Cluster abgelegt ist, wird die Angabe ignoriert, und das Datenobjekt dobj behält seinen aktuellen Wert. Die Datenobjekte dobj müssen standardmäßig den gleichen Datentyp wie die Parameter p des Clusters haben. Bei internen Tabellen ist dabei nur der Zeilentyp und nicht die Tabellenart relevant. Dabei gelten folgende Ausnahmen:

- Bei Datenobjekten vom Typ c sind unterschiedliche Längen erlaubt. Dann gilt die entsprechende Konvertierungsregel aus der Konvertierungstabelle für Quellfeld Typ c.
- Falls bei Strukturen der Datentyp aller Komponenten bis auf die letzte übereinstimmt und diese Komponente vom Typ c ist, kann sie gemäß der Konvertierungsregel aus der Konvertierungstabelle für Quellfeld Typ c verlängert bzw. verkürzt werden. Dabei werden Ausrichtungslücken vor dieser Komponente als Teil der Komponente aufgefasst.
- Falls bei ansonsten typgleichen Strukturen die Zielstruktur auf der höchsten Ebene mehr Komponenten als die Quellstruktur im Daten-Cluster hat, werden die überzähligen Komponenten mit typgerechten Initialwerten versorgt. Eine Unterstruktur der Zielstruktur darf nicht mehr Komponenten haben als die entsprechende Unterstruktur in der Quellstruktur.

Beim Export von Strukturen wird die Information abgelegt, ob die Struktur Komponenten enthält, die mit der Anweisung INCLUDE oder im ABAP Dictionary aus anderen Strukturen übernommen wurde. Eine Struktur, in die importiert wird, muss auch bezüglich der mit INCLUDE übernommenen Komponenten mit der Struktur im Daten-Cluster übereinstimmen. Nur für Strukturen, die vor Release 6.10 abgelegt wurden, und bei solchen, bei denen alle Komponenten der obersten Hierarchieebene mit INCLUDE übernommen wurden, muss die Zielstruktur nicht mit gleichen INCLUDE-Anweisungen aufgebaut sein.

Beim Import interner Tabellen mit nicht-eindeutigen Tabellenschlüsseln bleibt die Reihenfolge der duplikativen Zeilen bezüglich dieser Schlüssel nicht erhalten.

Die Zusätze unter `conversion_options` erlauben weitere Konvertierungen und definieren andere Konvertierungsregeln. Wenn in Unicode-Systemen strukturierte Daten mit zeichenartigen Komponenten importiert werden, die in einem MDMP-System exportiert wurden, und umgekehrt, gilt eine spezielle Textsprachenregel (siehe Abschnitt 38.2.4).

Hinweise

- Die Regel, dass eine Zielstruktur auf der höchsten Ebene mehr Komponenten als die Quellstruktur haben darf, kann beim Bezug auf im ABAP Dictionary definierte Strukturen zu Problemen führen, wenn die Struktur dort als erweiterbar gekennzeichnet ist. Deshalb führt diese Situation zu einer Warnung der erweiterten Programmprüfung.
- Für die statische Variante wird die Schreibweise mit = gegenüber der mit TO empfohlen, da = auch in anderen ABAP-Anweisungen zur Datenübernahme verwendet wird.

38.2.2 Speichermedium angeben

```
IMPORT - medium
```

Syntax von medium

```
... { DATA BUFFER   xstr }
  | { INTERNAL TABLE itab }
  | { MEMORY ID id }
  | { DATABASE       dbtab(ar) [TO wa] [CLIENT cl] ID id }
  | { SHARED MEMORY  dbtab(ar) [TO wa] [CLIENT cl] ID id }
  | { SHARED BUFFER  dbtab(ar) [TO wa] [CLIENT cl] ID id }
```

Der zu importierende Daten-Cluster kann einem elementaren Datenobjekt xstr, einer internen Tabelle itab, dem ABAP Memory, einer Datenbanktabelle dbtab oder einem programmübergreifenden Speicherbereich (Angabe von SHARED MEMORY oder BUFFER) entnommen werden.

38.2.2.1 Bytestring

```
... DATA BUFFER xstr
```

Bei der Angabe von DATA BUFFER wird der Daten-Cluster dem elementaren Datenobjekt xstr entnommen, das vom Typ xstring sein muss. Das Datenobjekt muss einen Daten-Cluster enthalten, der mit dem Zusatz DATA BUFFER der Anweisung EXPORT erzeugt wurde, ansonsten kommt es zu einem Laufzeitfehler. Insbesondere darf das Datenobjekt nicht initial sein.

38.2.2.2 Interne Tabelle

```
... INTERNAL TABLE itab
```

Bei der Angabe von INTERNAL TABLE wird der Daten-Cluster der internen Tabelle itab entnommen. Die erste Spalte von itab muss den Datentyp s oder i haben, die zweite Spalte den Typ x. Als Tabellenart sind für itab nur Standardtabellen ohne sekundäre Tabellenschlüssel erlaubt. Die interne Tabelle muss einen Daten-Cluster enthalten, der mit dem Zusatz INTERNAL TABLE der Anweisung EXPORT erzeugt wurde, ansonsten kommt es zu einem Laufzeitfehler. Insbesondere darf die interne Tabelle nicht leer sein.

38.2.2.3 ABAP Memory

```
... MEMORY ID id
```

Bei der Angabe von MEMORY wird der Daten-Cluster, der unter der in id angegebenen Kennung mit der Anweisung EXPORT in das ABAP Memory geschrieben wurde, eingelesen. Für id wird ein flaches zeichenartiges Datenobjekt erwartet, das die Kennung des Daten-Clusters enthält, wobei die Groß-/Kleinschreibung berücksichtigt wird.

38.2.2.4 Datenbank

```
... DATABASE dbtab(ar) [TO wa] [CLIENT cl] ID id
```

Bei der Angabe von DATABASE wird der Daten-Cluster, der im Bereich ar und unter der in id angegebenen Kennung mit der Anweisung EXPORT in die Datenbanktabelle dbtab geschrieben wurde, eingelesen. Die Datenbanktabelle dbtab muss, wie bei der Anweisung EXPORT beschrieben, INDX-artig aufgebaut sein. Für id wird ein flaches zeichenartiges Datenobjekt erwartet, das die Kennung des Daten-Clusters enthält, wobei die Groß-/Kleinschreibung berücksichtigt wird. Der zweistellige Bereich ar muss direkt angegeben werden.

Hinter TO kann ein Arbeitsbereich wa angegeben werden, der den gleichen Datentyp wie die Datenbanktabelle dbtab hat. Beim Import werden die Werte der Datenbankfelder, die zwischen den Feldern SRTF2 und CLUSTR liegen, den gleichnamigen Komponenten von wa zugewiesen. Wenn der Zusatz TO wa innerhalb von Klassen nicht angegeben ist, findet kein Datentransport in diese Komponenten statt. Wenn der Zusatz TO wa außerhalb von Klassen nicht angegeben ist, mit der Anweisung TABLES aber ein Tabellenarbeitsbereich für die Datenbanktabelle dbtab deklariert ist, werden beim Import die Werte dieser Datenbankfelder den gleichnamigen Komponenten des Tabellenarbeitsbereichs dbtab zugewiesen.

Falls die Datenbanktabelle dbtab mandantenabhängig ist, kann hinter dem Zusatz CLIENT ein flaches zeichenartiges Feld cl angegeben werden, das eine Mandantenkennung enthält. Falls der Zusatz nicht angegeben ist, wird der aktuelle Mandant verwendet.

Hinweise
- Die noch außerhalb von Klassen mögliche implizite Verwendung eines Tabellenarbeitsbereichs anstelle der expliziten Verwendung von TO wa ist als obsolete Kurzform zu betrachten (siehe Abschnitt 62.2.3).
- Da jeder Mandant eine in sich abgeschlossene Einheit darstellt, sollte der Zusatz CLIENT in Anwendungsprogrammen nicht verwendet werden. Auf Systemen mit Multitenancy wird dies von der ABAP-Laufzeitumgebung zugesichert.

Beispiel
Es wird die unter dem Namen tab und der Kennung "TABLE" in den Bereich "XY" der von SAP ausgelieferten Datenbanktabelle INDX exportierte Tabelle in die interne Tabelle itab eingelesen, wobei die frei wählbaren Komponenten der Struktur wa_indx zugewiesen werden.

```abap
TYPES:
  BEGIN OF tab,
    col1 TYPE i,
    col2 TYPE i,
  END OF tab.
DATA:
  wa_indx TYPE indx,
  wa_itab TYPE tab,
  cl      TYPE mandt VALUE '100',
  itab    TYPE STANDARD TABLE OF tab.
IMPORT tab = itab
  FROM DATABASE indx(xy)
  TO    wa_indx
  CLIENT cl
  ID 'TABLE'.
WRITE: wa_indx-aedat, wa_indx-usera, wa_indx-pgmid.
ULINE.
LOOP AT itab INTO wa_itab.
  WRITE: / wa_itab-col1, wa_itab-col2.
ENDLOOP.
```

38.2.2.5 Shared Memory

```
... SHARED MEMORY dbtab(ar) [TO wa] [CLIENT cl] ID id
... SHARED BUFFER dbtab(ar) [TO wa] [CLIENT cl] ID id
```

Bei der Angabe von SHARED MEMORY oder SHARED BUFFER wird der Daten-Cluster, der im Bereich ar und unter der in id angegebenen Kennung mit der Anweisung EXPORT in den jeweiligen Anwendungspuffer des Shared Memorys geschrieben wurde, eingelesen. Das System greift auf eine Speichertabelle des Anwendungspuffers zu, deren Zeilenstruktur durch eine Datenbanktabelle dbtab definiert ist, deren Aufbau bei der Anweisung EXPORT beschrieben ist.

Für id wird ein flaches zeichenartiges Datenobjekt erwartet, das die Kennung des Daten-Clusters enthält, und der zweistellige Bereich ar muss direkt angegeben werden. Für die optionalen Angaben des Arbeitsbereiches wa und des Mandanten cl gilt das Gleiche wie beim Import aus einer Datenbanktabelle.

38.2.3 Konvertierungszusätze

```
IMPORT - conversion_options
```

Syntax von conversion_options

```
... { { { {[ACCEPTING PADDING] [ACCEPTING TRUNCATION]}
         | [IGNORING STRUCTURE BOUNDARIES] }
         [IGNORING CONVERSION ERRORS [REPLACEMENT CHARACTER rc]] }
     | [IN CHAR-TO-HEX MODE] }
     [CODE PAGE INTO cp]
     [ENDIAN INTO endian].
```

Diese Zusätze erlauben das Lesen von in Daten-Clustern abgelegten Daten in nicht typgerechte Datenobjekte und definieren zugehörige Konvertierungsregeln. Die folgende Tabelle zeigt, welche der Zusätze beim Import aus welcher Ablage verwendet werden dürfen. Die Spaltenüberschriften sind Kürzel für folgende Ablagen: DATA BUFFER (B), MEMORY (M), SHARED MEMORY (SM), SHARED BUFFER (SB), DATABASE (DB) und INTERNAL TABLE (IT).

Konvertierungszusatz	B	M	IT	DB	SM	SB
ACCEPTING PADDING	+	+	+	+	+	+
ACCEPTING TRUNCATION	+	+	+	+	+	+
IGNORING STRUCTURE BOUNDARIES	+	+	+	+	+	+
IGNORING CONVERSION ERRORS	+	–	+	+	–	–
REPLACEMENT CHARACTER rc	+	–	+	+	–	–
IN CHAR-TO-HEX MODE	+	–	+	+	–	–
CODE PAGE INTO cp	+	–	+	+	–	–
ENDIAN INTO endian	+	–	+	+	–	–

38.2.3.1 Verlängerung zulassen
`... ACCEPTING PADDING`

Dieser Zusatz erweitert die Regeln aus *parameter_list* für unterschiedliche Datentypen von Quellfeld im Daten-Cluster und Zielfeld dobj im Daten-Cluster wie folgt:

- Neben Datenobjekten vom Typ c kann auch bei Datenobjekten vom Typ n, p oder x das Zielfeld länger als das Quellfeld sein.
- Quellfelder des internen Typs b können in Zielfelder der Typen s und i, Quellfelder des internen Typs s können in Zielfelder des Typs i ausgelesen werden.
- Quellfelder des Typs c können in Zielfelder des Typs string, Quellfelder des Typs x können in Zielfelder des Typs xstring ausgelesen werden.
- Diese Regeln gelten auch, wenn es sich um die jeweils letzte Komponente einer Quell- und Zielstruktur handelt, die ansonsten gleich aufgebaut sind.
- In einer Zielstruktur dürfen auch Unterstrukturen mehr Komponenten als die Unterstrukturen der Quellstruktur haben, wenn die Struktur ansonsten gleich aufgebaut ist. Die überzähligen Komponenten werden mit typgerechten Initialwerten versorgt.

Hinweis

Die Regel, dass Unterstrukturen in einer Zielstruktur mehr Komponenten als die der Quellstruktur haben dürfen, kann beim Bezug auf im ABAP Dictionary definierte Strukturen zu Problemen führen, wenn die Struktur dort als erweiterbar gekennzeichnet ist. Deshalb führt diese Situation zu einer Warnung der erweiterten Programmprüfung.

Beispiel

Ohne den Zusatz ACCEPTING PADDING wäre die Struktur f1 im Daten-Cluster nicht in die Struktur f2 importierbar, da eine Unterstruktur von f2 eine überzählige Komponente enthält.

```
DATA: BEGIN OF f1,
        col1 TYPE string,
        BEGIN OF sub,
          col2 TYPE decfloat16,
        END OF sub,
        col3 TYPE i,
      END OF f1.
DATA: BEGIN OF f2,
        col1 TYPE string,
        BEGIN OF sub,
          col2 TYPE decfloat16,
          col3 TYPE xstring,
        END OF sub,
        col4 TYPE i,
      END OF f2.
EXPORT para = f1 TO MEMORY ID 'HK'.
...
IMPORT para = f2 FROM MEMORY ID 'HK' ACCEPTING PADDING.
```

38.2.3.2 Verkürzung zulassen

... ACCEPTING TRUNCATION

Dieser Zusatz erweitert die Regeln aus *parameter_list* für unterschiedliche Datentypen von Quellfeld im Daten-Cluster und Zielfeld dobj im Daten-Cluster, sodass – wenn bei ansonsten typgleichen Strukturen die Quellstruktur auf der höchsten Ebene mehr Komponenten als die Zielstruktur im Daten-Cluster hat – die überzähligen Komponenten abgeschnitten werden. Eine Unterstruktur der Quellstruktur darf nicht mehr Komponenten haben als die entsprechende Unterstruktur in der Zielstruktur.

Beispiel

Ohne den Zusatz ACCEPTING TRUNCATION wäre die Struktur f1 im Daten-Cluster nicht in die Struktur f2 importierbar, da f2 weniger Komponenten enthält.

```
DATA: BEGIN OF f1,
        col1 TYPE string,
        BEGIN OF sub,
          col2 TYPE decfloat34,
        END OF sub,
        col3 TYPE i,
        col4 TYPE xstring,
      END OF f1.
DATA: BEGIN OF f2,
        col1 TYPE string,
        BEGIN OF sub,
          col2 TYPE decfloat34,
        END OF sub,
        col3 TYPE i,
```

```
        END OF f2.
EXPORT para = f1 TO MEMORY ID 'HK'.
...
IMPORT para = f2 FROM MEMORY ID 'HK' ACCEPTING TRUNCATION.
```

38.2.3.3 Unterstrukturen vernachlässigen

`... IGNORING STRUCTURE BOUNDARIES`

Dieser Zusatz erweitert die Regeln aus *parameter_list* für unterschiedliche Datentypen von Quellfeld im Daten-Cluster und Zielfeld `dobj` im Daten-Cluster dahingehend, dass bei Strukturen ein unterschiedlicher Aufbau, der aus Unterstrukturen oder aus verschiedenen übernommenen Komponenten anderer Strukturen mit der Anweisung `INCLUDE` entsteht, keine Rolle spielt.

Die Komponenten von Quell- und Zielstruktur werden unabhängig von ihrem Aufbau aus Unterstrukturen oder aus mit `INCLUDE` übernommenen Komponenten alle auf einer Ebene betrachtet. Quell- und Zielstruktur müssen beide gleich viele Komponenten enthalten, und diese müssen typgleich sein. Eventuelle Ausrichtungslücken, die durch eine Unterstrukturierung entstanden sind, spielen keine Rolle.

Dieser Zusatz kann nicht zusammen mit den Zusätzen `ACCEPTING PADDING` und `ACCEPTING TRUNCATION` verwendet werden.

Beispiel
Ohne den Zusatz `IGNORING STRUCTURE BOUNDARIES` wäre die Struktur `f1` im Daten-Cluster nicht in die Struktur `f2` importierbar, da `f1` und `f2` unterschiedlich aus Unterstrukturen aufgebaut sind.

```
DATA: BEGIN OF incl_struc,
        cola TYPE string,
        colb TYPE i,
      END OF incl_struc.
DATA: BEGIN OF f1.
        INCLUDE STRUCTURE incl_struc.
DATA:   col1 TYPE string,
        BEGIN OF sub,
          col2 TYPE decfloat16,
          col3 TYPE decfloat34,
        END OF sub,
        col4 TYPE i,
      END OF f1.
DATA: BEGIN OF f2,
        cola TYPE string,
        colb TYPE i,
        col1 TYPE string,
        BEGIN OF sub,
          col2 TYPE decfloat16,
        END OF sub,
```

```
        col3 TYPE decfloat34,
        col4 TYPE i,
      END OF f2.
EXPORT para = f1 TO MEMORY ID 'HK'.
...
IMPORT para = f2 FROM MEMORY ID 'HK'
                IGNORING STRUCTURE BOUNDARIES.
```

38.2.3.4 Konvertierungsfehler unterdrücken

```
... IGNORING CONVERSION ERRORS [REPLACEMENT CHARACTER rc]
```

Durch diesen Zusatz wird eine Ausnahme der Klasse CX_SY_CONVERSION_CODEPAGE unterdrückt, die ausgelöst wird, wenn beim Import eine Konvertierung in eine andere Codepage stattfindet und ein zu konvertierendes Zeichen in der Ziel-Codepage nicht vorhanden ist.

Falls der Zusatz REPLACEMENT CHARACTER angegeben ist, wird jedes unkonvertierbare Zeichen bei der Konvertierung durch das Zeichen, das in rc enthalten ist, ersetzt. Für rc wird ein zeichenartiges Datenobjekt erwartet, das ein einziges Zeichen enthält. Falls der Zusatz nicht angegeben ist, wird das Zeichen "#" als Ersatzzeichen verwendet.

Der Zusatz IGNORING CONVERSION ERRORS unterdrückt die Ausnahme auch, wenn die Anzahl der Bytes einer importierten zeichenartigen Komponente bei einer Konvertierung in eine andere Codepage vergrößert wird und dadurch nicht mehr in das Zielobjekt passt. Bei Angabe des Zusatzes werden überzählige Stellen rechts abgeschnitten. Ohne Angabe des Zusatzes werden ausschließlich überzählige Leerzeichen ohne Auslösen einer Ausnahme abgeschnitten.

38.2.3.5 Zeichen- nach Byteketten zuweisen

```
... IN CHAR-TO-HEX MODE
```

Dieser Zusatz bewirkt, dass Daten, die im Daten-Cluster unter dem Datentyp c abgelegt sind, Zielfeldern vom Typ x zugewiesen werden können. Der Inhalt der Quellfelder wird dabei nicht in die Codepage des Zielsystems konvertiert, sondern byteweise und unkonvertiert in die Zielfelder gestellt. Ein einzelnes Quellfeld oder eine Strukturkomponente vom Typ c kann einem einzelnen Zielfeld oder einer Strukturkomponente vom Typ x zugewiesen werden, die die gleiche Länge in Bytes hat. Für Zielfelder vom Typ c hat der Zusatz keine Wirkung.

Dieser Zusatz kann nicht gemeinsam mit den vorangegangenen Konvertierungszusätzen verwendet werden.

Hinweis

Bei diesem Zusatz ist zu beachten, dass ein Programm, das diesen Zusatz verwendet, nicht zwischen Systemen transportiert werden kann, in denen die Zeichendarstellung unterschiedlich viele Bytes benötigt. Der Zusatz ist nur für temporäre Programme gedacht, um Byteketten, die fälschlicherweise in Feldern des Typs c abgelegt wurden, ohne Konvertierung einlesen zu können und typgerecht wieder abzuspeichern.

38.2.3.6 Codepage feststellen

```
... CODE PAGE INTO cp
```

Dieser Zusatz weist die Kennung der Codepage der exportierten Daten dem Datenobjekt cp zu, das einen zeichenartigen Datentyp haben muss. Die Kennung der Codepage ist Inhalt der Spalte CPCODEPAGE der Datenbanktabelle TCP00.

Hinweis

Die Codepage kann verwendet werden, um mit CHAR-TO-HEX MODE importierte Datenobjekte zu bearbeiten. Konvertierungen zwischen Codepages können mithilfe geeigneter Systemklassen vorgenommen werden.

38.2.3.7 Byte-Reihenfolge feststellen

```
... ENDIAN INTO endian
```

Dieser Zusatz weist die Kennung der Byte-Reihenfolge der exportierten Daten dem Datenobjekt ENDIAN zu, das den Datentyp ABAP_ENDIAN aus der Typgruppe ABAP haben muss. Die Kennung für Big Endian ist "B", die Kennung für Little Endian ist "L".

Hinweis

Die Byte-Reihenfolge kann verwendet werden, um mit CHAR-TO-HEX MODE importierte Datenobjekte zu bearbeiten, da Codepages, in denen ein Zeichen mehr als ein Byte belegt, von der Byte-Reihenfolge abhängig sein können.

Beispiel

Das Zielfeld f2-col2 enthält nach dem Import den unkonvertierten binären Inhalt von f1-col2. Die Codepage und die Byte-Reihenfolge, in der die Daten abgespeichert wurden, stehen in cp und en zur Verfügung. Normalerweise werden die Daten in einem solchen Fall in unterschiedlichen Programmen exportiert und importiert. Es ist zu beachten, dass dieses Beispiel nur in einem System funktioniert, in dem ein Zeichen durch 2 Byte dargestellt wird, da f2-col2 doppelt so lang ist wie f1-col2.

```abap
DATA: BEGIN OF f1,
        col1 TYPE c LENGTH 10 VALUE '1234567890',
        col2 TYPE c LENGTH 10 VALUE '1234567890',
      END OF f1.
DATA: BEGIN OF f2,
        col1 TYPE c LENGTH 10,
        col2 TYPE x LENGTH 20,
      END OF f2.
DATA: cp TYPE string,
      en TYPE abap_endian.
EXPORT para = f1 TO DATABASE indx(hk) ID 'HK'.
...
IMPORT para = f2 FROM DATABASE indx(hk) ID 'HK'
               IN CHAR-TO-HEX MODE
               CODE PAGE INTO cp
               ENDIAN INTO en.
```

38.2.4 Textsprachenregel

Die in diesem Abschnitt beschriebene Textsprachenregel ist nur dann relevant, wenn in einem Unicode-System im ABAP Dictionary definierte Strukturen von der Datenbank importiert werden, die in einem MDMP-System exportiert wurden, und umgekehrt.

Zeichenartige Daten können in einem MDMP-System nach unterschiedlichen Codepages codiert abgelegt sein, weshalb die beim EXPORT abgelegte Zeichensatzkennung nicht ausreichend ist. Aus diesem Grund wird in der Anweisung IMPORT FROM DATABASE bei im ABAP Dictionary definierten Strukturen bzw. Datenbanktabellen die Textsprache ausgewertet.

Dabei gilt für die Zuordnung der Textsprache zu einer Struktur folgende Hierarchie:

1. Eine als Textsprache gekennzeichnete Komponente in einer Unterstruktur oder tabellenartigen Komponente mit strukturiertem Zeilentyp gilt genau für diese Unterstruktur bzw. interne Tabelle.
2. Eine als Textsprache gekennzeichnete Komponente in einer übergeordneten Struktur gilt für diese Struktur sowie für alle in dieser geschachtelten Strukturen bzw. tabellenartigen Komponenten, die keine eigene als Textsprache gekennzeichnete Komponente haben.
3. Wenn unter den Schlüsselfeldern oder den frei wählbaren Komponenten der INDX-artigen Datenbanktabelle, in der die Daten abgelegt sind, eine als Textsprache gekennzeichnete Komponente ist, bestimmt diese die Textsprache für alle im zugehörigen Daten-Cluster abgelegten elementaren Felder, Strukturen und internen Tabellen, die keine eigene Textsprache haben.

Beim Import von auf der Datenbank abgelegten Strukturen bestimmt die Textsprache wie folgt die Codepage, mit der die zeichenartigen Komponenten einer Struktur behandelt werden:

- **Import von MDMP-Daten in ein Unicode-System**
  Die Codepage der importierten Daten wird mit der Textsprache aus den Datenbanktabellen TCP0C (Tabelle der Textumgebungen) und TCP0D (Lokalisierung der Datenbank) bestimmt. Wenn keine Textsprachenkomponente vorhanden ist, wird die beim Export abgelegte Zeichensatzkennung verwendet. Diese Regel geht davon aus, dass das Unicode-System aus einer Umstellung des MDMP-Systems resultiert. In anderen Fällen kann es zu Konvertierungsfehlern kommen.

- **Import von Unicode-Daten in ein MDMP-System**
  Die importierten Daten werden nach der im MDMP-System festgelegten Zuordnung von Sprachen zu Codepages gemäß der Textsprache behandelt. Wenn keine Textsprachenkomponente vorhanden ist, wird die Sprache der aktuellen Textumgebung verwendet.

Strukturen und interne Tabellen mit strukturiertem Zeilentyp, die auf im ABAP-Programm definierten Typen beruhen, haben keine Textsprache. Für diese wird immer die beim Export abgelegte Zeichensatzkennung verwendet.

38.2.5 Behandelbare Ausnahmen

Die behandelbaren Ausnahmen bei IMPORT werden durch die Ausnahmeklassen CX_SY_CONVERSION_CODEPAGE (Fehler bei Konvertierung), CX_SY_IMPORT_MISMATCH_ERROR (unpassender Datentyp) und CX_SY_IMPORT_FORMAT_ERROR (Fehler in der Datenbeschreibung eines abgelegten Datenobjekts) definiert.

38.3 Inhaltsverzeichnis lesen

IMPORT DIRECTORY

Syntax
```
IMPORT DIRECTORY INTO itab
  FROM DATABASE dbtab(ar) [TO wa] [CLIENT cl] ID id.
```

Mit dieser Anweisung wird ein Inhaltsverzeichnis aller Datenobjekte eines Daten-Clusters, der im Bereich ar und unter der in id angegebenen Kennung mit der Anweisung EXPORT in die Datenbanktabelle dbtab geschrieben wurde, an die interne Tabelle itab übergeben. Die Datenbanktabelle dbtab muss, wie bei der Anweisung EXPORT beschrieben, INDX-artig aufgebaut sein. Für id wird ein flaches zeichenartiges Datenobjekt erwartet, das die Kennung des Daten-Clusters enthält, und der zweistellige Bereich ar muss direkt angegeben werden. Die Zusätze TO und CLIENT haben ebenfalls die gleiche Bedeutung wie bei der Anweisung IMPORT zum Importieren der Daten aus dem Daten-Cluster.

Für itab sind Indextabellen zulässig, deren Zeilentyp der Struktur CDIR im ABAP Dictionary entspricht. Tabelle 38.1 zeigt die Komponenten der Struktur CDIR und ihre Bedeutung.

Komponente	Typ	Bedeutung
NAME	CHAR(30)	Name des Parameters, unter dem ein Datenobjekt abgelegt wurde
OTYPE	CHAR(1)	Genereller Typ des abgelegten Datenobjekts. Folgende Werte sind möglich: "F" für elementare flache Datenobjekte, "G" für Strings, "R" für flache Strukturen, "S" für tiefe Strukturen, "T" für interne Tabellen mit flachem Zeilentyp und "C" für Tabellen mit tiefem Zeilentyp.
FTYPE	CHAR(1)	Genauerer Typ des abgelegten Datenobjekts. Bei elementaren Datenobjekten und internen Tabellen mit elementarem Zeilentyp wird der Daten- bzw. Zeilentyp gemäß der Tabelle der Rückgabewerte von DESCRIBE FIELD ... TYPE ("a", "b", "C", "D", "e", "F", "g", "I", "N", "P", "s", "T", "X", "y") zurückgegeben. Bei flachen Strukturen und internen Tabellen mit flachem strukturierten Zeilentyp wird "C" zurückgegeben. Bei tiefen Strukturen und internen Tabellen mit tiefem strukturierten Zeilentyp wird "v" zurückgegeben. Bei einer Tabelle, die eine interne Tabelle als Zeilentyp hat, wird "h" zurückgegeben.
TFILL	INT4	Gefüllte Länge des abgelegten Datenobjekts. Bei Strings die Länge des Inhalts in Bytes, bei internen Tabellen die Anzahl der Zeilen. Bei anderen Datenobjekten wird der Wert 0 zurückgegeben.
FLENG	INT2	Länge des abgelegten Datenobjekts bzw. der abgelegten Tabellenzeilen in Bytes. Bei Strings wird der Wert 8 zurückgegeben.

Tabelle 38.1 Struktur CDIR

Systemfelder

sy-subrc	Bedeutung
0	Der angegebene Daten-Cluster wurde gefunden und eine Liste der importierten Datenobjekte in die interne Tabelle itab übergeben.
4	Der angegebene Daten-Cluster wurde nicht gefunden.

Beispiel

Ablegen von drei Datenobjekten in einem Daten-Cluster und Auslesen des Verzeichnisses. Der Inhalt der Tabelle itab ist in einem Unicode-System danach wie folgt:

NAME	OTYPE	FTYPE	TFILL	FLENG
"PAR1"	"F"	"a"	0	8
"PAR2"	"T"	"I"	10	4
"PAR3"	"R"	"C"	0	168

```
DATA: f1 TYPE decfloat16,
      f2 TYPE TABLE OF i,
      f3 TYPE spfli.
DATA itab TYPE STANDARD TABLE OF cdir.
DO 10 TIMES.
  APPEND sy-index TO f2.
ENDDO.
EXPORT par1 = f1
       par2 = f2
       par3 = f3 TO DATABASE indx(hk) ID 'HK'.
IMPORT DIRECTORY INTO itab FROM DATABASE indx(hk) ID 'HK'.
```

38.4 Daten-Cluster löschen

DELETE FROM

Syntax

```
DELETE FROM { {MEMORY ID id}
            | {DATABASE      dbtab(ar) [CLIENT cl] ID id}
            | {SHARED MEMORY dbtab(ar) [CLIENT cl] ID id}
            | {SHARED BUFFER dbtab(ar) [CLIENT cl] ID id} }.
```

Diese Anweisung löscht einen Daten-Cluster, der mit der Anweisung EXPORT im ABAP Memory, einer Datenbanktabelle oder in einem transaktionsübergreifenden Anwendungspuffer des Applikationsservers abgelegt wurde. Der zu löschende Daten-Cluster wird durch seine Kennung id und außer im ABAP Memory durch den Namen einer Datenbanktabelle dbtab, einen Bereich ar und eine optionale Mandantenangabe cl identifiziert. Für dbtab, ar, cl und id gelten die gleichen Regeln wie beim Zugriff auf die entsprechende Ablage mit der Anweisung IMPORT.

Systemfelder

sy-subrc	Bedeutung
0	Der angegebene Daten-Cluster wurde gefunden und gelöscht.
4	Der angegebene Daten-Cluster wurde nicht gefunden.

Hinweis

Da jeder Mandant eine in sich abgeschlossene Einheit darstellt, sollte der Zusatz CLIENT in Anwendungsprogrammen nicht verwendet werden. Auf Systemen mit Multitenancy wird dies von der ABAP-Laufzeitumgebung zugesichert.

Beispiel

In diesem Beispiel werden zwei Felder in einen Daten-Cluster in einem Anwendungspuffer des Applikationsservers geschrieben, ausgelesen und danach gelöscht. Ein erneuter Zugriff auf den gleichen Daten-Cluster setzt sy-subrc auf 4.

```
DATA: id    TYPE c LENGTH 4 VALUE 'TEXT',
      text1 TYPE string     VALUE 'Tina',
      text2 TYPE string     VALUE 'Mike'.
EXPORT p1 = text1
       p2 = text2 TO SHARED BUFFER indx(XY) ID id.
IMPORT p1 = text2
       p2 = text1 FROM SHARED BUFFER indx(XY) ID id.
...
DELETE FROM SHARED BUFFER indx(XY) ID id.
IMPORT p1 = text2
       p2 = text1 FROM SHARED BUFFER indx(XY) ID id.
```

38.5 Daten-Cluster im ABAP Memory löschen

`FREE MEMORY`

Syntax

`FREE MEMORY ID id.`

Diese Anweisung wirkt genau wie die Anweisung DELETE FROM MEMORY ID id. Außerhalb von Klassen kann der Zusatz ID weggelassen werden. Dann werden alle Daten-Cluster aus dem ABAP Memory gelöscht.

38.6 Systemklassen für Daten-Cluster

Zusätzlich zu den Anweisungen IMPORT und DELETE können für spezielle Anforderungen die Methoden folgender Klassen verwendet werden:

- CL_ABAP_EXPIMP_MEM
- CL_ABAP_EXPIMP_SHMEM
- CL_ABAP_EXPIMP_SHBUF
- CL_ABAP_EXPIMP_DB
- CL_ABAP_EXPIMP_CONV

Diese Unterklassen der abstrakten Systemklasse CL_ABAP_EXPIMP erweitern die Funktionalität der Anweisungen zu Daten-Clustern. Sie ermöglichen es, in den einzelnen Speichermedien auf Daten-Cluster zuzugreifen, von denen nur Teile der Kennung id oder des Bereichs ar angegeben werden, indem der vollständige Schlüssel ermittelt wird. Darüber hinaus können Daten-Cluster mit teilweise angegebenen Schlüsseln generisch gelöscht werden.

39 Dateischnittstelle

Die Anweisungen der ABAP-Dateischnittstelle ermöglichen die Bearbeitung von Dateien auf den Rechnern des aktuellen Applikationsservers mit ABAP-Anweisungen. Auf allen Plattformen, die dies unterstützen, können Dateien bearbeitet werden, die größer als 2 GB sind.

Dateien auf dem Präsentationsserver werden nicht mit ABAP-Anweisungen, sondern über Methoden der Systemklasse CL_GUI_FRONTEND_SERVICES bearbeitet. Wichtige Methoden sind: GUI_DOWNLOAD, GUI_UPLOAD, DIRECTORY_CREATE, DIRECTORY_DELETE, FILE_DELETE, FILE_COPY usw. Zum Schreiben und Lesen gibt es auch noch die Funktionsbausteine GUI_DOWNLOAD und GUI_UPLOAD.

39.1 Eigenschaften der Dateischnittstelle

39.1.1 Dateien adressieren

Dateien werden in allen Anweisungen der Dateischnittstelle direkt mit dem Namen angesprochen, unter dem sie auf der jeweiligen Plattform bekannt sind. Deshalb kann eine Datei nicht mehrmals innerhalb eines Programms geöffnet werden. Der Name einer Datei setzt sich in der Regel aus einer Pfadangabe und dem Dateinamen zusammen. Die entsprechende Notation hängt vom Betriebssystem des Applikationsservers ab. Wenn ein Dateiname ohne Pfadangabe angegeben ist, wird automatisch das Verzeichnis verwendet, das im Profilparameter DIR_HOME abgelegt ist.

Um plattformunabhängige Programme zu schreiben, empfiehlt es sich, mit der Transaktion FILE logische Dateinamen und logische Pfade anzulegen, die für jede Plattform mit tatsächlichen Bezeichnern verknüpft werden können. Mit dem Funktionsbaustein FILE_GET_NAME kann für einen logischen Dateinamen der für die aktuelle Plattform gültige tatsächliche Dateiname bestimmt und in den Anweisungen der Dateischnittstelle verwendet werden.

In Unicode-Programmen sind Dateinamen erlaubt, die Leerstellen enthalten. Wenn der angegebene Dateiname in einem Nicht-Unicode-Programm Leerzeichen enthält, wird er ab dem ersten Leerzeichen abgeschnitten. In Unicode-Programmen sind Leerzeichen Teil des Dateinamens.

39.1.2 Berechtigungen für Dateizugriffe

Bei Berechtigungen für Dateizugriffe sind drei Ebenen zu unterscheiden:

1. Überprüfung im Betriebssystem
2. programmunabhängige Überprüfung von Zugriffsrechten
3. Berechtigungsprüfung für Benutzer und Programm für Einzeldateien

39.1.2.1 Berechtigungsprüfung im Betriebssystem

Aus Sicht des Betriebssystems des Applikationsservers werden alle Zugriffe auf Dateien vom AS ABAP ausgeführt. Dies hat zur Konsequenz, dass der Benutzer des Betriebssystems, der einen AS ABAP instanziert, eine Lese- und Schreibberechtigung für alle Verzeichnisse und Dateien haben muss, die von der ABAP-Dateischnittstelle behandelt werden. Liegt eine Berechtigung nicht vor, können die Anweisungen der Dateischnittstelle gar nicht oder nur teilweise ausgeführt werden. Wenn eine Anweisung wegen einer fehlenden Berechtigung im Betriebssystem nicht ausgeführt werden kann, wird der Rückgabewert `sy-subrc` ungleich 0 gesetzt.

39.1.2.2 Überprüfung von Zugriffsrechten

Bei Zugriffen auf Dateien mit den Anweisungen OPEN DATASET, TRANSFER und DELETE DATASET wird automatisch eine Überprüfung der Einträge in der Datenbanktabelle SPTH durchgeführt. Die Einträge in der Datenbanktabelle SPTH regeln die generellen Lese- und Schreibzugriffe aus ABAP-Programmen auf Dateien und ob Dateien in eine Sicherungsprozedur (Backup) aufgenommen werden sollen.

In der Datenbanktabelle SPTH können Lese- oder Schreibzugriffe auf generisch spezifizierbare Dateien unabhängig von Berechtigungsobjekten generell verboten werden. Für die übrigen Dateien (also solche, deren Lese- oder Schreibzugriffe in der Datenbanktabelle SPTH generell erlaubt sind) können Berechtigungsprüfungen auf der Grundlage von Berechtigungsobjekten durchgeführt werden. Hierfür können in der Datenbanktabelle SPTH Berechtigungsgruppen für programmunabhängige Berechtigungsprüfungen definiert werden. Tabelle 39.1 zeigt die Spalten der Datenbanktabelle SPTH. Falls die Überprüfung der Datenbanktabelle SPTH ein negatives Ergebnis hat, kommt es zu einer unbehandelbaren Ausnahme.

Spalte	Bedeutung
PATH	Spalte für generische Dateinamen. Die in den übrigen Spalten dieser Zeile spezifizierten Eigenschaften gelten für alle Dateien des Applikationsservers, auf die der Eintrag in dieser Spalte am genauesten zutrifft.
SAVEFLAG	Wenn diese Spalte den Wert "X" enthält, werden die in der Spalte PATH angegebenen Dateien in eine Sicherungsprozedur (Backup) aufgenommen.
FS_NOREAD	Wenn diese Spalte den Wert "X" enthält, können aus ABAP keine Zugriffe auf die in der Spalte PATH angegebenen Dateien durchgeführt werden. Diese Einstellung übersteuert die Einstellungen in den Spalten FS_NOWRITE und FS_BRGRU sowie die Berechtigungsprüfung über das Berechtigungsobjekt S_DATASET.
FS_NOWRITE	Wenn diese Spalte den Wert "X" enthält, können aus ABAP keine schreibenden Zugriffe auf die in der Spalte PATH angegebenen Dateien durchgeführt werden. Diese Einstellung übersteuert die Einstellungen in der Spalte FS_BRGRU sowie die Berechtigungsprüfung über das Berechtigungsobjekt S_DATASET.
FS_BRGRU	In dieser Spalte kann über einen frei wählbaren Namen eine Berechtigungsgruppe definiert werden. Die Dateien mehrerer Zeilen können dadurch in Berechtigungsgruppen zusammengefasst werden.

Tabelle 39.1 Datenbanktabelle SPTH

Spalte	Bedeutung
FS_BRGRU (Forts.)	Bei der Auswertung der Datenbanktabelle SPTH wird eine Berechtigungsprüfung für den aktuellen Benutzer gegen das Berechtigungsobjekt S_PATH ausgeführt, das ein Berechtigungsfeld RS_BRGRU und ein Berechtigungsfeld ACTVT enthält, wodurch Zugriffe auf die in PATH angegebenen Dateien benutzerabhängig vergeben werden können. Wenn kein Name angegeben ist, wird keine Berechtigungsprüfung gegen das Berechtigungsobjekt S_PATH ausgeführt.

Tabelle 39.1 Datenbanktabelle SPTH (Forts.)

Im Vergleich zur Berechtigungsprüfung über das Berechtigungsobjekt S_DATASET ist die Berechtigungsprüfung gegen das Berechtigungsobjekt S_PATH unabhängig vom verwendeten ABAP-Programm. Darüber hinaus beschränkt sich die Prüfung nicht auf eine Einzeldatei, sondern umfasst alle generisch spezifizierten Dateien der Spalte PATH.

39.1.2.1 Berechtigungsprüfung für Benutzer und Programm für Einzeldateien

Vor jedem Öffnen oder Löschen einer Datei über die ABAP-Dateischnittstelle wird automatisch eine Berechtigungsprüfung für den aktuellen Benutzer und das aktuelle Programm mit dem vordefinierten Berechtigungsobjekt S_DATASET ausgeführt. Dieses Berechtigungsobjekt hat die Berechtigungsfelder PROGRAM für den Programmnamen, FILENAME für die zu öffnende Datei und ACTVT mit den Aktivitäten LÖSCHEN, LESEN, SCHREIBEN, LESEN MIT FILTER und SCHREIBEN MIT FILTER. Falls die entsprechende Berechtigung nicht vorliegt, kommt es zu einer behandelbaren Ausnahme. Um dies zu verhindern, kann vor der entsprechenden ABAP-Anweisung der Funktionsbaustein AUTHORITY_CHECK_DATASET aufgerufen werden, um das Vorliegen der Berechtigung zu überprüfen.

39.1.3 Sperren

Die Dateischnittstelle enthält keinen integrierten Sperrmechanismus, der sicherstellt, dass immer nur ein ABAP-Programm gleichzeitig auf eine Datei zugreift. Falls mehrere Programme gleichzeitig schreibend auf eine Datei zugreifen, kommt es zu unvorhersagbaren Resultaten.

Um dies zu verhindern, können SAP-Sperren verhängt oder eindeutige Dateinamen wie z. B. UUIDs verwendet werden.

Wenn mehrere Applikationsserver der Applikationsschicht gleichzeitig auf eine Datei zugreifen, kann es aber trotz SAP-Sperren zu Konflikten kommen, beispielsweise wenn das Betriebssystem Daten puffert, bevor sie in eine Datei geschrieben werden.

39.1.4 Dateischnittstelle und Unicode

Da der Inhalt von Dateien häufig die Struktur von Daten im Arbeitsspeicher widerspiegelt, muss die Dateischnittstelle in einem Unicode-System folgenden Anforderungen gerecht werden:

▶ Es müssen Dateien zwischen Unicode- und Nicht-Unicode-Systemen ausgetauscht werden können.

- Es müssen Dateien zwischen verschiedenen Unicode-Systemen ausgetauscht werden können.
- Es müssen Dateien zwischen verschiedenen Nicht-Unicode-Systemen ausgetauscht werden können, die mit unterschiedlichen Codepages arbeiten.

Aus diesem Grund muss in Unicode-Programmen immer festgelegt sein, gemäß welcher Codepage zeichenartige Daten codiert sind, die in Textdateien geschrieben oder aus Textdateien gelesen werden.

Darüber hinaus ist zu berücksichtigen, dass ein Unicode-Programm sowohl in einem Unicode- als auch in einem Nicht-Unicode-System ausführbar sein soll. Deshalb wurden einige Syntaxregeln für die Dateischnittstelle so geändert, dass die Programmierung von Dateizugriffen in Unicode-Programmen weniger fehleranfällig als in Nicht-Unicode-Programmen ist:

- Eine Datei muss vor jedem lesenden oder schreibenden Zugriff explizit geöffnet werden. Eine geöffnete Datei darf nicht nochmals geöffnet werden. In Nicht-Unicode-Programmen wird eine Datei beim ersten Zugriff implizit mit Standardeinstellungen geöffnet. Die Anweisung zum Öffnen einer Datei kann in Nicht-Unicode-Programmen auf eine bereits geöffnete Datei angewandt werden, obwohl eine Datei in einem Programm nur einmal geöffnet werden kann.
- Beim Öffnen der Datei müssen die Zugriffsart und die Art der Datenablage explizit angegeben werden. In Nicht-Unicode-Programmen wird eine Datei mit impliziten Standardeinstellungen geöffnet, wenn nichts angegeben ist.
- Wenn eine Datei zum Lesen von Inhalten geöffnet wurde, darf auch nur gelesen werden. In Nicht-Unicode-Programmen kann auch schreibend auf solche Dateien zugegriffen werden.
- Wenn eine Datei als Textdatei geöffnet ist, darf nur der Inhalt zeichenartiger Datenobjekte gelesen oder geschrieben werden. In Nicht-Unicode-Programmen sind auch byteartige und numerische Datenobjekte erlaubt.

Im Wesentlichen wird anstelle einer impliziten Programmierung mit Standardeinstellungen, auf die der Entwickler keinen Einfluss hat, eine explizite Programmierung gefordert, in der alle wichtigen Parameter angegeben werden müssen. Darüber hinaus sind fehleranfällige Mischformen byteartiger, zeichenartiger und numerischer Daten verboten. Aus diesem Grund empfiehlt es sich, bei der Verwendung der Dateischnittstelle immer den Syntaxregeln für Unicode-Programme zu folgen, selbst wenn kein Unicode-System verwendet wird.

39.2 Datei öffnen

OPEN DATASET

Syntax
```
OPEN DATASET dset FOR access IN mode [position]
                                     [os_additions]
                                     [error_handling].
```

Diese Anweisung öffnet die in `dset` angegebene Datei für den in `access` angegebenen Zugriff und in einer in `mode` angegebenen Ablageart. Für `dset` wird ein zeichenartiges Datenobjekt erwartet, das den plattformspezifischen Namen der Datei enthält. Mit den Zusätzen `position`, `os_additions` und `error_handling` können die Position, an der die Datei geöffnet wird, bestimmt, plattformspezifische Zusätze angegeben und die Fehlerbehandlung beeinflusst werden.

In Unicode-Programmen müssen die Zugriffs- und Ablagearten `access` und `mode` explizit angegeben werden. Wenn die Zusätze in Nicht-Unicode-Programmen fehlen, wird die Datei implizit als Binärdatei für den Lesezugriff geöffnet. In Unicode-Programmen darf die Datei noch nicht im aktuellen Programm geöffnet sein, ansonsten kommt es zu einer behandelbaren Ausnahme. In Nicht-Unicode-Programmen darf die Datei schon geöffnet sein. Die Anweisung OPEN DATASET öffnet die Datei dann nicht erneut, sondern versetzt in Abhängigkeit von der Zugriffsart die Lese- bzw. Schreibposition. Zugriffs- und Ablageart sollten dabei nicht verändert werden.

Es können maximal 100 Dateien pro internem Modus gleichzeitig geöffnet werden. Die tatsächliche maximale Anzahl gleichzeitig geöffneter Dateien kann plattformabhängig geringer sein.

Beim Öffnen einer Datei werden automatische Berechtigungsprüfungen (siehe Abschnitt 39.1.2) durchgeführt.

Systemfelder

sy-subrc	Bedeutung
0	Die Datei wurde geöffnet.
8	Das Betriebssystem konnte die Datei nicht öffnen.

39.2.1 Zugriffsart festlegen

```
OPEN DATASET – access
```

Syntax von access
```
... INPUT
  | OUTPUT
  | APPENDING
  | UPDATE
```

Mit diesen Zusätzen wird die Datei zum Lesen, Schreiben, Anfügen oder Ändern geöffnet. In Unicode-Programmen ist die Angabe der Zugriffsart obligatorisch.

Der Zusatz FOR INPUT öffnet die Datei zum Lesen. Standardmäßig wird der Dateizeiger auf den Dateianfang gesetzt. Falls die angegebene Datei nicht vorhanden ist, wird `sy-subrc` auf 8 gesetzt. In einem Unicode-Programm sind auf eine zum Lesen geöffnete Datei keine Schreibzugriffe möglich. In einem Nicht-Unicode-Programm sind auch Schreibzugriffe erlaubt.

Der Zusatz FOR OUTPUT öffnet die Datei zum Schreiben. Falls die angegebene Datei bereits vorhanden ist, wird ihr Inhalt gelöscht. Falls die angegebene Datei nicht vorhanden ist, wird sie angelegt. Es sind auch Lesezugriffe erlaubt.

Der Zusatz FOR APPENDING öffnet die Datei zum Anfügen. Falls die angegebene Datei bereits vorhanden ist, wird sie geöffnet und der Dateizeiger an das Ende der Datei gesetzt. Falls die angegebene Datei nicht vorhanden ist, wird sie angelegt. Ein Lesezugriff auf eine mit FOR APPENDING geöffnete Datei mit der Anweisung READ DATASET schlägt fehl und liefert für sy-subrc den Wert 4.

Der Zusatz FOR UPDATE öffnet die Datei zum Ändern des bestehenden Inhalts. Standardmäßig wird der Dateizeiger auf den Dateianfang gesetzt. Ist die angegebene Datei nicht vorhanden, wird keine Datei geöffnet und sy-subrc auf 8 gesetzt.

39.2.2 Ablageart festlegen

```
OPEN DATASET - mode
```

Syntax von mode

```
... {BINARY MODE}
  | {TEXT MODE encoding [linefeed]}
  | {LEGACY BINARY MODE [{BIG|LITTLE} ENDIAN] [CODE PAGE cp]}
  | {LEGACY TEXT MODE [{BIG|LITTLE} ENDIAN] [CODE PAGE cp] [linefeed]}
```

Mit diesen Zusätzen wird die Datei entweder als Binärdatei oder als Textdatei behandelt. Durch die Angabe von LEGACY können Dateien in dem Format geschrieben werden, das von einem Nicht-Unicode-System erwartet wird, bzw. Dateien gelesen werden, die von einem Nicht-Unicode-System erzeugt wurden. Dazu können die Byte-Reihenfolge oder die Codepage explizit angegeben werden. In Unicode-Programmen ist die Angabe der Ablageart obligatorisch.

39.2.2.1 Binärdatei

```
... BINARY MODE
```

Der Zusatz IN BINARY MODE öffnet die Datei als Binärdatei. Beim Schreiben in eine Binärdatei wird der binäre Inhalt eines Datenobjekts unverändert in die Datei übertragen. Beim Lesen aus einer Binärdatei wird der binäre Inhalt der Datei unverändert in ein Datenobjekt übertragen. Der Zusatz BINARY MODE hat in Unicode-Programmen und Nicht-Unicode-Programmen die gleiche Bedeutung.

39.2.2.2 Textdatei

```
... TEXT MODE encoding [linefeed]
```

Der Zusatz IN TEXT MODE öffnet die Datei als Textdatei. Der Zusatz *encoding* definiert die Darstellung der Zeichen in der Textdatei. Beim Schreiben in eine Textdatei wird der Inhalt eines Datenobjekts in die in *encoding* angegebene Darstellung konvertiert und in die Datei übertragen. Wenn der Datentyp zeichenartig und flach ist, werden schließende Leerzeichen abgeschnitten. Beim Datentyp string werden schließende Leerzeichen nicht abgeschnitten. An die übertragenen Daten wird standardmäßig eine Zeilenende-Markierung angefügt.

Beim Lesen aus einer Textdatei wird der Inhalt der Datei bis zur nächsten Zeilenende-Markierung gelesen, aus der hinter ENCODING angegebenen Darstellung in die aktuelle Zeichendarstellung konvertiert und in ein Datenobjekt übertragen. Die verwendete Zeilenende-Markierung wird über den Zusatz `linefeed` gesteuert. In Unicode-Programmen kann nur der Inhalt zeichenartiger Datenobjekte an Textdateien übertragen und aus Textdateien gelesen werden. Der Zusatz `encoding` muss in Unicode-Programmen angegeben und kann nur in Nicht-Unicode-Programmen weggelassen werden.

39.2.2.3 Legacy-Binärdatei
```
... LEGACY BINARY MODE [{BIG|LITTLE} ENDIAN] [CODE PAGE cp]
```

Der Zusatz LEGACY BINARY MODE öffnet die Datei als Legacy-Binärdatei, wobei mit {BIG|LITTLE} ENDIAN die Byte-Reihenfolge und mit CODE PAGE cp die Codepage angegeben werden können, mit denen der Inhalt der Datei behandelt werden soll.

Der Zusatz {BIG|LITTLE} ENDIAN gibt an, dass numerische Datenobjekte vom Typ i, decfloat16, decfloat34 (ab Release 7.02/7.2) f oder s in der Byte-Reihenfolge Big bzw. Little Endian in der Datei abgelegt sind. Beim Schreiben oder Lesen eines Datenobjekts dieser Typen wird – falls notwendig – eine Konvertierung zwischen dieser und der Byte-Reihenfolge der aktuellen Plattform vorgenommen. Wenn der Zusatz nicht angegeben ist, wird die Byte-Reihenfolge des aktuellen Applikationsservers verwendet.

Der Zusatz CODE PAGE cp gibt an, dass die Darstellung zeichenartiger Datenobjekte in der Datei auf der in cp angegebenen Codepage basiert. Beim Schreiben oder Lesen eines zeichenartigen Datenobjekts wird – falls notwendig – eine Konvertierung zwischen dieser Codepage und der aktuellen Zeichendarstellung vorgenommen. Wenn der Zusatz nicht angegeben ist, werden in einem Nicht-Unicode-System die Daten ohne Konvertierung gelesen bzw. geschrieben. In einem Unicode-System werden die Zeichen der Datei gemäß der Nicht-Unicode-Codepage behandelt, die zum Zeitpunkt des Lesens oder des Schreibens in einem Nicht-Unicode-System gemäß Eintrag in der Datenbanktabelle TCP0C der aktuellen Textumgebung zugeordnet wäre. Für die Angabe der Codepages cp wird ein zeichenartiges Datenobjekt erwartet, das bei Ausführung der Anweisung die Bezeichnung einer Nicht-Unicode-Codepage aus der Spalte CPCODEPAGE der Datenbanktabelle TCP00 enthalten muss. Eine Unicode-Codepage darf nicht angegeben werden.

Hinweise

- Beim Schreiben eines flachen zeichenartigen Feldes in Legacy-Binärdateien entspricht die Anzahl der in die Datei geschriebenen Bytes genau der Anzahl der Zeichen im Quellfeld. In Unicode-Systemen kann dadurch der Feldinhalt beim Schreiben von Texten in ostasiatischen Sprachen abgeschnitten werden. Es wird deshalb empfohlen, Texte nur in Textdateien zu schreiben, die ohne den Zusatz LEGACY geöffnet wurden.

- Mit der Anweisung SET DATASET kann für eine geöffnete Legacy-Datei eine andere Byte-Reihenfolge oder Codepage angegeben werden, als beim Öffnen definiert wurde.

- Der Zusatz CODE PAGE cp erlaubt in Unicode-Systemen beim Lesen und Schreiben von Dateien die automatische Konvertierung von Dateiinhalten in die aktuelle Zeichendarstellung. Dateien, die in beliebigen Nicht-Unicode-Systemen gespeichert wurden, können so in Unicode-Systeme eingelesen werden.

39.2.2.4 Legacy-Textdatei

```
... LEGACY TEXT MODE [{BIG|LITTLE} ENDIAN] [CODE PAGE cp] [linefeed]
```

Der Zusatz IN LEGACY TEXT MODE öffnet die Datei als Legacy-Textdatei, wobei wie bei Legacy-Binärdateien Byte-Reihenfolge und Codepage angegeben werden können, mit denen der Inhalt der Datei behandelt werden soll. Syntax und Bedeutung von {BIG|LITTLE} ENDIAN und CODE PAGE cp sind dieselben wie bei Legacy-Binärdateien. Syntax und Bedeutung von linefeed ist wie bei normalen Textdateien.

Im Unterschied zu Legacy-Binärdateien werden die schließenden Leerzeichen beim Schreiben zeichenartiger flacher Datenobjekte in eine Legacy-Textdatei abgeschnitten, und es wird wie bei einer Textdatei standardmäßig eine Zeilenende-Markierung an die übertragenen Daten angefügt. Im Unterschied zu mit dem Zusatz IN TEXT MODE geöffneten Textdateien wird in Unicode-Programmen nicht überprüft, ob die beim Schreiben oder Lesen verwendeten Datenobjekte zeichenartig sind. Darüber hinaus wird mit den LENGTH-Zusätzen der Anweisungen READ DATASET und TRANSFER bei Legacy-Textdateien in Bytes und bei Textdateien in den Einheiten eines im Speicher dargestellten Zeichens gezählt.

Hinweise

- Wie bei Legacy-Binärdateien kann auf Textdateien, die in einem Nicht-Unicode-System geschrieben wurden, in Unicode-Systemen als Legacy-Textdateien zugegriffen werden, wobei der Inhalt entsprechend konvertiert wird.
- Beim Schreiben eines flachen zeichenartigen Feldes in Legacy-Textdateien werden höchstens so viele Bytes in die Datei geschrieben wie die maximal mögliche Anzahl von Zeichen im Quellfeld. In Unicode-Systemen kann dadurch der Feldinhalt beim Schreiben von Texten in ostasiatischen Sprachen abgeschnitten werden. Es wird deshalb empfohlen, Texte nur in Textdateien zu schreiben, die ohne den Zusatz LEGACY geöffnet wurden.

Beispiel

Eine Datei test.dat wird als Textdatei erzeugt, mit Daten gefüllt, geändert und ausgelesen. Da jede TRANSFER-Anweisung eine Zeilenende-Markierung an den geschriebenen Inhalt anhängt, ist der Inhalt der Datei nach der Änderung zweizeilig. Die erste Zeile enthält "12ABCD". Die zweite Zeile enthält "890". Das Zeichen "7" wurde von der Zeilenende-Markierung der ersten Zeile überschrieben.

```
DATA: file   TYPE string VALUE `test.dat`,
      result TYPE string.
OPEN DATASET file FOR OUTPUT IN TEXT MODE
                      ENCODING DEFAULT
                      WITH SMART LINEFEED.
TRANSFER `1234567890` TO file.
CLOSE DATASET file.
OPEN DATASET file FOR UPDATE IN TEXT MODE
                      ENCODING DEFAULT
```

```
                    WITH SMART LINEFEED
                    AT POSITION 2.
TRANSFER `ABCD` TO file.
CLOSE DATASET file.
OPEN DATASET file FOR INPUT IN TEXT MODE
                    ENCODING DEFAULT
                    WITH SMART LINEFEED.
WHILE sy-subrc = 0.
  READ DATASET file INTO result.
  WRITE / result.
ENDWHILE.
CLOSE DATASET file.
```

39.2.2.5 Zeichendarstellung

OPEN DATASET – encoding

Syntax von encoding
```
... ENCODING { DEFAULT
             | {UTF-8 [SKIPPING|WITH BYTE-ORDER MARK]}
             | NON-UNICODE }
```

Die Zusätze hinter ENCODING legen fest, in welcher Zeichendarstellung der Inhalt der Datei behandelt wird. Der Zusatz ENCODING muss in Unicode-Programmen angegeben und kann nur in Nicht-Unicode-Programmen weggelassen werden. Wenn der Zusatz ENCODING in Nicht-Unicode-Programmen nicht angegeben ist, wird implizit der Zusatz NON-UNICODE verwendet. Die Angabe DEFAULT entspricht in einem Unicode-System der Angabe UTF-8 und in einem Nicht-Unicode-System der Angabe NON-UNICODE.

Der Zusatz UTF-8 legt fest, dass die Zeichen der Datei gemäß der Unicode-Zeichendarstellung UTF-8 behandelt werden. Der Zusatz BYTE-ORDER MARK legt fest, wie die Byte-Order Mark (BOM), mit der eine im Zeichenformat UTF-8 codierte Datei beginnen kann, behandelt wird. Die BOM ist eine Folge von drei Byte, die anzeigt, dass eine Datei in UTF-8 codiert ist.

SKIPPING BYTE-ORDER MARK ist nur erlaubt, wenn die Datei mit FOR INPUT oder FOR UPDATE zum Lesen bzw. Ändern geöffnet wird. Eine eventuell vorhandene BOM am Dateianfang wird ignoriert und der Dateizeiger hinter diese gesetzt. Ohne den Zusatz wird die BOM wie normaler Inhalt der Datei behandelt.

WITH BYTE-ORDER MARK ist nur erlaubt, wenn die Datei mit FOR OUTPUT zum Schreiben geöffnet wird. Beim Öffnen der Datei wird eine BOM am Dateianfang eingefügt. Ohne den Zusatz wird keine BOM eingefügt.

Der Zusatz BYTE-ORDER MARK darf nicht gemeinsam mit dem Zusatz AT POSITION verwendet werden.

Mit dem Zusatz NON-UNICODE werden in einem Nicht-Unicode-System die Daten ohne Konvertierung gelesen bzw. geschrieben. In einem Unicode-System werden die Zeichen der Datei gemäß der Nicht-Unicode-Codepage behandelt, die zum Zeitpunkt des Lesens oder des Schreibens in einem Nicht-Unicode-System gemäß Eintrag in der Datenbanktabelle TCP0C der aktuellen Textumgebung zugeordnet wäre.

Hinweise

- Es wird empfohlen, eine Datei zum Schreiben immer als UTF-8-Datei mit dem Zusatz WITH BYTE-ORDER MARK zu öffnen, wenn alle Leser dieses Format verarbeiten können. Ansonsten kann die Codepage abhängig von der Textumgebung sein, und es ist schwierig, aus dem Dateiinhalt auf die verwendete Codepage zu schließen.
- Beim Öffnen von UTF-8-Dateien zum Lesen wird empfohlen, immer den Zusatz SKIPPING BYTE-ORDER MARK anzugeben, damit eine BOM nicht als Dateiinhalt behandelt wird.
- Die Klasse CL_ABAP_FILE_UTILITIES enthält eine Methode CHECK_UTF8, um festzustellen, ob eine Datei eine UTF-8-Datei ist.
- Eine UTF-16-Datei kann nur als Binärdatei geöffnet werden.

39.2.2.6 Zeilenende-Markierung

```
OPEN DATASET – linefeed
```

Syntax von linefeed

```
... WITH { NATIVE
        | SMART
        | UNIX
        | WINDOWS } LINEFEED
```

Diese Zusätze legen fest, welche Zeilenende-Markierung für Textdateien oder Legacy-Textdateien verwendet wird. Bei ihrer Verwendung wird der Profilparameter abap/NTfmode ignoriert. Die gleichzeitige Angabe der Werte "UNIX" oder "NT" im Zusatz TYPE ist nicht erlaubt.

Ohne Verwendung eines dieser Zusätze wird die Zeilenende-Markierung wie folgt in Abhängigkeit vom Betriebssystem des aktuellen Applikationsservers bestimmt:

- Die Zeilenende-Markierung für Unix ist "LF". Unter Unix, OS/390 und IBM i5/OS – früher OS/400 – wird beim Lesen und Schreiben ausschließlich "LF" verwendet.
- Die Zeilenende-Markierung für Windows ist "CRLF". Unter Windows kann aber über den Wert des Profilparameters abap/NTfmode eingestellt werden, ob neue Dateien nach Unix-Konventionen oder nach Windows-Konventionen behandelt werden sollen. Hat der Profilparameter den Wert "b", wird die Unix-Zeilenende-Markierung "LF" verwendet. Hat der Profilparameter den Wert "t" oder ist initial, wird die Windows-Zeilenende-Markierung "CRLF" verwendet. Die Einstellung über den Profilparameter kann mit dem Zusatz TYPE und der Angabe der Werte "UNIX" oder "NT" übersteuert werden. Wenn eine bereits vorhandene Datei ohne den Zusatz TYPE geöffnet wird, wird diese nach der ersten Zeilenende-Markierung ("LF" oder "CRLF") durchsucht und diese für die gesamte Datei verwendet. Wenn keine Zeilenende-Markierung gefunden wird, wird der Profilparameter verwendet. Dies gilt insbesondere selbst dann, wenn eine vorhandene Datei mit FOR OUTPUT vollständig überschrieben wird.

Wenn ein Zusatz WITH NATIVE|SMART|UNIX|WINDOWS LINEFEED verwendet wird, kann diese Einstellung der geöffneten Datei mit der Anweisung SET DATASET geändert werden. Wenn keiner der Zusätze verwendet wird, kann die Zeilenende-Markierung auch nicht mit SET DATASET geändert werden.

Hinweise
- Da die Zeilenende-Markierung ohne Verwendung eines Zusatzes WITH LINEFEED von sehr unterschiedlichen impliziten Faktoren wie dem Betriebssystem des Applikationsservers, einem Profilparameter und bereits verwendeten Zeilenende-Markierungen abhängt, wird die explizite Verwendung von WITH LINEFEED empfohlen, wodurch die Verwendung des Zusatzes TYPE zum Setzen der Zeilenende-Markierung obsolet wird.
- Die aktuell verwendete Zeilenende-Markierung kann für jede geöffnete Datei mit GET DATASET bestimmt werden.

Zeilenende-Markierung des Betriebssystems
... WITH NATIVE LINEFEED

Dieser Zusatz legt die Zeilenende-Markierung unabhängig von der Zugriffsart gemäß dem Betriebssystem des Applikationsservers fest, d. h. "LF" für Unix, OS/390 oder IBM i5/OS – früher OS/400 – und "CRLF" für Windows.

Die Zeilenende-Markierung wird gemäß der aktuellen Codepage interpretiert. Bei expliziter Angabe einer Codepage mit dem Zusatz CODE PAGE müssen die Zeichen der Zeilenende-Markierung gemäß dieser Codepage vorliegen bzw. werden gemäß dieser geschrieben.

Hinweis
Der Zusatz WITH NATIVE LINEFEED ist zur Bearbeitung von Dateien eines Applikationsservers gedacht, auf die auch anderweitig zugegriffen wird. Der Zusatz erhält die passende Zeilenende-Markierung, ohne dass das Betriebssystem im Programm bekannt sein muss.

Zeilenende-Markierung nach Zugriffsart
... WITH SMART LINEFEED

Dieser Zusatz ist abhängig von der Zugriffsart.

Bei Dateien, die mit FOR INPUT zum Lesen geöffnet werden, werden sowohl "LF" als auch "CRLF" als Zeilenende-Markierung interpretiert. Beim Öffnen einer EBCDIC-Datei mit dem Zusatz CODE PAGE werden neben den EBCDIC-Zeichenfolgen "LF" und "CRLF" auch die entsprechenden ASCII-Zeichenfolgen erkannt. Zusätzlich wird das EBCDIC-Zeichen "NL" (Zeilentrenner) als Zeilenende-Markierung interpretiert.

Bei Dateien, die mit FOR APPENDING oder FOR UPDATE zum Anfügen bzw. Ändern geöffnet werden, wird nach einer dort bereits verwendeten Zeilenende-Markierung gesucht. Hierzu wird zunächst das Ende der Datei untersucht. Falls dort keine Zeilenende-Markierung gefunden wird, wird eine gewisse Anzahl von Zeichen am Anfang analysiert. Wird eine Zeilenende-Markierung gefunden, wird sie beim Schreiben in die Datei verwendet. Hierbei spielt auch der Zusatz CODE PAGE eine Rolle. Beispielsweise werden in einer mit EBCDIC geöffneten Datei auch ASCII-Zeilenende-Markierungen erkannt und verwendet, aber nicht umgekehrt. Wird keine Zeilenende-Markierung gefunden oder ist keine Suche möglich, da die Datei z. B. mit dem Zusatz `FILTER` geöffnet wird, wird die Zeilenende-Markierung wie beim Zusatz `WITH NATIVE LINEFEED` gemäß dem Betriebssystem des Applikationsservers festgelegt.

Bei Dateien, die mit `FOR OUTPUT` zum Schreiben geöffnet werden, wird die Zeilenende-Markierung wie beim Zusatz `WITH NATIVE LINEFEED` gemäß dem Betriebssystem des Applikationsservers festgelegt.

Hinweis
Der Zusatz `WITH SMART LINEFEED` ist zur generischen Bearbeitung von Dateien in heterogenen Umgebungen gedacht. Die Zeilenende-Markierung wird für verschiedene Formate erkannt und gesetzt. Die Verwendung dieses Zusatzes sollte für die meisten Anwendungsfälle die beste Lösung sein.

Unix-Zeilenende-Markierung
```
... WITH UNIX LINEFEED
```

Die Zeilenende-Markierung wird unabhängig von Zugriffsart und Betriebssystem des Applikationsservers auf "LF" gesetzt. Die Zeilenende-Markierung wird gemäß der aktuellen Codepage interpretiert. Bei expliziter Angabe einer Codepage mit dem Zusatz `CODE PAGE` müssen die Zeichen der Zeilenende-Markierung gemäß dieser Codepage vorliegen bzw. werden gemäß dieser geschrieben.

Hinweis
Der Zusatz `WITH UNIX LINEFEED` ist zur Bearbeitung von Unix-Dateien gedacht, deren spezifische Zeilenende-Markierungen erhalten bleiben sollen, auch wenn das Betriebssystem des aktuellen Applikationsservers Windows ist.

Windows-Zeilenende-Markierung
```
... WITH WINDOWS LINEFEED
```

Die Zeilenende-Markierung wird unabhängig von Zugriffsart und Betriebssystem des Applikationsservers auf "CRLF" gesetzt. Die Zeilenende-Markierung wird gemäß der aktuellen Codepage interpretiert. Bei expliziter Angabe einer Codepage mit dem Zusatz `CODE PAGE` müssen die Zeichen der Zeilenende-Markierung gemäß dieser Codepage vorliegen bzw. werden gemäß dieser geschrieben.

Hinweis
Der Zusatz `WITH WINDOWS LINEFEED` ist zur Bearbeitung von Windows-Dateien gedacht, deren spezifische Zeilenende-Markierungen erhalten bleiben sollen, auch wenn das Betriebssystem des aktuellen Applikationsservers Unix, OS/390 oder IBM i5/OS (früher OS/400) ist.

39.2.3 Positionsangabe
```
OPEN DATASET - position
```
Syntax von position
```
... AT POSITION pos
```

Dieser Zusatz setzt den Dateizeiger an die in pos angegebene Stelle. Für pos wird ein numerisches Datenobjekt erwartet. Es können Zahlen angegeben werden, deren Wertebereich den des Datentyps i übersteigt. Die Positionierung wird in Bytes angegeben, wobei der Dateianfang gleichbedeutend mit der Position 0 ist. Wenn pos den Wert –1 enthält, wird an das Dateiende positioniert. Für alle anderen negativen Werte ist das Verhalten undefiniert. Folgende Randfälle sind zu unterscheiden:

- Wenn die Datei zum Lesen geöffnet wird und der Wert von pos größer als die Länge der Datei ist, wird der Dateizeiger außerhalb der Datei positioniert. Solange die Positionierung nicht geändert wird, können keine Daten gelesen werden. Wenn in einem Nicht-Unicode-Programm in eine zum Lesen geöffnete Datei geschrieben wird, wird sie vom Dateiende bis zur angegebenen Position mit hexadezimal 0 gefüllt und dahintergeschrieben.

- Wenn die Datei zum Schreiben geöffnet wird, wird sie beim nächsten Schreiben in die Datei vom Dateianfang bis zur angegebenen Position mit hexadezimal 0 gefüllt und dahintergeschrieben.

- Wenn die Datei zum Anfügen geöffnet wird, wird die Positionsangabe ignoriert, und der Dateizeiger bleibt am Dateiende positioniert.

- Wenn die Datei zum Ändern geöffnet wird und der Wert von pos größer als die Länge der Datei ist, wird die Datei beim nächsten Schreiben in die Datei vom Dateiende bis zur angegebenen Position mit hexadezimal 0 gefüllt und dahintergeschrieben.

Der Zusatz POSITION kann nicht angegeben werden, wenn gleichzeitig einer der Zusätze FILTER oder BYTE-ORDER MARK angegeben ist.

Hinweise

- Bei Dateigrößen über 2 GB ist ein Datenobjekt pos vom Datentyp i nicht zur Positionierung in der gesamten Datei ausreichend, und es muss p oder decfloat (ab Release 7.02/7.2) verwendet werden.

- Die Positionierung kann mit der Anweisung SET DATASET überschrieben werden. Insbesondere sollte SET DATASET verwendet werden, um an das Dateiende zu positionieren, anstatt in pos den Wert –1 anzugeben.

- Freie Positionsangaben sind eher für Binärdateien und weniger für Textdateien geeignet. Bei Textdateien hängen Positionen von der Zeichendarstellung, Zeilenende-Markierungen und einer eventuellen Byte-Order Mark (BOM) in UTF-8-Dateien ab.

39.2.4 Betriebssystemabhängige Zusätze

```
OPEN DATASET - os_additions
```

Syntax von os_additions

```
... [TYPE attr]
    [FILTER opcom]
```

Mit diesen Zusätzen können betriebssystemspezifische Einstellungen vorgenommen und Betriebssystem-Anweisungen abgesetzt werden.

39.2.4.1 Parameter angeben

> `... TYPE` attr

Dieser Zusatz verhält sich abhängig vom Betriebssystem des Applikationsservers.

Wenn es sich nicht um ein Windows-Betriebssystem handelt, kann für `attr` ein zeichenartiges Feld angegeben werden, das betriebssystemabhängige Parameter der zu öffnenden Datei enthält. Diese Parameter werden ohne Überprüfung der Korrektheit und unverändert an das Betriebssystem des Applikationsservers übergeben.

Wenn es sich um ein Windows-Betriebssystem handelt, die Datei als Textdatei oder als Legacy-Textdatei geöffnet und der Zusatz `WITH LINEFEED` nicht verwendet wird, steuert der Inhalt von `attr` die standardmäßige Zeilenende-Markierung der Textdatei:

- Wenn `attr` den Wert "NT" enthält, wird "CRLF" als Zeilenende-Markierung verwendet.
- Wenn `attr` den Wert "UNIX" enthält, wird "LF" als Zeilenende-Markierung verwendet.

Alle anderen Werte von `attr` werden in den Windows-Betriebssystemen ignoriert, und die Zeilenende-Markierung wird, wie beim Zusatz `WITH LINEFEED` beschrieben, gesetzt.

Hinweis
Anstelle der Angabe der Werte "UNIX" oder "NT" hinter `TYPE` wird die prinzipielle Verwendung des Zusatzes `WITH LINEFEED` empfohlen. Wenn dieser verwendet wird, ist die Angabe der Werte "UNIX" oder "NT" nicht erlaubt.

Beispiel
Erzeugen einer Datei `test.dat`. Die unter `TYPE` angegebenen Eigenschaften sind spezifisch für das Betriebssystem IBM i5/OS (früher OS/400).

```
OPEN DATASET 'test.dat'
  TYPE 'lrecl=80, blksize=8000, recfm=FB'
  FOR OUTPUT IN TEXT MODE
            ENCODING DEFAULT
            WITH SMART LINEFEED.
```

39.2.4.2 Pipes ansprechen

> `... FILTER` opcom

Dieser Zusatz kann verwendet werden, wenn das Betriebssystem des Applikationsservers Pipes unterstützt (Unix und Windows). Für `opcom` kann ein zeichenartiges Feld angegeben werden, das eine Betriebssystem-Anweisung entsprechend der jeweiligen Kommando-Ebenen-Syntax enthält.

Bei Ausführung der Anweisung `OPEN DATASET` wird ein Prozess im Betriebssystem für die angegebene Anweisung gestartet. Wenn die Datei zum Lesen geöffnet wird, wird ein Kanal (Pipe) mit STDOUT des Prozesses verbunden, aus dem dann beim Lesen die Daten gelesen werden. Die Datei selbst wird mit STDIN des Prozesses verbunden. Wenn die Datei zum Schreiben geöffnet wird, wird ein Kanal (Pipe) mit STDIN des Prozesses verbunden, in den dann beim

Schreiben die Daten transferiert werden. Die Ausgabe des Prozesses wird in die Datei umgeleitet.

Der Zusatz `FILTER` darf nicht gemeinsam mit dem Zusatz `AT POSITION` oder bei der Zugriffsart `FOR UPDATE` verwendet werden.

Hinweis
Beim Arbeiten mit Pipes ist darauf zu achten, dass die Pipe nur im aktuellen Workprozess vorhanden ist. Wenn in der Zeit, in der die Datei geöffnet ist, ein Wechsel des Workprozesses stattfindet, geht die Pipe verloren, und ein Schreib- oder Lesezugriff führt zu einer behandelbaren Ausnahme der Klasse CX_SY_PIPE_REOPEN.

Beispiel
Auf einer Unix-Plattform werden ein `compress`-Filter zum Schreiben und ein `uncompress`-Filter zum Lesen gestartet. Bei schreibenden Zugriffen werden die Daten komprimiert, bei lesenden Zugriffen dekomprimiert.

```
DATA file TYPE string VALUE `/usr/test.Z`.
OPEN DATASET file FOR OUTPUT IN BINARY MODE
                  FILTER 'compress'.
...
CLOSE DATASET file.
OPEN DATASET file FOR INPUT IN BINARY MODE
                  FILTER 'uncompress'.
...
CLOSE DATASET file.
```

39.2.5 Fehlerbehandlung

`OPEN DATASET - error_handling`

Syntax von error_handling
```
... [MESSAGE msg]
    [IGNORING CONVERSION ERRORS]
    [REPLACEMENT CHARACTER rc]
```

Diese Zusätze erlauben es im Fehlerfall, Betriebssystem-Nachrichten zu empfangen, Ausnahmen zu unterdrücken und ein Ersatzzeichen für unbekannte Zeichen zu definieren.

39.2.5.1 Betriebssystem-Nachricht empfangen

`... MESSAGE msg`

Wenn beim Öffnen der Datei ein Fehler auftritt, wird die zugehörige Betriebssystem-Nachricht dem Datenobjekt `msg` zugewiesen. Für `msg` kann eine zeichenartige Variable angegeben werden.

Beispiel
Ausgabe der Betriebssystem-Nachricht, nachdem versucht wurde, eine Datei mit einem leeren Namen zu öffnen.

```
DATA mess TYPE string.
OPEN DATASET `` FOR INPUT IN BINARY MODE MESSAGE mess.
IF sy-subrc = 8.
  MESSAGE mess TYPE 'I'.
ENDIF.
```

39.2.5.2 Konvertierungsfehler unterdrücken

`... IGNORING CONVERSION ERRORS`

Durch diesen Zusatz wird eine durch die Klasse CX_SY_CONVERSION_CODEPAGE definierte behandelbare Ausnahme unterdrückt. Diese Ausnahme kann während des Lesens oder Schreibens ausgelöst werden, falls dabei eine Konvertierung zwischen Codepages stattfindet und ein Zeichen nicht in die Ziel-Codepage konvertiert werden kann.

Dieser Zusatz ist beim Öffnen von Textdateien, Legacy-Textdateien oder Legacy-Binärdateien, aber nicht beim Öffnen von Binärdateien möglich.

Hinweise

- Jedes unkonvertierbare Zeichen wird bei der Konvertierung entweder durch das Zeichen "#" oder das mit dem Zusatz REPLACEMENT CHARACTER definierte Zeichen ersetzt. Der Zusatz IGNORING CONVERSION ERRORS steuert, ob man durch eine Ausnahme darauf aufmerksam gemacht werden soll oder nicht.
- Diese Einstellung kann in einer geöffneten Datei mit der Anweisung SET DATASET geändert werden.

39.2.5.3 Ersatzzeichen definieren

`... REPLACEMENT CHARACTER rc`

Wenn beim Lesen oder Schreiben von Daten eine Konvertierung zwischen Codepages stattfindet, wird jedes Zeichen, das nicht in die Ziel-Codepage konvertiert werden kann, durch das in rc angegebene Zeichen ersetzt. Für rc wird ein zeichenartiges Datenobjekt erwartet, das ein einziges Zeichen enthält. Falls der Zusatz nicht angegeben ist, wird das Zeichen "#" als Ersatzzeichen verwendet.

Dieser Zusatz ist beim Öffnen von Textdateien, Legacy-Textdateien oder Legacy-Binärdateien, aber nicht beim Öffnen von Binärdateien möglich.

Hinweise

- Wenn beim Schreiben oder Lesen mindestens ein Zeichen durch ein Ersatzzeichen ersetzt wurde, wird nach der Konvertierung die durch die Klasse CX_SY_CONVERSION_CODEPAGE definierte Ausnahme ausgelöst, falls sie nicht durch den Zusatz IGNORING CONVERSION ERRORS unterdrückt wird.
- Das Ersatzzeichen einer geöffneten Datei kann mit der Anweisung SET DATASET verändert werden (siehe Abschnitt 39.6).

39.2.6 Behandelbare Ausnahmen

Die folgenden Ausnahmeklassen definieren die behandelbaren Ausnahmen, die bei OPEN DATASET auftreten können:

- CX_SY_FILE_OPEN (Datei ist in einem Unicode-Programm bereits geöffnet)
- CX_SY_CODEPAGE_CONVERTER_INIT (gewünschte Konvertierung nicht unterstützt)
- CX_SY_CONVERSION_CODEPAGE (interner Fehler in der Konvertierung)
- CX_SY_FILE_AUTHORITY (keine Berechtigung für Zugriff auf eine Datei)
- CX_SY_PIPES_NOT_SUPPORTED (Betriebssystem unterstützt keine Pipes)
- CX_SY_TOO_MANY_FILES (maximale Zahl an offenen Dateien überschritten)

39.3 Datei schreiben

TRANSFER

Syntax
```
TRANSFER dobj TO dset [LENGTH len]
                     [NO END OF LINE].
```

Diese Anweisung überträgt den Inhalt des Datenobjekts dobj in die in dset angegebene Datei. Für dobj können Datenobjekte mit elementaren Datentypen und flache Strukturen angegeben werden. In Unicode-Programmen muss dobj zeichenartig sein, wenn die Datei als Textdatei geöffnet wurde (in Legacy-Textdateien gilt diese Einschränkung nicht).

Für dset wird ein zeichenartiges Datenobjekt erwartet, das den plattformspezifischen Namen der Datei enthält. Der Inhalt wird ab dem aktuellen Dateizeiger in die Datei geschrieben. Nach der Übertragung steht der Dateizeiger hinter den eingefügten Daten. Mit dem Zusatz LENGTH kann die Anzahl der übertragenen Zeichen oder Bytes eingeschränkt werden.

In einem Unicode-Programm muss die Datei zum Schreiben, Anfügen oder Ändern geöffnet sein, ansonsten kommt es zu einer behandelbaren Ausnahme. Wenn die Datei in einem Nicht-Unicode-Programm noch nicht geöffnet wurde, wird sie implizit mit der Anweisung OPEN DATASET dset FOR OUTPUT IN BINARY MODE als Binärdatei zum Schreiben geöffnet. Wenn auf eine ungültige Datei zugegriffen wird, kommt es zu einer behandelbaren Ausnahme.

Die in der Anweisung OPEN DATASET definierte Zugriffsart wirkt sich wie folgt auf die Übertragung aus:

- In Unicode-Programmen kann in eine mit FOR INPUT zum Lesen geöffnete Datei nicht geschrieben werden. In Nicht-Unicode-Programmen schreibt TRANSFER in eine mit FOR INPUT zum Lesen geöffnete Datei genau wie in eine mit FOR UPDATE zum Ändern geöffnete Datei.
- In eine mit FOR OUTPUT zum Schreiben geöffnete Datei wird ab dem aktuellen Dateizeiger in die Datei geschrieben. Wenn der Dateizeiger hinter dem aktuellen Dateianfang positio-

niert ist, wird die Datei zuvor vom Dateianfang bis zum Dateizeiger mit hexadezimal 0 gefüllt.

- In eine mit FOR APPENDING zum Anfügen geöffnete Datei wird ab dem aktuellen Dateizeiger, der immer gleichbedeutend mit dem Dateiende ist, in die Datei geschrieben.
- In eine mit FOR UPDATE zum Ändern geöffnete Datei wird ab dem aktuellen Dateizeiger in die Datei geschrieben. Wenn der Dateizeiger hinter dem Dateiende positioniert ist, wird die Datei zuvor zwischen Dateiende und Zeigerposition mit hexadezimal 0 gefüllt.

Die Übertragung erfolgt abhängig davon, in welcher Ablageart die Datei mit der Anweisung OPEN DATASET geöffnet wurde. Falls die spezifizierte Ablageart eine Konvertierung erforderlich macht, wird diese vor dem Schreiben durchgeführt.

Falls die Datei als Textdatei oder als Legacy-Textdatei geöffnet wurde, werden bei allen Datenobjekten außer solchen vom Datentyp string die schließenden Leerzeichen entfernt. Dann wird standardmäßig an den verbleibenden Inhalt des Datenobjekts bzw. an das Ergebnis der Konvertierung die beim Öffnen der Datei festgelegte Zeilenende-Markierung angefügt und das Resultat byteweise in die Datei geschrieben. Das Anhängen der Zeilenende-Markierung kann mit dem Zusatz NO END OF LINE verhindert werden.

Falls sie als Binärdatei oder als Legacy-Binärdatei geöffnet wurde, wird der Inhalt des Datenobjekts bzw. des Resultats der Konvertierung byteweise in die Datei geschrieben.

Hinweise

- Wenn Teile einer Datei überschrieben werden sollen, muss eine Datei in Unicode-Programmen zum Ändern geöffnet werden. In Nicht-Unicode-Programmen können zwar auch noch zum Lesen geöffnete Dateien überschrieben werden, was aber nicht mehr empfohlen wird.
- In Textdateien sollten ausschließlich zeichenartige und in Binärdateien sollten ausschließlich byteartige Datenobjekte geschrieben werden. Um numerische Datenobjekte oder gemischte Strukturen zu speichern, empfiehlt es sich, sie mit dem CASTING-Zusatz der Anweisung ASSIGN zeichen- oder byteartig typisierten Feldsymbolen zuzuweisen und diese zu speichern.

39.3.1 Länge angeben

```
... LENGTH len
```

Dieser Zusatz bestimmt, wie viele Zeichen oder wie viele Bytes des Datenobjekts dobj in die Datei geschrieben werden. Für len wird ein Datenobjekt vom Typ i erwartet, das die Anzahl der Zeichen bzw. Bytes enthält. Bei Textdateien bestimmt der Inhalt von len, wie viele Zeichen aus dem Speicher gelesen werden. Bei Binär-, Legacy-Text- und Legacy-Binärdateien bestimmt len, wie viele Bytes in die Datei geschrieben werden. Es werden die ersten len Zeichen bzw. Bytes übertragen, wobei Ausrichtungslücken in Strukturen mitgezählt werden. Falls der Zusatz LENGTH nicht angegeben ist, werden alle Zeichen bzw. Bytes übertragen.

Falls der Wert von len kleiner gleich 0 ist, werden keine Zeichen bzw. Bytes übertragen. Wenn die Datei als (Legacy-)Textdatei geöffnet ist, wird standardmäßig aber eine Zeilenende-

Markierung in die Datei eingefügt. Falls der Wert von `len` größer als die Anzahl der Zeichen bzw. Bytes in `dobj` ist, werden anstelle der fehlenden Zeichen bzw. Bytes Leerzeichen bzw. hexadezimal 0 in die Datei übertragen, je nachdem, ob die Datei als (Legacy-)Textdatei oder (Legacy-)Binärdatei geöffnet wurde.

39.3.2 Zeilenende-Markierung definieren

```
... NO END OF LINE
```

Dieser Zusatz bewirkt, dass bei einer Textdatei oder Legacy-Textdatei keine Zeilenende-Markierung an die übertragenen Daten angefügt wird.

Beispiel
Die Daten der Datenbanktabelle SPFLI werden binär in eine Binärdatei `flights.dat` übertragen. Die Struktur der übertragenen Tabellenzeilen enthält sowohl zeichenartige als auch numerische Felder. Da gemischte Strukturen nicht typgerecht in Dateien abgespeichert werden können, wird mithilfe eines typisierten Feldsymbols `<hex_container>` direkt auf den binären Inhalt der Struktur zugegriffen. Man könnte die Struktur `wa` mit gleichem Resultat zwar auch direkt übertragen, die Verwendung des Feldsymbols ist aber die empfohlene Vorgehensweise, da dadurch explizit ein binärer Datentyp in eine binäre Datei übertragen wird. Diese Art der Ablage wird nur für das kurzzeitige Speichern innerhalb des gleichen Systems empfohlen, da der byteartige Inhalt von der Byte-Reihenfolge und der aktuellen System-Codepage abhängt. Für längerfristige Ablagen oder den Austausch zwischen Systemen sollten die Daten in zeichenartige Container konvertiert und als Textdatei abgelegt werden.

```abap
DATA: file TYPE string VALUE `flights.dat`,
      wa   TYPE spfli.
FIELD-SYMBOLS <hex_container> TYPE x.
OPEN DATASET file FOR OUTPUT IN BINARY MODE.
SELECT *
       FROM spfli
       INTO wa.
  ASSIGN wa TO <hex_container> CASTING.
  TRANSFER <hex_container> TO file.
ENDSELECT.
CLOSE DATASET file.
```

39.3.3 Behandelbare Ausnahmen

Die folgenden Ausnahmeklassen definieren die behandelbaren Ausnahmen, die bei TRANSFER auftreten können:

- CX_SY_CODEPAGE_CONVERTER_INIT (gewünschte Konvertierung nicht unterstützt)
- CX_SY_CONVERSION_CODEPAGE (Konvertierung ist nicht möglich)
- CX_SY_FILE_AUTHORITY (keine Berechtigung für Zugriff auf die Datei)
- CX_SY_FILE_IO (Beim Schreiben in die Datei trat ein Fehler auf)
- CX_SY_FILE_OPEN (Datei konnte nicht geöffnet werden)

- CX_SY_FILE_OPEN_MODE (Datei wurde in einem Unicode-Programm nur zum Lesen geöffnet)
- CX_SY_PIPE_REOPEN (Datei wurde mit dem Zusatz `FILTER` geöffnet, und seit dem Öffnen fand ein Wechsel des Workprozesses statt)
- CX_SY_TOO_MANY_FILES (Maximalzahl an offenen Dateien überschritten)

39.4 Datei lesen

READ DATASET

Syntax
```
READ DATASET dset INTO dobj [MAXIMUM LENGTH mlen]
                            [[ACTUAL] LENGTH alen].
```

Diese Anweisung überträgt Daten aus der in `dset` angegebenen Datei in das Datenobjekt `dobj`. Für `dobj` können Variablen mit elementaren Datentypen und flache Strukturen angegeben werden. In Unicode-Programmen muss `dobj` zeichenartig sein, wenn die Datei als Textdatei geöffnet wurde.

Für `dset` wird ein zeichenartiges Datenobjekt erwartet, das den plattformspezifischen Namen der Datei enthält. Der Inhalt wird ab dem aktuellen Dateizeiger aus der Datei gelesen. Nach der Übertragung steht der Dateizeiger hinter dem gelesenen Abschnitt. Mit dem Zusatz `MAXIMUM LENGTH` kann die Anzahl der aus der Datei zu lesenden Zeichen oder Bytes eingeschränkt und mit `ACTUAL LENGTH` die Anzahl der tatsächlich gelesenen festgestellt werden.

In einem Unicode-Programm muss die Datei in einer beliebigen Zugriffsart geöffnet sein, ansonsten kommt es zu einer behandelbaren Ausnahme.

Wenn die Datei in einem Nicht-Unicode-Programm noch nicht geöffnet wurde, wird sie implizit mit der Anweisung `OPEN DATASET dset FOR INPUT IN BINARY MODE` als Binärdatei zum Lesen geöffnet. Wenn auf eine nicht vorhandene Datei zugegriffen wird, kommt es zu einer behandelbaren Ausnahme.

Dateien können unabhängig von der Zugriffsart gelesen werden. Ob Daten gelesen werden können, hängt lediglich von der Position des Dateizeigers ab. Wenn dieser am Dateiende oder hinter der Datei steht, können keine Daten gelesen werden, und `sy-subrc` wird auf 4 gesetzt. Das Einlesen erfolgt abhängig davon, in welcher Ablageart die Datei mit der Anweisung `OPEN DATASET` geöffnet wurde:

- Falls sie als Textdatei oder als Legacy-Textdatei geöffnet wurde, werden die Daten standardmäßig von der aktuellen Position des Dateizeigers bis zur nächsten Zeilenende-Markierung gelesen, und der Dateizeiger wird hinter der Zeilenende-Markierung positioniert. Wenn das Datenobjekt `dobj` zu kurz für die Anzahl der ausgelesenen Zeichen ist, werden überzählige Zeichen bzw. Bytes abgeschnitten. Falls es länger ist, wird es rechts mit Leerzeichen aufgefüllt.

39.4 Datei lesen

▶ Wenn die Datei als Binärdatei oder als Legacy-Binärdatei geöffnet wurde, werden standardmäßig so viele Daten gelesen, wie in das Datenobjekt `dobj` passen. Wenn das Datenobjekt `dobj` länger als die Anzahl der ausgelesenen Zeichen ist, wird es rechts mit hexadezimal 0 aufgefüllt.

Falls die spezifizierte Ablageart eine Konvertierung erforderlich macht, wird diese vor der Zuweisung an das Datenobjekt `dobj` durchgeführt. Danach werden die gelesenen Daten byteweise in das Datenobjekt gestellt.

Systemfelder

sy-subrc	Bedeutung
0	Daten wurden gelesen, ohne das Dateiende zu erreichen.
4	Daten wurden gelesen, und das Dateiende wurde erreicht, oder es wurde versucht, hinter dem Dateiende zu lesen.

Hinweis

Die Daten aus Textdateien sollten ausschließlich in zeichenartige und Daten aus Binärdateien ausschließlich in byteartige Datenobjekte gelesen werden. Um eingelesene Daten als numerische Datenobjekte oder gemischte Strukturen auszuwerten, empfiehlt es sich, sie in binäre Container auszulesen und diese mit dem CASTING-Zusatz der Anweisung ASSIGN entsprechend typisierten Feldsymbolen zuzuweisen. Wenn beim Einlesen solcher Daten die Datei als (Legacy-)Textdatei geöffnet wird, besteht die Gefahr, dass in der binären Darstellung einer Zahl eine Zeilenende-Markierung enthalten ist und die Zahl deshalb nicht gelesen werden kann.

Beispiel

Einlesen der im Beispiel von der TRANSFER-Anweisung geschriebenen Binärdatei `flights.dat`. Die Daten werden binär in ein byteartig typisiertes Feldsymbol `<hex_container>` geschrieben. Durch die Zuweisung des strukturierten Datenbereichs `wa` an das Feldsymbol übernimmt dieses die Länge des Datenbereichs, und es werden in jedem Schleifendurchlauf entsprechend viele Bytes eingelesen. Man könnte zwar mit gleichem Resultat auch direkt in die Struktur `wa` einlesen, die Verwendung des Feldsymbols ist aber die empfohlene Vorgehensweise, weil dadurch explizit Daten einer binären Datei in einen binären Datentyp übertragen werden.

```
DATA: file TYPE string VALUE `flights.dat`,
      wa   TYPE spfli.
FIELD-SYMBOLS <hex_container> TYPE x.
OPEN DATASET file FOR INPUT IN BINARY MODE.
ASSIGN wa TO <hex_container> CASTING.
DO.
  READ DATASET file INTO <hex_container>.
  IF sy-subrc = 0.
    WRITE: / wa-carrid,
             wa-connid,
             wa-countryfr,
             wa-cityfrom,
             wa-cityto,
```

```
                wa-fltime,
                wa-distance.
    ELSE.
      EXIT.
    ENDIF.
ENDDO.
CLOSE DATASET file.
```

39.4.1 Maximale Länge angeben

`... MAXIMUM LENGTH mlen`

Dieser Zusatz bestimmt, wie viele Zeichen oder wie viele Bytes maximal aus der Datei gelesen werden. Für `mlen` wird ein Datenobjekt vom Typ `i` erwartet, das die Anzahl der Zeichen bzw. Bytes enthält. Bei Textdateien bestimmt der Inhalt von `mlen`, wie viele Zeichen aus der Datei gelesen werden. Bei Binär-, Legacy-Text- und Legacy-Binärdateien bestimmt `mlen`, wie viele Bytes aus der Datei gelesen werden.

Es werden die ersten `mlen` Zeichen bzw. Bytes ab der aktuellen Position des Dateizeigers gelesen, und der Dateizeiger wird hinter den gelesenen Daten positioniert. Wenn die Datei als (Legacy-)Textdatei geöffnet ist und innerhalb der angegebenen Länge eine Zeilenende-Markierung auftritt, wird nur bis zu dieser Position gelesen und der Dateizeiger hinter der Zeilenende-Markierung positioniert. Falls der Wert von `mlen` gleich 0 ist, werden keine Daten gelesen. Falls der Wert von `mlen` negativ ist, wird der Zusatz ignoriert.

Hinweis
Bei Textdateien hängt die Anzahl der gelesenen Bytes von der beim Öffnen der Datei mit `ENCODING` angegebenen Zeichendarstellung ab.

Beispiel
Dieser Programmabschnitt hat die gleiche Funktionalität wie das vorangegangene Beispiel. Hier wird aber nicht in ein byteartiges Feldsymbol, sondern in ein byteartiges Datenobjekt `hex_container` gelesen. Die Anzahl der einzulesenden Bytes wird aus dem typisierten Feldsymbol `<spfli>` bestimmt. Über dieses wird in jedem Schleifendurchgang komponentenweise auf die eingelesenen Daten zugegriffen.

```
DATA: file            TYPE string VALUE `flights.dat`,
      hex_container   TYPE x LENGTH 1000,
      len             TYPE i.
FIELD-SYMBOLS <spfli> TYPE spfli.
DESCRIBE FIELD <spfli> LENGTH len IN BYTE MODE.
OPEN DATASET file FOR INPUT IN BINARY MODE.
ASSIGN hex_container TO <spfli> CASTING.
DO.
  READ DATASET file INTO hex_container MAXIMUM LENGTH len.
  IF sy-subrc = 0.
    WRITE: / <spfli>-carrid,
             <spfli>-connid,
```

```
                <spfli>-countryfr,
                <spfli>-cityfrom,
                <spfli>-cityto,
                <spfli>-fltime,
                <spfli>-distance.
    ELSE.
      EXIT.
    ENDIF.
ENDDO.
CLOSE DATASET file.
```

39.4.2 Gelesene Länge feststellen

```
... [ACTUAL] LENGTH alen
```

Dieser Zusatz weist dem Datenobjekt alen die Anzahl der aus der Datei gelesenen Zeichen oder Bytes zu. Für alen wird eine Variable vom Typ i erwartet. Bei Textdateien wird festgestellt, wie viele Zeichen in den Speicher geschrieben wurden. Bei Binär-, Legacy-Text- und Legacy-Binärdateien wird festgestellt, wie viele Bytes aus der Datei gelesen wurden.

Hinweis

Der optionale Zusatz ACTUAL wurde eingeführt, um den Zusatz LENGTH besser vom Zusatz MAXIMUM LENGTH unterscheiden zu können. Deshalb sollte der Zusatz ACTUAL immer verwendet werden.

39.4.3 Behandelbare Ausnahmen

Die folgenden Ausnahmeklassen definieren die behandelbaren Ausnahmen, die bei READ DATASET auftreten können:

- CX_SY_CODEPAGE_CONVERTER_INIT (gewünschte Konvertierung nicht unterstützt)
- CX_SY_CONVERSION_CODEPAGE (Konvertierung nicht möglich)
- CX_SY_FILE_AUTHORITY (keine Berechtigung für Zugriff auf die Datei)
- CX_SY_FILE_IO (Beim Lesen in die Datei trat ein Fehler auf)
- CX_SY_FILE_OPEN (Datei konnte nicht geöffnet werden)
- CX_SY_PIPE_REOPEN (Datei wurde mit dem Zusatz FILTER geöffnet, und seit dem Öffnen fand ein Wechsel des Workprozesses statt)

39.5 Dateieigenschaften bestimmen

```
GET DATASET
```

Syntax

```
GET DATASET dset [POSITION pos] [ATTRIBUTES attr].
```

Diese Anweisung stellt mit dem Zusatz POSITION die aktuelle Position des Dateizeigers in der in dset angegebenen Datei fest und beschafft mit dem Zusatz ATTRIBUTES weitere Eigenschaften der Datei. Für dset wird ein zeichenartiges Datenobjekt erwartet, das den plattformspezifischen Namen der Datei enthält. Die Datei muss geöffnet sein, ansonsten kommt es zu einer behandelbaren Ausnahme.

Hinweise
- Falls keine Zusätze angegeben sind, kann die Anweisung dazu verwendet werden, um mithilfe einer TRY-Kontrollstruktur festzustellen, ob die Datei geöffnet ist oder nicht.
- Die statischen Methoden der Systemklasse CL_ABAP_FILE_UTILITIES liefern ebenfalls Informationen über Dateien auf dem Applikationsserver.

39.5.1 Position bestimmen

```
... POSITION pos
```

Dieser Zusatz weist dem Datenobjekt pos die aktuelle Position des Dateizeigers zu. Für pos wird eine numerische Variable erwartet. Die Positionierung wird in Bytes angegeben, wobei der Dateianfang gleichbedeutend mit der Position 0 ist.

Der Zusatz POSITION kann nicht für Dateien angegeben werden, die mit dem Zusatz FILTER der Anweisung OPEN DATASET geöffnet wurden, ansonsten kommt es zu einer behandelbaren Ausnahme.

Hinweis
Bei Dateigrößen über 2 GB ist ein Datenobjekt pos vom Datentyp i nicht zur Aufnahme aller möglichen Positionen des Dateizeigers ausreichend.

Beispiel
Nach dem Speichern des ersten Literals wird die Position des Dateizeigers der Variablen pos zugewiesen und diese zur Positionierung des Dateizeigers vor dem Lesezugriff verwendet.

```abap
DATA: file TYPE string VALUE 'test.dat',
      pos  TYPE i,
      text TYPE string.
OPEN DATASET file FOR OUTPUT IN TEXT MODE
                  ENCODING DEFAULT
                  WITH SMART LINEFEED.
TRANSFER '1234567890' TO file.
GET DATASET file POSITION pos.
TRANSFER 'ABCDEFGHIJ' TO file.
CLOSE DATASET file.
OPEN DATASET file FOR INPUT IN TEXT MODE
                  ENCODING DEFAULT
                  WITH SMART LINEFEED
                  AT POSITION pos.
READ DATASET file INTO text.
CLOSE DATASET file.
```

39.5.2 Eigenschaften auslesen

... ATTRIBUTES attr

Dieser Zusatz stellt die Eigenschaften, mit denen die Datei mit der Anweisung OPEN DATASET geöffnet wurde, in das Datenobjekt attr. Der Datentyp von attr muss dset_attributes sein, der in der Typgruppe DSET wie folgt definiert ist:

dset_attributes ist ein strukturierter Typ mit zwei Unterstrukturen fixed und changeable. Die Komponenten der Unterstruktur fixed nehmen Eigenschaften der Datei auf, die mit der Anweisung SET DATASET nicht geändert werden können (siehe Tabelle 39.2). Die Komponenten der Unterstruktur changeable nehmen Eigenschaften der Datei auf, die mit der Anweisung SET DATASET geändert werden können (siehe Tabelle 39.3). Für einige der änderbaren Komponenten sind in der Typgruppe DSET Konstanten als Vergleichswerte definiert.

Komponente	Bedeutung
indicator	Struktur, deren Komponenten mode, access_type, encoding, filter und linefeed in attr den Wert "X" enthalten, wenn die gleichnamigen Komponenten der Struktur fixed für die aktuelle Datei signifikant sind.
mode	Ablageart. Mögliche Werte in attr sind "T", "LT", "B" oder "LB" für Textdateien, Legacy-Textdateien, Binärdateien oder Legacy-Binärdateien. Der zugehörige Zusatz der Anweisung OPEN DATASET ist IN mode.
access_type	Zugriffsart. Mögliche Werte in attr sind "I", "O", "A" oder "U" für Dateien, die zum Lesen, Schreiben, Anfügen oder Ändern geöffnet wurden. Der zugehörige Zusatz der Anweisung OPEN DATASET ist FOR access.
encoding	Zeichendarstellung. Mögliche Werte in attr sind "NON-UNICODE" und "UTF-8". Der zugehörige Zusatz der Anweisung OPEN DATASET ist ENCODING { DEFAULT	UTF-8	NON-UNICODE }.
filter	Enthält in attr das Filterkommando, falls die Datei mit dem FILTER-Zusatz der Anweisung OPEN DATASET geöffnet wurde.
linefeed	Enthält bei einer Textdatei oder Legacy-Textdatei die Zeilenende-Markierung, die beim Zugriff verwendet wird.

Tabelle 39.2 dset_attributes-fixed

Komponente	Bedeutung
indicator	Struktur, deren Komponenten repl_char, conv_errors, code_page, endian und linefeed_mode in attr den Wert "X" enthalten, wenn die gleichnamigen Komponenten der Struktur changeable für die aktuelle Datei signifikant sind.
repl_char	Enthält in attr nach dem Öffnen der Datei das mit dem Zusatz REPLACEMENT CHARACTER der Anweisung OPEN DATASET angegebene Ersatzzeichen.
conv_errors	Enthält in attr nach dem Öffnen der Datei den Wert "I", falls sie mit dem Zusatz IGNORING CONVERSION ERRORS der Anweisung OPEN DATASET geöffnet wurde, ansonsten "R".

Tabelle 39.3 dset_attributes-changeable

Komponente	Bedeutung
code_page	Enthält in `attr` nach dem Öffnen der Datei die mit dem Zusatz CODE PAGE der Anweisung OPEN DATASET angegebene Codepage. Falls der Zusatz nicht verwendet wird, ist der Inhalt in `attr` initial.
endian	Enthält in `attr` nach dem Öffnen der Datei "B", wenn der Zusatz BIG ENDIAN, und "L", wenn der Zusatz LITTLE ENDIAN der Anweisung OPEN DATASET verwendet wurde. Falls der Zusatz nicht verwendet wird, ist der Inhalt in `attr` initial.
linefeed_mode	Enthält in `attr` nach dem Öffnen der Datei einen der Werte "N", "S", "U" oder "W", wenn der entsprechende Zusatz WITH NATIVE|SMART|UNIX|WINDOWS LINEFEED der Anweisung OPEN DATASET verwendet wurde. Falls keiner der Zusätze verwendet wird, ist der Inhalt in `attr` initial.

Tabelle 39.3 dset_attributes-changeable (Forts.)

Hinweis

Die feststellbaren Eigenschaften geben nicht die Eigenschaften der Datei im Betriebssystem wieder, sondern die Eigenschaften, mit denen die Datei in ABAP geöffnet ist und nach denen sie in ABAP behandelt wird.

Beispiel

Es wird zunächst überprüft, ob die Datei `test.dat` mit dem Zusatz FILTER geöffnet wurde. Nur wenn dies nicht der Fall ist, wird mit GET DATASET die aktuelle Dateiposition bestimmt.

```
DATA: dset TYPE string VALUE 'test.dat',
      attr TYPE dset_attributes,
      pos  TYPE i.
OPEN DATASET dset FOR INPUT IN BINARY MODE
                  FILTER 'uncompress'.
...
GET DATASET dset ATTRIBUTES attr.
IF attr-fixed-indicator-filter <> 'X'.
  GET DATASET dset POSITION pos.
ELSE.
  ...
ENDIF.
CLOSE DATASET dset.
```

39.5.3 Behandelbare Ausnahmen

Die Ausnahmeklassen CX_SY_CONVERSION_OVERFLOW (Wertebereich der Variablen `pos` zu klein), CX_SY_FILE_OPEN_MODE (Datei ist nicht geöffnet) und CX_SY_FILE_POSITION (Datei konnte nicht gelesen werden, weil ein fehlerhafter Zustand vorliegt oder die Art der Datei keine Positionsangabe erlaubt) definieren die behandelbaren Ausnahemen, die bei GET DATASET auftreten können.

39.6 Dateieigenschaften ändern

SET DATASET

Syntax
```
SET DATASET dset [POSITION {pos|{END OF FILE}}]
                 [ATTRIBUTES attr].
```

Diese Anweisung legt mit dem Zusatz POSITION die Position des Dateizeigers in der in dset angegebenen Datei fest und setzt mit dem Zusatz ATTRIBUTES weitere Eigenschaften der Datei. Es muss mindestens einer der beiden Zusätze angegeben werden. Für dset wird ein zeichenartiges Datenobjekt erwartet, das den plattformspezifischen Namen der Datei enthält. Die Datei muss geöffnet sein, ansonsten kommt es zu einer behandelbaren Ausnahme.

39.6.1 Position festlegen

... POSITION {pos|{END OF FILE}}

Dieser Zusatz setzt den Dateizeiger in der Datei entweder auf die in pos angegebene Position oder an das Dateiende. Für pos wird ein numerisches Datenobjekt erwartet. Die Positionierung wird in Bytes angegeben, wobei der Dateianfang gleichbedeutend mit der Position 0 ist. Wenn der Wert von pos −1 ist, wird der Dateizeiger an das Dateiende gesetzt. Andere negative Werte sind nicht erlaubt. Folgende Randfälle sind zu unterscheiden:

- Wenn die Datei zum Lesen geöffnet ist und der Wert von pos größer als die Länge der Datei ist, wird der Dateizeiger außerhalb der Datei positioniert. Solange die Positionierung nicht geändert wird, können keine Daten gelesen werden. Wenn danach in einem Nicht-Unicode-Programm in die Datei geschrieben wird, wird sie zuvor vom Dateiende bis zur angegebenen Position mit hexadezimal 0 gefüllt.

- Wenn die Datei zum Schreiben geöffnet und der Wert von pos größer als die Länge der Datei ist, wird die Datei beim nächsten Schreiben in die Datei zuvor vom Dateiende bis zur angegebenen Position mit hexadezimal 0 gefüllt.

- Wenn die Datei zum Anfügen geöffnet ist, wird die Positionsangabe ignoriert, und der Dateizeiger bleibt am Dateiende positioniert.

- Wenn die Datei zum Ändern geöffnet ist und der Wert von pos größer als die Länge der Datei ist, wird die Datei beim nächsten Schreiben in die Datei zuvor vom Dateiende bis zur angegebenen Position mit hexadezimal 0 gefüllt.

Der Zusatz POSITION kann nicht für Dateien angegeben werden, die mit dem Zusatz FILTER der Anweisung OPEN DATASET geöffnet wurden, ansonsten kommt es zu einer behandelbaren Ausnahme.

Hinweise

- Bei Dateigrößen über 2 GB ist ein Datenobjekt pos vom Datentyp i nicht zur Angabe aller möglichen Positionen des Dateizeigers ausreichend.

- Freie Positionsangaben sind eher für Binärdateien und weniger für Textdateien geeignet. Bei Textdateien hängen Positionen von der Zeichendarstellung, Zeilenende-Markierungen und einer eventuellen Byte-Order Mark (BOM) in UTF-8-Dateien ab. Deshalb sollte man in Textdateien nur auf genau bekannte Positionen, die man sich z. B. mit GET DATASET besorgt hat, positionieren.

Beispiel

Während des Schreibens wird die Datei vom Dateianfang bis zur ersten Zeilenende-Markierung gelesen und danach ab Dateiende weiterbeschrieben. Ohne das explizite Setzen des Dateizeigers nach dem Lesen würden die letzten TRANSFER-Anweisungen die Datei ab der ersten Zeilenende-Markierung überschreiben.

```
DATA: file TYPE string VALUE 'test1.dat',
      pos  TYPE i,
      text TYPE string.
OPEN DATASET file FOR OUTPUT IN TEXT MODE
                              ENCODING DEFAULT
                              WITH SMART LINEFEED.
TRANSFER: 'Line1' TO file,
          'Line2' TO file,
          'Line3' TO file.
SET DATASET file POSITION 0.
READ DATASET file INTO text.
SET DATASET file POSITION END OF FILE.
TRANSFER: 'Line4' TO file,
          'Line5' TO file,
          'Line6' TO file.
CLOSE DATASET file.
```

39.6.2 Eigenschaften ändern

```
... ATTRIBUTES attr
```

Mit diesem Zusatz können einige Eigenschaften, die beim Öffnen der Datei mit der Anweisung OPEN DATASET festgelegt wurden, geändert werden. Für attr muss ein Datenobjekt vom Datentyp dset_changeable_attributes aus der Typgruppe DSET angegeben werden (siehe Tabelle 39.4). Die Struktur dset_changeable_attributes entspricht der Unterstruktur changeable der Struktur dset_attributes (siehe Tabelle 39.3). Datenobjekte der Struktur dset_attributes können mit der Anweisung GET DATASET gefüllt werden. Für einige der Komponenten sind die möglichen Eingabewerte in der Typgruppe DSET als Konstanten definiert.

Komponente	Bedeutung
indicator	Struktur mit den Komponenten repl_char, conv_errors, code_page, endian und linefeed_mode. Wenn diese Komponenten in attr den Wert "X" enthalten, werden die Werte in den gleichnamigen Komponenten der Struktur dset_changeable_attributes bei der Änderung verwendet.

Tabelle 39.4 dset_changeable_attributes

Komponente	Bedeutung
repl_char	In dieser Komponente von attr kann ein einstelliges zeichenartiges Ersatzzeichen angegeben werden, um das beim Öffnen der Datei mit dem Zusatz REPLACEMENT CHARACTER der Anweisung OPEN DATASET angegebene Ersatzzeichen zu überschreiben.
conv_errors	In dieser Komponente von attr kann der Wert "I" oder "R" angegeben werden, um die beim Öffnen der Datei mit dem Zusatz IGNORING CONVERSION ERRORS gemachte Einstellung zu überschreiben. Der Wert "I" unterdrückt die Ausnahmen, mit "R" werden sie ausgelöst.
code_page	In dieser Komponente von attr kann eine Codepage aus der Spalte CPCODEPAGE der Datenbanktabelle TCP00 angegeben werden, um die beim Öffnen der Datei mit dem Zusatz CODE PAGE der Anweisung OPEN DATASET angegebene Codepage zu überschreiben.
endian	In dieser Komponente von attr kann der Wert "B" oder "L" angegeben werden, um die beim Öffnen der Datei mit den Zusätzen { BIG	LITTLE } ENDIAN der Anweisung OPEN DATASET gemachte Einstellung zu überschreiben. Der Wert "B" setzt die Byte-Reihenfolge auf Big Endian, der Wert "L" setzt sie auf Little Endian.
linefeed_mode	In dieser Komponente von attr kann einer der Werte Wert "N", "S", "U" oder "W" angegeben werden, um die beim Öffnen der Datei mit dem Zusatz WITH NATIVE|SMART|UNIX|WINDOWS LINEFEED der Anweisung OPEN DATASET gemachte Einstellung entsprechend zu überschreiben.

Tabelle 39.4 dset_changeable_attributes (Forts.)

Die in attr angegebenen Werte müssen den Syntaxregeln für die zugehörigen Zusätze der Anweisung OPEN DATASET genügen, ansonsten kommt es zu einer behandelbaren Ausnahme.

Die Komponenten repl_char und conv_errors dürfen nur dann bei der Änderung verwendet werden, wenn die Datei als Textdatei, Legacy-Textdatei oder Legacy-Binärdatei, aber nicht als Binärdatei geöffnet ist.

Die Komponenten code_page und endian dürfen nur dann bei der Änderung verwendet werden, wenn die Datei als Legacy-Textdatei oder Legacy-Binärdatei geöffnet ist.

Die Komponente linefeed_mode darf nur dann bei der Änderung verwendet werden, wenn die Datei als Textdatei oder Legacy-Textdatei geöffnet ist und wenn die Zeilenende-Markierung explizit mit dem Zusatz WITH LINEFEED gesetzt wurde.

Hinweis

Die änderbaren Eigenschaften betreffen nicht die Eigenschaften der Datei im Betriebssystem, sondern die Eigenschaften, mit denen die Datei in ABAP geöffnet ist und nach denen sie in ABAP behandelt wird.

Beispiel

Abhängig von den nicht-änderbaren Eigenschaften der Datei test.dat werden einige ihrer änderbaren Eigenschaften neu gesetzt.

```
DATA: dset TYPE string VALUE 'test.dat',
      attr TYPE dset_attributes.
OPEN DATASET dset FOR INPUT IN LEGACY TEXT MODE
                    WITH NATIVE LINEFEED.
```

```abap
...
GET DATASET dset ATTRIBUTES attr.
IF attr-fixed-mode = 'T' OR
   attr-fixed-mode = 'LT'.
  CLEAR attr-changeable.
  attr-changeable-indicator-conv_errors = 'X'.
  attr-changeable-conv_errors = 'I'.
  attr-changeable-indicator-linefeed_mode = 'X'.
  attr-changeable-linefeed_mode = 'S'.
  IF attr-fixed-mode = 'LT'.
    attr-changeable-indicator-code_page = 'X'.
    attr-changeable-code_page = '1100'.
  ENDIF.
  SET DATASET dset ATTRIBUTES attr-changeable.
ENDIF.
CLOSE DATASET dset.
```

39.6.3 Behandelbare Ausnahmen

Die folgenden Ausnahmeklassen definieren die behandelbaren Ausnahmen, die bei SET DATASET auftreten können:

- CX_SY_CODEPAGE_CONVERTER_INIT (angegebene Codepage ist auf Applikationsserver nicht vorhanden)
- CX_SY_CONVERSION_CODEPAGE (Ersetzungszeichen in Ziel-Codepage nicht darstellbar)
- CX_SY_FILE_OPEN_MODE (Datei ist nicht, nur zum Lesen oder in unpassender Ablageart geöffnet)
- CX_SY_FILE_POSITION (Fehler beim Positionieren in Datei)

39.7 Dateigröße ändern

`TRUNCATE DATASET`

Syntax

`TRUNCATE DATASET dset AT {CURRENT POSITION}|{POSITION pos}.`

Diese Anweisung setzt das Dateiende der in dset angegebenen Datei auf den hinter AT angegebenen Wert und kann dadurch die Größe der Datei ändern. Bei einer Verkürzung wird die Datei hinter dem neuen Dateiende abgeschnitten, bei einer Verlängerung wird die Datei vom vorangegangenen bis zum neuen Dateiende mit hexadezimal 0 aufgefüllt.

Für dset wird ein zeichenartiges Datenobjekt erwartet, das den plattformspezifischen Namen der Datei enthält. Die Datei muss zum Schreiben, Anfügen oder Ändern und ohne den Zusatz FILTER der Anweisung OPEN DATASET geöffnet sein, ansonsten kommt es zu einer behandelbaren Ausnahme.

Mit dem Zusatz CURRENT POSITION wird das Dateiende auf den aktuellen Dateizeiger gesetzt. Mit dem Zusatz POSITION pos wird das Dateiende auf die in pos angegebene Position gesetzt.

Für pos wird ein numerisches Datenobjekt erwartet, dessen Inhalt nicht negativ sein darf. Die Positionierung wird in Bytes angegeben, wobei der Dateianfang gleichbedeutend mit der Position 0 ist.

Die Anweisung setzt sy-subrc immer auf den Wert 0 oder löst eine Ausnahme aus.

Hinweis

Die Anweisung TRUNCATE verändert nicht die Position des aktuellen Dateizeigers. Falls die Datei zum Anfügen geöffnet ist, wird der Dateizeiger erst unmittelbar vor dem nächsten Schreibzugriff auf das Dateiende gesetzt.

Beispiel

Nach der ersten TRUNCATE-Anweisung enthält die Datei den Wert "FF" und nach der zweiten den Wert "FF00".

```
DATA: name TYPE string VALUE `test.dat`,
      hex  TYPE xstring.
hex = 'FFFF'.
OPEN DATASET name FOR OUTPUT IN BINARY MODE.
TRANSFER hex TO name.
SET DATASET name POSITION 0.
READ DATASET name INTO hex.
TRUNCATE DATASET name AT POSITION 1.
SET DATASET name POSITION 0.
READ DATASET name INTO hex.
TRUNCATE DATASET name AT POSITION 2.
SET DATASET name POSITION 0.
READ DATASET name INTO hex.
CLOSE DATASET name.
```

Behandelbare Ausnahmen

Die folgenden Ausnahmeklassen definieren die behandelbaren Ausnahmen, die bei TRUNCATE DATASET auftreten können:

▶ CX_SY_FILE_AUTHORITY (keine Berechtigung für Zugriff auf die Datei)

▶ CX_SY_FILE_OPEN (Datei ist nicht oder nur zum Lesen geöffnet)

▶ CX_SY_FILE_POSITION (ungültige Positionsangabe)

▶ CX_SY_FILE_TRUNCATE (Fehler bei der Größenänderung)

39.8 Datei schließen

CLOSE DATASET

Syntax

CLOSE DATASET dset.

Diese Anweisung schließt die in dset angegebene Datei. Für dset wird ein zeichenartiges Datenobjekt erwartet, das den plattformspezifischen Namen der Datei enthält. Falls die Datei schon geschlossen oder nicht vorhanden ist, wird die Anweisung ignoriert und der Rückgabewert `sy-subrc` auf 0 gesetzt.

Wenn das Betriebssystem Daten puffert, bevor sie in eine Datei geschrieben werden, und noch Daten im Puffer vorhanden sind, werden sie vor dem Schließen in die Datei geschrieben.

Wenn eine Datei ohne den `FILTER`-Zusatz geöffnet wurde, enthält `sy-subrc`, wenn keine Ausnahme auftritt, immer den Wert 0. Wenn eine Datei mit dem `FILTER`-Zusatz geöffnet wurde, enthält `sy-subrc` den vom Betriebssystem gelieferten Rückgabewert des Filterprogramms. In der Regel ist dieser bei erfolgreichem Abschluss der Anweisung 0.

Hinweis
Eine geöffnete Datei, die nicht explizit mit `CLOSE DATASET` geschlossen wird, wird beim Verlassen des ABAP-Programms automatisch geschlossen.

Behandelbare Ausnahmen
Die Ausnahmeklasse CX_SY_FILE_CLOSE (Datei konnte nicht geschlossen werden) definiert die behandelbaren Ausnahmen, die bei `CLOSE DATASET` auftreten können.

39.9 Datei löschen

`DELETE DATASET`

Syntax
`DELETE DATASET dset.`

Diese Anweisung löscht die in `dset` angegebene Datei. Für `dset` wird ein zeichenartiges Datenobjekt erwartet, das den plattformspezifischen Namen der Datei enthält. Die Datei kann geöffnet oder geschlossen sein.

Systemfelder

sy-subrc	Bedeutung
0	Die Datei wurde gelöscht.
4	Die Datei konnte nicht gelöscht werden.

Behandelbare Ausnahmen
Die Ausnahmeklasse CX_SY_FILE_AUTHORITY (keine Berechtigung für Zugriff auf die Datei) definiert die behandelbaren Ausnahmen, die bei `DELETE DATASET` auftreten können.

40 Datenkonsistenz

Bei der Änderung externer Daten durch Anwendungsprogramme muss gewährleistet sein, dass nach den Änderungen wieder ein konsistenter Zustand vorliegt. Dies gilt insbesondere bei der Bearbeitung von Daten auf der Datenbank. Die Zeitspanne, in der ein konsistenter Datenzustand in einen anderen konsistenten Zustand überführt wird, nennt sich LUW (Logical Unit of Work). Während einer LUW ist es im Fehlerfall möglich, sämtliche bis dahin vorgenommenen Änderungen rückgängig zu machen und die Daten im ursprünglichen konsistenten Zustand wiederherzustellen (Rollback). Bei Erreichen eines neuen konsistenten Zustands kann dieser Zustand festgeschrieben und dadurch eine neue LUW geöffnet werden (Commit).

Auf einem AS ABAP spielen zwei Arten von LUWs eine Rolle:

- Datenbank-LUWs, die vom Datenbanksystem realisiert werden
- SAP-LUWs, die durch spezielle ABAP-Programmiertechniken realisiert werden

Entsprechend sind zwei Arten von Sperren von Belang:

- Datenbanksperren, die vom Datenbanksystem realisiert werden
- SAP-Sperren, die durch spezielle ABAP-Programmiertechniken realisiert werden

Schließlich spielen für die Datenkonsistenz auch die Berechtigungen eines Benutzers für den Zugriff auf Daten eine Rolle, für deren Prüfung es eine ABAP-Anweisung gibt.

40.1 Datenbank-LUW

Eine Datenbank-LUW ist eine nicht teilbare Folge von Datenbankoperationen, die mit einem Datenbank-Commit abgeschlossen wird. Die Datenbank-LUW wird vom Datenbanksystem entweder vollständig oder überhaupt nicht ausgeführt. Nach dem erfolgreichen Abschluss einer Datenbank-LUW befindet sich die Datenbank wieder in einem konsistenten Zustand, und es wird eine neue Datenbank-LUW geöffnet. Wird innerhalb einer Datenbank-LUW ein Fehler entdeckt, lassen sich alle seit Beginn der Datenbank-LUW gemachten Datenbankänderungen durch einen Datenbank-Rollback wieder zurücknehmen. Die Datenbank befindet sich anschließend im gleichen Zustand wie vor Beginn der Datenbank-LUW.

Hinweise

- Ein Datenbank-Commit schließt alle geöffneten Datenbank-Cursor. Dies betrifft in Open SQL insbesondere SELECT-Schleifen und die Anweisung OPEN CURSOR.
- Am Ende einer Datenbank-LUW werden alle in ihr erzeugten Leseströme und Lokatoren implizit geschlossen (ab Release 7.02/7.2). Ein noch offener Schreibstrom wird nur bei einem Datenbank-Rollback geschlossen und führt bei einem Datenbank-Commit zu einem Laufzeitfehler.
- Wenn es innerhalb der Verbuchung zu einem Datenbank-Commit oder -Rollback kommt, wird die Verbuchung abgebrochen.

40.1.1 Datenbank-Commit

Datenbank-Commits werden in einem AS ABAP implizit oder explizit ausgelöst.

40.1.1.1 Implizite Datenbank-Commits

Die impliziten Datenbank-Commits eines AS ABAP haben ihre Ursache darin, dass ein AS ABAP über seine Workprozesse an das Datenbanksystem angemeldet ist. Ein Workprozess kann immer nur eine einzige Datenbank-LUW ausführen und nicht in die Datenbank-LUWs anderer Workprozesse eingreifen. Da ein ABAP-Programm während seiner Laufzeit von verschiedenen Workprozessen ausgeführt werden kann, muss bei jeder Aktion, die zu einem Wechsel des Workprozesses führen kann, die Datenbank-LUW des aktuellen Workprozesses abgeschlossen werden. Entsprechend wird in folgenden Situationen implizit ein Datenbank-Commit ausgelöst:

- **Abschluss eines Dialogschritts**
  Das Programm wartet auf eine Benutzeraktion und belegt währenddessen keinen Workprozess. Im nächsten Dialogschritt wird dem Programm der nächste freie Workprozess zugeteilt.

- **Aufruf eines Funktionsbausteins über synchronen oder asynchronen Remote Function Call**
  Der aktuelle Workprozess übergibt die Kontrolle an einen anderen Workprozess oder an ein anderes System. Ausgenommen hiervon ist die Verbuchung. Während der Verbuchung führen sRFC und aRFC zu keinem Workprozesswechsel und zu keinem Datenbank-Commit.

- **Beendigung eines über synchronen Remote Function Call in einem eigenen Workprozess aufgerufenen Funktionsbausteins**
  Dem aufrufenden Programm wird in der Regel ein neuer Workprozess zugeteilt. Wenn ein erneuter sRFC schnell genug erfolgt und es genügend freie Workprozesse gibt, wird der Workprozess für den sRFC zwar weiterverwendet, zu einem impliziten Datenbank-Commit kommt es aber in jedem Fall.

- **Verwendung der Anweisung RECEIVE in einer beim asynchronen RFC angegebenen Callback-Routine**
  Zur Entgegennahme der Daten vom anderen Applikationsserver muss der aktuelle Workprozess vor Ausführung der Callback-Routine unterbrochen werden. Dabei kommt es außer während der Verbuchung zu einem Datenbank-Commit.

- **Ausführung einer HTTP/HTTPS/SMTP-Kommunikation über das Internet Communication Framework**
  Nach jedem Senden einer Antwort in einem ICF-Server-Programm wird ein Datenbank-Commit ausgeführt. Bei einem Aufruf eines Services aus einem ICF-Client-Programm wird ein Datenbank-Commit nur ausgeführt, wenn es wegen einer Überschreitung der maximalen Wartezeit zu einem Wechsel des Workprozesses kommt. Ausgenommen hiervon sind die Verbuchung und die Hintergrundverarbeitung. Das Verhalten ist unabhängig davon, ob die Kommunikation stateless oder stateful ist.

- **Unterbrechung des aktuellen Workprozesses mit der Anweisung WAIT**
  Nach der Unterbrechung wird dem Programm der nächste freie Workprozess zugeteilt.
- **Senden von Fehlermeldungen, Informationsnachrichten und Warnungen**
  Diese Nachrichten unterbrechen den aktuellen Dialogschritt (siehe oben).

40.1.1.2 Explizite Datenbank-Commits

Zum expliziten Auslösen der Datenbank-Commits in ABAP-Programmen gibt es folgende Möglichkeiten:

- Verwendung der entsprechenden datenbankspezifischen Native SQL-Anweisung
- Aufruf des Funktionsbausteins DB_COMMIT. Dieser parameterlose Funktionsbaustein kapselt die entsprechende Native SQL-Anweisung.
- Ausführung der Open SQL-Anweisung COMMIT WORK
- Ausführung der Open SQL-Anweisung COMMIT CONNECTION

40.1.2 Datenbank-Rollback

Datenbank-Rollbacks werden in einem AS ABAP implizit oder explizit ausgelöst.

40.1.2.1 Implizite Datenbank-Rollbacks

In folgenden Ausnahmesituationen wird implizit ein Datenbank-Rollback ausgelöst:

- Auftreten eines Laufzeitfehlers
- Senden einer Abbruchmeldung
- Programmabbruch durch das Senden einer Nachricht

Hinweise

- Eine Abbruchmeldung führt auch dann zu einem Datenbank-Rollback, wenn die Nachricht mit der vordefinierten Ausnahme error_message beim Aufruf eines Funktionsbausteins behandelt wird.
- Abbruch- und Exit-Meldungen führen immer zum Programmabbruch. Andere Nachrichtentypen können in bestimmten Kontexten ebenfalls zum Programmabbruch führen.

40.1.2.2 Explizite Datenbank-Rollbacks

Zum expliziten Auslösen von Datenbank-Rollbacks in ABAP-Programmen gibt es folgende Möglichkeiten:

- Verwendung der entsprechenden datenbankspezifischen Native SQL-Anweisung
- Ausführung der Open SQL-Anweisung ROLLBACK WORK
- Ausführung der Open SQL-Anweisung ROLLBACK CONNECTION

40.1.3 Datenbank-Commits/Rollbacks auf Datenbankverbindung

`COMMIT, ROLLBACK CONNECTION`

Syntax
`COMMIT|ROLLBACK CONNECTION con.`

Dieser `COMMIT`- bzw. `ROLLBACK`-Befehl löst auf der durch `con` angegebenen sekundären Datenbankverbindung einen Datenbank-Commit bzw. -Rollback aus. Dabei ist `con` der Name der Datenbankverbindung, wie er in der Tabelle DBCON in der Spalte CON_NAME angegeben ist. Die Datenbankverbindung `con` kann auch dynamisch in der Form (`source_text`) angegeben werden, wobei das Feld `source_text` den Namen der Datenbankverbindung enthält. Das Feld `source_text` muss vom Typ `c` oder `string` sein.

Der Datenbank-Commit bewirkt auf der angegebenen sekundären Datenbankverbindung:

- das Schließen aller offenen Datenbank-Cursor (`OPEN CURSOR`)
- die Freigabe aller Datenbanksperren

Die Anweisungen `COMMIT CONNECTION` und `ROLLBACK CONNECTION` schließen nicht die aktuelle SAP-LUW ab.

Hinweis
Beachten Sie, dass die Anweisung `COMMIT CONNECTION DEFAULT` anders als `COMMIT WORK` einen reinen Datenbank-Commit auf der `DEFAULT`-Verbindung durchführt.

40.2 SAP-LUW

Da ein Anwendungsprogramm in der Regel durch mehrere Workprozesse hintereinander prozessiert wird und jeder Wechsel des Workprozesses mit einem impliziten Datenbank-Commit verknüpft ist, ist ein Anwendungsprogramm nicht automatisch mit einer einzigen Datenbank-LUW verknüpft. Dies gilt insbesondere für dialogorientierte Anwendungen, bei denen einem Dialogschritt jeweils eine Datenbank-LUW zugeordnet ist.

Um die Datenkonsistenz von Anwendungsprogrammen, die über mehrere Workprozesse verteilt ausgeführt werden, zu gewährleisten, werden in einer SAP-LUW die Änderungsanweisungen nicht direkt ausgeführt, sondern erst registriert und anschließend von einem einzigen Workprozess, d. h. in einer einzigen Datenbank-LUW, ausgeführt. Für die Bündelung der Änderungsanweisungen in einer Datenbank-LUW stehen die folgenden Techniken zur Verfügung:

- **Bündelung über Funktionsbausteine (Verbuchung)**
  Durch die Anweisung `CALL FUNCTION ... IN UPDATE TASK` wird ein Verbuchungsfunktionsbaustein zur späteren Ausführung in einem Verbuchungs-Workprozess (synchrone und asynchrone Verbuchung) oder dem aktuellen Workprozess (lokale Verbuchung) registriert.

- **Bündelung über Funktionsbausteine (transaktionaler RFC)**
  Durch die Anweisung `CALL FUNCTION ... IN BACKGROUND TASK|UNIT` wird ein remotefähiger

Funktionsbaustein zur späteren asynchronen Ausführung im Hintergrund und über die RFC-Schnittstelle registriert.

- **Bündelung über Unterprogramme**
  Durch die Anweisung PERFORM ... ON COMMIT wird ein Unterprogramm zur späteren Ausführung in einem anderen Workprozess registriert.

Jedes Öffnen eines neuen internen Modus mit Ausnahme der obsoleten Anweisung CALL DIALOG beginnt eine neue SAP-LUW, die durch die Open SQL-Anweisungen COMMIT WORK, ROLLBACK WORK und SET UPDATE TASK LOCAL gesteuert werden kann. Jedes Schließen eines internen Modus beendet die aktuelle SAP-LUW.

Hinweise

- Ein Funktionsbaustein kann entweder als Verbuchungsfunktionsbaustein oder als remotefähig klassifiziert werden, aber nicht für beides gleichzeitig. Die Verbuchung dient der Realisierung von SAP-LUWs innerhalb eines AS ABAP, während der transaktionale RFC LUWs in verteilten Systemen erzeugt.
- Die Anweisungen COMMIT WORK und ROLLBACK WORK bestimmen die Grenzen einer SAP-LUW. Ein ABAP-Programm kann in beliebig viele SAP-LUWs unterteilt sein, wobei das Ende eines ABAP-Programms immer auch die letzte SAP-LUW beendet. Durch den Aufruf von ABAP-Programmen mit CALL TRANSACTION oder SUBMIT ... AND RETURN sind SAP-LUWs schachtelbar.
- Wenn bei Beendigung eines Programms oder beim Schließen eines internen Modus über SUBMIT ohne AND RETURN oder LEAVE TO TRANSACTION in der aktuellen SAP-LUW noch Prozeduren registriert sind, wird die SAP-LUW beendet, ohne dass die Prozeduren aufgerufen oder zurückgerollt werden. Registrierte Verbuchungsfunktionsbausteine bleiben auf der Datenbank vorhanden, können aber nicht mehr ausgeführt werden.
- Die Klasse CL_SYSTEM_TRANSACTION_STATE enthält Methoden, die den Status der aktuellen SAP-LUW zurückliefern.

40.2.1 Verbuchungsfunktionsbaustein registrieren

CALL FUNCTION – IN UPDATE TASK

Syntax
```
CALL FUNCTION update_function IN UPDATE TASK
                [EXPORTING p1 = a1 p2 = a2 ...]
                [TABLES t1 = itab1 t2 = itab2 ...].
```

Diese Anweisung registriert den in update_function angegebenen Verbuchungsfunktionsbaustein, wobei update_function ein zeichenartiges Feld sein muss, das während der Ausführung der Anweisung den Namen eines Verbuchungsfunktionsbausteins in Großbuchstaben enthält. Ein Verbuchungsfunktionsbaustein ist ein Funktionsbaustein, bei dem im Function Builder die Eigenschaft VERBUCHUNGSBAUSTEIN markiert ist. Die Registrierung eines Verbuchungsfunktionsbausteins ist ein wesentlicher Bestandteil der Verbuchung.

Der Funktionsbaustein wird nicht sofort ausgeführt, sondern zur Ausführung in einem speziellen Workprozess (Verbuchungs-Workprozess) vorgemerkt. Hierfür wird der Name des

Funktionsbausteins inklusive der übergebenen Aktualparameter als Protokollsatz in den Datenbanktabellen VBMOD und VBDATA abgelegt. Wenn die Anweisung während der Verbuchung ausgeführt wird, wird der Zusatz IN UPDATE TASK ignoriert. Wenn vor der Registrierung eines Verbuchungsfunktionsbausteins in der aktuellen SAP-LUW die Anweisung SET UPDATE TASK LOCAL ausgeführt wird, erfolgt die Registrierung statt auf der Datenbank im ABAP Memory und für den aktuellen Workprozess.

Die tatsächliche Ausführung wird durch die Anweisung COMMIT WORK angestoßen. Die Formalparameter des Funktionsbausteins bekommen die Werte der Aktualparameter aus der Tabelle VBDATA übergeben. Ein mehrfach registrierter Funktionsbaustein wird auch mehrfach mit den jeweiligen Parameterwerten ausgeführt. Wenn nach der Registrierung eines Funktionsbausteins während der Ausführung des aktuellen Programms keine Anweisung COMMIT WORK ausgeführt wird, wird der Funktionsbaustein nicht ausgeführt und bei Programmende aus den Datenbanktabellen gelöscht.

Die Zusätze EXPORTING und TABLES haben die gleiche Syntax und Bedeutung wie in der parameter_list beim generellen Funktionsbausteinaufruf, mit der Einschränkung, dass bei EXPORTING keine Referenzvariablen oder Datenobjekte, die Referenzvariablen enthalten, als Aktualparameter angegeben werden können. Bei der Übergabe interner Tabellen mit nicht-eindeutigen Tabellenschlüsseln bleibt die Reihenfolge der duplikativen Zeilen bezüglich dieser Schlüssel nicht erhalten. Die Zusätze IMPORTING, CHANGING und EXCEPTIONS des generellen Funktionsbausteinaufrufs können zwar angegeben werden, werden aber bei der Ausführung ignoriert. Die Zusätze zur dynamischen Parameterübergabe sind nicht erlaubt.

Das Systemfeld sy-subrc ist nach Ausführung der Anweisung CALL FUNCTION ... IN UPDATE TASK undefiniert.

Hinweise
- Während der Verarbeitung eines Verbuchungsfunktionsbausteins im Verbuchungs-Workprozess dürfen die Anweisungen SUBMIT, CALL DIALOG, CALL SCREEN, CALL TRANSACTION, COMMIT WORK, ROLLBACK WORK sowie alle weiteren Anweisungen, die einen Datenbank-Commit erzeugen, nicht ausgeführt werden.
- Wenn es innerhalb der Verbuchung zu einem Datenbank-Commit oder -Rollback kommt, wird die Verbuchung abgebrochen.
- Wenn während der Verbuchung ein Fehler auftritt, führt der Verbuchungs-Workprozess einen Datenbank-Rollback aus, stellt den Protokollsatz mit einem Vermerk in die Tabellen VB... zurück und unterrichtet den Benutzer, dessen Programm den Protokollsatz erzeugt hat, per SAPMail. Nach Beseitigung der Fehlerursache können die zurückgestellten Protokollsätze erneut verbucht werden.
- Bezüglich der Registrierungseinträge in den Datenbanktabellen VB... ist zu beachten, dass diese der normalen Verwaltung einer Datenbank-LUW unterliegen. Wird die Datenbank-LUW also mit einem Datenbank-Rollback beendet, werden alle Registrierungseinträge der aktuellen Datenbank-LUW gelöscht.
- Beim Registrieren eines Verbuchungsfunktionsbausteins mit CALL FUNCTION ... IN UPDATE TASK werden die relevanten Daten intern mit EXPORT in einen Daten-Cluster exportiert und bei Ausführung des Funktionsbausteins wieder mit IMPORT importiert. Wenn die Datenty-

pen der exportierten Aktualparameter nicht zu der Typisierung der Formalparameter des Funktionsbausteins passen, kann es zu den bei IMPORT dokumentierten Ausnahmen kommen.

40.2.2 Unterprogramme registrieren

PERFORM - ON

Syntax
```
PERFORM subr ON { {COMMIT [LEVEL idx]} | ROLLBACK }.
```

Diese Anweisung registriert das durch subr direkt angegebene Unterprogramm des gleichen Programms. Das Unterprogramm wird nicht sofort ausgeführt, sondern zur Ausführung bei einer der Anweisungen COMMIT WORK bzw. ROLLBACK WORK vorgemerkt.

Die registrierten Unterprogramme werden bei Ausführung der Anweisung COMMIT WORK bzw. ROLLBACK WORK in deren Workprozess und vor mit CALL FUNCTION ... IN UPDATE TASK registrierten Verbuchungsfunktionsbausteinen ausgeführt. Unterprogramme, die während der Ausführung eines Verbuchungsfunktionsbausteins für COMMIT registriert werden, werden am Ende der Verbuchung im Verbuchungs-Workprozess ausgeführt.

Mit dem Zusatz LEVEL kann für die registrierten Unterprogramme die Ausführungsreihenfolge nach einem COMMIT gesteuert werden, wobei für idx ein Datenobjekt vom Typ i erwartet wird. Die Ausführung erfolgt dann sortiert nach aufsteigendem Wert von idx, wobei idx ohne explizite Angabe den Wert 0 hat. Bei gleichem Wert von idx bzw. bei keiner Angabe richtet sich die Reihenfolge der Ausführung nach der Reihenfolge der Registrierung. Ein mehrfach für COMMIT bzw. ROLLBACK registriertes Unterprogramm wird jeweils nur einmal ausgeführt.

Hinweise
- Das Anlegen von Unterprogrammen ist obsolet. Wenn für PERFORM subr ON COMMIT oder PERFORM subr ON ROLLBACK noch neue Unterprogramme benötigt werden, sollten diese nur der Verschalung eines Methodenaufrufs dienen und ansonsten kein funktionales Coding enthalten.
- Registrierte Unterprogramme können keine Parameterschnittstelle haben. Daten können daher nur über externe Schnittstellen wie z. B. das ABAP Memory übergeben werden. Unterprogramme, die bei COMMIT WORK bzw. ROLLBACK WORK ausgeführt werden, eignen sich daher eher für Verwaltungsaufgaben wie z. B. Aufräumarbeiten am Ende einer SAP-LUW als für Datenbankänderungen.
- Während der Verarbeitung eines registrierten Unterprogramms nach COMMIT WORK bzw. ROLLBACK WORK dürfen die Anweisungen PERFORM ... ON COMMIT, PERFORM ... ON ROLLBACK, COMMIT WORK oder ROLLBACK WORK nicht ausgeführt werden.
- Während der Verarbeitung eines registrierten Unterprogramms nach COMMIT WORK über CALL FUNCTION ... IN UPDATE TASK registrierte Verbuchungsfunktionsbausteine werden noch für die aktuelle SAP-LUW registriert.

40.2.3 SAP-Commit durchführen

`COMMIT WORK`

Syntax
`COMMIT WORK [AND WAIT].`

Die Anweisung `COMMIT WORK` schließt die aktuelle SAP-LUW ab und öffnet eine neue. Dabei werden alle Änderungsanforderungen der aktuellen SAP-LUW festgeschrieben. Hierfür führt `COMMIT WORK` folgende Aktionen aus:

1. Ausführen aller mit `PERFORM ON COMMIT` registrierten Unterprogramme

   Die Reihenfolge richtet sich nach der Reihenfolge der Registrierung oder nach der dort mit dem Zusatz `LEVEL` angegebenen Priorität. Innerhalb eines solchen Unterprogramms dürfen folgende Anweisungen nicht ausgeführt werden: `PERFORM ... ON COMMIT|ROLLBACK`, `COMMIT WORK` und `ROLLBACK WORK`. Die Anweisung `CALL FUNCTION ... IN UPDATE TASK` darf ausgeführt werden.

2. Auslösen eines internen Ereignisses für den Persistenzdienst der Object Services

   Falls vom Persistenzdienst Ereignisbehandler registriert sind, sammeln diese die Änderungen an den vom Persistenzdienst verwalteten Objekten und übergeben sie per `CALL FUNCTION ... IN UPDATE TASK` an einen speziellen Verbuchungsfunktionsbaustein, der als letzter Verbuchungsbaustein registriert wird.

3. Anstoß zur Verarbeitung aller mit `CALL FUNCTION ... IN UPDATE TASK` registrierten Verbuchungsfunktionsbausteine im Verbuchungs-Workprozess

   Alle Verbuchungsfunktionsbausteine hoher Priorität ("VB1") werden in der Reihenfolge ihrer Registrierung in einer gemeinsamen Datenbank-LUW ausgeführt. Falls der Zusatz `AND WAIT` nicht angegeben ist, wartet das Programm nicht, bis der Verbuchungs-Workprozess sie ausgeführt hat (asynchrone Verbuchung), sondern wird sofort hinter `COMMIT WORK` fortgesetzt. Ist der Zusatz `AND WAIT` hingegen angegeben, wird die Programmverarbeitung erst dann hinter `COMMIT WORK` fortgesetzt, wenn der Verbuchungs-Workprozess die Verbuchungsfunktionsbausteine hoher Priorität ausgeführt hat (synchrone Verbuchung).

   Bei erfolgreichem Abschluss aller Verbuchungsfunktionsbausteine hoher Priorität werden die Verbuchungsfunktionsbausteine niedriger Priorität ("VB2") in der Reihenfolge ihrer Registrierung zusammen in einer gemeinsamen Datenbank-LUW ausgeführt.

   Nach der Ausführung der Verbuchungsfunktionsbausteine hoher Priorität werden die mit `CALL FUNCTION ... IN BACKGROUND` registrierten Funktionsbausteine in je einer Datenbank-LUW pro Destination ausgeführt.

   Innerhalb eines durch `COMMIT WORK` gestarteten Verbuchungsfunktionsbausteins dürfen keine Anweisungen ausgeführt werden, die zu einem Datenbank-Commit führen. Insbesondere sind verboten: `COMMIT WORK`, `ROLLBACK WORK`, `SUBMIT`, `CALL TRANSACTION`, `LEAVE TO TRANSACTION` und `CALL DIALOG`, `CALL SCREEN`. Falls es dennoch zu einem Datenbank-Commit oder -Rollback kommt, wird die Verbuchung abgebrochen. Die Anweisung `PERFORM ... ON COMMIT` darf ausgeführt werden. Das registrierte Unterprogramm muss in der aktuellen Funktionsgruppe definiert sein.

4. Behandlung aller im aktuellen Programm gesetzten SAP-Sperren gemäß dem Wert des Formalparameters _SCOPE der entsprechenden Sperrfunktionsbausteine
5. Auslösen eines Datenbank-Commits, wodurch auch die aktuelle Datenbank-LUW beendet wird und sämtliche Datenbank-Cursor geschlossen werden.
6. Auslösen des Ereignisses TRANSACTION_FINISHED der Systemklasse CL_SYSTEM_TRANSACTION_STATE, wobei der Parameter KIND auf den Wert der Konstanten CL_SYSTEM_TRANSACTION_STATE=>COMMIT_WORK gesetzt wird.

Falls die Anweisung COMMIT WORK in speziell aufgerufenen Programmen ausgeführt wird, gelten folgende Besonderheiten:

- In einem über Batch-Input ausgeführten Programm oder wenn das Programm mit dem Zusatz USING der Anweisung CALL TRANSACTION aufgerufen wurde, beendet COMMIT WORK die Batch-Input-Verarbeitung, wenn diese entsprechend eingestellt ist.
- In einem mit CALL DIALOG aufgerufenen Programm stößt COMMIT WORK nicht die Verarbeitung von mit PERFORM ON COMMIT und CALL FUNCTION ... IN UPDATE TASK registrierten Unterprogrammen bzw. Funktionsbausteinen an und schließt damit die aktuelle SAP-LUW nicht ab. Die SAP-LUW kann frühestens durch die Anweisung COMMIT WORK im aufrufenden Programm abgeschlossen werden. Nur transaktionale Remote Function Calls oder Background Remote Function Calls, die mit CALL FUNCTION ... IN BACKGROUND innerhalb eines Dialogbausteins registriert wurden, werden auch dort mit COMMIT WORK gestartet. In einem Dialogbaustein registrierte bgRFCs, tRFCs oder qRFCs, die dort nicht mit COMMIT WORK gestartet werden, werden nicht ausgeführt.
- Die Anweisung COMMIT WORK darf nicht während der Verbuchung oder während der Ausführung von mit PERFORM ... ON {COMMIT|ROLLBACK} registrierten Unterprogrammen ausgeführt werden.
- Die Anweisung COMMIT WORK darf nicht in Einheiten oder LUWs ausgeführt werden, die von transaktionalen RFC-Aufrufen (bgRFC, tRFC, qRFC) verwaltet werden.

Systemfelder

sy-subrc	Bedeutung
0	Der Zusatz AND WAIT ist angegeben, und die Verbuchung der Verbuchungsfunktionsbausteine war erfolgreich.
4	Der Zusatz AND WAIT ist angegeben, und die Verbuchung der Verbuchungsfunktionsbausteine war nicht erfolgreich.

Die Anweisung COMMIT WORK setzt sy-subrc immer auf 0, wenn der Zusatz AND WAIT nicht angegeben ist.

Hinweise

- Eine SAP-LUW, die nicht durch COMMIT WORK, sondern durch Beendigung des aktuellen Programms bzw. Schließen des internen Modus beendet wird, bleibt hinsichtlich der registrierten Prozeduren wirkungslos. Registrierte Verbuchungsbausteine bleiben auf der Datenbank vorhanden, können aber nicht mehr ausgeführt werden.

- Die Anweisung COMMIT WORK schließt alle Datenbank-Cursor. Open SQL-Anweisungen, die danach auf einen Datenbank-Cursor zugreifen (SELECT-Schleife und FETCH), erzeugen eine unbehandelbare Ausnahme.

40.2.4 SAP-Rollback duchführen

ROLLBACK WORK

Syntax

ROLLBACK WORK.

Die Anweisung ROLLBACK WORK schließt die aktuelle SAP-LUW ab und öffnet eine neue. Dabei werden alle Änderungsanforderungen der aktuellen SAP-LUW zurückgenommen. Hierfür führt ROLLBACK WORK folgende Aktionen aus:

1. Ausführen aller mit PERFORM ON ROLLBACK registrierten Unterprogramme
2. Löschen aller mit PERFORM ON COMMIT registrierten Unterprogramme
3. Auslösen eines internen Ereignisses in den Object Services, das dafür sorgt, dass die Attribute persistenter Objekte initialisiert werden
4. Löschen aller mit CALL FUNCTION ... IN UPDATE TASK registrierten Verbuchungsfunktionsbausteine aus der Datenbanktabelle VBLOG und Löschen aller mit in CALL FUNCTION ... IN BACKGROUND TASK|UNIT registrierten transaktionalen Remote Function Calls aus den Datenbanktabellen ARFCSSTATE und ARFCSDATA
5. Aufhebung aller im aktuellen Programm gesetzten SAP-Sperren, bei denen beim Sperren der Formalparameter _SCOPE des Sperrfunktionsbausteins auf den Wert 2 gesetzt wurde
6. Auslösen eines Datenbank-Rollbacks, wodurch auch die aktuelle Datenbank-LUW beendet wird

Nach Abschluss der Anweisung ROLLBACK WORK wird das Ereignis TRANSACTION_FINISHED der Systemklasse CL_SYSTEM_TRANSACTION_STATE ausgelöst, wobei der Parameter KIND den Wert der Konstanten CL_SYSTEM_TRANSACTION_STATE=>ROLLBACK_WORK hat.

Nach Ausführung der Anweisung ROLLBACK ist sy-subrc immer gleich null. Eine Abfrage auf sy-subrc ungleich null ist hinter ROLLBACK nicht notwendig.

Hinweise
- Da alle offenen Datenbank-Cursor auf den betroffenen Datenbankverbindungen beim ROLLBACK geschlossen werden, führt der Versuch, eine SELECT-Schleife nach einem ROLLBACK weiterzuführen, zu einem Laufzeitfehler. Aus dem gleichen Grund führt ein FETCH nach einem ROLLBACK auf den nun geschlossenen Cursor zu einem Laufzeitfehler. Es muss also sichergestellt sein, dass noch geöffnete Cursor nach dem ROLLBACK nicht mehr benutzt werden.
- ROLLBACK darf nicht während der Verbuchung (CALL FUNCTION ... IN UPDATE TASK) oder während der Ausführung von Unterprogrammen, die mit PERFORM ... ON COMMIT bzw. PERFORM ... ON ROLLBACK registriert wurden, benutzt werden.

- Die Anweisung ROLLBACK WORK darf nicht in Einheiten oder LUWs ausgeführt werden, die von transaktionalen RFC-Aufrufen (bgRFC, tRFC, qRFC) verwaltet werden.
- Die Anweisung ROLLBACK WORK wird implizit ausgeführt, wenn eine Nachricht vom Typ A beim Aufruf eines Funktionsbausteins mit CALL FUNCTION mit dem Zusatz error_message behandelt wird.

40.2.5 Lokale Verbuchung einschalten

SET UPDATE TASK LOCAL

Syntax

SET UPDATE TASK LOCAL.

Diese Anweisung schaltet die lokale Verbuchung ein. In der lokalen Verbuchung werden Verbuchungsfunktionsbausteine hoher Priorität, die in der aktuellen SAP-LUW in CALL FUNCTION ... IN UPDATE TASK registriert werden, im ABAP Memory und nicht in den Datenbanktabellen VBMOD und VBDATA gespeichert und bei Ausführung der Anweisung COMMIT WORK sofort im aktuellen Workprozess und innerhalb der aktuellen Datenbank-LUW statt im Verbuchungs-Workprozess ausgeführt. Auf Verbuchungsfunktionsbausteine niedriger Priorität hat die Anweisung keinen Einfluss.

Zu Beginn jeder SAP-LUW ist die lokale Verbuchung ausgeschaltet und muss – falls gewünscht – vor der Registrierung des ersten Verbuchungsfunktionsbausteins eingeschaltet werden.

Systemfelder

sy-subrc	Bedeutung
0	Die lokale Verbuchung wurde eingeschaltet.
1	Die lokale Verbuchung wurde nicht eingeschaltet, da in der aktuellen SAP-LUW mindestens ein Verbuchungsfunktionsbaustein bereits für die normale Verbuchung registriert wurde.

Hinweise

- Bei der lokalen Verbuchung wird nach der Anweisung COMMIT WORK unabhängig vom Zusatz AND WAIT eine synchrone Verbuchung durchgeführt.
- Falls es während der lokalen Verbuchung zu einem Datenbank-Rollback kommt, wirkt dieser auch auf alle vorangegangenen Änderungsanweisungen.

40.3 Datenbanksperren

Die Synchronisation des gleichzeitigen Zugriffs mehrerer Transaktionen auf denselben Datenbestand wird in jedem Datenbanksystem durch einen Sperrmechanismus realisiert. Durch diesen Mechanismus können Datenobjekte, die eine Transaktion gerade ändert oder liest, gegen paralleles Verändern durch andere Transaktionen geschützt werden und kann sich eine Transaktion dagegen schützen, Datenobjekte zu lesen, die noch nicht durch eine andere Transaktion festgeschrieben sind.

40.3.1 Datenbanksperren setzen

Datenbanksysteme kennen keine expliziten Befehle zum Setzen bzw. Freigeben von Sperren: Das Setzen von Datenbanksperren erfolgt deshalb implizit beim Aufruf einer der Open SQL-Anweisungen SELECT, INSERT, UPDATE, MODIFY, DELETE – bzw. durch den Aufruf einer entsprechenden Native SQL-Anweisung – vor der Ausführung der entsprechenden Datenbankoperation.

Datenbanksysteme setzen physische Sperren: Gesperrt werden alle von einem Datenbankaufruf betroffenen Zeilen – bei SELECT sind dies die selektierten, bei UPDATE, DELETE, INSERT und MODIFY sind dies die zu verändernden, zu löschenden bzw. die hinzuzufügenden Zeilen. Dies bedeutet aber nicht, dass die einzelne Tabellenzeile auch immer wirklich die Einheit ist, die gesperrt wird. Andere Einheiten, die gesperrt werden können, sind z. B. Tabellen, Datenseiten oder Indexseiten. Welche Einheiten tatsächlich bei einem Aufruf gesperrt werden, hängt immer vom eingesetzten Datenbanksystem und vom jeweiligen Zugriff ab.

40.3.2 Arten von Datenbanksperren

Prinzipiell reicht ein Typ von Sperre aus, um konkurrierende Zugriffe auf Daten zu steuern. Um aber eine höhere Parallelität von Transaktionen zu erreichen, kennen Datenbanksysteme mehrere Arten von Sperren. Diese können von Datenbanksystem zu Datenbanksystem variieren. Zum Verständnis des Sperrmechanismus genügen aber folgende zwei:

- **Lesesperre (Shared Lock)**
  Erlaubt das gleichzeitige Setzen weiterer Lesesperren, verbietet aber anderen Transaktionen das gleichzeitige Setzen von Schreibsperren für die so gesperrten Objekte.

- **Schreibsperre (Exclusive Lock)**
  Erlaubt anderen Transaktionen keine gleichzeitigen Sperren für die so gesperrten Objekte.

Die Open SQL-Anweisungen SELECT SINGLE FOR UPDATE, INSERT, UPDATE, MODIFY und DELETE (bzw. die entsprechenden Native SQL- oder ADBC-Anweisungen) setzen Schreibsperren.

40.3.3 Isolation Level

Ob der Open SQL-Befehl SELECT – bzw. der entsprechende Native SQL-Befehl – eine Lesesperre setzt oder nicht, hängt vom sogenannten Isolation Level der jeweiligen Transaktion ab. Man unterscheidet wenigstens zwei mögliche Ebenen:

- **Uncommitted Read (auch Dirty Read)**
  Ein Programm, das mit "Uncommitted Read" seine Daten liest, setzt keine Lesesperre auf Datenobjekte. Der Programmautor muss also damit rechnen, dass Datenobjekte gelesen werden, die noch durch eine Schreibsperre geschützt, also noch nicht mit einem Datenbank-Commit festgeschrieben sind und deshalb später mit einem Datenbank-Rollback aus der Datenbank entfernt werden könnten. In einem AS ABAP ist "Uncommitted Read" die Standardeinstellung für das Isolation Level (Ausnahme: Oracle-Datenbanken unterstützen keinen Uncommitted Read, dort ist immer der Committed Read eingestellt).

▶ **Committed Read**
Ein Programm, das mit "Committed Read" seine Daten liest, setzt eine Lesesperre auf ein Datenobjekt, liest es und gibt die Sperre sofort wieder auf. Der Programmautor kann deshalb sicher sein, dass nur Daten gelesen werden, die nicht durch eine Schreibsperre geschützt, also mit einem Datenbank-Commit bereits festgeschrieben sind.

Viele Datenbanksysteme kennen weitere Isolation Levels, z. B. "Cursor Stability" und "Repeatable Read". Diese arbeiten wie "Committed Read", die Lesesperre wird jedoch bis zum Lesen des nächsten Datenobjekts bzw. bis zum Schließen des Datenbank-Cursors gehalten. Da diese Isolation Level nicht ausreichend standardisiert sind, werden sie zurzeit im AS ABAP nicht verwendet.

40.3.4 Deadlock

Kann eine Transaktion ein Objekt nicht sperren, weil bereits eine andere Transaktion dies macht, so wartet sie, bis die andere Transaktion diese Sperre aufgibt. Es kann deshalb prinzipiell zu einem Deadlock kommen. Ein Deadlock entsteht beispielsweise, wenn zwei Transaktionen auf jeweils eine Sperre warten, die von der anderen gehalten wird.

40.3.5 Datenbanksperren freigeben

Alle Sperren werden beim Datenbank-Sperrmechanismus spätestens beim nächsten Datenbank-Commit bzw. -Rollback freigegeben. Lesesperren haben meist eine noch kürzere Lebensdauer. Für Transaktionen, die mehrere Dialogschritte umfassen, entsteht daraus u. U. ein Problem: Die impliziten Sperren des Datenbanksystems reichen in der Regel nicht aus, Sperren für SAP-LUWs zu setzen. Hierfür muss der SAP-Sperrmechanismus verwendet werden.

40.4 SAP-Sperren

SAP-Sperren müssen während der Dauer von SAP-LUWs aufrechterhalten werden. Aus diesem Grund müssen sie von unterschiedlichen Workprozessen und eventuell von wechselnden Applikationsservern behandelt werden können.

SAP-Sperren beruhen auf sogenannten Sperrobjekten. Diese werden im ABAP Dictionary definiert und ermöglichen Sperren auf einzelne bzw. mehrere Zeilen einer Datenbanktabelle oder Sperren auf Zeilen mehrerer Datenbanktabellen, die über Fremdschlüsselbeziehungen verknüpft sind. Beim Anlegen eines Sperrobjekts werden zwei Sperrfunktionsbausteine generiert, deren Namen sich aus den Vorsilben ENQUEUE_ und DEQUEUE_ und dem Namen des Sperrobjekts zusammensetzen.

40.4.1 SAP-Sperren setzen und überprüfen

Durch den Aufruf von Sperrfunktionsbausteinen werden SAP-Sperren verhängt und überprüft. Die Funktionsbausteine greifen auf eine zentrale Sperrtabelle im Speicher eines speziellen Workprozesses des Applikationsservers zu, die auf jedem AS ABAP genau einmal vorhanden ist (Verwaltung über die Transaktion SM12). Ein Enqueue-Funktionsbaustein verhängt eine SAP-Sperre, indem er einen entsprechenden Eintrag in die Sperrtabelle schreibt. Falls eine Sperre nicht gesetzt werden kann, da es schon entsprechende Sperreinträge in der Sperrtabelle gibt, wird der Funktionsbaustein mit der Ausnahme FOREIGN_LOCK beendet. Die wichtigsten Eingabeparameter eines Enqueue-Funktionsbausteins sind in Tabelle 40.1 aufgeführt.

Parameter	Bedeutung
MODE_dbtab	Art der Sperre für die Datenbanktabelle dbtab des Sperrobjekts. Mögliche Eingabewerte sind "S" für eine Lesesperre, "E" für eine Schreibsperre, "X" für eine erweiterte Schreibsperre, die im Gegensatz zur normalen Schreibsperre innerhalb eines Programms nur einmal angefordert werden kann, und "O" für eine optimistische Sperre, die sich zunächst wie eine Lesesperre verhält, aber in eine Schreibsperre umgewandelt werden kann.
key_fields	Für alle Schlüsselfelder des Sperrobjekts können Werte angegeben werden, die die zu sperrenden Zeilen bestimmen. Wenn für ein Schlüsselfeld kein Wert angegeben wird, werden alle betreffenden Zeilen gesperrt.
_SCOPE	Festlegen der Sperrdauer in Bezug auf eine SAP-LUW. Mögliche Eingabewerte sind "1" für die Behandlung der Sperre im gleichen Programm, "2" für die Übergabe der Sperre an die Verbuchung und "3" für Behandlung der Sperre in Programm und Verbuchung.

Tabelle 40.1 Eingabeparameter von Enqueue-Funktionsbausteinen

Eine SAP-Sperre wird überprüft, indem man versucht, eine entsprechende Sperre zu setzen, und dabei die Ausnahme FOREIGN_LOCK behandelt.

40.4.2 SAP-Sperren freigeben

SAP-Sperren werden durch das Löschen des zugehörigen Eintrags in der Sperrtabelle aufgehoben. Beim Setzen einer SAP-Sperre über den ENQUEUE-Funktionsbaustein legt der Wert, der dem Eingabeparameter _SCOPE übergeben wird, die Sperrdauer fest. Abhängig vom Formalparameter _SCOPE kann eine SAP-Sperre wie folgt aufgehoben werden:

- Falls _SCOPE auf den Wert "1" gesetzt ist, ist die Sperre nicht mit der aktuellen SAP-LUW verknüpft. Die Sperre wird entweder durch Aufruf des DEQUEUE-Funktionsbausteins, wenn dem Formalparameter _SCOPE der Wert "1" oder "3" übergeben wird, oder durch das Programmende aufgehoben.

- Falls _SCOPE auf den Wert "2" gesetzt ist, ist die Sperre mit der aktuellen SAP-LUW verknüpft. Falls mindestens ein Verbuchungsfunktionsbaustein mit CALL FUNCTION ... FOR UPDATE TASK registriert ist, wird die Sperre bei Beendigung der SAP-LUW durch die Anweisungen COMMIT WORK oder ROLLBACK WORK aufgehoben. Bei COMMIT WORK wird die Sperre von der Verbuchung nach der Verarbeitung der Verbuchungsfunktionsbausteine aufgehoben. Eine solche Sperre kann über das Programmende hinaus bestehen bleiben, bis die Verbuchung abgeschlossen ist.

- Falls _SCOPE auf den Wert "3" gesetzt ist, muss die Sperre sowohl von der Verbuchung als auch im Programm aufgehoben werden. Das Aufheben der Sperre durch die Verbuchung erfolgt so, als hätte _SCOPE den Wert "2". Das Aufheben der Sperre im Programm erfolgt so, als hätte _SCOPE den Wert "1". Die gesamte Aufhebung der Sperre wird dadurch festgelegt, wer die Sperre als Letztes aufhebt.

Falls eine SAP-Sperre mit dem DEQUEUE-Funktionsbaustein unabhängig von der Verbuchung aufgehoben werden soll, muss dem Formalparameter _SCOPE ein Wert übergeben werden, der größer oder gleich dem Wert ist, der dem gleichnamigen Parameter des ENQUEUE-Funktionsbausteins übergeben wurde. Neben dem Parameter _SCOPE entsprechen die Eingabeparameter eines DEQUEUE-Funktionsbausteins denen des ENQUEUE-Funktionsbausteins, wobei durch einen zusätzlichen Parameter _SYNCHRON gesteuert werden kann, ob das Aufheben der Sperre abgewartet werden soll, bevor das Programm weiterverarbeitet wird.

40.5 Berechtigungen

Mit Berechtigungen können beliebige Funktionen oder Objekte innerhalb eines AS ABAP geschützt werden. Der Programmierer einer Funktionalität bestimmt, wo und wie Berechtigungen geprüft werden sollen. Der Benutzeradministrator bestimmt, welcher Benutzer eine Funktion ausführen oder auf ein Objekt zugreifen darf.

Berechtigungsprüfung
AUTHORITY-CHECK

Syntax
```
AUTHORITY-CHECK OBJECT auth_obj [FOR USER user]
                       ID id1 {FIELD val1}|DUMMY
                       [ID id2 {FIELD val2}|DUMMY]
                       ...
                       [ID id10 {FIELD val10}|DUMMY].
```

Diese Anweisung überprüft, ob im Benutzerstammsatz des aktuellen oder des in user angegebenen Benutzers für das im Feld auth_obj angegebene Berechtigungsobjekt eine Berechtigung eingetragen ist und ob diese für die in der Anweisung spezifizierte Anforderung ausreicht. Für auth_obj wird ein flaches zeichenartiges Feld erwartet, das den Namen eines Berechtigungsobjekts enthält. Ohne den Zusatz FOR USER wird die Berechtigung des aktuellen Benutzers überprüft.

Mit id1 ... id10 muss mindestens ein und können maximal zehn verschiedene Berechtigungsfelder des angegebenen Berechtigungsobjekts aufgeführt werden. Für id1 ... id10 werden flache zeichenartige Felder erwartet, die die Namen der Berechtigungsfelder in Großbuchstaben enthalten. Wenn ein Berechtigungsfeld angegeben ist, das nicht im Berechtigungsobjekt vorkommt, kann keine Prüfung durchgeführt werden, und sy-subrc wird auf 4 gesetzt. Für jedes angegebene Berechtigungsfeld muss entweder mit FIELD ein zu prüfender Wert in einem flachen zeichenartigen Feld val1 ... val10 oder der Zusatz DUMMY angegeben werden.

Die Berechtigungsprüfung wird durchgeführt, wenn das Prüfkennzeichen für das angegebene Berechtigungsobjekt für den aktuellen Kontext auf PRÜFEN mit beliebigem VORSCHLAGSSTATUS gesetzt ist. Wenn das Prüfkennzeichen auf NICHT PRÜFEN gesetzt ist, wird keine Berechtigungsprüfung durchgeführt, und sy-subrc wie bei einer erfolgreichen Prüfung auf 0 gesetzt.

Eine Berechtigungsprüfung ist erfolgreich, wenn im Benutzerstammsatz eine oder mehrere Berechtigungen für das Berechtigungsobjekt angelegt sind und wenn für mindestens eine der Berechtigungen jede der Wertemengen, die dort für die mit FIELD angegebenen Berechtigungsfelder definiert sind, den jeweils zu prüfenden Wert val1 ... val10 umfasst. Berechtigungsfelder, die nicht in der Anweisung aufgeführt sind oder für die DUMMY angegeben ist, werden nicht überprüft. Bei erfolgreicher Überprüfung wird sy-subrc auf 0, ansonsten auf einen Wert ungleich 0 gesetzt.

Wenn der Zusatz FOR USER angegeben ist, wird die Berechtigung des Benutzers überprüft, dessen Benutzername in user angegeben ist. Für user wird ein Feld vom gleichen Typ wie das Systemfeld sy-uname erwartet. Bei einem ungültigen Benutzernamen wird sy-subrc auf 40 gesetzt.

Systemfelder

sy-subrc	Bedeutung
0	Berechtigungsprüfung erfolgreich, oder es wurde keine Prüfung ausgeführt. Bei Ausführung der Prüfung wurde eine Berechtigung für das Berechtigungsobjekt im Benutzerstammsatz gefunden, deren Wertemengen die angegebenen Werte umfassen.
4	Berechtigungsprüfung nicht erfolgreich. Es wurden zwar eine oder mehrere Berechtigungen für das Berechtigungsobjekt im Benutzerstammsatz gefunden, deren Wertemengen umfassen aber nicht die angegebenen Werte, oder es wurden falsche oder zu viele Berechtigungsfelder angegeben.
12	Es wurde keine Berechtigung für das Berechtigungsobjekt im Benutzerstammsatz gefunden.
24	Dieser Rückgabewert wird nicht mehr gesetzt.
40	In user wurde eine ungültige Benutzerkennung angegeben.

Hinweise

▸ Die Berechtigungsfelder eines Berechtigungsobjekts sind Felder für Daten und ein Feld namens ACTVT für Aktivitäten. Aktivitäten werden durch zweistellige Kürzel dargestellt, die in der Spalte ACTVT der Datenbanktabelle TACT oder kundenspezifisch in TACTZ definiert sind. Dem Berechtigungsfeld ACTVT sind im Berechtigungsobjekt mögliche Aktivitäten zugeordnet. Im Benutzerstammsatz sind Berechtigungen für Daten und Aktivitäten in der Form von Operanden logischer Ausdrücke als Wertemengen abgelegt, wobei Maskenzeichen für generische Berechtigungen verwendet werden können.

▸ Bei der Überprüfung der Berechtigung des aktuellen Benutzers ohne den Zusatz FOR USER wird nicht der Inhalt des Systemfeldes sy-uname ausgewertet, sondern der tatsächliche Benutzername verwendet.

▸ Die wichtigsten Kontexte, für die Prüfkennzeichen gesetzt werden können, sind Transaktionen. Die Ausführung einer Anweisung AUTHORITY-CHECK kann deshalb unterschiedliche

Ergebnisse haben, je nachdem, wie der aktuelle Programmablauf gestartet wurde. In der Regel sollte ein Prüfkennzeichen immer auf PRÜFEN gesetzt sein.

- Für Berechtigungsobjekte aus den Bereichen AS ABAP (BC) und Personalwirtschaft (HR) kann ein Prüfkennzeichen nicht auf NICHT PRÜFEN gesetzt sein.
- Ein Berechtigungsfeld des angegebenen Berechtigungsobjekts sollte nicht mehrfach angegeben werden. Wenn danach ein Berechtigungsfeld mehrfach angegeben ist, erfolgt die Überprüfung so, als wenn es sich um unterschiedliche Felder handelt, d. h., die angegebenen Werte werden einzeln überprüft.
- Der Zusatz FOR USER macht die Verwendung des Funktionsbausteins AUTHORITY_CHECK überflüssig.
- Die Transaktion SU53 zeigt das Ergebnis der letzten Berechtigungsprüfung für einen Benutzer.

Beispiel
Überprüfung, ob der aktuelle Benutzer die Berechtigung zum Anzeigen derjenigen Fluggesellschaft hat, die er auf dem Selektionsbild eingibt. Das verwendete Berechtigungsobjekt heißt S_CARRID und umfasst die Berechtigungsfelder CARRID für die Bezeichnung einer Fluggesellschaft und ACTVT für die Aktivität. Das Kürzel "03" steht für die Aktivität "Anzeigen" und ist eine der Aktivitäten, die dem Berechtigungsobjekt S_CARRID zugeordnet sind.

```abap
PARAMETERS carr TYPE spfli-carrid.
AT SELECTION-SCREEN.
  AUTHORITY-CHECK OBJECT 'S_CARRID'
    ID 'CARRID' FIELD carr
    ID 'ACTVT' FIELD '03'.
  IF sy-subrc <> 0.
    MESSAGE 'No authorization' TYPE 'E'.
  ENDIF.
```

TEIL 12
Programmparameter

41 Parameter im SAP Memory

Das SAP Memory ist ein benutzerbezogener Speicherbereich des aktuellen Applikationsservers, auf den alle Hauptmodi einer Benutzersitzung gemeinsam zugreifen. ABAP-Programme haben Zugriff auf im SAP Memory abgelegte SPA/GPA-Parameter (auch SET/GET-Parameter genannt).

41.1 SPA/GPA-Parameter

Jeder SPA/GPA-Parameter wird durch eine bis zu 20-stellige Kennung identifiziert. SPA/GPA-Parameter können entweder explizit mit der Anweisung SET PARAMETER oder implizit bei einem PAI-Ereignis angelegt werden und sind danach während der gesamten Dauer einer Benutzersitzung programm- und modusübergreifend vorhanden. SPA/GPA-Parameter werden von der ABAP-Laufzeitumgebung ausgewertet. In ABAP-Programmen können sie mit der Anweisung GET PARAMETER ausgelesen werden.

Beispiel
Ein Beispiel für ein Programm, das SPA/GPA-Parameter verwendet, ist die Benutzerpflege (Transaktion SU01). Dort können auf der Registerkarte PARAMETER benutzerspezifische Parameter eingetragen werden, die dann bei der Anmeldung an einen AS ABAP gesetzt und von anderen Programmen ausgewertet werden.

41.1.1 SPA/GPA-Parameter und ABAP-Programme

Die Anweisungen SET PARAMETER und GET PARAMETER eines Programms greifen nicht direkt auf die SPA/GPA-Parameter des SAP Memorys zu, sondern:

- In dem Moment, in dem ein ABAP-Programm in den Speicher hereingerollt wird, wird die Gesamtheit aller SPA/GPA-Parameter des SAP Memorys in den Rollbereich des Programms kopiert. Die Anweisungen SET PARAMETER und GET PARAMETER eines Programms arbeiten mit den lokalen SPA/GPA-Parametern des Rollbereichs.

- In dem Moment, in dem ein Programm aus dem Speicher herausgerollt wird, wird die Gesamtheit aller lokalen SPA/GPA-Parameter in das modusübergreifende SAP Memory kopiert und ersetzt dort alle SPA/GPA-Parameter. SPA/GPA-Parameter, die im Rollbereich nicht vorhanden sind, sind danach auch im SAP Memory nicht vorhanden. Ein Herausrollen findet u. a. statt:
  - bei Beendigung des Programms
  - bei einem Aufruf eines neuen Programms über SUBMIT, CALL TRANSACTION oder LEAVE TO TRANSACTION
  - bei jedem Wechsel des Workprozesses. Zu einem Wechsel des Workprozesses führen die gleichen Situationen, die auch zu einem impliziten Datenbank-Commit führen.
  - bei der Anweisung COMMIT WORK

Dass ABAP-Programme nicht direkt auf das SAP Memory zugreifen, sondern dass die Gesamtheit aller SPA/GPA-Parameter wie eine Datei nur zu bestimmten Zeitpunkten implizit importiert bzw. exportiert wird, hat Konsequenzen für Programme, die parallel in verschiedenen Hauptmodi des gleichen Benutzers laufen:

- Wenn ein Programm mit SET PARAMETER einen SPA/GPA-Parameter setzt, darf ein Programm eines parallelen Hauptmodus erst nach dem Herausrollen des setzenden Programms gestartet werden, wenn es Zugriff auf den geänderten Parameter haben soll.
- Wenn ein Programm mit SET PARAMETER einen SPA/GPA-Parameter setzt, während ein anderes Programm eines parallelen Hauptmodus aktiv ist und Letzteres länger läuft als das setzende Programm, werden diese Änderungen beim Herausrollen des länger laufenden Programms wieder überschrieben.
- Während ein vorzeitiges Herausrollen durch Anweisungen wie WAIT UP TO leicht erzwungen werden kann, stellt die Tatsache, dass der Zustand des SAP Memorys immer von dem Programm bestimmt wird, das gerade zuletzt herausgerollt wurde, ein ernsthaftes Hindernis für die modusübergreifende Nutzung von SPA/GPA-Parametern in parallel ausgeführten Programmen dar. Diese Art der Programmierung wird deshalb nicht empfohlen.

41.1.2 SPA/GPA-Parameter verwalten

Die Namen von SPA/GPA-Parametern werden in der Datenbanktabelle TPARA verwaltet. Im Object Navigator der ABAP Workbench können die Namen von SPA/GPA-Parametern in der Datenbanktabelle TPARA in Großbuchstaben angelegt und mit Paketen verknüpft werden. Die Datenbanktabelle TPARA dient als Reservierungstabelle für SPA/GPA-Parameter. Wenn in einem Programm SPA/GPA-Parameter verwendet werden, sollte sichergestellt sein, dass der Name des Parameters in der Spalte PARAMID der Datenbanktabelle TPARA vorhanden ist. Die SPA/GPA-Parameter anderer Anwendungen sollten nicht unbeabsichtigt überschrieben werden.

Die Existenz eines Namens in der Datenbanktabelle TPARA bedeutet nicht gleichzeitig die Existenz des entsprechenden Parameters im SAP Memory. SPA/GPA-Parameter werden ausschließlich während der Ausführung eines ABAP-Programms angelegt.

41.1.3 SPA/GPA-Parameter und Dynpro-Felder

Dynpro-Felder können mit SPA/GPA-Parametern verknüpft werden, indem bei der Definition eines Eingabefeldes der Name eines SPA/GPA-Parameters aus der Datenbanktabelle TPARA als Eigenschaft PARAMETER ID eingetragen wird. Wenn die zugehörige Eigenschaft GET PARAMETER gesetzt ist und dem Eingabefeld kein anderer Wert zugewiesen wird, wird das Eingabefeld beim Senden des Bildschirmbildes mit dem Wert des SPA/GPA-Parameters gefüllt. Wenn die zugehörige Eigenschaft SET PARAMETER gesetzt ist, wird beim Ereignis PAI der Inhalt des Eingabefeldes dem SPA/GPA-Parameter zugewiesen. Falls der Parameter noch nicht im SAP Memory existiert, wird er beim Ereignis PAI implizit angelegt. Bei Selektionsbildern erfolgt die Verknüpfung durch den Zusatz MEMORY ID der Anweisungen PARAMETERS und SELECT-OPTIONS.

Ein Datentransport zwischen einem Dynpro-Feld und einem SPA/GPA-Parameter im SAP Memory findet nur dann statt, wenn im zugehörigen ABAP-Programm ein globales Datenobjekt mit dem gleichen Namen wie das Dynpro-Feld deklariert ist.

Wenn das Ereignis PAI mit einer Funktion vom Typ "E" ausgelöst wird, werden den mit dem Dynpro verknüpften SPA/GPA-Parametern keine Werte zugewiesen, und es werden keine Parameter im SAP Memory angelegt.

41.2 SPA/GPA-Parameter setzen

SET PARAMETER

Syntax
`SET PARAMETER ID pid FIELD dobj.`

Diese Anweisung setzt den Inhalt des in `pid` angegebenen SPA/GPA-Parameters auf den Inhalt des Datenobjekts `dobj`. Für `pid` wird ein flaches zeichenartiges Feld erwartet, das maximal 20 Zeichen und nicht ausschließlich Leerzeichen enthalten darf. Die Groß-/Kleinschreibung wird in `pid` berücksichtigt. Damit ein in `pid` angegebener SPA/GPA-Parameter mit einem Namen in der Datenbanktabelle TPARA übereinstimmt, muss er in Großbuchstaben angegeben werden. Für `dobj` wird ein flaches zeichenartiges Feld erwartet, dessen binärer Inhalt unkonvertiert übertragen wird.

Die Anweisung `SET PARAMETER` greift nicht direkt auf das SAP Memory, sondern auf eine lokale Abbildung der SPA/GPA-Parameter im Rollbereich zu, die beim Hereinrollen geladen und beim Herausrollen im SAP Memory gespeichert wird (siehe Abschnitt 41.1.1). Wenn der in `pid` angegebene SPA/GPA-Parameter für den aktuellen Benutzer beim Hereinrollen noch nicht im SAP Memory existierte, wird er angelegt. Wenn der SPA/GPA-Parameter bereits für den aktuellen Benutzer existierte, wird sein Wert überschrieben.

In einem Programm dürfen nur SPA/GPA-Parameter angelegt bzw. mit Werten versorgt werden, für die es einen Namen in der Tabelle TPARA gibt. Wenn statisch festgestellt werden kann, dass eine in `pid` angegebene Kennung nicht in der Datenbanktabelle TPARA enthalten und die Paketprüfung der ABAP-Laufzeitumgebung über den Profilparameter abap/package_check eingeschaltet ist, kommt es zu einem Syntaxfehler. Ansonsten meldet nur die erweiterte Programmprüfung einen Fehler.

Hinweis
Da die Anweisungen `SET PARAMETER` und `GET PARAMETER` nicht direkt mit den SPA/GPA-Parametern des SAP Memorys arbeiten, sind sie nur für die Datenübergabe innerhalb eines Hauptmodus, aber nicht für die Datenübergabe zwischen parallelen Hauptmodi geeignet, da parallel laufende Programme den Zustand der Parameter unkontrolliert beeinflussen können.

Beispiel
Wenn der Benutzer eine der auf der Grundliste dargestellten Flugverbindungen auswählt, werden beim Ereignis `AT LINE-SELECTION` die SPA/GPA-Parameter CAR und CON auf das Kürzel der Fluggesellschaft und die Verbindungsnummer gesetzt. Die Namen beider Parameter

sind in der Tabelle TPARA für diesen Zweck definiert. Im Einstiegs-Dynpro der Transaktion DEMO_TRANSACTION sind zwei Eingabefelder mit diesen SPA/GPA-Parametern verknüpft und werden mit den ausgewählten Werten als Startwerte dargestellt.

```
DATA: carrier      TYPE spfli-carrid,
      connection   TYPE spfli-connid.
START-OF-SELECTION.
  SELECT carrid connid
         FROM spfli
         INTO (carrier, connection).
    WRITE: / carrier HOTSPOT, connection HOTSPOT.
    HIDE: carrier, connection.
  ENDSELECT.
AT LINE-SELECTION.
  SET PARAMETER ID: 'CAR' FIELD carrier,
                    'CON' FIELD connection.
  CALL TRANSACTION 'DEMO_TRANSACTION'.
```

41.3 SPA/GPA-Parameter lesen

GET PARAMETER

Syntax
`GET PARAMETER ID pid FIELD dobj.`

Diese Anweisung setzt den Inhalt des Datenobjekts `dobj` auf den Inhalt des in `pid` angegebenen SPA/GPA-Parameters. Für die Kennung `pid` wird ein flaches zeichenartiges Feld erwartet, das maximal 20 Zeichen und nicht ausschließlich Leerzeichen enthalten darf. Die Groß-/Kleinschreibung wird berücksichtigt. Damit ein in `pid` angegebener SPA/GPA-Parameter mit einem Namen in der Datenbanktabelle TPARA übereinstimmt, muss er in Großbuchstaben angegeben werden. Für `dobj` wird ein flaches zeichenartiges Feld erwartet, in das der binäre Inhalt des SPA/GPA-Parameters unkonvertiert übertragen wird.

Die Anweisung GET PARAMETER greift nicht direkt auf das SAP Memory, sondern auf eine lokale Abbildung der SPA/GPA-Parameter im Rollbereich zu, die beim Hereinrollen geladen und beim Herausrollen im SAP Memory gespeichert wird (siehe Abschnitt 41.1.1). Wenn der in `pid` angegebene SPA/GPA-Parameter für den aktuellen Benutzer beim Hereinrollen noch nicht im SAP Memory existierte, wird das Datenobjekt `dobj` initialisiert und `sy-subrc` auf 4 gesetzt.

In einem Programm dürfen nur SPA/GPA-Parameter ausgelesen werden, für die es einen Namen in der Tabelle TPARA gibt. Wenn statisch festgestellt werden kann, dass eine in `pid` angegebene Kennung nicht in der Datenbanktabelle TPARA enthalten und die Paketprüfung der ABAP-Laufzeitumgebung über den Profilparameter abap/package_check eingeschaltet ist, kommt es zu einem Syntaxfehler. Ansonsten meldet nur die erweiterte Programmprüfung einen Fehler.

Systemfelder

sy-subrc	Bedeutung
0	Der in pid angegebene SPA/GPA-Parameter ist für den aktuellen Benutzer im SAP Memory vorhanden, und sein Wert wurde in das Zielfeld übertragen.
4	Der in pid angegebene SPA/GPA-Parameter ist für den aktuellen Benutzer nicht im SAP Memory vorhanden.

Hinweise

- Ein mit GET PARAMETER lesbarer SPA/GPA-Parameter kann zuvor entweder mit der Anweisung SET PARAMETER oder automatisch beim Ereignis PAI eines Dynpros bzw. eines Selektionsbildes im SAP Memory angelegt worden sein.

- Da die Anweisungen SET PARAMETER und GET PARAMETER nicht direkt mit den SPA/GPA-Parametern des SAP Memorys arbeiten, sind sie nur für die Datenübergabe innerhalb eines Hauptmodus, aber nicht für die Datenübergabe zwischen parallelen Hauptmodi geeignet, da parallel laufende Programme den Zustand der Parameter unkontrolliert beeinflussen können.

Beispiel

Auslesen des aktuellen Wertes des SPA/GPA-Parameters RID aus dem SAP Memory in das Datenobjekt prog. Dieser Parameter ist in den Dynpros der ABAP Workbench mit den Eingabefeldern für einen Programmnamen verknüpft. Beim ersten Aufruf eines Werkzeugs der ABAP Workbench, in dem ein ABAP-Programm bearbeitet wird, wird der Parameter beim Ereignis PAI angelegt und mit dem Namen des dort eingegebenen Programms versorgt. Wenn in der gleichen Benutzersitzung kein Dynpro prozessiert wurde, das den Parameter RID setzt, und zuvor auch keine entsprechende Anweisung SET PARAMETER ausgeführt wurde, wird RID im SAP Memory nicht gefunden.

```
DATA: para TYPE tpara-paramid VALUE 'RID',
      prog TYPE sy-repid.
GET PARAMETER ID para FIELD prog.
IF sy-subrc <> 0.
  MESSAGE 'Parameter not found' TYPE 'I'.
ENDIF.
```

42 Sprachumgebung

ABAP-Programme können so programmiert werden, dass sie ohne Anpassungen des Quelltextes in unterschiedlichen Sprachumgebungen ausgeführt werden können. Die Sprachumgebung eines Programms umfasst:

- einen sprachabhängigen Text-Pool, der die Textelemente eines ABAP-Programms enthält
- die sprachabhängige Textumgebung, die das Locale und die System-Codepage festlegt
- länderspezifische Formatierungseinstellungen, die das Format von Zahlen, Datums- und Zeitausgaben bestimmen

42.1 Text-Pools

Überschriften, Beschriftungen von Eingabefeldern auf Selektionsbildern und sonstige Texte können als Textelemente in Text-Pools für verschiedene Sprachen abgelegt werden. Text-Pools werden für folgende Programmtypen unterstützt:

- ausführbare Programme
- Class-Pools
- Funktionsgruppen
- Modul-Pools
- Subroutinen-Pools

Aus welchem Text-Pool ein ABAP-Programm seine Texte entnimmt, hängt von der Anmeldesprache bzw. einer Sekundärsprache ab oder kann während der Programmausführung eingestellt werden:

- Beim Laden eines Programms in einen internen Modus werden standardmäßig die Textelemente des Text-Pools der Anmeldesprache eingelesen. Falls dieser nicht vorhanden ist, wird der Text-Pool derjenigen Sprache verwendet, die im Profilparameter zcsa/second_language angegeben ist. Falls keiner dieser Text-Pools existiert, wird ein leerer Text-Pool ohne Textelemente geladen.
- Während der Programmausführung kann mit der Anweisung SET LANGUAGE ein Text-Pool einer anderen Sprache geladen werden.

Bei globalen Klassen und Funktionsgruppen sind die Text-Pools dem jeweiligen Rahmenprogramm zugeordnet, das im Repository einen anderen Namen hat als die Klasse bzw. die Funktionsgruppe.

Text-Pool laden

```
SET LANGUAGE
```

Syntax
```
SET LANGUAGE lang.
```

Diese Anweisung lädt die Listenüberschriften und Textsymbole des Text-Pools der in `lang` angegebenen Sprache. `lang` muss ein zeichenartiges Datenobjekt sein, das einen Sprachenschlüssel der Länge 1 enthält. Die möglichen Sprachenschlüssel sind in der Spalte SPRAS der Datenbanktabelle T002 enthalten. Die geladenen Textelemente gelten nur für das aktuelle Programm und nicht für darin aufgerufene Programme. Falls `lang` ein Leerzeichen enthält, ist das Verhalten undefiniert.

Falls es zur angegebenen Sprache keinen Text-Pool gibt, wird der Text-Pool der im Profilparameter zcsa/second_language angegebenen Sekundärsprache geladen. Falls keine Sekundärsprache gesetzt ist, wird kein neuer Text-Pool geladen und `sy-subrc` auf 4 gesetzt. Das Programm verwendet dann weiterhin die Textelemente des bisherigen Text-Pools. Wenn in einem mit SET LANGUAGE geladenem Text-Pool Listenüberschriften und Textsymbole fehlen, die im vorher geladenen Text-Pool vorhanden waren, werden diese initialisiert.

Systemfelder

sy-subrc	Bedeutung
0	Der Text-Pool der angegebenen Sprache oder der Sekundärsprache wurde geladen.
4	Es konnte weder der Text-Pool der angegebenen Sprache noch der Sekundärsprache geladen werden.

Hinweise

- Beim Aufruf eines Programms wird standardmäßig der Text-Pool der Anmeldesprache geladen. Falls dieser nicht vorhanden ist, wird der Text-Pool der Sekundärsprache geladen. Falls es diesen ebenfalls nicht gibt, bleiben sämtliche Textelemente initialisiert.

- Die Anweisung SET LANGUAGE lädt nicht die Selektionstexte der angegebenen Sprache. Hierfür kann, falls erforderlich, die Anweisung READ TEXTPOOL verwendet werden. Die damit gelesenen Selektionstexte können dann mit den Funktionsbausteinen SELECTION_TEXTS_MODIFY und SELECTION_TEXTS_DTEL auf dem Selektionsbild zur Anzeige gebracht werden.

Beispiel

Ausgabe des Textsymbols `text-010` in verschiedenen Sprachen. Es erfolgt für jede Sprache eine Ausgabe, für die der Text-Pool in der angegebenen Sprache oder der Sekundärsprache existiert.

```
DATA langu LIKE sy-langu.
SELECT spras FROM t002
       INTO langu.
  SET LANGUAGE langu.
```

```
IF sy-subrc = 0.
  WRITE: / langu, text-010.
ENDIF.
ENDSELECT.
```

42.2 Textumgebung

Die Textumgebung ist Teil der Laufzeitumgebung eines ABAP-Programms. Sie hat Einfluss auf alle zeichensatzabhängigen Operationen, das heißt:

- Anweisungen, die mit zeichenartigen Datenobjekten arbeiten
- Datenübertragung zwischen Applikations- und Präsentationsschicht
- Datenübertragung zwischen externen Ablagen und der Applikationsschicht
- Datenübertragung beim RFC
- Datenausgabe am Bildschirm im SAP GUI
- Drucken

Die Textumgebung setzt sich aus einer Sprache, einem Locale und einer Codepage zusammen. Die Codepage der Textumgebung muss eine System-Codepage sein. Alle Programme eines internen Modus arbeiten in einer gemeinsamen Textumgebung, die während der Programmausführung geändert werden kann.

Die Textumgebung wird beim Öffnen eines internen Modus implizit gemäß der Anmeldesprache des aktuellen Benutzers gesetzt. Während der Ausführung eines ABAP-Programms kann die Textumgebung des aktuellen internen Modus durch die Anweisung SET LOCALE gesetzt und mit GET LOCALE ausgelesen werden.

Das Systemfeld sy-langu enthält immer das einstellige Kürzel für die Sprache der aktuellen Textumgebung eines internen Modus. Die möglichen Kürzel finden sich als Sprachenschlüssel in der Spalte SPRAS der Datenbanktabelle T002.

42.2.1 Textumgebung in Unicode-Systemen

Die zu einer Sprache und einem Land gehörigen Locale-Eigenschaften sind in Unicode-Systemen in einer auf dem Applikationsserver vorhandenen und von dessen Betriebssystem unabhängigen ICU-Bibliothek (International Components for Unicode) definiert.

In Unicode-Systemen ist UTF-16 die einzige System-Codepage und somit die Codepage jeder Textumgebung. Nur bei speziellen Anweisungen, wie z. B. dem Lesen und Schreiben von Legacy-Dateien, gibt es die Besonderheit, dass für Konvertierungen die Nicht-Unicode-Codepage verwendet wird, die in einem Nicht-Unicode-System der aktuellen Textumgebung zugeordnet wäre.

42.2.2 Textumgebung in Nicht-Unicode-Systemen

Die zu einer Sprache und einem Land gehörigen Locale-Eigenschaften sind in Nicht-Unicode-Systemen vom Betriebssystem des aktuellen Applikationsservers abhängig. Es gibt in jedem Betriebssystem für jede Sprache vordefinierte Locales.

Die Codepage der Textumgebung ist immer eine Nicht-Unicode-Codepage. In Nicht-Unicode-Single-Codepage-Systemen gibt es nur eine System-Codepage. Es können nur Textumgebungen mit dieser Codepage gesetzt werden. In MDMP-Systemen gibt es mehrere System-Codepages. Es können alle Textumgebungen gesetzt werden, die eine dieser Codepages enthalten. Die Codepage der aktuellen Textumgebung ist die Umgebungs-Codepage eines internen Modus.

Die möglichen Textumgebungen von Nicht-Unicode-Systemen sind in der Datenbanktabelle TCP0C vordefiniert. Diese Systemtabelle wird von SAP ausgeliefert, und ihr Inhalt sollte im Normalfall nie geändert werden. In Unicode-Systemen dienen die Einträge der TCP0C nur noch für das Setzen der Codepage für oben erwähnte Spezialfälle.

Tabelle 42.1 zeigt die Spalten der Tabelle TCP0C. Die Textumgebung hängt von vier Schlüsselfeldern ab und wird in den Spalten LOCALE (Locale) und CHARCO (Codepage) definiert. Die in der Spalte CHARCO angegebene SAP-Codepage-Nummer identifiziert eine Nicht-Unicode-Codepage. Die Zuordnung von SAP-Codepage-Nummern zu Codepages kann mit der Transaktion SCP festgestellt werden.

Name	Schlüssel	Bedeutung
PLATFORM	X	Betriebssystem des Applikationsservers
LANGU	X	Sprachenschlüssel
COUNTRY	X	Länderschlüssel
MODIFIER	X	Locale-Schlüssel (wird nicht verwendet)
LOCALE		Betriebssystem-Locale
CHARCO		SAP-Codepage-Nummer
CHARCOMNLS		obsolet

Tabelle 42.1 Datenbanktabelle TCP0C

42.2.3 Textumgebung setzen

```
SET LOCALE
```

Syntax
```
SET LOCALE LANGUAGE lang [COUNTRY cntry] [MODIFIER mod].
```

Diese Anweisung legt die Textumgebung für alle Programme des aktuellen internen Modus für die in `lang` angegebene Sprache fest und setzt `sy-langu` auf den Wert von `lang`. Für `lang` muss ein zeichenartiges Datenobjekt angegeben werden, das einen maximal ein Zeichen langen Sprachenschlüssel enthält, dessen Wert in der Spalte SPRAS der Datenbanktabelle T002 enthalten sein muss. Wenn das Datenobjekt `lang` nur Leerzeichen enthält, wird die Anmeldesprache des aktuellen Benutzers verwendet, und die Zusätze COUNTRY und MODIFIER werden ignoriert.

Die Anweisung SET LOCALE hat unterschiedliche Auswirkungen, je nachdem, ob es sich um ein Unicode-System oder ein Nicht-Unicode-System handelt:

- **Textumgebung in Unicode-Systemen setzen**

  In einem Unicode-System muss in lang ein Sprachkürzel und kann in cntry ein Länderschlüssel angegeben werden, für die in der ICU-Bibliothek des Applikationsservers Locale-Eigenschaften definiert sind. Die möglichen Sprachenschlüssel sind in der Spalte SPRAS der Datenbanktabelle T002 enthalten. Das Locale der Textumgebung wird entsprechend gesetzt und beeinflusst die Sortierung von internen Tabellen und Extrakten über die Anweisung SORT mit dem Zusatz AS TEXT. Die Codepage eines Unicode-Systems ist immer UTF-16 und wird durch die Anweisung SET LOCALE nicht beeinflusst. Nach Ausführung von SET LOCALE wird aber die Nicht-Unicode-Codepage, die in einem Nicht-Unicode-System von der Anweisung gesetzt würde (siehe unten), bei speziellen Anweisungen, wie z. B. dem Lesen und Schreiben von Legacy-Dateien, für Konvertierungen verwendet.

- **Textumgebung in Nicht-Unicode-Systemen setzen**

  In einem Nicht-Unicode-System muss der in lang angegebene Sprachschlüssel zusammen mit dem aktuellen Betriebssystem des Applikationsservers (Systemfeld sy-opsys) und der implizit aus der Datenbanktabelle TCP0D entnommenen bzw. explizit gesetzten Länderkennung einen gültigen Schlüssel für die Datenbanktabelle TCP0C ergeben. Mit diesem Schlüssel werden der Name des betriebssystemabhängigen Locales aus der Spalte LOCALE und die Nummer der Nicht-Unicode-Codepage aus der Spalte CHARCO entnommen. Wenn zum angegebenen Schlüssel kein Eintrag in der Tabelle TCP0C vorhanden ist, kommt es zu einer behandelbaren Ausnahme. Die über den Schlüssel in TCP0C spezifizierte Codepage muss für den aktuellen AS ABAP als System-Codepage freigegeben sein, ansonsten kommt es ebenfalls zu einer behandelbaren Ausnahme. Daraus ergeben sich unterschiedliche Konsequenzen für Single-Codepage-Systeme und MDMP-Systeme:

  - In einem Single-Codepage-System ist nur eine Codepage als System-Codepage freigegeben. Mit SET LOCALE können nur die Sprache und das Locale, nicht die Codepage der Textumgebung geändert werden.
  - In einem MDMP-System sind mehrere Codepages als System-Codepages freigegeben. Mit SET LOCALE können die Sprache, das Locale und die Codepage der Textumgebung geändert werden. Wenn die in TCP0C gefundene Codepage freigegeben ist, setzt die Anweisung SET LOCALE diese Codepage als Umgebungs-Codepage.

  Die Freigabe einer Nicht-Unicode-Codepage als System-Codepage erfolgt durch einen Eintrag der SAP-Codepage-Nummer in der Datenbanktabelle TCPDB, die mit dem ausführbaren Programm RSCPINST gepflegt wird. Wenn die Datenbanktabelle TCPDB leer ist, wird sie so behandelt, als würde sie einen einzigen Eintrag mit der Nummer 1100 enthalten.

Die Textumgebung ist länderabhängig. Standardmäßig wird die zu der in lang angegebenen Sprache gehörige Länderkennung der Datenbanktabelle TCP0D entnommen. Die Länderkennung kann aber auch explizit mit dem Zusatz COUNTRY angegeben werden. Für cntry muss ein zeichenartiges Datenobjekt angegeben werden, das einen maximal drei Zeichen langen Länderschlüssel enthält.

Der Zusatz MODIFIER wird zurzeit nicht benötigt und sollte weggelassen werden. Wenn er angegeben wird, muss für mod ein zeichenartiges Datenobjekt mit maximal acht Stellen angegeben werden, das jedoch ignoriert wird.

Hinweise
- Die Textumgebung eines internen Modus sollte nur für folgende Zwecke geändert werden:
  - Es werden zeichenartige Datenobjekte verarbeitet, deren Sprache nicht die Anmeldesprache des aktuellen Benutzers ist. Die Sprache ist bei Anweisungen wie SORT ... AS TEXT, TRANSLATE ... TO UPPER CASE und bei Vergleichen, die die Groß-/Kleinschreibung ignorieren, von Bedeutung.
  - In einem Nicht-Unicode-System werden Zeichen einer ostasiatischen Sprache (Chinesisch, Japanisch, Koreanisch) verarbeitet. Wenn die Textumgebung nicht richtig gesetzt ist, werden Double-Byte-Zeichen nicht korrekt erkannt.
  - In Unicode-Systemen werden Legacy-Dateien gelesen und geschrieben.
- Nach einer Verarbeitung in einer geänderten Textumgebung sollte die Textumgebung wieder auf die frühere Textumgebung gesetzt werden.
- Anstelle der Anweisung SET LOCALE können die vier Funktionsbausteine, deren Namen mit SCP_MIXED_LANGUAGES_ beginnen, verwendet werden, um die aktuelle Textumgebung festzustellen, zu ändern und wieder auf die ursprüngliche Textumgebung zu setzen.
- Beim Ändern der System-Codepage in MDMP-Systemen ist darauf zu achten, dass auch auf den verwendeten Präsentationsservern eine passende Codepage installiert sein sollte. Ansonsten sind eventuell nicht alle Zeichen am Bildschirm darstellbar.
- Der Zusatz COUNTRY sollte nicht verwendet und stattdessen möglichst mit dem implizit gesetzten Länderschlüssel gearbeitet werden.
- Der Zusatz MODIFIER ist dafür vorgesehen, unterschiedliche Locales für eine Sprache innerhalb eines Landes zu setzen, um z. B. nach unterschiedlichen Sortiervorschriften zu sortieren. Zurzeit werden solche Locales noch nicht vom SAP-Standard unterstützt.

Beispiel
Das Beispiel zeigt die Auswirkung der Codepage der Textumgebung auf die Anweisung TRANSLATE ... TO UPPER CASE. In Unicode-Systemen wird der nach UTF-16 codierte Inhalt von text ("00E400F600FC") in allen Textumgebungen gleich umgesetzt ("00C400D600DC"). In Nicht-Unicode-Single-Codepage-Systemen löst das Programm eine Ausnahme aus, da zu den Sprachkürzeln "E" und "R" unterschiedliche Codepages – SAP-Codepage-Nummern 1100 und 1500 – gehören. In MDMP-Systemen, in denen die Codepages 1100 und 1500 freigegeben sind, wird der binäre Inhalt von text – "E4F6FC" in Codepage 1100 – unterschiedlich umgesetzt. In einer Textumgebung mit der Codepage 1100 werden die Zeichen als Umlaute interpretiert. In einer Textumgebung mit der Codepage 1500 handelt es sich um kyrillische Zeichen. Bei der Umsetzung in Großbuchstaben wird je nach Textumgebung das passende Zeichen in der Codepage gesucht und der binäre Inhalt entsprechend umgesetzt. Das Ergebnis für Codepage 1100 ist "C4D6DC" und für Codepage 1500 "C4A6AC".

```
DATA text TYPE c LENGTH 3.
FIELD-SYMBOLS <hex> TYPE x.
ASSIGN text TO <hex> CASTING.
text = 'äöü'.
WRITE / <hex>.
SET LOCALE LANGUAGE 'E'.
TRANSLATE text TO UPPER CASE.
WRITE / <hex>.
text = 'äöü'.
SET LOCALE LANGUAGE 'R'.
TRANSLATE text TO UPPER CASE.
WRITE / <hex>.
SET LOCALE LANGUAGE ' '.
```

42.2.3.1 Behandelbare Ausnahme

Beim Setzen der Textumgebung kann es zu einer behandelbaren Ausnahme der Ausnahmeklasse CX_SY_LOCALIZATION_ERROR kommen. Zu dem angegebenen Schlüssel lang, cntry, mod existiert (für die aktuelle Plattform) kein Eintrag in der SAP-Textumgebungstabelle TCP0C, oder über die Tabellen TCP0D und TCP0C wurde ein Zeichensatz ermittelt, der auf dem AS ABAP nicht freigeschaltet ist. Die freigegebenen Zeichensätze stehen in Tabelle TCPDB. Normalerweise soll in dieser Tabelle genau ein Zeichensatz stehen, und die Ausnahme entsteht, weil versucht wurde, eine nicht-kompatible Sprache zu verwenden.

42.2.4 Textumgebung feststellen

GET LOCALE

Syntax

`GET LOCALE LANGUAGE lang COUNTRY cntry MODIFIER mod.`

Die Parameter der aktuellen Textumgebung, bestehend aus Sprachschlüssel, Länderschlüssel und Kennung für ein spezifisches Locale, werden den Variablen lang, cntry und mod zugewiesen. Die Datenobjekte lang, cntry und mod müssen zeichenartige Datentypen haben. Die Variable mod wird zurzeit in allen Textumgebungen initialisiert.

Hinweis

Mit den eingelesenen Parametern der aktuellen Textumgebung kann diese nach einer Änderung mit der Anweisung SET LOCALE wiederhergestellt werden.

Beispiel

Feststellen der aktuellen Textumgebung und ihre Wiederherstellung nach einer eventuellen Änderung in einer aufgerufenen Prozedur.

```
DATA: lang   TYPE tcp0c-langu,
      cntry  TYPE tcp0c-country,
      mod    TYPE tcp0c-modifier.
GET LOCALE LANGUAGE lang COUNTRY cntry MODIFIER mod.
...
SET LOCALE LANGUAGE lang COUNTRY cntry.
```

42.3 Formatierungseinstellungen

Die Formatierungseinstellungen der Sprachumgebung bestimmen folgende Formate für formatierte Ausgaben:

- das Zahlenformat (Dezimal- und Tausendertrennzeichen)
- das Datumsformat (Trennzeichen und Reihenfolge)
- das Zeitformat (24-Stunden- oder 12-Stunden-Format)

Die Formatierungseinstellungen werden wie folgt festgelegt:

- Zu Beginn eines internen Modus sind sie durch die entsprechenden Voreinstellungen in den FESTWERTEN im Benutzerstammsatz des aktuellen Benutzers bestimmt.
- Über die Anweisung SET COUNTRY kann diese Voreinstellung für den aktuellen internen Modus mit länderspezifischen Formaten überschrieben werden.

Die Formatierungseinstellungen beeinflussen folgende ABAP-Sprachelemente:

- Zuweisungen mit der Anweisung WRITE TO
- Ausgaben auf Listen mit der Anweisung WRITE
- Angabe des Parameters environment für die Formatierungsoptionen NUMBER, DATE, TIME und TIMESTAMP bei eingebetteten Ausdrücken in Zeichenketten-Templates

Die Aufbereitung des Inhalts von Datenobjekten der Typen d oder t erfolgt in der Regel unabhängig von deren Inhalt. Auch ungültige Werte werden als Datums- oder Zeitangabe aufgefasst. Bei Zeitausgaben im 12-Stunden-Format werden bei ungültigen Werten die Trennzeichen an den entsprechenden Stellen eingefügt, und die Ausgabe der Abkürzung AM/am bzw. PM/pm ist außer beim Wert "240000" undefiniert.

Die im Benutzerstammsatz festgelegten Formatierungseinstellungen beeinflussen außerdem die Aufbereitung von Zahlen, Datums- und Zeitangaben auf den Bildschirmbildern von Dynpros. Dynpros unterstützen in Zeitfeldern mit 24-Stunden-Format keine ungültigen Werte mit Ausnahme des Wertes "24:00:00". Dieser Wert wird bei der Übergabe an ein ABAP-Feld vom Typ t dort als "240000" abgelegt. Um diesen Wert auch in Zeitfeldern mit 12-Stunden-Format unterstützen zu können, wird er als "24:00:00 PM/pm" aufbereitet.

42.3.1 Länderspezifische Formate

Die länderspezifischen Formatierungseinstellungen für Zahlen, Datums- und Zeitausgaben sind in der Datenbanktabelle T005X abgelegt. Die zu den Länderkürzeln in Tabelle T005X gehörigen Ländernamen befinden sich in der Tabelle T005T. Die Einstellungen für ein bestimmtes Land können entweder über die Anweisung SET COUNTRY für einen internen Modus gesetzt oder über die Formatierungsoption COUNTRY zur Formatierung eines eingebetteten Ausdrucks in Zeichenketten-Templates verwendet werden. Die Zeilen der Tabelle T005X enthalten ein Schlüsselfeld LAND, in dem ein Länderschlüssel abgelegt ist, und die Felder XDEZP, DATFM und TIMEFM für die jeweilige Formatierung. Die folgenden Tabellen zeigen die durch Festwerte definierten möglichen Werte in diesen Feldern und ihre Bedeutung.

42.3.1.1 Zahlenformate

Das Format von Zahlenausgaben wird durch die Spalte XDEZP bestimmt. Es stehen die in Tabelle 42.2 gezeigten Dezimal- und Tausendertrennzeichen zur Verfügung:

XDEZP	Dezimaltrennzeichen	Tausendertrennzeichen
" "	","	"."
"X"	"."	","
"Y"	","	" "

Tabelle 42.2   Dezimal- und Tausendertrennzeichen

42.3.1.2 Datumsformate

Das Format von Datumsausgaben wird durch die Spalte DATFM bestimmt, wobei "mm", "dd" und "yyyy" für Tag, Monat und Jahr stehen. Es stehen die in Tabelle 42.3 gezeigten länderspezifischen Formate zur Verfügung:

DATFM	Datumsformat
"1"	dd.mm.yyyy
"2"	mm/dd/yyyy
"3"	mm-dd-yyyy
"4"	yyyy.mm.dd
"5"	yyyy/mm/dd
"6"	yyyy-mm-dd
"7"	ggyy.mm.dd, japanisches Datum
"8"	ggyy/mm/dd, japanisches Datum
"9"	ggyy-mm-dd, japanisches Datum
"A"	yyyy/mm/dd, islamisches Datum 1
"B"	yyyy/mm/dd, islamisches Datum 2
"C"	yyyy/mm/dd, iranisches Datum

Tabelle 42.3   Datumsformate

Bei den japanischen Formaten für die Werte "7", "8" und "9" werden die ersten beiden Zeichen "gg" einer vierstelligen Jahreszahl als japanisches Unicode-Zeichen für den aktuellen Kaiser aufbereitet. Die hinteren beiden Zeichen "yy" sind das Jahr seiner Regentschaft.

Bei den islamischen Formaten für die Werte "A" und "B" wird das Datum nach dem islamischen Mondkalender aufbereitet, der die Zeit seit dem 16. Juli 622, dem Datum der Auswanderung Mohammeds aus Mekka (Hidschra), berechnet. Da diese Berechnung in verschiedenen islamischen Ländern unterschiedlich sein kann, werden zwei Formate angeboten, die beide individuell einstellbar sind. Die entsprechenden Einstellungen liegen in der Datenbanktabelle TISLCAL und können mit dem Programm I18N_MAINTAIN_TISLCAL geändert werden. Das iranische Format für den Wert "C" beruht auf einem islamischen Sonnenkalender, der die Zeit seit der Hidschra in Sonnenjahren berechnet.

42.3.1.3 Zeitformate

Das Format von Zeitausgaben wird durch die Spalte TIMEFM bestimmt, wobei "hh", "mm" und "ss" für Stunde, Minute und Sekunde stehen. Es stehen ein 24-Stunden- und mehrere 12-Stunden-Formate zur Verfügung (siehe Tabelle 42.4).

TIMEFM	Zeitformat
0	24-Stunden-Format (Standardeinstellung) hh:mm:ss
1	12-Stunden-Format (1 bis 12) hh:mm:ss AM bzw. hh:mm:ss PM
2	12-Stunden-Format (1 bis 12) hh:mm:ss am bzw. hh:mm:ss pm
3	12-Stunden-Format (0 bis 11) hh:mm:ss AM bzw. hh:mm:ss PM
4	12-Stunden-Format (0 bis 11) hh:mm:ss am bzw. hh:mm:ss pm

Tabelle 42.4 Zeitformate

Das 24-Stunden-Format folgt dem Standard ISO-8601. Die 12-Stunden-Formate sind spezifisch für bestimmte englischsprachige Länder wie Australien, Kanada, Neuseeland und die USA. Dabei stehen AM/am für "ante meridiem" (*before noon*) und PM/pm für "post meridiem" (*after noon*).

Die Formate für die Werte "1" und "2" bzw. "3" und "4" unterscheiden sich nur in der Groß-/Kleinschreibung von AM/PM und am/pm. Bei den 12-Stunden-Formaten der Werte "1" und "2" werden Mitternacht und 12 Uhr mittags als 12:00:00 ausgegeben. Bei den 12-Stunden-Formaten der Werte "3" und "4" werden Mitternacht und 12 Uhr mittags als 00:00:00 ausgegeben.

Hinweise

- Alle Zeitformate sind für die Ausgabe von Zeitpunkten bzw. Uhrzeiten geeignet. Für die Ausgabe einer Zeitdauer, also dem Abstand zwischen zwei Zeitpunkten, ist dagegen nur das 24-Stunden-Format geeignet. Die Ausgabe von AM/am bzw. PM/pm bei einer Zeitdauer ist nicht sinnvoll.
- Die Systemklasse CL_ABAP_TIMEFM enthält Hilfsmethoden für den Umgang mit Zeitformaten.

42.3.2 Formatierungseinstellungen setzen

```
SET COUNTRY
```

Syntax
```
SET COUNTRY cntry.
```

Diese Anweisung setzt die Formatierungseinstellungen der Sprachumgebung für alle nachfolgenden Anweisungen des aktuellen internen Modus. Für `cntry` muss ein zeichenartiges Datenobjekt angegeben werden, das entweder einen Wert aus der Spalte LAND der Datenbanktabelle T005X enthält oder initial ist.

Wenn `cntry` einen Wert aus der Tabelle T005X enthält, werden Zahlenformat, Datumsformat und Zeitformat entsprechend den Einträgen in den Spalten XDEZP, DATFM und TIMEFM auf ein länderspezifisches Format gesetzt.

Wenn `cntry` initial ist – genauer: an erster Stelle ein Leerzeichen enthält –, wird die Formatierung entsprechend der Einstellung FESTWERTE im Benutzerstammsatz eingestellt.

Falls der Inhalt von `cntry` weder in der Datenbanktabelle T005X gefunden wird noch ein Leerzeichen an erster Stelle enthält, wird `sy-subrc` auf 4 gesetzt und folgende Einstellung vorgenommen:

- Dezimaltrennzeichen als Punkt, Tausendertrennzeichen als Komma
- Datum in der Form "mm/dd/yyyy"
- Zeit im 24-Stunden-Format

Systemfelder

sy-subrc	Bedeutung
0	Der angegebene Länderschlüssel wurde in der Datenbanktabelle T005X gefunden, oder es wurde ein Leerzeichen angegeben.
4	Der angegebene Länderschlüssel wurde in der Datenbanktabelle T005X nicht gefunden.

Hinweise

- Solange in einem internen Modus nicht die Anweisung SET COUNTRY ausgeführt wurde, ist die Formatierung entsprechend den Festwerten im Benutzerstammsatz eingestellt.
- Wenn bestimmte Formatierungseinstellungen nur für eine oder wenige Formatierungen benötigt werden, kann anstelle von SET COUNTRY die Formatierungsoption COUNTRY für eingebettete Ausdrücke in Zeichenketten-Templates verwendet werden.

43 Datums- und Zeitinformationen

Dieses Kapitel beschreibt die Möglichkeiten, um in ABAP-Programmen auf die aktuellen Werte von Datum und Zeit zuzugreifen und diese zu bearbeiten.

43.1 Systemfelder für Datum und Zeit

Tabelle 43.1 fasst die Systemfelder für Datum und Zeit zusammen.

Systemfeld	Inhalt
sy-datlo	Datum in der Zeitzone des aktuellen Benutzers
sy-datum	Systemdatum (lokales Datum des AS ABAP)
sy-dayst	Kennzeichen für die Sommerzeit. Während der Sommerzeit "X", ansonsten " ".
sy-fdayw	Fabrikkalender-Wochentag. "1" für Montag, ..., "5" für Freitag.
sy-timlo	Uhrzeit in der Zeitzone des aktuellen Benutzers
sy-tzone	Zeitdifferenz zur UTC-Referenzzeit in Sekunden ohne Berücksichtigung der Sommerzeit
sy-uzeit	Systemzeit (lokale Uhrzeit des AS ABAP)
sy-zonlo	Zeitzone des Benutzers

Tabelle 43.1 Systemfelder für Datum und Zeit

Die Werte aller Systemfelder aus dieser Tabelle werden implizit beim Starten eines Programms, bei jedem Senden eines Bildschirmbildes eines Dynpros und beim Wechsel des internen Modus gesetzt. Mit der Anweisung GET TIME können die Systemfelder mit Ausnahme von sy-dayst, sy-fdayw, sy-tzone und sy-zonlo explizit aktualisiert werden.

Bis auf sy-datlo und sy-timlo beziehen sich alle Systemfelder auf das lokale Datum und die lokale Zeit des aktuellen AS ABAP. Die lokale Zeit eines AS ABAP entsteht dadurch, dass die Uhr der ABAP-Laufzeitumgebung in regelmäßigen Abständen mit der Uhr des Datenbankservers synchronisiert wird. Bei der Synchronisation wird die Uhr der ABAP-Laufzeitumgebung auf die Uhr des Datenbankservers eingestellt. Da dies auf allen Applikationsservern eines AS ABAP geschieht, ist die Uhr der ABAP-Laufzeitumgebung auf einem Applikationsserver synchron mit den Uhren aller anderen Applikationsserver und mit der des Datenbanksystems und zeigt somit die lokale Zeit des gesamten AS ABAP. Die Zeitzone, auf die sich die lokale Zeit eines AS ABAP bezieht, findet sich als einziger Eintrag in der Datenbanktabelle TTZCU.

Der Inhalt von sy-zonlo wird dem Benutzerstammsatz des aktuellen Benutzers entnommen. Die Werte von sy-datlo und sy-timlo werden aus sy-datum und sy-uzeit und der Zeitzone des AS ABAP für die Zeitzone in sy-zonlo berechnet. Falls im Benutzerstammsatz keine Zeitzone oder falls dort eine ungültige oder inaktive Zeitzone angegeben ist, werden sy-datlo und sy-timlo auf die Werte von sy-datum und sy-uzeit gesetzt. Alle gültigen Zeitzonen sind in der Tabelle TTZZ definiert.

Hinweis

Die Funktionsbausteine der Funktionsgruppe SCAL liefern einige zusätzliche Informationen zu Datumsangaben, wie z. B. den Wochentag oder die Kalenderwoche für ein gegebenes Datum.

Systemfelder für Datum und Zeit aktualisieren

`GET TIME`

Syntax

`GET TIME [FIELD tim].`

Ohne den Zusatz `FIELD` werden die Systemfelder für Datum und Zeit `sy-datlo`, `sy-datum`, `sy-timlo` und `sy-uzeit` auf den aktuellen Wert gesetzt. Der Inhalt der Systemfelder `sy-dayst`, `sy-fdayw`, `sy-tzone` und `sy-zonlo` wird nicht aktualisiert.

Mit dem Zusatz `FIELD` wird die aktuelle Systemzeit im Format "hhmmss" statt nach `sy-uzeit` in die Variable `tim` übertragen, und es wird keines der Systemfelder aktualisiert. Der Rückgabewert der Anweisung ist vom Datentyp t. Für `tim` muss ein passendes Datenobjekt angegeben werden, in das der Rückgabewert konvertiert werden kann.

Hinweis

Außer mit `GET TIME` werden die Systemfelder nach dem Starten eines Programms, nach dem Senden eines Bildschirmbildes und nach einem Wechsel des internen Modus aktualisiert.

43.2 Zeitstempel

Die Systemfelder für Datum und Zeit sind für viele Anforderungen nicht ausreichend, um eindeutige Zeitpunkte festzustellen. Zum einen handelt es sich um lokale Zeitpunkte, zum anderen sind die Werte nur sekundengenau. Für genauere Datums- und Zeitbestimmungen stehen Zeitstempel zur Verfügung.

43.2.1 Eigenschaften von Zeitstempeln

Ein Zeitstempel stellt Datum und Zeit in der Form "yyyymmddhhmmss" dar, wobei "yyyy" das Jahr, "mm" den Monat, "dd" den Tag, "hh" die Stunde, "mm" die Minuten und "ss" die Sekunden bedeuten. Es gibt eine Kurzform und eine Langform. Bei der Langform enthält obige Form zusätzlich sieben Nachkommastellen für Sekundenbruchteile, die auf 100 ns genaue Zeitangaben ermöglichen: "yyyymmddhhmmss.zzzzzzz". Die maximal erreichbare Zeitauflösung kann abhängig vom Betriebssystem des aktuellen Applikationsservers geringer sein.

Ein gültiger Zeitstempel muss Werte enthalten, bei denen die Datums- und Zeitangaben vor dem Dezimaltrennzeichen den gültigen Werten für die Datentypen d und t entsprechen:

- Bei der Datumsangabe sind nur die Werte 01 bis 9999 für die Jahre, 01 bis 12 für die Monate und 01 bis 31 für die Tage gültig.
- Bei der Zeitangabe sind nur die Werte 00 bis 23 für die Stunden und 00 bis 59 für die Minuten und Sekunden gültig.

Zeitstempel in dieser Form werden bei ihrer Verarbeitung mit den zugehörigen ABAP-Anweisungen immer als UTC-Zeitstempel aufgefasst. Mit der Anweisung GET TIME STAMP kann ein Zeitstempel erstellt werden, der die aktuelle UTC-Referenzzeit darstellt.

43.2.1.1 Datentypen

Für die Kurz- und Langform von Zeitstempeln stehen die Datentypen TIMESTAMP bzw. TIMESTAMPL im ABAP Dictionary zur Verfügung. Die zugehörigen ABAP-Typen sind p der Länge 8 ohne Nachkommastellen (Kurzform) und p der Länge 11 mit sieben Nachkommastellen (Langform). Zeitstempel werden in oben angegebenem Format in Datenobjekten dieser Typen gespeichert, wodurch die Dezimalstellen vor dem Dezimaltrennzeichen das Datum und die Uhrzeit und die Nachkommastellen in der Langform die Sekundenbruchteile darstellen.

In Programmen, für die die Programmeigenschaft FESTPUNKTARITHMETIK nicht gesetzt ist, sind die entsprechenden Regeln für den Datentyp p zu beachten.

43.2.1.2 Verwendung

Zeitstempel können für die Protokollierung von Zeitpunkten und für deren Vergleiche verwendet werden. Sie sind nicht für direkte Berechnungen oder die Ausgabe von Datum und Zeit geeignet. Für Berechnungen und Ausgaben können Zeitstempel mit der Anweisung CONVERT TIME STAMP in Datums- und Zeitfelder lokaler Zeitzonen konvertiert werden und mit CONVERT DATE umgekehrt. Für Aufbereitungen können die Optionen TIMESTAMP und TIMEZONE für eingebettete Ausdrücke in Zeichenketten-Templates sowie der Zusatz TIME ZONE der Anweisung WRITE [TO] verwendet werden. Die Systemklasse CL_ABAP_TSTMP stellt Methoden für Addition, Subtraktion, Umwandlung und Vergleich von Zeitstempeln zur Verfügung.

Hinweise
- Bei der Zuweisung von Zeitstempeln in der Langform an Zeitstempel in der Kurzform kann es zu unerwünschten Rundungseffekten kommen.
- Direkte Vergleiche von Zeitstempeln in der Langform mit der Kurzform sind nur möglich, wenn die Programmeigenschaft FESTPUNKTARITHMETIK gesetzt ist. Ansonsten muss auch für Vergleiche die Systemklasse CL_ABAP_TSTMP verwendet werden.

43.2.1.3 Regelwerk

Die Umwandlung der UTC-Referenzzeit eines Zeitstempels in die lokale Zeitzone eines AS ABAP oder Benutzers beruht auf einem Regelwerk, das in Datenbanktabellen abgelegt ist. Die Namen aller zugehörigen Datenbanktabellen beginnen mit TTZ. Folgende Datenbanktabellen, deren Inhalt mit der Transaktion STZBD gepflegt werden kann, sind für Zeitstempel von Bedeutung:

- Die Datenbanktabelle TTZZ enthält in der Spalte TZONE eine Liste möglicher Zeitzonen. Die Einträge in den Spalten ZONERULE und DSTRULE verweisen auf die Regeln für die zeitliche Abweichung der Zeitzone von der UTC-Referenzzeit in der Tabelle TTZR und auf die Regeln zur Sommerzeit in den Tabellen TTZD, TTZDF und TTZDV.

- Die Datenbanktabelle TTZR enthält in der Spalte ZONERULE eine Liste möglicher Regeln für die Zeitdifferenz zwischen Zeitzonen und der UTC-Referenzzeit. In den Spalten UTCDIFF und UTCSIGN befinden sich die Zeitabweichungen gegenüber UTC und deren Vorzeichen ohne Berücksichtigung der Sommerzeit.

- Die Datenbanktabelle TTZD enthält in der Spalte DSTRULE eine Liste aller möglichen Sommerzeitregeln. In der Spalte DSTDIFF befindet sich die Zeitdifferenz zwischen Sommerzeit und Winterzeit.

- Die Datenbanktabelle TTZDF enthält in der Spalte DSTRULE eine Liste fester Sommerzeitregeln. In der Spalte YEARACT befinden sich für jede Regel Jahreszahlen, für die die Regel gültig ist. In den Spalten DATEFROM, TIMEFROM, DATETO und TIMETO befinden sich Datum und Uhrzeit für Beginn und Ende der Sommerzeit.

- Die Datenbanktabelle TTZDV enthält in der Spalte DSTRULE eine Liste variabler Sommerzeitregeln. In der Spalte YEARFROM befindet sich für jede Regel eine Jahreszahl, ab der die Regel gültig ist. In den Spalten MONTHFROM, WEEKDFROM, WEEKDCFROM, TIMEFROM, MONTHTO, WEEKDTO, WEEKDCTO und TIMETO befinden sich Monat, Woche, Tag und Uhrzeit für Beginn und Ende der Sommerzeit.

Für ein korrektes Regelwerk müssen alle in TTZZ aufgeführten Regeln für die Zeitdifferenz zwischen Zeitzonen und der UTC-Referenzzeit in TTZR und alle aufgeführten Regeln für die Sommerzeit in TTZD enthalten sein. Wenn die Zeitdifferenz zwischen Sommerzeit und Winterzeit in TTZD ungleich 0 ist, muss die zugehörige Sommerzeitregel in mindestens einer der Tabellen TTZDF oder TTZDV enthalten sein. Während TTZDF feste Datumsangaben für die Umstellung enthält, ist das Datum in TTZDV variabel, indem ein Wochentag einer bestimmten Woche eines Monats angegeben wird. Die Sommerzeitregel wird erst in TTZDF und, falls dort nicht vorhanden, in TTZDV gesucht.

Hinweise zur Sommerzeit

Wenn in einer Zeitzone eine Sommerzeitregel mit einer Sommerzeitdifferenz ungleich 0 definiert ist, ist Folgendes zu beachten:

- Findet während der Sommerzeit ein Jahreswechsel statt (in der südlichen Hemisphäre), bezeichnet das in den Datenbanktabellen TTZDF bzw. TTZDV angegebene Jahr den Beginn der Sommerzeit, während das Ende im folgenden Jahr liegt.

- Die in den Datenbanktabellen TTZDF bzw. TTZDV angegebene Uhrzeit für den Beginn der Sommerzeit bezeichnet die Zeit, zu der in der zu Ende gehenden Winterzeit die Uhr um die Sommerzeitdifferenz vorgestellt wird. Die erste Sekunde der Sommerzeit ist diejenige Zeit, die man erhält, wenn man die Sommerzeitdifferenz zum angegebenen Zeitpunkt addiert.

Bei Beginn der Sommerzeit entsteht eine Zeitspanne mit der Länge der Sommerzeitdifferenz, für die zwar eine Datums- und Uhrzeitangabe formuliert werden kann, die aber als lokale Zeit nicht existiert und die keiner UTC-Referenzzeit zugeordnet werden kann. Eine solche lokale Zeitangabe wird in der Anweisung CONVERT DATE als ungültige Zeitangabe behandelt.

▶ Die in den Datenbanktabellen TTZDF bzw. TTZDV angegebene Uhrzeit für das Ende der Sommerzeit bezeichnet die Zeit, zu der in der zu Ende gehenden Sommerzeit die Uhr um die Sommerzeitdifferenz zurückgestellt wird. Die erste Sekunde der Winterzeit ist diejenige Zeit, die man erhält, wenn man die Sommerzeitdifferenz vom angegebenen Zeitpunkt subtrahiert.

Am Ende der Sommerzeit entsteht eine Zeitspanne mit der Länge der Sommerzeitdifferenz, die als lokale Zeit zweimal durchlaufen wird (die doppelte Stunde). Wenn eine Datums- und Uhrzeitangabe für diese Zeitspanne formuliert wird, wird sie in der Anweisung CONVERT DATE standardmäßig als Zeitangabe für die Sommerzeit behandelt.

43.2.2 Aktuellen Zeitstempel erstellen

GET TIME STAMP

Syntax
`GET TIME STAMP FIELD time_stamp.`

Diese Anweisung weist der Variablen `time_stamp` einen Zeitstempel für die aktuelle UTC-Referenzzeit des AS ABAP zu. Das Datenobjekt `time_stamp` muss entweder den Datentyp TIMESTAMP oder TIMESTAMPL aus dem ABAP Dictionary entsprechend ABAP-Typ p der Länge 8 bzw. p der Länge 11 mit sieben Nachkommastellen haben. Je nach Datentyp von `time_stamp` wird der Zeitstempel entweder in der Kurzform oder in der Langform erstellt.

Die Genauigkeit in den Nachkommastellen der Langform ist von der Hardware (Prozessor) des Applikationsservers abhängig. Die maximale Auflösung von 100 ns wird nicht immer erreicht. Auf manchen Plattformen kann nur eine Auflösung im Bereich von Millisekunden erzielt werden.

Beispiel
Ermittlung des aktuellen Zeitstempels in der Langform und seine Verwendung zur Protokollierung des Zeitpunkts, zu dem eine Zeile in einer Datenbanktabelle eingefügt wird.

```
DATA: BEGIN OF wa,
        ...
        time_stamp TYPE timestampl,
        ...
      END OF wa.
...
GET TIME STAMP FIELD wa-time_stamp.
INSERT dbtab FROM wa.
```

43.2.3 Zeitstempel in lokale Zeit konvertieren

`CONVERT TIME STAMP`

Syntax
```
CONVERT TIME STAMP time_stamp TIME ZONE tz
    INTO [DATE dat] [TIME tim]
    [DAYLIGHT SAVING TIME dst].
```

Diese Anweisung interpretiert einen in `time_stamp` angegebenen Zeitstempel als UTC-Referenzzeit, konvertiert diese in das lokale Datum und die lokale Zeit der in `tz` angegebenen Zeitzone und weist das Ergebnis den Variablen `dat`, `tim` und `dst` zu. Es muss mindestens einer der beiden Zusätze `DATE` oder `TIME` angegeben werden. Bei `time_stamp` und `tz` handelt es sich um funktionale Operandenpositionen (ab Release 7.02/7.2).

Der Operand `time_stamp` muss entweder den Datentyp TIMESTAMP oder TIMESTAMPL aus dem ABAP Dictionary entsprechend ABAP-Typ p der Länge 8 bzw. p der Länge 11 mit sieben Nachkommastellen haben, das einen gültigen Zeitstempel in der Kurz- bzw. Langform enthält. Falls `time_stamp` keinen gültigen Zeitstempel enthält, wird der Inhalt von `dat` und `tim` nicht geändert und `sy-subrc` auf 12 gesetzt.

Für `tz` muss ein Operand vom Typ TIMEZONE aus dem ABAP Dictionary angegeben werden, das eine Zeitzone aus der Spalte TZONE der Datenbanktabelle TTZZ in Großbuchstaben enthält. Ist `tz` initial, wird keine lokale Zeit berechnet, sondern `dat` und `tim` wird die UTC-Referenzzeit zugewiesen und `sy-subrc` auf 4 gesetzt. Wird die angegebene Zeitzone nicht in der Datenbanktabelle TTZZ gefunden, wird der Inhalt von `dat` und `tim` nicht geändert und `sy-subrc` auf 8 gesetzt. Ist das Regelwerk für die angegebene Zeitzone nicht vollständig, kommt es zu einer unbehandelbaren Ausnahme.

Die Rückgabewerte für `dat` und `tim` sind vom Datentyp d bzw. t. Für `dat` und `tim` müssen passende Datenobjekte angegeben werden, in die die Rückgabewerte konvertiert werden können. Falls der Zeitstempel in `time_stamp` in der Langform vorliegt, werden die Sekundenbruchteile in den Nachkommastellen ignoriert.

Hinter dem optionalen Zusatz `DAYLIGHT SAVING TIME` muss eine Variable `dst` vom Typ c der Länge 1 angegeben werden. Falls der in `time_stamp` enthaltene Zeitstempel für die in Zeitzone `tz` angegebene Zeitzone in der Sommerzeit liegt, wird `dst` auf den Wert "X", ansonsten auf den Wert " " gesetzt.

Eine Konvertierung von Zeitstempeln, die die wegen der Umstellung vom Julianischen auf den Gregorianischen Kalender eigentlich nicht vorhandenen Tage vom 5.10.1582 bis zum 14.10.1582 enthalten, ergibt die gleichen Ergebnisse wie die Konvertierung der vorhandenen Tage vom 15.10.1582 bis zum 24.10.1582.

Systemfelder

sy-subrc	Bedeutung
0	Zeitstempel wurde in lokale Zeit der angegebenen Zeitzone konvertiert und den Zielfeldern zugewiesen.
4	Zeitstempel wurde den Zielfeldern ohne Konvertierung in eine lokale Zeit zugewiesen.

sy-subrc	Bedeutung
8	Zeitstempel konnte nicht konvertiert werden, da die angegebene Zeitzone nicht in der Datenbanktabelle TTZZ vorhanden ist.
12	Zeitstempel konnte nicht konvertiert werden, da time_stamp einen ungültigen Wert enthält.

Hinweis

Mit dem Rückgabewert für die Sommerzeit in dst können doppelt auftretende lokale Zeitangaben unterschieden werden, die dadurch entstehen können, dass UTC-Zeitstempel innerhalb der doppelten Stunde bei der Umstellung von Sommer- auf Winterzeit in die lokale Zeit konvertiert werden.

Beispiel

Für die in der Datenbanktabelle TTZZ vorhandene Zeitzone "BRAZIL" ist in der Datenbanktabelle TTZR eine Verschiebung von –3 Stunden gegenüber der UTC-Referenzzeit eingetragen. Das Ende der Sommerzeit ist in der Datenbanktabelle TTZDV auf den 2. Sonntag im März um 02:00 Uhr festgelegt, was im Jahr 2003 dem 09. März entspricht. Mit diesen Einstellungen im Regelwerk ergeben die beiden folgenden Konvertierungen beide Male die gleiche lokale Zeit "01:30:00", wobei bei der ersten Konvertierung angezeigt wird, dass sich die Zeit noch in der Sommerzeit befindet.

```
DATA: time_stamp TYPE timestamp,
      dat        TYPE d,
      tim        TYPE t,
      tz         TYPE ttzz-tzone,
      dst        TYPE c LENGTH 1.
tz = 'BRAZIL'.
time_stamp = 20030309033000.
CONVERT TIME STAMP time_stamp TIME ZONE tz
     INTO DATE dat TIME tim DAYLIGHT SAVING TIME dst.
WRITE: /(10) dat, (8) tim, dst.
time_stamp = 20030309043000.
CONVERT TIME STAMP time_stamp TIME ZONE tz
     INTO DATE dat TIME tim DAYLIGHT SAVING TIME dst.
WRITE: /(10) dat, (8) tim, dst.
```

43.2.4 Lokale Zeit in Zeitstempel konvertieren

CONVERT DATE

Syntax

```
CONVERT DATE dat [TIME tim [DAYLIGHT SAVING TIME dst]]
     INTO TIME STAMP time_stamp TIME ZONE tz.
```

Diese Anweisung interpretiert ein in dat angegebenes Datum, eine in tim angegebene Zeit und eine in dst angegebene Sommerzeitmarkierung als lokale Datums- und Zeitangabe für die in tz angegebene Zeitzone, konvertiert diese in die UTC-Referenzzeit und weist das Ergebnis als Zeitstempel der Variablen `time_stamp` zu. Bei `dat` und `tim` handelt es sich um funktionale Operandenpositionen (ab Release 7.02/7.2).

Für `dat` und `tim` werden Operanden vom Datentyp `d` bzw. `t` erwartet. Operanden anderer Typen werden nach `d` bzw. `t` konvertiert. Falls der Zusatz TIME nicht angegeben ist, wird für `tim` implizit die initiale Zeit "000000" verwendet. Falls `dat` oder `tim` ungültige Werte enthalten, wird `time_stamp` nicht geändert und `sy-subrc` auf 12 gesetzt. In `tim` sind nur die Werte 00 bis 23 für die Stunden und 00 bis 59 für die Minuten und Sekunden gültig.

Für `tz` muss ein Operand vom Typ TIMEZONE aus dem ABAP Dictionary angegeben werden, der eine Zeitzone aus der Spalte TZONE der Datenbanktabelle TTZZ in Großbuchstaben enthält. Bei `tz` handelt es sich ebenfalls um eine funktionale Operandenposition (ab Release 7.02/7.2). Ist `tz` initial, wird die in `dat` und `tim` angegebene Zeit als UTC-Referenzzeit aufgefasst und `sy-subrc` auf 4 gesetzt. Wird die angegebene Zeitzone nicht in der Datenbanktabelle TTZZ gefunden, wird `time_stamp` nicht geändert und `sy-subrc` auf 8 gesetzt. Ist das Regelwerk für die angegebene Zeitzone nicht vollständig, kommt es zu einer unbehandelbaren Ausnahme.

Das Datenobjekt `time_stamp` muss entweder den Datentyp TIMESTAMP oder TIMESTAMPL aus dem ABAP Dictionary entsprechend ABAP-Typ `p` der Länge 8 bzw. `p` der Länge 11 mit sieben Nachkommastellen haben. Wenn `time_stamp` vom Datentyp TIMESTAMPL für die Langform ist, werden die Sekundenbruchteile in den Nachkommastellen bei der Zuweisung initialisiert.

Hinter TIME kann der Zusatz DAYLIGHT SAVING TIME angegeben werden, um das Verhalten der Anweisung bezüglich der Sommerzeit zu steuern. Für `dst` muss ein Datenobjekt vom Typ `c` der Länge 1 angegeben werden, das entweder den Wert "X" oder " " haben muss. Falls `dst` den Wert "X" hat, wird der Wert von `tim` als Zeitangabe in der Sommerzeit aufgefasst. Falls `dst` den Wert " " hat, wird der Wert von `tim` als Zeitangabe in der Winterzeit aufgefasst.

Wenn `dst` einen anderen Wert enthält oder der Wert von `dst` nicht zur Angabe in `tim`, `dat` und `tz` passt, wird `time_stamp` nicht geändert und `sy-subrc` auf 12 gesetzt. Die Angabe in `dst` passt beispielsweise nicht zu den anderen Angaben, wenn der Wert "X" angegeben ist, die Angaben in `tim`, `dat` und `tz` aber einen Zeitstempel im Winterhalbjahr der nördlichen Hemisphäre beschreiben.

Falls `tz` eine Zeitzone ohne Sommerzeitregel enthält (z. B. bei Angabe der UTC-Referenzzeit über "UTC"), wird der Zusatz ignoriert. Falls der Zusatz DAYLIGHT SAVING TIME nicht angegeben ist, wird der Wert von `dst` für Angaben in `tim` und `dat` in der Sommerzeit implizit auf "X" und für Angaben in der Winterzeit auf " " gesetzt. In der doppelten Stunde bei der Umstellung von Sommerzeit auf Winterzeit wird er auf "X" gesetzt und die Angabe in `tim` und `dat` als Zeitangabe in der Sommerzeit aufgefasst.

Eine Konvertierung von Datumsangaben für die wegen der Umstellung vom Julianischen auf den Gregorianischen Kalender eigentlich nicht vorhandenen Tage vom 5.10.1582 bis zum 14.10.1582 ergibt die gleichen Ergebnisse wie die Konvertierung der vorhandenen Tage vom 15.10.1582 bis zum 24.10.1582.

Systemfelder

sy-subrc	Bedeutung
0	Lokale Zeit der angegebenen Zeitzone wurde in Zeitstempel konvertiert und dem Zielfeld zugewiesen.
4	Zeitangabe wurde ohne Zeitverschiebung in Zeitstempel konvertiert und dem Zielfeld zugewiesen.
8	Zeitangabe konnte nicht konvertiert werden, da die angegebene Zeitzone nicht in der Datenbanktabelle TTZZ vorhanden ist.
12	Zeitangabe konnte nicht konvertiert werden, da dat, tim oder dst ungültige oder inkonsistente Werte enthalten.

Hinweise

- Mit der Angabe von Sommer- und Winterzeit hinter DAYLIGHT SAVING TIME können aus gleichen lokalen Zeitangaben innerhalb der doppelten Stunde bei der Umstellung von Sommer- auf Winterzeit unterschiedliche UTC-Zeitstempel erstellt werden.

- Bei der Umstellung von Winter- auf Sommerzeit wird in der Regel eine Stunde ausgelassen. So wird z. B. in der Zeitzone "CET" im Jahr 2009 am 29.3. die Stunde von 2:00 auf 3:00 Uhr ausgelassen. Wird versucht, eine Zeit während dieser fehlenden Stunde zu konvertieren, wird die Anweisung immer mit dem Wert 12 für sy-subrc abgebrochen, da es diese Zeit bzw. diesen lokalen Zeitstempel nicht gibt.

Beispiel

Für die Zeitzone "BRAZIL" gelten die im Beispiel zu CONVERT TIME STAMP beschriebenen Einstellungen im Regelwerk für Zeitstempel. Aus einer lokalen Zeitangabe werden über die Angabe von Sommer- und Winterzeit zwei unterschiedliche UTC-Zeitstempel – "20030309033000" und "20030309043000" – erzeugt. Ohne den Zusatz DAYLIGHT SAVING TIME wird der UTC-Zeitstempel "20030309033000" erzeugt.

```
DATA: time_stamp TYPE timestamp,
      dat TYPE d,
      tim TYPE t,
      tz  TYPE ttzz-tzone.
tz = 'BRAZIL'.
dat = '20030309'.
tim = '013000'.
CONVERT DATE dat TIME tim DAYLIGHT SAVING TIME 'X'
        INTO TIME STAMP time_stamp TIME ZONE tz.
WRITE: / time_stamp.
CONVERT DATE dat TIME tim DAYLIGHT SAVING TIME ' '
        INTO TIME STAMP time_stamp TIME ZONE tz.
WRITE: / time_stamp.
```

TEIL 13
Programmbearbeitung

44 Programme testen und prüfen

Die Anweisungen dieses Abschnitts können während der Programmerstellung zu Testzwecken verwendet oder zur Überprüfung fertiger Programme eingebaut werden. In produktiven Programmen dürfen aber nur Anweisungen vorkommen, die den Programmablauf nicht behindern. Dies sind ASSERT und BREAK-POINT mit dem Zusatz ID.

Ein weiteres wichtiges Werkzeug zum Testen von ABAP-Programmen sind Testmethoden in Testklassen von ABAP Unit.

44.1 Checkpoints

Checkpoints definieren Punkte in einem Programm, an denen der Zustand des Programms während der Programmausführung getestet werden kann. Die Wirkung von Checkpoints ist entweder bedingt oder unbedingt. Bedingte Checkpoints werden durch Assertions und unbedingte Checkpoints durch Breakpoints oder Logpoints realisiert. Checkpoints können durch die Zuordnung zu einer Checkpoint-Gruppe von außerhalb des Programms über die Transaktion SAAB aktiviert und deaktiviert werden. Mehr Informationen zu aktivierbaren Checkpoints enthält die Dokumentation zur Transaktion SAAB.

44.1.1 Assertions

ASSERT

Syntax
```
ASSERT [ [ID group [SUBKEY sub]]
         [FIELDS val1 val2 ...]
         CONDITION ] log_exp.
```

Diese Anweisung definiert eine Assertion. Für log_exp kann ein beliebiger logischer Ausdruck angegeben werden (siehe Abschnitt 21.1). Wenn das Programm eine aktive Assertion erreicht, wird der logische Ausdruck ausgewertet und die Programmausführung nur dann mit der auf ASSERT folgenden Anweisung fortgesetzt, falls das Ergebnis von log_exp wahr ist. Bei einer inaktiven Assertion wird die logische Bedingung log_exp nicht ausgewertet und die Programmausführung mit der auf ASSERT folgenden Anweisung fortgesetzt.

Falls das Ergebnis von log_exp falsch ist, wird bei einer immer aktiven Assertion – wenn der Zusatz ID nicht angegeben ist – eine unbehandelbare Ausnahme ausgelöst und das Programm mit dem Laufzeitfehler ASSERTION_FAILED abgebrochen.

Bei einer von außen aktivierten Assertion – wenn der Zusatz ID angegeben ist – legt die für eine Checkpoint-Gruppe oder die aktuelle Kompilationseinheit festgelegte Betriebsart die weitere Programmausführung fest. Die möglichen Einstellungen sind:

- **Inaktiv**
  Die Assertion ist inaktiv.

- **Protokollieren**
  Anlegen eines Eintrags in einem speziellen Protokoll und Fortsetzen der Programmausführung mit der auf `ASSERT` folgenden Anweisung. Die Protokolleinträge werden im Shared Memory gesammelt und von einem periodischen Hintergrundjob in eine Datenbanktabelle geschrieben. Standardmäßig wird dabei ein bereits vorhandener Eintrag der gleichen `ASSERT`-Anweisung überschrieben. Bei jedem Schreiben eines Eintrags wird ein Zähler für den Eintrag erhöht. Das Protokoll kann mit der Transaktion SAAB ausgewertet werden.

- **Anhalten/Protokollieren oder Anhalten/Abbrechen**
  Verzweigen in den ABAP Debugger. In der Dialogverarbeitung verhält sich die Anweisung `ASSERT` dabei wie die Anweisung `BREAK-POINT`. Für die Fälle, in denen die Anweisung `BREAK-POINT` einen Eintrag in das Systemprotokoll schreibt, d. h. für Hintergrundverarbeitung, die synchrone oder asynchrone Verbuchung oder HTTP-Sitzungen ohne externes Debugging, wird die alternativ angegebene Einstellung verwendet.

- **Abbrechen**
  Auslösen einer unbehandelbaren Ausnahme und Abbruch des Programms mit dem Laufzeitfehler ASSERTION_FAILED.

Der Zusatz `CONDITION` leitet den logischen Ausdruck ein. Er muss vor `log_exp` angegeben werden, wenn einer der anderen Zusätze angegeben ist, ansonsten kann er weggelassen werden.

Hinweise

- Assertions dienen dazu, bestimmte Annahmen über den Zustand eines Programms an einer bestimmten Stelle zu verifizieren und sicherzustellen, dass diese eingehalten werden. Gegenüber der Implementierung mit einer `IF`-Anweisung und z. B. einer Exit-Meldung ist die Anweisung `ASSERT` kürzer, ihr Sinn ist direkt erkennbar, und sie ist von außen aktivierbar.

- Um Einträge nur in ein Protokoll zu schreiben, gibt es die Anweisung `LOG-POINT` zur Definition eines Logpoints. Die Anweisung `ASSERT` sollte nicht für diesen Zweck verwendet werden.

- Wenn im logischen Ausdruck `log_exp` funktionale Methoden angegeben werden, sollten diese unbedingt nebenwirkungsfrei sein. Dies gilt insbesondere für von außen aktivierbare Assertions, da das Programmverhalten ansonsten von der Aktivierung abhängt.

44.1.1.1 Checkpoint-Gruppe angeben

```
... ID group
```

Ohne den Zusatz `ID` ist die Assertion immer aktiv. Bei Verwendung des Zusatzes `ID` werden die Aktivierung und das Verhalten der Anweisung von außerhalb des Programms durch eine Checkpoint-Gruppe gesteuert. Wenn der Zusatz `ID` angegeben ist, muss vor dem logischen Ausdruck `log_exp` der Zusatz `CONDITION` angegeben sein.

Der Zusatz `ID` ordnet die Assertion einer Checkpoint-Gruppe `group` zu. Der Name der Checkpoint-Gruppe muss direkt angegeben werden, und diese muss im Repository vorhanden sein. Eine Checkpoint-Gruppe wird mit der Transaktion SAAB verwaltet. Für eine Checkpoint-

Gruppe können entweder direkt oder über Aktivierungsvarianten Aktivierungseinstellungen für die zugeordneten Checkpoints angegeben werden.

Alle mit einer Checkpoint-Gruppe verknüpften Checkpoint-Anweisungen (ASSERT, BREAK-POINT, LOG-POINT) können über die Checkpoint-Gruppe aktiviert oder deaktiviert werden. Eine Aktivierungseinstellung besteht aus drei Komponenten:

- Gültigkeitsbereich – Angabe der Checkpoints über Checkpoint-Gruppe oder Kompilationseinheit
- Kontext – Angabe von Benutzer und/oder Applikationsserver
- Betriebsart – Systemverhalten der verschiedenen Checkpoint-Arten (Assertions, Breakpoints oder Logpoints)

Wenn die Aktivierung von Checkpoint-Anweisungen über die Kompilationseinheit erfolgt, ist die Verknüpfung mit einer bestimmten Checkpoint-Gruppe nicht von Bedeutung. Bei der Aktivierung über die Kompilationseinheit ist die Angabe einer Checkpoint-Gruppe dennoch notwendig, da eine Checkpoint-Anweisung ohne Zusatz ID immer aktiv ist.

Die Gültigkeitsdauer von Aktivierungseinstellungen mit nicht-inaktiven Betriebsarten ist zeitlich begrenzt.

44.1.1.2 Protokollschlüssel angeben

```
... SUBKEY sub
```

Der Zusatz SUBKEY wirkt nur, wenn die Anweisung ASSERT Einträge in ein Protokoll schreibt. Bei der Angabe von SUBKEY wird der Inhalt von sub als Unterschlüssel im Protokoll abgelegt. Bereits vorhandene Protokolleinträge der gleichen ASSERT-Anweisung werden nur bei gleichem Inhalt des Unterschlüssels überschrieben. Ohne die Angabe von SUBKEY ist der Unterschlüssel initial.

Bei sub handelt es sich um eine zeichenartige Ausdrucksposition (ab Release 7.02/7.2), von der die ersten 200 Zeichen ausgewertet werden. Ein dort angegebener Ausdruck oder eine dort angegebene Funktion werden nur ausgeführt, wenn die Assertion aktiv und der logische Ausdruck falsch ist.

44.1.1.3 Protokollwerte angeben

```
... FIELDS val1 val2 ...
```

Hinter dem Zusatz FIELDS kann eine Liste val1 val2 ... beliebiger Werte, ausgenommen Referenzvariablen, angegeben werden. Wenn die Anweisung ASSERT Einträge in ein Protokoll schreibt, werden die angegebenen Werte val1 val2 ... ebenfalls in das Protokoll übernommen. Wenn eine unbehandelbare Ausnahme ausgelöst wird, wird der Inhalt der ersten acht angegebenen Datenobjekte im zugehörigen Kurzdump dargestellt. Wenn in den ABAP Debugger verzweigt wird, hat der Zusatz FIELDS keine Wirkung.

Bei val1 val2 ... handelt es sich um funktionale Operandenpositionen (ab Release 7.02/7.2), an denen Datenobjekte oder funktionale Methoden angegeben werden können. Die Methoden werden nur ausgeführt, wenn die Assertion aktiv und der logische Ausdruck falsch ist.

Wenn der Zusatz FIELDS angegeben ist, muss vor dem logischen Ausdruck log_exp der Zusatz CONDITION angegeben sein.

Hinweise
- Das Protokoll, in das Assertions schreiben, ist nicht das Systemprotokoll, in das Breakpoints während der Hintergrundverarbeitung schreiben, sondern ein spezielles Protokoll, das in der Transaktion SAAB ausgelesen werden kann.
- Die Größe jedes der mit dem Zusatz FIELDS im Protokoll abgespeicherten Datenobjekte wird durch den Profilparameter abap/aab_log_field_size_limit begrenzt. Der Wert des Profilparameters gibt die Größe in Bytes an. Der voreingestellte Wert ist 1.024. Der Wert 0 bedeutet keine Beschränkung. Bei Erzeugen eines Protokolleintrags wird der Inhalt jedes Datenobjekts an dieser Grenze abgeschnitten, wobei bei internen Tabellen vollständige Zeilen entfernt werden.
- Die Angabe funktionaler Methoden hinter SUBKEY und FIELDS erlaubt es, Coding zur Aufbereitung von Protokolleinträgen erst nach der Verletzung einer Assertion auszuführen.

44.1.2 Breakpoints

```
BREAK-POINT
```

Syntax
```
BREAK-POINT { [ID group]
            | [log_text] }.
```

Diese Anweisung definiert einen Breakpoint. Der Zusatz ID steuert die Aktivierung. Ohne den Zusatz ID ist der Breakpoint immer aktiv. Bei Verwendung des Zusatzes ID gilt:

- Während der Dialogverarbeitung wird die Aktivierung von außerhalb des Programms durch eine Checkpoint-Gruppe group oder eine Aktivierungsvariante gesteuert. Für die Angabe der Checkpoint-Gruppe gilt das Gleiche wie bei der Anweisung ASSERT, wobei als Betriebsart nur zwischen INAKTIV und ANHALTEN ausgewählt werden kann.
- Während der Hintergrundverarbeitung, während der Verbuchung im Verbuchungs-Workprozess und bei der Programmausführung als HTTP-Server ohne externes Debugging ist der Breakpoint bei Verwendung des Zusatzes ID immer inaktiv.

In log_text kann ein ergänzender Text für das Systemprotokoll angegeben werden. Während der Dialogverarbeitung hat die Angabe von log_text keine Wirkung. Während der Hintergrundverarbeitung und während der Verbuchung wird der Inhalt von log_text im Systemprotokoll zwischen die Wörter "Breakpoint" und "erreicht" eingefügt. Für log_text wird ein flaches zeichenartiges Datenobjekt mit einer Länge von 40 Zeichen erwartet. Die Angabe eines Datenobjekts vom Typ string wird ignoriert.

Die folgenden Abschnitte beschreiben das allgemeine Verhalten von Breakpoints in verschiedenen Kontexten.

44.1.2.1 Breakpoints in der Dialogverarbeitung

Wenn das Programm während der Dialogverarbeitung einen aktiven Breakpoint erreicht, wird die Programmausführung unterbrochen und in den ABAP Debugger verzweigt. Ein inaktiver Breakpoint wird ignoriert und die Programmausführung mit der auf BREAK-POINT folgenden Anweisung fortgesetzt.

44.1.2.2 Breakpoints in der Hintergrundverarbeitung

Während der Hintergrundverarbeitung wird die Programmausführung nicht unterbrochen. Wenn das Programm einen aktiven Breakpoint erreicht, wird ein Eintrag "Breakpoint erreicht" in das Systemprotokoll geschrieben, hinter dem der Programmname und die Stelle des Breakpoints im Programm aufgeführt sind. Ein inaktiver Breakpoint wird ignoriert. In beiden Fällen wird die Programmausführung mit der auf BREAK-POINT folgenden Anweisung fortgesetzt.

44.1.2.3 Breakpoints in der Verbuchung

Während der synchronen und asynchronen Verbuchung hängt das Verhalten von der Einstellung des ABAP Debuggers ab:

- Wenn im ABAP Debugger nicht VERBUCHUNGS-DEBUGGING eingestellt ist, verhält sich ein Breakpoint wie in der Hintergrundverarbeitung.
- Wenn im ABAP Debugger VERBUCHUNGS-DEBUGGING eingestellt ist, verhält sich ein Breakpoint wie in der Dialogverarbeitung. Die Verbuchung wird hierfür in einem Dialog-Workprozess auf dem aktuellen Applikationsserver ausgeführt.

Während der lokalen Verbuchung verhält sich ein Breakpoint wie in der Dialogverarbeitung.

44.1.2.4 Breakpoints in HTTP-Servern

Wenn ein ABAP-Programm als HTTP-Server des Internet Communication Frameworks (ICF) ausgeführt wird, wird nur dann bei einem aktiven Breakpoint angehalten und in den ABAP Debugger verzweigt, wenn externes Debugging eingeschaltet ist. Externes Debugging kann über die Transaktion SICF oder durch das Setzen eines externen Breakpoints im ABAP Editor für eine begrenzte Zeit – standardmäßig zwei Stunden – eingeschaltet werden. Wenn externes Debugging nicht eingeschaltet ist, verhalten sich Breakpoints wie in der Hintergrundverarbeitung.

44.1.2.5 Breakpoints in Systemprogrammen

In Systemprogrammen, Systemmodulen, System-Unterprogrammen und System-Funktionsbausteinen, deren Name mit %_ beginnt, wird die Anweisung BREAK-POINT nur dann berücksichtigt, wenn im ABAP Debugger das SYSTEM-DEBUGGING eingeschaltet ist (über das Menü EINSTELLUNGEN im Debugger oder über die Eingabe von "/hs" im Befehlsfeld der Systemfunktionsleiste). Ansonsten werden Breakpoints ignoriert.

Hinweise

- Ein Breakpoint in SELECT-Schleifen kann eine Ausnahme durch den Verlust des Datenbank-Cursors verursachen, da beim Debuggen unter Umständen ein Datenbank-Commit ausgelöst wird.

- Ein immer aktiver Breakpoint dient ausschließlich der Testhilfe und ist in produktiven Programmen nicht erlaubt. Die Anweisung BREAK-POINT ohne den Zusatz ID führt daher zu einem Fehler der erweiterten Programmprüfung.
- BREAK gefolgt von einem Benutzernamen ist keine Anweisung, sondern ein vordefiniertes Makro.
- Die Anweisung BREAK-POINT definiert einen Checkpoint, der Teil eines ABAP-Programms ist. Daneben können im ABAP Editor und im ABAP Debugger folgende Breakpoints ohne Veränderung des Quelltextes gesetzt und verwaltet werden:
  - Session-Breakpoints
    werden im ABAP Editor gesetzt. Session-Breakpoints sind in allen Hauptmodi der aktuellen Benutzersitzung gültig.
  - externe Breakpoints
    werden im ABAP Editor oder in der Transaktion SICF gesetzt. Externe Breakpoints haben die gleiche Gültigkeit wie Session-Breakpoints, bleiben nach einer Abmeldung aber für weitere Benutzersitzungen gültig. Damit sind sie insbesondere für das externe HTTP-Debugging und RFC-Debugging geeignet.
  - Debugger-Breakpoints
    werden im Fenster des ABAP Debuggers gesetzt. Sie sind während der aktuellen Debugging-Sitzung und für alle internen Modi und Hauptmodi des Debuggee gültig. Debugger-Breakpoints können als externe Breakpoints gesichert werden.

44.1.3 Logpoints

LOG-POINT

Syntax
```
LOG-POINT ID group
    [SUBKEY sub]
    [FIELDS val1 val2 ...].
```

Diese Anweisung definiert einen Logpoint. Der Zusatz ID steuert die Aktivierung des Logpoints von außerhalb des Programms durch eine Checkpoint-Gruppe group oder eine Aktivierungsvariante. Für die Angabe der Checkpoint-Gruppe gilt das Gleiche wie bei der Anweisung ASSERT. Die möglichen Betriebsarten für Logpoints sind INAKTIV und PROTOKOLLIEREN.

Wenn das Programm einen aktiven Logpoint erreicht, wird ein Eintrag in dem auch von der Anweisung ASSERT verwendeten Protokoll angelegt und die Programmausführung mit der auf LOG-POINT folgenden Anweisung fortgesetzt. Standardmäßig wird dabei ein bereits vorhandener Eintrag der gleichen LOG-POINT-Anweisung überschrieben. Bei jedem Schreiben eines Eintrags wird ein Zähler für den Eintrag erhöht. Das Protokoll kann mit der Transaktion SAAB ausgewertet werden.

Bei einem inaktiven Logpoint wird kein Protokolleintrag geschrieben und die Programmausführung mit der auf LOG-POINT folgenden Anweisung fortgesetzt.

Für die Zusätze SUBKEY und FIELDS gilt das Gleiche wie bei der Anweisung ASSERT.

44.2 Laufzeitmessung

Die Anweisungen dieses Abschnitts erlauben es, die Laufzeit eines Programms zu messen und entsprechende Einstellungen vorzunehmen. Alternativ dazu kann mit CL_ABAP_RUNTIME auch eine Klasse für Laufzeitmessungen verwendet werden.

44.2.1 Relative Programmlaufzeit

`GET RUN TIME`

Syntax
```
GET RUN TIME FIELD rtime.
```

Bei der ersten Ausführung von GET RUN TIME nach der Erzeugung eines internen Modus wird der Wert 0 in die Variable rtime gestellt. Bei jeder weiteren Ausführung im gleichen internen Modus wird die seit der ersten Ausführung vergangene Programmlaufzeit in Mikrosekunden in die Variable rtime gestellt. Der Rückgabewert der Anweisung ist vom Datentyp i.

Hinweise

- Um die Laufzeit von Programmabschnitten zu messen, kann vor und hinter dem gewünschten Abschnitt eine Anweisung GET RUN TIME ausgeführt und danach die Differenz der Ergebnisse gebildet werden. Die eingegrenzte Anweisungsfolge wird als Messstrecke, die dafür ermittelte zeitliche Dauer als Messintervall bezeichnet.

- Die maximale Auflösung des Befehls GET RUN TIME ist eine Mikrosekunde. Kürzere Messintervalle können nicht zuverlässig bestimmt werden.

- Es sollten keine zu großen Messstrecken (nicht größer als ca. 1.000 s), keine Messstrecken über Zugriffe auf externe Daten oder Messstrecken über Bildschirmaufrufe usw. aufgebaut werden, damit der Wertebereich des Rückgabewerts der Anweisung nicht überschritten wird.

- Die Klasse CL_ABAP_RUNTIME stellt zusätzliche Methoden zur Erzeugung von Objekten zur Verfügung, die alle ein Methode GET_RUNTIME haben, um in einem internen Modus mehrere Laufzeitmessungen mit unterschiedlichen Auflösungen ausgeführt werden können. Zur interaktiven Bestimmung der Laufzeit von Programmabschnitten dient das Werkzeug Laufzeitanalyse.

Beispiel

Bestimmung der Rechenzeit für eine Berechnung des Tangens von 1. Da die Laufzeit der Anweisung kleiner als eine Mikrosekunde ist, wird die Laufzeit mehrerer Ausführungen in einer inneren Schleife gemessen. Die Ausführungszeit der Schleife selbst wird ebenfalls gemessen, um sie als Offset abzuziehen. Diese Messungen werden mehrmals in einer äußeren Schleife ausgeführt, und über Division durch n0 wird der Mittelwert gebildet. Über die Division durch ni wird die Laufzeit einer einzelnen Anweisung bestimmt.

```
DATA: t0   TYPE i,
      t1   TYPE i,
      t2   TYPE i,
      t3   TYPE i,
      t4   TYPE i,
      tm   TYPE f,
```

```
          no   TYPE i VALUE 100,
          ni   TYPE i VALUE 1000,
          res  TYPE f.
DO no TIMES.
  GET RUN TIME FIELD t1.
  DO ni TIMES.
    res = tan( 1 ).
  ENDDO.
  GET RUN TIME FIELD t2.
  GET RUN TIME FIELD t3.
  DO ni TIMES.
  ENDDO.
  GET RUN TIME FIELD t4.
  t0 = t0 + ( ( t2 - t1 ) - ( t4 - t3 ) ).
ENDDO.
tm = t0 / ni / no.
```

44.2.2 Zeitauflösung festlegen

`SET RUN TIME CLOCK RESOLUTION`

Syntax
`SET RUN TIME CLOCK RESOLUTION {HIGH|LOW}.`

Diese Anweisung legt die Messgenauigkeit für die Anweisung GET RUN TIME fest. Die Messgenauigkeit darf in einem Programm nur vor der ersten Ausführung der Anweisung GET RUN TIME geändert werden, ansonsten kommt es zu einer unbehandelbaren Ausnahme.

Durch die Angabe von HIGH wird eine Messgenauigkeit von einer Mikrosekunde festgelegt. Bei hoher Messgenauigkeit kann es auf Mehrprozessormaschinen zu verfälschten Zeitwerten kommen, da nicht auf allen Plattformen die Uhren der einzelnen Prozessoren regelmäßig synchronisiert werden. Auf folgenden Plattformen liefert die hohe Messgenauigkeit immer korrekte Werte: AIX, SINIX, SUN-OS, Linux, IBM i5/OS (früher OS/400) und Windows NT.

Um auf den anderen Plattformen verfälschte Zeitwerte zu vermeiden, kann durch die Angabe von LOW eine niedrige Messgenauigkeit eingestellt werden, deren Auflösung von der jeweiligen Plattform abhängig ist. Ohne vorangegangene Anweisung SET RUN TIME CLOCK RESOLUTION verwendet GET RUN TIME implizit die hohe Messgenauigkeit.

Es kommt zu keiner Ausnahme, wenn SET RUN TIME CLOCK RESOLUTION nach einer Anweisung GET RUN TIME verwendet wird, dabei die aktuelle Messgenauigkeit aber nicht ändert.

44.2.3 Klasse für Laufzeitmessungen

Mit den statischen Methoden CREATE_HR_TIMER bzw. CREATE_LR_TIMER der Systemklasse CL_ABAP_RUNTIME können Objekte für Laufzeitmessungen erzeugt werden. Die Objekte enthalten eine Methode GET_RUNTIME, die analog zur Anweisung GET RUN TIME eine Laufzeitmessung durchführt.

Ein mit CREATE_HR_TIMER erzeugtes Objekt führt eine Messung mit hoher Messgenauigkeit und ein mit CREATE_LR_TIMER erzeugtes Objekt führt eine Messung mit niedriger Messgenauigkeit durch. Im Gegensatz zur Anweisung `GET RUN TIME` können über solche Objekte pro internem Modus verschiedene Messungen mit unterschiedlichen Genauigkeiten und parallele Messungen ausgeführt werden.

Da die Ausführung der Methode GET_RUNTIME etwa zwei Mikrosekunden langsamer ist als die Ausführung der Anweisung `GET RUN TIME`, ist die Methode unter Umständen nicht für die Messung sehr kurzer Zeiten geeignet.

44.3 Laufzeitanalyse

`SET RUN TIME ANALYZER`

Syntax
`SET RUN TIME ANALYZER {ON|OFF}.`

Diese Anweisung beeinflusst die Vermessung eines Programms mit dem Werkzeug Laufzeitanalyse (Transaktion SAT). Wenn in der Laufzeitanalyse die Einstellung BESTIMMTE EINHEITEN aktiv ist, die dort über MESSEINSCHRÄNKUNG • PROGRAMMTEILE erreicht wird, misst die Laufzeitanalyse nur die Laufzeit von Anweisungen, die zwischen den Anweisungen `SET RUN TIME ANALYZER ON` und `SET RUN TIME ANALYZER OFF` stehen.

Die Anweisung `SET RUN TIME ANALYZER` setzt den Rückgabewert `sy-subrc` immer auf 0.

Hinweise
- Diese Anweisung sollte nur in der Testphase eines Programms verwendet werden, um später eine vom Quelltext unabhängige Laufzeitmessung zu ermöglichen.
- Die Laufzeitanalyse kann in der Transaktion SAT, durch Auswahl von SYSTEM • HILFSMITTEL • LAUFZEITANALYSE oder mit der Eingabe von /RON und /ROFF in das Befehlsfeld der Systemfunktionsleiste ein- und ausgeschaltet werden.
- Die Laufzeitanalyse kann programmgesteuert gestartet und angehalten werden, indem die statischen Methoden ON und OFF der Klasse CL_ABAP_TRACE_SWITCH vor bzw. hinter den Anweisungen `SET RUN TIME ANALYZER` aufgerufen werden.

Beispiel
Wenn die Methode m0 bei eingeschalteter Laufzeitanalyse ausgeführt wird, wird nur die Laufzeit von Aufruf und Ausführung der Methode m2 gemessen.

```
METHOD m0.
  me->m1( ).
  SET RUN TIME ANALYZER ON.
  me->m2( ).
  SET RUN TIME ANALYZER OFF.
  me->m3( ).
ENDMETHOD.
```

45 Programme bearbeiten

Neben der statischen Programmentwicklung in der ABAP Workbench können die Komponenten Quelltext, Textelemente und Dynpro von ABAP-Programmen auch über Sprachmittel bearbeitet und generiert werden. Diese Art der Programmerstellung wird als dynamische Programmentwicklung bezeichnet.

Die Anweisungen zur dynamischen Programmentwicklung bieten auf der einen Seite zwar eine leistungsstarke und flexible Möglichkeit der dynamischen Programmierung, auf der anderen Seite ist diese Art der Programmerstellung aber äußerst aufwendig, und die erstellten Programme sind schwer zu pflegen. Aus diesem Grund wird empfohlen, in Anwendungsprogrammen erst die anderen Möglichkeiten der dynamischen Programmierung auszuschöpfen, bevor die dynamische Programmentwicklung verwendet wird.

Die Anweisungen zur dynamischen Programmentwicklung führen keine Berechtigungs- und sonstige Prüfungen durch. Diese müssen stattdessen selbst programmiert werden. Für die erforderlichen Prüfungen können außer der Anweisung AUTHORITY-CHECK spezielle Funktionsbausteine verwendet werden:

- Der Funktionsbaustein RS_ACCESS_PERMISSION führt alle Berechtigungsprüfungen durch, die auch beim Aufruf des ABAP Editors durchlaufen werden.
- Der Funktionsbaustein TR_SYS_PARAMS und andere Funktionsbausteine der Funktionsgruppe STR9 ermitteln die Änderbarkeit von Repository-Objekten.

45.1 Quelltext

Die Anweisungen zur dynamischen Erstellung und Bearbeitung von Quelltexten dieses Abschnitts sind zur Verwendung in der Anwendungsprogrammierung freigegeben. Einige Zusätze zu freigegebenen Anweisungen und bestimmte Anweisungen sind nur für den systeminternen Gebrauch bestimmt und dürfen in Anwendungsprogrammen nicht verwendet werden. Diese Zusätze sind hier nicht aufgeführt.

45.1.1 Dynamischer Subroutinen-Pool

GENERATE SUBROUTINE POOL

Syntax
GENERATE SUBROUTINE POOL itab **NAME** prog [error_handling].

Diese Anweisung generiert einen temporären Subroutinen-Pool. Der Quelltext des Subroutinen-Pools wird der internen Tabelle itab entnommen. Der generierte Subroutinen-Pool wird intern im aktuellen internen Modus abgelegt. Der Variablen prog wird der achtstellige Name des temporären Subroutinen-Pools zugewiesen.

Für `itab` ist eine Standardtabelle ohne sekundäre Tabellenschlüssel erlaubt. Der Zeilentyp von `itab` muss zeichenartig sein. Eine Quelltextzeile in `itab` darf maximal 255 Zeichen enthalten. Das Datenobjekt `prog` muss ebenfalls zeichenartig sein. In einem internen Modus können maximal 36 temporäre Subroutinen-Pools erzeugt werden.

Wenn das erzeugende Programm ein Unicode-Programm ist, gelten die entsprechenden Syntaxregeln auch für den erzeugten Subroutinen-Pool. Wenn der in `itab` enthaltene Quelltext einen Syntaxfehler hat, wird der Subroutinen-Pool nicht generiert, und `prog` wird initialisiert. Mit den Zusätzen *error_handling* können Syntax- und Generierungsfehler analysiert werden. Für die Syntaxprüfung wird die Schalterkonfiguration des Switch Frameworks verwendet, wie sie bei Aufruf der aktuellen Transaktion vorlag.

Wenn es beim Generieren des Subroutinen-Pools zu einer Ausnahme kommt, wird der dabei auftretende Laufzeitfehler intern so behandelt, dass es nicht zum Programmabbruch kommt, sondern `sy-subrc` auf den Wert 8 gesetzt wird. Es kommt aber dennoch zu einem Datenbank-Rollback, und der zugehörige Kurzdump wird wie üblich gespeichert. Mit dem Zusatz SHORTDUMP-ID kann die Kennung des Laufzeitfehlers festgestellt werden.

Im Quelltext des Subroutinen-Pools definierte Unterprogramme können unter Angabe des Programmnamens `prog` mit der Anweisung PERFORM aus allen Programmen aufgerufen werden, die in den gleichen internen Modus geladen sind, in dem der Subroutinen-Pool generiert wurde. Beim ersten Aufruf eines Unterprogramms des Subroutinen-Pools wird dieser in den internen Modus geladen, wobei das Ereignis LOAD-OF-PROGRAM ausgelöst wird.

Systemfelder

sy-subrc	Bedeutung
0	Die Generierung war erfolgreich.
4	Der Quelltext enthält einen Syntaxfehler.
8	Es trat ein Generierungsfehler auf. Der dabei auftretende Laufzeitfehler wurde intern behandelt.

Wenn es beim Generieren zu einem Laufzeitfehler kommt (`sy-subrc` hat den Wert 8), wird wie üblich ein Datenbank-Rollback durchgeführt.

Hinweise

- Da Unterprogramme als Mittel der Programmmodularisierung obsolet sind, sollte ein mit GENERATE SUBROUTINE POOL angelegter temporärer Subroutinen-Pool maximal ein einziges Einstiegs-Unterprogramm enthalten, das eine Methode einer lokalen Klasse aufruft und ansonsten kein funktionales Coding enthält. Die unten dargestellten Beispiele zeigen, dass man sogar ganz ohne Unterprogramme auskommen kann.
- Der Quelltext in der internen Tabelle `itab` muss ein vollständiges ABAP-Programm inklusive der programmeinleitenden Anweisung enthalten.
- Dort können die gleichen globalen Deklarationen und Verarbeitungsblöcke definiert werden wie in den statischen Subroutinen-Pools des Repositorys (siehe Tabelle 9.1).

- Der Zusatz REDUCED FUNCTIONALITY der programmeinleitenden Anweisung PROGRAM wirkt auch in temporären Subroutinen-Pools und wird zur Verringerung von deren Ressourcenverbrauch empfohlen.
- Ein zu einem internen Modus erzeugter temporärer Subroutinen-Pool kann nicht explizit gelöscht werden. Er ist ab seiner Erzeugung bis zum Abbau des internen Modus vorhanden.

Beispiele

Dynamische Erstellung und Generierung eines Subroutinen-Pools, der eine lokale Klasse implementiert. Die statische Methode meth der Klasse ist über den absoluten Typnamen der Klasse aufrufbar.

```
DATA itab  TYPE TABLE OF string.
DATA prog  TYPE string.
DATA class TYPE string.
APPEND `program.`                        TO itab.
APPEND `class main definition.`          TO itab.
APPEND `  public section.`               TO itab.
APPEND `    class-methods meth.`         TO itab.
APPEND `endclass.`                       TO itab.
APPEND `class main implementation.`      TO itab.
APPEND `  method meth.`                  TO itab.
APPEND `    message 'Test' type 'I'.`    TO itab.
APPEND `  endmethod.`                    TO itab.
APPEND `endclass.`                       TO itab.
GENERATE SUBROUTINE POOL itab NAME prog.
class = `\PROGRAM=` && prog && `\CLASS=MAIN`.
CALL METHOD (class)=>meth.
```

Dynamische Erstellung und Generierung eines Subroutinen-Pools, der eine lokale Klasse implementiert. Die Klasse wird über ihren absoluten Typnamen instanziert, und die Instanzmethode meth wird dynamisch aufgerufen.

```
DATA itab  TYPE TABLE OF string.
DATA prog  TYPE string.
DATA class TYPE string.
DATA oref  TYPE REF TO object.
APPEND `program.`                        TO itab.
APPEND `class main definition.`          TO itab.
APPEND `  public section.`               TO itab.
APPEND `    methods meth.`               TO itab.
APPEND `endclass.`                       TO itab.
APPEND `class main implementation.`      TO itab.
APPEND `  method meth.`                  TO itab.
APPEND `    message 'Test' type 'I'.`    TO itab.
APPEND `  endmethod.`                    TO itab.
APPEND `endclass.`                       TO itab.
GENERATE SUBROUTINE POOL itab NAME prog.
```

```
class = `\PROGRAM=` && prog && `\CLASS=MAIN`.
CREATE OBJECT oref TYPE (class).
CALL METHOD oref->('METH').
```

45.1.1.1 Fehlerbehandlung

```
GENERATE SUBROUTINE POOL - error_handling
```

Syntax von error_handling
```
... [MESSAGE mess]
    [INCLUDE incl]
    [LINE lin]
    [WORD wrd]
    [OFFSET off]
    [MESSAGE-ID mid]
    [SHORTDUMP-ID sid]
```

Mit diesen Zusätzen können Syntax- und Generierungsfehler der Anweisung GENERATE SUBROUTINE POOL analysiert werden. Syntaxfehler können entweder in dem in itab angegebenen Quelltext oder in dort mit der Anweisung INCLUDE eingebundenen Include-Programmen auftreten. Generierungsfehler können unter anderem auftreten, wenn das Programm Fehler in Deklarationsanweisungen enthält, die bei der statischen Syntaxprüfung nicht erkannt werden.

Fehlermeldung auslesen
```
... MESSAGE mess
```

Wenn der Subroutinen-Pool einen oder mehrere Syntaxfehler enthält, wird der Text der Fehlermeldung des ersten Syntaxfehlers der Variablen mess zugewiesen. mess muss ein zeichenartiges Datenobjekt sein. Wenn es zu einem Generierungsfehler kommt (siehe Zusatz SHORTDUMP-ID), wird mess ebenfalls mit der zugehörigen Fehlermeldung versorgt. Wenn der Subroutinen-Pool generiert werden kann, wird der Inhalt von mess nicht geändert.

Include-Programm feststellen
```
... INCLUDE incl
```

Wenn im Subroutinen-Pool ein oder mehrere Include-Programme eingebunden sind und eines den ersten Syntaxfehler des Subroutinen-Pools enthält, wird der Name dieses Include-Programms der Variablen incl zugewiesen. incl muss ein zeichenartiges Datenobjekt sein. Wenn der erste Syntaxfehler im Quelltext in itab auftritt, wird incl der interne Name zugewiesen, der bei erfolgreicher Generierung in prog zurückgegeben worden wäre. Dieser Name beginnt immer mit "%_". Wenn es zu einem Generierungsfehler kommt (siehe Zusatz SHORTDUMP-ID), wird incl ebenfalls mit dem Namen des zugehörigen Include-Programms versorgt. Wenn der Subroutinen-Pool generiert werden kann, wird der Inhalt von incl nicht geändert.

Zeilennummer feststellen
```
... LINE lin
```

Wenn der Subroutinen-Pool einen oder mehrere Syntaxfehler enthält, wird die Zeilennummer des ersten Syntaxfehlers bezogen auf das Programm, in dem er auftritt – entweder der Quelltext in `itab` oder ein dort eingebundenes Include-Programm –, der Variablen `lin` zugewiesen. Für `lin` wird der Datentyp `i` erwartet. Wenn es zu einem Generierungsfehler kommt (siehe Zusatz SHORTDUMP-ID), wird `lin` ebenfalls mit der zugehörigen Zeilennummer versorgt. Wenn der Subroutinen-Pool generiert werden kann, wird der Inhalt von `lin` nicht geändert.

Token feststellen
`... WORD wrd`

Wenn der Subroutinen-Pool einen oder mehrere Syntaxfehler enthält, wird das erste fehlerhafte Token der Variablen `wrd` zugewiesen. `wrd` muss ein zeichenartiges Datenobjekt sein. Wenn es zu einem Generierungsfehler kommt (siehe Zusatz SHORTDUMP-ID), wird `wrd` ebenfalls mit dem zugehörigen Token versorgt. Wenn der Subroutinen-Pool generiert werden kann, wird der Inhalt von `wrd` nicht geändert.

Offset feststellen
`... OFFSET off`

Wenn der Subroutinen-Pool einen oder mehrere Syntaxfehler enthält, wird der Offset des ersten fehlerhaften Tokens bezogen auf die Zeile im Quelltext der Variablen `off` zugewiesen. Für `off` wird der Datentyp `i` erwartet. Wenn es zu einem Generierungsfehler kommt (siehe Zusatz SHORTDUMP-ID), wird `off` ebenfalls mit dem zugehörigen Offset versorgt. Wenn der Subroutinen-Pool generiert werden kann, wird der Inhalt von `off` nicht geändert.

Meldungsschlüssel feststellen
`... MESSAGE-ID mid`

Wenn der Subroutinen-Pool einen oder mehrere Syntaxfehler enthält, wird der Schlüssel, unter dem die erste Fehlermeldung in der Datenbanktabelle TRMSG abgelegt ist, der Variablen `mid` zugewiesen. Wenn es zu einem Generierungsfehler kommt (siehe Zusatz SHORTDUMP-ID), wird `mid` ebenfalls mit dem zugehörigen Schlüssel versorgt. Wenn der Subroutinen-Pool generiert werden kann, wird der Inhalt von `mid` nicht geändert.

Der Schlüssel der Datenbanktabelle TRMSG besteht aus den Komponenten SPRAS der Länge 1, KEYWORD der Länge 20 und MSGNUMBER der Länge 4. Die Komponente MSGNUMBER dient der Aufnahme einer dreistelligen Kennung. Die vierte Stelle kann ein Leerzeichen oder einen Buchstaben enthalten. Bei mehrteiligen Fehlermeldungen, die mehr als eine Zeile in der Datenbanktabelle TRMSG belegen, haben alle Teile die gleiche dreistellige Kennung, während die vierte Stelle einen Teil der Meldung bezeichnet.

In Unicode-Programmen muss `mid` den Datentyp TRMSG_KEY aus dem ABAP Dictionary haben, der sich aus den Komponenten SPRAS der Länge 1, KEYWORD der Länge 20 und MSGNUMBER der Länge 3 zusammensetzt. In Nicht-Unicode-Programmen kann eine entsprechend aufgebaute Struktur oder ein flaches zeichenartiges Datenobjekt angegeben werden.

Hinweis
Der Rückgabewert in `mid` enthält nur die dreistellige Kennung einer Syntaxfehlermeldung. Um beispielsweise mit SELECT alle Teile einer Fehlermeldung aus der Tabelle TRMSG auszulesen, muss die Schlüsselkomponente MSGNUMBER in der WHERE-Bedingung generisch angegeben werden, z. B. mit LIKE unter Verwendung des Maskenzeichens "%".

Kurzdumpkennung feststellen
```
... SHORTDUMP-ID sid
```

Wenn der Subroutinen-Pool zwar keine statisch erkennbaren Syntaxfehler enthält, während der Generierung aber eine Ausnahme auftritt, wird die Kennung des Laufzeitfehlers, der der Ausnahme zugeordnet ist, der Variablen `sid` zugewiesen. `sid` muss ein zeichenartiges Datenobjekt sein. Wenn der Subroutinen-Pool generiert werden kann, wird der Inhalt von `sid` nicht geändert.

Die Kennungen von Laufzeitfehlern sind Inhalt der Schlüsselspalte ERRID der Datenbanktabelle SNAPT, in der ihnen Texte zugeordnet sind.

45.1.1.2 Behandelbare Ausnahme

Die Ausnahmeklassen CX_SY_GENERATE_SUBPOOL_FULL (Es kann kein weiterer temporärer Subroutinen-Pool generiert werden.) und CX_SY_GEN_SOURCE_TOO_WIDE (Quelltext steht in einer Tabelle aus Strings, die Zeilen mit mehr als 255 Zeichen enthält.) definieren behandelbare Ausnahmen, die bei der Anweisung GENERATE SUBROUTINE POOL auftreten können.

45.1.2 Programm einlesen
```
READ REPORT
```

Syntax
```
READ REPORT prog INTO itab [MAXIMUM WIDTH INTO wid].
```

Diese Anweisung liest den Quelltext des in `prog` angegebenen Programms aus dem Repository und stellt dessen Zeilen in die interne Tabelle `itab`. Der frühere Inhalt von `itab` wird gelöscht. Wenn das Programm nicht geladen werden kann, bleibt der Inhalt von `itab` unverändert.

Für `prog` muss ein flaches zeichenartiges Datenobjekt angegeben werden, das den Namen des zu lesenden Programms enthält, wobei dessen Groß-/Kleinschreibung keine Rolle spielt. Die interne Tabelle `itab` muss eine Standardtabelle ohne sekundäre Tabellenschlüssel mit zeichenartigem Zeilentyp sein. Bei fixer Zeilenlänge der internen Tabelle muss diese ausreichend für die längste Programmzeile sein. Bei zu langen Programmzeilen kommt es zu einer behandelbaren Ausnahme. Bei Verwendung des Zusatzes MAXIMUM WIDTH wird die Anzahl der Zeichen der längsten eingelesenen Quelltextzeile der Variablen `wid` zugewiesen, für die der Datentyp `i` erwartet wird.

Systemfelder

sy-subrc	Bedeutung
0	Das Programm wurde eingelesen.
4	Das angegebene Programm wurde nicht im Repository gefunden.
8	Das angegebene Programm ist ein gegen Lesezugriffe geschütztes Systemprogramm.

Hinweis

Zur Verwendung der Anweisung `READ REPORT` für Programme, die beim Anlegen in der ABAP Workbench in einem Rahmenprogramm mit Include-Programmen organisiert werden, ist eine genaue Kenntnis des Aufbaus der Programme und ihrer Namen unerlässlich. Insbesondere die Namen der Rahmenprogramme für Class-Pools und Funktionsgruppen stimmen nicht mit den Namen der globalen Klasse bzw. Funktionsgruppe überein (siehe Abschnitte 9.4 und 9.5).

Beispiel

Nach dem Einlesen eines Programms in eine interne Tabelle `itab` werden weitere Zeilen an den Quelltext angehängt. Danach wird ein temporärer Subroutinen-Pool aus dem geänderten Programm generiert und eines seiner Unterprogramme aufgerufen.

```abap
DATA prog TYPE c LENGTH 30.
DATA itab TYPE TABLE OF string.
prog = '...'.
READ REPORT prog INTO itab.
IF sy-subrc = 0.
  APPEND 'FORM subr.'         TO itab.
  ...
  APPEND 'PERFORM ...' TO itab.
  APPEND 'ENDFORM.'    TO itab.
  GENERATE SUBROUTINE POOL itab NAME prog.
  PERFORM ('SUBR') IN PROGRAM (prog).
ENDIF.
```

45.1.2.1 Behandelbare Ausnahme

Die Ausnahmeklasse CX_SY_READ_SRC_LINE_TOO_LONG (Eine Zeile des Quelltextes ist länger als die Zeilen der internen Tabelle.) definiert die behandelbare Ausnahme, die bei der Anweisung `READ REPORT` auftreten kann.

45.1.3 Syntaxprüfung

```
SYNTAX-CHECK
```

Syntax

```
SYNTAX-CHECK FOR itab MESSAGE mess LINE lin WORD wrd
             [PROGRAM prog] [DIRECTORY ENTRY dir]
             [WITH CURRENT SWITCHSTATES]
             [error_handling].
```

Diese Anweisung führt eine Syntaxprüfung für den Inhalt der internen Tabelle itab durch. Die interne Tabelle itab muss eine Standardtabelle ohne sekundäre Tabellenschlüssel mit zeichenartigem Zeilentyp sein.

Falls die interne Tabelle keinen syntaktisch fehlerfreien ABAP-Quelltext enthält, wird:

- die Fehlermeldung des ersten Syntaxfehlers der Variablen mess zugewiesen. mess muss ein zeichenartiges Datenobjekt sein.
- die Zeilennummer des ersten Syntaxfehlers bezogen auf das Programm, in dem er auftritt – entweder der Quelltext in itab oder ein dort eingebundenes Include-Programm –, der Variablen lin zugewiesen. Für lin wird der Datentyp i erwartet.
- das erste fehlerhafte Token der Variablen wrd zugewiesen. wrd muss ein zeichenartiges Datenobjekt sein.

Mit den Zusätzen PROGRAM und DIRECTORY ENTRY werden die Eigenschaften der Syntaxprüfung eingestellt. Der Zusatz WITH CURRENT SWITCHSTATES beeinflusst, mit welcher Schalterkonfiguration die Syntaxprüfung ausgeführt wird. Mit den übrigen Zusätzen *error_handling* können weitere Eigenschaften des ersten aufgetretenen Syntaxfehlers festgestellt werden.

Systemfelder

sy-subrc	Bedeutung
0	Die interne Tabelle itab enthält ein syntaktisch fehlerfreies ABAP-Programm.
4	Die interne Tabelle itab enthält kein syntaktisch fehlerfreies ABAP-Programm.
8	Es sind sonstige Fehler aufgetreten, wie z. B. ein Laufzeitfehler während der Syntaxprüfung.

Wenn es bei der Syntaxprüfung zu einem Laufzeitfehler kommt (sy-subrc hat den Wert 8), wird wie üblich ein Datenbank-Rollback durchgeführt.

Hinweis
Die Ausführung der Anweisung SYNTAX-CHECK direkt vor GENERATE SUBROUTINE POOL ist nicht notwendig, da die Syntaxprüfung bei Ausführung dieser Anweisungen ohnehin durchgeführt wird.

45.1.3.1 Programmeigenschaften festlegen

```
... PROGRAM prog
... DIRECTORY ENTRY dir
```

Mit diesen Zusätzen werden die für die Syntaxprüfung verwendeten Programmeigenschaften festgelegt:

- Mit dem Zusatz PROGRAM kann in prog der Name eines vorhandenen ABAP-Programms angegeben werden, um dessen Programmeigenschaften für die Syntaxprüfung zu verwenden. prog muss ein zeichenartiges Datenobjekt sein, für dessen Inhalt die Groß-/Kleinschreibung keine Rolle spielt. Wenn das angegebene Programm nicht gefunden wird, werden die unten angegebenen Standardeigenschaften verwendet.

- Hinter dem Zusatz `DIRECTORY ENTRY` muss ein Datenobjekt `dir` angegeben werden, dessen Datentyp der Struktur der Datenbanktabelle TRDIR aus dem ABAP Dictionary entspricht. In den Komponenten dieser Struktur können die gewünschten Programmeigenschaften angegeben werden. Ungültige Inhalte werden implizit durch intern definierte Standardwerte ersetzt.

In Nicht-Unicode-Programmen sollte und in Unicode-Programmen muss mindestens einer der beiden Zusätze angegeben werden. Wenn keiner der Zusätze `PROGRAM` bzw. `DIRECTORY ENTRY` angegeben ist, wird für den Programmtyp ein ausführbares Programm angenommen. Die übrigen Programmeigenschaften werden auf allgemeine Standardwerte gesetzt. Falls beide Zusätze `PROGRAM` und `DIRECTORY ENTRY` angegeben sind, werden die Programmeigenschaften durch die Struktur `dir` bestimmt.

Hinweis

Für die Syntaxprüfung wichtige Programmeigenschaften sind z. B. der Programmtyp und ob es sich um ein Unicode-Programm handelt oder nicht. Es wird empfohlen, mit dem Zusatz `PROGRAM` zu arbeiten, da die Komponenten der Struktur `dir` und ihre gültigen Werte nur systeminterne Bedeutung haben. Falls der Zusatz `DIRECTORY ENTRY` dennoch in Anwendungsprogrammen verwendet wird, sollte der Inhalt der Struktur `dir` durch Auslesen eines geeigneten Eintrags aus der Datenbanktabelle TRDIR gesetzt und nur durch gezieltes Umsetzen einzelner Komponenten modifiziert werden.

Beispiel

Syntaxprüfung für einen Quelltext in `itab`. Durch das Einlesen der Eigenschaften des aktuellen Programms aus der Datenbanktabelle TRDIR in die Struktur `dir` kann diese hinter dem `DIRECTORY ENTRY` verwendet werden. Durch Setzen der Komponente `dir-uccheck` wird die erste Syntaxprüfung wie für ein Nicht-Unicode-Programm und die zweite wie für ein Unicode-Programm durchgeführt. Die erste Syntaxprüfung findet in einem Nicht-Unicode-System keinen und in einem Unicode-System den Fehler, dass das Programm nicht Unicode-fähig ist. Die zweite Syntaxprüfung findet immer den Fehler, dass bei der Anweisung `DESCRIBE` der Zusatz `BYTE` oder `CHARACTER MODE` fehlt.

```abap
DATA: itab TYPE STANDARD TABLE OF string,
      mess TYPE string,
      lin  TYPE i,
      wrd  TYPE string,
      dir  TYPE trdir.
APPEND 'PROGRAM test.'                   TO itab.
APPEND 'DATA dat TYPE d.'                TO itab.
APPEND 'DATA len TYPE i.'                TO itab.
APPEND 'DESCRIBE FIELD dat LENGTH len.' TO itab.
SELECT SINGLE *
       FROM trdir
       INTO dir
       WHERE name = sy-repid.
dir-uccheck = ' '.
SYNTAX-CHECK FOR itab MESSAGE mess LINE lin WORD wrd
                     DIRECTORY ENTRY dir.
```

```
IF sy-subrc = 4.
  MESSAGE mess TYPE 'I'.
ENDIF.
dir-uccheck = 'X'.
SYNTAX-CHECK FOR itab MESSAGE mess LINE lin WORD wrd
             DIRECTORY ENTRY dir.
IF sy-subrc = 4.
  MESSAGE mess TYPE 'I'.
ENDIF.
```

45.1.3.2 Schalterstellungen festlegen

```
... WITH CURRENT SWITCHSTATES
```

Dieser Zusatz bewirkt, dass die Syntaxprüfung die Schalterkonfiguration verwendet, wie sie bei Aufruf der aktuellen Transaktion vorlag. Ohne den Zusatz wird die zum Zeitpunkt der Ausführung der Anweisung gültige Schalterkonfiguration verwendet.

Hinweise

- Mit dem Zusatz wird die Syntaxprüfung mit den gleichen Schalterstellungen des Switch Frameworks wie bei Ausführung der Anweisung GENERATE SUBROUTINE POOL durchgeführt.
- Ohne den Zusatz wird die Syntaxprüfung wie bei jeder normalen Kompilation von ABAP-Programmen durchgeführt.

45.1.3.3 Fehlerbehandlung

```
SYNTAX-CHECK - error_handling
```

Syntax von error_handling

```
... [INCLUDE incl]
    [OFFSET off]
    [MESSAGE-ID mid]
```

Mit diesen Zusätzen können die mit der Anweisung SYNTAX-CHECK festgestellten Syntaxfehler analysiert werden.

Include-Programm feststellen

```
... INCLUDE incl
```

Wenn in dem in itab enthaltenen Quelltext ein oder mehrere Include-Programme eingebunden sind und eines den ersten Syntaxfehler des überprüften Programms enthält, wird der Name dieses Include-Programms der Variablen incl zugewiesen. incl muss ein zeichenartiges Datenobjekt sein.

Offset feststellen

```
... OFFSET off
```

Wenn der in itab enthaltene Quelltext einen oder mehrere Syntaxfehler enthält, wird der Offset des ersten fehlerhaften Tokens bezogen auf die Zeile im Quelltext der Variablen off zugewiesen. Für off wird der Datentyp i erwartet.

Meldungsschlüssel feststellen
```
... MESSAGE-ID mid
```

Wenn der in `itab` enthaltene Quelltext einen oder mehrere Syntaxfehler enthält, wird der Schlüssel, unter dem die erste Fehlermeldung in der Datenbanktabelle TRMSG abgelegt ist, der Variablen `mid` zugewiesen. Der Schlüssel der Datenbanktabelle TRMSG besteht aus den Komponenten SPRAS der Länge 1, KEYWORD der Länge 20 und MSGNUMBER der Länge 4. Die Komponente MSGNUMBER dient der Aufnahme einer dreistelligen Kennung. Die vierte Stelle kann ein Leerzeichen oder einen Buchstaben enthalten. Bei mehrteiligen Fehlermeldungen, die mehr als eine Zeile in der TRMSG belegen, haben alle Teile die gleiche dreistellige Kennung, während die vierte Stelle einen Teil der Meldung bezeichnet.

In Unicode-Programmen muss `mid` den Datentyp TRMSG_KEY aus dem ABAP Dictionary haben, der sich aus den Komponenten SPRAS der Länge 1, KEYWORD der Länge 20 und MSGNUMBER der Länge 3 zusammensetzt. In Nicht-Unicode-Systemen kann eine entsprechend aufgebaute Struktur oder ein flaches zeichenartiges Datenobjekt angegeben werden.

45.1.4 Programm anlegen oder überschreiben

INSERT REPORT

Syntax
```
INSERT REPORT prog FROM itab
            [MAXIMUM WIDTH INTO wid]
            { [KEEPING DIRECTORY ENTRY]
            | { [PROGRAM TYPE pt]
                [FIXED-POINT ARITHMETIC fp]
                [UNICODE ENABLING uc] }
            | [DIRECTORY ENTRY dir] }.
```

Diese Anweisung stellt den Inhalt von `itab` als Quelltext in das in `prog` angegebene ABAP-Programm im Repository. Falls bereits ein Programm mit dem angegebenen Namen existiert, wird sein Quelltext überschrieben. Andernfalls wird ein neues Programm mit dem in `prog` angegebenen Namen und dem Quelltext aus `itab` im Repository angelegt.

Die Zusätze, die der Bestimmung von Programmeigenschaften dienen, legen diese in der Systemtabelle TRDIR an. Wenn keiner der Zusätze angegeben ist, werden beim Anlegen eines neuen Programms folgende Standardwerte gesetzt:

- Die Originalsprache wird auf die im Profilparameter zcsa/system_language abgelegte Systemsprache gesetzt.
- Das Anlegedatum und das Datum der letzten Änderung sowie die zugehörigen Uhrzeiten werden auf den aktuellen Wert gesetzt.
- Der Programmautor und der letzte Änderer werden auf den aktuellen Benutzer gesetzt.
- Der Programmstatus wird auf aktiv gesetzt. Bei seiner ersten Ausführung wird das Programm kompiliert.
- Der Programmtyp wird auf AUSFÜHRBARES PROGRAMM gesetzt.

- Die Anwendung wird auf den Wert des aktuellen Programms gesetzt.
- Mit dem Programm wird keine logische Datenbank verknüpft.
- Die FESTPUNKTARITHMETIK ist eingeschaltet.
- Die Einstellung für die Unicode-Prüfung wird vom aktuellen Programm übernommen.

Wenn keiner der Zusätze angegeben ist, werden beim Überschreiben eines vorhandenen Programms dessen Eigenschaften mit folgenden Ausnahmen beibehalten:

- Datum und Uhrzeit der letzten Änderung werden auf den aktuellen Wert gesetzt.
- Der letzte Änderer wird auf den aktuellen Benutzer gesetzt.
- Die Versionsnummer wird um eins erhöht.
- Die Einstellung für die Unicode-Prüfung wird aktiviert, wenn das aktuelle Programm ein Unicode-Programm ist und ein Nicht-Unicode-Programm überschrieben wird. Die Einstellung bleibt aktiviert, wenn das aktuelle Programm ein Nicht-Unicode-Programm ist und ein Unicode-Programm überschrieben wird.

Für itab ist eine Standardtabelle ohne sekundäre Tabellenschlüssel erlaubt. Der Zeilentyp von itab muss zeichenartig sein. Eine Quelltextzeile in itab darf maximal 255 Zeichen enthalten. prog muss ein zeichenartiges flaches Datenobjekt sein, das maximal 30 Zeichen enthalten darf und für dessen Inhalt die Groß-/Kleinschreibung keine Rolle spielt.

Bei Verwendung des Zusatzes MAXIMUM WIDTH wird die Anzahl der Zeichen der längsten Quelltextzeile in itab der Variablen wid zugewiesen, für die der Datentyp i erwartet wird.

Der Zusatz KEEPING DIRECTORY ENTRY wirkt nur beim Überschreiben eines Programms. Die Anweisung verhält sich so, als ob keine Zusätze angegeben sind (siehe oben), mit der Ausnahme, dass die Einstellung für die Unicode-Prüfung im überschriebenen Programm erhalten bleibt. Mit diesem Zusatz können die Quelltexte von Nicht-Unicode-Programmen aus Unicode-Programmen überschrieben werden, ohne dass implizit die Unicode-Prüfung eingeschaltet wird.

Der Zusatz PROGRAM TYPE legt den Programmtyp des erzeugten oder überschriebenen Programms gemäß der Angabe in pt fest. pt muss ein Datenobjekt vom Datentyp c der Länge 1 sein, das eine gültige Kennung für einen Programmtyp enthält. Die Kennung sind "1" für ausführbares Programm, "F" für Funktionsgruppe, "I" für Include-Programm, "J" für Interface-Pool, "K" für Class-Pool, "M" für Modul-Pool, "S" für Subroutinen-Pool und "T" für Typgruppe, wobei die Großschreibung relevant ist.

Der Zusatz FIXED-POINT ARITHMETIC legt die Eigenschaft FESTPUNKTARITHMETIK des erzeugten oder überschriebenen Programms gemäß der Angabe in fp fest. fp muss ein Datenobjekt vom Datentyp c der Länge 1 sein, das entweder den Wert "X" oder " " enthält. Der Wert "X" setzt die Eigenschaft FESTPUNKTARITHMETIK, der Wert " " schaltet sie aus.

Der Zusatz UNICODE ENABLING legt die Einstellung der Unicode-Prüfung für das erzeugte oder überschriebene Programm gemäß der Angabe in uc fest. uc muss ein Datenobjekt vom Datentyp c der Länge 1 sein, das entweder den Wert "X" oder " " enthält. Der Wert "X" aktiviert die Unicode-Prüfung, der Wert " " deaktiviert sie. Mit diesem Zusatz können die Quelltexte von

Nicht-Unicode-Programmen aus Unicode-Programmen überschrieben werden, ohne dass implizit die Unicode-Prüfung eingeschaltet wird. Umgekehrt können Unicode-Programme aus Nicht-Unicode-Programmen erzeugt werden.

Der Zusatz `DIRECTORY ENTRY` legt die Programmeigenschaften für das erzeugte oder überschriebene Programm gemäß den Angaben in `dir` fest. `dir` muss eine Struktur vom Datentyp TRDIR aus dem ABAP Dictionary sein. In den Komponenten dieser Struktur können die gewünschten Programmeigenschaften angegeben werden. Ungültige Inhalte führen zu ungültigen Programmeigenschaften. Aus `dir` werden alle Programmeigenschaften bis auf das Anlege- bzw. Änderungsdatum und die zugehörigen Uhrzeiten, Programmautor bzw. letzter Änderer und Versionsnummer entnommen. Letztere werden auf die gleichen Werte gesetzt, als wenn keine Angabe gemacht wurde.

Systemfelder

sy-subrc	Bedeutung
0	Das in `prog` angegebene Programm wurde erfolgreich angelegt oder überschrieben.
4	Beim Anlegen oder Überschreiben des in `prog` angegebenen Programms trat ein Fehler auf.

Hinweise

- Die Anweisung `INSERT REPORT` darf nur mit höchster Vorsicht verwendet werden, da bereits bestehende Programme vollständig und ohne Warnung überschrieben werden. Ein ungewolltes Überschreiben kann dadurch verhindert werden, dass man überprüft, ob der angegebene Name bereits in der Spalte NAME der Systemtabelle TRDIR vorhanden ist.
- Wenn mit `INSERT REPORT` ein neues Programm erzeugt wird, wird dieses keinem Paket zugeordnet, sodass es nicht an das Korrektur- und Transportwesen angeschlossen ist. Das Programm muss entweder in der ABAP Workbench einem Paket zugeordnet werden, oder es ist nur für temporäre Aufgaben im aktuellen System geeignet.
- Zur Verwendung der Anweisung `INSERT REPORT` für Programme, die beim Anlegen in der ABAP Workbench in Rahmenprogrammen und Include-Programmen organisiert werden, ist eine genaue Kenntnis des Aufbaus der Programme und ihrer Namen unerlässlich.
- Der Programmname muss den Namenskonventionen der ABAP Workbench genügen, wenn es danach mit deren Werkzeugen bearbeitet werden soll.
- Es wird dringend empfohlen, bei Verwendung des Zusatzes `DIRECTORY ENTRY` den Inhalt der Struktur `dir` ausschließlich durch Auslesen der Eigenschaften eines vorhandenen Programms aus der Datenbanktabelle TRDIR zu setzen.

Beispiel

Ansatzweises Umstellen eines Programms auf Unicode. Ein Nicht-Unicode-Programm wird eingelesen und die Anweisung `DESCRIBE FIELD` exemplarisch auf die Syntax für Unicode-Systeme umgestellt. Danach wird der Quelltext des Programms mit dem modifizierten Quelltext überschrieben und die Unicode-Prüfung in den Programmeigenschaften aktiviert.

```
DATA: itab TYPE TABLE OF string,
      prog TYPE sy-repid,
      uc   TYPE trdir-uccheck.
```

```abap
FIELD-SYMBOLS <line> TYPE string.
prog = ...
SELECT SINGLE uccheck
       FROM   trdir
       INTO   (uc)
       WHERE  name    = prog AND
              uccheck = ' '.
IF sy-subrc = 0.
  READ REPORT prog INTO itab.
  LOOP AT itab ASSIGNING <line>.
    TRANSLATE <line> TO UPPER CASE.
    IF <line> CS 'DESCRIBE FIELD' AND
       <line> CS 'LENGTH' AND
       <line> NS 'MODE'.
      REPLACE '.' IN <line> WITH ' IN CHARACTER MODE.'.
    ENDIF.
    ...
  ENDLOOP.
  SYNTAX-CHECK FOR itab ...
  IF sy-subrc = 0.
    INSERT REPORT prog FROM itab UNICODE ENABLING 'X'.
  ENDIF.
ENDIF.
```

Behandelbare Ausnahme

Die Ausnahmeklasse CX_SY_WRITE_SRC_LINE_TOO_LONG (»Eine Zeile im Quelltext umfasst mehr als 255 Zeichen.«) definiert die behandelbare Ausnahme, die bei der Anweisung `INSERT REPORT` auftreten kann.

45.1.5 ABAP Editor aufrufen

```
EDITOR-CALL FOR REPORT
```

Syntax
```
EDITOR-CALL FOR REPORT prog [DISPLAY-MODE].
```

Diese Anweisung startet den ABAP Editor für den Quelltext des in `prog` angegebenen Programms. `prog` muss ein zeichenartiges Datenobjekt sein, das den Namen eines im Repository vorhandenen Programms in Großbuchstaben enthält. Ansonsten wird eine entsprechende Meldung in der Statuszeile ausgegeben.

Der ABAP Editor wird standardmäßig im Änderungsmodus gestartet. Der Zusatz `DISPLAY-MODE` bewirkt, dass der ABAP Editor im Anzeigemodus gestartet wird. Nach dem Start des ABAP Editors bietet dieser die vollständige Funktionalität wie bei einem Aufruf aus der ABAP Workbench. Insbesondere kann durch Vorwärtsnavigation zu anderen Werkzeugen verzweigt werden. Nach der Rückkehr aus dem ABAP Editor wird das aktuelle Programm hinter der Anweisung `EDITOR-CALL` fortgesetzt.

Hinweis
Diese Anweisung umgeht die Berechtigungsprüfungen, die bei einem Aufruf des ABAP Editors über einen Transaktionscode stattfinden.

45.2 Textelemente

Die Anweisungen READ TEXTPOOL und INSERT TEXTPOOL zur dynamischen Erstellung und Bearbeitung von Textelementen sind zur Verwendung in der Anwendungsprogrammierung freigegeben. Einige Zusätze zu den freigegebenen Anweisungen und bestimmte Anweisungen sind nur für den systeminternen Gebrauch bestimmt und dürfen in Anwendungsprogrammen nicht verwendet werden.

45.2.1 Text-Pool einlesen

```
READ TEXTPOOL
```

Syntax
```
READ TEXTPOOL prog INTO itab LANGUAGE lang.
```

Diese Anweisung liest die Textelemente des Text-Pools der in `lang` angegebenen Sprache und des in `prog` angegebenen Programms aus dem Repository und stellt sie in die interne Tabelle `itab`. Der frühere Inhalt von `itab` wird gelöscht. Wenn die Textelemente nicht gelesen werden können, bleibt der Inhalt von `itab` unverändert. Welche Programmtypen Text-Pools unterstützen, kann Tabelle 9.1 entnommen werden. Bei Programmen ohne Text-Pools wird `sy-subrc` immer auf den Wert 4 gesetzt.

Für `prog` muss ein flaches zeichenartiges Datenobjekt angegeben werden, das den Namen des Programms der zu lesenden Textelemente enthält, wobei dessen Groß-/Kleinschreibung keine Rolle spielt. Die interne Tabelle `itab` kann eine beliebige Tabellenart haben, und ihr Zeilentyp muss der Struktur TEXTPOOL aus dem ABAP Dictionary entsprechen.

Für `lang` muss ein zeichenartiges flaches Datenobjekt angegeben werden, das einen maximal ein Zeichen langen Sprachenschlüssel enthält, dessen Wert in der Spalte SPRAS der Datenbanktabelle T002 enthalten sein muss. Falls `lang` ein Leerzeichen enthält, ist das Verhalten undefiniert.

Nach einem erfolgreichen Lesen enthält `itab` in der Spalte ENTRY die Texte der Textsymbole, die Selektionstexte, die Listenüberschriften und den Titel aus den Programmeigenschaften. Jedes für die angegebene Sprache vorhandene Textelement belegt eine Zeile der internen Tabelle und wird durch die Spalten ID und KEY eindeutig identifiziert. Die Spalte LENGTH enthält die Länge des Textelements. Tabelle 45.1 zeigt die möglichen Werte der Spalten ID und KEY und ihre Bedeutung.

ID	KEY	ENTRY
H	001 bis 004	Listenüberschrift: Spaltenüberschriften
I	Kennung eines Textsymbols	Text des Textsymbols
R	–	Programmtitel
S	Name eines Parameters bzw. Selektionskriteriums	Selektionstext
T	–	Listenüberschrift: Titelleiste

Tabelle 45.1 Datenbanktabelle TEXTPOOL

Bei Selektionstexten, die nicht aus dem ABAP Dictionary entnommen werden, stehen in ENTRY acht Leerzeichen vor dem eigentlichen Text.

Systemfelder

sy-subrc	Bedeutung
0	Es wurde mindestens ein Textelement gelesen.
4	Das in prog angegebene Programm oder die in lang angegebene Sprache ist nicht vorhanden, oder es gibt keinen Text-Pool in der angegebenen Sprache.

Hinweise

- Bei globalen Klassen und Funktionsgruppen ist zu beachten, dass der Name des Rahmenprogramms im Repository angegeben werden muss und nicht der Name der Klasse bzw. der Funktionsgruppe. Die Zusammensetzung dieser Namen ist bei den Anweisungen CLASS-POOL und FUNCTION-POOL dokumentiert.

- Selektionstexte, die aus dem ABAP Dictionary entnommen werden, sind nicht im Text-Pool abgelegt und können nicht mit READ TEXTPOOL gelesen werden. Bei ihnen steht an der ersten Stelle von ENTRY ein "D". Um zusätzlich auch die im ABAP Dictionary abgelegten Selektionstexte zu lesen, kann der Funktionsbaustein RS_TEXTPOOL_READ verwendet werden.

- Vor Release 7.0 wurden beim Anlegen von Selektionstexten mit Bezug auf das ABAP Dictionary noch die Texte aus dem ABAP Dictionary in den Text-Pool kopiert und hinter der achten Stelle von ENTRY abgelegt. Bei einem Bezug auf das ABAP Dictionary, der durch ein "D" an der ersten Stelle von ENTRY definiert wird, wird auf einem Selektionsbild aber nicht der Text aus dem Text-Pool, sondern der aus dem ABAP Dictionary verwendet. Da Text-Pools bei einer Änderung eines Textes im ABAP Dictionary nicht automatisch aktualisiert werden, konnten dort also andere Texte als die tatsächlich auf dem Selektionsbild verwendeten abgelegt sein. Deshalb sollten diese Texte auch vor Release 7.0 nicht ausgewertet werden.

45.2.2 Text-Pool anlegen oder überschreiben

INSERT TEXTPOOL

Syntax
INSERT TEXTPOOL prog FROM itab LANGUAGE lang.

Diese Anweisung stellt den Inhalt der Tabelle itab als Text-Pool der in lang angegebenen Sprache für das in prog angegebene ABAP-Programm in das Repository. Falls bereits ein Text-Pool für die angegebene Sprache existiert, werden alle seine Textelemente überschrieben. Andernfalls wird ein neuer Text-Pool für diese Sprache angelegt.

Für prog muss ein flaches zeichenartiges Datenobjekt angegeben werden, das den Namen des Programms der zu lesenden Textelemente enthält, wobei dessen Groß-/Kleinschreibung keine Rolle spielt. Für lang muss ein zeichenartiges flaches Datenobjekt angegeben werden, das einen maximal ein Zeichen langen Sprachenschlüssel enthält, dessen Wert in der Spalte SPRAS der Datenbanktabelle T002 enthalten sein muss. Falls in lang eine ungültige Sprache angegeben ist, wird kein Text-Pool erzeugt oder überschrieben. Falls lang ein Leerzeichen enthält, ist das Verhalten undefiniert.

Die interne Tabelle itab kann eine beliebige Tabellenart haben, und ihr Zeilentyp muss der Struktur TEXTPOOL aus dem ABAP Dictionary entsprechen. Falls in prog ein nicht vorhandenes Programm angegeben ist, wird kein Text-Pool erzeugt oder überschrieben.

In der internen Tabelle itab können in der Spalte ENTRY die Texte der Textsymbole, die Selektionstexte, die Listenüberschriften und der Titel für die Programmeigenschaften und in der Spalte LENGTH deren Länge angegeben werden. Die Identifikation der einzelnen Textelemente erfolgt über die Einträge in den Spalten ID und KEY, deren gültige Werte in Tabelle 45.1 gezeigt sind. Falls die Spalten ID oder KEY der internen Tabelle ungültige Werte enthalten oder duplikative Einträge vorhanden sind, wird ein inkonsistenter Text-Pool erzeugt. Falls die interne Tabelle leer ist, werden alle Textelemente eines vorhandenen Text-Pools gelöscht bzw. wird ein Text-Pool ohne Textelemente angelegt. Wenn die in LENGTH angegebene Länge kürzer als die Länge des Textes in ENTRY ist, wird sie im Text-Pool automatisch auf die Textlänge gesetzt.

Die Anweisung INSERT TEXTPOOL setzt sy-subrc immer auf den Wert 0.

Hinweise

- Die Angabe der Textlänge im Feld LENGTH definiert die maximale Länge des Textelements, die in der ABAP Workbench bei der Übersetzung des Text-Pools in andere Sprachen zur Verfügung steht, und sollte entsprechend groß gewählt werden.

- Bei Selektionstexten müssen in ENTRY acht Leerzeichen vor dem eigentlichen Text stehen. Wenn ein Selektionstext dem Dictionary entnommen werden soll, muss das erste Zeichen von ENTRY ein "D" sein.

- Die Anweisung INSERT TEXTPOOL sollte nur mit Vorsicht verwendet werden, da sie vorhandene Text-Pools vollständig überschreibt.

Beispiel
Ansatz eines Übersetzungswerkzeugs für Textelemente. Die Text-Pools einer Quell- und einer Zielsprache werden in interne Tabellen eingelesen, und für jedes Textelement der Quellsprache wird ein Selektionsbild als Übersetzungsmaske angezeigt. Nach Abschluss der Übersetzung wird der Text-Pool der Zielsprache mit der entsprechend geänderten internen Tabelle überschrieben.

```abap
PARAMETERS: program TYPE sy-repid,
            langu1  TYPE spras DEFAULT sy-langu,
            langu2  TYPE spras.
SELECTION-SCREEN BEGIN OF SCREEN 500 AS WINDOW.
SELECTION-SCREEN COMMENT /1(83) source.
SELECTION-SCREEN BEGIN OF LINE.
PARAMETERS target TYPE textpool-entry.
SELECTION-SCREEN END OF LINE.
SELECTION-SCREEN END OF SCREEN 500.
DATA: text1 TYPE SORTED TABLE OF textpool
              WITH UNIQUE KEY id KEY,
      text2 TYPE SORTED TABLE OF textpool
              WITH UNIQUE KEY id KEY,
      wa1   TYPE textpool,
      wa2   TYPE textpool.
READ TEXTPOOL program: INTO text1 LANGUAGE langu1,
                       INTO text2 LANGUAGE langu2.
LOOP AT text1 INTO wa1.
  CLEAR wa2.
  READ TABLE text2 INTO wa2
           WITH TABLE KEY id  = wa1-id
                          key = wa1-key.
  source = wa1-entry.
  target = wa2-entry.
  CALL SELECTION-SCREEN 500 STARTING AT 1 1.
  IF sy-subrc = 0.
    IF target IS NOT INITIAL.
      wa2-id = wa1-id.
      wa2-key = wa1-key.
      wa2-entry = target.
      wa2-length = wa1-length.
      DELETE TABLE text2
             WITH TABLE KEY id  = wa1-id
                            key = wa1-key.
      INSERT wa2 INTO TABLE text2.
    ENDIF.
  ELSE.
    EXIT.
  ENDIF.
ENDLOOP.
```

TEIL 14
Daten- und Kommunikationsschnittstellen

46 Remote Function Call

Dieses Kapitel beschreibt die ABAP-Sprachelemente für den RFC (Remote Function Call). Die Kommunikation eines AS ABAP mit einem anderem System, wie z. B. einem Java-Server, über den SAP Java Connector (JCo) basiert aufseiten des AS ABAP in der Regel auf dem RFC. In der SAP-Bibliothek finden Sie eine umfassende Dokumentation des RFC sowie weiterer SAP-Kommunikationsschnittstellen. Insbesondere wird dort auch die Kommunikation eines AS ABAP mit dem Internet beschrieben, die aber nicht auf Sprachelementen, sondern auf Klassenverschalungen beruht, wie z. B. das Internet Communication Framework und ABAP-Webservices.

46.1 Eigenschaften des RFC

Remote Function Call (RFC) ist ein SAP-eigenes Verfahren zum Aufruf von Funktionsbausteinen (RFMs) in entfernten Systemen. Die Kommunikation über die RFC-Schnittstelle lässt sich anhand der jeweils beteiligten Systeme in verschiedene Szenarien einteilen:

- AS ABAP – AS ABAP
- AS ABAP – Fremdsystem
- AS ABAP – AS Java
- AS ABAP – Java-Extern

Grundsätzlich kann der RFC als synchrones oder asynchrones Kommunikationsverfahren eingesetzt werden. Darüber hinaus gibt es verschiedene RFC-Varianten, die für verschiedene Einsatzzwecke konzipiert wurden und entsprechend unterschiedliche Service-Eigenschaften aufweisen:

- synchroner RFC (sRFC)
- asynchroner RFC (aRFC)
- paralleler RFC (pRFC)
- Background RFC (bgRFC)
- transaktionaler RFC (tRFC)
- queued RFC (qRFC)

46.1.1 RFC-Schnittstelle

Zur Ausführung eines Remote Function Calls wird die RFC-Schnittstelle benötigt. Die RFC-Schnittstelle übernimmt folgende Dienste:

- Aufruf und Steuerung der Kommunikationsroutinen, die benötigt werden, um mit dem entfernten System zu kommunizieren
- An- und Abmeldung an das entfernte System und Berechtigungsprüfungen für die verwendete Funktionsgruppe

- Konvertierung von Aktualparametern in die im entfernten System benötigte Darstellung und umgekehrt. Dazu gehören auch eventuelle plattformabhängige Konvertierungen (z. B. bei unterschiedlichen Codepages oder Byte-Reihenfolgen). Die Konvertierung unterstützt alle ABAP-Datentypen.
- Behandlung der bei der Kommunikation auftretenden Fehler und, falls angefordert, Weiterreichen an den Aufrufer

Bei unterschiedlichen AS ABAP kommunizieren zwei ABAP-Programme über die RFC-Schnittstelle miteinander, während bei der Kommunikation zwischen einem AS ABAP und einem Fremdsystem ein ABAP-Programm mit einem Programm in einer anderen Programmiersprache (C, C++, Visual Basic, Java und .NET) in Verbindung tritt.

Für die Kommunikation mit Programmen in anderen Programmiersprachen sind RFC-Bibliotheken für alle von SAP unterstützten Betriebssysteme wie Windows, Unix und Linux vorhanden:

- Java-Connector (JCo) für Java
- .NET-Connector für .NET (C#, VB.NET)
- RFC Software Development Kit (SDK) für C und C++

Jede Ausführung eines RFC über die RFC-Schnittstelle auf einem AS ABAP erfolgt in einer eigenen Benutzersitzung. Die Anmeldedaten sind in der Regel bei der RFC-Destination hinterlegt.

46.1.2 RFC-Sprachelemente

Folgende Zusätze der Anweisung CALL FUNCTION bewirken einen Remote Function Call:

- **DESTINATION für einen synchronen RFC (sRFC)**
  Wenn der Zusatz DESTINATION ohne einen der folgenden beiden Zusätze angegeben ist, wartet das aufrufende Programm, bis die remote aufgerufene Funktion beendet wurde.
- **STARTING NEW TASK für einen asynchronen RFC (aRFC) und dessen Spielart parallel RFC (pRFC)**
  Mit dem Zusatz STARTING NEW TASK wird die Verarbeitung des aufrufenden Programms fortgesetzt, sobald die remote aufgerufene Funktion gestartet wurde, ohne ihre Beendigung abzuwarten. Die Ergebnisse können in Callback-Routinen entgegengenommen werden.
- **IN BACKGROUND UNIT|TASK für einen Background RFC (bgRFC) oder einen transaktionalen RFC (tRFC) und dessen Spielart queued RFC (qRFC)**
  Mit dem Zusatz IN BACKGROUND wird die remote aufgerufene Funktion zur Ausführung vorgemerkt und mit der Anweisung COMMIT WORK gestartet.

Background RFC (bgRFC) ist die erweiterte Nachfolgetechnologie des tRFC (und qRFC). Zurzeit sind noch alle Varianten verwendbar. Es wird jedoch dringend empfohlen, den bgRFC anstelle des tRFC zu verwenden.

46.1.3 RFC-Destination

Die Informationen zum Zielsystem eines RFC-Aufrufs werden in der RFC-Destination hinterlegt. Diese Destinationen werden im AS ABAP über die Transaktion SM59 verwaltet. Hier werden u. a. der Verbindungstyp, das Partnerprogramm und das Zielsystem festgelegt. Darüber hinaus können in der Destination Anmeldedaten und weitere Verbindungsoptionen definiert werden.

Hinweis

Es gibt zwei vordefinierte Destinationen, die nicht mittels der Transaktion SM59 gepflegt werden müssen:

- Die Destination "NONE" bewirkt, dass der Funktionsbaustein auf demselben Applikationsserver wie das aufrufende Programm gestartet wird, allerdings über die RFC-Schnittstelle und in einer eigenen Benutzersitzung. Diese Destination ist bei allen Ausführungsarten möglich.
- Die Destination "BACK" kann in einem remote aufgerufenen Funktionsbaustein verwendet werden und verweist zurück auf den Aufrufer. Diese Angabe ist nur in Funktionsbausteinen möglich, die synchron aufgerufen wurden. Mit der Destination "BACK" kann jeder remotefähige Funktionsbaustein des aufrufenden Systems in allen drei Ausführungsarten aufgerufen werden. Beim synchronen Rückruf wird die zugehörige Funktionsgruppe in den internen Modus des aufrufenden Programms geladen, falls sie dort noch nicht vorhanden ist. Für den Rückruf wird die bestehende RFC-Verbindung verwendet.

Neben den in der Transaktion SM59 angelegten und den beiden vordefinierten Destinationen können Destinationen auch direkt in der Form "hostname_sysid_sysnr" angegeben werden. Dabei sind "hostname" der Rechnername des Applikationsservers, "sysid" der Name eines AS ABAP und "sysnr" die Systemnummer, wie sie z. B. über die Transaktion SM51 angezeigt werden.

46.1.4 RFC-Kontext

Jeder Remote-Aufruf eines Funktionsbausteins über die RFC-Schnittstelle definiert eine eigene Benutzersitzung im Zielsystem. Die Funktionsgruppe des Funktionsbausteins wird in einen internen Modus dieses Kontextes geladen und bleibt dort erhalten, sodass bei wiederholten Aufrufen von Funktionsbausteinen derselben Destination und derselben Funktionsgruppe gemeinsam auf die globalen Daten dieser Funktionsgruppe zugegriffen wird. Bei Aufrufen von Funktionen in Fremdsystemen wird dieses Verhalten von der API der RFC-Bibliothek simuliert. Eine Verbindung und ihr Kontext bleiben so lange erhalten, bis sie explizit geschlossen oder das aufrufende Programm beendet wird. Für das explizite Schließen einer Verbindung stehen der Funktionsbaustein RFC_CONNECTION_CLOSE oder die API-Funktionen RfcAbort und RfcClose zur Verfügung.

46.1.5 RFC-Protokoll

Das RFC-Protokoll beschreibt, wie Daten an die RFC-Schnittstelle übergeben und von dieser übernommen werden. Seit Release 7.02/7.2 steht hierfür basXML als einheitliches Format für alle Arten der Parameterübergabe zur Verfügung. Um basXML zu verwenden, muss es sowohl in der Transaktion SM59 als ÜBERTRAGUNGSPROTOKOLL für die Destination als auch explizit beim Anlegen eines Remote Function Modules (RFM) angegeben werden. Wenn eine der beiden Voraussetzungen nicht erfüllt ist, z. B. bei der Kommunikation mit Systemen mit Releases kleiner Release 7.02/7.2, wird das RFC-Protokoll je nach Parametertyp implizit ausgewählt:

- Bei flachen Parametern sowie bei der Verwendung von TABLES-Parametern wird ein internes binäres Format verwendet.
- Bei tiefen Parametern wird ein als xRFC bezeichnetes XML-Format verwendet.

Aus Gründen der Einheitlichkeit wird die Verwendung von basXML als RFC-Protokoll für alle Arten der Parameterübergabe empfohlen.

Bezüglich der Performance ist basXML derzeit noch zwischen dem schnelleren binären Format und dem langsameren xRFC angesiedelt, was sich in Zukunft aber noch ändern wird.

Das binäre Format sollte deshalb nur noch für RFMs verwendet werden, die momentan sehr kritisch bezüglich der Performance sind.

46.1.6 RFC-Ausnahmen

In der Schnittstelle eines remotefähigen Funktionsbausteins können entweder klassenbasierte Ausnahmen angegeben werden (ab Release 7.2) oder klassische Ausnahmen, d. h., nicht-klassenbasierte Ausnahmen, definiert sein. Beim externen Funktionsaufruf können klassenbasierte Ausnahmen in einer TRY-Kontrollstruktur behandelt (ab Release 7.2) oder den in der Schnittstelle des aufgerufenen Funktionsbausteins definierten nicht-klassenbasierten Ausnahmen mit dem Zusatz EXCEPTIONS der Anweisungen CALL FUNCTION oder RECEIVE Rückgabewerte zugewiesen werden.

Welche Ausnahmeverarbeitung durchgeführt wird, hängt davon ab, ob der Zusatz EXCEPTIONS in der Parameterliste der Anweisungen CALL FUNCTION und gegebenenfalls RECEIVE angegeben ist oder nicht (ab Release 7.2). Empfohlen wird die Verwendung der klassenbasierten Ausnahmebehandlung.

Wenn EXCEPTIONS nicht angegeben ist, wird eine klassenbasierte Ausnahmebehandlung durchgeführt (ab Release 7.2). Alle klassenbasierten Ausnahmen, die bei Ausführung des RFC auftreten, werden zum Aufrufer transportiert. Wenn die Anweisungen CALL FUNCTION oder RECEIVE in einem geschützten Bereich einer TRY-Kontrollstruktur stehen, können die Ausnahmen mit CATCH behandelt werden. Bei der Übergabe der Kontrolle vom RFC-Server an den RFC-Client findet auf dem RFC-Server ein impliziter Datenbank-Commit statt. Wenn ein remote aufgerufener Funktionsbaustein eine klassische Ausnahme auslöst, wird diese auf eine klassenbasierte Ausnahme der Klasse CX_CLASSIC_EXCEPTION abgebildet, deren Attribut EXCEPTION_NAME den Namen der Ausnahme enthält.

Wenn EXCEPTIONS angegeben ist, wird eine klassische Ausnahmebehandlung durchgeführt. Jede klassische Ausnahme wird zum Aufrufer transportiert, wobei auf dem RFC-Server ein Datenbank-Commit ausgeführt wird. Wenn ein remote aufgerufener Funktionsbaustein eine klassenbasierte Ausnahme auslöst, wird diese nicht transportiert, sondern führt im RFC-Server zu einem Laufzeitfehler mit Datenbank-Rollback, der von der RFC-Schnittstelle als vordefinierte klassische Ausnahme SYSTEM_FAILURE an den RFC-Client propagiert wird.

Wenn eine vom RFC-Server an den RFC-Client transportierte klassenbasierte oder klassische Ausnahme vom RFC-Client nicht behandelt wird, kommt es dort zu einem Laufzeitfehler mit Datenbank-Rollback.

Zusätzlich zu den Ausnahmen, die explizit in der Schnittstelle eines remotefähigen Funktionsbausteins angegeben sind, können beim RFC folgende vordefinierte Ausnahmen auftreten:

- **Ausnahmen der Klasse CX_REMOTE_APPL_ERROR (ab Release 7.2)**
  Solche Ausnahmen werden durch Fehlersituationen beim Ausführen der remote aufgerufenen Funktion im RFC-Server verursacht. Mögliche Ursachen sind Laufzeitfehler oder das Senden einer Nachricht vom Typ "A", "E" oder "X". Bei der klassischen Ausnahmebehandlung können diese Ausnahmen durch Angabe der vordefinierten Ausnahme SYSTEM_FAILURE hinter EXCEPTIONS behandelt werden.

- **Ausnahmen der Klasse CX_CONNECTIVITY_ERROR (ab Release 7.2)**
  Solche Ausnahmen werden durch alle Fehler ausgelöst, die beim Verbindungsaufbau, bei der Zuordnung von Ressourcen oder in der Kommunikationsschicht auftreten. Bei der klassischen Ausnahmebehandlung können diese Ausnahmen durch Angabe der vordefinierten Ausnahmen COMMUNICATION_FAILURE, RESOURCE_FAILURE oder SYSTEM_FAILURE hinter EXCEPTIONS behandelt werden.

Die gemeinsame Oberklasse von CX_REMOTE_APPL_ERROR und CX_CONNECTIVITY_ERROR ist CX_REMOTE_EXCEPTION. Es wird dringend empfohlen, alle Ausnahmen dieser Klasse zu behandeln, da es in den geschilderten Situationen ansonsten zu einem Laufzeitfehler kommt. Es gibt weitere Unterklassen, die die Ausnahmen der Oberklassen spezialisieren.

Hinweise
- Der Transport klassenbasierter Ausnahmen erfolgt über die Verwendung von basXML als RFC-Protokoll. Dies ist unabhängig davon, ob dieses Protokoll auch für die sonstige Kommunikation des aktuellen Aufrufs genutzt wird.

- Vor Release 7.2 (also auch noch zu 7.02) fand ausschließlich die klassische Ausnahmebehandlung statt. Wenn ein remote aufgerufener Funktionsbaustein eine klassenbasierte Ausnahme auslöste, führte dies auf dem RFC-Server immer zu einem Laufzeitfehler mit Datenbank-Rollback und der nachfolgenden vordefinierten Ausnahme SYSTEM_FAILURE der RFC-Schnittstelle im RFC-Client. Da in der Schnittstelle eines remotefähigen Funktionsbausteins keine klassenbasierten Ausnahmen angegeben werden konnten, betraf dies nur Ausnahmen der Kategorien CX_NO_CHECK und dabei insbesondere CX_SY_NO_HANDLER. Wenn EXCEPTIONS beim Aufruf nicht angegeben ist, werden auch diese Ausnahmen ab Release 7.2 transportiert und werden im RFC-Client entweder behandelt oder führen dort zu einem Laufzeitfehler. Für Aufrufe, die bereits vor Release 7.2 ohne EXCEPTIONS-Zusatz durchgeführt wurden, stellt dies eine gewisse Inkompatibilität dar.

- Ab Release 7.2 bedeutet das Weglassen von EXCEPTIONS, dass alle klassenbasierten Ausnahmen des RFC-Servers ohne Datenbank-Rollback von der RFC-Schnittstelle an den RFC-Client übergeben werden, wobei ein impliziter Datenbank-Commit ausgeführt wird. Klassenbasierte Ausnahmen, die zuvor auf dem RFC-Server zu einem Datenbank-Rollback geführt haben, führen nun stattdessen zu einem Datenbank-Commit.

- Klassenbasierte Ausnahmen, die vorher nicht behandelt wurden, können nun sozusagen aus Versehen in einer TRY-Kontrollstruktur behandelt werden, anstatt auf dem RFC-Client zu einem Laufzeitfehler zu führen.

Da EXCEPTIONS bisher in der Regel immer angegeben werden sollte, dürften diese Situationen aber nur sehr selten auftreten.

46.1.7 RFC-Systemfelder

Wie bei jedem Aufruf eines Funktionsbausteins wird beim RFC das Systemfeld sy-subrc im aufrufenden Programm initialisiert bzw. auf den bei der Ausnahmebehandlung angegebenen Wert gesetzt. Zusätzlich werden bei jedem Remote-Aufruf eines Funktionsbausteins die Systemfelder für Nachrichten (sy-msgid, sy-msgno, sy-msgty und sy-msgv1 bis sy-msgv4) im aufrufenden Programm initialisiert. Wird während der Ausführung eines remote aufgerufenen Funktionsbausteins mit der Anweisung MESSAGE eine Nachricht vom Typ "A", "E" oder "X" gesendet, wird in der Regel im aufrufenden Programm die Ausnahme der Klasse CX_REMOTE_APPL_ERROR bzw. die klassische Ausnahme SYSTEM_FAILURE ausgelöst. Beim Auftreten der Ausnahme werden die Systemfelder für Nachrichten bei beiden Arten der Ausnahmebehandlung mit den Eigenschaften der Nachricht versorgt.

46.1.8 RFC-Berechtigungen

Ist der Profilparameter auth/rfc_authority_check auf 1 gesetzt, wird beim Remote-Aufruf eines Funktionsbausteins eine automatische Berechtigungsprüfung durchgeführt. Ausführliche Informationen zu RFC-Berechtigungen finden Sie in der SAP-Bibliothek.

46.1.9 RFC-Vertrauensbeziehungen

Ein aufrufender AS ABAP kann in einem aufzurufenden AS ABAP als ein vertrauenswürdiges System ("Trusted System") definiert sein. Das aufzurufende System wird dann als "Trusting System" bezeichnet. Die Pflege solcher Vertrauensbeziehungen erfolgt über die Transaktion SMT1.

Ein vertrauenswürdiger AS ABAP kann sich an einem anderen AS ABAP ohne Kennwort anmelden. Solche vertraulichen Beziehungen zwischen verschiedenen AS ABAP haben folgende Vorteile:

- Single Sign-On über Systemgrenzen hinweg
- keine Kennwortübertragung über das Netz
- Timeout-Mechanismus für die Anmeldedaten verhindert Missbrauch.
- Benutzerspezifische Anmeldedaten für das aufrufende System werden geprüft.

46.1.10 RFC-Dialoginteraktionen

In einem über RFC aufgerufenen RFM können beim sRFC und aRFC Dialoginteraktionen über das SAP GUI ausgeführt bzw. Dynpros aufgerufen werden. Bei tRFC und qRFC ist dies nicht möglich. Beim pRFC ist es zwar technisch möglich, sollte aber nicht verwendet werden.

Dialoginteraktionen beim sRFC und aRFC setzen voraus, dass der RFC-Client in einem Dialog-Workprozess und dort im Vordergrund ausgeführt wird und dass der in der Destination definierte Benutzer eine Dialogberechtigung hat. Der RFM öffnet kein SAP-GUI-Fenster auf dem RFC-Server, sondern:

- Beim sRFC wird das aktuelle SAP-GUI-Fenster des Aufrufers verwendet, d. h., das aktuelle Bildschirmbild wird vorübergehend durch das Bildschirmbild der remote aufgerufenen Funktion ersetzt. Die Eingabe von Befehlen in der Form "/ntcode" in das Befehlsfeld der Systemfunktionsleiste beendet die Remote-Verbindung, und das aufrufende Programm führt seine Verarbeitung nach dem RFC fort. Das Verhalten auf der Server-Seite ist danach nicht definiert.
- Bei einem aRFC wird im RFC-Client ein neuer externer Modus geöffnet, und die Bildschirmbilder der remote ausgeführten Anwendung werden dort in einem neuen SAP-GUI-Fenster angezeigt. Die Eingabe von Befehlen in der Form "/ntcode" in das Befehlsfeld der Systemfunktionsleiste führt zur Ausführung der durch "/tcode" angegebenen Transaktion in diesem Modus.

Die Bildschirmdaten werden von der RFC-Schnittstelle an das aufrufende System zurückübergeben. Anweisungen für die klassische Listenausgabe wie WRITE, die während eines remote aufgerufenen Funktionsbausteins ausgeführt werden, schreiben in den Listenpuffer des RFC-Servers. Die Listen können über die Anweisung LEAVE TO LIST-PROCESSING während einer in einem SAP-GUI-Fenster des Aufrufers angezeigten Dynpro-Folge angezeigt werden. Auch Listenausgaben, die in Programmen erfolgen, die aus dem RFM aufgerufen wurden, werden in einem SAP-GUI-Fenster des Aufrufers dargestellt.

Die Eingabe von Befehlen in der Form "/otcode" in das Befehlsfeld der Systemfunktionsleiste öffnet in beiden Fällen auf dem RFC-Server einen weiteren externen Modus und einen zusätzlichen externen Modus zur Anzeige eines SAP-GUI-Fensters auf der Client-Seite, in dem die durch "/tcode" angegebene Transaktion ausgeführt wird.

Hinweis
Beim externen Aufruf von RFMs mit Dialoginteraktionen sollte dafür gesorgt werden, dass nur Dialogfenster, d. h., SAP-GUI-Fenster ohne Systemfunktionsleiste, angezeigt werden, damit dort keine Befehle in das Befehlsfeld eingegeben werden können.

46.1.11 RFC-Einschränkungen

Im Unterschied zum normalen Funktionsbausteinaufruf gelten beim RFC folgende Einschränkungen:

- Für die IMPORTING-, EXPORTING- und CHANGING-Parameter eines remotefähigen Funktionsbausteins muss die Wertübergabe ausgewählt sein. Bei TABLES-Parametern kann diese nicht explizit angegeben werden, sie wird beim RFC aber implizit verwendet.

- Die Formalparameter eines remotefähigen Funktionsbausteins müssen mit Datentypen aus dem ABAP Dictionary oder mit eingebauten ABAP-Typen typisiert sein. Die Angabe von Datentypen aus Typgruppen ist nicht möglich.
- Bei einem RFC können keine Referenzvariablen übergeben werden. Die Formalparameter eines remotefähigen Funktionsbausteins dürfen deshalb nicht mit einem Referenztyp typisiert sein.
- Bei einem Aufruf über synchronen und asynchronen RFC wird in der Regel ein Datenbank-Commit abgesetzt. Aus diesem Grund darf ein synchroner oder asynchroner RFC nicht zwischen Open SQL-Anweisungen verwendet werden, die einen Datenbank-Cursor öffnen oder schließen. Ausgenommen hiervon ist die Verbuchung. Während der Verbuchung führen sRFC und aRFC zu keinem Workprozess-Wechsel und zu keinem Datenbank-Commit.
- In einem remote aufgerufenen Funktionsbaustein dürfen keine Anweisungen verwendet werden, die den aktuellen Kontext und damit die Verbindung schließen. Dazu gehören zum Beispiel die Anweisungen LEAVE PROGRAM oder SUBMIT ohne den RETURN-Zusatz.
- Da beim RFC ausschließlich Wertübergabe stattfindet, kann beim Auftreten von Ausnahmen auch beim synchronen RFC nie auf Zwischenergebnisse zugegriffen werden.
- Bei der Übergabe von zeichenartigen Daten wird in der Regel zwischen den beteiligten Codepages konvertiert. Bei der Übergabe zwischen MDMP-Systemen und Unicode-Systemen ist die Zuordnung eventuell nicht-eindeutig. Bei im ABAP Dictionary definierten Strukturen wird hierfür bei Verwendung des binären RFC-Protokolls die Textsprache ausgewertet.
- Informationsnachrichten und Warnungen werden wie Statusmeldungen behandelt.
- Bei transaktionalen RFC-Aufrufen (bgRFC, tRFC, qRFC) dürfen die Anweisungen COMMIT WORK und ROLLBACK WORK nicht innerhalb einer Unit/LUW ausgeführt werden. Ebenso darf dort kein impliziter Datenbank-Commit ausgelöst werden.

46.2 Remote-Funktionsaufruf

CALL FUNCTION – RFC

Dieser Abschnitt beschreibt die Aufrufe von Funktionsbausteinen über synchronen RFC, asynchronen RFC, Background RFC und transaktionalen RFC. Der parallele RFC ist syntaktisch eine Variante des asynchronen RFC. Alle hier gezeigten Aufrufe erfolgen über die RFC-Schnittstelle.

46.2.1 Synchroner Remote Function Call

CALL FUNCTION – DESTINATION

Syntax
CALL FUNCTION func DESTINATION dest *parameter_list*.

Synchroner Aufruf (sRFC) eines in `func` angegebenen remotefähigen Funktionsbausteins über die RFC-Schnittstelle. Mit dem Zusatz `DESTINATION` wird die Destination in `dest` angegeben (siehe Abschnitt 46.1.3). Für `func` und `dest` werden zeichenartige Datenobjekte erwartet. Das aufrufende Programm wird hinter der Anweisung `CALL FUNCTION` fortgesetzt, wenn die remote aufgerufene Funktion beendet wurde.

Hinweise

- Wenn der Inhalt von `dest` gleich der Konstanten `space` ist, wird der Zusatz `DESTINATION` ignoriert und ein normaler Aufruf `CALL FUNCTION func` ausgeführt.
- Der synchrone RFC löst im aufrufenden Programm einen Datenbank-Commit aus. Ausgenommen hiervon ist ein sRFC während der Verbuchung.

46.2.1.1 Parameter

```
CALL FUNCTION - DESTINATION parameter_list
```

Syntax von parameter_list
```
... [EXPORTING   p1 = a1 p2 = a2 ...]
    [IMPORTING   p1 = a1 p2 = a2 ...]
    [CHANGING    p1 = a1 p2 = a2 ...]
    [TABLES      t1 = itab1 t2 = itab2 ...]
    [EXCEPTIONS  [exc1 = n1 exc2 = n2 ...]
                 [system_failure        = ns [MESSAGE smess]]
                 [communication_failure = nc [MESSAGE cmess]]
                 [resource_failure      = nr]
                 [OTHERS = n_others]].
```

Mit diesen Zusätzen werden den Formalparametern des remote aufgerufenen Funktionsbausteins Aktualparameter und nicht-klassenbasierten Ausnahmen Rückgabewerte zugeordnet. Die Zusätze haben im Wesentlichen dieselbe Bedeutung wie beim generellen Funktionsbausteinaufruf. Beim RFC wird jedoch im Unterschied zum generellen Funktionsbausteinaufruf die Anbindung an falsch angegebene Formalparameter prinzipiell ignoriert. Zusätzlich steuert die Angabe des Zusatzes `EXCEPTIONS`, ob eine klassenbasierte Ausnahmebehandlung durchgeführt wird oder nicht (ab Release 7.2). Dies und einige weitere Unterschiede sind im Folgenden beschrieben.

Parameterübergabe

Bezüglich der Zusätze `EXPORTING`, `IMPORTING` und `CHANGING` gelten folgende Unterschiede:

- Bei zeichenartigen Formalparametern kann der Aktualparameter kürzer als der Formalparameter sein. Ein kürzerer Aktualparameter wird im gerufenen Funktionsbaustein bei der Eingabe rechts mit Leerzeichen aufgefüllt und bei der Ausgabe rechts abgeschnitten.
- Referenzvariablen dürfen weder direkt noch als Komponenten von tiefen Strukturen übergeben werden. Die Übergabe von Tabellen mit tiefen Zeilentypen, tiefen Strukturen und Strings ist dagegen wie beim generellen Funktionsbausteinaufruf erlaubt.
- Bei der Übergabe interner Tabellen mit nicht-eindeutigen Tabellenschlüsseln bleibt die Reihenfolge der duplikativen Zeilen bezüglich dieser Schlüssel nicht erhalten.

Bei TABLES zur Übergabe an Tabellenparameter gibt es den Unterschied, dass nur Tabellen mit flachen Zeilentypen und ohne sekundäre Tabellenschlüssel übergeben werden können und dass eine eventuell vorhandene Kopfzeile nicht übergeben wird.

Hinweise

- Solange nicht basXML als RFC-Protokoll eingestellt ist (ab Release 7.02/7.2), wird für TABLES-Parameter implizit das klassische binäre RFC-Protokoll verwendet und nicht das XML-Format xRFC, das ansonsten für tiefe Typen verwendet wird. Die Übergabe interner Tabellen über TABLES-Parameter kann in diesem Fall und in Abhängigkeit von den übergebenen Daten daher erheblich schneller sein als bei der Übergabe über andere Parameter.

- Ab Release 7.02/7.2 wird basXML als einheitliches Format für alle Arten der RFC-Kommunikation empfohlen. basXML ist derzeit noch performanter als xRFC, was sich in Zukunft aber ändern wird. Der Zusatz TABLES ist damit nur noch für RFMs notwendig, die momentan sehr kritisch bezüglich der Performance sind.

Ausnahmebehandlung

Der Zusatz EXCEPTIONS steuert beim RFC ab Release 7.2, welche Art der Ausnahmebehandlung ausgeführt wird:

- Wenn EXCEPTIONS nicht angegeben ist, wird ab Release 7.2 eine klassenbasierte Ausnahmebehandlung durchgeführt. Vor Relase 7.2 wird keine Ausnahmebehandlung durchgeführt.

- Wenn EXCEPTIONS angegeben ist, wird eine klassische, nicht-klassenbasierte Ausnahmebehandlung durchgeführt.

Empfohlen wird die klassenbasierte Ausnahmebehandlung, bei der alle klassenbasierten Ausnahmen, die bei Ausführung des RFC auftreten, zum Aufrufer transportiert und dort in einer TRY-Kontrollstruktur behandelt werden können. Neben den klassenbasierten Ausnahmen, die von einem remote aufgerufenen Funktionsbaustein ausgelöst werden können, kann die RFC-Schnittstelle weitere Ausnahmen auslösen, die alle Unterklassen von CX_REMOTE_EXCEPTION sind:

- Ausnahmen der Klasse CX_REMOTE_APPL_ERROR. Solche Ausnahmen werden durch Fehlersituationen beim Ausführen der remote aufgerufenen Funktion im RFC-Server verursacht. Mögliche Ursachen sind Laufzeitfehler oder das Senden einer Nachricht vom Typ "A", "E" oder "X".

- Ausnahmen der Klasse CX_CONNECTIVITY_ERROR. Solche Ausnahmen werden durch alle Fehler ausgelöst, die beim Verbindungsaufbau, bei der Zuordnung von Ressourcen oder in der Kommunikationsschicht auftreten.

Wenn ein remote aufgerufener Funktionsbaustein während der klassenbasierten Ausnahmebehandlung eine klassische Ausnahme auslöst, wird diese auf eine klassenbasierte Ausnahme der Klasse CX_CLASSIC_EXCEPTION abgebildet, deren Attribut EXCEPTION_NAME den Namen der Ausnahme enthält.

Die nicht-klassenbasierte Ausnahmebehandlung funktioniert im Wesentlichen wie beim generellen Funktionsbausteinaufruf, wobei hier zusätzlich die speziellen Ausnahmen

SYSTEM_FAILURE, COMMUNICATION_FAILURE und RESOURCE_FAILURE angegeben werden können, um die Ausnahmen zu behandeln, die von der RFC-Schnittstelle selbst ausgelöst werden. Hinter der Angabe dieser Ausnahmen kann zusätzlich ein optionaler Zusatz MESSAGE angegeben werden. Tritt eine der speziellen klassischen Ausnahmen system_failure oder communication_failure auf, wird die erste Zeile des zugehörigen Kurzdumps in das Feld smess bzw. cmess gestellt, das flach und zeichenartig sein muss. Wenn ein remote aufgerufener Funktionsbaustein während der nicht-klassenbasierten Ausnahmebehandlung eine klassenbasierte Ausnahme auslöst, wird diese nicht transportiert, sondern führt im RFC-Server zu einem Laufzeitfehler mit zugehörigem Datenbank-Rollback und zur vordefinierten klassischen Ausnahme SYSTEM_FAILURE im RFC-Client.

Hinweise

- Vor Release 7.2 wurde die klassenbasierte Ausnahmebehandlung noch nicht unterstützt. Es fand immer eine klassische Ausnahmebehandlung statt. Wenn der Zusatz EXCEPTIONS nicht angegeben war, führte jede Ausnahme zu einem Laufzeitfehler im RFC-Client.
- Eine Angabe von error_message hinter EXCEPTIONS hat beim RFC keine Wirkung.
- Wenn die klassische Ausnahme SYSTEM_FAILURE durch das Senden einer Nachricht vom Typ "A", "E" oder "X" ausgelöst wird, enthält das Feld smess bei Angabe von MESSAGE den Kurztext der Nachricht.

Beispiel

Der Funktionsbaustein DEMO_RFM_CLASS_BASED_EXCEPTION löst die klassenbasierte Ausnahme CX_DEMO_EXCEPTION aus. Der Funktionsbaustein DEMO_RFM_CLASSIC_EXCEPTION löst die nicht-klassenbasierte Ausnahme CLASSIC_EXCEPTION aus. Bei den ersten beiden Aufrufen ist EXCEPTIONS nicht angegeben, wodurch ab Release 7.2 eine klassenbasierte Ausnahmebehandlung durchgeführt wird:

- Beim Aufruf von DEMO_RFM_CLASS_BASED_EXCEPTION werden die möglichen klassenbasierten Ausnahmen mit CATCH behandelt. Wenn es zu keiner der vordefinierten Ausnahmen der RFC-Schnittstelle kommt, wird CX_DEMO_EXCEPTION abgefangen.
- Auch beim Aufruf von DEMO_RFM_CLASSIC_EXCEPTION werden die möglichen klassenbasierten Ausnahmen mit CATCH behandelt. Wenn es zu keiner der vordefinierten Ausnahmen der RFC-Schnittstelle kommt, wird CX_CLASSIC_EXCEPTION abgefangen, deren Attribut EXCEPTION_NAME den Namen der ursprünglichen klassischen Ausnahme enthält.

Bei den anderen beiden Aufrufen ist EXCEPTIONS angegeben, wodurch eine nicht-klassenbasierte Ausnahmebehandlung durchgeführt wird:

- Beim Aufruf von DEMO_RFM_CLASS_BASED_EXCEPTION kommt es zur vordefinierten Ausnahme SYSTEM_FAILURE der RFC-Schnittstelle, da die klassenbasierte Ausnahme CX_DEMO_EXCEPTION nicht behandelt werden kann.
- Beim Aufruf von DEMO_RFM_CLASSIC_EXCEPTION werden den möglichen klassischen Ausnahmen Werte für sy-subrc zugewiesen. Wenn es zu keiner der vordefinierten Ausnahmen der RFC-Schnittstelle kommt, wird sy-subrc auf 4 gesetzt.

```abap
      DATA demo_exception      TYPE REF TO cx_demo_exception.
      DATA remote_exception    TYPE REF TO cx_remote_exception.
      DATA classic_exception   TYPE REF TO cx_classic_exception.
      DATA msg TYPE c LENGTH 255.
"Class based exception handling
      TRY.
          CALL FUNCTION 'DEMO_RFM_CLASS_BASED_EXCEPTION'
              DESTINATION 'NONE'.
        CATCH cx_demo_exception INTO demo_exception.
          msg = demo_exception->get_text( ).
          WRITE: / 'CATCH CX_DEMO_EXCEPTION', / msg.
        CATCH cx_remote_exception INTO remote_exception.
          msg = remote_exception->get_text( ).
          WRITE / msg.
      ENDTRY.
      SKIP.
      TRY.
          CALL FUNCTION 'DEMO_RFM_CLASSIC_EXCEPTION'
              DESTINATION 'NONE'.
        CATCH cx_classic_exception INTO classic_exception.
          msg = classic_exception->get_text( ).
          WRITE: / 'CATCH', classic_exception->exception_name, / msg.
        CATCH cx_remote_exception INTO remote_exception.
          msg = remote_exception->get_text( ).
          WRITE / msg.
      ENDTRY.
"Classical exception handling
      SKIP.
      CALL FUNCTION 'DEMO_RFM_CLASS_BASED_EXCEPTION'
        DESTINATION 'NONE'
        EXCEPTIONS
          system_failure        = 1 MESSAGE msg
          communication_failure = 2 MESSAGE msg
          resource_failure      = 3.
      CASE sy-subrc.
        WHEN 1.
          WRITE: / 'EXCEPTION SYSTEM_FAILURE', / msg.
        WHEN 2.
          WRITE: / 'EXCEPTION COMMUNICATION_FAILURE', / msg.
        WHEN 3.
          WRITE: / 'EXCEPTION RESOURCE_FAILURE'.
      ENDCASE.
      SKIP.
      CALL FUNCTION 'DEMO_RFM_CLASSIC_EXCEPTION'
        DESTINATION 'NONE'
        EXCEPTIONS
          system_failure        = 1 MESSAGE msg
          communication_failure = 2 MESSAGE msg
```

```
      resource_failure    = 3
      classic_exception   = 4.
CASE sy-subrc.
  WHEN 1.
    WRITE: / 'EXCEPTION SYSTEM_FAILURE', msg.
  WHEN 2.
    WRITE: / 'EXCEPTION COMMUNICATION_FAILURE', msg.
  WHEN 3.
    WRITE: / 'EXCEPTION RESOURCE_FAILURE'.
  WHEN 4.
    WRITE: / 'EXCEPTION CLASSIC_EXCEPTION', / sy-msgv1.
ENDCASE.
```

46.2.2 Asynchroner Remote Function Call

CALL FUNCTION – STARTING NEW TASK

Syntax
```
CALL FUNCTION func STARTING NEW TASK task
              [DESTINATION {dest|{IN GROUP {group|DEFAULT}}}]
              [{CALLING meth}|{PERFORMING subr} ON END OF TASK]
              parameter_list.
```

Asynchroner Aufruf (aRFC) eines in `func` angegebenen remotefähigen Funktionsbausteins über die RFC-Schnittstelle. Mit dem Zusatz DESTINATION kann entweder eine einzelne Destination in `dest` oder über IN GROUP eine Gruppe von Applikationsservern angegeben werden. Letzteres unterstützt die Parallelverarbeitung mehrerer Funktionsbausteine. Das aufrufende Programm wird hinter der Anweisung CALL FUNCTION fortgesetzt, sobald die remote aufgerufene Funktion im Zielsystem gestartet wurde, ohne das Ende ihrer Verarbeitung abzuwarten. Mit CALLING und PERFORMING können Callback-Routinen zur Übernahme von Ergebnissen bei Beendigung der remote aufgerufenen Funktion angegeben werden. Für `func` und `dest` werden zeichenartige Datenobjekte erwartet.

Falls die Destination nicht angegeben und auch nicht über den Zusatz KEEPING TASK der Anweisung RECEIVE festgelegt ist, wird implizit die Destination "NONE" verwendet. Der asynchrone RFC unterstützt keine Kommunikation mit Fremdsystemen bzw. Programmen in anderen Programmiersprachen.

Für `task` muss ein zeichenartiges Datenobjekt angegeben werden, das eine maximal 32-stellige, frei wählbare Aufgabenkennung für den aufgerufenen Remote-Funktionsbaustein enthält. Diese Aufgabenkennung sollte pro Aufruf eindeutig sein und wird den Callback-Routinen zur Identifikation der Funktion übergeben. Jede Aufgabenkennung definiert eine eigene RFC-Verbindung mit eigenem Kontext, sodass bei wiederholten Aufrufen von Funktionsbausteinen derselben Aufgabenkennung und bei gleicher Destination auf die globalen Daten der zugehörigen Funktionsgruppe zugegriffen werden kann, falls die Verbindung noch vorhanden ist. (Dies ist z. B. dann der Fall, wenn der PERFORMING- oder CALLING-Zusatz verwendet wird. Beim asynchronen RFC ohne Rückantwort, also ohne PERFORMING- oder CALLING-Zusatz, wird die RFC-Verbindung gleich nach dem Aufruf wieder geschlossen.)

Hinweise

- Der Aufruf von Dynpros während der Verarbeitung eines aRFC öffnet zusätzliche Hauptmodi im RFC-Client. Dabei ist zu beachten, dass die maximale Anzahl möglicher Hauptmodi nicht überschritten werden kann, ansonsten kommt es zu einer Fehlermeldung.
- Der asynchrone RFC löst im aufrufenden Programm einen Datenbank-Commit aus. Ausgenommen hiervon ist ein aRFC während der Verbuchung.
- Wenn in einem aufrufenden Programm mehrere asynchrone RFCs mit verschiedenen Destinationen hintereinander abgesetzt werden, führt dies automatisch zur Parallelverarbeitung der aufgerufenen Funktionsbausteine. Da die zugehörige Verwaltung sowohl auf dem Client als auch auf den Servern zu Ressourcenengpässen führen kann, wird empfohlen, eine solche Parallelverarbeitung nur mit dem Zusatz DESTINATION IN GROUP durchzuführen.
- Wenn ein Funktionsbaustein mehrmals hintereinander über asynchronen RFC gestartet wird, liegt die Reihenfolge der Ausführung nicht fest, sondern hängt von der Systemverfügbarkeit ab.

46.2.2.1 Paralleler Remote Function Call

```
... DESTINATION IN GROUP {group|DEFAULT}
```

Die Angabe von IN GROUP als Destination unterstützt die parallele Ausführung mehrerer Funktionsbausteine auf einer vordefinierten Gruppe von Applikationsservern des aktuellen AS ABAP. Diese Variante des aRFC wird auch als paralleler Remote Function Call (pRFC) bezeichnet.

Für group muss ein Datenobjekt vom Typ RZLLI_APCL aus dem ABAP Dictionary angegeben werden, das entweder den Namen einer in der Transaktion RZ12 angelegten RFC-Server-Gruppe enthält oder initial ist. Bei der Angabe von DEFAULT oder wenn group initial ist, werden alle aktuell zur Verfügung stehenden Applikationsserver des aktuellen AS ABAP als Gruppe verwendet. Innerhalb eines Programms darf nur eine einzige RFC-Server-Gruppe verwendet werden. Beim ersten asynchronen RFC mit dem Zusatz IN GROUP wird die angegebene RFC-Server-Gruppe initialisiert. Bei jedem asynchronen RFC mit Angabe der Gruppe wird automatisch der am besten geeignete Applikationsserver ermittelt und der aufgerufene Funktionsbaustein auf diesem ausgeführt.

Falls der Funktionsbaustein auf keinem der Applikationsserver ausgeführt werden kann, da momentan nicht genügend Ressourcen zur Verfügung stehen, kommt es zur vordefinierten Ausnahme RESOURCE_FAILURE, der zusätzlich zu den übrigen RFC-Ausnahmen ein Rückgabewert zugewiesen werden kann. Bei dieser Ausnahme ist der Zusatz MESSAGE nicht erlaubt.

Hinweise

- Die Parallelverarbeitung von Funktionsbausteinen mit dem Zusatz IN GROUP nutzt die vorhandenen Ressourcen optimal aus und ist einer selbst programmierten Parallelverarbeitung mit explizit angegebenen Destinationen vorzuziehen.
- Ein Applikationsserver, der als Teil einer RFC-Server-Gruppe zur Parallelverarbeitung eingesetzt wird, muss mindestens drei Dialog-Workprozesse haben, von denen einer gerade frei ist. Andere Ressourcen wie Aufträge in der Warteschlange, Anzahl der Systemanmel-

dungen etc. werden ebenfalls berücksichtigt und dürfen gewisse Grenzwerte nicht überschreiten.

- Um sicherzustellen, dass nur auf Applikationsserver zugegriffen wird, die genügend Ressourcen haben, wird empfohlen, anstelle des Zusatzes DEFAULT mit explizit definierten RFC-Server-Gruppen zu arbeiten.
- Die Funktionsbausteine der Funktionsgruppe SPBT stellen Service-Funktionen für die Parallelverarbeitung zur Verfügung, z. B. Initialisierung von RFC-Server-Gruppen, Ermittlung der verwendeten Destination oder temporäres Entfernen eines Applikationsservers aus einer RFC-Server-Gruppe.

46.2.2.2 Callback-Routine angeben

```
... {CALLING meth}|{PERFORMING subr} ON END OF TASK
```

Mit diesem Zusatz kann entweder eine Methode meth oder ein Unterprogramm subr als Callback-Routine angegeben werden. Die Callback-Routine wird ausgeführt, nachdem der asynchron aufgerufene Funktionsbaustein beendet wurde. Für meth sind die gleichen Angaben wie beim allgemeinen Methodenaufruf möglich, insbesondere also auch dynamische. Für subr muss statisch ein Unterprogramm des gleichen Programms angegeben werden.

Die Methode meth muss öffentlich sein und muss genau einen nicht-optionalen Eingabeparameter p_task vom Typ clike haben. Das angegebene Unterprogramm subr muss genau einen USING-Parameter vom Typ clike haben. Dieser Parameter wird beim Aufruf von der RFC-Schnittstelle mit der Aufgabenkennung der remote aufgerufenen Funktion versorgt, die beim Aufruf in task angegeben wurde. In der Methode meth bzw. im Unterprogramm subr sollten die Ergebnisse der Remote-Funktion mit der Anweisung RECEIVE empfangen werden. In der Callback-Routine dürfen keine Anweisungen ausgeführt werden, durch die diese unterbrochen oder ein impliziter Datenbank-Commit ausgelöst wird. Klassenbasierte Ausnahmen müssen innerhalb der Callback-Routine behandelt werden. Anweisungen zur Listenausgabe werden nicht ausgeführt.

Voraussetzung für die Ausführung der Callback-Routine ist, dass das aufrufende Programm bei Beendigung der Remote-Funktion noch in seinem internen Modus vorhanden ist. Dann wird sie beim nächsten Wechsel des Workprozesses ausgeführt. Falls das Programm beendet wurde oder als Teil einer Aufrufkette auf dem Stack liegt, wird die Callback-Routine nicht ausgeführt. Mit der Anweisung WAIT UNTIL kann die Programmausführung angehalten werden, bis bestimmte oder alle Callback-Routinen ausgeführt wurden.

Hinweise

- Bei der klassenbasierten Ausnahmebehandlung, d. h, wenn ab Release 7.2 der Zusatz EXCEPTIONS nicht angegeben ist, muss in der Callback-Routine eine RECEIVE-Anweisung aufgeführt sein.
- Wenn in der Callback-Routine keine RECEIVE-Anweisung aufgeführt ist, um die Ergebnisse der Remote-Funktion zu empfangen, bleibt die Verbindung bestehen und verhält sich implizit wie bei der Anweisung RECEIVE mit dem Zusatz KEEPING TASK. Dieses implizite Verhalten ist in der Regel nicht erwünscht.

- Es wird empfohlen, den Zeitpunkt zum Ausführen der Callback-Routine mit WAIT UNTIL zu programmieren. Diese Anweisung führt zu einem explizit angeforderten Wechsel des Workprozesses und bietet weitere Steuerungsmöglichkeiten. Eine Ausführung von Callback-Routinen bei einem impliziten Wechsel des Workprozesses, wie z. B. am Ende eines Dialogschritts, sollte nur in Ausnahmefällen erfolgen.

46.2.2.3 Parameterübergabe

```
CALL FUNCTION - STARTING NEW TASK parameter_list
```

Syntax von parameter_list

```
... [EXPORTING   p1 = a1   p2 = a2 ...]
    [CHANGING    p1 = a1   p2 = a2 ...]
    [TABLES      t1 = itab1 t2 = itab2 ...]
    [EXCEPTIONS [exc1 = n1  exc2 = n2 ...]
                [system_failure        = ns [MESSAGE smess]]
                [communication_failure = nc [MESSAGE cmess]]
                [resource_failure      = nr [MESSAGE rmess]]
                [OTHERS = n_others]].
```

Mit diesen Zusätzen werden den Formalparametern des Funktionsbausteins Aktualparameter zugeordnet und die Ausnahmebehandlung gesteuert. Die Zusätze haben dieselbe Bedeutung wie beim synchronen RFC mit der Ausnahme, dass keine Werte mit IMPORTING übernommen werden können und dass von mit CHANGING angegebenen Aktualparametern Werte übergeben, aber nicht übernommen werden.

Die bei CALL FUNCTION festgelegte Ausnahmebehandlung bestimmt auch die Ausnahmebehandlung bei der Anweisung RECEIVE in Callback-Routinen. Wenn der Zusatz EXCEPTIONS nicht angegeben ist, ist ab Release 7.2 die klassenbasierte Ausnahmebehandlung eingeschaltet, und der Zusatz darf auch bei RECEIVE nicht angegeben sein. Umgekehrt muss ab Release 7.2 EXCEPTIONS bei RECEIVE angegeben sein, wenn es hier angegeben ist. Dies wird zur Laufzeit überprüft.

46.2.2.4 Ergebnisse empfangen

```
RECEIVE
```

Syntax

```
RECEIVE RESULTS FROM FUNCTION func
        parameter_list
        [KEEPING TASK].
```

Diese Anweisung kann in einer beim asynchronen RFC angegebenen Callback-Routine verwendet werden, um in der Parameterliste parameter_list Ausgabeparameter einer asynchron aufgerufenen Funktion func entgegenzunehmen und Ausnahmen zu behandeln.

Mit dem Zusatz KEEPING TASK bleibt die asynchrone RFC-Verbindung und damit der Kontext des aufgerufenen Funktionsbausteins erhalten. Bei einem erneuten Aufruf mit derselben Aufgabenkennung werden die gleichen globalen Daten der Funktionsgruppe adressiert. Eine über DESTINATION direkt angegebene Destination kann, muss aber nicht nochmals angegeben werden. Die Angabe einer Gruppe über DESTINATION IN GROUP ist bei einem erneuten Aufruf nicht mehr erlaubt. Ohne den Zusatz KEEPING TASK wird eine asynchrone RFC-Verbindung nach Ausführung der Remote-Funktion bzw. nach Übernahme der Ergebnisse beendet.

Hinweise

- Wenn die Anweisung RECEIVE in einer Callback-Routine verwendet wird, muss vor deren Ausführung der aktuelle Workprozess unterbrochen werden, um die Daten entgegenzunehmen. Wenn dies nicht bereits durch eine andere Aktion erfolgt, wie z. B. die Verwendung der Anweisung WAIT UNTIL, wird die Callback-Routine nach einem impliziten Wechsel des Workprozesses ausgeführt. Dabei kommt es außer während der Verbuchung zu einem Datenbank-Commit.

- Der Zusatz KEEPING TASK sollte nur dann verwendet werden, wenn der Kontext des aufgerufenen Funktionsbausteins für weitere Funktionsaufrufe benötigt wird.

Parameterübergabe

```
RECEIVE - parameter_list
```

Syntax von parameter_list

```
... [IMPORTING   p1 = a1 p2 = a2 ...]
    [CHANGING    p1 = a1 p2 = a2 ...]
    [TABLES      t1 = itab1 t2 = itab2 ...]
    [EXCEPTIONS [exc1 = n1 exc2 = n2 ...]
                [system_failure = ns [MESSAGE smess]]
                [communication_failure = nc [MESSAGE cmess]]
                [OTHERS = n_others]].
```

Mit diesen Zusätzen werden die angegebenen Formalparameter des in func angegebenen Funktionsbausteins an Aktualparameter der Callback-Routine im aufrufenden Programm übergeben. Die Bedeutung der Zusätze ist wie beim synchronen RFC, wobei von mit CHANGING angegebenen Aktualparametern nur Werte übernommen, aber nicht übergeben werden.

Die Ausnahmebehandlung richtet sich nach dem asynchronen Aufruf:

- Wenn der Zusatz EXCEPTIONS in der Parameterliste von CALL FUNCTION nicht angegeben ist, ist die klassenbasierte Ausnahmebehandlung eingeschaltet. Die Callback-Routine muss eine Anweisung RECEIVE enthalten, und diese darf keinen EXCEPTIONS-Zusatz haben.

- Wenn der Zusatz EXCEPTIONS beim Aufruf angegeben ist, ist die nicht-klassenbasierte Ausnahmebehandlung eingeschaltet, und der Zusatz muss auch bei RECEIVE angegeben sein.

Die korrekte Verwendung von EXCEPTIONS wird zur Laufzeit überprüft. Bei der klassenbasierten Ausnahmebehandlung kann die Anweisung RECEIVE in einem TRY-Block aufgeführt werden, um eventuelle klassenbasierte Ausnahmen des Aufrufs zu behandeln. Bei der nicht-klassenbasierten Ausnahmebehandlung werden den nicht-klassenbasierten Ausnahmen Rückgabewerte zugeordnet.

Es können die gleichen Ausnahmen auftreten wie beim synchronen RFC, also Ausnahmen, die in der Schnittstelle des Funktionsbausteins definiert sind, und die vordefinierten Ausnahmen der RFC-Schnittstelle.

Wenn keine nicht-klassenbasierte Ausnahme auftritt, setzt RECEIVE den Inhalt von sy-subrc auf 0.

Hinweise

- Klassenbasierte Ausnahmen können nicht aus einer Callback-Routine propagiert werden. Sie müssen innerhalb der Callback-Routine behandelt werden.

- Vor Release 7.2 waren CALL FUNCTION und RECEIVE hinsichtlich des Zusatzes EXCEPTIONS entkoppelt. Um eine klare Trennung zwischen klassenbasierter und klassischer Ausnahmebehandlung zu erreichen, sind die Anweisungen jetzt gekoppelt. In den seltenen Fällen, in denen EXCEPTIONS bei CALL FUNCTION und RECEIVE bisher abweichend eingesetzt wurde, kommt es ab Release 7.2 zu einem Laufzeitfehler.

46.2.2.5 Programm unterbrechen

```
WAIT UNTIL
```

Syntax
```
WAIT UNTIL log_exp [UP TO sec SECONDS].
```

Diese Variante der Anweisung WAIT ist nur zur Verwendung nach einem asynchronen RFC mit Callback-Routinen vorgesehen. Sie unterbricht die Programmausführung, solange das Ergebnis des logischen Ausdrucks log_exp falsch ist. Für log_exp kann ein beliebiger logischer Ausdruck angegeben werden (siehe Abschnitt 21.1).

Wenn das Ergebnis von log_exp falsch ist, wartet das Programm, bis eine Callback-Routine einer zuvor asynchron aufgerufenen Funktion ausgeführt wurde, und überprüft dann den logischen Ausdruck erneut. Wenn das Ergebnis des logischen Ausdrucks wahr ist oder die Callback-Routinen aller zuvor asynchron aufgerufenen Funktionen ausgeführt wurden, wird die Programmausführung mit der auf WAIT folgenden Anweisung fortgesetzt.

Mit der Angabe UP TO wird die Programmunterbrechung auf maximal die in sec angegebenen Sekunden begrenzt. Für sec wird ein Datenobjekt vom Typ f erwartet, das eine positive Zahl enthalten muss. Die Einheit der in sec angegebenen Zahl ist Sekunde, und die Zeitauflösung ist eine Millisekunde. Spätestens nach Ablauf der angegebenen Zeit wird die Programmausführung mit der auf WAIT folgenden Anweisung fortgesetzt.

Systemfelder

sy-subrc	Bedeutung
0	Die logische Bedingung log_exp wurde erfüllt.
4	Es liegen keine asynchronen Funktionsaufrufe vor.
8	Bei Angabe des Zusatzes UP TO wurde die maximale Zeit überschritten.

Hinweise

- Wenn der logische Ausdruck falsch ist, wird das laufende Programm in seinem aktuellen Zustand angehalten. Nach einer Callback-Routine haben alle Datenobjekte, die nicht in der Callback-Routine geändert wurden, den gleichen Wert wie bei der vorherigen Ausführung des logischen Ausdrucks. Eventuelle funktionale Methodenaufrufe innerhalb des logischen Ausdrucks werden bei der erneuten Überprüfung erneut ausgeführt.

- Die Anweisung WAIT führt zu einem Wechsel des Workprozesses, was mit dem Heraus- und Hereinrollen aller geladenen Programme verbunden ist. Aus diesem Grund sollte die Zeit in sec nicht kürzer als eine Sekunde gewählt werden, um das System nicht mit zu häufigen Wechseln des Workprozesses zu belasten.
- Es wird empfohlen, den Zeitpunkt zum Ausführen der Callback-Routine eines asynchronen RFC immer mit WAIT UNTIL zu programmieren und sich nicht auf den nächsten impliziten Wechsel des Workprozesses zu verlassen.
- Bei jeder Verwendung der Anweisung WAIT wird ein Datenbank-Commit abgesetzt. Aus diesem Grund darf WAIT nicht zwischen Open SQL-Anweisungen verwendet werden, die einen Datenbank-Cursor öffnen oder schließen.

46.2.3 Background RFC

CALL FUNCTION - IN BACKGROUND UNIT

Syntax
```
CALL FUNCTION func IN BACKGROUND UNIT oref
                parameter_list.
```

Background Remote Function Call (bgRFC) eines in func angegebenen remotefähigen Funktionsbausteins über die RFC-Schnittstelle. Dabei ist oref eine Objektreferenzvariable, die auf ein Objekt zeigen muss, dessen Klasse das Interface IF_BGRFC_UNIT implementiert.

Das Objekt enthält alle Informationen, die für den Remote Function Call notwendig sind, d. h. die Destination, ob ein transaktionaler oder Queued-Aufruf ausgeführt werden soll und gegebenenfalls die Menge der Queues. Wird das gleiche Objekt bei mehreren Aufrufen verwendet, werden alle aufgerufenen Funktionsbausteine in einer Einheit ausgeführt. Umgekehrt können in einem internen Modus mehrere solcher Objekte parallel verwendet werden, was die Parallelverarbeitung erlaubt.

Eine Parallelverarbeitung findet statt, wenn Queues oder Destinationen in den verwendeten Objekten unterschiedliche Namen haben. Wenn in aufeinanderfolgenden Aufrufen unterschiedliche Objekte verwendet werden, bei denen die gleichen Queues und Destinationen angegeben sind, werden diese nacheinander in der gleichen Queue ausgeführt.

Ausführliche Informationen zum bgRFC finden Sie unter dem Stichwort bgRFC (Background Remote Function Call) in der SAP-Bibliothek.

Hinweise
- Background RFC (bgRFC) ist die erweiterte Nachfolgetechnologie des transaktionalen RFC (tRFC).
- Vor Einführung des bgRFC war die Parallelverarbeitung mehrerer Funktionsbausteine nur über den Zusatz AS SEPARATE UNIT der Anweisung CALL FUNCTION IN BACKGROUND TASK möglich. Dieselbe Funktionalität wird über die parallele Verwendung mehrerer Objekte ermöglicht, weshalb der Zusatz hier nicht notwendig ist.

- Falls innerhalb der gleichen SAP-LUW bgRFC-Einheiten und gleichzeitig Verbuchungen abgesetzt werden, sind die bgRFC-Einheiten von der Verbuchung abhängig. Erst wenn die Verbuchung verarbeitet wurde, kann der daran gekoppelte bgRFC verarbeitet werden. Beim Löschen eines fehlerhaften Verbuchungssatzes werden auch die daran gekoppelten bgRFC-Einheiten gelöscht. Die Kopplung des bgRFC mit der Verbuchung kann mit der Interfacemethode IF_BGRFC_UNIT~SEPARATE_FROM_UPDATE_TASK des bgRFC-Objekts aufgehoben werden.
- In einem Dialogbaustein (siehe Abschnitt 55.1) registrierte bgRFC, die dort nicht mit COMMIT WORK gestartet werden, werden auch nicht vom COMMIT WORK des Aufrufers ausgeführt.
- Die Anweisungen COMMIT WORK und ROLLBACK WORK dürfen nicht innerhalb einer Unit ausgeführt werden. Ebenso darf dort kein impliziter Datenbank-Commit ausgelöst werden.

46.2.3.1 Parameterübergabe

```
CALL FUNCTION - IN BACKGROUND parameter_list
```

Syntax
```
... [EXPORTING  p1 = a1 p2 = a2 ... ]
    [TABLES     t1 = itab1 t2 = itab2 ...]
```

Mit diesen Zusätzen werden den Formalparametern des Funktionsbausteins Aktualparameter zugeordnet. Die Bedeutung der Zusätze ist wie beim synchronen RFC – mit der Ausnahme, dass keine Werte mit IMPORTING und CHANGING übernommen und nicht-klassenbasierten Ausnahmen keine Rückgabewerte zugewiesen werden können.

46.2.3.2 Behandelbare Ausnahme

Beim bgRFC kann eine behandelbare Ausnahme der Ausnahmeklasse CX_BGRFC_INVALID_UNIT (»oref zeigt auf ein ungültiges Objekt.«) auftreten.

46.2.4 Transaktionaler Remote Function Call

```
CALL FUNCTION - IN BACKGROUND TASK
```

Syntax
```
CALL FUNCTION func IN BACKGROUND TASK
                [AS SEPARATE UNIT]
                [DESTINATION dest]
                parameter_list.
```

Transaktionaler Aufruf (tRFC) eines in func angegebenen remotefähigen Funktionsbausteins über die RFC-Schnittstelle. Mit dem Zusatz DESTINATION kann eine einzelne Destination in dest angegeben werden. Falls die Destination nicht angegeben ist, wird implizit die Destination "NONE" verwendet. Für func und dest werden zeichenartige Datenobjekte erwartet. Für parameter_list gilt das Gleiche wie beim bgRFC.

Beim transaktionalen Aufruf wird der Name der aufgerufenen Funktion zusammen mit der Destination und den in parameter_list übergebenen Aktualparametern für die aktuelle SAP-

LUW in den Datenbanktabellen ARFCSSTATE und ARFCSDATA des aktuellen AS ABAP unter einer eindeutigen Transaktionskennung registriert (Abkürzung TID, abgelegt in einer Struktur vom Typ ARFCTID aus dem ABAP Dictionary, Ansicht über die Transaktion SM58). Das aufrufende Programm wird nach der Registrierung hinter der Anweisung CALL FUNCTION fortgesetzt.

Die zur aktuellen SAP-LUW registrierten Funktionsbausteine werden bei Ausführung der Anweisung COMMIT WORK in der Reihenfolge gestartet, in der sie registriert wurden. Die Anweisung ROLLBACK WORK löscht alle vorangegangenen Registrierungen der aktuellen SAP-LUW.

Falls die angegebene Destination bei COMMIT WORK nicht zur Verfügung steht, wird ein ausführbares Programm namens RSARFCSE in der Hintergrundverarbeitung gestartet, das standardmäßig alle 15 Minuten und bis zu 30-mal versucht, die zu einer SAP-LUW registrierten Funktionsbausteine in ihrer Destination zu starten. Änderungen dieser Parameter können in der Transaktion SM59 vorgenommen werden. Wenn die Destination innerhalb der vorgegebenen Zeit nicht verfügbar wird, wird dies in der Datenbanktabelle ARFCSDATA als Eintrag "CPI-CERR" vermerkt. Der Eintrag in der Datenbanktabelle ARFCSSTATE wird standardmäßig nach acht Tagen gelöscht.

Bei Verwendung des Zusatzes AS SEPARATE UNIT wird der betreffende Funktionsbaustein in einem eigenen Kontext ausgeführt, in dem die globalen Daten der Funktionsgruppe nicht von vorangegangenen Aufrufen beeinflusst sind. Jeder Funktionsbaustein, der mit dem Zusatz AS SEPARATE UNIT registriert wird, erhält eine eigene Transaktionskennung. Ohne den Zusatz AS SEPARATE UNIT gilt für den Kontext der aufgerufenen Funktionsbausteine die übliche Beschreibung, sodass bei Verwendung der gleichen Destination bei mehreren Aufrufen von Funktionsbausteinen der gleichen Funktionsgruppe gemeinsam auf die globalen Daten dieser Funktionsgruppe zugegriffen wird.

Hinweise

- Zurzeit sind noch alle Varianten des tRFC verwendbar, es wird jedoch dringend empfohlen, den bgRFC anstelle des tRFC zu verwenden.
- Mit dem Funktionsbaustein ID_OF_BACKGROUNDTASK kann man nach einem transaktionalen RFC die Transaktionskennung (TID) der aktuellen SAP-LUW feststellen.
- Der transaktionale RFC (tRFC) ist dazu geeignet, LUWs in verteilten Umgebungen zu realisieren (eine typische Anwendung ist ALE). Dabei ist zu beachten, dass die Ausführung der Funktionsbausteine innerhalb einer Transaktionskennung zwar vorgegeben ist, die Reihenfolge der LUWs in den RFC-Servern aber nicht unbedingt der Reihenfolge der SAP-LUWs im RFC-Client entspricht. Um eine Serialisierung auch auf den RFC-Servern zu erreichen, kann der tRFC auf queued RFC (qRFC) erweitert werden. Hierfür kann der Funktionsbaustein TRFC_SET_QUEUE_NAME vor einem transaktionalen RFC aufgerufen werden.
- In einem Dialogbaustein registrierte tRFCs oder qRFCs, die dort nicht mit COMMIT WORK gestartet werden, werden auch nicht vom COMMIT WORK des Aufrufers ausgeführt.
- Die Variante CALL FUNCTION IN BACKGROUND UNIT (bgRFC) umfasst und erweitert die Funktionalität des bisherigen tRFC und qRFC. Es wird deshalb dringend empfohlen, den bgRFC anstelle des tRFC zu verwenden.

- Die Anweisungen COMMIT WORK und ROLLBACK WORK dürfen nicht innerhalb einer LUW ausgeführt werden. Ebenso darf dort kein impliziter Datenbank-Commit ausgelöst werden.
- Bezüglich der Registrierungseinträge in den Datenbanktabellen ARFCSSTATE und ARFCSDATA ist zu beachten, dass diese der normalen Verwaltung einer Datenbank-LUW unterliegen. Wird die Datenbank-LUW also mit einem Datenbank-Rollback beendet, werden alle Registrierungseinträge der aktuellen Datenbank-LUW gelöscht.

47 XML-Schnittstelle

Durch Aufruf der Anweisung CALL TRANSFORMATION lassen sich ABAP-Daten in das XML-Format umwandeln und umgekehrt. Dabei werden Transformationsprogramme aufgerufen, die als XSL-Transformationen oder als Simple Transformations vorliegen können. Für das Mapping von ABAP-Datentypen auf XML-Datentypen und als Resultat der Serialisierung von ABAP-Daten über XSLT spielt das asXML-Format eine wichtige Rolle.

47.1 XSL-Transformationen

Eine XSL-Transformation ist ein in XSLT geschriebenes Programm im Repository (XSLT-Programm) zur Transformation von XML-Dokumenten. Quelle und Ergebnis einer allgemeinen XSL-Transformation sind XML-Dokumente. Beim Aufruf einer XSL-Transformation mit der Anweisung CALL TRANSFORMATION können aber auch ABAP-Daten direkt nach XML transformiert werden und umgekehrt. Hierfür wird implizit eine Serialisierung bzw. Deserialisierung vorgenommen.

Bei Transformationen, die ABAP-Daten als Quelle verwenden, werden die ABAP-Daten zuerst mit der vordefinierten Identitäts-Transformation ID in eine kanonische XML-Repräsentation (asXML) serialisiert. Dieses Zwischenergebnis dient dann als eigentliche Quelle der XSL-Transformation. Falls in CALL TRANSFORMATION die Identitäts-Transformation ID selbst aufgerufen wird, wird das Zwischenergebnis direkt ausgegeben.

Bei Transformationen, die ABAP-Daten als Resultat haben, wird das Resultat der XSL-Transformation direkt in die ABAP-Daten deserialisiert. Voraussetzung für die Deserialisierung ist, dass das Resultat eine kanonische XML-Repräsentation darstellt. Bei der Transformation von XML nach ABAP wird konzeptionell ebenfalls erst in eine virtuelle asXML-Struktur transformiert und diese dann deserialisiert, auch wenn technisch gesehen nur ein Transformationsschritt stattfindet.

Für die Ausführung der Transformationen enthält die ABAP-Laufzeitumgebung einen SAP-XSLT-Prozessor. Dieser unterstützt fast alle Anweisungen von XSLT und bietet Erweiterungen (sogenannte Extension Instructions) wie etwa die Möglichkeit, ABAP-Methoden aus XSLT-Programmen aufzurufen. Eine Dokumentation zum SAP-XSLT-Prozessor finden Sie in der erweiterten Hilfe unter: SAP XSLT-PROZESSOR • REFERENZ.

Mit CALL TRANSFORMATION aufrufbare XSL-Transformationen müssen als XSLT-Programme im Repository vorhanden sein. XSLT-Programme werden im Transformation Editor editiert, der entweder direkt über die Transaktion STRANS oder im Object Navigator der ABAP Workbench über OBJEKT BEARBEITEN • WEITERE • TRANSFORMATION und Auswahl von XSLT-PROGRAMM aufgerufen wird.

Unter der Bezeichnung ID wird von SAP die Identitäts-Transformation ausgeliefert. Bei einer Identitäts-Transformation von XML nach XML ist das Resultat eine Kopie des Quelldokuments. Bei einer Identitäts-Transformation von ABAP nach XML ist das Resultat die kanonische XML-Repräsentation (asXML) der ABAP-Daten (explizite Serialisierung). Bei einer Identitäts-Transformation von XML nach ABAP wird eine kanonische XML-Repräsentation in ABAP-Daten transformiert (explizite Deserialisierung).

47.2 Simple Transformations

Simple Transformations (ST) ist eine SAP-eigene Programmiersprache, um Transformationen zwischen ABAP-Daten und XML-Formaten zu beschreiben. ST ist auf die beiden für die Datenintegration wesentlichen Modi der Serialisierung (ABAP nach XML) und Deserialisierung (XML nach ABAP) von ABAP-Daten beschränkt. Transformationen von ABAP nach ABAP und XML nach XML wie beim allgemeineren XSLT sind in ST nicht möglich. Eine Beschreibung von ST finden Sie im entsprechenden Abschnitt der SAP-Bibliothek.

Im Gegensatz zu XSLT liegen bei ST-Programmen die Schwerpunkte wie folgt:

- ST-Programme sind deklarativ und somit leicht lesbar.
- ST-Programme haben nur seriellen Zugriff auf die XML-Daten und sind deshalb auch für große Datenmengen sehr effizient.
- ST-Programme beschreiben gleichzeitig Serialisierung und Deserialisierung, d. h., in der Regel können mit ST in XML serialisierte ABAP-Daten mit demselben ST-Programm auch wieder deserialisiert werden.
- In ST-Programmen können Objekte von ABAP Objects erzeugt und deren Methoden aufgerufen werden (ab Release 7.02/7.2).

Mit CALL TRANSFORMATION aufrufbare Simple Transformations müssen im Repository vorhanden sein. ST-Programme werden mit dem Transformation Editor editiert, der entweder direkt über die Transaktion STRANS oder im Object Navigator der ABAP Workbench über OBJEKT BEARBEITEN • WEITERE • TRANSFORMATION und Auswahl von SIMPLE TRANSFORMATION aufgerufen wird.

47.3 Kanonische XML-Repräsentation

Die kanonische XML-Repräsentation asXML ist das Format eines XML-Dokuments, das bei einer Serialisierung von ABAP-Daten über XSLT-Programme entsteht bzw. für eine Deserialisierung mit XSLT vorausgesetzt wird. Dieses Format wird auch als ABAP Serialization XML bezeichnet.

Die kanonische XML-Repräsentation unterstützt alle ABAP-Datentypen. Dabei werden die elementaren ABAP-Datentypen auf einen Satz von XML-Schema-Datentypen gemappt. Umgekehrt gibt es spezielle Domänen für weitere XML-Schema-Datentypen.

Das asXML-Format ist in folgenden Fällen von Bedeutung:

- Für das Mapping elementarer ABAP-Datentypen auf XML-Schema-Datentypen und umgekehrt.
- Für selbst geschriebene XSL-Transformationen von ABAP-Daten in beliebige XML-Formate muss das asXML-Format des Ergebnisses der Serialisierung bekannt sein.
- Externe XML-Dokumente, deren Inhalt in ABAP-Daten deserialisiert werden soll, müssen in das asXML-Format transformiert werden.

Das asXML-Mapping elementarer ABAP-Datentypen auf XML-Schema-Datentypen und umgekehrt wird auch in Simple Transformations verwendet.

47.3.1 Generelles Format

Die folgenden Zeilen zeigen das generelle Format der kanonischen XML-Repräsentation ohne den XML-Header, wobei Zeilenumbrüche und Einrückungen hier nur zur Verdeutlichung eingefügt wurden. Das asXML-Format ist ein generelles Format, das nicht vollständig durch ein XML-Schema definiert werden kann. Der Grund hierfür ist, dass auf beliebige ABAP-Typen Bezug genommen wird.

```
<asx:abap version = "1.0"
          xmlns:asx = "http://www.sap.com/abapxml">
  <asx:values>
    <bn1>...</bn1>
    <bn2>...</bn2>
    ...
  </asx:values>
  <asx:heap>
    ...
  </asx:heap>
</asx:abap>
```

Das Wurzelelement eines asXML-Dokuments ist abap im Namensraum (XML-Namespace) http://www.sap.com/abapxml. Das optionale Attribut version hat zurzeit immer den Wert "1.0" und ist für zukünftige Erweiterungen von asXML vorgesehen. Das Wurzelelement abap muss ein Unterelement values des gleichen Namensraums enthalten. Die Unterelemente bn1, bn2 ... von values repräsentieren dabei die ABAP-Datenobjekte, die im Zusatz SOURCE der Anweisung CALL TRANSFORMATION als e1 e2 ... bzw. im Zusatz RESULT als f1 f2 ... angegeben sind. Die Namen der Elemente bn1, bn2 ... werden durch die dort angegebenen Namen bestimmt. Die Textinhalte der Elemente <bn1>...</bn1>, <bn2>...</bn2> ... (bzw. <bn1 ... />, <bn2 ... /> ...) stellen die Inhalte benannter Datenobjekte außer Referenzvariablen dar. Referenzvariablen werden durch Elemente ohne Textinhalt, aber mit einem speziellen Attribut dargestellt. Das optionale Element heap enthält die Inhalte von referenzierten anonymen Datenobjekten und Objekten.

Die Schreibweise der Bezeichner der Elemente bn1, bn2 ... richtet sich mit Ausnahme der Sonderfälle in unten stehender Tabelle danach, wie sie in der ABAP-Laufzeitumgebung vorliegen. Bei der statischen Angabe von Namen in den Zusätzen SOURCE und RESULT der Anweisung CALL

TRANSFORMATION handelt es sich um Großbuchstaben. Bei einer dynamischen Angabe in einer internen Tabelle richtet sich die Schreibweise danach, wie die Namen dort angegeben sind.

Die in der Anweisung CALL TRANSFORMATION angegebenen Namen – bzw. Komponenten von Strukturen oder Objekten – können nur dann als Namen für XML-Elemente verwendet werden, wenn sie ausschließlich die Zeichen "a" bis "z", "A" bis "Z", "0" bis "9" oder "_" enthalten, wobei das erste Zeichen ein Buchstabe oder "_" sein muss. Andere Zeichen werden gemäß Tabelle 47.1 ersetzt.

Zeichen im ABAP-Namen	Ersetzungszeichen im XML-Namen
ASCII-Zeichen ungleich "a" bis "z", "A" bis "Z", "0" bis "9" oder "_" und Zeichen "0" bis "9" als erstes Zeichen	"_--hex(c)", wobei hex(c) die zweistellige Hexadezimaldarstellung des ASCII-Codes des Zeichens c ist
"/"	"_-_"
"XML" als die ersten drei Zeichen in beliebiger Kombination von Groß- und Kleinschreibung	"x-ml" in entsprechender Kombination von Groß- und Kleinschreibung

Tabelle 47.1 Ersetzungszeichen für asXML

47.3.2 Mapping von ABAP-Datentypen

Benannte Datenobjekte außer Referenzvariablen werden in asXML als die Textinhalte folgender Elemente dargestellt:

```
<bn1>...</bn1>
<bn2>...</bn2>
...
```

Für die von Referenzvariablen referenzierten Objekte ist ein zusätzlicher Bereich vorgesehen:

```
<asx:heap>
  ...
</asx:heap>
```

Der Wert benannter Datenobjekte wird dabei in Abhängigkeit vom ABAP-Datentyp bei der Serialisierung in eine bestimmte XML-Darstellung gemappt und bei der Deserialisierung umgekehrt.

47.3.2.1 Mapping elementarer ABAP-Typen

Die asXML-Darstellung elementarer ABAP-Typen findet sowohl bei XSL-Transformationen als auch bei Simple Transformations Anwendung. Elementare Werte bzw. die elementaren Komponenten komplexer Strukturen werden in beiden Fällen gemäß diesem Mapping konvertiert.

Für elementare Datenobjekte mit eingebauten ABAP-Typen beruht die asXML-Darstellung auf der kanonischen Repräsentation von XML-Schema-Datentypen, wobei Datum und Zeit nach ISO-8601 und binäre Daten nach Base64 dargestellt werden. Tabelle 47.2 fasst das Mapping zusammen:

ABAP-Typ	ABAP-Darstellung	XML-Schematyp	XML-Darstellung
b	123	unsignedByte	123
c	" Hi"	string	_Hi
d	"20020204"	date	2002-02-04
decfloat16	123E+1	precisionDecimal, totalDigits = 16	1.23E+3
decfloat34	-3.140...0E+02	precisionDecimal, totalDigits = 34	-314.0...0
f	-3.140...0E+02	double	-3.14E2
i (b, s)	-123	int (unsignedByte, short)	-123
n	"001234"	string (pattern [0-9]+)	001234
p	-1.23	decimal	-1.23
s	-123	Short	-123
string	" Hello "	string	_Hello_
t	"201501"	time	20:15:01
x	ABCDEF	base64Binary	q83v
xstring	456789AB	base64Binary	RweJqw==

Tabelle 47.2   Mapping elementarer ABAP-Typen

Bei der Serialisierung werden die ABAP-Werte in das entsprechende zeichenartige XML-Format konvertiert und bei der Deserialisierung umgekehrt. Ausnahmen, die beim Mapping auftreten, können nicht direkt behandelt werden. Stattdessen kann die Ausnahme CX_TRANSFORMATION_ERROR (oder eine ihrer Unterklassen) der Anweisung CALL TRANSFORMATION behandelt werden, deren Attribut PREVIOUS dann eine Referenz auf die ursprüngliche Ausnahme enthält. Es gelten folgende Besonderheiten im Vergleich zu den innerhalb von ABAP üblichen Konvertierungsregeln.

Besonderheiten bei der Serialisierung

Bei der Serialisierung dezimaler Gleitpunktzahlen wird das gleiche Format wie bei deren Konvertierung in den Typ string erzeugt.

Bei der Serialisierung von Datenobjekten des Typs x werden schließende Bytes mit dem Wert hexadezimal 0 genauso behandelt wie ansonsten nur schließende Leerzeichen beim Datentyp c und nicht berücksichtigt.

Bei der Serialisierung folgender ABAP-Datenobjekte nach asXML wird teilweise überprüft, ob das ABAP-Datenobjekt einen gültigen Wert hat:

▶ Ein Datenobjekt vom Typ n darf nur Ziffern enthalten.

▶ Ein Datenobjekt vom Typ p muss eine gültige gepackte Zahl darstellen.

▶ Ein Datenobjekt vom Typ d oder t darf keine führenden oder schließenden Leerzeichen und gleichzeitig die entsprechenden Trennzeichen ("-" bzw. ":") enthalten.

Beim Verstoß gegen diese Regeln kommt es zu behandelbaren Ausnahmen, die teilweise durch die Angabe einer Transformationsoption hinter dem Zusatz OPTIONS der Anweisung CALL TRANSFORMATION umgangen werden können.

Hinweis
Zur Überprüfung gültiger Datums- und Zeitangaben können anstelle der Datentypen d und t die Domänen XSDDATE_D und XSDTIME_T verwendet werden (siehe unten).

Besonderheiten bei der Deserialisierung
Für die Deserialisierung in dezimale Gleitpunktzahlen wird die Konvertierungsregel für Quellfelder vom Typ c verwendet.

Bei der Serialisierung in ein ABAP-Datenobjekt muss die Genauigkeit des XML-Wertes erhalten bleiben:

- Bei numerischen Typen dürfen keine Dezimalstellen verloren gehen.
- Bei zeichen- oder byteartigen Datentypen fester Länge (c, n, x) muss das Zielobjekt genügend Stellen haben, um den gesamten Inhalt aufzunehmen, außer es sind nur führende und schließende Leerzeichen beim Datentyp c und führende Nullen beim Datentyp n betroffen.
- Strukturen können nicht in elementare Datenobjekte konvertiert werden.
- Bei der Deserialisierung wird ein Datenobjekt des Typs c oder x wie üblich rechts mit Leerzeichen bzw. hexadezimal 0 aufgefüllt, wenn weniger Zeichen bzw. Bytes übertragen werden, als in das Datenobjekt passen.

Beim Verstoß gegen diese Regeln kommt es zu behandelbaren Ausnahmen wie CX_SY_CONVERSION_DATA_LOSS, die teilweise durch die Angabe einer Transformationsoption hinter dem Zusatz OPTIONS der Anweisung CALL TRANSFORMATION umgangen werden können.

Beispiel
In der Anweisung CALL TRANSFORMATION werden die Datenobjekte num und dat an die XML-Elemente number und date angebunden. Das Unterelement values enthält diese Elemente. Der Textinhalt dieser Elemente wird durch das Mapping der angebundenen elementaren ABAP-Datenobjekte bestimmt.

```
DATA: num     TYPE i VALUE 20,
      dat     TYPE d VALUE '20060627',
      xmlstr  TYPE xstring.
CALL TRANSFORMATION id
               SOURCE number = num
                      date   = dat
               RESULT XML xmlstr.
```

Das Ergebnis ist wie folgt:

```
<?xml version="1.0" encoding="utf-8" ?>
<asx:abap xmlns:asx="http://www.sap.com/abapxml" version="1.0">
  <asx:values>
    <NUMBER>20</NUMBER>
    <DATE>2006-06-27</DATE>
  </asx:values>
</asx:abap>
```

47.3.2.2 Mapping weiterer XML-Schema-Datentypen

Neben den XML-Schema-Datentypen, die für das Mapping elementarer ABAP-Typen benötigt werden, gibt es weitere XML-Schema-Datentypen, zu denen es keine direkte Entsprechung in Form eingebauter ABAP-Typen gibt. Um eine möglichst typgerechte Deserialisierung solcher externen Typen in ABAP-Datenobjekte zu ermöglichen, ist im ABAP Dictionary für jeden erforderlichen XML-Schema-Datentyp eine spezielle Domäne vorgesehen, deren Name mit XSD beginnt. Elementare ABAP-Datenobjekte, deren Datentyp über ein Datenelement definiert ist, das sich auf solch eine Domäne bezieht, werden sowohl bei der Serialisierung als auch bei der Deserialisierung auf den zugehörigen XML-Schema-Datentyp gemappt, wobei intern die notwendigen Konvertierungen ausgeführt werden. Dies gilt sowohl für XSL-Transformationen als auch für Simple Transformations. Tabelle 47.3 fasst die durch Domänen unterstützten XML-Schema-Datentypen zusammen.

XML-Schematyp	XML-Darstellung	Domäne	ABAP-Darstellung
boolean	true, false	XSDBOOLEAN	"X", " "
date	2007-10-01	XSDDATE_D	"20071001"
dateTime	2006-07-27T17:03:34Z	XSDDATETIME_Z, XSDDATETIME_LONG_Z, XSDDATETIME_OFFSET, XSDDATETIME_LOCAL, XSDDATETIME_LOCAL_DT	"20060727170334"
language	DE, EN	XSDLANGUAGE	"D", "E"
QName	prefix:name	XSDQNAME	"{URI}name"
time	11:55:00	XSDTIME_T	"115500"
UUID	12345678-1234-abcd-ef12-123456789012	XSDUUID_RAW, XSDUUID_CHAR	"123456781234ABCDEF12123456789012"

Tabelle 47.3 Domänen für XML-Schematypen

boolean

Die Domäne XSDBOOLEAN hat den Datentyp CHAR der Länge 1 und unterstützt damit die in ABAP übliche Darstellung eines Wahrheitswertes durch den Wert "X" für wahr und " " für falsch. Diese Werte sind bei der Domäne als Festwerte eingetragen und werden bei der Serialisierung eines ABAP-Datenobjekts, das mit dieser Domäne verknüpft ist, überprüft. Die Serialisierung erzeugt in XML die Werte "true" und "false". Die Deserialisierung akzeptiert zusätzlich auch die nicht-kanonischen XML-Werte "1" und "0". Andere Werte führen zur Ausnahme CX_SY_CONVERSION_NO_BOOLEAN.

date

Der XML-Schema-Datentyp date für Datumsangaben wird außer durch den eingebauten ABAP-Typ d auch durch die Domäne XSDDATE_D unterstützt. Diese Domäne hat den Datentyp DATS. Bei der Serialisierung und Deserialisierung wird anders als bei Verwendung des eingebauten ABAP-Typs d auch die Gültigkeit des Datums überprüft.

dateTime

Der XML-Schema-Datentyp dateTime unterstützt die an ISO 8601 angelehnte Darstellung von Datum und Zeit innerhalb eines Feldes. Ein solcher XML-Wert liegt entweder im UTC-Format vor, enthält die Angabe einer Zeitzone oder stellt eine lokale Zeit dar. Diesem Schema-Datentyp sind fünf Domänen zugeordnet:

- Die Domänen XSDDATETIME_Z und XSDDATETIME_LONG_Z haben die Datentypen DEC der Längen 15 bzw. 21. XSDDATETIME_Z hat keine, XSDDATETIME_LONG_Z hat sieben Nachkommastellen. Diese Domänen unterstützen die Kurz- und Langform der in ABAP verwendeten Zeitstempel, die bei ihrer Verarbeitung immer als die aktuelle UTC-Referenzzeit aufgefasst werden. Die Serialisierung erzeugt in XML Werte im UTC-Format (`yyyy-mm-ddThh:mm:ss.zzzzzzzZ`). Die Deserialisierung akzeptiert XML-Werte im UTC-Format (abgeschlossen mit `Z`) oder mit Zeitzonen (abgeschlossen mit `{+|-}hh:mm`). Letztere werden in den zugehörigen UTC-Wert konvertiert. Bei der Deserialisierung darf es zu keinem Verlust der Genauigkeit kommen. Das heißt, es können nur XML-Werte mit maximal sieben Nachkommastellen deserialisiert werden.

- Die Domäne XSDDATETIME_OFFSET hat den Datentyp CHAR der Länge 18. Sie erlaubt ein Mapping auf XML-Werte, bei denen eine Zeitzone angegeben ist (`yyyy-mm-ddThh:mm:ss{+|-}hh:mm`). Das vorgeschriebene Format für ein ABAP-Datenobjekt vom Typ XSDDATETIME_OFFSET ist `yyyymmddhhmmss{+|-}mmm`. Bei der Deserialisierung wird die in Stunden und Minuten angegebene Zeitzone des XML-Wertes in dreistellige Minutenangaben umgerechnet und bei der Serialisierung umgekehrt.

- Die Domäne XSDDATETIME_LOCAL hat den Datentyp CHAR der Länge 14. Die Domäne XSDDATETIME_LOCAL_DT hat den Datentyp NUMC der Länge 14. Sie erlauben ein Mapping auf XML-Werte, die eine lokale Zeit angeben (`yyyy-mm-ddThh:mm:ss`). Das heißt, sie liegen nicht im UTC-Format vor, und es ist keine Zeitzone angegeben. Das vorgeschriebene Format für ein ABAP-Datenobjekt der Typen XSDDATETIME_LOCAL und XSDDATETIME_LOCAL_DT ist `yyyymmddhhmmss`. Die beiden Datentypen unterscheiden sich im Wesentlichen durch ihre unterschiedlichen Initialwerte.

Ungültige Werte führen zur Ausnahme CX_SY_CONVERSION_NO_DATE_TIME.

language

Die Domäne XSDLANGUAGE hat den Datentyp LANG der Länge 1 und ist mit der Konvertierungsroutine ISOLA verknüpft, die das einstellige interne Sprachenkürzel aus der Spalte SPRAS der Datenbanktabelle T002 in das zugehörige zweistellige externe Sprachenkürzel konvertiert und umgekehrt. Bei Serialisierung und Deserialisierung werden die zugehörigen Funktionsbausteine ausgeführt. Bei der Serialisierung eines ABAP-Datenobjekts, das mit dieser Domäne verknüpft ist, werden nur einstellige Werte akzeptiert, die in der Spalte SPRAS der Tabelle T002 vorhanden sind, und die XML-Werte werden in Großbuchstaben erzeugt. Bei der Deserialisierung müssen die XML-Werte in der Spalte LAISO der Tabelle T002 vorhanden sein, es werden aber auch Kleinbuchstaben akzeptiert. Ungültige Werte führen zur Ausnahme CX_SY_CONVERSION_UNKNOWN_LANGU.

QName

Die Domäne XSDQNAME hat den Datentyp STRING. Der XML-Schema-Datentyp QName repräsentiert qualifizierte Namen. Einem qualifizierten Namen kann in XML ein durch einen Doppelpunkt abgetrenntes Präfix vorangestellt sein. Ein solches Präfix muss in einer Namensraumdeklaration des aktuellen oder eines übergeordneten Elements mit einer URI verknüpft sein. In ABAP wird ein solcher Name in der Form "{URI}name" als Inhalt eines Strings dargestellt.

Bei der Serialisierung eines ABAP-Datenobjekts vom Typ XSDQNAME wird aus der in geschweiften Klammern angegebenen URI das zugehörige Präfix erzeugt. Falls es noch keine Namensraumdeklaration für die URI im betreffenden Kontext gibt, wird diese im aktuellen Element eingefügt, wobei die dabei entstehenden Namensräume die Bezeichner "n0", "n1", ... erhalten. Falls die URI mit dem Standardnamensraum verknüpft ist, wird kein Präfix erzeugt. Falls keine URI in geschweiften Klammern angegeben ist, wird ebenfalls kein Präfix erzeugt. Letzteres ist aber nur möglich, wenn im aktuellen Element nicht gleichzeitig der Standardnamensraum verwendet wird. Ansonsten kommt es zur Ausnahme CX_ST_INVALID_XML (kann nur in Simple Transformations auftreten).

Bei der Deserialisierung eines Wertes mit Präfix in ein ABAP-Datenobjekt vom Typ XSDQNAME wird die URI in einer zugehörigen Namensraumdeklaration gesucht. Falls keine solche gefunden wird, kommt es zur Ausnahme CX_SY_CONVERSION_NO_QNAME. Bei der Deserialisierung eines Wertes ohne Präfix wird, falls vorhanden, die URI des Standardnamensraums verwendet oder nur der Name in den String gestellt.

Ein initiales Datenobjekt vom Typ XSDQNAME erzeugt bei der Serialisierung ein leeres Element und bei der Deserialisierung umgekehrt. Sowohl bei Serialisierung als auch Deserialisierung wird der angegebene Name auf Korrektheit bezüglich der gültigen Namenskonventionen geprüft. Bei einem Verstoß kommt es zu einer Ausnahme der Klasse CX_SY_CONVERSION_NO_QNAME.

Die Klasse CL_ABAP_XSDTYPE_HELPER enthält die Methoden TO_XSDQNAME und FROM_XSDQNAME zur Konvertierung von URIs und Namen in den Typ XSDQNAME und umgekehrt.

time

Der XML-Schema-Datentyp time für Datumsangaben wird außer durch den eingebauten ABAP-Typ t auch durch die Domäne XSDTIME_T unterstützt. Diese Domäne hat den Datentyp TIMS. Bei der Serialisierung und Deserialisierung wird anders als bei Verwendung des eingebauten ABAP-Typs t auch die Gültigkeit der Zeit überprüft.

UUID

Die Domäne XSDUUID_RAW hat den Datentyp RAW der Länge 16. Die Domäne XSDUUID_CHAR hat den Datentyp CHAR der Länge 32. Sie unterstützen 16-stellige byteartige und 32-stellige zeichenartige UUIDs, wie sie beispielsweise von der Klasse CL_SYSTEM_UUID in ABAP-Datenobjekten erzeugt werden können. Bei der Serialisierung wird daraus die hexadezimale XML-Schema-Darstellung mit Bindestrichen und Kleinbuchstaben erzeugt. Bei der

Deserialisierung werden auch Großbuchstaben akzeptiert. Eine zeichenartige UUID darf bei der Serialisierung nur Großbuchstaben enthalten. Ungültige UUIDs führen zur Ausnahme CX_SY_CONVERSION_NO_UUID.

47.3.2.3 Mapping von Strukturen

Die Komponenten einer ABAP-Struktur werden in asXML als eine Folge von Unterelementen des Struktur-Elements dargestellt. Der Inhalt jedes Unterelements entspricht der kanonischen Repräsentation des Komponentenwertes. Der Name jedes Unterelements ist der Name der entsprechenden Komponente. Bei der Serialisierung werden die Unterelemente in der Reihenfolge der Komponenten in der Struktur dargestellt. Bei der Deserialisierung der asXML-Repräsentation einer Struktur spielt die Reihenfolge der Unterelemente keine Rolle, und überzählige XML-Elemente werden ignoriert. Komponenten der Struktur, für die es kein Unterelement gibt, bleiben initial.

Hinweis

Die asXML-Darstellung von Strukturen ist hauptsächlich für XSL-Transformationen von Bedeutung. Bei Simple Transformations spielt diese Darstellung nur bei Verwendung der Anweisung tt:copy eine Rolle.

Beispiel

Die Struktur struct wird als übergeordnetes XML-Element für ihre Komponenten abgebildet.

```
DATA: BEGIN OF struct,
            num    TYPE i VALUE 20,
            dat    TYPE d VALUE '20060627',
      END OF struct,
      xmlstr TYPE xstring.
  CALL TRANSFORMATION id
                      SOURCE structure = struct
                      RESULT XML xmlstr.
```

Das Ergebnis ist wie folgt:

```
<?xml version="1.0" encoding="utf-8" ?>
<asx:abap xmlns:asx="http://www.sap.com/abapxml" version="1.0">
  <asx:values>
    <STRUCTURE>
      <NUM>20</NUM>
      <DAT>2006-06-27</DAT>
    </STRUCTURE>
  </asx:values>
</asx:abap>
```

47.3.2.4 Mapping interner Tabellen

Die Zeilen einer internen Tabelle werden in asXML als eine Folge von Unterelementen des Tabellen-Elements dargestellt. Der Inhalt jedes Unterelements entspricht der kanonischen Repräsentation des Zeilenwertes. Der Name eines Unterelements ist irrelevant. Wenn die kanonische XML-Repräsentation durch eine Serialisierung erstellt wird, wird bei Bezug des

Zeilentyps auf das ABAP Dictionary der dortige Name verwendet, ansonsten der Name `item`. Jede Tabellenart ist erlaubt. Bei der Serialisierung wird keine Information über die Tabellenart in das XML-Dokument übertragen. Wenn das Zielfeld einer XSL-Transformation eine sortierte Tabelle ist, werden die Zeilen bei der Deserialisierung entsprechend sortiert.

Hinweis

Die asXML-Darstellung interner Tabellen ist hauptsächlich für XSL-Transformationen von Bedeutung. Bei Simple Transformations spielt diese Darstellung nur bei Verwendung der Anweisung `tt:copy` eine Rolle.

Beispiel

Jede Zeile der internen Tabelle `itab` wird auf ein Unterelement `item` der Tabelle abgebildet.

```
DATA: itab TYPE TABLE OF i,
      xmlstr TYPE xstring.
  DO 3 TIMES.
    APPEND sy-index TO itab.
  ENDDO.
  CALL TRANSFORMATION id
                      SOURCE table = itab
                      RESULT XML xmlstr.
```

Das Ergebnis ist wie folgt:

```
<?xml version="1.0" encoding="utf-8" ?>
<asx:abap xmlns:asx="http://www.sap.com/abapxml" version="1.0">
  <asx:values>
    <TABLE>
      <item>1</item>
      <item>2</item>
      <item>3</item>
    </TABLE>
  </asx:values>
</asx:abap>
```

47.3.2.5 Mapping von Referenzvariablen und referenzierten Objekten

Anonyme Datenobjekte und Instanzen von Klassen (Objekte) werden in ABAP ausschließlich über Referenzen in Referenzvariablen adressiert. Das zugehörige asXML-Format besteht aus Unterelementen von `values` für benannte Referenzvariablen und standardmäßig aus Unterelementen von `heap` für die referenzierten Objekte (einstellbar über den Zusatz OPTIONS `data_refs` der Anweisung CALL TRANSFORMATION). Der Bezug der Referenzelemente auf die Objektelemente wird über einen XML-Referenzmechanismus hergestellt, bei dem ein referenziertes Objekt im gleichen XML-Dokument über einen Schlüssel identifiziert wird. Bei den Objektelementen unter `heap` ist der dynamische Typ der Referenzvariablen zum Zeitpunkt der Serialisierung angegeben, um eine eindeutige Deserialisierung zu gewährleisten.

Die asXML-Darstellung von Referenzvariablen und referenzierten Objekten ist nur für XSL-Transformationen von Bedeutung. Mit Simple Transformations können derzeit keine Referenzvariablen transformiert werden.

Benannte Referenzvariablen

Eine benannte Referenzvariable wird als einziges Attribut des zugehörigen Unterelements von `values` ohne Textinhalt dargestellt. Ein Attribut für eine Referenzvariable hat den Namen `href` und den Inhalt "#key", wobei `key` der eindeutige Schlüssel eines Objekts im Element `heap` ist. Ein Element einer initialen Referenz hat kein Attribut `href` und keinen sonstigen Inhalt. Bei der Serialisierung wird der Schlüssel `key` von der ABAP-Laufzeitumgebung gesetzt, für die Deserialisierung kann der Schlüssel beliebig sein.

Bei der Serialisierung benannter Referenzvariablen sind folgende Spezialfälle zu beachten:

- Datenreferenzvariablen, die auf Datenobjekte zeigen, deren Datentyp nur einen technischen Namen hat, führen zur behandelbaren Ausnahme CX_XSLT_DESERIALIZATION_ERROR, die über Angabe der Transformationsoption `technical_types` umgangen werden kann.
- Datenreferenzvariablen, die auf Datenobjekte zeigen, die nicht mit CREATE DATA erzeugt wurden, werden bei der Serialisierung wie initiale Referenzvariablen behandelt.

Bei der Deserialisierung in eine Referenzvariable muss diese gleich oder allgemeiner als der dynamische Typ des Objekts sein, das im XML-Dokument abgelegt ist. Die zugehörigen ABAP-Datenobjekte bzw. Instanzen einer Klasse werden während der Deserialisierung erzeugt.

Anonyme Datenobjekte

Die Darstellung eines anonymen Datenobjekts, d. h. eines Datenobjekts, das mit CREATE DATA erzeugt wurde, als Unterelement von `heap` erfolgt in der Form:

```
<asx:heap xmlns:nspace ...>
  <type id = "key" attr="...">...</type>
</asx:heap>
```

Der Wert eines solchen Unterelements wird in der asXML-Darstellung für benannte Datenobjekte bzw. für Referenzvariablen dargestellt. Falls das anonyme Datenobjekt selbst eine nichtinitiale Referenzvariable ist, verweist sie nach obigen Regeln auf ein weiteres Element von `heap`. Der Elementname `type` ist der als XML-Schematyp-Name aus dem Namensraum `nspace` (siehe Tabelle 47.4) angegebene Datentyp des Datenobjekts (bzw. der dynamische Typ der Referenzvariablen), wobei gegebenenfalls Attribute `attr` technische Eigenschaften des Typs angeben. Das obligatorische Attribut `id` enthält den eindeutigen Schlüssel `key` des Elements, über den es von der Darstellung der zugehörigen Referenzvariablen in `values` oder `heap` referenziert wird.

Der XML-Schematyp-Name wird nach folgender Hierarchie konstruiert:

- Falls der Datentyp des Datenobjekts im ABAP Dictionary definiert ist, ist der XML-Schematyp-Name der Name des Datentyps aus dem ABAP Dictionary im zugehörigen Namensraum (siehe Tabelle 47.4).
- Falls der Datentyp ein elementarer ABAP-Typ ist, ist der XML-Schematyp-Name in unten stehender Tabelle angegeben.

- Falls der Datentyp als Komponente einer globalen oder lokalen Klasse bzw. eines Interfaces definiert ist, setzt sich der XML-Schematyp-Name aus dem Namen der Klasse bzw. des Interfaces und dem Namen des Datentyps zusammen, die durch einen Punkt (.) getrennt sind. Der zugehörige Namensraum (siehe Tabelle 47.4) zeigt an, ob es sich um eine globale oder lokale Klasse bzw. ein Interface handelt.
- Falls der Datentyp ein mit REF TO data bzw. REF TO object definierter generischer Referenztyp ist, ist der XML-Schematyp-Name refData bzw. refObject. Beide haben den Namensraum http://www.sap.com/abapxml/types/built-in.
- Ansonsten ist der XML-Schematyp-Name der Name eines mit TYPES definierten Datentyps, wobei der zugehörige Namensraum (siehe Tabelle 47.4) anzeigt, wo der Datentyp definiert ist.

Voraussetzung für die Konstruktion eines XML-Schematyp-Namens ist, dass der Datentyp des Datenobjekts einen statisch verwendbaren Namen hat. Falls der Datentyp nur als Eigenschaft eines Datenobjekts existiert und damit nur einen technischen Namen hat, kommt es bei der Serialisierung zu einer behandelbaren Ausnahme, die für XSLT-Programme über Angabe der Transformationsoption technical_types bei CALL TRANSFORMATION auch umgangen werden kann.

Tabelle 47.4 zeigt die Namensräume für die XML-Schematyp-Namen, wobei types in der ersten Spalte für http://www.sap.com/abapxml/types steht. Die Namensräume zeigen an, wo ein Datentyp definiert ist. In den versalen Bezeichnern PRG, CPOOL, FPOOL, TPOOL, METH, FUNC, FORM und CLASS werden Zeichen ungleich "a" bis "z", "A" bis "Z", "0" bis "9", "_" oder "-" als "!hex(c)" dargestellt, wobei hex(c) die zweistellige Hexadezimaldarstellung des ASCII-Codes des Zeichens "c" ist.

Namensraum	Stelle der Definition
types/dictionary	ABAP Dictionary
types/program/PRG	ABAP-Programm prg
types/class-pool/CPOOL	Class-Pool cpool
types/type-pool/TPOOL	Typgruppe tpool
types/function-pool/FPOOL	Funktionsgruppe fpool
types/function/FUNC	Funktionsbaustein func
types/program.form/prg/FRM	Unterprogramm frm in Programm prg
types/function-pool.form/FPOOL/FRM	Unterprogramm frm in Funktionsgruppe fpool
types/method/CLASS/METH	Methode meth einer globalen Klasse class
types/program.method/PRG/CLASS/METH	Methode meth einer lokalen Klasse class in Programm prg
types/class-pool.method/CPOOL/CLASS/METH	Methode meth einer lokalen Klasse class in Class-Pool cpool
types/function-pool.method/FPOOL/CLASS/METH	Methode meth einer lokalen Klasse class in Funktionsgruppe fpool

Tabelle 47.4 Namensräume für XML-Schematyp-Namen

Tabelle 47.5 zeigt die XML-Schematyp-Namen für elementare ABAP-Typen. Diese unterscheiden sich teilweise von den kanonischen XML-Schema-Datentypen, da der Datentyp anonymer Datenobjekte vollständig spezifiziert sein muss. Die Namensräume `nspace` für die elementaren ABAP-Typen anonymer Datenobjekte sind entweder `xsd="http://www.w3.org/2001/XML-Schema"` für allgemeine Schematypen oder `abap="http://www.sap.com/abapxml/types/built-in"` für spezielle ABAP-Schematypen, bei denen teilweise technische Attribute angegeben werden müssen.

ABAP-Typ	XML-Schematyp-Name	Attribute
c	abap:string	maxLength
d	abap:date	–
f	xsd:double	–
i (b, s)	xsd:int (xsd:unsignedByte, xsd:short)	–
n	abap:digits	maxLength
p	abap:decimal	totalDigits, fractionDigits
string	xsd:string	–
t	abap:time	–
x	abap:base64Binary	maxLength
xstring	xsd:base64Binary	–

Tabelle 47.5 XML-Schematyp-Namen für elementare ABAP-Typen

Das Attribut `maxLength` gibt die Länge für die ABAP-Typen generischer Länge an. Der XML-Schematyp `abap:digits` beschränkt den Wertebereich eines Elements auf Ziffern. Beim XML-Schematyp `abap:decimal` werden die Länge und die Nachkommastellen über die Attribute `totalDigits` und `fractionDigits` angegeben. Die Längenangabe `totalDigits` gibt die Anzahl der Stellen zwischen 1 und 31 an. In ABAP-Programmen wird die Länge für Datenobjekte vom Typ p in Bytes angegeben, und die Anzahl der Dezimalstellen berechnet sich aus 2×len–1. Bei der Serialisierung ist der Wert von `totalDigits` daher immer ungerade. Bei der Deserialisierung wird ein gerader Wert von `totalDigits` implizit um 1 erhöht.

Instanzen von Klassen

Die Darstellung der Instanz einer Klasse (Objekt) als Unterelement von `heap` erfolgt in der Form:

```
<asx:heap xmlns:nspace ...>
  <class id = "key">
    <part classVersion = "...">
      <name>...</name>
    </part>
    ...
  </class>
</asx:heap>
```

Der Elementname `class` ist der XML-Schematyp-Name der Klasse des Objekts – bzw. der dynamische Typ der Referenzvariablen – aus dem Namensraum `nspace` (siehe Tabelle 47.6) in

Großbuchstaben. Das obligatorische Attribut id enthält den eindeutigen Schlüssel key des Elements, über den es von der Darstellung der zugehörigen Referenzvariablen in values referenziert wird. Die Unterelemente <part>...</part> enthalten die Werte der Instanzattribute einzelner Objektteile als Unterelemente <name>...</name>. Die einzelnen Objektteile werden durch die serialisierbaren Klassen der aktuellen Vererbungshierarchie definiert (siehe unten).

Der Namensraum des Klassennamen gibt an, wo die Klasse definiert ist. Die Tabelle 47.6 zeigt die möglichen Namensräume, wobei classes in der ersten Spalte für http://www.sap.com/abapxml/classes steht. Für die Bezeichner PRG, CPOOL und FPOOL gilt die gleiche Ersetzungsregel wie für die Namensräume für anonyme Datenobjekte (siehe Tabelle 47.4).

Namensraum	Stelle der Definition
classes/global	Klassenbibliothek
classes/program/PRG	Programm prg
classes/class-pool/CPOOL	Class-Pool cpool
classes/function-pool/FPOOL	Funktionsgruppe fpool

Tabelle 47.6 Namensräume für Klassen

Die serialisierbaren Werte einer Instanz einer Klasse – Instanzattribute oder Ausgabeparameter einer speziellen Methode, siehe unten – werden in der asXML-Darstellung für benannte Datenobjekte bzw. für Referenzvariablen als Inhalt bzw. Attribut von <name>...</name> dargestellt, wobei name der Name eines Instanzattributs oder Ausgabeparameters in Großbuchstaben ist. Falls es sich um ein Interfaceattribut handelt, steht vor dem Namen der durch einen Punkt (.) abgetrennte Name des Interfaces, um es von einem gleichnamigen Klassenattribut zu unterscheiden. Für die Bezeichner gelten die gleichen Ersetzungsregeln wie für alle Elemente.

Die serialisierbaren Werte einer Instanz einer Klasse werden durch Implementierung des Systeminterfaces IF_SERIALIZABLE_OBJECT in der Klasse festgelegt. Das Systeminterface IF_SERIALIZABLE_OBJECT ist ein Tag-Interface. Seine Implementierung zeigt der Laufzeitumgebung die Serialisierbarkeit einer Klasse an und erlaubt es, in der Klasse bestimmte weitere Komponenten nach festen Syntaxregeln zu deklarieren.

Wenn die Klasse das Interface IF_SERIALIZABLE_OBJECT nicht implementiert, enthält das Element class keine Unterelemente. Standardmäßig werden alle Instanzattribute einer Klasse, in der das Interface IF_SERIALIZABLE_OBJECT implementiert ist, serialisiert bzw. in diese deserialisiert. Dieses Verhalten ist durch die Deklaration spezieller Hilfsmethoden änderbar (siehe unten). Statische Attribute werden weder bei der Serialisierung noch bei der Deserialisierung berücksichtigt (mit Ausnahme der speziellen Konstanten SERIALIZABLE_CLASS_VERSION, siehe unten).

Beispiel

Die Attribute des von oref referenzierten Objekts werden auf Unterelemente des Elements heap abgebildet. Die Verknüpfung zwischen der Referenzvariablen im Element values mit dem Objekt in heap findet über einen XML-Referenzmechanismus statt.

```
CLASS serializable DEFINITION.
  PUBLIC SECTION.
```

```
      INTERFACES if_serializable_object.
      DATA attr TYPE string VALUE `Attribute`.
ENDCLASS.
DATA: oref TYPE REF TO serializable,
      xmlstr TYPE xstring.
   CREATE OBJECT oref.
   CALL TRANSFORMATION id
                    SOURCE object = oref
                    RESULT XML xmlstr.
```

Das Ergebnis ist wie folgt:

```
<?xml version="1.0" encoding="utf-8" ?>
<asx:abap xmlns:asx="http://www.sap.com/abapxml" version="1.0">
  <asx:values>
    <OBJECT href="#o3" />
  </asx:values>
  <asx:heap xmlns:xsd="http://www.w3.org/2001/XMLSchema"
    xmlns:abap="http://www.sap.com/abapxml/types/built-in"
    xmlns:cls="http://www.sap.com/abapxml/classes/global"
    xmlns:dic="http://www.sap.com/abapxml/types/dictionary">
    <prg:SERIALIZABLE
      xmlns:prg="http://www.sap.com/abapxml/classes/program/
DEMO_ASXML_OBJECT" id="o3">
      <local.SERIALIZABLE>
        <ATTR>Attribute</ATTR>
      </local.SERIALIZABLE>
    </prg:SERIALIZABLE>
  </asx:heap>
</asx:abap>
```

Das Standardverhalten ist wie folgt:

Wenn die Klasse das Interface IF_SERIALIZABLE_OBJECT implementiert, enthält das Element `<class>...</class>` mindestens ein Unterelement `<part>...</part></class>`. Diese Unterelemente entsprechen einzelnen serialisierbaren Objektteilen und enthalten die Darstellungen der Instanzattribute des jeweiligen Objektteils im asXML-Format. Ein Objektteil wird durch die Klasse bestimmt, in der Instanzattribute deklariert sind bzw. in der ein Interface eingebunden ist, das Instanzattribute enthält. Eine serialisierbare Klasse enthält einen Objektteil für sich selbst sowie Objektteile für alle Oberklassen im aktuellen Pfad des Vererbungsbaums bis einschließlich der Klasse, die das Interface IF_SERIALIZABLE_OBJECT implementiert. Der Name part ist der Name der jeweiligen Klasse. Falls es sich um eine lokale Klasse handelt, steht vor dem Namen das durch einen Punkt (.) abgetrennte Präfix local, um diese von einer gleichnamigen globalen Klasse zu unterscheiden. Objektteile von Oberklassen, in denen das Interface IF_SERIALIZABLE_OBJECT nicht implementiert ist, sind nicht serialisierbar und haben kein entsprechendes Unterelement part. Das heißt, eine Klasse, in der das Interface IF_SERIALIZABLE_OBJECT nicht implementiert ist – weder in der Klasse selbst noch in einer Oberklasse –, erzeugt bei der Serialisierung ein leeres XML-Element class.

Bei der Serialisierung werden die XML-Elemente `part` der Objektteile von den Oberklassen zu den Unterklassen hin erzeugt und standardmäßig die XML-Elemente der Instanzattribute in der Reihenfolge angelegt, wie sie in der Klasse deklariert sind.

Bei der Deserialisierung wird ein Objekt der betreffenden Klasse erzeugt, wobei der Instanzkonstruktor nicht ausgeführt wird. Alle Instanzattribute haben nach der Objekterzeugung ihren Initialwert bzw. den mit dem Zusatz `VALUE` der Anweisung `DATA` angegebenen Startwert. Standardmäßig werden die Instanzattribute mit den Werten der zugehörigen XML-Elemente versorgt, wobei die Reihenfolge der Objektteile und der Attribute keine Rolle spielt. Instanzattribute ohne zugehöriges XML-Element behalten ihren Wert. Überflüssige XML-Elemente werden ignoriert, solange sie keinem Namensraum angehören, ansonsten erzeugen sie eine behandelbare Ausnahme. Bei der Deserialisierung eines Elements ohne Unterelemente `part` wird kein Objekt erzeugt, sondern die Zielreferenzvariable initialisiert.

Wenn eine Klasse das Interface IF_SERIALIZABLE_OBJECT implementiert, kann in jedem Objektteil, d. h. in jeder beteiligten Klasse des Vererbungsbaums, die private Konstante SERIALIZABLE_CLASS_VERSION vom Typ i deklariert werden. Bei der Serialisierung wird der Wert der Konstanten dem Attribut `classVersion` des XML-Elements `part` zugewiesen. Standardmäßig kommt es bei der Deserialisierung zu einer behandelbaren Ausnahme, wenn der Wert des Attributs nicht mit dem Wert der Konstanten in der angegebenen Klasse übereinstimmt. Ein Objektteil ist nur deserialisierbar, wenn die Werte übereinstimmen oder weder das Attribut noch die Konstante vorhanden sind. Dieses Verhalten kann durch Deklaration spezieller Hilfsmethoden geändert werden.

Hinweis

Die Verwendung des Standardverhaltens stellt ein gewisses Sicherheitsrisiko dar, da alle Instanzattribute eines Objekts serialisiert und in der erzeugten XML-Datei manipuliert werden können (siehe Beispiel).

Beispiel

Das Beispiel zeigt, dass das Standardverhalten die Erzeugung eines Objekts einer Klasse zulässt, bei dem ein privates Attribut einen von außen gesetzten Wert erhält. Nach der Deserialisierung hat das private Attribut `attr` in dem neu erzeugten Objekt einen anderen Wert als den, der in der Klasse vorgesehen ist.

```abap
CLASS cls DEFINITION.
  PUBLIC SECTION.
    INTERFACES if_serializable_object.
  PRIVATE SECTION.
    DATA attr TYPE string VALUE 'Private'.
ENDCLASS.
DATA xml_string TYPE string.
DATA oref TYPE REF TO cls.
START-OF-SELECTION.
  CREATE OBJECT oref.
  CALL TRANSFORMATION id SOURCE oref = oref
                         RESULT XML xml_string.
  REPLACE 'Private' IN xml_string WITH 'Public'.
```

```
CALL TRANSFORMATION id SOURCE XML xml_string
                       RESULT oref = oref.
```

Das angepasste Verhalten ist wie folgt:

Standardmäßig werden alle Instanzattribute eines Objektteils unabhängig von ihrer Sichtbarkeit serialisiert und die Version der Klasse überprüft. Um dieses Verhalten zu ändern, können für jeden Objektteil die Instanzmethoden SERIALIZE_HELPER und DESERIALIZE_HELPER in der jeweiligen Klasse deklariert und implementiert werden. Diese Methoden können nur als private Instanzmethoden in Klassen deklariert werden, die das Interface IF_SERIALIZABLE_OBJECT implementieren. Die Deklaration einer der Methoden bedingt die Deklaration der anderen, und die Schnittstelle wird von der Syntaxprüfung wie folgt vorgeschrieben:

- Die Methode SERIALIZE_HELPER darf nur Ausgabe- und die Methode DESERIALIZE_HELPER nur Eingabeparameter haben, deren Typisierung generisch ist.
- Zu jedem Ausgabeparameter der Methode SERIALIZE_HELPER muss es einen gleichnamigen Eingabeparameter der Methode DESERIALIZE_HELPER gleicher Typisierung geben. Zusätzliche Eingabeparameter der Methode DESERIALIZE_HELPER müssen optional sein.
- Die Methode SERIALIZE_HELPER darf keinen Ausgabeparameter des Namens SERIALIZABLE_CLASS_VERSION, die Methode DESERIALIZE_HELPER darf einen solchen optionalen Eingabeparameter vom Typ i haben. Dieser wird bei der Deserialisierung mit dem Wert des Attributs classVersion des Elements part versorgt, wobei die Standardüberprüfung der Version (siehe oben) umgangen wird.

Wenn in einem Objektteil die Methoden SERIALIZE_HELPER und DESERIALIZE_HELPER deklariert sind, werden nicht die Instanzattribute des Objektteils serialisiert und deserialisiert. Stattdessen wird bei der Serialisierung die Methode SERIALIZE_HELPER ausgeführt, und die Werte aller Ausgabeparameter werden in der angegebenen Reihenfolge im asXML-Format als Unterelemente in das entsprechende Element part geschrieben. Dabei ist der Name eines Unterelements der Name des jeweiligen Ausgabeparameters in Großbuchstaben. Bei der Deserialisierung wird die Methode DESERIALIZE_HELPER aufgerufen, wobei die Werte der Unterelemente des entsprechenden Elements part den gleichnamigen Eingabeparametern der Methode übergeben werden. Dabei spielt die Reihenfolge keine Rolle, und überflüssige XML-Elemente werden ignoriert.

Beispiel
Das Beispiel zeigt, wie durch Einsatz der Methoden SERIALIZE_HELPER und DESERIALIZE_HELPER eine unerwünschte Manipulation von Attributen verhindert wird. Das private Attribut attr wird zwar über SERIALIZE_HELPER serialisiert, in DESERIALIZE_HELPER aber nicht deserialisiert.

```
CLASS cls DEFINITION.
  PUBLIC SECTION.
    INTERFACES if_serializable_object.
  PRIVATE SECTION.
    DATA attr TYPE string VALUE 'Private'.
    METHODS: serialize_helper   EXPORTING attr TYPE string,
             deserialize_helper IMPORTING attr TYPE string.
ENDCLASS.
```

```abap
CLASS cls IMPLEMENTATION.
  METHOD serialize_helper.
    attr = me->attr.
  ENDMETHOD.
  METHOD deserialize_helper.
  ENDMETHOD.
ENDCLASS.
DATA xml_string TYPE string.
DATA oref TYPE REF TO cls.
START-OF-SELECTION.
  CREATE OBJECT oref.
  CALL TRANSFORMATION id SOURCE oref = oref
                         RESULT XML xml_string.
  REPLACE 'Private' IN xml_string WITH 'Public'.
  CALL TRANSFORMATION id SOURCE XML xml_string
                         RESULT oref = oref.
```

47.4 Transformation aufrufen

CALL TRANSFORMATION

Syntax
```
CALL TRANSFORMATION {trans|(name)}
                   [PARAMETERS {p1 = e1 p2 = e2 ...}|(ptab)]
                   [transformation_options]
                   SOURCE {XML sxml}
                        | {{bn1 = e1 bn2 = e2 ...}|(stab)}
                   RESULT {XML rxml}
                        | {{bn1 = f1 bn2 = f2 ...}|(rtab)}.
```

Diese Anweisung ruft die angegebene XSL-Transformation (XSLT) oder eine Simple Transformation (ST) auf. Die Quelle der Transformation wird hinter SOURCE angegeben und das Ergebnis abgelegt, wie hinter RESULT angegeben. Mit PARAMETERS und OBJECTS können Parameter an die Transformation übergeben werden. Mögliche Transformationsarten sind:

- von XML nach XML (nur bei XSLT)
- von XML nach ABAP (bei XSLT und Simple Transformations)
- von ABAP nach XML (bei XSLT und Simple Transformations)
- von ABAP nach ABAP (nur bei XSLT)

Der Name der Transformation kann entweder direkt als trans oder dynamisch als Inhalt eines eingeklammerten zeichenartigen Datenobjekts name angegeben werden, wobei die dynamische Angabe in Großbuchstaben erfolgen muss. Die angegebene Transformation muss als XSLT-Programm oder als Simple Transformation im Repository vorhanden sein. Mit transformation_options können Transformationsoptionen angegeben werden.

47.4.1 Transformationsquelle

``` 
... SOURCE {XML sxml}|{{bn1 = e1 bn2 = e2 ...}|(stab)}
```

47.4.1.1 XML-Dokument transformieren

Durch die Angabe von `XML sxml` wird das in `sxml` enthaltene XML-Dokument transformiert, wobei `sxml` in folgenden Formen vorliegen kann:

- als Datenobjekt vom Typ `string` und `xstring` oder als Standardtabelle mit flachem oder zeichen- oder byteartigem Zeilentyp
- als Interface-Referenzvariable vom Typ IF_IXML_ISTREAM, die auf einen iXML-Input-Stream zeigt (nur bei XSLT)
- als Interface-Referenzvariable vom Typ IF_IXML_NODE, die auf ein iXML-Nodeset zeigt (nur bei XSLT)
- als Referenzvariable vom Typ IF_SXML_READER oder CL_SXML_READER, die auf einen XML-Reader (Instanz von CL_SXML_READER) zeigt

Hinweise

- Die Interfaces IF_IXML_ISTREAM und IF_IXML_NODE sind Komponenten der Pakete "Stream" und "DOM" der von SAP ausgelieferten iXML Library.
- Aus Kompatibilitätsgründen kann `sxml` auch noch eine Klassenreferenzvariable vom Typ CL_FX_READER sein. Die Klasse CL_FX_READER wird aber durch CL_SXML_READER abgelöst.
- Beim Aufruf einer Simple Transformation wird bei der Deserialisierung immer ein internes Reader-Objekt erzeugt, das über das Interface IF_SXML_READER ansprechbar ist. Zugriff auf das Objekt besteht durch Attribute der ST-Anweisung `tt:call-method`.

47.4.1.2 ABAP-Daten transformieren

Mit `bn1 = e1 ...` oder `(stab)` werden die zu transformierenden ABAP-Daten `e1 e2 ...` angegeben.

Bei Aufruf eines XSLT-Programms werden die ABAP-Daten in die kanonische XML-Repräsentation serialisiert, die dann als Quelle der XSL-Transformation verwendet wird. Mit `bn1 bn2 ...` werden die Namen der XML-Elemente angegeben, die die ABAP-Datenobjekte in der kanonischen XML-Darstellung repräsentieren sollen.

Beim Aufruf einer Simple Transformation wird in der Transformation über die Namen `bn1 bn2 ...` lesend auf die ABAP-Daten zugegriffen.

Statt über eine statische Parameterliste können die Datenobjekte auch dynamisch als Wertepaare in den Spalten einer internen Tabelle `stab` übergeben werden, die den Typ ABAP_TRANS_SRCBIND_TAB aus der Typgruppe ABAP hat.

Bei der Serialisierung werden die elementaren Komponenten der ABAP-Datenobjekte gemäß dem Mapping für eingebaute ABAP-Typen oder für weitere XML-Schema-Datentypen nach asXML konvertiert. Dabei kann es zu den dort beschriebenen Ausnahmen kommen, die wiederum teilweise durch die Angabe von Transformationsoptionen umgangen werden können.

Die Schreibweise der Bezeichner im XML-Dokument richtet sich danach, wie sie in der ABAP-Laufzeitumgebung vorliegen. Bei der statischen Angabe b1, b2, ... sind dies Großbuchstaben, bei der dynamischen Angabe in stab ist es die dort verwendete Schreibweise.

47.4.2 Transformationsziel

```
... RESULT {XML rxml}|{{bn1 = f1 bn2 = f2 ...}|(rtab)}
```

47.4.2.1 XML-Dokument erstellen

Durch die Angabe von XML rxml wird in ein XML-Dokument transformiert und dieses nach rxml gestellt, wobei rxml in folgenden Formen vorliegen kann:

- als Datenobjekt vom Typ string und xstring oder als Standardtabelle mit flachem zeichen- oder byteartigen Zeilentyp
- als Interface-Referenzvariable vom Typ IF_IXML_OSTREAM, die auf einen iXML-Output-Stream zeigt (nur bei XSLT)
- als Interface-Referenzvariable vom Typ IF_IXML_DOCUMENT, die auf ein iXML-Dokument zeigt (nur bei XSLT)
- als Referenzvariable vom Typ IF_SXML_WRITER oder CL_SXML_WRITER, die auf einen XML-Writer (Instanz von CL_SXML_WRITER) zeigt

Hinweise

- Die Interfaces IF_IXML_OSTREAM und IF_IXML_DOCUMENT sind Komponenten der Pakete "Stream" und "DOM" der von SAP ausgelieferten iXML Library.
- Wenn der Datentyp xstring für rxml verwendet wird, wird das Ergebnis in der Zeichendarstellung UTF-8 abgelegt. Dies ist vorteilhaft, wenn das resultierende XML-Dokument in einer Datei gespeichert werden soll.
- Aus Kompatibilitätsgründen kann rxml auch noch eine Klassenreferenzvariable vom Typ CL_FX_WRITER sein. Die Klasse CL_FX_WRITER wird aber durch CL_SXML_WRITER abgelöst.
- Beim Aufruf einer Simple Transformation wird bei der Serialisierung immer ein internes Writer-Objekt erzeugt, das über das Interface IF_SXML_WRITER ansprechbar ist. Zugriff auf das Objekt besteht durch Attribute der ST-Anweisung tt:call-method.

47.4.2.2 ABAP-Daten erstellen

Mit bn1 = f1 ... oder (rtab) werden die ABAP-Zielfelder f1 f2 ... angegeben, in die die XML-Daten transformiert werden sollen.

Bei Aufruf eines XSLT-Programms wird das Resultat der XSL-Transformation in ABAP-Datenobjekte deserialisiert, falls es eine kanonische XML-Repräsentation darstellt. Mit bn1 bn2 ... werden die Namen der XML-Elemente angegeben, die die ABAP-Datenobjekte in der kanonischen XML-Darstellung repräsentieren, während mit f1 f2 ... vom Datentyp her passende ABAP-Datenobjekte angegeben werden, in die diese deserialisiert werden sollen.

Beim Aufruf einer Simple Transformation wird in der Transformation über die Namen bn1 bn2 ... schreibend auf die ABAP-Daten zugegriffen.

Statt über eine statische Parameterliste können die Datenobjekte auch dynamisch als Wertepaare an die Spalten der internen Tabelle rtab übergeben werden, die den Typ ABAP_TRANS_RESBIND_TAB aus der Typgruppe ABAP hat.

Bei der Deserialisierung werden die elementaren XML-Werte gemäß dem Mapping für eingebaute ABAP-Typen oder für weitere XML-Schema-Datentypen in elementare ABAP-Datentypen konvertiert. Dabei kann es zu den dort beschriebenen Ausnahmen kommen, die wiederum teilweise durch die Angabe von Transformationsoptionen umgangen werden können. Bei der Deserialisierung interner Tabellen mit nicht-eindeutigen Tabellenschlüsseln bleibt die Reihenfolge der duplikativen Zeilen bezüglich dieser Schlüssel nicht erhalten.

Die Schreibweise im XML-Dokument muss genau mit der Schreibweise übereinstimmen, wie sie in der ABAP-Laufzeitumgebung vorliegt. Bei der statischen Angabe b1, b2, ... sind dies Großbuchstaben, bei der dynamischen Angabe in rtab ist es die dort verwendete Schreibweise.

47.4.3 Transformationsparameter

```
... PARAMETERS {{p1 = e1 p2 = e2 ...}|(ptab)}
```

Mit diesem Zusatz können ABAP-Datenobjekte e1 e2 ... an die Parameter p1 p2 ... einer XSL-Transformation oder einer Simple Transformation angebunden werden. Es sind alle elementaren Datenobjekte und Objektreferenzen erlaubt.

Statt über eine statische Parameterliste können die Parameter auch dynamisch als Wertepaare in den Spalten der internen Tabelle ptab angegeben werden, die einen der folgenden Typen aus der Typgruppe ABAP hat:

- ABAP_TRANS_PARMBIND_TAB für die Angabe von Strings
- ABAP_TRANS_OBJBIND_TAB für die Angabe von Objektreferenzen (nur bei XSLT)
- ABAP_TRANS_PARM_OBJ_BIND_TAB für die Angabe von Datenreferenzen (nur bei XSLT)

47.4.3.1 Parameterübergabe an XSL-Transformationen

Die angegebenen Parameter müssen in einer XSL-Transformation wie folgt als Eingabeparameter definiert sein:

```
<xsl:param name="..." sap:type="..." />
```

Für das Attribut name muss der Parametername in Großbuchstaben angegeben werden. Damit eine Bindung stattfindet, muss die Schreibweise genau mit der Schreibweise übereinstimmen, wie sie in der ABAP-Laufzeitumgebung vorliegt. Bei der statischen Angabe p1, p2, ... sind dies Großbuchstaben, bei der dynamischen Angabe in ptab ist es die dort verwendete Schreibweise.

Für das optionale Attribut type kann einer der Typbezeichner string, number, boolean, nodeset, xstring oder object(...) angegeben sein, wobei in den Klammern hinter object der

Name einer globalen ABAP-Klasse angegeben werden muss. Der Namensraum vor `type` muss als `xmlns:sap="http://www.sap.com/sapxsl"` definiert sein, wobei als Konvention das Präfix `sap` vorgeschlagen wird. Wenn in der Transformation kein Typ angegeben ist, werden die Datentypen elementarer Parameter gemäß Tabelle 47.7 auf XSL-Typen abgebildet.

ABAP-Datentyp	XSL-Parametertyp
c, d, n, string	String
i (b, s), f, p	Number
x, xstring	string, wobei der Inhalt nach Base64 dargestellt wird

Tabelle 47.7 Mapping von Parametern

Falls in der XSL-Transformation die in obiger Tabelle gezeigten XSL-Typen explizit angegeben sind, müssen passende elementare ABAP-Parameter angegeben werden, die in den XSL-Typ konvertierbar sind:

- Der XSL-Typ `boolean` erwartet ABAP-Parameter vom Typ c der Länge eins, wobei ein Leerzeichen als "falsch" und ein anderes Zeichen als "wahr" interpretiert wird.
- Der XSL-Typ `xstring` erwartet ABAP-Parameter vom Typ x oder xstring, und der Inhalt wird hexadezimal dargestellt.
- Die XSL-Typen `nodeset` und `object` erwarten eine Objektreferenzvariable, die auf eine Instanz einer Klasse zeigt, wobei der Typ `nodeset` passende Objekteigenschaften erwartet.

Falls ein Parameter nicht zum XSL-Typ passt, kommt es zu einer unbehandelbaren Ausnahme. Falls ein in der XSL-Transformation definierter Parameter nicht übergeben wird, wird er in der Transformation auf einen Standardwert gesetzt. Ein angegebener Parameter, der nicht in der XSL-Transformation definiert ist, wird ignoriert.

Die XSL-Typen `string`, `number`, `boolean` und `nodeset` sind XSL-Standardtypen, während `xstring` und `object` spezielle SAP-Erweiterungen darstellen. Der Typ `xstring` ermöglicht es, Byteketten hexadezimal statt zur Basis 64 darzustellen. Der Typ `object` erlaubt den Aufruf von ABAP-Methoden aus dem XSLT-Programm.

47.4.3.2 Parameterübergabe an ST-Programme

In einem ST-Programm müssen die Parameter wie folgt außerhalb eines Templates als Parameter des Haupt-Templates definiert sein:

```
<tt:parameter name="..." [kind="..."]
                    [[s-val="..."][d-val="..."]]|[val="..."] />
```

Beim Aufruf eines ST-Programms werden außer Eingabeparametern auch Ausgabe- und Ein-/Ausgabeparameter unterstützt. Die Art des Parameters ist über `kind` im ST-Programm definiert, wobei "in", "out" und "inout" angegeben sein können, und Letzteres der Standard ist. Mit den `val`-Attributen können Ersatzwerte definiert sein.

47.4.4 Transformationsoptionen

```
CALL TRANSFORMATION - transformation_options
```

Syntax von transformation_options

```
... OPTIONS [clear              = val]
            [data_refs          = val]
            [initial_components = val]
            [technical_types    = val]
            [value_handling     = val]
            [xml_header         = val]
```

Der Zusatz `OPTIONS` erlaubt die Angabe vorgegebener Transformationsoptionen, denen bestimmte Werte zugeordnet werden können, um die Transformation zu steuern. Die Werte müssen in Datenobjekten `val` vom Typ `c` oder `string` angegeben werden. Jede Transformationsoption darf nur einmal angegeben werden.

47.4.4.1 Initialisierung steuern

Ab Release 7.02/7.2. Die Transformationsoption `clear` steuert, wie die ABAP-Zielfelder bei einer Deserialisierung von XML nach ABAP initialisiert werden (siehe Tabelle 47.8).

Mögliche Werte	Bedeutung
all	Alle hinter `RESULT` angegebenen Zielfelder werden vor Aufruf der Transformation initialisiert. Dies ist die empfohlene Einstellung.
supplied	Bei ST werden vor Aufruf der Transformation die Zielfelder initialisiert, denen im ST-Programm ein Wurzelknoten zugeordnet ist. Bei XSLT werden Zielfelder, für die im XML-Dokument ein Wurzelknoten vorhanden ist, vor dem Einlesen des Knotens initialisiert. Andere Zielfelder behalten ihren Wert.
none	Standard, die hinter `RESULT` angegebenen Zielfelder werden mit Ausnahme interner Tabellen nicht initialisiert.

Tabelle 47.8 Werte für clear (ab Release 7.02/7.2)

Die Verwendung von `none` kann dazu führen, dass manche Zielfelder ihren alten Wert behalten, während anderen ein neuer Wert zugewiesen wird. Wenn ein Zielfeld strukturiert ist, kann dies insbesondere für die einzelnen Komponenten zutreffen.

47.4.4.2 Datenreferenzen steuern

Die Transformationsoption `data_refs` steuert die Ausgabe von Datenreferenzen, falls von ABAP nach XML transformiert wird (siehe Tabelle 47.9).

Mögliche Werte	Bedeutung
no	Standard bei ST, es werden keine Datenreferenzen ausgegeben.
heap	Standard bei XSLT und nur dort möglich, über selbstständige Datenreferenzen referenzierte Daten werden als Unterelemente des asXML-Elements `<asx:heap>` ausgegeben. Über unselbstständige Datenreferenzen referenzierte Daten werden nicht serialisiert.

Tabelle 47.9 Werte für data_refs

Mögliche Werte	Bedeutung
heap-or-error	Nur bei XSLT möglich. Wie heap, wobei es aber zur Ausnahme CX_XSLT_SERIALIZATION_ERROR kommt, wenn die zu serialisierenden Daten unselbstständige Datenreferenzen enthalten.
heap-or-create	Nur bei XSLT möglich. Wie heap, wobei aber über unselbstständige Datenreferenzen referenzierte Daten wie über selbstständige Datenreferenzen referenzierte Daten behandelt werden.
embedded	Referenzierte Daten werden mit der Referenz ausgegeben.

Tabelle 47.9 Werte für data_refs (Forts.)

47.4.4.3 Initiale Strukturkomponenten steuern

Die Transformationsoption `initial_components` steuert die Ausgabe initialer Strukturkomponenten, falls von ABAP nach XML transformiert wird (siehe Tabelle 47.10).

Mögliche Werte	Bedeutung
include	Initiale Komponenten von Strukturen werden ausgegeben.
suppress_boxed	Ab Release 7.02/7.2. Standardeinstellung, initiale Boxed Components werden nicht ausgegeben, initiale Komponenten aller anderen Strukturen werden ausgegeben.
suppress	Initiale Komponenten von Strukturen werden nicht ausgegeben.

Tabelle 47.10 Werte für initial_components

47.4.4.4 Technische Typen steuern

Die Transformationsoption `technical_types` steuert das Verhalten, falls bei der Serialisierung von Datenreferenzen keine Typbeschreibung serialisiert werden kann. Dies ist der Fall, wenn die technischen Typeigenschaften des dynamischen Typs der Datenreferenzvariablen zwar bekannt sind, der Typ aber keinen Namen hat (siehe Tabelle 47.11).

Mögliche Werte	Bedeutung
Error	Standard bei XSLT und nur dort möglich. Die Serialisierung einer Datenreferenzvariablen mit gebundenem dynamischen Typ führt zur Ausnahme CX_XSLT_DESERIALIZATION_ERROR.
Ignore	Nur bei XSLT möglich. Eine Datenreferenzvariable mit gebundenem dynamischem Typ wird bei der Serialisierung ignoriert.

Tabelle 47.11 Werte für technical_types

47.4.4.5 Konvertierung steuern

Die Transformationsoption `value_handling` steuert die Toleranz bei Konvertierungen beim Mapping elementarer ABAP-Typen (siehe Tabelle 47.12).

Mögliche Werte	Bedeutung
default	Standardeinstellung, bei der Serialisierung kommt es bei einem ungültigen Wert in einem Feld vom Typ n zur Ausnahme CX_SY_CONVERSION_NO_NUMBER. Bei der Deserialisierung kommt es zur Ausnahme CX_SY_CONVERSION_DATA_LOSS, wenn Zielfelder der Typen c, n oder x zu kurz sind, bzw. zur Ausnahme CX_SY_CONVERSION_LOST_DECIMALS, wenn Zielfelder vom Typ p zu wenig Nachkommastellen haben.
move	Nur bei der Serialisierung möglich. Ungültige Werte in einem Feld vom Typ n werden unverändert nach XML kopiert.
accept_data_loss	Nur bei der Deserialisierung möglich. Wenn Zielfelder der Typen c, n oder x zu kurz sind, werden überschüssige Daten bei c und x rechts und bei n links abgeschnitten.
accept_decimals_loss	Ab Release 7.02/7.2. Nur bei der Deserialisierung möglich. Wenn Zielfelder vom Typ p zu wenig Nachkommastellen haben, wird auf die zur Verfügung stehenden Nachkommastellen gerundet.
reject_illegal_characters	Ab Release 7.02/7.2. Nur bei der Deserialisierung möglich. Wenn ein zu deserialisierender Wert Zeichen enthält, die nicht zum Encoding des XML-Dokuments oder zur aktuellen Codepage des AS ABAP passen, wird eine Ausnahme CX_SY_CONVERSION_CODEPAGE ausgelöst. Wenn das XML-Dokument als iXML-Input-Stream übergeben wird, übersteuert die Einstellung des iXML-Parsers das Encoding des XML-Dokuments.

Tabelle 47.12 Werte für value_handling

Die in der Tabelle erwähnten Ausnahmen können bei CALL TRANSFORMATION nicht direkt behandelt werden, sondern sind in CX_TRANSFORMATION_ERROR bzw. deren Unterklassen verpackt.

Wird ein Wert angegeben, der in der entsprechenden Richtung nicht unterstützt wird, kommt es dagegen zur direkt behandelbaren Ausnahme CX_SY_TRANS_OPTION_ERROR.

Beispiel
Bei einer Angabe von value_handling = 'reject_illegal_characters' kommt es beispielsweise zur Ausnahme, wenn im XML-Header eines im Zeichensatz Latin-1 vorliegenden XML-Dokuments encoding="utf-8" angegeben ist und das XML-Dokument andere Zeichen als die des 7-Bit-ASCII-Zeichensatzes enthält.

47.4.4.6 XML-Header steuern

Die Transformationsoption xml_header steuert die Ausgabe des XML-Headers, falls nach XML transformiert und in ein Datenobjekt vom Typ c, string oder eine interne Tabelle geschrieben wird (siehe Tabelle 47.13).

Mögliche Werte	Bedeutung
no	Es wird kein XML-Header ausgegeben.
without_encoding	Es wird ein XML-Header ohne Angabe des Encodings ausgegeben.
full	Standardeinstellung, es wird ein XML-Header mit Angabe des Encodings ausgegeben.

Tabelle 47.13 Werte für xml_header

47.4.5 Behandelbare Ausnahmen

Die behandelbaren Ausnahmen bei CALL TRANSFORMATION sind durch die im Folgenden dargestellten Ausnahmeklassen definiert.

Die gemeinsame Oberklasse aller Ausnahmeklassen für CALL TRANSFORMATION ist CX_TRANSFORMATION_ERROR. Die direkten Unterklassen sind CX_ST_ERROR für Simple Transformations und CX_XSLT_EXCEPTION für XSL-Transformationen. Bei Ausführung der Anweisung CALL TRANSFORMATION können nur Ausnahmen der Klasse CX_TRANSFORMATION_ERROR oder ihrer Unterklassen sowie Ausnahmen der Klasse CX_SY_NO_HANDLER behandelt werden. Zusätzlich kann es während der Ausführung einer Transformation zu weiteren Ausnahmen kommen, wie z. B. solchen, die beim Mapping von ABAP-Datentypen nach asXML auftreten können. Diese Ausnahmen sind zwar nicht direkt behandelbar, sie werden aber bei Behandlung der Ausnahme CX_TRANSFORMATION_ERROR – oder ihrer Unterklassen – ebenfalls abgefangen. Das Attribut PREVIOUS des zugehörigen Ausnahmeobjekts enthält dann eine Referenz auf die ursprüngliche Ausnahme.

47.4.5.1 Unterklassen von CX_ST_ERROR

- CX_ST_CALL_ERROR: Fehler beim Aufruf der Transformation
- CX_ST_CALL_METHOD_ERROR: Ausnahme in einer aus der Transformation aufgerufenen ABAP-Methode
- CX_ST_CONDITION: Fehler in einer Transformations-Bedingung
- CX_ST_CONSTRAINT_ERROR: Zu serialisierendes bzw. deserialisierendes Datenobjekt ist zu lang.
- CX_ST_DESERIALIZATION_ERROR: Fehler bei der Deserialisierung
- CX_ST_FORMAT_ERROR: Formatfehler in einem Knoten
- CX_ST_INVALID_XML: Die Serialisierung würde zu ungültigem XML führen.
- CX_ST_MATCH: Bei der Deserialisierung ist der Abgleich fehlgeschlagen.
- CX_ST_REF_ACCESS: Fehler beim Zugriff auf einen Datenknoten
- CX_ST_RUNTIME_ERROR: Fehler bei der Ausführung der Transformation
- CX_ST_SERIALIZATION_ERROR: Fehler bei der Serialisierung

47.4.5.2 Unterklassen von CX_XSLT_EXCEPTION

- CX_XSLT_ABAP_CALL_ERROR: Fehler beim Aufruf einer ABAP-Methode aus XSLT
- CX_XSLT_DESERIALIZATION_ERROR: Fehler bei der Deserialisierung
- CX_XSLT_FORMAT_ERROR: Dokument ist nicht im asXML-Format.
- CX_XSLT_RUNTIME_ERROR: Fehler im XSLT-Prozessor
- CX_XSLT_SERIALIZATION_ERROR: Fehler bei der Serialisierung

48 OLE-Schnittstelle

Mit ABAP können Automation-Objekte bearbeitet werden, deren Funktionalität in der Präsentationsschicht in Form eines OLE-Automation-Servers verfügbar ist. Unterstützt werden ausschließlich Automation-Objekte für Windows. Typische Anwendungen, die ein Automation-Interface anbieten, sind die Office-Produkte Excel und Word von Microsoft, bei denen die veröffentlichten Klassen sowie deren Attribute und Methoden im OBJEKTKATALOG des Visual Basic Editors liegen, der über den Menüeintrag MAKRO aufgerufen werden kann.

Alle von ABAP aus nutzbaren Automation-Anwendungen sind Inhalt der Datenbanktabelle TOLE, die mit der Transaktion SOLE verwaltet wird. Diese Tabelle enthält die Namen der Klassen und Komponenten, die von der ABAP-Laufzeitumgebung unterstützt werden. Zusätzlich sind darin Typinformationen abgelegt, um unterschiedliche Datenformate anzupassen. Der Automation-Befehlssatz besteht aus den im Folgenden beschriebenen ABAP-Anweisungen.

Die Anweisungen des Automation-Befehlssatzes werden von der ABAP-Laufzeitumgebung an das SAP GUI auf dem aktuellen Präsentationsserver übergeben, das die eigentliche Kommunikation mit dem Automation-Server übernimmt. Die Übergabe erfolgt nicht direkt, sondern die Anweisungen werden erst in einer Automation-Queue gepuffert und bei einem Flush gemeinsam an das SAP GUI übergeben. Ein Flush wird standardmäßig durch die nächste ABAP-Anweisung, die nicht zum Automation-Befehlssatz gehört, ausgelöst.

Hinweis
Für die Bearbeitung einiger Automation-Objekte stehen mittlerweile die allgemeineren Schnittstellen SAP Desktop Office Integration (DOI) und Control Framework (CFW) zur Verfügung. Die Anweisungen des Automation-Befehlssatzes sollen nur zum Zugriff auf Automation-Anwendungen verwendet werden, für die es keine solche Verschalung gibt.

48.1 Automation-Objekt erzeugen

```
CREATE OBJECT - OLE
```

Syntax
```
CREATE OBJECT ole class [NO FLUSH] [QUEUE-ONLY].
```

Diese Anweisung erzeugt das Automation-Objekt `ole` der Automation-Klasse `class`. Das Objekt `ole` muss den Typ `ole2_object` haben, der im ABAP Dictionary in der Typgruppe OLE2 definiert ist. Für die Angabe der Automation-Klasse `class` wird ein zeichenartiges Datenobjekt erwartet, das den Namen der Klasse enthält.

Das System führt automatisch eine Berechtigungsprüfung durch, wenn die Spalte AUTH_CHK der Datenbanktabelle TOLE für die Klasse den Wert "X" enthält. Das Vorliegen der Berechtigung kann mit dem Funktionsbaustein AUTHORITY_CHECK_OLE geprüft werden.

48 | OLE-Schnittstelle

Der Zusatz NO FLUSH bewirkt, dass die Anforderung bis zum Aufruf des dafür vorgesehenen Funktionsbausteins FLUSH, bis zur Übergabe der Anweisung FREE OBJECT, längstens aber bis zu einem Wechsel des Bildschirmbildes im Automation-Puffer gesammelt und erst dann zur asynchronen Ausführung an den Automation-Server auf dem aktuellen Präsentationsserver übergeben wird. Ohne diesen Zusatz erfolgt der Flush und damit die Übertragung bereits bei Erreichen einer Anweisung, die nicht zum Automation-Befehlssatz gehört. Im ABAP Debugger ist zu beachten, dass die Rückgabewerte der einzelnen Automation-Anweisungen erst nach der Übertragung zur Präsentationsschicht verfügbar sind.

Der Zusatz QUEUE-ONLY bewirkt, dass das erzeugte Objekt bei einem Flush nicht als Rückgabewert von mit CALL METHOD OF aufgerufenen Methoden in das angegebene ABAP-Datenobjekt rc geschrieben wird. Voraussetzung ist, dass der Automation-Puffer ausschließlich die Anweisungen CREATE OBJECT, CALL METHOD und GET PROPERTY mit dem Zusatz QUEUE-ONLY enthält. Bei der Programmausführung im ABAP Debugger werden die Rückgabewerte standardmäßig immer übergeben.

Systemfelder

sy-subrc	Bedeutung
0	Automation-Objekt wurde erzeugt.
1	fehlerhafte Kommunikation mit dem SAP GUI
2	fehlerhafter Funktionsaufruf im SAP GUI
3	Probleme bei der Speicherbelegung auf dem Präsentationsserver

Hinweise

- Bei der Deklaration von ole muss genau der Typ ole2_object angegeben werden. Es genügt nicht, einen anderen Typ anzugeben, der mit Bezug auf ole2_object deklariert wurde.
- Ein durch CREATE OBJECT ole erzeugtes Automation-Objekt ole muss durch FREE OBJECT ole freigegeben werden, um Speicherengpässe und Abbrüche der zu steuernden Anwendung zu vermeiden.
- CREATE OBJECT für OLE darf nicht mit der gleichlautenden Anweisung in ABAP Objects verwechselt werden.

Beispiel

In diesem Beispiel wird das Automation-Objekt app erzeugt, das auf alle Methoden und Eigenschaften der Klasse APPLICATION in der Excel-Bibliothek Zugriff hat. Diese Klasse enthält Methoden, mit denen zum Beispiel ein Excel-Dokument geöffnet oder kopiert werden kann.

```
DATA app TYPE ole2_object.
CREATE OBJECT app 'Excel.Application' NO FLUSH.
```

48.2 Automation-Methode aufrufen

CALL METHOD – OLE

Syntax
```
CALL METHOD OF ole meth [= rc]
               [EXPORTING p1 = f1 p2 = f2 ...]
               [NO FLUSH] [QUEUE-ONLY].
```

Mit dieser Anweisung wird die Methode `meth` des Automation-Objekts `ole` aufgerufen. Das Automation-Objekt muss mit der speziellen Anweisung CREATE OBJECT für Automation-Objekte erzeugt worden sein (siehe Abschnitt 48.1). Der Name der Methode muss in einem zeichenartigen Datenobjekt `meth` angegeben werden.

Der Rückgabewert der externen Methode `meth` kann in einem Datenobjekt `rc` abgelegt werden, für das je nach aufgerufener Methode ein zeichenartiger Datentyp der Länge 8 erwartet wird oder das den Typ `ole2_object` aus der Typgruppe OLE2 haben muss, um das adressierte Objekt zu übernehmen.

Mit dem Zusatz EXPORTING können den Eingabeparametern `p1 p2` ... der Automation-Methode Aktualparameter `f1 f2` ... zugewiesen werden, wobei sich der Datentyp der Datenobjekte `f1 f2` ... nach der Anforderung der Automation-Methode richtet. Für die Zusätze NO FLUSH und QUEUE-ONLY gilt die Beschreibung bei der Anweisung CREATE OBJECT (siehe Abschnitt 48.1).

Systemfelder

sy-subrc	Bedeutung
0	erfolgreiche Ausführung der Methode `meth`
1	fehlerhafte Kommunikation mit dem SAP GUI
2	Fehler beim Aufruf der Methode `meth`
3	Fehler beim Setzen einer Eigenschaft
4	Fehler beim Lesen einer Eigenschaft

Hinweis
CALL METHOD für OLE darf nicht mit der gleichlautenden Anweisung in ABAP Objects verwechselt werden.

Beispiel
Je nach Auswahl auf dem Selektionsbild können mit folgendem Quelltext die Excel-Datei *Table.xls* im Verzeichnis *C:\temp* geöffnet, die Anwendung Word gestartet und beide Anwendungen anschließend wieder geschlossen werden. Die hierfür verwendeten Automation-Methoden sind in der folgenden Tabelle aufgelistet.

48 | OLE-Schnittstelle

Anwendung	Methode	Parameter	Funktion
Excel	Open	Dateiname und Pfad	Öffnen
Excel	Quit	–	Beenden
Word	AppShow	–	Starten
Word	AppClose	–	Beenden

```abap
TABLES sscrfields.
DATA: excel TYPE ole2_object,
      word  TYPE ole2_object,
      book  TYPE ole2_object,
      rc    TYPE c LENGTH 8.
SELECTION-SCREEN:
  BEGIN OF SCREEN 100 AS WINDOW TITLE title,
    BEGIN OF LINE,
      PUSHBUTTON   2(12) button_1
                USER-COMMAND word_start,
      PUSHBUTTON  20(12) button_2
                USER-COMMAND excel_start,
    END OF LINE,
    BEGIN OF LINE,
      PUSHBUTTON   2(12) button_3
                USER-COMMAND word_stop,
      PUSHBUTTON  20(12) button_4
                USER-COMMAND excel_stop,
    END OF LINE,
  END OF SCREEN 100.
START-OF-SELECTION.
  button_1 = 'Start Word'.
  button_2 = 'Start Excel'.
  button_3 = 'Stop  Word'.
  button_4 = 'Stop  Excel'.
  CALL SELECTION-SCREEN 100 STARTING AT 10 10.
AT SELECTION-SCREEN.
  CASE sscrfields-ucomm.
    WHEN 'WORD_START'.
      CHECK word-handle <> -1.
      CHECK word-header = space.
      CREATE OBJECT   word  'Word.Basic'.
      CALL METHOD  OF word  'AppShow'.
    WHEN 'EXCEL_START'.
      CHECK excel-handle = 0.
      CHECK excel-header = space.
      CREATE OBJECT   excel 'Excel.Application'.
      SET PROPERTY OF excel 'Visible' = 1.
      GET PROPERTY OF excel 'Workbooks' = book.
      CALL METHOD  OF book  'Open' = rc
        EXPORTING #1 = 'C:\temp\Table.xls'.
    WHEN 'WORD_STOP'.
```

```
       CALL METHOD OF word 'AppClose'.
       FREE OBJECT word.
       CLEAR: word-handle, word-header.
    WHEN 'EXCEL_STOP'.
       CALL METHOD OF excel 'Quit'.
       FREE OBJECT excel.
       CLEAR: excel-handle, excel-header.
    WHEN OTHERS.
       LEAVE PROGRAM.
  ENDCASE.
```

48.3 Automation-Objekteigenschaften feststellen

GET PROPERTY – OLE

Syntax
```
GET PROPERTY OF ole attr = dobj [NO FLUSH] [QUEUE-ONLY]
                         [EXPORTING p1 = f1 p2 = f2 ...].
```

Der Inhalt des Attributs `attr` eines Automation-Objekts `ole` wird dem Datenobjekt `dobj` zugewiesen. Das Automation-Objekt muss mit der speziellen Anweisung CREATE OBJECT für Automation-Objekte erzeugt worden sein. Für die Typisierung von `ole` und für die Bedeutung der Zusätze NO FLUSH und QUEUE-ONLY gilt die Beschreibung bei der Anweisung CREATE OBJECT (siehe Abschnitt 48.1). Die Typisierung des Datenobjekts `dobj` hängt von den Eigenschaften des Automation-Attributs `attr` ab.

Mit dem Zusatz EXPORTING können den Parametern p1 p2 ... des Attributs Aktualparameter f1 f2 ... zugewiesen werden, wobei sich der Datentyp der Datenobjekte f1 f2 ... nach der Anforderung des Attributs richtet.

Systemfelder

sy-subrc	Bedeutung
0	erfolgreiche Übernahme von Objekteigenschaften
1	fehlerhafte Kommunikation mit dem SAP GUI
2	fehlerhafter Funktionsaufruf im SAP GUI
3	Fehler beim Setzen einer Eigenschaft
4	Fehler beim Lesen einer Eigenschaft

Beispiel
In diesem Beispiel wird die Eigenschaft "Visible" einer Excel-Tabelle gelesen, die zur Laufzeit erzeugt wurde. Dieses Attribut gibt an, ob die Tabellenbearbeitung sichtbar oder im Hintergrund läuft. Die Variable `vis` wird als Integer typisiert, da von Excel ein ganzzahliger Wert übergeben wird.

```
DATA: vis TYPE i,
      app TYPE ole2_object.
CREATE OBJECT     app 'Excel.Application'.
GET PROPERTY OF app 'Visible' = vis.
WRITE vis.
```

48.4 Automation-Objekteigenschaften ändern

SET PROPERTY – OLE

Syntax
```
SET PROPERTY OF ole attr = dobj [NO FLUSH]
                      [EXPORTING p1 = f1 p2 = f2 ...].
```

Das Attribut `attr` eines Automation-Objekts `ole` wird gemäß dem Inhalt des Datenobjekts `dobj` gesetzt. Das Automation-Objekt muss mit der speziellen Anweisung CREATE OBJECT für Automation-Objekte erzeugt worden sein. Für die Typisierung von `ole` und für die Bedeutung des Zusatzes NO FLUSH gilt die Beschreibung bei der Anweisung CREATE OBJECT (siehe Abschnitt 48.1). Die Typisierung des Datenobjekts `dobj` hängt von den Eigenschaften des Automation-Attributs `attr` ab.

Mit dem Zusatz EXPORTING können den Parametern p1 p2 ... des Attributs Aktualparameter f1 f2 ... zugewiesen werden, wobei sich der Datentyp der Datenobjekte f1 f2 ... nach der Anforderung des Attributs richtet.

Systemfelder

sy-subrc	Bedeutung
0	erfolgreiche Übergabe von Objekteigenschaften
1	fehlerhafte Kommunikation mit dem SAP GUI
2	fehlerhafter Funktionsaufruf im SAP GUI
3	Fehler beim Setzen einer Eigenschaft
4	Fehler beim Lesen einer Eigenschaft

Beispiel
Aufruf der Office-Anwendung Excel und Anzeige einer leeren Excel-Tabelle durch Zuweisung des Wertes 1 an das Attribut "Visible".

```
DATA app TYPE ole2_object.
CREATE OBJECT app 'Excel.Application'.
SET PROPERTY OF app 'Visible' = 1.
```

48.5 Automation-Objekt freigeben

FREE OBJECT – OLE

Syntax
FREE OBJECT ole **[NO FLUSH]**.

Diese Anweisung gibt den für das Objekt ole belegten Speicher auf dem Applikationsserver frei. Das Automation-Objekt muss mit der speziellen Anweisung CREATE OBJECT für Automation-Objekte erzeugt worden sein. Für die Bedeutung des Zusatzes NO FLUSH gilt die Beschreibung bei der Anweisung CREATE OBJECT (siehe Abschnitt 48.1).

Nach der Freigabe bleibt das Objekt auf dem aktuellen Präsentationsserver erhalten, kann aber im ABAP-Programm nicht mehr bearbeitet werden. Für die Typisierung von ole gilt die Beschreibung bei der Anweisung CREATE OBJECT. Die Übertragung der Anweisung FREE OBJECT an die Präsentationsschicht bewirkt die Übertragung der gesamten mit dem Zusatz NO FLUSH gesammelten Automation-Queue.

Systemfelder

sy-subrc	Bedeutung
0	erfolgreiche Speicherfreigabe
1	fehlerhafte Kommunikation mit dem SAP GUI
2	fehlerhafter Funktionsaufruf im SAP GUI

Beispiel
Freigeben eines Excel-Objekts.

```
DATA app TYPE ole2_object.
CREATE OBJECT app 'Excel.Application' NO FLUSH.
...
FREE OBJECT app NO FLUSH.
```

TEIL 15
Erweiterungstechniken

49 Quelltext erweitern

Im Rahmen des Erweiterungskonzepts der ABAP Workbench können ABAP-Quelltexte durch Quelltext-Plug-ins erweitert werden. Quelltext-Erweiterungen können an impliziten Erweiterungsoptionen oder expliziten Erweiterungsoptionen vorgenommen werden.

Die Erweiterungsimplementierungen werden zwischen speziellen Anweisungen implementiert und können durch ihre Verknüpfung mit Schaltern gesteuert werden.

49.1 Implizite Erweiterungsoptionen

Neben explizit mit ENHANCEMENT-POINT und ENHANCEMENT-SECTION anlegbaren Erweiterungsoptionen sind in ABAP-Programmen an folgenden Stellen implizite Erweiterungsoptionen vorhanden:

- hinter der letzten Zeile des Quelltextes von ausführbaren Programmen, Funktionsgruppen, Modul-Pools, Subroutinen-Pools und Include-Programmen
- vor der ersten und hinter der letzten Zeile der Implementierung einer Prozedur (hinter der einleitenden Anweisung und vor der END-Anweisung)
- vor der ersten und hinter der letzten Zeile eines Quelltext-Plug-ins (hinter ENHANCEMENT und vor ENDENHANCEMENT, ab Release 7.02/7.2)
- am Ende eines Sichtbarkeitsbereichs im Deklarationsteil einer lokalen Klasse
- am Ende einer Liste gleichartiger Formalparameter bei der Deklaration lokaler Methoden
- in Strukturdefinitionen mit BEGIN OF und END OF vor der Anweisung mit dem Zusatz END OF

Da die Erweiterungsimplementierungen zu impliziten Erweiterungsoptionen immer nur an ein einziges Rahmenprogramm angebunden sein können, stehen die impliziten Erweiterungsoptionen in Include-Programmen nicht zur Verfügung, wenn das Include-Programm:

- in keinem Rahmenprogramm eingebunden ist
- mehrfach in einem Rahmenprogramm eingebunden ist
- in mehreren Programmen eingebunden ist, ohne dass in der ABAP Workbench eines davon als relevantes Rahmenprogramm ausgewählt wurde
- in mehreren Programmen eingebunden ist und mindestens eine Include-gebundene, d. h. mit dem Zusatz INCLUDE BOUND definierte, explizite Erweiterungsoption enthält

Implizite Erweiterungsoptionen können im ABAP Editor über BEARBEITEN • ERWEITERUNGSOPERATIONEN • IMPLIZITE ERWEITERUNGSOPTIONEN EINBLENDEN sichtbar gemacht werden. Sie können wie explizite Erweiterungsoptionen durch Quelltext-Erweiterungen erweitert werden.

Die Sichtbarkeitsbereiche globaler Klassen und die Parameterschnittstellen von Funktionsbausteinen und globalen Methoden enthalten ebenfalls implizite Erweiterungsoptionen. Diese können im Class bzw. Function Builder angezeigt und erweitert werden.

49.2 Explizite Erweiterungsoptionen

Explizite Erweiterungsoptionen werden in ABAP-Programmen durch die Anweisungen ENHANCEMENT-POINT zum Festlegen einer Stelle eines ABAP-Programms als Erweiterungsmöglichkeit, an der ein oder mehrere Quelltext-Plug-ins eingefügt werden können, oder ENHANCEMENT-SECTION zum Festlegen eines Abschnitts eines ABAP-Programms als Erweiterungsoption, der durch eines oder mehrere Quelltext-Plug-ins ersetzt werden kann, angelegt.

49.2.1 Erweiterungsoption für Stelle

ENHANCEMENT-POINT

Syntax
```
ENHANCEMENT-POINT enh_id SPOTS spot1 spot2 ...
                  [STATIC]
                  [INCLUDE BOUND].
```

Diese Anweisung definiert an der aktuellen Stelle eines Programms eine explizite Erweiterungsoption, an der eine Quelltext-Erweiterung vorgenommen werden kann. Bei der Programmgenerierung werden die im aktuellen System vorhandenen Quelltext-Plug-ins der zugeordneten Erweiterungsimplementierung, deren Schalter den Zustand STAND-BY oder AN hat, an dieser Stelle eingebunden.

Mit enh_id muss direkt ein Bezeichner für die Erweiterungsoption angegeben werden, der ohne den Zusatz INCLUDE BOUND in der aktuellen Kompilationseinheit und mit diesem Zusatz im aktuellen Include-Programm eindeutig ist. Der Erweiterungsoption muss über die Angabe einfacher Erweiterungsspots spot1, spot2, ... mindestens ein Erweiterungsspot zugeordnet werden.

Zu einer Erweiterungsoption können im Rahmen von Erweiterungen eines oder mehrere Quelltext-Plug-ins angelegt werden. Das Anlegen eines Quelltext-Plug-ins erfolgt durch die Zuordnung einer Erweiterungsimplementierung im Enhancement Builder. Dabei wird automatisch ein leeres Quelltext-Plug-in mit einer eindeutigen Kennung erzeugt und unterhalb von ENHANCEMENT-POINT im Editor eingeblendet, wo die eigentliche Erweiterung zwischen ENHANCEMENT und ENDENHANCEMENT implementiert werden kann. Ein Quelltext-Plug-in ist genau einer Erweiterungsoption zugeordnet. Einer Erweiterungsoption können mehrere Quelltext-Plug-ins mehrerer Erweiterungsimplementierungen zugeordnet werden.

Falls der Zusatz STATIC nicht angegeben ist, ist die Quelltext-Erweiterung dynamisch. Bei einer dynamischen Quelltext-Erweiterung werden bei der Programmausführung nur die Quelltext-Plug-ins ausgeführt, deren Schalter den Zustand AN hat. Falls einem Quelltext-Plug-in kein Schalter zugeordnet ist, wird es wie mit einem Schalter im Zustand AN behandelt. Mit dem Zusatz STATIC wird eine statische Quelltext-Erweiterung definiert. Bei einer statischen Quelltext-Erweiterung werden bei der Programmausführung alle eingebundenen Quelltext-Plug-ins berücksichtigt, also auch solche, deren Schalter den Zustand STAND-BY hat.

Ohne den Zusatz INCLUDE BOUND ist eine Quelltext-Erweiterung genau einer Kompilationseinheit zugeordnet. Falls die Anweisung ENHANCEMENT-POINT ohne diesen Zusatz in einem Include-Programm aufgeführt ist, muss ihr im Enhancement Builder eine Kompilationseinheit zugewiesen werden. Der Zusatz `INCLUDE BOUND` kann in Include-Programmen angegeben werden und bindet die Quelltext-Erweiterung an das aktuelle Include-Programm. Jedes Programm, das ein Include-Programm einbindet, bindet nur die Quelltext-Erweiterungen mit ein, die mit diesem Zusatz definiert sind. Die Bezeichner von mit dem Zusatz `INCLUDE BOUND` angelegten Erweiterungsoptionen müssen innerhalb des Include-Programms eindeutig sein. Intern werden die Bezeichner von Include-gebundenen Erweiterungsoptionen immer auf ihr Include-Programm bezogen, sodass es beim Einbinden in eine Kompilationseinheit keine Namenskonflikte zwischen Include-Programmen und Kompilationseinheit und beim Einbinden mehrerer Include-Programme keine Namenskonflikte zwischen den Include-Programmen geben kann.

Hinweise

- In der Terminologie des Erweiterungskonzepts fallen in der Anweisung `ENHANCEMENT-POINT` die Erweiterungsspot-Elementdefinition und der Erweiterungsspot-Elementaufruf der Erweiterungsoption zusammen.

- Die Anweisung `ENHANCEMENT-POINT` kann entweder direkt eingegeben oder über BEARBEITEN • ERWEITERUNGSOPERATIONEN • ERWEITERUNG ANLEGEN im Enhancement Builder angelegt werden. Nach dem Sichern des Programms oder nach einem Anlegen über BEARBEITEN • ERWEITERUNGSOPERATIONEN • ERWEITERUNG ANLEGEN kann die Anweisung nur über BEARBEITEN • ERWEITERUNGSOPERATIONEN • ERWEITERUNG ENTFERNEN gelöscht werden.

- Neben den durch `ENHANCEMENT-POINT` explizit angegebenen Erweiterungsoptionen gibt es in ABAP-Programmen implizite Erweiterungsoptionen, die ebenfalls durch Quelltext-Plug-ins erweitert werden können (siehe Abschnitt 49.1).

- Die Anweisung `ENHANCEMENT-POINT` kann ab Release 7.02/7.2 auch in einem Quelltext-Plug-in aufgeführt werden.

- Der Zusatz `STATIC` ist für die Erweiterung von Datendeklarationen vorgesehen, während die Anweisung `ENHANCEMENT-POINT` ohne den Zusatz `STATIC` zur Erweiterung von ausführbarem Coding gedacht ist. Beim Anlegen der Anweisung über ERWEITERUNGEN • ERWEITERUNG ANLEGEN wird der Zusatz entsprechend dieser Auswahl gesetzt.

- In einem Include-Programm dürfen Include-gebundene und nicht-Include-gebundene Quelltext-Erweiterungen nicht gleichzeitig definiert werden. Dies gilt auch, wenn ein Include-Programm andere Include-Programme einbindet.

- In einem Include-Programm, das mehrmals in das gleiche Programm eingebunden wird, darf es nur Include-gebundene Quelltext-Erweiterungen geben.

49.2.2 Erweiterungsoption für Abschnitt

`ENHANCEMENT-SECTION`

Syntax
```
ENHANCEMENT-SECTION enh_id SPOTS spot1 spot2 ...
                [STATIC]
                [INCLUDE BOUND].
  ...
END-ENHANCEMENT-SECTION.
```

Diese Anweisungen machen einen Abschnitt des aktuellen Programms zu einer expliziten Erweiterungsoption, wodurch er durch eine Quelltext-Erweiterung ersetzt werden kann. Bei der Programmgenerierung ersetzt genau ein Quelltext-Plug-in der zugeordneten Erweiterungsimplementierung, dessen Schalter den Zustand STAND-BY oder AN hat, diesen Programmabschnitt. Falls einem Quelltext-Plug-in kein Schalter zugeordnet ist, wird es wie mit einem Schalter im Zustand AN behandelt. Der Programmabschnitt darf nur vollständige Kontrollstrukturen und Verarbeitungsblöcke enthalten. Wenn kein passendes Quelltext-Plug-in gefunden wird, wird der ursprüngliche Abschnitt ausgeführt.

Mit enh_id muss direkt ein Bezeichner für die Erweiterungsoption angegeben werden, der ohne den Zusatz INCLUDE BOUND in der aktuellen Kompilationseinheit und mit diesem Zusatz im aktuellen Include-Programm eindeutig ist. Der Erweiterungsoption muss über die Angabe einfacher Erweiterungsspots spot1, spot2, ... mindestens ein Erweiterungsspot zugeordnet werden. Der Zusatz INCLUDE BOUND hat die gleiche Bedeutung wie bei der Anweisung ENHANCEMENT-POINT.

Zu einer Erweiterungsoption können eines oder mehrere Quelltext-Plug-ins angelegt werden. Das Anlegen eines Quelltext-Plug-ins erfolgt durch die Zuordnung einer Erweiterungsimplementierung zur Elementdefinition im Enhancement Builder. Dabei wird automatisch ein Quelltext-Plug-in mit einer eindeutigen Kennung erzeugt, und unterhalb von END-ENHANCEMENT-SECTION im Editor eingeblendet. Initial enthält das Plug-in zwischen ENHANCEMENT und ENDENHANCEMENT das zu ersetzende Coding, das dort überschrieben werden kann. Ein Quelltext-Plug-in ist genau einer Erweiterungsoption zugeordnet.

Einer Erweiterungsoption können mehrere Quelltext-Plug-ins mehrerer Erweiterungsimplementierungen zugeordnet werden. Wenn bei der Programmausführung mehrere Quelltext-Plug-ins mit Schalterstellung AN oder STAND-BY gefunden werden, wird intern eine Konfliktauflösung durchgeführt und die vorrangige konfliktauflösende Erweiterungsimplementierung verwendet. Wenn mehrere konfliktauflösende Erweiterungsimplementierungen den Vorrang haben oder wenn es keine konfliktauflösende Erweiterungsimplementierung gibt, ist keine korrekte Konfliktauflösung möglich. Stattdessen wird eine der vorrangigen konfliktauflösenden Erweiterungsimplementierungen bzw. eine der konfliktauslösenden Erweiterungsimplementierungen verwendet. Welche Erweiterungsimplementierung genau verwendet wird, ist zwar bei jeder Programmausführung gleich, ansonsten aber undefiniert.

Falls der Zusatz STATIC nicht angegeben ist, ist die Quelltext-Erweiterung dynamisch. Bei einer dynamischen Quelltext-Erweiterung werden deklarative Anweisungen nicht ersetzt, sondern die deklarativen Anweisungen des Quelltext-Plug-ins werden zu den deklarativen Anweisungen im Programmabschnitt addiert. Weiterhin werden bei einer dynamischen Quelltext-Erweiterung bei der Programmausführung nur die Quelltext-Plug-ins berücksichtigt, deren Schalter den Zustand AN hat. Mit dem Zusatz STATIC wird eine statische Quelltext-Erweiterung definiert. Die deklarativen Anweisungen eines Quelltext-Plug-ins werden nicht addiert, sondern ersetzen die des Programmabschnitts. Bei einer statischen Quelltext-Erweiterung werden bei der Programmausführung alle eingebundenen Quelltext-Plug-ins berücksichtigt, also auch solche, deren Schalter den Zustand STAND-BY hat.

Hinweise

- In der Terminologie des Erweiterungskonzepts ist der zwischen `ENHANCEMENT-SECTION` und `END-ENHANCEMENT-SECTION` eingeschlossene Abschnitt sowohl die Erweiterungsspot-Elementdefinition als auch der Erweiterungsspot-Elementaufruf der Erweiterungsoption.

- Die Anweisung `ENHANCEMENT-SECTION` kann entweder direkt eingegeben oder nach dem Markieren eines Zeilenblocks über ERWEITERUNGEN • ERWEITERUNG ANLEGEN im Enhancement Builder angelegt werden. Nach dem Sichern des Programms oder nach einem Anlegen über ERWEITERUNGEN • ERWEITERUNG ANLEGEN kann die Anweisung nur über ERWEITERUNGEN • ERWEITERUNG ENTFERNEN gelöscht werden.

- Die Anweisungen `ENHANCEMENT-SECTION` – `END-ENHANCEMENT-SECTION` können ab Release 7.02/7.2 auch in einem Quelltext-Plug-in aufgeführt werden.

- Bei der Anweisung `ENHANCEMENT-SECTION` darf der Zusatz `STATIC` im Gegensatz zur Anweisung `ENHANCEMENT-POINT` nur mit allergrößter Vorsicht für Änderungen von Datendeklarationen verwendet werden, da eine Ersetzung und keine Ergänzung stattfindet. Insbesondere bei der Anwendungsentwicklung innerhalb des SAP-Systems sollte der Zusatz `STATIC` überhaupt nicht mit `ENHANCEMENT-SECTION` verwendet werden, da die Änderung beim Kunden im gesamten System aktiv sein wird.

49.2.3 Erweiterungsimplementierung

`ENHANCEMENT`

Syntax
```
ENHANCEMENT id.
  ...
ENDENHANCEMENT.
```

Diese Anweisungen definieren ein Quelltext-Plug-in der Kennung `id`. Zwischen den Anweisungen kann eine Quelltext-Erweiterung implementiert werden. Die in der Implementierung enthaltenen Kontrollstrukturen und Verarbeitungsblöcke müssen vollständig sein. Die Anweisungen `ENHANCEMENT` und `ENDENHANCEMENT` können nicht direkt eingegeben und bearbeitet werden, sondern werden beim Anlegen von Erweiterungen im Rahmen des Erweiterungskonzepts von der ABAP Workbench generiert. Die Kennung `id` wird ebenfalls von der Workbench vergeben.

Hinweise

- In der Terminologie des Erweiterungskonzepts ist ein Quelltext-Plug-in ein Erweiterungsimplementierungs-Element einer (einfachen) Erweiterungsimplementierung.

- Quelltext-Plug-ins werden zwar im gleichen Quelltext wie die zugehörigen Erweiterungsoptionen `ENHANCEMENT-POINT` oder `ENHANCEMENT-SECTION` angezeigt, sind tatsächlich aber in anderen, vom Enhancement Builder verwalteten, Include-Programmen abgelegt.

50 BAdIs

BAdIs werden im Enhancement Builder als Teil des Erweiterungskonzepts der ABAP Workbench angelegt. Solche BAdIs bilden gemeinsam mit ihren Aufrufstellen in ABAP-Programmen explizite Erweiterungsoptionen dieser Programme und sind Erweiterungsspots zugeordnet. Wenn BAdIs und ihre Aufrufstellen in einem System definiert worden sind, können in Folgesystemen Erweiterungen vorgenommen werden, indem dort BAdI-Implementierungen angelegt werden. Eine BAdI-Implementierung besteht im Wesentlichen aus einer BAdI-Implementierungsklasse, deren Instanzen ein ABAP-Programm zur Laufzeit als Objekt-Plug-ins funktional erweitern. Im Rahmen des Erweiterungskonzepts ist eine BAdI-Implementierung ein Erweiterungsimplementierungs-Element und wird durch Erweiterungsimplementierungen verwaltet.

Ein BAdI besteht im Wesentlichen aus einem BAdI-Interface, das die Deklaration von BAdI-Methoden enthält, und einem Satz von Filtern. Die Filter erlauben es, bestimmte BAdI-Implementierungen zur Verwendung auszuwählen. Bei der Definition eines BAdIs können neben der Auswahl des BAdI-Interfaces und der Definition von Filtern folgende Einstellungen vorgenommen werden:

- Es kann festgelegt werden, ob ein BAdI für Einzel- oder Mehrfachverwendung vorgesehen ist. Wenn ein BAdI für Einzelverwendung vorgesehen ist, kann in einem internen Modus nur eine einzige BAdI-Implementierung verwendet werden, und es muss bei jeder Verwendung eine BAdI-Implementierung vorhanden sein.

- Es kann eine Fallback-BAdI-Implementierungsklasse angegeben werden, die verwendet wird, wenn keine BAdI-Implementierung mit passenden Filterbedingungen gefunden wird.

- Ein BAdI kann als kontextfrei oder kontextabhängig definiert werden. Diese Einstellung steuert die Instanzierung der Objekt-Plug-ins. Bei kontextfreien BAdIs kann definiert werden, ob ein Objekt-Plug-in in einem internen Modus nur einmal oder mehrmals erzeugt werden kann. Bei kontextabhängigen BAdIs werden die Objekt-Plug-ins mit einem Kontextobjekt verknüpft.

Im Gegensatz zu den BAdIs, die es vor Release 7.0 gab, werden die BAdIs des Erweiterungskonzepts direkt von der ABAP-Laufzeitumgebung durch folgende ABAP-Anweisungen unterstützt:

- **GET BADI**
  Erzeugung eines BAdI-Objekts als Handle für Objekt-Plug-ins
- **CALL BADI**
  Aufruf von BAdI-Methoden in Objekt-Plug-ins

Die BAdIs des Erweiterungskonzepts sind außer durch ihre Filter auch durch Schalter des Switch Frameworks schaltbar. Ausführliche Informationen zu BAdIs finden Sie im entsprechenden Abschnitt der SAP Library.

50 BAdIs

50.1 BAdI-Objekt erzeugen

GET BADI

Syntax
```
GET BADI { badi [FILTERS f1 = x1 f2 = x2 ...] }
        | { badi TYPE (name)
              [{FILTERS f1 = x1 f2 = x2 ...}
              |{FILTER-TABLE ftab}] }
              [CONTEXT con].
```

Diese Anweisung erzeugt ein neues BAdI-Objekt und stellt die BAdI-Referenz auf das Objekt in eine BAdI-Referenzvariable `badi`. Die Anweisung hat eine statische und ab Release 7.02/7.2 eine dynamische Variante:

- Bei der statischen Variante wird der Zusatz TYPE nicht angegeben. Der statische Typ der Referenzvariablen `badi` muss ein BAdI sein und legt das verwendete BAdI fest.

- Bei der dynamischen Variante ab Release 7.02/7.2 wird mit dem Zusatz TYPE ein eingeklammertes zeichenartiges Datenobjekt `name` angegeben, das bei Ausführung der Anweisung den Namen eines BAdIs enthalten muss. Der statische Typ der Referenzvariablen `badi` muss die Oberklasse CL_BADI_BASE aller BAdI-Klassen sein.

Um Werte für die Filter des BAdIs anzugeben, können in der statischen und dynamischen Variante der Zusatz FILTERS und in der dynamischen Variante der Zusatz FILTER-TABLE angegeben werden. Bei einem kontextfreien BAdI darf der Zusatz CONTEXT nicht angegeben werden, bei einem kontextabhängigen BAdI muss er angegeben werden.

Nach der Instanzierung wird wie folgt nach BAdI-Implementierungsklassen für das BAdI gesucht:

1. Es werden nur BAdI-Implementierungsklassen selektiert, die einer BAdI-Implementierung zugeordnet sind, die sich im Zustand AKTIV befindet.

2. Es werden nur BAdI-Implementierungsklassen selektiert, die einer BAdI-Implementierung, d. h. einer Erweiterung, zugeordnet sind, deren Schalter den Zustand AN hat. Falls einer BAdI-Implementierung kein Schalter zugeordnet ist, wird sie wie mit einem Schalter im Zustand AN behandelt.

3. Es werden alle BAdI-Implementierungsklassen selektiert, die diesen Anforderungen genügen und bei denen die Filterbedingung ihrer BAdI-Implementierung zu den hinter FILTERS oder in `ftab` angegebenen Werten passt. Wenn mit der Filterangabe keine BAdI-Implementierungen gefunden werden, wird nach BAdI-Implementierungen gesucht, die als Standardimplementierung gekennzeichnet sind. Werden auch keine solchen gefunden, wird – falls vorhanden – die Fallback-BAdI-Implementierungsklasse des BAdIs verwendet.

4. Wenn bei einem für Einzelverwendung definierten BAdI mehrere BAdI-Implementierungsklassen mit passenden Filterbedingungen gefunden wurden, wird eine Konfliktauflösung durchgeführt. Eine erfolgreiche Konfliktauflösung findet genau eine vorrangige konfliktauflösende Erweiterungsimplementierung, und nur deren BAdI-Implementie-

rungsklasse wird selektiert. Wenn mehrere konfliktauflösende Erweiterungsimplementierungen den Vorrang haben oder wenn es keine konfliktauflösende Erweiterungsimplementierung gibt, ist keine korrekte Konfliktauflösung möglich, und es bleiben mehrere BAdI-Implementierungsklassen in der Treffermenge bestehen.

Wenn die resultierende Treffermenge zur Definition des BAdIs passt (d. h. bei einem für Einzelverwendung definierten BAdI muss die Treffermenge genau eine BAdI-Implementierungsklasse enthalten, und bei einem für Mehrfachverwendung definierten BAdI darf die Treffermenge mehrere oder keine BAdI-Implementierungsklassen enthalten), werden Referenzen auf Objekt-Plug-ins der gefundenen BAdI-Implementierungen im BAdI-Objekt gespeichert. Noch nicht vorhandene Objekt-Plug-ins werden hierfür erzeugt. Ob ein bereits vorhandenes Objekt-Plug-in wiederverwendet oder ob ein neues Objekt-Plug-in erzeugt wird, richtet sich danach, ob das BAdI kontextfrei oder kontextabhängig ist, und nach dem Zusatz CONTEXT. Die genaue Semantik ist dort beschrieben.

Wenn die Treffermenge keine oder mehrere BAdI-Implementierungen enthält, obwohl das BAdI für die Einzelverwendung definiert ist, kommt es zu einer Ausnahme. Falls die BAdI-Referenzvariable badi im Ausnahmefall vor der Anweisung bereits eine gültige BAdI-Referenz enthielt, bleibt diese bestehen, ansonsten wird sie initialisiert.

Hinweise
- Über BAdI-Referenzen kann nicht direkt auf BAdI-Objekte zugegriffen werden. Sie dienen ausschließlich dem Aufruf der BAdI-Methoden in den referenzierten Objekt-Plug-ins mit der Anweisung CALL BADI. Ansonsten können BAdI-Referenzvariablen an den gleichen Operandenpositionen wie normale Objektreferenzvariablen verwendet werden. Insbesondere sind also Zuweisungen und Vergleiche möglich.
- Die Methode NUMBER_OF_IMPLEMENTATIONS der Klasse CL_BADI_QUERY gibt die Anzahl der BAdI-Implementierungen zurück, die in einem BAdI-Objekt gespeichert sind.
- Die Anweisung GET BADI bereitet einen Erweiterungsspot-Elementaufruf vor und kann deshalb in der Terminologie des Erweiterungskonzepts als Teil einer expliziten Erweiterungsoption angesehen werden.
- Um die Ausnahme für BAdIs, für die Einzelverwendung definiert ist, in Systemen zu verhindern, in denen keine entsprechende Erweiterung vorgenommen wird, empfiehlt es sich, für solche BAdIs eine Fallback-BAdI-Implementierungsklasse anzugeben. Die Fallback-BAdI-Implementierungsklasse gehört zum BAdI und ist unabhängig von Erweiterungen.
- Um direkt auf Objekt-Plug-ins zugreifen zu können, benötigt man entsprechende Referenzen. Diese können beispielsweise von BAdI-Methoden zurückgeliefert werden.
- Um die eventuellen Instanzereignisse eines BAdIs zu behandeln, kann nicht die BAdI-Referenz verwendet werden. Stattdessen muss bei der Registrierung der Ereignisbehandler mit SET HANDLER entweder der Zusatz FOR ALL INSTANCES oder direkt eine Referenz auf ein Objekt-Plug-in angegeben werden.

50.1.1 Filterwerte angeben

```
... FILTERS f1 = x1 f2 = x2 ...
... FILTER-TABLE ftab
```

Hinter dem Zusatz FILTERS müssen elementare Datenobjekte x1, x2, ... für alle Filter f1, f2, ... des BAdIs angegeben werden. Wenn ein Filter im BAdI die Eigenschaft KONSTANTER FILTERWERT BEIM AUFRUF hat, können nur Literale und Konstanten angegeben werden. Die Datenobjekte müssen kompatibel zum Datentyp der Filter sein. Für ein BAdI ohne Filter darf FILTERS nicht angegeben werden.

Der Zusatz FILTER-TABLE ordnet mithilfe der speziellen internen Tabelle ftab den Filtern eines dynamisch angegebenen BAdIs Werte zu. Die interne Tabelle muss den Tabellentyp BADI_FILTER_BINDINGS aus dem ABAP Dictionary haben. Die Tabelle muss bei Ausführung der Anweisung GET BADI für jeden Filter des BAdIs genau eine Zeile enthalten. Die Spalten der Tabelle sind:

- **NAME vom Typ c der Länge 30**
  für den Namen des Filters in Großbuchstaben. Die Angabe eines nicht vorhandenen Filters führt zu einer behandelbaren Ausnahme.

- **VALUE vom Typ REF TO data**
  als Zeiger auf ein passendes Datenobjekt. Der Wert des Datenobjekts, auf das die Referenzvariable in VALUE zeigt, wird dem in NAME angegebenen Filter zugeordnet.

Die Spalte NAME ist der eindeutige Schlüssel der sortierten Tabelle ftab.

50.1.2 Kontext angeben

```
... CONTEXT con
```

Mit dem Zusatz CONTEXT muss bei kontextabhängigen BAdIs eine Objektreferenzvariable con angegeben werden, deren statischer Typ das Tag-Interface IF_BADI_CONTEXT einbindet bzw. ist und die eine Referenz auf ein BAdI-Kontextobjekt enthält. Falls con initial ist, kommt es zu einer Ausnahme. Bei kontextfreien BAdIs darf der Zusatz CONTEXT nicht angegeben werden. Der Zusatz CONTEXT steuert wie folgt die Erzeugung der Objekt-Plug-ins:

- Ohne den Zusatz CONTEXT, d.h. für kontextfreie BAdIs, richtet sich die Erzeugung der Objekt-Plug-ins nach der Einstellung des BAdIs. Entweder werden bei jeder Ausführung der Anweisung GET BADI neue Objekt-Plug-ins erzeugt, oder ein einmal im aktuellen internen Modus erzeugtes Objekt-Plug-in wird wiederverwendet, falls es wiederholt benötigt wird. Ein solches Objekt-Plug-in ist ein Singleton bezüglich seiner BAdI-Implementierungsklasse.

- Mit dem Zusatz CONTEXT, d.h. für kontextabhängige BAdIs, werden innerhalb eines internen Modus für den gleichen Inhalt von con immer die gleichen Objekt-Plug-ins verwendet. Solche Objekt-Plug-ins sind Singletons bezüglich ihrer BAdI-Implementierungsklasse und eines BAdI-Kontextobjekts.

Falls eine BAdI-Implementierungsklasse mehrere BAdI-Interfaces implementiert und GET BADI innerhalb eines internen Modus für mehrere dieser BAdIs ausgeführt wird, können mehrere

BAdI-Objekte auf die gleichen Objekt-Plug-ins zeigen, was es ermöglicht, Daten zwischen verschiedenen BAdIs zu teilen. Bei kontextfreien BAdIs ist dies nur bei der Wiederverwendung der Fall. Bei kontextabhängigen BAdIs können mehrere BAdI-Objekte des gleichen Kontextes auf die gleichen Objekt-Plug-ins zeigen.

Hinweise
- Die Tatsache, dass Objekt-Plug-ins entweder neu erzeugt oder wiederverwendet werden, kann auch so ausgedrückt werden, dass ein Objekt-Plug-in bezüglich eines BAdIs oder eines Kontextes zustandsbehaftet oder zustandsfrei ist.
- Das Tag-Interface IF_BADI_CONTEXT kann von beliebigen Klassen implementiert werden. Das Anwendungsgebiet reicht von der Implementierung in einer lokalen Klasse ohne sonstige Komponenten, deren einziger Zweck es ist, eine programminterne Kontextverwaltung für BAdIs zu ermöglichen, bis zur Implementierung in einer globalen Anwendungsklasse, deren Objekte gezielt erweitert werden sollen.

50.1.3 Behandelbare Ausnahmen

Die behandelbaren Ausnahmen folgender Ausnahmeklasssen können bei der Anweisung GET BADI auftreten:

- CX_BADI_CONTEXT_ERROR: Bei der dynamischen Variante der Anweisung trat ein Fehler bezüglich des Kontextes auf.
- CX_BADI_FILTER_ERROR: Bei der dynamischen Variante der Anweisung wurden fehlerhafte Angaben für die Filter des BAdIs gemacht.
- CX_BADI_INITIAL_CONTEXT: Die hinter CONTEXT angegebene Referenzvariable ist initial.
- CX_BADI_MULTIPLY_IMPLEMENTED: Es wurden mehrere BAdI-Implementierungsklassen gefunden, obwohl das BAdI für Einzelverwendung definiert ist. Unterklasse von CX_BADI_NOT_SINGLE_USE.
- CX_BADI_NOT_IMPLEMENTED: Es wurde keine BAdI-Implementierungsklasse gefunden, obwohl das BAdI für Einzelverwendung definiert ist. Unterklasse von CX_BADI_NOT_SINGLE_USE.
- CX_BADI_UNKNOWN_ERROR: Das bei der dynamischen Variante der Anweisung angegebene BAdI existiert nicht.

50.2 BAdI-Methode aufrufen

CALL BADI

Syntax
```
CALL BADI { badi->meth         parameter_list }
         | { badi->(meth_name) {parameter_list
                               |parameter_tables} }.
```

Aufruf einer BAdI-Methode. Die Anweisung hat eine statische und ab Release 7.02/7.2 eine dynamische Variante. In beiden Varianten muss für `badi` eine BAdI-Referenzvariable angegeben werden.

In der statischen Variante muss für `badi` eine BAdI-Referenzvariable vom statischen Typ einer konkreten BAdI-Klasse angegeben werden und für `meth` direkt eine BAdI-Methode des zugehörigen BAdIs.

In der dynamischen Variante ab Release 7.02/7.2 muss für `badi` eine BAdI-Referenzvariable vom statischen Typ der abstrakten Oberklasse CL_BADI_BASE und für `meth_name` ein zeichenartiges Datenobjekt angegeben werden, das bei Ausführung der Anweisung den Namen einer BAdI-Methode in Großbuchstaben enthalten muss.

Bezüglich der Adressierung von BAdI-Methoden verhält sich die BAdI-Referenzvariable sowohl statisch wie dynamisch wie eine Interface-Referenzvariable mit dem statischen Typ des betreffenden BAdI-Interfaces. Eine BAdI-Methode, die als Komponente des zugehörigen BAdI-Interfaces deklariert ist, wird direkt über ihren Namen angesprochen. BAdI-Methoden, die in Komponenteninterfaces des BAdI-Interfaces deklariert sind, können über den Interfacekomponenten-Selektor oder eventuelle Aliasnamen angesprochen werden.

Die Zusätze *parameter_list* bzw. *parameter_tables* ordnen den Formalparametern der BAdI-Methode, genau wie bei CALL METHOD beschrieben, Aktualparameter zu oder behandeln nichtklassenbasierte Ausnahmen. Auch die beim dynamischen Aufruf möglichen Ausnahmen entsprechen denen von CALL METHOD.

Die Anweisung CALL BADI bewirkt, dass die angegebene Methode in allen Objekt-Plug-ins, auf die das von `badi` referenzierte BAdI-Objekt verweist, aufgerufen wird.

Wenn das BAdI für die Einzelverwendung definiert ist, muss `badi` beim statischen BAdI-Aufruf eine gültige BAdI-Referenz enthalten. Wenn `badi` initial ist, kommt es zu einer behandelbaren Ausnahme.

Wenn das BAdI für die Mehrfachverwendung definiert ist, muss `badi` beim statischen BAdI-Aufruf eine gültige BAdI-Referenz enthalten oder kann initial sein. Wenn das referenzierte BAdI-Objekt auf mehrere Objekt-Plug-ins verweist, ist die Aufrufreihenfolge bei jeder Anweisung CALL BADI gleich. Die genaue Aufrufreihenfolge kann in der Definition der zugehörigen BAdI-Implementierungen festgelegt werden, wenn das vordefinierte BAdI BADI_SORTER des gleichnamigen Erweiterungsspots für das aktuelle BAdI implementiert wurde. Wenn das referenzierte BAdI-Objekt keine Objekt-Plug-ins referenziert oder `badi` initial ist, ist die Anweisung wirkungslos.

Beim dynamischen BAdI-Aufruf kommt es im Fall einer ungültigen BAdI-Referenz in `badi` immer zu einer behandelbaren Ausnahme.

Wenn ein BAdI nachträglich um eine Methode erweitert wurde, kann diese in einer BAdI-Implementierung fehlen. In diesem Fall wird der Aufruf so ausgeführt, als wäre die Methode mit leerer Implementierung vorhanden. Aktualparameter, die an per Wert übergebene EXPORTING- oder RETURNING-Parameter angebunden sind, werden initialisiert. Alle anderen Aktualparameter bleiben unverändert.

Das Systemfeld `sy-subrc` wird wie beim normalen CALL METHOD entweder auf 0 oder bei Behandlung einer nicht-klassenbasierten Ausnahme auf den hinter EXCEPTIONS angegebenen Wert gesetzt.

Hinweise

- BAdI-Objekte und BAdI-Referenzen können ausschließlich mit der Anweisung GET BADI erzeugt werden.
- In der Terminologie des Erweiterungskonzepts ist die Anweisung CALL BADI ein Erweiterungsspot-Elementaufruf.
- Der Aufruf einer BAdI-Methode eines für Einzelverwendung definierten BAdIs verhält sich wie ein Methodenaufruf mit CALL METHOD: Die aufgerufene Methode muss vorhanden sein. Der Aufruf einer BAdI-Methode eines für Mehrfachverwendung definierten BAdIs entspricht dagegen eher dem Auslösen eines Ereignisses mit RAISE EVENT: Es können keine, eine oder mehrere Methoden vorhanden sein.

Behandelbare Ausnahmen

Die behandelbaren Ausnahmen CX_BADI_INITIAL_REFERENCE (Die Referenzvariable `badi` ist entweder beim statischen Aufruf, obwohl das BAdI für Einzelverwendung definiert ist, oder beim dynamischen Aufruf initial) und CX_SY_DYN_CALL_ILLEGAL_METHOD (»Die Methode ist beim dynamischen Aufruf nicht vorhanden.«) der Ausnahmeklasssen können bei der Anweisung CALL BADI auftreten.

TEIL 16
Obsolete Anweisungen

Die in den folgenden Kapiteln beschriebenen Sprachelemente sind obsolet und stehen nur noch aus Gründen der Kompatibilität zu früheren Releases zur Verfügung. Die Sprachelemente können in älteren Programmen noch vorhanden sein, sollen aber nicht mehr verwendet werden.

Die meisten der hier aufgeführten obsoleten Sprachelemente sind in Klassen oder in Unicode-Programmen syntaktisch verboten. Sie können also ohnehin nur noch außerhalb von Klassen oder in Nicht-Unicode-Programmen verwendet werden. Für alle obsoleten Sprachelemente gibt es Ersatzkonstrukte, die die Effektivität und Lesbarkeit von Programmen erhöhen.

51 Obsolete Syntax

51.1 Obsoleter Anweisungsaufbau

Die folgenden Syntaxformen sind obsolet. Sie sind innerhalb von ABAP Objects verboten und führen außerhalb von Klassen zu Warnungen durch die Syntaxprüfung:

- Außerhalb von Klassen können hinter Literalen oder Offset-/Längenangaben die Trennzeichen (Leerzeichen, Kommata, Doppelpunkte, Punkte oder das Zeilenende) weggelassen werden.

- Außerhalb von Klassen können in Offset-/Längenangaben die Operanden für Offset und Länge weggelassen werden. Ein einzelnes Pluszeichen, das direkt an einen Feldnamen anschließt, ein Pluszeichen, dem direkt ein Klammerausdruck folgt, oder ein leerer Klammerausdruck nach einem Pluszeichen, einem Offset-Wert oder einem Feldnamen werden als nicht vorhanden interpretiert.

- Außerhalb von Klassen kann sich ein Zeichenliteral über mehrere Programmzeilen ausdehnen. Die Anzahl eingefügter Leerzeichen hängt dabei von der Zeilenlänge des Editors ab.

51.2 Obsolete Pseudokommentare

51.2.1 Pseudokommentare für die erweiterte Programmprüfung

Obsolete Syntax

```
... "#EC ...
```

Die Zeichenfolge "#EC hinter einer Anweisung oder einem Teil einer Anweisung, der auf ein bestimmtes Kürzel folgt, definiert den dahinter folgenden Inhalt der Zeile als Pseudokommentar für die erweiterte Programmprüfung. Die möglichen Kürzel sind bei der erweiterten Programmprüfung bzw. bei der Ausgabe ihrer Ergebnisse dokumentiert. Die Pseudokommentare können verwendet werden, um bestimmte Warnungen der erweiterten Programmprüfung für die entsprechende Anweisung auszublenden.

In einem Programm, das Pragmas zum Ausschalten von Warnungen verwendet, darf der Pseudokommentar #EC * nicht mehr verwendet werden und führt zu einer nicht ausschaltbaren Warnung der erweiterten Programmprüfung. Das Gleiche gilt für die Anweisung SET EXTENDED CHECK.

Hinweise

- Mit der Einführung von Pragmas zu Release 7.02/7.2 wurden für alle Pseudokommentare "#EC ... der erweiterten Programmprüfung entsprechende Pragmas ##... eingeführt, die anstelle der Pseudokommentare verwendet werden sollen. Die Pseudokommentare für die erweiterte Programmprüfung sind somit obsolet. Das Programm ABAP_SLIN_PRAGMAS zeigt, welche Pragmas anstelle der obsoleten Pseudokommentare verwendet werden sollen.

- Wenn das hinter "#EC angegebene Kürzel mit dem Präfix "CI_" beginnt, handelt es sich um einen Pseudokommentar für den Code Inspector. Diese Pseudokommentare wurden zu Release 7.02/7.2 noch nicht durch Pragmas ersetzt.

Beispiel

Der Pseudokommentar "#EC NEEDED unterdrückt die Meldung der erweiterten Programmprüfung, dass nicht lesend auf a zugegriffen wird.

```
DATA: a TYPE string,    "#EC NEEDED
      b TYPE string.
a = b.
```

Der nächste Quelltextabschnitt zeigt, wie der Pseudokommentar durch ein Pragma abgelöst werden kann.

```
DATA: a TYPE string ##needed,
      b TYPE string.
a = b.
```

51.2.2 Pseudokommentare für Testklassen

Obsolete Syntax

```
... "#AU Risk_Level Critical|Dangerous|Harmless
... "#AU Duration Short|Medium|Long
```

Die Zeichenfolge "#AU bei der Anweisung CLASS mit dem Zusatz FOR TESTING definiert einen Pseudokommentar zum Festlegen einer Testeigenschaft einer Testklasse.

In den Pseudokommentaren wird die Groß- und Kleinschreibung berücksichtigt. Abweichungen von der Syntax führen bei der Testausführung zu einer Warnung.

Ab Release 7.02/7.2 gibt es echte Zusätze zur Anweisung CLASS ... FOR TESTING, um Testeigenschaften zu definieren, die anstelle der Pseudokommentare verwendet werden sollen. Die Pseudokommentare für Testklassen sind somit obsolet. Vorhandene Pseudokommentare werden weiterhin berücksichtigt, sollen aber nicht mehr verwendet werden.

51.3 Obsoletes Ausschalten der Programmprüfung

SET EXTENDED CHECK

Obsolete Syntax

```
SET EXTENDED CHECK {ON|OFF}.
```

Diese Anweisung schaltet mit dem Zusatz OFF die erweiterte Programmprüfung für die folgenden Anweisungen aus und schaltet sie mit dem Zusatz ON wieder ein. Eine ausgeschaltete erweiterte Programmprüfung sollte innerhalb des gleichen Programms wieder eingeschaltet werden. Eine Anweisung SET EXTENDED CHECK OFF ohne folgende Anweisung SET EXTENDED CHECK ON und überflüssige Anweisungen SET EXTENDED CHECK ON werden von der erweiterten

Programmprüfung gemeldet. Die Standardeinstellung ist die eingeschaltete erweiterte Programmprüfung.

In einem Programm, das Pragmas zum Ausschalten von Warnungen verwendet, darf die Anweisung SET EXTENDED CHECK nicht mehr verwendet werden und führt zu einer nicht ausschaltbaren Warnung der erweiterten Programmprüfung. Das Gleiche gilt auch für den Pseudokommentar #EC *.

Hinweise
- Diese Anweisung soll nicht mehr verwendet werden. Stattdessen soll die erweiterte Programmprüfung für einzelne Anweisungen ab Release 7.02/7.2 über Pragmas ausgeschaltet werden.
- Das Ausschalten der erweiterten Programmprüfung kann bei ihrem Aufruf durch die Auswahl von AUSGEBLENDETE MELDUNGEN MIT AUSGEBEN übersteuert werden.

Beispiel
Die Anweisungen SET EXTENDED CHECK unterdrücken alle Meldungen der erweiterten Programmprüfung des eingeschlossenen Programmabschnitts.

```
SET EXTENDED CHECK OFF.
DATA: a TYPE string,
      b TYPE string.
a = b.
SET EXTENDED CHECK ON.
```

Der folgende Programmausschnitt zeigt die empfohlene Vorgehensweise, bei der die tatsächliche Meldung gezielt durch das zugehörige Pragma ausgeblendet wird.

```
DATA: a TYPE string ##needed,
      b TYPE string.
a = b.
```

52 Obsolete Modularisierung

52.1 Obsolete Unterprogramme

Unterprogramme dienten vor der Einführung von ABAP Objects hauptsächlich der lokalen Modularisierung eines ABAP-Programms, sind aber auch extern aufrufbar. Ihre Funktionalität wird zwischen den Anweisungen FORM und ENDFORM implementiert. Die Deklaration eines Unterprogramms erfolgt entweder direkt bei der Implementierung oder mit der Anweisung FORM... DEFINITION.

In neuen Programmen sollen Unterprogramme aus folgenden Gründen nicht mehr angelegt werden:

- Die Parameterschnittstelle hat deutliche Schwächen im Vergleich zur Parameterschnittstelle von Methoden, nämlich:
  - positionale Parameter anstelle von Schlüsselwortparametern
  - keine echten Eingabeparameter bei Referenzübergabe
  - Die Typisierung ist nur optional.
  - keine optionalen Parameter
- Jedes Unterprogramm gehört implizit zur öffentlichen Schnittstelle seines Programms, was in der Regel nicht gewünscht ist.
- Der externe Unterprogrammaufruf ist kritisch in Bezug auf die Zuordnung des Rahmenprogramms zu einer Programmgruppe im internen Modus, die in der Regel nicht statisch festgelegt werden kann.

An den Stellen, an denen Unterprogramme noch nicht durch Methoden abgelöst werden können (PERFORM ON COMMIT|ROLLBACK, GENERATE SUBROUTINE POOL), sollen sie ausschließlich zur Verschalung eines Methodenaufrufs dienen und ansonsten kein funktionales Coding mehr enthalten.

52.1.1 Unterprogramm anlegen

FORM

Obsolete Syntax
```
FORM subr [TABLES table_parameters]
         [USING parameters]
         [CHANGING parameters]
         [RAISING exc1|RESUMABLE(exc1) exc2|RESUMABLE(exc2) ...].
    ...
ENDFORM.
```

Die Anweisung FORM definiert ein Unterprogramm subr und seine Schnittstelle. Für den Namen subr gelten die Namenskonventionen für programminterne Objekte. Zwischen den Anweisungen FORM und ENDFORM wird die Funktionalität des Unterprogramms subr implementiert. Mit den Zusätzen werden die Formalparameter des Unterprogramms definiert und das Propagieren klassenbasierter Ausnahmen an den Aufrufer deklariert.

Innerhalb des Unterprogramms können lokale Datentypen und Datenobjekte deklariert werden. Darüber hinaus besteht Zugriff auf die Formalparameter des Unterprogramms sowie auf die globalen Datentypen und Datenobjekte des Rahmenprogramms.

Ein Unterprogramm wird mit der Anweisung PERFORM aufgerufen. Wenn ein Unterprogramm eines gekapselten Pakets aus einem anderen Programm aufgerufen werden soll, muss es statt mit der hier gezeigten Variante mit der Variante FORM ... DEFINITION im Definitions-Include des Programms deklariert werden.

Hinweis
In neuen Programmen sollen Methoden statt Unterprogramme angelegt werden.

52.1.1.1 Tabellenparameter deklarieren

```
... TABLES table_parameters ...
```

Mit TABLES werden Tabellenparameter `table_parameters` deklariert. Tabellenparameter sind obsolete Formalparameter, die als interne Standardtabellen mit Kopfzeile typisiert sind. Der Zusatz TABLES kann nur vor USING oder CHANGING aufgeführt werden.

Wenn eine interne Tabelle ohne Kopfzeile bzw. ein Tabellenkörper als Aktualparameter an einen solchen Formalparameter übergeben wird, wird im Unterprogramm eine leere lokale Kopfzeile generiert. Wird eine interne Tabelle mit Kopfzeile als Aktualparameter verwendet, werden sowohl der Tabellenkörper als auch die Kopfzeile an das Unterprogramm übergeben. Bei mit TABLES definierten Formalparametern ist keine Wertübergabe möglich.

Typisierung
```
FORM - table_parameters
```

Syntax von table_parameters
```
... t1 [{TYPE itab_type}|{LIKE itab}|{STRUCTURE struc}]
    t2 [{TYPE itab_type}|{LIKE itab}|{STRUCTURE struc}]
```

Hinter den Zusätzen TYPE und LIKE kann ein Tabellentyp `table_type` bzw. eine interne Tabelle `itab` der Tabellenart Standardtabelle angegeben werden. Die Zusätze TYPE und LIKE typisieren den Zeilentyp des Formalparameters mit dem Zeilentyp der angegebenen internen Tabelle. Der ebenfalls obsolete Zusatz STRUCTURE prägt dem Zeilentyp die flache Struktur `struc` auf (siehe unten).

Hinweise
- Mit TABLES definierte Formalparameter können durch mit USING oder CHANGING definierte Formalparameter ersetzt werden. Ein lokaler Arbeitsbereich kann für die interne Tabelle durch den Zusatz LIKE LINE OF itab der Anweisung DATA im Unterprogramm angelegt werden.
- Eine Angabe von TABLES hinter USING oder CHANGING legt einen Formalparameter mit dem Namen "TABLES" an.

52.1.1.2 Formalparameter deklarieren

```
... USING parameters ...
... CHANGING parameters ...
```

Diese Zusätze definieren Formalparameter *parameters*. Formalparameter können im Unterprogramm wie Datenobjekte an allen Operandenpositionen verwendet werden, die zu ihrer Typisierung und ihrer durch USING oder CHANGING definierten Änderbarkeit passen. Bei der Definition der Formalparameter *parameters* gibt es die Möglichkeit, entweder Referenz- oder Wertübergabe festzulegen.

Typisierung und Übergabeart
Syntax von parameters

```
... { VALUE(p1) | p1 } [|structure]
    { VALUE(p2) | p2 } [typing|structure]
```

Der Zusatz *typing* typisiert einen Formalparameter p1 p2 .... Die Syntax von *typing* ist in Abschnitt 16.1 beschrieben. Die Typisierung eines Formalparameters bewirkt, dass bei der Übergabe eines Aktualparameters dessen Datentyp gegen die Typisierung geprüft wird. Darüber hinaus legt die Typisierung fest, an welchen Operandenpositionen der Formalparameter im Unterprogramm verwendet werden kann. Wenn keine explizite Typisierung angegeben ist, wird ein Formalparameter mit dem vollständig generischen Typ any typisiert.

Mit VALUE wird für einen Formalparameter p1 p2 ... die Wertübergabe festgelegt. Ohne VALUE findet eine Referenzübergabe statt. Die Wirkung der Festlegung auf Referenz- oder Wertübergabe für mit USING und CHANGING definierte Formalparameter ist wie folgt:

- **Referenzübergabe für USING-Parameter**
  Für die Formalparameter p1 p2 ... wird kein lokales Datenobjekt im Unterprogramm angelegt. Stattdessen wird beim Aufruf eine Referenz auf den angegebenen Aktualparameter übergeben. Eine Änderung des Formalparameters im Unterprogramm ändert auch den Wert des Aktualparameters.

- **Referenzübergabe für CHANGING-Parameter**
  Die Formalparameter p1 p2 ... werden exakt wie die mit USING für Referenzübergabe definierten behandelt.

- **Wertübergabe für USING-Parameter**
  Für jeden Formalparameter p1 p2 ... wird beim Aufruf ein lokales Datenobjekt mit dem gleichen Datentyp wie der zugehörige Aktualparameter im Unterprogramm angelegt und mit dessen Wert gefüllt. Eine Änderung des Formalparameters im Unterprogramm ändert nicht den Wert des Aktualparameters. Auch nach Beendigung des Unterprogramms behält der Aktualparameter seinen ursprünglichen Wert.

- **Wertübergabe für CHANGING-Parameter**
  Für jeden Formalparameter p1 p2 ... wird beim Aufruf ein lokales Datenobjekt mit dem gleichen Datentyp wie der zugehörige Aktualparameter im Unterprogramm angelegt und mit dessen Wert gefüllt. Eine Änderung des Formalparameters im Unterprogramm ändert den Wert des Aktualparameters nicht direkt. Wenn das Unterprogramm aber über END-FORM, RETURN, CHECK oder EXIT beendet wird, wird der Inhalt des Formalparameters dem

Aktualparameter zugewiesen. Wenn das Unterprogramm durch eine Nachricht oder eine Ausnahme beendet wird, bleibt der Aktualparameter unverändert.

Hinweise
- Mit USING für Referenzübergabe definierte Formalparameter sollten in Unterprogrammen prinzipiell nicht geändert werden. Stattdessen kann CHANGING verwendet werden. Der Zusatz CHANGING sollte für genau die Formalparameter verwendet werden, deren Wert im Unterprogramm geändert wird.
- Die Reihenfolge von USING und CHANGING ist nicht beliebig. Eine Angabe von USING hinter CHANGING legt einen Formalparameter mit dem Namen "USING" an.

Beispiel
In dem Unterprogramm kann der Formalparameter ptab an einer Operandenposition verwendet werden, die eine Indextabelle erwartet, da er entsprechend typisiert ist. Der Formalparameter wa ist vollständig generisch, und es wird erst zur Laufzeit geprüft, ob er zum Zeilentyp der internen Tabelle passt.

```
FORM fill_table USING    wa   TYPE any
                CHANGING ptab TYPE INDEX TABLE.
  APPEND wa TO ptab.
ENDFORM.
```

Obsoletes Casting
Syntax von structure
```
... STRUCTURE struc
```

Bei einem Formalparameter p1 p2 ... eines Unterprogramms kann anstelle von typing auch noch der Zusatz STRUCTURE angegeben sein, wobei struc eine programmlokale Struktur (Datenobjekt, kein Datentyp) oder eine flache Struktur aus dem ABAP Dictionary sein muss. Dadurch wird dem Formalparameter diese Struktur aufgeprägt (Casting), und im Unterprogramm kann auf die einzelnen Komponenten zugegriffen werden.

Bei der Übergabe eines Aktualparameters an einen mit STRUCTURE typisierten Formalparameter wird in Nicht-Unicode-Programmen lediglich überprüft, ob die Länge des Aktualparameters mindestens der Länge der Struktur entspricht. In Unicode-Programmen wird zwischen strukturierten und elementaren Aktualparametern unterschieden. Bei einem strukturierten Aktualparameter muss seine Unicode-Fragmentsicht mit der von struc übereinstimmen. Bei einem elementaren Aktualparameter muss dieser zeichenartig und flach sein.

Hinweis
Mit STRUCTURE typisierte Formalparameter können in der Regel durch mit TYPE oder LIKE typisierte Formalparameter ersetzt werden. Falls tatsächlich ein Casting durchgeführt werden soll, empfiehlt sich die Verwendung generischer Formalparameter und deren Zuweisung an ein Feldsymbol mit der Anweisung ASSIGN und dem Zusatz CASTING.

Beispiel
In diesem Beispiel wird der Zeichenkette text die Struktur line aufgeprägt.

```
DATA: BEGIN OF line,
        col1 TYPE c LENGTH 1,
        col2 TYPE c LENGTH 1,
      END OF line.
DATA text LENGTH 2 TYPE c VALUE 'XY'.
PERFORM demo USING text.
FORM demo USING p STRUCTURE line.
  WRITE: p-col1, p-col2.
ENDFORM.
```

52.1.1.3 Klassenbasierte Ausnahmen deklarieren

`... RAISING exc1|RESUMABLE(exc1) exc2|RESUMABLE(exc2) ...`

Mit dem Zusatz RAISING können klassenbasierte Ausnahmen exc1 exc2 ... deklariert werden, die im Unterprogramm von der ABAP-Laufzeitumgebung oder mit der Anweisung RAISE EXCEPTION ausgelöst bzw. in dieses propagiert, aber nicht in einem TRY-Block behandelt werden. Explizit deklarierbar sind Unterklassen von CX_STATIC_CHECK und CX_DYNAMIC_CHECK. Unterklassen von CX_NO_CHECK werden implizit immer und ab Release 7.02/7.2 mit dem Zusatz RESUMABLE deklariert.

Für exc1 exc2 ... können alle an dieser Stelle sichtbaren Ausnahmeklassen, die Unterklassen von CX_STATIC_CHECK CX_DYNAMIC_CHECK sind, angegeben werden. Die Ausnahmeklassen müssen in aufsteigender Reihenfolge bezüglich ihrer Vererbungshierarchie angegeben werden. Jede Ausnahmeklasse darf nur ein einziges Mal angegeben werden.

Tritt im Unterprogramm eine Ausnahme dieser Oberklassen auf, die weder behandelt werden noch deklariert sind, führt dies entweder zu einem Syntaxfehler oder zu einer vom Aufrufer behandelbaren Ausnahme CX_SY_NO_HANDLER.

Mit dem Zusatz RESUMABLE wird eine Ausnahme so deklariert, dass sie als wiederaufsetzbare Ausnahme propagiert werden kann (ab Release 7.02/7.2). Das heißt:

- Eine wiederaufsetzbare Ausnahme wird als solche propagiert.
- Auf eine nicht-wiederaufsetzbare Ausnahme hat der Zusatz keine Wirkung.
- Wenn eine wiederaufsetzbare Ausnahme ohne den Zusatz RESUMABLE bei RAISING propagiert wird, verliert sie die Eigenschaft der Wiederaufsetzbarkeit.

Wenn eine Oberklasse als wiederaufsetzbar deklariert ist, müssen gleichzeitig aufgeführte Unterklassen ebenfalls als wiederaufsetzbar deklariert sein.

Hinweise

- Ausnahmen, die auf den Unterklassen von CX_STATIC_CHECK und CX_DYNAMIC_CHECK beruhen, müssen entweder im Unterprogramm behandelt oder explizit mit dem RAISING-Zusatz deklariert werden. Für CX_STATIC_CHECK wird dies beim Syntaxcheck überprüft, für CX_DYNAMIC_CHECK erst zur Laufzeit.
- In einem Unterprogramm, das mit dem Zusatz RAISING klassenbasierte Ausnahmen deklariert, kann die Anweisung CATCH SYSTEM-EXCEPTIONS nicht verwendet werden. Stattdessen

müssen die entsprechenden behandelbaren Ausnahmen in einem TRY-Block abgefangen werden.

- Eine Ausnahme, die im Unterprogramm mit RAISE RESUMABLE EXCEPTION als wiederaufsetzbare Ausnahme ausgelöst wird (ab Release 7.02/7.2), sollte auch in der Schnittstelle als wiederaufsetzbar deklariert sein, da die Ausnahme ansonsten beim Verlassen der Methode diese Eigenschaft verliert.

52.1.2 Unterprogramm in Teilen anlegen

FORM - DEFINITION, IMPLEMENTATION

Obsolete Syntax
```
FORM subr DEFINITION
        [TABLES table_parameters]
        [USING parameters]
        [CHANGING parameters]
        [RAISING exc1|RESUMABLE(exc1) exc2|RESUMABLE(exc2) ...].
FORM subr IMPLEMENTATION.
  ...
ENDFORM.
```

Ab Release 7.2. In dieser Variante der Anweisung FORM ist die Definition eines Unterprogramms subr auf einen Deklarations- und einen Implementierungsteil verteilt:

- Die Anweisung FORM subr DEFINITION deklariert das Unterprogramm und seine Parameterschnittstelle. Die Bedeutung der Zusätze ist wie bei FORM (siehe Abschnitt 52.1.1). Eine solche Deklaration eines Unterprogramms ist Teil des globalen Deklarationsteils eines Programms.

- Zwischen den Anweisungen FORM subr IMPLEMENTATION und ENDFORM wird das Unterprogramm implementiert. Diese Anweisungen definieren einen Verarbeitungsblock im Implementierungsteil des Programms.

Diese Form der Definition eines Unterprogramms ist notwendig, wenn ein Unterprogramm eines gekapselten Pakets aus einem anderen Programm aufgerufen werden soll. In diesem Fall muss die Deklaration des Unterprogramms in einem Definitions-Include erfolgen. Wenn das aufrufende Programm in einem anderen Paket liegt, muss das im Definitions-Include deklarierte Unterprogramm explizit in der Paketschnittstelle veröffentlicht werden.

52.2 Obsolete Funktionsbausteinparameter

Beim Anlegen von Funktionsbausteinen sollen die im Folgenden beschriebenen Sprachkonstrukte nicht mehr verwendet werden.

52.2.1 Tabellenparameter deklarieren

```
FUNCTION - table_parameters
```

Syntax von table_parameters

```
... TABLES p1 {TYPE itab_type} | {STRUCTURE struc} [OPTIONAL]
            p2 {TYPE itab_type} | {STRUCTURE struc} [OPTIONAL]
```

Definition von Tabellenparametern t1 t2 ... in der Anzeige der Funktionsbaustein-Schnittstelle im Quelltext von Funktionsbausteinen. Tabellenparameter sind obsolete CHANGING-Parameter, die als interne Standardtabellen mit Kopfzeile typisiert sind. Wenn eine interne Tabelle ohne Kopfzeile bzw. ein Tabellenkörper als Aktualparameter an einen solchen Formalparameter übergeben wird, wird im Funktionsbaustein eine leere lokale Kopfzeile generiert. Wird eine interne Tabelle mit Kopfzeile als Aktualparameter verwendet, werden sowohl der Tabellenkörper als auch die Kopfzeile an den Funktionsbaustein übergeben. Bei mit TABLES definierten Formalparametern ist keine Wertübergabe möglich.

Zur Bedeutung von TYPE, STRUCTURE und OPTIONAL siehe Abschnitt 10.1.3, wobei für Tabellenparameter folgende Besonderheiten gelten:

- Bei TABLES-Parametern ist nur die Referenzübergabe möglich.
- Hinter TYPE kann nur ein Tabellentyp itab_type aus dem ABAP Dictionary – inklusive Typgruppen – von der Tabellenart Standardtabelle mit flachem Zeilentyp angegeben werden.
- Eine Typisierung mit TYPE REF TO ist nicht möglich.
- In Nicht-Unicode-Programmen muss bei einer Typisierung mit STRUCTURE die Zeilenlänge des Aktualparameters nicht genau, sondern nur mindestens der Länge der Struktur entsprechen.

Hinweis
Mit TABLES definierte Formalparameter können durch mit CHANGING definierte Formalparameter ersetzt werden. Ein lokaler Arbeitsbereich kann für die interne Tabelle durch den Zusatz LIKE LINE OF itab der Anweisung DATA im Funktionsbaustein angelegt werden.

Ausnahme
Solange nicht basXML als RFC-Protokoll eingestellt ist (ab Release 7.02/7.2), kann die Verwendung von TABLES-Parametern für remotefähige Funktionsbausteine beim RFC erheblich schneller sein als die Übergabe über CHANGING-Parameter.

52.2.2 Obsolete Typisierung

```
FUNCTION - LIKE, STRUCTURE
```

Obsolete Syntax

```
... {LIKE struc-comp} | {STRUCTURE struc}
```

Typisierung von Schnittstellenparametern in der Anzeige der Eigenschaften der Schnittstellenparameter einer Funktionsbaustein-Schnittstelle im Quelltext von Funktionsbausteinen, wenn im Function Builder eine Typangabe mit LIKE erfolgt. Eine solche Typangabe führt im

Function Builder inzwischen zu einer Warnung (außer bei den ebenfalls obsoleten Tabellenparametern).

Eine Typisierung mit LIKE wird angezeigt, wenn im Function Builder hinter LIKE eine elementare Komponente einer flachen Struktur (bzw. Datenbanktabelle oder View) struc-comp aus dem ABAP Dictionary angegeben wird. Die Überprüfung der Typisierung ist wie bei Angabe der Komponente hinter TYPE, mit der Ausnahme, dass bei gepackten Zahlen die Anzahl der Nachkommastellen nicht berücksichtigt wird. Es kann kein Typ aus einer Typgruppe angegeben werden.

Eine Typisierung mit STRUCTURE wird angezeigt, wenn im Function Builder hinter LIKE eine flache Struktur (bzw. Datenbanktabelle) struc aus dem ABAP Dictionary angegeben wird. Dadurch wird dem Formalparameter diese Struktur aufgeprägt (Casting), und im Funktionsbaustein kann auf die einzelnen Komponenten zugegriffen werden. Bei einem mit STRUCTURE typisierten Formalparameter muss ein angebundener Aktualparameter eine Struktur sein. In Nicht-Unicode-Programmen muss der Aktualparameter hinreichend ausgerichtet sein (bei Referenzübergabe) und seine Länge außer für Tabellenparameter genau mit der Länge der aufgeprägten Struktur struc übereinstimmen. In Unicode-Programmen muss bei einem strukturierten Aktualparameter seine Unicode-Fragmentsicht mit der von struc übereinstimmen, bei einem elementaren Aktualparameter muss dieser zeichenartig und flach sein. Es kann kein Typ aus einer Typgruppe angegeben werden.

Wenn in der Funktionsgruppe eines Funktionsbausteins eine Komponente einer programmglobalen Struktur den vollständig gleichen Bezeichner (Strukturname struc und Komponente comp) wie die hinter LIKE angegebene Komponente einer Struktur im ABAP Dictionary hat, bezieht sich LIKE auf die Komponente der in der Funktionsgruppe definierten Struktur. Dies führt zu einer Warnung bei der Syntaxprüfung.

Hinweise
- Im Function Builder soll nur noch TYPE anstelle von LIKE verwendet werden, was im Quelltext auch immer als TYPE angezeigt wird. Darüber hinaus bezieht sich TYPE immer auf Typen im ABAP Dictionary und nie auf lokale Typen der Funktionsgruppe.
- Mit STRUCTURE typisierte Formalparameter können in der Regel durch mit TYPE typisierte Formalparameter ersetzt werden. Falls tatsächlich ein Casting durchgeführt werden soll, empfiehlt sich die Verwendung generischer Formalparameter und deren Zuweisung an ein Feldsymbol mit der Anweisung ASSIGN und dem Zusatz CASTING.

52.2.3 Globale Parameter

Die Formalparameter eines Funktionsbausteins können im Function Builder über BEARBEITEN • SCHNITTSTELLE • PARAMETER GLOBALISIEREN global bekannt gemacht werden. Dann ist in den Eigenschaften des Funktionsbausteins das Feld GLOBAL markiert. Die Formalparameter einer globalen Schnittstelle haben folgende Eigenschaften:

- Alle Parameter, die vollständig typisiert und für die die Wertübergabe definiert ist, werden so behandelt, als seien im Top-Include gleichnamige globale Datenobjekte deklariert. Das heißt, sie sind in der gesamten Funktionsgruppe sichtbar und behalten beim Verlassen des

Funktionsbausteins ihren Wert. Beim Aufruf des Funktionsbausteins werden alle Parameter einer globalen Schnittstelle initialisiert bzw. bekommen ihren Vorschlagswert zugewiesen.

- Alle anderen Parameter werden so behandelt, als seien im Top-Include gleichnamige globale Datenobjekte deklariert (bei Tabellenparametern sind es jeweils zwei, eines für den Tabellenkörper, eines für die Kopfzeile), die aber nur während der Ausführung des Funktionsbausteins verwendbar sind. Das heißt, sie sind in der gesamten Funktionsgruppe sichtbar, es kann aber nur während der Ausführung des Funktionsbausteins auf sie zugegriffen werden. Wenn außerhalb der Ausführung des Funktionsbausteins auf einen solchen Parameter zugegriffen wird, kommt es zu einem Laufzeitfehler GETWA_NOT_ASSIGNED, da diese Parameter intern durch Feldsymbole realisiert werden, denen nur während der Ausführung des Funktionsbausteins ein Datenobjekt zugewiesen ist.

In der Funktionsgruppe dürfen keine globalen Datenobjekte mit dem gleichen Namen wie ein globaler Parameter angelegt werden. Wenn mehrere Funktionsbausteine einer Funktionsgruppe globale Schnittstellen besitzen, müssen gleichnamige Parameter identisch definiert sein.

Hinweis
In neuen Funktionsbausteinen sollen Schnittstellen prinzipiell nicht globalisiert werden.

52.3 Obsoletes Zwischenspeichern

LOCAL

Obsolete Syntax
`LOCAL dobj.`

Die in Klassen verbotene Anweisung LOCAL speichert den aktuellen Inhalt eines Datenobjekts dobj in einem internen Zwischenspeicher ab. Sie kann nur in Unterprogrammen oder Funktionsbausteinen verwendet werden. Bei Beendigung der Prozedur wird dem Datenobjekt dobj wieder der zwischengespeicherte Wert zugewiesen. Wenn LOCAL innerhalb einer Prozedur mehrmals für ein Datenobjekt ausgeführt wird, wird nur die erste Ausführung berücksichtigt.

Für dobj können alle Datenobjekte angegeben werden, die in Schreibpositionen möglich sind. Wenn dobj eine interne Tabelle ist, darf die Prozedur nicht innerhalb einer LOOP-Schleife über die Tabelle aufgerufen werden. Insbesondere sind hinter LOCAL auch änderbare Formalparameter der Prozedur, Feldsymbole oder dereferenzierte Datenreferenzen möglich. Bei der Angabe von Formalparametern werden die zugeordneten Aktualparameter bei Beendigung der Prozedur auf den zwischengespeicherten Wert gesetzt. Bei Feldsymbolen werden der Feldbezug sowie der Inhalt der referenzierten Felder gespeichert.

Hinweis
Die Anweisung LOCAL dient vor allem dazu, mit DATA deklarierte globale Variablen des Rahmenprogramms vor ungewollten Änderungen in einer Prozedur zu schützen. Anstatt LOCAL zu verwenden, soll man in Prozeduren darauf verzichten, auf die globalen Daten des Rahmenprogramms zuzugreifen.

Beispiel

Bei der Ausführung des folgenden Programmabschnitts wird der Wert der globalen Variablen text zweimal getrennt zwischengespeichert: einmal durch Angabe des Namens in subr1 und ein zweites Mal in subr2 über Angabe des Formalparameters para, dem text per Referenz übergeben wird. Nach der Rückkehr aus subr2 hat text wieder den Wert, der in subr1 gesetzt wurde, und nach der Rückkehr aus subr1 hat text wieder den im Rahmenprogramm gesetzten Wert.

```abap
DATA text TYPE string VALUE 'Global text'.
WRITE / text.
PERFORM subr1.
WRITE / text
FORM subr1.
  LOCAL text.
  text = 'Text in subr1'.
  WRITE / text.
  PERFORM subr2 USING text.
  WRITE / text.
ENDFORM.
FORM subr2 USING para TYPE string.
  LOCAL para.
  para = 'Text in subr2'.
  WRITE / text.
ENDFORM.
```

53 Obsolete Deklarationen

53.1 Obsolete Typdefinitionen

53.1.1 Implizite Typangaben

```
TYPES - implicit
```

Obsolete Syntax

```
TYPES { dtype }
    | { dtype(len) }
    | { dtype LENGTH len }
    | { dtype TYPE c|n|p|x }
    | { dtype(len) TYPE p}
    | { dtype TYPE p LENGTH len}
    | { dtype TYPE p DECIMALS dec}.
```

Obsolete Kurzformen der Anweisung TYPES bei Bezug auf einen eingebauten elementaren Typ abap_type.

Wenn die Angabe von TYPE abap_type weggelassen wird, wird der Typ implizit auf den Standardtyp c gesetzt.

Wenn bei den ABAP-Typen c, n, p und x die Angabe von len bzw. dec weggelassen wird, wird die Länge auf die Standardlänge aus Tabelle 11.1 gesetzt. Bei p werden null Nachkommastellen gesetzt. Dies ist nur noch außerhalb von Klassen oder Interfaces erlaubt.

Hinweis
Aus Gründen der Lesbarkeit sollen alle Zusätze vollständig angegeben werden.

53.1.2 Unnötige Längenangaben

Obsolete Syntax

```
... dtype(len)|dobj(len) TYPE d|f|i|t
```

Eine Längenangabe bei Deklarationen mit den Anweisungen TYPES, DATA, STATICS und CONSTANTS und den eingebauten ABAP-Typen d, f, i und t hat keine Wirkung. Es dürfen nur die vorgegebenen festen Längen angegeben werden. Solche Längenangaben führen in Klassen und Interfaces zu Syntaxfehlern, ansonsten zu Syntaxwarnungen.

53.1.3 Anonyme Komponenten

Obsolete Syntax

```
DATA: BEGIN OF struc,
        ...
        '...',
        ...
```

```
      space(len) [TYPE c],
      ...
    END OF struc.
```

Wenn innerhalb der Definition einer Struktur mit DATA, CONSTANTS oder STATICS Textfeldliterale oder die Konstante space (Letztere auch mit einer Längenangabe in Klammern) angegeben sind, werden an dieser Stelle namenlose Textfelder als anonyme Komponenten eingebaut. Der Initialwert und die Länge dieser Komponenten richten sich bei der Angabe von Literalen nach deren Inhalt. Bei der Angabe space wird ein mit Leerzeichen gefülltes Textfeld angelegt. Solche anonymen Textfelder können im Programm nicht explizit angesprochen werden. Insbesondere gibt es in Strukturen nie eine Komponente mit dem Namen space. Auf die anonymen Komponenten kann nur über den Namen der Struktur und entsprechende Offset-/Längenangaben zugegriffen werden.

Hinweise

▶ Die Angabe anonymer Komponenten ist in Klassen und Interfaces verboten.

▶ Anonyme Komponenten können problemlos durch benannte Komponenten ersetzt werden. Benannte Komponenten erweitern die Funktion der anonymen Komponenten um die explizite Zugreifbarkeit, ohne deren Rolle, z. B. als reine Füllfelder, einzuschränken.

53.2 Obsoletes Bekanntmachen und Laden

53.2.1 Typgruppe laden

 TYPE-POOLS

Obsolete Syntax
```
TYPE-POOLS tpool.
```

Diese Anweisung ist ab Release 7.02/7.2 obsolet und wird zwar noch auf syntaktische Richtigkeit überprüft, aber ansonsten vom ABAP Compiler ignoriert. Die Anweisung TYPE-POOLS ist vor Release 7.02/7.2 noch notwendig, um die Elemente einer Typgruppe tpool im aktuellen Kontext explizit zu laden. Sie konnte bei den globalen Datendeklarationen eines ABAP-Programms oder im Deklarationsteil einer Klasse oder eines Interfaces angegeben werden. Ab Release 7.02/7.2 wird eine Typgruppe automatisch beim ersten Zugriff auf eines ihrer Elemente in einem Programm geladen.

Hinweise

▶ Nach dem Laden einer Typgruppe verdecken die dort deklarierten Datentypen gleichnamige Datentypen des ABAP Dictionarys, die nicht in der Typgruppe deklariert sind. Vor Release 7.02/7.2 erfolgt das Laden explizit mit TYPE-POOLS. Da die Anweisung TYPE-POOLS keine Wirkung mehr hat, verdecken ab Release 7.02/7.2 normale Datentypen des ABAP Dictionarys so lange gleichnamige Datentypen einer Typgruppe, bis die Typgruppe bei Zugriff auf ein nicht verdecktes Element geladen wird. Das Anlegen gleichnamiger Typen im ABAP Dictionary und in Typgruppen ist aber schon seit Langem verboten, sodass diese Situation nicht mehr auftreten sollte.

- Vor Release 7.02/7.2 verdecken in Typgruppen definierte Makros gleichnamige Makros aus der Datenbanktabelle TRMAC erst nachdem die Typgruppe explizit mit der Anweisung TYPE-POOLS geladen wurde. Jetzt verdecken in Typgruppen definierte Makros immer gleichnamige Makros aus der Datenbanktabelle TRMAC. Wegen der unterschiedlichen Namenskonventionen sollte diese Situation aber nicht auftreten.
- Die Syntaxprüfung überprüft ab Release 7.02/7.2 nicht mehr, ob die angegebene Typgruppe tpool tatsächlich vorhanden ist.
- Wenn Programme von Release 7.02/7.2 oder höher nach niedrigeren Releases migriert werden sollen, kann die Anweisung TYPE-POOLS weiterhin aufgeführt werden. Andernfalls kann sie gelöscht werden.

53.2.2 Klasse oder Interface laden

CLASS, INTERFACE – LOAD

Obsolete Syntax
```
CLASS class DEFINITION LOAD.
INTERFACE intf LOAD.
```

Die Varianten der Anweisungen CLASS ... DEFINITION und INTERFACE mit dem Zusatz LOAD sind ab Release 7.02/7.2 obsolet und werden vom ABAP Compiler ignoriert. Diese Anweisungen sind vor Release 7.02/7.2 nur erforderlich, wenn die Kompilation eines ABAP-Programms daran scheitert, dass es rekursive Zugriffe auf eine globale Klasse bzw. ein globales Interface enthält. Ab Release 7.02/7.2 sind solche Rekursionen ausgeschlossen, und eine Klasse bzw. ein Interface wird automatisch beim ersten Zugriff auf eine ihrer Komponenten geladen.

Hinweis
Diese Varianten der Anweisung CLASS und INTERFACE können auch in anderen Kontexten als dem unter CLASS (siehe Abschnitt 14.1) und INTERFACE (siehe Abschnitt 14.2) beschriebenen Kontext aufgeführt werden.

53.2.3 Datenobjekt bekannt machen

FIELDS

Obsolete Syntax
```
FIELDS dobj.
```

Diese in Klassen verbotene Anweisung spricht ein Datenobjekt dobj des Programms an. Damit kann eine Warnung der erweiterten Programmprüfung verhindert werden, wenn das Datenobjekt dobj im Programm nur dynamisch, aber nicht statisch angesprochen wird.

Hinweis
Diese Anweisung wird durch das Pragma ##NEEDED abgelöst.

53.3 Obsolete Schnittstellen-Arbeitsbereiche

Schnittstellen-Arbeitsbereiche werden pro Programmgruppe nur einmal angelegt und vom Hauptprogramm sowie den hinzugeladenen Programmen gemeinsam verwendet. Da die Zuordnung von Programmen zu Programmgruppen von Benutzeraktionen, Feldinhalten und Schaltern abhängen kann, sind Schnittstellen-Arbeitsbereiche höchst fehleranfällig sowohl in Bezug auf ihre Wartbarkeit als auch auf ihre Funktion. Die einzigen Schnittstellen-Arbeitsbereiche, die noch für spezielle Zwecke verwendet werden dürfen, sind mit TABLES oder NODES deklarierte Tabellenarbeitsbereiche. Die Deklarationen DATA - COMMON PART und TABLES * sind völlig obsolet. Die Anweisung NODES, die für Schnittstellen-Arbeitsbereiche zwischen logischen Datenbanken und ausführbaren Programmen notwendig war, wird ebenfalls nicht mehr benötigt, wenn nicht mehr mit logischen Datenbanken gearbeitet wird.

53.3.1 Gemeinsamer Datenbereich

`DATA - COMMON PART`

Obsolete Syntax
```
DATA BEGIN OF COMMON PART [name].
  ...
  DATA ...
  ...
DATA END OF COMMON PART [name].
```

Die Anweisungen DATA mit den Zusätzen BEGIN OF COMMON PART und END OF COMMON PART definieren einen globalen Schnittstellen-Arbeitsbereich, der von den Programmen einer Programmgruppe gemeinsam benutzt werden kann. Alle zwischen diesen Anweisungen mit DATA deklarierten Datenobjekte sind Teil dieses Common-Bereichs.

Der Zusatz COMMON PART kann nur im globalen Deklarationsteil eines ABAP-Programms verwendet werden. In einem Programm können mehrere gemeinsame Datenbereiche deklariert, diese aber nicht geschachtelt werden. Jedem gemeinsamen Datenbereich muss mit dem Zusatz name ein eindeutiger Name gegeben werden. Der Zusatz name kann nur bei einem einzigen gemeinsamen Datenbereich eines Programms weggelassen werden. In allen Programmen einer Programmgruppe, die auf die Daten eines gemeinsamen Datenbereichs zugreifen, muss dieser mit dem gleichen Namen und exakt dem gleichen Aufbau deklariert sein, andernfalls ist das ordnungsgemäße Verhalten nicht garantiert, und es kann zu unbehandelbaren Ausnahmen kommen.

Hinweise
- Die Verwendung gemeinsamer Datenbereiche in ansonsten unabhängigen Programmen ist höchst fehleranfällig sowohl in Bezug auf die Wartbarkeit als auch auf ihre Funktion. Daher sollen gemeinsame Datenbereiche nicht mehr verwendet werden. Für den Datenaustausch zwischen Programmen stehen die Parameterschnittstellen von Prozeduren zur Verfügung.
- Die gleichartige Deklaration gemeinsamer Datenbereiche für verschiedene Programme erfolgt in der Regel in einem Include-Programm, das von allen beteiligten Programmen

eingebunden wird. Die Mehrfachverwendung von Include-Programmen wird aber ebenfalls nicht mehr empfohlen.

▸ Mehr zur Problematik von Schnittstellen-Arbeitsbereichen finden Sie auch in Abschnitt 19.1.1.

Beispiel
Deklaration eines gemeinsamen Datenbereichs struc im Include-Programm part. Durch Einbinden des Include-Programms haben die drei Programme param, sum und disp gemeinsam Zugriff auf den Datenbereich struc, wenn sie zu einer Programmgruppe gehören. Letzteres wird dadurch erreicht, dass die Programme sum und disp durch externe Unterprogrammaufrufe in die Programmgruppe von param geladen werden. Das Unterprogramm display im Programm disp gibt die Eingabewerte in das Programm param und das Ergebnis der Summation im Unterprogramm summing aus.

```
* INCLUDE part.
DATA: BEGIN OF COMMON PART struc,
        f1 TYPE i,
        f2 TYPE i,
        s  TYPE i,
      END OF COMMON PART struc.

PROGRAM param.
INCLUDE part.
PARAMETERS:
  p1 TYPE i DEFAULT 20,
  p2 TYPE i DEFAULT 90.
f1 = p1.
f2 = p2.
PERFORM summming IN PROGRAM sum.

PROGRAM sum.
INCLUDE part.
FORM summing.
  s = f1 + f2.
  PERFORM display IN PROGRAM disp.
ENDFORM.

PROGRAM disp.
INCLUDE part.
FORM display.
  WRITE: / f1, f2, s.
ENDFORM.
```

53.3.2 Zusätzlicher Tabellenarbeitsbereich

TABLES *

Obsolete Syntax
TABLES *table_wa.

Diese Anweisung deklariert einen zusätzlichen Tabellenarbeitsbereich *table_wa, dessen Datentyp wie bei der normalen TABLES-Anweisung (siehe Abschnitt 13.2.5) vom flachen strukturierten Datentyp `table_wa` aus dem ABAP Dictionary übernommen wird. Der zusätzliche Tabellenarbeitsbereich kann wie der normale Tabellenarbeitsbereich verwendet werden, insbesondere gilt dies für die obsoleten Datenbankzugriffe.

Hinweis
Die Anweisung TABLES ist in Klassen ohnehin verboten. Für die Deklaration beliebig vieler Arbeitsbereiche kann man sich mit dem Zusatz TYPE auf die Datentypen des ABAP Dictionarys beziehen.

Beispiel
Deklaration eines normalen und eines zusätzlichen Tabellenarbeitsbereichs und deren Verwendung in den obsoleten Kurzformen der SELECT-Anweisung.

```
TABLES: scarr, *scarr.
SELECT SINGLE *
    FROM scarr
    WHERE carrid = 'LH'.
SELECT SINGLE *
    FROM *scarr
    WHERE carrid = 'UA'.
```

53.4 Obsolete interne Tabellen

53.4.1 Interne Tabellen mit Kopfzeile

Außerhalb von Klassen und solange eine interne Tabellen nicht Komponente einer Struktur oder Zeile einer anderen internen Tabelle ist, ist es noch möglich, interne Tabellen mit einer sogenannten Kopfzeile anzulegen.

53.4.1.1 Kopfzeilen deklarieren

Kopfzeilen von internen Tabellen entstehen:

- über den Zusatz WITH HEADER LINE der Anweisung DATA bei der Deklaration beliebiger interner Tabellen
- bei Verwendung der obsoleten Anweisungsfolge DATA – BEGIN OF OCCURS zur Deklaration strukturierter Standardtabellen
- bei Verwendung der obsoleten Anweisung RANGES zur Deklaration von Ranges-Tabellen
- bei der Deklaration von Selektionstabellen mit der Anweisung SELECT-OPTIONS
- bei der Deklaration von speziellen Tabellen für HR-Infotypen mit INFOTYPES
- bei Verwendung von Tabellenparametern für Funktionsbausteine und Unterprogramme

53.4.1.2 Eigenschaften von Kopfzeilen

Eine Kopfzeile ist ein Arbeitsbereich, dessen Datentyp gleich dem Zeilentyp der internen Tabelle und dessen Name gleich dem Namen der internen Tabelle ist. Beim Vorliegen einer

Kopfzeile existieren in einem ABAP-Programm also zwei Datenobjekte mit dem gleichem Namen, nämlich die eigentliche interne Tabelle und die Kopfzeile. Der Zugriff auf interne Tabelle und Kopfzeile ist wie folgt geregelt:

- Viele Verarbeitungsanweisungen für interne Tabellen haben obsolete Kurzformen, in denen die Kopfzeile als impliziter Arbeitsbereich verwendet wird, wenn kein expliziter Arbeitsbereich angegeben ist.
- In allen anderen Fällen hängt es von der jeweiligen Anweisung und Operandenposition ab, ob bei Angabe des Tabellennamens mit dem Tabellenkörper oder der Kopfzeile gearbeitet wird. In der Regel wird die Kopfzeile adressiert. Nur in folgenden Fällen wird der bloße Name einer internen Tabelle mit Kopfzeile als Tabellenkörper interpretiert:
    - Operandenpositionen in den Verarbeitungsanweisungen für interne Tabellen, an denen die zu verarbeitende interne Tabelle angegeben wird
    - beim Speichern und Lesen von Daten-Clustern mit EXPORT und IMPORT
    - in der Anweisung FREE
    - in der obsoleten Anweisung SEARCH
    - bei der dynamischen Token-Angabe in Open SQL (außer bei der Angabe von Datenbanktabellen)

Um beim Vorhandensein einer Kopfzeile den Zugriff auf den Tabellenkörper an beliebigen Operandenpositionen zu erzwingen, können eckige Klammern direkt hinter dem Namen einer internen Tabelle angegeben werden (z. B. itab[]).

Hinweise
- Ein Feldsymbol oder eine Datenreferenz können jeweils nur den Tabellenkörper oder nur die Kopfzeile adressieren.
- Bei der Übergabe einer Tabelle mit Kopfzeile an Tabellenparameter werden Tabellenkörper und Kopfzeile übergeben.
- Die Angabe von [] bei internen Tabellen ohne Kopfzeile ist zwar möglich, aber nicht notwendig, da bei einer internen Tabelle ohne Kopfzeile ihr bloßer Name (ohne []) an allen Operandenpositionen ohnehin als Tabellenkörper interpretiert wird.
- An vielen Operandenpositionen, an denen interne Tabellen erwartet werden, erzwingt die Syntaxprüfung die Angabe von [] hinter dem Namen einer internen Tabelle mit Kopfzeile.

53.4.1.3 Verwendung

Die Verwendung von Kopfzeilen ist wegen der Mehrfachverwendung eines einzigen Namens für zwei Datenobjekte äußerst kritisch und fehleranfällig. Die Erzeugung und Verwendung von Kopfzeilen muss auch außerhalb von Klassen so weit wie möglich vermieden werden.

Der Zusatz WITH HEADER LINE und die Anweisungsfolge DATA – BEGIN OF OCCURS sollen nicht mehr verwendet und Ranges-Tabellen nicht mehr mit RANGES deklariert werden.

Es soll so weit wie möglich auf die Verwendung von Tabellenparametern verzichtet werden.

In den Fällen, in denen die Erzeugung der Kopfzeile unumgänglich ist, wie bei Selektionstabellen oder in Prozeduren, in denen noch Tabellenparameter notwendig sind – in der Regel nur remotefähige Funktionsbausteine –, soll niemals mit der Kopfzeile, sondern immer mit zusätzlich deklarierten expliziten Arbeitsbereichen gearbeitet werden.

Hinweise
- Ein Arbeitsbereich zum Ersetzen eine Kopfzeile kann sehr einfach mit dem Zusatz `LINE OF` der Anweisungen `TYPES`, `DATA` etc. deklariert werden.
- Die Verwendung eines zusätzlichen Arbeitsbereichs ist nicht mit der expliziten Vervollständigung der impliziten Kurzformen zu verwechseln, wie z. B. `LOOP AT itab INTO itab`. Auch Letzteres zählt zu den unerwünschten Verwendungen einer Kopfzeile.

Beispiel
Das folgende Beispiel zeigt eine typische Falle beim Umgang mit internen Tabellen mit Kopfzeile: Eine interne Tabelle mit Kopfzeile, hier der Tabellenparameter eines Funktionsbausteins, soll über `CLEAR` initialisiert werden, wobei vergessen wird, `[]` an den Namen anzuhängen. In diesem Fall wird nur die Kopfzeile gelöscht, was sich meistens aber erst zur Laufzeit bemerkbar macht.

```
FUNCTION work_with_tables.
*"----------------------------------
*"*"Local Interface
*"  TABLES
*"      table STRUCTURE   structure
*"----------------------------------
  CLEAR table.
  ...
ENDFUNCTION.
```

53.4.2 Obsolete Deklaration beliebiger Zeilentypen

TYPES – OCCURS

Obsolete Syntax
```
TYPES dtype { {TYPE [REF TO] type}
            | {LIKE [REF TO] dobj} } OCCURS n.
DATA itab { {TYPE [REF TO] type}
          | {LIKE [REF TO] dobj} } OCCURS n
          [WITH HEADER LINE].
```

Diese Anweisungen sind in Klassen verboten. Sie haben genau die gleiche Funktion wie folgende Anweisungen zur Definition eines Standardtabellen-Typs bzw. einer Standardtabelle und werden durch diese ersetzt:

```
TYPES dtype { {TYPE STANDARD TABLE OF [REF TO] type}
            | {LIKE STANDARD TABLE OF [REF TO] dobj} }
            WITH NON-UNIQUE DEFAULT KEY
            INITIAL SIZE n.
```

```
DATA itab { {TYPE STANDARD TABLE OF [REF TO] type}
            | {LIKE STANDARD TABLE OF [REF TO] dobj} }
            WITH NON-UNIQUE DEFAULT KEY
            INITIAL SIZE n
            [WITH HEADER LINE].
```

Die Verwendung des Zusatzes WITH HEADER LINE ist ohnehin obsolet.

53.4.3 Explizite Deklaration einer Kopfzeile

DATA - HEADER LINE

Obsolete Syntax
... WITH HEADER LINE

Dieser in Klassen verbotene Zusatz zu den Anweisungen DATA TABLE OF, DATA RANGE OF und DATA OCCURS deklariert neben der internen Tabelle ein weiteres Datenobjekt, die sogenannte Kopfzeile, die exakt denselben Namen wie die interne Tabelle und als Datentyp den Zeilentyp der internen Tabelle hat. Für interne Tabellen mit tabellenartigem Zeilentyp kann keine Kopfzeile deklariert werden, wohl aber für strukturierte Zeilentypen mit tabellenartigen Komponenten.

Hinweis
Wenn bei der Definition des Primärschlüssels der Name primary_key explizit angegeben oder ein Sekundärschlüssel definiert ist, kann der Zusatz WITH HEADER LINE auch außerhalb von Klassen nicht mehr angegeben werden (ab Release 7.02/7.2).

53.4.4 Obsolete Deklaration strukturierter Zeilentypen

DATA - BEGIN OF OCCURS

Obsolete Syntax
```
DATA BEGIN OF itab OCCURS n.
  ...
DATA END OF itab [VALID BETWEEN intlim1 AND intlim2].
```

Diese in Klassen verbotene Anweisungsfolge deklariert eine interne Tabelle itab als strukturierte Standardtabelle mit Kopfzeile. Die Deklarationen zwischen den Anweisungen DATA BEGIN OF und DATA END OF definieren die Komponenten des Zeilentyps von itab. Das Datenobjekt n, das als Zahlenliteral oder numerische Konstante angegeben werden muss, bestimmt den initialen Speicherbedarf.

Der Zusatz VALID BETWEEN der Anweisung DATA END OF ist nur dann von Bedeutung, wenn die interne Tabelle mit der obsoleten Form der Anweisung PROVIDE (siehe Abschnitt 60.5) bearbeitet werden soll. Als intlim1 und intlim2 können Spalten der internen Tabelle vom Datentyp d, i, n oder t angegeben werden. Diese Spalten dienen in der obsoleten Form der Anweisung PROVIDE implizit als Intervallgrenzen.

Hinweise

- Obige Anweisungsfolge ist die Urform der Deklarationen interner Tabellen. Solcherart deklarierte interne Tabellen waren immer Tabellen im eigentlichen Sinn, bei denen die Zeilen prinzipiell aus einzelnen Spalten aufgebaut sind.

- Folgende Anweisungsfolge ersetzt obige Anweisungen (mit Ausnahme des Zusatzes VALID BETWEEN), wobei die Rolle der Kopfzeile von einem Arbeitsbereich wa übernommen wird:

  ```
  DATA BEGIN OF wa.
      ...
  DATA END OF wa.
  DATA itab LIKE TABLE OF wa.
  ```

  Die letzte Anweisung ist eine Kurzform der vollständigen Deklaration von itab, in der Tabellenart und -schlüssel durch Standardwerte ergänzt werden.

- Das Anlegen der Kopfzeile ist bei dieser Variante nicht abschaltbar. Da Kopfzeilen interner Tabellen aber absolut unerwünscht sind, sollte diese Form der Deklaration interner Tabellen nie mehr vorkommen.

53.4.5 Obsolete Deklaration von Ranges-Tabellen

`RANGES`

Obsolete Syntax

```
RANGES rtab FOR dobj [OCCURS n].
```

Obsolete Deklaration einer Ranges-Tabelle. Diese in Klassen verbotene Anweisung ist eine Kurzform folgender, ebenfalls in Klassen verbotener, Anweisungsfolge:

```
DATA: BEGIN OF rtab OCCURS {10|n},
        sign    TYPE c LENGTH 1,
        option  TYPE c LENGTH 2,
        low     LIKE dobj,
        high    LIKE dobj,
      END OF rtab.
```

Es wird eine interne Tabelle rtab mit der Struktur einer Selektionstabelle und einer Kopfzeile deklariert. Ohne den Zusatz OCCURS wird der initiale Speicherbedarf der Ranges-Tabelle auf zehn Zeilen festgelegt. Mit dem Zusatz OCCURS kann ein Zahlenliteral oder eine numerische Konstante n angegeben werden, um einen anderen initialen Speicherbedarf zu bestimmen.

Hinweise

- Die Anweisung RANGES wird durch den Zusatz TYPE|LIKE RANGE OF der Anweisungen TYPES und DATA ersetzt, bei dessen Verwendung Ranges-Tabellen ohne Kopfzeile deklariert werden.

- Die Spalten sign und option einer mit RANGES deklarierten Ranges-Tabelle haben keinen Bezug auf Datentypen im ABAP Dictionary. Bei einer im ABAP Dictionary definierten Ranges-Tabelle beziehen sich diese Spalten auf die Datenelemente DDSIGN und DDOPTION.

53.5 Obsolete Feldsymbole

53.5.1 Obsolete Typsierung

```
FIELD-SYMBOLS - obsolete_typing
```

Obsolete Syntax
```
... ( )
```

Wenn hinter der Anweisung `FIELD-SYMBOLS` kein expliziter Typ angegeben ist, wird das Feldsymbol implizit mit dem vollständig generischen Typ `any` typisiert. Darüber hinaus wird dem Feldsymbol beim Laden des Kontextes implizit die vordefinierte Konstante `space` zugewiesen. Das Feldsymbol ist direkt nach seiner Deklaration also nicht initial, und eine Überprüfung mit `IS ASSIGNED` ist wahr. Diese obsolete Typisierung des Feldsymbols ist in Klassen verboten.

53.5.2 Obsoletes Casting

```
FIELD-SYMBOLS - obsolete_casting
```

Obsolete Syntax
```
... STRUCTURE struc DEFAULT dobj
```

Wenn bei einem Feldsymbol anstelle von `TYPE` oder `LIKE` der innerhalb von Klassen verbotene Zusatz `STRUCTURE` angegeben wird, wobei `struc` eine programmlokale Struktur (Datenobjekt, kein Datentyp) oder eine flache Struktur aus dem ABAP Dictionary ist, wird dem Feldsymbol `<fs>` diese Struktur aufgeprägt. Mit `dobj` muss ein Datenobjekt angegeben werden, das dem Feldsymbol initial zugewiesen wird.

Das Feldsymbol übernimmt wie bei einer vollständigen Typisierung die technischen Eigenschaften der Struktur `struc`. Bei der Zuweisung eines Datenobjekts über den Zusatz `DEFAULT` oder später mit `ASSIGN` wird in Nicht-Unicode-Programmen aber nicht dessen vollständiger Datentyp geprüft, sondern nur, ob er mindestens die Länge der Struktur und ihre Ausrichtung hat.

In Unicode-Programmen wird zwischen strukturierten und elementaren Datenobjekten unterschieden. Bei einem strukturierten Datenobjekt `dobj` muss seine Unicode-Fragmentsicht mit der von `struc` übereinstimmen. Bei einem elementaren Datenobjekt muss dieses zeichenartig und flach sowie `struc` rein zeichenartig sein. Das Gleiche gilt für Zuweisungen von Datenobjekten an mit `STRUCTURE` typisierte Feldsymbole mit der Anweisung `ASSIGN`.

Hinweis
Mit dem Zusatz `STRUCTURE` deklarierte Feldsymbole sind eine Mischung aus typisierten Feldsymbolen und einem Hilfsmittel für das Casting auf strukturierte Datentypen. Zur Typisierung von Feldsymbolen sollten die Zusätze `TYPE` bzw. `LIKE` der Anweisung `FIELD-SYMBOLS` verwendet werden, während der Zusatz `CASTING` der Anweisung `ASSIGN` für das Casting zuständig ist.

Beispiel
Das erste Beispiel zeigt die obsolete Verwendung des Zusatzes `STRUCTURE`.

```
DATA wa1 TYPE c LENGTH 512.
FIELD-SYMBOLS <scarr1> STRUCTURE scarr DEFAULT wa1.
```

```
<scarr1>-carrid = '...'.
```

Das zweite Beispiel zeigt die Ersetzung von STRUCTURE durch die Zusätze TYPE und CASTING.

```
DATA wa2 TYPE c LENGTH 512.
FIELD-SYMBOLS <scarr2> TYPE scarr.
ASSIGN wa2 TO <scarr2> CASTING.
<scarr2>-carrid = '...'.
```

53.6 Obsoleter Typbezug

LIKE – obsolete

Obsolete Syntax

... LIKE dtype

Außerhalb von Klassen kann man sich mit dem Zusatz LIKE außer auf die Eigenschaften von Datenobjekten auch auf flache Strukturen, Datenbanktabellen oder Views des ABAP Dictionarys und deren Komponenten beziehen. Ein LIKE-Bezug auf die flachen Komponenten einer tiefen Dictionary-Struktur ist nicht möglich. Dies betrifft folgende Verwendungen von LIKE:

- in den deklarativen Anweisungen TYPES, DATA usw.
- bei vollständigen Typisierungen (siehe Abschnitt 16.1.2)
- in der Anweisung PARAMETERS

Wenn es in einem lokalen Kontext ein Datenobjekt mit dem Namen dtype gibt, verdeckt es den Datentyp des ABAP Dictionarys.

Hinweis
Der Zusatz LIKE soll nur für den Bezug auf Datenobjekte verwendet werden. Für einen Bezug auf Datentypen muss grundsätzlich der Zusatz TYPE verwendet werden.

54 Obsolete Objekterzeugung

```
ASSIGN LOCAL COPY
```
Obsolete Syntax
```
ASSIGN LOCAL COPY
  OF { {[INITIAL] mem_area}
     | {INITIAL LINE OF {itab|(itab_name)}}}
  TO <fs> casting_spec.
```

Obsolete Erzeugung eines lokalen Datenobjekts. Diese Variante der Anweisung ASSIGN ist nur in Unterprogrammen und Funktionsbausteinen möglich. Das Feldsymbol <fs> muss lokal in der Prozedur deklariert sein.

Die Anweisung ASSIGN LOCAL COPY weist wie die normale Anweisung ASSIGN dem Feldsymbol <fs> einen Speicherbereich mem_area zu. Im Gegensatz zur normalen ASSIGN-Anweisung referenziert das Feldsymbol nach erfolgreicher Zuweisung aber nicht den in mem_area spezifizierten Speicherbereich. Stattdessen wird im lokalen Datenbereich der Prozedur ein anonymes Datenobjekt erzeugt. Nach erfolgreicher Ausführung der Anweisung zeigt das Feldsymbol auf das neue Datenobjekt. Das neue Datenobjekt wird wie folgt behandelt:

- Die Größe des Speicherbereichs des neuen Datenobjekts richtet sich entweder nach den Angaben in mem_area oder bei der Angabe von LINE OF nach dem Zeilentyp einer internen Tabelle. Die interne Tabelle kann direkt als itab oder als Inhalt eines flachen zeichenartigen Feldes itab_name angegeben werden.

- Der Datentyp, mit dem das neu erzeugte Datenobjekt behandelt wird, richtet sich wie beim normalen ASSIGN nach den Angaben in casting_spec. Die Angabe von casting_spec entspricht der beim normalen ASSIGN mit der Einschränkung, dass bei Verwendung des Zusatzes INITIAL vor mem_area und bei der Angabe einer internen Tabelle keine expliziten Angaben gemacht werden können. Das Feldsymbol übernimmt dann also den Datentyp des Datenobjekts in mem_area bzw. den Zeilentyp der internen Tabelle.

- Der initiale Inhalt des neuen Datenobjekts wird bei Angabe von mem_area ohne den Zusatz INITIAL aus dem in mem_area angegebenen Speicherbereich kopiert. Ansonsten ist er typgerecht initialisiert.

Die Einschränkung des Speicherbereichs range_spec, die in der normalen ASSIGN-Anweisung implizit und explizit erfolgen kann, erfolgt ausschließlich implizit nach den gleichen Regeln wie beim normalen ASSIGN.

Hinweis
Die Erzeugung eines lokalen Datenobjekts mit der Anweisung ASSIGN LOCAL COPY wird von der Anweisung CREATE DATA mit nachfolgender Dereferenzierung in der normalen Anweisung ASSIGN abgelöst.

Syntax von mem_area
```
... { dobj[+off][(len)]
    | (name)
```

54 | Obsolete Objekterzeugung

```
| oref->(attr_name)
| {class|(class_name)}=>{attr|(attr_name)}
| dref->* }
```

Die Angaben in *mem_area* sind eine Untermenge der Angaben beim normalen `ASSIGN` und haben die gleiche Funktion mit folgenden Einschränkungen:

- Falls der Zusatz `INITIAL` vor *mem_area* verwendet wird, muss das Datenobjekt name zeichenartig und flach sein.
- Falls der Zusatz `INITIAL` vor *mem_area* verwendet wird, darf die Datenreferenz dref bei Verwendung des Dereferenzierungsoperators ->* nicht generisch typisiert sein.

Beispiel
Eine typische Verwendung der Anweisung `ASSIGN LOCAL COPY` war vor Release 4.6 die Erzeugung einer lokalen Kopie eines globalen Datenobjekts.

```
DATA g_dobj TYPE i.
...
CLEAR g_dobj.
PERFORM subroutine.
...
FORM subroutine.
  FIELD-SYMBOLS <l_dobj> TYPE ANY.
  ASSIGN LOCAL COPY OF g_dobj TO <l_dobj>.
  <l_dobj> = <l_dobj> + 1.
  WRITE: / g_dobj, <l_dobj>.
ENDFORM.
```

Das folgende Unterprogramm zeigt, wie die gleiche Funktionalität allgemeingültig mit einer Datenreferenz implementiert werden kann.

```
FORM subroutine.
  DATA dref TYPE REF TO data.
  FIELD-SYMBOLS <l_dobj> TYPE ANY.
  CREATE DATA dref LIKE g_dobj.
  ASSIGN dref->* TO <l_dobj>.
  <l_dobj> = g_dobj.
  <l_dobj> = <l_dobj> + 1.
  WRITE: / g_dobj, <l_dobj>.
ENDFORM.
```

55 Obsolete Aufrufe

55.1 Obsolete Dialogbausteine

```
CALL DIALOG
```

Obsolete Syntax
```
CALL DIALOG dialog [ {AND SKIP FIRST SCREEN}
                   | {USING bdc_tab [MODE mode]} ]
                   [EXPORTING p1 FROM a1 p2 FROM a2 ...]
                   [IMPORTING p1 TO a1 p2 TO a2 ...].
```

Die Anweisung CALL DIALOG ruft den Dialogbaustein auf, dessen Name in dem zeichenartigen Datenobjekt dialog enthalten ist. Das Datenobjekt dialog muss den Namen in Großbuchstaben enthalten. Falls der in dialog angegebene Dialogbaustein nicht gefunden wird, kommt es zu einer unbehandelbaren Ausnahme.

Beim Aufruf des Dialogbausteins wird das zugeordnete ABAP-Programm in einen neuen internen Modus geladen. Der Modus des aufrufenden Programms bleibt erhalten. Im Gegensatz zu CALL TRANSACTION läuft das aufgerufene Programm in der gleichen SAP-LUW wie das aufrufende Programm. Nach dem Laden des ABAP-Programms wird das Ereignis LOAD-OF-PROGRAM ausgelöst und dann das Dynpro aufgerufen, das als Einstiegs-Dynpro des Dialogbausteins definiert ist. Der Dialogbaustein ist beendet, wenn die zugehörige Dynpro-Folge durch Erreichen des Folge-Dynpros mit der Dynpro-Nummer 0 beendet oder das Programm mit der Anweisung LEAVE PROGRAM verlassen wird.

Hinweise
Dialogbausteine sind das einzige Sprachmittel, mit dem ein neuer interner Modus ohne Wechsel der SAP-LUW geöffnet werden kann. Dabei ist insbesondere Folgendes zu beachten:

▶ Die Anweisungen COMMIT WORK und ROLLBACK WORK führen im aufgerufenen Programm zu Datenbank-Commits bzw. Datenbank-Rollbacks.

▶ Die Anweisung COMMIT WORK startet die innerhalb des Dialogbausteins mit CALL FUNCTION IN BACKGROUND registrierten transaktionalen Remote Function Calls. In einem Dialogbaustein registrierte tRFCs oder qRFCs, die dort nicht mit COMMIT WORK gestartet werden, werden auch nicht vom COMMIT WORK des Aufrufers ausgeführt.

▶ Mit CALL FUNCTION IN UPDATE TASK und PERFORM ON {COMMIT|ROLLBACK} innerhalb des Dialogbausteins registrierte Prozeduren werden erst bei den entsprechenden Anweisungen COMMIT WORK und ROLLBACK WORK im aufrufenden Programm ausgeführt.

▶ Änderungen an persistenten Objekten der Object Services können während der Ausführung von CALL DIALOG nicht festgeschrieben werden. Änderungen, die im Kompatibilitätsmodus der Object Services vorgenommen werden, können im aufrufenden Programm nachträglich mit COMMIT WORK festgeschrieben werden. Dagegen hat ein Aufruf der Methode END einer im aufgerufenen Programm gestarteten Top-Level-Transaktion des objektorientierten Transaktionsmodus sowohl während als auch nach der Ausführung von

CALL DIALOG keine Wirkung. Im objektorientierten Transaktionsmodus muss eine Transaktion vor der Verwendung von CALL DIALOG gestartet und danach abgeschlossen werden.

▶ SAP-Sperren werden im aufgerufenen Programm vom Aufrufer übernommen.

55.1.1 Einstiegsbild unterdrücken

```
... AND SKIP FIRST SCREEN
```

Dieser Zusatz unterdrückt unter den gleichen Voraussetzungen wie bei der Anweisung CALL TRANSACTION die Anzeige des Bildschirmbildes des Einstiegs-Dynpros (siehe Abschnitt 18.2.1). Falls der aufgerufene Dialogbaustein Eingabeparameter für die obligatorischen Eingabefelder des Einstiegs-Dynpros hat, können diese auch über Parameterübergabe statt über SPA/GPA-Parameter gefüllt werden.

55.1.2 Batch-Input-Mappe

```
... USING bdc_tab [MODE mode]
```

Dieser Zusatz steuert das aufgerufene Programm wie bei der Anweisung CALL TRANSACTION durch die Angabe einer Batch-Input-Mappe in einer internen Tabelle bdc_tab des Zeilentyps BDCDATA (siehe Abschnitt 18.2.1). Als Zusatz für die Steuerung der Batch-Input-Verarbeitung kann hier nur MODE verwendet werden. Falls im aufgerufenen Programm eine Nachricht gesendet wird, steht diese nach dem Aufruf in den Systemfeldern sy-msgid, sy-msgty, sy-msgno, sy-msgv1, ..., sy-msgv4 zur Verfügung.

55.1.3 Parameterübergabe

```
... EXPORTING p1 FROM a1 p2 FROM a2 ...
... IMPORTING p1 TO a1 p2 TO a2 ...
```

Mit diesen Zusätzen können den Formalparametern p1, p2, ... des Dialogbausteins passende Aktualparameter a1, a2, ... zugeordnet werden. Die Formalparameter eines Dialogbausteins sind immer optional. Sie können alle Datentypen bis auf Referenztypen haben.

Beim Laden des aufgerufenen Programms werden die Werte der Aktualparameter an die als Formalparameter definierten globalen Datenobjekte des aufgerufenen Programms zugewiesen. Falls diese Daten mit gleichnamigen Dynpro-Feldern verknüpft sind, werden diese nicht von eventuellen SPA/GPA-Parametern überschrieben. Das Systemfeld sy-subrc wird bei der Angabe von IMPORTING implizit vom aufgerufenen Dialogbaustein übernommen, unbekannte Formalparameter werden vom System ignoriert.

Hinweis
Außerhalb von Klassen können die Zusätze FROM a1, FROM a2, ... und TO a1, TO a2, ... in den Parameterlisten weggelassen werden, wenn Formal- und Aktualparameter die gleichen Namen haben.

55.2 Obsoleter Funktionsbaustein-Exit

CALL CUSTOMER-FUNCTION

Obsolete Syntax
`CALL CUSTOMER-FUNCTION` function_exit *parameter_list*.

Die Anweisung kann in von SAP ausgelieferten Programmen stehen. Sie bindet den in `function_exit` angegebenen Funktionsbaustein-Exit ein. Ein Funktionsbaustein-Exit ist ein Customer-Exit, der den Aufruf eines von SAP vorbereiteten und vom Kunden implementierten Funktionsbausteins in einem SAP-eigenen Programm ermöglicht.

Der Bezeichner `function_exit` muss ein dreistelliges Textfeldliteral sein. Ein Funktionsbaustein-Exit wird bei SAP mit der Transaktion SMOD vorbereitet und kann in Kundensystemen mit der Transaktion CMOD aktiviert werden:

- **Vorbereitung bei SAP**
  In der Transaktion SMOD muss dem Funktionsbaustein-Exit `function_exit` ein leerer bzw. teilweise implementierter Funktionsbaustein zugeordnet werden. Der Name des Funktionsbausteins setzt sich zusammen aus "EXIT_", dem Namen des Programms, in dem die Anweisung `CALL CUSTOMER-FUNCTION` steht, und dem dreistelligen Bezeichner in `function_exit`. Die Schnittstelle des Funktionsbausteins wird vollständig von SAP definiert.

- **Aktivierung im Kundensystem**
  In der Transaktion CMOD kann der Quelltext des Funktionsbausteins im Rahmen eines Erweiterungsprojekts implementiert und der Funktionsbaustein-Exit aktiviert werden. So lange der Funktionsbaustein-Exit nicht aktiviert ist, wird die Anweisung `CALL CUSTOMER-FUNCTION` vollständig ignoriert. Ist der Funktionsbaustein-Exit aktiviert, wird der zugehörige Funktionsbaustein genau wie beim generellen Funktionsbausteinaufruf aufgerufen.

Syntax und Bedeutung der *parameter_list* zur Zuordnung von Aktualparametern an Formalparameter und zur Behandlung von Ausnahmen sind dieselben wie beim generellen Funktionsbausteinaufruf. Die dynamische Versorgung der Schnittstelle ist nicht möglich.

Ist der Funktionsbaustein-Exit nicht aktiviert, behält `sy-subrc` seinen früheren Wert. Ist der Funktionsbaustein-Exit aktiviert, wird `sy-subrc` wie bei `CALL FUNCTION` gesetzt.

Hinweise

- Statt der Durchführung von Erweiterungen über die Transaktion CMOD soll das neue Erweiterungskonzept verwendet werden, in dem der Aufruf eines Funktionsbaustein-Exits durch den Aufruf einer BAdI-Methode über `CALL BADI` ersetzt wird (siehe Abschnitt 50.2).
- Da in einem aufrufenden Programm nicht bekannt ist, ob ein Funktionsbaustein-Exit aktiviert ist, sollte `sy-subrc` vor dem Aufruf ausnahmsweise explizit auf 0 gesetzt werden, um einen erfolgreichen Aufruf zu simulieren.

55.3 Obsolete Funktionsbausteinausnahme

```
CALL FUNCTION func EXCEPTIONS exc1 exc2 ...
```

Obsolete Syntax
```
CALL FUNCTION func
  ...
  EXCEPTIONS exc1 exc2
```

Diese Kurzform der Angabe nicht-klassenbasierter Ausnahmen in der Parameterliste der Anweisung CALL FUNCTION ist obsolet. Sie hat die gleiche Wirkung wie:

```
CALL FUNCTION func
  ...
  EXCEPTIONS exc1 = 1
             exc2 = 1
             ...
```

Jede hinter EXCEPTIONS aufgeführte Ausnahme, der nicht über ein Gleichheitszeichen (=) ein expliziter Rückgabewert zugeordnet ist, bekommt implizit den Wert 1 zugewiesen.

Hinweise
- Diese Kurzform ist äußerst fehleranfällig und soll nie verwendet werden.
- Innerhalb einer Anweisung CALL FUNCTION können gleichzeitig die Kurzform und die vollständige Form auftreten.

Beispiel
Der folgende Aufruf eines Funktionsbausteins ist zwar syntaktisch korrekt, dürfte sich aber kaum gemäß der Erwartung des Entwicklers verhalten:

```
CALL FUNCTION func EXCEPTIONS = 4.
```

Der Entwickler hatte wahrscheinlich Folgendes im Sinn:

```
CALL FUNCTION func EXCEPTIONS OTHERS = 4.
```

Die vollständige Form der Anweisung lautet aber:

```
CALL FUNCTION func EXCEPTIONS = = 1
                              4 = 1.
```

Da es keine Ausnahmen namens "=" geben kann und Ausnahmen namens "4" eher unwahrscheinlich sein dürften, fängt dieser Aufruf mit ziemlicher Sicherheit keine einzige Ausnahme ab, obwohl das Abfangen jeder Ausnahme geplant war.

55.4 Obsoleter externer Unterprogrammaufruf

```
PERFORM subr(prog)
```

Obsolete Syntax
```
PERFORM subr(prog) [IF FOUND] [parameter_list].
```

In Klassen verbotene Variante des externen Unterprogrammaufrufs (siehe Abschnitt 19.1.4). Die Anweisung PERFORM ruft das statische angegebene Unterprogramm subr eines Programms prog auf. Falls das angegebene Unterprogramm bzw. Programm nicht vorhanden ist und der Zusatz IF FOUND angegeben ist, wird die Anweisung PERFORM ignoriert. Ansonsten kommt es zu einem Syntax- oder Laufzeitfehler.

Hinweise

- Bei dieser Variante wird der Programmname prog direkt in Klammern angegeben. Da die Angabe von Klammern an Operandenpositionen in allen anderen Fällen aber eine dynamische Angabe bedeutet, soll statt dieser Form des Bezeichners die Angabe mit dem Zusatz IN PROGRAM verwendet werden.

- Der externe Aufruf von Unterprogrammen ist ohnehin weitestgehend obsolet. Anstelle von Unterprogrammen stehen Methoden und auch noch Funktionsbausteine als explizite funktionale Schnittstellen eines Programms zur Verfügung.

55.5 Obsoletes Verlassen

55.5.1 Obsoletes Verlassen aufgerufener Programme

```
LEAVE
```

Obsolete Syntax
```
LEAVE.
```

Diese Anweisung wird nur dann ausgeführt, wenn das Systemfeld sy-calld nicht initial ist, andernfalls wird sie ignoriert. LEAVE verlässt ein durch CALL TRANSACTION, CALL DIALOG oder SUBMIT ... AND RETURN aufgerufenes Programm und kehrt hinter die Aufrufstelle zurück. Bei mit CALL DIALOG aufgerufenen Programmen werden dem Aufrufer die Ausgabeparameter des Dialogbausteins übergeben.

LEAVE verlässt ein Programm nicht, wenn es über LEAVE TO TRANSACTION oder über einen Transaktionscode aus einem Dynpro gestartet wurde oder wenn das Programm im Batch-Input verarbeitet wird. Wenn ein Programm über SUBMIT ohne den Zusatz AND RETURN aufgerufen wurde, verhält sich LEAVE so wie im aufrufenden Programm.

Hinweis
Die Anweisung LEAVE ohne Zusätze verlässt Programme abhängig davon, wie das Programm aufgerufen wurde. LEAVE soll deshalb nur mit Zusätzen verwendet werden, die das Verhalten eindeutig steuern: LEAVE PROGRAM, LEAVE TO TRANSACTION, LEAVE [TO] SCREEN und LEAVE LIST-PROCESSING.

55.5.2 Obsoletes Verlassen beliebiger Verarbeitungsblöcke

```
EXIT - processing_block
```

Obsolete Syntax
```
EXIT.
```

Wenn die Anweisung EXIT außerhalb einer Schleife aufgeführt ist, beendet sie umgehend den aktuellen Verarbeitungsblock.

Die Laufzeitumgebung verhält sich nach dem Verlassen des Verarbeitungsblocks mit Ausnahme des Ereignisblocks LOAD-OF-PROGRAM und der Reporting-Ereignisblöcke START-OF-SELECTION und GET wie beim regulären Beenden des Verarbeitungsblocks (siehe Abschnitt 20.2.1). Insbesondere werden die Ausgabeparameter von Prozeduren an die angebundenen Aktualparameter übergeben.

Der Ereignisblock LOAD-OF-PROGRAM kann nicht über EXIT verlassen werden.

Nach dem Beenden der Reporting-Ereignisblöcke START-OF-SELECTION und GET mit EXIT löst die Laufzeitumgebung keine weiteren Reporting-Ereignisse mehr aus, sondern ruft direkt den Listenprozessor für die Anzeige der Grundliste auf.

Hinweise
- Es wird empfohlen, EXIT nur innerhalb von Schleifen (siehe Abschnitt 20.3.1) und stattdessen RETURN zum Verlassen von Verarbeitungsblöcken (mit Ausnahme von GET-Ereignisblöcken) zu verwenden.
- Für das bedingte Verlassen beliebiger Verarbeitungsblöcke mit der Anweisung CHECK gilt in der Regel zwar das Gleiche wie für EXIT, CHECK ist aber am Anfang von Prozeduren weiterhin sinnvoll.

56 Obsolete Programmablaufsteuerung

56.1 Obsolete logische Ausdrücke

56.1.1 Obsolete Vergleichsoperatoren

Tabelle 56.1 zeigt auf der linken Seite Vergleichsoperatoren, die nur noch außerhalb von Klassen in logischen Ausdrücken verwendet werden dürfen. Dies betrifft Vergleiche in logischen Ausdrücken (siehe Abschnitt 21.1.1) und in WHERE-Bedingungen von Open SQL (siehe Abschnitt 37.2.2).

Die rechte Seite zeigt, durch welche gültigen Operatoren die obsoleten Operatoren ersetzt werden sollen.

Obsoleter Operator	Gültiger Operator
><	<>, NE
=<	<=, LE
=>	>=, GE

Tabelle 56.1 Obsolete Vergleichsoperatoren

56.1.2 Obsolete Kurzform für Selektionstabelle

`log_exp - IN`, Kurzform

Obsolete Syntax

```
... seltab
```

Dieser logische Ausdruck hat die gleiche Wirkung wie `... operand IN seltab ...`. Voraussetzung für die Verwendung dieser Kurzform ist, dass `operand` das Datenobjekt ist, für das die Selektionstabelle `seltab` mit `SELECT-OPTIONS seltab FOR operand.` deklariert wurde, wobei das Datenobjekt `operand` statisch angegeben sein muss. Die Kurzform ist nicht für Selektionstabellen möglich, die anders als mit der Anweisung `SELECT-OPTIONS` erzeugt wurden.

Hinweis

Die Verwendung dieser Kurzform schadet der Lesbarkeit eines Programms. Insbesondere in Verarbeitungsblöcken, die nicht in unmittelbarer Nähe zur Deklaration der Selektionstabelle aufgeführt sind, kann die Verwendung der Kurzform für Verwirrung sorgen.

Beispiel

Füllen einer Selektionstabelle `s_number` und Auswertung mit der Kurzform von `number IN s_number`. Es werden die Zahlen 5, 7 und 9 ausgegeben.

```
DATA number TYPE i.
SELECT-OPTIONS s_number FOR number NO-DISPLAY.
s_number-sign   = 'I'.
s_number-option = 'EQ'.
```

```
    s_number-low    = 9.
    APPEND s_number TO s_number.
    s_number-sign   = 'I'.
    s_number-option = 'BT'.
    s_number-low    = 3.
    s_number-high   = 7.
    APPEND s_number TO s_number.
    s_number-sign   = 'E'.
    s_number-option = 'EQ'.
    s_number-low    = 6.
    APPEND s_number TO s_number.
    s_number-sign   = 'E'.
    s_number-option = 'BT'.
    s_number-low    = 1.
    s_number-high   = 4.
    APPEND s_number TO s_number.
    DO 10 TIMES.
      number = sy-index.
      IF s_number.
        WRITE / sy-index.
      ENDIF.
    ENDDO.
```

56.1.3 Obsoletes Überprüfen von Ausgabeparametern

`log_exp - IS REQUESTED`

Obsolete Syntax

`... para IS [NOT] REQUESTED`

Dieser logische Ausdruck überprüft, ob ein Ausgabeparameter `para` einer Prozedur angefordert wird. Der Ausdruck ist wahr, wenn dem Formalparameter beim Aufruf ein Aktualparameter zugeordnet wurde.

Dieser logische Ausdruck ist nur in Funktionsbausteinen und Methoden möglich. Für `para` können nur Ausgabeparameter und optionale Ein-/Ausgabeparameter angegeben werden. Mit dem Zusatz NOT ist der Ausdruck wahr, wenn dem Formalparameter beim Aufruf kein Aktualparameter zugeordnet wurde.

Hinweis

Das Prädikat IS REQUESTED soll nicht mehr verwendet werden. Stattdessen kann das Prädikat IS SUPPLIED (siehe Abschnitt 21.1.2) verwendet werden, das die Funktion von IS REQUESTED umfasst.

56.2 Obsolete Kontrollstrukturen

56.2.1 Obsolete Anweisungen in der Fallunterscheidung

CASE, WHEN – obsolete

Obsolete Syntax
```
CASE ...
  statements
  WHEN ...
ENDCASE.
```

Anweisungen `statements` zwischen `CASE` und der ersten Anweisung `WHEN` wirken, als wenn sie direkt vor `CASE` aufgeführt sind. Dieses Konstrukt ist in Klassen verboten und führt außerhalb von Klassen zu einer Syntaxwarnung. Die Anweisungen müssen vor `case` platziert werden.

56.2.2 Obsolete Verzweigung

ON CHANGE OF

Obsolete Syntax
```
ON CHANGE OF dobj [OR dobj1 [OR dobj2] ... ].
  statement_block1
[ELSE.
  statement_block2]
ENDON.
```

Die in Klassen verbotenen Anweisungen `ON CHANGE OF` und `ENDON` definieren eine Kontrollstruktur, die zwei Anweisungsblöcke `statement_block1` und `statement_block2` enthalten kann. Hinter `ON CHANGE OF` können beliebig viele durch `OR` verknüpfte Datenobjekte `dobj1`, `dobj2`, ... beliebiger Datentypen angegeben werden.

Bei der ersten Ausführung einer Anweisung `ON CHANGE OF` wird der erste Anweisungsblock `statement_block1` ausgeführt, wenn mindestens eines der angegebenen Datenobjekte nicht initial ist. Bei jeder weiteren Ausführung der gleichen Anweisung `ON CHANGE OF` wird der erste Anweisungsblock ausgeführt, wenn sich der Inhalt eines der angegebenen Datenobjekte seit der vorherigen Ausführung der Anweisung `ON CHANGE OF` geändert hat. Der optionale zweite Anweisungsblock `statement_block2` hinter `ELSE` wird ausgeführt, wenn der erste Anweisungsblock nicht ausgeführt wird.

Bei jeder Ausführung der Anweisung `ON CHANGE OF` wird der Inhalt jedes der angegebenen Datenobjekte in einer programmglobalen internen Hilfsvariablen gespeichert, die mit dieser Anweisung verknüpft ist und auf die im Programm nicht zugegriffen werden kann. Die Hilfsvariablen und ihre Inhalte bleiben über die Lebensdauer von Prozeduren hinaus erhalten. Eine solche Hilfsvariable kann ausschließlich dadurch initialisiert werden, dass ihre Anweisung `ON CHANGE OF` durchlaufen wird, während das zugehörige Datenobjekt initial ist.

Hinweis

Diese Kontrollstruktur ist äußerst fehleranfällig und soll durch Verzweigungen mit explizit deklarierten Hilfsvariablen ersetzt werden.

Beispiel

In einer `SELECT`-Schleife soll ein Anweisungsblock nur dann ausgeführt werden, wenn sich der Inhalt der Spalte CARRID geändert hat.

```abap
DATA spfli_wa TYPE spfli.
SELECT *
       FROM spfli
       INTO spfli_wa
       ORDER BY carrid.
  ...
  ON CHANGE OF spfli_wa-carrid.
    ...
  ENDON.
  ...
ENDSELECT.
```

Der folgende Programmabschnitt zeigt, wie die ON-Kontrollstruktur durch eine IF-Kontrollstruktur mit einer expliziten Hilfsvariablen `carrid_buffer` ersetzt werden kann.

```abap
DATA carrid_buffer TYPE spfli-carrid.
CLEAR carrid_buffer.
SELECT *
       FROM spfli
       INTO spfli_wa
       ORDER BY carrid.
  ...
  IF spfli_wa-carrid <> carrid_buffer.
    carrid_buffer = spfli_wa-carrid.
    ...
  ENDIF.
  ...
ENDSELECT.
```

56.2.3 Obsolete unbedingte Schleifenverarbeitung

`DO - VARYING`

Obsolete Syntax
```abap
DO ... VARYING dobj FROM dobj1 NEXT dobj2 [RANGE range]
    [VARYING ...].
 [statement_block]
ENDDO.
```

Der Zusatz VARYING weist einer Variablen `dobj` bei jedem Schleifendurchlauf einer DO-Schleife einen neuen Wert zu. Er kann in einer DO-Anweisung mehrmals verwendet werden. `dobj1` und `dobj2` sind die ersten beiden Datenobjekte einer Folge von Datenobjekten, die im Speicher den gleichen Abstand voneinander haben. Der Datentyp der Datenobjekte `dobj`, `dobj1` und `dobj2` muss flach sein. In Unicode-Programmen müssen `dobj`, `dobj1` und `dobj2` kompatibel sein. Darüber hinaus müssen `dobj1` und `dobj2` in Unicode-Programmen entweder Strukturkomponenten sein, die zur gleichen Struktur gehören, oder durch Offset-/Längenangaben spezifizierte Teilbereiche des gleichen Datenobjekts.

Im ersten Schleifendurchlauf wird `dobj` der Inhalt des Datenobjekts `dobj1` zugewiesen, im zweiten Schleifendurchlauf dann der Inhalt des Datenobjekts `dobj2`. In den folgenden Schleifendurchläufen wird `dobj` der Inhalt des Datenobjekts zugewiesen, das im Speicher den gleichen Abstand zum jeweils zuvor zugewiesenen Datenobjekt hat wie `dobj2` zu `dobj1`. Dabei findet keine Typkonvertierung statt.

Falls der Verarbeitungsblock ordnungsgemäß über `ENDDO`, `CHECK` oder `EXIT` verlassen wird, wird der Inhalt der Variablen `dobj` am Ende des Schleifendurchlaufs an das zuvor zugewiesene Datenobjekt `dobj1` bzw. `dobj2` ohne Konvertierung zugewiesen. Bei einem Verlassen über andere Anweisungen wie `RETURN` oder `RAISE EXCEPTION` findet keine Zuweisung statt.

Der Zusatz `RANGE` legt den Speicherbereich fest, der mit dem Zusatz `VARYING` bearbeitet werden kann. Hinter `RANGE` kann ein elementares Datenobjekt `range` vom Typ `c`, `n`, `x` oder eine Struktur angegeben werden. Der Speicherbereich von `range` muss den von `dobj1` und `dobj2` umfassen. Bei tiefen Strukturen sind die tiefen Komponenten aus dem erlaubten Bereich ausgenommen. Die `DO`-Schleife muss vor dem Zugriff auf unerlaubte Speicherbereiche, d. h. auf Bereiche außerhalb von `range` oder auf dessen tiefe Komponenten, beendet werden, ansonsten kommt es zu einer unbehandelbaren Ausnahme.

Wenn `RANGE` nicht explizit angegeben ist, wird der erlaubte Speicherbereich wie folgt festgelegt:

- In Nicht-Unicode-Programmen reicht der erlaubte Speicherbereich von `dobj1` bis zur Grenze des aktuellen Datenbereichs des ABAP-Programms. Ohne Angabe des `RANGE`-Zusatzes besteht die Gefahr ungewollter Speicherüberschreibung.

- In Unicode-Programmen kann `RANGE` nur weggelassen werden, wenn statisch erkennbar ist, dass `dobj1` und `dobj2` Komponenten der gleichen Struktur sind. Dann wird der erlaubte Speicherbereich aus der kleinsten Unterstruktur bestimmt, die `dobj1` und `dobj2` enthält.

Hinweis

Anstelle des Zusatzes `VARYING` soll in der Schleife die Anweisung `ASSIGN` mit dem Zusatz `INCREMENT` verwendet werden.

Beispiel

In der ersten `DO`-Schleife werden über Offset-/Längenzugriffe Teilbereiche des Datenobjekts `text` bearbeitet. Hier muss in Unicode-Programmen der Zusatz `RANGE` angegeben werden. In der zweiten `DO`-Schleife wird auf die Komponenten des Datenobjekts `text` zugegriffen. Hier ist die Angabe von `RANGE` nicht notwendig. Die dritte `DO`-Schleife zeigt, wie die Funktionalität der zweiten Schleife unter Verwendung der Anweisung `ASSIGN INCREMENT` programmiert werden kann.

```abap
DATA: BEGIN OF text,
        word1 TYPE c LENGTH 4 VALUE 'AAAA',
        word2 TYPE c LENGTH 4 VALUE 'BBBB',
        word3 TYPE c LENGTH 4 VALUE 'CCCC',
```

```abap
            word4 TYPE c LENGTH 4 VALUE 'DDDD',
      END OF text.
DATA: word  TYPE c LENGTH 4,
      char1 TYPE c LENGTH 1,
      char2 TYPE c LENGTH 1,
      leng  TYPE i.
FIELD-SYMBOLS <word> LIKE text-word1.
DATA inc TYPE i.
DESCRIBE FIELD text LENGTH leng IN CHARACTER MODE.
leng = leng / 2.
DO leng TIMES VARYING char1 FROM text(1)
                            NEXT text+2(1) RANGE text
                    VARYING char2 FROM text+1(1)
                            NEXT text+3(1) RANGE text.
  WRITE: char1, char2.
  char1 = 'x'.
  char2 = 'y'.
ENDDO.
DO 4 TIMES VARYING word FROM text-word1 NEXT text-word2.
  WRITE / word.
ENDDO.
DO.
  inc = sy-index - 1.
  ASSIGN text-word1 INCREMENT inc TO <word> RANGE text.
  IF sy-subrc = 0.
    WRITE / <word>.
  ELSE.
    EXIT.
  ENDIF.
ENDDO.
```

56.2.4 Obsolete bedingte Schleifenverarbeitung

WHILE – VARY

Obsolete Syntax
```
WHILE ... VARY dobj FROM dobj1 NEXT dobj2 [RANGE range]
        [VARY ...].
  [statement_block]
ENDWHILE.
```

Der Zusatz VARY und sein Zusatz RANGE haben für eine WHILE-Schleife genau dieselbe Bedeutung wie die ebenfalls obsoleten Zusätze VARYING und RANGE der Anweisung DO. Der Zusatz VARY kann in einer WHILE-Anweisung mehrmals verwendet werden.

Hinweis
Anstelle des Zusatzes VARY soll in der Schleife die Anweisung ASSIGN mit dem Zusatz INCREMENT verwendet werden.

56.3 Obsolete Ausnahmebehandlung

```
CATCH SYSTEM-EXCEPTIONS
```

Obsolete Syntax
```
CATCH SYSTEM-EXCEPTIONS [exc1 = n1 exc2 = n2 ...]
                       [OTHERS = n_others].
  [statement_block]
ENDCATCH.
```

Die Anweisung `CATCH SYSTEM-EXCEPTIONS` leitet eine Kontrollstruktur ein, die einen Anweisungsblock `statement_block` enthält, der immer durchlaufen wird. In der Liste `exc1 = n1 exc2 = n2 ...` können in beliebiger Reihenfolge abfangbare Laufzeitfehler und Ausnahmegruppen aufgeführt werden, denen jeweils ein Zahlenliteral `n1 n2 ...` zugeordnet werden muss.

Der Zusatz `OTHERS` kann allein oder hinter der Liste `exc1 = n1 exc2 = n2 ...` aufgeführt werden. Er wirkt wie die Angabe einer Ausnahmegruppe, die sämtliche abfangbaren Laufzeitfehler der Laufzeitumgebung umfasst. Das System behandelt die `CATCH`-Kontrollstruktur wie folgt:

- Wenn in dem Anweisungsblock `statement_block` einer der angegebenen abfangbaren Laufzeitfehler bzw. ein in einer der angegebenen Ausnahmegruppen enthaltener abfangbarer Laufzeitfehler auftritt, wird die Ausführung des Anweisungsblocks umgehend beendet, die Programmausführung hinter der Anweisung `ENDCATCH` fortgesetzt und die dem abfangbaren Laufzeitfehler bzw. der Ausnahmegruppe zugeordnete Zahl `n1 n2 ...` im Systemfeld `sy-subrc` zur Auswertung abgelegt. Wenn in der Liste sowohl ein abfangbarer Laufzeitfehler als auch seine Ausnahmegruppe aufgeführt sind oder wenn ein abfangbarer Laufzeitfehler in mehreren der angegebenen Ausnahmegruppen vorkommt, enthält `sy-subrc` die zugeordnete Zahl der ersten Position in der Liste.

- Tritt in dem Anweisungsblock ein abfangbarer Laufzeitfehler auf, der nicht in der Anweisung `CATCH SYSTEM-EXCEPTIONS` aufgeführt bzw. in keiner der angegebenen Ausnahmegruppen enthalten ist, kommt es zum Programmabbruch mit Kurzdump.

- Wenn das Ende des Anweisungsblocks erreicht wird, ohne dass ein Laufzeitfehler auftritt, wird `sy-subrc` auf 0 gesetzt.

Eine `CATCH`-Kontrollstruktur kann nicht im gleichen Verarbeitungsblock definiert werden, in dem klassenbasierte Ausnahmen in einer `TRY`-Kontrollstruktur behandelt oder mit der Anweisung `RAISE EXCEPTION` ausgelöst werden.

Hinweise

- Abfangbare Laufzeitfehler werden nicht aus aufgerufenen Prozeduren an den Aufrufer weitergereicht. Sie können nur innerhalb eines Verarbeitungsblocks abgefangen werden. Innerhalb eines Verarbeitungsblocks werden abfangbare Laufzeitfehler in beliebig tief geschachtelten Kontrollstrukturen abgefangen. Wenn mehrere `CATCH`-Kontrollstrukturen geschachtelt sind, verzweigt das System hinter die `ENDCATCH`-Anweisung der innersten `CATCH`-Kontrollstruktur, die den Laufzeitfehler behandelt.

- Die Behandlung abfangbarer Laufzeitfehler mit `CATCH SYSTEM-EXCEPTIONS` soll durch eine `TRY`-Kontrollstruktur ersetzt werden. Da allen abfangbaren Laufzeitfehlern klassenbasierte Ausnahmen zugeordnet wurden, ist dies ohne Einschränkung möglich. Insbesondere können die Ausnahmen durch die Verwendung einer TRY-Kontrollstruktur aus Prozeduren weitergereicht werden.

Beispiel
Abfangen aller möglichen abfangbaren Laufzeitfehler in einem Anweisungsblock. Abfangbare Laufzeitfehler der Ausnahmegruppe ARITHMETIC_ERRORS setzen sy-subrc auf 4, alle anderen abfangbaren Laufzeitfehler setzen sy-subrc auf 8. Speziell eine Division durch 0 führt zum abfangbaren Laufzeitfehler COMPUTE_INT_ZERODIVIDE, der in der Ausnahmegruppe ARITHMETIC_ERRORS enthalten ist, wodurch sy-subrc ebenfalls auf 4 gesetzt wird.

```
DATA: result TYPE i,
      number TYPE i.
CATCH SYSTEM-EXCEPTIONS arithmetic_errors = 4
                        OTHERS = 8.
  ...
  result = 1 / number.
  ...
ENDCATCH.
IF sy-subrc <> 0.
  ...
ENDIF.
```

57 Obsolete Zuweisungen

57.1 Obsoletes prozentuales Teilfeld

```
MOVE - PERCENTAGE
```

Obsolete Syntax
`MOVE` source `TO` destination `PERCENTAGE` perc `[LEFT|RIGHT]`.

Diese in Klassen verbotene Variante der Anweisung `MOVE` weist das ab der ersten Stelle beginnende Teilfeld des Datenobjekts `source`, dessen Länge dem in `perc` angegebenen prozentualen Anteil der Gesamtlänge von `source` entspricht, dem Datenobjekt `destination` zu. Standardmäßig und bei der Angabe von `LEFT` wird `destination` linksbündig, bei der Angabe von `RIGHT` rechtsbündig gefüllt.

Der Datentyp der Datenobjekte `source` und `destination` muss zeichenartig sein, ansonsten wird der Zusatz `PERCENTAGE` ignoriert. Für `perc` wird ein Datenobjekt vom Typ i erwartet. Falls der Wert von `perc` kleiner gleich 0 ist, wird nichts zugewiesen. Falls der Wert von `perc` größer gleich 100 ist, wird der gesamte Inhalt von `source` zugewiesen.

Hinweis
Diese Variante der Anweisung `MOVE` kann durch Teilfeldzugriffe mit Offset-/Längenangaben oder durch Teilfeldfunktionen ersetzt werden.

57.2 Obsolete Konvertierung

```
PACK
```

Obsolete Syntax
`PACK` source `TO` destination.

Diese in Klassen verbotene Anweisung konvertiert den Inhalt des Datenobjekts `source` in den Datentyp p der Länge 16 ohne Nachkommastellen, wobei abweichend von den Konvertierungsregeln für elementare Datentypen ein Dezimaltrennzeichen in `source` ignoriert wird. Sie weist dem Datenobjekt `destination` den konvertierten Inhalt zu.

Der Datentyp von `source` muss zeichenartig, flach und sein Inhalt als Zahl interpretierbar sein. Der Datentyp von `destination` muss flach sein. Wenn `destination` den Datentyp p hat, wird ihm das Zwischenergebnis von rechts nach links zugewiesen, wobei überzählige Stellen links abgeschnitten und die Nachkommastellen durch den Datentyp von `destination` festgelegt werden. Wenn `destination` nicht den Datentyp p hat, wird das Zwischenergebnis nach den Regeln in der Konvertierungstabelle für Quellfeld Typ p in den Datentyp von `destination` konvertiert.

Hinweise
- Wenn das Quellfeld eine Zahl ohne Dezimaltrennzeichen enthält und das Zielfeld dobj2 den Datentyp p mit ausreichender Länge und ohne Nachkommastellen hat, entspricht das Resultat der in Klassen verbotenen Anweisung PACK dem der Anweisung MOVE.
- Die Anweisung UNPACK zum Entpacken hat nicht das gleiche Verhalten wie MOVE und ist deshalb noch nicht obsolet.

Behandelbare Ausnahmen beim Packen
Die behandelbaren Ausnahmen bei Zuweisungen mit PACK sind durch die Ausnahmeklassen CX_SY_CONVERSION_NO_NUMBER (Operand bei Zuweisung an numerischen Datentyp nicht als Zahl interpretierbar) und CX_SY_CONVERSION_OVERFLOW (Überschreitung des Wertebereichs) definiert, die Unterklassen von CX_SY_CONVERSION_ERROR sind.

57.3 Obsoletes Casting

```
ASSIGN - obsolete_casting
```

Syntax von obsolete_casting
```
... { TYPE name }
  | { [TYPE name] DECIMALS dec }
```

Diese Form des Zusatzes casting_spec der Anweisung ASSIGN, bei der TYPE bzw. DECIMALS ohne den Zusatz CASTING angegeben werden, ist in Klassen verboten. Darüber hinaus kann sie weder gleichzeitig mit dem Zusatz INCREMENT in mem_area noch mit dem Zusatz RANGE verwendet werden. Das Feldsymbol kann aber mit dem ebenfalls obsoleten Zusatz STRUCTURE der Anweisung FIELD-SYMBOLS typisiert sein.

Hinter TYPE wird ein einstelliges zeichenartiges Datenobjekt name erwartet, das bei Ausführung der Anweisung genau einen der Buchstaben "C", "D", "F", "I", "N", "P", "T", "X", "b" oder "s" in der gezeigten Groß-/Kleinschreibung enthalten muss. Diese Buchstaben bezeichnen die entsprechenden eingebauten ABAP-Typen und haben folgende Wirkung:

- Wenn das Feldsymbol <fs> vollständig oder teilweise typisiert ist, muss die Typisierung zu dem hinter TYPE angegebenen ABAP-Typ passen. Der zugewiesene Speicherbereich wird auf den Typ des Feldsymbols gecastet.
- Wenn das Feldsymbol vollständig generisch typisiert ist, wird der Typ des zugewiesenen Speicherbereichs auf den hinter TYPE angegebenen ABAP-Typ gecastet.

Hinter DECIMALS muss ein numerisches Datenobjekt dec angegeben werden. Für das Casting wird der Datentyp p verwendet, wobei die Anzahl der Nachkommastellen durch den Inhalt von dec festgelegt wird. TYPE muss bei DECIMALS nicht angegeben werden. Falls TYPE angegeben ist, muss name den ohnehin verwendeten Datentyp "P" enthalten.

Hinweise

- Statt `TYPE` ist der Zusatz `CASTING` zu verwenden.
- Die Angabe der eingebauten Typen `b` und `s` über "b" bzw. "s" ist eine Ausnahme von der Regel, dass diese nicht in Anweisungen angegeben werden können, und nur in dieser obsoleten Variante möglich.

57.4 Obsoleter dynamischer Speicherbereich

`ASSIGN - TABLE FIELD`

Obsolete Syntax
`ASSIGN TABLE FIELD (name).`

Diese Variante der dynamischen Angabe des Speicherbereichs bei der Anweisung `ASSIGN` ist nur außerhalb von Klassen und ohne explizite Angabe von *casting_spec* und *range_spec* möglich. Bei Ausführung der Anweisung wird der in dem zeichenartigen Datenobjekt `name` enthaltene Bezeichner in den mit `TABLES` deklarierten Tabellenarbeitsbereichen der aktuellen Programmgruppe gesucht. Der Bezeichner in `name` muss in Großbuchstaben angegeben sein.

57.5 Obsolete Initialisierung

`CLEAR - WITH NULL`

Obsolete Syntax
`CLEAR dobj WITH NULL.`

Diese in ABAP Objects verbotene Variante der Anweisung `CLEAR` ersetzt sämtliche Bytes von `dobj` mit dem Wert hexadezimal 0. Das Datenobjekt `dobj` muss in diesem Fall flach sein.

Hinweis
Der Zusatz `WITH NULL` soll nur für byteartige Datenobjekte verwendet und daher durch den Zusatz `CLEAR WITH val` ersetzt werden, der zumindest in Unicode-Programmen diesbezüglich mehr Sicherheit bietet.

58 Obsolete Rechenanweisungen

58.1 Obsoletes Addieren von Feldfolgen

ADD – THEN, UNTIL

Obsolete Syntax
```
ADD { { dobj1 THEN dobj2 UNTIL dobj
      { {TO result} | {GIVING result [ACCORDING TO sel]} } }
    | { dobj FROM pos1 TO pos GIVING result } }
    [RANGE range].
```

Diese in Klassen verbotenen Varianten der Anweisung ADD addieren Folgen von Datenobjekten, die in gleichen Abständen voneinander im Speicher abgelegt sind.

In der Variante mit THEN und UNTIL wird die Folge durch den Abstand zwischen den Datenobjekten dobj1 und dobj2 definiert. An allen Speicherpositionen, die ein Vielfaches dieses Abstands von dobj1 entfernt sind – bis einschließlich der Position dobj –, müssen numerische Datenobjekte mit den gleichen technischen Typeigenschaften abgelegt sein. Der Inhalt aller dieser Datenobjekte wird addiert. Bei der Variante mit TO wird die Summe zum Inhalt des Datenobjekts result addiert und das Ergebnis diesem zugewiesen. Bei der Variante mit GIVING wird die Summe dem Datenobjekt result direkt zugewiesen. Das Datenobjekt result muss eine numerische Variable sein. Mit dem Zusatz ACCORDING wird ein Datenobjekt der Folge nur dann zur Summe addiert, wenn seine Position in der Folge die Bedingung in der Selektionstabelle sel erfüllt. Für die Komponenten low und high der Selektionstabelle wird der Datentyp i erwartet.

In der Variante mit TO und FROM wird die Folge durch im Speicher direkt aufeinanderfolgende Datenobjekte gebildet, deren erstes das Datenobjekt dobj ist und die alle den gleichen numerischen Datentyp haben müssen. Für pos1 und pos werden Datenobjekte vom Typ i erwartet, deren Werte eine Teilmenge der Folge definieren. Die Inhalte der Datenobjekte der Teilfolge werden addiert und dem Datenobjekt result zugewiesen. Das Datenobjekt result muss eine numerische Variable sein. Wenn pos1 oder pos negative Werte enthalten oder pos1 größer als pos ist, wird die Anweisung nicht ausgeführt, und result bleibt unverändert.

In beiden Varianten kommt es zu einer unbehandelbaren Ausnahme, wenn auf Adressen zugegriffen wird, an denen keine passenden Datenobjekte abgelegt sind.

In Unicode-Programmen müssen alle Datenobjekte der Folge innerhalb einer Struktur liegen. Wenn dies bei der Syntaxprüfung nicht statisch erkennbar ist, muss eine Struktur range mit dem Zusatz RANGE angegeben werden. Wenn die Datenobjekte der Folge bei Ausführung der Anweisung nicht Teil der angegebenen Struktur sind, kommt es zu einer unbehandelbaren Ausnahme. In Nicht-Unicode-Programmen kann sich die Folge der Datenobjekte über den gesamten Datenbereich des aktuellen Programms ausdehnen. Nur wenn das erste Datenobjekt der Folge als Feldsymbol angegeben ist, bestimmen die über den Zusatz range_spec der Anweisung ASSIGN definierten Bereichsgrenzen zugleich den erlaubten Bereich der Folge.

Hinweis
Die Funktion dieser Varianten der Anweisung ADD hängt vom internen Aufbau des Arbeitsspeichers ab. Sie können bei Bedarf durch die Anweisung ASSIGN mit dem Zusatz INCREMENT ersetzt werden.

Beispiel
Die auf dem Selektionsbild eingegebenen Komponenten der Struktur numbers werden addiert, und die Summe wird der Variablen sum zugewiesen.

```
DATA: BEGIN OF numbers,
        one   TYPE p LENGTH 8 DECIMALS 0 VALUE 10,
        two   TYPE p LENGTH 8 DECIMALS 0 VALUE 20,
        three TYPE p LENGTH 8 DECIMALS 0 VALUE 30,
        four  TYPE p LENGTH 8 DECIMALS 0 VALUE 40,
        five  TYPE p LENGTH 8 DECIMALS 0 VALUE 50,
      END OF numbers,
      sum     TYPE i.
SELECT-OPTIONS position FOR sum.
ADD numbers-one THEN numbers-two
                UNTIL numbers-five
                ACCORDING TO position
                GIVING sum.
```

Behandelbare Ausnahmen
Es können die gleichen behandelbaren Ausnahmen wie bei ADD auftreten.

58.2 Obsoletes komponentenweises Rechnen

ADD-, SUBTRACT-, MULTIPLY-, DIVIDE-CORRESPONDING

Obsolete Syntax
```
ADD-CORRESPONDING struc1 TO struc2.
SUBTRACT-CORRESPONDING struc1 FROM struc2.
MULTIPLY-CORRESPONDING struc1 BY struc2.
DIVIDE-CORRESPONDING struc1 BY struc2.
```

Diese in Klassen verbotenen Anweisungen addieren, subtrahieren, multiplizieren bzw. dividieren Strukturen komponentenweise. Für struc1 und struc2 müssen Strukturen angegeben werden. Mit allen gleichnamigen Komponenten in struc1 und struc2 wird paarweise gerechnet, und das Ergebnis wird der jeweiligen Komponente von struc2 zugewiesen.

Der Namensvergleich wird wie bei der Anweisung MOVE-CORRESPONDING durchgeführt. Für jedes namensgleiche Komponentenpaar comp wird intern die entsprechende Anweisung

```
ADD struc1-comp TO struc2-comp.
SUBTRACT struc1-comp FROM struc2-comp.
MULTIPLY struc1-comp BY struc2-comp.
DIVIDE struc1-comp BY struc2-comp.
```

ausgeführt, wobei – falls notwendig – die zugehörigen Konvertierungen durchgeführt werden.

Hinweis

Diese Anweisungen sind fehleranfällig, da insbesondere in komplexen Strukturen nicht auf einfache Weise sichergestellt werden kann, dass die gleichnamigen Komponenten die Datentypen und Inhalte haben, die für eine numerische Operation notwendig sind.

Beispiel

Die Komponenten x und y kommen in beiden Strukturen vor und werden addiert. Nach der Addition enthalten `struc2-x` und `struc2-y` die Ergebnisse.

```
DATA: BEGIN OF struc1,
        x TYPE i,
        y TYPE i,
        z TYPE i,
      END OF struc1,
      BEGIN OF struc2,
        a    TYPE i,
        b    TYPE i,
        x    TYPE p LENGTH 8 DECIMALS 0,
        y    TYPE p LENGTH 8 DECIMALS 0,
      END OF struc2.
...
ADD-CORRESPONDING struc1 TO struc2.
```

Behandelbare Ausnahmen

Es können die gleichen behandelbaren Ausnahmen wie bei `ADD`, `SUBTRACT`, `MULTIPLY` und `DIVIDE` auftreten.

59 Obsolete Zeichen- und Bytekettenverarbeitung

59.1 Obsoletes Suchen

SEARCH

Obsolete Syntax
```
SEARCH dobj FOR pattern [IN {CHARACTER|BYTE} MODE]
       [STARTING AT p1] [ENDING AT p2]
       [ABBREVIATED]
       [AND MARK].
```

Diese Anweisung durchsucht das Datenobjekt `dobj` nach dem in `pattern` angegebenen Suchmuster. Die Zusätze erlauben das Durchsuchen eines Teilbereichs, die Suche nach abgekürzten Mustern und das Markieren von Fundstellen. Die Suche wird beim ersten Treffer beendet, und `sy-fdpos` wird auf den Offset des gefundenen Musters oder Wortes im Suchbereich gesetzt. Falls das Muster nicht gefunden wird, wird `sy-fdpos` auf den Wert 0 gesetzt.

Der optionale Zusatz `IN {CHARACTER|BYTE} MODE` bestimmt, ob eine Zeichen- oder Bytekettenverarbeitung durchgeführt wird. Falls der Zusatz nicht angegeben ist, wird eine Zeichenkettenverarbeitung durchgeführt. Je nach Verarbeitungsart müssen `dobj` und `pattern` zeichen- oder byteartig sein. Bei der Zeichenkettenverarbeitung werden bei Datenobjekten `dobj` fester Länge die schließenden Leerzeichen berücksichtigt, bei `pattern` nicht. Wenn `pattern` ein leerer String oder vom Typ c, d, n oder t ist und nur Leerzeichen enthält, ist die Suche nie erfolgreich.

Das Muster in `pattern` kann folgende Formen haben, wobei in der Zeichenkettenverarbeitung die Groß- oder Kleinschreibung nicht berücksichtigt wird:

▶ "pat"
  Gesucht wird die Zeichen- oder Bytefolge "pat", wobei in der Zeichenkettenverarbeitung Leerzeichen am Ende der Zeichenfolge ignoriert und Maskenzeichen (*) als erste oder letzte Zeichen gesondert behandelt werden (siehe folgende Punkte).

▶ ".pat."
  Gilt nur bei der Zeichenkettenverarbeitung. Wenn ein Muster "pat" durch Punkte (.) eingeschlossen ist, wird genau die Zeichenfolge "pat" gesucht, wobei Leerzeichen am Ende berücksichtigt und Maskenzeichen (*) nicht als solche behandelt werden.

▶ "*pat"
  Gilt nur bei der Zeichenkettenverarbeitung. Wenn ein Muster als erstes Zeichen das Maskenzeichen (*) enthält, wird ein Wort (siehe unten) gesucht, das mit der Zeichenfolge "pat" endet.

- **"pat*"**
  Gilt nur bei der Zeichenkettenverarbeitung. Wenn eine Zeichenfolge als letztes Zeichen das Maskenzeichen (*) enthält, wird ein Wort (siehe unten) gesucht, das mit der Zeichenfolge "pat" beginnt.

- **"*pat*"**
  Gilt nur bei der Zeichenkettenverarbeitung. Wenn eine Zeichenfolge als erstes und letztes Zeichen das Maskenzeichen (*) enthält, wird nicht ein Wort (siehe unten) gesucht, das "pat" enthält, sondern ein Wort, das mit "pat*" endet.

Ein Wort in einem zeichenartigen Datenobjekt `dobj` ist dadurch definiert, dass es durch nichtalphanumerische Trennzeichen eingeschlossen ist oder am Anfang oder Ende einer Zeile steht.

Mit den Zusätzen `STARTING AT` und `ENDING AT` kann die Suche auf einen Teilbereich des Datenobjekts `dobj` eingeschränkt werden. Für `p1` und `p2` werden Datenobjekte vom Datentyp `i` erwartet. Der Wert in `p1` gibt die erste, der Wert in `p2` die letzte zu durchsuchende Position an. Ohne Angabe von `STARTING AT p1` wird das Datenobjekt `dobj` ab der ersten Position bis zur Position `p2` durchsucht. Ohne Angabe von `ENDING AT p2` wird `dobj` ab Position `p1` bis zum Ende durchsucht.

Wenn der Zusatz `STARTING AT` angegeben ist, wird `sy-fdpos` bei erfolgreicher Suche auf den Offset der Fundstelle abzüglich des Offsets von `p1` gesetzt. Die Suche wird in folgenden Fällen nicht durchgeführt und `sy-subrc` auf 4 gesetzt:

- Der Wert von `p1` oder `p2` ist kleiner 1.
- Der Wert von `p1` ist größer als die Länge von `dobj`.
- Der Wert von `p2` ist kleiner oder gleich `p1`.

Mit dem Zusatz `ABBREVIATED` kann in `pattern` ein abgekürztes Muster angegeben werden. Dieser Zusatz ist nur bei der Zeichenkettenverarbeitung möglich. Es wird ein Wort in `dobj` gesucht, das mit dem gleichen Zeichen wie das Muster in `pattern` beginnt und die übrigen Zeichen von Pattern in der gleichen Reihenfolge, jedoch an ansonsten beliebigen Positionen des Wortes enthält.

Mit dem Zusatz `AND MARK` wird eine in `dobj` gefundene Zeichenfolge oder ein gefundenes Wort in Großbuchstaben umgewandelt. Dieser Zusatz ist nur bei der Zeichenkettenverarbeitung möglich, und bei seiner Verwendung dürfen für `dobj` nur änderbare Datenobjekte angegeben werden.

Systemfelder

sy-subrc	Bedeutung
0	Das Suchmuster wurde in `dobj` gefunden.
4	Das Suchmuster wurde nicht in `dobj` gefunden.

Hinweis
Anstelle von `SEARCH` sollte nach Möglichkeit die neue Anweisung `FIND` verwendet werden. Die Funktionen von `SEARCH` sind bis auf das Markieren des gefundenen Musters – Zusatz `AND MARK` – durch die Einführung regulärer Ausdrücke in die Anweisung `FIND` abgedeckt. Falls notwen-

dig, kann das Markieren nach dem Finden eines Musters durch die Anweisung REPLACE oder die eingebaute Funktion replace ersetzt werden, wobei insbesondere die Ersetzungsmuster für reguläre Ausdrücke hilfreich sind. Im Gegensatz zu FIND kann SEARCH keine Groß- und Kleinschreibung unterscheiden und ist bei großen zu durchsuchenden Texten wesentlich langsamer.

Beispiele
Suche nach einem abgekürzten Muster mit SEARCH. Die FIND-Anweisung hat das gleiche Ergebnis und liefert darüber hinaus auch die Länge der Fundstelle.

```
DATA: text TYPE string VALUE `Roll over Beethoven`,
      moff TYPE i,
      mlen TYPE i.
SEARCH text FOR 'bth' ABBREVIATED.
FIND REGEX '\<(b[a-z0-9]*t[a-z0-9]*h[a-z0-9]*)\>' IN text
     IGNORING CASE
     MATCH OFFSET moff
     MATCH LENGTH mlen.
```

Die ersten beiden der folgenden SEARCH-Anweisungen haben die gleiche Wirkung. Sie finden in text das erste Leerzeichen und setzen sy-fdpos auf den Wert 4. Die dritte SEARCH-Anweisung findet im Suchbereich ab Position 6 von text das Wort "Beethoven", setzt sy-fdpos auf den Wert 5, d. h. den Offset der Fundstelle im Suchbereich, und ändert den Inhalt von text in "Roll over BEETHOVEN".

```
DATA: text TYPE string VALUE `Roll over Beethoven`,
      pos  TYPE i.
SEARCH text FOR '. .'.
SEARCH text FOR ` `.
IF sy-subrc = 0.
  pos = sy-fdpos + 2.
    SEARCH text FOR 'bth' STARTING AT pos
                   ABBREVIATED AND MARK.
ENDIF.
```

59.2 Obsoletes Ersetzen

REPLACE substring WITH

Obsolete Syntax
```
REPLACE substring WITH new INTO dobj
        [IN {BYTE|CHARACTER} MODE]
        [LENGTH len].
```

Diese Anweisung durchsucht eine Zeichen- oder Bytekette dobj nach der in substring angegebenen Unterfolge und ersetzt die erste Zeichen- oder Bytefolge in dobj, die mit substring übereinstimmt, durch den Inhalt des Datenobjekts new. Der optionale Zusatz IN {CHARACTER|BYTE} MODE bestimmt, ob eine Zeichen- oder Bytekettenverarbeitung durchgeführt wird.

Falls der Zusatz nicht angegeben ist, wird eine Zeichenkettenverarbeitung durchgeführt. Je nach Verarbeitungsart müssen die Datenobjekte substring, new und dobj zeichen- oder byteartig sein. Bei der Zeichenkettenverarbeitung werden bei Datenobjekten dobj, substring und new vom Typ c, d, n oder t die schließenden Leerzeichen berücksichtigt.

Die Speicherbereiche von substring und new dürfen sich nicht überlappen, sonst ist das Ergebnis undefiniert. Wenn substring ein leerer String ist, wird die Stelle vor dem ersten Zeichen bzw. Byte des Suchbereichs gefunden, und der Inhalt von new wird vor dem ersten Zeichen eingefügt.

Wenn der Zusatz LENGTH nicht angegeben ist, werden alle beteiligten Datenobjekte in ihrer gesamten Länge ausgewertet. Ist der Zusatz LENGTH angegeben, werden nur die ersten len Zeichen bzw. Bytes von substring für die Suche verwendet. Für len wird ein Datenobjekt vom Typ i erwartet.

Falls die Länge des Zwischenergebnisses länger als die Länge von dobj ist, wird bei Datenobjekten fester Länge rechts abgeschnitten. Falls die Länge des Zwischenergebnisses kürzer als die von dobj ist, wird bei Datenobjekten fester Länge rechts mit Leerzeichen bzw. hexadezimal 0 aufgefüllt. Datenobjekte variabler Länge werden angepasst.

Systemfelder

sy-subrc	Bedeutung
0	Die Unterfolge in substring wurde im Zielfeld dobj durch den Inhalt von new ersetzt.
4	Die Unterfolge in substring konnte im Zielfeld dobj nicht durch den Inhalt von new ersetzt werden.

Hinweis
Diese Variante der Anweisung REPLACE wird von der Variante REPLACE, die in Abschnitt 28.2.3 beschrieben ist, abgelöst.

Beispiel
Nach den Ersetzungen enthält text1 den vollständigen Inhalt "I should know that You know", während text2 den abgeschnittenen Inhalt "I should know that" hat.

```
DATA: text1      TYPE string          VALUE 'I know You know',
      text2      TYPE c LENGTH 18     VALUE 'I know You know',
      substring  TYPE string          VALUE 'know',
      new        TYPE string          VALUE 'should know that'.
REPLACE substring WITH new INTO text1.
REPLACE substring WITH new INTO text2.
```

59.3 Obsoletes Umsetzen

59.3.1 Codepage und Zahlenformat

```
TRANSLATE - CODE PAGE, NUMBER FORMAT
```

Zwei in Unicode-Programmen verbotene Varianten der Anweisung TRANSLATE setzen den Inhalt eines Datenobjekts in eine andere Codepage oder in ein anderes Zahlenformat (Byte-Reihenfolge) um.

59.3.1.1 Codepage umsetzen

```
TRANSLATE dobj [FROM CODE PAGE cp1] [TO CODE PAGE cp2].
```

Der zeichenartige Inhalt eines Datenobjekts dobj wird von der Codepage cp1 in die Codepage cp2 umgesetzt. Wenn dobj keinen zeichenartigen Datentyp hat, wird keine Umsetzung vorgenommen. Wenn dobj eine Struktur ist, werden nur die Komponenten mit zeichenartigem Datentyp umgesetzt. Für dobj dürfen außer Strings keine tiefen Datenobjekte angegeben werden.

Für die Angabe der Codepages cp1, cp2 werden Datenobjekte der Datentypen n mit der Länge 4 erwartet, die bei Ausführung der Anweisung eine SAP-Codepage-Nummer aus der Spalte CPCODEPAGE der Datenbanktabelle TCP00 enthalten müssen.

Es muss mindestens einer der Zusätze FROM CODE PAGE oder TO CODE PAGE angegeben werden. Wird einer der Zusätze weggelassen, wird für die fehlende Codepage cp1 bzw. cp2 die Codepage des aktuellen Systems verwendet.

59.3.1.2 Zahlenformat umsetzen

```
TRANSLATE dobj [FROM NUMBER FORMAT nf1] [TO NUMBER FORMAT nf2].
```

Der plattformabhängige numerische Inhalt eines Datenobjekts dobj wird vom Zahlenformat nf1 in das Zahlenformat nf2 umgesetzt. Wenn dobj nicht vom Datentyp i oder f ist, wird keine Umsetzung vorgenommen. Ist dobj eine Struktur, werden nur die Komponenten umgesetzt, deren Datentyp i oder f ist. Für dobj dürfen außer Strings keine tiefen Datenobjekte angegeben werden.

Für die Angabe des Zahlenformats nf1, nf2 werden Datenobjekte der Datentypen n mit der Länge 4 erwartet, die bei Ausführung der Anweisung einen der Werte "0000" für die Plattformen HP, SINIX, IBM oder "0101" für die Plattformen DEC-OSF enthalten müssen.

Es muss mindestens einer der Zusätze FROM NUMBER FORMAT oder TO NUMBER FORMAT angegeben werden. Wird einer der Zusätze weggelassen, wird für das fehlende Zahlenformat nf1 bzw. nf2 das Zahlenformat der aktuellen Plattform verwendet.

Hinweis

Diese Varianten der TRANSLATE-Anweisung sind in Unicode-Programmen verboten, und ihre Funktionalität wird durch Methoden folgender Konvertierungsklassen ersetzt:

- CL_ABAP_CONV_IN_CE: Lesen von Daten aus einem byteartigen Datenobjekt und Konvertieren aus einem externen Format in das Systemformat
- CL_ABAP_CONV_OUT_CE: Konvertieren von Daten vom Systemformat in ein externes Format und Schreiben in ein byteartiges Datenobjekt
- CL_ABAP_CONV_X2X_CE: Konvertieren von Daten von einem externen Format in ein anderes externes Format

Beim Öffnen von Legacy-Dateien in der ABAP-Dateischnittstelle können die Konvertierungen auch direkt beim Schreiben und Lesen von Dateien vorgenommen werden (siehe Abschnitt 39.2.2).

Beispiel

Umsetzen der Komponenten einer Struktur. Zunächst wird die zeichenartige Komponente text von der Codepage "1100" (HP-UX) in die Codepage "0100" (IBM-EBCDIC) umgesetzt. Danach wird die numerische Komponente num vom Zahlenformat "0000" (z. B. für Plattformen der Firmen HP, IBM oder Siemens) in das Zahlenformat "0101" (z. B. für Plattformen der Firma DIGITAL) konvertiert.

```abap
DATA: BEGIN OF struc,
        text TYPE c LENGTH 80 VALUE 'I know You know',
        num  TYPE i VALUE    2505,
      END OF struc.
TRANSLATE struc FROM CODE PAGE '1100'
                TO   CODE PAGE '0100'.
TRANSLATE struc FROM NUMBER FORMAT '0000'
                TO   NUMBER FORMAT '0101'.
```

59.3.2 Neunerkomplement eines Datums bilden

CONVERT – INVERTED-DATE

Obsolete Syntax
```abap
CONVERT { {DATE dat1 INTO INVERTED-DATE dat2}
        | {INVERTED-DATE dat1 INTO DATE dat2} }.
```

Diese in Klassen verbotenen Varianten der Anweisung CONVERT verwandeln die Ziffern in einem zeichenartigen Datenobjekt dat1 in deren Neunerkomplement – die Differenz zur Zahl Neun – und weisen das Ergebnis dem Datenobjekt dat2 zu. Die Datenobjekte dat1 und dat2 müssen einen flachen zeichenartigen Datentyp mit der Länge 8 haben. Für dat2 kann das gleiche Datenobjekt wie für dat1 angegeben werden.

Hinweise

- Diese Formen der Anweisung CONVERT dienten bei der Sortierung nach Datumsfeldern von internen Tabellen und Extrakten zur Änderung der Sortierrichtung, was durch die Zusätze ASCENDING und DESCENDING der Anweisung SORT ersetzt wurde. Falls notwendig, kann die Bildung des Neunerkomplements durch folgende TRANSLATE-Anweisung ersetzt werden:
  ```abap
  dat2 = dat1.
  TRANSLATE dat2 USING '0918273645546372819 0'.
  ```

- Die hier gezeigte Variante der Anweisung CONVERT DATE darf nicht mit der gültigen Anweisung CONVERT DATE zur Erzeugung von Zeitstempeln verwechselt werden.

Beispiel

Nach folgendem Programmabschnitt ist die interne Tabelle sflight_tab absteigend nach der Spalte fldate sortiert.

```
DATA sflight_tab TYPE TABLE OF sflight.
FIELD-SYMBOLS <sflight_wa> TYPE sflight.
SELECT * FROM sflight INTO TABLE sflight_tab.
LOOP AT sflight_tab ASSIGNING <sflight_wa>.
  CONVERT DATE <sflight_wa>-fldate
    INTO INVERTED-DATE <sflight_wa>-fldate.
ENDLOOP.
SORT sflight_tab BY fldate.
LOOP AT sflight_tab ASSIGNING <sflight_wa>.
  CONVERT INVERTED-DATE <sflight_wa>-fldate
    INTO DATE <sflight_wa>-fldate.
ENDLOOP.
```

Die letzten neun Zeilen sind durch eine einzige Zeile ersetzbar:

```
SORT sflight_tab BY fldate DESCENDING.
```

60 Obsolete Verarbeitung interner Tabellen

60.1 Obsolete Kurzformen

READ, LOOP, INSERT, COLLECT, APPEND, MODIFY, DELETE – Kurzformen

Obsolete Syntax
```
READ TABLE itab table_key|free_key|index.
LOOP AT itab [cond].
INSERT itab_position [result].
COLLECT itab [result].
APPEND TO itab [SORTED BY comp] [result].
MODIFY table_key|index [TRANSPORTING comp1 comp2 ...] [result].
MODIFY itab TRANSPORTING comp1 comp2 ... WHERE log_exp|(cond_syntax).
DELETE TABLE itab.
```

In obigen Verarbeitungsanweisungen für interne Tabellen wird implizit eine Angabe der obsoleten Kopfzeile INTO itab, itab INTO, itab TO und FROM itab ergänzt. Diese Kurzformen setzen voraus, dass eine Kopfzeile vorhanden ist, und sind in Klassen verboten. Stattdessen muss ein expliziter Arbeitsbereich INTO wa, wa INTO, wa TO und FROM wa angegeben werden.

60.2 Obsolete Schlüsselangaben

READ TABLE- obsolete_key

Obsolete Syntax
```
READ TABLE itab { { }
               | { WITH KEY dobj }
               | { WITH KEY = dobj [BINARY SEARCH] } } result.
```

Neben den bei der Anweisung READ TABLE aufgeführten Zusätzen zur Angabe der zu lesenden Einzelzeile kann der Suchschlüssel außerhalb von Klassen noch durch drei obsolete Formen angegeben werden.

60.2.1 Keine Angabe machen

... { }

Wenn der Suchschlüssel nicht explizit angegeben ist, muss die interne Tabelle itab eine Standardtabelle mit Kopfzeile sein. Es wird die erste gefundene Zeile der internen Tabelle gelesen, deren Werte in den Spalten des Standardschlüssels mit denen der entsprechenden Komponenten der Kopfzeile übereinstimmen. Dabei werden Schlüsselfelder in der Kopfzeile, die nur Leerzeichen beinhalten, so behandelt, als würden sie mit allen Werten übereinstimmen. Enthalten alle Schlüsselfelder in der Kopfzeile nur Leerzeichen, wird der erste Eintrag der Tabelle gelesen.

60 Obsolete Verarbeitung interner Tabellen

Hinweise
- In Unicode-Programmen darf der Standardschlüssel der internen Tabelle bei Verwendung des impliziten Suchschlüssels keine byteartigen Komponenten enthalten.
- Die Anweisung `READ TABLE itab ...` ist nicht gleichbedeutend mit der expliziten Angabe der Kopfzeile `itab` als Arbeitsbereich `wa` in der Anweisung `READ TABLE itab FROM wa ...`, da in Letzterer der Tabellen- und nicht der Standardschlüssel der Kopfzeile für die Suche verwendet wird und da Schlüsselfelder, die Leerzeichen enthalten, nicht mit allen Feldern der internen Tabelle übereinstimmen.
- Das Weglassen des Suchschlüssels ist unabhängig von der weiteren obsoleten Kurzform, bei der kein expliziter Zielbereich angegeben ist.

Beispiel
In der folgenden READ-Anweisung wird im Unterschied zum Beispiel zum READ TABLE mit Tabellenschlüssel in der Regel kein Eintrag gefunden, da der gesamte Standardschlüssel verglichen wird. Insbesondere sind die zum Standardschlüssel der internen Tabelle gehörigen Komponenten `deptime` und `arrtime` vom Typ `t` und enthalten in der Kopfzeile als Initialwert keine Leerzeichen, sondern den Wert "000000". Es werden nur Tabelleneinträge gelesen, die genau diese Werte enthalten.

```
DATA: spfli_tab TYPE STANDARD TABLE OF spfli
                WITH NON-UNIQUE KEY carrid connid
                WITH HEADER LINE.
FIELD-SYMBOLS <spfli> TYPE spfli.
SELECT *
       FROM spfli
       INTO TABLE spfli_tab
       WHERE carrid = 'LH'.
spfli_tab-carrid = 'LH'.
spfli_tab-connid = '0400'.
READ TABLE spfli_tab ASSIGNING <spfli>.
```

60.2.2 Teilfeld einer Zeile angeben

`... WITH KEY dobj`

Wenn direkt hinter dem Zusatz WITH KEY ein einzelnes Datenobjekt angegeben ist, muss die interne Tabelle `itab` eine Standardtabelle sein. Es wird die erste gefundene Zeile der internen Tabelle gelesen, deren Inhalt linksbündig mit dem Inhalt des Datenobjekts `dobj` übereinstimmt. Für das Datenobjekt `dobj` sind nur flache Datentypen erlaubt. Bei der Suche wird der Anfang der Tabellenzeilen über die Länge des Datenobjekts `dobj` so behandelt, als hätte er den Datentyp von `dobj` (Casting).

Beispiel
Um mit dem Zusatz WITH KEY `dobj` gezielt Schlüsselfelder auswerten zu können, muss eine Struktur aufgebaut werden, die dem entsprechenden Anfangsstück des Zeilentyps entspricht. Im Vergleich zum Beispiel zu READ TABLE mit Tabellenschlüssel muss im folgenden Programmabschnitt die Mandantenspalte `mandt` der Tabelle `spfli_tab` im Suchschlüssel berücksichtigt werden.

```abap
DATA: spfli_tab TYPE STANDARD TABLE OF spfli
                WITH NON-UNIQUE KEY carrid connid.
DATA: BEGIN OF key_struc,
        mandt  TYPE spfli-mandt  VALUE '000',
        carrid TYPE spfli-carrid VALUE 'LH',
        connid TYPE spfli-connid VALUE '0400',
      END OF key_struc.
FIELD-SYMBOLS <spfli> TYPE spfli.
SELECT *
       FROM spfli
       INTO TABLE spfli_tab
       WHERE carrid = 'LH'.
READ TABLE spfli_tab WITH KEY key_struc ASSIGNING <spfli>.
```

60.2.3 Gesamte Zeile angeben

```
... WITH KEY = dobj [BINARY SEARCH]
```

Wenn hinter dem Zusatz WITH KEY ein einzelnes Datenobjekt hinter einem Gleichheitszeichen angegeben ist, wird die erste gefundene Zeile der internen Tabelle itab gelesen, deren gesamter Inhalt mit dem Inhalt des Datenobjekts dobj übereinstimmt. Das Datenobjekt dobj muss in den Zeilentyp der internen Tabelle konvertierbar sein. Falls der Datentyp von dobj nicht dem Zeilentyp der internen Tabelle entspricht, wird für den Vergleich eine Konvertierung gemäß den Konvertierungsregeln vorgenommen.

Hinweis

Die Anweisung hat die gleiche Funktion wie die Angabe der Pseudokomponente table_line als freier Schlüssel und wird durch diese ersetzt:

```abap
READ TABLE itab WITH KEY table_line = dobj
                [BINARY SEARCH] ...
```

Beispiel

Obsoletes Feststellen, ob eine Zeile in einer internen Tabelle mit elementarem Zeilentyp vorhanden ist. Die zweite READ-Anweisung zeigt die generell gültige Syntax mit der Pseudokomponente table_line.

```abap
DATA itab TYPE TABLE OF i.
DO 10 TIMES.
  APPEND sy-index TO itab.
ENDDO.
READ TABLE itab WITH KEY = 4
     TRANSPORTING NO FIELDS.
READ TABLE itab WITH KEY table_line = 4
     TRANSPORTING NO FIELDS.
IF sy-subrc = 0.
  ...
ENDIF.
```

60.3 Obsoletes Suchen

```
SEARCH itab
```

Obsolete Syntax
```
SEARCH itab FOR pattern [IN {CHARACTER|BYTE} MODE]
            [STARTING AT idx1] [ENDING AT idx2]
            [ABBREVIATED]
            [AND MARK].
```

Diese Anweisung durchsucht die Zeilen einer Indextabelle `itab` nach dem in `pattern` angegebenen Muster. Für Hash-Tabellen kann SEARCH nicht verwendet werden. Die Anweisung durchsucht immer die interne Tabelle und nicht eine eventuell vorhandene Kopfzeile. Mit dem Zusatz IN CHARACTER MODE bzw. IN BYTE MODE wird festgelegt, ob eine Zeichen- oder Bytekettenverarbeitung durchgeführt wird. Der Zeilentyp der internen Tabelle muss für die gewählte Verarbeitung geeignet sein. Ohne Angabe des Zusatzes wird zeichenweise gesucht.

Für `pattern` kann je nach Verarbeitung ein zeichen- bzw. byteartiges Datenobjekt angegeben werden. Das Muster in `pattern` kann genau die gleichen Formen wie bei der Anweisung SEARCH für die Zeichen- bzw. Bytekettenverarbeitung haben (siehe Abschnitt 59.1).

Die Suche wird beim ersten Treffer beendet und `sy-tabix` auf den Index der gefundenen Tabellenzeile gesetzt. `sy-fdpos` wird auf den Offset der gefundenen Zeichen- oder Bytefolge bzw. des gefundenen Wortes in der Tabellenzeile gesetzt. Falls das Muster nicht gefunden wird, werden `sy-fdpos` und `sy-tabix` auf 0 gesetzt.

Mit den Zusätzen STARTING AT und ENDING AT kann die Suche auf einen Teil der Tabellenzeilen der Tabelle `itab` eingeschränkt werden. Für `idx1` und `idx2` werden Datenobjekte vom Typ i erwartet. Der Wert in `idx1` gibt an, ab welcher Zeile, der Wert in `idx2`, bis zu welcher Zeile gesucht wird. Wenn nur einer der Zusätze angegeben ist, wird ab der ersten bzw. bis zur letzten Zeile gesucht. Die Suche wird nicht durchgeführt und `sy-subrc` auf 4 gesetzt, wenn:

- der Wert von `idx1` oder `idx2` kleiner 1 ist
- der Wert von `idx1` größer als die Anzahl von Zeilen in `itab` ist
- der Wert von `idx2` kleiner als der Wert von `idx1` ist

Beim zeichenartigen Suchen können wie bei der Anweisung SEARCH für die Zeichenkettenverarbeitung die Zusätze ABBREVIATED und AND MARK angegeben werden und haben die gleiche Wirkung (siehe Abschnitt 59.1).

Systemfelder

sy-subrc	Bedeutung
0	Das Muster wurde in `itab` gefunden.
4	Das Muster wurde nicht in `itab` gefunden.

Hinweis
Die Anweisung SEARCH wird durch die Anweisung FIND IN TABLE ersetzt.

Beispiel

Die zeichenweise Suche ist erfolgreich und setzt `sy-tabix` auf den Index (2) der betreffenden Zeile und `sy-fdpos` auf den Offset (7) des Wortes "see" in der Zeile. Nach Ausführung der Anweisung enthält die zweite Tabellenzeile durch den Zusatz AND MARK den Inhalt "you'll SEE the line".

```
DATA text_table TYPE TABLE OF string.
APPEND: 'Sweet child in time' TO text_table,
        'you''ll see the line' TO text_table,
        'the line between' TO text_table,
        'good and bad.' TO text_table.
SEARCH text_table FOR '.see.' AND MARK.
```

60.4 Obsolete Zuweisung aufbereiteter Zeichenketten

```
WRITE TO itab
```

Obsolete Syntax
```
WRITE dobj TO itab[+off][(len)] INDEX idx
    [format_options].
```

Diese in Klassen verbotene Variante der Anweisung WRITE TO wirkt wie die erlaubte Variante (siehe Abschnitt 28.2.10) – mit dem Unterschied, dass der aufbereitete Inhalt in die Zeile der internen Tabelle `itab` geschrieben wird, der in `idx` angegeben ist. Die interne Tabelle muss eine Standardtabelle ohne sekundäre Tabellenschlüssel sein. Für den Zeilentyp der internen Tabelle gelten die gleichen Voraussetzungen wie für die Variable `destination`.

Für `idx` wird ein Datenobjekt vom Datentyp i erwartet, das bei Ausführung der Anweisung den Index der zu überschreibenden Zeile enthält. Falls der Wert von `idx` kleiner oder gleich 0 ist, kommt es zu einer unbehandelbaren Ausnahme. Falls der Wert von `idx` größer als die Anzahl der Tabellenzeilen ist, wird keine Zeile überschrieben und `sy-subrc` auf 4 gesetzt.

Hinter dem Tabellennamen `itab` können Offset- und Längenangaben `off` und `len` gemacht werden, die sich auf die angegebene Tabellenzeile beziehen.

Systemfelder

sy-subrc	Bedeutung
0	Das in `source_name` angegebene Datenobjekt und die in `idx` angegebene Zeile wurden gefunden, und die Zuweisung wurde ausgeführt.
4	Das in `source_name` angegebene Datenobjekt oder die in `idx` angegebene Zeile wurde nicht gefunden und die Zuweisung nicht ausgeführt.

Hinweis

Diese Form der Anweisung WRITE TO wird durch den Zugriff auf Tabellenzeilen über Feldsymbole oder Datenreferenzen ersetzt. Die folgenden Zeilen zeigen die Realisierung mit einem Feldsymbol:

```
FIELD-SYMBOLS <line> LIKE LINE OF itab.
READ TABLE itab INDEX idx ASSIGNING <line>.
WRITE dobj TO <line>[+off][(len)] [format_options].
```

Beispiel

Formatiertes Schreiben des aktuellen Datums in die erste Zeile der internen Tabelle itab. Die erste Anweisung WRITE TO verwendet die obsolete Form, die zweite Anweisung WRITE TO stellt die empfohlene Variante dar.

```
DATA line TYPE c LENGTH 80.
DATA itab LIKE TABLE OF line.
FIELD-SYMBOLS <line> LIKE LINE OF itab.
APPEND line TO itab.
WRITE sy-datum TO itab INDEX 1 DD/MM/YYYY.
READ TABLE itab INDEX 1 ASSIGNING <line>.
WRITE sy-datum TO <line> DD/MM/YYYY.
```

60.5 Obsolete Kurzform einer Spezialanweisung

PROVIDE – Kurzform

Obsolete Syntax
```
PROVIDE {*|{comp1 comp2 ...}} FROM itab1
        {*|{comp1 comp2 ...}} FROM itab2
        ...
        BETWEEN extliml AND extlimu.
```

Diese in Klassen verbotene Form der Anweisung PROVIDE ist eine Kurzform der erlaubten Variante (siehe Abschnitt 29.4.1). Der Compiler unterscheidet die Langform von der Kurzform durch explizit anzugebende Zusätze FIELDS vor den Komponentenangaben.

Die Kurzform der Anweisung PROVIDE arbeitet prinzipiell wie die erlaubte Variante. Im Unterschied zur erlaubten Variante sind hier weniger Zusätze möglich, eine Tabelle kann nicht mehrfach angegeben werden und die internen Tabellen müssen Kopfzeilen haben. Für ein ordnungsgemäßes Funktionieren der PROVIDE-Schleife gelten die gleichen Bedingungen wie in der Langform. Es werden aber keine Ausnahmen ausgelöst, wenn eine der beteiligten Tabellen nicht sortiert ist oder sich Intervalle überlappen. Die in der Langform anzugebenden Zusätze werden bei der Kurzform wie folgt von der Laufzeitumgebung ergänzt:

- **Intervallgrenzen BOUNDS|**
  Die in der Langform mit dem Zusatz BOUNDS als intlimu und intliml anzugebenden Spalten für Intervallgrenzen sind in der Kurzform Eigenschaften der betreffenden Tabellen und müssen bei deren Deklaration festgelegt werden. Hierzu dient der Zusatz VALID BETWEEN, der hinter DATA END OF angegeben werden kann, wenn eine interne Tabelle mit dem obsoleten Zusatz OCCURS der Anweisung DATA BEGIN OF deklariert wird. Falls eine interne Tabelle mit der speziellen Anweisung INFOTYPES deklariert wird, sind dies die Spalten BEGDA und ENDDA. Falls bei der Deklaration keine Spalten für die Intervallgrenzen festgelegt werden, verwendet die Kurzform von PROVIDE die ersten beiden Spalten der internen Tabelle.

- **Arbeitsbereich INTO**
  Für die in der Langform mit dem Zusatz INTO als wa anzugebenden Arbeitsbereiche werden in der Kurzform implizit die Kopfzeilen der internen Tabellen verwendet.
- **Flag VALID**
  Für die in der Langform mit dem Zusatz VALID als flag anzugebenden Datenobjekte wird in der Kurzform für jede Tabelle itab implizit ein Datenobjekt itab_valid vom Typ c der Länge 1 erzeugt.
- **Bedingung WHERE**
  In der Kurzform können keine Bedingungen angegeben werden.
- **Zusatz INCLUDING GAPS**
  In der Kurzform kann nicht erzwungen werden, dass die PROVIDE-Schleife für jedes Intervall durchlaufen wird.

Hinweise

- Die Kurzform der Anweisung PROVIDE ist ausschließlich für die Bearbeitung von mit INFOTYPES deklarierten internen Tabellen bzw. für interne Tabellen, die den Aufbau von Infotypen haben, ausgelegt.
- Die Systemfelder sy-tabix und sy-subrc werden von der Kurzform für PROVIDE – ENDPROVIDE nicht versorgt.

Beispiel

Dieses Beispiel hat das gleiche Ergebnis wie das Beispiel zur Langform (siehe Abschnitt 29.4.1). Hier haben die Tabellen itab1 und itab2 Kopfzeilen, und die Spalten col1 und col2 werden über den Zusatz VALID der Anweisung DATA END OF jeweils als Intervallgrenzen vom Typ i definiert.

```
DATA: BEGIN OF itab1 OCCURS 0,
        col1 TYPE i,
        col2 TYPE i,
        col3 TYPE string,
      END OF itab1 VALID BETWEEN col1 AND col2.
DATA: BEGIN OF itab2 OCCURS 0,
        col1 TYPE i,
        col2 TYPE i,
        col3 TYPE string,
      END OF itab2 VALID BETWEEN col1 AND col2.
itab1-col1 = 1.
itab1-col2 = 6.
itab1-col3 = 'Itab1 Int1'.
APPEND itab1 TO itab1.
itab1-col1 = 9.
itab1-col2 = 12.
itab1-col3 = 'Itab1 Int2'.
APPEND itab1 TO itab1.
itab2-col1 = 4.
itab2-col2 = 11.
```

```
    itab2-col3 = 'Itab2 Int1'.
  APPEND itab2 TO itab2.
  PROVIDE col3 FROM itab1
          col3 FROM itab2
               BETWEEN 2 AND 14.
    WRITE: / itab1-col1, itab1-col2, itab1-col3, itab1_valid.
    WRITE: / itab2-col1, itab2-col2, itab2-col3, itab2_valid.
    SKIP.
  ENDPROVIDE.
```

60.6 Obsoletes Löschen

REFRESH

Obsolete Syntax
REFRESH itab.

Diese Anweisung löscht alle Zeilen einer internen Tabelle itab. Dabei wird der für die Tabelle benötigte Speicherplatz bis auf die initiale Speicheranforderung (definiert mit INITIAL SIZE) freigegeben. Für itab muss eine interne Tabelle angegeben werden.

Hinweise

- Um alle Zeilen zu löschen und den gesamten durch Zeilen belegten Speicherplatz freizugeben, kann die Anweisung FREE verwendet werden.
- Die Anweisung REFRESH itab wirkt auf interne Tabellen wie CLEAR itab[]. Falls die interne Tabelle itab eine Kopfzeile hat, wird der Tabellenkörper, nicht die Kopfzeile, initialisiert.
- Falls die interne Tabelle itab keine Kopfzeile hat, wirkt REFRESH itab wie CLEAR itab. Da die Verwendung von Tabellen mit Kopfzeilen obsolet und in Klassen verboten ist, ist die Verwendung von REFRESH anstelle von CLEAR ebenfalls obsolet. Für das Löschen von Zeilen in internen Tabellen kann immer CLEAR oder FREE verwendet werden.

61 Obsolete Benutzerdialoge

Es wird empfohlen, wenn möglich, Web Dynpro ABAP zu verwenden. Wenn noch die klassischen Technologien zum Einsatz kommen, sollen die folgenden Konstrukte keinesfalls mehr verwendet werden.

61.1 Obsolete Dynpro-Ablauflogik
61.1.1 Datenbankzugriff

SELECT – Dynpro

Obsolete Syntax
```
SELECT *
    FROM dbtab
    WHERE col1 = f1 AND col2 = f2 ...
    INTO wa
    WHENEVER [NOT] FOUND
      SEND { ERRORMESSAGE | WARNING } [num [WITH { p1 ... }]].
```

Die alleinstehende Verwendung der Anweisung SELECT in der Dynpro-Ablauflogik ist obsolet. Die Wirkung der Anweisung ist bei ihrer ebenfalls obsoleten Verwendung als Zusatz der Anweisung FIELD beschrieben.

61.1.2 Werteüberprüfung in der Ablauflogik

FIELD – VALUES, SELECT

Die folgenden Anweisungen sind im Ereignisblock zu PAI der Dynpro-Ablauflogik möglich und vergleichen den Inhalt eines Dynpro-Feldes f entweder mit Einträgen einer Werteliste oder mit den Ergebnissen eines Datenbankzugriffs. Diese Formen der Eingabeüberprüfung in der Dynpro-Ablauflogik werden nach den automatischen Eingabeüberprüfungen und vor den selbst programmierten Eingabeüberprüfungen im ABAP-Programm durchgeführt. Die angegebene Werteliste bzw. die Ergebnismenge des Datenbankzugriffs übersteuern die automatischen Eingabehilfen des ABAP Dictionarys und werden von den Ereignissen POH und POV übersteuert. Die Zusätze VALUES und SELECT beeinflussen nicht die Wirkung der Anweisung FIELDS auf den Datentransport vom Dynpro an das ABAP-Programm.

Hinweis
Diese Varianten werden nur noch aus Kompatibilitätsgründen unterstützt und sollen durch Prüfungen im ABAP-Programm ersetzt werden.

61.1.2.1 Werteliste überprüfen
```
FIELD f VALUES ([[NOT] val1], [[NOT] val2], ...
                [[NOT] BETWEEN vali AND valj], ...).
```

Eine Werteliste wird durch eingeklammerte und durch Kommata getrennte Einträge hinter dem Zusatz VALUES angegeben. Der Inhalt des Dynpro-Feldes f kann mit einzelnen Werten val1, val2 ... und mit Werteintervallen [vali,valj] verglichen werden. Das Ergebnis jedes einzelnen Vergleichs kann durch den Operator NOT negiert werden. Die Vergleichsfelder val müssen in Hochkommata eingeschlossen sein und in Großschreibung angegeben werden. Der Inhalt muss aus dem Wertebereich der Datentypen CHAR oder NUMC des ABAP Dictionarys sein. Falls ein Vergleich nicht wahr ist, wird eine Fehlermeldung in der Statusleiste des aktuellen Fensters angezeigt und das zugehörige Eingabefeld wieder eingabebereit gemacht.

Beispiel
Überprüfung des Eingabefeldes für eine Fluggesellschaft.

```
PROCESS AFTER INPUT.
  FIELD carrier
        VALUES ('AA', NOT 'BA', BETWEEN 'QF' AND 'UA').
```

61.1.2.2 Ergebnis eines Datenbankzugriffs überprüfen

```
FIELD f SELECT *
        FROM dbtab
        WHERE col1 = f1 AND col2 = f2 ...
        [INTO wa]
        WHENEVER [NOT] FOUND
          SEND {ERRORMESSAGE|WARNING} [num [WITH p1 ... p4]].
```

Der Zusatz SELECT sucht bei Ausführung der Anweisung FIELD eine Zeile der Datenbanktabelle dbtab, deren Primärschlüsselfelder col1 col2 ... den Inhalten der Dynpro-Felder f1 f2 ... entsprechen. Die Datenbanktabelle dbtab muss im ABAP Dictionary definiert sein. In der WHERE-Bedingung müssen alle Primärschlüsselfelder der Datenbanktabelle in mit AND verknüpften Vergleichen mit Gleichheitszeichen (=) angegeben werden.

Je nachdem, ob der Zusatz NOT angegeben ist oder nicht, wird, falls entweder kein oder ein Eintrag in der Datenbanktabelle gefunden wurde, eine Fehlermeldung oder eine Warnung gesendet, wobei das Eingabefeld für das Dynpro-Feld f wieder eingabebereit gemacht wird. Die Nachrichtenklasse der zu sendenden Nachricht muss zweistellig sein und wird den ersten beiden Stellen der Angabe hinter dem Zusatz MESSAGE-ID der programmeinleitenden Anweisung des zugehörigen ABAP-Programms entnommen. Falls dort keine Nachrichtenklasse angegeben ist, wird eine Standardnachricht gesendet. Die Nachrichtennummer kann als Zahlenliteral num angegeben werden. Falls die Nachricht Platzhalter enthält, können diese wie bei der ABAP-Anweisung MESSAGE mit dem Zusatz WITH mit maximal vier Werten p1 bis p4 versorgt werden, die entweder als Textliterale oder Dynpro-Felder angegeben werden können.

Falls eine Zeile gefunden wird, kann ihr Inhalt einem Tabellenarbeitsbereich wa zugewiesen werden, dessen Struktur mit dem Zeilentyp von dbtab übereinstimmen muss. Ein solcher Tabellenarbeitsbereich wird im Dynpro durch die Übernahme von Dynpro-Feldern aus dem ABAP Dictionary deklariert.

Hinweis

Ohne Verwendung des Zusatzes INTO ist der Zusatz SELECT in etwa mit einer Subquery in Open SQL vergleichbar. Wird der Zusatz INTO verwendet, kann obige SELECT-Syntax auch als eigenständige Anweisung, d. h. ohne die Anweisung FIELD, in der Dynpro-Ablauflogik verwendet werden. Die Verwendung einer Dynpro-Anweisung SELECT ist aber ebenfalls obsolet und soll durch die entsprechende Open SQL-Anweisung im ABAP-Programm ersetzt werden.

Beispiel

Überprüfung, ob es für die Dynpro-Felder carrier und connect eine Zeile mit dem gleichen Primärschlüssel in der Datenbanktabelle spfli gibt. Das zugehörige ABAP-Programm muss in der programmeinleitenden Anweisung einen geeigneten Zusatz MESSAGE-ID enthalten.

```
PROCESS AFTER INPUT.
  FIELD connect
    SELECT *
           FROM spfli
           WHERE carrid = carrier AND connid = connect
           WHENEVER NOT FOUND SEND ERRORMESSAGE 107
             WITH carrier connect.
```

61.1.3 Obsolete Subscreen-Erweiterung

CALL CUSTOMER SUBSCREEN

Obsolete Syntax

`CALL CUSTOMER SUBSCREEN sub_area INCLUDING prog dynnr.`

Wie die entsprechende Variante von CALL SUBSCREEN (siehe Abschnitt 33.5.6) – mit dem Unterschied, dass das Subscreen-Dynpro nur dann eingebunden wird, wenn es in der Transaktion CMOD als Erweiterung aktiviert wurde. Das Subscreen-Dynpro muss Komponente einer Funktionsgruppe sein, deren Name mit »X« beginnt. Der Programmname prog muss als Literal angegeben werden und muss entsprechend mit SAPLX beginnen.

Hinweis

Statt der Durchführung von Erweiterungen über die Transaktion CMOD soll das neue schaltergesteuerte Erweiterungskonzept verwendet werden.

61.1.4 Obsolete Steploop-Verarbeitung

Steploops sind die Vorgänger von Table Controls und werden ohne individuelle Bezeichnung im Screen Painter definiert. In einem Steploop sind Bildschirmelemente, die im Gegensatz zu Table Controls mehrere Zeilen belegen können, zu einer Gruppe zusammengefasst, die innerhalb des Steploops mehrmals auf dem Bildschirmbild wiederholt werden kann. Die Attribute der Bildschirmelemente der ersten Gruppe bestimmen die Attribute des gesamten Steploops. Daher müssen die Felder einer Gruppe im Dynpro und im ABAP-Programm jeweils nur ein einziges Mal angelegt werden.

Im Screen Painter kann auch bestimmt werden, ob die Größe des Steploops fest oder variabel ist. Für jedes Bildschirmbild können mehrere feste, aber nur ein variabler Steploop definiert werden. Verändert der Benutzer die vertikale Größe des Fensters, ändert sich auch die vertikale Größe von variablen Steploops, wobei das Ereignis PAI ausgelöst wird.

Die Verarbeitung von Steploops und Table Controls beruht auf der Steploop-Technik, deren Hauptmerkmal die Anweisungen LOOP ... ENDLOOP in der Dynpro-Ablauflogik sind. Diese Anweisungen bewirken einen Schleifendurchlauf über die auf dem Bildschirmbild angezeigten Steploop-Zeilen und einen Datentransport zwischen ABAP-Programm und Dynpro für alle gleichnamigen Datenobjekte.

Eigenständige Steploops sind obsolet und wurden durch Table Controls abgelöst, die zwar auf Steploops basieren, diese aber kapseln. Dementsprechend sind die aufgeführten Varianten der LOOP-Anweisung in der Dynpro-Ablauflogik obsolet. Die LOOP-Anweisung der Dynpro-Ablauflogik soll nur noch mit dem Zusatz WITH CONTROL verwendet werden, der sie einem Table Control zuordnet.

LOOP – Steploop

Obsolete Syntax
```
LOOP [AT itab CURSOR top_line [INTO wa] [FROM n1] [TO n2]].
  ...
ENDLOOP.
```

Definition einer Schleife in der Dynpro-Ablauflogik. Die Schleife bearbeitet sequenziell die dargestellten Gruppen des zugehörigen Steploops, indem für jede Gruppe ein Schleifendurchgang ausgeführt wird. Der Anweisungsblock zwischen LOOP und ENDLOOP kann die Schlüsselwörter FIELD, MODULE und CHAIN – sowie die obsoleten SELECT und VALUES – der Ablauflogik enthalten. Eine Schachtelung von Schleifen ist nicht möglich. Schleifen können entweder ohne oder mit Bezug zu einer internen Tabelle ausgeführt werden.

Wenn Steploops in einem Dynpro definiert sind, muss für jeden Steploop sowohl im PBO-Verarbeitungsblock als auch im PAI-Verarbeitungsblock eine Schleife definiert werden. Die Zuordnung von Schleifen zu Steploops ergibt sich aus der Anordnung der Steploops auf dem Bildschirmbild, wobei primär die Zeilen und sekundär die Spalten gewertet werden.

Innerhalb eines Schleifendurchgangs enthält das Systemfeld sy-stepl die Zeilennummer der angezeigten Gruppe, gezählt ab der obersten sichtbaren Zeile. Das Systemfeld sy-loopc enthält die Anzahl der auf dem Bildschirmbild dargestellten Zeilen einer Gruppe.

61.1.4.1 Schleife ohne Tabellenbezug

```
LOOP.
  ...
ENDLOOP.
```

Wenn der Zusatz AT itab nicht angegeben ist, werden während eines Schleifendurchgangs die Inhalte der Dynpro-Felder der aktuellen Gruppe des Steploops von (beim Ereignis PBO) bzw. an (beim Ereignis PAI) gleichnamige Datenobjekte des ABAP-Programms transportiert.

Hinweis

Für Steploop-Felder, die mit Bezug auf das ABAP Dictionary definiert sind, müssen die gleichnamigen Datenobjekte des ABAP-Programms genau wie bei normalen Dynpro-Feldern mit TABLES deklariert sein, sonst findet kein Datentransport statt.

Beispiel

Im Layout des Bildschirmbildes eines Dynpros sind zwei Dynpro-Felder wa-col1 und wa-col2 zu einer Gruppe eines Steploops zusammengefasst, und die Dynpro-Ablauflogik enthält folgende Anweisungen:

```
PROCESS BEFORE OUTPUT.
  ...
  LOOP.
    MODULE tab_out.
  ENDLOOP.
  ...
PROCESS AFTER INPUT.
  ...
  LOOP.
    MODULE tab_in.
  ENDLOOP.
  ...
```

Es werden Schleifen über den Steploop ausgeführt und in den Schleifen zu PBO und PAI jeweils die Dialogmodule tab_out und tab_in aufgerufen. Der folgende Programmabschnitt zeigt, wie das zugehörige ABAP-Programm die Steploop-Felder im PBO-Modul tab_out aus einer internen Tabelle itab füllt und im PAI-Modul tab_in die interne Tabelle gemäß den Benutzereingaben in den Steploop modifiziert.

```
DATA: BEGIN OF wa,
        col1 TYPE i,
        col2 TYPE i,
      END OF wa,
      itab LIKE STANDARD TABLE OF wa.
...
MODULE tab_out OUTPUT.
  IF itab IS INITIAL.
    DO 40 TIMES.
      wa-col1 = sy-index.
      wa-col2 = sy-index ** 2.
      APPEND wa TO itab.
    ENDDO.
  ENDIF.
  READ TABLE itab INTO wa INDEX sy-stepl.
ENDMODULE.
...
MODULE tab_in INPUT.
  MODIFY itab FROM wa INDEX sy-stepl.
ENDMODULE.
```

61.1.4.2 Schleife mit Tabellenbezug

```
LOOP AT itab CURSOR top_line [INTO wa] [FROM n1] [TO n2].
  ...
ENDLOOP.
```

Wenn der Zusatz AT itab angegeben ist, wird während der Schleifenverarbeitung des Steploops parallel eine interne Tabelle itab des zugehörigen ABAP-Programms sequenziell verarbeitet. Dabei wird für jede Gruppe des Steploops eine Zeile der internen Tabelle bearbeitet. Die interne Tabelle itab muss eine Indextabelle sein.

Darüber hinaus wird für die Anzeige des zugehörigen Steploops eine Blätterleiste generiert, die es erlaubt, zwischen den Zeilen der internen Tabelle itab zu blättern und die entsprechenden Zeilen im Steploop darzustellen. Jedes Blättern löst das Ereignis PAI aus. Damit das Blättern funktioniert, muss der Zusatz AT itab sowohl im PBO- als auch im PAI-Verarbeitungsblock angegeben werden.

Die Zusätze CURSOR, INTO, TO und FROM können nur im PBO-, nicht aber im PAI-Verarbeitungsblock angegeben werden.

Mit dem Zusatz CURSOR wird gesteuert, bei welcher Zeile der internen Tabelle deren Verarbeitung zum Zeitpunkt PBO beginnt, also der Inhalt welcher Zeile als Erstes im Steploop angezeigt wird. Für top_line muss ein globales Datenobjekt des ABAP-Programms vom Typ i angegeben werden. Wenn der Inhalt von top_line kleiner als 1 oder der Wert von n1 ist, wird er implizit auf 1 bzw. auf den Wert von n1 gesetzt. Wenn er größer als die Anzahl der Zeilen in der internen Tabelle oder als der Wert von n2 ist, wird der Steploop nicht angezeigt. Bei jedem PAI-Ereignis wird top_line auf den Index der ersten angezeigten Tabellenzeile gesetzt.

Mit dem Zusatz INTO wird ein Arbeitsbereich wa angegeben, dem zum Zeitpunkt PBO für jeden Schleifendurchgang die aktuelle Zeile der internen Tabelle zugewiesen wird. Ist der Zusatz wa nicht angegeben, muss eine interne Tabelle mit Kopfzeile verwendet werden, die dann implizit anstelle von wa verwendet wird. Der Inhalt von wa bzw. der Kopfzeile wird nach der Zuweisung an die gleichnamigen Felder in der aktuellen Gruppe des Steploops transportiert. Der Arbeitsbereich wa muss ein zum Zeilentyp der internen Tabelle passendes globales Datenobjekt des ABAP-Programms sein. Zum Zeitpunkt PAI wird dagegen nur der Arbeitsbereich wa bzw. die Kopfzeile der internen Tabelle durch den Inhalt der Steploop-Felder versorgt. Der Inhalt der internen Tabelle wird nicht automatisch modifiziert.

Mit den Zusätzen FROM und TO können die verarbeitbaren Zeilen der internen Tabelle eingeschränkt werden. Die sequenzielle Bearbeitung der Tabelle beginnt mit der Zeile, deren Index in n1 enthalten ist, und endet mit der Zeile, deren Index in n2 enthalten ist. Falls die Zusätze nicht angegeben sind, beginnt die Verarbeitung bei der ersten bzw. endet bei der letzten Zeile. Für n1 und n2 müssen globale Datenobjekte des ABAP-Programms vom Typ i angegeben werden. Der Wert von n2 muss größer als der von n1 sein und innerhalb der Anzahl der Zeilen der internen Tabelle liegen. Wenn der Wert von n1 kleiner oder gleich 0 ist, wird er implizit auf 1 gesetzt.

Beispiel

Im Layout des Bildschirmbildes eines Dynpros sind zwei Dynpro-Felder wa-col1 und wa-col2 zu einer Gruppe eines Steploops zusammengefasst, und die Dynpro-Ablauflogik enthält folgende Anweisungen:

```
PROCESS BEFORE OUTPUT.
  ...
  MODULE tab_init.
  LOOP AT itab CURSOR top_line INTO wa.
  ENDLOOP.
  ...
PROCESS AFTER INPUT.
  ...
  MODULE get_first_line.
  LOOP AT itab.
    MODULE tab_in.
  ENDLOOP.
  ...
```

Es werden parallele Schleifen über den Steploop und die interne Tabelle itab ausgeführt. Zu PBO wird in der Schleife kein Dialogmodul gerufen. Stattdessen wird vorher das Modul tab_init zum Vorbereiten der internen Tabelle itab aufgerufen. Zu PAI wird in der Schleife das Modul tab_in zum Modifizieren der internen Tabelle gemäß den Benutzereingaben in den Steploop aufgerufen. Vorher wird das Modul get_first_line aufgerufen, um den Index der ersten angezeigten Tabellenzeile in der Hilfsvariablen line zu speichern. Dies ist notwendig, da der Inhalt von top_line geändert wird, wenn der Benutzer blättert. Der folgende Programmabschnitt zeigt die Dialogmodule des zugehörigen ABAP-Programms:

```
DATA: BEGIN OF wa,
        col1 TYPE i,
        col2 TYPE i,
      END OF wa,
      itab LIKE TABLE OF wa.
DATA: top_line TYPE i,
      line TYPE i,
      idx TYPE i.
...
MODULE tab_init OUTPUT.
  IF itab IS INITIAL.
    DO 40 TIMES.
      wa-col1 = sy-index.
      wa-col2 = sy-index ** 2.
      APPEND wa TO itab.
    ENDDO.
  ENDIF.
ENDMODULE.
...
MODULE get_first_line INPUT.
  line = top_line.
```

```
ENDMODULE.
MODULE tab_in INPUT.
  idx = sy-stepl + line - 1.
  MODIFY itab FROM wa INDEX idx.
ENDMODULE.
```

61.2 Obsolete Listenverarbeitung

Klassische Listen sollen in produktiven Anwendungsprogrammen ohnehin nicht mehr verwendet werden. Anstelle klassischer Listen soll der SAP List Viewer (ALV) verwendet werden. Wenn noch klassische Listen zum Einsatz kommen, sollten die im Folgenden beschriebenen Sprachkonstrukte keinesfalls mehr verwendet werden.

61.2.1 Obsolete Formatierungen

61.2.1.1 Schwache Hintergrundfarbe einstellen

DETAIL

Obsolete Syntax
DETAIL.

Diese in Klassen verbotene Anweisung ist gleichbedeutend mit folgender Anweisung und wird durch diese ersetzt: FORMAT INTENSIFIED OFF.

61.2.1.2 Intensive Hintergrundfarbe einstellen

SUMMARY

Obsolete Syntax
SUMMARY.

Diese in Klassen verbotene Anweisung ist gleichbedeutend mit folgender Anweisung und wird durch diese ersetzt: FORMAT INTENSIFIED ON.

61.2.1.3 Eingabefelder anlegen

INPUT

Obsolete Syntax
INPUT.

Diese in Klassen verbotene Anweisung ist gleichbedeutend mit folgender Anweisung und wird durch diese ersetzt: FORMAT INPUT ON.

61.2.2 Obsolete Berechnungen

61.2.2.1 Minimalwert bestimmen

```
MINIMUM
```

Obsolete Syntax
```
MINIMUM dobj.
```

Bei jeder `WRITE`-Anweisung, die nach Ausführung der in Klassen verbotenen Anweisung `MINIMUM` den Inhalt des Datenobjekts `dobj` auf eine Liste einer beliebigen Listenstufe schreibt, wird implizit der Minimalwert aller seit Ausführung der Anweisung `MINIMUM` mit `WRITE` ausgegebenen Werte von `dobj` bestimmt und einem Datenobjekt `min_dobj` zugewiesen.

Die Anweisung `MINIMUM` deklariert das globale Datenobjekt `min_dobj` mit dem gleichen Typ wie `dobj`. Für `dobj` können alle Datenobjekte angegeben werden, die mit der Anweisung `WRITE` auf eine Liste geschrieben werden können. Die Anweisung `MINIMUM` darf nicht innerhalb einer Prozedur aufgeführt sein, und sie darf nur einmal in einem Programm aufgeführt werden.

Hinweis
Diese Anweisung ist in Klassen verboten, da sie mit implizit angelegten globalen Variablen arbeitet. Stattdessen kann beispielsweise die eingebaute Funktion `nmin` verwendet werden.

61.2.2.2 Maximalwert bestimmen

```
MAXIMUM
```

Obsolete Syntax
```
MAXIMUM dobj.
```

Bei jeder `WRITE`-Anweisung, die nach Ausführung der in Klassen verbotenen Anweisung `MAXIMUM` den Inhalt des Datenobjekts `dobj` auf eine Liste einer beliebigen Listenstufe schreibt, wird implizit der Maximalwert aller seit Ausführung der Anweisung `MAXIMUM` mit `WRITE` ausgegebenen Werte von `dobj` bestimmt und einem Datenobjekt `max_dobj` zugewiesen.

Die Anweisung `MAXIMUM` deklariert das globale Datenobjekt `max_dobj` mit dem gleichen Typ wie `dobj`. Für `dobj` können alle Datenobjekte angegeben werden, die mit der Anweisung `WRITE` auf eine Liste geschrieben werden können. Die Anweisung `MAXIMUM` darf nicht innerhalb einer Prozedur aufgeführt sein, und sie darf nur einmal in einem Programm aufgeführt werden.

Hinweis
Diese Anweisung darf nicht mehr verwendet werden, da sie mit implizit angelegten globalen Variablen arbeitet. Stattdessen kann beispielsweise die eingebaute Funktion `nmax` verwendet werden.

61.2.2.3 Summe bestimmen

```
SUMMING
```

Obsolete Syntax
```
SUMMING dobj.
```

Bei jeder `WRITE`-Anweisung, die nach Ausführung der in Klassen verbotenen Anweisung `SUMMING` den Inhalt des Datenobjekts `dobj` auf eine Liste einer beliebigen Listenstufe schreibt, wird implizit die Summe aller seit Ausführung der Anweisung `SUMMING` mit `WRITE` ausgegebenen Werte von `dobj` bestimmt und einem Datenobjekt `sum_dobj` zugewiesen.

Die Anweisung `SUMMING` deklariert das globale Datenobjekt `sum_dobj` mit dem gleichen Typ wie `dobj`. Für `dobj` können numerische Datenobjekte angegeben werden. Die Anweisung `SUMMING` darf nur einmal in einem Programm aufgeführt werden. Sie kann zwar innerhalb einer Prozedur aufgeführt sein, das deklarierte Datenobjekt `sum_dobj` ist aber nicht lokal.

Wenn der Inhalt von `dobj` in einer `WRITE`-Anweisung nach Ausführung der Anweisung `SUMMING` nicht als Zahl interpretiert werden kann oder die Addition zu einem Überlauf führt, kommt es zu einer unbehandelbaren Ausnahme.

Hinweis
Diese Anweisung darf nicht mehr verwendet werden, da sie mit implizit angelegten globalen Variablen arbeitet. Stattdessen können explizite Berechnungen vorgenommen werden.

Beispiel
Implizite Bestimmung von Minimum, Maximum und Summe einer Liste von Flugdistanzen.

```
PARAMETERS p_carrid TYPE spfli-carrid.
DATA spfli_wa TYPE spfli.
MINIMUM spfli_wa-distance.
MAXIMUM spfli_wa-distance.
SUMMING spfli_wa-distance.
SELECT carrid connid distance
       FROM spfli
       INTO CORRESPONDING FIELDS OF spfli_wa
       WHERE carrid = p_carrid.
  WRITE: / spfli_wa-carrid, spfli_wa-connid,
           spfli_wa-distance.
ENDSELECT.
ULINE.
WRITE: min_spfli_wa-distance,
       max_spfli_wa-distance,
       sum_spfli_wa-distance.
```

Ohne die Verwendung der impliziten Anweisungen `MINIMUM`, `MAXIMUM` und `SUMMING` kann das gleiche Ergebnis mit explizit berechneten Hilfsfeldern erzielt werden.

```
PARAMETERS p_carrid TYPE spfli-carrid.
DATA: spfli_wa      TYPE spfli,
      min_distance  TYPE spfli-distance VALUE +99999,
```

```abap
        max_distance TYPE spfli-distance VALUE -99999,
        sum_distance TYPE spfli-distance.
SELECT carrid connid distance
    FROM spfli
    INTO CORRESPONDING FIELDS OF spfli_wa
    WHERE carrid = p_carrid.
  WRITE: / spfli_wa-carrid, spfli_wa-connid,
           spfli_wa-distance.
  IF spfli_wa-distance < min_distance.
    min_distance = spfli_wa-distance.
  ENDIF.
  IF spfli_wa-distance > max_distance.
    max_distance = spfli_wa-distance.
  ENDIF.
  sum_distance = sum_distance + spfli_wa-distance.
ENDSELECT.
ULINE.
WRITE: min_distance,
       max_distance,
       sum_distance.
```

61.2.3 Obsoletes Listenereignis

```
AT PF
```

Obsolete Syntax
```
AT PFnn.
```

Reaktion auf ein obsoletes Listenereignis. Diese obsolete Anweisung definiert einen Ereignisblock, dessen Ereignis von der ABAP-Laufzeitumgebung während der Anzeige einer Liste ausgelöst wird, wenn der Bildschirm-Cursor auf einer Listenzeile steht und eine Funktion mit dem Funktionscode PFnn ausgewählt wird, wobei nn für eine Zahl zwischen 01 und 24 steht. Im Standardlistenstatus sind diese Funktionscodes den Funktionstasten des Eingabegeräts zugeordnet.

Hinweis
Anstelle von AT PFnn soll immer AT USER-COMMAND verwendet und den gewünschten Funktionstasten sollen eigene Funktionscodes zugeordnet werden.

61.2.4 Obsoletes Drucken

61.2.4.1 Obsolete Druckparameter

Bei den Anweisungen zur Erstellung von Drucklisten NEW-PAGE PRINT ON und SUBMIT ... TO SAP-SPOOL muss immer dafür gesorgt werden, dass entweder das Druckdialogfenster angezeigt wird oder dass ein konsistenter Satz von Druckparametern übergeben wird. Zur Übergabe der Druckparameter dienen die Zusätze [SPOOL] PARAMETERS und ARCHIVE PARAMETERS.

Neben diesen beiden Zusätzen gibt es noch einen Satz obsoleter Zusätze `ARCHIVE MODE`, `COPIES`, `COVER PAGE`, `COVER TEXT`, `DESTINATION`, `DATASET EXPIRATION`, `DEPARTMENT`, `IMMEDIATELY`, `KEEP IN SPOOL`, `LAYOUT`, `LINE-COUNT`, `LINE-SIZE`, `LIST AUTHORITY`, `LIST DATASET`, `LIST NAME`, `NEW LIST IDENTIFICATION`, `RECEIVER` und `SAP COVER PAGE`, von denen jeder nur einen einzelnen Druckparameter übergibt und bei denen die Konsistenz und Vollständigkeit der übergebenen Parameter nicht sichergestellt werden kann. Diese obsoleten Zusätze werden durch die Zusätze `[SPOOL] PARAMETERS` und `ARCHIVE PARAMETERS` ersetzt. Die Namen und Parameter der obsoleten Zusätze entsprechen im Wesentlichen den Eingabeparametern des Funktionsbausteins GET_PRINT_PARAMETERS (siehe Abschnitt 36.5.3).

61.2.4.2 Obsoletes Erzeugen eines Spool-Auftrags

```
NEW-SECTION
```

Obsolete Syntax
```
NEW-SECTION.
```

Diese in Klassen verbotene Anweisung zum Anlegen eines neuen Spool-Auftrags ist gleichbedeutend mit folgender Anweisung und wird durch diese ersetzt: `NEW-PAGE PRINT ON NEW-SECTION`.

Hinweis
Die obsolete Anweisung erlaubt nicht die Angabe der obligatorischen Druckparameter.

61.3 Obsoleter Texteditor

```
EDITOR-CALL FOR itab
```

Obsolete Syntax
```
EDITOR-CALL FOR itab [TITLE title]
                    [{DISPLAY-MODE}|{BACKUP INTO jtab}].
```

Diese Anweisung übergibt den Inhalt der internen Tabelle itab an einen Texteditor, der in ein Fenster des SAP GUIs integriert ist, und ruft diesen auf. Die interne Tabelle muss eine Standardtabelle ohne sekundäre Tabellenschlüssel mit zeichenartigem Zeilentyp sein.

Der Texteditor basiert auf einem im aktuellen Fenster angezeigten GUI Control und hat einen eigenen GUI-Status, der teilweise mit dem des ABAP Editors übereinstimmt. Der Texteditor hat je nach Einstellung eine Zeilenbreite von 255 oder 72 Zeichen. Diese Einstellung kann im GUI-Status vorgenommen werden und gilt gleichzeitig auch für den ABAP Editor und umgekehrt.

Der Inhalt der Tabellenzeilen wird nach den Konvertierungsregeln für elementare Datentypen zeilenweise in ein Feld vom Typ c der Länge 255 bzw. 72 konvertiert und in den Texteditor gestellt. Wenn der Texteditor über die Funktion SICHERN verlassen wird, wird der vorherige Inhalt der Tabelle gelöscht und der Inhalt jeder Zeile des Editors von oben nach unten an die interne Tabelle angehängt. Dabei findet, falls erforderlich, eine Konvertierung vom Typ c der Länge 255 bzw. 72 in den Zeilentyp der internen Tabelle statt.

Hinter dem Zusatz TITLE kann ein zeichenartiges Datenobjekt title angegeben werden. Die ersten 50 Zeichen von title werden in der Titelzeile des Texteditors angezeigt. Wenn der Zusatz DISPLAY-MODE angegeben ist, wird der Texteditor im Anzeigemodus aufgerufen. Wenn der Zusatz BACKUP INTO angegeben ist, wird der Inhalt der internen Tabelle itab vor Aufruf des Texteditors einer internen Tabelle jtab zugewiesen. Die Tabellenart von jtab ist beliebig. Die Zeilentypen müssen kompatibel oder konvertibel sein.

Systemfelder

sy-subrc	Bedeutung
0	Der Texteditor wurde über die Funktion SICHERN verlassen, nachdem Inhalt geändert wurde.
2	Der Texteditor wurde über die Funktion SICHERN verlassen, ohne dass Inhalt geändert wurde.
4	Der Texteditor wurde nicht über die Funktion SICHERN verlassen.

Hinweis

Diese Anweisung wird durch die Verwendung des Control Frameworks ersetzt, in dem die Klasse CL_GUI_TEXTEDIT das entsprechende GUI Control verschalt.

Beispiel

Aufruf eines Texteditors für eine Texttabelle. Die Verarbeitung im IF-ENDIF-Anweisungsblock wird nur dann durchgeführt, wenn der Inhalt der Tabelle tatsächlich geändert wurde, wofür sy-subrc gleich 0 allein keine Gewähr ist.

```
TYPES text TYPE c LENGTH 255.
DATA: text_tab TYPE TABLE OF text,
      back_tab LIKE text_tab.
EDITOR-CALL FOR text_tab BACKUP INTO back_tab.
IF sy-subrc = 0 AND
   text_tab <> back_tab.
   ...
ENDIF.
```

62 Obsolete Verarbeitung externer Daten

62.1 Obsolete Datenbankzugriffe

62.1.1 Obsolete Kurzformen in Open SQL

```
SELECT, INSERT, UPDATE, MODIFY, DELETE - Kurzformen
```

Obsolete Syntax
```
SELECT result FROM { dbtab | *dbtab }
INSERT { dbtab | *dbtab }
UPDATE { dbtab | *dbtab }
MODIFY { dbtab | *dbtab }
DELETE { dbtab | *dbtab }
```

Diese obsoleten Kurzformen von Open SQL-Anweisungen sind in Klassen verboten. Sie beruhen auf der impliziten Verwendung eines Tabellenarbeitsbereichs. Sie entsprechen folgenden Open SQL-Anweisungen zum Zugriff auf eine einzelne Datenbanktabelle dbtab:

```
SELECT result FROM dbtab INTO { dbtab | *dbtab } ...
INSERT dbtab FROM { dbtab | *dbtab } ...
UPDATE dbtab FROM { dbtab | *dbtab } ...
MODIFY dbtab FROM { dbtab | *dbtab } ...
DELETE dbtab FROM { dbtab | *dbtab } ...
```

In den Kurzformen entfällt die explizite Angabe eines Arbeitsbereichs. Als Arbeitsbereich wird implizit ein Tabellenarbeitsbereich dbtab oder *dbtab verwendet, der mit TABLES deklariert sein muss. Wenn anstelle des Namens der Datenbanktabelle dbtab die Bezeichnung *dbtab verwendet wird, wird zwar auf dbtab zugegriffen, aber der zusätzliche Tabellenarbeitsbereich verwendet.

Hinweis
Statt der Kurzform muss ein expliziter Arbeitsbereich verwendet werden.

62.1.2 Obsolete Cursor-Verarbeitung in Native SQL

```
EXEC SQL - PERFORMING
```

Obsolete Syntax
```
EXEC SQL PERFORMING subr.
  SELECT ... INTO :wa1 :wa2 ...
ENDEXEC.
```

Wenn hinter EXEC SQL der in Klassen verbotene Zusatz PERFORMING angegeben ist, führt die Native SQL-Schnittstelle eine implizite Cursor-Verarbeitung aus. Als Native SQL-Anweisung kann ausschließlich eine SELECT-Anweisung angegeben werden. Die Native SQL-Schnittstelle öffnet einen Cursor für die SELECT-Anweisung und liest die entsprechenden Daten zeilenweise aus. Nach jedem erfolgreichen Auslesen einer Zeile wird das Unterprogramm subr aufgerufen. Das Unterprogramm `subr` muss im gleichen ABAP-Programm definiert sein und darf keine Parameterschnittstelle haben.

Wenn die in der `SELECT`-Anweisung hinter `INTO` angegebenen Hostvariablen globale Datenobjekte des ABAP-Programms sind, können sie im Unterprogramm ausgewertet werden. Im Unterprogramm enthält `sy-dbcnt` die Anzahl der bisher gelesenen Zeilen und `sy-subrc` den Wert 0. Hinter der Anweisung `ENDEXEC` enthält `sy-dbcnt` die Anzahl der insgesamt gelesenen Zeilen und `sy-subrc` den Wert 4, da keine Zeile mehr über den impliziten Cursor gelesen werden konnte.

Hinweis
Die implizite Cursor-Verarbeitung über den Zusatz `PERFORMING` ist in Klassen unbrauchbar, da Methoden globaler Klassen keinen Zugriff auf die globalen Daten und die Unterprogramme des aufrufenden ABAP-Programms haben. Stattdessen sollte die explizite Cursor-Verarbeitung verwendet werden.

Beispiel
Auslesen mehrerer Zeilen aus der Datenbanktabelle SCARR und Aufruf des Unterprogramms `evaluate` für jede gelesene Zeile.

```abap
DATA wa TYPE spfli-carrid.
EXEC SQL PERFORMING evaluate.
  SELECT carrid FROM spfli INTO :wa WHERE mandt = :sy-mandt
ENDEXEC.
FORM evaluate.
  WRITE / wa.
ENDFORM.
```

62.1.2.1 Obsolete Cursor-Verarbeitung verlassen

`EXIT FROM SQL`

Syntax
`EXIT FROM SQL.`

Diese in Klassen verbotene Anweisung wird nur während der Verarbeitung von Unterprogrammen ausgeführt, die mit dem ebenfalls obsoleten Zusatz `PERFORMING` der Anweisung `EXEC SQL` aufgerufen wurden, andernfalls wird sie ignoriert. Die Anweisung bewirkt, dass die implizite Cursor-Verarbeitung nach der Beendigung des aktuellen Unterprogramms abgebrochen wird. Die Verarbeitung des aufrufenden ABAP-Programms wird hinter `ENDEXEC` fortgesetzt, wobei `sy-dbcnt` die Anzahl der bis dahin gelesenen Zeilen und `sy-subrc` den Wert 4 enthält.

62.1.3 Obsolete Zugriffsanweisungen

Die folgenden Anweisungen gehören nicht zu Open SQL, sondern sind dessen Vorgänger. Die Schlüsselwörter der obsoleten Zugriffsanweisungen sind nicht an SQL, sondern an die Verarbeitungsanweisungen für interne Tabellen angelehnt. Die hier aufgeführten Anweisungen sind nur aus Gründen der Abwärtskompatibilität und nur für Datenbanktabellen möglich, deren Name mit "T" beginnt und höchstens fünf Zeichen umfasst.

Hinweise

- Hinsichtlich der hier aufgeführten Anweisungen MODIFY und DELETE gibt es Überschneidungen mit den ebenfalls obsoleten Kurzformen von Open SQL. Da es die Schlüsselwörter MODIFY und DELETE auch in SQL gibt, wurden diese Anweisungen nach Open SQL überführt. Nur in Verbindung mit dem Zusatz VERSION sind MODIFY und DELETE keine Open SQL-Anweisungen.
- Die obsoleten Zugriffsanweisungen unterstützen keine automatische Mandantenbehandlung. Die Mandantenkennung einer Datenbanktabelle muss explizit angegeben werden. Dabei ist zu beachten, dass in Anwendungsprogrammen nur mit den Daten des aktuellen Mandanten gearbeitet werden soll. In Systemen mit Multitenancy wird dies von der ABAP-Laufzeitumgebung überprüft.

62.1.3.1 Obsoletes Lesen einer Zeile

```
READ TABLE dbtab
```

Obsolete Syntax
```
READ TABLE { dbtab | *dbtab }
       [WITH KEY key]
       [SEARCH {FKEQ|FKGE|GKEQ|GKGE}]
       [VERSION vers].
```

Diese in Klassen verbotene Variante der Anweisung READ liest eine Zeile aus der Datenbanktabelle dbtab und weist deren Inhalt einem Arbeitsbereich zu. Als Arbeitsbereich wird implizit ein Tabellenarbeitsbereich dbtab oder *dbtab verwendet, der mit der Anweisung TABLES deklariert sein muss. Wenn anstelle des Namens der Datenbanktabelle dbtab die Bezeichnung *dbtab verwendet wird, wird zwar auf dbtab zugegriffen, aber der zusätzliche Tabellenarbeitsbereich verwendet.

Für dbtab muss der Name einer Datenbanktabelle angegeben werden, der mit "T" beginnt und höchstens fünf Zeichen umfasst. Wenn eine Datenbanktabelle angegeben ist, die nicht mit "T" beginnt, wird der erste Buchstabe implizit durch "T" ersetzt.

Ohne den Zusatz WITH KEY wird die auszulesende Zeile durch den Inhalt der Komponenten des Tabellenarbeitsbereichs, die den Primärschlüsselfeldern der Datenbanktabelle dbtab entsprechen, bestimmt. Mit dem Zusatz WITH KEY wird der Schlüssel durch den Inhalt des Datenobjekts key bestimmt, für das ein flacher zeichenartiger Datentyp erwartet wird. Der Inhalt des Tabellenarbeitsbereichs bzw. des Datenobjekts key wird linksbündig in der Länge der Schlüsselkomponenten der Datenbanktabelle als Suchschlüssel entnommen und dann nach einem passenden Eintrag in der Datenbanktabelle gesucht.

Der Zusatz SEARCH bestimmt, wie die Zeile gesucht wird:

- Ohne den Zusatz SEARCH und mit SEARCH FKEQ wird nach der ersten Zeile in der Datenbanktabelle gesucht, die mit dem entnommenen Suchschlüssel übereinstimmt.
- Mit SEARCH GKEQ wird generisch nach der ersten Zeile in der Datenbanktabelle gesucht, die mit dem entnommenen Suchschlüssel übereinstimmt. Leerzeichen werden dabei im Suchschlüssel so behandelt, als würden sie mit allen Werten übereinstimmen.

- Mit SEARCH FKGE wird nach der ersten Zeile in der Datenbanktabelle gesucht, die größer oder gleich dem entnommenen Suchschlüssel ist.
- Mit SEARCH GKGE wird generisch nach der ersten Zeile in der Datenbanktabelle gesucht, die größer oder gleich dem entnommenen Suchschlüssel ist. Leerzeichen werden dabei im Suchschlüssel so behandelt, als würden sie mit allen Werten übereinstimmen.

Wenn der Zusatz VERSION angegeben ist, wird nicht die Datenbanktabelle dbtab ausgelesen, sondern die Tabelle, deren Name sich aus "T" und dem Inhalt von vers zusammensetzt. Für vers muss ein maximal vierstelliges Datenobjekt vom Typ c angegeben werden. Wenn die Datenbanktabelle nicht vorhanden ist, wird sy-subrc auf 12 gesetzt. Die Zeileninhalte werden weiterhin dem Tabellenarbeitsbereich dbtab bzw. *dbtab zugewiesen, wobei auf dessen Typ gecastet wird. Wenn der Tabellenarbeitsbereich zu kurz ist, wird sy-subrc auf 8 gesetzt. In Unicode-Programmen müssen alle Komponenten des Tabellenarbeitsbereichs, die Primärschlüsselfeldern der Datenbanktabelle dbtab entsprechen, zeichenartig sein.

Systemfelder

sy-subrc	Bedeutung
0	Es wurde ein Tabelleneintrag gelesen.
4	Zu dem angegebenen Suchschlüssel wurde kein Tabelleneintrag gefunden.
8	Der Tabellenarbeitsbereich ist zu kurz.
12	Die Datenbanktabelle wurde nicht gefunden.

Hinweis
Diese Form der READ-Anweisung ist obsolet und muss durch die SELECT-Anweisung ersetzt werden.

62.1.3.2 Obsoletes sequenzielles Lesen

```
LOOP AT dbtab
```

Obsolete Syntax
```
LOOP AT { dbtab | *dbtab } [VERSION vers].
  ...
ENDLOOP.
```

Die Anweisungen LOOP und ENDLOOP definieren eine in Klassen verbotene Schleife um einen Anweisungsblock. Für dbtab muss der Name einer Datenbanktabelle angegeben werden, der mit "T" beginnt und höchstens fünf Zeichen umfasst. Für die Datenbanktabelle dbtab muss mit der Anweisung TABLES ein Tabellenarbeitsbereich oder ein zusätzlicher Tabellenarbeitsbereich deklariert sein.

Die Anweisung LOOP liest in jedem Schleifendurchlauf eine Zeile aus der Datenbanktabelle dbtab und weist deren Inhalt entweder dem Tabellenarbeitsbereich oder bei Angabe von *dbtab dem zusätzlichen Tabellenarbeitsbereich zu. Welche Zeilen ausgelesen werden, wird durch den Inhalt der Komponenten des verwendeten Tabellenarbeitsbereichs, die den Primärschlüsselfeldern der Datenbanktabelle dbtab entsprechen, bestimmt. Vor dem ersten Schleifendurchlauf wird der Inhalt dieser Komponenten linksbündig als Suchschlüssel entnommen, und es wird generisch nach passenden Einträgen in der Datenbanktabelle gesucht. Leerzeichen werden dabei im Suchschlüssel so behandelt, als würden sie mit allen Werten übereinstimmen.

Wenn eine Datenbanktabelle angegeben ist, die nicht mit "T" beginnt, wird der erste Buchstabe implizit durch "T" ersetzt. Die Schleife wird nicht ausgeführt, wenn die Datenbanktabelle nicht vorhanden ist.

Wenn der Zusatz VERSION angegeben ist, wird nicht die Datenbanktabelle dbtab ausgelesen, sondern die Tabelle, deren Name sich aus "T" und dem Inhalt von vers zusammensetzt. Für vers muss ein maximal vierstelliges Datenobjekt vom Typ c angegeben werden. Die Zeileninhalte werden weiterhin dem Tabellenarbeitsbereich dbtab bzw. *dbtab zugewiesen, wobei auf dessen Typ gecastet wird. Wenn der Tabellenarbeitsbereich zu kurz ist, kommt es zu einem Laufzeitfehler. In Unicode-Programmen müssen alle Komponenten des Tabellenarbeitsbereichs, die Primärschlüsselfeldern der Datenbanktabelle dbtab entsprechen, zeichenartig sein.

Systemfelder

sy-subrc	Bedeutung
12	Die Datenbanktabelle wurde nicht gefunden.

Hinweis
Diese Form der LOOP-Schleife muss durch eine SELECT-Anweisung ersetzt werden.

62.1.3.3 Obsoletes Lesen in eine interne Tabelle

```
REFRESH itab FROM
```

Obsolete Syntax
```
REFRESH itab FROM TABLE { dbtab | *dbtab }.
```

Die in Klassen verbotene Variante der Anweisung REFRESH initialisiert die interne Tabelle itab, liest mehrere Zeilen aus der Datenbanktabelle dbtab und hängt deren Inhalt an die interne Tabelle itab an. Die Zeileninhalte werden auf den Zeilentyp der internen Tabelle gecastet. Wenn der Zeilentyp der internen Tabelle zu kurz ist, wird rechts abgeschnitten.

Für dbtab muss der Name einer Datenbanktabelle angegeben werden, der mit "T" beginnt und höchstens fünf Zeichen umfasst. Für die Datenbanktabelle dbtab muss mit der Anweisung TABLES ein Tabellenarbeitsbereich oder ein zusätzlicher Tabellenarbeitsbereich deklariert sein. Die interne Tabelle itab muss eine Indextabelle sein. Wenn die Datenbanktabelle nicht den oben angegebenen Namenskonventionen entspricht, ist das Verhalten der Anweisung undefiniert.

Welche Zeilen ausgelesen werden, wird durch den Inhalt der Komponenten des verwendeten Tabellenarbeitsbereichs, die den Primärschlüsselfeldern der Datenbanktabelle dbtab entsprechen, bestimmt. Der Inhalt dieser Komponenten wird linksbündig als Suchschlüssel entnommen, und es wird generisch nach passenden Einträgen in der Datenbanktabelle gesucht. Leerzeichen werden dabei im Suchschlüssel so behandelt, als würden sie mit allen Werten übereinstimmen. In Unicode-Programmen müssen alle Komponenten des Tabellenarbeitsbereichs, die Primärschlüsselfeldern der Datenbanktabelle dbtab entsprechen, zeichenartig sein.

Die Anweisung setzt sy-subrc immer auf 0.

Hinweis
Diese Form der REFRESH-Anweisung muss durch eine SELECT-Anweisung ersetzt werden.

62.1.3.4 Obsoletes Ändern von Zeilen

```
MODIFY dbtab - VERSION
```

Obsolete Syntax
```
MODIFY { dbtab | *dbtab } VERSION vers.
```

Diese Variante der Anweisung MODIFY wirkt im Wesentlichen wie die Kurzform der Open SQL-Anweisung, gehört mit dem Zusatz VERSION aber zur Reihe obsoleter Zugriffsanweisungen, bei denen für dbtab der Name einer Datenbanktabelle angegeben werden muss, der mit "T" beginnt und höchstens fünf Zeichen umfasst.

Der in Klassen verbotene Zusatz VERSION bewirkt, dass nicht die Datenbanktabelle dbtab, sondern die Tabelle, deren Name sich aus "T" und dem Inhalt von vers zusammensetzt, bearbeitet wird. Für vers muss ein maximal vierstelliges Datenobjekt vom Typ c angegeben werden. Die Zeileninhalte werden weiterhin dem Tabellenarbeitsbereich dbtab bzw. dbtab* entnommen. Die Anweisung wird nicht ausgeführt, wenn die Datenbanktabelle nicht vorhanden ist oder nicht den oben angegebenen Namenskonventionen entspricht. Zusammen mit VERSION dürfen keine der in Open SQL möglichen Zusätze angegeben werden.

Hinweis
Statt dem Zusatz VERSION muss die Datenbanktabelle in Open SQL dynamisch angegeben werden.

62.1.3.5 Obsoletes Löschen von Zeilen

```
DELETE dbtab - VERSION
```

Obsolete Syntax
```
DELETE { dbtab | *dbtab } VERSION vers.
```

Diese Variante der Anweisung DELETE wirkt im Wesentlichen wie die Kurzform der Open SQL-Anweisung, gehört mit dem Zusatz VERSION aber zur Reihe obsoleter Zugriffsanweisungen, bei denen für dbtab der Name einer Datenbanktabelle angegeben werden muss, der mit "T" beginnt und höchstens fünf Zeichen umfasst.

Der in Klassen verbotene Zusatz VERSION bewirkt, dass nicht die Datenbanktabelle dbtab, sondern die Tabelle, deren Name sich aus "T" und dem Inhalt von vers zusammensetzt, bearbeitet wird. Für vers muss ein maximal vierstelliges Datenobjekt vom Typ c angegeben werden. Die Inhalte der Schlüsselfelder werden weiterhin dem Tabellenarbeitsbereich dbtab bzw. dbtab* entnommen. Die Anweisung wird nicht ausgeführt, wenn die Datenbanktabelle nicht vorhanden ist oder nicht den oben angegebenen Namenskonventionen entspricht. Zusammen mit `VERSION` dürfen keine der in Open SQL möglichen Zusätze angegeben werden.

Hinweis
Statt dem Zusatz `VERSION` muss die Datenbanktabelle in Open SQL dynamisch angegeben werden.

62.2 Obsolete Daten-Cluster-Zugriffe

62.2.1 Obsolete Kurzformen

`EXPORT, IMPORT` – Kurzform der Parameterliste

Obsolete Syntax
```
EXPORT dobj1 dobj2 ... TO medium [COMPRESSION {ON|OFF}].
IMPORT dobj1 dobj2 ... FROM medium [conversion_options].
```

Wenn in den Parameterlisten der Anweisungen `EXPORT` oder `IMPORT` die Kurzform `dobj1 dobj2 ...` anstelle von `p1 = dobj1 p2 = dobj2 ...` oder `p1 FROM|TO dobj1 p2 FROM|TO dobj2` verwendet wird, werden die Parameter im Cluster implizit unter dem Namen des angegebenen Datenobjekts abgelegt bzw. gesucht.

Diese Kurzform ist nur außerhalb von Klassen möglich und dann auch nur, wenn der Bezeichner keine Adressierungsangabe wie einen Instanzkomponenten-Selektor oder eine Offset-/Längenangabe enthält.

Hinweise
- Die Kurzform ist fehleranfällig, da die aktuellen Bezeichner buchstäblich als Kennungen der abgelegten Daten verwendet werden. Beim Importieren in einem anderen Kontext müssen die Bezeichner des exportierenden Kontextes bekannt sein und völlig gleichlautend angegeben werden.
- Bei der dynamischen Angabe der Parameterliste in einer internen Tabelle `ptab` wird die Kurzform außerhalb von Klassen noch durch die Angabe einer einspaltigen Tabelle unterstützt. Dies ist genauso obsolet wie die statische Kurzform.

62.2.2 Obsolete implizite Kennung

62.2.2.1 Schreiben und Lesen des ABAP Memorys

`EXPORT, IMPORT` – `no_id`

Obsolete Syntax
```
EXPORT parameter_list TO MEMORY [COMPRESSION {ON|OFF}].
IMPORT parameter_list FROM MEMORY [conversion_options].
```

Wenn in den Anweisungen `EXPORT TO MEMORY` oder `IMPORT FROM MEMORY` der Zusatz `ID` nicht angegeben ist, schreibt die Anweisung `EXPORT` in einen anonymen Bereich des ABAP Memorys, und die Anweisung `IMPORT` liest aus diesem Bereich. Diese Kurzform ist in Klassen verboten.

Hinweis

Diese Kurzform ist äußerst fehleranfällig, da alle `EXPORT`-Anweisungen den gleichen Daten-Cluster überschreiben.

62.2.2.2 Löschen des ABAP Memorys

`FREE MEMORY - no_id`

Obsolete Syntax
```
FREE MEMORY.
```

Wenn in der Anweisung `FREE MEMORY` der Zusatz `ID` nicht angegeben ist, werden alle Daten-Cluster aus dem ABAP Memory gelöscht. Diese Kurzform ist in Klassen verboten.

Hinweis

Diese Kurzform ist äußerst fehleranfällig, da eine solche `FREE`-Anweisung alle Daten-Cluster betrifft.

62.2.3 Obsoleter impliziter Arbeitsbereich

`EXPORT, IMPORT - dbtab`

Obsolete Syntax
```
EXPORT parameter_list
       TO DATABASE|{SHARED MEMORY}|{SHARED BUFFER} [CLIENT cl] ID id
       [COMPRESSION {ON|OFF}].
...
IMPORT parameter_list
       FROM DATABASE|{SHARED MEMORY}|{SHARED BUFFER} [CLIENT cl] ID id
       [conversion_options].
```

Falls beim Export oder Import mit den Medien Datenbanktabelle oder Shared Memory der Zusatz `FROM wa` bzw. `TO wa` nicht angegeben ist, versucht die ABAP-Laufzeitumgebung, die Komponenten zwischen `SRTF2` und `CLUSTR` eines mit `TABLES dbtab` deklarierten Tabellenarbeitsbereichs zu transportieren. Falls der Tabellenarbeitsbereich nicht gefunden wird, findet kein Transport dieser Komponenten statt.

Hinweise

- In globalen Klassen kann ohnehin kein Tabellenarbeitsbereich verwendet werden. In lokalen Klassen von Programmen außer Class-Pools wirkt der implizite Mechanismus auf eventuelle Tabellenarbeitsbereiche des Rahmenprogramms.
- Die hier gezeigten Kurzformen sollen nicht mehr zum Datentransport verwendet werden. Stattdessen müssen `FROM wa` und `TO wa` explizit angegeben werden, wenn die Komponenten zwischen `SRTF2` und `CLUSTR` geschrieben bzw. gelesen werden sollen.

62.2.4 Obsolete Kennung

```
IMPORT - obs_id
```

Obsolete Syntax
```
... MAJOR-ID id1 [MINOR-ID id2]
```

Außerhalb von Klassen kann beim Import von Datenbanktabellen der Zusatz ID der Anweisung IMPORT FROM DATABASE durch diese Zusätze ersetzt werden. Für die Angabe von id1 und id2 gelten die gleichen Regeln wie für id.

Es wird derjenige Daten-Cluster importiert, dessen Kennung im ersten Teil mit dem Wert von id1 übereinstimmt. Bei zusätzlicher Angabe von MINOR-ID id2 wird derjenige Daten-Cluster importiert, dessen Kennung im zweiten Teil – in den Positionen hinter der Anzahl der in id1 angegebenen Zeichen – größer oder gleich dem Wert von id2 ist. Nach dem Auffinden der ersten zutreffenden Kennung wird die Suche abgebrochen.

Hinweise

- Bei der Verwendung von id2 ist darauf zu achten, dass dieses Datenobjekt entweder nur Ziffern oder nur Buchstaben enthält, weil Mischformen je nach Plattform zu unterschiedlichen Suchergebnissen führen können.

- Bei der Verwendung von MAJOR-ID und MINOR-ID ist die angegebene Kennung nicht-eindeutig. Als Ersatz kann die erforderliche Kennung programmatisch erzeugt werden.

Beispiel
Wurde ein Daten-Cluster unter der Kennung "Sausage" exportiert, wird dieser Satz bei der Angabe von MAJOR-ID "Sau" gefunden. Er wird auch gefunden, wenn zusätzlich als MINOR-ID "ab" angegeben wird, er wird aber nicht gefunden, wenn als MINOR-ID "yz" angegeben wird.

62.3 Obsolete Contexte

Contexte sind im Context Builder der ABAP Workbench (Transaktion SE33) abstrakt definierte Repository-Objekte, die dazu dienen, aus Schlüsselfeldern die Werte weiterer Felder abzuleiten. ABAP-Programme arbeiten mit Instanzen von Contexten. Zur Behandlung von Contexten dienen die Anweisungen CONTEXTS, SUPPLY und DEMAND.

Ein Context besteht aus Feldern und Modulen. Die Felder eines Contexts sind aufgeteilt in Schlüsselfelder und abgeleitete Felder. Die Module beschreiben, wie die Werte der abgeleiteten Felder aus den Schlüsselfeldern erstellt werden. Module basieren auf Fremdschlüsselbeziehungen zwischen im ABAP Dictionary definierten Datenbanktabellen, Funktionsbausteinen oder auf anderen Contexten. Technisch gesehen, sind Contexte spezielle ABAP-Programme (Context-Programme), die vom Context Builder generiert werden.

Ein ABAP-Programm kann eine oder mehrere Instanzen eines Contexts erzeugen. Es kann die Schlüsselfelder jeder Instanz mit Werten versorgen und die daraus abgeleiteten Felder abfragen. Zu jedem Context gehört ein transaktionsübergreifender Puffer auf dem Applikationsserver, dessen Eigenschaften im Context Builder festgelegt sind. Bei der Abfrage einer Instanz nach Werten wird zuerst im zugehörigen Puffer nach einem Datensatz mit den entsprechenden Schlüsselfeldern gesucht. Nur im Fall, dass noch keine Werte zu diesem Schlüssel vorhanden sind, werden sie von den Modulen abgeleitet und in den Puffer geschrieben.

Hinweis
Contexte können zwar mit hoch spezialisierten Klassen verglichen werden, sind aber kein Teil von ABAP Objects. Contexte wurden zu Release 4.0 für performante Zugriffe auf häufig benötigte abgeleitete Daten eingeführt. Seit der Einführung von ABAP Objects werden Contexte aber nicht weiterentwickelt. Inzwischen können Contexte durch Shared Objects ersetzt werden.

62.3.1 Pufferung von Contexten

Der Context-Puffer unterscheidet sich von normalen Datenbankpuffern und dem SAP-Tabellenpuffer vor allem dadurch, dass er sich nur zu bestimmten Zeitpunkten erneuert, aber nicht versucht, laufende Änderungen synchron oder nahezu synchron nachzuvollziehen. Er kann daher nicht für jeden Context oder für jedes Modul eines Contexts verwendet werden.

Es gibt folgende Pufferungsarten:

- **Permanent (P)**
  Entspricht der Standardeinstellung. In diesem Fall werden die Daten innerhalb eines Applikationsservers über den Transaktionskontext hinweg gehalten. Sie werden jedoch immer zur vollen Stunde (8:00 Uhr, 9:00 Uhr, ...) zurückgesetzt. Nicht gefundene Einträge werden nicht gepuffert. Ein manuelles Rücksetzen des Puffers pro Context ist über den Context Builder möglich und wirkt sich auf alle Applikationsserver aus.

- **Temporär (T)**
  Die Daten werden nur innerhalb einer Transaktion gehalten.

- **Keine Pufferung (N)**

Die Anzahl der maximal zu puffernden Einträge kann ebenfalls definiert werden, Default ist 128. Die Zahl bezieht sich nur auf den permanenten Puffer pro Modul. Innerhalb einer Transaktion wird alles im Puffer gesammelt, was überhaupt auftritt – es sei denn, die Pufferung ist für dieses Modul ausgeschaltet. Es ist meist vernünftig, bei 128 zu bleiben und sich keine weiteren Gedanken darüber zu machen. Häufig werden innerhalb einer Stunde in einem Applikationsserver nicht allzu viele unterschiedliche Schlüsselkombinationen vorkommen. Ist das doch der Fall, dann wiederholen sich hoffentlich die ersten 128 auch in Zukunft ab und zu. Nach einer Stunde wird in jedem Fall ein neuer Puffer aufgebaut. Die Maximalzahl 128 soll verhindern, dass ein Modul den gesamten Puffer majorisiert.

Es gibt folgende Pufferungstypen:

- Ein I-Puffer ist eine Tabelle, die den Eingabefeldern des Moduls die abgeleiteten Werte zuordnet. Er enthält nur einen einzigen Eintrag mit den Schlüsselwerten.
- Ein E-Puffer ist eine Tabelle, die den relevanten Schlüsselfeldern des Contexts die abgeleiteten Werte des Moduls zuordnet. Er enthält auch mehrere Einträge mit den Schlüsselwerten und ist potenziell ein Join aller I-Puffer der vorgelagerten Module.

Der E-Puffer bietet den schnellsten Zugriff, da er ohne Zwischenschritte die bei DEMAND verlangten Werte finden kann. Er hat unter Umständen aber eine geringere Trefferzahl als die I-Puffer.

62.3.2 Instanzen von Contexten erzeugen

CONTEXTS

Obsolete Syntax
CONTEXTS con.

Diese Anweisung kann im globalen Deklarationsteil eines Programms oder im lokalen Deklarationsteil einer Prozedur angegeben werden. Sie erzeugt einen strukturierten programmlokalen Datentyp, der zur Erzeugung einer Instanz des Contexts con verwendet werden kann. Für con kann der Name eines im aktuellen AS ABAP definierten Contexts angegeben werden. Der Name des erzeugten Datentyps setzt sich aus dem Präfix context_ und dem Namen con des angegeben Contexts zusammen.

Wenn der mit CONTEXTS erzeugte Datentyp context_con hinter dem TYPE-Zusatz einer DATA-Anweisung verwendet wird, erzeugt diese eine Instanz des Contexts con, auf die das dabei deklarierte Datenobjekt zeigt. Das Datenobjekt darf nicht als Komponente einer Struktur deklariert werden. Der Inhalt des erzeugten Datenobjekts wird als Referenz interpretiert. Nach einer Wertzuweisung an ein anderes Datenobjekt des gleichen Datentyps zeigt dieses auf die gleiche Context-Instanz.

Zusätzlich zum Datentyp context_con wird ein weiterer strukturierter Datentyp namens context_t_con angelegt. Dieser Datentyp enthält für jedes Feld des Contexts eine gleichnamige Komponente mit dessen Datentyp.

Hinweis
Mit dem Datentyp context_con deklarierte Datenobjekte durften ausschließlich in den Anweisungen SUPPLY und DEMAND verwendet werden.

62.3.3 Contexte mit Schlüsselwerten versorgen

SUPPLY

Obsolete Syntax
SUPPLY key1 = f1 key2 = f2 ... **TO CONTEXT** context_ref.

Diese Anweisung versorgt die Schlüsselfelder key1 key2 ... einer Context-Instanz mit den Werten von Datenobjekten f1 f2 ... Für context_ref muss ein Datenobjekt angegeben werden, das auf eine Context-Instanz zeigt (siehe Abschnitt 62.3.2). Für key1 key2 ... können die Namen von Schlüsselfeldern des entsprechenden Contexts angegeben werden. Für f1 f2 ... müssen Datenobjekte angegeben werden, deren Datentyp zum entsprechenden Schlüsselfeld key1 key2 ... passt.

Die Anweisung SUPPLY überschreibt jeweils nur die angegebenen Schlüsselfelder mit neuen Werten. Wenn nicht alle Schlüsselfelder angegeben sind, bleiben die vorherigen Werte erhalten. Die Werte aller von einem geänderten Schlüsselfeld abgeleiteten Felder der Context-Instanz werden von der Anweisung SUPPLY ungültig gemacht.

62.3.4 Contexte abfragen

DEMAND

Obsolete Syntax
```
DEMAND val1 = f1 val2 = f2 ...
       FROM CONTEXT context_ref
       [MESSAGES INTO itab].
```

Diese Anweisung weist die Werte abgeleiteter Felder val1 val2 ... einer Context-Instanz den Datenobjekten f1 f2 ... zu. Für context_ref muss ein Datenobjekt angegeben werden, das auf eine Context-Instanz zeigt (siehe Abschnitt 62.3.2). Für val1 val2 ... können die Namen abgeleiteter Felder des entsprechenden Contexts angegeben werden. Für f1 f2 ... müssen Datenobjekte angegeben werden, deren Datentyp zum entsprechenden Context-Feld val1 val2 ... passt.

Wenn die Context-Instanz gültige abgeleitete Werte für den aktuellen Schlüssel enthält, werden diese direkt zugewiesen. Ansonsten wird im transaktionsübergreifenden Puffer des Contexts nach dem entsprechenden Datensatz gesucht und dieser in die Context-Instanz und von dort an die Datenobjekte f1 f2 ... übertragen. Nur wenn dort keine entsprechenden Daten gefunden werden, werden die Werte in den Modulen des Contexts abgeleitet und in den Puffer, die Context-Instanz und die Datenobjekte f1 f2 ... gestellt. Falls nicht alle angeforderten Werte abgeleitet werden können, da nicht genügend Schlüsselfelder bekannt sind, wird die Verarbeitung abgebrochen, die abgeleiteten Werte werden initialisiert, und das Modul sendet die hierfür im Context festgelegte Nachricht.

Der Zusatz MESSAGES dient der Behandlung von Nachrichten, die eventuell von den Modulen eines Contexts gesendet werden. Wenn der Zusatz MESSAGES nicht angegeben ist, wird jede Nachricht gemäß ihrer Definition im Context gesendet, wie in Abschnitt 36.2 beschrieben. Wenn der Zusatz MESSAGES angegeben ist, werden die Nachrichten nicht gesendet, sondern für jede Nachricht wird der hinter INTO anzugebenden internen Tabelle itab eine Zeile angehängt. Der Zeilentyp der internen Tabelle muss sich auf die Struktur SYMSG im ABAP Dictionary beziehen. Die Spalten msgty, msgid, msgno und msgv1 bis msgv4 enthalten dann Nachrichtentyp, Nachrichtenklasse, Nachrichtennummer und den Inhalt eventueller Platzhalter. Die interne Tabelle itab wird zu Beginn der Anweisung DEMAND initialisiert.

Systemfelder

sy-subrc	Bedeutung
0	Der Zusatz MESSAGES ist nicht angegeben, oder die hinter MESSAGES angegebene interne Tabelle ist leer.
ungleich 0	Die hinter MESSAGES angegebene interne Tabelle enthält Nachrichten.

Hinweis

Um passende Felder zu erzeugen, konnte der mit `CONTEXTS` erzeugte strukturierte Typ `context_t_con` verwendet werden.

Beispiel

Erzeugen einer Instanz des Contexts `demo_travel`, Versorgung der Schlüsselfelder und Anforderung der abgeleiteten Werte.

```abap
CONTEXTS demo_travel.
PARAMETERS: p_carrid TYPE context_t_demo_travel-carrid,
            p_connid TYPE context_t_demo_travel-connid.
DATA: context_ref TYPE context_demo_travel,
      fields      TYPE context_t_demo_travel.
SUPPLY carrid = p_carrid
       connid = p_connid
   TO CONTEXT context_ref.
DEMAND cityfrom = fields-cityfrom
       cityto   = fields-cityto
       fltime   = fields-fltime
   FROM CONTEXT context_ref.
WRITE: / fields-cityfrom, fields-cityto, fields-fltime.
```

62.4 Obsolete logische Datenbanken

Eine logische Datenbank ist ein spezielles Entwicklungsobjekt, das im Logical Database Builder bearbeitet wird und anderen ABAP-Programmen Daten aus den Knoten einer hierarchischen Baumstruktur zur Verfügung stellt. Eine logische Datenbank verfügt über:

- eine hierarchische Struktur
- ein in ABAP geschriebenes Datenbankprogramm
- ein eigenes Standardselektionsbild

Beim Anlegen eines ausführbaren Programms kann dieses über das Attribut LOGISCHE DATENBANK einer logischen Datenbank zugeordnet werden, wodurch das Selektionsbild und der Programmablauf des Programms mit dem Selektionsbild und dem Ablauf der logischen Datenbank kombiniert werden.

Logische Datenbanken sollen nicht mehr verwendet werden, da sie auf der programmübergreifenden Nutzung globaler Daten, impliziten Unterprogrammaufrufen und der Reporting-Ereignissteuerung beruhen und damit modernen Konzepten zuwiderlaufen.

Der Zugriff auf bestehende logische Datenbanken kann bei Bedarf über den Funktionsbaustein LDB_PROCESS erfolgen, der beispielsweise aus einer Methode heraus aufgerufen werden kann.

Neue logische Datenbanken sollen nicht mehr angelegt werden. Stattdessen soll ein entsprechender Service über eine globale Klasse angeboten werden. Die folgenden Anweisungen stehen in direktem Zusammenhang mit logischen Datenbanken. Wenn keine logischen Datenbanken mehr eingesetzt werden, ist ihre Verwendung nicht mehr notwendig.

Ausführliche Informationen zu logischen Datenbanken finden Sie in der erweiterten Hilfe unter dem Stichwort "Logische Datenbanken".

62.4.1 Schnittstellen-Arbeitsbereiche für logische Datenbanken

Die Anweisung NODES (siehe Abschnitt 13.2.5) deklariert einen Schnittstellen-Arbeitsbereich, der nur für logische Datenbanken vorgesehen ist: Sie muss zum einen im Datenbankprogramm der logischen Datenbank und zum anderen im ausführbaren Programm, das mit der logischen Datenbank verknüpft ist, aufgeführt werden.

Im Datenbankprogramm bestimmt NODES die Daten, die von der logischen Datenbank übergeben werden können. Im ausführbaren Programm bestimmt NODES die Daten, die dieses übernehmen will, und steuert dabei auch den Aufbau des Selektionsbildes der logischen Datenbank.

Im Fall flacher Strukturen kann auch die Anweisung TABLES verwendet werden.

Hinweise
- Wenn keine logischen Datenbanken mehr verwendet werden, ist die Anweisung NODES nicht mehr notwendig.
- Wenn noch logische Datenbanken verwendet werden, soll NODES anstelle von TABLES verwendet werden, um klar auszudrücken, dass es sich um eine Schnittstelle für logische Datenbanken handelt.

62.4.2 Anweisungen in logischen Datenbanken

Die folgenden Anweisungen oder Zusätze von Anweisungen können nur in einer logischen Datenbank verwendet werden. Wenn keine logischen Datenbanken mehr erstellt werden, sind diese Anweisungen nicht mehr notwendig.

62.4.2.1 Datenbankprogramm einleiten

`REPORT - DEFINING DATABASE`

Obsolete Syntax
`REPORT ... DEFINING DATABASE ldb`

Dieser Zusatz zur Anweisung REPORT (siehe Abschnitt 9.2) zeigt an, dass das aktuelle Programm das Datenbankprogramm der logischen Datenbank des maximal 20-stelligen Namens ldb ist. Logische Datenbanken werden mit dem Werkzeug Logical Database Builder der ABAP Workbench gepflegt, wobei das Rahmenprogramm inklusive der Anweisung REPORT automatisch generiert wird. Der Name des Rahmenprogramms ist SAPDBldb.

Beispiel
Einleitung der logischen Datenbank F1S.

```
REPORT sapdbf1s DEFINING DATABASE f1s.
```

62.4.2.2 Leseereignis auslösen

`PUT`

Obsolete Syntax
```
PUT { node | <node> }.
```

Diese Anweisung ist nur im Datenbankprogramm einer logischen Datenbank und dort nur im Unterprogramm mit dem Namen `put_node` möglich. Sie löst in der Laufzeitumgebung das Ereignis `GET node` (siehe Abschnitt 10.3.2) aus und signalisiert damit, dass Daten im Tabellenarbeitsbereich des Knotens `node` zur Verfügung stehen. Falls im ausführbaren Programm, das mit der logischen Datenbank verknüpft ist, ein entsprechender Ereignisblock implementiert ist, wird dieser ausgeführt.

Nach der Verarbeitung des zugehörigen Ereignisblocks wird das Unterprogramm `put_next_node` des in der Struktur der logischen Datenbank folgenden Knotens `next_node` aufgerufen, falls dieser im verknüpften ausführbaren Programm bearbeitet wird. Nach der Rückkehr aus diesem Unterprogramm wird das Ereignis `GET node LATE` ausgelöst und dessen Ereignisblock, falls implementiert, im ausführbaren Programm verarbeitet.

Das Datenbankprogramm muss eine der Anweisungen `NODES` oder `TABLES` für den Knoten `node` enthalten. Die Syntax der Anweisung `PUT` richtet sich nach dem Knotentyp:

- Falls der Knotentyp C, S oder T ist, muss hinter `PUT` der Name des Knotens `node` angegeben werden.

- Falls der Knotentyp A ist, muss hinter `PUT` ein Feldsymbol `<node>` mit dem Namen des Knotens angegeben werden. Dem Feldsymbol muss während der Anweisung `PUT` ein Datenobjekt des Datentyps zugewiesen sein, der im `TYPE`-Zusatz der Anweisung `NODES` im verknüpften ausführbaren Programm angefordert wird. Dieser Datentyp kann der im Datenbankprogramm vordefinierten internen Tabelle `dyn_node_types` entnommen werden.

Hinweis
Wenn die logische Datenbank nicht direkt mit einem ausführbaren Programm verknüpft ist, sondern über den Funktionsbaustein LDB_PROCESS aufgerufen wird, löst die Anweisung `PUT` kein Ereignis aus, sondern sorgt für den Aufruf der entsprechenden Callback-Routinen im aufrufenden Programm.

Beispiel
Das Unterprogramm `put_root_node` ist Teil des Datenbankprogramms einer logischen Datenbank mit einem Knoten `root_node` vom Knotentyp A, dem die Datentypen S_CARR_ID und S_CONN_ID aus dem ABAP Dictionary zugeordnet sind. Entsprechend wird hinter `PUT` ein Feldsymbol `<root_node>` angegeben und dessen Wert abhängig vom Inhalt der entsprechenden Zeile der internen Tabelle `dyn_node_types` gesetzt.

```
FORM put_root_node.
  DATA carr      TYPE s_carr_id.
  DATA conn      TYPE s_conn_id.
  DATA dyn_node LIKE LINE OF dyn_node_types.
  READ TABLE dyn_node_types INTO dyn_node
                            WITH KEY node = 'ROOT_NODE'.
  CASE dyn_node-type.
    WHEN 'S_CARR_ID'.
      carr = ...
      ASSIGN carr TO <root_node>.
    WHEN 'S_CONN_ID'.
      conn = ...
      ASSIGN conn TO <root_node>.
    WHEN OTHERS.
      EXIT.
  ENDCASE.
  PUT <root_node>.
ENDFORM.
```

Die folgenden Zeilen können Teil eines ausführbaren Programms sein, das mit der logischen Datenbank verknüpft ist. Die Angabe hinter TYPE in der Anweisung NODES legt den Typ des Feldsymbols <root_node> fest und schreibt den Typ in die Spalte type der zugehörigen Zeile der internen Tabelle dyn_node_types im Datenbankprogramm der logischen Datenbank.

```
NODES root_node TYPE s_carr_id.
GET root_node.
  ...
```

62.4.2.3 Anweisungen im Selektions-Include

Im Selektions-Include einer logischen Datenbank kann ein Standardselektionsbild definiert werden. Das Standardselektionsbild der logischen Datenbank wird mit dem Standardselektionsbild eines ausführbaren Programms, das mit der logischen Datenbank verknüpft ist, zu einem gemeinsamen Standardselektionsbild zusammengefasst. Der Name des Selektions-Includes ist DBldbSEL, wobei ldb der Name der logischen Datenbank ist.

Die Elemente des Standardselektionsbildes einer logischen Datenbank werden mit den üblichen Anweisungen PARAMETERS, SELECT-OPTIONS und SELECTION-SCREEN definiert.

Die folgenden Sprachelemente dienen ausschließlich zum Erstellen des Selektionsbildes einer logischen Datenbank. Es handelt sich um Varianten der Anweisung SELECTION-SCREEN sowie um Zusätze zu PARAMETERS und SELECT-OPTIONS, die speziell für die Verwendung in einer logischen Datenbank vorgesehen sind und dort nur im Selektions-Include angegeben werden können. Wenn keine logischen Datenbanken mehr erstellt werden, ist auch die Verwendung dieser Varianten bzw. Zusätze nicht mehr notwendig.

Selektionsbildversion definieren
SELECTION-SCREEN BEGIN OF VERSION

Obsolete Syntax
```
SELECTION-SCREEN BEGIN OF VERSION vers text.
...
SELECTION-SCREEN EXCLUDE { {PARAMETERS para}
                        | {SELECT-OPTIONS selcrit}
                        | {RADIOBUTTON GROUPS group}
                        | {BLOCKS block}
                        | {IDS id} }.
...
SELECTION-SCREEN END OF VERSION vers.
```

Diese Anweisungen definieren eine Version vers des Standardselektionsbildes der logischen Datenbank. Für vers muss eine positive, maximal dreistellige Zahl und für text ein Textsymbol des Datenbankprogramms in der Form text-idf angegeben werden, wobei idf die dreistellige Kennung des Textsymbols ist. Innerhalb der ersten und letzten Anweisung, und nur dort, dürfen ausschließlich Anweisungen SELECTION-SCREEN mit dem Zusatz EXCLUDE aufgeführt werden.

Die Definition einer Version muss nach der Definition des Standardselektionsbildes aufgeführt sein. Jede Version beruht auf dem Standardselektionsbild. Die inneren Anweisungen SELECTION-SCREEN EXCLUDE entfernen die direkt angegebenen Parameter para, Selektionskriterien selcrit, Auswahlknopfgruppen group und Blöcke block aus der Version. Mit dem Zusatz IDS werden alle Elemente des Standardselektionsbildes entfernt, für die bei der Definition mit dem Zusatz ID die Kennung id angelegt wurde.

Beim Verknüpfen eines ausführbaren Programms mit einer logischen Datenbank in den Programmeigenschaften kann im Eingabefeld SELEKTIONSBILDVERSION die Nummer vers eingegeben werden, um diese Version anstelle des vollständigen Standardselektionsbildes der logischen Datenbank zu verwenden. Der Inhalt des durch text angegebenen Textsymbols dient als Beschreibung der Version in der Eingabehilfe (F4) des Eingabefeldes.

Hinweis
In den Programmeigenschaften des Datenbankprogramms selbst kann ebenfalls eine Selektionsbildversion als Standardwert eingetragen werden. In den Eigenschaften eines ausführbaren Programms, das das vollständige Standardselektionsbild verwenden will, muss dann die Nummer 1000 eingetragen werden. Innerhalb des Datenbankprogramms kann die verwendete Version mit dem Funktionsbaustein RS_SELSCREEN_VERSION festgestellt werden.

Feldselektion vorsehen
SELECTION-SCREEN FIELD SELECTION

Obsolete Syntax
```
SELECTION-SCREEN FIELD SELECTION
                FOR {NODE|TABLE} node [ID id].
```

Diese Anweisung sieht einen Knoten node der Struktur der logischen Datenbank für die Feldselektion vor. Falls ein Knoten vom Typ T ist, kann anstelle von NODE der gleichberechtigte Zusatz TABLE verwendet werden. Die Anweisung kann nicht für Knoten vom Typ C verwendet werden. Für eine Beschreibung der Knotentypen beachten Sie die Anweisung NODES in Abschnitt 13.2.5.

Wenn ein Knoten für Feldselektion vorgesehen ist, kann in einem mit der logischen Datenbank verknüpften ausführbaren Programm in der GET-Anweisung gesteuert werden, welche Felder des Knotens die logische Datenbank auslesen soll. Bei Verwendung des Funktionsbausteins LDB_PROCESS muss der Parameter FIELD_SELECTION entsprechend übergeben werden. Zum Zusatz ID siehe unten.

Hinweis
Im Datenbankprogramm stehen die Namen der zu lesenden Felder während der Programmausführung in der internen Tabelle SELECT_FIELDS der Struktur RSFS_TAB_FIELDS aus der Typgruppe RSFS zur Verfügung.

Freie Abgrenzungen vorsehen
```
SELECTION-SCREEN DYNAMIC SELECTIONS
```

Obsolete Syntax
```
SELECTION-SCREEN DYNAMIC SELECTIONS
                FOR {NODE|TABLE} node [ID id].
```

Diese Anweisung sieht einen Knoten node der Struktur der logischen Datenbank für freie Abgrenzungen vor. Falls ein Knoten vom Typ T ist, kann anstelle von NODE der gleichberechtigte Zusatz TABLE verwendet werden. Die Anweisung kann nicht für Knoten vom Typ C verwendet werden. Für eine Beschreibung der Knotentypen beachten Sie die Anweisung NODES in Abschnitt 13.2.5.

Wenn ein Knoten für freie Abgrenzungen vorgesehen ist, kann der Benutzer während der Anzeige des Selektionsbildes festlegen, für welche Komponenten des Knotens er weitere Abgrenzungen eingeben will, für die keine Eingabefelder auf dem Selektionsbild definiert sind. Zum Zusatz ID siehe unten.

Hinweis
Im Datenbankprogramm stehen die vom Benutzer eingegebenen Abgrenzungen während der Programmausführung in der internen Tabelle DYN_SEL der Struktur RSDS_TYPE aus der Typgruppe RSDS in verschiedenen Formen, z. B. als generierte WHERE-Bedingungen für Open SQL, zur Verfügung.

Spezielle Zusätze für Bildschirmelemente
```
SELECTION-SCREEN - ldb_additions
```

Syntax von ldb_additions
```
SELECTION-SCREEN ... FOR {TABLE|NODE} node [ID id]
```

Diese Zusätze ordnen Bildschirmelementen einen Knoten der logischen Datenbank und/oder eine Kennung zu.

Mit dem Zusatz `FOR {TABLE|NODE} node` müssen alle im Selektions-Include einer logischen Datenbank mit `SELECTION-SCREEN` erzeugten Bildschirmelemente einem Knoten `node` der Struktur der logischen Datenbank zugeordnet werden. Falls ein Knoten vom Typ T ist, kann anstelle von `NODE` der gleichberechtigte Zusatz `TABLE` verwendet werden. Für eine Beschreibung der Knotentypen beachten Sie die Anweisung `NODES` in Abschnitt 13.2.5. Bei der Generierung des Standardselektionsbildes eines ausführbaren Programms, das mit der logischen Datenbank verknüpft ist, werden nur solche Bildschirmelemente erzeugt, für die im ausführbaren Programm mit `NODES` bzw. `TABLES` ein Schnittstellen-Arbeitsbereich für den zugeordneten Knoten `node` oder einen hierarchisch darunterliegenden Knoten deklariert ist. Bei Verwendung des Funktionsbausteins `LDB_PROCESS` muss der zugeordnete Knoten `node` angefordert werden, damit das Bildschirmelement erzeugt wird. Der Zusatz `FOR TABLE|NODE` muss bei den Varianten der Anweisung `SELECTION-SCREEN` mit `POSITION`, `PUSHBUTTON`, `SKIP`, `TAB` oder `ULINE` angegeben werden. Bei der Variante mit `COMMENT` muss entweder ein Knoten zugeordnet oder der Zusatz `FOR FIELD` angegeben werden. Der Zusatz `FOR TABLE|NODE` darf nicht in den Anweisungen zur Definition von Blöcken oder Zeilen mit den Zusätzen `BEGIN|END OF LINE`, `BEGIN|END OF BLOCK` bzw. `BEGIN|END OF TABBED BLOCK` und beim Übernehmen von Elementen mit `INCLUDE` verwendet werden.

Der Zusatz `ID` definiert eine maximal dreistellige Kennung `id` für ein im Selektions-Include einer logischen Datenbank mit der Anweisung `SELECTION-SCREEN` definiertes Bildschirmelement. Die Kennung muss direkt angegeben werden. Die Kennung kann verwendet werden, um mit der Anweisung `SELECTION-SCREEN EXCLUDE` Bildschirmelemente von einer Selektionsbildversion auszuschließen. Die Definition einer Kennung kann mit den Varianten der Anweisung `SELECTION-SCREEN` mit `COMMENT`, `DYNAMIC SELECTIONS`, `FIELD SELECTION`, `FUNCTION KEY`, `INCLUDE`, `PUSHBUTTON`, `SKIP`, `TAB` und `ULINE` kombiniert werden.

Wenn wegen `FOR TABLE|NODE` keines der Elemente eines Blocks bzw. einer Zeile auf dem Selektionsbild erzeugt wird, wird der gesamte Block bzw. die gesamte Zeile nicht erzeugt.

Bei mit `BEGIN OF BLOCK` bzw. `BEGIN OF [TABBED] BLOCK` definierten Blöcken kann mit `ID` keine Kennung definiert werden, da sie bereits durch den Namen des Blocks identifiziert werden.

Spezielle Zusätze für Eingabefelder

`PARAMETERS – ldb_options`

Obsolete Syntax

```
PARAMETERS... FOR {TABLE|NODE} node
              [HELP-REQUEST]
              [VALUE-REQUEST]
              [AS SEARCH PATTERN]
```

Diese Zusätze sind nur im Selektions-Include einer logischen Datenbank möglich. Mit ihnen muss dem Parameter ein Knoten der logischen Datenbank zugeordnet werden. Es können Unterprogramme für selbst definierte Hilfen aufgerufen werden, und es kann ein spezieller Parameter zur Auswertung der mit der logischen Datenbank verknüpften Suchhilfe definiert werden.

Mit dem Zusatz `FOR {TABLE|NODE} node` muss der Parameter einem Knoten `node` der Struktur der logischen Datenbank zugeordnet werden. Falls ein Knoten vom Typ T ist, kann anstelle von NODE der gleichberechtigte Zusatz TABLE verwendet werden. Für eine Beschreibung der Knotentypen beachten Sie die Anweisung NODES in Abschnitt 13.2.5. Bei der Generierung des Selektionsbildes eines ausführbaren Programms, das mit der logischen Datenbank verknüpft ist, werden nur für solche Parameter Eingabefelder erzeugt, für die im ausführbaren Programm mit NODES bzw. TABLES ein Schnittstellen-Arbeitsbereich für den zugeordneten Knoten node oder einen hierarchisch darunterliegenden Knoten deklariert ist. Bei Verwendung des Funktionsbausteins LDB_PROCESS muss der zugeordnete Knoten node angefordert werden, damit der Parameter auf dem Selektionsbild erscheint.

Der Zusatz HELP-REQUEST bewirkt, dass das Unterprogramm para_hlp (para ist der Name des Parameters) des Datenbankprogramms der logischen Datenbank aufgerufen wird, wenn der Benutzer auf einem Bildschirmelement des Parameters auf dem Selektionsbild die Feldhilfe F1 auswählt. Wenn das Unterprogramm nicht vorhanden ist, wird der Zusatz ignoriert. Wenn der Parameter mit Bezug auf einen Datentyp im ABAP Dictionary definiert ist, wird die dort definierte Feldhilfe nicht angezeigt.

Der Zusatz VALUE-REQUEST bewirkt, dass das Unterprogramm para_val (para ist der Name des Parameters) des Datenbankprogramms der logischen Datenbank aufgerufen wird, wenn der Benutzer auf einem Bildschirmelement des Parameters auf dem Selektionsbild die Eingabehilfe F4 auswählt. Für das Eingabefeld des Parameters auf dem Selektionsbild wird die Eingabehilfetaste angezeigt. Wenn das Unterprogramm nicht vorhanden ist, wird der Zusatz ignoriert. Wenn der Parameter mit Bezug auf einen Datentyp im ABAP Dictionary definiert ist, wird die dort definierte Eingabehilfe nicht angezeigt.

Der Zusatz AS SEARCH PATTERN ermöglicht die Auswertung einer Suchhilfe im Datenbankprogramm. Hierfür muss der logischen Datenbank eine Suchhilfe in der Transaktion SE36 zugeordnet sein. Der Zusatz AS SEARCH PATTERN kann außer mit dem obligatorischen Zusatz FOR TABLE|NODE nur noch mit dem Zusatz MODIF ID kombiniert werden. Insbesondere kann kein Typ mit dem Zusatz TYPE definiert werden. Der Datentyp des Parameters ist die interne Tabelle SYLDB_SP aus der Typgruppe SYLDB. Diese Tabelle hat drei Spalten: HOTKEY (Suchhilfekennung), STRING (Suchstring) und TRANGE (tiefer Datentyp für komplexe Suchhilfen). Auf dem Selektionsbild wird ein eingerahmter Block mit dem Titel Selektion über Suchhilfe dargestellt, der Eingabefelder für die Suchhilfe-Kennung und den Suchstring sowie eine Drucktaste für komplexe Suchhilfen enthält. Nach der Selektionsbildverarbeitung steht die von der Suchhilfe erstellte Werteliste in der internen Tabelle ldb_SP im Datenbankprogramm zur Verfügung. Anstelle des Unterprogramms PUT_root wird das Unterprogramm PUT_ldb_SP aufgerufen. Dabei ist "ldb" der Name der logischen Datenbank und "root" der Name des Wurzelknotens. Dieses Unterprogramm kann mithilfe der Werteliste in ldb_SP die eigentlichen Daten lesen und dann das Unterprogramm PUT_root aufrufen, wo das Ereignis GET root mit der Anweisung PUT root ausgelöst wird.

Hinweise

▸ Im aufgerufenen Unterprogramm para_hlp kann die Anzeige einer Feldhilfe programmiert oder über geeignete Funktionsbausteine wie z. B. HELP_OBJECT_SHOW aufgerufen werden. Bei Auswahl der Eingabehilfe werden keine anderen Selektionsbildereignisse ausgelöst, und es findet keine automatische Werteübergabe zwischen Selektionsbild und Programm statt.

- Im aufgerufenen Unterprogramm `para_val` kann die Anzeige einer Eingabehilfe programmiert oder über geeignete Funktionsbausteine wie z. B. F4IF_INT_TABLE_VALUE_REQUEST aufgerufen werden. Bei Auswahl der Eingabehilfe werden keine anderen Selektionsbildereignisse ausgelöst und es findet keine automatische Werteübergabe zwischen Selektionsbild und Programm statt. Wie bei allgemeinen Dynpros müssen hierfür geeignete Funktionsbausteine verwendet werden. Der im Unterprogramm geänderte Parameter wird an das Selektionsbild transportiert.

Spezielle Zusätze zu Selektionskriterien
SELECT-OPTIONS – ldb_options

Obsolete Syntax
```
SELECT-OPTIONS ... [ HELP-REQUEST  [ FOR {LOW|HIGH} ] ]
                   [ VALUE-REQUEST [ FOR {LOW|HIGH} ] ]
```

Diese Zusätze zur Anweisung SELECT-OPTIONS sind nur im Selektions-Include einer logischen Datenbank möglich. Mit ihnen können Unterprogramme für selbst definierte Hilfen aufgerufen werden.

Der Zusatz HELP-REQUEST [FOR {LOW|HIGH}] bewirkt, dass das Unterprogramm `selcrit_hlp` aufgerufen wird, wenn der Benutzer die Feldhilfe [F1] auf einem Eingabefeld des Selektionskriteriums auswählt. Das Unterprogramm `selcrit_hlp` muss im Datenbankprogramm der logischen Datenbank definiert sein, wobei `selcrit` der Name des Selektionskriteriums ist. Mit FOR LOW bzw. FOR HIGH wird entweder das Unterprogramm `selcrit-low_hlp` oder das Unterprogramm `selcrit-high_hlp` aufgerufen, je nachdem, ob die Feldhilfe für das erste oder zweite Eingabefeld ausgewählt wird. Der Zusatz hat dann keine Wirkung für das jeweils andere Feld. Wenn eines der Unterprogramme nicht vorhanden ist, hat die Auswahl von [F1] auf dem Eingabefeld keine Wirkung. Ist das Selektionskriterium mit Bezug auf einen Datentyp im ABAP Dictionary definiert, wird die dort definierte Feldhilfe für das betreffende Feld nicht angezeigt.

Der Zusatz VALUE-REQUEST [FOR {LOW|HIGH}] bewirkt, dass entweder das Unterprogramm `selcrit-low_val` oder `selcrit-high_val` aufgerufen wird, je nachdem, ob der Benutzer die Eingabehilfe [F4] auf dem ersten oder zweiten Eingabefeld des Selektionskriteriums auswählt. Die Unterprogramme `selcrit-low_val` und `selcrit-high_val` müssen im Datenbankprogramm der logischen Datenbank definiert sein, wobei `selcrit` der Name des Selektionskriteriums ist. Mit FOR LOW wirkt der Zusatz ausschließlich für das erste Eingabefeld und mit FOR HIGH ausschließlich für das zweite. Wenn eines der Unterprogramme nicht vorhanden ist, hat die Auswahl von [F4] auf dem Eingabefeld keine Wirkung. Wenn das Selektionskriterium mit Bezug auf einen Datentyp im ABAP Dictionary definiert ist, wird die dort definierte Eingabehilfe für das betreffende Feld nicht angezeigt.

Hinweis
- Die Unterprogramme `selcrit_hlp` etc. können wie bei der Anweisung PARAMETERS verwendet werden, um eine Feldhilfe zu programmieren.
- Die Unterprogramme `selcrit-low_val` und `selcrit-high_val` können wie bei der Anweisung PARAMETERS verwendet werden, um eine Eingabehilfe zu programmieren. Bei Aus-

wahl der Eingabehilfe werden keine anderen Selektionsbildereignisse ausgelöst, und es findet keine automatische Werteübergabe zwischen Selektionsbild und Programm statt.

62.4.3 Anweisungen für logische Datenbanken

Die folgenden Zusätze und Anweisungen sind nur zur Verwendung in ausführbaren Programmen vorgesehen, die mit logischen Datenbanken verknüpft sind:

- Zusatz NO DATABASE SELECTION zur Anweisung SELECT-OPTIONS
- Ereignisblock GET node
- Ereignisblock END-OF-SELECTION
- Anweisung CHECK SELECT-OPTIONS
- Anweisung REJECT

Wenn keine logischen Datenbanken mehr verwendet werden, sind diese Sprachelemente nicht mehr notwendig.

62.4.4 Funktionsbaustein für logische Datenbanken

Der Funktionsbaustein LDB_PROCESS erlaubt es, logische Datenbanken aus beliebigen Programmen aufzurufen. Es können mehrere logische Datenbanken gleichzeitig und eine logische Datenbank kann mehrfach aufgerufen werden. Wenn heute noch mit logischen Datenbanken gearbeitet wird, wird die Verwendung dieses Funktionsbausteins empfohlen, da er die maximal mögliche Entkopplung zwischen Programm und logischer Datenbank liefert.

Beim Aufruf einer logischen Datenbank über den Funktionsbaustein LDB_PROCESS wird das Selektionsbild der logischen Datenbank nicht angezeigt, sondern über Schnittstellenparameter des Funktionsbausteins gefüllt. Die logische Datenbank löst im Aufrufer keine GET-Ereignisse aus, sondern die gelesenen Daten werden während des Aufrufs an sogenannte Callback-Routinen übergeben. Eine Callback-Routine ist ein Unterprogramm im aufrufenden oder einem anderen Programm, das zum entsprechenden Ereignis ausgeführt werden soll.

Die logischen Datenbanken müssen hierfür nicht angepasst werden, mit folgenden Ausnahmen: Eine logische Datenbank kann nur dann mehrmals hintereinander aufgerufen werden, wenn im Datenbankprogramm das Unterprogramm LDB_PROCESS_INIT eingefügt ist. Anstelle des Unterprogramms PAI muss das Unterprogramm LDB_PROCESS_CHECK_SELECTIONS verwendet werden, um die Eingabewerte des Selektionsbildes zu überprüfen.

Name	Bedeutung
LDBNAME	Name der aufzurufenden logischen Datenbank
VARIANT	Name einer Variante, um das Selektionsbild der logischen Datenbank zu füllen. Die Variante muss dem Datenbankprogramm der logischen Datenbank zugeordnet sein. Die Daten werden so übergeben wie mit dem Zusatz WITH SELECTION-TABLE bei einem Programmaufruf über SUBMIT.

Tabelle 62.1 Eingabeparameter von LDB_PROCESS

Name	Bedeutung
EXPRESSIONS	In diesem Parameter können für die Knoten der logischen Datenbank, die im Selektions-Include für freie Abgrenzungen vorgesehen sind, zusätzliche Abgrenzungen übergeben werden. Der Datentyp des Parameters RSDS_TEXPR ist in der Typgruppe RSDS definiert. Die Daten werden so übergeben wie mit dem Zusatz WITH FREE SELECTION bei einem Programmaufruf über SUBMIT.
FIELD_SELECTION	In diesem Parameter kann für die Knoten der logischen Datenbank, die im Selektions-Include für Feldselektion vorgesehen sind, eine Liste der benötigten Felder übergeben werden. Der Datentyp des Parameters ist die interne Tabelle RSFS_FIELDS aus der Typgruppe RSFS. Die Komponente TABLENAME enthält den Namen des Knotens, und die tiefe Komponente FIELDS enthält die Namen der zu lesenden Felder.

Tabelle 62.1 Eingabeparameter von LDB_PROCESS (Forts.)

Name	Bedeutung
CALLBACK	In diesem Tabellenparameter werden die Namen von Knoten und Ereignissen Callback-Routinen zugeordnet. Der Parameter bestimmt, zu welchen Knoten die logische Datenbank Daten lesen soll, zu welchen Zeitpunkten und an welche Callback-Routinen sie diese Daten überstellt. Der Datentyp des Parameters ist die flache Struktur LDBCB aus dem ABAP Dictionary.
SELECTIONS	In diesem Tabellenparameter können Eingabewerte für die Selektionskriterien und Parameter des Selektionsbildes der logischen Datenbank übergeben werden. Der Datentyp des Parameters entspricht der Struktur RSPARAMS im ABAP Dictionary. Die Daten werden so übergeben wie mit dem Zusatz WITH SELECTION-TABLE bei einem Programmaufruf über SUBMIT.

Tabelle 62.2 Tabellenparameter von LDB_PROCESS

Die Eingabe- und Tabellenparameter von LDB_PROCESS sind in Tabelle 62.1 und Tabelle 62.2 aufgelistet. Die Lesetiefe der logischen Datenbank wird durch an den Parameter CALLBACK übergebene Knotennamen bestimmt. Für jeden Knoten, für den Daten angefordert werden, kann zu zwei Zeitpunkten eine Callback-Routine ausgeführt werden. Diese Zeitpunkte entsprechen GET und GET LATE in ausführbaren Programmen. Im Tabellenparameter CALLBACK werden für jeden Knoten der Name der zugehörigen Callback-Routine und die gewünschten Zeitpunkte angegeben.

63 Obsolete Daten- und Kommunikationsschnittstellen

63.1 Obsolete XML-Anbindung

CALL TRANSFORMATION – OBJECTS

Obsolete Syntax

```
... OBJECTS {o1 = e1 o2 = e2 ...}|(otab)
```

Mit diesem Zusatz zur Anweisung CALL TRANSFORMATION können Objektreferenzen e1 e2 ... als externe Objekte o1 o2 ... an eine XSL-Transformation übergeben werden, um dort deren Methoden aufzurufen. Statt über eine statische Parameterliste können die Objekte auch dynamisch als Wertepaare in den Spalten der internen Tabelle otab übergeben werden, die den Typ ABAP_TRANS_OBJBIND_TAB aus der Typgruppe ABAP hat.

Hinweis
Externe Objekte werden wie Parameter behandelt, und Objektreferenzen sollen entsprechend mit dem Zusatz PARAMETERS übergeben werden.

63.2 Obsolete CPI-C-Schnittstelle

COMMUNICATION

Obsolete Syntax
```
COMMUNICATION.
```

Diese Anweisung ermöglicht noch die systemübergreifende Kommunikation zwischen zwei ABAP-Programmen oder zwischen einem ABAP-Programm und einem Programm, das in einer anderen Programmiersprache verfasst ist. Die gesamte Kommunikation erfolgt in einzelnen Verbindungsschritten, wofür die Anweisung COMMUNICATION mehrmals mit entsprechenden Zusätzen auszuführen ist.

Die Anweisung COMMUNICATION wird in Klassen nicht unterstützt und soll ab Release 7.0 in keinen anderen Programmen mehr vorkommen, da ab diesem Release die Unterstützung des SDK für CPI-C und damit der direkten Programmierung der CPI-C-Schnittstelle eingestellt wurde. Die CPI-C-Bibliotheken und die Dokumentation zur Programmierung werden nicht mehr ausgeliefert. Stattdessen soll für die Kommunikation zwischen Programmen ausschließlich das SDK und die Bibliotheken für RFC und damit die RFC-Schnittstelle verwendet werden. Die API für CPI-C und damit die Funktionalität der Anweisung bleibt zur Unterstützung vorhandener Programme und für interne technische Zwecke vorerst weiter erhalten.

63.3 Obsolete JavaScript-Anbindung

Im Kernel eines AS ABAP ist derzeit noch eine JavaScript (JS) Engine integriert, in der JavaScript-Programme normal oder im Debugging-Modus ausgeführt werden können (Server Side Scripting). Die verwendete JavaScript Engine unterstützt die JavaScript-Version 1.5. Variablen des Skripts können dabei über Proxies an Datenobjekte des ABAP-Programms angebunden werden (Binding).

Die derzeit noch vorhandene Klasse CL_JAVA_SCRIPT verwirklicht eine in ABAP-Programmen verwendbare API zu der im ABAP-Kernel implementierten JavaScript (JS) Engine. Die Klasse kapselt die JavaScript C Engine API und stellt dem ABAP-Programmierer Methoden und Attribute zur Verfügung, um JavaScript-Programme auszuführen.

Hinweis
Die Unterstützung für die Anbindung von JavaScript an ABAP wird in einem kommenden Release ersatzlos eingestellt. Daher darf die Klasse CL_JAVA_SCRIPT nicht mehr verwendet werden.

Anhang

A   ABAP-Speicherorganisation 1269

B   Speicherverwaltung tiefer Datenobjekte 1273

C   ABAP-Glossar 1277

A ABAP-Speicherorganisation

A.1 Allgemeine Speicherorganisation

Dieser Abschnitt beschreibt die Speicherorganisation eines AS ABAP aus der Sicht eines ABAP-Programms, d. h., auf welchen Speicher ein ABAP-Programm zugreifen kann. Eine allgemeinere und technisch genauere Beschreibung finden Sie in der SAP Library unter "SAP Memory Management".

A.1.1 Applikationsserver

Die Applikationsschicht eines AS ABAP kann auf mehrere Applikationsserver verteilt sein. Wenn ein AS ABAP mehrere Applikationsserver hat, sind diese in der Regel auf verschiedenen Rechner instanziert. Es können aber auch mehrere Applikationsserver eines oder mehrerer AS ABAP auf einem Rechner instanziert sein. Die Transaktion SM51 zeigt eine Übersicht über die Applikationsserver des aktuellen AS ABAP und auf welchen Rechnern sie instanziert sind. Der Netzwerkname des Rechners, auf dem der aktuelle Applikationsserver instanziert ist, kann in einem ABAP-Programm dem Systemfeld `sy-host` entnommen werden.

Jeder Applikationsserver hat Zugriff auf die zentrale Datenbank des AS ABAP. Jeder Applikationsserver hat sein eigenes Shared Memory. Die ABAP-Laufzeitumgebung verwendet das Shared Memory für Programme, Programmdaten und Puffer (z. B. bei der SAP-Pufferung). ABAP-Programme können im Shared Memory Shared Objects und Daten-Cluster ablegen.

Hinweis
Das Shared Memory ist eine vielfach verwendete und daher eventuell knappe Ressource, weshalb es bei der expliziten Ablage von Daten aus ABAP-Programmen möglicherweise zu Engpässen kommen kann.

A.1.2 Benutzersitzung

Durch das Anmelden an einem Applikationsserver wird eine Benutzersitzung geöffnet. Einer Benutzersitzung ist ein eigener Speicherbereich SAP Memory zugeordnet, in dem SPA/GPA-Parameter abgelegt werden können. Eine weitere Benutzersitzung kann programmgesteuert über einen Remote Function Call mit der Destination "NONE" geöffnet werden.

A.1.3 Hauptmodus

Zu jeder Benutzersitzung wird ein Hauptmodus geöffnet. Jedem Hauptmodus ist ein eigener Speicherbereich ABAP Memory zugeordnet, in dem Daten-Cluster abgelegt werden können, auf die die Programme einer Aufrufkette gemeinsam Zugriff haben und dessen Daten so lange wie die Top-Level-Transaktion der Aufrufkette erhalten bleiben.

Weitere Hauptmodi zu einer Benutzersitzung können über einen Remote Function Call mit dem Zusatz `STARTING NEW TASK` sowie der Eingabe eines Transaktionscodes hinter "/o" im

Befehlsfeld der Symbolleiste geöffnet werden. Pro Benutzersitzung sind maximal 16 Hauptmodi möglich, vor Release 7.0 waren es maximal sechs. Die für ein System tatsächlich mögliche Anzahl wird durch den Systemparameter rdisp/max_alt_modes bestimmt, dessen Standardwert 6 ist.

Hinweis
Das ABAP Memory kann zur Datenübergabe zwischen den Programmen einer Aufrufkette werden.

A.1.4 Interner Modus

Durch jeden Aufruf eines ABAP-Programms wird ein neuer interner Modus angelegt, in den das aufgerufene Programm geladen wird. Der Speicherbereich eines internen Modus ist der sogenannte Rollbereich. Dort werden die veränderlichen Objekte des Programms abgelegt. Die unveränderlichen Daten des Programms sind im sogenannten PXA abgelegt. Der Rollbereich enthält Referenzen auf die erforderlichen Daten im PXA. Technisch gesehen, sind Rollbereiche und der programmübergreifende PXA im Shared Memory des Applikationsservers abgelegt und werden dort vom SAP Memory Management verwaltet.

In einem Hauptmodus kann es maximal neun interne Modi geben, die immer zu einer Aufrufkette gehören. Die Daten des ABAP Memorys sind immer einer Aufrufkette zugeordnet. Auf 64-Bit-Plattformen kann ein interner Modus theoretisch bis zu 4 TB Speicher anfordern. Auf 32-Bit-Plattformen ist die theoretische Obergrenze 4 GB. Die praktische Obergrenze liegt in der Regel unter der theoretischen Obergrenze, da maximal der tatsächlich physikalisch installierte Hauptspeicher zur Verfügung steht und dieser unter allen Verwendern aufgeteilt wird.

Hinweis
Instanzen von Klassen leben, mit der Ausnahme von Shared Objects, im internen Modus. Deshalb können keine Referenzen auf Objekte im ABAP Memory gespeichert werden.

A.2 Programme im internen Modus

A.2.1 Programmgruppen

In einen internen Modus können mehrere Programme geladen werden, die in Programmgruppen organisiert sind. Nach der Rückkehr aus einem internen Modus wird dieser abgebaut. Es kann dann nicht mehr auf Daten und Objekte des internen Modus zugegriffen werden.

A.2.1.1 Hauptprogrammgruppe

Bei der Erzeugung eines internen Modus durch den Aufruf eines ABAP-Programms über SUBMIT oder einen Transaktionscode wird die Hauptprogrammgruppe angelegt, und das aufgerufene Programm bildet deren Hauptprogramm. Der gesamte interne Modus lebt so lange, wie das Hauptprogramm der Hauptprogrammgruppe ausgeführt wird. Dieses kann ein ausführbares Programm, ein Modul-Pool oder eine Funktionsgruppe sein.

A.2.1.2 Zusatzprogrammgruppe

Jedes Mal, wenn durch eine externe Verwendung ein neuer Class-Pool oder eine neue Funktionsgruppe geladen wird, wird eine Zusatzprogrammgruppe angelegt, und der Class-Pool bzw. die Funktionsgruppe ist das Hauptprogramm der Zusatzprogrammgruppe. Eine externe Verwendung ist in der Regel ein Zugriff auf die von Class-Pool bzw. Funktionsgruppe exponierten Komponenten – sichtbare Komponenten der globalen Klasse bzw. Funktionsbausteine –, kann aber auch ein Zugriff auf lokale Komponenten, wie z. B. bei einer Typangabe über absolute Typnamen, sein. Eine Zusatzprogrammgruppe bleibt für die gesamte Lebensdauer des internen Modus erhalten.

A.2.1.3 Hauptprogramm einer Programmgruppe

Das zuerst geladene Programm einer Programmgruppe ist das Hauptprogramm dieser Gruppe. Das Hauptprogramm einer Hauptprogrammgruppe ist das erste durch einen Programmaufruf in den internen Modus geladene Programm (ausführbares Programm, Modul-Pool oder Funktionsgruppe). Das Hauptprogramm einer Zusatzprogrammgruppe ist ein Class-Pool oder eine Funktionsgruppe, bei deren Laden die Zusatzprogrammgruppe gebildet wird.

A.2.1.4 Hinzugeladene Programme einer Programmgruppe

Wenn Programme, die keine Funktionsgruppen oder Class-Pools sind, durch eine externe Verwendung geladen werden, bilden sie keine Zusatzprogrammgruppe, sondern werden in die Programmgruppe des Verwenders hinzugeladen. Dies geschieht z. B.:

- beim externen Aufruf von Unterprogrammen, die in ausführbaren Programmen, Modul-Pools oder Subroutinen-Pools definiert sind
- bei Verwendung der Dynpro-Anweisung CALL SUBSCREEN sub_area INCLUDING prog, wenn das Dynpro nicht in einer Funktionsgruppe definiert ist
- beim dynamischen Zugriff auf einen lokalen Daten- oder Objekttyp eines ausführbaren Programms, eines Modul-Pools oder eines Subroutinen-Pools über absolute Typnamen
- bei Anweisungen wie SET PF-STATUS OF PROGRAM, wenn das Programm der benötigten Komponente keine Funktionsgruppe ist

Hinweise

- Für die Zuordnung eines Programms zu einer Programmgruppe ist nicht der Programmtyp, sondern die programmeinleitende Anweisung ausschlaggebend. Wenn beispielsweise in einem Subroutinen-Pool die Anweisung FUNCTION-POOL anstelle von PROGRAM verwendet wird, bildet das Programm beim Laden durch eine externe Verwendung eine neue Zusatzprogrammgruppe.
- Da alle Programme einer Programmgruppe gemeinsam die Schnittstellen-Arbeitsbereiche, Dynpros, Listen und GUI-Status des Hauptprogramms verwenden (siehe unten), ist die Zuordnung eines hinzugeladenen Programms zu seiner Programmgruppe besonders zu beachten, wenn Prozeduren eines solchen Programms extern aufgerufen werden.

A.2.2 Datenobjekte

Die Datenobjekte eines Programms gehören mit Ausnahme der Schnittstellen-Arbeitsbereiche exklusiv zu ihrem Programm und sind nur dort sichtbar. Ein geladenes Programm besteht so lange wie der interne Modus. Nach der Rückkehr aus einem Programm bleiben dessen Datenobjekte erhalten und stehen bei einem erneuten Aufruf einer Prozedur des Programms wieder zur Verfügung.

A.2.3 Instanzen von Klassen

Objekte als Instanzen von Klassen können von allen Programmen (und Objekten) eines internen Modus verwendet werden. Ein Objekt lebt so lange, wie es Verwender für – also Referenzen auf – das Objekt gibt.

Es können also Referenzen auf Objekte des internen Modus an extern aufgerufene Prozeduren übergeben werden.

A.2.4 Schnittstellen-Arbeitsbereiche

Mit TABLES, NODES, oder DATA BEGIN|END OF COMMON PART deklarierte Datenobjekte sind Schnittstellen-Arbeitsbereiche. Sie werden pro Programmgruppe nur einmal angelegt und von allen Programmen einer Programmgruppe gemeinsam genutzt.

Die Zuordnung eines Programms zu einer Programmgruppe und damit die Festlegung, mit welchen anderen Programmen es sich die Schnittstellen-Arbeitsbereiche teilt, kann von der Verwendungsreihenfolge abhängen.

A.2.5 Dynpros, Listen und GUI-Status

Nur die Dynpros des Hauptprogramms einer Programmgruppe können über CALL SCREEN aufgerufen werden. Nach dem Laden eines internen Modus sind dies die Dynpros des Hauptprogramms der Hauptprogrammgruppe. Die Hauptprogramme (Funktionsgruppen) von Zusatzprogrammgruppen können ebenfalls ihre eigenen Dynpros aufrufen. Klassische Listen sind immer der aktuellen Dynpro-Folge und damit ebenfalls dem Hauptprogramm der Programmgruppe zugeordnet.

Standardmäßig wird mit SET PF-STATUS auf den GUI-Status des Hauptprogramms einer Programmgruppe zugegriffen und werden dessen Datenobjekte für dynamische Texte verwendet. Alle Programme einer Programmgruppe arbeiten standardmäßig mit den Dynpros, Listen und GUI-Status des Hauptprogramms. Eine Anweisung CALL SCREEN in einem extern aufgerufenen Unterprogramm ruft beispielsweise nie ein Dynpro des eigenen Rahmenprogramms. Es werden die Dialogmodule und Listenereignis-Blöcke des Hauptprogramms ausgeführt.

B Speicherverwaltung tiefer Datenobjekte

Alle Datentypen, bei denen der Inhalt ihrer Datenobjekte die tatsächlichen Arbeitsdaten darstellt, werden in ABAP als flach bezeichnet. Flach sind die elementaren Datentypen fester Länge und Strukturen mit ausschließlich flachen Komponenten. Der Speicherbedarf flacher Datenobjekte ist statisch durch den Datentyp festgelegt. Flache Datenobjekte sind immer statische Datenobjekte.

Dagegen werden Datentypen, bei denen der Inhalt ihrer Datenobjekte Referenzen sind, die wiederum auf Arbeitsdaten in einem anderen Speicherbereich verweisen, als tief bezeichnet. Tief sind zum einen die Typen von Daten- und Objektreferenzvariablen und zum anderen die Typen von Strings, internen Tabellen und Boxed Components (ab Release 7.02/7.2). Strings und interne Tabellen sind dynamische Datenobjekte, deren Speicherbedarf sich während der Programmlaufzeit ändern kann und die intern über Referenzen verwaltet werden. Referenzvariablen zählen zu den statischen Datenobjekten, da ihre eigentliche Größe festliegt, während die Größe der explizit referenzierten Objekte dynamisch ist. Boxed Components bilden eine Zwischenkategorie, da ihr Speicherverbrauch im internen Modus beim Programmstart zwar nicht festgelegt ist, sie aber wie statische Datenobjekte fester Länge behandelt werden können (ab Release 7.02/7.2). Strukturen werden unabhängig von ihrer Schachtelung genau dann als tief bezeichnet, wenn sie mindestens eine tiefe Komponente enthalten.

Beim Arbeiten mit tiefen Datenobjekten wird zur Laufzeit des Programms Arbeitsspeicher angefordert. Bei Referenzvariablen ist dies der Speicher für Verwaltungsinformationen und die erzeugten Objekte – Instanzen von Klassen und anonyme Datenobjekte. Bei den dynamischen Datenobjekten – Strings, interne Tabellen – und den Boxed Components (ab Release 7.02/7.2) ist dies der Speicher für Verwaltungsinformationen und für die Datenobjekte selbst. Von Referenzvariablen referenzierte Objekte können selbst wieder dynamisch sein, also Strings oder interne Tabellen sein oder enthalten.

Der angeforderte Speicher muss im aktuellen internen Modus zur Verfügung stehen, ansonsten kommt es zu einem Laufzeitfehler.

B.1 Speicherbedarf tiefer Datenobjekte

Der Speicherbedarf eines tiefen Datenobjekts setzt sich aus einem konstanten Speicherbedarf für die Referenz und einem dynamischen Speicherbedarf für den sogenannten Header und die eigentlichen Objekte zusammen:

▶ Der Speicherbedarf für die Referenz beträgt 8 Byte. Bei Daten- und Objektreferenzen ist dies der Speicherbedarf der explizit deklarierten Referenzvariablen. Bei Strings, internen Tabellen und Boxed Components (ab Release 7.02/7.2) wird intern eine implizite Referenz angelegt. Solange kein dynamischer Speicher angefordert wird, beträgt der Speicherbedarf für einen String, eine interne Tabelle oder eine Boxed Component (ab Release 7.02/7.2) genau 8 Byte.

- Der dynamische Speicher setzt sich aus einem Header – Stringheader, Tabellenheader, Boxheader (ab Release 7.02/7.2) oder Objektheader – und den eigentlichen Daten – String, Tabellenkörper, Unterstruktur, anonymes Datenobjekt bzw. Instanz einer Klasse – zusammen. Die Referenz verweist auf den Header, der wiederum die Adresse der eigentlichen Daten und zusätzliche Verwaltungsinformationen enthält.

Dynamischer Speicher (Header und Daten) wird folgendermaßen angefordert:

- bei Daten- und Objektreferenzen durch das Erzeugen von Objekten
- bei dynamischen Datenobjekten (Strings und interne Tabellen) durch das Einfügen von Inhalten. Bei internen Tabellen wird der Speicher blockweise angefordert, wobei die initiale Größe eines Blocks durch den Zusatz INITIAL SIZE bei der Definition einer internen Tabelle beeinflusst werden kann.

- bei Boxed Components durch das Aufheben des Initialwert-Sharings (ab Release 7.02/7.2).

Wenn ein tiefes Datenobjekt mit CLEAR, REFRESH oder FREE initialisiert wird, werden die eigentlichen Daten gelöscht, die Referenzvariablen und bei dynamischen Datenobjekten auch der Header bleiben aber vorhanden. Letzterer wird bei einer erneuten Speicheranforderung wiederverwendet. Dadurch besteht der Speicherbedarf eines einmal verwendeten und danach gelöschten dynamischen Datenobjekts außer bei Boxed Components (ab Release 7.02/7.2) aus der Referenz und dem Speicherbedarf des Headers. Nur bei Anwendung der Anweisung FREE auf interne Tabellen werden unter Umständen auch Tabellenheader gelöscht, wenn durch diese zu viel Speicher belegt würde. Bei Boxed Components (ab Release 7.02/7.2) führt das Initialisieren derzeit noch nicht zur Freigabe von Speicher. Die Initialisierung einer statischen Box, bei der das Initialwert-Sharing aufgehoben ist, löscht nicht die Instanz im internen Modus, sondern weist ihr ihren typgerechten Initialwert zu. Der Speicherbedarf der verschiedenen Header bewegt sich etwa in folgenden Größenordnungen:

- Die Speicherbelegung eines Stringheaders hängt aus Performancegründen von der Länge des Strings ab. Strings, deren Länge kleiner als ca. 30 Zeichen bzw. 60 Byte ist, bezeichnen wir als kurze Strings. Der Speicher-Overhead der Stringheader von kurzen Strings beträgt in Abhängigkeit von der Stringlänge zwischen ca. 10 und ca. 40 Byte. Für alle übrigen Strings beträgt der Overhead unabhängig von der Stringlänge ca. 50 Byte.
- Ein Tabellenheader einer internen Tabelle, für die bereits dynamischer Speicher angefordert wurde, belegt unabhängig von der Zeilenbelegung größenordnungsmäßig ca. 100 Byte. Bei einer gefüllten internen Tabelle kommen, je nachdem, ob es sich um eine Plattform mit 32- oder 64-Bit-Architektur handelt, nochmals ca. 50 bzw. 100 Byte für Pointer hinzu.

- Ein Boxheader einer Boxed Component belegt größenordnungsmäßig immer ca. 20 bis 30 Byte (ab Release 7.02/7.2).
- Ein Objektheader belegt größenordnungsmäßig immer ca. 30 Byte.

Bei internen Tabellen kommen zu den Verwaltungsdaten im Header weitere zeilenbezogene Verwaltungskosten hinzu. Dieser Speicher wird nicht im Tabellenheader, sondern parallel zum Tabellenkörper angelegt. Das heißt, beim Löschen von Zeilen werden auch die zugehörigen Verwaltungsdaten gelöscht.

Der genaue Speicherbedarf eines tiefen Datenobjekts kann im ABAP Debugger über die Funktion SPEICHERVERBRAUCH und über das Erstellen eines Speicherabzugs für den Memory Inspector festgestellt werden. Darüber hinaus steht die Systemklasse CL_ABAP_MEMORY_UTILITIES für Speicheranalysen zur Verfügung.

B.2 Maximale Größe dynamischer Datenobjekte

Neben der maximalen Speichergröße, die der aktuelle interne Modus für dynamische Datenobjekte anfordern kann, ist deren maximale Größe durch folgende Faktoren begrenzt:

- Eine obere Grenze für die Anzahl der Stellen in Strings bzw. Zeilen interner Tabellen ergibt sich daraus, dass sie intern und in ABAP-Anweisungen über 4-Byte-Integers adressiert werden, was sie auf 2.147.483.647 beschränkt.
- Die Größe von Strings und Hash-Tabellen wird durch den größten an einem Stück anforderbaren Speicherblock beschränkt. Dieser ist maximal 2 GB, wird in der Regel aber über den Profilparameter ztta/max_memreq_MB weiter eingeschränkt. Für Strings entspricht der Wert des Profilparameters direkt der maximal belegbaren Größe. Die maximale Zeilenzahl von Hash-Tabellen hängt von der erforderlichen Größe der Hash-Verwaltung ab, die dort untergebracht werden muss. Sie berechnet sich zurzeit aus der größten Zweierpotenz, die in den Wert des Profilparameters passt, geteilt durch acht. Wenn der Profilparameter beispielsweise 200 MB angibt, kann eine Hash-Tabelle maximal etwa 16 Millionen Einträge enthalten (128 mal 1.024 hoch zwei geteilt durch acht).

Die tatsächliche maximale Größe wird in der Regel nochmals kleiner sein, als sie durch obige Grenzen gegeben ist, da der insgesamt verfügbare Speicher normalerweise nicht nur von einem String oder einer internen Tabelle genutzt wird.

Hinweis
Wenn der verfügbare Speicher knapp wird, kann die Verwendung einer interne Tabelle eventuell günstiger sein, da deren Speicher blockweise angefordert wird, während der Speicher eines Strings immer an einem Stück vorhanden sein muss.

B.3 Sharing zwischen dynamischen Datenobjekten

Bei der Zuweisung von Referenzvariablen werden nur die Referenzen kopiert. Nach einer Zuweisung zeigen Quell- und Zielvariable auf das gleiche Datenobjekt bzw. die gleiche Instanz einer Klasse – genauer gesagt, auf deren Header. Auch bei Zuweisungen zwischen Strings und zwischen gleichartigen internen Tabellen, deren Zeilentypen selbst keine Tabellentypen und keine Boxed Components (ab Release 7.02/7.2) enthalten, findet intern ein sogenanntes Sharing statt. Das heißt, die eigentlichen Datenwerte werden zunächst nicht kopiert. Es werden lediglich die notwendigen Verwaltungseinträge kopiert, sodass das Zielobjekt auf dieselben Daten wie das Quellobjekt verweist. Bei Strings wird eine neue interne Referenz erzeugt, die auf den bereits vorhandenen Stringheader zeigt. Bei internen Tabellen werden eine neue interne Referenz und ein neuer Tabellenheader erzeugt, der auf den vorhandenen Tabellenkörper verweist.

Das Sharing wird genau dann aufgehoben, wenn entweder auf das Quell- oder Zielobjekt ändernd zugegriffen wird (Copy-on-Write-Semantik). Dann findet der eigentliche Kopiervorgang für die Datenwerte statt, und die Referenzen bzw. Header werden entsprechend geändert.

Hinweise

- Tabellen-Sharing tritt prinzipiell nur bei Tabellen ein, deren Zeilentypen selbst keine Tabellentypen und keine Boxed Components (ab Release 7.02/7.2) enthalten. Ansonsten ist die Voraussetzung "gleichartiger Tabellen" bewusst etwas offen gehalten. Zumindest Tabellen des exakt gleichen Tabellentyps, also mit gleichem Zeilentyp, gleicher Tabellenart und gleichen Schlüsseln, sind gleichartig. Daneben gibt es noch weitere Konstellationen, die als gleichartig gelten und bei denen Tabellen-Sharing eintreten kann. Es handelt sich dabei aber um eine interne Optimierung, die sich auch von Release zu Release ändern kann. Es sollte also nie darauf programmiert werden, wann ein Tabellen-Sharing eintritt und wann es aufgehoben wird.

- Sharing tritt auch bei der Wertübergabe an Prozeduren auf.

- Sharing wird auch beim Zugriff auf Shared Objects unterstützt, solange eine Gebietsinstanzversion über ein Gebietshandle an den aktuellen internen Modus angebunden ist.

- Bei Referenzvariablen, die auf das gleiche Datenobjekt bzw. die gleiche Instanz einer Klasse zeigen, wird das Sharing nicht durch Änderungen an den Objekten aufgehoben.

- Eine andere Art des Sharings ist das Initialwert-Sharing von Boxed Components, bei dem deren Initialwert nur einmal pro Applikationsserver abgelegt wird (ab Release 7.02/7.2).

C ABAP-Glossar

ABAP Advanced Business Application Programming.

ABAP Compiler Der ABAP Compiler erzeugt beim Generieren eines Programms aus dem *Quelltext* einen *Bytecode* als Zwischencode, der als Programm-*Load* in der Datenbank abgelegt und bei Bedarf in den *PXA* geladen wird.

ABAP Database Connectivity Abkürzung ADBC. Klassenbasierte API für die *Native SQL-Schnittstelle*, die einen objektorientierten und dynamischen Zugriff auf diese ermöglicht.

ABAP Debugger Werkzeug, mit dem *ABAP-Programme* zeilen- oder abschnittsweise ausgeführt werden. Dadurch ist es möglich, die Inhalte von *Datenobjekten* zu bearbeiten und die Programmlogik zu überprüfen. Siehe auch *Breakpoint*.

ABAP Dictionary Persistente Ablage für *Datentypen*, die in allen *Repository-Objekten* sichtbar sind. Außerdem werden unter anderem die *Datenbanktabellen* der zentralen *Datenbank*, *Views* und *Sperrobjekte* im ABAP Dictionary verwaltet. Die Objekte des ABAP Dictionarys werden mit dem gleichnamigen Werkzeug der *ABAP Workbench* gepflegt. Aufruf über den *Transaktionscode* SE11.

ABAP Editor Werkzeug der *ABAP Workbench* zum Erstellen von *ABAP-Programmen*. Wird entweder direkt über den *Transaktionscode* SE38 aufgerufen oder ist in andere Werkzeuge, wie z. B. *Object Navigator*, *Class Builder* oder *Function Builder*, eingebunden.

ABAP Memory Speicherbereich innerhalb jedes *Hauptmodus*, auf den die Programme einer *Aufrufkette* mit den Anweisungen EXPORT und IMPORT gemeinsam zugreifen können und dessen Daten so lange wie die *Top-Level-Transaktion* einer Aufrufkette erhalten bleiben.

ABAP Objects Bestandteil der Programmiersprache ABAP, der die objektorientierte Programmierung auf der Grundlage von *Klassen* und *Interfaces* erlaubt.

ABAP Repository Teil der zentralen *Datenbank* eines *AS ABAP*, der ausschließlich mandantenunabhängige *Repository-Objekte* enthält. Das Repository kann mit dem *Repository-Infosystem* durchsucht werden.

ABAP Test Cockpit Abkürzung ATC. In die *ABAP Workbench* integriertes Framework zur Ausführung und Auswertung verschiedener Tests für *Repository-Objekte*.

ABAP Unit In die *ABAP-Laufzeitumgebung* integriertes Testwerkzeug zur Überprüfung der Funktionalität von Code-Einheiten eines Programms (*Modultests*). Einzelne Tests werden als *Testmethoden* lokaler *Testklassen* in beliebigen ABAP-Programmen implementiert. Die Tests einer Testklasse verwenden das gleiche *Fixture*. Globale Testklassen können nur in lokalen Testklassen verwendet werden. Die Eigenschaften eines Tests können bei der Definition einer lokalen Testklasse angegeben werden. Die Tests mehrerer ABAP-Programme können zu *Testaufgaben* zusammengestellt werden.

ABAP Workbench Entwicklungsumgebung für *ABAP-Programme* und deren Komponenten. Enthält Werkzeuge für die Bearbeitung und Verwaltung aller *Repository-Objekte*. Zugang über *Vorwärtsnavigation*, den *Object Navigator*, *Transaktionscodes* oder *SAP Easy Access*.

ABAP-Anweisung Abgeschlossener Satz der Programmiersprache ABAP. Besteht aus *Token* und wird durch einen Punkt abgeschlossen.

ABAP-basiertes SAP-System Auch ABAP-System. *SAP-System*, das auf dem *Application Server ABAP* (AS ABAP) basiert. Ein ABAP-basiertes SAP-System wird durch eine SID (System-ID) identifiziert, die aus drei Zeichen besteht.

ABAP-Dateischnittstelle Die ABAP-Dateischnittstelle ermöglicht die Bearbeitung von *Dateien* auf den *Applikationsservern* mit ABAP-Anweisungen.

ABAP-Datentyp → *Datentyp*

ABAP-Dumpanalyse Werkzeug zur Auflistung und Analyse der in einem *AS ABAP* aufgetretenen *Laufzeitfehler*, über das auf die zugehörigen *Kurzdumps* zugegriffen werden kann. Aufruf über den *Transaktionscode* ST22.

ABAP-Kernel Teil der *ABAP-Laufzeitumgebung*, der hauptsächlich in C/C++ programmiert ist.

ABAP-Laufzeitumgebung Hardware-, betriebssystem- und datenbankunabhängige Plattform (Virtual Machine) eines *ABAP-Programms*. Darüber hinaus steuern Prozesse der ABAP-Laufzeitumgebung die Ausführung eines ABAP-Programms, indem sie die *Verarbeitungsblöcke* des Programms aufrufen. Die ABAP-Laufzeitumgebung wird vom *Application Server ABAP* gestellt.

ABAP-Programm *Repository-Objekt*, das ABAP-Quelltext enthält und einen *Programmtyp* hat. Einem ABAP-Programm sind weitere *Komponenten* wie *Dynpros* oder der *GUI-Status* zugeordnet.

ABAP-Schlüsselwort *ABAP-Wort*, das eine *ABAP-Anweisung* einleitet. Definiert in Kombination mit anderen ABAP-Wörtern oder *Operanden* ein *ABAP-Sprachelement*.

ABAP-Sprachelement *ABAP-Schlüsselwort* oder Kombination eines ABAP-Schlüsselwortes mit einem oder mehreren nachfolgenden *ABAP-Wörtern* bzw. *Operanden*. Ein ABAP-Sprachelement beschreibt die Semantik einer *ABAP-Anweisung* eindeutig. Beispiele für unterschiedliche ABAP-Sprachelemente sind `GET BIT`, `GET TIME`, `DELETE itab`, `DELETE dbtab`. ABAP-Sprachelemente können durch *ABAP-Sprachelementzusätze* ergänzt werden.

ABAP-Sprachelementzusatz *ABAP-Wort* oder Kombination mehrerer ABAP-Wörter. Ein Sprachelement-Zusatz kann in *ABAP-Anweisungen* als Zusatz zu einem passenden *ABAP-Sprachelement* verwendet werden. Beispiele unterschiedlicher ABAP-Sprachelementzusätze sind `WITH KEY` und `WITH TABLE KEY`.

ABAP-System → *ABAP-basiertes SAP-System*

ABAP-Wort Wort der Programmiersprache ABAP. ABAP-Wörter sind die *Token* einer *ABAP-Anweisung*, die deren Semantik ausdrücken. ABAP-Wörter dienen in ABAP-Anweisungen als *ABAP-Schlüsselwörter* oder als Zusätze. Ein einzelnes ABAP-Wort kann sowohl als Schlüsselwort als auch als Zusatz vorkommen. Kombinationen von ABAP-Wörtern ergeben *ABAP-Sprachelemente* oder *ABAP-Sprachelementzusätze*.

Abbruchmeldung *Nachricht* vom *Nachrichtentyp* A. Abbruchmeldungen werden in einem *Dialogfenster* angezeigt und brechen dann das laufende Programm ab.

abfangbarer Laufzeitfehler Ausnahmesituation in der Laufzeitumgebung, die mit `CATCH SYSTEM-EXCEPTIONS` behandelt werden kann. Durch *klassenbasierte Ausnahmen* abgelöst.

Abgleichfunktion *Verarbeitungsfunktion*, die ein Teilfeld einer Zeichenkette zurückgibt, die zu einem *regulären Ausdruck* passt.

absoluter Typname Als Pfadangabe aufgebauter *Typname*, der den *Kontext* eines *Datentyps*, einer *Klasse* oder eines *Interfaces* eindeutig spezifiziert und in dynamischen Typangaben verwendet werden kann. Der absolute Typname eines beliebigen *Objekts* kann von den *RTTS* ermittelt werden.

abstrakt Begriff in *ABAP Objects*. Eine abstrakte *Klasse* kann nicht instanziert werden. Eine abstrakte *Methode* kann nur in *Unterklassen* ihrer Klasse implementiert werden. Eine nicht-abstrakte Klasse bzw. Methode ist *konkret*.

ADBC → *ABAP Database Connectivity*

Administrationsmandant Spezieller *Mandant* eines *AS ABAP*, dessen *Mandantenkennung* bei Unterstützung der *Multitenancy* in einem *Profilparameter* abgelegt ist. Ein Administrationsmandant ist zur Ausführung von administrativen *Systemprogrammen* vorgesehen. Bei *Anmeldung* an einen Administrationsmandanten eines AS ABAP, der die Multitenancy unterstützt, gelten nicht die Restriktionen der *Tenant-Isolierung*.

Aggregat Zusammenfassung der Daten mehrerer Zeilen einer *Datenbanktabelle*. Kann durch *Aggregatfunktionen* in der Anweisung `SELECT` bestimmt werden.

Aggregatausdruck Angabe einer Spalte in der Anweisung SELECT über eine *Aggregatfunktion*.

Aggregatfunktion Funktion, die aus den Werten mehrerer Zeilen einer Spalte einer *Datenbanktabelle* einen Wert bestimmt. Die Berechnung wird im *Datenbanksystem* ausgeführt. Die Angabe einer Spalte einer Datenbanktabelle als Argument einer Aggregatfunktion bildet einen *Aggregatausdruck*, der in der Anweisung SELECT verwendet werden kann.

Ähnlichkeitsfunktion *Beschreibungsfunktion*, die die Ähnlichkeit einer Zeichenkette mit einer anderen Zeichenkette zurückgibt.

aktivierbarer Checkpoint *Checkpoint*, der durch den Zusatz ID der Anweisungen ASSERT, BREAK-POINT oder LOG-POINT einer *Checkpoint-Gruppe* zugeordnet wird. Das Verhalten eines aktivierbaren Checkpoints wird entweder durch die gruppenspezifischen Aktivierungseinstellungen oder programmspezifisch gesteuert, wobei programmspezifische Einstellungen für alle aktivierbaren Checkpoints eines Programms gelten und die Einstellungen der jeweiligen Checkpoint-Gruppe überschreiben.

Aktivierungsvariante *Repository-Objekt*, das Aktivierungseinstellungen für *aktivierbare Checkpoints* enthält. Eine Aktivierungsvariante kann Einstellungen für *Checkpoint-Gruppen* und *Kompilationseinheiten* enthalten. Das Anlegen von Aktivierungsvarianten und die Pflege der Aktivierungseinstellungen erfolgen über die *Transaktion* SAAB.

Aktualparameter *Datenobjekt*, dessen Inhalt beim Aufruf einer *Prozedur* als Argument an einen *Formalparameter* übergeben bzw. von diesem übernommen wird. Der notwendige Datentyp und die Art der Übergabe – per *Referenzübergabe* oder *Wertübergabe* – sind durch die Definition des Formalparameters vorgegeben. An die *Eingabeparameter* von *Methoden* können ab Release 7.02/7.2 auch *funktionale Methoden* und *Rechenausdrücke* als Aktualparameter übergeben werden.

Aliasname Entweder mit der Anweisung ALIASES deklarierter Name für eine *Interfacekomponente* in einer *Klasse* oder in einem *zusammengesetzten Interface* oder ein mit dem Zusatz ALIAS definierter Name für den *primären Tabellenschlüssel* einer *internen Tabelle*.

allgemeine Ausdrucksposition *Operandenposition*, an der außer einem passenden *Datenobjekt* auch ein *Rechenausdruck*, eine *eingebaute Funktion* oder eine *funktionale Methode* angegeben werden kann (ab Release 7.02/7.2).

allgemeine numerische Funktion *Numerische Funktion*, die ein *numerisches Datenobjekt* als Argument erwartet. Der *Datentyp* des Arguments bestimmt den Datentyp des *Rückgabewertes* der Funktion.

Ankreuzfeld *Bildschirmelement*, das mit einem *Dynpro-Feld* verknüpft ist und in das der Anwender durch Auswahl den Wert "X" oder " " eingeben kann.

Anmeldesprache Sprache, mit der sich ein *Benutzer* an einen *AS ABAP* anmeldet. Die Anmeldesprache steht während der gesamten *Benutzersitzung* fest. Die Anmeldesprache beeinflusst *Nachrichten*, *Textelemente* und die *Textumgebung*.

Anmeldung Zeitpunkt, zu dem sich ein *Benutzer* mit Angabe von *Mandantenkennung*, *Benutzername*, *Kennwort* und der *Anmeldesprache* an einen *AS ABAP* anmeldet. Eine Anmeldung öffnet eine *Benutzersitzung*.

anonymes Datenobjekt *Datenobjekt*, das nicht durch einen Namen angesprochen werden kann. Anonyme Datenobjekte werden in ABAP mit der Anweisung CREATE DATA erzeugt und sind über *Referenzvariablen* ansprechbar. Siehe auch *benanntes Datenobjekt* und *Literal*.

Anweisungsblock Strukturelle Einheit innerhalb von *Kontrollstrukturen*, die aus einer oder mehreren aufeinanderfolgenden Anweisungen besteht. Die Anweisungen eines Anweisungsblocks werden sequenziell durchlaufen. Anweisungsblöcke können wiederum Kontrollstrukturen enthalten.

Anwendungsfunktionsleiste Bestandteil eines *Fensters*. Enthält im Werkzeug *Menu Painter* definierte *Drucktasten*. Teil des mit SET PF-STATUS gesetzten *GUI-Status*. Wird in der *ABAP Workbench* als *Drucktastenleiste* bezeichnet.

Anwendungsmandant *Mandant* eines *AS ABAP* zur Verarbeitung der Daten von *Anwendungstabellen* in *Anwendungsprogrammen*. Auf einem AS ABAP, der die *Multitenancy* unterstützt, ist jedem *Tenant* ein Anwendungsmandant zugeordnet, und für Anwendungsmandanten gelten die Restriktionen der *Tenant-Isolierung*.

Anwendungsprogramm *ABAP-Programm*, das Teil der auf einem *AS ABAP* ausgeführten betriebswirtschaftlichen Anwendungen ist. Anwendungsprogramme arbeiten in der Regel nur mit in *Anwendungstabellen* abgelegten Daten des aktuellen *Anwendungsmandanten*. Auf Systemen mit *Multitenancy* wird dies von der *ABAP-Laufzeitumgebung* sichergestellt.

Anwendungstabelle *Datenbanktabelle* mit *Mandantenspalte*. Eine Anwendungstabelle enthält mandantenabhängige Daten, die von *Anwendungsprogrammen* bearbeitet werden.

Append-Struktur *Struktur* des *ABAP Dictionarys*, die an eine andere Struktur oder eine *Datenbanktabelle* angehängt wird und diese dadurch um ihre *Komponenten* erweitert. Von SAP ausgelieferte Strukturen und Datenbanktabellen können in Kundensystemen durch Append-Strukturen erweitert werden.

Application Server Abkürzung AS. Verwendungsart von *SAP NetWeaver* für alle Bestandteile von SAP-Anwendungen. Der Application Server unterstützt Internet-Protokolle (HTTP/HTTPS/SMTP) sowie *XML* und erlaubt damit die Ausführung von Webservices und anderen Webanwendungen. Für die Programmierung von Anwendungen ist eine offene Entwicklungsumgebung vorhanden. Die Funktionen der früheren *SAP-Basis* für alle bestehenden SAP-Anwendungen sind integriert. Der Application Server unterteilt sich in den *Application Server ABAP* und den *Application Server Java* zur Erstellung von Anwendungen für die Java Enterprise Edition (Java EE). Beide Verwendungsarten des Application Servers können auf eine Betriebs- und Datenbanksystem-unabhängige Persistenzschicht zugreifen und sind über gegenseitige Aufrufbarkeit miteinander verbunden.

Application Server ABAP Abkürzung AS ABAP. Verwendungsart des *Application Servers* in *SAP NetWeaver* für die Anwendungsprogrammierung in ABAP und damit Nachfolger der *SAP-Basis*. Der Application Server ABAP stellt die *ABAP-Laufzeitumgebung*. Er kann als Client-Server-System beschrieben werden, das aus mindestens drei Softwareschichten aufgebaut ist. Die drei Softwareschichten sind *Präsentationsschicht*, *Applikationsschicht* und *Datenbankschicht*. Daneben enthält er Kommunikationskomponenten wie *Internet Communication Manager* (ICM) und die *RFC-Schnittstelle*. Der AS ABAP garantiert die Unabhängigkeit der ABAP-Anwendungsprogramme von Hardware, Betriebssystem und *Datenbank*. *ABAP-Programme* sind nur in einem AS ABAP ausführbar. Ein AS ABAP hat eine eigene, auf einem *Benutzerstammsatz* basierende, Benutzerverwaltung. Ein alleinstehender AS ABAP ohne Anwendungskomponenten ist das kleinste mögliche *ABAP-basierte SAP-System*.

Application Server Java Abkürzung AS Java. Verwendungsart des *Application Servers* in *SAP NetWeaver* für die auf der Java Enterprise Edition (Java EE) basierende Anwendungsprogrammierung in Java. Siehe auch *Application Server ABAP*.

Applikationsschicht Softwareschicht eines *AS ABAP*, in der Anwendungsprogramme ausgeführt werden. Die Applikationsschicht wird aus genau einem *Message-Server* und einem oder mehreren *Applikationsservern* realisiert, auf denen *ABAP-Programme* ausgeführt werden.

Applikationsserver Teil der *Applikationsschicht* eines *AS ABAP*. Die Applikationsschicht kann auf mehrere Applikationsserver verteilt sein, die in der Regel auf verschiedenen Rechnern instanziert sind, deren Betriebssystem nicht identisch sein muss. Es können aber auch mehrere Applikationsserver eines oder mehrerer AS ABAP auf einem Rechner laufen. Applikationsserver kommunizieren mit der *Präsentationsschicht*, der *Datenbankschicht* und über den *Message-Server* untereinander. Die wichtigsten Komponenten eines Applikationsservers sind seine *Workprozesse*, deren Anzahl und *Typ* beim Start des AS ABAP festgelegt werden. Ein *ABAP-Programm* wird von einem geeigneten Workprozess eines Applikationsservers ausgeführt. Die Speicherbereiche eines Applikationsservers, auf die in ABAP-Programmen zugegriffen werden kann, sind das *Shared Memory*, das *SAP Memory*, das *ABAP Memory* und der *Rollbereich* im *internen Modus*.

Arbeitsbereich Bezeichnung für ein *Datenobjekt*, das insbesondere beim Arbeiten mit *internen Tabellen* oder *Datenbanktabellen* als Quelle bei ändernden Operationen oder Ziel bei auslesenden Operationen dient.

ArchiveLink Service zur Verknüpfung zwischen Anwendungen eines *AS ABAP* und archivierten Dokumenten.

Archivierung Ablegen von *Drucklisten* mit dem Tool *ArchiveLink*. Im *SAP-Spool-System* gespeicherte Drucklisten sind archivierbar. Bei der Archivierung werden Drucklisten aus dem Spool-System in genau der dort abgelegten Formatierung übernommen.

Archivierungsparameter Parameter, die einem *Spool-Auftrag* übergeben werden müssen, falls dessen Daten über *ArchiveLink* archiviert werden sollen.

aRFC → *asynchroner Remote Function Call*

arithmetischer Ausdruck Formulierung einer arithmetischen Berechnung in einem *Rechenausdruck*. Einem arithmetischen Ausdruck ist ein *Rechentyp* zugeordnet, mit dem die Berechnung ausgeführt wird. Das Resultat eines arithmetischen Ausdrucks ist ein numerischer Wert, der im Rechentyp vorliegt. Arithmetische Ausdrücke kommen entweder in der Anweisung COMPUTE oder an Lesepositionen bestimmter Anweisungen (ab Release 7.02/7.2) vor.

arithmetischer Operator Verknüpft zwei numerische *Operanden* eines *arithmetischen Ausdrucks*. Arithmetische Operatoren sind +, -, *, /, DIV, MOD und **.

AS → *Application Server*

AS ABAP → *Application Server ABAP*

AS Java → *Application Server Java*

ASCII Abkürzung für American Standard Code for Information Interchange. Nach ISO-646 genormter 7-Bit-*Zeichensatz*. Durch *ISO-8859* auf 8-Bit-Zeichensätze erweitert.

Assertion Zusicherung in einem *ABAP-Programm*. Eine Assertion wird über die Anweisung ASSERT als bedingter *Checkpoint* definiert. Assertions sind entweder immer aktiv oder durch Zuordnung zu einer *Checkpoint-Gruppe* aktivierbar. Bei Erreichen einer aktiven Assertion wird die zugehörige Bedingung ausgewertet. Bei Verletzung der Bedingung wird das Programm mit einem Laufzeitfehler abgebrochen, in den *ABAP Debugger* verzweigt oder ein Protokolleintrag erzeugt. Bei Zuordnung zu einer *Checkpoint-Gruppe* wird das Verhalten über die zugehörigen Aktivierungseinstellungen gesteuert, ansonsten wird das Programm abgebrochen.

asXML ABAP Serialization XML. Kurzbezeichnung für die *kanonische XML-Repräsentation* von ABAP-Daten.

asynchrone Verbuchung *Verbuchung*, bei der *Verbuchungsfunktionsbausteine* hoher Priorität im Verbuchungs-Workprozess ausgeführt werden, wobei das aufrufende Programm nicht auf die Beendigung wartet. Die asynchrone Verbuchung wird durch COMMIT WORK ohne den Zusatz AND WAIT gestartet.

asynchroner Remote Function Call Remote Function Call, bei dem nicht auf das Ende der Verarbeitung der remote aufgerufenen Funktion gewartet wird.

ATC → *ABAP Test Cockpit*

Attribut Innerhalb einer *Klasse* oder eines *Interfaces* deklariertes *Datenobjekt*. Es gibt *Instanzattribute* und *statische Attribute*.

Aufbereitungsschablone Vorschrift für die Aufbereitung der Ausgabe eines *Datenobjekts* auf einer *Liste*. Eine Aufbereitungsschablone ist eine Zeichenfolge, die aus Platzhaltern für die Zeichen des auszugebenden Datenobjekts und speziellen Zeichen für die Formatierung der Ausgabe besteht.

Aufrufkette Eine Aufrufkette ist die Menge von Programmen, deren *interne Modi* durch eine Folge von Aufrufen mit SUBMIT ... AND RETURN oder CALL TRANSACTION gemeinsam in einem *Hauptmodus* geladen sind. Aus jedem Programm kann in das vorangegangene Programm der Aufrufkette zurückgekehrt werden. Das erste Programm einer Aufrufkette ist die *Top-Level-Transaktion*. Die Programme einer Aufrufkette haben gemeinsamen Zugriff auf das *ABAP Memory*. Eine Aufrufkette kann mit der Anweisung LEAVE TO TRANSACTION vollständig verlassen werden.

Ausdruck   Teil einer *ABAP-Anweisung*, der ein Resultat hat. Ein Ausdruck besteht aus einem oder mehreren *Operanden*, die teilweise selbst wieder Ausdrücke sein können, in Kombination mit *Operatoren* oder speziellen *ABAP-Wörtern*. Mögliche Ausdrücke sind *logische Ausdrücke* und *Rechenausdrücke*.

ausführbares Programm   *ABAP-Programm*, das mit der Anweisung SUBMIT ausgeführt werden kann. Ein ausführbares Programm kann über SYSTEM • DIENSTE • REPORTING oder andere Dienste wie *Reporttransaktionen* gestartet werden, wobei intern immer ein SUBMIT ausgeführt wird. Ein ausführbares Programm kann eigene *Dynpros* haben, mit einer *logischen Datenbank* verknüpft und in der *Hintergrundverarbeitung* ausgeführt werden.

Ausgabeanweisung   Anweisung zum Beschreiben einer *Liste*. Ausgabeanweisungen sind WRITE und ULINE. Daneben gibt es Anweisungen zum Positionieren des *Listen-Cursors*.

Ausgabefeld   → *Ein-/Ausgabefeld*

Ausgabeparameter   *Formalparameter* einer *Prozedur*, dessen Wert in der Prozedur gesetzt wird und nach Beendigung der Prozedur im *Aktualparameter* zur Verfügung steht. Ausgabeparameter werden bei *Methoden* und *Funktionsbausteinen* mit EXPORTING definiert und deshalb auch EXPORTING-Parameter genannt. Bei *Unterprogrammen* fallen Ausgabeparameter mit den *Ein-/Ausgabeparametern* zusammen und werden mit CHANGING definiert.

Ausgabestrom   → *Schreibstrom*

Ausnahme   Fehlersituation während der Ausführung eines *ABAP-Programms*. Ausnahmen sind *behandelbar* (Anweisungen TRY, CATCH) oder *unbehandelbar*. Unbehandelte Ausnahmen führen zu einem *Laufzeitfehler*.

Ausnahmegruppe   Zusammenfassung mehrerer *abfangbarer Laufzeitfehler* in einer organisatorischen Einheit. Die abfangbaren Laufzeitfehler einer Ausnahmegruppe sind gemeinsam mit CATCH – ENDCATCH über die Angabe des Gruppennamens behandelbar.

Ausnahmekategorie   Einteilung der *klassenbasierten Ausnahmen* gemäß den *Oberklassen* ihrer *Ausnahmeklassen*. Die Ausnahmekategorie bestimmt, wie die Ausnahmen in *Prozeduren* deklariert werden müssen.

Ausnahmeklasse   Spezielle *Klasse*, die als Grundlage *behandelbarer Ausnahmen* dient. Beim Auftreten einer *Ausnahme* wird ein *Objekt* einer Ausnahmeklasse erzeugt. Es gibt vordefinierte Ausnahmeklassen für Ausnahmen der Laufzeitumgebung und selbst definierte Ausnahmeklassen für eigene Anwendungen. Die Oberklassen aller Ausnahmeklassen sind CX_STATIC_CHECK, CX_DYNAMIC_CHECK oder CX_NO_CHECK, durch die Ausnahmen in *Ausnahmekategorien* unterteilt werden.

Ausnahmeobjekt   *Instanz* einer *Ausnahmeklasse*. Wird beim Auftreten einer *behandelbaren Ausnahme* erzeugt und enthält Informationen zur Ausnahmesituation. Kann über Aufrufebenen hinweg propagiert werden.

Ausnahmetext   In einer *Ausnahmeklasse* festgelegter Text, der eine Ausnahmesituation beschreibt. Ein Ausnahmetext kann durch die Attribute der Ausnahmeklasse parametrisiert werden. Ausnahmetexte werden entweder durch Bezug auf *Nachrichten* oder auf das Online Text Repository (OTR) definiert.

Ausrichtung   Für einige *Datentypen* wie die *numerischen Datentypen* außer p und die *tiefen* Datentypen gibt es bestimmte Ausrichtungsanforderungen, die von der jeweiligen Plattform abhängen. *Felder* mit einem solchen *Typ* müssen im Speicher an Adressen beginnen, die durch 4, 8 oder 16 teilbar sind. In einem *Unicode-System* stehen auch *Datenobjekte zeichenartiger Datentypen* an Speicheradressen, die je nach *Unicode-Zeichendarstellung* durch 2 oder 4 teilbar sind. In einer *Struktur* oder *Unterstruktur* bestimmt die *Komponente* mit der größten Ausrichtungsanforderung die Ausrichtung der gesamten Struktur, wobei vor oder nach Komponenten mit Ausrichtungsanforderungen gegebenenfalls *Ausrichtungslücken* entstehen.

Ausrichtungslücke Bytes, die innerhalb einer *Struktur* vor *Komponenten* mit Ausrichtungsanforderungen eingefügt werden, um die notwendige *Ausrichtung* zu erreichen. Der binäre Inhalt von Ausrichtungslücken ist undefiniert und darf nicht ausgewertet werden.

Auswahlknopf *Bildschirmelement*, das mit einem *Dynpro-Feld* verknüpft ist und in das der Anwender durch Auswahl den Wert "X" oder " " eingeben kann. Auswahlknöpfe sind in *Auswahlknopfgruppen* zusammengefasst.

Auswahlknopfgruppe Gruppe zusammengehöriger *Auswahlknöpfe*. Innerhalb einer Auswahlknopfgruppe ist genau ein Auswahlknopf auswählbar.

Background Remote Function Call Asynchroner ausgeführter Remote Function Call, bei dem die gerufenen *RFMs* transaktional und in vorgegebener Aufrufreihenfolge ausgeführt werden können. Der bgRFC löst *tRFC* und *qRFC* bis auf das No-Send-Szenario des qRFC ab. Letzteres wird durch die *Local Data Queue (LDQ)* abgelöst (ab Release 7.02/7.2).

BAdI Business Add-in, Vorlage für *BAdI-Objekte*. Ein BAdI besteht aus einem *BAdI-Interface*, einer Menge von Filtern und einigen Einstellungen. BAdIs sind die Grundlage für *Erweiterungen*, bei denen in ABAP-Programmen *BAdI-Methoden* in *Objekt-Plug-ins* aufgerufen werden können, wobei der Aufrufer durch die Angabe von Filterwerten steuert, welche *BAdI-Implementierungen* verwendet werden. Darüber hinaus können BAdIs auch noch als Screen- oder Menüerweiterungen für *Dynpros* bzw. *GUI-Status* definiert werden. BAdIs werden ab Release 7.0 im *Enhancement Builder* als *Erweiterungsspot-Elementdefinition* bearbeitet und liegen im Namensraum der globalen *Klassen*. Ihre Implementierungen sind über das *Switch Framework* schaltbar. Weiterhin gibt es noch die klassischen BAdIs, die direkt im *BAdI-Builder* bearbeitet wurden und zu Release 4.6 *Funktionsbaustein-Exits* abgelöst haben.

BAdI-Builder Werkzeug der *ABAP Workbench* für die Erstellung und Pflege von *BAdIs*. Der BAdI-Builder dient als BAdI-spezifischer Einstieg in den *Enhancement Builder*. Vor Release 7.0 diente der BAdI-Builder ausschließlich der Pflege klassischer BAdIs. Aufruf über die *Transaktionscodes* SE18 (Definition) und SE19 (Implementierung).

BAdI-Implementierung Implementierung eines *BAdIs*. Einem BAdI können mehrere BAdI-Implementierungen zugeordnet sein. Eine BAdI-Implementierung besteht aus einer *BAdI-Implementierungsklasse* und aus einer Filterbedingung, über die die BAdI-Implementierung in der Anweisung GET BADI im *BAdI-Objekt* ausgewählt werden kann. Eine BAdI-Implementierung wird im Rahmen einer *Erweiterung* im *Enhancement Builder* als *Erweiterungsimplementierungs-Element* angelegt, wobei sie als Standardimplementierung gekennzeichnet werden kann. Eine BAdI-Implementierung kann den Zustand aktiv oder inaktiv haben, der sowohl die Schalterstellung des *Switch Frameworks* als auch die Filterbedingung übersteuert.

BAdI-Implementierungsklasse Globale *Klasse*, die eines oder mehrere *BAdI-Interfaces* und damit deren *BAdI-Methoden* implementiert. BAdI-Implementierungsklassen sind die wesentlichen Bestandteile von *BAdI-Implementierungen*, und ihre Instanzen dienen bei der funktionalen *Erweiterung* von ABAP-Programmen als *Objekt-Plug-ins*. Eine BAdI-Implementierungsklasse, die nicht Teil einer BAdI-Implementierung ist, ist nicht mit einer *Erweiterungsimplementierung* verknüpft. Letztere können beispielsweise als Fallback-BAdI-Implementierungsklassen von *BAdIs* verwendet werden.

BAdI-Interface Ein BAdI-Interface ist ein globales *Interface*, das das *Tag-Interface* IF_BADI_INTERFACE einbindet. Ein BAdI-Interface kann als Teil der Definition eines oder mehrerer *BAdIs* verwendet werden und darf nur *Methoden* (*BAdI-Methoden*) und *Ereignisse*, aber keine variablen

Attribute enthalten. Darüber hinaus darf ein BAdI-Interface keine *Komponenteninterfaces* außer anderen BAdI-Interfaces enthalten. Ein Interface, das ein BAdI-Interface einbindet, ist auch ein BAdI-Interface.

BAdI-Klasse Spezielle globale Klasse, die bei der Definition eines *BAdIs* im *Enhancement Builder* mit dem Namen des BAdIs als *Unterklasse* der *abstrakten* globalen *Klasse* CL_BADI_BASE angelegt wird. BAdI-Klassen sind Teil der *ABAP-Laufzeitumgebung* und abgesehen davon, dass sie im Namensraum aller globalen *Typen* liegen, nicht nach außen sichtbar.

BAdI-Kontextobjekt *Instanz* einer *Klasse*, die das *Tag-Interface* IF_BADI_CONTEXT implementiert. Dieses Tag-Interface kann von beliebigen Klassen implementiert werden. *Referenzen* auf BAdI-Kontextobjekte können in der Anweisung GET BADI zur Spezifikation eines Kontextes für *Objekt-Plug-ins* verwendet werden.

BAdI-Methode *Methode* eines *BAdI-Interfaces*. Eine BAdI-Methode wird in *BAdI-Implementierungen* implementiert und ausschließlich über das zugehörige BAdI-Objekt mit CALL BADI aufgerufen. Falls das BAdI-Interface Teil der Definition eines *BAdIs* ist, das für die Mehrfachverwendung definiert ist, kann die *Parameterschnittstelle* einer BAdI-Methode nur *Eingabe-* und *Ein-/Ausgabeparameter* enthalten. Falls alle BAdIs für die Einzelverwendung definiert sind, kann die Schnittstelle auch *Ausgabeparameter* oder einen *Rückgabewert* haben. BAdI-Methoden können *Ausnahmen* definieren oder propagieren.

BAdI-Objekt Instanz eines *BAdIs*. BAdI-Objekte werden ausschließlich über *BAdI-Referenzvariablen* angesprochen, in die mit GET BADI eine *BAdI-Referenz* gestellt wurde. Ein BAdI-Objekt dient als Handle für die Aufrufe von *BAdI-Methoden* und enthält Referenzen auf die anhand von Filterangaben erzeugten *Objekt-Plug-ins*. Technisch gesehen, sind BAdI-Objekte *Instanzen* von *BAdI-Klassen*.

BAdI-Referenz Referenz auf ein *BAdI-Objekt*. BAdI-Referenzen kommen ausschließlich als Inhalt von *BAdI-Referenzvariablen* vor. Technisch gesehen, sind BAdI-Referenzen *Objektreferenzen* auf *Instanzen* von *BAdI-Klassen*.

BAdI-Referenzvariable Spezielle *Objektreferenzvariable*, die mit Bezug auf ein *BAdI* deklariert wird und zum Zugriff auf das zugehörige *BAdI-Objekt* dient. BAdI-Referenzvariablen werden über GET BADI mit einer *BAdI-Referenz* versorgt und ausschließlich in CALL BADI zum Aufruf von *BAdI-Methoden* verwendet. Technisch gesehen, sind BAdI-Referenzvariablen *Klassenreferenzvariablen* vom *statischen Typ* einer konkreten *BAdI-Klasse* oder von deren abstrakter Oberklasse CL_BADI_BASE.

BAPI → *Business Application Programming Interface*

Base64 Verfahren zur Codierung beliebiger Binärdaten in druckbare Zeichen. Dabei wird jedes Byte in eine kurze Zeichenfolge umgewandelt, deren Zeichen einem Satz von 64 *Codepage*-unabhängigen *ASCII*-Zeichen entnommen werden.

basXML Binary ABAP Serialization XML. Darstellung von *asXML* in *Binary XML*. basXML findet u. a. als gleichnamiges RFC-Protokoll Verwendung (ab Release 7.02/7.2).

Batch-Input Datenübernahmetechnik, die es ermöglicht, Datenmengen automatisiert an die *Dynpros* von *Transaktionen* und damit an einen *AS ABAP* zu übergeben. Der Batch-Input wird über eine *Batch-Input-Mappe* gesteuert.

Batch-Input-Mappe Zusammenfassung einer Folge von Transaktionsaufrufen inklusive Eingabedaten und *Benutzeraktionen*. Über eine Batch-Input-Mappe kann eine *Dialogtransaktion* im *Batch-Input* ausgeführt werden, wobei einige oder alle *Bildschirmbilder* von der Mappe behandelt werden. Batch-Input-Mappen werden als *Datenbanktabellen* in der *Datenbank* abgelegt und können programmintern als *interne Tabellen* beim Aufruf von *Transaktionen* verwendet werden.

BCD Abkürzung für Binary Coded Decimals. Code zur Darstellung von Dezimalzahlen, wobei jede Dezimalziffer durch 4 Bit dargestellt wird. Siehe auch *gepackte Zahl*.

Bedienelement Element der *Benutzeroberfläche*, auf dem eine *Benutzeraktion* ausgeführt werden kann. Die meisten Bedienelemente können mit einem *Funktionscode* verknüpft werden.

Befehlsfeld Eingabefeld in der *Systemfunktionsleiste*. In dieses Eingabefeld können *Funktionscodes*, *Transaktionscodes* oder andere Kurzbefehle, wie z. B. "/h" zum Starten des *ABAP Debuggers*, eingegeben werden.

behandelbare Ausnahme *Ausnahme*, die mit den Anweisungen TRY – CATCH – ENDTRY im Programm behandelt werden kann und bei Behandlung nicht zu einem *Laufzeitfehler* führt. Behandelbare Ausnahmen beruhen auf *Ausnahmeklassen* und werden durch *Ausnahmeobjekte* realisiert. Eine behandelbare Ausnahme wird entweder von der *ABAP-Laufzeitumgebung* oder durch die Anweisung RAISE EXCEPTION in einem Programm ausgelöst. Vor Einführung der *klassenbasierten Ausnahmen* konnten behandelbare Ausnahmen nur in den Schnittstellen von *Funktionsbausteinen* und *Methoden* selbst definiert und mit RAISE ausgelöst werden. Vordefinierte behandelbare Ausnahmen traten in der Form *abfangbarer Laufzeitfehler* auf.

benannte Includes Zusammenfassung von *Komponenten* einer *Struktur* unter einem Namen. Anstelle eines *Offset-/Längenzugriffs* können Teilbereiche einer Struktur unter diesem Namen angesprochen werden.

benanntes Datenobjekt *Datenobjekt*, das über einen Namen angesprochen werden kann. Benannte Datenobjekte sind *Konstanten*, *Variablen* und *Textsymbole*. Siehe auch *anonymes Datenobjekt* und *Literal*.

Benutzer 1. Wird durch einen *Benutzernamen* und einen *Benutzerstammsatz* in der Benutzerpflege (*Transaktionscode* SU01) für den *AS ABAP* definiert. 2. Anwender (Person oder anderes System), der an den AS ABAP angemeldet ist. Nachdem sich ein Benutzer am AS ABAP angemeldet hat und authentifiziert wurde, hat er im Kontext einer *Benutzersitzung* und im Rahmen seiner *Berechtigungen* Zugriff auf Funktionen und Objekte des AS ABAP.

Benutzeraktion Aktion eines Anwenders auf einem *Bedienelement* der *Benutzeroberfläche*. Führt zum *Dynpro-Ereignis PAI*, falls das ausgewählte Bedienelement mit einem *Funktionscode* verknüpft ist.

Benutzername Für das Anmelden an einen *AS ABAP* notwendiger Name eines *Benutzers*. Ermöglicht zusammen mit dem *Passwort* die autorisierte Nutzung eines AS ABAP.

Benutzersitzung Zustand zwischen *Anmeldung* und Abmeldung eines *Benutzers* an einen *AS ABAP*. Während der Benutzersitzung kann der Benutzer mit dem AS ABAP arbeiten.

Benutzerstammsatz Die Existenz eines Benutzerstammsatzes ist Voraussetzung für die *Anmeldung* an einen *AS ABAP*. Hier wird festgelegt, welche Aktionen ein *Benutzer* eines bestimmten *Benutzernamens* ausführen darf und welche *Berechtigungen* er besitzt. Darüber hinaus sind Voreinstellungen wie z. B. die Form der Darstellung von *Dezimaltrennzeichen* auf *Listen* im Benutzerstammsatz abgelegt. Ein Benutzerstammsatz wird in der Benutzerpflege (*Transaktionscode* SU01) gepflegt.

Benutzeroberfläche Gesamtheit der *Bedienelemente* eines *ABAP-Programms*. Besteht aus der grafischen Oberfläche (*GUI*) in einem *Fenster* und den *Funktionstasten* und sonstigen Tasten eines Eingabegeräts (Tastatur bzw. Hardwarekomponenten, die Tastaturen simulieren, wie z. B. Barcode-Leser).

Berechtigung Eintrag im *Benutzerstammsatz* als Teil eines *Berechtigungsprofils*. Eine Berechtigung besteht aus vollständigen oder generischen Werten für die *Berechtigungsfelder* eines *Berechtigungsobjekts*. Die Kombination sagt aus, mit welchen Aktivitäten ein *Benutzer* auf welche Daten zugreifen kann. Berechtigungen werden mit dem Profilgenerator aus der Rollenpflege (Transaktion PFCG) generiert und können auch noch über den *Transaktionscode* SU03 angezeigt werden.

Berechtigungsfeld Kleinste Einheit eines *Berechtigungsobjekts*. Ein Berechtigungsfeld repräsentiert entweder Daten wie z. B. ein *Schlüsselfeld* einer *Datenbanktabelle* oder Aktivitäten wie z. B. Lesen oder Ändern. Aktivitäten werden als Kürzel angegeben, die in der Datenbanktabelle TACT und kundenspezifisch in TACTZ abgelegt sind.

Berechtigungsgruppe *Programmeigenschaft*, die es erlaubt, verschiedene Programme in Gruppen für gemeinsame *Berechtigungsprüfungen* zusammenzufassen. Der Gruppenname ist *Berechtigungsfeld* des *Berechtigungsobjekts* S_DEVELOP, für das bei Ausführung eines *ausführbaren Programms* im Dialog implizit eine *Berechtigungsprüfung* durchgeführt wird, ob der aktuelle *Benutzer* die Berechtigung zur Programmausführung hat. Bei Aufruf über die Anweisung SUBMIT findet keine Berechtigungsprüfung statt.

Berechtigungsobjekt *Repository-Objekt*, das als Grundlage von *Berechtigungen* dient. Ein Berechtigungsobjekt besteht aus bis zu zehn *Berechtigungsfeldern*. Die Kombination aus Berechtigungsfeldern, die Daten und Aktivitäten repräsentieren, wird für die *Berechtigungsvergabe* und *Berechtigungsprüfung* verwendet. Berechtigungsobjekte sind organisatorisch in Berechtigungsobjektklassen zusammengefasst und werden über den *Transaktionscode* SU21 gepflegt.

Berechtigungsprofil Zusammenfassung mehrerer *Berechtigungen*. Eine Berechtigung kann mehreren Berechtigungsprofilen zugeordnet sein. Über den Eintrag von Berechtigungsprofilen im *Benutzerstammsatz* bekommen *Benutzernamen* Berechtigungen zugeteilt. Berechtigungsprofile werden mit dem Profilgenerator aus der Rollenpflege (Transaktion PFCG) generiert und können auch noch über den *Transaktionscode* SU02 angezeigt werden.

Berechtigungsprüfung Prüfung, ob der aktuelle *Benutzer* über eine bestimmte *Berechtigung* verfügt. Dabei wird für jedes *Berechtigungsfeld* eines *Berechtigungsobjekts* ein zu prüfender Wert mit den zugehörigen Einträgen im *Benutzerstammsatz* verglichen. Ob eine Berechtigungsprüfung stattfindet, wird durch *Prüfkennzeichen* gesteuert. Die zuständige *ABAP-Anweisung* ist AUTHORITY-CHECK.

Berechtigungsvergabe Eintrag von *Berechtigungsprofilen* im *Benutzerstammsatz*.

Bereichsmenü Baumstruktur, deren Knoten mit *Transaktionscodes, ausführbaren Programmen* und anderen *Bereichsmenüs* verknüpft sein können. Bereichsmenüs werden über den Transaktionscode SE43 gepflegt und über *SAP Easy Access* angezeigt.

Beschreibungsfunktion *Eingebaute Funktion*, die Eigenschaften von *Datenobjekten* wiedergibt. Es gibt Beschreibungsfunktionen für zeichenartige, Beschreibungsfunktionen für tabellenartige und Beschreibungsfunktionen für byteartige Argumente.

bgRFC → *Background Remote Function Call*

Big Endian *Byte-Reihenfolge*, bei der das höchstwertige Byte an der ersten Speicherstelle steht.

Bildschirmablauflogik → *Dynpro-Ablauflogik*

Bildschirmbild Bestandteil eines *Fensters*. Enthält *Bildschirmelemente*. Für den Anwender sichtbarer Teil eines *Dynpros*. Wird bei allgemeinen Dynpros mit dem *Layout Editor* des *Screen Painters* angelegt. Bei speziellen Dynpros (*Selektionsbilder, Listen-Dynpros*) wird das Bildschirmbild implizit angelegt.

Bildschirmelement Grafisches Element auf einem *Bildschirmbild*. Bildschirmelemente sind *Ankreuzfelder, Auswahlknöpfe, Custom Controls, Dropdown-Listboxen, Drucktasten, Ein-/Ausgabefelder, Rahmen, Subscreens, Table Controls, Tabstrip Controls, Textfelder* und *Statusikonen*.

Bildschirmliste *Liste*, die im *Listen-Dynpro* am Bildschirm dargestellt wird. Eine Bildschirmliste wird während ihrer Erstellung im *Listenpuffer* abgespeichert. Siehe auch *Druckliste*.

Binärdatei *Datei* auf einem *Applikationsserver*, die mit dem Zusatz BINARY der Anweisung OPEN DATASET geöffnet wurde. Bei einer Binärdatei wird der Inhalt unbehandelt gelesen oder geschrieben.

binäre Gleitpunktarithmetik Berechnung mit *binären Gleitpunktzahlen*. Kann zu Rundungsfehlern führen, da Gleitpunktzahlen intern nicht im Dezimalsystem dargestellt sind.

binäre Gleitpunktzahl Inhalt eines *Datenobjekts* vom *numerischen Datentyp* f. Binäre Gleitpunkt-

zahlen werden intern nach der Norm IEEE-754 in 8 Byte dargestellt: ein Bit für das Vorzeichen, 11 Bit für den binären Exponenten und 52 Bit für die Mantisse. Dadurch sind *Dezimalzahlen* mit 16 *Dezimalstellen* und Exponenten zwischen –308 und +308 darstellbar. Aufgrund der begrenzten Anzahl von Stellen lässt sich aber nicht jede Dezimalzahl exakt durch eine binäre Gleitpunktzahl darstellen, wodurch es zu Rundungsfehlern kommen kann. Siehe auch *dezimale Gleitpunktzahl*.

Binärstrom *Strom* für *byteartige* Daten.

Binary XML SAP-spezifisches Format zur binären Ablage von *XML*-Dateien. In Binary XML sind redundante Informationen unterdrückt, und es wird eine *UTF-8*-Codierung verwendet, was zu Performancegewinnen bei Ablage und Transport führt. Binary XML wird gleichermaßen von den *AS ABAP* und *AS Java* unterstützt.

Bit-Ausdruck Formulierung einer binären Operation in einem *Rechenausdruck*. Das Resultat eines Bit-Ausdrucks ist ein byteartiger Wert. Bit-Ausdrücke kommen entweder in der Anweisung COMPUTE oder an Lesepositionen bestimmter Anweisungen (ab Release 7.02/7.2) vor.

Bit-Funktion Ab Release 7.02/7.2. Eingebaute *Funktion*, die mit einzelnen Bits in *byteartigen Datenobjekten* arbeitet.

Bit-Operator Verknüpft zwei *Operanden* eines *Bit-Ausdrucks*. Bit-Operatoren sind BIT-NOT, BIT-AND, BIT-OR und BIT-XOR.

Blätterleiste Bestandteil des *GUIs*. Automatisch erzeugt, wenn ein *Bildschirmbild* oder ein *Bildschirmelement* zu groß für die im Fenster zur Verfügung stehende Fläche ist.

BLOB Binary Large Object. Bezeichnung für ein *Datenbankfeld* vom Datentyp RAWSTRING.

Boolesche Funktion Ab Release 7.02/7.2. *Logische Funktion*, die einen *logischen Ausdruck* auswertet und den *Wahrheitswert* in zeichen- oder byteartiger Form zurückgibt.

Boolescher Operator Negiert oder verknüpft *logische Ausdrücke*. Boolesche Operatoren sind NOT, AND, OR und EQUIV (ab Release 7.02/7.2).

Boolesches Datenobjekt *Datenobjekt* zur Aufnahme von *Wahrheitswerten*. In ABAP werden Boolesche Datenobjekte derzeit noch nicht unterstützt. Stattdessen kann ein Wahrheitswert als Rückgabewert einer *Booleschen Funktion* ausgewertet werden.

Boxed Component Ab Release 7.02/7.2. Strukturierte *Komponente* einer *Struktur* oder einer *Klasse* bzw. eines *Interfaces*, die nicht am Ort der Definition abgelegt ist, sondern *tief* ist, d. h. durch eine interne Referenz verwaltet wird. Boxed Components stellen ein Mittelding zwischen *statischen* und *dynamischen Datenobjekten* dar. Im aktuellen Release werden als Boxed Components die sogenannten *statischen Boxen* unterstützt.

Breakpoint Haltepunkt in einem *ABAP-Programm*, bei dessen Erreichen in der *Dialogverarbeitung* in den *ABAP Debugger* verzweigt wird. Breakpoints mit begrenzter Lebensdauer und einer auf den aktuellen *Benutzer* bezogenen Gültigkeit können interaktiv im *ABAP Editor* oder *ABAP Debugger* gesetzt werden. Mit der Anweisung BREAK-POINT kann ein Breakpoint als unbedingter *Checkpoint* unbegrenzter Lebensdauer angelegt werden, der entweder immer aktiv oder durch die Zuordnung zu einer *Checkpoint-Gruppe* aktivierbar ist.

BSP → *Business Server Pages*

Business Add-in → *BAdI*

Business Application Programming Interface (BAPI) Vordefinierte Schnittstelle zu Daten und Prozessen einer SAP-Anwendung, die im Business Object Repository mit den Grundfunktionalitäten Erzeugen von Objekten, Abfrage der Eigenschaften von Objekten und Ändern der Eigenschaften von Objekten abgelegt ist. BAPIs sind durch remote aufrufbare *Funktionsbausteine* der Namenskonvention BAPI_<business_object_name>_<method_name> realisiert, die keinen Benutzerdialog führen dürfen. Über den *Transaktionscode* BAPI wird der BAPI-Explorer aufgerufen, der die Funktionsbausteine jeder Anwendung anzeigt.

Business Function Abkürzung BF. *Repository-Objekt*, das im Rahmen des *Switch Frameworks* eine in sich abgeschlossene (betriebswirtschaftliche) Funktion darstellt. Mehrere Business Functions werden zu *Business Function Sets* zusammengefasst. Technisch gesehen, ist eine Business Function eine Zusammenfassung von *Schaltern*, die derselben Funktionalität dienen. Beim Einschalten einer Business Function werden die zugehörigen Schalter eingeschaltet. Business Functions werden in der *Transaktion* SFW2 angelegt und in der Transaktion SFW5 geschaltet.

Business Function Set Abkürzung BFS. *Repository-Objekt*, das im Rahmen des *Switch Frameworks* mehrere *Business Functions* zu einer Einheit zusammenfasst, die vom Umfang her die Anforderungen einer Industrielösung abdeckt. Pro *AS ABAP* kann maximal ein Business Function Set eingeschaltet werden. Innerhalb eines Business Function Sets ist sichergestellt, dass alle Business Functions miteinander lauffähig sind. Business Function Sets werden in der *Transaktion* SFW3 angelegt und in der Transaktion SFW5 geschaltet.

Business Server Pages In HTML codierte *Benutzeroberfläche* einer Internet-Anwendung des *Application Server ABAP*. Business Server Pages können Server-Side-Skripte einbinden, die in ABAP geschrieben sind. Beim Kompilieren eines solchen Skripts wird in der *Applikationsschicht* eine *Klasse* in *ABAP Objects* generiert, deren *Methoden* die Funktionalität des Skripts implementieren. Dadurch können alle in ABAP Objects vorhandenen Sprachmittel auch in Business Server Pages verwendet und insbesondere kann über *Open SQL* auf die *Datenbank* zugegriffen werden. Business Server Pages werden über den *Web Application Builder* erstellt.

Byte-Reihenfolge Gibt an, in welcher Reihenfolge eine Zahl der *Datentypen* i, decfloat16, decfloat34 (ab Release 7.02/7.2) f, s oder ein Zeichen in einem *Unicode-System* im Speicher abgelegt wird. Unterschieden werden *Big* und *Little Endian*. Im ersten Fall wird das höchstwertige, im zweiten Fall das niedrigwertigste Byte in die erste Speicherstelle geschrieben. Die Byte-Reihenfolge des aktuellen *Applikationsservers* kann dem statischen Attribut ENDIAN der *Systemklasse* CL_ABAP_CHAR_UTILITIES entnommen werden.

byteartiger Datentyp *Datentyp*, dessen *Datenobjekte* uncodierte Bytes enthalten. Die entsprechenden *eingebauten Datentypen* sind x und xstring. Der zugehörige *generische Datentyp* ist xsequence.

byteartiges Datenobjekt *Datenobjekt*, das bei geeignetem Inhalt als byteartig interpretiert werden kann. Dies sind nur die Datenobjekte der *byteartigen Datentypen* x und xstring.

Bytecode Ergebnis der Generierung eines ABAP-Programms mit dem *ABAP Compiler*. Die Anweisungen des Bytecodes sind mit C-Funktionen verknüpft. Beim Ausführen des *ABAP-Programms* wird der Bytecode als Programm-*Load* in den *PXA* geladen und von der *ABAP-Laufzeitumgebung* (Virtual Machine) interpretiert, wobei die zugehörigen C-Funktionen aufgerufen werden.

Bytefeld *Datenobjekt* vom *Typ* x.

Bytefolge → *Bytekette*

Bytekette Inhalt eines *byteartigen Datenobjekts*. Auch *Bytefolge*.

Bytekettenfunktion *Eingebaute Funktion* zur Verarbeitung von *Byteketten*.

Bytestring *Datenobjekt* vom *Typ* xstring.

Cast → *Casting*

Casting Behandlung eines *Datenobjekts* unter Annahme eines bestimmten *Datentyps*. Explizites Casting ist möglich bei der Anweisung ASSIGN, mit dem Zusatz ASSIGNING beim Bearbeiten interner Tabellen, bei einigen Zuweisungen von *Aktualparametern* an *Formalparameter* und bei den *Zuweisungen* zwischen *Referenzvariablen*. Ein implizites Casting findet manchmal bei der Behandlung von *Operanden* an bestimmten *Operandenpositionen* statt.

Casting-Operator Spezieller *Zuweisungsoperator* (?=) für *Zuweisungen* zwischen *Referenzvariablen*, bei dem die Zuweisbarkeit erst zur Laufzeit überprüft wird. Notwendig beim *Down Cast*.

CATT Computer Aided Test Tool. Erlaubt das Abspeichern von Anwendungsabläufen für Testzwecke.

CFW → *Control Framework*

Checkpoint Oberbegriff für *Assertions*, *Breakpoints* oder *Logpoints*. Die Anweisungen ASSERT, BREAK-POINT und LOG-POINT zur Definition von Checkpoints haben keinen operativen Charakter, sondern dienen der Instrumentierung des Programms für Testzwecke. Nicht-aktive Checkpoints werden bei der Programmausführung ignoriert.

Checkpoint-Gruppe *Repository-Objekt*, das zur Gruppierung und Aktivierung *aktivierbarer Checkpoints* dient. Das Anlegen von Checkpoint-Gruppen und die Pflege der Aktivierungseinstellungen erfolgen über die *Transaktion* SAAB. Die Aktivierungseinstellungen einer Checkpoint-Gruppe gelten für alle Checkpoints, die der Gruppe zugeordnet sind. Einstellungen für einen Satz von Checkpoint-Gruppen können mittels *Aktivierungsvarianten* erstellt werden.

Class Builder Werkzeug der *ABAP Workbench* für die Erstellung und Pflege globaler *Klassen*. Aufruf über den *Transaktionscode* SE24.

Class-Pool *ABAP-Programm*, das die Definition genau einer *globalen Klasse* enthält und über die Verwendung der Klasse geladen wird. Unterstützt keine eigenen *Dynpros*, und die einzig möglichen *Verarbeitungsblöcke* sind *Methoden*. Neben der globalen Klasse kann ein Class-Pool weitere *lokale Klassen* enthalten.

CLOB Character Large Object. Bezeichnung für ein *Datenbankfeld* vom Datentyp STRING.

Cluster Zusammenfassung unterschiedlicher Daten in einer gemeinsamen Ablage. Entweder als *Daten-Cluster* in verschiedenen Speichermedien für *Datenobjekte* oder als *Tabellen-Cluster* für *Datenbanktabellen* (*Cluster-Tabellen*).

Cluster-Tabelle Im *ABAP Dictionary* definierte *Datenbanktabelle*, deren Ausprägung auf der *Datenbank* nicht nur einer im ABAP Dictionary definierten Tabelle zugeordnet ist. Mehrere Cluster-Tabellen sind einem *Tabellen-Cluster* in der Datenbank zugeordnet. Die Schnittmenge der *Schlüsselfelder* der Cluster-Tabellen bildet den *Primärschlüssel* des Tabellen-Clusters. Die übrigen Spalten der Cluster-Tabellen werden komprimiert in einer einzigen Spalte namens VARDATA des Tabellen-Clusters abgelegt. Auf Cluster-Tabellen kann nur über *Open SQL* zugegriffen werden, wobei keine *Joins* gebildet werden können.

Code Inspector Werkzeug zur Überprüfung von *Repository-Objekten* bezüglich Performance, Sicherheit, Syntax und der Einhaltung von Namenskonventionen. Aufruf über den *Transaktionscode* SCI.

Codepage Abbildung einer ausgesuchten Zeichenmenge (*Zeichensatz*) auf Bit-Folgen. Zum Beispiel repräsentiert Latin1 (*ISO-8859-1*) eine Codepage, die alle Zeichen des westeuropäischen Sprachraums beinhaltet, während eine *Unicode-Zeichendarstellung* alle Zeichen der Welt darstellen kann. Die Darstellung von Zeichen in einem *internen Modus* wird durch die *Umgebungs-Codepage* der *Textumgebung* des internen Modus bestimmt. Jeder von SAP unterstützten Codepage ist in der *Datenbanktabelle* TCP00 eine *SAP-Codepage-Nummer* zugeordnet.

Common-Bereich *Schnittstellen-Arbeitsbereich*, der mit dem obsoleten Zusatz COMMON PART der Anweisung DATA angelegt wird.

Context Contexte sind obsolete *Repository-Objekte*, die aus einzugebenden *Schlüsselfeldern*, aus Beziehungen zwischen diesen Feldern und daraus ableitbaren weiteren Feldern bestehen. Sie werden im *Context Builder* der *ABAP Workbench* abstrakt definiert und zur Laufzeit als temporäre *Objekte* verwendet. Anweisungen zum Bearbeiten von Contexten sind CONTEXTS, DEMAND und SUPPLY.

Context Builder Werkzeug der *ABAP Workbench* zur Bearbeitung von *Contexten*. Aufruf über den *Transaktionscode* SE33.

Control Softwarekomponente der *ABAP-Laufzeitumgebung* für die Behandlung komplexer *Bildschirmelemente*. *Table Control*, *Tabstrip Control* und *Splitter Control* (Release 7.02/7.2) sind plattformunabhängige Controls, die direkt mit Dynpro- und ABAP-Anweisungen bearbeitet werden. Daneben gibt es plattformabhängige *GUI Controls*, auf die in ABAP über die *Klassen* des *Control Frameworks* zugegriffen wird.

Control Framework Abkürzung CFW. Klassenhierarchie, deren *Klassen* mit der Vorsilbe CL_GUI_ beginnen. Die gemeinsame *Oberklasse* ist CL_GUI_OBJECT. Die Klassen des Control Frameworks verschalen *GUI Controls* und die Bildschirmcontainer für diese Controls.

Coverage Analyzer Werkzeug zur Erfassung, wie oft Programme oder einzelne *Verarbeitungsblöcke* getrennt nach Zeiträumen, *Benutzern* oder Sachgebieten ausgeführt werden. Aufruf über den *Transaktionscode* SCOV.

CPI-C Standardisierte interne Schnittstelle für die systemübergreifende Kommunikation von Programmen.

Cursor Ein Cursor bestimmt eine Position. Zum einen ist mit dem Begriff Cursor die Position eines Zeigers in einem Anzeigefenster gemeint. Zum anderen bestimmt ein *Listen-Cursor* die Ausgabeposition in einer *Liste*, und es gibt einen *Datenbank-Cursor* zum Lesen von Daten aus *Datenbanktabellen*. In diesem Sinn stellt auch der *Dateizeiger* einen Cursor dar.

Custom Control Bereich auf einem *Bildschirmbild*, in dem *GUI Controls* dargestellt werden können.

Customer-Exit Von SAP vorbereitete Möglichkeit, ausgelieferte Standardprogramme ohne Modifikation des Originalprogramms beim Kunden zu erweitern. Für potenzielle Kundenanforderungen, die nicht im Standard enthalten sind, werden von SAP leere Hüllen eingebaut, die vom Kunden mit eigener Funktionalität gefüllt werden können. Customer-Exits werden von SAP in der *Transaktion* SMOD verwaltet. Der Kunde wählt in der Transaktion CMOD die Erweiterungen aus, die er bearbeiten möchte, stellt sie zu Erweiterungsprojekten zusammen, bearbeitet die Komponenten und aktiviert die entsprechenden Projekte. Customer-Exits sind obsolet und werden durch *BAdIs* und andere *Erweiterungsoptionen* abgelöst.

Customizing-Includes *Strukturen* des *ABAP Dictionarys*, deren Namen das Präfix "CI_" für Kunden und "SI_" für Partner haben und im Kundennamensraum liegen. Die Customizing-Includes in von SAP ausgelieferten Strukturen sind in der Regel leer. Sie sind nicht mit vorhandenen Strukturen verknüpft, sondern reservieren nur deren Namen. Bei Kunden oder Partnern können sie während des Customizings erweitert werden, indem die eingebundenen Customizing-Includes tatsächlich angelegt und über Customizing-Transaktionen mit *Komponenten* versehen werden.

Data Browser Werkzeug der *ABAP Workbench* für den Zugriff auf den Inhalt von *Datenbanktabellen*. Aufruf über den *Transaktionscode* SE16.

Datei Ablage von Daten unter einem Namen in einem persistenten Speichermedium. Mit den Anweisungen der *ABAP-Dateischnittstelle* können Dateien auf den *Applikationsservern* bearbeitet werden. Für Dateien auf den *Präsentationsservern* stehen *Funktionsbausteine* oder *Methoden* einer globalen *Klasse* zur Verfügung. Die Dateien des *Datenbankservers* sind Teil der *Datenbank* und werden vom *Datenbanksystem* verwaltet.

Dateizeiger Aktuelle Position für das Schreiben in oder Lesen aus einer *Datei*.

Daten-Cluster Zusammenfassung von *Datenobjekten* zum Zweck der transienten oder persistenten Ablage in einem auswählbaren Speichermedium. Ein Daten-Cluster kann mit den Anweisungen IMPORT, EXPORT und DELETE FROM bearbeitet werden.

Datenbank Organisationseinheit von *Dateien*, zwischen denen logische Abhängigkeiten bestehen. Die Dateien der Datenbank eines *AS ABAP* sind auf dem *Datenbankserver* abgespeichert und werden vom *Datenbanksystem* verwaltet.

Datenbank-Commit Abschluss einer *Datenbank-LUW*, wobei veränderte Sätze in der *Datenbank* festgeschrieben werden. Bis zum Datenbank-Commit sind alle Änderungen temporär. Änderungen sind für das ausführende Programm immer direkt sichtbar. Ob andere Benutzer der Datenbank Änderungen direkt oder erst nach einem Datenbank-Commit sehen, hängt vom verwendeten *Datenbanksystem* ab. In einem *AS ABAP* werden Datenbank-Commits sowohl implizit als auch durch explizite Anforderungen ausgelöst.

Datenbank-Cursor Zeiger auf die Ergebnismenge einer Datenbankselektion. Der Datenbank-Cursor ist immer einer Zeile der Ergebnismenge zugeordnet. In *Open SQL* ist die Cursor-Behandlung implizit mit Ausnahme der Anweisungen OPEN CURSOR, FETCH und CLOSE CURSOR.

Datenbank-LUW Unteilbare Folge von Datenbankoperationen, die von einem *Datenbank-Commit* abgeschlossen werden. Die Datenbank-LUW wird vom *Datenbanksystem* entweder vollständig oder überhaupt nicht ausgeführt. Wird innerhalb einer Datenbank-LUW ein Fehler entdeckt, lassen sich alle seit Beginn der Datenbank-LUW gemachten Datenbankänderungen durch einen *Datenbank-Rollback* wieder zurücknehmen.

Datenbank-Rollback Abschluss einer *Datenbank-LUW*, wobei alle ändernden Datenbankoperationen bis zum Beginn der LUW zurückgenommen werden. In einem *AS ABAP* werden Datenbank-Rollbacks sowohl implizit als auch durch explizite Anforderungen ausgelöst.

Datenbankfeld Kleinste logische Einheit der *Struktur* einer *Datenbanktabelle*. Die Eigenschaften eines Datenbankfeldes werden durch ein *Datenelement* festgelegt.

Datenbankprogramm *ABAP-Programm* einer *logischen Datenbank*, das anderen Programmen Daten in einem *Tabellenarbeitsbereich* zur Verfügung stellt und dabei mit der Anweisung PUT das *Reporting-Ereignis* GET auslöst. Die Funktionalität eines Datenbankprogramms ist in *Unterprogrammen* implementiert, die bei der Ausführung eines *ausführbaren Programms* oder des *Funktionsbausteins* LDB_PROCESS von der *ABAP-Laufzeitumgebung* aufgerufen werden. Der Aufrufzeitpunkt der einzelnen Unterprogramme ist bestimmten Reporting- und *Selektionsbild-Ereignissen* zugeordnet.

Datenbankschicht Softwareschicht eines *AS ABAP*, die auf dem *Datenbankserver* installiert ist.

Datenbankschnittstelle In die *ABAP-Laufzeitumgebung* integrierte *Schnittstelle* zur *Datenbank* eines *AS ABAP*. Die Anweisungen von *Open SQL*, *Native SQL* und *ADBC* greifen über die Datenbankschnittstelle auf die Datenbank zu. Die Datenbankschnittstelle ist entsprechend in eine *Open SQL-Schnittstelle* und eine *Native SQL-Schnittstelle* unterteilt. Die Datenbankschnittstelle ist für den Datentransport zwischen *Applikationsschicht* und *Datenbankschicht*, die automatische *Mandantenbehandlung* und die *SAP-Pufferung* zuständig.

Datenbankserver Rechner der *Datenbankschicht*, auf dem das *Datenbanksystem* installiert ist.

Datenbanksperre Vom *Datenbanksystem* verhängte physische *Sperre* für Zeilen in *Datenbanktabellen*. Eine Datenbanksperre bleibt bis zum Ende der aktuellen *Datenbank-LUW* bestehen.

Datenbanksystem System zur Speicherung umfangreicher Datenmengen in einer *Datenbank*. Neben der Datenbank (Datenbasis) gehört zu einem Datenbanksystem noch ein Datenbankmanagementsystem, das die Datenbank verwaltet und den Zugriff über eine Programmierschnittstelle (*SQL* für *relationale Datenbanken*) ermöglicht.

Datenbanktabelle Darstellungsform für Daten in einer *relationalen Datenbank*. Die Spalten bzw. *Datenbankfelder* der Datenbanktabellen eines *AS ABAP* werden im *ABAP Dictionary* definiert. Jede Datenbanktabelle hat einen eindeutigen *Primärindex* und kann zusätzliche *Sekundärindizes* haben. Zwischen einzelnen Datenbanktabellen können *Fremdschlüsselbeziehungen* bestehen. Die Definition einer Datenbanktabelle ist in der Regel als *transparente Tabelle* in der *Datenbank* des AS ABAP ausgeprägt. Neben transparenten Tabellen gibt es auch noch SAP-spezifische Ausprägungen als *Cluster-Tabellen* und *Pool-Tabellen*. Alle im ABAP Dictionary definierten Datenbanktabellen können wie *flache Strukturen* als *Datentyp* referenziert werden, und es kann mit *Open SQL* auf sie zugegriffen werden. Während der Entwicklungsarbeit kann der Inhalt von Datenbanktabellen mit dem *Data Browser* kontrolliert werden.

Datenbankverbindung Verbindung eines *ABAP-Programms* zu einem *Datenbanksystem*. Die *Datenbankschnittstelle* greift standardmäßig über eine Standardverbindung auf die zentrale *Datenbank* eines *AS ABAP* zu. Optional können sekundäre Datenbankverbindungen geöffnet werden.

Die Administration von Datenbankverbindungen erfolgt über das Werkzeug *DBA Cockpit*.

Datenbereich Speicherbereich eines *ABAP-Programms*, in dem seine Daten abgelegt sind. Der Datenbereich umfasst einen statischen Bereich für *Datenobjekte* fester Länge und einen dynamischen Bereich für Datenobjekte variabler Länge (*Datentypen* string, xstring und *interne Tabellen*). Die internen *Referenzen* auf den dynamischen Bereich liegen im statischen Bereich.

Datenelement *Repository-Objekt* im *ABAP Dictionary*, das einen *elementaren Datentyp* oder einen *Referenztyp* definiert. Beschreibt neben den *technischen Typeigenschaften* auch die semantische Bedeutung eines (*Datenbank-*) *Feldes* (z.B. Überschrift für tabellarische Darstellungen oder Dokumentationstext). Die Eigenschaften wie *Datentyp*, Länge etc. sind entweder direkt beim Datenelement definiert oder werden von einer *Domäne* übernommen.

Datenobjekt *Instanz* eines *Datentyps*. Lebt im *internen Modus* eines *ABAP-Programms* oder als *Shared Object* im *Shared Memory*. Wird entweder als *benanntes*, statisch deklariertes Datenobjekt – Anweisung DATA u.Ä. – beim Laden eines Programms bzw. einer *Prozedur* oder als *anonymes Datenobjekt* dynamisch zur Laufzeit – Anweisung CREATE DATA – erzeugt. Daneben zählen auch die als Teil des Quelltextes definierten *Literale* zu den Datenobjekten. Der Datentyp eines Datenobjekts ist immer vollständig (nicht *generisch*) und kann *gebunden* oder *eigenständig* sein. Siehe auch *statisches Datenobjekt* und *dynamisches Datenobjekt*.

Datenquelle Ablage, aus der ein lesender *Datenstrom* seine Daten entnimmt. Eine Datenquelle kann eine externe Ressource wie eine *LOB*-Spalte einer *Datenbanktabelle* oder eine *Datei* oder auch eine interne Ressource wie ein *String* oder eine *interne Tabelle* sein. Ab Release 7.02/7.2 ist *Streaming* in ABAP für Datenbanktabellen, Strings und interne Tabellen implementiert.

Datenreferenz *Referenz*, die auf ein *Datenobjekt* oder einen Teil eines Datenobjekts zeigt. Es gibt *selbstständige* und *unselbstständige* Datenreferenzen.

Datenreferenzvariable *Referenzvariable* für *Datenreferenzen*. Der *statische Typ* einer Datenreferenzvariablen ist ein *Datentyp*.

Datensenke Ablage, in der ein schreibender *Datenstrom* seine Daten ablegt. Eine Datensenke kann eine externe Ressource wie eine *LOB*-Spalte einer *Datenbanktabelle* oder eine *Datei* oder auch eine interne Ressource wie ein *String* oder eine *interne Tabelle* sein. Ab Release 7.02/7.2 ist *Streaming* in ABAP für Datenbanktabellen, Strings und interne Tabellen implementiert.

Datenstrom *Strom*, der entweder als *Lesestrom* direkt mit einer *Datenquelle* oder als *Schreibstrom* direkt mit einer *Datensenke* verbunden ist.

Datentyp Eigenschaft eines *Datenobjekts*. ABAP interpretiert den Inhalt eines Datenobjekts entsprechend seinem Datentyp. Datentypen kommen entweder nur *gebunden* als Eigenschaft von Datenobjekten oder *eigenständig* vor. Eigenständige Datentypen können global im *ABAP Dictionary* oder lokal mit TYPES in einem *ABAP-Programm* definiert werden. Der *generische Datentyp* aller Datentypen ist data.

Datumsfeld *Datenobjekt* vom Typ d, das eine Datumsangabe im Format "yyyymmdd" enthält. Bei Berechnungen wird der Inhalt von Datumsfeldern in die Anzahl der Tage seit dem 01.01.0001 umgerechnet. Für kombinierte Datums-/Zeitangaben höherer Genauigkeit stehen *Zeitstempel* zur Verfügung.

DBA Cockpit Zentrales Werkzeug für die Verwaltung und Überwachung von *Datenbankverbindungen* des *AS ABAP*. Aufruf über den *Transaktionscode* DBACOCKPIT.

DCL Data Control Language. Teilmenge von *SQL*. Die Anweisungen der DCL führen Berechtigungs- und Konsistenzprüfungen auf *relationalen Datenbanken* aus. Im *Application Server ABAP* wird die Funktionalität der DCL durch logische Konstrukte wie *Berechtigungsobjekte* und *SAP-Sperren* abgebildet.

DDL Data Definition Language. Teilmenge von *SQL*. Die Anweisungen der DDL erzeugen und löschen die *Objekte* einer *relationalen Datenbank*.

Im *Application Server ABAP* ist Funktionalität der DDL in das Werkzeug *ABAP Dictionary* der *ABAP Workbench* integriert.

Deadlock Blockierung des Zugriffs auf gemeinsam genutzte Daten – z. B. einer *Datenbank* – durch ein fehlerhaftes Sperrkonzept (Verhindern des konkurrierenden Zugriffs) oder eine fehlerhafte Anwendung eines Sperrkonzepts.

Debugger → *ABAP Debugger*

Definitions-Include Spezielles Include-Programm, in dem ein *ABAP-Programm* seine *Unterprogramme* für die externe Verwendung in anderen Programmen exponieren kann. Im Definitions-Include deklarierte Unterprogramme können in einer Paketschnittstelle veröffentlicht werden.

Deklarationsteil Teil der Definition einer *Klasse*, in dem die *Klassenkomponenten* deklariert werden.

Delayed Update Ab Release 7.02/7.2. Verfahren zur Erzeugung bzw. Aktualisierung von eindeutigen *sekundären Tabellenschlüsseln interner Tabellen*. Nach einer modifizierenden Operation mit `MODIFY` bzw. über *Feldsymbole* oder *Datenreferenzen* wird ein eindeutiger sekundärer Tabellenschlüssel nicht sofort, sondern beim nächsten Zugriff auf die interne Tabelle aktualisiert. Siehe auch *Direct Update* und *Lazy Update*.

Dereferenzierungsoperator Der spezielle *Operator* `->*` dient der Dereferenzierung von *Datenreferenzvariablen* an *Operandenpositionen*.

Deserialisierung Transformation eines *XML-Dokuments* in ABAP-Daten. Entweder über den Aufruf eines *XSLT-Programms* oder einer *Simple Transformation*. Bei der Verwendung von *XSLT* muss das Resultat der Transformation eine kanonische XML-Repräsentation (*asXML*) darstellen.

Destination Die Destination enthält die Verbindungsparameter für *Remote Function Calls*. Sie beinhaltet die Verbindungsart, das Zielsystem sowie das Partnerprogramm. Verbindungen, die ausschließlich andere *AS ABAP* betreffen, können als *Trusted Systems* vereinbart werden. *RFC*-Destinationen werden mit der *Transaktion* SM59 verwaltet.

dezimale Gleitpunktarithmetik Berechnung mit *dezimalen Gleitpunktzahlen*.

dezimale Gleitpunktzahl Ab Release 7.02/7.2. Inhalt eines *Datenobjekts* des *numerischen Datentyps* `decfloat16` oder `decfloat34`. Dezimale *Gleitpunktzahlen* werden intern nach der Norm IEEE-754-2008 in 8 bzw. 16 Byte dargestellt. Die Form der Darstellung ist so, dass *Dezimalzahlen* mit 16 bzw. 34 *Dezimalstellen* in der Mantisse exakt wiedergegeben werden. Der Bereich des dezimalen Exponenten liegt zwischen –383 und +384 bzw. –6.143 und +6.144. Zusätzlich trägt eine dezimale Gleitpunktzahl eine *Skalierung*. Der zugehörige generische ABAP-Typ ist `decfloat`. Siehe auch *binäre Gleitpunktzahl*.

Dezimalkomma Ein Komma zur Darstellung des *Dezimaltrennzeichens*.

Dezimalpunkt Ein Punkt zur Darstellung des *Dezimaltrennzeichens*.

Dezimalstelle Stelle in einer *Dezimalzahl*. Dezimalstellen sind Vorkomma- und *Nachkommastellen*.

Dezimaltrennzeichen Trennzeichen zwischen dem ganzzahligen Teil und dem gebrochenen Teil einer *Dezimalzahl*. Innerhalb eines *ABAP-Programms* wird immer der *Dezimalpunkt* verwendet. Die Darstellung des Dezimaltrennzeichens in der Ausgabe richtet sich nach der aktuellen Formatierungseinstellung der *Sprachumgebung*, die durch `SET COUNTRY` gesetzt werden kann. Siehe auch *Dezimalkomma* und *Dezimalpunkt*.

Dezimalzahl Zahl im dezimalen Zahlensystem. Sie besteht aus *Dezimalstellen*, die die Dezimalziffern 0–9 enthalten können, und kann zusätzlich ein *Dezimaltrennzeichen* und ein Vorzeichen enthalten.

Dialogbaustein Obsoletes *Repository-Objekt*. Vorgänger von *Funktionsbausteinen*. Ist ähnlich wie ein *Transaktionscode* mit einem *Einstiegs-Dynpro* einer *Dynpro-Folge* eines beliebigen *ABAP-Programms* verknüpft. Kann Schnittstellenparameter enthalten, die im ABAP-Programm als globale Daten deklariert sein müssen. Einem ABAP-Programm können verschiedene Dialogbausteine zugeordnet werden. Der Aufruf erfolgt über `CALL DIALOG`. Die Pflege von Dialogbausteinen erfolgt über den Transaktionscode SE35.

Dialogfenster Auch modales Dialogfenster. Darstellung des *Fensters* einer mit `CALL SCREEN` aufgerufenen *Dynpro-Folge*, bei dem das vorangegangene Fenster sichtbar bleibt, aber inaktiv ist. Es können bis zu neun Dialogfenster über einem Fenster gestapelt werden (siehe *Pop-up-Level*). Amodale Dialogfenster, bei denen das vorangegangene Fenster aktiv bleibt, sind im *SAP GUI* nur als *GUI Control* realisierbar.

Dialogmodul *Verarbeitungsblock* ohne lokalen *Datenbereich*, der in *ABAP-Programmen*, die eigene *Dynpros* unterstützen (*ausführbare Programme, Funktionsgruppen, Modul-Pools*), definiert werden kann und aus der *Dynpro-Ablauflogik* aufgerufen wird. Beginnt mit `MODULE` und endet mit `ENDMODULE`.

Dialogprogramm Veraltete Bezeichnung für einen *Modul-Pool* und dessen *Dynpros*.

Dialogschritt Zustand einer *Benutzersitzung* zwischen einer *Benutzeraktion* auf der *Benutzeroberfläche* eines *Dynpros* und dem Senden eines neuen *Bildschirmbildes*. Während eines Dialogschritts reagiert ein *AS ABAP* nicht auf Benutzeraktionen. Die aktuelle Benutzersitzung bekommt einen *Workprozess* des aktuellen *Applikationsservers* zugeteilt, der die Programmlogik des Dialogschritts ausführt. In der Regel setzt sich ein Dialogschritt aus der für die Zeitpunkte *PAI* des aktuellen Dynpros und *PBO* des folgenden Dynpros programmierten Logik zusammen.

Dialogtransaktion Der *Transaktionscode* einer Dialogtransaktion ist mit einem *Dynpro* eines *ABAP-Programms* verknüpft. Bei Aufruf der *Transaktion* wird das entsprechende Programm geladen und nach dem *Ereignis* `LOAD-OF-PROGRAM` das Dynpro aufgerufen.

Dialogverarbeitung Ausführung von Programmen im Vordergrund. Im Gegensatz zur *Hintergrundverarbeitung* ist der Ablauf der Ausführung beim Programmstart nicht vorgegeben, sondern kann während des Programmablaufs vom Benutzer gesteuert werden. Für die Dialogverarbeitung müssen Dialog-*Workprozesse* eingerichtet sein.

Dictionary → *ABAP Dictionary*

Direct Update Ab Release 7.02/7.2. Verfahren zur Erzeugung bzw. Aktualisierung eindeutiger *sekundärer Tabellenschlüssel interner Tabellen*. Nach einer einfügenden Operation mit `INSERT` bzw. `APPEND` oder einer Blockoperation, bei der der gesamte Tabellenkörper auf einmal gefüllt wird, wird ein eindeutiger sekundärer Tabellenschlüssel sofort aktualisiert. Siehe auch *Delayed Update* und *Lazy Update*.

DML Data Manipulation Language. Teilmenge von *SQL*. Die Anweisungen der DML lesen und ändern die Inhalte *relationaler Datenbanktabellen*. In ABAP wird die DML durch *Open SQL* abgebildet.

Domäne *Repository-Objekt* im *ABAP Dictionary*, das Eigenschaften von *Datenelementen* wie *Datentyp*, *Wertebereich* u. a. beschreibt. Eine Domäne kann mit beliebig vielen Datenelementen verknüpft werden.

Doppelklick Die Auswahl eines *Bildschirmelements* über einen Doppelklick mit der Maus. Im *SAP GUI* hat ein Doppelklick mit der Maus immer die gleiche Wirkung wie die Auswahl mit der *Funktionstaste* F2 .

Double-Byte-Code Abbildung eines Zeichens in 2 Byte. Wurde auch schon vor der Einführung von *Unicode* verwendet, um asiatische Zeichen darzustellen.

Down Cast Auch Narrowing Cast genannt. *Zuweisung* zwischen *Referenzvariablen*, bei der der *statische Typ* der Zielvariablen spezieller als der statische Typ der Quellvariablen ist. Nur in Zuweisungen mit dem *Casting-Operator* (?=) bzw. `MOVE ... ?TO` möglich. Siehe auch *Up Cast*.

Dropdown-Listbox Werteliste für ein *Ein-/Ausgabefeld*, wobei die Eingabe ausschließlich aus dieser Liste ausgewählt werden kann. Einem Eintrag in einer Dropdown-Listbox ist der tatsächlich einzugebende Wert zugeordnet. Im Programm wird nicht der Eintrag, sondern der zugeordnete Wert verwendet.

Druckdialogfenster Standardisiertes *Dialogfenster* zur Eingabe von *Druckparametern*. Das Druckdialogfenster wird entweder automatisch oder über den *Funktionsbaustein* GET_PRINT_PARAMETERS aufgerufen.

drucken Senden von *Listen* an das *SAP-Spool-System*. Siehe auch *Druckliste*.

Druckliste *Liste*, die nicht als *Bildschirmliste* im *Listenpuffer* gespeichert wird, sondern seitenweise direkt aus dem Hauptspeicher an das *SAP-Spool-System* gesendet wird. Eine Druckliste ist während ihrer Erstellung mit genau einem *Spool-Auftrag* verknüpft. Drucklisten können in *Drucklistenstufen* gestapelt sein. Innerhalb einer Drucklistenstufe können zu einem Zeitpunkt maximal zwei Spool-Aufträge geöffnet sein. Die Anweisungen zur Erstellung von Drucklisten sind NEW-PAGE PRINT ON|OFF und SUBMIT TO SAP-SPOOL.

Drucklistenstufe Hierarchiestufe einer gestapelten *Druckliste*. Einer Drucklistenstufe ist genau ein *Spool-Auftrag* zugeordnet.

Druckparameter Parameter, die einem *Spool-Auftrag* übergeben werden müssen. Druckparameter können durch *Archivierungsparameter* erweitert werden.

Drucktaste *Bedienelement* des *GUIs*, das mit einem *Funktionscode* verknüpft werden kann und durch einfaches Anklicken auswählbar ist. Im *SAP GUI* können Drucktasten sowohl als *Bildschirmelement* als auch in der *Systemfunktions-* und der *Anwendungsfunktionsleiste* definiert werden.

Drucktastenleiste In der *ABAP Workbench* verwendete Bezeichnung für *Anwendungsfunktionsleiste*.

dynamischer Typ Bei einer *Referenzvariablen* der *Datentyp* oder die *Klasse* des *Objekts*, auf das die Referenzvariable zeigt. Der dynamische Typ ist immer spezieller oder gleich dem *statischen Typ*.

dynamisches Datenobjekt *Datenobjekt*, bei dem alle Eigenschaften bis auf den Speicherverbrauch statisch durch den *Datentyp* festgelegt sind. Dynamische Datenobjekte sind *Strings* und *interne Tabellen*, und sie zählen zu den *tiefen Datenobjekten*. Strukturen, die dynamische Komponenten enthalten, sind dadurch ebenfalls dynamische Datenobjekte. Alle anderen Datenobjekte mit Ausnahme von *Boxed Components* (ab Release 7.02/7.2) sind *statische Datenobjekte*. Beim Zugriff auf dynamische Datenobjekte gilt die *Wertesemantik*.

Dynpro Dynamisches Programm, Komponente eines *ausführbaren Programms*, einer *Funktionsgruppe* oder eines *Modul-Pools*. Besteht aus einem *Bildschirmbild* und einer *Dynpro-Ablauflogik*, enthält *Dynpro-Felder*. Allgemeine Dynpros werden mit dem Werkzeug *Screen Painter* erstellt. Spezielle Dynpros (*Selektionsbilder*, *Listen-Dynpros*) werden implizit angelegt.

Dynpro-Ablauflogik Prozeduraler Teil eines *Dynpros* mit eigener, ABAP-ähnlicher Programmiersprache. Wird in der *Applikationsschicht* ausgeführt. Aufgeteilt in die *Verarbeitungsblöcke* PROCESS AFTER INPUT, PROCESS BEFORE OUTPUT, PROCESS ON HELP-REQUEST und PROCESS ON VALUE-REQUEST, die auf die *Dynpro-Ereignisse PAI, PBO, POH* und *POV* reagieren und *Dialogmodule* des zugehörigen *ABAP-Programms* aufrufen.

Dynpro-Ereignis *Ereignis* während der *Dynpro-*Verarbeitung. Entweder *PAI, PBO, POH* oder *POV*.

Dynpro-Feld *Datenobjekt* im Arbeitsspeicher eines *Dynpros*. Der Inhalt eines Dynpro-Feldes wird bei *PAI* an ein gleichnamiges Datenobjekt im *ABAP-Programm* übergeben und bei *PBO* mit dem Inhalt des Datenobjekts im ABAP-Programm versorgt. Alle Dynpro-Felder außer dem *OK-Feld* sind mit einem *Bildschirmelement* verknüpft.

Dynpro-Folge Verarbeitungsfolge von *Dynpros*, deren Ablauf durch das jeweilige *Folge-Dynpro* der beteiligten Dynpros bestimmt wird. Das erste Dynpro einer Dynpro-Folge ist das *Einstiegs-Dynpro*. Dynpro-Folgen werden durch *Transaktionscodes* oder CALL SCREEN aufgerufen. Eine Dynpro-Folge gehört immer zu einem einzigen *Pop-up-Level* und wird in einem einzigen *Fenster* ausgeführt. Eine Dynpro-Folge wird durch Aufruf des Folge-Dynpros mit der *Dynpro-Nummer* 0 beendet.

Dynpro-Nummer Eindeutige Kennzeichnung eines *Dynpros* in einem *ABAP-Programm* durch eine vierstellige Nummer.

EBCDIC Abkürzung für Extended Binary Coded Decimal Interchange Code. Auf *BCD* basierender 8-Bit-*Zeichensatz*. EBCDIC umfasst im Wesentlichen die gleichen Zeichen wie *ASCII*.

Editierabstand Auch *Levenshtein-Distanz*. Minimale Anzahl von Einfüge-, Lösch- und Ersetzungsoperationen, die nötig sind, um eine Zeichenkette in eine andere zu überführen.

eigenständiger Datentyp *Datentyp*, der mit der Anweisung TYPES im *ABAP-Programm* oder im *ABAP Dictionary* definiert ist. Siehe auch *gebundener Datentyp*.

eigenständiges Selektionsbild *Selektionsbild*, das zwischen den Anweisungen SELECTION-SCREEN {BEGIN|END} OF SCREEN definiert wird. Eigenständige Selektionsbilder können in allen Programmen definiert werden, die *Dynpros* enthalten können. Siehe auch *Standardselektionsbild*.

Ein-/Ausgabefeld *Bildschirmelement*, das mit einem *Dynpro-Feld* verknüpft ist. Stellt den Inhalt des Dynpro-Feldes dar und ermöglicht dessen Änderung mithilfe solcher Tasten der Tastatur oder eines anderen Eingabegeräts, die keine *Funktionstasten* sind.

Ein-/Ausgabeparameter *Formalparameter* einer *Prozedur*, an den beim Aufruf der Wert eines *Aktualparameters* übergeben wird und dessen Wert in der Prozedur gesetzt werden kann, um nach Beendigung der Prozedur im Aktualparameter zur Verfügung zu stehen. Ein-/Ausgabeparameter werden bei *Methoden*, *Funktionsbausteinen* und *Unterprogrammen* mit CHANGING definiert und deshalb auch CHANGING-Parameter genannt.

einfache Erweiterungsimplementierung Semantisch zusammengehörige Erweiterung eines *Repository-Objekts*. Eine einfache Erweiterungsimplementierung verwaltet eines oder mehrere *Erweiterungsimplementierungs-Elemente*. Eine einfache Erweiterungsimplementierung kommt einzeln oder als Komponente einer *zusammengesetzten Erweiterungsimplementierung* vor.

einfacher Erweiterungsspot Verweis auf eine Menge von *Erweiterungsspot-Elementdefinitionen*. Ein einfacher Erweiterungsspot kommt einzeln oder als Komponente eines *zusammengesetzten Erweiterungsspots* vor.

Einfachvererbung *Vererbung*, bei der im Gegensatz zur Mehrfachvererbung eine *Klasse* zwar mehrere *Unterklassen*, aber nur eine direkte *Oberklasse* haben kann. Siehe auch *Vererbungshierarchie*.

Einfügefunktion *Verarbeitungsfunktion*, die eine Zeichenkette in eine andere Zeichenkette einfügt.

Eingabehilfe Bei Auswahl der Taste F4 auf einem Feld eines *Bildschirmbildes* erscheinende Werteliste.

Eingabehilfetaste Einstellige *Drucktaste* mit *Ikone*, die rechts neben einem *Eingabefeld* auf einem *Dynpro* erscheint, wenn für das Feld eine *Eingabehilfe* definiert ist. Die Auswahl der Drucktaste wirkt wie die Auswahl der Taste F4 auf dem Feld.

Eingabeparameter *Formalparameter* einer *Prozedur*, an den beim Aufruf der Wert eines *Aktualparameters* übergeben wird und der in der Prozedur ausgewertet wird. Auf Eingabeparameter, für die die *Referenzübergabe* definiert ist, darf in der Prozedur kein Schreibzugriff erfolgen. Eingabeparameter werden bei *Methoden* und *Funktionsbausteinen* mit IMPORTING definiert und deshalb auch IMPORTING-Parameter genannt. Bei *Unterprogrammen* werden Eingabeparameter mit USING definiert und sind bei der Referenzübergabe nicht gegen einen Schreibzugriff geschützt.

Eingabestrom → *Lesestrom*

eingebaute Funktion In ABAP vordefinierte Funktion, die an bestimmten Operandenpositionen verwendet werden kann. Unterscheidbar sind *numerische Funktionen*, *Zeichenkettenfunktionen*, *Tabellenfunktionen* und *Bytekettenfunktionen*, deren Rückgabewerte einen entsprechenden Datentyp haben. Daneben gibt es *Beschreibungsfunktionen*, die Informationen zu Datenobjekten liefern. Die Namen der eingebauten Funktionen sind Teilmenge der reservierten Bezeichner.

eingebauter ABAP-Typ *Eingebauter elementarer Datentyp*. Die eingebauten ABAP-Typen sind: b, c, d, decfloat16, decfloat34 (ab Release 7.02/7.2), f, i, n, p, s, string, t, x und xstring.

eingebauter Datentyp *Datentyp*, der einem *ABAP-Programm* von der *ABAP-Laufzeitumgebung* zur Verfügung gestellt wird. Die eingebauten Datentypen sind *eingebaute ABAP-Typen*, *generische ABAP-Typen* und eingebaute Datentypen des *ABAP Dictionarys*. Die Namen der elementaren und generischen eingebauten ABAP-Typen sind Teilmenge der reservierten Bezeichner (außer den internen Typen b und s, die in einem Programm nicht direkt verwendet werden können).

eingebautes Datenobjekt *Datenobjekt*, das in einem *ABAP-Programm* von der *ABAP-Laufzeitumgebung* immer oder in bestimmten *Kontexten* zur Verfügung gestellt wird. Die eingebauten Datenobjekte sind *Systemfelder*, die *Konstante* space, die *Selbstreferenz* me und die *Struktur* screen.

Einheitenkürzel Inhalt eines *Einheitenschlüssels*. Gültige Einheitenkürzel sind in der Datenbanktabelle T006 definiert.

Einheitenschlüssel Komponente einer im *ABAP Dictionary* definierten *Struktur* oder *Datenbanktabelle* vom Typ UNIT. Ein Einheitenschlüssel kann mit einem *Mengenfeld* einer Struktur bzw. Datenbanktabelle verknüpft sein. Der Einheitenschlüssel kann ein *Einheitenkürzel* aus der Datenbanktabelle T006 enthalten und legt die Einheit für das Mengenfeld fest.

Einstiegs-Dynpro Erstes *Dynpro* einer *Dynpro-Folge*. Bei einer *Dialogtransaktion* das mit dem *Transaktionscode* verknüpfte Dynpro. Bei mit CALL SCREEN aufgerufenen Dynpro-Folgen das dabei angegebene Dynpro.

elementarer Datentyp *Datentyp* fester oder variabler Länge, der weder *strukturiert* noch ein *Tabellen-* oder *Referenztyp* ist. Insbesondere sind die *eingebauten ABAP-Typen* elementar.

elementares Datenobjekt *Datenobjekt* mit *elementarem Datentyp*.

Endian → *Byte-Reihenfolge*

Enhancement Builder Werkzeug der *ABAP Workbench* zum Anlegen und Verwalten von *Erweiterungen* im Rahmen des *Erweiterungskonzepts*.

Enhancement Framework
→ *Erweiterungskonzept*

Entwicklungsklasse → *Paket*

Entwicklungsobjekt *Repository-Objekt*

Ereignis Entweder mit [CLASS-]EVENTS deklarierte *Komponente* einer *Klasse* bzw. eines *Interfaces* oder Ereignis der *ABAP-Laufzeitumgebung*. Kann die Ausführung eines *Verarbeitungsblocks* auslösen, ohne diesen zu kennen. Ereignisse in Klassen lösen *Ereignisbehandler*, Ereignisse der ABAP-Laufzeitumgebung lösen *Ereignisblöcke* aus.

Ereignisbehandler *Methode*, die ein *Ereignis* behandeln kann, das in der gleichen oder einer anderen Methode mit RAISE EVENT ausgelöst wurde. Damit ein Ereignisbehandler ein ausgelöstes Ereignis behandelt, muss er mit der Anweisung SET HANDLER registriert werden.

Ereignisblock *Verarbeitungsblock* ohne lokalen *Datenbereich*, der in jedem *ABAP-Programm* außer *Subroutinen-*, *Class-* und *Interface-Pools* definiert werden kann und beim Eintreten des zugehörigen *Ereignisses* der *ABAP-Laufzeitumgebung* verarbeitet wird. Beginnt mit einem *Ereignisschlüsselwort* und endet mit dem Beginn des nächsten Verarbeitungsblocks.

Ereignisschlüsselwort *ABAP-Schlüsselwort*, das einen *Ereignisblock* einleitet.

Ersetzungsfunktion *Verarbeitungsfunktion*, die eine Zeichenkette durchsucht und die Fundstelle durch eine andere Zeichenkette ersetzt.

erweiterte Programmprüfung Komplette Prüfung des ABAP-Quelltextes für alle statisch erkennbaren Fehler. Programme mit Fehlern in der erweiterten Programmprüfung sind zwar ausführbar, führen in der Regel aber zu einer *Ausnahme*. Aufruf im *ABAP Editor* über PROGRAMM • PRÜFEN • ERWEITERTE PROGRAMMPRÜFUNG oder über den *Transaktionscode* SLIN.

Erweiterung Im Rahmen des *Erweiterungskonzepts* verwalteter Zusatz zu einem *Repository-*

Objekt, der dessen Verhalten modifikationsfrei verändert. Eine Erweiterung kann durch das Anlegen von *Erweiterungsimplementierungs-Elementen* für explizit definierte oder implizit vorhandene *Erweiterungsoptionen* durchgeführt werden. Erweiterungen sind über das *Switch Framework* schaltbar.

Erweiterungs-Infosystem Werkzeug der *ABAP Workbench* für die Suche nach *Erweiterungen* des *Erweiterungskonzepts*. Aufruf im *Object Navigator* oder über den *Transaktionscode* SPAU_ENH.

Erweiterungsimplementierung *Repository-Objekt* zur Verwaltung der *Erweiterungen* anderer Repository-Objekte. Erweiterungsimplementierungen sind Komponenten einer baumartigen Hierarchie, deren Äste *zusammengesetzte* und deren Blätter *einfache Erweiterungsimplementierungen* sind.

Erweiterungsimplementierungs-Element Einzelnes Element einer *Erweiterungsimplementierung*. Eine Erweiterungsimplementierung kann mehrere Erweiterungsimplementierungs-Elemente, wie z. B. unterschiedliche *Quelltext-Plug-ins*, enthalten.

Erweiterungskonzept Auch Enhancement Framework. Framework zur Integration verschiedener Konzepte zur *Erweiterung* von *Repository-Objekten*. Das Erweiterungskonzept wird durch das Werkzeug *Enhancement Builder* der *ABAP Workbench* und im Fall von ABAP-*Quelltext* durch spezielle ABAP-Anweisungen verwirklicht.

Erweiterungsoption Stelle eines *Repository-Objekts*, das im Rahmen des *Erweiterungskonzepts* erweitert werden kann. Erweiterungsoptionen können explizit definiert werden oder implizit vorhanden sein. Explizit definierte Erweiterungsoptionen werden durch *Erweiterungsspot-Elementdefinitionen* und *Erweiterungsspot-Elementaufrufe* realisiert und durch *Erweiterungsspots* verwaltet.

Erweiterungsspot *Repository-Objekt* zur Verwaltung explizit angelegter *Erweiterungsoptionen*. Erweiterungsspots sind Komponenten einer baumartigen Hierarchie, deren Äste *zusammengesetzte* und deren Blätter *einfache Erweiterungsspots* sind. Implizit vorhandene Erweiterungsoptionen haben keine Erweiterungsspots.

Erweiterungsspot-Elementaufruf Teil der Definition einer expliziten *Erweiterungsoption*. Aufrufstelle einer *Erweiterungsspot-Elementdefinition*. Eine Erweiterungsspot-Elementdefinition kann außer bei *Quelltext-Erweiterungen* an mehreren Stellen aufgerufen werden.

Erweiterungsspot-Elementdefinition Teil der Definition einer expliziten *Erweiterungsoption*. Eine Erweiterungsspot-Elementdefinition muss mindestens einem *Erweiterungsspot* zugeordnet sein.

EVA Möglicher Ablauf bei der Programmausführung. Das EVA-Prinzip besagt, dass ein Programm in der Reihenfolge Eingabe, Verarbeitung und Ausgabe der Ergebnisse ausgeführt wird. Siehe auch *Reporting*.

Exit-Meldung *Nachricht* vom *Nachrichtentyp* X. Exit-Meldungen brechen das laufende Programm ab und erzeugen einen *Kurzdump*.

externer Datentyp *Eingebauter Datentyp* des *ABAP Dictionarys*.

externer Modus → *Hauptmodus*

externer Prozeduraufruf Aufruf einer *Prozedur* eines anderen ABAP-Programms des gleichen *AS ABAP*. Das benötigte Programm wird beim ersten externen Aufruf einer seiner Prozeduren in den *internen Modus* des aufrufenden Programms geladen, falls es dort noch nicht vorhanden ist, wobei außer bei *Class-Pools* das *Ereignis* LOAD-OF-PROGRAM ausgelöst wird. Siehe auch *Programmgruppe*.

Extrakt Kurzbezeichnung für *Extraktdatenbestand*.

Extraktdatenbestand Strukturierter unbenannter Datenbestand eines *ABAP-Programms*. Aufgebaut aus Zeilen, die als *Feldgruppen* organisiert sind. Kein Teil des ABAP-Typkonzepts für *Datentypen* und *Datenobjekte*.

Extremwertfunktion Funktion, die aus einer Menge numerischer (nmax, nmin) oder zeichenartiger (cmax, cmin) Argumente den Maximal- bzw. Minimalwert zurückgibt.

Fehlermeldung *Nachricht* vom *Nachrichtentyp* E. Fehlermeldungen während der *PAI*-Verarbeitung von *Dynpros* machen *Eingabefelder* auf *Bildschirmbildern* wieder eingabebereit.

Feld Andere Bezeichnung für *elementares Datenobjekt*.

Feld-Exit Obsoleter *Customer-Exit*, der in Kundensystemen mit *Datenelementen* im *ABAP Dictionary* verknüpft sein kann. Falls ein *Dynpro-Feld* mit Bezug auf ein solches Datenelement definiert ist, wird beim Datentransport vom Dynpro an das ABAP-Programm beim Ereignis *PAI* ein Funktionsbaustein namens FIELD_EXIT_dtel aufgerufen, wobei dtel der Name des Datenelements ist. Im Funktionsbaustein kann der Wert des Dynpro-Feldes verändert werden. Der Funktionsbaustein eines Feld-Exits kann zurzeit nicht debuggt werden.

Feldgruppe Zeilenstruktur eines *Extraktdatenbestands*. Aufgebaut aus programmglobalen *Feldern* eines Programms. Definiert mit der Anweisung FIELD-GROUPS.

Feldhilfe Bei Auswahl der Taste (F1) auf einem Feld eines *Bildschirmbildes* erscheinende Direkthilfe.

Feldselektion Eigenschaft eines Knotens einer *logischen Datenbank*. Wenn ein Knoten für Feldselektion vorgesehen ist, kann von außerhalb der logischen Datenbank gesteuert werden, welche *Felder* des Knotens ausgelesen werden sollen. Feldselektionen werden mit dem Zusatz FIELD SELECTION der Anweisung SELECTION-SCREEN in der logischen Datenbank deklariert.

Feldsymbol Symbolischer Name für ein *Datenobjekt*, dem zur Programmlaufzeit konkrete Speicherbereiche zugewiesen werden können. Ein Feldsymbol kann stellvertretend für Datenobjekte an Operandenpositionen verwendet werden. Ein Feldsymbol ist entweder generisch oder vollständig *typisiert*. Feldsymbole werden mit der Anweisung FIELD-SYMBOLS deklariert und bekommen mit ASSIGN Speicherbereiche zugewiesen.

Fenster Ein durch einen Rahmen eingegrenzter Bereich auf dem Bildschirm. Besteht im *SAP GUI* aus *Titelleiste*, *Menüleiste*, *Systemfunktionsleiste*, *Anwendungsfunktionsleiste*, *Bildschirmbild*, *Statusleiste* und eventuellen *Blätterleisten*.

Festpunktarithmetik Berechnung mit *gepackten Zahlen* (*Datentyp* p). Wird mit einer internen Genauigkeit von 31 oder – wenn diese nicht ausreicht – 63 *Dezimalstellen* durchgeführt. Nachkommastellen werden bei Bedarf kaufmännisch gerundet. Dezimalstellen vor dem *Dezimaltrennzeichen* gehen bei erfolgreichem Programmabschluss niemals verloren. Als *Programmeigenschaft* wird mit Festpunktarithmetik festgelegt, ob bei Zahlen vom Typ p das Dezimaltrennzeichen in Operationen berücksichtigt wird oder nicht.

Festwert Bei einer *Domäne* definierbarer *Wertebereich* für *Datenelemente* im *ABAP Dictionary*.

Filterstrom *Strom*, der nicht direkt mit einer *Datenquelle* oder *Datensenke*, sondern mit einem anderen Strom verbunden ist. Ein Filterstrom ist entweder ein *Lesestrom*, der die Daten eines anderen Lesestroms liest und filtert, oder ein *Schreibstrom*, der gefilterte Daten in einen anderen Schreibstrom schreibt.

final Begriff in *ABAP Objects*. Eine finale *Klasse* kann keine *Unterklassen* haben. Eine finale *Methode* kann nicht *redefiniert* werden.

Fixture Testkonfiguration, aus der ein eindeutiges Testverhalten resultiert. Eine Fixture umfasst Testdaten, Testobjekte, Ressourcen und Verbindungen. In *ABAP Unit* wird eine Fixture durch die Methoden [class_]setup und [class_]teardown von *Testklassen* realisiert.

flach Eigenschaft eines *Datentyps*, bei dem der Inhalt seiner *Datenobjekte* die tatsächlichen Arbeitsdaten darstellt. Alle *elementaren Datentypen* außer string und xstring sind flach. Siehe auch *tief*.

flache Struktur *Struktur*, die nur *flache Komponenten* enthält.

flache Tabelle *Interne Tabelle* mit *flachem Zeilentyp*.

Fließkommazahl → *Gleitpunktzahl*

Fluchtsymbol Zeichen, mit dem besondere Funktionen, die einzelnen Zeichen, wie z. B. *Maskenzeichen*, oder reservierten Wörtern zugeordnet sind, aufgehoben werden.

Fluchtsymbolfunktion *Verarbeitungsfunktion*, die Sonderzeichen in einer Zeichenkette gemäß bestimmten Regeln ersetzt.

Folge Auch Sequenz. *Kontrollstruktur*, die aus einem *Anweisungsblock* besteht, der nicht durch Schlüsselwörter definiert ist und ohne Bedingung genau einmal ausgeführt wird.

Folge-Dynpro Jedes *Dynpro* hat ein Folge-Dynpro. Dadurch ist jedes Dynpro Teil einer *Dynpro-Folge*. Folge-Dynpros können statisch im *Screen Painter* oder mit SET SCREEN oder LEAVE TO SCREEN im *ABAP-Programm* gesetzt werden. Wenn ein Dynpro zum Folge-Dynpro mit der *Dynpro-Nummer* 0 verzweigt, ist es das letzte Dynpro der Dynpro-Folge.

Formalparameter *Parameter* der *Parameterschnittstelle* einer *Prozedur*. Formalparameter haben Namen, sind entweder *generisch* oder vollständig typisiert, und es wird entweder *Referenz-* oder *Wertübergabe* festgelegt. Sie können entsprechend ihrer *Typisierung* in der Prozedur wie *Datenobjekte* verwendet werden. Die Formalparameter sind ein wesentlicher Teil der *Signatur* einer Prozedur. Formalparameter sind entweder positionale Parameter (bei *Unterprogrammen*) oder Schlüsselwortparameter (bei *Methoden* und *Funktionsbausteinen*). Beim Aufruf einer Prozedur werden Formalparameter an *Aktualparameter* angebunden.

Formatierungseinstellung Teil der *Sprachumgebung*, in der Formatierungen für Zahlen, Datums- und Zeitausgaben definiert sind. Entweder durch Festwerte im *Benutzerstammsatz* oder durch länderspezifische Formate definiert.

freie Abgrenzung Selektionsbedingung, die über ein dynamisch generiertes *Selektionsbild* eingegeben werden kann. Die Möglichkeit zur Eingabe freier Abgrenzungen kann entweder auf dem Selektionsbild von *logischen Datenbanken* angeboten oder über den Aufruf spezieller *Funktionsbausteine* zur Verfügung gestellt werden.

Fremdschlüssel Eine oder mehrere Spalten einer *Datenbanktabelle* (*Fremdschlüsseltabelle*), die *Primärschlüssel* einer anderen Datenbanktabelle (*Prüftabelle*) sind.

Fremdschlüsselbeziehung Beziehung zwischen einer *Fremdschlüsseltabelle* und einer *Prüftabelle*. In der Regel gibt es in einer Fremdschlüsseltabelle nur solche Einträge, für die der Inhalt des *Fremdschlüssels* auch als Inhalt des *Primärschlüssels* in der Prüftabelle vorkommt.

Fremdschlüsseltabelle *Datenbanktabelle*, die *Fremdschlüssel* enthält.

Freund Begriff in *ABAP Objects*. Die Zusätze FRIENDS und LOCAL FRIENDS der Anweisung CLASS machen andere *Klassen* oder *Interfaces* zu Freunden der Klasse und gewähren ihnen dadurch Zugriff auf ihre *geschützten* und *privaten* Komponenten. Darüber hinaus können Freunde einer Klasse uneingeschränkt *Instanzen* der Klasse erzeugen.

Function Builder Werkzeug der *ABAP Workbench* für die Erstellung und Pflege von *Funktionsbausteinen*. Aufruf über den *Transaktionscode* SE37.

Function-Pool → *Funktionsgruppe*

Funktion Eine Funktion berechnet aus einem oder mehreren Argumenten einen *Rückgabewert*. In ABAP sind Funktionen entweder als *eingebaute Funktionen* vordefiniert oder können als *funktionale Methoden* angelegt werden.

funktionale Methode *Methode* mit beliebig vielen *Eingabeparametern*, aber nur einem einzigen *Rückgabewert*. Kann an Operandenpositionen für Funktionen und Ausdrücke verwendet werden.

funktionale Operandenposition *Operandenposition* mit beliebigem *Operandentyp*, an der außer einem passenden *Datenobjekt* auch eine *funktionale Methode* angegeben werden kann, deren *Rückgabewert* den passenden *Datentyp* hat (ab Release 7.02/7.2).

Funktionsbaustein *Prozedur*, die nur in *Funktionsgruppen* und außerhalb von *Klassen* definiert werden kann. Aufrufbar aus allen Programmen. Beginnt mit FUNCTION und endet mit ENDFUNCTION.

Funktionsbaustein-Exit *Customer-Exit* für *ABAP-Programme* in Form von im SAP-Standard ausgelieferten leeren oder teilweise implementierten *Funktionsbausteinen*. Wird über CALL CUSTOMER-FUNCTION in ABAP-Programme eingebunden. Die Funktionsbausteine haben von SAP vorgegebene *Schnittstellen*. Die Implementierung kann leer oder teilweise vorgegeben sein. Sie müssen vom Kunden über die *Transaktion* CMOD vollständig implementiert und aktiviert werden. Seit Release 4.6 können Funktionsbaustein-Exits durch *BAdIs* ersetzt werden.

Funktionscode Bis zu 20-stellige Zeichenfolge, die bestimmten *Bedienelementen* der *Benutzeroberfläche* zugeordnet werden kann. Bei Auswahl eines solchen Bedienelements wird das *Dynpro-Ereignis PAI* ausgelöst und der Funktionscode im *Systemfeld* sy-ucomm oder dem *OK-Feld* des *Dynpros* an das *ABAP-Programm* übergeben.

Funktionsgruppe *ABAP-Programm*, das als einziges Programm *Funktionsbausteine* enthalten kann und in der Regel über die Verwendung eines Funktionsbausteins geladen wird. Zurzeit kann eine Funktionsgruppe maximal 99 Funktionsbausteine enthalten. Unterstützt eigene *Dynpros*.

Funktionstaste *Bedienelement* der *Benutzeroberfläche*. Bestimmte Tasten oder Tastenkombinationen eines Eingabegeräts. Einer Funktionstaste kann in der *Funktionstastenbelegung* ein *Funktionscode* zugeordnet werden.

Funktionstastenbelegung Zuordnung von *Funktionscodes* zu *Funktionstasten*. Teil des mit SET PF-STATUS gesetzten *GUI-Status*. Erstellt mit dem Werkzeug *Menu Painter*.

Garbage Collector Löscht *Objekte*, die nicht mehr von *Objekt-* oder *Datenreferenzvariablen* referenziert werden und von denen keine Methode als *Ereignisbehandler* registriert ist. Der Garbage Collector wird von der *ABAP-Laufzeitumgebung* periodisch aufgerufen. Er verfolgt *Referenzvariablen* von gelöschten Objekten. Siehe auch *schwache Referenz*.

Gebiet *Repository-Objekt* für die Ablage von *Shared Objects*. Ein Gebiet ist die Vorlage für *Gebietsinstanzversionen* im *Shared Memory*. Jedem Gebiet sind eine gleichnamige *Gebietsklasse* und eine beliebige *Gebietswurzelklasse* zugeordnet. Gebiete werden mit der *Transaktion* SHMA angelegt und verwaltet.

Gebietshandle Instanz einer *Gebietsklasse*. Ein Gebietshandle ermöglicht einem ABAP-Programm den Zugriff auf eine *Gebietsinstanzversion* im *Shared Memory* und auf die dort abgelegten *Shared Objects*. Ein Gebietshandle wird durch statische Methoden seiner Gebietsklasse erzeugt und dabei an eine Gebietsinstanzversion angebunden. Jedes angebundene Gebietshandle setzt eine *Gebietssperre* auf die betreffende Gebietsinstanzversion.

Gebietsinstanz Menge aller *Gebietsinstanzversionen* mit gleichem Gebietsinstanznamen. Eine Gebietsinstanz ist eine eindeutige Ausprägung eines *Gebiets*, die in Versionen aufgeteilt ist.

Gebietsinstanzversion Ausprägung eines *Gebiets* im *Shared Objects Memory*. In einer Gebietsinstanzversion werden *Shared Objects* in Form von *anonymen Datenobjekten* oder Instanzen von *Shared-Memory-fähigen Klassen* abgelegt, wobei es in jeder Gebietsinstanzversion mindestens eine Instanz der *Gebietswurzelklasse* des *Gebiets* gibt. Die Erzeugung von und der Zugriff auf Gebietsinstanzversionen erfolgt ausschließlich über *Gebietshandles*. Jede Gebietsinstanzversion hat einen Namen. Gebietsinstanzversionen mit gleichem Namen bilden eine *Gebietsinstanz*.

Gebietsklasse *Finale* globale *Klasse*, deren Instanzen als *Gebietshandles* für *Shared Objects* dienen. Die *Attribute* der Instanzen einer Gebietsklasse repräsentieren die Eigenschaften eines *Gebiets*. Die *Methoden* einer Gebietsklasse dienen dem Zugriff auf das Gebiet. Alle Gebietsklassen sind *Unterklassen* von CL_ABAP_MEMORY_AREA. Beim Anlegen von Gebieten werden gleichnamige Gebietsklassen als Unterklassen von CL_SHM_AREA generiert. Eine spezielle vordefinierte Gebietsklasse ist CL_IMODE_AREA, deren Instanz das Gebietshandle für den *internen Modus* eines Programms darstellt.

Gebietssperre Schreib-, Lese- oder Aktualisierungssperre auf eine *Gebietsinstanzversion* im

Shared Objects Memory. Gebietssperren werden durch das Anbinden von *Gebietshandles* an Gebietsinstanzversionen gesetzt.

Gebietswurzelklasse Globale *Shared-Memory-fähige Klasse*, die einem *Gebiet* bei seiner Definition zugeordnet werden muss. Eine nicht-leere *Gebietsinstanzversion* enthält mindestens eine Instanz der Gebietswurzelklasse (Wurzelobjekt). Das *Attribut* ROOT eines zugehörigen *Gebietshandles* zeigt auf diese Instanz der Gebietswurzelklasse. Das Wurzelobjekt enthält Referenzen auf die übrigen *Shared Objects* der Gebietsinstanzversion.

gebundener Datentyp *Datentyp*, der nur als Eigenschaft eines *Datenobjekts* existiert. Siehe auch *eigenständiger Datentyp*.

generische Typisierung *Typisierung*, bei der der *Datentyp* eines *Formalparameters* oder *Feldsymbols* nicht vollständig festgelegt wird. Der tatsächliche Datentyp wird zur Laufzeit vom zugewiesenen *Aktualparameter* bzw. Speicherbereich übernommen. Bei einem dynamischen Zugriff auf einen generisch typisierten Formalparameter bzw. ein Feldsymbol ziehen die Eigenschaften des Aktualparameters. Beim statischen Zugriff ziehen die durch die Typisierung festgelegten Eigenschaften des Aktualparameters.

generischer ABAP-Typ *Eingebauter generischer Datentyp*. Die generischen ABAP-Typen sind: any, any table, c, clike, csequence, data, hashed table, index table, n, numeric, p, simple, sorted table, standard table, table, x und xsequence.

generischer Datentyp *Datentyp*, der nicht sämtliche Eigenschaften eines *Datenobjekts* festlegt. Generische Datentypen sind nur für *Typisierungen* von *Formalparametern* und *Feldsymbolen* verwendbar. Ein generischer Datentyp ist entweder ein *generischer ABAP-Typ* oder ein *Tabellentyp* mit keinem oder unvollständigem *primären Tabellenschlüssel*.

gepackte Zahl Inhalt eines *Datenobjekts* des *numerischen Datentyps* p im *BCD*-Format. Die Anzahl der *Nachkommastellen* ist eine Eigenschaft des Datentyps und nicht wie bei *Gleitpunktzahlen* eine Eigenschaft der Daten selbst. Berechnungen mit gepackten Zahlen erfolgen mit *Festpunktarithmetik*.

geschachtelte Struktur *Struktur* mit einer oder mehreren *Unterstrukturen*. Eine geschachtelte Struktur kann *Boxed Components* enthalten (ab Release 7.02/7.2).

geschachteltes Interface → *zusammengesetztes Interface*

geschützt Begriff in *ABAP Objects*. Auf eine geschützte *Komponente* einer *Klasse* können nur die Erben und die Klasse selbst zugreifen. Nur die Erben und die Klasse selbst können von einer geschützt instanzierbaren Klasse *Objekte* erzeugen. Der geschützte *Sichtbarkeitsbereich* einer Klasse wird in ihrem *Deklarationsteil* durch die Anweisung PROTECTED SECTION eingeleitet.

Gleitpunktarithmetik Berechnung mit *Gleitpunktzahlen*. Wird direkt auf der Plattform des aktuellen *Applikationsservers* ausgeführt. Entweder *binäre* oder *dezimale Gleitpunktarithmetik*

Gleitpunktfunktion *Numerische Funktion*, die eine *Gleitpunktzahl* als Argument erwartet und eine Gleitpunktzahl als *Rückgabewert* liefert.

Gleitpunktzahl Auch Fließkommazahl. Entweder *binäre Gleitpunktzahl* oder *dezimale Gleitpunktzahl*. Bei einer Gleitpunktzahl ist die Anzahl der *Nachkommastellen* Teil des Wertes und nicht des Datentyps, wie es bei *gepackten Zahlen* der Fall ist. Berechnungen mit Gleitpunktzahlen erfolgen mit *Gleitpunktarithmetik*.

globale Daten *Datenobjekte*, die im gesamten ABAP-Programm bekannt sind. Globale Daten werden im *globalen Deklarationsteil* eines Programms deklariert. Siehe auch *lokale Daten*.

globale Klasse *Klasse*, die im gesamten *AS ABAP* sichtbar ist. Globale Klassen können nur mit dem Werkzeug *Class Builder* in *Class-Pools* angelegt werden und sind dort über den Zusatz PUBLIC der Anweisung CLASS als solche gekennzeichnet. Ein Class-Pool kann nur eine globale Klasse enthalten. Alle globalen Klassen eines AS ABAP liegen zusammen mit den *globalen Interfaces* und den *Datentypen* des *ABAP Dictionarys* in einem Namensraum.

globaler Deklarationsteil Bereich hinter der programmeinleitenden Anweisung eines *ABAP-Programms*, in dem *Datentypen*, *Interfaces*, *Klassen* und *Datenobjekte* deklariert werden können, die im gesamten Programm sichtbar sind.

globales Interface *Interface*, das im gesamten *AS ABAP* sichtbar ist. Globale Interfaces können nur mit dem Werkzeug *Class Builder* in *Interface-Pools* angelegt werden und sind dort über den Zusatz PUBLIC der Anweisung INTERFACE als solche gekennzeichnet. Ein Interface-Pool kann nichts als ein globales Interface enthalten. Alle globalen Interfaces eines AS ABAP liegen zusammen mit den *globalen Klassen* und den *Datentypen* des *ABAP Dictionarys* in einem Namensraum.

Groß-/Kleinschreibungsfunktion *Verarbeitungsfunktion*, die eine Groß-/Kleinschreibung in einer Zeichenkette durchführt.

Grundliste *Liste* der *Listenstufe* 0. Nach dem Aufruf eines Programms schreiben *Ausgabeanweisungen* standardmäßig in die Grundliste.

Grundrechenart Die vier Grundrechenarten Addition, Subtraktion, Multiplikation und Division werden in ABAP durch die *arithmetischen Operatoren* (+, -, * und /) in *arithmetischen Ausdrücken* sowie über die Anweisungen ADD, SUBTRACT, MULTIPLY und DIVIDE realisiert.

Gruppenstufe Zusammenhängende Menge von Zeilen einer *internen Tabelle* oder eines *Extrakts*, die in einem Anfangsstück der Zeilen den gleichen Inhalt haben. Gruppenstufen entstehen durch eine entsprechende Sortierung der internen Tabelle bzw. des Extrakts. Der Übergang von einer Gruppenstufe zur nächsten nennt sich *Gruppenwechsel*. Eine Auswertung von Gruppenstufen ist mit der *Gruppenstufenverarbeitung* möglich.

Gruppenstufenverarbeitung Auswertung von *Gruppenstufen* in *internen Tabellen* oder *Extrakten*. Die Gruppenstufenverarbeitung erfolgt in LOOP-*Schleifen* mit der Hilfe von *Kontrollstrukturen*, die mit dem Schlüsselwort AT definiert werden.

Gruppenwechsel Wechsel von einer *Gruppenstufe* zu einer anderen in der *Gruppenstufenverarbeitung*.

GUI Graphical User Interface. Grafischer Teil der *Benutzeroberfläche*. Wird in einem *Fenster* dargestellt.

GUI Control Eigenständige Softwarekomponente der *Präsentationsschicht*. Beispiele für GUI Controls sind das Picture Control, das Text Edit Control und das Tree Control. GUI Controls werden mit dem *SAP GUI* installiert und in ABAP über *Klassen* des *Control Frameworks* angesprochen.

GUI-Status Fasst die *Menü-*, *Systemfunktions-* und *Anwendungsfunktionsleisten* eines *Fensters* sowie die *Funktionstastenbelegung* zusammen. Ein GUI-Status wird mit der Anweisung SET PF-STATUS gesetzt und mit dem Werkzeug *Menu Painter* erstellt.

GUI-Titel Text, der in der *Titelleiste* eines Fensters angezeigt werden kann. Ein GUI-Titel wird mit der Anweisung SET TITLEBAR gesetzt und mit dem Werkzeug *Menu Painter* erstellt.

GUID Global Unique Identifier. Beruht auf dem gleichen Standard wie ein *UUID*.

Haltepunkt → *Breakpoint*

Hash-Algorithmus Streuspeicherverwaltung. Die Daten eines Streuspeichers liegen ungeordnet im Speicher. Die Speicherposition eines Eintrags wird durch den Hash-Algorithmus aus einem eindeutigen Schlüssel berechnet.

Hash-Schlüssel Eindeutiger *Tabellenschlüssel* einer *internen Tabelle*, bei dem die Zuordnung zu den Tabellenzeilen über einen *Hash-Algorithmus* verwaltet wird. Ein Hash-Schlüssel ist der *primäre Tabellenschlüssel* einer *Hash-Tabelle* und kann ab Release 7.02/7.2 jeder internen Tabelle als *sekundärer Tabellenschlüssel* zugeordnet werden. Beim Zugriff auf eine interne Tabelle über einen Hash-Schlüssel ist die Antwortzeit unabhängig von der Anzahl der Tabelleneinträge konstant.

Hash-Tabelle Tabellenart einer *internen Tabelle*, deren Zeilen intern nach einem *Hash-Algorithmus* abgelegt sind und auf die über einen eindeutigen

Hash-Schlüssel zugegriffen werden kann. Eine Hash-Tabelle hat keinen *primären Tabellenindex*, ihr kann aber über einen sortierten *sekundären Tabellenschlüssel* ein *sekundärer Tabellenindex* zugeordnet werden (ab Release 7.02/7.2). Der zugehörige *generische Datentyp* ist `hashed table`.

Hauptmodus Auch externer Modus genannt. Speicherbereich für eine *Benutzersitzung* in einem *AS ABAP*. In der *Dialogverarbeitung* kann eine Benutzersitzung bis zu 16 (vor Release 7.0 sechs) Hauptmodi verwalten, die jeweils mit einem eigenen *Fenster* verknüpft sind.

Hauptprogramm Das erste Programm einer *Programmgruppe*. Das erste Programm (*ausführbares Programm*, *Modul-Pool* oder *Funktionsgruppe*), das durch einen Programmaufruf in einen *internen Modus* geladen wird, ist das Hauptprogramm der *Hauptprogrammgruppe*. Das Programm (Funktionsgruppe oder *Class-Pool*), bei dessen Laden eine *Zusatzprogrammgruppe* gebildet wird, ist das Hauptprogramm der Zusatzprogrammgruppe.

Hauptprogrammgruppe Erste *Programmgruppe* eines *internen Modus*. Wird bei der Erzeugung des internen Modus durch einen Programmaufruf angelegt. Das erste Programm eines internen Modus ist das *Hauptprogramm* der Hauptprogrammgruppe. Die Laufzeit des Hauptprogramms der Hauptprogrammgruppe bestimmt deren Lebensdauer und die des gesamten internen Modus.

Hide-Bereich Bereich im *Listenpuffer*, zu dem zu jeder Zeile einer *Bildschirmliste* globale Variablen mit der Anweisung `HIDE` abgelegt werden können.

Hintergrundaufgabe Untereinheit eines *Hintergrundauftrags*.

Hintergrundauftrag *Job*, durch den eines oder mehrere *ABAP-Programme* in der *Hintergrundverarbeitung* gestartet werden. Ein Hintergrundauftrag setzt sich aus *Hintergrundaufgaben* zusammen.

Hintergrundjob → *Hintergrundauftrag*

Hintergrundverarbeitung Ausführung von *ABAP-Programmen* mit festgelegten Einstellungen im Hintergrund, d. h. ohne Dialog mit dem Anwender am Bildschirm. Im Gegensatz zur *Dialogverarbeitung* ist der Ablauf der Ausführung beim Programmstart vorgegeben. Ein *ausführbares Programm* wird im *ABAP Editor* bzw. nach dem Aufruf von SYSTEM • DIENSTE • REPORTING über das Menü PROGRAMM • AUSFÜHREN • HINTERGRUND zur automatischen Ausführung eingeplant oder mit `SUBMIT VIA JOB` im Hintergrund aufgerufen. Für die Hintergrundverarbeitung muss mindestens ein Hintergrund-*Workprozess* eingerichtet sein.

ICF *Internet Communication Framework*

ICM *Internet Communication Manager*

Ikone Grafisches Element des *GUIs* zur Verwendung auf *Drucktasten* und auch als *Statusikone* auf *Bildschirmbildern* oder auf *Listen*. Das auf dem AS ABAP vorhandene Programm SHOWICON zeigt eine Liste möglicher Ikonen.

Implementierungsteil Teil der Definition einer *Klasse*, in dem die *Methoden* der Klasse implementiert werden.

Include-Programm *ABAP-Programm*, das nicht selbstständig generiert, sondern mit der Anweisung `INCLUDE` in ein anderes ABAP-Programm eingebunden wird.

Index Ausgewählte Spalten einer *Datenbanktabelle*, die in sortierter Reihenfolge als Kopie im *Datenbanksystem* abgelegt sind und auf die tatsächlichen Zeilen verweisen. Für die im *ABAP Dictionary* definierten Datenbanktabellen eines *AS ABAP* gibt es immer einen *Primärindex*, und es können weitere *Sekundärindizes* angelegt werden. Bei *internen Tabellen* kann es einen *Tabellenindex* geben.

Indextabelle Zusammenfassender Begriff für *interne Tabellen*, die über einen *primären Tabellenindex* verwaltet werden (*Standardtabellen* und *sortierte Tabellen*). Über die Zuordnung eines *sekundären Tabellenschlüssels* ist auch der Zugriff über einen *Hash-Algorithmus* möglich (ab Release 7.02/7.2). Der zugehörige *generische Datentyp* ist `index table`.

INDX-artig Eine *Datenbanktabelle*, die den für die Ablage von *Daten-Clustern* in Datenbanktabellen und im *Shared Memory* geforderten Aufbau hat, wird mit Bezug auf die von SAP ausgelieferte Datenbanktabelle INDX als INDX-artig bezeichnet.

Informationsnachricht *Nachricht* vom *Nachrichtentyp* I. Informationsnachrichten werden in der Regel in einem *Dialogfenster* angezeigt.

Infotyp Speziell aufgebaute *Struktur* des *ABAP Dictionarys*. Die Anweisung `INFOTYPES` erzeugt spezielle *interne Tabellen* dieser Struktur, die in einer `PROVIDE`-*Schleife* bearbeitet werden können.

Initialwert Für jeden *Datentyp* ist in der Laufzeitumgebung ein Initialwert vorgegeben. Die Initialwerte der *elementaren Datentypen* hängen vom entsprechenden eingebauten ABAP-Typ ab. Der Initialwert von *Referenztypen* ist die *Null-Referenz*. Der Initialwert einer *internen Tabelle* ist eine leere Tabelle ohne Zeilen. Der Initialwert von *strukturierten Typen* ergibt sich aus den Initialwerten der einzelnen *Komponenten*. Die Anweisung `CLEAR` ohne Zusätze setzt ein *Datenobjekt* auf seinen typgerechten Initialwert.

Initialwert-Sharing Ab Release 7.02/7.2. Zustand einer *Boxed Component*, solange nur lesende Zugriffe auf sie stattfinden. Der *Initialwert* aller typgleichen Boxed Components wird nur einmal pro *Applikationsserver* im *PXA* abgelegt.

Instanz Konkrete Ausprägung eines abstrakten *Typs*. Die Instanz eines *Datentyps* ist ein *Datenobjekt*. Die Instanz einer *Klasse* wird oft einfach als Objekt bezeichnet. Siehe auch *Instanzierung*.

Instanzattribut Mit `DATA` deklariertes *Attribut* einer *Klasse*, das nur im *Kontext* einer *Instanz* der Klasse gültig ist. Der Inhalt der Instanzattribute bestimmt den Zustand der *Objekte* einer Klasse.

Instanzereignis Mit `EVENTS` deklariertes *Ereignis* einer *Klasse*. Instanzereignisse zeigen in der Regel Zustandsänderungen von *Objekten* an.

Instanzierung Erzeugung einer *Instanz*. *Datenobjekte* als Instanzen von *Datentypen* werden implizit beim Laden eines *Kontextes* oder explizit mit `CREATE DATA` erzeugt. *Objekte* als Instanzen von *Klassen* werden nur explizit mit `CREATE OBJECT` erzeugt.

Instanzkomponente Oberbegriff für *Instanzattribut*, *Instanzereignis* und *Instanzmethode*. Die Instanzkomponenten einer *Klasse* sind nur in *Instanzen* der Klasse adressierbar.

Instanzkomponenten-Selektor
→ *Objektkomponenten-Selektor*

Instanzkonstruktor *Konstruktor*, der unter dem Namen `constructor` als *Instanzmethode* einer *Klasse* deklariert wird und bei der *Instanzierung* der Klasse nach der Erzeugung des *Objekts* automatisch aufgerufen wird.

Instanzmethode Mit `METHODS` deklarierte *Methode* einer *Klasse*, die nur in einer *Instanz* der Klasse verwendbar ist. Instanzmethoden können auf alle *Attribute* und *Ereignisse* der eigenen Klasse zugreifen.

interaktive Listenverarbeitung *Listenverarbeitung*, die nach *Benutzeraktionen* auf *Listen* stattfindet. Die zugehörigen *Ereignisschlüsselwörter* sind `AT LINE-SELECTION`, `AT USER-COMMAND` und `AT PFnn`.

Interface Vorlage für die *öffentliche Schnittstelle* von *Klassen*. Mit `INTERFACE - ENDINTERFACE` entweder als *globales Interface* in einem *Interface-Pool* oder als *lokales Interface* in einem anderen *ABAP-Programm* definiert. Ein Interface enthält die Deklaration von *Interfacekomponenten*, aber keine Methodenimplementierungen. Kann mit `INTERFACES` in Klassen implementiert werden und erweitert dadurch deren äußere Schnittstelle um die Interfacekomponenten.

Interface-Pool *ABAP-Programm*, das die Definition genau eines *globalen Interfaces* enthält und über die Verwendung des Interfaces geladen wird. Unterstützt keine eigenen *Dynpros*.

Interfacekomponente *Komponente* eines *Interfaces*. Deklariert im *Deklarationsteil* eines Interfaces. Mögliche Interfacekomponenten sind: *Attribute*, *Methoden* und *Ereignisse*.

Interfacekomponenten-Selektor Zeichen ~. Eine *Komponente* `comp` eines *Interfaces* `intf` kann in einer implementierenden *Klasse* oder einem *zusammengesetzten Interface* über `intf~comp` adressiert werden.

Interface-Referenzvariable *Objektreferenzvariable* vom *statischen Typ* eines *Interfaces*. Mit einer Interface-Referenzvariablen kann genau auf die sichtbaren *Interfacekomponenten* eines Objekts zugegriffen werden, die im zugehörigen Interface vorhanden sind. Dies gilt sowohl für den dynamischen wie auch den statischen Zugriff.

interne Tabelle *Dynamisches Datenobjekt*, das aus einer Folge von Zeilen gleichen *Datentyps* besteht. Eine interne Tabelle hat einen *Tabellentyp*, der den *Zeilentyp*, die *Tabellenart* und einen *Tabellenschlüssel* spezifiziert. Der zugehörige *generische Datentyp* ist any table.

interner Modus Speicherbereich im *Hauptmodus*, in dem die Daten und *Objekte* eines *ABAP-Programms* während dessen Ausführung leben. Ein interner Modus wird beim Aufruf eines ABAP-Programms im *Shared Memory* angelegt und bleibt so lange erhalten, wie das *Hauptprogramm* seiner *Hauptprogrammgruppe* ausgeführt wird.

interner Proceduraufruf Aufruf eines *Verarbeitungsblocks* (*Prozedur*) des gleichen Programms. Das benötigte Programm muss nicht nochmals in den *internen Modus* geladen werden.

Internet Communication Framework Kurz ICF. Das Internet Communication Framework ist eine Softwareschicht im *AS ABAP*, die eine ABAP-Schnittstelle für HTTP-, HTTPS- und SMTP-Requests bereitstellt. Über das ICF können *ABAP-Programme* sowohl in der Server- als auch in der Client-Rolle mit dem Internet kommunizieren. Das ICF empfängt und verschickt webbasierte ABAP-Aufrufe über den *Internet Communication Manager*.

Internet Communication Manager Kurz ICM. Der Internet Communication Manager ist ein Prozess des *AS ABAP*, der diesem die direkte Kommunikation mit dem Internet über HTTP/HTTPS/SMTP erlaubt. Zum einen dient der ICM zum Anschluss webbasierter Präsentationskomponenten wie Web Dynpro ABAP und BSP, zum anderen erlaubt es der ICM einem AS ABAP, sowohl als Client als auch als Server für Webservices zu dienen. Der Zugriff auf den ICM aus ABAP-Programmen erfolgt über die Klassen und Interfaces des *Internet Communication Frameworks*.

Internet Transaction Server Abkürzung ITS, *Schnittstelle* zwischen einem *AS ABAP* und dem Internet. Der Internet Transaction Server setzt auf der Datenschnittstelle zwischen *ABAP-Programmen* und *Dynpros* auf. Er erlaubt es *Benutzern*, direkt aus dem Internet mit einem AS ABAP zu kommunizieren, indem die *Bildschirmbilder* von Dynpros in HTML-Dateien konvertiert und in einem Webbrowser bearbeitbar gemacht werden. Der ITS kann zusätzlich zu einem AS ABAP installiert werden. Mit dem *Internet Communication Manager* (ICM) besitzt der AS ABAP eine direkt als Prozess integrierte Schnittstelle zum Internet, die den ITS ablöst.

ISO-8859 Norm für 8-Bit-*Zeichensätze*, die auf den ersten 128 Stellen mit *ASCII* identisch sind. Die zugehörigen *Codepages* ISO-8859-1, –9, –14 und –15 (Latin1, –5, –8 und –9) umfassen die westeuropäischen Zeichen, ISO-8859-2 (Latin2) umfasst die meisten osteuropäischen Zeichen, ISO-8859-3 (Latin3) enthält Zeichen für Esperanto und maltesisch, ISO-8859-4, –10 und –13 (Latin4, –6 und –7) umfassen die nordeuropäischen (baltische, grönländische und lappische) Zeichen. Darüber hinaus werden abgedeckt: Kyrillisch (ISO-8859-5), Arabisch (ISO-8859-6), Griechisch (ISO-8859-7), Hebräisch (ISO-8859-8) und Thai (ISO-8859-11).

Iteration → *Schleife*

ITS → *Internet Transaction Server*

iXML Library Über *Interfaces* zugänglicher Teil der *Klassenbibliothek* zur Behandlung von *XML*-Dokumenten. Die iXML Library stellt Dienste wie einen XML-Parser, einen XML-Renderer, ein XML DOM (Document Object Model) und Input/Output Streams zur Verfügung. Die Interfaces der iXML Library beginnen mit den Vorsilben IF_IXML.

Job Geschlossene Kette von Programmen, die durch bestimmte Kontrollbefehle zeitlich nacheinander gesteuert werden. Insbesondere auch als *Hintergrundauftrag*.

Join Verbund mehrerer *Datenbanktabellen*, wobei je zwei der beteiligten Tabellen über Bedingungen zwischen einer oder mehreren Spalten verknüpft werden. Joins können deklarativ als *Views* im *ABAP Dictionary* oder programmatisch als *Join-Ausdrücke* in der `SELECT`-Anweisung realisiert werden.

Join-Ausdruck Über das *Sprachelement* `JOIN` realisierte Verknüpfung zweier oder mehrerer *Datenbanktabellen* in der `SELECT`-Anweisung.

kanonische XML-Repräsentation Format eines *XML*-Dokuments, das bei der *Serialisierung* von ABAP-Daten mit einer *XSL-Transformation* entsteht bzw. das Voraussetzung für eine *Deserialisierung* mit einer XSL-Transformation ist. Die Kurzbezeichnung ist *asXML*. Siehe auch *basXML*.

kaufmännische Notation Darstellung einer Zahl als Ziffernfolge mit eventuellem *Dezimaltrennzeichen*, bei der das Vorzeichen hinter den Ziffern angegeben ist.

Kennwort Für die *Anmeldung* an *AS ABAP* notwendige Zeichenkennung eines *Benutzers*, die nur ihm bekannt ist. Ermöglicht zusammen mit dem *Benutzernamen* die autorisierte Nutzung eines AS ABAP.

Kernel-Methode *Methode*, die im *Kernel* der *ABAP-Laufzeitumgebung* statt in einem *ABAP-Programm* implementiert ist.

Kettensatz Abkürzende Schreibweise für mehrere *ABAP-Anweisungen* mit gleichem Anfangsteil. Der Anfangsteil wird ein einziges Mal notiert und mit einem Doppelpunkt (:) abgeschlossen. Dahinter folgen durch Kommata getrennt die restlichen Teile.

Klasse Vorlage für *Objekte* in *ABAP Objects*. Mit `CLASS – ENDCLASS` entweder als *globale Klasse* in einem *Class-Pool* oder als *lokale Klasse* in einem fast beliebigen *ABAP-Programm* definiert. Die Definition einer Klasse setzt sich aus einem *Deklarationsteil* für die Deklaration der *Klassenkomponenten* und einem *Implementierungsteil* für die Implementierung der *Methoden* zusammen.

klassenbasierte Ausnahme *Behandelbare Ausnahme*, die über ein *Ausnahmeobjekt* einer *Ausnahmeklasse* dargestellt wird. Klassenbasierte Ausnahmen lösen *abfangbare Laufzeitfehler* und nicht-klassenbasierte Ausnahmen ab. Eine klassenbasierte Ausnahme kann den aktuellen Kontext entweder abbrechen oder eine *wiederaufsetzbare Ausnahme* (ab Release 7.02/7.2) sein.

Klassenbibliothek Ablage aller mit dem *Class Builder* definierten globalen *Klassen* und *Interfaces*.

Klassenkomponente *Komponente* einer *Klasse*. Deklariert im *Deklarationsteil* der Klasse. Mögliche Klassenkomponenten sind: *Attribute*, *Methoden* und *Ereignisse*.

Klassenkomponenten-Selektor Zeichen =>. Jede sichtbare *statische Komponente* `comp` einer *Klasse* `class` kann über `class=>comp` adressiert werden.

Klassenreferenzvariable *Objektreferenzvariable*, vom *statischen Typ* einer *Klasse*. Mit einer Klassenreferenzvariablen kann prinzipiell auf alle sichtbaren Komponenten eines Objekts zugegriffen werden.

Kommentar Im *Quelltext* eingefügte Erläuterung, die beim Generieren des Programms vom *ABAP Compiler* ignoriert wird. Entweder *Kommentarzeile* oder *Zeilenendekommentar*. Siehe auch *Pseudokommentar*.

Kommentarzeile Zeile eines Programms, die nichts als *Kommentar* enthält. Eine Kommentarzeile wird entweder durch einen Stern * an der ersten Stelle insgesamt als Kommentar gekennzeichnet oder ist eine Zeile, die nichts außer einem an beliebiger Stelle durch " eingeleiteten Kommentar enthält.

kompatibel Zwei nicht-*generische Datentypen* mit Ausnahme von *Referenzvariablen* sind kompatibel, wenn sie in allen *technischen Eigenschaften* übereinstimmen. Ein beliebiger *Datentyp* ist kompatibel zu einem generischen Datentyp, wenn seine technischen Eigenschaften vom generischen Datentyp umfasst werden. *Datenobjekte* sind kompatibel, wenn ihre Datentypen kompatibel sind. Die Kompatibilität ist die Grundlage der Überprüfung der *Typisierung*. Bei der *Zuweisung* oder einem *Vergleich* kompatibler Datenobjekte wird keine Konvertierung durchgeführt.

Kompilationseinheit Als Kompilationseinheit bezeichnet man ein eigenständig kompilierbares ABAP-Programm. Dies sind *ausführbare Programme*, *Modul-Pools*, *Funktionsgruppen*, *Class-Pools*, *Interface-Pools*, *Subroutinen-Pools* und *Typgruppen*. Im Gegensatz dazu sind *Include-Programme* keine Kompilationseinheiten.

komplexe Selektion → *Selektionskriterium*

komplexer Datentyp *Datentyp*, der sich aus anderen Datentypen zusammensetzt. Ein komplexer Datentyp ist entweder ein *strukturierter* oder ein *Tabellentyp*.

Komponente Untereinheit einer *Struktur*, einer *Klasse* oder eines *Interfaces*.

Komponenteninterface *Interface*, das mit der Anweisung INTERFACES in einem *zusammengesetzten Interface* eingebunden ist. Ein Komponenteninterface kann selbst zusammengesetzt sein.

Komponentenselektor Festgelegte Zeichen, über die *Komponenten* von Obereinheiten adressiert werden können. Es gibt den *Strukturkomponenten-Selektor* (-), den *Klassenkomponenten-Selektor* (=>), den *Interfacekomponenten-Selektor* (~) und den *Objektkomponenten-Selektor* (->).

konfliktauflösende Erweiterungsimplementierung *Erweiterungsimplementierung*, der kein normaler *Schalter*, sondern ein *Konfliktschalter* zugeordnet ist. Eine konfliktauflösende Erweiterungsimplementierung wird zur *Konfliktauflösung* verwendet. Sie muss die gemeinsame Semantik aller normalen Erweiterungsimplementierungen wiedergeben, die potenziell gleichzeitig eingeschaltet sein können und dann in einem Konflikt zueinander stehen. Welche Erweiterungsimplementierungen dies sind, wird über die dem Konfliktschalter zugeordneten Schalter festgelegt. Bei der Konfliktauflösung hat eine konfliktauflösende Erweiterungsimplementierung Vorrang vor normalen Erweiterungen. Bei mehreren konfliktauflösenden Erweiterungsimplementierungen hat diejenige Vorrang, die die meisten Konflikte auflöst.

Konfliktauflösung Begriff des *Switch Frameworks*. Ein Konflikt tritt auf, wenn für eine *Erweiterungsoption*, für die nur genau eine Erweiterung durchführbar ist, mehrere *Erweiterungsimplementierungs-Elemente* vorhanden sind und von diesen mehrere gleichzeitig eingeschaltet sind. Ein Konflikt kann zurzeit bei den Anweisungen ENHANCEMENT-SECTION und GET BADI auftreten. Zur Konfliktauflösung wird unter den eingeschalteten *Erweiterungsimplementierungen* nach der *konfliktauflösenden Erweiterungsimplementierung* mit dem größten Vorrang gesucht und deren Erweiterungsimplementierungs-Element verwendet.

Konfliktschalter Spezieller *Schalter* für die *Konfliktauflösung*. Einem Konfliktschalter sind mehrere normale Schalter zugeordnet. Der Schalterzustand eines Konfliktschalters bestimmt sich aus dem Schalterzustand der zugeordneten Schalter: an, wenn alle zugeordneten Schalter an sind, aus, wenn mindestens ein zugeordneter Schalter aus ist, und Stand-by in allen sonstigen Fällen. Für jede Kombination von *Erweiterungsimplementierungen*, der die normalen Schalter des Konfliktschalters zugeordnet sind, muss eine *konfliktauflösende Erweiterungsimplementierung* angelegt werden, der der Konfliktschalter zugeordnet ist.

konkret Begriff in *ABAP Objects*. Konkrete Klassen und Methoden sind nicht *abstrakt*.

Konstante *Benanntes Datenobjekt*, dessen Wert zur Laufzeit eines *ABAP-Programms* oder einer *Prozedur* nicht geändert werden kann.

Konstruktor Spezielle *Methode* einer *Klasse*, die den Zustand (die *Attribute*) der Klasse oder ihrer *Objekte* in einen definierten Anfangszustand bringt. Für *Instanzattribute* gibt es einen *Instanzkonstruktor*, für *statische Attribute* einen *statischen Konstruktor*. Die Konstruktoren sind implizit zwar immer vorhanden, müssen aber für eigene Implementierungen explizit deklariert werden.

Kontext Umfeld eines *Objekts*. Bestimmt Sichtbarkeit und Lebensdauer. Mögliche Kontexte sind *Prozeduren*, *Instanzen* von *Klassen*, *Klassen* und *Rahmenprogramme*.

Kontrollanweisung Anweisung zur Definition einer *Kontrollstruktur*.

Kontrollstruktur Mittel zur Strukturierung eines *Verarbeitungsblocks* in *Anweisungsblöcke*. Mögliche Kontrollstrukturen sind *Folge*, *Verzweigung* und *Schleife* sowie spezielle Kontrollstrukturen für die Ausnahmebehandlung. Kontrollstrukturen sind schachtelbar, indem abgeschlossene Anweisungsblöcke wiederum Kontrollstrukturen enthalten.

konvertibel Zwei unterschiedliche *Datentypen* sind konvertibel, wenn für sie eine *Konvertierungsregel* besteht. Zwei *Datenobjekte* sind konvertibel, wenn ihre Datentypen konvertibel sind und ihr Inhalt die entsprechende Konvertierung zulässt. Datenobjekte *kompatibler* Datentypen werden einander ohne Konvertierung zugewiesen.

Konvertierungs-Exit → *Konvertierungsroutine*

Konvertierungsregel Regel für die Konvertierung des Inhalts bei *Zuweisungen* zwischen *inkompatiblen*, aber *konvertiblen Datenobjekten*.

Konvertierungsroutine Eine Konvertierungsroutine CONV (auch Konvertierungs-Exit genannt) wird durch zwei *Funktionsbausteine* repräsentiert, die der Namenskonvention CONVERSION_EXIT_CONV_INPUT|OUTPUT folgen, wobei CONV der Name der Konvertierungsroutine ist. In den Funktionsbausteinen dürfen keine Anweisungen ausgeführt werden, durch die der Programmablauf unterbrochen oder eine *SAP-LUW* beendet wird. Eine Konvertierungsroutine kann einer *Domäne* im *ABAP Dictionary* zugeordnet werden. Verweist ein *Dynpro-Feld* auf eine Domäne mit Konvertierungsroutine oder ist ihm in seinen Eigenschaften direkt eine Konvertierungsroutine zugeordnet, wird der Funktionsbaustein ..._INPUT bei jeder Eingabe in das zugehörige Bildschirmfeld und der Funktionsbaustein ..._OUTPUT beim Anzeigen von Werten in diesem Bildschirmfeld automatisch ausgeführt und jeweils der konvertierte Inhalt verwendet. Verweist ein *Datenobjekt* auf eine solche Domäne, wird der Funktionsbaustein ..._OUTPUT bei der Aufbereitung des Datenobjekts mit WRITE oder WRITE TO ausgeführt und der konvertierte Inhalt ausgegeben bzw. zugewiesen. Konvertierungsroutinen können nur mit dem Zwei-Prozess-Debugger debuggt werden.

Kopfzeile Obsoleter *Arbeitsbereich* einer *internen Tabelle*, dessen Typ der *Zeilentyp* ist und der den gleichen Namen wie die interne Tabelle hat. Bei Verwendung einer internen Tabelle mit Kopfzeile an einer *Operandenposition* wird in der Regel die Kopfzeile adressiert. Um den Zugriff auf den *Tabellenkörper* zu erzwingen, können eckige Klammern [] hinter dem Tabellennamen angegeben werden.

Kurzdump Fehlerprotokoll, das nach einem *Laufzeitfehler* oder einer *Exit-Meldung* angezeigt und gespeichert wird. Aufruf der gespeicherten Kurzdumps über die *ABAP-Dumpanalyse*.

Längenfunktion *Beschreibungsfunktion*, die die Länge eines Datenobjekts in Zeichen oder Bytes bestimmt.

Laufzeitanalyse Werkzeug zur Analyse der Ausführung von Programmteilen oder einzelner Anweisungen und zur Messung von deren Laufzeit. Aufruf über den *Transaktionscode* SAT.

Laufzeitfehler Ein Laufzeitfehler entsteht durch nicht behandelte *Ausnahmen* während der Programmausführung oder kann durch *Exit-Meldungen* erzwungen werden. Jeder Laufzeitfehler führt zu einem Programmabbruch mit *Datenbank-Rollback* und wird standardmäßig durch einen *Kurzdump* dokumentiert.

Layout Editor Werkzeug des *Screen Painters* zur grafischen Gestaltung von *Bildschirmbildern*.

Lazy Update Ab Release 7.02/7.2. Verfahren zur Erzeugung bzw. Aktualisierung von nicht-eindeutigen *sekundären Tabellenschlüsseln interner Tabellen*. Nach einer einfügenden Operation mit INSERT bzw. APPEND, einer Blockoperation, bei der der gesamte Tabellenkörper auf einmal gefüllt wird, oder einer modifizierenden Operation mit MODIFY bzw. über *Feldsymbole* oder *Datenreferenzen* wird ein nicht-eindeutiger sekundärer Tabellenschlüssel nicht sofort, sondern erst bei seiner nächsten expliziten Verwendung aktualisiert. Siehe auch *Direct Update* und *Delayed Update*.

LDQ → *Local Data Queue*

Legacy-Datei *Datei* auf einem *Applikationsserver*, die mit dem Zusatz LEGACY der Anweisung OPEN

DATASET geöffnet wurde. Bei einer Legacy-Datei können die *Byte-Reihenfolge* und die *Codepage* angegeben werden, mit denen der Inhalt der Datei behandelt werden soll.

Lesesperre   *Sperre*, die es anderen Verwendern erlaubt, weitere Lesesperren, aber keine gleichzeitigen *Schreibsperren* für die so gesperrten Daten zu setzen. Die *Open SQL*-Anweisung SELECT ohne den Zusatz FOR UPDATE sowie die entsprechende *Native SQL*-Anweisung setzen standardmäßig keine entsprechende *Datenbanksperre* auf die von ihr angesprochenen Zeilen. Als *SAP-Sperre* wird eine Lesesperre durch einen entsprechend parametrisierten Aufruf eines *Sperrfunktionsbausteins* gesetzt.

Lesestrom   Auch *Eingabestrom*. Entweder *Datenstrom*, der mit einer *Datenquelle* verbunden ist, oder *Filterstrom*, der Daten aus einem anderen Strom liest. Die Richtung eines Lesestroms geht immer von der Datenquelle weg. Aus einem Lesestrom können nur Daten entnommen werden.

Levenshtein-Distanz   → *Editierabstand*

Linienelement   Vordefiniertes Ausgabeelement auf einer *Liste*. Es gibt Ecken, Kreuze, horizontale und vertikale Linien und T-Stücke. Linienelemente werden entweder explizit mit dem Zusatz AS LINE der Anweisung WRITE ausgegeben oder vom System bei automatischen Linienverbindungen gesetzt.

Listbox   → *Dropdown-Listbox*

Liste   Klassische Liste, Medium zur strukturierten und formatierten Ausgabe von Daten. Listenausgaben werden entweder als *Bildschirmliste* in einen *Listenpuffer* geschrieben und auf einem *Listen-Dynpro* dargestellt oder als *Druckliste* an das *SAP-Spool-System* gesendet.

Listen-Cursor   Aktuelle Cursor-Position für die Ausgabe in eine *Liste* im *Listenpuffer*. Wird durch die Inhalte der *Systemfelder* sy-colno (Stelle) und sy-linno (Zeile) wiedergegeben und bezieht sich auf die aktuelle Seite der Liste. In Nicht-*Unicode*-Systemen entspricht die horizontale Position auch der Spalte in der dargestellten Liste. In Unicode-Systemen ist dies nur für die jeweils unteren und oberen Ausgabegrenzen der einzelnen Ausgaben garantiert, da ein Zeichen mehr Spalten auf der Liste als Stellen im Listenpuffer beanspruchen kann.

Listen-Dynpro   Vordefiniertes *Dynpro*, das der Anzeige von *Bildschirmlisten* dient. Das Listen-Dynpro ist Komponente des *Listenprozessors* und wird entweder implizit während der Verarbeitung eines *ausführbaren Programms* oder explizit mit LEAVE TO LIST-PROCESSING aufgerufen.

Listenereignis   *Ereignis* der *ABAP-Laufzeitumgebung*, das während der *Listenverarbeitung* auftritt. Die zugehörigen *Ereignisschlüsselwörter* sind TOP-OF-PAGE, END-OF-PAGE sowie AT LINE-SELECTION, AT USER-COMMAND und das obsolete AT PFnn.

Listenerstellung   Formatierte Ausgabe von Inhalten in eine *Liste* des *Listenpuffers* oder in eine *Druckliste*.

Listenindex   Kennung einer *Liste* im *Listenpuffer*. Der Wert des Listenindex kann 0 für die *Grundliste* und 1 bis 20 für die *Verzweigungslisten* sein.

Listenprozessor   Systemprogramm zur *Listenverarbeitung*, das das *Listen-Dynpro* zur Anzeige von *Bildschirmlisten* enthält.

Listenpuffer   Speicherbereich zur Aufnahme von *Bildschirmlisten*. Unterteilt in *Listenstufen*. Zu jeder *Dynpro-Folge* gehören im Listenpuffer eine Hierarchie von einer *Grundliste* und bis zu 20 *Verzweigungslisten*.

Listenstatus   *GUI-Status*, der spezielle Funktionen für die Bedienung einer *Bildschirmliste* enthält.

Listenstufe   Stellung einer *Liste* im *Listenpuffer*. Eine *Grundliste* hat den *Listenindex* 0, der Listenindex einer *Verzweigungsliste* ist größer 0. Inhalt des *Systemfeldes* sy-lsind.

Listenüberschrift   Überschrift einer Liste. Setzt sich aus der Überschrift in der *Titelleiste* und aus eventuellen Spaltenüberschriften zusammen. Diese können als Teil der *Textelemente* eines *ABAP-Programms* für den *Standardseitenkopf* gepflegt werden.

Listenverarbeitung In der *ABAP-Laufzeitumgebung* gekapselte Verarbeitung einer *Bildschirmliste*, bei der das *Dynpro-Ereignis PAI* in Form von *Listenereignissen* an das *ABAP-Programm* weitergegeben wird.

Literal *Datenobjekt*, das im *Quelltext* eines Programms definiert und durch seinen Wert vollständig bestimmt ist. Mögliche Literale sind *Zahlenliterale*, *Textfeldliterale* und *String-Literale*. Siehe auch *anonymes Datenobjekt* und *benanntes Datenobjekt*.

Literaloperator Der Literaloperator & verknüpft zwei *Textfeld-* oder zwei *String-Literale* zu einem Literal oder zwei *Zeichenketten-Templates* zu einem Zeichenketten-Template.

Little Endian *Byte-Reihenfolge*, bei der das niedrigwertigste Byte an der ersten Speicherstelle steht.

Load Im ABAP-Umfeld bezeichnet eine Load eine binäre, für einen schnellen Zugriff optimierte Repräsentation eines *Repository-Objekts* im Speicher oder auf der Datenbank. Beispiele für Loads sind die aus dem *Bytecode* eines Programms bestehende Programm-Load oder die Paket-Load.

LOB Large Object. Oberbegriff von *BLOB* und *CLOB*.

LOB-Handle Ab Release 7.02/7.2. Objekt einer der *Systemklassen*, die Streaming und Lokatoren für *LOBs* in *Open SQL* unterstützen. Diese Klassen implementieren alle das *Interface* IF_ABAP_DB_LOB_HANDLE. Siehe auch *LOB-Handle-Struktur*.

LOB-Handle-Komponente Ab Release 7.02/7.2. *Referenztyp* bzw. *Referenzvariable* in einer *LOB-Handle-Struktur*. Der *statische Typ* einer solchen Komponente muss allgemeiner oder gleich der *Klasse* eines *LOB-Handles* sein und das *Interface* IF_ABAP_DB_LOB_HANDLE enthalten.

LOB-Handle-Struktur Ab Release 7.02/7.2. *Struktur* eines speziellen *Arbeitsbereichs* zur Unterstützung von *Streaming* und *Lokatoren* für *LOBs* in *Open SQL*. LOB-Handle-Strukturen haben die gleichen Komponenten wie *Datenbanktabellen* oder *Views*. Dabei ist aber mindestens eine Komponente, die einem LOB zugeordnet ist, kein *String*, sondern eine *LOB-Handle-Komponente*. Eine LOB-Handle-Struktur kann mit *ABAP-Anweisungen* oder im *ABAP Dictionary* entweder komponentenweise definiert oder durch Bezug auf eine Struktur, die *LOBs* enthält, abgeleitet werden.

Local Data Queue Ab Release 7.02/7.2. Persistenzschicht, in die Daten eingestellt und nur in der Reihenfolge ihrer Aufzeichnung wieder ausgelesen werden können. Die Local Data Queue löst das no-send-Szenario des *qRFC* ab.

Locale Teil der *Textumgebung*. Definiert die sprachen- und landesabhängigen Eigenschaften von Zeichen, wie z. B. Sortierreihenfolge, Umsetzung von Groß- und Kleinbuchstaben etc. Die Locale-Eigenschaften sind in Nicht-*Unicode-Systemen* vom Betriebssystem des aktuellen Applikationsservers abhängig und in Unicode-Systemen in einer betriebssystemunabhängigen Bibliothek definiert.

Logical Database Builder Werkzeug der *ABAP Workbench* für die Erstellung und Pflege *logischer Datenbanken*. Aufruf über den *Transaktionscode* SE36.

logische Datenbank Spezielles *ABAP-Programm*, das anderen ABAP-Programmen Daten aus den Knoten einer hierarchischen Baumstruktur zur Verfügung stellt. Wird entweder in den *Programmeigenschaften* eines *ausführbaren Programms* mit diesem verknüpft oder über den *Funktionsbaustein* LDB_PROCESS aufgerufen. Eine logische Datenbank verfügt über eine hierarchische Struktur mit Knoten, ein in ABAP geschriebenes *Datenbankprogramm* und ein eigenes *Standardselektionsbild*. Logische Datenbanken werden im *Logical Database Builder* bearbeitet.

logische Funktion *Eingebaute Funktion*, die eine logische Bedingung auswertet.

logischer Ausdruck Formulierung einer Bedingung für *Operanden*. Das Resultat eines logischen Ausdrucks ist ein *Wahrheitswert*, also entweder wahr oder falsch. Logische Ausdrücke werden in *Kontrollanweisungen* oder sonstigen Anweisungen, die Bedingungen enthalten, sowie in *Booleschen Funktionen* verwendet.

Logpoint Protokollierungspunkt in einem *ABAP-Programm*. Ein Logpoint wird über die Anweisung `LOG-POINT` als unbedingter *Checkpoint* definiert. Bei Erreichen eines aktiven Logpoints wird ein Protokolleintrag erzeugt. Ein Logpoint muss bei seiner Definition einer *Checkpoint-Gruppe* zugeordnet werden, die seine *Aktivierung* steuert.

lokale Daten Lokale Daten werden in *Prozeduren* deklariert und sind nur dort bekannt. Siehe auch *globale Daten*.

lokale Klasse *Klasse* eines *ABAP-Programms*, die statisch nur dort sicht- und verwendbar ist. Lokale Klassen können in allen *Programmtypen* außer *Interface-Pools* und *Typgruppen* angelegt werden. Alle lokalen Klassen eines ABAP-Programms liegen zusammen mit den *lokalen Interfaces* und den mit `TYPES` deklarierten *Datentypen* des Programms in einem Namensraum.

lokale Verbuchung *Verbuchung* im aktuellen *Workprozess*. Die lokale Verbuchung wird durch die Anweisung `SET UPDATE TASK LOCAL` eingeschaltet.

lokales Interface *Interface* eines *ABAP-Programms*, das statisch nur dort sicht- und verwendbar ist. Lokale Interfaces können in allen *Programmtypen* außer *Interface-Pools* und *Typgruppen* angelegt werden. Alle lokalen Interfaces eines ABAP-Programms liegen zusammen mit den *lokalen Klassen* und den mit `TYPES` deklarierten *Datentypen* des Programms in einem Namensraum.

Lokator Zeiger auf Teilfelder von *LOBs* in einer *Datenbank*. In ABAP gehören Lokatoren ab Release 7.02/7.2 zu den *LOB-Handles* und werden durch *Instanzen* der entsprechenden *Systemklassen* verwirklicht. Lokatoren können ab Release 7.02/7.2 in *Open SQL-Anweisungen mit LOBs* der bearbeiteten Datenbank verknüpft werden. Für *BLOBs* und *CLOBs* gibt es unterschiedliche *Lokatortypen*.

Lokatortyp Ab Release 7.02/7.2. Eigenschaft eines *Lokators*. Entweder binärer Lokator für *BLOBs* oder zeichenartiger Lokator für *CLOBs*.

LUW Logical Unit of Work. Zeitspanne zwischen zwei konsistenten Zuständen auf der *Datenbank*. Siehe auch *SAP-LUW* und *Datenbank-LUW*.

Makro Zusammenfassung einer Anweisungsfolge zur programminternen Wiederverwendung. Definiert zwischen `DEFINE` und `END-OF-DEFINITION`.

Mandant Organisatorische Einheit eines *AS ABAP*. Bei jeder *Anmeldung* an einen AS ABAP muss eine *Mandantenkennung* angegeben werden, wodurch die Anmeldung in einem Mandanten erfolgt. Die unterschiedlichen Mandanten eines AS ABAP haben eigene *Benutzerstammsätze* mit eigenen *Berechtigungen*. Die Trennung mandantenabhängiger Daten erfolgt durch die *Mandantenspalte* von *Anwendungstabellen*. *Anwendungsprogramme* werden in der Regel in *Anwendungsmandanten* ausgeführt. Daneben gibt es einen *Systemmandanten* und eventuell mehrere *Administrationsmandanten* zur Ausführung systemspezifischer oder administrativer Aufgaben. Auf einem AS ABAP, der die *Multitenancy* unterstützt, besteht eine Abbildung von *Tenants* auf Mandanten.

Mandantenbehandlung Bearbeitung der Anwendungsdaten eines *Mandanten*. *Open SQL*-Anweisungen arbeiten mit einer automatischen Mandantenbehandlung, die immer die *Mandantenkennung* des aktuellen Mandanten in der *Mandantenspalte* selektiert. Hierfür enthalten `WHERE`-Bedingungen eine implizite Bedingung für den aktuellen Mandanten, und in Arbeitsbereichen von ändernden Anweisungen angegebene Mandanten werden nicht berücksichtigt.

Mandantenkennung Dreistellige Kennzeichnung eines *Mandanten*, die bei der *Anmeldung* an einen *AS ABAP* angegeben werden muss. In *Anwendungstabellen* werden mandantenabhängige Daten durch die in der *Mandantenspalte* abgelegte Mandantenkennung gekennzeichnet.

Mandantenspalte Erste Spalte und *Schlüsselfeld* mandantenabhängiger *Datenbanktabellen* vom Typ CLNT zur Aufnahme der *Mandantenkennung*. *Open SQL*-Anweisungen arbeiten standardmäßig mit einer automatischen *Mandantenbehandlung*. Datenbanktabellen mit Mandantenspalte sind in der Regel *Anwendungstabellen*, können aber auch administrative Daten enthalten. Datenbanktabellen ohne Mandantenspalte sind *Systemtabellen*.

Maskenzeichen Zeichen, die stellvertretend für andere Inhalte stehen. In *logischen Ausdrücken* mit den Operatoren CP und NP stehen in der Regel "*" für beliebige *Zeichenketten* und "+" für beliebige einzelne Zeichen. In WHERE-Bedingungen von *Open SQL* mit dem *Operator* LIKE stehen "%" für beliebige Zeichenketten und "_" für einzelne Zeichen. Die spezielle Funktion von Maskenzeichen kann durch *Fluchtsymbole* aufgehoben werden.

Matchcode-Objekt Vorgänger von *Suchhilfen* im *ABAP Dictionary*.

mathematische Notation Darstellung einer Zahl als Ziffernfolge mit eventuellem *Dezimaltrennzeichen*, bei der das Vorzeichen vor den Ziffern angegeben ist.

MDMP-System Abkürzung für Multi-Display, Multi-Processing-System. In einem MDMP-System gibt es mehrere Nicht-*Unicode-System-Codepages*. Die *Umgebungs-Codepage* eines internen Modus hängt von dessen aktueller *Textumgebung* ab. Siehe auch *Single-Codepage-System*.

Mehrfachselektion *Selektionskriterium*, bei dem die *Selektionstabelle* mit mehr als einer Zeile gefüllt ist.

Memory Inspector Werkzeug zur Anzeige und Analyse von *Speicherabzügen*. Aufruf über den *Transaktionscode* S_MEMORY_INSPECTOR.

Mengenfeld Komponente einer im *ABAP Dictionary* definierten *Struktur* oder *Datenbanktabelle* vom Typ QUAN. Ein Mengenfeld muss mit einem *Einheitenschlüssel* einer Struktur bzw. Datenbanktabelle verknüpft sein, der die Einheit des Mengenfeldes festlegt.

Menü Grafisches *Bedienelement*, das dem Anwender eine Reihe von Optionen in Form von *Menüeinträgen* anbietet.

Menu Painter Werkzeug der *ABAP Workbench* zum Erstellen des *GUI-Status* und dessen Komponenten. Aufruf über den *Transaktionscode* SE41.

Menüeintrag Textuelles *Bedienelement* eines *Menüs*, das mit einem *Funktionscode* verknüpft ist und durch einfaches Anklicken ausgewählt werden kann.

Menüleiste Bestandteil eines *Fensters*. Enthält *Menüs* zur Bedienung des Programms. Teil des mit SET PF-STATUS gesetzten *GUI-Status*. Erstellt mit dem Werkzeug *Menu Painter*.

Message-Server Komponente der *Applikationsschicht*, die der Kommunikation zwischen deren *Applikationsservern* dient und bei der Anmeldung eines *Benutzers* an einen *AS ABAP* den Applikationsserver bestimmt, an dem die Anmeldung erfolgt.

Messintervall Ausführungsdauer einer eingegrenzten *Messstrecke*.

Messstrecke Eine durch GET RUN TIME eingegrenzte Anweisungsfolge im Programmtext, deren Laufzeit gemessen werden soll.

Methode *Prozedur*, die als *Komponente* einer *Klasse* bzw. eines *Interfaces* deklariert wird. Es gibt *Instanzmethoden* und *statische Methoden*. Eine Methode kann ausschließlich im *Implementierungsteil* ihrer Klasse zwischen METHOD und ENDMETHOD implementiert werden.

Methodenverkettung Verkettete Aufrufe *funktionaler Methoden*. Entweder *verketteter Methodenaufruf* oder *verketteter Attributzugriff*.

Modifikationsgruppe Zusammenfassung mehrerer *Bildschirmelemente* eines *Dynpros* unter einem dreistelligen Kürzel, um deren Anzeigeeigenschaften gemeinsam mit der Anweisung MODIFY SCREEN modifizieren zu können. Die Zuordnung von Bildschirmelementen zu Modifikationsgruppen erfolgt im *Screen Painter* oder bei *Selektionsbildern* im *ABAP-Programm* über den Zusatz MODIF ID. Ein Bildschirmelement kann bis zu vier Modifikationsgruppen zugeordnet sein. Die vordefinierte Struktur screen enthält vier Komponenten für die Identifikation von Modifikationsgruppen.

Modul-Pool *ABAP-Programm*, das in der Regel *Dynpros* und *Dialogmodule* enthält und über *Transaktionscodes* gestartet wird.

Modultest Ein Modultest (englisch Unit Test) wird vom Entwickler zur Verifikation der funktionalen Korrektheit einzelner Softwaremodule erstellt und durchgeführt. Ein Softwaremodul wird in diesem Zusammenhang als eine nicht triviale Code-Einheit definiert, in der eine bestimmte Eingabe einen verifizierbaren Effekt hat. Typische Beispiele für diese Einheiten in ABAP sind *Prozeduren*. Diese bilden die kleinsten funktionalen Bestandteile größerer Einheiten wie *Klassen* oder *Funktionsgruppen*. Modultests stellen während der Entwicklungs- und Qualitätssicherungsphase sicher, dass die einzelnen Elemente einer größeren Softwareeinheit korrekt funktionieren. Die Entwicklung und Ausführung von Modultests erfolgt im Rahmen von *ABAP Unit*.

Modus → *externer* und *interner Modus*

Multi-Byte-Code Abbildung eines Zeichens in mehr als einem Byte.

Multitenancy Prinzip der Softwarearchitektur, bei dem eine einzige Instanz einer Software auf einem einzigen Applikationsserver für verschiedene *Tenants* ausgeführt wird. Auf einem *AS ABAP*, auf dem die Multitenancy unterstützt wird, übernehmen *Anwendungsmandanten* die Rollen von Tenants. Im aktuellen Release gibt es keine Unterstützung der Multitenancy durch die *ABAP-Laufzeitumgebung*.

Nachkommastelle Nachkommastellen beinhalten den gebrochenen Teil einer Zahl und werden unabhängig vom Zahlensystem rechts vom Trennzeichen notiert. Bei *Dezimalzahlen* sind das die *Dezimalstellen*, die nach dem *Dezimaltrennzeichen* stehen.

Nachricht Text, der während der Verarbeitung von *Dynpros* mit der Anweisung MESSAGE angezeigt werden kann. Nachrichten werden immer in der *Anmeldesprache* angezeigt, die im Verlauf einer *Benutzersitzung* nicht geändert werden kann. Nachrichtentexte sind in *Nachrichtenklassen* und *Nachrichtennummern* organisiert und werden mit der *Transaktion Nachrichtenpflege* bearbeitet. Bei der Anzeige einer Nachricht mit MESSAGE wird diese mit einem *Nachrichtentyp* klassifiziert, der die Form der Darstellung definiert.

Nachrichtenklasse Kennung, die *Nachrichten* in einem Arbeitsgebiet zusammenfasst.

Nachrichtennummer Nummer, die die *Nachrichten* einer *Nachrichtenklasse* identifiziert.

Nachrichtenpflege Werkzeug der *ABAP Workbench* zum Anlegen und Pflegen von *Nachrichten*. Aufruf über den *Transaktionscode* SE91.

Nachrichtentyp Bestimmt in der MESSAGE-Anweisung die Darstellung der *Nachricht* und den weiteren Programmablauf. Es gibt die Nachrichtentypen *Informationsnachricht*, *Statusmeldung*, *Fehlermeldung*, *Warnung*, *Abbruchmeldung* und *Exit-Meldung*.

Narrowing Cast → *Down Cast*

Native SQL Anweisungen, die in *ABAP-Programmen* zwischen den Anweisungen EXEC SQL und ENDEXEC aufgeführt werden können. Möglich sind datenbankspezifische *SQL*-Anweisungen und einige SAP-spezifische Anweisungen. Native SQL-Anweisungen werden von der *Syntaxprüfung* nicht vollständig überprüft und von der *Native SQL-Schnittstelle* der *Datenbankschnittstelle* behandelt. Siehe auch *ADBC*.

Native SQL-Schnittstelle Teil der *Datenbankschnittstelle*, der für *Native SQL*-Anweisungen und *ADBC* zuständig ist. Die Native SQL-Schnittstelle behandelt alle Native SQL-Anweisungen, die zwischen den Anweisungen EXEC und ENDEXEC aufgeführt sind, sowie die aus dem ADBC Framework abgesetzten Anweisungen. Die dort aufgeführten herstellerspezifischen *SQL*-Anweisungen werden unverändert an das *Datenbanksystem* der aktuellen *Datenbankverbindung* weitergegeben. Nur die SAP-spezifischen Native SQL-Anweisungen werden vor der Weitergabe in der Native SQL-Schnittstelle bearbeitet.

Nicht-Unicode-Programm Ein Nicht-Unicode-Programm ist ein *ABAP-Programm*, bei dem die *Unicode-Prüfungen* nicht wirksam sind. Ein Nicht-Unicode-Programmen kann nicht in *Unicode-Systemen* ausgeführt werden.

Null-Referenz *Initialwert* einer *Referenzvariablen*. Die Null-Referenz zeigt auf kein *Objekt*.

Null-Wert Initialer Wert einer leeren Spalte in der Zeile einer *Datenbanktabelle*. Null-Werte können mit *Native SQL*-Anweisungen bearbeitet werden, haben aber keine Entsprechung als Inhalt von *Datenobjekten* in ABAP. Nur der WHERE-Zusatz erlaubt eine spezielle Bedingung IS NULL für Null-Werte. Ändernde *Open SQL*-Anweisungen (INSERT, UPDATE, MODIFY) erzeugen in der Regel keine Null-Werte, solange kein *View* bearbeitet wird, der nicht alle Spalten einer Datenbanktabelle umfasst. Je nach *Datenbanksystem* können aber auch leere *Strings* als Null-Wert dargestellt werden. Darüber hinaus können Null-Werte in Datenbanktabellen entstehen, wenn an gefüllte Tabellen neue Spalten angefügt werden. Beim Lesen mit der Open SQL-Anweisung SELECT können Null-Werte durch *Aggregatfunktionen* und beim äußeren *Join* entstehen, werden bei der Übergabe an Datenobjekte aber in typgerechte *Initialwerte* verwandelt.

numerische Ausdrucksposition *Numerische Operandenposition*, an der außer einem *numerischen Datenobjekt*, das in den Operandentyp konvertierbar ist, auch ein *numerischer Ausdruck* angegeben werden kann (ab Release 7.02/7.2).

numerische Funktion *Eingebaute Funktion*, die numerische Werte berechnet. Es gibt *allgemeine numerische Funktionen* und *Gleitpunktfunktionen*.

numerische Operandenposition *Operandenposition* mit numerischem *Operandentyp*, an der ein *numerisches Datenobjekt*, das in den Operandentyp konvertierbar ist, angegeben werden kann. Siehe auch *numerische Ausdrucksposition*.

numerischer Ausdruck Stellt einen numerischen Wert dar. Ein numerischer Ausdruck ist ein *arithmetischer Ausdruck* oder eine *Funktion*, deren Rückgabewert einen *numerischen Datentyp* hat.

numerischer Datentyp *Datentypen*, deren *Datenobjekte* Zahlenwerte in einer plattformspezifischen Codierung enthalten. Die entsprechenden *eingebauten Datentypen* sind (b, s), i, decfloat16, decfloat34 (ab Release 7.02/7.2), f und p. Der zugehörige *generische Datentyp* ist numeric.

numerischer Text Text, der aus den Ziffern 0 bis 9 besteht. Gültiger Inhalt eines *Datenobjekts* vom *Datentyp* n.

numerisches Datenobjekt *Datenobjekt*, das bei geeignetem Inhalt numerisch interpretiert werden kann. Neben Datenobjekten der *numerischen Datentypen* (b, s), i, decfloat16, decfloat34 (ab Release 7.02/7.2), f und p können auch *byteartige* und *zeichenartige Datenobjekte* numerisch sein.

numerisches Literal → *Zahlenliteral*

Oberklasse *Klasse*, von der durch *Vererbung Unterklassen* abgeleitet werden.

Object Navigator Entwicklungsumgebung zur zentralen Bearbeitung von *Repository-Objekten*. Der Object Navigator zeigt Repository-Objekte als Knoten verschiedener Baumdarstellungen (Browser), wie z. B. *Repository Browser*, *Repository-Infosystem* oder *Erweiterungs-Infosystem*, im Navigationsbereich an. Von dort aus können sie über *Vorwärtsnavigation* im Werkzeugbereich bearbeitet werden. Aufruf über den *Transaktionscode* SE80.

Object Services *Interfaces* und *Klassen* der *Klassenbibliothek* mit den Vorsilben IF_OS_ und CL_OS_. Die Object Services stellen Persistenzdienste und Transaktionsdienste zur Verfügung, mit denen *persistente Objekte* und objektorientierte Transaktionen verwaltet werden. Dazu gibt es auch einen Query-Dienst zum Suchen und Laden persistenter Objekte.

Objekt *Instanz* eines *Typs*. Entweder Instanz einer *Klasse* oder als *Datenobjekt* Instanz eines *Datentyps*. Lebt im *internen Modus* eines *ABAP-Programms* oder als *Shared Object* im *Shared Memory*. Daneben gibt es *persistente Objekte* auf der *Datenbank*.

Objekt-Plug-in Objekt-Plug-ins dienen der modifikationsfreien funktionalen *Erweiterung* von ABAP-Programmen. Objekt-Plug-ins sind Instanzen von *BAdI-Implementierungsklassen* und werden über *BAdI-Objekte* verwaltet. Objekt-Plug-ins werden bei Ausführung der Anweisung GET BADI gemäß der Filterangabe erzeugt.

Objektkomponenten-Selektor Zeichen ->. Auch *Instanzkomponenten-Selektor*. Jede sichtbare *Komponente* comp eines *Datenobjekts* oder einer *Instanz* einer *Klasse* kann über ref->comp adressiert werden, wenn ref eine *Referenzvariable* ist, die auf das Objekt zeigt.

Objektreferenz *Referenz*, die auf eine *Instanz* einer *Klasse* zeigt. Siehe auch *schwache Referenz*.

Objektreferenzvariable *Referenzvariable* für *Objektreferenzen*. Objektreferenzvariablen sind unterteilt in *Klassenreferenzvariablen* und *Interface-Referenzvariablen*.

Objekttyp Beschreibung eines *Objekts* in *ABAP Objects*. Entweder *Klasse* für das gesamte Objekt oder *Interface* für einen Teil eines Objekts. Der zugeordnete *generische Datentyp* ist object.

obsoletes Sprachelement *ABAP-Sprachelement*, das aus Gründen der Abwärtskompatibilität noch in der Sprache vorhanden ist, aber nicht mehr verwendet werden soll. Die meisten obsoleten Sprachelemente sind nur noch außerhalb von *Klassen* erlaubt.

öffentlich Begriff in *ABAP Objects*. Auf eine öffentliche *Komponente* einer *Klasse* kann an jeder Stelle zugegriffen werden, an der eine Klasse bekannt ist. An jeder Stelle, an der eine Klasse bekannt ist, können von einer öffentlich instanzierbaren Klasse *Objekte* erzeugt werden. Der öffentliche *Sichtbarkeitsbereich* einer Klasse wird in ihrem *Deklarationsteil* durch die Anweisung PUBLIC SECTION eingeleitet.

Offset Positionsangabe für ein Zeichen oder ein Byte in einem *zeichen-* oder *byteartigen Datenobjekt*, deren Zählung mit 0 beginnt. Der Wert eines Offsets kann auch als Bezeichner des Zeilenanfangs, der Zwischenräume zwischen den Zeichen bzw. Bytes und des Zeilenendes verstanden werden.

Offset-/Längenangabe Zugriff auf Teilbereiche eines *Datenobjekts* über das Anhängen von [+off][(len)] an den Bezeichner des Datenobjekts.

OK-Feld Zwanzigstelliges *Dynpro-Feld*, das nicht mit einem *Bildschirmelement* verknüpft ist. Bei einer *Benutzeraktion* auf einem *Bedienelement*, das mit einem *Funktionscode* verknüpft ist, wird der Funktionscode in das OK-Feld gestellt und zu *PAI* an ein gleichnamiges *Datenobjekt* übertragen.

OLE Automation OLE (Object Linking and Embedding) Automation erlaubt es unterschiedlichen Softwareanwendungen, über Automation-Objekte miteinander zu kommunizieren, Daten auszutauschen und sich gegenseitig zu steuern. Eine Softwareanwendung kann anderen Anwendungen (Clients) Automation-Objekte über ein Automation-Interface zur Verfügung stellen. Ein Client kann solche Objekte über das entsprechende Objekt-Interface erzeugen und steuern.

OO-Transaktion Der *Transaktionscode* einer OO-Transaktion ist mit einer *Methode* einer lokalen oder globalen *Klasse* verknüpft. Bei Aufruf der Transaktion wird das entsprechende Programm geladen, bei *Instanzmethoden* ein *Objekt* der Klasse erzeugt und die Methode ausgeführt. OO-Transaktionen können mit dem Transaktionsdienst der *Object Services* verknüpft werden.

Open SQL Open SQL ist der zusammenfassende Begriff für eine durch *ABAP-Anweisungen* realisierte Untermenge von *SQL*, die den *DML*-Anteil umfasst. Die Anweisungen von Open SQL greifen plattformunabhängig über die *Open SQL-Schnittstelle* der *Datenbankschnittstelle* auf die *Datenbank* eines *AS ABAP* zu. Mit Open SQL können Daten in *Datenbanktabellen*, die im *ABAP Dictionary* definiert sind, gelesen (SELECT) und geändert werden (INSERT, UPDATE, MODIFY, DELETE).

Open SQL-Schnittstelle Teil der *Datenbankschnittstelle*, der für *Open SQL*-Anweisungen zuständig ist. Die Open SQL-Schnittstelle verwandelt alle Open SQL-Anweisungen, die auf die zentrale *Datenbank* eines *AS ABAP* zugreifen, in herstellerspezifisches *SQL* und gibt dieses an das *Datenbanksystem* weiter.

Operand Komponente einer *ABAP-Anweisung*. Entweder direkt oder als *Datenobjekt*, *Formalparameter*, *Feldsymbol*, dereferenzierte *Datenreferenz*, eingebaute *Funktion*, *funktionale Methode* oder *Ausdruck* angegeben. Operanden können über *Operatoren* zu *Ausdrücken* verknüpft werden, die selbst wieder an bestimmten *Operandenpositionen* stehen können.

Operandenposition Stelle einer *ABAP-Anweisung*, an der ein *Operand* angegeben wird. Es werden Lese- und Schreibpositionen unterschieden. Eine Operandenposition ist mit einem *Operandentyp* typisiert. An Operandenpositionen können in der Regel Datenobjekte angegeben werden. An bestimmten Operandenpositionen sind auch Funktionen und Ausdrücke möglich.

Operandentyp *Datentyp*, mit dem eine *Operandenposition* typisiert ist. Der Operandentyp kann vollständig oder generisch sein. Ein *Operand* muss zum Operandentyp passen. Je nach Anweisung finden bei inkompatiblen Operanden *Typkonvertierungen* oder *Castings* statt.

Operator Komponente einer *ABAP-Anweisung*, die zusammen mit *Operanden* einen *Ausdruck* bildet. Bei der Ausführung einer Anweisung wird für zwei mit einem Operator verknüpfte Operanden eine Operation ausgeführt, und deren Ergebnis in der Anweisung weiterverarbeitet. Es gibt *arithmetische*, *Bit-*, *Zeichenketten-*, *Boolesche*, *Vergleichs-* und *Zuweisungsoperatoren*.

Package Builder Werkzeug der *ABAP Workbench* für die Erstellung und Pflege von *Paketen*. Aufruf über den *Transaktionscode* SE21.

PAI Process After Input, *Dynpro-Ereignis*. Wird durch eine *Benutzeraktion* auf dem *GUI* ausgelöst. Bei PAI werden die Inhalte der *Dynpro-Felder* an gleichnamige *Datenobjekte* des *ABAP-Programms* übergeben.

Paket Ein Paket kapselt *Repository-Objekte* in abgeschlossenen Einheiten. Pakete sind selbst Repository-Objekte und schließen die in ihnen enthaltenen Repository-Objekte an das Korrektur- und Transportwesen an. Die Komponenten eines Pakets, die außerhalb des Pakets verwendbar sind, müssen in einer Paketschnittstelle veröffentlicht werden. Ein Paket, das auf die Repository-Objekte eines anderen Pakets zugreift, muss dies deklarieren und vom anderen Paket dafür die Erlaubnis haben. Die Regeln des *Paketkonzepts* werden ab Release 7.2 von der *Paketprüfung* überwacht. Pakete werden mit dem *Package Builder* angelegt.

paket-sichtbar Ab Release 7.2. Begriff in *ABAP Objects*. Auf eine paket-sichtbare *Komponente* einer *Klasse* kann an jeder Stelle des gleichen *Pakets* zugegriffen werden, an der eine Klasse bekannt ist, aber nicht von außerhalb des Pakets. Der paket-sichtbare *Sichtbarkeitsbereich* einer Klasse wird in ihrem *Deklarationsteil* durch die Anweisung PACKAGE SECTION eingeleitet.

Paketkonzept Auf *Paketen* beruhendes Regelwerk, das die gegenseitige Verwendbarkeit von *Repository-Objekten* festlegt. Die Einhaltung dieser Regeln wird ab Release 7.2 von der *Paketprüfung* überwacht.

Paketprüfung Ab Release 7.2. Statische oder dynamische Überprüfung der Verwendung eines *Repository-Objekts* durch ein anderes im Rahmen des *Paketkonzepts*.

paralleler Remote Function Call Erweiterung des *asynchronen Remote Function Calls* um die Möglichkeit zur Steuerung der Parallelisierung.

Parameter Zum einen mit PARAMETERS definierte Komponente eines *Selektionsbildes*, die auf diesem als *Eingabefeld* und intern als *elementares Datenobjekt* dargestellt wird. Zum anderen Komponente der *Parameterschnittstelle* einer *Prozedur*.

Parameterschnittstelle *Schnittstelle* einer *Prozedur*. Besteht aus *Formalparametern* und gibt die möglichen *Ausnahmen* der Prozedur an.

Parametertransaktion Spezieller *Transaktionscode*, bei dem eine *Dialogtransaktion* mit Parametern verknüpft wird. Bei Aufruf einer Parametertransaktion wird die Dialogtransaktion aufgerufen, und die Eingabefelder des *Einstiegs-Dynpros* der Dialogtransaktion werden mit den Parametern gefüllt. Das Bildschirmbild des Einstiegs-Dynpros kann unterdrückt werden, indem sämtliche obligatorischen Eingabefelder als Parameter der Transaktion angegeben werden und wenn das *Folge-Dynpro* nicht das Einstiegs-Dynpro selbst ist.

PBO Process Before Output, *Dynpro-Ereignis*. Wird von der *ABAP-Laufzeitumgebung* vor dem Senden eines *Bildschirmbildes* an die Präsentationsschicht ausgelöst. Nach der PBO-Verarbeitung übernehmen die *Dynpro-Felder* die Inhalte gleichnamiger *Datenobjekte* des *ABAP-Programms*.

persistente Klasse Spezielle *Klasse*, deren *Attribute* über ein objektrelationales Mapping mit *Datenbanktabellen* verknüpft sind. Können mit dem Mapping Assistant des *Class Builders* angelegt werden. Die *Objekte* persistenter Klassen werden durch *Object Services* verwaltet.

persistentes Objekt *Objekt* einer *persistenten Klasse*, dessen *Attribute* über die Laufzeit eines *ABAP-Programms* hinaus als Datenbankinhalt gespeichert werden. Persistente Objekte werden durch *Object Services* verwaltet.

Plattform Aktuelle Systemumgebung eines *AS ABAP*, bestehend aus dem Betriebssystem des aktuellen *Applikationsservers*, dem *Datenbanksystem*, der *Textumgebung* und den Kommunikationsschnittstellen.

POH Process On Help Request, *Dynpro-Ereignis*. Wird durch die Anforderung der *Feldhilfe* (F1) für ein *Eingabefeld* auf dem *Bildschirmbild* ausgelöst.

Polymorphie Polymorphie (Vielgestaltigkeit) bedeutet in der objektorientierten Programmierung, unterschiedlich implementierte *Methoden*, die zu verschiedenen *Objekten* verschiedener *Klassen* gehören, mit dem gleichen Bezeichner über dieselbe Schnittstelle ansprechen zu können.

Pool-Tabelle Im *ABAP Dictionary* definierte *Datenbanktabelle*, deren Ausprägung auf der *Datenbank* nicht nur einer im ABAP Dictionary definierten Tabelle zugeordnet ist. Mehrere Pool-Tabellen sind einem *Tabellen-Pool* in der Datenbank zugeordnet. Die *Schlüsselfelder* einer Pool-Tabelle müssen zeichenartig sein. Der *Primärschlüssel* des Tabellen-Pools besteht aus den zwei Feldern TABNAME für den Namen einer Pool-Tabelle und VARKEY für den aneinandergehängten Inhalt der Schlüsselfelder der entsprechenden Pool-Tabelle. Die Nicht-Schlüsselfelder der Pool-Tabellen werden komprimiert in einer einzigen Spalte namens VARDATA des Tabellen-Pools abgelegt. Auf Pool-Tabellen kann nur über *Open SQL* zugegriffen werden, wobei keine *Joins* gebildet werden können.

Pop-up-Level Hierarchiestufe eines *Fensters*. Das erste Fenster einer *Anmeldung* an einen *AS ABAP* hat den Pop-up-Level 0. Größere Pop-up-Level werden durch das Stapeln modaler *Dialogfenster* mit der Anweisung CALL SCREEN bzw. CALL SELECTION-SCREEN erzeugt. Der maximale Pop-up-Level ist 9.

POV Process On Value Request, *Dynpro-Ereignis*. Wird durch die Anforderung der *Eingabehilfe* (F4) für ein *Eingabefeld* auf dem *Bildschirmbild* ausgelöst.

Prädikat Teil eines *logischen Ausdrucks*, der eine Aussage über einen *Operanden* macht. In ABAP durch die Sprachelemente BETWEEN, IS und IN oder durch *Prädikatfunktionen* (ab Release 7.02/7.2) realisiert.

Prädikatfunktion Ab Release 7.02/7.2. *Logische Funktion*, die einen *Wahrheitswert* zurückgibt und wie ein *logischer Ausdruck* verwendet werden kann.

Pragma Ab Release 7.02/7.2. *Programmdirektive* an den *ABAP Compiler* und die *erweiterte Programmprüfung*, um Warnungen von der *Syntaxprüfung* und Meldungen der erweiterten Prüfung auszublenden.

Präsentationsschicht Softwareschicht eines *AS ABAP*, die dessen *Benutzeroberfläche* darstellt. Die Präsentationsschicht ist in der Regel auf viele *Präsentationsserver* verteilt. Die Präsentationsschicht wertet *Benutzeraktionen* aus und übermittelt diese an die *Applikationsschicht*.

Präsentationsserver Einzelplatzrechner der Anwender eines *AS ABAP*, auf denen die *Präsentationsschicht* entweder über die Installation eines *SAP GUIs* oder einen Webbrowser realisiert ist.

Präzision Anzahl der signifikanten *Dezimalstellen* einer *dezimalen Gleitpunktzahl*. Dies sind die Dezimalstellen der Mantisse hinter den führenden Nullen. Die Präzision ist mindestens eins und maximal die Länge der Mantisse (16 oder 34). Siehe auch *Skalierung*.

pRFC → *paralleler Remote Function Call*

primärer Tabellenindex *Tabellenindex* von *Indextabellen* (*Standardtabellen* und *sortierte Tabellen*). Jede Indextabelle hat einen primären Tabellenindex, in dem jeder Tabellenzeile eine eindeutige Zeilennummer zugeordnet ist, die von der *ABAP-Laufzeitumgebung* verwaltet wird. Der primäre Tabellenindex einer Indextabelle wird bei jedem Einfügen einer Zeile in oder Löschen einer Zeile aus einer internen Tabelle sofort aktualisiert.

primärer Tabellenschlüssel Jede *interne Tabelle* hat einen primären *Tabellenschlüssel*, der entweder ein selbst definierter Schlüssel oder der *Standardschlüssel* ist. Bei *Hash-Tabellen* ist der Primärschlüssel ein *Hash-Schlüssel*, bei sortierten *Tabellen* ist der Primärschlüssel ein *sortierter Schlüssel*. Diese beiden Tabellenarten sind *Schlüsseltabellen*, bei denen der Schlüsselzugriff optimiert ist und der Primärschlüssel dafür eine eigene Verwaltung hat. Die Schlüsselfelder dieser Tabellen sind beim Zugriff auf Einzelzeilen schreibgeschützt. *Standardtabellen* haben zwar auch einen Primärschlüssel, der entsprechende Zugriff ist aber nicht optimiert, es gibt keine eigene Schlüsselverwaltung, und die Schlüsselfelder sind nicht schreibgeschützt.

Primärindex Eindeutiger *Index* einer im *ABAP Dictionary* definierten *Datenbanktabelle*, der aus den *Schlüsselfeldern* des *Primärschlüssels* aufgebaut ist. Der Primärindex wird beim Aktivieren einer Tabelle im ABAP Dictionary automatisch als Index über die Primärschlüsselfelder der Tabelle angelegt. Bei bestimmten *internen Tabellen* gibt es einen *primären Tabellenindex*.

Primärschlüssel Bei der Definition einer *Datenbanktabelle* festgelegter *Tabellenschlüssel*, der eine Tabellenzeile eindeutig identifiziert. Bei *internen Tabellen* der *primäre Tabellenschlüssel*.

privat Begriff in *ABAP Objects*. Auf eine private *Komponente* einer *Klasse* kann nur die Klasse selbst zugreifen. Nur die Klasse selbst kann *Objekte* von einer privat instanzierbaren Klasse erzeugen. Der private *Sichtbarkeitsbereich* einer Klasse wird in ihrem *Deklarationsteil* durch die Anweisung PRIVATE SECTION eingeleitet.

Profilparameter Definieren Voreinstellungen eines *AS ABAP*. Das Anlegen und Anzeigen von Profilparametern erfolgt über die *Transaktion* RZ11.

Programmdirektive Eine Programmdirektive ist ein spezielles Konstrukt im *Quelltext*, das den Programmablauf nicht direkt beeinflusst, sondern auf die *ABAP-Laufzeitumgebung* wirkt.

Programmeigenschaft Im *ABAP Editor* festgelegte Eigenschaft eines *ABAP-Programms*. Die Programmeigenschaften dienen zum einen der Verwaltung des Programms und beeinflussen zum anderen seine Behandlung bei der *Syntaxprüfung* und in der *ABAP-Laufzeitumgebung*. Wichtige Programmeigenschaften sind beispielsweise der *Programmtyp*, bei *ausführbaren Programmen* die verknüpfte *logische Datenbank* und die Festlegung, ob es sich um ein *Unicode-Programm* handelt.

programmeinleitende Anweisung Erste Anweisung jedes eigenständigen *ABAP-Programms*.

Programmgruppe Organisationseinheit von Programmen im *internen Modus*. Es gibt immer eine *Hauptprogrammgruppe* und die Möglichkeit mehrerer *Zusatzprogrammgruppen*. Jede Programmgruppe hat ein *Hauptprogramm*. Das Laden von *Funktionsgruppen* und das Laden von *Class-Pools* führt immer zur Erzeugung einer Zusatzprogrammgruppe. Falls aber die Verwendung eines Programms, das weder Funktionsgruppe noch Class-Pool ist, zum Laden des Programms führt, wird es in die Programmgruppe des Verwenders hinzugeladen. Alle Programme einer Programmgruppe teilen sich die mit TABLES, NODES und COMMON PART deklarierten Schnittstellen-Arbeitsbereiche. Innerhalb einer Programmgruppe können mit CALL SCREEN ausschließlich die *Dynpros* des Hauptprogramms aufgerufen werden.

Programmkonstruktor Durch das *Ereignisschlüsselwort* LOAD-OF-PROGRAM eingeleiteter *Ereignisblock*, der mit Ausnahme von *Class-Pools* beim Laden eines Programms in einen *internen Modus* ausgeführt wird.

Programmkonstruktor-Ereignis *Ereignis* der *ABAP-Laufzeitumgebung*, das genau einmal beim

Laden eines beliebigen *ABAP-Programms* (außer *Class-Pools*) in den *internen Modus* auftritt, um den *Programmkonstruktor* aufzurufen. Das zugehörige *Ereignisschlüsselwort* ist LOAD-OF-PROGRAM.

Programmname Eindeutige Identifizierung eines ABAP-Programms im *Repository*. Ein Programmname muss aus mindestens einem und kann aus maximal 30 alphanumerischen Zeichen bestehen.

Programmprüfung Die ABAP-Programmprüfung umfasst die *Syntaxprüfung* und die *erweiterte Programmprüfung*.

Programmtyp Eigenschaft eines *ABAP-Programms*. Legt fest, welche *Verarbeitungsblöcke* ein Programm enthalten kann und wie ein Programm von der *ABAP-Laufzeitumgebung* ausgeführt wird. Programmtypen sind *ausführbares Programm*, *Class-Pool*, *Funktionsgruppe*, *Interface-Pool*, *Modul-Pool*, *Subroutinen-Pool*, *Typgruppe* sowie *Include-Programm*. Der Programmtyp wird im *ABAP Editor* in den *Programmeigenschaften* oder vom zugehörigen Werkzeug gepflegt.

Prozedur *Verarbeitungsblock*, der über eine *ABAP-Anweisung* aufgerufen werden kann und nach dessen Aufruf hinter die Aufrufstelle im ABAP-Programm zurückgekehrt wird. Eine Prozedur hat eine *Parameterschnittstelle* und einen lokalen *Datenbereich*. Mögliche Prozeduren sind *Methoden*, *Funktionsbausteine* und *Unterprogramme*.

Prüfkennzeichen Kennzeichen, ob ein *Berechtigungsobjekt* bei einer *Berechtigungsprüfung* in einem bestimmten Kontext, wie z. B. einer *Transaktion*, überprüft wird. Prüfkennzeichen zu Berechtigungsobjekten werden bei SAP mit der Transaktion SU22 und in Kundensystemen mit der Transaktion SU24 gesetzt. Prüfkennzeichen können die Zustände PRÜFEN und NICHT PRÜFEN haben, wobei bei PRÜFEN ein sogenannter Vorschlagsstatus mit den Werten leer (noch nicht gesetzt), JA und NEIN angegeben ist. Die in der Transaktion SU22 vorgenommenen Einstellungen spielen in Kundensystemen die Rolle von Vorschlagswerten und können mit der Transaktion SU25 in die Transaktion SU24 übernommen werden.

Prüftabelle *Datenbanktabelle*, deren *Primärschlüssel* als *Fremdschlüssel* in einer *Fremdschlüsseltabelle* vorkommt.

Pseudokommentar *Programmdirektive* in Form eines speziellen *Zeilenendekommentars*. Ein Pseudokommentar beginnt mit dem Ausdruck #EC oder #AU und blendet entweder eine Meldung der *erweiterten Programmprüfung* oder des *Code Inspectors* aus oder bestimmt die Testeigenschaften für eine *Testklasse*. Pseudokommentare werden nur noch zum Ausblenden von Meldungen des Code Inspectors benötigt und sind ansonsten obsolet.

Pseudokomponente Ausdruck table_line, der in Anweisungen zu *internen Tabellen* anstelle einer *Komponente* angegeben werden kann, wobei dann die gesamte Zeile der internen Tabelle als einzige Komponente interpretiert wird.

Pseudoreferenz Ausdruck super, der in der Implementierung einer redefinierten *Instanzmethode* oder eines *Instanzkonstruktors* anstelle einer *Referenzvariablen* angegeben werden kann, um die Implementierung der *Methode* in der direkten *Oberklasse* aufrufen zu können.

PXA Programmspeicher (Program Execution Area) zur Verwaltung der unveränderlichen Daten eines in Ausführung befindlichen ABAP-Programms. Der PXA enthält vor allem die *Bytecodes* aller Programme, die zu einem Zeitpunkt gleichzeitig auf einem *Applikationsserver* laufen. Dieser Speicher wird von allen *internen Modi* des Applikationsservers gemeinsam genutzt und ist auf jedem Server nur einmal vorhanden. Der Bytecode eines einmal ausgeführten Programms bleibt so lange wie möglich als Programm-*Load* im PXA gepuffert, um bei einer erneuten Ausführung das Laden von der Datenbank zu vermeiden. Neben Bytecodes puffert der PXA auch gemeinsam verwendete Ressourcen wie die Werte von *Konstanten* und dient dem *Initialwert-Sharing* von *Boxed Components* (ab Release 7.02/7.2).

qRFC → *queued Remote Function Call*

Quelltext Lineare Liste von *ABAP-Anweisungen* und Kommentaren. Erstellt und gepflegt mit dem *ABAP Editor*.

Quelltext-Erweiterung Modifikationsfreie *Erweiterung* von ABAP-*Quelltext*, bei der *Quelltext-Plug-ins* an implizit oder explizit über die Anweisung `ENHANCEMENT-POINT` definierten *Erweiterungsoptionen* in das Coding eingefügt werden oder eine explizit mit `ENHANCEMENT-SECTION` und `END-ENHANCEMENT-SECTION` definierte Erweiterungsoption ersetzen.

Quelltext-Plug-in Quelltext-Plug-ins dienen der modifikationsfreien *Erweiterung* von ABAP-*Quelltexten*. Quelltext-Plug-ins werden von den Anweisungen `ENHANCEMENT` und `ENDENHANCEMENT` eingeschlossen und mit dem Werkzeug *Enhancement Builder* angelegt.

Quelltextmodularisierung Zerlegung des *Quelltextes* eines Programms in einzelne Teile. Die Mittel zur Quelltextmodularisierung sind *Include-Programme* und *Makros*.

queued Remote Function Call Erweiterung des *transaktionalen Remote Function Calls* um die Möglichkeit der Festlegung der Aufrufreihenfolge.

Quick-Info Anzeige von Informationen zu Elementen des *GUIs* in Form eines kurzen Textes, wenn der Mauszeiger über das Element geführt wird.

Rahmen *Bildschirmelement*, das der Zusammenfassung anderer Bildschirmelemente dient und auf dem keine *Benutzeraktionen* möglich sind. Ein Rahmen ist nicht mit einem *Dynpro-Feld* verknüpft.

Rahmenprogramm Bezeichnung für ein Programm, das als organisatorischer Rahmen für *Verarbeitungsblöcke* dient und in der Regel in *Include-Programmen* organisiert ist. In einem Rahmenprogramm können *ABAP-Unit*-Tests für die enthaltenen Einheiten programmiert werden.

Ranges-Tabelle *Interne Tabelle* mit dem gleichen Aufbau wie eine *Selektionstabelle*. Deklaration mit dem Zusatz `TYPE RANGE OF` der Anweisungen `DATA` und `TYPES` oder der Anweisung `RANGES`.

Rechenausdruck Berechnet einen Wert. Entweder ein *arithmetischer Ausdruck*, ein *Bit-Ausdruck* oder ein *Zeichenkettenausdruck* (ab Release 7.02/7.2). Die drei verschiedenen Rechenausdrucksarten können als Operanden *logischer Ausdrücke*, aber nicht innerhalb eines Rechenausdrucks kombiniert werden.

Rechenlänge Eigenschaft eines *Bit-Ausdrucks* in Abhängigkeit von den beteiligten *byteartigen Datentypen*. Die Rechenlänge ist die Länge, in der die Operanden des Ausdrucks bearbeitet werden.

Rechentyp Eigenschaft eines *arithmetischen Ausdrucks* in Abhängigkeit von den beteiligten *numerischen Datentypen*. Der Rechentyp bestimmt das Verfahren, mit dem ein arithmetischer Ausdruck ausgewertet wird. Es gibt unterschiedliche Verfahren für die möglichen Rechentypen `i`, `p`, `decfloat34` (ab Release 7.02/7.2) und `f`.

Redefinition Begriff in *ABAP Objects*. Bei einer Redefinition kann eine *Instanzmethode* in einer *Unterklasse* ohne Änderung der *Schnittstelle* neu implementiert werden.

Referenz Inhalt von *Referenzvariablen*. Verweist auf ein *Datenobjekt* (*Datenreferenz*) oder auf eine *Instanz* einer *Klasse* (*Objektreferenz*). *Strings*, *interne Tabellen* und *Boxed Components* (ab Release 7.02/7.2) werden intern ebenfalls über Referenzen adressiert. Technisch gesehen, erfolgt die Referenzierung eines Objekts in ABAP mehrstufig. Eine Referenz ist die Adresse eines internen Headers (Objektheader, Stringheader oder Tabellenheader), der die Adresse des eigentlichen Objekts und weitere Verwaltungsinformationen, wie z. B. den *Datentyp* eines referenzierten Datenobjekts, enthält.

Referenzsemantik Referenzsemantik bedeutet, dass bei einem Zugriff auf ein *tiefes Datenobjekt* mit der *Referenz* selbst gearbeitet wird. In ABAP gilt die Referenzsemantik bei der *Zuweisung* zwischen *Referenzvariablen*, aber nicht beim Zugriff auf *dynamische Datenobjekte* oder auf *Feldsymbole*. Siehe auch *Wertesemantik*.

Referenztyp Ein Referenztyp beschreibt *Referenzvariablen*, d. h. *Datenobjekte*, die *Referenzen* enthalten. Siehe auch *statischer Typ*.

Referenzübergabe In der *Parameterschnittstelle* einer *Prozedur* definierte Art der Datenübergabe von *Aktualparametern* an *Formalparameter* beim

Aufruf der Prozedur. Bei der Referenzübergabe wird kein lokales *Datenobjekt* für den Aktualparameter angelegt, sondern die Prozedur bekommt beim Aufruf eine Referenz auf den Aktualparameter übergeben und arbeitet mit dem Aktualparameter selbst. Per Referenz übergebene *Eingabeparameter* dürfen in der Prozedur nicht geändert werden. Siehe auch *Wertübergabe*.

Referenzvariable *Datenobjekt*, das eine *Referenz* enthält. Referenzvariablen werden nach *Datenreferenzvariablen* und *Objektreferenzvariablen* unterschieden. Referenzvariablen haben eine Länge von 8 Byte und sind opak, d. h., es kann nicht direkt auf die Referenz zugegriffen werden. Sie werden mit dem Zusatz REF TO typisiert, der ihren *statischen Typ* festlegt. Der statische Typ ist immer allgemeiner oder gleich dem *dynamischen Typ*. Bei Zuweisungen zwischen Referenzvariablen gilt die *Referenzsemantik*.

Registerkarte → *Tabstrip-Seite*

regulärer Ausdruck Ein regulärer Ausdruck ist ein Muster aus Literal- und Sonderzeichen, das eine Menge von Zeichenfolgen beschreibt. Beim Einsatz regulärer Ausdrücke bei der Textsuche ist man an einem oder mehreren Vorkommen der durch den Ausdruck repräsentierten Zeichenfolgen interessiert. Die Suche mit einem regulären Ausdruck ist mächtiger als die Suche nach einer einfachen Zeichenkette, da der reguläre Ausdruck für (potenziell unendlich) viele Zeichenfolgen steht, nach denen parallel gesucht wird. In ABAP können reguläre Ausdrücke in den Anweisungen FIND und REPLACE, als Argumente bestimmter *eingebauter Funktionen* sowie in den Klassen CL_ABAP_REGEX und CL_ABAP_MATCHER verwendet werden.

relationale Datenbank *Datenbank*, deren Daten nach dem *relationalen Datenmodell*, d. h. in *Datenbanktabellen*, verwaltet werden.

relationales Datenmodell Im relationalen Datenmodell werden Daten in zweidimensionalen Tabellen (Relationen) mit einer festen Anzahl von Spalten und beliebig vielen Zeilen dargestellt. Die Zeilen sind paarweise unterschiedlich. Die Reihenfolge der Zeilen und Spalten spielt keine Rolle.

relativer Typname Bei der Definition eines *Datentyps*, einer *Klasse* oder eines *Interfaces* vergebener *Typname*. Der von einem relativen Typnamen bezeichnete tatsächliche *Typ* hängt vom *Kontext* ab, da lokale Definitionen globale Definitionen verdecken. Siehe auch *absoluter Typname*.

Remote Function Call Aufruf eines *Funktionsbausteins*, der in einem anderen System (*Destination*) als das aufrufende Programm läuft. Möglich sind Verbindungen zwischen verschiedenen *AS ABAP* oder zwischen einem AS ABAP und einem Fremdsystem. In Fremdsystemen werden anstelle von Funktionsbausteinen speziell programmierte Funktionen aufgerufen, deren *Schnittstelle* einen Funktionsbaustein simuliert. Unterschieden werden *synchrone*, *asynchrone* und *transaktionale* Funktionsaufrufe. Die Ansteuerung des aufgerufenen Systems erfolgt über die *RFC-Schnittstelle*.

Remote-Benutzer *Benutzer*, der von außen via *Remote Function Call* an einem *AS ABAP* angemeldet ist. Die Anmeldedaten und die *Berechtigung* können in der *Destination* vereinbart werden.

remotefähiger Funktionsbaustein Abkürzung *RFM*. *Funktionsbaustein*, der in seinen Eigenschaften als remotefähig gekennzeichnet ist und damit über *Remote Function Call* aufgerufen werden kann.

Report Auslesen und Darstellen von Daten, z. B. in einer *Liste*. Veraltete Bezeichnung für ein *ausführbares Programm*, das ausschließlich *Reporting* realisiert.

Reporting Klassisches Anwendungsgebiet *ausführbarer Programme*, wobei der Programmablauf das *EVA*-Prinzip durch das Anzeigen eines *Selektionsbildes*, das Einlesen von Daten – oft über eine *logische Datenbank* – und die aufbereitete Darstellung der Daten auf einer *Liste* realisiert.

Reporting-Ereignis *Ereignis* der *ABAP-Laufzeitumgebung*, das in *ausführbaren Programmen* auftritt, wenn diese über SUBMIT oder über eine *Reporttransaktion* gestartet werden. Reporting-Ereignisse bilden das *EVA*-Prinzip des *Reportings* im Zusammenhang mit einer *logischen Datenbank* ab. Die den Reporting-Ereignissen zugeordneten *Ereignisschlüsselwörter* sind INITIALIZATION,

START-OF-SELECTION, GET und END-OF-SELECTION.

Reporttransaktion *Transaktion*, deren *Transaktionscode* mit einem *Selektionsbild* eines *ausführbaren Programms* verknüpft ist und deren Aufruf intern über die Anweisung SUBMIT ausgeführt wird.

Repository → *ABAP Repository*

Repository Browser Standarddarstellung des *Object Navigators* für die nach Typen geordnete Darstellung von *Repository-Objekten*.

Repository-Infosystem Werkzeug der *ABAP Workbench* für die Suche nach *Repository-Objekten*. Aufruf im *Object Navigator* oder über den *Transaktionscode* SE15.

Repository-Objekt Repository-Objekte sind Entwicklungsobjekte wie zum Beispiel Programme oder *Klassen*. Sie werden mit den Werkzeugen der *ABAP Workbench* bearbeitet. Jedes Repository-Objekt ist einem *Paket* zugeordnet.

RFC → *Remote Function Call*

RFC-Client Instanz eines Systems, das Dienste über *RFC* aufruft.

RFC-Schnittstelle Schnittstelle für *Remote Function Calls* (RFC). Die RFC-Schnittstelle besteht aus einer Aufrufschnittstelle für *ABAP-Programme* und Aufrufschnittstellen für Nicht-ABAP-Programme.

RFC-Server Instanz eines Systems, das Dienste zur Verfügung stellt, die über *RFC* aufrufbar sind.

RFC-Server-Gruppe Zusammenfassung mehrerer *Applikationsserver* eines *AS ABAP*, die für die Parallelverarbeitung asynchroner *Remote Function Calls* (RFC) zur Verfügung stehen. RFC-Server-Gruppen werden über die *Transaktion* RZ12 angelegt.

RFM remote-enabled Function Module, → *remotefähiger Funktionsbaustein*

Rollbereich Abgegrenzter Speicherbereich eines *Applikationsservers*, der für jeden *internen Modus* reserviert wird. Im Rollbereich werden die veränderlichen Teile eines Programms verwaltet, während im *PXA* die unveränderlichen Teile eines Programms abgelegt sind. Der Rollbereich enthält Referenzen auf die erforderlichen Daten im PXA.

RTTC → *Run Time Type Creation*

RTTI → *Run Time Type Identification*

RTTS → *Run Time Type Services*

Rückgabewert Bei vielen *ABAP-Anweisungen* ein numerischer Wert, der bei Ausführung der Anweisung in das *Systemfeld* sy-subrc gestellt wird, wobei der Wert 0 in der Regel einen erfolgreichen Abschluss bedeutet. Bei *funktionalen Methoden* und *eingebauten Funktionen* das Ergebnis. Bei funktionalen Methoden ist das der durch den Zusatz RETURNING der Anweisung [CLASS-] METHODS definierte *Formalparameter*.

Run Time Monitor Werkzeug zur Aufzeichnung von durch speziellen *Systemklassen* ausgelösten Ereignissen während der Programmausführung. Aufruf über den *Transaktionscode* SRTM.

Run Time Type Creation Abkürzung RTTC. Erzeugung von *Datentypen* während der Programmlaufzeit. Durch Methoden der *Typklassen* der *RTTS* realisiert.

Run Time Type Identification Abkürzung RTTI. Bestimmung von *Datentypen* während der Programmlaufzeit. Durch Beschreibungsmethoden in *Typklassen* realisiert. Bildet gemeinsam mit der *RTTC* die *RTTS*.

Run Time Type Services Abkürzung RTTS. Zusammenfassung von *RTTC* und *RTTI* in einer Klassenhierarchie. Die Methoden der RTTS beschaffen Informationen zu *Datentypen* oder *Klassen* bzw. *Interfaces* von *Objekten* oder erzeugen neue Datentypen in der Form von *Typobjekten*. Die RTTS sind als Hierarchie von *Typklassen* implementiert, aus denen Typobjekte erzeugt werden können.

Rundungsfunktion *Eingebaute Funktion* zur Rundung *dezimaler Gleitpunktzahlen*. Eine Rundungsfunktion nimmt außer der dezimalen Gleitpunktzahl weitere Argumente entgegen. Die Rundungsfunktionen sind round und rescale (ab Release 7.02/7.2).

SAP Easy Access Einstiegsprogramm nach der Dialog-Anmeldung an einen *AS ABAP*. SAP Easy Access zeigt ein Einstiegsmenü für den Zugang eines Dialogbenutzers zum AS ABAP an. Das Einstiegsmenü ist standardmäßig entweder das SAP-Menü oder ein Benutzermenü. Das SAP-Menü ist ein *Bereichsmenü*, das entweder zentral festgelegt ist oder durch einen Eintrag im *Benutzerstammsatz* übersteuert wird. Ein Benutzermenü enthält alle von einem Dialogbenutzer benötigten Funktionen und wird vom Systemverwalter über die Rollenpflege (Transaktion PFCG) erstellt und zugewiesen. Zusätzlich kann sich jeder Benutzer in SAP Easy Access ein eigenes Favoriten-Menü definieren, das zusammen mit oder anstelle des standardmäßigen Menüs angezeigt wird.

SAP GUI Softwarekomponente, die auf den *Präsentationsservern* eines *AS ABAP* installiert wird. Realisiert das SAP-spezifische *GUI* der Anwendungen der *Applikationsschicht* und unterstützt weitere Funktionen auf der *Präsentationsschicht* wie *GUI Controls* oder *OLE Automation*.

SAP Memory Speicherbereich des aktuellen *Applikationsservers*, auf den alle *Hauptmodi* einer *Benutzersitzung* gemeinsam zugreifen. ABAP-Programme haben Zugriff auf im SAP Memory abgelegte *SPA/GPA-Parameter*.

SAP NetWeaver Offene Integrations- und Anwendungsplattform, die es erlaubt, Geschäftsprozesse über Technologiegrenzen hinweg zu vereinheitlichen und auf alle verfügbaren Informationen zuzugreifen (www.sap.com/solutions/netweaver/). Die Integrationsplattform umfasst Komponenten zur People, Information und Process Integration. Eine Verwendungsart von SAP NetWeaver ist der *Application Server* (AS), der eine einheitliche Umgebung für ABAP- und Java-EE-Anwendungen zur Verfügung stellt.

SAP Web Application Server Abkürzung SAP Web AS. Von Release 6.10 bis Release 6.40 Bezeichnung für den *Application Server* von *SAP NetWeaver*.

SAP Web AS → *SAP Web Application Server*

SAP-Basis Vor Release 6.10 zentrale Plattform für alle in ABAP geschriebenen SAP-Anwendungen. Die Funktionen der SAP-Basis sind ab Release 6.10 vollständig in den *Application Server ABAP* integriert.

SAP-Codepage-Nummer SAP-interne Kennung für eine *Codepage*, die in der Datenbanktabelle TCP00 abgelegt ist. Wenn die *Byte-Reihenfolge* einer Codepage relevant ist, ist ihr dort für jedes *Endian* eine eigene SAP-Codepage-Nummer zugeordnet. Beispielsweise sind die SAP-Codepage-Nummern für *UTF-16* 4102 (*Big Endian*) und 4103 (*Little Endian*).

SAP-LUW Zusammenhängende Folge von Programmeinheiten, deren Ausführung, wie z. B. bei *Dialogschritten* oder bei *Remote Function Calls*, über mehrere *Workprozesse* verteilt sein kann, deren Datenbankänderungen aber innerhalb einer einzigen *Datenbank-LUW* ausgeführt werden. SAP-LUWs werden durch Bündelungstechniken verwirklicht, bei denen u. a. *Verbuchungsfunktionsbausteine* oder *Unterprogramme* in verschiedenen Workprozessen registriert und von einem einzigen Workprozess ausgeführt werden. Eine SAP-LUW wird in der Regel durch das Öffnen eines neuen *internen Modus* begonnen und durch die *Open SQL*-Anweisung COMMIT WORK abgeschlossen. Änderungen innerhalb einer SAP-LUW können durch die Open SQL-Anweisung ROLLBACK WORK rückgängig gemacht werden.

SAP-Pufferung Pufferung von Daten aus im *ABAP Dictionary* definierten *Datenbanktabellen* in einem Tabellenpuffer im *Shared Memory* des aktuellen *Applikationsservers*. Ob und wie eine Datenbanktabelle gepuffert wird, wird bei der Definition festgelegt. Die Pufferung führt in der Regel zu großen Performancegewinnen (Faktoren zwischen 50 und 500), wird von der *Datenbankschnittstelle* verwaltet und ist in der Regel beim Zugriff über *Open SQL*-Anweisungen wirksam, wird aber von einigen Varianten umgangen.

SAP-Sperre Logische *Sperre*, die auf *Sperrobjekten* beruht.

SAP-Spool-System Prozess eines *Applikationsservers* zum Verwalten sequenzieller Datenströme, die als *Drucklisten* auf einen Drucker ausgegeben oder mit *ArchiveLink* abgelegt werden. ABAP-Programme können während der Erstellung von

Listen *Spool-Aufträge* erzeugen, indem Seiten von Listen als Teile einer *Druckliste* ausgegeben werden.

SAP-System Softwaresystem, das auf dem *Application Server* in *SAP NetWeaver* beruht. Ein SAP-System, das auf dem *Application Server ABAP* basiert, ist ein *ABAP-basiertes SAP-System*.

SAP-XSLT-Prozessor In den *ABAP-Kernel* integriertes Systemprogramm zum Ausführen von *XSL-Transformationen*.

SAP-Zeichensatz Von SAP unterstützter *Zeichensatz*. Dazu gehören insbesondere auch die *Unicode-Zeichendarstellungen*.

Sash Schieberahmen, unterteilt ein *Splitter Control* in zwei *Subscreen-Bereiche* (ab Release 7.02/7.2).

Schalter *Repository-Objekt*, das im Rahmen des *Switch Frameworks* festlegt, ob ein *Repository-Objekt* oder eine Komponente eines Repository-Objekts – wie z. B. ein *Bildschirmelement* – in einem System sichtbar ist und verwendet wird. Dies gilt insbesondere auch für eine *Erweiterung* des *Erweiterungskonzepts*. Ein Schalter kann sich entweder im Zustand an, aus oder Stand-by befinden. Schalter werden in der *Transaktion* SFW1 angelegt und in der Transaktion SFW5 über *Business Functions* geschaltet. Siehe auch *Konfliktschalter*.

Schleife Auch Iteration, *Kontrollstruktur*, die aus einem *Anweisungsblock* besteht, der durch Schlüsselwörter (DO – ENDDO, WHILE – ENDWHILE, LOOP – ENDLOOP, PROVIDE – ENDPROVIDE, SELECT – ENDSELECT) definiert ist und mehrfach ausgeführt werden kann.

Schlüsselfeld Einzelne *Komponente* eines *Tabellenschlüssels*.

Schlüsseltabelle Oberbegriff für *sortierte Tabellen* und *Hash-Tabellen*, bei denen der *primäre Tabellenschlüssel* im Gegensatz zu *Standardtabellen* eine eigene stabile Verwaltung hat, die einen optimierten Zugriff erlaubt.

Schnittstelle Übergang zwischen zwei *Kontexten*. *Prozeduren* haben eine *Parameterschnittstelle*, bei *Klassen* werden Schnittstellen durch die *Komponenten* der unterschiedlichen *Sichtbarkeitsbereiche* definiert. Zwischen den Programmen einer *Programmgruppe* dienen in speziellen Fällen *Schnittstellen-Arbeitsbereiche*, zwischen ABAP-Programmen und *Dynpros* die globalen Daten des ABAP-Programms oder wiederum Schnittstellen-Arbeitsbereiche als Schnittstelle.

Schnittstellen-Arbeitsbereich Spezielle *Datenobjekte*, die als programmübergreifende *Schnittstelle* zwischen Programmen und *Dynpros* und zwischen Programmen und *logischen Datenbanken* dienen können. Schnittstellen-Arbeitsbereiche sind entweder *Tabellenarbeitsbereiche* oder *Common-Bereiche* (obsolet). Alle Programme einer *Programmgruppe* greifen gemeinsam auf die Daten eines Schnittstellen-Arbeitsbereichs zu.

Schreibsperre *Sperre*, die es anderen Verwendern nicht erlaubt, gleichzeitige Sperren für die so gesperrten Daten zu setzen. Die *Open SQL*-Anweisungen INSERT, DELETE, MODIFY und UPDATE, SELECT mit dem Zusatz FOR UPDATE sowie alle entsprechenden *Native SQL*-Anweisungen setzen entsprechende *Datenbanksperren* auf die von ihnen angesprochenen Zeilen. Als *SAP-Sperre* wird eine Schreibsperre durch einen entsprechend parametrisierten Aufruf eines *Sperrfunktionsbausteins* gesetzt.

Schreibstrom Auch *Ausgabestrom*. Entweder *Datenstrom*, der mit einer *Datensenke* verbunden ist, oder *Filterstrom*, der Daten in einen anderen Strom schreibt. Die Richtung eines Schreibstroms geht immer zu der Datensenke hin. In einen Schreibstrom können nur Daten übergeben werden.

schwache Referenz Referenz auf ein *Objekt*, die im Unterschied zu *Objektreferenzen* in *Referenzvariablen* bei der Ausführung des *Garbage Collectors* nicht berücksichtigt wird. Ein Objekt, auf das nur schwache Referenzen zeigen, wird vom Garbage Collector gelöscht. Schwache Referenzen werden durch Objekte der Klasse CL_ABAP_WEAK_REFERENCE repräsentiert. Siehe auch *Soft-Referenz*.

Screen Painter Werkzeug der *ABAP Workbench* zum Erstellen von *Dynpros*. Enthält einen Text-Editor zum Schreiben der *Dynpro-Ablauflogik* und einen *Layout Editor* zum Gestalten des *Bildschirmbilds*. Aufruf über den *Transaktionscode* SE51.

Segmentfunktion *Verarbeitungsfunktion*, die ein Segment einer Zeichenkette zurückgibt.

Seitenfuß Reservierte Zeilen am Ende einer Seite in einer *Liste*. Wird in der *programmeinleitenden Anweisung* definiert und kann beim *Ereignis* END-OF-PAGE gefüllt werden.

Seitenkopf Zeilen am Beginn einer Seite in einer *Liste*, die vom vertikalen Blättern ausgeschlossen sind. Kann mit dem Inhalt des *Standardseitenkopfes* und beim *Ereignis* TOP-OF-PAGE gefüllt werden.

sekundärer Tabellenindex Ab Release 7.02/7.2. *Tabellenindex* zur Verwaltung *sortierter sekundärer Tabellenschlüssel*. Ein sekundärer Tabellenindex eines nicht-eindeutigen Schlüssels wird nicht sofort bei jedem Einfügen einer Zeile in oder Löschen einer Zeile aus einer *internen Tabelle* aktualisiert, sondern immer nur dann, wenn über den zugehörigen Sekundärschlüssel auf die interne Tabelle zugegriffen wird.

sekundärer Tabellenschlüssel Ab Release 7.02/7.2. Zu jeder *interne Tabelle* können bis zu 15 sekundäre *Tabellenschlüssel* angelegt werden. Möglich sind *sortierte Schlüssel* und *Hash-Schlüssel*. Für jeden sortierten Sekundärschlüssel wird intern ein *sekundärer Tabellenindex* angelegt. Bei Zugriffen auf interne Tabellen muss angegeben werden, welcher Tabellenschlüssel verwendet werden soll.

Sekundärindex *Index* von im *ABAP Dictionary* definierten *Datenbanktabellen*, der zusätzlich zum *Primärindex* angelegt werden kann. Das Anlegen von Sekundärindizes kann bei Datenbankzugriffen, die die Indizes der *Datenbank* auswerten, zu Performanceverbesserungen führen. Ein Sekundärindex kann, muss aber nicht-eindeutig sein. *Internen Tabellen* kann ab Release 7.02/7.2 ein *sekundärer Tabellenindex* zugeordnet sein.

Sekundärschlüssel → *sekundärer Tabellenschlüssel*

Selbstreferenz *Objektreferenzvariable* namens me, die in jeder *Instanzmethode* vordefiniert als lokale *Konstante* zur Verfügung steht und immer auf die aktuelle *Instanz* zeigt, in der die Methode gerade ausgeführt wird. Der statische Typ von me ist die *Klasse*, in der die Instanzmethode implementiert ist.

selbstständige Datenreferenz *Datenreferenz* auf ein *anonymes Datenobjekt*. Die Instanzierung eines *Datenobjekts* mit CREATE DATA erzeugt eine selbstständige Datenreferenz. Kopien einer selbstständigen Datenreferenz, die durch *Zuweisungen* zwischen *Datenreferenzvariablen* oder über die Anweisung GET REFERENCE entstehen, sind auch selbstständig. Eine selbstständige Datenreferenz hält ein anonymes Datenobjekt am Leben und kann nicht ungültig werden. Siehe auch *unselbstständige Datenreferenz*.

Selektion → *Verzweigung*

Selektions-Include *Include-Programm* innerhalb einer *logischen Datenbank*, in dem das *Standardselektionsbild* der logischen Datenbank definiert wird.

Selektionsbild Spezielles *Dynpro*, das ohne Verwendung des *Screen Painters* mit den Anweisungen SELECTION-SCREEN, PARAMETERS oder SELECT-OPTIONS im *globalen Deklarationsteil* von *ausführbaren Programmen*, *Funktionsgruppen* und *Modul-Pools* definiert werden kann. Selektionsbilder werden von der *ABAP-Laufzeitumgebung* prozessiert, wobei *Selektionsbildereignisse* ausgelöst werden. Es gibt *Standardselektionsbilder* und *eigenständige Selektionsbilder*.

Selektionsbildereignis *Ereignis* der *ABAP-Laufzeitumgebung*, das während der *Selektionsbildverarbeitung* auftritt. Das zugehörige *Ereignisschlüsselwort* ist AT SELECTION-SCREEN.

Selektionsbildvariante → *Variante*

Selektionsbildverarbeitung In der *ABAP-Laufzeitumgebung* gekapselte Verarbeitung eines *Selektionsbildes*, bei der die *Dynpro-Ereignisse* PAI und

PBO in Form von *Selektionsbildereignissen* an das *ABAP-Programm* weitergegeben werden.

Selektionsbildversion Version des *Standardselektionsbildes* einer *logischen Datenbank*. Selektionsbildversionen bieten die Möglichkeit, bestimmte Elemente des Standardselektionsbildes zu unterdrücken. Eine Selektionsbildversion wird über SELECTION-SCREEN – VERSION in Kombination mit SELECTION-SCREEN EXCLUDE angelegt und kann beim Verknüpfen eines *ausführbaren Programms* mit einer logischen Datenbank ausgewählt werden.

Selektionskriterium Mit SELECT-OPTIONS definierte Komponente eines *Selektionsbildes*. Auf dem Selektionsbild dargestellt durch zwei *Eingabefelder* für Intervallabgrenzungen und eine Taste für *Mehrfachselektion*. Intern dargestellt durch eine *Selektionstabelle*.

Selektionsoption Der einem *Selektionskriterium* zugeordnete *Vergleichsoperator*.

Selektionstabelle Globale *interne Tabelle* mit *Kopfzeile*, den Spalten SIGN, OPTION, LOW und HIGH und dem Namen eines *Selektionskriteriums*. Dient der internen Ablage einer Selektionsbedingung. Deklaration mit der Anweisung SELECT-OPTIONS; kann in *logischen Ausdrücken* mit dem *Prädikat* IN ausgewertet werden.

Selektionstext Teil der *Textelemente* eines *ABAP-Programms*. Jedem mit PARAMETERS oder SELECT-OPTIONS definierten *Parameter* bzw. *Selektionskriterium* kann entweder ein Selektionstext oder ein Text aus dem *ABAP Dictionary* zugeordnet werden, der dann auf dem *Selektionsbild* bei den entsprechenden *Eingabefeldern* angezeigt wird.

Selektionsview Wenn *freie Abgrenzungen* für einen Knoten einer *logischen Datenbank* vorgesehen sind, kann über einen Selektionsview bestimmt werden, für welche *Felder* des Knotens der Anwender freie Abgrenzungen definieren kann. Selektionsviews werden über ZUSÄTZE · SELEKTIONSVIEWS im *Logical Database Builder* bearbeitet.

Sequenz → *Folge*

Serialisierung Transformation von ABAP-Daten in ein *XML*-Dokument. Entweder über den Aufruf eines *XSLT-Programms* oder einer *Simple Transformation*. Bei der Verwendung von *XSLT* wird zuerst eine *kanonische XML-Repräsentation* (*asXML*) erzeugt.

SET/GET-Parameter → *SPA/GPA-Parameter*

SFW → *Switch Framework*

Shared Memory Speicherbereich auf einem *Applikationsserver*, in dem von der *ABAP-Laufzeitumgebung* Programme, Programmdaten, Puffer usw. abgelegt werden. *ABAP-Programme* können im Shared Memory des aktuellen Applikationsservers entweder auf *Daten-Cluster* in *transaktionsübergreifenden Anwendungspuffern* oder *Shared Objects* im *Shared Objects Memory* zugreifen. Wie viel Speicherplatz des Shared Memorys von den unterschiedlichen Nutzern maximal belegt werden kann, wird durch *Profilparameter* statisch festgelegt. Die *Transaktion* ST02 (SAP Memory Management) zeigt die aktuelle Belegung des Shared Memorys und die zugehörigen Profilparameter an.

Shared Object *Instanz* einer *Shared-Memory-fähigen Klasse* oder *anonymes Datenobjekt*, das in einer *Gebietsinstanzversion* des *Shared Memorys* abgelegt ist. Ein Shared Object wird mit dem Zusatz AREA HANDLE der Anweisung CREATE OBJECT bzw. CREATE DATA erzeugt. *Referenzen* auf *Shared Objects* sind in anderen Shared Objects der gleichen Gebietsinstanzversion und während der Anbindung an die betreffende Gebietsinstanzversion über ein *Gebietshandle* möglich.

Shared Objects Shared Objects sind *Objekte* im *Shared Memory*. Unterstützt wird die Ablage von *Instanzen* von *Klassen*. Beliebige *Datenobjekte* können als *Attribute* von Klassen abgelegt werden. Durch die Ablage von *Referenzvariablen* als Attribute von Klassen können auch *anonyme Datenobjekte* als Shared Objects abgelegt werden.

Shared Objects Memory Speicherbereich des *Shared Memorys*, in dem *Shared Objects* in *Gebietsinstanzversionen* abgelegt sind.

Shared-Memory-fähige Klasse *Klasse*, deren *Instanzen* als *Shared Objects* in Gebietsinstanzversionen des *Shared Memorys* abgelegt werden können. Shared-Memory-fähige Klassen werden durch den Zusatz SHARED MEMORY ENABLED der Anweisung CLASS definiert. Insbesondere müssen alle *Gebietswurzelklassen* Shared-Memory-fähig sein.

Sharing Bei *Zuweisungen* zwischen *dynamischen Datenobjekten* – *Strings* und gleichartige *interne Tabellen* – und bei *Wertübergaben* solcher Datentypen werden aus Performancegründen nur die notwendigen internen Verwaltungseinträge für den String bzw. den *Tabellenkörper* übergeben (*Tabellen-Sharing* nur, wenn die *Zeilentypen* selbst keine *Tabellentypen* und keine *Boxed Components* (ab Release 7.02/7.2) enthalten). Das Sharing wird erst aufgehoben, wenn ändernd auf eines der beteiligten Datenobjekte zugegriffen wird. Dann findet der eigentliche Kopiervorgang statt. Siehe auch *Initialwert-Sharing*.

Sichtbarkeitsbereich Der *Deklarationsteil* einer *Klasse* kann in bis zu vier Sichtbarkeitsbereiche unterteilt werden. Diese Bereiche sind *öffentlich*, *geschützt*, *paket-sichtbar* (ab Release 7.2) oder *privat*. Sie definieren die Sichtbarkeit der *Komponenten* der Klasse und somit die *Schnittstellen* der Klasse für ihre von der *Paketprüfung* erlaubten Verwender.

Signatur Bei einer *Prozedur* der Name, die Gesamtheit der *Formalparameter* der *Parameterschnittstelle* und ihre sonstigen Eigenschaften.

Simple Transformation Abkürzung ST. SAP-eigene Programmiersprache für Transformationen zwischen *XML*-Formaten und ABAP-Daten und umgekehrt. Mit Simple Transformations können *Serialisierungen* und *Deserialisierungen* durchgeführt werden. Simple Transformations werden mit dem *Transformation Editor* editiert und mit der Anweisung CALL TRANSFORMATION aufgerufen.

Single-Byte-Code Abbildung eines Zeichens in genau einem Byte.

Single-Codepage-System System mit nur einer *System-Codepage*. Entweder *Unicode-System* mit *UTF-16* oder Nicht-Unicode-System mit einer Nicht-Unicode-Codepage. In einem Single-Codepage-System kann die *Textumgebung* für einen internen Modus nur mit dieser Codepage gesetzt werden. Siehe auch *MDMP-System*.

Skalierung Eigenschaft einer *dezimalen Gleitpunktzahl*. Eine dezimale Gleitpunktzahl kann als ganze Zahl in vorgegebener Länge angesehen werden, die über eine Division durch eine Zehnerpotenz skaliert wird, was die Anzahl der *Nachkommastellen* festlegt. In diesem Sinn wird der negative Exponent einer dezimalen Gleitpunktzahl als Skalierung bezeichnet, die auf die Mantisse angewandt wird. Bei positiver Skalierung ist sie gleichbedeutend mit der Anzahl der Nachkommastellen. Dezimale Gleitpunktzahlen von gleichem Wert können unterschiedliche Skalierungen haben. Operationen auf dezimalen Gleitpunktzahlen erhalten in der Regel die Skalierung und damit die Anzahl der Nachkommastellen. Eine *eingebaute Funktion* zur Änderung der Skalierung ist rescale (ab Release 7.02/7.2). Siehe auch *Präzision*.

Soft-Referenz Referenz auf ein *Objekt*, die dieses nicht erhält, wenn der zur Verfügung stehende Speicher knapp wird. Für Soft-Referenzen ist die Klasse CL_ABAP_SOFT_REFERENCE vorgesehen, aber noch nicht implementiert. Siehe auch *schwache Referenz*.

sortierte Tabelle *Tabellenart* einer *internen Tabelle*, die über einen *primären Tabellenindex* verwaltet wird und immer nach ihrem *primären Tabellenschlüssel* sortiert vorliegt. Der zugehörige *generische Datentyp* ist sorted table.

sortierter Schlüssel Eindeutiger oder nicht-eindeutiger *Tabellenschlüssel* einer *internen Tabelle*, bei dem die Zuordnung zu den Tabellenzeilen über einen *Tabellenindex* verwaltet wird, in dem die Schlüsseleinträge aufsteigend sortiert sind. Ein sortierter Schlüssel ist der *primäre Tabellenschlüssel* einer *sortierten Tabelle* und kann ab Release 7.02/7.2 jeder internen Tabelle als *sekundärer Tabellenschlüssel* zugeordnet werden. Beim Zugriff auf eine interne Tabelle über einen sortierten Schlüssel hängt die Antwortzeit logarithmisch von der Anzahl der Tabelleneinträge ab, da der Zugriff über eine binäre Suche erfolgt.

SPA/GPA-Parameter Auch SET/GET-Parameter. Datenobjekte im *SAP Memory*, auf die in *ABAP-Programmen* zugegriffen werden kann. SPA/GPA-Parameter werden mit SET PARAMETER gesetzt und mit GET PARAMETER gelesen. *Eingabefelder* auf *Dynpros* können mit SPA/GPA-Parametern verknüpft und dadurch beim Aufruf des Dynpros vorbelegt werden. Umgekehrt bleiben Benutzereingaben in solche Felder in den zugehörigen SPA/GPA-Parametern gespeichert. Die Namen von SPA/GPA-Parametern werden in der Datenbanktabelle TPARA verwaltet.

Spaltenselektor Zeichen ~. Eine Spalte col einer *Datenbanktabelle* dbtab kann in einer SELECT-Anweisung über dbtab~col adressiert werden. Diese Art der Adressierung ist notwendig, wenn beim Zugriff auf mehrere Datenbanktabellen der Name einer Spalte in verschiedenen Datenbanktabellen vorkommt oder wenn in einem Vergleich in der WHERE-Bedingung zwei Spalten miteinander verglichen werden.

Speicherabzug Enthält Informationen über sämtliche *Datenobjekte* und *Instanzen* eines *internen Modus* und deren Speicherverbrauch. Wird im *ABAP Debugger*, mit der statischen Methode WRITE_MEMORY_CONSUMPTION_FILE der *Systemklasse* CL_ABAP_MEMORY_UTILITIES, über Eingabe von "/hmusa" im *Befehlsfeld* der *Systemfunktionsleiste* oder über die Auswahl von SYSTEM • HILFSMITTEL • SPEICHERANALYSE • SPEICHERABZUG ERZEUGEN erstellt. Die Auswertung erfolgt mit dem *Memory Inspector*.

Sperre Sperren schützen Daten als *Lesesperren* oder *Schreibsperren* vor gleichzeitigem Zugriff durch mehrere Benutzer. Siehe auch *Datenbanksperre* und *SAP-Sperre*.

Sperrfunktionsbaustein Spezieller *Funktionsbaustein* zum Verhängen und Lösen von *SAP-Sperren*. Beim Anlegen eines *Sperrobjekts* wird ein Funktionsbaustein mit der Vorsilbe ENQUEUE_ zum Sperren und ein Funktionsbaustein mit der Vorsilbe DEQUEUE_ zum Aufheben der Sperre angelegt.

Sperrobjekt Im *ABAP Dictionary* definiertes *Repository-Objekt*, das als Grundlage für *SAP-Sperren* dient. In einem Sperrobjekt sind über *Fremdschlüsselbeziehungen* verknüpfte *Datenbanktabellen* angegeben, für die eine gemeinsame *Sperre* verhängt werden soll. Beim Anlegen eines Sperrobjekts werden automatisch zwei *Sperrfunktionsbausteine* generiert.

Splitter Control Ab Release 7.02/7.2. Splitter Controls ermöglichen es, zwei *Subscreens* nebeneinander oder übereinander darzustellen. Ein Splitter Control ist ein *Bildschirmelement*, das den von ihm überdeckten Bereich in zwei *Subscreen-Bereiche* unterteilt. Die Grenze zwischen den Bereichen ist durch einen *Sash* verschiebbar.

Spool-Auftrag Ausgabeauftrag an das *SAP-Spool-System*. Während eines Spool-Auftrags werden die Seiten einer *Druckliste* an das SAP-Spool-System übergeben. Beim Öffnen eines Spool-Auftrags werden *Druckparameter* festgelegt, die nicht mehr geändert werden können. Ein Spool-Auftrag ist immer der aktuellen *Drucklistenstufe* zugeordnet. Die Spool-Aufträge gestapelter Drucklistenstufen sind ebenfalls gestapelt.

Sprachumgebung Sprachabhängige Einstellungen für *ABAP-Programme*. Die Sprachumgebung umfasst einen *Text-Pool*, eine *Textumgebung* und *Formatierungseinstellungen*.

SQL Structured Query Language, weitgehend standardisierte Sprache für den Zugriff auf *relationale Datenbanken*. Unterteilt in *DML*, *DDL* und *DCL*. SQL ist die Programmierschnittstelle der *Datenbank* eines *AS ABAP*. In ABAP ist der DML-Anteil durch *Open SQL* abgebildet, während der volle Umfang der SQL-Anweisungen des installierten *Datenbanksystems* als *Native SQL* zur Verfügung steht.

sRFC → *synchroner Remote Function Call*

ST → *Simple Transformation*

Standardlistenstatus Vordefinierter *GUI-Status* für eine *Liste*.

Standardschlüssel Primärer *Tabellenschlüssel* einer *internen Tabelle*, dessen *Schlüsselfelder* bei einem strukturierten *Zeilentyp* alle Tabellenfelder mit *zeichenartigem* und *byteartigem Datentyp* sind. Wenn der Zeilentyp *Unterstrukturen* enthält, werden diese nach elementaren *Komponenten* aufgelöst. Der Standardschlüssel bei nicht-strukturiertem Zeilentyp ist die gesamte Tabellenzeile, falls der Zeilentyp selbst kein Tabellentyp ist. Wenn es keine entsprechenden Tabellenfelder gibt bzw. der Zeilentyp selbst ein Tabellentyp ist, ist der Standardschlüssel von *Standardtabellen* leer bzw. enthält keine Schlüsselfelder.

Standardseitenkopf Als Teil der *Textelemente* eines *ABAP-Programms* gepflegte *Listenüberschriften*. Der Standardseitenkopf besteht aus einer Standardüberschrift und Spaltenüberschriften. Wenn in den Textelementen keine Listenüberschrift angegeben ist, wird der in den *Programmeigenschaften* angegebene Titel des Programms verwendet.

Standardselektionsbild *Selektionsbild*, das außerhalb der Anweisungen SELECTION-SCREEN BEGIN|END OF SCREEN definiert wird. Ein Standardselektionsbild hat die *Dynpro-Nummer* 1000 und ist ausschließlich in *ausführbaren Programmen* und *logischen Datenbanken* möglich. Bei der Verknüpfung eines ausführbaren Programms mit einer logischen Datenbank werden die beiden Standardselektionsbilder zu einem Selektionsbild zusammengesetzt. Bei der Ausführung eines ausführbaren Programms mit der Anweisung SUBMIT wird automatisch das Standardselektionsbild aufgerufen, falls kein anderes angegeben ist. Siehe auch *eigenständiges Selektionsbild*.

Standardtabelle *Tabellenart* einer *internen Tabelle*, die über einen *primären Tabellenindex* verwaltet wird und keinen eindeutigen *primären Tabellenschlüssel* hat. Beim Zugriff auf eine Standardtabelle über ihren primären Tabellenschlüssel wird diese linear durchsucht. Für effiziente Schlüsselzugriffe auf Standardtabellen können *sekundäre Tabellenschlüssel* definiert werden (ab Release 7.02/7.2). Der zugehörige *generische Datentyp* ist [standard] table.

Startwert Bei der Deklaration eines *Datenobjekts* festgelegter Wert, mit dem das Datenobjekt zum Zeitpunkt seiner Erzeugung gefüllt wird. In der Anweisung DATA wird der Startwert durch den Zusatz VALUE gesetzt. Ohne Verwendung des VALUE-Zusatzes verwendet das System den typgerechten *Initialwert*.

statische Box Ab Release 7.02/7.2. *Boxed Component* zur Unterstützung des *Initialwert-Sharings*, bei dem der initiale Wert nur einmal auf dem *Applikationsserver* vorhanden ist. Eine statische Box wird mit dem Zusatz BOXED bei der Definition von *Unterstrukturen* mit TYPES oder bei der Deklaration von strukturierten *Attributen* von *Klassen* oder *Interfaces* mit DATA deklariert.

statische Klasse *Klasse*, die ausschließlich *statische Komponenten* und keine *Instanzkomponenten* enthält.

statische Komponente Oberbegriff für *statisches Attribut*, *statisches Ereignis* und *statische Methode*. Die statischen Komponenten einer *Klasse* sind über den Namen der Klasse adressierbar. Eine Klasse, die nur statische Komponenten enthält, bezeichnet man als *statische Klasse*.

statische Methode Mit CLASS-METHODS deklarierte *Methode* einer *Klasse*, die unabhängig von einer *Instanz* der Klasse verwendbar ist. Statische Methoden können nur auf *statische Attribute* und *statische Ereignisse* der eigenen Klasse zugreifen.

statischer Konstruktor *Konstruktor*, der unter dem Namen class_constructor als *statische Methode* im *öffentlichen Sichtbarkeitsbereich* einer *Klasse* deklariert wird und vor der ersten Verwendung der Klasse in einem *internen Modus* automatisch aufgerufen wird.

statischer Typ *Datentyp* einer *Referenzvariablen* (*Referenztyp*). Bestimmt, auf welche *Objekte* eine Referenzvariable zeigen kann. Bei *Objektreferenzvariablen* ist der statische Typ eine *Klasse* oder ein *Interface*, bei *Datenreferenzvariablen* ein Datentyp. Der statische Typ ist immer allgemeiner oder gleich dem *dynamischen Typ*.

statisches Attribut Mit CLASS-DATA deklariertes *Attribut* einer *Klasse*, das unabhängig von einer *Instanz* der Klasse gültig ist. Der Inhalt der statischen Attribute bestimmt den instanzunabhängigen Zustand einer Klasse.

statisches Datenobjekt *Datenobjekt*, bei dem alle Eigenschaften inklusive des Speicherverbrauchs statisch durch den *Datentyp* festgelegt sind. Bis auf *Referenzvariablen* sind alle statischen Datenobjekte *flach*. Siehe auch *dynamisches Datenobjekt*.

statisches Ereignis Mit CLASS-EVENTS deklariertes *Ereignis* einer *Klasse*, das unabhängig von einer *Instanz* der Klasse ausgelöst werden kann.

Statusikone *Ikone*, die als *Bildschirmelement* eines *Bildschirmbildes* angezeigt wird. Ist mit einem *Dynpro-Feld* verknüpft. Das gleichnamige *Datenobjekt* im *ABAP-Programm* muss vom *Datentyp* ICONS im *ABAP Dictionary* sein.

Statusleiste Bestandteil eines *Fensters*. Zeigt *Statusmeldungen* und Systeminformationen an.

Statusmeldung *Nachricht* vom *Nachrichtentyp* S. Statusmeldungen werden im *Fenster* des folgenden *Dynpros* in der *Statusleiste* angezeigt.

Step → *Hintergrundaufgabe*

Steploop Mehrfache Darstellung einer Gruppe von *Bildschirmelementen* auf einem *Dynpro*. Steploops werden mit der *Steploop-Technik* verarbeitet und sind die Vorgänger von *Table Controls*.

Steploop-Technik Technik in der *Dynpro-Ablauflogik* zur Verarbeitung tabellenartig angeordneter *Bildschirmelemente* auf dem *Bildschirmbild* eines *Dynpros*. Die Steploop-Technik wird zur Verarbeitung von *Table Controls* und deren Vorgängern, den *Steploops*, verwendet.

Streaming Sequenzielle und portionsweise Übertragung von Daten bzw. die Übertragung von *Strömen*. Streaming ist für alle möglichen Ressourcen vorgesehen und ab Release 7.02/7.2 für *LOBs* in *Open SQL*, *Strings* und *interne Tabellen* realisiert.

String *Dynamisches Datenobjekt* variabler Länge, entweder *Textstring* oder *Bytestring*.

String-Ausdruck → *Zeichenkettenausdruck*

String-Funktion → *Zeichenkettenfunktion*

String-Literal *Literal*, das durch in Backquotes (`) eingeschlossene Zeichen definiert wird. Die Länge ist minimal 0 und maximal 255 Zeichen. Der *Datentyp* eines String-Literals ist string.

String-Template → *Zeichenketten-Template*

Strom Sequenzielle Abfolge von Datensätzen, deren Ende nicht im Voraus abzusehen ist. Ströme sind unterteilt in die *Stromarten Datenstrom* und *Filterstrom*. Ein Strom ist entweder ein *Lesestrom* oder ein *Schreibstrom* und hat damit immer genau eine *Stromrichtung*. Darüber hinaus wird zwischen den *Stromtypen Binärstrom* und *Zeichenstrom* unterschieden. Mehrere in ihren Eigenschaften passende Ströme können zu einem Strom kombiniert werden. In ABAP werden Ströme ab Release 7.02/7.2 durch *Instanzen* spezieller *Klassen* verwirklicht. Die Übertragung von Strömen wird als *Streaming* bezeichnet.

Stromart Eigenschaft eines *Stroms*. Entweder *Datenstrom* oder *Filterstrom*.

Stromrichtung Eigenschaft eines *Stroms*. Entweder *Lesestrom* oder *Schreibstrom*.

Stromtyp Eigenschaft eines *Stroms*. Entweder *Binärstrom* oder *Zeichenstrom*.

Struktur Entweder *strukturierter Typ* im *ABAP Dictionary* oder Bezeichnung für ein strukturiertes *Datenobjekt* eines *ABAP-Programms*. Auf Strukturen in ABAP-Programmen kann im Ganzen oder komponentenweise zugegriffen werden. Strukturen, die nur *zeichenartige*, *flache Komponenten* enthalten, können von ABAP auch wie *elementare Datenobjekte* behandelt werden.

strukturierter Typ *Datentyp* einer *Struktur*. Enthält andere Datentypen als *Komponenten*.

Strukturkomponenten-Selektor Zeichen -. Eine *Komponente* comp einer *Struktur* struc kann über struc-comp adressiert werden.

Subquery SELECT-Anweisung, die innerhalb der WHERE-Bedingung von *Open SQL*-Anweisungen für eine Unterabfrage verwendet werden kann.

Subroutinen-Pool *ABAP-Programm*, das in der Regel *Unterprogramme* enthält, die aus anderen ABAP-Programmen aufgerufen werden. Unterstützt keine eigenen *Dynpros*.

Subscreen *Bildschirmbild* eines *Subscreen-Dynpros*.

Subscreen-Bereich Bereich innerhalb eines *Bildschirmbilds*, in dem andere Bildschirmbilder als *Subscreens* dargestellt werden können.

Subscreen-Dynpro *Dynpro*, dessen *Bildschirmbild* als *Subscreen* direkt in einem *Subscreen-Bereich* oder in einem *Tabstrip* oder einem *Splitter Control* (ab Release 7.02/7.2) dargestellt werden kann.

Suchfunktion *Beschreibungsfunktion*, die eine Zeichenkette durchsucht und die Fundstelle zurückgibt.

Suchhilfe Im *ABAP Dictionary* gepflegtes *Repository-Objekt*, das *Eingabefelder* auf *Dynpros* mit ein- oder mehrspaltigen *Eingabehilfen* versorgt. Suchhilfen können im Dictionary mit *Komponenten* von *Strukturen*, *Datenelementen* und *Prüftabellen* verknüpft werden. Eine Suchhilfe erlaubt es, Eingabewerte anhand zugeordneter Daten zu suchen, ohne dass man die genaue Schreibweise des Wertes kennen muss.

Surrogat Auch Surrogat-Paar. Kombination spezieller Low- und High-Surrogat-Zeichen zur Adressierung von Zeichen im *Surrogat-Bereich* bei Verwendung von *UTF-16*. High-Surrogat-Zeichen reichen von U+D800 bis U+DBFF. Low-Surrogat-Zeichen reichen von U+DC00 bis U+DFFF. Sie heißen Surrogate, da sie ein Zeichen nicht direkt darstellen, sondern nur als Paar. ABAP fasst ein Surrogat-Zeichen als zwei Zeichen auf.

Surrogat-Bereich Teil der in *Unicode* darstellbaren Zeichen (U+10000 bis U+10FFFF), der z. B. Musiknoten oder speziellere asiatische Zeichen umfasst. In *UTF-8* und *UTF-32* direkt, in *UTF-16* durch *Surrogate* adressiert.

Surrogat-Paar → *Surrogat*

Switch → *Schalter*

Switch Framework Abkürzung SFW. Framework für die externe Steuerung der Sichtbarkeit von *Repository-Objekten*, deren Komponenten oder *Erweiterungen* durch *Schalter*.

Symbol Grafisches Element auf *Listen*.

Symbolleiste In der *ABAP Workbench* verwendete Bezeichnung für *Systemfunktionsleiste*.

synchrone Verbuchung *Verbuchung*, bei der *Verbuchungsfunktionsbausteine* hoher Priorität im Verbuchungs-Workprozess ausgeführt werden, wobei das aufrufende Programm auf die Beendigung wartet. Die synchrone Verbuchung wird durch COMMIT WORK mit dem Zusatz AND WAIT gestartet.

synchroner Remote Function Call *Remote Function Call*, bei dem auf das Ende der Verarbeitung der remote aufgerufenen Funktion gewartet wird.

Syntaxfehler Verstoß gegen die Syntaxregeln von ABAP. Syntaxfehler werden nach der *Syntaxprüfung* vom *ABAP Editor* angezeigt. Ein Programm mit Syntaxfehlern ist nicht ausführbar.

Syntaxprüfung Statische Prüfung des ABAP-*Quelltextes* auf formale Korrektheit gemäß den Syntaxregeln. Die Syntaxprüfung wird im *ABAP Editor* über PROGRAMM • PRÜFEN • SYNTAX oder über die Anweisung SYNTAX-CHECK aufgerufen.

System-Codepage Zur Verwendung auf einem *Applikationsserver* freigegebene *Codepage*. In *Unicode-Systemen* ist die System-Codepage immer *UTF-16* mit plattformabhängiger *Byte-Reihenfolge*. In Nicht-Unicode-Systemen sind die System-Codepages in der Datenbanktabelle TCPDB definiert. In Nicht-Unicode-*Single-Codepage-Systemen* gibt es nur eine System-Codepage. In *MDMP-Systemen* gibt es mehrere System-Codepages. Die Codepage der *Textumgebung* eines internen Modus ist immer eine System-Codepage. Die System-Codepage der aktuellen Textumgebung ist die *Umgebungs-Codepage* eines internen Modus.

Systemdatum Lokales Datum des *AS ABAP*. Kann durch GET TIME ausgelesen werden und steht als Inhalt des *Systemfeldes* sy-datum zur Verfügung.

Systemfeld Vordefiniertes *Datenobjekt*, das von der *ABAP-Laufzeitumgebung* kontextabhängig gefüllt und im Programm ausgewertet werden kann.

Systemfunktionsleiste Bestandteil eines *Fensters*. Enthält vordefinierte und mit *Ikonen* versehene *Drucktasten* zur Bedienung des Programms sowie ein spezielles *Befehlsfeld* zur Direkteingabe von *Funktionscodes*. Teil des mit SET PF-STATUS gesetzten *GUI-Status*. Erstellt mit dem Werkzeug *Menu Painter*. Wird in der *ABAP Workbench* als *Symbolleiste* bezeichnet.

Systemklasse *Klasse* der *Klassenbibliothek*, in der sprachnahe Funktionalität implementiert ist. Der Name beginnt in der Regel mit CL_ABAP_ oder CL_SYSTEM_.

Systemmandant Spezieller *Mandant* eines *AS ABAP* mit der *Mandantenkennung* "000". Der Systemmandant ist zur Ausführung systemspezifischer *Systemprogramme* vorgesehen. Bei *Anmeldung* an den Systemmandanten eines AS ABAP, der die *Multitenancy* unterstützt, gelten nicht die Restriktionen der *Tenant-Isolierung*. Darüber hinaus können dort andere Mandanten lesend auf Daten zugreifen, die unter der Mandantenkennung des Systemmandanten abgelegt sind.

Systemprogramm *ABAP-Programm*, das Teil der Infrastruktur des *AS ABAP* ist. Systemprogramme arbeiten in der Regel mit den Daten mandantenunabhängiger *Systemtabellen*, aber auch mit den Daten spezieller *Mandanten*, wie dem *Systemmandanten* oder den *Administrationsmandanten*.

Systemprotokoll Zentrale Ablage zur Erfassung von Systemfehlern auf einem *Applikationsserver*. Der Aufruf erfolgt über den *Transaktionscode* SM21.

Systemtabelle *Datenbanktabelle* ohne *Mandantenspalte*. Eine Systemtabelle enthält mandantenunabhängige Daten, die in der Regel nur von *Systemprogrammen* bearbeitet werden.

Systemzeit Lokale Uhrzeit des *AS ABAP*. Kann durch GET TIME ausgelesen werden und steht als Inhalt des *Systemfeldes* sy-uzeit zur Verfügung.

Tab-Reiter Am oberen Rand einer *Tabstrip-Seite* angeordnetes einzeiliges Element, das mit einem *Funktionscode* verknüpft ist und Tabstrip-Seiten durch einfaches Anklicken auswählt.

Tabellen-Cluster *Datenbanktabelle* in der *Datenbank*, die die Daten mehrerer *Cluster-Tabellen* enthält.

Tabellen-Pool *Datenbanktabelle* in der *Datenbank*, die die Daten mehrerer *Pool-Tabellen* enthält.

Tabellen-Sharing *Sharing* von *internen Tabellen* bei *Zuweisungen* und *Wertübergaben*. Tabellen-Sharing tritt nur zwischen gleichartigen Tabellen ein, wenn deren *Zeilentypen* selbst keine *Tabellentypen* und ab Release 7.02/7.2 keine *Boxed Components* enthalten.

Tabellenarbeitsbereich Strukturierter *Schnittstellen-Arbeitsbereich*, der über die Anweisungen TABLES oder NODES durch Bezug auf eine gleichnamige Struktur oder *Datenbanktabelle* des *ABAP Dictionarys* deklariert wird.

Tabellenart Teil des *Datentyps* einer *internen Tabelle*. Legt die Art der Ablage und des primären Zugriffs fest. Tabellenarten sind: *Standardtabellen*, *sortierte Tabellen* und *Hash-Tabellen*.

Tabellenfunktion *Eingebaute Funktion* zur Verarbeitung *interner Tabellen*.

Tabellenindex Von der *ABAP-Laufzeitumgebung* verwalteter *Index* einer *internen Tabelle*. Es gibt einen *primären Tabellenindex* für *Indextabellen* und ab Release 7.02/7.2 *sekundäre Tabellenindizes* für die Verwaltung *sortierter sekundärer Tabellenschlüssel*. Die Zeilennummern jedes Tabellenindex beginnen bei 1 und reichen fortlaufend und lückenlos zur aktuellen Anzahl der Zeilen in der Tabelle. Dabei wird bei Bedarf von einem physikalischen Index auf einen logischen Index umgestellt, bei dessen Änderung ein erhöhter Laufzeitbedarf anfällt. Der logische Index wird in dem Moment angelegt, in dem eine Zeile vor einer anderen Zeile eingefügt, die Reihenfolge der Tabellenzeilen geändert oder eine andere als die letzte Zeile des Tabellenindex gelöscht wird.

Tabellenkörper Bei *internen Tabellen* mit *Kopfzeile* Bezeichnung der eigentlichen internen Tabelle. Der Tabellenkörper wird durch das Anhängen von [] an den Tabellennamen adressiert. Bei internen Tabellen ohne Kopfzeile sind interne Tabelle und Tabellenkörper gleichbedeutend.

Tabellenparameter Obsoleter *Formalparameter* von *Funktionsbausteinen* oder *Unterprogrammen*, der als interne *Standardtabelle* mit *Kopfzeile* typisiert ist. Die Definition eines Tabellenparameters erfolgt mit dem Zusatz TABLES der Anweisungen FUNCTION und FORM.

Tabellenschlüssel Spalten einer *internen Tabelle* oder einer *Datenbanktabelle*, deren Inhalt Tabellenzeilen identifiziert. Bei einer internen Tabelle werden ein *primärer* und ab Release 7.02/7.2 ein *sekundärer Tabellenschlüssel* unterschieden.

Tabellentyp *Datentyp* einer *internen Tabelle*. Legt *Zeilentyp*, *Tabellenart* und *Tabellenschlüssel* einer internen Tabelle fest. Kann hinsichtlich des Schlüssels *generisch* sein.

Table Control *Bildschirmelement* zur Darstellung und Verarbeitung tabellenartiger Daten mit einer speziellen *Benutzeroberfläche*.

Tabstrip Kurzform für *Tabstrip Control*.

Tabstrip Control Tabstrip Controls ermöglichen es, Registerkarten auf Dynpros darzustellen. Ein Tabstrip Control ist ein *Bildschirmelement*, das aus mehreren *Tabstrip-Seiten* bzw. Registerkarten aufgebaut ist.

Tabstrip-Bereich Bereich eines *Bildschirmbilds*, in dem *Tabstrips* angezeigt werden können.

Tabstrip-Seite Auch Registerkarte. Seite innerhalb eines *Tabstrip Controls*. Jede Tabstrip-Seite hat einen *Tab-Reiter*.

Tag-Interface Spezielles, vordefiniertes globales Interface. Durch das Einbinden eines Tag-Interfaces werden *Klassen* oder andere *Interfaces* gegenüber der *ABAP-Laufzeitumgebung* besonders ausgezeichnet. Ein Tag-Interface enthält in der Regel keine eigenen *Interfacekomponenten*, sondern weist den einbindenden Klassen bzw. Interfaces eine bestimmte Aufgabe zu und ändert ihre Behandlung durch den *ABAP Compiler*.

technische Typeigenschaft Eigenschaft eines *Datentyps*, die außer bei *Referenztypen* für die *Kompatibilität* zu anderen Datentypen eine Rolle spielt. Bei *elementaren Datentypen* der *eingebaute ABAP-Typ*, die Länge und die Anzahl der *Nach-*

kommastellen. Bei *strukturierten Typen* der Aufbau aus *Unterstrukturen* und elementaren Datentypen. Bei *Tabellentypen* die *Tabellenart*, der *Zeilentyp* und die *Tabellenschlüssel*.

Teilfeldfunktion *Verarbeitungsfunktion*, die ein Teilfeld einer Zeichenkette zurückgibt.

Tenant Unabhängige organisatorische Einheit, die als Mieter eines Hosting-Systems eines Anbieters auftritt. Die *Anwendungsprogramme* eines Tenants werden zusammen mit denen anderer Tenants auf dem Hosting-System ausgeführt. Die Trennung der Anwendungen verschiedener Tenants auf einem System erfolgt durch die *Tenant-Isolierung* im Rahmen der *Multitenancy*. Auf einem *AS ABAP*, der die *Multitenancy* unterstützt, werden Tenants auf *Anwendungsmandanten* abgebildet.

Tenant-Isolierung Tenant-Isolierung bedeutet, dass die Daten verschiedener *Tenants* voneinander isoliert sind. Auf einem System mit *Multitenancy* unterstützt die ABAP-Laufzeitumgebung die Tenant-Isolierung dadurch, dass ein *Anwendungsprogramm* nur auf die Daten des *Anwendungsmandanten* zugreifen kann, der dem aktuellen Tenant zugeordnet ist. Zusätzlich kann auch noch lesend auf die Daten des *Systemmandanten* zugegriffen werden.

Testaufgabe Zusammenfassung der Tests eines oder mehrerer ABAP-Programme in *ABAP Unit*, für die ein *Testlauf* ausgeführt werden kann.

Testklasse Spezielle lokale oder globale *Klasse*, in der Tests für *ABAP Unit* in Form von *Testmethoden* implementiert sind. Eine Testklasse fasst zusammengehörige Tests zusammen, die das gleiche *Fixture* benutzen. Testklassen werden über den Zusatz FOR TESTING der Anweisung CLASS definiert. Testklassen sind ausschließlich im Rahmen von *Testläufen* verwendbar und werden in Produktivsystemen standardmäßig nicht generiert.

Testlauf Ausführung einer *Testaufgabe* in *ABAP Unit*. Testläufe für Testaufgaben eines einzelnen Programms können über PROGRAMM bzw. FUNKTIONSBAUSTEIN • TESTEN • MODULTEST bzw. KLASSE • MODULTEST direkt im zugehörigen Editor gestartet werden. Umfassendere Testläufe werden über den *Code Inspector* ausgeführt. Nach einem Testlauf wird das Ergebnis in der Oberfläche von ABAP Unit angezeigt.

Testmethode Spezielle *Instanzmethode* einer *Testklasse*, in der ein Test implementiert ist. Testmethoden werden über den Zusatz FOR TESTING der Anweisung METHODS definiert und während eines *Testlaufs* des Werkzeugs *ABAP Unit* aufgerufen.

Text-Pool *Komponente* eines *ABAP-Programms*, die die *Textelemente* des Programms enthält. Zu einem Programm können mehrere Text-Pools in verschiedenen Sprachen definiert sein.

textartiger Datentyp *Datentyp*, dessen *Datenobjekte* Texte enthalten. Die entsprechenden *eingebauten Datentypen* sind c und string. Der zugehörige *generische Datentyp* ist csequence.

Textdatei *Datei* auf einem *Applikationsserver*, die mit dem Zusatz TEXT der Anweisung OPEN DATASET geöffnet wurde. Bei einer Textdatei wird der Inhalt als Text der beim Öffnen gewählten *Zeichendarstellung* behandelt.

Textelement Komponente eines *ABAP-Programms*. Enthält Texte, auf die im ABAP-Programm zugegriffen werden kann. Textelemente sind *Listenüberschriften* (*Standardseitenkopf*), *Selektionstexte* und *Textsymbole*. Die Textelemente werden in verschiedensprachigen *Text-Pools* des Programms angelegt und durch das Laden eines Text-Pools im Programm verwendbar gemacht. Aufruf der Textelementpflege über den *Transaktionscode* SE32.

Textfeld In ABAP *Datenobjekt* vom *Datentyp* c. In *Dynpros Bildschirmelement*, das der reinen Anzeige von Text dient und auf dem keine *Benutzeraktionen* möglich sind. Ein Textfeld des Dynpros ist nicht mit einem *Dynpro-Feld* verknüpft.

Textfeldliteral *Literal*, das durch in Hochkommata (') eingeschlossene Zeichen definiert wird und das mit einem *Textsymbol* verknüpft werden kann. Die Länge ist mindestens ein Zeichen und maximal 255 Zeichen. Der *Datentyp* ist c in der Länge der angegebenen Zeichen.

Textliteral → *Zeichenliteral*

Textsprache Kennzeichnung einer Komponente vom Typ LANG einer im *ABAP Dictionary* definierten *Struktur* bzw. einer *Datenbanktabelle*. Es kann genau eine Komponente dieses Typs als Textsprache gekennzeichnet werden. Die Textsprache wird bei Übergabe der Struktur über die Anweisung IMPORT oder entsprechend strukturierter TABLES-Parameter über das binäre RFC-Protokoll zwischen *MDMP-Systemen* und *Unicode-Systemen* für die Konvertierung der zeichenartigen Komponenten verwendet.

Textstring *Datenobjekt* vom *Datentyp* string.

Textsymbol Benanntes *Datenobjekt* eines *ABAP-Programms*, das als Teil der *Textelemente* des Programms gepflegt und im Programm über den Namen text-idf angesprochen wird, wobei idf die dreistellige Kennung des Textsymbols ist, die aus allen alphanumerischen Zeichen inklusive "_" zusammengesetzt sein kann. Ein Textsymbol hat den *Datentyp* c und die in den Textelementen durch mlen definierte Länge. Falls das Textsymbol nicht im aktuell geladenen *Text-Pool* vorhanden ist, wird text-idf wie ein initiales einstelliges *Textfeld* behandelt. Ein Textsymbol kann auch über die Syntax 'Literal'(idf) mit *Textfeldliteralen* verknüpft werden und ersetzt dadurch diese im Programm, wenn es im aktuell geladenen Text-Pool vorliegt.

Textumgebung Die Textumgebung ist Teil der *Laufzeitumgebung* eines *ABAP-Programms* und setzt sich aus einer Sprache, einem *Locale* und einer *System-Codepage* zusammen. Alle Programme eines *internen Modus* haben eine gemeinsame Textumgebung. Standardmäßig ist die Textumgebung eines internen Modus durch die *Anmeldesprache* bestimmt und kann durch die Anweisung SET LOCALE gesetzt werden. Die Sprache der aktuellen Textumgebung ist in dem *Systemfeld* sy-langu enthalten.

tief Eigenschaft eines *Datentyps*, bei dem der Inhalt seines *Datenobjekts* entweder eine *Referenz* ist, die auf den tatsächlichen Inhalt verweist (*Referenzvariablen*), oder intern durch Referenzen adressiert wird (*Strings*, *interne Tabellen* und ab Release 7.02/7.2 *Boxed Components*). Siehe auch *flach*.

tiefe Struktur *Struktur*, die mindestens eine *tiefe Komponente* enthält.

tiefe Tabelle *Interne Tabelle* mit *tiefem Zeilentyp*.

Titelleiste Bestandteil des *GUIs*, der den *GUI-Titel* eines *Fensters* enthält. Die Titelleiste wird mit der Anweisung SET TITLEBAR gesetzt.

Token Elementarer Bestandteil einer *ABAP-Anweisung*, in die diese vom Compiler zerlegt wird. Token sind *ABAP-Wörter*, *Operanden*, *Operatoren* und einige Sonderzeichen.

Top-Include *Include-Programm*, das für den *globalen Deklarationsteil* eines *ABAP-Programms* vorgesehen ist. Im Top-Include sollten keine *Verarbeitungsblöcke* implementiert werden. Dies wird von der *erweiterten Programmprüfung* überprüft. Bei der Kompilation eines einzelnen Include-Programms eines ABAP-Programms wird das zugehörige Top-Include einbezogen.

Top-Level-Transaktion Das erste Programm einer *Aufrufkette*. Das einer Aufrufkette zugeordnete *ABAP Memory* lebt so lange, wie der *interne Modus* der Top-Level-Transaktion geladen ist.

Transaktion Ausführung eines *ABAP-Programms* über einen *Transaktionscode*. Es gibt *Dialog-*, *Report-*, *Parameter-*, *Varianten-* und *OO-Transaktionen*. Eine Transaktion wird durch die Eingabe des Transaktionscodes in das *Befehlsfeld* der *Systemfunktionsleiste* oder durch die Anweisungen CALL TRANSACTION oder LEAVE TO TRANSACTION gestartet.

transaktionaler Remote Function Call *Remote Function Call*, bei dem die remote aufgerufene Funktion zur Ausführung vorgemerkt und mit der Anweisung COMMIT WORK gestartet wird.

Transaktionscode Zwanzigstelliger Name, der mit einem *Dynpro*, einem anderen Transaktionscode oder mit einer *Methode* eines *ABAP-Programms* verknüpft ist und zum Ausführen von Programmen dient. Mit Dynpros verknüpfte Transaktionscodes sind bei *ausführbaren Programmen*, *Modul-Pools* und *Funktionsgruppen* möglich. *Parametertransaktionen* und *Variantentransaktionen* sind mit anderen Transaktionscodes verknüpft. Die mit Methoden verknüpften Transaktionscodes sind für alle *Programmtypen*, die Methoden enthalten können, erlaubt. Pflege und Verwaltung erfolgen über den Transaktionscode SE93.

transaktionsübergreifender Anwendungspuffer Anwendungspuffer im *Shared Memory*. Auf transaktionsübergreifende Anwendungspuffer wird in ABAP-Programmen mit der Angabe von SHARED BUFFER oder SHARED MEMORY als Medium bei den Anweisungen EXPORT und IMPORT für *Daten-Cluster* zugegriffen. Die beiden Arten unterscheiden sich darin, wie sich das System beim Erreichen der Speichergrenze verhält.

Transaktionsvariante Mit Transaktionsvarianten können Eingabefelder mehrerer *Dynpros* einer *Transaktion* vorbelegt, die Eigenschaften von *Bildschirmelementen* geändert und komplette *Bildschirmbilder* ausgeblendet werden. Pflege und Verwaltung erfolgen über den *Transaktionscode* SHD0.

Transformation Editor Werkzeug der *ABAP Workbench* zum Erstellen von *XSLT-Programmen* oder *Simple Transformations*. Aufruf über den *Transaktionscode* STRANS.

transparente Tabelle Im *ABAP Dictionary* definierte *Datenbanktabelle*, die auf der *Datenbank* genau eine gleichnamige Ausprägung mit den gleichen Spalten wie die Definition im ABAP Dictionary hat. Die Daten transparenter Tabellen können von außerhalb eines *AS ABAP* über die Programmierschnittstelle der Datenbank bearbeitet werden.

tRFC → *transaktionaler Remote Function Call*

Trusted System *AS ABAP*, der in einem *Trusting System* als vertrauenswürdiger Aufrufer von *Remote Function Calls* eingestuft wird. Das Trusted System stellt den *RFC-Client*. Die Einstufung erfolgt mit der *Transaktion* SMT1. Trusted Systems melden sich am Trusting System ohne Übertragung des Kennwortes an. Benutzerspezifische Anmeldedaten werden im Trusting System überprüft.

Trusting System *AS ABAP*, der einem *Trusted System* bei Aufrufen via *Remote Function Call* vertraut. Das Trusting System stellt den *RFC-Server*.

Die Anzeige der Trusting Systeme in einem Trusted System erfolgt mit dem *Transaktionscode* SMT2.

Typ Abstrakte Beschreibung eines *Objekts*. Entweder *Datentyp* für *Datenobjekte* oder *Objekttyp* für Objekte in *ABAP Objects*. Der zugehörige *generische Datentyp* ist any. Alle Typen liegen in einem gemeinsamen Namensraum.

Type-Pool → *Typgruppe*

Typgruppe Vom *ABAP Dictionary* verwaltetes *ABAP-Programm*, das mit der Anweisung TYPE-POOL eingeleitet wird und die Definitionen global sichtbarer *Datentypen*, *Konstanten* und *Makros* enthält. Eine Typgruppe wird bei der ersten Verwendung ihrer Datentypen und Konstanten geladen. Sie unterstützt keine eigenen *Dynpros*.

Typisierung *Generisches* oder *vollständiges* Festlegen eines *Datentyps* für *Formalparameter* oder *Feldsymbole*. Legt fest, in welchen Operandenpositionen ein Formalparameter oder Feldsymbol verwendet werden kann und welche Typeigenschaften dabei verwendet werden. Bei der Parameterübergabe wird überprüft, ob der Datentyp des zugewiesenen *Aktualparameters* bzw. Speicherbereichs *kompatibel* zur Typisierung ist.

Typklasse *Systemklasse* der *Run Time Type Services*. Die *statischen Methoden* der Typklassen erzeugen *Typobjekte* aus vorhandenen Typen oder konstruieren neue Typen.

Typkonvertierung Umwandlung des Inhalts eines *Datenobjekts* bei der *Zuweisung* an ein Datenobjekt mit unterschiedlichem *Datentyp* gemäß *Konvertierungsregeln*.

Typname Name eines *Typs*. In einem Programm ist nur der *relative Typname* bekannt und statisch verwendbar. Für dynamische Typangaben kann auch der *absolute Typname* verwendet werden.

Typobjekt Instanz einer *Typklasse*. Typobjekte beschreiben bzw. repräsentieren einen *Typ*. Typobjekte werden mit den statischen Methoden der Typklassen erzeugt. Die Typklasse und die eventuellen Attribute von Typobjekten bestimmen die *technischen Eigenschaften* des Typs. Referenzen auf Typobjekte können z. B. hinter dem Zusatz HANDLE der Anweisungen CREATE DATA und ASSIGN verwendet werden.

UCS Abkürzung für Universal Character Set. Nach ISO-10646 genormter 4-Byte-*Zeichensatz*, der alle übrigen Zeichensätze beinhaltet. Der UCS-Zeichensatz ist zurzeit identisch mit dem *Unicode*-Zeichensatz, d. h., momentan sind keine über Unicode hinausgehenden Zeichen definiert.

Umdrehfunktion *Verarbeitungsfunktion*, die eine Zeichenkette in umgekehrter Reihenfolge darstellt.

Umgebungs-Codepage Die aktive *System-Codepage* eines *internen Modus*. Die Umgebungs-Codepage wird von der aktuellen *Textumgebung* bestimmt, die entweder von der *Anmeldesprache* abhängt oder über die Anweisung SET LOCALE gesetzt wird.

Umsetzfunktion *Verarbeitungsfunktion*, die Zeichen in einer Zeichenkette in andere Zeichen umsetzt.

unbehandelbare Ausnahme *Ausnahme*, der keine *Ausnahmeklasse* zugeordnet ist und die nicht mit TRY - CATCH - ENDTRY im Programm behandelt werden kann. Unbehandelbare Ausnahmen werden von der *ABAP-Laufzeitumgebung* ausgelöst und treten in der Regel als Reaktion auf Fehlersituationen auf, die nicht sinnvoll in einem Programm behandelt werden können. Eine unbehandelbare Ausnahme führt immer zu einem *Laufzeitfehler*.

Unicode Sprachübergreifender *Zeichensatz* für die internationale Datenverarbeitung (www.unicode.org). Teilmenge des *UCS*-Zeichensatzes nach ISO-10646. In Unicode können 1.114.111 Zeichen dargestellt werden, die durch U+0000 bis U+10FFFF hexadezimal durchnummeriert sind. Auf den Unicode-Zeichensatz wird in der Regel über eine *UTF-Zeichendarstellung* zugegriffen.

Unicode-Fragmentsicht Zerlegt *Strukturen* in *Ausrichtungslücken*, in *zeichen*- und *byteartige* Bereiche, *numerische Datenobjekte*, *Strings*, *Referenzvariablen* und *interne Tabellen*.

Unicode-Programm Ein Unicode-Programm ist ein *ABAP-Programm*, bei dem die *Unicode-Prüfungen* wirksam sind und in dem bei einigen Anweisungen eine andere Semantik gilt als in

Nicht-Unicode-Programmen. Ein solches Programm liefert in einem *Unicode-System* in der Regel dieselben Ergebnisse wie in einem Nicht-Unicode-System.

Unicode-Prüfung Strengere *Syntaxprüfung* für *ABAP-Programme*, die in einem *Unicode-System* ablauffähig sein sollen. Die Unicode-Prüfung wird durch die *Programmeigenschaft* UNICODEPRÜFUNGEN AKTIV eingeschaltet.

Unicode-System *Single-Codepage-System*, in dem Zeichen in *Unicode-Zeichendarstellung* codiert werden. Die *System-Codepage* eines Unicode-Systems ist zurzeit *UTF-16* mit plattformabhängiger *Byte-Reihenfolge*. In einem Unicode-System müssen alle ABAP-Programme *Unicode-Programme* sein.

Unicode-Zeichendarstellung Für *Unicode* definierte *Zeichendarstellung*. SAP unterstützt die Darstellungen *UTF-8*, *UTF-16* und *UTF-32*, wobei die *Byte-Reihenfolge* plattformabhängig sein kann.

unselbstständige Datenreferenz *Datenreferenz* auf ein *benanntes Datenobjekt* oder auf einen Teil eines beliebigen *Datenobjekts*. Ein Teil eines Datenobjekts ist entweder eine *Komponente*, eine Zeile einer *internen Tabelle* oder ein durch *Offset-/Längenangabe* spezifizierter Teilbereich. Eine unselbstständige Datenreferenz kann ausschließlich über die Anweisung GET REFERENCE oder den Zusatz REFERENCE INTO bei Anweisungen für *interne Tabellen* erzeugt werden. Kopien einer unselbstständigen Datenreferenz, die durch *Zuweisungen* zwischen *Datenreferenzvariablen* oder über die Anweisung GET REFERENCE entstehen, sind auch unselbstständig. Eine unselbstständige Datenreferenz kann ungültig werden, wenn das Datenobjekt gelöscht wird. Siehe auch *selbstständige Datenreferenz*.

Unterklasse *Klasse*, die durch *Vererbung* aus einer *Oberklasse* abgeleitet wurde.

Unterprogramm Obsolete *Prozedur*, die in jedem *ABAP-Programm* (außer *Type-*, *Class-* und *Interface-Pools*), aber nur außerhalb von *Klassen* definiert werden kann. Aufrufbar aus allen Programmen. Beginnt mit FORM und endet mit ENDFORM.

Unterstruktur Strukturierte *Komponente* einer *geschachtelten Struktur*. Eine Unterstruktur kann ab Release 7.02/7.2 als *Boxed Component* deklariert werden.

Up Cast Auch Widening Cast genannt. *Zuweisung* zwischen *Referenzvariablen*, bei der der *statische Typ* der Zielvariablen allgemeiner oder gleich dem statischen Typ der Quellvariablen ist. Siehe auch *Down Cast*.

UTC Abkürzung für Coordinated Universal Time. Basis für die Berechnung weltweiter Zeitangaben. Die UTC-Referenzzeit ist keine lokale Zeitzone, sondern eine allgemeine, auf atomaren Zeitnormalen basierende Referenzzeit, von der die Zeiten aller lokalen Zeitzonen abgeleitet werden. Die UTC ist so definiert, dass ihr die lokale Zeitzone Greenwich Mean Time (GMT) – abgesehen von ihrer Sommerzeitregel – direkt entspricht. Die UTC-Referenzzeit unterscheidet sich geringfügig von der astronomischen Sonnenzeit UT1, die an die Erdrotation gekoppelt ist die und als der 86.400. Teil eines mittleren Sonnentags definiert ist. Diese Abweichung wird durch Schaltsekunden im Jahresdurchschnitt kleiner als 0,9 Sekunden gehalten. In ABAP kommen UTC-Zeitangaben beim Umgang mit *Zeitstempeln* vor.

UTF Abkürzung für Universal Transformation Format. Verschiedene Darstellungen des *Unicode-Zeichensatzes*. Alle UTF-Zeichendarstellungen beziehen sich eindeutig auf die in Unicode definierten Zeichen und können ineinander transformiert werden. Die Darstellungen unterscheiden sich lediglich in der Art der Adressierung. Siehe auch *UTF-8*, *UTF-16* und *UTF-32*.

UTF-16 16-Bit-*Unicode-Zeichendarstellung*. In dieser Darstellung werden alle Zeichen durch 2 Byte dargestellt. Die Zeichen des *Surrogat-Bereichs* werden durch *Surrogate* adressiert.

UTF-32 32-Bit-*Unicode-Zeichendarstellung*. In dieser Darstellung werden alle Zeichen durch 4 Byte adressiert.

UTF-8 8-Bit-*Unicode-Zeichendarstellung*. *ASCII*-Zeichen werden durch ein Byte dargestellt. Andere europäische Zeichen werden durch 2 Byte dargestellt. Die meisten asiatischen Zeichen werden durch 3 Byte dargestellt. Die Zeichen des *Surrogat-Bereichs* werden direkt durch 4 Byte adressiert.

UUID Universal Unique Identifier. Global eindeutiger Bezeichner, der gemäß einem OSF-Standard aus System-Zeitstempel und Netzwerkadresse generiert wird. Die Methoden der Klasse CL_SYSTEM_UUID erzeugen UUIDs in verschiedenen Formaten wie 16-stellige byteartige UUIDs, 22-stellige zeichenartige UUIDs mit Groß- und Kleinbuchstaben und 32-stellige zeichenartige UUIDs in Hexadezimaldarstellung und erlauben es, verschiedene UUIDs ineinander zu konvertieren.

Variable *Benanntes Datenobjekt*, dessen Wert zur Laufzeit eines *ABAP-Programms* geändert werden kann.

Variante Auch Selektionsbildvariante. Satz von Eingabewerten für *Selektionsbilder*. Können beim Aufruf von Selektionsbildern verwendet werden, um die *Eingabefelder* vorzubelegen. Varianten können auf einem Selektionsbild durch SPRINGEN • VARIANTEN angelegt werden und beispielsweise beim Aufruf über SUBMIT übergeben werden.

Variantentransaktion Spezieller *Transaktionscode*, bei dem eine *Dialogtransaktion* mit einer *Transaktionsvariante* verknüpft wird. Bei Aufruf einer Variantentransaktion wird die Dialogtransaktion aufgerufen und mit der Transaktionsvariante ausgeführt.

Verarbeitungsblock Unteilbare und nicht schachtelbare Modularisierungseinheit eines *ABAP-Programms*. Verarbeitungsblöcke sind *Prozeduren*, *Dialogmodule* und *Ereignisblöcke*. Sie enthalten Anweisungen, die durch *Kontrollstrukturen* in *Anweisungsblöcke* strukturiert sind. Jede nichtdeklarative Anweisung eines ABAP-Programms ist Teil eines Verarbeitungsblocks.

Verarbeitungsfunktion *Eingebaute Funktion*, die eine allgemeine Verarbeitung ausführt.

Verbuchung Technik zur Bündelung der ändernden Datenbankzugriffe einer *SAP-LUW* in einem Verbuchungs-*Workprozess* bzw. einer *Datenbank-LUW*. Realisiert durch *Verbuchungsfunktionsbausteine*, die zur Verbuchung vorgemerkt werden. Die *Transaktion* SM13 verwaltet die Verbuchung. Siehe auch *synchrone*, *asynchrone* und *lokale Verbuchung*.

Verbuchungsbaustein
→ *Verbuchungsfunktionsbaustein*

Verbuchungsfunktionsbaustein *Funktionsbaustein*, bei dem im *Function Builder* die Eigenschaft VERBUCHUNGSBAUSTEIN markiert ist. Grundlage der *Verbuchung*. Ein Verbuchungsfunktionsbaustein enthält in der Regel ändernde Datenbankzugriffe und kann mit der Anweisung CALL FUNCTION ... IN UPDATE TASK zur späteren Ausführung bei der Anweisung COMMIT WORK registriert werden. Beim Anlegen eines Verbuchungsfunktionsbausteins wird diesem entweder eine hohe oder eine niedrige Priorität zugeteilt.

Verdichtungsfunktion *Verarbeitungsfunktion*, die eine Zeichenkette verdichtet.

Vererbung Generalisierungs-/Spezialisierungsbeziehung zwischen *Klassen*. In der Vererbung werden *Unterklassen* durch die Übernahme aller *Komponenten* aus *Oberklassen* abgeleitet. Eine Unterklasse kann zusätzlich durch die Deklaration neuer Komponenten und die *Redefinition* von *Methoden* spezialisiert werden.

Vererbungsbaum *Vererbungshierarchie* der *Einfachvererbung*, bei der von jeder *Unterklasse* ein eindeutiger Pfad zu einer *Wurzelklasse* führt.

Vererbungshierarchie Hierarchische Beziehung zwischen *Ober-* und *Unterklassen* in der *Vererbung*. Bei der *Einfachvererbung* stellt die Vererbungshierarchie einen *Vererbungsbaum* dar.

Vergleich Verknüpfungen zweier *Operanden* über einen *Vergleichsoperator* nach bestimmten *Vergleichsregeln*.

Vergleichsoperator Verknüpft zwei *Operanden* eines *logischen Ausdrucks* oder einer WHERE-Bedingung von *Open SQL*. Vergleichsoperatoren für alle *Datentypen* sind: =, <>, <, >, <=, >=. Zusätzlich gibt es weitere Vergleichsoperatoren für spezielle Datentypen oder Ausdrücke.

Vergleichsregel Regel für die Durchführung von *Vergleichen* zwischen *Datenobjekten* oder *Ausdrücken*.

verketteter Attributzugriff *Verkettung*, bei der mehrere *funktionale Methoden* über *Komponentenselektoren* verknüpft sind, wobei die *Rückgabewerte* der einzelnen Methoden jeweils Referenzen auf die nächsten Methoden sind und der Rückgabewert der letzten Methode auf ein *Attribut* zeigt, das als *Operand* verwendet wird. Siehe auch *verketteter Bezeichner*.

verketteter Bezeichner *Verkettung*, bei der ein Bezeichner für einen *Operanden* über *Komponentenselektoren* zusammengesetzt ist. Siehe auch *verketteter Attributzugriff*.

verketteter Methodenaufruf *Verkettung*, bei der mehrere *funktionale Methoden* über *Komponentenselektoren* verknüpft sind, wobei die *Rückgabewerte* der einzelnen Methoden jeweils Referenzen auf die nächsten Methoden sind. Ein verketteter Methodenaufruf kann entweder funktional an einer Operandenposition oder als eigenständige Anweisung aufgeführt werden.

Verkettung Zusammengesetzte Angabe eines *Operanden* an einer *Operandenposition*, bei der die einzelnen Anteile über *Komponentenselektoren* verkettet werden. Mögliche Verkettungen sind *verkettete Bezeichner*, *verkettete Methodenaufrufe*, *verkettete Attributzugriffe* und deren Mischformen.

Verkettungsfunktion *Verarbeitungsfunktion* zur Verkettung der zeichenartigen Zeilen einer *internen Tabelle*.

Verkettungsoperator *Zeichenkettenoperator* && zur Verkettung zweier zeichenartiger Operanden.

Verschiebefunktion *Verarbeitungsfunktion*, die den Inhalt einer Zeichenkette verschiebt.

Verzweigung Auch Selektion. *Kontrollstruktur*, die aus mehreren *Anweisungsblöcken* bestehen kann, die durch Schlüsselwörter IF – ELSEIF – ELSE – ENDIF, CASE – WHEN – ENDCASE, TRY – CATCH – CLEANUP – ENDTRY definiert sind und in Abhängigkeit von Bedingungen ausgeführt werden.

Verzweigungsliste *Liste* einer *Listenstufe* größer 0. Listenausgaben in *Ereignisblöcken* der *interaktiven Listenverarbeitung* schreiben auf Verzweigungslisten.

View Zusammenfassung von Spalten einer oder mehrerer *Datenbanktabellen* zu einer anwendungsspezifischen Sicht. Auf einem *AS ABAP* werden Views im *ABAP Dictionary* definiert und können wie *flache Strukturen* als *Datentyp* referenziert werden. In lesenden *Open SQL*-Anweisungen können Views wie Datenbanktabellen verwendet werden.

vollständige Typisierung *Typisierung*, bei der der *Datentyp* eines *Formalparameters* oder *Feldsymbols* vollständig festgelegt wird und die sowohl bei einem dynamischen Zugriff als auch bei einem statischen Zugriff gültig ist.

Vorschlagswert Wert, der beim Aufruf eines *Bildschirmbildes* in einem *Eingabefeld* erscheint und vom Benutzer überschrieben werden kann. Ein Vorschlagswert wird in der Regel vor Aufruf des Bildschimbildes im zugehörigen *ABAP-Programm* gesetzt.

Vorwärtsnavigation Vorgehensweise, um innerhalb der *ABAP Workbench* in das zugehörige Werkzeug eines *Repository-Objekts* zu verzweigen. Dazu muss der *Cursor* auf den Objektnamen positioniert und das *Objekt* ausgewählt werden.

Wahrheitswert Ein Wahrheitswert ist entweder wahr oder falsch. In ABAP kommen Wahrheitswerte nur als Resultat *logischer Ausdrücke* vor. Ein *Datentyp* für *Boolesche Datenobjekte* zur Aufnahme von Wahrheitswerten wird derzeit noch nicht unterstützt. Stattdessen kann ein Wahrheitswert als Resultat einer *Booleschen Funktion* ausgewertet werden.

Währungsfeld Komponente einer im *ABAP Dictionary* definierten *Struktur* oder *Datenbanktabelle* vom Typ CURR zur Aufnahme eines Betrags in einer bestimmten Währung. Der Inhalt eines Währungsfeldes ist als ganze Zahl in den kleinsten Einheiten der Währung zu interpretieren. Ein Währungsfeld muss mit einem *Währungsschlüssel* einer Struktur bzw. Datenbanktabelle verknüpft sein, der die Währung und die Anzahl der Nachkommastellen festlegt.

Währungskürzel Inhalt eines *Währungsschlüssels*. Gültige Währungskürzel sind in der Datenbanktabelle TCURC definiert. Die Datenbanktabelle TCURX enthält die Währungskürzel zu Währungen, für die die Anzahl der Nachkommastellen von zwei abweicht.

Währungsschlüssel Komponente einer im *ABAP Dictionary* definierten *Struktur* oder *Datenbanktabelle* vom Typ CUKY. Ein Währungsschlüssel kann mit einem *Währungsfeld* einer Struktur bzw. Datenbanktabelle verknüpft werden. Der Währungsschlüssel kann ein *Währungskürzel* aus der Datenbanktabelle TCURC enthalten und legt damit die Währung für das Währungsfeld fest. Die Anzahl der Nachkommastellen einer Währung ist standardmäßig immer zwei. Währungen mit einer anderen Anzahl von Nachkommastellen müssen zusätzlich in der Tabelle TCURX eingetragen werden, wo die Anzahl der Nachkommastellen explizit definiert werden kann.

Warnung *Nachricht* vom *Nachrichtentyp* W. Warnungen während der *PAI*-Verarbeitung von *Dynpros* machen Bildschirmfelder wieder eingabebereit.

Web Application Builder Werkzeug der *ABAP Workbench* zur Erstellung von *Business Server Pages*. Aufruf über ANLEGEN • BSP-BIBLIOTHEK • BSP-APPLIKATION im *Object Navigator*.

Web Application Server → *SAP Web Application Server*

Web Dynpro Technologie zur Erstellung plattformunabhängiger webbasierter Oberflächen, die auf dem Model-View-Controller-Ansatz (MVC) beruht. Die Technologie steht auf dem *Application Server Java* und dem *Application Server ABAP* zur Verfügung. Das Web Dynpro für ABAP ist die Standard-UI-Technologie der SAP für die Entwicklung von Webanwendungen im ABAP-Umfeld. Web Dynpros für ABAP werden im *Web Dynpro Explorer* erstellt.

Web Dynpro Explorer Werkzeug der *ABAP Workbench* zur Erstellung von *Web Dynpros*. Aufruf über ANLEGEN • WEB DYNPRO • WEB DYNPRO-... im *Object Navigator*.

Wertebereich Menge der zulässigen Werte eines *Datenobjekts*. In Abhängigkeit vom *Datentyp* eines Datenobjekts kann sein Inhalt nur bestimmte Werte annehmen.

Wertehilfe → *Eingabehilfe*

Wertesemantik Wertesemantik bedeutet, dass bei einem Zugriff auf ein *tiefes Datenobjekt* mit dem referenzierten Datenobjekt bzw. mit der dereferenzierten *Referenz* gearbeitet wird. In ABAP gilt die Wertesemantik beim Zugriff auf *dynamische Datenobjekte* und auf *Feldsymbole*. Siehe auch *Referenzsemantik*.

Wertübergabe In der *Parameterschnittstelle* einer *Prozedur* definierte Art der Datenübergabe von *Aktualparametern* an *Formalparameter* beim Aufruf der Prozedur. Bei der Wertübergabe wird ein lokales *Datenobjekt* als Kopie des Aktualparameters angelegt. *Ausgabeparameter* und *Rückgabewerte* werden beim Aufruf der Prozedur initialisiert. *Eingabeparameter* und *Ein-/Ausgabeparameter* bekommen beim Aufruf den Wert des Aktualparameters übergeben. Geänderte Formalparameter werden nur bei fehlerfreier Beendigung der Prozedur, d. h. bei Erreichen ihrer letzten Anweisung oder beim Verlassen über RETURN (bzw. EXIT oder CHECK), an Aktualparameter übergeben. Siehe auch *Referenzübergabe*.

Widening Cast → *Up Cast*

wiederaufsetzbare Ausnahme Ab Release 7.02/7.2. *Klassenbasierte Ausnahme*, die mit dem Zusatz RESUMABLE der Anweisung RAISE EXCEPTION ausgelöst wird (Resumable Exception, ab Release 7.02/7.2). Während der Behandlung einer wiederaufsetzbaren Ausnahme in einem CATCH-Block kann mit der Anweisung RESUME die Verarbeitung direkt hinter der auslösenden Anweisung wiederaufgesetzt werden, wenn der Kontext der Ausnahme noch vorhanden ist. Die Eigenschaft der Wiederaufsetzbarkeit einer Ausnahme kann beim Propagieren der Ausnahme aus *Prozeduren* verloren gehen, wenn sie nicht bei ihrer Deklaration mit RAISING in allen beteiligten *Parameter-*

schnittstellen über den Zusatz `RESUMABLE` als wiederaufsetzbar gekennzeichnet ist.

Wiederholfunktion *Verarbeitungsfunktion*, die eine Zeichenkette durch Wiederholung verlängert.

wissenschaftliche Notation Darstellung einer Zahl mit Mantisse und Exponent, wobei sich der Wert der Zahl durch Multiplikation der Mantisse mit 10 hoch dem Exponenten ergibt.

Workprozess Komponente eines *Applikationsservers*. Workprozesse führen in ABAP geschriebene Anwendungen aus. Es gibt verschiedene Typen von Workprozessen für verschiedene Anwendungen: Dialog-, Enqueue-, Hintergrund-, Spool- und Verbuchungs-Workprozesse. Jeder Workprozess ist für die gesamte Laufzeit eines *AS ABAP* als *Benutzer* an das *Datenbanksystem* angemeldet. In der *Dialogverarbeitung* ist einem *ABAP-Programm* jeweils für die Dauer eines *Dialogschritts* ein Workprozess zugeordnet.

Wurzelklasse Gemeinsame *Oberklasse* der *Unterklassen* eines *Vererbungsbaums* in der *Einfachvererbung*. In *ABAP Objects* sind alle *Klassen* Unterklassen der vordefinierten *abstrakten* Wurzelklasse `object`.

XML XML (Extensible Markup Language, *www.w3.org/XML/*) ist ein generisches Modell zur Strukturierung von Daten. XML hat eine generische Syntax (Markup), um Elemente des Modells in einem Textformat darzustellen. Die Darstellung im Textformat ermöglicht die Anzeige strukturierter Daten ohne Verwendung des Programms, das diese Daten erzeugt hat. ABAP-Daten können mit *XSL-Transformationen* und *Simple Transformations* nach XML transformiert werden und umgekehrt.

XSL-Transformation In *XSLT* geschriebenes Programm zur Transformation von *XML*-Dokumenten. XSL-Transformationen des *Repositorys* werden mit dem *Transformation Editor* editiert und mit der Anweisung `CALL TRANSFORMATION` aufgerufen. Durch implizite *Serialisierung* und *Deserialisierung* ist dabei die direkte Umwandlung von ABAP-Daten in XML-Formate und umgekehrt möglich.

XSLT XSLT (Extensible Stylesheet Language Transformation, *www.w3.org/TR/xslt*) ermöglicht die Umwandlung von *XML*-Formaten in beliebige andere XML-Formate. Die *ABAP-Laufzeitumgebung* enthält den *SAP-XSLT-Prozessor* zur Ausführung von *XSL-Transformationen*.

XSLT-Programm → *XSL-Transformation*

Zahlenliteral *Literal*, das durch eine Folge von Ziffern im Programmtext und mit optionalen Vorzeichen definiert wird. Der *Datentyp* ist `i`, falls der Wert zwischen $-2^{31}+1$ und $2^{31}-1$ ist, ansonsten `p`.

Zeichen Codiertes Element eines *Zeichensatzes*. Buchstabe, Ziffer oder Sonderzeichen.

zeichenartige Ausdrucksposition Zeichenartige *Operandenposition*, an der außer einem *zeichenartigen Datenobjekt*, das in den Operandentyp konvertierbar ist, auch ein *zeichenartiger Ausdruck* angegeben werden kann (ab Release 7.02/7.2).

zeichenartige Operandenposition *Operandenposition* mit zeichenartigem *Operandentyp*, an der ein *zeichenartiges Datenobjekt*, das in den Operandentyp konvertierbar ist, angegeben werden kann. Siehe auch *zeichenartige Ausdrucksposition*.

zeichenartiger Ausdruck Ab Release 7.02/7.2. Stellt eine *Zeichenkette* dar. Ein zeichenartiger Ausdruck ist ein *Zeichenkettenausdruck* oder eine *Funktion*, deren Rückgabewert einen *zeichenartigen Datentyp* hat.

zeichenartiger Datentyp *Datentyp*, deren *Datenobjekte Zeichen* enthalten, die nach der aktuellen *Codepage* codiert sind. Die entsprechenden *eingebauten Datentypen* sind `c`, `d`, `n`, `t` und `string`. Der zugehörige *generische Datentyp* ist `clike`.

zeichenartiges Datenobjekt *Datenobjekt*, das bei geeignetem Inhalt zeichenartig interpretiert werden kann. Neben Datenobjekten der *zeichenartigen Datentypen* `c`, `d`, `n`, `t` und `string` können in *Unicode-Programmen* auch *Strukturen* mit rein *flach* zeichenartigen *Komponenten* und in *Nicht-Unicode-Programmen* beliebige *flache Strukturen* und *byteartige Datenobjekte* zeichenartig sein.

Zeichendarstellung Binäre Verschlüsselung von Zeichen. Die Zuordnung eines *Zeichensatzes* zur

Zeichendarstellung erfolgt über *Codepages*. Die *ISO-8859*-Codepages sind *Single-Byte*-Zeichendarstellungen, bei denen jedes Zeichen in maximal einem Byte verschlüsselt wird. SJIS und BIG5 sind *Double-Byte*-Zeichendarstellungen für japanische und traditionelle chinesische Schriften. Die *Unicode-Zeichendarstellungen* umfassen alle Zeichen dieser Welt und können je nach *UTF*-Darstellung durch ein, zwei oder vier Byte verschlüsselt werden.

Zeichenfolge → *Zeichenkette*

Zeichenkette Inhalt eines *zeichenartigen Datenobjekts*. Auch Zeichenfolge.

Zeichenketten-Template Ab Release 7.02/7.2. Ein Zeichenketten-Template erzeugt in einem *Zeichenkettenausdruck* aus literalem Text, eingebetteten Ausdrücken und Steuerzeichen eine *Zeichenkette*. Zeichenketten-Templates können nur in *Unicode-Programmen* verwendet werden.

Zeichenkettenausdruck Ab Release 7.02/7.2. Formulierung einer Operation mit zeichenartigen Operanden in einem *Rechenausdruck*, dessen Ergebnis eine *Zeichenkette* ist.

Zeichenkettenfunktion *Eingebaute Funktion* zur Verarbeitung von *Zeichenketten*.

Zeichenkettenoperator Ab Release 7.02/7.2. Verknüpft zwei zeichenartige *Operanden* eines *Zeichenkettenausdrucks*. Der derzeit einzig mögliche Zeichenkettenoperator ist der *Verkettungsoperator* &&, der die beiden Operanden zu einer Zeichenkette zusammenfügt.

Zeichenliteral Auch *Textliteral*. *Literal* mit zeichenartigem Inhalt. Entweder *Textfeldliteral* oder *String-Literal*.

Zeichensatz Definierte Menge von Zeichen, z. B. *ASCII*, *EBCDIC* oder *Unicode*. Zeichensätze werden durch *Codepages* auf *Zeichendarstellungen* abgebildet.

Zeichenstrom *Strom* für *zeichenartige* Daten.

Zeilenendekommentar Auf eine *ABAP-Anweisung* oder einen Teil einer Anweisung folgender Abschnitt einer Programmzeile, der durch ein doppeltes Anführungszeichen " als *Kommentar* gekennzeichnet ist.

Zeilentyp Gemeinsamer *Datentyp* der Zeilen einer *internen Tabelle*.

Zeitfeld *Datenobjekt* vom Typ t, das eine Zeitangabe im Format "hhmmss" enthält. Bei Berechnungen wird der Inhalt von Zeitfeldern in die Anzahl der Sekunden seit 00:00:00 Uhr umgerechnet. Für kombinierte Datums-/Zeitangaben höherer Genauigkeit stehen *Zeitstempel* zur Verfügung.

Zeitstempel Datums- und Zeitinformationen in einem *Datenobjekt* vom *Datentyp* p der Länge 8 ohne *Nachkommastellen* (Kurzform) oder der Länge 11 mit sieben Nachkommastellen (Langform). Die *Dezimalstellen* vor dem *Dezimaltrennzeichen* stellen Datum und Zeit in der Form "yyyymmddhhmmss" dar. In der Langform werden zusätzlich die Sekundenbruchteile hinter dem Dezimaltrennzeichen dargestellt.

zusammengesetzte Erweiterungsimplementierung Semantische Zusammenfassung – *einfacher* oder anderer zusammengesetzter – *Erweiterungsimplementierungen* mit dem Ziel der Strukturierung.

zusammengesetzter Erweiterungsspot Semantische Zusammenfassung *einfacher* und anderer zusammengesetzter *Erweiterungsspots* mit dem Ziel der Strukturierung.

zusammengesetztes Interface Interface, in das bei seiner Deklaration mindestens ein *Komponenteninterface* mit INTERFACES eingebunden wird. Auch geschachteltes Interface genannt.

Zusatzprogrammgruppe *Programmgruppe* eines *internen Modus*. Wird angelegt, wenn eine *Funktionsgruppe* über einen externen Prozeduraufruf oder ein *Class-Pool* über die Verwendung seiner globalen *Klasse* in den internen Modus geladen wird. Die Funktionsgruppe bzw. der Class-Pool ist das *Hauptprogramm* der Zusatzprogrammgruppe. Eine Zusatzprogrammgruppe bleibt mit ihren Daten für die gesamte Lebensdauer des internen Modus vorhanden.

Zuweisung Übertragung des Inhalts eines *Datenobjekts* an ein anderes Datenobjekt. Falls die

Datenobjekte *kompatibel* sind, wird der Inhalt unverändert kopiert. Falls die Datenobjekte inkompatibel sind und eine passende *Konvertierungsregel* vorliegt, wird der Inhalt konvertiert. Typische Anweisung: `MOVE`.

Zuweisungsoperator *Operator* für das Zuweisen des Inhalts eines *Datenobjekts* zu einer *Variablen*. Zuweisungsoperatoren sind das Gleichheitszeichen (=) und der *Casting-Operator* (?=).

Index

-
  - *Komponentenselektor* 47
  - *Operator* 446
  - *UPDATE dbtab* 910
- !, Fluchtsymbol 51
- ##, Sprachelement 69
- #, Fluchtsymbol 325
- #AU, obsoleter Pseudokommentar 1162
- #EC CI_, Pseudokommentar 71
- #EC, obsoleter Pseudokommentar 1161
- &
  - *Operator* 160
  - *Zeichenkettenausdruck* 508
- &&, Operator 524
- ', Sprachelement 160
- (
  - *Arithmetischer Ausdruck* 448
  - *Bit-Ausdruck* 565
  - *CALL METHOD* 285
  - *Logischer Ausdruck* 343
  - *Offset-/Längenangabe* 56
-)
  - *Arithmetischer Ausdruck* 448
  - *Bit-Ausdruck* 565
  - *CALL METHOD* 285
  - *Logischer Ausdruck* 343
  - *Offset-/Längenangabe* 56
- *
  - *Kommentarzeichen* 67
  - *Operator* 446
  - *PROVIDE (obsolet)* 1224
  - *PROVIDE (speziell)* 642
  - *SELECT – columns* 864
  - *TABLES (obsolet)* 1179
  - *WRITE* 769
- **
  - *Operator* 446
  - *WRITE* 769
- +
  - *Offset-/Längenangabe* 56
  - *Operator* 446
  - *UPDATE dbtab* 910
- ,, Sprachelement 65
- ., Sprachelement 45
- /
  - *Operator* 446

/ (Forts.)
  - *SELECTION-SCREEN COMMENT* 720
  - *SELECTION-SCREEN INCLUDE COMMENT* 734
  - *SELECTION-SCREEN INCLUDE PUSHBUTTON* 734
  - *SELECTION-SCREEN PUSHBUTTON* 722
  - *SELECTION-SCREEN ULINE* 720
  - *ULINE* 781
  - *WRITE* 769
- <
  - *Vergleichsoperator* 325
  - *WHERE* 885
- <=
  - *Vergleichsoperator* 325
  - *WHERE* 885
- <>
  - *Vergleichsoperator* 325
  - *WHERE* 885
- =
  - *CALL FUNCTION* 297
  - *CALL METHOD* 291
  - *COMPUTE* 441
  - *EXPORT cluster* 949
  - *FORMAT* 782
  - *IMPORT cluster* 958
  - *MOVE* 415
  - *SUBMIT* 265
  - *UPDATE dbtab* 910
  - *Vergleichsoperator* 325
  - *WHERE* 885
  - *WRITE* 776
- =<, obsoleter Vergleichsoperator 1195
- =>
  - *Komponentenselektor* 48
  - *obsoleter Vergleichsoperator* 1195
- >
  - *Vergleichsoperator* 325
  - *WHERE* 885
- ->*, Operator 54
- ->, Komponentenselektor 47
- ><, obsoleter Vergleichsoperator 1195

- >=
  - *Vergleichsoperator* 325
  - *WHERE* 885
- ?=, MOVE 405
- ?TO, MOVE 405
- [, Syntaxkonvention 35
- [], Tabellenkörper 54
-], Syntaxkonvention 35
- `, Sprachelement 161
- {
  - *Syntaxkonvention* 35
  - *Zeichenketten-Template* 508
- |
  - *Syntaxkonvention* 35
  - *Zeichenkettenausdruck* 508
- }
  - *Syntaxkonvention* 35
  - *Zeichenketten-Template* 508
- ~
  - *Komponentenselektor* 49
  - *Spaltenselektor* 864, 1329
- 1, FORMAT COLOR 782
- 2, FORMAT COLOR 782
- 3, FORMAT COLOR 782
- 4, FORMAT COLOR 782
- 5, FORMAT COLOR 782
- 6, FORMAT COLOR 782
- 7, FORMAT COLOR 782

A

- ABAP Dictionary, eingebauter Typ 112
- ABAP Objects, Vererbung 183
- ABAP-Programm
  - *Dialogmodul* 95
  - *Ereignisblock* 96
  - *Include* 102
  - *Makro* 103
  - *Modularisierung* 87
  - *Programmeinleitung* 78
  - *Programmtyp* 77
  - *Prozedur* 87
- ABAP-Typ
  - *eingebaut* 107
  - *generisch* 111
- ABAP-Wort, ABAP-Anweisung 46

Index

ABBREVIATED
   SEARCH (obsolet) 1211
   SEARCH itab (obsolet) 1222
ABL_TABLE_HASH_STATE,
   Funktionsbaustein 611
abs, eingebaute Funktion 453
ABSTRACT METHODS, INTER-
   FACES 221
ABSTRACT, CLASS 184
ACCEPTING DUPLICATE KEYS,
   INSERT dbtab 907
ACCEPTING PADDING, IMPORT
   cluster 962
ACCEPTING TRUNCATION,
   IMPORT cluster 963
ACCORDING TO, ADD (obsolet)
   1207
ACCP, Dictionary-Typ 112
acos, eingebaute Funktion 455
ACTIVATION, SET HANDLER 309
ACTUAL LENGTH, READ DATA-
   SET 995
ADBC, ABAP Database Connec-
   tivity 941
ADD, ABAP-Anweisung 444
ADD-CORRESPONDING, obsolete
   ABAP-Anweisung 1208
ADJACENT DUPLICATES, DELETE
   itab 628
AFTER INPUT, PROCESS 677
ALIAS
   DATA 167
   TYPES 152
ALIASES, ABAP-Anweisung 224
ALIGN, Zeichenketten-Template
   513
ALL BLOB COLUMNS
   CLASS-DATA 169
   DATA 169
   SELECT INTO 879
   TYPES 157
ALL CLOB COLUMNS
   CLASS-DATA 169
   DATA 169
   SELECT INTO 879
   TYPES 157
ALL FIELDS
   DELETE itab 628
   READ TABLE itab 588
ALL METHODS ABSTRACT,
   INTERFACES 221

ALL METHODS FINAL, INTER-
   FACES 221
ALL OCCURRENCES OF
   FIND 467
   FIND IN TABLE 636
   REPLACE 475
   REPLACE IN TABLE 639
ALL OTHER COLUMNS
   CLASS-DATA 169
   DATA 169
   SELECT INTO 879
   TYPES 157
ALL, WHERE – subquery 892
AND
   Boolescher Operator 342
   SUBMIT 265
   WHERE 894
AND MARK
   SEARCH (obsolet) 1211
   SEARCH itab (obsolet) 1222
AND RETURN TO SCREEN, LEAVE
   TO LIST-PROCESSING 810
AND RETURN, SUBMIT 261
AND SKIP FIRST SCREEN
   CALL DIALOG (obsolet) 1190
   CALL TRANSACTION 274
   LEAVE TO TRANSACTION 278
AND WAIT, COMMIT WORK
   1012
any table, eingebauter generischer
   Typ 111
ANY TABLE, TYPES 149
any, eingebauter generischer Typ
   111
ANY, WHERE – subquery 892
APPEND
   ABAP-Anweisung 612
   obsolete Kurzform 1219
APPENDING
   FETCH 903
   OPEN DATASET 977
ARCHIVE PARAMETERS
   NEW-PAGE PRINT ON 797
   SUBMIT TO SAP-SPOOL 270
AREA HANDLE
   CREATE DATA 248
   CREATE OBJECT 253
AREA, GET CURSOR FIELD –
   dynpro 706
AS
   INCLUDE TYPE, STRUCTURE
   147

AS (Forts.)
   SELECT – columns 864
   SELECT FROM 869
   SELECT JOIN 872
AS CHECKBOX
   PARAMETERS 741
   WRITE 777
AS ICON, WRITE 778
AS LINE, WRITE 779
AS LISTBOX, PARAMETERS 742
AS PERSON TABLE, INFOTYPES
   (speziell) 177
AS SEARCH PATTERN, PARA-
   METERS (obsolet) 1259
AS SEPARATE UNIT, CALL
   FUNCTION IN BACKGROUND
   TASK 1104
AS SUBSCREEN, SELECTION-
   SCREEN BEGIN OF 717
AS SYMBOL, WRITE 779
AS TEXT
   SORT – extract 650
   SORT BY – extract 651
   SORT BY – itab 632
   SORT itab 631
AS WINDOW, SELECTION-
   SCREEN BEGIN OF 716
ASCENDING
   SELECT ORDER BY 899
   SORT – extract 650
   SORT BY – extract 651
   SORT BY – itab 632
   SORT itab 631
asin, eingebaute Funktion 455
ASSERT, ABAP-Anweisung 1055
ASSIGN, ABAP-Anweisung 419
ASSIGNING
   APPEND 616
   COLLECT 612
   INSERT itab 609
   LOOP AT itab 594
   MODIFY itab 622
   READ TABLE itab 589
asXML, ABAP Serialization XML
   1108
AT
   SPLIT 482
   TRUNCATE DATASET 1002
   ULINE 781
   WRITE 769
AT – extract, ABAP-Anweisung
   652

Index

AT – itab, ABAP-Anweisung 600
AT – list event, ABAP-Anweisung 831
AT CURSOR-SELECTION
  FIELD MODULE 683
  MODULE 680
AT EXIT-COMMAND, MODULE 679
AT LINE-SELECTION, ABAP-Anweisung 832
AT PF, obsolete ABAP-Anweisung 1237
AT POSITION, OPEN DATASET 984
AT SELECTION-SCREEN, ABAP-Anweisung 757, 759
AT USER-COMMAND, ABAP-Anweisung 832
atan, eingebaute Funktion 455
ATTRIBUTES
  GET DATASET 997
  SET DATASET 1000
Ausdrucksposition, ABAP-Anweisung 59, 61
AUTHORITY_CHECK_DATASET, Funktionsbaustein 975
AUTHORITY_CHECK_OLE, Funktionsbaustein 1135
AUTHORITY-CHECK, ABAP-Anweisung 1019
AVG, SELECT 866

B

b, eingebauter ABAP-Typ 107
BACK, ABAP-Anweisung 790
BACKUP INTO, EDITOR-CALL FOR itab (obsolet) 1238
BACKWARD, SCROLL LIST 807
BEFORE OUTPUT, PROCESS 677
BEFORE UNWIND, CATCH 365
BEGIN OF
  CLASS-DATA 165
  CONSTANTS 165
  DATA 165
  STATICS 165
  TYPES 143
BEGIN OF BLOCK, SELECTION-SCREEN 725
BEGIN OF COMMON PART, DATA (obsolet) 1178
BEGIN OF LINE, SELECTION-SCREEN 724
BEGIN OF SCREEN, SELECTION-SCREEN 716
BEGIN OF TABBED BLOCK, SELECTION-SCREEN 726
BEGIN OF VERSION, SELECTION-SCREEN (obsolet) 1257
BETWEEN
  Logischer Ausdruck 335
  PROVIDE (obsolet) 1224
  PROVIDE (speziell) 642
  SUBMIT 265
BIG ENDIAN, OPEN DATASET 979–980
BINARY MODE, OPEN DATASET 978
BINARY SEARCH, READ TABLE itab 583
BIT-AND, Operator 563
BIT-NOT, Operator 563
BIT-OR, Operator 563
bit-set, eingebaute Funktion 566
BIT-XOR, Operator 563
BLOCKS
  SELECTION-SCREEN EXCLUDE (obsolet) 1257
  SELECTION-SCREEN INCLUDE 735
boolc, eingebaute Funktion 344
boolx, eingebaute Funktion 344
BOUNDS, PROVIDE (speziell) 642
BOXED
  CLASS-DATA 170
  DATA 170
  TYPES 144
Boxed Component, Struktur 145
BREAK-POINT, ABAP-Anweisung 1058
BT, SELECT-OPTIONS OPTION 753
BY
  DIVIDE 445
  DIVIDE-CORRESPONDING (obsolet) 1208
  MULTIPLY 445
  MULTIPLY-CORRESPONDING (obsolet) 1208
  SORT – extract 651
  SORT itab 632
BY PLACES
  SCROLL LIST LEFT 806

BY PLACES (Forts.)
  SCROLL LIST RIGHT 806
  SHIFT 480
BYPASSING BUFFER, SELECT FROM 869
BYTE-CA, Vergleichsoperator 327
BYTE-CN, Vergleichsoperator 327
BYTE-CO, Vergleichsoperator 327
BYTE-CS, Vergleichsoperator 327
BYTE-NA, Vergleichsoperator 327
BYTE-NS, Vergleichsoperator 327

C

c
  eingebauter ABAP-Typ 107
  eingebauter generischer Typ 111
CA, Vergleichsoperator 325
CALL BADI, ABAP-Anweisung 1155
CALL CUSTOMER SUBSCREEN, obsolete Dynpro-Anweisung 1229
CALL CUSTOMER-FUNCTION, obsolete ABAP-Anweisung 1191
CALL DIALOG, obsolete ABAP-Anweisung 1189
CALL FUNCTION – RFC, ABAP-Anweisung 1092
CALL FUNCTION EXCEPTIONS (obsolet)e Kurzform 1192
CALL FUNCTION, ABAP-Anweisung 296
CALL METHOD OF – OLE, ABAP-Anweisung 1137
CALL METHOD, ABAP-Anweisung 284
CALL SCREEN, ABAP-Anweisung 695
CALL SELECTION-SCREEN, ABAP-Anweisung 755
CALL SUBSCREEN, Dynpro-Anweisung 691
CALL TRANSACTION, ABAP-Anweisung 274
CALL TRANSFORMATION, ABAP-Anweisung 1125
CALLING, CALL FUNCTION STARTING NEW TASK 1099
CASE
  ABAP-Anweisung 350

CASE (Forts.)
    Zeichenketten-Template 514
CASTING
    APPEND 616
    ASSIGN 429
    COLLECT 612
    INSERT itab 609
    LOOP AT itab 594
    MODIFY itab 622
    READ TABLE itab 589
CATCH SYSTEM-EXCEPTIONS, obsolete ABAP-Anweisung 1201
CATCH, ABAP-Anweisung 365
ceil, eingebaute Funktion 453
CENTER, Zeichenketten-Template 513
CENTERED, WRITE 492, 775
CHAIN, Dynpro-Anweisung 687
CHANGING
    CALL FUNCTION 297
    CALL FUNCTION DESTINATION 1093
    CALL FUNCTION STARTING NEW TASK 1100
    CALL METHOD 291
    CLASS-METHODS 215
    FORM (obsolet) 1167
    FUNCTION 91
    METHODS 200
    PERFORM 304
CHAR, Dictionary-Typ 112
char_off, eingebaute Funktion 526
charlen, eingebaute Funktion 525
CHECK – loop, ABAP-Anweisung 320
CHECK – processing block, ABAP-Anweisung 317
CHECK SELECT-OPTIONS, ABAP-Anweisung 318
CIRCULAR, SHIFT 481
CL_ABAP_CHAR_UTILITIES, ABAP-Systemklasse 526
CL_ABAP_CONV_IN_CE, ABAP-Systemklasse 403
CL_ABAP_CONV_OUT_CE, ABAP-Systemklasse 403
CL_ABAP_CONV_X2X_CE, ABAP-Systemklasse 403
CL_ABAP_EXPIMP, ABAP-Systemklasse 971

CL_ABAP_EXPIMP_CONV, ABAP-Systemklasse 971
CL_ABAP_EXPIMP_DB, ABAP-Systemklasse 971
CL_ABAP_EXPIMP_MEM, ABAP-Systemklasse 971
CL_ABAP_EXPIMP_SHBUF, ABAP-Systemklasse 971
CL_ABAP_EXPIMP_SHMEM, ABAP-Systemklasse 971
CL_ABAP_FILE_UTILITIES, ABAP-Systemklasse 982, 996
CL_ABAP_GZIP, ABAP-Systemklasse 566
CL_ABAP_GZIP_BINARY_STREAM, ABAP-Systemklasse 566
CL_ABAP_GZIP_TEXT_STREAM, ABAP-Systemklasse 566
CL_ABAP_ITAB_UTILITIES, ABAP-Systemklasse 575
CL_ABAP_MATCHER, ABAP-Systemklasse 561
CL_ABAP_MATH, ABAP-Systemklasse 461
CL_ABAP_MEMORY_AREA, ABAP-Systemklasse 137
CL_ABAP_MEMORY_UTILITIES, ABAP-Systemklasse 1329
CL_ABAP_RANDOM, ABAP-Systemklasse 461
CL_ABAP_RANDOM_DECFLOAT16, ABAP-Systemklasse 461
CL_ABAP_RANDOM_DECFLOAT34, ABAP-Systemklasse 461
CL_ABAP_RANDOM_FLOAT, ABAP-Systemklasse 461
CL_ABAP_RANDOM_INT, ABAP-Systemklasse 461
CL_ABAP_RANDOM_PACKED, ABAP-Systemklasse 461
CL_ABAP_RANDOM_PACKED_DEC, ABAP-Systemklasse 461
CL_ABAP_REGEX, ABAP-Systemklasse 561
CL_ABAP_RUNTIME, ABAP-Systemklasse 1062
CL_ABAP_STRING_UTILITIES, ABAP-Systemklasse 566

CL_ABAP_SYST, ABAP-Systemklasse 125
CL_ABAP_TIMEFM, ABAP-Systemklasse 1040
CL_ABAP_TSTMP, ABAP-Systemklasse 1045
CL_ABAP_UNGZIP_BINARY_STREAM, ABAP-Systemklasse 566
CL_ABAP_UNGZIP_TEXT_STREAM, ABAP-Systemklasse 566
CL_ABAP_UNIT_ASSERT, ABAP-Systemklasse 213
CL_IMODE_AREA, ABAP-Systemklasse 137
CL_OS_SYSTEM, ABAP-Systemklasse 929
CL_SHM_AREA, ABAP-Systemklasse 137
CL_SQL_CONNECTION, ABAP-Systemklasse 946
CL_SQL_PREPARED_STATEMENT, ABAP-Systemklasse 945
CL_SQL_STATEMENT, ABAP-Systemklasse 941
CL_SYSTEM_TRANSACTION_STATE, ABAP-Systemklasse 1009, 1012, 1014
CL_SYSTEM_UUID, ABAP-Systemklasse 1339
CLASS, ABAP-Anweisung 181
class_constructor, CLASS-METHODS 216
CLASS-DATA, ABAP-Anweisung 199
CLASS-EVENTS, ABAP-Anweisung 220
CLASS-METHODS, ABAP-Anweisung 214
CLASS-POOL, ABAP-Anweisung 84
CLEANUP, ABAP-Anweisung 367
CLEAR, ABAP-Anweisung 437
CLIENT
    DELETE FROM 969
    EXPORT TO DATABASE 952
    EXPORT TO SHARED BUFFER 954
    EXPORT TO SHARED MEMORY 954

CLIENT (Forts.)
IMPORT DIRECTORY 968
IMPORT FROM DATABASE 960
IMPORT FROM SHARED BUFFER 961
IMPORT FROM SHARED MEMORY 961
CLIENT SPECIFIED
DELETE dbtab 917
INSERT dbtab 906
MODIFY dbtab 915
SELECT FROM 869
UPDATE dbtab 909
clike, eingebauter generischer Typ 111
CLNT, Dictionary-Typ 112
CLOSE CURSOR, ABAP-Anweisung 904
CLOSE DATASET, ABAP-Anweisung 1003
CLOSE, EXEC SQL 935
cmax, eingebaute Funktion 529
cmin, eingebaute Funktion 529
CN, Vergleichsoperator 325
cnt, eingebautes Datenobjekt 654
CO, Vergleichsoperator 325
CODE PAGE INTO, IMPORT cluster 966
CODE PAGE, OPEN DATASET 979–980
COL_BACKGROUND, FORMAT COLOR 782
COL_GROUP, FORMAT COLOR 782
COL_HEADING, FORMAT COLOR 782
COL_KEY, FORMAT COLOR 782
COL_NEGATIVE, FORMAT COLOR 782
COL_NORMAL, FORMAT COLOR 782
COL_POSITIVE, FORMAT COLOR 782
COL_TOTAL, FORMAT COLOR 782
COLLECT
ABAP-Anweisung 610
obsolete Kurzform 1219
COLOR
FORMAT 782
WRITE 776

COLOR BLACK, PRINT-CONTROL 827
COLOR BLUE, PRINT-CONTROL 827
COLOR GREEN, PRINT-CONTROL 827
COLOR PINK, PRINT-CONTROL 827
COLOR RED, PRINT-CONTROL 827
COLOR YELLOW, PRINT-CONTROL 827
COLUMN, SET LEFT SCROLL-BOUNDARY 792
COMMENT
SELECTION-SCREEN 720
SELECTION-SCREEN INCLUDE 734
COMMIT CONNECTION, ABAP-Anweisung 1008
COMMIT WORK, ABAP-Anweisung 1012
COMMUNICATION, obsolete ABAP-Anweisung 1265
COMPARING
DELETE itab 628
READ TABLE itab 588
COMPONENT OF STRUCTURE, ASSIGN 422
COMPONENTS
DATA 168
DELETE TABLE itab WITH TABLE KEY 624
DESCRIBE FIELD 658
READ TABLE itab WITH KEY 583
READ TABLE itab WITH TABLE KEY 582
TYPES 154
COMPRESSION OFF, EXPORT cluster 949
COMPRESSION ON, EXPORT cluster 949
COMPUTE, ABAP-Anweisung 441
concat_lines_of, eingebaute Funktion 531
CONCATENATE, ABAP-Anweisung 466
CONDENSE, ABAP-Anweisung 484

condense, eingebaute Funktion 530
CONDITION, ASSERT 1055
CONNECT TO, EXEC SQL 938
CONNECTION
DELETE dbtab 921
INSERT dbtab 921
MODIFY dbtab 921
SELECT FROM 869
UPDATE dbtab 921
CONSTANTS, ABAP-Anweisung 172
constructor, METHODS 207
contains, eingebaute Funktion 346
contains_any_not_of, eingebaute Funktion 346
contains_any_of, eingebaute Funktion 346
CONTEXT, GET BADI 1154
CONTEXTS, obsolete ABAP-Anweisung 1251
CONTINUE, ABAP-Anweisung 319
CONTROLS, ABAP-Anweisung 707
CONVERSION_EXIT_..., Funktionsbaustein 1309
CONVERSION_EXIT_CONV_OUTPUT, Funktionsbaustein 503
CONVERT DATE INTO INVERTED-DATE, obsolete ABAP-Anweisung 1216
CONVERT DATE, ABAP-Anweisung 1049
CONVERT INVERTED-DATE INTO DATE, obsolete ABAP-Anweisung 1216
CONVERT TEXT, ABAP-Anweisung 485
CONVERT TIME STAMP, ABAP-Anweisung 1048
cos, eingebaute Funktion 455
cosh, eingebaute Funktion 455
count, eingebaute Funktion 527
COUNT, SELECT 866
count_any_not_of, eingebaute Funktion 527
count_any_of, eingebaute Funktion 527
COUNTRY
GET LOCALE 1037

COUNTRY (Forts.)
  SET LOCALE 1034
  Zeichenketten-Template 522
CP
  SELECT-OPTIONS OPTION 753
  SUBMIT 265
  Vergleichsoperator 325
CPI, PRINT-CONTROL 827
CREATE DATA, ABAP-Anweisung 242
CREATE OBJECT – OLE, ABAP-Anweisung 1135
CREATE OBJECT, ABAP-Anweisung 251
CREATE PACKAGE, CLASS 185
CREATE PRIVATE, CLASS 185
CREATE PROTECTED, CLASS 185
CREATE PUBLIC, CLASS 185
CREATING, SELECT INTO 879
CRITICAL, CLASS – FOR TESTING 187
CS, Vergleichsoperator 325
csequence, eingebauter generischer Typ 111
CUKY, Dictionary-Typ 112
CURR, Dictionary-Typ 112
CURRENCY
  WRITE 775
  Zeichenketten-Template 518
CURRENCYWRITE TO 495
CURRENT
  MODIFY LINE 803
  READ LINE 801
CURRENT POSITION, TRUNCATE DATASET 1002
CURSOR
  LOOP (obsolet) 1230
  LOOP WITH CONTROL 688
cursor, eingebauter ABAP-Typ 107
CX_DYNAMIC_CHECK, ABAP-Systemklasse 355
CX_NO_CHECK, ABAP-Systemklasse 355
CX_ROOT, ABAP-Systemklasse 355
CX_SQL_EXCEPTION, ABAP-Systemklasse 947
CX_STATIC_CHECK, ABAP-Systemklasse 355

D

d, eingebauter ABAP-Typ 107
DANGEROUS, CLASS – FOR TESTING 187
DATA BEGIN OF, obsolete anonyme Komponenten 1175
DATA BUFFER
  EXPORT cluster 951
  IMPORT cluster 959
DATA VALUES, INTERFACES 221
DATA, ABAP-Anweisung 162
data, eingebauter generischer Typ 111
DATABASE
  DELETE FROM 969
  EXPORT cluster 952
  IMPORT cluster 960
DATE
  CONVERT TIME STAMP 1048
  Zeichenketten-Template 519
Datenobjekt, eingebaut 121
Datenobjekt, Sharing 1275
Datenobjekt, Speicherverwaltung 1273
Datentyp, kompatibel 377
DATS, Dictionary-Typ 112
DAYLIGHT SAVING TIME
  CONVERT DATE 1049
  CONVERT TIME STAMP 1048
DB_COMMIT, Funktionsbaustein 1007
dbmaxlen, eingebaute Funktion 525
DD/MM/YY, WRITE 775
DD/MM/YYWRITE TO 504
DD/MM/YYYY, WRITE 775
DD/MM/YYYYWRITE TO 504
DDMMYY, WRITE 775
DDMMYYWRITE TO 504
DEC, Dictionary-Typ 112
decfloat, eingebauter generischer Typ 111
decfloat16, eingebauter ABAP-Typ 107
decfloat34, eingebauter ABAP-Typ 107
DECIMALS
  ASSIGN (obsolet) 1204
  ASSIGN CASTING 429
  CLASS-DATA 163
  CONSTANTS 163

DECIMALS (Forts.)
  CREATE DATA 242
  DATA 163
  DESCRIBE FIELD 660
  PARAMETERS 738
  STATICS 163
  TYPES 139
  WRITE 775
  Zeichenketten-Template 516
DECIMALSWRITE TO 496
DEFAULT
  CALL FUNCTION STARTING NEW TASK 1098
  EVENTS 219
  FUNCTION 93
  OPEN DATASET 981
  PARAMETERS 743
  SELECT-OPTIONS 753
DEFAULT KEY
  CREATE DATA 247
  DATA 167
  TYPES 152
DEFAULT PROGRAM, SELECTION-SCREEN TAB 726
DEFAULT SCREEN, SELECTION-SCREEN TAB 726
DEFERRED
  CLASS 194
  INTERFACE 198
DEFINE, ABAP-Anweisung 104
DEFINING DATABASE, REPORT (obsolet) 1254
DEFINITION
  CLASS 182
  FORM (obsolet) 1170
DELETE cluster, ABAP-Anweisung 969
DELETE DATASET, ABAP-Anweisung 1004
DELETE dbtab
  ABAP-Anweisung 916
  obsolete ABAP-Anweisung 1246
  obsolete Kurzform 1241
DELETE itab
  ABAP-Anweisung 622
  obsolete Kurzform 1219
DEMAND, obsolete ABAP-Anweisung 1252
DEQUEUE_, Funktionsbausteine 1017
DESCENDING
  SELECT ORDER BY 899

DESCENDING (Forts.)
  SORT – extract 650
  SORT BY – extract 651
  SORT BY – itab 632
  SORT itab 631
DESCRIBE DISTANCE, ABAP-Anweisung 663
DESCRIBE FIELD, ABAP-Anweisung 657
DESCRIBE LIST, ABAP-Anweisung 808
DESCRIBE TABLE, ABAP-Anweisung 662
DESCRIBE, ABAP-Anweisung 657
DESTINATION
  CALL FUNCTION 1092
  CALL FUNCTION IN BACKGROUND TASK 1104
  CALL FUNCTION STARTING NEW TASK 1097
DETAIL, obsolete ABAP-Anweisung 1234
DF16_DEC, Dictionary-Typ 112
DF16_RAW, Dictionary-Typ 113
DF16_SCL, Dictionary-Typ 113
DF34_DEC, Dictionary-Typ 113
DF34_RAW, Dictionary-Typ 113
DF34_SCL, Dictionary-Typ 113
DIRECTORY ENTRY
  INSERT REPORT 1075
  SYNTAX-CHECK FOR itab 1072
DISCONNECT, EXEC SQL 939
DISPLAY LIKE, MESSAGE 848
DISPLAY OFFSET
  GET CURSOR FIELD – list 817
  GET CURSOR LINE – list 818
  SET CURSOR – dynpro 705
  SET CURSOR – list 816
  SET CURSOR FIELD – list 815
DISPLAY_LIST, Funktionsbaustein 269
DISPLAY-MODE
  EDITOR-CALL FOR itab (obsolet) 1238
  EDITOR-CALL FOR REPORT 1078
distance, eingebaute Funktion 528
DISTINCT
  SELECT – lines 862
  SELECT aggregate 866
DIV, Operator 446

DIVIDE, ABAP-Anweisung 445
DIVIDE-CORRESPONDING, obsolete ABAP-Anweisung 1208
DO, ABAP-Anweisung 352
DUMMY, AUTHORITY-CHECK 1019
DURATION, CLASS – FOR TESTING 187
DURING LINE-SELECTION, TOP-OF-PAGE 830
DYNAMIC SELECTIONS, SELECTION-SCREEN (obsolet) 1258
DYNP_UPDATE_FIELDS, Funktionsbaustein 686
DYNP_VALUES_READ, Funktionsbaustein 686
DYNP_VALUES_UPDATE, Funktionsbaustein 686

E

E, SELECT-OPTIONS SIGN 753
EDIT MASK, DESCRIBE FIELD 661
EDITOR-CALL FOR itab, obsolete ABAP-Anweisung 1238
EDITOR-CALL FOR REPORT, ABAP-Anweisung 1078
ELSE
  ABAP-Anweisung 349
  ON CHANGE OF (obsolet) 1197
ELSEIF, ABAP-Anweisung 349
ENCODING, OPEN DATASET 981
END OF
  AT – extract 652
  AT – itab 600
  CLASS-DATA 165
  CONSTANTS 165
  DATA 165
  STATICS 165
  TYPES 143
END OF BLOCK, SELECTION-SCREEN 725
END OF COMMON PART, DATA (obsolet) 1178
END OF FILE, SET DATASET 999
END OF LINE, SELECTION-SCREEN 724
END OF SCREEN, SELECTION-SCREEN 716–717
END OF TABBED BLOCK, SELECTION-SCREEN 726

END OF VERSION, SELECTION-SCREEN (obsolet) 1257
ENDAT, ABAP-Anweisung 600
ENDCASE, ABAP-Anweisung 350
ENDCATCH, ABAP-Anweisung 1201
ENDCHAIN, Dynpro-Anweisung 687
ENDCLASS, ABAP-Anweisung 182, 193
ENDDO, ABAP-Anweisung 352
ENDENHANCEMENT, ABAP-Anweisung 1149
END-ENHANCEMENT-SECTION, ABAP-Anweisung 1147
ENDEXEC, ABAP-Anweisung 932
ENDFORM, obsolete ABAP-Anweisung 1165, 1170
ENDFUNCTION, ABAP-Anweisung 90
ENDIAN INTO, IMPORT cluster 966
ENDIF, ABAP-Anweisung 349
ENDING AT
  CALL SCREEN 695
  CALL SELECTION-SCREEN 755
  SEARCH (obsolet) 1211
  SEARCH itab (obsolet) 1222
  WINDOW 812
ENDINTERFACE, ABAP-Anweisung 196
END-LINES, DESCRIBE LIST PAGE 809
ENDLOOP
  ABAP-Anweisung 592
  Dynpro-Anweisung 688
ENDLOOP – extract, ABAP-Anweisung 651
ENDMETHOD, ABAP-Anweisung 89
ENDMODULE, ABAP-Anweisung 95
END-OF-DEFINITION, ABAP-Anweisung 104
END-OF-PAGE, ABAP-Anweisung 830
END-OF-SELECTION, ABAP-Anweisung 101
ENDON, obsolete ABAP-Anweisung 1197
ENDPROVIDE, spezielle ABAP-Anweisung 642

ENDSELECT, ABAP-Anweisung 860
ENDTRY, ABAP-Anweisung 364
ENDWHILE, ABAP-Anweisung 352
ENGINEERING, Zeichenketten-Template 517
ENHANCEMENT, ABAP-Anweisung 1149
ENHANCEMENT-POINT, ABAP-Anweisung 1146
ENHANCEMENT-SECTION, ABAP-Anweisung 1147
ENQUEUE_, Funktionsbausteine 1017
ENVIRONMENT TIME FORMAT, WRITE 775
ENVIRONMENT TIME FORMAT-WRITE TO 498
ENVIRONMENT, Zeichenketten-Template 518, 520
EQ
   SELECT-OPTIONS OPTION 753
   SUBMIT 265
   Vergleichsoperator 325
   WHERE 885
EQUIV, Boolescher Operator 343
error_message, CALL FUNCTION 297
ERRORMESSAGE, FIELD (obsolet) 1228
escape, eingebaute Funktion 531
EVENTS, ABAP-Anweisung 219
EXACT
   COMPUTE 442
   MOVE 407
   MOVE-CORRESPONDING 415
EXCEPTIONS
   CALL FUNCTION 297
   CALL FUNCTION DESTINATION 1093
   CALL FUNCTION STARTING NEW TASK 1100
   CALL METHOD 291
   CLASS-METHODS 215
   CREATE OBJECT 255
   FUNCTION 91
   METHODS 200
   RECEIVE RESULTS FROM FUNCTION 1101
EXCEPTION-TABLE
   CALL FUNCTION 299

EXCEPTION-TABLE (Forts.)
   CALL METHOD 293
   CREATE OBJECT 255
EXCLUDE, SELECTION-SCREEN (obsolet) 1257
EXCLUDING
   GET PF-STATUS 698
   SET PF-STATUS – dynpro 697
   SET PF-STATUS – list 813
EXEC SQL, ABAP-Anweisung 932
EXECUTE PROCEDURE, EXEC SQL 936
EXIT – loop, ABAP-Anweisung 319
EXIT FROM SQL, obsolete ABAP-Anweisung 1242
EXIT FROM STEP-LOOP, ABAP-Anweisung 712
EXIT, obsolete ABAP-Anweisung 1193
exp, eingebaute Funktion 455
EXPONENT
   WRITE 775
   Zeichenketten-Template 516
EXPONENT WRITE TO 493
EXPORT – dbtab, obsolete Kurzform 1248
EXPORT cluster, ABAP-Anweisung 949
EXPORT TO MEMORY, obsolete Kurzform 1247
EXPORT, obsolete Kurzform 1247
EXPORTING
   CALL DIALOG (obsolet) 1190
   CALL FUNCTION 297
   CALL FUNCTION DESTINATION 1093
   CALL FUNCTION IN BACKGROUND 1104
   CALL FUNCTION IN UPDATE TASK 1009
   CALL FUNCTION STARTING NEW TASK 1100
   CALL METHOD 291
   CALL METHOD OF – OLE 1137
   CLASS-EVENTS 220
   CLASS-METHODS 215
   CREATE OBJECT 255
   EVENTS 219
   FUNCTION 91
   GET PROPERTY – OLE 1139
   METHODS 200

EXPORTING (Forts.)
   RAISE EVENT 306
   RAISE EXCEPTION 362
   SET PROPERTY – OLE 1140
EXPORTING LIST TO MEMORY, SUBMIT 269
EXTENDED_MONETARY, Zeichenketten-Template 517
EXTRACT, ABAP-Anweisung 649

F

f, eingebauter ABAP-Typ 107
F4IF_FIELD_VALUE_REQUEST, Funktionsbaustein 661
FETCH
   ABAP-Anweisung 903
   EXEC SQL 935
FIELD
   AUTHORITY-CHECK 1019
   Dynpro-Anweisung 681
   GET CURSOR – dynpro 706
   GET CURSOR – list 817
   GET PARAMETER 1028
   GET RUN TIME 1061
   GET TIME 1044
   GET TIME STAMP 1047
   SET CURSOR – dynpro 705
   SET CURSOR – list 815
   SET PARAMETER 1027
FIELD FORMAT, MODIFY LINE 804
FIELD MODULE, Dynpro-Anweisung 683
FIELD SELECTION, SELECTION-SCREEN (obsolet) 1257
FIELD VALUE FROM, MODIFY LINE 804
FIELD VALUE INTO, READ LINE 802
FIELD-GROUPS, ABAP-Anweisung 647
FIELDS
   ASSERT 1057
   GET 99
   LOG-POINT 1060
   obsolete ABAP-Anweisung 1177
   PROVIDE (speziell) 642
FIELD-SYMBOLS
   ABAP-Anweisung 227
   obsolete Typisierung 1185

Index

FILE_GET_NAME, Funktionsbaustein 973
FILTER, OPEN DATASET 986
FILTERS, GET BADI 1154
FILTER-TABLE, GET BADI 1154
FINAL
  CLASS 184
  METHODS 205
  METHODS REDEFINITON 211
FINAL METHODS, INTERFACES 221
FIND IN TABLE, ABAP-Anweisung 636
FIND, ABAP-Anweisung 467
find, eingebaute Funktion 526
find_any_not_of, eingebaute Funktion 526
find_any_of, eingebaute Funktion 526
find_end, eingebaute Funktion 526
FIRST
  AT – extract 652
  AT – itab 600
FIRST OCCURRENCE OF
  FIND 467
  FIND IN TABLE 636
  REPLACE 475
  REPLACE IN TABLE 639
FIRST-LINE, DESCRIBE LIST PAGE 809
FIXED-POINT ARITHMETIC, INSERT REPORT 1075
floor, eingebaute Funktion 453
FLTP, Dictionary-Typ 113
FONT, PRINT-CONTROL 827
FOR
  ALIASES 224
  OPEN DATASET 976
  RANGES (obsolet) 1184
  SEARCH (obsolet) 1211
  SEARCH itab (obsolet) 1222
  SELECT-OPTIONS 749
  SET HANDLER 309
FOR ALL ENTRIES, WHERE 894
FOR ALL INSTANCES, SET HANDLER 309
FOR COLUMNS
  CLASS-DATA 169
  DATA 169
  SELECT INTO 879
  TYPES 157

FOR EVENT OF
  CLASS-METHODS 218
  METHODS 210
FOR FIELD
  SELECTION-SCREEN COMMENT 720
  SELECTION-SCREEN INCLUDE COMMENT 734
FOR HIGH
  SELECT-OPTIONS HELP-REQUEST (obsolet) 1261
  SELECT-OPTIONS VALUE-REQUEST (obsolet) 1261
FOR LINES, SELECTION-SCREEN 726
FOR LOW
  SELECT-OPTIONS HELP-REQUEST (obsolet) 1261
  SELECT-OPTIONS VALUE-REQUEST (obsolet) 1261
FOR NODE
  PARAMETERS (obsolet) 1259
  SELECTION-SCREEN (obsolet) 1258
  SELECTION-SCREEN DYNAMIC SELECTIONS (obsolet) 1258
  SELECTION-SCREEN FIELD SELECTION (obsolet) 1257
FOR SELECT, OPEN CURSOR 902
FOR TABLE
  PARAMETERS (obsolet) 1259
  SELECTION-SCREEN (obsolet) 1258
  SELECTION-SCREEN DYNAMIC SELECTIONS (obsolet) 1258
  SELECTION-SCREEN FIELD SELECTION (obsolet) 1257
FOR TESTING
  CLASS 187
  METHODS 213
FOR UPDATE, SELECT – lines 862
FOR USER, AUTHORITY-CHECK 1019
FORM, obsolete ABAP-Anweisung 1165
FORMAT, ABAP-Anweisung 782
FORWARD, SCROLL LIST 807
frac, eingebaute Funktion 453
FRAMES
  FORMAT 786
  WRITE 776

FREE MEMORY
  ABAP-Anweisung 970
  obsolete ABAP-Anweisung 1248
FREE OBJECT – OLE, ABAP-Anweisung 1141
FREE, ABAP-Anweisung 438
FREE_SELECTIONS_, Funktionsbausteine 267
FREE_SELECTIONS_DIALOG, Funktionsbaustein 762
FREE_SELECTIONS_INIT, Funktionsbaustein 762
FRIENDS, CLASS 188
FROM
  CALL DIALOG (obsolet) 1190
  DELETE cluster 969
  DELETE dbtab 917
  DELETE itab 624
  EXPORT cluster 949
  EXPORT TO DATABASE 952
  EXPORT TO SHARED BUFFER 954
  EXPORT TO SHARED MEMORY 954
  FIND IN TABLE 637
  IMPORT cluster 957
  INSERT dbtab 905
  INSERT REPORT 1075
  INSERT TEXTPOOL 1080
  MODIFY dbtab 915
  MODIFY itab 617
  MODIFY SCREEN 703
  PROVIDE (obsolet) 1224
  PROVIDE (speziell) 642
  READ TABLE itab 581
  REPLACE IN TABLE 640
  SELECT 869
  SUBTRACT 444
  SUBTRACT-CORRESPONDING (obsolet) 1208
FROM CODE PAGE, TRANSLATE (obsolet) 1215
FROM CONTEXT, DEMAND (obsolet) 1252
FROM DATABASE, IMPORT DIRECTORY 968
FROM idx
  APPEND 614
  INSERT itab 606
  LOOP AT itab 596
FROM NUMBER FORMAT, TRANSLATE (obsolet) 1215

Index

FROM SCREEN, REFRESH CONTROL 711
FROM TABLE, INSERT dbtab 907
FROM TO, ADD (obsolet) 1207
from_mixed, eingebaute Funktion 539
FUNCTION
 ABAP-Anweisung 90
 PRINT-CONTROL 827
FUNCTION KEY, SELECTION-SCREEN 729
FUNCTION-POOL, ABAP-Anweisung 83
Funktion, eingebaut 127

G

GE
 SELECT-OPTIONS OPTION 753
 SUBMIT 265
 Vergleichsoperator 325
 WHERE 885
GENERATE SUBROUTINE POOL, ABAP-Anweisung 1065
GET BADI, ABAP-Anweisung 1152
GET BIT, ABAP-Anweisung 506
GET CONNECTION, EXEC SQL 939
GET CURSOR – dynpro, ABAP-Anweisung 706
GET CURSOR – list, ABAP-Anweisung 817
GET DATASET, ABAP-Anweisung 995
GET LOCALE, ABAP-Anweisung 1037
GET node, ABAP-Anweisung 99
GET PARAMETER, ABAP-Anweisung 1028
GET PF-STATUS, ABAP-Anweisung 698
GET PROPERTY OF – OLE, ABAP-Anweisung 1139
GET REFERENCE OF, ABAP-Anweisung 434
GET RUN TIME, ABAP-Anweisung 1061
GET TIME STAMP, ABAP-Anweisung 1047
GET TIME, ABAP-Anweisung 1044

GET_PRINT_PARAMETERS, Funktionsbaustein 821–822
GIVING
 ADD FROM TO (obsolet) 1207
 ADD THEN UNTIL (obsolet) 1207
GLOBAL FRIENDS, CLASS 188
GROUP BY, SELECT 896
GT
 SELECT-OPTIONS OPTION 753
 SUBMIT 265
 Vergleichsoperator 325
 WHERE 885

H

HANDLE
 ASSIGN CASTING 429
 CREATE DATA 245
HARMLESS, CLASS – FOR TESTING 187
HASHED TABLE
 CLASS-DATA 166
 CONSTANTS 166
 CREATE DATA 247
 DATA 166
 STATICS 166
 TYPES 149
hashed table, eingebauter generischer Typ 111
HAVING, SELECT 898
header, FIELD-GROUPS 647
HEAD-LINES, DESCRIBE LIST PAGE 809
HELP-ID, DESCRIBE FIELD 661
HELP-REQUEST
 PARAMETERS (obsolet) 1259
 SELECT-OPTIONS (obsolet) 1261
HIDE, ABAP-Anweisung 800
HIGH, SET RUN TIME CLOCK RESOLUTION 1062
HOTSPOT
 FORMAT 784
 WRITE 776

I

i, eingebauter ABAP-Typ 107
I, SELECT-OPTIONS SIGN 753
ICON_CREATE, Funktionsbaustein 723

ID
 ASSERT 1056
 AUTHORITY-CHECK 1019
 BREAK-POINT 1058
 COMMUNICATION (obsolet) 1265
 DELETE FROM 969
 EXPORT TO DATABASE 952
 EXPORT TO MEMORY 952
 EXPORT TO SHARED BUFFER 954
 EXPORT TO SHARED MEMORY 954
 FREE MEMORY 970
 GET PARAMETER 1028
 IMPORT DIRECTORY 968
 IMPORT FROM DATABASE 960
 IMPORT FROM MEMORY 960
 IMPORT FROM SHARED BUFFER 961
 IMPORT FROM SHARED MEMORY 961
 LOG-POINT 1060
 MESSAGE 845
 SELECTION-SCREEN (obsolet) 1258
 SELECTION-SCREEN DYNAMIC SELECTIONS (obsolet) 1258
 SELECTION-SCREEN FIELD SELECTION (obsolet) 1257
 SELECTION-SCREEN INCLUDE BLOCKS 735
 SELECTION-SCREEN INCLUDE COMMENT 734
 SELECTION-SCREEN INCLUDE PARAMETERS 732
 SELECTION-SCREEN INCLUDE PUSHBUTTON 734
 SELECTION-SCREEN INCLUDE SELECT-OPTIONS 733
 SET PARAMETER 1027
ID_OF_BACKGROUNDTASK, Funktionsbaustein 1105
IDS, SELECTION-SCREEN EXCLUDE (obsolet) 1257
IF FOUND
 INCLUDE 102
 PERFORM 303
 PERFORM (obsolet) 1192
IF, ABAP-Anweisung 349
IF_MESSAGE, ABAP-Systeminterface 845

IF_OS_CA_INSTANCE, ABAP-Systeminterface 927
IF_OS_CA_PERSISTENCY, ABAP-Systeminterface 927
IF_OS_FACTORY, ABAP-Systeminterface 927
IF_OS_QUERY, ABAP-Systeminterface 930
IF_OS_QUERY_MANAGER, ABAP-Systeminterface 930
IF_OS_STATE, ABAP-Systeminterface 927
IF_OS_TRANSACTION, ABAP-Systeminterface 929
IF_OS_TRANSACTION_MANAGER, ABAP-Systeminterface 929
IF_SERIALIZABLE_OBJECT, ABAP-Systeminterface 1121–1122, 1124
IF_SHM_BUILD_INSTANCE, ABAP-Systeminterface 137
IF_T100_MESSAGE, ABAP-Systeminterface 357, 844–845
IGNORING CASE
  FIND 471
  FIND IN TABLE 639
  REPLACE 476
  REPLACE IN TABLE 640
IGNORING CONVERSION ERRORS
  IMPORT cluster 965
  OPEN DATASET 988
IGNORING STRUCTURE BOUNDARIES, IMPORT cluster 964
IMMEDIATELY, SET PF-STATUS – list 813
IMPLEMENTATION
  CLASS 193
  FORM (obsolet) 1170
IMPORT – dbtab, obsolete Kurzform 1248
IMPORT cluster, ABAP-Anweisung 957
IMPORT DIRECTORY, ABAP-Anweisung 968
IMPORT FROM MEMORY, obsolete Kurzform 1247
IMPORT, obsolete Kurzform 1247
IMPORTING
  CALL DIALOG (obsolet) 1190
  CALL FUNCTION 297

IMPORTING (Forts.)
  CALL FUNCTION DESTINATION 1093
  CALL METHOD 291
  CLASS-METHODS 215
  FUNCTION 91
  METHODS 200
  RECEIVE RESULTS FROM FUNCTION 1101
IN
  EXEC SQL 936
  logischer Ausdruck 339
  obsoleter logischer Ausdruck 1195
  OPEN DATASET 976
  REPLACE 475
IN BACKGROUND TASK, CALL FUNCTION 1104
IN BACKGROUND UNIT, CALL FUNCTION 1103
IN BACKGROUND, CALL FUNCTION 1103
IN BYTE MODE
  CLEAR 437
  CONCATENATE 466
  DESCRIBE DISTANCE 663
  DESCRIBE FIELD 659
  FIND 467
  FIND IN TABLE 636
  REPLACE 475
  REPLACE (obsolet) 1213
  REPLACE IN TABLE 639
  REPLACE SECTION OF 478
  SEARCH (obsolet) 1211
  SEARCH itab (obsolet) 1222
  SHIFT 479
  SPLIT 482
IN CHARACTER MODE
  CLEAR 437
  CONCATENATE 466
  DESCRIBE DISTANCE 663
  DESCRIBE FIELD 659
  FIND 467
  FIND IN TABLE 636
  REPLACE 475
  REPLACE (obsolet) 1213
  REPLACE IN TABLE 639
  REPLACE SECTION OF 478
  SEARCH (obsolet) 1211
  SEARCH itab (obsolet) 1222
  SHIFT 479
  SPLIT 482

IN CHAR-TO-HEX MODE, IMPORT cluster 965
IN GROUP, CALL FUNCTION STARTING NEW TASK 1098
IN PROGRAM, PERFORM 303
IN UPDATE TASK, CALL FUNCTION 1009
INCL, SUBMIT 265
INCLUDE
  ABAP-Anweisung 102
  GENERATE SUBROUTINE POOL 1068
  SELECTION-SCREEN 732
  SYNTAX-CHECK FOR itab 1074
INCLUDE BOUND
  ENHANCEMENT-POINT 1146
  ENHANCEMENT-SECTION 1147
INCLUDE STRUCTURE, ABAP-Anweisung 147
INCLUDE TYPE, ABAP-Anweisung 147
INCLUDING GAPS, PROVIDE (speziell) 642
INCLUDING, CALL SUBSCREEN 691
INCREMENT, ASSIGN 422
INDEX
  DELETE itab 625
  DESCRIBE LIST 808
  INSERT itab 608
  MODIFY itab 619
  MODIFY LINE 803
  READ LINE 801
  READ TABLE itab 586
  SCROLL LIST 805
  WRITE TO itab (obsolet) 1223
index table, eingebauter generischer Typ 111
INDEX TABLE, TYPES 149
INDEX-LINE, PRINT-CONTROL 828
INFOTYPES, spezielle ABAP-Anweisung 177
INHERITING FROM, CLASS 183
INITIAL LINE
  APPEND 614
  INSERT itab 605
INITIAL LINE OF, ASSIGN LOCAL COPY OF (obsolet) 1187
INITIAL SIZE
  CLASS-DATA 166

INITIAL SIZE (Forts.)
  CONSTANTS 166
  CREATE DATA 247
  DATA 166
  STATICS 166
  TYPES 148
INITIAL, ASSIGN LOCAL COPY OF (obsolet) 1187
INITIALIZATION, ABAP-Anweisung 98
INNER, SELECT JOIN FROM 872
INOUT, EXEC SQL 936
INPUT
  FORMAT 784
  MODULE 95
  obsolete ABAP-Anweisung 1234
  OPEN DATASET 977
  WRITE 776
INSERT dbtab
  ABAP-Anweisung 905
  obsolete Kurzform 1241
INSERT field group, ABAP-Anweisung 648
INSERT itab
  ABAP-Anweisung 604
  obsolete Kurzform 1219
INSERT REPORT, ABAP-Anweisung 1075
INSERT TEXTPOOL, ABAP-Anweisung 1080
insert, eingebaute Funktion 533
INT1, Dictionary-Typ 113
INT2, Dictionary-Typ 113
INT4, Dictionary-Typ 113
INT8, Dictionary-Typ 113
INTENSIFIED
  FORMAT 783
  WRITE 776
INTERFACE, ABAP-Anweisung 196
INTERFACE-POOL, ABAP-Anweisung 85
INTERFACES, ABAP-Anweisung 221
INTERNAL TABLE
  EXPORT cluster 951
  IMPORT cluster 959
INTO
  CATCH 365
  CLEANUP 367
  COLLECT 610
  CONCATENATE 466

INTO (Forts.)
  CONVERT DATE 1049
  CONVERT TIME STAMP 1048
  DESCRIBE DISTANCE 663
  FETCH 903
  GET BIT 506
  GET REFERENCE 434
  IMPORT DIRECTORY 968
  INSERT dbtab 905
  INSERT field group 648
  INSERT itab 604
  LOOP AT itab 594
  LOOP AT SCREEN 701
  MESSAGE 849
  PROVIDE (speziell) 642
  READ DATASET 992
  READ REPORT 1070
  READ TABLE itab 588
  READ TEXTPOOL 1079
  REPLACE (obsolet) 1213
  SELECT 875
  SPLIT 482
INTO SORTABLE CODE, CONVERT TEXT 485
INVERSE
  FORMAT 783
  WRITE 776
IS ASSIGNED, logischer Ausdruck 336
IS BOUND, logischer Ausdruck 337
IS INITIAL
  CLASS-DATA 170
  CONSTANTS 170
  DATA 170
  logischer Ausdruck 337
  STATICS 170
IS NOT ASSIGNED, logischer Ausdruck 336
IS NOT BOUND, logischer Ausdruck 337
IS NOT INITIAL, logischer Ausdruck 337
IS NOT REQUESTED, obsoleter logischer Ausdruck 1196
IS NOT SUPPLIED, logischer Ausdruck 338
IS REQUESTED, obsoleter logischer Ausdruck 1196
IS SUPPLIED, logischer Ausdruck 338
ISO, Zeichenketten-Template 520

J

JOB_CLOSE, Funktionsbaustein 272
JOB_OPEN, Funktionsbaustein 272
JOB_SUBMIT, Funktionsbaustein 272
JOIN, SELECT FROM 872

K

KEEPING DIRECTORY ENTRY, INSERT REPORT 1075
KEEPING TASK, RECEIVE RESULTS FROM FUNCTION 1100
Kettensatz, ABAP-Anweisung 65
KEY
  DATA 168
  TYPES 152
KEY primary_key
  DATA 167
  TYPES 152
KIND, DESCRIBE TABLE 662
Klasse
  Komponente 192
  Sichtbarkeitsbereich 189
Kommentar, ABAP-Anweisung 67

L

LANG, Dictionary-Typ 113
LANGUAGE
  GET LOCALE 1037
  INSERT TEXTPOOL 1080
  READ TEXTPOOL 1079
  SET LOCALE 1034
LAST
  AT – extract 652
  AT – itab 600
LATE, GET 99
LCHR, Dictionary-Typ 113
LDB_PROCESS, Funktionsbaustein 1262
LE
  SELECT-OPTIONS OPTION 753
  SUBMIT 265
  Vergleichsoperator 325
  WHERE 885
LEAVE LIST-PROCESSING, ABAP-Anweisung 812

LEAVE PROGRAM, ABAP-Anweisung 313
LEAVE SCREEN, ABAP-Anweisung 713
LEAVE TO CURRENT TRANSACTION, ABAP-Anweisung 278
LEAVE TO LIST-PROCESSING, ABAP-Anweisung 810
LEAVE TO SCREEN, ABAP-Anweisung 713
LEAVE TO TRANSACTION, ABAP-Anweisung 278
LEAVE, obsolete ABAP-Anweisung 1193
LEFT
  MOVE PERCENTAGE (obsolet) 1203
  SCROLL LIST 806
  SHIFT 481
  Zeichenketten-Template 513
LEFT DELETING LEADING, SHIFT 481
LEFT MARGIN, PRINT-CONTROL 827
LEFT OUTER, SELECT JOIN 872
LEFT-JUSTIFIED, WRITE 492, 775
LEFTPLUS, Zeichenketten-Template 515
LEFTSPACE, Zeichenketten-Template 515
LEGACY BINARY MODE, OPEN DATASET 979
LEGACY TEXT MODE, OPEN DATASET 980
LENGTH
  CLASS-DATA 163
  CONSTANTS 163
  CREATE DATA 242
  DATA 163
  DESCRIBE FIELD 659
  FIND 470
  GET CURSOR FIELD – dynpro 706
  GET CURSOR FIELD – list 817
  GET CURSOR LINE – list 818
  PARAMETERS 736
  REPLACE 478
  REPLACE (obsolet) 1213
  STATICS 163
  TRANSFER 990
  TYPES 139

LEVEL, PERFORM ON 1011
LIKE
  ASSIGN CASTING 429
  CLASS-DATA 163
  CLASS-EVENTS 231
  CLASS-METHODS 231
  CONSTANTS 163
  CREATE DATA 244
  DATA 163
  EVENTS 231
  FIELD-SYMBOLS 231
  FORM 231
  FUNCTION (obsolet) 1171
  METHODS 231
  obsoleter Typbezug 1186
  PARAMETERS 739
  STATICS 163
  TYPES 140
  Typisierung 231
LINE
  GENERATE SUBROUTINE POOL 1068
  GET CURSOR – dynpro 706
  GET CURSOR – list 817
  GET CURSOR FIELD – dynpro 706
  GET CURSOR FIELD – list 817
  PRINT-CONTROL 827
  SCROLL LIST 807
  SET CURSOR – dynpro 705
  SET CURSOR – list 816
  SET CURSOR FIELD- list 815
  SYNTAX-CHECK FOR itab 1071
LINE FORMAT, MODIFY LINE 804
LINE OF
  CLASS-DATA 163
  CLASS-EVENTS 231
  CLASS-METHODS 231
  CONSTANTS 163
  CREATE DATA 244
  DATA 163
  EVENTS 231
  FIELD-SYMBOLS 231
  FORM 231
  METHODS 231
  STATICS 163
  TYPES 140
  Typisierung 231
LINE PAGE, DESCRIBE LIST 808
LINE VALUE FROM, MODIFY LINE 804

LINE VALUE INTO, READ LINE 802
LINE-COUNT
  DESCRIBE LIST PAGE 809
  NEW-PAGE 794
  REPORT 80
  SUBMIT 269
LINES
  DESCRIBE LIST PAGE 809
  DESCRIBE TABLE 663
  RESERVE 800
LINES OF
  APPEND 614
  CONCATENATE 466
  INSERT itab 606
lines, eingebaute Funktion 641
LINE-SIZE
  DESCRIBE LIST PAGE 809
  NEW-PAGE 795
  REPORT 80
  SUBMIT 269
LIST_FROM_MEMORY, Funktionsbaustein 269
LIST_TO_ASCI, Funktionsbaustein 269
LITTLE ENDIAN, OPEN DATASET 979–980
LOAD
  CLASS (obsolet) 1177
  INTERFACE (obsolet) 1177
LOAD-OF-PROGRAM, ABAP-Anweisung 96
LOB HANDLE FOR
  CLASS-DATA 169
  DATA 169
  TYPES 157
LOCAL COPY OF, ASSIGN (obsolet) 1187
LOCAL FRIENDS, CLASS 195
LOCAL, obsolete ABAP-Anweisung 1173
LOCATOR FOR
  CLASS-DATA 169
  DATA 169
  SELECT INTO 879
  TYPES 157
log, eingebaute Funktion 455
log10, eingebaute Funktion 455
LOG-POINT, ABAP-Anweisung 1060
LONG, CLASS – FOR TESTING 187

Index

LOOP – extract, ABAP-Anweisung 651
LOOP – WITH CONTROL, Dynpro-Anweisung 688
LOOP AT dbtab, obsolete ABAP-Anweisung 1244
LOOP AT itab
 ABAP-Anweisung 592
 obsolete Kurzform 1219
LOOP AT SCREEN, ABAP-Anweisung 701
LOOP, obsolete Dynpro-Anweisung 1230, 1232
loop_key, LOOP AT itab 595
LOW, SET RUN TIME CLOCK RESOLUTION 1062
LOWER CASE
 PARAMETERS 744
 SELECT-OPTIONS 754
LOWER, Zeichenketten-Template 514
LPI, PRINT-CONTROL 827
LRAW, Dictionary-Typ 113
LT
 SELECT-OPTIONS OPTION 753
 SUBMIT 265
 Vergleichsoperator 325
 WHERE 885

M

M, Vergleichsoperator 328
MAJOR-ID, IMPORT cluster (obsolet) 1249
MATCH COUNT, FIND 471
MATCH LENGTH
 FIND 471
 FIND IN TABLE 639
MATCH LINE, FIND IN TABLE 639
MATCH OFFSET
 FIND 471
 FIND IN TABLE 639
match, eingebaute Funktion 533
MATCHCODE OBJECT
 PARAMETERS 744
 SELECT-OPTIONS 754
matches, eingebaute Funktion 347
MAX, SELECT 866
MAXIMUM LENGTH, READ DATASET 994

MAXIMUM WIDTH INTO
 INSERT REPORT 1075
 READ REPORT 1070
MAXIMUM, obsolete ABAP-Anweisung 1235
me, eingebautes Datenobjekt 126
MEDIUM, CLASS – FOR TESTING 187
MEMORY
 DELETE FROM 969
 EXPORT cluster 952
 IMPORT cluster 960
MEMORY ID
 PARAMETERS 745
 SELECT-OPTIONS 754
MEMORY OFFSET
 GET CURSOR FIELD – list 817
 GET CURSOR LINE – list 818
 SET CURSOR – list 816
 SET CURSOR FIELD – list 815
Mengenfeld, ABAP Dictionary 119
MESSAGE
 ABAP-Anweisung 844
 CALL FUNCTION DESTINATION 1093
 CALL FUNCTION STARTING NEW TASK 1100
 GENERATE SUBROUTINE POOL 1068
 OPEN DATASET 987
 RECEIVE RESULTS FROM FUNCTION 1101
 SYNTAX-CHECK FOR itab 1071
MESSAGE-ID
 GENERATE SUBROUTINE POOL 1069
 REPORT 81
 SYNTAX-CHECK FOR itab 1075
MESSAGES INTO
 CALL TRANSACTION 276
 DEMAND (obsolet) 1252
METHOD, ABAP-Anweisung 89
METHODS, ABAP-Anweisung 200
MIN, SELECT 866
MINIMUM, obsolete ABAP-Anweisung 1235
MINOR-ID, IMPORT cluster (obsolet) 1249
MM/DD/YY, WRITE 775
MM/DD/YYWRITE TO 504

MM/DD/YYYY, WRITE 775
MM/DD/YYYYWRITE TO 504
MMDDYY, WRITE 775
MMDDYYWRITE TO 504
MOD, Operator 446
MODE
 CALL DIALOG (obsolet) 1190
 CALL TRANSACTION 276
 INFOTYPES (speziell) 177
MODIF ID
 PARAMETERS 740
 SELECTION-SCREEN 731
 SELECTION-SCREEN COMMENT 720
 SELECTION-SCREEN INCLUDE COMMENT 734
 SELECTION-SCREEN INCLUDE PARAMETERS 732
 SELECTION-SCREEN INCLUDE PUSHBUTTON 734
 SELECTION-SCREEN INCLUDE SELECT-OPTIONS 733
 SELECTION-SCREEN PUSHBUTTON 722
 SELECTION-SCREEN TAB 726
 SELECTION-SCREEN ULINE 720
 SELECT-OPTIONS 746
MODIFIER
 GET LOCALE 1037
 SET LOCALE 1034
MODIFY dbtab
 ABAP-Anweisung 914
 obsolete ABAP-Anweisung 1246
 obsolete Kurzform 1241
MODIFY itab
 ABAP-Anweisung 616
 obsolete Kurzform 1219
MODIFY LINE, ABAP-Anweisung 803
MODIFY SCREEN, ABAP-Anweisung 703
MODULE
 ABAP-Anweisung 95
 Dynpro-Anweisung 678
 FIELD 683
MONETARY, Zeichenketten-Template 517
MOVE, ABAP-Anweisung 405
MOVE-CORRESPONDING, ABAP-Anweisung 415

Index

MULTIPLY, ABAP-Anweisung 445
MULTIPLY-CORRESPONDING, obsolete ABAP-Anweisung 1208

N

n
  eingebauter ABAP-Typ 107
  eingebauter generischer Typ 111
NA, Vergleichsoperator 325
NAME
  GENERATE SUBROUTINE POOL 1065
  INFOTYPES (speziell) 177
NB, SELECT-OPTIONS OPTION 753
NE
  SELECT-OPTIONS OPTION 753
  SUBMIT 265
  Vergleichsoperator 325
  WHERE 885
NESTING LEVEL, SELECTION-SCREEN BEGIN OF 717
NEW
  AT – extract 652
  AT – itab 600
NEW-LINE, ABAP-Anweisung 790
NEW-PAGE, ABAP-Anweisung 793
NEW-SECTION
  NEW-PAGE 797
  obsolete ABAP-Anweisung 1238
NEXT CURSOR, FETCH 903
nmax, eingebaute Funktion 453
nmin, eingebaute Funktion 453
NO DATABASE SELECTION, SELECT-OPTIONS 754
NO DIALOG, NEW-PAGE PRINT ON 797
NO END OF LINE, TRANSFER 991
NO FIELDS, READ TABLE itab 588
NO FLUSH
  CALL METHOD OF – OLE 1137
  CREATE OBJECT – OLE 1135
  FREE OBJECT – OLE 1141
  GET PROPERTY – OLE 1139
  SET PROPERTY – OLE 1140

NO INTERVALS
  SELECTION-SCREEN – TABBED BLOCK 726
  SELECTION-SCREEN BEGIN OF 717
  SELECTION-SCREEN BEGIN OF BLOCK 725
  SELECTION-SCREEN INCLUDE SELECT-OPTIONS 733
  SELECT-OPTIONS 752
NO INTERVALS OFF, SELECTION-SCREEN INCLUDE SELECT-OPTIONS 733
NO STANDARD PAGE HEADING, REPORT 80
NO, Zeichenketten-Template 516
NODES, ABAP-Anweisung 175
NO-DISPLAY
  PARAMETERS 740
  SELECT-OPTIONS 752
NO-EXTENSION
  SELECTION-SCREEN INCLUDE SELECT-OPTIONS 733
  SELECT-OPTIONS 752
NO-EXTENSION OFF, SELECTION-SCREEN INCLUDE SELECT-OPTIONS 733
NO-GAP
  ULINE 781
  WRITE 771
NO-GAPS, CONDENSE 484
NO-GROUPING, WRITE 775
NO-GROUPINGWRITE TO 494
NO-HEADING, NEW-PAGE 794
NON-UNICODE, OPEN DATASET 981
NON-UNIQUE KEY primary_key
  DATA 167
  TYPES 152
NON-UNIQUE SORTED KEY
  DATA 168
  TYPES 154
NO-SCROLLING, NEW-LINE 790
NO-SIGN, WRITE 775
NO-SIGNWRITE TO 494
NOT
  Boolescher Operator 342
  SUBMIT 265
  WHERE 894
NOT BETWEEN, logischer Ausdruck 335
NOT IN, logischer Ausdruck 339

NO-TITLE, NEW-PAGE 794
NO-TOPOFPAGE, NEW-PAGE 796
NO-ZERO, WRITE 775
NO-ZEROWRITE TO 494
NP
  SELECT-OPTIONS OPTION 753
  SUBMIT 265
  Vergleichsoperator 325
NS, Vergleichsoperator 325
NUMBER
  MESSAGE 845
  Zeichenketten-Template 518
NUMBER OF LINES, DESCRIBE LIST 808
NUMBER OF PAGES, DESCRIBE LIST 808
NUMC, Dictionary-Typ 113
numeric, eingebauter generischer Typ 111
numofchar, eingebaute Funktion 525

O

O, Vergleichsoperator 328
OBJECT, AUTHORITY-CHECK 1019
object, eingebauter generischer Typ 111
OBJECTS, CALL TRANSFORMATION (obsolet) 1265
OBLIGATORY
  PARAMETERS 740
  SELECTION-SCREEN INCLUDE PARAMETERS 732
  SELECTION-SCREEN INCLUDE SELECT-OPTIONS 733
  SELECT-OPTIONS 751
OBLIGATORY OFF
  SELECTION-SCREEN INCLUDE PARAMETERS 732
  SELECTION-SCREEN INCLUDE SELECT-OPTIONS 733
OCCURS
  DATA (obsolet) 1182
  DATA BEGIN OF (obsolet) 1183
  DESCRIBE TABLE 663
  INFOTYPES (speziell) 177
  RANGES (obsolet) 1184
  TYPES (obsolet) 1182

OF
  GET BIT 506
  PERFORM 303
  SET BIT 505
OF CURRENT PAGE
  MODIFY LINE 803
  READ LINE 801
OF PAGE
  MODIFY LINE 803
  READ LINE 801
OF PROGRAM
  SET PF-STATUS – dynpro 697
  SET PF-STATUS – list 813
  SET TITLEBAR – dynpro 699
  SET TITLEBAR – list 815
OFF
  FORMAT 782
  SET BLANK LINES 787
  SET EXTENDED CHECK 1162
  SET HOLD DATA 712
  SET RUN TIME ANALYZER 1063
  WRITE 776
OFFSET
  FIND 470
  FIND IN TABLE 637
  GENERATE SUBROUTINE POOL 1069
  GET CURSOR FIELD – dynpro 706
  GET CURSOR FIELD – list 817
  GET CURSOR LINE – list 818
  REPLACE 478
  REPLACE IN TABLE 640
  SET CURSOR – dynpro 705
  SET CURSOR – list 816
  SET CURSOR FIELD – list 815
  SYNTAX-CHECK FOR itab 1074
ON
  AT SELECTION-SCREEN 758
  FORMAT 782
  SELECT JOIN 872
  SET BLANK LINES 787
  SET EXTENDED CHECK 1162
  SET HOLD DATA 712
  SET RUN TIME ANALYZER 1063
  WRITE 776
ON *-INPUT, FIELD MODULE 684
ON BLOCK, AT SELECTION-SCREEN 759

ON CHAIN-INPUT
  FIELD MODULE 683
  MODULE 680
ON CHAIN-REQUEST
  FIELD MODULE 683
  MODULE 680
ON CHANGE OF, obsolete ABAP-Anweisung 1197
ON COMMIT, PERFORM 1011
ON END OF TASK, CALL FUNCTION STARTING NEW TASK 1099
ON END OF, AT SELECTION-SCREEN 759
ON EXIT-COMMAND, AT SELECTION-SCREEN 760
ON HELP-REQUEST FOR, AT SELECTION-SCREEN 760
ON HELP-REQUEST, PROCESS 678
ON INPUT, FIELD MODULE 683
ON RADIOBUTTON GROUP, AT SELECTION-SCREEN 759
ON REQUEST, FIELD MODULE 684
ON ROLLBACK, PERFORM 1011
ON VALUE-REQUEST FOR, AT SELECTION-SCREEN 760
ON VALUE-REQUEST, PROCESS 678
ONLY, OVERLAY 486
OPEN CURSOR, ABAP-Anweisung 902
OPEN DATASET, ABAP-Anweisung 976
OPEN FOR PACKAGE, CLASS 186
OPEN FOR SELECT, EXEC SQL 934
Operand, ABAP-Anweisung 46
Operator, ABAP-Anweisung 60
OPTION, SELECT-OPTIONS 753
OPTIONAL
  EVENTS 219
  FUNCTION 93
OPTIONS FROM, CALL TRANSACTION 276
OPTIONS, CALL TRANSFORMATION 1130
OR
  Boolescher Operator 342
  ON CHANGE OF (obsolet) 1197
  WHEN 350

OR (Forts.)
  WHERE 894
ORDER BY, SELECT 899
OTHERS
  CALL FUNCTION 297
  CALL FUNCTION DESTINATION 1093
  CALL FUNCTION STARTING NEW TASK 1100
  CALL METHOD 291
  CATCH SYSTEM-EXCEPTIONS (obsolet) 1201
  CREATE OBJECT 255
  RECEIVE RESULTS FROM FUNCTION 1101
  WHEN 350
OUT, EXEC SQL 936
OUTPUT
  AT SELECTION-SCREEN 758
  MODULE 95
  OPEN DATASET 977
OUTPUT-LENGTH, DESCRIBE FIELD 660
OVERLAY, ABAP-Anweisung 486

P

p
  eingebauter ABAP-Typ 107
  eingebauter generischer Typ 111
PACK, obsolete ABAP-Anweisung 1203
PACKAGE SECTION, ABAP-Anweisung 191
PAD, Zeichenketten-Template 514
PAGE, DESCRIBE LIST 808
PAGES, SCROLL LIST 807
PARAMETERS
  ABAP-Anweisung 736
  CALL TRANSFORMATION 1128
  NEW-PAGE PRINT ON 797
  SELECTION-SCREEN EXCLUDE (obsolet) 1257
  SELECTION-SCREEN INCLUDE 732
PARAMETER-TABLE
  CALL FUNCTION 299
  CALL METHOD 293
  CREATE OBJECT 255
PERCENTAGE, MOVE (obsolet) 1203

PERFORM ON, ABAP-Anweisung 1011
PERFORM subr(prog), obsolete ABAP-Anweisung 1192
PERFORM, ABAP-Anweisung 302
PERFORMING
  CALL FUNCTION STARTING NEW TASK 1099
  EXEC SQL (obsolet) 1241
POS_HIGH
  SELECTION-SCREEN COMMENT 720
  SELECTION-SCREEN POSITION 724
  SELECTION-SCREEN PUSH-BUTTON 722
  SELECTION-SCREEN ULINE 720
POS_LOW
  SELECTION-SCREEN COMMENT 720
  SELECTION-SCREEN POSITION 724
  SELECTION-SCREEN PUSH-BUTTON 722
  SELECTION-SCREEN ULINE 720
POSITION
  ABAP-Anweisung 791
  GET DATASET 996
  PRINT-CONTROL 827
  SELECTION-SCREEN 724
  SET DATASET 999
  TRUNCATE DATASET 1002
Pragma, ABAP-Anweisung 69
PREC, Dictionary-Typ 113
PREFERRED PARAMETER
  CLASS-METHODS 215
  METHODS 200
PRIMARY KEY, SELECT ORDER BY 899
primary_key COMPONENTS
  DATA 167
  TYPES 152
PRINT OFF, NEW-PAGE 799
PRINT ON, NEW-PAGE 797
PRINT-CONTROL, ABAP-Anweisung 826
PRIVATE SECTION, ABAP-Anweisung 192
PROCESS, Dynpro-Anweisung 677
PROGRAM
  ABAP-Anweisung 81

PROGRAM (Forts.)
  GET PF-STATUS 698
  SYNTAX-CHECK FOR itab 1072
PROGRAM TYPE, INSERT REPORT 1075
PROTECTED SECTION, ABAP-Anweisung 190
PROVIDE
  obsolete Kurzform 1224
  spezielle ABAP-Anweisung 642
Pseudokommentar, ABAP-Anweisung 71
PUBLIC
  CLASS 183
  CLASS DEFERRED 194
  INTERFACE 196
  INTERFACE DEFERRED 198
PUBLIC SECTION, ABAP-Anweisung 190
PUSHBUTTON
  SELECTION-SCREEN 722
  SELECTION-SCREEN INCLUDE 734
PUT, obsolete ABAP-Anweisung 1255

Q

QUAN, Dictionary-Typ 113
QUEUE-ONLY
  CALL METHOD OF – OLE 1137
  CREATE OBJECT – OLE 1135
  GET PROPERTY – OLE 1139
QUICKINFO, WRITE 772

R

RADIOBUTTON GROUP, PARAMETERS 742
RADIOBUTTON GROUPS, SELECTION-SCREEN EXCLUDE (obsolet) 1257
RAISE EVENT, ABAP-Anweisung 306
RAISE EXCEPTION, ABAP-Anweisung 362
RAISE, ABAP-Anweisung 370
RAISING
  CLASS-METHODS 215
  FORM (obsolet) 1169
  FUNCTION 91
  MESSAGE 848

RAISING (Forts.)
  METHODS 200
RANGE
  ADD (obsolet) 1207
  ASSIGN 431
  DO (obsolet) 1198
  WHILE (obsolet) 1200
RANGE OF
  CLASS-DATA 168
  CONSTANTS 168
  DATA 168
  STATICS 168
  TYPES 156
RANGES, obsolete ABAP-Anweisung 1184
RAW
  Dictionary-Typ 113
  Zeichenketten-Template 514, 518, 520
RAWSTRING, Dictionary-Typ 113
READ DATASET, ABAP-Anweisung 992
READ LINE, ABAP-Anweisung 801
READ REPORT, ABAP-Anweisung 1070
READ TABLE dbtab, obsolete ABAP-Anweisung 1243
READ TABLE itab, ABAP-Anweisung 580
READ TABLE, obsolete Kurzform 1219
READ TEXTPOOL, ABAP-Anweisung 1079
READER FOR
  CLASS-DATA 169
  DATA 169
  SELECT INTO 879
  TYPES 157
READ-ONLY
  CLASS-DATA 170
  DATA 170
RECEIVE RESULTS FROM FUNCTION, ABAP-Anweisung 1100
RECEIVING, CALL METHOD 291
REDEFINITION, METHODS 211
REDUCED FUNCTIONALITY
  PROGRAM 82
  REPORT 79
REF TO
  CLASS-DATA 164
  CLASS-EVENTS 231

REF TO (Forts.)
   CLASS-METHODS 231
   CONSTANTS 164
   CREATE DATA 246
   DATA 164
   EVENTS 231
   FIELD-SYMBOLS 231
   FORM 231
   METHODS 231
   STATICS 164
   TYPES 141
   Typisierung 231
REFERENCE INTO
   APPEND 616
   COLLECT 612
   INSERT itab 609
   LOOP AT itab 594
   MODIFY itab 622
   READ TABLE itab 590
REFRESH CONTROL, ABAP-Anweisung 711
REFRESH FROM TABLE, obsolete ABAP-Anweisung 1245
REFRESH, obsolete ABAP-Anweisung 1226
REGEX
   FIND 469
   REPLACE 476
REJECT, ABAP-Anweisung 316
RENAMING WITH SUFFIX, INCLUDE TYPE, STRUCTURE 147
repeat, eingebaute Funktion 534
REPLACE
   ABAP-Anweisung 474
   obsolete ABAP-Anweisung 1213
REPLACE IN TABLE, ABAP-Anweisung 639
replace, eingebaute Funktion 534
REPLACEMENT CHARACTER
   IMPORT cluster 965
   OPEN DATASET 988
REPLACEMENT COUNT
   REPLACE 476
   REPLACE IN TABLE 640
REPLACEMENT LENGTH
   REPLACE 476
   REPLACE IN TABLE 640
REPLACEMENT LINE, REPLACE IN TABLE 640
REPLACEMENT OFFSET
   REPLACE 476

REPLACEMENT OFFSET (Forts.)
   REPLACE IN TABLE 640
REPORT, ABAP-Anweisung 79
rescale, eingebaute Funktion 456
RESERVE, ABAP-Anweisung 800
RESET
   FORMAT 787
   WRITE 776
RESPECTING BLANKS, CONCATENATE 466
RESPECTING CASE
   FIND 471
   FIND IN TABLE 639
   REPLACE 476
   REPLACE IN TABLE 640
RESULT, CALL TRANSFORMATION 1127
RESULTS
   FIND 471
   FIND IN TABLE 639
   REPLACE 476
RESUMABLE
   FORM (obsolet) 1169
   FUNCTION 91
   METHODS 200
   RAISE EXCEPTION 362
RETRY, ABAP-Anweisung 367
RETURN, ABAP-Anweisung 314
RETURNING
   CLASS-METHODS 215
   METHODS 206
reverse, eingebaute Funktion 535
RIGHT
   MOVE PERCENTAGE (obsolet) 1203
   SCROLL LIST 806
   SHIFT 481
   Zeichenketten-Template 513
RIGHT DELETING TRAILING, SHIFT 481
RIGHT-JUSTIFIED, WRITE 775
RIGHT-JUSTIFIEDWRITE TO 492
RIGHTPLUS, Zeichenketten-Template 515
RIGHTSPACE, Zeichenketten-Template 515
RISK LEVEL, CLASS – FOR TESTING 187
ROLLBACK CONNECTION, ABAP-Anweisung 1008
ROLLBACK WORK, ABAP-Anweisung 1014

round, eingebaute Funktion 456
ROUND, WRITE 775
ROUNDWRITE TO 497
RS_ACCESS_PERMISSION, Funktionsbaustein 1065
RS_REFRESH_FROM_SELECTOPTIONS, Funktionsbaustein 265
RS_SELOPT_NO_INTERVAL_CHECK, Funktionsbaustein 748
RS_SELSCREEN_VERSION, Funktionsbaustein 1257
RS_TEXTPOOL_READ, Funktionsbaustein 1080
RTTC, Run Time Type Creation 665
RTTI, Run Time Type Information 665
RTTS, Run Time Type Services 665

S

s, eingebauter ABAP-Typ 107
SCALE_PRESERVING, Zeichenketten-Template 517
SCALE_PRESERVING_SCIENTIFIC, Zeichenketten-Template 517
SCIENTIFIC, Zeichenketten-Template 517
SCIENTIFIC_WITH_LEADING_ZERO, Zeichenketten-Template 517
screen
   eingebautes Datenobjekt 127
   Struktur 701
SCROLL LIST, ABAP-Anweisung 805
SCROLLING, NEW-LINE 790
SEARCH FKEQ, READ TABLE dbtab (obsolet) 1243
SEARCH FKGE, READ TABLE dbtab (obsolet) 1243
SEARCH GKEQ, READ TABLE dbtab (obsolet) 1243
SEARCH GKGE, READ TABLE dbtab (obsolet) 1243
SEARCH itab, obsolete ABAP-Anweisung 1222
SEARCH, obsolete ABAP-Anweisung 1211
SECONDS, WAIT UP TO 353

SECTION OF
   FIND 470
   REPLACE 478
   REPLACE pattern IN 475
segment, eingebaute Funktion 535
SELECT
   ABAP-Anweisung 860
   FIELD (obsolet) 1228
   obsolete Dynpro-Anweisung 1227
   obsolete Kurzform 1241
   WHERE – subquery 891
SELECTION-SCREEN, ABAP-Anweisung 716
SELECT-OPTIONS
   ABAP-Anweisung 746
   SELECTION-SCREEN EXCLUDE (obsolet) 1257
   SELECTION-SCREEN INCLUDE 733
sender
   CLASS-METHODS 218
   EVENTS 219
   METHODS 210
SEPARATED BY, CONCATENATE 466
SET BIT, ABAP-Anweisung 505
SET BLANK LINES, ABAP-Anweisung 787
SET CONNECTION, EXEC SQL 938
SET COUNTRY, ABAP-Anweisung 1040
SET CURSOR – dynpro, ABAP-Anweisung 704
SET CURSOR – list, ABAP-Anweisung 815
SET DATASET, ABAP-Anweisung 999
SET EXTENDED CHECK, obsolete ABAP-Anweisung 1162
SET HANDLER, ABAP-Anweisung 308
SET HOLD DATA, ABAP-Anweisung 712
SET LANGUAGE, ABAP-Anweisung 1032
SET LEFT SCROLL-BOUNDARY, ABAP-Anweisung 792
SET LOCALE, ABAP-Anweisung 1034

SET MARGIN, ABAP-Anweisung 826
SET PARAMETER, ABAP-Anweisung 1027
SET PF-STATUS – dynpro, ABAP-Anweisung 697
SET PF-STATUS – list, ABAP-Anweisung 813
SET PROPERTY OF – OLE, ABAP-Anweisung 1140
SET RUN TIME ANALYZER, ABAP-Anweisung 1063
SET RUN TIME CLOCK RESOLUTION, ABAP-Anweisung 1062
SET SCREEN, ABAP-Anweisung 713
SET TITLEBAR – dynpro, ABAP-Anweisung 699
SET TITLEBAR – list, ABAP-Anweisung 815
SET UPDATE TASK LOCAL, ABAP-Anweisung 1015
SET USER-COMMAND, ABAP-Anweisung 833
SET, UPDATE dbtab 910
SET_PRINT_PARAMETERS, Funktionsbaustein 821
SHARED BUFFER
   DELETE FROM 969
   EXPORT cluster 954
   IMPORT cluster 961
SHARED MEMORY
   DELETE FROM 969
   EXPORT cluster 954
   IMPORT cluster 961
SHARED MEMORY ENABLED, CLASS 186
Shared Memory, Shared Objects 137
SHIFT, ABAP-Anweisung 479
shift_left, eingebaute Funktion 537
shift_right, eingebaute Funktion 537
SHORT, CLASS – FOR TESTING 187
SHORTDUMP-ID, GENERATE SUBROUTINE POOL 1070
SIGN
   SELECT-OPTIONS 753
   SUBMIT 265
   Zeichenketten-Template 515

sign, eingebaute Funktion 453
SIGN_AS_POSTFIX, Zeichenketten-Template 517
simple, eingebauter generischer Typ 111
SIMPLE, Zeichenketten-Template 517
sin, eingebaute Funktion 455
SINGLE, SELECT – lines 862
sinh, eingebaute Funktion 455
SIZE, PRINT-CONTROL 827
SKIP
   ABAP-Anweisung 788
   SELECTION-SCREEN 719
SKIPPING BYTE-ORDER MARK, OPEN DATASET 981
SOME, WHERE – subquery 892
SORT – extract, ABAP-Anweisung 650
SORT itab, ABAP-Anweisung 629
SORTED BY, APPEND 614
SORTED TABLE
   CLASS-DATA 166
   CONSTANTS 166
   CREATE DATA 247
   DATA 166
   STATICS 166
   TYPES 149
sorted table, eingebauter generischer Typ 111
SOURCE, CALL TRANSFORMATION 1126
space, eingebautes Datenobjekt 126
SPACE, Zeichenketten-Template 520
SPLIT, ABAP-Anweisung 482
SPOOL PARAMETERS, SUBMIT TO SAP-SPOOL 270
SPOTS
   ENHANCEMENT-POINT 1146
   ENHANCEMENT-SECTION 1147
Sprachelement 65
sqrt, eingebaute Funktion 455
SSTRING, Dictionary-Typ 113
ST, Transformation 1108
STABLE
   SORT – extract 650
   SORT itab 630
STANDARD TABLE
   CLASS-DATA 166

STANDARD TABLE (Forts.)
   CONSTANTS 166
   CREATE DATA 247
   DATA 166
   STATICS 166
   TYPES 149
standard table, eingebauter generischer Typ 111
STARTING AT
   CALL SCREEN 695
   CALL SELECTION-SCREEN 755
   SEARCH (obsolet) 1211
   SEARCH itab (obsolet) 1222
   WINDOW 812
STARTING NEW TASK, CALL FUNCTION 1097
START-OF-SELECTION, ABAP-Anweisung 98
STATIC
   ENHANCEMENT-POINT 1146
   ENHANCEMENT-SECTION 1147
STATICS, ABAP-Anweisung 173
statische Box, Boxed Component 145
STOP, ABAP-Anweisung 315
STRING, Dictionary-Typ 113
string, eingebauter ABAP-Typ 107
strlen, eingebaute Funktion 525
STRUCTURE
   FORM (obsolet) 1166, 1168
   FUNCTION (obsolet) 1171
STRUCTURE DEFAULT, FIELD-SYMBOLS (obsolet) 1185
STYLE
   WRITE 775
   Zeichenketten-Template 517
SUBKEY
   ASSERT 1057
   LOG-POINT 1060
SUBMATCHES
   FIND 471
   FIND IN TABLE 639
SUBMIT, ABAP-Anweisung 261
SUBSTRING
   FIND 469
   REPLACE 476
substring, eingebaute Funktion 537
substring_after, eingebaute Funktion 537

substring_before, eingebaute Funktion 537
substring_from, eingebaute Funktion 537
substring_to, eingebaute Funktion 537
SUBTRACT, ABAP-Anweisung 444
SUBTRACT-CORRESPONDING, obsolete ABAP-Anweisung 1208
SUM
   ABAP-Anweisung 602
   SELECT 866
sum, eingebautes Datenobjekt 655
SUMMARY, obsolete ABAP-Anweisung 1234
SUMMING, obsolete ABAP-Anweisung 1236
super->
   METHODS constructor 207
   METHODS REDEFINITON 211
SUPPLY, obsolete ABAP-Anweisung 1251
SUPPRESS DIALOG, ABAP-Anweisung 700
SWITCH, MODULE 680
sy, Struktur 121
SYNTAX-CHECK FOR itab, ABAP-Anweisung 1071
SYST, Struktur 121
Systemfeld, Datenobjekt 121

T

t, eingebauter ABAP-Typ 107
TAB, SELECTION-SCREEN 726
TABLE
   DELETE itab 623
   INSERT itab 607
   MODIFY itab 618
   SPLIT 482
TABLE FIELD, ASSIGN (obsolet) 1205
TABLE OF
   CLASS-DATA 166
   CONSTANTS 166
   CREATE DATA 247
   DATA 166
   STATICS 166
   TYPES 148

table, eingebauter generischer Typ 111
table_line, Pseudokomponente 582, 1320
TABLES
   ABAP-Anweisung 174
   CALL FUNCTION 297
   CALL FUNCTION DESTINATION 1093
   CALL FUNCTION IN BACKGROUND 1104
   CALL FUNCTION IN UPDATE TASK 1009
   CALL FUNCTION STARTING NEW TASK 1100
   FORM (obsolet) 1166
   FUNCTION (obsolet) 1171
   PERFORM 304
   RECEIVE RESULTS FROM FUNCTION 1101
TABLES *, obsolete ABAP-Anweisung 1179
tan, eingebaute Funktion 455
tanh, eingebaute Funktion 455
TEXT MODE, OPEN DATASET 978
THEN UNTIL, ADD (obsolet) 1207
TIME
   CONVERT TIME STAMP 1048
   Zeichenketten-Template 520
TIME STAMP, CONVERT DATE 1049
TIME ZONE
   CONVERT DATE 1049
   CONVERT TIME STAMP 1048
   WRITE 775
TIME ZONEWRITE TO 499
TIMES, DO 352
TIMESTAMP, Zeichenketten-Template 520
TIMEZONE, Zeichenketten-Template 521
TIMS, Dictionary-Typ 113
TITLE
   EDITOR-CALL FOR itab (obsolet) 1238
   SELECTION-SCREEN BEGIN OF 716
   SELECTION-SCREEN BEGIN OF BLOCK 725

TITLE-LINES, DESCRIBE LIST PAGE 809
TO
   ADD 444
   ADD THEN UNTIL (obsolet) 1207
   ADD-CORRESPONDING (obsolet) 1208
   APPEND 612
   ASSIGN 419
   ASSIGN LOCAL COPY OF (obsolet) 1187
   CALL DIALOG (obsolet) 1190
   EXPORT cluster 949
   FIND IN TABLE 637
   IMPORT cluster 958
   IMPORT DIRECTORY 968
   IMPORT FROM DATABASE 960
   IMPORT FROM SHARED BUFFER 961
   IMPORT FROM SHARED MEMORY 961
   MOVE 405
   MOVE-CORRESPONDING 415
   PACK (obsolet) 1203
   REPLACE IN TABLE 640
   SELECT-OPTIONS 753
   SET BIT 505
   TRANSFER 989
   UNPACK 417
   WRITE 488
TO CODE PAGE, TRANSLATE (obsolet) 1215
TO COLUMN, SCROLL LIST 806
TO CONTEXT, SUPPLY (obsolet) 1251
TO FIRST PAGE, SCROLL LIST 807
TO idx
   APPEND 614
   INSERT itab 606
   LOOP AT itab 596
TO LAST PAGE, SCROLL LIST 807
TO LINE, SKIP 789
TO LOWER CASE, TRANSLATE 487
TO NUMBER FORMAT, TRANSLATE (obsolet) 1215
TO PAGE, SCROLL LIST 807
TO SAP-SPOOL, SUBMIT 270
TO UPPER CASE, TRANSLATE 487

to_lower, eingebaute Funktion 539
to_mixed, eingebaute Funktion 539
to_upper, eingebaute Funktion 539
Token, ABAP-Anweisung 45
TOP-LINES, DESCRIBE LIST PAGE 809
TOP-OF-PAGE, ABAP-Anweisung 830
TR_SYS_PARAMS, Funktionsbaustein 1065
TRANSFER, ABAP-Anweisung 989
TRANSLATE
   ABAP-Anweisung 487
   obsolete ABAP-Anweisung 1215
translate, eingebaute Funktion 540
TRANSPORTING
   MODIFY itab 617
   READ TABLE itab 588
TRANSPORTING NO FIELDS
   LOOP AT itab 594
   READ TABLE itab 591
TRFC_SET_QUEUE_NAME, Funktionsbaustein 1105
trunc, eingebaute Funktion 453
TRUNCATE DATASET, ABAP-Anweisung 1002
TRY, ABAP-Anweisung 364
TYPE
   ASSIGN (obsolet) 1204
   ASSIGN CASTING 429
   CLASS-DATA 163
   CLASS-EVENTS 229
   CLASS-METHODS 229
   CONSTANTS 163
   CREATE DATA 244
   CREATE OBJECT 252
   DATA 163
   DESCRIBE FIELD 658
   EVENTS 229
   FIELD-SYMBOLS 229
   FORM 229
   FUNCTION 93
   GET BADI 1152
   MESSAGE 845
   MESSAGE oref 845
   MESSAGE txt 847
   METHODS 229

TYPE (Forts.)
   NODES 175
   OPEN DATASET 986
   PARAMETERS 738
   RAISE EXCEPTION 362
   STATICS 163
   TYPES 140
   Typisierung 229
TYPE TABLEVIEW, CONTROLS 707
TYPE TABSTRIP, CONTROLS 710
TYPE-POOL, ABAP-Anweisung 86
TYPE-POOLS, obsolete ABAP-Anweisung 1176
TYPES
   ABAP-Anweisung 139
   obsolete Kurzformen 1175
Typname, absolut 135

U

ULINE
   ABAP-Anweisung 781
   SELECTION-SCREEN 720
UNASSIGN, ABAP-Anweisung 438
UNDER, WRITE 771
Unicode
   Programm 41
   System 41
UNICODE ENABLING, INSERT REPORT 1075
UNIQUE HASHED KEY
   DATA 168
   TYPES 154
UNIQUE KEY primary_key
   DATA 167
   TYPES 152
UNIQUE SORTED KEY
   DATA 168
   TYPES 154
UNIT
   Dictionary-Typ 113
   WRITE 775
UNITWRITE TO 497
UNPACK, ABAP-Anweisung 417
UP TO ROWS, SELECT FROM 869
UP TO SECONDS, WAIT UNTIL 1102
UP TO, SHIFT 480
UPDATE
   CALL TRANSACTION 276

UPDATE (Forts.)
  OPEN DATASET 977
UPDATE dbtab, ABAP-Anweisung 909
UPPER, Zeichenketten-Template 514
USER
  SUBMIT 272
  Zeichenketten-Template 518, 520
USER-COMMAND
  PARAMETERS AS CHECKBOX 741
  PARAMETERS AS LISTBOX 742
  PARAMETERS RADIOBUTTON GROUP 742
  SELECTION-SCREEN INCLUDE PUSHBUTTON 734
  SELECTION-SCREEN PUSHBUTTON 722
  SELECTION-SCREEN TAB 726
USING
  CALL DIALOG (obsolet) 1190
  FORM (obsolet) 1167
  PERFORM 304
  TRANSLATE 487
USING EDIT MASK, WRITE 775
USING EDIT MASKWRITE TO 503
USING KEY
  APPEND 614
  DELETE ADJACENT DUPLICATES 628
  DELETE itab 627
  DELETE itab INDEX 625
  DELETE TABLE itab FROM 624
  INSERT itab 605
  MODIFY itab INDEX 619
  MODIFY itab WHERE 621
  MODIFY TABLE itab 618
  READ TABLE itab FROM 581
  READ TABLE itab INDEX 586
USING NO EDIT MASK, WRITE 775
USING NO EDIT MASKWRITE TO 503
USING SCREEN, CONTROLS 707
USING SELECTION-SCREEN, SUBMIT 262
USING SELECTION-SET
  CALL SELECTION-SCREEN 755
  SUBMIT 263

USING SELECTION-SETS OF PROGRAM, SUBMIT 264
UTF-8, OPEN DATASET 981

V

VALID BETWEEN, DATA END OF (obsolet) 1183
VALID FROM TO, INFOTYPES (speziell) 177
VALID, PROVIDE (speziell) 642
VALUE
  CLASS-DATA 170
  CONSTANTS 170
  DATA 170
  EVENTS 219
  FORM (obsolet) 1167
  FUNCTION 93
  GET CURSOR FIELD – dynpro 706
  GET CURSOR FIELD – list 817
  GET CURSOR LINE – list 818
  STATICS 170
VALUE CHECK, PARAMETERS 745
VALUE-REQUEST
  PARAMETERS (obsolet) 1259
  SELECT-OPTIONS (obsolet) 1261
VALUES
  FIELD (obsolet) 1227
  INSERT dbtab 905
VARY FROM NEXT, WHILE (obsolet) 1200
VARYING FROM NEXT, DO (obsolet) 1198
VERSION
  DELETE dbtab (obsolet) 1246
  LOOP AT dbtab (obsolet) 1244
  MODIFY dbtab (obsolet) 1246
  READ TABLE dbtab (obsolet) 1243
VIA JOB NUMBER, SUBMIT 272
VIA SELECTION-SCREEN, SUBMIT 262
VISIBLE LENGTH
  PARAMETERS 741
  PARAMETERS AS LISTBOX 742
  SELECTION-SCREEN COMMENT 720
  SELECTION-SCREEN PUSHBUTTON 722
  SELECT-OPTIONS 752

W

Währungsfeld, ABAP Dictionary 117
WAIT UNTIL, ABAP-Anweisung 1102
WAIT UP TO, ABAP-Anweisung 353
WARNING, FIELD (obsolet) 1228
WHEN, ABAP-Anweisung 350
WHENEVER FOUND, FIELD (obsolet) 1228
WHERE
  DELETE dbtab 917
  LOOP AT itab 597
  MODIFY itab 621
  PROVIDE (speziell) 642
  SELECT 884
  UPDATE dbtab 910
WHILE, ABAP-Anweisung 352
WIDTH, Zeichenketten-Template 513
WINDOW, ABAP-Anweisung 812
WITH
  AT – extract 652
  CLASS-DATA 167
  CLEAR 437
  CONSTANTS 167
  DATA 167
  FIELD 686
  MESSAGE 850
  OVERLAY 486
  REPLACE 474
  REPLACE (obsolet) 1213
  SET TITLEBAR – dynpro 699
  SET TITLEBAR – list 815
  STATICS 167
  SUBMIT 265
  TYPES 150
WITH BYTE-ORDER MARK, OPEN DATASET 981
WITH CURRENT SWITCHSTATES, SYNTAX-CHECK FOR itab 1074
WITH FRAME, SELECTION-SCREEN BEGIN OF BLOCK 725
WITH FREE SELECTIONS, SUBMIT 267
WITH FURTHER SECONDARY KEYS, TYPES 150
WITH HEADER LINE, DATA (obsolet) 1183
WITH HOLD, OPEN CURSOR 902

WITH KEY
   READ TABLE dbtab (obsolet) 1243
   READ TABLE itab 583
   READ TABLE itab (obsolet) 1219–1221
WITH LINEFEED, OPEN DATASET 982
WITH NATIVE LINEFEED, OPEN DATASET 983
WITH NON-UNIQUE KEY, CREATE DATA 247
WITH NULL, CLEAR (obsolet) 1205
WITH SELECTION-TABLE, SUBMIT 264
WITH SMART LINEFEED, OPEN DATASET 983
WITH TABLE KEY
   DELETE itab 624
   READ TABLE itab 582
WITH UNIQUE KEY, CREATE DATA 247
WITH UNIX LINEFEED, OPEN DATASET 984
WITH WINDOWS LINEFEED, OPEN DATASET 984
WITH-HEADING, NEW-PAGE 794
WITHOUT FURTHER SECONDARY KEYS, TYPES 150
WITHOUT SPOOL DYNPRO, SUBMIT TO SAP-SPOOL 270
WITH-TITLE, NEW-PAGE 794
WORD
   GENERATE SUBROUTINE POOL 1069
   SYNTAX-CHECK FOR itab 1071
WRITE /., ABAP-Anweisung 781
WRITE TO itab, obsolete ABAP-Anweisung 1223
WRITE TO, ABAP-Anweisung 488
WRITE, ABAP-Anweisung 767
WRITE_LIST, Funktionsbaustein 269
WRITER FOR
   CLASS-DATA 169
   DATA 169
   TYPES 157

X

x
   eingebauter ABAP-Typ 108
   eingebauter generischer Typ 111

XML
   CALL TRANSFORMATION RESULT 1127
   CALL TRANSFORMATION SOURCE 1126
xsequence, eingebauter generischer Typ 111
XSLT, Transformation 1107
xstring, eingebauter ABAP-Typ 108
xstrlen, eingebaute Funktion 565

Y

YES, Zeichenketten-Template 516
YYMMDD, WRITE 775
YYMMDDWRITE TO 504

Z

Z, Vergleichsoperator 328
ZERO, Zeichenketten-Template 516

booksonline

Die Bibliothek für Ihr IT-Know-how.

1. Suchen
2. Kaufen
3. Online lesen

Kostenlos testen!

www.galileo-press.de/booksonline

✓ Jederzeit online verfügbar
✓ Schnell nachschlagen, schnell fündig werden
✓ Einfach lesen im Browser
✓ Eigene Bibliothek zusammenstellen
✓ Buch plus Online-Ausgabe zum Vorzugspreis

Wir informieren Sie gern über alle
Neuerscheinungen von SAP PRESS.
Abonnieren Sie doch einfach unseren
monatlichen Newsletter:

>> www.sap-press.de

SAP-Wissen aus erster Hand.